1 A	Öffentliches Bau- und Umweltrecht	1 C	Integrales Facility Management	**1** Baurecht / Baubetrieb
1 B	Baubetrieb	1 D	Werkvertrag und HOAI	

2 A	Mathematik	**2** Mathematik / Bauinf.
2 B	Bauinformatik	

3	Lastannahmen (DIN 1055)	**3** Lastannahmen

4 A	Baustatik	**4** Baustatik / Vorbemessung
4 B	Tragwerksentwurf und Vorbemessung	

5 A	Beton nach DIN EN 206-1 (neu) und Betonstahl	**5** Stahlbetonbau (neu)
5 B	Stahlbeton nach DIN 1045-1 (neu)	

6	Beton- und Stahlbetonbau (DIN 1045)	**6** Stahlbetonbau

7	Mauerwerksbau (DIN 1053)	**7** Mauerwerksbau

8 A	Stahlbau nach DIN 18 800 (11.90)	8 D	Trapezprofile und Sandwichbauteile	**8** Stahlbau
8 B	Stahlbau nach DIN 18 800 (3.81)			
8 C	Spezielle Stähle im Bauwesen	8 E	Stahlbauprofile	

9	Holzbau (DIN 1052)	**9** Holzbau

10	Bauphysik	**10** Bauphysik

11	Geotechnik	**11** Geotechnik

D1619422

12 A	Straßenwesen	**12** Verkehr / Kanalisation
12 B	Wasserversorgung	
12 C	Kanalisation	

13 A	Objektentwurf	13 C	Baustoffe	**13** Bauko. / Entwurf
13 B	Freiraumplanung/Gehölzanwendung	13 D	Baukonstruktion	

14 A	Bauvermessung	**14** Bauv. / Bauz.
14 B	Bauzeichnungen	

15	Allgemeines	**15** Allgemeines

Handbuch der Gebäudetechnik

Das Werk liefert dem Planenden – vom Entwurf bis zur Bauleitung – für die **tägliche Praxis schnelle Informationen**, um ihn vor Fehleinschätzungen zu bewahren, die später nicht mehr rückgängig zu machen sind. Die Erläuterung wesentlicher Begriffe und Bezeichnungen, Sinnbilder für die Darstellung von haustechnischen Anlagen und die Erläuterung der verschiedenen Verteilungssysteme tragen dazu bei, **Verständigungslücken zwischen Architekt und Fachingenieur** zu beseitigen.

Das Buch enthält in übersichtlich gegliederter Form mit schnellem Zugriff als **umfassendes Nachschlagewerk** für die wichtigsten Gebiete der Gebäudetechnik einen praxisnahen Überblick über Grundlagen, Vorschriften, Begriffe und Anlagensysteme sowie überschlägige Angaben über Werkstoffe, Anordnung, Platzbedarf und Bemessung haustechnischer Anlagen und Einrichtungen.

Dazu dienen neben vielfältigen **Tabellen, Diagrammen** und erläuternden **Abbildungen** über technische Zentralen, Leitungen und Anlagenteile vor allem auch **Beispiele** zu den einzelnen Gebieten der Gebäudetechnik.

Pistohl
Handbuch der Gebäudetechnik
Planungsgrundlagen und Beispiele
Band 1: Sanitär / Elektro / Förderanlagen
4. neu bearbeitete und erweiterte Auflage 2002,
784 Seiten 17 x 24 cm,
etwa 1200 Abbildungen und
425 Tabellen, gebunden.
€ 44,–/sFr 88,– • ISBN 3-8041-2992-7

Der Band 2 des Handbuchs der Gebäudetechnik befaßt sich in erster Linie mit den dafür maßgebenden Gebieten: **Heizungsanlagen, Gasversorgung, Lüftungsanlagen, Energiesparendes Bauen**, wobei besonderer Wert auch auf **neue, energiesparende Systeme**, regenerative Energien sowie den Wärmeschutz und die passive Nutzung der Sonnenenergie gelegt wurde.

Die Neuauflage
Der bewährte Aufbau und die Gliederung wurden weitgehend beibehalten. Das Buch enthält als übersichtlich gegliedertes Nachschlagewerk **für Planer und auch für Studierende der Architektur und des Bauingenieurwesens** einen praxisnahen Überblick über Grundlagen, Vorschriften, Begriffe, Sinnbilder und Anlagensysteme sowie überschlägige Angaben zu Materialien, Anordnung, Platzbedarf und Bemessung von Zentralen, Leitungen und Anlagenteilen, ferner Beispiele zu den einzelnen Gebieten.

Aus dem Inhalt:
Allgemeines • Heizungsanlagen • Energiesparendes Bauen • Gasinstallation • Lüftungsanlagen • Abfallentsorgung • Verzeichnisse

Der Autor:
Professor Dipl.-Ing. Wolfram Pistohl,
Architekt, Fachhochschule Regensburg

Pistohl
Handbuch der Gebäudetechnik
Band 2: Heizung/Lüftung/Energiesparen
3. Auflage 2000,
768 Seiten, 17 x 24 cm, gebunden,
€ 46,–/sFr 92,– • ISBN 3-8041-2986-2

Zu beziehen über Ihre Buchhandlung oder direkt beim Verlag.

Werner Verlag · Postfach 10 53 54 · 40044 Düsseldorf
Telefon (02 11) 3 87 98-0 · Telefax (02 11) 3 87 98-11
www.werner-verlag.de

Bautabellen für Architekten
mit Berechnungshinweisen und Beispielen

Herausgegeben von
Klaus-Jürgen Schneider

Mit Beiträgen von
Klaus Berner · Rudolf Bertig · Heinrich Bruckner
Ömer Bucak · Erich Cziesielski
Hans Dieter Fleischmann · Dietrich Franke
Rolf Gelhaus · Alfons Goris · Joachim P. Heisel
Hans-Peter Hockelmann · Hans Kahlen
Eduard Kahlmeyer · Erwin Knublauch
Maximilian Lederer · Hellmut Losert · Klaus Müller
Otto Oberegge · Gerhard Richter
Klaus-Jürgen Schneider · Ulrich Schneider
Günter Steck · Karlheinz Tripler · Heinz Volz
Robert Weber · Günter Wolf · Rüdiger Wormuth

15. Auflage 2002

Werner Verlag

15. Auflage 2002

Die Deutsche Bibliothek – CIP-Einheitsaufnahme
Bautabellen für Architekten : mit Berechnungshinweisen und Beispielen
hrsg. von Klaus-Jürgen Schneider.
Mit Beitr. von Klaus Berner... – 15. Aufl. – Düsseldorf : Werner, 2002
(Werner-Ingenieur-Texte; 41)
ISBN 3-8041-4191-9

15. Auflage 2002
DK 624.04(083.5) : 389.6(083.75) : 624.04
© Werner Verlag GmbH & Co. KG · Düsseldorf · 2002
Printed in Germany
Alle Rechte, auch das der Übersetzung, vorbehalten. Ohne ausdrückliche Genehmigung des
Verlages ist es auch nicht gestattet, dieses Buch oder Teile daraus auf fotomechanischem Wege
(Fotokopie, Mikrokopie) zu vervielfältigen sowie die Einspeicherung und Verarbeitung
in elektronischen Systemen vorzunehmen.
Zahlenangaben ohne Gewähr.
Satz:
WVG Werbe- & Verlagsgesellschaft mbH, Grevenbroich
Konrad Triltsch, Print und digitale Medien GmbH, Ochsenfurt-Hochstadt
Druck und Bindung:
Bercker Graphischer Betrieb GmbH, Kevelaer
Schrift: Times
Archiv-Nr.: 340/15-8.2002
Bestell-Nr.: 3-8041-4191-9
www.werner-verlag.de

Vorwort zur 15. Auflage

Die neue Auflage der BAUTABELLEN FÜR ARCHITEKTEN informiert die Studierenden der Architektur, die Architekten und viele andere Baupraktiker in kompakter Form und mit vielen Zahlenbeispielen über die neuesten bautechnischen Entwicklungen. Ein besonders wichtiges und aktuelles Thema ist die neue Energieeinsparverordnung (EnEV), die seit dem 1. Januar 2002 in Kraft getreten ist. Sie bildet zusammen mit einigen DIN-Normen die baurechtliche Grundlage für die Errichtung von Energie sparenden Bauwerken.

Alle Kapitel wurden aktualisiert und teilweise erweitert. Die Inhalte der neuen Stahlbetonnormen DIN 1045 (Ausgabe Juli 2001) wurden in aktuellster Form (inzwischen veröffentlichte das DIN drei Druckfehlerberichtigungsblätter – Ausgaben Juni und Juli 2002) dargestellt.

In der Lehre und in der Praxis werden z. Zt. sowohl „alte" als auch „neue" DIN-Normen mit z. T. unterschiedlichen Bezeichnungen verwendet, die in der folgenden Tabelle übersichtlich zusammengestellt sind.

Verwendete Bezeichnungen

Begriff	Querkraft	Ständige Last	Veränderliche Last	Lastkombinationen
national	Q	G, g	P, p	q (z. B. $q = g + p$)
europäisch	V_k bzw. V_d	G_k, g_k bzw. G_d, g_d	Q_k, q_k bzw. Q_d, q_d	r (z. B. $r_d = g_d + q_d$)

Allen Autoren gilt mein besonderer Dank; auch allen Fachkollegen, die konstruktive Verbesserungsvorschläge gemacht haben, danke ich sehr. Verständlicherweise war es nicht möglich, alle Wünsche sofort zu berücksichtigen.

Für die engagierte Mitarbeit danke ich Dr. habil. Neuberg, Dr.-Ing. Winkler, Dipl.-Ing. Bartl und Dipl.-Ing. Engel vom Institut für Geotechnik der TU Dresden sowie dem Werner Verlag für die sehr gute Zusammenarbeit.

Minden, im August 2002 *Klaus-Jürgen Schneider*

1 A Öffentliches Bau- und Umweltrecht
1 B Baubetrieb
1 C Integrales Facility Management
1 D Werkvertrag und HOAI

Inhaltsverzeichnis

		Seite
A	**ÖFFENTLICHES BAU- UND UMWELTRECHT**	1.2
	Nomenklatur wichtiger Begriffe	1.2
B	**BAUBETRIEB**	1.23
1	**Bauabwicklung und Bauvertragswesen**	1.23
1.1	Die am Bauen Beteiligten	1.23
1.2	Wichtige Begriffe aus Bauabwicklung und Bauvertragswesen	1.24
2	**Ablaufplanung**	1.28
2.1	Allgemeine Hinweise	1.28
2.2	Balken- und Geschwindigkeitspläne	1.29
2.3	Grundlagen der Netzplantechnik	1.31
2.4	Zeitwerte	1.34
3	**Kostenplanung**	1.38
3.1	Kostenermittlungen	1.38
3.2	Verfahren der Kostenermittlung	1.38
3.3	Grundflächen und Rauminhalte, Bezugsgrößen	1.40
3.3.1	Grundflächen und Rauminhalte	1.40
3.3.2	Andere Bezugsgrößen	1.42
3.4	Baukostendaten	1.43
3.5	Baupreisindex und Regionaleinfluss	1.45
3.5.1	Baupreisindex	1.45
3.5.2	Regionaler Einfluss von Baukostendaten	1.47
3.6	Beispielobjekt	1.48
3.6.1	Darstellung	1.48
3.6.2	Baubeschreibung	1.49
3.7	Kostengliederung	1.49
3.7.1	Allgemeines	1.49
3.7.2	Kostengliederung (Formular)	1.50
3.7.3	Bearbeitung	1.50
3.7.4	Erläuterungen	1.56
3.8	Zweite Berechnungsverordnung (II. BV)	1.59
3.8.1	Veranlassung	1.59
3.8.2	Berechnung der Gesamtkosten	1.60
3.8.3	Berechnung der Wohnfläche	1.63
3.8.4	Berechnung des umbauten Raumes	1.66
4	**Honorarordnung**	1.69
4.1	Leistungen bei Gebäuden (HOAI Teil II)	1.69
4.1.1	Grundlagen des Honorars	1.69
4.1.2	Anrechenbare Kosten	1.69
4.1.3	Honorarzonen mit Objektbeispielen	1.70
4.1.4	Leistungsumfang/Grundleistungen	1.70
4.1.5	Honorartafel Gebäude und raumbildende Ausbauten	1.71
4.1.6	Berechnungsbeispiel	1.72
4.2	Leistungen bei Freianlagen (HOAI Teil III)	1.73
4.2.1	Grundlagen des Honorars	1.73
4.2.2	Anrechenbare Kosten	1.73
4.2.3	Honorarzonen mit Objektbeispielen	1.73
4.2.4	Leistungsumfang/Grundleistungen	1.74
4.2.5	Honorartafel Freianlagen	1.74
4.3	Leistungen bei raumbildenden Ausbauten (HOAI Teil II)	1.74
4.3.1	Grundlagen des Honorars	1.74
4.3.2	Anrechenbare Kosten	1.74
4.3.3	Honorarzonen mit Objektbeispielen	1.75
4.3.4	Leistungsumfang/Grundleistungen	1.75
4.3.5	Honorartafel	1.75
4.3.6	Berechnungsbeispiel	1.75
4.4	Zeithonorar/Gebäude, Freianlagen und raumbildende Ausbauten	1.75
4.5	Leistungen bei der Tragwerksplanung (HOAI Teil VIII)	1.76
4.5.1	Grundlagen des Honorars	1.76
4.5.2	Anrechenbare Kosten	1.76
4.5.3	Honorarzonen mit Objektbeispielen	1.77
4.5.4	Leistungsumfang/Grundleistungen	1.77
4.5.5	Honorartafel Tragwerksplanung	1.78
4.5.6	Berechnungsbeispiel	1.79
4.6	Anmerkungen	1.79
C	**INTEGRALES FACILITY MANAGEMENT**	
	Inhaltsverzeichnis siehe Seite	1.80
D	**WERKSVERTRAG UND HOAI**	
	Inhaltsverzeichnis siehe Seite	1.112

1 A Öffentliches Bau- und Umweltrecht
Nomenklatur wichtiger Begriffe

Prof. Dipl.-Ing. Rüdiger Wormuth

Kursiv gedruckte Begriffe im Text verweisen auf eigene Stichworterläuterungen.

Abfall Abfälle sind bewegliche Sachen, deren sich der Besitzer entledigen will oder deren Entsorgung zur Wahrung des Allgemeinwohls geboten ist. Abfallentstehung ist zu vermeiden. Abfälle sollen verwertet werden. Bei der Entsorgung von Abfällen dürfen die Gesundheit der Menschen sowie Flora, Fauna, Boden, Gewässer und Luft nicht beeinträchtigt werden. Die Belange des Naturschutzes, der Landschaftspflege und des Städtebaus sind zu wahren.

Abfallgesetz „Das Gesetz über die Vermeidung und Entsorgung von Abfällen" (AbfG) regelt als Rahmengesetz des Bundes den Umgang mit *Abfall*. Grundsätze: Abfälle sind zu vermeiden, nicht vermeidbare Abfälle zu verwerten und nicht verwertbare Reststoffe gefahrlos zu entsorgen.

Abnahmen 1. Bauvertragsrecht (privates Baurecht): Abnahme einer Bauleistung nach VOB, Teil B (DIN 1961) § 12 zur Feststellung von vertraglich vereinbartem Ausführungsumfang und vereinbarter Ausführungsqualität. 2. Bauordnungsrecht: Im Rahmen der behördlichen Bauüberwachung können neben Abnahmen bestimmter Bauteile oder Bauarbeiten, die Abnahme des Rohbaus und die Abnahme des gebrauchsfertigen Bauvorhabens (Schlussabnahme) verlangt werden. Rohbauabnahme und Schlussabnahme sind auch vom *Bauherrn* zu beantragen (Abb. 1.21).

Abstandflächen sind von oberirdischen baulichen Anlagen frei zu haltende Flächen vor den Außenwänden von Gebäuden (Bauordnungsrecht).

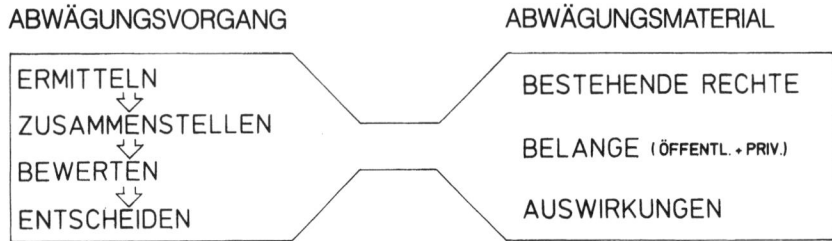

Abb. 1.2 Abwägung

Abwägungsgebot (Abb. 1.2) Im *Baugesetzbuch* [BauGB § 1 (6)] werden die Kommunen verpflichtet, bei der Aufstellung der *Bauleitpläne* öffentliche und private *Belange* gegeneinander und untereinander gerecht abzuwägen. Gegenstand der Abwägung bei der Aufstellung der Bauleitpläne sind auch die explizit in § 1a BauGB aufgeführten Umwelt schützenden Belange und die Pläne, in denen sie ausgeführt bzw. dargestellt werden. Die Abwägungsentscheidung im Gemeinderat ist eine politische Entscheidung. Sie besteht aus dem Vor- und Zurückstellen von Belangen. Prinzipiell unterliegt sie keiner rechtlichen Nachprüfung, denn sie ist Ausdruck der kommunalen Planungshoheit [Grundgesetz, Art. 28; BauGB § 2 (1)], es sei denn, der Abwägungsvorgang war fehlerhaft (BauGB § 214). Die Prüfung der Anregungen im Verlaufe des *Auslegungsverfahrens* [BauGB § 3 (2)] ist Bestandteil der Abwägung. Das Abwägungsgebot kann durch Abwägungsausfall, Abwägungsdefizit, Abwägungsfehleinschätzung und Abwägungsdisproportionalität verletzt werden.

Auch andere raumwirksame Planungen unterliegen Abwägungsgeboten.

Abwasser (Abb. 1.11) im Sinne des *Wasserrechts* ist durch Gebrauch in seinen Eigenschaften verändertes Wasser (Schmutzwasser) und das von bebauten und befestigten Flächen abfließende Niederschlagswasser.

Abwasserabgabengesetz (Abb. 1.22) Das „Gesetz über Abgaben für das Einleiten von Abwasser in Gewässer" (AbwAG) setzt als Bewertungsgrundlage für die Abwasserabgabe die Schädlichkeit des *Abwassers*. In der Anlage A zu AbwAG § 3 sind Grenzwerte festgelegt.

Anhörungsverfahren (Abb. 1.10) 1. [Baugesetzbuch § 3 (1)] vorgezogene Bürgerbeteiligung im Bauleitplanungsverfahren während der Vorentwurfsphase. Sie besteht i. d. R. aus der Unterrichtung der Bürger über die Ziele und Zwecke der Planung und alternative Vorentwürfe sowie einer öffentlichen Erörterung. Nicht erforderlich, wenn die Grundzüge der Planung nicht berührt werden (BauGB § 13) und in seiner Rechtswirkung eingeschränkt durch BauGB § 214.
2. (Verwaltungsverfahrensgesetz § 73) Im Rahmen eines *Planfeststellungsverfahrens* (Abb. 1.16) ist von der Anhörungsbehörde das Anhörungsverfahren durchzuführen. Gegenstand dieses Anhörungsverfahrens sind: Einholung von Stellungnahmen von Behörden, deren Aufgabenbereich durch das Vorhaben berührt wird; Auslegung der Planunterlagen; Entgegennahme von Einwendungen von Personen, deren Belange durch das Vorhaben berührt werden; Durchführung einer Erörterung.
Anlagen sind ortsfeste Einrichtungen wie Betriebsstätten und Lager. Dazu gehören auch Maschinen, Geräte, Fahrzeuge und sonstige ortsveränderliche technische Einrichtungen, die in einem räumlichen und betriebstechnischen Zusammenhang stehen und für das Entstehen von Umweltwirkungen von Bedeutung sein können.
Anlagen, bauliche siehe *Bauliche Anlagen*.
Anpassungsgebot [BauGB § 1 (4)] Die *Bauleitpläne* sind den Zielen der *Raumordnung* anzupassen.
Aufenthaltsräume An Aufenthaltsräume wird in den Landesbauordnungen eine Reihe von Mindestanforderungen gestellt, um Sicherheit und Gesundheit der dort lebenden oder arbeitenden Menschen zu gewährleisten. Diese Anforderungen betreffen u. a. die Raumgröße, Raumhöhe sowie Belichtung und Belüftung sowie die Lage zur Geländeoberfläche.
Ausgleichsmaßnahmen sind vom Verursacher eines *Eingriffs* auf den betroffenen Grundflächen zur Minderung von Beeinträchtigungen vorzunehmen (BauGB §§ 1a und 135a–c).
Auslegungsverfahren [BauGB § 3 (2)] Bürgerbeteiligung im Bauleitplanungsverfahren (Abb. 1.10). Im Gegensatz zum *Anhörungsverfahren* mit größerer Rechtswirksamkeit ausgestattet. Zu beteiligen sind die Bürger und die *Träger öffentlicher Belange*. Die Anregungen sind zu prüfen, und das Ergebnis ist mitzuteilen. Die im Auslegungsverfahren vorgebrachten und in der Planung nicht berücksichtigten Anregungen müssen der höheren Genehmigungsbehörde vorgelegt werden, wenn es sich um einen Flächennutzungsplan handelt oder um Bebauungspläne, die entweder ohne F-Plan oder zeitlich vor dem Wirksamwerden eines F-Plans aufgestellt wurden. Wird hingegen eine Änderung der Planung bewirkt, ist das Auslegungsverfahren anschließend zu wiederholen, es sei denn, die Änderungen waren geringfügig.
Ausnahme Ausnahmen im Sinne des *Bauordnungsrechts (Landesbauordnungen)* können im Rahmen des Baugenehmigungsverfahrens nach dem Ermessen der Genehmigungsbehörde erteilt werden. Voraussetzung ist die Vereinbarkeit mit den öffentlichen Belangen. Ausnahmen im Sinne des *Planungsrechts* können sich auf die Vorschriften der BauNVO oder die im BauGB enthaltenen Regelungen über Gebote (BauGB §§ 26 u. 175), *Veränderungssperre* (BauGB § 14) oder Erschließungsbeitragspflicht [BauGB § 135 (5)] beziehen. Der Rahmen für Ausnahmen ist dort eindeutig durch die Gesetze gesteckt [BauGB § 31 (1)].

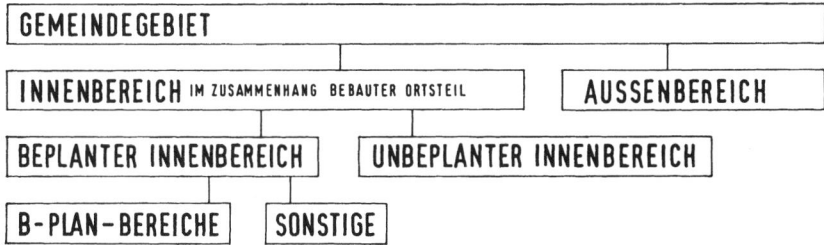

Abb. 1.3 Außenbereich, Innenbereich

Außenbereich (BauGB § 35) (Abb. 1.3) Außenbereich ist die Fläche eines Gemeindebezirks, die außerhalb des räumlichen Geltungsbereichs eines *Bebauungsplanes* (BauGB § 30) und außerhalb der *im Zusammenhang bebauten Ortsteile* (BauGB § 34) liegt. Der Außenbereich ist grundsätzlich von Bebauung freizuhalten mit Ausnahme der nach BauGB § 35 (1) privilegierten Vorhaben und einiger sonstiger Ausnahmen.

Bauantrag Antrag auf Genehmigung genehmigungspflichtiger Bauvorhaben. Er wird gestellt an die Gemeinde (*Landesbauordnungen*) (Abb. 1.21). Dem Bauantrag sind die *Bauvorlagen* beizufügen.
Bauflächen (§ 1 BauNVO) Flächen, dargestellt nach der allgemeinen Art ihrer Nutzung (Tafel 1.4).
Baugebiete (§ 1 BauNVO) Flächen, dargestellt nach der besonderen Art ihrer Nutzung (Tafel 1.4). In BauNVO §§ 2–11 werden Baugebiete hinsichtlich ihrer allgemeinen Zweckbestimmung, den allgemein zulässigen und den ausnahmsweise zulässigen Nutzungen beschrieben.
Baugenehmigungsfreiheit Keiner *Baugenehmigung* bedürfen i.d.R. Umnutzungen ohne planungsrechtliche Auswirkungen, Neuerrichtung und Veränderung *baulicher Anlagen* und Teilen davon ohne besondere Auswirkungen auf die öffentliche Sicherheit und Ordnung sowie kleine Wohngebäude. Einzelheiten regeln die *Landesbauordnungen*. Nach NBauO § 69a bedürfen kleine Wohngebäude keiner Baugenehmigung, wenn das Vorhaben im Geltungsbereich eines qualifizierten *B-Plans* mit einer Festsetzung für die *besondere Art* der baulichen Nutzung als Wohnbaugebiet (WS/WR/WA/WB) (siehe Tafel 1.4) liegt. Die Verantwortlichkeit der *Entwurfsverfasser* wird erweitert.
Baugenehmigungsverfahren siehe Abb. 1.21.
Baugesetzbuch (BauGB) Zusammenfassung von Bundesbaugesetz und Städtebauförderungsgesetz. Bekanntgemacht am 8.12.1986, Neufassung: 27.8.1997. Es enthält allgemeines Städtebaurecht (Bauleitplanung, Regelung der baulichen und sonstigen Nutzung, Entschädigung, Bodenordnung, Enteignung und Erschließung) sowie besonderes Städtebaurecht (Städtebauliche Sanierung und Entwicklung, Erhaltungssatzung und städtebauliche Gebote u.a.).
Baugrenzen legen die äußere Begrenzung der überbaubaren Grundstücksfläche fest. Außerhalb sind keine Hauptgebäude zulässig (BauNVO § 23).
Bauherr Der Bauherr ist Veranlasser einer Baumaßnahme (*Landesbauordnungen*). Er ist verantwortlich dafür, dass die Baumaßnahme dem öffentlichen *Baurecht* entspricht. Er bestellt *Entwurfsverfasser*, *Bauleiter* und *Unternehmer*. Er kann deren Tätigkeit übernehmen, wenn er den Anforderungen, die an sie nach *Bauordnungsrecht* gestellt werden, genügt (vgl. Kapitel 1B).
Bauleiter Die bauordnungsrechtliche Funktion des Bauleiters fällt mit der des *Entwurfsverfassers* zusammen, auch wenn beide Funktionen getrennt wahrgenommen werden. Der Bauleiter hat die Aufgabe der Objektüberwachung nach HOAI (vgl. Kapitel 1B).

Tafel 1.4 Art der baulichen Nutzung

Flächennutzungsplan (F-Plan)		Bebauungsplan (ggf. auch F-Plan)		BauNVO
allgemeine		besondere		
Art der Nutzung				§ 1
Bauflächen		Baugebiete		
Wohnbauflächen	(W)	Kleinsiedlungsgebiete	(WS)	§ 2
		reine Wohngebiete	(WR)	§ 3
		allgemeine Wohngebiete	(WA)	§ 4
		besondere Wohngebiete	(WB)	§ 4a
gemischte Bauflächen	(M)	Dorfgebiete	(MD)	§ 5
		Mischgebiete	(MI)	§ 6
		Kerngebiete	(MK)	§ 7
gewerbliche Bauflächen	(G)	Gewerbegebiete	(GE)	§ 8
		Industriegebiete	(GI)	§ 9
Sonderbauflächen	(S)	Sondergebiete	(SO)	
		a) Sondergebiete, die der Erholung dienen		§ 10
		b) sonstige Sondergebiete		§ 11

Bauleitplan (Tafel 1.5; Abb. 1.6; Abb. 1.10; Abb. 1.13)
Bauliche Anlagen sind mit dem Erdboden verbundene oder auf ihm ruhende und aus Bauprodukten hergestellte Anlagen (*Landesbauordnungen*).
Baulinie Rechtlich zwingende Vorschrift, eine bauliche Anlage mit einer Kante auf ihr zu errichten (BauNVO § 23).
Baumassenzahl (BMZ) (Tafel 1.14) = m^3 Baumasse (umbauter Raum, Bruttorauminhalt) je m^2 Grundstücksfläche (BauNVO § 21).
Baunutzungsverordnung (BauNVO) Sie enthält die planungsrechtlichen Grundlagen für die Darstellungen in den Flächennutzungsplänen und die Festsetzungen in Bebauungsplänen. Die Vorschriften sind an die Gemeinden als Träger der städtebaulichen Planung gerichtet und bindend für die Planung. Erstmals erlassen 1962. Neufassung 1990 auf Grund BauGB § 2 (5). Ziel der BauNVO ist eine geregelte Bebauung unter Beachtung der im BauGB § 1 (5) formulierten Planungsgrundsätze. Die BauNVO regelt Art (Tafel 1.4) und *Maß der baulichen Nutzung* (Tafel 1.14), die *Bauweise* und die Überbaubarkeit der Grundstücksfläche.
Bauprodukte sind nach dem *Bauproduktengesetz*: Baustoffe, Bauteile und Anlagen, die hergestellt werden, um dauerhaft in *baulicher Anlagen* des Hoch- und Tiefbaus eingebaut zu werden, sowie aus Baustoffen vorgefertigte Anlagen, die hergestellt werden, um mit dem Erdboden verbunden zu werden, wie Fertighäuser und Fertiggaragen (Abb. 1.12). Die *Landesbauordnungen* und die *Musterbauordnung* unterscheiden gleichermaßen zwischen
– geregelten Bauprodukten (§ 20 Abs. 1 Satz 1 Nr. 1 MBO),
– nicht geregelten Bauprodukten (§ 20 Abs. 3 Satz 1 MBO),
– nach BauPG oder Vorschriften zur Umsetzung anderer EU-Richtlinien in Verkehr gebrachten Bauprodukten – mit *CE-Zeichen* (§ 20 Abs. 1 Satz 1 Nr. 2 MBO),
– sonstigen Bauprodukten (§ 20 Abs. 1 Satz 1 Nr. 2 MBO).

Tafel 1.5 Bauleitplanung – Begriffe, Rechtsnatur

BauGB Fundstelle	Bauleitplan		
§ 1 (2)	vorbereitender Bauleitplan	verbindlicher Bauleitplan	Bezeichnung
	Flächennutzungsplan	Bebauungsplan	
	F-Plan	B-Plan	
	1 : 5000 – 1 : 20 000	1 : 500 – 1 : 1000	Maßstab
§§ 1 (3), 8 (1)	entwickeln	ordnen	Aufgabe
§ 1 (4)	Ziele der Raumordnung		für Bauleitplanung verbindl. Rahmenplanungen
§ 8 (2)		Flächennutzungsplan	
§§ 5 (1), 8 (1)	Darstellung der Bodennutzung nach den voraussehbaren Bedürfnissen der Gemeinde in den Grundzügen. Keine unmittelbare Rechtswirkung auf das einzelne Grundstück.	Rechtsverbindliche Festsetzungen für die städtebauliche Ordnung. B-Plan ist eine Rechtsnorm.	Rechtsnatur
§§ 7, 8 (2), 10	rahmengebend	Beschluss über B-Plan als Satzung	
§§ 6 (5), 12	F-Plan wird wirksam.	B-Plan wird rechtsverbindlich.	
§§ 5 (5), 9 (8)	Erläuterungsbericht	Begründung	schriftl. Teil

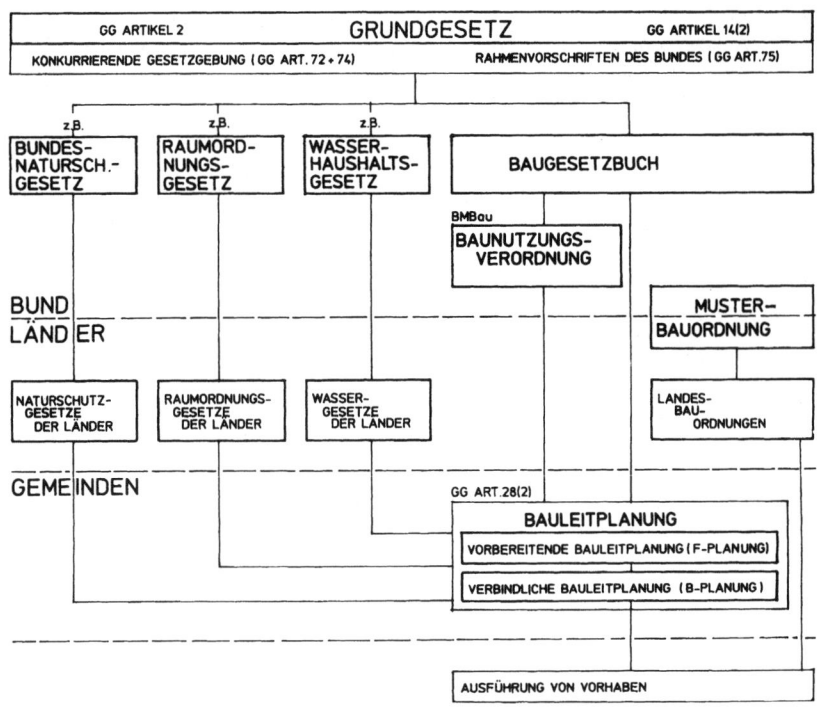

Abb. 1.6 Die Bauleitplanung in der Hierarchie der Gesetze der Bundesrepublik Deutschland

Aufgrund des § 20 Abs. 1 Musterbauordnung (MBO) dürfen Bauprodukte in der Regel nur verwendet, d. h. in eine bauliche Anlage eingebaut werden, wenn sie
– bekanntgemachten *technischen Regeln* entsprechen oder nach dem BauPG und anderen EU-Recht umsetzenden Vorschriften in Verkehr gebracht und gehandelt werden dürfen und
– das Übereinstimmungszeichen (*Ü-Zeichen* – künftig das europäische *Konformitätszeichen CE* –) tragen,
– vom *Deutschen Institut für Bautechnik* in einer Liste C bekannt gemachte Bauprodukte von untergeordneter baurechtlicher Bedeutung (§ 20 Abs. 3 Satz 2 MBO) sind.
Bauproduktengesetz (BauPG), erlassen erstmals am 10. 8. 1992 auf Grund der *Bauproduktenrichtlinie* der EU. Es regelt die Einführung von *Bauprodukten* und den freien Warenverkehr mit ihnen innerhalb der EU und enthält allgemeine Anforderungen an deren *Brauchbarkeit*.
Bauproduktenrichtlinie der EU ist Grundlage für das *Bauproduktengesetz,* sie dient der Sicherheit von Menschen, Haustieren und Gütern und im weitesten Sinne dem Allgemeinwohl, indem sie unter Berücksichtigung örtlicher Unterschiede geografischer, klimatischer und lebensgewohnheitlicher Art sowie der vorherrschenden Schutzniveaus nach Maßgabe allgemeiner Anforderungen die Harmonisierung von *Normen* für *Bauprodukte* auf europäischer Ebene bewirkt. Anhang I enthält Anforderungen an Bauwerke und *Bauprodukte* (Abb. 1.12).
Bauregelliste Im Einvernehmen mit der obersten Bauaufsichtsbehörde (NBauO § 24) vom *Deutschen Institut für Bautechnik* bekannt gemachte technische Regeln zur Erfüllung der an *bauliche Anlagen* zu stellenden Anforderungen (vgl. *Brauchbarkeit*) (Abb. 1.12). Es gibt Bauregelliste A, Bauregelliste B und Liste C. Einzelheiten s. Mitteilungen des DIBt, Sonderheft Nr. 18, 4. Mai 1998.
Baurecht, öffentliches. 1. **Planungsrecht** (städtebauliches) ist nach Art. 74 des Grundgesetzes Gegenstand der konkurrierenden Gesetzgebung. Der Bund hat seine Gesetzgebungskompetenz mit *Baugesetzbuch* (BauGB), *Baunutzungsverordnung* (BauNVO) und *Planzeichenverordnung* (PlanzV) ausgeschöpft.

2. **Bauordnungsrecht** fällt in die Gesetzgebungskompetenz der Bundesländer. Die so genannte Dürkheimer Vereinbarung von 1955 zwischen den Bundesländern und dem Bund führte 1959 zur *Musterbauordnung*, die für alle *Landesbauordnungen* als Rahmen diente. Musterbauordnung und Landesbauordnungen werden laufend aktualisiert.

3. Zum öffentlichen Baurecht gehören Vorschriften auf Grund der oben genannten Gesetze und sonstigen Vorschriften des öffentlichen Rechts, die Anforderungen an *bauliche Anlagen* oder Baumaßnahmen stellen oder die Bebaubarkeit von Grundstücken regeln. Man rechnet auch Gesetze über Spielplätze und Denkmalschutzgesetze dazu.

Bauvoranfrage, Bauvorbescheid Für eine Baumaßnahme ist auf Antrag (Bauvoranfrage) über einzelne Fragen, über die im *Baugenehmigungsverfahren* zu entscheiden wäre und die selbstständig beurteilt werden können, durch Bauvorbescheid zu entscheiden (*Landesbauordnungen*) (Abb. 1.21).

Bauvorlagen Unterlagen, die zu einem *Bauantrag* gehören. Die Bauvorlagenverordnungen der Bundesländer enthalten Verordnungen über Art und Umfang der Bauvorlagen und der darin enthaltenen Darstellungen. In der Regel sind einem Bauantrag auf Vordruck folgende Unterlagen beizufügen: 1. der Lageplan, 2. die Bauzeichnungen, 3. die Baubeschreibung, 4. der Standsicherheitsnachweis und die anderen technischen Nachweise, 5. die Darstellung der Grundstücksentwässerung. Auch für *genehmigungsfreie Bauvorhaben* nach NBauO § 69a (kleine Wohngebäude) müssen komplette Bauvorlagen erstellt werden. Sie werden nicht geprüft, sondern lediglich archiviert. Für ihre Richtigkeit und Vollständigkeit haftet der Entwurfsverfasser.

Bauvorschriften, örtliche werden in der Regel als *Satzung* erlassen. Inhaltlicher Geltungsumfang und verfahrensrechtliche Bedingungen sind in den *Landesbauordnungen* festgelegt. Örtliche Bauvorschriften können auch als *Festsetzung* in *Bebauungspläne* aufgenommen werden. In der Regel sollen gestalterische, städtebauliche und ökologische Absichten durch sie verwirklicht werden (z.B. NBauO § 56). BauO NW § 81 regelt darüber hinaus z.B. die Anlage von Kinderspielplätzen durch örtliche Bauvorschrift.

Bauweise 1. **Geschlossen.** Bebauung bis an die seitlichen Grundstücksgrenzen ist zwingend vorgeschrieben (BauNVO § 22).
2. **Offen.** Die Einhaltung von Grenzabständen bzw. eines *Bauwichs* ist zwingend vorgeschrieben (Ausnahme: *Landesbauordnungen*) (BauNVO § 22).
3. **Abweichende Bauweise.** Mit besonderer Begründung kann festgesetzt werden, inwieweit an die vorderen, rückwärtigen und seitlichen Grundstücksgrenzen herangebaut werden kann oder muss.

Bauwich siehe *Grenzabstände*.

Bebauungsplan siehe *Bauleitplan* (Tafel 1.5, Abb. 1.10, Abb. 1.13).

Bebauungstiefe Sie legt auf Baugrundstücken die hintere *Baugrenze* oder *Baulinie* fest.

Befreiung (*Landesbauordnungen*) Von Vorschriften der *Landesbauordnungen* oder von Vorschriften, die im Zusammenhang mit einer Landesbauordnung erlassen wurden, können auf begründeten Antrag hin Befreiungen erteilt werden. Sie bedürfen der Zustimmung der oberen Bauaufsichtsbehörde (Abb. 1.21). Befreiungen im Planungsrecht regelt BauGB § 31 (2).

Belange, öffentliche Als öffentliche Belange gelten die in BauGB § 1 (5) aufgeführten Planungsgrundsätze. Öffentliche und private Belange unterliegen nach BauGB § 1 (6) dem *Abwägungsgebot*. Ein Abwägungsmangel kann nach BauGB §§ 214 (3) und 215 zur Nichtigkeit der Planung führen.

Bewilligung im Sinne des *Wasserrechts* ist die Gewährung einer Befugnis für eine bestimmte Benutzung eines *Gewässers* (WHG § 8). Gegen den Inhaber einer Bewilligung können bei Erfüllung der Bewilligungsauflagen keine Ansprüche geltend gemacht werden (WHG § 11).

Bodenschutz ist eine der wichtigsten Umweltschutzaufgaben der Gesellschaft. Im BauGB und der BauNVO ist er als öffentliche Aufgabe den Kommunen zugewiesen und hat mit Vorschriften über die Gestaltung von Freiflächen sowie einer Erweiterung der Möglichkeiten für *örtliche Bauvorschriften* auch Eingang in *Landesbauordnungen* gefunden (z.B. NBauO §§ 14 und 56).

Bodenschutzklausel [BauGB § 1a (1)]: „Mit Grund und Boden soll sparsam und schonend umgegangen werden, dabei sind Bodenversiegelungen auf das notwendige Maß zu begrenzen."

Brandabschnitt ist ein nach brandschutztechnischen Gesichtspunkten in sich abgeschlossener Teil eines Gebäudes. Besondere Anforderungen werden in den *Landesbauordnungen* an die Bauteile (z.B. Wände oder Decken) eines Brandabschnitts gestellt, die an andere Brandabschnitte oder Gebäude angrenzen oder ihnen benachbart sind. Grenzen zwei Brandabschnitte aneinander, so ist dort eine *Brandwand* erforderlich. Brandabschnitte dürfen in der Regel eine Längsausdehnung von höchstens 40 m haben (Grundfläche also 1600 m^2), es sei denn, die Nutzung erfordere eine Überschreitung dieses Maßes.

Brandwand Brandwände sollen die Übertragung von Feuer und Rauch auf andere Gebäude, Gebäudeteile und Bauteile verhindern. Sie müssen in der Regel ohne Unterbrechung und Öffnungen in der Feuerwiderstandsklasse F 90-A ausgeführt werden. Anforderungen werden in den *Landesbauordnungen* formuliert, Prüfungen nach DIN 4102-3.

Brauchbarkeit für ein *Bauprodukt* ist dann gegeben, wenn es nach dem *Bauproduktengesetz* folgende allgemeinen Anforderungen bei seiner Verwendung für *bauliche Anlagen* im Wesentlichen erfüllt: mechanische Festigkeit und Standsicherheit, Brandschutz, Hygiene, Gesundheit, Umweltschutz, Nutzungssicherheit, Schallschutz, Energieeinsparung und Wärmeschutz (siehe auch *Bauproduktenrichtlinie*, Anhang I) (Abb. 1.12).

Brauchbarkeitsnachweis *Bauprodukte*, die noch nicht allgemein gebräuchlich und bewährt sind, für deren Herstellung, Bemessung oder Güte insbesondere noch keine *Normen* existieren, bedürfen im Baugenehmigungsverfahren eines Brauchbarkeitsnachweises. Der europäische Weg eines besonderen Brauchbarkeitsnachweises ist der *Konformitätsnachweis* in Form der *europ. techn. Zulassung* oder der Erstprüfung, der nationale Weg der *Übereinstimmungsnachweis* in Form der *allg. bauaufsichtl. Zulassung*, des *allg. bauaufsichtl. Prüfzeugnisses* oder des Nachweises der Verwendbarkeit im Einzelfall (Abb. 1.12).

Bruttowohnbauland Die Summe aller Wohngrundstücksflächen (Nettowohnbauland) und die Summe aller Gemeinbedarfsflächen in einem bestimmten ausgewiesenen Wohnbaugebiet, wobei stets nur dasjenige Land für Gemeinschaftsanlagen einzubeziehen ist, das für die Lebensfunktionen der betrachteten städtebaulichen Einheit selbst nötig ist (je nach Größenordnung für Wohngruppe, Wohnquartier, Wohngemeinde, Stadtteil usw.).

Bruttowohndichte = Zahl der Einwohner je ha *Bruttowohnbauland* (E/ha).

Bundesimmissionsschutzgesetz (BImSchG) Es wurde im Jahre 1974 erlassen. Es bezweckt den Schutz von Menschen, Tieren, Pflanzen und Sachen vor schädlichen Umwelteinwirkungen und die Vorbeugung gegen das Entstehen schädlicher Umwelteinwirkungen.

Bundesnaturschutzgesetz (Abb. 1.6) Als Rahmenvorschrift 1976 auf Grund Art. 75 GG erlassen. In diesem Rahmen haben die Bundesländer Landesnaturschutzgesetze, Landschaftsgesetze u. ä. erlassen. Es hat die Sicherung des Naturhaushalts und Schutz, Pflege und Entwicklung von Natur und Landschaft zum Ziel.

Bürgerbeteiligung (Abb. 1.10) wird nach BauGB § 3 für die *Bauleitplanung* geregelt. Sie ist zweistufig aufgebaut:
1. Vorgezogene Bürgerbeteiligung nach BauGB § 3 (1) oder *Anhörungsverfahren*.
2. *Auslegungsverfahren* nach BauGB § 3 (2) und (3).

Denkmalschutz (Abb. 1.9a) fällt in die Gesetzgebungskompetenz der Bundesländer. Denkmalschutzgesetze dienen dem Schutz, der Pflege und der Erforschung von Kulturdenkmalen. Bei der Wahrnehmung dieser Aufgabe wirken Länder, Landkreise und Gemeinden, in der Denkmalpflege tätige Institutionen und die Eigentümer der Kulturdenkmale zusammen. Veränderungen an Kulturdenkmalen oder in deren Umgebung bedürfen der denkmalrechtlichen Genehmigung.

Deutsches Institut für Bautechnik (DIBt), Berlin. Die nach BauPG § 7 für die *europäische technische Zulassung* zuständige Stelle, die im Auftrage des Bundes auch in dem der *Bauproduktenrichtlinie* wirkenden Gremium aus den von den EU-Mitgliedstaaten bestimmten Zulassungsstellen mitarbeitet. Das DIBt ist auch zuständig für nationale *Zulassungen*. Es macht im Einvernehmen mit den obersten Baubehörden der Bundesländer *Bauregellisten* bekannt (z. B. nach NBauO § 24) (Abb. 1.12).

Eingriff im Sinne des *Naturschutzrechts* ist eine Veränderung der Gestalt oder Nutzung von Grundflächen, die die Leistungsfähigkeit des Naturhaushalts oder das Landschaftsbild erheblich beeinträchtigen. Es gelten folgende Grundsätze:
– Eingriffe sind zu vermeiden, mindestens aber
– zu minimieren. Ist dies nicht möglich, sind
– *Ausgleichsmaßnahmen* durchzuführen. Sind diese am Eingriffsort nicht möglich, sollen
– *Ersatzmaßnahmen* an anderer Stelle die zerstörten Funktionen ersetzen.

Ausgleichs- und Ersatzmaßnahmen sind auch Gegenstand der Darstellungen in F-Plänen und der Festsetzungen in B-Plänen, z. B. in Form Landschaftspflegerischer Fachbeiträge. BauGB § 1 a enthält Regelungen über Eingriffe.

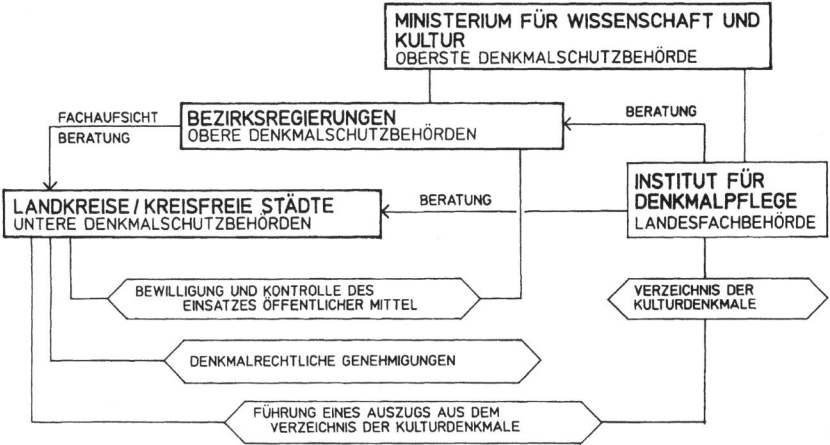

Abb. 1.9a Organisation von Denkmalschutzbehörden (Beispiel Niedersachsen)

Einleitung im Sinne des *Wasserrechts* ist die Einbringung von *Abwasser* in ein *Gewässer* (Abb. 1.11).
Entwicklungsmaßnahmen, städtebauliche (Abb. 1.9b) Entwicklungsmaßnahmen nach BauGB § 165 sollen der Errichtung von Wohn- und Arbeitsstätten und von Gemeindebedarfs- und Folgeeinrichtungen dienen.

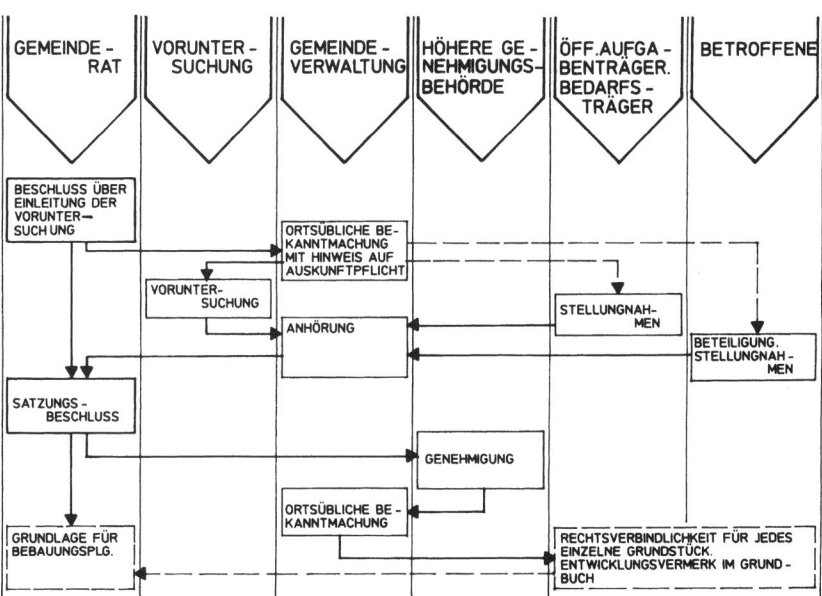

Abb. 1.9b Städtebauliche Entwicklungsmaßnahme, Verfahrensablauf

Entwurfsverfasser ist nach den *Landesbauordnungen* der Fachmann, der auf Grund seiner spezifischen Qualifikation bauvorlageberechtigt ist. Er ist dafür verantwortlich, dass der Entwurf dem *öffentlichen Baurecht* entspricht. In der Regel ist die Bauvorlageberechtigung an Personen gebunden, die die Berufsbezeichnung „Architekt" oder „Ingenieur" tragen. Die Berufsbezeichnung „Architekt" ist in den Bundesländern durch entsprechende Architektengesetze geschützt (vgl. Kapitel 1 B).

Erlaubnis im Sinne des *Wasserrechts* ist die Gewährung einer widerrufbaren Befugnis für eine bestimmte Benutzung eines *Gewässers* (WHG § 7).

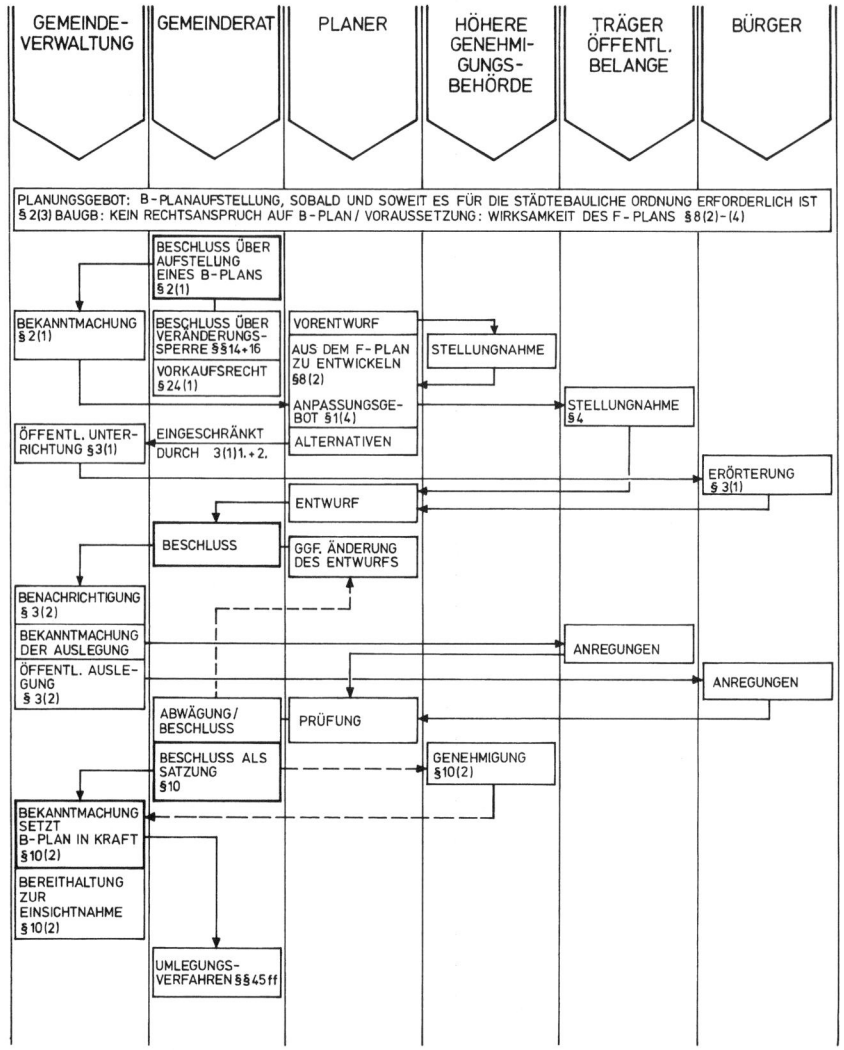

Abb. 1.10 Bebauungsplanverfahren – Regelverfahren
(Für die einzelnen Verfahrensschritte ist die Fundstelle im BauGB angegeben.)
(Das Flächennutzungsplanverfahren wird nach dem gleichen Schema abgewickelt.)

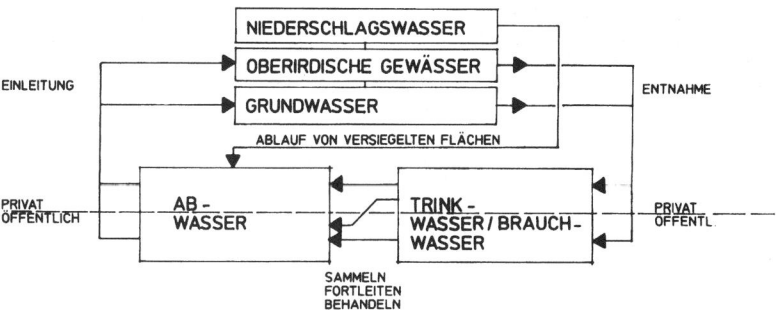

Abb. 1.11 Wasser, Gewässer, Begriffe

Ersatzmaßnahme (*Naturschutzrecht*) Für nicht durch *Ausgleichsmaßnahmen* zu beseitigende Beeinträchtigungen infolge eines *Eingriffs* müssen an anderer Stelle des von dem Eingriff betroffenen Raumes dessen Funktionen und Werte (Naturhaushalt und Landschaftsbild) ähnlich wiederhergestellt werden.
Festsetzungen sind wesentlicher Inhalt des *Bebauungsplanes* (Tafel 1.5). Die Festsetzungselemente sind in BauGB § 9 dargestellt. Mindestfestsetzungen für einen Bebauungsplan nennt BauGB § 30.
Flächennutzungsplan siehe *Bauleitplan* (Tafel 1.5, Abb. 1.10).
Gebote Städtebauliche Gebote sind das Baugebot (BauGB § 176), das Modernisierungs- und Instandsetzungsgebot (BauGB § 177), das Pflanzgebot (BauGB § 178) und das Rückbau- und Entsiegelungsgebot (BauGB § 179). Geplante Gebote sind vorher mit den Betroffenen zu erörtern (BauGB § 175).
Gefährdungshaftung (WHG § 22/StGB § 324) Der Verursacher einer Veränderung der Beschaffenheit eines *Gewässers* ist zum Schadensersatz verpflichtet.
Genehmigungsfreie Baumaßnahmen siehe *Baugenehmigungsfreiheit*.
Geschossfläche (Bruttogeschossfläche nach DIN 277) Sie wird nach den Außenmaßen der Gebäude in allen *Vollgeschossen* ermittelt. Balkone sowie bauliche Nebenanlagen und Garagen bleiben bei der Ermittlung unberücksichtigt (§ 20 BauNVO).
Geschossflächenzahl (GFZ) = Verhältnis der Bruttogeschossfläche zur Grundstücksgröße bzw. zum Nettowohnbauland (BauNVO § 20) (Tafel 1.14).
Gestaltung Gute Gestaltung baulicher Anlagen ist ein wesentliches Anliegen der *Landesbauordnungen*. Die Verunstaltungsklauseln (BauO NW § 12, NBauO § 53) können mit ihren unbestimmten Rechtsbegriffen allenfalls bauliche Verunstaltungen verhindern. Positiv wirksam sind örtliche *Bauvorschriften*.
Gewässer (Wasserrecht): oberirdische Gewässer, das Meer, das Grundwasser. Gewässerbenutzung bedarf der behördlichen *Erlaubnis* oder *Bewilligung*.
Gewässerbenutzung Als Gewässerbenutzung gelten das Entnehmen von Wasser, Ableiten, Aufstauen oder Absenken von oberirdischen *Gewässern* und Grundwasser sowie das Einbringen und Einleiten von Stoffen auch in Küstengewässer und Einwirkungen, die schädliche Veränderungen der physikalischen, chemischen und biologischen Beschaffenheit des Wassers herbeiführen.
Grenzabstände (§ 7 NBauO) (vgl. Abstandflächen) sind Abstände, die Gebäude zu Baugrundstücksgrenzen und Gebäuden einhalten müssen.
Grünordnungsplan (Abb. 1.13) wird allgemein verstanden als begleitende Planung zur verbindlichen *Bauleitplanung*. Sie beschränkt sich in der Regel auf den *Innenbereich*. Rechtsgrundlagen und Rechtswirksamkeit sind in den Bundesländern verschieden.
Grundfläche, zulässige (überbaubare) (§ 19 BauNVO). Für ihre Ermittlung ist die im Bebauungsplan ausgewiesene *Grundflächenzahl* maßgebend. Es ist die Fläche, die innerhalb der überbaubaren *Grundflächenzahl* höchstens von baulichen Anlagen bedeckt werden darf (Tafel 1.14). Für die Ermittlung der Grundfläche ist die Fläche des *Baugrundstücks* maßgebend, die im Bauland und hinter der im *Bebauungsplan* festgesetzten Straßenbegrenzungslinie liegt.

Grundflächenzahl (GRZ) = m² Gebäudegrundfläche je m² Grundstücksfläche. Die GRZ gibt keine Hinweise auf die Lage der überbaubaren Fläche. Es kann auf Grund baurechtlicher Bestimmungen, die die überbaubare Grundstücksfläche festlegen (*Baulinie, Baugrenze, Bebauungstiefe, Bauwich*), sogar möglich sein, dass die zulässige GRZ nicht erreicht wird (BauNVO § 19).

Grundstücksfläche, überbaubare (§ 23 BauNVO). Sie wird durch Festsetzung von *Baulinien, Baugrenzen* oder *Bebauungstiefen* bestimmt.

Hochhaus Als Hochhäuser bezeichnet man im Allgemeinen Gebäude, bei denen der Fußboden mindestens eines *Aufenthaltsraumes* mehr als 22 m über Gelände liegt. An Hochhäuser werden insbesondere hinsichtlich des Brandschutzes in den *Landesbauordnungen* besondere Anforderungen gestellt.

Im Zusammenhang bebauter Ortsteil (Innenbereich) (BauGB § 34) (Abb. 1.3) Vorhaben sind im Innenbereich auch zulässig, wenn das Grundstück nicht im Geltungsbereich eines qualifizierten *Bebauungsplanes* nach BauGB § 30 liegt. Die Zulässigkeit von Vorhaben im unbeplanten Innenbereich (Abb. 1.20) wird nach BauGB § 34 geregelt. Eine Gemeinde kann durch Satzung nach BauGB § 34 (4) den Innenbereich abgrenzen. Diese Innenbereichssatzung ist allerdings keine Rechtsgrundlage für die Abgrenzung des *Außenbereichs*.

Konformitätskennzeichen Nach *Bauproduktengesetz* Herstellerkennzeichnung der *Brauchbarkeit* eines *Bauprodukts* durch das EU-Konformitätszeichen CE.

Konformitätsnachweise sind Bestätigungen der Übereinstimmungen von *Bauprodukten* mit *harmonisierten* und *anerkannten Normen* oder *europäischen technischen Zulassungen*. Geregelt durch § 8 des *Bauproduktengesetzes.* Konformitätskennzeichnung erfolgt durch das CE-Zeichen (BauPG § 12).

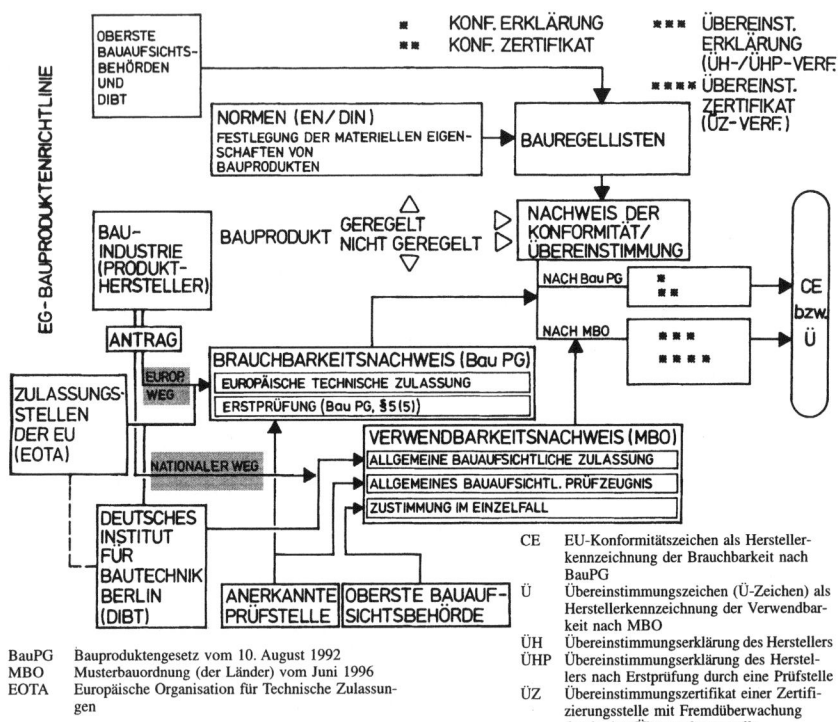

Abb. 1.12 Bauprodukt und Brauchbarkeit/Verwendbarkeit

Kulturlandschaft wird auch durch Gebäude geprägt (§ 35 (4) Nr. 4 BauGB). Das *Naturschutzrecht* fordert den Erhalt schützenswerter historischer Kulturlandschaften und der Umgebung von Kulturdenkmalen (z. B. § 2 Nr. 13 NNatSchG).
Landesbauordnung (Abb. 1.6) Landesbauordnungen sind Gesetze der Bundesländer. Sie sind weitgehend auf der Basis der *Musterbauordnung* vereinheitlicht. Unterschiede sind vor allem darin begründet, dass die Bundesländer ihre Bauordnungen zu verschiedenen Zeitpunkten auf dem jeweiligen Wissensstand erlassen oder geändert haben. Inhalt der Landesbauordnungen: Verordnungen über die Anordnung, Beschaffenheit und Benutzung von *baulichen Anlagen*. Die Verordnungen enthalten Anforderungen der Gefahrenabwehr (öffentliche Sicherheit und Ordnung), an gesunde Wohn- und Arbeitsverhältnisse und insbesondere zugunsten Behinderter, alter Menschen und zugunsten von Kindern und Personen mit Kleinkindern. Darüber hinaus ist gute Baugestaltung ein allgemeines Ziel der Landesbauordnungen. Aufgrund der Vorschriften der Landesbauordnungen ist eine Reihe weiterer Vorschriften erlassen worden, die mit der jeweiligen Landesbauordnung zusammen rechtswirksam sind.
Landschaftspflegerischer Begleitplan Aufgrund der gutachtlichen Stellungnahme der zuständigen Naturschutzbehörde vom Träger eines Vorhabens, das einen *Eingriff* darstellt und der *Planfeststellung* bedarf, zu erstellender Plan sowie Plan nach § 1 a (3) BauGB mit Darstellung von *Ausgleichs-* und *Ersatzmaßnahmen*. Der LBP wird Bestandteil des planfestzustellenden Plans bzw. des B-Plans.
Landschaftsplanung (Abb. 1.13) ist im Allgemeinen dreistufig aufgebaut als Landschaftsprogramm auf Landesebene, als Landschaftsrahmenplanung für begrenzte Gebiete (Landkreise) und als Landschaftsplanung der Gemeinden. Landschaftsplanung beschränkt sich in der Regel auf den

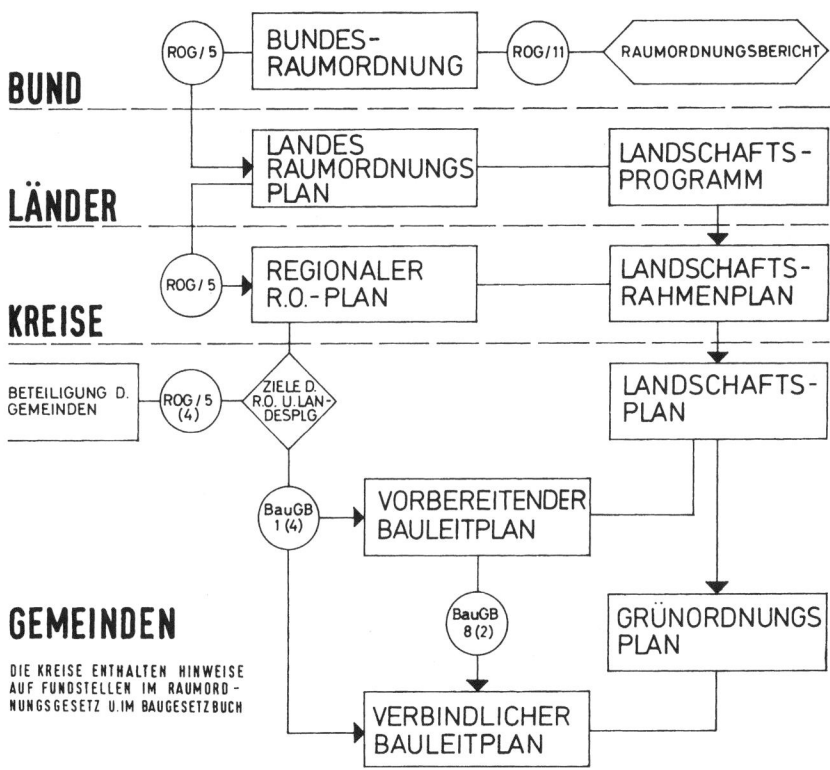

Abb. 1.13 Raumordnung, Bauleitplanung, Landschaftsplanung

Tafel 1.14 Obergrenzen für die Bestimmung des Maßes der baulichen Nutzung

Baugebiet	Grund-flächenzahl (GRZ)	Geschoss-flächenzahl (GFZ)	Bau-massenzahl (BMZ)
Kleinsiedlungsgebiet (WS)	0,2	0,4	
Reines Wohngebiet (WR) Allgemeines Wohngebiet (WA) Ferienhausgebiet	0,4	1,2	
Besonderes Wohngebiet (WB)	0,6	1,6	
Dorfgebiet (MD) Mischgebiet (MI)	0,6	1,2	
Kerngebiet (MK)	1,0	3,0	
Gewerbegebiet (GE) Industriegebiet (GI) Sonstige Sondergebiete	0,8	2,4	10,0
Wochenendhausgebiete	0,2	0,2	

Außenbereich. Rechtsgrundlagen für Landschaftsplanung enthalten die Naturschutz- und Landschaftsgesetze der Bundesländer. Die Rechtswirksamkeit der Landschaftsplanung ist in den Bundesländern verschieden.
Maß der baulichen Nutzung (BauNVO § 17) (Tafel 1.14) wird dargestellt durch die Ausnutzungsziffern *Grundflächenzahl* und *Geschossflächenzahl* oder *Baumassenzahl*.
Musterbauordnung (Abb. 1.6) Musterentwurf zur Vereinheitlichung der dem Landesrecht unterliegenden *Landesbauordnungen*. Von einer eigens zur Erarbeitung eingesetzten Kommission 1959 verabschiedet und seitdem durch die ARGEBAU ständig aktualisiert.
Nachweise Mit dem *Bauantrag* sind alle für die Beurteilung des Bauvorhabens erforderlichen Unterlagen (*Bauvorlagen*) einzureichen. Dazu gehören folgende Nachweise: Die statischen Berechnungen, in der Regel nach eingeführten Rechenverfahren (z. B. DIN 1053, DIN 1045) mit anerkannten Lastannahmen (DIN 1055), müssen die Standsicherheit der Anlage als Ganzes und seiner Teile nachweisen. Der Wärmeschutz wird im Regelfall rechnerisch unter Verwendung amtlich anerkannter Rechenwerte (z. B. für λ) nachgewiesen. Schallschutz und Brandschutz werden fallweise durch Verweise auf die in eingeführten *Normen* genannten Ausführungsbeispiele (z. B. DIN 4109-3, DIN 4102-10), durch Berechnung oder durch *Zulassungen/Prüfzeichen* oder durch *Prüfzeugnisse* nachgewiesen.
Natürliche Lebensgrundlagen Schutz der natürlichen Lebensgrundlagen ist in den Verfassungen einiger Bundesländer zum Staatsziel erhoben worden. Er ist Ziel des Naturschutzes und der Landschaftspflege im *BNatSchG* und den Naturschutzgesetzen der Bundesländer, Planungsgrundsatz im *BauGB* und ein Grundsatz in neu gefassten *Landesbauordnungen* (z. B. NBauO). Natürliche Lebensgrundlagen sind der Boden, das Wasser, die Luft und das Klima und mittelbar Flora und Fauna. Der Schutz der natürlichen Lebensgrundlagen dient der Leistungsfähigkeit des Naturhaushalts und der Nutzbarkeit der Naturgüter.
Naturschutzrecht Es wird im Wesentlichen durch das *Bundesnaturschutzgesetz* als Rahmengesetz und durch Landesnaturschutzgesetze geregelt.
Normen Ergebnis der von den interessierten Kreisen im Rahmen des Deutschen Instituts für Normung (DIN) durchgeführten Vereinheitlichungsbemühungen mit den Zielen Rationalisierung, Qualitätsverbesserung, Erhöhung der Sicherheit. Normen werden auf der Basis des Standes der Wissenschaft und Technik erarbeitet und beschreiben zum Zeitpunkt ihres Erscheinens den Stand der Technik und sollen sich zwanglos als *„anerkannte Regeln der Technik"* einführen. Eine Anwendungspflicht kann sich aus Rechts- oder Verwaltungsvorschriften, Verträgen oder aus anderen

Rechtsgrundlagen ergeben. Bei Veränderungen des Standes der Technik werden Normen ggf. überarbeitet und als Neuausgaben herausgegeben oder zurückgezogen.
Der Teil der im Bauwesen wichtigen (insbesondere Bemessungs- und Ausführungs-)Normen, der Fragen der öffentlichen Sicherheit oder Ordnung (§ 3 BauO NW) berührt, wird von den obersten Bauaufsichtsbehörden der Bundesländer als *Technische Baubestimmungen* „eingeführt". Hieraus ergibt sich für diesen Teil Anwendungspflicht. Eingeführte Normen werden zusammen mit dem zugehörigen Einführungserlass amtlich veröffentlicht. Die *Technischen Baubestimmungen* werden als ein amtliches Verzeichnis geführt.

Normen, anerkannte [BauPG 2 (3)] In Mitgliedstaaten der EU geltende technische Regeln für *Bauprodukte*, deren *Brauchbarkeit* auf Grund eines nach der *Bauproduktenrichtlinie* durchgeführten Verfahrens anzunehmen ist.

Normen, harmonisierte [BauPG § 2 (2)] Nach Art. 7 (1) der *Bauproduktenrichtlinie* von europäischen Normungsorganisationen erarbeitete technische Regeln zur Umsetzung in nationale Normen.

Planfeststellungsverfahren (VwVfG §§ 72 bis 78) wird angewendet bei Planungen auf den Gebieten des Verkehrs-, Wege- und Wasserrechts und der öffentlichen Versorgung. Planfeststellungsverfahren sind Verwaltungsverfahren mit Beteiligung der Planungsbetroffenen. Elemente des Verfahrens sind: Anordnung des Verfahrens durch Rechtsvorschrift; *Anhörungsverfahren*; Planfeststellungsbeschluss (Abb. 1.16). *Eingriffe*, die einer Planfeststellung bedürfen, müssen ausgeglichen werden. *Ausgleichs-* und *Ersatzmaßnahmen* müssen in einem *Landschaftspflegerischen Begleitplan* dargestellt werden.

Planungsgebot [BauGB § 1 (3)] Die Gemeinden sind verpflichtet, Konflikte mittels Bauleitplanung zu bewältigen.

Planzeichenverordnung (PlanzV) Verordnung über die Ausarbeitung der *Bauleitpläne* sowie über die Darstellung des Planinhalts.

Produkt ist jede bewegliche Sache sowie Elektrizität. Ausgenommen sind landwirtschaftliche Naturprodukte, die noch nicht verarbeitet sind.

Produkthaftungsgesetz (ProdHaftG) Es regelt die Haftung für Gefährdungen durch *Produkte*.

Prüfzeugnis, allgemeines bauaufsichtliches *Bauprodukte*, für die es keine besonderen Sicherheitsanforderungen gibt, bedürfen statt einer *allg. bauaufsichtl. Zulassung* nur eines allg. bauaufsichtl. Prüfzeugnisses. Es wird vom *DIBt* im Einvernehmen mit der Obersten Landesbaubehörde in der *Bauregelliste* bekannt gemacht.

Raumordnung (Abb. 1.6; Abb. 1.13) Die Raumordnung wird nach Art. 75 GG durch ein Rahmengesetz des Bundes geregelt (Raumordnungsgesetz) (BROG). In diesem Rahmen haben die Bundesländer Landesraumordnungsgesetze erlassen. Aufgaben und Ziele der Raumordnung werden durch die im GG dargestellten Grundrechte und politischen Ziele abgesteckt. Die allgemeine räumliche Struktur ist einer Entwicklung zuzuführen, die unter Berücksichtigung der natürlichen Gegebenheiten und wirtschaftlicher, sozialer und kultureller Erfordernisse der freien Entfaltung der Persönlichkeit in der Gemeinschaft dient. Die Raumordnung ist mehrstufig: Bundesraumordnung, Landesraumordnung, regionale Raumordnung.

Regeln der Technik, allgemein anerkannte siehe *Technische Baubestimmungen* und *Normen*. Nach allgemeinem Rechtsverständnis sind technische Baubestimmungen ein allerdings wesentlicher Teil der allgemein anerkannten Regeln der Technik in Verbindung mit bewährten Baukonstruktionen und -verfahren sowie anerkannter Fachliteratur.

Sanierungsmaßnahmen, städtebauliche (BauGB §§ 136 bis 164b) Sie dienen der Verbesserung und Umgestaltung von Gebieten, in denen städtebauliche Missstände vorliegen. Sie dienen dem Wohl der Allgemeinheit. Städtebauliche Missstände liegen i.d.R. dann vor, wenn die allgemeinen Anforderungen an gesunde Wohn- und Arbeitsverhältnisse oder die Sicherheit der Wohn- und Arbeitsbevölkerung nicht gewährleistet und die städtebaulichen Funktionen des Gebietes mangelhaft sind. Verfahrensschritte: 1. vorbereitende Untersuchungen, 2. förmliche Festlegung des Sanierungsgebietes, 3. Bestimmung der Ziele und Zwecke der Sanierung, 4. städtebauliche Planung (z.B.: B-Plan), 5. Erörterung, 6. Sozialplan, 7. Baumaßnahmen, 8. Aufhebung der Sanierungssatzung nach erfolgter Maßnahme.

Satzung Ein von der kommunalen Legislative (Gemeinderat; Stadtrat) erlassenes Gesetz. Nach GG Art. 28 haben die Gemeinden das Recht, ihre Angelegenheiten in eigener Verantwortung zu regeln. Im Bereich des städtebaulichen Planungsrechts werden verbindliche *Bauleitpläne* (BauGB § 10) sowie die Abgrenzung des im *Zusammenhang bebauten Ortsteils* (BauGB § 34) als Satzung

1.15

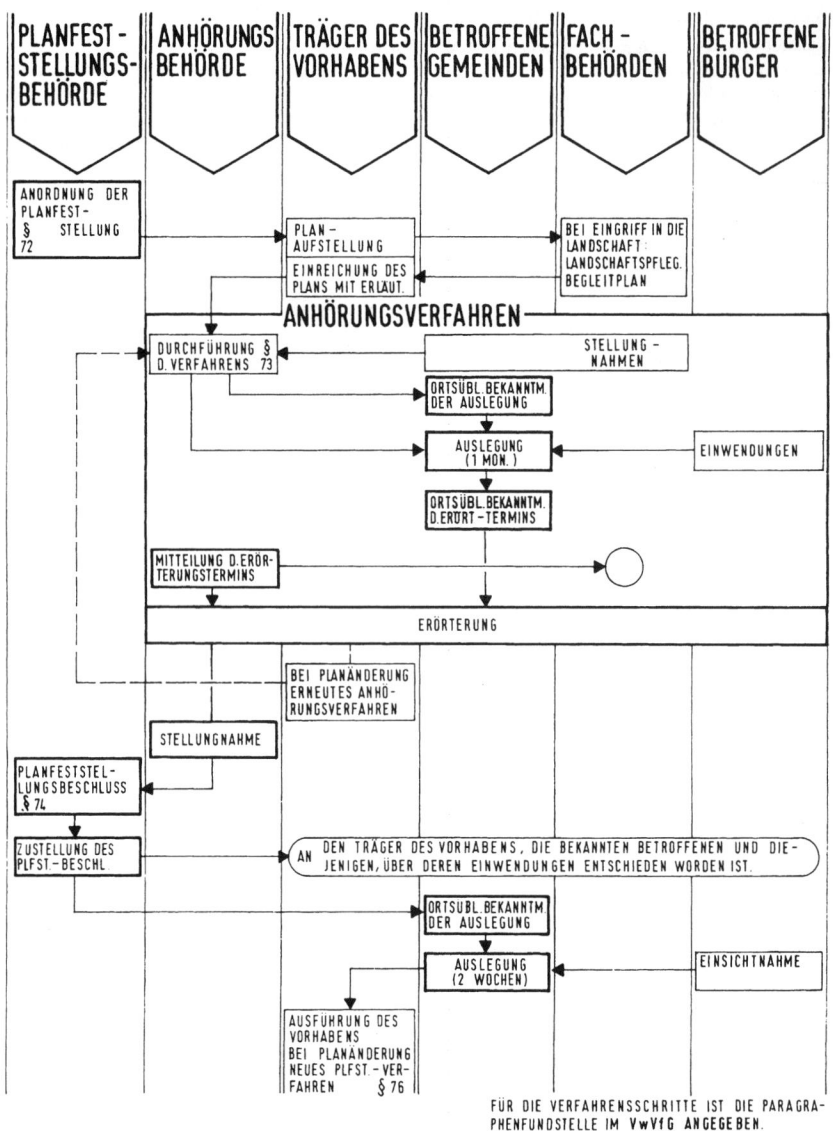

Abb. 1.16 Planfeststellungsverfahren

erlassen. Die Durchführung von *Ausgleichsmaßnahmen* ist durch Satzungen regelbar (BauGB § 135a–c). Im besonderen Städtebaurecht gibt es Sanierungssatzungen (BauGB § 142) und Erhaltungssatzungen (BauGB § 172). Grundlage von kommunalen Abwassersatzungen sind hingegen die Gesetze des *Wasserrechts*.
Schallschutz im Städtebau (Tafel 1.17) DIN 18 005-1 enthält Berechnungsgrundlagen für die Ermittlung von Schallemissionen und das zugehörige Beiblatt Orientierungswerte für den Schall-

Tafel 1.17 Schallschutz im Städtebau
Schalltechnische Orientierungswerte für die städtebauliche Planung
Beiblatt 1 zu DIN 18 005-1 (5.87) (Auszug)

Baugebiet nach BauNVO §§ 2 bis 11	Höchstwert (dB)		
	tags	nachts	
Öffentliche Grünflächen nach BauGB § 9 (1) 15		Industrie-, Gewerbe-, Freizeitlärm	sonstiger Lärm
Reine Wohngebiete, Wochenend- und Ferienhausgebiete	50	35	40
Allgemeine Wohngebiete, Kleinsiedlungsgebiete, Campingplatzgebiete	55	40	45
Besondere Wohngebiete	60	40	45
Dorf- und Mischgebiete	60	45	50
Kerngebiete, Gewerbegebiete	65	50	55
Sonstige Sondergebiete, soweit sie schutzbedürftig sind (z. B. Klinikgebiete) je nach Nutzungsart	45–65	35–65	
Friedhöfe, Kleingartenanlagen, Parkanlagen		55	
Industriegebiete	Emissionen nach DIN 18 005-1 (5.87) Immissionswerte werden nicht angegeben.		

16. Verordnung zur Durchführung des Bundesimmissionsschutzgesetzes (Verkehrslärmschutzverordnung – 16. BImSchV) (12. 6. 1990) (Auszug)

Baugebiet, Nutzungsart	Immissionsgrenzwert in dB(A)	
	tags	nachts
Krankenhäuser, Schulen, Kur- und Altenheime	57	47
Reine und Allgemeine Wohngebiete, Kleinsiedlungsgebiete	59	49
Misch-, Dorf-, Kerngebiete	64	54
Gewerbegebiete	69	59

schutz. In der 16. Verkehrslärmschutzverordnung (16. BImSchV) werden Grenzwerte festgesetzt. Die Ermittlung von Verkehrslärmpegeln erfolgt unter Berücksichtigung lärmrelevanter Parameter.

Störungsabwehrklausel [BauNVO § 15 (1)] Bauliche Anlagen sind im Einzelfall unzulässig, wenn von ihnen Belästigungen oder Störungen ausgehen können, die nach der Eigenart des *Baugebiets*, in dem sie verwirklicht werden sollen, im Baugebiet selbst oder in dessen Umgebung unzumutbar sind. Sie sind auch unzulässig, wenn sie solchen Belästigungen oder Störungen ausgesetzt werden können.

Straftaten gegen die Umwelt werden nach dem Strafgesetzbuch (StGB) geahndet, und zwar Verunreinigung eines *Gewässers* (§ 324), Verunreinigung der Luft (§ 325), Umwelt gefährdende *Abfallbeseitigung* (§ 326), unerlaubtes Betreiben von *Anlagen* (§ 327), unerlaubter Umgang mit Kernbrennstoffen (§ 328), Gefährdung schutzbedürftiger Gebiete (§ 329), schwere Umweltgefährdung (§ 330).

Technische Baubestimmung Die oberste Baubehörde eines Bundeslandes kann technische Baubestimmungen erlassen, um die in den *Landesbauordnungen* beschriebenen öffentlichen *Belange* (z. B. öffentliche Sicherheit und Ordnung, insbesondere Leben oder Gesundheit) wahren zu helfen. Technische Baubestimmungen sind in der Regel zu beachten. Sie gelten im Sinne des *Bauordnungsrechts* als *allgemein anerkannte Regeln der Technik*. Normen und andere technische Regeln können durch bauaufsichtliche Einführung zur technischen Baubestimmung erhoben werden. Dies geschieht durch die *Liste der Technischen Baubestimmungen*, die i. d. r. jährlich von den einzelnen Ländern herausgegeben wird.
Träger öffentlicher Belange (Abb. 1.10) werden gemäß BauGB § 4 bei der Aufstellung der *Bauleitpläne* beteiligt. Es sind Stellen und Fachbehörden, die die in den Planungsgrundsätzen des Baugesetzbuches BauGB § 1 (5) formulierten *öffentlichen Belange* vertreten.
Übereinstimmungsnachweise (*Konformitätsnachweise*) (Abb. 1.12) sind der nationale Weg besonderer *Brauchbarkeitsnachweise*. Sie können als *allgem. bauaufsichtl. Zulassung*, als *allgem. bauaufsichtl. Prüfzeugnis* oder als Nachweis der Verwendbarkeit im Einzelfall geführt werden.
Überschwemmungsgebiete (WHG § 32) dienen dem schadlosen Abfluss von Hochwasser. Sie sind von Bebauung generell frei zu halten.
Umlegungsverfahren (Abb. 1.10) Die Umlegung von Grundstücken ist ein Rechtsinstrument der Bodenordnung zum Zwecke der Durchführung der verbindlichen Bauleitplanung (Tafel 1.5). Bei der Umlegung werden Grundstücke unter Berücksichtigung ihres Verkehrswertes ohne Wertgewinne oder -verluste ggf. mithilfe von Ausgleichszahlungen derart getauscht, dass eine Parzellierung entsteht, die die Realisierung der Planung ermöglicht. Umlegung ist auf freiwilliger Basis durch die betroffenen Eigentümer, jedoch auch nach BauGB §§ 45 bis 79 in eigener Verantwortung der Gemeinden durchführbar.
Umwelthaftungsgesetz (UmweltHG) Das Gesetz regelt die Haftung für schädliche Umwelteinwirkungen durch *Anlagen*.
Umweltverträglichkeitsprüfung (UVP) Sie wird geregelt durch das Gesetz über die UVP (UVPG). Erlassen am 12. 2. 1990.
(1) Die Umweltverträglichkeitsprüfung ist ein unselbstständiger Teil verwaltungsbehördlicher Verfahren, die der Entscheidung über die Zulässigkeit von Vorhaben dienen. Die UVP umfasst die Ermittlung, Beschreibung und Bewertung der Auswirkungen eines Vorhabens auf
1. Menschen, Tiere und Pflanzen, Boden, Wasser, Luft, Klima und Landschaft einschließlich der jeweiligen Wechselwirkungen,
2. Kultur- und sonstige Sachgüter.

Inhalt [§ 6 (3/4): Grundsatz der Erheblichkeit]

- **Beschreibung** des Vorhabens: Standort/Art und Umfang des Bedarfs an Grund und Boden/ Beschreibung der Anlagen-Verfahren
- **Alternative** Vorhabenkonzepte und deren Bewertung
- Beschreibung der **Emissionen** und **Reststoffe** (Art und Menge)
- Beschreibung der Maßnahmen zur **Vermeidung** von erheblichen **Umweltbeeinträchtigungen** und von **Ersatzmaßnahmen** nach NatSchG
- Beschreibung der erheblichen **Auswirkungen** des Vorhabens auf die Umwelt
- Angabe von technischen Lücken und fehlenden Kenntnissen, die bei der Zusammenstellung der Unterlagen zutage traten

Verfahren

- **Auslegung** der Unterlagen (in allgemein verständlicher Art) bei Beginn eines Verfahrens mit den übrigen Unterlagen (§ 6)
- **Einholung von Stellungnahmen** der durch das Vorhaben berührten Behörden (§ 7)
- **Öffentlichkeitsbeteiligung** (*Anhörung*) entsprechend den Vorschriften des VwVfG (§ 9)
  Bei **vorgelagerten Verfahren**: [§ 15 (3/2)]
  • öffentl. Bekanntmachung
  • Auslegung der Unterlagen (1 Monat)

Verfahren (Fortsetzung)

- Gelegenheit zur Äußerung geben
- Unterrichtung der Öffentlichkeit über die Entscheidung
– Zusammenfassende und umfassende Darstellung der Umweltauswirkungen (§ 11) mit Ergebnis der Stellungnahmen und der Beteiligung der Öffentlichkeit
– **Bewertung** der Umweltauswirkungen (§ 12)
– **Vorbescheid** bzw. **Teilzulassungen** (§ 13)
– **Zulassung** des Vorhabens (§ 14)

Rechtsnatur

Umweltverträglichkeitsprüfung ist unselbstständiger Teil verwaltungsbehördlicher Verfahren zur Entscheidung über die Zulässigkeit von Vorhaben:	
– Bewilligung	(z. B. wasserrechtl. Art/LWG)
– Erlaubnis	
– Genehmigung	(z. B. Baugenehmigung/LBO)
– Planfeststellungsbeschluss	(n. VwVfG)
– B-Plan-Beschluss	(… wenn Grundl. f. Zul. v. Vorh.)
– F-Plan-Beschluss	

Unternehmer (*Landesbauordnungen*) Er führt die vom Bauherrn bestellten Arbeiten aus. Er ist dafür verantwortlich, dass seine Arbeiten dem *öffentlichen Baurecht* entsprechen (vgl. Kapitel 1 B).
Verantwortliche Personen Nach den *Landesbauordnungen* sind dies Personen, die für eine Baumaßnahme verantwortlich sind. Es sind dies: der *Bauherr*, der *Entwurfsverfasser*, der *Unternehmer* und sonstige Personen, die Gewalt über eine bauliche Anlage oder ein Grundstück ausüben.
Veränderungssperre Sie dient der Sicherung von Planungen in einem räumlich klar umgrenzten Bereich. Veränderungssperren können im Zusammenhang mit verbindlichen *Bauleitplanungen* (BauGB § 14 bis 18) beschlossen werden (Abb. 1.10). Nach Bundesfernstraßengesetz (FStrG) § 9a tritt im Zusammenhang mit einem *Planfeststellungsverfahren* eine Veränderungssperre automatisch in Kraft.
Vollgeschoss Der Begriff des Vollgeschosses hat Bedeutung bei der Ermittlung von Geschosszahlen und *Geschossflächenzahlen* (BauNVO §§ 18 und 20) und bei der Einstufung von Gebäuden hinsichtlich der Anforderungen des Brandschutzes und der Anforderungen an Treppen, Treppenräume und Aufzugsanlagen. Nach BauNVO § 17 (Tafel 1.14) wird das *Maß der baulichen Nutzung* unter anderem durch die zulässige Zahl der Vollgeschosse bestimmt. Die Definition für Vollgeschoss unterscheidet sich in den Bauordnungen der Bundesländer. Bestandteile der Definition sind die mittlere Mindestraumhöhe (lichte Raumhöhe) oder mittlere Mindestgeschosshöhe, das Größenverhältnis zu ggf. darunter liegenden Vollgeschossen und die Lage zur Geländeoberfläche.
Vorbescheid siehe *Bauvoranfrage*
Vorhaben sind nach BauGB § 29 die Errichtung, Änderung oder Nutzungsänderung von *baulichen Anlagen*, die nach Landesrecht (*Landesbauordnungen*) einer bauaufsichtlichen Genehmigung (Abb. 1.21) bedürfen oder der Bauaufsichtsbehörde angezeigt werden müssen (Abb. 1.20).
Vorhaben- und Erschließungsplan ist ein auf ein konkretes Vorhaben bezogener Plan. Er wird Bestandteil eines vorhabenbezogenen *Bebauungsplans*, bei dem der Vorhabenträger, von dem i.d.R. die Initiative ausgeht, mit der Gemeinde kooperiert (BauGB § 12).
Vorkaufsrecht (Abb. 1.10) Nach BauGB §§ 24 bis 28 steht den Gemeinden ein gesetzliches Vorkaufsrecht auf Grundstücke zu, die im Geltungsbereich eines rechtskräftigen oder zukünftigen *Bebauungsplanes* liegen oder in ein Verfahren zur Bodenordnung einbezogen sind (z. B. *Umlegungsverfahren*).
Wasserbuch Im Wasserbuch sind *Erlaubnisse, Bewilligungen,* alte Wasserrechte, *Wasserschutzgebiete* und *Überschwemmungsgebiete* einzutragen. Wasserbücher werden von den unteren Wasserbehörden geführt.

Wasserhaushaltsgesetz (WHG) (Abb. 1.22) Das „Gesetz zur Ordnung des Wasserhaushalts" regelt die Bewirtschaftung und Nutzung der *Gewässer* als Bestandteile des Naturhaushalts.
Wasserrecht (Abb. 1.22) Es wird im Wesentlichen durch das *Wasserhaushaltsgesetz* (WHG) und das *Abwasserabgabengesetz* (AbwAG) als Rahmengesetze des Bundes, die Landeswassergesetze und kommunale *Satzungen* geregelt.
Wasserschutzgebiete (WHG § 19) dienen dem Schutz von *Gewässern* zum Zwecke der Wasserversorgung.
Zulässigkeit von Vorhaben (Abb. 1.20) Sie regelt sich nach BauGB §§ 29–38. Danach gibt es drei Zulässigkeitsbereiche: Geltungsbereiche von *Bebauungsplänen* (Abb. 1.10), den unbeplanten *Innenbereich* (Abb. 1.3) (siehe auch: *Im Zusammenhang bebauter Ortsteil*) und den *Außenbereich* (Abb. 1.3). Vorhaben müssen darüber hinaus den Anforderungen der *Landesbauordnungen* entsprechen, wenn sie einer *Baugenehmigung* oder -anzeige bedürfen.
Zulassung, allgemeine bauaufsichtliche Zulassung ist ein *Brauchbarkeitsnachweis* für nicht geregelte Bauprodukte und wird vom *Deutschen Institut für Bautechnik* im Auftrag der obersten Bauaufsichtsbehörden der Länder erteilt. Die Gültigkeitsdauer soll 5 Jahre nicht überschreiten und

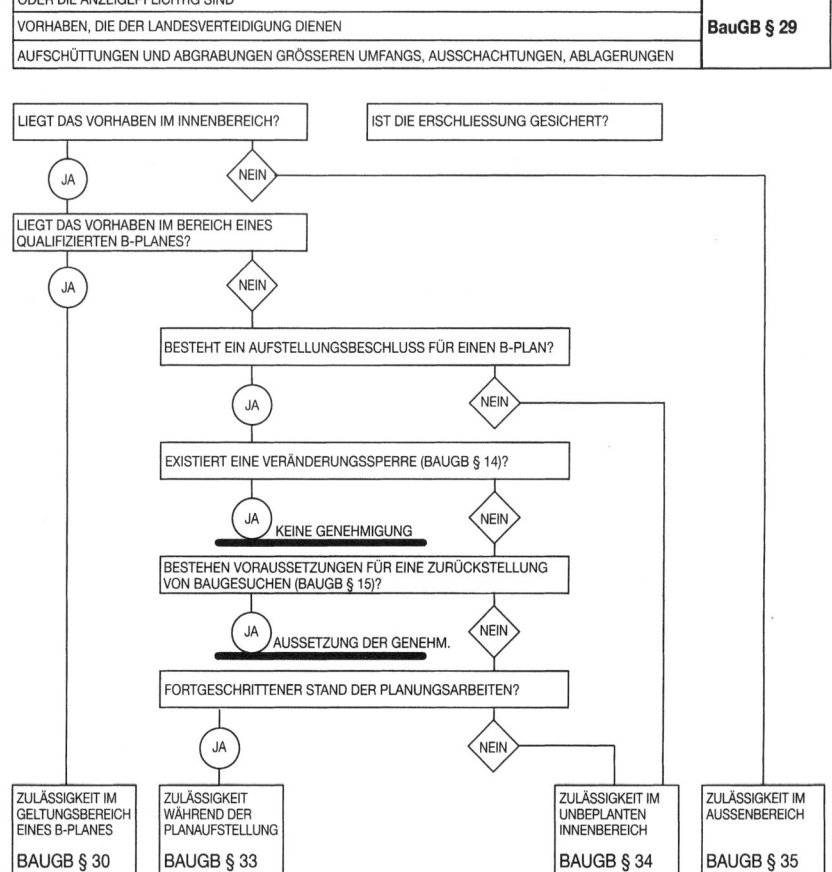

Abb. 1.20 Vorhaben. Checkliste für die planungsrechtliche Zulässigkeit

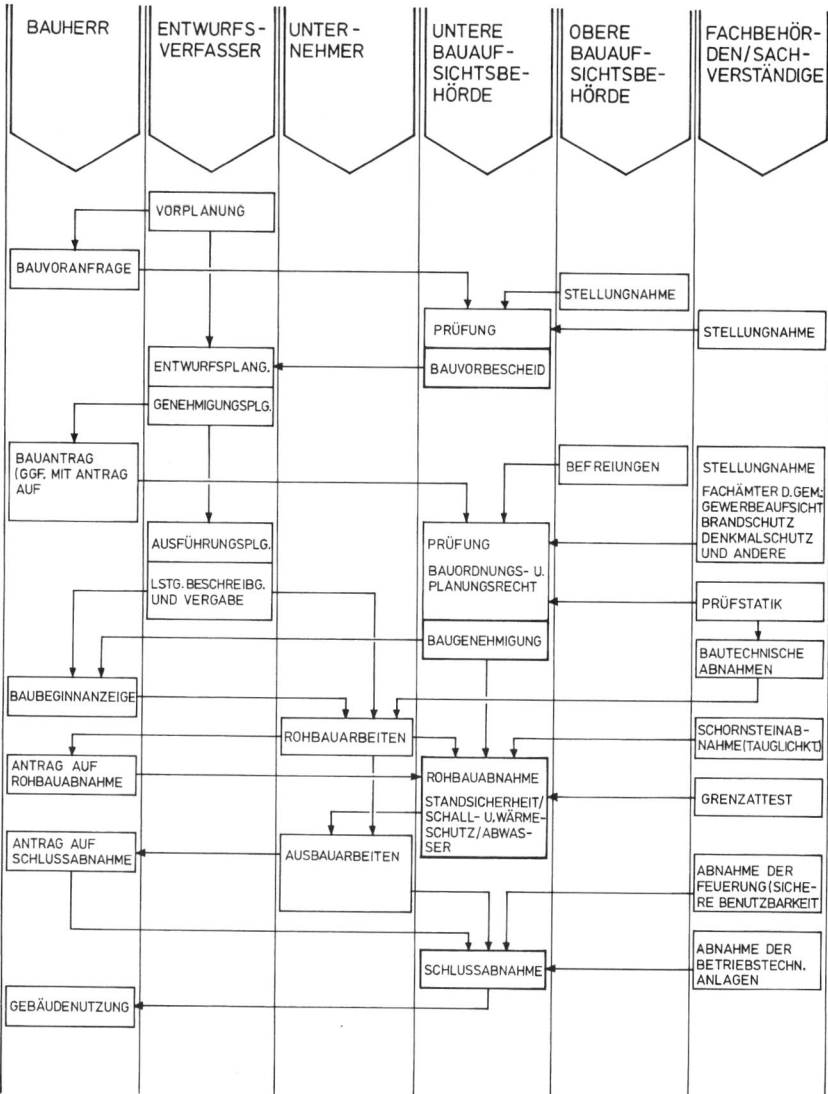

Abb. 1.21 Baugenehmigungsverfahren

kann verlängert werden. Sie ist zu widerrufen, wenn sich die neuen Baustoffe usw. nicht bewähren. Das DIBt macht die von ihm erteilten allgemeinen bauaufsichtlichen Zulassungen nach Gegenstand und wesentlichem Inhalt bekannt (Abb. 1.12).

Zulassungen, europäische technische Nach dem *Bauproduktengesetz* dem Hersteller für *Bauprodukte* auf Antrag erteilte *Brauchbarkeitsnachweise*. In Deutschland für Zulassungen zuständige Stelle: *Deutsches Institut für Bautechnik*, Berlin (BauPG §§ 6 und 7) (Abb. 1.12).

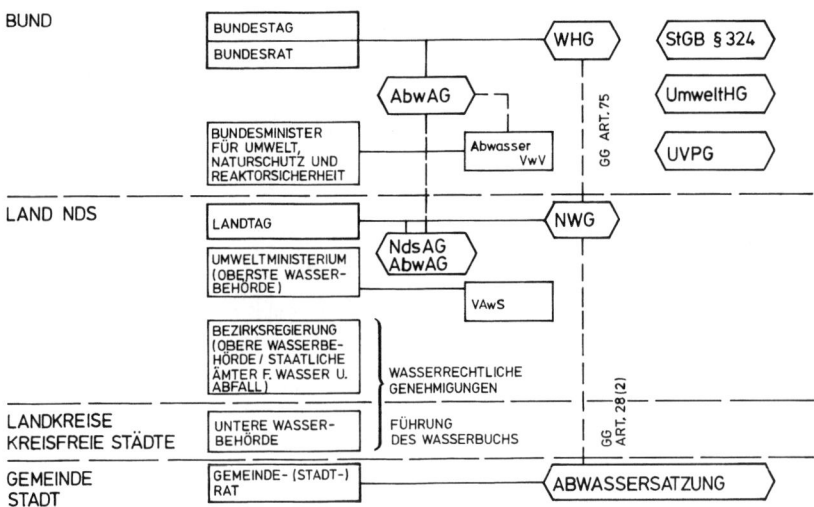

Abb. 1.22 Das Wasserrecht (Beispiel Niedersachsen)
(Abkürzungen: AbwAG = Abwasserabgabengesetz, AbwasserVwV = Abwasserverwaltungsverordnung, NdS AG AbwAG = Niedersächsisches Ausführungsgesetz zum Abwasserabgabengesetz, VAwS = Anlagenverordnung, WHG = Wasserhaushaltsgesetz, NWG = Niedersächsisches Wassergesetz)

Abkürzungen

AbfG	Abfallgesetz	LBO	Landesbauordnung
AbwAG	Abwasserabgabengesetz	LPB	Landschaftspflegerischer Begleitplan
BauGB	Baugesetzbuch		
BauNVO	Baunutzungsverordnung	LWG	Landeswassergesetz
BauO NW	Bauordnung Nordrhein-Westfalen	MBO	Musterbauordnung
		NBauO	Niedersächsische Bauordnung
BauPG	Bauproduktengesetz	NNatSchG	Niedersächsisches Naturschutzgesetz
BImSchG	Bundesimmissionsschutzgesetz		
BNatSchG	Bundesnaturschutzgesetz	NWG	Niedersächsisches Wassergesetz
DIBt	Deutsches Institut für Bautechnik	PlanzV	Planzeichenverordnung
		ProdhaftG	Produkthaftungsgesetz
FStrG	Bundesfernstraßengesetz	ROG	Raumordnungsgesetz
GFZ	Geschossflächenzahl	StGB	Strafgesetzbuch
GOP	Grünordnungsplan	VwVfG	Verwaltungsverfahrensgesetz
GG	Grundgesetz	UmweltHG	Umwelthaftungsgesetz
GRZ	Grundflächenzahl	UVP	Umweltverträglichkeitsprüfung
HOAI	Honorarordnung für Architekten und Ingenieure	WHG	Wasserhaushaltsgesetz

1 B Baubetrieb

Prof. Dipl.-Ing. Hans Dieter Fleischmann (Abschnitt 1 und 2)
Prof. Dipl.-Ing. Karlheinz Tripler (Abschnitt 3 und 4)

1 Bauabwicklung und Bauvertragswesen
1.1 Die am Bauen Beteiligten

Während in anderen Industriezweigen die Herstellung einer Ware weitgehend unter der Verantwortung *eines* Produzenten steht, muss man bei der Herstellung eines Bauwerks zumindest zwei Gruppen von Baubeteiligten unterscheiden, nämlich die Gruppe der *planenden* und projektleitenden Architekten und Ingenieure und die Gruppe der *ausführenden* Unternehmen und Handwerksbetriebe. Beide Gruppen können sich, je nach Vergabeform (siehe 1.2), aus einer Vielzahl einzelner Baubeteiligter zusammensetzen. Dazu kommt die vergleichsweise starke Position des *Bestellers*, des „Bauherrn", der selbst oder über seine Beauftragten jederzeit in den Bauablauf eingreifen kann.

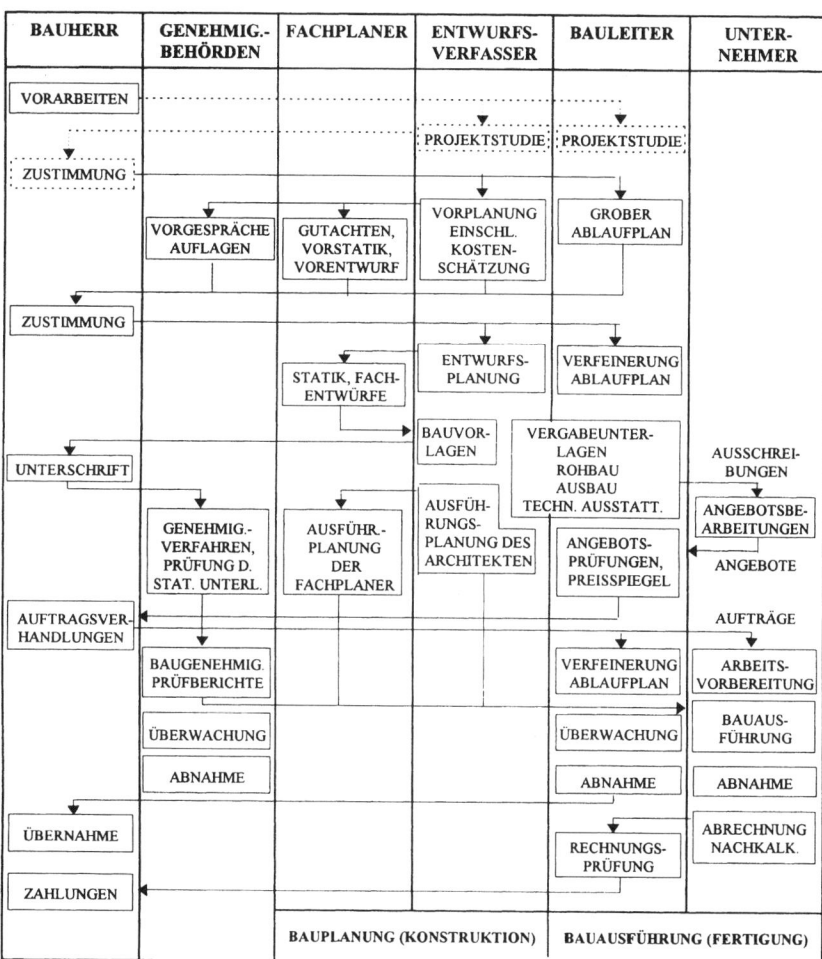

Abb. 1.23 Ablaufdiagramm für konventionelle Bauabwicklung

Schließlich räumt die Bauordnung zur „Abwehr von Gefahren für die öffentliche Sicherheit und Ordnung" einer Reihe von *Behörden* und Institutionen Eingriffsrechte in die Bauabwicklung ein. Um das möglichst reibungslose Ineinandergreifen aller Baubeteiligten zu gewährleisten, sind gegenüber anderen Produktionsbereichen spezifische *bauorganisatorische* und *bauvertragliche* Maßnahmen erforderlich.

Das Ablaufdiagramm der Abb. 1.23 zeigt eine konventionelle Bauabwicklung, die in besonderen Fällen (siehe vor allem *Unternehmereinsatz-* und *Vergabeformen* unter 1.2) modifiziert werden muß. Die Baubeteiligten werden nach den Begriffen des Bauordnungsrechts in sechs Gruppen gegliedert. Erläuterungen zu diesen Gruppen und ihren Beiträgen zur Bauabwicklung enthält der folgende Abschnitt.

1.2 Wichtige Begriffe aus Bauabwicklung und Bauvertragswesen

Kursiv gedruckte Begriffe im Text verweisen auf eigene Stichworterläuterungen.

Ablaufplanung: In möglichst frühem Planungsstadium sollte ein g r o b e r Zeitrahmen für den gesamten Planungs- und Bauablauf festgelegt werden. Dieser grobe Ablaufplan wird dann mit fortschreitender Planung verfeinert, sollte Bestandteil der *Bauverträge* mit den ausführenden Unternehmen werden und anschließend der Steuerung des Bauablaufs, gegebenenfalls auch als Leistungs- und Zahlungsplan, dienen. Für die Ablaufplanung sollte der später auch mit der Ablaufsteuerung befaßte *Bauleiter* verantwortlich sein.

Zumindest die Rohbauunternehmer erarbeiten im Rahmen ihrer *Arbeitsvorbereitung* f e i n e Ablaufpläne, mit denen sie den Einsatz der Produktionsfaktoren (Arbeiter, Maschinen, Schalungsgeräte) steuern. Zu den Planungstechniken siehe Abschnitt 2.

Abnahmen nach der Bauordnung siehe Kap. 1 A. Nach VOB/B § 12 [1.24] ist bei den Abnahmen gegenüber den ausführenden Unternehmen festzustellen, ob die Bauleistung nach Umfang und Qualität vertragsgemäß ausgeführt wurde. Sichtbare bzw. bekannte Mängel können vonseiten des Bauherrn später nicht mehr beanstandet werden. Nach der Abnahme geht die Bauleistung in die Gefahr des Bauherrn über.

Sowohl bei den öffentlich- als auch den vertragsrechtlichen Abnahmen läßt sich der *Bauherr* in der Regel durch seinen *Bauleiter* vertreten.

Angebotsbearbeitung: Dazu gehören neben der *Kalkulation* Überlegungen zum Bauablauf, zur Verfahrenswahl und zur Baustelleneinrichtung, also erste Aktivitäten der *Arbeitsvorbereitung;* je nach *Vergabeform* können vorher noch Mengenermittlungen, statische Berechnungen und Entwurfsarbeiten (z. B. zur Ausarbeitung eines Sondervorschlags) notwendig werden.

Arbeitsvorbereitung: Oberbegriff für die Fertigungsplanung und -steuerung der Bauausführung durch den Bauunternehmer. Wichtigste Bestandteile sind
– die Wahl der Fertigungsverfahren (einschl. der einzusetzenden Maschinen und Geräte)
– die *Ablaufplanung* und -steuerung
– die Baustelleneinrichtungsplanung
– die Arbeitskalkulation (siehe unter *Kalkulation*)
– die Durchführung von Zeit- und Arbeitsstudien.

Die Arbeitsvorbereitung wird endgültig zwischen Auftragseingang und Beginn der Bauausführung durchgeführt, wofür den Unternehmern ein ausreichender Zeitraum zur Verfügung stehen muss. Vorarbeiten zur Arbeitsvorbereitung sind in der Regel aber schon im Zuge der *Angebotsbearbeitung* zu erbringen.

Ausführungsplanung des Architekten (bzw. des Entwurfsverfassers): Darstellung aller für die Ausführung notwendigen Einzelheiten in den Ausführungszeichnungen 1:50 und zugehörigen Detailzeichnungen bis zum Maßstab 1:1; kann ganz oder teilweise auch den ausführenden Unternehmen übertragen werden (siehe *Unternehmereinsatzformen*).

Ausführungsplanung der Fachplaner: Schalungs- und Bewehrungspläne, Konstruktionszeichnungen für Fertigteile, Stahl- und Holzbaukonstruktionen, Lehrgerüste; Aussparungs-, Verlege- und Konstruktionspläne der Fachplaner für Haustechnik usw.; kann ganz oder teilweise auch den ausführenden Unternehmen übertragen werden (siehe *Unternehmereinsatzformen*).

Ausschreibung: Bekanntgabe der *Vergabeunterlagen* zwecks Erhalt von Angeboten, möglichst unter Beachtung der VOB/A [1.24] (bei Ausschreibungen der öffentlichen Hand zwingend vorge-

schrieben). Nach VOB/A § 3 kommen in Frage:
- die Öffentliche Ausschreibung, bei der nach öffentlicher Bekanntmachung eine unbeschränkte Zahl von Bietern zugelassen ist
- die Beschränkte Ausschreibung, bei der nur eine beschränkte Zahl von Bietern zur Angebotsabgabe aufgefordert wird
- die Freihändige Vergabe, die nur in bestimmten Ausnahmefällen angewandt werden soll (VOB/A § 3, 4).

Bauherr siehe Kap. 1 A.

Bauleiter im öffentlich-rechtlichen Sinn siehe Kap. 1 A. Vertragsrechtlich ist der Bauleiter dem *Bauherrn* dafür verantwortlich, dass das Werk hinsichtlich Umfang, Qualität, Kosten und Terminen wie bestellt ausgeführt wird, also insbesondere für die Vorbereitung, Koordinierung und Überwachung der Bauausführung.

Der Bauleiter kann mit dem *Entwurfsverfasser* identisch sein, z. B. in der Person des Architekten, er kann aus einem speziellen Büro für Bauabwicklung oder aus dem Hause des Bauherrn kommen, z. B. bei gewerblichen oder öffentlichen Baumaßnahmen. Er darf nicht mit den ebenfalls oft als Bauleiter bezeichneten Handlungsbeauftragten der *Unternehmer* verwechselt werden. Er ist, bei herkömmlicher Vergabe, vielmehr deren „Gegenspieler" (s. a. *Unternehmereinsatzformen).*

Bauverträge (s. a. *Vertragsrecht*) sollen nach VOB/A § 5 [1.24] möglichst eine Vergütung nach L e i s t u n g vorsehen. Dabei werden zweierlei Leistungsverträge unterschieden:
- Beim Einheitspreisvertrag werden die vom Bieter je Einheit der im Leistungsverzeichnis zusammengestellten Teilleistungen angegebenen Preise Vertragspreise; die Mengenansätze (und damit die Angebotssumme) sind im Rahmen bestimmter Grenzen noch veränderlich.
- In geeigneten Fällen können Pauschalverträge abgeschlossen werden, bei denen eine (oder mehrere) Pauschalsumme(n) für nach Ausführungsart und Umfang genau bestimmbare Bauleistungen vereinbart werden.

Neben diesen Leistungsverträgen kann für Bauleistungen geringeren (ausnahmsweise auch größeren) Umfangs, insbesondere wenn sie vorher nicht eindeutig zu beschreiben sind, auch eine Vergütung auf N a c h w e i s in Form eines Stundenlohn- oder eines Selbstkostenerstattungsvertrags vereinbart werden. Bei öffentlichen Aufträgen unterliegen diese Vertragsarten den Bestimmungen der Baupreisverordnung (siehe [1.14]).

Bauvorlagen siehe Kap. 1 A.

Entwurfsplanung, nach *HOAI* System- und Integrationsplanung mit dem Ziel einer zeichnerischen Darstellung des Gesamtentwurfs (meist im Maßstab 1:100), in Abstimmung mit den *Fachplanern* (Statik, Fachentwürfe), einschl. Kostenberechnung (siehe Tafel 1.39).

Entwurfsverfasser siehe Kap. 1 A. Der Entwurfsverfasser ist in der Regel nicht nur „für die Vollständigkeit und Brauchbarkeit seines Entwurfs verantwortlich", sondern auch für die Abstimmung mit den *Fachplanern,* soweit es im Einzelfall vertraglich nicht anders geregelt ist.

Fachplaner sollten nach der Bauordnung für Planungsaufgaben herangezogen werden, die der *Entwurfsverfasser* mangels ausreichender Sachkunde und Erfahrung nicht erbringen kann. Zu den Fachplanern zählen Statiker, Fachingenieure für Haustechnik, Umweltschutz usw. sowie Baugrundsachverständige und andere Gutachter.

Genehmigungsbehörden: Unter diesem Sammelbegriff sollen in Abb. 1.23 alle Behörden (und gegebenenfalls von diesen zugezogene Sachverständige wie Prüfingenieure u. a.) verstanden werden, die am Baugenehmigungsverfahren mitwirken (siehe dazu Abb. 1.21).

Genehmigungsverfahren siehe Abb. 1.21.

HOAI – Honorarordnung für Architekten und Ingenieure [1.16]: Bildet die Grundlage für die Honorierung von Architekten- und Ingenieurleistungen; enthält für Planungs- und Überwachungsaufgaben bei Gebäuden, Ingenieurbauwerken, Tragwerken, technischen Ausrüstungen, raumbildenden Ausbauten, Verkehrs- und Freianlagen nach den folgenden Leistungsphasen gegliederte Leistungsbilder (siehe Abschn. 4):

1. Grundlagenermittlung
2. Vorplanung
3. Entwurfsplanung
4. Genehmigungsplanung
5. Ausführungsplanung
6. Vorbereitung der Vergabe
7. Mitwirkung bei der Vergabe
8. Objektüberwachung
9. Objektbetreuung und Dokumentation

Daneben können weitere Architekten- und Ingenieurleistungen nach HOAI abgerechnet werden wie Projektsteuerung, Wertermittlungen, städtebauliche und bauphysikalische Leistungen, Bodengutachten, Vermessungsarbeiten.

Kalkulation, auch Bauauftragsrechnung, nach [1.18] Oberbegriff für Vorkalkulation, Arbeitskalkulation und Nachkalkulation; bildet zusammen mit der Baubetriebsrechnung (Betriebsbuchhaltung) den Komplex der Kosten- und Leistungsrechnung des innerbetrieblichen Rechnungswesens eines Baubetriebs.

– Die Vorkalkulation dient der Findung von Angebotspreisen (Angebotskalkulation), der Berücksichtigung von Änderungen während der Auftragsverhandlungen (Auftrags- oder Vertragskalkulation) sowie der Preisfindung für Nachträge zum Angebot (Nachtragskalkulation).

– Die Arbeitskalkulation dient der Ermittlung der Soll-Kosten, die aufgrund detaillierter Planung der Bauausführung im Rahmen der *Arbeitsvorbereitung* zu erwarten sind.

– Die Nachkalkulation dient der Ermittlung der tatsächlich entstandenen Kosten nach erbrachter Bauleistung; durch Gegenüberstellung mit den Soll-Werten der Arbeitskalkulation entsteht ein Soll-Ist-Vergleich.

Nachkalkulation siehe *Kalkulation.*

Projektstudien werden in der Regel nur für größere Bauvorhaben durchgeführt. Dabei geht es um das Auffinden von Möglichkeiten, die Wünsche des Bauherrn mit den Gegebenheiten der Umwelt (Baugelände, Bebauungspläne, mögliche Verkehrserschließung, Energieversorgung und Abfallbeseitigung) und den vorhandenen Bauvorschriften in Einklang zu bringen, verbunden mit einem Kostenüberschlag.

Projektstudien werden auch an mehrere Planungsbüros im Wettbewerb vergeben, um eine optimale Lösung zu finden. Insbesondere für städtebaulich oder landschaftsplanerisch bedeutsame Bauvorhaben werden an dieser Stelle auch **Architektenwettbewerbe** durchgeführt. Man unterscheidet dabei zwischen offenen und beschränkten Wettbewerben (siehe Öffentliche und Beschränkte *Ausschreibung*). Die Teilnehmer an solchen Wettbewerben bleiben in der Regel anonym. Die Verfahren werden durch die „Grundsätze und Richtlinien für Wettbewerbe (GRW)" geregelt.

Überwachung der Bauausführung durch den *Bauleiter* siehe dort. Daneben haben auch die Bauaufsichtsbehörden eine Überwachungspflicht hinsichtlich der Ausführung nach den genehmigten Bauvorlagen und den anerkannten Regeln der Technik; dabei überwachen noch andere Fachbehörden oder Sachverständige die Baustelle, z. B. die zuständige Berufsgenossenschaft hinsichtlich Einhaltung der Unfallverhütungsvorschriften, das Gewerbeaufsichtsamt hinsichtlich Einhaltung des Gerätesicherheitsgesetzes und der Arbeitsstättenverordnung, der TÜV hinsichtlich vorschriftsmäßiger Installation von Geräten wie Turmdrehkranen, Druckluftanlagen usw. (siehe dazu [1.13]).

Unternehmer siehe Kap. 1 A. Aus öffentlich-rechtlicher Sicht ist noch hervorzuheben, dass die Unternehmer vorrangig für „den sicheren bautechnischen Betrieb der Baustelle" und „die Einhaltung der Arbeitsschutzbestimmungen" bei der Ausführung der von ihnen übernommenen Arbeiten verantwortlich sind. Die Bauunternehmen und Handwerksbetriebe werden vor Ort durch *Bauleiter,* Bauführer, Kolonnenführer, Poliere oder Vorarbeiter vertreten.

Unternehmereinsatzformen: Das Bestreben, die Bauproduktion an die Produktionsverhältnisse der stationären Industrie anzupassen („Industrialisierung des Bauens"), wo in der Regel e i n Hersteller für das gesamte Produkt verantwortlich ist, hat dazu geführt, dass neben dem herkömmlichen „Alleinunternehmer", der lediglich ein Fachlos (siehe *Vergabeformen*) übernimmt, weitere Unternehmereinsatzformen entstanden sind (die E i n s a t z form darf nicht mit der R e c h t s form wie GmbH, KG, AG verwechselt werden, die in diesem Zusammenhang keine Rolle spielt):

– Der Generalunternehmer übernimmt die gesamte Bauausführung (schlüsselfertig) oder einen großen Teil davon (teilschlüsselfertig), gegebenenfalls auch Planungsleistungen (z. B. die Ausführungsplanung der Fachplaner). Er führt einen Teil der Bauleistungen, normalerweise die Rohbauarbeiten, selbst aus und vergibt die restlichen Bauleistungen an Nachunternehmer, die vertraglich nur an ihn gebunden sind. Der GU übernimmt damit zwangsläufig auch den größten Teil der Koordinierungsaufgaben vom konventionellen *Bauleiter.*

– Der Generalübernehmer gibt alle Bauleistungen an Nachunternehmer weiter und übernimmt selbst nur die Koordination, gegebenenfalls Planungsleistungen. Als GÜ treten große Consultingbüros, aber auch Bauunternehmen auf.

- Als Totalunternehmer werden in der Literatur und in der Praxis verschiedene Einsatzformen bezeichnet. Unumstritten ist, dass der TU ein Bauwerk plant u n d ausführt, ähnlich dem Produzenten anderer Industriezweige, sich gegebenenfalls auch noch um Finanzierung und Grundstücksbeschaffung kümmert.
Teilweise wird ein Unternehmen, das eine Bauaufgabe auf der Grundlage einer funktionalen Leistungsbeschreibung (siehe *Vergabeformen*) ausführt, bereits als TU bezeichnet, in anderen Fällen nur der „Anbieter" eines fertigen Bauproduktes, z. B. der Fertighaushersteller.
- Als Handwerker-Kooperation bezeichnet man die Zusammenarbeit mehrerer Betriebe v e r s c h i e d e n e r Fachlose auf Zeit oder auf Dauer. Sie können, insbesondere bei Reparatur- und Sanierungsarbeiten, dem Bauherrn eine größere Leistungspalette aus einer Hand anbieten. Im Unterschied zur herkömmlichen Arbeitsgemeinschaft, bei der sich Unternehmen des g l e i c h e n Fachloses aus Kapazitätsgründen (horizontal) zusammenschließen, spricht man hier von vertikaler Arbeitsgemeinschaft oder Kooperation.

Weitere Einzelheiten siehe [1.13] und [1.21].

Vergabe im Sinne der VOB [1.24] ist das gesamte Verfahren zwecks Abschluß eines *Bauvertrags* und keineswegs, nach verbreitetem Sprachgebrauch, nur die Auftragserteilung („Auftragsvergabe").

Vergabeformen: Die überwiegende Zahl der Bauaufträge wird nach Fachlosen vergeben, d. h. getrennt nach Fachgebieten oder Gewerbezweigen (VOB/A § 4, 3). Größere Bauvorhaben können auch schlüsselfertig (oder teilschlüsselfertig, z. B. erweiterte Rohbauarbeiten einschl. Dacheindeckung, Klempnerarbeiten, Türen, Fenster) an einen Generalunternehmer, Generalübernehmer oder eine Handwerker-Kooperation (siehe *Unternehmereinsatzformen*) vergeben werden.

Eine besondere Form der schlüsselfertigen Vergabe ist die Vergabe mit funktionaler Leistungsbeschreibung, bei der die Planungs- und Bauleistung auf der Grundlage eines Rahmenentwurfs und eines Leistungsprogramms ohne vorherige Festlegung auf bestimmte Bauweisen oder Konstruktionen (konstruktionsneutral) ausgeschrieben werden und die Bieter das Bauwerk nach eigenem Entwurf anbieten müssen. Einzelheiten dazu siehe [1.13].

Vergabeunterlagen (Verdingungsunterlagen) bilden die Voraussetzung für eine *Ausschreibung*. Sie bestehen nach VOB/A [1.24] § 10 aus
- einem Anschreiben mit der Aufforderung zur Angebotsabgabe, das alle Informationen enthält, die der Bieter für den Entschluß zur Angebotsabgabe benötigt (siehe i. E. VOB/A § 10, 5); objektunabhängige Informationen können auch in Bewerbungsbedingungen (BB) niedergelegt sein, die dem Anschreiben beigefügt werden;
- gegebenenfalls Zusätzlichen Vertragsbedingungen (ZVB), welche die Allgemeinen Vertragsbedingungen (AVB) der VOB/B für die allgemeingültigen (objektunabhängigen) Verhältnisse des Ausschreibenden ergänzen;
- Besonderen Vertragsbedingungen (BVB), welche die AVB und ZVB für die Erfordernisse des Einzelfalles (objektabhängig) ergänzen und daher immer erforderlich sind;
- evtl. Zusätzlichen Technischen Vertragsbedingungen (ZTV), welche die Allgemeinen Technischen Vertragsbedingungen (ATV) der VOB/C zu den einzelnen Leistungsbereichen ergänzen oder präzisieren;
- der Leistungsbeschreibung, die sich nach VOB/A § 9 in der Regel aus einer Baubeschreibung (allgemeine Beschreibung der zu vergebenden Bauleistungen) und einem nach Teilleistungen gegliederten Leistungsverzeichnis (LV) zusammensetzt (siehe dazu *Vergabeformen*);
- gegebenenfalls Übersichtszeichnungen (bei Rohbauarbeiten), Ausführungszeichnungen (bei Ausbauarbeiten), Lageplänen, Ablaufplänen (siehe *Ablaufplanung*), statischen Angaben, Boden- und Grundwassergutachten usw.

Die Federführung bei der Erarbeitung der Vergabeunterlagen sollte beim *Bauleiter* liegen, der später auch für die ordnungsgemäße Vertragsabwicklung verantwortlich ist.

Vertragsrecht: Es ist im Gegensatz zum öffentlichen Recht (siehe unter *Baurecht* in Kap. 1 A) privatrechtlicher Natur. Der *Bauherr* ist mit den planenden und/oder bauleitenden Architekten und Ingenieuren, sofern sie nicht Angestellte oder Beamte seines Hauses sind, durch Architekten- oder Ingenieurverträge verbunden, in der Regel auf der Grundlage der *HOAI*, mit den bauausführenden Unternehmen und Handwerksbetrieben durch *Bauverträge*. Letztere sollen (Bauverträge der öffentlichen Hand m ü s s e n) auf der Grundlage der Allgemeinen Vertragsbedingungen der VOB

[1.24] Teile B und C aufgestellt werden. Grundsätzlich gelten alle genannten Verträge als Werkverträge nach den Bestimmungen des Bürgerlichen Gesetzbuches (siehe BGB § 631–651 und [1.19]).

Vorarbeiten des Bauherrn vor dem „Anstoß" einer Baumaßnahme sind z. B. Bedarfsanalysen, Raumprogramme, Standortuntersuchungen, Grundstücksauswahl, Finanzierungsüberlegungen.

Vorplanung des Entwurfsverfassers, nach *HOAI* Projekt- und Planungsvorbereitung, in Abstimmung mit den entsprechenden Aktivitäten der *Fachplaner* (z. B. Vorstatik), gegebenenfalls auch Vorverhandlungen mit Genehmigungsbehörden (u. U. Bauvoranfrage, siehe Abb. 1.21), einschl. Kostenschätzung (siehe Tafel 1.39).

2 Ablaufplanung

2.1 Allgemeine Hinweise

Unter Ablaufplanung versteht man alle Aktivitäten zur Planung und Steuerung von Bauabläufen. Ablaufplanung muss sowohl auf der bauvergebenden Seite als auch durch den Bauunternehmer im Zuge seiner Arbeitsvorbereitung betrieben werden (siehe Abschn. 1.2 und Abb. 1.23).

Der **Feinheitsgrad** eines Ablaufplans hängt ab vom Zweck, der mit der Planung erreicht werden soll (z. B. Übersicht über die gesamte Bauabwicklung gemäß Abb. 1.29a oder detaillierte Steuerung des Bauablaufs durch den Bauunternehmer gemäß Abb. 1.30), aber auch vom Zeitpunkt, zu dem die Planung durchgeführt wird (siehe Abschn. 1.2).

Bevorzugte **Planungstechniken** für Bauablaufpläne sind
– der Balkenplan
– der Geschwindigkeitsplan (auch Linien- oder Zeit-Weg-Diagramm genannt)
– die Netzplantechnik.

Der *Balkenplan* ist „eindimensional", d. h., er hat nur eine Zeitachse, unter der die einzelnen Vorgänge als Balken ohne gegenseitige Beziehung zueinander aufgetragen werden (siehe Abb. 1.29a). Zur Verbesserung der Information können Darstellungselemente aus dem Netzplan mit Zeitachse gemäß Abb. 1.33b übernommen werden.

Der *Geschwindigkeitsplan* hat neben der (meist senkrecht angeordneten) Zeitachse eine Wegachse, auf der man den Weg ablesen kann, der bei der Bauabwicklung zurückgelegt wird. Er ist daher nur für Bauwerke geeignet, bei denen ein Weg bzw. Wegabschnitte definiert werden können, also z. B. für Straßen, Eisenbahnlinien, Kanal- und Rohrleitungstrassen, aber auch für Hochbaumaßnahmen, bei denen mehrere Geschosse oder Bauabschnitte zu durchlaufen sind.

Die *Netzplantechnik* erfordert den größten Planungsaufwand, liefert aber auch die meisten Informationen. Sie wurde zur Beherrschung komplexer Abläufe konzipiert, die nur bei großen Bauvorhaben gegeben sind. Aus einem Netzplan sind insbesondere die Abhängigkeiten zwischen den einzelnen Vorgängen sowie die vorhandenen Zeitreserven einwandfrei zu erkennen. Netzpläne können rechnergestützt erarbeitet und dann sehr schnell an neue Situationen (z. B. Bauzeitverzögerungen) angepasst werden.

Eine **Vorgangsliste**, in der die Vorgänge nach aufsteigenden Nummern zusammengestellt sind, gehört eigentlich zu jedem Ablaufplan, für Netzpläne ist sie zwingend erforderlich. Bei feinen Ablaufplanungen wird sie zum **Arbeitsverzeichnis** erweitert, das zusätzlich der Ermittlung der Vorgangsdauern (oder auch der Vorgangskosten) dient (siehe Abb. 1.29b).

Die **Vorgangsdauern** werden bei entsprechend *feiner* Planung aus den Mengenansätzen mit Hilfe von Zeitwerten ermittelt, bei geräteintensiven Arbeiten mit der Arbeitsleistung je Zeitstunde, bei personalintensiven Arbeiten mit dem Lohnstundenaufwand je Leistungseinheit, s. [1.14]). Bei *grober* Planung, wenn detaillierte Mengenansätze noch nicht vorliegen, muß gegebenenfalls auf Grundflächen und Rauminhalte (siehe Abschn. 3.3) als Bezugsgrößen zurückgegriffen werden, was noch schwieriger ist. Eine Möglichkeit für *mittelfeine* Planungen wird in Abschn. 2.4 behandelt.

Als **Bereitstellungsplanung** (Einsatzplanung) bezeichnet man die Zusammenstellung der für die einzelnen Vorgänge benötigten Produktionsfaktoren wie Arbeitskräfte, Geräte, Schalungsmaterial usw. und ihre zeitkonforme Darstellung; wird in der Regel nur bei Feinplanungen durchgeführt (siehe Abb. 1.30).

2.2 Balken- und Geschwindigkeitspläne

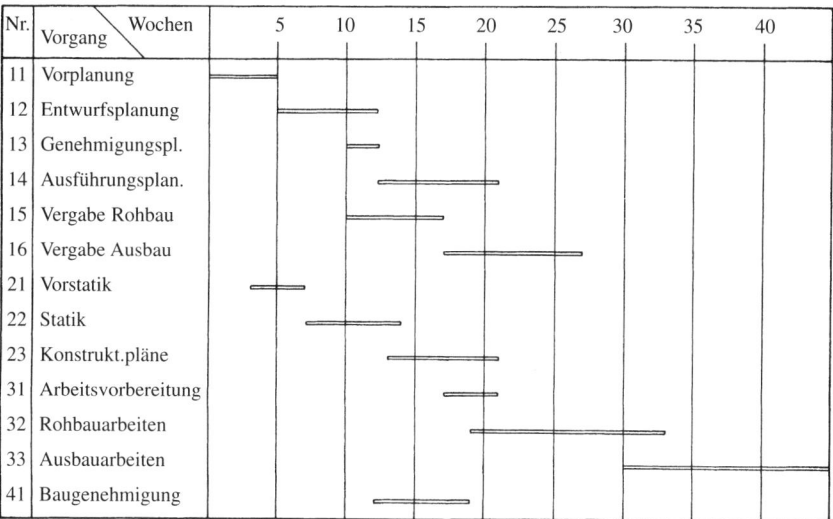

Abb. 1.29a Grober Balkenplan zur Festlegung des Zeitrahmens für die Abwicklung einer Hochbaumaßnahme (Zeiteinheit: Wochen)

Nr.	Vorgangs-beschreibung	Menge	L/h[1] Std./E[1]	h Std.	Gerät Arbeitskräfte	D[2]
100	Baugelände räumen	19 000 m²	250	76	⎫	9
201	Oberbodenabtrag	5 500 m³	100	55	⎪	6
202	Oberbodenabtrag	1 500 m³	100	15	⎬ Raupe 100 kW	2
203	Oberbodenabtrag	1 500 m³	100	15	⎪ Radlader 2 m³	2
204	Oberbodenabtrag	3 500 m³	100	35	⎭	4
302	Bodenabtrag	65 000 m³	450	145	⎱ 2 Bagger 3 m³	16
303	Bodenabtrag	15 000 m³	450	33	⎰	4
401	Einbau der Nr. 302	65 000 m³	450	145	⎫	16
404	Einbau der Nr. 303	15 000 m³	450	33	⎬ 2 Raupen 150 kW	4
411	Liefern und Einbau	35 000 m³	450	78	⎪ 2 Walzenzüge	9
414	Liefern und Einbau	105 000 m³	450	223	⎭	26
502	Entwässerungs-	600 m	6	100	⎱ Bagger 0,4 m³	12
503	leitung verlegen	800 m	6	133	⎰	16
601		25 000 m²	200	125	⎫	15
602	Böschungen	10 000 m²	200	50	⎬ Bagger 0,6 m³	6
603	profilieren	7 000 m²	200	35	⎪ Raupe 50 kW	4
604		23 000 m²	200	115	⎭	13
701	Feinplanum	30 000 m²	1 000	30	⎫	4
702	Feinplanum	8 000 m²	1 000	8	⎬ Grader 120 kW	1
703	Feinplanum	10 500 m²	1 000	11	⎪	2
704	Feinplanum	13 000 m²	1 000	13	⎭	2

[1] L/h = Leistung/Stunde (für geräteintensive Arbeiten)
  Std./E = Lohnstunden/Einheit (für personalintensive Arbeiten)
[2] D = Vorgangsdauer in Arbeitstagen (bei 8 bis 9 h/Tag)

Abb. 1.29b Arbeitsverzeichnis zum Geschwindigkeitsplan der Abb. 1.30

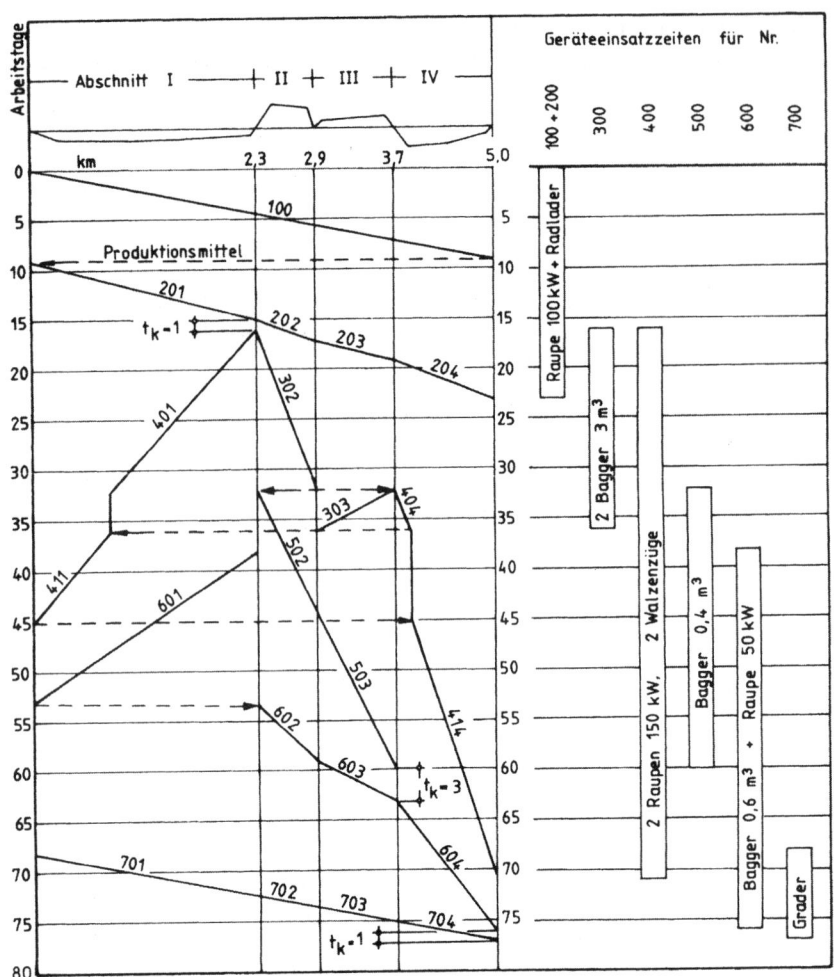

Abb. 1.30 Mittelfeiner bis feiner Geschwindigkeitsplan mit Geräteeinsatzplan für das 5 km lange Erdlos einer Straßenbaumaßnahme (Zeiteinheit: Arbeitstage)

Gebrochene Linienzüge zeigen eine Veränderung der eingesetzten Kapazitäten oder – wie hier – eine Veränderung der Arbeitsmenge je m Weg an. Die gestrichelten Linien zeigen das „Umsetzen" der Produktionsfaktoren (hier der Gerätezüge). t_k bedeutet „kritische Annäherung", hier zur Vermeidung gegenseitiger Behinderung verschiedener Gerätezüge (siehe auch Abb. 1.33 b).

Die Vorgangsnummern haben in beiden Planungen eine Schlüsselfunktion:
Im Balkenplan weisen die ersten Ziffern der Vorgangsnummern auf die verschiedenen Baubeteiligten hin (1 = Entwurfsverfasser, 2 = Fachplaner, 3 = ausführende Unternehmen, 4 = Genehmigungsbehörden).

Im Geschwindigkeitsplan sind die ersten und zweiten Ziffern der Vorgangsnummern den verschiedenen Teilleistungen (z. B. Oberbodenabtrag) zugeordnet, die dritten den Streckenabschnitten I bis IV.

2.3 Grundlagen der Netzplantechnik

Drei **Verfahren** der Netzplantechnik (NPT) werden aufgrund ihrer Entstehungsgeschichte unterschieden. Nach DIN 69900 sind es
- der *Vorgangspfeil-Netzplan* (VPN), der auf das Ursprungsverfahren CPM zurückgeht; es werden vorwiegend Vorgänge beschrieben und durch Pfeile dargestellt;
- der *Ereignisknoten-Netzplan* (EKN), der auf das Ursprungsverfahren PERT zurückgeht; es werden vorwiegend Ereignisse beschrieben und durch Knoten dargestellt; die Vorgänge werden wie beim VPN durch Pfeile dargestellt;
- der *Vorgangsknoten-Netzplan* (VKN), der auf das Ursprungsverfahren MPM zurückgeht; es werden vorwiegend Vorgänge beschrieben und durch Knoten dargestellt.

Für Bauabläufe haben sich die Letzteren durchgesetzt, auf die sich deshalb die Erläuterung von Grundbegriffen a u s s c h l i e ß l i c h bezieht. Im übrigen gilt jede graphische oder tabellarische Darstellung von Abläufen, die unter Anwendung der NPT entstanden ist, als Netzplan (siehe z. B. Abb. 1.33b).

Folgende **Grundbegriffe** sind zum Verständnis eines *Vorgangsknoten-Netzplans* erforderlich:
- *Knoten* stellen die Verknüpfungspunkte dar und symbolisieren Vorgänge.
- *Pfeile* beschreiben die Verknüpfung zwischen den Knoten und heißen Anordnungsbeziehungen oder Abhängigkeiten (siehe Abb. 1.31).
- *Vorgänger* sind die dem betrachteten Vorgang *j* u n m i t t e l b a r vorausgehenden Vorgänge.
- *Nachfolger* sind die dem betrachteten Vorgang *j* u n m i t t e l b a r nachfolgenden Vorgänge.
- Die *Dauer D* eines Vorgangs muß ganzzahlig und ≥ 0 sein.
- Die *Vorgänge A und E* sind fiktive Symbole für Projektanfang und -ende mit der Dauer D = 0.
- Der *frühestmögliche Anfang* FA_j eines Vorgangs ergibt sich durch eine *Vorwärtsrechnung*, bei der das Netz in Pfeilrichtung von *A* nach *E* durchlaufen wird und vorher die *FA* aller Vorgänger ermittelt werden müssen.
- Der *spätest zulässige Anfang* SA_j ergibt sich durch eine *Rückwärtsrechnung*, bei der das Netz, ausgehend vom frühestmöglichen Projektende, entgegen der Pfeilrichtung durchlaufen wird, also zunächst die *SA* aller Nachfolger des zu berechnenden Vorgangs *j* zu ermitteln sind.
- Als *Pufferzeit* bezeichnet man die Zeitspanne, um die ein Vorgang verschoben werden kann, ohne dabei gleichzeitig das frühestmögliche Projektende zu verschieben. Die *gesamte Pufferzeit* GP_j ergibt sich als Differenz zwischen SA_j und FA_j; sie steht in der Regel mehreren Vor-

	Anordnungsbeziehung[1]	VKN	Darstellung im Balkenplan	Geschwindigkeitsplan
1	Normalfolge (NF) = End-Anfangs-Beziehung			
1.1	mit Zeitwert N = 0			
1.2	mit Zeitwert N > 0			
2	Anfangsfolge (AF) = Anfangs-Anfangs-Beziehung mit Zeitwert A $\geq$ 0			
3	Endfolge (EF) = End-End-Beziehung mit Zeitwert E $\geq$ 0			

[1] Die in DIN 69900 außerdem noch als Anfangs-End-Beziehung definierte Sprungfolge (SF) ist weitgehend theoretischer Natur.

Abb. 1.31 Verschiedene Anordnungsbeziehungen in der NPT und ihre Entsprechungen im Balken- und Geschwindigkeitsplan

gängen gemeinsam zur Verfügung. (Weitere Pufferzeitdefinitionen siehe DIN 69900 bzw. [1.13].)
- *Kritisch* sind Vorgänge, die keine Pufferzeit haben ($GP_j = SA_j = 0$). Eine Überschreitung der Solldauer schlägt bei kritischen Vorgängen auf die Gesamtablaufzeit durch, wenn nicht gegengesteuert wird.
- *Wege* sind alle Möglichkeiten, ein Netz in Pfeilrichtung von *A* nach *E* zu durchlaufen; alle Wege müssen von *A* nach *E* führen („Sackgassen" weisen auf einen Fehler im Netzplan hin).
- *Kritische Wege* sind die Wege, die nur über kritische Vorgänge führen; auch sie müssen (als kritische Wege) von *A* bis *E* verlaufen.

Die Durchführung der Ablaufplanung geschieht zweckmäßigerweise in folgenden Schritten:
- 1. Schritt: *Technische Analyse* (Ablaufstrukturplanung); Formulieren und Numerieren der Vorgänge wie bei konventionellen Techniken. Zusätzlich müssen jetzt aber zu jedem Vorgang zunächst die aus der Bauwerkstechnologie und aus Randbedingungen (z. B. einer vorgeschriebenen Richtung des Bauablaufs) sich ergebenden Vorgänger in einer sogenannten *Reihenfolgetabelle* (siehe Abb. 1.32) festgelegt werden.
- 2. Schritt: Aufzeichnen des *Ablaufstrukturnetzes*, das nur die technischen Abhängigkeiten enthält (siehe ausgezogene Pfeile in Abb. 1.33a), entweder von Hand oder durch Eingabe der Reihenfolgetabelle in ein Rechnerprogramm.
- 3. Schritt: *Produktionsanalyse* (Kapazitätsplanung); Wahl und Rationierung der Produktionsfaktoren; Eintragen der kapazitativen Abhängigkeiten in die Reihenfolgetabelle und Ergänzen des Ablaufstrukturplans durch das *Produktionsnetz* (siehe gestrichelte Pfeile in Abb. 1.33a).
- 4. Schritt: *Zeitanalyse*; Ermittlung der Vorgangsdauern mit Hilfe eines separaten oder in die Reihenfolgetabelle integrierten Arbeitsverzeichnisses (siehe Abb. 1.29b).
- 5. Schritt: *Netzberechnung*, vorwärts und rückwärts, von Hand oder rechnergestützt; Ermittlung der FA_j, SA_j, der Pufferzeiten und kritischen Wege.

Nr.	Vorgangsbeschreibung	Technische		Kapazitative			D[2)]
		Vorgänger	Folgen[1)]	Vorgänger	Folgen[1)]		
100	Baugelände räumen	A	–	–	–		9
201	Oberbodenabtrag	100	–	–	–		6
202	Oberbodenabtrag	100	–	201	–	Spalten „Menge", „L/h", „h" und „Gerät" wie Abb. 1.27b	2
203	Oberbodenabtrag	100	–	202	–		2
204	Oberbodenabtrag	100	–	203	–		4
302	Bodenabtrag	202	A = 1	–	–		16
303	Bodenabtrag	203	–	302	–		4
401	Einbau der Nr. 302	201	A = 1	–	–		16
		302	A = 0	–	–		
404	Einbau der Nr. 303	204	–	401	–		4
		303	A = 0	–	–		
411	Liefern und Einbau	401	–	404	–		9
414	Liefern und Einbau	404	–	411	–		26
502	Entwässerungs-	302	–	–	–		12
503	leitungen verlegen	303	–	502	–		16
601	Böschungen	411	E = 3	–	–		15
602	profilieren	502	E = 3	601	–		6
603	Böschungen	503	E = 3	602	–		4
604	profilieren	414	E = 3	603	–		13
701	Feinplanum	601	E = 1	–	–		4
702	Feinplanum	602	–	701	–		1
703	Feinplanum	603	E = 1	702	–		2
704	Feinplanum	604	E = 1	703	–		2

[1)] Normalfolgen ohne Zeitwert (N = 0) werden nicht besonders angegeben.
[2)] D = Vorgangsdauer in Arbeitstagen (bei 8 bis 9 h/Tag).

Abb. 1.32 Reihenfolgetabelle zu den Netzplänen Abb. 1.33a und 1.33b

Ein **Netzplan mit Zeitachse** gemäß Abb. 1.33b (siehe z. B. [1.11]) stellt eine Möglichkeit dar, die Planungsergebnisse zeitkonform und in der vertrauten Art eines Balkenplans aufzutragen. Für die Ablaufsteuerung ist er geeigneter als ein Knoten- oder Pfeilnetzplan. Beim Eintragen der nicht kritischen Vorgänge muss man sich allerdings entscheiden, ob man sie in der frühestmöglichen Lage, der spätest zulässigen Lage oder irgendeiner Zwischenlage einzeichnet. Im Netzplan der Abb. 1.33b liegen, analog zum Geschwindigkeitsplan der Abb. 1.30, die Vorgänge in der Regel in der frühest möglichen, lediglich die Vorgänge 601, 602, 701, 702 und 703 in der spätest zulässigen Lage, da anders der Geräteeinsatz unterbrochen würde.

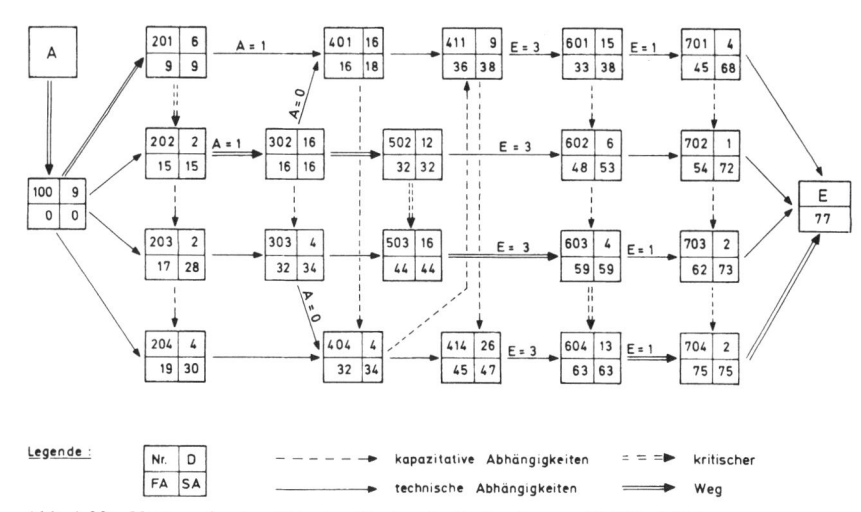

Abb. 1.33a Vorgangsknoten-Netzplan für das Straßenbaulos gemäß Abb. 1.29b

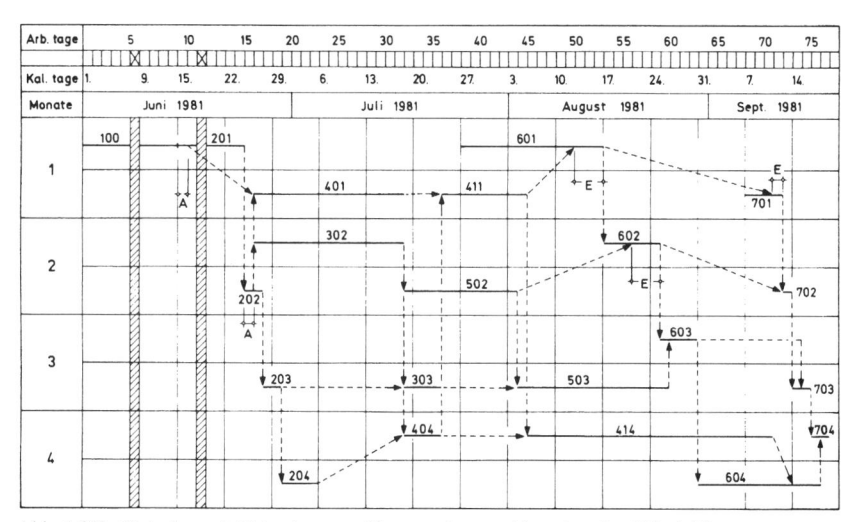

Abb. 1.33b Netzplan mit Zeitachse zum Vorgangsknoten-Netzplan der Abb. 1.33a (Zeiteinheit: Arbeits- und Kalendertage; ⊠ = gesetzlicher Feiertag)

1.33

2.4 Zeitwerte

Für erste, *grobe* Ablaufpläne müssen die Vorgangsdauern oft geschätzt werden, aus der Erfahrung oder aus Vergleichsobjekten, gegebenenfalls unter Zuhilfenahme von Grundflächen oder Rauminhalten als Bezugsgrößen. Direkt auf Kalkulationswerte kann normalerweise erst der Bauunternehmer bei der *feinen* Ablaufplanung im Rahmen seiner Arbeitsvorbereitung zurückgreifen. Für die in der Zwischenzeit auf der bauvergebenden Seite notwendigen Verfeinerungen der Ablaufplanung (siehe Abb. 1.23) oder auch für erste *mittelfeine* Planungen auf der Unternehmerseite, z. B. im Zuge der Angebotsbearbeitung, bietet es sich an, mit Zeitwerten auf der Grundlage von *Gebäudeelementen* zu arbeiten, entsprechend den Kostenelementen bei Kostenberechnungen (siehe Abschn. 3.4).

Die folgenden Zeitrichtwerte wurden zwar aus Kalkulationswerten gewonnen, setzen aber keine Kalkulationskenntnisse beim Anwender voraus. Bei der Umwandlung von Lohnstunden (Std) aus der Kalkulation in Zeitstunden (h) für die Ablaufplanung müssen die voraussichtlichen Kapazitäten, das ist bei den folgenden, überwiegend lohnintensiven Arbeiten die Anzahl der beteiligten Arbeiter, geschätzt werden. Den Richtwerten der Tafel 1.34 liegen zugrunde:
- bei allen Maurerarbeiten im Mittel 6 Arbeiter
- bei den übrigen Arbeiten im Mittel 4 Arbeiter.

Diese Zahlen sind nicht gleichzusetzen mit entsprechenden Kolonnenstärken. Vielmehr sind in den Zeitwerten auch die anfallenden Randarbeiten, z. B. für das Abladen von Baustoffen oder für das Säubern und Aufräumen, sowie die anteiligen Turmkranführerstunden (aber *keine* Fahrzeugkranführer) enthalten. Erst bei feinen Ablaufplanungen ist es sinnvoll, diese Zeitanteile aus der Kolonnentätigkeit herauszunehmen und zusätzlich einzusetzenden „Randarbeitern" bzw. dem Kranführer zuzuweisen (siehe dazu Beispiel in [1.13]). Es empfiehlt sich aber, bereits bei mittelfeinen Ablaufplanungen von einem möglichst konstanten Arbeitskräfteeinsatz auszugehen, da nur auf diese Weise Vorgänge parallel zueinander oder überlappend angeordnet werden können, ohne dass Kapazitätsspitzen oder -einbrüche auftreten (siehe das folgende Beispiel).

Tafel 1.34 Zeitwerte für Rohbauarbeiten nach Gebäudeelementen (s. Erläuterungen im Text)

Gebäudeelemente			Zeit in h	
Entwässerungsleitungen, einschl. Erdarbeiten, Formteile übermessen, *je m*				
ab Baugrubensohle, Handaushub in standfestem Boden, $t = 50$ cm			0,30	
ab Gelände, Geräteaushub in stand- festem Boden, $t \leq 1{,}25$ m	Beton- oder Steinzeugrohre		0,15	
	Kunststoffrohre		0,12	
wie vor, aber in offener Baugrube, Böschung 60°, $t = $ i.M. 2,25 m	Beton- oder Steinzeugrohre		0,30	
	Kunststoffrohre		0,25	
Zulage für Schächte, einschl. Erdarbeiten, Rohrleitungen durchgemessen, *je Stück*				
Schachttiefe = 1,25 m			2,00	
Schachttiefe = 2,50 m			3,00	
Ringdränage in Baugrube verlegen, einschl. Kiesummantelung, *je m*			0,10	
Streifenfundamente, *je m* $b/d =$			50/30	80/40
Handaushub aus standfestem Boden und unbewehrter Beton			0,10	0,20
ohne Aushub (auf Baugrubensohle), Schalung und unbewehrter Beton			0,20	0,25
Geräteaushub (offene Baugrube), Schalung und unbewehrter Beton			0,25	0,30
Zulage für bewehrte Fundamente			0,05	0,10
Einzelfundamente, bewehrt, einschl. Geräteaushub, $t \leq 80$ cm, *je m^2 Grundfläche*				
Kantenlängen 1,0 bis 1,5 m, Höhe etwa 30 cm			0,75	
Kantenlängen 2,0 bis 2,5 m, Höhe etwa 40 cm			0,50	
Sohlplatten, $d = 15$ bis 20 cm, Pumpbeton, einschl. Randschalung und Bewehrung, *je m^2*				
Gesamtfläche ≥ 200 m^2			0,10	
Gesamtfläche ≤ 100 m^2			0,15	
Zulage für Kiesfilterschicht, 15 cm dick, Geräteeinbau, Folienabdeckung			0,02	
Zulage wie vor, aber für kleine Flächen im Handeinbau			0,05	
Betonwände, bewehrt, $d = 20$ bis 30 cm, ≥ 100 m^2,	$h \leq 3$ m		0,50	0,40
geschalt mit Rahmenschalung oder GFS[1], *je m^2 Wand*	$h \leq 5$ m		0,60	0,45
Zulage für Mengen unter 100 m^2			0,10	–

Gebäudeelemente				Zeit in h
Abzug für unbewehrte Wände				−0,05
Tür- und Fensteröffnungen werden übermessen und erhalten einen *Zuschlag je St* von				0,50
Gemauerte Wände[2], $h \leq 3$ m, *je m^2 Wand, d* in cm =	36,5	30	24	17,5
aus Mauersteinen 2 DF und/oder 3 DF	0,28	0,24	0,20	0,15
aus Mauersteinen 5 DF bzw. 6 DF	0,23	0,20	0,17	–
aus Blocksteinen mit N+F, 10 DF bzw. 12 DF	0,18	0,16	0,14	0,12
aus Plansteinen 9 DF bis 12 DF	0,12	0,11	0,10	0,09
Zulage für Höhen bis 4 m				0,03
Schornstein aus Formsteinen, ohne Kopfausbildung, *je m*				0,60
Trennwände, $d \leq 12,5$ cm, gemauert mit 2 DF-Steinen				0,15
Trennwände wie vor, aber gemauert mit Wandbauplatten				0,10
Verblendschalen[3] einschl. Mauerwerksanker, Dämmschicht und Verfugen			DF 0,35	NF 0,30
Kellerwände, zusätzliche Außenarbeiten				
Zementputz einschl. Spritzbewurf und Hohlkehle am Fundamentanschnitt, *je m^2*				0,15
Bitumenanstrich, dreifach, *je m^2*				0,05
Sicker- bzw. Schutzschicht aus Filterplatten, *je m^2*				0,05
Lichtschächte aus Kunststoff montieren, *je St*				0,50
Auffüllen der Baugrube mit unmittelbar seitlich lagerndem oder angeliefertem Material, mit Radlader, *je m^3*			≤ 100 m^3	0,05
			≥ 200 m^3	0,025
Das entspricht bei einer Baugrubentiefe von etwa 2 m und 60°-Böschung einem Aufwand *je m Außenwand* von			≤ 50 m	0,05
			≥ 100 m	0,06
Stahlbetonstützen, Schalung[4], Bewehrung und Beton, *je m*			konv.	System
30×30 cm, $h \leq 3$ m			0,90	0,60
40×40 cm, $h \leq 5$ m			1,00	0,70
Stahlbeton-Deckenplatten, *je m^2* d in cm =			12–14	16–20
drei- bis vierseitig begrenzte Flächen auf Holzträgerschalung			0,35	0,38
höchstens zweiseitig begrenzte größere Flächen mit Systemschalung[5])			0,22	0,25
rechteckige Flächen mit teilvorgefertigten Platten (Elementdecken)			0,15	0,18
Stahlbeton-Deckenunterzüge, *je m* d_0/b_0 in cm=			30/40	35/50
kurze oder kreuzweise verlaufende Unterzüge, konventionell geschalt			0,45	0,60
lange, parallel verlaufende Unterzüge, mit Systemschalung[5]			0,30	0,45
Ortbetontreppen, gerade, einschl. Zwischenpodeste, *je m^2 Grundrißfläche*				1,50
Montage von großformatigen Betonfertigteilen, mit Fahrzeugkran, *je St*				
Köcherfundamente einschl. Herstellen des Feinplanums				0,50
Hallenstützen bis 6 m Länge, in vorhandene Köcherfundamente				0,70
Geschossstützen bis 4 m Länge, gelenkig gelagert				0,80
Stützen, über 2 bis 3 Geschosse durchlaufend, in Köcherfundamente				1,50
Pfetten bis 8,4 m Länge, auf Hallenbindern				0,50
Hallenbinder, 18 bis 24 m lang, auf vorhandenen Stützen				1,50
Riegel, TT-Platten, Fassadentafeln, bis 8,4 m Länge				0,80
Treppenlaufplatten, gerade, bis 6 m Länge				0,60
Montage von Decken- und Wandplatten, mit Fahrzeugkran, *je m^2*				
Decken aus Spannbeton-Hohlplatten, $b \geq 1,0$ m, $l \leq 6$ m, einschl. Fugenverguss				0,05
Decken aus Poren- oder Leichtbetonplatten, bis 6 m Länge, einschl. Fugenverguss				0,075
Wandausfachung aus Porenbetonplatten, einschl. Verguss, aber *ohne Verfugen*				0,125

[1] Die erste Spalte gilt für Rahmenschalung bei ein- bis zweimaligem Einsatz, die zweite für großflächig umzusetzende Schalungselemente bei mindestens fünffachem Einsatz; gegebenenfalls sind Zwischenwerte zu wählen.
[2] Bei gegliedertem Mauerwerk sind alle Öffnungen zu übermessen.
[3] Tür- und Fensteröffnungen sind zu übermessen. Die Zeitwerte gelten für Spezialkolonnen, die im Leistungslohn arbeiten.
[4] Systemschalung ist nur für eine größere Zahl gleicher oder ähnlicher Stützen mit mindestens fünffacher Einsatzmöglichkeit der Schalung wirtschaftlich, z. B. bei Skelettbauten; gegebenenfalls Zwischenwerte wählen.
[5] Rahmenschalung oder Deckenschaltische, letztere nur ab etwa 5 Einsätzen; gegebenenfalls interpolieren.

Leider gibt es für den Ausbaubereich keine vergleichbaren Kalkulationswerte. Außerdem sind die Bezugsmengen nur mit größerem Aufwand zu ermitteln, so dass die Vorgangsdauern für diese Arbeiten weiterhin geschätzt werden müssen. Dabei ist besonders auf technisch mögliche Parallelausführungen und auf einen möglichst frühen Beginn, gegebenenfalls noch während der Rohbauarbeiten, zu achten.

Beispiel: Mittelfeine Ablaufplanung für die Rohbauarbeiten zu einem 6-Familien-Doppelhaus
Die *Vorgangsnummern* im folgenden Arbeitsverzeichnis haben Schlüsselfunktionen (s. a. S. 1.30). Sollen die Ausbauarbeiten mit in die Planung aufgenommen werden, empfehlen sich vierstellige Nummern. Die *Mengen* wurden nach den Entwurfsplänen 1:100 ermittelt, die *Zeitwerte* (h/Einheit) und die dazugehörenden *Arbeitskräfte* (AK) der vorstehenden Richtwertesammlung entnommen.

Als *Zeiteinheit* für den Balkenplan wurden Wochen gewählt und dabei als kleinste Einheit ½ Woche zugelassen (bei Planungen nach der NPT nicht möglich; da müsste man in Arbeitstagen planen). Das Doppelhaus hat zwei annähernd gleiche Einheiten. Dadurch können eine Mauer- und eine Betonkolonne *parallel arbeiten*, ohne sich zu behindern, was bei kleinen Gebäuden oft nicht möglich ist.

Nr	Vorgang	Wochen → AK	1	2	3	4	5	6	7	8	9	10	11
101	Baustelle einrichten	4	—										
102	Baustelle räumen	4											—
201	Oberboden, Baugrubenaushub	3	—										
202	Verfüllen, Außenentwässerung	4										—	
301	Gründung	4		—									
401	Kellermauerwerk	6			—								
402	Keller, Außenarbeiten	6			—								
501	Kellerdecke	4				—							
411	EG-Mauerwerk	6					—						
511	Decke über EG	4						—					
421	OG-Mauerwerk	6							—				
521	Decke über OG	4								—			
431	DG-Mauerwerk mit Giebel	6									—		
601	Restarbeiten	4										—	
701	Verblendmauerwerk	(6)							— — —	— — —			
801	Aufbau Fassadengerüst	(4)							—	—	—		
	Mittlere Belegschaft [1])		7	4	10	10	10	10	10	10	6	4	4

[1]) Ohne die Spezialkolonnen für Verblendmauerwerk und Gerüstbau.

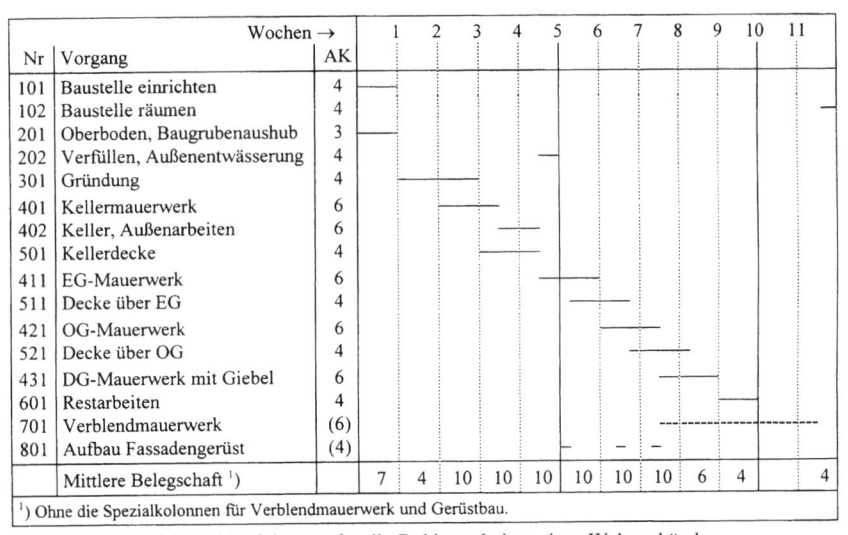

Abb. 1.36 Mittelfeine Ablaufplanung für die Rohbauarbeiten eines Wohngebäudes

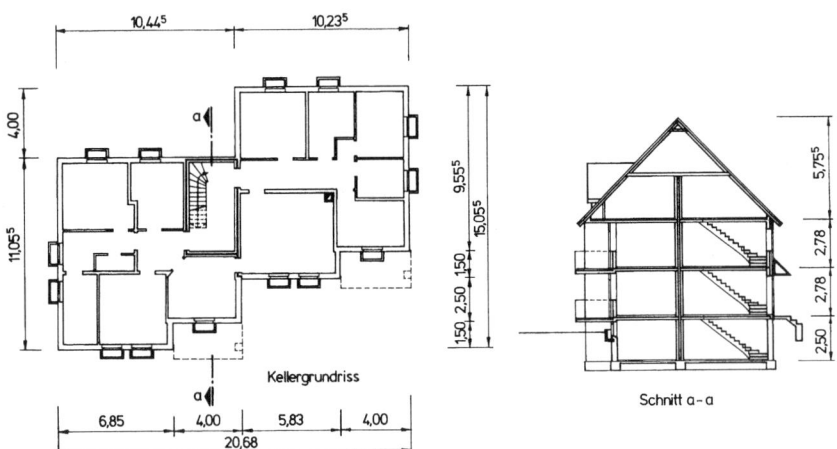

Nr.	Vorgangsbezeichnung	Menge	h/E	h	AK	$d^{1)}$	$W^{2)}$
101	Baustelle einrichten	geschätzt			4	5	1,0
102	Baustelle räumen	geschätzt			4	3	0,5
201	Gelände räumen, Oberboden, Baugrubenaushub	geschätzt			3	5	1,0
202	Regenwasserleitungen außen, Baugrube verfüllen			15,2	4	2	0,5
	$t \leq 1{,}25$ m, Kunststoffrohre	50 m	0,12	6,0			
	Zulage für Schacht	1 St	2,00	2,0			
	Verfüllen der Baugrube, $t \approx 2{,}0$ m	72 m	0,10	7,2			
301	Gründung			67,0	4	9	2,0
	Streifenfundamente 50/30 auf Baugrubensohle	115 m	0,20	23,0			
	Schmutzwasserleitungen, Handaushub	45 m	0,30	13,5			
	Kiesfilter $d = 15$ cm, Handeinbau, Folie	170 m²	0,05	8,5			
	Sohlplatte $d = 15$ cm, bewehrt	220 m²	0,10	22,0			
401	Mauerwerk der Kellerwände			57,5	6	7,5	1,5
	$d = 36{,}5$ cm, Blocksteine	160 m²	0,18	28,8			
	$d = 24$ cm, Blocksteine	70 m²	0,14	9,8			
	$d = 17{,}5$ cm, Blocksteine	70 m²	0,12	8,4			
	$d = 11{,}5$ cm, 2 DF-Steine	60 m²	0,15	9,0			
	Zulage für Schornstein	2,5 m	0,60	1,5			
402	Außenarbeiten an Kellerwänden³⁾			54,5	(4	7,5	1,5)
	Zementputz, Bitumenanstrich, Sickerschicht	160 m²	0,25	40,0	6	5	1,0
	Kunststofflichtschächte montieren	14 St	0,50	7,0			
	Ringdränage verlegen	75 m	0,10	7,5			
411	Mauerwerk der EG-Wände			56,6	6	7,5	1,5
	$d = 24$ cm, Blocksteine	250 m²	0,14	35,0			
	$d = 17{,}5$ cm, Blocksteine	100 m²	0,12	12,0			
	$d = 11{,}5$ cm, Wandbauplatten + 2 DF-Steine	65 m²	0,12	7,8			
	Zulage für Schornstein	3 m	0,60	1,8			
421	Mauerwerk der OG-Wände, wie EG-Wände			56,6	6	7,5	1,5
431	Mauerwerk der DG-Wände und der Giebel			49,9	6	7,0	1,5
	$d = 24$ cm, Blocksteine, Giebelwände	80 m²	0,17	13,6			
	$d = 17{,}5$ cm, Blocksteine, Giebelwände	80 m²	0,14	11,2			
	$d = 11{,}5$ cm, Wandbauplatten + 2 DF-Steine	165 m²	0,13	21,5			
	Zulage für Schornstein	6 m	0,60	3,6			
501	Decke über Kellergeschoss			53,6	4	7,5	1,5
	Elementdecke, $d = 18$ cm	200 m²	0,18	36,0			
	Balkonplatten, $d = 14$ cm	16 m²	0,35	5,6			
	Brüstungen, vorgefertigt, montieren	4 St	1,00	4,0			
	Geschosstreppe, teilweise gewendelt	4 m²	2,00	8,0			
511	Decke über EG wie Decke über KG			53,6	4	7,5	1,5
511	Decke über OG			71,4	4	9,5	2,0
	Elementdecke und Treppe wie vor			44,0			
	Balkonplatten, jetzt $h = 6$ m	14 m²	0,50	7,0			
	Brüstungen montieren	6 St	1,00	6,0			
	Drempel 24×20 cm	41 m	0,35	14,4			
601	Restarbeiten (Trennwände fertigstellen, Fensterbänke, Sparrenausmauerung usw.)	geschätzt			4	5,0	1,0
701	Verblendmauerwerk NF, mit Dämmung, komplett	500 m²	0,30	150	6	20,0	4,0
801	Fassadengerüst in 3 Abschnitten (Fremdleistung)⁴⁾	450 m²			4	3,0	

[1] Vorgangsdauer in Arbeitstagen bei 7 bis 8 Arbeitsstunden je Tag.
[2] Vorgangsdauer in Wochen bei 5 Arbeitstagen je Woche.
[3] Zur Verstetigung der Belegschaft wurden im Ablaufplan 6 statt 4 Arbeitskräfte eingesetzt.
[4] Für den Aufbau geschätzt 1 Tag je Abschnitt → 3 Tage (Abbau erst nach Dacharbeiten usw.).

Abb. 1.37 Arbeitsverzeichnis für Rohbauarbeiten

3 Kostenplanung

Bauliche **Investitionen** bedürfen der Untersuchung, welchen **finanziellen Aufwand** sie erfordern. In der DIN 276, Kosten im Hochbau (6.93), wird der Begriff **Kosten** auch mit „Aufwendungen für Güter, Leistungen und Abgaben einschließlich Umsatzsteuer" definiert.

Entscheidungen über Bauweise, Bauvolumen, Standard und Bauzeit sowie über die Frage, ob überhaupt gebaut werden soll, hängen wesentlich von Stand und Ergebnis der Kostenplanung ab. Für Architekten stellt sie einen Tätigkeitsbereich dar, der zunehmend von anderen Berufsgruppen (z. B. Projektmanagement, Generalübernehmer) ausgefüllt wird.

3.1 Kostenermittlungen

Die Arten der Kostenermittlungen, die zugehörigen Grundlagen, den Planungsstand, den Genauigkeitsgrad und die Folgen (Entscheidungen, Anrechenbarkeit auf das Honorar) zeigt Tafel 1.39.

3.2 Verfahren der Kostenermittlung

Die Anwendung von Verfahren bezieht sich schwerpunktmäßig auf die Kostengruppen (siehe Abschn. 3.7.1) 300, 400, 500 und 600, während für die Kostengruppen 100 und 200 die Kosten durch Nachfrage beim Auftraggeber und bei Ämtern bzw. Energieversorgungsunternehmen einzuholen sind. Für Kostengruppe 700 sind Berechnungen mit Erfahrungswerten vorzunehmen, und darüber hinaus ist zu recherchieren wie für 100 und 200.

Tafel 1.38 Gliederung der Verfahren der Kostenermittlung [1.30]

Verfahren	Eignung für die verschiedenen Ermittlungsarten			Vorwiegende bzw. ausschließliche Art der Ermittlung der Kostenkennwerte
	Kostenschätzung	Kostenberechnung	Kostenanschlag	
Planungsorientierte Verfahren				
Verfahren mit einem Bezugswert Nutzungseinheiten Brutto-Rauminhalt Brutto-Grundfläche Nutzfläche Hauptnutzfläche Wohnfläche	● ●[1)] ● ● ● ●			Mittelwertbildung[3)] Mittelwertbildung Mittelwertbildung Mittelwertbildung Mittelwertbildung Mittelwertbildung
Verfahren mit mehreren Bezugswerten Grobelemente Unterelemente Kostenelemente Kostenflächenarten	○ ○ ○ ●	●[2)] ○ ○ ●		Mittelwertbildung Mittelwertbildung Mittelwertbildung Regression
Ausführungsorientierte Verfahren				
Verfahren mit Leistungsbereichen Teilleistungen		○ ○	● ○	Mittelwertbildung Mittelw./Baupreiskalkulation
Leitpositionen		○	●	Baupreiskalkulation

○ Grundleistungen gemäß Leistungsbild Objektplanung für Gebäude, Freianlagen und raumbildende Ausbauten (siehe Abschnitt 4.1.4).
● Besondere Leistungen gem. Leistungsbild Objektplanung für Gebäude, Freianlagen und raumbildende Ausbauten (s. Abschnitt 4.1.4).

[1) 2)] Gewähltes Verfahren siehe Abschnitte 3.7.3 und 3.7.4.
[3)] Die Übertragung von Kostenkennwerten aus Einzelobjekten ist wegen mangelnder Vergleichbarkeit nur ausnahmsweise möglich. Mittelwerte lassen sich aus den Daten einer Reihe von annähernd vergleichbaren Gebäuden bilden.

Tafel 1.39 Arten der Kostenermittlung

	1	2	3	4	5
Art	DIN 276 (6.93)	Bestandteil der Grundleistungen nach HOAI § 15 [1]	Grundlagen (Voraussetzungen)	Anrechenbarkeit auf Honorar	max. Abweichung [4] in %
1 Kostenschätzung [2]	3.2.1	2. Vorplanung (Projekt- und Planungsvorbereitung)	versuchsweise zeichnerische Darstellungen, Strichskizzen, Berechnung der Mengen von Bezugseinheiten, z. B. Grundflächen und Rauminhalte nach DIN 227 Teil 1 und Teil 2, Angaben zum Baugrundstück	Grundlage für Honorar der Leistungsphasen 1–4 [1], soweit Kostenberechnung nicht vorliegt	+/− 10–15
2 Kostenberechnung [2]	3.2.2	3. Entwurfsplanung (System- und Integrationsplanung)	durchgearbeitete, vollständige Vorentwurfs- und/oder Entwurfszeichnungen, Berechnung der Mengen von Bezugseinheiten der Kostengruppen, Erläuterungen, z. B. Beschreibung der Einzelheiten, die aus den Zeichnungen nicht zu ersehen sind	Grundlage für Honorar der Leistungsphasen 1–4; für 5–7, soweit Kostenanschlag nicht vorliegt	+/− 5–10
3 Kostenanschlag [2]	3.2.3	7. Mitwirkung bei der Vergabe	endgültige, vollständige Ausführungs-, Detail- und Konstruktionszeichnungen, Berechnungen, z. B. für Standsicherheit, der Mengen von Bezugseinheiten der Kostengruppen, Erläuterungen zur Bauausführung, z. B. Leistungsbeschreibungen, Zusammenstellungen von Angeboten, Aufträgen und bereits entstandenen Kosten	Grundlage für Honorar der Leistungsphasen 5–7; für 8 und 9, soweit Kostenfeststellung nicht vorliegt	+/− 0–5
4 Kostenfeststellung [3]	3.2.4	8. Objektüberwachung (Bauüberwachung)	geprüfte Abrechnungsbelege, z. B. Schlussrechnungen, Nachweise der Eigenleistungen, Planungsunterlagen, z. B. Abrechnungszeichnungen, Erläuterungen	Grundlage für Honorar der Leistungsphasen 8 und 9	0
5 Kostenkontrolle	2.4	3., 7. und 8. (siehe oben)	Vergleich einer aktuellen mit einer früheren Kostenermittlung		
6 Kostensteuerung	2.5	§ 31, Projektsteuerung	Gezieltes Eingreifen in Kostenentwicklung bei Abweichungen nach Kostenkontrolle		

[1] Leistungsbild Objektplanung für Gebäude, Freianlagen und raumbildende Ausbauten (siehe Abschnitt 4.1.4).
[2] Ermittlungsarten als Prognosen (Soll) mit zunehmender Genauigkeit.
[3] Nachweis der entstandenen Kosten (Ist), Grundlage für Vergleiche und Dokumentationen.
[4] Die genannten Prozentzahlen für Kostenüber- und -unterschreitungen sind Empfehlungen. Innerhalb der geltenden Rechtsprechung liegen die zugehörigen Zahlen weit darüber, z. B. +/− 30 % bei Kostenschätzungen.

3.3 Grundflächen und Rauminhalte, Bezugsgrößen

Im Mittelpunkt dieses Abschnittes steht DIN 277
– Grundflächen und Rauminhalte von Bauwerken im Hochbau (06.87).

Teil 1 Begriffe, Berechnungsgrundlagen
Teil 2 Gliederung der Nutzflächen, Funktionsflächen und Verkehrsflächen (Netto-Grundfläche)

3.3.1 Grundflächen und Rauminhalte

Sowohl Grundflächen als auch Rauminhalte sind getrennt nach folgenden **3 Bereichen** zu ermitteln:

a) überdeckt und allseitig in voller Höhe umschlossen
b) überdeckt, jedoch nicht allseitig in voller Höhe umschlossen (z.B. Loggia, Carport, Luftgeschoss, Laubengang, überdeckter Balkon)
c) nicht überdeckt (z.B. Dachgarten, nicht überdeckter Balkon).

Bei **Kostenermittlungen** wird fast ausnahmslos der **Bereich a** herangezogen. So spielen die Bezugseinheiten (Erläuterung folgender Fußzeiger siehe Tafel 1.41)

$€/m^3_{BRIa}$ und $€/m^2_{BGFa}$ sowie
$€/m^2_{NF}$ und $€/m^2_{HNF}$

die wichtigste Rolle bei **Kostenschätzungen** neben der Wohnfläche nach DIN 283-2 (03.51) (siehe Abschnitt 3.8.3) und anderen Bezugsgrößen (siehe Abschnitt 3.3.2).

In Tafel 1.40 sind die verschiedenen Nutzungsarten der Hauptnutz-, Nebennutz-, Funktions- und Verkehrsflächen in Bezug zur Netto-Grundfläche und Nutzfläche dargestellt.

Abbildung 1.41 zeigt die Abhängigkeit der verschiedenen Grundflächen untereinander als hierarchisches System.

Tafel 1.40 Nutzungsarten und Gliederung der Netto-Grundfläche

Nutzungsart		Netto-Grundfläche	
Nr.	Benennung	\multicolumn{2}{c}{Gliederung}
1	Wohnen und Aufenthalt		Hauptnutzfläche 1 (HNF 1)
2	Büroarbeit		Hauptnutzfläche 2 (HNF 2)
3	Produktion, Hand- und Maschinenarbeit, Experimente		Hauptnutzfläche 3 (HNF 3)
4	Lagern, Verteilen und Verkaufen	Nutzfläche (NF)	Hauptnutzfläche 4 (HNF 4)
5	Bildung, Unterricht und Kultur		Hauptnutzfläche 5 (HNF 5)
6	Heilen und Pflegen		Hauptnutzfläche 6 (HNF 6)
7	Sonstige Nutzungen		Nebennutzfläche (NNF)
8	Betriebstechnische Anlagen	\multicolumn{2}{c}{Funktionsfläche (FF)}
9	Verkehrserschließung und -sicherung	\multicolumn{2}{c}{Verkehrsflächen (VF)}

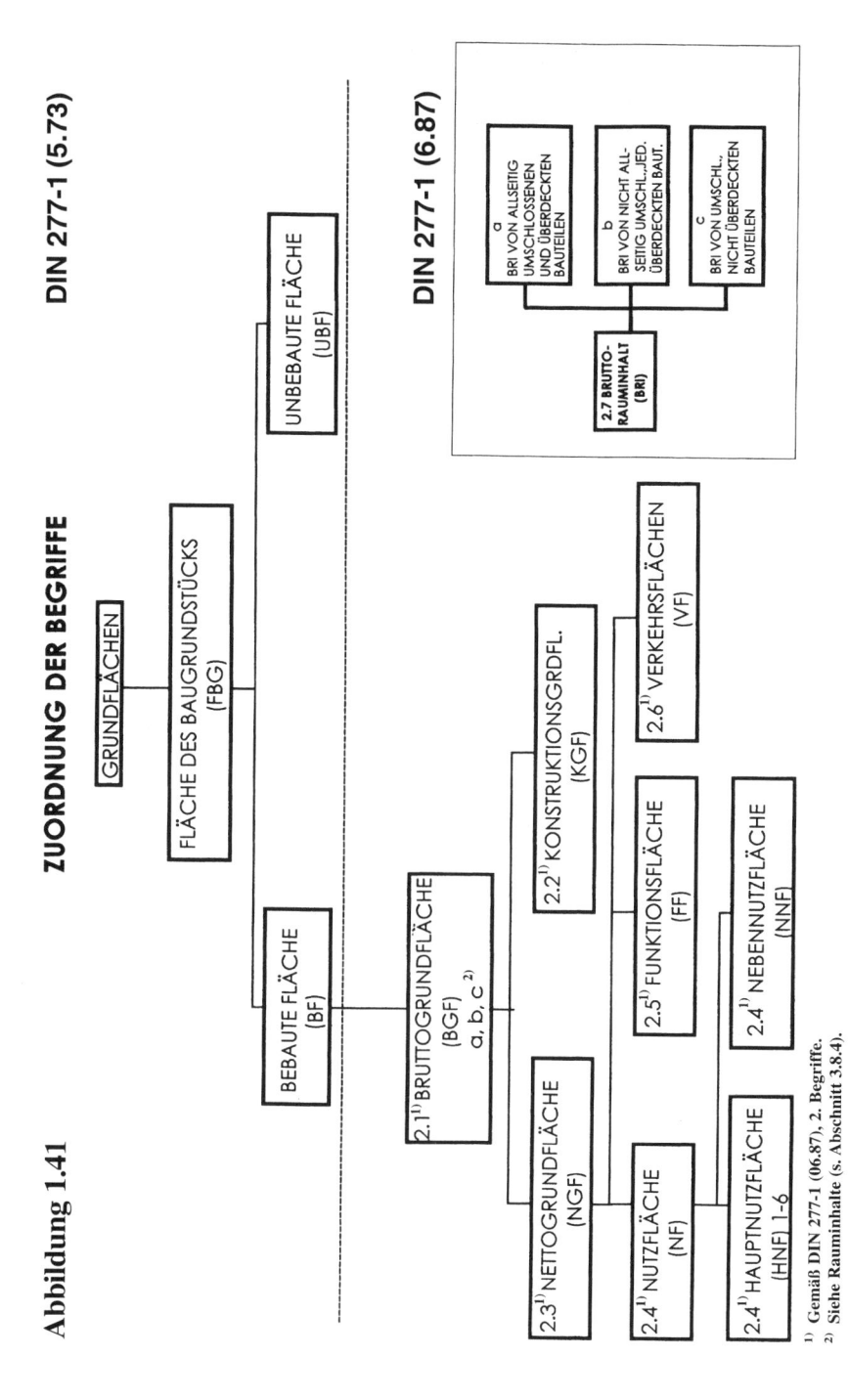

Abbildung 1.41 ZUORDNUNG DER BEGRIFFE

DIN 277-1 (5.73)

- GRUNDFLÄCHEN
  - FLÄCHE DES BAUGRUNDSTÜCKS (FBG)
    - BEBAUTE FLÄCHE (BF)
      - 2.1) BRUTTOGRUNDFLÄCHE (BGF) a, b, c [2]
        - 2.3) NETTOGRUNDFLÄCHE (NGF)
          - 2.4) NUTZFLÄCHE (NF)
            - 2.4) HAUPTNUTZFLÄCHE (HNF) 1-6
            - 2.4) NEBENNUTZFLÄCHE (NNF)
          - 2.5) FUNKTIONSFLÄCHE (FF)
          - 2.6) VERKEHRSFLÄCHEN (VF)
        - 2.2) KONSTRUKTIONSGRDFL. (KGF)
    - UNBEBAUTE FLÄCHE (UBF)

DIN 277-1 (6.87)

- 2.7 BRUTTO-RAUMINHALT (BRI)
  - a BRI VON ALLSEITIG UMSCHLOSSENEN UND ÜBERDECKTEN BAUTEILEN
  - b BRI VON NICHT ALLSEITIG UMSCHL., JED. ÜBERDECKTEN BAUT.
  - c BRI VON UMSCHL., NICHT ÜBERDECKTEN BAUTEILEN

[1] Gemäß DIN 277-1 (06.87), 2. Begriffe.
[2] Siehe **Rauminhalte** (s. Abschnitt 3.8.4).

Tafel 1.42 Berechnung der Grundflächen und Rauminhalte

I	Brutto-Grundfläche (BGF)

Für die Berechnung der Brutto-Grundfläche sind die äußeren Maße der Bauteile einschließlich Bekleidung, z.B. Putz, in Fußbodenhöhe anzusetzen. Konstruktive und gestalterische Vor- und Rücksprünge an den Außenflächen bleiben dabei unberücksichtigt.
Brutto-Grundflächen des 2. Bereichs sind an den Stellen, an denen sie nicht umschlossen sind, bis zur senkrechten Projektion ihrer Überdeckungen zu rechnen.
Brutto-Grundflächen von Bauteilen (Konstruktions-Grundflächen), die zwischen dem 1. und 2. Bereich liegen, sind zum 1. Bereich zu rechnen.

II	Netto-Grundfläche (NGF), Nutz- (NF), Funktions- (FF) und Verkehrsfläche (VF)

Bei der Berechnung der Netto-Grundfläche sind die Grundflächen von Räumen oder Raumteilen unter Schrägen mit lichten Raumhöhen
– von mind. 1,5 m
– unter 1,5 m
stets getrennt zu ermitteln.
Für die Ermittlung der Netto-Grundflächen bzw. der Nutz-, Funktions- oder Verkehrsfläche im Einzelnen sind die lichten Maße der Räume in Fußbodenhöhe ohne Berücksichtigung von Fuß-, Sockelleisten oder Schrammborden anzusetzen.
Für Netto-Grundflächen des 2. Bereichs gilt Abschnitt I, zweiter Absatz, sinngemäß.
Die Grundflächen von Treppenräumen und Rampen sind als Projektion auf die darüberliegende Grundrissebene zu berechnen, soweit sie sich nicht mit anderen Grundflächen überschneiden.
Grundflächen unter der jeweils ersten Treppe oder unter der ersten Rampe werden derjenigen Grundrissebene zugerechnet, auf der die Treppe oder Rampe beginnt. Sie werden ihrer Nutzung entsprechend zugeordnet.
Die Grundflächen von Aufzugsschächten und von begehbaren Installationsschächten werden in jeder Grundrissebene, durch die sie führen, berechnet.

III	Brutto-Rauminhalt (BRI)

Der Brutto-Rauminhalt ist aus den nach Abschnitt I berechneten Brutto-Grundflächen und den dazugehörigen Höhen zu errechnen. Als Höhen für die Ermittlung des Brutto-Rauminhaltes gelten die senkrechten Abstände zwischen den Oberflächen des Bodenbelags der jeweiligen Geschosshöhe bzw. bei Dächern die Oberfläche des Dachbelags.
Bei Luftgeschossen gilt als Höhe der Abstand von der Oberfläche des Bodenbelags bis zur Unterfläche der darüber liegenden Deckenkonstruktion.
Bei untersten Geschossen gilt als Höhe der Abstand von der Unterfläche der konstruktiven Bauwerkssohle bis zur Oberfläche des Bodenbelags des darüber liegenden Geschosses.
Für die Höhen des 3. Bereichs sind die Oberkanten der diesem Bereich zugeordneten Bauteile, z.B. Brüstungen, Attiken, Geländer, maßgebend.
Bei Bauwerken oder Bauwerksteilen, die von nicht senkrechten und/oder nicht waagerechten Flächen begrenzt werden, ist der Rauminhalt nach entsprechenden Formeln zu berechnen.

3.3.2 Andere Bezugsgrößen

Der Einsatz anderer, nicht genormter Bezugsgrößen entspricht auch den Anforderungen der DIN 276 im Rahmen der Kostenschätzung, ist aber wesentlich ungenauer als der Einsatz der Flächen und Rauminhalte nach DIN 277.
Beispiele für andere Bezugsgrößen:

€	je	(z.B.) Arbeitsplatz, Hotelbett, Krankenbett, Pflegeeinheit, Stellplatz, Studienplatz

3.4 Baukostendaten

Im Zusammenhang mit der Einführung der **EDV** im Bauwesen ist es mittlerweile relativ einfach geworden, abgerechnete Kosten von Hochbauten beliebig gegliedert (z. B. DIN 276, Standardleistungsbuch für das Bauwesen) aufzubereiten und zu dokumentieren. Die Verbreitung erfolgt in Buchform (auch als Loseblattsammlung) oder als Software. **Datenbanken** honorieren Abrechnungsunterlagen und stellen die Weitergabe bzw. Verbindung der aufbereiteten Daten gegen Bezahlung zur Verfügung.

Die wichtigsten und wohl bekanntesten Anbieter von Baukostendaten sind:

BKI Baukosteninformationszentrum
Deutscher Architektenkammern GmbH
Bahnhofstraße 1, D-70372 Stuttgart
Telefon 07 11-95 48 54-0, Fax 07 11-95 48 54-54
info@baukosten.de, www.baukosten.de ([1.31] bis [1.33])

Private Anbieter
1. Mittag [1.34]
2. Schmitz, Meisel, Gerlach [1.35]
3. Sirados [1.36]

Für die Bearbeitung (Abschnitt 3.7.2) des Beispiels (Abschnitt 3.6) wurden die Veröffentlichung und Gebäudekosten 2001 des Baukosteninformationszentrums Deutscher Architektenkammern hinzugezogen. Abbildung 1.45 zeigt die Objekte, die Basis geworden sind für die Daten in der Tafel 1.44 (2001).

Tafel 1.44 BKI Baukosten 2001 [1.31]; Ein- und Zweifamilienhäuser, einfacher bis mittlerer Standard
Kostenkennwerte für die Kostengruppe der 1. und 2. Ebene DIN 276

KG	Kostengruppen der 1. Ebene	Einheit	von	€/Einheit	bis	von	% an 300+400	bis
100	Grundstück	m² FBG	–	–	–	–	–	–
200	Herrichten und Erschließen	m² FBG	–	–	–	–	–	–
300	Bauwerk - Baukonstruktionen	m² BGF	633	1.379	2.233	52,8	62,2	71,7
400	Bauwerk - Technische Anlagen	m² BGF	453	775	1.096	28,3	37,8	47,2
	Bauwerk (300+400)	m² BGF	1.104	2.154	3.203		100,0	
500	Außenanlagen	m² AUF	–	–	–	–	–	–
600	Ausstattung und Kunstwerke	m² BGF	–	–	–	–	–	–
700	Baunebenkosten	m² BGF	–	–	–	–	–	–

KG	Kostengruppen der 2. Ebene	Einheit	von	€/Einheit	bis	von	% an 300	bis
310	Baugrube	m³ BGI	19	24	28	1,2	3,8	6,4
320	Gründung	m² GRF	238	244	251	13,5	13,6	13,6
330	Außenwände	m² AWF	290	322	354	13,9	18,6	23,2
340	Innenwände	m² IWF	296	308	321	12,4	17,5	22,7
350	Decken	m² DEF	235	324	414	7,8	11,2	14,6
360	Dächer	m² DAF	310	310	311	17,3	19,9	22,4
370	Baukonstruktive Einbauten	m² BGF	19	144	270	1,6	13,7	25,7
390	Sonstige Baukonstruktionen	m² BGF	15	21	27	1,5	1,9	2,3
							% an 400	
410	Abwasser, Wasser, Gas	m² BGF	84	130	176	13,4	15,9	18,4
420	Wärmeversorgungsanlagen	m² BGF	123	168	212	16,2	21,6	26,9
430	Lufttechnische Anlagen	m² BGF	73	116	159	12,1	14,1	16,0
440	Starkstromanlagen	m² BGF	132	132	132	10,1	19,5	28,9
450	Fernmeldeanlagen	m² BGF	3	6	10	0,2	1,2	2,1
460	Förderanlagen	m² BGF	–	5	–	–	0,6	–
470	Nutzungsspezifische Anlagen	m² BGF	30	328	627	6,6	27,2	47,9
480	Gebäudeautomation	m² BGF	–	–	–	–	–	–
490	Sonstige Technische Anlagen	m² BGF	–	–	–	–	–	–

siehe Tafel 1.57

Prozentualer Anteil der Kostengruppen der 2. Ebene an den Kosten des Bauwerks nach DIN 276		
310	Baugrube	2,0
320	Gründung	6,7
330	Außenwände	27,6
340	Innenwände	14,1
350	Decken	17,3
360	Dächer	12,9
370	Baukonstruktive Einbauten	0,2
390	Sonstige Baukonstruktionen	1,8
410	Abwasser, Wasser, Gas	6,6
420	Wärmeversorgungsanlagen	7,9
430	Lufttechnische Anlagen	0,0
440	Starkstromanlagen	2,5
450	Fernmeldeanlagen	0,5
460	Förderanlagen	
470	Nutzungsspezifische Anlagen	
480	Gebäudeautomation	
490	Sonstige Technische Anlagen	

Kostenkennwerte für die Kosten des Bauwerks (Kostengruppen 300 + 400 nach DIN 276)

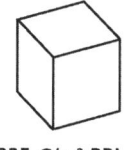

235 €/m³ BRI
von 200 bis 270

650 €/m² BGF
von 560 bis 740

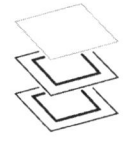

990 €/m² NF
von 830 bis 1.150

Objektbeispiele

6100-265

6100-096

6100-166

6100-269

6100-272

6100-283

Abb. 1.45 Basis für Tafel 1.44; Ein- und Zweifamilienhäuser einfacher Standard [1.31].

3.5 Baupreisindex und Regionaleinfluss

Der Einsatz von Baukostendaten nach Abschnitt 3.4 bedarf je nach deren Alter und Herkunft der **Korrektur**.

3.5.1 Baupreisindex

Das **Statistische Bundesamt** gibt vierteljährlich **Verhältniszahlen** über die durchschnittliche Preisentwicklung von Wohngebäuden aller Art heraus. Baupreisindizes dienen sowohl den Kosten- (Aktualisierung von Daten) als auch den Wertermittlungen (Ermittlung der Herstellungskosten zurückliegender Baujahre). Für die Schätzung der Kosten künftig auszuführender Bauten gilt folgendes: Der **zeitliche Abstand** zwischen dem **Stichtag der Kostenschätzung** und dem **Baubeginn** bzw. dem Zeitpunkt der **Vergabe** macht eine Prognose nötig, die Kenntnisse über die Situation des Baumarktes sowie künftiger Materialpreis- und Lohnsteigerungen voraussetzt.
Tafel 1.46 zeigt die Baupreisentwicklung der Jahre 1982–2001. Schon 1913 wurde damit begonnen, Baukosten systematisch aufzubereiten. Die Wahl des Basisjahres (1913, 1914, 1938, 1958, 1962, 1970, 1976, 1980, 1985, 1991, 1995) ist grundsätzlich freigestellt, das zugehörige Ergebnis davon nur unwesentlich betroffen. Für die Umrechnung von Baukosten ist jedoch ein ggf. angegebenes Basisjahr (der Baukostendaten) einzusetzen.
Beispiel:
Eine Bauleistung kostete im Februar **1994 119,33 €**. Im Februar **2001** ist die gleiche Bauleistung Bestandteil einer Kostenermittlung (Kostenanschlag). Mithilfe des Baupreisindexes erhält man für das hier frei gewählte Basisjahr 1985 folgende Indizes:

Feb. 1994 **140,8**
Feb. 2001 **143,6**

Die Bauleistung kostet zum Zeitpunkt der Kostenermittlung im Feb. 2001

119,3 € · 143,6/140,8 = **122,32 €**

Tafel 1.46 Preisindizes für den Neubau von Wohngebäuden insgesamt (verschiedene Basisjahre) einschließlich Umsatz-(Mehrwert-)Steuer [1.39]   (Langfristige Übersicht)

Jahr Monat	1913	1914	1938	1958	1962	1970	1976	1980	1985	1991	1995
					= 100						
1982 D	1426.3	1335.5	1053.6	411.1	312.0	209.6	146.0	108.9	95.2	76.4	65.3
1983 D	1456.4	1363.7	1075.8	419.8	318.6	214.1	149.1	111.2	97.2	78.0	66.7
1984 D	1492.4	1397.4	1102.4	430.2	326.5	219.3	152.8	114.0	99.6	80.0	68.4
1985 D	1498.7	1403.3	1107.0	432.0	327.9	220.3	153.4	114.5	100.0	80.3	68.7
1986 D	1519.3	1422.6	1122.2	437.9	332.4	223.3	155.5	116.0	101.4	81.4	69.6
1987 D	1548.2	1449.6	1143.6	446.2	338.7	227.5	158.5	118.2	103.3	83.0	70.9
1988 D	1581.1	1480.5	1167.9	455.7	345.9	232.4	161.8	120.7	105.5	84.8	72.4
1989 D	1638.9	1534.5	1210.5	472.4	358.5	240.9	167.8	125.1	109.4	87.8	75.0
1990 D	1744.5	1633.4	1288.6	502.8	381.6	256.4	178.6	133.2	116.4	93.5	79.9
1991 D	1865.6	1746.9	1378.1	537.7	408.2	274.2	191.0	142.5	124.5	100.0	85.5
1992 D	1985.0	1858.7	1466.3	572.1	434.3	291.7	203.3	151.6	132.5	106.4	91.0
1993 D	2083.0	1950.4	1538.7	600.4	455.7	306.1	213.3	159.1	139.0	111.7	95.4
1994											
Feb	2110.0	1975.7	1558.6	608.1	461.6	310.1	216.0	161.1	140.8	113.1	96.6
Mai	2130.5	1995.0	1573.8	614.1	466.1	313.1	218.1	162.7	142.2	114.2	97.6
Aug	2141.7	2005.4	1582.1	617.3	468.6	314.8	219.3	163.5	142.9	114.8	98.1
Nov	2149.2	2012.4	1587.6	619.4	470.2	315.8	220.0	164.1	143.4	115.2	98.4
1995											
Feb	2166.0	2028.2	1600.0	624.3	473.9	318.3	221.8	165.4	144.5	116.1	99.2
Mai	2187.8	2048.6	1616.1	630.6	478.7	321.5	224.0	167.1	146.0	117.3	100.2
Aug	2190.0	2050.7	1617.7	631.2	479.2	321.8	224.3	167.2	146.1	117.4	100.3
Nov	2187.8	2048.6	1616.1	630.6	478.7	321.5	224.0	167.1	146.0	117.3	100.2
1996											
Feb	2183.5	2044.6	1612.9	629.3	477.7	320.9	223.6	166.7	145.7	117.0	100.0
Mai	2181.3	2042.5	1611.3	628.7	477.2	320.5	223.4	166.6	145.5	116.9	99.9
Aug	2179.1	2040.5	1609.7	628.1	476.8	320.2	223.1	166.4	145.4	116.8	99.8
Nov	2172.6	2034.3	1604.8	626.2	475.3	319.3	222.5	165.9	144.9	116.5	99.5
1997											
Feb	2168.2	2030.2	1601.6	624.9	474.4	318.6	222.0	165.6	144.6	116.2	99.3
Mai	2163.8	2026.2	1598.4	623.7	473.4	318.0	221.6	165.2	144.4	116.0	99.1
Aug	2163.8	2026.2	1598.4	623.7	473.4	318.0	221.6	165.2	144.4	116.0	99.1
Nov	2155.1	2018.0	1591.9	621.2	471.5	316.7	220.7	164.6	143.8	115.5	98.7
1998											
Feb	2146.3	2009.8	1585.5	618.6	469.6	315.4	219.8	163.9	143.2	115.0	98.3
Mai	2161.6	2024.1	1596.8	623.0	472.9	317.7	221.4	165.1	144.2	115.9	99.0
Aug	2159.4	2022.1	1595.2	622.4	472.5	317.3	221.1	164.9	144.1	115.7	98.9
Nov	2152.9	2015.9	1590.3	620.5	471.0	316.4	220.5	164.4	143.6	115.4	98.6
1999											
Feb	2146.3	2009.8	1585.5	618.6	469.6	315.4	219.8	163.9	143.2	115.0	98.3
Mai	2146.3	2009.8	1585.5	618.6	469.6	315.4	219.8	163.9	143.2	115.0	98.3
Aug	2148.5	2011.8	1587.1	619.3	470.1	315.7	220.0	164.1	143.3	115.2	98.4
Nov	2148.5	2011.8	1587.1	619.3	470.1	315.7	220.0	164.1	143.3	115.2	98.4
2000											
Feb	2150.7	2013.9	1688.7	619.8	470.6	318.1	220.2	164.2	143.6	115.3	98.5
Mai	2155.1	2018.0	1591.9	621.2	471.5	316.7	220.7	164.6	143.8	115.5	98.7
Aug	2155.1	2018.0	1591.9	621.2	471.5	316.7	220.7	164.6	143.8	115.5	98.7
Nov	2155.1	2018.0	1591.9	621.2	471.5	316.7	220.7	164.6	143.8	116.5	98.7
2001											
Feb	2151.8	2015.9	1590.3	620.5	471.0	316.4	220.5	164.4	143.6	115.4	98.6
Mai	2151.8	2015.9	1590.3	620.5	471.0	316.4	220.5	164.4	143.6	115.4	98.6
Aug	2150.7	2013.9	1588.7	619.9	470.6	316.1	220.2	164.2	143.5	115.3	98.5

D = Index auf Jahresdurchschnitt

3.5.2 Regionaler Einfluss von Baukostendaten

Bauen verursacht im Bundesgebiet je nach Standort unterschiedlich hohe Kosten. Die Übernahme von Baukostendaten „fremder Herkunft" birgt grundsätzlich das Risiko der Ungenauigkeit in sich. Der Kreis der Anbieter von Baukostendaten ist in Abschnitt 3.4 aufgezeigt.

In einigen dieser Datensammlungen wird der Anspruch erhoben, für das gesamte Bundesgebiet, mitunter auch einschließlich der neuen Bundesländer, geltende Durchschnittswerte ermittelt zu haben. Die Handhabung wird in den genannten Werken ausführlich erläutert. Einige unterscheiden die Kostenkennwerte (DIN 276) nach Mittelpreis und Preisspannen (Schmitz, Meisel, Gerlach) oder Min.-, Mittel-, Max.-Werten (Gebäudekosten, BKB) und berücksichtigen dabei Konjunktur, Region, Qualität und Quantität sowie Bauwerksgeometrie.

Äußerst gründlich und überzeugend geht Martin Mittag vor, der in seinem Arbeits- und Kontrollhandbuch eine Seite mit **Korrekturfaktoren** (Tafel 1.47) im Vorwort bereithält. Diese Korrekturfaktoren betreffen den Regionaleinfluss (Bundesländer), die Ortsgröße und darüber hinaus den Einfluss aus Menge bzw. Serie.

Der sog. Bundesdurchschnitt in den einzelnen Datenbanken ist nicht unbedingt vergleichbar. Die Herkunft der Kostendaten ist sehr unterschiedlich zusammengesetzt.

Tafel 1.47 Regionale Korrekturfaktoren [1.34]

Regionaleinfluss nach Bundesländern gegenüber Bundes-Mittelwert (= 1,00)[1]					
Baden-Württemberg	1,06	Hamburg	1,24	Rheinland-Pfalz	0,98
Bayern	1,09	Hessen	0,94	Saarland	0,86
Berlin	1,43	Mecklenburg-Vorpommern	0,97	Sachsen	1,09
Brandenburg	0,96	Niedersachsen	0,75	Sachsen-Anhalt	0,91
Bremen	1,02	Nordrhein-Westfalen	0,90	Schleswig-Holstein	0,90
				Thüringen	1,03

Einfluss Ortsgröße gegenüber Bundes-Mittelwert (= 1,00)[2], ausgenommen Berlin, Bremen, Hamburg	
Großstädte mit mehr als 500 000 bis 1 500 000 EW	1,05 bis 1,12
Städte mit mehr als 50 000 bis 500 000 EW	0,98 bis 1,05
Orte bis 50 000 EW	0,92 bis 0,98

[1] Die Länder-Querschnittswerte sind Mittelwerte aus Wohnbau, Kommunalbau und Gewerbebau (Wirtschaftsbau).
[2] Zwischenwerte interpolieren
Quelle: Mittag, M.: Arbeits- und Kontrollhandbuch zu Bauplanung, Bauausführung und Kostenplanung nach § 15 HOAI, 1998, WEKA Baufachverlage GmbH. Augsburg [1.34]

Die Anwendung von Baukostendaten aus der Literatur oder Software-Programmen erfolgt grundsätzlich aus drei Gründen:

1. mangels jeglicher Erfahrung, die erst aus einer Vielzahl von geplanten und ausgeführten Gebäudetypen entstanden sein muss (z.B. Absolventen)
2. bei Bearbeitung eines für das Büro völlig neuen Gebäudetyps
3. zum Vergleich mit einer aufgestellten Kostenermittlung.

Mangelnde Erfahrung lässt sich durch den Austausch mit befreundeten Architekten ausgleichen, die sich schon längere Zeit gerade für die Bauaufgabe spezialisiert haben, mit der man selber zum ersten Mal konfrontiert worden ist. Fachverbände, Innungen und Kammern sind eine weitere Quelle für einschlägige und relativ zuverlässige Kostendaten.

Trotzdem ist der kritische Einsatz von Daten aus der Literatur ein Gewinn für die Genauigkeit des Ergebnisses von Kostenermittlungen.

3.6 Beispielobjekt

Es handelt sich um ein Einfamilienhaus mit einem Nebengebäude als Garage und Geräteraum.
Architekten: Harms & Partner, Oldenburg

3.6.1 Darstellung

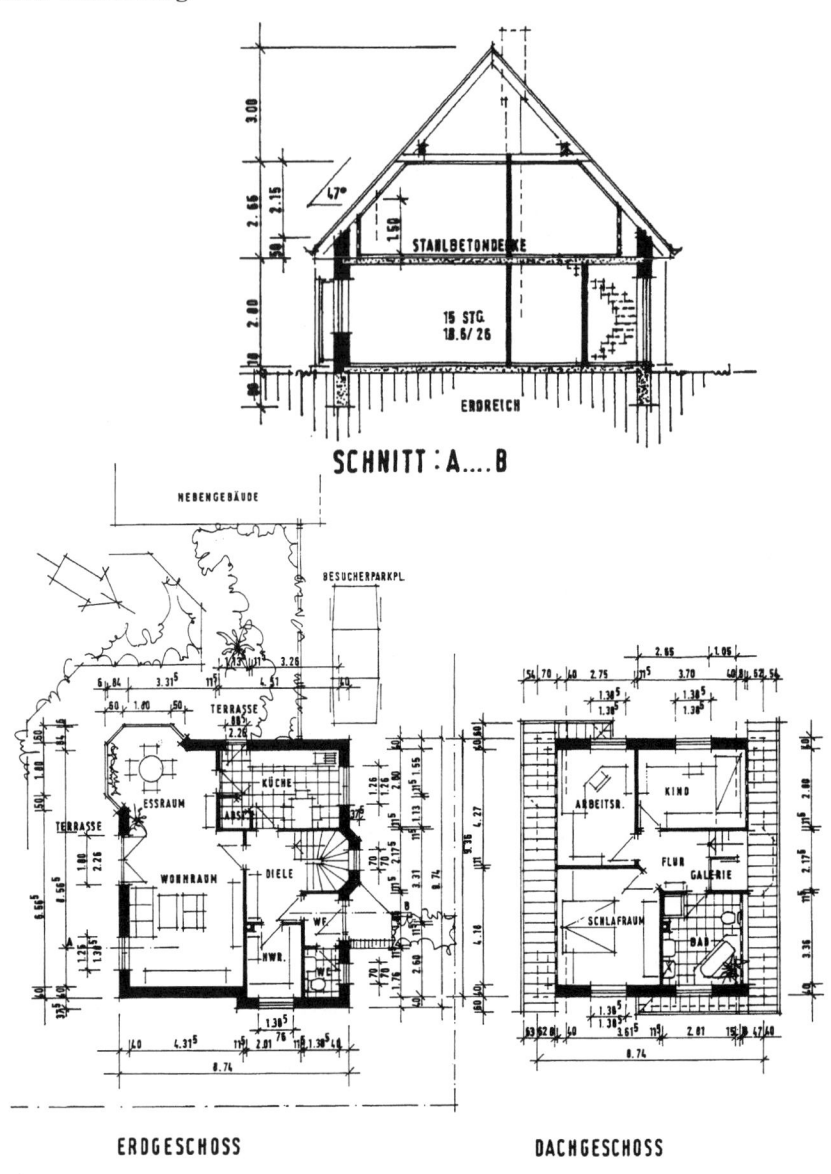

SCHNITT : A....B

ERDGESCHOSS   DACHGESCHOSS

1.48

3.6.2 Baubeschreibung

Für das beispielhafte Bearbeiten einer Kostenschätzung (Abschnitt 3.7.2) dient das hier abgebildete frei stehende **Einfamilienhaus**. Seine Fassade ist mit Klinkern verblendet und das Dach mit Betondachsteinen gedeckt. Die Innenwände sind mit Kalksandsteinen und die Innenschalen der Außenwände mit Lichtziegeln gemauert. Das Haus ist nicht unterkellert und mit Frostschürzen aus Stahlbeton gegründet. Bodenplatte, Decke über dem Erdgeschoss und Treppe im Erdgeschoss bestehen ebenfalls aus Stahlbeton. Die Fußböden sind mit Teppich (Aufenthaltsräume) bzw. Betonwerkstein (Treppe) belegt oder gefliest (Bäder, Küche und Hauswirtschaftsraum). Die Wände erhalten Putz, Tapeten (Rauhfaser) und Anstrich. Wandfliesen sind für Küche und Hauswirtschaftsraum (als Fliesenspiegel) und Bäder (raumhoch) vorgesehen. Die Erdgeschossdecke (Fertigteil System Filigran) wird unterseitig gespachtelt, tapeziert und gestrichen. Der Ausbau des Dachgeschosses (Dachschrägen und Balkenlage) erfolgt mittels Gipskartonplatten, die tapeziert und gestrichen werden, sonst wie im Erdgeschoss. Auf Holzvertäfelungen wird verzichtet. Zwischen den Sparren befindet sich eine 16 cm dicke Mineralwolldämmung. Fenster und Außentüren bestehen aus Holz, das deckenden Anstrich erhält. Die Innentüren sind ebenfalls aus Holz (Fertigtürelemente). Beheizt wird das Gebäude durch einen Gasniedertemperaturkessel im Hauswirtschaftsraum und Plattenheizkörper in allen Räumen. Ein Standspeicher dient der Warmwasserversorgung. Bauweise und Ausstattung des Wohnhauses entsprechen einem **einfachen Standard**. Das Gebäude ist kompakt und verfügt über ein günstiges Verhältnis zwischen Außenwand- und Innenraumfläche. Auch das Satteldach entspricht durch Verzicht auf Dachdurchdringungen (wie z.B. bei Winkelhäusern), Walme, Loggien und stehende Dachfenster (Gauben) diesem Standard. Allerdings wirken sich die gewendelte Treppe und der Wintergarten des Eßraums geringfügig kostensteigernd aus.

Aus der Baubeschreibung muss die Qualität des Standards erkennbar werden. Bei Einsatz von Baukostendaten (Abschnitt 3.4 und 3.7.1) ist eine Entscheidung zwischen den Standards **Einfach** (sparsam, min. bzw. von), **Mittel** (normal, durchschnittlich) und **Gehoben** (komfortabel, max. bzw. bis) zu treffen. Bei Kostenüberschreitungen dient die Baubeschreibung als Vergleichsmaßstab bei planerischen bzw. baulichen Veränderungen (Hinweispflicht des Architekten auf Mehrkosten).

3.7 Kostengliederung

3.7.1 Allgemeines

Ermittlungen von Kosten können nur zutreffend sein, wenn sie vollständig sind. Vergleiche lassen sich zwischen den Kosten verschiedener Gebäude nur anstellen, wenn die Kosten gleichermaßen **aufbereitet** worden sind. Der **Kostengliederung** (DIN 276 [4.81] und DIN 276 [6.93]) ist aus diesen Gründen große Beachtung zu schenken. In diesem Abschnitt ist die Gliederung der Norm von Juni 1993 abgedruckt. In der Praxis wird vielfach noch die Fassung 4.81 der DIN 276 verwendet. Merkmal der alten Norm ist ein Gliederungssystem mit bis zu vier Stellen, die durch Punkte voneinander getrennt sind. Bei Verwendung älterer Baukostendaten ist gemäß Tafel 1.49 vorzugehen. In diesem Zusammenhang ist noch auf die Abschnitte 3.3 (Grundflächen und Rauminhalte, Bezugsgrößen) und 3.8.4 (Berechnung des umbauten Raums) hinzuweisen. Die HOAI 1996 (Abschnitt 4) fordert die Gliederung der anrechenbaren Kosten gemäß DIN 276 (4.81).

Tafel 1.49 Gegenüberstellung der Kostengruppen (KG) DIN 276 (4.81/6.93)

DIN 276 (4.81)	DIN 276 (6.93)	DIN 276 (4.81)	DIN 276 (6.93)
KG 1	KG 100[1]	KG 4	KG 600
KG 2	KG 200[1]	KG 5	KG 500
KG 3.1 u. 3.5.1	KG 300	KG 6	ist entfallen
KG 3.2–3.4 u. 3.5.2–3.5.4	KG 400	KG 7	KG 700
KG 3.1–3.5	KG 300 + 400		

[1] Nur unbedeutend verändert.

3.7.2 Kostengliederung

Das folgende Formular enthält die normgerechte Gliederung bis zur 3. Ebene (Stelle). Zur Anlage eigener Daten können **Erweiterungen vor** der ersten Stelle, z.B. durch Bauwerkscodierungen, und **nach** der dritten Stelle, z.b. durch Zahlen, die das Gewerk oder die Ordnungszahl nach StLB[1] kennzeichnen, genutzt werden.

3.7.3 Bearbeitung[2]

Die Bearbeitung des Beispiels erfolgt im Rahmen der Kostenschätzung und der Kostenberechnung. In der Norm wird die Gliederung der Gesamtkosten innerhalb der **Kostenschätzung** mindestens bis zur **1. Ebene** (Stelle) und innerhalb der **Kostenberechnung** mindestens bis zur **2. Ebene** gefordert. Es empfiehlt sich jedoch, in jeweils weitere Ebenen zu untergliedern, soweit die entsprechenden Beträge bekannt sind oder lediglich erfragt werden müssen. Ausnahmen sind die KG 300 und 400.

Tafel 1.50   Beträge in €

1	2	3	4	5	6	
Kosten-gruppe	*Kostenschätzung* *Kostenberechnung*	Kostenanschlag	*Kosten-schätzung*	Kostenberechnung		
					Ansatz	Betrag
100	*Grundstück*		66 500			(71 155)
110	*Grundstückswert*		Ansatz: 500 m² FBG · 133 €/m²	s. KG 100, Spalte 4	66 500	
120	*Grundstücks-nebenkosten*			7 % von 110	4 655	
121		Vermessungsgebühren				
122		Gerichtsgebühren				
123		Notariatsgebühren				
124		Maklerprovisionen				
125		Grunderwerbsteuer				
126		Wertermittlungen, Untersuchungen				
127		Genehmigungsgebühren				
128		Bodenordnung, Grenzregulierung				
129		Sonstiges				
130	*Freimachen*			z. B. Gebühr für Verzichtserklärung der Stadt betr. Vorkaufsrecht		
131		Abfindungen				
132		Ablösen dinglicher Rechte				
139		Sonstiges				
200	*Herrichten und Erschließen*		10 000			(9 333)
210	*Herrichten*		Ansatz: 500 m² FBG · 20 €/m²	FBG · 5 €/m² FBG	2 500	
211		Sicherungsmaßnahmen				
212		Abbruchmaßnahmen				
213		Altlastenbeseitigung				
214		Herrichten der Geländeoberfläche				
219		Sonstiges				
220	*Öffentliche Erschließung*			Aufstellung:		6 833
221		Abwasserentsorgung		2 000		
222		Wasserversorgung		1 750		
223		Gasversorgung		1 250		
224		Fernwärmeversorgung		entfällt		
225		Stromversorgung		1 750		
226		Telekommunikation		83		
227		Verkehrsschließung		in 110 enthalten		
229		Sonstiges		entfällt		
230	*Nichtöffentliche Erschließung*			Gliederung wie 220		./.
240	*Ausgleichsabgaben*			entfällt		./.

[1] Standardleistungsbuch für das Bauwesen.   [2] Erläuterungen und Quellen siehe Abschnitt 3.7.4.

Tafel 1.50 (Fortsetzung)   Beträge in €

1	2	3	4	5	6
Kosten-gruppe	Kostenschätzung Kostenberechnung	Kostenanschlag	Kosten-schätzung	Kostenberechnung Ansatz	Betrag
300	*Bauwerk – Baukonstruktionen*		119 615		(110 753)
310 311 312 313 319	Baugrube	Baugrubenherstellung Baugr.umschließung Wasserhaltung Sonstiges	Ansatz: 509 m³ BRIa · 235 €/m³ (300 + 400)	Das Gebäude ist nicht unterkellert, eine Baugrube entfällt.	./.
320 321 322 323 324 325 326 327 329	Gründung	Baugrundverbesserung Flachgründungen Tiefgründungen Unterböden und Bodenplatten Bodenbeläge Bauwerksabdichtungen Dränagen Sonstiges		Basisfläche (BAF) = 86,83 m² · 126 €/m² (Kostenkennwert 1. Quartal 2001)	10 941
330 331 332 333 334 335 336 337 338 339	Außenwände	Tragende Außenwände Nichttr. Außenwände Außenstützen Außentüren u. -fenster Außenw.bekleidungen außen Außenw.bekleidungen innen Element. Außenwände Sonnenschutz Sonstiges		Außenw.fl. (AWF) 169,66 m² · 221 €/m² (Kostenkennwert 1. Quartal 2001)	37 495
340 341 342 343 344 345 346 349	Innenwände	Tragende Innenwände Nichttr. Innenwände Innenstützen Innentüren u. -fenster Innenw.bekleidungen Element. Innenwände Sonstiges		Innenw.fl. (IWF) 131,78 m² · 152 €/m² (Kostenkennwert 1. Quartal 2001)	20 031
350 351 352 353 359	Decken	Deckenkonstruktionen Deckenbeläge Deckenbekleidungen Sonstiges		Deckenfläche (DEF) 86,83 m² · 186 €/m² (Kostenkennwert 1. Quartal 2001)	16 150
360 361 362 363 364 369	Dächer	Dachkonstruktionen Dachfenster, Dachöffnungen Dachbeläge Dachbekleidungen Sonstiges		Dachfl. (DAF) 158,40 m² · 165 €/m² (Kostenkennwert 1. Quartal 2001)	26 136
370 371 372 379	Baukonstruktive Einbauten	Allgemeine Einbauten Besondere Einbauten Sonstiges		entfällt	./.
390	Sonst. Maßnahmen	(entfällt hier)		in 310–360 enthalten	

Tafel 1.50 (Fortsetzung) **Beträge in €**

1	2	3	4	5	6
Kosten-gruppe	Kostenschätzung Kostenberechnung	Kostenanschlag	Kosten-schätzung	Kostenberechnung Ansatz	Betrag
400	***Bauwerk – Technische Anlagen***		in KG 300 enthalten		(20 124)
410	**Abwasser-, Wasser-, Gasanlagen**			BGFa 172 m² · 44 €/m² BGF (Kostenkennwert 1. Quartal 2001)	7 568
411		Abwasseranlagen			
412		Wasseranlagen			
413		Gasanlagen			
414		Feuerlöschanlagen			
419		Sonstiges			
420	**Wärmevers.anl.**			BGFa 172 m² · 53 €/m² BGF (Kostenkennwert 1. Quartal 2001)	9 116
421		Wärmeerzeugungsanl.			
422		Wärmeverteilnetze			
423		Raumheizflächen			
429		Sonstiges			
430	**Lufttechn. Anlagen**			entfällt	./.
431		Lüftungsanlagen			
432		Teilklimaanlagen			
433		Klimaanlagen			
434		Prozesslufttechn. Anl.			
435		Kälteanlagen			
439		Sonstiges			
440	**Starkstromanlagen**			BGFa 172 m² · 16 €/m² BGF (Kostenkennwert 1. Quartal 2001)	2 752
441		Hoch-/Mittelspannung			
442		Eigenstromversorgung			
443		Niederspannungs-schaltanlagen			
444		Niederspannungs-installationsanlagen			
445		Beleuchtungsanlagen			
446		Blitzschutz/Erdung			
449		Sonstiges			
450	**Fernmelde- und info.techn. Anlagen**			BGFa 172 m² · 4 €/m² BGF (Kostenkennwert 1. Quartal 2001)	688
451		Telekomm.anlagen			
452		Such- u. Signalanlagen			
453		Zeitdienstanlagen			
454		Elektroakust. Anlagen			
455		Fernseh- und Antennenanlagen			
456		Gefahrenmelde- u. Alarmanlagen			
457		Übertragungsnetze			
459		Sonstiges			
460	**Förderanlagen**			entfällt	./.
461		Aufzugsanlagen			
462		Fahrtreppen/-steige			
463		Befahranlagen			
464		Transportanlagen			
465		Krananlagen			
469		Sonstiges			
470	**Nutzungsspez. Anl.**			entfällt	./.
471		Küchentechn. Anl.			
472		Wäscherei-Reinigungsanlagen			
473		Medienvers.anlagen			

Tafel 1.50 (Fortsetzung) Beträge in €

1	2	3	4	5	6
Kosten-gruppe	Kostenschätzung Kostenberechnung	Kostenanschlag	Kosten-schätzung	Kostenberechnung Ansatz	Betrag
474		Medizintechn. Anl.			
475		Labortechn. Anlagen			
476		Badetechn. Anlagen			
477		Kälteanlagen			
478		Entsorgungsanlagen			
479		Sonstiges			
480	Gebäudeautomation			entfällt	./.
481		Automationssysteme			
482		Leistungsteile			
483		Zentrale Einrichtungen			
489		Sonstiges			
490	Sonst. Maßnahmen für Technische Anlagen			entfällt	./.
491		Baustelleneinrichtung			
492		Gerüste			
493		Sicherungsmaßnahmen			
494		Abbruchmaßnahmen			
495		Instandsetzungen			
496		Recycl. Zwischendep. und Entsorgung			
497		Schlechtwetterbau			
498		Zusätzl. Maßnahmen			
499		Sonstiges			
500	**Außenanlagen**		14 385		(12 985)
510	Geländeflächen		Ansatz: UBF 411 m² · 35 €/m²	UBF 206 m² · 10 €/m² UBF	2 060
511		Geländebearbeitung			
512		Vegetationstechnische Bodenbearbeitung			
513		Sicherungsbauweisen			
514		Pflanzen			
515		Rasen			
516		Begrünung unterbauter Flächen			
517		Wasserflächen			
519		Sonstiges			
520	Befestigte Flächen			UBF 205 m² · 35 €/m²	7 175
521		Wege			
522		Straßen			
523		Plätze, Höfe			
524		Stellplätze			
525		Sportplatzflächen			
526		Spielplatzflächen			
527		Gleisanlagen			
529		Sonstiges			
530	Baukonstruktionen in Außenanlagen			pauschal für Pergola	1 750
531		Einfriedungen			
532		Schutzkonstruktionen			
533		Mauern, Wände			
534		Rampen, Treppen, Tribünen			
535		Überdachungen			
536		Brücken, Stege			
537		Kanal-, Schachtbauanlagen			
538		Wasserbaul. Anlagen			
539		Sonstiges			

1.53

Tafel 1.50 (Fortsetzung)   **Beträge in €**

1	2	3	4	5	6
Kosten-gruppe	Kostenschätzung Kostenberechnung	Kostenanschlag	Kosten-schätzung	Kostenberechnung Ansatz	Betrag
540	**Techn. Anlagen in Außenanlagen**			pauschal für Abwasser	2 000
541		Abwasseranlagen		(Anteile der Ver-	
542		Wasseranlagen		sorgungsleitungen	
543		Gasanlagen		sind in	
544		Wärmevers.anlagen		KG 220/230	
545		Lufttechn. Anlagen		enthalten.)	
546		Starkstromanlagen			
547		Fernmelde- und info.techn. Anlagen			
548		Nutzungsspez. Anl.			
549		Sonstiges			
550	**Einbauten in Außenanlagen**			entfällt	./.
551		Allgemeine Einbauten			
552		Besondere Einbauten			
559		Sonstiges			
590	**Sonst. Maßnahmen für Außenanlagen**			in 510–550 enthalten	./.
591		Baustelleneinrichtung			
592		Gerüste			
593		Sicherungsmaßnahmen			
594		Abbruchmaßnahmen			
595		Instandsetzungen			
596		Recycl. Zwischendep., Entsorgung			
597		Schlechtwetterbau			
598		Zusätzl. Maßnahmen			
599		Sonstiges			
600	**Ausstattung und Kunstwerke**			6 500 +15 %	(7 475)
610	**Ausstattung**		pauschal (nutzungs-spez. Er-fahrungs-wert)[1]		7 475
611		Allgem. Ausstattung			
612		Bes. Ausstattung			
619		Sonstiges			
620	**Kunstwerke**			entfällt	./.
621		Kunstobjekte			
622		Künstlerisch gestaltete Bauteile des Bauwerks			
623		Künstlerisch gestaltete Bauteile d. Außenanl.			
629		Sonstiges			
700	**Baunebenkosten**			21 531	(23 433)
710	**Bauherrenaufgaben**		Ansatz: 18 % von KG 300 + 400: (119 615)	entfällt	./.
711		Projektleitung			
712		Projektsteuerung			
713		Betriebs- und Organisationsberatung			
719		Sonstiges			
720	**Vorbereitung der Objektplanung**			entfällt	./.
721		Untersuchungen			
722		Wertermittlungen			
723		Städtebaul. Leistungen			

[1] Erläuterungen und Quellen siehe Abschnitt 3.7.4.

Tafel 1.50 (Fortsetzung)   **Beträge in €**

1	2	3	4	5	6
Kosten-gruppe	*Kostenschätzung Kostenberechnung*	Kostenanschlag	Kosten-schätzung	Kostenberechnung Ansatz	Betrag
724 725 729		Landschaftsplanerische Leistungen Wettbewerbe Sonstiges			
730 731 732 733 734 735 736 739	Architekten- und Ingenieurleistungen	Gebäude Freianlagen Raumbildende Ausbauten Ingenieurbauwerke und Verkehrsanlagen Tragwerksplanung Techn. Ausrüstung Sonstiges		Architekten: 13 % von KG 300/400 ≈ 13 % v. 130 877 = 17 014 + Fachingenieure pauschal: 2 500 = 19 514	19 514
740 741 742 743 744 745 749	Gutachten und Beratung	Thermische Bauphysik Schallschutz und Raumakustik Bodenmechanik, Erd- und Grundbau Vermessung Lichttechnik, Tageslichttechnik Sonstiges		Vermessung, Gebäudeeinmessung	750
750 751 752 759	Kunst	Kunstwettbewerbe Honorare Sonstiges		entfällt	./.
760 761 762 769	Finanzierung	Finanzierungskosten Zinsen vor Nutzungsbeginn Sonstiges		entfällt, da von persönlichen Verhältnissen des Auftraggebers abhängig	./.
770 771 772 773 774 779	Allgemeine Baunebenkosten	Prüfungen, Genehmigungen, Abnahmen Bewirtschaftungskosten Bemusterungskosten Betriebskosten während der Bauzeit Sonstiges		[1]	3 169
790	Sonstige Baunebenkosten			entfällt	./.

[1] Erläuterungen und Quellen siehe Abschnitt 3.7.4.

Gesamtkosten inkl. Mehrwertsteuer in €:

Kostenschätzung	238 531	Kostenberechnung	255 258

Abweichungen gemäß Tafel 1.39, Spalte 5 (hier Überschreitung):

	100 %		107 %

1.55

3.7.4 Erläuterungen
100/200, Grundstück/Herrichten und Erschließen

Tafel 1.56 Quellen für grundstücksbezogene Kosten

100	Quelle	200	Quellen
110	Gutachterausschuss beim zuständigen Katasteramt (Kaufpreissammlung des Vorjahres)	221	Tiefbauamt
		222	Energieversorgungsunternehmen (EVU), Baukostenzuschüsse und Hausanschlusskosten
		223	
		224	
		225	
		226	Telekom

300/400, Bauwerk – Baukonstruktionen/Bauwerk – Technische Anlagen

Für die **Kostenschätzung** ist die Berechnung des Bruttorauminhaltes nach DIN 277 (Abschnitt 3.3) erforderlich. Es empfiehlt sich, das Gebäudevolumen in leicht berechenbare Körper (Würfel, Quader, Prismen) zu zerlegen.

1. Schritt: Berechnung des Bruttorauminhaltes:

$$(8{,}74 \cdot 9{,}74 - 4{,}43 \cdot 0{,}375$$
$$+ 0{,}375 \cdot \frac{2{,}405 + 1{,}605}{2} + 0{,}60 \cdot 2{,}05) \cdot 3{,}48 = 297{,}36$$
$$+ \frac{(2{,}90 + 1{,}80)}{2} = 4{,}55$$
$$+ (8{,}74 \times 9{,}20) \cdot \frac{515}{2} = 207{,}05$$
$$508{,}96 \text{ m}^3$$

Hierzu gehört die Darstellung 3.6.1 sowie Abschnitt 3.3.1, Tafel 1.40.

2. Schritt:
Multiplikation des Ergebnisses der Volumenberechnung mit dem zugehörigen Kostenkennwert, der, falls nicht aktuell, mit dem Baupreisindex (Abschnitt 3.5) zeitlich angepasst werden muss gemäß Abschnitt 3.4, Tafel 1.46:
235 €/m^3 BRIa für KG 300+400 (Der Kostenkennwert wurde Abb. 1.45 entnommen. Er ist das ungefähre Mittel zwischen 200 €/m^3 BRI und 270 €/m^3 BRI.)
Der Wert bezieht sich auf Feb. 2001 und wird nicht hochgerechnet.
Quelle: BKI Baukosten 2001, Teil 1 [1.31].
Zur **Kostenberechnung** wurde für die Bearbeitung des Beispiels das Verfahren mit Grobelementen (Abschnitt 3.2, Tafel 1.38) durchgeführt [1.30]. Diese entsprechen den Kostengruppen der 2. Ebene in Tafel 1.44.

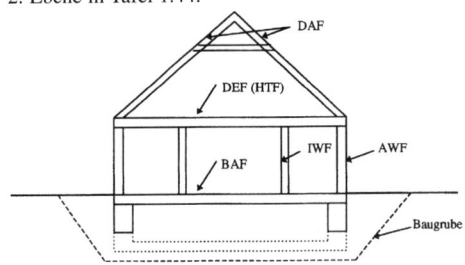

Abb. 1.56
Prinzip der Grobelemente von Gebäuden

1. Schritt: Mengenermittlung (m^2, m^3)
Bei der Durchführung sind die Messvorschriften nach Tafel 1.57 einzuhalten.

Tafel 1.57 Messvorschriften und Anwendung

Abkürzung	Bezeichnung	Messvorschrift	Einheit	Beispiel (Abschnitt 3.6)
./. (310)[1)]	Baugrube	Gemessen wird der Rauminhalt des Aushubs einschl. der statthaften Arbeitsräume. Aushub für Fundamente, Grundleitungen, Ausgleichsschichten, Filterschichten usw. wird nicht berücksichtigt.	m^3	entfällt
BAF (320)[1)]	Basisfläche	Grundfläche der untersten Grundrissebene. Die Fläche ergibt sich aus den äußeren Abmessungen in Bodenhöhe. Konstruktive Vor- und Rücksprünge bleiben unberücksichtigt. Abschnitt 3.2 DIN 277 (6.87) gilt sinngemäß.	m^2	$8{,}74 \cdot 9{,}74$ $- 4{,}43 \cdot 0{,}375$ $+ 0{,}375 \cdot (2{,}405 \cdot 1{,}605)/2$ $+ 0{,}60 \cdot 2{,}05$ $+ 0{,}60 \cdot 2{,}35$ $= 86{,}83$
AWF (330)[1)]	Außenwandfläche	Abgewickelte Außenfläche der Außenwände. Gemessen wird von Oberkante Fundament bis zur Auflagerung der Dachkonstruktion bzw. bis zur Oberkante der als Dachbrüstung geführten Außenwand. Öffnungen, wie z.B. Lichtschächte, werden übermessen.	m^2	$8{,}74 \cdot 3{,}58$ $+ 0{,}60 \cdot 3{,}58 + 8{,}74 \cdot 4{,}05/2$ $+ (0{,}84 + 1{,}80 + 0{,}78 + 5{,}84)$ $\cdot 2{,}90$ $+ 5{,}84 \cdot 0{,}68 + 8{,}74 \cdot 4{,}052/2$ $+ (7{,}04 + 0{,}78 + 1{,}80) \cdot 3{,}58$ $+ [9{,}74 + (2 \cdot 0{,}095)] \cdot 3{,}58$ $= 169{,}66$
IWF (340)[1)]	Innenwandfläche	Summe der Innenwandfläche aller Grundrissebenen. Gemessen wird bis zur Innenkante der Außenwand. Bei durchbindenden Wänden wird nur eine, ggf. die dickere, gemessen. Vertikal wird von Oberkante der darunterliegenden bis zur Unterkante der darüberliegenden Tragkonstruktion der Decke gemessen. Öffnungen, wie z.B. Türen und Innenfenster, werden übermessen.	m^2	EG: $(2{,}915 + 4{,}51 + 0{,}70 + 0{,}80$ $+ 0{,}70 + 5{,}65 + 2{,}01 + 3{,}735$ $+ 1{,}385 + 1{,}385) \cdot 2{,}80$ $+$ DG: $(4{,}18 + 0{,}115 + 4{,}27 + 2{,}80$ $+ 2{,}47 + 2{,}47) \times 1{,}25$ $+ (3{,}36 + 2{,}47) \times 1{,}52$ $+ (4{,}27 + 0{,}68 + 3{,}36 + 0{,}11$ $+ 1{,}22 + 0{,}68 + 1{,}63 + 0{,}34)$ $\times 2{,}65$ $+ 1{,}40 \times 2{,}47 + 2{,}47 \times 1{,}13/2$ $= 131{,}78$
DEF (HTF) (350)[1)]	Deckenfläche (horizontale Trennfläche)	Summe der Grundflächen aller Grundrissebenen ohne Basisfläche und Dachfläche. Maßgebend sind die äußeren Abmessungen; konstruktiv gestalterische Vor- und Rücksprünge bleiben unberücksichtigt. Abschnitt 3.2 DIN 277 (6.87) gilt sinngemäß. Treppen, Öffnungen, Wände, Schächte usw. werden übermessen.	m^2	$86{,}83$
DAF (360)[1)]	Dachfläche	Bei Flachdächern ergibt sich die Fläche aus den äußeren Abmessungen in Höhe der Dachkonstruktion. Bei geneigten Dächern wird die abgewickelte Fläche ermittelt. Öffnungen, wie z.B. Dachfenster, Schornsteine und sonstige Aufbauten, werden übermessen.	m^2	$2 \cdot 10{,}56 \cdot 7{,}50$ (gemessen) $= 158{,}40$

[1)] Kostengruppe nach DIN 276 (6.93).

2. Schritt: Verwendung geeigneter Kostenkennwerte
Für das Beispiel wurden die Baukostendaten des Standardwerks Gebäudekosten 2001 des Baukosteninformationszentrums Deutscher Architektenkammern [1.31] hinzugezogen. Die verwendeten Daten entsprechen den mittleren Kostenkennwerten der Tafel 1.44 in Abschnitt 3.4.

3. Schritt: Zeitliche Anpassung der Baukostendaten
Die Kostenkennwerte müssen, falls sie nicht aktuell sind, mit dem Baupreisindex (Abschnitt 3.5) zeitlich angepasst werden. Die in dem Beispiel verwendeten Kostenkennwerte beziehen sich auf das 1. Quartal 2001 und werden nicht hochgerechnet.

500 Außenanlagen
1. Schritt:
Die **unbebaute Fläche** (UBF) resultiert aus der **Differenz** zwischen der Fläche des Baugrundstücks (**FBG**) und der bebauten Fläche (**BF**).
Für das Beispiel: 500 m² FBG − 89 m² BF = 411 m² UBF (KG 510 : 206 m²
                                                         KG 520 : 205 m²)

2. Schritt:
Zur **Kostenschätzung** wurden 35 €/m² UBF angesetzt, die sich, je nach Standard, auf 20 €/m² UBF oder 60 €/m² UBF und mehr regulieren lassen. Die Eigenhilfe sollte jedoch hier, wie in allen anderen Kostengruppen, unberücksichtigt bleiben und ausschließlich Bestandteil eines Finanzierungsplanes sein.
Grundlage der **Kostenberechnung** sind ebenfalls Erfahrungswerte bzw. Nachfragen bei Unternehmen. Im letzten Fall ist die Umsatzsteuer stets hinzuzurechnen. Soweit Daten aus der Literatur verwendet werden, sind diese gemäß Abschnitt 3.5.1 zu aktualisieren.

600 Ausstattung und Kunstwerke
Während der Begriff **Ausstattung** gleichzusetzen ist mit **Einrichtung** im Sinne von Ersteinrichtung, ist die Kostenbeeinflussung von Kunstwerken lediglich bei öffentlichen Bauvorhaben und ggf. im Sinne des Mäzenatentums von Bedeutung. Die sowohl für die **Kostenschätzung** als auch die **Kostenberechnung** eingesetzten Beträge sind abhängig von den alten und neuen Wohn- und Ausstattungsbedingungen der Nutzer sowie von den regionalen Bedingungen bei Wohnungswechsel.
Für das Objektbeispiel wurden folgende Annahmen getroffen:

Ausstattung von Bad und Gäste-WC	1 500
Allgemeine Ausstattung	2 000
Erstausstattung/Leuchten	1 500
Gerät	1 500

700 Baunebenkosten
Innerhalb der **Kostenberechnung** werden für das gewählte Beispiel keine Kosten für Bauherrenaufgaben (710) und Vorbereitung (720) angesetzt, da diese üblicherweise bei Einfamilienhäusern nicht anfallen. Ausgaben für Kunst (750) fallen hauptsächlich bei öffentlichen Auftraggebern an. Folgende Ansätze werden für Allgemeine Baunebenkosten (770) ermittelt und betreffen hinsichtlich der Gliederung (3. Stelle) schon die Ebene des Kostenanschlags:

Genehmigungsgebühr inkl. Abnahme:		
5,11 € je 500 € Rohbaukosten		
Rohbaukosten = 50 % von 300 + 400		
= 65 438,5		
· 5,11/500 ~ 669		
+ Abnahmen		≈ 750
Bewirtschaftungskosten des Auftraggebers		750
sonstige Kosten (z. B. Baufeiern)		1 000

3.8 Zweite Berechnungsverordnung (Verordnung über wohnungswirtschaftliche Berechnungen – II. BV)
in der Fassung vom 12. Oktober 1990, zuletzt geändert am 13. September 2001

3.8.1 Veranlassung

Ein wesentlicher Bestandteil vieler Baufinanzierungen ist die **staatliche Bauförderung** durch die Bundesländer. Deren unterschiedliche Förderungsrichtlinien enthalten alle die Regelungen des **Wohnraumförderungsgesetz (WoFG)**, das am 1.01.2002 in Kraft getreten ist und das bis dahin geltende Zweite Wohnungsbaugesetz abgelöst hat. Die Förderung ist an die Einhaltung von Grenzen des Einkommens (Tafel 1.59b) und der Wohnfläche nach II. BV (Tafel 1.60) gebunden. Mittelherkunft und weitere Kriterien zur Förderung sind in Tafel 1.59a aufgezeigt. Die ehemals drei Förderwege des Zweiten Wohnungsbaugesetzes sind auf einen Förderweg reduziert worden.

Tafel 1.59a Kriterien und Mittel zur staatlichen Bauförderung

Kriterien	Mittel
Wirtschaftlichkeit	öffentliche Baudarlehen
monatliche und jährliche Belastung	Aufwendungszuschüsse
Wohnfläche, m² nach II. BV	Aufwendungsdarlehen
Jahreseinkommen	Familienzusatzdarlehen
ggf. Kaufpreis	

Tafel 1.59b Einkommensgrenzen

	Einkommensgrenzen [4) 5)]	
Haushaltsgröße	§ 9 Abs. 2 WoFG	ca. Bruttoeinkommen[6)]
1 Person	12 000,00 €	18 187 €
2 Personen	18 000,00 €	26 758 €
für jede weitere Person	+ 4 100,00 €	./.
für jedes Kind	+ 4 600,00 €	33 330 €[7)]

[4)] Die Einkommensgrenzen können unter bestimmten Voraussetzungen (z.B. junge Ehepaare, Schwerbehinderte) erhöht werden.
[5)] Maßgebend ist das in den 12 Monaten ab der Antragstellung zu erwartende Einkommen aller zum Haushalt gehörenden Familienmitglieder. Bei Einkünften aus nichtselbstständiger Tätigkeit werden gesetzliche und tarifliche Zulagen, steuerfreie Einnahmen, Unterhaltszahlungen und Werbungskosten abgezogen. Vom so ermittelten Einkommen sind noch einmal 10 % abzuziehen, wenn Lohn- und Einkommensteuer zu entrichten sind.
[6)] Angestellte, Arbeiter.
[7)] Berechnet für ein Ehepaar mit einem Kind.

Nach dem WoFG ist die Förderung neben den Einkommensgrenzen von der Einhaltung folgender Wohnflächengrenzen nach Tafel 1.60 abhängig:

Tafel 1.60 Wohnflächengrenzen [7) 8)]

Einfamilienhaus	130 m²	[7)] Die Wohnfläche ist nach der II. BV (siehe Abschn. 3.8.3) zu berechnen. [8)] Die Überschreitung der genannten Höchstgrenzen ist möglich: a) ab dem 5. und weiteren Familienmitgliedern 20 m² bzw. 24 m² je Familienmitglied b) zur Berücksichtigung besonderer persönlicher oder beruflicher Bedürfnisse c) durch die Bedingung wirtschaftlicher Grundrissgestaltung (z.B. Ausbau, Erweiterung, Baulücke). [9)] Bei Familienheimen mit 2 Wohnungen darf keine der Wohnungen 130 m² überschreiten.
Zweifamilienhaus [9)]	200 m²	
Eigentumswohnung	120 m²	

3.8.2 Berechnung der Gesamtkosten (§ 5 Gliederung der Gesamtkosten)

		DIN 276 (6.93)
I	Kosten des Baugrundstücks (§ 6)	100
1	Wert	110
	Als Wert des Baugrundstücks darf höchstens angesetzt werden, 1. wenn das Baugrundstück dem Bauherrn zur Förderung des Wohnungsbaues unter dem Verkehrswert überlassen worden ist, der Kaufpreis 2. wenn das Baugrundstück durch Enteignung zur Durchführung des Bauvorhabens vom Bauherrn erworben worden ist, die Entschädigung 3. in anderen Fällen der Verkehrswert [1) 2)] oder der Kaufpreis, es sei denn, dass er unangemessen hoch gewesen ist. 4. Bei Ausbau durch Umwandlung oder Umbau darf als Wert des Baugrundstücks höchstens der Verkehrswert vergleichbarer unbebauter Grundstücke für Wohngebäude in dem nach § 4 maßgebenden Zeitpunkt angesetzt werden. Der Wert des Baugrundstücks darf nicht angesetzt werden beim Ausbau durch Umbau einer Wohnung, deren Bau bereits mit öffentlichen Mitteln oder mit Wohnungsfürsorgemitteln gefördert worden ist.	
2	Erwerbskosten	120
	Erwerbskosten dürfen nur angesetzt werden, soweit sie tatsächlich entstehen oder mit ihrem Entstehen sicher gerechnet werden kann. Dazu gehören:	

Vermessungskosten	121	Grunderwerbskosten	125
Gerichtskosten	122	Gebühren für Wertberechnungen und dafür nötige Bodenuntersuchungen	126
Notarkosten	123	Amtliche Genehmigungen	127
Maklerprovisionen	124	Kosten im Zusammenhang mit Verlegung, Zusammenlegung oder Grenzregulierung	128

[1)] Für den Begriff Verkehrswert gilt § 194 des Baugesetzbuchs. Im steuerbegünstigten Wohnungsbau dürfen neben dem Verkehrswert Kosten der Zwischenfinanzierung, Kapitalkosten und Steuerbelastungen des Baugrundstücks, die auf die Bauzeit fallen, nicht angesetzt werden.
[2)] Gemäß Wertermittlungsverordnung, zuletzt geändert am 18.08.1997 (WertV 98).

3.8.2 (Fortsetzung)

3 **Erschließungskosten**	200
Wird die Erschließung im Zusammenhang mit dem Bauvorhaben durchgeführt, so darf außer den Erschließungskosten nur der Wert des nicht erschlossenen Baugrundstücks nach Absatz 1 angesetzt werden. Ist die Erschließung bereits vorher ganz oder teilweise durchgeführt worden, so kann der Wert des ganz oder teilweise erschlossenen Baugrundstücks angesetzt werden, wenn ein Ansatz von Erschließungskosten insoweit unterbleibt. Dazu gehören:	
a) Abfindungen und Entschädigungen an Mieter, Pächter und sonstige Dritte zur Erlangung der freien Verfügbarkeit über das Grundstück,	130
b) Kosten für das Herrichten des Baugrundstücks, z.B. Abräumen, Abholzen, Roden, Bodenbewegung, Entrümpelung, Gesamtabbruch,	210
c) Kosten der öffentlichen Entwässerungs- und Versorgungsanlagen, die nicht Kosten der Gebäude oder der Außenanlagen sind, und Kosten öffentlicher Flächen für Straßen, Freiflächen und dgl., soweit diese Kosten vom Grundstückseigentümer aufgrund gesetzlicher Bestimmungen (z.B. Anliegerleistungen) oder vertraglicher Vereinbarungen (z.B. Unternehmerstraßen) zu tragen und vom Bauherrn zu übernehmen sind,	220
d) Kosten der nichtöffentlichen Entwässerungs- und Versorgungsanlagen, die nicht Kosten der Gebäude oder der Außenanlagen sind, und Kosten nichtöffentlicher Flächen für Straßen, Freiflächen und dgl., wie Privatstraßen, Abstellflächen für Kraftfahrzeuge, wenn es sich um Daueranlagen handelt, d.h. Anlagen, die auch nach etwaigem Abgang der Bauten im Rahmen der allgemeinen Ortsplanung bestehenbleiben müssen,	230
e) andere einmalige Abgaben, die vom Bauherrn nach gesetzlichen Bestimmungen verlangt werden (z.B. Bauabgaben, Ansiedlungsleistungen, Ausgleichsbeträge).	240
	DIN 276 (6.93)
II Baukosten (§ 7)	300–700
1. Baukosten dürfen nur angesetzt werden, soweit sie tatsächlich entstehen oder mit ihrem Entstehen sicher gerechnet werden kann und soweit sie bei gewissenhafter Abwägung aller Umstände, bei wirtschaftlicher Bauausführung und bei ordentlicher Geschäftsführung gerechtfertigt sind. 2. Bei Wiederaufbau und bei Ausbau durch Umwandlung oder Umbau eines Gebäudes gehört zu den Baukosten auch der Wert der verwendeten Gebäudeteile.	
1 **Kosten der Gebäude**	**300 u. 400**
Das sind Kosten (getrennt nach der Art der Gebäude oder Gebäudeteile) sämtlicher Bauleistungen, die für die Errichtung der Gebäude erforderlich sind. Zu den Kosten der Gebäude gehören auch: a) die Kosten aller eingebauten oder mit den Gebäuden fest verbundenen Sachen, z.B. Anlagen zur Beleuchtung, Erwärmung, Kühlung und Lüftung von Räumen und zur Versorgung mit Elektrizität, Gas, Kalt- und Warmwasser (bauliche Betriebseinrichtungen), bis zum Hausanschluss an die Außenanlagen, Öfen, Koch- und Waschherde, Bade- und Wascheinrichtungen, eingebaute Rundfunkanlagen, Gemeinschaftsantennen, Blitzschutzanlagen, Luftschutzanlagen, Luftschutzvorsorgeanlagen, bildnerischer und malerischer Schmuck an und in den Gebäuden, eingebaute Möbel, b) die Kosten aller vom Bauherrn erstmals zu beschaffenden, nicht eingebauten oder nicht fest verbundenen Sachen an und in den Gebäuden, die zur Benutzung und zum Betrieb der baulichen Anlagen erforderlich sind unter ohne Schutz der Gebäudeteile dienen, z.B. Öfen, Koch- und Waschherde, Bade- und Wascheinrichtungen, soweit sie nicht unter den vorstehenden Absatz fallen, Aufsteckschlüssel für innere Leitungshähne und Ventile, Bedienungseinrichtungen für Sammelheizkessel (Schaufeln, Schürstangen usw.), Dachaussteige- und Schornsteinleitern, Feuerlöschanlagen (Schläuche, Stand- und Strahlrohre für eingebaute Feuerlöschanlagen), Schlüssel für Fenster- und Türverschlüsse usw. Zu den Kosten der Gebäude gehören auch die Kosten von Teilabbrüchen innerhalb der Gebäude.	

3.8.2 (Fortsetzung)

2 Kosten der Außenanlagen	500

Das sind die Kosten sämtlicher Bauleistungen, die für die Herstellung der Außenanlagen erforderlich sind:
a) die Kosten der Entwässerungs- und Versorgungsanlagen vom Hausanschluss ab bis an das öffentliche Netz oder an nichtöffentliche Anlagen, die Daueranlagen sind, außerdem alle anderen Entwässerungs- und Versorgungsanlagen außerhalb der Gebäude, Kleinkläranlagen, Sammelgruben, Brunnen, Zapfstellen usw.,
b) die Kosten für das Anlegen von Höfen, Wegen und Einfriedungen, nichtöffentlichen Spielplätzen usw.,
c) die Kosten der Gartenanlagen und Pflanzungen, die nicht zu den besonderen Betriebseinrichtungen gehören, der nicht mit einem Gebäude verbundenen Freitreppen, Stützmauern, fest eingebauten Flaggenmaste, Teppichklopfstangen, Wäschepfähle usw.,
d) die Kosten sonstiger Außenanlagen, z.B. Luftschutzaußenanlagen, Kosten für Teilabbrüche außerhalb der Gebäude, soweit sie nicht zu den Kosten für das Herrichten des Baugrundstücks gehören.

3 Baunebenkosten	700
3.1 Kosten der Architekten- und Ingenieurleistungen	730

1. Diese Leistungen umfassen Planung, Ausschreibungen, Bauleitung, Bauausführung und Bauabrechnung.
2. Auf die Ansätze für die Kosten der Architekten, Ingenieure und anderer Sonderfachleute, die Kosten der Verwaltungsleistungen bei Vorbereitung und Durchführung des Bauvorhabens und die damit zusammenhängenden Nebenkosten ist § 7 Abs. 1 anzuwenden.
3. Der Berechnung des Höchstbetrags für die Kosten der Architekten- und Ingenieurleistungen sind die Teile I bis III und VII bis XII der Honorarordnung für Architekten und Ingenieure vom 1. Januar 1996 zugrunde zu legen.

3.2 Kosten der dem Bauherrn obliegenden Verwaltungsleistungen bei Vorbereitung und Durchführung des Bauvorhabens	710

Der Berechnung des Höchstbetrags für die Kosten der Verwaltungsleistungen ist ein Vomhundertsatz der Baukosten ohne Baunebenkosten und, soweit der Bauherr die Erschließung auf eigene Rechnung durchführt, auch der Erschließungskosten zugrunde zu legen, und zwar bei Kosten in der Stufe

1. bis   127 822,97 €   3,40 vom Hundert,
2. bis   255 645,94 €   3,19 vom Hundert,
3. bis   511 291,88 €   2,80 vom Hundert,
4. bis   818 067,01 €   2,50 vom Hundert,
5. bis   1 278 229,70 €   2,20 vom Hundert,
6. bis   1 789 521,58 €   1,90 vom Hundert,
7. bis   2 556 459,41 €   1,60 vom Hundert,
8. bis   3 579 043,17 €   1,30 vom Hundert,
9. über   3 579 043,17 €   1,00 vom Hundert.

Die Vomhundertsätze erhöhen sich
a) um 0,5 im Falle der Betreuung des Baues von Eigenheimen, Eigenheimsiedlungen und Eigentumswohnungen sowie im Falle des Baues von Kaufeigenheimen, Trägerkleinsiedlungen und Kaufeigentumswohnungen,
b) um 0,5, wenn besondere Maßnahmen zur Bodenordnung notwendig sind,
c) um 0,5, wenn die Vorbereitung oder Durchführung des Bauvorhabens mit sonstigen besonderen Verwaltungsschwierigkeiten verbunden ist,
d) um 1,5, wenn für den Bau eines Familienheims oder einer eigengenutzten Eigentumswohnung Selbsthilfe in Höhe von mehr als 10 vom Hundert der Baukosten geleistet wird.

3.3 Kosten der Behördenleistungen	770

Hierzu gehören die Kosten der Prüfungen und Genehmigungen der Behörden oder Beauftragten der Behörden.

3.8.2 (Fortsetzung)

3.4 Kosten der Beschaffung der Finanzierungsmittel	760

a) Kosten der Beschaffung der Finanzierungsmittel, z. B. Maklerprovisionen, Gerichts- und Notarkosten, einmalige Geldbeschaffungskosten (Hypothekendisagio, Kreditprovisionen und Spesen, Wertberechnungs- und Bearbeitungsgebühren; Bereitstellungskosten usw.),
b) Kapitalkosten und Erbbauzinsen, die auf die Bauzeit entfallen,
c) Kosten der Beschaffung und Verzinsung der Zwischenfinanzierungsmittel einschließlich der gestundeten Geldbeschaffungskosten (Disagiodarlehen),
d) Steuerbelastungen des Baugrundstücks, die auf die Bauzeit entfallen,
e) Kosten der Beschaffung von Darlehen und Zuschüssen zur Deckung von laufenden Aufwendungen, Fremdkapitalkosten, Annuitäten und Bewirtschaftungskosten.

3.5 Sonstige Nebenkosten bei Vorbereitung und Durchführung des Bauvorhabens	772–779

z. B. die Kosten der Bauversicherungen während der Bauzeit, der Bauwache, der Baustoffprüfungen des Bauherrn, der Grundsteinlegungs- und Richtfeier.

4 Kosten der Besonderen Betriebseinrichtungen	400

Das sind z. B. die Kosten für Personen- und Lastenaufzüge, Müllbeseitigungsanlagen, Hausfernsprecher, Uhrenanlagen usw.

5 Kosten des Gerätes und sonstiger Wirtschaftsausstattungen	600

Das sind
a) die Kosten für alle vom Bauherrn erstmals zu beschaffenden beweglichen Sachen, die nicht unter die Kosten der Gebäude oder der Außenanlagen fallen, z. B. Asche- und Müllkästen, abnehmbare Fahnen, Fenster- und Türbehänge, Feuerlösch- und Luftschutzgerät, Haus- und Stallgerät usw.,
b) die Kosten für Wirtschaftsausstattungen bei Kleinsiedlungen usw., z. B. Ackergerät, Dünger, Kleinvieh, Obstbäume, Saatgut.

6 Eigenleistung als Sach- und Arbeitsleistung (§ 9)	

Der Wert der Sach- und Arbeitsleistungen des Bauherrn, vor allem der Wert der Selbsthilfe, darf bei den Gesamtkosten mit dem Betrag angesetzt werden, der für eine gleichwertige Unternehmerleistung angesetzt werden könnte. Der Wert der Architekten-, Ingenieur- und Verwaltungsleistungen des Bauherrn darf mit dem nach § 8 Abs. 2 Satz 2 Nr. 1 und Abs. 3 bis 5 zulässigen Höchstbeträgen angesetzt werden. Erbringt der Bauherr die Leistungen nur zu einem Teil, so darf nur der den Leistungen entsprechende Teil der Höchstbeträge als Eigenleistungen angesetzt werden.

3.8.3 Berechnung der Wohnfläche

Im Rahmen der Zweiten Berechnungsverordnungen übernimmt dieser Abschnitt die Aufgabe, den nicht mehr zeitgemäßen Inhalt der **DIN 283-2 (3.51)**, Berechnung der Wohn- und Nutzflächen, im Hinblick auf die Gesetze und Verordnungen über Wohnungswirtschaft und Wohnungsbauförderung zu aktualisieren. In der Praxis hat sich hier auch die **DIN 277**, Grundflächen und Rauminhalte von Bauwerken im Hochbau (**6.87**) nicht durchgesetzt.

I. Wohnfläche (§ 42 II. BV)
(1) Die Wohnfläche einer Wohnung ist die Summe der anrechenbaren Grundflächen der Räume, die ausschließlich zu der Wohnung gehören.
(2) Die Wohnfläche eines einzelnen Wohnraumes besteht aus dessen anrechenbarer Grundfläche; hinzuzurechnen ist die anrechenbare Grundfläche der Räume, die ausschließlich zu diesem einzelnen Wohnraum gehören. Die Wohnfläche eines untervermieteten Teils einer Wohnung ist entsprechend zu berechnen.
(3) Die Wohnfläche eines Wohnheims ist die Summe der anrechenbaren Grundflächen der Räume, die zur alleinigen und gemeinschaftlichen Benutzung durch die Bewohner bestimmt sind.

3.8.3 (Fortsetzung)

(4) Zur Wohnfläche gehört nicht die Grundfläche von
1. Zubehörräumen; als solche kommen in Betracht: Keller, Waschküchen, Abstellräume außerhalb der Wohnung, Dachböden, Trockenräume, Schuppen (Holzlegen), Garagen und ähnlichen Räume;
2. Wirtschaftsräumen; als solche kommen in Betracht: Futterküchen, Vorratsräume, Backstuben, Räucherkammern, Ställe, Scheunen, Abstellräume und ähnliche Räume;
3. Räumen, die den nach ihrer Nutzung zu stellenden Anforderungen des Bauordnungsrechts nicht genügen;
4. Geschäftsräumen.

II. Berechnung der Grundfläche (§ 43)

(1) Die Grundfläche eines Raumes ist nach Wahl des Bauherrn aus den Fertigmaßen oder den Rohbaumaßen zu ermitteln. Die Wahl bleibt für alle späteren Berechnungen maßgebend.[1]
(2) Fertigmaße sind die lichten Maße zwischen den Wänden ohne Berücksichtigung von Wandgliederungen, Wandbekleidungen, Scheuerleisten, Öfen, Heizkörpern, Herden und dergleichen.
(3) Werden die Rohbaumaße zugrunde gelegt, so sind die errechneten Grundflächen um 3 vom Hundert zu kürzen.[2]
(4) Von den errechneten Grundflächen sind abzuziehen die Grundflächen von
1. Schornsteinen und anderen Mauervorlagen, frei stehenden Pfeilern und Säulen, wenn sie in der ganzen Raumhöhe durchgehen und ihre Grundfläche mehr als 0,1 Quadratmeter beträgt (s. Abb. 1, S. 1.65);
2. Treppen mit über drei Steigungen und deren Treppenabsätze.
(5) Zu den errechneten Grundflächen sind hinzuzurechnen die Grundflächen von
1. Fenster- und offenen Wandnischen, die bis zum Fußboden herunterreichen und mehr als 0,13 Meter tief sind (s. Abb. 2, S. 1.65);
2. Erkern und Wandschränken, die eine Grundfläche von mindestens 0,5 Quadratmetern haben,
3. Raumteilen unter Treppen, soweit die lichte Höhe mindestens 2 Meter ist.
Nicht hinzuzurechnen sind die Grundflächen der Türnischen (s. Abb. 3, S. 1.65).[3]
(6) Wird die Grundfläche aufgrund der Bauzeichnung nach den Rohbaumaßen ermittelt, so bleibt die hiernach berechnete Wohnfläche maßgebend, außer wenn von der Bauzeichnung abweichend gebaut ist. Ist von der Bauzeichnung abweichend gebaut worden, so ist die Grundfläche aufgrund der berichtigten Bauzeichnung zu ermitteln.

III. Anrechenbare Grundfläche (§ 44)

(1) Zur Ermittlung der Wohnfläche sind anzurechnen
1. voll die Grundflächen von Räumen und Raumteilen mit einer lichten Höhe von mindestens 2 Metern;
2. zur Hälfte die Grundflächen von Räumen und Raumteilen mit einer lichten Höhe von mindestens 1 Meter und weniger als 2 Metern und von Wintergärten, Schwimmbädern und ähnlichen, nach allen Seiten geschlossenen Räumen;
3. nicht die Grundflächen von Räumen oder Raumteilen mit einer lichten Höhe von weniger als 1 Meter.
(s. Abb. 4, S. 1.65).

---

[1] Bei **gebundener Berechnung** (kleines Ergebnis bei Einhaltung von Höchstgrenzen bzw. größeres Ergebnis bei Vermietung) ist die Entscheidung zwischen **Rohbaumaßen** und **Fertigmaßen** von großer Bedeutung. In Abhängigkeit von der Form der Räume (Verhältnis/Umfang/Fläche) lassen sich durch die Berechnung mit Fertigmaßen höhere Ergebnisse erzielen.

[2] Der 3-prozentige **Putzabzug** ist laut II. BV ausdrücklich auf die Grundfläche bezogen. In der Praxis wird dagegen häufig, soweit nach Rohbaumaßen ermittelt wird, das Ergebnis der Wohnfläche um 3 % gekürzt. Bei Veränderungen durch die **Anrechenbarkeit**, z. B. bei Dachschrägen oder Loggien, ist die Wohnflächenberechnung dadurch fehlerhaft.

Empfehlung: 1. Berechnung der Grundflächen
2. Putzabzug bei Verfahren mit Rohbaumaßen } siehe hierzu Gliederung auf S. 1.67
3. Anrechenbare Grundfläche
4. Wohnfläche

[3] Abbildung 1 bis 4 siehe Seite 1.65

3.8.3 (Fortsetzung)

(2) Gehören ausschließlich zu dem Wohnraum Balkone, Loggien, Dachgärten oder gedeckte Freisitze, so können deren Grundflächen zur Ermittlung der Wohnfläche bis zur Hälfte angerechnet werden.

(3) Zur Ermittlung der Wohnfläche können abgezogen werden
1. bei einem Wohngebäude mit einer Wohnung bis zu 10 vom Hundert der ermittelten Grundfläche der Wohnung,
2. bei einem Wohngebäude mit zwei nicht abgeschlossenen Wohnungen bis zu 10 vom Hundert der ermittelten Grundfläche beider Wohnungen,
3. bei einem Wohngebäude mit einer abgeschlossenen und einer nicht abgeschlossenen Wohnung bis zu 10 vom Hundert der ermittelten Grundfläche der nicht abgeschlossenen Wohnung.

(4) Die Bestimmung über die Anrechnung oder den Abzug nach Absatz 2 oder 3 kann nur für das Gebäude oder die Wirtschaftseinheit einheitlich getroffen werden. Die Bestimmung bleibt für alle späteren Berechnungen maßgebend.

Abbildungen zu Abschn. 3.8.3: Berechnung der Wohnfläche

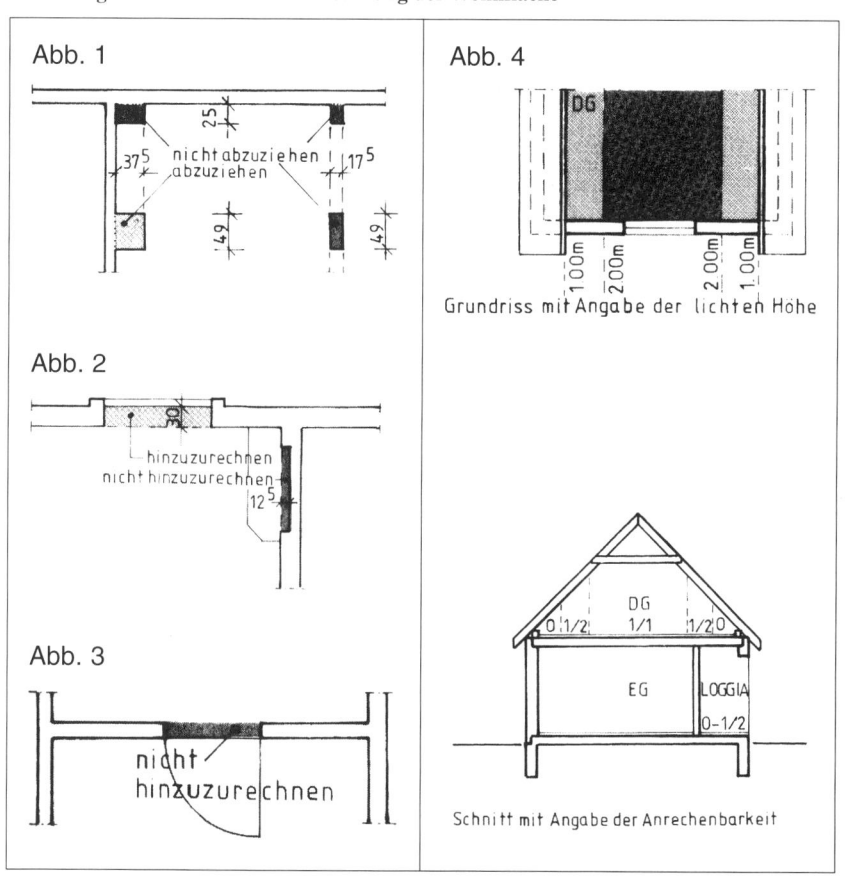

3.8.4 Berechnung des umbauten Raumes

Bei Kostenschätzungen mit sog. **Bezugsgrößen** ist großer Wert auf die Unterscheidung zwischen
umbautem Raum nach DIN 277 (3.54), Kosten von Hochbauten und dem
Bruttorauminhalt nach DIN 277 (6.93), Kosten im Hochbau zu legen. Bei falscher Zuordnung der nötigen Baukostendaten (€/m³ UBR und €/m³ BRIa) können Fehler entstehen, die den Genauigkeitsrahmen der Kostenschätzung erheblich überschreiten.

Der umbaute Raum ist in m³ anzugeben.

1.1 **Voll anzurechnen** ist der umbaute Raum eines Gebäudes, der umschlossen wird:
1.11 **seitlich** von den Außenflächen der Umfassungen (s. Abb. 1, S. 1.68)
1.12 **unten**
1.121 bei unterkellerten Gebäuden von den Oberflächen der untersten Geschossfußböden,
1.122 bei nichtunterkellerten Gebäuden von der Oberfläche des Geländes. Liegt der Fußboden des untersten Geschosses tiefer als das Gelände, gilt Abschnitt 1.121 (s. Abb. 2 und 3, S. 1.68).
1.13 **oben**
1.131 bei nichtausgebautem Dachgeschoss von den Oberflächen der Fußböden über den obersten Vollgeschossen,
1.132 bei ausgebautem Dachgeschoss, bei Treppenhausköpfen und Fahrstuhlschächten von den Außenflächen der umschließenden Wände und Decken (bei Ausbau mit Leichtbauplatten sind die begrenzenden Außenflächen durch die Außen- oder Oberkante der Teile zu legen, welche diese Platten unmittelbar tragen),
1.133 bei Dachdecken, die gleichzeitig die Decke des obersten Vollgeschosses bilden, von den Oberflächen der Tragdecke oder Balkenlage,
1.134 bei Gebäuden oder Bauteilen ohne Geschossdecken von den Außenflächen des Daches, vgl. Abschnitt 1.35 (s. Abb. 4 und 5, S. 1.68).

1.2 **Mit einem Drittel anzurechnen** ist der umbaute Raum von nichtausgebauten Dachgeschossen, der umschlossen wird von den Flächen nach Abschnitt 1.131 oder 1.132 und den Außenflächen des Daches (s. Abb. 4 und 5, S. 1.68).

1.3 **Bei den Berechnungen nach Abschnitt 1.1 und 1.2 ist:**
1.31 die Gebäudegrundfläche nach den Rohbaumaßen des Erdgeschosses zu berechnen,
1.32 bei wesentlich verschiedenen Geschossgrundflächen der umbaute Raum geschossweise zu berechnen,
1.33 **nicht abzuziehen** der umbaute Raum, der gebildet wird von:
1.331 äußeren Leibungen von Fenstern und Türen und äußeren Nischen in den Umfassungen,
1.332 Hauslauben (Loggien), d.h. an höchstens zwei Seitenflächen offenen, im übrigen umbauten Räumen,
1.34 **nicht hinzuzurechnen** der umbaute Raum, den folgende Bauteile bilden:
1.341 stehende Dachfenster und Dachaufbauten mit einer vorderen Ansichtsfläche bis zu je 2 m² (s. Abb. 6, S. 1.68) (Dachaufbauten mit größerer Aussichtsfläche siehe Abschnitt 1.42),
1.342 Balkonplatten und Vordächer bis zu 0,5 m Ausladung (weiter ausladende Balkonplatten und Vordächer siehe Abschnitt 1.44),
1.343 Dachüberstände, Gesimse, ein bis drei nichtunterkellerte, vorgelagerte Stufen, Wandpfeiler, Halbsäulen und Pilaster,
1.344 Gründungen gewöhnlicher Art, deren Unterfläche bei unterkellerten Bauten nicht tiefer als 0,5 m unter der Oberfläche des Kellergeschossfußbodens, bei nichtunterkellerten Bauten nicht tiefer als 1 m unter der Oberfläche des umgebenden Geländes liegt (Gründungen außergewöhnlicher Art und Tiefe siehe Abschnitt 1.48),
1.345 Kellerlichtschächte und Lichtgräben,

3.8.4 (Fortsetzung)

1.35 für Teile eines Baues, deren Innenraum ohne Zwischendecken bis zur Dachfläche durchgeht, der umbaute Raum getrennt zu berechnen, vgl. Abschnitt 1.134,

1.36 für zusammenhängende Teile eines Baues, die sich nach dem Zweck und deshalb in der Art des Ausbaues wesentlich von den übrigen Teilen unterscheiden, der umbaute Raum getrennt zu berechnen.

1.4 **Von der Berechnung des umbauten Raumes nicht erfasst werden folgende (besonders zu veranschlagende) Bauausführungen und Bauteile:**

1.41 geschlossene Anbauten, in leichter Bauart und mit geringwertigem Ausbau und offene Anbauten, wie Hallen, Überdachungen (mit oder ohne Stützen) von Lichthöfen, Unterfahrten auf Stützen, Veranden,

1.42 Dachaufbauten mit vorderen Ansichtsflächen von mehr als 2 m^2 und Dachreiter (s. Abb. 6, S. 1.68),

1.43 Brüstungen von Balkonen und begehbaren Dachflächen,

1.44 Balkonplatten und Vordächer mit mehr als 0,5 m Auslandung,

1.45 Freitreppen mit mehr als 3 Stufen und Terrassen (und ihre Brüstungen),

1.46 Füchse, Gründungen für Kessel und Maschinen,

1.47 frei stehende Schornsteine und der Teil von Hausschornsteinen, der mehr als 1 m über den Dachfirst hinausragt,

1.48 Gründungen außergewöhnlicher Art, wie Pfahlgründungen, und Gründungen außergewöhnlicher Tiefe, deren Unterfläche tiefer liegt, als im Abschnitt 1.344 angegeben,

1.49 wasserdruckhaltende Dichtungen.

Gliederung der Wohnflächenberechnung

1	2	3	4	5	6	7	8
Gliederung[1]	Ansatz und Abzüge $a \times b$	Grundfläche	3% Abzug[2]	Grundfläche[3]	Abzug[4] Anrechenbarkeit § 44 (1+2)	Wohnfläche (max.)	Wohnfläche (min.)[5]
I Wohn- und Schlafräume							
II Küchen							
III Nebenräume							

[1] Die weitere Untergliederung erfolgt raumweise ggf. mit Raumnummern. Summen sollten sich auf Geschosse und abgeschlossene Wohnungen beziehen.
[2] Bei Rohbaumaßen für Putz.
[3] Nach 3-prozentigem Abzug von Spalte 4, sonst wie Spalte 3.
[4] Von Spalte 4 und 5 unter Anwendung der Faktoren (voll, zur Hälfte, nicht bis zur Hälfte).
[5] Bis 10%iger Abzug von Spalte 5.

Abbildungen zu 3.8.4: Berechnung des umbauten Raumes

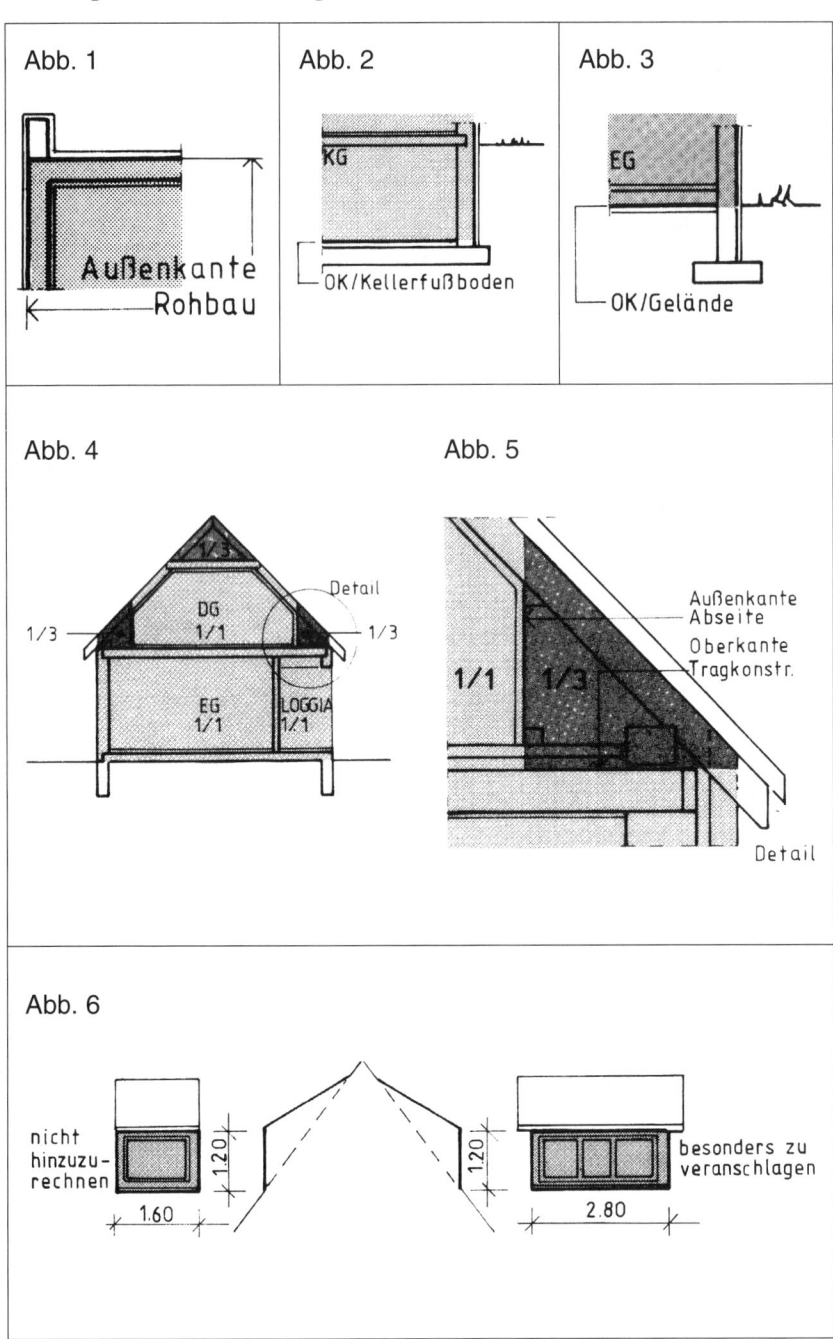

Abb. 1
Außenkante Rohbau

Abb. 2
KG — OK/Kellerfußboden

Abb. 3
EG — OK/Gelände

Abb. 4
1/3 — DG 1/1 — Detail — 1/3
EG 1/1 — LOGGIA 1/1

Abb. 5
1/1 — 1/3
Außenkante Abseite
Oberkante Tragkonstr.
Detail

Abb. 6
nicht hinzuzurechnen — 1.20 — 1.20 — besonders zu veranschlagen
1.60 — 2.80

1.68

4 Honorarordnung

(Verordnung über die Honorare für Leistungen der Architekten und der Ingenieure, HOAI)

in der Fassung der 5. Änderungsverordnung vom 1. Januar 1996

4.1 Leistungen bei Gebäuden (HOAI Teil II) [1.16]

4.1.1 Grundlagen des Honorars (§ 10)

4.1.2	anrechenbare Kosten (ohne Umsatzsteuer) des Objekts	1) 2)
4.1.3	Honorarzone des Objekts	§ 11 u. 12
4.1.4	Leistungsumfang/Grundleistungen	§ 15
4.1.5	Honorartafel	§ 16

[1]) Kostengliederung nach DIN 276 (4.81). Die Fassung 6.93 ist im Abschnitt 3.7 abgedruckt und bedarf noch der Einführung innerhalb der HOAI.

[2]) Als anrechenbare Kosten gelten für die Leistungsphasen (siehe Abschnitt 4.1.4) 1 bis 4 das Ergebnis der Kostenberechnung, ggf. der Kostenschätzung, und für die Leistungsphasen 5 bis 7 das Ergebnis der Kostenanschlags, ggf. der Kostenberechnung, und für die Leistungsphasen 8 und 9 das Ergebnis der Kostenfeststellung, ggf. des Kostenanschlags. Die verschiedenen Kostenermittlungsarten sind im Abschnitt 3.2 dargestellt, siehe auch [1.30], [1.31].

4.1.2 Anrechenbare Kosten für Grundleistungen bei Gebäuden

%	Bezeichnung	DIN 276 (4.81)
100	Baukonstruktionen und besondere Baukonstruktionen Herrichten des Grundstückes; nichtöffentliche Erschließung[1]) Abwasser- und Versorgungsanlagen; Verkehrsanlagen[1]) Außenanlagen[1]) (bis 7 500,00 €, sonst. 4.2) Anlagen und Einrichtungen aller Art[1]) (auch außerhalb DIN 276) Geräte und Wirtschaftsgegenstände[1]) künstlerisch gestaltete Bauteile[1]) zusätzliche Maßnahmen (siehe auch § 32 HOAI, Winterbau[1]) Telefon-Ortsvermittlungsstellen und nicht überwiegend der Ver- und Entsorgung dienende Maschinentechnik[1]) Kunstwerke als wesentliche Bestandteile des Objektes Installationen, zentrale Betriebstechnik und betriebliche Einbauten, soweit die zugehörigen Kosten 25 % der sonstigen anrechenbaren Kosten nicht überschreiten	3.1 u. 3.5.1 1.4 u. 2.2 5.3 u. 5.7 5.1, 5.2, 5.6 u. 5.8 4.0 u. 5.4 4.0 u. 5.4 3.5.5 u. 5.4 6.0 – 3.5.5 u. 5.5 3.2 bis 3.4 u. 3.5.2 bis 3.5.4
50	Installationen, zentrale Betriebstechnik und betriebliche Einbauten, deren Kosten 25 % der sonstigen anrechenbaren Kosten überschreiten	3.2 bis 3.4 u. 3.5.2 bis 3.5.4

[1]) Nur, soweit der Auftragnehmer dafür plant, die Ausführung oder den Einbau überwacht bzw. bei der Beschaffung mitwirkt.

4.1.3 Honorarzonen mit Objektbeispielen

I	Baracken und andere Behelfsbauten, Pausen-, Spiel-, Liege- und Wandelhallen, einfache landwirtschaftliche Gebäude, Tribünenbauten
II	einfache Wohnbauten mit gemeinschaftlichen Sanitär- und Kücheneinrichtungen, Garagen, Parkhäuser, Gewächshäuser, geschlossene eingeschossige Hallen, einfache Werkstätten
III	Wohnhäuser und Heime mit durchschnittlicher Ausstattung, Kinderhorte und -gärten, Jugendherbergen Grundschulen, Versammlungsstätten, Altentagestätten, Druckereien, durchschnittlich angestattete Bürogebäude, Läden, Einkaufszentren, Großmärkte, Messehallen, Gaststätten, Kantinen, Mensen, Feuerwachen, Rettungsstationen, Hilfskrankenhäuser, Turm- und Sportgebäude
IV	Wohnhäuser mit überdurchschnittlicher Ausstattung. Wohnbauten mit hohen Planungsaufwand, Zentralwerkstätten, Kraftwerksgebäude, Schulen (ohne Grundschulen) bis einschließlich Universitäten und Volkshochschulen, Labor- und Institutsgebäude für Lehre und Forschung, Bibliotheken, Archive, Großküchen, Hotels, Banken, Kaufhäuser, öffentliche und private Veranstaltungsgebäude, Parlaments- und Justizgebäude, Krankenhäuser der Versorgungsstufe I und II, Kirchen, Konzerthallen, Museen, Mehrzweckhallen, Hallenschwimmbäder, Großsportstätten
V	Krankenhäuser der Versorgungsstufe III, Gebäude der Schwermetallindustrie, Fernseh-, Rundfunk- und Theaterstudios, Konzert- und Theatergebäude, Bauten für experimentell wissenschaftliche Forschung

4.1.4 Leistungsumfang/Grundleistungen

§ 15 Leistungsbild Objektplanung (Neubauten, Neuanlagen, Erweiterungsbauten, Umbauten, Modernisierungen)	Bewertung der Grundleistungen in v.H. der Honorare		
	Gebäude (4.1.4)	Freianlagen (4.2.4)	raumbildende Ausbauten (4.3.4)
1. Grundlagenermittlung Ermitteln der Voraussetzungen zur Lösung der Bauaufgabe durch die Planung	3	3	3
2. Vorplanung (Projekt- und Planungsvorbereitung) Erarbeiten der wesentlichen Teile einer Lösung der Planungsaufgabe	7	10	7
3. Entwurfsplanung (System- und Integrationsplanung) Erarbeiten der endgültigen Lösung der Planungsaufgabe	11	15	14
4. Genehmigungsplanung Erarbeiten und Einreichen der Vorlagen für die erforderliche Genehmigung oder Zustimmungen	6	6	2
5. Ausführungsplanung Erarbeiten und Darstellen der ausführungsreifen Planungslösung	25	24	30
6. Vorbereitung der Vergabe Ermitteln der Mengen und Aufstellen von Leistungsverzeichnissen	10	7	7
7. Mitwirkung bei der Vergabe Ermitteln der Kosten und Mitwirkung bei der Auftragsvergabe	4	3	3
8. Objektüberwachung (Bauüberwachung) Überwachen der Ausführung des Objekts	31	29	31
9. Objektbetreuung und Dokumentation Überwachen der Beseitigung von Mängeln und Dokumentation des Gesamtergebnisses	3	3	3

4.1.5 Honorartafel Gebäude und raumbildende Ausbauten

Anrechenbare Kosten Euro	Zone I von	Zone I bis Euro	Zone II von	Zone II bis Euro	Zone III von	Zone III bis Euro	Zone IV von	Zone IV bis Euro	Zone V von	Zone V bis Euro
25 565	1 984	2 413	2 413	2 991	2 991	3 855	3 855	4 433	4 433	4 862
30 000	2 325	2 826	2 826	3 497	3 497	4 498	4 498	5 159	5 169	5 670
35 000	2 719	3 299	3 299	4 075	4 075	5 236	5 236	6 012	6 012	6 593
40 000	3 101	3 762	3 762	4 647	4 647	5 968	5 968	6 853	6 853	7 513
45 000	3 494	4 234	4 234	5 221	5 221	6 702	6 702	7 689	7 689	8 429
50 000	3 881	4 697	4 697	5 780	5 780	7 413	7 413	8 496	8 496	9 312
100 000	7 755	9 278	9 278	11 311	11 311	14 360	14 360	16 393	16 393	17 916
150 000	11 635	13 753	13 753	16 578	16 578	20 818	20 818	23 644	23 644	25 761
200 000	15 510	18 115	18 115	21 586	21 586	26 792	26 792	30 263	30 263	32 868
250 000	19 385	22 384	22 384	26 380	26 380	32 373	32 373	36 369	36 369	39 368
300 000	22 848	25 983	25 983	30 650	30 650	37 643	37 643	42 309	42 309	45 808
350 000	25 060	29 131	29 131	34 561	34 561	42 700	42 700	48 131	48 131	52 201
400 000	27 272	31 922	31 922	38 127	38 127	47 432	47 432	53 637	53 637	58 287
450 000	29 144	34 382	34 382	41 362	41 362	51 840	51 840	58 820	58 820	64 059
500 000	30 671	36 488	36 488	44 243	44 243	55 876	55 876	63 631	63 631	69 447
1 000 000	55 293	65 535	65 535	79 193	79 193	99 682	99 682	113 340	113 340	123 582
1 500 000	80 167	94 804	94 804	114 317	114 317	143 592	143 592	163 105	163 105	177 742
2 000 000	105 005	124 033	124 033	149 401	149 401	187 455	187 455	212 823	212 823	231 851
2 500 000	129 845	153 271	153 271	184 503	184 503	231 352	231 352	262 584	262 584	286 006
3 000 000	155 660	182 183	182 183	217 541	217 541	270 581	270 581	305 940	305 940	332 462
3 500 000	181 605	211 053	211 053	250 321	250 321	309 221	309 221	348 488	348 488	377 937
4 000 000	207 550	239 927	239 927	283 101	283 101	347 856	347 856	391 030	391 030	423 407
4 500 000	233 491	268 798	268 798	315 877	315 877	386 495	386 495	433 574	433 574	468 881
5 000 000	259 435	297 672	297 672	348 656	348 656	425 135	425 135	476 119	476 119	514 356
10 000 000	518 870	589 823	589 823	684 426	684 426	826 334	826 334	920 937	920 937	991 890
15 000 000	778 305	877 041	877 041	1 008 690	1 008 690	1 206 165	1 206 165	1 337 814	1 337 814	1 436 550
20 000 000	1 037 740	1 159 131	1 159 131	1 320 989	1 320 989	1 563 771	1 563 771	1 725 629	1 725 629	1 847 020
25 000 000	1 297 175	1 442 062	1 442 062	1 635 242	1 635 242	1 925 012	1 925 012	2 118 192	2 118 192	2 263 075
25 564 594	1 326 470	1 474 024	1 474 024	1 670 759	1 670 759	1 965 861	1 965 861	2 162 596	2 162 596	2 310 145

Anmerkungen: Neben dem Mindest- (von) und dem Höchstsatz (bis) können weitere Honorarsätze vereinbart werden. Üblich ist die Verwendung von 1/4-Satz, 1/2-Satz und 3/4-Satz. Die Überschreitung des Mindestsatzes bedarf der Schriftform (Empfehlung: Arch.-Vertrag).

4.1.6 Berechnungsbeispiel/Gebäude (Schlussrechnung)[1)]

Das Beispiel gilt auch für Freianlagen und raumbildende Ausbauten.   Beträge: €

anrechenbare Kosten	Kosten-berechnung	Kosten-anschlag	Kosten-feststellung	Honorar	
				Zone III, Mindestsatz	Betrag
3.1	166 000	179 000	191 000	bei 200 000 anrechenbaren Kosten	21 586
1.4 und 2.2	7 000	8 000	8 000	bei 250 000 anrechenbaren Kosten	26 380
Zwischensumme[2)]	173 000	187 000	199 000	bei 217 625 anrechenbaren Kosten	23 276
3.2 bis 3.4	46 000	49 000	51 000	davon 27% (Leistungsphase 1–4)	6 285
− 25%[2)]	43 250	46 750	49 750	bei 234 875 anrechenbaren Kosten	24 930
übersteigender Betrag	2 750	2 250	1 250	davon 39% (Leistungsphase 5–7)	9 723
				bei 249 375 anrechenbaren Kosten	26 320
				davon 31% (Leistungsphase 8)[4)]	8 159
				Honorar, netto	24 167
davon 50%	1 375	1 125	625	Umsatzsteuer (§ 9) 16%	4 187
Gesamt	217 625	234 875	249 375	Honorar, brutto[5)]	28 354

[1)] Abschlagszahlungen sind davon abzuziehen.
[2)] Sonstige (Abschnitt 4.1.2) anrechenbare Kosten.
[3)] Ermittelt durch lineare Interpolation (§ 5a).
[4)] Die Leistungsphase 9, Objektbetreuung und Dokumentation, ist in diesem Beispiel nicht enthalten. Es empfiehlt sich dafür ein gesonderter Architektenvertrag, da sonst eine Honorarschlussrechnung erst nach Ablauf der Gewährleistungsfristen für die Leistungen der ausführenden Firmen (z.B. 2 oder 5 Jahre) gestellt werden kann.
[5)] Nebenkosten (§ 7) für Post- und Fernmeldegebühren, Vervielfältigungen (Lichtpausen, Kopien, Druck), Foto und Film, Baustellenbüro, Fahrtkosten und andere Entschädigungen können pauschal mit Abschlags- bzw. Schlussrechnung abgerechnet werden. Soweit nach Einzelnachweisen abgerechnet werden soll (lt. Architektenvertrag), empfiehlt sich eine gesonderte Rechnung.

Anmerkungen:

Das Berechnungsbeispiel sowie der Abschnitt 4.1.4 enthalten ausschließlich Grundleistungen und keinerlei Besondere Leistungen. Das Honorar für diese Leistungen ist gesondert zu vereinbaren und richtet sich nach dem Verhältnis des Arbeits- und Zeitaufwandes zu den Grundleistungen. Besondere Leistungen können auch mit dem Zeithonorar (4.4) abgerechnet werden.

Mögliche Zuschläge zum Honorar:
bei Umbau und Modernisierung von Gebäuden (§ 24):   20–33%
bei Instandhaltung und Instandsetzung (§ 27):   bis 50% für die Leistungsphase 8

4.2 Leistungen bei Freianlagen (HOAI Teil II)

4.2.1 Grundlagen des Honorars (§ 10)

4.2.2	anrechenbare Kosten (ohne Umsatzsteuer) des Objekts	1) 2)
4.2.3	Honorarzone des Objekts	§§ 13 u. 14
4.2.4	Leistungsumfang/Grundleistungen	§ 15 siehe 4.1.4
4.2.5	Honorartafel	§ 17

[1] Kostengliederung nach DIN 276 (4.81). Die Fassung 6.93 ist im Abschnitt 3.7 abgedruckt und bedarf noch der Einführung innerhalb der HOAI.
[2] Als anrechenbare Kosten gelten für die Leistungsphasen (siehe Abschnitt 4.1.4) 1 bis 4 das Ergebnis der Kostenberechnung, ggf. der Kostenschätzung, und für die Leistungsphasen 4 bis 7 das Ergebnis des Kostenanschlags, ggf. der Kostenberechnung, und für die Leistungsphase 8 und 9 das Ergebnis der Kostenfeststellung, ggf. des Kostenanschlages. Die verschiedenen Kostenermittlungsarten sind im Abschnitt 3.2 dargestellt, siehe auch [1.30], [1.31].

4.2.2 Anrechenbare Kosten für Grundleistungen bei Freianlagen

Bezeichnung	DIN 276
Planerisch gestaltete Freiflächen und Freiräume sowie entsprechend gestaltete Anlagen in Verbindung mit Bauwerken oder in Bauwerken *insbesondere:* Einzelgewässer mit überwiegend ökologischen und landschaftsgestalterischen Elementen; Teiche ohne Dämme; flächenhafter Erdbau zur Geländegestaltung; einfache Durchlässe und Uferbefestigungen[1)2)]; Lärmschutzwälle[1)]; Stützbauwerke und Geländeabstützungen ohne Verkehrsbelastung[2)]; Stege und Brücken[2)]; Wege ohne Eignung für den regelmäßigen Fahrverkehr mit einfachen Entwässerungsverhältnissen sowie andere Wege und befestigte Flächen[1)2)]	5.1, 5.2, 5.7, 5.8

[1] Als Mittel zur Geländegestaltung.
[2] Soweit Leistungen der Tragwerkplanung nicht erforderlich sind.

4.2.3 Honorarzonen mit Objektbeispielen

I	Geländegestaltung mit Einsaaten in der freien Landschaft; Windschutzpflanzungen; Spielwiesen, Ski- und Rodelhänge ohne technische Einrichtungen
II	Freiflächen mit einfachem Ausbau bei kleineren Siedlungen, bei Einzelbauwerken und bei landwirtschaftlichen Aussiedlungen; Ballspielplätze; Ski- und Rodelhänge; einfache Sportplätze; Geländegestaltungen und Pflanzungen für Deponien
III	Freiflächen bei privaten und öffentlichen Bauwerken; Begleitgrün und Verkehrsanlagen; Flächen für den Arten- und Biotopschutz; Ehrenfriedhöfe, Ehrenmale; Kombinationsspielfelder; Camping-, Zelt- und Badeplätze; Kleingartenanlagen
IV	innerörtliche Grünzüge; Oberflächengestaltungen und Pflanzungen für Fußgängerbereiche; extensive Dachbegrünungen; Spielplätze, Sportstadien, Freibäder, Golfplätze; Friedhöfe, Parkanlagen
V	Hausgärten und Gartenhöfe für hohe Repräsentationsansprüche, Terrassen- und Dachgärten, intensive Dachbegrünungen; historischen Parkanlagen; botanische und zoologische Gärten; Gartenausstellungen

4.2.4 Leistungsumfang/Grundleistungen entsprechend Abschn. 4.1.4

4.2.5 Honorartafel Freianlagen

Anrechenbare Kosten Euro	Zone I von Euro	Zone I bis Euro	Zone II von Euro	Zone II bis Euro	Zone III von Euro	Zone III bis Euro	Zone IV von Euro	Zone IV bis Euro	Zone V von Euro	Zone V bis Euro
20 452	2 378	2 914	2 914	3 625	3 625	4 694	4 694	5 404	5 404	5 941
25 000	2 896	3 547	3 547	4 412	4 412	5 708	5 708	6 573	6 573	7 224
30 000	3 453	4 228	4 228	5 259	5 259	6 805	6 805	7 836	7 836	8 607
35 000	4 008	4 904	4 904	6 100	6 100	7 887	7 887	9 083	9 083	9 979
40 000	4 559	5 575	5 575	6 931	6 931	8 959	8 959	10 316	10 316	11 332
45 000	5 100	6 237	6 237	7 749	7 749	10 017	10 017	11 529	11 529	12 665
50 000	5 636	6 889	6 889	8 556	8 556	11 056	11 056	12 723	12 723	13 975
100 000	10 664	12 978	12 978	16 059	16 059	20 687	20 687	23 768	23 768	26 082
150 000	15 082	18 275	18 275	22 532	22 532	28 918	28 918	33 174	33 174	36 367
200 000	18 922	22 808	22 808	27 983	27 983	35 754	35 754	40 929	40 929	44 815
250 000	22 149	26 542	26 542	32 398	32 398	41 189	41 189	47 045	47 045	51 438
300 000	26 410	31 337	31 337	37 903	37 903	47 758	47 758	54 323	54 323	59 250
350 000	30 815	36 187	36 187	43 350	43 350	54 095	54 095	61 258	61 258	66 630
400 000	35 215	40 933	40 933	48 555	48 555	59 991	59 991	67 612	67 612	73 330
450 000	39 619	45 565	45 565	53 490	53 490	65 377	65 377	73 303	73 303	79 248
500 000	44 016	50 083	50 083	58 172	58 172	70 309	70 309	78 398	78 398	84 465
1 000 000	88 035	97 296	97 296	109 643	109 643	128 165	128 165	140 512	140 512	149 773
1 500 000	132 050	145 172	145 172	162 670	162 670	188 919	188 919	206 416	206 416	219 538
1 533 876	135 032	148 418	148 418	166 267	166 267	193 043	193 043	210 893	210 893	224 278

4.3 Leistungen bei raumbildenden Ausbauten (HOAI Teil II)

4.3.1 Grundlagen des Honorars (§ 10)

4.3.2	anrechenbare Kosten (ohne Umsatzsteuer) des Objekts	1) 2)
4.3.3	Honorarzone des Objekts	§§ 14 a u. b
4.3.4	Leistungsumfang/Grundleistungen	§ 15 siehe 4.4.4
4.3.5	Honorartafel	§ 16 siehe 4.1.5

[1]) Kostengliederung nach DIN 276 (4.81). Die Fassung 6.93 ist im Abschnitt 3.7 abgedruckt und bedarf noch der Einführung innerhalb der HOAI.
[2]) Als anrechenbare Kosten gelten für die Leistungsphasen (siehe Abschnitt 4.1.4) 1 bis 4 das Ergebnis der Kostenberechnung, ggf. der Kostenschätzung, und für die Leistungsphasen 5 bis 7 das Ergebnis der Kostenanschlags, ggf. der Kostenberechnung, und für die Leistungsphasen 8 und 9 das Ergebnis der Kostenfeststellung, ggf. des Kostenanschlags. Die verschiedenen Kostenermittlungsarten sind im Abschnitt 3.2 dargestellt, siehe auch [1.30], [1.31].

4.3.2 Anrechenbare Kosten für Grundleistungen bei raumbildenden Ausbauten

Die anrechenbaren Kosten entsprechen den Angaben über Gebäude in Abschnitt 4.1.2. An die Stelle der Kosten für Baukonstruktionen und besondere Baukonstruktionen tritt: Innere Gestaltung oder Erstellung von Innenräumen ohne wesentliche Eingriffe in Bestand oder Konstruktion.

4.3.3 Honorarzonen mit Objektbeispielen

I	Innere Verkehrsflächen; offene Pausen-, Spiel- und Liegehallen; einfachste Innenräume für vorübergehende Nutzung
II	einfache Wohn-, Aufenthalts- und Büroräume, Werkstätten; Verkaufslager, Nebenräume in Sportanlagen, einfache Verkaufskioske
III	Aufenthalts-, Büro-, Freizeit-, Gaststätten-, Gruppen-, Wohn-, Sozial-, Versammlungs- und Verkaufsräume, Kantinen; Hotel-, Kranken-, Klassenzimmer und Bäder (durchschnittliche Ausstattung oder durchschnittliche technische Einrichtung)
IV	Behandlungs-, Verkaufs-, Arbeits-, Bibliotheks-, Sitzungs-, Gesellschafts-, Gaststätten-, Vortragsräume; Hörsäle, Ausstellungen, Messestände, Fachgeschäfte, Empfangs- und Schalterhallen, Parlaments- und Gerichtssäle, Mehrzweckhallen
V	Konzert- und Theatersäle; Studioräume

4.3.4 Leistungsumfang/Grundleistungen entsprechend Abschn. 4.1.4

4.3.5 Honorartafel entsprechend Abschn. 4.1.5

4.3.6 Berechnungsbeispiel entsprechend Abschn. 4.1.6

4.4 Zeithonorar (§ 6)/Gebäude, Freianlagen, raumbildende Ausbauten und Leistungen bei der Tragwerksplanung (Abschn. 4.5)

Zeithonorar kann für alle Leistungen nach HOAI berechnet werden. Der Zeitbedarf ist vorauszuschätzen und kann Grundlage eines Fest- oder Höchstbetrages werden. Soweit dies nicht möglich ist, muss der Zeitbedarf nachgewiesen werden. Das Honorar für Grundleistungen bei der Objektplanung und bei raumbildenden Ausbauten (bzw. Freianlagen), deren anrechenbare Kosten 25 565 € (bzw. 20 452 €) unterschreiten, kann als Pauschal- oder Zeithonorar berechnet werden. Der Mindestsatz des Honorars wird durch die folgenden Stundensätze bzw. die Mindestsätze des Honorars nach § 16 (bzw. § 17) bei 25 565 € (bzw. 20 452 €) anrechenbaren Kosten festgelegt. Als Obergrenze gelten die entsprechenden Höchstsätze.

Das Honorar für Grundleistungen bei Tragwerksplanung, deren anrechenbare Kosten 10 226 € unterschreiten, kann als Pauschalhonorar oder als Zeithonorar berechnet werden. Der Mindestsatz des Honorars wird durch die folgenden Stundensätze bzw. die Mindestsätze des Honorars nach § 65 (4.5.5) bei 10 226 € anrechenbaren Kosten festgelegt. Als Obergrenze gelten die entsprechenden Höchstsätze.

4.4.1	Auftragnehmer	38–82 €
4.4.2	Mitarbeiter für technische oder wirtschaftliche Aufgaben	36–59 €
4.4.3	Technische Zeichner und sonstige Mitarbeiter	31–43 €

4.5 Leistungen bei der Tragwerksplanung (HOAI Teil VIII)

4.5.1 Grundlagen des Honorars (§ 62)

4.5.2	anrechenbare Kosten (ohne Umsatzsteuer) des Objekts	[1] [2]
4.5.3	Honorarzone des Objekts	§ 63
4.5.4	Leistungsumfang/Grundleistungen	§ 64
4.5.5	Honorartafel	§ 65

[1] Kostengliederung nach DIN 276, Ausgabe 4.81 und Ausgabe 6.93, wird im Abschnitt 3.7 behandelt. DIN 276, Ausgabe 6.93, bedarf noch der Einführung innerhalb der HOAI.
[2] Als anrechenbare Kosten gelten für die Leistungsphasen (siehe Abschnitt 4.5.4) 1 bis 3 das Ergebnis der Kostenberechnung, ggf. der Kostenschätzung, und für die Leistungsphasen 4 bis 6 das Ergebnis der Kostenfeststellung, ggf. des Kostenanschlags. Die verschiedenen Kostenermittlungsarten sind im Abschnitt 3.2 dargestellt.

Literatur: Im Werner Verlag sind zur HOAI folgende Titel erschienen:
    Locher, Horst: HOAI – Honorartabellenbuch
    Locher, Horst: HOAI – Textausgabe
    Locher, Horst/Koeble, Wolfgang und Frik, Werner: Kommentar zur HOAI

4.5.2 Anrechenbare Kosten für Leistungen bei der Tragwerksplanung

a		Gebäude[3] und zugehörige bauliche Anlagen	%
3.1 u. 3.5.1[1]		Baukonstruktionen und besondere Baukonstruktionen	55
3.2 u. 3.5.2[1]		Installationen und besondere Installationen	20

b	Ingenieurbauwerke (Leistungen inkl. Baustelleneinrichtung)	100

1. Erdarbeiten
2. Mauerarbeiten
3. Beton- und Stahlbetonarbeiten
4. Naturwerksteinarbeiten
5. Betonwerksteinarbeiten
6. Zimmer- und Holzbauarbeiten
7. Stahlbauarbeiten
8. Tragwerke und Tragwerksteile aus sonstigen Stoffen
9. Abdichtungsarbeiten
10. Dachdeckungs- und Dachabdichtungsarbeiten
11. Klempnerarbeiten
12. Metallbau- und Schlosserarbeiten für tragende Konstruktionen
13. Bohrarbeiten
14. Verbauarbeiten für Baugruben
15. Rammarbeiten
16. Wasserhaltungsarbeiten

[1] Kostengliederung nach DIN 276, Ausgabe 4.81 und Ausgabe 6.93, wird im Abschnitt 3.4 behandelt. DIN 276, Ausgabe 6.93, bedarf noch der Einführung innerhalb der HOAI.
[2] Es kann vereinbart werden, dass bei einem hohen Anteil an Kosten der Gründung und der Tragkonstruktionen (DIN 276, 3.1.1 und 3.1.2) sowie bei Umbauten die anrechenbaren Kosten nach den Leistungen 1 bis 12 der Kosten bei Ingenieurbauwerken (b) ermittelt werden.

Anmerkung: Bei Umbauten (§ 66) können die Kosten für Abbrechen von Bauwerksteilen den anrechenbaren Kosten zugerechnet werden.

4.5.3 Honorarzonen mit Objektbeispielen

I	Tragwerke mit sehr geringem Schwierigkeitsgrad; einfache statisch bestimmte ebene Tragwerke aus Holz, Stahl, Stein oder unbewehrtem Beton mit ruhenden Lasten, ohne Nachweis horizontaler Aussteifung
II	Tragwerke mit geringem Schwierigkeitsgrad; statisch bestimmte ebene Tragwerke mit vorwiegend ruhenden Lasten; Deckenkonstruktionen mit vorwiegend ruhenden Flächenlasten; Mauerwerksbauten ohne Nachweis horizontaler Aussteifung; Flachgründungen und Stützwände einfacher Art
III	Tragwerke mit durchschnittlichem Schwierigkeitsgrad; schwierige statisch bestimmte und unbestimmte ebene Tragwerke; einfache Verbundkonstruktionen des Hochbaus; Tragwerke für Gebäude mit Abfangung der tragenden bzw. aussteifenden Wände; ausgesteifte Skelettbauten; einfache Rahmentragwerke; einfache Traggerüste für Ingenieurbauwerke
IV	Tragwerke mit überdurchschnittlichem Schwierigkeitsgrad; vielfach statisch unbestimmte Systeme; statisch bestimmte räumliche Fachwerke; Tragwerke für schwierige Rahmen- und Skelettbauten; Verbundkonstruktionen; schwierige statisch unbestimmte Flachgründungen; besondere Gründungsverfahren; schwierige Gerüste für Ingenieurbauwerke; Mauerwerk nach Eignungsprüfung
V	Tragwerke mit sehr hohem Schwierigkeitsgrad; schwierige Tragwerke in neuen Bauarten; räumliche Stabwerke und statisch unbestimmte räumliche Fachwerke; Verbundträger mit Vorspannung; Flächentragwerke mit Anwendung der Elastizitätstheorie; schwierige Rahmentragwerke mit Vorspannkonstruktionen und Stabilitätsuntersuchungen

4.5.4 Leistungsumfang/Grundleistungen

§ 64 Leistungsbild Tragwerksplanung	Gebäude und zugehörige bauliche Anlagen	Ingenieurbauwerke	% des Honorars für Grundleistungen
1. Grundlagenermittlung Klären der Aufgabenstellung	x		3
2. Vorplanung (Projekt- und Planungsvorbereitung) Erarbeiten des statisch-konstruktiven Konzepts des Tragwerks	x	x	10
3. Entwurfsplanung (System- und Integrationsplanung) Erarbeitung der Tragwerkslösung mit überschlägiger statischer Berechnung	x	x	12
4. Genehmigungsplanung Anfertigen und Zusammenstellen der statischen Berechnung mit Positionsplänen für die Prüfung	x	x	30
5. Ausführungsplanung[1)] Anfertigen der Tragwerksausführungszeichnungen	x	x	42
6. Vorbereitung der Vergabe Beitrag zur Mengenermittlung und zum Leistungsverzeichnis	x	x	3
7. Mitwirkung bei der Vergabe			(Bes. Leistung)
8. Objektüberwachung			,,
9. Objektbetreuung			,,

[1)] Die Ausführungsplanung wird in folgenden Fällen mit 26% bewertet: Verzicht auf Schalpläne im Stahlbetonbau; Verzicht auf Prüfung der Stahlbau-Werkpläne durch den Ingenieur; Tragwerk aus Holz ist in Honorarzone I oder II eingeordnet.

4.5.5 Honorartafel Tragwerksplanung[5]

Anrechenbare Kosten Euro	Zone I von	Zone I bis Euro	Zone II von	Zone II bis Euro	Zone III von	Zone III bis Euro	Zone IV von	Zone IV bis Euro	Zone V von	Zone V bis Euro
10 226	1 017	1 186	1 186	1 600	1 600	2 096	2 096	2 516	2 516	2 679
15 000	1 399	1 621	1 621	2 168	2 168	2 827	2 827	3 375	3 375	3 596
20 000	1 771	2 043	2 043	2 726	2 726	3 540	3 540	4 224	4 224	4 495
25 000	2 123	2 445	2 445	3 249	3 249	4 214	4 214	5 019	5 019	5 340
30 000	2 469	2 836	2 836	3 756	3 756	4 862	4 862	5 782	5 782	6 149
35 000	2 805	3 217	3 217	4 248	4 248	5 481	5 481	6 512	6 512	6 924
40 000	3 123	3 580	3 580	4 717	4 717	6 088	6 088	7 224	7 224	7 681
45 000	3 447	3 945	3 945	5 186	5 186	6 676	6 676	7 918	7 918	8 416
50 000	3 756	4 294	4 294	5 636	5 636	7 245	7 245	8 588	8 588	9 126
75 000	5 238	5 961	5 961	7 770	7 770	9 941	9 941	11 750	11 750	12 474
100 000	6 629	7 524	7 524	9 761	9 761	12 450	12 450	14 686	14 686	15 581
150 000	9 242	10 448	10 448	13 463	13 463	17 086	17 086	20 101	20 101	21 308
200 000	11 702	13 195	13 195	16 920	16 920	21 394	21 394	25 119	25 119	26 612
250 000	14 047	15 807	15 807	20 201	20 201	25 470	25 470	29 863	29 863	31 623
300 000	16 320	18 332	18 332	23 355	23 355	29 378	29 378	34 401	34 401	36 413
350 000	18 516	20 769	20 769	26 391	26 391	33 143	33 143	38 770	38 770	41 018
400 000	20 663	23 143	23 143	29 348	29 348	36 791	36 791	42 997	42 997	45 476
450 000	22 762	25 467	25 467	32 227	32 227	40 343	40 343	47 103	47 103	49 808
500 000	24 816	27 738	27 738	35 044	35 044	43 811	43 811	51 113	51 113	54 035
750 000	34 583	38 513	38 513	48 334	48 334	60 125	60 125	69 945	69 945	73 876
1 000 000	43 787	48 639	48 639	60 760	60 760	75 304	75 304	87 430	87 430	92 276
1 500 000	61 058	67 572	67 572	83 852	83 852	103 394	103 394	119 675	119 675	126 188
2 000 000	77 308	85 342	85 342	105 417	105 417	129 515	129 515	149 595	149 595	157 624
2 500 000	92 842	102 291	102 291	125 904	125 904	154 244	154 244	177 858	177 858	187 306
3 000 000	107 824	118 607	118 607	145 562	145 562	177 909	177 909	204 865	204 865	215 647
3 500 000	122 355	134 415	134 415	164 557	164 557	200 732	200 732	230 878	230 878	242 934
4 000 000	136 522	149 806	149 806	183 007	183 007	222 857	222 857	256 059	256 059	269 342
4 500 000	150 366	164 832	164 832	200 987	200 987	244 381	244 381	280 540	280 540	295 002
5 000 000	163 936	179 545	179 545	218 567	218 567	265 393	265 393	304 417	304 417	320 025
7 500 000	228 489	249 391	249 391	301 642	301 642	364 343	364 343	416 594	416 594	437 496
10 000 000	289 333	315 049	315 049	379 337	379 337	456 484	456 484	520 772	520 772	546 488
15 000 000	403 375	437 772	437 772	523 761	523 761	626 947	626 947	712 936	712 936	747 333
15 338 756	411 079	446 061	446 061	533 513	533 513	638 455	638 455	725 907	725 907	760 889

Fußnote s. S. 1.79

4.5.6 Berechnungsbeispiel/Tragwerksplanung für Gebäude (Schlussrechnung) [1]

Anrechenbare Kosten nach DIN 276	Kostenberechnung €	Kostenfeststellung €	Honorar in €	
			Zone III, Mindestsatz	Betrag
3.1	164 000	176 000	bei 75 000 anrechenbaren Kosten	7 770
davon 55 %	90 200	96 800	bei 100 000 anrechenbaren Kosten	9 761
3.2	46 000	47 000	bei 150 000 anrechenbaren Kosten	13 463
davon 20 %	9 200	9 400	bei 99 400 anrechenbaren Kosten	9 713
Gesamt	99 400	106 200	(Leistungsphase 1–3)	2 428
Zeithonorar (§ 6) siehe Abschn. 4.4			bei 106 200 anrechenbaren Kosten	10 220
			davon 75 % (Leistungsphase 4–6)	7 665
			Honorar, netto	10 093
			Umsatzsteuer (§ 9) 16 %	1 615
			Honarar, brutto [8]	11 708

[5] Neben dem Mindest- (von) und dem Höchstsatz (bis) können weitere Honorarsätze vereinbart werden. Üblich ist die Verwendung von 1/4-Satz, 1/2-Satz und 3/4-Satz. Die Überschreitung des Mindestsatzes bedarf der Schriftform (Empfehlung: Ingenieurvertrag).
[6] Abschlagzahlungen sind davon abzuziehen.
[7] Ermittelt durch lineare Interpolation (§ 5a).
[8] Nebenkosten (§ 7) für Post- und Fernmeldegebühren, Vervielfältigungen (Lichtpausen, Kopien, Druck), Foto und Film, Baustellenbüro, Fahrtkosten und andere Entschädigungen können pauschal mit Abschlags- bzw. Schlussrechnung abgerechnet werden. Soweit nach Einzelnachweis abgerechnet werden soll (lt. Ingenieurvertrag), empfiehlt eine gesonderte Rechnung.

Anmerkungen:
Das Berechnungsbeispiel sowie der Abschnitt 4.5.4 enthalten ausschließlich Grundleistungen und keinerlei besondere Leistungen. Das Honorar für diese Leistungen ist gesondert zu vereinbaren und richtet sich nach dem Verhältnis des Arbeits- und Zeitaufwands zu den Grundleistungen. Besondere Leistungen können auch mit dem Zeithonorar (§ 6) abgerechnet werden.

Mögliche Zuschläge zum Honorar:
Bei Umbauten (Umgestaltung eines vorhandenen Objektes mit wesentlichen Eingriffen in Konstruktion oder Bestand) ist bei Gebäuden und Ingenieurbauwerken mit durchschnittlichem Schwierigkeitsgrad eine Erhöhung des Honorars um 20 bis 50 % möglich. Die Erhöhung um mehr als 20 % bedarf der Schriftform.

4.6 Anmerkungen zur HOAI

Die wichtigste Grundlage zur Honorarberechnung ist der Betrag der anrechenbaren Kosten. Diese Abhängigkeit von der Höhe der Bauwerkskosten ist besonders bei den gewerblichen und öffentlichen Auftraggebern sehr umstritten. Auch private Auftraggeber versuchen häufig, ein Pauschalhonorar und bzw. oder die Unterschreitung der Mindestsätze zu vereinbaren. Diese Vereinbarungen erfolgen vielfach mündlich. Eine fehlende Schriftform (Architekten- oder Ingenieurvertrag oder schriftliche Honorarvereinbarung) führt dazu, dass gemäß § 4 Abs. 4 lediglich das Mindesthonorar in Rechnung gestellt werden kann. Soweit innerhalb der Auftragsakquisition (Kundenwerbung) bereits Grundleistungen, z. B. skizzenhafte Darstellungen, erbracht worden sind, ist auch bei einem später abgeschlossenen schriftlichen Architekten- oder Ingenieurvertrag mit einem höheren Honorarsatz lediglich der Mindestsatz im Streitfall vor Gericht zu erzielen.

Honorarabrechnung leicht gemacht

Die Neuauflage bietet wieder eine kompakte, verständliche Anleitung zur Lösung von **Rechts- und Honorarfragen**, die im Alltagsgeschäft eines jeden Architekten und Ingenieurs auftreten.

Einleitend werden wesentliche Fragestellungen, wie Fragen zum **Zustandekommen und Abschluss des Architekten-/Ingenieurvertrages**, zur Abgrenzung von **Akquisition** und **honorarpflichtiger Tätigkeit**, zur **Haftung, Bausummenüberschreitung, Vertragsbeendigung** und zum **Urheberrecht** erörtert. Im Folgenden werden dann die Leistungsphasen der HOAI beschrieben. Großes Gewicht legen die Autoren auf die Darstellung der **richtigen Honorarabrechnung**. Zum besseren Verständnis werden hier die einzelnen **Arbeitsschritte**, die zur Erstellung einer Honorarschlussrechnung führen, anschaulich dargestellt und ergänzt durch **prüffähige Beispielsabrechnungen**.

Neu in der 3. Auflage sind neben der Umstellung auf den **Euro** auch die Auswirkungen des zum 1. 1. 2002 in Kraft getretenen **Schuldrechtsmodernisierungsgesetzes**. Erweitert wird die Neuauflage um neue und weitere **Beispielrechnungen**, wie die Honorierung nach der EnergieeinsparVO sowie die **aktuelle Rechtsprechung** zur HOAI.

Morlock / Meurer
Die HOAI in der Praxis
Mit vielen Mustern prüffähiger Honorarabrechnungen
3., neubearbeitete und erweiterte Auflage 2002,
ca. 300 Seiten, kartoniert
ca. € 35,– / sFr 70,–
ISBN 3-8041-4325-1

WERNER VERLAG

Werner Verlag · Postfach 10 53 54 · 40404 Düsseldorf
Telefon (02 11) 3 87 98-0 · Telefax (02 11) 3 87 98-11
www.werner-verlag.de

Zu beziehen über Ihre Buchhandlung oder direkt beim Verlag.

1 C Integrales Facility Management*⁾

Prof. Dr.-Ing. Hans Kahlen, Architekt

Inhaltsverzeichnis		Seite
1	**Einführung**	1.82
1.1	Informationsgesellschaft und Facility Management	1.82
1.1.1	Neues Denken	1.82
1.1.2	Facility Management	1.83
1.2	Forschung zum Integralen Facility Management	1.84
1.2.1	Forschungsschwerpunkte	1.84
1.2.2	Vier-Schritte-Modellkonzeption	1.84
1.2.3	Integrales Computergestütztes Bauen (ICAB)	1.87
2	**Ganzheitliches Bauen**	1.89
2.1	Aspekte des Ganzheitlichen Bauens	1.89
2.1.1	Allgemeine Entwicklungstendenzen, Marktwirtschaft und Kundenorientierung im Bauwesen	1.89
2.1.2	Gesamtsystem und Teilsysteme des Ganzheitlichen Bauens	1.90
2.2	Leistungserstellungsprozesse der baubeteiligten Partner	1.91
2.2.1	Baubeteiligte Partner und „Strukturierter Nutzer"	1.91
2.2.2	Bauwerkslebenszyklus und „Strukturierte Zeit"	1.92
2.2.3	Bauwerk und „Strukturierter Ort"	1.93
3	**Integrales Facility Management**	1.94
3.1	Management der Betriebsmittel Bauwerke	1.95
3.1.1	Managementbereiche im Unternehmen und Gebäudemanagement	1.95
3.1.2	Entwicklungstendenzen des Facility Managements	1.96
3.2	Theoretisches Konzept des Integralen Facility Managements	1.97
3.2.1	Thesen zum Integralen Facility Management	1.97
3.2.2	Gesamtsystem, Teilsysteme und Markt des Integralen Facility Managements	1.100
4	**Informationssysteme für das Integrale Computergestützte Bauen**	1.102
4.1	Computerunterstützung des Bauens	1.102
4.1.1	Objektorientierte Modellierung, Computer Grafik	1.103
4.1.2	„Online" für Architekten, CIM im Bauwesen	1.104
4.2	Informationssysteme für das Ganzheitliche Bauen und das Integrale Facility Management	1.105
4.2.1	Lebenszyklusübergreifendes Informationssystem	1.105
4.2.2	Informationssysteme für die Märkte der Facilities und des Integralen Facility Managements	1.105
5	**Konsequenzen des Integralen Computergestützten Bauens und Ausblick**	1.108
5.1	Ansätze für die praktische Nutzung	1.108
5.2	Ausblick	1.112

---

*⁾ Siehe auch die ausführliche Darstellung dieser Problematik in [1.50].

1 Einführung

Die positiven Wirkungen des Struktur- und Wertewandels in der Bauwirtschaft sollten einerseits zur Erweiterung der Leistungsangebote der Bauwirtschaft und andererseits, besonders durch die Nutzerorientierung und durch eine gezielte Marktbearbeitung, zur Steigerung der Nachfrage nach Bauleistungen genutzt werden. Die modernen Informations- und Kommunikationstechniken beeinflussen sowohl die Berufsbilder baubeteiligter Partner, die Inhalte architektonischer und bauspezifischer Studiengänge an den Universitäten und Hochschulen als auch die Bauforschung.

1.1 Informationsgesellschaft und Facility Management

Kapital und Arbeit formten die Industriegesellschaft durch wissenschaftlich-technischen Fortschritt. Beide Faktoren werden zunehmend durch einen dritten ergänzt und teilweise verdrängt: „Bildung und Wissen". Wissen und damit Information wird immer mehr zu einem bedeutenden Machtfaktor in der menschlichen Gesellschaft. Nicht nur in Wissenschaft und Forschung sind riesige Informationsmengen zu verarbeiten, sondern auch in der Praxis der Wirtschaft, der Industrie und des Bauwesens. Diese Feststellung wird beim Durchblättern der „Bautabellen für Architekten" [1.51] sehr anschaulich.

1.1.1 Neues Denken

Charakteristisch für den Übergang von der Industrie- zur Informationsgesellschaft ist neues Denken, wobei der Begriff „neues" insbesondere die Aspekte Nachhaltigkeit, Ganzheitlichkeit und Integration umfaßt.

Nachhaltigkeit[1], ein Begriff, der erst seit der Konferenz der Vereinten Nationen über Umwelt und Entwicklung (UNCED) in Rio de Janeiro im Jahre 1992 in der „Lokalen Agenda 21" enthalten ist und „im übertragenen Sinne bedeutet . . ., daß die gegenwärtige Generation zur Deckung ihres Bedarfes sich in der Verwendung natürlicher Ressourcen so beschränkt, daß sie zukünftigen Generationen die Lebensmöglichkeiten nicht verbaut" [1.52]. Die Kommunen sind beauftragt, im Rahmen einer Lokalen Agenda 21 zu einer Reihe von kommunalen Handlungsfeldern, darunter auch „Flächeninanspruchnahme und Zuordnung der Nutzung", „Bauen und Wohnen", „Bodenschutz und Altlasten", „kommunale Informationssysteme", eine „detaillierte Bestandsaufnahme" vorzunehmen und eine „Festlegung von Zielen und Handlungsmöglichkeiten" zu gewährleisten.

Der Forderung nach **Ganzheitlichkeit** liegt die Erkenntnis zugrunde, daß die handelnden Menschen von heute ständig vor grundsätzlich neue Probleme gestellt werden. „Unsere ungelösten Probleme von heute sind (sozusagen) die Restposten unseres Problemlösens von gestern – nur daß dieser Rest immer größer wird, je mehr wir versuchen, ihn mit einem Denken von gestern zu beseitigen" [1.53]. *Hans Ulrich* und *Gilbert J. B. Probst* haben ein umfassendes Theoriegebäude mit allgemeinen Prinzipien des Führens und Organisierens komplexer Systeme entwickelt. Ihre ganzheitliche Denkmethodik stützt sich auf sieben Bausteine: das Ganze und seine Teile, Vernetztheit, System und seine Umwelt, Komplexität, Ordnung, Lenkung und Entwicklung.

Der Begriff **Integration** charakterisiert das Bestreben, Systeme und Prozesse zu einem möglichst effektiveren Gesamtsystem bzw. Gesamtprozeß zusammenzufassen, und wird häufig mit Begriffskombinationen wie „Integriertes Management", „Computerintegration", „Computerintegrierte Fertigung" (CIM), „Computerintegriertes Bauen" (CIB) umschrieben. Dabei bezieht sich die „Integration" sowohl auf die Tätigkeiten (die Leistungserstellung) als auch auf die dafür benötigten Informationen einschließlich der zugehörigen Informationsverarbeitungsprozesse. Ein wesentliches Ziel des Einsatzes von computerintegrierten Systemen ist die Erhöhung der operativen Leistungsfähigkeit komplexer komplizierter Systeme.[2] Das Rationalisierungspotential von CIM-Systemen resultiert aus der Informations- (Daten-) und Tätigkeitsintegration am Arbeitsplatz, im Arbeitsbereich, in der gesamten Wertschöpfungskette von Unternehmen. Die Datenbasis (Datenbanksystem) versorgt alle computergestützten Systeme (CA-Systeme) mit den erforderlichen Informationen. Ein komplexes CIM-System kann in folgende miteinander wechselwirkende computergestützte Teilsysteme

---
[1] Nachhaltigkeit, nachhaltige Entwicklung ist die deutsche Übersetzung des englischen „Sustainable Development".
[2] Komplexe komplizierte Systeme werden auch als große Systeme bezeichnet. Es sind meist gesteuerte (gemanagte) Systeme, die aus miteinander zusammenhängenden Untersystemen bestehen, die zur Gewährleistung ihrer Arbeitsfähigkeit zu einer Gesamtheit vereinigt sind. Die Begriffe „komplex" und „kompliziert" drücken die Menge (Anzahl) und die Vielfalt (Verschiedenartigkeit) der Teilsysteme/-elemente sowie der Relationen zwischen ihnen im System und dem System zu seiner Umgebung aus.

(CA-Systeme) gegliedert werden: Computer Aided Design (CAD), Computer Aided Planning (CAP), Produktionsplanungs- und Steuerungssystem (PPS), Computer Aided Manufacturing (CAM), Computer Aided Quality Assurance (CAQ) und Computer Aided Logistics (CAL). Diese CIM-Strategie wird auch die zukünftige Entwicklung des Bauens grundlegend beeinflussen, wie eine Veröffentlichung zum computerintegrierten Bauen (CIB) [1.54] aus dem Jahre 1991 belegt.

1.1.2 Facility Management

In den USA, dem Ursprungsland des Facility Managements, wurde Ende der 70er/Anfang der 80er Jahre Facility Management vorwiegend auf die Nutzungsphase der Bauwerke/Gebäude bezogen. Es faßte gestalterische, planerische, technische und betriebswirtschaftliche Funktionen und Aufgabenbereiche zu einem dynamischen Gebäude-, Anlagen- und Instandhaltungsmanagement zusammen. Facility Management wurde 1988 von der International Facility Management Association (IFMA) als ein integrativer Managementprozeß definiert: „The practice if coordinating the physical workplace with the people and work of the organization, integrates the principles of business administration, architecture and the behavioral engineering sciences."[3]

In Europa setzt sich Facility Management nur langsam durch; z. B. haben die Experten in Holland auch keine einheitliche Auffassung zum Facility Management, das nur auf die Gebäudenutzungsphase praktisch angewendet wird.[4] Ende der 80er Jahre wurde auch in Deutschland zum Facility Management geforscht und veröffentlicht. Beispiele dafür sind die Arbeiten von *Gerhard Palisek* (Objektmanagement) und von *Walther Moslener* (Management der Sachressourcen), im Jahre 1988, von *Hans Kahlen* (umfassendes Facility Management über den Lebenszyklus von Bauwerken) und von *Heinrich Harden* (integrative Planung von Gebäuden über den gesamten Lebenszyklus), von *Martin Ott* (Management der Sachressourcen insbesondere unter energetischem Aspekt) und von *Dieter W. Henzler/Uwe W. Heidbreder* (Objektmanagement) [1.55] im Jahre 1989 sowie die Arbeiten von *Werner Schwarz* (Computerintegriertes Bauen und Facility Management) (siehe [1.54]) und von *Peter Zerahn* (Sozio-ökonomische Aspekte von Immobilien und ihre Bedeutung für ein umfassendes Facility Management)[5] im Jahre 1991. Die GEFMA[6] definierte im Entwurf der Richtlinie GEFMA 100 vom Dezember 1996 auf etwa 8 Seiten „Facility Management als einen Begriff, der im Gegensatz zu ‚Gebäudemanagement' die früheren Lebenszyklusphasen Konzeption, Planung und Erstellung sowie die komplette strategische Ebene über alle Phasen hinweg einschließt."[7]

Neuere Arbeiten von *Daniel Frutig/Dietrich Reiblich* (Facility Management, Erfolgsfaktoren der Immobilien- und Anlagenbewirtschaftung) [1.56] aus dem Jahre 1995 und von *Hans-Peter Braun/ Peter Haller/Eberhard Oesterle* (Facility Management, Erfolg in der Immobilienbewirtschaftung) [1.57] aus dem Jahre 1996 beziehen ihre Untersuchungen im wesentlichen auf die Nutzungsphase von Gebäuden.

Das Anfang 1998 erschienene Buch von *Jens Nävy* mit dem Titel „Facility Management" [1.58] beschäftigt sich mit den Grundlagen, der Computerunterstützung, der Einführungsstrategie und Praxisbeispielen. Der Autor definiert: „Facility Management ist ein strategisches Konzept zur Bewirtschaftung, Verwaltung und Organisation aller Sachressourcen innerhalb eines Unternehmens." „Sachressourcen" sind Gebäude, Maschinen und Anlagen. Als die drei „Säulen" des Facility Managements werden bezeichnet: *Ganzheitlichkeit* („Bereichsübergreifend werden Informationen zum optimalen Einsatz der Sachressourcen eingesetzt"), *Lebenszyklus* („In jeder Phase wird das Objekt durch das Facility Management dokumentiert"), *Transparenz* („Ein gläsernes Unternehmen, in dem alle Informationen zur Verfügung stehen, ist das Ziel"). Im gleichen Jahr wurden weitere Bücher zu

---
[3] United States Library of Congress, Washington, DC: 1988.
[4] Andreas F. van Wagenberg: „FM-Blickwinkel aus Holland", Zeitschrift INTEC, Heft 5/6, 1996, S. 23-24.
[5] Peter Zerahn, Sozio-ökonomische Aspekte von Immobilien und ihre Relevanz für ein umfassendes Facility Management, Linz: Johannes Kepler Universität, 1991.
[6] GEFMA German Facility Management Association, Deutscher Verband für Facility Management e. V., Geschäftsstelle in Bonn. Seit 1996 existiert die deutsche Landesgruppe der International Facility Management Association (IFMA Deutschland) mit Sitz in München (Zeitschrift Der Facility Manager, März/April 1996). Das EURO Institut für Immobilienmanagement, Hansaring 80, 50670 Köln, wurde im Oktober 1996 gegründet. Die GEFMA kooperiert mit verschiedenen nationalen Facility-Management-Verbänden, z. B. IFMA (International Facility Management Association, Housten/Texas), JFMA (Japanese Facility Management Association, Tokyo), Nopa (New Office Promotion Association, Tokyo), EURO-FM (european facility management network, Maarssen/NL), NEFMA (Niederländische Facility Management Association, Sint Maarten), AFM (Association of Facility Managers, London).
[7] Ulrich Glauche: „Richtlinienwerk der GEFMA e. V. über Facility Management. GEFMA 100: Begriff, Struktur, Inhalte", Zeitschrift Der Facility Manager, Juli/August 1997, S. 41.

Facility Management veröffentlicht: Peter Barrett [1.59] versteht unter Facility Management die Optimierung der Gebäude-Anlagenverwaltung; Amir Ghahremani [1.60] gab seinem Buch den Titel Integrale Infrastrukturplanung, wobei er unter diesem Begriff Facility Management und Prozeßmanagement in Unternehmensinfrastrukturen versteht; Torsten Henzelmann u. a. [1.61] betrachten Facility Management als ein neues Geschäftsfeld für die Versorgungswirtschaft; für Hans-Dieter Lochmann und Rainer Köllgen [1.62] ist Facility Management strategisches Immobilienmanagement, und Peter Zechel u. a. [1.63] beschreiben Facility Management in der Praxis.

Zusammenfassend kann eingeschätzt werden, daß Facility Management bisher
- häufig nur auf den Betrieb von Bauwerken bezogen wird (Gebäudemanagement),
- keine neue Qualität erreicht, weil diese Begriffskombination auf bekannte Gebiete (z. B. der Anlagenwirtschaft) angewendet wird („neues Etikett" für bekannte Inhalte),
- nicht nur das Management (disponible Leistungserstellungsprozesse) der Facilities, sondern auch die durchführenden Leistungserstellungsprozesse zur Herstellung der Bauwerke umfaßt und
- durch kein theoretisches Konzept mit neuer Qualität beschrieben wird.

1.2 Forschung zum Integralen Facility Management

1.2.1 Forschungsschwerpunkte

In der ATKIN-Studie [1.64], die das Bauwesen im europäischen Raum analysiert, werden unter anderem folgende Schwerpunkte für die Bauforschung genannt:
- „... allgemeinverständliche und auf die Anforderungen der Benutzer und Eigentümer zugeschnittene Meßkriterien für die Gebäudeleistung" sind auszuarbeiten; „hierzu könnten Meßkriterien wie Betriebskosten, Wartungszyklus und Wiederverkaufswert gehören";
- „Umweltfragen wie Landgewinnung, Wiederverwendung von Baustoffen, Stillegungen ... machen neue Technologien erforderlich ...";
- zur Kostensenkung „müssen Normteile, -systeme entwickelt werden";
- Verbesserung der „Leistung, Anpassungsfähigkeit und Flexibilität von Gebäuden" („intelligente Gebäude mit aktiver externer Gebäudehülle und intelligentem Umfeld");
- Senkung der Instandhaltungskosten durch bauspezifische Diagnose-, Ausbesserungsverfahren;
- „... Anwendung der Informationstechnologien im Bauwesen. CAD, Datenaustausch, flexible Fertigung und Simulationssysteme ..." sind für die Planer zur Verbesserung der „Produktivität und Qualität ... sowie Planen, Herstellen, Bauen und Warten zu einem einzigen Vorgang zusammenzufassen".

1.2.2 Vier-Schritte-Modellkonzeption

Erster Schritt: Strukturierung des Gesamtsystems Unternehmen in Managementsystem, gemanagtes System und Informationssystem:

Eine Wirtschaftsorganisation[8] (z. B. ein Unternehmen, ein virtuelles Unternehmen, eine Behörde, ein Institut, eine Bildungseinrichtung) wird in das gemanagte System, das Managementsystem und in das beide verbindende Informationssystem aufgeteilt. Die Begründung für diese Strukturierung eines Unternehmens läßt sich sowohl aus der Betriebswirtschaftslehre als auch aus der Theorie der Steuerung großer Systeme herleiten. In der Theorie der Steuerung großer Systeme wird ein Unternehmen auch als automatisiertes System[9] betrachtet (Abb. 1.85).

Zweiter Schritt: Strukturierung des Ganzheitlichen Bauens (GB), des Integralen Facility Managements (IFM), des Informationssystems (IS) und damit des Integralen Computergestützten Bauens (ICAB)[10]:

Die drei Teilsysteme GB, IFM, IS und das Gesamtsystem ICAB werden in gleicher Weise in zwölf Untersysteme gegliedert. Diese Strukturierung wird primär im Teilsystem des Ganzheitlichen Bauens vorgenommen. Sie stützt sich zunächst auf die Lebenszyklusphasen eines Bauwerkes Initiierung, Planung, Realisierung, Betrieb (Betreiben, Nutzung)[11], Stillegung/Abriß; dann werden die Phasen

---

[8] Wirtschaftsorganisation im Sinne eines Betriebes als Wirtschaftseinheit zur Erstellung von Sachgütern und Dienstleistungen durch den Einsatz und die Kombination von Produktionsfaktoren.
[9] Der Begriff „automatisiert" bedeutet, daß nur Teile der Informationsverarbeitungsprozesse von Computern „automatisch" abgearbeitet werden können; der Rest wird vom Menschen, der im System als „Element" einbezogen wird, übernommen. Automatisierte Systeme sind Mensch-Maschine-Systeme (hier: Mensch-Computer-Systeme, oder allgemeiner: Mensch-Informationstechnik-Systeme).
[10] ICAB ist die Abkürzung für „Integral Computer Aided Building"; im Text wird die deutsche Begriffskombination „Integrales Computergestütztes Bauen" verwendet.

Planung und Realisierung entsprechend den 9 Leistungsphasen der Objektplanung für Gebäude, Freianlagen und raumbildende Ausbauten (§ 15 der HOAI [1.65]), selbstverständlich mit modifizierten bzw. erweiterten Inhalten, unterteilt:

- t_0 Zeitpunkt des Beginns des Bauwerkslebenszyklus
- t_1-t_0 Initiierung   GB00
- t_2-t_1 Planung (Grundlagenermittlung)   HOAI-PH01   GB01
- t_3-t_2 Planung (Vorplanung)   HOAI-PH02   GB02
- t_4-t_3 Planung (Entwurfsplanung)   HOAI-PH03   GB03
- t_5-t_4 Planung (Genehmigungsplanung)   HOAI-PH04   GB04
- t_6-t_5 Planung (Ausführungsplanung)   HOAI-PH05   GB05
- t_7-t_6 Planung (Vorbereitung der Vergabe)   HOAI-PH06   GB06
- t_8-t_7 Planung (Mitwirkung bei der Vergabe)   HOAI-PH07   GB07
- t_9-t_8 Realisierung (Objektüberwachung)   HOAI-PH08   GB08
- $t_{10}-t_9$ Realisierung (Objektbetreuung/Dokumentation)   HOAI-PH09   GB09
- $t_{11}-t_{10}$ Betrieb (Nutzung)   GB10
- $t_{12}-t_{11}$ Stillegung/Abriß   GB11
- t_{12} Zeitpunkt des Endes des Bauwerkslebenszyklus

Für die Benutzung der 9 Leistungsphasen der Objektplanung nach § 15 der HOAI zur zeitlichen Strukturierung des Ganzheitlichen Bauens gibt es mehrere Gründe:
- Die 9 Leistungsstufen der Objektplanung werden auch für die Beschreibung der Leistungen in den Teilen VII „Leistungen bei Ingenieurbauwerken und Verkehrsanlagen", VIII „Leistungen bei der Tragwerksplanung" und IX „Leistungen bei der Technischen Ausrüstung" verwendet; in den verbleibenden Teilen der HOAI werden keine bzw. 3, 4, 5 oder 6 Leistungsphasen, die sich hinsichtlich ihrer zeitlichen Folge und ihres grundsätzlichen Inhaltes teilweise auf die jeweiligen Phasen der Objektplanung zurückführen lassen, angegeben (Abb. 1.86).

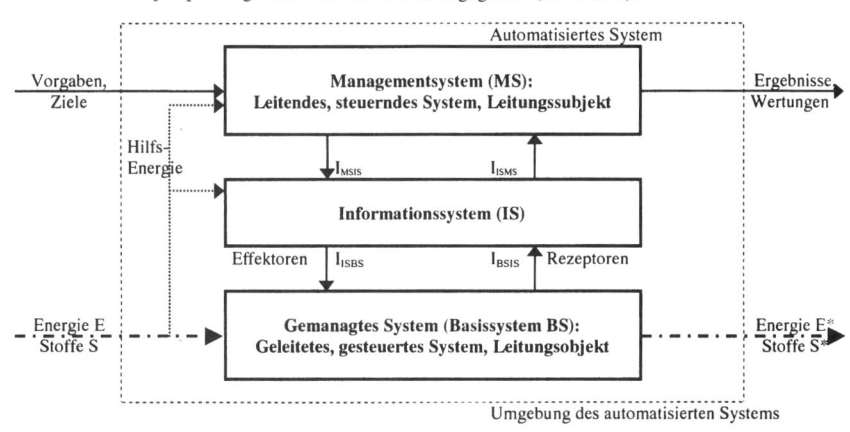

Legende:
    MS   Managementsystem
    BS   Gemanagtes System oder Basissystem BS
    IS   Informationssystem, das MS und BS miteinander verbindet
    E, E^* In das System eintretende bzw. verlassende Energieformen
    S, S^* In das System eintretende bzw. verlassende Stoffe
    I_{MSIS}, I_{ISMS} Informationen vom MS zum IS und umgekehrt
    I_{ISBS}, I_{BSIS} Informationen vom BS zum IS und umgekehrt
    ⎯⎯▶   Pfeile beschreiben den Informationsaustausch,
    - -▶   Pfeile beschreiben die Stoff- und Energieflüsse,
    ······▶   Pfeile beschreiben die Hilfsenergieversorgung der Informationssysteme.

Abb. 1.85   Grundsätzliche Verflechtung des gemanagten Systems (Basissystem BS), des Managementsystems (MS) und des Informationssystems (IS) im automatisierten System Unternehmen

---

[11] Bevorzugt wird der Begriff „Betrieb" für die Lebenszyklusphase, in der das Bauwerk betrieben/genutzt wird; die Begriffe „Betreiben" und „Nutzung" werden deshalb synonym verwendet.

- Mit dieser zeitlichen Strukturierung der Teilsysteme GB, IFM, IS und ICAB ist eine sinnvolle Einbeziehung der HOAI in das Vier-Schritte-Modellkonzept, verbunden mit einer zukunftsorientierten Weiterentwicklung der HOAI, möglich geworden. Damit können die Leistungen der Objektplanung (Teil II) und der Teile VII, VIII, IX (die restlichen Teile mit entsprechend reduzierter Anzahl der Phasen) einer weiterentwickelten HOAI in 12 Phasen mit je 4 Leistungsbereichen: GB, IFM, IS und ICAB beschrieben werden.

Teile der HOAI →

		Teile: II, VII, VIII, IX (9 Phasen)	Teil: XIII (6 Phasen)	Teile: V[1], VI[2], X[3], XI[4] (5 Phasen)	Teil: VI[5] (4 Phasen)	Teil: XII (3 Phasen)
L e i s t u n g s p h a s e n	1.	Grundlagen-ermittlung	Grundlagen-ermittlung	Klären der Aufgabenstellung, Ermitteln des Leistungsumfangs		Klären der Aufgabenstellung
	2.	Vorplanung	Geodätisches Festpunktfeld	Ermitteln der Planungsvorgaben	Ermitteln der Planungsgrund-lagen	Auswerten und Darstellen der Baugrunderkundungen
	3.	Entwurfsplanung	Vermessungstech-nische Lage- und Höhenpläne	Vorentwurf	Vorläufige Planfassung (Vorentwurf)	Vorschlag für die Gründung
	4.	Genehmigungs-planung	Absteckungs-unterlagen	Entwurf	Entwurf	
	5.	Ausführungs-planung	Absteckung für den Entwurf	Planfassung f. Anzeige/Genehmigung		
	6.	Vorbereitung der Vergabe	Geländeschnitte			
	7.	Mitwirkung bei der Vergabe				
	8.	Objektüberwachung				
	9.	Objektbetreuung und Dokumentation				

Legende: Teil I/IV/XIV   Allgemeine Vorschriften/Gutachten und Wertermittlungen/Schluß- u. Überleitungsvorschriften
Teil II   Leistungen bei Gebäuden, Freianlagen und raumbildenden Ausbauten
Teil III   Zusätzliche Leistungen
Teil V   Städtebauliche Leistungen
Teil VI   Landschaftsplanerische Leistungen
Teil VII/VIIa   Leistungen b. Ingenieurbauwerken und Verkehrsanlagen/Verkehrsplanerische Leistungen
Teil VIII   Leistungen bei der Tragwerksplanung
Teil IX   Leistungen bei der Technischen Ausrüstung
Teil X   Leistungen bei der thermischen Bauphysik
Teil XI   Leistungen für Schallschutz und Raumakustik
Teil XII   Leistungen für Bodenmechanik Erd- und Grundbau
Teil XIII   Vermessungstechnische Leistungen

Die Teile I, IV, XIV haben keine detaillierten Leistungsphasen; Teil III enthält die Projektsteuerung (§ 31) neben Entwicklung und Herstellung von Fertigteilen, rationalisierungswirksame besondere Leistungen und Winterbau.

[1] Leistungsbild Bebauungsplan; im Leistungsbild Flächennutzungsplan wird die Phase 5 als „Genehmigungsfähige Planfassung" bezeichnet.
[2] Leistungsbild Grünordnungsplan, wobei Abweichungen in der Bezeichnung der Phase 3 „Vorläufige Planfassung (Vorentwurf)", in der Phase 4 „Endgültige Planfassung (Entwurf)" und in der Phase 5 „Genehmigungsfähige Planfassung" vorhanden sind.
[3] Leistungen für den Wärmeschutz enthalten: 1. Erarbeiten des Planungskonzeptes, 2. Erarbeiten des Entwurfs, 3. Aufstellen des prüffähigen Nachweises, 4. Abstimmen des geplanten Wärmeschutzes mit der Ausführungsplanung und der Vergabe, 5. Mitwirkung bei der Wärmeschutzüberwachung.
[4] Leistungen in der Bauakustik und in der Raumakustik umfassen jeweils 5 Phasen, wobei die Phasen 3. bis 5. fast gleiche Bezeichnungen haben: 3. Mitwirken bei der Ausführungsplanung, 4. Mitwirken bei der Vorbereitung der Vergabe und bei der Vergabe, 5. Mitwirken bei der Überwachung schalltechnisch/raumakustisch wichtiger Ausführungsarbeiten. In der Bauakustik lauten Bezeichnungen für: 1. Erarbeiten des Planungskonzepts, Festlegen der Schallschutzanforderungen, 2. Erarbeiten des Entwurfs einschließlich Aufstellung der Nachweise des Schallschutzes, und in der Raumakustik für: 1. Erarbeiten des raumakustischen Planungskonzepts, Festlegen der raumakustischen Anforderungen, 2. Erarbeiten des raumakustischen Entwurfs.
[5] Die Phasen gelten für das Leistungsbild Landschaftsplan; für das Leistungsbild Landschaftsrahmenplan sind folgende Grundleistungen zu erbringen: 1. Landschaftsanalyse, 2. Landschaftsdiagnose, 3. Entwurf, 4. Endgültige Planfassung.

Abb. 1.86 Leistungsphasen der Teile I bis XIV der HOAI [1.65]

„Die HOAI dokumentiert den Stand der Planung der 70er Jahre [1]."[12] Dafür gibt es neben den oben genannten (teilweise bzw. Nichterfassung der Lebenszyklusphasen Initiierung, Realisierung, Betrieb, Stillegung und Abriß und damit des Ganzheitlichen Bauens, der Leistungen des Integralen Facility Managements und der zugehörigen Informationsverarbeitung, die unterschiedliche Bezeichnung der Leistungsphasen in den einigen Teilen HOAI trotz gleicher Inhalte) weitere Gründe: „. . . neue Wettbewerbs- und Bauorganisationsformen, neue Planungsmethoden und -techniken, differenziertere Vertragsgestaltungs- und Rechtsprechungsbedürfnisse".[13]

Dritter Schritt: Einbeziehung des Marktaspektes:
Die Angebots- und Nachfragebeziehungen der Märkte der Facilities (Bauwerke als Produkte des Wertschöpfungsprozesses des Ganzheitlichen Bauens), der Leistungen des Integralen Facility Managements und der Informationssysteme (mit Hard- und Software) und somit des ICAB werden modelliert. Die Beziehungen zwischen den Anbietern und den Nachfragern sind neu zu gestalten. Die Marktbeziehungen erfordern sowohl beim Anbieter als auch beim Nachfrager die gleiche Systemstruktur, wenn sich eine effektive, für beide Seiten gleichermaßen vorteilhafte Zusammenarbeit entwickeln soll. Der Kommunikation und damit dem gezielten Informationsaustausch über die Datenautobahnen kommt dabei eine besondere Bedeutung zu. Der „Kampf um Marktanteile" im Facility Management hat bereits begonnen [1.66].

Vierter Schritt: Allgemeines Verfahren zur Problembearbeitung und Problemlösung:
Der allgemeine Problembearbeitungs- und Problemlösungsprozeß zur gleichartigen Beschreibung von disponiblen und durchführenden Tätigkeitsprozessen (Arbeitsprozessen, die von Arbeitssystemen getragen werden) der baubeteiligten Partner wird in den verschiedenen (mittels der neun Leistungsphasen der Objektplanung gemäß § 15 der HOAI feiner strukturierten) Lebenszyklusphasen eingesetzt. Die Begriffe „Problem" und „Aufgabe" werden wie folgt definiert: Ein Problem ist ein durch Ziele strategisch gesteuerter Gesamtprozeß des Konzipierens und Realisierens von disponiblen und/oder durchzuführenden Tätigkeitsprozessen. Es wird durch folgende Eigenschaften charakterisiert: Ausgangszustand oder Anfangszustand; Zielzustand, der aus dem ersten (Anfangszustand) prinzipiell erzeugbar ist. Die Erreichung des Zielzustandes ist mit der Lösung des Problems identisch; die Überführung (Transformation, „Spielregeln") des Ausgangszustandes in den Zielzustand gelingt nicht oder nicht unmittelbar. Eine Aufgabe ist demnach der Grenzfall eines Problems, bei dem Anfangszustand, Zielzustand und die Transformationen für die Überführung des Anfangs- in den Endzustand bekannt sind. Es ist für die modellmäßige Beschreibung eines Problems/einer Aufgabe gleichgültig, ob die disponiblen und die durchführenden Tätigkeitsprozesse zum System des Ganzheitlichen Bauens, des Integralen Facility Managements oder der Informationsverarbeitung gehören.

Diese **„Vier-Schritte-Modellkonzeption"** hat folgende Eigenschaften:
- Sie ermöglicht eine gleichartige Gestaltung des Gesamtsystems ICAB und der Teilsysteme GB, IFM und IS.
- Die einzelnen Teilsysteme können schrittweise erarbeitet und anschließend ohne besondere Schwierigkeiten zum Gesamtsystem zusammengefaßt werden.
- Erkenntnisse und Erfahrungen über CIM- und computergestützte Systeme aus anderen Industriezweigen können nach Anpassung an die spezifischen Bedingungen des Bauens auf den Wertschöpfungsprozeß des Bauens übertragen werden.
- Die Anwendung des Modellkonzeptes führt zu offenen Systemen, die ständig den sich wandelnden Bedürfnissen der Nachfrager und Anbieter angepaßt werden können.
- Das Modellkonzept kann nur unter Ausnutzung der Möglichkeiten der modernen Informations-, Kommunikations-, Multimedia- und Datennetztechniken effektiv realisiert werden.

1.2.3 Integrales Computergestütztes Bauen (ICAB)

„**Integrales Computergestütztes Bauen (ICAB)**" als Gesamtsystem wird von den drei Systemen „Ganzheitliches Bauen" (GB), „Integrales Facility Management" (IFM) und „Informationsverarbei-

---
[12] Udo Blecken: „Planungsvertragsdefizite in der Bauwirtschaft. Anforderungen an die Leistungsbeschreibung im Vergleich zum vorliegenden Leistungsbild § 15 der HOAI", Zeitschrift DBZ, H. 12, 1997, S. 103–108;
[1]: Pfarr, K.-H.: Handbuch der kostenbewußten Bauplanung, Wuppertal 1976.
[13] Ebenda, S. 103.

tung" (IS) gebildet. Das ICAB ist von grundsätzlicher Bedeutung für das Verständnis des „Integralen Facility Managements des Ganzheitlichen Bauens".

Die mit den Leistungsphasen 1 bis 9 der Objektplanung (§ 15 der HOAI) feiner strukturierten Lebenszyklusphasen eines Bauwerkes wurden mit den erforderlichen inhaltlichen Erweiterungen den Teilsystemen des Ganzheitlichen Bauens GB00 bis GB11 zugeordnet. Die Phasen/Teilsysteme GB00 Akquisition/Marktbearbeitung, GB10 Betrieb/Nutzung und GB11 Stillegung/Abriß sind im Wirkungsbereich des § 15 der HOAI nicht enthalten, da dieser mit der Übergabe des Bauwerkes an den Bauherrn, abgesehen von den eventuellen Garantieleistungen nach der Bauwerksübergabe, endet. Die interne Strukturierung des Integralen Computergestützten Bauen (ICAB) mit den Teilsystemen GB, IFM und IS in Untersysteme, ihre Verflechtung untereinander und mit den Leistungsphasen der Objektplanung gemäß § 15 der HOAI sowie des Lebenszyklus der Facilities werden in der Abb. 1.88 dargestellt.

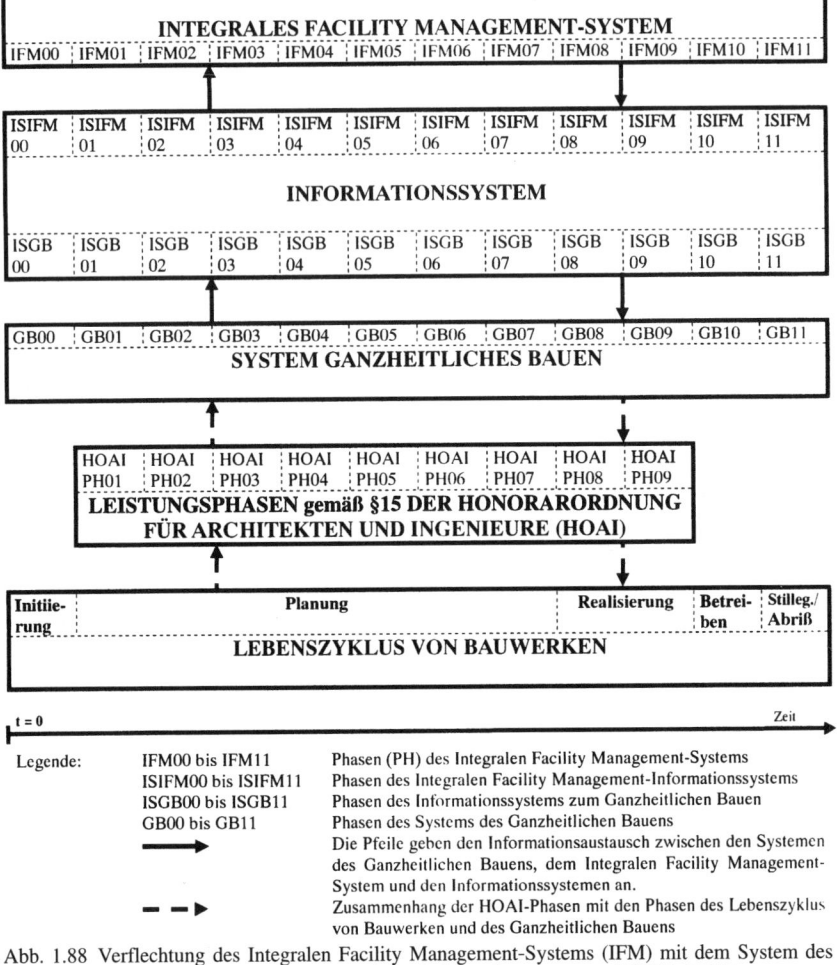

Abb. 1.88 Verflechtung des Integralen Facility Management-Systems (IFM) mit dem System des Ganzheitlichen Bauens (GB) und den Informationssystemen (ISIFM, ISGB)

2 Ganzheitliches Bauen

„Ganzheitliches Bauen" (GB) umfaßt im betriebswirtschaftlichen Sinne alle durchzuführenden Leistungserstellungsprozesse im gesamten Lebenszyklus der Facilities, die Facilities selbst und die Tätigkeiten der baubeteiligten Partner unter Beachtung wissenschaftlicher, technischer, wirtschaftlicher und sozialer Aspekte. Die „Facilities" (Mehrzahl von „Facility") sind Bauwerke (Grundstück, „bauliche Anlagen"[14], Gebäudetechnik) wie Gebäude, sonstige Bauwerke, Anlagen, Freianlagen und raumbildende Ausbauten (im Sinne des § 3, Teil I der HOAI).

2.1 Aspekte des Ganzheitlichen Bauens
2.1.1 Allgemeine Entwicklungstendenzen, Marktwirtschaft und Kundenorientierung im Bauwesen

Eine wachsende Anzahl von Kunden (Nachfragende nach Bauleistungen) wünscht zur Befriedigung ihres Raum- und/oder Flächenbedarfs geeignete Systemlösungen und nicht nur „isolierte" Bauwerke und/oder Flächen. Dieser Wunsch ist der Ausgangspunkt für den Start des ganzheitlichen Bauprozesses: Initiierung, Planung und Realisierung (Objektplanung gemäß § 15 der HOAI), Betrieb, Stillegung und Abriß des Bauwerks. Nach der Fertigstellung erfolgt die Übergabe an den Auftraggeber/Nutzer, der das langlebige Produkt Bauwerk so nutzen möchte wie ein Autobesitzer sein Auto, d. h., bei Bedarf wünscht er sich eine „Vertragswerkstatt" („Virtuelles Architekturbüro", das möglichst schon die Leistungen der Initiierung, Planung und die Überwachung der Realisierung ausgeführt hat oder ein von diesem autorisiertes anderes Architekturbüro), die das Bauwerk auftragsgemäß repariert, vorbeugend instand hält, an veränderte Nutzungen anpaßt (umwidmet), modernisiert, erweitert und bei Bedarf auch Leistungen in den Phasen der Stillegung und des Abrisses übernimmt.

Die Entwicklung des Bauwesens führt im Prozeß des Ganzheitlichen Bauens, beim Erzeugnis Bauwerk und bei den baubeteiligten Partnern zu grundsätzlichen und tiefgreifenden Veränderungen:

- der Tätigkeitsprozesse der baubeteiligten Partner während der Lebenszyklusphasen und damit im Gesamtprozeß des Bauwerkslebenszyklus;
- der Berufsbilder der baubeteiligten Partner, insbesondere der Architekten;
- der Inhalte der Berufsbildung (Aus- und Fortbildung) der baubeteiligten Partner;
- der Bauwerke durch den schrittweisen Wandel vom „gewöhnlichen" zum „intelligenten", „lebenden" Bauwerk, das hoch automatisiert, extrem flexibel, zweckentsprechend aus programmierbaren Bausteinsystemen gestaltet ist und sich durch optimalen Energie- und Wasserverbrauch sowie optimale Nutzungskosten auszeichnet;
- der Wissensgebiete und ihrer Darstellung durch geeignete Informationssysteme für das Ganzheitliche Bauen und das Integrale Facility Management sowie
- der Schwerpunktbildung in der Bauforschung.

Gelingt es der Bauwirtschaft, die teilweise vorhandene Unzufriedenheit der Bauherren/Auftraggeber („Kunden") weiter abzubauen, die Qualität ihrer Leistungen und das Preis-Leistungs-Verhältnis zu verbessern, die vereinbarten Termine einzuhalten und das Management bei der Planung, auf den Baustellen und während der Nutzung von Bauwerken bis hin zur Stillegung/zum Abriß (Integrales Facility Management) wesentlich effektiver zu gestalten sowie die Baukosten über den gesamten Bauwerkslebenszyklus spürbar zu senken, so wird mit Sicherheit mehr Bauleistung nachgefragt werden. Es ist bekannt, daß in verschiedenen Wirtschaftszweigen, z. B. Autoindustrie, Flugzeugbau und Computerindustrie, die normativen Kosten pro Werteinheit sinken, während sie im Bauwesen weiter zunehmen.[15]

---

[14] „Bauliche Anlagen sind mit dem Erdboden verbundene oder auf ihm ruhende und aus Bauprodukten hergestellte Anlagen"; zitiert aus: [1.51], S. 1.5.
[15] B. C. Paulson, jr.: „Computer-aided project planning and management", in: Pahl & Werner (editors), Computing in Civil and Building Engineering, Rotterdam: Balkema, 1995, S. 31–38.

2.1.2 Gesamtsystem und Teilsysteme des Ganzheitlichen Bauens

Das Gesamtsystem Ganzheitliches Bauen wurde in Abb. 1.88 dargestellt. Aus ihr geht hervor, daß die Leistungsphasen der Objektplanung gemäß § 15 HOAI nicht den gesamten Bauwerkslebenszyklus berücksichtigen, das Ganzheitliche Bauen jedoch den Bauwerkslebenszyklus vollständig erfaßt, d. h. mit den Phasen Initiierung, Betrieb und Stillegung/Abriß. Deshalb ist die Architektentätigkeit um folgende Leistungsbereiche zu erweitern:

- GB00: Initiierung (Akquisition und Marktbearbeitung usw.),
- GB10: Betrieb des Bauwerks/Bauwerksnutzung und
- GB11: Stillegung/Abriß (Recycling, Beseitigung von Altlasten, umweltgerechte Entsorgung von Bauschutt usw.).

Der **Markt des Ganzheitlichen Bauens,** dargestellt als Beziehungen zwischen Nachfragern und Anbietern von Leistungen des Ganzheitlichen Bauens wird in der Abb. 1.90 wiedergegeben. Die Beziehungen können auf die Gesamt- bzw. Teilleistungen des Ganzheitlichen Bauens oder des Informationssystems (ISGB) beschränkt sowie auf beide Gebiete gleichzeitig ausgedehnt werden. Die Multimedia-Telekommunikations-Zentren (MTZ) des Nachfragers (N) bzw. des Anbieters (A) übernehmen den wechselseitigen Informationsaustausch über das Datennetz (Datenautobahn).

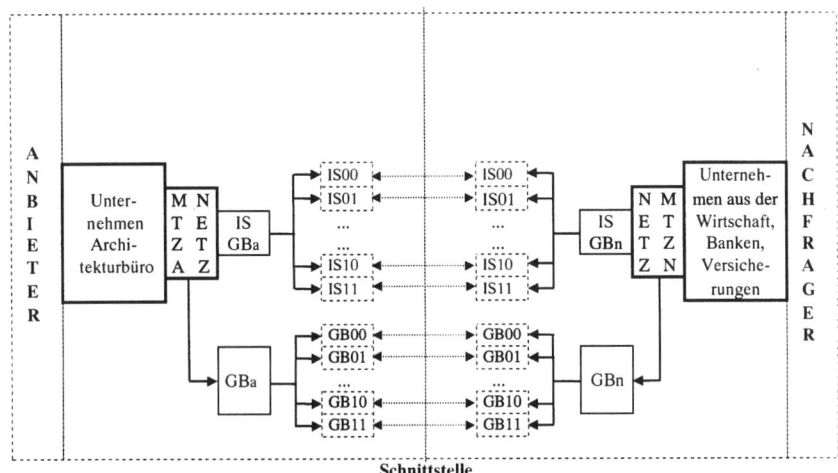

Legende:
- MTZA, MTZN — Multimedia Telekommunikations Zentrum Anbieter (A) bzw. Nachfrager (N)
- GBa, GBn — Ganzheitliches Bauen des Anbieters (a) bzw. des Nachfragers (n) mit den Teilsystemen GB00 – GB11
- ISGBa, ISGBn — Informationssystem des Anbieters (ISGBa) bzw. des Nachfragers (ISGBn) mit den zugehörigen Teilsystemen ISGB00 bis ISGB11 für die GB-Phasen GB00 bis GB11; in der Übersicht mit „IS00" – „IS11" abgekürzt
- NETZ — Kommunikationsnetz (INTERNET, INTRANET, ISDN)
- HOAI-PH — Phasen 1 bis 9 der Objektplanung (§ 15 der HOAI)

Abb. 1.90 Grobmodell der Beziehungen zwischen gleich „strukturierten" Anbietern und Nachfragern nach Leistungen des Ganzheitlichen Bauens und/oder der zugehörigen Informationsteilsysteme

2.2 Leistungserstellungsprozesse der baubeteiligten Partner

Bauen ist immer gleichzeitig ein gesellschaftlicher, volkswirtschaftlicher (und deshalb marktwirtschaftlicher) und betriebswirtschaftlicher Prozeß. Besonderes Augenmerk ist auf den betriebswirtschaftlichen Prozeß der Leistungserstellung zu richten, d. h. auf:

- die Kombination der Produktionsfaktoren Arbeit (Mensch), Werkstoffe (Material), Betriebsmittel (Maschine) und
- die Optimierung ihrer Wechselwirkungen durch Managen, wobei die Hauptfunktionen Planung, Organisation und Kontrolle besonders zu entwickeln sind, weil sie den Prozeßcharakter des Managens zum Ausdruck bringen.

Es ist zweckmäßig, den allgemeinen Leistungserstellungsprozeß (Arbeitsprozeß) in zwei in enger Wechselwirkung stehende Teilprozesse zu gliedern, die durch die Verschiedenartigkeit der ausführenden Produktionsfaktoren betriebswirtschaftlich begründet sind:

- Prozesse der stofflichen Leistungserstellung zur Stoff- und Energiewandlung (Fließprozesse) bzw. zur Stoffverformung (Fertigungs-, Stückgutprozesse, z. B. die Bauausführungsprozesse auf der Baustelle);
- Prozesse der Leistungserstellung zur Informationsverarbeitung.

Der allgemeine Leistungserstellungsprozeß zielt auf die Auseinandersetzung mit der Natur. Im stofflichen Leistungserstellungsprozeß wird die Stoff- und Energiewandlung in Fließprozessen, Stoffverformungsprozessen und Stückgutprozessen vollzogen. Die zu bearbeitenden Werkstoffe sind Stoffe und Energieformen. Im Leistungserstellungsprozeß zur Informationsverarbeitung werden Arbeitsmittel sowohl technischer Art (Informations-, Kommunikationstechnik) als auch Software, Orgware, Ablauf- und Handlungspläne eingesetzt. Der „Werkstoff" sind Informationen.

2.2.1 Baubeteiligte Partner und „Strukturierter Nutzer"

Bauen ist eine komplexe komplizierte Tätigkeit, die von einer Vielzahl zielorientiert und kooperativ im Bauwerkslebenszyklus zusammenarbeitender Partner ausgeführt wird. „Bauen sei keine Affekthandlung des einzelnen, sondern kollektive Handlung".[16] Neben den Architekten, Bau-, Fachingenieuren und den Projektmanagern (bei Großprojekten) sind Berater/Gutachter für Spezialgebiete u. a. beteiligt. Alle Baubeteiligten benutzen spezifische Verfahren, Methoden und Werkzeuge in ihren fachlichen Tätigkeiten, in deren Verlauf Teilergebnisse entstehen, die zu einem möglichst optimalen Gesamtergebnis zusammengefaßt werden. Zu den genannten Fachdisziplinen kommen weitere moderne und zukunftsorientierte hinzu, so daß entsprechende Fachexperten einbezogen werden müssen: Architektur und Architekturtheorie, Architekturinformatik einschließlich CAD-, Computeranimation, Computersimulation, Datenbank- und Visualisierungssysteme, Kybernetik und allgemeine Systemtheorie, Automatisierungs-, Steuerungs- und Gebäudeleittechnik, Kommunikations-, Multimedia- und Netzwerktechnik (ISDN, INTERNET, INTRANET), Volkswirtschafts-, Betriebswirtschafts- und Managementlehre, Sozialwissenschaften, Ökologie, Umweltwissenschaften, Marktanalyse und Marktbearbeitung zum Ganzheitlichen Bauen, zu den Facilities, zum Integralen Facility Management und zu den erforderlichen Informationssystemen.

Der Begriff „Strukturierter Nutzer" eines Bauwerks (Abb. 1.92, rechte Seite) meint eine Erweiterung des Nutzerbegriffs in folgender Hinsicht: Er geht über die direkte Gebäudenutzung durch die Eigentümer oder Mieter hinaus, indem er die „indirekte Gebäudenutzung" durch die in der Umgebung angesiedelten bzw. die im Bauwerk tätigen Menschen berücksichtigt. Der „Strukturierte Nutzer" für unternehmerisch genutzte Bauwerke umfaßt die Öffentlichkeit, die Gesamtbelegschaft des Unternehmens, Mitarbeiter in den Bereichen, spezialisierte Mitarbeitergruppen, die einzelnen Mitarbeiter am „räumlichen" (lokalen) Arbeitsplatz. Analoges gilt für andere Nutzungszwecke gemäß DIN 277[17].

---

[16] Hannes Meyer: „Mein Hinauswurf aus dem Bauhaus: Offener Brief an den Herrn Oberbürgermeister Hesse, Dessau", in: Bauen und Gesellschaft: Schriften – Briefe – Projekte. VEB Verlag der Kunst, Dresden 1980, S. 68.
[17] Deutsches Institut für Normung e. V. (Hrsg.), DIN 277 Flächen und Rauminhalte von Hochbauten, Teil II.

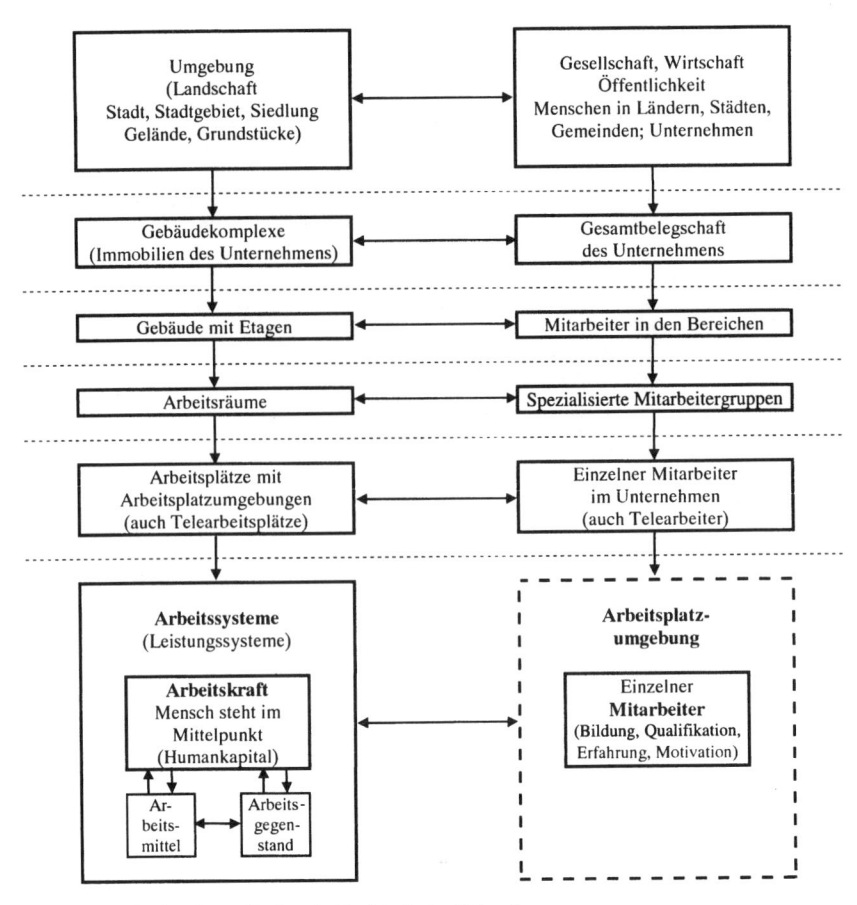

```
┌─────────────────────────┐         ┌─────────────────────────┐
│       Umgebung          │         │ Gesellschaft, Wirtschaft│
│      (Landschaft        │◄───────►│      Öffentlichkeit     │
│ Stadt, Stadtgebiet, Siedlung │    │ Menschen in Ländern, Städten,│
│  Gelände, Grundstücke)  │         │  Gemeinden; Unternehmen │
└───────────┬─────────────┘         └───────────┬─────────────┘
            ▼                                   ▼
┌─────────────────────────┐         ┌─────────────────────────┐
│     Gebäudekomplexe     │◄───────►│    Gesamtbelegschaft    │
│ (Immobilien des Unternehmens) │   │     des Unternehmens    │
└───────────┬─────────────┘         └───────────┬─────────────┘
            ▼                                   ▼
┌─────────────────────────┐         ┌─────────────────────────┐
│    Gebäude mit Etagen   │◄───────►│  Mitarbeiter in den Bereichen │
└───────────┬─────────────┘         └───────────┬─────────────┘
            ▼                                   ▼
┌─────────────────────────┐         ┌─────────────────────────┐
│       Arbeitsräume      │◄───────►│ Spezialisierte Mitarbeitergruppen │
└───────────┬─────────────┘         └───────────┬─────────────┘
            ▼                                   ▼
┌─────────────────────────┐         ┌─────────────────────────┐
│    Arbeitsplätze mit    │         │    Einzelner Mitarbeiter│
│  Arbeitsplatzumgebungen │◄───────►│      im Unternehmen     │
│   (auch Telearbeitsplätze) │      │    (auch Telearbeiter)  │
└─────────────────────────┘         └─────────────────────────┘
```

Abb. 1.92 „Strukturierter Ort" und „Strukturierter Nutzer"

2.2.2 Bauwerkslebenszyklus und „Strukturierte Zeit"

Neben den drei Ortskoordinaten, die den Raum (den „Strukturierten Ort"), das Bauwerk grundsätzlich definieren, wird die Zeit als vierte Koordinate für die Beschreibung des ganzheitlichen Bauprozesses eingeführt. Im Verlauf des Ganzheitlichen Bauens entsteht das Bauwerk als Folge von zunächst virtuellen und später realen Zuständen. Durch die Phasen des Bauwerkslebenszyklus Initiierung, Planung, Realisierung, Betrieb, Stillegung und Abriß und die weitere Teilung der Phasen Planung und Realisierung durch die Leistungsphasen der Objektplanung (§ 15 der HOAI) erhält die Zeit eine „Struktur" („Strukturierte Zeit").

Eine gemeinsame Betrachtung von Raum und Zeit verbessert die Architektur, die „eine mediale Bedeutung bekommt, wenn der dreidimensionale Raum mit einer vierten Dimension, der Zeit, angereichert wird"[18]. Dieses Zitat stammt aus der Veröffentlichung „Panta rhei"[19] der seit 1991

---

[18] ag4 Gesellschaft für Mediatektur, Köln: „Panta rhei", in: Zeitschrift leonardo-online, H. 4, 1997, S. 86–91.
[19] „panta rhei" (griech.) bedeutet: „alles fließt (dem griechischen Philosophen Heraklit zugeschriebener Ausspruch, der bedeuten soll, daß die Welt auf ewigem Werden und Vergehen beruhe)" (Gerhard Wahrig, Deutsches Wörterbuch, Bertelsmann Lexikon Verlag, Gütersloh/München 1986/1991, S. 967).

existierenden Gesellschaft für Mediatektur (ag4 in Köln)[20], eine Arbeitsgemeinschaft für „vierdimensionales" Bauen, die sich „als Bindeglied zwischen Architekturbüro und Medienagentur" versteht. „Mediatektur sucht Antworten auf die Frage, wie sich die Kommunikationsgesellschaft im öffentlichen Raum artikuliert. Sie vereint die statische Architektur mit prozessualen Medien und ergänzt die Bauten um den Faktor Zeit. Es entstehen kommunikative Strukturen, in denen die Architektur zum Medium und die Medien zum Baumaterial (der Architektur) werden". Die ag4 entwickelt auftragsgemäß „entweder die Gesamtkonzeption oder Teilbereiche von Architektur, Design, Medienrealisierung oder Baubetreuung." Die Auftragsprojekte werden begriffen „als Medium zum Auftraggeber – das Gebäude selbst wird zum Kommunikationsmedium". *Christoph Kronhagel* nennt aus der Baugeschichte als Beispiele für „ganz phantastische Mediatektur" die „Sixtinische Kapelle oder eine gotische Kathedrale. Da gab es eine hohe Kultur, die mit allen Mitteln ihrer Zeit kommunikative Gesamtkunstwerke erstellte."[21]

Der **Lebenszyklus** beschreibt das Werden und Vergehen von Menschen geschaffener künstlicher Systeme (Bauwerke), die sie zur Befriedigung ihrer Bedürfnisse und somit auch zur Herstellung bzw. zum Gebrauch von Sachgütern benötigen. Untersuchungen zum Lebenszyklus von Produkten sind dann besonders interessant, wenn sie zur Kategorie langlebiger (dauerhafter) Güter gehören. Ihre herausragende Eigenschaft unter wirtschaftswissenschaftlichem Aspekt ist die Teilbarkeit ihres Nutzungspotentials während der Lebensdauer. Bauwerke, Immobilien schlechthin, sind solche dauerhaften Güter, bei denen lebenszyklusübergreifende Untersuchungen zu weiteren wirtschaftlichen Effekten führen. Ein idealtypischer Systemlebenszyklus, der von *Klaus Wübbenhorst* [1.67] vorgeschlagen wurde, umfaßt die Phasen Initiierung, Planung, Realisierung, Betrieb und Stillegung. Diese Phaseneinteilung wurde um die Phase Abriß ergänzt und als Grundlage für den Bauwerkslebenszyklus übernommen.

2.2.3 Bauwerk und „Strukturierter Ort"

Auch bei den **Bauwerken** sind tiefgreifende qualitative und quantitative Veränderungen, besonders bei der Gebäude-/Haustechnik, zu beobachten. In Fabrikgebäuden, Werkhallen kommen zur Gebäude-/Haustechnik noch produktionstechnische Ausrüstungen, Arbeitsmittel u. a. hinzu. Infolge des wissenschaftlich-technischen Fortschritts, insbesondere auf den Gebieten der Informations- und Kommunikationstechnik, wird sich der Anteil der Gebäude-, Haus-, Produktionstechnik im technischen System „Bauwerk" wesentlich erhöhen. Untersuchungen des Finnischen Staatlichen Forschungszentrums (VTT) belegen,[22] daß sich die Kostenanteile verschiedener Gebäudeteilsysteme: Oberflächen, Trennwände, Türen, technische Systeme (Haus-, Gebäudetechnik), Skelett, Außenwände, Dach, Fundamente, Fenster an den Gebäudegesamtkosten im Verlaufe von etwa 30 Jahren stark verändert haben. Im Jahre 1991 wurde eingeschätzt, daß sich z. B. der Kostenanteil der technischen Systeme von 20 % (im Jahre 1965) auf 50 % (im Jahre 1995) erhöhen wird, während sich der Kostenanteil für Skelett, Außenwände, Dach, Fundamente im gleichen Zeitraum von 70 % auf 30 % verringern wird.

Das **Bauwerk** wird als technisches System betrachtet, das sich aus Grundstück, baulicher Anlage, Gebäude-/Haustechnik und den technischen Ausrüstungen für die Nutzungsprozesse entsprechend der Nutzungsart zusammensetzt (Abb. 1.94):

- Grundstücke (nichtbebaute) sind sowohl in horizontaler Richtung (Grundstücksfläche) als auch in vertikaler Richtung (Raum über und unter der Grundstücksfläche) abgegrenzte Teile der Erdoberfläche. Für die Bebauung der Grundstücke sind umfangreiche Kenntnisse über ihre Umgebung und deren Infrastruktur (Straßenanschluß, Energie-, Wasserversorgung bzw. Wasserentsorgung sowie über die Kommunikationssysteme) erforderlich.
- Bauliche Anlagen sind das „Gebaute", beispielsweise bei Brücken, Brunnen, Wasserbecken, Kanälen, Wohn-, Bürogebäuden, Fabrikgebäuden u. a.

---

[20] „Die ag4 ist eine Gruppe von Architekten, Designern und Mediengestaltern, die architektonische und mediale Mittel miteinander verknüpft, um ‚die sinnliche Orientierung' in der Gesellschaft zu verbessern" (ag4 Gesellschaft für Mediatektur, a.a.O., S. 86).
[21] Zitate wurden aus ag4 Gesellschaft für Mediatektur, a.a.O., S. 86, 89 entnommen.
[22] Pekka Leppänen, Bauen in Finnland, Vortrag, Internationaler Kongreß Industrielles Bauen (IKIB), Technische Hochschule Leipzig, 18.–21. Juni 1991 in Leipzig.

- Gebäudetechnik/Haustechnik gewährleistet z. B. in den Gebäuden die Gebäudedienste wie Klimatisieren, Beleuchten, Feuerschutz, Kontrollieren, Sichern und Kommunizieren.
- Technische Ausrüstungen/Einrichtungen in den Bauwerken für die Nutzungsprozesse entsprechend der Nutzart (z. B. nach DIN 277)[23].

Der „**Strukturierte Ort**" drückt die Ganzheitlichkeit in bezug auf das Erzeugnis Bauwerk aus. Er führt sowohl zu einer „äußeren" Erweiterung des Bauortes (Baugrundstück oder bebautes Grundstück) durch Einbeziehung seiner Umgebung als auch zu einer „innere" Erweiterung durch eine Modularisierung des Bauwerks bis zum einzelnen Arbeitsplatz. Zu ihm gehören: Landschaft, Stadt, Stadtgebiet, Siedlung, Umgebung (Gelände, Grundstücke, Immobilien) des Unternehmens, Gebäudekomplexe, Gebäude mit Etagen, Arbeitsräume bis hin zu den einzelnen Arbeitsplätzen mit räumlicher Arbeitsplatzumgebung (siehe Abb. 1.92, linke Seite).

Die Begriffskombinationen „**Strukturierter Nutzer**" und „**Strukturierter Ort**" sind in Abb. 1.92 gegenübergestellt. Ihre Zweckmäßigkeit liegt darin, Teillösungen auf den jeweiligen Betrachtungsebenen Arbeitsplatz (mit Arbeitsplatzumgebung), Arbeitsräume, Gebäude (mit Etagen), Gebäudekomplexe, Unternehmensgelände, Umgebung des Unternehmens in Kombination mit der entsprechenden Nutzerkategorie des „Strukturierten Nutzers" (einzelne Arbeitskraft, Gruppe von Arbeitskräften bis hin zur Öffentlichkeit) zu ermitteln.

```
                    ┌─────────────────────┐
                    │  Technisches System │
                    │       Bauwerk       │
                    └─────────────────────┘

┌──────────────┐  ┌──────────────┐  ┌──────────────┐  ┌──────────────┐
│ TS: Grundstück│  │ TS: Bauliche │  │ TS: Gebäude- │  │TS: Ausrüstungen/│
│  (unbebaut) mit│  │   Anlage    │  │   technik/   │  │ Einrichtungen für│
│   Umgebung   │  │(das „Gebaute")│  │  Haustechnik │  │die Nutzungsart│
└──────────────┘  └──────────────┘  └──────────────┘  └──────────────┘
```

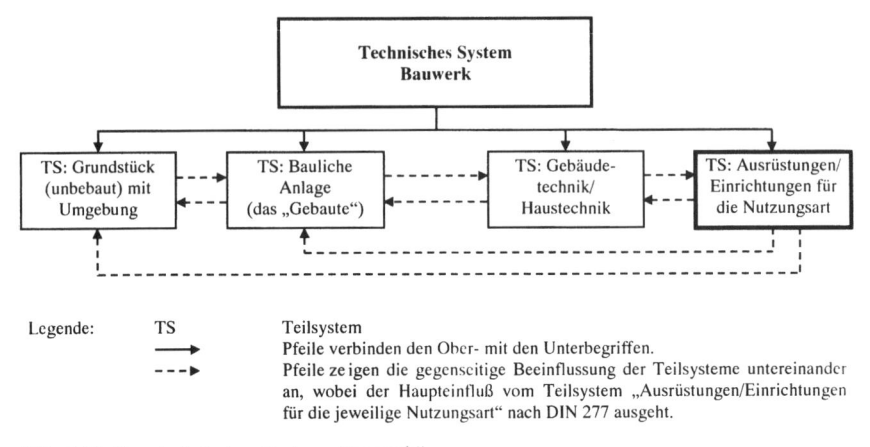

Legende: TS   Teilsystem
           ──▶   Pfeile verbinden den Ober- mit den Unterbegriffen.
           ---▶   Pfeile zeigen die gegenseitige Beeinflussung der Teilsysteme untereinander an, wobei der Haupteinfluß vom Teilsystem „Ausrüstungen/Einrichtungen für die jeweilige Nutzungsart" nach DIN 277 ausgeht.

Abb. 1.94 Zum technischen System „Bauwerk"

3 Integrales Facility Management

„**Integrales Facility Management (IFM)**" ist das Managen (disponierende Leistungserstellungsprozesse) der durchzuführenden Leistungserstellungsprozesse des Ganzheitlichen Bauens (über den gesamten Lebenszyklus der Facilities); d. h. das Managen dieser Prozesse in den Phasen Initiierung, Planung, Realisierung, Betrieb (Nutzung), Stillegung und Abriß der Facilities und das Managen der in diesen tätigen Arbeitskräfte der baubeteiligten Partner. Damit werden nicht nur wie üblich, rationale und funktionelle Dimensionen, sondern auch soziale, mentale Dimensionen (Unternehmenskultur, Firmengeist, Corporate Identity) berücksichtigt. Es geht dabei unter anderem um „Produktivität durch gute Räume und gebaute Arbeitsplatzumgebungen". Integrales Facility Management ist somit das Managen des Ganzheitlichen Bauens. Integrales Facility Management berücksichtigt den Marktaspekt, indem die Anbieter-Nachfrager-Beziehungen für die Märkte des Ganzheitlichen Bauens einschließlich der Facilities, des Integralen Facility Managements und der zugehörigen Informationssysteme in das Modellkonzept einbezogen werden.

---

[23] Deutsches Institut für Normung e. V. (Hrsg.), a.a.O.

3.1 Management der Betriebsmittel Bauwerke

Es gibt eine Reihe von Gründen, weshalb die Verantwortlichen in öffentlichen Einrichtungen, in den Kommunen, in den Unternehmen, in den Bildungseinrichtungen usw. ihre Aufmerksamkeit verstärkt auf das Managen der Bauwerke, Gebäude und andere baulicher Art (Bürogebäude, Krankenhäuser, Schulen, Fabrikhallen u. a.), also der Immobilien, richten:

- Unwirtschaftliche Nutzung des Bestandes an Gebäuden, Bauwerken und baulichen Anlagen sowie des Flächenbestandes durch unvorteilhafte Raum- und Flächenaufteilung und ungenügende Flexibilität der Bauwerksstrukturen,
- schlechte Verwaltung der Immobilienbestände, unvollständige Bestandsführung,
- rapid abfallendes Neubauvolumen bei stark steigendem Bauen im Bestand,
- Einfluß der quantitativ und qualitativ neuartigen Möglichkeiten der Informations-, Kommunikations-, Multimedia- und Netzwerktechnik und daraus resultierende Veränderungen für den Bauprozeß und die Bauwerke (z. B. „intelligente" Bauwerke, wachsenden Zahl der Telearbeitsplätze, Datenautobahnen machen die Informationsbeschaffung „ortsunabhängig" und fast zeitunabhängig),
- welt-, europa-, landesweite Bestimmungen zur Umwelt, Ökologie, Gesetze, Vorschriften zum Bauen von Wohnungen, Gewerbeeinrichtungen, Fabrikanlagen,
- tiefgreifende Veränderungen in der Unternehmenskultur durch wachsende Bedeutung des subjektiven Faktors, der Motivation und anderer Faktoren,
- Veränderungen im Kapitalbereich wie Zinspolitik, Abschreibungssätze, Mieten, Preise pro qm Wohn-, Büroraum,
- Managen leerstehender Wohn-, Büro- und Gewerbeflächen („Leermanagement"),
- Notwendigkeit der Optimierung der Arbeitsplatzkosten, motivierende Gestaltung der Arbeitsplatzumgebung, damit Produktivität auch durch „gute Räume" entstehen kann.

Zur Unterstützung der betroffenen Unternehmen wird eine neue Dienstleistung angeboten: „Business Transformation Services"[24], deren Ziel es ist, zur Rationalisierung von Prozeßabläufen, Reduzierung von Lagerbeständen, Senkung der Gemeinkosten (auch solchen, die aus dem Immobilienbestand der Unternehmen entstehen) usw. beizutragen.

Eine moderne Entwicklungsrichtung des Managements ist das Reengineering im Management [1.68]. Es zielt darauf ab, den Managern Leitlinien an die Hand zu geben, damit sie in der neuen Arbeitswelt ihre Aufgaben in Führung, Inspiration, Organisation, Einsatzplanung, Erfolgskontrolle und Anerkennung erfüllen können. Das Reengineering im Management der Unternehmen und in Prozeßmanagement [1.69] ist genauso wichtig wie das Reengineering in den Wertschöpfungsprozessen. Jedoch ist auch dieses Managementkonzept genauso wie die anderen nur dann effektiv wirksam, wenn die Manager und die Mitarbeiter im Unternehmen ihre Einstellungen zum Unternehmen und zur Selbstverantwortung bei Ausführung ihrer Tätigkeiten gründlich überdenken. Ihre Motivation [1.70] ist letztlich entscheidend für den Erfolg des Unternehmens.

3.1.1 Managementbereiche im Unternehmen und Gebäudemanagement

Das Managen der Leistungsprozesse eines Unternehmens, die sich aus der Wechselwirkung der durchführenden Produktionsfaktoren Arbeit, Sachmittel und den zu verarbeitenden Stoffen/Materialien ergeben, läßt sich zweckmäßigerweise strukturieren (Abb. 1.96) in: Personalmanagement, Stoff-/Materialmanagement und Sachmittelmanagement, das in Management der Arbeitsmittel und der Betriebsmittel und letztere wiederum in Mobilienmanagement, Produktionsausrüstungsmanagement und dem Facility Management unterteilt werden kann. Die Sachmittel eines Unternehmens werden unterteilt in Produktionsausrüstungen, Mobilien und Facilities (Immobilien), und nur letztere bilden den Gegenstand des Integralen Facility Managements. Facility Management (i. e. S.) oder Gebäudemanagement bezieht sich nur auf die Nutzungsphase, Facility Management im weiteren Sinne aber auf den gesamten Lebenszyklus der Facilities und wird als Integrales Facility Management bezeichnet.

Gebäudemanagement kann definiert werden:
- im engeren Sinne, wobei unter diesem Begriff „lediglich die Optimierung der Bewirtschaftung von Gebäuden mit dem Schwerpunkt im technischen Bereich" verstanden werden soll;

---
[24] Debis Systemhaus GmbH: „Management des Wandels", Zeitschrift Facility Management, H. 2/1996, S. 68.

– im weiteren Sinne als „eine umfassende unternehmerische Aktivität, die Gebäude, Systeme und technische Hilfsmittel eines Arbeitsplatzes auf den Menschen und die betrieblichen Bedürfnisse einstellt, um die Unterschiede aus dem Zusammenspiel sämtlicher Ressourcen zu optimieren. (...) In diesem Zusammenhang gilt es, die Erkenntnisse der Betriebswirtschaft, der Architektur sowie der Ingenieur- und Verhaltenswissenschaft zu berücksichtigen."[25]

Gebäudemanagement wird in die Teilbereiche technisches, kaufmännisches und infrastrukturelles Gebäudemanagement unterteilt und bezieht Aufgaben wie Betreiben, Ver- und Entsorgen von Wasser und anderen Energieträgern, Sicherheits-, Reinigungs-, Hausmeisterdienste sowie Kosten-, Mietabrechnung und Objektbuchhaltung, gegebenenfalls auch noch soziale Betreuungsleistungen ein. Hier wird nicht nur das Management von Leistungen, sondern diese selbst unter dem Begriff Facility Management verstanden, es wird also eine Vermischung von durchführenden mit dispositiven Leistungserstellungsprozessen vorgenommen. *Werner Lorenz* sieht Facility Management als eine Unternehmensfunktion, „die sich auf den kompletten Lebenszyklus eines Gebäudes oder einer Liegenschaft bezieht. Gebäudemanagement hingegen ist die Projektion des Konzeptes Facility Management auf die operative Ebene während der Nutzungsphase (...) und somit die Realisierung eines Teils des Facility Management".[26]

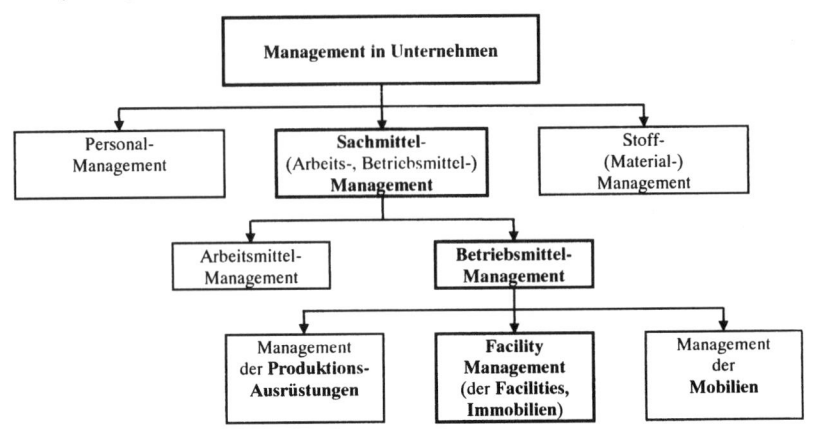

Abb. 1.96 Strukturierung des Managements in Unternehmen

3.1.2 Entwicklungstendenzen des Facility Managements

In den nächsten Jahren wird sich Facility Management zu einem wachstumsträchtigen, umsatzstarken Markt auch in Europa entwickeln. Facility Management wird zum heißen Thema der neunziger Jahre für die Planung und Betriebsbewirtschaftung der Unternehmen (*Dieter W. Henzler*, Objektmanagement Institut, Tagerwilen, Aszigau). *Klaus Dieter Gronwald* (Geschäftsführer der Schweizer Advanced Graphics Systems AG in Bern) schätzte im Jahre 1990 ein, daß „Facility Management in 3–4 Jahren rund 15 % des CAD/CAM-Marktes ausmachen"[27] wird. Etwa 50 000 zum Teil neu zu schaffende Arbeitsplätze in bundesdeutschen Unternehmen werden sich mit derartigen Aufgabenstellungen beschäftigen. Die Produktionszyklen werden immer kürzer, so daß sich die Fertigung immer häufiger und rascher umstellen muß (*Hans Peter Wiendahl*, Institut für Fabrikplanung, Universität Hannover). In diesem Zusammenhang wächst die Bedeutung der Tätigkeiten und damit die Verantwortung der Architekten, der Gebäudetechniker und der Fertigplaner für eine erfolgreiche Entwicklung der Unternehmen.

---

[25] Hans Kahlen: „Das Grundanliegen des Gebäudemanagement", Vortrag zum Intensivseminar „Gebäudemanagement" der ebs IMMOBILIENAKADEMIE GmbH Berlin, 19.–23. Juni 1995, Niederhausen bei Frankfurt am Main.
[26] Werner Lorenz: „Externe Dienstleister sind oft günstiger – Gebäudemanagement/Kosten im Griff", Handelsblatt, 25. 10. 1994.
[27] O.V., „Facility Management entwickelt sich zum umsatzstarken neuen Markt", in: Blick durch die Wirtschaft, Frankfurt/Main: FAZ., 10. 10. 1990.

Trotz CAD- und Computereinsatz „werden immer noch aus längst überholten Plänen und aus den verschiedensten Abteilungen mühsam und zeitraubend"[28] Informationen über Produktionsstrukturen (Gebäude, Maschinen, Versorgungssysteme u. a.) zusammengesucht. Einmal mit CAD- und CAE-Systemen ermittelte Informationen über Architektur, Gebäudestatik und -konstruktion, Gebäudeausrüstung sollten so strukturiert gespeichert werden, daß sie für die Lebenszyklusphasen Betrieb, Stillegung und Abriß genutzt werden können. Zum erreichten Stand bei der Anwendung der Computertechnik in Facility Management-Konzepten wird auf ausgewählte Literatur verwiesen: CAD-unterstütztes Facility Management, Computer Aided Facility Management"[29] und Computer Integrated Facilities[30].

3.2 Theoretisches Konzept des Integralen Facility Managements

Integrales Facility Management aus der Sicht des Architekten als „Management des Ganzheitlichen Bauens" betrachtet, umfaßt das Managen:

- des koordinierten Zusammenwirkens der baubeteiligten Partner einschließlich des „Strukturierten Nutzers" über
- den gesamten Bauwerkslebenszyklus (über die „Strukturierte Zeit"), sowohl in seiner Gesamtheit als auch in den einzelnen Phasen, besonders in den Phasen der Initiierung, der Bauwerksnutzung, der Stillegung und des Abrisses;
- der von Phase zu Phase des Bauwerkslebenszyklus stattfindenden Zustandsänderungen des „Strukturierten Ortes", besonders der Teilsysteme „intelligente", „lebende" Bauwerke sowie der Arbeitsplätze;
- der für das Integrale Facility Management und das Ganzheitliche Bauen erforderlichen durchgehenden Informationsverarbeitungssysteme (Managementinformationssystem).

Ein wichtiges Anliegen des Integralen Facility Managements ist die Freisetzung ökonomischer und auch emotionaler Effektivitätspotentiale, damit der subjektive Faktor Motivation für die Wirtschaftlichkeit des Ganzheitlichen Bauens voll wirksam werden kann. „Facility Management beschreibt im eigentümlichen Sinne nicht nur den Zustand von Gebäuden und Anlagen oder die Leistungsfähigkeit von Diensten rund um das Kerngeschäft, Facility Management beschreibt auch die ‚Befindlichkeit' von Menschen."[31] Zur Einbeziehung des Faktors Motivation sind sowohl die objektiven Leistungsbedingungen als auch die subjektiven Quellen einer höheren Leistungsbereitschaft der Baubeteiligten während des gesamten Bauwerkslebenszyklus von der Initiierung/Planung bis zum Abriß zu berücksichtigen.

3.2.1 Thesen zum Integralen Facility Management

Die nachfolgenden Thesen zum Integralen Facility Management widerspiegeln die Ergebnisse der bisherigen Überlegungen und beschreiben die „Philosophie" des Integralen Facility Managements:

(1) Ausgehend von der Definition des Integralen Facility Managements (Facility Management im weiteren Sinne), werden das Initiierungsmanagement, das Projektmanagement (Bauprojektmanagement), das Betriebs-/Nutzungsmanagement (Facility Management im engeren Sinne oder Gebäudemanagement) und das Stillegungs-/Abrißmanagement zu einem einheitlichen, Lebenszyklus übergreifenden Managementprozeß erfaßt (Abb. 1.98). Der Begriff „Integral" erfaßt drei grundlegende Aspekte:

- **Nutzeraspekt,** der durch den **„Strukturierten Nutzer"** (Öffentlichkeit, Land, Stadt, Gemeinde, Gesamtbelegschaft eines Unternehmens, Mitarbeiter in Bereichen, Mitarbeitergruppen, einzelner Mitarbeiter) wiedergegeben wird; er ist der wichtigste aller baubeteiligten Partner; denn für ihn wird das Bauwerk gebaut. Der Nutzer „bewegt" sich gewissermaßen während der Lebenszyklusphasen eines Bauwerks in einem diskontinuierlichen Raum-Zeit-System (im System des „Strukturierten Ortes" und der „Strukturierten Zeit"), das in den Anfangsphasen virtuell und später während des Bauens schrittweise real wird bzw. nach der Bauwerksübergabe real ist.

---
[28] Ebenda.
[29] Klaus Dieter Gronwald: „Facility Management hat viele Facetten", CAD-CAM Report Nr. 2, 1990, S. 50 bis 57.
[30] Markus Breithaupt: „CIF Computer Integrated Facilities Management", in: Tagungsband 5. Workshop des Modellversuchs CAD-Ausbildung im Bauwesen, Baukosten, 27./28. 6. 1991 in Frankfurt am Main, S. 66 bis 79.
[31] Peter Zechel: „Der Mensch im Mittelpunkt", Zeitschrift Der Facility Manager, H. 9/10, 1997, S. 3.

- **Zeitaspekt** („**Strukturierte Zeit**"), in dem der gesamte Bauwerkslebenszyklus mit den Phasen Initiierung, Planung, Realisierung, Betrieb/Nutzung und Stillegung/Abriß betrachtet wird, wobei die Phasen Planung und Realisierung durch die 9 Leistungsphasen des § 15 der Objektplanung der HOAI feiner strukturiert wurde;
- **Raumaspekt** („**Strukturierter Ort**"), der die Facilities aller Nutzungsarten mittels digitaler 3D-Bauwerks- und Geländemodelle auf verschiedenen Betrachtungsebenen (z. B. aus der Sicht eines produzierenden Unternehmens: Landschaft, Umgebung eines Unternehmens, Gebäudekomplexe, Gebäude mit Etagen, Arbeitsräume, einzelne Arbeitsplätze mit Arbeitsplatzumgebungen) definiert, analysiert, abbildet und gestaltet.

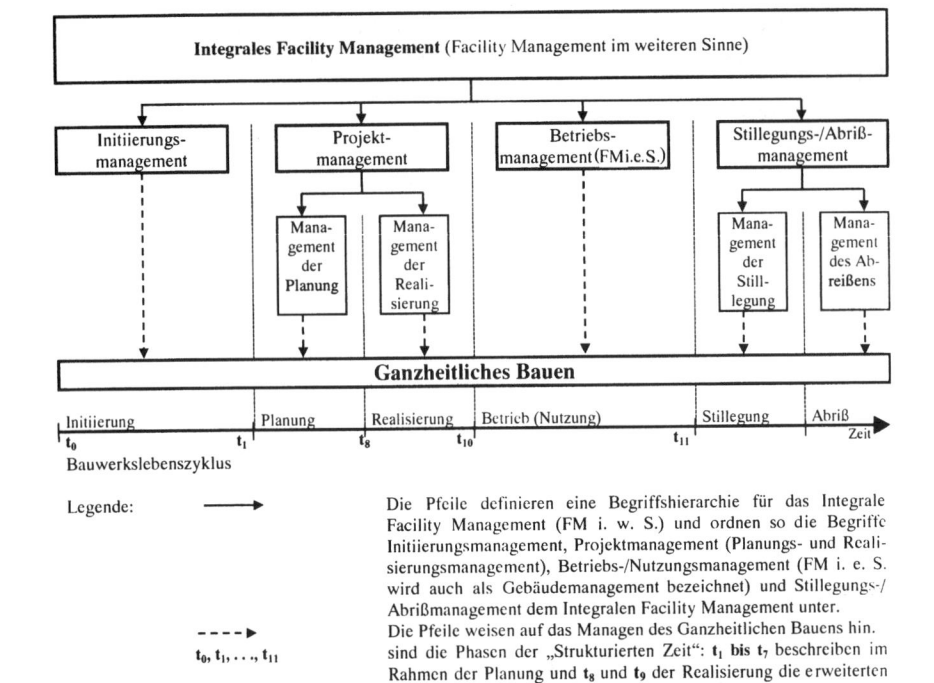

Abb. 1.98 Zum Integralen Facility Management – Management des Ganzheitlichen Bauens

(2) Der **Auftraggeber** bzw. der künftige **Nutzer** eines Bauwerkes sollte als Kunde angesehen werden, wie in anderen Industriezweigen üblich. Der Kunde (Nachfragender nach einer Bauleistung) wünscht meistens nicht nur ein Produkt, das Bauwerk, sondern auch eine auf seine vielfältigen Raumbedürfnisse zugeschnittene Systemlösung. So gesehen ist Integrales Facility Management „**Customer-oriented Management**", das auf die Kundenbedürfnisse und -wünsche in allen Bauwerkslebenszyklusphasen eingeht, kundenfreundlich und vertrauensbildend; es verbessert das Preis-Leistungs-Verhältnis, erhöht und sichert langfristig die Qualität und Umweltverträglichkeit des Bauwerks und unterstützt die Marktwirksamkeit und die Durchsetzung der Marktprinzipien auch im Bauwesen.

(3) Die **Nutzerorientierung** (Abb. 1.99) im Bauwesen impliziert außerordentlich komplexe und komplizierte Problem- und Aufgabenstellungen, weil bereits in den Bauwerkslebenszyklusphasen Initiierung und Planung die nutzergerechte, möglichst optimale Gestaltung der Bauwerksfunktionen erfolgen muß. Dies betrifft:

- die disponierenden und ausführenden Leistungserstellungsprozesse, die in den Arbeitssystemen des künftigen Nutzers ablaufen, einschließlich
- der Nutzeranforderungen hinsichtlich bautechnischer Flexibilität, statischen, klimatischen, akustischen, schwingungstechnischen Verhalten des Bauwerks, Qualität und Beachtung sozio-ökonomischer Aspekte sowie der Möglichkeiten zur Beeinflussung der Motivation der im Bauwerk tätigen Arbeitskräfte,
- die wichtigsten während des Bauwerksbetriebes/der Bauwerksnutzung „denkbaren" Modifikationen der Bauwerksfunktionen als Folge veränderter Leistungserstellungsprozesse des Nutzers,
- die Prozesse in der Stillegungs- und Abrißphase.

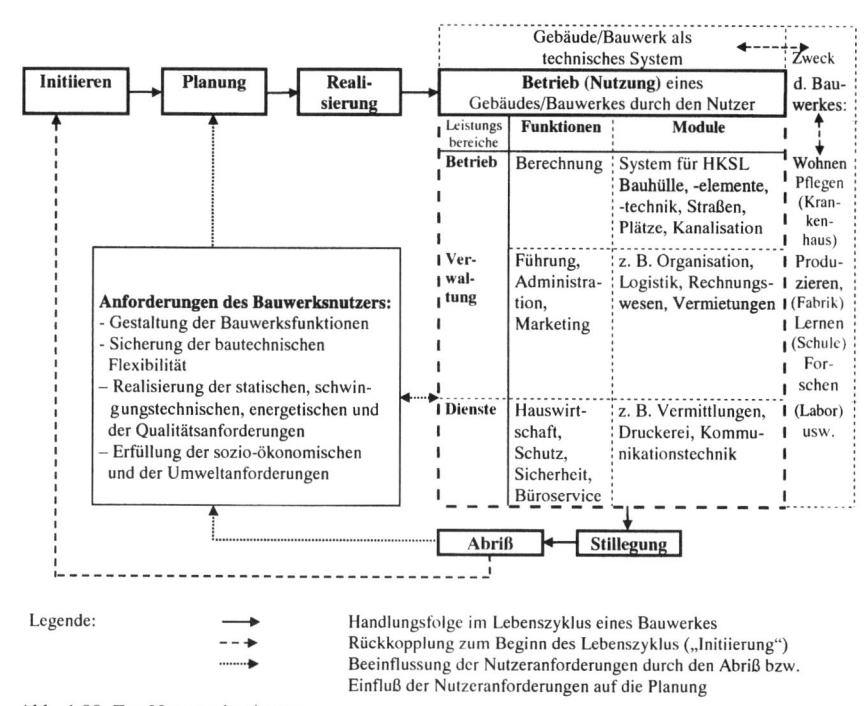

Abb. 1.99 Zur Nutzerorientierung

(4) Als Grundlage für das **Managen** des Ganzheitlichen Bauens wird von der grundsätzlichen Verknüpfung vom gemanagten System und Managementsystem mittels Informationssystem ausgegangen. Auf diese Weise läßt sich die Wechselwirkung zwischen dem System des Ganzheitlichen Bauens, in dem die durchführenden Leistungserstellungsprozesse der baubeteiligten Partner ablaufen, mit den Prozessen des Integralen Facility Managements darstellen. Der Integrale Facility Management-Prozeß wird auf der Basis des allgemeinen Problembearbeitungs- und Problemlösungsprozesses unter Berücksichtigung menschlichen Problemlösungsverhaltens modellmäßig beschrieben.

Durch Managen ist das Verhalten eines Systems so zu beeinflussen, daß ein definiertes Ziel (z. B. geringster Kostenaufwand bei Umwidmungen) mit möglichst geringem Aufwand erreicht wird. Ziele werden von den jeweiligen Fachwissenschaften (hier vom Ganzheitlichen Bauen), in deren Zuständigkeit das zu managende System bzw. der managende Prozeß fällt, festgelegt. Der prinzipielle Ablauf eines Facility Management-Prozesses wird auf der Basis des ergatischen Steuerungsprozesses (ergatische Systeme sind Mensch-Maschine-Systeme, die Träger von ergatischen Steuerungsprozessen sind), der vom allgemeinen Problembearbeitungs- und Problemlösungsprozeß abgeleitet und als Operationsfolge für ein Me-It-System konzipiert wurde, modelliert. Für ein spezielles Managementsystem ist im Verlaufe des Systementwurfes die allgemeine Handlungs-/Operationsfolge entsprechend dem vom jeweiligen Unternehmen gewünschten Systemverhalten zu konkretisieren. Die

Operations-/Handlungsfolge des Integralen Facility Management-Prozesses stellt ein Rahmenkonzept für die Gestaltung der Managementhauptfunktionen **Planen und Kontrolle** dar, wobei das Planen als Einheit von Objekt-, Ausführungs- (Projekt-, Vorhabens-) und Nutzungsplanung und die Kontrolle als Soll-Ist-Vergleich betrachtet wird. Die Soll-Werte werden aus der Planung und die Ist-Werte aus der Ist-Erfassung bezüglich der Zustände des Bauwerks (geometrische Abmessungen, Qualität u. a.) sowie der Vorhabens-(Projekt-)Werte (Kosten, Material, Leistung, Termine) ermittelt.

Die **Organisation** des Managements, speziell des Facility Management-Prozesses, ist für ein modernes Architekturbüro eine schwierige Aufgabe, die gelöst werden muß, wenn es künftig überleben will. *Karl E. Weick* stellte fest, daß die Tätigkeit des Organisierens „definiert ist als durch Konsens gültig gemachte Grammatik für die Reduktion von Mehrdeutigkeit mittels bewußt ineinandergreifender Handlungen. Organisieren heißt, fortlaufende unabhängige Handlungen zu vernünftigen Folgen zusammenzufügen, so daß vernünftige Ergebnisse erzielt werden".[32] Die zusammenfassende Beschreibung der organisatorischen Lösung wird als **Orgware** bezeichnet. Sie ist neben der Software und Hardware eine wichtige Komponente für die praktische Durchsetzung der computergestützten/ integrierten Systeme. Sie beschreibt die fixierte Organisation (Aufbau- und Ablauforganisation) eines Managementsystems.

3.2.2 Gesamtsystem, Teilsysteme und Markt des Integralen Facility Managements

Die Beschreibung des Integralen Facility Managementkonzeptes umfaßt sowohl das Gesamtmodell als auch die Teilmodelle der Integralen Facility Management-Phasen IFM00 – IFM11 (siehe Abb. 1.88). Wichtig für das Verständnis der Aspekte des Integralen Facility Managements ist die Darstellung der Verflechtung der Facility Management-Phasen und der Lebenszyklusphasen eines Bauwerkes mit den Leistungsphasen der Objektplanung gemäß § 15 der HOAI.

Der Markt der Leistungen des Integralen Facility Managements entwickelt sich sehr schnell und hat ein außerordentliches Effizienzpotential inne, das durch geeignete Maßnahmen erschlossen werden muß. Hierbei sind sicher auch einige der bekannten Schwierigkeiten zu überwinden, die z. T. daraus resultieren, daß

- die Führungsqualitäten und -fähigkeiten der Manager hinsichtlich der erforderlichen Ganzheitlichkeit im Denken nicht ausreichen,
- die eingeleiteten Maßnahmen meistens nur auf kurzfristig und nicht auf langfristig wirksame Nutzenspotentiale orientieren,
- Manager und Mitarbeiter für diese komplexen Aufgaben nicht über ausreichende Kenntnisse, Fertigkeiten und Erfahrungen verfügen und z. T. nicht ausreichend motiviert sind.

Interaktionen zwischen Anbieter und Nachfrager finden an der Schnittstelle zwischen beiden statt (Abb. 1.101). Damit sind die grundsätzlichen Voraussetzungen für das einwandfreie Funktionieren des Marktes der Facility Management-Leistungen geschaffen. Je nach Umfang der nachgefragten Integralen Facility Management-Leistung wird das Angebot gemeinsam mit dem Nachfrager erarbeitet. Integrales Facility Management wird somit wunschgemäß als Systemleistung angeboten, die jederzeit an die unterschiedlichen Bedingungen der verschiedenen Nachfrager angepaßt werden kann. Die Zusammenarbeit des Anbieters und des Nachfragers ist auf den folgenden Gebieten möglich:

- dem Integralen Facility Management, also Managementleistungen je nach Komplexität der zu managenden Sachleistungen,
- der Informationsverarbeitung, der Kommunikation, der Multimediatechnik und der Netzwerke für das Integrale Facility Management,
- Kombinationen aus den beiden genannten Gebieten Integrales Facility Management und Informationssystem.

Auch für die innovativen Leistungen des Integralen Facility Managements gilt der allgemeine Grundsatz, zur richtigen Zeit mit dem passenden Produkt/der innovativen Systemleistung am richtigen Ort/Markt zu sein. Marktanalyse, aktive Marktbearbeitung und eine ständige Anpassung an die Gegebenheiten des Marktes sind für ein erfolgreiches Integrales Facility Management genauso

---

[32] Karl E. Weick: Der Prozeß des Organisierens, Suhrkamp, Frankfurt am Main 1985, S. 11.

wichtig wie für andere Wirtschaftsbereiche. Das Ergebnis der Marktbeobachtung sollen Informationen sein über
- Facility Markt (Volumen, zu erwartendes Wachstum, Sättigungs- und Stabilitätsverhalten, Übersicht über Anzahl und Leistungen der Konkurrenten), unterteilt nach Neubau von Facilities und Modifikationen gebauter Facilities, bezogen auf bestimmte Bundesländer, Regionen, Städte (eventuell auch im europäischen Rahmen, unterteilt nach West- und Osteuropa),
- Preisentwicklung auf den Gebieten des Bauens und der Facility Management-Leistungen,
- Entwicklungen der Qualitätsstandards, der Bestimmungen/Gesetze des Umweltschutzes, der Ökologie und anderer gesellschaftlicher Anforderungen (Freizeitverhalten, Arbeitswelt z. B. Telearbeitsplätze, Konsumentenverhalten) und
- Struktur der Kunden und ihre gegenwärtigen und künftigen Bedürfnisse.

Die Facility Management-Leistungen müssen dort angeboten und auch zur Verfügung gestellt werden, wo sie gebraucht werden, also direkt beim potentiellen Nachfrager, beim potentiellen Kunden. Unternehmen, die wegen veränderter Marktbedingungen Absatzschwierigkeiten für ihre bisher produzierten Erzeugnisse bzw. Dienstleistungen haben und als Folge der Herstellung weiterentwickelter bzw. neuer Produkte die Produktionslinien, den Vertrieb, die Logistik und das Marketing anpassen müssen, sollten auch die Auswirkungen auf ihren Gebäudebestand, überhaupt auf den gesamten Immobilienbestand, untersuchen und bewerten, damit die Immobilien für die dadurch entstandene wirtschaftliche Situation optimiert werden können. Hierbei sollte der Architekt, der diese Gebäude gebaut hat, entsprechende Beratungs- sowie Entwurfs- und Planungsleistungen anbieten. Künftig könnten derartige Architektenleistungen bereits bei der Auftragsvergabe durch den Bauherrn an den

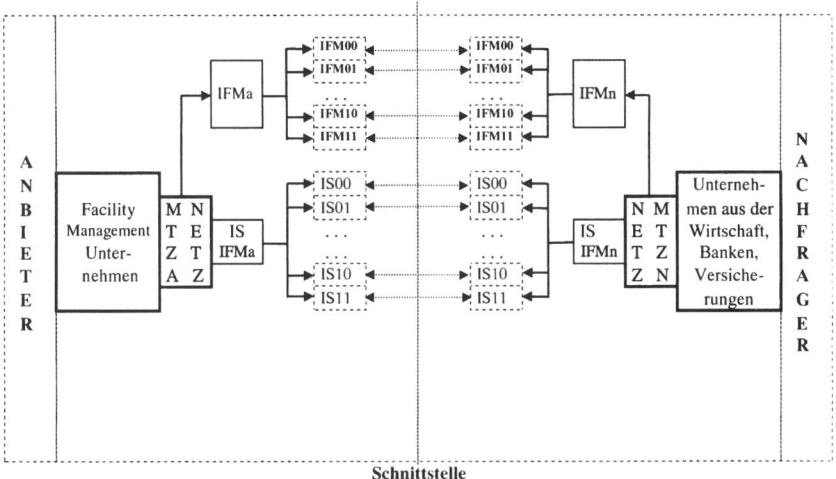

Abb. 1.101 Grobmodell des Marktes der Integralen Facility Management-Leistungen mit gleich „strukturierten" Anbietern und Nachfragern

Architekten im Architektenvertrag zusätzlich mit vereinbart werden. Ein Architekt, der den unternehmensweiten Gebäudebestand nicht oder nur zum Teil gebaut hat, kann selbstverständlich diese Leistungen auch, aber im allgemeinen mit wesentlich höherem Kostenaufwand, erbringen.

Der Anbieter (unter Gesamtverantwortung des Architekten) gewährleistet mit Hilfe seines modernen Multimedia-Telekommunikations-Zentrums (MTZA) die kontinuierliche Erfassung und Pflege aller Informationen (des gesamten Wissens in qualitativer und quantitativer Form) über die Bauwerke und den unternehmensweiten Bauwerksbestand; dabei kann er bei Bedarf mit dem Multimedia-Telekommunikations-Zentrum (MTZN) des Nachfragers (z. B. eines Unternehmens) über das Datennetz (Datenautobahn) auf direktem Wege Informationen für Facility Management-Entscheidungen fast „echtzeitnah" austauschen. Ökonomische Verluste durch verzögerte Entscheidungen auf den Gebieten des Integralen Facility Management können so reduziert, in vielen Fällen sogar vollständig verhindert werden.

4 Informationssysteme für das Integrale Computergestützte Bauen

„**Informationssysteme (IS)**" enthalten die erforderlichen Informationen für die Systeme des Ganzheitlichen Bauens bzw. des Integralen Facility Managements und verbinden durch wechselseitigen Informationsaustausch beide Systeme miteinander.

4.1 Computerunterstützung des Bauens

Die Bemühungen, die elektronische Datenverarbeitung im Bauwesen umfassend einzusetzen, reichen bis an den Anfang der 70er Jahre zurück. Über den etwa bis 1978 erreichten Stand ist auf dem internationalen Symposium „Elektronische Datenverarbeitung in der Architektur", das im Mai 1978 in Berlin stattfand, von verschiedenen auf diesem Gebiet tätigen Wissenschaftlern berichtet worden [1.71]. Auch in den 1970 und 1971 in Hannover durchgeführten Veranstaltungen „ging es um die Frage, ob und wie von der Elektronischen Datenverarbeitung eine Hilfe für das Entwerfen des Architekten erwartet werden kann" ([1.71], S. 1).

In den 70er und 80er Jahren beschäftigte sich *Heinz Schwarz* mit der „Daten- und Informationsverarbeitung in Planung und Steuerung von Bauprojekten" [1.72]. Im Mittelpunkt der Forschungsarbeiten stand die Lösung organisatorischer Probleme der Informationsübermittlung und der Verständigung unter den Partnern. Das Überwachen und Steuern der „Projekt-Informationsflüsse" wurde infolge der zunehmenden Komplexität der Bauprojekte zu einer schwierigen, viel Sachverstand erfordernden Aufgabenstellung für Architekten und Bauingenieure.

Die im Jahre 1993 gegründete Bundesvereinigung Bausoftwarehäuser e. V. (BVBS) – ihre Mitglieder kommen aus den Bereichen der Architektur, der Bauunternehmen und des Bauhandwerks – sieht im Einsatz der Datenverarbeitung einen zentralen Schwerpunkt zur Rationalisierung im Bauwesen. Auch sie stellt fest, daß die meisten Softwaresysteme im Bauwesen „Insellösungen" sind und wegen fehlender Datenstandards für einen umfassenden Informationsaustausch zwischen den baubeteiligten Partnern nur wenig geeignet sind. Deshalb hat sich die BVBS die Aufgabe gestellt, „den ganzheitlichen Lösungsansatz für die Integration und den Kommunikationsverbund zu kreieren und umzusetzen. Das Zusammenwirken und Zusammenarbeiten der Baustofflieferanten, Baugerätehersteller, Planer, ausführenden Firmen am Bau ist angesagt und muß stattfinden".[33]

Für den Architekten im Zusammenhang mit der Modellierung des Ganzheitlichen Bauens, der Darstellung von Bauwerken und der Beschreibung der Integralen Facility Management-Prozesse sind Erkenntnisse auf folgenden Gebieten erforderlich:
- objektorientierte Modellierung und deren Anwendung im Bauwesen,
- Computer Grafik (CAD, Computeranimation und -simulation),
- Online für Architekten und Planer und
- CIM-Strategie im Bauwesen (Computerintegriertes Bauen).

---

[33] Udo Blecken: „Ganzheitlicher EDV-Ansatz durch BVBS", Zeitschrift Bauinformatik, H. 3, 1995, S. 86.

4.1.1 Objektorientierte Modellierung, Computer Grafik

Für die Modellierung komplexer Systeme sind **objektorientierte** Konzepte wie objektorientierte Modellierung (OOM), objektorientierte Programmierung (OOP), objektorientierte Analyse (OOA) und objektorientiertes Design (OOD) gut geeignet. In den objektorientierten Konzepten werden Objekte (Gegenstände, Sachverhalte, Systeme, Erzeugnisse, Vorgehensweisen) als geordnete Zusammenstellung von Informationen (Daten) definiert. Sie haben bestimmte Eigenschaften (Attribute) und ein definiertes Verhalten (Funktionalität der Objekte). Manipulationsanweisungen (Methoden) in Form von kleinen Programmen (prozeduraler Aspekt), Regeln (regelbasierter Aspekt) und von Relationen zu anderen Objekten (kognitiver Aspekt) definieren die Funktionalität. Daten, Methoden und Relationen werden „eingekapselt" (information hiding), so daß nur das Objekt selbst sein „inneres Modell" kennt. Zur Aktivierung wird dem Objekt eine Nachricht zugeschickt, und nach Aktivierung der Methoden und Manipulieren der Objektdaten wird das Ergebnis als Antwort des Objektes ausgegeben. Mehrere Objekte werden in ein Beziehungsgeflecht (Taxonomie) eingeordnet und in Klassen, die unterschiedlich strukturiert sein können, zusammengefaßt. Taxonomien haben den Vorteil, daß Informationen nur einmal vereinbart werden müssen, und untergeordnete Objekte „erben" diese Informationen. Polymorphismus besagt, daß verschiedenartige Objekte auf gleichartige Operationen in gleicher Weise reagieren. Als dynamische Bindung wird das Zusammenführen von Daten und Methoden zum spätesten Zeitpunkt bezeichnet.

Die enorme Bedeutung der **Computer Grafik** für die Tätigkeit des Architekten wird wohl kaum von jemandem bezweifelt: Die visuelle 2- bzw. 3dimensionale Darstellung von Arbeitsergebnissen des Architekten in Form von Zeichnungen, Schemen, Übersichts- und Ablaufplänen, Schnitten, Perspektiven, Schatten, Schattierungen, Oberflächenstrukturen, Farbgebung, transparenten Oberflächen, Spiegel- und Beleuchtungseffekten mit künstlichem und natürlichem Licht nach Jahreszeiten, Tagesstunden in Abhängigkeit vom Sonnenstand, ist ohne die Verwendung moderner Informationstechnik kaum effektiv realisierbar. Hinzu kommen die Möglichkeiten, mittels Computeranimation und -simulation Bildsequenzen bereits in einer Entwicklungsphase, in der das Gebäude lediglich als virtuelles Modell existiert, zu erzeugen, wie sie beispielsweise beim Durchwandern des Gebäudes nach seiner Fertigstellung entstehen würden. Das Experimentieren (Gedankenexperiment) mit verschiedenen Varianten eines Gebäudeentwurfs und photorealistischer Darstellung der Experimentierergebnisse wird effektiv möglich. Daraus lassen sich beträchtliche Wettbewerbsvorteile für Architekturbüros ab, die die vielseitigen Möglichkeiten der Computer Grafik nutzen. Der Begriff Computer Grafik wird hier im Sinne von *Bernd Willim* [1.73] verwendet. Er benutzt „Computer Grafik" als Oberbegriff und unterscheidet zunächst nach Anwendungsgebieten Stand- und Laufbilder. Die Erzeugung, Bearbeitung und Verarbeitung von Standbildern belegt er mit dem Begriff „Computer-Grafik" (oder auch „Computergrafik") und ordnet die Präsentations-, die Fernseh-/Videosysteme, Grafik (Paint-) und die CAD-Systeme diesem Begriff unter, während er dem Begriff Laufbilder die 2D- und 3D-Computeranimation und -simulation unterordnet.

Die **„Computer-Grafik"** beschäftigt sich mit Methoden der Herstellung von Visualisierungen und Abbildern der Umwelt im Standbildbereich. Die dafür benutzten Grafikprogramme sind die bekannten CAD-Systeme (AutoCAD, UNICAD, ARRIS, caddy u. a.), die eine 2-, 2,5- und 3dimensionale digitale Bildverarbeitung auf der Grundlage der Technik der Bild-Digitalisierung (elektronische Aufrasterung einer Bildvorlage in einzelne Bildpunkte, die digitalisiert im Computer gespeichert bzw. bearbeitet werden) ermöglichen. Für den Architekten ist neben der bildlichen Darstellung von Grundrissen, Ansichten, Schnitten u. a. die 3D-Computer-Grafik besonders interessant, weil mit ihr Lichtbrechungen und Spiegelungen speziell mit dem Ray-tracing-Verfahren (Lichtstrahlrückverfolgungs-Verfahren) berechnet und dargestellt werden können. Dabei ist es möglich, optische Wirkungen von Räumen und Oberflächen von Wänden zu simulieren und für den Betrachter sichtbar zu machen.

In der Architektur dient die Präsentationsgrafik[34] der Vermittlung von architektonischen Ausdrucksformen, Sachverhalten und Inhalten eines Gebäudeentwurfs sowie dem Entscheidungsprozeß beim Auftraggeber. Die Präsentationsgrafik wird häufig genutzt für

- die fotorealistische Integration der vom Computer erzeugten Bilder eines geplanten Bauwerks in gescannte Fotos der bebauten/unbebauten Umgebung und
- das Mixen mittels Computeranimation erzeugter Bildsequenzen, die auf Videoband gespeichert werden, mit Videoaufnahmen der realen Umgebung des geplanten Bauwerks.

---

[34] Eine orientalische Weisheit besagt: „Ich höre und vergesse; ich sehe und behalte; ich tue und begreife", zitiert nach [1.67], S. 67.

Mit der **Computeranimation** werden Informationen durch bewegte Bilder vermittelt. Sie gestaltet Bewegungsabläufe mit Hilfe des Computers und besteht aus zwei Teile, der Animationstechnik und der computererzeugten Visualisierung. Mit ihrer Hilfe können „künstliche Welten oder gar virtuelle Realitäten" geschaffen werden – ein Verfahren also, das der Architekt benötigt, wenn er seinem Auftraggeber einen „Spaziergang" durch ein nur im Produktmodell beschriebenes Bauwerk als Bildsequenz fotorealistisch darstellen und interaktiv diskutieren möchte.

4.1.2 „Online" für Architekten, CIM im Bauwesen

„Wer nicht online ist, ist offline und damit out."[35] „Internet – Chancen für die Architekten?" Das Internet ist eine echte Chance für die Architekten, wenn sie dieses neue Werkzeug der digitalen Kommunikation in Kombination mit den anderen Informations-, Kommunikations- und Multimediatechniken nutzen, die Architektur nicht auf das mit diesen Mitteln Erfaßbare reduzieren und diese Werkzeuge nicht zum Selbstzweck verkommen lassen. Das menschliche Maß, seine Empfindungen, seine Gefühle und Wahrnehmungen müssen stets die Oberhand behalten. Der Begriff „Online" meint den Datenaustausch und die Kommunikation im digitalen Netz. Besonders in der Planungsphase eines Bauwerkes ist der ständige, schnelle, zuverlässige und bedarfsorientierte Datenaustausch, der direkte Zugriff auf zentrale Datenbanken und digitales Kommunizieren der baubeteiligten Partner untereinander wünschenswert.

Die digitale Kommunikation erlaubt es, sofort Teams zu bilden, die online verbunden sind und im interaktiven Dialog planerische Leistungen vollbringen. „Die Baubesprechung findet im Netz statt",[36] so könnte der bauleitende Architekt die auf einer Baustelle tätigen Partner zur Besprechung einladen. Per Videokonferenz können die gemeinsam zu lösenden Probleme der Bauprojektplanung und -abwicklung mit den räumlich auseinanderliegenden Unternehmen anhand gleichzeitig auf ihren Bildschirmen sichtbarer Zeichnungen, Modelle, Ansichten, Schnitte, Bildsequenzen und Videos diskutieren und so schneller und sicher zu den erforderlichen Entscheidungen kommen. Durch die grafische Benutzeroberfläche, über die Dialogpartner in gleicher Weise verfügen, können gemeinsame Arbeiten in einem Bildschirmfenster ausgeführt werden.

BauNetz[37] der BauInfoGruppe (Bertelsmann Fachinformation), der Online-Dienst für Architekten und Planer, verfügt über ein eigenes, schnelles und leistungsfähiges Netzwerk und bietet seinen Nutzern spezifische Fachinformationen, E-Mail und den Internet-Zugang. Die Informationsangebote im BauNetz sind

- Wettbewerbsauslobungen (Überblick über die aktuelle Auftragssituation, Wettbewerbsunterlagen per E-Mail bestellen, „Werkschau": Architekturkritik, Baudokumentation, Kurzcharakteristik wichtiger Neubauten),
- Normen und Bauvorschriften („Planungshilfen": Produktinformationen, Vorschriften, Baukosten),
- Service- und Kommunikationsangebot („Stellenmarkt"; „Design-Shop" mit Bestellmöglichkeit, „Mediathek": Fachmedien für Architekten und Planer, geplant sind Updates zu CAD-Software, Rezensionen von Neuveröffentlichungen, Literaturdatenbank mit Zeitschriftenverzeichnis sowie Buchbestellungen per E-Mail; Rubrik „Organisationen": Forum für Berufsverbände, Forschung, Lehre und Politik; „Forum": Insiderwissen durch interaktive Kommunikation austauschen und Benutzen der „Pinwand" zum Fragenstellen und Beantworten, auch als Informationsquelle für Bauunternehmer bei der Auswahl von Architekturbüros) und
- Branchen-News (regionale und überregionale Informationen, Termin- und Veranstaltungskalender, aktuelle Informationen über Hersteller von Bauprodukten; Rubrik „Kultur": Museen, Galerien, Exkursionstips) über ein „private network" mit hohen Übertragungsraten.

„Internet für Facility Manager" ist der Titel des Buches von Detlef Kröger und Eberhard H. Rossig aus dem Jahre 1998. Neben der „Einführung in das Internet", der Darstellung „Allgemeiner Suchdienste" werden besonders die „Internetmöglichkeiten für Facility Manager" beschrieben [1.74].

---

[35] Gerhard Bremmer, Präsident der Architektenkammer Hessen, Beginn der Eröffnungsfeier der ACS '96 in Frankfurt (M.), 1996.
[36] Ralf Steck: „Der Architekt in Surfers Paradise", Zeitschrift AEC-Report, 4/1995, S. 3.
[37] Roselien Huisman: „BauNetz – Online-Dienst für Architekten", Computer Spezial 1/1997, S. 8–10, Bertelsmann Fachzeitschriften-Supplement.

4.2 Informationssysteme für das Ganzheitliche Bauen und das Integrale Facility Management

4.2.1 Lebenszyklusübergreifendes Informationssystem

Die Untersuchungen zum Computerintegrierten Bauen (siehe [1.54]) haben ergeben, daß es zweckmäßig ist, den gesamten Lebenszyklus betreffende Informationskomplexe (IK) zu bilden:

- IK KO: Informationskomplex „Kosten",
- IK GE: Informationskomplex „Geometrie",
- IK GV: Informationskomplex „Behörde" (gesetzliche Bestimmungen, z. B. Raumordnungsgesetz, Wasserhaushaltsgesetz, Baunutzungsverordnung, Landesbauordnungen, DIN und andere Vorschriften),
- IK ICAB: Informationskomplex „Integrales Computergestütztes Bauen".

Informationskomplexe (IK) werden auch den Phasen des Bauwerkslebenszyklus und damit dem Ganzheitlichen Bauen (GB) und dem Integralen Facility Management (IFM) zugeordnet:

- IK 00: Informationskomplex Initiierung GB00, IFM00;
- IK 01 bis IK 07: Informationskomplexe Planung GB01 bis GB07, IFM01 bis IFM07;
- IK 08 bis IK 09: Informationskomplexe Realisierung GB08 bis GB09, IFM08 bis IFM09;
- IK 10: Informationskomplex Betrieb, Nutzung GB10, IFM10 und
- IK 11: Informationskomplex Stillegung/Abriß GB11, IFM11.

Die Abb. 1.106 widerspiegelt diesen Sachverhalt und vermittelt einen Eindruck von der Komplexität und Kompliziertheit eines Informationssystems, das den gesamten Bauwerkslebenszyklus umfaßt. Es ist sowohl aus theoretischer als auch aus praktischer Sicht vorteilhaft, dieses Informationssystem (IS) in zwei Teilsysteme zu trennen (Abb. 1.107a): das eine ist die Informationsbasis (ISGB) für die Leistungserstellungsprozesse des Ganzheitlichen Bauens (z. B. für den Bauwerksentwurf mit CAD, die statischen Berechnungen) und das andere (ISIFM) die für die Integralen Facility Management-Prozesse (z. B. für das Managen des Bauwerksentwurfs, der statischen Berechnungen).

Das Informationssystem für das Integrale Facility Management (ISIFM) wird untergliedert in die Untersysteme ISIFM00 bis ISIFM11. Soll beispielsweise das Untersystem ISIFM00 entworfen werden, so wird zunächst das „Gesamtsystem ICAB00", bestehend aus (GB00 + ISGB00) + (IFM00 + ISIFM00), konzipiert; danach werden die Teilsysteme GB00, IFM00 und die jeweils dazugehörigen Informationsteilsysteme ISGB00 und ISIFM00 gestaltet sowie auf die Erfüllung ihrer Teilfunktionen geprüft; anschließend werden die modellierten und geprüften Teilsysteme zum „Gesamtsystem" kombiniert, und die Gesamtfunktion wird geprüft und eventuell korrigiert. In gleicher Weise wird bei den anderen Untersystemen ISIFM00 bis ISIFM11 vorgegangen. Das „Gesamtsystem 00" wird, wie aus dem Matrixmodell (Abb. 1.107b) ersichtlich, als ICAB00 bezeichnet. Analoges gilt für die anderen „Gesamtsysteme". Das Matrixmodell stellt die gesamte Modellstruktur für das Integrale Computergestützte Bauen (ICAB) dar.

4.2.2 Informationssysteme für die Märkte der Facilities und des Integralen Facility Managements

In Analogie zu den Abschnitten 2 Ganzheitliches Bauen und 3 Integrales Facility Management gilt die gleiche Grundstruktur für die Informationssysteme. Sie ist eine wichtige Voraussetzung für die effektive Kommunikation zwischen Anbietern und Nachfragern auf den Märkten der Facilities und des Integralen Facility Managements. Das Grobmodell der Beziehungen zwischen Nachfrager und Anbieter auf den Gebieten des Informationsaustausches über das Ganzheitliche Bauen, die Facilities und die Facility Management-Leistungen ist in Abb. 1.108 enthalten.

Lebens-zyklus-Phasen	HOAI-Phasen Der Objekt-planung	ICAB	Phasen- und sachbezogene Informationskomplexe (IK)					
			Phasenbezogene Informations-komplexe, zugeordnet den Lebenszyklus-, HOAI-, ICAB-Phasen	Sachbezogene IK (über alle Phasen des Lebenszyklus)			
				IK „Kosten" (KO)	IK „Geome-trie" (GO)	IK „Behörde" (GV)	IK „ICAB"
Initiierung	--	ICAB 00	IK 00: Marktorientierte Entwicklung von „nutzer-orientierten" Raumbe-dürfnissen; Flurkarte (Katasterauszug), Bebauungsplan, Grundbuch, Optimierung aus Nutzersicht				
Planung	1. Grund-lagen-ermittlung	ICAB 01	IK 01: Grundlagendaten, -informationen, Raum-programm	eventuell verfüg-bares Kapital			
	2. Vor-planung	ICAB 02	IK 02: Umwelt-, Kosten-, Fachdaten (Statik, HKLS, ELT)	Kosten-schätzung			
	3. Ent-wurfs-planung	ICAB 03	IK 03: Objektbeschreibung, Kosten	Kosten-rechnung			
	4. Geneh-migungs-planung	ICAB 04	IK 04: Baurecht, rechtliche Bestimmungen der Kommune, des Landes				
	5. Ausfüh-rungs-planung	ICAB 05	IK 05: Fachdaten, Qualitätsdaten, Stücklisten, Raumbuch	IK KO: „Kosten"	IK GO: „Geo-metrie"	IK GV: „Gesetz-liche Bestim-mungen, DIN, andere Vor-schriften"	IK ICAB: „Inte-grales Com-puterge-stütztes Bauen" (Gesamt-system)
	6. Vorbe-reitung der Vergabe	ICAB 06	IK 06: Leistungsbuch, -beschreibung, Ausschreibung				
	7. Mitwir-kung bei Vergabe	ICAB 07	IK 07: Angebote, Vergabe Preisspiegel	Kosten-anschlag			
Reali-sierung	8. Objekt-über-wachung	ICAB 08	IK 08: Mengen, Kapazitäten, Termine, Leistungen, Kosten, Bautagebuch	Kosten-fest-stellung			
	9. Objekt-betreuung, Dokumen-tation	ICAB 09	IK 09: Bestandspläne, Ausrüstungs-, Inventar-verzeichnisse, Wartungs-, Pflegeanweisungen				
Betrieb, Nutzung	--	ICAB 10	IK 10: Gebäudebewirt-schaftung, Instandhaltung, Objektverwaltung, Betriebs-kosten-Nutzen-Analyse	Betriebs-, Nutzungs-kosten		Legende: HOAI Honorarordnung für Architekten und Ingenieure IK Informations-komplexe ICAB Integrales Computerge-stütztes Bauen	
Stillegung Abriß	--	ICAB 11	IK 11: Stillegungs-, Abriß-daten, -informationen, -wissen	Still-legungs-, Abriß-kosten			

Abb. 1.106 Phasen des Bauwerkslebenszyklus, der HOAI (§ 15, Objektplanung), des Integralen Computergestützten Bauens (ICAB) und die zugeordneten sach- und phasenbezogenen Informationskomplexe (IK)

1 Baurecht Baubetrieb

```
                          ↓
              ┌─────────────────────────────┐
              │ Informationen aus der Umgebung │
              └─────────────────────────────┘
```

Basissystem	IS für das ICAB		Managementsystem
Prozesse des Ganzheitlichen Bauens (GBP)	**Informationsprozesse**	**Informationsprozesse**	**Integrale Facility Managementprozesse (IFMP)**
GBP Initiierung/ Planung ↓			IFMP Initiierung/ Planung ↓
GBP Realisierung ↓	**Informationen für die Prozesse des Ganzheitlichen Bauens (ISGB)**	**Informationen für die Integralen Facility Managementprozesse (ISIFM)**	IFMP Realisierung ↓
GBP Betrieb/ Nutzung ↓			IFMP Betrieb/ Nutzung ↓
GBP Stillegung/ Abriß			IFMP Stillegung/ Abriß

```
              ┌─────────────────────────────┐
              │ Informationen an die Umgebung │
              └─────────────────────────────┘
                          ↓
                                    Umgebung
```

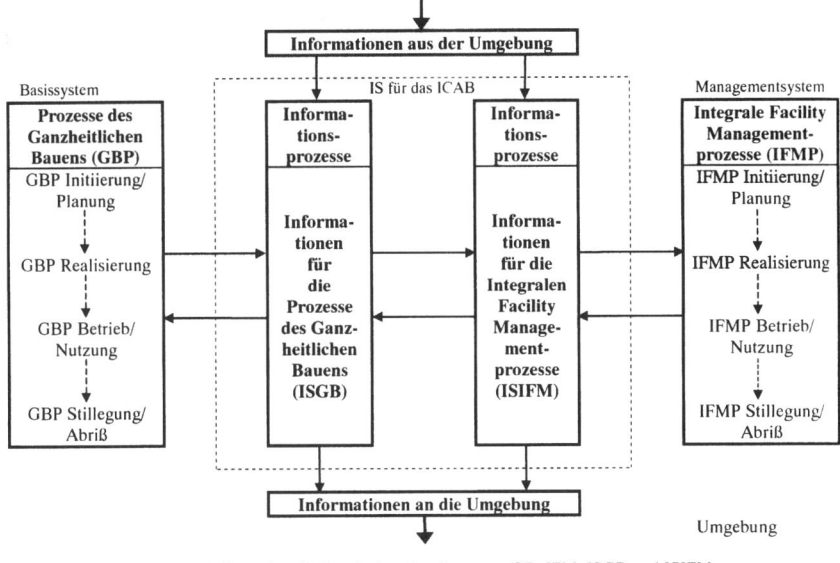

Legende:
- → Informationsfluß zwischen den Systemen GB, IFM, ISGB und ISIFM
- ---→ Handlungsfolge in den Prozessen des GB bzw. des IFM
- GBP Prozesse des Ganzheitlichen Bauens (GB)
- IFMP Integrale Facility Managementprozesse (IFM)
- ICAB Integrales Computergestütztes Bauen

Abb. 1.107a Informationssysteme (IS) für die Prozesse des GB, IFM und ICAB

Bauwerks-Lebenszyklus	Tätigkeitsbereiche (-komplexe)			Informationsteilsysteme (-komplexe)	ICAB-Teilsysteme
	HOAI-Phasen	GB-Phasen	IFM-Phasen		
Initiierung	--	GB00	IFM00	ISGB00 & ISIFM00	ICAB00
Planung	HOAI-PH01	GB01	IFM01	ISGB01 & ISIFM01	ICAB01
	HOAI-PH02	GB02	IFM02	ISGB02 & ISIFM02	ICAB02
	HOAI-PH03	GB03	IFM03	ISGB03 & ISIFM03	ICAB03
	HOAI-PH04	GB04	IFM04	ISGB04 & ISIFM04	ICAB04
	HOAI-PH05	GB05	IFM05	ISGB05 & ISIFM05	ICAB05
	HOAI-PH06	GB06	IFM06	ISGB06 & ISIFM06	ICAB06
	HOAI-PH07	GB07	IFM07	ISGB07 & ISIFM07	ICAB07
Realisierung	HOAI-PH08	GB08	IFM08	ISGB08 & ISIFM08	ICAB08
	HOAI-PH09	GB09	IFM09	ISGB09 & ISIFM09	ICAB09
Nutzung	--	GB10	IFM10	ISGB10 & ISIFM10	ICAB10
Still./Abriß	--	GB11	IFM11	ISGB11 & ISIFM11	ICAB11

Legende:
- IFM00 bis IFM11 — Phasen des Integralen Facility Managements
- ISIFM00 bis ISIFM11 — Phasen des Informationssystems zum IFM
- ISGB00 bis ISGB11 — Phasen des Informationssystems zum GB
- GB00 bis GB11 — Phasen des Ganzheitlichen Bauens
- HOAI-PH — Leistungsphasen der Objektplanung gemäß § 15 der HOAI
- ICAB00 bis ICAB11 — Phasen des Integralen Computergestützten Bauens (ICAB)

Abb. 1.107b Matrixmodell der Verflechtung des Bauwerkslebenszyklus mit den ICAB-Teilsystemen (GB, IFM und den zugehörigen ISGB und ISIFM)

1.107

Legende:

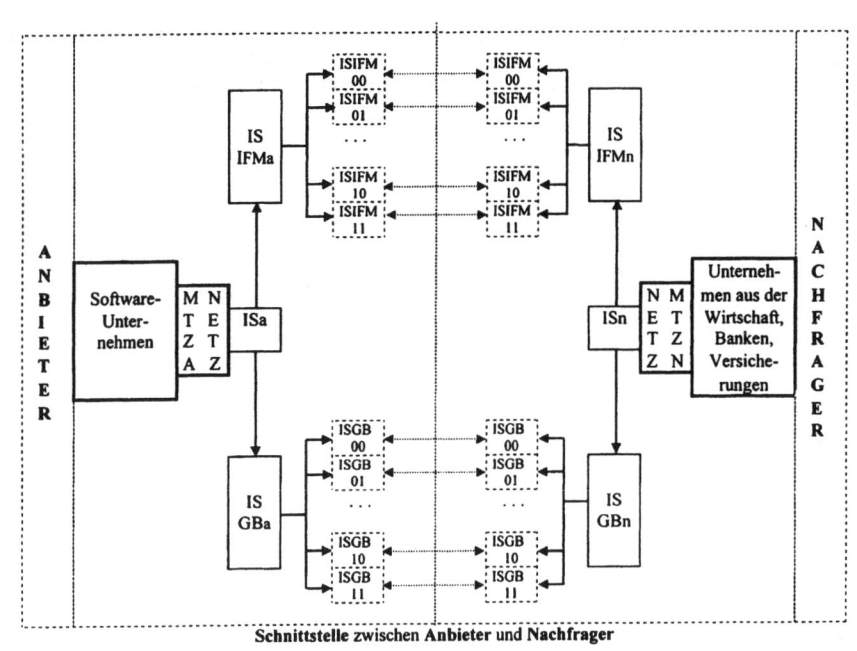

MTZA bzw. MTZN	Multimedia-Telekommunikations-Zentrum Anbieter (A) bzw. Nachfrager (N)
ISa bzw. ISn	Informationssystem des Anbieters (a) bzw. des Nachfragers (n)
ISGBa, ISGBn	Informationssystem Ganzheitliches Bauen des Anbieters (a) bzw. des Nachfragers (n) mit den Teilsystemen ISGB00 bis ISGB11
IFMa, IFMn	Informationssystem Facility Management des Anbieters bzw. des Nachfragers mit den zugehörigen Phasen ISIFM00 bis ISIFM11
NETZ	Kommunikationsnetz (INTERNET, INTRANET, ISDN)
◄----►	Informationsaustausch im Datennetz zwischen Anbieter und Nachfrager

Abb. 1.108 Grobmodell des Informationsaustausches für das Ganzheitliche Bauen, die Facilities und die Facility Management-Leistungen

5 Konsequenzen des Integralen Computergestützten Bauens und Ausblick

5.1 Ansätze für die praktische Nutzung

Die Märkte des Ganzheitlichen Bauens, der Facilities, des Facility Managements und der Informationssysteme als Beziehungen zwischen den Anbietern (alle baubeteiligten Partner unter „Führung" der Architekten) und den Nachfragern sind möglichst gleichartig zu modellieren. Anbieter und Nachfrager „passen" an der Schnittstelle (Abb. 1.108) wie die Kontakte einer Steckverbindung zusammen und können auf den folgenden Gebieten zusammenarbeiten:

- Ganzheitliches Bauen, entweder eingeschränkt auf die HOAI-Leistungen (GB01 bis GB09) oder im Sinne des Ganzheitlichen Bauens (GB00 bis GB11), d. h. mit Leistungen für die Phasen Initiierung, Betrieb, Stillegung und Abriß;
- Integrales Facility Management;
- Informationsverarbeitung für das Ganzheitliche Bauen und/oder für das Integrale Facility Management;
- Integrales Computergestütztes Bauen als Kombination aus den drei genannten Gebieten.

Das Management des Facility Marktes aus der Sicht des Anbieters muß auf die Erreichung der Marktführerschaft [1.75] orientiert werden. Dafür ist auch ein genau definierter Markt (Nachfragepotential) Voraussetzung. Aus der „Nutzerorientierung" abgeleitete Nutzensstrategien wie geringste (besser: optimale) Lebenszykluskosten, innovative Bauwerke („intelligente", flexible, „lebende"), die sich kostenoptimal betreiben lassen, sind durchzusetzen. Entscheidend für eine Marktführerschaft ist einerseits der Kundennutzen während der Betriebsphase und andererseits, falls das Ende der wirtschaftlich vertretbaren Nutzungsdauer erreicht wird, die kostenoptimale Stillegung/der Abriß des Bauwerks.

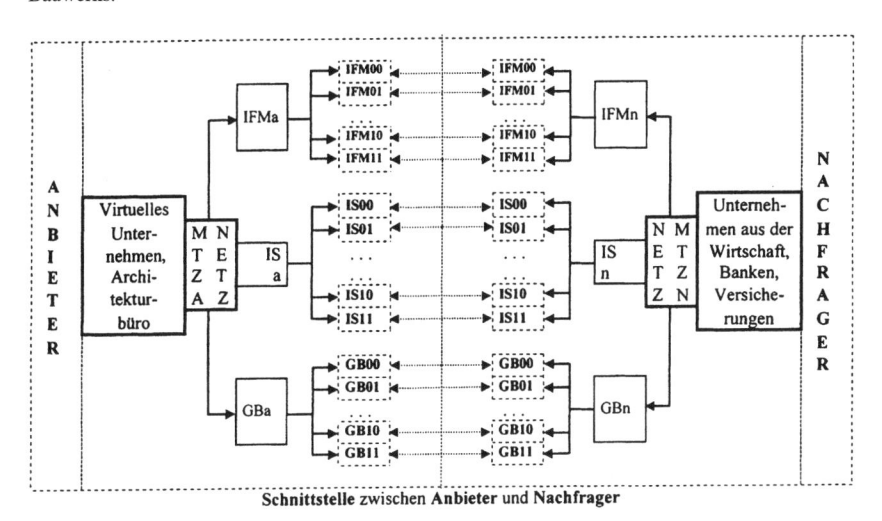

Abb. 1.109 Grobmodell des Wechselspiels auf den Märkten des GB, IFM und der IS zwischen den gleich „strukturierten" Anbietern und Nachfragern

Legende:		
	MTZA bzw. MTZN	Multimedia-Telekommunikations-Zentrum Anbieter (A) bzw. Nachfrager (N)
	GBa, GBn	Ganzheitliches Bauen des Anbieters (a) bzw. des Nachfragers (n) mit den zugehörigen Teilsystemen GB00 bis GB11
	ISa, ISn	Informationssystem des Anbieters bzw. des Nachfragers mit den zugehörigen Informationsteilsystemen IS00 bis IS11, die sich aus den Teilsystemen ISGB (ISGB00 bis ISGB11) und ISIFM (ISIFM00 bis ISIFM11) jeweils für Anbieter und Nachfrager zusammensetzen
	IFMa, IFMn	Facility Management des Anbieters bzw. des Nachfragers mit den zugehörigen Phasen IFM00 bis IFM11
	NETZ	Kommunikationsnetz (INTERNET, INTRANET, ISDN)

Für die Fachkommunikation zwischen Anbieter und Nachfrager wird eine Menge von Fachbegriffen benötigt, die vom Architekten als Anbieter erklärend verwendet werden sollten. Dabei sollte beachtet werden, daß der Nachfrager meistens nicht über Wissen auf folgenden Gebieten verfügt: Baugeschichte (alte Baukunst als Teil der Kultur) und zeitgenössisches Bauen (der Laie trennt subjektiv beides), Architektur (Allgemeinbildung reicht nicht aus); architektonische Aspekte wie die Beschränkung auf das Wesentliche, die klare Formensprache, die Authentizität im Materialeinsatz werden vom Laien nicht wahrgenommen, „weil es sich um Fachkonzepte der Architektur handelt, die vermittelt und erlernt werden müssen".[38]

Das „virtuelle" Architekturbüro ist Anbieter kompletter Leistungen des Integralen Computergestützten Bauens. Dies bedeutet, daß ein Nachfrager auf Wunsch diese Leistungen komplett oder auch nur Teilleistungen, z. B. nur GB01 bis GB04 oder FM10 mit ISIFM10 oder ISIFM00 bis ISIFM11, nachfragen bzw. erhalten kann. Der Anbieter der komplexen Leistungen des Integralen Facility

---
[38] Rainer Bromme/Rambow/Riklef: „Man sieht nur, was man weiß . . .", Zeitschrift Der Architekt 8/95, S. 451 bis 453.

Managements und von ausgewählten „Sachleistungen" aus den Bereichen des Ganzheitlichen Bauens, z. B. der „klassischen" Leistungen der Objektplanung gemäß § 15 der HOAI, ist ein „virtuelles" Architekturbüro, dessen Organisation (Aufbau-, Ablauforganisation) auf INTERNET-/INTRANET-Basis aufgebaut wird, und muß mit der Organisation der Nachfrager grundsätzlich übereinstimmen, damit eine effektive Kommunikation (Informationsaustausch) nach dem „Steckverbinder-Modell" stattfinden kann. Dabei müssen je nach Aufgabenstellung des Nachfragers nicht alle „Kontakte auf der Steckleiste" bzw. auf dem „Stecker" belegt sein. Wird vom theoretischen Konzept eines „virtuellen Architekturbüros" ausgegangen, so können drei Kategorien von Architekturbüros unterschieden werden (Abb. 1.110):

- das „klassische" Architekturbüro,
- das moderne, zukunftsorientierte Architekturbüro, das Systemlösungen im Sinne des Ganzheitlichen Bauens den Nachfragern anbietet, und
- das moderne, zukunftsorientierte „virtuelle Architekturbüro".

Kategorie der Architekturbüros	Art des Bauens	Bemerkungen zur Art des Bauens		
„Klassisches Architekturbüro"	Bauen nach der HOAI	Objektplanung nach den Leistungsphasen 01 – 09 (§ 15 der HOAI)		
Modernes zukunftsorientiertes Architekturbüro	Ganzheitliches Bauen (Ausarbeitung von Systemlösungen)	GB00 HOAI Phasen (angepaßt)→	Objektplanungsphasen (modifiziert) GB01 – GB09	GB10 GB11
Modernes zukunftsorientiertes „virtuelles Architekturbüro"	Ganzheitliches Bauen, (Ausarbeitung von Systemlösungen)	GB00 HOAI Phasen (angepaßt)→	Objektplanungsphasen (modifiziert) GB01 – GB09	GB10 GB11
	Integrales Facility Management	IFM 00	Facility Managementphasen (neu definiert) IFM01 – IFM09	IFM10 IFM11
	Informationssysteme (IS) ISGB und ISIFM	IS00	Informationssystemphasen (neu definiert) IS01 – IS09	IS10 IS11

Legende:
IFM00 – IFM11   Phasen (PH) des Integralen Facility Management-Systems IFM
IS   Informationssystem mit den Phasen IS00 – IS11
ISIFM00 – ISIFM11   Phasen des Integralen Facility Management-Informationssystems
ISGB00 – ISGB11   Phasen des Informationssystems zum Ganzheitlichen Bauen (GB)
GB00 – GB11   Phasen des Systems des Ganzheitlichen Bauens GB
HOAI   Honorarordnung für Architekten und Ingenieure, Phasen der Objektplanung HOAI-PH01 bis HOAI-PH09
——→   Die Pfeile geben den Informationsaustausch zwischen den Systemen des Ganzheitlichen Bauens, des Integralen Facility Managements und der Informationsverarbeitung bzw. die Verflechtung mit den HOAI-Phasen an.

Abb. 1.110 Kategorien von Architekturbüros

Aus den Ergebnissen der bisherigen Forschung leitet sich das in der Abb. 1.111 dargestellte allgemeine theoretische Modell für ein „Virtuelles Architekturbüro" ab. Die gesamthafte Verantwortung eines „virtuellen Architekturbüros" für das Integrale Computergestützte Bauen hat auch Konsequenzen für das Berufsbild Architekt und die Ausbildung der Architekten.

Schon immer waren die Aufgaben des Architekten das Entwerfen von Gebäuden unter Berücksichtigung der natürlichen und gebauten Umwelt, des Nutzens und der Kosten als Gesamtheit, der Elemente und der Teile der Gebäude, das Beschreiben der auf dem Entwurf basierenden Leistungen einschließlich ihrer Überwachung während des komplexen Bauprozesses. Diese kurze Beschreibung der Tätigkeit der Architekten umfaßt die Bauwerkslebenszyklusphasen von der Planung bis zur Übergabe (Phasen 1 bis 9 der Objektplanung gemäß § 15 (2) der HOAI) des projektgerecht erstellten Bauwerks an den Bauherrn/Nutzer. Eine sehr eng gefaßte, von zahlreichen Architekten noch vertretene, aber nicht mehr „zeitgemäße" Auffassung ist die Reduzierung der Architektentätigkeit auf die künstlerisch-gestalterische Tätigkeit. Ein derartiger Standpunkt leistet einem bereits im Jahre 1993 beobachteten Trend Vorschub, daß andere Berufsgruppen, besonders einige spezielle Konkurrenzberufe [1.76] des Architekten, wie beispielsweise in Deutschland und Frankreich die Bauingenieure, in Irland und Luxemburg die Ingenieure und in der Schweiz und in Österreich die Baumeister, die dadurch frei gewordenen Tätigkeitsfelder belegen.

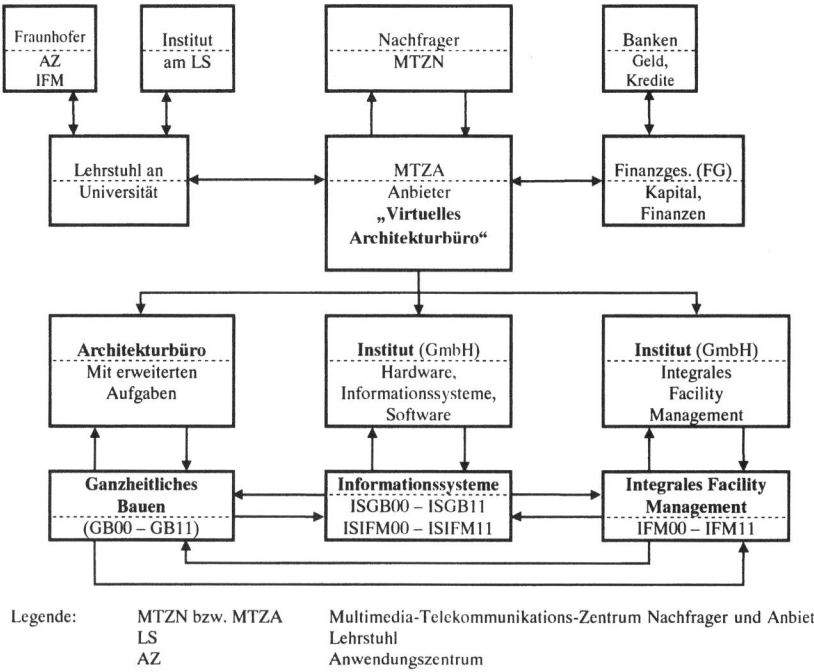

Legende:	MTZN bzw. MTZA	Multimedia-Telekommunikations-Zentrum Nachfrager und Anbieter
	LS	Lehrstuhl
	AZ	Anwendungszentrum
	FG	Finanzgesellschaft
	IFM	Integrales Facility Management
	IFM00 – IFM11	Phasen (PH) des Integralen Facility Management-Systems IFM
	ISIFM00 – ISIFM11	Phasen des Facility Managementinformationssystems ISIFM
	ISGB00 – ISGB11	Phasen des Informationssystems zum Ganzheitlichen Bauen ISGB
	GB00 – GB11	Phasen des Systems des Ganzheitlichen Bauens
	⟶	Die Pfeile geben den Informationsaustausch zwischen den Systemen des Ganzheitlichen Bauens, dem Facility Management-System und den Informationssystemen an.

Abb. 1.111 Theoretisches Modell eines „virtuellen Architekturbüros"

Der allgemeine Trend ist die „Generalisierung des Bauens"[39]; so lautete auch das Thema des 3. berufspolitischen Tages der BDB NRW, auf dem Architekten, Ingenieure und Unternehmer über die Zukunft ihrer Berufsstände nachdachten. Sie kamen zu folgenden Ergebnissen:
- Die „Generalisierung" führt zu „einem engeren Zusammenschluß der Baubeteiligten, z. B. in Form einer Aktiengesellschaft von mehreren Architekten und Ingenieuren".
- Das Internet kann sowohl positive als auch negative Auswirkungen auf dem Planungsmarkt haben; Beispiele dafür sind: Die Entwurfsarbeit kann ortsunabhängiger gestaltet werden, was sicherlich vorteilhaft ist, während die zu erwartende Auslagerung von „Entwurfsleistungen in Niedriglohnländer", das „Herunterladen von Entwürfen durch Bauherren" Nachteile mit sich bringen kann.
- Bei der Entwicklung des Nachwuchses sollte das breitgefächerte Studium beibehalten, „aber um Vertiefungsangebote ergänzt werden".

Eine Lehrveranstaltung Integrales Facility Management ist für den Studiengang Architektur dringend erforderlich geworden. Sie sollte im Vertiefungsstudium (8./9. Semester) eingeordnet und inhaltlich unter anderem von folgenden Komplexen geprägt werden:
- Grundlagen des integrierten Managements und anderer moderner Methoden des Managements,
- Projektsteuerung (HOAI, § 31),
- Projekt-(Bauprojekt-)Management,
- Integrales Facility Management als Management des Ganzheitlichen Bauens.

5.2 Ausblick

Die „Fabriken der Zukunft" werden „virtuelle Unternehmen" sein, die aus einem Netzwerk von Unternehmen bestehen und in der Lage sind, den Kunden ganzheitliche Lösungen (Systemlösungen) einschließlich weitreichender Serviceleistungen anzubieten. Nach einer Aussage des Vorsitzenden des Bundesvorstandes der Industrie, Hans-Olaf Henkel „wird es mehr und mehr virtuelle Firmen geben, deren Abteilungen nicht mehr durch Gänge, Flure und Fahrstühle verbunden sind, sondern durch den Information Highway"[40]. Die aus Amerika kommende Gesellschaftsform setzt sich in Europa (z. B. Partnerschaftsgesellschaftsgesetz für Freiberufler in Deutschland) immer mehr durch. „Auf Grund der Komplexität des Themas Facility Management, welches die Firma Facet mit der Erstellung von Betreiberkonzepten anbietet, eignet sich diese Gesellschaftsform besonders gut."[41]

In allen Phasen des Lebenszyklus von Bauwerken ist mehr Wert („Mehrwert") mit weniger Kosten zu schaffen, damit die Wettbewerbsfähigkeit erhalten bzw. ständig verbessert werden kann. Den Kunden muß ein einzigartiger Mehrwert, neben Qualität und Liefertreue, durch Ausschöpfen der Potentiale der Hochtechnologien (Informations-, Kommunikations-, Mikrosystemtechnik, Sensorik, Aktorik, neuartige Werkstoffe), bereitgestellt werden. „Derartige Mehrwerte oder Mehrwertdienste reichen von intelligenten Produktionssystemen mit Eigenschaften wie Teleoperation, Teleservice oder Telediagnose über intelligente Werkzeuge und umfassen darüber hinaus die Integration der Subsysteme zu einem intelligenten Gesamtsystem."[42] Mehrwertdienste und Mehrwertleistungen aus den Leistungsbereichen des Facility Managements werden den Bauherren von einigen Architekturbüros angeboten. Dazu gehören auch Beratungs- und Managementleistungen für das Betreiben, den Service usw. in der Nutzungsphase.

Beratungs- und Managementleistungen während der Initiierungs- sowie der Stillegungs- und Abrißphase sollten neben den zusätzlichen Leistungen in der Betriebsphase ebenfalls übernommen werden. Diese Leistungen und die neuen Anforderungen, die sich aus der theoretischen Konzeption des Integralen Computergestützten Bauens ableiten, gehen weit über die bekannten Leistungsbilder der Honorarordnung für Architekten und Ingenieure (HOAI) hinaus. Eine Neufassung der HOAI ist unumgänglich geworden.

---

[39] BDB-Landesverband Nordrhein-Westfalen, 3. Berufspolitischer Tag: „Generalisierung des Bauens: Ein Thema, das die Kollegen bewegt", 3. 8. 1997, in: DBZ, H. 11, 1997.
[40] Zitiert nach: O. V.: „Virtual Corporation", Zeitschrift Facility Management, H. 2, 1996, S. 10.
[41] Ebenda.
[42] Axel Kuhn/Gerhard Bandow: „Schlüsselfaktor Mehrwert", Zeitschrift INTEC, H. 4, 1997, S. 40–41.

1 D Werkvertrag und HOAI
Grundlagen und Vertragsgestaltung, Honorarmanagement und Vertragskündigung

Rechtsanwalt Dr. Marijan-Maximilian Lederer
(Partner der Kanzlei Kapellmann und Partner
Berlin, Düsseldorf, Frankfurt/M., Mönchengladbach, München)

Inhaltsverzeichnis

		Seite
1	Vertragsgestaltung bei Architekten-/Ingenieurverträgen	1.114
1.1	Rechtsnatur von Architekten- und Ingenieurverträgen / Werk- oder Dienstvertrag?	1.114
1.2	Die herrschende Meinung zur Einordnung von Architekten- und Ingenieurverträgen als Werk- oder Dienstvertrag	1.115
1.3	Die wesentlichen Konsequenzen der werkvertraglichen Einordnung von Architekten- und Ingenieurverträgen	1.115
1.4	Elemente der Geschäftsbesorgung in Architekten- und Ingenieurverträgen	1.116
1.5	Der Abschluss von Architekten- und Ingenieurverträgen	1.117
1.5.1	Formvorschriften, Kopplungsverbot	
	a) Form des Architektenvertrages	1.117
	b) Geltungsumfang des Schriftformerfordernisses	1.118
	c) Ausnahmefälle, in denen der Architektenvertrag selbst (nicht nur die Honorarvereinbarung) einer bestimmten Form bedarf	1.119
	d) Sonderfall Kopplungsverbot	1.119
1.5.2	Die honorarrechtlichen Probleme im Zusammenhang mit dem Vertragsabschluss im Einzelnen	1.120
	a) Die Akquisitionsphase: Ab wann bekommt der Architekt/Ingenieur Vergütung in der „Startphase"?	1.120
	b) Der Umfang beauftragter Architekten-/Ingenieurleistungen	1.121
	c) Darlegungs- und Beweislastbedingungen	1.122
1.5.3	Die HOAI als verbindliches Preisrecht – Umfang und Grenzen möglicher Honorarvereinbarungen mit dem AG	1.122
	a) Untergrenze anrechenbarer Kosten	1.122
	b) Obergrenze anrechenbarer Kosten	1.123
	c) Handlungsempfehlung	1.123

		Seite
	d) Gebundene Honorarvereinbarung	1.124
2	Der neue Einheitsarchitektenvertrag für Gebäude – regelungsbedürftige Punkte in Architektenverträgen Soll der Einheitsarchitektenvertrag in der Praxis verwendet werden oder ist es ratsam, Verträge individuell auszuhandeln?	1.129
2.1	Zur AGB-Gemäßheit des Einheitsarchitektenvertrages	1.129
2.2	Regelungsbedürftige Punkte in Architekten- und Ingenieurverträgen	1.130
2.3	Beispielhafte Architekten- und Ingenieurverträge aus der Praxis	1.133
2.3.1	Ingenieurvertrag Technische Gebäudeausrüstung	1.133
2.3.2	Generalplanervertrag	1.150
3	Architekten-Wettbewerb: Ansprüche des Architekten bei Auslobung eines Wettbewerbs nach GRW 1995	1.160
3.1	Änderungen in der GRW 1995	1.160
3.2	Geltungsbereich der GRW	1.160
3.3	Neueinführung kombinierter Wettbewerbe und Investorenwettbewerbe	1.160
3.4	Anspruch des Architekten auf Auftragserteilung und Folgen des Verstoßes hiergegen	1.160
4	Kündigung von Architekten- und Ingenieurverträgen	1.161
4.1	Wer kann wann kündigen?	1.161
4.2	Kündigung durch den AG	1.161
4.3	Kündigung durch den AN	1.162
4.4	Kündigungsfolgen	1.163
5	Honorarmanagement	1.165
5.1	Akquisition	1.166
5.2	Auftragserteilung	1.166
5.3	Auftragsdurchführung	1.167
5.4	Sonderthema: Bindung des Architekten an die Schlussrechnung	1.167

1 Vertragsgestaltung und Honorarsicherung bei Architekten-/Ingenieurverträgen

1.1 Rechtsnatur von Architekten- und Ingenieurverträgen – Werk- oder Dienstvertrag?

Die Frage nach der Rechtsnatur von Architekten- und Ingenieurverträgen ist von erheblicher Bedeutung für Vergütungs- und Haftungsfragen.

In Betracht kommt die Einordnung als Werk- oder Dienstvertrag.

Bei Werkverträgen schuldet der Auftragnehmer einen Erfolg; bei Dienstverträgen schuldet er eine Tätigkeit/Bemühen, unabhängig von dem Eintritt eines bestimmten Erfolges.

Hiervon ausgehend ist selbstverständlich das Gewährleistungs- und Haftungsrecht völlig verschieden.

Bei Werkverträgen steht man im Rahmen der Gewährleistung verschuldensunabhängig für den Eintritt des Erfolges während der Gewährleistungsfristen (grundsätzlich 2 Jahre, bei Bau- und Planerverträgen für Bauwerke 5 Jahre) ein.

Bei Dienstverträgen fehlt es an einem vergleichbaren Gewährleistungsrecht, da kein Erfolg geschuldet ist.

Für die Haftung im Dienstvertragsrecht, soweit sie in Betracht kommt, gilt die regelmäßige Verjährungsfrist (gem. § 195 BGB n.F. 3 Jahre).

Völlig unterschiedlich sind weiter die Voraussetzungen, unter denen der Anspruch auf die vereinbarte Vergütung entsteht. Beim Werkvertragsrecht ist die Vergütung abhängig von der (mängelfreien) Erfüllung der vertraglich geschuldeten Leistung, beim Dienstvertragsrecht wird die Vergütung für die geleisteten Dienste (Tätigkeit) erbracht. Ebenfalls unterschiedlich geregelt sind Kündigung und Kündigungsfolgen.

Insoweit wird auf die **Abb. 1.114** verwiesen.

	Werkvertrag	**Dienstvertrag**
Erfolgshaftung	+	–
● Gewährleistung	Mängelbeseitigung ohne Verschulden	–
● Haftung/ Schadensersatz	● Fehlender Erfolgseintritt und Verschulden	● Unsorgfältige Erfüllung der übernommenen Tätigkeiten + Verschulden
Verjährungsfrist	● 2 Jahre / 5 Jahre	● 3 Jahre
● Vergütung	● abhängig von der Erbringung des geschuldeten Erfolges	● Erbringen der vereinbarten (erfolgsunabhängigen) Tätigkeit
● Vertragsbeendigung	● Kündigung bei Beibehaltung des Werklohnanspruchs, § 649 S. 2 BGB	● Kündigung gemäß vertraglichen oder gesetzlichen Kündigungsfristen

Abb. 1.114 Rechtsnatur von Architekten-/Ingenieurverträgen

1.2 Die herrschende Meinung zur Einordnung von Architekten- und Ingenieurverträgen als Werk- oder Dienstvertrag

Die herrschende Meinung nimmt überwiegend an, dass es sich bei Architekten- und Ingenieurverträgen um Werkverträge handelt (ständige Rechtsprechung seit BGHZ 31, 224).

Maßgeblich getragen wird dieses Ergebnis von der Überlegung, dass der Architekt/Ingenieur die Bau-/Anlagenerrichtung planerisch bis zum Ende = Erfolg (Fertigstellung des Baues/der Anlage) begleitet.

Der Architekt/Ingenieur schuldet im Rahmen der ihm übertragenen Planungsaufgaben alle notwendigen planerischen Leistungen, damit der Bau/die Anlage mängelfrei errichtet wird.

Insoweit ist es nur folgerichtig und konsequent, dass die Leistung des Architekten/Ingenieurs seinem Kerngehalt nach erfolgsbezogen und nicht lediglich tätigkeitsbezogen qualifiziert wird.

Dabei ist die schlussendliche Errichtung des Baues/der Anlage nur der letzte von mehreren bereits vorher zu erzielenden Erfolgen, die der Architekt/Ingenieur (bei Vollbeauftragung) schuldet. Zur Errichtung des Bauvorhabens muss der Architekt/Ingenieur Teilerfolge erbringen, und zwar:

- Erstellung eines die Vorstellung des AG in architektonischer wie kostenmäßiger Hinsicht umsetzenden Entwurfes
- Einholung der notwendigen behördlichen Genehmigungen (Baugenehmigung etc.)
- Durchführung der für die Bauerrichtung notwendigen Vergaben/Beauftragungen von Werkunternehmern
- Überwachung der Bauerrichtung auf Übereinstimmung mit den planerischen Vorgaben und auf Mängelfreiheit
- Erstellung der Dokumentation.

Hiervon ausgehend wird in ständiger Rechtsprechung der Architekten- und Ingenieurvertrag werkvertraglich qualifiziert, wenn

– das volle Leistungsbild übertragen wird (Vollarchitektur, vgl. BGHZ 45, 372)
– der Architekt beginnend mit der Vorbereitung der Vergabe oder lediglich mit der Objektüberwachung beauftragt wird (BGHZ 62, 204 sowie BGH, BauR 1982, 79).

Lediglich dann, wenn der beauftragte Architekt/Ingenieur zu Planungsleistungen eines Dritten oder des Auftraggebers unterstützende Leistungen erbringt (z. B. im Rahmen des Entwurfs oder der Koordinierung), für die Herbeiführung des Erfolges also der Auftraggeber selber oder ein Dritter letztendlich verantwortlich ist, wird man einen Dienstvertrag annehmen können.

1.3 Die wesentlichen Konsequenzen der werkvertraglichen Einordnung von Architekten- und Ingenieurverträgen

Der Architekt/Ingenieur schuldet zu der vereinbarten Vergütung die Herbeiführung des nach dem Vertrag geschuldeten Erfolges.

In dieser Aussage stecken bereits die wesentlichen Elemente und damit Konsequenzen aus der werkvertraglichen Einordnung von Architekten- und Ingenieurverträgen:

- Die Herbeiführung des Werkerfolges ist für die Erfüllung des Vertrages entscheidend, nicht der dafür notwendige Aufwand. Der Aufwand für die Herbeiführung des Werkerfolges kann gering oder sehr hoch sein. In beiden Fällen bleibt das Honorar der Architekten/Ingenieure grundsätzlich unverändert. Eine Aufwandsbeschränkung findet in den Gebührentatbeständen der HOAI (§§ 15, 64, 73) nicht statt.
  Das ist der Grund, warum dem Architekten/Ingenieur, dem die Vollplanung übertragen worden ist, **kein** Vergütungsanspruch zusteht, wenn er keine genehmigungsfähige Planung in der Lage ist zu erstellen (vgl. OLG Düsseldorf, BauR 1997, 159 ff.) oder aber die Planung des Architekten/Ingenieurs den vom Auftraggeber verbindlich vorgegebenen Kostenrahmen nicht einhält (vgl. OLG Düsseldorf, IBR 1997, 509).

- Der geschuldete Werkerfolg wird durch den Vertrag definiert. Im Bauvertragsrecht sprechen wir insoweit von Bausoll; bei Planerverträgen würde es sich anbieten, vom **Planungssoll** zu sprechen.
- Das Planungssoll wird von den Parteien gemäß den vertraglichen Festlegungen definiert. Zu diesem Zweck muss der Vertrag zur Ermittlung des Planungssolls ausgelegt werden. Es gelten die allgemeinen Auslegungsgrundsätze, insbesondere das Totalitätsprinzip, d. h. der Grundsatz, wonach alle vertraglichen Unterlagen und Umstände, unter denen der Vertrag geschlossen wurde, zur Ermittlung und Auslegung des Vertrages heranzuziehen sind.

Die HOAI ist dabei allenfalls nachrangig zu berücksichtigen, da sie als Preisrecht ausschließlich für die Honorierung von Planungs- und Ingenieurleistungen einschlägig ist.

Werkleistung/BGB	Honorar/HOAI
● Maßgeblich für die Feststellung, ob überhaupt Vergütung geschuldet.	● Maßgeblich für die Vereinbarung zur Höhe des Honorars (Mindest-Höchstsätze; Schriftform).
● Entstehung des Honoraranspruchs Maßgeblich allein die Erfüllung des Planungssolls.	● Aufwandsunabhängige Leistung, bis Planungssoll erreicht ist.
● Erbringung des Planungssolls in abnahmereifer Form (d.h. mängelfrei). Anerkannte Regeln der Technik stellen dabei nur den Mindeststandard der Vertragsgerechtigkeit des Planungssolls dar (BGH BauR 1995, 230).	● Lediglich subsidiäre Geltung der Leistungskataloge der HOAI zur Ermittlung der geschuldeten Leistung.
● Gemäß werkvertraglichen Grundsätzen verschuldensunabhängige Haftung zur Erzielung des Planungssolls.	● Fälligkeit des Honorars: Prüffähige Rechnung unter Beachtung vor allem von § 10 HOAI (DIN 276!).

Abb. 1.116 Folgen der werkvertraglichen Einordnung von Architekten- und Ingenieurverträgen

1.4 Elemente der Geschäftsbesorgung in Architekten- und Ingenieurverträgen

Neben der Herbeiführung des sich über das vertragliche Planungssoll definierenden Werkerfolges schuldet der Architekt/Ingenieur auch geschäftsbesorgende Tätigkeiten.

Hierzu gehören Aufklärungs- und Beratungspflichten, die abhängig von dem zu planenden Objekt und der Person des Auftraggebers (Projekterfahrenheit des Auftraggebers) sind. Soweit der Architekt/Ingenieur vertragsgemäß die Pflichten des AG gegenüber Dritten wahrnimmt, ist er Sachwalter der Interessen des Auftraggebers.

Zu den Sachwalterpflichten gehören:

- Beratung des AG zur Notwendigkeit der Einschaltung von Sonderfachleuten gemäß den objektspezifischen Notwendigkeiten: wichtig bei der Frage, ob Bodengutachter, Fassadenplaner, Bauakustiker, Schnittstellenkoordinatoren etc. beauftragt werden sollen. Wird mangels Empfehlung des Architekten/Ingenieurs ein objektiv notwendiger Sonderfachmann nicht eingeschaltet, haftet der Architekt/Ingenieur für Mängel in der Planung/Bauerrichtung, die durch Einschaltung des Sonderfachmanns vermieden worden wären, dem AG auf Schadensersatz.
- Beratung des AG über die Art der Bauvergabe (z. B. GU-Vergabe gegenüber Einzelvergabe) und Auswahl der Bauhandwerker

- Belehrung über Eigenschaft und Risiken neuer/alternativer Baustoffe oder Baukonstruktionsverfahren
- Beratung des AG im Bereich der Kostenverfolgung/-deckelung
- Berücksichtigung vertragsrechtlicher Interessen des AG bei Abfassung von Bauverträgen für den AG (z. B. bei den Verjährungsfristen)
- Beratung zur Erlangung öffentlicher Fördermittel
- Berücksichtigung von Nachbarrechtsverhältnissen
- Beratung und Durchsetzung der auftraggeberseitigen Interessen vor, bei und nach der Abnahme von Werkleistungen
- Maßnahmen und Beratung zur Verfolgung und Durchsetzung der Mängelbeseitigungsansprüche (z. B. bei drohendem Ablauf der Gewährleistungsfristen, Einschaltung eines Anwalts zur Einleitung verjährungsunterbrechender Maßnahmen).

1.5 Der Abschluss von Architekten- und Ingenieurverträgen

1.5.1 Formvorschriften, Kopplungsverbot

a) Form des Architektenvertrages

Der Architektenvertrag bedarf ebenso wie jeder gewöhnlicher Werkvertrag (s. o.) keiner bestimmten Form; d. h., er kann auch **mündlich** wirksam abgeschlossen werden.

Allerdings wird über § 4 HOAI für den Teil des Architektenvertrages, der die Vereinbarung des Honorars betrifft, eine bestimmte Form vorgeschrieben. § 4 HOAI lautet:

„Vereinbarung des Honorars

(1) Das Honorar richtet sich nach der schriftlichen Vereinbarung, die die Vertragsparteien bei Auftragserteilung im Rahmen der durch diese Verordnung festgesetzten Mindest- und Höchstsätze treffen.

...

(4) Sofern nicht bei Auftragserteilung etwas anderes schriftlich vereinbart worden ist, gelten die jeweiligen Mindestsätze als vereinbart."

Nach § 4 HOAI kann eine von den Mindestsätzen der HOAI abweichende Vereinbarung des Honorars folglich nur
– schriftlich und
– bei Auftragserteilung

getroffen werden.

Um der Schriftform als Voraussetzung einer wirksamen, die Mindestsätze der HOAI überschreitenden Honorarvereinbarung zu genügen, ist es in jedem Fall (selbstverständlich) ausreichend,
   wenn die Vertragsparteien die Vereinbarung über das Honorar eigenständig unterschreiben (OLG Köln, BauR 1986, 467).
Eine Vertragsurkunde mit beiden Unterschriften der Vertragsparteien ist dabei nicht notwendig. Es reicht aus, wenn jede Partei die für sie bestimmte Vertragsurkunde unterzeichnet.
Nicht ausreichend ist es, wenn eine Vertragspartei lediglich die Honorarvereinbarung schriftlich, sei es durch einseitige Auftragsbestätigung oder durch kaufmännisches Bestätigungsschreiben, „bestätigt" (BGH, BauR 1989, 222). Selbst wenn die eine Vertragspartei ein schriftliches Angebot macht und die andere Seite schriftlich bestätigt, soll dies nach Auffassung des BGH (BauR 1994, 131) nicht ausreichend sein, um der Schriftformvoraussetzung zu genügen (hiergegen zu Recht Locher/Koeble/Frik, Kommentar zur HOAI, 7. Aufl., Rz. 28 zu § 4).

Handlungsempfehlung:
Bei der strengen Auslegung des Schriftformerfordernisses einer Honorarvereinbarung gibt es nur eine richtige, weil sichere Vorgehensweise:

Die schriftlich zu fertigende Honorarvereinbarung muss von beiden Parteien auf derselben Urkunde gegengezeichnet werden.

Folge einer unwirksamen Honorarvereinbarung:
Ist dem Schriftformerfordernis nicht Genüge getan, so ist die Honorarvereinbarung unwirksam. Es gelten gemäß der Fiktion von **§ 4 Abs. 4 HOAI** die jeweiligen Mindestsätze als vereinbart. Der Vertrag bleibt im Übrigen in allen Punkten gültig.

b) Geltungsumfang des Schriftformerfordernisses

Das Schriftformerfordernis gilt für die Vereinbarung des Honorars u. a. hinsichtlich

- der Grundleistungen,
- der Besonderen Leistungen (es sei denn, sie werden isoliert vereinbart),
- Zusätzlicher Leistungen, die zu den Grundleistungen hinzutreten (strittig, vgl. Weyer, BauR 1995, 446. 448),
- eines erhöhten Umbauzuschlags nach § 24 HOAI,
- einer Nebenkostenpauschale nach § 7 Abs. 3 Satz 2 HOAI.

Grundsätzlich gilt das Schriftformerfordernis bei Honorarvereinbarungen aller Art, die eine Abweichung von den Mindestsätzen zum Inhalt haben, sei es durch

- Einordnung in eine falsche Honorarzone,
- die Vereinbarung zu niedriger oder zu hoher anrechenbarer Kosten,
- die Vereinbarung zu niedriger Prozentsätze aus den Leistungsbildern für die betreffenden Leistungsphasen (vgl. Landgericht Nürnberg, BauR 1993, 105),
- durch Zusammenfassen eigentlich getrennt abzurechnender Objekte oder Tätigkeiten (§ 20 I HOAI) etc.

Das Schriftformerfordernis erstreckt sich allerdings nur auf den Geltungs- bzw. Regelungsbereich der HOAI.

Der Regelungsbereich der HOAI wird bestimmt durch **§ 1 HOAI**, der auf die einzelnen Leistungsbilder sowie die gesonderten Bestimmungen der HOAI verweist, welche eine Regelung des Honorars vornehmen.

§ 1 HOAI hat folgenden Wortlaut:

„Anwendungsbereich

Die Bestimmungen dieser Verordnung gelten für die Berechnung der Entgelte für die Leistungen der Architekten und der Ingenieure (Auftragnehmer), soweit sie durch Leistungsbilder oder andere *Bestimmungen dieser Verordnung erfasst werden."*

Die HOAI und damit auch das Schriftformerfordernis gilt demgemäß nicht für alle diejenigen Teile der Vereinbarung in einem Architekten-/Ingenieurvertrag, der den Vergütungsteil für die beauftragten Leistungen entweder nicht betrifft oder aber die Vergütung für Leistungen regelt, die von den Leistungsbildern der HOAI nicht erfasst sind.

Zu letzteren gehören beispielsweise

- die in Auftrag gegebene reine Beratungstätigkeit des Architekten,
- die Beauftragung mit Gutachten, die nicht unter § 33 HOAI fallen,
- die Erbringung von Leistungen nicht in der HOAI erfasster Fachingenieure, wie z. B. die Planung von Leitsystemen für den Verkehr in Einkaufsmärkten, Krankenhäusern, Kongresscentern etc. (vgl. Hesse/Korbion/Mantscheff/Vygen, HOAI-Komm., § 1 Rz. 46),
- sowie die Planungsleistungen, mit denen Generalunter- bzw. -übernehmer beauftragt werden (vgl. BGH, ZfBR 1997, 250 ff.).

Das Schriftformerfordernis gilt weiter nicht für folgende Sachverhalte:

- Vereinbarung, wonach die Architektenleistung **kostenlos** oder auf Risiko des Auftragnehmers erbracht werden soll
- Vereinbarungen, bei denen die Vergütungspflicht von einer **Bedingung** abhängig gemacht wird
- Vereinbarung einer Kompensationsabrede zwischen Architekten mit dem Ziel, eine Kostenlosigkeit der wechselseitig zu erbringenden Leistungen zu regeln.

1.118

c) Ausnahmefälle, in denen der Architektenvertrag selbst (nicht nur die Honorarvereinbarung) einer bestimmten Form bedarf

Es gibt besondere gesetzliche Regelungen, die bei bestimmten Personen, die Vertragspartner von Architekten/Ingenieuren sein können, eine bestimmte Form für den Vertragsabschluss vorschreiben.

Als wichtigster Fall wäre hier der Vertragsschluss mit **Gemeinden** zu nennen. Diese bedürfen gemäß den Gemeindeordnungen der Länder durchweg immer der Schriftform sowie häufig der Unterzeichnung durch den Bürgermeister selber unter Beifügung seiner Amtsbezeichnung und des Dienstsiegels. Werden diese Formvorschriften nicht eingehalten, so sind die Verträge nach herrschender Meinung (BGH, BauR 1994, 363) unwirksam wegen Überschreitung der Vertretungsmacht durch den Vertragspartner.

d) Sonderfall Kopplungsverbot

Nach der allgemeinen Regelung im BGB (§ 134) können Verträge nicht nur unwirksam und damit nichtig sein, weil sie einer gesetzlichen Form nicht Genüge leisten, sondern auch dann, wenn sie gegen ein gesetzliches Verbot verstoßen.

Der wichtigste Fall des Verstoßes gegen ein gesetzliches Verbot im Bereich des Architekten-/Ingenieurrechts ist das sogenannte Kopplungsverbot, das sich in jüngster Zeit zunehmender Beliebtheit in der Rechtsprechung erfreut, obgleich es rechtspolitisch weitgehend als überholt gilt.

Das Kopplungsverbot ist im Gesetz zur Verbesserung des Mietrechts und zur Begrenzung des Mietanstiegs sowie zur Regelung von Ingenieur- und Architektenleistungen (MRVG) geregelt. Art. 10 § 3 MRVG lautet:

"Unverbindlichkeit der Kopplung von Grundstückskaufverträgen mit Ingenieur- und Architektenverträgen

Eine Vereinbarung, durch die der Erwerber eines Grundstücks sich im Zusammenhang mit dem Erwerb verpflichtet, bei der Planung oder Ausführung eines Bauobjektes oder dem Grundstück die Leistungen eines bestimmten Ingenieurs oder Architekten in Anspruch zu nehmen, ist unwirksam. Die Wirksamkeit des auf den Erwerb des Grundstücks gerichteten Vertrages bleibt unberührt."

Dieses gesetzliche Verbot, das 1971 bereits eingeführt worden ist, geht auf einen Zeitgeist zurück, bei dem die Meinung vorherrschte, man müsse bei dem angeblich knappen Angebot an Baugrundstücken einer monopolartigen Stellung des Architekten oder Ingenieurs entgegenwirken.

Obgleich diese Zielsetzung des Gesetzes in heutiger Zeit wohl überholt sein dürfte, ist diesem gesetzlichen Verbot wegen seiner Rechtsfolgen, die im Falle des Verstoßes eintreten, immer noch große Beachtung zu schenken.

Ist ein Vertrag wegen Verstoßes gegen ein Kopplungsverbot unwirksam, so kann der Architekt/Ingenieur nicht das vertraglich vereinbarte Honorar verlangen, da dieses kraft Unwirksamkeit des Vertrages nicht wirksam vereinbart worden ist. Auch ein Rückgriff auf das Rechtsinstitut der Geschäftsführung ohne Auftrag oder der ungerechtfertigten Bereicherung ist nicht in jedem Fall möglich.

Kann beispielsweise der Erwerber für sich behaupten, er habe die Architektenleistungen nur beauftragt, um an das Grundstück zu kommen, so dürften die Rechtsgrundsätze der Geschäftsführung ohne Auftrag bereits nicht eingreifen.

Ein Rückgriff auf die Rechtsgrundsätze der ungerechtfertigten Bereicherung scheidet aus, wenn der Auftraggeber die Leistungen nicht verwertet hat (vgl. BGH, BauR 1994, 651).

Das Kopplungsverbot findet Anwendung, wenn

der Erwerber eines Grundstücks (gleichgültig ist die Person des Erwerbers) sich zu einer Inanspruchnahme von Leistungen eines bestimmten Architekten verpflichtet.

Nach herrschender Meinung ist die Bindung an einen Architekten auch dann im Zusammenhang mit dem Erwerb des Grundstücks unzulässig, wenn der Architekt als Generalübernehmer oder als Bauträger auftritt (BGH, BauR 1991, 114).

Im Zusammenhang mit dem Erwerb des Grundstücks steht die Verpflichtung zur Inanspruchnahme von Architektenleistungen dann,

> wenn der Veräußerer den Verkauf des Grundstücks davon abhängig macht, dass der Erwerber einem bestimmten Architekten den Auftrag zusagt.

Einen Verstoß gegen das Kopplungsverbot nimmt die herrschende Meinung bereits dann an, wenn ein Erwerber gegen den Veräußerer die Verpflichtung eingeht, einen bereits abgeschlossenen Architektenvertrag von diesem zu übernehmen (BGH, BauR 1993, 104). Grundsätzlich kommt es nicht darauf an, ob der Architekt das Grundstück selbst an der Hand hatte oder eine andere Person.

Voraussetzung der Nichtigkeit ist auch nicht, dass der Grundstückserwerbsvertrag und der Architektenvertrag gleichzeitig abgeschlossen worden sind (BGH, BauR 1975, 139).

Lediglich dann, wenn der Erwerber das Grundstück ohne Verpflichtung, Leistungen eines bestimmten Architekten zu beauftragen oder zu übernehmen, erwerben kann, fehlt es an einer Kopplung. Letzten Endes kommt es darauf an, dass der Erwerber nach Erwerb des Grundstücks frei in der Wahl seines Architekten ist.

Deshalb ist es im Ergebnis unbedenklich, wenn sich in dem Grundstückskaufvertrag der Erwerber verpflichtet, einen bestimmten Betrag als Abstandszahlung für die bisherige Beauftragung des Architekten durch den Verkäufer zu leisten (BGH, BauR 1978, 230).

1.5.2 Die honorarrechtlichen Probleme im Zusammenhang mit dem Vertragsabschluss im Einzelnen

In der Praxis immer wieder bedeutsam ist die Frage, wann man vom Zustandekommen eines Architektenvertrages mit welchem Leistungsumfang ausgehen kann, wenn die Vertragsparteien nicht den oben skizzierten klaren Weg der gemeinsamen Unterzeichnung eines schriftlichen Architektenvertrages gegangen sind, aus dem sich sowohl **der beauftragte Leistungsumfang** (Planungssoll) als auch die **vereinbarte Vergütung** im Einzelnen ergibt.

Obige Fragestellung ist beispielsweise dann von großer Bedeutung, wenn es nach umfangreichen „Vorleistungen" zum Zwecke der Akquisition von Seiten des Architekten nicht zu dem gewünschten schriftlichen Vertragsabschluss gekommen ist.

a) Die Akquisitionsphase: Ab wann bekommt der Architekt/Ingenieur Vergütung in der „Startphase"?

Wann kann der Architekt für seine in der Akquisitionsphase erbrachten Vorplanungsleistungen eine Vergütung verlangen?

Folgender Beispielfall soll die Problematik erläutern:

Der potentielle AG bittet die Architekten um die Fertigung und Vorlage aussagekräftiger Vorentwurfszeichnungen und Unterlagen für ein Parkhaus, da er sich mit dem Gedanken trägt, auf einem bestimmten Grundstück ein Parkhaus mit mindestens 400 Einstellplätzen zu bauen. Hierbei soll auch in Betracht gezogen werden, das Parkhaus multifunktional, z. B. mit einem Kino, auszustatten. Die Architekten erbringen umfangreiche Tätigkeiten und legen einen fast baureifen Entwurf für ein Parkhaus mit Kino vor. Nach Erbringung dieser Leistungen entschließt sich der potentielle AG allerdings entgegen seinen früheren Absichten, in keinem Fall ein Kino in dem möglicherweise zu erstellenden Parkhaus zu berücksichtigen, sondern vielmehr anstelle des Kinos Büro- und Geschäftsräume. Die Architekten erbringen erneut umfangreiche Planungsleistungen, die diesem Wunsch gerecht werden. In einem dritten Anlauf bittet der potentielle AG darum, einen weiteren aussagekräftigen Entwurf vorzulegen, der lediglich ein Parkhaus vorsieht ohne jede weitere Nutzungsmöglichkeit.

Aus nicht näher nachvollziehbaren Gründen entscheidet sich potentielle AG anschließend, keines der vorgestellten Varianten zu bauen. Vielmehr nimmt er von dem Bauvorhaben insgesamt Abstand.

Frage:

Stehen den Architekten für die von ihnen erbrachten Vorentwurfsleistungen Honoraransprüche zu? Wenn ja, in welcher Höhe?

Fallvariante:

Wie wäre der obige Fall zu entscheiden, wenn die Architekten nach der ersten geplanten Version (Parkhaus und Kino) dem potentiellen AG ein schriftliches Angebot über die nunmehr von ihm gewünschte Planungsvariante hätten zukommen lassen und dieser auf dieses Angebot nicht reagiert?

Regelmäßig, so auch in dem obigen Fall, ist es so, dass der Wunsch des AG, ein bestimmtes Objekt zu bauen, noch nicht endgültig in allen Einzelheiten feststeht, regelmäßig am Anfang noch unklar ist, wie das Objekt nun konkret aussehen soll, welche Nutzeranforderung es im Einzelnen erfüllen soll und mit welchem Architekten der Bauherr nun tatsächlich beabsichtigt, das Objekt zu realisieren.

In dieser Akquisitionsphase erbringt der Architekt mehr oder weniger umfangreiche Planungsleistungen, die bereits sehr kostspielig sein können, um den begehrten Auftrag für das Objekt zu erlangen.

Die Grenzziehung zwischen Auftrag und Akquisition lässt sich – dies vorweg – nicht allgemein verbindlich festlegen. Sie ist von vielen Einzelfragen abhängig und immer einzelfallbezogen zu beurteilen, weshalb es eine recht umfangreiche Jurisprudenz zu diesem Thema gibt.

Folgende aus der Falljurisprudenz sich ergebende Einzelaspekte lassen sich hervorheben:

- Bei einer lediglich vorbereitenden, in die **Grundlagenermittlung** einzuordnenden Tätigkeit des Architekten wird man das Zustandekommen eines entgeltlichen Planungsauftrages dann, wenn der Architekt nicht ausdrücklich auf die Entgeltlichkeit seiner Tätigkeit hingewiesen hat, zu verneinen haben (vgl. KG BauR 1988, 621).

- Erbringt der Architekt auf Wunsch des AG darüber hinausgehende Leistungen, die bereits der **Vorplanung** zuzurechnen sind, kommt es entscheidend auf den Umstand der von ihm erbrachten Leistungen an. Eine Grenzziehung ist nur schwer möglich. Der BGH (BauR 1987, 454) entschied seinerzeit einen Fall, in dem er eine entgeltliche Tätigkeit des Architekten bejahte, der bereits Bestandspläne, ein Aufmaß des Gebäudes, Vorplanungsleistungen, eine Baukostenermittlung und eine Wirtschaftlichkeitsberechnung erstellt hatte. Entscheidend kommt es darauf an, dass die Leistungen des Architekten nicht so geringfügig sind, dass der Bauherr ohne entsprechende Klarstellung von Seiten des Architekten davon ausgehen durfte, diese Leistungen seien unentgeltlich (vgl. auch OLG Hamm, NJW-RR 1986, 1280). Dabei wird man sagen können, dass der Schwellenwert zu einem entgeltlichen Auftrag bei Leistungen im Bereich der Vorplanung dann überschritten wird, wenn die Architekten auf Wunsch des Bauherrn eine Kostenschätzung nach DIN 276 erbringen (ebenso Locher/Koeble/Frik, 7. Aufl., Einl. 31).

  Hat der Architekt im vorgenannten Sinne umfangreiche Vorplanungsleistungen erbracht, so scheitert die Vergütungspflicht seitens des Bauherrn nicht daran, dass er sich nunmehr dazu entscheidet, das Bauvorhaben nicht durchzuführen (vgl. Locher/Koeble/Frik, a. a. O.).

- Sind bereits Leistungen aus der **Entwurfsplanung** erbracht worden, so gibt es nach herrschender Meinung mangels gegenteiliger vertraglicher Absprachen keine Zweifel mehr daran, dass in diesem Fall keine lediglich geringfügigen Leistungen vorliegen, weshalb von einer vergütungspflichtigen Tätigkeit des Architekten ausgegangen werden kann (OLG Hamm, BauR 1990, 636).

b) Der Umfang beauftragter Architekten-/Ingenieurleistungen

Mit obigen Ausführungen ist allerdings noch nicht die Frage beantwortet, mit welchem Leistungsumfang nun der Architekt beauftragt worden ist. Diese Frage ist von ganz erheblicher Bedeutung dann, wenn der AG sich nach Erbringung der Vorplanungs- bzw. Entwurfsplanungsleistungen dazu entschließt, das Objekt nicht zu realisieren. Sollte der Architekt mit der **Vollplanung** in diesen Fällen bereits beauftragt worden sein, so stände ihm in diesem Falle für die noch zu erbringenden Leistungsphasen das vereinbarte Entgelt abzgl. der von ihm ersparten Aufwendungen bzw. dessen, was er statt dessen erwirkt oder böswillig zu erwerben unterlässt, über § 649 Satz 2 BGB zu.
(⇒ Kündigung)

Es gilt folgender Grundsatz:

Eine wie auch immer geartete Vermutung für die Übertragung der Vollarchitektur existiert nicht.

Es kommt deshalb auch hier ganz entscheidend auf den konkreten Einzelfall an. Ausschlaggebend ist, ob der Architekt davon ausgehen durfte, der AG werde das Objekt (ausschließlich) mit ihm realisieren. Zweifel an der Realisierung, beispielsweise weil die Finanzierung nicht gesichert ist, sprechen bereits gegen einen Vollauftrag (vgl. OLG Düsseldorf, VersR 1973, 1150). Immer dann, wenn der AG verständliche Gründe dafür vortragen kann, dass er zunächst nur eine oder einzelne Leistungsphasen dem Architekten übertragen wollte, um dann zu entscheiden, ob er den Architekten mit weiteren Leistungsphasen nach § 15 HOAI beauftragt, steht dies einer Beauftragung mit der Vollarchitektur entgegen (vgl. BGH, BauR 1980, 84).

Legt man diese Jurisprudenz dem obigen Beispielfall zugrunde, so wird man eine Vergütungspflicht dann, wenn die Vorplanungsleistungen umfangreich und kostenintensiv waren, bejahen können. Dies erst recht, wenn, wie in der Fallvariante, die Architekten vor Erbringung der zweiten Planvariante ein schriftliches Angebot dem AG überreicht haben. Hiermit haben sie schlüssig zum Ausdruck gebracht, dass sie für ihre Planungsleistungen eine Vergütung beanspruchen.

Dabei ist im Ergebnis unerheblich, ob sich der AG nun zu diesem Angebot geäußert hat oder nicht. Im Hinblick auf den Umstand der Beauftragung wird man allerdings angesichts der Unsicherheit des AG, das Bauvorhaben zu realisieren, davon ausgehen müssen, dass lediglich eine Beauftragung bis einschließlich Leistungsphase 2 des § 15 HOAI erfolgt ist.

c) Darlegungs- und Beweislastbedingungen

Es gilt folgender Grundsatz:

Der Architekt/Ingenieur, der für seine Leistungen Vergütung beansprucht, hat alle Voraussetzungen für die Vergütungspflichtigkeit seiner Leistung darzulegen und zu beweisen.

Das heißt, er hat zu beweisen, dass „klar" war, dass seine Leistungen vom AG zu vergüten waren und nicht lediglich als „Morgengabe" im Rahmen der Akquisition verstanden werden durften.

Gleiches gilt auch für etwaige **Bedingungen**, die die Honorarpflicht für die Architektenleistungen betrifft.

Derartige Bedingungen können wirksam **mündlich** vereinbart werden. Folgender Beispielfall zur Erläuterung:

Der potentielle AG fordert die Architekten auf, für sein Bauvorhaben Leistungen bis zur Genehmigungsplanung zu erbringen. Für den Fall, dass sich ein Erwerber für das Objekt nach Vorlage der Baugenehmigung findet, soll das Objekt realisiert werden. Die Architekten erbringen die Planungsleistungen bis einschließlich Leistungsphase 4. Zur Realisierung des Bauvorhabens kommt es nicht, weil sich kein Erwerber findet. Die Architekten rechnen über ihre Leistungen ab. Der potentielle AG verweigert die Zahlung mit dem Hinweis darauf, zwischen ihm und den Architekten sei vereinbart worden, dass diese nur dann eine Vergütung für ihre Leistungen erhalten, wenn das Objekt auch realisiert würde.

Die Architekten bestreiten eine derartige Vereinbarung.

Erhalten die Architekten die in Rechnung gestellte Vergütung für ihre Planungsleistungen?

Die Frage ist zu bejahen dann, wenn den **Architekten** der Beweis gelingt, dass die von dem AG behauptete Bedingung für die Honorarzahlung **nicht** vereinbart worden ist.

Die Beweislast für das Fehlen der von dem AG behaupteten aufschiebenden Bedingung für den Vertragsschluss trifft nach herrschender Meinung den Auftragnehmer und nicht den Auftraggeber (vgl. BGH NJW 1985, 497; Locher/Koeble/Frik, Einl. 33).

Können die Architekten den Beweis nicht erbringen oder ist für das Gericht nach Beweisaufnahme nicht klar, ob die Behauptung des AG hinsichtlich der Vereinbarung einer aufschiebenden Bedingung zutreffend ist oder nicht (non liquet), so wird die Honorarklage der Architekten abgewiesen.

1.5.3 Die HOAI als verbindliches Preisrecht – Umfang und Grenzen möglicher Honorarvereinbarungen mit dem AG

a) Untergrenze anrechenbarer Kosten

§ 16 Abs. 2 HOAI bestimmt für **Architektenleistungen bei Gebäuden und raumbildenden Ausbauten**, dass bei anrechenbaren Kosten von unter 25 565 Euro ein Pauschalhonorar oder ein

Zeithonorar nach § 16 HOAI berechnet werden darf, höchstens jedoch das in der HOAI für anrechenbare Kosten von 25 565 Euro festgesetzte Höchsthonorar. Es besteht also freie Vereinbarkeit des Honorars bis zu den Höchstsätzen, wobei allerdings eine schriftliche Honorarvereinbarung bei Auftragserteilung erforderlich ist (s. o.).

b) Obergrenze anrechenbarer Kosten

Wesentlich bedeutsamer ist die Vorschrift des **§ 16 Abs. 3 HOAI**, wonach das Honorar für **Gebäude und raumbildende Ausbauten**, deren anrechenbare Kosten über 25 564 594 Euro liegen, frei vereinbart werden kann. Bei entsprechend hohen anrechenbaren Baukosten besteht also keinerlei Honorarbindung an die Mindest- oder Höchstsätze der HOAI. Es handelt sich hierbei um eine insbesondere für mittlere und größere Projekte relevante Vorschrift, da die anrechenbaren Baukosten in solchen Fällen den Grenzbetrag häufig überschreiten.

Gebäude und raumbildende Ausbauten	§ 16 II + III: Anrechb. Kosten < 25 565 Euro oder > 25 564 594 Euro
Freianlagen	§ 17 I + II: Anrechb. Kosten < 20 452 Euro oder > 1 533 876 Euro
Ing.-Leistungen und Ingenieurbauwerke	§ 56 I + II: Anrechb. Kosten < 25 565 Euro oder > 25 564 594 Euro
Tragwerksplanung	§ 65 I + II: Anrechb. Kosten < 10 226 Euro oder > 15 338 756 Euro
Techn. Gebäudeausrüstung	§ 74 I + II: Anrechb. Kosten < 5 113 Euro oder > 3 834 689 Euro

Abb. 1.123 Möglichkeiten freier Honorarvereinbarungen nach der HOAI, geordnet nach Architekten- und Ingenieurleistungen

Nicht ganz unbestritten ist die Frage, ob bei Überschreitung des Grenzbetrages ein Honorar vereinbart werden kann, welches unterhalb der Mindest-/Höchstsätze der HOAI für bis zu 25 564 594 Euro liegt. Die herrschende Meinung (vgl. Locher/Koeble/Frick, HOAI, Rn. 11 zu § 16; Jochem, HOAI, 3. Aufl., Rn. 3 zu § 16; Hesse/Korbion/Mantscheff/Vygen, HOAI, 5. Aufl. Rn. 8 zu § 16) macht mit ihrem Grundsatz der freien Honorarvereinbarung in diesen Fällen Ernst und lässt eine solche Vereinbarung zu. Lediglich eine Mindermeinung (Löffelmann/Fleischmann, Architektenrecht, 3. Aufl., Rn. 1258) hält dies aus unterschiedlichen, im Einzelnen nicht überzeugenden Gründen nicht für zulässig.

Die HOAI kennt Unter- und Obergrenzen anrechenbarer Baukosten neben der Objektplanung entsprechend bei den Freianlagen, den Ingenieurleistungen für Ingenieurbauwerke, der Tragwerksplanung und der Technischen Gebäudeausrüstung. Auf Abb. 1.123 darf an dieser Stelle verwiesen werden.

c) Handlungsempfehlung

Bei der Vertragsgestaltung mit Architekten und Ingenieuren ist vorab stets zu prüfen, welche (voraussichtlichen) anrechenbaren Baukosten für die jeweilige Leistung erreicht werden, weil hiervon die freie Vereinbarkeit des jeweiligen Honorars entscheidend abhängt. Dabei gilt einheitlich: Ob das Honorar bei einem Architektenauftrag mit anrechenbaren Baukosten von z. B. 100 Mio. Euro mit einem bestimmten Prozentsatz der Baukosten vereinbart wird (z. B. Architektenhonorar für 100 % Leistung = pauschal 5 % der Netto-Bausumme), ob in Anlehnung an die Honorartabelle zu § 16 HOAI eine „fortgeschriebene Honorartabelle" vereinbart wird oder auf sonstige Weise das Honorar fixiert wird, bleibt vollständig dem Willen der Vertragsparteien überlassen. Oberhalb der festgeschriebenen Werte besteht eine freie Vereinbarkeit der Preise. Auch mündliche Absprachen sind hier wirksam, wenn auch natürlich nicht ratsam und völlig praxisfremd.

Wird bei anrechenbaren Baukosten von z. B. 100 Mio. Euro gar kein Honorar vereinbart, weil z. B. eine endgültige Einigung über verschiedene, wechselseitig vorgelegte Honorartabellen nicht zustande gekommen ist, so schuldet der Auftraggeber gemäß § 632 Abs. 2 BGB die „übliche Vergütung für solche Leistungen", die natürlich nur schwer zu ermitteln ist. Das Kammergericht (Dt. Arch. Bl. 1990, 754) hat in einem ähnlichen Fall jedenfalls die niedrigere der zwischen den Parteien diskutierten Tabellen als Mindestmaß der üblichen Vergütung als maßgeblich angesehen.

Die **Handlungsempfehlung** für das Vorgehen bei Vertragsschluss muss deshalb in allen Fällen lauten:
Die Honorarvereinbarung ist inhaltlich klar und **immer schriftlich** mit dem AG zu vereinbaren.
Sie muss/sollte zur Vermeidung von Honorarnachteilen möglichst zu Projektanfang erfolgen.

d) Gebundene Honorarvereinbarung

Soweit die anrechenbaren Kosten weder unter- noch überschritten werden, erlauben die Bestimmungen der HOAI nur einen relativ begrenzten Spielraum bei der Vertragsgestaltung, wie nachfolgende Abbildung verdeutlicht.

aa) § 4 HOAI

Gemäß **§ 4 Abs. 2 HOAI** dürfen die in der HOAI festgesetzten **Mindestsätze** nur durch schriftliche Vereinbarung und nur in Ausnahmefällen unterschritten werden.

Ähnliches gilt gemäß § 4 Abs. 3 HOAI für die **Höchstsätze** der HOAI, die nur bei außergewöhnlichen oder ungewöhnlich lange dauernden Leistungen durch schriftliche Vereinbarung überschritten werden dürfen. Solche Ausnahmefälle, die eine Unterschreitung der Mindestsätze oder eine Überschreitung der Höchstsätze rechtfertigen, werden in der Praxis nur äußerst selten anerkannt (vgl. Locher/Koeble/Frik, HOAI, § 4 Rz. 68, 73).

Wichtig:
Der jeweils maßgebliche Mindest- oder Höchstsatz wird **objektiv** nach den HOAI-Kriterien ermittelt und **nicht** nach der Parteivereinbarung. Um den **zulässigen Honorarrahmen (Mindestbzw. Höchstsatz) festzustellen, ist also eine HOAI-konforme Honorarermittlung** erforderlich, die ihrerseits den Umfang der erbrachten oder zu erbringenden Leistungen berücksichtigt, außerdem die maßgebenden anrechenbaren Baukosten sowie die einschlägige Honorarzone.

Beispielfall:
Für die Planungsleistungen zu einem anspruchsvollen Wohn- und Einkaufszentrum mit anrechenbaren Baukosten von 15 Mio. Euro vereinbart der Projektentwickler mit dem Objektplaner P eine Abrechnung nach Honorarzone II, Mindestsatz, anrechenbare Baukosten 10 Mio. Euro.

Mindestsatz unterschritten? Wenn ja, welche Rechtsfolgen?

Wie wäre der Fall zu beurteilen, wenn die Parteien 20 Mio. Euro anrechenbare Baukosten vereinbart hätten?

Bei diesem Beispiel liegt gleich eine doppelte Unterschreitung der zulässigen Mindestsätze gemäß § 4 Abs. 2 HOAI vor. Zum einen ist der Mindestsatz nach den realen anrechenbaren Baukosten gemäß § 10 Abs. 2 HOAI zu ermitteln und nicht nach fiktiven Baukosten. Zum anderen kommt es auf die tatsächliche Honorarzone gemäß § 11 HOAI und nicht auf die vereinbarte, tatsächlich aber zu niedrige Honorarzone an.

Die Honorarvereinbarung im Beispielsfall ist also **nichtig**, der Architekt kann für seine Planungsleistungen den Mindestsatz nach den tatsächlichen anrechenbaren Baukosten (15 Mio. Euro) nach der Honorarzone III oder sogar IV verlangen. An diesem Ergebnis ändert sich auch dann nichts, wenn der Auftraggeber mit dem Objektplaner beispielsweise ein Pauschalhonorar vereinbart, ohne die zugrunde liegenden anrechenbaren Baukosten und die Honorarzone zu kennzeichnen. Auch in solchen Fällen ist, um die Wirksamkeit der Vereinbarung beurteilen zu können, eine HOAI-konforme Honorarermittlung vorzunehmen mit dem Ergebnis, dass die Pauschale als unzulässige Mindestsatzunterschreitung anzusehen ist, wenn das HOAI-konform ermittelte Honorar über der Pauschale liegt. Auch dann kann der Architekt regelmäßig die Differenz zwischen dem vereinbarten und dem Mindesthonorar gemäß HOAI **nachberechnen**.

Da Mindestsatzunterschreitungen in der Praxis, insbesondere bei gewerblichen Bauvorhaben, nicht selten vorkommen, muss sich der AG also über diese Unsicherheit im Klaren sein.

HOAI	
§ 4 II	Mindestsatzunterschreitung nur im Ausnahmefall + in Schriftform
§ 4 III	Höchstüberschreitung nur bei außergewöhnlichen Leistungen und in Schriftform
§ 5 IV	Zusatzvergütung für Bes. Leistungen, wenn – Besondere Leistungen im Verhältnis zu Grundleistungen nicht unwesentlich **und** – Honorar schriftlich vereinbart (Zeitpunkt beliebig) wurde. Besondere Leistungen speziell geregelt in § 15 III, IV.
§ 5 IVa	Besondere Leistungen, die Kostensenkung ohne Standardsenkung herbeiführen können: Erfolgshonorar muss schriftlich vor Ausführung vereinbart werden: bis 20 % der Ersparnis.
§ 19	Vorplanung/Entwurfsplanung/Objektüberwachung als Einzelleistung: Vorplanung: Erhöhtes Honorar bis 10 % (statt 7 %). Entwurfsplanung: Erhöhtes Honorar bis 18 % (statt 11 %). **(Schriftform + „bei Auftrag")** Objektüberwachung: Erhöhtes Honorar gestaffelt von 2,1 - 2,7 % der anrechenbaren Kosten.
§ 20	Mehrere Vor- oder Entwurfsplanungen: Für umfassendste Planung: 100 % nach § 15; für jede weitere Planung: 50 % nach § 15. Keine Vereinbarung notwendig. Bei „Mehrfachplanung" ohne grundsätzlich verschiedene Anforderungen: Zusätzliche Vergütung als Wiederholung möglich, aber strittig, deshalb vertraglich regeln!
§ 21	Abschnittsweise Bauausführung in größeren Zeitabständen: Degressivität entfällt / keine Vereinbarung notwendig, aber sinnvoll!
§ 24	Umbau und Modernisierung: Wenn nichts vereinbart: 20 % Zuschlag; bei schriftlicher Vereinbarung (Zeitpunkt egal): 20–30 % Zuschlag nach Vereinbarung; bei überdurchschnittlichem Schwierigkeitsgrad schriftlich (Zeitpunkt egal): >33 % Zuschlag möglich oder höhere Bewertung der Grundlage, in Lph. 1, 2 o. 8.
§ 27	Zuschlag für **Bauüberwachung** bei Instandhaltung und Instandsetzung: bis 50 % **(Schriftform „bei Auftrag" erforderlich).**
§ 29	Für rationalisierungswirksame, zum ersten Mal erbrachte Besondere Leistungen: Erfolgshonorar gemäß schriftlicher Vereinbarung: beliebige %-Zahl der Ersparnis. **(Zeitpunkt für Schriftform egal.)**

Abb. 1.125 Möglichkeiten der Honorarvereinbarung, wenn die Grenzsätze anrechenbarer Kosten weder unter- noch überschritten werden.

Eine andere Frage ist es, ob es dem Architekten/Ingenieur nach den Grundsätzen von **Treu und Glauben** im Einzelfall untersagt ist, sich auf die Mindestsatzunterschreitung zu berufen. Dies wird von der höchstrichterlichen Rechtsprechung dann angenommen, wenn sich der Architekt/Ingenieur mit seinem günstigen Honorarangebot praktisch den Auftrag erschlichen hat und der AG auf die Wirksamkeit der Honorarvereinbarung vertraut und seine Vermögensdispositionen hierauf ausgerichtet hat (BGH, NJW 1997, 2329).

Ähnliches gilt für das Verbot der Höchstsatzüberschreitung gemäß § 4 Abs. 3 HOAI, auch wenn eine Höchstsatzüberschreitung in der Praxis, insbesondere im gewerblichen Baubereich, viel seltener vorkommt als die Mindestsatzunterschreitung. Liegt jedoch ausnahmsweise ein Fall der Höchstsatzüberschreitung vor, dann führt die Unwirksamkeit der Honorarvereinbarung allerdings lediglich dazu, dass der Architekt das HOAI-konform ermittelte höchstzulässige Honorar fordern kann.

Der Fall der zusätzlichen Höchstsatzüberschreitung bei **außergewöhnlichen Leistungen** dürfte praktisch kaum vorkommen, da er tendenziell in Richtung einzigartiger Leistung ausgelegt wird (vgl. zum Meinungsstand Locher/Koeble, Rz. 100 zu § 4 HOAI).

Zu dem Ausnahmefall der Höchstsatzüberschreitung bei **ungewöhnlich lange dauernden Leistungen** gibt es schon eher den praktischen Bezug und damit einen konkreten Regelungsbedarf. Beide Parteien gehen bei Vertragsschluss in der Regel ausgesprochen oder unausgesprochen von einer Regelbauzeit aus. Wird diese überschritten, stellt sich die Frage der Anpassung des Honorars. Eine Honoraranpassung hat in diesen Fällen nur unter folgenden Voraussetzungen Aussicht auf Erfolg:

● Es muss vertraglich eine Regelbauzeit vereinbart worden sein.

● Es muss konkret geregelt sein, wie sich bei Überschreitung dieser Regelbauzeit das Honorar anpasst.

Werden diese Handlungsempfehlungen nicht beherzigt, so scheitert eine Honoraranpassung entweder daran, dass sich die Regelbauzeit nicht ermitteln lässt, oder aber eine für die Wirksamkeit der Honorarvereinbarung bei Überschreitung des Höchstsatzes notwendige Schriftformvereinbarung fehlt.

bb) § 5 HOAI

Eine in der Praxis weithin unbekannte bzw. vernachlässigte „Honorarfalle" enthält **§ 5 Abs. 4 HOAI**. Hiernach darf ein Honorar für Besondere Leistungen des Architekten oder Ingenieurs, die zu Grundleistungen hinzutreten, nur berechnet werden, wenn die Leistungen im Verhältnis zu den Grundleistungen einen nicht unwesentlichen Arbeits- und Zeitaufwand verursachen **und** das Honorar schriftlich vereinbart worden ist.

An Letzterem mangelt es regelmäßig. Eine typische Besondere Leistung im Rahmen der Vorplanungsphase stellt beispielsweise das Untersuchen von Lösungsmöglichkeiten nach grundsätzlich verschiedenen Anforderungen oder auch die Durchführung einer Bauvoranfrage dar. Beides sind typische Aufgabenstellungen im Rahmen der Projektentwicklung. In der bis zum 31.12.1990 gültigen Fassung verlangte § 5 Abs. 4 HOAI für die Wirksamkeit der Honorarvereinbarung sogar, dass diese vor Ausführung der Besonderen Leistungen schriftlich getroffen wurde. Dies hatte sich in der Praxis als kaum durchführbar erwiesen. Die seit dem 1.1.1991 gültige Fassung der HOAI verlangt nur noch, dass überhaupt eine schriftliche Honorarvereinbarung für die Besonderen Leistungen getroffen wurde. Dabei reicht die in vielen Architekten-Formularverträgen enthaltene Regelung, wonach Besondere Leistungen als Zeithonorar gemäß § 6 HOAI berechnet werden, nicht aus.

Es muss also zumindest im Einzelfall (entweder schon im Vertrag oder in einer gesonderten schriftlichen Vereinbarung) die Besondere Leistung umrissen und das Honorar hierfür spezifiziert werden, sei es als Pauschale, als Erhöhung der allgemeinen Prozentsätze oder als Zeithonorar. „Vergisst" der Architekt, hinsichtlich der Besonderen Leistungen eine schriftliche Vereinbarung mit seinem Auftraggeber zu treffen, so wird sich – insbesondere nach Abschluss der Arbeiten – regelmäßig ein zusätzlicher Honoraranspruch nicht mehr durchsetzen lassen.

Eine interessante neue Regelung wurde mit der Novelle der HOAI zum 1.1.1996 in **§ 5 Abs. 4a** eingeführt. § 5 Abs. 4a HOAI lautet:

„Für Besondere Leistungen, die unter Ausschöpfung der technisch-wirtschaftlichen Lösungsmöglichkeiten zu einer wesentlichen Kostensenkung ohne Verminderung des Standards führen, kann ein Erfolgshonorar zuvor schriftlich vereinbart werden, das bis zu 20 v. H. der vom Auftragnehmer durch seine Leistungen eingesparten Kosten betragen kann."

Eine dahingehende Regelung sollte immer in Architekten-/Ingenieurverträgen erfolgen, wenngleich aus der Sicht des Bauherrn erhebliche Zweifel angebracht sind, ob durch eine derartige Vereinbarung tatsächlich eine Kostensenkung erreicht wird (zweifelnd insoweit zu Recht Grams, BauR 1996, S. 39, 42).

So „revolutionär", wie sich § 5 Abs. 4 a HOAI liest, ist dies allerdings nicht. Bereits **§ 29 HOAI** bestimmt, dass für rationalisierungswirksame Besondere Leistungen ein Erfolgshonorar vereinbart werden kann.

§ 29 HOAI lautet:

(1) „Rationalisierungswirksame Besondere Leistungen sind zum ersten Mal erbrachte Leistungen, die durch herausragende technisch-wirtschaftliche Lösungen über den Rahmen einer wirtschaftlichen Planung oder über den allgemeinen Stand des Wissens wesentlich hinausgehen und dadurch zu einer Senkung der Bau- und Nutzungskosten des Objekts führen. Die vom Auftraggeber an das Objekt gestellten Anforderungen dürfen dabei nicht unterschritten werden.

(2) Honorare für rationalisierungswirksame Besondere Leistungen dürfen nur berechnet werden, wenn sie vorher schriftlich vereinbart worden sind. Sie können als Erfolgshonorar nach dem Verhältnis der geplanten oder vorgegebenen Ergebnisse zu den erreichten Ergebnissen oder als Zeithonorar nach § 6 vereinbart werden."

Der Unterschied zu § 5 Abs. 4 a besteht schwerpunktmäßig darin, dass es sich bei den hier angesprochenen rationalisierungswirksamen Besonderen Leistungen um solche zum ersten Mal erbrachten Leistungen handeln muss; d. h., diese Leistungen müssen **objektiv neu** sein (vgl. hierzu Hesse/Korbion/Mantscheff/Vygen, HOAI-Komm., Rz. 3 f. zu § 29 HOAI).

Ein vollständiger Ausschluss des § 21 HOAI ist nur insoweit zulässig, als damit keine Mindestsatzunterschreitung gemäß § 4 Abs. 2 HOAI eintritt.

cc) § 19 HOAI

§ 19 HOAI enthält eine Reihe nicht allzu häufig vorkommender Regelungen. Hiernach kann für die **Vorplanung** oder die **Entwurfsplanung** ein deutlich **höheres** Honorar vereinbart werden, wenn **nur** die Vorplanung **oder** die Entwurfsplanung Vertragsgegenstand ist. Erforderlich ist wiederum (vgl. § 4 Abs. 4 HOAI) eine **schriftliche Vereinbarung bei Auftragserteilung**. Abweichend von § 15 Abs. 2 Nr. 2 und 3 HOAI kann für die Vorplanung ein Honorar bis zu 10 % (anstatt 7 %) und für die Entwurfsplanung ein Honorar bis zu 18 % (anstatt 11 %) vereinbart werden.

Werden allerdings im Rahmen einer Projektentwicklung die Leistungsphasen 1 bis 3 beauftragt, ist § 19 HOAI jedoch nicht mehr anwendbar, d. h., es bleibt dann bei den Honoraransätzen des § 15 HOAI.

§ 19 Abs. 4 HOAI schließlich bestimmt, dass die isoliert übertragene Objektüberwachung ebenfalls abweichend von § 15 HOAI abgerechnet werden kann, und zwar mit 2,1 bis 2,7 %-Punkten der anrechenbaren Kosten je nach Honorarzone. Die isolierte Beauftragung der Objektüberwachung kommt beispielsweise infrage, wenn der Auftraggeber trotz schlüsselfertiger Beauftragung eine Objektüberwachung durch einen freiberuflichen Bauleiter durchführen lassen will.

dd) § 20 HOAI

§ 20 HOAI enthält für mehrere Vor- und Entwurfsplanungen eine insbesondere für die Projektentwicklung sehr bedeutsame Bestimmung.

„*Werden für dasselbe Gebäude auf Veranlassung des Auftraggebers mehrere Vor- oder Entwurfsplanungen nach grundsätzlich verschiedenen Anforderungen gefertigt, so können für die umfassendste Vor- und Entwurfsplanung die vollen Vomhundertsätze dieser Leistungsphase nach § 15, außerdem für jede andere Vor- oder Entwurfsplanung die Hälfte dieser Vomhundertsätze berechnet werden. Satz 1 gilt entsprechend für Freianlagen und raumbildende Ausbauten.*"

Naturgemäß kommt es gerade im Rahmen einer Projektentwicklung häufig vor, dass insbesondere der Vorentwurf, aber auch der Entwurf den geänderten Bedürfnissen des Investors, des Nutzers, den baurechtlichen Anforderungen usw. angepasst werden müssen. Für solche Fälle enthält **§ 20**

HOAI zum Schutz des Auftraggebers eine Anrechnungspflicht dergestalt, dass der Architekt nicht jeden Vorentwurf oder Entwurf vollständig abrechnen kann, sondern auf den zweiten, dritten Entwurf usw. einen Nachlass in Höhe von 50 % zu gewähren hat. Allerdings erfasst § 20 HOAI nur Vor- und Entwurfsplanungen, die auf Veranlassung des AG nach **grundsätzlich verschiedenen Anforderungen** gefertigt werden. Eine solche Alternative liegt vor, wenn wesentliche Abweichungen im Raum- oder Funktionsprogramm vorliegen oder wenn sich das Bauvolumen durch andere Anforderungen des AG in erheblichem Umfang vergrößert oder verkleinert.

Im Gegensatz dazu steht die **Planungsvariante**, die gestalterische, konstruktive, funktionale oder wirtschaftliche Änderungen gegenüber dem ersten Vorentwurf oder Entwurf aufweist, hingegen keine wesentlichen Änderungen des Volumens nach Rauminhalt oder Fläche, des Programms oder andere Grundstücksverhältnisse (Locher/Koeble/Frik, HOAI, § 15 Rz. 15, § 20 Rz. 17).

Wird also eine solche Planungsvariante erstellt, so erhält der Planer kein gesondertes Honorar. Handelte es sich um eine Planungsalternative im Sinne des § 20 HOAI, so erhält er für die umfassendste Planung das volle Honorar und für die zweite Planung 50 % der darauf entfallenden anrechenbaren Baukosten.

Beispielfall:

Im Düsseldorfer Hafengebiet soll ein Altbau um- und ausgebaut sowie mit einem daneben zu errichtenden Neubau kombiniert werden. In Abstimmung mit dem AG fertigt der Architekt einen Entwurf, der eine Aufstockung des Altbaus auf 4 Geschosse sowie einen damit verbundenen 5-geschossigen Neubau vorsieht. Dieser Entwurf findet nicht die Zustimmung des Planungsamtes. In Abstimmung mit dem Planungsamt veranlasst der AG den Architekten, für den Altbau ein 3-geschossiges und für den Neubau ein 4-geschossiges Gebäude mit Staffelgeschoss sowie geänderter Fassadengestaltung zu planen.

Hierbei handelt es sich um einen zweiten Planungsentwurf im Sinne des § 20 HOAI, der den Architekten auch ohne Ankündigung berechtigt, Honorar für den zweiten Entwurf zu fordern.

Übrigens ist kein Planer ohne gesonderte Vereinbarung verpflichtet, überhaupt einen zweiten oder dritten Vorentwurf bzw. Entwurf zu fertigen. Umgekehrt kann § 20 HOAI vertraglich nur insoweit ausgeschlossen oder eingeschränkt werden, als dadurch keine Mindestsatzunterschreitung eintritt, § 4 Abs. 2 HOAI.

§ 20 HOAI gilt sinngemäß für die Technische Gebäudeausrüstung (vgl. **§ 69 Abs. 7 HOAI**).

Bei der Tragwerksplanung ist § 20 HOAI **nicht** anwendbar (vgl. § 62 Abs. 3 HOAI). Die Regelung der Vergütung von Wiederholungen ist gesondert im § 66 HOAI geregelt.

ee) § 21 HOAI

§ 21 HOAI bestimmt, dass

bei Ausführung eines Vorhabens (welches aus einem oder mehreren Gebäuden bestehen kann) „in größeren Zeitabständen" in gewissem Umfang eine höhere Honorarberechnung zulässig ist, die sich daraus ergibt, dass die Degressivität der Gebührenberechnung nach § 16 HOAI entfällt.

Beispielfall:

Der Rohbau wird erstellt, danach wird das Bauvorhaben für 10 Monate unterbrochen, weil die endgültige Nutzung noch nicht feststeht.
Wie kann der Architekt seine erbrachten Leistungen abrechnen?
Das Bauvorhaben wird 10 Monate später weiter betrieben.
Wie rechnet der Architekt seine nun noch zu erbringenden Leistungen ab?

Gemäß § 21 HOAI könnte der Architekt seine erbrachten bzw. später noch zu erbringenden Leistungen jeweils getrennt nach den für die betreffenden Leistungen zugrunde zu legenden anrechenbaren Kosten abrechnen. Er muss also nicht warten, bis das Gesamtbauvorhaben beendet ist und er dann seiner Honorarabrechnung die sich danach ergebenden anrechenbaren Kosten insgesamt zugrunde legen kann. Der Vorteil dieser Abrechnungsart, der in der Umgehung der Degressivität der Gebührenberechnung besteht, dürfte allerdings vor dem Hintergrund der Bereitstellungskosten für den Architekten nur „ein Tropfen auf den Stein" darstellen.

Deshalb ist es für den Architekten bei Vertragsschluss umso wichtiger, von der oben beschriebenen Möglichkeit des § 4 Abs. 2 HOAI Gebrauch zu machen und bei „ungewöhnlich lange dauernden Leistungen" ein die Höchstsätze übersteigendes Honorar zu vereinbaren.

§ 21 HOAI gilt kraft ausdrücklicher Verweisung in § 69 Abs. 7 HOAI für die Technische Gebäudeausrüstung sowie die Tragwerksplanung (§ 62 Abs. 3 HOAI).

ff) § 24 HOAI

Bauprojekte bestehen naturgemäß nicht nur aus Neubauten, sondern auch aus Umbauten und Modernisierungen. Für solche **Umbauten** und **Modernisierungen** hat § **24 HOAI** den Honoraranspruch des Architekten wesentlich verbessert. Während früher der sogenannte Umbauzuschlag nur bei einer schriftlichen Honorarvereinbarung verlangt werden konnte, bestimmt § 24 Abs. 1 HOAI seit dem 1.1.1991 nunmehr, dass ein Umbauzuschlag in Höhe von 20 % als Mindestbetrag auch dann verlangt werden kann, wenn keine andere (schriftliche) Vereinbarung getroffen worden ist. Der Umbau- und Modernisierungszuschlag selbst kann im Übrigen zwischen 20 und 33 % des anteiligen Honorars vereinbart werden, das sich auf den Umbau oder die Modernisierung bezieht. Auch hier muss die Vereinbarung schriftlich getroffen werden, sie kann aber (Ausnahme § 4 Abs. 4 HOAI) auch nach Vertragsabschluss noch wirksam erfolgen. Auch hier ist im Interesse der Rechtsklarheit darauf zu achten, schon bei Abschluss des Architektenvertrages eindeutige und verbindliche Absprachen über die Höhe eines etwaigen Umbauzuschlags zu treffen. Ein Ausschluss des § 24 Abs. 1 HOAI ist auch hier nur bis zu den Mindestsätzen des § 4 Abs. 2 HOAI zulässig.

2 Der neue Einheitsarchitektenvertrag für Gebäude – regelungsbedürftige Punkte in Architektenverträgen

Soll der Einheitsarchitektenvertrag in der Praxis verwendet werden oder ist es ratsam, Verträge individuell auszuhandeln?

2.1 Zur AGB-Gemäßheit des Einheitsarchitektenvertrages

Es hat 9 Jahre gedauert, bis das alte Architektenvertragsmuster aus dem Jahre 1985 von der Bundesarchitektenkammer durch die nun empfohlene Fassung aus dem Jahre 1994 ersetzt wurde.

Insgesamt ist die neue Fassung straffer gefasst und hat man auf die Beifügung allgemeiner Bedingungen verzichtet.

Der neue Einheitsarchitektenvertrag war noch nicht veröffentlicht, als er sich bereits einer harschen Kritik von Seiten der Literatur erfreuen durfte (vgl. Bartsch, BauR 1994, S. 314 ff.).

Da sich der Einheitsarchitektenvertrag aus vorformulierten, für eine Vielzahl von Anwendungsfällen gedachten Bestimmungen/Klauseln zusammensetzt, sind seine Regelungen Allgemeine Geschäftsbedingungen und unterliegen demzufolge der Überprüfung anhand des AGB-Gesetzes. Eine Überprüfung der Klauseln des Einheitsarchitektenvertrages anhand dieser „Messlatte" lässt Wirksamkeitsbedenken aufkommen, beispielsweise bei den nachfolgenden Regelungen:

- § 2.2 schränkt die Berichtspflicht des Architekten gegenüber dem Bauherrn mehrfach ein und könnte gemäß § 9 Abs. 2 Ziffer 2 AGBG unwirksam sein.
- § 4.9 bestimmt zur Fälligkeitsregelung von Abschlagszahlungen, dass der Architekt diese jederzeit fordern kann. Dies widerspricht § 8 Abs. 2 HOAI, wonach Abschlagszahlungen nur in angemessenen zeitlichen Abständen und nur für nachgewiesene Leistungen gefordert werden können.
- § 6.2 bestimmt, dass für die Dauer der Unterbrechung der Vertragsdurchführung eine angemessene Entschädigung seitens des Bauherrn zu zahlen ist. Da daneben § 21 HOAI unberührt bleiben soll, könnte es zu einer Doppelberechnung kommen, was zur Unwirksamkeit von § 6.2 führen würde.

- Die Haftungsbegrenzung des § 7.4 für die Fälle leichter Fahrlässigkeit, orientiert an der Deckungssumme der Haftpflichtversicherung, ist bedenklich und vermutlich unwirksam, weil in Höhe der von den Kammern zu § 8 empfohlenen Deckungssumme für sonstige Schäden (50 000,00 DM) eine nach der höchstrichterlichen Rechtsprechung geforderte Deckung üblicher Schadenshöhen wohl kaum gewährleistet ist. Außerdem erweckt diese Regelung den Anschein, als würde sich durch den Eintrag der konkreten Haftungssumme etwas an der Rechtsnatur dieser Regelung als AGB ändern (kritisch deshalb zu Recht Bartsch, BauR 1994, S. 314, 318).

- Die Regelung in § 7.5, wonach die Gewährleistungszeit schon mit der Teilabnahme der Leistungsphasen 1 bis 8 beginnen sollen, auch wenn die Leistungsphase 9 mitbeauftragt worden ist, dürfte eine nicht zulässige Verkürzung der gesetzlichen Gewährleistungsfrist darstellen.

- Die Regelung in § 9 zur vorzeitigen Beendigung des Vertrags mit der bekannten 60/40-Regelung bei vom Architekten nicht zu vertretender Kündigung des Vertrages ist problematisch, aber wohl wirksam. Der Bundesgerichtshof hat in seinem Urteil, BauR 1996, 412, 414 mit seiner ständigen Rechtsprechung gebrochen, wonach es dem Architekten gestattet ist, seine ersparten Aufwendungen mit pauschal 40 % ohne weiteren Nachweis zu berechnen. Dieser Entscheidung lag ein mündlich abgeschlossener Architektenvertrag zugrunde. Die Entscheidungsgründe ließen vermuten, dass es nur eine Frage der Zeit sei, bis der Bundesgerichtshof bei Vorlage eines geeigneten Falls auch eine in Allgemeinen Geschäftsbedingungen vereinbarte entsprechende Regelung für nichtig erklären wird. In einer Nachfolgeentscheidung (BGH, BauR 1997, 156) hatte der Bundesgerichtshof zwar über eine 60/40-Regelung im AGB zu entscheiden und diese sogleich für nichtig erklärt. Die entscheidende AGB-Regelung war allerdings bereits deshalb für nichtig zu befinden, weil dem AG nicht die Möglichkeit des Nachweises geringerer ersparter Aufwendungen eingeräumt wurde.

  Bis heute fehlt eine höchstrichterliche Rechtsprechung dazu, ob in Allgemeinen Geschäftsbedingungen eine 60/40-Regelung, die zugleich den Nachweis geringerer ersparter Aufwendungen dem AG ermöglicht und dies in gleicher Weise für die Anrechnung von Vorteilen aus Ersatzaufträgen zulässt, wirksam ist.

  Für die Wirksamkeit spricht allerdings viel (vgl. von Rintelen, BauR 1998, 609).

Fazit:

Der Einheitsarchitektenvertrag ist im Großen und Ganzen mit derart vielen AGB-rechtlichen Problemen belastet, dass seine Anwendung guten Gewissens nicht empfohlen werden kann. Die Bundesarchitektenkammer hat sich wohl nicht zuletzt deshalb dazu entschlossen, den entsprechenden Antrag im kartellrechtlichen Genehmigungsverfahren auf Zulassung vor dem Bundeskartellamt zurückzuziehen.

2.2 Regelungsbedürftige Punkte in Architekten- und Ingenieurverträgen

Verwendet man gleichwohl den Einheitsarchitektenvertrag, muss man sich allerdings ungeachtet der oben skizzierten AGB-Problematik weiter über folgende inhaltliche Schwächen im Klaren sein, die eine entsprechende Ergänzung dringend erforderlich machen und im Übrigen für jede Vertragsgestaltung von grundsätzlicher Bedeutung sind und deshalb beachtet werden müssen:

a) Der Einheitsarchitektenvertrag beginnt in den §§ 1 und 2 mit der „kästchenweise" anzukreuzenden Unterscheidung, ob Gegenstand des Verfahrens im Sinne des § 3 HOAI ein Neubau, eine Erweiterung, ein Umbau, eine Modernisierung etc. vorliegt. Im Vordergrund steht damit also die honorarmäßige Zuordnung der Architektenleistung, ohne dass die konkrete Leistung, die nach dem Vertrag geschuldet sein soll, beschrieben worden wäre.

- Die zentrale Regelung eines jeden Vertrages ist allerdings die **geschuldete Leistung**. Das „Grundübel" der überwiegenden Vielzahl aller Architekten- und Ingenieurverträge liegt darin, dass die geschuldete Leistung nicht klar inhaltlich umrissen und zu den Leistungen der anderen Planungsbeteiligten wie auch den von Seiten des Auftraggebers zu erbringenden Leistungen abgegrenzt wird. Hierzu reicht es nicht aus, wenn in § 2 des Einheitsarchitektenvertrages unter der Überschrift „Aufgaben und Pflichten des Architekten" nur die 9 Leistungsphasen des § 15 HOAI in Bezug genommen werden, denn damit wird man der Rechtsnatur des Architektenvertrages als Werkvertrag nur äußerst unzureichend gerecht.

Der Architekt ist nicht lediglich verpflichtet, die beauftragten Leistungsphasen des § 15 Abs. 2 HOAI zu erbringen, sondern er hat an der Entstehung des Bauwerks (Erfolg) kraft der ihm übertragenen Planungsleistungen mitzuwirken. Er schuldet zwar nicht die Erstellung des Objekts als solches, aber die hierfür notwendigen planerischen Leistungen.

Da für die Erstellung eines Bauwerks eine Vielzahl von Planungsleistungen erforderlich sind, sollten die beauftragten Leistungen im Einzelnen aufgezählt werden, verbunden mit einer weitergehenden Regelung dahin, dass diese Aufzählung **abschließender Natur** ist und der Architekt nur dann darüber hinausgehende Leistungen zu erbringen hat, wenn hierfür die Parteien vorher ein neues, zusätzliches Honorar vereinbart haben.

- In diesem Zusammenhang ist weiter zu regeln, dass ohne die Vereinbarung eines neuen Honorars für bislang nicht beauftragte Leistungen dem Architekten ein **Leistungsverweigerungsrecht zusteht**.
- Hierher gehört weiter auch die Regelung, ob die Leistungen voll bereits jetzt oder **in Stufen** beauftragt werden;
- wenn in Stufen beauftragt wird, die Gewährleistung mit Erbringung der letzten Leistung aus der beauftragten Stufe beginnt, wenn nicht in einem absehbaren (kurzen) Zeitraum die nächstfolgende Stufe abgerufen wird und
- bei verspäteter Beauftragung einer Folgestufe eine angemessene Erhöhung des auf die Folgestufen vereinbarten Honorars zu vereinbaren ist oder aber sich der Architekt einseitig vom Vertrag lösen kann.
- Im Rahmen der Objektüberwachung ist der Architekt gut beraten, wenn er vertraglich konkret festlegt, wieviel Baustellenbegehungen er pro Woche/pro Monat schuldet, wie viele Personen die Objektüberwachung durchführen, was passiert, wenn die Objektüberwachung ungewöhnlich lange dauert (§ 4 Abs. 4 HOAI).

b) Im Rahmen der Vergütung sind alle notwendigen Vereinbarungen so zu treffen, dass sich für alle denkbaren zukünftigen Fälle das Honorar bereits anhand der getroffenen Vereinbarungen auch ermitteln lässt.

- Hierher gehört beispielsweise, dass man den Vergütungsmodus für die oben angesprochene verspätete Beauftragung mit Folgestufen und auch einen etwaigen Umbauzuschlag bereits jetzt abschließend regelt.
- Des Weiteren ist klar zu regeln, wie Besondere und Zusätzliche Leistungen zu vergüten sind.

Die Regelung im Einheitsarchitektenvertrag zu § 4.3 ist insoweit unglücklich, als offenbleibt, wie der Fall zu handhaben ist, dass der Architekt eine mögliche Vorausschätzung des Zeitbedarfs nicht durchführt. Kann er in diesen Fällen gleichwohl nach Stundenaufwand abrechnen?

Eine klare, eindeutige und auch gerichtlich durchsetzbare Regelung sehe ich nur darin, dass die Vergütung auf der Grundlage einer schriftlich abgeschlossenen Zusatzvereinbarung zu entrichten ist. Bis zum Abschluss dieser Vereinbarung steht dem Architekten dann vereinbarungsgemäß ein Leistungsverweigerungsrecht zu.

c) Anläßlich der Definition des geschuldeten „Planungssolls" ist weiter zu regeln, für welche Ergebnisse/Erfolge der Architekt **haftet**. Bekanntermaßen schuldet beispielsweise der Architekt die Erteilung einer rechtswirksamen Baugenehmigung (vgl. BGH BB 1992, 951). Wissen beide Vertragsparteien allerdings bei Vertragsschluss bereits, dass die Erteilung der Baugenehmigung höchst zweifelhaft ist, und dient der Architektenvertrag dazu, die Genehmigungsfähigkeit des Bauvorhabens erst zu ermitteln, so ist die Regelung eines Haftungsausschlusses für eine rechtswirksame Baugenehmigung ebenso selbstverständlich wie unerlässlich.

d) Weiter unerläßlich ist eine Regelung im Architektenvertrag dahin, dass dieser nicht unter einer wie auch immer gearteten **Bedingung** steht. Dies aus den oben geschilderten Gründen der Beweislast einer von Seiten des Auftraggebers später behaupteten Bedingung. Ist allerdings im Vertragstext geregelt, dass die Erteilung des Architektenvertrages von keinen Bedingungen abhängig gemacht worden ist, so führt dies dazu, dass der Auftraggeber dann, wenn er sich anschließend gleichwohl auf eine Bedingung beruft, er diese auch zu beweisen hätte.

e) Ein weiterer regelungsbedürftiger Punkt betrifft die Sicherung der **Finanzierung** des Bauvorhabens. In den Vertragsverhandlungen mit dem Bauherrn muss diese Frage angesprochen und eine Regelung im Vertrag zugeführt werden, sei es dahin, dass beide Parteien festhalten, dass die Finanzierung des Bauvorhabens gesichert ist, oder aber dahin, wem welche Aufgaben hinsichtlich des Erhalts oder Beantragung der für die Finanzierung notwendigen Mittel zufällt und wie diese vergütet werden.

f) Ein immer wieder kritischer Punkt ist die **Bausummenüberschreitung**. Um spätere Bausummenüberschreitungsprozesse zu vermeiden, sollte im Vertrag klar geregelt werden, was geschieht, wenn die in Aussicht genommene Bausumme überschritten wird. Dabei muss klar und eindeutig herauskommen, dass der Architekt für die Einhaltung einer bestimmten Bausumme keinerlei wie auch immer geartete Garantie übernehmen kann, wohl aber ihn die Verpflichtung trifft, bei einer erkennbar werdenden Überschreitung der Bausumme den Bauherrn hierauf hinzuweisen.

Fazit:

Der Einheitsarchitektenvertrag bzw. andere von den Architekten/Ingenieuren verwendeten vorformulierten Verträge sollten um die obigen Regelungen unbedingt ergänzt bzw. präzisiert werden. Diese Ergänzung sollte auf einer eigenen Anlage zum Vertrag erfolgen. Diese Ergänzung sollte weiter mit dem Bauherrn konkret ausgehandelt und besprochen werden, um sich nicht des Einwandes Allgemeiner Geschäftsbedingungen ausgesetzt zu sehen.

Das Problem einer möglichen Nichtigkeit infolge des Eingriffs durch das AGB-Gesetz lässt sich bei der Mehrfachverwendung vorformulierter Verträge und/oder Vertragsbedingungen allerdings de facto nicht umgehen.

Es ist deshalb sowohl aus diesem Grunde als auch aus den obigen Erwägungen heraus nicht empfehlenswert, seine tägliche Praxis nur mit vorformulierten Vertragsbedingungen zu bewältigen.

Unentbehrlich ist indes eine Checkliste der regelungsbedürftigen Punkte. Insoweit mögen obige Ausführungen dem Praktiker eine Hilfestellung geben.

Im Sinne einer **Hilfestellung für die Praxis** möchte ich auch die nachfolgend abgedruckten Beispiele eines **Ingenieurvertrages Technische Gebäudeausrüstung** und eines **Generalplanervertrages** verstanden wissen.

Die abgedruckten Verträge erheben ausdrücklich **nicht** den Anspruch, einer AGB-rechtlichen Prüfung standzuhalten. Sie sind als **Beispiel** dafür zu sehen, wie Planerverträge abgeschlossen werden können, insbesondere wie ein Generalplanervertrag abgeschlossen werden kann. Entscheidend ist die Prüfung der jeweiligen einzelnen Regelungen auf ihre Notwendigkeit und Anpassung auf die besonderen Bedürfnisse und Spezialitäten des einzelnen Objektes. Auch ergänzende **auftragnehmerfreundliche** Regelungen zum Leistungsverweigerungsrecht und **Aufrechnungsverbot** mit Schadensersatzansprüchen gegen Honorarforderungen sind als weitere Regelungspunkte in den Verträgen zu bedenken. Was die Regelung der Vergütung für geänderte oder zusätzliche Leistungen anbelangt, so stellt die Formulierung hierzu in dem Ingenieurvertrag „Technische Gebäudeausrüstung" ein Vorschlag dar, der, was die in Ansatz zu bringenden Honorarprozentsätze betrifft, in jedem Einzelfall mit dem Vertragspartner auszuhandeln wäre. (Ist eine freie Honorarvereinbarung nicht zulässig, stellt sich noch das weitere Problem einer möglichen Mindestsatzunterschreitung gemäß § 5 Abs. 4 HOAI.) Letztlich sei nochmals der Hinweis gestattet, dass ein jeder Vertrag davon nur lebt, wie genau er die jeweiligen Erfordernisse des Einzelfalls richtig erfasst und im Vertrag umsetzt. Aus diesem Grunde sind die Anlagen zum Vertrag wie die **Leistungsbeschreibung**, das **Pflichtenheft** und auch das **Projekthandbuch** mit von ausschlaggebender Bedeutung.

2.3 Beispielhafte Architekten- und Ingenieurverträge aus der Praxis

2.3.1 INGENIEURVERTRAG TECHNISCHE GEBÄUDEAUSRÜSTUNG

zwischen der

....
                                          – nachfolgend **Auftraggeber** genannt –
u n d

....
                                          – nachfolgend **Auftragnehmer** genannt –

Inhaltsverzeichnis
                                                                                             Seite

1. Vorbemerkungen
2. Gegenstand des Vertrages
3. Vertragsgrundlagen
4. Leistung des Auftragnehmers
5. Beauftragung
6. Kosten des Projektes
7. Termine
8. Vergütung
9. Zahlungen, Rechnungen
10. Pflichten des Auftragnehmers
11. Zusammenarbeit zwischen Auftraggeber und Auftragnehmer und anderen fachlichen Beteiligten
12. Wahrnehmung der Interessen des Auftraggebers durch den Auftragnehmer
13. Urheberrecht
14. Kündigung
15. Gewährleistung
16. Verjährung der Ansprüche des Auftraggebers und des Auftragnehmers
17. Haftpflichtversicherung
18. Schlussbestimmungen

Anlagenliste

1   Vorbemerkung

....

2   Gegenstand des Vertrages
Gegenstand des Vertrages sind Ingenieurleistungen nach näherer Maßgabe dieses Vertrages für das vorgenannte Bauvorhaben des Auftraggebers.

3   Vertragsgrundlagen
Soweit dieser Vertrag nichts Abweichendes regelt, sind Vertragsgrundlage in der nachstehenden Geltungsreihenfolge:

3.1   Die Leistungsbeschreibung für Leistungen des Auftragnehmers,
                                                                                             Anlage 1.

3.2   Das Pflichtenheft mit den verbindlichen Projektzielen,
                                                                                             Anlage 2.

3.3   Das Projekthandbuch, welches durch den Auftraggeber aufgestellt wird, mit der zum Zeitpunkt der Vertragsunterzeichnung gültigen Fassung. Ergänzende Fassungen werden automatisch Vertragsbestandteil, wenn der Auftragnehmer diesen nicht innerhalb einer Frist von 15 Werktagen nach Zugang schriftlich ausdrücklich widerspricht,
                                                                                             Anlage 3.

3.4	Der Rahmenterminplan,	**Anlage 4.**
3.5	Der Zahlungsplan,	**Anlage 5.**
3.6	Muster Vertragserfüllungsbürgschaft,	**Anlage 6.**
3.7	Muster Gewährleistungsbürgschaft,	**Anlage 7.**

4 Leistungen des Auftragnehmers

4.1 Die vom Auftragnehmer – bei entsprechender Beauftragung gemäß Nr. 5 – zu erbringenden Leistungen ergeben sich aus der allgemeinen Leistungsbeschreibung gemäß Anlage 1.

Die dortige Aufzählung erhebt keinen Anspruch auf Vollständigkeit. Letztlich orientieren sich die von dem Auftragnehmer konkret geschuldeten Teile der beauftragten Leistungen nach der Erforderlichkeit zur Erreichung des Planungsziels. Dieses liegt bei allen Leistungsphasen in der Erstellung einer die Vorstellung des Auftraggebers in ingenieurmäßiger wie kostenökonomischer Hinsicht optimal umsetzenden genehmigungsfähigen Planungsleistung.

Das geschuldete Planungsziel wird im Einzelnen wiedergegeben in dem Pflichtenheft, Anlage 2 zum Vertrag, welches die Projektziele verbindlich beschreibt. Insbesondere die Einhaltung der dort vorgegebenen Kostenobergrenze gehört zu den Hauptleistungen des Auftragnehmers.

Der Auftragnehmer ist verpflichtet, nach Abschluss jeder Leistungsphase dem Auftraggeber schriftlich und unaufgefordert mitzuteilen, ob zum Zeitpunkt des Datums seiner Mitteilung, die Planung die Einhaltung der Kostenobergrenze weiterhin sicherstellt. Sollte dies nicht der Fall sein, so teilt der Auftragnehmer dem Auftraggeber mit, welche Möglichkeiten im Rahmen der von ihm zu erbringenden Ingenieurleistung bestehen, um die Kostenobergrenze wieder einhalten zu können.

Diese Verpflichtung besteht neben der grundsätzlich bestehenden Pflicht des Auftragnehmers, den Auftraggeber jederzeit über ihn bekannt werdende kostensteigende Faktoren zu informieren, falls die Gefahr besteht, dass die Kostengrenze überschritten zu werden droht. Eine dahingehende Mitteilungspflicht obliegt dem Auftragnehmer auch für Umstände und Erkenntnisse, die ihm im Rahmen seiner vielmehr geschuldeten Leistungserbringung oder anlässlich dieser Leistungserbringung bei den Leistungen der übrigen Planungsbeteiligten zur Kenntnis gebracht werden. Er darf sich in solchen Fällen **nicht** darauf verlassen, die übrigen Planungsbeteiligten, deren Leistungen betroffen sind, würden ihrer Mitteilungspflicht gegenüber dem Auftraggeber schon nachkommen.

Dem Auftragnehmer ist bekannt, dass der Auftraggeber eine Nutzung des Gebäudes zu gewerblichen Zwecken wünscht, weshalb es ihm maßgeblich darauf ankommt, dass die Kostenobergrenze nicht überschritten werde, da andernfalls eine gewinnbringende Vermietung nicht mehr sichergestellt ist und der Auftraggeber in diesem Fall überhaupt von der Realisierung des Bauobjekts Abstand nehmen würde.

Die Einhaltung der Kostenobergrenze gehört zur Hauptleistung des Auftragnehmers ebenso wie die vorgeregelte Verpflichtung zur rechtzeitigen Hinweiserteilung, falls diese Kostenobergrenze überschritten zu werden droht.

Als übergreifendes Planungsziel ist weiter vereinbart:

Die vom Auftragnehmer nach diesem Vertrag auszuführenden Leistungen umfassen alle zur ordnungsgemäßen Vertragserfüllung und zur Herstellung des werkvertraglich geschuldeten Leistungserfolgs erforderlichen Leistungen und Tätigkeiten, auch wenn sie in der Leistungsbeschreibung nicht ausdrücklich beschrieben worden sind. Hierzu gehören insbesondere alle Leistungen, die zur Erstellung eines den Anforderungen und Vorgaben des Auftraggebers, insbesondere mit Hinblick auf die Einhaltung des vorgegebenen Kostenbudgets, entsprechenden Bauwerks; weiter alle Leistungen, die zur mangelfreien und termingerechten Erstellung des Bauwerks im Rahmen der Beauftragung gemäß Nr. 5 notwendig sind. Die in der Leistungsbeschreibung, Anlage 1, genannten Leistungen geben insoweit nur die zu erfüllenden Mindestanforderungen an die vertragsgemäße Leistungserbringung wieder.

4.2 Geänderte oder zusätzliche Leistungen

4.2.1 Leistungsphase 1: Grundlagenermittlung
In der Leistungsphase 1 „Grundlagenermittlung" ist der Auftragnehmer verpflichtet, ohne besondere Vergütung auch geänderte oder zusätzliche Leistungen zu erbringen, auch nach grundsätzlich verschiedenen Anforderungen. Verlangt der Auftraggeber jedoch nach Billigung des vom Auftragnehmer fertiggestellten Konzeptes eine völlige Umgestaltung, sodass es nicht mehr dasselbe Gebäude/Planungskonzept ist, hat der Auftragnehmer Anspruch auf erneute Vergütung der Leistungsphase.

4.2.2 Leistungsphase 2: Vorplanung
In der Leistungsphase 2 „Vorplanung" ist der Auftragnehmer auf Anordnung des Auftraggebers verpflichtet, ohne Vergütung geänderte oder zusätzliche Leistungen in gestalterischer, konstruktiver, funktionaler oder wirtschaftlicher Hinsicht zu erbringen, die nicht solche wesentlichen Änderungen des Volumens oder der Planungskonzepte zur Folge haben, dass die planerische Zielrichtung wesentlich verändert wird.

4.2.2.1 „Wesentlich" im vorgenannten Sinne sind geänderte oder zusätzliche Leistungen nur dann, wenn eine Überarbeitung entsprechend einem Leistungsaufwand von 20 % oder mehr der vollständig erbrachten, unveränderten Leistungsphase erforderlich ist; auch sie muss der Auftragnehmer auf Anordnung des Auftraggebers erbringen.

Die zusätzliche Leistung bestimmt sich dann nach dem Umfang der geänderten oder zusätzlichen Leistung, und zwar mit folgender Maßgabe: Pro Prozent Überschreitung der Marge von 20 % (dieser Phase) erhält der Auftragnehmer je 1 % des Honorars für die Phase (maximal beträgt das Honorar 40 % der Vergütung dieser Phase).

4.2.2.2 Sind die geänderten oder zusätzlichen Leistungen nicht nur wesentlich (im Sinne von 4.2.2.1), sondern beruhen sie auch auf grundsätzlich verschiedenen Anforderungen des Auftraggebers, so gilt § 20 HOAI.

4.2.2.3 Verlangt der Auftraggeber nach Fertigstellung der Vorplanung eine völlige Umgestaltung des gesamten Konzeptes, sodass es nicht mehr dasselbe Gebäude/Planungskonzept ist, so hat der Auftragnehmer Anspruch auf eine zusätzliche Honorierung der gesamten Leistungsphase.

4.2.3 Leistungsphase 3: Entwurfsplanung

4.2.3.1 In der Phase 3 „Entwurfsplanung" ist der Auftragnehmer auf Anordnung des Auftraggebers verpflichtet, ohne Vergütung geänderte oder zusätzliche Leistungen in gestalterischer, konstruktiver, funktionaler oder wirtschaftlicher Hinsicht zu erbringen, sofern sie nur noch geringfügige Änderungen des Volumens oder der Planungskonzepte zur Folge haben und sie die planerische Zielrichtung nur noch geringfügig verändern.

4.2.3.2 „Nicht geringfügig" im vorgenannten Sinne sind geänderte oder zusätzliche Leistungen dann, wenn eine Überarbeitung entsprechend einem Leistungsaufwand von 5 % oder mehr der vollständig erbrachten, unveränderten Leistungsphase erforderlich ist; auch sie muss der Auftragnehmer auf Anordnung des Auftraggebers erbringen.

Die zusätzliche Vergütung bestimmt sich dann nach dem Umfang der geänderten oder zusätzlichen Leistung, und zwar mit folgender Maßgabe: Pro Prozent Überschreitung der Marge von 5 % (dieser Phase) erhält der Auftragnehmer je 1 % des Honorars für die Phase. Maximal beträgt das Honorar 30 % der Vergütung dieser Phase.

4.2.3.3 Sind die geänderten oder zusätzlichen Leistungen nicht nur „mehr als geringfügig" (im Sinne von 4.2.3.2), sondern beruhen sie auch auf grundsätzlich verschiedenen Anforderungen des Auftraggebers, so gilt § 20 HOAI.

4.2.3.4 Verlangt der Auftraggeber nach Fertigstellung der Entwurfsplanung eine völlige Umgestaltung des gesamten Konzeptes, sodass es nicht mehr dasselbe Gebäude/ Planungskonzept ist, so hat der Auftragnehmer Anspruch auf eine zusätzliche Honorierung der gesamten Leistungsphase.

4.2.4 Leistungsphase 4: Genehmigungsplanung

4.2.4.1 Geänderte oder zusätzliche Leistungen in der Phase 4 „Genehmigungsplanung" auf Anordnung des Auftraggebers muss der Auftragnehmer auch ohne gesonderte Vergütung erbringen.

4.2.4.2 Beruhen die geänderten oder zusätzlichen Leistungen (einschließlich eventueller Nachträge auf Nachtragsgenehmigungen) jedoch auf Umständen, die der Auftragnehmer nicht zu vertreten hat, so ist der Auftragnehmer dennoch auf Anordnung des Auftraggebers zu dieser Leistung verpflichtet. Er erhält dann zusätzliche Vergütung, wenn diese geänderte oder zusätzliche Leistung einen nicht unwesentlichen Arbeits- und Zeitaufwand verursacht. Das ist dann der Fall, wenn eine Überarbeitung entsprechend einem Leistungsaufwand von 15 % oder mehr der vollständig erbrachten, unveränderten Leistungsphase erforderlich ist.

Die zusätzliche Vergütung bestimmt sich dann nach dem Umfang der geänderten oder zusätzlichen Leistung, und zwar mit folgender Maßgabe: Pro Prozent Überschreitung der Marge von 15 % (dieser Phase) erhält der Auftragnehmer je 1 % des Honorars für die Phase.

4.2.5 Leistungsphase 5: Ausführungsplanung

4.2.5.1 In der Phase 5 „Ausführungsplanung" ist der Auftragnehmer auf Anordnung des Auftraggeber verpflichtet, ohne Vergütung geänderte oder zusätzliche Leistungen in gestalterischer, konstruktiver, funktionaler oder wirtschaftlicher Hinsicht zu erbringen, sofern sie nur noch geringfügige Änderungen des Volumens oder der Planungskonzepte zur Folge haben und sie die planerische Zielrichtung nur noch geringfügig verändern.

4.2.5.2 „Nicht geringfügig" im vorgenannten Sinne sind geänderte oder zusätzliche Leistungen dann, wenn eine Überarbeitung entsprechend einem Leistungsaufwand von 5 % oder mehr der vollständig erbrachten, unveränderten Leistungsphase erforderlich ist; auch sie muss der Auftragnehmer auf Anforderung des Auftraggebers erbringen.

Die zusätzliche Vergütung bestimmt sich dann nach dem Umfang der geänderten oder zusätzlichen Leistung, und zwar mit folgender Maßgabe: Pro Prozent Überschreitung der Marge von 5 % (dieser Phase) erhält der Auftragnehmer je 1 % des Honorars für die Phase.

4.2.6 Leistungsphasen 6, 7, 8 und 9, Vorbereitung der Vergabe, Mitwirkung bei der Vergabe, Objektüberwachung, Objektbetreuung und Dokumentation

4.2.6.1 Geänderte oder zusätzliche Leistungen in den Phasen 6–9 auf Anordnung des Auftraggebers muss der Auftragnehmer in diesen Phasen ohne gesonderte Vergütung erbringen.

4.2.6.2 Ordnet der Auftraggeber jedoch in der Phase 6 „Vorbereitung der Vergabe" die Aufstellung alternativer Leistungsbeschreibungen für geschlossene Leistungsbereiche an, so ist der Auftragnehmer verpflichtet, diese Leistung zu erbringen und hat Anspruch auf Vergütung in Höhe von 50 % des Honorars der Leistungsphase, das anteilig auf die vorangegangene Leistungsbeschreibung des entsprechenden Leistungsbereiches entfällt.

4.2.7 In allen Fällen, in denen der Auftragnehmer nach Maßgabe der Regelung in 4.2.1 bis 4.2.6.2 zusätzliches Honorar erhält, ist **Anspruchsvoraussetzung**, dass der Auftragnehmer dem Auftraggeber vor Beginn der Arbeit mit geänderten oder zusätzlichen Leistungen **schriftlich** ankündigt, dass die Anordnung des Auftraggebers zusätzliches Honorar auslöst; weitere Voraussetzung ist, dass der Auftraggeber daraufhin die zusätzliche Honorierung dem Grunde nach schriftlich bestätigt. Verweigert der Auftraggeber trotz eigener Anordnung und trotz Ankündigung des Auftragnehmers das Anerkenntnis der Honorierung dem Grunde nach, ist der Auftragnehmer nicht verpflichtet, die geänderten oder zusätzlichen Leistungen auszuführen.

5 Beauftragung

5.1 Der Auftraggeber überträgt dem Auftragnehmer von den in der Anlage 1 genannten Leistungen in diesem Vertrag die Leistungsphase 1 „Grundlagenermittlung" und 2 „Vorplanung".

5.2 Die Beauftragung weiterer Leistungsphasen gemäß diesem Vertrag kann im Wege stufenweiser Beauftragung durch gesonderten **schriftlichen Abruf** des Auftraggebers erfolgen. Der Auftragnehmer hat den Auftraggeber rechtzeitig **schriftlich** auf die Erforderlichkeit der Beauftragung weiterer Leistungsstufen zur Vermeidung von Planungs- und Bauverzögerungen hinzuweisen.

5.3 Dem Auftragnehmer stehen keine Ansprüche auf Übertragung einzelner Leistungsphasen, über die in 5.1 beauftragten hinaus, zu. Er kann auch aus der stufenweisen Beauftragung oder Nichtbeauftragung keinerlei Rechte, gleich welcher Art, herleiten.

6 Kosten des Projektes

6.1 Kostenermittlung

Kostenschätzungen/-berechnungen sind gemäß DIN 276 (Fassung 04/81) gemäß Feststellungen im Projekthandbuch Teil... zu erstellen. Im Besonderen sind bei allen Kostenangaben (-schätzung, -berechnung, -anschlag, -feststellung) die kostenrelevanten Hauptbestandteile nach Menge und dazugehörigen Kosten zu untergliedern, welche die Auswirkungen von Änderungen der Ausstattungs- und Konstruktionsvorgaben nachvollziehen lassen, um im Dialog den wirtschaftlichen Kostenrahmen einhalten zu können.

Der Objektplaner hat hierbei die Verpflichtung, die Beiträge des Auftragnehmers in die Gesamtkostenschätzung bzw. -berechnung zu integrieren. Die vertraglichen Pflichten des Auftragnehmers bleiben davon unberührt.

6.2 Kostenrahmen/-obergrenze

Dem Auftragnehmer ist der Kostenrahmen, d.h. eine Kostenobergrenze gemäß Ziff. 4.1, als verbindliche Planungsgrundlage für die von ihm und den fachlich Beteiligten zu planenden Leistungen vorgegeben. Der Auftragnehmer ist verpflichtet, sich bei der Erbringung seiner Leistungen an den Rahmen dieser Gesamtkostenvorgabe bzw. an den Kostenrahmen für die von ihm zu planenden Gewerke zu halten. Hält der Auftragnehmer den vorgegebenen Gesamtkostenrahmen oder einzelne Teilkosten auch bei strikter Beachtung der gebotenen Wirtschaftlichkeitsplanung nicht für auskömmlich, so hat er dies unter Angabe von Gründen unverzüglich schriftlich dem Auftraggeber und dem Projektsteuerer mitzuteilen und Vorschläge zu unterbreiten, wie der Gesamtkostenrahmen bzw. seine Kostenvorgaben eingehalten werden können.

Nach Prüfung durch die Projektsteuerung erfolgt in Abstimmung mit dem Auftraggeber die Herbeiführung einer Entscheidung.

7 Termine

7.1 Rahmenterminplan

Der Auftragnehmer hat seine Leistungen auf der Grundlage des vom Projektsteuerer vorgegebenen Rahmenterminplans (siehe Anlage 4) zu erbringen und fertigzustellen. Der Rahmenterminplan wird dem Auftragnehmer vor Vertragsabschluss übergeben. Der Auftragnehmer hat die ihm übertragenen Leistungen so rechtzeitig zu erbringen, dass Planung und Durchführung der Baumaßnahme nicht aufgehalten oder verzögert werden.

7.2 Verbindliche Termine

Der Rahmenterminplan wird in den einzelnen Leistungsphasen durch Detailablauftermine des Projektsteuerers zur Steuerung und Koordinierung aller Beteiligten ergänzt. Die darin enthaltenen Anfangs-, Zwischen- und Endtermine werden einvernehmlich zwischen Projektsteuerer und Auftragnehmer festgelegt und sind für den Auftragnehmer verbindlich.

Einigen die Parteien sich nicht, kann der Auftraggeber nach billigem Ermessen einseitig die verbindlichen Termine festlegen.

7.3 Unterrichtung über Terminlage

Der Auftraggeber ist verpflichtet, den Auftragnehmer über etwaige ihm bekannt werdende, drohende oder schon eingetretene Terminverschiebungen des Rahmenterminplanes schriftlich zu informieren.

Der Auftragnehmer hat den Auftraggeber und den Projektsteuerer von drohenden oder eintretenden Leistungsverzögerungen, die für den Leistungsbereich des Auftragnehmers relevant sind, unverzüglich und schriftlich zu unterrichten, unabhängig davon, ob und in welchem Umfang eine Leistungsverzögerung vorliegt und wie dieser Leistungsverzögerung gegengesteuert werden kann. Der Auftragnehmer hat hierzu Vorschläge zu unterbreiten.

Das Recht des Auftraggebers, unabhängig von einer solchen gemeinsamen Feststellung Anordnungen gleich welcher Art zu treffen, bleibt unberührt.

Um die dem Projektsteuerer obliegende Terminkontrolle zu ermöglichen, verpflichtet sich der Auftragnehmer, dass er regelmäßig (monatlich jeweils in der ersten Woche des Monats) vom Projektsteuerer vorgegebene Terminkontrollberichtsformulare im Sinne des Soll-Ist-Vergleichs nebst Erläuterungen abliefert.

7.4 Folgen verspäteter Leistungserbringung des Auftragnehmers

7.4.1
Kommt der Auftragnehmer mit seiner Leistung bei verbindlichen Terminen gemäß 7.2 in Rückstand, erbringt er die ausstehende Leistung trotz Nachfristsetzung sodann nicht innerhalb von maximal 15 Werktagen und hat er die Verzögerung zu vertreten, so ist der Auftraggeber – unbeschadet aller sonstigen Rechte – berechtigt, die Leistung für den entsprechenden Bauabschnitt ganz oder teilweise aus wichtigem Grund zu kündigen; der Auftraggeber ist dann aber nach seinem Belieben auch berechtigt, eine ganze Leistungsphase oder alle in Auftrag gegebenen Leistungsphasen aus wichtigem Grund zu kündigen.

Die Kündigungsfolgen ergeben sich dann aus 14.3.

Schadensersatzansprüche des Auftraggebers bleiben unberührt.

7.4.2
Kommt der Auftragnehmer der Pflicht zur vollständigen Fertigstellung des Vorentwurfs oder der Pflicht zur vollständigen Fertigstellung des Entwurfs in den jeweiligen Endfristen gemäß 7.2 nicht fristgerecht nach, stellt er die entsprechende Leistung trotz Nachfristsetzung von maximal 15 Werktagen nicht fertig und hat

er die Verzögerung zu vertreten, so verringert sich das Honorar des Auftragnehmers für die betroffene Leistungsphase 2 oder 3 um je 10 %.

Weitergehende Ansprüche des Auftraggebers – auch gemäß 7.4.1 – bleiben unberührt.

Auf Schadensersatzansprüche des Auftraggebers wegen Verzuges des Auftragnehmers sind die vorerwähnten Honorarkürzungen anzurechnen.

8 Vergütung

8.1 Pauschalhonorar

8.1.1 Für die einzelnen Leistungsphasen und für die etwaigen Besonderen Leistungen gemäß der Anlage 1 werden jeweils Pauschalhonorare wie folgt vereinbart:

....

Die Verwendung von CAD wird nicht gesondert honoriert.

Geänderte und zusätzliche Leistungen werden nur gemäß § 4.2 ff. vergütet:

Das Pauschalhonorar deckt die Leistungen des Auftragnehmers in der gemäß Rahmenterminplan, Anlage 4, festgesetzten Fertigstellungszeit plus 3 Monate gegenüber dem in dem Rahmenterminplan angegebenen Fertigstellungstermin für die Leistungen des Auftragnehmers. Erstreckt sich die Arbeit über diese Frist hinaus, so wird das Pauschalhonorar angepasst, und zwar wie folgt:

Das für die Leistungsphase 8 in Auftrag gegebene pauschalierte Honorarvolumen wird umgelegt auf die laut Terminplan festgestellte Bauzeit zzgl. einem Zuschlag von 3 Monaten. Daraus wird ein Monatsmittel errechnet. Dieses Monatsmittel wird ab dem 4. Monat als zusätzliches Honorar berechnet, jedoch gekürzt um 20 % pro Monat. Dauert die Überschreitung der Fertigstellungsfrist für die Leistung des Auftragnehmers mehr als 9 Monate, entfällt der Abzug von 20 % ab dem 10. Monat.

8.2 Zeithonorar

8.2.1 Werden außerhalb des Leistungsumfangs gemäß Nr. 3 Leistungen nach Zeitaufwand vergütet, gelten hierfür folgende Stundensätze:

– für den Inhaber/Geschäftsführer € ....
– für projektleitende Diplom-Ingenieure € ....
– für sachbearbeitende Ingenieure € ....
– für Techniker € ....
– für Zeichner und Schreibkräfte € ....
– für Hilfskräfte € ....

8.2.2 Abrechnungen für Leistungen nach Zeitaufwand bedürfen der vorherigen Anmeldung beim und der gesonderten Beauftragung durch den Auftraggeber; sie sind durch Stundenbelege nachzuweisen und monatlich abzurechnen.

8.3 Nebenkosten

8.3.1 Spätestens ab Beginn der Leistungsphase 8 ist ein Baustellenbüro mit Telefon- und Faxanschluss und durchgehend fachlich kompetenter Besetzung vor Ort vorzuhalten und zu besetzen.

Der Auftraggeber stellt dem Auftragnehmer auf der Baustelle ein Baubüro zur Verfügung und übernimmt die Kosten für die *Medien* mit Ausnahme der Anschluss- und Betriebskosten für die Telekommunikation.

8.3.2 Kosten für Reisen .... sowie alle übrigen nach § 7 HOAI erstattungsfähigen und sonstigen Nebenkosten sind im Honorar enthalten.

Ausgenommen hiervon sind die Kosten für Lichtpausen sowie Vervielfältigungen größer als DIN A3 ab der Leistungsphase 4. Diese werden gegen Einzelnachweis, der jeweils vom Auftragnehmer unter Angabe des Verwendungszwecks zu prüfen und freizugeben ist, direkt vom Auftraggeber der Lichtpausanstalt bezahlt. Die Lichtpausanstalt wird vom Auftraggeber festgelegt bzw. zwischen Auftraggeber und Auftragnehmer abgestimmt.

8.4 Umsatzsteuer

8.4.1 Das Honorar, etwaige Zeithonorare und die Nebenkosten verstehen sich als Nettobeträge zuzüglich MwSt. in der jeweils gesetzlich bestimmten Höhe.

Mehrwertsteueränderungen während der Vertragslaufzeit sind entsprechend den gesetzlichen Bestimmungen zu berücksichtigen.

9 Zahlungen, Rechnungen, Sicherheiten

9.1.1 Abschlagszahlungen, Vertragserfüllungs- und Gewährleistungsbürgschaft

Der Auftragnehmer kann unter Rechnungstellung Abschlagszahlungen bei entsprechendem jeweiligem Stand seiner Leistungen gemäß Zahlungsplan, Anlage 5, verlangen.

Abschlagszahlungen werden bis zu 95 % des für die nachgewiesenen Leistungen zustehenden Honorars – vorbehaltlich der Anerkennung der Vertragserfüllung – gewährt. Die restlichen 5 % werden mit der Schlussrechnung bzw. Teilschlussrechnung vergütet, wenn der Auftragnehmer eine Gewährleistungsbürgschaft nach dem Muster gemäß Anlage 7 zum Vertrag an den Auftraggeber übergibt.

Dem Auftragnehmer steht es frei, die von seinen Abschlagsrechnungen einbehaltenen 5 % durch eine Vertragserfüllungsbürgschaft nach dem Muster gemäß Anlage 6 zu diesem Vertrag abzulösen. Bei Übergabe einer Vertragserfüllungsbürgschaft ist diese nach Fertigstellung und Abnahme der Leistungen des Auftragnehmers gegen eine Gewährleistungsbürgschaft in Höhe von 5 % der Nettoschlussrechnungssumme auszutauschen. Bis dahin sichert die Vertragserfüllungsbürgschaft auch die Ansprüche aus Gewährleistung. Die Gewährleistungsbürgschaft muss dem Muster, Anlage 7 zum Vertrag entsprechen.

Die Vertragserfüllungsbürgschaft dient als Sicherheit für die Erfüllung sämtlicher Verpflichtungen des Auftragnehmers aus diesem Vertrag, insbesondere für die vertragsgemäße Ausführung der Leistung einschließlich der Abrechnung, Gewährleistung für Mängel, Schadensersatz sowie für die Erstattung von Überzahlung einschließlich der Zinsen.

Die Gewährleistungsbürgschaft dient als Sicherheit für die Erfüllung der Ansprüche auf Gewährleistung einschließlich der bei der Abnahme vorbehaltenen Mängel, Schadensersatz sowie für die Erstattung von Überzahlung einschließlich der Zinsen.

Die Nebenkosten werden jeweils anteilig mit und entsprechend den Abschlagszahlungen ohne Abzug bezahlt. Die Mehrwertsteuer wird zusammen mit den Abschlagszahlungen und sonstigen Nebenkostenabrechnungen überwiesen.

9.1.2 Der Zahlungsplan ist entsprechend der stufen- und abschnittsweisen Beauftragung und unter Zugrundelegung der fortgeschriebenen Rahmen- und Detailterminplanung und des Leistungsfortschrittes des Auftragnehmers gegebenenfalls anzupassen.

9.2 Rechnungen

Rechnungen sind nach ihrem Zweck als Abschlag-, Teilschluss- oder Schlussrechnung zu bezeichnen und durchlaufend zu nummerieren und müssen kumulierend aufeinander aufbauen.

Der Rechnungsbetrag ist in der Rechnung entsprechend der Honorargliederung des Vertrages bzw. den Vorgaben des Zahlungsplanes prüfbar darzustellen.

Abschlagsrechnungen sind innerhalb von 30 Arbeitstagen, Schlussrechnungen innerhalb von 50 Arbeitstagen nach Zugang beim Auftraggeber von diesem zu prüfen und zu zahlen.

9.3 Schlussrechnung(en)

9.3.1 Nach vertragsgemäßer Erbringung der Leistungsphasen 1 bis gegebenenfalls 8 kann das Honorar für diese Leistungsphasen abgerechnet werden
(1. Teilhonorar-Schlussrechnung).

Falls auch die Leistungsphase 9 übertragen ist, kann das Honorar für die Leistungsphase 9 nach vertragsgemäßer Erbringung dieser Leistung in Rechnung gestellt werden
(2. Honorarschlussrechnung).

9.4 Vergütung zusätzlicher Leistungen

Soweit der Auftragnehmer Anspruch auf Vergütung geänderter oder zusätzlicher Leistungen hat, wird der Ausgleich nach ordnungsgemäßer Erbringung der entsprechenden Leistungen, Übergabe einer sich hierauf beziehenden prüffähigen Rechnung und nach durchgeführter Rechnungsprüfung vorgenommen, es sei denn, in der gesonderten Vereinbarung über die zusätzliche Leistung wird hierüber etwas anderes bestimmt.

9.5 Berichtigung, Erstattung

Werden Fehler in der Abrechnung der Vergütung festgestellt, so ist diese Abrechnung zu berichtigen. Der Auftraggeber und der Auftragnehmer sind verpflichtet, die sich aus Überzahlungen ergebenden Beträge zu erstatten. Sie können sich nicht auf einen etwaigen Wegfall der Bereicherung (§ 818 Abs. 3 BGB) berufen.

10 Pflichten des Auftragnehmers

10.1 Allgemeine Pflichten

10.1.1 Regeln der Technik u. a.

Die Leistungen des Auftragnehmers müssen den anerkannten Regeln der Technik unter Berücksichtigung des neuesten Standes der Technik sowie den einschlägigen öffentlich-rechtlichen Bestimmungen und sonstigen einschlägigen technischen Bestimmungen und Richtlinien entsprechen.

10.1.2 Persönliche Leistungserbringung

Der Auftragnehmer hat die Leistungen persönlich bzw. im eigenen Unternehmen zu erbringen. Die Hinzuziehung von Sonderfachleuten und/oder Subunternehmern zur Erfüllung der Leistungen durch den Auftragnehmer bedarf der vorherigen schriftlichen Zustimmung des Auftraggebers.

10.1.3 Auskunftspflicht des Auftragnehmers

Der Auftragnehmer hat dem Auftraggeber auf Anforderung über seine Leistungen unverzüglich und ohne besondere Vergütung Auskunft zu erteilen, bis die Baumaßnahme abgeschlossen ist.

10.1.4 Wahrung der Auftraggeberinteressen

Als Sachwalter des Auftraggebers darf der Auftragnehmer keine Unternehmer- oder Lieferanteninteressen vertreten.

10.1.5 Anordnung und Anregungen des Auftraggebers, Bedenken

Der Auftragnehmer hat seiner Planung die schriftlichen Anordnungen und Anregungen des Auftraggebers zugrunde zu legen und etwaige Bedenken hiergegen dem Auftraggeber unverzüglich schriftlich mitzuteilen; er hat seine Leistungen vor ihrer endgültigen Ausarbeitung mit dem Auftraggeber und den anderen fachlich Beteiligten abzustimmen.

Der Auftragnehmer hat sich rechtzeitig zu vergewissern, dass seiner Planung öffentlich-rechtliche Hindernisse und Bedenken nicht entgegenstehen.

Die Haftung des Auftragnehmers für die Richtigkeit und Vollständigkeit seiner Leistungen wird durch Anerkennung oder Zustimmung des Auftraggebers nicht eingeschränkt.

10.1.6 Wirtschaftlichkeit

Der Auftragnehmer hat seine Leistungen unter besonderer und stetiger Berücksichtigung des Erfordernisses der Wirtschaftlichkeit der zu errichtenden Bauwerke/Anlagen – sowohl in Bezug auf die Herstellung als auch auf den späteren Betrieb, soweit die Leistungen des Auftragnehmers betroffen sind – zu erbringen.

10.1.7 Projektbesprechungen

Der Auftragnehmer ist verpflichtet, an den von dem Projektsteuerer und dem Auftraggeber routinemäßig und gesondert festgesetzten Projektbesprechungen teilzunehmen.

10.1.8 Verantwortlicher Ansprechpartner

Für den Auftragnehmer werden als verantwortliche Ansprechpartner

Herr/Frau ....

Herr/Frau ....

genannt.

Der Ansprechpartner bzw. dessen Vertreter haben die Aufgabe, die Leistungen des Auftragnehmers fachlich zu leiten, intern zu koordinieren und den Informationsaustausch mit dem Auftraggeber und Projektsteuerer durchzuführen. Sie nehmen – einzeln oder gemeinsam – an allen Besprechungen des Auftragnehmers mit dem Auftraggeber, mit den fachlich Beteiligten und mit sonstigen Dritten teil, soweit diese Besprechungen den Aufgabenbereich des Auftragnehmers berühren (vgl. Ziff. 10.1.7). Sie vermitteln die dabei erhaltenen Informationen intern an die zuständigen Stellen oder sorgen dafür, dass diese mit ihnen zusammen an den jeweiligen Gesprächen teilnehmen.

Die verantwortlichen Ansprechpartner des Auftragnehmers werden nur mit schriftlicher Zustimmung des Auftraggebers oder auf dessen Wunsch abgelöst. Die Bestellung des Nachfolgers bedarf ebenfalls der schriftlichen Zustimmung des Auftraggebers. Die Zustimmung des Auftraggebers darf nicht ohne wichtigen Grund verweigert werden.

10.1.9 Unterzeichnung der Unterlagen

Der Auftragnehmer hat die von ihm gefertigten Unterlagen als Verfasser zu unterzeichnen.

10.1.10 Aufbewahrungspflicht

Der Auftragnehmer hat seine Unterlagen 5 Jahre nach Fertigstellung des Bauvorhabens, in jedem Fall bis zum Ablauf der Gewährleistungsfristen, aufzubewahren. Bevor er diese Unterlagen vernichtet, muss er sie dem Auftraggeber zur Abholung anbieten.

10.1.11 Öffentlichkeitsarbeit

Der Auftragnehmer unterstützt den Auftraggeber auf Verlangen bei seiner Öffentlichkeitsarbeit.

10.2 Sonstige Pflichten

10.2.1 Vertraulichkeitsschutz

Der Auftragnehmer hat über seine Leistungen und die ihm bei Vertragserfüllung bekannt gewordenen Vorgänge – soweit sie vertraulich sind – Dritten gegenüber Stillschweigen zu bewahren. Dies gilt auch nach Beendigung des Vertragsverhältnisses.

10.2.2 Der Auftragnehmer verpflichtet sich, zum Ende jeden zweiten Monats, erstmals zum Ende des zweiten Monats nach Beginn der Leistungsphase 3, unaufgefordert dem Auftraggeber den vollständigen neuesten Planungsstand in CAD auf geeigneten elektronischen Datenträgern zu übergeben. Unabhängig hiervon gelten die Regelungen nach Ziff. 10.2.12.

Erfolgt eine derartige Erfassung der Daten zum Ende eines Planungsabschnitts, kann der Auftraggeber bestimmen, dass die nächste Datenübergabe erst zum Ende des nächsten oder übernächsten Monats oder zu einem späteren Zeitpunkt zur Verfügung zu stellen ist. Trifft der Auftraggeber jedoch keine derartige Bestimmung, ist der Auftragnehmer weiterhin verpflichtet, jeweils den neuesten Planungsstand entsprechend den zuvor genannten Regelfristen und Modalitäten zu überreichen.

10.2.3 Koordination der Leistungen aller an der Planung Beteiligten

Der Auftragnehmer ist verpflichtet, im Rahmen seiner Leistungen an der dem Architekten übertragenen Koordination aller fachlich Beteiligten mitzuwirken, damit die zeitliche und fachlich-inhaltliche Abstimmung der Tätigkeiten aller fachlich Beteiligten vorgenommen werden und das Einordnen und Einarbeiten (Integrieren) aller Beiträge in die Gesamtplanung Leistungsphasen 1–5 bis zur Ausführungsreife durch den Architekten und während der Leistungsphasen 6–8 durch die Objektüberwachung erfolgen kann.

Der Auftragnehmer ist ferner verpflichtet, den anderen fachlich Beteiligten die notwendigen Angaben und Unterlagen so rechtzeitig zu liefern, dass diese ihre Leistungen ordnungsgemäß erbringen können.

Wenn während der Planung Meinungsverschiedenheiten zwischen dem Auftragnehmer und anderen fachlich Beteiligten auftreten, hat der Auftragnehmer unverzüglich über den Projektsteuerer schriftlich die Entscheidung des Auftraggebers herbeizuführen.

10.2.4 Abstimmung mit Genehmigungs- und Fachbehörden, Auflagen

Um sicherzustellen, dass der Verwirklichung seiner Planung keine Hindernisse entgegenstehen, wird der Auftragnehmer im erforderlichen Umfang fortlaufend Verbindung mit den zuständigen Genehmigungs- und Fachbehörden sowie den sonst in Betracht kommenden Behörden und Stellen halten und mit diesen die Planung abstimmen. Von bevorstehenden Verhandlungen mit diesen Behörden und Stellen wird er den Projektsteuerer und den Auftraggeber unverzüglich unterrichten, um ihnen Gelegenheit zu geben, hieran nach eigenem Ermessen teilzunehmen.

Der Auftragnehmer wird den Projektsteuerer und den Auftraggeber fortlaufend und unverzüglich über seine Gespräche mit diesen Behörden und Stellen im Jourfixe und durch Übermittlung von Besprechungsniederschriften informieren. Er wird dem Projektsteuerer und dem Auftraggeber den einschlägigen Schriftverkehr in Kopie zuleiten. Dies gilt auch dann, wenn Projektsteuerer und/oder Auftraggeber an den Gesprächen teilgenommen haben.

Von Genehmigungs- und Fachbehörden oder anderen zuständigen Stellen dem Auftraggeber gemachte Auflagen sind vom Auftragnehmer zu befolgen. Stehen solche Aufgaben im Widerspruch zu Festlegungen in den Vertragsunterlagen oder zu Anordnungen oder Anregungen des Auftraggebers oder berühren sie die Konzeption in einer nicht unwesentlichen Form, so wird der Auftragnehmer den Projektsteuerer und Auftraggeber hierüber und über mögliche Konsequenzen unverzüglich unterrichten und die Entscheidung des Auftraggebers über den Projektsteuerer einholen, bevor die betroffene Planung weiter bearbeitet wird. Die Entscheidung wird dem Auftragnehmer über den Projektsteuerer schriftlich mitgeteilt.

10.2.5 Abstimmung mit Projektsteuerer und Auftraggeber

Der Auftragnehmer hat bei seinen Leistungserbringungen Festlegungen der Projektleitung des Auftraggebers und des Projektsteuerers zu berücksichtigen und in die Ergebnisunterlagen einzuarbeiten und/oder diesen beizufügen. Von allen seiner Koordinationspflicht obliegenden Abstimmungsgesprächen und fachübergreifenden Festlegungen sind vom Auftragnehmer Niederschriften anzufertigen und dem Projektsteuerer sowie dem Auftraggeber, auch wenn diese daran teilgenommen oder mitgewirkt haben, zur Information und Dokumentation der Vorgänge spätestens *drei* Werktage nach dem jeweiligen Gespräch zu übergeben.

Weiterhin hat der Auftragnehmer etwaige Bedenken zu Festlegungen des Projektsteuerers und des Auftraggebers unverzüglich dem Auftraggeber über den Projektsteuerer schriftlich mitzuteilen. Er hat seine Leistungen vor ihrer endgültigen Ausarbeitung mit den anderen fachlich Beteiligten abzustimmen.

10.2.6 Strittige Themen

Bei technisch, gestalterisch oder wirtschaftlich strittigen Fragen unter den Planungsbeauftragten hat der Auftragnehmer entsprechende Entscheidungsunterlagen zu erarbeiten und vorzulegen, um dem Auftraggeber eine Entscheidung unter Einbeziehung aller relevanten Umstände und Daten zu ermöglichen.

10.2.7 Anforderung von Angaben

Angaben des Auftraggebers, fachlich Beteiligter oder sonstiger Stellen, die der Auftragnehmer zur Leistungserfüllung benötigt, hat der Auftragnehmer rechtzeitig anzufordern.

10.2.8 Besprechungsniederschriften

Der Auftragnehmer ist verpflichtet, über Besprechungen mit fachlich Beteiligten oder sonstigen Projektbeteiligten, außerhalb der Jour-fixe-Termine, Niederschriften in einem dem Besprechungsinhalt angemessenen Umfang anzufertigen und dem Auftraggeber und dem Projektsteuerer binnen 4 Werktagen zu übermitteln.

10.2.9 Konstruktions- und Ausstattungsalternativen

Der Auftragnehmer hat im Bedarfsfall (z. B. Bedenken ausführender Unternehmen oder Planungsbeteiligter, Hinweise/Anregungen des Projektsteuerers oder des Auftraggebers, Behördeneinwände) alternative Konstruktionsdetails und Ausstattungsmerkmale zu prüfen bzw. zu erarbeiten und aufzuzeigen, unter Beachtung des Ziels der Kostenoptimierung und Baurationalisierung. Hierbei sind gegebenenfalls andere an der Planung bzw. Ausführung Beteiligte einzubeziehen oder dem Auftraggeber die Hinzuziehung von (weiteren) Sonderfachleuten zu empfehlen.

10.2.10 Hinweis- und Prüfungspflicht des Auftragnehmers

Hat der Auftragnehmer im Zusammenhang mit der Erbringung seiner Leistungen gegen die Anwendung der im Vertrag oder den Anlagen aufgeführten Unterlagen oder der einzuhaltenden Bestimmungen und Richtlinien Bedenken oder stellt er Lücken, Überschneidungen und Widersprüche fest, wird der Auftragnehmer den Auftraggeber unverzüglich hierauf hinweisen. Der Auftraggeber wird in solchen Fällen schnellstmöglich eine verbindliche Entscheidung treffen.

Angaben und Festlegungen im Vertrag oder in den Anlagen aufgeführten Unterlagen sowie in etwa zukünftigen hinzutretenden Vertragsunterlagen entbinden den

Auftragnehmer nicht von seiner Verpflichtung zur selbständigen Prüfung und von seiner Verantwortung für die Richtigkeit und Vollständigkeit der von ihm geschuldeten Leistungen.

10.2.11 Projekthandbuch/Formblätter

Der Auftraggeber lässt zur organisatorischen Sicherung und Steuerung des Projektes durch den Projektsteuerer ein Projekthandbuch erstellen, in dem u.a. die wesentlichen Kriterien der Ablauforganisation festgelegt werden. Die einzelnen Teile des Handbuches werden dem Auftragnehmer rechtzeitig zur Verfügung gestellt und sind verbindlich zu beachten. Das Gleiche gilt für die vom Projektsteuerer vorgegebenen bzw. noch zu entwickelnden Formblätter.

10.2.12 Arbeitsunterlagen, -ergebnisse

Der Auftragnehmer ist verpflichtet, auf Verlangen des Auftraggebers oder Projektsteuerers unabhängig vom jeweiligen Stand der Bearbeitung Arbeitspausen/-kopien seiner Arbeitsunterlagen zu liefern.

Abzustimmende Pläne und Planungszwischenergebnisse zu Information des Projektsteuerers werden diesem in Form von Arbeitspausen ...fach übergeben. Entsprechendes gilt auch für noch abzustimmende Konzepte von Berechnungen, Beschreibungen und Erläuterungen u.ä.

Diese Unterlagen sind zusätzlich ...fach dem Projektsteuerer zur Verteilung zuzuleiten.

Dabei ist darauf zu achten, dass jedes Exemplar mit Inhaltsverzeichnis versehen und als Dokumentation dieser Phase kenntlich gemacht ist.

Die vom Auftragnehmer erstellten und beschafften abschließenden Ergebnisunterlagen sind dem Auftraggeber ...fach, davon einmal kopierfähig und mikrofilmgerecht sowie ab Leistungsphase 3 ...fach auf geeigneten elektronischen Datenträgern, zu übergeben und gehen mit Übergabe in das Eigentum des Auftraggebers über. Zurückbehaltungsrechte an diesen Unterlagen sind – soweit gesetzlich zulässig – ausgeschlossen. Dies gilt auch, wenn das Vertragsverhältnis – gleichgültig aus welchem Grunde – vorzeitig endet. Ziff. 10.1.10 sowie 10.2.2 bleiben unberührt.

Arbeitsergebnisse in Form von Zeichnungen werden vom Auftraggeber kurzfristig für Zwecke der Zeichnungsverwaltung im Original überlassen.

Bei einer vorzeitigen Beendigung des Vertrages – gleichgültig aus welchem Grunde – hat der Auftragnehmer dem Auftraggeber seine zu diesem Zeitpunkt vorliegenden Arbeitsergebnisse und sonstigen Arbeitsunterlagen in ihrer letzten Fassung zu übergeben. Die Aufbewahrungspflicht nach Ziff. 10.1.10 bleibt unberührt, ebenso 10.2.2.

Bei zeichnerischen Unterlagen sind die Unterzeichner „Planverfasser", bei den übrigen Unterlagen zeichnen sie als „Verfasser".

Der Auftragnehmer kann sich bei der Unterzeichnung durch solche Mitarbeiter vertreten lassen, die er dem Auftraggeber zuvor schriftlich als hierzu ermächtigt benannt hat.

10.2.13 CAD-Einsatz

Hinsichtlich der Verpflichtung zum Einsatz von CAD (Computer Aided Design) ist auf Punkt 0.10 und 0.11 der Leistungsbeschreibung, Anlage 1, zu verweisen.

11 Zusammenarbeit zwischen Auftraggeber, Auftragnehmer und anderen fachlich Beteiligten

11.1 Projektsteuerung/Auftraggeber-Vertretung

Der Auftragnehmer nimmt zur Kenntnis, dass der Auftraggeber einen Projektsteuerer beauftragt hat.

Der Projektsteuerer vertritt die Belange des Auftraggebers unmittelbar und ist gegenüber dem Auftragnehmer terminlich und organisatorisch weisungsberechtigt. Direkte sonstige Anweisungen erhält der Auftragnehmer ausschließlich über den Auftraggeber und dort durch dessen Projektleitung. Die Mitwirkungspflichten des Auftragnehmers (vgl. Ziff. 10.2.3.) bleiben hiervon unberührt.

11.2 Berichts- und Unterrichtungspflicht

Der Auftragnehmer hat dem Projektsteuerer regelmäßig und auf Anfrage unverzüglich über den Inhalt und Ablauf seiner Leistungen und unverzüglich über alle den geplanten Inhalt und Ablauf dieser Leistungen berührenden Ereignisse zu berichten. Gleiches gilt für die Leistungen der anderen an der Planung und/oder Überwachung fachlich Beteiligten und über die mit diesen vereinbarten Termine/Fristen.

11.3 Inanspruchnahme fachlich Beteiligter

Der Auftragnehmer kann die Leistungen von fachlich Beteiligten im Rahmen der ihnen vom Auftraggeber erteilten Aufträge in erforderlichem Umfang unmittelbar abrufen.

Will der Auftragnehmer Leistungen fachlich Beteiligter außerhalb der diesen vom Auftraggeber erteilten Aufträge in Anspruch nehmen, so hat er die Kosten hierfür zu tragen, es sei denn, Auftraggeber und Auftragnehmer haben vorher schriftlich eine andere Regelung getroffen.

In jedem Fall der Inanspruchnahme von fachlich Beteiligten durch den Auftragnehmer wird dieser den Auftraggeber unterrichten.

11.4 Meinungsverschiedenheiten

Treten zwischen Auftragnehmer und fachlich Beteiligten und sonstigen Projektbeteiligten Meinungsverschiedenheiten wegen der Wirtschaftlichkeit der zu bearbeitenden Anlagen oder sonstige nicht beizulegende Meinungsverschiedenheiten auf, hat der Auftragnehmer über den Projektsteuerer unverzüglich die Entscheidung des Auftraggebers einzuholen.

Bei Meinungsverschiedenheiten zwischen Projektsteuerer und Auftragnehmer entscheidet der Auftraggeber.

12 Wahrnehmung der Interessen des Auftraggebers durch den Auftragnehmer

12.1 Der Auftragnehmer ist zur Wahrnehmung der Rechte und Interessen des Auftraggebers im Rahmen der ihm übertragenen Leistungen berechtigt und verpflichtet. Er hat den Auftraggeber unverzüglich über Umstände zu unterrichten, aus denen sich Ansprüche gegen mit der Bauausführung beauftragte Unternehmen ergeben können. Die Geltendmachung derartiger Ansprüche obliegt dem Auftraggeber.

12.2 Der Auftragnehmer hat keine Vollmacht, finanzielle Verpflichtungen für den Auftraggeber einzugehen. Ebensowenig hat er Vollmacht für den Abschluss, die Änderung und Ergänzung von Verträgen sowie für die Vereinbarung neuer Preise.

Sämtliche Vergaben erfolgen durch den Auftraggeber.

13 Urheberrecht

13.1 Urheberrecht des Auftragnehmers

Dem Auftragnehmer bleibt ein Urheberrecht an den von ihm angefertigten Zeichnungen und an Bauwerken/Anlagen, die nach seinen Zeichnungen und Angaben ausgeführt werden.

Das Verwertungsrecht an den vom Auftragnehmer erstellten Plänen, Zeichnungen und sonstigen Unterlagen geht auf den Auftraggeber zur Erstellung des Bauvorhabens über.

13.2 Nutzungsrechte des Auftraggebers

Der Auftraggeber darf die vom Auftragnehmer aufgrund dieses Vertrages angefertigte Planung und sonstige Dokumentation uneingeschränkt für die Baumaßnahme nutzen, auch gegebenenfalls auf einem anderen Grundstück. Der Auftraggeber ist insbesondere berechtigt, die Planung zu bearbeiten und zu ändern sowie seine Rechte auf Dritte zu übertragen bzw. durch Dritte wahrnehmen zu lassen. Nach Fertigstellung des Objekts ist der Auftraggeber auch befugt, das realisierte Gebäude ohne Einverständnis des Auftragnehmers zu ändern bzw. um- oder neu zu gestalten.

Dies gilt auch, falls im Rahmen der stufenweisen Beauftragung keine Weiterbeauftragung erfolgt, ebenso für den Fall einer vorzeitigen anteiligen oder gesamten Vertragsbeendigung, gleich aus welchem Grund.

Dem Auftragnehmer steht kein besonderes Entgelt für die Einräumung des Nutzungsrechtes zu.

13.3 Veröffentlichungsrecht

Der Auftraggeber hat das Recht zu Veröffentlichungen unter Namensangabe des Auftragnehmers. Der Auftragnehmer bedarf zur Veröffentlichung (mit Ausnahme von Veröffentlichungen in Architekturfachliteratur sowie zu wiederholter Verwendung oder Weiterentwicklung der Pläne und Unterlagen) der Einwilligung des Auftraggebers.

13.4 Aushändigung von Unterlagen

Die vom Auftragnehmer gefertigten und beschafften Unterlagen (Pläne, Zeichnungen, Dokumentationen etc.) sind dem Auftraggeber nach den Anforderungen des Auftraggebers auszuhändigen. Sie werden sein Eigentum. Ein Zurückbehaltungsrecht des Auftragnehmers ist ausgeschlossen. Die dem Auftragnehmer überlassenen Unterlagen sind dem Auftraggeber spätestens nach Erfüllung des Auftrages zurückzugeben.

13.5 Freistellung des Auftraggebers

Der Auftragnehmer ist verpflichtet, den Auftraggeber von Urheber-, Patent- und sonstigen Schutzrechten Dritter, die er bei seiner Planung verwendet oder die bei der Ausführung der Planung verwendet werden müßten und nicht anderweitig abgegolten sind, frei zu stellen, es sei denn, der Auftragnehmer hat zuvor das Einverständnis des Auftraggebers mit der Verwendung der Rechte unter Hinweis auf diese Bestimmung herbeigeführt.

14 Kündigung

14.1

Der Auftraggeber kann den Vertrag bzw. die unmittelbar mit dem Vertragsschluss oder durch gesonderten Abruf beauftragten (Teil-)Leistungen jederzeit ohne Grund wie auch aus wichtigem Grund kündigen oder teilkündigen.

Der Auftragnehmer kann nur aus wichtigem Grund kündigen, er hat kein Recht zu Teilkündigungen.

Die Kündigung muss schriftlich erfolgen.

14.2

Wird aus einem wichtigen Grund gekündigt, den der Auftraggeber zu vertreten hat, erhält der Auftragnehmer für die ausgeführten beauftragten Leistungen die vereinbarte Vergütung und für die nicht ausgeführten beauftragten Leistungen die vereinbarte Vergütung unter Abzug der ersparten Aufwendungen oder desjenigen, was er durch anderweitige Verwendung seiner Arbeitskraft erwirkt oder zu erwerben böswillig unterlässt; diese werden auf … % der Vergütung für die noch nicht erbrachten Leistungen festgelegt. Beide Vertragsparteien haben die Möglichkeit nachzuweisen, dass die ersparten Aufwendungen bzw. der anderweitige Erwerb oder dessen böswilliges Unterlassen höher bzw. niedriger sind.

14.3 Hat der Auftragnehmer den Kündigungsgrund zu vertreten, so sind nur die bis dahin vertragsgemäß ausgeführten, in sich abgeschlossenen beauftragten Leistungen zu vergüten, sofern sie verwendbar sind. Ein Schadensersatzanspruch des Auftraggebers bleibt unberührt.

14.4 Die Ziff. 14.2 und 14.3 gelten für Teilkündigungen des Auftraggebers entsprechend.

15 Gewährleistung

15.1 Grundlage der Haftung

Die Gewährleistung richtet sich nach den gesetzlichen Vorschriften des Werkvertragsrechtes (§ 631 ff. BGB), soweit nachfolgend nichts anderes vereinbart ist.

15.2 Zustimmung des Auftraggebers

Die Haftung des Auftragnehmers für die Richtigkeit und Vollständigkeit seiner Leistungen wird durch Anerkennung oder Zustimmung des Auftraggebers nicht berührt.

15.3 Haftungsgründe

Der Auftragnehmer haftet insbesondere dafür, dass seine Leistungen zum Abnahmezeitpunkt den anerkannten Regeln der Technik, dem Grundsatz der Wirtschaftlichkeit, den öffentlich-rechtlichen und sonstigen einschlägigen Bestimmungen und Richtlinien in ihrer jeweils geltenden Fassung entsprechen.

Der Auftragnehmer sichert zu, dass die in seinem Verantwortungsbereich erstellten Kostenermittlungen mit vom Auftraggeber formulierten und ihm zugeleiteten Zielvorgaben in Einklang stehen.

15.4 Haftungsumfang

Tritt ein vom Auftragnehmer verursachter Schaden auf, ist der Auftraggeber berechtigt, Schadenersatz zu verlangen. Soweit dies mit dem Bauablauf vereinbart werden kann und der Schaden nicht einen Rückschluss auf die Unzuverlässigkeit des Auftragnehmers zulässt, wird sich der Auftraggeber bereit erklären, dem Auftragnehmer etwaige mit der Schadensbeseitigung verbundene Ingenieurleistungen zu übertragen. Ein zusätzliches Entgelt hierfür erhält der Auftragnehmer nicht. Das Recht des Auftragnehmers auf Übertragung von Ingenieurleistungen im Zusammenhang mit der Schadensbeseitigung erlischt, wenn der Auftragnehmer sich nicht binnen einer Frist von zwei Wochen nach Eintritt des Schadens schriftlich zur Übernahme der im Zusammenhang mit der Schadensbeseitigung anfallenden Ingenieurleistungen ohne weiteres Entgelt anerbietet.

16 Verjährung der Ansprüche des Auftraggebers und des Auftragnehmers

16.1 Die Verjährung der Ansprüche des Auftraggebers im Zusammenhang mit der Ausführung aller Leistungen, ausgenommen der Phase 9, beginnt mit Abnahme der letzten nach dem Vertrag zu erbringenden Leistung des Auftragnehmers, ausgenommen der Phase 9; die Leistungen der Leistungsphase 9 werden gesondert abgenommen.

Die Verjährung für Ansprüche im Zusammenhang mit der Ausführung der Leistungsphase 9 beginnt mit Abnahme der letzten nach der Leistungsphase 9 zu erbringenden Leistung.

16.2 Die Verjährung für Honoraransprüche des Auftragnehmers beginnt am 1. Januar des Jahres, das auf die Abnahme der letzten nach dem Vertrag zu erbringenden Leistung des Auftragnehmers mit Ausnahme der Leistungsphase 9 folgt.

Die Verjährung für Honoraransprüche des Auftragnehmers bezüglich der in der Leistungsphase 9 erbrachten Leistungen beginnt mit dem 1. Januar des Jahres, das auf die Abnahme der Leistungen der Phase 9 folgt.

17 Haftpflichtversicherung

17.1 Zur Sicherung etwaiger Schadensersatzansprüche aus diesem Vertrag hat der Auftragnehmer unverzüglich nach Vertragsabschluss eine Berufs-/Betriebshaftpflichtversicherung nachzuweisen. Die Deckungssummen dieser Versicherung müssen je Schadensfall mindestens betragen:

a) für Personenschäden € ....

b) für sonstige Schäden € ....

Der Auftragnehmer wird seinen etwaigen Subauftragnehmern ebenfalls eine diesen Regelungen entsprechende Versicherungsdeckung abverlangen.

17.2 Versicherungsnachweis

Der Auftragnehmer hat den Versicherungsnachweis durch ein an den Auftraggeber gerichtetes Bestätigungsschreiben seines Versicherers nachzuweisen und den Auftraggeber während der Laufzeit dieses Vertrages unverzüglich unmittelbar zu unterrichten, wenn der Versicherungsschutz – gleichgültig aus welchem Grunde – nicht mehr oder nicht mehr in bestätigter Höhe besteht.

Unbeschadet hiervon ist der Auftragnehmer dem Auftraggeber zur unverzüglichen Anzeige verpflichtet, wenn und soweit Versicherungsschutz nicht mehr besteht.

17.3 Zahlungsverweigerungsrecht

Der Auftragnehmer hat vor dem Nachweis des Versicherungsschutzes keinen Anspruch auf Leistungen des Auftraggebers. Der Auftraggeber kann Zahlungen vom Nachweis des Fortbestandes des Versicherungsschutzes abhängig machen.

17.4 Abtretung von Erstattungsansprüchen

Der Auftragnehmer tritt hiermit seine Erstattungsansprüche gegen die Haftpflichtversicherung erfüllungshalber an den Auftraggeber ab, soweit dem Auftraggeber aufgrund einer rechtskräftigen Entscheidung eines Gerichtes, eines gerichtlichen Vergleichs oder einer außergerichtlichen Einigung, der die Versicherung zugestimmt hat, Ansprüche gegen den Auftragnehmer zustehen.

Diese Abtretung erfolgt vorbehaltlich einer etwa notwendigen Zustimmung der Versicherung.

Der Auftraggeber nimmt diese Abtretung an.

18 Schlussbestimmungen

18.1 Schriftform

Dieser Vertrag selbst sowie Änderungen und Ergänzungen dieses Vertrages bedürfen der Schriftform. Dies gilt auch für die Schriftformklausel selbst.

18.2 Gerichtsstand

Gerichtsstand ist ....

18.3 Übertragungsrechte des Auftraggebers

Der Auftraggeber ist berechtigt, seine Befugnisse nach diesem Vertrag bzw. den Vertrag insgesamt jederzeit ganz oder teilweise auf Dritte zu übertragen. Die Verpflichtung des Auftraggebers gegenüber dem Auftragnehmer zur Erfüllung aller nach diesem Vertrag vom Auftraggeber übernommenen Vertragspflichten wird hierdurch nicht berührt. Überträgt der Auftraggeber seine Befugnisse auf Dritte, so hat er sich deren Erklärungen und Handlungen so zurechnen zu lassen, als wären es eine eigenen Erklärungen und Handlungen.

18.4 Abtretung von Honoraransprüchen

Die Abtretung von Honoraransprüchen sowie sonstiger Ansprüche aus der Abwicklung des Vertragsverhältnisses seitens des Auftragnehmers ist nur mit Zustimmung des Auftraggebers wirksam.

Gemäß § 354 a HGB führt diese Regelung dazu, dass eine gleichwohl erfolgte Abtretung zwar zulässig ist, der Auftraggeber aber nach wie vor mit befreiender Wirkung an den bisherigen Gläubiger zahlen kann.

18.5 Datenschutz

Der Auftragnehmer nimmt billigend zur Kenntnis, dass der Auftraggeber das Speichern personenbezogener Daten des Auftragnehmers, dessen Subplaner sowie Mitarbeiter des Auftragnehmers und der Subplaner im Rahmen der Zweckbestimmung dieses Vertrages vornehmen wird (§ 23 BDSG). Er nimmt weiter billigend zur Kenntnis, dass der Auftraggeber sich das Recht der Datenübermittlung im Rahmen des § 24 BDSG vorbehält.

Zwischen Auftraggeber und Auftragnehmer besteht Einverständnis darüber, dass mit dieser Bestimmung den Anforderungen nach § 26 Abs. 1 BDSG Genüge getan ist. Der Auftragnehmer übernimmt es, seine Mitarbeiter und Subplaner entsprechend zu benachrichtigen und seinen Subplanern die Verpflichtung aufzuerlegen, ihre Mitarbeiter entsprechend zu informieren.

18.6 Salvatorische Klausel

Sollten Bestimmungen dieses Vertrags rechtsunwirksam sein oder werden, oder sollte sich in dem Vertrag eine Lücke herausstellen, so wird hierdurch die Gültigkeit der übrigen Bestimmungen des Vertrags nicht berührt. Die Vertragsparteien haben sich so zu verhalten, dass der angestrebte Zweck erreicht wird und alles unternommen wird, was erforderlich ist, um die Teilnichtigkeit zu beheben bzw. die Lücke zu füllen.

Anstelle der unwirksamen Bestimmung oder zur Ausfüllung der Lücke soll eine angemessene, rechtlich zulässige Regelung gelten, die dem am nächsten kommt, was die Vertragsparteien gewollt haben würden, wenn sie die Teilnichtigkeit oder Lücke bedacht hätten.

Ort, den ……………………………   Ort, den ………………………………..

Unterschrift   Unterschrift

2.3.2 GENERALPLANERVERTRAG

Für das Bauvorhaben ………………..

wird zwischen

…………………………………………
– nachstehend Auftraggeber (AG) genannt –

und

…………………………………………
– nachstehend Auftragnehmer (AN) genannt –

folgender Vertrag geschlossen:

Inhaltsverzeichnis Seite
1. Vertragsgegenstand und Planungsziel
2. Verantwortlicher Vertreter
3. Vertragsgrundlagen/Leistungen des Generalplaners
4. Honorar
5. Termine / Haftung bei Verzug
6. Planungsänderungen oder -ergänzungen/Haftung
7. Versicherung
8. Allgemeine und besondere Pflichten des AN
9. Urheberrecht
10. Zahlungen
11. Haftung/Verjährung/Abtretung von Erstattungsansprüchen
12. Abtretungsverbot
13. Kündigung
14. Gerichtsstand

1   Vertragsgegenstand/Planungsziel

Der AG beabsichtigt, das Gebäude in .... einer umfassenden Modernisierung zu unterziehen. Mit den Planungen und Projektvorbereitungen wird im Frühjahr ...... begonnen; die Realisierung des Projekts ist für die Jahre .... geplant. Mit der Erbringung **aller für das Projekt erforderlichen Architekten- und Ingenieurleistungen** soll ein Generalplaner beauftragt werden, der eine für den Bauherrn **schnittstellenfreie, alle Fachbereiche übergreifende und integrierende Gesamtplanung** liefert.

Der AG erwartet eine praxisorientierte und ausführungstaugliche Planung, die der speziellen Umbauproblematik Rechnung trägt. Das vom Generalplaner zu erarbeitende, in sich schlüssige und umfassende Modernisierungs- und Umgestaltungskonzept sollte sich ohne grundsätzliche Veränderungen seitens eines Generalunternehmers in eine der Bedeutung des Objekts angemessene Gestaltungs- und Ausführungsqualität umsetzen lassen.

Der AG stellt außerdem die Forderung, die Planung so fabrikatsneutral und wettbewerbsfähig anzulegen, dass ein tatsächlicher preiswirksamer Ausführungs-Wettbewerb unter mehreren Generalunternehmer-Kandidaten möglich wird.

2   Verantwortliche Vertreter

Als verantwortliche(r) Vertreter/-in, der/die uneingeschränkt zur Abgabe sowie Entgegennahme rechtsgeschäftlicher und sonstiger Erklärungen bevollmächtigt ist, werden benannt:

Für den AG: ....

für den AN: ....

Für die Plan-Prüfung und Plan-Freigabe zur Ausführung ist verantwortlich:

Name: ....

3   Vertragsgrundlagen/Leistungen des Generalplaners

Dem Vertrag liegen zugrunde:

3.1

3.1.1	Kostenschätzung	(Anlage 1)
3.1.2	Leistungsbeschreibung	(Anlage 2)
3.1.3	Honorarermittlung	(Anlage 3)
3.1.4	Terminplan	(Anlage 4)

3.2   Die Leistungen des Generalplaners beziehen sich auf:

3.2.1   Architektenleistungen **Objektplanung für Gebäude** in Anlehnung an das Leistungsbild gemäß § 15 Abs. 2 HOAI:

Der genaue Umfang der geschuldeten Leistungen ergibt sich im Einzelnen aus der Leistungsbeschreibung, Anlage 2 zu diesem Vertrag.

3.2.2 Ingenieurleistungen Tragwerksplanung, in Anlehnung an das Leistungsbild gemäß § 64 Abs. 1 HOAI:

Der genaue Umfang der geschuldeten Leistungen ergibt sich im Einzelnen aus der Leistungsbeschreibung, Anlage 2 zu diesem Vertrag.

3.2.3 Ingenieurleistungen Technische Ausrüstung, in Anlehnung an das Leistungsbild gemäß § 73 Abs. 3 HOAI für

1) **Heizung/Lüftung**:
Der genaue Umfang der geschuldeten Leistungen ergibt sich im Einzelnen aus der Leistungsbeschreibung, Anlage 2 zu diesem Vertrag.

2) **Sanitär-/Feuerlöschtechnik**:
Der genaue Umfang der geschuldeten Leistungen ergibt sich im Einzelnen aus der Leistungsbeschreibung, Anlage 2 zu diesem Vertrag.

3) **Elektrotechnik**:
Der genaue Umfang der geschuldeten Leistungen ergibt sich im Einzelnen aus der Leistungsbeschreibung, Anlage 2 zu diesem Vertrag.

3.2.4 Ingenieurleistungen Brandschutz:

Der genaue Umfang der geschuldeten Leistungen ergibt sich im Einzelnen aus der Leistungsbeschreibung, Anlage 2 zu diesem Vertrag.

3.2.5 Ingenieurleistungen Thermische Bauphysik, in Anlehnung an das Leistungsbild gemäß § 78 Abs. 1 HOAI.

Der genaue Umfang der geschuldeten Leistungen ergibt sich im Einzelnen aus der Leistungsbeschreibung, Anlage 2 zu diesem Vertrag.

3.2.6 Ingenieurleistung Bauakustik, in Anlehnung an das Leistungsbild gemäß § 81 Abs. 1 HOAI.

Der genaue Umfang der geschuldeten Leistungen ergibt sich im Einzelnen aus der Leistungsbeschreibung, Anlage 2 zu diesem Vertrag.

3.2.7 Ingenieurleistung Abdichtungstechnik, Gebäudesimulation und Prüfstatik:

Der genaue Umfang der geschuldeten Leistungen ergibt sich im Einzelnen aus der Leistungsbeschreibung, Anlage 2 zu diesem Vertrag.

3.2.8 Ingenieurleistung Raumakustik, in Anlehnung an das Leistungsbild gemäß § 86 Abs. 1 HOAI.

Der genaue Umfang der geschuldeten Leistungen ergibt sich im Einzelnen aus der Leistungsbeschreibung, Anlage 2 zu diesem Vertrag.

3.2.9 Ingenieurleistung Fassadenplanung:

Der genaue Umfang der geschuldeten Leistungen ergibt sich im Einzelnen aus der Leistungsbeschreibung, Anlage 2 zu diesem Vertrag.

3.3 Die Leistungen werden in zwei Stufen beauftragt.

Die Leistungsphasen werden gemäß Anlage 2 zum Teil nicht mit dem vollen Leistungsbild beauftragt. Die prozentuale Bewertung der einzelnen Leistungsphasen zum Zweck der Honorarfindung ergibt sich aus der Honorarermittlung, Anlage 3 zu diesem Vertrag.

Die genaue Definition der Schnittstelle zwischen der Stufe 1 und der Stufe 2 ist im Einzelnen in der Leistungsbeschreibung, Anlage 2 zu diesem Vertrag, niedergelegt. Gleiches gilt für den Umfang der Leistungen.

Beauftragt wird mit diesem Vertrag zunächst lediglich für die Stufe 1. Es ist **beabsichtigt,** den AN auch mit der Stufe 2 im weiteren Verlauf der Projektrealisierung zu beauftragen, ohne dass der AN auf die Beauftragung der Stufe 2 einen Rechtsanspruch hätte. Wird der AN nicht mit der Stufe 2 beauftragt, so stehen ihm für diesen Teil der Leistungen weder Vergütungs- noch Schadensersatzansprüche zu. Der Abruf der Stufe 2 bedarf zu seiner Wirksamkeit der schriftlichen Beauftragung durch den AG.

4 Honorar

Für die sich aus Ziffer 3.3 ergebenden Architektur- und Ingenieurleistungen vereinbaren die Parteien nachfolgendes Honorar:

4.1 Grundlagen der Vergütung:

Es werden folgende Honorarzonen und Honorarsätze zugrunde gelegt bzw. vereinbart:

Architektenleistung Objektplanung:
Honorarzone:
Honorarsatz:
Umbauzuschlag:

Ingenieurleistung Tragwerksplanung:
Honorarzone:
Honorarsatz:
Umbauzuschlag:

Ingenieurleistung der Technischen Ausrüstung:
1. Heizung/Lüftung:
Honorarzone:
Honorarsatz:
2. Sanitär-/Feuerlöschtechnik:
Honorarzone:
Honorarsatz:
3. Elektrotechnik:
Honorarzone:
Honorarsatz:
4. Aufzugs-/Fördertechnik:
Honorarzone:
Honorarsatz:
5. Küchentechnik:
Honorarzone:
Honorarsatz:

Ingenieurleistungen brandschutztechnische Planungsleistungen:
inkl. 6 % Nebenkosten
inkl. 6 % Generalplanerzuschlag
pauschal (netto):

Ingenieurleistungen Bauphysik:
inkl. 6 % Nebenkosten
inkl. 6 % Generalplanerzuschlag
1. Thermische Bauphysik:
pauschal (netto):
2. Bauakustik:
pauschal (netto):
3. Raumakustik:
pauschal (netto):
4. Bauphysik:
pauschal (netto):

Fassadenplanung:
pauschal (netto):
Vorhabenplanung:
pauschal (netto):

4.2 Eine genaue Berechnung der Vergütung ist als Anlage 3 zu diesem Vertrag beigefügt. Die Vergütung wird für die mit diesem Vertrag beauftragten Architekten- und Ingenieurleistungen der Stufe 1, getrennt von den in der Stufe 2 enthaltenen Architekten- und Ingenieurleistungen, ermittelt und vereinbart.

Stufe 1:
Zum Zweck der Honorarermittlung der in der **Stufe 1** beauftragten Architekten- und Ingenieurleistungen vereinbaren die Parteien die sich aus der Kostenschätzung, Anlage 1 zu diesem Vertrag, ergebenden anrechenbaren Kosten. Die danach jeweils maßgebliche Honorarbezugssumme/anrechenbaren Kosten für die mit diesem Vertrag beauftragten Architekten- und Ingenieurleistungen sind übernommen und werden vereinbart, wie aus der Anlage 3 zu diesem Vertrag ersichtlich. Aus den einzelnen in der Anlage 3 aufgeführten Honoraren wird ein **Gesamtpauschalhonorar** einschließlich Nebenkosten, die mit ...... % auf das Honorar als vereinbart gelten, sowie ...... % Generalplanerzuschlag (ausgenommen dem Anteil Objektplanung Ziffer 3.3.1) von ...... € netto

für die Stufe 1 gebildet, das **auch bei Veränderung der dieser Honorarvereinbarung zugrunde liegenden anrechenbaren Kosten** (siehe oben) **gleich bleibt.**

Stufe 2:
Das Honorar für die gesondert abzurufenden Architekten- und Ingenieurleistungen der Stufe 2 dieses Vertrages gilt in der Höhe als vereinbart, wie sich das Honorar anhand der noch zu erstellenden Kostenberechnung auf der Grundlage der unter Ziffer 4.1 vereinbarten Honorarzone und Honorarsätze (soweit keine Teilpauschalen für einzelne Leistungen gebildet wurden) konkret ermittelt.

Aus dem sich danach ergebenden Honorar einschließlich Nebenkosten, die mit ...... % auf das Honorar als vereinbart gelten, sowie ...... % Generalplanerzuschlag (ausgenommen dem Anteil Objektplanung Ziffer 3.3.1) wird wie für die Stufe 1 ein **Gesamtpauschalhonorar** gebildet, **das auch bei Veränderung der der Honorarvereinbarung für die Stufe 2 zugrunde gelegten anrechenbaren Kosten gemäß Kostenberechnung gleich bleibt.**

Soweit die Honorarvereinbarung bei nachträglicher Erhöhung der anrechenbaren Kosten ganz oder in Teilen zu einer Unterschreitung der Mindestsätze des verbindlichen Preisrechts der HOAI führt, kann der AN vom AG zusätzliches Honorar auf der Grundlage des Mindestsatzes i. V. m. der oben vereinbarten Honorarzone und mit den maßgeblichen anrechenbaren Kosten gem. § 10 HOAI fordern, ohne dass die Wirksamkeit der Vereinbarung des Pauschalhonorars im Übrigen für diejenigen Planungs- und Ingenieurleistungen berührt wird, bei denen es zu **keiner** Unterschreitung des Mindestsatzes infolge der Erhöhung der anrechenbaren Kosten gekommen ist.

Das Gleiche gilt sinngemäß für die Fälle, wo es infolge einer Verringerung der anrechenbaren Kosten zu einer Überschreitung des Höchstsatzes nach dem verbindlichen Preisrecht der HOAI kommt. In diesem Fall ist der AG lediglich verpflichtet, Honorar an den AN nur in einer Höhe zu entrichten, wie er dem Höchstsatz unter Zugrundelegung der maßgeblichen anrechenbaren Kosten entspräche, bzw. bei bereits erfolgter Zahlung zuviel gezahltes Honorar vom AN zurückzufordern.

4.3 Mit der vereinbarten Nebenkostenpauschale von ...... % auf das Honorar (siehe oben Ziffer 4.2) sind alle anfallenden Nebenkosten abgegolten mit Ausnahme von:
– Massenpausen (Lichtpausen, die an die Baustelle bzw. zum Zweck der Ausschreibung an die Baustelle bzw. den AG gehen).
  Derartige Massenpausen sind von der Firma ...... in Auftrag zu geben. Die Kosten wird der Auftraggeber unmittelbar übernehmen.
– Fotoarbeiten,
– Modellarbeiten,
– Baustellenbüro, ausgenommen Telekommunikationskosten.

4.4 Die in Ziffer 4.2 vereinbarte Vergütung enthält nicht die gesetzliche Mehrwertsteuer. Sie wird mit dem jeweils geltenden gesetzlichen Mehrwertsteuersatz zusätzlich berechnet.

5 Termine/Haftung bei Verzug

Der AN wird seine Leistungen zu den Terminen erbringen, wie sie in dem beigefügten Terminplan (Anlage 4) festgelegt sind.

Die vereinbarten Termine sind **Vertragstermine**, die voraussetzen, dass keine größeren Planungsänderungen gemäß nachfolgend Ziffer 6 Abs. 2 verlangt werden. Im Falle der von dem AN zu vertretenden Nichteinhaltung der Termine haftet dieser nach Mahnung durch den AG für alle Schäden und Nachteile, die dem AG hieraus entstehen, insbesondere auch, wenn dieser durch die Verzögerung seinerseits die terminlichen Verpflichtungen gegenüber dem Nutzer nicht einhalten kann.

6 Planungsänderungen oder -ergänzungen/Haftung

Kleinere Änderungen, die in dem im Bauwesen üblichen Rahmen bleiben, sind im Honorar enthalten.

Werden vom AG größere Planungsänderungen oder -ergänzungen vorgenommen, die bedingen, dass der AN bereits erstellte Teile seiner Leistung erneut erbringen muss, oder Leistungen erfordert, die von dem Vertrag nicht erfasst werden, so ist dafür im Einzelfall **vor Ausführung** ein zusätzlicher, dem Änderungsumfang und dem in diesem Vertrag vereinbarten Honorar entsprechendes Honorar schriftlich anzumelden. Sollte nicht innerhalb von 2 Wochen nach Anmeldung eine schriftliche Einigung zwischen den Parteien zustande gekommen sein, so steht dem AN ein **Leistungsverweigerungsrecht** betreffend die Änderungsleistungen zu.

Der AG hat das Recht, sich durch Einsicht in die durch die Änderung überholten Unterlagen und den Umfang der Zusatzarbeit des AN Klarheit zu verschaffen.

Der AN ist verpflichtet, rechtzeitig vor Ausführung geänderter oder zusätzlicher Planungsleistungen, für die er beabsichtigt, ein zusätzliches Honorar geltend zu machen, dem AG **schriftlich** ein Angebot über diese Leistungen zu unterbreiten. Verletzt der AN diese Pflicht schuldhaft, ist er dem AG zum Ersatz eines hieraus resultierenden Schadens verpflichtet. Zusätzliches Honorar schuldet der AG nicht, wenn der AG bei rechtzeitiger Anmeldung der zusätzlichen Vergütung von der Durchführung der geänderten, ergänzten oder zusätzlichen Planungsleistung Abstand genommen hätte.

7 Versicherung

Zur Sicherung etwaiger Ansprüche aus dem Vertragsverhältnis mit dem AG hat der AN eine **Einzelobjektversicherung** abzuschließen, und zwar:

für Sach- und Vermögensschäden in Höhe von .... Mio. €

und für

Personenschäden in Höhe von .... Mio. €

je Schadensfall zweifach bzw. auf ...... Mio. € pro Jahr begrenzt.

Der AN hat das Bestehen einer Versicherung mit Abschluss des Vertrages nachzuweisen.

Bis zum Nachweis der Versicherung im Falle des Verlangens ist der AG berechtigt, Honorarzahlungen einzustellen.

8 Allgemeine und besondere Pflichten des AN

8.1 Die Leistungen müssen den allgemein anerkannten Regeln der Ingenieurtechnik und der Bautechnik entsprechen.

8.2 Der AN ist verpflichtet, das für das Baugebiet gültige Baurecht sowie alle einschlägigen Vorschriften und Normen zu beachten und anzuwenden. Die von dem AN anzufertigenden Unterlagen müssen den örtlichen Verhältnissen Rechnung tragen. Der AN ist verpflichtet, im Rahmen seiner beauftragten Planung auch die Grundsätze der **Wirtschaftlichkeit** sowohl bei den **Herstellungskosten** als auch bei den **Betriebskosten** zu berücksichtigen.

Der AG hat die Baukosten gemäß Erläuterungsbericht der Projektsteuerer gemäß Kostenschätzung (Anlage 1 zu diesem Vertrag) mit insgesamt .... Mio. € zzgl. MwSt. budgetiert.

Wird für den AN erkennbar, dass diese Kostenvorgabe nicht eingehalten werden kann, ist er **verpflichtet**, den AG hierauf unverzüglich **schriftlich** hinzuweisen und nach Feststellung der Veränderung des Kostenrahmens den AG über Grund und Umfang der Kostenänderung im Einzelnen zu informieren. Eine derartige Aufklärungspflicht obliegt dem AN insbesondere auch dann, wenn Sonder- oder Änderungswünsche des AG zu einer Verteuerung zu führen drohen. Der AN hat weiterhin unverzüglich Vorschläge zur Abwendung von Mehrkosten zu unterbreiten oder deren Unabwendbarkeit zu erläutern und die Entscheidung des AG abzuwarten.

8.3 Der AN führt seine Leistungen in enger Zusammenarbeit mit dem AG aus.

Der AN hat alle Pläne auf die Belange der Bauausführung abzustimmen und deswegen ständig Kontakt mit dem AG zu halten. Vor der endgültigen Anfertigung von Berechnungen oder Plänen muss er sich vergewissern, dass seine Vorstellungen (z. B. über Bau- und Montageabläufe) den Erfordernissen der Baustelle entsprechen.

Erforderlichenfalls muss er dem AG seine Vorstellungen durch Beschreibungen und Skizzen darlegen und mit diesem abstimmen. Die vom AN gelieferten Pläne und Anweisungen müssen übersichtlich und gut verständlich sein, damit sie ein störungsfreies Arbeiten am Bauwerk gestatten.

Die Pläne müssen einen ausdrücklichen Hinweis auf Prüfung und Freigabe enthalten. Werden Pläne geändert, erhalten diese erneut einen Prüf- und Freigabevermerk und sind mit einem Index zu versehen.

8.4 Der AN muss alle Unterlagen, die ihm vom AG zur Verfügung gestellt werden bzw. vom AG freigegeben worden sind, mit den Unterlagen der Ausschreibung für das Bauvorhaben vergleichen. Stellt er Abweichungen fest, so hat er den verantwortlichen Vertreter des AG unverzüglich zu unterrichten.

8.5 Anregungen oder Sicht- und Prüfvermerke des AG entbinden den AN nicht von der Haftung für die von ihm zu erbringenden Leistungen. Dies gilt auch für ausdrückliche Weisungen und Anordnungen des AG gegenüber dem AN, sofern Letzterer hiergegen nicht schriftlich Einspruch erhebt.

8.6 Der AN sorgt für die Voraussetzungen des termingemäßen Ablaufs aller Prüfungs- und Genehmigungsverfahren durch Dritte und deren Dokumentation.

8.7 Soweit der AN Teile der beauftragten Leistungen durch nachbeauftragte Planer erbringt, hat er dafür Sorge zu tragen, dass die Vergabe nur an besonders erfahrene und leistungsfähige Planer/Ingenieure erfolgt. Wünsche des AG zur Berücksichtigung bestimmter Planer/Ingenieure berücksichtigt der AN nach Möglichkeit unbeschadet der Erfüllungsgehilfenhaftung des AN (§ 278 BGB) für die von ihm beauftragten Nachplaner. Der AN hat dem AG die Nachplaner und -Ingenieure rechtzeitig vor deren Beauftragung schriftlich mitzuteilen. Der AG ist berechtigt, einzelne Nachplaner/-Ingenieure aus wichtigem Grunde abzulehnen.

8.8 Der AN hat dem AG auf Verlangen jederzeit über den Stand seiner Leistungen Auskunft zu erteilen.

8.9 Der AN räumt dem AG bzw. hiermit Bevollmächtigten des AG das Recht ein, jederzeit nach vorheriger Abstimmung im Büro des AN zu überprüfen, ob die laut diesem Vertrag bestellte Leistung erbracht wird. Der AG ist in diesem Rahmen berechtigt, zur Überprüfung im Büro des AN ein Audit durchzuführen.

8.10 Der AN führt Planlisten mit den Soll-Lieferdaten dieses Vertrages (Ziffer 5 des Vertrages) und den tatsächlichen Auslieferungsdaten. Desgleichen werden Daten von Planänderungen mit den Ausgangsdaten entsprechend indizierter Pläne in den Listen angegeben.

8.11 Der AN ist verpflichtet, bis zur endgültigen Erbringung sämtlicher nach diesem Vertrag beauftragter Leistungen die erforderliche Anzahl an Mitarbeitern bereitzustellen. Im Falle der Beauftragung mit der Stufe 2 obliegt dem AN diese Pflicht bis zum Ablauf der Gewährleistungspflichten der am Bau beteiligten Unternehmer.

8.12 Soweit es seine Aufgabe erfordert, ist der AN berechtigt und verpflichtet, die Rechte des AG zu wahren, insbesondere hat er den am Bau Beteiligten die notwendigen Weisungen zu erteilen. Finanzielle Verpflichtungen für den AG darf er nur eingehen, wenn Gefahr in Verzug und das Einverständnis des AG nicht rechtzeitig zu erlangen ist.

8.13 Der AN ist verpflichtet, die Planung und zeichnerische Darstellung aller Leistungsbereiche integriert über ein CAD-System zu erstellen. Der AN gewährleistet über die gesamte Planungszeit die Kompatibilität der CAD-Daten mit den vom AG verwendeten Auto-CAD-System.

8.14 Der AN hat den Brandschutzgutachter sowie die zuständige Denkmalschutzbehörde frühzeitig in die Planung einzubinden. Er nimmt an den Besprechungen mit der Baugenehmigungsbehörde teil und protokolliert jede einzelne Besprechung. Der AN hat vor jeder Terminvereinbarung mit dem Brandschutzgutachter, der Denkmalschutzbehörde oder der Baugenehmigungsbehörde dem AG so rechtzeitig Mitteilung zu machen, dass eine Teilnahme an dem Termin möglich ist.

9 Urheberrecht

9.1 Dem Auftraggeber steht das ausschließliche und uneingeschränkte Nutzungsrecht an den vom AN erstellten Plänen, Zeichnungen und sonstigen Unterlagen zur Erstellung des Bauvorhabens zu.

9.2 Der AG ist berechtigt, die von ihm erstellten Pläne, Zeichnungen und sonstigen Unterlagen zu bearbeiten und/oder zu ändern sowie sein Nutzungsrecht auf Dritte zu übertragen oder durch Dritte wahrnehmen zu lassen. Nach Fertigstellung des Bauvorhabens ist der AG auch befugt, das Gebäude zu ändern, um- oder neu zu gestalten. Vor Durchführung derartiger Maßnahmen wird der AG die Meinung des AN einholen.

9.3 Werden durch die Planung des AN Schutzrechte, insbesondere Patentrechte Dritter verletzt, so hat der AN auf eigene Kosten entweder eine Genehmigung des Lizenznehmers einzuholen oder aber seine Planung auf eigene Kosten so umzuplanen, dass Schutzrechte Dritter nicht verletzt werden. Von etwaigen Abwehr- und/oder Schadensersatzansprüchen Dritter aus Anlass der Verletzung deren Schutzrechte ist der AN verpflichtet, den AG freizustellen. Hat der AN die Verletzung der Schutzrechte Dritter zu vertreten, so schuldet er dem AG darüber hinaus den Ersatz etwaiger ihm entstandener Schäden.

10 Zahlungen

10.1 Die Leistungen des AN sind erst erfüllt, wenn er alle nach diesem Vertrag beauftragten Leistungen vollständig erbracht hat. Dies setzt, soweit es die geschuldeten Pläne und Berechnungen anbelangt, voraus, dass diese Planunterlagen, mit allen erforderlichen und endgültigen Genehmigungsvermerken versehen, dem AG übergeben wurden und Änderungen nicht mehr erforderlich sind. Bei nicht termingemäßer Lieferung der endgültigen Unterlagen kann der AG Vorabzüge verlangen, ohne dass hierfür eine besondere Vergütungspflicht besteht.

Der AN ist berechtigt, nach der Abnahme der nach dem Vertrag zu erbringenden Leistungen der Leistungsphasen 1 bis 8 im Falle der Beauftragung auch mit der Stufe 2 Teilschlussrechnung über die bis zur Objektüberwachung erbrachten Leistungen zu legen. Nach Erbringung der sich hieran noch anschließenden beauftragten Leistungen gilt die nachfolgende Regelung unter Ziffer 10.3.

10.2 Der AN kann unter Rechnungsstellung Abschlagszahlung entsprechend dem jeweiligen Stand seiner Leistungen in angemessenen Zeitabständen verlangen. Die Nebenkosten werden jeweils anteilig mit und entsprechend den Abschlagszahlungen bezahlt. Die Mehrwertsteuer wird zusammen mit den Abschlagszahlungen und sonstigen Nebenkostenabrechnungen überwiesen.

10.3 Nach restloser Fertigstellung der Arbeiten (vgl. Ziffer 10.1) reicht der AN eine Schlussrechnung beim AG ein.

10.4 Alle Rechnungen sind über den vom AG eingesetzten Projektsteuerer .... an den AG zu richten und müssen enthalten:

– fortlaufende Numerierung

– Projektbezeichnung

– Auftragssumme

– bisherige Gesamtleistung

– erhaltene Abschlagszahlungen.

10.5 Rechnungen sind innerhalb von 21 Arbeitstagen nach Zugang bei dem vom AG eingesetzten Projektsteuerer zu zahlen.

11 Haftung/Verjährung/Abtretung von Erstattungsansprüchen

11.1 Bei nicht vertragsgemäßer Erfüllung oder der Nichteinhaltung der Vertragstermine stehen dem AG die Rechte des Bestellers nach den gesetzlichen Vorschriften des Werkvertragsrechts zu. Verletzt der AN schuldhaft seine ihm mit diesem Vertrag aufgegebenen Pflichten, insbesondere die in Ziffer 8.2 aufgeführten Grundsätze der Kostenkontrolle und Wirtschaftlichkeit und kommt es hierdurch zu Vermögensschäden/Mehrkosten bei der Bauerstellung, so ist der AN dem AG zum Schadensersatz verpflichtet, es sei denn, die Mehrkosten bei der Bauerstellung wären auch bei pflichtgemäßem Verhalten des AN nicht zu vermeiden gewesen.

11.2 Die Ansprüche des AG aus diesem Vertrag verjähren nach Ablauf von 5 Jahren.

Die Verjährung beginnt mit der Abnahme der nach dem Vertrag zu erbringenden Leistungen der Leistungsphasen 1 bis 8, und zwar einheitlich für diese Leistungen und hinsichtlich der Leistungen der Leistungsphase 9 mit der Abnahme dieser Restleistungen.

Für den Fall, dass es bei der Beauftragung lediglich mit der Stufe 1 des AN verbleibt, beginnt die Verjährung mit der Erbringung der letzten nach der Stufe 1 geschuldeten Leistung.

Für Schadensersatzansprüche wegen positiver Vertragsverletzung gelten die gesetzlichen Vorschriften über die Verjährung.

11.3 Schaltet der AN zur Erfüllung der nach diesem Vertrag ihm obliegenden Leistungen/Pflichten Dritte, z. B. Nachplaner, ein, so haftet er für deren Verschulden bei der Erfüllung/Leistungserbringung wie für eigenes Verschulden (§ 278 BGB), auch wenn er bei der Beauftragung des Dritten einem unverbindlichen Wunsch des AG gefolgt ist.

11.4 Der AN tritt hiermit seine Erstattungsansprüche gegen die Haftpflichtversicherung erfüllungshalber an den Auftraggeber ab, soweit dem Auftraggeber aufgrund einer rechtskräftigen Entscheidung eines Gerichts, eines gerichtlichen Vergleichs oder einer außergerichtlichen Einigung, der die Versicherung zugestimmt hat, Ansprüche gegen den AN zustehen.

Die Abtretung erfolgt vorbehaltlich einer etwa notwendigen Zustimmung der Versicherung.

Der AG nimmt diese Abtretung bereits jetzt an.

12 Abtretungsverbot

12.1 Die Abtretung der dem AN aus dem Architektenvertrag zustehenden Forderungen an Dritte ist ohne Zustimmung des AG nicht gestattet.

12.2 Soweit zu den Voraussetzungen von § 354a HGB eine gleichwohl ohne Zustimmung des AG erfolgte Abtretung wirksam ist, ist der Auftraggeber aber nach wie vor berechtigt, mit befreiender Wirkung an den bisherigen Gläubiger Zahlung leisten zu können.

13 Kündigung

13.1 Es gelten die werkvertraglichen Grundsätze zur Kündigung von Werkverträgen, soweit nachfolgend nichts anderes geregelt ist.

13.2 Wird der Vertrag aus einem Grund gekündigt, den der AG zu vertreten hat, erhält der AN für die beauftragten Leistungen die vereinbarte Vergütung. Er muss sich auf die Vergütung dasjenige anrechnen lassen, was er infolge der Aufhebung des Vertrages an Aufwendungen erspart oder durch anderweitige Verwendung seiner Arbeitskraft erwirbt oder zu erwerben böswillig unterlässt. Die ersparten Aufwendungen werden mit 40 % des Honorars für die vom AN zum Zeitpunkt der Kündigung noch nicht erbrachten beauftragten Leistungen vereinbart. Es steht dem AG wie dem AN frei nachzuweisen, dass die ersparten Aufwendungen höher bzw. niedriger als vereinbart sind. Gleiches gilt in Bezug auf die Berücksichtigung eines Abzugs wegen Erwerbs durch anderweitige Verwendung der Arbeitskraft des AN oder böswilliger Unterlassung anderweitigen Erwerbs.

13.3 Wird der Vertrag aus einem Grunde gekündigt, den der AN zu vertreten hat, so erhält der AN für alle bis zur Kündigung erbrachten, in sich abgeschlossenen und nachgewiesenen beauftragten Einzelleistungen die hierauf entfallende Vergütung, sofern die Leistungen von dem Auftraggeber weiter verwendet werden können. Schadensersatzansprüche des AG bleiben von dieser Regelung unberührt.

13.4 Wird der Vertrag vom AG aus einem Grunde gekündigt, den weder der AG noch der AN zu vertreten haben, so gilt die Regelung in Ziff. 13.2 entsprechend.

14 Gerichtsstand

Als Gerichtsstand wird, sofern eine solche Vereinbarung nach den gesetzlichen Vorschriften zulässig ist, ... vereinbart.

Ort, Datum, Unterschrift

3 Architekten-Wettbewerb: Ansprüche des Architekten bei Auslobung eines Wettbewerbs nach GRW 1995

3.1 Änderungen in der GRW 1995

Seit dem 11.1.1996 ist die GRW (Grundsätze und Richtlinien für Wettbewerbe auf den Gebieten der Raumplanung, des Städtebaus und des Bauwesens) 77 durch die GRW 95 ersetzt worden. Die Novellierung der alten GRW 77 war veranlasst und zwingend notwendig zum Zweck der Umsetzung der Dienstleistungsrichtlinie 92/50/EWG, die im Wesentlichen Bekanntmachungen und Zulassungskriterien betrifft.

Im Zuge der hiernach notwendigen Angleichungen Europäisches Recht wurde die GRW auch gleich neu und übersichtlicher gegliedert, sodass jetzt beispielsweise die Konsequenzen aus dem Wettbewerb, betreffend die weitere Verarbeitung und Vergütung der weiteren Bearbeitung, des Urheberrechts und der Nutzung bei weiterer Beauftragung, in einem Abschnitt konzentriert geregelt (Abschnitt 7) sind.

Als weitere Neuerung bzw. Änderung ist Folgendes hervorzuheben:

- Unter Abschnitt 2.5 ist ein vereinfachtes Verfahren hineingenommen worden, welches eine Beschleunigung des Verfahrens bei überschaubaren Projekten oder Projektanforderungen verspricht.

- Unter Abschnitt 5.6.8 ist die Möglichkeit der Beauftragung von Teillösungen angekaufter Arbeiten in besonderen Fällen und unter besonderen Voraussetzungen, die zu begründen sind, geregelt.

- Die Berechnungstabelle der Wettbewerbssummen (Preise und Ankäufe) wurde um 10 % angehoben und die Art der Ermittlung präzisiert.

3.2 Geltungsbereich der GRW

Die GRW ist mit Wirkung zum 1.1.1996 in Kraft gesetzt und hat Gültigkeit für den Bund und alle ihm nachgeordneten Dienststellen; in Bezug auf die Vorgaben der Dienstleistungsrichtlinien für alle dort als öffentliche Auftraggeber definierten Auslober (hierzu gehören neben den juristischen Personen des öffentlichen Rechts auch juristische Personen des Privatrechts, sofern sie der staatlichen Kontrolle unterliegen und im Allgemeininteresse nicht gewerblich tätig werden, einschließlich der kommunalen Versorgungsunternehmen), unabhängig davon, ob sie durch die Anweisung des Bundes betroffen sind oder die GRW 95 in ihrem Geltungsbereich eingeführt haben.

3.3 Neueinführung kombinierter Wettbewerbe und Investorenwettbewerbe

Mit der neuen GRW 95 ist mit deren Anhang „Besondere Verfahren der kombinierten Wettbewerbe und der Investorenwettbewerbe" (Kombination von Planungs-/Bauleistungen und Planungs-/Investorenleistungen) eine neue Regelung eingeführt worden. Gemäß den dortigen Regelungen können freiberufliche und gewerbliche Leistungen zusammen angeboten werden. Es wird sich zeigen, ob dieser neuen Form des Wettbewerbs die Zukunft gehört. Konkrete „Gefahren" drohen diesem neuen Wettbewerbsverfahren aus den Zwängen des Kopplungsverbots heraus sowie nach der VOB/A grundsätzlich nicht möglichen Nachverhandlung im Bereich der Bauleistungen (vgl. Brunnert, DAB 3/96, S. 396, 399 sowie wie Weinbrenner, Architektenwettbewerb, 2. Auflage, S. 256, 265).

3.4 Anspruch des Architekten auf Auftragserteilung und Folgen des Verstoßes hiergegen

Die eigentliche Kernregelung, deren sich der Architekt, der an einem Wettbewerb teilnimmt, bewusst sein sollte, ist nach wie vor folgende:

Wird ein Realisierungswettbewerb durchgeführt, so

„... *hat der Auslober einem oder mehreren Preisträgern, bei Einladungswettbewerben in der Regel dem ersten Preisträger, unter Würdigung der Empfehlung des Preisgerichts die für die Umsetzung des Wettbewerbsentwurfs notwendigen weiteren Planungsleistungen zu übertragen,*
- *sofern kein wichtiger Grund einer Beauftragung entgegensteht, insbesondere*
- *soweit und sobald die dem Wettbewerb zugrunde liegende Aufgabe realisiert werden soll,*
- *soweit mindestens einer der teilnahmeberechtigten Wettbewerbsteilnehmer, dessen Wettbewerbsarbeit mit einem Preis ausgezeichnet wurde, eine einwandfreie Ausführung der zu übertragenden Leistungen gewährleistet.*

Planungsleistungen werden in der Regel bis zur abgeschlossenen Ausführungsplanung beauftragt ...".

Aus dieser wörtlich übernommenen Regelung gemäß Abschnitt 7.1 Abs. 1 der GRW 95 ergibt sich also zum einen, wem der Auslober in der Regel den Planungsauftrag zu erteilen hat und bis zu welcher Leistungsphase dieser Planungsauftrag in der Regel reicht.

Ebenso wie die alte GRW 77 schreibt Abschnitt 7.1 Abs. 1 der GRW 95 vor, dass (nur) bei einem beschränkten Wettbewerb bzw. Einladungswettbewerb der erste Preisträger regelmäßig zu beauftragen ist. Dies findet seine Rechtfertigung darin, dass dem Auslober beim beschränkten Wettbewerb anders als beim offenen Wettbewerb seine potentiellen Vertragspartner, die er selber eingeladen hat, von Anfang an bekannt sind. Es ist deshalb gerechtfertigt, die Auftragschance bei einem beschränkten Wettbewerb stärker auf den ersten Preisträger zu begrenzen, während beim offenen Wettbewerb dem Auslober die Wahl unter den Preisträgern offenbleiben kann. Von der Verpflichtung zur Beauftragung des ersten Preisträgers ist der Auslober nur dann befreit, wenn ein wichtiger Grund vorliegt, der dem Auslober erst nach der Auslobung bekannt geworden oder aufgetreten ist und es dem Auslober unzumutbar erscheinen lässt, dem ersten Preisträger mit der weiteren Bearbeitung zu beauftragen (vgl. Weinbrenner/Jochem, Der Architektenwettbewerb, S. 142 ff).

Verstößt der Auslober gegen diese Verpflichtung, indem er beispielsweise nicht einen der Preisträger mit der weiteren Bearbeitung beauftragt, sondern einen Dritten, so haben die Preisträger gemeinsam einen **Schadensersatzanspruch** gegen den Auslober. Der Schaden besteht in Höhe des Architektenhonorars für die Leistungen, deren weitere Beauftragung der Auslober versprochen hat, jedoch unter Abzug ersparter Eigenaufwendungen (BGH, BauR 1984, 196).

Der Schadensersatzanspruch steht in diesen Fällen allen Preisträgern gemeinsam zu, die zum Zweck der Verfolgung ihrer Rechte eine Zweckgemeinschaft in Form einer BGB-Gesellschaft gründen und die Schadensersatzzahlungen im Innenverhältnis untereinander gleichmäßig aufzuteilen haben.

Handelt es sich um einen Einladungswettbewerb (Abschnitt 2.4.3, GRW 95) und erteilt der Auslober nicht dem ersten Preisträger den Auftrag, ohne dass es hierfür rechtfertigende Gründe gäbe, so stände diesem der Schadensersatzanspruch alleine zu (vgl. Weinbrenner/Jochem, Der Architektenwettbewerb, S. 142).

4 Kündigung von Architekten- und Ingenieurverträgen

4.1 Wer kann wann kündigen?

Die Voraussetzung, unter denen Architekten- und Ingenieurverträge gekündigt werden können, sind differenziert zu betrachten. Je nachdem, wer kündigt (AG oder AN) und auf welcher Grundlage gekündigt wird (Gesetz oder Vertrag), ergeben sich unterschiedliche Folgen.

4.2 Kündigung durch den AG

Gemäß § 649 BGB kann im Werkvertragsrecht der AG jederzeit kündigen. Es bedarf für ihn keines wichtigen noch überhaupt eines Grundes.

Für die Kündigungsfolgen ist die Differenzierung zwischen freier Kündigung und Kündigung aus wichtigem Grunde allerdings von Bedeutung:

- Bei einer **freien Kündigung** schuldet der AG die volle vereinbarte Vergütung abzüglich der ersparten Aufwendungen und/oder dessen, was der AN für den entzogenen Auftrag erwirbt oder zu erwerben böswillig unterlässt.

- Bei einer Kündigung aus **wichtigem Grunde** erhält der AN für den Teil der beauftragten, aber nicht erbrachten Leistungen keinerlei Vergütung (vgl. BGH, WM 1990, 1765).

Der Bundesgerichtshof hatte in seinem Urteil vom 27.10.1998, IBR 1999, 20 zu entscheiden, was man konkret unter einem vom Auftraggeber „zu vertretenden Kündigungsgrund" zu verstehen hat. In dem betreffenden Fall beauftragte eine Abfallentsorgungs-GmbH, deren Anteile zu 51 % bei dem Landkreis als Träger der Abfallentsorgung lagen, ein Planungsbüro mit der Standortsuche für eine Mülldeponie. Hierfür wurde ein Pauschalhonorar in deutlich sechsstelliger Höhe vereinbart. Einige Monate nach der Auftragserteilung entschied der Kreis, dass die Mülldeponie nicht gebaut werden solle. Daraufhin kündigte die GmbH den Vertrag aus wichtigem Grund. Sie war der Meinung, dass diese Kündigung von ihr nicht zu vertreten sei, sodass dem Planungsbüro eine Vergütung für die nicht erbrachten Leistungen nicht zustände. Das Planungsbüro klagte die Restvergütung abzüglich der ersparten Aufwendungen ein. Der Bundesgerichtshof gab der Klage dem Grunde nach statt. Zwar habe die Abfallentsorgungs-GmbH die Kündigung weder vorsätzlich noch fahrlässig verschuldet. Der Begriff des Verschuldens sei jedoch für die Frage, wer den Kündigungsgrund zu vertreten habe, nicht brauchbar, da es für diese Frage auf Zumutbarkeitsüberlegungen ankomme. Mit der Antwort auf die Frage, wer was zu vertreten habe, wird die Entscheidung darüber getroffen, wem welches **Kündigungsrisiko** nach dem Vertrag obliegt. Grundsätzlich gilt insoweit, dass die Kündigungsfolgen derjenige tragen muss, dessen **Risikosphäre** die Kündigung zuzurechnen ist. Im entschiedenen Fall sah es der Bundesgerichtshof als nicht sachgerecht an, dem Planungsbüro auch solche Risiken aufzuerlegen, die dieses nicht beeinflussen konnte. Die mehrheitlich vom Landkreis beherrschte Auftraggeberin müsse sich das Handeln des Kreises als seiner Risikosphäre zugehörig zurechnen lassen.

Mit dieser Entscheidung des Bundesgerichtshofs hat demgemäß nunmehr die **Risikosphärentheorie** Eingang in das werkvertragliche Kündigungsrecht gefunden. Diese Entscheidung wird zukünftig von großer Bedeutung sein; denn sie hat die Vorentscheidung für weitere typische Problemfälle getroffen, z. B. für diejenigen Fallgestaltungen, in denen ein Generalplaner seinen Nachplanern kündigt, weil der Bauherr Abstand von der Realisierung des Bauvorhabens genommen hat, etc.

4.3 Kündigung durch den AN

- Eine Kündigung des Architekten- oder Ingenieurvertrags durch den AN ist „frei" nach dem Gesetz **nicht** möglich.

Lediglich dann, wenn der AG seinen Mitwirkungsverpflichtungen zur Entstehung des Werks nicht nachkommt (z. B. Bereitstellungspflichten wie die zur Verfügungstellung des Grundstücks zur Bauwerksrealisierung), kann der AN dem AG eine Frist zur Nachholung der Handlung setzen und Kündigung des Vertrages im Falle des fruchtlosen Fristablaufs androhen; bei fruchtlosem Fristablauf gilt der Vertrag dann als aufgehoben (§ 643 Satz 2 BGB).

Dem AN steht in diesem Fall zum einen hinsichtlich der erbrachten Leistungen eine Teilvergütung zu (§ 645, Abs. 1, Satz 2 BGB) sowie zum andern das Recht, gemäß § 642 BGB eine angemessene Entschädigung zu verlangen. Mit dem Entschädigungsanspruch soll der AN einen Ausgleich dafür erhalten, dass er Arbeitskraft und Kapital bereitgehalten hat und gegebenenfalls seine zeitliche Disposition durchkreuzt worden ist.

- Daneben gibt es auch für den AN die Kündigung aus wichtigem, vom AG zu vertretendem Grund, etwa wenn der AG seine vertraglichen Verpflichtungen derart grob verletzt, dass dem AN ein Festhalten am Vertrag nicht mehr zumutbar ist.

4.4 Kündigungsfolgen

Die unterschiedlichen Kündigungsvoraussetzungen bei auftraggeber- und auftragnehmerseitiger Kündigung sowie die unterschiedlichen **Kündigungsfolgen** ergeben sich aus den nachfolgenden beiden Abbildungen.

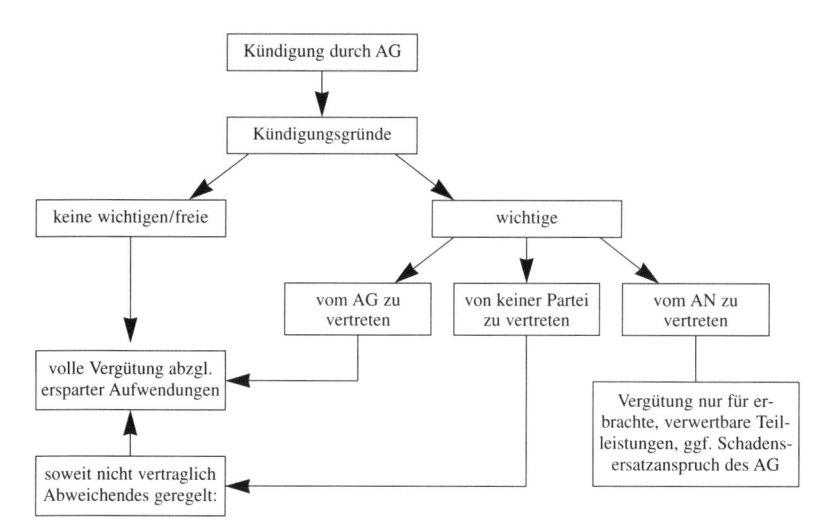

Abb. 1.163a Auftraggeberseitige Kündigung

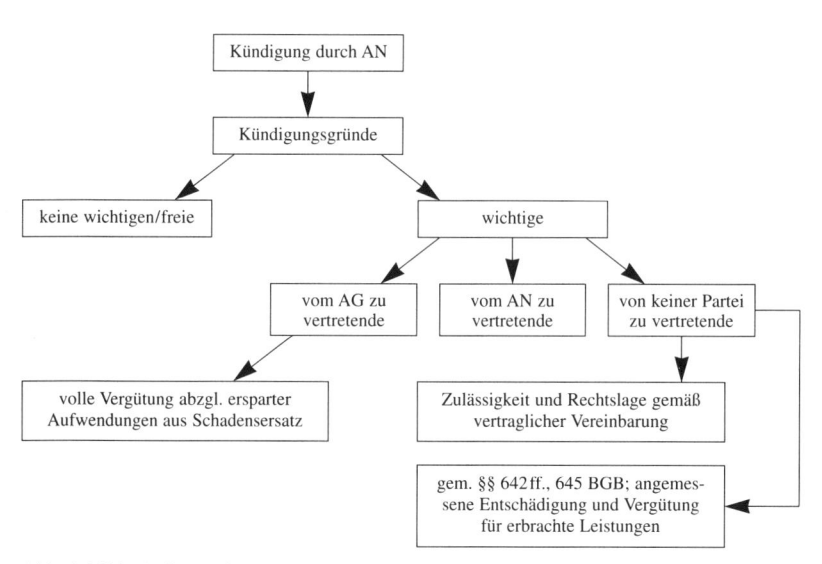

Abb. 1.163b Auftragnehmerseitige Kündigung

Der Bundesgerichtshof hat sich in mehreren Entscheidungen aus den vergangenen 10 Jahren recht umfangreich mit den Kündigungsfolgen auseinandersetzen können.

Die größte Aufmerksamkeit wurde dabei der Entscheidung des BGH vom 10.10.1996, BauR 1997, 156 zuteil. Ausgehend von der gesetzlichen Regelung, dass dem Auftragnehmer bei freier Kündigung des Werkvertrags durch den Auftraggeber der entgangene Gewinn abzüglich der ersparten Aufwendungen zusteht oder dessen, was der Auftragnehmer statt dessen erwirbt oder zu erwerben böswillig unterlässt, erklärte das Gericht, entgegen einer 25-jährigen anderslautenden Entscheidungspraxis, dass eine Pauschalierung der ersparten Aufwendung mit 40 % für die vom Auftragnehmer noch nicht erbrachten beauftragten Leistungen gegen das AGB-Gesetz verstößt und damit nichtig ist. In dem entschiedenen Fall kam der Bundesgerichtshof deshalb zur Nichtigkeit von Ziff. 8.3 der AVA zum Einheitsarchitektenvertrag in seiner Altfassung. Die der Entscheidung zugrunde liegende Altfassung der AVA sah die Pauschalierung der ersparten Aufwendungen mit 40 % vor, **ohne die Möglichkeit** zu eröffnen, dass beide Parteien den Nachweis erbringen können, dass die ersparten Aufwendungen oder die Vergütung aus anderweitigem Erwerb seien höher oder niedriger als die vorgesehene Pauschale von 40 %. Diesen Bedenken Rechnung tragend müsste demgemäß eine Formulierung der Kündigungsfolgen, wie sie Ziff. 14.2 des oben abgedruckten Ingenieurvertrages „Technische Gebäudeausrüstung" vorsieht, AGB-konform und damit wirksam sein.

Wie sieht nun die Abrechnung eines gekündigten Architektenvertrags konkret aus?

Hierzu entschied der Bundesgerichtshof in BauR 1997, 305 allgemein verbindlich für alle Werkverträge:

Im Falle der Kündigung eines Werkvertrags sind der Vergütungsanteil für die erbrachten Leistungen und die noch nicht erbrachten beauftragten Leistungen getrennt darzulegen und voneinander in der Schlussrechnung abzugrenzen. Für den Architektenvertrag bedeutet dies, dass der Architekt bzw. Ingenieur bei noch nicht zu 100 % erbrachten Grundleistungen den Leistungsanteil für die erbrachten Leistungen darzulegen und in Höhe des so ermittelten Prozentanteils in die Schlussrechnung einzustellen hat. Die Darstellungsanforderung an die Differenz zwischen der vereinbarten Vergütung einerseits und den ersparten Aufwendungen und anderweitigem Erwerb andererseits bestimmen sich jeweils gemäß den Anforderungen des konkreten Einzelfalls. Die Darstellung muss so erfolgen, dass dem Auftraggeber eine sachgerechte Rechtswahrung möglich ist (BGH, BauR 1999, 642 ff.).

In der Praxis hat es sich bewährt, so vorzugehen, dass die Teilleistungen prozentual unter Heranziehung einer der bekannten Tabellen zur differenzierten Ermittlung der Teilleistungspunkte einzelner Grundleistungsphasen, z. B. der **Steinfort-Tabelle**, ermittelt werden. Man sollte sich allerdings insoweit keiner Illusion hingeben: Die in der Literatur veröffentlichten Tabellen sind Meinungen einzelner, die allesamt dem Problem letztendlich hilflos gegenüberstehen, dass der Gesetzgeber es versäumt hat, die Einzelleistungen einer Grundleistungsphase zu bewerten.

Letzten Endes wird in einem Rechtsstreit ein Sachverständiger diese Frage für den jeweiligen Rechtsfall dann verbindlich zu beantworten haben. Aber auch dessen Ergebnis trägt schließlich den faden Beigeschmack, dass es mehr oder weniger willkürlich sein muss, weil der Gesetz- bzw. Verordnungsgeber seine „Hausaufgaben" nicht gemacht hat.

Geht der Architekt/Ingenieur bei der Abrechnung des gekündigten Vertrags wie oben dargestellt vor, so hat die Schlussrechnung zwei Teile, nämlich den 1. Teil über die Abrechnung der erbrachten Leistungen sowie den 2. Teil über die Abrechnung der beauftragten, aber noch nicht erbrachten Leistungen. Letzterer ist nach der immer noch geltenden Entscheidung des Bundesgerichtshofs aus 1986, NJW-RR 1986, 3026, ohne Mehrwertsteuer zu berechnen, da es an einem Austauschgeschäft insoweit fehle. Diese Entscheidung des Bundesgerichtshofes ist in den letzten Jahren in Kritik geraten (vgl. Kapellmann, Jahrbuch 1998, 35). Es empfiehlt sich deshalb, die Schlussrechnung mit dem **Vorbehalt** zu versehen, dass sich der Auftragnehmer vorbehält, die Mehrwertsteuer nachzuberechnen, wenn er hiermit von seinem zuständigen Finanzamt bestandskräftig veranlagt wird.

Was nun **konkret** ersparte Aufwendungen sind, dazu hat der Bundesgerichtshof in seiner Entscheidung vom 28.10.1999, NZBau 2000, 82 entschieden:

- Personalkosten gehören grundsätzlich nur dann zu den ersparten Aufwendungen, wenn sie infolge der Kündigung nicht mehr aufgewendet werden müssen. Der Architekt muss sich jedoch dasjenige anrechnen lassen, was er durch anderweitigen Einsatz des Personals erwirbt.

- Der Architekt muss sich grundsätzlich nicht solche Personalkosten anrechnen lassen, die dadurch entstehen, dass er eine rechtlich mögliche Kündigung des Personals nicht vorgenommen hat.

- Ersparte Kosten freier Mitarbeiter oder Subunternehmer muss der Architekt konkret vertragsbezogen ermitteln. Ein aus der Vergütung nach der HOAI berechneter durchschnittlicher Stundensatz ist keine tragfähige Grundlage für diese Berechnung.

- Der Architekt muss sich diejenigen sachlichen, projektbezogenen Aufwendungen als Ersparnis anrechnen lassen, die er infolge der Kündigung nicht hat und die mit der Vergütung abgegolten werden. Es genügt in der Regel, wenn er die Sachmittel zusammenfassend so beschreibt und bewertet, dass der Auftraggeber in der Lage ist, die Richtigkeit des dafür angesetzten Betrages beurteilen zu können.

- Anderweitigen Erwerb muss der Auftraggeber nachvollziehbar und ohne Widerspruch zu den Vertragsumständen angeben. Zur Offenlegung seiner Geschäftsstruktur ist er nicht von vornherein verpflichtet.

Als weitere wichtige Kündigungsfolge und gleichsam als typischer Fallstrick hervorzuheben ist der Umstand, dass der Architekt/Ingenieur durch die Kündigung grundsätzlich nicht sein Nachbesserungsrecht bei behaupteter mangelhafter Planung und/oder Bausummenüberschreitung verliert. Dem Architekt/Ingenieur ist wie jedem Auftragnehmer eines Werkvertragsverhältnisses gemäß § 633 Abs. 2 BGB Gelegenheit zu geben, den Mangel beispielsweise durch Überarbeitung der Planung zu beseitigen. Fordert der Auftraggeber den Auftragnehmer hierzu vor Beseitigung des Mangels durch einen Drittplaner nicht auf und vereitelt er auf diese Weise das Nachbesserungsrecht des Auftragnehmers, steht ihm kein Ersatzanspruch für die durch die Mängelbeseitigung entstandenen Schäden zu (OLG Hamm, BauR 1995, 413 f.).

5 Honorarmanagement

Wie erhalte/sichere ich mir meine kraft Gesetzes oder Vertrages zustehenden Honoraransprüche?

Wie rechne ich meine Honoraransprüche richtig ab?

Die beiden Fragen stellen sich für Planer und Ingenieure gleichermaßen, egal ob sie Leistungen aus der Objektplanung, Tragwerksplanung, TGA erbringen oder sonstige Planungsaufgaben wahrnehmen.

Anhand der Objektplanung wird nachfolgend ein Honorarmanagement skizziert, das entsprechend für alle sonstigen Planer- und Ingenieurleistungen Anwendung finden kann.

Es orientiert sich an der in der nachfolgenden Abbildung dargestellten „Zeitlinie", in der sich die wesentlichen Schnittstellen aus vergütungsrechtlicher Sicht wiederfinden. Die Schnittstellen werden nachfolgend stichpunktartig besprochen.

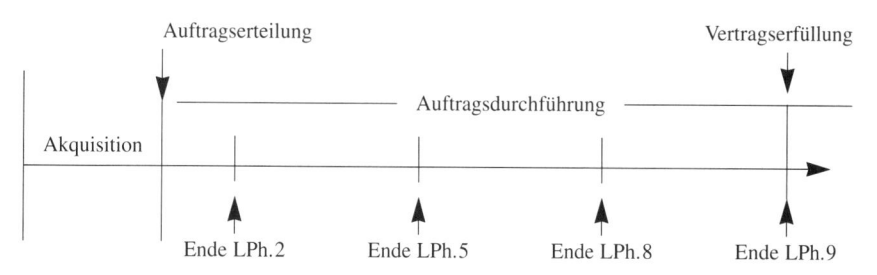

Abb. 1.165 Zeitlinie

5.1 Akquisition

- Grundsätzlich kein Vergütungsanspruch.
- Ausnahme: Für die Leistung bis zur Auftragserteilung wird ein Pauschalhonorar vertraglich vereinbart. Problematisch ist die Wirksamkeit einer derartigen Vereinbarung für die Fälle nicht freier Honorarvereinbarung, Stichwort: Unterschreitung der Mindestsätze. Das Honorar berechnet sich in diesen Fällen gemäß § 5 Abs. 3 HOAI. Bei Unterschreitung der Mindestsätze kann der Architekt grundsätzlich nachberechnen (aber **Standesverstoß** möglich).

5.2 Auftragserteilung

- Besondere Probleme ergeben sich in den Fällen der Unterschreitung der „Kappungsgrenze": In dem Maße, in dem der Auftrag bereits vor der schriftlichen Vereinbarung des Honorars mündlich erteilt wurde, ist eine die Mindestsätze überschreitende nachträgliche Honorarvereinbarung **unwirksam.** Deshalb ist auch keine wirksame Vereinbarung einer Nachberechnung der im Rahmen der „Akquisition" geleisteten Arbeiten auf der Basis des bei der Auftragserteilung vereinbarten mindestsatzüberschreitenden Honorarsatzes möglich.

Dass die Rechtsprechung mit diesem Grundsatz auch Ernst macht, beweist folgender Fall:

Fallbeispiel nach einem Urteil des OLG Düsseldorf vom 19.04.**1996**, IBR 1996, S. 342:

Zum Umbau eines Dachgeschosses (denkmalgeschütztes Haus) erarbeitete der Architekt einen Einheitsarchitektenvertrag mit folgendem Honorarangebot:

Honorarzone IV, Umbauzuschlag 33 %, Nebenkostenpauschale 7 %.

Nachdem sich der Auftraggeber zunächst damit (mündlich) einverstanden erklärt hatte, zögerte sich die Unterschriftsleistung unter den Architektenvertrag Monate hinaus. Es dauerte 3 Monate, bis der Auftraggeber den Architektenvertrag unterschrieb. In der Zwischenzeit war der Architekt sehr produktiv tätig, erarbeitete die Vorlage für die Baugenehmigung sowie die Abgeschlossenheitsbescheinigung.

Der Architekt rechnet seine Leistungen auf der Basis des dann doch noch unterschriebenen Einheitsarchitektenvertrages ab.

Hiergegen wendet sich der Auftraggeber gemäß vorgenannter Entscheidung des OLG Düsseldorf zu Recht.

Das OLG Düsseldorf entschied:

Angesichts des Umfangs der von dem Architekten bereits ausgeführten Arbeiten war klar, dass die Parteien sich schon lange vor Unterzeichnung des Architektenvertrags über die Beauftragung geeinigt hätten. Ein Umbauzuschlag sei demnach nur zu 20 % gerechtfertigt, eine Nebenkostenpauschale überhaupt nicht wirksam vereinbart worden.

Handlungsempfehlung:

- Vor Unterzeichnung der schriftlichen Honorarvereinbarung dürfen umfangreiche Planungsleistungen **nicht** erbracht werden.
- Leistungen dürfen allerdings bis zu Teilen der Leistungsphase 2 vor schriftlicher Auftragserteilung und Honorarvereinbarung erbracht werden. Auf diese Weise wird das Kostenrisiko durch eine Nichtbeauftragung in Grenzen gehalten.
- Vorteil auftragsloser Leistungserbringung in der Akquisitionsphase: Hier können die Parteien bei Auftragserteilung noch wirksam, beginnend mit der Leistungsphase 1, ein Honorar oberhalb der Mindestsätze vereinbaren.

Diesem Vorteil steht selbstverständlich der Nachteil gegenüber, dass kein Vergütungsanspruch bei fehlender Auftragserteilung besteht.

5.3 Auftragsdurchführung

(1) Schnittstelle: Ende der Leistungsphase 2

Die Beendigung der Leistungsphase 2 ist vergütungsrechtlich von erheblicher Bedeutung und muss aus diesem Grunde **dokumentiert** werden. Zu den Grundleistungen der Leistungsphase 2 gehört die Untersuchung **alternativer** Lösungsmöglichkeiten. Mit Beendigung der Leistungsphase 2 hat sich der AG auf das nun weiterzubearbeitende Planungskonzept festzulegen. Es gehört nicht zu den Grundleistungen der Leistungsphasen 3 und 4, auch die zuvor dargestellten alternativen Lösungsmöglichkeiten weiter durchzuplanen.

Vielmehr stellt eine weitergehende Durchplanung/Analyse/Optimierung der Alternativen eine Besondere Leistung der Leistungsphase 3 dar.

Handlungsempfehlung für das Honorarmanagement:

- Dokumentation des Planungskonzepts: für welches sich der AG entschieden hat, **vor** Beginn der Entwurfsplanung. Es wird schwierig sein, von dem Auftraggeber eine eindeutige Erklärung über den Abschluss einer Leistungsphase zu erlangen. Hierzu deshalb folgende Vorschläge:

- Soweit vertraglich durchsetzbar, sollte **im Vertrag** geregelt werden, dass die Architekten dem Auftraggeber die Beendigung einer jeweiligen Leistungsphase jeweils schriftlich anzeigen. Sofern der AG der Auffassung ist, dass noch nicht alle Leistungen aus der als beendet gemeldeten Leistungsphase erbracht sind, hat er dies den Architekten umgehend, spätestens innerhalb von 2 Wochen schriftlich mitzuteilen.

- Sofern eine solche vertragliche Vereinbarung nicht möglich ist, bietet sich folgende „Krücke" an: Der Architekt sollte dem Bauherrn nach Abschluss einer Leistungsphase eine Akontoforderung über die in dieser Leistungsphase erbrachten Leistungen zukommen lassen mit dem gleichzeitigen Hinweis in einem Anschreiben, dass die Leistungen aus der betreffenden Leistungsphase abgeschlossen sind. Erhebt der Bauherr hiergegen keine Einwendungen, so hat man bei einer späteren Auseinandersetzung zumindest gute Argumente auf seiner Seite, den Abschluss der jeweiligen Leistungsphase mit allen sich hieraus ergebenden Konsequenzen für die weitergehende Honorierung schlüssig darlegen zu können.

- **Optimierung von Planungsalternativen/Varianten** nur, wenn **vorher** eine **schriftliche** Honorarvereinbarung für diese Besondere Leistung getroffen wurde.

(2) Schnittstelle: Beginn der Leistungsphase 3 bis Ende Leistungsphase 5

Fortlautende Überprüfung der einzelnen Planungsschritte bei Dokumentation des Abschlusses einer jeden Leistungsphase im Hinblick auf angeordnete Wiederholungen vorangegangener Leistungsphase bzw. Teilen hieraus.

Handlungsempfehlung für das Honorarmanagement:

Keine Wiederholung bereits abgeschlossener Leistungsphasen oder Teilen hieraus, wenn nicht **vorher hierfür schriftlich** eine Honorarvereinbarung getroffen worden ist.

(3) Schnittstelle: Ende der Leistungsphase 8, Beginn der Leistungsphase 9

- Erstellung einer Teilschlussrechnung, soweit vertraglich vereinbart; ansonsten Teilrechnung gemäß § 8 Abs. 2 HOAI.

- Abschlagszahlungen gemäß § 8 Abs. 2 HOAI in regelmäßigen zeitlichen Abständen für die Erbringung der Leistungsphase 8, z. B. in Jahresabständen.

- Schlussrechnung nach Beendigung der Leistungsphase 9.

5.4 Sonderthema: Bindung des Architekten an die Schlussrechnung

Dieses in der Vergangenheit sehr folgenträchtige Thema ist zwar zwischenzeitlich durch die Entscheidung des Bundesgerichtshofes (BGH, BauR 1993, 263 und BGH BauR 1993, 239) entspannt worden. Der BGH hält danach an seiner alten Rechtsprechung zur Bindung des Architekten an seine Schlussrechnung nicht mehr in der alten Strenge fest. Die Bindungswirkung ist allerdings noch nicht vollständig aufgegeben worden. Sie ist lediglich abgemildert worden, und zwar dahingehend, dass der Architekt an seine Schlussrechnung zwar grundsätzlich gebunden ist, allerdings nur in dem Umfang, wie er damit beim AG Vertrauen auf die Richtigkeit der Abrechnung geschaffen hat. Der AG, der die Schlussrechnung angreift, beispielsweise indem er die mangelnde Prüffähigkeit rügt und auf die Schlussrechnung nicht zahlt, ist nicht schutzwürdig, da die Schlussrechnung ja gerade kein Vertrauen beim Auftraggeber in diesem Fall geweckt haben kann.

Da Anknüpfungspunkt für die Bindungswirkung das **Erwecken von Vertrauen** in die **Richtigkeit der Abrechnung auf Seiten des AG** ist, kann jedoch auch eine nicht prüffähige Schlussrechnung eine Bindungswirkung auslösen (herrschende Meinung, vgl. Locher/Koeble/Frik, Rn. 42 zu § 8 HOAI m. w. N.).

Folge der gelockerten Bindungswirkung:

Hat der Architekt Schlussrechnungen gelegt, die der AG anerkannt und auf die der AG Schlusszahlung geleistet hat, so ist grundsätzlich eine **Nachforderung** des Architekten beispielsweise wegen unwirksamer Unterschreitung der Mindestsätze **ausgeschlossen**.

Dies gilt dann nicht, wenn dem AG die Umstände für die nicht ordnungsgemäßen Abrechnungen, die zur Nachforderung seitens des Architekten führen, bekannt waren, beispielsweise indem er wusste, dass die Honorarvereinbarung wegen Unterschreitung der Mindestsätze nichtig ist.

2 A Mathematik
2 B Bauinformatik

Inhaltsverzeichnis Seite

A	**MATHEMATIK**	
1	**Tafeln**	
	Einheitsklothoide/Trigonometrische Funktionen	2.2
	Exponential-, Hyperbel-, Logarithmusfunktionen	2.3
	Statistische Verteilungen	2.3
2	**Arithmetik**	2.5
2.1	Potenzen	2.5
2.2	Wurzeln	2.5
2.3	Logarithmen	2.5
2.4	Reihen	2.6
2.5	Zinseszins	2.6
2.6	Quadratische Gleichung	2.6
2.7	Nullstellen von Polynomen	2.6
2.8	Determinanten	2.7
2.9	Lineare Gleichungssysteme	2.7
2.10	Matrizen	2.9
3	**Geometrie**	2.12
3.1	Flächenberechnung	2.12
3.2	Volumenberechnung	2.13
3.3	Trigonometrie	2.15
4	**Ebene analytische Geometrie**	2.17
4.1	Koordinatensysteme	2.17
4.2	Punkte – Strecken – Flächen	2.17
4.3	Gerade	2.17
4.4	Kegelschnitte	2.18
5	**Vectoralgebra**	2.20
5.1	Grundlagen	2.20
5.2	Anwendungen aus der Geometrie	2.21
5.3	Anwendungen aus der Statik	2.21
6	**Wahrscheinlichkeit und Statistik**	2.22
6.1	Wahrscheinlichkeit	2.22
6.2	Zufallsvariable	2.22
6.3	Statistik	2.23

Seite

7	**Differentialrechnung**	2.24
7.1	Definitionen	2.24
7.2	Ableitungsregeln	2.25
7.3	Ableitungen der elementaren Funktionen	2.25
7.4	Taylorreihen	2.26
7.5	Extrema und Wendepunkte	2.26
7.6	Nullstellenbestimmung	2.26
8	**Integralrechnung**	2.27
8.1	Unbestimmte Integrale	2.27
8.2	Bestimmte Integrale	2.28
8.3	Geometrische Anwendungen	2.30
8.4	Anwendungen aus der Baustatik	2.30
B	**BAUINFORMATIK**	
1	**Datenverarbeitung**	2.31
1.1	Allgemeines	2.31
1.2	Grundlagen	2.31
1.2.1	Informationsdarstellung	2.31
1.2.2	Hardware	2.32
1.2.3	Software	2.33
1.3	Programmierung – Prinzip und Beispiele	2.33
1.3.1	Allgemeines	2.33
1.3.2	Folge von Verarbeitungsteilen	2.34
1.3.3	Wiederholung von Verarbeitungsteilen	2.34
1.3.4	Auswahl von Verarbeitungsteilen	2.35
1.3.5	Prozedurbeispiele	2.36
1.4	Tabellenkalkulation	2.36
1.4.1	Einführende Beispiele zu Excel	2.36
1.4.2	Matrizen in Excel	2.37
1.4.3	Iterationen in Excel	2.38
1.4.4	Eigene Funktionen in Excel	2.38
1.5	Netzwerke	2.38
2	**Glossar**	2.39

2 A Mathematik

Prof. Dr.-Ing. Rolf Gelhaus und Prof. Dr.-Ing. Helmut Rubin (Abschnitt 9)

1 Tafeln

Einheitsklothoide (Reihenentwicklung S. 2.26, 2.36, 2.38, Struktogramm S. 14.8)

l	x_{Kl}	y_{Kl}	l	x_{Kl}	y_{Kl}	l	x_{Kl}	y_{Kl}	l	x_{Kl}	y_{Kl}
0,01	0,01000	0,00000	0,26	0,25997	0,00293	0,51	0,50914	0,02208	0,76	0,75369	0,07273
0,02	0,02000	0,00000	0,27	0,26996	0,00328	0,52	0,51905	0,02340	0,77	0,76326	0,07561
0,03	0,03000	0,00000	0,28	0,27996	0,00366	0,53	0,52896	0,02478	0,78	0,77281	0,07857
0,04	0,04000	0,00001	0,29	0,28995	0,00406	0,54	0,53885	0,02620	0,79	0,78234	0,08160
0,05	0,05000	0,00002	0,30	0,29994	0,00450	0,55	0,54874	0,02768	0,80	0,79185	0,08471
0,06	0,06000	0,00004	0,31	0,30993	0,00496	0,56	0,55862	0,02922	0,81	0,80133	0,08789
0,07	0,07000	0,00006	0,32	0,31992	0,00546	0,57	0,56850	0,03081	0,82	0,81078	0,09116
0,08	0,08000	0,00009	0,33	0,32990	0,00599	0,58	0,57836	0,03245	0,83	0,82021	0,09449
0,09	0,09000	0,00012	0,34	0,33989	0,00655	0,59	0,58822	0,03416	0,84	0,82960	0,09791
0,10	0,10000	0,00017	0,35	0,34987	0,00714	0,60	0,59806	0,03592	0,85	0,83897	0,10140
0,11	0,11000	0,00022	0,36	0,35985	0,00777	0,61	0,60789	0,03774	0,86	0,84831	0,10498
0,12	0,12000	0,00029	0,37	0,36983	0,00844	0,62	0,61771	0,03962	0,87	0,85762	0,10863
0,13	0,13000	0,00037	0,38	0,37980	0,00914	0,63	0,62752	0,04156	0,88	0,86690	0,11237
0,14	0,14000	0,00046	0,39	0,38977	0,00988	0,64	0,63732	0,04356	0,89	0,87614	0,11618
0,15	0,15000	0,00056	0,40	0,39974	0,01066	0,65	0,64711	0,04563	0,90	0,88535	0,12008
0,16	0,16000	0,00068	0,41	0,40971	0,01148	0,66	0,65688	0,04775	0,91	0,89452	0,12407
0,17	0,17000	0,00082	0,42	0,41967	0,01234	0,67	0,66663	0,04995	0,92	0,90366	0,12813
0,18	0,18000	0,00097	0,43	0,42963	0,01324	0,68	0,67637	0,05221	0,93	0,91276	0,13228
0,19	0,18999	0,00114	0,44	0,43959	0,01419	0,69	0,68610	0,05453	0,94	0,92182	0,13651
0,20	0,19999	0,00133	0,45	0,44954	0,01518	0,70	0,69581	0,05692	0,95	0,93084	0,14083
0,21	0,20999	0,00154	0,46	0,45949	0,01621	0,71	0,70550	0,05938	0,96	0,93982	0,14523
0,22	0,21999	0,00177	0,47	0,46943	0,01729	0,72	0,71518	0,06191	0,97	0,94875	0,14972
0,23	0,22998	0,00203	0,48	0,47936	0,01841	0,73	0,72483	0,06451	0,98	0,95764	0,15430
0,24	0,23998	0,00230	0,49	0,48929	0,01959	0,74	0,73447	0,06718	0,99	0,96649	0,15896
0,25	0,24998	0,00260	0,50	0,49922	0,02081	0,75	0,74409	0,06992	1,00	0,97529	0,16371

Trigonometrische Funktionen

$x°$	$\sin x$	$\cos x$	$\tan x$	$\cot x$	$x°$	$x°$	$\sin x$	$\cos x$	$\tan x$	$\cot x$	$x°$
0	0,000	1,000	0,000	∞	90	25	0,423	0,906	0,466	2,145	65
1	0,017	1,000	0,017	57,290	89	26	0,438	0,899	0,488	2,050	64
2	0,035	0,999	0,035	28,634	88	27	0,454	0,891	0,510	1,963	63
3	0,052	0,999	0,052	19,081	87	28	0,469	0,883	0,532	1,881	62
4	0,070	0,998	0,070	14,301	86	29	0,485	0,875	0,554	1,804	61
5	0,078	0,996	0,087	11,430	85	30	0,500	0,866	0,577	1,732	60
6	0,105	0,995	0,105	9,514	84	31	0,515	0,857	0,601	1,664	59
7	0,122	0,993	0,123	8,144	83	32	0,530	0,848	0,625	1,600	58
8	0,139	0,990	0,141	7,115	82	33	0,545	0,839	0,649	1,540	57
9	0,156	0,988	0,158	6,314	81	34	0,559	0,829	0,675	1,483	56
10	0,174	0,985	0,176	5,671	80	35	0,574	0,819	0,700	1,428	55
11	0,191	0,982	0,194	5,145	79	36	0,588	0,809	0,727	1,376	54
12	0,208	0,978	0,213	4,705	78	37	0,602	0,799	0,754	1,327	53
13	0,225	0,974	0,231	4,331	77	38	0,616	0,788	0,781	1,280	52
14	0,242	0,970	0,249	4,011	76	39	0,629	0,777	0,810	1,235	51
15	0,259	0,966	0,268	3,732	75	40	0,643	0,766	0,839	1,192	50
16	0,276	0,961	0,287	3,487	74	41	0,656	0,755	0,869	1,150	49
17	0,292	0,956	0,306	3,271	73	42	0,669	0,743	0,900	1,111	48
18	0,309	0,951	0,325	3,078	72	43	0,682	0,731	0,933	1,072	47
19	0,326	0,946	0,344	2,904	71	44	0,695	0,719	0,966	1,036	46
20	0,342	0,940	0,364	2,747	70	45	0,707	0,707	1,000	1,000	45
21	0,358	0,934	0,384	2,605	69	$x°$	$\cos x$	$\sin x$	$\cot x$	$\tan x$	$x°$
22	0,375	0,927	0,404	2,475	68						
23	0,391	0,921	0,424	2,356	67						
24	0,407	0,914	0,445	2,246	66						
25	0,423	0,906	0,466	2,145	65						
$x°$	$\cos x$	$\sin x$	$\cot x$	$\tan x$	$x°$						

Umrechnung von Winkelmaßen:

$\alpha° = 0{,}9 \cdot \alpha \text{ gon} = (180/\pi) \cdot \alpha \text{ rad}$

$\alpha \text{ gon} = \alpha°/0{,}9 = (200/\pi) \cdot \alpha \text{ rad}$

$\alpha \text{ rad} = (\pi/200) \cdot \alpha \text{ gon} = (\pi/180) \cdot \alpha°$

Hyperbelfunktionen

$$\sinh x = \frac{e^x - e^{-x}}{2} \;;\; \cosh x = \frac{e^x + e^{-x}}{2} \;;\; \tanh x = \frac{\sinh x}{\cosh x}$$

$$\operatorname{arsinh} x = \ln(x + \sqrt{x^2 + 1}) \;;\; \operatorname{arcosh} x = \ln(x + \sqrt{x^2 - 1})$$

$$\operatorname{artanh} x = \frac{1}{2} \cdot \ln \frac{1 + x}{1 - x} \;\text{für}\; |x| < 1;\; \cosh^2 x - \sinh^2 x = 1$$

Statistische Verteilungen

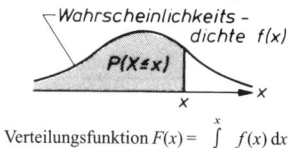

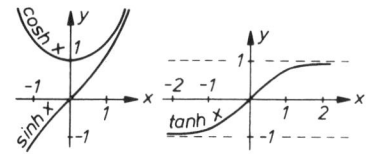

Verteilungsfunktion $F(x) = \int_{-\infty}^{x} f(x)\,dx$

$F(x)$ ist die Wahrscheinlichkeit dafür, dass die entsprechend verteilte Zufallsvariable X Werte annimmt, die nicht größer als x sind.

p-Fraktil einer Verteilung ist ein Wert, den die Zufallsvariable X mit der vorgegebenen Wahrscheinlichkeit p nicht überschreitet.

Exponential-, Hyperbel-, Logarithmusfunktionen

x	e^x	$\sinh x$	$\cosh x$	x	$\ln x$
0,0	1,000	0,000	1,000	1,0	0,000
0,1	1,105	0,100	1,005	1,1	0,095
0,2	1,221	0,201	1,020	1,2	0,182
0,3	1,350	0,305	1,045	1,3	0,262
0,4	1,492	01411	1,081	1,4	0,336
0,5	1,649	0,521	1,128	1,5	0,405
0,6	1,822	0,637	1,185	1,6	0,470
0,7	2,014	0,759	1,255	1,7	0,531
0,8	2,226	0,888	1,337	1,8	0,588
0,9	2,460	1,027	1,433	1,9	0,642
1,0	2,718	1,175	1,543	2,0	0,693
1,1	3,004	1,336	1,669	2,1	0,742
1,2	3,320	1,509	1,811	2,2	0,788
1,3	3,669	1,698	1,971	2,3	0,833
1,4	4,055	1,904	2,151	2,4	0,875
1,5	4 482	2,129	2,352	2,5	0,916
1,6	4,953	2,376	2,577	2,6	0,956
1,7	5,474	2,646	2,828	2,7	0,993
1,8	6,050	2,942	3,107	2,8	1,030
1,9	6,686	3,268	3,418	2,9	1,065
2,0	7,389	3,627	3,762	3,0	1,099
2,1	8,166	4,022	4,144	3,1	1,131
2,2	9,025	4,457	4,568	3,2	1,163
2,3	9,974	4,937	5,037	3,3	1,194
2,4	11,023	5,466	5,557	3,4	1,224
2,5	12,182	6,050	6,332	3,5	1,253
2,6	13,464	6,695	6,769	3,6	1,281
2,7	14,880	7,406	7,473	3,7	1,308
2,8	16,445	8,192	8,253	3,8	1,335
2,9	18,174	9,060	9,115	3,9	1,361
3,0	20,086	10,018	10,068	4,0	1,386
3,1	22,198	11,076	11,122	4,1	1,411
3,2	24,533	12,246	12,287	4,2	1,435
3,3	27,113	13,538	13,575	4,3	1,459
3,4	29,964	14,965	14,999	4,4	1,482
3,5	33,115	16,543	16,573	4,5	1,504
3,6	36,598	18,285	18,313	4,6	1,526
3,7	40,447	20,211	20,236	4,7	1,548
3,8	44,701	22,339	22,362	4,8	1,569
3,9	49,402	24,691	24,711	4,9	1,589
4,0	54,598	27,290	27,308	5,0	1,609

Normalverteilung

z	$\Phi(z)$*)
0,0	0,500
0,1	0,540
0,2	0,579
0,3	0,618
0,4	0,655
0,5	0,691
0,6	0,726
0,7	0,758
0,8	0,788
0,9	0,816
1,0	0,841
1,1	0,864
1,2	0,885
1,3	0,903
1,4	0,919
1,5	0,933
1,6	0,945
1,7	0,955
1,8	0,964
1,9	0,971
2,0	0,977
2,1	0,982
2,2	0,986
2,3	0,989
2,4	0,992
2,5	0,994
2,6	0,995
2,7	0,997
2,8	0,997
2,9	0,998
3,0	0,999
3,1	1,000
3,2	1,000
3,3	1,000

$$z = \frac{x - \mu}{\sigma}$$

Fraktile der Verteilung

Freiheitsgr. f	t- $t_{f;\,0,975}$	χ^2- $\chi^2_{f;\,0,05}$	χ^2- $\chi^2_{f;\,0,95}$	F- $F_{f;\,f;\,0,95}$
1	12,71	0,00	3,84	161,5
2	4,30	0,10	5,99	19,0
3	3,18	0,35	7,81	9,28
4	2,78	0,71	9,49	6,39
5	2,57	1,15	11,1	5,05
6	2,45	1,64	12,6	4,28
7	2,37	2,17	14,1	3,79
8	2,31	2,73	15,5	3,44
9	2,26	3,33	16,9	3,18
10	2,23	3,94	18,3	2,98
11	2,20	4,57	19,7	2,82
12	2,18	5,23	21,0	2,69
13	2,16	5,89	22,4	2,57
14	2,15	6,57	23,7	2,48
15	2,13	7,26	25,0	2,40
16	2,12	7,96	26,3	2,33
17	2,11	8,67	27,6	2,27
18	2,10	9,39	28,9	2,22
19	2,09	10,12	30,1	2,17
20	2,09	10,85	31,4	2,12
21	2,08	11,6	32,7	2,09
22	2,07	12,3	33,9	2,05
23	2,07	13,1	35,2	2,01
24	2,06	13,8	36,4	1,98
25	2,06	14,6	37,7	1,95
26	2,06	15,4	38,9	1,93
27	2,05	16,2	40,1	1,90
28	2,05	16,9	41,3	1,88
29	2,05	17,7	42,6	1,86
30	2,04	18,5	43,8	1,84
40	2,02	26,5	55,8	1,69
50	2,01	34,8	67,5	1,60
100	1,98	77,9	124,3	1,39
∞	1,96	∞	∞	1,00

Für Varianzen $\sigma^2 > 9$ können Binomial- und die Poissonverteilung mittels der Transformation $z = (x + 0,5 - \mu)/\sigma$ durch die Normalverteilung genügend genau ersetzt werden.

Gegenbeispiel: Für das Beispiel auf S. 2.4 ist mit $\sigma^2 = 5$, $z = (10 + 0,5 - 5)/\sqrt{5} = 2,46$ und somit $\Phi(2,46) = 0,993$ noch keine brauchbare Näherung des genauen Wertes 0,986 erreicht.

*) $\Phi(z) = \int_{-\infty}^{z} f(z)\,dz = \frac{1}{\sqrt{2\pi}} \int_{-\infty}^{z} e^{-z^2/2}\,dz$

$\Phi(-z) = 1 - \Phi(z)$

Binomialverteilung

$$F(x) = \sum_{k=0}^{x} \binom{n}{k} \cdot p^k \cdot (1-p)^{n-k}$$

Mittelwert $\mu = n \cdot p$; Varianz $\sigma^2 = n \cdot p \cdot (1-p)$

n	x	0,1	0,2	0,3	0,4	0,5
1	0	0,900	0,800	0,700	0,600	0,500
	1	1,000	1,000	1,000	1,000	1,000
2	0	0,810	0,640	0,490	0,360	0,250
	1	0,990	0,960	0,910	0,840	0,750
	2	1,000	1,000	1,000	1,000	1,000
3	0	0,729	0,512	0,343	0,216	0,125
	1	0,972	0,896	0,784	0,648	0,500
	2	0,999	0,992	0,973	0,936	0,875
	3	1,000	1,000	1,000	1,000	1,000
4	0	0,656	0,410	0,240	0,130	0,062
	1	0,948	0,819	0,652	0,475	0,312
	2	0,996	0,973	0,916	0,821	0,688
	3	1,000	0,998	0,992	0,974	0,938
	4		1,000	1,000	1,000	1,000
5	0	0,590	0,328	0,168	0,078	0,031
	1	0,918	0,737	0,528	0,337	0,188
	2	0,991	0,942	0,837	0,683	0,500
	3	1,000	0,993	0,969	0,913	0,812
	4		1,000	0,998	0,990	0,969
	5			1,000	1,000	1,000
6	0	0,531	0,262	0,118	0,047	0,016
	1	0,886	0,655	0,420	0,233	0,109
	2	0,984	0,901	0,744	0,544	0,344
	3	0,999	0,983	0,930	0,821	0,656
	4	1,000	0,998	0,989	0,959	0,891
	5		1,000	0,999	0,996	0,984
	6			1,000	1,000	1,000
7	0	0,478	0,210	0,082	0,028	0,008
	1	0,850	0,577	0,329	0,159	0,062
	2	0,974	0,852	0,647	0,420	0,227
	3	0,997	0,967	0,874	0,710	0,500
	4	1,000	0,995	0,971	0,904	0,773
	5		1,000	0,996	0,981	0,938
	6			1,000	0,998	0,992
	7				1,000	1,000
8	0	0,430	0,168	0,058	0,017	0,004
	1	0,813	0,503	0,255	0,106	0,035
	2	0,962	0,797	0,552	0,315	0,144
	3	0,995	0,944	0,806	0,594	0,363
	4	1,000	0,990	0,942	0,826	0,637
	5		0,999	0,989	0,950	0,856
	6		1,000	0,999	0,992	0,965
	7			1,000	0,999	0,996
	8				1,000	1,000

Poissonverteilung

$$F(x, \mu) = e^{-\mu} \cdot \sum_{k=0}^{x} \frac{\mu^k}{k!}$$

Mittelwert μ; Varianz $\sigma^2 = \mu$

x \ μ	0,1	0,2	0,3	0,4	0,5
0	0,905	0,819	0,741	0,670	0,607
1	0,995	0,982	0,963	0,938	0,910
2	1,000	0,999	0,996	0,992	0,986
3		1,000	1,000	0,999	0,998
4				1,000	1,000

x \ μ	0,6	0,7	0,8	0,9	1,0
0	0,549	0,497	0,449	0,407	0,368
1	0,878	0,844	0,809	0,772	0,736
2	0,977	0,966	0,953	0,937	0,920
3	0,997	0,994	0,991	0,987	0,981
4	1,000	0,999	0,999	0,998	0,996
5		1,000	1,000	1,000	0,999
6					1,000

x \ μ	1,1	1,2	1,3	1,4	1,5
0	0,333	0,301	0,273	0,247	0,223
1	0,699	0,663	0,627	0,592	0,558
2	0,900	0,879	0,857	0,833	0,809
3	0,974	0,966	0,957	0,946	0,934
4	0,995	0,992	0,989	0,986	0,981
5	0,999	0,998	0,998	0,997	0,996
6	1,000	1,000	1,000	0,999	0,999
7				1,000	1,000

x \ μ	2,0	3,0	4,0	5,0	6,0
0	0,135	0,050	0,018	0,007	0,002
1	0,406	0,199	0,092	0,040	0,017
2	0,677	0,423	0,238	0,125	0,062
3	0,857	0,647	0,433	0,265	0,151
4	0,947	0,815	0,629	0,440	0,285
5	0,983	0,916	0,785	0,616	0,446
6	0,995	0,966	0,889	0,762	0,606
7	0,999	0,988	0,949	0,867	0,744
8	1,000	0,996	0,979	0,932	0,847
9		0,999	0,992	0,968	0,916
10		1,000	0,997	0,986	0,957
11			0,999	0,995	0,980
12			1,000	0,998	0,991
13				0,999	0,996
14				1,000	0,999
15					0,999

Beispiel: Vor einer Bahnschranke, die maximal 4 min geschlossen bleibt, können bis zur nächsten Kreuzung höchstens 10 Fahrzeuge halten. Wie wahrscheinlich ist ein Stau bis in den Kreuzungsbereich bei einer Verkehrsstärke von 75 Fz./h?
Lösung: Mit $\mu = 75 \cdot 4/60 = 5$ Fz./4 min und $x = 10$ Fz./4 min entnimmt man der Tafel der Poissonverteilung eine Wahrscheinlichkeit von 0,986 dafür, daß nicht mehr als 10 Fz. in 4 min ankommen, also ist die gesuchte Stauwahrscheinlichkeit 0,014.

2 Arithmetik

2.1 Potenzen

$a^n = \underbrace{a \cdot a \cdot \ldots \cdot a}_{n\text{-mal}} = c$ (a = Basis, n = Exponent, c = Potenzwert)

$a^0 = 1$ für $a \neq 0$ $a^n \cdot b^n = (ab)^n$	$a^m \cdot a^n = a^{m+n}$ $(a^m)^n = a^{m \cdot n}$	$a^m / a^n = a^{m-n}$ $a^2 - b^2 = (a+b) \cdot (a-b)$
$(a \pm b)^2 = a^2 \pm 2ab + b^2$		$(a \pm b)^3 = a^3 \pm 3a^2 b + 3ab^2 \pm b^3$

$(a \pm b)^n = a^n \pm \binom{n}{1} a^{n-1} b^1 + \binom{n}{2} a^{n-2} b^2 \pm \binom{n}{3} a^{n-3} b^3 + \ldots + (\pm 1)^{n-1} \binom{n}{n-1} a^1 b^{n-1} + (\pm 1)^n \cdot b^n$

$\binom{n}{1} = n;\quad \binom{n}{2} = \dfrac{n \cdot (n-1)}{1 \cdot 2};\quad \binom{n}{3} = \dfrac{n \cdot (n-1) \cdot (n-2)}{1 \cdot 2 \cdot 3};\ \ldots$ für jedes reelle n (gelesen: n über eins usw.)

$\binom{n}{k} = \dfrac{n!}{k!(n-k)!}$ für natürliches n und k; $n! = 1 \cdot 2 \cdot \ldots \cdot (n-1) \cdot n$; $0! = 1$

2.2 Wurzeln

$\sqrt[n]{a} = c$ (a = Radikand, n = Wurzelexponent, c = Wurzel)

$\sqrt[n]{a} = a^{\frac{1}{n}}$	$\sqrt[n]{a^n} = a$	$\sqrt[n]{a^{m \cdot n}} = a^m$	$\sqrt[n]{a \cdot b} = \sqrt[n]{a} \cdot \sqrt[n]{b}$	$\sqrt[n]{\dfrac{a}{b}} = \dfrac{\sqrt[n]{a}}{\sqrt[n]{b}}$
$\sqrt[n]{\dfrac{1}{a}} = \dfrac{1}{\sqrt[n]{a}} = a^{-\frac{1}{n}}$		$\sqrt[n]{a^m} = a^{\frac{m}{n}}$		$\sqrt[n]{\sqrt[m]{a}} = \sqrt[n \cdot m]{a} = \sqrt[m]{\sqrt[n]{a}}$
	$\sqrt[m]{a} \cdot \sqrt[n]{a} = a^{\frac{1}{m}} \cdot a^{\frac{1}{n}} = a^{(\frac{1}{m} + \frac{1}{n})} = a^{\frac{n+m}{m \cdot n}} = \sqrt[m \cdot n]{a^{n+m}}$			
$i = \sqrt{-1}$	$i^2 = -1$	$i^3 = -i$	$i^4 = 1$	

2.3 Logarithmen

$\log_b a = c$ (b = Basis, a = Numerus, c = Logarithmus)

$\log_b a = c \Leftrightarrow b^c = a$		$\log_b 0 = -\infty$ (wegen $\lim\limits_{c \to -\infty} b^c = 0$)
$\log_b (c \cdot d) = \log_b c + \log_b d$ $\log_b \left(\dfrac{c}{d}\right) = \log_b c - \log_b d$	$\log_b a^n = n \cdot \log_b a$ $\log_b \sqrt[n]{a} = \dfrac{1}{n} \cdot \log_b a$	$\log_b 1 = 0$ (wegen $b^0 = 1$) $\log_b b = 1$ (wegen $b^1 = b$)

Natürliche Logarithmen: $\log_e a = \ln a$ mit $e = \lim\limits_{n \to \infty} \left(1 + \dfrac{1}{n}\right)^n = 2{,}718281828\ldots$

Dekadische Logarithmen: $\log_{10} a = \lg a$

Umrechnung von einem Logarithmensystem in ein anderes:

$\log_b a = \dfrac{1}{\log_c b} \cdot \log_c a = \log_b c \cdot \log_c a$ speziell: $\lg a = \dfrac{1}{\ln 10} \cdot \ln a = \lg e \cdot \ln a$

$\dfrac{1}{\ln 10} = \lg e = M_{10} = 0{,}4342944819\ldots$ heißt Modul der dekadischen Logarithmen.

2.4 Reihen

Arithmetische Reihe: $a + (a+d) + (a+2d) + \ldots + [a+(n-1)d] = \dfrac{n}{2}[2a + (n-1) \cdot d]$

Geometrische Reihe: $a + a \cdot q + a \cdot q^2 + \ldots + a \cdot q^{n-1} = a \cdot \dfrac{q^n - 1}{q - 1}$

Unendliche geometrische Reihe: $a + a \cdot q + a \cdot q^2 + \ldots = \dfrac{a}{1-q}$ für $|q| < 1$

Spezielle Reihen:

$\sum_{i=1}^{n} i = \frac{1}{2} n(n+1)$	$\sum_{i=1}^{n} i^2 = \frac{1}{3} n(n+1)(n+\frac{1}{2})$
$\sum_{i=1}^{n} (2i-1) = n^2$	$\sum_{i=1}^{n} 2i = n(n-1)$
$\sum_{i=1}^{n} i^3 = \frac{n^2}{4}(n+1)^2$	$\sum_{i=1}^{n} i^4 = \frac{1}{30} n(n+1)(2n+1)(3n^2+3n-1)$

2.5 Zinseszins

K_0 Grundbetrag K_n Endbetrag N Anzahl der Zinsabschnitte p_a Zinssatz pro Jahr p_m Zinssatz pro Monat $q = 1 + p/100$ Zinsfaktor R Rate	$K_n = K_0 \cdot q^n$ $\quad q = \sqrt[n]{K_n / K_0} \quad n = \frac{\lg K_n - \lg K_0}{\lg q}$
	Ratenzahlungen:
	$K_n = R \cdot (q^n - 1)/(q-1)$ (nachschüssig)
	$K_n = R \cdot q \, (q^n - 1)/(q-1)$ (vorschüssig)
	Tilgungsrate eines Darlehens K_0
	$R_n = K_0 \cdot q^n (q-1)/(q^n - 1)$ (nachschüssige Zahlung)
$p_a = \left[(1 + {p_m}/{100})^{12} - 1\right] \cdot 100$	$p_m = \left[\sqrt[12]{1 + {p_a}/{100}} - 1\right] \cdot 100$

2.6 Quadratische Gleichung

$$Ax^2 + Bx + C = 0; \quad x_{1/2} = \frac{1}{2A}\left[-B \pm \sqrt{B^2 - 4AC}\,\right]$$

$$x^2 + px + q = 0; \quad x_{1/2} = \frac{1}{2}\left[-p \pm \sqrt{p^2 - 4q}\,\right] = -\frac{p}{2} \pm \sqrt{\left(\frac{p}{2}\right)^2 - q}$$

2.7 Nullstellen von Polynomen

$$y = a_n \cdot x^n + a_{n-1} \cdot x^{n-1} + \ldots + a_1 \cdot x + a_0$$
$$y' = n \cdot a_n \cdot x^{n-1} + (n-1) \cdot a_{n-1} \cdot x^{n-2} + \ldots + a_1$$

Iterative Annäherung an die Nullstelle nach dem *Newton*schen Iterationsverfahren, ausgehend von einem Näherungswert x_0:

$$x_{i+1} = x_i - \frac{a_n \cdot x_i^n + a_{n-1} \cdot x_i^{n-1} + \ldots + a_1 \cdot x_i + a_0}{n \cdot a_n \cdot x_i^{n-1} + (n-1) \cdot a_{n-1} \cdot x_i^{n-2} + \ldots + a_1} \quad (1)$$

Beispiel: $y = 1 \cdot x^3 - 4 \cdot x^2 + 2 \cdot x - 3$; $\quad y' = 3 \cdot x^2 - 8 \cdot x + 2$

Gleichung (1) liefert: $\quad x_{i+1} = x_i - \dfrac{1 \cdot x_i^3 - 4 \cdot x_i^2 + 2 \cdot x_i - 3}{3 \cdot x_i^2 - 8 \cdot x_i + 2}$

Dem Graphen des Polynoms dritten Grades entnimmt man die Anfangsnäherung $x_0 = 3{,}5$ und rechnet zeilenweise nach folgender Tabelle:

i	x_i	$x_i^3 - 4 \cdot x_i^2 + 2 \cdot x_i - 3$	$3 \cdot x_i^2 - 8 \cdot x_i + 2$	$x_{i+1} = x_i - \dfrac{(3)}{(4)}$
(1)	(2)	(3)	(4)	(5)
0	3,5	–2,125	10,75	3,697674…
1	3,697674…	0,2617…	13,437…	3,678197…
2	3,678197…	0,002683…	13,1618…	3,677994…
3	3,677994…	0,0000002924…	13,15896…	3,677993…
4	3,677993…	0,00000000000…	13,15896…	3,677993…

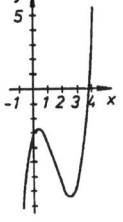

2.8 Determinanten

Die Determinante $D = \det(a_{ik})$ eines quadratischen, n-reihigen Schemas reeller Zahlen ist eine reelle Zahl, die auf bestimmte Weise der Gesamtheit der n^2 Einzelzahlen zugeordnet ist.

$$D = \det(a_{ik}) = \begin{vmatrix} a_{11} & a_{12} & \cdots & a_{1n} \\ a_{21} & a_{22} & \cdots & a_{2n} \\ \vdots & \vdots & \ddots & \vdots \\ a_{n1} & a_{n2} & \cdots & a_{nn} \end{vmatrix}$$

Die Indizes geben die Position im Zahlenschema an:
Der erste Index bezeichnet die Zeile,
der zweite die Spalte der betreffenden Zahl.

Für einreihige Determinanten, die nur aus einer einzigen Zahl bestehen, ist die Determinante diese Zahl selber. Für zwei- und mehrreihige Determinanten kann man die Berechnung der n-reihigen rekursiv auf die Summe von n Determinanten mit $n-1$ Reihen zurückführen. Dazu verwendet man den Begriff der Unterdeterminante.

Jedem Element a_{ik} einer n-reihigen Determinante wird diejenige $(n-1)$-reihige **Unterdeterminante** zugeordnet, die durch Streichen der Zeile und Spalte entsteht, in denen dieses Element liegt. Außerdem ordnet man jedem Element das durch $(-1)^{i+k}$ bestimmte Vorzeichen zu. Damit lautet die **Rekursionsvorschrift**:

$$D = a_{11} \cdot \begin{vmatrix} a_{22} & \cdots & a_{2n} \\ \vdots & \ddots & \vdots \\ a_{n2} & \cdots & a_{nn} \end{vmatrix} - a_{12} \cdot \begin{vmatrix} a_{21} & a_{23} & \cdots & a_{2n} \\ \vdots & \vdots & \ddots & \vdots \\ a_{n1} & a_{n3} & \cdots & a_{nn} \end{vmatrix} + \ldots + (-1)^{1+n} \cdot a_{1n} \cdot \begin{vmatrix} a_{21} & \cdots & a_{2,n-1} \\ \vdots & \ddots & \vdots \\ a_{n1} & \cdots & a_{n,n-1} \end{vmatrix}$$

Für zweireihige Determinanten erhält man nach der Rekursionsvorschrift:

$$D = \begin{vmatrix} a_{11} & a_{12} \\ a_{21} & a_{22} \end{vmatrix} = a_{11} \cdot |a_{22}| - a_{12} \cdot |a_{21}| = a_{11} \cdot a_{22} - a_{12} \cdot a_{21}$$

Für dreireihige Determinanten ist:

$$D = \begin{vmatrix} a_{11} & a_{12} & a_{13} \\ a_{21} & a_{22} & a_{23} \\ a_{31} & a_{32} & a_{33} \end{vmatrix} = a_{11} \cdot \begin{vmatrix} a_{22} & a_{23} \\ a_{32} & a_{33} \end{vmatrix} - a_{12} \cdot \begin{vmatrix} a_{21} & a_{23} \\ a_{31} & a_{33} \end{vmatrix} + a_{13} \cdot \begin{vmatrix} a_{21} & a_{22} \\ a_{31} & a_{32} \end{vmatrix}$$

$$= a_{11} \cdot a_{22} \cdot a_{33} - a_{11} \cdot a_{23} \cdot a_{32} - a_{12} \cdot a_{21} \cdot a_{33} + a_{12} \cdot a_{23} \cdot a_{31} + a_{13} \cdot a_{21} \cdot a_{32} - a_{13} \cdot a_{22} \cdot a_{31}$$

Rechenregeln

Spiegeln an der Hauptdiagonalen (Vertauschen von Zeile i mit Spalte i, $i = 1, \ldots, n$) ändert den Wert der Determinante nicht: $\det(a_{ik}) = \det(a_{ki})$.

- Beim Vertauschen von zwei Reihen (Zeilen oder Spalten) wechselt das Vorzeichen der Determinante.
- Bei der Addition des k-fachen einer Reihe zu einer anderen Reihe bleibt der Wert der Determinante erhalten.
- Bei der Multiplikation aller Elemente einer Reihe mit dem gleichen Faktor k entsteht eine Determinante mit k-fachem Wert.
- Ist eine Reihe proportional zu einer anderen Reihe (entsprechende Elemente der einen Reihe also das k-fache der Elemente der anderen Reihe), so hat die Determinante den Wert null.
- Das Prinzip der Entwicklung einer n-reihigen Determinante in n Unterdeterminanten, wie es in der Rekursionsformel nach den Elementen der ersten Zeile vorgenommen ist, gilt allgemein für die Entwicklung nach den Elementen einer beliebigen Reihe. (Man wähle eine Reihe mit möglichst vielen Nullen, um Rechenarbeit zu sparen.)

Beispiel:
Die letzte Zeile enthält die meisten Nullen, daher entwickelt man nach den Elementen der letzten Zeile:

$$\det(a_{ik}) = \begin{vmatrix} 6 & 2 & 0 \\ 4 & 7 & 3 \\ 0 & 0 & 5 \end{vmatrix} = 0 \cdot \begin{vmatrix} 2 & 0 \\ 7 & 3 \end{vmatrix} - 0 \cdot \begin{vmatrix} 6 & 0 \\ 4 & 3 \end{vmatrix} + 5 \cdot \begin{vmatrix} 6 & 2 \\ 4 & 7 \end{vmatrix} = 5 \cdot 6 \cdot 7 - 5 \cdot 2 \cdot 4 = 170 \qquad \text{(in Excel z. B.: ,,=MDET(A1:C3)")}$$

2.9 Lineare Gleichungssysteme

Aus den gegebenen Koeffizienten a_{ik} und den rechten Seiten b_i sollen die Lösungen x_k ($i, k = 1, \ldots, n$) berechnet werden.

$$\begin{aligned} a_{11} \cdot x_1 + a_{12} \cdot x_2 + \ldots + a_{1n} \cdot x_n &= b_1 \\ a_{21} \cdot x_1 + a_{22} \cdot x_2 + \ldots + a_{2n} \cdot x_n &= b_2 \\ &\ldots \\ a_{n1} \cdot x_1 + a_{n2} \cdot x_2 + \ldots + a_{nn} \cdot x_n &= b_n \end{aligned}$$

In Matrizenschreibweise:

$$\begin{bmatrix} a_{11} & a_{12} & \cdots & a_{1n} \\ a_{21} & a_{22} & \cdots & a_{2n} \\ \vdots & \vdots & \ddots & \vdots \\ a_{n1} & a_{n2} & \cdots & a_{nn} \end{bmatrix} \cdot \begin{bmatrix} x_1 \\ x_2 \\ \vdots \\ x_n \end{bmatrix} = \begin{bmatrix} b_1 \\ b_2 \\ \vdots \\ b_n \end{bmatrix} \quad \text{kurz: } \boldsymbol{A} \cdot \boldsymbol{x} = \boldsymbol{b}$$

Wenn die Koeffizientendeterminante $D = \det(a_{ik}) \neq 0$ ist, kann man das Gleichungssystem eindeutig lösen.

2.9.1 Cramersche Regel

Für $k = 1, \ldots, n$ bilde man die Determinanten D_k, indem man die k-te Spalte der Koeffizientenmatrix ersetzt durch die Spalte mit den rechten Seiten b_i und aus diesem Koeffizientenschema den Wert der Determinante errechnet. Damit ergeben sich die Lösungen:

$$\boxed{x_k = \frac{D_k}{D}}, \quad k = 1, \ldots, n$$

Beispiel:

$$\begin{bmatrix} -0,371 & -0,196 & 0,437 \\ -0,557 & 0,588 & 0,218 \\ -0,743 & -0,784 & -0,873 \end{bmatrix} \cdot \begin{bmatrix} x_1 \\ x_2 \\ x_3 \end{bmatrix} = \begin{bmatrix} -1 \\ -1 \\ 4 \end{bmatrix}; \Rightarrow D = \begin{vmatrix} -0,371 & -0,196 & 0,437 \\ -0,557 & 0,588 & 0,218 \\ -0,743 & -0,784 & -0,873 \end{vmatrix} = 0,636$$

$$D_1 = \begin{vmatrix} -1 & -0,196 & 0,437 \\ -1 & 0,588 & 0,218 \\ 4 & -0,784 & -0,873 \end{vmatrix} = -0,343 \; ; \quad D_2 = \begin{vmatrix} -0,371 & -1 & 0,437 \\ -0,557 & -1 & 0,218 \\ -0,743 & 4 & -0,873 \end{vmatrix} = -0,650$$

$$D_3 = \begin{vmatrix} -0,371 & -0,196 & -1 \\ -0,557 & 0,588 & -1 \\ -0,743 & -0,784 & 4 \end{vmatrix} = -2,038 \; ; \quad \Rightarrow \begin{array}{l} x_1 = -0,343/0,636 = -0,539 \\ x_2 = -0,650/0,636 = -1,022 \\ x_3 = -2,038/0,636 = -3,20 \end{array}$$

2.9.2 Gaußscher Algorithmus

Das ursprüngliche Gleichungssystem wird äquivalent in ein **gestaffeltes Gleichungssystem** umgeformt, bei dem jede folgende Gleichung eine Unbekannte weniger enthält. Die letzte Gleichung enthält schließlich nur noch die Unbekannte x_n.

$$\begin{bmatrix} a_{11} & a_{12} & a_{13} & \cdots & a_{1n} \\ a_{21} & a_{22} & a_{23} & \cdots & a_{2n} \\ a_{31} & a_{32} & a_{33} & \cdots & a_{3n} \\ \vdots & \vdots & \vdots & \ddots & \vdots \\ a_{n1} & a_{n2} & a_{n3} & \cdots & a_{nn} \end{bmatrix} \cdot \begin{bmatrix} x_1 \\ x_2 \\ x_3 \\ \vdots \\ x_n \end{bmatrix} = \begin{bmatrix} b_1 \\ b_2 \\ b_3 \\ \vdots \\ b_n \end{bmatrix} \Leftrightarrow \begin{bmatrix} a'_{11} & a'_{12} & a'_{13} & \cdots & a'_{1n} \\ 0 & a'_{22} & a'_{23} & \cdots & a'_{2n} \\ 0 & 0 & a'_{33} & \cdots & a'_{3n} \\ \vdots & \vdots & \vdots & \ddots & \vdots \\ 0 & 0 & 0 & \cdots & a'_{nn} \end{bmatrix} \cdot \begin{bmatrix} x_1 \\ x_2 \\ x_3 \\ \vdots \\ x_n \end{bmatrix} = \begin{bmatrix} b'_1 \\ b'_2 \\ b'_3 \\ \vdots \\ b'_n \end{bmatrix}$$

Reduktion zur Elimination von x_1 aus den Gleichungen 2 bis n:

- Gleichung 1 bleibt unverändert und dient als Eliminationszeile.
- Gleichung i ($i = 2, \ldots, n$) wird umgeformt, indem die Eliminationszeile mit a_{i1}/a_{11} multipliziert und dann von Zeile i subtrahiert wird. Dadurch werden die Elemente $a'_{i1} = 0$.

In gleicher Weise behandelt man das System der $n - 1$ Gleichungen 2 bis n mit den Unbekannten x_2 bis x_n. Nach $n - 1$ gleichartigen Reduktionsschritten ist das gestaffelte Gleichungssystem errechnet. Die Berechnung der gesuchten Unbekannten erfolgt rückwärts von der letzten Gleichung aus:

$$x_n = b'_n / a'_{nn} \; ; \quad x_{n-1} = \left[b'_{n-1} - a'_{n-1,n} \cdot x_n \right] / a'_{n-1,n-1} \ldots$$

$$x_1 = \left[b'_1 - a'_{1n} \cdot x_n - a'_{1,n-1} \cdot x_{n-1} - \ldots - a'_{12} \cdot x_2 \right] / a'_{11}$$

Beispiel:

				Σ	Probe
▶ $-(-0,557)/(-0,371)\cdot$Zeile 1: ▶ $-(-0,734)/(-0,371)\cdot$Zeile 1:	$\begin{bmatrix} -0,371 & -0,196 & 0,437 \\ -0,557 & 0,588 & 0,218 \\ -0,743 & -0,784 & -0,873 \end{bmatrix} \cdot \begin{bmatrix} x_1 \\ x_2 \\ x_3 \end{bmatrix} = \begin{bmatrix} -1,000 \\ -1,000 \\ 4,000 \end{bmatrix}$			$\begin{array}{r} -1,130 \\ -0,751 \\ 1,600 \end{array}$	$\begin{array}{r} -1,130 \\ -0,751 \\ 1,600 \end{array}$
1. Reduktion:					
▶ $-(-0,391)/(0,882)\cdot$Zeile 2:	$\begin{bmatrix} -0,371 & -0,196 & 0,437 \\ 0 & 0,882 & -0,438 \\ 0 & -0,391 & -1,748 \end{bmatrix} \cdot \begin{bmatrix} x_1 \\ x_2 \\ x_3 \end{bmatrix} = \begin{bmatrix} -1,000 \\ 0,501 \\ 6,003 \end{bmatrix}$			$\begin{array}{r} -1,130 \\ 0,946 \\ 3,863 \end{array}$	$\begin{array}{r} -1,130 \\ 0,945 \\ 3,864 \end{array}$
2. Reduktion:	$\begin{bmatrix} -0,371 & -0,196 & 0,437 \\ 0 & 0,882 & -0,438 \\ 0 & 0 & -1,942 \end{bmatrix} \cdot \begin{bmatrix} x_1 \\ x_2 \\ x_3 \end{bmatrix} = \begin{bmatrix} -1,000 \\ 0,501 \\ 6,225 \end{bmatrix}$			$\begin{array}{r} -1,130 \\ 0,946 \\ 4,282 \end{array}$	$\begin{array}{r} -1,130 \\ 0,945 \\ 4,283 \end{array}$

Rückwärtsauflösung:

$x_3 = [6,225]/(-1,942)$ $= -3,205$

$x_2 = [0,501 - (-0,438) \cdot (-3,205)]/(0,882)$ $= -1,024$

$x_1 = [-1,000 - (0,437) \cdot (-3,205) - (-0,196) \cdot (-1,024)]/(-0,371)$ $= -0,539$

Zur Schlussprobe setzt man die errechneten Lösungen in die ursprünglichen Gleichungen ein und vergleicht mit den gegebenen rechten Seiten.

2.9.3 Symmetrische Gleichungssysteme

Bei symmetrischen Gleichungssystemen sind die Koeffizienten a_{ik} spiegelsymmetrisch zu den Koeffizienten a_{ii} der Hauptdiagonalen (d.h. $a_{ik} = a_{ki}$). Sie treten bei praktischen Problemen häufig auf. Man kann hierbei rund die Hälfte an Schreib- und Rechenarbeit (bei Computerrechnung Speicherplatz und Rechenzeit) sparen, da die Koeffizienten unterhalb der Hauptdiagonalen nicht berücksichtigt werden müssen. Eine geschickte Rechenanordnung dazu heißt „verketteter Algorithmus". Im Folgenden werden die Koeffizienten a_{ik} oberhalb und einschließlich der Hauptdiagonalen spaltenweise in linearer (Zeilenvektor-) Form angeordnet:

$$A = [a_{11} \quad a_{12} \quad a_{22} \quad a_{13} \quad a_{23} \quad a_{33} \quad a_{14} \quad \ldots \quad a_{nn}]$$

Es gilt also die Indexzuordnung: $\quad i,k \to i + k(k-1)/2$

Dann beschreiben folgende Struktogramme den verketteten Algorithmus für symmetrische Gleichungssysteme:

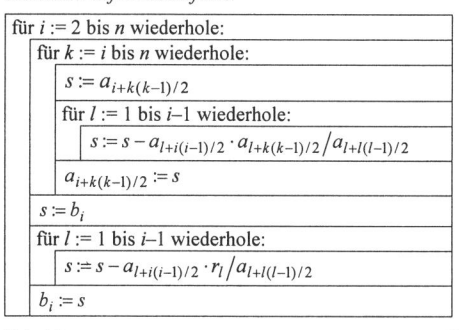

Reduktion auf Dreiecksform:

für $i := 2$ bis n wiederhole:
für $k := i$ bis n wiederhole:
$\quad s := a_{i+k(k-1)/2}$
$\quad$ für $l := 1$ bis $i-1$ wiederhole:
$\quad\quad s := s - a_{l+i(i-1)/2} \cdot a_{l+k(k-1)/2} / a_{l+l(l-1)/2}$
$\quad a_{i+k(k-1)/2} := s$
$s := b_i$
für $l := 1$ bis $i-1$ wiederhole:
$\quad s := s - a_{l+i(i-1)/2} \cdot r_l / a_{l+l(l-1)/2}$
$b_i := s$

Rückwärtsauflösung:

$x_n := b_n / a_{n+n(n-1)/2}$
für $i := n-1$ bis 1 wiederhole:
$s := b_i$
für $k := i+1$ bis n wiederhole:
$\quad s := s - a_{i+k(k-1)/2} \cdot x_k$
$x_i := s / a_{i+i(i-1)/2}$

Beispiel:

Voll ausgeschriebenes symmetrisches Gleichungssystem:
$$\begin{bmatrix} 16 & 3 & 2 & -1 \\ 3 & 21 & 4 & 2 \\ 2 & 4 & 19 & 3 \\ -1 & 2 & 3 & 17 \end{bmatrix} \cdot \begin{bmatrix} x_1 \\ x_2 \\ x_3 \\ x_4 \end{bmatrix} = \begin{bmatrix} 3 \\ 4 \\ 5 \\ 6 \end{bmatrix}$$

Nur die relevante obere Dreiecksform: Reduktion auf Dreiecksform:

$$\begin{bmatrix} 16 & 3 & 2 & -1 \\ & 21 & 4 & 2 \\ & & 19 & 3 \\ & & & 17 \end{bmatrix} \cdot \begin{bmatrix} x_1 \\ x_2 \\ x_3 \\ x_4 \end{bmatrix} = \begin{bmatrix} 3 \\ 4 \\ 5 \\ 6 \end{bmatrix} ; \quad \Rightarrow \quad \begin{bmatrix} 16{,}00 & 3{,}00 & 2{,}00 & -1{,}00 \\ & 20{,}44 & 3{,}63 & 2{,}19 \\ & & 18{,}11 & 2{,}74 \\ & & & 16{,}29 \end{bmatrix} \cdot \begin{bmatrix} x_1 \\ x_2 \\ x_3 \\ x_4 \end{bmatrix} = \begin{bmatrix} 3{,}00 \\ 3{,}44 \\ 4{,}01 \\ 5{,}21 \end{bmatrix}$$

Die Rechenschritte für die Reduktion auf Dreiecksform lauten:

$a_{22} = 21 - 3 \cdot (\ 3)/16 = 20{,}44$
$a_{23} = 4 - 3 \cdot (\ 2)/16 = 3{,}63$
$a_{24} = 2 - 3 \cdot (-1)/16 = 2{,}19$
$b_2 = 4 - 3 \cdot (\ 3)/16 = 3{,}44$

$a_{33} = 19 - 2 \cdot (\ 2)/16 - 3{,}63 \cdot 3{,}63/20{,}44 = 18{,}11$
$a_{34} = 3 - 2 \cdot (-1)/16 - 3{,}63 \cdot 2{,}19/20{,}44 = 2{,}74$
$b_3 = 19 - 2 \cdot (\ 3)/16 - 3{,}63 \cdot 3{,}44/20{,}44 = 4{,}01$

$a_{44} = 17 - (-1{,}00) \cdot (-1{,}00)/16{,}00 - 2{,}19 \cdot 2{,}19/20{,}44 - 2{,}74 \cdot 2{,}74/18{,}11 = 16{,}29$
$b_4 = 6 - (-1{,}00) \cdot (\ 3{,}00)/16{,}00 - 2{,}19 \cdot 3{,}44/20{,}44 - 2{,}74 \cdot 4{,}01/18{,}11 = 5{,}21$

Rückwärtsauflösung:
$x_4 = (5{,}21)/16{,}29 = 0{,}320$
$x_3 = (4{,}01 - 2{,}74 \cdot 0{,}320)/18{,}11 = 0{,}173$
$x_2 = (3{,}44 - 2{,}19 \cdot 0{,}320 - 3{,}63 \cdot 0{,}173)/20{,}44 = 0{,}103$
$x_1 = (3{,}00 + 1{,}00 \cdot 0{,}320 - 2{,}00 \cdot 0{,}173 - 3{,}000 \cdot 0{,}103)/16{,}00 = 0{,}167$

2.10 Matrizen

Eine m,n-Matrix A ist ein rechteckig angeordnetes System von $m \cdot n$ Zahlen a_{ik} mit m Zeilen und n Spalten, wobei die Zahlen a_{ik} Elemente der Matrix genannt werden:

$$A = (a_{ik}) = \begin{bmatrix} a_{11} & a_{12} & \cdots & a_{1n} \\ a_{21} & a_{22} & \cdots & a_{2n} \\ \vdots & \vdots & & \vdots \\ a_{m1} & a_{m2} & \cdots & a_{mn} \end{bmatrix}$$

- Zwei Matrizen A und B haben den **gleichen Typ**, wenn sie gleiche Anzahlen von Zeilen und Spalten besitzen.
- Zwei Matrizen A und B vom gleichen Typ heißen **gleich**, wenn alle Zahlen a_{ik} gleich den entsprechenden Zahlen b_{ik} sind: $A = B \Leftrightarrow a_{ik} = b_{ik}$ für alle i, k.
- Die **transponierte** n,m-Matrix A^T entsteht aus der gegebenen m,n-Matrix A durch Vertauschen von Zeile i mit Spalte i für alle $i = 1, \ldots, m$.

- **Quadratisch** heißt eine Matrix, wenn die Anzahl m ihrer Zeilen gleich der Anzahl n der Spalten ist.
- Eine quadratische Matrix D heißt **Diagonalmatrix**, wenn bis auf die Elemente a_{ii} auf der Hauptdiagonalen alle übrigen Elemente gleich null sind ($a_{ik} = 0$ für alle i $\neq$ k).
- Eine Diagonalmatrix E heißt **Einheitsmatrix**, wenn alle $e_{ii} = 1$ sind.
- Eine einzeilige Matrix heißt **Zeilenvektor**.
- Eine einspaltige Matrix heißt **Spaltenvektor**.
- Eine quadratische Matrix heißt **symmetrisch**, wenn $A^T = A$ ist.
- Eine quadratische Matrix heißt **obere Dreiecksmatrix**, wenn unterhalb der Hauptdiagonalen nur Nullen stehen.

2.10.1 Verknüpfungen zwischen Matrizen
Die praktische Durchführung von Matrizenoperationen wird durch geeignete Taschenrechner, durch Tabellenkalkulationsprogramme wie Excel oder durch Mathematikprogramme wie MathCad erleichtert.
Addition/Subtraktion von Matrizen gleichen Typs
$C = A \pm B$ mit $c_{ik} = a_{ik} \pm b_{ik}$ für alle i,k
Multiplikation mit einem Faktor f
Alle $m \cdot n$ Elemente werden mit f multipliziert: $\qquad f \cdot A = (f \cdot a_{ik})$ für alle i,k
Multiplikation zweier Matrizen
Achtung: Nur möglich, wenn die Spaltenzahl der ersten Matrix gleich der Zeilenzahl der zweiten Matrix ist! Wenn A eine m,n- Matrix und B eine n,l- Matrix ist, dann ist C eine m,l- Matrix:

$C = A \cdot B$ mit $c_{ik} = \sum_{j=1}^{n} a_{ij} \cdot b_{jk}$ für alle $i = 1,\ldots,m;\ k = 1,\ldots,l$

Beispiel:
$$\begin{bmatrix} 1 & 2 \\ 3 & 4 \\ 5 & 6 \end{bmatrix} \cdot \begin{bmatrix} 7 & 8 & 9 \\ 10 & 11 & 12 \end{bmatrix} = \begin{bmatrix} 1\cdot 7+2\cdot 10 & 1\cdot 8+2\cdot 11 & 1\cdot 9+2\cdot 12 \\ 3\cdot 7+4\cdot 10 & 3\cdot 8+4\cdot 11 & 3\cdot 9+4\cdot 12 \\ 5\cdot 7+6\cdot 10 & 5\cdot 8+6\cdot 11 & 5\cdot 9+6\cdot 12 \end{bmatrix} = \begin{bmatrix} 27 & 30 & 33 \\ 61 & 68 & 75 \\ 95 & 106 & 117 \end{bmatrix}$$

(In Excel z. B. „{=MMULT(A1:B3;D1:F2)}", wenn A in A1 bis B3 und B in D1 bis F2 gespeichert sind.)
Bei Rechnung von Hand schreibt man die zweite Matrix so viel höher als die erste, dass man die Produktsummen in den Schnittpunkt der jeweiligen Zeile der ersten und der jeweiligen Spalte der zweiten Matrix schreiben kann (Schema von *Falk* zur Matrizenmultiplikation):

Struktogramm:

für $i := 1$ bis m wiederhole:
für $k := i$ bis l wiederhole:
$c_{ik} = 0$
für $j := 1$ bis n wiederhole:
$c_{ik} = c_{ik} + a_{ij} \cdot b_{jk}$

$$\begin{bmatrix} 1 & 2 \\ 3 & 4 \\ 5 & 6 \end{bmatrix} \overset{\text{,mal"}}{\curvearrowright} \begin{bmatrix} 7 & 8 & 9 \\ 10 & 11 & 12 \end{bmatrix}$$
$$\begin{bmatrix} 1\cdot 7+2\cdot 10 & 1\cdot 8+2\cdot 11 & 1\cdot 9+2\cdot 12 \\ 3\cdot 7+4\cdot 10 & 3\cdot 8+4\cdot 11 & 3\cdot 9+4\cdot 12 \\ 5\cdot 7+6\cdot 10 & 5\cdot 8+6\cdot 11 & 5\cdot 9+6\cdot 12 \end{bmatrix}$$

Kehrmatrix A^{-1}
Die Kehrmatrix A^{-1} einer quadratischen n,n- Matrix A ist diejenige n,n- Matrix, die bei Multiplikation mit A die Einheitsmatrix E ergibt: $A \cdot A^{-1} = E$ \hfill (1)
Die Kehrmatrix zu A existiert und ist eindeutig, wenn die Determinante det $(a_{ik}) \neq 0$ ist.

Die Kehrmatrix für $A = \begin{bmatrix} a_{11} & a_{12} \\ a_{21} & a_{22} \end{bmatrix}$ lautet explizit: $A^{-1} = \frac{1}{\det(a_{ik})} \cdot \begin{bmatrix} a_{22} & -a_{12} \\ -a_{21} & a_{11} \end{bmatrix}$

Für dreireihige Matrizen folgen aus der Definitionsgleichung (1)

$$\begin{bmatrix} a_{11} & a_{12} & a_{13} \\ a_{21} & a_{22} & a_{23} \\ a_{31} & a_{32} & a_{33} \end{bmatrix} \cdot \begin{bmatrix} x_{11} & x_{12} & x_{13} \\ x_{21} & x_{22} & x_{23} \\ x_{31} & x_{32} & x_{33} \end{bmatrix} = \begin{bmatrix} 1 & 0 & 0 \\ 0 & 1 & 0 \\ 0 & 0 & 1 \end{bmatrix}$$ die drei zu lösenden Gleichungssysteme:

$$A \cdot \begin{bmatrix} x_{11} \\ x_{21} \\ x_{31} \end{bmatrix} = \begin{bmatrix} 1 \\ 0 \\ 0 \end{bmatrix};\quad A \cdot \begin{bmatrix} x_{12} \\ x_{22} \\ x_{32} \end{bmatrix} = \begin{bmatrix} 0 \\ 1 \\ 0 \end{bmatrix};\quad A \cdot \begin{bmatrix} x_{13} \\ x_{23} \\ x_{33} \end{bmatrix} = \begin{bmatrix} 0 \\ 0 \\ 1 \end{bmatrix}$$

Beispiel:
$$A = \begin{bmatrix} 2{,}40 & 0{,}67 & 0{,}00 \\ 0{,}67 & 3{,}33 & 1{,}00 \\ 0{,}00 & 1{,}00 & 3{,}47 \end{bmatrix} \Rightarrow \begin{bmatrix} 2{,}40 & 0{,}67 & 0{,}00 \\ 0{,}67 & 3{,}33 & 1{,}00 \\ 0{,}00 & 1{,}00 & 3{,}47 \end{bmatrix} \begin{bmatrix} x_{11} \\ x_{21} \\ x_{31} \end{bmatrix} = \begin{bmatrix} 1 \\ 0 \\ 0 \end{bmatrix} \Rightarrow \begin{bmatrix} x_{11} \\ x_{21} \\ x_{31} \end{bmatrix} = \begin{bmatrix} 0{,}444 \\ -0{,}098 \\ 0{,}028 \end{bmatrix}$$

$$\begin{bmatrix} 2,40 & 0,67 & 0,00 \\ 0,67 & 3,33 & 1,00 \\ 0,00 & 1,00 & 3,47 \end{bmatrix} \cdot \begin{bmatrix} x_{12} \\ x_{22} \\ x_{32} \end{bmatrix} = \begin{bmatrix} 0 \\ 1 \\ 0 \end{bmatrix} \Rightarrow \begin{bmatrix} x_{12} \\ x_{22} \\ x_{32} \end{bmatrix} = \begin{bmatrix} 0,098 \\ 0,350 \\ -0,101 \end{bmatrix}$$

$$\begin{bmatrix} 2,40 & 0,67 & 0,00 \\ 0,67 & 3,33 & 1,00 \\ 0,00 & 1,00 & 3,47 \end{bmatrix} \cdot \begin{bmatrix} x_{13} \\ x_{23} \\ x_{33} \end{bmatrix} = \begin{bmatrix} 0 \\ 0 \\ 1 \end{bmatrix} \Rightarrow \begin{bmatrix} x_{13} \\ x_{23} \\ x_{33} \end{bmatrix} = \begin{bmatrix} 0,028 \\ -0,101 \\ 0,317 \end{bmatrix}$$

Zusammenfügen der x_{ik} liefert die Kehrmatrix: $\quad A^{-1} = \begin{bmatrix} 0,444 & -0,098 & 0,028 \\ -0,098 & 0,350 & -0,101 \\ 0,028 & -0,101 & 0,317 \end{bmatrix}$

(In Excel z.B.: „{=MINV(A1:C3)}", wenn die Matrix in A1 bis C3 gespeichert ist.)

Für Computerrechnung (s. auch die Matrizenoperationen in Tabellenkalkulations-Programmen wie z. B. Excel) besser geeignet ist das Austauschverfahren von *Stiefel*, bei dem die ursprüngliche Matrix auf ihren Speicherplätzen im Laufe der Rechnung durch die Kehrmatrix überschrieben wird:

Struktogramm zum Austauschverfahren:

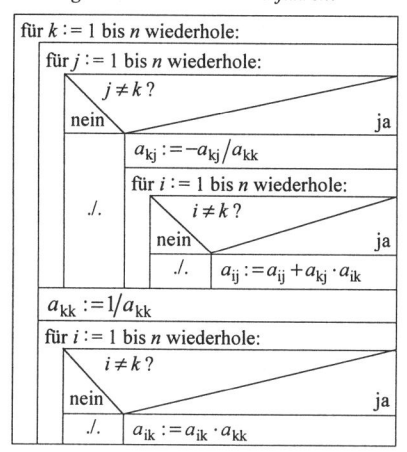

für $k := 1$ bis n wiederhole:
    für $j := 1$ bis n wiederhole:
        $j \neq k$?
        nein: ./.
        ja: $a_{kj} := -a_{kj}/a_{kk}$
        für $i := 1$ bis n wiederhole:
            $i \neq k$?
            nein: ./.
            ja: $a_{ij} := a_{ij} + a_{kj} \cdot a_{ik}$
    $a_{kk} := 1/a_{kk}$
    für $i := 1$ bis n wiederhole:
        $i \neq k$?
        nein: ./.
        ja: $a_{ik} := a_{ik} \cdot a_{kk}$

Rechenregeln:

$(A \cdot B) \cdot C = A \cdot (B \cdot C)$
$(A + B) \cdot C = A \cdot C + B \cdot C$
$A \cdot (B + C) = A \cdot B + A \cdot C$
$(A \cdot B)^T = B^T \cdot A^T$
i.Allg. ist $A \cdot B \neq B \cdot A$
$A \cdot A^{-1} = A^{-1} \cdot A = E$
$A \cdot E = E \cdot A = A$
$(A^T)^{-1} = (A^{-1})^T$
$\det(A \cdot B) = \det(A) \cdot \det(B)$ für quadratische Matrizen)

2.10.2 Lösung von linearen Gleichungssystemen

Unter Beachtung der Regeln über die Matrizenmultiplikation und die Gleichheit zwischen Matrizen gleichen Typs erkennt man, dass lineare Gleichungssysteme sich als Matrizengleichungen schreiben und lösen lassen: $\quad \boxed{A \cdot x = b} \quad$ (1)

Dabei ist A die Koeffizientenmatrix, b der Spaltenvektor der rechten Seiten und x der Spaltenvektor der gesuchten Lösungen. Durch Multiplikation der Gleichung (1) von links mit der Kehrmatrix A^{-1} und Umformung der linken Seite nach den Regeln der Matrizenrechnung findet man die Lösung:

$$\left.\begin{array}{l} A^{-1} \cdot (A \cdot x) = A^{-1} \cdot b \\ (A^{-1} \cdot A) \cdot x = A^{-1} \cdot b \\ E \cdot x = A^{-1} \cdot b \end{array}\right\} \Rightarrow \boxed{x = A^{-1} \cdot b} \quad (2)$$

Beispiel: Stützmomente eines Vierfeldträgers mit den Feldweiten $l_1 = 3{,}2$ m, $l_2 = 4{,}0$ m, $l_3 = 6{,}0$ m und $l_4 = 4{,}4$ m bei EI = const infolge feldweiser Belastung mit $g = 5$ kN/m führt nach dem Kraftgrößenverfahren für jeden Lastfall auf ein Gleichungssystem der Form:

$$\begin{bmatrix} 2,40 & 0,67 & 0,00 \\ 0,67 & 3,33 & 1,00 \\ 0,00 & 1,00 & 3,47 \end{bmatrix} \cdot \begin{bmatrix} x_1 \\ x_2 \\ x_3 \end{bmatrix} = \begin{bmatrix} b_1 \\ b_2 \\ b_3 \end{bmatrix}; \text{ mit } b_1 = \begin{bmatrix} -6,83 \\ 0,00 \\ 0,00 \end{bmatrix} \text{ für } g \text{ auf Feld 1}, \; b_2 = \begin{bmatrix} -13,33 \\ -13,33 \\ 0,00 \end{bmatrix} \text{ für } g \text{ auf Feld 2},$$

$b_3 = \begin{bmatrix} 0,00 \\ -45,00 \\ -45,00 \end{bmatrix}$ für g auf Feld 3 und $b_4 = \begin{bmatrix} 0,00 \\ 0,00 \\ -17,75 \end{bmatrix}$ für g auf Feld 4.

Mit der Kehrmatrix dieses Gleichungssystems (s. Vorseite) liefern die Matrizenmultiplikationen $x_i = A^{-1} \cdot b_i$ mit $i = 1, ..., 4$ die Lösungen:

$$x_1 = \begin{bmatrix} -3,03 \\ 0,67 \\ -0,19 \end{bmatrix}; \quad x_2 = \begin{bmatrix} -4,61 \\ -3,37 \\ 0,97 \end{bmatrix}; \quad x_3 = \begin{bmatrix} 3,13 \\ -11,22 \\ -9,73 \end{bmatrix}; \quad x_4 = \begin{bmatrix} -0,50 \\ 1,79 \\ -5,63 \end{bmatrix} \text{ in kN/m}$$

(In Excel z. B.: „{=MMULT(MINV(A9:C11);E9:H11)}", wenn die Koeffizientenmatrix in A9 bis C11 und die Matrix der rechten Seiten in E9 bis H11 gespeichert sind.)

3 Geometrie
3.1 Flächenberechnung

	Quadrat $A = a^2 \quad d = a \cdot \sqrt{2}$		**Kreis** $A = \pi \cdot d^2/4 \;=\; \pi \cdot r^2$ $U = \pi \cdot d \;=\; 2 \cdot \pi \cdot r$	
	Rechteck $A = a \cdot b \quad d = \sqrt{a^2 + b^2}$		**Kreisring** $A = \pi \cdot (D^2 - d^2)/4$	
	Parallelogramm $A = a \cdot h = a \cdot b \cdot \sin \alpha$ $d_1 = \sqrt{(a + h \cdot \cot \alpha)^2 + h^2}$ $d_2 = \sqrt{(a - h \cdot \cot \alpha)^2 + h^2}$		**Kreisausschnitt** $b = \pi \cdot r \cdot \alpha°/180°$ $s = 2 \cdot r \cdot \sin(\alpha/2)$ $A = b \cdot r/2$ $x_s = (2 \cdot r \cdot s)/(3 \cdot b)$ $\quad = (r^2 s)/(3 \cdot A)$	
	Trapez $A = h \cdot (a + b)/2$ $x_s = \dfrac{1}{3}\left[a+b+c-b\cdot\dfrac{a-c}{a+b}\right]$ $y_s = \dfrac{h}{3} \cdot \dfrac{a+2b}{a+b}$		**Kreisabschnitt** $b = \pi \cdot r \cdot \alpha°/180°$ $s = 2r \sin\dfrac{\alpha}{2} \approx \sqrt{b^2 - \dfrac{16}{3}h^2}$ $h = 0{,}5\, s \tan\dfrac{\alpha}{4} = 2r \sin^2\dfrac{\alpha}{4}$ $A = 0{,}5\, r^2 (\pi \cdot \alpha°/180° - \sin \alpha)$ $x_s = s^3/(12A)$	
	Dreieck $\quad A = a \cdot h/2$ $s = (a + b + c)/2$ $A = \sqrt{s(s-a)(s-b)(s-c)}$ $x_s = (a + e)/3$ $y_s = h/3$		**Kreisringstück** $A = \pi \cdot \alpha° \cdot (R^2 - r^2)/360°$ $x_s = \dfrac{240}{\pi} \cdot \dfrac{R^3 - r^3}{R^2 - r^2} \cdot \dfrac{\sin(\alpha/2)}{\alpha°}$	
	Rechtwinkliges Dreieck[1]) $A = a \cdot b/2 = c \cdot h_c/2$		**Ellipse** $A = \pi \cdot a \cdot b$ $\lambda = (a - b)/(a + b)$ $U = \pi \cdot (a + b) \cdot \left[1 + \dfrac{1}{4}\lambda^2 \right.$ $\left. + \dfrac{1}{64}\lambda^4 \right.$ $\left. + \dfrac{1}{256}\lambda^6 + \dfrac{25}{16384}\lambda^8 + \ldots\right]$	
	Gleichseitiges Dreieck $A = 0{,}25\, a^2 \sqrt{3}$ $h = 0{,}5\, a \sqrt{3}\;;\; U = 3a$			
	Regelmäßiges Fünfeck: $A = 0{,}625\, r^2 \sqrt{10+2\sqrt{5}}$ $a = 0{,}500\, r\, \sqrt{10-2\sqrt{5}}$ $\rho = 0{,}250\, r\, \sqrt{6+2\sqrt{5}}$			
	Regelmäßiges Sechseck: $A = 1{,}5\, a^2 \sqrt{3}$ $d = 2a = 2s/\sqrt{3}$ $s = 0{,}5\, d \sqrt{3}$		**Ellipsenabschnitt** $y = \dfrac{b}{a}\sqrt{a^2 - x^2}$ $A = a \cdot b \cdot \arccos\dfrac{x}{a} - x \cdot y$ $x_s = \dfrac{2 \cdot a^2 \cdot y^3}{3 \cdot b^2 \cdot A}$	
	Regelmäßiges Achteck $A = 2as = 2s \cdot \sqrt{d^2 - s^2}$ $a = s \cdot \tan 22{,}5°$ $s = d \cdot \cos 22{,}5°$ $d = s / \cos 22{,}5°$		**Parabel** $\quad y = h \cdot (x/a)^2$ $A_1 = 2 \cdot a \cdot h/3;\; A_2 = a \cdot h/3$ $x_{s_1} = 3 \cdot a/8\;;\; x_{s_2} = 3 \cdot a/4$ $y_{s_1} = 3 \cdot h/5\;;\; y_{s_2} = 3 \cdot h/10$ Bogenlänge: mit $H = 2 \cdot h/a$ $b = 0{,}5 \cdot [\sqrt{a^2 + 4h^2}$ $+ a \cdot \ln(H + \sqrt{H^2+1})/H]$	
	n-Eck (Pkt. "$n + 1$" = "1") Mit $H_i = x_i y_{i+1} - x_{i+1} y_i$ ist: $A = \Sigma H_i / 2$ $s_x = \Sigma H_i \cdot (y_i + y_{i+1})/6$ $s_y = \Sigma H_i \cdot (x_i + x_{i+1})/6$ $(i = 1, \ldots, n)$ $x_s = s_y / A\;;\; y_s = s_x / A$		**kubische Parabel** $y = h \cdot (x/a)^3$ $A_1 = 3 \cdot a \cdot h/4\;;\; A_2 = a \cdot h/4$ $x_{s_1} = 2 \cdot a/5\;;\; x_{s_2} = 4 \cdot a/5$ $y_{s_1} = 4 \cdot h/7\;;\; y_{s_2} = 2 \cdot h/7$	

[1]) Pythagoras: $a^2 + b^2 = c^2$ Euklid: $a^2 = cp$; $b^2 = cq$ Höhensatz: $h_c^2 = pq$

3.2 Volumenberechnung

Es bedeuten: V Volumen; O Oberfläche; M Mantelfläche; G Grundfläche; D Deckfläche; $A\,(h)$ Querschnittsfläche in der Höhe h; h Höhe und u Umfang; s Mantellinie; r, R Radius; a, b, c Seiten

Würfel	$V = a^3$	Quader	$V = abc$
Prisma	$V = G \cdot h$	Pyramide	$V = \dfrac{1}{3} G \cdot h$
Zylinder	$V = G \cdot h\,;\ M = u \cdot s$	Pyramidenstumpf	$V = \dfrac{h}{3}(G + \sqrt{G \cdot D} + D)$
gerader Kreiszylinder	$V = \pi r^2 h\,;\ M = 2\pi r h$	Kegel	$V = \dfrac{1}{3} G \cdot h$
gerader Kreiskegel	$V = \dfrac{1}{3}\pi r^2 h\,;\ M = \pi r s$	Kreiskegelstumpf	$V = \dfrac{1}{3}\pi h (r_1^2 + r_1 r_2 + r_2^2)$
	Kugel	$V = \dfrac{4}{3}\pi r^3\,;\ O = 4\pi r^2$	
	Kugelabschnitt	$V = \dfrac{1}{3}\pi h^2 (3r - h)$ $M = 2\pi r h \quad O = \pi h (4r - h)$ $\varrho = \sqrt{h(2r - h)}$	
	Kugelausschnitt	$V = \dfrac{2}{3}\pi r^2 h$ $O = \pi r (2h + \sqrt{h(2r - h)})$	
	Kugelschicht	$V = \dfrac{1}{6}\pi h (3\varrho_u^2 + 3\varrho_o^2 + h^2)$ $M = 2\pi r h$	
	Rotationsparaboloid	$V = \dfrac{1}{2}\pi r^2 h$	
	Ellipsoid	$V = \dfrac{4}{3}\pi abc$ (a, b, c Halbachsen)	

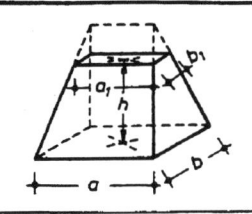

	Obelisk $$V = \frac{1}{6} h\left[(2a+a_1)b + (2a_1+a)b_1\right]$$ $G = a \cdot b$; $D = a_1 \cdot b_1$ Keil: $b_1 = 0$
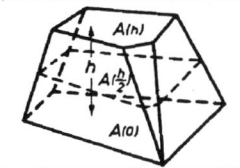	**Prismatoid** $$V = \frac{1}{6} h\left[A(o) + 4A\left(\frac{h}{2}\right) + A(h)\right]$$
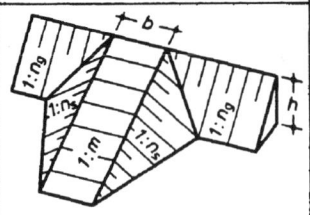	**Rampe** $$V = \frac{1}{6} h^2 (m - n_g)\left[3b + 2n_s h \frac{m - n_g}{m}\right]$$ (b Rampenbreite, $1:m$ Rampensteigung $1:n_s$ Steigung der Rampenseitenböschung $1:n_g$ Steigung der Gegenböschung; falls senkrecht: $n_g = 0$)
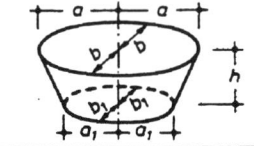	**elliptischer Kübel** $$V = \frac{1}{6} \pi h\left[(2a+a_1)b + (2a_1+a)b_1\right]$$ $G = \pi a_1 b_1$; $D = \pi a b$
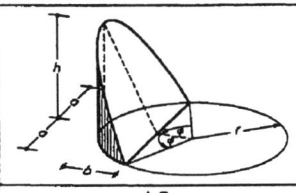	**Zylinderabschnitt (Zylinderhuf)** $\hat{\varphi} = \varphi° \cdot \pi / 180°$; $a = r \cdot \sin\varphi$; $b = r - r \cdot \cos\varphi$ $$V = \frac{h}{3b}\left[a(3r^2 - a^2) + 3r^2(b-r)\cdot\hat{\varphi}\right]$$ $$M = \frac{2r \cdot h}{b}\left[(b-r)\cdot\hat{\varphi} + a\right]$$ speziell für $a = b = r$: $V = \frac{2}{3} r^2 h$; $M = 2r \cdot h$
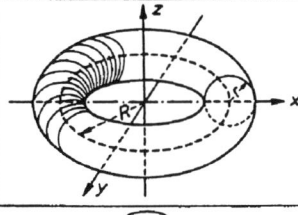	**Torus (Kreisring)** $$V = 2\pi^2 r^2 R$$ $$O = 4\pi^2 r R$$
	Guldinsche Regel Das Volumen eines Rotationskörpers ist gleich dem Produkt aus dem Maß der erzeugenden Fläche und der Weglänge ihres Schwerpunktes. $$V = 2\pi \cdot R \cdot A$$

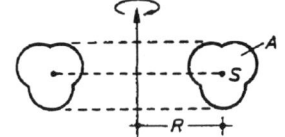

3.3 Trigonometrie

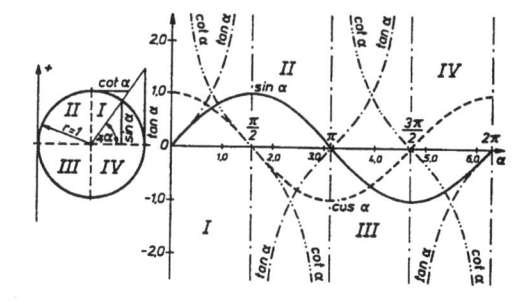

3.3.1 Grundbeziehungen

$\sin\alpha = a/c$ (Gegenkathete/Hypotenuse) $\qquad$ $\tan\alpha = a/b$ (Gegenkathete/Ankathete)
$\cos\alpha = b/c$ (Ankathete/Hypotenuse) $\qquad$ $\cot\alpha = b/a$ (Ankathete/Gegenkathete)

Hauptwerte der Umkehrfunktionen:

$\alpha = \arcsin(a/c)$, $(-\frac{\pi}{2} \le \alpha \le \frac{\pi}{2})$ $\quad;\quad$ $\alpha = \arccos(b/c)$, $(0 \le \alpha \le \pi)$

$\alpha = \arctan(a/b)$, $(-\frac{\pi}{2} \le \alpha \le \frac{\pi}{2})$ $\quad;\quad$ $\alpha = \text{arccot}(b/a)$, $(0 \le \alpha \le \pi)$

$\tan\alpha = \dfrac{\sin\alpha}{\cos\alpha} = \dfrac{1}{\cot\alpha}$	;	$\cot\alpha = \dfrac{\cos\alpha}{\sin\alpha} = \dfrac{1}{\tan\alpha}$	;	$\sin^2\alpha + \cos^2\alpha = 1$	
$\sin\alpha =$	$\sin\alpha$	$\pm\sqrt{1-\cos^2\alpha}$	$\pm\dfrac{\tan\alpha}{\sqrt{1+\tan^2\alpha}}$	$\pm\dfrac{1}{\sqrt{1+\cot^2\alpha}}$	
$\cos\alpha =$	$\pm\sqrt{1-\sin^2\alpha}$	$\cos\alpha$	$\pm\dfrac{1}{\sqrt{1+\tan^2\alpha}}$	$\pm\dfrac{\cot\alpha}{\sqrt{1+\cot^2\alpha}}$	
$\tan\alpha =$	$\pm\dfrac{\sin\alpha}{\sqrt{1-\sin^2\alpha}}$	$\pm\dfrac{\sqrt{1-\cos^2\alpha}}{\cos\alpha}$	$\tan\alpha$	$\dfrac{1}{\cot\alpha}$	
$\cot\alpha =$	$\pm\dfrac{\sqrt{1-\sin^2\alpha}}{\sin\alpha}$	$\pm\dfrac{\cos\alpha}{\sqrt{1-\cos^2\alpha}}$	$\dfrac{1}{\tan\alpha}$	$\cot\alpha$	

$\sin(\alpha \pm \beta) = \sin\alpha\cos\beta \pm \cos\alpha\sin\beta$	$\cos(\alpha \pm \beta) = \cos\alpha\cos\beta \mp \sin\alpha\sin\beta$
$\tan(\alpha \pm \beta) = \dfrac{\tan\alpha \pm \tan\beta}{1 \mp \tan\alpha\tan\beta}$	$\cot(\alpha \pm \beta) = \dfrac{\cot\alpha\cot\beta \mp 1}{\cot\beta \pm \cot\alpha}$
$\sin(\alpha + \beta)\sin(\alpha - \beta) = \cos^2\beta - \cos^2\alpha$	$\cos(\alpha + \beta)\cos(\alpha - \beta) = \cos^2\beta - \sin^2\alpha$
$\sin 2\alpha = 2\sin\alpha\cos\alpha$ $\cos 2\alpha = \cos^2\alpha - \sin^2\alpha$ $\quad = 1 - 2\sin^2\alpha$ $\quad = 2\cos^2\alpha - 1$	$\sin\alpha = 2\sin\tfrac{\alpha}{2}\cos\tfrac{\alpha}{2}$ $\cos\alpha = \cos^2\tfrac{\alpha}{2} - \sin^2\tfrac{\alpha}{2}$ $\quad = 1 - 2\sin^2\tfrac{\alpha}{2} = 2\cos^2\tfrac{\alpha}{2} - 1$
$\tan 2\alpha = \dfrac{2\tan\alpha}{1-\tan^2\alpha} = \dfrac{2}{\cot\alpha - \tan\alpha}$ $\cot 2\alpha = \dfrac{\cot^2\alpha - 1}{2\cot\alpha} = \dfrac{\cot\alpha - \tan\alpha}{2}$	$\tan\alpha = \dfrac{2\tan\tfrac{\alpha}{2}}{1-\tan^2\tfrac{\alpha}{2}} = \dfrac{2}{\cot\tfrac{\alpha}{2} - \tan\tfrac{\alpha}{2}}$ $\cot\alpha = \dfrac{\cot^2\tfrac{\alpha}{2} - 1}{2\cot\tfrac{\alpha}{2}} = \dfrac{\cot\tfrac{\alpha}{2} - \tan\tfrac{\alpha}{2}}{2}$
$\sin\alpha = \sqrt{\dfrac{1-\cos 2\alpha}{2}}$ $\cos\alpha = \sqrt{\dfrac{1+\cos 2\alpha}{2}}$	$\sin\tfrac{\alpha}{2} = \sqrt{\dfrac{1-\cos\alpha}{2}}$ $\cos\tfrac{\alpha}{2} = \sqrt{\dfrac{1+\cos\alpha}{2}}$

$\tan\alpha = \sqrt{\dfrac{1-\cos 2\alpha}{1+\cos 2\alpha}} = \dfrac{\sin 2\alpha}{1+\cos 2\alpha}$	$\tan\dfrac{\alpha}{2} = \sqrt{\dfrac{1-\cos\alpha}{1+\cos\alpha}} = \dfrac{\sin\alpha}{1+\cos\alpha}$
$\sin 3\alpha = 3\sin\alpha - 4\sin^3\alpha$ $\sin 4\alpha = 8\sin\alpha\cos^3\alpha - 4\sin\alpha\cos\alpha$ $\sin 5\alpha = 16\sin\alpha\cos^4\alpha - 12\sin\alpha\cos^2\alpha + \sin\alpha$	$\cos 3\alpha = 4\cos^3\alpha - 3\cos\alpha$ $\cos 4\alpha = 8\cos^4\alpha - 8\cos^2\alpha + 1$ $\cos 5\alpha = 16\cos^5\alpha - 20\cos^3\alpha + 5\cos\alpha$
$\sin\alpha + \sin\beta = 2\sin\dfrac{\alpha+\beta}{2}\cos\dfrac{\alpha-\beta}{2}$ $\sin\alpha - \sin\beta = 2\cos\dfrac{\alpha+\beta}{2}\sin\dfrac{\alpha-\beta}{2}$	$\cos\alpha + \cos\beta = 2\cos\dfrac{\alpha+\beta}{2}\cos\dfrac{\alpha-\beta}{2}$ $\cos\alpha - \cos\beta = -2\sin\dfrac{\alpha+\beta}{2}\sin\dfrac{\alpha-\beta}{2}$
$\cos\alpha + \sin\alpha = \sqrt{2}\sin(45°+\alpha) = \sqrt{2}\cos(45°-\alpha)$ $\cos\alpha - \sin\alpha = \sqrt{2}\cos(45°+\alpha) = \sqrt{2}\sin(45°-\alpha)$	
$\sin^2\alpha = \dfrac{1-\cos 2\alpha}{2}$ $\sin^3\alpha = \dfrac{3\sin\alpha - \sin 3\alpha}{4}$ $\sin^4\alpha = \dfrac{\cos 4\alpha - 4\cos 2\alpha + 3}{8}$	$\cos^2\alpha = \dfrac{1+\cos 2\alpha}{2}$ $\cos^3\alpha = \dfrac{3\cos\alpha + \cos 3\alpha}{4}$ $\cos^4\alpha = \dfrac{\cos 4\alpha + 4\cos 2\alpha + 3}{8}$

3.3.2 Schiefwinkliges Dreieck

Höhe und Höhenfußpunkt:
$$p = \frac{a^2 - b^2 + c^2}{2c} \quad;\quad q = \frac{-a^2 + b^2 + c^2}{2c}$$
$$h = \sqrt{a^2 - p^2} = \sqrt{b^2 - q^2}$$

Sinussatz:

$a:b:c = \sin\alpha : \sin\beta : \sin\gamma$

$\dfrac{a}{\sin\alpha} = \dfrac{b}{\sin\beta} = \dfrac{c}{\sin\gamma} = 2r$

Cosinussatz:

$a^2 = b^2 + c^2 - 2bc\cos\alpha$
$b^2 = a^2 + c^2 - 2ac\cos\beta$
$c^2 = a^2 + b^2 - 2ab\cos\gamma$

$\cos\alpha = \dfrac{b^2 + c^2 - a^2}{2bc} \quad;\quad \cos\beta = \dfrac{a^2 + c^2 - b^2}{2ac} \quad;\quad \cos\gamma = \dfrac{a^2 + b^2 - c^2}{2ab}$

Tangenssatz:

$\dfrac{a+b}{a-b} = \dfrac{\tan\dfrac{\alpha+\beta}{2}}{\tan\dfrac{\alpha-\beta}{2}} \quad;\quad \dfrac{b+c}{b-c} = \dfrac{\tan\dfrac{\beta+\gamma}{2}}{\tan\dfrac{\beta-\gamma}{2}} \quad;\quad \dfrac{a+c}{a-c} = \dfrac{\tan\dfrac{\alpha+\gamma}{2}}{\tan\dfrac{\alpha-\gamma}{2}}$

Radius des Umkreises: $\quad r = \dfrac{a}{2\sin\alpha} = \dfrac{b}{2\sin\beta} = \dfrac{c}{2\sin\gamma}$

Radius des Inkreises: $\quad \varrho = (s-a)\tan\dfrac{\alpha}{2} = (s-b)\tan\dfrac{\beta}{2} = (s-c)\tan\dfrac{\gamma}{2}$

wobei $\quad s = (a+b+c)/2$

Heronische Formel: $\quad A = \sqrt{s(s-a)(s-b)(s-c)}$
(Dreiecksfläche) $\quad A = \tfrac{1}{2}ab\sin\gamma = \tfrac{1}{2}ac\sin\beta = \tfrac{1}{2}bc\sin\alpha$

4 Ebene analytische Geometrie
4.1 Koordinatensysteme

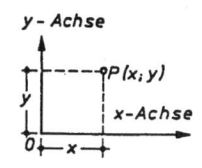

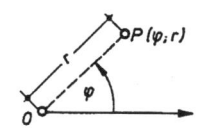

Rechtwinklige Koordinaten:
(x heißt Abszisse, y heißt Ordinate, O heißt Koordinatenursprung)

Polarkoordinaten:
(φ heißt Polarwinkel, r heißt Radiusvektor, O heißt Pol)

Transformation rechtwinkliger Koordinaten in Polarkoordinaten und umgekehrt:
$$r = \sqrt{x^2 + y^2}\,;\quad \varphi = \arctan(y/x) \quad \text{bzw.} \quad x = r\cdot\cos\varphi\,;\quad y = r\cdot\sin\varphi$$

Parallelverschiebung und Drehung eines rechtwinkligen Koordinatensystems: 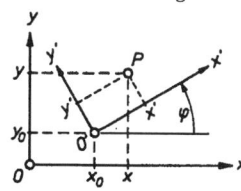
$$x' = \cos\varphi\cdot(x-x_0) + \sin\varphi\cdot(y-y_0)$$
$$y' = -\sin\varphi\cdot(x-x_0) + \cos\varphi\cdot(y-y_0)$$

In Matrizenschreibweise:
$$\begin{bmatrix} x' \\ y' \end{bmatrix} = \begin{bmatrix} \cos\varphi & \sin\varphi \\ -\sin\varphi & \cos\varphi \end{bmatrix} \cdot \begin{bmatrix} x-x_0 \\ y-y_0 \end{bmatrix}$$

Rücktransformation:
$$x = \cos\varphi\cdot x' - \sin\varphi\cdot y' + x_0$$
$$y = \sin\varphi\cdot x' + \cos\varphi\cdot y' + y_0$$

In Matrizenschreibweise:
$$\begin{bmatrix} x \\ y \end{bmatrix} = \begin{bmatrix} \cos\varphi & -\sin\varphi \\ \sin\varphi & \cos\varphi \end{bmatrix} \cdot \begin{bmatrix} x' \\ y' \end{bmatrix} + \begin{bmatrix} x_0 \\ y_0 \end{bmatrix}$$

4.2 Punkte – Strecken – Flächen

Gegeben: $P_1(x_1; y_1)$, $P_2(x_2; y_2)$, $P_3(x_3; y_3)$

Entfernung e zweier Punkte P_1 und P_2: $\quad e = \sqrt{(x_2-x_1)^2 + (y_2-y_1)^2}$

Teilpunkt $T(x_T; y_T)$ einer Strecke $\overline{P_1 P_2}$ im Verhältnis $\lambda = \overline{P_1 T}/\overline{T P_2}$:
$$x_T = (x_1 + \lambda\cdot x_2)/(1+\lambda)\,;\quad y_T = (y_1 + \lambda\cdot y_2)/(1+\lambda)$$

Mittelpunkt $(x_M; y_M)$ einer Strecke $\overline{P_1 P_2}$: $\quad x_M = (x_1+x_2)/2\,;\quad y_M = (y_1+y_2)/2$

Schwerpunkt $(x_S; y_S)$ eines Dreiecks: $\quad x_S = \dfrac{x_1+x_2+x_3}{3}\,;\quad y_S = \dfrac{y_1+y_2+y_3}{3}$

Steigung der Strecke $\overline{P_1 P_2}$: $\quad m = \tan\alpha = \dfrac{y_2-y_1}{x_2-x_1}$ (α heißt Steigungswinkel)

Fläche eines Dreiecks: $\quad A = \dfrac{1}{2}\cdot\begin{vmatrix} x_1 & y_1 & 1 \\ x_2 & y_2 & 1 \\ x_3 & y_3 & 1 \end{vmatrix} = \dfrac{1}{2}\cdot[x_1(y_2-y_3) + x_2(y_3-y_1) + x_3(y_1-y_2)]$

Drei Punkte liegen auf einer Geraden, wenn sie ein Dreieck mit dem Flächeninhalt null bilden.

4.3 Gerade

Allgemeine Form: $\quad Ax + By + C = 0$

Normalform: $\quad y = mx + b \quad$ ($m = \tan\alpha$ Steigung, b Abschnitt auf der y-Achse)

Achsenabschnittsform: $\quad \dfrac{x}{a} + \dfrac{y}{b} = 1 \quad$ (a Abschnitt auf der x-Achse, b Abschnitt auf der y-Achse)

Punkt-Steigungs-Form: $\quad \dfrac{y - y_1}{x - x_1} = m = \tan \alpha$

Zwei-Punkte-Form: $\quad \dfrac{y - y_1}{x - x_1} = \dfrac{y_2 - y_1}{x_2 - x_1}$

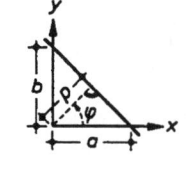

Hessesche Normalform: $\quad x \cdot \cos \varphi + y \cdot \sin \varphi - p = 0$

Umwandlung der allgemeinen Form in die *Hesse*sche Normalform:

$$\dfrac{A x + B y + C}{-\operatorname{sgn} C \cdot \sqrt{A^2 + B^2}} = 0 \quad \text{mit} \quad \operatorname{sgn} C = \begin{cases} +1 & \text{für } C > 0 \\ 0 & \text{für } C = 0 \\ -1 & \text{für } C < 0 \end{cases}$$

Abstand d des Punktes $P_1(x_1; y_1)$ von der Geraden:

$$d = x_1 \cdot \cos \varphi + y_1 \cdot \sin \varphi - p = \dfrac{A x_1 + B y_1 + C}{-\operatorname{sgn} C \cdot \sqrt{A^2 + B^2}}$$

Schnittpunkt $S(x_S; y_S)$ zweier Geraden:

$$\left. \begin{array}{l} y = m_1 x + b_1 \\ y = m_2 x + b_2 \end{array} \right\} \Rightarrow \quad x_S = \dfrac{b_1 - b_2}{m_2 - m_1}; \quad y_S = \dfrac{b_1 m_2 - b_2 m_1}{m_2 - m_1}$$

$$\left. \begin{array}{l} A_1 x + B_1 y + C_1 = 0 \\ A_2 x + B_2 y + C_2 = 0 \end{array} \right\} \Rightarrow \quad x_S = \dfrac{B_1 C_2 - B_2 C_1}{A_1 B_2 - A_2 B_1}; \quad y_S = \dfrac{C_1 A_2 - C_2 A_1}{A_1 B_2 - A_2 B_1}$$

Winkel φ zwischen zwei Geraden:

$$\left. \begin{array}{l} y = m_1 x + b_1 \\ y = m_2 x + b_2 \end{array} \right\} \Rightarrow \quad \tan \varphi = \dfrac{m_2 - m_1}{1 + m_1 \cdot m_2}; \quad m_1 \cdot m_2 = -1 \Rightarrow \varphi = 90°$$

4.4 Kegelschnitte

4.4.1 Kreis

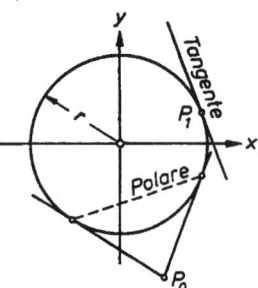

Allgemeine Kreisgleichung: $\quad (x - x_M)^2 + (y - y_M)^2 = r^2$

Mittelpunktsgleichung: $\quad x^2 + y^2 = r^2$

Scheitelgleichung: $\quad y^2 = 2 r x - x^2$

Tangente an $x^2 + y^2 = r^2$ in $P_1(x_1; y_1)$: $\quad x \cdot x_1 + y \cdot y_1 = r^2$

Polare von $P_0(x_0; y_0)$ an $x^2 + y^2 = r^2$: $\quad x \cdot x_0 + y \cdot y_0 = r^2$

4.4.2 Ellipse

Allgemeine Gleichung (achsenparallel): $\quad \dfrac{(x - x_M)^2}{a^2} + \dfrac{(y - y_M)^2}{b^2} = 1$

Mittelpunktsgleichung: $\quad \dfrac{x^2}{a^2} + \dfrac{y^2}{b^2} = 1$

Scheitelgleichung: $\quad y^2 = 2 p x - \dfrac{p}{a} x^2$

$\quad$ mit $2p = 2 b^2 / a$

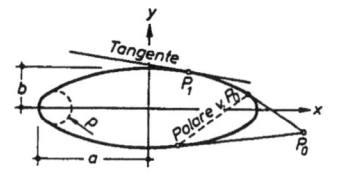

Tangente an $\dfrac{x^2}{a^2} + \dfrac{y^2}{b^2} = 1$ in $P_1(x_1; y_1)$: $\quad \dfrac{x \cdot x_1}{a^2} + \dfrac{y \cdot y_1}{b^2} = 1$

Polare von $P_0(x_0; y_0)$ an $\dfrac{x^2}{a^2} + \dfrac{y^2}{b^2} = 1$: $\quad \dfrac{x \cdot x_0}{a^2} + \dfrac{y \cdot y_0}{b^2} = 1$

4.4.3 Hyperbel

Allgemeine Gleichung (achsenparallel): $\quad \dfrac{(x-x_M)^2}{a^2} - \dfrac{(y-y_M)^2}{b^2} = 1$

Mittelpunktsgleichung: $\quad \dfrac{x^2}{a^2} - \dfrac{y^2}{b^2} = 1$

Scheitelgleichung: $\quad y^2 = 2\,p\,x + \dfrac{p}{a}x^2$

mit $2p = 2b^2/a$

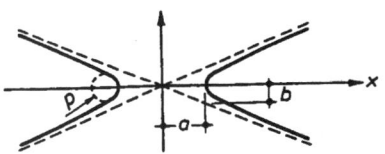

Tangente an $\dfrac{x^2}{a^2} - \dfrac{y^2}{b^2} = 1$ in $P_1(x_1;y_1)$: $\quad \dfrac{x \cdot x_1}{a^2} - \dfrac{y \cdot y_1}{b^2} = 1$

Polare von $P_0(x_0;y_0)$ an $\dfrac{x^2}{a^2} - \dfrac{y^2}{b^2} = 1$: $\quad \dfrac{x \cdot x_0}{a^2} - \dfrac{y \cdot y_0}{b^2} = 1$

4.4.4 Parabel

Allgemeine Gleichung (achsenparallel):
$$(y - y_S)^2 = 2p\,(x - x_S) \quad (1)$$
$$(x - x_S)^2 = 2p\,(y - y_S) \quad (2)$$

Scheitelgleichung: $\quad y^2 = 2\,p\,x \quad \text{bzw.} \quad x^2 = 2\,p\,y$

Tangente an $\quad y^2 = 2\,p\,x$ in $P_1(x_1;y_1)$: $\quad y \cdot y_1 = p\,(x + x_1)$

Polare von $P_0(x_0;y_0)$ an $y^2 = 2\,p\,x$: $\quad y \cdot y_0 = p\,(x + x_0)$

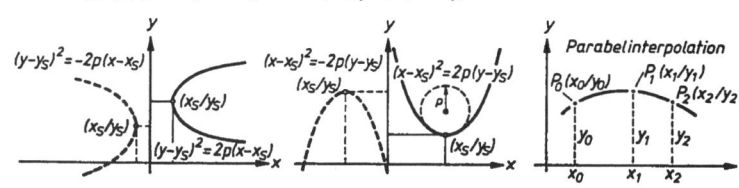

Rechnerische Interpolation einer Parabel mit der Gleichung $y = a_2\,x^2 + a_1\,x + a_0$ durch die drei Punkte P_0, P_1 und P_2:

$a_2 = \dfrac{(y_2 - y_0)(x_1 - x_0) - (y_1 - y_0)(x_2 - x_0)}{(x_2^2 - x_0^2)(x_1 - x_0) - (x_1^2 - x_0^2)(x_2 - x_0)}$

$a_1 = -(x_1 + x_0)\,a_2 + (y_1 - y_0)/(x_1 - x_0)$

$a_0 = y_0 - a_2\,x_0^2 - a_1\,x_0$

Speziell für $x_0 = 0$; $x_1 = h$; $x_2 = 2h$:

$a_2 = (y_2 - 2\,y_1 + y_0)/(2\,h^2)$

$a_1 = -(3\,y_0 - 4\,y_1 + y_2)/(2\,h)$

$a_0 = y_0$

Mit $p = 1/(2\,a_2)$; $x_S = -a_1\,p$; $y_S = a_0 - a_2\,x_S^2$ ist dann auch Gleichung (2) bestimmt.

Sind ganz speziell der Ursprung $P_0(0;0)$ und der Scheitel $S(x_S;y_S)$ gegeben, so ergibt sich die Gleichung: $y = -(y_S/x_S^2)\,x^2 + 2\,(y_S/x_S)\,x$

Zeichnerische Interpolation durch einhüllende Tangenten

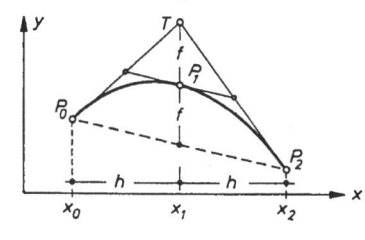

Für den Sonderfall $x_1 = x_0 + h$, $x_2 = x_1 + h$ zeichnet man die Sehne $\overline{P_0 P_2}$ ein, verdoppelt die Pfeilhöhe f über P_1 hinaus und findet so den Tangentenschnittpunkt T. Die Tangente in P_1 ist parallel zu $\overline{P_0 P_2}$. Weitere Tangenten können konstruiert werden durch Teilung der Strecken $\overline{T P_0}$ und $\overline{T P_2}$ in n gleiche Teile und sinngemäßes geradliniges Verbinden der Teilpunkte.

2.19

5 Vektoralgebra
5.1 Grundlagen

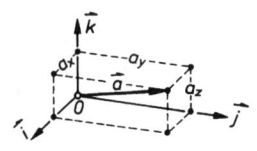

Nach Festlegung eines Ursprungs O und der Basisvektoren $\vec{i}, \vec{j}, \vec{k}$ genügt zur Bezeichnung von Vektoren die Angabe der Koordinatentripel bezüglich der gewählten Basis.

$\vec{a} = a_x \vec{i} + a_y \vec{j} + a_z \vec{k}$ kurz $\vec{a} = (a_x; a_y; a_z)$

$\vec{b} = b_x \vec{i} + b_y \vec{j} + b_z \vec{k}$ kurz $\vec{b} = (b_x; b_y; b_z)$

$\vec{c} = c_x \vec{i} + c_y \vec{j} + c_z \vec{k}$ kurz $\vec{c} = (c_x; c_y; c_z)$

Falls nicht anders angegeben, werden folgende Vektoren in den **Beispielen** benutzt:
$\vec{a} = (1; 2; 3);\ \vec{b} = (3; 2; 5);\ \vec{c} = (2; 3; 1)$

Vektoraddition / -subtraktion:

$\vec{a} \pm \vec{b} = (a_x \pm b_x) \vec{i} + (a_y \pm b_y) \vec{j} + (a_z \pm b_z) \vec{k}$ kurz: $\vec{a} \pm \vec{b} = (a_x \pm b_x; a_y \pm b_y; a_z \pm b_z)$

Beispiel: $\vec{a} + \vec{b} = (4; 4; 8);\ \vec{a} - \vec{b} = (-2; 0; -2)$

Gesetze: $\vec{a} + (\vec{b} + \vec{c}) = (\vec{a} + \vec{b}) + \vec{c}$; $\vec{a} + \vec{b} = \vec{b} + \vec{a}$

mit dem Nullvektor $\vec{0} = (0; 0; 0)$ gilt $\vec{a} + \vec{0} = \vec{0} + \vec{a} = \vec{a}$ und $\vec{a} - \vec{a} = \vec{0}$

S-Multiplikation mit Skalaren:

$\lambda \vec{a} = \lambda a_x \vec{i} + \lambda a_y \vec{j} + \lambda a_z \vec{k}$ kurz: $\lambda \vec{a} = (\lambda a_x; \lambda a_y; \lambda a_z)$ **z. B.** $3\vec{a} = (3; 6; 9)$

Gesetze: $(\lambda + \mu) \vec{a} = \lambda \vec{a} + \mu \vec{a}$; $\lambda(\vec{a} + \vec{b}) = \lambda \vec{a} + \lambda \vec{b}$

$(\lambda \mu) \vec{a} = \lambda(\mu \vec{a})$; $1 \vec{a} = \vec{a}$

Skalarprodukt:

$\vec{a} \cdot \vec{b} = a_x b_x + a_y b_y + a_z b_z = |\vec{a}| \cdot |\vec{b}| \cdot \cos(\sphericalangle \vec{a}, \vec{b})$ **z. B.** $\vec{a} \cdot \vec{b} = 1 \cdot 3 + 2 \cdot 2 + 3 \cdot 5 = 22$

Gesetze: $(\vec{a} + \vec{b}) \cdot \vec{c} = \vec{a} \cdot \vec{c} + \vec{b} \cdot \vec{c}$; $\vec{a} \cdot \vec{b} = \vec{b} \cdot \vec{a}$; $(\lambda \vec{a}) \cdot \vec{b} = \lambda(\vec{a} \cdot \vec{b})$

für $\vec{a} \neq \vec{0}$ gilt $\vec{a} \cdot \vec{a} > 0$; $|\vec{a} + \vec{b}| \leq |\vec{a}| + |\vec{b}|$

Betrag: $|\vec{a}| = \sqrt{\vec{a} \cdot \vec{a}} = \sqrt{a_x^2 + a_y^2 + a_z^2}$ **z. B.** $|\vec{a}| = \sqrt{1^2 + 2^2 + 3^2} = \sqrt{14}$

Einsvektor: $\vec{a}^0 = \vec{a}/|\vec{a}|;\ |\vec{a}^0| = 1$ **z. B.** $\vec{a}^0 = \left(\dfrac{1}{\sqrt{14}}; \dfrac{2}{\sqrt{14}}; \dfrac{3}{\sqrt{14}}\right)$

Winkel: $\sphericalangle \vec{a}, \vec{b} = \arccos \dfrac{\vec{a} \cdot \vec{b}}{|\vec{a}| \cdot |\vec{b}|}$; $(\vec{a} \perp \vec{b}) \Leftrightarrow (\vec{a} \cdot \vec{b} = 0)$

Beispiel: $\sphericalangle \vec{a}, \vec{b} = \arccos \dfrac{22}{\sqrt{14} \cdot \sqrt{38}} \approx 17{,}5°$

Vektorprodukt: $\vec{a} \times \vec{b} = (a_y b_z - b_y a_z) \vec{i} + (a_z b_x - a_x b_z) \vec{j} + (a_x b_y - a_y b_x) \vec{k} = \begin{vmatrix} \vec{i} & \vec{j} & \vec{k} \\ a_x & a_y & a_z \\ b_x & b_y & b_z \end{vmatrix}$

Ein Vektor, der senkrecht auf dem von $\vec{a}$ und $\vec{b}$ aufgespannten Parallelogramm steht, wobei $\vec{a}, \vec{b}$ und $\vec{a} \times \vec{b}$ ein Rechtssystem bilden und der Betrag von $\vec{a} \times \vec{b}$ gleich der Maßzahl des Flächeninhalts des Parallelogramm ist: $|\vec{a} \times \vec{b}| = |\vec{a}| \cdot |\vec{b}| \cdot \sin(\sphericalangle \vec{a}, \vec{b})$.

Beispiel: $\vec{a} \times \vec{b} = 4\vec{i} + 4\vec{j} - 4\vec{k}$

Gesetze: $\vec{a} \times \vec{b} = -\vec{b} \times \vec{a}$; $\vec{a} \times (\vec{b} + \vec{c}) = \vec{a} \times \vec{b} + \vec{a} \times \vec{c}$; $\lambda \vec{a} \times \vec{b} = \lambda(\vec{a} \times \vec{b}) = \vec{a} \times \lambda \vec{b}$

Spatprodukt:

(Volumen des von $\vec{a}, \vec{b}$, und $\vec{c}$ aufgespannten Spats)

$(\vec{a}, \vec{b}, \vec{b}) = \vec{a} \cdot (\vec{b} \times \vec{c}) = (\vec{a} \times \vec{b}) \cdot \vec{c} = \begin{vmatrix} a_x & a_y & a_z \\ b_x & b_y & b_z \\ c_x & c_y & c_z \end{vmatrix}$ **Beispiel:** $(\vec{a}, \vec{b}, \vec{c}) = 16$

5.2 Anwendungen aus der Geometrie

Ortsvektoren: von einem festen Punkt O ausgehend $\vec{p_1} = \vec{OP_1}$, $\vec{a} = \vec{OA}$ usw.

Geraden: Punkt-Richtungs-Form: $\vec{OP} = \vec{OP_1} + \lambda \vec{a}$; kurz: $\vec{p} = \vec{p_1} + \lambda \vec{a}$

Zwei-Punkte-Form: $\vec{OP} = \vec{OP_1} + \lambda(\vec{OP_2} - \vec{OP_1})$; kurz: $\vec{p} = \vec{p_1} + \lambda(\vec{p_2} - \vec{p_1})$

Fußpunkt des Lots auf eine Gerade:

Gerade g: $\vec{p} = \vec{p_1} + \lambda \vec{a}$; Punkt B mit $\vec{b} = \vec{OB}$

Fußpunkt F mit $\vec{OF} = \vec{p_1} + \dfrac{\vec{a} \cdot (\vec{b} - \vec{p_1})}{\vec{a} \cdot \vec{a}} \vec{a}$

Beispiel:
$\vec{a} = (2; 1; 1)$
$\vec{b} = (5; 0; 0)$
$\vec{p_1} = (1; 1; 1)$
ergibt: $\vec{OF} = (3; 2; 2)$

Abstand eines Punkts von der Geraden:
$d = |\vec{b} - \vec{OF}|$

$d = \sqrt{12}$

Abstand zweier Geraden: g_1: $\vec{p} = \vec{p_1} + \lambda \vec{a}$

g_2: $\vec{q} = \vec{p_2} + \mu \vec{b}$

$d = \dfrac{|(\vec{p_2} - \vec{p_1}) \cdot (\vec{a} \times \vec{b})|}{|\vec{a} \times \vec{b}|} = \dfrac{|(\vec{p_2} - \vec{p_1}, \vec{a}, \vec{b})|}{|\vec{a} \times \vec{b}|}$

Beispiel:
$\vec{a} = (1; 3; -2)$
$\vec{b} = (-2; 1; 3)$
$\vec{p_1} = (3; -2; 4)$
$\vec{p_2} = (-4; 2; -3)$

$d = |-122/\sqrt{171}|$

$\vec{OP} = \left(\dfrac{764}{171}; \dfrac{411}{171}; \dfrac{182}{171}\right)$

$\vec{OQ} = \left(-\dfrac{578}{171}; \dfrac{289}{171}; -\dfrac{672}{171}\right)$

Punkte P und Q minimalen Abstands:

$\vec{OP} = \vec{p_1} + \dfrac{(\vec{p_2} - \vec{p_1}, \vec{b}, \vec{a} \times \vec{b})}{(\vec{a} \times \vec{b})^2} \vec{a}$ $\qquad$ $\vec{OQ} = \vec{p_2} + \dfrac{(\vec{p_2} - \vec{p_1}, \vec{a}, \vec{a} \times \vec{b})}{(\vec{a} \times \vec{b})^2} \vec{b}$

Ebenen: Parameterform: $\vec{x} = \vec{p_1} + \lambda \vec{a} + \mu \vec{b}$

Normalenform: $(\vec{x} - \vec{p_1}) \cdot \vec{n} = 0$ mit $\vec{n} = \vec{a} \times \vec{b}$

*Hesse*sche-Normalen-Form: $(\vec{x} - \vec{p_1}) \cdot \vec{n}^0 = 0$ mit $\vec{n}^0 = \vec{n}/|\vec{n}|$

Fußpunkt des Lots auf eine Ebene:

Für P mit $\vec{OP} = \vec{p}$ ergibt sich der Fußpunkt F mit $\vec{OF} = \vec{p} - \dfrac{(\vec{p} - \vec{p_1}) \cdot \vec{n}}{\vec{n} \cdot \vec{n}} \vec{n}$

Abstand eines Punkts P mit $\vec{OP} = \vec{p}$ von der Ebene: $d = \dfrac{|(\vec{p} - \vec{p_1}) \cdot \vec{n}|}{|\vec{n}|}$

Schnittpunkt von Gerade g und Ebene E:

g: $\vec{x} = \vec{p_1} + \lambda \vec{a}$ $\qquad$ Schnittpunkt S mit $\vec{OS} = \vec{p_1} + \dfrac{(\vec{p_2} - \vec{p_1}, \vec{b}, \vec{c})}{(\vec{a}, \vec{b}, \vec{c})} \vec{a}$

E: $\vec{x} = \vec{p_2} + \mu \vec{b} + \nu \vec{c}$

Schnittwinkel zweier Ebenen: $\varphi = \arccos \dfrac{\vec{n_1} \cdot \vec{n_2}}{|\vec{n_1}| \cdot |\vec{n_2}|}$

5.3 Anwendungen aus der Statik

Resultierende aus n Kräften: $\vec{F}_{res} = \sum_{i=1}^{n} \vec{F_i}$

Beispiel: $\vec{F_1} = (2; 3; 4)$ kN, $\vec{F_2} = (-4; 1; 2)$ kN, $\vec{F_3} = (3; -2; -3)$ kN

Resultierende Kraft: $\vec{F}_{res} = (1; 2; 3)$ kN

Komponentenzerlegung:

Gegeben: eine Kraft $\vec{F}$ und ein Richtungsvektor $\vec{a}$

Gesucht: zwei Kräfte $\vec{F}_\parallel$ und $\vec{F}_\perp$ parallel bzw. senkrecht zur Richtung $\vec{a}$

Lösung: Mit dem Einsvektor $\vec{a}^0 = \vec{a}/|\vec{a}|$ wird $|\vec{F}| = \vec{F} \cdot \vec{a}^0$ und damit $\vec{F}_\parallel = |\vec{F}_\parallel| \cdot \vec{a}^0$,

Beispiel: $\vec{F} = (3; 2; 4)$ kN , $\vec{a} = (1; 1; 1)$ kN , liefert $\vec{F}_\| = \dfrac{3 \cdot 1 + 2 \cdot 1 + 4 \cdot 1}{1 \cdot 1 + 1 \cdot 1 + 1 \cdot 1} \cdot (1; 1; 1)$ kN,

also $\vec{F}_\| = (3; 3; 3)$ kN, und schließlich $\vec{F}_\perp = (0; -1; 1)$ kN

Stabkräfte eines Dreibeins unter Einzellast:

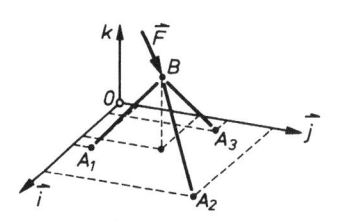

Gegeben: In B angreifende Einzellast $\vec{F}$ sowie die Koordinaten der Punkte $B(x_b; y_b; z_b)$,
$A_1(x_1; y_1; z_1)$, $A_2(x_2; y_2; z_2)$, $A_3(x_3; y_3; z_3)$

Gesucht: Stabkräfte $\vec{F}_1, \vec{F}_2$ und $\vec{F}_3$ in den Stäben
$$\vec{s}_1 = \vec{BA}_1 = (x_1 - x_b; y_1 - y_b; z_1 - z_b)$$
$$\vec{s}_2 = \vec{BA}_2 = (x_2 - x_b; y_2 - y_b; z_2 - z_b)$$
$$\vec{s}_3 = \vec{BA}_3 = (x_3 - x_b; y_3 - y_b; z_3 - z_b)$$

Lösung: Mit den Stab-Einsvektoren lautet die Gleichgewichtsbedingung für den Knoten B:
$F_1 \cdot \vec{e}_1 + F_2 \cdot \vec{e}_2 + F_3 \cdot \vec{e}_3 + \vec{F} = \vec{0}$. Ausgeschrieben lauten die drei linearen Gleichungen mit den gesuchten Kräften F_1, F_2 und F_3:
$$e_{1_x} \cdot F_1 + e_{2_x} \cdot F_2 + e_{3_x} \cdot F_3 + F_x = 0$$
$$e_{1_y} \cdot F_1 + e_{2_y} \cdot F_2 + e_{3_y} \cdot F_3 + F_y = 0$$
$$e_{1_z} \cdot F_1 + e_{2_z} \cdot F_2 + e_{3_z} \cdot F_3 + F_z = 0$$

Die Lösung ergibt sich z. B. nach Abschnitt 1.9.
Mit Hilfe des Spatprodukts dreier Vektoren lässt sich die Lösung auch direkt angeben:

$$F_1 = -\dfrac{(\vec{F}, \vec{e}_2, \vec{e}_3)}{(\vec{e}_1, \vec{e}_2, \vec{e}_3)} \;;\quad F_2 = -\dfrac{(\vec{e}_1, \vec{F}, \vec{e}_3)}{(\vec{e}_1, \vec{e}_2, \vec{e}_3)} \;;\quad F_3 = -\dfrac{(\vec{e}_1, \vec{e}_2, \vec{F})}{(\vec{e}_1, \vec{e}_2, \vec{e}_3)}$$

Beispiel: $\vec{F}_1 = (1; 1; -4)$ kN , $B = (3; 4; 4)$, $A_1 = (1; 1; 0)$, $A_2 = (2; 7; 0)$, $A_3 = (5; 5; 0)$
Mit den Stab-Einsvektoren $\vec{e}_1 = (-0{,}371; -0{,}557; -0{,}743)$, $\vec{e}_2 = (-0{,}196; 0{,}588; -0{,}784)$
und $\vec{e}_3 = (0{,}437; 0{,}218; -0{,}873)$ lauten die Gleichungen:
$-0{,}371 \cdot F_1 - 0{,}196 \cdot F_2 + 0{,}437 \cdot F_3 + 1 = 0$
$-0{,}557 \cdot F_1 + 0{,}588 \cdot F_2 + 0{,}218 \cdot F_3 + 1 = 0$
$-0{,}743 \cdot F_1 - 0{,}784 \cdot F_2 - 0{,}873 \cdot F_3 - 4 = 0$

Dieses Gleichungssystem hat die Lösungen: $F_1 = -0{,}539$ kN , $F_2 = -1{,}023$ kN , $F_3 = -3{,}205$ kN

6 Wahrscheinlichkeit und Statistik

6.1 Wahrscheinlichkeit

Grundeigenschaften:

- Die Wahrscheinlichkeit $P(A)$ eines zufälligen Ereignisses A ist eine reelle Zahl zwischen null und eins: $\quad 0 \leq P(A) \leq 1$

- Die Wahrscheinlichkeit für das sichere Ereignis S ist eins: $\quad P(S) = 1$

- Die Wahrscheinlichkeit dafür, dass ein Zufallsereignis A oder ein Zufallsereignis B eintritt, wenn beide Ereignisse niemals gleichzeitig eintreten können, ist $\quad P(A \text{ oder } B) = P(A) + P(B)$

Beispiel: Beim Würfeln gibt es die sechs einander ausschließenden Ereignisse, 1, 2, 3, 4, 5 oder 6 Augen zu erhalten. Alle haben die gleiche Wahrscheinlichkeit $P("1") = P("2") = \cdots = P("6") = \tfrac{1}{6}$. Die Wahrscheinlichkeit dafür, eine "1" oder "2" zu würfeln, ist $P("1") + P("2") = \tfrac{1}{6} + \tfrac{1}{6} = \tfrac{1}{3}$.

6.2 Zufallsvariable

Eine Funktion, die zufälligen Ereignissen in geeigneter Weise reelle Zahlen x zuordnet, wobei diese reellen Zahlen x mit gewissen Wahrscheinlichkeiten $f(x)$ auftreten, heißt Zufallsvariable. Eine Zufallsvariable wird durch Angabe dieser **Wahrscheinlichkeitsfunktion** f eindeutig beschrieben.

Beispiel 1: Beim Würfeln ordnet man zweckmäßig dem Ereignis ⚀ die reelle Zahl 1, dem Ereignis ⚃ die reelle Zahl 4 zu usw. Die Wahrscheinlichkeitsfunktion, die das Würfeln beschreibt, ist offenbar durch den rechts stehenden Funktionsgraphen beschrieben:

Beispiel 2: Die Frage nach der Wahrscheinlichkeit, bei dreimaligem Würfeln keine, eine oder drei Sechsen zu bekommen, führt auf die **Binomialverteilung.** Für $n=3$, $p=1/6$ ist dafür die Wahrscheinlichkeitsfunktion
$$f(x) = \binom{n}{x} \cdot p^x \cdot (1-p)^{n-x}$$
mit dem rechts stehenden Funktionsgraphen:
Mit einer Wahrscheinlichkeit von $f(x) = 0{,}579$ erzielt man bei drei Würfen keine „6", also mit einer Wahrscheinlichkeit von 0,421 mindestens eine „6".

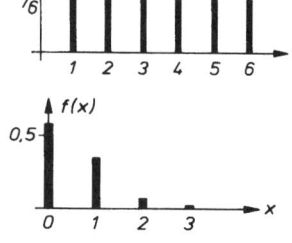

Wenn die Wahrscheinlichkeitsfunktion einer Zufallsvariablen keine diskreten Funktionswerte besitzt, sondern stetig verläuft (z.B. die Normalverteilung), so wird sie **Wahrscheinlichkeitsdichte** genannt. Für praktische Fragestellungen sind meist die Summen der diskreten Wahrscheinlichkeitswerte $F(x) = \sum f(t_i)$ für $t_i \leq x$ bzw. bei stetigen Verteilungen die Integrale $F(x) = \int_{-\infty}^{x} f(t)\,dt$ geeigneter.

Sie werden **Verteilungsfunktionen** der Zufallsvariablen genannt. Sie geben die Wahrscheinlichkeit dafür an, dass die Zufallsvariable X Werte annimmt, die nicht größer als x sind: $F(x) = P(X \leq x)$.
Auf S. 2.3/2.4 sind wichtige Verteilungsfunktionen tabelliert.

6.3 Statistik

Stichprobe: $\{x_1, x_2, \cdots, x_n\}$ **Mittelwert:** $\bar{x} = \dfrac{1}{n-1}\sum_{i=1}^{n} x_i$ \hfill (1)

Umfang der Stichprobe: n

Standardabweichung: $\quad s = \sqrt{\dfrac{1}{n-1}\sum_{i=1}^{n}(x_i - \bar{x})^2} = \sqrt{\dfrac{1}{n-1}\left[\sum_{i=1}^{n} x_i^2 - \dfrac{1}{n}\left(\sum_{i=1}^{n} x_i\right)^2\right]}$ \hfill (2)

Das Quadrat s^2 der Standardabweichung heißt **Varianz** der Stichprobe.

Vertrauensintervall für den Erwartungswert μ der Messgröße X:
$$\bar{x} - s \cdot t_{f;0{,}975}/\sqrt{n} \;\leq\; \mu \;\leq\; \bar{x} + s \cdot t_{f;0{,}975}/\sqrt{n} \qquad (3)$$
Mit 95 % Wahrscheinlichkeit liegt der unbekannte Erwartungswert der Messgröße im Vertrauensintervall, d.h.: $P(\bar{x} - s \cdot t_{f;0{,}975}/\sqrt{n} \leq \mu \leq \bar{x} + s \cdot t_{f;0{,}975}/\sqrt{n}) = 0{,}95$
Der für die Stichprobe errechnete Mittelwert $\bar{x}$ ist ein Schätzwert für den Erwartungswert μ. Dessen Freiheitsgrad $f = n - 1$ beschreibt die Redundanz der Messanordnung. Mit diesem f schlägt man in der Tafel der t-Verteilung (s. S. 2.3) den Wert $t_{f;0{,}975}$ nach und berechnet die Halbbreite $s \cdot t_{f;0{,}975}/\sqrt{n}$ des Vertrauensintervalls.

Beispiel:

i	1	2	3	4	5	6	7	8	9	10	Gl.(1)	$\Rightarrow \bar{x} = 5{,}647$
x_i	5,63	5,74	5,58	5,69	5,70	5,61	5,71	5,59	5,62	5,60	Gl.(2)	$\Rightarrow s = 0{,}057$

Mit $f = 10 - 1 = 9$ findet man (S. 2.3) $t_{f;0{,}975} = 2{,}26$ und berechnet $0{,}057 \cdot 2{,}26/\sqrt{10} = 0{,}041$. Damit lautet das 95%-Vertrauensintervall $(5{,}647 - 0{,}041 \leq \mu \leq 5{,}647 + 0{,}041)$
$\Leftrightarrow \quad (5{,}606 \leq \mu \leq 5{,}688)$.

90%-Vertrauensintervall für den Erwartungswert σ **der Standardabweichung** der Messgröße X:
$$s\sqrt{f/\chi^2_{f;0{,}95}} \;\leq\; \sigma \;\leq\; s\sqrt{f/\chi^2_{f;0{,}05}} \qquad (4)$$
mit $P\!\left(s\sqrt{f/\chi^2_{f;0{,}95}} \leq \sigma \leq s\sqrt{f/\chi^2_{f;0{,}05}}\right) = 0{,}90$

Fortsetzung des **Beispiels:**
Für $f = 9$ findet man in der Tafel 2.3 $\chi^2_{f;0{,}95} = 16{,}9$ und $\chi^2_{f;0{,}05} = 3{,}33$ und berechnet $0{,}057\sqrt{9/16{,}9} = 0{,}042$ bzw. $0{,}057\sqrt{9/3{,}33} = 0{,}094$. Das 90%-Vertrauensintervall für σ ist also $(0{,}042 \leq \sigma \leq 0{,}094)$. Es ist nicht symmetrisch zum Schätzwert s und bei einem Freiheitsgrad $f = 9$ sehr breit. Um σ durch s genauer schätzen zu können, benötigt man Stichproben mit 30 bis 40 Messwerten.

Varianz-Fortpflanzungsgesetz
Ist $y = f(X_1, X_2, \cdots X_r)$ eine Funktion von r normal-verteilten Größen $X_1, X_1, \cdots, X_r$ mit den Standardabweichungen $s_1, s_2, \cdots, s_r$, dann ist die Varianz von y:

$$s_y^2 = \sum_{i=1}^{r} \left(\frac{\partial f}{\partial X_i}\right)^2 \cdot s_i^2$$

Regressionsgerade und Korrelationskoeffizient
Eine zweidimensionale Stichprobe liegt vor, wenn für zwei Zufallsgrößen X und Y Paare $(x_1; y_i)$ von Messwerten ermittelt worden sind. Man kann die Messungspaare als Punkte in einem x,y-Koordinatensystem auftragen und nach einem linearen Zusammenhang zwischen X und Y fragen. Gesucht ist also die Gleichung einer Geraden (der Regressionsgeraden), die sich der aufgetragenen Punktwolke möglichst gut anpasst:
$$y = a + b \cdot x$$

Zur Lösung berechnet man für die Stichprobe die Summen $\sum x_i, \sum y_i, \sum x_i^2, \sum y_i^2$ und $\sum x_i \cdot y_i$, mit deren Hilfe die Varianzen bzw. die Kovarianz bestimmt werden:

Varianz von X: $\quad s_X^2 = \left[\sum x_i^2 - (\sum x_i)^2 / n\right] / (n-1)$

Varianz von Y: $\quad s_Y^2 = \left[\sum y_i^2 - (\sum y_i)^2 / n\right] / (n-1)$

Kovarianz: $\quad s_{XY} = \left[\sum x_i \cdot y_i - (\sum x_i) \cdot (\sum y_i) / n\right] / (n-1)$

Mit den Mittelwerten $\bar{x} = \sum x_i / n$ und $\bar{y} = \sum y_i / n$ folgen die Koeffizienten der Geradengleichung:

Regressionskoeffizient: $\quad b = s_{XY} / s_X^2$
y-Achsabschnitt: $\quad a = \bar{y} - b \cdot \bar{x}$

Ein Maß für den Grad des linearen Zusammenhangs ist der
Korrelationskoeffizient
$$r_{XY} = s_{XY} / \sqrt{(s_X^2 \cdot s_Y^2)}.$$
Er ist eine Zahl zwischen -1 und $+1$, wobei $+1$ für exakte Linearität steht.

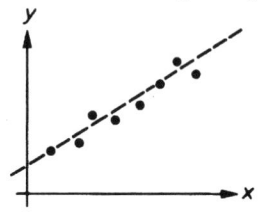

Beispiel:
Quellverkehr in Abhängigkeit von der Anzahl der gemeldeten Pkw. X ist die Zahl der gemeldeten Pkw pro 1000 Einwohner. Y ist der Quellverkehr in Fahrzeugen pro 16 h und 1000 Einwohner.

i	1	2	3	4	5	6	7	8	9	10
x_i	0,3	0,4	1,1	0,8	0,7	1,6	1,1	1,3	1,7	1,4
y_i	1,1	2,4	3,5	4,1	2,3	3,6	4,6	3,5	3,8	3,0

$\sum x_i = 10,4 \qquad \sum y_i = 31,9 \qquad \sum x_i^2 = 12,90$
$\sum y_i^2 = 111,13 \qquad \sum x_i y_i = 36,06 \qquad n = 10$
$\bar{x} = 1,04 \qquad \bar{y} = 3,19$

$s_X^2 = [12,90 - 10,4^2/10]/9 = 0,232; \qquad s_Y^2 = [111,13 - 31,9^2/10]/9 = 1,040$
$s_{XY} = [36,06 - 10,4 \cdot 31,9/10]/9 = 0,320; \qquad b = 0,320/0,232 = 1,38; \qquad a = 3,19 - 1,38 \cdot 1,04 = 1,75$
$r_{XY} = 0,320/\sqrt{0,232 \cdot 1,040} = 0,65; \qquad \boxed{y = 1,75 + 1,38 \cdot x}$

7 Differentialrechnung
7.1 Definitionen

Differenzenquotient: $\quad \Delta y / \Delta x$ (Steigung der Sekante)
Differentialquotient: $\quad dy/dx$ (Steigung der Tangente)
$$y' = dy/dx = f'(x) = \lim_{\Delta x \to 0} (\Delta y / \Delta x)$$
Differential: $\quad dy = f'(x) \cdot dx$
Partieller Differentialquotient von $z = f(x,y)$:

$$\frac{\partial z}{\partial x} = z_x = f_x := \lim_{\Delta x \to 0} \frac{f(x + \Delta x, y) - f(x,y)}{\Delta x} \qquad \frac{\partial z}{\partial y} = z_y = f_y := \lim_{\Delta y \to 0} \frac{f(x, y + \Delta y) - f(x,y)}{\Delta y}$$

7.2 Ableitungsregeln

$y = C$ (Konstante)	$y' = 0$
$y = C \cdot u(x)$	$y' = C \cdot u'(x)$
$y = u_1(x) + u_2(x)$	$y' = u_1'(x) + u_2'(x)$
$y = u(x) \cdot v(x)$ (**Produktregel**)	$y' = u'(x) \cdot v(x) + u(x) \cdot v'(x)$
$y = u(x)/v(x)$ (**Quotientenregel**)	$y' = [u'(x) \cdot v(x) - u(x) \cdot v'(x)]/v^2(x)$
$y = f(g(h(x)))$ (**Kettenregel**) mit $y = f(u)$, $u = g(v)$, $v = h(x)$	$y' = \dfrac{df(u)}{du} \cdot \dfrac{dg(v)}{dv} \cdot \dfrac{dh(x)}{dx}$
$y = f^{-1}(x)$ mit $x = f(y)$	$y' = \dfrac{df^{-1}(x)}{dx} = \dfrac{1}{\dfrac{df(y)}{dy}}$
$y = u(x)^{v(x)}$ durch Logarithmieren folgt: $\ln y = v(x) \cdot \ln u(x)$	$\dfrac{1}{y} \cdot \dfrac{dy}{dx} = v'(x) \cdot \ln u(x) + v(x) \cdot \dfrac{u'(x)}{u(x)} \Rightarrow$ $\dfrac{dy}{dx} = y \cdot \left[v'(x) \cdot \ln u(x) + v(x) \cdot \dfrac{u'(x)}{u(x)} \right]$

Beispiele:

(1) $y = f\{g[h(x)]\} = \sin^7(3x+5)$; $y = f\{u\} = u^7$; $u = g[v] = \sin v$; $v = h(x) = 3x+5$

$\dfrac{df\{u\}}{du} = 7u^6$; $\dfrac{dg[v]}{dv} = \cos v$; $\dfrac{dh(x)}{dx} = 3$

$y' = 7u^6 \cdot \cos v \cdot 3 = 21 \sin^6(3x+5) \cdot \cos(3x+5)$

(2) $y = u(x)^{v(x)} = x^x$; $\ln y = x \cdot \ln x$

$\dfrac{d \ln y}{dx} = \dfrac{1}{y} \cdot \dfrac{dy}{dx} = \ln x + 1$

$y' = \dfrac{dy}{dx} = y(\ln x + 1) = x^x(\ln x + 1)$

7.3 Ableitungen der elementaren Funktionen

$y = f(x)$	$y' = f'(x)$	$y = f(x)$	$y' = f'(x)$
C	0	$\sqrt[n]{x}$	$1/(n \cdot \sqrt[n]{x^{n-1}})$
x	1	e^x	e^x
x^n	$n \cdot x^{n-1}$	a^x	$a^x \cdot \ln a$
$\dfrac{1}{x}$	$-\dfrac{1}{x^2}$	$\ln x$	$\dfrac{1}{x}$
$\dfrac{1}{x^n}$	$-\dfrac{n}{x^{n+1}}$	$\lg x$	$\dfrac{1}{x} \cdot \lg e = \dfrac{1}{x \cdot \ln 10}$
$\sqrt{x}$	$(1/(2\sqrt{x}))$		
$\arcsin x$	$1/\sqrt{1-x^2}$	$\sinh x$	$\cosh x$
$\arccos x$	$-1/\sqrt{1-x^2}$	$\cosh x$	$\sinh x$
$\arctan x$	$1/(1+x^2)$	$\tanh x$	$1/\cosh^2 x$
$\text{arccot } x$	$-1/(1+x^2)$	$\coth x$	$-1/\sinh^2 x$
$\sin x$	$\cos x$	$\text{arsinh } x$	$1/\sqrt{1+x^2}$
$\cos x$	$-\sin x$	$\text{arcosh } x$	$1/\sqrt{x^2-1}$
$\tan x$	$1/\cos^2 x$	$\text{artanh } x$	$1/(1-x^2)$
$\cot x$	$-1/\sin^2 x$	$\text{arcoth } x$	$-1/(x^2-1)$

7.4 Taylorreihen

$$f(x_0+h) = f(x_0) + \frac{f'(x_0)}{1!}h + \frac{f''(x_0)}{2!}h^2 + \ldots + \frac{f^{(n)}(x_0)}{n!}h^n + \ldots$$

$\sin x$	$= x - x^3/3! + x^5/5! - x^7/7! + -\ldots$	$\|x\| < \infty$
$\cos x$	$= 1 - x^2/2! + x^4/4! - x^6/6! + -\ldots$	$\|x\| < \infty$
$\tan x$	$= x + x^3/3 + 2x^5/15 + 17x^7/315 + \ldots$	$\|x\| < \pi/2$
$\arcsin x$	$= x + x^3/(2\cdot 3) + (1\cdot 3\cdot x^5)/(2\cdot 4\cdot 5) + (1\cdot 3\cdot 5\cdot x^7)/(2\cdot 4\cdot 6\cdot 7) + \ldots$	$\|x\| < 1$
$\arccos x$	$= \pi/2 - \arcsin x$	$\|x\| < 1$
$\arctan x$	$= x - x^3/3 + x^5/5 - 7x^7/7 + -\ldots$	$\|x\| < 1$
e^x	$= 1 + x/1! + x^2/2! + x^3/3! + x^4/4! + \ldots$	$\|x\| < \infty$
$\ln x$	$= 2\left[\dfrac{x-1}{x+1} + \dfrac{1}{3}\left(\dfrac{x-1}{x+1}\right)^3 + \dfrac{1}{5}\left(\dfrac{x-1}{x+1}\right)^5 + \ldots\right]$	$x > 0$

Binomische Reihe:

$$(1 \pm x)^a = 1 \pm \binom{a}{1}x + \binom{a}{2}x^2 \pm \binom{a}{3}x^3 + \ldots \qquad a \in \mathbb{R};\ |x| < 1$$

Normal-Verteilung:

$$F(x) = 0{,}5 + \left[x - x^3/(3\cdot 2\cdot 1!) + x^5/(5\cdot 4\cdot 2!) - x^7/(7\cdot 8\cdot 3!) + x^9/(9\cdot 16\cdot 4!) \mp \ldots\right]/\sqrt{2\pi}$$

Poisson-Verteilung:

$$F(x,\mu) = e^{-\mu}\left[1 + \mu + \mu^2/2! + \mu^3/3! + \mu^4/4! + \mu^5/5! + \ldots + \mu^x/x!\right]$$

Einheitsklothoide:

$$x_{KL} = \sum_{n=0}^{\infty} \frac{(-1)^n l^{4n+1}}{(2n)!(4n+1)2^{2n}} = l - \frac{l^5}{40} + \frac{l^9}{3456} - \frac{l^{13}}{599\,040} + \frac{l^{17}}{175\,472\,640} \mp \ldots \qquad |l| < \infty$$

$$y_{KL} = \sum_{n=0}^{\infty} \frac{(-1)^n l^{4n+3}}{(2n+1)!(4n+3)2^{(2n+1)}} = \frac{l^3}{6} - \frac{l^7}{336} + \frac{l^{11}}{42\,240} - \frac{l^{15}}{9\,676\,800} + \frac{l^{19}}{3\,530\,096\,640} \mp \ldots \qquad |l| < \infty$$

7.5 Extrema und Wendepunkte

$y = f(x)$ hat
- ein Maximum bei $x = x_M$, wenn $f'(x_M) = 0$ und $f''(x_M) < 0$
- ein Minimum bei $x = x_m$, wenn $f'(x_m) = 0$ und $f''(x_m) > 0$
- einen Wendepunkt bei $x = x_W$, wenn $f''(x_W) = 0$ und $f'''(x_W) \neq 0$

Beispiel:
$y = 0{,}25x^3 - 0{,}5x^2 - 1{,}25x + 1{,}5$; $y' = 0{,}75x^2 - x - 1{,}25$; $y'' = 1{,}5x - 1$; $y''' = 1{,}5$

$y'(x_E) = 0 \Rightarrow$	$x_{E_1} = 2{,}120$	$x_{E_2} = -0{,}786$
	$y_{E_1} = -1{,}015$	$y_{E_2} = 2{,}052$
	$y''(x_{E_1}) > 0$ Minimum!	$y''(x_{E_2}) < 0$ Maximum!
$y''(x_W) = 0 \Rightarrow$	$x_W = \frac{2}{3}$ Wendepunkt!	

Krümmungsradius: $\varrho = \sqrt{(1+y'^2)^3}/y''$ $\quad$ z. B. $\varrho(x_{E_2}) = -0{,}459$

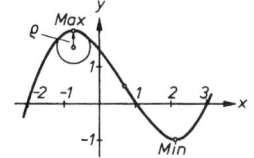

7.6 Nullstellenbestimmung

Newtonsches Iterationsverfahren

In der Nähe der Nullstelle wird die Funktion durch ihre **Tangente** ersetzt. Der Schnittpunkt dieser Tangente mit der x-Achse ist in der Regel ein besserer Näherungswert für die Nullstelle. Man wiederholt mit dem jeweils besten Näherungswert das Verfahren, bis die gewünschte Genauigkeit erreicht ist.

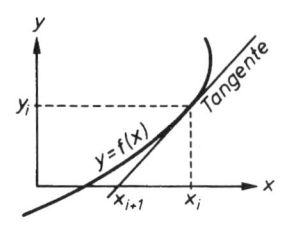

$$\boxed{x_{i+1} = x_i - \frac{f(x_i)}{f'(x_i)}} \quad ; \quad i = 0, 1, 2, \ldots$$

2.26

Aufgabe: Bestimmung von $x = \sqrt[n]{R}$
Äquivalent dazu ist die Bestimmung der positiven reellen Nullstelle von $y = x^n - R$:
Mit $y' = n \cdot x^{n-1}$ liefert das Newtonsche Iterationsverfahren:

$$x_{i+1} = x_i - \frac{x_i - R}{n \cdot x_i^{n-1}} = \frac{1}{n}\left[(n-1)\cdot x_i + \frac{R}{x_i^{n-1}}\right]$$

Beispiel: $x = \sqrt[3]{45}$; ausgehend von $x_0 = 3$ erhält man die Folge der Näherungswerte, wobei $x_4 = 3{,}55689330449$ bereits auf 12 Stellen genau ist:

i	x_i	x_i^3
0	3,00000000000	27,0000000000
1	3,66666666667	49,2962962963
2	3,56014692378	45,1236023903
3	3,55689627707	45,0001128227
4	3,55689330449	45,0000000001

Newtonsches Iterationsverfahren

Anfangsnäherung: x_0
Genauigkeit: ε (z. B. $0{,}5 \cdot 10^{-5}$)

$x_i := x_0$

$y_i := f(x_i)$
$y_i' := f'(x_i)$
$dx := y_i / y_i'$
$x_i := x_i - dx$

Wiederhole, bis $|dx| < \varepsilon$

$x_N := x_i$

Regula falsi
Wenn die Ableitung y' für das Newtonsche Iterationsverfahren sehr aufwändig zu ermitteln ist, kann man statt der Tangente mit etwas numerischem Mehraufwand die **Sehne** zwischen zwei Kurvenpunkten benutzen. Man erhält als Iterationsvorschrift die Regula falsi:

$$x_{i+1} = x_i - y_i \cdot \frac{x_i - x_{i-1}}{y_i - y_{i-1}} \quad i = 0, 1, 2, \ldots$$

Regula falsi

Anfangsnäherung: x_0, x_{-1}
Genauigkeit: ε (z. B. $0{,}5 \cdot 10^{-5}$)

$x_i := x_0$; $x_{i-1} := x_{-1}$

$y_i := f(x_i)$
$m := [y_i - f(x_{i-1})]/[x_i - x_{i-1}]$
$dx := y_i / m$; $x_{i-1} := x_i$
$x_i := x_i - dx$

Wiederhole, bis $|dx| < \varepsilon$

$x_N := x_i$

8 Integralrechnung

8.1 Unbestimmte Integrale

Schreibweise $\quad F(x) + C = \int f(x)\,dx \quad \Leftrightarrow \quad \dfrac{d(F(x)+C)}{dx} = f(x)$

Dabei heißen: $\quad f(x)$ Integrand, $F(x)$ eine Stammfunktion von $f(x)$, C Integrationskonstante, $F(x) + C$ unbestimmtes Integral von $f(x)$

8.1.1 Integrationsregeln

- Ein **konstanter Faktor** kann vor das Integralzeichen gezogen werden:
  $\int a \cdot f(x)\,dx = a\int f(x)\,dx$

- Das **Integral einer Summe** (Differenz) ist gleich der Summe (Differenz) der Integrale der einzelnen Glieder:
  $\int [f_1(x) + f_2(x) - f_3(x)]\,dx = \int f_1(x)\,dx + \int f_2(x)\,dx - \int f_3(x)\,dx$

- **Substitutionsmethode**: Ist $x = \varphi(t)$, so gilt:
  $\int f(x)\,dx = \int f[\varphi(t)] \cdot \varphi'(t)\,dt$

- **Partielle Integration**: Mit u und v als Funktionen von x gilt: $\int u\,dv = u\,v - \int v\,du$

8.1.2 Tabelle wichtiger Integrale

Die Grundintegrale entnimmt man der Tabelle „Ableitungen der elementaren Funktionen".

$f(x)$	$\int f(x)\,dx$	$f(x)$	$\int f(x)\,dx$
x^n	$\dfrac{x^{n+1}}{n+1}$ (für $n \neq -1$)	$(ax+b)^n$	$\dfrac{(ax+b)^{n+1}}{a(n+1)}$ ($n \neq -1$)
$\dfrac{1}{x}$	$\ln\lvert x\rvert$	$\dfrac{1}{ax+b}$	$\dfrac{1}{a}\ln\lvert ax+b\rvert$
$\dfrac{1}{a^2-x^2}$	$\dfrac{1}{2a}\ln\left\lvert\dfrac{a+x}{a-x}\right\rvert$	$\dfrac{1}{x^2-a^2}$	$\dfrac{1}{2a}\ln\left\lvert\dfrac{x-a}{x+a}\right\rvert$
$\dfrac{x}{ax+b}$	$\dfrac{x}{a}-\dfrac{b}{a^2}\ln\lvert ax+b\rvert$	$\dfrac{x}{(ax+b)^2}$	$\dfrac{b}{a^2(ax+b)}+\dfrac{1}{a^2}\ln\lvert ax+b\rvert$
$\sqrt{x}$	$\dfrac{2}{3}\sqrt{x^3}$		$\dfrac{2}{\sqrt{4ac-b^2}}\arctan\dfrac{2ax+b}{\sqrt{4ac-b^2}}$
$\dfrac{1}{\sqrt[n]{x}}$	$\dfrac{n}{n-1}\cdot x^{\frac{n-1}{n}}$	$\dfrac{1}{ax^2+bx+c}$	$\dfrac{1}{\sqrt{b^2-4ac}}\ln\left\lvert\dfrac{2ax+b-\sqrt{b^2-4ac}}{2ax+b+\sqrt{b^2-4ac}}\right\rvert$
$\dfrac{1}{\sqrt{a^2-x^2}}$	$\arcsin\dfrac{x}{a}$	$\sqrt{a^2-x^2}$	$\dfrac{1}{2}\left(x\sqrt{a^2-x^2}+a^2\arcsin\dfrac{x}{a}\right)$
$\dfrac{1}{\sqrt{a^2+x^2}}$	$\ln\left\lvert x+\sqrt{a^2+x^2}\right\rvert$	$x\sqrt{a^2-x^2}$	$-\dfrac{1}{3}\sqrt{(a^2-x^2)^3}$
$\dfrac{1}{\sqrt{x^2-a^2}}$	$\ln\left\lvert x+\sqrt{x^2-a^2}\right\rvert$	$\dfrac{\sqrt{a^2-x^2}}{x}$	$\sqrt{a^2-x^2}-a\ln\left\lvert\dfrac{a+\sqrt{a^2-x^2}}{x}\right\rvert$
$\sqrt{x^2-a^2}$	$\dfrac{1}{2}\left(x\sqrt{x^2-a^2}-a^2\ln\left\lvert x+\sqrt{x^2-a^2}\right\rvert\right)$	$\sqrt{x^2+a^2}$	$\dfrac{1}{2}\left(x\sqrt{x^2+a^2}+a^2\operatorname{arsinh}\dfrac{x}{a}\right)$
$x\sqrt{x^2-a^2}$	$\dfrac{1}{3}\sqrt{(x^2-a^2)^3}$	$x\sqrt{x^2+a^2}$	$\dfrac{1}{3}\sqrt{(x^2+a^2)^3}$
$\dfrac{\sqrt{x^2-a^2}}{x}$	$\sqrt{x^2-a^2}-a\arccos\dfrac{a}{x}$	$\dfrac{\sqrt{x^2+a^2}}{x}$	$\sqrt{x^2+a^2}-a\ln\left\lvert\dfrac{a+\sqrt{x^2+a^2}}{x}\right\rvert$
$\sin cx$	$-(\cos cx)/c$	$\tan cx$	$-(\ln\lvert\cos cx\rvert)/c$
$\cos cx$	$(\sin cx)/c$	$\cot cx$	$(\ln\lvert\sin cx\rvert)/c$
$\sin^2 cx$	$\dfrac{1}{2}\left(x-\dfrac{1}{c}\sin cx\,\cos cx\right)$	$\cos^2 cx$	$\dfrac{1}{2}\left(x+\dfrac{1}{c}\sin cx\,\cos cx\right)$
e^{cx}	e^{cx}/c	$\ln x$	$x\ln x - x$
$x\cdot e^{cx}$	$e^{cx}(cx-1)/c^2$	$(\ln x)^2$	$x(\ln x)^2 - 2x\ln x + 2x$

8.2 Bestimmte Integrale

$$\lim_{\substack{\Delta x\to 0 \\ n\to\infty}} \sum_{i=0}^{n} f(x_i)\cdot \Delta x = \int_a^b f(x)\,dx$$

$$= \left[F(x)\right]_a^b = F(b) - F(a)$$

8.1 Integrationsregeln

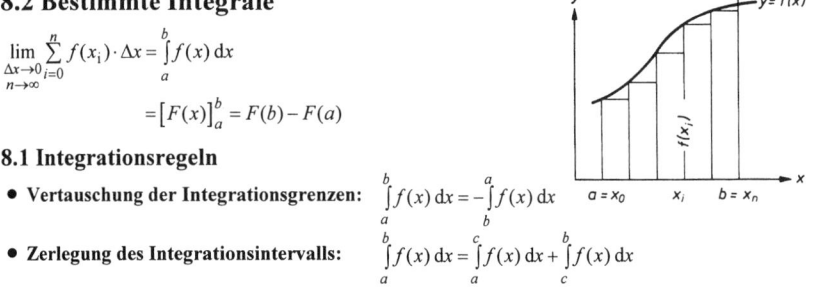

- **Vertauschung der Integrationsgrenzen:** $\displaystyle\int_a^b f(x)\,dx = -\int_b^a f(x)\,dx$

- **Zerlegung des Integrationsintervalls:** $\displaystyle\int_a^b f(x)\,dx = \int_a^c f(x)\,dx + \int_c^b f(x)\,dx$

- Das **Integral einer Summe** mehrerer Funktionen ist gleich der Summe der Integrale der einzelnen Summanden:
$$\int_a^b [f_1(x) + f_2(x) - f_3(x)]\,dx = \int_a^b f_1(x)\,dx + \int_a^b f_2(x)\,dx - \int_a^b f_3(x)\,dx$$

- Ein **konstanter Faktor** kann vor das Integralzeichen gezogen werden:
$$\int_a^b c\,f(x)\,dx = c\int_a^b f(x)\,dx$$

- **Substitutionsmethode:**
Mit der Hilfsfunktion $x = \varphi(t)$, $t = \psi(x)$ im Intervall [a, b]:
$$\int_a^b f(x)\,dx = \int_{\psi(a)}^{\psi(b)} f[\varphi(t)]\,\varphi'(t)\,dt$$

- **Partielle Integration:**
$$\int_a^b f(x)\,dx = \int_a^b u\,dv = [u \cdot v]_a^b - \int_a^b v\,du$$

8.2 Näherungsweise Integration

- **Rechteckformel** für $i = 1,\ldots,n$ ist:
$h = (b-a)/n;\quad x_i = a + (i - 0{,}5) \cdot h;\quad y_i = f(x_i)$
$$\int_a^b y\,dx \approx h\,(y_1 + y_2 + \ldots + y_n)$$

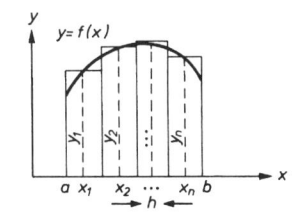

- **Simpsonsche Regel** für $i = 1,\ldots,n$ (n gerade) ist:
$h = (b-a)/n;\quad x_i = a + i \cdot h;\quad y_i = f(x_i)$
$$\int_a^b y\,dx \approx \frac{h}{3}\,(y_0 + 4y_1 + 2y_2 + 4y_3 \ldots + 2y_{n-2} + 4y_{n-1} + y_n)$$
Für $n = 2$ hat man die Keplersche Fassregel:
$$\int_a^b y\,dx \approx \frac{h}{3}\,(y_0 + 4y_1 + y_2)$$

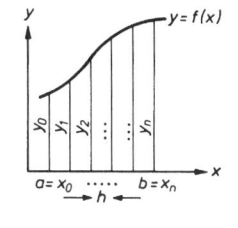

- **Gaußsche Quadraturformel** $\quad h = (b-a)/(2n);\quad x_i = a + (2i-1) \cdot h$
$$\int_a^b y\,dx \approx \frac{h}{9}\sum_{i=1}^{n}\left[5 \cdot f(x_i - h\sqrt{0{,}6}) + 8 \cdot f(x_i) + 5 \cdot f(x_i + h\sqrt{0{,}6})\right]$$

Beispiel: $\int_1^2 \frac{1}{x}\,dx$ (Exakte Lösung zum Vergleich: $\ln 2 \approx 0{,}693147180\ldots$)

Rechteckformel			Simpsonsche Regel			Gaußsche Quadratur		
$n = 8$; $h = 0{,}125$			$n = 4$; $h = 0{,}25$			$n = 1$; $h = 0{,}5$		
x_i	y_i	G_i	x_i	y_i	G_i	x_i	y_i	G_i
1,0625	0,94118	1	1,00	1,00000	1	1,1127	0,89871	5
1,1875	0,84211	1	1,25	0,80000	4	1,5000	0,66667	8
1,3125	0,76191	1	1,50	0,66667	2	1,8873	0,52986	5
1,4375	0,69565	1	1,75	0,57143	4			
1,5625	0,64000	1	2,00	0,50000	1			
1,6875	0,59259	1						
1,8125	0,55172	1						
1,9375	0,51613	1						
$\sum y_i \cdot G_i$	5,54129		$\sum y_i \cdot G_i$	8,31906		$\sum y_i \cdot G_i$	12,47636	
$h \cdot \sum y_i \cdot G_i$	**0,69266**		$\frac{h}{3}\sum y_i \cdot G_i$	**0,69326**		$\frac{h}{9}\sum y_i \cdot G_i$	**0,69313**	
Fehler	0,00049		Fehler	−0,00011		Fehler	0,00002	

8.3 Geometrische Anwendungen

Flächeninhalte
Fläche auf dem Intervall $[x_1, x_2]$
zwischen $y = f(x)$ und x-Achse   und   zwischen $y = f(x)$ und $y = g(x)$

$$A = \int_{x_1}^{x_2} f(x)\,dx \qquad\qquad A = \int_{x_1}^{x_2} [f(x) - g(x)]\,dx$$

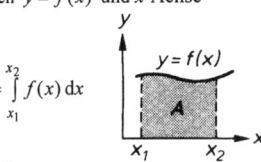

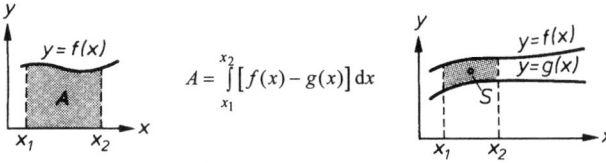

Bogenlänge
Die Länge s eines Graphenstücks zwischen den Punkten $P_1\,(x_1;\,y_1)$ und $P_2\,(x_2;\,y_2)$:

$$s = \int_{x_1}^{x_2} \sqrt{1 + y'^2}\,dx \qquad \text{für } y = f(x)$$

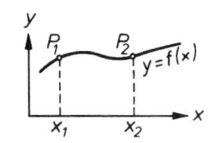

Mantelflächen von Rotationskörpern
Bei Rotation des Graphen von $y = f(x)$

um die x-Achse: | um die y-Achse:

$$A_M = 2\pi \int_{x_1}^{x_2} y\sqrt{1 + y'^2}\,dx \qquad\qquad A_M = 2\pi \int_{y_1}^{y_2} x\sqrt{1 + \left(\frac{dx}{dy}\right)^2}\,dy$$

Volumen von Rotationskörpern
Bei Rotation des Graphen von $y = f(x)$

um die x-Achse: | um die y-Achse:

$$V_x = \pi \int_{x_1}^{x_2} y^2\,dx \qquad\qquad V_y = \pi \int_{y_1}^{y_2} x^2\,dy$$

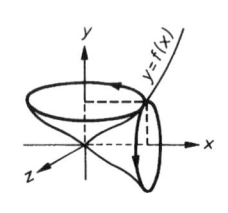

8.4 Anwendungen aus der Baustatik

Prinzip der virtuellen Kräfte
Integrale der Form $\int_0^l \overline{M}(x) \cdot M(x) \cdot dx$ sind zu lösen.

Beispiel:
$$\int_0^l \overline{M}(x) \cdot M(x) \cdot dx = \int_0^l \overline{M} \cdot M_k \cdot l^{-1} \cdot x\,dx = \overline{M} \cdot M_k \cdot l^{-1} \int_0^l x\,dx$$
$$= \overline{M} \cdot M_k \cdot l^{-1} \left[x^2/2\right]_0^l = \tfrac{1}{2} l \cdot \overline{M} \cdot M_k$$

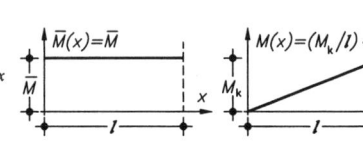

$\overline{M}(x) = \overline{M}$ \qquad $M(x) = (M_k/l) \cdot x$

Flächenmoment 1. Grades und Schwerpunkt
$$S_y = \int z \cdot dA\,;\quad S_z = \int y \cdot dA \quad \text{mit } dA = dx \cdot dy\,;\quad y_S = \frac{S_z}{A}\,;\quad z_S = \frac{S_y}{A}$$

Beispiel: Dreieck
$$S_y = \int_0^h \int_0^{b \cdot z/h} z \cdot dy \cdot dz = \int_0^h z\,[y]_0^{b \cdot z/h} \cdot dz = \frac{b}{h}\int_0^h z^2 \cdot dz = \frac{b}{h}\left[\frac{z^3}{3}\right]_0^h = \tfrac{1}{3} b \cdot h^2\,;\quad z_S = \frac{2\,b\,h^2}{3\,b\,h} = \tfrac{2}{3} h$$

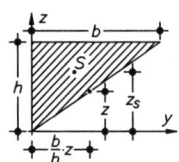

Flächenmoment 2. Grades
$$I_y = \int z^2 \cdot dA \quad \text{mit } dA = dy \cdot dz$$

Beispiel: Rechteckquerschnitt
$$I_y = 2\int_0^{h/2} 2\int_0^{b/2} z^2 \cdot dy \cdot dz = 4\int_0^{h/2} z^2 \cdot [y]_0^{b/2} \cdot dz = 2b\int_0^{h/2} z^2 \cdot dz = 2b\left[z^3/3\right]_0^{b/2} = \frac{b\,h^3}{12}$$

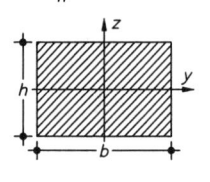

2 B Bauinformatik

Prof. Dr.-Ing. Rolf Gelhaus

1 Datenverarbeitung

1.1 Allgemeines

Datenverarbeitung bedeutet in diesem Zusammenhang automatische Datenverarbeitung auf elektronischen Datenverarbeitungsanlagen (DVA), engl. Computer genannt. Der Benutzer gibt dem Computer seine Eingabedaten (Zahlen, Texte, Zeichnungselemente [grafische Daten]) ein, aus denen die im Computer befindlichen Programme, die zuvor ebenfalls eingegeben werden müssen, die vom Benutzer gewünschten neuen Daten (Ausgabedaten) erzeugen und in geeigneter Weise auf Ausgabegeräten darstellen:

Eingabedaten → | Computer mit Anwendungsprogramm | → Ausgabedaten

1.2 Grundlagen

1.2.1 Informationsdarstellung

- **Darstellung von Zeichen (Buchstaben, Ziffern, Sonderzeichen)**

Im Computer werden alle Informationen in binärer Form verschlüsselt dargestellt. Dabei bedeutet eine Binärstelle (Bit, von engl. Binary digit) ein Bauelement, in welchem entweder eine Null oder eine Eins gespeichert werden kann. Meist werden acht Bits zu der größeren Einheit Byte zusammengefasst. In einem Byte lassen sich 256 verschiedene Bitkombinationen (Binärmuster) speichern. Das reicht aus, um alle Buchstaben des Alphabets in Klein- und Großschreibweise, alle zehn Ziffern des Dezimalsystems sowie eine große Menge von Sonderzeichen wie + - * / . , ! ? # $ usw. zu verschlüsseln. Eine besonders bei Mikrocomputern verbreitete Verschlüsselungsmethode für solche Zeichen heißt ASCII (American Standard Code for Information Interchange), ein Code, der die sieben niederwertigsten Bits der acht Bits benutzt. Nicht genormt ist die Bedeutung derjenigen Bytes, deren höchstwertiges Bit gleich eins ist. Für die Codes 128 bis 255 gibt es eine verbreitete IBM-PC-kompatible Bedeutung. Unter der Betriebssystemoberfläche *WINDOWS* wird allerdings der ANSI-Zeichensatz (American National Standards Institute) verwendet, der für die Codes 128 bis 255 eine abweichende Bedeutung vorsieht. Für die Zeichendarstellung im Internet gilt ISO-8859, ein Standard, der in verschiedenen Teilen internationale Alphabete bietet: z.B. ISO-8859-1 für USA/Westeuropa, ISO-8859-5 für kyrillischen Zeichensatz, ISO-8859-7 für griechischen Zeichensatz.

- **Darstellung von Zahlen**

In der Radixschreibweise können Zahlen als Binärmuster geeigneter Länge dargestellt werden. Bekannt ist die Radixschreibweise von Zahlen im **Dezimalsystem**

$$703.29_{10} = 7 \cdot 10^2 + 0 \cdot 10^1 + 3 \cdot 10^0 + 2 \cdot 10^{-1} + 9 \cdot 10^{-2},$$

bei welcher der Radixpunkt „." angibt, an welcher Stelle der geordneten Ziffernfolge die negativen Exponenten der Zehnerpotenzen beginnen. Ganz analog dazu werden Zahlen im **Dualsystem** mit der Basis 2 dargestellt

$$1011.011_2 = 1 \cdot 2^3 + 0 \cdot 2^2 + 1 \cdot 2^1 + 1 \cdot 2^0 + 0 \cdot 2^{-1} + 1 \cdot 2^{-2} + 1 \cdot 2^{-3} = 11.375_{10}$$

(die tiefgestellte 2 bzw. 10 deuten das jeweils benutzte Zahlensystem an).
Das **Hexadezimalsystem** verwendet die Basis 16 und die Ziffern 0, 1 ... 9, A, B, C, D, E, F.
Beispiel: $B0.6_{16} = B \cdot 16^1 + 0 \cdot 16^0 + 6 \cdot 16^{-1} = 11 \cdot 16 + 0 \cdot 1 + 6 \cdot 16^{-1} = 176.375_{10}$
Eine Hexadezimalziffer läßt sich mit vier Bits darstellen:

$0_{10} = 0000_2 = 0_{16}$	$4_{10} = 0100_2 = 4_{16}$	$8_{10} = 1000_2 = 8_{16}$	$12_{10} = 1100_2 = C_{16}$
$1_{10} = 0001_2 = 1_{16}$	$5_{10} = 0101_2 = 5_{16}$	$9_{10} = 1001_2 = 9_{16}$	$13_{10} = 1101_2 = D_{16}$
$2_{10} = 0010_2 = 2_{16}$	$6_{10} = 0110_2 = 6_{16}$	$10_{10} = 1010_2 = A_{16}$	$14_{10} = 1110_2 = E_{16}$
$3_{10} = 0011_2 = 3_{16}$	$7_{10} = 0111_2 = 7_{16}$	$11_{10} = 1011_2 = B_{16}$	$15_{10} = 1111_2 = F_{16}$

Ganze Zahlen (engl.: integers) werden in zwei Bytes dargestellt, die man als ein 16-Bit-Wort auffasst. In dieser Darstellung ergibt sich ein Wertebereich von $-32\,767$ bis $+32\,768$, der nur bei einfachen Zählvorgängen, nicht aber bei numerischen Rechnungen ausreicht.

Beispiel:

$\boxed{0|0|0|1|0|1|1|0}$ $\boxed{1|0|1|1|1|1|1|1}$ $\Leftrightarrow$ 5823_{10}

Manche Programmiersprachen erlauben auch die Benutzung von vier aufeinander folgenden Bytes für die Darstellung ganzer Zahlen (engl.: long integers). Bei dieser Darstellung ergibt sich ein Zahlenbereich zwischen $-2\,147\,483\,647$ und $+2\,147\,483\,647$.

Reelle Zahlen (engl.: reals) müssen im Computer näherungsweise durch eine Teilmenge der rationalen Zahlen dargestellt werden, für die sich eine halblogarithmische Darstellung als Dualzahlen eingebürgert hat, die man *Gleitpunktdarstellung* nennt. Jede Zahl Z wird dabei durch das Produkt aus einem Skalierungsteil B^n und der Mantisse M dargestellt: $Z = \pm M \cdot B^n$. Häufig wird als Basis $B = 2$ benutzt. Der Exponent n des Skalierungsfaktors wird in einem Byte dargestellt, und für die Mantisse M werden je nach erforderlicher Rechengenauigkeit 3, 5 oder 7 Bytes (zusammen mit dem Exponenten n also 4, 6 oder 8 Bytes) benutzt. Umrechnung dieser Dualzahlen in Dezimalzahlen ergibt ungefähr sieben-, elf- bzw. 15-stellige Genauigkeit.

Beispiel:
Die Mantisse M einer Zahl Z wird durch geschickte Wahl des Exponenten n so dargestellt, dass die einzige Ziffer vor dem Radixpunkt eine Eins wird, die nicht gespeichert werden muss, sondern nur „gedacht" wird. Der Radixpunkt vor dem ersten Mantissenbyte ist natürlich auch nur gedacht:

$$\underbrace{00111111}_{\pm n+63} \quad \underbrace{.10000000 \; 00000000 \; 00000001}_{\text{Mantisse } M}$$

Der Exponent (im ersten der vier Bytes) belegt sieben der acht Bits und wird mit einem Additionszuschlag von 63 dargestellt, um auch negative Exponenten zu ermöglichen. In obigem Beispiel ist $n + 63 = 0011111_2 = 63_{10}$. Das entspricht $n = 0$. Das vorderste Bit dieses ersten Byte stellt das Vorzeichen von Z dar. 0 entspricht positivem, 1 entspricht negativem Vorzeichen. Die 0 in obigem Beispiel bedeutet also positives Vorzeichen. Die drei Bytes von M im Beispiel stellen zusammen mit der nur gedachten „1" die Dezimalzahl dar:
$$M = \text{„1"} + 1 \cdot 2^{-1} + 0 \cdot 2^{-2} + \ldots + 0 \cdot 2^{-23} + 1 \cdot 2^{-24} = 1 + 0{,}5 + 1/16777216 \approx 1{,}50000006.$$
Zusammen mit dem Vorzeichen + und dem Zweierexponenten $n = 0$ stellt obiges Beispiel also die Dezimalzahl $Z = +1{,}50000006 \cdot 2^0 = +1{,}50000006$ dar.

Maschinenbefehle, die der Computer direkt ausführen kann, bestehen aus Folgen von Binärmustern, die nur für ganz bestimmte Zentraleinheiten „verständlich" sind.

1.2.2 Hardware

Die Bauteile eines Computers (Gehäuse, Transformatoren, Platinen, Verbindungsleitungen, Motoren usw.) nennt man die *Hardware* (engl.: „harte Ware"). Der **Prozessor** der Datenverarbeitungsanlage enthält den *Hauptspeicher*, der die Programme und Daten vor der eigentlichen Verarbeitung aufnehmen muss, und das *Leitwerk*, das die Maschinenbefehle in der vom Programm bestimmten Reihenfolge aus dem Hauptspeicher holt, entschlüsselt und die Ausführung des jeweiligen Befehls durch das *Rechenwerk* veranlasst und überwacht. Die Verbindung zwischen den einzelnen Baugruppen bildet der *Datenbus*, über den die Daten auf Befehl des Leitwerks an die erforderlichen Stellen transportiert werden. Der Hauptspeicher ist häufig ein Speicher, der seinen Inhalt verliert, wenn der Strom unterbrochen wird. Man gibt seine Größe in kB (Kilobytes) oder MB (Megabytes) an, wobei 1 kB = 1024 Bytes = 2^{10} Bytes und 1 MB = 1 048 576 Bytes = 2^{20} Bytes ist. Zusätzlich ist mindestens ein *peripherer Speicher* vorhanden, der auch bei Stromabschaltung seinen Inhalt nicht verliert. Zu diesen peripheren Speichern zählen Disketten-, Platten- und Magnetbandspeicher. Bevor die Programme abgearbeitet werden können, müssen sie von peripheren Speicher in den Hauptspeicher geladen werden. Das Gleiche geschieht mit den zu verarbeitenden Daten.

Zur **Dateneingabe** in das Computersystem dienen *Tastaturen* für Zahlen und Texte, *Digitalisierer* oder *Maus* für grafische Eingaben, *Scanner* für die Erfassung von Bildern und gedruckten Texten, Geräte für die *Messwerterfassung* und Verbindungsleitungen zur *Daten(fern)übertragung* von anderen Computern.

Zur **Datenausgabe** von Ergebnissen benutzt man *Bildschirme* (Monitore), die alphanumerische Daten (Texte oder Zahlen) und grafische Daten (Zeichnungen) anzeigen können, *Drucker*, die Ausgabedaten zu Papier bringen, *Plotter*, die grafische Ausgaben erzeugen, *Wertgeber*, die angeschlossene Geräte (z.B. numerisch gesteuerte Fertigungsmaschinen oder Industrieroboter) steuern (ohne Rückkopplung) oder regeln (mit Rückkopplung), sowie Leitungen zur *Daten(fern)übertragung* zu anderen Computern.

Die folgende Grafik veranschaulicht den Datenfluss:

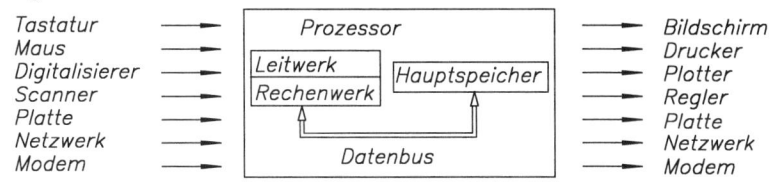

```
Tastatur     ──▶  ┌─────────────────────────────┐  ──▶  Bildschirm
Maus         ──▶  │         Prozessor           │  ──▶  Drucker
Digitalisierer ──▶│ ┌────────┐                  │  ──▶  Plotter
Scanner      ──▶  │ │Leitwerk│  ┌─────────────┐ │  ──▶  Regler
Platte       ──▶  │ │Rechenwerk│ │Hauptspeicher│ │  ──▶  Platte
Netzwerk     ──▶  │ └────┬───┘  └──────┬──────┘ │  ──▶  Netzwerk
Modem        ──▶  │      └──Datenbus───┘        │  ──▶  Modem
                  └─────────────────────────────┘
```

2 Mathematik Bauinf.

1.2.3 Software

Im Gegensatz zur Hardware nennt man die Programme (Arbeitsvorschriften), die die Verarbeitung der Daten im Computer steuern, die Software. Dazu gehören:

- **Betriebssysteme**: Für den Betrieb des Computers ist als Grundsoftware ein Betriebssystem erforderlich. Es wird nach dem Anschalten als erstes vom peripheren Speicher (Platte oder Diskette) in den Hauptspeicher geladen und ermöglicht dem Computer die Lösung einiger Grundaufgaben, zu denen die Eingabe von Daten über die Tastatur in eine Plattendatei oder das Ausgeben des Inhalts einer Plattendatei auf dem Drucker und das Laden und Starten von Anwendungsprogrammen gehören. Auf Mikrocomputern sind Betriebssysteme wie Windows, OS/2 und UNIX anzutreffen.
- **Programmiersysteme**: Um eigene Programme herzustellen, benötigt man Hilfsprogramme wie Editoren zum komfortablen Eingeben der in der gewählten Programmiersprache verfaßten Quellprogramme (engl.: source program), weiterhin Übersetzerprogramme (engl.: compiler, interpreter), die das Quellprogramm in das Zielprogramm (engl.: object program) in der dem Computer direkt verständlichen Maschinensprache übersetzen, sowie Binderprogramme (engl.: linker), die einzelne Programmteile zu einem lauffähigen Maschinenprogramm zusammenfügen. Alle für eine Programmiersprache notwendigen Hilfsprogramme nennt man ein Programm-Entwicklungs-System.
- **Anwendungsprogramme**: Für Textverarbeitung, Tabellenkalkulation, Datenbanken, statistische Auswertungen, Berechnungen und Bemessungen zur Tragwerksplanung, FEM (Finite Element Methode), Entwurfsberechnung von Verkehrswegen, AVA (Ausschreibung, Vergabe, Abrechnung), Lagerhaltung, Bürokommunikation, CAD (Computer Aided Design, Computer unterstütztes Entwerfen), GIS (Geographische Informationssysteme), FM (Facilities Management, Bauwerks-Management) usw. können leistungsfähige Anwendungsprogramme gekauft werden.

1.3 Programmierung – Prinzip und Beispiele

1.3.1 Allgemeines

Die Technik zur Entwicklung größerer Programm-Systeme heißt *Software-Engineering*. Sie gliedert sich in verschiedene Phasen. Für die leichtere Handhabung dieser Phasen werden zunehmend Hilfsprogrammsysteme verwandt, die man mit *CASE* (Computer Aided Software Engineering) bezeichnet.

- **Problemanalyse**: Das praktische Umfeld, in dem das geplante Programmsystem arbeiten soll, wird vollständig und eindeutig erfaßt. Die geforderten Leistungen des Programms, die Eingabe- und Ergebnisdaten werden in Diskussion der beteiligten Fachleute festgelegt und umgangssprachlich in einem Pflichtenheft fixiert. Irgendeine Spezialisierung auf bestimmte Rechner, Programmiersprachen oder Lösungsalgorithmen wird noch vermieden.
- **Entwurf:** Das Gesamtprogramm wird in überschaubare Einheiten (Modulen) mit wohl definierten Teilaufgaben zerlegt, und die Datenstrukturen, insbesondere die Datenschnittstellen (d. h. die Ein- und Ausgabedaten jedes Moduls), werden zwischen den Bausteinen festgelegt. Ein verbreitetes Konzept ist die *hierarchische Modularisierung*, bei der jeder Modul seine Aufgaben an einfachere (verfeinerte) Untermodule delegiert. Bei der *Top-Down*-Methode beginnt man ganz oben und legt in jedem Entwurfsschritt fest, was die Untermoduln leisten sollen. Die schrittweise Verfeinerung endet „unten" bei der konkreten Formulierung in einer Programmiersprache. Die *Bottom-Up*-Methode beginnt „unten" bei einem vorhandenen Computersystem mit einer konkreten Programmierumgebung. In jedem Entwurfsschritt werden die Funktionen der jeweils oberen Entwurfsebene zu komfortableren Funktionen zusammengesetzt. Grundsätzlich ist die Top-Down-Methode der Bottom-Up-Methode vorzuziehen. In der Praxis wird häufig zwischen beiden Methoden gewechselt (Jo-Jo-Methode).
- **Implementierung:** Die Quelltexte der gewählten Programmiersprache werden eingegeben. Syntaxfehler (Verstöße gegen die Konstruktionsregeln der Programmiersprache) werden durch Probeübersetzungen festgestellt und beseitigt. Routine-Algorithmen (z.B. Matrizenoperationen, Lösungen von

2.33

Gleichungssystemen, Sortierverfahren, Datenbankzugriffe usw.) werden aus Bausteinbibliotheken hinzugefügt. Ein lauffähiges Programm wird durch einen Bindevorgang mehrerer Teilmodule erzeugt.

• **Funktionsüberprüfung:** Unter praxisähnlichen Bedingungen wird durch Eingabe von vielfältigen Testdaten, bei denen die Ergebnisse durch frühere Handrechnungen bereits bekannt sind oder leicht zu übersehen sind, das einwandfreie Funktionieren des Programmsystems überprüft. Jeder Modul wird sowohl für sich als auch im Zusammenwirken mit den anderen Moduln überprüft. Festgestellte Fehler werden korrigiert. Leider kann dabei jedoch nicht das korrekte Programmverhalten für alle denkbaren Eingaben der Praxis festgestellt werden.

• **Installation, Abnahme:** Anschließend erfolgt die Installation des Programmsystems beim Kunden auf dessen Rechnersystem. Im Abnahmetest überprüft der Auftraggeber, ob das Programm die vertraglichen Vereinbarungen auf der Grundlage des Pflichtenheftes erfüllt.

• **Wartung:** In der Regel enthält das Programm noch Fehler, die sich erst im laufenden Betrieb herausstellen und im Rahmen der Wartung korrigiert werden. Auch schnellere Algorithmen und neue Benutzerfunktionen können im Rahmen der Wartung hinzugefügt werden.

Struktogramme nach *Nassi-Shneiderman* (DIN 66 261) sind beschriftete grafische Symbole zur Darstellung des Programmablaufs von Programmkonstrukten gemäß DIN 66 262. Das Grundsymbol ist ein Rechteck. Die oberste Linie eines jeden Rechtecks bedeutet den Beginn der Verarbeitung, die unterste Linie das Ende der Verarbeitung. Im Rechteck selbst wird die Verarbeitungsart (was geschehen soll) beschrieben. Im Wesentlichen gibt es drei Konstrukte, die in den Abschnitten 1.3.2 bis 1.3.4 mit Beispielen erläutert werden. Einzelheiten zu den Sprachen, zur Eingabe der Quelltexte und zur Übersetzung entnehme man den einschlägigen Handbüchern der verwendeten Programmiersprache.

1.3.2 Folge von Verarbeitungsteilen

Eine Folge von Verarbeitungsteilen wird durch untereinander liegende Rechtecke mit gemeinsamer Trennlinie dargestellt.

Beispiel: Berechnung der Fläche aus den Seiten eines Dreiecks nach der Heronischen Formel

Struktogramm	Visual Basic-Quelle	C-Quelle
Eingabe von a, b und c	`Sub main()`	`#include     <math.h>`

$s = \dfrac{a+b+c}{2}$	`Dim a,b,c,s,D As Double`
	`a=InputBox("a=?")`
	`b=InputBox("b=?")`
	`c=InputBox("c=?")`
		`#include     <stdio.h>`
		`void main()`
		`{float a,b,c,s,D;`
		`scanf ("%f %f %f",a,b,c);`

$D = \sqrt{s(s-a)(s-b)(s-c)}$	`s = (0+a+b+c)/2` `D = sqr(s*(s-a)*(s-b)*(s-c))`	`s = (a+b+c)/2;` `D = sqrt(s*(s-a)*(s-b)*(s-c));`
Ausgabe von D	`MsgBox("D= " & Format(D,"0.00"))` `End Sub`	`printf ("%7.2", D);` `}`

1.3.3 Wiederholung von Verarbeitungsteilen

Die Wiederholung von Verarbeitungsteilen besteht aus einem Verarbeitungsteil und einem Steuerungsteil, der mit Hilfe einer Bedingung angibt, wie oft der Verarbeitungsteil wiederholt werden soll. Man unterscheidet Wiederholungen mit vorausgehender Bedingungsprüfung und Wiederholungen mit nachfolgender Bedingungsprüfung. Das zugehörige Struktogramm ist ein Rechteck, das den Verarbeitungsteil als kleineres Rechteck eingerückt enthält, wobei die steuernde Bedingung als Beschriftung im Rahmen des größeren Rechtecks dort erscheint, wo die Bedingungsprüfung erfolgen soll.

Beispiel 1: Funktionswerte der Momentenlinie eines Trägers unter dreiecksförmiger Belastung.
Eingabewerte: Anzahl *n* der Teilpunkte (z.B. *n* = 10),
                  der Extremwert q_1 der Lastfunktion,
                  die Trägerlänge *l*

Struktogramm	Visual Basic-Quelle	C-Quelle

Eingabe von q_1, *l* und *n*	`Sub main()`
	`Dim i,n As Integer`
	`Dim l,x,q1,M As Double`
		`#include     <math.h>`
		`#include     <stdio.h>`
		`void main()`

für *i* := 0 bis *n* wiederhole:
    $x = \dfrac{i}{n}$
    $M = \dfrac{q_1 l^2}{6}\left(x - x^3\right)$
	`q1 = InputBox("q1=?")`
	`l = InputBox("l=?")`
	`n = InputBox("n=?")`
	`For i = 0 To n`
	`  x = i / n`
	`  M = q1*l^2*(x-x^3)/6`
	`  MsgBox(Format(x,"0.00")`
	`    & Format(M," 0.00"))`
	`Next i`
		`{int i,n; float l,q1,x,M;`
		`scanf ("%f %f %i",&q1,&l,&n);`
		`for (i=0; i <=n; ++i)`
		`{x = (float) i / n;`
		`  M = q1*l*l*(x-x*x*x)/6;`
		`  printf ("%7.2f %7.4f\n",x,M);`
		`}`

Ausgabe von *x* , *M*	`End Sub`	`}`

2.34

Beispiel 2:
Für die Berechnung der Reibungsverluste in Rohren wird der Widerstandsbeiwert λ benötigt, dessen Berechnung bei turbulenter Strömung im Übergangsbereich von der Reynolds-Zahl Re und der relativen Rauigkeit $Ra = k/d$ in Form einer iterativen Beziehung abhängt, bei der auf beiden Seiten des Gleichheitszeichens λ auftritt:

$$\frac{1}{\sqrt{\lambda}} = -2 \cdot \lg\left(2{,}51 \cdot \frac{1}{\sqrt{\lambda} \cdot Re} + \frac{Ra}{3{,}71}\right).$$

Die Lösung findet man durch Iteration. Ausgehend von einem Anfangswert für $\frac{1}{\sqrt{\lambda}}$ (Variablenname WGa, „Wurzel-Größe alt"), z.B. $WGa = 0$ auf der rechten Seite des Gleichheitszeichens, wird nach obiger Formel WGn („Wurzel-Größe neu") ein verbesserter Wert für $\frac{1}{\sqrt{\lambda}}$ berechnet. Mit diesem verbesserten Wert wird der Vorgang wiederholt, wodurch ein noch besserer Näherungswert berechnet wird, usw. Die Folge der Iterationen wird beendet, wenn sich WGn und WGa betragsmäßig nur noch geringfügig unterscheiden (hier z.B. um 1‰ von WGn). Für die Zahlenwerte des Testbeispiels $Re = 3{,}67 \cdot 10^6$ und $Ra = 10^{-4}$ liefern die Programme $\lambda = 0{,}0125$.

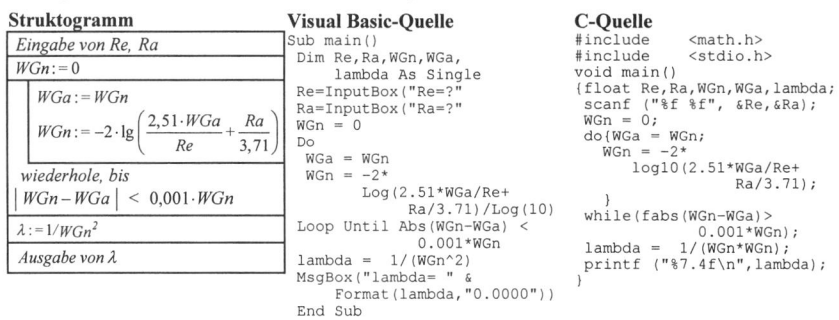

Struktogramm	Visual Basic-Quelle	C-Quelle

Eingabe von Re, Ra
$WGn := 0$
⌐ $WGa := WGn$
│ $WGn := -2 \cdot \lg\left(\frac{2{,}51 \cdot WGa}{Re} + \frac{Ra}{3{,}71}\right)$
│ wiederhole, bis
│ | $WGn - WGa$ | $< 0{,}001 \cdot WGn$
$\lambda := 1/WGn^2$
Ausgabe von λ
	``Sub main()``
	``  Dim Re,Ra,WGn,WGa,``
	``       lambda As Single``
	``  Re=InputBox("Re=?")``
	``  Ra=InputBox("Ra=?")``
	``  WGn = 0``
	``  Do``
	``    WGa = WGn``
	``    WGn = -2*``
	``      Log(2.51*WGa/Re+``
	``          Ra/3.71)/Log(10)``
	``  Loop Until Abs(WGn-WGa) <``
	``               0.001*WGn``
	``  lambda = 1/(WGn^2)``
	``  MsgBox("lambda= " &``
	``     Format(lambda,"0.0000"))``
	``End Sub``
		``#include  <math.h>``
		``#include  <stdio.h>``
		``void main()``
		``{float Re,Ra,WGn,WGa,lambda;``
		`` scanf ("%f %f", &Re,&Ra);``
		`` WGn = 0;``
		`` do{WGa = WGn;``
		``    WGn = -2*``
		``      log10(2.51*WGa/Re+``
		``            Ra/3.71);``
		`` }``
		`` while(fabs(WGn-WGa)>``
		``             0.001*WGn);``
		`` lambda = 1/(WGn*WGn);``
		`` printf ("%7.4f\n",lambda);``
		``}``

1.3.4 Auswahl von Verarbeitungsteilen

Die Auswahl ist ein Programmkonstrukt, das es gestattet, in Abhängigkeit von einer Auswahlbedingung einen Programmteil zur Verarbeitung auszuwählen. Man unterscheidet drei Varianten der Auswahl.

- **Bedingte Verarbeitung**

Dieses Programmkonstrukt besteht aus einem Verarbeitungsteil und einem Steuerungsteil mit einer Bedingung. Wenn die Bedingung zutrifft, wird der Verarbeitungsteil ausgeführt, andernfalls wird er nicht ausgeführt.

Beispiel: Wenn σ größer als das zulässige σ ist, soll der Text „σ zu groß!" auf dem Bildschirm ausgegeben werden.

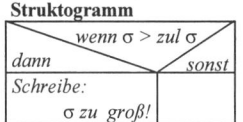

Struktogramm	Visual Basic-Quelle	C-Quelle

wenn σ > zul σ
dann \ sonst
Schreibe:
σ zu groß!
	``...``
	``If Sigma > zulSigma Then``
	``  MsgBox("Sigma zu groß!");``
	``...``
		``...``
		``if (Sigma > zulSigma)``
		``  printf("Sigma zu groß!\n");``
		``...``

- **Einfache Auswahl (Einfache Alternative)**

Dieses Programmkonstrukt besteht aus zwei Verarbeitungsteilen und einem Steuerungsteil mit zwei komplementären Bedingungen. Der Steuerungsteil gibt mit diesen beiden Bedingungen an, welcher der beiden Verarbeitungsteile ausgeführt wird.

Beispiel: Die größere der beiden Zahlen a und b soll der Variablen *maxi* zugewiesen werden.

Struktogramm	Visual Basic-Quelle	C-Quelle

wenn $a > b$
dann \ sonst
$maxi := a$ | $maxi := b$
	``...``
	``If a > b Then``
	``  maxi = a``
	``Else``
	``  maxi = b``
	``End If``
		``...``
		``if (a > b)``
		``  maxi = a; else maxi = b;``
		``...``

- **Mehrfache Auswahl (Mehrfache Alternative)**

Dieses Programmkonstrukt besteht aus mindestens drei Verarbeitungsteilen und einem Steuerungsteil mit der gleichen Anzahl einander ausschließender Bedingungen, von denen immer genau eine erfüllt ist. Der Steuerungsteil gibt mit diesen Bedingungen an, welcher der Verarbeitungsteile ausgeführt wird.

Beispiel: Je nach der Nummer *nr* (1 ... 17) des zu berechnenden Lastfalls sollen die Formeln für die Belastungsglieder *L* (Variablenname BL) ausgewählt werden.

Struktogramm

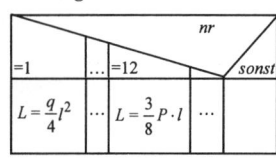

		nr		
=1	...	=12		*sonst*
$L = \frac{q}{4}l^2$	...	$L = \frac{3}{8} P \cdot l$	...	

Visual Basic-Quelle
```
Select Case nr
  Case Is=1
    BL = q*l^2/4
  Case Is=2
    ...
  Case Is=12
    BL = 3*P*l/8
  ...
End Select
...
```

C-Quelle
```
...
switch (nr)
{case  1 : BL = q*l*l/4; break;
 case  2 : ...          ; break;
 ...
 case 12 : BL = 3*P*l/8; break;
 ...
}
...
```

1.3.5 Prozedurbeispiele

Berechnung von Klothoidenpunkten durch Reihenentwicklung

Eine Tabelle der Einheitsklothoide (s. S. 2.2) soll durch Programmierung der Reihenentwicklung (s. S. 2.26) nach dem Struktogramm auf Seite 14.11 erstellt werden. Die *Parameter* A und GL sind in beiden Programmen *Wertparameter* zum Transport von Werten in den Modul hinein. Die Parameter X und Y exportieren die errechneten Klothoidenkoordinaten aus dem Modul (*Referenzparameter*).

Visual Basic-Quelle
```
Sub Klotoidenpunkt
    (ByVal A, ByVal GL As Double,
     ByRef X, ByRef Y As Double)
  Dim j, k As Integer:
  Dim b, L, sx, sy As Double
  L = GL / A
  j = 0: b = L: sx = b: sy = 0: k = -1
  Do
    j = j + 2: k = -k
    b = b * L ^ 2 * (j - 1) / j / (j + 1)
    If k < 0 Then
      b = -b: sx = sx + b
    Else
      sy = sy + b
    End If
  Loop Until Abs(b) < 0.00000005
  X = A * sx: Y = A * sy
End Sub ' Klotoidenpunkt
Sub main() 'Klotoidentafel
  Dim i, n As Integer:
  Dim A, L, X, Y As Double
  A = 1#: L = 0: n = 5
  For i = 0 To n
    Call Klotoidenpunkt(A, L, X, Y)
    MsgBox (Format(L, "0.00") & Format
      (X,"0.00000") & Format(Y,"0.00000"))
    L = L + 1# / n
  Next i
End Sub 'Klotoidentafel
```

C-Quelle
```
#include   <stdio.h>
#include   <math.h>
void Klotoidenpunkt (double A, double GL,
                     double *X, double *Y)
{ int j,k; double l, b, sx, sy;
  l = GL/A;
  j = 0; b = l; sx = b; sy = 0; k = -1;
  do
  { j = j + 2; k = -k;
    b = b *l*l*(j-1)/j/(j+1);
    if (k<0) { b = -b; sx = sx + b; }
    else    { sy = sy + b; }
  } while (fabs(b) >= 0.5e-7);
  *X =A * sx; *Y = A * sy;
} /* Ende von Klotoidenpunkt */

void main()
{ int i, n; double A,L,X,Y;
  A = 1.0; L = 0.0; n=100;
  for (i=0; i<= 100; ++i)
  { Klotoidenpunkt (A, L, &X, &Y);
    printf ("%3i %10.5f %10.5f\n",i,X,Y);
    L = L + 1.0/n;
  }
}
```

1.4 Tabellenkalkulation

Zu den Standardprogrammen eines PC-Arbeitsplatzes zählen z. B. die Textbearbeitung, die Tabellenkalkulation und Datenbankanwendungen. Im Folgenden ein kurzer Einblick in eine Tabellenkalkulation am Beispiel des verbreiteten MS-Excel.

1.4.1 Einführende Beispiele zu Excel

Eine Tabellenkalkulation enthält in einem oder mehreren Arbeitsblättern so genannte Zellen in Zeilen und Spalten. In jede Zelle kann man Texte, Zahlen und Rechenausdrücke eingeben. Damit sind tabellarische Rechenarbeiten ein typisches Anwendungsgebiet von Tabellenkalkulationen. In den Rechenausdrücken kann man Ergebnisse in anderen Zellen durch relative oder absolute Zellverweise in neue Formeln einbeziehen. Viele eingebaute Standardfunktionen können über „Einfügen→Funktion→Alle" für eigene Rechenarbeiten benutzt werden. Mit der Interpreter-Programmiersprache Visual Basic für Anwendungen (VBA) lassen sich zusätzlich eigene Funktionen und richtige Programme entwickeln.
In Excel gibt es zwei Bezeichnungsweisen für die Zellen. In der einen werden die Spalten mit Buchstaben A, B, ... und die Zeilen mit ganzen Zahlen 1, 2, ... bezeichnet. Eine Zelle hat dann in dieser Notation z.B. den Namen C5. In der zweiten Notation (Zeile-Spalte-Notation) hat dieselbe Zelle die Bezeichnung Z5S3 (Zeile 5, Spalte 3). Beide Bezeichnungen gelten als relative Zellbezüge, die beim Kopieren von Formeln von Excel automatisch sinngemäß verändert werden.

Beispiel 1: Kapitel 14, Abschnitt 4.6 Helmerttransformation
In Zeile 1 sind über „Einfügen → Objekt → Formel Editor" die Formeln für die Spaltenüberschriften eingetragen. In den Zeilen 2 bis 5 sind in Spalte A die Punktnummern, in Spalte B die Polarentfernungen in Meter und in Spalte C die Polarwinkel in Gon eingetragen. Bei den in Excel eingebauten Funktionen sin und cos muss das Argument in Radiant (Bogenmaß) angegeben werden. Daher wird die Umrechnung von Gon in Radiant in die Formel mit eingegeben. Der gemessene Gonwert wird durch 200 gon geteilt und dann mit π – eingebaute Konstante PI() – multipliziert. Alle Formeln in Excel-Zellen beginnen mit einem Gleichheitszeichen.

	A	B	C	D	E
1	AP_i	s_i	φ_i in gon	$\eta_i = s_i \cdot \sin\varphi_i$	$\xi_i = s_i \cdot \cos\varphi_i$
2	2	21,72	24,320	8,097	20,154
3	3	36,90	311,816		
4	6	28,65	209,757		
5	7	28,04	107,337		

In die Zelle D2 wird also die Formel „=B2*SIN(C2/200*PI())" (ohne die Anführungszeichen) und in E2 die Formel „=B2*COS(C2/200*PI())" eingetragen. Es erscheinen sofort die errechneten Koordinaten 8,097 und 20,154 (die Formatierung auf drei Nachkommastellen besorgt man über „Format → Zellen → Zahl"). Um die eingegebenen Rechenformeln für alle weiteren Punkte anzuwenden, markiert man mit der Maus die beiden Zellen D2 und D3 durch „Ziehen mit der linken Maustaste" und bewegt dann ohne Tastendruck die Maus auf das kleine schwarze Quadrat an der rechten unteren Ecke des markierten Bereichs. Der Mauszeiger verwandelt sich in ein +-Zeichen. Nun drückt man die linke Maustaste und bewegt bei gedrückter Taste die Maus so weit nach unten, dass alle gemessenen Punkte erfasst werden (also bis in Zeile 5).

	A	B	C	D	E
1	AP_i	s_i	φ_i in gon	$\eta_i = s_i \cdot \sin\varphi_i$	$\xi_i = s_i \cdot \cos\varphi_i$
2	2	21,72	24,320	8,097	20,154
3	3	36,90	311,816	-36,266	6,810
4	6	28,65	209,757	-4,374	-28,314
5	7	28,04	107,337	27,854	-3,224

Nach Loslassen der Taste erscheinen die Rechenergebnisse. Die Formeln sind korrekt angepasst worden, sodass z. B. in E5 die Formel „=B5*COS(C5/200*PI())" eingetragen wurde.

Beispiel 2: Kapitel 14, Abschnitt 4.6 Helmerttransformation
Wenn die vier Transformationsparameter bereits berechnet sind, kann die eigentliche Transformation für alle Neupunkte durchgeführt werden. Um beim Kopieren der Formeln die Zellbezüge auf die Parameter nicht fälschlicherweise von Excel verändern zu lassen, müssen sie absolut (fest) angegeben werden. Das ge-

in gon	$\eta_i = s_i \cdot \sin\varphi_i$	$\xi_i = s_i \cdot \cos\varphi_i$	$y_i^t = y_0 + o \cdot \xi_i + a \cdot \eta_i$	$x_i^t = x_0 + a \cdot \xi_i - o \cdot \eta_i$
24,320	8,097	20,154	104,395	485,777
311,816	-36,266	6,810	58,286	481,239
209,757	-4,374	-28,314	82,807	440,620
107,337	27,854	-3,224	119,272	459,024
	0,981304	0,192902	92,561	467,561

schieht durch Vorsetzen eines $-Zeichens vor den Spaltenbuchstaben bzw. die Zeilennummer. In Zelle F2 trägt man daher „=$F$7+$E$7*E2+$D$7*D2" und in Zelle G2 „=$G$7+$D$7*E2-$E$7*D2" ein, wenn die Transformationsparameter zuvor z.B. in den Zellen D7 bis G7 berechnet wurden (hier nicht gezeigt). Beim „Herunterkopieren" der Formeln bleiben die absoluten Zellbezüge unverändert (z.B. in Zelle G5 steht dann: „=$G$7+$D$7*E5-$E$7*D5"). Alternativ können absolute Zellbezüge hergestellt werden, indem für ausgewählte Zellen über „Einfügen → Namen → Festlegen" prägnante Namen vergeben werden, die direkt in den Formeln benutzt werden.

1.4.2 Matrizen in Excel

Normale Formeln beziehen sich auf eine Zelle. Sie werden in der Eingabezeile durch die ENTER-Taste (Eingabetaste) abgeschlossen und damit in die Zelle eingetragen. Matrizen sind rechteckige Anordnungen von Zellen. Formeln, die Matrizen enthalten oder liefern, werden durch die Tastenkombination „Strg + ⇧ + ENTER" abgeschlossen. Formeln mit Matrizen erscheinen im Eingabefeld in geschweifte Klammern eingeschlossen. Diese dürfen aber nicht durch die gleich aussehenden Sonderzeichen eingegeben werden, sondern stets durch die dreifache Tastenkombination „Strg + ⇧ + ENTER".

Beispiel 1: Kapitel 2, Abschnitt 2.10 Matrizen, Lösung linearer Gleichungssysteme. Lösung der Matrizengleichung $A \cdot x = b$ mittels der Kehrmatrix $x = A^{-1} \cdot b$. Man trägt zunächst die gegebenen Zahlenwerte der Matrix A in die Zellen B1 bis D3 sowie die rechte Seite des Gleichungssystems b_1 in die Zellen I1 bis I3. Dann markiert man mit der Maus die Zellen E5 bis G7, in denen die Kehrmatrix A^{-1} gebildet werden soll.

	A	B	C	D	E	F	G	H	I
1		2,40	0,67	0,00					-6,83
2	A =	0,67	3,33	1,00				b_1 =	0,00
3		0,00	1,00	3,47					0,00
4									
5					0,444	-0,098	0,028		-3,032
6					-0,098	0,350	-0,101	$x_1 = A^{-1}b_1 =$	0,668
7					0,028	-0,101	0,317		-0,192

Man gibt den Ausdruck „=MINV(B1:D3)" in das Eingabefeld ein (MINV = Matrix Inverse) und schließt den Ausdruck durch „Strg + ⇧ + ENTER" ab. Daraufhin werden von Excel die geschweiften Klammern erzeugt und die Zahlenwerte der Kehrmatrix im Bereich E5:G7 angezeigt. Die Lösung des Gleichungssystems erfolgt durch Markieren des Zielbereichs I5:I7, Eingeben des Ausdrucks „=MMULT(E5:G7;I1:I3)" in das Eingabefeld (MMULT = Matrizen Multiplikation) und Abschluss der Eingabe durch „Strg + ⇧ + ENTER".

1.4.3 Iterationen in Excel

Für die Bearbeitung einfacher Iterationsverfahren verwendet man die *Zielwertsuche*.

Beispiel 1: Kapitel 2, Abschnitt 2.7, Nullstellen von Polynomen. Man trage in die Zelle A1 den Anfangswert von x für die Iterationen (hier 3,5) ein und in die Zelle A2 den Formelausdruck „=A1^3–4*A1^2+2*A1–3" (also $y = x^3 - 4x^2 + 2x - 3$). Über „Extras → Zielwertsuche" gelangt man in das Eingabemenü, in dem man die Zielzelle ($A$2), den Zielwert (0) und die veränderbare Zelle ($A$1) angibt. Betätigung des OK-Schalters löst die Iterationen aus, deren Anzahl und die erreichbare Genauigkeit über „Extras → Optionen → Berechnen" gesteuert werden können (z. B. maximale Änderung 0,000001 statt der voreingestellten 0,001).

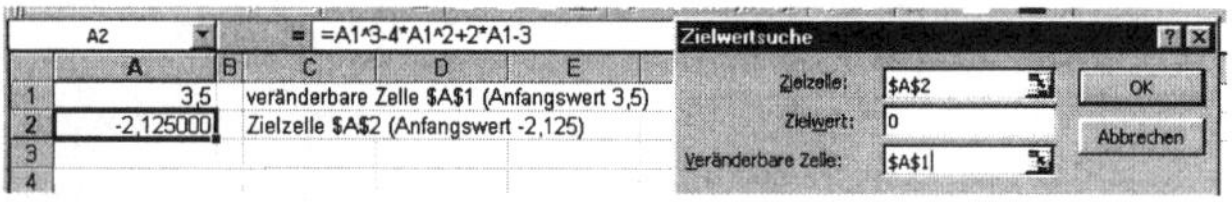

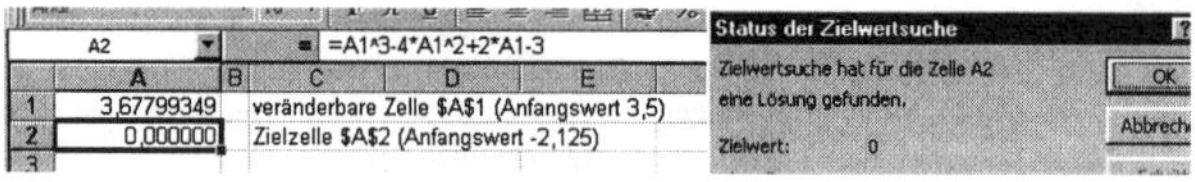

Komplizierte Optimierungsverfahren lassen sich mit dem eingebauten *Solver* angehen. Eine Zielzelle kann definiert werden, für die man sich Max, Min oder einen Wert wünschen kann. Nebenbedingungen lassen sich konstruieren. Unter Optionen lassen sich Feinheiten der Optimierungsart definieren. Damit lassen sich z.B. Schnittpunkte von Klothoiden iterativ bestimmen. Auch Ausgleichungsprobleme wie die in Abschn. 1.4.1 zitierte überstimmte Helmerttransformation lassen sich direkt durch Minimieren der Quadratsumme der Restklaffungen mit Unterstützung von Nebenbedingungen mit dem Solver lösen.

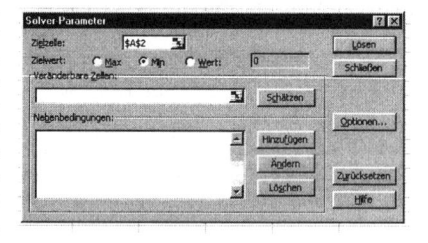

1.4.4 Eigene Funktionen in Excel

Beispiel: Als eigene Funktion lohnt sich z. B., die Reihenentwicklung der Klothoide in Visual Basic für Excel zu formulieren.

Über „Extras → Makro → Visual Basic Editor" kann man einen Basic Modul anlegen und nebenstehenden Basic-Quelltext eingeben. Falls das fehlerfrei gelingt, hat man zwei selbst definierte Funktionen xklot und yklot für Trassierungsberechnungen (s. Kapitel 14, Abschnitt 5, Absteckungsberechnung) zur Verfügung.

```
Function xklot(L As Double, A As Double) As Double
    kL = L / A: i = 0: u_b = kL: xkl = u_b: ykl = 0: k = -1
    Do
        i = i + 2: k = -k
        u_b = u_b * kL ^ 2 * (i - 1) / i / (i + 1)
        If k < 0 Then
            u_b = -u_b
            xkl = xkl + u_b
        Else
            ykl = ykl + u_b
        End If
    Loop Until Abs(u_b) < 0.0000000005
    xklot = xkl * A
End Function

Function yklot(L As Double, A As Double) As Double
    kL = L / A: i = 0: u_b = kL: xkl = u_b: ykl = 0: k = -1
    Do
        i = i + 2: k = -k
        u_b = u_b * kL ^ 2 * (i - 1) / i / (i + 1)
        If k < 0 Then
            u_b = -u_b
            xkl = xkl + u_b
        Else
            ykl = ykl + u_b
        End If
    Loop Until Abs(u_b) < 0.0000000005
    yklot = ykl * A
End Function
```

1.5 Netzwerke

Die Verbindung von Rechnerarbeitsplätzen innerhalb eines Grundstücks/Gebäudes erfolgt über lokale Netze (**LAN** Local Area Network). Mit ihrer Hilfe kann man Daten, Drucker, Plotter gemeinsam nutzen. Die einfachste Form ist eine *Rechner-zu-Rechner-Verbindung*, z.B. zwischen Notebook-Rechner und PC über ein *Nullmodem*-Kabel. Es wird auf eine Rechnerschnittstelle gesteckt. Über Verbindungsprogramme wie z.B. *Laplink* können Daten oder Programme ausgetauscht werden. Zum Standard moderner Betriebssysteme gehören heute auch Routinen zur Verbindung von Rechnern untereinander über ein Netzwerk. Große Netzwerke werden aber häufig über eigene Netzwerkprogramme betrieben. Landesweite und sogar weltweite Verbindungen zwischen Rechnern erfolgen über **WAN** (Wide Area Network). Wenn ein solches WAN nicht speziell für ein Firmenkonsortium, sondern für jedermann offen ist, so wird es *Internet* genannt. Um am Internet teilnehmen zu können, benötigt man eine Verbindung vom Arbeitsplatzcomputer zu einem Provider (Dienstanbieter). Zu den bekannteren Providern gehören der Dienst *T-Online* der deutschen Telekom, *AOL* (America Online) und viele andere. Das physikalische Medium für die Datenübertragung im Netz können Kupferdrähte, Koaxialkabel, Glasfaserkabel oder Funkverbindungen sein.

Dienstleistungen im Internet sind z.b.:

- **E-Mail,** die *elektronische Post*, die es gestattet, elektronische Nachrichten mit beliebigen Anlagen (Bilder, Audiodateien, Videos, Programme usw.) an Teilnehmer in der ganzen Welt zu senden, die über eine E-Mail-Nummer (z.B. „Vorname.Name@uni-dingsdorf.de", wobei @ als „at" gelesen wird) erreichbar sind
- *FTP,* die Übertragung von Daten und Programmen mittels *ftp* (File Transfer Protocol)
- *News,* ermöglicht das Studium von Nachrichten in *News-Groups*
- *Telnet,* gestattet das Bedienen entfernter Rechner nach Eingabe von Benutzernamen und Passwort
- *WWW,* World Wide Web, bietet interaktive Hypertextdokumente, die mit *Web-Browser*-Programmen (z.B. Netscape-Navigator, MS Internet Explorer) im Maus unterstützten Grafik-Modus betrachtet werden können. WWW-Dokumente sind in der „*HTML*" Sprache (HyperText MarkUp Language) oder in der verbesserten *XML* (Extensible Markup Language) verfasst und können Grafiken, Klangdateien, Videos und „Hyperlinks" zu anderen Dokumenten enthalten. Auch Masken für die Eingabe von Datenbankanfragen oder On-Line-Bestellungen können programmiert werden. Adressen von WWW-Dokumenten (*URL* = Uniform Resource Locator) sehen z.B. so aus:

      http://www.fh-bielefeld.de/fb6

Die Abwicklung der Rechnerverbindungen erfolgt über Netzprotokolle. Weltweit verbreitet („de facto"-Standard) ist das *TCP/IP* (Transport Control Protocol/ Internet Protocol), das im Internet verwendet und auf allen Rechnerplattformen verstanden wird.

2 Glossar

Adresse: Nummer einer Speicherstelle (eines Bytes) im Hauptspeicher eines *Computers*. Das Leitwerk findet Daten oder Befehle im Hauptspeicher über die Adresse der Speicherstelle. Adresse einer Internetseite: s. URL.

Algorithmus: Systematische Beschreibung von Verfahren zur Lösung beliebiger Aufgaben. Beispiel: Gaußscher Algorithmus zur Lösung von Systemen linearer Gleichungen.

analog: Durch die kontinuierlich veränderlichen Werte einer physikalischen Größe (z.B. Spannung) dargestellt. Gegensatz: *digital*.

ANSI-Code: Genormte Darstellung von Zeichen in einem Byte (z.B. A = 01000001_2 = 65_{10}), wird z.B. unter dem Betriebssystem MS-Windows benutzt. Die Zeichen 32_{10} bis 127_{10} sind identisch mit dem *ASCII-Zeichensatz*.

ASCII-Zeichensatz: American Standard Code for Information Interchange. Genormte Darstellung von Zeichen in einem Byte (z.B. B = 01000010_2 = 66_{10}), wird z.B. unter dem Betriebssystem MS-DOS benutzt. Die Zeichen 32_{10} bis 127_{10} sind identisch mit dem *ANSI*-Zeichensatz.

Basic: (Beginners All Purpose Symbolic Instruction Code) Ursprünglich eine einfache Programmiersprache für Anfänger, heute als *Visual Basic* auf Windows-Rechnern weit verbreitete, Objekt orientierte Programmiersprache

Bit B**i**nary Dig**it** (Binärziffer), die kleinste Darstellungseinheit für Computer. Ein Bit kann den Wert 0 oder 1 haben. Durch Folgen von Bits können mehr Informationen dargestellt werden. Bei 8 Bit (*Byte*) ergeben sich 2^8 = 256 verschiedene Informationen. Das können z.B. 256 Zeichen eines Alphabets (*ASCII*) oder 256 Farbstufen der Farbe grün bei *RGB*-Farbbildern sein.

Bitmap: *Pixel*-Grafik, eine Form der Grafikspeicherung im Gegensatz zur *Vektor-Grafik*. Die Farbinformationen einer Grafik werden Punkt für Punkt (*Pixel*) zeilenweise gespeichert. Bitmaps können schnell auf dem Grafik-Bildschirm angezeigt werden, erfordern aber viel Speicherplatz und gestatten keine Strukturierung der dargestellten Objekte.

Bluetooth: Internationaler Standard für die Datenübertragung zwischen mobilen (Digitalkamera, Handy) und stationären Geräten (Computer, Drucker) durch Funkverbindung.

bps: **b**its **p**er **s**econd (bit/s), Maß zur Geschwindigkeit von Datenübertragungen. Heutige *Modems* übertragen bis 57 600 bps. *ISDN* erreicht 64 000 bps bzw. 128 000 bps bei Bündelung zweier Kanäle.

Browser: Ein Programm, das Internetseiten im *HTML*-Format mit Bildern, Animationen, Sprache und Musik auf dem Bildschirm darstellt bzw. über die Soundkarte und Lautsprecher des Rechners erklingen lässt. Browser können JavaScripte interpretieren, Java-Applets ausführen und ermöglichen ein bequemes Navigieren durch das Internet per Mausklick (Beispiele: Netscape Navigator, MS Internet Explorer).
BUS: Schnelle Datenverbindung zwischen Teilen des Computers. PCI-, SCSI-, USB-Bus sind verbreitete BUS-Arten.
Byte: Kleinste adressierbare Speichereinheit, meist 1 Byte = 8 Bit, eventuell mit Prüfbits zur Fehler-Erkennung erweitert.
C: strukturierte Programmiersprache, auch zur Systemprogrammierung einsetzbar. Das Betriebssystem UNIX ist z.B. weitgehend in C programmiert. Wegen *ANSI*-Normung leicht auf verschiedene Rechnerplattformen zu übertragen. Die objektorientierte Erweiterung der Sprache C heißt C++.
CAD: Computer Aided Design; Programmsystem zum Konstruieren am grafischen Bildschirm. Je nach Leistungsumfang können vom digitalen Entwurf Reinzeichnungen, automatische Bemaßungen, Stücklisten, perspektivische Ansichten mit Ausblendung verdeckter Linien, fotorealistische Darstellungen (Renderings), Animationen usw. erzeugt werden.
CD-ROM: **C**ompact **D**isk **R**ead **O**nly **M**emory, preiswerter Massenspeicher für Programme, Lernsoftware, Nachschlagewerke, Bildergalerien, Musiksammlungen, Videos usw.
Client: Arbeitsplatzrechner im Netzwerk, der weiter gehende Leistungen von größeren oder schnelleren Rechnern (*Server*) abholt.
Computer: Ein Gerät, das von Programmen (Arbeitsanweisungen) gesteuert, elektronisch verschlüsselte digitale Daten manipulieren kann. Die Programme, die auf einem Computer ablaufen, bestimmen die Aufgaben, die mit diesem Computer gelöst werden können. Die Computerprogramme werden Software („weiche Ware") genannt, während die elektronischen und mechanischen Bestandteile (Chips, Platinen, Laufwerke usw.) als Hardware („harte Ware") bezeichnet werden.
Computerviren: Kleine, durch Datenträger oder über Netzwerk in den Computer eingeschleuste Programme, die z.B. Systemdateien, persönliche Daten oder auch die Daten der gesamten Festplatte beschädigen oder löschen können (Trojanische Pferde, Würmer, Makro-Viren). Allein das Besuchen verseuchter Internet-Seiten oder das Öffnen von verseuchten E-Mail-Anhängen kann Schäden an eigenen Computerdaten verursachen. Abhilfe schaffen Virenschutzprogramme.
Cursor: Schreibmarke auf dem Bildschirm (blinkender Strich, Pfeil), in Grafikprogrammen häufig ein Strichkreuz.
Daten: Zahlen, Texte, Zeichnungen, Programme, die im Computer digital manipuliert werden.
Datenbank: Archiv von Daten im Computersystem mit leistungsfähigem Programm für Datenpflege, Such- und Auswerteverfahren. Man verwendet heute hauptsächlich relationale oder objektorientierte Datenbanken.
Datenkompression: Eine Technik, um redundante Informationen in Dateien auf ein Minimum zu kürzen. Die Dateigröße und somit die Zeit zur Datenübermittlung z.B. im Internet wird deutlich verringert. Es gibt verlustfreie Kompression und Verlustkompression. Verlustfreie Kompression wird bei Texten und Programmen verwandt. Nach der Datenübertragung bewirkt die *Dekompression* beim Empfänger eine exakte Wiederherstellung der ursprünglichen Datei. Verlustkompression komprimiert z.T. erheblich stärker, allerdings mit Verlust von Information. Sie wird vor allem bei Bildern, Videos und Tondateien benutzt. Bei geschickter Wahl des Verlustfaktors wird der Qualitätsverlust vom menschlichen Auge oder Ohr aber kaum wahrgenommen und trotzdem eine starke Verminderung der Dateigröße erreicht.
Dekompression: Entpacken von Dateien, die von einem Programm komprimiert worden sind (*Datenkompression*).
digital: durch diskret (in Stufen) veränderliche Zahlenwerte dargestellt. Beispiel: In 1 *Byte* lassen sich 2^8 (= 256) Stufen einer Größe digital darstellen. Gegensatz: *analog*.
Diskette, Diskettenspeicher: Preiswerter Speicher mit magnetischer Aufzeichnung auf rotierender Kunststoffscheibe, aufgeteilt in Spuren (Kreisringe), die in Sektoren unterteilt sind. Jeder Sektor kann gezielt (direkt) gelesen oder beschrieben werden.
Domain: Bezeichnung für eine Gruppe von *Computern* im *Internet*. Domains werden benutzt, um Dokumente oder Dienste im *Internet* zu adressieren. Beispiel: In der Internetadresse
    http://www.bahn.de
steht de für die Gruppe der Computer im deutschen Teil des *Internet*. bahn bezeichnet die Computer, die die Dienste (z.B. Fahrplanauskünfte) der Deutschen Bahn AG für Internetkunden abwickeln.
dpi: dots **p**er **i**nch (Punkte pro Zoll), Auflösungsvermögen bei Grafikdruckern z.B. 600 dpi.

DTP: **D**esk**t**op **P**ublishing, Entwerfen von Druckseiten am PC, wobei Texte, Überschriften, Grafiken und Bilder integriert werden. Das können spezielle Programme (Pagemaker, Quark Express) besonders gut, aber viele Aufgaben lassen sich schon mit normalen Text-Systemen (wie MS Word, Word Perfect, Star-Writer) lösen.

DXF: **D**rawing E**x**change **F**ormat, ASCII-Datei-Format zum Datenaustausch zwischen verschiedenen *CAD*-Systemen und anderen Anwenderprogrammen. Ursprünglich von der *CAD*-Firma AutoDesk entwickeltes Format, heute ein Quasi-Standard.

EDBS: **e**inheitliche **D**aten**b**ank-**S**chnittstelle. Von den Vermessungsbehörden der deutschen Bundesländer entwickeltes Format für den Austausch geometrischer und alphanumerischer Informationen zwischen verschiedenen Datenbanksystemen.

Editor: Einfaches Programm zur Eingabe und Manipulation von Texten (ohne Formatauszeichnungen wie Schriftart, Schriftgröße, fett, kursiv...).

E-Mail Electronic Mail, elektronische Post. Weltweiter Austausch von Informationen (Briefe, Grafiken, Sound- und Videosequenzen) mittels Computer über die Leitungen des *Internets* oder anderer Datennetze. Zum Empfang von E-Mails benötigt man eine Mailbox auf einem ständig empfangsbereiten *Server* im Netz, die man mit dem eigenen *Client* auf neue Post abfragen kann.

FAQ: Frequently **A**sked **Q**uestions, häufig gestellte Fragen. Zusammen mit Antworten zu vielen Problemen auf Internetrechnern zusammengestellt und im Internet abrufbar.

Fax: Telekom-Dienst zur Übertragung von grafischen Vorlagen über das Telefonnetz. Ein Fax-Gerät tastet die Papiervorlage ab (Scan-Vorgang), verschlüsselt und komprimiert die Hell-Dunkel-Informationen zeilenweise. In Ton-Verschlüsselung gelangt das Datenpaket über das Telefonnetz zum Ziel-Faxgerät, wo es ausgedruckt werden kann. Ein Fax-Modem am PC erlaubt es, auch mit einem Textsystem erfasste Texte und Grafiken statt auf den Drucker „ins Telefon" zu drucken und so das Dokument einem Fax-Teilnehmer elektronisch zu schicken.

FORTRAN: FORmula **TRAN**slation, eine der ersten Programmiersprachen für technisch-wissenschaftliche Zwecke (DIN 66 027). Wegen frühzeitiger Normung leicht auf fremde Rechner übertragbar und daher sehr verbreitet.

FTP: **F**ile **T**ransfer **P**rotocol (Dateiübertragungsprotokoll), regelt den Transfer von Dateien innerhalb des *Internets*. Unabhängig vom Betriebssystem des Senders und des Empfängers können mit dem Programm für FTP beliebige Binärdateien (z.B. Programme) und *ASCII*-Dateien übertragen werden.

Hauptspeicher: auch *Arbeitsspeicher*. Speicher im Direktzugriff des Rechner-Leitwerks; meist Halbleiterspeicher zum Lesen und Schreiben (*RAM*, Random Access Memory) für Anwenderprogramme oder nur zum Lesen (*ROM*, Read Only Memory für die wichtigsten Teile des Betriebssystems).

HTML Hyper **T**ext **M**arkup **L**anguage, Beschreibungssprache für WWW-Dokumente. *HTML*-Dokumente enthalten nur reinen *ASCII*-Text. Zur Strukturierung und Formatierung werden in den Text sogenannte Tags eingefügt. Das sind in spitze Klammern eingeschlossene Schlüsselwörter. Beispiel: `<H2>Dies ist eine Ueberschrift</H2>` formatiert den Text `Dies ist eine Ueberschrift` wie eine Überschrift (H wie Header) zweiter Ordnung. Wie das aussieht, hängt von den Einstellungen des *Browsers* ab. Deutsche Umlaute müssen wegen der Beschränkung auf reinen ASCII-Text verschlüsselt werden, z.B. Ä durch `&Auml;` Ü durch `&Uuml;` ß durch `&szlig;`. Die Norm ISO-8859 für die Zeichendarstellung erlaubt auch kyrillische oder griechische Zeichen, vorausgesetzt, der verwendete Browser kann diese Zeichen darstellen.

HTTP: Hyper **T**ext **T**ransfer **P**rotocol (Übertragungsprotokoll für Hypertexte), regelt den Transfer von *HTML*-Dokumenten innerhalb des *Internets*.

Hyperlink: Verweis in einem WWW-Dokument auf andere Dokumente und Daten (codiert als *URL*). Beispiel: `<a href="http://www.fireball.de">Hier geht's zur Suchmaschine Fireball </a>`. Im *Browser* erscheint der Text `Hier geht's zur Suchmaschine Fireball`, häufig einmal unterstrichen in blauer Farbe. Ein Mausklick auf diesen Text veranlasst den *Browser*, die hinterlegte Adresse `http://www.fireball.de` im *Internet* zu suchen und das Dokument darzustellen.

Hypertext: nichtlineares Textdokument im WWW, das nicht nur auf andere Texte, sondern auch auf andere digitale Daten im *Internet* mittels *Hyperlinks* verweisen kann.

Interface: Schnittstelle; Verbindungsstelle eines Computers zu seinen Peripheriegeräten oder anderen Computern. Serielle Schnittstellen übertragen die einzelnen Bits zeitlich nacheinander über eine Sende- bzw. Empfangsleitung. Parallele Schnittstellen übertragen die acht Bits eines Byte gleichzeitig über mindestens acht Leitungen (z.B. Druckerschnittstelle LPT1 nach Centronics-Konvention).

Internet: Die Gesamtheit aller Netzwerke und Computer, die über *TCP/IP*-Verbindungen oder Gateways zu anderen Netzen weltweit erreichbar sind. Heute werden die Informationen meist durch *Browser* grafisch dargestellt (*WWW*).

ISDN: Integrated Services Digital Network, internationaler Standard für digitale Datennetze für Fernsprech-/Text-/Datenkommunikation. An einen ISDN-Anschluss können Telefon, Internetanschluss oder Faxgeräte angeschlossen werden. Übertragungsraten von 64 000 bps werden schon über einen Kanal erreicht. Durch Bündelung zweier Kanäle können 128 000 bps übertragen werden.

Java: Objektorientierte Programmiersprache (ähnlich C++) für das Internet, die multimediale Anwendungen auf verschiedenen Rechnerplattformen ermöglicht. Der kompilierte Bytecode kann als Java-Applet im *Browser* des *Clients* interpretiert (ausgeführt) werden. Als interpretierte Variante JavaScript können kleinere Programme direkt in das HTML-Dokument eingefügt werden.

LAN: Local Area Network, ein Netzwerk zwischen Arbeitsplatzrechnern innerhalb einer Firma oder eines Gebäudes zum Informationsaustausch zwischen den Rechnern oder zur gemeinsamen Nutzung hochwertiger Peripheriegeräte wie Hochleistungsdrucker, *Plotter*, Belichter usw. oder Programmsysteme wie *CAD*-System, *Datenbank*, Mailbox usw.

Linux: Kostenloses 32-Bit-Betriebssystem für den PC auf der Grundlage des Betriebssystems *UNIX*. Linux wurde von Linus Thorwald entwickelt und sein Quellcode im Internet frei verfügbar gemacht. Viele begeisterte Programmierer in der ganzen Welt haben freiwillig an der Verbesserung mitgearbeitet, Fehler gesucht und korrigiert. So ist ein sehr stabiles und dabei kostenloses Betriebssystem entstanden, das sich zu einem ernsthaften Konkurrenten von Microsofts Windows NT zu entwickeln beginnt.

Modem: MOdulator / **DEM**odulator, wandelt digitale Computer-Daten für die Versendung im analogen Telefonnetz in Töne um und umgekehrt. Ein Gerät zum Anschluss von Rechnern ans Telefonnetz zur Datenfernübertragung u.a. für *Fax*, T-Online oder *Internet*. Ein M. kann am Rechner als Steckkarte auf dem Systembus oder an der seriellen Schnittstelle als separates Gerät angeschlossen sein. Vom Modem führt ein Telefonkabel zur Steckdose des Telefonanschlusses. Heutige Modems übertragen meist 57 600 bps. Im digitalen Telefonnetz (*ISDN*) ist eigentlich keine Umwandlung in analoge Information nötig, da die Information bereits digital vorliegt. Dennoch benötigt der Rechner zur Steuerung eine ISDN-Karte.

News: Diskussions- und Informationsmedium im Internet zu fast allen Themen.

OCR: Optical Character Recognition (optische Texterkennung). Die mit einem *Scanner* eingelesenen *Bitmaps* von Schriftstücken werden von Texterkennungs-Programmen in Zeichen eines Zeichensatzes (z.B. *ASCII*-Zeichen) umgewandelt und können anschließend mit einem Textverarbeitungsprogramm weiter bearbeitet werden.

OOP: Objektorientierte Programmierung, ein Programmierkonzept, das nicht mehr von Prozeduren oder Daten ausgeht, sondern von Objekten. Objekte besitzen Zustände, führen Operationen (Methoden) aus und können Nachrichten empfangen und verschicken. Objekte können Fähigkeiten und Zustände an andere Objekte vererben. Programmiersprachen, die OOP unterstützen, sind z.B. C++, Java, Smalltalk.

PASCAL: Programmiersprache (DIN 66 256).

PDF-Dokument: Portable Document Format. Dateiformat, mit dem beliebige Dokumente elektronisch veröffentlicht werden können. Das Programm *Adobe Acrobat* z.B. konvertiert Dokumente in das PDF-Format. Mit dem kostenlos erhältlichen *Adobe Acrobat Reader* können sie gelesen und in gleicher Darstellung auf beliebigen Druckern ausgedruckt werden.

Pixel: Picture Element (Bildpunkt eines Grafikbildschirms, Grafik-Druckers oder *Scanners*).

Plattenspeicher: Ähnlich einem *Diskettenspeicher*, aber mit fester Metallplatte als Magnetschichtträger, besitzt größere Lebensdauer und größeres Speichervolumen als eine Diskette.

Plotter: Zeichengerät, das mit Hilfe von Steuerbefehlen und zuvor errechneten rechtwinkligen Koordinaten mit Filz-, Kugelschreiber- oder Tuschestiften Zeichnungen rechnergesteuert anfertigt. Heute werden den Zeichnungen auch auf Laser- oder Tintenstrahldruckern ausgegeben.

Postscript: Seitenbeschreibungssprache für Laserdrucker oder Druckplatten-Belichter bei *DTP*. Die Befehle sind englische Texte in *ASCII*-Zeichencodierung. Druckwerke in Postscript-Kodierung können per *E-Mail* zur Druckerei geschickt und dort direkt auf Druckplatten übertragen werden.

ppi: pixel per inch, Auflösungsmaß für Scanner. Gibt an, wie viele Bildelemente ein Scanner je Zoll (2,54 cm) von der Vorlage abtastet (z.B. 600 × 1200 ppi).

RAM: Random Access Memory. Schreib-/Lesespeicher mit wahlfreiem Zugriff, d.h., über eine Adresse kann auf jede Speicherstelle (z.B. jedes Byte) gezielt zugegriffen werden.

Rendern: Bezeichnung für die Berechnung fotorealistischer, dreidimensionaler Bilder in *CAD*-Anwendungen. Lichteffekte wie Schatten und Reflexionen werden simuliert.

RGB-Farben: Rot-Grün-Blau-Farben. Farbdrucker und Farbbildschirme verwenden oft die RGB-Farberzeugung, bei der die Farbe eines *Pixels* aus den drei Grundfarben rot, grün und blau zusammengesetzt wird. Eine Form der Farbdarstellung benutzt für jede Grundfarbe 1 Byte = 8 Bit. Daher sind

$2^8 = 256$ Intensitäten jeder der drei Grundfarben darstellbar (0 für ganz dunkel, 255 für ganz hell). Hierbei lassen sich maximal $256^3 = 16\ 777\ 216$ verschiedene Farbtöne erzeugen.

Scanner: Bildabtaster, ein Abtastgerät, das die in einem Schriftstück, einer Zeichnung oder einer Fotografie enthaltenen Informationen elektro-optisch in ein *Bitmap* umwandelt, das als Datei im Rechner gespeichert oder auf dem Bildschirm dargestellt werden kann. Mit Bildbearbeitungsprogrammen kann das Bitmap nachbearbeitet werden. Text-Bitmaps können mit *OCR*-Programmen in *ASCII*-Zeichenfolgen umgewandelt werden. Bitmaps von Strichzeichnungen können mit Vektorisierungsprogrammen in Vektoren umgewandelt und z.b. als *DXF*-Dateien für die anschließende *CAD*-Verarbeitung gespeichert werden.

SCSI: Small Computer Systems Interface, eine Multifunktionsschnittstelle für Festplatten, CD-ROMs, Streamer, Scanner, Drucker und viele andere Geräte.

Server: Großer und schneller Rechner im Netzwerk, der umfangreiche Leistungen den Anwendern im Netz zur Verfügung stellt. Seine Leistungen werden von *Clients* (Arbeitsplatzrechnern) abgerufen.

Spracherkennung: Erkennung und Verarbeitung gesprochener Sprache durch den Computer.

SQL: Structured Query Language, genormte Datenbankabfragesprache.

Suchmaschinen: Such-Programme für Informationsangebote im Internet (zu finden z.B. unter den WEB-Adressen `de.yahoo.com`, `www.lycos.de`, `www.fireball.de`, `de.altavista.com`). Meta-Suchmaschinen sind intelligente Programme, die Suchanfragen an mehrere Suchmaschinen weiterleiten und die erhaltenen Ergebnisse zu einem Report zusammenfassen (z.B. die Suchmaschine `http://www.metager.de` über deutschsprachige Suchmaschinen).

TCP/IP: Transport Control Protocol/Internet Protocol, das Transportprotokoll, mit dem alle Informationen im *Internet* ausgetauscht werden.

Telnet: Datenübertragungsprotokoll und Name eines Programms zur Fernsteuerung von Computern über das *Internet*.

Tool: (Werkzeug) Hilfsprogramm, das ein Betriebssystem, das Programmieren oder die Benutzung eines Anwendungsprogramms unterstützt.

Treiber: Programme, die Drucker, Scanner, Platten- oder CD-ROM-Laufwerke, Steckkarten, Schnittstellen usw. am Computer steuern.

Übersetzer: Programm, das die für Menschen lesbaren Quellprogramme in Maschinenprogramme übersetzt. Interpretierer übersetzen jede Anweisung einzeln und führen sie sofort aus. Kompilierer übersetzen zunächst das gesamte Programm, Linker binden dann Bibliotheksroutinen dazu, und erst danach kann die Programmausführung beginnen.

UNIX: Leistungsfähiges Rechner-Betriebssystem. Es besteht aus einem Kernsystem, dem Dateisystem und einer Benutzeroberfläche. Nur der innere Kern muss auf eine Rechnerplattform übertragen werden. Der Rest liegt als C-Quellcode vor. Daher konnte UNIX leicht auf viele Rechnerarten vom Großrechner bis zum PC übertragen werden.

URL: Uniform Resource Locator. Im Internet die Adresse eines WWW-Rechners oder Dokuments. Beispiel: `ftp://ftp.uni-stuttgart.de`, dabei bezeichnet `ftp`: den Internet-Dienst, hier das File Transfer Protocol, `ftp` die Subdomain, `uni-stuttgart` die *Domain* und `de` die Topleveldomain (das Land Deutschland).

USB: Universal Serial Bus, serielle Schnittstelle, über die bis zu 127 periphere Geräte (Scanner, Drucker, Modems usw.) an den PC angeschlossen werden können.

Vektor-Grafik: Eine Form der Grafikspeicherung, bei der geometrische Figuren durch ihre Koordinaten, Radien und Winkel beschrieben und gespeichert werden. Die Bearbeitung der Geometrie wird dadurch gegenüber der *Bitmap*-Darstellung erleichtert. Daher verwenden *CAD*-Systeme durchweg Vektor-Grafik und benutzen Bitmaps in hybriden Systemen nur als Hintergrund oder zur strukturierten Oberflächendarstellung (z.B. Mauerwerk) von Körpern beim *Rendern*, nicht aber zum Konstruieren.

Voxel: Volumen Element, Erweiterung des zweidimensionalen Pixel (Picture element) der Bildverarbeitung auf die dritte Dimension.

VRML: Virtual Reality Modelling Language. Standard-Format zur Beschreibung von 3D-Modellen oder -Welten im WWW.

WWW: World Wide Web, multimediales Informationssystem. WWW wird auch als Synonym für das *Internet* gebraucht. Die Informationen werden durch einen *Browser* präsentiert und können auch Grafiken, Audio- und Videodaten umfassen. WWW bietet mittels Mausklick Verbindung auch zu anderen Internet-Diensten wie *E-Mail*, *FTP*, *News*, *Telnet* usw.

XML: Extensible Markup Language, Datenformat für einen strukturierten Dokumentenaustausch im *Internet*, erweiterte Fassung von *HTML* mit besseren multimedialen Möglichkeiten.

Stahlbetonbau

Die neue Norm DIN 1045 wurde als Weißdruck im Juli 2001 veröffentlicht, mit der bauaufsichtlichen Einführung wird für das Frühjahr 2002 gerechnet. Diese neue Norm für den Beton-, Stahlbeton- und Spannbetonbau lehnt sich inhaltlich eng an die Vorschriften im Eurocode 2 an. Die Norm wird für viele Jahre die maßgebende Anwendungsvorschrift für den Massivbau sein. Das neue Sicherheitskonzept gemäß den Angaben in DIN 1055-100, das Arbeiten mit Teilsicherheitsbeiwerten und die strenge Trennung der Nachweise im Grenzzustand der Tragfähigkeit von denen im Grenzzustand der Gebrauchstauglichkeit stellen eine grundlegende Änderung gegenüber den bisherigen Bemessungsverfahren dar. In der Neuauflage werden die geänderten Normen durchgehend berücksichtigt. Dies machte eine fast vollständige Neufassung des Textes und auch kleinere Änderungen in der Gliederung des Buchs erforderlich. Wie in den früheren Auflagen findet der Leser Hinweise auf den Text der Normen, auf weiterführende Literatur und viele Beispielrechnungen mit Konstruktionszeichnungen im gesamten Band.

Zu beziehen über Ihre Buchhandlung oder direkt beim Verlag.

Wommelsdorff

Stahlbetonbau
Bemessung und Konstruktion

Teil 1
Grundlagen
Biegebeanspruchte Bauteile

7. Auflage
Werner Verlag   WIT

Wommelsdorff
Stahlbetonbau
Bemessung und Konstruktion
Teil 1: Grundlagen –
Biegebeanspruchte Bauteile
WIT, 7., vollständig neu bearbeitete
Auflage 2002.
321 Seiten 17 x 24 cm,
zahlreiche Abbildungen und Tafeln,
kartoniert,
€ 38,– / sFr 76,–
ISBN 3-8041-4981-2

WERNER VERLAG

Werner Verlag · Postfach 10 53 54 · 40044 Düsseldorf
Telefon (02 11) 3 87 98-0 · Telefax (02 11) 3 87 98-11
www.werner-verlag.de

3 Lastannahmen (DIN 1055)

Prof. Dipl.-Ing. Klaus-Jürgen Schneider

Inhaltsverzeichnis

		Seite
I	**EIGENLASTEN**	3.2
1	**Gewerbliche, industrielle und landwirtschaftliche Lagerstoffe**	3.2
2	**Baustoff-Lagerstoffe und Metalle**	3.3
3	**Holz und Holzwerkstoffe**	3.4
4	**Beton und Mörtel**	3.4
5	**Mauerwerk**	3.5
6	**Decken (Auswahl)**	3.5
6.1	Stahlbetonplatten	3.5
6.2	Stahlsteindecken	3.5
6.3	Stahlbetonbalkendecken	3.5
6.4	Stahlbetonrippendecken	3.6
6.5	Stahlbeton-Hohldielen	3.6
6.6	Decken aus Porenbetonplatten	3.6
6.7	Gewölbte Decken	3.6
6.8	Decken aus Glasstahlbeton	3.6
7	**Wände aus Platten und Glasbausteinen, Wandbauarten**	3.7
7.1	Porenbeton-Bauplatten	3.7
7.2	Leichtbeton-Wandbauplatten	3.7
7.3	Hohlwandplatten aus Leichtbeton	3.7
7.4	Gips- und Gipskartonplatten	3.7
7.5	Wandbauarten	3.7
7.6	Wände aus Glas	3.7
8	**Putze**	3.8
9	**Fußboden- und Wandbeläge**	3.8
10	**Sperr-, Dämm- und Füllstoffe**	3.9
10.1	Dämm- und Füllstoffe (lose)	3.9
10.2	Dämm- und Füllstoffe (Matten)	3.9
10.3	Sperren gegen Feuchtigkeit	3.9
11	**Dachdeckungen**	3.9
11.1	Deckung aus Dachziegeln	3.9
11.2	Schieferdeckung	3.10
11.3	Metalldeckung	3.10
11.4	Dachdeckung für Flachdächer	3.10
11.5	Sonstige Deckungen	3.11
II	**VERKEHRSLASTEN**	3.11
1	**Allgemeines**	3.11
2	**Lotrechte Verkehrslasten**	3.12
2.1	Gleichm. verteilte Verkehrslasten	3.12
2.2	Einzelverkehrslasten für Dächer	3.14
2.3	Lotrechte Verkehrslasten für befahrene Decken	3.14
2.4	Hubschrauberlandeplätze	3.15
2.5	Lotrechte Pendelkräfte	3.15
3	**Waagerechte Verkehrslasten**	3.15
3.1	Horizontallast an Brüstungen und Geländern in Holmhöhe	3.15

		Seite
3.2	Horizontallasten zur Erzielung einer ausreichenden Längs- und Quersteifigkeit	3.15
3.3	Horizontalstöße auf Stützen und Wänden	3.15
3.4	Waagerechte Pendelkräfte	3.16
3.5	Horizontallasten für Hubschrauberlandeplätze auf Dachdecken	3.17
4	**Schwingbeiwerte – Stoßzahlen**	3.17
5	**Verminderung der Verkehrslasten**	3.17
III	**WINDLASTEN**	3.18
1	**Kriterien für nicht schwingungsanfällige Bauwerke**	3.18
2	**Standsicherheitsnachweis**	3.19
3	**Abhebenachweis**	3.19
4	**Wind- und Schneelast**	3.19
5	**Rechenwerte**	3.19
6	**Aerodynamische Beiwerte**	3.20
6.1	Kraftbeiwerte c_f	3.20
6.2	Druckbeiwerte c_p	3.24
6.3	Sogspitzen in Teilbereichen	3.25
IV	**SCHNEELAST UND EISLAST**	3.27
1	**Gleichmäßig verteilte Schneelast**	3.27
2	**Einseitig verminderte Schneelast**	3.27
3	**Schneeanhäufungen**	3.28
4	**Sonderregelungen**	3.29
5	**Gleichzeitige Berücksichtigung von Schneelast und Windlast**	3.29
6	**Eislast**	3.29
V	**FLIEGENDE BAUTEN**	3.29
1	**Ständige Lasten**	3.29
2	**Verkehrslasten**	3.29
VI	**STRASSEN- UND WEGBRÜCKEN**	3.30
1	**Lasten für Regelklassen**	3.30
2	**Lasten für Nachrechnungsklassen**	3.31
3	**Ersatzlasten für den Anprall von Straßenfahrzeugen**	3.32
VII	**SPEZIELLE BAUTEILE**	3.33
1	**Wände aus Mauerwerk**	3.33
2	**Näherungswerte von Dachbindern**	3.33

I Eigenlasten
nach DIN 1055-1 (7.78)

Vorbemerkungen

Die im Folgenden angegebenen Rechenwerte für Eigenlasten sind so zu verwenden, daß sie sich im ungünstigsten Sinne auf die Bemessungsgrößen des Tragwerks auswirken. Obere und untere Grenzwerte sind durch das Zeichen „v" getrennt („v" bedeutet „oder"). Eine ausführliche Darstellung von Eigenlasten ist der Norm DIN 1055-1 zu entnehmen.

1 Gewerbliche, industrielle und landwirtschaftliche Lagerstoffe

	1.1 Brennstoffe	kN/m^3			kN/m^3
1	Braunkohle		4	Steinkohle	
	trocken	8		Koks	6,5
	erdfeucht	10		Steinkohle als Rohkohle,	
	Braunkohlenbriketts, geschüttet	8		grubenfeucht	10
	Braunkohlenbriketts, gestapelt	13		Steinkohle in Schwemmsümpfen	12
	Braunkohlenschwelkoks	10		Steinkohle als Staubkohle	7
	Braunkohlenstaub	5		Stückbriketts, geschüttet	8
2	Brennholz	4		Stückbriketts, gestapelt	13
3	Holzkohle			Eierbriketts, sonst. Steinkohle	8,5
	lufterfüllt	4		Mittelgut im Zechenbetrieb	12,5
	luftfrei	15		Waschberge im Zechenbetrieb	14

	1.2 Nahrungsmittel [1]	kN/m^3		1.3 Flüssigkeiten [2]	kN/m^3
1	Butter		1	Alkohol und Äther	8
	in Fässern	5,5	2	Benzin	8
	verpackt in Kisten und Kartons	8	3	Benzol	9
2	Fische in Fässern und Kisten	8	4	Bier	10
3	Gefrierfleisch	7	5	Bleimennige, streichfertig	60
4	Getränke in Flaschen		6	Bleiweiß, streichfertig in Öl	39
	gestapelt und in Kisten	8,5	7	Erdöl, Dieselöl, Heizöl	10
	in Kästen (z.B. Bier)	6	8	Faulschlamm mit über	
5	Kaffee	7		50 Vol.-% Wasseranteil	11
6	Kakao in Säcken	5,5	9	Glyzerin	12,5
7	Konserven aller Art	8	10	Kreosotöl, Schweröl und Teeröl	11
8	Margarine, in Kisten	7	11	Milch	10
	in Fässern	5,5	12	Öle, pflanzliche und tierische	10
9	Mehl, in Säcken	5	13	Petroleum	8
	lose (geschüttet)	6	14	Quecksilber	136
10	Obst, geschüttet	7	15	Salpetersäure 91 Gew.-%	15
	in Kisten	3,5	16	Salzsäure 40 Gew.-%	12
11	Weizengrieß	5,5	17	Schwefelsäure, 30 Gew.-%	14
12	Zucker, lose (geschüttet)	9,5		rauchende	19
	fest und in Säcken	16	18	Teer, flüssig	12
			19	Terpentinöl	9
			20	Wein	10

[1] Mindestflächen der Verkehrswege sind eingerechnet. Nur durch feste Einbauten begrenzte Verkehrswege dürfen besonders berücksichtigt werden.

[2] Gegebenenfalls ist bei der Bemessung von Behälterwandungen auch der Gasdruck zu beachten.

1.4 Landwirtschaftliche Güter [1]

Nr.	Bezeichnung	kN/m³	Nr.	Bezeichnung	kN/m³
1	Anwelksilage	5,5	11	Kraftfutter	
2	Feuchtsilage (Maiskörner)	16		Getreide- und Malzschrot	4
3	Flachs, gestapelt oder gepreßt	3		Grünfutterbriketts $\varnothing$ 50 bis 80 mm	4,5
4	Grünfutter, lose gelagert	4		Grünfuttercops $\varnothing$ 15 bis 30 mm	6
5	Halmfuttersilage, naß	11		Grünmehlpellets $\varnothing$ 4 bis 8 mm	7,5
6	Heu, lose und über 15 cm lang			Grünmehl- und Kartoffelflocken	1,5
	oder niederdruckgepreßt	0,9		Kleie und Troblako	3
	kurz od. hochdruckgepreßt	1,4		Ölkuchen	10
	wie vor, drahtgebunden	1,7		Ölschrot und Kraftfuttergemische	5,5
7	Hopfen in Säcken	1,7	12	Sojabohnen	7,8
	in zylindrischen Hopfenbüchsen	4,7	13	Spreu	1
	gepreßt oder in Tuch eingenäht	2,9	14	Stroh, lang und lose oder in	
8	Kartoffeln, Rüben	7,6		Mähdrescherballen	0,7
9	Kartoffelsilage	10		Niederdruckballen oder kurz	0,8
10	Körner			Hochdruckballen, garngebunden	1,1
	Braugerste	8		Hochdruckballen, drahtgebunden	2,7
	Hafer, Weizen, Roggen, Gerste	9	15	Tabak, gebündelt oder in Ballen	5
	Hanfsamen	5	16	Torf, lose lufttrocken, lose geschüttet	1
	Hülsenfrüchte	8,5		lose, jedoch eingerüttelt	1,5
	Mais, Reis	8		gepreßt, in Ballen	3
	Ölfrüchte, Lieschgras, bespelzt	6,5	17	Zuckerrüben-Naßschnitzel	10
	Zuckerrüben- und Grassamen	3		Zuckerrüben-Trockenschnitzel	3

3 Lastannahmen

2 Baustoff-Lagerstoffe und Metalle

2.1 Lagerstoffe

Nr.	Bezeichnung	kN/m³	Nr.	Bezeichnung	kN/m³
1	Blähton, Blähschiefer	15	13	Traß, gemahlen	15
2	Gips, gemahlen	15	14	Zement, gemahlen	16
3	Glas, in Tafeln	25		Zementklinker	18
	Drahtglas	26	15	Ziegelsand, Ziegelsplitt und	
	Acrylglas	12	16	Ziegelschotter, erdfeucht	15
4	Hochofenstückschlacke	18			
5	Hochofenschlacke, granuliert,				
	Kesselschlacke	11			
6	Hüttenbims, erdfeucht, Naturbims	9			
7	Hüttenbims, trocken	7			
8	Kalk	13			
9	Koksasche	7,5			
10	Kies und Sand				
	trocken oder erdfeucht	18			
11	Kunststoffe				
	a) Polyäthylen, Polystyrol				
	als Granulat	6,5			
	b) Polyvinylchlorid als Pulver	6			
	c) Polyesterharze	12			
	d) Leimharze	13			
12	Schaumlava, gebrochen, erdfeucht	10			

2.2 Metalle

Nr.	Bezeichnung	kN/m³
1	Aluminium	27
2	Aluminiumlegierungen	28
3	Blei	114
4	Bronze	85
5	Gußeisen	72,5
6	Kupfer	89
7	Magnesium	18,5
8	Messing	85
9	Nickel	89
10	Stahl und Schweißeisen	78,5
11	Zink	
	gegossen	69
	gewalzt	72
12	Zinn, gewalzt	74

---

[1] Es ist in Lagerräumen mindestens $p = 3,5$ kN/m² anzusetzen.

3 Holz und Holzwerkstoffe
(gegen Witterungs- und Feuchtigkeitseinflüsse geschützt)

Zuschläge für kleine Stahlteile, Hartholzteile und Anstrich oder Tränkung sind in den Berechnungsgewichten enthalten. Eigenlasten stählerner Zugglieder, Knotenbleche, Laschen, Schuhe und Lager sind besonders zu berücksichtigen.

		kN/m^3			kN/m^3
1	Nadelholz, allgemein	4 v 6	6	Furnierplatten (DIN 68705-3)	4,5 v 8
2	Brettschichtholz im Holzleimbau	4 v 5	7	Tischlerplatten (DIN 68705-4)	4,5 v 6,5
3	Laubholz	6 v 8	8	Hartfaserplatten (DIN 68754-1)	9 v 11
4	Hölzer aus Übersee	Nachweis erforderlich	9	Mittelharte Faserplatten (DIN 68754-1)	6 v 8,5
5	Spanplatten (DIN 68761 u. 68763)	5 v 7,5	10	Dämmplatten (DIN 68750)	2,5 v 4

4 Beton und Mörtel
4.1 Beton

Die Rechenwerte gelten auch für Betonfertigteile. Bei Frischbeton sind die Werte im allgemeinen um 1 kN/m^3 zu erhöhen. Die Eigenlast von Beton und Stahlbeton ist, wenn sie aus besonderen Gründen (z. B. schwere oder besonders leichte Zuschlagstoffe, hoher Bewehrungsanteil) von dem nachstehenden Wert abweicht, aufgrund von Probekörpern bzw. Berechnung des Bewehrungsanteils zu bestimmen, sofern eine solche Abweichung von nennenswertem Einfluß auf die Standsicherheit des Bauwerks ist. Die Auswirkungen auf den Schalungsdruck sind nicht Gegenstand dieser Norm.

1	Normalbeton (DIN 1045)	23 kN/m^3 bis B 10		24 kN/m^3 ab B15		
2	Stahlbeton (DIN 1045)			25 kN/m^3 ab B 15		
3	Porenbeton, bewehrt (DIN 4223) *Rohdichteklasse* (g/cm³) *Rechenwert* (kN/m^3)	0,5 6,2	0,6 7,2	0,7 8,4	0,8 9,5	
4	Leichtbeton (Richtlinien für Leichtbeton und Stahlleichtbeton mit geschlossenem Gefüge) *Rohdichteklasse* (g/cm³) *Rechenwert* (kN/m^3)	1,0 10,5	1,2 12,5	1,4 14,5	1,6 16,5	1,8 18,5	2,0 20,5
5	Stahlleichtbeton: Die Werte von „Leichtbeton" sind um 1 kN/m^3 zu erhöhen.					
6	Leichtbeton mit Zuschlägen aus Holzspänen (Holzspanbeton) *Rohdichteklasse* (g/cm³) *Rechenwert* (kN/m^3)	0,4 5	0,5 6	0,6 7	0,7 8	
7	Leichtbeton mit haufwerksporigem Gefüge (DIN 4232) *Rohdichteklasse* (g/cm³) *Rechenwert* (kN/m^3)	1,0 10	1,2 12	1,4 15	1,6 16	1,8 18	2,0 20

4.2 Mörtel (Mauer- und Putzmörtel)

(Estriche siehe Abschnitt 9)		kN/m^3
1	Gipsmörtel, ohne Sand	12
2	Kalkmörtel (Mauer- und Putzmörtel), Kalkgipsmörtel, Gipsandmörtel (Putzmörtel)	18
3	Anhydritmörtel	18
4	Kalkzementmörtel, Kalktraßmörtel, Lehmmörtel	20
5	Zementmörtel, Zementtraßmörtel, Mörtel mit Putz- und Mauerbinder	21

5 Mauerwerk

5.1 Mauerwerk aus natürlichen Steinen (einschließlich Fugenmörtel ohne Putz)

1	Erstarrungsgesteine	kN/m³	3	Schichtgestein	kN/m³
	Basalt, Melaphyr, Diorit	30		Grauwacke, Sandstein, Nagelfluh	27
	Gabbro	30		Kalkstein und Dolomit, dichter (fester),	
	Diabas	29		einschließlich Muschelkalk und Marmor	28
	Granit, Syenit, Porphyr	28		Kalkstein, sonstiger, einschließlich	
	Trachyt	26		Kalkkonglomeraten, Travertin u. ä.	26
	Basaltlava	24		Vulkanischer Tuffstein	20
2	Metamorphe Gesteine				
	Gneis, Granulit 30 kN/m³; Schiefer 28 kN/m³; Serpentin 27 kN/m³				

5.2 Mauerwerk aus künstlichen Steinen
(vgl. auch Kapitel 7 Mauerwerksbau, S. 7.3)
Bei Verwendung von Leichtmörtel sind die nachfolgenden Rechenwerte um 1 kN/m³ zu vermindern.

Steinrohdichte (g/cm³)	0,5	0,6	0,7	0,8	0,9	1,0	1,2	1,4	1,6	1,8	2,0	2,1	2,2	2,5
Rechenwert (kN/m³)	7	8	9	10	11	12	14	15	17	18	20	21	22	25

6 Decken (Geschoß- und Dachdecken-)Auswahl [1]

6.1 Stahlbetonplatten
nach DIN 1045   0,25 kN/m² je cm Dicke

6.2 Stahlsteindecken (kN/m²)
nach DIN 1045 aus Deckenziegeln (Steinlänge 250 mm) nach DIN 4159 mit

Decken-dicke	Teilvermörtelung				Vollvermörtelung			
	Ziegel-Rohdichte (g/cm³)				Ziegel-Rohdichte (g/cm³)			
	0,6	0,8	1,0	1,2	0,6	0,8	1,0	1,2
11,5 cm	1,25	1,45	1,65	1,85	1,45	1,6	1,85	2,0
14 cm	1,5	1,75	2,0	2,25	1,8	1,95	2,2	2,45
16,5 cm	1,9	2,15	2,4	2,75	2,2	2,4	2,65	2,95
19 cm	2,15	2,45	2,8	3,15	2,55	2,8	3,05	3,4
21,5 cm	2,45	2,8	3,15	3,55	2,9	3,15	3,45	3,85
24 cm	2,75	3,1	3,5	3,95	3,2	3,55	3,9	4,3
26,5 cm	3,05	3,45	3,9	4,4	3,7	4,1	4,45	4,8
29 cm	3,35	3,8	4,25	4,7	4,05	4,45	4,85	5,25

6.3 Stahlbetonbalkendecken (kN/m²)
nach DIN 1045, 19.7.7 mit stat. nicht mitwirkenden Zwischenbauteilen nach DIN 4158

Balkenachsabstand $s = 62,5$ cm	Rohdichte (g/cm³) der Zwischenbauteile	
d	1,4	2,3
16 cm	2,13	2,85
20 cm	2,28	2,95
24 cm	2,48	3,18
$s = 75$ cm, $d = 20$ cm	2,13	2,85

---

[1] Die folgenden Eigenlasten bei Stahlbetondecken schließen die Stahleinlagen ein, jedoch nicht etwaige Stahlträger.

6.4 Stahlbetonrippendecken (einachsig gespannt)

nach DIN 1045 mit Beton-Zwischenbauteilen (DIN 4158) und Ziegel-Zwischenbauteilen (DIN 4159 und DIN 4160)

d = Deckendicke; s = Rippenachsabstand;   nachfolgende Rechenwerte in kN/m²

Zwischenbauteile statisch nicht mitwirkend							... statisch mitwirkend				
5 cm Aufbeton							ohne Aufbeton				
s = 50 cm		s = 62,5 cm		s = 50 cm			s = 50 cm				
Beton-Rohdichte (g/cm³)				Ziegel-Rohdichte (g/cm³) *⁾							
d	1,4	2,3	1,4	2,3	d	0,6	0,9	d	0,6	0,8	1,0	1,2
17 cm	2,95	3,58	2,77	3,36	19 cm	2,55	2,95	11,5 cm	1,19	1,39	1,59	1,79
19 cm	3,14	3,75	2,99	3,63	21,5 cm	2,80	3,25	14 cm	1,43	1,68	1,92	2,17
21 cm	3,71	4,38	3,42	4,13	24 cm	3,05	3,55	16,5 cm	1,67	1,96	2,25	2,55
23 cm	3,79	4,48	3,50	4,16	26,5 cm	3,40	4,00	19 cm	1,92	2,25	2,58	2,92
25 cm	3,87	4,55	3,57	4,24	29 cm	3,65	4,30	21,5 cm	2,24	2,61	2,98	3,36
27 cm	4,00	4,71	3,67	4,35	31,5 cm	3,90	4,65	24 cm	2,50	2,91	3,32	3,74
29 cm	4,11	4,83	3,76	4,47	34 cm	4,15	4,95	26,5 cm	2,81	3,26	3,71	4,17
33 cm	5,04	6,15	4,63	5,74	36,5 cm	4,65	5,45	29 cm	3,07	3,56	4,05	4,56
					39 cm	4,90	5,80	31,5 cm	3,32	3,85	4,40	4,95
								34 cm	3,58	4,16	4,74	5,33
DIN 4158					DIN 4160			DIN 4158 und 4159				

*⁾ Bei s = 62,5 cm verringern sich die Rechenwerte um etwa 3%.

6.5 Stahlbeton-Hohldielen (nach DIN 1045)

Dicke (cm)	5	6	7	8	9	10	11	12	14	16
Rechenwert (kN/m²) Leichtbeton:	0,55	0,60	0,65	0,72	0,80	0,88	0,95	1,00	1,17	1,35
Stahlbeton:	0,85	1,00	1,15	1,30	1,50	1,65	1,85	2,00	–	–

6.6 Decken aus Porenbetonplatten (DIN 4223)

Beton-Rohdichte (g/cm³)	0,5	0,6	0,7	0,8
Rechenwert je cm Dicke (kN/m²)	0,062	0,072	0,084	0,095

6.7 Gewölbte Decken

(ohne Trägergewicht, Kappengewölbe bis zu 2 m Stützweite einschl. Hintermauerung)
aus *Vollsteinen* nach DIN 106 und DIN 398 bei einer Gesamtdicke
d = 11,5 cm: 2,75 kN/m², d = 24 cm: 5,40 kN/m²
aus *Leichtbeton-Vollsteinen* (DIN 18152), *Lochziegeln* (DIN 105) und *Kalksand-Lochsteinen* (DIN 106)

Steinrohdichte   1,2 g/cm³ | d = 11,5 cm: 1,80 kN/m² d = 24 cm: 3,60 kN/m²
Steinrohdichte   1,4 g/cm³ | d = 11,5 cm: 2,25 kN/m² d = 24 cm: 4,50 kN/m²

6.8 Decken aus Glasstahlbeton (DIN 1045) (Rechenwerte in kN/m²)

1	mit massiven Betongläsern (DIN 4243) Rippenbreite 3 cm, Rippenhöhe 8 cm	1,00
2	mit Hohl-Betongläsern (DIN 4243) Rippenbreite 3 cm, Rippenhöhe 10 cm	1,40
3	mit massiven Betongläsern (DIN 4243) 6 cm hoch Rippenbreite 5 cm, Rippenhöhe 12 cm	1,95

7 Wände aus Platten und Glasbausteinen, Wandbauarten

7.1 Porenbeton-Bauplatten (*Rechenwerte* je cm Dicke in kN/m^2)

Rohdichte (g/cm^3)	0,5	0,6	0,7	0,8
unbewehrt (DIN 4166)	0,06	0,07	0,08	0,09
im Dünnbettmörtel	0,055	0,065	0,075	0,085
bewehrt (DIN 4223)	0,062	0,072	0,084	0,095

7.2 Leichtbeton-Wandbauplatten (DIN 18148)

Plattenrohdichte (g/cm^3)	0,6	0,7	0,8	0,9	1,0	1,2	1,4
je cm Dicke (kN/m^2)	0,08	0,09	0,10	0,11	0,12	0,14	0,15

7.3 Hohlwandplatten aus Leichtbeton (DIN 18162)

Plattenrohdichte (g/cm^3)	0,8	0,9	1,0	1,2	1,4
je cm Dicke (kN/m^2)	0,09	0,10	0,11	0,13	0,15

7.4 Gips- und Gipskartonplatten (*Rechenwerte* je cm Dicke in kN/m^2)

1	Porengips-Wandbauplatten	0,07
2	Gips-Wandbauplatten	0,09
3	Gipskartonplatten (DIN 18180)	0,11

7.5 Wandbauarten

Wandbauart mit Holzspanbeton-Schalungssteinen				
Rohdichte des Holzspanbetons 0,6 g/cm^3, des Füllbetons 2,3 g/cm^3				
Wanddicke (cm)	17,5	20,0	24,0	30,0
Rechenwert (kN/m^2)	2,8	3,2	4,0	4,9

Wandbauart mit Leichtbeton-Schalungssteinen		Rohdichte (g/m^3)			
Rohdichte des Leichtbetons 1,0 bis 1,6 g/cm^3	Wanddicke	1,0	1,2	1,4	1,6
Rohdichte des Füllbetons 2,3 g/cm^3	17,5 cm	3,2	3,3	3,4	3,6
Nebenstehende *Rechenwerte* in kN/m^2	20,0 cm	3,7	3,8	4,0	4,1
	24,0 cm	4,5	4,7	4,8	5,0
	30,0 cm	5,5	5,8	6,0	6,2

Trennwände aus Gipskartonplatten (DIN 18183-1)	
Ständerwände mit Mineralwolleausfachung, einfache Beplankung	0,35 kN/m^2
doppelte Beplankung	0,50 kN/m^2

Trennwände aus Gipsstuckbauplatten mit Mineralwolleausfachung	
(Gipskartonplatten mit Metallriegeln – horizontal –), mit Abspachtelung	0,50 kN/m^2
mit Trockenputz	0,70 kN/m^2

Trennwände aus Gips-Zwischenwandplatten
Einfache Wände 60 mm dick 0,55 kN/m^2; 80 mm dick 0,75 kN/m^2; 100 mm dick 0,90 kN/m^2
Doppelwand mit 40 mm Mineralwolleausfachung, 200 mm dick 1,50 kN/m^2
Doppelwand mit Mineralwolleausfachung einschl. 2 × 50 mm Holzwolleleichtbauplatten
und Luftzwischenraum, 280 mm dick 1,80 kN/m^2

7.6 Wände aus Glas (*Rechenwerte* in kN/m^2)

Glasbaustein-Wände nach DIN 4242	80 mm dick	1,00
mit Glasbausteinen nach DIN 18175	100 mm dick	1,25
Sprossenlose Verglasung mit Profil-	einschalig	0,27
bauglas als Trenn- oder Lichtwand	zweischalig	0,54

8 Putze (*Rechenwerte* in kN/m^2)

1	Drahtputz (Rabitzdecken und Verkleidungen), 30 mm Mörteldicke mit Gipsmörtel	0,50
	mit Kalk-, Gipskalk- oder Gipssandmörtel	0,60
	mit Zementmörtel	0,80
2	Gipskalkputz auf Putzträgern wie Baustahlmatten, Ziegelgewebe, Streckmetall bei 30 mm Mörteldicke	0,50
3	Gipskalkputz auf 15 mm dicken Holzwolleleichtbauplatten bei 20 mm Mörteldicke	0,35
	wie vor, jedoch 25 mm Holzwolleleichtbauplatte	0,45
4	Gipskalkputz auf 9,5 mm Gipskarton-Putzträgerplatten bei 8 mm Mörteldicke	0,23
5	Gipskalkputz auf doppeltem Rohrgewebe einschl. Rohr und Latten und auf Faserplatten bei 20 mm Mörteldicke	0,40
	wie vor, jedoch auf Schalung	0,50
6	Gipsputz, 15 mm dick	0,18
7	Kalkmörtel, 20 mm dick	0,35
8	Kalkzementmörtel, Putz aus Putz- und Mauerbinder, 20 mm dick	0,40
9	Luftporenputz, 20 mm dick	0,25
10	Rohrdeckenputz (Gips), 20 mm dick	0,30
11	Vorgehängte Fassade mit mineralischem Putz, 95 mm dick aus 40 mm Dämmplatte, Putzträger, Z-Schienen, 25 mm Edelputz	0,50
12	Wärmedämmputz (50 mm) aus 35 mm Dämmputz und 15 mm Luftporenputz	0,40
13	Wärmedämmverkleidung aus 35 mm Holzwolleleichtbauplatte, 20 mm Kalkzementputz einschl. Rabitzgewebe	0,55
14	Wärmedämmverkleidung aus 35 mm Schaumkunststoff (DIN 18164), 10 mm Kleber/Zementmischungs- und Kunststoffputzschichten	0,03
15	Zementmörtel, 20 mm dick	0,42

9 Fußboden- und Wandbeläge (*Rechenwerte* je cm Dicke in kN/m^2)

1	Asphaltbeläge:		8	Glasfliesen	0,25
	Asphaltbeton	0,24	9	Glasmosaik	0,25
	Asphaltmastix	0,18	10	Gummi	0,15
	Gußasphalt	0,23	11	Keramische Wandfliesen	
	Stampfasphalt in Plattenform	0,22		(Steingut) (einschl. Verlegemörtel)	0,19
2	Betonwerksteinplatten (auch Terrazzo)	0,24	12	Keramische Bodenfliesen (Steinzeug und Spaltplatten)	
3	Estriche:			(einschl. Verlegemörtel)	0,22
	Anhydritestrich	0,22	13	Kunststoff-Fußböden	0,15
	Gipsestrich	0,20	14	Linoleum	0,13
	Gußasphaltestrich	0,23	15	Natursteinplatten	
	Hartstoffestrich	0,24		(einschl. Verlegemörtel)	0,30
	Kunstharzestrich	0,22	16	Teppichböden	0,03
4	Magnesiaestrich nach DIN 272 begehbare Nutzschicht bei ein- oder mehrschichtigen Ausführungen	0,22	17	Sportböden Elastikböden (inkl. Oberbelag) Schwingböden	0,12 0,30
	Unterschicht bei mehrschichtigen Ausführungen	0,12	18	Parkett aus Laubholz[1] Stabparkett	0,064
5	Zementestrich	0,22		Mosaikparkett	0,064
6	Glasplatten	0,25		Fertigparkett	0,060
7	Glaswandplatten	0,25			

[1] Diese Werte stehen nicht in der Norm. Sie wurden den Informationsschriften der Arbeitsgemeinschaft Holz e.V. entnommen.

10 Sperr-, Dämm- und Füllstoffe

10.1 Dämm- und Füllstoffe (lose)
(Angegebene Zahlenwerte: *Rechenwerte* je cm Dicke in kN/m^2)

Asbestfaser	0,06	Faserdämmstoffe		Hochofenschlacke		Kieselgur	0,025
Bimskies	0,07	(DIN 18 165)	0,01	(Hüttenbims)	0,14	Korkschrot	0,02
Blähglimmer	0,015	Faserstoffe,		Steinkohlenschlacke	0,14	Magnesia	
Blähperlit	0,01	bituminiert,		Koksasche	0,14	(gebrannt)	0,10
Blähschiefer	0,15	als Schüttung	0,02	Hochofen-		Schaumkunst-	
Blähton	0,15	Gummischnitzel	0,03	schlackensand	0,10	stoffe	0,005

10.2 Dämm- und Füllstoffe (Platten, Matten, Bahnen)
(Angegebene Zahlenwerte: *Rechenwerte* je cm Dicke in kN/m^2)

1	Asbestpappe	0,12	9	Korkschrotplatten aus Back-	
2	Asphaltplatten	0,22		kork (DIN 18 161-1)	0,012
3	Faserdämmstoffe (DIN 18 165-1)	0,01	10	Mehrschicht-Leichtbau-	
4	Harnstoff-Formaldehyd-			platten (DIN 1104-2)	
	Ortschaum (DIN 18 159-2) 0,001 v 0,002			Zweischichtplatten	0,045
5	Holzfaserplatten			Dreischichtplatten	0,09
	(DIN 68 750, 68 752, 68 754-1), hart	0,10	11	Perliteplatten	0,02
	mittelhart	0,08	12	Polyurethan-Ortschaum	
	weich	0,04		(DIN 18 159-1) 0,004 v 0,01	
6	Holzwolleleichtbauplatten		13	Schaumglas	
	(DIN 1101), bei 15 mm Plattendicke	0,06		(Rohdichte 0,07 g/cm^3)	
	bei 100 mm Plattendicke	0,04		in Dicken von 4 bis 6 cm	
7	Kieselgurplatten	0,025		mit Pappkaschierung	0,01
8	Korkschrotplatten aus imprägniertem		14	Schaumkunststoffplatten	
	Kork (DIN 1861-1),			(DIN 18 164-1 und -2)	0,004
	bituminiert oder geteert	0,02			

10.3 Sperren gegen Feuchtigkeit (ohne Bindemittel)
(Angegebene Zahlenwerte: *Rechenwerte* je Lage in kN/m^2)

1	Bitumendachpappen mit beidseitiger Bitumendeckschicht (DIN 52 128)	0,03
2	Bitumen-Dachdichtungsbahnen mit Rohfilzpappeneinlage (DIN 52 130)	0,04
3	Bituminöse Schweißbahnen	0,07
4	Dichtungsbahnen für Bauwerksabdichtungen (DIN 18 190-1 bis -5)	0,04
5	Glasvlies-Bitumen-Dachbahnen (DIN 52 143), besandet 0,02; bekiest	0,05
6	Kunststoffbahnen	0,02
7	Nackte Bitumenpappen (DIN 52 129) und nackte Teerpappen (DIN 52 126)	0,02
8	Teerdachpappen, beidseitig besandet (DIN 52 121)	0,03

11 Dachdeckungen

11.1 Deckung aus Dachziegeln und Betondachsteinen [1]
(*Rechenwerte* in kN/m^2)

Die folgenden Werte gelten für 1 m^2 Dachfläche ohne Sparren, Pfetten und Dachbinder sowie ohne Mörtel, aber einschließlich Lattung (falls nicht anders angegeben).
Bei Vermörtelung sind 0,1 kN/m^2 zuzuschlagen.

---

[1] Glasdachsteine bei gleicher Deckungsart entsprechen den ersten 4 Deckungsarten.

1	Betondachsteine mit mehrfacher Fußverrippung und hochliegendem Längsfalz	
	bis 10 Stck./m^2	0,50
	über 10 Stck./m^2	0,55
2	Betondachsteine mit mehrfacher Fußverrippung und tiefliegendem Längsfalz	
	bis 10 Stck./m^2	0,60
	über 10 Stck./m^2	0,65
3	Biberschwanzziegel (DIN 456) 155/375 und 180/380 und Biberschwanzbetondachsteine	
	bei Splißdach (einschl. Schindeln)	0,60
	bei Doppeldach und Kronendach	0,75
4	Falzziegel, Reformpfannen, Falzpfannen, Flachdachpfannen (DIN 456)	0,55
5	Großformatige Pfannen bis 10 Stck./m^2	0,50
6	Kleinformatige Biberschwanzziegel und Sonderformate (DIN 456)	0,95
7	Krempziegel, Hohlpfannen (DIN 456)	0,45
	in Pappdocken verlegt	0,55
8	Mönch und Nonne (mit Vermörtelung)	0,90
9	Strangfalzziegel (DIN 456)	0,60

11.2 Schieferdeckung (Rechenwerte in kN/m^2)

1	Altdeutsche Schieferdeckung und deutsche Schuppenschablonendeckung	
	auf 22 mm Schalung (einschl. Pappunterlage und Schalung) in einfacher Deckung	0,50
	in doppelter Deckung	0,60
2	Englische Schieferdeckung (Rechteckschablonendach) in Doppeldeckung	
	auf Schalung (einschl. Lattung)	0,45
	auf 22 mm Schalung (einschl. Pappunterlage und Schalung)	0,55

11.3 Metalldeckung (Rechenwerte in kN/m^2)

1	Aluminiumdach (Aluminium 0,7 mm, einschl. 22 mm Schalung)	0,25
2	Doppelstehfalzdach aus verzinkten Falzblechen (0,63 mm dick,	
	einschl. Pappunterlage und 22 mm Schalung)	0,30
3	Kupferdach mit doppelter Falzung (Kupfer 0,6 mm, Schalung 22 mm)	0,30
4	Stahlpfannendach, verzinkt (DIN 59 231), einschl. Latten	0,15
	einschl. Pappunterlage und 22 mm Schalung	0,30
5	Stahltrapezprofile siehe S. 8.74	
6	Wellblechdach, verzinkt (DIN 59 231), einschl. Befestigungsmaterial	0,25
7	Zinkdach mit Leistendeckung, einschl. 22 mm Schalung	0,30

11.4 Dachdeckung und Dachabdichtung mit bituminösen Dachbahnen und Kunststoffbahnen für Flachdächer (Rechenwerte je Schicht in kN/m^2)

1	Dachabdeckung, 2-lagige Dachabdichtung (einschl. Klebemasse)	0,15
2	Dachabdichtung	
	3-lagige Dachabdichtung (einschl. Klebemasse)	0,17
	2-lagige Dachabdichtung (einschl. Klebemasse)	0,13
	1-lagige Kunststoffbahn, lose	0,02
3	Ausgleichsschicht, lose	0,03
	einschl. Klebemasse	0,04
4	Dampfausgleichsschicht, lose	0,02
	einschl. Klebemasse	0,04
5	Dampfsperre, einschl. Klebemasse	0,07
	aus Kunststoffbahn, lose	0,02

11.4 Dachdeckung und Dachabdichtung (Fortsetzung)
(*Rechenwerte je Schicht in kN/m^2*)

6	Oberflächenschutz	
	5 cm Kiesschüttung, einschl. Deckaufstrich	1,0
	Mehrlast für jeden weiteren cm	0,19
	Bekiesung (Kiespressung), einschl. Kieseinbettmasse	0,20
	Besplittung, einschl. Deckenaufstrich	0,05
	Schutzbahn, einschl. Klebemasse	0,08

11.5 Sonstige Deckungen (*Rechenwerte in kN/m^2*)

1	Rohr- oder Strohdach, einschl. Latten	0,70
2	Schindeldach, einschl. Latten	0,25
3	Sprossenlose Verglasung, Profilbauglas einschalig	0,27
4	Zeltleinwand, ohne Tragwerk	0,03
5	Deckung mit Kunststoffwellplatten (Profilform nach DIN 274-1 bis -3), ohne Pfetten, einschl. Befestigungsmaterial aus glasfaserverstärkten Polyesterharzen (Rohdichte 1,4 g/cm^3), Plattendicke 1 mm	0,03
	wie vor, jedoch mit Deckklappen	0,06
	aus Plexiglas (Rohdichte 1,2 g/cm^3), Plattendicke 3 mm	0,08
6	PVC-beschichtetes Polyestergewebe ohne Tragwerk	
	Typ I (Reißfestigkeit 3,0 kN/5 cm Breite)	0,0075
	Typ II (Reißfestigkeit 4,7 kN/5 cm Breite)	0,0085
	Typ III (Reißfestigkeit 6,0 kN/5 cm Breite)	0,01

II Verkehrslasten nach DIN 1055-3 (6.71)

1 Allgemeines

● **Ständige Last** ist die Summe der unveränderlichen Lasten (z. B. Eigenlasten der tragenden Bauteile, Auffüllungen, Putz, Fußbodenbeläge).

● **Verkehrslast** ist die veränderliche oder bewegliche Belastung des Bauteils (z. B. Personen, Einrichtungsstücke, unbelastete leichte Trennwände, Lagerstoffe, Maschinen, Fahrzeuge, Kranlasten, Wind, Schnee).

● **Vorwiegend ruhende Lasten** sind die Verkehrslasten nach Abschnitt 2 und 3 mit Ausnahme der im folgenden angegebenen Lasten.

● **Nicht vorwiegend ruhende Lasten** sind stoßende und sich häufig wiederholende Lasten, die Massenkräfte nicht ausgewuchteter Maschinen, die Verkehrslasten auf Kranbahnen, auf Hofkellern, auf von Gabelstaplern befahrenen Decken und auf Dachdecken, die als Hubschrauberlandeplätze dienen.

● **Bekanntgabe der zulässigen Verkehrslast** hat in Werkstätten, Fabriken, Lagerräumen und dgl. zu erfolgen. Anzugeben ist die angenommene Verkehrslast nach 2.1 und bei Gebrauch von Gabelstaplern zusätzlich an den Raumeinfahrten das zulässige Gesamtgewicht nach Tafel 3.14. An den Zufahrten von Decken, die von Personenkraftfahrzeugen oder ähnlichen Kraftfahrzeugen befahren werden, ist das zulässige Gesamtgewicht von 2,5 t anzugeben, wenn diese Decken nach Abschnitt 2.1 Zeile 7 b berechnet wurden. An den Zufahrten von Decken, die von schweren Kraftfahrzeugen befahren werden, ist das zulässige Gesamtgewicht des Kraftfahrzeugs, für das die Decke nach Abschnitt 2.3.1 berechnet wurde, anzugeben.

● **Berücksichtigung unbelasteter leichter Trennwände** kann durch einen gleichmäßig verteilten Zuschlag zur Verkehrslast erfolgen. Ausgenommen sind Wände mit einem Gewicht ≥ 100 kg/m^2 Wandfläche, die parallel zu den Balken von Decken ohne ausreichende Querverteilung stehen.

Zuschlag $\Delta p = 0{,}75$ kN/m² bei Wänden einschl. Putz mit $g \leq 100$ kg/m² und $\Delta p = 1{,}25$ kN/m² bei Wänden einschl. Putz mit $g \leq 150$ kg/m².
Bei Verkehrslasten von $p \geq 5$ kN/m² ist ein gleichmäßig verteilter Zuschlag zu p nicht nötig.

- **Berücksichtigung besonderer Lasten**
Die Angaben in Abschnitt 2.1 Zeile 1 bis 7a gelten für Belastung durch Personen, Möbel, Geräte, unbeträchtliche Warenmengen und dgl.
Kommen in einzelnen Räumen etwa besondere Belastungen durch Akten, Bücher, Warenvorräte, leichte Maschinen, Panzerschränke, Tresore usw. vor, so ist ein genauer Nachweis für diese Belastungen nicht erforderlich, wenn zu den für diese Räume angenommenen Verkehrslasten ein Zuschlag von 3 kN/m² eingeführt wird.
Anmerkung: Ein zusätzlicher Nachweis für den Einbau elektrischer Speicherheizgeräte, Tresore oder Ähnliches auf Decken in Gebäuden, die nach Abschnitt 2.1 mit der gleichmäßig verteilten Verkehrslast von 1,5 kN/m² bzw. 2 kN/m² berechnet sind, ist nicht erforderlich, wenn
a) das Gerät die Decke mit höchstens 3 kN belastet;
b) das Gerät die Decke mit höchstens 5 kN belastet, wenn dieses an einem statisch in Rechnung gestellten Auflager der Decke rechtwinklig zu ihrer Spannrichtung stehen soll.
In anderen Fällen ist ein Nachweis erforderlich.

2 Lotrechte Verkehrslasten

2.1 Gleichmäßig verteilte lotrechte Verkehrslasten p in kN/m²

	Dächer, waagerecht oder bis 1 : 20 geneigt	p
1	bei zeitweiligem Aufenthalt von Personen[1]	2
2	zugängliche Dächer von Terrassenhäusern, Dachgärten, wenn hierfür nicht höhere Lasten in Frage kommen	3,5
3	Hubschrauberlandeplätze (Einzellasten s. Abschnitt 2.4)	5
	Decken	p
4a	Spitzböden, die aufgrund ihrer Querschnittsabmessungen nur bedingt begehbar sind (Höhe von OK Spitzboden bis OK First ≤ 2 m*⁾ bzw. $\leq 1{,}8$ m**⁾)	1
4b	Fertigteildecken mit geringerer Tragfähigkeit während des Einbauzustandes, die mit Transportgefäßen für Beton bis zu 100 l Fassungsvermögen befahren werden	
5a	Wohnräume mit ausreichender Querverteilung der Lasten, z.B. nach DIN 1045	1,5
5b	Fertigteildecken mit geringerer Tragfähigkeit während des Einbauzustandes, die mit Transportgefäßen für Beton bis zu 150 l Fassungsvermögen befahren werden	

*⁾ Siehe Mitteilungen Inst. f. Bautechnik 1972, Nr. 4.   **⁾ Siehe [3.2].
[1] Bei dieser Verkehrslast brauchen im Regelfall Winddruck und Schneelast nicht berücksichtigt zu werden; der Windsog ist jedoch nachzuweisen.

Anmerkung zu Abschnitt 2.1: Die für Treppen angegebenen Verkehrslasten genügen für die Bemessung der einzelnen Stufen nur, wenn die konstruktive Gestaltung der Treppe eine hinreichende Lastverteilung gewährleistet (z.B. durch Verbindung der einzelnen Treppenstufen durch Setzstufen oder durch Auflagern der Stufen auf einer von Podest zu Podest in die Treppenhauswände eingespannten Platte u.ä.).
Ist dies nicht der Fall, so ist bei Treppenstufen nach S. 3.13, Zeile 11 eine Einzellast von 1,5 kN und bei Treppenstufen nach S. 3.13, Zeile 12 eine solche von 2 kN in ungünstigster Laststellung anzunehmen.
Bei auskragenden Stufen ist außerdem nachzuweisen, daß ihre in der Rechnung vorausgesetzte volle Einspannung in den Treppenhauswänden oder der Wange auch wirklich aufgenommen werden kann. An Stellen, wo z.B. unter Treppenfenstern die zur notwendigen Einspannung erforderliche Auflast des Treppenhausmauerwerks fehlt, muss durch geeignete konstruktive Maßnahmen (z.B. Randträger) die erforderliche Einspannung der Kragtreppe gesichert werden. Bei Treppen, bei denen mit besonders großen Einzellasten zu rechnen ist (z.B. Fabrikgebäuden, Warenhäusern o.ä.), sind Stufen ohne hinreichende Lastverteilung unzulässig.
Ergänzungen gemäß [3.2]: Abschn. 2.1, Zeile 11: „und Bürogebäuden ohne nennenswerten Publikumsverkehr".
Abschn. 2.1, Zeile 12: „und Bürogebäuden mit hohem Publikumsverkehr".

2.1 Gleichmäßig verteilte lotrechte Verkehrslasten p in kN/m² (Forts.)

6a	Wohnräume ohne ausreichende Querverteilung der Lasten [2], z.B. nach DIN 1045, und Holzbalkendecken Bei Weiterleitung dieser Verkehrslast auf stützende Bauteile darf diese Verkehrslast um 0,5 kN/m² vermindert werden	
6b	Büroräume; Verkaufsräume bis 50 m² Grundfläche in Wohngebäuden; Flure und Dachbodenräume in Wohn- und Bürogebäuden; Krankenzimmer und Aufenthaltsräume in Krankenhäusern; Kleinviehstallungen	2
6c	Fertigteildecken mit geringerer Tragfähigkeit während des Einbauzustandes, die mit Transportgefäßen für Beton bis zu 200 l Fassungsvermögen befahren werden	
7a	Balkone und Laubengänge über 10 m² Grundfl.; Haushaltungskeller; Hörsäle; Klassenzimmer; Behandlungsräume, Küchen und Flure in Krankenhäusern	
7b	Garagen und Parkhäuser, die von Personenkraftwagen oder ähnlichen Kraftfahrzeugen bis zu einem zulässigen Gesamtgewicht von 2,5 t befahren werden, für Stützweiten $l \geq l_0$ mit $l_0 = 3$ m bei Platten und $l_0 = 5$ m bei Balken. Für Stützweiten $l < l_0$ ist die nebenstehende Verkehrslast mit dem Faktor l_0/l zu multiplizieren, wobei dieser Vergrößerungsfaktor nicht größer als 1,43 anzusetzen ist; dieser Faktor braucht nicht für die Weiterleitung der Verkehrslast auf Stützen oder Wände berücksichtigt zu werden.	3,5
8a	Balkone, Laubengänge und offene, gegen Innenräume abgeschlossene Hauslauben bis 10 m² Grundfläche; Keller besonderer Art, z.B. Kohlenkeller	
8b	Versammlungsräume in öffentlichen Gebäuden, z.B. Kirchen, Theater- und Lichtspielsäle, Tanzsäle; Turnhallen; Tribünen mit festen Sitzplätzen; Flure zu Hörsälen und Klassenzimmern; Ausstellungs- und Verkaufsräume, Geschäfts- und Warenhäuser, Büchereien, Archive; Aktenräume, soweit nicht die Ermittlung nach DIN 1055-1 höhere Werte ergibt; Gastwirtschaften, Großküchen, Schlächtereien, Bäckereien; Fabriken und Werkstätten mit leichtem Betrieb; nicht befahrbare Hofkellerdecken, Vorplätze; Großviehstallungen	5
8c	Zufahrten und Rampen in Garagen und Parkhäusern, die von Personenkraftwagen oder ähnlichen Kraftfahrzeugen bis zu einem zulässigen Gesamtgewicht von 2,5 t befahren werden; für die Weiterleitung dieser Verkehrslast auf Stützen oder Wände ist sie auf 3,5 kN/m² abzumindern	
9	Tribünen ohne feste Sitzplätze; Werkstätten und Fabriken sowie Lagerräume, wenn nicht höhere Belastungen nach Zeile 10 in Frage kommen	7,5
10	Werkstätten und Fabriken sowie Lagerräume mit schwerem Betrieb, z.B. durch Gabelstapler (siehe Abschnitt 2.3.2). Die Verkehrslast ist in jedem Einzelfall zu bestimmen. Kommen hierfür gleichmäßig verteilte Verkehrslasten in Betracht, so empfiehlt es sich, nebenstehende Stufung zu wählen. Dient diese Verkehrslast im wesentlichen als Ersatzlast für schwere Einzellasten (z.B. schwere Maschinen), so darf sie mit Zustimmung der Bauaufsichtsbehörde für Hauptträger und Stützen stufenweise abgemindert werden, wenn die Ersatzlast, die sich für die gesamte Lastfläche des Bauteils errechnet, wesentlich größer ist als die Last, die tatsächlich – auch beim Ein- und Ausbau der Maschinen – auf der Fläche wirkt.	10 12,5 15 20 25 30
	Treppen, einschl. Treppenabsätze und Zugänge	p
11	in Wohngebäuden	3,5
12	in öffentlichen Gebäuden nach Zeile 7b, 8b, 9, 10 [3]	5

[2] Für den Zustand beim Einbau ist eine Einzellast von 1 kN in ungünstigster Stellung in Rechnung zu stellen, wenn nicht die Verkehrslast von 2 kN/m² ungünstiger ist. Die Verteilungsbreite der Einzellast ist gleich der Plattenbreite anzunehmen. Bei einer Verteilungsbreite von mindestens 0,5 m ist der Nachweis für die Einzellast nur bei Stützweiten bis 2 m erforderlich.

[3] Für Tribünentreppen $p = 7,5$ kN/m².

2.2 Lotrechte Einzelverkehrslasten für Dächer

2.2.1 Einzelne Tragglieder

Einzelne Tragglieder (z. B. Sparren, Pfetten, Fachwerkstäbe), die unmittelbar von der Dachhaut belastet werden, sind mittig mit $F = 1$ kN (Personenlast) zu belasten, wenn die auf das Tragteil entfallende Schnee- und Windlast kleiner als 2 kN ist.

2.2.2 Dachhaut

Für eine begehbare Dachhaut gilt ebenfalls 2.2.1. Verteilungsbreite: 2 Platten, jedoch höchstens 1,0 m. Stahlbetonhohldielen siehe DIN 4028. Beim Verlegen dürfen diese Bauteile nur auf Laufbohlen betreten werden.

2.2.3 Dachlatten

Belastung: Zwei Einzellasten von je 0,5 kN in den äußeren Viertelpunkten. Kein Nachweis erforderlich (vgl. Mitt. Inst. f. Bautechnik, Heft 3/75, S. 79) bei Dachlatten 40/60 mm mit einem Sparrenabstand $a < 1,0$ m, 30/50 mm bei $a < 0,8$ m, 24/48 mm bei $a < 0,7$ m.

2.3 Lotrechte Verkehrslasten für befahrene Decken

2.3.1 Hofkellerdecken usw.

Von Kraftfahrzeugen befahrene Decken (ausgenommen sind Decken nach Abschnitt 2.1) sind nach DIN 1072 (12.85) für die Brückenklasse 6/6 zu berechnen (vgl. S. 3.31f.). Abweichend von DIN 1072 ist jedoch die Fläche außerhalb der Hauptspur mit den gleichmäßig verteilten Flächenlasten p_1 der Hauptspur zu belasten.

Muß mit schweren Kraftfahrzeugen, z. B. mit Feuerwehrfahrzeugen, gerechnet werden, gelten die Lastannahmen der Brückenklassen 12/12 (vgl. S. 3.31f.) und 30/30 (vgl. S. 3.30f.). Die Belastung ist als nicht vorwiegend ruhend unter Berücksichtigung von Schwingbeiwerten nach Abschnitt 4 anzusetzen. *Hinweis:* Nach [3.1] brauchen Hofkellerdecken, die ausschließlich von Feuerwehrfahrzeugen im Brandfall befahren werden, nur für die Brückenklasse 16/16 berechnet zu werden. Dabei ist nur ein Einzelfahrzeug in ungünstigster Laststellung anzusetzen sowie umliegend p für die Hauptspur.

2.3.2 Von Gabelstaplern befahrene Decken

Es sind zwei Lastfälle zu unterscheiden:
1. Ungünstigste Laststellung der Lasten nach Tafel 3.14 Spalte 3 (mit Schwingbeiwert nach Abschnitt 4) und Abb. 3.15. Zusätzlich ist ringsherum eine Verkehrslast p nach Tafel 3.14 Spalte 7 anzusetzen.
2. Ungünstigste Laststellung bei Vollbelastung einzelner Felder mit p nach Tafel 3.14 Spalte 7 (ohne Schwingbeiwert), sofern die für die Lagerflächen anzusetzende Verkehrslast nicht größer ist.

Der ungünstigste Fall ist für die Bemessung maßgebend.

Für Decken, die durch Gabelstapler mit einem zulässigen Gesamtgewicht größer als 13 t belastet sind, muß hierfür ein besonderer Nachweis geführt werden.

Tafel 3.14 Gabelstapler-Regelfahrzeuge

zulässiges Gesamt-gewicht t	Nenntrag-fähigkeit t	Statistische Achslast P (Regellast) kN	mittlere Spurweite a m	Gesamt-breite b m	Gesamt-länge l m	Verkehrslast p (Regellast) kN/m²
2,5	0,6	20	0,8	1	2,4	10
3,5	1	30	0,8	1	2,8	12,5
7	2,5	65	1	1,2	3,4	15
13	5	120	1,2	1,5	3,6	25

Muß damit gerechnet werden, daß eine Decke sowohl von Gabelstaplern als auch von Kraftfahrzeugen benutzt wird, so ist die ungünstiger wirkende Belastung anzusetzen.

2.4 Hubschrauberlandeplätze auf Dachdecken

Die Regellasten nach Tafel 3.15 sind mit Schwingbeiwert (Abschnitt 4) und quadratischen Aufstandsflächen in ungünstigster Laststellung anzusetzen. Außerdem ist der Lastfall Vollbelastung der einzelnen Felder mit $p = 5$ kN/m² in ungünstigster Laststellung zu untersuchen.

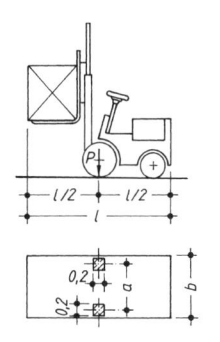

Abb. 3.15 Abmessungen der Gabelstapler

Tafel 3.15 Hubschrauber-Regellasten

Höchstzulässiges Abfluggewicht in t	2	6
Hubschrauber-Regellast in kN	20	60
Seitenlänge einer Aufstandsfläche in m	0,2	0,3

2.5 Lotrechte Pendelkräfte

Lotrechte Pendelkräfte bei Luftschaukeln und Fliegerkarussellen usw. siehe DIN 4112 (vgl. S. 3.29) bei Sportgeräten in Turnhallen, z. B. bei Schaukelringen, Klettertauen usw., für jeden Anschlußpunkt eines Taues 2 kN (ohne zusätzliche Berücksichtigung eines Schwingbeiwertes nach Abschnitt 4).

3 Waagerechte Verkehrslasten

3.1 Horizontallast an Brüstungen und Geländern in Holmhöhe

- Bei Treppen in Wohngebäuden, Balkonen und offenen Hauslauben: 0,5 kN/m
- Bei anderen Treppen, Kirchen, Schulen, Theater- und Lichtspielplätzen, Vergnügungsstätten, Sportbauten und Tribünen: 1 kN/m

3.2 Horizontallasten zur Erzielung einer ausreichenden Längs- und Quersteifigkeit

Neben der vorgeschriebenen Windlastannahme und etwaigen anderen waagerecht wirkenden Kräften sind zum Erzielen einer ausreichenden Längs- und Quersteifigkeit folgende beliebig gerichtete Horizontallasten zu berücksichtigen:

- Bei Tribünenbauten und ähnlichen Sitz- und Steheinrichtungen eine in Fußbodenhöhe angreifende Horizontallast von 1/20 der lotrechten Verkehrslast*).
- Bei Gerüsten eine in Schalungshöhe angreifende Horizontallast von 1/100 aller lotrechten Lasten.
- Bei kippgefährdeten Einbauten, die innerhalb von geschlossenen Bauwerken stehen und keiner Windbeanspruchung unterliegen, z.B. bei eingebauten frei stehenden Silos, eine Horizontallast von 1/100 der Gesamtlast in Höhe des Schwerpunktes.

3.3 Horizontalstöße auf Stützen und Wänden

3.3.1 Horizontalstöße auf tragende Stützen und Wänden

- **An Straßen**

Bei tragenden Stützen und Wänden (im folgenden stützende Bauteile genannt) von Bauwerken, die innerhalb von geschlossenen Ortschaften im Abstand von weniger als 1 m von der Bordschwelle stehen und so der unmittelbaren Gefahr des Anpralls von Straßenfahrzeugen ausgesetzt sind, z.B. bei Bogengängen, ist zur Berücksichtigung dieser Kraftwirkung in 1,2 m Höhe über

---

*) Bei Fliegenden Bauten, bei denen die Gefahr von rhythmischen Bewegungen besteht (z.B. bei Tribünen für Sport- und Karnevalsveranstaltungen), ist als Horizontallast 1/10 der lotrechten Verkehrslast anzunehmen.

Gelände eine Horizontallast anzunehmen, getrennt je einmal in Richtung der Längs- und Querachse des stützenden Bauteils, und zwar an ausspringenden Gebäudeecken 500 kN, bei anderen stützenden Bauteilen 250 kN, sofern nicht nachgewiesen werden kann, daß bei Ausfall der stützenden Bauteile die Standsicherheit des Gebäudes nicht gefährdet ist. Bei der Berechnung der Fundamente braucht diese Anprallast nicht berücksichtigt zu werden.

Bei stützenden Bauteilen von Bauwerken, die außerhalb von geschlossenen Ortschaften der Gefahr des Anpralls von Straßenfahrzeugen ausgesetzt sind, gilt DIN 1072.

● **Bei Tankstellen**
Bei stützenden Bauteilen von Tankstellenüberdachungen, die nicht am fließenden Verkehr liegen, ist (auch wenn sie durch Bordschwellen geschützt werden) zur Berücksichtigung eines möglichen Anpralls von Kraftfahrzeugen in 1,2 m Höhe über Gelände eine Horizontallast von 100 kN in ungünstigster Richtung wirkend anzunehmen, sofern nicht nachgewiesen werden kann, daß bei Ausfall der stützenden Bauteile die Standsicherheit der Tankstellenüberdachung nicht gefährdet ist. Bei der Berechnung der Fundamente braucht diese Anprallast nicht berücksichtigt zu werden.

● **In Garagen, Werkstätten, Lagerräumen und dgl.** [1]
Bei stützenden Bauteilen in ein- und mehrgeschossigen Gebäuden mit Räumen, in denen wegen der Art der Nutzung Lastkraftwagen oder Gabelstapler verkehren, ist zur Berücksichtigung eines möglichen Anpralls der Lastkraftwagen in 1,2 m Höhe eine Horizontallast von 100 kN, bei Gabelstaplern in 0,75 m Höhe eine Horizontallast gleich dem 5fachen zulässigen Gesamtgewicht nach Tafel 3.14 anzunehmen. Können diese Horizontallasten nicht von einem Bauteil allein aufgenommen werden, so sind sie durch besondere geeignete bauliche Maßnahmen, z.B. durch ausreichend verformbare Schutzvorrichtungen aus Stahl, von dem stützenden Bauteil fernzuhalten oder so zu vermindern, daß dieses Bauteil der übrigbleibenden Belastung standhält.

3.3.2 Horizontalstöße auf nichttragende umschließende Bauteile

Bei Geschoßgaragen ist zur Berücksichtigung der Möglichkeit eines Anpralls von Personenkraftfahrzeugen gegen Außenwände und gegen Wände, die Lichtschächte u. ä. abschließen, sowie eines Anpralls an die Brüstungen von Rampen, Parkpaletten und dgl. in 0,5 m Höhe über dem Fußboden eine horizontale Streckenlast von 2 kN/m nach außen wirkend anzunehmen. In den Fällen, in denen mit Lastkraftfahrzeugen gerechnet werden muß, erhöhen sich die vorgenannten Werte der Höhe auf 1,2 m bzw. der Streckenlast auf 5 kN/m. Das gilt auch für andere mehrgeschossige Gebäude, in denen mit Kraftfahrzeugen gerechnet werden muß.

Zusätzlich soll der Anprall von Kraftfahrzeugen, insbesondere von Gabelstaplern, gegen die Wände bzw. Rampenbrüstungen durch Bordschwellen, vorgesetzte Riegel u.ä. von mindestens 0,2 m Höhe verhindert werden.

3.3.3 Zulässige Spannungen

Bei den Nachweisen nach Abschnitt 3.3 darf für Beton und Stahlbeton nach DIN 1045 der Sicherheitswert $v = 1$ gesetzt werden, und bei Mauerwerk darf als zulässige Spannung das 2fache der in DIN 1053 angegebenen Werte angenommen werden.

Für den Bereich des Stahlbaus sind die zulässigen Spannungen des Lastfalls HS maßgebend.

3.4 Waagerechte Pendelkräfte

Waagerechte Pendelkräfte bei Luftschaukeln und Fliegerkarussellen usw. siehe DIN 4112 (vgl. S. 3.29) bei Sportgeräten in Turnhallen, z.B. bei Schaukelringen, für jeden Anschlußpunkt eines Taues 0,9 kN (ohne zusätzliche Berücksichtigung eines Schwingbeiwertes nach Abschnitt 4).

---

[1] *Ergänzend gilt* gemäß [3.2]: Für Personenkraftwagen mit einem Gesamtgewicht bis 2,5 t ist eine Horizontallast von 10 kN in 0,5 m Höhe infolge Anpralls anzusetzen (dies gilt auch für Parkhäuser).
„Bei der Berechnung der Fundamente braucht die Anprallast nicht berücksichtigt zu werden."

3.5 Horizontallasten für Hubschrauberlandeplätze auf Dachdecken

- In der Ebene der Start- und Landefläche und des umgebenden Sicherheitsstreifens ist eine Horizontallast in Höhe der Regellast nach Tafel 3.15 an der für den untersuchten Querschnitt eines Bauteils jeweils ungünstigsten Stelle anzunehmen.
- Für den mindestens 0,25 m hohen Überrollschutz ist am oberen Rand eine Horizontallast von 10 kN anzunehmen.
- Bei Geländern und Fanggittern ist in Holmhöhe eine Streckenlast von 1 kN/m rechtwinklig zur Geländer- oder Gitterebene anzunehmen.

4 Schwingbeiwerte – Stoßzahlen

Verkehrslasten, die Stöße oder Schwingungen verursachen, sind von Fall zu Fall mit einer Stoßzahl bzw. dem Schwingbeiwert φ zu vervielfachen.
Der Schwingbeiwert beträgt, sofern kein genauerer Nachweis geführt wird:

- für Hofkellerdecken usw. nach Abschnitt 2.3.1, auf denen schwere Fahrzeuge verkehren und die deshalb unter Zugrundelegung der Lastannahmen der Brückenklasse 6/6, 12/12 oder 30/30 nach DIN 1072 (vgl. S. 3.30ff.) berechnet werden;
- für von Gabelstaplern befahrene Decken nach Abschnitt 2.3.2 und
- für Hubschrauberlandeplätze auf Dachdecken nach Abschnitt 2.4: $\varphi = 1,4$; bei überschütteten Bauwerken ist $\varphi = 1,4 - 0,1 \cdot h_\text{ü}$ ($h_\text{ü}$ Überschüttungshöhe).

Bei Maschinen mit Schwung-Massenkräften sind die dynamischen Einflüsse rechnerisch zu untersuchen (siehe auch DIN 4024, DIN 4025; eine Norm für den Erschütterungsschutz im Bauwesen ist in Vorbereitung).
Bei Teilen von Schutzbrücken unter Seilbahnen, die, wie z. B. der Belag und die Längs- und Querträger, unmittelbar von herabfallenden Gegenständen getroffen werden können, muß eine Stoßzahl in Rechnung gestellt werden, die in erster Linie nach der Fallhöhe abzustufen ist. Bisher wurde hierbei mit einer Stoßzahl von 10 bis 20 gerechnet. Es empfiehlt sich, vor endgültiger Wahl der Stoßzahl die Entscheidung der Bauaufsichtsbehörde einzuholen. Bei nur mittelbar beanspruchten Bauteilen braucht keine Stoßzahl in Rechnung gestellt zu werden.

5 Verminderung der Verkehrslasten

Bei der Berechnung von Bauteilen, die die Lasten von mehr als drei Vollgeschossen aufnehmen, wie Stützen, Unterzüge, Wandpfeiler, Grundmauern und dgl., und bei der Ermittlung der entsprechenden Bodenpressungen darf die durch Zusammenzählen der Verkehrslasten der einzelnen Geschosse sich ergebende Gesamtverkehrslast nach folgenden Regeln ermäßigt werden. Bei Werkstätten mit schwerem Betrieb und bei Speichern und Lagerräumen ist eine solche Lastminderung jedoch unzulässig.
Die Verkehrslasten der drei den Bauteil am meisten belastenden Geschosse sind mit dem vollen Betrag einzusetzen, dagegen darf von den auf diesen Bauteil wirkenden Verkehrslasten der anderen Geschosse, bei ungleichen Lasten geordnet nach den Lasten in absteigender Folge, ein um einen bestimmten Bruchteil wachsender Betrag abgezogen werden. Dieser Bruchteil (siehe Tafel 3.18) beträgt:

a) bei Wohn-, Büro- und Geschäftshäusern 20% bis zum Höchstbetrag von 80%;
b) bei Werkstätten mit leichtem Betrieb und Warenhäusern (Kaufhäusern) und bei Gebäuden, die zum Teil als Werkstätten oder Warenhäuser dienen, 10% bis höchstens 40%.

Die Verminderung der gesamten auf einem solchen Bauteil ruhenden Verkehrslast darf aber bei den nach a genannten Gebäuden 40%, bei den nach b genannten 20% nicht überschreiten.
Sind die von den einzelnen Geschossen herrührenden Verkehrslasten einander gleich, so ergeben sich daraus die in den Zeilen 1 und 3 der in % angegebenen Abzüge und die in den Zeilen 2 und 4 angegebenen, auf die Gesamtverkehrslast bezogenen Minderungswerte α (das ist das Verhältnis der in Rechnung zu stellenden Verkehrslast zur Gesamtverkehrslast).

Tafel 3.18 Abzüge und Minderungswerte für die Verkehrslast von Bauten mit mehr als drei Vollgeschossen und gleicher Verkehrslast in allen Vollgeschossen

Geschoßzahl	1	2	3	4	5	6	7	8	9	10	11	12
					Wohngebäude usw. nach a)							
Abzüge in %	0	0	0	20	40	60	80	80	80	40	40	40
Minderungswert α	1	1	1	0,95	0,88	0,8	0,71	0,65	0,6	0,6	0,6	0,6
					Werkstätten usw. nach b)							
Abzüge in %	0	0	0	10	20	30	40	40	40	20	20	20
Minderungswert α	1	1	1	0,98	0,94	0,9	0,86	0,83	0,8	0,8	0,8	0,8

Bei der Berechnung von Bauteilen, die die Lasten von mehr als drei Vollgeschossen aufnehmen, darf für die Weiterleitung der Verkehrslasten von Balkonen und Laubengängen für alle Geschosse die Verkehrslast von 3,5 kN/m² bzw. 5 kN/m² auf 1,5 kN/m² abgemindert werden.

III Windlasten bei nicht schwingungsanfälligen Bauwerken

nach DIN 1055-4 (8.86)

1 Kriterien für nicht schwingungsanfällige Bauwerke

Folgende Bauwerke sind nicht schwingungsanfällig im Sinne dieser Norm:
- Übliche Wohn-, Büro- und Industriegebäude sowie nach Konstruktion und Form ähnliche Gebäude mit einer Höhe bis zu 40 m.
- Als Kragträger wirkende Bauwerke, die sich im nicht schwingungsanfälligen Bereich der folgenden Abb. befinden.
- Krantragwerke (abgesehen von besonders gelagerten Ausnahmefällen), wenn die Krane sich im Zustand „außer Betrieb" befinden.

Konstruktionsart	δ
Stahlkonstruktionen	
geschraubt (SL-Verbindung)	0,05
geschraubt (GV- oder GVP-Verbindung)	0,03
geschweißt	0,02
Zuschlag für dämpfende Einbauten, z.B. Ausmauerung	0,02
Zuschlag für offene geschraubte Gitterkonstruktionen	0,02
Beton- u. Stahlbetonkonstruktionen	
Zustand I (auch Spannbeton)	0,04
Zustand II *)	0,10
Zuschlag für dämpfende Einbauten, z.B. Ausmauerungen	0,02
Mauerwerkskonstruktionen	0,12
Holzkonstruktionen	0,15

*) Nur für Konstruktionen, die sich im Gebrauchszustand überwiegend im Zustand II befinden.

Hinweis: Angaben über die Ermittlung der Eigenfrequenz siehe z.B. Betonkalender 1978 Teil II, S. 779.

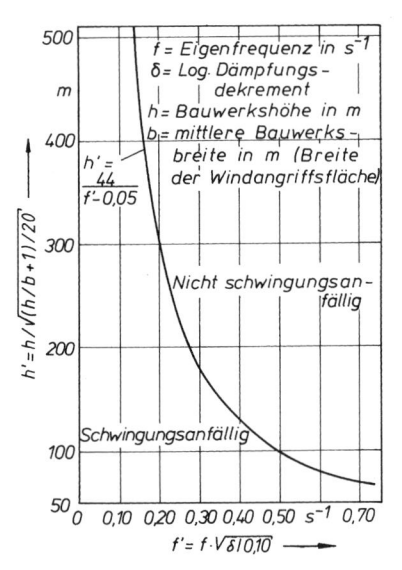

f = Eigenfrequenz in s⁻¹
δ = Log. Dämpfungsdekrement
h = Bauwerkshöhe in m
b = mittlere Bauwerksbreite in m (Breite der Windangriffsfläche)

$h' = h/\sqrt{(h/b+1)/20}$

Nicht schwingungsanfällig

Schwingungsanfällig

$f' = f \cdot \sqrt{\delta/0{,}10}$

2 Standsicherheitsnachweis infolge Windwirkung

Die Windlast ist in der Regel in Richtung der Bauwerks-Hauptachsen anzusetzen. In Sonderfällen kann Berechnung „über Eck" erforderlich werden.[1]
Auf einen Nachweis der Windbeanspruchung der *Gesamtkonstruktion* kann verzichtet werden, wenn das Bauwerk durch Wand- und Deckenscheiben ausreichend ausgesteift ist.
Steht bei Bauwerken oder Bauteilen eine ausreichende Kipp- und Gleitsicherheit nicht eindeutig fest, so ist dieser Nachweis für eine 1,5fache Sicherheit zu erbringen. Neben den Windlasten sind dabei auch alle anderen horizontalen Lasten anzusetzen. Günstig wirkende Wind- und Verkehrslasten dürfen dabei nicht berücksichtigt werden.

3 Abhebenachweis

Der Nachweis gegen Abheben ist bei Berücksichtigung der Windsogspitzen
(siehe S. 3.25) wie folgt zu führen: $\dfrac{F_{Trag}}{1{,}3} \geq 1{,}1 \cdot S_{Sog} - \dfrac{S_{GDach}}{1{,}1}$

F_{Trag} größte vom Verbindungsmittel aufnehmbare Kraft[2]
S_{Sog} Auflagerkraftanteil aus Wind unter Berücksichtigung der Windsogspitzen
S_{GDach} Auflageranteil aus der Eigenlast des trockenen Daches

Hierbei ist der untere Rechenwert nach DIN 1055-1 einzusetzen. Falls ein solcher nicht angegeben ist, darf mit dem 0,8fachen Rechenwert gerechnet werden.

4 Gleichzeitige Berücksichtigung von Wind- und Schneelast
siehe Seite 3.29

5 Rechenwerte

5.1 Windrichtung
Die Windlast ist in jeder Richtung mit ihrem Maximalwert wirkend anzunehmen. Die Windrichtung kann im allgemeinen waagerecht angenommen werden.

5.2 Resultierende Windlast, Winddruck

Resultierende Windlast am Gesamtbauwerk: $W = c_f \cdot q \cdot A$	Winddruck je Flächeneinheit der Bauwerksfläche: $w = c_p \cdot q$
c_f, c_p aerodynamische Beiwerte (s. S. 3.20 ff.), A Bezugsfläche, q Staudruck (s. unten)	

Die Windlast eines Bauwerks ist von dessen Form abhängig. Sie setzt sich aus Druck-, Sog- und Reibungswirkungen zusammen.
Die im Folgenden angegebenen Druck- und Sogbeiwerte sind Mittelwerte über die gekennzeichneten Bereiche. Daher sind die Werte für Druck beim Nachweis einzelner Tragglieder (z. B. Sparren, Pfetten, Wandstiele, Fassadenelemente) um 25 % zu erhöhen. Als einzelne Tragglieder gelten solche Bauteile, deren Einzugsfläche < 15 % von derjenigen Fläche ist, über die der Beiwert gemittelt wurde.[3] Berücksichtigung erhöhter Sogspitzen siehe S. 3.25.

5.3 Staudruck q
Er wird aus $q = v^2/1600$ in kN/m² errechnet (v in m/s) und ist der folgenden Tafel zu entnehmen.

---

[1] Die Entscheidung, in welchen Fällen eine Untersuchung „über Eck" erforderlich ist, muß dem sachkundigen Ingenieur überlassen bleiben. Regeln in knapper Form lassen sich hierüber nicht aufstellen.
[2] Zum Beispiel bei Stahl: Spannungen an der Fließgrenze; bei Holz: $F_{Trag} = 1{,}8 \cdot$ zul F (Lastfall H).
[3] In Zweifelsfällen sollte wie bisher der Druckmittelwert um 25 % erhöht werden.

Ist ein Bauwerk auf einer das umliegende Gelände steil und hoch überragenden Erhebung dem Windangriff besonders stark ausgesetzt, so ist mindestens $q = 1,1$ kN/m² anzusetzen. Infolge Föhn- oder Düseneffekten können höhere Windgeschwindigkeiten auftreten.

Tafel 3.20 Staudruck q (nach DIN 1055-4, Tabelle 1)

Höhe über Gelände	m	0 bis 8	>8 bis 20	>20 bis 100	>100
Windgeschwindigkeit	m/s	28,3	35,8	42,0	45,6
Staudruck q	kN/m²	0,5	0,8	1,1	1,3

6 Aerodynamische Beiwerte

Die im folgenden angegebenen Beiwerte für Kräfte und Oberflächendrücke beruhen auf Auswertungen von Windkanalversuchen an Einzelkörpern bei geringer Turbulenz und praktisch stationärer homogener Anströmung über den Kanalquerschnitt. Der Einfluß der üblichen architektonischen Flächenstrukturierung prismatischer Baukörper gilt für die Beiwertangaben als erfaßt [1].

Bei Flächen, die parallel zu ihrer Ebene angeströmt werden, können Reibungskräfte $W_{fr} = c_{fr} \cdot q \cdot A$ auftreten, die i. allg. vernachlässigbar sind. Lediglich in Sonderfällen, wie z.B. bei über- und unterströmten frei stehenden Platten (z.B. frei stehende Dächer), kann die Berücksichtigung dieser Windwirkung erforderlich werden.

Kraftbeiwerte können aus Druckbeiwerten ermittelt werden, wenn die Reibungskräfte vernachlässigbar sind. Die folgenden Beiwertangaben gelten für geometrisch einfache Körperformen. Aus den angegebenen Formen zusammengesetzter Körper oder Gruppierungen einzelner Körper können sich gegenseitige Beeinflussungen ergeben, die häufig eine Vergrößerung der Kraft- und Druckbeiwerte zur Folge haben. Der Gesamtwiderstand liegt in der Regel höher als die Summe der Teilwiderstände. In wichtigen Fällen sollten die Beiwerte durch Modellversuche ermittelt werden. In Zweifelsfällen sollte der „Arbeitskreis Aerodynamische Beiwerte" des Instituts für Bautechnik, Berlin, eingeschaltet werden.

6.1 Kraftbeiwerte c_f

6.1.1 Von ebenen Flächen begrenzte Baukörper, ab Geländeoberfläche allseitig geschlossen

		β	A	c_{fx}	c_{fy}
a Länge (x-Richtung)	$h/b \leq 5$	0°	$b \cdot h$	1,3	0
b Breite (y-Richtung)	$h/a \leq 5$	90°	$a \cdot h$	0	1,3
h Höhe (z-Richtung)	$a/b = 1$ $h/b \leq 5$	45°	$a \cdot h$	0,8	0,8

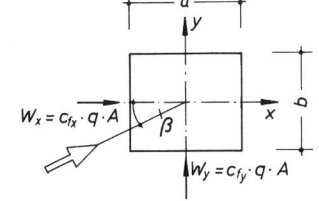

Hinweis: Zur Berücksichtigung einer möglichen Exzentrizität der Lastangriffe zur z-Achse ist eine Ausmitte $e_x = 0,1 a$ bzw. $e_y = 0,1 b$ der Windlastresultierenden zu untersuchen.

Bei von der Rechteckform abweichenden Grundrissen darf näherungsweise das umschriebene Rechteck zugrunde gelegt werden, wenn kein genauerer Wert vorliegt; es dürfen auch die Werte für Stäbe nach 6.1.3 (bzw. nach Abschnitt 6.2.4 der Norm) sinngemäß verwendet werden.

---

[1] „Übliche Flächenstrukturierung": z.B. Fassaden mit Fensternischen, Pfeilervorsprüngen, Gesimsbändern, einzelnen Erkervorsprüngen. „Nicht übliche Flächenstrukturierung": z.B. Fassaden mit Laubengängen oder waagerecht durchlaufenden Balkons in jedem Geschoß.

6.1.2 Sonderfall: Wohngebäude bis zu zwei Vollgeschossen

Bei Wohngebäuden bis zu zwei Vollgeschossen mit normalen Geschoßhöhen (Traufhöhe < 8 m, Gebäudebreite < 13 m, Gebäudelänge < 25 m) und bei Gebäuden mit vergleichbaren Abmessungen dürfen für den Nachweis der Standsicherheit (Nachweis der vertikalen Windscheiben) die Kraftbeiwerte c_f des Dachkörpers mit einem Dachneigungswinkel α wie folgt ermittelt werden:

Rechteckiger Grundriß: $c_f = 1{,}3 \cdot \sin\alpha$	Quadratischer Grundriß: $c_f = 0{,}8 \cdot \sin\alpha$

Bei von der Rechteckform abweichenden Grundrissen siehe 6.1.1.

Beispiel
Staudruck: $q = 0{,}5$ kN/m²
Wand: $\quad c_f = 1{,}3$
Dach: $\quad c_f = 1{,}3 \cdot 0{,}57 = 0{,}74$

$W = \sum c_f \cdot q \cdot A$
$W_1 = 1{,}3 \cdot 0{,}5 \cdot 12 \cdot 3{,}5 = 27{,}3$ kN
$W_2 = 0{,}74 \cdot 0{,}5 \cdot 12 \cdot 3{,}15 = 14{,}0$ kN
$W = W_1 + W_2 = 27{,}3 + 14 = 41{,}3$ kN

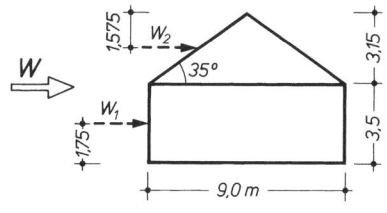

Gebäudelänge: 12 m
$\sin\alpha = \sin 35° = 0{,}57$

6.1.3 Einzelne Stäbe und Scheiben (Auswahl)[1]

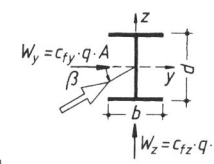

Kraftbiwert
$c_f = c_{f0} \cdot \psi$

c_{f0} Grundbeiwert nach Tafel 3.21
ψ Abminderungsfaktor für Völligkeitsgrad $\varphi = 1$ (Tafel 3.22a)

Tafel 3.21 Grundbeiwerte c_{f0} (A = Bezugsfläche)

Baukörper	gültig für	$\beta(°)$	A	$c_{f0,y}$	$c_{f0,z}$
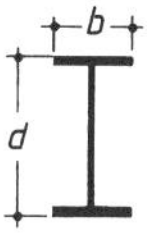 I	$b/d = 0{,}5$	0 ±45 ±90	$d \cdot l$	2,0 1,8 0	0 ±0,6 0,8
I	$b/d = 0{,}66$	0 ±45 ±90	$d \cdot l$	1,85 1,7 0	0 ±1,0 1,2
I	$b/d = 1$	0 ±45 ±90	$d \cdot l$	1,7 1,5 0	0 ±1,5 1,7

Tafel 3.21 (Fortsetzung)

Baukörper	gültig für	$\beta(°)$	A	$c_{f0,y}$	$c_{f0,z}$	Baukörper	gültig für	$\beta(°)$	A	c_{f0}
⊢	$b/d = 1$	0 ±45 ±90	$d \cdot l$	1,65 2,2 1,3	0 ±1,0 2,1	⊐	$b/d = 0{,}5$ $b/d = 1$	0 0	$d \cdot l$ $d \cdot l$	2,1 1,9
T	$b/d = 1$	0 ±45 ±90	$d \cdot l$	2,0 1,15 −1,3	0 ±0,8 2,1	▭	$b/d = 2$ $b/d = 3$ $b/d = 4$	0	$d \cdot l$	1,5 1,3 1,0
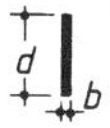 ⊥ [2]	$b/d \leq 0{,}1$	0 ±45 90	$d \cdot l$	2,0 1,3 0	0 ±0,13 0,1	▭	$b/d = 2$ und $a/d = 0{,}5$ $a/d = 1$ $a/d = 2$	0	$2d \cdot l$	1,6 1,5 1,4

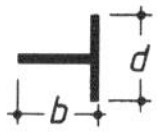

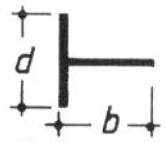

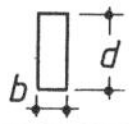

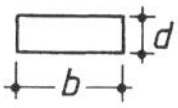

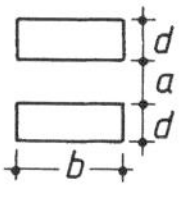

---

[1] Stäbe mit anderen Querschnittsformen sowie zylindrische und ähnliche Baukörper mit Kreisquerschnitt und kugelförmige Baukörper siehe Norm, Abschnitte 6.2.2 bis 6.2.5.

[2] Gilt auch für Scheiben (Tafeln).

Tafel 3.22a Abminderungsfaktor ψ in Abhängigkeit von der Streckung λ und dem Völligkeitsgrad φ

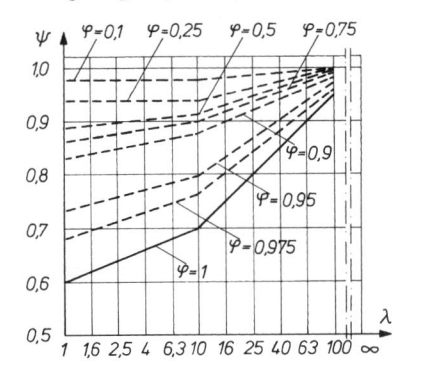

Tafel 3.22b Effektive Streckung λ in Abhängigkeit von der Lage des Baukörpers (Anströmung senkrecht zur Zeichenebene)

Beispiel (zu 6.1.3):
Frei stehende Wand
$b = 36{,}5$ cm 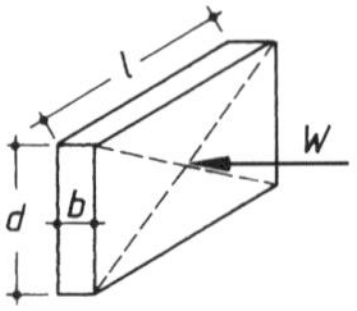
$l = 8{,}24$ m
$d = 2{,}00$ m

$W = c_f \cdot q \cdot A$
$A = 8{,}24 \cdot 2{,}0 = 16{,}48$ m²

$q = 0{,}5$ kN/m² (Tafel 3.20)
$b/d = 36{,}5/200 = 0{,}183 \rightarrow c_{f0} = 2{,}1$ (Tafel 3.21)
$\lambda = 824/200 = 4{,}12$ (Tafel 3.22b)

Aus Tafel 3.22a für $\alpha = 1 \rightarrow \psi = 0{,}67$

$c_f = c_{f0} \cdot \psi = 2{,}1 \cdot 0{,}67 = 1{,}4$
$W = 1{,}4 \cdot 0{,}5 \cdot 16{,}48 = 11{,}5$ kN

1) Für Kreiszylinder:

$0{,}7 \dfrac{l}{d} \leq 70$ für $l \geq 50$ m

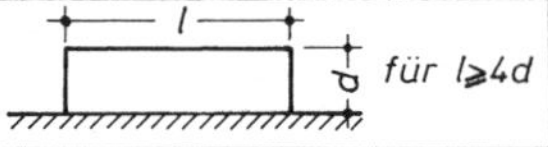

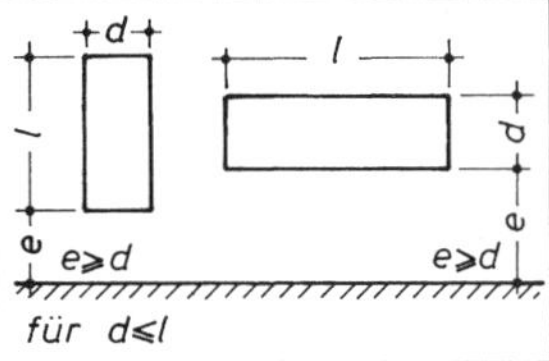

$\dfrac{l}{d} \leq 70$ für $l \geq 15$ m

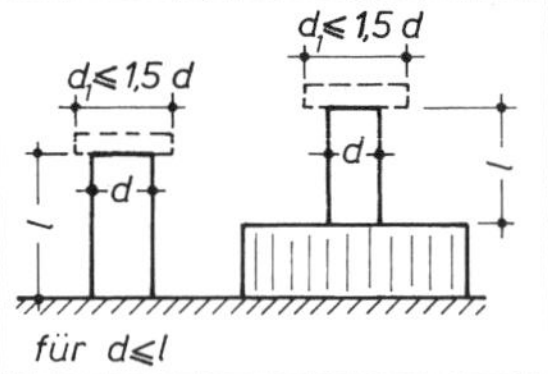

6.1.4 Ebene Fachwerke und räumliche Fachwerke aus kantigen Stäben
(Fachwerkquerschnitt quadratisch oder gleichseitiges Dreieck)

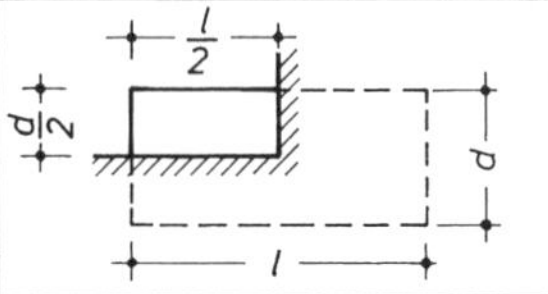

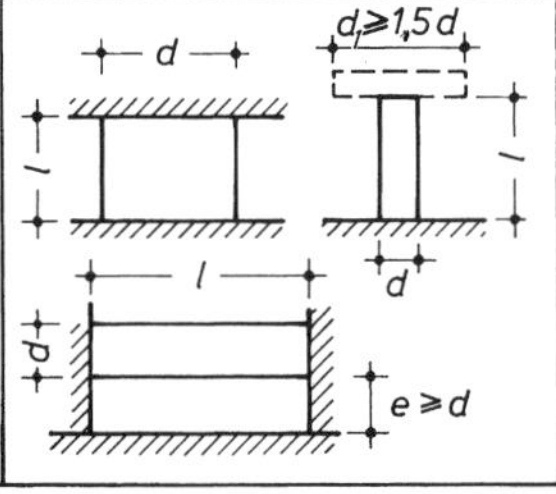

$c_f = c_{f0} \cdot \psi$

c_{f0} aus Tafel 3.23a und Tafel 3.23b
ψ aus Tafel 3.21a

$\varphi = A/A_u$
A Gesamtfläche der Stäbe und Knotenbleche der bzw. einer Fachwerkswand (Ansicht normal zur Wandebene)
$A_u = d \cdot l$ (Umrißfläche)

Querschnitte:

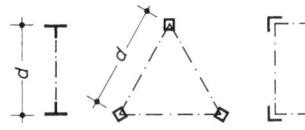

*) Zwischenwerte linear interpolieren.

Tafel 3.23a Grundbeiwert c_{f0} für ebene Fachwerkswände

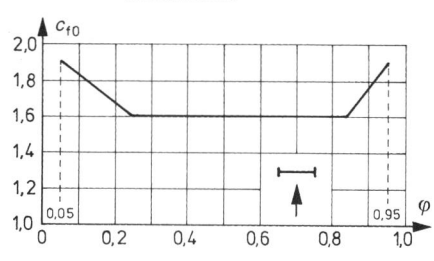

Tafel 3.23b Grundbeiwert c_{f0} für räumliche Fachwerke

3 Lastannahmen

Hinweis: Bei Fachwerken mit Knotenblechen ist die auf die Knotenbleche wirkende Windlast zusätzlich zu berücksichtigen. Sie darf dabei mit der Gesamtknotenfläche und einem Kraftbeiwert $c_f = 1,6$ ermittelt werden. Der Berechnung des Grundkraftbeiwertes c_{f0} ist bei Fachwerken mit Knotenblechen der Völligkeitsgrad aus der Gesamtfläche der Rohre und Knotenbleche einer Fachwerkswand zugrunde zu legen.

Die auf übliche Einbauten wie Leitern, Laufstege, Leitungen und Anbauten wirkende Windlast wird, solange die Bezugsfläche der Ein- bzw. Anbauten nicht größer als 25 % der Bezugsfläche des Fachwerks ist, getrennt mit dem jeweiligen Kraftbeiwert unter Beachtung der Streckung berechnet und mit 80 % bei der Ermittlung der Gesamtwindlast berücksichtigt.

Ist durch Einbauten eine erhebliche Veränderung bei der Umströmung des Fachwerks zu erwarten, sind gesonderte Windkanalversuche erforderlich.

Sonstige Fachwerke sowie Flaggen siehe Norm

6.1.5 Hintereinander liegende Baukörper

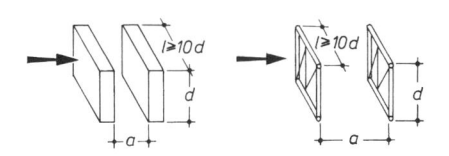

Für die Gesamtwindlast gilt:

bei zwei Körpern: $W_{ges} = (1 + \eta) W_1$

bei n Körpern: $W_{ges} = [1 + \eta + (n - 2) \eta^2] W_1$

W_1 = Windlast des Einzelbaukörpers

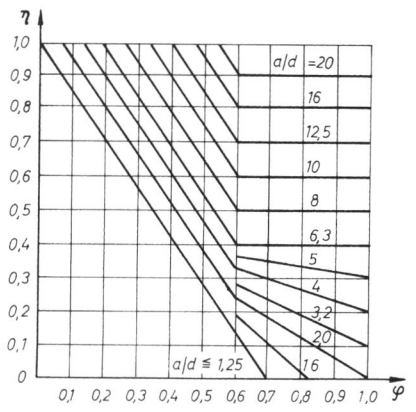

Ermittlung von φ siehe oben
(bei vollwandigen Baukörpern: $\varphi = 1$)

Dieser Abschnitt gilt auch für eine Schräganströmung bis 5° und darf auch bei annähernd gleichen Einzelbaukörpern angewandt werden, wenn bei der Ermittlung von W_{ges} für W_1 die Windlast des größten Einzelbaukörpers zugrunde gelegt wird. Bei unterschiedlichen Abständen der Einzelbaukörper darf näherungsweise der Größtabstand der Körper als einheitlicher Abstand zugrunde gelegt werden. Es wird vorausgesetzt, daß die Einzelbaukörper an den Enden gehalten sind und im übrigen frei umströmt werden. Näherungsweise darf auch die Windlast auf hintereinander liegende Baukörper, die auf dem Boden stehen oder sich unter einer geschlossenen Decke befinden, nach diesem Abschnitt ermittelt werden.

6.2 Druckbeiwerte c_p

6.2.1 Allseitig geschlossene prismatische Baukörper mit Sattel-, Pult- oder Flachdach

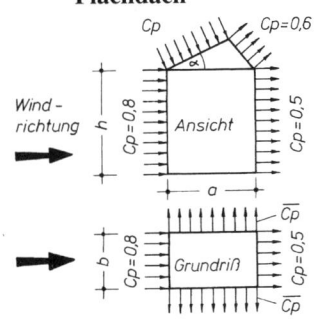

c_p-Werte für geneigte Flächen[1]

α	<25°	25°	30°	35°	40°	45°	≥50°
c_p	−0,6	0,3	0,4	0,5	0,6	0,7	0,8
	bzw. −0,6[2]						

Für $\alpha < 25°$ gilt alternativ: $c_p = 1{,}3 \cdot \sin\alpha - 0{,}6$

Hinweis: Haben die Sogkräfte im Dachbereich auf die Bemessung eines Bauteils „entlastende" Wirkung, so ist anzusetzen: $w_s = 0{,}5 \cdot 0{,}6 \cdot q$
(vgl. Mitteilungen Inst. für Bautechnik 5/1998).

$\bar{c}_p$-Werte für windparallele Außenwände:

- 0,7 für $h/a \geq 0{,}5$
- 0,5 für $h/a \leq 0{,}25$

Zwischenwerte dürfen linear interpoliert werden

Beispiel (Wind von links)
$w = c_p \cdot q$
$q = 0{,}5$ kN/m² (Tafel 3.20)
$w_1 = 0{,}8 \cdot 0{,}5 = 0{,}4$ kN/m²
$w_2 = 0{,}5 \cdot 0{,}5 = 0{,}25$ kN/m²
$w_3 = 0{,}4 \cdot 0{,}5 = 0{,}20$ kN/m²
bzw. $= -0{,}6 \cdot 0{,}5 = -0{,}30$ kN/m²
$w_4 = 0{,}6 \cdot 0{,}5 = 0{,}30$ kN/m²
$h/a = 3{,}6/9 = 0{,}4$
$\rightarrow \bar{c}_p = 0{,}7$ bzw. 0,62
  bei Interpolation
$w_5 = 0{,}7 \cdot 0{,}5 = 0{,}35$ kN/m²

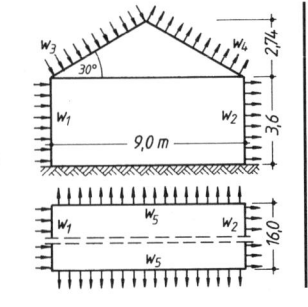

Hinweis:
Baukörper, die an einer oder mehreren Seiten ganz offen sind oder geöffnet werden können oder die an einer oder mehreren Seiten durch eine oder mehrere Öffnungen mindestens zu 1/3 offen sind oder geöffnet werden können, gelten nicht als geschlossene Baukörper.

6.2.2 Seitlich offene prismatische Baukörper (c_p-Werte nach 6.2.1)

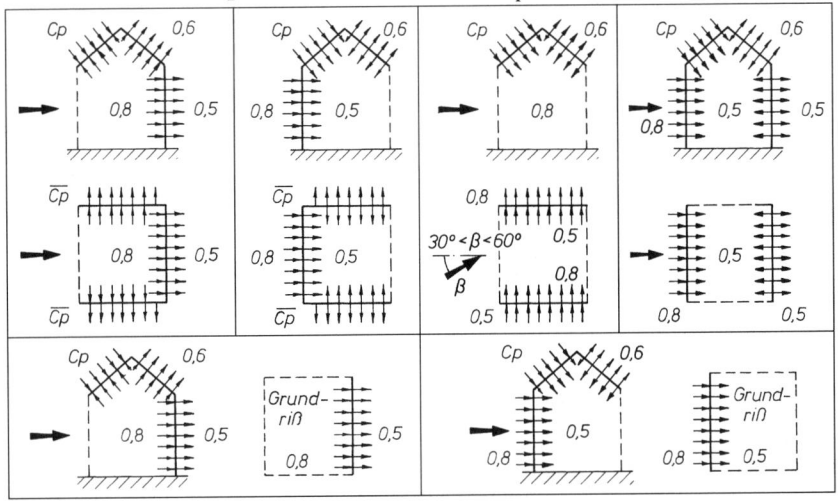

[1] Für $25° \leq \alpha \leq 50°$ gilt: $c_p = 0{,}02 \cdot \alpha - 0{,}2$ (Tafelwerte). [2] Der ungünstigste Wert ist maßgebend.

3.24

6.2.3 Frei stehende Dächer

Abmessungsverhältnisse: $a \leq b \leq 5a$; $0{,}5 \leq h/a \leq 1{,}0$
(Grundriß wie 6.1.1)   Querschnittshöhe der Dachscheibe $\leq 0{,}03\,a$

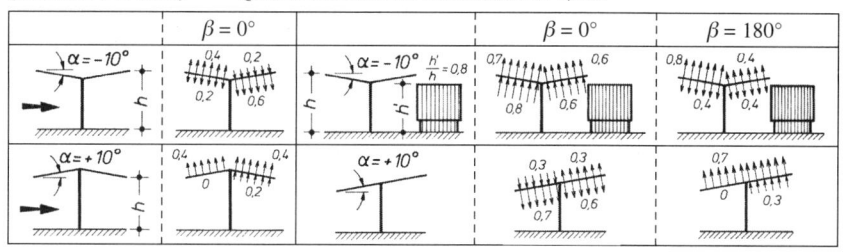

Hinweise: Bei Anströmung in Richtung der Längsachse des Daches können die zum Dach tangentialen Windkräfte von Bedeutung sein. In Teilbereichen auf das Dach wirkende Sogspitzen können nach Abschnitt 6.3.1 abgeschätzt werden.
Für Dachneigungen $-10° < \alpha < +10°$ darf zwischen den Druckbeiwerten für $\alpha = -10°$ und $\alpha = +10°$ linear interpoliert werden; in den Beiwerten ist eine mögliche Versperrung der durchströmten Fläche unterhalb des Daches bis zu 15% berücksichtigt.

6.3 Sogspitzen in Teilbereichen [1]

Bei unmittelbar durch Wind beanspruchten Einzelbauteilen (z.B. Wand- und Dachtafeln) treten an den Schnittkanten von Wand- und Dachflächen Sogspitzen auf, die durch erhöhte Beiwerte nach Abschnitt 6.3.1 Berücksichtigung finden.
Bei Flachdächern ($\alpha \approx 5°$) ohne Attika dürfen die Sogspitzen für die angegebenen Teilbereiche statt nach Abschnitt 6.3.1 mit den genaueren Werten nach Abschnitt 6.3.2 gerechnet werden (Attiken können die Sogspitzen verringern). In Mittenbereichen (d.h. in Bereichen außerhalb der angegebenen Rand- und Eckbereiche) von Dächern mit Neigungswinkeln $\alpha < 25°$ können bei Baukörpern mit $h/a > 0{,}4$ die auf die Dachhaut und etwaige Aufbauten auf der Dachfläche wirkenden örtlichen Sogspitzen Beiwerte von $c_p = 0{,}8$ haben.

6.3.1 Erhöhte Sogbeiwerte

Dachneigungswinkel α	Sogbeiwerte c_p	
	Eckbereich	Randbereich
$0° < \alpha \leq 25°$	3,2	1,8
$25° < \alpha \leq 35°$	1,8	1,1
$>35°$	keine „Sogspitzen"	

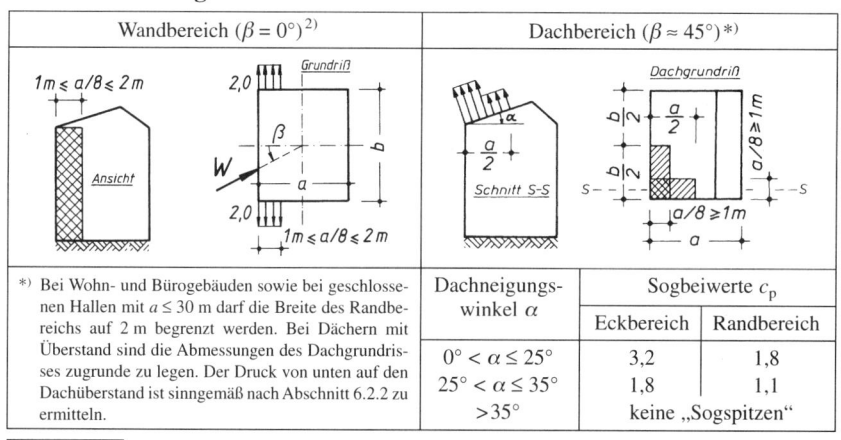

*) Bei Wohn- und Bürogebäuden sowie bei geschlossenen Hallen mit $a \leq 30$ m darf die Breite des Randbereichs auf 2 m begrenzt werden. Bei Dächern mit Überstand sind die Abmessungen des Dachgrundrisses zugrunde zu legen. Der Druck von unten auf den Dachüberstand ist sinngemäß nach Abschnitt 6.2.2 zu ermitteln.

---

[1] Die erhöhten Soglasten brauchen in der Regel nur für den Standsicherheitsnachweis unmittelbar vom Wind getroffener Einzelbauteile (Verankerung gegen Abheben) angesetzt zu werden. Bei sehr „empfindlichen" (leichten) Systemen muß der Einfluß der Sogspitzen jedoch auch in Bezug auf die gesamte Tragkonstruktion (Wechselstäbe) einschl. Fundamente untersucht werden (vgl. z.B. Mitteilungen Inst. für Bautechnik, 3/1973 u. 3/1975).

[2] In diesem Wert sind auch dynamische Windwirkungen berücksichtigt.

Beispiel: Windsogbelastung eines Gespärres im Eckbereich eines Daches (Gebäudehöhe <8 m; $q=0{,}5$)
$w_1 = 1{,}8 \cdot 0{,}5 = 0{,}90$ kN/m² (s. 6.3.1)
$w_2 = 1{,}1 \cdot 0{,}5 = 0{,}55$ kN/m² (s. 6.3.1)
$w_3 = 0{,}6 \cdot 0{,}5 = 0{,}30$ kN/m² (s. 6.2.1)
$w_4 = 0{,}8 \cdot 0{,}5 = 0{,}40$ kN/m² (s. 6.2.2)
$w_5 = 0{,}5 \cdot 0{,}5 = 0{,}25$ kN/m² (s. 6.2.2)

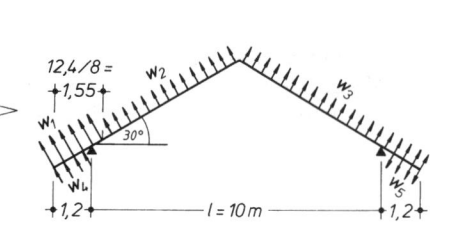

6.3.2 Genauere Werte für Flachdächer

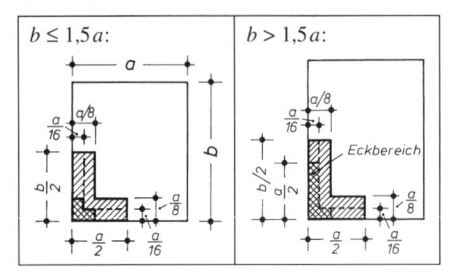

$\dfrac{b}{a}$	$\dfrac{h}{a}$	Sogbeiwerte c_p	
		Eckbereich	Randbereich
$\leq 1{,}5$	$\leq 0{,}4$	2,0	1,0
	$> 0{,}4$	2,8	1,5
$> 1{,}5$	$\leq 0{,}4$	2,5	1,0
	$> 0{,}4$	3,0	1,7

h Gebäudehöhe

6.3.3 Konstruktive Maßnahmen [1]

Auf den stat. Nachweis der höheren Soglasten kann bei Wohn- und ihnen in Form und Konstruktion ähnlichen Gebäuden verzichtet werden, wenn die Gebäudehöhe ≤ 20 m ist, die Schmalseiten ≤ 12 m und die Dachüberstände ≤ 40 cm sind und folgende konstruktive Maßnahmen getroffen werden:

a) *Befestigung der Dachflächen:* Schalbretter sind mit mindestens 2 Drahtnägeln nach DIN 1151 oder mit gleichwertigen Verbindungsmitteln (z. B. Schraubnägeln) an jedem Sparren, Binder oder Stiel zu befestigen. In Hirnholz eingeschlagene Nägel dürfen auf Herausziehen nicht in Rechnung gestellt werden. Dachschalungen aus Holzspan- oder Furnierplatten sind mit mindestens 6 Drahtnägeln je m² Dachfläche oder gleichwertigen Verbindungsmitteln zu befestigen. Im Rand- bzw. Eckbereich von Flachdächern nach Abschnitt 6.3.1, Abb. rechts, sind mindestens 12 bzw. 18 Drahtnägel oder gleichwertige Verbindungsmittel anzuordnen. Für andere Dacheindeckungen (z.B. Asbestzementplatten und Verblechungen) sind gleichwertige Verbindungsmittel anzuordnen.

b) *Befestigung der Teile von hölzernen Dachkonstruktionen:* Bei hölzernen Dachkonstruktionen sind sämtliche Teile wie Sparren, Pfetten, Pfosten, Kopfbänder, Schwellen untereinander ausreichend zugfest zu verbinden, besonders an den Dachrändern und -ecken bzw. bei Dachüberständen. Mindestens jeder dritte Sparren ist an seinen Auflagerpunkten – außer der allgemeinen Befestigung durch Sparrennägel – zusätzlich durch Laschen, Zangen, Bolzen bzw. Sonderbauteile (z.B. Stahlblechformteile, die durch Nagelung befestigt werden) mit den Pfetten zu verbinden.

c) *Verankerung der Dachkonstruktionen:* Die Dachkonstruktionen sind durch Stahlanker mit einem Nettoquerschnitt von mindestens 1,2 cm² (Flachstahlanker mindestens 4 mm dick, Rundstahlanker mindestens 14 mm ∅) im Eckbereich in Abständen ≤ 1 m und im Randbereich ≤ 2 m mit der Unterkonstruktion zu verbinden. Die durch die Verankerung erfaßten Bauteile müssen je Anker mindestens 450 kg wiegen. Bei Verankerung in Mauerwerk müssen die Anker in entsprechender Tiefe liegende waagerechte Bewehrungsstäbe oder Splinte umfassen. Bei Verankerung in Stahlbetonbauteilen sind die Anker möglichst vor dem Betonieren mit ausreichenden Haftlängen nach DIN 1045 einzubauen; werden sie nachträglich eingesetzt, so müssen sie

---

[1] Aus „Ergänzende Bestimmungen zu DIN 1055-4, Fassung März 1969". Diese Hinweise sind in der neuen DIN 1055-4 nicht mehr enthalten, da hier konstruktive Fragen und keine Windlast-Annahmen dargestellt werden. Es handelt sich jedoch um anerkannte Regeln der Bautechnik, so daß auch einer zukünftigen Anwendung dieser konstruktiven Maßnahmen nichts im Wege stehen dürfte.

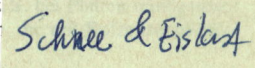

genügend tief liegende waagerechte Bewehrungsstäbe umfassen (z... 10 cm, sonst mindestens 15 cm tief). Verankerungen durch Bolzen... zeugen in Massivbauteile eingeschossen werden, sind unzulässig.

Schnee & Eislast

IV Schneelast und Eislast nach DIN 1055-5 (6.75)

1 Gleichmäßig verteilte Schneelast

Die Schneelast je m² **Grundrißprojektion** der Dachfläche beträgt: $\quad \bar{s} = k_s \cdot s_0$

3 Lastannahmen

s_0 = Regelschneelast (siehe Tafel 3.27a) $\quad k_s = 1 - \dfrac{\alpha - 30°}{40°}$ (siehe Tafel 3.27b)

Tafel 3.27a Regelschneelast s_0 in kN/m² [1)]

| Geländehöhe des Bauwerk- | Schneelastzone nach Abb. auf S. 3.28 | | | |
standortes über NN in m	I	II	III	IV
≤ 200	0,75	0,75	0,75	1,00
300	0,75	0,75	0,75	1,15
400	0,75	0,75	1,00	1,55
500	0,75	0,90	1,25	2,10
600	0,85	1,15	1,60	2,60
700	1,05	1,50	2,00	3,25
800	1,25	1,85	2,55	3,90
900	*1,50*	2,30	3,10	4,65
1000	*1,80*	*2,80*	3,80	5,50
1100			*4,50*	
1200			*5,20*	
1300			*5,90*	
1400			*6,60*	
1500			*7,30*	

Bei Zwischenwerten der Geländehöhen können die Werte für s_0 geradlinig interpoliert werden. Liegt der Bauwerksstandort auf der Grenzlinie zweier Schneelastzonen, so kann für s_0 das arithmetische Mittel genommen werden, anderenfalls ist der höhere Wert maßgebend.

Tafel 3.27b Abminderungswerte k_s in Abhängigkeit von der Dachneigung α [*)]

α	0°	1°	2°	3°	4°	5°	6°	7°	8°	9°
30°	1,00	0,97	0,95	0,92	0,90	0,87	0,85	0,82	0,80	0,77
40°	0,75	0,72	0,70	0,67	0,65	0,62	0,60	0,57	0,55	0,52
50°	0,50	0,47	0,45	0,42	0,40	0,37	0,35	0,32	0,30	0,27
60°	0,25	0,22	0,20	0,17	0,15	0,12	0,10	0,07	0,05	0,02

[*)] Für $\alpha \leq 30°$ ist $k_s = 1$, für $\alpha \geq 70°$ ist $k_s = 0$.

2 Einseitig verminderte Schneelast

Die Möglichkeit einer einseitigen Schneebelastung ist zu berücksichtigen. In diesem Fall kann einseitig $s/2$ angesetzt werden.[2)]

[1)] Kursive Zahlen gemäß [3.2].

[2)] Eine Kombination von $w + \dfrac{s/2}{2} = w + \dfrac{s}{4}$ in Anlehnung an Abschnitt 5 ist nicht möglich.

Schneelastzonen (Bundesrepublik Deutschland) nach DIN 1055-5 A1 (4.94)

3 Schneeanhäufungen

in Form von Schneeverwehungen oder Schneesackbildungen sind zusätzlich zu berücksichtigen. Bei Schneelastumlagerungen (z.B. bei Sheddächern) kann davon ausgegangen werden, daß die Summe der auf das Dach entfallenden gleichmäßig verteilten Schneelast nach Abschnitt 1 gleich bleibt. Bei außergewöhnlichen Dachformen können Versuche erforderlich werden.

4 Sonderregelungen

Verminderung der Schneelast z. B. bei Bauten für vorübergehende Zwecke, bei Gewächshäusern usw. siehe DIN 1055-5, 3.4.

5 Gleichzeitige Berücksichtigung von Schneelast und Windlast

Bei Dachneigungen bis 45° genügt es, die gleichzeitige Einwirkung der Schneelast s und der Windlast w (nach DIN 1055-4) durch folgende Lastkombinationen zu berücksichtigen:

$$s + \frac{w}{2} \quad \text{bzw.} \quad w + \frac{s}{2}$$

Hierbei gelten Schnee und Wind als Hauptlasten.

Der ungünstigste Wert der Lastkombinationen ist maßgebend. Bei Dächern über 45° Neigung ist nur eine gleichzeitige Berücksichtigung von Schnee und Wind erforderlich, wenn Schneeansammlungen, z. B. beim Zusammenstoßen von mehreren Dachflächen, möglich sind.

6 Eislast

In welchem Maße eine Vereisung (Eisregen oder Raueis) zu berücksichtigen ist, muß bereits bei der Planung vom Bauherrn im Einvernehmen mit der zuständigen Bauaufsichtsbehörde festgelegt werden.

Muß ein Eisansatz berücksichtigt werden und liegen keine genaueren Werte vor, so darf in nicht besonders gefährdeten Lagen bis 400 m über NN vereinfachend ein allseitiger Eisansatz von 3 cm Dicke für alle der Witterung ausgesetzten Konstruktionsteile angenommen werden (Eisrohwichte: 7 kN/m^3). Die Windlast auf die durch den Eisansatz vergrößerte Fläche des Bauteils ist mit 75 % des Staudrucks anzusetzen.

V Fliegende Bauten nach DIN 4112 (2.83)

1 Ständige Lasten sind nach DIN 1055-1 zu ermitteln.
2 Verkehrslasten

1	Bei Schaukeln, Gondeln u. dgl. je Person – haben nur Kinder Zutritt (Anschlag erforderlich)	0,75 kN 0,50 kN
2	Bei abgegrenzten Zu- und Abgängen, die nur von Einzelpersonen hintereinander begangen werden können, bzw. falls ungünstiger, Einzellast in ungünstigster Stellung	1 kN/m 0,75 kN/m
3	Sitzbretter von Sitzreihen	1,5 kN/m
4	Für Fußböden, Treppen, Treppenabsätze, Rampen, Zu- und Abgänge u. dgl. bei besonders großem Menschengedränge (z. B. Zirkus)	3,5 kN/m^2 5 kN/m^2
5	Tribünen mit festen Sitzplätzen ohne feste Sitzplätze	5 kN/m^2 7,5 kN/m^2
6	Bei Bedienungstreppen und Laufstegen bzw. Einzellast in ungünstigster Laststellung	1 kN/m^2 1 kN
7	Horizontalkraft bei Brüstungen u. Geländern in Holmhöhe (etwa 1 m) dgl. bei besonders großem Menschengedränge dgl. bei Zwischenholmen in etwa halber Geländerhöhe dgl. bei Bedienungstreppen und -laufstegen in Holmenhöhe	0,5 kN/m 1 kN/m 0,1 kN/m 0,15 kN/m
8	Bei Tribünen und dgl. ist außer der Windlast eine in Fußbodenhöhe angreifende, waagerecht wirkende Seitenkraft in jeweils ungünstigster Richtung in Rechnung zu stellen, die zu 1/10 der Personenlast nach Ziffer 4 anzusetzen ist.	

Antriebs- und Bremskräfte können für langsam laufende Fahrzeuge oder Drehwerke ($v \leq 3$ m/s) mit 1/15 der bewegten Lasten p und g angenommen werden. Anderenfalls sind sie rechnerisch zu ermitteln und in dieser Größe anzusetzen.

Schwingungen direkt befahrener Bauteile (z. B. Achterbahnschienen) sind durch einen Schwingbeiwert $\varphi = 1{,}2$ zu berücksichtigen. Ohne Schwingbeiwert sind zu berechnen: Lager der direkt befahrenen Bauteile, Bodenpressungen, Formänderungen, Stand- und Gleitsicherheit.

Anprall ist an der ungünstigsten Stelle in Größe der Last des vollbesetzten Fahrzeugs (1,0 Q) anzusetzen. Bei Anprall unter $\alpha < 90°$ ist $Q \sin \alpha \geq 0{,}3\, Q$ anzunehmen. Anprall braucht nur bei den unmittelbar betroffenen Bauteilen und Verankerungen berücksichtigt zu werden.

Stoßkräfte. Bei Auftreten während der Fahrbewegung sind die in Betracht kommenden bewegten Lasten mit einer Stoßzahl $\varphi = 1{,}2$ zu vervielfachen. Bei stärkeren Stoßkräften ist φ zu erhöhen.

Windlasten nach DIN 1055-4. Abweichend hiervon darf der Staudruck $q = 0{,}5$ kN/m² für Bauten bis zu 8 m Höhe und $q = 0{,}8$ kN/m² für Bauten zwischen 8 m und 20 m Höhe angenommen werden. Weitere Einzelheiten siehe Norm.

Schneelasten nach DIN 1055-5.

VI Straßen- und Wegbrücken, Lastannahmen nach DIN 1072 (12.85)

Nachfolgend wird der Teil der DIN 1072 wiedergegeben, auf den in DIN 1055-3, 6.3.1, 7.4.1 und 8 Bezug genommen wird.

1 Lasten und Lastschema für Regelklassen

	Brückenklasse 60/30	Brückenklasse 30/30
1	Schwerlastwagen SLW 60 in HS (SLW) SLW 30 in NS	Schwerlastwagen SLW 30 in Hauptspur (SLW) SLW 30 in Nebenspur
	mit Schwingbeiwert φ in der Hauptspur	
	Gesamtlast: 600 kN Radlast: 100 kN Aufstandsfläche: $0{,}20 \times 0{,}60$ (m²) Ersatzflächenlast: $p' = 33{,}3$ kN/m²	Gesamtlast: 300 kN Radlast: 50 kN Aufstandsfläche: $0{,}20 \times 0{,}40$ (m²) Ersatzflächenlast: $p' = 16{,}7$ kN/m²	Eine einzelne Achslast von 130 kN bei Brückenklasse 30/30
2	Belastungssysteme für die Fahrbahnfläche zwischen den Schrammborden	
	$p_1 = 5$ kN/m² SLW 60 $p_1 = 5$ kN/m² $p_2 = 3$ kN/m² SLW 30 $p_2 = 3$ kN/m²	HS $p_1 = 5$ kN/m² SLW 30 $p_1 = 5$ kN/m² NS $p_2 = 3$ kN/m² SLW 30 $p_2 = 3$ kN/m²
	Restflächen $p_2 = 3$ kN/m² ohne Schwingbeiwert φ	

3	Lastschema für die übrigen Brückenflächen bis zu den Geländern (Geh- und Radwege, Schrammbordstreifen, erhöhte oder baulich abgegrenzte Mittelstreifen) Der ungünstigste Wert der Zeile 3, a bis c, ist ohne Schwingbeiwert φ einzusetzen. a) $p_2 = 3$ kN/m² zusammen mit den übrigen Lasten der Zeile 2 (HS mit Schwingbeiwert φ) b) $p_3 = 5$ kN/m² ohne Lasten der Zeile 2 (nur für die Belastung einzelner Bauteile, z. B. Gehwegplatten, Längsträger, Konsolen, Oberträger) c) Falls nicht gegen Auffahren durch steife abweisende Schutzeinrichtungen gesichert (nur für die Belastung einzelner Bauteile entsprechend Zeile 3, Aufzählung b): Radlast $P = 50$ kN Radlast $P = 40$ kN[1)] Aufstandsfläche $0{,}2 \times 0{,}4$ (m²) bzw. Aufstandsfläche $0{,}2 \times 0{,}3$ (m²) ohne Lasten der Zeile 2 ohne Lasten der Zeile 2	
4	Zuordnung zum Straßen- und Wegenetz[2)] Brückenklasse 60/30: BAB, B, L, K, S; Brückenklasse 30/30: K, S, G, W	

[1)] Nur für das Nachrechnen bestehender Brücken der bisherigen Brückenklasse 60, 45, 30, auch wenn sie in Brückenklasse 60/30 oder 30/30 eingestuft werden können.
[2)] BAB Bundesautobahnen; B Bundesstraßen; L Landstraßen (Land- bzw. Staatsstraßen bzw. L I. O); S Stadt- bzw. Gemeindestraßen; K Kreisstraßen (L II. O); G Gemeindewege; W Wirtschaftswege.

Schwingbeiwerte φ

Bauwerke ohne Überschüttung: $\varphi = 1{,}4 - 0{,}008\, l_\varphi \geq 1{,}0$;
Bauwerke mit Überschüttung: $\varphi = 1{,}4 - 0{,}008\, l_\varphi - 0{,}1\, h_\text{ü} \geq 1{,}0$; $h_\text{ü}$ Überschüttungshöhe in m

Für l_φ ist einzusetzen:

a) Schnittgrößenberechnung bei unmittelbarer Belastung: Stützweite bzw. Länge der Auskragung des Bauteils; bei zweiachsig gespannten Platten die kleinere Stützweite.
b) Schnittgrößenberechnung bei mittelbarer Belastung: Stützweite des Bauteils oder Stützweite der Tragglieder, die Last auf das Bauteil übertragen. Der größere Wert darf für l_φ angesetzt werden.
c) Tragglieder, die sowohl unmittelbar als auch mittelbar belastet werden: der für jeden der Lastanteile maßgebende Wert l_φ.
d) Durchlaufende Träger (auch mit Gelenken): Arithmetisches Mittel aller Stützweiten; bei Lasten unmittelbar auf Kragarmen und in Feldern mit $l_1 < 0{,}7\, l_\text{max}$ ist für l_φ die Kraglänge bzw. l_1 anzunehmen, unabhängig von der Lage des untersuchten Schnittes.

2 Lasten und Lastschema für Nachrechnungsklassen

			Brückenklassen 16/16, 12/12[1)], 9/9, 6/6 und 3/3					
1	Lastkraftwagen (LKW)							
			Brückenklasse	16/16	12/12	9/9	6/6	3/3
			Gesamtlast kN	160	120	90	60	30
			Ersatzflächenlast p' kN/m²	8,9	6,7	5,0	4,0	3,0
		Vorderräder	Radlast in kN	30	20	15	10	5
			Aufstandsbreite b_1	0,26	0,20	0,18	0,14	0,14
		Hinterräder	Radlast in kN	50	40	30	20	10
			Aufstandsbreite b_2	0,40	0,30	0,26	0,20	0,20
		Eine einzelne Achse	Last kN	110	110	90	60	30
			Aufstandsbreite b_3	0,40	0,40	0,30	0,20	0,20

(Fortsetzung)

2	Lastschema für die Fahrbahnfläche zwischen den Schrammborden							
	HS p_1 LKW p_1 3,0 NS p_2 LKW $^{3)}$ p_2 3,0 ← 6,0 →	Brückenklasse	16/16 $^{2)}$	12/12	9/9	6/6	3/3
		p_1 in kN/m²	5,0	4,0	4,0	4,0	3,0
		p_2 in kN/m²	3,0	3,0	3,0	2,0	2,0
	Mit Schwingbeiwert φ: HS (Hauptspur); ohne Schwingbeiwert: NS (Nebenspur) und Restfläche mit p_2							
3	Lastschema für die übrigen Brückenflächen bis zu den Geländern (Geh- und Radwege, Schrammbordstreifen, erhöhte oder baulich abgegrenzte Mittelstreifen) Der ungünstigste Wert der Zeile 3, a bis c, ist ohne Schwingbeiwert φ einzusetzen.							
	a) p_2 nach Zeile 2 zusammen mit den übrigen Lasten nach Zeile 2, dabei HS mit Schwingbeiwert φ							
	b) $p_3 = 5$ kN/m² ohne Lasten der Zeile 2 (nur für die Belastung einzelner Bauteile, z.B. Gehwegplatten, Längsträger, Konsolen, Querträger)							
	c) Falls nicht gegen Auffahren durch steife abweisende Schutzeinrichtungen gesichert (nur für die Belastung einzelner Bauteile entsprechend Zeile 3, Aufzählung b): Radlast $\quad P = 40$ kN Aufstandsfläche $\quad 0,2 \times 0,3$ (m²) $\bigg\}$ Nur bei bestehenden Brücken der Brückenklasse ohne Lasten der Zeile 2 $\quad$ 16/16 und 12/12 Radlast $\quad P = 50$ kN Aufstandsfläche $\quad 0,2 \times 0,4$ (m²) $\bigg\}$ Nur bei neuen Brücken der Brückenklasse 12/12 $^{1)}$ ohne Lasten der Zeile 2							

[1] Die Lastannahmen der Brückenklassen 12/12 für das Nachrechnen bestehender Straßen- und Wegbrücken können vom Baulastträger auch für das Berechnen neuer Brücken zugelassen werden.

[2] Es dürfen auch Werte aus Rechenwerken mit einer Aufteilung der Radlasten (Vorderachse : Hinterachse) im Verhältnis 1 : 2 benutzt werden.

[3] Gegebenenfalls auch einzelne Radlasten.

3 Ersatzlasten für den Anprall von Straßenfahrzeugen

Tragende Stützen, Rahmenstiele, Endstäbe von Fachwerkträgern und dergleichen sind in der Regel für Fahrzeuganprall zu bemessen und durch besondere Maßnahmen[1] zu sichern. Es sind neben den ungünstig wirkenden Hauptlasten waagerechte Ersatzlasten in Höhe von 1,2 m über der Fahrbahnoberfläche von ± 1000 kN in Fahrtrichtung und 500 kN senkrecht zur Fahrtrichtung anzusetzen[2]. Eine Anprallbemessung ist nicht erforderlich, wenn die gefährdeten Bauteile durch ihre Lage hinreichend geschützt sind oder wenn sie aufgrund besonders massiger Ausbildung nicht durch Anprall gefährdet sind.

---

[1] Als besondere Maßnahmen gelten abweisende Schutzeinrichtungen, die in mindestens 1 m Abstand zwischen der Vorderkante der Schutzeinrichtung und der Vorderkante des zu schützenden Bauteils durchzuführen sind, oder Betonsockel neben den zu schützenden Bauteilen, die mindestens 0,8 m hoch sein und parallel zur Verkehrsrichtung mindestens 2 m und rechtwinklig dazu mindestens 0,5 m über die Außenkante dieser Bauteile hinausragen müssen.

[2] Eine gleichzeitige Wirkung beider Ersatzlasten braucht nicht angenommen zu werden.
Nach dem Beiblatt 1 zu DIN 1072 wird empfohlen, auch oberhalb der theoretischen Anprallhöhe von 1,2 m Anprallvorgänge (z.B. durch umkippende Fahrzeugaufbauten) durch konstruktive Maßnahmen zu berücksichtigen.

VII Eigenlasten für spezielle Bauteile

1 Wände aus Mauerwerk einschließlich Putz[1] (in kN/m^2)

Steinrohdichte in kg/dm^3	0,5	0,6	0,7	0,8	0,9	1,0	1,2	1,4	1,6	1,8	2,0	2,2
d = 11,5 cm	1,36	1,47	1,59	1,70	1,82	1,93	2,16	2,28	2,51	2,62	2,83	3,08
d = 17,5 cm	1,78	1,95	2,13	2,30	2,48	2,65	3,00	3,18	3,53	3,70	4,05	4,40
d = 24,0 cm	2,23	2,47	2,71	2,95	3,19	3,43	3,91	4,15	4,63	4,87	5,35	5,83
d = 30,0 cm	2,65	2,95	3,25	3,55	3,85	4,15	4,75	5,05	5,65	5,95	6,55	7,15
d = 36,5 cm	3,11	3,47	3,84	4,20	4,57	4,93	5,66	6,03	6,76	7,12	7,85	8,58

[1] Bei Mauerwerk ohne Putz verringert sich die Eigenlast um 0,55 kN/m^2.

2 Näherungswerte für Eigenlasten von Dachbindern

a) Holzbinder   kN/m^2 Dachfläche
Stehender oder liegender Dachstuhl, 7–10 m Spannweite 0,10–0,20
Einfache Hänge- und Sprengewerke, 10–18 m Spannweite 0,20–0,25
Zusammengesetzte Hänge- und Sprengewerke, bis 20 m Spannweite 0,25–0,35
Zuschlag für Pfetten und Verbände 0,05–0,10
Nach *Gattnar* und *Trysna* kann man für Fachwerkbinder folgende Formel benutzen:
$g \approx 0{,}15 + (l - 15) / 200$ in kN/m^2

b) Stahlbinder
Einfache Pultdächer bis 10 m Spannweite 0,12–0,20
Leichte Dachbinder 0,20–0,25
Schwere Dachbinder 0,25–0,40
Zuschlag für Pfetten und Verbände, je nach Binderentfernung und Dachbelastung .. 0,08–0,16

Tragwerkslehre

Die Tragwerkslehre gehört zu den Grundlagenfächern für Architektur- und Bauingenieurstudenten.

In 11 Kapiteln stellt Prof. Leicher den Lehrstoff mit vielen Abbildungen anschaulich dar; auf konstruktive Details wird dabei besonderer Wert gelegt. Ausführliche und nachvollziehbare Beispiele erleichtern das Verständnis.

Die notwendigen Ableitungen der Gesetze von Statik und Festigkeitslehre werden an einfachen, durchschaubaren Sonderfällen von statisch bestimmten Systemen dargestellt. Durch das Erkennen der Zusammenhänge wird ein Verständnis für das Verformungsverhalten erreicht, das auch für die Auswahl und die Vordimensionierung schwierigerer Tragsysteme eingesetzt werden kann.

Die Teilgebiete Statik und Festigkeitslehre sind nicht getrennt dargestellt, sondern es wird der Zusammenhang zwischen der Gesetzmäßigkeit von Statik und Festigkeitslehre und ihre Anwendung in den verschiedenen Tragsystemen und Baustoffen bewusst gemacht. Auf die Leistungsfähigkeit, die Grenzen und die Randbedingungen der möglichen Tragsysteme in den verschiedenen Baustoffen wird hingewiesen. Das Buch basiert auf dem derzeitigen Stand der europäischen Normung mit derem Sicherheitskonzept.

Zu beziehen über Ihre Buchhandlung oder direkt beim Verlag.

Leicher

Tragwerkslehre in Zeichnungen und Beispielen

Werner Verlag

Leicher
Tragwerkslehre in Zeichnungen und Beispielen
1. Auflage 2002.
520 Seiten DIN-A 4,
etwa 1500 Abbildungen, gebunden,
€ 48,–/sFr 96,–
ISBN 3-8041-4749-6

WERNER VERLAG

Werner Verlag · Postfach 10 53 54 · 40044 Düsseldorf
Telefon (02 11) 3 87 98-0 · Telefax (02 11) 3 87 98-11
www.werner-verlag.de

4 A Baustatik
4 B Tragwerksentwurf und Vorbemessung

Inhaltsverzeichnis

		Seite
A	**BAUSTATIK**	
1	**Formeln für Schnitt- und Verschiebungsgrößen**	4.2
1.1	Horizontale Einzelstäbe	4.2
1.2	Geneigte Einfeldträger	4.6
1.3	Gelenkträger (Gerberträger)	4.6
1.4	Durchlaufträger	4.7
1.4.1	Durchlaufträger mit gleichen Stützweiten und Gleichlast	4.7
1.4.2	Durchlaufträger mit gleichen Stützweiten über 2 bis 5 Felder	4.8
1.4.3	Zweifeldträger mit Gleichstreckenlast	4.10
1.4.4	Zweifeldträger mit Randmomenten	4.11
1.4.5	Durchlaufträger mit gleichen Stützweiten und Randmomenten	4.11
1.4.6	Dreifeldträger mit beliebigen Stützweiten	4.11
1.4.7	Statische Größen für Durchlaufträger	4.12
1.4.8	Ungünstigste Laststellungen	4.13
1.4.9	Ermittlung von Momenten-Nullpunkten	4.14
1.4.10	Einflußlinien für Zweifeldträger mit gleichen Stützweiten	4.15
1.5	Rahmenformeln, Belastungsglieder, Starreinspannmomente	4.16
1.6	Kehlbalkendach – Formeln	4.20
1.7	Durchbiegungen – Baupraktische Formeln	4.21
1.7.1	Einfeldträger, Kragträger	4.21
1.7.2	Einfeldträger mit Kragarm	4.21
1.7.3	Durchlaufträger mit gleichen Stützweiten und Gleichstreckenlast	4.22
1.7.4	Durchlaufträger mit beliebigen Stützweiten	4.22
1.8	Reibungsbeiwerte	4.22
2	**Festigkeitslehre**	4.23
2.1	Querschnittswerte	4.23
2.1.1	Allgemeine Formeln für Querschnittswerte	4.23
2.1.2	Tafel für Querschnittswerte	4.24
2.2	Spannungen infolge M, N und Q	4.26
2.2.1	Normal- und Schubspannungen	4.26
2.2.2	Randspannungen bei rechteckigen Querschnitten	4.27
2.2.3	Kern	4.28
2.2.4	Hauptspannungen	4.29
2.3	Torsion	4.29
2.3.1	Torsion nach St. Venant	4.29
2.3.2	St. Venant- und Wölbkrafttorsion	4.30
3	**Knicken**	4.30
4	**Fachwerke**	4.31
4.1	Ritterschnitt	4.31
4.2	Cremonaplan	4.31

		Seite
4.3	Durchbiegungen	4.31
5	**Dreimomentengleichung**	4.32
B	**TRAGWERKSENTWURF UND VORBEMESSUNG**	
1	**Hinweise zum Tragwerksentwurf**	4.33
1.1	Allgemeines	4.33
1.2	Checkliste zum Tragwerksentwurf	4.33
1.3	Anregungen zum praktischen Vorgehen beim Tragwerksentwurf	4.35
2	**Vorbemessung**	4.38
2.1	Dächer	4.38
2.1.1	Lastannahmen	4.38
2.1.2	Dachlatten	4.38
2.1.3	Windrispen	4.38
2.1.4	Sparrendach	4.39
2.1.5	Kehlbalkendach	4.39
2.1.6	Pfettendach	4.40
2.1.7	Sprengwerk/Hängewerk	4.42
2.1.8	Flachdächer	4.42
2.1.9	Weitgespannte Dachtragwerke	4.43
2.2	Geschoßdecken	4.45
2.2.1	Allgemeines	4.45
2.2.2	Stahlbetonplattendecken	4.46
2.2.3	Stahlbeton-Rippendecken	4.47
2.2.4	Plattenbalkendecke/π-Platten	4.48
2.2.5	Kassettendecken	4.48
2.2.6	Flach- und Pilzdecken	4.48
2.2.7	Stahlverbunddecke	4.49
2.2.8	Holzbalkendecken	4.49
2.3	Unterzüge/Überzüge	4.50
2.3.1	Unterzüge aus Holz	4.50
2.3.2	Stahlbetonunterzüge/Überzüge	4.50
2.3.3	Deckengleicher Unterzug	4.50
2.4	Stützen	4.51
2.4.1	Stahlbeton	4.51
2.4.2	Stahl	4.51
2.4.3	Holz	4.51
2.4.4	Planungshilfen	4.52
2.5	Fundamente	4.54
2.6	Vorbemessungsbeispiel	4.55
3	**Gesamtstabilität**	4.58
3.1	Allgemeines	4.58
3.2	Ringbalken RB	4.58
3.3	Ringanker RA	4.58
3.4	Aussteifungselemente	4.59
4	**Fugen**	4.60
4.1	Allgemeines	4.60
4.2	Fugenarten	4.60
4.3	Dehnungsfugenabstände	4.61

4 A Baustatik
Prof. Dipl.-Ing. Klaus-Jürgen Schneider

1 Formeln für Schnitt- und Verschiebungsgrößen
1.1 Horizontale Einzelstäbe ($\alpha = a/l$, $\beta = b/l$)

		Auflagerkräfte		max M	$EI f_{\text{Mitte}}$ [1]
		A	B	[an der Stelle x]	
1		$\dfrac{ql}{2}$	$\dfrac{ql}{2}$	$\dfrac{ql^2}{8}$ $[x=l/2]$	$\dfrac{5}{384} ql^4$
2		$\dfrac{3}{8} ql$	$\dfrac{1}{8} ql$	$\dfrac{9}{128} ql^2$ $[x=3/8\, l]$	$\dfrac{5}{768} ql^4$
3		$\dfrac{qa}{l}\left(l - \dfrac{a}{2}\right)$	$\dfrac{qa^2}{2l}$	$\dfrac{A^2}{2q}$ $[x = A/q]$	$\dfrac{1}{48} qa^2 l^2 (1{,}5 - \alpha^2)$
4		$\dfrac{1}{2} qb$	$\dfrac{1}{2} qb$	$\dfrac{qb}{8}(2l - b)$ $[x=l/2]$	$\dfrac{1}{384} ql^4 (5 - 24\alpha^2 + 16\alpha^4)$
5		$\dfrac{qc(2b+c)}{2l}$	$\dfrac{qc(2a+c)}{2l}$	$\dfrac{A^2}{2q} + A \cdot a$ $[x = a + A/q]$	$\dfrac{1}{384} ql^4 (5 - 12\alpha^2 + 8\alpha^4 - 12\beta^2 + 8\beta^4)$
6		qa	qa	$\dfrac{1}{2} qa^2$ $[a \leqslant x \leqslant a+b]$	$\dfrac{q}{24} a^2 l^2 (1{,}5 - \alpha^2)$
7 [2]		$\dfrac{q_0}{2}(l-a)$	$\dfrac{q_0}{2}(l-a)$	$\dfrac{q_0}{24}(3l^2 - 4a^2)$ $[x=l/2]$	$\dfrac{1}{1920} q_0 l^4 (25 - 40\alpha^2 + 16\alpha^4)$
8		$(2q_1 + q_2)\dfrac{l}{6}$	$(q_1 + 2q_2)\dfrac{l}{6}$	$\approx 0{,}064 (q_1 + q_2) l^2$ $[x \approx 0{,}55 l]$	$\dfrac{5}{768}(q_1 + q_2) l^4$
9		$\dfrac{1}{6} q_0 l$	$\dfrac{1}{3} q_0 l$	$\dfrac{1}{9\sqrt{3}} q_0 l^2$ $\left[x = \dfrac{1}{\sqrt{3}} l\right]$	$\dfrac{5}{768} q_0 l^4$
10 [2]		$\dfrac{1}{4} q_0 l$	$\dfrac{1}{4} q_0 l$	$\dfrac{1}{12} q_0 l^2$ $[x=l/2]$	$\dfrac{1}{120} q_0 l^4$
11		$\dfrac{1}{4} q_0 l$	$\dfrac{1}{4} q_0 l$	$\dfrac{1}{24} q_0 l^2$ $[x=l/2]$	$\dfrac{3}{640} q_0 l^4$
12		$\dfrac{q_0 a}{6}(3 - 2\alpha)$	$\dfrac{q_0 a^2}{3l}$	$\dfrac{q_0 a^2}{3}\sqrt{\left(1 - \dfrac{2}{3}\alpha\right)^3}$ $\left[x = a\sqrt{1 - \dfrac{2}{3}\alpha}\right]$	$EI f_1 = \dfrac{q_0 a^3}{45}(1-\alpha)(5l - 4a)$
13		$\dfrac{q_0 a}{6}(3 - \alpha)$	$\dfrac{q_0 a^2}{6l}$	$\dfrac{q_0 a^2}{6l}\left(l - a + \dfrac{2}{3} a\sqrt{\dfrac{\alpha}{3}}\right)$	$EI f_1 = \dfrac{q_0 a^3}{360}(1-\alpha)(20l - 13a)$

		Auflagerkräfte		max M [an der Stelle x]	$EI\,f_{\text{Mitte}}$ [1])
		A	B		
14	quadr. Parabel q_0	$\dfrac{q_0 l}{3}$	$\dfrac{q_0 l}{3}$	$\dfrac{5}{48} q_0 l^2$ $[x = l/2]$	$\dfrac{61\, q_0 l^4}{5760}$
15	q_0 quadr. Parabel	$\dfrac{q_0 l}{2{,}4}$	$\dfrac{q_0 l}{4}$	$\dfrac{1}{11{,}15} q_0 l^2$ $[x = 0{,}446\,l]$	$\dfrac{11\, q_0 l^4}{1200}$
16	P at $l/2$	$\dfrac{P}{2}$	$\dfrac{P}{2}$	$\dfrac{Pl}{4}$ $[x = l/2]$	$\dfrac{1}{48} P l^3$
17	P at a,b	$\dfrac{Pb}{l}$	$\dfrac{Pa}{l}$	$\dfrac{Pab}{l}$ $[x = a]$	$\dfrac{1}{48} P l^3 (3\alpha - 4\alpha^3)$ für $a \leqslant b$
18	P, P at a, b, a	P	P	Pa $[a \leqslant x \leqslant a + b]$	$\dfrac{1}{24} P l^3 (3\alpha - 4\alpha^3)$
19	$n-1$ gleiche Lasten P, $l = na$	$\dfrac{P(n-1)}{2}$	$\dfrac{P(n-1)}{2}$	Pl/r n: 2, 3, 4, 5, 6, 7 r: 4, 3, 2, 1,66, 1,33, 1,16 s: 12, 9,39, 10,11, 9,25, 9,81, 9,56	max Ml^2/s
20	n gleiche Lasten P, $l = na$	$\dfrac{Pn}{2}$	$\dfrac{Pn}{2}$	Pl/r n: 2, 3, 4, 5, 6, 7 r: 4, 2,4, 2, 1,54, 1,33, 1,12 s: 8,73, 10,19, 9,37, 9,82, 9,49, 9,72	max Ml^2/s
21	M at a,b	$\dfrac{M}{l}$	$-\dfrac{M}{l}$	$a \geqslant l/2:\ \dfrac{Ma}{l}$ $a \leqslant l/2:\ -\dfrac{Mb}{l}$	
22	M_1, M_2	$\dfrac{M_2 - M_1}{l}$	$\dfrac{M_1 - M_2}{l}$		$\dfrac{1}{16} l^2 (M_1 + M_2)$
23	t^o, t^u	0	0	0	$\dfrac{l^2}{8} \cdot \dfrac{t^u - t^o}{h}\, \alpha_t\, EI$
24	P, c, P			max $M = \dfrac{Pl}{8}\left(2 - \dfrac{c}{l}\right)^2$ für $x = \dfrac{l}{2} - \dfrac{c}{4}$ wenn $\dfrac{c}{l} > 0{,}586$, ist max $M = \dfrac{Pl}{4}$	h Querschnittshöhe α_t Temperaturdehnzahl
25	P_1, e, $P_2 < P_1$; $e = P_2\,c/R$, $R = P_1 + P_2$			max $M = R\,\dfrac{(l-e)^2}{4l}$ für $x = \dfrac{l-e}{2}$ wenn $c \geqslant \dfrac{l}{2}$, kann $P_1\,\dfrac{l}{4}$ maßgebend sein	

4 Baustatik Vorbemessung

---

[1]) Bei symmetrischen Belastungen ist $f_{\text{Mitte}} = f_{\text{max}}$, bei unsymmetrischen Belastungen ist $f_{\text{Mitte}} \approx f_{\text{max}}$.
Hinweis: Die Formeln für die Durchbiegung f_1 gelten nur für $EI = \text{const}$.

4.3

Einfeldträger mit Kragarm (die Formeln für f gelten nur bei EI = const)

		Auflagerkräfte		max			
		A	B	M_{Feld}	M_2	$EI\,f_{Mitte}$	$EI\,f_3$
1		$\dfrac{q}{2}\left(l-\dfrac{l_K^2}{l}\right)$	$\dfrac{q}{2}\left(l+\dfrac{l_K^2}{l}+2l_K\right)$	$\dfrac{A^2}{2q}$	$-\dfrac{ql_K^2}{2}$	$\dfrac{ql^2}{32}\left(\dfrac{5}{12}l^2-l_K^2\right)$	$\dfrac{ql_K}{24}(3l_K^3+4ll_K^2-l^3)$
2		$\dfrac{ql}{2}$	$\dfrac{ql}{2}$	$\dfrac{ql^2}{8}$	0	$\dfrac{5}{384}ql^4$	$-\dfrac{1}{24}ql^3l_K$
3		$-\dfrac{ql_K^2}{2l}$	$ql_K\left(1+\dfrac{l_K}{2l}\right)$		$-\dfrac{ql_K^2}{2}$	$-\dfrac{1}{32}ql^2\,l_K^2$	$\dfrac{ql_K^3}{24}(4l+3l_K)$
4		$\dfrac{Pb}{l}$	$\dfrac{Pa}{l}$	$\dfrac{Pab}{l}$	0	$\dfrac{Pl^3}{48}(3\alpha-4\alpha^3)$	$-\dfrac{Pabl_K}{6l}(l+a)$
5		$-\dfrac{Pa}{l}$	$\dfrac{P(a+l)}{l}$		$-Pa$	$-\dfrac{1}{16}(Pl^2\,a)$	$\dfrac{1}{6}Pa(2ll_K+3l_K a -a^2)$

Eingespannte Kragträger (die Formeln für f und α gelten nur bei EI = const)

		A	M^E	$EI\,f$	$EI\,\tau$
1		ql	$-\dfrac{ql^2}{2}$	$\dfrac{ql^4}{8}$	$-\dfrac{ql^3}{6}$
2		$\dfrac{q_0 l}{2}$	$-\dfrac{q_0 l^2}{6}$	$\dfrac{q_0 l^4}{30}$	$-\dfrac{q_0 l^3}{24}$
3		$\dfrac{q_0 l}{2}$	$-\dfrac{q_0 l^2}{3}$	$\dfrac{11 q_0 l^4}{120}$	$-\dfrac{q_0 l^3}{8}$
4		P	$-Pl$	$\dfrac{Pl^3}{3}$	$-\dfrac{Pl^2}{2}$
5		0	M	$-\dfrac{Ml^2}{2}$	Ml

Eingespannte Einfeldträger (EI = const); vgl. auch S. 4.19

1		$A = \dfrac{3}{8}ql$ $B = \dfrac{5}{8}ql$	$M_2 = -ql^2/8$ max M_{Feld} = 9 $ql^2/128$ bei $x = 0{,}375\,l$	max $f = \dfrac{2}{369}\cdot\dfrac{ql^4}{EI}$ bei $x = 0{,}4215\,l$
2		$A = \dfrac{Pb^2}{2l^3}(a+2l)$ $B = P - A$	$M_2 = -\dfrac{Pab}{2l}\left(1+\dfrac{a}{l}\right)$ $M_3 = \dfrac{Pab^2}{2l^2}(3a+2b)$	$f_3 = \dfrac{Pa^2 b^3}{12\,EI\,l^2}\left(3+\dfrac{a}{l}\right)$
3		$A = \dfrac{1}{10}ql$ $B = \dfrac{2}{5}ql$	$M_2 = -ql^2/15$ max $M_{Feld} = ql^2/33{,}54$ bei $x = 0{,}447\,l$	max $f = \dfrac{ql^4}{419{,}3\,EI}$ bei $x = 0{,}447\,l$

Einfeldträger Fortsetzung

#	System	Auflager	max Moment	max Durchbiegung
4	Dreieckslast (Spitze bei A), q	$A = \frac{11}{40} ql$ $B = \frac{9}{40} ql$	$\max M_{Feld} = \frac{ql^2}{23,6}$ bei $x = 0,329\, l$	$\max f = \frac{ql^4}{328,1\, EI}$ bei $x = 0,402\, l$
5	Gleichlast q	$A = B = \frac{ql}{2}$	$\max M_{Feld} = \frac{ql^2}{24}$	$\max f = \frac{1}{384} \cdot \frac{ql^4}{EI}$
6	Einzellast P	$A = \frac{Pb^2}{l^3}(l+2a)$ $B = P - A$	$M_3 = 2P \frac{a^2 b^2}{l^3}$	$f_3 = \frac{Pa^3 b^3}{3\, EI\, l^3}$
7	Dreieckslast q	$A = \frac{3}{20} ql$ $B = \frac{7}{20} ql$	$\max M_{Feld} = \frac{ql^2}{46,6}$ bei $x = 0,548\, l$	$\max f = \frac{ql^4}{764\, EI}$ bei $x = 0,525\, l$
8	Dreieckslast (Mitte) q	$A = B = \frac{ql}{4}$	$\max M_{Feld} = \frac{ql^2}{32}$	$\max f = \frac{7\, ql^4}{3840\, EI}$
9	Trapezlast q, a	$A = B = \frac{q}{2}(l-a)$	$\max M_{Feld} =$ $\frac{ql^2}{24} \cdot (1-2\,\alpha^3)$	$\max f = \frac{ql^4}{1920\, EI}$ $(5 - 20\,\alpha^3 + 17\,\alpha^4)$

4 Baustatik Vorbemessung

Längsbeanspruchung

N-Verlauf, Normalkraft N als Zug positiv

Belastung / Lagerung	P_x bei a, b	n (gleichmäßig)	n (Dreieck fallend)	n (Dreieck steigend)	n auf c zwischen a, b
Beidseitig gelenkig, l	$P_x \boxed{+} P_x$	$nl \boxed{+}$	$\frac{nl}{2} \boxed{+}$	$\frac{nl}{2} \boxed{+}$	$nc \boxed{+}$
$EA = $ konst., l	$\frac{P_x b}{l} \boxed{+}$ $\boxed{-} \frac{P_x a}{l}$	$\frac{nl}{2}$	$\frac{nl}{3}$ $\boxed{-} \frac{nl}{6}$	$\frac{nl}{6}$ $\boxed{-} \frac{nl}{3}$	$\frac{b+c/2}{l} nc \boxed{+}$ $\boxed{-} \frac{a+c/2}{l} nc$

4.5

1.2 Geneigte Einfeldträger (z. B. Dachsparren)

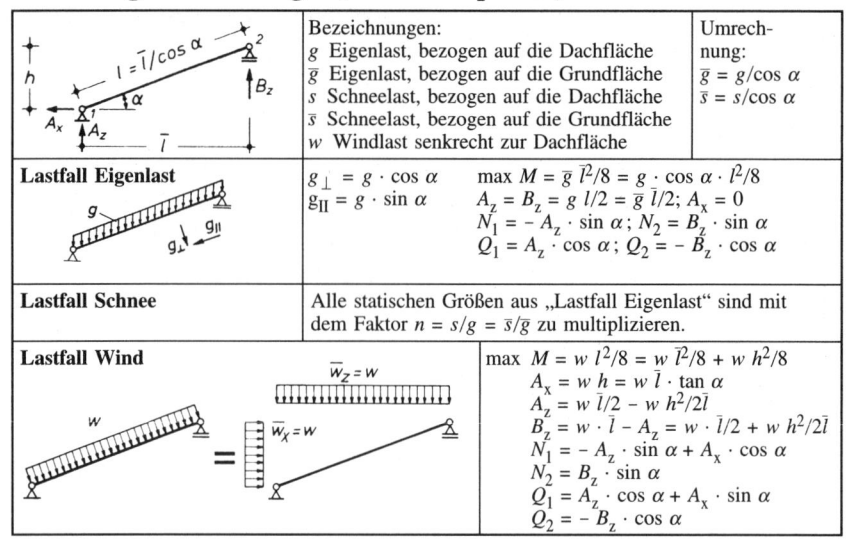

	Bezeichnungen: g Eigenlast, bezogen auf die Dachfläche $\bar{g}$ Eigenlast, bezogen auf die Grundfläche s Schneelast, bezogen auf die Dachfläche $\bar{s}$ Schneelast, bezogen auf die Grundfläche w Windlast senkrecht zur Dachfläche	Umrechnung: $\bar{g} = g/\cos\alpha$ $\bar{s} = s/\cos\alpha$
Lastfall Eigenlast	$g_\perp = g \cdot \cos\alpha \quad \max M = \bar{g}\,\bar{l}^2/8 = g \cdot \cos\alpha \cdot l^2/8$ $g_{II} = g \cdot \sin\alpha \quad A_z = B_z = g\,l/2 = \bar{g}\,\bar{l}/2;\ A_x = 0$ $\quad N_1 = -A_z \cdot \sin\alpha;\ N_2 = B_z \cdot \sin\alpha$ $\quad Q_1 = A_z \cdot \cos\alpha;\ Q_2 = -B_z \cdot \cos\alpha$	
Lastfall Schnee	Alle statischen Größen aus „Lastfall Eigenlast" sind mit dem Faktor $n = s/g = \bar{s}/\bar{g}$ zu multiplizieren.	
Lastfall Wind	$\max M = w\,l^2/8 = w\,\bar{l}^2/8 + w\,h^2/8$ $A_x = w\,h = w\,\bar{l} \cdot \tan\alpha$ $A_z = w\,\bar{l}/2 - w\,h^2/2\bar{l}$ $B_z = w \cdot \bar{l} - A_z = w \cdot \bar{l}/2 + w\,h^2/2\bar{l}$ $N_1 = -A_z \cdot \sin\alpha + A_x \cdot \cos\alpha$ $N_2 = B_z \cdot \sin\alpha$ $Q_1 = A_z \cdot \cos\alpha + A_x \cdot \sin\alpha$ $Q_2 = -B_z \cdot \cos\alpha$	

1.3 Gelenkträger (Gerberträger)[1] mit Streckenlast q

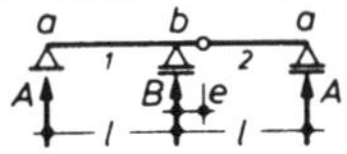 $e = 0{,}1716\,l$	$A = 0{,}414\,ql$ $B = 1{,}172\,ql$	$M_1 = 0{,}0858\,ql^2$ $M_2 = 0{,}0858\,ql^2$ $M_b = -0{,}0858\,ql^2$	$f_1 = \dfrac{ql^4}{130\,EI}$
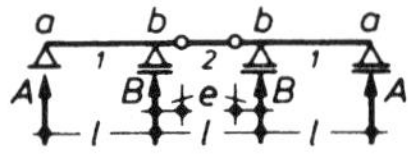 $e = 0{,}22\,l$	$A = 0{,}414\,ql$ $B = 1{,}086\,ql$	$M_1 = 0{,}0858\,ql^2$ $M_2 = 0{,}0392\,ql^2$ $M_b = -0{,}0858\,ql^2$	$f_1 = \dfrac{ql^4}{130\,EI}$
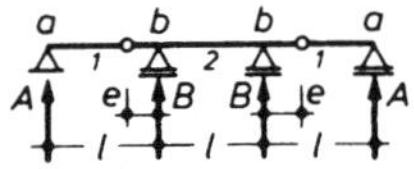 $e = 0{,}125\,l$	$A = 0{,}438\,ql$ $B = 1{,}063\,ql$	$M_1 = 0{,}0957\,ql^2$ $M_2 = 0{,}0625\,ql^2$ $M_b = -0{,}0625\,ql^2$	$f_1 = \dfrac{ql^4}{130\,EI}$
$e = 0{,}1716\,l$	$A = 0{,}414\,ql$ $B = 1{,}086\,ql$	$M_1 = 0{,}0858\,ql^2$ $M_2 = 0{,}0392\,ql^2$ $M_b = -0{,}0858\,ql^2$	$f_1 = \dfrac{ql^4}{130\,EI}$
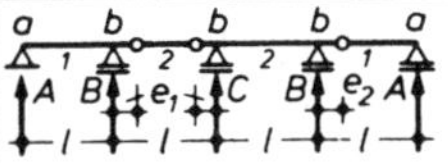 $e_1 = 0{,}1465\,l$ $e_2 = 0{,}1250\,l$	$A = 0{,}438\,ql$ $B = 1{,}063\,ql$ $C = 1{,}000\,ql$	$M_1 = 0{,}0957\,ql^2$ $M_2 = 0{,}0625\,ql^2$ $M_b = -0{,}0625\,ql^2$	$f_1 = \dfrac{ql^4}{110\,EI}$

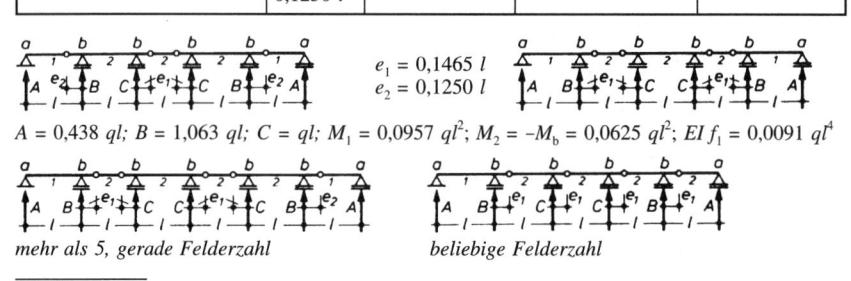

$e_1 = 0{,}1465\,l$
$e_2 = 0{,}1250\,l$

$A = 0{,}438\,ql;\ B = 1{,}063\,ql;\ C = ql;\ M_1 = 0{,}0957\,ql^2;\ M_2 = -M_b = 0{,}0625\,ql^2;\ EI\,f_1 = 0{,}0091\,ql^4$

mehr als 5, gerade Felderzahl   beliebige Felderzahl

---

[1] Die Formeln für die Durchbiegung f_1 gelten nur für $EI = $ const.

1.4 Durchlaufträger[1]
1.4.1 Durchlaufträger mit gleichen Stützweiten und Gleichlast (EI = const)[2]
Größtwerte der Biegemomente, Auflager- und Querkräfte

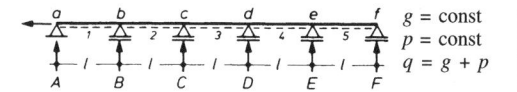

g = const
p = const
q = g + p

Momente = Tafelwert · ql^2
Kräfte = Tafelwert · ql

Felder	Kraft-größen	0,0 nur g	0,1	0,2	0,3	0,4	0,5	0,6	0,7	0,8	0,9	1,0
2	M_1	0,070	0,073	0,075	0,078	0,080	0,083	0,085	0,088	0,090	0,093	0,096
	M_b	-0,125	-0,125	-0,125	-0,125	-0,125	-0,125	-0,125	-0,125	-0,125	-0,125	-0,125
	A	0,375	0,382	0,388	0,394	0,400	0,407	0,413	0,418	0,426	0,431	0,437
	B	1,250	1,250	1,250	1,250	1,250	1,250	1,250	1,250	1,250	1,250	1,250
	Q_{bl}	-0,625	-0,625	-0,625	-0,625	-0,625	-0,625	-0,625	-0,625	-0,625	-0,625	-0,625
3	M_1	0,080	0,082	0,084	0,086	0,088	0,090	0,092	0,095	0,097	0,099	0,101
	M_2	0,025	0,030	0,035	0,040	0,045	0,050	0,055	0,060	0,065	0,070	0,075
	M_b	-0,100	-0,102	-0,103	-0,105	-0,107	-0,108	-0,110	-0,112	-0,113	-0,115	-0,117
	A	0,400	0,405	0,410	0,415	0,420	0,426	0,429	0,435	0,441	0,444	0,450
	B	1,099	1,110	1,117	1,132	1,141	1,151	1,159	1,172	1,181	1,188	1,202
	Q_{bl}	-0,599	-0,602	-0,602	-0,606	-0,606	-0,610	-0,610	-0,613	-0,613	-0,613	-0,617
	Q_{br}	0,500	0,508	0,515	0,526	0,535	0,541	0,549	0,559	0,568	0,575	0,585
4	M_1	0,077	0,079	0,081	0,084	0,086	0,088	0,090	0,093	0,095	0,097	0,100
	M_2	0,036	0,041	0,045	0,050	0,054	0,058	0,063	0,067	0,072	0,076	0,081
	M_b	-0,107	-0,108	-0,110	-0,111	-0,113	-0,114	-0,115	-0,117	-0,118	-0,119	-0,121
	M_c	-0,071	-0,075	-0,079	-0,082	-0,086	-0,089	-0,093	-0,096	-0,100	-0,104	-0,107
	A	0,392	0,398	0,403	0,408	0,415	0,420	0,426	0,431	0,435	0,441	0,446
	B	1,141	1,153	1,159	1,166	1,175	1,181	1,188	1,198	1,205	1,216	1,223
	C	0,930	0,948	0,970	0,996	1,016	1,036	1,058	1,082	1,098	1,124	1,142
	Q_{bl}	-0,606	-0,610	-0,610	-0,613	-0,613	-0,613	-0,613	-0,617	-0,617	-0,621	-0,621
	Q_{br}	0,535	0,544	0,549	0,556	0,562	0,568	0,575	0,581	0,588	0,595	0,602
	Q_{cl}	-0,465	-0,474	-0,485	-0,498	-0,508	-0,518	-0,529	-0,541	-0,549	-0,562	-0,571
5	M_1	0,078	0,080	0,082	0,084	0,086	0,089	0,091	0,093	0,095	0,098	0,100
	M_2	0,033	0,038	0,042	0,047	0,052	0,056	0,061	0,065	0,070	0,075	0,079
	M_3	0,046	0,050	0,054	0,058	0,062	0,066	0,070	0,074	0,078	0,082	0,086
	M_b	-0,105	-0,107	-0,108	-0,110	-0,111	-0,112	-0,114	-0,115	-0,117	-0,118	-0,120
	M_c	-0,079	-0,082	-0,085	-0,089	-0,092	-0,095	-0,098	-0,102	-0,105	-0,108	-0,111
	A	0,395	0,400	0,405	0,410	0,415	0,422	0,426	0,431	0,437	0,442	0,447
	B	1,132	1,141	1,151	1,156	1,166	1,175	1,181	1,191	1,202	1,209	1,220
	C	0,974	0,993	1,013	1,031	1,053	1,072	1,091	1,111	1,127	1,146	1,170
	Q_{bl}	-0,606	-0,606	-0,610	-0,610	-0,610	-0,613	-0,613	-0,613	-0,617	-0,617	-0,621
	Q_{br}	0,526	0,535	0,541	0,546	0,556	0,562	0,568	0,578	0,585	0,592	0,599
	Q_{cl}	-0,474	-0,483	-0,495	-0,505	-0,515	-0,526	-0,535	-0,546	-0,556	-0,565	-0,578
	Q_{cr}	0,500	0,510	0,518	0,526	0,538	0,546	0,556	0,565	0,571	0,581	0,592

Beispiel:

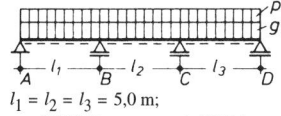

$l_1 = l_2 = l_3 = 5,0$ m;
$g = 6,0$ kN/m; $p = 1,5$ kN/m
$q = 7,5$ kN/m; $p/q = 0,2$

max M_1 = max M_3 = 0,084 · 7,5 · 5,0² = 15,8 kNm
max M_2 = 0,035 · 7,5 · 5,0² = 6,6 kNm
min M_b = min M_c = -0,103 · 7,5 · 5,0² = -19,3 kNm
max A = max D = 0,410 · 7,5 · 5,0 = 15,4 kN
max B = max C = 1,117 · 7,5 · 5,0 = 41,9 kN
min Q_{bl} = -max Q_{cr} = -0,602 · 7,5 · 5,0 = -22,6 kN
max Q_{br} = -min Q_{cl} = 0,515 · 7,5 · 5,0 = 19,3 kN

---
[1] Ungünstigste Laststellungen siehe S. 4.13.
[2] Wie Fußnote 1 auf S. 4.8 – Ähnliche Tafeln für beliebige Stützweiten siehe *Brandt*: „Tabellen für durchlaufende Träger", Bauverlag.

1.4.2 Durchlaufträger mit gleichen Stützweiten über 2 bis 5 Felder[1)]

Belastung 1	Belastung 2	Belastung 3	Belastung 4	Belastung 5	Belastung 6
q auf l	q auf $l/2+l/2$	q auf $0{,}41+0{,}21+0{,}41$	q auf $+0{,}41+$	P bei $l/2+l/2$	$P\,P\,P$ bei $l/3+l/3+l/3$

| Momente bzw. | = Tafelwert · ql^2 = Tafelwert · Pl | Kräfte bzw. | = Tafelwert · ql = Tafelwert · P |

Die Feldmomente M_1, M_2 usw. sind die Größtwerte der Feldmomente in den Feldern 1, 2 usw.

Lastfall	Kraftgrößen	Belastung 1	Belastung 2	Belastung 3	Belastung 4	Belastung 5	Belastung 6
A 1 B 2 C	M_1	0,070	0,048	0,056	0,062	0,156	0,222
	M_b	− 0,125	− 0,078	− 0,093	− 0,106	− 0,188	− 0,333
	A	0,375	0,172	0,207	0,244	0,313	0,667
	B	1,250	0,656	0,786	0,911	1,375	2,667
	Q_{bl}	− 0,625	− 0,328	− 0,393	− 0,456	− 0,688	− 1,333
A 1 B 2 C	M_1	0,096	0,065	0,076	0,085	0,203	0,278
	M_b	− 0,063	− 0,039	− 0,047	− 0,053	− 0,094	− 0,167
	A	0,438	0,211	0,253	0,297	0,406	0,833
	C	− 0,063	− 0,039	− 0,047	− 0,053	− 0,094	− 0,167
A 1 B 2 C 3 D	M_1	0,080	0,054	0,064	0,071	0,175	0,244
	M_2	0,025	0,021	0,024	0,025	0,100	0,067
	M_b	− 0,100	− 0,063	− 0,074	− 0,085	− 0,150	− 0,267
	A	0,400	0,188	0,226	0,265	0,350	0,733
	B	1,100	0,563	0,674	0,785	1,150	2,267
	Q_{bl}	− 0,600	− 0,313	− 0,374	− 0,435	− 0,650	− 1,267
	Q_{br}	0,500	0,250	0,300	0,350	0,500	1,000
A 1 B 2 C 3 D	M_1	0,101	0,068	0,080	0,090	0,213	0,289
	M_2	− 0,050	− 0,032	− 0,037	− 0,043	− 0,075	− 0,133
	M_b	− 0,050	− 0,032	− 0,037	− 0,043	− 0,075	− 0,133
	A	0,450	0,219	0,263	0,307	0,425	0,867
A 1 B 2 C 3 D	M_2	0,075	0,052	0,061	0,067	0,175	0,200
	M_b	− 0,050	− 0,032	− 0,037	− 0,043	− 0,075	− 0,133
	A	− 0,050	− 0,032	− 0,037	− 0,043	− 0,075	− 0,133
A 1 B 2 C 3 D	M_b	− 0,117	− 0,073	− 0,087	− 0,099	− 0,175	− 0,311
	M_c	− 0,033	− 0,021	− 0,025	− 0,029	− 0,050	− 0,089
	B	1,200	0,626	0,749	0,871	1,300	2,533
	Q_{bl}	− 0,617	− 0,323	− 0,387	− 0,449	− 0,675	− 1,311
	Q_{br}	0,583	0,303	0,362	0,421	0,625	1,222
A 1 B 2 C 3 D	M_b	0,017	0,011	0,013	0,015	0,025	0,044
	M_c	− 0,067	− 0,042	− 0,050	− 0,057	− 0,100	− 0,178
	Q_{bl}	0,017	0,011	0,013	0,015	0,025	0,044
	Q_{br}	− 0,083	− 0,053	− 0,062	− 0,071	− 0,125	− 0,222
A 1 B 2 C 3 D 4 E	M_1	0,077	0,052	0,062	0,069	0,170	0,238
	M_2	0,036	0,028	0,032	0,034	0,116	0,111
	M_b	− 0,107	− 0,067	− 0,080	− 0,091	− 0,161	− 0,286
	M_c	− 0,071	− 0,045	− 0,053	− 0,060	− 0,107	− 0,190
	A	0,393	0,183	0,220	0,259	0,339	0,714
	B	1,143	0,590	0,707	0,822	1,214	2,381
	C	0,929	0,455	0,546	0,638	0,892	1,810
	Q_{bl}	− 0,607	− 0,317	− 0,380	− 0,441	− 0,661	− 1,286
	Q_{br}	0,536	0,273	0,327	0,381	0,554	1,095
	Q_{cl}	− 0,464	− 0,228	− 0,273	− 0,319	− 0,446	− 0,905
A 1 B 2 C 3 D 4 E	M_1	0,100	0,067	0,079	0,088	0,210	0,286
	M_b	− 0,054	− 0,034	− 0,040	− 0,046	− 0,080	− 0,143
	M_c	− 0,036	− 0,023	− 0,027	− 0,031	− 0,054	− 0,095
	A	0,446	0,217	0,260	0,298	0,420	0,857
A 1 B 2 C 3 D 4 E	M_2	0,080	0,056	0,065	0,071	0,183	0,222
	M_b	− 0,054	− 0,034	− 0,040	− 0,046	− 0,080	− 0,143
	M_c	− 0,036	− 0,023	− 0,027	− 0,031	− 0,054	− 0,095
	A	− 0,054	− 0,034	− 0,040	− 0,046	− 0,080	− 0,143

[1)] Die folgende Tafel kann auch näherungsweise bei ungleichen Stützweiten verwendet werden, wenn min $l > 0{,}8$ max l ist. Die Kraftgrößen an den Innenstützen (Stützmomente, Auflager- und Querkräfte) sind dann mit den Mittelwerten der jeweils benachbarten Stützweiten zu ermitteln.

Lastfall	Kraftgrößen		Belastung 1	Belastung 2	Belastung 3	Belastung 4	Belastung 5	Belastung 6
A—1—B—2—C—3—D—4—E	M_b M_c M_d Q_{bl} Q_{br}	B	− 0,121 − 0,018 − 0,058 1,223 − 0,621 0,603	− 0,076 − 0,012 − 0,036 0,640 − 0,326 0,314	− 0,090 − 0,013 − 0,043 0,767 − 0,390 0,377	− 0,102 − 0,015 − 0,049 0,889 − 0,452 0,437	− 0,181 − 0,027 − 0,087 1,335 − 0,681 0,654	− 0,321 − 0,048 − 0,155 2,595 − 1,321 1,274
A—1—B—2—C—3—D—4—E	M_b M_c M_d Q_{bl} Q_{br}	B	0,013 − 0,054 − 0,049 − 0,080 0,013 − 0,067	0,009 − 0,033 − 0,031 − 0,050 0,009 − 0,042	0,010 − 0,040 − 0,037 − 0,060 0,010 − 0,050	0,011 − 0,045 − 0,042 − 0,067 0,011 − 0,056	0,020 − 0,080 − 0,074 − 0,121 0,020 − 0,100	0,036 − 0,143 − 0,131 − 0,214 0,036 − 0,178
A—1—B—2—C—3—D—4—E	M_b M_c Q_{cl}	C	− 0,036 − 0,107 1,143 − 0,571	− 0,023 − 0,067 0,589 − 0,295	− 0,027 − 0,080 0,706 − 0,353	− 0,031 − 0,091 0,820 − 0,410	− 0,054 − 0,161 1,214 − 0,607	− 0,095 − 0,286 2,381 − 1,191
A—1—B—2—C—3—D—4—E	M_b M_c Q_{cl}	C	− 0,071 0,036 − 0,214 0,107	− 0,045 0,023 − 0,134 0,067	− 0,053 0,027 − 0,160 0,080	− 0,060 0,031 − 0,182 0,091	− 0,107 0,054 − 0,321 0,161	− 0,190 0,095 − 0,571 0,286
A—1—B—2—C—3—D—4—E—5—F	M_1 M_2 M_3 M_b M_c Q_{bl} Q_{br} Q_{cl} Q_{cr}	A B C	0,078 0,033 0,046 − 0,105 − 0,079 0,395 1,132 0,974 − 0,605 0,526 − 0,474 0,500	0,053 0,026 0,034 − 0,066 − 0,050 0,185 0,582 0,484 − 0,316 0,266 − 0,234 0,250	0,062 0,030 0,040 − 0,078 − 0,059 0,222 0,697 0,581 − 0,378 0,319 − 0,281 0,300	0,069 0,032 0,043 − 0,089 − 0,067 0,261 0,811 0,678 − 0,439 0,372 − 0,328 0,350	0,171 0,112 0,132 − 0,158 − 0,118 0,342 1,197 0,960 − 0,658 0,540 − 0,460 0,500	0,240 0,099 0,123 − 0,281 − 0,211 0,719 2,351 1,930 − 1,281 1,070 − 0,930 1,000
A—1—B—2—C—3—D—4—E—5—F	M_1 M_3 M_b M_c	A	0,100 0,086 − 0,053 − 0,039 0,447	0,068 0,059 − 0,033 − 0,025 0,217	0,079 0,070 − 0,040 − 0,030 0,260	0,088 0,076 − 0,045 − 0,034 0,305	0,211 0,191 − 0,079 − 0,059 0,421	0,287 0,228 − 0,140 − 0,105 0,860
A—1—B—2—C—3—D—4—E—5—F	M_2 M_3 M_b M_c	A	0,079 – − 0,053 − 0,039 − 0,053	0,055 − 0,025 − 0,033 − 0,025 − 0,033	0,064 − 0,030 − 0,040 − 0,030 − 0,040	0,071 − 0,034 − 0,045 − 0,034 − 0,045	0,181 − 0,059 − 0,079 − 0,059 − 0,079	0,205 − 0,105 − 0,140 − 0,105 − 0,140
A—1—B—2—C—3—D—4—E—5—F	M_b M_c M_d M_e Q_{bl} Q_{br}	B	− 0,120 − 0,022 − 0,044 − 0,051 1,218 − 0,620 0,598	− 0,075 − 0,014 − 0,028 − 0,032 0,636 − 0,325 0,311	− 0,089 − 0,016 − 0,033 − 0,038 0,761 − 0,389 0,373	− 0,101 − 0,019 − 0,037 − 0,043 0,883 − 0,451 0,432	− 0,179 − 0,032 − 0,066 − 0,077 1,327 − 0,679 0,647	− 0,319 − 0,057 − 0,118 − 0,137 2,581 − 1,319 1,262
A—1—B—2—C—3—D—4—E—5—F	M_b M_c M_d M_e Q_{bl} Q_{br}	B	0,014 − 0,057 − 0,035 − 0,054 − 0,086 0,014 − 0,072	0,009 − 0,036 − 0,022 − 0,034 − 0,054 0,009 − 0,045	0,011 − 0,043 − 0,026 − 0,040 − 0,065 0,011 − 0,053	0,012 − 0,048 − 0,030 − 0,046 − 0,072 0,012 − 0,060	0,022 − 0,086 − 0,052 − 0,081 − 0,129 0,022 − 0,108	0,038 − 0,153 − 0,093 − 0,144 − 0,230 0,038 − 0,191
A—1—B—2—C—3—D—4—E—5—F	M_b M_c M_d M_e Q_{cl} Q_{cr}	C	− 0,035 − 0,111 − 0,020 − 0,057 1,167 − 0,576 0,591	− 0,022 − 0,070 − 0,013 − 0,036 0,605 − 0,298 0,307	− 0,026 − 0,083 − 0,015 − 0,043 0,725 − 0,357 0,368	− 0,029 − 0,094 − 0,017 − 0,048 0,841 − 0,414 0,427	− 0,052 − 0,167 − 0,031 − 0,086 1,251 − 0,615 0,636	− 0,093 − 0,297 − 0,054 − 0,153 2,447 − 1,204 1,242
A—1—B—2—C—3—D—4—E—5—F	M_b M_c M_d M_e Q_{cl} Q_{cr}	C	− 0,071 0,032 − 0,059 − 0,048 − 0,194 0,103 − 0,091	− 0,044 0,020 − 0,037 − 0,030 − 0,121 0,064 − 0,057	− 0,052 0,024 − 0,044 − 0,035 − 0,144 0,076 − 0,068	− 0,060 0,027 − 0,050 − 0,041 − 0,163 0,086 − 0,077	− 0,106 0,048 − 0,088 − 0,072 − 0,291 0,154 − 0,136	− 0,188 0,086 − 0,156 − 0,128 − 0,517 0,274 − 0,242

Hinweis: Für mehr als 5 Felder siehe *Zellerer:* Durchlaufträger.

4 Baustatik Vorbemessung

1.4.3 Zweifeldträger mit Gleichstreckenlast (EI = const)

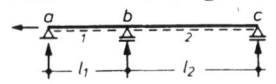

Momente = Tafelwert · $q · l_1^2$
Kräfte = Tafelwert · $q · l_1$

l_1 ist immer die *kleinere* Stützweite.

Für $I_1 \neq I_2$ gilt:

$$M_b = \frac{q_1 \, l_1^3 + q_2 \, l_2^3 \, j}{8 \, (l_1 + l_2 \, j)} \; ; \; j = \frac{I_1}{I_2}$$

$l_1 : l_2$	M_b	M_1	M_2	A	Q_{bl}	Q_{br}	C	M_b	M_1	A	Q_{bl}	Q_{br}
1:1,0	−0,125	0,070	0,070	0,375	−0,625	0,625	0,375	−0,063	0,096	0,438	−0,563	0,063
1,1	−0,139	0,065	0,090	0,361	−0,639	0,676	0,424	−0,060	0,097	0,441	−0,560	0,054
1,2	−0,155	0,060	0,111	0,345	−0,655	0,729	0,471	−0,057	0,098	0,443	−0,557	0,047
1,3	−0,174	0,053	0,133	0,326	−0,674	0,784	0,516	−0,054	0,099	0,446	−0,554	0,042
1,4	−0,195	0,047	0,157	0,305	−0,695	0,839	0,561	−0,052	0,100	0,448	−0,552	0,037
1:1,5	−0,219	0,040	0,183	0,281	−0,719	0,896	0,604	−0,050	0,101	0,450	−0,550	0,033
1,6	−0,245	0,033	0,209	0,255	−0,745	0,953	0,646	−0,048	0,102	0,452	−0,548	0,030
1,7	−0,274	0,026	0,237	0,226	−0,774	1,011	0,689	−0,046	0,103	0,454	−0,546	0,027
1,8	−0,305	0,019	0,267	0,195	−0,805	1,069	0,731	−0,045	0,104	0,455	−0,545	0,025
1,9	−0,339	0,013	0,298	0,161	−0,839	1,128	0,772	−0,043	0,104	0,457	−0,543	0,023
1:2,0	−0,375	0,008	0,330	0,125	−0,875	1,188	0,813	−0,042	0,105	0,458	−0,542	0,021
2,1	−0,414	0,004	0,364	0,086	−0,914	1,247	0,853	−0,040	0,106	0,460	−0,540	0,019
2,2	−0,455	0,001	0,399	0,045	−0,955	1,307	0,893	−0,039	0,106	0,461	−0,539	0,018
2,3	−0,499	0,000	0,435	0,001	−0,999	1,367	0,933	−0,038	0,107	0,462	−0,538	0,017
2,4	−0,545	negat.	0,473	−0,045	−1,045	1,427	0,973	−0,037	0,107	0,463	−0,537	0,015
1:2,5	−0,594	negat.	0,513	−0,094	−1,094	1,488	1,013	−0,036	0,108	0,464	−0,536	0,014

M_1 und M_2 sind die größten Feldmomente in dem jeweiligen Feld. $B = |Q_{bl}| + |Q_{br}|$

$l_1 : l_2$	M_b	M_2	Q_{bl}	Q_{br}	C
1:1,0	−0,063	0,096	−0,063	0,563	0,438
1,1	−0,079	0,114	−0,079	0,622	0,478
1,2	−0,098	0,134	−0,098	0,682	0,518
1,3	−0,119	0,156	−0,119	0,742	0,558
1,4	−0,143	0,179	−0,143	0,802	0,598
1:1,5	−0,169	0,203	−0,169	0,863	0,638
1,6	−0,197	0,229	−0,197	0,923	0,677
1,7	−0,228	0,257	−0,228	0,984	0,716
1,8	−0,260	0,285	−0,260	1,045	0,755
1,9	−0,296	0,316	−0,296	1,106	0,794
1:2,0	−0,333	0,347	−0,333	1,167	0,833
2,1	−0,373	0,380	−0,373	1,228	0,872
2,2	−0,416	0,415	−0,416	1,289	0,911
2,3	−0,461	0,451	−0,461	1,350	0,950
2,4	−0,508	0,488	−0,508	1,412	0,988
1:2,5	−0,558	0,527	−0,558	1,473	1,027

Beispiel 1

$l_1 = 4,1$ m $\qquad l_2 = 5,3$ m $\qquad l_1 : l_2 \approx 1 : 1,3$
$g = 5,8$ kN/m $\qquad p = 3,5$ kN/m

① max $M_1 = 0,053 \cdot 5,8 \cdot 4,1^2$
$ + 0,099 \cdot 3,5 \cdot 4,1^2 = 11,0$ kNm
max $A = (0,326 \cdot 5,8 + 0,446 \cdot 3,5) \cdot 4,1 = 14,2$ kN
$M_b = (-0,174 \cdot 5,8 - 0,054 \cdot 3,5) \cdot 4,1^2$
$ = -20,1$ kNm

② max $M_2 = 0,133 \cdot 5,8 \cdot 4,1^2$
$ + 0,156 \cdot 3,5 \cdot 4,1^2 = 22,2$ kNm
max $C = (0,516 \cdot 5,8 + 0,558 \cdot 3,5) \cdot 4,1 = 20,3$ kN
$M_b = (-0,174 \cdot 5,8 - 0,119 \cdot 3,5) \cdot 4,1^2$
$ = -24,0$ kNm

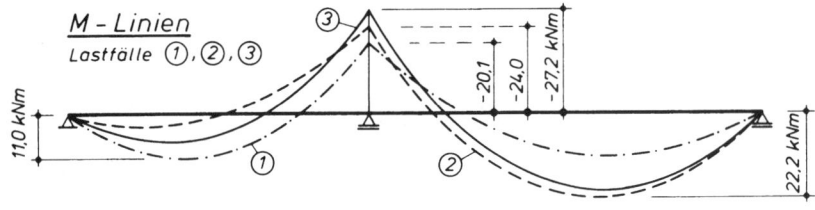

③ min $M_b = -0,174 \cdot 9,3 \cdot 4,1^2$
$ = -27,2$ kNm
min $Q_{bl} = -0,647 \cdot 9,3 \cdot 4,1 = -25,7$ kN
max $Q_{br} = 0,784 \cdot 9,3 \cdot 4,1 = 30,0$ kN
max $B = 25,7 + 30,0 = 55,7$ kN

M - Linien Lastfälle ①, ②, ③

1.4.4 Zweifeldträger mit Randmomenten

$$M_b = -\frac{\gamma M_a + M_c}{2 + 2\gamma} \; ; \; \gamma = \frac{l_1}{l_2} \cdot \frac{I_2}{I_1}$$

Beispiel 2

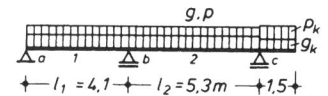

$M_c^p = -5,6$ kNm
$M_c^g = -5,1$ kNm

$l_1 = 4,1$ m $l_2 = 5,3$ m $1,5$
$l_1 = 4,1$ m $l_2 = 5,3$ m

Abmessungen und Belastung der Felder wie Beispiel 1:
Kragarm: $g_k = 4,5$ kN/m $p_k = 5,0$ kN/m

$g = 5,8$ kN/m
$p = 3,5$ kN/m
$q = 9,3$ kN/m

M_c infolge g_k: $M_c^g = -4,5 \cdot 1,5^2/2 = -5,1$ kNm
M_c infolge p_k: $M_c^p = -5,0 \cdot 1,5^2/2 = -5,6$ kNm   min $M_c = -10,7$ kNm

Aus obiger Formel: M_b infolge M_c^g: 5,1/3,54 = 1,4 kNm
M_b infolge M_c^p: 5,6/3,54 = 1,6 kNm

Tabellarische Zusammenstellung der Stützmomente in kNm:

Lastfall	M_b	M_c
1	− 20,1 + 3,0 = − 17,1	− 10,7
2	− 24,0 + 1,4 = − 22,6	− 5,1
3	− 27,2 + 1,4 = − 25,8	− 5,1
4	− 24,0 + 3,0 = − 21,0	− 10,7

Lastfall 1
max $A = q_1 \cdot l_1/2 + M_b/l_1 = 14,9$ kN
max $M_1 = A^2/2q_1 = 14,9^2/2 \cdot 9,3 = 11,9$ kNm

Lastfall 2
$Q_{br} = q_2 \cdot l_2/2 + (M_c - M_b)/l_2 = 28,0$ kN
max $M_2 = Q_{br}^2/2 \, q_2 + M_b = 19,6$ kNm

Lastfall 3
min M_b = − 25,8 kNm
min Q_{bl} = − $q_1 \cdot l_1/2 + M_b/l_1$ = − 25,4 kN
max Q_{br} = $q_2 \cdot l_2/2 + (M_c - M_b)/l_2$ = 28,6 kN
max B = − min Q_{bl} + max Q_{br} = 25,4 + 28,6 = 54,0 kN

Lastfall 4
min Q_{cl} = − $q_2 \cdot l_2/2 + (M_c - M_b)/l_2$ = − 22,7 kN
max Q_{cr} = $q_k \cdot l_k$ = 14,3 kN
max C = − min Q_{cl} + max Q_{cr} = 22,7 + 14,3 = 37,0 kN

1.4.5 Durchlaufträger mit gleichen Stützweiten und Randmomenten

	M_b	M_c	M_d	M_e
$M_l\;\;b\;\;M_r$	− 0,250 M_l − 0,250 M_r	−	−	−
$M_l\;\;b\;\;c\;\;M_r$	− 0,267 M_l + 0,067 M_r	0,067 M_l − 0,267 M_r	−	−
$M_l\;\;b\;\;c\;\;d\;\;M_r$	− 0,268 M_l − 0,018 M_r	0,071 M_l + 0,071 M_r	− 0,018 M_l − 0,268 M_r	−
$M_l\;\;b\;\;c\;\;d\;\;e\;\;M_r$	− 0,268 M_l − 0,005 M_r	0,072 M_l − 0,019 M_r	− 0,019 M_l + 0,072 M_r	0,005 M_l − 0,268 M_r

1.4.6 Dreifeldträger mit beliebigen Stützweiten

$K = 4 (l'_1 + l'_2) \cdot (l'_2 + l'_3) - l'^2_2$
$l'_i = l_i \cdot I_c/I_i$; für I = const → $l'_i = l_i$
R, L siehe S. 4.18

Belastetes Feld	q		Beliebige Belastung	
	M_b	M_c	M_b	M_c
(Feld 1)	$-\dfrac{q_1 \cdot l_1^2 \cdot l'_1}{2K}(l'_2 + l'_3)$	$+\dfrac{q_1 \cdot l_1^2}{4K} l'_1 \cdot l'_2$	$-\dfrac{R_1 \cdot 2l'_1 (l'_2 + l'_3)}{K}$	$+\dfrac{R_1 \cdot l'_1 \cdot l'_2}{K}$
(Feld 2)	$-\dfrac{q_2 \cdot l_2^2 \cdot l'_1}{4K}(l'_2 + 2\,l'_3)$	$-\dfrac{q_2 \cdot l_2^2 \cdot l'_3}{4K}(l'_2 + 2l'_1)$	$-\dfrac{L_2 \cdot 2l'_1 (l'_2 + l'_3) - R_2 \cdot l'^2_2}{K}$	$-\dfrac{R_2 \cdot 2l'_3 (l'_1 + l'_2) - L_2 \cdot l'^2_2}{K}$
(Feld 3)	$+\dfrac{q_3 \cdot l_3^2}{4K} l'_3 \cdot l'_1$	$-\dfrac{q_3 \cdot l_3^2 \cdot l'_3}{2K}(l'_1 + l'_2)$	$+\dfrac{L_3 \cdot l'_3 \cdot l'_1}{K}$	$-\dfrac{L_3 \cdot 2l'_3 (l'_1 + l'_2)}{K}$

1.4.7 Statische Größen für Durchlaufträger

● **Dreifeldträger mit Gleichstreckenlast**

Es werden die entsprechenden Formeln für einen Dreifeldträger angegeben. Für Durchlaufträger über vier und mehr Felder können diese Formeln ebenfalls sinngemäß angewendet werden. Die Stützmomente werden als bekannt vorausgesetzt.

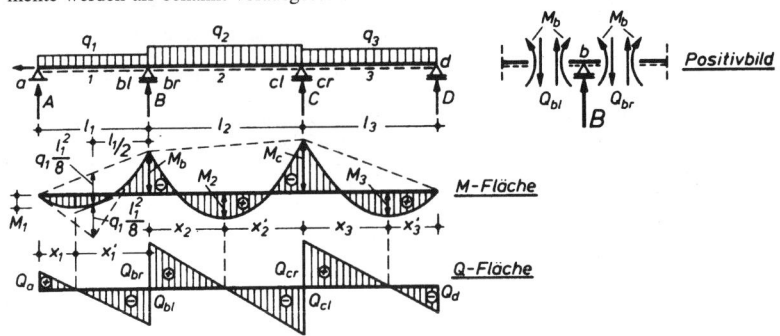

$A = Q_a = q_1 \cdot l_1/2 + M_b/l_1$
$x_1 = A/q_1$
$M_1 = A^2/2q_1 = A \cdot x_1/2$ bzw.
$Q_{br} = q_2 \cdot l_2/2 + (M_c - M_b)/l_2$
$x_2 = Q_{br}/q_2$
$M_2 = Q_{br}^2/2q_2 + M_b$ bzw.
$Q_{cr} = q_3 \cdot l_3/2 - M_c/l_3$
$x_3 = Q_{cr}/q_3$
$M_3 = Q_{cr}^2/2q_3 + M_c$ bzw.

$Q_{bl} = -q_1 \cdot l_1/2 + M_b/l_1$
$x_1' = -Q_{bl}/q_1$
$M_1 = Q_{bl}^2/2q_1 + M_b = -Q_{bl} \cdot x_1'/2 + M_b$
$Q_{cl} = -q_2 \cdot l_2/2 + (M_c - M_b)/l_2$
$x_2' = -Q_{cl}/q_2$
$M_2 = Q_{cl}^2/2q_2 + M_c$
$D = -Q_d = q_3 \cdot l_3/2 + M_c/l_3$
$x_3' = D/q_3$
$M_3 = D^2/2q_3$

● **Beispiel: Berechnungsablauf für einen Dreifeldträger mit ständiger Last g und Verkehrslast p**

$l_1 = 4,25$ m $l_2 = 4,95$ m $l_3 = 3,80$ m I = const
$g_1 = g_2 = g_3 = 5,4$ kN/m; $p_1 = p_2 = p_3 = 2,75$ kN/m; $p/g = 0,509$

In der folgenden tabellarischen Zusammenstellung werden zunächst in den Zeilen 1 bis 3 die infolge feldweiser Belastung mit g vorab berechneten Stützmomente M_b und M_c (z. B. mit den Formeln auf S. 4.11) eingetragen. Durch Multiplikation dieser Werte mit dem Faktor p/g ergeben sich die entsprechenden Stützmomente infolge p. In den Zeilen 4 bis 8 sind die Stützmomente für verschiedene Lastkombinationen (vgl. S. 4.13 unten) zusammengestellt.
Die maximalen Feldmomente und Querkräfte werden mit Hilfe der obigen Formeln ermittelt.

	Lastfall	M_b [kNm] g	M_b [kNm] p	M_c [kNm] g	M_c [kNm] p
1		-6,1	-3,1	1,7	0,9
2		-6,9	-3,5	-7,4	-3,8
3		1,2	0,6	-4,6	-2,3
4		-11,8		-10,3	
5		-14,3		-11,7	
6		-15,3		-14,1	
7		-18,4		-13,2	
8		-14,7		-16,4	

Lastfall Zeile 5
max A = 8,15 · 4,25/2 − 14,3/4,25 = 13,9 kN
max M_1 = 13,9²/(2 · 8,15) = 11,9 kNm
max D = 8,15 · 3,80/2 − 11,7/3,8 = 12,4 kN
max M_3 = 12,4²/(2 · 8,15) = 9,4 kNm

Lastfall Zeile 6
Q_{br} = 8,15 · 4,95/2 + (−14,1 + 15,3)/4,95 = 20,4 kN
max M_2 = 20,4²/(2 · 8,15) − 15,3 = 10,2 kNm

Lastfall Zeile 7
min Q_{bl} = − 8,15 · 4,25/2 − 18,4/4,25 = − 21,6 kN
max Q_{br} = 8,15 · 4,95/2 + (−13,2 + 18,4)/4,95 = 21,3 kN
usw.

- **Auflagerkräfte für Durchlaufträger**

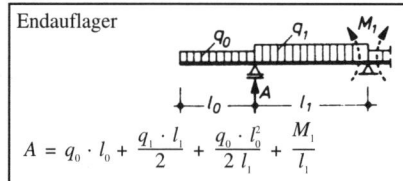

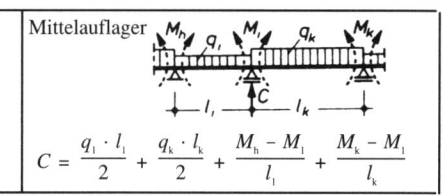

Endauflager	Mittelauflager
$A = q_0 \cdot l_0 + \dfrac{q_1 \cdot l_1}{2} + \dfrac{q_0 \cdot l_0^2}{2\,l_1} + \dfrac{M_1}{l_1}$	$C = \dfrac{q_1 \cdot l_1}{2} + \dfrac{q_k \cdot l_k}{2} + \dfrac{M_h - M_i}{l_1} + \dfrac{M_k - M_i}{l_k}$

- **Gerader Stababschnitt: Querkräfte, maximale Feldmomente**

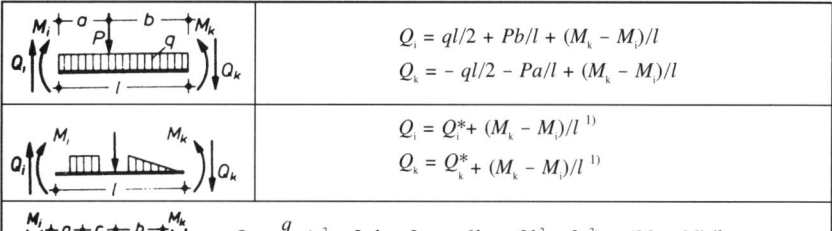

$Q_i = ql/2 + Pb/l + (M_k - M_i)/l$

$Q_k = -ql/2 - Pa/l + (M_k - M_i)/l$

$Q_i = Q_i^* + (M_k - M_i)/l$ [1)]

$Q_k = Q_k^* + (M_k - M_i)/l$ [1)]

$Q_i = \dfrac{q}{6l}(a^2 + 3ab + 3ac + 6bc + 2b^2 + 3c^2) + (M_k - M_i)/l$

$Q_k = Q_i - q \cdot (a + b)/2 - q \cdot c$

wenn $x_n = \sqrt{\dfrac{2a\,Q_i}{q}} \leq a$ [2)], dann max $M_{\text{Feld}} = q\,\dfrac{x_n^3}{3a} + M_i$

wenn $x_n' = \sqrt{\dfrac{2b\,Q_k}{q}} \leq b$ [2)], dann max $M_{\text{Feld}} = q\,\dfrac{x_n'^3}{3b} + M_k$

wenn $x_n = \dfrac{Q_i}{q} + \dfrac{a}{2}\; \begin{matrix}> a\\ \leq (a+c)\end{matrix}$, dann max $M_{\text{Feld}} = \dfrac{q}{2}\left(x_n^2 - \dfrac{a^2}{3}\right) + M_i$

Sonderfall: Bei Dreieckslast ist $c = 0$ zu setzen.

[1)] Q_i^* und Q_k^* sind die Querkräfte an den Stellen i und k eines Trägers auf zwei Stützen infolge der gegebenen Last ohne Berücksichtigung der Momente M_i und M_k.
[2)] Wird x_n bzw. x_n' negativ, so tritt in dem Stababschnitt i, k kein Querkraft-Nulldurchgang auf.

4 Baustatik Vorbemessung

1.4.8 Ungünstigste Laststellungen (Beispiel: 5 Feldträger)[1)]

Maximale Auflager- und Schnittgrößen		
$M_b\quad Q_{bl}\quad Q_{br}\quad B$		
$M_c\quad Q_{cl}\quad Q_{cr}\quad C$		
$M_d\quad Q_{dl}\quad Q_{dr}\quad D$		
$M_e\quad Q_{el}\quad Q_{er}\quad E$		
$M_1\quad M_3\quad M_5\quad A, F$		
$M_2\quad M_4$		

[1)] Diese Tafel ist auch für Durchlaufträger mit geringerer Feldzahl zu verwenden, indem die entsprechenden hinteren Felder abgedeckt werden.

1.4.9 Ermittlung von Momenten-Nullpunkten
Durchlaufträger mit Gleichstreckenlast

Endfelder:
$$a_1 = l_1 - \frac{2A}{q_1} = -\frac{2M_b}{q_1 \cdot l_1}$$

Mittelfelder:
$$x_{1,2} = \frac{Q_i}{q} \pm \sqrt{\frac{2M_F}{q}}$$

$$M_F = \frac{Q_i^2}{2q} + M_i; \quad Q_i = \frac{M_k - M_i}{l} + \frac{q \cdot l}{2} \quad (M, Q, A \text{ mit Vorzeichen setzen})$$

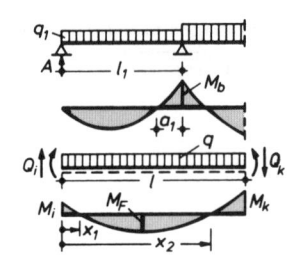

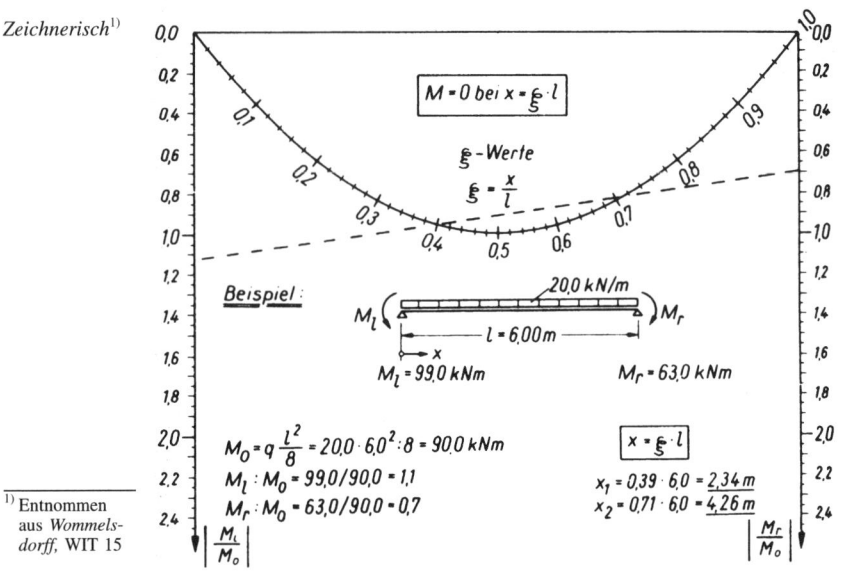

Zeichnerisch[1]

$M = 0$ bei $x = \xi \cdot l$

ξ-Werte

$\xi = \dfrac{x}{l}$

Beispiel:

$M_l = 99{,}0\ kNm \qquad M_r = 63{,}0\ kNm$

$M_0 = q \dfrac{l^2}{8} = 20{,}0 \cdot 6{,}0^2 : 8 = 90{,}0\ kNm$

$M_l : M_0 = 99{,}0/90{,}0 = 1{,}1$

$M_r : M_0 = 63{,}0/90{,}0 = 0{,}7$

$x = \xi \cdot l$

$x_1 = 0{,}39 \cdot 6{,}0 = \underline{2{,}34\ m}$

$x_2 = 0{,}71 \cdot 6{,}0 = \underline{4{,}26\ m}$

[1] Entnommen aus *Wommelsdorff*, WIT 15

Zweifeldträger mit Gleichstreckenlast (EI = const)

$$a_1 = T_1 \cdot l_1 \qquad a_2 = T_2 \cdot l_2$$

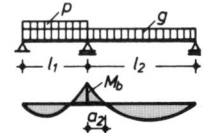

$p:q$	0 (nur g)		0,25		0,30		0,35		0,40		0,45		0,50		0,55		0,60	
$l_1 : l_2$	T_1	T_2	T_1	T_2	T_1	T_2	T_1	T_2	T_1	T_2	T_1	T_2	T_1	T_2	T_1	T_2	T_1	T_2
1 : 1,0	0,25	0,25	0,29	0,29	0,30	0,30	0,32	0,32	0,33	0,33	0,35	0,35	0,38	0,38	0,40	0,40	0,44	0,44
1,1	0,28	0,23	0,33	0,26	0,35	0,27	0,36	0,28	0,38	0,29	0,41	0,31	0,44	0,33	0,47	0,35	0,52	0,38
1,2	0,31	0,22	0,38	0,24	0,39	0,25	0,42	0,26	0,44	0,27	0,47	0,28	0,51	0,29	0,55	0,31	0,60	0,33
1,3	0,35	0,21	0,43	0,23	0,45	0,23	0,48	0,24	0,51	0,25	0,54	0,26	0,59	0,27	0,64	0,28	0,71	0,30
1,4	0,39	0,20	0,49	0,22	0,51	0,22	0,54	0,23	0,58	0,23	0,62	0,24	0,68	0,25	0,74	0,26	0,82	0,28
1 : 1,5	0,44	0,19	0,55	0,21	0,58	0,21	0,62	0,22	0,66	0,22	0,71	0,23	0,78	0,24	0,85	0,25	0,94	0,26
1,6	0,49	0,19	0,62	0,20	0,66	0,21	0,70	0,21	0,75	0,22	0,81	0,22	0,88	0,23	0,97	0,24	1,00	0,25
1,7	0,55	0,19	0,70	0,20	0,74	0,20	0,79	0,21	0,85	0,21	0,92	0,22	1,00	0,22	1,00	0,23	1,00	0,24
1,8	0,61	0,19	0,78	0,20	0,83	0,20	0,89	0,20	0,96	0,21	1,00	0,21	1,00	0,22	1,00	0,22	1,00	0,23
1,9	0,68	0,19	0,87	0,20	0,93	0,20	1,00	0,20	1,00	0,20	1,00	0,21	1,00	0,21	1,00	0,22	1,00	0,22
1 : 2,0	0,75	0,19	0,97	0,19	1,00	0,20	1,00	0,20	1,00	0,20	1,00	0,20	1,00	0,21	1,00	0,21	1,00	0,22
2,1	0,83	0,19	1,00	0,19	1,00	0,20	1,00	0,20	1,00	0,20	1,00	0,20	1,00	0,21	1,00	0,21	1,00	0,22
2,2	0,91	0,19	1,00	0,19	1,00	0,19	1,00	0,20	1,00	0,20	1,00	0,20	1,00	0,20	1,00	0,21	1,00	0,21
2,3	1,00	0,19	1,00	0,19	1,00	0,19	1,00	0,20	1,00	0,20	1,00	0,20	1,00	0,20	1,00	0,21	1,00	0,21

1.4.10 Einflußlinien für Zweifeldträger mit gleichen Stützweiten[1]

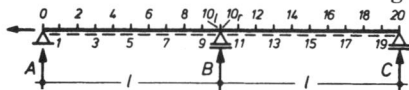

Die Einflußlinien (EL) der Biegemomente im Feld 2 verlaufen spiegelbildlich zu den entsprechenden EL in Feld 1 (z. B. EL M_{16} ≙ EL M_4).

ergibt die Biegemomente M = Tafelwert · $P \cdot l \cdot 10^{-1}$ in den Punkten Q = Tafelwert · $P \cdot 10^{-1}$

Einzellast P im Punkt	1	2	3	4	5	6	7	8	9	10	Q_0	Q_{10l}	Q_{10r}
0	0	0	0	0	0	0	0	0	0	0	10	0	0
1	0,88	0,75	0,63	0,50	0,38	0,25	0,13	0,00	-0,12	-0,25	8,75	-1,25	0,25
2	0,75	1,50	1,26	1,01	0,76	0,51	0,26	0,02	-0,23	-0,48	7,52	-2,48	0,48
3	0,63	1,26	1,90	1,53	1,16	0,79	0,42	0,05	-0,31	-0,68	6,32	-3,68	0,68
4	0,52	1,03	1,55	2,06	1,58	1,10	0,61	0,13	-0,36	-0,84	5,16	-4,84	0,84
5	0,41	0,81	1,22	1,63	2,03	1,44	0,84	0,25	-0,34	-0,94	4,06	-5,94	0,94
6	0,30	0,61	0,91	1,22	1,52	1,82	1,13	0,43	-0,26	-0,96	3,04	-6,96	0,96
7	0,21	0,42	0,63	0,84	1,05	1,26	1,48	0,69	-0,10	-0,89	2,11	-7,89	0,89
8	0,13	0,26	0,38	0,51	0,64	0,77	0,90	1,02	0,15	-0,72	1,28	-8,72	0,72
9	0,06	0,11	0,17	0,23	0,29	0,34	0,40	0,46	0,52	-0,43	0,57	-9,43	0,43
10_l	0	0	0	0	0	0	0	0	0	0	0	-10	0
10_r												0	10
11	-0,04	-0,09	-0,13	-0,17	-0,21	-0,26	-0,30	-0,34	-0,39	-0,43	-0,43	-0,43	9,43
12	-0,07	-0,14	-0,22	-0,29	-0,36	-0,43	-0,50	-0,58	-0,65	-0,72	-0,72	-0,72	8,72
13	-0,09	-0,18	-0,27	-0,36	-0,45	-0,54	-0,63	-0,71	-0,80	-0,89	-0,89	-0,89	7,89
14	-0,10	-0,19	-0,29	-0,38	-0,48	-0,58	-0,67	-0,77	-0,86	-0,96	-0,96	-0,96	6,96
15	-0,09	-0,19	-0,28	-0,38	-0,47	-0,56	-0,66	-0,75	-0,84	-0,94	-0,94	-0,94	5,94
16	-0,08	-0,17	-0,25	-0,34	-0,42	-0,50	-0,59	-0,67	-0,76	-0,84	-0,84	-0,84	4,84
17	-0,07	-0,14	-0,21	-0,27	-0,34	-0,41	-0,48	-0,55	-0,61	-0,68	-0,68	-0,68	3,68
18	-0,05	-0,10	-0,14	-0,19	-0,24	-0,29	-0,34	-0,38	-0,43	-0,48	-0,48	-0,48	2,48
19	-0,03	-0,05	-0,07	-0,10	-0,12	-0,15	-0,17	-0,20	-0,22	-0,25	-0,25	-0,25	1,25
20	0	0	0	0	0	0	0	0	0	0	0	0	0

Hinweis: EL für „A" = EL für „Q_0";   EL „B" = EL „Q_{10r}" − EL „Q_{10l}"

Beispiele

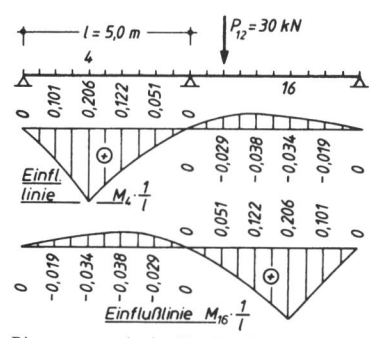

Biegemomente in den Pkt. 4 und 16 infolge P = 30 kN im Pkt. 12
M_4 = -0,29 · 30 · 5,0 · 10^{-1} = -4,35 kNm
M_{16} = 0,51 · 30 · 5,0 · 10^{-1} = 7,65 kNm

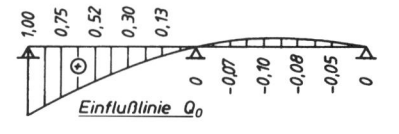

Die EL Q_4 ergibt sich aus der EL Q_0 durch Addition von (−1) bis zur Stelle 4, dann weiter wie EL Q_0.

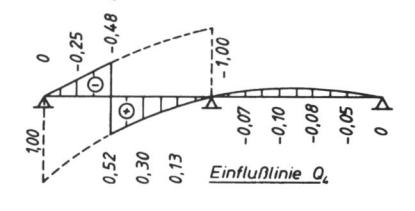

---
[1] Weitere Tafeln für Einflußlinien siehe *Zellerer:* „Durchlaufträger/Einflußlinien und Momentenlinien". Die Tafelwerte gelten für EI = const.

1.5 Rahmenformeln, Belastungsglieder, Starreinspannmomente

Zweigelenkrahmen[1)]

		Abkürzung: $k = \dfrac{I_R}{I_S} \cdot \dfrac{h}{l}$	------- M-Linie
		Bei unbelastetem Stiel: $M_3 = -H_1 \cdot h$; $M_4 = -H_2 \cdot h$	
1		$A = B = \dfrac{ql}{2}$; $H_1 = H_2 = \dfrac{ql^2}{4h(2k+3)}$	
2		$A = Pb/l$; $B = Pa/l$; $H_1 = H_2 = \dfrac{3}{2} \cdot \dfrac{P\,a\,b}{hl(2k+3)}$	
3		$A = -B = qh^2/2l$; $M_4 = -H_2 \cdot h - qh^2/2$ $H_1 = \dfrac{qh}{8} \cdot \dfrac{5k+6}{2k+3}$; $H_2 = H_1 - qh$	
4		$A = -B = q \cdot a^2/2l$; $M_3 = -\dfrac{qa^2}{4}\left[\dfrac{(2-\alpha^2)k}{2(2k+3)} + 1\right]$ $H_1 = -M_3/h$; $H_2 = -(qa - H_1)$; $\alpha = a/h$	
5		$A = -B = Ph/l$; $H_1 = -H_2 = P/2$	
6		$A = -B = Pa/l$; $M_4 = -H_2 \cdot h - P(h-a)$ $H_1 = \dfrac{3Pak}{2h(2k+3)}\left(1 - \dfrac{a^2}{3h^2} + \dfrac{1}{k}\right)$; $H_2 = H_1 - P$	
7		$A = -B = -M^L/l$; $M_3 = M^L - H_1 \cdot h$ $H_1 = H_2 = \dfrac{3M^L}{2h}\left(1 - \dfrac{a^2}{h^2} + \dfrac{1}{k}\right)\dfrac{k}{2k+3}$	
8		gleichmäßige Erwärmung t $A = B = 0$; $H_1 = H_2 = \alpha_t \cdot t \dfrac{EI_R}{h^2} \cdot \dfrac{3}{2k+3}$	
9		ungleichmäßige Erwärmung $\Delta t = t_i - t_a$ $A = B = 0$ $H_1 = H_2 = \alpha_t \left(\dfrac{\Delta t_S}{d_S} h + \dfrac{\Delta t_R}{d_R} l\right) \dfrac{EI_R}{hl} \cdot \dfrac{3}{2k+3}$	

[1)] Weitere Rahmenformeln siehe *Kleinlogel/Haselbach:* Rahmenformeln.

Eingespannter Rahmen

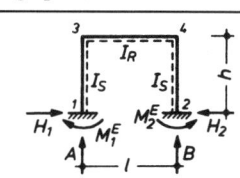

		Abkürzung: $k = \dfrac{I_R}{I_S} \cdot \dfrac{h}{l}$ ------- M-Linie
		Bei unbelastetem Stiel:
		$M_3 = M_1^E - H_1 \cdot h$; $M_4 = M_2^E - H_2 \cdot h$

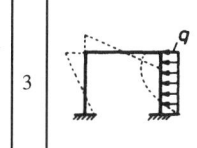

1	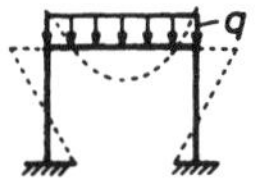	$A = \dfrac{q\,l}{2}$ $H_1 = H_2 = H = \dfrac{q\,l^2}{4\,h\,(k+2)}$; $M_1^E = M_2^E = \dfrac{H\,h}{3}$
2	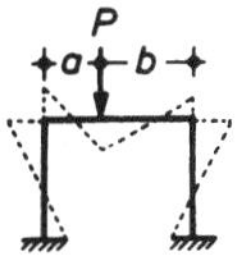	$A = \dfrac{P\,b}{l}\left[1 + \dfrac{a\,(b-a)}{l^2\,(6k+1)}\right]$; $B = P - A$ $H_1 = H_2 = \dfrac{3\,P\,a\,b}{2\,h\,l\,(k+2)}$; $M_1^E = \dfrac{P\,a\,b}{2\,l^2} \cdot \dfrac{5\,k\,l - l + 2\,a\,(k+2)}{(k+2)\,(6k+1)}$ $M_2^E = \dfrac{P\,a\,b}{2\,l^2} \cdot \dfrac{7\,k\,l + 3\,l - 2\,a\,(k+2)}{(k+2)\,(6k+1)}$
3		$A = -B = \dfrac{q\,h^2}{l} \cdot \dfrac{k}{6k+1}$; $H_1 = \dfrac{q\,h}{8} \cdot \dfrac{2k+3}{k+2}$; $H_2 = H_1 - q\,h$ $M_1^E = \dfrac{q\,h^2}{24}\left(\dfrac{5k+9}{k+2} - \dfrac{12\,k}{6k+1}\right)$ $M_2^E = -\dfrac{q\,h^2}{24}\left(12 - \dfrac{5k+9}{k+2} - \dfrac{12\,k}{6k+1}\right)$; $M_4 = M_2^E - H_2 \cdot h - \dfrac{q\,h^2}{2}$
4	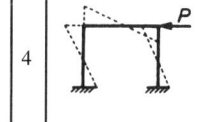	$A = -B = \dfrac{P\,h}{l} \cdot \dfrac{3\,k}{6k+1}$; $H_1 = -H_2 = \dfrac{P}{2}$ $M_1^E = -M_2^E = \dfrac{P\,h}{2} \cdot \dfrac{3k+1}{6k+1}$
5	$\alpha = \dfrac{a}{h}$; $\beta = \dfrac{b}{h}$	$R_1 = \dfrac{P\,a\,b}{h} \cdot \dfrac{1 + \beta + \beta k}{2\,(k+2)}$; $R_2 = \dfrac{P\,a\,b}{h} \cdot \dfrac{\alpha k}{2\,(k+2)}$; $R_3 = \dfrac{3\,P\,a\,\alpha k}{2\,(6k+1)}$ $A = -B = \dfrac{2\,R_3}{l}$; $H_1 = \dfrac{P\,a}{2\,h} - \dfrac{R_1 - R_2}{h}$; $H_2 = -(P - H_1)$ $M_1^E = -R_1 + (P a/2 - R_3)$; $M_2^E = -R_1 - (P a/2 - R_3)$
6	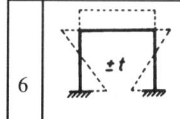	gleichmäßige Erwärmung t $M_1^E = M_2^E = H \cdot \dfrac{h\,(k+1)}{2k+1}$ $A = B = 0$; $H_1 = H_2 = H = 3\,\alpha_t\,t\,\dfrac{E I_R}{h^2} \cdot \dfrac{2k+1}{k\,(k+2)}$
7	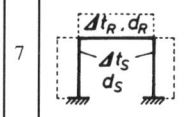	$A = B = 0$; $H_1 = H_2 = \alpha_t\,\dfrac{E I_R}{h\,l}\left(\dfrac{\Delta t_R}{d_R}\,k\,l - \dfrac{\Delta t_S}{d_S}\,h\right)\dfrac{3}{k\,(k+2)}$ $M_1^E = M_2^E = \alpha_t\,\dfrac{E I_R}{l}\left[\dfrac{\Delta t_R}{d_R}\,k\,l - \dfrac{\Delta t_S}{d_S}\,h\,(k+3)\right]\dfrac{1}{k\,(k+2)}$

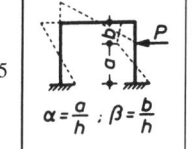

4 Baustatik Vorbemessung

Belastungsglieder $\alpha = a/l;\ \beta = b/l;\ \gamma = c/l$		$\tau_1 = -L \cdot l / 6 EI$ $\tau_2 = R \cdot l / 6 EI$
Nr.	Belastungsfall	L	R
1	gleichmäßig verteilt, Länge l, Last q	$ql^2/4$	$ql^2/4$
2	Rechteckslast links, Länge c	$qc^2(1 - 0{,}5\gamma)^2$	$qc^2(0{,}5 - 0{,}25\gamma^2)$
3	Rechteckslast rechts, Länge c	$qc^2(0{,}5 - 0{,}25\gamma^2)$	$qc^2(1 - 0{,}5\gamma)^2$
4	Rechteckslast mittig	$qbc\left(1 - \beta^2 - \dfrac{1}{4}\gamma^2\right)$	$qac\left(1 - \alpha^2 - \dfrac{1}{4}\cdot\gamma^2\right)$
5	Dreieckslast	$\dfrac{ql^2}{60}(1+\beta)(7-3\beta^2)$	$\dfrac{ql^2}{60}(1+\alpha)(7-3\alpha^2)$
6	$a = b = l/2$	$5\,ql^2/32$	$5\,ql^2/32$
7	Dreieckslast links abnehmend	$\dfrac{qc^2}{3}(1 - 0{,}75\gamma + 0{,}15\gamma^2)$	$\dfrac{qc^2}{6}(1 - 0{,}3\gamma^2)$
8	Dreieckslast links zunehmend	$\dfrac{qc^2}{3}(2 - 2{,}25\gamma + 0{,}6\gamma^2)$	$\dfrac{qc^2}{3}(1 - 0{,}6\gamma^2)$
9	Dreieckslast rechts	$\dfrac{qc^2}{3}(1 - 0{,}6\gamma^2)$	$\dfrac{qc^2}{3}(2 - 2{,}25\gamma + 0{,}6\gamma^2)$
10	Trapezlast	$\dfrac{ql^2}{4}(1 - 2\gamma^2 + \gamma^3)$	$\dfrac{ql^2}{4}(1 - 2\gamma^2 + \gamma^3)$
11	Einzellast P	$\dfrac{Pab}{l}(1+\beta)$	$\dfrac{Pab}{l}(1+\alpha)$
12	$a = b = l/2$	$3\,Pl/8$	$3\,Pl/8$
13	$n-1$ Lasten P	$\dfrac{Pl}{4}\cdot\dfrac{n^2-1}{n}$	$\dfrac{Pl}{4}\cdot\dfrac{n^2-1}{n}$
14	$a/2$, n Lasten P	$\dfrac{Pl}{8}\cdot\dfrac{2n^2+1}{n}$	$\dfrac{Pl}{8}\cdot\dfrac{2n^2+1}{n}$
15	Moment M^L	$M^L(1 - 3\beta^2)$	$-M^L(1 - 3\alpha^2)$
16	Stützensenkung w_{z1}, w_{z2}	$-\dfrac{6\,EI}{l^2}(w_{z1} - w_{z2})$	$\dfrac{6\,EI}{l^2}(w_{z1} - w_{z2})$
17	Temperatur t_o, t_u	$3\,EI\,\alpha_t(t_u - t_o)/h$ α_t = Wärmedehnzahl	$3\,EI\,\alpha_t(t_u - t_o)/h$ h = Querschnittshöhe

*) $M_2 = -qc^2(1 - 0{,}3\gamma^2)/12$

4.18

Starreinspann-momente M_1, M_2 (beidseitig eingespannt)		M_1 (Einspannung-Gelenk)	Nr.
M_1	M_2	M_1	
$-ql^2/12$	$-ql^2/12$	$-ql^2/8$	1
$-qc^2(0{,}5-0{,}667\gamma+0{,}25\gamma^2)$	$-qc^2\gamma(0{,}333-0{,}25\gamma)$	$-0{,}125\,qc^2(2-\gamma)^2$	2
$-qc^2\gamma(0{,}333-0{,}25\gamma)$	$-qc^2(0{,}5-0{,}667\gamma+0{,}25\gamma^2)$	$-qc^2(0{,}25-0{,}125\gamma^2)$	3
$-qc[a\beta^2+\dfrac{\gamma^2}{12}(l-3b)]$	$-qc[b\alpha^2+\dfrac{\gamma^2}{12}(l-3a)]$	$-\dfrac{qbc}{2}(1-\beta^2-0{,}25\gamma^2)$	4
$-\dfrac{ql^2}{30}(1+\beta+\beta^2-1{,}5\beta^3)$	$-\dfrac{ql^2}{30}(1+\alpha+\alpha^2-1{,}5\alpha^3)$	$-\dfrac{ql^2}{120}(1+\beta)(7-3\beta^2)$	5
$-5ql^2/96$	$-5ql^2/96$	$-5ql^2/64$	6
$-\dfrac{qc^2}{6}(1-\gamma+0{,}3\gamma^2)$	$-\dfrac{qc^2}{12}\gamma(1-0{,}6\gamma)$	$-\dfrac{qc^2}{6}(1-0{,}75\gamma+0{,}15\gamma^2)$	7
$-\dfrac{qc^2}{3}(1-1{,}5\gamma+0{,}6\gamma^2)$	$-\dfrac{qc^2}{4}\gamma(1-0{,}8\gamma)$	$-\dfrac{qc^2}{6}(2-2{,}25\gamma+0{,}6\gamma^2)$	8
$-\dfrac{qc^2}{4}\gamma(1-0{,}8\gamma)$	$-\dfrac{qc^2}{3}(1-1{,}5\gamma+0{,}6\gamma^2)$	$-\dfrac{qc^2}{6}(1-0{,}6\gamma^2)$ *)	9
$-\dfrac{ql^2}{12}(1-2\gamma^2+\gamma^3)$	$-\dfrac{ql^2}{12}(1-2\gamma^2+\gamma^3)$	$-\dfrac{ql^2}{8}(1-2\gamma^2+\gamma^3)$	10
$-P\cdot a\cdot\beta^2$	$-P\cdot b\cdot\alpha^2$	$-\dfrac{Pab}{2l}(1+\beta)$	11
$-Pl/8$	$-Pl/8$	$-3Pl/16$	12
$-\dfrac{Pl}{12}\cdot\dfrac{n^2-1}{n}$	$-\dfrac{Pl}{12}\cdot\dfrac{n^2-1}{n}$	$-\dfrac{Pl}{8}\cdot\dfrac{n^2-1}{n}$	13
$-\dfrac{Pl}{24}\cdot\dfrac{2n^2+1}{n}$	$-\dfrac{Pl}{24}\cdot\dfrac{2n^2+1}{n}$	$-\dfrac{Pl}{16}\cdot\dfrac{2n^2+1}{n}$	14
$-M^L\beta(3\alpha-1)$	$M^L\alpha(3\beta-1)$	$-M^L(0{,}5-1{,}5\beta^2)$ **)	15
$\dfrac{6EI}{l^2}(w_{z1}-w_{z2})$	$-\dfrac{6EI}{l^2}(w_{z1}-w_{z2})$	$\dfrac{3EI}{l^2}(w_{z1}-w_{z2})$	16
$-EI\,\alpha_t(t_u-t_o)/h$	$-EI\alpha_t(t_u-t_o)/h$	$-1{,}5\,EI\alpha_t(t_u-t_o)/h$	17

**) $M_2 = M^L(0{,}5-1{,}5\alpha^2)$

4.19

1.6 Kehlbalkendach - Formeln

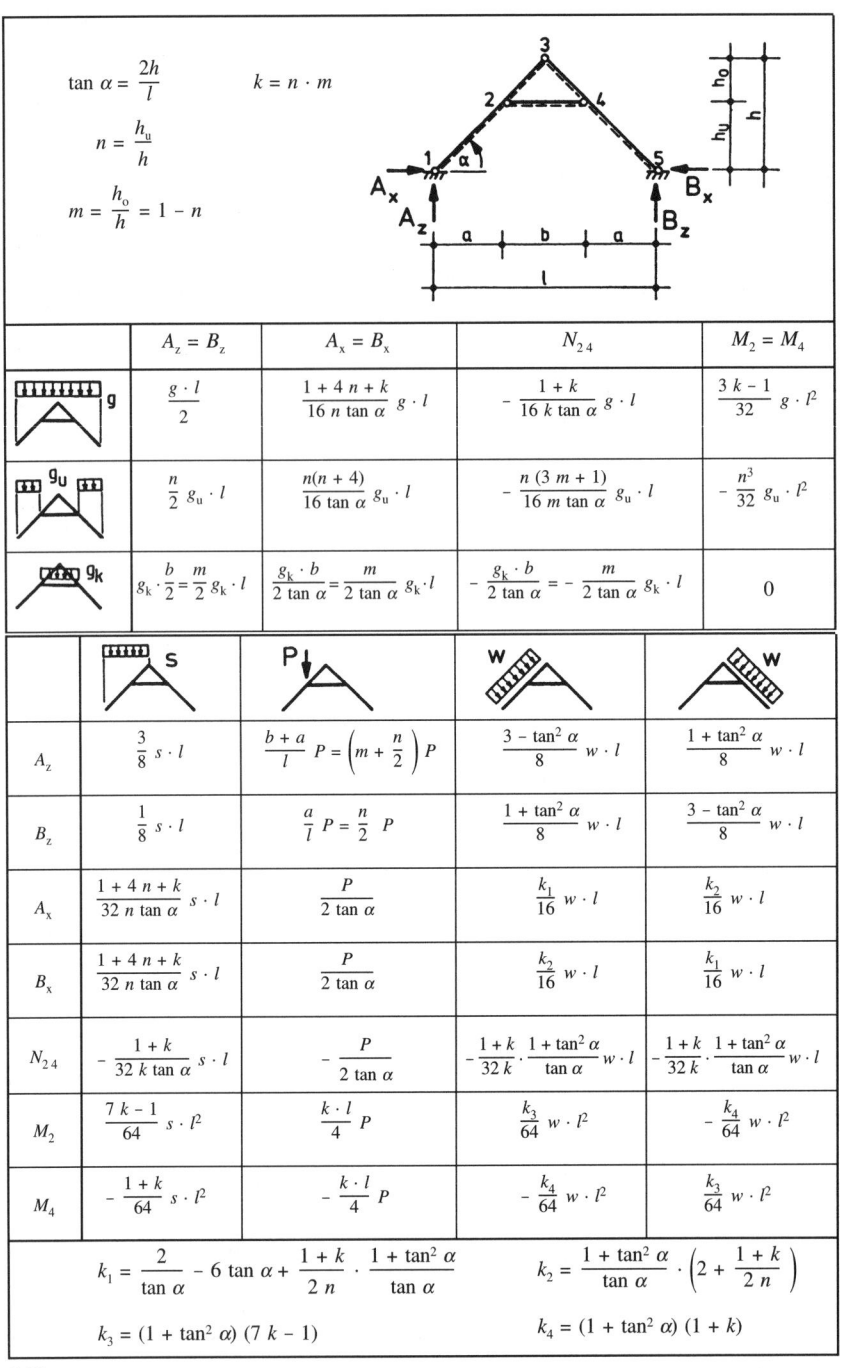

$$\tan\alpha = \frac{2h}{l} \qquad k = n \cdot m$$

$$n = \frac{h_u}{h}$$

$$m = \frac{h_o}{h} = 1 - n$$

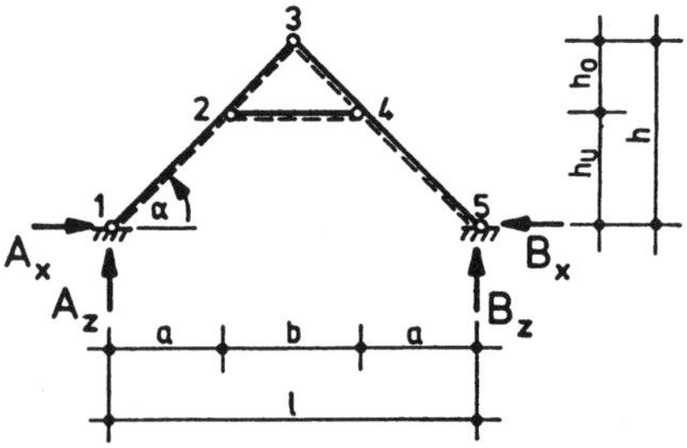

	$A_z = B_z$	$A_x = B_x$	N_{24}	$M_2 = M_4$
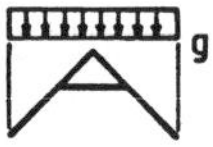	$\frac{g \cdot l}{2}$	$\frac{1 + 4n + k}{16\,n \tan\alpha}\, g \cdot l$	$-\frac{1 + k}{16\,k \tan\alpha}\, g \cdot l$	$\frac{3k - 1}{32}\, g \cdot l^2$
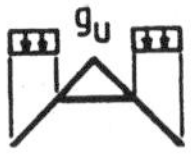	$\frac{n}{2}\, g_u \cdot l$	$\frac{n(n + 4)}{16 \tan\alpha}\, g_u \cdot l$	$-\frac{n\,(3m + 1)}{16\,m \tan\alpha}\, g_u \cdot l$	$-\frac{n^3}{32}\, g_u \cdot l^2$
	$g_k \cdot \frac{b}{2} = \frac{m}{2}\, g_k \cdot l$	$\frac{g_k \cdot b}{2 \tan\alpha} = \frac{m}{2 \tan\alpha}\, g_k \cdot l$	$-\frac{g_k \cdot b}{2 \tan\alpha} = -\frac{m}{2 \tan\alpha}\, g_k \cdot l$	0

	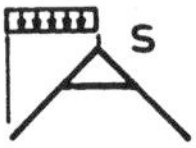			
A_z	$\frac{3}{8}\, s \cdot l$	$\frac{b + a}{l}\, P = \left(m + \frac{n}{2}\right) P$	$\frac{3 - \tan^2\alpha}{8}\, w \cdot l$	$\frac{1 + \tan^2\alpha}{8}\, w \cdot l$
B_z	$\frac{1}{8}\, s \cdot l$	$\frac{a}{l}\, P = \frac{n}{2}\, P$	$\frac{1 + \tan^2\alpha}{8}\, w \cdot l$	$\frac{3 - \tan^2\alpha}{8}\, w \cdot l$
A_x	$\frac{1 + 4n + k}{32\,n \tan\alpha}\, s \cdot l$	$\frac{P}{2 \tan\alpha}$	$\frac{k_1}{16}\, w \cdot l$	$\frac{k_2}{16}\, w \cdot l$
B_x	$\frac{1 + 4n + k}{32\,n \tan\alpha}\, s \cdot l$	$\frac{P}{2 \tan\alpha}$	$\frac{k_2}{16}\, w \cdot l$	$\frac{k_1}{16}\, w \cdot l$
N_{24}	$-\frac{1 + k}{32\,k \tan\alpha}\, s \cdot l$	$-\frac{P}{2 \tan\alpha}$	$-\frac{1 + k}{32\,k} \cdot \frac{1 + \tan^2\alpha}{\tan\alpha}\, w \cdot l$	$-\frac{1 + k}{32\,k} \cdot \frac{1 + \tan^2\alpha}{\tan\alpha}\, w \cdot l$
M_2	$\frac{7k - 1}{64}\, s \cdot l^2$	$\frac{k \cdot l}{4}\, P$	$\frac{k_3}{64}\, w \cdot l^2$	$-\frac{k_4}{64}\, w \cdot l^2$
M_4	$-\frac{1 + k}{64}\, s \cdot l^2$	$-\frac{k \cdot l}{4}\, P$	$-\frac{k_4}{64}\, w \cdot l^2$	$\frac{k_3}{64}\, w \cdot l^2$

$$k_1 = \frac{2}{\tan\alpha} - 6 \tan\alpha + \frac{1 + k}{2\,n} \cdot \frac{1 + \tan^2\alpha}{\tan\alpha} \qquad k_2 = \frac{1 + \tan^2\alpha}{\tan\alpha} \cdot \left(2 + \frac{1 + k}{2\,n}\right)$$

$$k_3 = (1 + \tan^2\alpha)\,(7k - 1) \qquad k_4 = (1 + \tan^2\alpha)\,(1 + k)$$

1.7 Durchbiegungen – Baupraktische Formeln
1.7.1 Einfeldträger, Kragträger
(der obere Wert gilt für Stahl, $E = 210\,000$ N/mm²)
(der untere Wert gilt für Holz, $E_{||} = 10\,000$ N/mm² bzw. $E_{0,\text{mean}} = 10\,000$ N/mm²)[**)]

Belastungsfall	a für zul $f =$		c	n	Belastungsfall	a für zul $f =$		c	n
	$\dfrac{l}{200}$	$\dfrac{l}{300}$				$\dfrac{l}{200}$	$\dfrac{l}{300}$		
(gleichmäßig verteilt, beidseitig gelenkig)	9,91 / 208	14,9 / 313	101 / 4,80	4,96 / 104	(gleichmäßig verteilt, Kragträger)	4,12 / 86,5	6,19 / 130	243 / 11,6	2,06 / 43,3
(Dreieckslast)	9,71 / 204	14,6 / 306	103 / 4,89	4,84 / 102	(Einzellast mittig am Kragarm)	4,73 / 99,4	7,10 / 149	211 / 10,1	2,37 / 49,7
(Einzellast in Feldmitte)	9,52 / 200	14,3 / 300	105 / 5,00	4,76 / 100	(gleichmäßig verteilt, Kragarm)	2,98 / 62,5	4,47 / 93,8	336 / 16,0	1,49 / 31,3
(zwei Einzellasten)	10,7 / 225	16,1 / 338	93,2 / 4,44	5,36 / 113	(Einzellast am Ende Kragarm)	3,97 / 83,3	5,95 / 125	252 / 12,0	1,98 / 41,7
(Einzellasten Drittelspunkte)	7,95 / 167	11,9 / 250	126 / 6,00	3,97 / 83,3	(gleichmäßig verteilt, Kragarm lang)	23,8 / 500	35,7 / 750	42 / 2,0	11,9 / 250
(drei Einzellasten)	10,1 / 213	15,2 / 320	98,7 / 4,70	5,07 / 107	(Dreieckslast, Kragarm)	19,1 / 400	28,6 / 600	52,2 / 2,5	9,52 / 200
(vier Einzellasten $4 \times l/4$)	9,43 / 198	14,1 / 297	106 / 5,05	4,71 / 98,9	(Einzellast)	31,8 / 667	47,6 / 1000	31,5 / 1,5	15,9 / 333
(M_1, M_2 Endmomente)	5,95* / 125*	8,93* / 188*	168* / 8,00*	2,98* / 62,5*	(Endmoment Kragarm)	47,6 / 1000	71,4 / 1500	21 / 1	23,8 / 500

Hinweis: Wirken M_1 und M_2 gleichzeitig, so ist in den folgenden Formeln max M durch ($M_1 + M_2$) zu ersetzen.

erf I [cm⁴] $= a \cdot$ max M [kNm] $\cdot l$ [m]

max f [cm] $= n \cdot$ max M [kNm] $\cdot l^2$ [m]/I [cm⁴]

erf I [cm⁴] $= a \cdot$ max M [kNm] $\cdot l$ [m]

max f [cm] $= n \cdot M_1$ [kNm] $\cdot l^2$ [m]/I [cm⁴]

Für symmetrische Querschnitte (symmetrisch zur Biegeachse) gilt:

$$\max f\ [\text{cm}] = \frac{l^2\ [\text{m}^2] \cdot \max \sigma\ [\text{N/mm}^2]}{h\ [\text{cm}] \cdot c} \qquad \max f\ [\text{cm}] = \frac{l^2\ [\text{m}^2] \cdot \sigma_1\ [\text{N/mm}^2]}{h\ [\text{cm}] \cdot c}$$

1.7.2 Einfeldträger mit Kragarm

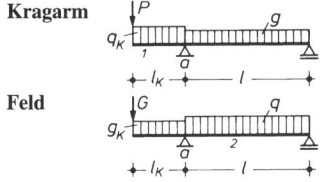

Kragarm

Feld

$$\max f_1 = T_1 \cdot l_K\ [l_K (M_a - M_{0K}) + l (M_a - M_{0F})]/I$$

erf $I = T_2 \cdot [l_K (M_a - M_{0K}) + l (M_a - M_{0F})]$

$M_{0K} = q_K\, l_K^2/8; \quad M_a = P l_K + q_K l_K^2/2; \quad M_{0F} = g l^2/8$

$$\max f_2 \approx f_{\text{Mitte}} = T_3 \cdot l^2\, (M_{0F} - 0{,}6\, M_a)/I$$

erf $I \approx T_4 \cdot l\, (M_{0F} - 0{,}6\, M_a)$

l in m
M in kNm
I in cm⁴
f in cm

	Stahl				Nadelholz[**)]			
	$l_K/200$		$l/300$		$l_K/150$		$l/200$	$l/300$
	T_1	T_2	T_3	T_4	T_1	T_2	T_3	T_4
	15,9	31,8	4,96	14,9	333	500	104	208	313

$M_{0F} = q l^2/8$

$M_a = G l_K + g_K l_K^2/2$

[*)] Diese Werte gelten für f_{Mitte}.
[**)] Bei Brettschichtholz sind die ermittelten Ergebnisse durch $E_{||} \cdot 10^{-4}$ zu dividieren. Bei Holz mit anderen $E_{0,\text{mean}}$-Werten sind die ermittelten Ergebnisse durch $E_{0,\text{mean}} \cdot 10^{-4}$ zu dividieren.

1.7.3 Durchlaufträger mit gleichen Stützweiten und Gleichstreckenlast

System, Lastfall	max. Durchbiegung max $f =$			erf $I =$		
	allgemein	Stahl	Nadelholz*)	Stahl $l/300$	$l/200$	Nadelholz*) $l/300$
▭▭▭ g	0,0054 g	0,257 g	5,4 g	0,771 g	10,8 g	16,2 g
▭ P	0,0092 p	0,438 p	9,2 p	1,314 p	18,4 p	27,6 p
▭▭▭▭ g	0,0068 g	0,324 g	6,8 g	0,971 g	13,6 g	20,4 g
▭ P ▭ P	0,0099 p	0,471 p	9,9 p	1,414 p	19,8 p	29,7 p
▭ P	0,0068 p	0,321 p	6,8 p	0,964 p	13,5 p	20,3 p
▭▭▭▭▭ g	0,0065 g	0,310 g	6,5 g	0,929 g	13,0 g	19,5 g
▭ P ▭ P	0,0097 p	0,462 p	9,7 p	1,386 p	19,4 p	29,1 p
	$\cdot l^4/EI$	$\cdot l^4/I$	$\cdot l^4/I$	$\cdot l^3$	$\cdot l^3$	$\cdot l^3$

*) Für $E_{||} = 10\,000$ N/mm^2 bzw. mit $E_{0,mean}$ = 10 000 N/mm^2; siehe auch Fußnote auf S. 4.21.

f in cm; g, p in kN/m; l in m; I in cm^4

1.7.4 Durchlaufträger mit beliebigen Stützweiten
Beispiel:
Zweifeld-Deckenbalken aus Holz mit $l_1 = 3,60$ m und $l_2 = 4,20$ m
$g = 1,3$ kN/m; $p = 1,6$ kN/m; max $M_2 = 4,38$ kNm; zugeh. $M_b = -4,42$ kNm
$b/d = 8/20$ cm; NH II; $I_y = 5333$ cm^4
Es wird die Durchbiegung in Feld 2 ermittelt, und zwar mit Hilfe der Tafel auf S. 4.21 oben.
Überlagerung: Einfeldträger mit Gleichstreckenlast und Einfeldträger mit Randmoment
$M = -4,42$ kNM.
max $M = (1,3 + 1,6) \cdot 4,20^2/8 = 6,39$ kNm.
max $f_2 = 104 \cdot 6,39 \cdot 4,20^2/5333 + 62,5 \cdot (-4,42) \cdot 4,20^2/5333 = 1,3$ cm
Man kann max f_2 auch mit der Formel auf S. 4.23 unten ermitteln, indem man für das Kragmoment M den Wert für das Stützmoment $M_b = -4,42$ kNm einsetzt.

1.8 Reibungsbeiwerte
1. Grenzwerte für den Gleitsicherheitsnachweis bei Traggerüsten[1]

Holz/Holz (Reibfläche parallel oder quer zur Faser) 0,4–1,0	Holz/Stahl 0,5–1,2
	Holz/Beton (Mörtelbett) 0,8–1,0
	Stahl/Stahl 0,2–0,8
Holz/Holz (mindestens eine Reibfläche zur Faser [Hirnholz]) 0,6–1,0	Beton/Beton 0,5–1,0
	Beton/Stahl 0,2–0,4

2. Näherungswerte *(Zusammenstellung aus älterer Literatur)*

Beton auf Sand und Kies 0,6–0,35	Hirnholz auf Langholz,
Beton auf Lehm und Ton 0,35–0,25	in Faserrichtung des Langholzes 0,43
Beton auf Stahl 0,45–0,30	Stahl auf Stein und Kies 0,45
Mauerwerk (rauh) auf Sand/Kies 0,60	Stahl auf Sand 0,48
Mauerwerk (glatt) auf Sand/Kies 0,30	Stahl auf Stahl, wenig fettig 0,13
Mauerwerk (rauh) auf nassem Ton 0,30	Stahl auf Stahl, trocken 0,15
Mauerwerk (glatt) auf nassem Ton ... 0,20	Stahl auf Gußeisen 0,33
Mauerwerk auf Beton 0,76	Gummi auf Stahl, trocken/naß 0,35/0,15
Holz auf Metall 0,60	Faserpreßstoff auf Stahl, trocken 0,25–0,35
Holz auf Stein 0,60	PVC auf Stahl, trocken/naß 0,40/0,25
Holz auf Holz 0,50	Polyurethan auf Stahl, trocken/naß 0,45/0,35
	Keramik auf Stahl, trocken/naß ... 0,45/0,35

[1] Ergebnisse eines Forschungsauftrags, durchgeführt vom Lehrstuhl für Ingenieurholzbau und Baukonstruktion der Universität Karlsruhe, abgeschlossen 1977.

2 Festigkeitslehre
2.1 Querschnittswerte
2.1.1 Allgemeine Formeln für Querschnittswerte
- **Schwerpunkt von zusammengesetzten Flächen**

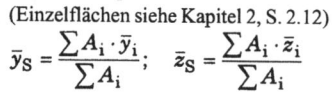

(Einzelflächen siehe Kapitel 2, S. 2.12)

$$\bar{y}_S = \frac{\sum A_i \cdot \bar{y}_i}{\sum A_i}; \quad \bar{z}_S = \frac{\sum A_i \cdot \bar{z}_i}{\sum A_i}$$

Beispiel 1 (Abb. 4.23)

$$\bar{y}_S = \frac{A_1 \cdot \bar{y}_1 + A_2 \cdot \bar{y}_2}{A_1 + A_2}; \quad \bar{z}_S = \frac{A_1 \cdot \bar{z}_1 + A_2 \cdot \bar{z}_2}{A_1 + A_2}$$

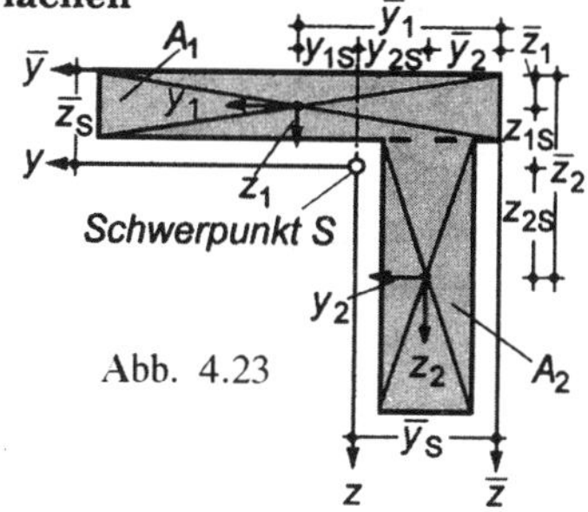

- **Flächenmomente 1. Grades**

(bezogen auf die y-Achse bzw. z-Achse)

$$S_y = \int z \cdot dA; \quad S_z = \int y \cdot dA$$

Abb. 4.23

Beispiel 2: Ermittlung von S_y der Teilfläche A_1 (Abb. 4.23): $S_y = A_1 \cdot z_{1S}$

Es ist auch möglich, S auf beliebige andere Achsen zu beziehen.

Beispiel 3: Ermittlung des Flächenmoments 1. Grades der Gesamtfläche $A_1 + A_2$
(Abb. 4.23), bezogen auf die $\bar{y}$-Achse: $S_{\bar{y}} = A_1 \cdot \bar{z}_1 + A_2 \cdot \bar{z}_2$

Hinweis: Aus Vergleich der Ergebnisse der Beispiele 1 und 3 ist ersichtlich, daß
man bei zusammengesetzten Querschnitten die Schwerpunktabstände
von den Bezugsachsen $\bar{y}$ und $\bar{z}$ auch wie folgt angeben kann:

$$\bar{y}_S = S_{\bar{z}}/\sum A_i \quad \text{und} \quad \bar{z}_S = S_{\bar{y}}/\sum A_i$$

- **Flächenmomente 2. Grades** $\quad I_y = \int z^2 dA; \quad I_z = \int y^2 dA \quad$ vgl.
- **Flächenzentrifugalmoment** $\quad I_{yz} = \int yz \, dA \quad$ Tafel S. 4.24
- **Polares Flächenmoment** $\quad I_p = \int r^2 dA = \int (y^2 + z^2) dA = I_y + I_z$

- **Trägheitsradius** $\quad i_y = \sqrt{\dfrac{I_y}{A}}; \quad i_z = \sqrt{\dfrac{I_z}{A}} \quad$ Rechteck: $i_y = 0{,}289\,d; \quad i_z = 0{,}289\,b$

- **Sätze von Steiner** (vgl. Abb. 4.23) *Beispiel 4* (Abb. 4.23)

$$I_y = \sum (I_{yi} + A_i \cdot z_{iS}^2); \quad I_z = \sum (I_{zi} + A_i \cdot y_{iS}^2)$$
$$I_{yz} = \sum (I_{yzi} + A_i \cdot y_{iS} \cdot z_{iS})$$

$$I_y = I_{y1} + A_1 \cdot z_{1S}^2 + I_{y2} + A_2 \cdot z_{2S}^2$$
$$I_z = I_{z1} + A_1 \cdot y_{1S}^2 + I_{z2} + A_2 \cdot y_{2S}^2$$

Es bedeuten:

z.B. I_{y1} = Flächenmoment 2. Grades der Teilfläche 1, bezogen auf die Achse y_1

$\quad I_{y2}$ = Flächenmoment 2. Grades der Teilfläche 2, bezogen auf die Achse y_2

- **Hauptachsen**

1. $\tan 2\alpha = 2I_{yz}/(I_z - I_y)$ 3. Gehen durch Schwerpunkt
2. $\perp$ aufeinander 4. Flächenzentrifugalmoment $= 0$

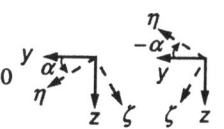

- **Hauptflächenmomente**

$$I_\eta = I_y \cos^2\alpha + I_z \sin^2\alpha - I_{yz} \sin 2\alpha = 0{,}5(I_y + I_z) + 0{,}5(I_y - I_z)\cos 2\alpha - I_{yz}\sin 2\alpha$$
$$I_\zeta = I_y \sin^2\alpha + I_z \cos^2\alpha - I_{yz} \sin 2\alpha = 0{,}5(I_y + I_z) - 0{,}5(I_y - I_z)\cos 2\alpha + I_{yz}\sin 2\alpha$$
$$I_\eta + I_\zeta = I_y + I_z; \quad -45° < \alpha < 45°$$

2.1.2 Tafel für Querschnittswerte

	Querschnitt	A	I_y	I_z	W_y	W_z
1	Rechteck $b \times d$	bd	$\dfrac{bd^3}{12}$	$\dfrac{db^3}{12}$	$\dfrac{bd^2}{6}$	$\dfrac{db^2}{6}$
2	I-Profil	$2Bt_1 + t_2 h$	$\dfrac{1}{12}(BH^3 - bh^3)$	$\dfrac{1}{12}(ht_2^3 + t_1 2B^3)$	$\dfrac{2I_y}{H}$	$\dfrac{2I_z}{B}$
3	Rechtwinkliges Dreieck	$\dfrac{bh}{2}$	$\dfrac{bh^3}{36}$	$\dfrac{hb^3}{36}$	$W_o = \dfrac{bh^2}{12}$, $W_u = \dfrac{bh^2}{24}$	$W_l = \dfrac{hb^2}{24}$, $W_r = \dfrac{hb^2}{12}$
4	Gleichschenkl. Dreieck	$\dfrac{bh}{2}$	$\dfrac{bh^3}{36}$	$\dfrac{hb^3}{48}$	$W_o = \dfrac{bh^2}{24}$, $W_u = \dfrac{bh^2}{12}$	$\dfrac{hb^2}{24}$
5	Kreis	$r^2 \pi$	$\dfrac{r^4 \pi}{4}$	$\dfrac{r^4 \pi}{4}$	$\dfrac{r^3 \pi}{4}$	$\dfrac{r^3 \pi}{4}$
6	Kreisring	$\dfrac{\pi}{4}(D^2 - d^2)$	$\dfrac{\pi}{64}(D^4 - d^4)$	$\dfrac{\pi}{64}(D^4 - d^4)$	$\dfrac{\pi}{32} \cdot \dfrac{(D^4 - d^4)}{D}$	$\dfrac{\pi}{32} \cdot \dfrac{(D^4 - d^4)}{D}$
7	Halbkreis	$\dfrac{\pi r^2}{2}$	$r^4 \left(\dfrac{\pi}{8} - \dfrac{8}{9\pi}\right)$	$\dfrac{r^4 \pi}{8}$	$W_o = 0{,}191\, r^3$, $W_u = 0{,}259\, r^3$	$0{,}393\, r^3$
8	Parallelogramm	at	$\dfrac{at}{12}(h^2 + t^2)$	$\dfrac{ta^3}{12}$	$\dfrac{I_y}{e_2}$	$\dfrac{I_z}{e_1}$
9	Sechseck	$\dfrac{3\sqrt{3}\, s^2}{2}$	$\dfrac{5\sqrt{3}\, s^4}{16}$	$\dfrac{5\sqrt{3}\, s^4}{16}$	$\dfrac{5 s^3}{8}$	$\dfrac{5\sqrt{3}\, s^3}{16}$
10	Ellipse	$\dfrac{\pi}{4} ab$	$\dfrac{\pi}{64} ab^3$	$\dfrac{\pi}{64} a^3 b$	$\dfrac{\pi}{32} ab^2$	$\dfrac{\pi}{32} a^2 b$
11	Kreuz	$t(a+b-t)$	$\dfrac{tb^3 + (a-t)t^3}{12}$	$\dfrac{ta^3 + (b-t)t^3}{12}$	$\dfrac{2 I_y}{b}$	$\dfrac{2 I_z}{a}$
12	Achteck	$2{,}828\, R^2$	$\dfrac{1 + 2\sqrt{2}}{6} R^4$	$\dfrac{1 + 2\sqrt{2}}{6} R^4$	$0{,}6906\, R^3$	$0{,}6906\, R^3$
13	L/T-Profil	$BH - bh$	$\dfrac{1}{3}(t_1 H^3 + b t_2^3) - A e_2^2$	$\dfrac{1}{3}(h t_1^3 + t_2 B^3) - A e_1^2$	$W_o = \dfrac{I_y}{H - e_2}$, $W_u = \dfrac{I_y}{e_2}$	$W_r = \dfrac{I_z}{B - e_1}$, $W_l = \dfrac{I_z}{e_1}$
14	T-Profil	$bd + b_0 d_1$	$\dfrac{1}{3}(2 b_1 d^3 + b_0 d_0^3) - A e_1^2$	$\dfrac{db^3 + d_1 b_0^3}{12}$	$W_o = \dfrac{I_y}{e_1}$, $W_u = \dfrac{I_y}{e_2}$	$\dfrac{db^3 + d_1 b_0^3}{6b}$
15	U-Profil	$t_2 a + 2 t_1 b_1$	$\dfrac{1}{3}\left[a e_1^3 - a_1(e_1 - t_2)^3 + 2 e_2^3 t_1\right]$	$\dfrac{b a^3 - b_1 a_1^3}{12}$	$W_o = \dfrac{I_y}{e_2}$, $W_u = \dfrac{I_y}{e_1}$	$\dfrac{b a^3 - b_1 a_1^3}{6 \cdot a}$

○ Schwerpunkt   + Schubmittelpunkt   ◆ Schwerpunkt und Schubmittelpunkt

	I_{yz}	I_T	W_T	e_m	Anmerkungen
1	0	$\alpha \cdot b^3 \cdot d$ für $b \leq d$	$\beta \cdot b^2 \cdot d$ für $b \leq d$	0	zu Zeile 1 d/b | α | β 1,00 | 0,140 | 0,208 1,25 | 0,171 | 0,221 1,50 | 0,196 | 0,231 2,00 | 0,229 | 0,246 3,00 | 0,263 | 0,267 4,00 | 0,281 | 0,282 6,00 | 0,299 | 0,299 10,00 | 0,313 | 0,313 ∞ | 0,333 | 0,333
2	0	$\frac{1}{3}(2B\,t_1^3 + h\,t_2^3)$	$\min W_T = \frac{I_T}{\max t}$	0	
3	$-\frac{h^2 b^2}{72}$	—	—	—	zu Zeile 3 $I_{yz} = +\frac{h^2 b^2}{72}$
4	0	$\frac{h^4}{26}$	$\frac{h^3}{13}$	—	zu Zeile 4 Die Formeln auf S. 4.24 gelten auch für
5	0	$\frac{\pi D^4}{32}$	$\frac{\pi D^3}{16}$	0	
6	0	$\pi r_m^3 (D-d)$	$\pi r_m^2 (D-d)$	0	
7	0	—	—	—	zu Zeile 7 $e_u = \frac{4r}{3\pi}$ $e_o = r - e_u$
8	$\frac{a^2 h t}{12}$	$\frac{a t^3}{3}$ $t \ll a$	$\frac{I_T}{t}$ $t \ll a$	0	zu Zeile 8 $e_1 = \frac{a}{2}$ $e_2 = \frac{h+t}{2}$ $I_{yz} = -\frac{a^2 h t}{12}$
9	0	$0{,}133\,D^4$	$0{,}188\,D^3$	0	
10	0	$\frac{\pi}{16} \cdot \frac{a^3 b^3}{a^2 + b^2}$	$\frac{\pi}{16} a b^2$	0	
11	0	$\frac{t^3}{3}(a+b-0{,}15\,t)$	$\frac{I_T}{t}$	0	zu Zeile 13 $e_1 = \frac{t_2 B^2 + h t_1^2}{2A}$ $e_2 = \frac{t_1 H^2 + b t_2^2}{2A}$
12	0	$0{,}130\,D^4$	$0{,}185\,D^3$	0	
13	$t_1 H(e_1 - \frac{t_1}{2})(e_2 - \frac{H}{2})$ $+ b t_2'(e_2 - \frac{t_2}{2})(e_1 - t_1 - \frac{b}{2})$ Vereinfachung wenn $t_1 = t_2 = t$: $\frac{-HhBbt}{4(B+h)}$	$\frac{1}{3}(H t_1^3 + b t_2^3)$	$\min W_T = \frac{I_T}{\max t}$	$e_{m1} = \frac{t_1}{2}$ $e_{m2} = \frac{t_2}{2}$	Hinweis: für das Vorzeichen von I_{yz} bei verschiedenen Lagen der Winkelfläche
14	0	$\frac{1}{3}(b t_2^3 + d_1 t_1^3)$ für $b_0 = t_1$ und $d = t_2$	$\min W_T = \frac{I_T}{\max t}$	$e_m = \frac{d}{2}$	zu Zeile 14 $e_1 = \frac{2 b_1 d^2 + b_0 d_0^2}{2A}$ $e_2 = d_0 - e_1$
15	0	$\frac{1}{3}(2b t_1^3 + a_1 t_2^3)$	$\min W_T = \frac{I_T}{\max t}$	$\frac{b_1 + t_2/2}{2 + A_S/3A_G} + \frac{t_2}{2}$ $A_S = (a_1 + t_1) t_2$ $A_G = (b_1 + t_2/2) t_1$	zu Zeile 15 $e_1 = \frac{a_1 t_2^2 + 2 b^2 t_1}{2 a_1 t_2 + 4 b t_1}$ $e_2 = b - e_1$

Graue Unterlegung: Gültig nur für dünnwandige Querschnitte

2.2 Spannungen infolge M, N und Q

2.2.1 Normal- und Schubspannungen
Die Bezugsachsen für die Anwendung der Formeln müssen Hauptachsen sein.

- **Einfach- und doppeltsymmetrische Querschnitte**

Die Hauptachsen sind identisch mit den Schwerpunktachsen y und z.

$$\sigma_x = \frac{N}{A} + \frac{M_y}{I_y} z - \frac{M_z}{I_z} y \qquad \tau_{xz} = \frac{Q_z \cdot S_y}{I_y \cdot b}$$

Bedeutung der Fußzeiger bei τ: $\quad \tau_{xz} = \tau_{zx}$

1. Fußzeiger: Orientierung der Bezugsfläche (Richtung der Flächennormalen)
2. Fußzeiger: Richtung der Schubspannung τ

- **Unsymmetrische Querschnitte**

Die Hauptachsen gehen durch den Schwerpunkt und sind gegenüber den Schwerpunktachsen y und z um den Winkel α gedreht (vgl. S. 4.23).

Normalspannungen:
$$\sigma_x = \frac{N}{A} + \frac{M_\eta}{I_\eta} \cdot \zeta - \frac{M_\zeta}{I_\zeta} \cdot \eta \qquad (1)$$

Koordinaten eines Punktes i im Hauptachsensystem η, ζ:

$$\eta_i = y_i \cdot \cos \alpha + z_i \cdot \sin \alpha \qquad \zeta_i = - y_i \cdot \sin \alpha + z_i \cdot \cos \alpha \qquad (2)$$

Momentenvektoren M_η und M_ζ:

$$M_\eta = M_y \cdot \cos \alpha + M_z \cdot \sin \alpha \qquad M_\zeta = - M_y \cdot \sin \alpha + M_z \cdot \cos \alpha \qquad (3)$$

Gleichung der Spannungsnullinie und Winkel β zwischen η-Achse und Nullinie:
$$\zeta = \frac{M_\zeta \cdot I_\eta}{M_\eta \cdot I_\zeta} \eta - \frac{N \cdot I_\eta}{M_\eta \cdot A} \; ; \; \tan \beta = \frac{M_\zeta \cdot I_\eta}{M_\eta \cdot I_\zeta} \qquad (4)$$

Schubspannungen: siehe [4.4]

Beispiel:
Geg.: L $150 \times 100 \times 10$; $N = 0$; $M_y = 375$ kNcm; $M_z = -200$ kNcm[1])
Aus Tafeln Abschnitt 8: $\alpha = 23{,}85°$; $I_\eta = 637$ cm^4; $I_\zeta = 112$ cm^4
Ges.: Spannungen in den Eckpunkten des Winkels

Aus Gl. (2):
$\eta_1 = 2{,}34 \cdot \cos 23{,}85° - 10{,}2 \cdot \sin 23{,}85° = -1{,}98$ cm
$\zeta_1 = -2{,}34 \cdot \sin 23{,}85° - 10{,}2 \cdot \cos 23{,}85° = -10{,}28$ cm
$\eta_2 = 2{,}34 \cdot \cos 23{,}85° + 4{,}8 \cdot \sin 23{,}85° = 4{,}08$ cm
$\zeta_2 = -2{,}34 \cdot \sin 23{,}85° + 4{,}8 \cdot \cos 23{,}85° = 3{,}44$ cm
$\eta_3 = -7{,}66 \cdot \cos 23{,}85° + 4{,}8 \cdot \sin 23{,}85° = -5{,}07$ cm
$\zeta_3 = 7{,}66 \cdot \sin 23{,}85° + 4{,}8 \cdot \cos 23{,}85° = 7{,}49$ cm

Aus Gl. (3):
$M_\eta = 375 \cdot \cos 23{,}85° - 200 \cdot \sin 23{,}85° = 262{,}1$ kNcm
$M_\zeta = -375 \cdot \sin 23{,}85° - 200 \cdot \cos 23{,}85° = -334{,}6$ kNcm

Aus Gl. (1):
$\sigma_1 = \frac{262{,}1}{637} (-10{,}28) - \frac{-334{,}6}{112} (-1{,}98) = -10{,}2 = -102$ N/mm^2

$\sigma_2 = \frac{262{,}1}{637} 3{,}44 - \frac{-334{,}6}{112} 4{,}08 = 13{,}6$ kN/cm^2 = 136 N/mm^2

$\sigma_3 = \frac{262{,}1}{637} 7{,}49 - \frac{-334{,}6}{112} (-5{,}07) = -12{,}1$ kN/cm^2 = -121 N/mm^2

Aus Gl. (4): $\tan \beta = (-334{,}6/262{,}1) \cdot (637/112) = -7{,}26; \quad \beta = -82{,}2°$

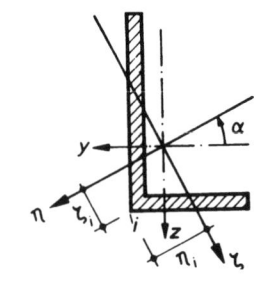

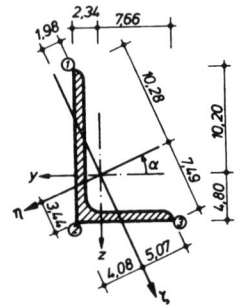

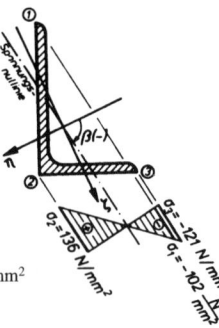

---
[1]) Ein Nachweis auf Torsion kann entfallen ($M_T = 0$), wenn eine der folgenden Voraussetzungen erfüllt ist:
   a) Die Lasten gehen durch den Schubmittelpunkt (s. Tafel 4.24/4.25).
   b) Eine Verdrehung der Querschnitte wird durch konstruktive Maßnahmen verhindert.

Ermittlung der Spannungen ohne Bestimmung der Hauptachsen [4.9]

$$\sigma_i = \frac{M_y \cdot I_z + M_z \cdot I_{yz}}{I^*} z_i - \frac{M_z \cdot I_y + M_y \cdot I_{yz}}{I^*} y_i \qquad \tan \gamma = \frac{M_z \cdot I_y + M_y \cdot I_{yz}}{M_y \cdot I_z + M_z \cdot I_{yz}}$$

$I_{yz} = \pm \sqrt{I_y \cdot I_z - I_\eta \cdot I_\zeta}\,; \qquad I^* = I_y \cdot I_z - I_{yz}^2 = I_\eta \cdot I_\zeta$

Beispiel (wie auf S. 4.26). Geg.: L 150 × 100 × 10

$M_y = 375$ kNcm; $M_z = -200$ kNcm; $I_y = 552$ cm^4; $I_z = 198$ cm^4; $I_\eta = 637$ cm^4; $I_\zeta = 112$ cm^4

$I_{yz} = -\sqrt{552 \cdot 198 - 637 \cdot 112} = -194{,}8$ cm^4; $\qquad I^* = 637 \cdot 112 = 71\,344$ cm^4

$\sigma_i = \dfrac{375 \cdot 198 + 200 \cdot 194{,}8}{71\,344} z_i - \dfrac{-200 \cdot 552 + 375 \cdot (-194{,}8)}{71\,344} y_i; \quad \sigma_i = 1{,}587\, z_i + 2{,}571\, y_i$

$\sigma_1 = -1{,}587 \cdot 10{,}2 + 2{,}571 \cdot 2{,}34 = -10{,}2$ kN/cm^2; $\quad \sigma_2 = 1{,}587 \cdot 4{,}8 + 2{,}571 \cdot 2{,}34$
$\hspace{9cm} = 13{,}6$ kN/cm^2

$\sigma_3 = 1{,}587 \cdot 4{,}8 - 2{,}571 \cdot 7{,}66 = -12{,}1$ kN/cm^2; $\tan \gamma = -1{,}62; \quad \gamma = -58{,}32°$

Damit ergibt sich der Winkel β (vgl. S. 4.26 unten) zu $\beta = -58{,}32 - 23{,}85 = -82{,}17°$

2.2.2 Randspannungen bei rechteckigen Querschnitten

(Zugspannungen können nicht aufgenommen werden)

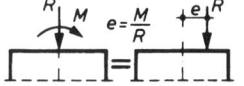

● **Kantenpressungen bei einachsiger Ausmittigkeit**

Belastungs- und Spannungsschema	Lage der resultierenden Kraft	Randspannungen
1	$e = 0$ (R in der Mitte)	$\sigma = \dfrac{R}{bd}$
2	$e < \dfrac{d}{6}$ (R innerhalb des Kerns)	$\sigma_1 = \dfrac{R}{bd}\left(1 - \dfrac{6e}{d}\right)$ $\sigma_2 = \dfrac{R}{bd}\left(1 + \dfrac{6e}{d}\right)$
3	$e = \dfrac{d}{6}$ (R auf dem Kernrand)	$\sigma_1 = 0$ $\sigma_2 = \dfrac{2R}{bd}$
4	$\dfrac{d}{6} < e < \dfrac{d}{3}$ (R außerhalb des Kerns)	$\sigma = \dfrac{2R}{3cb}$ $c = d/2 - e$
5	$e = \dfrac{d}{3}$	$\sigma = \dfrac{4R}{bd}$

- **Max. Eckpressung bei zweiachsiger Ausmittigkeit** $\max\sigma = \mu R/(bd)$
  Tafel: μ-Werte

e_z/b ↓																	
0,32	3,70	3,93	4,17	4,43	4,70	4,99											
0,30	3,33	3,54	3,75	3,98	4,23	4,49	4,78	5,09	5,43								
0,28	3,03	3,22	3,41	3,62	3,84	4,08	4,35	4,63	4,94	5,28	5,66						
0,26	2,78	2,95	3,13	3,32	3,52	3,74	3,98	4,24	4,53	4,84	5,19	5,57					
0,24	2,56	2,72	2,88	3,06	3,25	3,46	3,68	3,92	4,18	4,47	4,79	5,15	5,55				
0,22	2,38	2,53	2,68	2,84	3,02	3,20	3,41	3,64	3,88	4,15	4,44	4,77	5,51	5,57			
0,20	2,22	2,36	2,50	2,66	2,82	2,99	3,18	3,39	3,62	3,86	4,14	4,44	4,79	5,19	5,66		
0,18	2,08	2,21	2,35	2,49	2,64	2,80	2,98	3,17	3,38	3,61	3,86	4,15	4,47	4,84	5,28		
0,16	1,96	2,08	2,21	2,34	2,48	2,63	2,80	2,97	3,17	3,38	3,62	3,88	4,18	4,53	4,94	5,43	
0,14	1,84	1,96	2,08	2,21	2,34	2,48	2,63	2,79	2,97	3,17	3,39	3,64	3,92	4,24	4,63	5,09	
0,12	1,72	1,84	1,96	2,08	2,21	2,34	2,48	2,63	2,80	2,98	3,18	3,41	3,68	3,98	4,35	4,78	
0,10	1,60	1,72	1,84	1,96	2,08	2,20	2,34	2,48	2,63	2,80	2,99	3,20	3,46	3,74	4,08	4,49	4,99
0,08	1,48	1,60	1,72	1,84	1,96	2,08	2,21	2,34	2,48	2,64	2,82	3,02	3,25	3,52	3,84	4,23	4,70
0,06	1,36	1,48	1,60	1,72	1,84	1,96	2,08	2,21	2,34	2,49	2,66	2,84	3,06	3,32	3,62	3,98	4,43
0,04	1,24	1,36	1,48	1,60	1,72	1,84	1,96	2,08	2,21	2,35	2,50	2,68	2,88	3,13	3,41	3,75	4,17
0,02	1,12	1,24	1,36	1,48	1,60	1,72	1,84	1,96	2,08	2,21	2,36	2,53	2,72	2,95	3,22	3,54	3,93
0,00	1,00	1,12	1,24	1,36	1,48	1,60	1,72	1,84	1,96	2,08	2,22	2,38	2,56	2,78	3,03	3,33	3,70
	0,00	0,02	0,04	0,06	0,08	0,10	0,12	0,14	0,16	0,18	0,20	0,22	0,24	0,26	0,28	0,30	0,32
	e_y/d →																

Erläuterungen zur Tafel: Aus dem Angriffspunkt A (Abb.) der resultierenden Längskraft R ergeben sich die Ausmittigkeiten e_y und e_z. Nach Errechnung der Werte e_y/d und e_z/b entnimmt man aus der Tafel den zugehörigen Wert μ. Die max. Eckspannung ist $\sigma = \mu R/(bd)$.

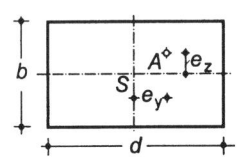

Liegt die resultierende Kraft R im Kern, so ergeben sich μ-Werte unterhalb der Staffellinie. Die μ-Werte oberhalb der Staffellinie ergeben sich bei klaffender Fuge. Bei den Tafelwerten wird die Bedingung eingehalten, daß sich mindestens die Hälfte der Fläche bd an der Druckübertragung beteiligt, d.h., daß im Grenzfall die Nullinie durch den Schwerpunkt S geht.

Beispiel: geg.: $R = 45$ kN; $d = 49$ cm; $b = 36,5$ cm; $e_y = 10$ cm; $e_z = 8$ cm.

$e_y/d = 0,20$; $e_z/b = 0,22$ → $\mu = 4,44$; $\max\sigma = 4,44 \cdot 45/(49 \cdot 36,5) = 0,11$ kN/cm^2

2.2.3 Kern

Liegt der Lastangriffspunkt der resultierenden Längskraft im Kern des Querschnitts, so treten nur Spannungen *eines* Vorzeichens auf. *Kernweiten*:

einfachsymmetrischer Querschnitt	Rechteck	Kreis
$k_{y1} = \dfrac{I_z}{y_2} \cdot \dfrac{1}{A}$; $k_{y2} = \dfrac{I_z}{y_1} \cdot \dfrac{1}{A}$ $k_z = \dfrac{I_y}{z} \cdot \dfrac{1}{A}$	$h/6$, $b/6$	$d/4$

2.2.4 Hauptspannungen

Sie ergeben bei $\varphi = \varphi_0$

$$\tan 2\varphi_0 = \frac{2\tau_{xz}}{\sigma_z - \sigma_x}; \quad \text{dann ist } \tau = 0$$

und $\sigma_{1,2} = \frac{\sigma_z + \sigma_x}{2} \pm \frac{1}{2}\sqrt{(\sigma_x - \sigma_z)^2 + 4\tau_{xz}^2}$

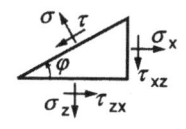

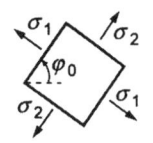

2.3 Torsion

Torsionsmomente treten z.B. auf, wenn der Schubmittelpunkt des Querschnitts nicht in der Lastebene liegt. Schubmittelpunkt: Der Punkt des Querschnitts, für den das Moment aus den Schubspannungen infolge Querkraft gleich Null ist (vgl. Tafel 4.24). Man unterscheidet *reine Torsion* (nach St. Venant), bei der nur Schubspannungen auftreten, und *Wölbkrafttorsion* (z.B. bei offenen, dünnwandigen Querschnitten), bei der neben den Schubspannungen auch Querschnittsverwölbungen und Wölbnormalspannungen auftreten.

2.3.1 Torsion nach St. Venant

- **Torsion bei dünnwandigen Hohlquerschnitten**

Erste Bredtsche Formeln

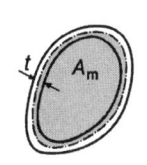

$$\tau = \frac{M_T}{2A_m t} \quad (1) \qquad \max \tau = \frac{M_T}{2A_m \min t} \quad (2)$$

M_T Torsionsmoment
A_m Fläche, die von der Mittellinie der Wandung eingeschlossen ist
t Dicke des Querschnitts an der betrachteten Stelle

Zweite Bredtsche Formeln

$\vartheta' = \frac{M_T}{G 4 A_m^2} \oint_s \frac{1}{t} ds \quad (3)$ ϑ' Verdrillung $\vartheta' = \frac{M_T}{G I_T} \quad (4)$ mit $I_T = 4 A_m^2 \Big/ \left(\oint_s \frac{1}{t} ds \right) \quad (5)$
 G Schubmodul

In vielen Fällen ist für Umfangsabschnitte s_i die Wanddicke t_i eines Hohlprofils konstant. Gl. (5) kann dann wie folgt geschrieben werden:

$$I_T = 4 A_m^2 \Big/ \left(\sum_i s_i / t_i \right) \quad (6)$$

Zahlenbeispiel aus [4.3]

Für den Stab ab (s. Abb.) ermittle man M_T, τ, ϑ' (St 37 mit $G = 8100$ kN/cm^2).

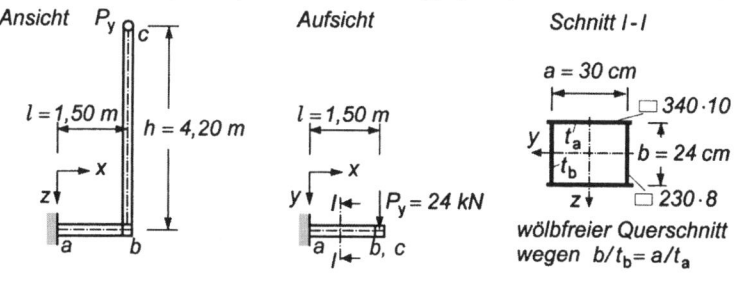

Ansicht P_y Aufsicht   Schnitt I-I

$l = 1,50$ m, $h = 4,20$ m

$l = 1,50$ m, $P_y = 24$ kN

$a = 30$ cm
☐ 340·10
$b = 24$ cm
☐ 230·8

wölbfreier Querschnitt wegen $b/t_b = a/t_a$

$M_T = P_y h = 24 \cdot 4{,}20 = 100{,}8$ kNm; $A_m = ab = 30 \cdot 24 = 720$ cm^2

Gl. (6): $I_T = \dfrac{4 \cdot 720^2}{2\,[(30/1) + (24/0{,}8)]} = 17\,280 \text{ cm}^4$

Die Torsionsschubspannungen werden nach Gl. (1) errechnet.

- 230 · 8: $\tau = 10\,080/(2 \cdot 0{,}8 \cdot 720) = 8{,}75 \text{ kN/cm}^2$
- 340 · 10: $\tau = 10\,080/(2 \cdot 1{,}0 \cdot 720) = 7{,}00 \text{ kN/cm}^2$

Gl. (4): $\vartheta' = 10\,080/(8100 \cdot 17\,280) = 7{,}202 \cdot 10^{-5}\,\text{cm}^{-1}$

● **Torsion bei dünnwandigen offenen Querschnitten**

Für aus Rechtecken zusammengesetzte Querschnitte gilt:

$\tau = \dfrac{M_T t}{I_T}$; $I_T = \dfrac{1}{3}\sum_{i=1}^{n} t_i^3 h_i$

Profil	L	⊏	T	I
η	0,99	1,12	1,12	1,30

Bei *Walzprofilen ist* I_T wegen der Ausrundungen mit einem Korrekturfaktor η zu multiplizieren.

● **Torsion bei dickwandigen Querschnitten**

$\tau = M_T/W_T$; W_T Torsionswiderstandsmoment (Tafel S. 4.25)

2.3.2 St. Venant- und Wölbkrafttorsion (gemischte Torsion)

Neben der St. Venant-Torsion (primäre Torsion) tritt zusätzlich Wölbkrafttorsion (sekundäre Torsion) auf, wenn

1. nach der Theorie von St. Venant die Querschnitte nicht eben bleiben und
2. die dann auftretenden Verwölbungen behindert sind.

Querschnitte, die bei der St. Venant-Torsion eben bleiben, werden als wölbfrei bezeichnet. Solche wölbfreien Querschnitte sind z. B. L- und ⊥-Querschnitte, Kreis- und Kreisringquerschnitte, quadratische Hohlquerschnitte mit konstanter Wanddicke und doppelsymmetrische Rechteckhohlquerschnitte, für die das Verhältnis *b/t* (Breite/Dicke) für Stege und Gurte gleich ist.

Im allgemeinen gelten dünnwandige (einzellige) Hohlquerschnitte als wölbarm und können näherungsweise nach Abschnitt 2.3.1 (d. h. unter Vernachlässigung der Wölbkrafttorsion) berechnet werden.

3 Knicken (EI = const)

Euler-Fälle

Kritische Last (Knicklast)

$P_K = \dfrac{\pi^2 \cdot EI}{s_K^2}$ (*Euler*-Formel)

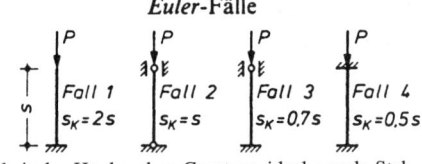

Fall 1: $s_K = 2s$
Fall 2: $s_K = s$
Fall 3: $s_K = 0{,}7s$
Fall 4: $s_K = 0{,}5s$

Voraussetzungen für die Euler-Formel: Gültigkeit des Hookeschen Gesetzes, ideal gerade Stabachse, ideal mittiger Lastangriff, homogener und isotroper Werkstoff.

Baupraxis:

● Obige Voraussetzungen sind meistens nicht erfüllt.

● Lagerungsarten und Belastung weichen häufig von den vier Euler-Fällen ab.

Dimitrov gibt daher in [4.5] außer den vier Grundknickfällen nach Euler (s. oben) zehn weitere Knickfälle an.

Baupraktische Nachweise: Siehe Abschnitte Beton- und Stahlbetonbau, Holzbau, Mauerwerksbau und Stahlbau.

4 Fachwerke
4.1 Ritterschnitt

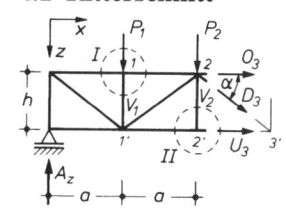

$\Sigma M_2 = 0$: $U_3 = (A_z \cdot 2a - P_1 \cdot a) / h = M_2/h$
$\Sigma M_3 = 0$: $O_3 = -(A_z \cdot 3a - P_1 \cdot 2a - P_2 \cdot a) / h = -M_3/h$
$\Sigma F_z = 0$: $D_3 = (A_z - P_1 - P_2) / \sin \alpha$
$\Sigma F_z = 0$ am Schnitt I: $V_1 = -P_1$
$\Sigma F_z = 0$ am Schnitt II: $V_2 = 0$

4.2 Cremonaplan mit Feldbezeichnungen

1) Umfahrungssinn festlegen (z. B. im Uhrzeigersinn). 2) Bezeichnung der Felder mit a, b, c...
(Feld: Jeweils zwischen 2 äußeren Kräften und jedes von Stäben gebildete Dreieck). Jede äußere Kraft und jeder Stab (Stabkraft) liegen zwischen 2 Feldern. 3) Krafteck der äußeren Kräfte zeichnen. Der Anfangspunkt jeder Kraft erhält die Bezeichnung des unter Beachtung des festgelegten Umfahrungssinnes vorhergehenden Feldes, der Endpunkt die des nachfolgenden Feldes (z. B. die Kraft P_1 „geht von c nach d"). 4) Zeichnen der einzelnen Knotenkraftecke, beginnend bei einem Knoten mit 2 unbekannten Stabkräften (z. B. Knoten 0 des folgenden Beispiels).

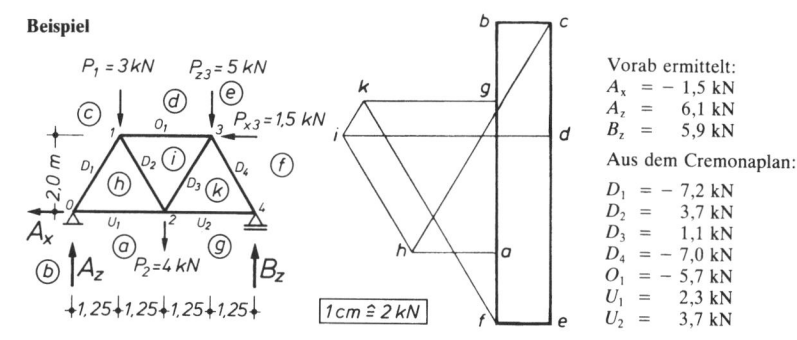

Beispiel

$P_1 = 3\,kN$ $P_{z3} = 5\,kN$ $P_{x3} = 1{,}5\,kN$

Vorab ermittelt:
$A_x = -1{,}5\,kN$
$A_z = 6{,}1\,kN$
$B_z = 5{,}9\,kN$

Aus dem Cremonaplan:
$D_1 = -7{,}2\,kN$
$D_2 = 3{,}7\,kN$
$D_3 = 1{,}1\,kN$
$D_4 = -7{,}0\,kN$
$O_1 = -5{,}7\,kN$
$U_1 = 2{,}3\,kN$
$U_2 = 3{,}7\,kN$

$1\,cm \hat{=} 2\,kN$

Konstruktionshinweise (die unterstrichenen Kräfte sind jeweils bekannt):

Knoten 0: Krafteck aus $\underline{A_z}$ (a, b) ; $\underline{A_x}$ (b, c) ; D_1 (c, h) ; U_1 (h, a)

Knoten 1: Krafteck aus: $\underline{D_1}$ (h, c) ; $\underline{P_1}$ (c, d) ; O_1 (d, i) ; D_2 (i, h)

Knoten 2: Krafteck aus $\underline{P_2}$ (g, a) ; $\underline{U_1}$ (a, h) ; $\underline{D_2}$ (h, i) ; D_3 (i, k) ; U_2 (k, g)

Knoten 3: Krafteck aus $\underline{D_3}$ (k, i) ; $\underline{O_1}$ (i, d) ; $\underline{P_{z3}}$ (d, e) ; $\underline{P_{x3}}$ (e, f) ; D_4 (f, k)

Ermittlung der Pfeilspitzen: Knoten im festgelegten Umfahrungssinn umfahren. Z. B. liegt D_1 am Knoten 0 zwischen den Feldern c und h. Im Cremonaplan „von c nach h gehen" und diesen Richtungssinn als Pfeil in D_1 am Knoten 0 des Fachwerks eintragen.

4.3 Durchbiegungen

Da bei Lastangriff in den Knotenpunkten k in den Fachwerkstäben nur stabweise konstante Längskräfte (Stabkräfte) auftreten (M und Q sind in der Regel vernachlässigbar klein), lautet das Prinzip der virtuellen Kräfte (vgl. S. 4.39, BT für Ingenieure) zur Ermittlung von Durchbiegungen w_k:

$$w_k = \sum_{i=1}^{n} \frac{S_i \bar{S}_i}{EA_i} s_i + \sum_{i=1}^{n} \bar{S}_i \alpha_T T_i s_i$$

Hinweis: Insbesondere bei Holz-Fachwerken ist bei der Ermittlung von w die Nachgiebigkeit der Verbindungen zu berücksichtigen. Vgl. Literatur [9.19], Teil 2.

w_k Duchbiegung eines Knotenpunktes k
S_i Stabkräfte des Fachwerks infolge des gegebenen Belastungszustandes
$\bar{S}_i$ Stabkräfte infolge der virtuellen Last $\bar{P}_{zk} = 1$
s_i Stablängen; α_T Temperaturdehnzahl; T_i Temperaturänderung

5 Dreimomentengleichung

Mit der Dreimomentengleichung können Stabzüge mit *unverschieblichen* Knoten, insbesondere aber *Durchlaufträger*, berechnet werden. Die Dreimomentengleichung wird aus dem allgemeinen Kraftgrößenverfahren erhalten, indem die Knotenmomente als statisch Unbestimmte gewählt und die Gleichungen mit $6EI_c$ multipliziert werden (vgl. BT für Ingenieure, S. 4.47).

Dreimomentengleichung für Knoten m:

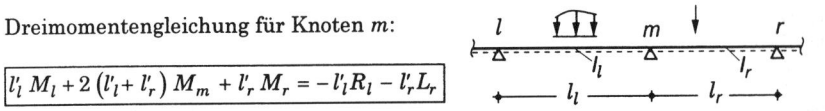

$$\boxed{l'_l M_l + 2(l'_l + l'_r) M_m + l'_r M_r = -l'_l R_l - l'_r L_r}$$

mit $l'_l = l_l I_c / I_l$, $l'_r = l_r I_c / I_r$

I_c beliebig wählbares Bezugsflächenmoment

Sonderfall: alle Felder haben gleiches I: $I_c = I$, $l'_l = l_l$, $l'_r = l_r$

R_l, L_r Belastungsglieder am rechten Ende des Stabes links von m bzw. am linken Ende des Stabes rechts von m nach Tabelle S. 4.18

Beispiel: Durchlaufträger mit 2 unbekannten Momenten (M_b und M_c)

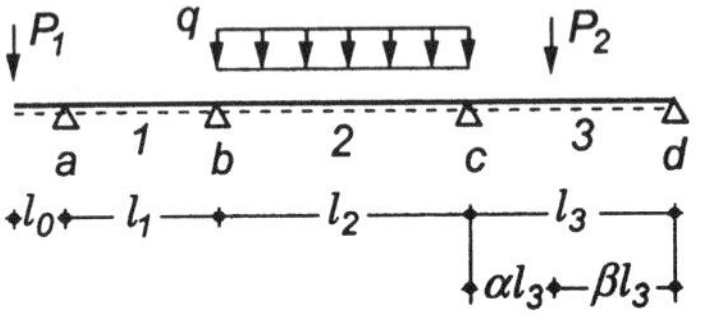

$M_a = -P_1 l_0$

gewählt: $I_c = I_1$

$l'_1 = l_1$, $l'_2 = l_2 I_1 / I_2$, $l'_3 = l_3 I_1 / I_3$

$R_1 = 0$, $L_2 = R_2 = q l_2^2 / 4$

$L_3 = (1 + \beta) \alpha \beta P_2 l_3$

Knoten b: $l_1 M_a + 2(l_1 + l'_2) M_b + l'_2 M_c = -l'_2 L_2$ ($l_1 M_a$ auf rechte Seite stellen)
Knoten c: $l'_2 M_b + 2(l'_2 + l'_3) M_c = -l'_2 R_2 - l'_3 L_3$

Zahlenwerte für Beispiel:
geg: $l_0 = 1\,\text{m}$, $l_1 = 3\,\text{m}$, $l_2 = 5\,\text{m}$, $l_3 = 4\,\text{m}$, $\alpha = 0,4$, $\beta = 0,6$
$I_1 = 1500\,\text{cm}^4$, $I_2 = I_3 = 2500\,\text{cm}^4$, $P_1 = 3\,\text{kN}$, $P_2 = 5\,\text{kN}$, $q = 2\,\text{kN/m}$

$M_a = -3\,\text{kNm}$, $l'_2 = 3\,\text{m}$, $l'_3 = 2,4\,\text{m}$
$L_2 = R_2 = 12,5\,\text{kNm}$, $L_3 = 7,68\,\text{kNm}$
$M_b = -1,16\,\text{kNm}$, $M_c = -4,86\,\text{kNm}$

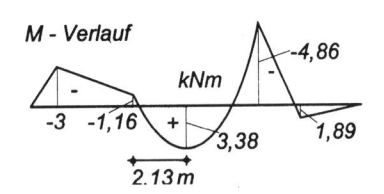

4 B Tragwerksentwurf und Vorbemessung

Prof. Dipl.-Ing. Heinz Volz

1 Hinweise zum Tragwerksentwurf
1.1 Allgemeines

Der Planungsprozeß eines Bauwerkes durchläuft nacheinander verschiedene Phasen, in denen die jeweiligen Einflußparameter für die Konzeption eines Bauwerkes zusammengestellt, analysiert und bewertet werden. Neben den Zielvorstellungen des Bauherrn sind die funktionellen Anforderungen aus der Nutzung, die Zwänge aus dem Grundstück, die Termin- und Kostenvorgaben mit den baurechtlichen Rahmenbedingungen und den technischen Möglichkeiten in Einklang zu bringen. Die Komplexität des Entwurfsprozesses erfordert für das Erreichen einer in sich schlüssigen Lösung ein systematisch-methodisches Vorgehen, das durch intuitive, kreative Beiträge entscheidend bereichert wird.

Für den **Tragwerksentwurf** wird folgendes Vorgehen empfohlen:

1. **Analyse** (Einspeichern der Daten)
   Systematisch-analytisches Erfassen der Einwirkungen und der Randbedingungen, z. B. anhand einer Checkliste zum Tragwerksentwurf (vgl. 1.2)

2. **Kreativität** (möglich erscheinende Lösungen erdenken)
   Studium, Auswahl und Erzeugung einer Vielzahl von möglichen Varianten zum Tragwerk (z. B. anhand einer Übersicht unterschiedlicher Tragwerkstypen; vgl. 1.3)

3. **Entscheidungen** (Abwägen der Vor- und Nachteile)
   Überprüfung der Kompatibilität mit den weiteren Anforderungen und der Vertiefung der Problemzonen (z. B. hochbeanspruchte Krafteinleitungsbereiche, komplizierte konstruktive Details), gründliche Bearbeitung der gewählten Lösung.

1.2 Checkliste zum Tragwerksentwurf
1.2.1 Nutzungsanforderungen

– Welche **Raumtiefen** und -höhen ergeben sich aus den Nutzungen? Welche Konsequenz hat dies für die Spannrichtungen/Stützenstellungen und für die Wahl des statischen Systems? Welches Lichtraumprofil ist einzuhalten? Kann es in den Randzonen eingeschränkt werden (→ Vouten möglich?)?
– Welche **Verkehrslasten** (Nutzlasten) fallen in den einzelnen Geschossen an?
– Sind spätere **Nutzungsänderungen** vorhersehbar, und sollen diese schon jetzt bei der Lastaufstellung mit berücksichtigt werden?
– Auf welches Maß müssen aus den Nutzungsanforderungen **Verformungen** der Bauteile begrenzt werden (z. B. Maschinennutzung, Kranbahnverschiebungen, Durchbiegungen, Schwingungsempfindlichkeit, Wassersackbildung bei Flachdächern, Rißempfindlichkeit von nichttragenden Bauelementen usw.)?
– Ist mit **Erschütterungen** (z. B. aus nahe gelegenen Verkehrseinrichtungen oder aus Erdbebenlasten) zu rechnen?
– Soll das **Dach ausgebaut** werden?
– Wird das **Dach begrünt**?
– Wie erfolgt die **Belichtung** (z. B. Shedkonstruktion)?
– Soll das Bauwerk in **Abschnitten** erstellt werden? Soll eine spätere Erweiterung eingeplant werden?
– Welche Konsequenzen ergeben sich aus der **Installationsführung** (horizontal und vertikal) für die Tragkonstruktion (z. B. Decke, Unterzüge, Stützen)?

- Welche bauphysikalischen Anforderungen müssen erfüllt werden (**Wärme-, Schall-** und **Brandschutz**)? Mit welchen Bau- und Tragsystemen lassen sich diese Anforderungen erfüllen?
- Welche Einschränkungen hinsichtlich der **Bauzeit** sind zu beachten (Fertigteilbau – Herstellung vor Ort)?
- Ergeben sich aus der Nutzung bzw. aufgrund von Außeneinwirkungen erhöhte Anforderungen an den **Korrosionsschutz**, an die **Dichtigkeit** und damit auf die Wahl des Baustoffes der Tragkonstruktion?
- Welche **Lebensdauer** soll das Bauwerk haben? Läßt es sich kostengünstig und umweltschonend rückbauen, abreißen, recyceln?

1.2.2 Grundstück/Bauort

- Welche Konstruktionsvorgaben ergeben sich aus den Bedingungen des **Bauortes**? Sollten z. B. bei beengter innerstädtischer **Baulückenbebauung** wegen fehlender Lagermöglichkeiten auch Konstruktionssysteme mit Fertigbauelementen (Montage vom Lieferfahrzeug aus) in die Überlegung mit einbezogen werden?
- Steht **Grenzbebauung** an? Wie tief ist das Nachbarbauwerk gegründet? Empfiehlt sich die Wahl eines Tragwerks, das die Lastabtragung zur Grenze hin vermeidet (z. B. Spannrichtung senkrecht zur Straßenfront), oder empfiehlt sich das Zurückziehen der vertikalen Tragelemente von der Grenze? Sind Unterfangungen erforderlich?
- Kann ein **Kran** gestellt werden? Stören z. B. Hochspannungsleitungen und Nachbargebäude den Bauablauf? Welche Konsequenzen ergeben sich daraus für das Bausystem?
- Ist die **Gesamtbauhöhe** begrenzt? Müssen deshalb die Konstruktionsdicken (z. B. Decken, Unterzüge) minimiert werden?

1.2.3 Baugrund

- Welcher **Baugrund** steht in dieser Gegend an? Welche Informationen lassen sich aus der **geologischen Karte** entnehmen?
- Sind bei Nachbargrundstücken **Bodenaufschlüsse** (Baugruben) einzusehen?
- Liegt ein **Baugrundgutachten** vor?
- Läßt sich aus dem **Bewuchs** oder aus dem **Flurnamen** etwas über die Bodenbeschaffenheit ableiten?
- Wurden **Baugrunduntersuchungen** am Bauplatz selbst oder bei Nachbargrundstücken durchgeführt (Schürfe, Sondierungen etc.)?
- War das Grundstück bereits früher einmal bebaut? Sind **Gebäudereste** noch **im Untergrund** vorhanden?
- Wurde der natürliche Geländeverlauf geändert? Befinden sich **Ablagerungen**, Deponien, **Altlasten** o. ä. im Untergrund?
- Wie hoch steht das **Grund-** bzw. **Schichtwasser**? Ist mit **Hochwasser** zu rechnen?
- Wie tief sind die **Nachbarbauwerke** gegründet?
- Sind an Nachbarbauwerken **Rißbildungen** infolge von Baugrundbewegungen (Setzungsdifferenzen) aufgetreten (Beweissicherung vornehmen)?
- In welcher Tiefe stehen tragfähige Bodenschichten an? Ist eine **Tiefgründung** erforderlich?
- Welche **Bodenpressungen** können zugelassen werden?
- Welche **Konsequenzen** ergeben sich aus den vorgenannten Erkenntnissen **für die Gründung** und den **Keller** (Flach-, Tief-, Flächengründung, Trägerrost, Streifenfundamente, Einzelfundamente, Weiße Wanne)?

1.2.4 Konstruktion/Aussteifung/Fugen

- Wie wird das Gebäude ausgesteift (**Gesamtstabilität**)? Für welche Horizontalbelastungen ist das Bauwerk auszulegen (z. B. Wind, Erddruck, Erdbeben, Anprallasten)?
- Sind **Fugen** erforderlich (Dehn-, Setz- und Scheinfugen oder Schwindgassen)? Durch Fugen getrennte Bauabschnitte müssen jeweils für sich allein auch für Horizontallasten standsicher sein.
- Können die Decken als **Scheiben** ausgebildet werden? Müssen horizontale Verbände in Deckenebene oder Ringbalken als **Scheibenersatz** angebracht werden?
- Wo werden **vertikale Aussteifungselemente** angeordnet? Ist deren Lage im Grundriß verträglich mit den Zwängen aus Verformungsbehinderung (z. B. Temperaturänderung, Schwinden u. ä.)?
- Haben die vertikalen Aussteifungselemente genügend Auflast aus einem großen Lasteinzugsgebiet, um die Horizontallasten in den Baugrund ableiten zu können? (Möglichst **keine** Stützen **neben** Wandscheiben, sondern **in** Wandscheiben anordnen.)
- Weisen benachbarte Baukörper unterschiedliche Höhen oder unterschiedlich nachgiebigen Baugrund auf (**Setzfugen**)?

1.3 Anregungen zum praktischen Vorgehen beim Tragwerksentwurf

Um ein für den Entwurf geeignetes Tragwerk zu entwickeln, sollte man die Raumvorstellungen skizzieren (maßstäblich) und verschiedene statische Strukturen ausprobieren. Für die Überprüfung der Realisierbarkeit empfiehlt es sich, die Größenordnung der Tragelemente und die Beanspruchungen in den kritischen Zonen rechnerisch zu überschlagen. Hilfreich für das Entwickeln von Tragwerksvarianten sind:

- Studium und Analyse gebauter Objekte als Anregung für Modifikationen zur Tragstruktur
- Literaturstudium (siehe Kapitel 15)
- Zusammenarbeit mit erfahrenen Tragwerksplanern
- Anwendung von Vorbemessungshilfen
- Statisch-konstruktive Überlegungen:
  1. Formfindung
  2. Modellbildung (Statisches System)
  3. Lastabschätzung (vertikal und horizontal)
  4. Genäherte Ermittlung der maximalen Schnittgrößen (M, Q, N) an vereinfachten statischen Systemen
  5. Überschlägiges Dimensionieren der Tragelemente und ihrer Verbindungen an den Stellen der maximalen Beanspruchung (z. B. max M) und in den Krafteinleitungsbereichen (Auflager, Knotenpunkte und schwierige konstruktive Details)
  6. Gewährleistung der Gesamtstabilität (Standsicherheit gegen horizontale Lasten)
  7. Überlegungen zur Gebrauchsfähigkeit (Verformungen), Ausführbarkeit (Montage), Beständigkeit, Brandschutz und Kosten.

Nachfolgend wird als Anregung für einige typische statische Systeme die zur Vorbemessung von Biegetragwerken (= horizontaler Transport der Lasten) anzunehmende Größe des „Hebelarms der inneren Kräfte z" am Ort des maximalen Moments zusammengestellt:

$$M = D \cdot z = Z \cdot z \quad \rightarrow \quad \boxed{Z = D = \frac{M}{z}}$$

z = Abstand der Resultierenden aus Biegedruck und Biegezug:
kleiner Hebelarm → große Kräfte
großer Hebelarm → kleine Kräfte

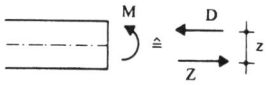

Mit der Kenntnis der im allgemeinen ausnutzbaren Beanspruchbarkeiten der einzelnen Werkstoffe und der über die jeweiligen Verbindungsmittel übertragbaren Kräfte kann ein Tragwerk mit geringem Aufwand auf Ausführbarkeit hin überprüft und die Größe der Querschnitte und ihrer Verbindungen abgeschätzt werden.

Die zulässige Tragfähigkeit der Materialien kann bei zusammengesetzten Konstruktionen wegen der Schwächung im Bereich der Verbindungen im allgemeinen nicht voll genutzt werden.

Somit ergibt sich näherungsweise:

Erf. Fläche der Zugzone $A_Z \approx \dfrac{Z}{\sigma_E}$

σ_E Entwurfsspannung (reduziert im Hinblick auf Verbindungstechnik)

Entwurfsspannung σ_E in kN/cm²

Material	Verbindungstechnik	σ_E
Holz	z. B. Stabdübel	0,5
St 37	Schrauben/Schweißen	12
B 25 BSt IV		0,8 28

Erf. Fläche der Druckzone $A_D \approx \dfrac{D}{\sigma_{E,\lambda}}$

$\sigma_{E,\lambda}$ Entwurfsspannung (reduziert im Hinblick auf Schlankheit und Verbindungstechnik), siehe auch Abschnitt 2.4, Vordimensionierung von Stützen in Abhängigkeit von Druckkraft und Knicklänge

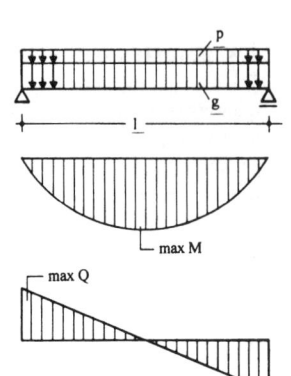

Seil

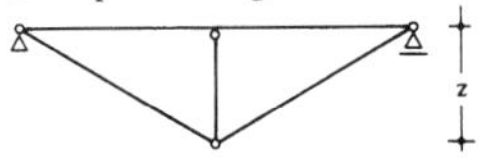

Bogenbinder (Gewölbe-/Rahmenwirkung)

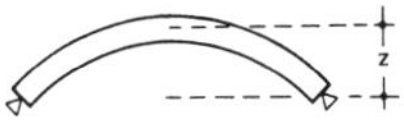

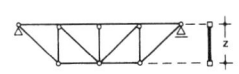

Bogenbinder (Balkenwirkung)

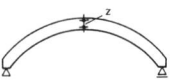

Unterspannter Träger

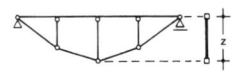

Unterspannter Träger

Unterspannter Träger

Stahlbetonbalken

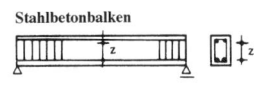

I-Stahlprofil

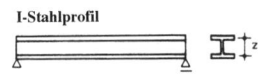

Stahlbeton-Fertigteilbinder

Parallelbinder (Fachwerk)

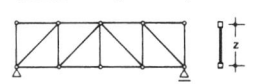

Fachwerk

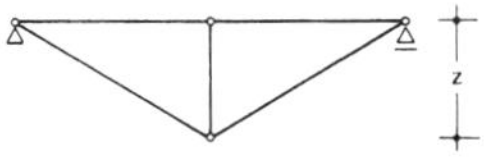

Pultbinder (Fachwerk)

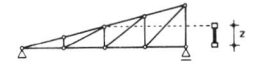

Dreiecksbinder (Fachwerk)

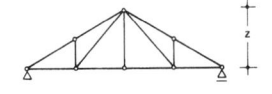

Arbeitstechniken

Beim Entwerfen von Geschoßbauten haben sich für das praktische Vorgehen unter anderem folgende **Arbeitstechniken** bewährt:

- Werden mehrere Baubereiche mit unterschiedlichen Funktionen übereinander angeordnet, so sollte stets das System mit den stärksten Bindungen zuerst entworfen werden, und die weiteren Funktionen sollten sich daran orientieren; z. B. bei Stapelung „Tiefgarage – Ladengeschoß – Wohnungen" sollten zuerst die Möglichkeiten der Verkehrsführung und Stützenstellung in der Tiefgarage abgeklärt werden und danach, darauf aufbauend, die Laden- bzw. Wohngeschosse entwickelt werden. Eine Umkehrung des Entwurfsprozesses erfordert meist die Zwischenschaltung eines aufwendigen Lastverteilungsrostes („Statikgeschoß").

- Während des Entwurfsprozesses sollten die Tragstruktur und das Lastabtragungssystem des darunterliegenden Geschosses berücksichtigt werden (durch Übereinanderlegen der Transparentpläne oder Miterfassen der darunterliegenden Tragstruktur durch andersfarbige Darstellung; besonders empfehlenswert ist dies bei der Überprüfung alter Bausubstanz!).

- Verwendung von Rastern mit systematisierter Struktur. Hierbei gilt: Zur Erzielung einer **geringen Gesamtkonstruktionshöhe Decke/Unterzug** muss der *Unterzug* über die *kurze* und die *Decke* über die *lange* Spannweite gespannt werden. Die **wirtschaftlichste Deckenkonstruktion** erhält man, wenn die *Decke* über die *kurze* und der *Unterzug* über die *lange* Richtung gespannt werden.

- Entwicklung der Konstruktionsidee im Grundriß **und** im Schnitt.

- Vertikale Lasten sollten auf kürzestem und direktem Wege ohne Umleitungen über Biegeträger (Abfangungen) abgeleitet werden. Lasten „spazierenführen" ist teuer; vergleichbar mit der Installationsführung bei der Entwässerung.

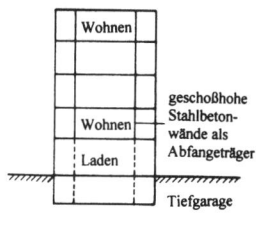

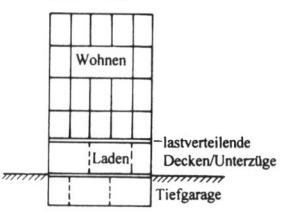

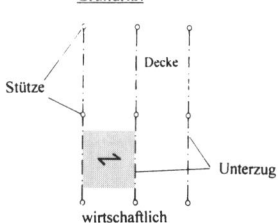

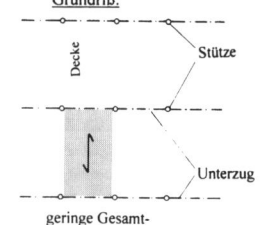

4.37

2 Vorbemessung
Überschlagswerte zur Vordimensionierung der tragenden Konstruktionen (Abschätzen der Bauteilabmessungen)

2.1 Dächer

2.1.1 Lastannahmen

Dachtragelemente in der Regel für späteren Dachausbau auslegen. Die durchschnittliche Gesamtdachlast für überschlägige Lastenermittlung beträgt etwa:

$2{,}0 \text{ kN/m}^2$ ($\alpha < 60°$) bis $2{,}5 \text{ kN/m}^2$ ($\alpha \geq 60°$)

Bei nichtausgebauten Dächern jeweils ca. $0{,}5 \text{ kN/m}^2$ weniger.

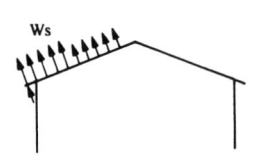

● **Zusatzlasten**
bei Begrünung: extensiv: ca. $1{,}00 \text{ kN/m}^2$
intensiv: ca. 2 bis 5 kN/m^2

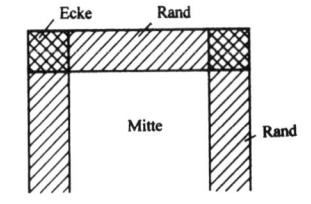

● **Sogsicherung:**
– ist bei flachen und leichten Dächern ($\alpha < 25°$) wichtig,
– insbesondere an den Rändern und Ecken
– Verankerung in Decken und Wänden
– Im Regelfall gilt:
 Für Gebäudehöhen **bis 8 m** über OKG:
 Staudruck $q = 0{,}5 \text{ kN/m}^2$
 ($\hat{=}$ ca. 100 km/h Windgeschwindigkeit)
 z. B. Sog im Eckbereich und $\alpha < 25°$:
 $w_s = c_p \cdot q = 3{,}2 \cdot 0{,}5 = 1{,}6 \text{ kN/m}^2$

 Für Gebäudehöhen **über 8 m bis 20 m** über OKG:
 Staudruck $q = 0{,}8 \text{ kN/m}^2$
 ($\hat{=}$ ca. 130 km/h Windgeschwindigkeit)

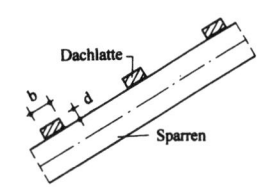

2.1.2 Dachlatten
Mindestabmessungen

Sparrenabstand e	d/b
cm	mm
< 70	24/48
< 80	30/50
< 90	35/50
< 100	40/60

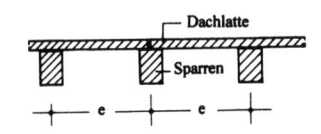

2.1.3 Windrispen (Abmessungen in mm)
– Holz 40/100 an Unterseite Sparren

oder

– Stahl (Windrispenband) 2/40 auf Oberseite Sparren mit Anschluß über Knagge zwischen den Sparren
– Endanschluß mit > 12 Sondernägeln 4×40
– Zwischenbefestigung 2 Nägel je Sparren
– Rispenband spannen!

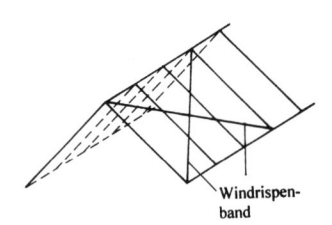

2.1.4 Sparrendach

- **Anwendungsbereich**
  - Dachneigung > 20°
  - Hausbreite:
    bei $L < 10$ m mit Vollholz möglich
    bei $L > 10$ m Sonderkonstruktion
    wählen; z. B. DSB (Empfehlung: KVH)[*)]

- **Statisch-konstruktive Hinweise**
  - keine großen Öffnungen im Dach und/oder Decke anordnen (wegen Dachschub/Zugband)
  - Decke muß Zugbandfunktion erfüllen
  - Drempel mit biegesteifer Verbindung zur Decke oder oben durch Ringbalken gehalten.

- **Sparren**

  Alle Werte für Dächer mit Dachausbau

  Sparrenhöhe $d \approx \dfrac{s}{24} + 2$ (cm)
  (s = Sparrenlänge)

  d muß aber auch ggf. ausreichend für Dämmung zwischen den Sparren sein.

  Sparrenbreite $b \approx e/10 \geq 8$ cm
  (e = Sparrenabstand)

  Horizontalschub $H = \dfrac{qL^2}{8f} \approx \dfrac{qL}{4 \tan \alpha}$

  ≈ 10 bis 15 kN/m Trauflänge
  hier: q = Gesamtlast aus Eigenlast, Ausbau, Schnee und Wind

2.1.5 Kehlbalkendach
(Dachraum ausgebaut)

- **Anwendungsbereich**
  - Dachneigung > 20°
  - Hausbreite $L < 14$ m mit Vollholz möglich
    > 14 m Sonderelemente nötig

- **Statisch-konstruktive Hinweise**
  - keine großen Öffnungen in Dach und/oder Decke (wegen Dachschub/Zugband)
  - Decke muß Zugbandfunktion erfüllen
  - Drempel mit biegesteifer Verbindung zur Decke oder obere Halterung durch Ringbalken.

- **Empfehlung für Höhenlage der Kehlbalken**
  $h_u : h \approx 0{,}6$ bis $0{,}8$

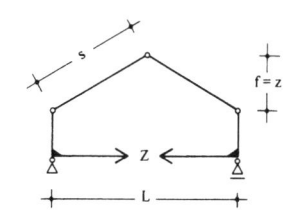

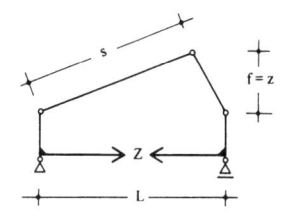

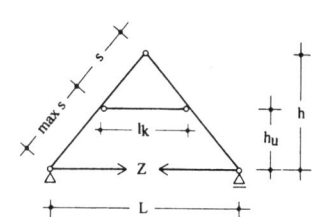

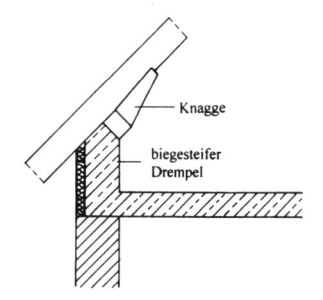

[*)] KVH = Konstruktionsvollholz.

● Sparren

Sparrenhöhe $d \approx \dfrac{\max s}{24} + 4$ in cm

(max s = max. Sparrenlänge zwischen den Unterstützungen)

d sollte ggf. ausreichend hoch für die Dämmung **zwischen** den Sparren sein.

Sparrenbreite $b \approx \dfrac{e}{8} \geq 8$ cm

(e Sparrenabstand)

Kehlbalkenhöhe $d_K \approx \dfrac{l_K}{20}$ (mit Spitzbodenlast)

Kehlbalkenbreite $b_K \approx \dfrac{e}{8}$ (einteilig)

bzw. $\approx 2 \cdot \dfrac{e}{16}$ (zweiteilig, Zangen)

Sonderfall:
Bei **großen Öffnungen** im Dach oder in der Decke kann der Störbereich z. B. mit **beidseitigen** Pfetten ausgewechselt werden.

Hinweis: Keinen H-Schub aus V-Lasten am unteren Sparrenauflager einleiten (unteres Sparrenauflager wie Auflager beim Pfettendach ausbilden).

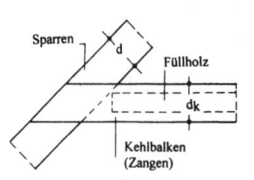

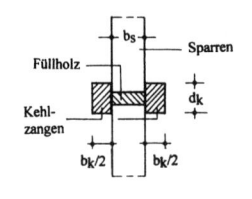

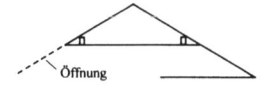

2.1.6 Pfettendach
(Pultdach = Pfettendachhälfte)

● **Anwendungsbereich**
– bei geringer Dachneigung
– bei großen Öffnungen im Dach und/oder in der darunterliegenden Decke
– die Spannrichtung der darunterliegenden Decke ist beliebig.
– große Dachüberstände an Traufe und Giebel sind möglich.

● **Sparren**

Sparrenhöhe $d \approx \dfrac{\max s}{24}$

d sollte ggf. ausreichend hoch für die Dämmung **zwischen** den Sparren sein.

Sparrenbreite $b \approx \dfrac{e}{10} \geq 8$ cm

(e = Sparrenabstand)
$b/d = 1/2$ günstige Querschnittsform

● **Grat- oder Kehlsparren**

$d \approx 1{,}5\, d_{\text{Normalsparren}}$

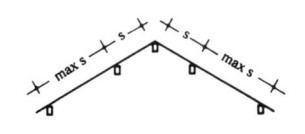

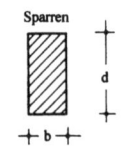

4.40

● **Pfetten**
Last nur aus Dach

Pfettenhöhe $d \approx \dfrac{L}{24} + \dfrac{E}{30 \text{ bis } 50}$

Wert 30 für $\alpha \approx 45°$
Wert 50 für $\alpha \approx 15°$

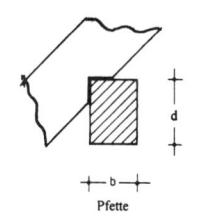

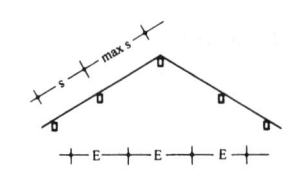

Pfettenbreite $b \approx \dfrac{L}{40} + \dfrac{E}{50}$

bzw. $b \approx 0{,}5\,d$ bis $0{,}7\,d$

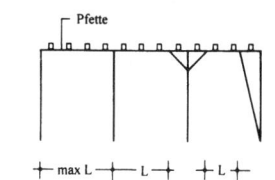

maßgebend = max L

Last aus Dach und ausgebautem Spitzboden

Pfettenhöhe $d \approx \dfrac{L}{24} + \dfrac{E_1 + E_2}{30}$

Pfettenbreite $b \approx \dfrac{L}{40} + \dfrac{E_1 + E_2}{50}$

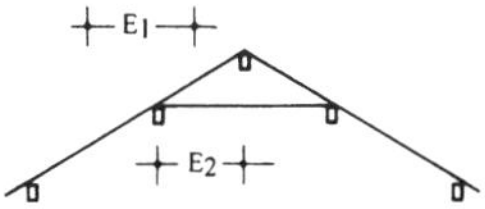

Hinweis:

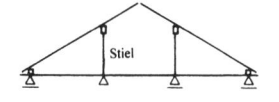

Nicht abgestrebtes Pfettendach
= Horizontale Festhaltung am Sparrenfuß:
  Mittelpfetten rechteckig, hochkant

Abgestrebtes Pfettendach
= Horizontale Festhaltung durch seitliche Halterung der Pfetten
  (seitlich abgestrebte Stiele): Mittelpfetten in etwa quadratisch

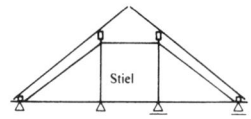

● **Stiele** (= Stützen unter den Pfetten)

Stiellast $N \approx$ Durchschnittslast × Einzugsfläche

$N \approx (2{,}5$ bis $3{,}0 \text{ kN/m}^2) \cdot (E_1 + E_2) \cdot L_\text{N}$ (m)

(L_N Mittelwert der an den Stiel angrenzenden Nachbarspannweiten der Pfette)

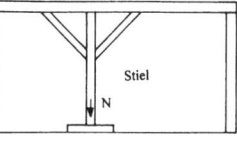

Stielquerschnitt

$a \approx \sqrt{6 \cdot N (\text{kN})}$ in cm

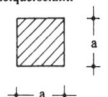

4 Baustatik Vorbemessung

4.41

2.1.7 Sprengwerk/Hängewerk

● **Anwendungsbereich**

- Dachneigung ≥ 30°
- bei freiem Dachraum.

● **Statisch-konstruktive Hinweise**

- wenn Lastabtragung vom Dach nur auf Außenwände möglich ist
- beim Fehlen von tragenden Innenwänden
- Binderabstand ca. 3,5 m bis 5 m; die Zwischenbereiche können Öffnungen und Störungen aufweisen.

● **Sparren und Pfetten**

Dimensionierung wie Pfettendach (Abschn. 2.1.6)

● **Spannriegel und Bundstrebe**

Dimensionierung als Druckstäbe nach Abschn. 2.4:
Kräfteermittlung über Krafteck
S Bundstrebe P Last aus Pfette
R Spannriegel St Streckbalken

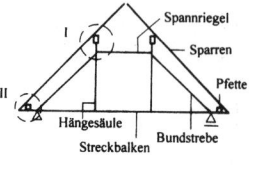

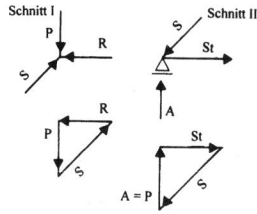

2.1.8 Flachdächer

● **Allgemein**

- Gesamtlasten (Eigenlast + Schnee + Wind)
  leicht   mittel   schwer
  $1,5\,kN/m^2$ $2,5\,kN/m^2$ $4,0\,kN/m^2$
  (Kiespreßdach)   (Kiesschüttung)   (extensiv begrünt)
- Sog an den Dachrändern und besonders an den Gebäudeecken beachten (flache Dächer α < 25° und Dachüberstände sind besonders gefährdet)
- Gefälle beachten: mind. 3 % Dachneigung (Wassersackbildung).

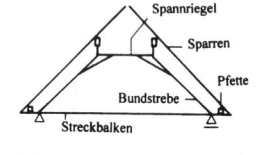

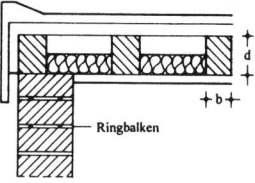

● **Holzbalkenflachdach**

Anwendungsbereich

$l < 5\,m$ (Vollholz), Empfehlung: KVH
$l > 5\,m$ (BSH)

Balken (Vollholz oder BSH)

Dachlast:
  leicht   mittel   schwer
  $d \approx l/24$ $l/20$ $l/16$

(e Balkenabstand ≈ 0,7 m bis 1,0 m bzw. $l/4$)

$b > 0,5\,d$

● **Dreieck-Streben-Binder o. ä.**

$l \approx 5\,m$ bis 10 m $d \leq 75\,cm$

$d \approx l/20$ bis $l/15$
Trägerabstand $e \approx 0,80\,m$ bis 1,25 m

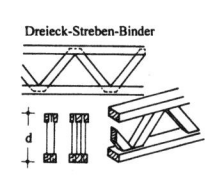

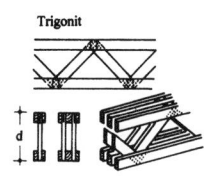

2.1.9 Weitgespannte Dachtragwerke
● Holzkonstruktionen (aus Informationsdienst Holz)

Be-zeichnung	Statisches System	System-Skizze	Spannweite l m	Binderhöhe	Binderabstand	Dachneigung α
Fachwerkträger	Dreieckförmiger Binder		7,5 bis 30	$h \geq \frac{l}{10}$	4 bis 10 m	12 bis 30°
			7,5 bis 20	$h_m \geq \frac{l}{10}$	4 bis 10 m	12 bis 30°
	Trapezförmiger Binder		7,5 bis 30	$h \geq \frac{l}{12}$	4 bis 10 m	3 bis 8°
			7,5 bis 30	$h_m \geq \frac{l}{12}$	4 bis 10 m	3 bis 8°
	Parallelbinder		7,5 bis 60	$h \geq \frac{l}{12} - \frac{l}{15}$	4 bis 10 m	–
			7,5 bis 60	$h \geq \frac{l}{12} - \frac{l}{15}$	4 bis 10 m	–
			7,5 bis 60	$h \geq \frac{l}{12} - \frac{l}{15}$	4 bis 10 m	–
Fachwerkrahmen	Dreigelenkrahmen		Kantholzrahmen 15 bis 30		Kantholzrahmen e=4 bis 6 m	20°
			Rahmen mit Stützen aus Brettschichtholz 25 bis 50	$\frac{l}{12}$	weitgespannte Rahmen e=6–10 m	–
	Dreigelenkrahmen einhüftig		10 bis 20	$\frac{l}{12}$	e=4 bis 6 m	3 bis 8°
	Zweigelenkrahmen		Kantholzrahmen 15 bis 40		Kantholzrahmen e=4 bis 6 m	3 bis 8°
			Rahmen mit Stäben aus Brettschichtholz 25 bis 60	$\frac{l}{12}$	weitgespannte Rahmen e=6–10 m	–
Brettschichtträger	Einfeldträger parallel		10 bis 35	$\frac{l}{17}$	5 bis 7,50 m	–
	Einfeldträger satteldachförmig		10 bis 35	$\frac{l}{16} / \frac{l}{30}$	5 bis 7,50 m	3 bis 8°
	Einfeldträger geknicktes Satteldach		10 bis 35	$\frac{l}{16} / \frac{l}{30}$	5 bis 7,50 m	max 12°

4 Baustatik Vorbemessung

● **Stahlkonstruktionen** (Beispiele)

Nr.	Binderform	System	Binderspannweite	Binderhöhe
1	parallelgurtig, eben		ca. 40 m	$\left(\frac{1}{8} \text{ bis } \frac{1}{10}\right) l$
2	parallelgurtig, eben		ca. 40 m	$\left(\frac{1}{8} \text{ bis } \frac{1}{12}\right) l$
3	parallelgurtig, eben		ca. 40 m	$\left(\frac{1}{8} \text{ bis } \frac{1}{12}\right) l$
4	Pultdach, geneigter Obergurt		ca. 40 m	$\left(\frac{1}{8} \text{ bis } \frac{1}{12}\right) l$
5	Pultdach, geneigter Obergurt		ca. 40 m	$\left(\frac{1}{8} \text{ bis } \frac{1}{12}\right) l$
6	Pultdach, geneigter Obergurt		ca. 40 m	$\left(\frac{1}{8} \text{ bis } \frac{1}{12}\right) l$
7	Pultdach, geneigter Binder		ca. 40 m	$\left(\frac{1}{8} \text{ bis } \frac{1}{12}\right) l$
8	Pultdach, geneigter Binder		ca. 40 m	$\left(\frac{1}{8} \text{ bis } \frac{1}{12}\right) l$
9	Pultdach, geneigter Binder		ca. 40 m	$\left(\frac{1}{8} \text{ bis } \frac{1}{12}\right) l$
10			ca. 40 m	$\left(\frac{1}{10} \text{ bis } \frac{1}{14}\right) l$

● **Stahlkonstruktionen** (Beispiele) (Fortsetzung)

Nr.	Binderform	System	Binderspannweite	Binderhöhe
11	Satteldach, Dreieckform		ca. 20 m	$\left(\frac{1}{6} \text{ bis } \frac{1}{9}\right) l$
12			ca. 20 m	$\left(\frac{1}{6} \text{ bis } \frac{1}{9}\right) l$
13			ca. 20 m	$\left(\frac{1}{6} \text{ bis } \frac{1}{9}\right) l$
14			ca. 20 m	$\left(\frac{1}{6} \text{ bis } \frac{1}{9}\right) l$
15	Polonceaubinder		ca. 20 m	$\left(\frac{1}{6} \text{ bis } \frac{1}{9}\right) l$
16			ca. 20 m	$\left(\frac{1}{6} \text{ bis } \frac{1}{9}\right) l$

2.2 Geschoßdecken

2.2.1 Allgemeines

- Werte gültig für Verkehrslast $p \leq 5 \text{ kN/m}^2$
- Wohnungsbau: $p = 1{,}5 \text{ kN/m}^2$ (*mit* ausreichender Fähigkeit zur Querverteilung von Einzel- und Streckenlasten)
- Wohnungsbau: $p = 2{,}0 \text{ kN/m}^2$ (*ohne* ausreichende Fähigkeit zur Querverteilung von Lasten, z. B. Holzbalkendecke)
- Berücksichtigung unbelasteter leichter Trennwände durch Zuschlag zur Verkehrslast:
  $\Delta p = 1{,}25 \text{ kN/m}^2$ für Wandgewicht $\leq 150 \text{ kg/m}^2$
- Deckengesamtlast 5 (Holz) bis 10 (Stahlbeton) kN/m^2.

Empfehlung:
Immer Trennwandzuschlag berücksichtigen, damit Umbauten möglich sind.

2.2.2 Stahlbetonplattendecken (Vollbetondecken)

Maßgebend für die Wahl der Deckendicke ist die ideelle Stützweite
$l_i = \alpha \cdot l$ ($\approx$ Abstand der Momentennullpunkte)

Einfeldträger: Mehrfeldträger:
$l_i = l$ Endfeld: $l_i = 0{,}8$ bis $0{,}9\, l$
   Mittelfelder: $l_i = 0{,}6\, l$
Kragarm: $l_i = 2{,}4\, l$

● **einachsig gespannte Platten**

α - Werte:

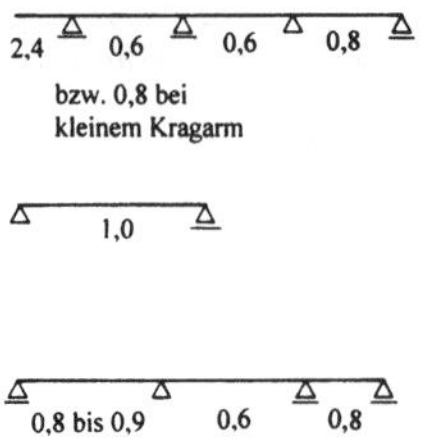

| 2,4 | 0,6 | 0,6 | 0,8 |

bzw. 0,8 bei kleinem Kragarm

| 1,0 |

| 0,8 bis 0,9 | 0,6 | 0,8 |

Beton B 25, BSt 500 M oder S

- **Anwendungsbereich**
  $l_i < 6$ m (wirtschaftlich)

- **Deckendicke**

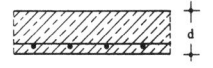

$$d \approx \frac{l_i}{30} \quad \text{bzw. genauer:} \quad d\,(m) \geq \frac{l_i\,(m)}{35} + 0{,}02\,\text{m}$$

Ortbetondecke

Bei Decken mit leichten Trennwänden und bei $l_i > 4{,}3$ m:

$$d\,(m) \geq \frac{l_i^2\,(m)}{150} + 0{,}02\,\text{m}$$

- **Bewehrung für Verkehrslast** $p = 2{,}75$ kN/m² (Wohnungsbau)
  B 25, BSt 500

Nachfolgende Werte sind nur gültig für Verkehrslast „Wohnungsbau" und Plattendicken in der Nähe der o. g. Entwurfswerte ($d \approx l_i/30$). Bei Abweichungen der Spannweiten benachbarter Felder $> 30\,\%$ sollte l_i der jeweils großen Felder reichlich gewählt werden.

*Feld*bewehrung (unten):

$$a_s\,(\text{in cm}^2/\text{m}) \approx \frac{l_i^2\,(m)}{4}$$

*Stütz*bewehrung (oben):

$$a_s\,(\text{in cm}^2/\text{m}) \approx \frac{l_m^2\,(m)}{4}$$

l_i ideelle Stützweite
l_m jeweiliger Mittelwert der benachbarten Spannweiten für die betreffende Stützung:

$$l_m = \frac{l_\text{links} + l_\text{rechts}}{2}$$

- **Stahlbedarf** (einachsig gespannt)
  Einfeldsystem:
  (einachsig gespannt): g_Stahl (kg/m² Decke) $\approx 1{,}3\, a_s$ (cm²/m)

  Durchlaufsystem:
  (einachsig gespannt): g_Stahl (kg/m² Decke) $\approx 1{,}7\, a_s$ (cm²/m)

  a_s Bewehrungsquerschnitt im Feld in Haupttragrichtung

Beispiel Zweifeldträger:

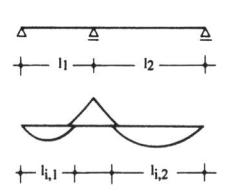

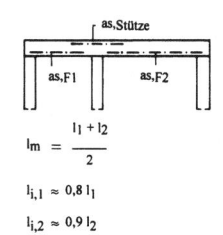

l_1 ─── l_2

$l_{i,1}$ ─── $l_{i,2}$

$a_{s,\text{Stütze}}$
$a_{s,F1}$ $a_{s,F2}$

$l_m = \dfrac{l_1 + l_2}{2}$

$l_{i,1} \approx 0{,}8\, l_1$
$l_{i,2} \approx 0{,}9\, l_2$

- **zweiachsig gespannte Platten**
  - **Anwendungsbereich:** $l \leq 7\,\text{m}$

    wirtschaftlich für $\varepsilon = \dfrac{l_{max}}{l_{min}} < 1{,}4$

    Nur bedingt zu empfehlen bei Halbfertigteilkonstruktionen (z. B. Elementdecke) wegen der reduzierten statischen Höhe. Außerdem muß die Querbewehrung einzeln eingefädelt werden!

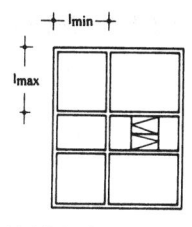

  - **Deckendicke**

    Maßgebend für die Dimensionierung ist die kleinere der beiden Spannweiten l_i.
    Bei mehreren zusammenhängenden Deckenfeldern mit einer einheitlichen Deckendicke ist die maßgebende Spannweite die größte der jeweils kleinen Spannweiten.

    $d\,(\text{m}) > \dfrac{l_i\,(\text{m})}{\quad}$ bzw. $\dfrac{l_i^{\,2}\,(\text{m})}{\quad} + 0{,}03\,\text{m}^{*)}$ 30 150

    *) Maßgebend bei Decken mit leichten Trennwänden und $l_i > 4{,}30\,\text{m}$.

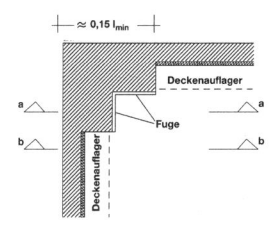

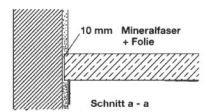

    Zur Vermeidung von Rissen in den Mauerwerkswänden im Bereich der freien Ecken muß eine Abhebesicherung (Verankerung/Auflast/Randversteifung/Unter- bzw. Überzug) eingebaut werden, oder die Decke darf im Eckbereich nicht auflagern! (Kein Abheben, siehe nebenstehende Abbildungen, keine Wärmebrücke, geringere obere Drillbewehrung, aber größeres Feldmoment.)

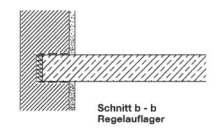

2.2.3 Stahlbeton-Rippendecken

- **Anwendungsbereich**

  - $l > 6\,\text{m}$
    $< 12\,\text{m}$

  - Verkehrslast $\leq 5\,\text{kN/m}^2$

  - lichter Rippenabstand $a_L \leq 70\,\text{cm}$

  - gute Führungsmöglichkeit von Installationen zwischen den Rippen

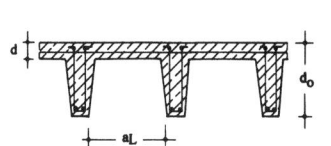

- **Dimensionierung**

  $d \geq 5\,\text{cm}$ bzw. $> a_L/10$

  $d_0 \approx \dfrac{l}{15}$ bis $\dfrac{l}{20}$

  Nur einlagige Querbewehrung in der Druckplatte!
  Bei Decken mit leichten Trennwänden:

  $d_0\,(\text{m}) > \dfrac{l_i^{\,2}\,(\text{m})}{150} + 0{,}035\,\text{m}$

- **Voll- und Halbmassivstreifen**

Erforderlich bei durchlaufenden Systemen im Bereich der Innenstützungen (Aufnahme der Biegedruckkräfte)

Empfehlung:

Deckendurchbrüche möglichst im Bereich der Druckplatte neben den Rippen und nicht in Unterzugsachsen anbringen.
Bei großen Spannweiten sind Querrippen erforderlich.

2.2.4 Plattenbalkendecke/π-Platten

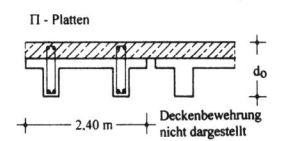

- **Anwendungsbereich**
  - wie Rippendecke, jedoch:
  - Verkehrslast $> 5\,\text{kN/m}^2$
  - lichter Rippenabstand $> 70\,\text{cm} \approx l_{\text{Rippe}}/4$
  - Druckplatte mit oberer und unterer Querbewehrung

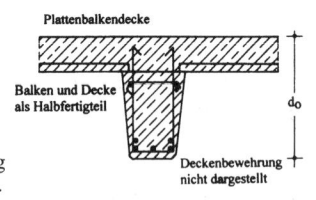

- **Dimensionierung**

$d_o \approx l/15$ bis $l/20$

Empfehlung für π-Platten:

Aufbeton zur einfachen Erzielung einer Deckenscheibenwirkung und zum Ausgleich von eventuell vorhandenen Höhendifferenzen.

2.2.5 Kassettendecken

- **Anwendungsbereich**

statisch sinnvoll nur bei

$\varepsilon = \dfrac{l_y}{l_x} > 0{,}9$ bis $1{,}1$

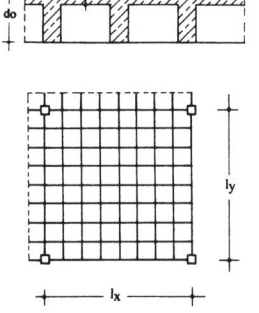

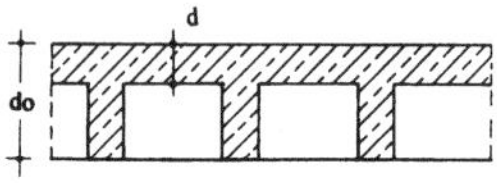

- **Dimensionierung**

$d_o \approx l/20$

2.2.6 Flach- und Pilzdecken

Unterzugslose, punktgestützte Stahlbetonplattendecke auf quadratischem, rechteckigem oder dreiecksförmigem Stützenraster:

Pilzdecke – wenn Verstärkung im Bereich der Stützen (Pilzkopf)
Flachdecke – ohne Verstärkung im Bereich der Stützen.

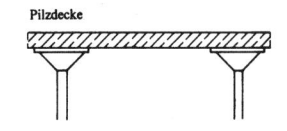

- **Anwendungsbereich**

- bei niedriger Gesamtkonstruktionshöhe
- freie Installationsführung möglich
- ausgedehnte Bereiche ohne Fugen ausführbar

$- \varepsilon = \dfrac{l_y}{l_x} > 2/3$ bis $3/2$

- **Dimensionierung**

Flachdecke: $d_{Platte} \approx l/25$ bis $l/20$
> 15 cm
$d_{Stütze} \approx 1,1 \, d_{Platte}$

Pilzdecke: $d_{Platte} \approx 0,8 \, d_{Platte}$ (Flachdecke)

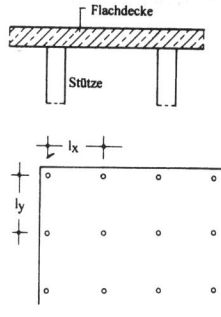

Achtung:

- möglichst keine Deckendurchbrüche neben den Stützen
- große Öffnungen besser im Innenbereich und nicht in den Stützenfluchten
- Deckendurchbiegungen ca. 30 % größer als bei analogen Decken mit Unterzügen (Schalung überhöhen!).

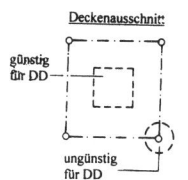

2.2.7 Stahlträgerverbunddecke

- **Anwendungsbereich**

Verkehrslast ≥ 5 kN/m²

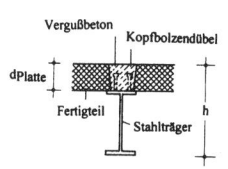

- **Dimensionierung**

- Deckenraster = 1,20; 2,40; 3,60 m
- Spannweite Deckenträger
  $\leq$ 3- bis 4faches Deckenraster $\leq 14,40$ m
- $d_{Platte} \approx$ Deckenraster/30 (i. allg. 12 bis 20 cm)
- Gesamthöhe $h \approx l/17$ (bei St 37).

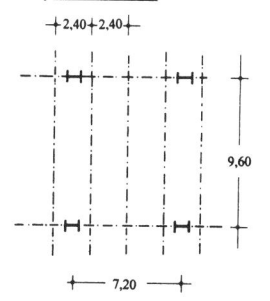

2.2.8 Holzbalkendecken

Eigenlast: ca. 2 kN/m²
Verkehrslast: = 2 kN/m²

- **Balken**

$d \approx \dfrac{l}{20}$

$b \approx (1/2$ bis $2/3) \, d \geq 10$ cm

Balkenachsabstand $e \approx l/4$
(günstig $e \approx 65$ cm bis 100 cm)

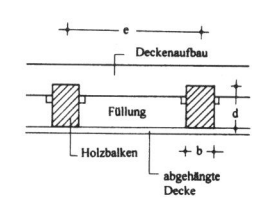

- **Brandschutz**

F 30-B mit Verkleidungen und Abdeckungen und/oder Überdimensionierung möglich

2.3 Unterzüge/Überzüge

2.3.1 Unterzüge aus Holz (unter Holzbalkendecken)

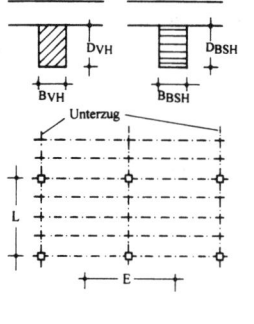

- **Vollholz** (VH)

$$D_{VH} \approx \frac{L}{22} + \frac{E}{33}$$

$$B_{VH} \approx \frac{L}{40} + \frac{E}{50}$$

- **Brettschichtholz** (BSH)

$D_{BSH} = 0{,}95 \cdot D_{VH}$
$B_{BSH} \leq 18$ cm

2.3.2 Stahlbetonunterzüge/Überzüge

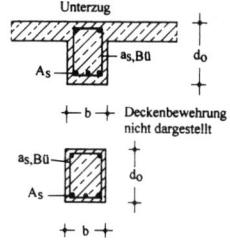

- **Einfeldträger**

$$d_0 \approx \frac{l}{8} \text{ bis } \frac{l}{12} \qquad b \geq 24 \text{ cm}$$

A_s (cm^2) $\approx (0{,}045$ bis $0{,}08) \cdot GL$ (kN)

$a_{sBü}$ (cm^2/m) $\approx (0{,}03$ bis $0{,}09) \cdot GL$ (kN)

A_s Längsbewehrung

$a_{sBü}$ Bügelquerschnitt je m

GL (kN)   gesamte Trägerlast eines Feldes

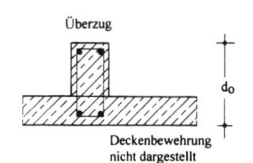

- **Durchlaufträger**

$$d_0 \approx \frac{l}{8} \text{ bis } \frac{l}{12}$$

$A_{s,Feld}$ (cm^2) $\approx (0{,}025$ bis $0{,}05) \cdot GL$ (kN)

$A_{s,Stütze}$ (cm^2) $\approx (0{,}04$ bis $0{,}08) \cdot GL$ (kN)

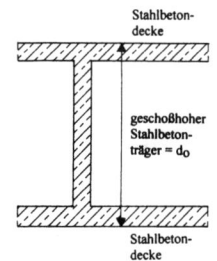

2.3.3 Deckengleicher Unterzug

Stahlbetonblindbalken:

$L \leq 15 \cdot d_{Platte}$
L Spannweite

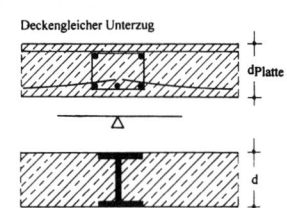

Stahlträger:

HEA: $d \approx \dfrac{L + E}{35}$

L Spannweite
E Einzugsbreite

4.50

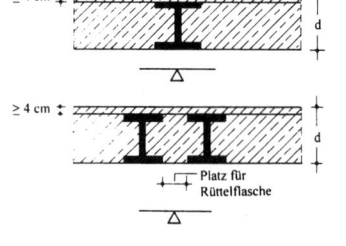

2.4 Stützen

Voraussetzung für die nachfolgenden Angaben: Gesamtstabilität des Bauwerks ist durch Decken- und Wandscheiben gewährleistet. Stützen sind oben und unten gehalten.

2.4.1 Stahlbeton

Für Stockwerkshöhe $< 13\, d_{min}$, Beton B 25 und Bewehrungsprozentsatz $\mu \approx 1\,\%$ gilt:

$A_{Stütze}$ (cm^2) $\approx N_{Stütze}$ (kN)

– bei Steigerung von $\mu = 1\,\%$ auf $\mu = 3\,\%$ gilt:

$A_{Stütze}$ (cm^2) $\approx 0{,}7 \cdot N_{Stütze}$ (kN)

– bei Verwendung von B 35 statt B 25 gilt:

$A_{Stütze}$ (cm^2) $\approx 0{,}77 \cdot N_{Stütze}$ (kN)

– bei $\mu \approx 3\,\%$ und Verwendung von B 35 gilt:

$A_{Stütze}$ (cm^2) $\approx 0{,}55 \cdot N_{Stütze}$ (kN)

Für dicke, runde Stützen („umschnürte Säule") mit

$s_K < 5 \cdot \varnothing_{Stütze}$ gilt:

$A_{Stütze}$ (cm^2) $\approx 0{,}5 \cdot N_{Stütze}$ (kN)

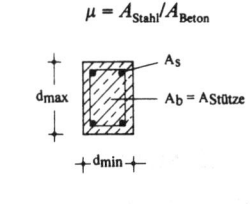

$\mu = A_{Stahl}/A_{Beton}$

2.4.2 Stahl

IPBl	(HEA):	h (mm) $\approx \sqrt{22 \cdot N\,(kN) \cdot s_K\,(m)}$
IPB	(HEB):	h (mm) $\approx \sqrt{16 \cdot N\,(kN) \cdot s_K\,(m)}$
IPBv	(HEM):	h (mm) $\approx \sqrt{10 \cdot N\,(kN) \cdot s_K\,(m)}$

Näherung für beliebige Profile und übliche Geschoßhöhen:

$\text{erf}\,A$ (cm^2) $\approx 0{,}1 \cdot N\,(kN)$

h Profilhöhe

N Stützenlast

s_K Knicklänge

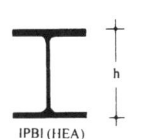

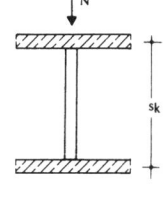

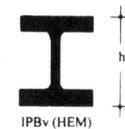

2.4.3 Holz

Für $s_K < 34\,d_{min}$ (z. B. Stütze 10/10, $s_K \leq 3{,}4\,m$) und Krafteinleitung an den Stützenenden $\perp$ zum Faserverlauf (z. B. Stütze/Schwelle oder Stütze/Unterzug):

$\text{erf}\,A$ (cm^2) $\approx (5\text{ bis }6) \cdot N\,(kN)$

bzw. $a \approx 2{,}3\sqrt{N\,(kN)}$

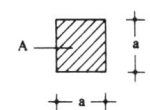

2.4.4 Planungshilfen für die Querschnitts- und Materialwahl von Geschoßstützen

Tafel 4.52 Tragfähigkeit im Vergleich

	Knicklänge $s_K = 3{,}0$ m					
Profil → Last in kN	HEA St 37	HEB St 37	HEM St 37	Rohr St 37	□[1] St 37	□[1] St 52
100	100	100	100	101,6 × 3,6	80 × 4	70 × 7,1
200	140	120	100	152,4 × 4,5	80 × 10	80 × 10
300	160	140	100	193,7 × 5,6	100 × 5,6	100 × 6,3
500	200	160	120	244,5 × 6,3	120 × 11	110 × 10
800	240	200	160	323,9 × 7,1	150 × 14,2	140 × 10
1 000	260	220	180	323,9 × 7,1	180 × 12,5	150 × 11
1 500	320	280	220	406,4 × 8,8	220 × 14,2	160 × 16
2 000	450	340	240		260 × 16	220 × 16
3 000	700	550	280			260 × 17,3
5 000	900					
8 000						
10 000						
[1] Quadratische MSH-Hohlprofile.						

Tafel 4.52 Fortsetzung

	Knicklänge $s_K = 3{,}0$ m			
Profil → Last in kN	Verbundquerschnitte[2] HEM (b/d)	Stahlbeton B 25 ($\mu = 0{,}8\%$)	Stahlbeton B 35 ($\mu = 3\%$)	Holz[3] NH/Gkl. II
100		20/20	20/20	16/16 (24/24)
200		20/20	20/20	20/20 (32/32)
300		20/20	20/20	22/22 (32/32)
500		24/24	20/20	
800		30/30	22/22	
1 000	100 (22/22)	32/32	24/24	
1 500	120 (24/24)	40/40	30/30	
2 000	140 (26/26)	45/45	34/34	
3 000	180 (30/30)	55/55	42/42	
5 000	260 (40/40)	72/72	55/55	
8 000	300 (45/45)	90/90	68/68	
10 000	400 (45/55)	100/100	75/75	

[2] St 52 (B 55), vgl. Abb. auf S. 10.77.
[3] Klammerwerte: Zulässige Pressung senkrecht zur Faser (Schwelle) wurde zugrunde gelegt.

Tafel 4.53 Tragfähigkeit im Vergleich

	Knicklänge $s_K = 4{,}2$ m					
Profil → Last in kN	HEA St 37	HEB St 37	HEM St 37	Rohr St 37	□[1] St 37	□[1] St 52
100	120	120	100	133 × 4	80 × 10	80 × 10
200	160	140	120	152,4 × 4,5	100 × 8,8	100 × 8,8
300	180	160	120	193,7 × 5,6	120 × 8,8	120 × 7,1
500	220	180	140	244,5 × 6,3	150 × 10	150 × 7,1
800	260	220	180	323,9 × 7,1	160 × 14,2	160 × 10
1 000	280	240	200	406,4 × 6,3	180 × 14,2	160 × 14,2
1 500	360	300	240		220 × 16	200 × 14,2
2 000	500	360	240		260 × 17,5	220 × 16
3 000	800	650	300			260 × 17,5
5 000						
8 000						
10 000						

[1] Quadratische MSH-Hohlprofile.

Bau-statik Vorbemessung 4

Tafel 4.53 (Fortsetzung)

	Knicklänge $s_K = 4{,}2$ m			
Profil → Last in kN	Verbundquerschnitte[2] HEM (b/d)	Stahlbeton B 25 ($\mu = 0{,}8$ %)	Stahlbeton B 35 ($\mu = 3$ %)	Holz[3] NH/Gkl. II
100				20/20 (24/24)
200				24/24 (32/32)
300				26/26 (32/32)
500		24/24		
800	100 (22/22)	30/30	22/22	
1 000	120 (24/24)	32/32	24/24	
1 500	140 (26/26)	40/40	30/30	
2 000	160 (30/30)	45/45	34/34	
3 000	200 (35/35)	55/55	42/42	
5 000	260 (40/40)	72/72	55/55	
8 000	320 (45/50)	90/90	68/68	
10 000	500 (45/65)	100/100	75/75	

[2] St 52 (B 55), vgl. Abb. auf S. 10.77.
[3] Klammerwerte: Zulässige Pressung senkrecht zur Faser (Schwelle) wurde zugrunde gelegt.

2.5 Fundamente

Für zul. Bodenpressung zul $\sigma_B \approx 200$ kN/m² bis 300 kN/m² sowie Erdauflast und Fundamenteigenlast $\approx 20\,\%$ der Stützenlast N_{St} gilt:

$$\text{erf}\,A_{Fu} \approx \frac{G_{Fu} + N_{St}}{\text{zul}\,\sigma_B}$$

N_{St} Stützenlast OK Fundament aus Summe aller Lasten × Stützeneinzugsflächen
G_{Fu} Fundamenteigenlast und Erdauflast

● **Quadratische Einzelfundamente**

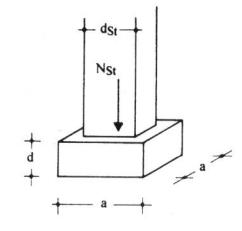

Seitenlänge a (m) $= \sqrt{\dfrac{1{,}2 \cdot N_{St}\,(\text{kN})}{\text{zul}\,\sigma_B\,(\text{kN/m}^2)}}$

Ausführung in B 25 **unbewehrt**:

Fundamentdicke $d\,(\text{m}) \approx \dfrac{a - d_{St}}{2}$

Ausführung in Stahlbeton B 25 **bewehrt**:

Fundamentdicke $d\,(\text{m}) \approx \dfrac{a}{3} > 30$ cm

● **Streifenfundamente B 25**

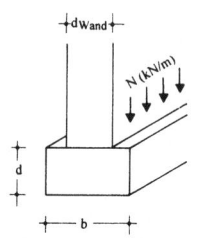

Fundamentbreite $b \approx \dfrac{1{,}2\,N\,(\text{kN/m})}{\text{zul}\,\sigma_B\,(\text{kN/m}^2)}$

Fundamentdicke $d \approx \dfrac{b_{Fu} - d_{Wand}}{2}$, jedoch mindestens 30 bis 40 cm

● **Plattenfundamente**

Durchgehende, bewehrte Gründungsplatte unter dem gesamten Bauwerk:
– zur Vermeidung von Schäden bei unterschiedlicher Baugrundsetzung
– bei hohen Lasten (Hochhäuser)
– bei drückendem Grundwasser, in Verbindung mit Wannenausbildung (steifer Kellerkasten)
– aus wirtschaftlichen Gründen auch bei kleineren Bauwerken (das Ausschachten von Fundamentgräben entfällt).

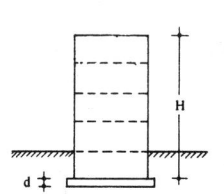

Plattendicke $d \approx \dfrac{\text{Gebäudehöhe}\,H}{30} \geq 25$ cm

Wannengründung:
bei Eintauchen des Kellers ins Grundwasser

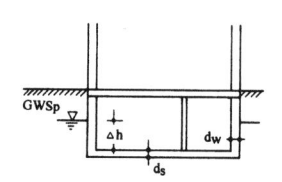

Sohlendicke $d_s \approx \dfrac{2}{3}\,\Delta h \geq 30$ cm

Wanddicke $d_W \geq 30$ cm

2.6 Vorbemessungsbeispiel: Zweigeschossiges Wohnhaus mit Satteldach (nicht unterkellert)

Übersicht mit Darstellung der untersuchten Bauteile und zugehörige Positionsangaben:

Dach

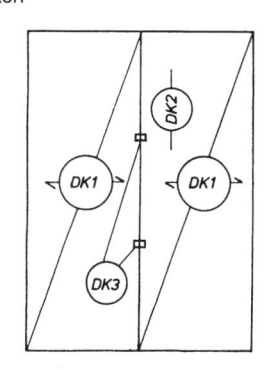

Obergeschoß

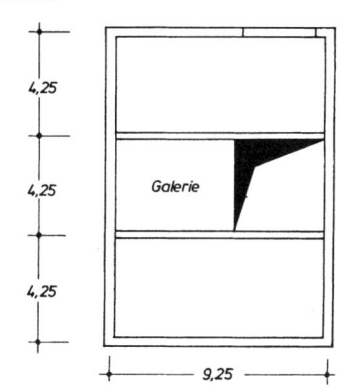

Erdgeschoß

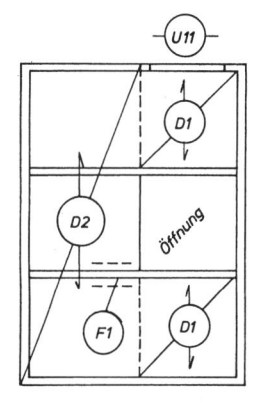

Schnitt

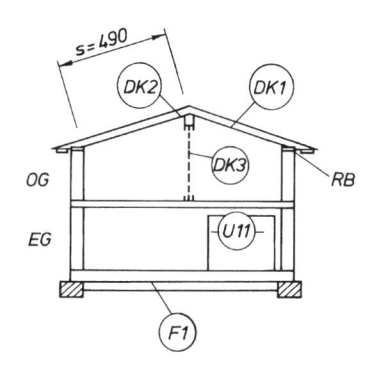

Dachkonstruktion (Holzdach)

Pos. DK1 Sparren (s. Abschn. 2.1.6)
$d = \max s/24 = 490/24 = 21$ cm
$b = e/8 \geq 8$ cm; $e = 80$ cm; $b = 80/8 = 10$ cm

gew. $b/d = 10/22$

Pos. DK2 Pfette (s. Abschn. 2.1.6)
$d = L/24 + E/50 = 425/24 + 462/50 = 27$ cm
$b = L/40 + E/50 = 425/40 + 462/50 = 20$ cm

gew. $b/d = 20/28$

(wegen großer Länge Unterteilung nötig)

Pos. DK3 Stiel (bei Ausbildung als Holzständerwand siehe Abschn. 2.1.6 und 2.4.3)

Stiellast $N = (2,5$ bis $3,0$ kN/m$^2) \times$ Einzugsfläche $\qquad N = 2,5 \cdot 4,90 \cdot 4,25 = 52$ kN

Stielquerschnitt $A = (5$ bis $6) \times N$ $\qquad A = 5 \cdot 52 = 260$ cm^2

Seitenlänge des Querschnitts: $a = \sqrt{260} = 16$ cm

> gew. 16/16 oder 14/18

Decke über Erdgeschoß

Stahlbetondecke
B 25, BST 500 (IV)

Wahl der Deckendicke

$d \geq l_i/30$ (s. Abschn. 2.2.2)

Bei der Wahl einer einheitlichen Deckendicke ist die größte der maßgebenden ideellen Spannweiten zugrunde zu legen.

Einfelddecke: $l_i = 1 \cdot 4,25 = 4,25$

Dreifelddecke: $l_i = 0,9 \cdot 4,25 < 4,25$ $\qquad$ maßgebend: $l_i = 4,25$ m

$d = 425/30 = 17$ cm

> gew. $d = 18$ cm

Pos. D1 $\quad$ Einfelddecke

a_s (cm^2/m) $= l^2_i$ (m)$/4 = 4,25^2/4 = 4,5$ cm^2

> unten R 513

vorh $a_s = 5,13$ cm^2

Pos. D2 $\quad$ Dreifelddecke

Feld 1 und Feld 3

$l_i = 0,8 \cdot 4,25 = 3,8$ m (Endfelder) $\qquad a_s = l^2_i/4 = 3,8^2/4 = 3,6$ cm^2/m

> unten R 378

vorh $a_s = 3,8$ cm^2/m

Feld 2

$l_i = 0,6 \cdot 4,25 = 2,6$ m (Innenfeld) $\qquad a_s = 2,6^2/4 = 1,7$ cm^2/m

> unten R 188

vorh $a_s = 1,9$ cm^2/m

Stützen

$$a_s = \left(\frac{l_1 + l_2}{2}\right)^2 / 4 = \left(\frac{4,25 + 4,25}{2}\right)^2 / 4 = 4,5 \text{ cm}^2/\text{m}$$

> oben R 513

vorh $a_s = 5,1$ cm^2

Alternativ: Holzbalkendecke

Pos. D1 Einfeldbalken
$l = 4{,}25$ m
$d = l/20 = 425/20 = 21$ cm
$b = d/2 = 10$ bis 12 cm

gew. $b/d = 10/22$ Balkenabstand $e = 80$ cm

Pos. D2 wie Pos. D1

Unterzüge

Pos. U1 Stahlbetonunterzug (s. Abschn. 2.3.2)
$l = 3{,}50 + 0{,}20 = 3{,}70$ m
$d = l/8$ bis $l/12$ bei $b > 24$ cm $d = l/9 = 370/9 = 40$ cm
$b = 25$ cm

Belastung:
Trägergesamtbelastung G_L = Deckenlast × Einzugsbereich

$G_L = $ ca. 10 (kN/m^2) $\cdot \dfrac{4{,}25}{2} \cdot 3{,}70 = 79$ kN

Längsbewehrung:
$A_s = (0{,}045$ bis $0{,}08) \cdot G_L$ A_s (cm^2) $= (0{,}045$ bis $0{,}08) \cdot G_L$ (kN)
$A_s = 0{,}055 \cdot 79 = 4{,}4$ cm^2 (hoher/niedriger Träger)

gew. z. B. $3 \; \varnothing \; 14^{IV}$ vorh $A_s = 4{,}6$ cm^2

Bügel
$a_{sBü}$ (cm^2/m) $= (0{,}03$ bis $0{,}09) \cdot G_L$ $a_{sBü} = 0{,}04 \cdot 79 = 3{,}2$ cm^2/m

gew. z. B. $\varnothing \; 6^{IV}/15$ cm   vorh $a_{sBü} = 3{,}8$ cm^2/m

Fundamente

Pos. F1 Streifenfundament unter Mittelwand (s. Abschn. 2.5)
Fundamentbreite $b = 1{,}2 \cdot N$ (kN/m)/zul σ_B (kN/m^2);   zul $\sigma_B = 250$ kN/m^2 (Annahme)
Belastung N:
aus Dach $2{,}5$ kN/m$^2 \cdot 4{,}25$ m $= 10{,}6$ kN/m
aus Decke über EG 10 kN/m$^2 \cdot 4{,}25$ m $= 40{,}3$ kN/m
aus Deckenanteil/Bodenplatte ca. $10 \cdot 2{,}0$ $= 20{,}0$ kN/m
Wände $(2{,}5 + 2{,}75)$ kN/m$^2 \cdot 4{,}63$ m $\underline{= 24{,}3 \text{ kN/m}}$
                               $N = 95{,}2$ kN/m

$b = 1{,}2 \cdot 95{,}2/250 = 0{,}46$ m
Mindestbreite $b = 0{,}50$ m
$d = (b_{Fu} - d_{Wand})/2 = (0{,}50 - 0{,}24)/2 = 0{,}13$ m

gew. $b/d = 50/50$

3 Gesamtstabilität
Aussteifung/Abtragung horizontaler Lasten

3.1 Allgemeines

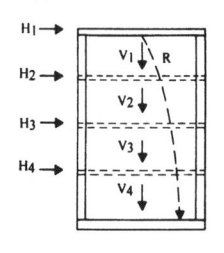

Gebäude müssen auch gegen Horizontallasten (z. B. Wind, seitlicher Erddruck, Erdbeben oder infolge von Lotabweichungen der vertikalen Tragelemente) standsicher sein.

Im Regelfall wird dies bei Geschoßbauten durch eine ausreichende Anzahl von Wänden und Decken gewährleistet, die sich gegenseitig stützen und die damit als Ganzes formstabil gegen jede beliebig gerichtete Horizontalbelastung sind (Schachtel- bzw. Zellenstruktur).

Jede tragende Teilbegrenzungsfläche des Raumes muß dabei imstande sein, sowohl die senkrecht auf sie entfallende Last aufzunehmen und an die angrenzenden Teilflächen weiterzuleiten (Plattentragwirkung) als auch die in der Mittelebene wirkende Last an die angrenzenden Elemente zu übertragen (Scheibenwirkung).

3.2 Ringbalken RB

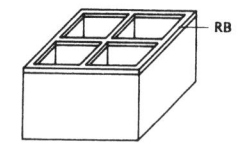

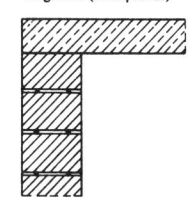

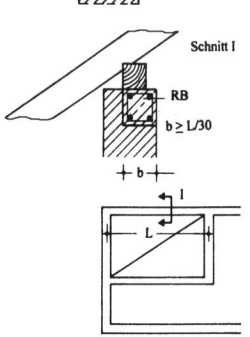

Fehlt bei einer Decke die Scheibentragwirkung ganz oder teilweise (z. B. bei Holzbalkendecken oder Fertigteildecken) oder können wegen gleitender Lagerung die horizontalen Haltekräfte nicht übertragen werden, so muß die obere Halterung insbesondere der Außenwände durch einen Ringbalken erfolgen. (Von der eigentlich notwendigen Scheibe verbleibt nach dem „Ausschneiden" der Öffnung nur noch der „äußere Rand" → Ringbalken = Deckenscheibenersatz!)

Der Ringbalken wird auf Biegung beansprucht und leitet die senkrecht zu seiner Längsachse wirkende horizontale Last an quer dazu angeordnete Wände, die als Ringbalkenauflager wirken, weiter. Von diesen vertikalen Wandscheiben werden die Horizontalkräfte zusammen mit den Vertikallasten in den Baugrund weitergeleitet.

Die Spannweite der Ringbalken ist der Abstand der Querwände (u. U. sind Kragstützen als Querwandersatz möglich). Seine wirksame statische Höhe ergibt sich aus der horizontalen Breite des Balkens (Wanddicke).

Ringbalken müssen sowohl Winddruck- als auch Windsogkräfte aufnehmen können. Sie können aus bewehrtem Mauerwerk (bei Mauerwerkswänden), aus Stahlbeton, aus Holz oder aus Stahl ausgeführt werden. Dabei ist auf eine kraftschlüssige Verbindung mit der zu haltenden Wand und den Querwänden zu achten. Ringbalken aus Stahlbeton müssen beidseitig längsbewehrt und mit Bügeln (Schubbewehrung) versehen werden.

3.3 Ringanker RA

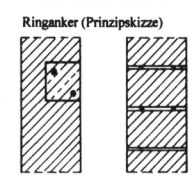

Im Unterschied zum Ringbalken nehmen Ringanker nur Zugkräfte auf. In besonders rißgefährdeten Wänden (DIN 1053-1, 8.2), insbesondere wenn diese

– viele oder große Öffnungen aufweisen und/oder
– eine besonders große Länge haben (≥ 18 m) und/oder

- diese durch mögliche Setzungsdifferenzen (Baugrundverhältnisse) gefährdet sind,

müssen Ringanker angeordnet werden. Diese müssen eine Zugkraft von mindestens 30 kN aufnehmen können.

Ausführungsmöglichkeiten:
- Rundstähle in Lagerfugen von Mauerwerk (z. B. 4 ⌀ 6 IV, korrosionsgeschützt) oder mit Beton ummantelt (z. B. 2 ⌀ 10 IV)
- Holz
- Stahl.

Ringanker sind bei Mauerwerksbauten in jeder Deckenebene anzuordnen und umschließen das Bauwerk wie eine „Paketschnur".

Ringbalken können bei entsprechender Ausführung auch die Ringankerfunktion übernehmen.

3.4 Aussteifungselemente

● **Vertikale Aussteifungselemente:**

Wandscheiben, Fachwerkscheiben (Verbände), Rahmen, eingespannte Stützen

● **Horizontale Aussteifungselemente:**

Deckenscheiben, Fachwerkscheiben (Verbände), Ringbalken

Die als Scheiben wirksamen Decken (Deckenscheiben) oder speziell angeordnete Scheiben (z. B. Fachwerkscheiben) sammeln die horizontalen Kräfte und leiten sie an vertikale Aussteifungselemente (Wände, Rahmen, Fachwerkscheiben, eingespannte Stützen) weiter.

Vertikale Scheiben wirken dabei als im Baugrund eingespannte Kragscheiben, sie dienen als horizontale Halterungen der Deckenscheiben.

Es müssen mindestens 4 Aussteifungselemente angeordnet werden:
- eine horizontale Scheibe (z. B. Deckenscheibe), deren Auflager durch die vertikalen Aussteifungselemente gebildet werden,

sowie
- drei vertikale Aussteifungselemente (leisten Widerstand gegen Verschiebungen in Richtung ihrer Mittelebene),

deren Achsen sich nicht in einem gemeinsamen Punkt schneiden dürfen (mindestens 3 Festhaltungen im Grundriß). Es kann aber auch ein möglichst zentral im Grundriß angeordneter Treppenhauskern als biegesteife Röhre die Aussteifung übernehmen. Zusätzliche Wandscheiben verbessern das Tragverhalten.

Folgendes ist zu beachten:
- Jedes Einzelbauwerk muß ausgesteift sein, z. B. auch Reihenmittelhäuser, aber auch die einzelnen, voneinander durch Dehnfugen getrennten Bauabschnitte eines Bauwerks.
- Die Aussteifung erfolgt geschoßweise. Aussteifungselemente sollten übereinanderstehen.
- Um rissfreie Konstruktionen zu erhalten, sollte die Lage der Wände zwängungsarme Verformungen infolge von Temperaturschwankungen und Schwinden ermöglichen: Keine steifen Ele-

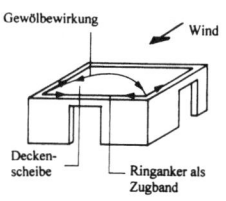

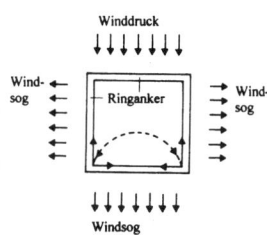

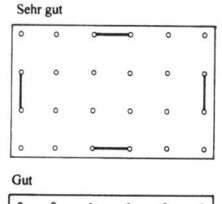

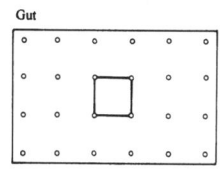

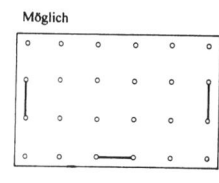

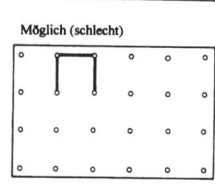

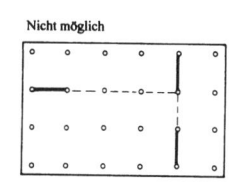

mente einander gegenüberliegend anordnen, gegebenenfalls „Schwindgassen" freilassen!
- Ständig wirkende vertikale Auflasten verbessern das Tragverhalten der Wandscheiben und verringern den Aufwand für die Gründung. Öffnungen in den Wänden sind begrenzt möglich.
- Aussteifungen über Rahmenwirkung (biegesteife Verbindungen Stütze/Riegel) oder durch eingespannte Stützen sind „weich" und können große Verformungen aufweisen. Gefahr der Rißbildung in angrenzenden, nichttragenden Bauteilen. Rahmenaussteifung sollte daher nur in Ausnahmefällen und höchstens bis zu ca. 4 Geschossen erfolgen. Dies gilt ebenfalls für eingespannte Stützen, wobei eingespannte Stahlbeton- und Stahlstützen z. B. bei Hallenbauten ≤ 10 m sein sollten. Von eingespannten Holzstützen wird abgeraten.

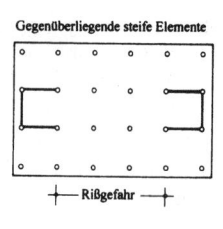

4 Fugen
4.1 Allgemeines

Fugen begrenzen die wirksame Länge der Bauelemente bei Längenänderungen. Sie schaffen Bewegungsmöglichkeit für Verformungen (z. B. durch unterschiedliche Bauteilsetzung, Temperatur, Schwinden).

Fugen sind „geplante" Risse, die sonst wegen der behinderten Verformbarkeit unkontrolliert entstehen würden. Ihre Lage und Anzahl sollte möglichst früh planerisch festgelegt werden.

4.2 Fugenarten

- **Dehnfugen** sind Raumfugen, die für Temperaturerhöhungen (Brandfall) horizontalen Bewegungsspielraum vorhalten, die aber auch Bewegungen infolge von Temperaturdifferenz (Wärmedämmung!) und Schwinden ermöglichen. Sie gehen durch das gesamte Gebäude und enden oberhalb der Gründung.

  Fugenbreite ≈ $\dfrac{\text{wirksame Dehnlänge } l_W}{1\,200}$ bzw. $l_W/600$

  (bei hoher Brandlast)

- **Setzfugen** ermöglichen zwängungsfrei unterschiedliche vertikale Bewegungen benachbarter Bauteile. Setzfugen trennen auch die Fundamente. Notwendig z. B. bei unterschiedlicher Belastung, bei hohen neben niedrigen Gebäuden!

  Setzfugen wegen unterschiedlichen Baugrunds lassen sich gegebenenfalls vermeiden durch:
  - Bodenaustausch (Magerbeton oder Kies)
  - Gründung unterhalb des nachgiebigen Bereiches
  - Gründung auf Pfählen
  - Anordnung eines steifen Kellerkastens.

- **Scheinfugen** (z. B. durch Einlegen von Dreikantleisten) sind geplante Sollbruchstellen. Sie sind ohne Arbeitsunterbrechung herstellbar. Querschnittsschwächung ca. 25 % der Konstruktionsdicke erforderlich.

- **Arbeitsfugen** ergeben sich aus dem taktweisen Arbeitsfortschritt (möglichst ⊥ zur resultierenden Kraft anordnen).

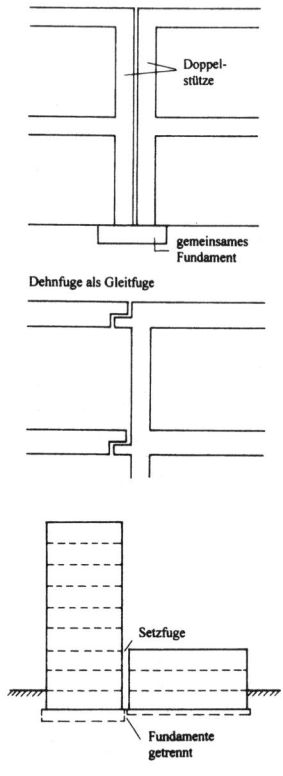

- **Schwindfugen** (oder Schwindgassen) sind vorübergehend offenbleibende schmale Betoniergassen, die erst nach dem weitgehenden Abklingen des Schwindvorgangs geschlossen werden (aufwendig; lassen sich oft mit dem Arbeitsfortschritt nicht vereinbaren).

4.3 Dehnungsfugenabstände

Fugen sind aufwendig in der Herstellung und im Unterhalt: Daher sollten sowenig Fugen wie möglich und nur soviel Fugen wie unbedingt nötig angeordnet werden. Allgemeingültige Regeln und Angaben über erforderliche Fugenabstände sind nicht möglich, da eine Vielfalt von Einflüssen eine Rolle spielt, wie z. B. Temperaturänderungen, Schwinden, Kriechen, Jahreszeit der Bauausführung, Qualität und Lage der Wärmedämmung, Alter und Nachbehandlung der Baustoffe. Nachfolgend werden in den Tabellen 1 bis 3 (Auszug aus TGL[*)] 22903, Ausg. 4.83 – Bewegungsfugen in Bauwerken) für einige Konstruktionen grobe Anhaltswerte für Fugenabstände angegeben.

Tabelle 1   Gebäude mit Tragkonstruktion aus Beton oder Stahlbeton

Nr.	Konstruktion des Gebäudes	Abstand der Fugen in m höchstens bei	
		Ortbetonbauweise	Montagebauweise
1	SKELETTBAU		
1.1	**Stahlbeton, eingeschossig, gelenkig gekoppelt**		
1.1.1	ohne Witterungseinfluß auf die verbindenden Tragglieder Stützenkennwert[1)] bei Betrachtung des Gebäudes in		
	Längsrichtung Querrichtung[2)]		
	$\alpha =$ 40 bis 85 $\alpha =$ 90 bis 130	36	48
	$\alpha =$ 86 bis 140 $\alpha =$ 131 bis 175	48	72
	$\alpha >$ 140 $\alpha >$ 175	72	96
1.1.2	mit Witterungseinfluß auf die verbindenden Tragglieder Stützenkennwert[1)] bei Betrachtung des Gebäudes in		
	Längsrichtung Querrichtung[2)]		
	$\alpha =$ 40 bis 85 $\alpha =$ 90 bis 130	24	36
	$\alpha =$ 86 bis 140 $\alpha =$ 131 bis 175	36	48
	$\alpha >$ 140 $\alpha >$ 175	48	54
1.2	**Stahlbeton, mehrgeschossig**		
1.2.1	rahmenstabilisierte Konstruktion Stütze – Riegel in Richtung der betrachteten Fugenabstände		
	ohne Witterungseinfluß auf die verbindenden Tragglieder	36	48
	mit Witterungseinfluß auf die verbindenden Tragglieder	24	36

[1)] Stützenkennwert $\alpha = \dfrac{h^2}{s}$
    h Stützenhöhe in m
    s Stützendicke in m in Richtung des Dehnungsfugenabstands
[2)] Richtung der Hauptbeanspruchung aus den äußeren Kräften, z. B. Wind, Kranseitenstoß.
[*)] „Technische Güte- und Lieferbedingungen" der ehemaligen DDR.

Tabelle 1 (Fortsetzung)

Nr.	Konstruktion des Gebäudes	Abstand der Fugen in m höchstens bei	
		Ortbeton-bauweise	Montage-bauweise
1.2.2	scheiben- oder kernstabilisierte bzw. rahmenstabilisierte Konstruktion Stütze – Decke in Richtung der betrachteten Fugenabstände		
	ohne Witterungseinfluß auf die verbindenden Tragglieder	48	72
	mit Witterungseinfluß auf die verbindenden Tragglieder	36	48
2	**WANDBAU**		
2.3	**Ortbetonkonstruktion**		
	in Querwandbauweise Montageaußenwand	48	–
	in Längswandbauweise Ortbetonaußenwand	36	–

Tabelle 2 Gebäude aus Mauerwerk

Nr.	Konstruktion des Gebäudes	Abstand der Fugen in m höchstens
1	Mauerwerk aus gebrannten Voll- und Hochlochziegeln	72
2	Mauerwerk aus Kalksandsteinen	36
3	Mauerwerk aus Leichtbeton-Hohlblocksteinen	36
4	Mauerwerk aus Porenbeton	48
5	Mauerwerk aus Holzbeton	18
6	Mauerwerk aus natürlichen Steinen	24
7	Mauerwerk nach Nr. 1 bis 6 bei Auflagerung von Ortbetongeschoßdecken	24

Tabelle 3 Gebäude mit Tragkonstruktion aus Stahl

Nr.	Konstruktion des Gebäudes	Abstand der Fugen in m höchstens in	
		eingeschossigen Gebäuden	mehrgeschossigen Gebäuden
1	Festpunkt in der Mitte eines Gebäudeabschnittes		
	ohne Witterungseinfluß auf die verbindenden Tragglieder	144	96
	mit Witterungseinfluß auf die verbindenden Tragglieder	120	72
2	Festpunkte an beiden Enden eines Gebäudeabschnitts oder Festpunkte neben den Fugen, nachgiebiger Anschluß der Koppelglieder in Richtung des betrachteten Fugenabstands, z. B. mit rohen, abscherbeanspruchten Schrauben		
	ohne Witterungseinfluß auf die verbindenden Tragglieder	120	72
	mit Witterungseinfluß auf die verbindenden Tragglieder	96	60
3	Festpunkte an beiden Enden eines Gebäudeabschnittes oder Festpunkte neben den Fugen, unnachgiebiger Anschluß der Koppelglieder in Richtung des betrachteten Fugenabstands, z. B. mit Schweiß-, Stirnplattenverbindungen, Paßschrauben, gleitfesten Schraubverbindungen		
	ohne Witterungseinfluß auf die verbindenden Tragglieder	96	60
	mit Witterungseinfluß auf die verbindenden Tragglieder	72	48
4	keine Festpunkte, in Richtung des betrachteten Fugenabstands durchgehendes Rahmentragwerk oder Tragwerk mit in den Fundamenten eingespannten Stützen		
	ohne Witterungseinfluß auf die verbindenden Tragglieder	72	48
	mit Witterungseinfluß auf die verbindenden Tragglieder	60	36

Für **Außenschalen** von zweischaligem Mauerwerk werden folgende Dehnfugenabstände empfohlen: bei Mauerwerk aus Ziegeln etwa 12 m und aus Kalksandstein ca. 7 m. Unabhängig davon sollten Dehnungsfugen immer an Gebäudeecken angeordnet werden; an welcher Seite der Ecke die Fuge angeordnet werden sollte, hängt von der Himmelsrichtung ab, siehe z. B. [7.2].
Es kann durchaus wirtschaftlich sinnvoll sein, größere Fugenabstände zu wählen oder sogar **fugenlose Bauwerke** zu erstellen. Der bei derartig ausgeführten Bauwerken entstehende große Zwang bzw. dessen Auswirkung kann z. B. reduziert werden
– durch besondere Vorkehrungen bei der Herstellung (z. B. schwindarmer Zement, Nachbehandlung des Betons, Gleitfolien)
– durch ausreichende Wärmedämmung (Außendämmung ist im Hinblick auf die Rißgefahr sehr günstig, Innendämmung sehr ungünstig!)
– durch höheren Bewehrungsaufwand (bis etwa +30%). Die entstehenden Rißbreiten im Beton werden dadurch auf ein unschädliches Maß reduziert.

Die neue DIN 1045 in Beispielen

Avak
Stahlbetonbau in Beispielen
DIN 1045 und Europäische Normung
Teil 1: Bemessung von Stabtragwerken
3., neubearbeitete und erweiterte
Auflage 2001, 384 Seiten 17 x 24 cm, kartoniert,
€ 30,- / sFr 60,- • ISBN 3-8041-1073-8

Die **DIN 1045** – Grundnorm des Stahlbetonbaus – ist im Juli 2001 in den Teilen 1–4 neu erschienen; sie wird Mitte 2002 bauaufsichtlich eingeführt. Auf der europäischen Vornorm Eurocode 2 aufbauend, ist sie die neue **Regelbemessungsvorschrift** in Deutschland.

In der Neuauflage des Buches **Stahlbetonbau in Beispielen** werden die neuen Bemessungsverfahren für die DIN 1045 und EC 2 komplett dargestellt – **in vielen Beispielen** und praxisbezogen. In der Darstellung der Theorie des Stahlbetons wird – in einer sich schnell ändernden Welt der Bautechnik – der Hintergrund der neuen Bemessungsvorschriften deutlich, durch die vielen Beispiele wird die richtige Anwendung der Normen demonstriert.

Avak
Stahlbetonbau in Beispielen
DIN 1045 und Europäische Normung
Teil 2: Konstruktion - Platten - Treppen - Fundamente
2., neubearbeitete und erweiterte Auflage 2002,
ca. 310 Seiten 17 x 24 cm, kartoniert,
ca. € 25,- / sFr 50,- • ISBN 3-8041-1074-6

Der zweite Teil von „Stahlbetonbau in Beispielen" setzt die im ersten Band angesprochenen Themen fort und schließt die Bemessung biegebeanspruchter Bauteile ab. Die erläuterten Grundlagen werden in zahlreichen Zahlenbeispielen vertieft.

Neben den rechnerischen Nachweisen wird auch die Konstruktion von Bauteilen aus Stahlbeton behandelt. Entsprechend den heutigen Anforderungen der Praxis erfolgt die Planerstellung mit geeigneter CAD-Unterstützung. Dem Leser werden nicht nur fertige Pläne präsentiert, sondern mit Hilfe der der Anmerkungen zu den Zeichnungen Hinweise für wirtschaftliches Konstruieren gegeben.

WERNER VERLAG

Werner Verlag · Postfach 10 53 54 · 40044 Düsseldorf
Telefon (02 11) 3 87 98-0 · Telefax (02 11) 3 87 98-11
www.werner-verlag.de

Zu beziehen über Ihre Buchhandlung
oder direkt beim Verlag.

5 A Beton nach DIN EN 206-1 (neu); Betonstahl
5 B Stahlbetonbau nach DIN 1045-1 (neu)

Inhaltsverzeichnis

		Seite
	Vorwort	5.2
Zum Einstieg		5.3
I	Bemessungskonzept	5.3
II	Bemessungsbeispiel	5.4

A Beton und Betonstahl

1	**Beton nach DIN EN 206-1**	5.7
1.1	Ausgangsstoffe	5.7
1.2	Eigenschaften des Frischbetons und Nachweisverfahren	5.8
1.3	Eigenschaften des Festbetons	5.10
1.4	Anforderungen an die Zusammensetzung des Betons	5.15
1.5	Festlegung des Betons (Leistungsbeschreibung)	5.20
1.6	Herstellung des Betons	5.21
1.7	Nachbehandlung und Schutz des Betons	5.21
1.8	Produktionskontrolle beim Betonhersteller	5.22
1.9	Konformitätskontrolle beim Betonhersteller und Konformitätskriterien	5.24
1.10	Überwachungsprüfungen durch das Bauunternehmen	5.26
2	**Betonstahl**	5.28

B Stahlbetonbau nach DIN 1045-1

1	**Formelzeichen, Begriffe, Geltungsbereich**	5.31
1.1	Formelzeichen	5.31
1.2	Begriffe	5.32
1.3	Geltungsbereich	5.32
2	**Bemessungsgrundlagen**	5.33
2.1	Nachweisform u. Sicherheitsbeiwerte	5.33
2.1.1	Bemessungskonzept und -situation	5.33
2.1.2	Grenzzustände der Tragfähigkeit	5.33
2.1.3	Grenzzustände der Gebrauchstauglichkeit	5.35
2.1.4	Dauerhaftigkeit	5.35
2.2	Ausgangswerte für die Bemessung	5.36
2.2.1	Beton	5.36
2.2.2	Betonstahl	5.37
3	**Schnittgrößenermittlung**	5.38
3.1	Allgemeine Grundlagen	5.38
3.2	Imperfektionen	5.39
3.3	Räumliche Steifigkeit u. Stabilität	5.40
3.4	Tragwerksidealisierung	5.40
3.4.1	Definition, Vereinfachungen	5.40
3.4.2	Mitwirkende Plattenbreite	5.40
3.4.3	Stützweite	5.40
3.5	Berechnungsverfahren	5.41
3.5.1	Verfahren zur Schnittgrößenermittlung	5.41
3.5.2	Vereinfachungen	5.41
3.5.3	Lineare Berechnung ohne oder mit begrenzter Umlagerung	5.42
4	**Konstruktionsgrundlagen**	5.43
4.1	Betondeckung und Stababstände	5.43
4.2	Betonstahl	5.45
4.2.1	Krümmungen	5.45
4.2.2	Verbund und Bemessungswert der Verbundspannungen	5.45
4.2.3	Verankerungen	5.46
4.2.4	Übergreifungsstöße von Stäben	5.47
4.2.5	Übergreifungsstöße von Matten	5.48
4.2.6	Verankerungen von Bügeln	5.48
5	**Bemessung und Konstruktion der Bauteile**	5.49
5.1	Platten	5.49
5.1.1	Schnittgrößenermittlung	5.49
5.1.2	Tragfähigkeitsnachweise für Platten	5.55
5.1.3	Gebrauchstauglichkeit	5.56
5.1.4	Konstruktive Durchbildung	5.57
5.1.5	Bemessungshilfen für Platten	5.58
5.2	Balken, Plattenbalken	5.60
5.2.1	Schnittgrößen	5.60
5.2.2	Tragfähigkeit	5.60
5.2.3	Gebrauchstauglichkeitsnachweise	5.65
5.2.4	Konstruktion und Bewehrung	5.67
5.3	Stützen	5.70
5.3.1	Schnittgrößenermittlung	5.70
5.3.2	Bemessung von Stützen	5.72
5.3.3	Konstruktive Durchbildung	5.74
5.3.4	Bemessungshilfen	5.75
5.4	Fundamente	5.76
5.4.1	Bewehrte Einzelfundamente	5.76
5.4.2	Unbewehrte Fundamente	5.77
5.5	Wände, Konsolen, wandartige Träger	5.78
5.6	Andere Bauteile und besondere Bestimmungen	5.79
6	**Bemessungstafeln**	5.80
	Dimensionslose Tafel	5.81
	Dimensionsgebundene Tafel	5.82
	Interaktionsdiagramm	5.84
7	**Bewehrungszeichnungen; Konstruktionstafeln**	5.85
7.1	Darstellung von Bewehrung	5.85
7.2	Konstruktionstafeln	5.87
7.2.1	Werte für Betonstabstahl	5.87
7.2.2	Werte für Betonstahlmatten	5.89

Vorwort

Auf europäischer Ebene sind schon seit längerem mit den Eurocodes technische Regelwerke für die Bemessung und Konstruktion von Tragwerken vorhanden, die zukünftig einheitlich in allen Ländern der Europäischen Gemeinschaft genutzt werden sollen. Für die Bemessung und Konstruktion von Stahlbeton- und Spannbetontragwerken liegt der Eurocode 2 seit 1992 als Vornorm DIN V ENV 1992 vor, die in Deutschland schon jetzt in Verbindung mit ENV 206 (Beton – Eigenschaften, Herstellung, Verarbeitung und Gütenachweis) und mit den zugehörigen nationalen Anwendungsdokumenten (NAD) angewendet werden darf (s. hierzu die entsprechenden Einführungserlasse)[1]. Parallel dazu gelten weiterhin die nationalen Normen (DIN 1045 und DIN 4227), die gegenwärtig überwiegend angewendet werden.

Auf der anderen Seite beruhen die derzeit noch gültigen DIN 1045 (07.88) mit DIN 1045/A1 (12.96) „Beton und Stahlbeton" sowie DIN 4227 (07.88) mit DIN 4227/A1 (12.95) „Spannbeton, Bauteile aus Normalbeton mit beschränkter oder voller Vorspannung" noch weitgehend auf dem Kenntnisstand der 60er Jahre und berücksichtigen nicht den heutigen Stand einer Bemessung im Stahlbeton- und Spannbetonbau. Ein Zeitpunkt für eine endgültige Überführung von DIN V ENV 1992 in eine europäische Norm (DIN EN 1992), bei deren Erscheinen die entsprechenden nationalen Normen zurückzuziehen sind, ist jedoch gegenwärtig nicht absehbar.

Dieser Umstand führte im Deutschen Ausschuss für Stahlbetonbau als Lenkungsgremium des Fachbereichs 07 „Beton- und Stahlbeton" im DIN zu dem Beschluss, neue nationale Normen für den Betonbau zu erarbeiten, die sich eng an die europäischen Vornormen anlehnen. Entsprechend den Regelungen in den europäischen Normenwerken wurde folgende Gliederung vorgenommen:

DIN 1045-1	Tragwerke aus Beton, Stahlbeton und Spannbeton Teil 1: Bemessung und Konstruktion
DIN EN 206-1	Beton. Teil 1: Festlegungen, Eigenschaften, Herstellung und Konformität
DIN 1045-2	Tragwerke aus Beton, Stahlbeton und Spannbeton Teil 2: Beton – Festlegungen, Eigenschaften, Herstellung und Konformität Anwendungsregeln zu DIN EN 206-1
DIN 1045-3	Tragwerke aus Beton, Stahlbeton und Spannbeton Teil 3: Bauausführung
DIN 1045-4 [2]	Tragwerke aus Beton, Stahlbeton und Spannbeton Teil 4: Ergänzende Regeln für die Herstellung und Konformität von Fertigteilen

Diese neue Normengeneration sollte schon 1999 zur Verfügung stehen und die bisherigen Normen DIN 1045 und DIN 4227 ablösen. Dieser Stand ist jetzt mit dem Weißdruck der Normenreihe DIN 1045-1 bis 1045-4 in der Fassung Juli 2001 erreicht, jedoch ist für eine Übergangszeit noch eine Koexistenz dieser beiden Normensysteme vorgesehen. Der Zeitplan sieht weiter vor, dass diese Koexistenz 2004 abläuft, d. h., dass nach diesem Zeitpunkt nur noch die neuen Normen des Betonbaus gelten.

DIN 1045-1 wurde zunächst im Februar 1997 als erster Entwurf veröffentlicht; auf dieser Grundlage und unter Berücksichtigung der Beschlüsse aus der Einspruchsverhandlung wurde im Dezember 1998 ein zweiter Entwurf der Fachöffentlichkeit zur Stellungnahme vorgelegt. Die Einspruchsverhandlungen zu diesem 2. Entwurf haben im September 1999 stattgefunden. Die Veröffentlichung von DIN 1045-1 als Deutsche Norm ist im Juli 2001 erfolgt.

Im Mai 2000 wurde der Entwurf der europäischen Betonnorm EN 206-1 „Leistungsbeschreibung, Eigenschaften, Herstellung und Konformität" durch die 19 CEN-Mitgliedsländer angenommen und muss in das DIN-Regelwerk eingegliedert werden. Da die EN 206-1 keine harmonisierte Norm im Sinne der Bauproduktenrichtlinie ist, besteht die Möglichkeit, zusätzliche nationale Regelungen zu treffen. Für das Gebiet der Bundesrepublik Deutschland erfolgt dies durch Eingliederung von EN 206-1 in die neue DIN 1045-2, in der Ergänzungen und nationale Festlegungen zur EN 206-1 enthalten sind. Die europäische Betonnorm ist ebenfalls in der Fassung Juli 2001 erschienen und ist nach bauaufsichtlicher Einführung zusammen mit DIN 1045-2 anwendbar.

Bei der Vielzahl von Daten, wie sie nachfolgend zu finden sind, sind einzelne Fehler trotz mehrerer Korrekturdurchgänge nicht auszuschließen. Für entsprechende Hinweise sind die Autoren dankbar. Für Folgefehler kann verständlicherweise keine Haftung übernommen werden.

Die nachfolgenden Ausführungen basieren auf dem „Weißdruck" in der Fassung Juli 2001, die Berichtigung 1 zu DIN 1045-1 vom Juli 2002 wurde berücksichtigt. Die neue DIN 1045 darf erst nach einer bauaufsichtlichen Einführung allgemein angewendet werden.

---

[1] Die Vornormen und Richtlinien zu EC 2 Teil 1 werden mit Aufnahme der neuen DIN 1045 aus der Musterliste der technischen Baubestimmungen gestrichen (vgl. Hartz, U.: Neue Normen im Betonbau. Deutsches Ingenieurblatt 06.2002).

[2] In Ergänzung zu der ursprünglich geplanten Dreiteilung gemäß Beschluss des Deutschen Ausschusses für Stahlbeton von 1999 mit besonderen Regelungen für die Herstellung und Überwachung von Fertigteilen.

Zum Einstieg

Prof. Dr.-Ing. Alfons Goris

I Bemessungskonzept nach DIN 1045-1

Die Bemessung der tragenden Konstruktion eines Bauwerks muss sicherstellen, dass ein Tragwerk
- mit angemessener Zuverlässigkeit den Einwirkungen während der Nutzung standhält,
- mit annehmbarer Wahrscheinlichkeit die geforderte Gebrauchstauglichkeit behält,
- eine angemessene Dauerhaftigkeit aufweist.

Diese grundlegenden Forderungen werden durch Nachweise in *Grenzzuständen* erfüllt; damit werden Zustände beschrieben, bei denen ein Tragwerk die Entwurfsanforderungen gerade noch erfüllt. Zu unterscheiden sind Grenzzustände der Tragfähigkeit, der Gebrauchstauglichkeit und der Dauerhaftigkeit.

Grenzzustände der Tragfähigkeit (s. Abschn. 2.1.2)

Der Bemessungswert einer Beanspruchung E_d darf den einer Beanspruchbarkeit R_d nicht überschreiten:

$$E_d \leq R_d$$

$$E_d = f(\gamma_F \cdot E_k)$$
$$R_d = f(X_k / \gamma_M)$$

Beanspruchung $E_d \leq$ Widerstand R_d

Die Beanspruchung E_d erhält man durch Multiplikation von charakteristischen Werten F_k (Lasten, Schnittgrößen ...) mit lastartabhängigen Teilsicherheitsbeiwerten γ_F. Die Tragfähigkeit R_d ergibt sich durch Verminderung der charakteristischen Baustofffestigkeiten X_k um materialabhängige Teilsicherheitsbeiwerte γ_M.

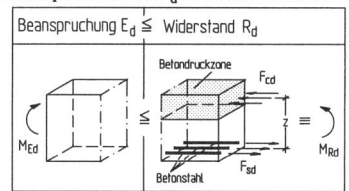

Grenzzustände der Gebrauchstauglichkeit (s. Abschn. 2.1.3)

Unter einer festgelegten Einwirkungskombination (charakteristische Werte der Eigenlasten G_k und einem Anteil der veränderlichen Last $\psi_i \cdot Q_k$) ist nachzuweisen, dass der Nennwert einer Bauteileigenschaft (zulässige Durchbiegung, Rissbreite o. ä.) nicht überschritten wird.

Dauerhaftigkeit (s. Abschn. 2.1.4)

Eine ausreichende Dauerhaftigkeit wird in Abhängigkeit von den Umweltbedingungen durch geeignete Baustoffe (s. Kap. 5 A) und eine entsprechende bauliche Durchbildung (Betondeckung etc.) nachgewiesen.

Erläuterung der Grenzzustände an Beispielen

	Grenzzustände	Beispiele
①	Grenzzustände der Tragfähigkeit – Biegung und Längskraft – Querkraft, Torsion, Durchstanzen – Verformungsbeeinflusste Grenzzustände der Tragfähigkeit (Knicken)	(Biegebruch/Schubbruch bei zu schwacher Bewehrung und/oder zu gering dimensioniertem Betonquerschnitt)
②	Grenzzustände der Gebrauchstauglichkeit – Spannungsbegrenzung – Begrenzung der Rissbreiten – Begrenzung der Verformungen	Durchbiegungsschäden (z. B. an leichten Trennwänden)
③	Dauerhaftigkeit, z. B. – Betonzusammensetzung – Betonverarbeitung – Betondeckung der Bewehrung	Korrosion der Bewehrung, Betonabplatzungen

II Bemessungsbeispiel

1 Tragwerksbeschreibung

Die dargestellte Decke mit Unterzug einer Warenhauserweiterung ist zu bemessen, es liegt die Expositionsklasse XC 1 vor (s. Abschn. 4.1.1). Im Rahmen des Beispiels werden die Nachweise für eine Biege- und Querkraftbeanspruchung in den Grenzzuständen der Tragfähigkeit und Gebrauchstauglichkeit gezeigt; Nachweise zur Dauerhaftigkeit und zur Bewehrungsführung sind zusätzlich zu führen und hier nicht dargestellt.

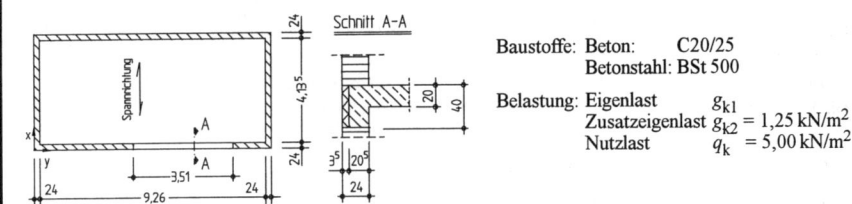

Baustoffe: Beton: C20/25
Betonstahl: BSt 500

Belastung: Eigenlast g_{k1}
Zusatzeigenlast g_{k2} = 1,25 kN/m²
Nutzlast q_k = 5,00 kN/m²

2 Bemessung und Konstruktion der Platte (Decke)

2.1 Tragwerksidealisierung

(vgl. Abschn. 3.4 und 5.1.1.1)

Die Platte kann wegen überwiegender Lastabtragung in einer Richtung als einachsig, in Richtung der kürzeren Stützweite gespannt, gerechnet werden. Als Ersatzsystem wird dabei ein *Plattenstreifen mit einer Breite von einem Meter* angenommen. Die Stützweite wird ermittelt als Abstand der Auflagerschwerpunkte:

$l_x = 4,135 + 2 \cdot (0,205/3) \approx 4,25$ m

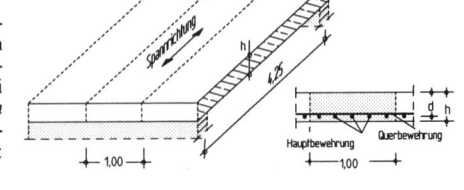

Belastung

Konstruktionseigenlast:	0,20 · 25,0 = 5,00 kN/m²	g_{k1} = 5,00 kN/m²
Zusatzeigenlast (Estrich, Belag, Putz …):		g_{k2} = 1,25 kN/m²
	Σ ständige Lasten:	g_k = 6,25 kN/m²
Nutzlast in Warenhäusern (DIN 1055-3):	Σ veränderliche Lasten:	q_k = 5,00 kN/m²

2.2 Tragfähigkeitsnachweise für die Platte (s. Abschn. 5.1.2)

Schnittgrößen

Bemessungslast: $r_d = (\gamma_G \cdot g_k + \gamma_Q \cdot q_k)$
$= 1,35 \cdot 6,25 + 1,50 \cdot 5,00$
$= 15,93$ kN/m²

Biegemoment: $M_{Ed} = 0,125 \cdot r_d \cdot l_x^2$
$= 0,125 \cdot 15,93 \cdot 4,25^2$
$= 36,0$ kNm/m

Querkraft: $V_{Ed} = 0,5 \cdot r_d \cdot l_x = 0,5 \cdot 15,93 \cdot 4,25$
$= 33,85$ kN/m

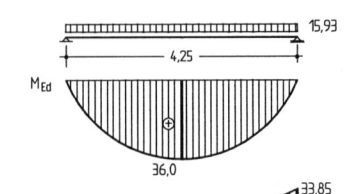

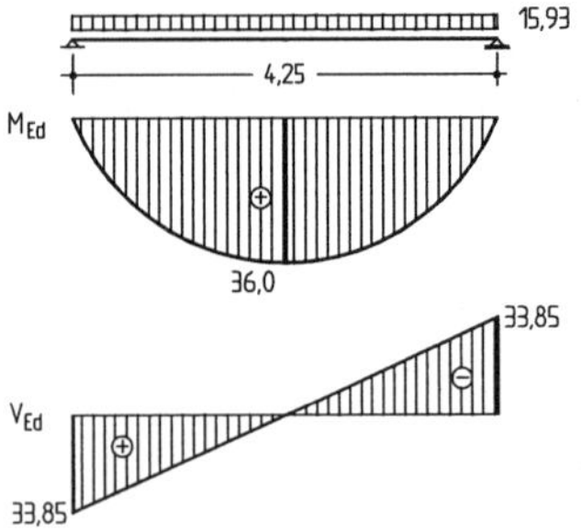

Biegebemessung

Nutzhöhe $d = 17$ cm
Bemessungsmoment $M_{Ed} = 36,0$ kNm/m
Bewehrung $A_s = 5,21$ cm²/m
(s. Tafel 5.58b; vgl. a. [5.53])

gew.: R 513 A (= 5,13 cm²/m ≈ 5,21 cm²/m)

Bemessung für Querkraft

Ohne Schubbewehrung aufnehmbare Querkraft (s. Abschn. 5.1.1.2 und 5.1.5):

$a_s = 5{,}21$ cm²/m (d. h. Bewehrung nicht gestaffelt) $\quad\vert\quad V_{Rd,ct} = 61{,}9$ kN/m (Tafel 5.59b)
$d = 17$ cm; C20/25

$V_{Rd,ct} > V_{Ed} = 33{,}85$ kN/m → keine Schubbewehrung erforderlich!

2.3 Nachweise im Grenzzustand der Gebrauchstauglichkeit
(s. Abschn. 5.1.3)

Für Platten bis 20 cm Dicke der Expositionsklasse XC 1 ohne nennenswerte Zwangbeanspruchung ist i.d.R. nur ein Nachweis zur Verformungsbegrenzung erforderlich. Der Nachweis wird mit Tafel 5.59b geführt.

Einfeldsystem mit $l = 4{,}25$ m → $d_{erf} \approx 12$ cm $\leq d_{vorh} = 17$ cm

Die Biegeschlankheit (und damit die Verformungen) sind ausreichend begrenzt.

2.4 Bewehrungsführung und Bewehrungszeichnung

Auf Nachweise zur Bewehrungsführung wird verzichtet, Bewehrung entsprechend nachfolgender Skizze.

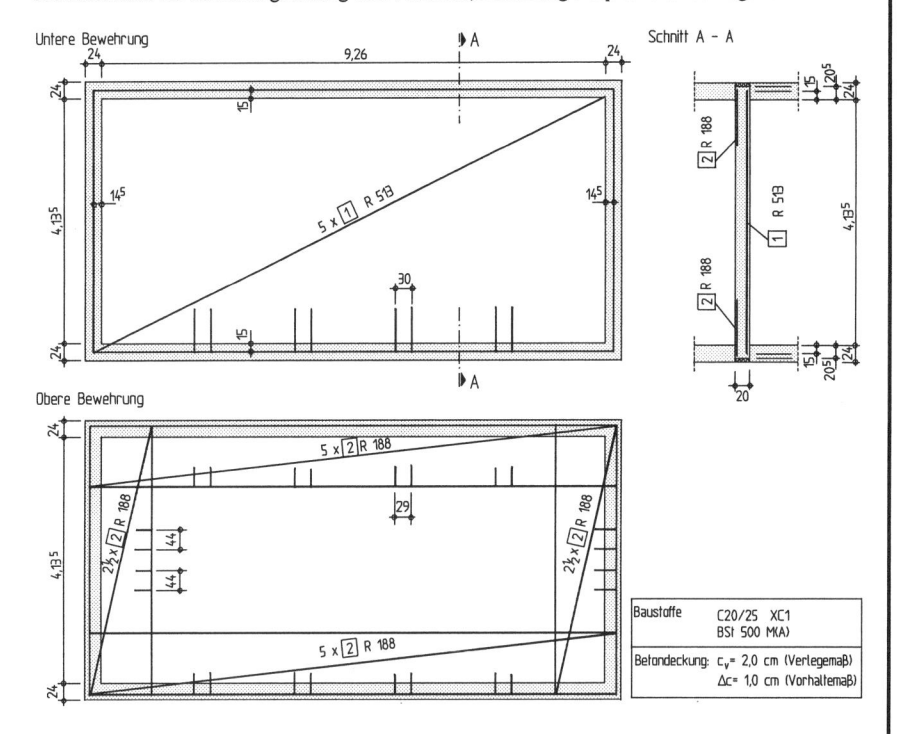

3 Unterzug

3.1 Tragwerksidealisierung
(vgl. Abschn. 3.4)

Stützweite

Als Stützweite wird die um 5 % vergrößerte lichte Weite angenommen.

$l = 1{,}05 \cdot 3{,}51 \approx 3{,}70$ m

Belastung

aus Decke (s. S. 5.4): $\quad 0{,}5 \cdot 15{,}93 \cdot 4{,}25 = 33{,}85$ kN/m
Konstruktionseigenlast: $\quad 1{,}35 \cdot 0{,}205 \cdot 0{,}20 \cdot 25{,}0 = 1{,}38$ kN/m

$$\Sigma\,(g_\mathrm{d} + q_\mathrm{d}) = 35{,}23 \text{ kN/m}$$

3.2 Grenzzustand der Tragfähigkeit

3.2.1 Biegebemessung
(s. Abschn. 5.2.2.1)

Biegemoment $\qquad M_\mathrm{Ed} = 0{,}125 \cdot (g_\mathrm{d} + q_\mathrm{d}) \cdot l^2 = 0{,}125 \cdot 35{,}23 \cdot 3{,}70^2 = 60{,}3$ kNm

Mittragende Breite: $\qquad b_\mathrm{eff} = b_\mathrm{w} + 0{,}2\,l_0 = 0{,}205 + 0{,}2 \cdot 3{,}70 = 0{,}74$ m (s. Abschn. 3.4.2)

Bemessung
Nutzhöhe: $\qquad d \approx 40{,}0 - 5{,}0 = 35$ cm
Bemessungsmoment $\qquad M_\mathrm{Ed} = M_\mathrm{Eds} = 60{,}3$ kNm (wegen $N_\mathrm{Ed} = 0$)

Eingangswert: $\qquad k_\mathrm{d} = \dfrac{d\,[\mathrm{cm}]}{\sqrt{M_\mathrm{Eds}\,[\mathrm{kNm}]/b\,[\mathrm{m}]}} = \dfrac{35}{\sqrt{60{,}3/0{,}74}} = 3{,}87 \qquad$ (vgl. Tafel 2a, S. 5.82)

Ablesung: $\qquad k_\mathrm{s} = 2{,}38 \qquad (\xi = 0{,}09 \to x = 0{,}09 \cdot 35 \approx 4$ cm $< h_\mathrm{f} = 20$ cm)

Bewehrung: $\qquad \mathrm{erf}\,A_\mathrm{s} = k_\mathrm{s} \cdot \dfrac{M_\mathrm{Eds}\,[\mathrm{kNm}]}{d\,[\mathrm{cm}]} + \dfrac{N_\mathrm{Ed}\,[\mathrm{kN}]}{43{,}5} = 2{,}38 \cdot \dfrac{60{,}3}{35{,}0} = 4{,}10$ cm^2

gew.: $\qquad 4 \varnothing 12 \;\; (= 4{,}52$ cm^2) (Stabstahl)

3.2.2 Schubbemessung
(s. Abschn. 5.2.2.2)

Querkraft: $\qquad V_\mathrm{Ed} = 0{,}5 \cdot (g_\mathrm{d} + q_\mathrm{d}) \cdot l = 0{,}5 \cdot 35{,}23 \cdot 3{,}70 = 65{,}2$ kN

Nachweise (näherungsweise und auf der sicheren Seite in der theoretischen Auflagerlinie)

Betondruckstrebe: $\qquad V_\mathrm{Rd,max} = \alpha_\mathrm{c} \cdot f_\mathrm{cd} \cdot b_\mathrm{w} \cdot z \,/(\tan\vartheta + \cot\vartheta)$
$\qquad \cot\vartheta = 1{,}2; \;\; \alpha_\mathrm{c} \cdot f_\mathrm{cd} = 8{,}50$ MN/m$^2 \qquad$ (s. S. 5.62f)
$\qquad V_\mathrm{Rd,max} = 8{,}50 \cdot 0{,}205 \cdot (0{,}9 \cdot 0{,}35)/(0{,}83 + 1{,}20) = 0{,}270$ MN $= 270$ kN
$\qquad V_\mathrm{Ed} < V_\mathrm{Rd,max} \to$ Druckstrebentragfähigkeit erfüllt

Schubbewehrung: $\qquad a_\mathrm{sw} = V_\mathrm{Ed}\,/(\cot\vartheta \cdot f_\mathrm{ywd} \cdot z)$
$\qquad \cot\vartheta = 1{,}2 \qquad\qquad$ (s. o.)
$\qquad a_\mathrm{sw} = 0{,}0652/(1{,}2 \cdot 435 \cdot 0{,}9 \cdot 0{,}35) = 3{,}97 \cdot 10^{-4} = 3{,}97$ cm^2/m

gew.: $\qquad \varnothing 6 - 14 \;\; (= 4{,}04$ cm^2/m)

Anschluss Druckgurt: $\qquad$ Im Rahmen des Beispiels ohne Nachweis (s. hierzu S. 5.64).

3.3 Nachweise im Grenzzustand der Gebrauchstauglichkeit
(s. Abschn. 5.2.3)

Auf entsprechende Nachweise wird im vorliegenden Falle verzichtet. Bei Balken ist jedoch häufig ein Nachweis zur Begrenzung der Rissbreite, bei schlanken Konstruktionen ggf. auch ein Nachweis der Durchbiegung erforderlich.

3.4 Bewehrungsführung; Bewehrungszeichnung

Auf Nachweise zur Bewehrungsführung wird verzichtet, Bewehrung entsprechend nebenstehender Skizze.

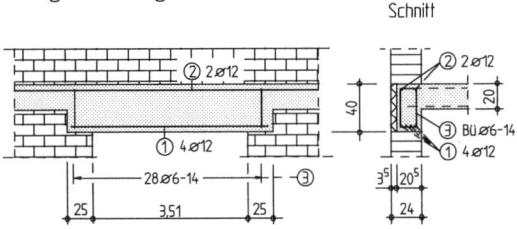

5 A Beton nach DIN EN 206-1 / DIN 1045-2 und Betonstahl

Prof. Dr.-Ing. Robert Weber

1 Beton nach DIN EN 206-1 / DIN 1045-2
1.1 Ausgangsstoffe
1.1.1 Zement

Als geeignet gelten Zemente nach DIN EN 197-1. Für Zemente mit den besonderen Eigenschaften NW (niedrige Hydratationswärme), HS (hoher Sulfatwiderstand) und NA (niedriger wirksamer Alkaligehalt) gilt DIN 1164.

Arten und Zusammensetzung der Zemente nach DIN EN 197-1
(Die bisher in Deutschland genormten Zemente sind durch Unterlegung gekennzeichnet.)

Zementart				Hauptbestandteile außer Portlandzementklinker	
Hauptart	Benennung	Kurzzeichen		Art	Anteil in M.-%
CEM I	Portlandzement	CEM I		–	0
CEM II	Portlandhüttenzement	CEM II/A-S		Hüttensand (S)	6 … 20
		CEM II/B-S			21 … 35
	Portlandsilicastaubzement	CEM II/A-D		Silicastaub (D)	6 … 10
	Portlandpuzzolanzement	CEM II/A-P		natürliches Puzzolan (P)	6 … 20
		CEM II/B-P			21 … 35
		CEM II/A-Q		künstliches Puzzolan (Q)	6 … 20
		CEM II/B-Q			21 … 35
	Portlandflugaschezement	CEM II/A-V		kieselsäurereiche Flugasche (V)	6 … 20
		CEM II/B-V			21 … 35
		CEM II/A-W		kalkreiche Flugasche (W)	6 … 20
		CEM II/B-W			21 … 35
	Portlandschieferzement	CEM II/A-T		gebrannter Schiefer (T)	6 … 20
		CEM II/B-T			21 … 35
	Portlandkalksteinzement	CEM II/A-L		Kalkstein (L)	6 … 20
		CEM II/B-L			21 … 35
		CEM II/A-LL		Kalkstein (LL)	6 … 20
		CEM II/B-LL			21 … 35
	Portlandkompositzement	CEM II/A-M		alle Hauptbestandteile sind möglich (S, D, P, Q, V, W, T, L, LL)	6 … 20
		CEM II/B-M			21 … 35
CEM III	Hochofenzement	CEM III/A		Hüttensand (S)	36 … 65
		CEM III/B			66 … 80
		CEM III/C			81 … 95
CEM IV	Puzzolanzement	CEM IV/A		Puzzolane (D, P, Q, V)	11 … 35
		CEM IV/B			36 … 55
CEM V	Kompositzement	CEM V/A		Hüttensand (S) und Puzzolane (P, Q, V)	18 … 30
		CEM V/B			31 … 50

1.1.2 Gesteinskörnungen

Bis zur Fertigstellung und bauaufsichtlichen Einführung der europäischen Normen gelten für die Korngruppeneinteilung, die Anforderungen, die Prüfung und die Überwachung von normalen und schweren Gesteinskörnungen DIN 4226-1 und von leichten Gesteinskörnungen DIN 4226-2 sowie für rezyklierte Gesteinskörnungen DIN 4226-100.

Enthält die Gesteinskörnung alkaliempfindliche Bestandteile und ist der Beton Feuchtezufuhr ausgesetzt, sind Vorsichtsmaßnahmen entsprechend DAfStb-Richtlinie „Alkalireaktion im Beton" zu ergreifen. Für die Herstellung von hochfestem Beton sind hinsichtlich Alkalireaktion unbedenkliche Gesteinskörnungen zu verwenden.

Der Frostwiderstand wird durch Einfrieren der Gesteinskörnung unter Wasser geprüft und das Ergebnis in Kategorien eingestuft (z.b. Kategorie F_2 bedeutet Masseverlust $\leq 2\%$). Bei Einwirkung von Frost und Tausalz wird mit dem Kristallisationsverfahren (Magnesiumsulfat-Verfahren) geprüft und in Kategorien MS eingestuft (z.b. Kategorie MS_{25} bedeutet Masseverlust $\leq 25\%$).

1.1.3 Zugabewasser

Trinkwasser sowie im Allgemeinen das in der Natur vorkommende Wasser ist als Zugabewasser geeignet, soweit es nicht Bestandteile enthält, die das Erhärten, andere Eigenschaften des Betons oder den Korrosionsschutz der Bewehrung ungünstig beeinflussen. Für die Wiederverwendung von Restwasser aus dem Frischbetonrecycling bei Betonen bis zur Festigkeitsklasse C 50/60 oder LC 50/55 ist die „Richtlinie für die Herstellung von Beton unter Verwendung von Restwasser, Restbeton und Restmörtel" des DAfStb zu beachten. Für die Herstellung von hochfestem Beton darf Restwasser nicht verwendet werden.

1.1.4 Betonzusatzmittel

Als geeignet gelten Zusatzmittel mit Allgemeiner bauaufsichtlicher Zulassung.

1.1.5 Betonzusatzstoffe

Es werden zwei Arten von anorganischen Betonzusatzstoffen unterschieden:

Typ I: nahezu inaktive (inerte) Betonzusatzstoffe
(Gesteinsmehl, Pigment)
Typ II: puzzolanische oder latenthydraulische Betonzusatzstoffe
(Flugasche, Silicastaub)

Ihre allgemeine Eignung gilt als nachgewiesen, wenn sie der entsprechenden Norm nachkommen:

Gesteinsmehl: DIN 4226-1
Pigment: DIN EN 12 878
Flugasche: DIN EN 450
Trass: DIN 51 043
Silicastaub: Allgemeine bauaufsichtliche Zulassung

1.2 Eigenschaften des Frischbetons und Nachweisverfahren

1.2.1 Konsistenz

Entsprechend dem Prüfverfahren werden vier Konsistenzklassen unterschieden, die nicht unmittelbar vergleichbar sind. Für die in Deutschland meist gebräuchlichen Konsistenzmessverfahren Ausbreitungsversuch und Verdichtungsversuch sind die Betone der einzelnen Konsistenzklassen beschrieben.

Konsistenzklassen, bestimmt mit der Ausbreitprüfung nach DIN EN 12 350-5

Klasse	Ausbreitmaß d (Durchmesser) in mm	Konsistenzbereich
F1[1]	≤ 340	steif
F2	350 bis 410	plastisch
F3	420 bis 480	weich
F4	490 bis 550	sehr weich
F5	560 bis 620	fließfähig
F6[2]	≥ 630	sehr fließfähig

[1] Bei steifen Betonen empfiehlt sich die Verdichtungsprüfung.
[2] Bei Ausbreitmaßen >700 mm ist die DAfStb-Richtlinie „Selbstverdichtender Beton" zu beachten. Bis zu ihrer Einführung bedarf es einer Allgemeinen bauaufsichtlichen Zulassung oder einer Zustimmung im Einzelfall.

Konsistenzklassen, bestimmt mit der Verdichtungsprüfung nach DIN EN 12 350-4

Klasse	Verdichtungsmaß c	Konsistenzbereich
C0	≥ 1,46	sehr steif
C1	1,45 bis 1,26	steif
C2	1,25 bis 1,11	plastisch
C3[1]	1,10 bis 1,04	weich

[1] Bei weichen Betonen empfiehlt sich die Ausbreitprüfung.

Konsistenzklassen, bestimmt mit der Slumpprüfung nach DIN EN 12 350-2

Klasse	Setzmaß in mm
S1	10 bis 40
S2	50 bis 90
S3	100 bis 150
S4	160 bis 210
S5	≥ 220

Konsistenzklassen, bestimmt mit der Vébéprüfung nach DIN EN 12 350-3

Klasse	Setzzeit in s
V0	≥ 31
V1	30 bis 21
V2	20 bis 11
V3	10 bis 6
V4	5 bis 3

1.2.2 Luftgehalt

Der Luftgehalt von Normal- und Schwerbeton ist nach DIN EN 12 350-7, der von Leichtbeton nach ASTM C173 zu ermitteln.

1.2.3 Frischbetontemperatur

Die Frischbetontemperatur darf im Allgemeinen +30 °C nicht überschreiten und +5 °C nicht unterschreiten.

1.2.4 Frischbetonrohdichte

Die Frischbetonrohdichte kann nach DIN EN 12 350-6 ermittelt werden.

1.2.5 Mehlkorngehalt

Der Mehlkorngehalt setzt sich zusammen aus dem Zement, dem in der Gesteinskörnung enthaltenen Kornanteil bis 0,125 mm und dem möglicherweise zugeebenen Betonzusatzstoff.

Höchstzulässiger Mehlkorngehalt, abhängig von Betonfestigkeitsklasse und Expositionsklasse, für Beton mit einem Größtkorn des Korngemisches von 16 mm bis 63 mm[1]

Betonfestigkeitsklasse		Expositions-klasse	Gehalt an Zement in kg/m^3	höchstzulässiger Gehalt an Mehlkorn in kg/m^3
Normal- und Schwerbeton	Leichtbeton-			
bis C50/60	bis LC50/55	XF, XM[2]	≤ 300[3]	400[4]
			350[3]	450[4]
ab C55/67	ab LC55/60	alle	≤ 400	500
			450	550
			≥ 500	600

[1] Bei Größtkorn 8 mm kann der Mehlkorngehalt 50 kg/m^3 höher sein.
[2] Bei allen anderen Expositionsklassen Mehlkorngehalt ≤ 550 kg/m^3.
[3] Bei Gehalten an Zement + anrechenbarem Zusatzstoff des Typs II zwischen 300 kg/m^3 und 350 kg/m^3 ist der Mehlkorngehalt geradlinig zu interpolieren.
[4] Die Werte dürfen insgesamt um max. 50 kg/m^3 erhöht werden, wenn
  – ein puzzolanischer Zusatzstoff verwendet wird, um dessen Gehalt
  – der Zementgehalt 350 kg/m^3 übersteigt, um den über 350 kg/m^3 hinausgehenden Zementgehalt.

1.3 Eigenschaften des Festbetons

1.3.1 Dauerhaftigkeit

Damit Beton dauerhaft ist, muss er widerstandsfähig gegenüber den Umgebungsbedingungen sein. Darunter sind diejenigen chemischen und physikalischen Einwirkungen zu verstehen, denen der Beton und die Bewehrung ausgesetzt sind, die bei der statischen Berechnung des Bauwerks nicht als Lasten in Ansatz gebracht werden. Die Einwirkungen der Umgebungsbedingungen werden in Expositionsklassen eingeteilt, die sowohl Grundlage für die Anforderungen an die Ausgangsstoffe und die Zusammensetzung des Betons als auch an die Mindestmaße der Betondeckung sind.

Die Expositionsklasse ist in der Leistungsbeschreibung anzugeben.

Expositionsklassen, allgemeine Übersicht

Klassenbezeichnung	Korrosionsbedingungen
X0	unbewehrter Beton ohne Korrosions- und Angriffsrisiko
XC	Bewehrungskorrosion, verursacht durch Karbonatisierung
XD	Bewehrungskorrosion, verursacht durch Chloride (ausgenommen Meerwasser)
XS	Bewehrungskorrosion, verursacht durch Chloride aus Meerwasser
XF	Frostangriff ohne und mit Taumittel
XA	Betonkorrosion, verursacht durch chemischen Angriff
XM	Betonkorrosion, verursacht durch Verschleißbeanspruchung

Expositionsklasse „Kein Korrosions- oder Angriffsrisiko"

Klassenbe-zeichnung	Umgebung	Beispiele für die Zuordnung
X0	alle Umgebungsbedingungen außer XF, XA und XM	– unbewehrte Fundamente ohne Frost – unbewehrte Innenbauteile

Expositionsklassen bei Bewehrungskorrosion, verursacht durch Karbonatisierung

Klassenbe-zeichnung	Umgebung	Beispiele für die Zuordnung
XC1	trocken oder ständig nass	– Bauteile in Innenräumen mit üblicher Luftfeuchte – Bauteile ständig in Wasser
XC2	nass, selten trocken	– Teile von Wasserbehältern – Gründungsbauteile
XC3	mäßige Feuchte	– Bauteile, zu denen die Außenluft häufig oder ständig Zugang hat, aber vor Regen geschützt
XC4	wechselnd nass und trocken	– Außenbauteile mit direkter Beregnung

Expositionsklassen bei Bewehrungskorrosion, verursacht durch Chloride

	Klassenbe-zeichnung	Umgebung	Beispiele für die Zuordnung
ausgenommen Chloride aus Meerwasser	XD1	mäßige Feuchte	– Einzelgaragen – Bauteile im Sprühnebelbereich von Verkehrsflächen
	XD2	nass, selten trocken	– Solebäder – Bauteile, die chloridhaltigen Industrieabwässern ausgesetzt sind
	XD3	wechselnd nass und trocken	– Teile von Brücken mit häufiger Spritzwasserbeanspruchung – Fahrbahndecken – Parkdecks
Chloride aus Meerwasser	XS1	salzhaltige Luft, aber kein Kontakt mit Meerwasser	– Außenbauteile in Küstennähe
	XS2	unter Wasser	– Teile von Meerwasserbauwerken
	XS3	Tidebereich Spritzwasser- und Sprühnebelbereiche	– Teile von Meerwasserbauwerken

Expositionsklassen bei Frostangriff ohne und mit Taumittel

Klassenbe-zeichnung	Umgebung	Beispiele für die Zuordnung
XF1	mäßige Wassersättigung, ohne Taumittel	– Außenbauteile
XF2	mäßige Wassersättigung, mit Taumittel	– Bauteile im Sprühnebel- und Spritzwasserbereich von taumittelbehandelten Verkehrsflächen, soweit nicht XF4 – Bauteile im Sprühnebelbereich von Meerwasser
XF3	hohe Wassersättigung, ohne Taumittel	– offene Wasserbehälter – Bauteile in der Wasserwechselzone von Süßwasser
XF4	hohe Wassersättigung, mit Taumittel	– Verkehrsflächen – überwiegend horizontale Bauteile im Spritzwasserbereich von taumittelbehandelten Verkehrsflächen – Räumerlaufbahnen von Kläranlagen – Meerwasserbauteile in der Wasserwechselzone

Grenzwerte zur Beurteilung des Angriffsgrads von Wässern und Böden[1]

Vorkommen	chemisches Merkmal		Expositionsklasse		
			XA1 schwach	XA2 mäßig	XA3 stark
Wässer	pH-Wert		≤6,5…5,5	<5,5…4,5	≤4,5…4,0
	kalklösende Kohlensäure (CO_2)	mg/l	≥15…40	>40…100	>100
	Ammonium (NH_4^+)[2]	mg/l	≥15…30	>30…60	>60…100
	Magnesium (Mg^{2+})	mg/l	≥300…1000	>1000…3000	>3000
	Sulfat (SO_4^{2-})	mg/l	≥200…600	>600…3000	>3000…6000
Böden	Säuregrad nach Baumann-Gully	ml/kg	>200		
	Sulfat (SO_4^{2-})	mg/kg	>2000…3000	>3000…12 000	>12 000…24 000

[1] Für die Beurteilung ist der höchste Angriffsgrad maßgebend, auch wenn er nur von einem der Werte erreicht wird. Liegen zwei oder mehrere Werte in derselben Klasse, davon mindestens einer im oberen Viertel (bei pH im unteren Viertel), erhöht sich der Angriffsgrad um eine Stufe.
[2] Gülle kann, unabhängig vom NH_4^+-Gehalt, in die Expositionsklasse XA1 eingeordnet werden.

Expositionsklassen bei Betonkorrosion, verursacht durch chemischen Angriff

Klassenbe-zeichnung	Umgebung	Beispiele für die Zuordnung
XA1	chemisch schwach angreifend	– Bauteile in Kläranlagen – Güllebehälter
XA2	chemisch mäßig angreifend	– Bauteile in betonangreifenden Böden – Bauteile, die mit Meerwasser in Berührung kommen
XA3	chemisch stark angreifend	– Industrieabwasseranlagen – Gärfuttersilos – Kühltürme mit Rauchgasableitung

5 Stahlbetonbau (neu)

Expositionsklassen bei Betonkorrosion, verursacht durch Verschleißbeanspruchung

Klassenbe-zeichnung	Umgebung	Beispiele für die Zuordnung
XM1	mäßige Beanspruchung	– Industrieböden mit Beanspruchung durch luftbereifte Fahrzeuge
XM2	starke Beanspruchung	– Industrieböden mit Beanspruchung durch luft- oder vollgummibereifte Gabelstapler
XM3	sehr starke Beanspruchung	– Oberflächen, die häufig mit Kettenfahrzeugen befahren werden – Industrieböden mit Beanspruchung durch elastomer- oder stahlrollenbereifte Gabelstapler – Wasserbauwerke in geschiebebelasteten Gewässern (z.B. Tosbecken)

1.3.2 Druckfestigkeit

Wenn nicht anders vereinbart, wird die Druckfestigkeit an Probewürfeln mit 150 mm Kantenlänge $f_{c,\,dry,\,cube}$ ermittelt, die nach DIN EN 12390-2 einen Tag in ihrer Form verbleiben, sechs Tage wassergelagert und anschließend bis zum Prüftermin luftgelagert werden (bisherige Lagerung nach DIN 1048-5). Die Druckfestigkeit an Probewürfeln mit 150 mm Kantenlänge $f_{c,\,cube}$, die entsprechend dem Referenzverfahren nach DIN EN 12390-2 bis zum Prüftermin wassergelagert werden, kann aus der Druckfestigkeit $f_{c,\,dry,\,cube}$ berechnet werden:

– Normalbeton bis einschließlich C50/60 $f_{c,\,cube} = 0{,}92 \cdot f_{c,\,dry,\,cube}$
– Hochfester Normalbeton ab C55/67 $f_{c,\,cube} = 0{,}95 \cdot f_{c,\,dry,\,cube}$

Diese Beziehung gilt nur für die Umrechnung von Würfeldruckfestigkeiten; sie berücksichtigt ausschließlich die unterschiedlichen Lagerungsbedingungen.

Zur Klassifizierung der Druckfestigkeit wird die charakteristische Festigkeit (Festigkeitswert, den erwartungsgemäß 5 % der Grundgesamtheit aller möglichen Festigkeitsmessungen der Menge des betrachteten Betons unterschreiten) verwendet, und zwar von Zylindern (Ø 150 mm,

$h = 300$ mm) nach 28 Tagen $f_{ck,cyl}$ oder die charakteristische Festigkeit von 150-mm-Würfeln nach 28 Tagen $f_{ck,cube}$. Für besondere Anwendungen kann es notwendig oder zweckmäßig sein, die Druckfestigkeit zu einem früheren oder späteren Zeitpunkt als 28 Tage oder nach Lagerung unter besonderen Bedingungen, z.B. Wärmebehandlung, zu bestimmen.

Die Einteilung in Druckfestigkeitsklassen wird getrennt einerseits für Normal- und Schwerbeton und andererseits für Leichtbeton vorgenommen. Normal- und Schwerbetone mit einer Festigkeitsklasse über C50/60 sowie Leichtbetone mit einer Festigkeitsklasse über LC50/55 sind hochfeste Betone. Für Beton der Festigkeitsklassen C90/105 und C100/115 sowie für hochfesten Leichtbeton der Festigkeitsklassen LC70/77 und LC80/88 ist eine Allgemeine bauaufsichtliche Zulassung oder eine Zustimmung im Einzelfall erforderlich.

Druckfestigkeitsklassen für Normal- und Schwerbeton

Druckfestigkeitsklasse	$f_{ck,cyl}$ in N/mm^2	$f_{ck,cube}$ in N/mm^2
C8/10	8	10
C12/15	12	15
C16/20	16	20
C20/25	20	25
C25/30	25	30
C30/37	30	37
C35/45	35	45
C40/50	40	50
C45/55	45	55
C50/60	50	60
C55/67	55	67
C60/75	60	75
C70/85	70	85
C80/95	80	95
C90/105	90	105
C100/115	100	115

Druckfestigkeitsklassen für Leichtbeton

Druckfestigkeitsklasse	$f_{ck,cyl}$ in N/mm^2	$f_{ck,cube}$ in N/mm^2
LC8/9	8	9
LC12/13	12	13
LC16/18	16	18
LC20/22	20	22
LC25/28	25	28
LC30/33	30	33
LC35/38	35	38
LC40/44	40	44
LC45/50	45	50
LC50/55	50	55
LC55/60	55	60
LC60/66	60	66
LC70/77	70	77
LC80/88	80	88

1.3.3 Trockenrohdichte

Klassifizierung von Beton nach der Trockenrohdichte

	Leichtbeton						Normal-beton	Schwer-beton
Rohdichte-klasse	D 1,0	D 1,2	D 1,4	D 1,6	D 1,8	D 2,0		
Trocken-rohdichte in kg/m^3	≥ 800 und ≤ 1000	> 1000 und ≤ 1200	> 1200 und ≤ 1400	> 1400 und ≤ 1600	> 1600 und ≤ 1800	> 1800 und ≤ 2000	2000 bis ≤ 2600	> 2600

Die Trockenrohdichte ist nach DIN EN 12 390-7 zu bestimmen.

1.4 Anforderungen an die Zusammensetzung des Betons

1.4.1 Allgemeine Anforderungen

1.4.1.1 Zugabe von Betonzusatzmitteln

Grenzwerte für die Zugabemenge in ml (g) je kg Zement + anrechenbare Zusatzstoffe

	Beton bis C50/60	hochfester Beton
Mindest-Zugabemenge	2	2
Höchst-Zugabemenge bei Einsatz eines Zusatzmittels	50	70
mehrerer Zusatzmittel	60	80

Flüssige Betonzusatzmittel sind dem Wassergehalt bei der Bestimmung des Wasserzementwerts dann zuzurechnen, wenn ihre gesamte Zugabemenge ≥ 3 l/m^3 beträgt.

1.4.1.2 Zugabe von Betonzusatzstoffen

	Flugasche f	Silicastaub s
Anrechenbarkeitswert k	0,4	1,0
Höchstmenge in kg/m^3	0,33 z	0,11 z
Mindestzementgehalt in kg/m^3 bei Anrechnung des Zusatzstoffes bei Expositionsklasse XC3	240[1]	240[2]
XC4/XS, XD, XA, XM/XF1, XF3[3]	270[1]	270[2]

[1] Die Anrechnung ist nur bei Verwendung von Portlandzement, Portlandhüttenzement, Portlandschieferzement, Portlandkalksteinzement und Hochofenzement mit ≤ 70 M.-% Hüttensand möglich.
[2] Zusätzlich zu Fußnote [1] ist die Anrechnung möglich bei Verwendung von Portlandpuzzolanzement, Portlandflugaschezement, Portlandflugaschehüttenzement und Hochofenzement bis zu 80 M.-% Hüttensand.
[3] Für XF2 und XF4 ist keine Anrechnung möglich.

Für alle Expositionsklassen – mit Ausnahme XF2 und XF4 – darf anstelle des höchstzulässigen Wasserzementwerts w/z bei Verwendung von Flugasche und/oder Silicastaub gerechnet werden

$$\frac{w}{z + 0{,}4\,f + 1{,}0\,s}$$

1.4.2 Anforderungen an die Betonzusammensetzung in Abhängigkeit von den Expositionsklassen

Die bei den verschiedenen Expositionsklassen verwendbaren Zementarten sind in einer Tafel auf Seite 5.19 aufgeführt.

An die unbewehrten Betone der Expositionsklasse XO (kein Korrosions- oder Angriffsrisiko) werden keine Anforderungen an ihre Zusammensetzung gestellt. Sie müssen mindestens die Festigkeitsklasse C8/10 erzielen.

Anforderungen an die Zusammensetzung von Beton nach Eigenschaften zum Schutz vor Bewehrungskorrosion infolge Karbonatisierung (Expositionsklassen XC)

Expositionsklasse	XC1	XC2	XC3	XC4
Umgebungsbedingung	trocken oder ständig nass	nass, selten trocken	mäßige Feuchte	wechselnd nass und trocken
höchstzulässiger w/z-Wert	0,75	0,65	0,60	
Mindestzementgehalt in kg/m³	240	260	280	
Mindestfestigkeitsklasse	C16/20	C20/25	C25/30	

Hinweis: Die w/z-, Zementgehalt- und Festigkeitswerte gelten für XC2, XC3 und XC4 gemäß Tabellenaufbau.

Anforderungen an die Zusammensetzung von Beton nach Eigenschaften zum Schutz vor Bewehrungskorrosion durch Chloride (Expositionsklassen XD und XS)

Expositionsklasse	XD1	XD2	XD3	XS1	XS2	XS3
Umgebungsbedingung	andere Chloride als aus Meerwasser			Chloride aus Meerwasser		
	mäßig feucht	nass, selten trocken	wechselnd nass/ trocken	salzhaltige Luft	unter Meerwasser	Bereiche von Tide, Spritzwasser, Sprühnebel
höchstzulässiger w/z-Wert	0,55	0,50	0,45	0,55	0,50	0,45
Mindestzementgehalt in kg/m³	300	320[1]	320[1]	300	320[1]	320[1]
Mindestfestigkeitsklasse	C30/37	C35/45	C35/45	C30/37	C35/45	C35/45

[1] Bei massigen Bauteilen (> 80 cm) $z \geq 300$ kg/m³.

Anforderungen an die Zusammensetzung eines Betons nach Eigenschaften mit Widerstand gegen Frost ohne und mit Taumittel (Expositionsklassen XF)

Expositionsklasse		XF1	XF2[1]	XF3	XF4[1]
Wassersättigung		mäßig	mäßig	hoch	hoch
Taumittel		ohne	mit	ohne	mit
höchstzulässiger w/z Wert		0,60	0,55 | 0,50	0,55 | 0,50	0,50
Mindestzementgehalt in kg/m^3		280	300 | 320	300 | 320	320
Mindestfestigkeitsklasse		C25/30	C25/30 | C35/45	C25/30 | C35/45	C30/37
mittl. Luftgehalt in Vol.-%[2),3)] bei Größtkorn der Gesteinskörnung in mm	8	–	≥ 5,5	– | ≥ 5,5	– | ≥ 5,5
	16	–	≥ 4,5	– | ≥ 4,5	– | ≥ 4,5
	32	–	≥ 4,0	– | ≥ 4,0	– | ≥ 4,0
	63	–	≥ 3,5	– | ≥ 3,5	– | ≥ 3,5
Widerstand der Gesteinskörnung gegen Frost bzw. Frost und Taumittel		F_4[4)]	MS_{25}[5)]	F_2[4)]	MS_{18}[5)]

[1)] Zusatzstoffe des Typs II dürfen zugegeben, aber nicht auf den Zementgehalt oder den w/z-Wert angerechnet werden.
[2)] Einzelwerte dürfen die Anforderungen um höchstens 0,5 Vol.-% unterschreiten. Für sehr weichen Beton sowie beim Einsatz von Fließmittel ist der Luftgehalt um 1 Vol.-% zu erhöhen.
[3)] Erdfeuchter Beton (z.B. Pflastersteine) mit w/z < 0,40 darf ohne LP hergestellt werden.
[4)] Kategorie des Frostwiderstands nach DIN 4226 (s. Abschnitt 1.1.2).
[5)] Kategorie der Magnesiumsulfat-Widerstandsfähigkeit nach DIN 4226 (s. Abschnitt 1.1.2).

Anforderungen an die Zusammensetzung von Beton nach Eigenschaften mit Widerstand gegen chemischen Angriff (Expositionsklassen XA)

Expositionsklasse	XA1	XA2	XA3[1]
Angriffsgrad	schwach	mäßig	stark
höchstzulässiger w/z-Wert	0,60	0,50	0,45
Mindestzementgehalt in kg/m³	280	320	320
Mindestfestigkeitsklasse	C25/30	C35/45	C35/45

[1] Schutz des Betons – z.b. Schutzschichten oder dauerhafte Bekleidungen – erforderlich oder Gutachten für Sonderlösung.

Anforderungen an die Zusammensetzung von Beton nach Eigenschaften mit Widerstand gegen Verschleißbeanspruchung (Expositionsklassen XM)

Expositionsklasse	XM1	XM2[1]	XM2	XM3
Beanspruchung	mäßig	stark	stark	sehr stark
höchstzulässiger w/z-Wert	0,55	0,55	0,45	0,45
Mindestzementgehalt[2] in kg/m³	300	300	320	320
Mindestfestigkeitsklasse	C30/37	C30/37	C35/45	C35/45
Anforderungen an den Zuschlag	\multicolumn{4}{l}{mäßig raue Oberfläche, gedrungene Gestalt; ≤ 4 mm überwiegend aus Quarz oder gleiche Härte; > 4 mm mit hohem Verschleißwiderstand; bei sehr starker Beanspruchung Hartstoffe; Zuschlaggemisch möglichst grobkörnig}

[1] Oberflächenbehandlung erforderlich.
[2] Für alle Festigkeitsklassen $\leq$ C50/60: $z \leq 360$ kg/m³.

Anwendung der Zemente nach DIN EN 197-1 (s. S. 5.3) bei den verschiedenen Expositionsklassen

Expositionsklasse			XO XC2	XC1	XC3 XC4 XD1 XD3 XS1 XS3 XM1 XM2 XM3	XD2 XS2 XA1 XA2[1] XA3[1]	XF1	XF2 XF4[2]	XF3
CEM I									
CEM II	A/B	S							
	A	D							
	A/B	P/Q							
	A	V							
	B	V							
	A	W							
	B	W							
	A/B	T							
	A	LL							
	B	LL							
	A	L							
	B	L							
	A	M							
	B	M							
CEM III	A								
	B								
	C								
CEM IV									
CEM V									

☐ = gültiger Anwendungsbereich
☐ = für die Expositionsklasse nicht anwendbar

[1] Bei Sulfatangriff (ausgenommen bei Meerwasser) HS-Zement; bei $SO_4^{2-} \leq 1500$ mg/l darf anstelle von HS-Zement eine Mischung von Zement + Flugasche verwendet werden.
[2] Bei Verwendung von CEM III A Festigkeitsklasse $\geq 42,5$ oder Festigkeitsklasse $\geq 32,5$ mit Hüttensandanteil ≤ 50 M.-%. CEM III B darf nur verwendet werden (dabei kann auf LP verzichtet werden):
 – Meerwasserbauteile: $w/z \leq 0,45$; $z \geq 340$ kg/m³; $\geq C35/45$
 – Räumerlaufbahnen: $w/z \leq 0,35$; $z \geq 360$ kg/m³; $\geq C40/50$.

1.4.3 Anforderungen an die Zusammensetzung von Standardbeton

Standardbeton = Normalbeton der Festigkeitsklassen C8/10, C12/15 und C16/20 ohne Betonzusatzmittel und -zusatzstoffe und nur für die Expositionsklassen X0, XC1 und XC2.

Mindestzementgehalt für Standardbeton
Zement: Festigkeitsklasse 32,5 / Gesteinskörnung: Größtkorn 32 mm

Festigkeitsklasse des Betons	Mindestzementgehalt in kg/m³ [1) verdichtenden Betons für Konsistenzbereich		
	steif	plastisch	weich
C8/10	210	230	260
C12/15	270	300	330
C16/20	290	320	360

[1)] Der Zementgehalt muss vergrößert werden um:
- 10 % bei einem Größtkorn der Gesteinskörnung von 16 mm
- 20 % bei einem Größtkorn der Gesteinskörnung von 8 mm.

Der Zementgehalt darf verringert werden um:
- max. 10 % bei Zement der Festigkeitsklasse 42,5
- max. 10 % bei einem Größtkorn der Gesteinskörnung von 63 mm.

1.4.4 Anforderungen an die Zusammensetzung von Beton mit hohem Wassereindringwiderstand

- bei Bauteildicken > 0,40 m: w/z-Wert $\leq 0{,}70$
- bei Bauteildicken $\leq$ 0,40 m: w/z-Wert $\leq 0{,}60$; $z \geq 280$ kg/m³ (bei Anrechnung von Zusatzstoffen ≥ 270 kg/m³); Mindestdruckfestigkeitsklasse C25/30.

1.4.5 Anforderungen an die Zusammensetzung von Unterwasserbeton für tragende Bauteile

- w/z-Wert: $\leq 0{,}60$; bei weitergehenden Beanspruchungen kleinerer w/z-Wert
- Zementgehalt bei Größtkorn der Gesteinskörnung 32 mm: ≥ 350 kg/m³
- bei Einsatz von Flugasche: $z + f \geq 350$ kg/m³; Anrechenbarkeitswert $k = 0{,}7$; folglich bei Anrechnung auf den w/z-Wert: $w/(z + 0{,}7f) \leq 0{,}60$; dabei $f \leq 0{,}33\,z$.

1.5 Festlegung des Betons

Der Beton kann in der Ausschreibung festgelegt werden als
- Beton nach Eigenschaften
- Beton nach Zusammensetzung
- Standardbeton.

1.5.1 Beton nach Eigenschaften

Beim Beton nach Eigenschaften entwirft der Betonhersteller die Zusammensetzung der Mischung und ist dafür verantwortlich, dass die geforderten Eigenschaften und zusätzlichen Anforderungen erfüllt werden.

- Grundlegende Anforderungen:
  Bezug auf DIN EN 206-1 und DIN 1045-2 / Druckfestigkeitsklasse / Expositionsklasse(n) / Größtkorn der Gesteinskörnung / Art der Verwendung des Betons / Konsistenzklasse / bei Leichtbeton oder Schwerbeton Rohdichteklasse oder Zielwert der Rohdichte.

- Zusätzliche Anforderungen:
besondere Zementeigenschaften (z.b. NW) / Arten oder Klassen von Gesteinskörnungen (z.B. Frostwiderstand) / Luftgehalt / besondere Anforderungen an die Frischbetontemperatur / Festigkeitsentwicklung / Wärmeentwicklung während der Hydratation / Verarbeitbarkeitsdauer / Wassereindringwiderstand / Abriebwiderstand / Spaltzugfestigkeit / besondere Anforderungen (z.b. Sichtbeton) / besondere technische Anforderungen.

1.5.2 Beton nach Zusammensetzung

Beim Beton nach Zusammensetzung werden die zu verwendenden Ausgangsstoffe und deren Zusammensetzung dem Hersteller vorgegeben. Während der Verfasser der Festlegung verantwortlich dafür ist, dass die Anforderungen der Norm berücksichtigt sind und dass mit den vorgegebenen Ausgangsstoffen und der festgelegten Betonzusammensetzung die vorgesehenen Frisch- und Festbetoneigenschaften erreicht werden, ist durch den Hersteller lediglich die Einhaltung der festgelegten Zusammensetzung nachzuweisen.

- Grundlegende Anforderungen:
Bezug auf DIN EN 206-1 und DIN 1045-2 / Zementart, Festigkeitsklasse des Zements, Zementgehalt / w/z-Wert oder Konsistenzklasse bzw. Zielwert / Art der Gesteinskörnung, Größtkorn, bei Leicht- und Schwerbeton Rohdichte der Gesteinskörnung / Art, Menge und Herkunft von Zusatzmittel und Zusatzstoff.

- Zusätzliche Anforderungen:
Herkunft der Betonausgangsstoffe / besondere Anforderungen an die Gesteinskörnung / besondere Anforderungen an die Frischbetontemperatur / besondere technische Anforderungen.

1.5.3 Standardbeton

Beim Standardbeton (Normalbeton der Festigkeitsklassen C8/10, C12/15 oder C16/20 ohne Zusätze sowie nur für die Expositionsklassen XO, XC1 und XC2) ist der Hersteller dafür verantwortlich, dass die Normvorgaben für den Zementgehalt berücksichtigt sind.
- Grundlegende Anforderungen:
Druckfestigkeitsklasse / Expositionsklasse / Konsistenzbezeichnung / Größtkorn der Gesteinskörnung / Festigkeitsentwicklung.

1.6 Herstellung des Betons

Für Betonmengen $> 1 \text{ m}^3$ sind alle Ausgangsstoffe mit einer Genauigkeit von $\pm 3 \%$ der in der Mischanweisung vorgegebenen Menge zu dosieren. Zement, Gesteinskörnung und pulverförmige Zusatzstoffe müssen nach Masse dosiert werden; andere Verfahren sind zulässig, falls die geforderte Dosiergenauigkeit erreicht wird. Zugabewasser, Zusatzmittel, flüssige Zusatzstoffe und leichte Gesteinskörnung dürfen nach Masse oder Volumen dosiert werden.

Das Mischen der Ausgangsstoffe muss in einem Mischer erfolgen und so lange dauern, bis die Mischung gleichförmig erscheint. Zusatzmittel sind während des Hauptmischgangs zuzugeben. Wenn Fließmittel nach dem Hauptmischgang zugesetzt werden, muss der Beton nochmals gemischt werden. In einem Fahrmischer darf die Mischdauer nach Zugabe eines Zusatzmittels nicht weniger als 1 min/m^3 und nicht kürzer als 5 min sein. Nach Verlassen des Mischers darf die Zusammensetzung des Betons nicht mehr verändert werden.

1.7 Nachbehandlung und Schutz des Betons

Um die vom Beton erwarteten Eigenschaften – insbesondere im Oberflächenbereich – zu erhalten, ist eine sorgfältige Nachbehandlung und ein Schutz über einen angemessenen Zeitraum erforderlich. Bevorzugte Maßnahmen sind: Belassen in der Schalung / Abdecken der Betonoberfläche mit dampfdichten Folien / Auflegen von wasserspeichernden Abdeckungen unter ständigem Feuchthalten bei gleichzeitigem Verdunstungsschutz / kontinuierliches Besprühen mit Wasser bzw. Fluten / Aufsprühen eines Nachbehandlungsmittels mit nachgewiesener Eignung.

1.7.1 Nachbehandlungsdauer

– Bei den Expositionsklassen XO (unbewehrte Bauteile) und XC1 (Innenbauteile) ist der Beton mindestens einen halben Tag nachzubehandeln, wenn Verarbeitbarkeitszeit < 5 h und Temperatur der Betonoberfläche ≥ 5 °C; anderenfalls ist die Nachbehandlungsdauer angemessen zu verlängern.

– Bei der Expositionsklasse XM (Verschleißbeanspruchung) ist der Beton so lange nachzubehandeln, bis die Festigkeit des oberflächennahen Bereichs 70 % der charakteristischen Festigkeit erreicht hat. Ohne besonderen Nachweis sind die Werte der Tafel zu verdoppeln.

– Bei allen übrigen Expositionsklassen ist der Beton so lange nachzubehandeln, bis die Festigkeit im oberflächennahen Bereich 50 % der charakteristischen Festigkeit erreicht hat. Ohne besonderen Nachweis sind die Werte der Tafel zu berücksichtigen. Die Nachbehandlungsdauer ist angemessen zu verlängern bei Verarbeitbarkeitszeit > 5 h.

Mindestdauer der Nachbehandlung in Tagen für alle Expositionsklassen außer XO, XC1 und XM nach DIN 1045-3

Oberflächen-temperatur[1] in °C	Festigkeitsentwicklung des Betons β_{cm2}/β_{cm28}[2]			
	schnell ≥ 0,50	mittel ≥ 0,30 ... < 0,50	langsam ≥ 0,15 ... < 0,30	sehr langsam < 0,15
≥ 25	1	2	2	3
< 25 ... ≥ 15	1	2	4	5
< 15 ... ≥ 10	2	4	7	10
< 10 ... ≥ 5[3]	3	6	10	15

[1] Anstelle der Oberflächentemperatur des Betons darf die Lufttemperatur angesetzt werden.
[2] Verhältnis mittlere Druckfestigkeit nach 2 Tagen zur mittleren Druckfestigkeit nach 28 Tagen, ermittelt entweder bei der Erstprüfung oder aus bekanntem Verhältnis von Betonen vergleichbarer Zusammensetzung.
[3] Bei Temperaturen < 5 °C Nachbehandlungsdauer um die Zeit verlängern, während der die Temperatur unter 5 °C lag.

1.8 Produktionskontrolle beim Betonhersteller

Von allen Herstellern von Frischbeton muss eine Produktionskontrolle durchgeführt werden, die alle Maßnahmen umfassen muss, die für die Erzielung der Konformität des Betons mit den festgelegten Anforderungen erforderlich sind (Eigenüberwachung). Hierzu zählen u.a. Baustoffauswahl / Betonentwurf / Überwachung und Prüfung der Ausgangsstoffe, der Vorrichtungen für die Lagerung, der Wäge- und Messeinrichtungen, des Mischers und der Steuerungsgeräte sowie der Betoneigenschaften. Das System der Produktionskontrolle muss mindestens alle zwei Jahre überprüft werden, um die Eignung und die Wirksamkeit des Systems sicherzustellen. Alle maßgebenden Daten müssen aufgezeichnet und mindestens fünf Jahre aufbewahrt werden.

Die mit der werkseigenen Produktionskontrolle beauftragte Stelle muss von einem in Betontechnik und Betonherstellung erfahrenen Fachmann (z.B. Betoningenieur) geleitet werden.

Die Produktionskontrolle des Herstellers ist für alle Betone – ausgenommen Standardbetone – durch eine anerkannte Überwachungsstelle nachzuweisen und zu überwachen (Fremdüberwachung) und dann durch eine Zertifizierungsstelle zu zertifizieren.

Vor Verwendung einer neuen Zusammensetzung eines Betons nach Eigenschaften muss i. Allg. eine Erstprüfung (Eignungsprüfung) durchgeführt werden, um nachzuweisen, dass die festgelegten Eigenschaften mit einem angemessenen Vorhaltemaß erfüllt werden. Für Standardbeton sowie bei Beton nach Zusammensetzung ist keine Erstprüfung erforderlich.

1.8.1 Art und Mindesthäufigkeit der Prüfungen

– an den Ausgangsstoffen siehe DIN EN 206-1 Tabelle 22
– an der Ausstattung siehe DIN EN 206-1 Tabelle 23
– an Beton nach Eigenschaften siehe Tafel S. 5.18.

Überwachung von Beton nach Eigenschaften im Rahmen der Produktionskontrolle

Prüfgegenstand	Überwachung/Prüfung	Mindesthäufigkeit
Mischungsentwurf Beton nach Eigenschaften	Erstprüfung (Eignungsprüfung)	vor Verwendung einer neuen Zusammensetzung
Wassergehalt der feinen Gesteinskörnung	kontinuierliches Messsystem, Darrversuch oder Gleichwertiges	wenn nicht kontinuierlich, dann täglich; abhängig von örtlichen Bedingungen und Wetterbedingungen
Wassergehalt der groben Gesteinskörnung	Darrversuch oder Gleichwertiges	abhängig von örtlichen Bedingungen und Wetterbedingungen
Wassergehalt des Frischbetons	Menge des Zugabewassers[1]	jede Mischung oder Ladung
Chloridgehalt des Betons	Erstbestimmung durch Berechnung	bei Erstprüfung sowie bei Anstieg des Chloridgehalts der Ausgangsstoffe
Konsistenz	Augenscheinprüfung	jede Mischung oder Ladung
	Konsistenzprüfung	– bei Herstellung der Probekörper für Beurteilung der Konformität – bei Prüfung des Luftgehalts – im Zweifelsfall nach Augenscheinprüfung
Rohdichte des Frischbetons	Rohdichteprüfung	täglich
Zementgehalt	Zugabemenge[1]	jede Mischung
Gehalt an Zusatzstoffen	Zugabemenge[1]	jede Mischung
Gehalt an Zusatzmittel	Zugabemenge oder -volumen	jede Lieferung
Wasserzementwert	durch Berechnung oder durch Prüfung	täglich, wenn festgelegt
Luftgehalt des Frischbetons, wenn festgelegt	Prüfung nach DIN EN 12 350-7 für Normal- und Schwerbeton, nach ASTM C173 für Leichtbeton	für Betone mit LP bei erster Mischerfüllung oder Ladung jeder Tagesproduktion, bis sich die Werte stabilisiert haben
Temperatur des Frischbetons	Temperaturmessung	– im Zweifelsfall – wenn Temperatur festgelegt, in regelmäßigen Abständen je nach Situation – wenn Temperatur nahe am Grenzwert, jede Mischung oder Ladung
Trockenrohdichte von Leicht- und Schwerbeton	Rohdichteprüfung	wenn die Rohdichte festgelegt ist, so häufig wie Druckfestigkeitsprüfung
Druckfestigkeit	Prüfung an in Formen hergestellten Probekörpern	so häufig, wie für die Beurteilung der Konformität erforderlich (S. 5.20)

[1] Wird kein Aufzeichnungsgerät verwendet und sind die Toleranzen für die Mischung oder Ladung überschritten, ist die Menge in der Mischung in den Aufzeichnungen über die Herstellung anzugeben.

1.9 Konformitätskontrolle beim Betonhersteller und Konformitätskriterien

Die Konformitätskontrolle umfasst Handlungen und Entscheidungen, die durchgeführt und getroffen werden müssen, um die Übereinstimmung des Betons mit den Festlegungen nachzuprüfen. Die Konformitätskontrollen sind unterschiedlich für Beton nach Zusammensetzung und Standardbeton sowie für Beton nach Eigenschaften.

1.9.1 Beton nach Zusammensetzung und Standardbeton

Beim Beton nach Zusammensetzung hat der Hersteller lediglich nachzuweisen, dass die Mengen der Ausgangsstoffe innerhalb der vorgeschriebenen Dosiergenauigkeit entsprechend der Festlegung abgemessen worden sind. Der Wasserzementwert darf den festgelegten Wert um nicht mehr als 0,02 überschreiten.
Beim Standardbeton muss nachgewiesen werden, dass die Normanforderungen eingehalten werden.

1.9.2 Beton nach Eigenschaften

Der Hersteller kann die Konformitätskontrolle entweder an einzelnen Betonzusammensetzungen oder bei Normal- und Schwerbeton bis einschließlich der Festigkeitsklasse C50/60 oder bei Leichtbeton bis zur Festigkeitsklasse LC55/60 an Betonfamilien durchführen. Bei einer Betonfamilie handelt es sich um eine Gruppe von Betonzusammensetzungen, für die ein verlässlicher Zusammenhang zwischen den maßgebenden Eigenschaften besteht und dokumentiert ist. Voraussetzungen für eine Betonfamilie sind:
– Betone mit einem begrenzten Bereich von Festigkeitsklassen
– Zement gleicher Art, Festigkeitsklasse und Herkunft
– Gesteinskörnungen gleicher Art und gleichen geologischen Ursprungs
– Betone sowohl mit als auch ohne wasserreduzierende/verflüssigende Zusatzmittel
– Betone ohne Einschränkung hinsichtlich der Konsistenzklassen.

Separate Betonfamilien sind zu bilden für
– Betone mit Zusatzstoffen des Typs II (Flugasche, Silicastaub)
– Betone mit Zusatzmitteln, die Auswirkungen auf die Druckfestigkeit haben, wie hochwirksame wasserreduzierende/verflüssigende Zusatzmittel, Beschleuniger, Verzögerer oder Luftporenbildner.

Wenn die Konformitätskontrolle auf eine Betonfamilie angewendet wird, ist als Referenzbeton entweder der am häufigsten hergestellte Beton oder ein Beton aus dem Mittelfeld der Betonfamilie auszuwählen. Um Ergebnisse aus Druckfestigkeitsprüfungen jeder einzelnen Betonprüfung auf den Referenzbeton übertragen zu können, werden Zusammenhänge zwischen jeder einzelnen Betonzusammensetzung und dem Referenzbeton aufgestellt.

Mindestanzahl und -häufigkeit der Probenahme zur Beurteilung der Konformität[1)]

Herstellung	erste 50 m³ der Produktion	nach den ersten 50 m³ der Produktion[2)]		
		Normalbeton ≤ C50/60 Schwerbeton	hochfester Beton ≥ C55/67	Leichtbeton
Erstherstellung (≤ 35 Ergebnisse)	3 Proben	1 je 200 m³ oder 2 je Produktionswoche	1 je 100 m³ oder 1 je Produktionstag	1 je 100 m³ oder 1 je Produktionstag
stetige Herstellung (> 35 Ergebnisse)		1 je 400 m³ oder 1 je Produktionswoche	1 je 200 m³ oder 1 je Produktionswoche	1 je 200 m³ oder 1 je Produktionswoche

[1)] Die Häufigkeit ist maßgebend, die die größte Probenanzahl ergibt.
[2)] Verteilung der Probenahme über die Herstellung und nicht mehr als eine Probe für 25 m³.

1.9.2.1 Probenahme

Die Betonproben müssen zufällig ausgewählt werden. Der Ort der Entnahme muss so gewählt werden, dass sich die maßgebenden Betoneigenschaften und die Betonzusammensetzung zwischen dem Ort der Probenahme und dem der Übergabe nicht wesentlich ändern. Bei Leichtbeton muss die Probenahme am Ort der Verwendung erfolgen.

1.9.2.2 Konformität der Betondruckfestigkeit

Die Konformität der Betondruckfestigkeit ist an Probekörpern im Alter von 28 Tagen nachzuweisen. In Abhängigkeit von Erstherstellung oder stetiger Herstellung sowie davon, ob hochfester Beton vorliegt, sind zwei Kriterien zu erfüllen:

– Kriterium 1: Mittelwert von n aufeinander folgenden Prüfergebnissen f_{cm}
– Kriterium 2: Einzelergebnis f_{ci}

Wenn die Konformität auf der Grundlage einer Betonfamilie nachgewiesen wird, ist zusätzlich ein Kriterium 3 zu berücksichtigen.

Konformitätskriterien für Ergebnisse der Druckfestigkeitsprüfung

Herstellung	Anzahl n der Ergebnisse	Kriterium 1 Mittelwert von n Ergebnissen f_{cm} in N/mm²		Kriterium 2 Einzelwert f_{ci} in N/mm²	
		≤ C50/60	≥ C55/67	≤ C50/60	≥ C55/67
Erstherstellung	3	$\geq f_{ck} + 4$	$\geq f_{ck} + 5$	$\geq f_{ck} - 4$	$\geq f_{ck} - 5$
stetige Herstellung	15	$\geq f_{ck} + 1{,}48\,\sigma$ $\sigma \geq 3$ N/mm²	$\geq f_{ck} + 1{,}48\,\sigma$ $\sigma \geq 5$ N/mm²	$\geq f_{ck} - 4$	$\geq 0{,}9\,f_{ck}$

1.9.2.3 Konformitätskriterien für Ergebnisse der Konsistenzprüfung

Prüfverfahren	Grenzabweichung einzelner Prüfergebnisse	
	Untergrenze	Obergrenze
Ausbreitmaß	– 15 mm	+ 30 mm
	– 25 mm[1]	+ 40 mm[1]
Verdichtungsmaß	– 0,05	+ 0,03
	– 0,07[1]	+ 0,05[1]
Setzmaß (Slump)	– 10 mm	+ 20 mm
	– 20 mm[1]	+ 30 mm[1]
Setzzeit (Vébé)	– 4 s	+ 2 s
	– 6 s[1]	+ 4 s[1]

[1] Nur anwendbar bei Proben, die zu Beginn des Entladens eines Fahrmischers entnommen worden sind.

1.9.2.4 Konformitätskriterien für Rohdichte, w/z-Wert, Zement- und Luftgehalt

Eigenschaft	Grenzabweichung einzelner Prüfergebnisse	
	Untergrenze	Obergrenze
Trockenrohdichte von Schwerbeton	-30 kg/m^3	keine Beschränkung[1]
Trockenrohdichte von Leichtbeton	-30 kg/m^3	$+30$ kg/m^3
Wasserzementwert	keine Beschränkung[1]	$+0{,}02$
Zementgehalt	-10 kg/m^3	keine Beschränkung[1]
Luftgehalt von LP-Beton	$-0{,}5\,\%$ Absolutwert	$+1\,\%$ Absolutwert

[1] Falls keine Grenze festgelegt ist.

1.10 Überwachungsprüfungen durch das Bauunternehmen

Für die Überprüfung der maßgebenden Frisch- und Festbetoneigenschaften wird der Beton in drei Überwachungsklassen eingeteilt, wobei für die Einordnung eines Betons bei mehreren Kriterien die höhere Überwachungsklasse maßgebend ist.

Wird Beton der Überwachungsklassen 2 und 3 eingebaut, muss das Bauunternehmen über eine ständige Betonprüfstelle verfügen, die von einem in der Betontechnik erfahrenen Fachmann geleitet wird. Außerdem müssen die Ergebnisse der Überwachung durch eine dafür anerkannte Überwachungsstelle überprüft werden (Fremdüberwachung).

Überwachungsklassen für Beton nach DIN 1045-3

Überwachungsklasse	1	2	3
Festigkeitsklasse für Normal- und Schwerbeton	$\leq$ C25/30[1]	$\geq$ C30/37 und $\leq$ C50/60	$\geq$ C55/67
Festigkeitsklasse für Leichtbeton der Rohdichteklassen D 1,0 ... D 1,4	nicht anwendbar	$\leq$ LC25/28	$\geq$ LC30/33
D 1,6 ... D 2,0	$\leq$ LC25/28	$\leq$ LC35/38	$\geq$ LC40/44
Expositionsklasse	XO, XC, XF1	XS, XD, XA, XM[2], $\geq$ XF2	–
besondere Eigenschaften		Beton für wasserundurchlässige Baukörper (z.B. Weiße Wannen)[3] / Unterwasserbeton / Beton für hohe Temperaturen $\leq$ 250 °C / Strahlenschutzbeton	

[1] Spannbeton der Festigkeitsklasse C25/30 ist in Überwachungsklasse 2 einzuordnen.
[2] Gilt nicht für übliche Industrieböden.
[3] Beton mit hohem Wassereindringwiderstand darf in die Überwachungsklasse 1 eingeordnet werden, wenn der Baukörper maximal nur zeitweilig aufstauendem Sickerwasser ausgesetzt ist und wenn in der Projektbeschreibung nichts anderes festgelegt ist.

1.10.1 Art und Häufigkeit der Prüfungen

Die Proben müssen zufällig ausgewählt und etwa gleichmäßig über die Betonierzeit verteilt aus verschiedenen Lieferfahrzeugen entnommen werden.

Mindesthäufigkeit der Prüfungen an Beton nach Eigenschaften auf der Baustelle bei Verwendung von Transportbeton nach DIN 1045-3

Prüfgegenstand	Prüfung	Mindesthäufigkeit für Überwachungsklasse		
		1	2	3
Lieferschein	Augenscheinprüfung	jedes Lieferfahrzeug		
Konsistenz	Augenscheinprüfung	Stichprobe	jedes Lieferfahrzeug	
	Konsistenzprüfung	– in Zweifelsfällen	– beim ersten Einbringen jeder Betonzusammensetzung – bei Herstellung von Probekörpern für die Festigkeitsprüfung – in Zweifelsfällen	
Frischbetonrohdichte von Leicht- und Schwerbeton	Rohdichteprüfung	– bei Herstellung von Probekörpern für die Festigkeitsprüfung – in Zweifelsfällen		
Gleichmäßigkeit des Betons	Augenscheinprüfung	Stichprobe	jedes Lieferfahrzeug	
Luftgehalt von Luftporenbeton	Prüfung nach DIN EN 12 350-7 für Normal- und Schwerbeton, nach ASTM C173 für Leichtbeton	–	– zu Beginn jedes Betonierabschnitts – in Zweifelsfällen	
Druckfestigkeit	Prüfung an in Formen hergestellten Probekörpern	– in Zweifelsfällen	3 Körper je – 300 m³ [1] oder – 3 Betoniertage [1]	3 Körper je – 50 m³ [1] oder – Betoniertag [1]

[1] Die Forderung, die die größte Anzahl von Probekörpern ergibt, ist maßgebend.

1.10.2 Beurteilung der Ergebnisse der Druckfestigkeitsprüfung

Annahmekriterien für Ergebnisse von Druckfestigkeitsprüfungen von Beton nach Eigenschaften bei Verwendung von Transportbeton nach DIN 1045-3

Anzahl n der Ergebnisse	Kriterium 1 Mittelwert von n Ergebnissen f_{cm} in N/mm²	Kriterium 2 Einzelwert f_{ci} in N/mm²
3 bis 4	$\geq f_{ck} + 1$	$\geq f_{ck} - 4$
5 bis 6	$\geq f_{ck} + 2$	$\geq f_{ck} - 4$

Für $n > 6$: $\quad f_{cm} \geq f_{ck} + (1{,}65 - (2{,}58/n^{1/2})) \cdot \sigma$

σ = Standardabweichung der Stichprobe für $n \geq 35$, wobei

$\qquad \sigma \geq 3$ N/mm² für Überwachungsklasse 2

$\qquad \sigma \geq 5$ N/mm² für Überwachungsklasse 3

Für $n > 6$ bis < 35 gilt: $\sigma = 4$ N/mm².

2 Betonstahl

Für Betonstahl (BSt) zur Bewehrung von Beton nach DIN 1045 gilt DIN 488.
Danach werden die Betonstahlsorten unterschieden durch:

Verarbeitungsform:	Betonstabstahl (S), Betonstahlmatten (M), Bewehrungsdraht
Festigkeitseigenschaften:	Streckgrenze, Zugfestigkeit
Oberflächengestaltung:	Betonstabstahl und Betonstahlmatte gerippt, Bewehrungsdraht glatt oder profiliert
Herstellverfahren:	warmgewalzt, kaltverformt

Geschweißte Betonstahlmatten sind eine werkmäßig vorgefertigte Bewehrung aus sich kreuzenden kaltverformten gerippten Stäben, die an den Kreuzungsstellen durch Widerstandspunktschweißung scherfest miteinander verbunden sind.

Betonstahlmatten werden als Lager- oder Listenmatten angeboten.

Lagermatten werden vom Baustoffhändler in bevorzugten Abmessungen (Mattenlänge 5 m bzw. 6 m, Mattenbreite 2,15 m) am Lager vorgehalten (Beispiele für Lagermatten s. S. 5.89). Sie werden unterschieden in

N-Matten: nichtstatische Matten, z.B. für Schwindbewehrung von Estrich
Q-Matten: statische Matten mit gleichem Bewehrungsquerschnitt in Längs- und Querrichtung
R-Matten: statische Matten für einachsige Bewehrung, Abstand der Längsstäbe 150 mm
K-Matten: statische Matten für einachsige Bewehrung, Abstand der Längsstäbe 100 mm.

Listenmatten werden im Werk auf Bestellung nach Baumaß gefertigt in Längen bis 12 m und in Breiten bis 3,00 m.

Bewehrungsdraht ist glatter oder profilierter Betonstahl, der als Ring hergestellt und vom Ring werkmäßig zu Bewehrungen weiterverarbeitet wird.

Sorteneinteilung und Eigenschaften (nach DIN 488-1)

Betonstahlsorte	Kurzname	BSt 420 S	BSt 500 S	BSt 500 M
	Kurzzeichen[1]	III S	IV S	IV M
	Werkstoffnummer	1.0428	1.0438	1.0466
	Erzeugnisform	Betonstabstahl	Betonstabstahl	Betonstahlmatte
Nenndurchmesser d_s in mm		6 bis 28	6 bis 28	4 bis 12[2]
Streckgrenze R_e (β_s)[3] bzw. 0,2%-Dehngrenze $R_{p0,2}$ $(\beta_{0,2})$[3] in N/mm²		420	500	500
Zugfestigkeit R_m (β_z)[3] in N/mm²		500	550	550
Bruchdehnung A_{10} (δ_{10})[3] in %		10	10	8
Schweißeignung für Verfahren[4]		E, MAG, GP, RA, RP	E. MAG, GP, RA, RP	E[5], MAG[5], RP

[1] Für Zeichnungen und statische Berechnungen.
[2] Für Betonstahlmatten mit Nenndurchmessern von 4,0 mm und 4,5 mm gelten die in den Anwendungsnormen festgelegten einschränkenden Bestimmungen; die Dauerschwingfestigkeit braucht nicht nachgewiesen zu werden.
[3] Die in Klammern gesetzten Formelzeichen wurden früher verwendet.
[4] E = Metall-Lichtbogenhandschweißen, MAG = Metall-Aktivgasschweißen, GP = Gaspressschweißen, RA = Abbrennstumpfschweißen, RP = Widerstandspunktschweißen.
[5] Der Nenndurchmesser der Mattenstäbe muss mindestens 6 mm beim Verfahren MAG und mindestens 8 mm beim Verfahren E betragen, wenn Stäbe von Matten untereinander oder mit Stabstählen ≤ 14 mm Nenndurchmesser verschweißt werden.

Bemessungstafeln nach DIN 1045-1 (Juli 2001)

mit Berücksichtigung des DIN-Fachberichts 102 – Betonbrücken

Mit der neuen DIN 1045-1 erscheint erstmalig eine Norm, die Normal- und Leichtbeton einschließlich der hochfesten Betone behandelt.

Die wesentlichen Annahmen der bisherigen Biegemessung, nämlich die Bemessung mit einem globalen Sicherheitsbeiwert, wurde zugunsten wirklichkeitsnaher Annahmen mit Teilsicherheitsbeiwerten aufgegeben; weiterhin gilt die Affinität der Spannungs-Dehnungs-Linie für den hochfesten Beton nicht mehr. Für die praktische Bemessung ist es daher notwendig, auf diesen Grundlagen neue Bemessungstabellen und -diagramme zu entwickeln.

Für häufig vorkommende Fälle sind in der einschlägigen Literatur (z.B. in den Bautabellen für Ingenieure) Bemessungstafeln bereitgestellt; die vielfältigen Bemessungsaufgaben, die in der Praxis auftreten, sind damit jedoch nicht erfasst. Das vorliegende Tafelwerk enthält eine umfassende Sammlung von Bemessungsdiagrammen für den auf einachsige und zweiachsige Biegung mit Längskraft beanspruchten Rechteckquerschnitt, für den Plattenbalken, den Kreis- und Kreisringquerschnitt, und zwar für Normalbeton, hochfesten Beton und für Leichtbeton.

Die Bemessungstafeln berücksichtigen auch die neue Bemessungsvorschrift für Betonbrücken, den Fachbericht 102.

Zu beziehen über Ihre Buchhandlung oder direkt beim Verlag.

Schmitz/Goris
Bemessungstafeln nach DIN 1045-1
Normalbeton – Hochfester Beton – Leichtbeton
2001, 520 Seiten, 17x24 cm, gebunden,
€ 49,– / sFr 98,–
ISBN 3-8041-4187-0

WERNER VERLAG

Werner Verlag · Postfach 10 53 54 · 40044 Düsseldorf
Telefon (02 11) 3 87 98-0 · Telefax (02 11) 3 87 98-11
www.werner-verlag.de

5 B Stahlbetonbau nach DIN 1045-1 (neu)

Prof. Dr.-Ing. Alfons Goris

1 Formelzeichen, Begriffe, Geltungsbereich

1.1 Formelzeichen

(Auswahl; bezüglich weiterer Erläuterungen wird auf die folgenden Abschnitte verwiesen.)

Lateinische Großbuchstaben

A	Fläche	(area)
E	Elastizitätsmodul	(modulus of elasticity)
E	Einwirkung, Schnittgröße	(internal forces and moments)
G	ständige Einwirkung	(permanent action)
I	Flächenmoment 2. Grades	(second moment of area)
M	Biegemoment	(bending moment)
N	Längskraft	(axial force)
P	Vorspannkraft	(prestressing force)
Q	Verkehrslast	(variable action)
R	Widerstand, Tragfähigkeit	(resistance)
T	Torsionsmoment	(torsional moment)
V	Querkraft	(shear force)

Lateinische Kleinbuchstaben

b	Breite	(width)
c	Betondeckung	(concrete cover)
d	Nutzhöhe	(effective depth)
f	Festigkeit eines Materials	(strength of a material)
g	verteilte ständige Last	(distributed permanent load)
h	Querschnittshöhe	(overall depth)
i	Trägheitsradius	(radius of gyration)
l	Stützweite	(span)
q	verteilte veränderliche Last	(distributed variable load)
t	Dicke	(thickness)
w	Rissbreite	(crack width)
x	Druckzonenhöhe	(neutral axis depth)
z	Hebelarm der inneren Kräfte	(lever arm of internal force)

Griechische Kleinbuchstaben

γ	Teilsicherheitsbeiwert	(partial safety factor)
ε	Dehnung	(strain)
λ	Schlankheitsgrad	(slenderness ratio)
μ	bezogenes Biegemoment	(reduced bending moment)
ν	bezogene Längskraft	(reduced axial force)
ν	Querdehnzahl	(Poisson's ratio)
ρ	geometrischer Bewehrungsgrad	(geometrical reinforcement ratio)
σ	Längsspannung	(axial stress)
τ	Schubspannung	(shear stress)
ω	mechanischer Bewehrungsgrad	(mechanical reinforcement ratio)

Fußzeiger

c	Beton	(concrete)
c	Druck	(compression)
d	Bemessungswert	(design value)
dir	unmittelbar	(direct)
eff	wirksam	(effective)
g, G	ständig	(permanent)
f	Flansch, Gurt	(flange)
ind	mittelbar	(indirect)
inf	unterer, niedriger	(inferior)
k	charakt. Wert	(characteristic value)
m, M	Baustoff	(material)
p	Vorspannung Spannstahl	(prestressing force, prestressing steel)
q, Q	Verkehrslast	(variable action)
s	Betonstahl	(reinforcing steel)
sup	ober, oberer	(superior)
t	Zug	(tension)
v	Querkraft	(shear)
y	Streckgrenze	(yield)

Zusammengesetzte Formelzeichen

G_k	charakteristischer Wert einer ständigen Last
Q_k	charakteristischer Wert einer Verkehrslast
M_{Ed}	einwirkendes Bemessungsmoment
M_{Eds}	einwirkendes, auf die Zugbewehrung „versetztes" Bemessungsmoment
N_{Ed}	einwirkende Bemessungslängskraft
V_{Ed}	einwirkende Bemessungsquerkraft
V_{Rd}	aufnehmbare Querkraft
f_{ck}	charakt. Wert der Betondruckfestigkeit
f_{cd}	Bemessungswert der Betondruckfestigkeit
f_{ct}	Zugfestigkeit des Betons
f_{yk}	charakt. Wert der Stahlstreckgrenze
f_{yd}	Bemessungswert der Stahlstreckgrenze
μ_{Ed}	bezogenes Bemessungsmoment
μ_{Eds}	auf die Biegezugbewehrung „versetztes", bezogenes Bemessungsmoment
ν_{Ed}	bezogene Bemessungslängskraft

1.2 Begriffe

Prinzip Eine Angabe und Festlegung, von der keine Abweichung zulässig ist. (Prinzipien sind in DIN 1045-1 durch gerade Schreibweise gekennzeichnet.)

Anwendungsregel Allgemein anerkannte Regel, die dem Prinzip folgt und dessen Anforderungen erfüllt. Alternativen sind auf der Basis der Prinzipien zulässig (in DIN 1045-1 durch kursive Schreibweise gekennzeichnet).

Grenzzustand Ein Zustand, bei dem ein Tragwerk die Entwurfsanforderungen gerade noch erfüllt; es werden Grenzzustände der Tragfähigkeit, der Gebrauchstauglichkeit und der Dauerhaftigkeit unterschieden.

Einwirkung E Auf ein Tragwerk einwirkende Kräfte, Lasten etc. als direkte Einwirkung, eingeprägte Verformungen (Temperatur, Setzung) als indirekte Einwirkung. Einteilung in
- ständige Einwirkung (G): z. B. Eigenlast der Konstruktion
- veränderliche Einwirkung (Q): z. B. Nutzlast, Wind, Schnee, Temperatur
- außergewöhnliche Einwirkungen (A): z. B. Explosion, Anprall von Fahrzeugen
- vorübergehende Einwirkungen: z. B. Bauzustände, Montagelasten.

Charakteristische Werte der Einwirkungen (F_k) werden i.Allg. in Lastnormen festgelegt:
- ständige Einwirkung i.Allg. als ein einzelner Wert (G_k), ggf. jedoch auch als oberer ($G_{k,sup}$) und unterer ($G_{k,inf}$) Grenzwert
- veränderliche Einwirkung (Q_k) als oberer / unterer Wert oder als festgelegter Sollwert
- außergewöhnliche Einwirkung (A_k) i. d. R. als festgelegter (deterministischer) Wert.

Kombinationen von veränderlichen Einwirkungen ergeben sich unter Berücksichtigung von Kombinationsbeiwerten ψ_i (s. Abschn. 2.1.2 und 2.1.3)

Bemessungswerte der Einwirkung (F_d) ergeben sich aus $F_d = \gamma_F \, F_k$ mit γ_F als Teilsicherheitsbeiwert für die betrachtete Einwirkung; der Beiwert γ_F kann mit einem oberen ($\gamma_{F,sup}$) und einem unteren Wert ($\gamma_{F,inf}$) angegeben werden (s. Abschn. 2.1.2).

Widerstand R Durch Materialeigenschaften (Beton, Betonstahl, Spannstahl) und geometrische Größen sich ergebende aufnehmbare Beanspruchungen

Charakteristische Werte der Baustoffe (X_k) werden in Baustoff- und Bemessungsnormen als Quantile einer statistischen Verteilung festgelegt, ggf. mit oberen und unteren Werten.

Bemessungswert einer Baustoffeigenschaft ergibt sich aus $X_d = X_k/\gamma_M$ mit γ_M als Teilsicherheitsbeiwert für die Baustoffeigenschaften (Beiwerte γ_M s. Abschn. 2.1.2).

Üblicher Hochbau Hochbau, der für vorwiegend ruhende, gleichmäßig verteilte Nutzlasten bis 5,0 kN/m², ggf. für Einzellasten bis 7,0 kN und für Personenkraftwagen bemessen ist, wobei aus Einzellasten kein größerer Nutzlastanteil als 5,0 kN/m² entstehen darf.

1.3 Geltungsbereich

DIN 1045-1 gilt für die Bemessung und Konstruktion von Tragwerken des Hoch- und Ingenieurbaus aus unbewehrtem Beton, Stahlbeton und Spannbeton mit Normal- und Leichtzuschlägen:
- C12/15 bis C100/115[1)] (Normalbeton)
- LC12/13 bis LC60/66 (Leichtbeton)

In diesem Beitrag werden jedoch nur die Bemessung und Konstruktion von Tragwerken aus unbewehrtem Beton und Stahlbeton mit Normalbeton C12/15 bis C50/60 behandelt. **Die Bemessungs- und Konstruktionsgrundsätze nach DIN 1045-1 werden nachfolgend dahingehend vereinfacht und sind für hochfesten Beton und für Leichtbeton nicht immer direkt anwendbar.**

DIN 1045-1 behandelt ausschließlich Anforderungen an die Tragfähigkeit, die Gebrauchstauglichkeit und die Dauerhaftigkeit von Tragwerken.

Die Norm behandelt nicht
- bauphysikalische Anforderungen (Wärme- und Schallschutz)
- Bemessung im Brandfall
- Bauteile aus Beton mit haufwerksporigem Gefüge und Porenbeton
- Bauteile aus Schwerzuschlägen oder mit mittragendem Baustahl
- besondere Bauformen (z. B. Schächte im Bergbau)

Für die Bemessung von bestimmten Bauteilen (z. B. Brücken, Dämme, Druckbehälter, Flüssigkeitsbehälter, Offshore-Plattformen) sind i.d.R. zusätzliche Anforderungen zu berücksichtigen.

[1)] Normalbeton der Festigkeitsklassen C55/67 bis C100/115 wird als hochfester Beton bezeichnet. Die Anwendung von C90/105 und C100/115 bedarf weiterer, auf den Verwendungszweck abgestimmter Nachweise.

2 Bemessungsgrundlagen

2.1 Nachweisform und Sicherheitsbeiwerte [1]

2.1.1 Bemessungskonzept und Bemessungssituation

Das *Bemessungskonzept* beruht auf dem Nachweis, dass sog. *Grenzzustände* nicht überschritten werden. Man unterscheidet Grenzzustände der Tragfähigkeit (Bruch, Verlust des Gleichgewichts, Ermüdung), der Gebrauchstauglichkeit (unzulässige Verformungen, Schwingungen, Rissbreiten) und der Dauerhaftigkeit.
Es werden drei *Bemessungssituationen* unterschieden:
- ständige Bemessungssituation (normale Nutzungsbedingungen des Tragwerks) ⎫ Grund-
- vorübergehende Bemessungssituation (z. B. Bauzustand, Instandsetzungsarbeiten) ⎬ kombination
- außergewöhnliche Bemessungssituation (z. B. Anprall, Erschütterungen).

2.1.2 Grenzzustände der Tragfähigkeit

Nachweis der Lagesicherheit

Es ist nachzuweisen, dass der Bemessungswert der destabilisierenden Einwirkungen $E_{d,dst}$ den Bemessungswert der stabilisierenden Einwirkungen $E_{d,stb}$ nicht überschreiten (s. Bsp. 1, S. 5.38):

$$\boxed{E_{d,dst} \leq E_{d,stb}} \qquad \text{oder: } E_{d,dst} - E_{d,stb} \leq R_d, \qquad (33.1)$$

falls Lagesicherheit durch Verankerung bewirkt wird; zusätzlich ist dann Gl. (33.2) nachzuweisen.

Ermüdung

Ermüdung wird im Rahmen dieses Beitrags nicht behandelt (s. hierzu DIN 1045-1, 10.8).

Grenzzustand der Tragfähigkeit infolge von Bruch oder übermäßiger Verformung

Der Bemessungswert der Beanspruchung E_d darf den Bemessungswert des Widerstands R_d nicht überschreiten.

$$\boxed{E_d \leq R_d} \qquad (33.2)$$

Bemessungswert der Beanspruchungen E_d (ohne Vorspannung; in symbolischer Form)

Grundkombination $\quad E_d = E\left[\sum_{j \geq 1} \gamma_{G,j} \cdot G_{k,j} \oplus \gamma_{Q,1} \cdot Q_{k,1} \oplus \sum_{i>1} \gamma_{Q,i} \cdot \psi_{0,i} \cdot Q_{k,i} \right]$ (33.3a)

Außergew. Situation: $\quad E_{d,A} = E\left[\sum_{j \geq 1} \gamma_{GA,j} \cdot G_{k,j} \oplus A_d \oplus \psi_{1,1} \cdot Q_{k,1} \oplus \sum_{i>1} \psi_{2,i} \cdot Q_{k,i} \right]$ (33.3b)

$\gamma_{G,j}$ Teilsicherheitsbeiwerte für ständige Einwirkungen (s. S. 5.34)
$\gamma_{Q,1}; \gamma_{Q,i}$ Teilsicherheitsbeiwerte für eine und weitere veränderliche Einwirkungen (s. S. 5.34)
$\gamma_{GA,j}$ Beiwerte der ständigen Einwirkung in der außergewöhnlichen Kombination (i.Allg.: 1,0)
$G_{k,j}; Q_{k,1}; Q_{k,i}$ charakteristische Werte der ständigen Einwirkungen, einer und weiterer veränderlicher E.
A_d Bemessungswert einer außergewöhnlichen Einwirkung (z. B. Anprallast)
ψ_0, ψ_1, ψ_2 Kombinationsbeiwerte (s. S. 5.34)
$\oplus$ „in Kombination mit"

Vereinfachte Kombination

Im Hochbau darf bei linear-elastischer Schnittgrößenermittlung statt Gl. (33.3a) gesetzt werden:

Grundkombination $\quad E_d = \gamma_G \cdot E_{Gk} + 1{,}50 \cdot E_{Q,unf}$ (33.4)

$E_{Q,unf}$ Kombination der ungünstigen veränderlichen charakteristischen Werte; sie wird ermittelt aus
$E_{Q,unf} = E_{Qk,1} + \psi_{0,Q} \cdot \sum_{i>1} E_{Qk,i}$ (mit $E_{Qk,1}$ als vorherrschende veränderliche Einwirkung)

Duktiles Bauteilverhalten

Ein Versagen ohne Vorankündigung bei Erstrissbildung muss verhindert werden. Für Stahlbetonbauteile ist diese Forderung erfüllt, wenn eine Mindestbewehrung eingelegt wird (s. Abschn. 5, S. 5.57, S. 5.67 u. a.).

Bemessungswert des Widerstands (der Tragfähigkeit) R_d (in symbolischer Form ohne Vorspannung)

$$\boxed{R_d = R\left[\alpha f_{ck}/\gamma_c;\ f_{yk}/\gamma_s;\ f_{tk,cal}/\gamma_s\right]} \qquad (33.5)$$

$f_{ck}; f_{yk}$ charakteristische Werte der Beton-, Betonstahlfestigkeit
$\gamma_c; \gamma_s$ Teilsicherheitsbeiwerte für Beton und Betonstahl (s. S. 5.34)
α Abminderungsbeiwert zur Berücksichtigung von Langzeiteinflüssen (i. Allg. $\alpha = 0{,}85$; s. S. 5.36)

---
[1] Für DIN 1045-1 gilt das in DIN 1055-100 festgelegte Sicherheitskonzept; in DIN 1045-1 sind nur einige zusätzliche bauartspezifische Festlegungen getroffen.

Tafel 5.34a Teilsicherheitsbeiwerte γ_F **für Einwirkungen im Grenzzustand der Tragfähigkeit** (DIN 1055-100, Tab. A.3 und DIN 1045-1, Abschn. 5.3.3)

	ständige Einwirkung (G_k) γ_G [1) 3)]	veränderliche Einwirkung (Q_k) γ_Q [2) 3)]
günstige Auswirkung	1,00	0
ungünstige Auswirkung	1,35	1,50

[1)] Sind günstige und ungünstige Anteile einer ständigen Einwirkung als eigenständige Anteile zu betrachten (z. B. beim Nachweis der Lagesicherheit), ist den ungünstigen $\gamma_{G,sup}$ = 1,1 zuzuordnen, den günstigen jedoch $\gamma_{G,inf}$ = 0,9 (s. a. Abschn. 3.1.2).

[2)] Für Zwang darf bei linearer Schnittgrößenermittlung nach Zustand I und mit dem mittleren E-Modul E_{cm} γ_Q = 1,0 gesetzt werden.

[3)] Bei Fertigteilen dürfen für Bauzustände die Teilsicherheitsbeiwerte für die ständige Einwirkung auf γ_G = 1,15 und für die veränderliche Einwirkung auf γ_Q = 1,15 herabgesetzt werden.

Tafel 5.34b Kombinationsbeiwerte ψ **für Hochbauten** (DIN 1055-100, Tab. A.2; weitere Werte s. dort)

Einwirkung		Kombinationsbeiwerte ψ_0	ψ_1	ψ_2
Nutzlast: Kategorie A, B:	Wohn-, Aufenthalts-, Büroräume	0,7	0,5	0,3
Kategorie C, D:	Versammlungsräume; Verkaufsräume	0,7	0,7	0,6
Kategorie E:	Lagerräume	1,0	0,9	0,8
Windlasten		0,6	0,5	0
Schneelasten	Orte bis zu NN +1000	0,5	0,2	0
	Orte über NN +1000	0,7	0,5	0,2
Temperatureinwirkungen	(nicht für Brand!)	0,6	0,5	0
Baugrundsetzungen		1,0	1,0	1,0
Sonstige veränderliche Einwirkungen		0,8	0,7	0,5

Tafel 5.34c Teilsicherheitsbeiwert γ_M **für Baustoffeigenschaften** (DIN 1045-1, Tab. 2)

Kombination	Beton (γ_c)		Betonstahl (γ_s)
	unbewehrtes Bauteil	Stahlbetonbauteil	
Grundkombination	1,80	1,50 [4)]	1,15
Außergewöhnliche Kombination	1,55	1,30 [4)]	1,00

[4)] Bei Fertigteilen darf der Teilsicherheitsbeiwert bei werksmäßiger Herstellung und ständiger Überwachung auf γ_c = 1,35 herabgesetzt werden.

Beispiel (wird unter Abschn. 2.1.3 „Grenzzustand der Gebrauchstauglichkeit" fortgesetzt)

gegeben: Stütze mit Eigenlast (G_k), Schnee (S_k; Ortslage bis zu NN + 1000) und Wind (W_k)

gesucht: Bemessungswert der Schnittgrößen an der Einspannstelle für den Grenzzustand der Tragfähigkeit (ohne Einflüsse aus ungewollter Ausmitte und Theorie II. Ordnung).

Mit der Kombinationsregel in Gl. (33.3a) und den Kombinationsfaktoren $\psi_{0,W}$ = 0,6 und $\psi_{0,S}$ = 0,5 ergeben sich für N_{Ed} und M_{Ed} im Grenzzustand der Tragfähigkeit (Längsdruckkräfte absolut):

Komb. 1 $E_d = E(\gamma_G \cdot G_k \oplus \gamma_Q \cdot S_k \oplus \gamma_Q \cdot \psi_0 \cdot W_k)$
$N_{Ed} = 1{,}35 \cdot 200 + 1{,}50 \cdot 100 + 1{,}50 \cdot 0{,}6 \cdot 0 = 420{,}0$ kN
$M_{Ed} = 1{,}35 \cdot 200 \cdot 0{,}10 + 1{,}50 \cdot 100 \cdot 0{,}10 + 1{,}50 \cdot 0{,}6 \cdot 5 \cdot 5{,}0 = 64{,}5$ kNm

Komb. 2 $E_d = E(\gamma_G \cdot G_k \oplus \gamma_Q \cdot W_k \oplus \gamma_Q \cdot \psi_0 \cdot S_k)$
$N_{Ed} = 1{,}35 \cdot 200 + 1{,}50 \cdot 0 + 1{,}50 \cdot 0{,}5 \cdot 100 = 345{,}0$ kN
$M_{Ed} = 1{,}35 \cdot 200 \cdot 0{,}10 + 1{,}5 \cdot 5 \cdot 5{,}00 + 1{,}5 \cdot 0{,}5 \cdot 100 \cdot 0{,}10 = 72{,}0$ kNm

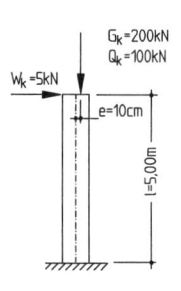

Bei günstiger Wirkung von geringfügig exzentrischen Druckkräften (hier ggf. für G_k und S_k) ist zusätzlich zu untersuchen:

Komb. 3 $E_d = E(\gamma_{G,inf} \cdot G_k \oplus \gamma_Q \cdot W_k \oplus \gamma_{Q,inf} \psi_0 \cdot S_k)$
$N_{Ed} = 1{,}00 \cdot 200 + 1{,}50 \cdot 0 + 0{,}00 \cdot 0{,}5 \cdot 100 = 200{,}0$ kN
$M_{Ed} = 1{,}00 \cdot 200 \cdot 0{,}10 + 1{,}5 \cdot 5 \cdot 5{,}00 + 0{,}0 \cdot 0{,}5 \cdot 100 \cdot 0{,}10 = 57{,}5$ kNm

G_k = 200kN
Q_k = 100kN
W_k = 5kN
e = 10cm
l = 5,00m

2.1.3 Grenzzustände der Gebrauchstauglichkeit

Der Bemessungswert der Beanspruchung E_d (s. nachfolgende Gleichungen (35.2a) bis (35.2c)) darf den Nennwert des Gebrauchstauglichkeitskriteriums C_d nicht überschreiten (s. DIN 1055-100):

$$\boxed{E_d \leq C_d} \qquad (35.1)$$

Kombinationsregeln für Einwirkungen E_d (ohne Vorspannung; in symbolischer Form):

seltene Kombination $\quad E_{d,rare} = E\left(\sum_{j\geq 1} G_{k,j} \oplus Q_{k,1} \oplus \sum_{i>1} \psi_{0,i} \cdot Q_{k,i}\right) \qquad (35.2a)$

häufige Kombination $\quad E_{d,frequ} = E\left(\sum_{j\geq 1} G_{k,j} \oplus \psi_{1,1} \cdot Q_{k,1} \oplus \sum_{i>1} \psi_{2,i} \cdot Q_{k,i}\right) \qquad (35.2b)$

quasi-ständige Kombination $\quad E_{d,perm} = E\left(\sum_{j\geq 1} G_{k,j} \oplus \sum_{i\geq 1} \psi_{2,i} \cdot Q_{k,i}\right) \qquad (35.2c)$

(Erläuterungen der Formelzeichen s. Hinweise zu Gl. (31.3))

Bei linear-elastischer Ermittlung der Schnittgrößen dürfen vereinfachend Gl. (35.2a) bis (35.2c) ersetzt werden:

seltene Kombination $\quad E_{d,rare} = E_{Gk} + E_{Q,unf} \qquad (35.3a)$

häufige Kombination $\quad E_{d,frequ} = E_{Gk} + \psi_{1,Q} \cdot E_{Q,unf} \qquad (35.3b)$

quasi-ständige Kombination $\quad E_{d,perm} = E_{Gk} + \sum_{i\geq 1} \psi_{2,i} \cdot E_{Qk,i} \qquad (35.3c)$

mit $\psi_{1,Q}$ als bauwerksbezogener Größtwert; weitere Erläuterungen s. Hinweise zu Gl. (33.3) und (33.4).

Bemessungswert des Gebrauchstauglichkeitskriteriums C_d

Als Gebrauchstauglichkeitskriterium sind in DIN 1045-1 beispielsweise zulässige Spannungen, zulässige Rissbreiten und Verformungen definiert (s. hierzu Abschn. 5).

Beispiel

Stütze mit Belastungen aus Eigenlast (G_k), Schnee (S_k) und Wind (W_k) wie im Beispiel S. 5.34 dargestellt. Gesucht sind die Schnittgrößen M und N im Grenzzustand der Gebrauchstauglichkeit für die seltene, häufige und quasi-ständige Kombination an der Einspannstelle (die Längsdruckkräfte werden nachfolgend mit absoluten Werten dargestellt).

Mit den Gln. (35.2a), (35.2b) und (35.2c) und den Kombinationsbeiwerten nach Tafel 5.34b erhält man

seltene Kombination (Index rare)

Lf. 1: $E_{d,rare} = E(G_k \oplus S_k \oplus \psi_0 \cdot W_k)$; mit $\psi_{0,W} = 0{,}6 \rightarrow$
$N_{rare} = 200 + 100 + 0{,}6 \cdot 100 = 300$ kN $\;|\; M_{rare} = 200 \cdot 0{,}10 + 100 \cdot 0{,}10 + 0{,}6 \cdot 5 \cdot 5{,}0 = 45$ kNm

Lf. 2: $E_{d,rare} = E(G_k \oplus W_k \oplus \psi_0 \cdot S_k)$; mit $\psi_{0,S} = 0{,}5 \rightarrow$
$N_{rare} = 200 + 0 + 0{,}5 \cdot 100 = 250$ kN $\;|\; M_{rare} = 200 \cdot 0{,}10 + 5 \cdot 5{,}0 + 0{,}5 \cdot 100 \cdot 0{,}10 = 50$ kNm

Lf. 3: $E_{d,rare} = E(G_k \oplus W_k)$
$N_{rare} = 200 + 0 \quad = 200$ kN $\;|\; M_{rare} = 200 \cdot 0{,}10 + 5 \cdot 5{,}0 \quad = 45$ kNm

häufige Kombination (Index frequ)

Lf. 1: $E_{frequ} = E(G_k \oplus \psi_1 \cdot S_k \oplus \psi_2 \cdot W_k)$; mit $\psi_{1,S} = 0{,}2$ und $\psi_{2,W} = 0 \rightarrow$
$N_{frequ} = 200 + 0{,}2 \cdot 100 + 0 = 220$ kN $\;|\; M_{frequ} = 200 \cdot 0{,}10 + 0{,}2 \cdot 100 \cdot 0{,}10 + 0 \quad = 22$ kNm

Lf. 2: $E_{frequ} = E(G_k \oplus \psi_1 \cdot W_k \oplus \psi_2 \cdot Q_k)$; mit $\psi_{1,W} = 0{,}5$ und $\psi_{2,S} = 0 \rightarrow$
$N_{frequ} = 200 + 0 + 0 \cdot 100 = 200$ kN $\;|\; M_{frequ} = 200 \cdot 0{,}10 + 0{,}5 \cdot 5{,}0 \cdot 5{,}0 + 0 \quad = 33$ kNm

quasi-ständige Kombination (Index perm)

Lf. 1: $E_{perm} = E(G_k \oplus \psi_2 \cdot S_k \oplus \psi_2 \cdot W_k)$; mit $\psi_{2,S} = 0$ und $\psi_{2,W} = 0 \rightarrow$
$N_{perm} = 200$ kN $\hspace{5em} |\; M_{perm} = 200 \cdot 0{,}10 \quad = 20$ kNm

2.1.4 Dauerhaftigkeit

Die Forderung einer angemessenen Dauerhaftigkeit eines Tragwerks gilt als sichergestellt, wenn folgende Regeln nach DIN 1045-1 eingehalten werden:

- eine Mindestbetonfestigkeit je nach Expositionsklasse (s. Abschn. 4.1.1)
- eine Mindestbetondeckung c_{min} und ein Vorhaltemaß Δc (s. Abschn. 4.1.2)
- die konstruktiven Regeln (s. Abschn. 5)
- die Grenzzustände der Tragfähigkeit und der Gebrauchstauglichkeit (s. Abschn. 5)
- Zusammensetzung und Eigenschaften des Betons nach DIN EN 206-1 und DIN 1045-2
- Bauausführung nach DIN 1045-3.

2.2 Ausgangswerte für die Bemessung

2.2.1 Beton

DIN 1045-1 gilt für Beton nach DIN EN 206-1 und DIN 1045-2, d. h. für Beton mit geschlossenem Gefüge, der aus festgelegten Betonzuschlägen hergestellt und so zusammengesetzt und verdichtet wird, dass er außer künstlich erzeugten Luftporen keinen nennenswerten Anteil an eingeschlossener Luft enthält.

2.2.1.1 Betonfestigkeitsklassen und mechanische Eigenschaften (f_{ck}, f_{cm}, f_{ct} und E_{cm} in N/mm²)

Druckfestigkeit	charakteristischer Wert	f_{ck}	
	Mittelwert	f_{cm}	$= f_{ck} + 8$
Zugfestigkeit	Mittelwert	f_{ctm}	$= 0{,}30 \cdot f_{ck}^{2/3}$
	unterer Fraktilwert	$f_{ctk;\,0{,}05}$	$= 0{,}7 \cdot f_{ctm}$
	oberer Fraktilwert	$f_{ctk;\,0{,}95}$	$= 1{,}3 \cdot f_{ctm}$
E-Modul	Mittelwert	E_{cm}	$= 9500 \cdot (f_{ck} + 8)^{1/3}$

Festigkeitsklasse	C12/15	C16/20	C20/25	C25/30	C30/37	C35/45	C40/50	C45/55	C50/60
Druck- f_{ck}	12	16	20	25	30	35	40	45	50
festigkeit f_{cm}	20	24	28	33	38	43	48	53	58
Zug- f_{ctm}	1,6	1,9	2,2	2,6	2,9	3,2	3,5	3,8	4,1
festig- $f_{ctk;\,0{,}05}$	1,1	1,3	1,5	1,8	2,0	2,2	2,5	2,7	2,9
keit $f_{ctk;\,0{,}95}$	2,0	2,5	2,9	3,3	3,8	4,2	4,6	4,9	5,3
E-Modul E_{cm}	25 800	27 400	28 800	30 500	31 900	33 300	34 500	35 700	36 800

Spannungs-Dehnungs-Linien

Für die Schnittgrößenermittlung: s. Bautabellen für Ingenieure

Für die Querschnittsbemessung
- Parabel-Rechteck-Diagramm (P-R-Diagramm)
  Gleichung der Parabel für die *Bemessungs*werte der Betondruckspannungen (ε_c ist mit Vorzeichen einzusetzen)

  $\sigma_c = 1000 \cdot (\varepsilon_c + 250 \cdot \varepsilon_c^2) \cdot f_{cd}$

  $f_{cd} = \alpha \cdot f_{ck} / \gamma_c$ *)
  $\alpha = 0{,}85$ (für Normalbeton)

- rechteckiger Spannungsblock
  Andere Idealisierungen sind zulässig, wenn sie dem P-R-Diagramm gleichwertig sind (z. B. rechteckiger Spannungsblock, falls die Nulllinie im Querschnitt liegt). Wenn die Querschnittsbreite zum gedrückten Rand abnimmt, ist f_{cd} zusätzlich mit dem Faktor 0,9 abzumindern.

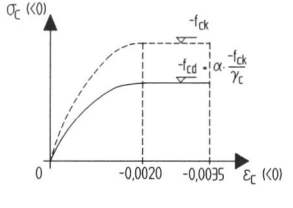

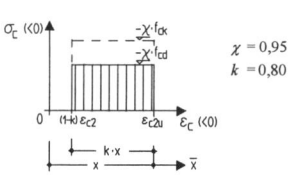

2.2.1.2 Kriechen und Schwinden; Querdehn- und Wärmedehnzahl

Mit *Kriechen* wird die zeitabhängige Zunahme der Verformungen unter andauernden Spannungen bezeichnet, unter *Schwinden* die Verkürzung des unbelasteten Betons während der Austrocknung.

Endkriechzahl φ_∞	Die Kriechzahl hängt u. a. vom Betonalter bei Belastungsbeginn, den Umgebungsbedingungen, der Bauteildicke und der Betonzusammensetzung ab; die Kriechzahl liegt etwa zwischen 2,0 (Belastungsbeginn nach 28 Tagen, Außenbauteil) und 5,0 (Belastungsbeginn nach 7 Tagen; Innenbauteil; kann aber Werte bis über 7,0 (sehr früher Belastungsbeginn) erreichen. Genauere Werte s. Bautabellen für Ingenieure.
Endschwindmaß $\varepsilon_{cs,\infty}$	Das Schwindmaß hängt u. a. von der Umgebung, der Bauteildicke und der Betonzusammensetzung ab; das Schwindmaß liegt etwa zwischen $-40 \cdot 10^{-5}$ (Außenbauteil) und $-70 \cdot 10^{-5}$ (Innenbauteil); genauere Werte s. Bautabellen für Ingenieure.
Querdehnzahl	Die Querdehnzahl darf im Allgemeinen gleich 0 gesetzt werden.
Wärmedehnzahl	Wenn die Wärmedehnung nur von geringer Bedeutung ist, darf die Wärmedehnzahl gleich $10 \cdot 10^{-6}$ K^{-1} gesetzt werden.

---

*) Auf die unterschiedliche Definition von f_{cd} in DIN 1045-1 (s. o.) und EC 2 wird hingewiesen!

2.2.2 Betonstahl

Allgemeines

Die nachfolgenden Festlegungen gelten für Betonstabstahl, für Betonstahl vom Ring nach dem Richten und für Betonstahlmatten. Betonstahl ist nach Stahlsorte, Duktilitätsklasse, Maße, Oberflächeneigenschaften und Schweißbarkeit eingeteilt. Betonstahlsorten und ihre Eigenschaften werden in der Reihe DIN 488 oder in bauaufsichtlichen Zulassungsbescheiden beschrieben. Oberflächengestaltung, Nennstreckgrenze f_{yk} und die Duktilitätsklassen sind nachfolgender Tafel zu entnehmen.

Schweißgeeignete Betonstähle und Einordnung in Duktilitätsklassen

Die Oberflächengestaltung, Nennstreckgrenze f_{yk} und die Duktilitätsklassen können nachfolgender Tafel entnommen werden. Weitere Eigenschaften (Schweißverfahren etc.) können DIN 1045-1, Abschn. 9.2.2 entnommen werden.

Kurz-zeichen	Liefer-form	Ober-fläche	Nennstreck-grenze f_{yk} N/mm²	Duktilität[1]
1	2	3	4	6
BSt 500 S(A)	Stab	gerippt	500	normal
BSt 500 S(B)	Stab	gerippt	500	hoch
BSt 500 M(A)	Matte	gerippt	500	normal
BSt 500 M(B)	Matte	gerippt	500	hoch

[1] Für Betonstähle nach bauaufsichtlichen Zulassungsbescheiden sind die Duktilitätsmerkmale in der Zulassung geregelt (andernfalls gelten sie als normalduktil).

Duktilitätsklassen

Betonstähle müssen eine angemessene Dehnfähigkeit (Duktilität) aufweisen. Das darf angenommen werden, wenn folgende Duktilitätsanforderungen erfüllt sind:
- hohe Duktilität (Kurzzeichen B): $\varepsilon_{uk} \geq 50$ ‰; $(f_t/f_y)_k \geq 1{,}08$ und $f_y/f_{yk} \leq 1{,}30$
- normale Duktilität (Kurzzeichen A): $\varepsilon_{uk} \geq 25$ ‰; $(f_t/f_y)_k \geq 1{,}05$

Hierin ist ε_{uk} der charakteristische Wert der Dehnung bei Höchstlast, f_t bezeichnet die Zugfestigkeit und f_y die tatsächliche Streckgrenze.

Spannungs-Dehnungs-Linie

Für die *Querschnittsbemessung* – Spannungs-Dehnungs-Linie für die Schnittgrößenermittlung s. DIN 1045-1 – sind zwei unterschiedliche Annahmen zugelassen:
- Linie I: Die Stahlspannung wird auf den Wert f_{yk} bzw. $f_{yd} = f_{yk}/\gamma_s$ begrenzt.
- Linie II: Der Anstieg der Stahlspannung von der Streckgrenze f_{yk} bzw. f_{yk}/γ_s zum Rechenwert der Zugfestigkeit $f_{tk,cal}$ bzw. $f_{tk,cal}/\gamma_s$ wird berücksichtigt.

Die Stahldehnung ε_s ist für die Querschnittsbemessung auf $\varepsilon_{su} \leq 25$ ‰ zu begrenzen.

Physikalische Eigenschaften

Es dürfen folgende physikalischen Werte (im Bereich von -60 °C bis $+200$ °C) angenommen werden:
- Elastizitätsmodul: $E_s = 200\,000$ N/mm²
- Wärmedehnzahl: $\alpha_T = 10 \cdot 10^{-6}$ K^{-1}

Spannungs-Dehnungs-Linie (für die Querschnittsbemessung)

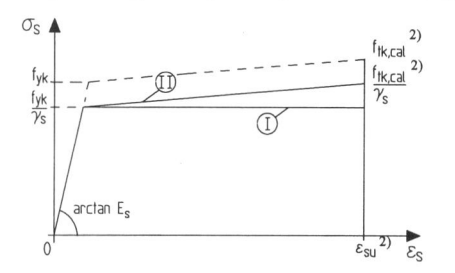

[2] Für die Querschnittsbemessung gilt:
$f_{tk} = f_{tk,cal} = 525$ N/mm²
$\varepsilon_{uk} = \varepsilon_{su} = 25$ ‰

3 Schnittgrößenermittlung

3.1 Allgemeine Grundlagen

3.1.1 Grundsätzliches

Querschnitte von Tragwerken oder Tragwerksteilen müssen für die ungünstigsten Beanspruchungen im Grenzzustand der Tragfähigkeit und der Gebrauchstauglichkeit bemessen werden. Die ungünstigsten Beanspruchungen eines Querschnitts sind von der Größe und der Verteilung der Einwirkungen abhängig. Zur Ermittlung der *maßgebenden Einwirkungskombination* ist eine ausreichende Anzahl von Lastfällen – Kombinationen von Einwirkungsgrößen und ihre Verteilungsmöglichkeiten – zu untersuchen.

Bei der Schnittgrößenermittlung werden sowohl Idealisierung der Geometrie als auch des Tragverhaltens vorgenommen.

Idealisierung der Geometrie	*Idealisierung des Trag- und Materialverhaltens*
stabförmige Bauteile	elastisches Verhalten
ebene Flächentragwerke	elastisches Verhalten mit begrenzter Umlagerung
Schalen	plastisches Verhalten und Anwendung von Stabwerkmodellen
(seltener) dreidimensionale Tragwerke	nichtlineares Verhalten

Zusätzliche Untersuchungen können in Bereichen nichtlinearer Verzerrungen erforderlich sein, z.b. an Auflagern, Lasteinleitungsbereichen, bei sprunghaften Querschnittsänderungen.

3.1.2 Einwirkungsgrößen (Lastgrößen)

Die Größen der Einwirkungen werden im Allgemeinen durch ihre Bemessungswerte als die mit den Teilsicherheits- und / oder Kombinationsbeiwerten vervielfachten charakteristischen Werte dargestellt. Im Grenzzustand der Tragfähigkeit gelten die Kombinationsregeln nach Abschn. 2.1.2, Gl. (33.3), im Grenzzustand der Gebrauchstauglichkeit nach Abschn. 2.1.3, Gl. (35.2). Die für eine Bemessung „ungünstigen" Einwirkungen sind hierbei mit ihrem oberen, die „günstig wirkenden" mit ihrem unteren Bemessungswert zu berücksichtigen.

Für die *ständige Einwirkung* muss im Regelfall der obere oder untere Grenzwert im gesamten Tragwerk berücksichtigt werden (s. Beispiel 2). Bei einer linear-elastischen Berechnung braucht für nicht vorgespannte Durchlaufträger und -platten der untere Grenzwert einer ständigen Einwirkung („Bemessungssituationen mit günstigen ständigen Einwirkungen") nicht berücksichtigt zu werden, wenn die Konstruktionsregeln für die Mindestbewehrung eingehalten sind. Sind jedoch die Ergebnisse eines Nachweises in hohen Maß anfällig gegen Schwankungen in der Größe einer ständigen Einwirkung, müssen die günstigen und ungünstigen Anteile der Einwirkung als eigenständige Einwirkung betrachtet werden (z. B. beim Nachweis der Lagesicherheit nach DIN 1055-100; s. Beispiel 1).

Veränderliche Einwirkungen (Verkehrslasten) werden mit dem oberen Bemessungswert berücksichtigt, wenn sie ungünstig wirken; bei günstiger Wirkung bleiben sie unberücksichtigt, da der untere Bemessungswert mit dem Teilsicherheitsbeiwert $\gamma_Q = 0$ zu ermitteln ist.

Beispiel 1 (Sonderfall: Eigenlasten jeweils als eigenständige Einwirkung)

Für den dargestellten Einfeldträger mit Kragarm ist die Lagesicherheit am Auflager A nachzuweisen. Bedingung nach Gl. (33.1) für die Auflagerkraft A:

$A_{d,dst} \leq A_{d,stb}$

Mit den charakteristischen Werten $g_k = 6{,}8$ kN/m und
$q_k = 7{,}5$ kN/m für die Einwirkungen erhält man

$A_{d,dst} = 1{,}1 \cdot 6{,}8 \cdot \dfrac{1{,}5^2}{2 \cdot 2{,}5} + 1{,}5 \cdot 7{,}5 \cdot \dfrac{1{,}5^2}{2 \cdot 2{,}5} = 8{,}43$ kN

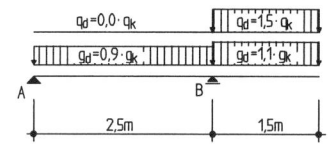

$A_{d,stb} = 0{,}9 \cdot 6{,}8 \cdot \dfrac{2{,}5}{2} = 7{,}65$ kN

Nachweis: $A_{d,dst} = 8{,}43$ kN $> A_{d,stb} = 7{,}65$ kN $\Rightarrow$ Nachweis *nicht* erfüllt; zusätzliche Maßnahmen (z. B. Verankerung für 0,78 kN) erforderlich.

{Zum Vergleich (nachstehender Rechnungsgang ist jedoch nicht zulässig):
Mit $g_d = \gamma_G \cdot g_k =$ const $= 1{,}00 \cdot 6{,}8$ kN/m ergäbe sich $A_{d,dst} = 8{,}12$ kN und $A_{d,stb} = 8{,}50$ kN, womit der Nachweis erfüllt wäre; Ähnliches gilt für $g_d =$ const $= 1{,}35 \cdot 6{,}8$ kN/m.}

Beispiel 2 (Regelfall: Eigenlasten konstant im gesamten Tragwerk)

Für den dargestellten Zweifeldträger ist die maßgebende Belastungsanordnung für das maximale Bemessungs*feldmoment* im Grenzzustand der Tragfähigkeit gesucht. Als Belastung seien vorhanden:

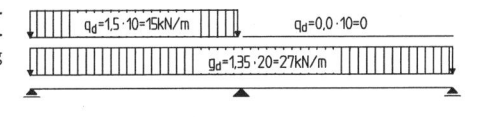

ständige Einwirkung $g_k = 20$ kN/m
veränderliche Einwirkung $q_k = 10$ kN/m

$q_d = 1{,}5 \cdot 10 = 15$ kN/m $q_d = 0{,}0 \cdot 10 = 0$
$g_d = 1{,}35 \cdot 20 = 27$ kN/m

Es ergibt sich die im Bild dargestellte Belastungsanordnung mit den jeweils angegebenen Bemessungswerten der Einwirkungen. Eine feldweise ungünstige Anordnung der Eigenlast als eigenständige Einwirkung – wie im Beispiel 1 – ist nicht erforderlich.

3.1.3 Belastungsanordnung

Einwirkungen sind grundsätzlich in ungünstiger Verteilung anzuordnen. Gegebenenfalls muss eine solche Verteilung mit Hilfe von Einflusslinien ermittelt werden. Jedoch dürfen auch vereinfachende Belastungsanordnungen verwendet werden, sofern sie das Tragverhalten sinnvoll interpretieren.

Die maßgebenden Querkräfte dürfen bei Tragwerken des üblichen Hochbaus für Vollbelastung aller Felder ermittelt werden, wenn das Stützweitenverhältnis benachbarter Felder im Bereich $0{,}5 < l_1 / l_2 < 2{,}0$ liegt. Weitere Hinweise und zulässige Vereinfachungen für die Ermittlung der Stützkräfte s. Abschn. 3.5.2.

3.1.4 Längs- und Querkraftverformung; Auswirkung nach Theorie II. Ordnung

Bei der Schnittgrößenermittlung von Bauteilen des üblichen Hochbaus dürfen die Einflüsse aus *Längskraft- und Querkraftverformung* vernachlässigt werden, sofern der Einfluss weniger als 10 % beträgt. Auswirkungen nach *Theorie II. Ordnung* dürfen vernachlässigt werden, wenn sie die Tragfähigkeit um weniger als 10 % verringern (DIN 1045-1, 7.1).

3.2 Imperfektionen

Die Auswirkung von Imperfektionen ist im Grenzzustand der Tragfähigkeit zu berücksichtigen. Als Ersatzimperfektion gilt eine Schiefstellung des Tragwerks um den Winkel α_{a1}:

$$\alpha_{a1} = 1/(100 \cdot \sqrt{l}\,) \leq 1/200 \qquad (39.1)$$

mit l als Gesamthöhe h_{ges} des Tragwerks in Metern (α_{a1} im Bogenmaß). Beim Zusammenwirken von n lotrechten lastabtragenden Baugliedern darf α_{a1} mit dem Faktor

$$\alpha_n = \sqrt{(1 + 1/n)/2} \qquad (39.2)$$

abgemindert werden; als lastabtragend gelten lotrechte Bauteile dann, wenn sie mindestens 70 % einer mittleren Bemessungslängskraft der nebeneinander liegenden lotrechten Bauteile im betrachteten Geschoss aufnehmen.

Die Schiefstellung des Tragwerkes um den Winkel α_{a1} darf alternativ durch die Wirkung äquivalenter Horizontalkräfte ΔH_j ersetzt werden (s. nebenstehende Abbildungen; es sind jeweils die Schiefstellung und die *ersatzweise* anzusetzenden Horizontalkräfte in einem Bild dargestellt).

$$\Delta H_j = \sum_{i=1}^{n} V_{ji} \cdot \alpha_{a1} \qquad (39.3)$$

Die horizontal aussteifenden Bauteile bzw. die Bauteile, die die Stabilisierungskräfte von den auszusteifenden zu den aussteifenden Bauteilen übertragen, sind für die Stabilisierungskräfte zu bemessen. Als Ersatzhorizontalkraft H_{fd} darf hierfür angenommen werden (s. Abb.)

$$H_{fd} = (N_{bc} + N_{ba}) \cdot \alpha_{a2} \qquad (39.4)$$

mit $\alpha_{a2} = 0{,}008 / \sqrt{2k}$; dabei ist k die Anzahl der auszusteifenden Bauteile im betrachteten Geschoss (Winkel α_{a2} im Bogenmaß).

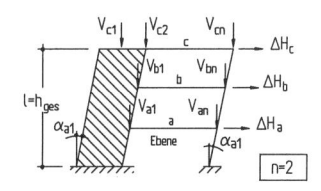

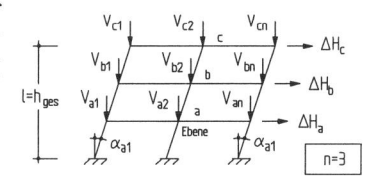

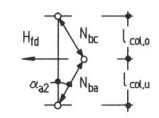

Weitere Hinweise, Erläuterungen und Beispiele s. *Bautabellen für Ingenieure, S. 5.40*.

3.3 Räumliche Steifigkeit und Stabilität

Rechnerischer Nachweis der Gesamtstabilität und Lastaufteilung horizontaler Lasten auf die aussteifenden Bauteile s. *Bautabellen für Ingenieure, S. 5.41ff.*

3.4 Tragwerksidealisierung

3.4.1 Definition, Vereinfachungen

Tragelemente und Bauteile werden nach ihrer Eigenschaft und Funktion unterteilt und gelten als

- *Balken, Platte* bei $l/h \geq 2$ $\quad$ l, l_{min} Stützweite, kürzere Stützweite
- *Scheibe, wandartiger Träger* bei $l/h < 2$ $\quad$ h Bauhöhe
- *Platte* bei $b/h \geq 4$
- *Balken* bei $b/h < 4$ $\quad\quad$ b, h Querschnittsseiten
- *Stützen* $b/h \leq 4$ $\quad\quad\quad$ $(b \geq h)$
- *Wände* $b/h > 4$
- *Einachsig gespannte Platten* dürfen bei gleichmäßig verteilten Lasten unterstellt werden und
  -- bei zwei freien ungelagerten, gegenüber liegenden und parallelen Rändern *oder*
  -- bei einem Verhältnis der größeren Stützweite zur kleineren $l_{max}/l_{min} \geq 2$.
- *Rippen- und Kassettendecken* dürfen bei einer linear-elastischen Schnittgrößenermittlung als Vollplatten betrachtet werden, falls die nebenstehenden Bedingungen erfüllt sind.

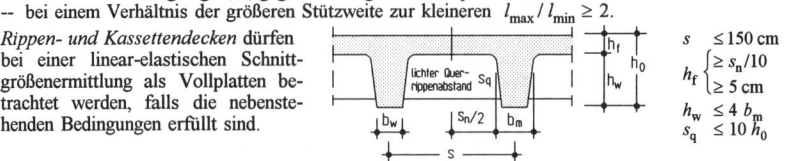

$s \leq 150$ cm
$h_f \begin{cases} \geq s_n/10 \\ \geq 5 \text{ cm} \end{cases}$
$h_w \leq 4\,b_m$
$s_q \leq 10\,h_0$

3.4.2 Mitwirkende Plattenbreite

Die mitwirkende Breite b_{eff} darf für *Biegebeanspruchung* infolge annähernd gleichmäßig verteilter Einwirkungen für die Nachweise in den Grenzzuständen der Tragfähigkeit und Gebrauchstauglichkeit nach DIN 1045-1, 7.3.1 (s. jedoch auch [5.19]) angenommen werden zu:

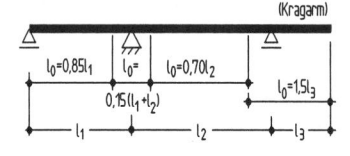

$b_{eff} = b_w + \Sigma b_{eff,i} \leq b$
mit $b_{eff,i} = 0{,}2 \cdot b_i + 0{,}1 \cdot l_0 \leq 0{,}2 \cdot l_0$
$\leq b_i$

Der Abstand der Momentennullpunkte l_0 darf bei etwa gleichen Steifigkeitsverhältnissen wie nebenstehend dargestellt abgeschätzt werden.

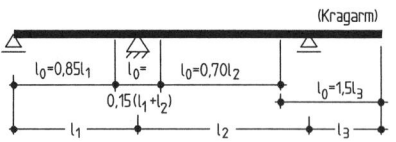

3.4.3 Stützweite

Die Stützweite wird wie folgt berechnet (DIN 1045-1, 7.3.1 und EC 2):

$l_{eff} = l_n + a_1 + a_2$

a) nicht durchlaufende Bauteile $\quad$ b) durchlaufende Bauteile $\quad$ c) Auflager mit voller Einspannung

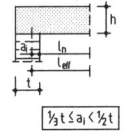

$\frac{1}{3}t \leq a_i < \frac{1}{2}t$ $\quad\quad\quad$ $a_i = \frac{1}{2}t$ $\quad\quad\quad$ $a_i \leq \frac{1}{2}t$ od. $\leq \frac{1}{2}h$

d) freie Kragträger $\quad$ e) Kragarm eines Durchlaufträgers $\quad$ f) Anordnung eines Lagers

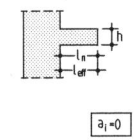

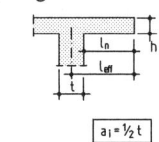

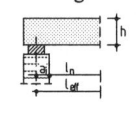

$a_i = 0$ $\quad\quad\quad\quad$ $a_i = \frac{1}{2}t$

3.5 Berechnungsverfahren

3.5.1 Verfahren zur Schnittgrößenermittlung

Für die Schnittgrößenermittlung sind folgende Verfahren zulässig im Grenzzustand der

Gebrauchstauglichkeit
- linear-elastische Verfahren
  (Eine Rissbildung muss berücksichtigt werden bei deutlich ungünstigem Einfluss, sie darf berücksichtigt werden bei günstigem Einfluss unter Berücksichtigung der Verträglichkeit.)

Tragfähigkeit
- linear-elastische Schnittgrößenermittlung ohne Umlagerung
- linear-elastische Schnittgrößenermittlung mit begrenzter Umlagerung
- plastische Schnittgrößenermittlung.
- nichtlineare Schnittgrößenermittlung.

3.5.2 Vereinfachungen

Bei nicht vorgespannten Durchlaufträgern und -platten des üblichen Hochbaus brauchen Bemessungssituationen mit günstigen ständigen Einwirkungen ($\gamma_G = 1,0$) nicht berücksichtig zu werden (Ausnahme: Nachweis der Lagesicherheit), wenn die konstruktiven Regeln für die Mindestbewehrung eingehalten werden.

Durchlaufende Platten und Balken werden i.Allg. unter der Annahme frei drehbarer Lagerung berechnet.

Stützkräfte von einachsig gespannten Platten, Rippendecken und (Platten-)Balken dürfen ohne Berücksichtigung einer Durchlaufwirkung ermittelt werden; sie muss jedoch bei der ersten Innenstütze stets, bei den übrigen Innenstützen dann berücksichtigt werden, wenn die Spannweiten der angrenzenden Felder außerhalb des Bereichs $0,5 < l_1/l_2 < 2,0$ liegt.

Querkräfte dürfen bei Tragwerken des üblichen Hochbaus für eine Vollbelastung aller Felder ermittelt werden, wenn das Stützweitenverhältnis benachbarter Felder bei annähernd gleicher Steifigkeit zwischen $0,5 < l_1/l_2 < 2,0$ liegt.

Die *Querdehnzahl* ν darf gleich 0 gesetzt werden.

Bei *frei drehbarer Lagerung* darf das Stützmoment über die Breite der Unterstützung ausgerundet werden; das Bemessungsmoment ergibt sich zu

$$|M'_{Ed}| = |M_{Ed}| - |C_{Ed}| \cdot a/8$$

C_{Ed} Bemessungswert der Auflagerreaktion
a Auflagerbreite

Bei *monolithischem Anschluss* einer Platte oder eines Balkens darf nach DIN 1045-1, 7.3.2 als Bemessungsmoment das am Rand der Unterstützung zugrunde gelegt werden[1], Mindestmomente sind jedoch zu beachten (s. u.). Als Bemessungsmoment erhält man

$$|M_I| = |M_{Ed}| - |V_{Ed,li}| \cdot a/2$$
$$|M_{II}| = |M_{Ed}| - |V_{Ed,re}| \cdot a/2$$

$V_{Ed,li}$ Bemessungsquerkraft links von der Unterstützung
$V_{Ed,re}$ Bemessungsquerkraft rechts von der Unterstützung

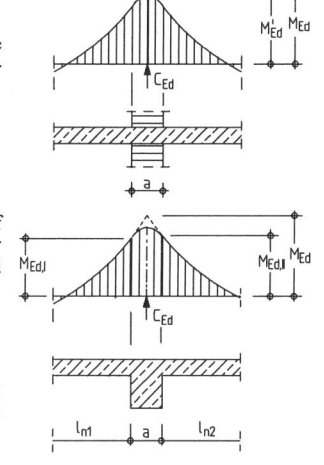

Zur Berücksichtigung von Idealisierungen und unbeabsichtigten Abweichungen ist als *Mindestbemessungsmoment* min$|M_{Ed}|$ am Auflagerrand mindestens 65 % des Moments bei Annahme einer vollen Randeinspannung zu berücksichtigen. Für eine gleichmäßig verteilte Belastung erhält man

min $|M_{Ed}| \approx (1/12) \cdot F_d \cdot l_n^2$ an der ersten Innenstütze im Randfeld (einseitige Einspannung)
min $|M_{Ed}| \approx (1/18) \cdot F_d \cdot l_n^2$ an den übrigen Innenstützen in Innenfeldern (beidseitige Einspannung)

mit F_d als gleichmäßig verteilter Bemessungslast und l_n als lichter Weite zwischen den Auflagern.

---

[1] In [5.49] wird ausgeführt, dass eine Bemessung für das Mittenmoment unter Berücksichtigung einer Momentenausrundung und Nutzhöhenvergrößerung unter 1:3 im Bereich der Unterstützung in vielen Fällen als nicht ausreichend anzusehen ist. Lediglich bei sehr kleinen Schlankheiten (etwa ab $l/d \leq 10$) kann das Mittenmoment maßgebend werden. Weitere Hinweise s. [5.49].

3.5.3 Lineare Berechnung ohne oder mit begrenzter Umlagerung

Die linear-elastisch ermittelten Momente dürfen unter Einhaltung der Gleichgewichtsbedingungen (Mindestmomente nach Abschn. 3.5.2 sind zu beachten!) umgelagert werden. Eine Umlagerung darf jedoch nicht vorgenommen werden, falls das Rotationsvermögen nicht mit Sicherheit vorausgesetzt werden kann (z. B. bei verschieblichen Rahmen, in den Ecken vorgespannter Rahmen, bei großer Zwangbeanspruchung).

Für Durchlaufträger (in Querrichtung kontinuierlich gestützte Platten, Balken, Riegel in unverschieblichen Rahmen und andere überwiegend auf Biegung beanspruchte Bauteile) mit einem Stützweitenverhältnis der benachbarten Felder $0{,}5 < l_1 / l_2 < 2{,}0$ darf der Umlagerungsfaktor $\delta\, (= M_{\text{mit Uml.}} / M_{\text{ohne Uml.}})$ betragen:

- Betonfestigkeitsklassen $C \leq C50/60$: $\delta \geq 0{,}64 + 0{,}80 \cdot x_d/d$ (42.1)
- Duktilität des Stahls   hochduktil: $\delta \geq 0{,}70$ (42.2a)
      normalduktil: $\delta \geq 0{,}85$ (42.2b)

mit x_d / d als Verhältnis der Druckzonenhöhe x zur Nutzhöhe d nach Umlagerung. Für die Eckknoten unverschieblicher Rahmen ist die Umlagerung auf $\delta = 0{,}9$ zu begrenzen.

Eine Umlagerung ist damit für Beton bis zum C50/60 nicht zulässig (d. h. $\delta = 1$), wenn das Verhältnis x_d/d den Wert 0,45 erreicht. Dieser Wert ist generell einzuhalten, wenn keine geeigneten konstruktiven Maßnahmen (z. B. enge Verbügelung, s. DIN 1045-1, 13.1.1(5)) getroffen werden.

Die Einhaltung der Bedingungen nach Gln. (42.1) und (42.2) erfordert im Regelfall eine Iteration, da der Faktor δ mit der bezogenen Druckzonenhöhe x_d/d nach Umlagerung zu ermitteln ist. In nebenstehendem Diagramm ist diese Iteration bereits durchgeführt, sodass mit dem auf die Bewehrung bezogenen Moment M_{Eds} vor Umlagerung der zulässige Anwendungsbereich von δ direkt abgelesen werden kann. Für den Beton wurde das Parabel-Rechteck-Diagramm der Querschnittsbemessung (s. Abschn. 2.2.1) berücksichtigt.

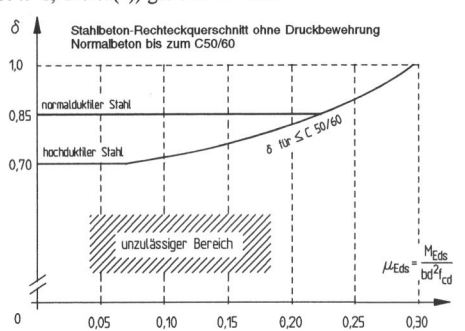

Beispiel

Für einen Zweifeldträger mit den Querschnittsabmessungen $b/h/d = 30/70/65$ cm soll das Stützmoment unter Ausnutzung der maximal zulässigen Umlagerung bestimmt werden.

Bemessungslasten: $g_d = \gamma_G \cdot g_k = 1{,}35 \cdot 20 = 27$ kN/m
                   $q_d = \gamma_Q \cdot q_k = 1{,}50 \cdot 36 = 54$ kN/m
Baustoffe: Beton C30/37; Stahl BSt 500 S(B) (hochduktil)

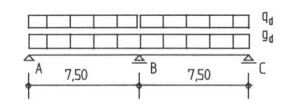

lineare Berechnung

$M_{Ed,b} = -0{,}125 \cdot (27 + 54) \cdot 7{,}50^2$
       $= -570$ kNm
$\max M_{Ed,1} \approx (0{,}070 \cdot 27 + 0{,}096 \cdot 54) \cdot 7{,}50^2$ (q_d im Feld 1)
       $= 398$ kNm
zug $M_{Ed,b} = -(0{,}125 \cdot 27 + 0{,}063 \cdot 54) \cdot 7{,}50^2$ (q_d im Feld 1)
       $= -381$ kNm

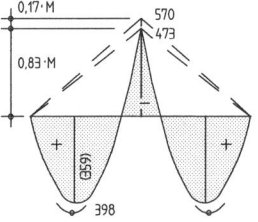

lineare Berechnung mit begrenzter Umlagerung

$\mu_{Eds} = 0{,}570 / [0{,}30 \cdot 0{,}65^2 \cdot (0{,}85 \cdot 30/1{,}5)] = 0{,}265$
$\Rightarrow$ zul $\delta = 0{,}92$ („Beton" wird maßgebend)
$M_{Ed,b;\, \delta=0{,}92} = 0{,}92 \cdot (-570) = -\mathbf{524}$ kNm < -381 kNm

Das Stützmoment $|M_{Ed}| = 524$ kNm nach Umlagerung in der Lastfallkombination „Volllast" (g_d und q_d in beiden Feldern) ist noch größer als das zugehörige Stützmoment $|M_{Ed}| = 381$ kNm in der Lastfallkombination „einseitige Verkehrslast" (g_d in beiden Feldern, q_d nur im Feld 1). Für die Bemessung an der Stütze bleibt daher der Lastfall „Volllast" maßgebend, ebenso gilt für das maximale Feldmoment unverändert max $M_{Ed} = 398$ kNm.

Kontrollen: Faktor δ mit Gl. (42.1): $\mu_{Eds} = 0{,}524 / (0{,}3 \cdot 0{,}65^2 \cdot (0{,}85 \cdot 30 / 1{,}5)) = 0{,}243$
                      $\Rightarrow x/d = 0{,}35$ (Tafel 1, S. 5.81);
                      $\Rightarrow$ zul $\delta = 0{,}64 + 0{,}80 \cdot 0{,}35 = 0{,}92$

4 Konstruktionsgrundlagen

4.1 Umgebung, Betonfestigkeiten, Betondeckung, Stababstände

4.1.1 Expositionsklassen und Mindestbetonfestigkeit

Die *Umgebungsbedingungen* eines Bauteils sind durch chemische und physikalische Einflüsse gekennzeichnet, denen ein Tragwerk ausgesetzt ist. Bei den Umgebungsbedingungen wird unterschieden nach
- Bewehrungskorrosion (s. Tafel 5.44, Zeile 2-4)
- Betonangriff (s. Tafel 5.44, Zeile 5-7).

Für beide Angriffsrisiken ist die Expositionsklasse zu bestimmen. Jeder Expositionsklasse ist eine Mindestbetonfestigkeitsklasse zugeordnet, die jeweils höhere ist maßgebend.

4.1.2 Mindestmaße min c und Nennmaße nom c der Betondeckung

Mindestmaß c_{min} Betondeckung, die an keiner Stelle unterschritten werden darf; es wird bestimmt aus
- Korrosionsschutz der Bewehrung
- Sicherung des Verbundes
- Brandschutz (s. hierzu gesonderte Festlegungen in den Brandschutzbestimmungen).

Nennmaß c_{nom} Verlegemaß unter Berücksichtigung von Maßabweichungen (s.u.)

Auch für eine rechnerisch nicht berücksichtigte Bewehrung ist die erforderliche Betondeckung einzuhalten.

Mindestmaße min c der Betondeckung (DIN 1045-1, Abschn. 6.3)

	Expositionsklasse nach Tafel 5.44									
	karbonatisierungsinduzierte Korrosion				chloridinduzierte Korrosion			chloridinduzierte Korrosion aus Meerwasser		
	XC 1	XC 2	XC 3	XC 4	XD 1	XD 2	XD 3[4)]	XS 1	XS 2	XS 3
Verbundbedingung	$c \geq d_s$ bzw. d_{sv} [5)]				$c \geq d_s$ bzw. d_{sv} [5)]			$c \geq d_s$ bzw. d_{sv} [5)]		
Korrosionschutz [1) 2) 3)]	10	20	25		40			40		

[1)] Die Mindestbetondeckung darf für Bauteile, deren Festigkeitsklasse um 2 Klassen höher liegt als nach Tafel 5.44 erforderlich, um 5 mm vermindert werden (gilt nicht für Umweltklasse XC 1).
[2)] Zusätzlich sind 5 mm für die Umweltklasse XM 1, 10 mm für XM 2 und 15 mm für XM 3 vorzusehen (Verschleiß).
[3)] Wird Ortbeton kraftschlüssig mit einem Fertigteil verbunden, darf die Mindestbetondeckung an den der Fuge zugewandten Rändern auf 5 mm im Fertigteil und auf 10 mm im Ortbeton verringert werden; die Maße zur Sicherstellung des Verbundes müssen jedoch eingehalten werden, sofern die Bewehrung im Bauzustand berücksichtigt wird.
[4)] Im Einzelfall können besondere Maßnahmen zum Korrosionsschutz der Bewehrung nötig werden.
[5)] $d_{sv} = d_s \cdot \sqrt{n}$; Vergleichsdurchmesser bei Doppelstäben und Stabbündeln mit n als Anzahl der Stäbe.

Nennmaß der Betondeckung c_{nom}

Zur Berücksichtigung von unplanmäßigen Maßabweichungen ist min c um ein Vorhaltemaß Δc zu vergrößern. Das Nennmaß c_{nom} ist der statischen Berechnung zugrunde zu legen; es ergibt sich zu:

| $c_{nom} = c_{min} + \Delta c$ | Vorhaltemaß Δc | im Allgemeinen | $\Delta c = 15$ mm |
| | | für Umweltklasse XC 1 | $\Delta c = 10$ mm |

Eine *Vergrößerung des Vorhaltemaßes* Δc ist erforderlich, wenn der Beton gegen unebene Flächen geschüttet wird. Die Erhöhung erfolgt um das Differenzmaß der Unebenheit, mindestens jedoch um 20 mm, bei Schüttung gegen Erdreich um 50 mm. Bei Oberflächen mit architektonischer Gestaltung (strukturierte Oberflächen, Waschbeton u. a.) ist ebenfalls eine angemessene erhöhte Betondeckung erforderlich.

Eine *Verminderung des Vorhaltemaßes* Δc ist nur bei Qualitätskontrolle gemäß DBV-Merkblättern „Betondeckung und Bewehrung" und „Abstandhalter" zulässig.

Auf der Konstruktionszeichnung ist das für die Abstandhalter maßgebende Verlegemaß nom c_v anzugeben[1)] (i.Allg. für die Stäbe, die der Betonoberfläche am nächsten liegen). Gemäß Abb. gilt als Verlegemaß c_v

$c_v \geq c_{nom,bü}$ bzw.
$ \geq c_{nom,l} - d_{sbü}$

[1)] Zusätzlich ist das Vorhaltemaß Δc anzugeben (DIN 1045-1, 4.2.1)

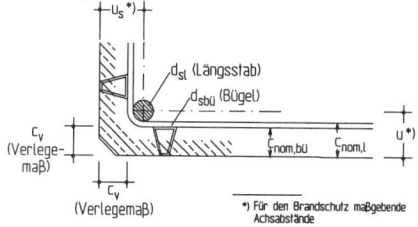

Tafel 5.44 Expositionsklassen

		Klasse	Beschreibung der Umgebung	Beispiele für Umgebungsbedingungen (weitere Beispiele und Erläuterungen s. DIN 1045-1, 6.2)	Mindest-festigkeits-klasse
1	Kein Korrosions- oder Angriffsrisiko	X 0	Kein Angriffsrisiko	Bauteil ohne Bewehrung in nicht betonangreifender Umgebung	C12/15 LC12/13
2	Karbonatisierungs-induzierte Korrosion[1]	XC 1	Trocken oder ständig nass	Bauteile in Innenräumen mit normaler Luftfeuchte; Bauteile, die sich ständig unter Wasser befinden	C16/20 LC16/18
		XC 2	Nass, selten trocken	Teile von Wasserbehältern; Gründungsbauteile	C16/20 LC16/18
		XC 3	Mäßige Feuchte	Bauteil, zu dem die Außenluft häufig oder ständig Zugang hat, z. B. offene Hallen, Garagen; Innenräume mit hoher Luftfeuchte	C20/25 LC20/22
		XC 4	Wechselnd nass und trocken	Außenbauteile mit direkter Beregnung; Bauteile in Wasserwechselzonen	C25/30 LC25/28
3	Chlorid-induzierte Korrosion	XD 1	Mäßige Feuchte	Bauteile im Sprühnebelbereich von Verkehrsflächen; Einzelgaragen	C30/37[4] LC30/33
		XD 2	Nass, selten trocken	Schwimmbecken; Bauteile, die chloridhaltigen Industriewässern ausgesetzt sind	C35/45[4] LC35/38
		XD 3	Wechselnd naß und trocken	Bauteile im Spritzwasserbereich von tausalzbehandelten Straßen; direkt befahrene Parkdecks[2]	C35/45[4] LC35/38
4	Chlorid-induzierte Korrosion aus Meerwasser	XS 1	Salzhaltige Luft, kein unmittelbarer Meerwasserkontakt	Außenbauteile in Küstennähe	C30/37[4] LC30/33
		XS 2	Unter Wasser	Bauteile in Hafenanlagen, die ständig unter Wasser liegen	C35/45[4] LC35/38
		XS 3	Tidebereiche, Spritzwasser- und Sprühnebelbereiche	Kaimauern in Hafenanlagen	C35/45[4] LC35/38
5	Frost-Tauwechsel-Angriff	XF 1	Mäßige Wassersättigung ohne Taumittel	Außenbauteile	C25/30 LC25/28
		XF 2	Mäßige Wassersättigung mit Taumittel oder Meerwasser	Bauteile im Sprühnebel- oder Spritzwasserbereich tausalzbehandelter Verkehrsflächen (s. a. XF 4), Bauteile im Sprühnebelbereich von Meerwasser	C25/30 LC25/28
		XF 3	Hohe Wassersättigung ohne Taumittel	offene Wasserbehälter; Bauteile in der Wasserwechselzone von Süßwasser	C25/30 LC25/28
		XF 4	Hohe Wassersättigung mit Taumittel oder Meerwasser	tausalzbehandelte Bauteile; überwiegend horiz. Bauteile im Spritzwasserbereich von tausalzbehandelten Verkehrsflächen, direkt befahrene Parkdecks[2]; Bauteile in der Wechselwasserzone von Meerwasser; Räumerlaufbahnen von Kläranlagen	C30/37 LC30/33
6	Angriff durch aggressive chemische Umgebung[3]	XA 1	Chemisch schwach angreifende Umgeb.	Behälter von Kläranlagen; Güllebehälter	C25/30 LC25/28
		XA 2	Chemisch mäßig angreifende Umgebung	Bauteile, die mit Meerwasser in Berührung kommen; Bauteile in betonangreifenden Böden	C35/45[4] LC35/38
		XA 3	Chemisch stark angreifende Umgebung	Industrieabwasseranlagen mit chemisch angreifenden Abwässern, Gärfuttersilos u. a.	C35/45[4] LC35/38
7	Verschleiß-Angriff	XM 1	Mäßige Verschleißbeanspruchung	Bauteile mit Beanspruchung durch luftbereifte Fahrzeuge	C30/37[4] LC30/33
		XM 2	Schwere Verschleißbeanspruchung	Bauteile mit Beanspruchung durch luft- oder vollgummibereiften Gabelstaplerverkehr	C30/37[4] LC30/33
		XM 3	Extreme Verschleißbeanspruchung	Beanspruchung durch elastomer- od. stahlrollenbereifte Gabelstapler u. Kettenfahrzeuge; Tosbecken	C35/45[4] LC35/38

[1] Die Feuchteangabe bezieht sich auf den Zustand innerhalb der Betondeckung der Bewehrung. Im Allgemeinen kann angenommen werden, dass die Bedingung in der Betondeckung den Umgebungsbedingungen des Bauteils entspricht. Dies braucht nicht der Fall zu sein, wenn sich zwischen dem Beton und seiner Umgebung eine Sperrschicht befindet.
[2] Ausführung nur mit zusätzlichen Maßnahmen (z. B. rissüberbrückende Beschichtung).
[3] Grenzwerte für die Expositionsklassen bei chemischem Angriff siehe DIN EN 206-1 und DIN 1045-2.
[4] Eine Betonfestigkeitsklasse niedriger, sofern aufgrund der zusätzlich zutreffenden Expositionsklasse XF Luftporenbeton verwendet wird.

4.1.2 Stababstände

Gegenseitiger lichter Stababstand s_n*) paralleler Einzelstäbe (DIN 1045-1, 12.2):

Betonstahl	allgemein	$s_n \geq \begin{cases} d_s \\ 20 \text{ mm} \end{cases}$	*) Stäbe von Doppelstäben bei Betonstahlmatten und von Stabbündeln dürfen sich berühren. Für übergreifende Stäbe s. Abschn. 4.2.4.
	Größtkorndurchmesser $d_g > 16$ mm	$s_n \geq d_g + 5$ mm	

4.2 Betonstahl

4.2.1 Krümmungen

Mindestwerte der Biegerollendurchmesser d_{br}; allgemein

Betonstahl	Haken, Winkelhaken, Schlaufen		Schrägstäbe und andere gebogene Stäbe		
	Stabdurchmesser		Mindestmaße der Betondeckung min c rechtwinklig zur Krümmungsebene		
	$d_s < 20$ mm	$d_s \geq 20$ mm	> 100 mm $> 7 d_s$	> 50 mm $> 3 d_s$	≤ 50 mm oder $\leq 3 d_s$
Rippenstäbe BSt 500	$4,0 d_s$	$7,0 d_s$	$10 d_s$	$15 d_s$	$20 d_s$

Mindestwerte der Biegerollendurchmesser d_{br}; geschweißte Bewehrung und Betonstahlmatten

- Abstand zwischen Krümmungsbeginn und Schweißstelle $\geq 4 d_s$ $\Rightarrow$ d_{br} nach Tabelle oben
- Abstand zwischen Krümmungsbeginn und Schweißstelle $< 4 d_s$ oder Schweißung innerhalb des Biegebereiches $\Rightarrow$ $d_{br} \geq 20 d_s$

Bei nicht vorwiegend ruhender Belastung ist zusätzlich DIN 1045-1, 12.3.1 zu beachten.

Das *Hin- und Zurückbiegen* von Betonstählen stellt für den Betonstahl und den umgebenden Beton eine zusätzliche Beanspruchung dar; hierfür gelten die besonderen Bedingungen nach DIN 1045-1, 12.3.2.

4.2.2 Verbund und Bemessungswert der Verbundspannungen

Verbundbedingungen

Gute Verbundbedingungen gelten für Stäbe
- mit Neigungen $45° \leq \alpha \leq 90°$
- mit Neigungen $0° \leq \alpha \leq 45°$, die
  - in Bauteilen mit $h \leq 300$ mm
  - in Bauteilen mit $h > 300$ mm entweder ≤ 300 mm von Unterkante oder ≥ 300 mm von Oberkante eingebaut sind
- in liegend gefertigten stabförmigen Bauteilen mit $h \leq 500$ mm, die mit Außenrüttlern verdichtet werden.

Mäßige Verbundbedingungen gelten für alle übrigen Stäbe und generell für Stäbe in Bauteilen, die im Gleitbauverfahren hergestellt werden.

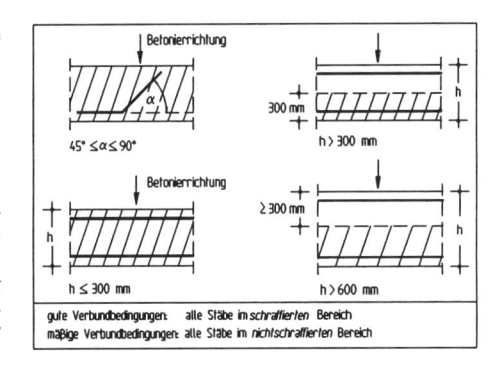

Bemessungswert der Verbundspannung f_{bd} in N/mm² (Rippenstähle)

Verbund	Oberfläche des Betonstahls	charakteristische Werte der Betonfestigkeit f_{ck}							
		12	16	20	25	30	35	40	45	50
guter Verbund	gerippt; $d_s \leq 32$mm	1,6	2,0	2,3	2,7	3,0	3,4	3,7	4,0	4,3
mäßiger Verbund		70 % der Werte des guten Verbunds								

Hinweis: Unter den in DIN 1045-1, 12.5 genannten Voraussetzungen dürfen die f_{bd}-Werte um bis zu 50 % erhöht werden; weitere Einzelheiten s. dort.

---

[1] Nachfolgend werden nur Einzelstäbe mit $d_s \leq 32$ mm sowie Einzel- bzw. Doppelstäbe von Betonstahlmatten behandelt.

4.2.3 Verankerungen

Verankerungsarten

	1	2[1]	3
	Art und Ausbildung der Verankerung	Beiwert α_a Zugstäbe	Druckstäbe
1	a) Gerade Stabenden	1,0	1,0
2	b) Haken $\geq 150°$ c) Winkelhaken $90° \leq \alpha < 150°$ d) Schlaufe	0,7[2] (1,0)	– (nicht zulässig)
3	e) Gerade Stabenden mit mindestens einem angeschweißten Stab innerhalb von $l_{b,net}$	0,7	0,7
4	f) Haken g) Winkelhaken h) Schlaufe mit jeweils mindestens einem angeschweißten Stab innerhalb von $l_{b,net}$ vor dem Krümmungsbeginn (Draufsicht)	0,5 (0,7)	– (nicht zulässig)
5	i) Gerade Stabenden mit mindestens zwei angeschweißten Stäben innerhalb von $l_{b,net}$ (nur zulässig bei Einzelstäben mit $d_s \leq 16$ mm bzw. bei Doppelstäben mit $d_s \leq 12$ mm)	0,5	0,5

[1] Die in Spalte 2 in Klammern angegebenen Werte gelten, wenn im Krümmungsbereich rechtwinklig zur Krümmungsebene die Betondeckung weniger als $3\,d_s$ beträgt bzw. wenn kein Querdruck oder keine enge Verbügelung vorhanden ist.

[2] Bei Schlaufenverankerung mit $d_{br} \geq 15\,d_s$ darf α_a auf 0,5 reduziert werden.

Grundmaß der Verankerungslänge l_b

$$l_b = (d_s/4) \cdot (f_{yd}/f_{bd}) \tag{46.1}$$

f_{bd} Bemessungswert der Verbundspannung (s. Tafel S. 5.45)
f_{yd} Bemessungswert der Stahlspannung
d_s Stabdurchmesser (bei Doppelstäben $d_{sV} = d_s \cdot \sqrt{2}$)

Verankerungslänge:

Die erforderliche Verankerungslänge $l_{b,net}$ wird aus dem Grundmaß l_b hergeleitet:

$$l_{b,net} = \alpha_a \cdot (A_{s,erf}/A_{s,vorh}) \cdot l_b \geq l_{b,min} \tag{46.2}$$

α_a Beiwert zur Berücksichtigung der Wirksamkeit der Verankerung; s. o.
$A_{s,erf}$; $A_{s,vorh}$ erforderliche bzw. vorhandene Querschnittsfläche der Bewehrung
l_b Grundmaß der Verankerungslänge nach Gl. (46.1)
$l_{b,min}$ Mindestmaß der Verankerungslänge; es gilt:
– für Verankerungen von Zugstäben $l_{b,min} = 0,3 \cdot \alpha_a \cdot l_b \geq 10 \cdot d_s$
– für Verankerungen von Druckstäben $l_{b,min} = 0,6 \cdot l_b \geq 10 \cdot d_s$

Querbewehrung im Verankerungsbereich:

Im Verankerungsbereich ist eine Querbewehrung anzuordnen. Die Forderung gilt als erfüllt, wenn
– konstr. Maßnahmen oder günstige Einflüsse (z. B. Querdruck) ein Spalten des Betons verhindern
– die erforderliche Bügelbewehrung (Balken, Stützen) oder Querbewehrung (Platte, Wand) gemäß Abschn. 5 eingelegt wird.

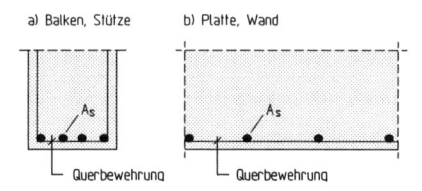

a) Balken, Stütze   b) Platte, Wand

4.2.4 Übergreifungsstöße von Stäben oder Drähten

Anordnung der Übergreifungsstöße

- Stöße sollten versetzt und im Bereich mit geringer Beanspruchung angeordnet werden.
- Stöße sollten parallel zur Bauteilaußenfläche [1] und im Querschnitt symmetrisch ausgebildet werden.
- Für die Ausbildung der Stöße gelten die Ausführungen über die Verankerungsarten (s. vorher).
- Für die lichten Stababstände sind die in nachfolgender Abb. [2] angegebenen Werte einzuhalten.

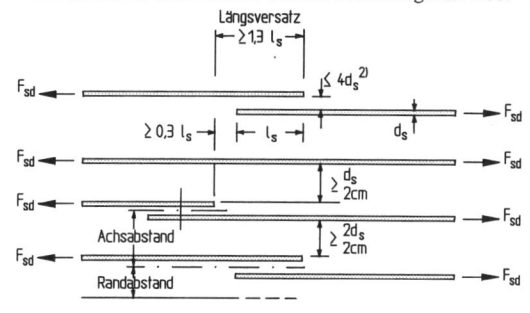

[1] Die nachfolgenden Ausführungen beziehen sich auf einen Übergreifungsstoß, bei dem die gestoßenen Stäbe parallel zur Außenfläche – also nebeneinander – angeordnet werden.

[2] Für einen lichten Abstand größer als $4\,d_s$ muss die Übergreifungslänge um den Betrag erhöht werden, um den der Abstand von $4\,d_s$ überschritten wird; außerdem ist eine Querbewehrung anzuordnen, die für die Zugkraft jedes gestoßenen Stabes zu bemessen ist und wie unten dargestellt zu verteilen ist.

Übergreifungslänge

Die erforderliche Übergreifungslänge l_s ergibt sich aus:

$$l_s = \alpha_1 \cdot l_{b,net} \geq l_{s,min} \qquad (47)$$

α_1 Beiwert für die Wirksamkeit von Bewehrungsstößen nach Tafel:

Stoßanteil			≤ 30 %	> 30 %
Zugstöße	$d_s < 16$ mm	$s \geq 10\,d_s;\ s_0 \geq 5\,d_s$	1,0	1,0
		$s < 10\,d_s;\ s_0 < 5\,d_s$	1,2	1,4
	$d_s \geq 16$ mm	$s \geq 10\,d_s;\ s_0 \geq 5\,d_s$	1,0	1,4
		$s < 10\,d_s;\ s_0 < 5\,d_s$	1,4	2,0
Druckstöße			1,0	

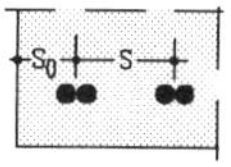

Abstände s und s_0

$l_{b,net}$ Verankerungslänge nach Gl. (46.2); s. vorher
$l_{s,min}$ Mindestmaß der Übergreifungslänge; es ist

$$l_{s,min} \geq 0{,}3 \cdot \alpha_a \cdot \alpha_1 \cdot l_b \geq \begin{cases} 15 \cdot d_s \\ 200\ \text{mm} \end{cases}$$

α_a nach Abschn. 4.2.3, jedoch ohne Berücksichtigung von angeschweißten Querstäben

Querbewehrung

Im Bereich von Übergreifungsstößen ist eine Querbewehrung vorzusehen; sie ist zwischen Längsbewehrung und Betonoberfläche („außen") anzuordnen. Für Stabdurchmesser $d_s < 16$ mm oder für einen Stoßanteil < 20 % genügt eine konstruktive Querbewehrung.

In allen anderen Fällen gilt bei vorwiegend biegebeanspruchten Bauteilen je nach Stababstand s (s. Abb. oben) der gestoßenen Stäbe:

- Achsabstand $s > 12\,d_s$: Querbewehrung: $\Sigma A_{st} \geq A_s$;
- Achsabstand $s \leq 12\,d_s$: Querbewehrung: $\Sigma A_{st} \geq A_s$; Form: Bügel

(A_s Fläche eines gestoßenen Stabs)

Werden bei einer mehrlagigen Bewehrung mehr als 50 % des Querschnitts der einzelnen Lage in einem Schnitt gestoßen, sind die Übergreifungsstöße durch Bügel zu umschließen, die für die Kraft aller gestoßenen Stäbe zu bemessen sind.

Für die Verteilung der Querbewehrung gilt die folgende Darstellung.

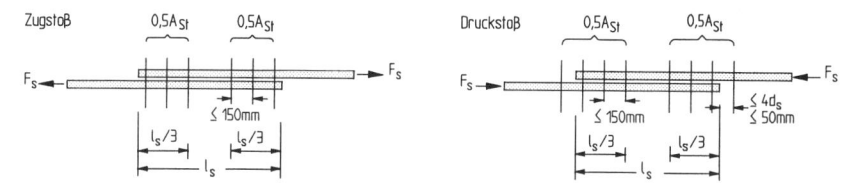

4.2.5 Übergreifungsstöße von Betonstahlmatten aus Rippenstäben

Hauptbewehrung

Ausbildung und Anordnung

- Die Festlegungen in DIN 1045-1 für Betonstahlmatten beziehen sich nur auf den häufigen Fall des Übergreifungsstoßes in zwei Ebenen („Zwei-Ebenen-Stoß").

Zwei-Ebenen-Stoß
(zu stoßende Stäbe liegen übereinander)

Ein-Ebenen-Stoß
(zu stoßende Stäbe liegen nebeneinander)

- Die Stöße sollten nicht in hochbeanspruchten Bereichen liegen. Wenn diese Anforderung bei Betonstahlmatten mit $a_s \geq 6$ cm²/m nicht einzuhalten ist, ist der Nachweis zur Begrenzung der Rissbreite – soweit relevant – mit einer um 25 % erhöhten Stahlspannung zu führen.
- Der zulässige Stoßanteil in einem Schnitt beträgt
  100 % bei Matten mit einem Bewehrungsquerschnitt $a_s \leq 12$ cm²/m
  60 % bei Matten mit $a_s > 12$ cm²/m; der Stoß ist nur in der inneren Lage mehrlagiger Bewehrung zulässig.
  Stöße von mehreren Bewehrungslagen sind stets um 1,3 l_s (s. u.) in Längsrichtung zu versetzen.
- Eine zusätzliche Querbewehrung ist im Übergreifungsbereich nicht erforderlich.

Übergreifungslänge:

$$l_s = \alpha_2 \cdot (a_{s,erf} / a_{s,vorh}) \cdot l_b \geq l_{s,min} \quad (48)$$

α_2 Beiwert für die Übergreifungslänge von Betonstahlmatten

$$\alpha_2 = 0{,}4 + (a_{s,vorh}/8) \begin{cases} \geq 1{,}0 \\ \leq 2{,}0 \end{cases} \quad (a_{s,vorh} \text{ in cm}^2/\text{m})$$

$a_{s,erf}$; $a_{s,vorh}$ erforderliche bzw. vorhandene Querschnittsfläche der Bewehrung
l_b Grundmaß der Verankerungslänge nach Gl. (46.1)
$l_{s,min}$ Mindestmaß der Übergreifungslänge; es ist

$$l_{s,min} = 0{,}3 \cdot \alpha_2 \cdot l_b \geq \begin{cases} 200 \text{ mm} \\ s_q \end{cases}$$

(s_q Abstand der angeschweißten Querstäbe)

Querbewehrung

Die gesamte Querbewehrung darf in einem Schnitt gestoßen werden.

Übergreifungslänge:

Erforderliche Übergreifungslängen der Querbewehrung nach nebenstehender Tafel (DIN 1045-1, 12.8.4). Mindestens zwei Querstäbe (eine Masche bzw. zwei sich abstützende Querstäbe der Längsbewehrung mit einem Abstand $\geq 5 d_s$ bzw. 5 cm) müssen innerhalb der Übergreifungslänge vorhanden sein.

Stabdurchmesser der Querbewehrung d_s in mm	Übergreifungslänge l_s
$d_s \leq 6{,}0$	$\geq s_1$ und ≥ 150 mm
$6{,}0 < d_s \leq 8{,}5$	$\geq s_1$ und ≥ 250 mm
$8{,}5 < d_s \leq 12$	$\geq s_1$ und ≥ 350 mm
$12 < d_s$	$\geq s_1$ und ≥ 500 mm
s_1 = Abstand der Längsstäbe	

4.2.6 Verankerungen von Bügeln und Schubbewehrung (DIN 1045-1, 12.7)

Bügel und Schubbewehrung werden mit Haken, Winkelhaken oder angeschweißten Querstäben verankert (innerhalb eines Hakens oder Winkelhakens sollte ein Querstab vorgesehen werden). Die möglichen Verankerungselemente bzw. -arten sind nebenstehend dargestellt.

(Zur Ausbildung von Bügeln in Platten, Balken und Stützen s. a. Abschnitt 5.)

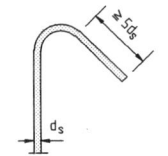

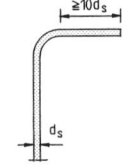

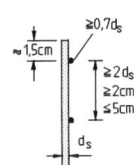

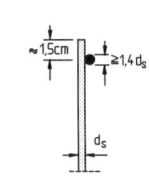

5 Bemessung und Konstruktion der Bauteile

5.1 Platten

5.1.1 Schnittgrößenermittlung

5.1.1.1 Grundsätzliches

Platten sind flächenartige Bauteile, die senkrecht zu ihrer Mittelfläche beansprucht sind, Scheiben und wandartige Träger werden dagegen in Richtung ihrer Mittelfläche beansprucht; s. nebenstehende Abbildung. (Weitere Unterscheidung zwischen Balken und Scheiben s. Abschn. 3.4.1.)

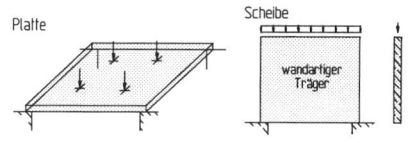

Platten tragen ihre Lasten in der Regel in zwei Richtungen ab. Wenn jedoch bei Rechteckplatten zwei freie ungelagerte, gegenüber liegende Ränder vorhanden sind oder wenn das Verhältnis der größeren zur kleineren Stützweite ≥ 2 ist, dürfen Platten unter gleichmäßig verteilten Lasten als einachsig gespannte Platten berechnet werden. Alle anderen Platten werden im Allgemeinen zweiachsig gespannt berechnet.

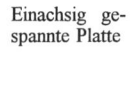

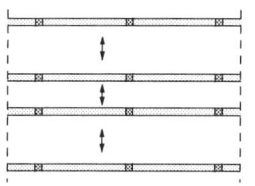

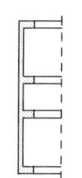

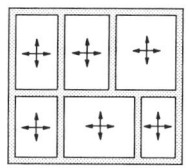

Einachsig gespannte Platte

Zweiachsig gespannte Platte

Besonderheiten bei vorgefertigten Deckensystemen

Für die Bemessung vorgefertigter Deckensysteme sind – soweit relevant – die Zulassung des Instituts für Bautechnik, ggf. die Festlegungen von CEN-Produktnormen zu beachten. Außerdem gilt:

a) Die *Querverbindung* zwischen den Fertigteilen wird z. B. durch ausbetonierte bzw. ausgegossene Fugen, Schweiß- oder Bolzenverbindung, bewehrten Aufbeton gesichert. Die Querverteilung von Punkt- und Linienlasten darf durch Berechnung oder durch Versuche nachgewiesen werden.

b) Die *Scheibenwirkung* vorgefertigter Decken zur Übertragung von horizontalen Kräften (z. B. aus Schiefstellungen und Windeinwirkungen) darf angenommen werden, wenn die Decke im Endzustand eine zusammenhängende ebene Fläche bildet, die Einzelteile der Decke in Fugen druckfest verbunden sind und wenn in Scheibenebene wirkende Lasten durch Bogen- oder Fachwerkwirkung mit bewehrten Randgliedern (Ringankern) und Zugankern aufgenommen werden können. Für die auftretenden Zugkräfte ist eine Bewehrung anzuordnen, die in den Fugen zwischen den Fertigteilen oder ggf. in der Ortbetonergänzung verlegt und in den Randgliedern verankert oder kraftschlüssig gestoßen wird.

c) Fertigteile mit einer ≥ 50 mm dicken und *statisch mitwirkenden Ortbetonergänzung* dürfen als Verbundbauteile bemessen werden, wenn die Aufnahme des zwischen Ortbeton und Fertigteil wirkenden Schubes gewährleistet ist. Die Querbewehrung darf vollständig im Fertigteil oder im Ortbeton liegen. Bei zweiachsig gespannten Platten darf nur die Querbewehrung (senkrecht zur Fuge) angerechnet werden, die durchläuft oder kraftschlüssig gestoßen ist, wobei vorausgesetzt ist, dass der Stabdurchmesser $d_s \leq 14$ mm, der Bewehrungsquerschnitt $a_s \leq 10$ cm²/m und die Bemessungsquerkraft $V_{Ed} \leq 0{,}5\,V_{Rd,max}$ ist. Der Stoß ist durch biegesteife Bewehrung (z. B. Gitterträger) im Abstand höchstens der zweifachen Deckendicke zu sichern. Bezüglich der Drilltragfähigkeit wird auf DIN 1045-1, 13.4.3 verwiesen.
Bei Endauflagern ohne Wandauflasten ist eine Verbundsicherungsbewehrung von mindestens 6 cm²/m entlang der Auflagerlinie auf einer Breite von 0,75 m anzuordnen.

d) Decken aus Rippen und Zwischenbauteilen ohne Aufbeton dürfen dann als Vollplatte betrachtet werden, wenn Querrippen im Abstand s_T entsprechend nachfolgender Tabelle angeordnet werden.

Gebäudeart	$s_L \leq l_{eff}/8$	$s_L > l_{eff}/8$
Wohngebäude	-	$s_T \leq 12\,h_0$
andere Gebäude	$s_T \leq 10\,h_0$	$s_T \leq 8\,h_0$

s_L Achsabstand der Längsrippen
l_{eff} Stützweite
h_0 Gesamthöhe der Rippendecke

5.1.1.2 Einachsig gespannte Platten

Für einachsig gespannte Platten unter Gleichflächenlast gelten die Regelungen für Balken bzw. Rahmen (Abschn. 3.5 und 5.2). Für die Tragwirkung einachsig gespannter Platten unter Punkt-, Linien- und Rechtecklasten s. *Bautabellen für Ingenieure, S. 5.51.*

5.1.1.3 Schnittgrößenermittlung bei zweiachsig gespannten Platten

Für die Berechnung von zweiachsig gespannten Platten ohne oder mit begrenzter Umlagerung gelten die Grundsätze nach Abschn. 3.5. Ein einfaches Verfahren, das auf der linear-elastischen Theorie beruht, ist das nachfolgende Verfahren von *Pieper / Martens* [5.16].

Vierseitig gestützte Platten – Berechnung nach *Pieper / Martens*

Bedingungen für die Anwendung: $q \leq 2 \cdot (g+q)/3$; $q \leq 2 \cdot g$

- **Feldmomente** (Sonderfälle s. S. 5.51)

  Fall 1: Platten mit voller Drilltragfähigkeit

  $m_{fx} = (g+q) \cdot l_x^2 / f_x$ $m_{fy} = (g+q) \cdot l_x^2 / f_y$

  Fall 2: Platten ohne volle Drilltragfähigkeit

  $m_{fx} = (g+q) \cdot l_x^2 / f_x^0$ $m_{fy} = (g+q) \cdot l_x^2 / f_y^0$

- **Stützmomente**

  $m_{s0,x} = -(g+q) \cdot l_x^2 / s_x$ $m_{s0,y} = -(g+q) \cdot l_x^2 / s_y$

Bei unterschiedlichen Einspannmomenten von zusammenstoßenden Plattenrändern werden die Momente m_{s0} wie folgt gemittelt (Kragmomente und Einspannmomente in sehr steife Bauteile sind *nicht* zu mitteln):

Stützweitenverhältnis $l_1 : l_2 < 5 : 1$ → $m_s \geq \begin{cases} |0{,}5 \cdot (m_{s0,1} + m_{s0,2})| \\ 0{,}75 \cdot \max(|m_{s0,1}|; |m_{s0,2}|) \end{cases}$

Stützweitenverhältnis $l_1 : l_2 > 5 : 1$ → $m_s \geq \max(|m_{s0,1}|; |m_{s0,2}|)$

Die so gemittelten Stützmomente gelten unmittelbar als Bemessungswerte (s. a. DAfStb-H.240, [5.13]).

Stützungsart	Beiwert	Stützweitenverhältnis l_y / l_x bzw. l_y' / l_x' (l_x bzw. $l_x' = l_{min}$)											
		1,0	1,1	1,2	1,3	1,4	1,5	1,6	1,7	1,8	1,9	2,0	→ ∞
1	f_x	27,2	22,4	19,1	16,8	15,0	13,7	12,7	11,9	11,3	10,8	10,4	8,0
	f_y	27,2	27,9	29,1	30,9	32,8	34,7	36,1	37,3	38,5	39,4	40,3	*
	f_x^0	20,0	16,6	14,5	13,0	11,9	11,1	10,6	10,2	9,8	9,5	9,3	8,0
	f_y^0	20,0	20,7	22,1	24,0	26,2	28,3	30,2	31,9	33,4	34,7	35,9	*
2.1	f_x	32,8	26,3	22,0	18,9	16,7	15,0	13,7	12,8	12,0	11,4	10,9	8,0
	f_y	29,1	29,2	29,8	30,6	31,8	33,5	34,8	36,1	37,3	38,4	39,5	*
	s_y	11,9	10,9	10,1	9,6	9,2	8,9	8,7	8,5	8,4	8,3	8,2	8,0
	f_x^0	26,4	21,4	18,2	15,9	14,3	13,0	12,1	11,5	10,9	10,4	10,1	8,0
	f_y^0	22,4	22,8	23,9	25,1	26,7	28,6	30,4	32,0	33,4	34,8	36,2	*
2.2	f_x	29,1	24,6	21,5	19,2	17,5	16,2	15,2	14,4	13,8	13,3	12,9	10,2
	f_y	32,8	34,5	36,8	38,8	40,9	42,7	44,1	45,3	46,5	47,2	47,9	*
	s_x	11,9	10,9	10,2	9,7	9,3	9,0	8,8	8,6	8,4	8,3	8,3	8,0
	f_x^0	22,4	19,2	17,2	15,7	14,7	13,9	13,2	12,7	12,3	12,0	11,8	10,2
	f_y^0	26,4	28,1	30,3	32,7	35,1	37,3	39,1	40,7	42,2	43,3	44,8	*
3.1	f_x	38,0	30,2	24,8	21,1	18,4	16,4	14,8	13,6	12,7	12,0	11,4	8,0
	f_y	30,6	30,2	30,3	31,0	32,2	33,8	35,9	38,3	41,1	44,9	46,3	*
	s_x	14,3	12,7	11,5	10,7	10,0	9,5	9,2	8,9	8,7	8,5	8,4	8,0
3.2	f_x	30,6	26,3	23,2	20,9	19,2	17,9	16,9	16,1	15,4	14,9	14,5	12,0
	f_y	38,0	39,5	41,4	43,5	45,6	47,6	49,1	50,3	51,3	52,1	52,9	*
	s_x	14,3	13,5	13,0	12,6	12,3	12,2	12,0	12,0	12,0	12,0	12,0	12,0
4	f_x	33,2	27,3	23,3	20,6	18,5	16,9	15,8	14,9	14,2	13,6	13,1	10,2
	f_y	33,2	34,1	35,5	37,7	39,9	41,9	43,5	44,9	46,2	47,2	48,3	*
	s_x	14,3	12,7	11,5	10,7	10,0	9,6	9,2	8,9	8,7	8,5	8,4	8,0
	s_y	14,3	13,6	13,1	12,8	12,6	12,4	12,3	12,2	12,2	12,2	12,2	11,2
	f_x^0	26,7	22,1	19,2	17,2	15,7	14,6	13,8	13,2	12,7	12,3	12,0	10,2
	f_y^0	26,7	27,6	29,2	31,4	33,8	36,2	38,1	39,8	41,4	42,8	44,2	*
5.1	f_x	33,6	28,2	24,4	21,8	19,8	18,3	17,2	16,3	15,6	15,0	14,6	12,0
	f_y	37,3	38,7	40,4	42,7	45,1	47,5	49,5	51,4	53,3	55,1	58,9	*
	s_x	16,2	14,8	13,9	13,2	12,7	12,5	12,3	12,2	12,1	12,0	12,0	12,0
	s_y	18,3	17,7	17,5	17,5	17,5	17,5	17,5	17,5	17,5	17,5	17,5	17,5
5.2	f_x	37,3	30,3	25,3	22,0	19,5	17,7	16,4	15,4	14,6	13,9	13,4	10,2
	f_y	33,6	34,1	35,1	37,3	39,8	43,1	46,6	52,3	55,5	60,5	66,1	*
	s_x	18,3	15,4	13,5	12,2	11,2	10,6	10,1	9,7	9,4	9,0	8,9	8,0
	s_y	16,2	14,8	13,9	13,3	13,0	12,7	12,6	12,5	12,4	12,3	12,3	11,2
6	f_x	36,8	30,2	25,7	22,7	20,4	18,7	17,5	16,5	15,7	15,1	14,7	12,0
	f_y	36,8	38,1	40,4	43,2	47,1	50,6	52,8	54,5	56,1	57,3	58,3	*
	s_x	19,4	17,1	15,5	14,5	13,7	13,2	12,8	12,5	12,3	12,1	12,0	12,0
	s_y	19,4	18,4	17,9	17,6	17,5	17,5	17,5	17,5	17,5	17,5	17,5	17,5

Den Tafelwerten liegt für die Feldmomente eine 50 %ige, für die Stützmomente eine volle Einspannung zugrunde.

- **Sonderfall:** *Auf zwei kleine Felder folgt ein großes Feld.*
  Wenn in Ausnahmefällen auf zwei kleine Felder ein großes Feld folgt (s. Abb.), sind weitere Betrachtungen erforderlich (s. *Bautabellen für Ingenieure, S. 5.53*).

- **Sonderfall:** *Kragarme oder angrenzende, einspannende Systeme*
  Kragarme können hinsichtlich der Stützungsart des angrenzenden Feldes dann als einspannend angesetzt werden, wenn das Kragmoment aus Eigenlast größer ist als das halbe Volleinspannmoment des Feldes bei Belastung durch ($g+q$). Bei angrenzenden anderen einspannenden Systemen, z. B. dreiseitig gelagerten Platten, ist sinngemäß ebenso zu verfahren.

Beispiel – Momentenberechnung nach *Pieper / Martens*

Es empfiehlt sich eine Rechnung mit
- globalen Koordinaten (x/y) für das gesamte Plattensystem
- lokalen Koordinaten (x'/y') für das einzelne Plattenfeld.

Baustoffe: Beton C25/30; Betonstahl BSt 500 M
Belastung: $g_k = 6{,}00$ kN/m² *)
$\qquad q_k = 1{,}50 + 1{,}25 = 2{,}75$ kN/m² (incl. Trennwandzuschlag)
$\rightarrow (g_d + q_d) = 1{,}35 \cdot 6{,}00 + 1{,}5 \cdot 2{,}75 = 12{,}23$ kN/m²

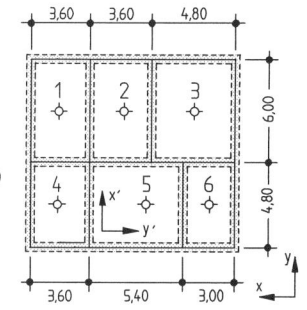

Momente in kNm/m

Platten-Nr.	Stützung	l_x l'_y	l_y l'_x	$\varepsilon = l_y/l_x$ $\varepsilon' = l'_y/l'_x$	f_x	f_y	s_x	s_y	Feldmomente m_{fx}	m_{fy}	Stützmomente m_{s0x}	m_{s0y}
1	4	3,60 -	6,00 -	1,67 -	15,2	44,4	9,0	12,2	10,43	3,57	–17,61	–12,99
2	5.1	3,60 -	6,00 -	1,67 -	16,6	50,8	12,2	17,5	9,55	3,12	–12,99	–9,06
3	4	4,80 -	6,00 -	1,25 -	22,0	36,6	11,1	13,0	12,81	7,70	–25,39	–21,68
4	4	3,60 -	4,80 -	1,33 -	19,9	38,4	10,5	12,7	7,96	4,13	–15,10	–12,48
5	5.2	5,40 -	4,80 -	1,13 -	34,4	29,0	14,6	14,9	8,19	9,71	–19,30	–18,91
6	4	3,00 -	4,80 -	1,60 -	15,8	43,5	9,2	12,3	6,97	2,53	–11,96	–8,95

In obiger Tabelle sind mit der Plattennummer, der Stützungsart nach S. 5.50 und den beiden Spannweiten die Felder eindeutig beschrieben. Ob für das einzelne Feld das Verhältnis $\varepsilon = l_y/l_x$ oder $\varepsilon' = l'_y/l'_x$ zu bilden ist, hängt von der Lage der eingespannten Ränder im Koordinatensystem ab und wird bei der Plattennummer durch Schreiben am oberen bzw. unteren Zeilenrand kenntlich gemacht. Die Beiwerte f und s werden in der Berechnungstabelle durch entsprechendes Vertauschen unmittelbar auf globale Koordinaten bezogen.

---

*) Zur Bestimmung der Eigenlast ist die Plattendicke festzulegen, die sich häufig aus dem Nachweis zur Begrenzung der Biegeschlankheit ergibt. Näherungsweise erhält man (s. Abschn. 5.1.3)
erf $d \geq l_i / 35$ bzw. erf $d \geq l_i^2 / 150$
$l_i = 0{,}9 \cdot 4{,}80 = 4{,}32$ m (Endfeld; wegen des anschließenden kürzeren Feldes jedoch $\alpha \approx 0{,}9$; s. S. 5.56)
erf $d \geq 4{,}32^2 / 150 = 0{,}124$ m = 12,4 cm (> 4,32/35 = 0,123 m)
$\rightarrow h \geq 18$ cm

Dafür ergibt sich mit einer angenommenen Ausbaulast von 1,5 kN/m² die oben genannte Eigenlast.

Die gewählte Bauhöhe erfüllt bei einem Randabstand der Bewehrung von $d_{1,x} = 3{,}0$ cm (s. nachfolgend) den Nachweis zur Begrenzung der Biegeschlankheit großzügig. Auf eine Reduzierung der Plattendicke wurde jedoch bewusst verzichtet; die gewählte Bauhöhe erfüllt nämlich auch näherungsweise die Anforderungen nach EC 2, die gegenüber DIN 1045-1 erheblich verschärft sind.

In diesem Zusammenhang wird darauf hingewiesen, daß nach Auffassung verschiedener Autoren (s. z. B. [5.21], [5.23], [5.40] mit den Anforderungen nach DIN 1045-1 Ergebnisse erzielt werden, die auf der unsicheren Seite liegen können. Es wird daher empfohlen, die nach dem Biegeschlankheitskriterium ermittelten Deckenstärken großzügig zu wählen, es sei denn, dass größere Durchbiegungen unbedenklich sind.

Stützmomente in kNm/m

Rand i - k \ m	x-Richtung				y-Richtung			
	1 - 2	2 - 3	4 - 5	5 - 6	1 - 4	2 - 5	3 - 5	3 - 6
$m_{s0}{}^{1)} = m_{ik}$	−17,61	−12,99	−15,10	−19,30	−12,99	−9,06	−21,68	−21,68
$m_{s0}{}^{1)} = m_{ki}$	−12,99	−25,39	−19,30	−11,96	−12,48	−18,91	−18,91	−8,95
$0,5 \cdot (m_{ik} + m_{ki})$	−15,30	−19,19	−17,20	−15,63	Bemessung für Volleinspannmomente wegen durchgehender Mittellängswand			
$0,75 \cdot \min m_{s0}$	−13,21	−19,04	−14,48	−14,48				
$\min m_{sik}$	−15,30	−19,19	−17,20	−15,63	−12,99	−18,91	−21,68	−21,68

$^{1)}$ Aus der vorstehenden Berechnungstabelle „Momente" zu entnehmen.

Die Ränder werden durch die Nummern der beiden benachbarten Felder bezeichnet. Das Stützmoment $\min m_{sik}$ wird aus dem Mittelwert $0,5 \cdot (m_{ik} + m_{ki})$ bzw. $0,75 \cdot \min m_{s0}$ gebildet, soweit nicht ingenieurgemäße korrigierende Überlegungen für die Bemessung nach dem Volleinspannmoment sprechen. Über der ganzen Mittellängswand werden die hier auftretenden Volleinspannmomente der Bemessung zugrunde gelegt. Die Drillmomente in den Ecken sind konstruktiv nach Abschn. 5.1.4 abzudecken.

Bemessung:

Baustoffe: C25/30; BSt 500 M
Umweltbedingung: Expositionsklasse XC 1 mit nom $c = 2,0$ cm
Nutzhöhen: untere Bewehrung: $d_x = 15,0$ cm; $d_y = 14,5$ cm ⎫ (Werte sind nach der Bewehrungswahl zu überprüfen.)
obere Bewehrung: $d' = 15,0$ cm ⎭

Die Bemessung erfolgt nach Tafel 2a (S. 5.82); auf eine Bewehrungswahl wird im Beispiel verzichtet. Es sei jedoch darauf hingewiesen, dass als *Mindestmoment* das Rissmoment (vgl. Abschn. 5.1.4 bzw. 5.2.4.1)
$M_{cr} = (b \cdot h^2 / 6) \cdot f_{ctm} = (1,0 \cdot 0,18^2 / 6) \cdot 2,6 = 0,0140$ MNm/m $= 14,0$ kNm/m
(entspricht $\min a_s \approx 2,1$ cm²/m) zu berücksichtigen ist; es wird im Feld durchweg maßgebend, an der Stütze jedoch nur am Ort 1-4.

Bewehrung an Plattenunterseite – „Feldbewehrung" (a_s in cm²/m)

Ort Pos.	Bemessung für die							
	x-Richtung ($d_x = 15$ cm)				y-Richtung ($d_y = 14,5$ cm)			
	$m_x{}^{1)}$	k_d	k_s	erf a_{sx}	$m_y{}^{1)}$	k_d	k_s	erf a_{sy}
1	10,43	4,64	2,36	1,64	3,57	7,67	2,34	0,58
2	9,55	4,85	2,36	1,50	3,12	8,21	2,34	0,50
3	12,81	4,19	2,38	2,03	7,70	5,23	2,36	1,25
4	7,96	5,32	2,36	1,25	4,13	7,14	2,34	0,67
5	8,19	5,24	2,36	1,29	9,71	4,65	2,36	1,58
6	6,97	5,68	2,36	1,10	2,53	9,12	2,34	0,41

$^{1)}$ Entnommen aus Berechnungstabelle „Momente", vgl. S. 5.51.

Bewehrung an Plattenoberseite – „Stützbewehrung" (a_s in cm²/m)

Ort Pos.	Bew.-richtung	$m_s{}^{2)}$	k_d	k_s	erf a_s
1-2		−15,30	3,83	2,38	2,43
2-3		−19,19	3,42	2,40	3,07
4-5	x	−17,20	3,62	2,38	2,73
5-6		−15,63	3,79	2,38	2,48
1-4		−12,99	4,16	2,38	2,06
2-5	y	−18,91	3,45	2,40	3,03
3-5		−21,68	3,22	2,40	3,47
3-6		−21,68	3,22	2,40	3,47

$^{2)}$ Entnommen aus Berechnungstabelle „Stützmomente", s. oben. Eine Abminderung dieser Werte ist beim Verfahren nach Pieper/Martens nicht vorzunehmen, die Stützmomente sind bereits *Bemessungswerte*.

- **Vereinfachte Momentengrenzlinien für Einfeldplatten nach Czerny [5.17]**
  (a_{sx} wird aus m_x und a_{sy} aus m_y berechnet.)

$$l_y \geq l_x \qquad a = 0{,}2 \cdot l_x$$

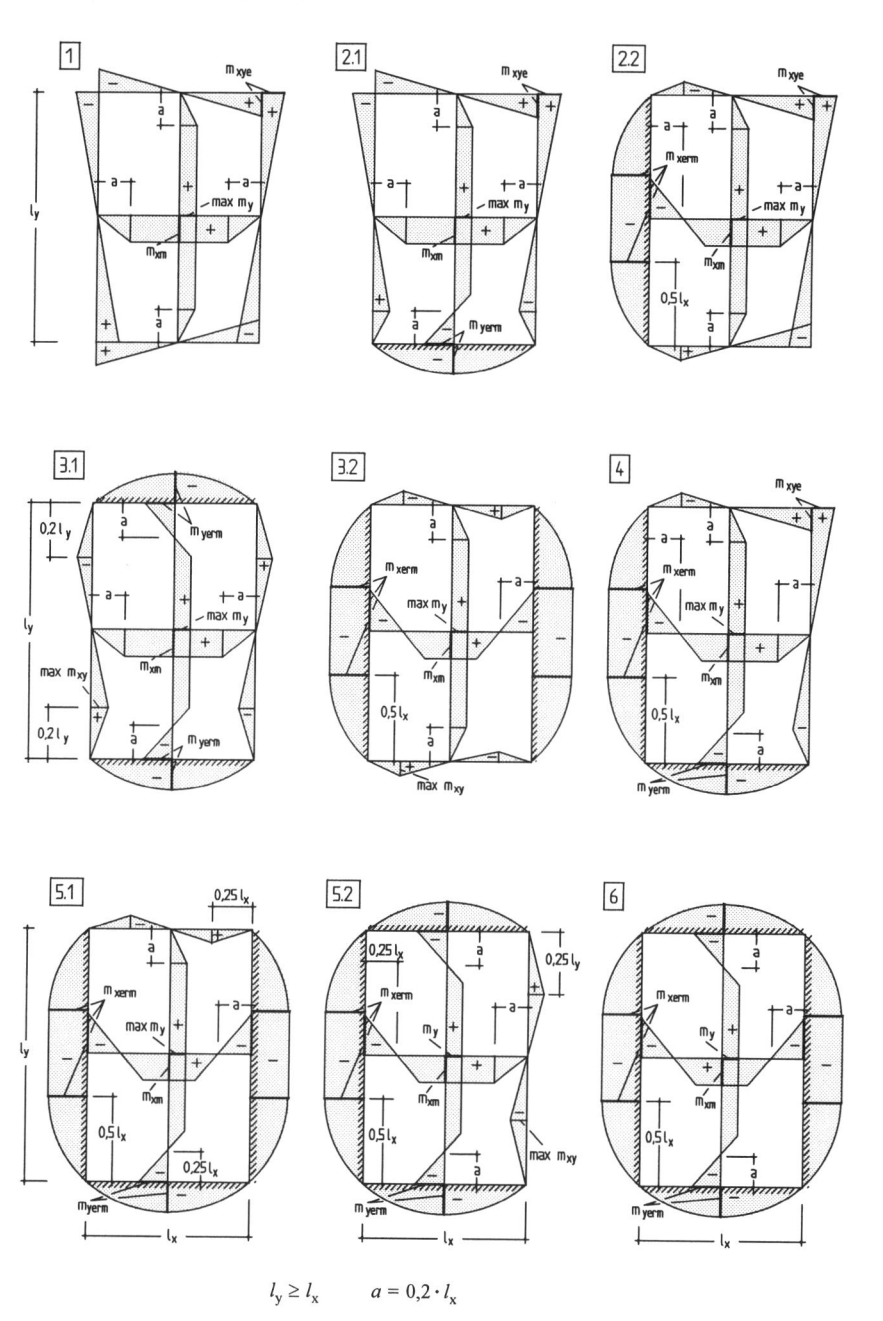

5.53

● **Auflager- und Eckkräfte vierseitig gelagerter Platten**

Ersatzlastbilder zur Berechnung der Randunterzüge bei Gleichflächenlast F_d

Für Balken (Unterzüge) als Auflager von zweiachsig gespannten, gleichmäßig belasteten Platten werden die Lastbilder näherungsweise berechnet aus der Zerlegung der Grundrissfläche der Platte in Trapeze und Dreiecke [5.13]. Für den Zerlegungswinkel gilt in Ecken mit zwei Rändern gleichartiger Stützung 45°, in Ecken mit einem eingespannten und einem frei drehbar gelagerten Rand 60° zum eingespannten Rand hin. Bei Platten mit teilweiser Einspannung darf der Zerlegungswinkel zwischen 45° und 60° angenommen werden.

Aus der Zerlegung der Last F_d unter 45° und 60° ergeben sich die dargestellten Ersatzlastbilder. Werden die Eckabhebkräfte R (Berechnung s. unten) in den Plattenecken nicht gesondert erfasst, wird empfohlen, eine *rechteckförmige* Ersatzlast mit dem angegebenen Maximalwert als Lastordinate anzusetzen [5.13].

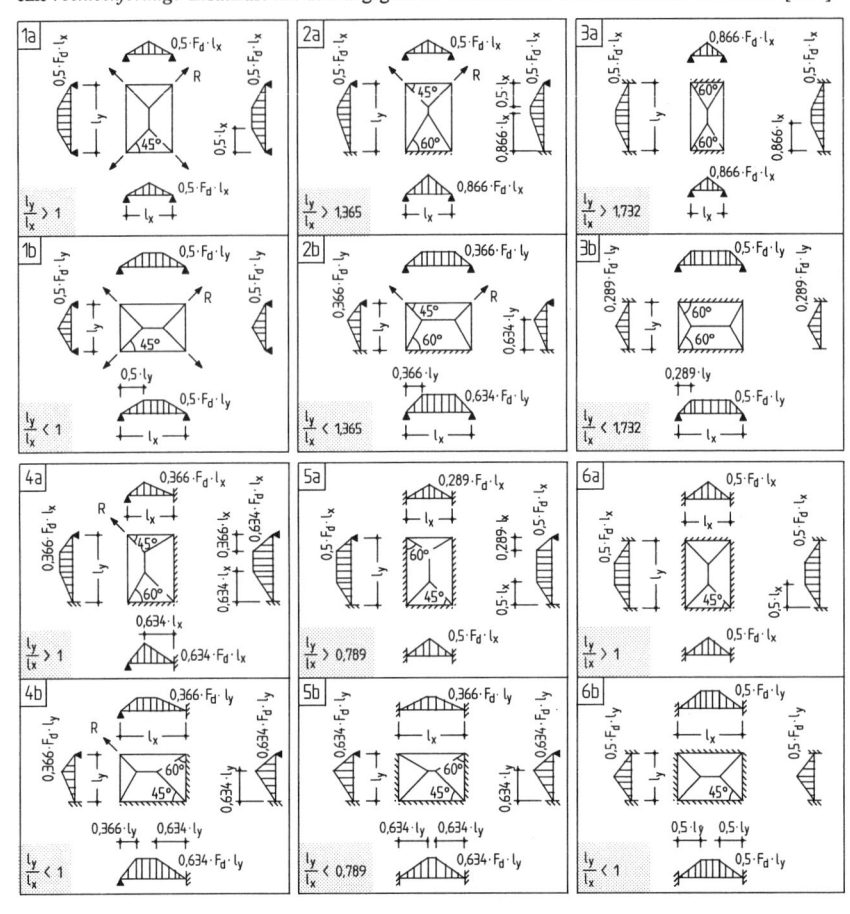

κ-Werte zur Berechnung der Eckabhebekräfte vierseitig gelagerter Platten bei Gleichflächenlast F_d

$$R = F_d \cdot l_x^2 / \kappa$$

$\varepsilon = l_y / l_x$ Stützung	1,00	1,10	1,20	1,30	1,40	1,50	1,60	1,70	1,80	1,90	2,00
1	10,8	9,85	9,20	8,75	8,40	8,15	7,95	7,80	7,70	7,65	7,55
2.1	13,1	11,6	10,5	9,70	9,10	8,70	8,40	8,10	7,90	7,80	7,70
2.2	13,1	12,4	12,0	11,7	11,5	11,4	11,3	11,2	11,2	11,2	11,2
4	13,9	13,0	12,4	12,0	11,7	11,5	11,4	11,3	11,2	11,2	11,2

5.1.2 Tragfähigkeitsnachweise für Platten

5.1.2.1 Biegung (mit Längskraft)

Für die Biegetragfähigkeit von Platten gelten die Annahmen und Voraussetzungen nach Abschn. 5.2.2.1. Für Querschnitte mit rechteckiger Druckzone (bei Vollplatten Druckzonenbreite 1,0 m/m) sind Bemessungshilfen vorhanden ([5.10], [5.54]; s. S. 5.81ff). Zur direkten Bemessung von Platten können auch die Tafeln 5.58 (nach [5.54]) benutzt werden. Die genannten Annahmen und Voraussetzungen sind zu beachten. Auf die erforderliche Mindestbewehrung (s. Abschn. 5.1.4 und 5.2.4) wird hingewiesen.

Beispiel (wird unter Abschn. 5.1.2.2 „Bauteile ohne Schubbewehrung" fortgesetzt)

Einachsig gespannte Platte mit $g_k = 6,5$ kN/m² und $q_k = 5,0$ kN/m²; gesucht: Biegebemessung in Feldmitte.

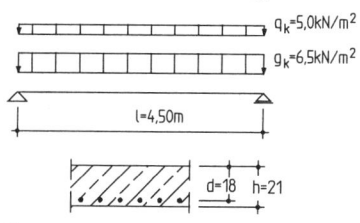

Baustoffe:

C20/25 $\Rightarrow$ $f_{cd} = \alpha f_{ck}/\gamma_c$
$= 0,85 \cdot 20/1,5 = 11,3$ MN/m²

BSt 500 $\Rightarrow$ $f_{yd} = f_{yk}/\gamma_s$
$= 500/1,15 = 435$ MN/m²

Bemessungsmoment:

$M_{Ed} = 0,125 \cdot (\gamma_G \cdot g_k + \gamma_Q \cdot q_k) \cdot l^2$
$= 0,125 \cdot (1,35 \cdot 6,50 + 1,50 \cdot 5,00) \cdot 4,5^2$
$= 41,2$ kNm/m

Bemessung:

$M_{Eds} = M_{Ed} = 41,2$ kNm/m   (wegen $N_{Ed} = 0$)
$k_d = d/\sqrt{(M_{Eds}/b)} = 18/\sqrt{(41,2/1,0)} = 2,80 \Rightarrow k_s = 2,45$ (s. S. 5.82, Tafel 2a)
$a_s = k_s \cdot M_{Eds}/d + N_{Ed}/43,5 = 2,45 \cdot 41,2/18 + 0 = 5,61$ cm²/m

Alternativ ist auch eine direkte Bemessung mit Tafel 5.58b möglich:

$M_{Ed} = 41,2$ kNm/m
$d = 18$ cm (bzw. $h = 18 + 3 = 21$ cm) $\rightarrow a_s = 5,64$ cm²/m (interpoliert)

5.1.2.2 Querkraft

Platten ohne Schubbewehrung

Auf Schubbewehrung darf i.Allg. nur bei Platten verzichtet werden[1]; dabei darf die einwirkende Querkraft V_{Ed} die Bemessungswiderstände $V_{Rd,ct}$ und $V_{Rd,max}$ nicht überschreiten.

Bemessungswiderstand $V_{Rd,ct}$

$$V_{Rd,ct} = [0,10 \kappa \cdot (100 \rho_l \cdot f_{ck})^{1/3} - 0,12 \cdot \sigma_{cd}] \cdot b_w \cdot d \tag{55.1}$$

$\kappa = 1 + \sqrt{200/d} \leq 2$ mit der Nutzhöhe d in mm
b_w kleinste Querschnittsbreite innerhalb der Zugzone in mm
σ_{cd} $\sigma_{cd} = N_{Ed}/A_c$ mit N_{Ed} als Längskraft infolge Last oder Vorspannung (Druck negativ!) in N/mm²
ρ_l Längsbewehrungsgrad $\rho_l = A_{sl}/(b_w \cdot d) \leq 0,02$; A_{sl} muss mit d über den betrachteten Querschnitt hinausgeführt und dort verankert sein (s. Skizze).

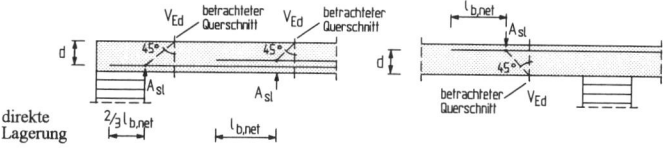

Bemessungswiderstand $V_{Rd,max}$

Der Nachweis der Druckstrebentragfähigkeit ist bei Stahlbetonplatten häufig entbehrlich; es wird auf Abschn. 5.2.2.2 verwiesen.

Platten mit Schubbewehrung

Platten sollten i.d.R. so ausgebildet werden, dass keine Schubbewehrung erforderlich ist ($V_{Ed} \leq V_{Rd,ct}$). Bei einer ggf. erforderlichen Schubbewehrung wird auf Abschn. 5.2.2.2 verwiesen.

---
[1] Für Platten mit $5 \geq b/h \geq 4$ ist eine Mindestschubbewehrung zu beachten, auch wenn rechnerisch keine Schubbewehrung erforderlich ist (s. S. 5.57), Platten mit $b/h < 4$ sind wie Balken zu behandeln (S. 5.69).

Beispiel (wird unter Abschn. 5.1.3.2 „Begrenzung der Verformungen" fortgesetzt)

Eine einfeldrige, einachsig gespannte Platte ist wie dargestellt bewehrt (vgl. auch Abschn. 5.1.2.1); gesucht ist der Nachweis der Tragfähigkeit für Querkraft.

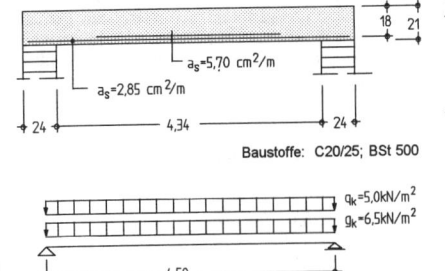

Bemessungsquerkraft:

$V_{d,li} = (1{,}35 \cdot 6{,}5 + 1{,}5 \cdot 5{,}0) \cdot 4{,}5 / 2 = 36{,}6$ kN/m

$V_{Ed} = 36{,}6 - (0{,}08 + 0{,}18) \cdot 16{,}3 = 32{,}4$ kN/m
↑ Bemessungslast

Bemessung:

$V_{Rd,ct} = 0{,}10 \, \kappa \cdot (100 \, \rho_1 \cdot f_{ck})^{1/3} \cdot b_w \cdot d \quad (\sigma_{cd} = 0)$

$\kappa = 2 \quad$ (für $d \leq 200$ mm)

$\rho_1 = 2{,}85 / (100 \cdot 18) = 0{,}0016$

$V_{Rd,ct} = 0{,}10 \cdot 2 \cdot (0{,}16 \cdot 20)^{1/3} \cdot 1{,}0 \cdot 0{,}18$
$= 0{,}0531$ MN/m $= 53{,}1$ kN/m $> V_{Ed}$ (s.o.)

$V_{Rd,max}$: Nachweis bei Platten ohne Längsdruck im Allgemeinen entbehrlich.

Baustoffe: C20/25; BSt 500

5.1.3 Gebrauchstauglichkeit

5.1.3.1 Allgemeines

Im Gebrauchszustand sind Rissbreiten, Verformungen und ggf. Spannungen zu begrenzen. Nachfolgend wird jedoch nur der Nachweis der Verformungsbegrenzung dargestellt.

Bei überwiegend auf Biegung beanspruchten Platten der Expositionsklasse XC 1 mit Gesamtdicken bis zu 20 cm ohne wesentliche Zwangbeanspruchung ist i. d. R. ein Nachweis zur Rissbreitenbegrenzung nicht erforderlich. Für alle anderen Fälle wird auf Abschn. 5.2.3.2 verwiesen.

5.1.3.2 Begrenzung der Verformungen

Die Verformungen eines Tragwerkes müssen so begrenzt werden, dass sie die ordnungsgemäße Funktion und das Erscheinungsbild nicht beeinträchtigen. Es werden in Abhängigkeit von der Stützweite l (für Kragarme mit $l = 2{,}5 l_k$) für den Durchhang f unter der quasi-ständigen Last folgende Grenzen genannt:

allgemein	$f \leq l/250$	(56.1)
in Hinblick auf Ausbauten (z. B. Trennwände)	$f \leq l/500$	(56.2)

Der Nachweis dieser Grenzwerte kann über eine Begrenzung der Biegeschlankheit (s. nachfolgend) erfolgen; es wird jedoch darauf hingewiesen, dass nach Auffassung verschiedener Autoren mit dem vereinfachten Nachweis die in Gl. (56.1) und (56.2) genannten Grenzen häufig nicht eingehalten werden.

Der vereinfachte Nachweis gilt für Stahlbeton-Deckenplatten des üblichen Hochbaus, die mit ausreichender Überhöhung der Schalung hergestellt werden. Hierfür sind folgende Biegeschlankheiten einzuhalten:

$l_i / d \leq \begin{cases} 35 & \text{allgemein} \\ 150/l_i & \text{für Bauteile mit erhöhten Anforderungen (z. B. im Hinblick auf Schäden an angrenzenden Bauteilen)} \end{cases}$

Hierin ist $l_i = \alpha \cdot l$ die Ersatzstützweite mit α nach nebenstehender Tafel. Bei vierseitig gestützten Platten ist die kleinere Stützweite maßgebend, bei dreiseitig gestützten Platten die Stützweite parallel zum freien Rand (ggf. auch die Kraglänge → Nachweis als Kragarm); für Flachdecken gelten die Werte auf der Basis der größeren Stützweite. Bei durchlaufenden Tragwerken dürfen die Beiwerte nur verwendet werden, falls min $l \geq 0{,}8$ max l, bei Kragarmen, falls annähernd eine starre Einspannung gegeben ist; weitere Fälle s. [5.13].

Statisches System		$\alpha = l_i / l$
$\vdash l \dashv$		1,00
Endfeld, min $l \geq 0{,}8$ max l		0,80[1]
Innenfelder, min $l \geq 0{,}8$ max l		0,60[1]
($l = l_k$)		2,40

[1] Für punktförmig gestützte Platten (Flachdecken) bis C25/30 gilt 0,9 (Endfeld) bzw. 0,7 (Innenfeld).

Beispiel

Einfeldplatte mit leichten Trennwänden (erhöhten Anforderungen an die Durchbiegung) bei einer Stützweite $l = 4{,}50$ m und einer Nutzhöhe $d = 18$ cm (Fortsetzung des Beispiels von Abschn. 5.1.2.1 u. 5.1.2.2)

$l_i/d = 4{,}50 / 0{,}18 = 25 < \begin{cases} 35 \\ 150/l_i = 150/4{,}50 = 33 \end{cases}$ → Nachweis erfüllt

5.56

5.1.4 Konstruktive Durchbildung

Die nachfolgenden Festlegungen beziehen sich auf einachsig und zweiachsig gespannte Ortbeton-Vollplatten mit einer Breite $b \geq 4h$ (s. Abschn. 3.4.1).

Mindestabmessung

Die Mindestdicke von Vollplatten beträgt i.Allg. 70 mm, für Platten mit aufgebogener Querkraftbewehrung 160 mm, bei Platten mit Bügeln 200 mm.

Biegezugbewehrung

Für die **Mindestbiegezugbewehrung** und für die **Höchstbewehrung** gilt Abschn. 5.2.4. Außerdem gilt:

Hauptbewehrung	Für die Ausbildung der Hauptbewehrung (Mindest- und Höchstbewehrungsgrade; Verankerungslängen usw.) gilt Abschnitt 5.4.2, soweit nachfolgend nichts anderes festgelegt ist; als Versatzmaß a_1 gilt für Platten ohne Schubbewehrung: $a_1 = d$
Querbewehrung	Bei Platten ist eine Querbewehrung mit einem Querschnitt von mindestens 20 % der Hauptbewehrung vorzusehen; bei Betonstahlmatten muß $d_s \geq 5$ mm sein.
Stababstände	Für die Hauptbewehrung $\quad s_l = 150$ mm für $h \leq 150$ mm $\quad$ Zwischenwerte $\quad\quad\quad\quad\quad\quad\quad\quad\quad\; s_l = 250$ mm für $h \geq 250$ mm $\quad$ interpolieren
	Für die Querbewehrung $\quad s_q \leq 250$ mm
Auflagerbewehrung	Es sind mindestens 50 % der maximalen Feldbewehrung über das Auflager zu führen und zu verankern.
konstruktive Einspannbewehrung	Eine teilweise, rechnerisch nicht berücksichtigte Endeinspannung sollte mindestens für 25 % des max. Feldmoments bemessen werden; Bewehrung auf der 0,25fachen Feldlänge (vom Auflageranschnitt) anordnen.
Randbewehrung	Am freien ungestützten Rand ist eine Bewehrung anzuordnen (s. Abb.). Bei Fundamenten und innen liegenden Bauteilen des üblichen Hochbaus darf hierauf verzichtet werden.

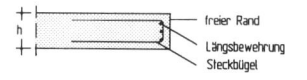

Drillbewehrung (DIN 1045-1, 13.3.2)

Bei drillsteifen Platten ist für die Bemessung der Eckbewehrung das Drillmoment zu berücksichtigen, in anderen Fällen sollte sie konstruktiv angeordnet werden.

Als Drillbewehrung sollte bei vierseitig gelagerten Platten unter Berücksichtigung der vorhandenen Bewehrung angeordnet werden:
– Ecken mit zwei frei aufliegenden Rändern: a_{sx} in beiden Richtungen oben und unten
– Ecken mit einem frei aufliegenden und einem eingespannten Rand:
$0,5 a_{sx}$ rechtwinklig zum freien Rand
mit $a_{sx} = \max a_{s,\text{Feld}}$.

Bei anderen Platten, z. B. bei dreiseitig gelagerten Platten, ist ein rechnerischer Nachweis der Drillbewehrung erforderlich.

(Darstellung für eine parallel zu den Seiten verlaufende Netzbewehrung)

Querkraftbewehrung

Für die bauliche Durchbildung schubbewehrter Platten gilt Abschn. 5.4.2 mit nachfolgenden Ergänzungen.

– Bei Platten mit $b/h > 5$ darf auf Schubbewehrung verzichtet werden, falls rechnerisch keine Schubbewehrung erforderlich ist.
– Bauteile mit $b/h < 4$ sind als Balken nach Abschn. 5.4.2 zu betrachten.
– Bei Platten mit $5 \geq b/h \geq 4$ und ohne rechnerisch erforderliche Schubbewehrung gilt als Mindestschubbewehrung der 0,0fache bis 1,0fache Wert nach Tafel 5.69a (Zwischenwerte interpolieren).
– Bei Platten mit $5 \geq b/h \geq 4$ und mit rechnerisch erforderlicher Schubbewehrung ist der 0,6fache bis 1,0fache Wert nach Tafel 5.69a maßgebend.
– Schubbewehrung darf bei $V_{Ed} \leq (1/3) \cdot V_{Rd,max}$ vollständig aus Schrägstäben oder Schubzulagen bestehen, anderfalls gilt Abschn. 5.4.2
– Für den größten Längs- und Querabstand der Bügel gilt Tafel 5.69b (ohne Berücksichtigung der Absolutwerte in mm).
– Der größte Längsabstand von Aufbiegungen beträgt $s_{max} \leq h$.

5.1.5 Bemessungshilfen für Platten
(weitere Tafeln und Werte s. [5.54])

Voraussetzungen für die Tafel 5.58a und 5.58b:
Für die Mindestbewehrung (grau unterlegter Bereich) wurde unterstellt, dass der Randabstand der Bewehrung $d_1 = 3$ cm und der Hebelarm z nach Rissbildung $\approx 0,9d$ beträgt.

Tafel 5.58a Bemessung für Biegung von Platten ohne Druckbewehrung   **BSt 500; C12/15**

M_{Ed} kNm ↓	erf a_s in cm²/m für d in cm								M_{Ed} kNm ↓	erf a_s in cm²/m für d in cm					
	10	12	14	16	18	20	22	24	26		16	18	20	22	24	26	28
≤6	1,45	1,19	1,22	1,34	1,46	1,57	1,68	1,80	1,92	55	9,93	8,28	7,17	6,35	5,72	5,21	4,76
8	1,97	1,60	1,36	1,34	1,46	1,57	1,68	1,80	1,92	60	11,2	9,22	7,93	7,01	6,29	5,72	5,25
10	2,51	2,03	1,71	1,49	1,46	1,57	1,68	1,80	1,92	65		10,2	8,73	7,68	6,88	6,24	5,72
12	3,07	2,47	2,07	1,79	1,58	1,57	1,68	1,80	1,92	70		11,3	9,55	8,36	7,47	6,77	6,20
14	3,66	2,92	2,44	2,10	1,85	1,66	1,68	1,80	1,92	75		12,4	10,4	9,07	8,08	7,31	6,69
16	4,28	3,38	2,81	2,42	2,13	1,90	1,72	1,80	1,92	80		13,6	11,3	9,80	8,70	7,86	7,18
18	4,94	3,86	3,20	2,74	2,41	2,15	1,94	1,80	1,92	85			12,2	10,5	9,34	8,41	7,67
20	5,65	4,35	3,59	3,07	2,69	2,40	2,16	1,97	1,92	90			13,2	11,3	9,99	8,98	8,18
22	6,41	4,86	3,99	3,40	2,97	2,65	2,39	2,18	2,00	95			14,3	12,1	10,7	9,56	8,69
24	7,24	5,40	4,40	3,74	3,26	2,90	2,61	2,38	2,19	100			15,4	13,0	11,4	10,2	9,21
26		5,95	4,82	4,08	3,55	3,15	2,84	2,59	2,38	110				14,7	12,8	11,4	10,3
28		6,54	5,25	4,43	3,85	3,41	3,07	2,79	2,56	120				16,7	14,3	12,6	11,4
30		7,15	5,69	4,78	4,15	3,67	3,30	3,00	2,75	130					15,9	14,0	12,5
32		7,80	6,14	5,14	4,45	3,93	3,53	3,21	2,94	140					17,7	15,4	13,7
34		8,49	6,61	5,51	4,76	4,20	3,77	3,42	3,13	150						16,9	14,9
36		9,24	7,10	5,89	5,07	4,47	4,00	3,63	3,33	160						18,5	16,2
38			7,60	6,27	5,38	4,74	4,24	3,84	3,52	170						20,2	17,6
40			8,12	6,66	5,71	5,01	4,48	4,06	3,71	180							19,0
42			8,66	7,06	6,03	5,29	4,72	4,28	3,91	190							20,6
44			9,23	7,47	6,36	5,57	4,97	4,49	4,11	200		Unterhalb der gestrichelten				
46			9,82	7,89	6,70	5,85	5,22	4,71	4,30			Linie ist die Druckzonen-				
48			10,4	8,32	7,04	6,14	5,46	4,93	4,50			höhe $x/d > 0,45$ (s. S. 5.42).				
50				8,77	7,38	6,43	5,72	5,16	4,70								

Tafel 5.58b Bemessung für Biegung von Platten ohne Druckbewehrung   **BSt 500; C20/25**

M_{Ed} kNm ↓	erf a_s in cm²/m für d in cm								M_{Ed} kNm ↓	erf a_s in cm²/m für d in cm					
	10	12	14	16	18	20	22	24	26		14	16	18	20	22	24	26	28
≤6	1,42	1,53	1,68	1,84	2,01	2,16	2,31	2,48	2,64	55	10,6	8,88	7,67	6,78	6,08	5,52	5,06	4,68
8	1,91	1,58	1,68	1,84	2,01	2,16	2,31	2,48	2,64	60	11,8	9,81	8,45	7,45	6,67	6,05	5,54	5,12
10	2,42	1,98	1,69	1,84	2,01	2,16	2,31	2,48	2,64	65	13,1	10,8	9,24	8,13	7,27	6,59	6,03	5,56
12	2,93	2,40	2,03	1,84	2,01	2,16	2,31	2,48	2,64	70	14,4	11,8	10,1	8,82	7,87	7,13	6,51	6,01
14	3,46	2,81	2,38	2,07	2,01	2,16	2,31	2,48	2,64	75	15,9	12,8	10,9	9,52	8,46	7,67	7,01	6,46
16	3,99	3,24	2,74	2,37	2,10	2,16	2,31	2,48	2,64	80	17,4	13,9	11,7	10,2	9,11	8,22	7,50	6,91
18	4,55	3,67	3,09	2,68	2,37	2,16	2,31	2,48	2,64	85		15,0	12,6	11,0	9,74	8,78	8,01	7,36
20	5,12	4,11	3,45	2,99	2,64	2,36	2,31	2,48	2,64	90		16,2	13,5	11,7	10,4	9,34	8,51	7,82
22	5,70	4,56	3,82	3,30	2,91	2,60	2,36	2,48	2,64	95		17,4	14,4	12,5	11,0	9,91	9,02	8,29
24	6,30	5,01	4,19	3,61	3,18	2,85	2,58	2,48	2,64	100		18,7	15,4	13,2	11,7	10,5	9,54	8,75
26	6,93	5,48	4,56	3,93	3,46	3,09	2,80	2,55	2,64	110			17,4	14,8	13,0	11,7	10,6	9,70
28	7,57	5,95	4,94	4,25	3,73	3,33	3,02	2,75	2,64	120			19,5	16,5	14,4	12,9	11,6	10,7
30	8,24	6,43	5,33	4,57	4,01	3,58	3,24	2,95	2,72	130			21,8	18,2	15,8	14,1	12,7	11,6
32	8,93	6,92	5,72	4,90	4,29	3,83	3,46	3,16	2,90	140				20,1	17,3	15,4	13,8	12,6
34	9,66	7,42	6,11	5,22	4,57	4,08	3,68	3,36	3,09	150				22,0	18,9	16,7	15,0	13,6
36	10,4	7,93	6,51	5,56	4,86	4,33	3,90	3,56	3,27	160				24,1	20,5	18,0	16,1	14,7
38	11,2	8,46	6,92	5,89	5,15	4,58	4,13	3,76	3,46	170					22,2	19,4	17,3	15,7
40	12,1	9,00	7,33	6,23	5,43	4,83	4,36	3,97	3,65	180					24,0	20,8	18,5	16,8
42	13,0	9,55	7,74	6,57	5,73	5,09	4,58	4,17	3,83	190					25,9	22,3	19,8	17,9
44		10,1	8,17	6,91	6,02	5,34	4,81	4,38	4,02	200					27,9	23,8	21,1	19,0
46		10,7	8,60	7,26	6,31	5,60	5,04	4,59	4,21	220	(s. Anmerkungen					27,1	23,7	21,3
48		11,3	9,04	7,61	6,61	5,86	5,27	4,79	4,40	240	in Tafel 5.58a)					30,8	26,6	23,7
50		11,9	9,48	7,97	6,91	6,12	5,50	5,00	4,59	260							29,7	26,2

Tafel 5.59a Bemessung für Querkraft (ohne Schubbewehrung aufnehmbare Querkraft $V_{Rd,ct}$ in kN)

BSt 500; C12/15	$a_{sl,vorh}$ cm²/m ↓	Nutzhöhe d in cm								
		10	12	14	16	18	20	22	24	26	28
	2,0	26,8	30,2	33,5	36,6	39,6	42,5	44,2	45,9	47,5	49,1
	4,0	33,7	38,1	42,2	46,2	49,9	53,6	55,7	57,8	59,9	61,8
	6,0	38,6	43,6	48,3	52,8	57,1	61,3	63,8	66,2	68,5	70,8
	8,0	42,5	48,0	53,2	58,1	62,9	67,5	70,2	72,9	75,4	77,9
	10,0		51,7	57,3	62,6	67,8	72,7	75,7	78,5	81,3	83,9
	12,0			60,9	66,6	72,0	77,2	80,4	83,4	86,3	89,2
	14,0				75,8	81,3	84,6	87,8	90,9	93,9
	16,0					85,0	88,5	91,8	95,0	98,2
	18,0						92,0	95,5	98,8	102,1
	20,0								102,4	105,7
	22,0								105,7	109,1

Tafel 5.59b Bemessung für Querkraft (ohne Schubbewehrung aufnehmbare Querkraft $V_{Rd,ct}$ in kN)

BSt 500; C20/25	$a_{sl,vorh}$ cm²/m ↓	Nutzhöhe d in cm								
		10	12	14	16	18	20	22	24	26	28
	2,0	31,7	35,9	39,7	43,4	47,0	50,4	52,5	54,4	56,3	58,2
	4,0	40,0	45,2	50,1	54,7	59,2	63,5	66,1	68,6	71,0	73,3
	6,0	45,8	51,7	57,3	62,6	67,8	72,7	75,7	78,5	81,3	83,9
	8,0	50,4	56,9	63,1	68,9	74,6	80,0	83,3	86,4	89,4	92,4
	10,0	54,3	61,3	67,9	74,3	80,3	86,2	89,7	93,1	96,3	99,5
	12,0	57,7	65,1	72,2	78,9	85,4	91,6	95,3	98,9	102,4	105,7
	14,0	60,7	68,6	76,0	83,1	89,9	96,4	100,3	104,1	107,8	111,3
	16,0		71,7	79,5	86,9	94,0	100,8	104,9	108,9	112,7	116,4
	18,0			82,6	90,3	97,7	104,8	109,1	113,2	117,2	121,0
	20,0			85,6	93,6	101,2	108,6	113,0	117,3	121,4	125,4
	22,0					104,5	112,1	116,7	121,1	125,3	129,4
	24,0						115,4	120,1	124,6	129,0	133,2
	26,0							123,3	128,0	132,5	136,8
	28,0							126,4	131,2	135,8	140,2
	30,0								134,2	138,9	143,5
	32,0								137,2	142,0	146,9

Tafel 5.59c Erforderliche Nutzhöhe d für die Begrenzung der Biegeschlankheit

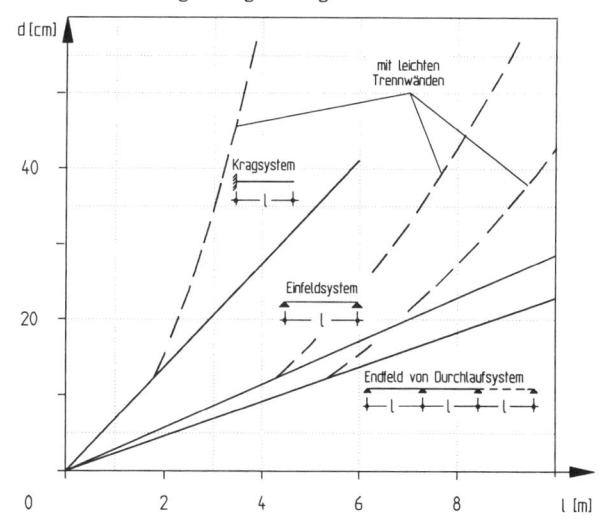

Voraussetzung für die Anwendung von Tafel 5.59c s. S. 5.56

5.2 Balken, Plattenbalken

5.2.1 Schnittgrößen

Für die Kombination der Einwirkungen gilt Abschn. 3.1.2 bis 3.1.4. Die Tragwerksidealisierung und die Berechnungsverfahren sind in Abschn. 3.4 und 3.5 dargestellt; weitere Hinweise siehe dort.

5.2.2 Tragfähigkeit

5.2.2.1 Biegung und Längskraft

Allgemeine Grundlagen

Annahmen und Voraussetzungen (s. auch Bautabellen für Ingenieure, S. 5.64)
Für die Bestimmung der Grenztragfähigkeit von Querschnitten gelten folgende Annahmen:
- Ebenbleiben der Querschnitte (d. h. geradlinige Dehnungsverteilung)
- vollkommener Verbund (Dehnungen der Bewehrung und des Betons sind in einer Faser gleich)
- Die Zugfestigkeit des Betons darf im Grenzzustand der Tragfähigkeit nicht berücksichtigt werden.
- Für die (Druck-)Spannungen des Betons gilt die σ-ε-Linie der Querschnittsbemessung nach Abschn. 2.2.1, für die Spannungen im Betonstahl die nach Abschn. 2.2.2.
- Die Dehnungen im Beton sind bei einer dreieckförmigen Verteilung auf $-3,5$ ‰ zu begrenzen, bei zentrischem Druck (rechteckige Verteilung) auf $-2,0$ ‰, zwischen diesen Grenzen darf interpoliert werden (Ausnahmen s. *Bautabellen für Ingenieure, S. 5.64*).
- Für Betonstahl gilt eine Dehnungsbegrenzung auf $\varepsilon_s \leq 25$ ‰.

Versagen ohne Vorankündigung, duktiles Bauteilverhalten
Ein Querschnittsversagen ohne Vorankündigung bei Erstrissbildung muss vermieden werden. Hierfür ist eine Mindestbewehrung nach Abschn. 5.2.4 anzuordnen.

Schnittgrößen in der Schwerachse und „versetzte" Schnittgrößen

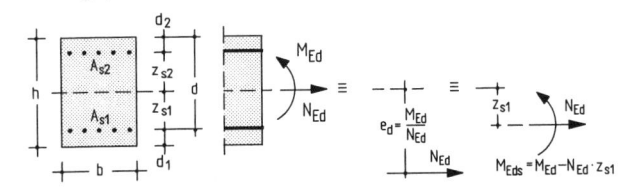

Für die Bemessung müssen häufig die auf die Schwerachse bezogenen Schnittgrößen in ausgewählte, „versetzte" Schnittgrößen (i.Allg. auf die Zugbewehrung) umgewandelt werden.

Bemessung für mittigen Zug oder Zugkraft mit kleiner Ausmitte

Die Kraft greift innerhalb der Bewehrungslagen an (d. h. $e_d = M_{Ed}/N_{Ed} \leq z_{s1}$). Sie muss ausschließlich durch Bewehrung aufgenommen werden. Unter der Annahme, dass in beiden Bewehrungslagen die Streckgrenze erreicht wird, erhält man

$$A_{s1} = \frac{N_{Ed}}{f_{yd}} \cdot \frac{z_{s2} + e_d}{z_{s1} + z_{s2}} \quad (60.1a)$$

$$A_{s2} = \frac{N_{Ed}}{f_{yd}} \cdot \frac{z_{s1} - e_d}{z_{s1} + z_{s2}} \quad (60.1b)$$

Beispiel 1

Zugstab mit Bemessungsschnittgrößen infolge von Biegung und Längskraft nach Abb., BSt 500

$f_{yd} = f_{yk}/\gamma_s = 500/1,15 = 435$ MN/m²
$e_d = M_{Ed}/N_{Ed} = 40/800 = 0,05$ m $< 0,20$ m

$$A_{s1} = \frac{0,800}{435} \cdot \frac{0,20 + 0,05}{0,20 + 0,20} \cdot 10^4 = 11,5 \text{ cm}^2$$

$$A_{s2} = \frac{0,800}{435} \cdot \frac{0,20 - 0,05}{0,20 + 0,20} \cdot 10^4 = 6,9 \text{ cm}^2$$

(Hinweis: Bei Zuggliedern ist stets ein Nachweis zur Begrenzung der Rissbreite zu führen; hierfür ist es häufig erforderlich, $\sigma_s \leq f_{yd}$ zu wählen.)

Biegung (mit Längskraft)

Beispiel 2 (wird unter Abschn. 5.2.2.2 „Bemessung für Querkraft" fortgesetzt)

Ein einfeldriger Plattenbalken ist für die größte Biegebeanspruchung in Feldmitte zu bemessen. Es seien die angegebenen charakteristischen Lasten vorhanden.

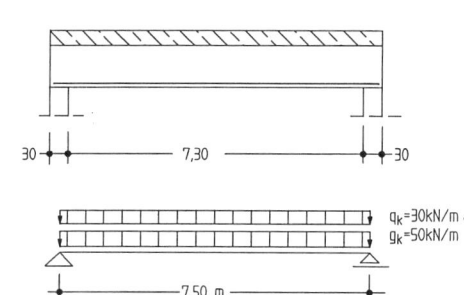

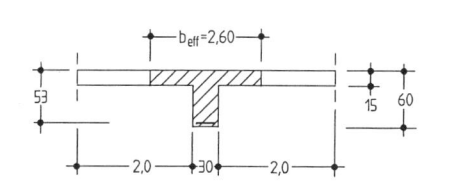

Baustoffe:

C30/37 f_{ck} = 30 MN/m²
$f_{cd} = \alpha f_{ck}/\gamma_c$
= 0,85 · 30/1,5 = 17 MN/m²
BSt 500 f_{yk} = 500 MN/m²
$f_{yd} = f_{yk}/\gamma_s$ = 500/1,15 = 435 MN/m²

Bemessungsmoment:

max M_{Ed} = 0,125 · (1,35 · 50 + 1,50 · 30) · 7,5²
= 791 kNm

mitwirkende Plattenbreite:
(s. S. 5.40, Abschn. 3.4.2)

$b_{eff} = b_w + 2 \cdot (0{,}2 \cdot b_i + l_0/10)$
= 0,30 + 2 · (0,2 · 2,0 + 7,50/10) = 2,60 m

Bemessung:

$M_{Eds} = M_{Ed}$ = 791 kNm
$\mu_{Eds} = M_{Eds} / (b_{eff} \cdot d^2 \cdot f_{cd})$
= 0,791 / (2,60 · 0,53² · 17,0) = 0,064
→ ξ = 0,09 (s. Abschn. 6, Tafel 1)
$x = \xi \cdot d$ = 0,09 · 53 = 5 cm < 15 cm
d. h., Druckzone innerhalb der rechteckigen Platte, Bemessung als Rechteckquerschnitt
⇒ ω = 0,0664 (s. Abschn. 6, Tafel 1)
$A_s = \omega \cdot b_{eff} \cdot d / (f_{yd}/f_{cd})$
= 0,0664 · 260 · 53 / (435/17,0) = 35,8 cm²

Beispiel 3

Für den dargestellten Trapezquerschnitt ist im Grenzzustand der Tragfähigkeit die erforderliche Bewehrung zu bestimmen. In der Betondruckzone wird näherungsweise eine rechteckförmige Spannungsverteilung entsprechend Abschn. 2.2.1 (S. 5.36) angenommen.

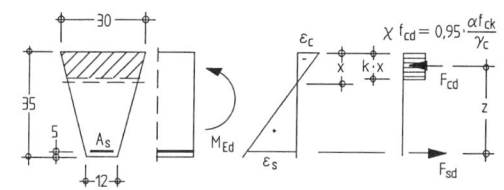

Baustoffe:

C20/25: χf_{cd} = 0,95 · (0,85 · 20/1,5)
= 10,8 MN/m²
(Eine weitere Abminderung mit dem Faktor 0,9 entfällt, da die Querschnittsbreite zum Druckrand hin zunimmt.)
BSt 500: f_{yd} = 435 MN/m²

Bemessung:

Dehnungsverteilung $\varepsilon_c / \varepsilon_s$ = −3,5/5,7 in ‰ (Annahme; s. unten)
⇒ $x = d \cdot |\varepsilon_c| / (|\varepsilon_c| + \varepsilon_s)$ = 0,30 · 3,5 / (3,5+5,7) = 0,114 m

Betondruckkraft $F_{cd} = A_{cc,red} \cdot (\chi \cdot f_{cd})$
$A_{cc,red} = 0{,}5 \cdot (b_o + b_{k \cdot x}) \cdot (k \cdot x)$ = 0,5 · (0,30+0,253) · 0,8 · 0,114 = 0,0252 m²
F_{cd} = 0,0252 · 10,8 = 0,272 MN

Hebelarm z $z = d - a$ = 0,30 − 0,044 = 0,256 m (*a* Schwerpunktabstand der trapezförmigen reduzierten Druckzone vom oberen Rand)

Identitätsbedingung $M_{Ed} \equiv F_{cd} \cdot z$
0,070 ≡ 0,272 · 0,256 = 0,070 MNm ⇒ Dehnungsverteilung richtig geschätzt

Stahlzugkraft $F_{sd} = F_{cd}$ = 0,272 MN (Gleichgewicht im Querschnitt bei reiner Biegung)
Bewehrung ε_s = 5,7 ‰ ⇒ $\sigma_{sd} = f_{yd}$ = 435 MN/m²
$A_s = F_{sd} / f_{yd}$ = 0,272/435 = 6,3 · 10⁻⁴ m² = 6,3 cm²

5.2.2.2 Querkraft

Nachweisform

Es ist nachzuweisen, dass der Bemessungswert der einwirkenden Querkraft V_{Ed} den Bemessungswert des Widerstandes V_{Rd} nicht überschreitet.

$$\boxed{V_{Ed} \leq V_{Rd}} \qquad (62.1)$$

Bemessungswert V_{Ed} der einwirkenden Querkraft

Der Druckstrebennachweis ist für die ungünstigste Querkraft V_{Ed} im Tragwerk zu führen. Für die Ermittlung der Schubbewehrung gilt als Querkraft V_{Ed} im Auflagerbereich bei gleichmäßig verteilter Belastung
- unmittelbare (direkte) Stützung $\Rightarrow$ V_{Ed} im Abstand $1{,}0 \cdot d$ vom Auflagerrand
- mittelbare (indirekte) Stützung $\Rightarrow$ V_{Ed} am Auflagerrand.

(Bei Bauteilen mit veränderlicher Bauhöhe sind ggf. zusätzlich die Querkraftkomponenten der geneigten Gurtkräfte F_{cd} und F_{sd} zu berücksichtigen; s. *Bautabellen für Ingenieure*, S. 5.69.)

Bemessungswert der aufnehmbaren Querkraft V_{Rd}

Der Bemessungswert der aufnehmbaren Querkraft V_{Rd} bei Bauteilen mit Schubbewehrung wird durch einen der beiden nachfolgend genannten Werte bestimmt:

- $V_{Rd,max}$ Bemessungswert der Querkraft, die ohne Versagen des Balkenstegs („Betondruckstrebe") aufnehmbar ist
- $V_{Rd,sy}$ Bemessungswert der aufnehmbaren Querkraft eines Bauteils mit Schubbewehrung (d. h. Querkraft, die ohne Versagen der „Zugstrebe" aufgenommen werden kann).

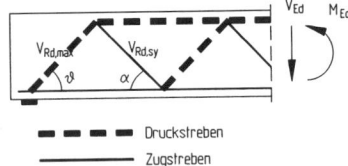

Das dargestellte, stark vereinfachte Fachwerkmodell erläutert das Tragverhalten eines Stahlbetonträgers. Druck- und Zuggurt sind durch Fachwerkstäbe verbunden, wobei die Druckstrebenkraft $V_{Rd,max}$ vom Beton und die Zugstrebenkraft $V_{Rd,sy}$ von der Schubbewehrung aufgenommen wird.

Bemessung von Bauteilen mit Querkraftbewehrung

In Balken, Plattenbalken und einachsig gespannten Platten mit $b/h < 5$ muss eine Mindestschubbewehrung angeordnet werden, auch wenn rechnerisch keine Schubbewehrung erforderlich ist. Wenn die Querkraft V_{Ed} den Widerstand $V_{Rd,ct}$ (s. Pkt. 5.1.2.2) überschreitet, ist die Schubbewehrung zu bemessen, so dass:

$V_{Ed} \leq V_{Rd,max}$ (Nachweis der „Druckstrebe")
$V_{Ed} \leq V_{Rd,sy}$ (Nachweis der „Zugstrebe")

Bemessungswiderstand $V_{Rd,max}$

$$\boxed{V_{Rd,max} = \alpha_c \cdot f_{cd} \cdot b_w \cdot z \cdot \frac{(\cot \vartheta + \cot \alpha)}{(1 + \cot^2 \vartheta)}} \qquad (62.2)$$

mit $f_{cd} = \alpha \cdot f_{ck} / \gamma_c$
$\alpha_c = 0{,}75$ (Wirksamkeitsfaktor)
b_w kleinste Stegbreite
z Hebelarm der inneren Kräfte; näherungsweise $z \approx 0{,}9\,d \leq d - 2c_{nom}$ (mit c_{nom} der Längsbewehrung in der Druckzone)
ϑ Neigungswinkel der Druckstrebe (s. u.)
α Winkel zwischen Schubbewehrung und Bauteilachse (für senkrechte Bügel vereinfacht sich die Gleichung mit $\cot \alpha = 0$ entsprechend; s. S. 5.63)

Bemessungswiderstand $V_{Rd,sy}$

$$\boxed{V_{Rd,sy} = a_{sw} \cdot f_{yd} \cdot z \cdot (\cot \vartheta + \cot \alpha) \cdot \sin \alpha} \qquad (62.3)$$

mit f_{yd} Bemessungswert der Stahlfestigkeit der Schubbewehrung
$a_{sw} = A_{sw}/s_w$ (Querschnitt der Schubbewehrung je Längeneinheit)
ϑ Neigungswinkel der Druckstrebe; hierfür gilt

näherungsweise $\cot \vartheta = 1{,}2$ bei „reiner" Biegung sowie Biegung mit Längsdruck
$\cot \vartheta = 1{,}0$ bei Biegung mit Längszug

genauer $\cot \vartheta \leq (1{,}2 - 1{,}4 \cdot \sigma_{cd}/f_{cd}) / (1 - V_{Rd,c}/V_{Ed}) \begin{array}{l}\geq 0{,}58 \\ \leq 3{,}00\end{array}$

mit $V_{Rd,c} = [0{,}24 \cdot f_{ck}^{1/3} \cdot (1 + 1{,}2 \cdot (\sigma_{cd}/f_{cd}))] \cdot b_w \cdot z$
$\sigma_{cd} = N_{Ed}/A_c$ (σ_{cd} als Druck negativ)

Sonderfall: Bauteile mit lotrechter Schubbewehrung ($\alpha = 90°$) und ohne Längskraft ($\sigma_{cd} = 0$)

Bei lotrechter Schubbewehrung ($\alpha = 90°$) vereinfachen sich vorstehende Gleichungen. Außerdem ist häufig (Durchlaufträger) die Längskraft $N_{Ed} = 0$ (d. h. $\sigma_{cd} = 0$). Hierfür lauten Gln. (62.2) bis (62.3):

Bemessungswiderstand $V_{Rd,max}$

$$V_{Rd,max} = \alpha_c \cdot f_{cd} \cdot b_w \cdot z / (\tan \vartheta + \cot \vartheta) \tag{63.1}$$

Schubbewehrung a_{sw}

$$a_{sw} = V_{Ed} / (\cot \vartheta \cdot f_{yd} \cdot z) \tag{63.2}$$

Neigungswinkel ϑ: *näherungsweise:* $\cot \vartheta = 1{,}2$

genauer: $\cot \vartheta \leq 1{,}2 / (1 - 0{,}24 \cdot f_{ck}^{1/3} \cdot b_w \cdot z / V_{Ed}) \begin{array}{l} \geq 0{,}58 \\ \leq 3{,}00 \end{array}$

Werte $\alpha_c \cdot f_{cd}$ *und* $0{,}24 f_{ck}^{1/3}$

Betonfestigkeitsklasse C	12/15	16/20	20/25	25/30	30/37	35/45	40/50	45/55	50/60
$\alpha_c \cdot f_{cd}$ in MN/m²	5,10	6,80	8,50	10,6	12,8	14,9	17,0	19,1	21,2
$0{,}24 f_{ck}^{1/3}$ in MN/m²	0,55	0,60	0,65	0,70	0,75	0,79	0,82	0,85	0,88

Beispiel (wird auf S. 5.64 „Anschluss Druckgurt" fortgesetzt)

Für den dargestellten Stahlbetonträger ist die Querkrafttragfähigkeit bei lotrechter Schubbewehrung nachzuweisen. Es wird das Standardverfahren und das Verfahren mit variabler Druckstrebenneigung gezeigt.

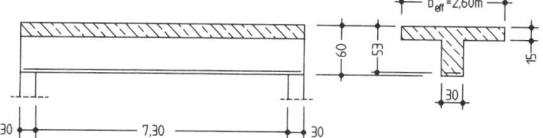

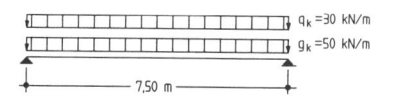

Bemessungsquerkraft:

$V_{Ed} = (1{,}35 \cdot 50 + 1{,}50 \cdot 30) \cdot 7{,}50/2 = 422$ kN
$V_{Ed,w} = 422 - (0{,}10 + 0{,}53) \cdot 112{,}5 = 351$ kN ↑ Bemessungslast

Bemessungswiderstand $V_{Rd,max}$

$V_{Rd,max} = \alpha_c \cdot f_{cd} \cdot b_w \cdot z / (\tan \vartheta + \cot \vartheta)$
$z \approx 0{,}9 d$
$\cot \vartheta = 1{,}2$ (näherungsweise; s. o.)
$\alpha_c \cdot f_{cd} = 12{,}8$ MN/m² (s. Tafel oben)
$V_{Rd,max} = 12{,}8 \cdot 0{,}30 \cdot 0{,}9 \cdot 0{,}53 / (0{,}83 + 1{,}20) = 0{,}901$ MN $> V_{Ed} = 0{,}422$ MN

Schubbewehrung a_{sw}

$a_{sw} = V_{Ed,w} / (\cot \vartheta \cdot f_{yd} \cdot z)$
$\cot \vartheta = 1{,}20$ (s. o.; die genauere Lösung ergibt $\cot \vartheta = 1{,}61$, die erforderliche Schubbewehrung wird dabei entsprechend um ca. 25 % geringer)

$a_{sw} = 0{,}351 / (1{,}20 \cdot 435 \cdot 0{,}9 \cdot 0{,}53) = 14{,}1 \cdot 10^{-4}$ m²/m = 14,1 cm²/m

Auflagernahe Einzellasten

Für Einzellasten im Abstand $x \leq 2{,}5 \cdot d$ vom Auflagerrand darf bei *direkter* Lagerung die Querkraftbewehrung für einen mit dem Beiwert β reduzierten Querkraftanteil der Einzellast ermittelt werden.

$\beta = x / (2{,}5 \cdot d)$

Beim Nachweis von $V_{Rd,max}$ darf diese Abminderung jedoch nicht vorgenommen werden.

Schubkraftübertragung in Fugen

Die Übertragung von Schubkräften in den Fugen zwischen nebeneinander liegenden Fertigteilen oder zwischen Ortbeton und einem vorgefertigten Bauteil sowie zwischen nacheinander betonierten Ortbetonabschnitten wird maßgeblich durch die Rauigkeit und Oberflächenbeschaffenheit der Fuge bestimmt. Die aufnehmbare Schubkraft in Fugen von Verbundbauteilen ist im Allgemeinen nachzuweisen.

Anschluss von Druck- und Zuggurten

Die Schubkraft V_{Ed} darf die Tragfähigkeiten $V_{Rd,max}$ und $V_{Rd,sy}$ nicht überschreiten.

$$V_{Ed} \leq V_{Rd,max} \quad (64.1a)$$
$$V_{Ed} \leq V_{Rd,sy} \quad (64.1b)$$

Schubkraft V_{Ed}
Die einwirkende Längsschubkraft beträgt

$$V_{Ed} = \Delta F_d \quad (64.2)$$

ΔF_d Längskraftdifferenz in einem einseitigen Gurtabschnitt auf der Länge a_v

a_v Abschnittslänge, in der die Längsschubkraft konstant angenommen werden darf, höchstens jedoch der halbe Abstand zwischen Momentennullpunkt und Momentenhöchstwert (bei nennenswerten Einzellasten sollte die jeweilige Abschnittslänge nicht über die Querkraftsprünge hinausgehen)

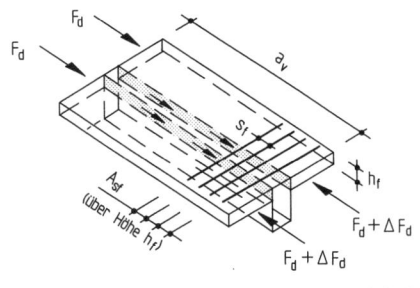

Tragfähigkeit $V_{Rd,max}$ *und* $V_{Rd,sy}$
Üblicherweise wird die Anschlussbewehrung $a_{sf} = A_{sf}/s_f$ senkrecht zur Fuge verlegt; hierfür gilt

$$V_{Rd,max} = \alpha_c \cdot f_{cd} \cdot h_f \cdot a_v / (\tan \vartheta + \cot \vartheta) \quad (64.3)$$
$$a_{sw} = V_{Ed}/(\cot \vartheta \cdot f_{yd} \cdot a_v) \quad (64.4)$$

Der Neigungswinkel ϑ darf in Zuggurten zu $\cot \vartheta = 1$ und in Druckgurten zu $\cot \vartheta = 1{,}2$ gesetzt werden.

Kombinierte Beanspruchung durch Schub und Querbiegung:
Bei einer Beanspruchung durch Schub und Querbiegung ist der größere erforderliche Stahlquerschnitt aus den beiden Beanspruchungsarten anzuordnen (DIN 1045-1, 10.3.5). Die Biegedruck- und Biegezugzone sind dabei mit je der Hälfte der erforderlichen Anschlussbewehrung getrennt zu betrachten.

Beispiel

Nachweis für den Anschluss eines Druckgurts (Querbiegung ist zusätzlich nachzuweisen). Fortsetzung des Beispiels von S. 5.63.

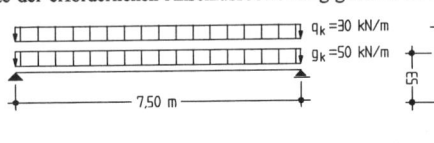

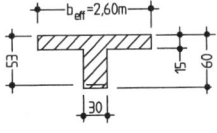

aus Biegebemessung: $M_{Ed,max} = 0{,}791$ MNm
$z = 0{,}50$ m

Baustoffe: C30/37; BSt 500

$V_{Ed} = \Delta F_d$

$\Delta F_d \approx F_{cd} \cdot A_{ca}/A_{cc} \approx F_{cd} \cdot b_a/b_f = 1{,}186 \cdot 1{,}15 / 2{,}60 = 0{,}525$ MN
$F_{cd} = M_{Ed}/z = 0{,}593/0{,}50 = 1{,}186$ MN (bei $x = a_v = 1{,}88$ m; s. u.)
$b_a = (2{,}60 - 0{,}30)/2 = 1{,}15$ m

$V_{Rd,max} = \alpha_c \cdot f_{cd} \cdot h_f \cdot a_v / (\tan \vartheta + \cot \vartheta) = 12{,}8 \cdot 0{,}15 \cdot 1{,}88 / (0{,}83 + 1{,}2) = 1{,}775$ MN $> \Delta F_d$

$a_v = 1{,}88$ m   halber Abstand zwischen $M = 0$ und $M = M_{max}$

$a_{sw} = V_{Ed}/(\cot \vartheta \cdot f_{yd} \cdot a_v) = 0{,}525/(1{,}20 \cdot 435 \cdot 1{,}88) = 5{,}35 \cdot 10^{-4}$ m²/m $= 5{,}35$ cm²/m

Vorh. Bewehrung (aus Querbiegung) darf angerechnet werden, Mindestschubbewehrung ist zu überprüfen.

5.2.2.3 Torsion

Ein rechnerischer Nachweis der Torsionsbeanspruchung ist i.Allg. nur erforderlich, wenn das statische Gleichgewicht von der Torsionstragfähigkeit abhängt („Gleichgewichtstorsion"). Wenn Torsion aus Verträglichkeitsbedingungen auftritt („Verträglichkeitstorsion"), ist ein rechnerischer Nachweis im Grenzzustand der Tragfähigkeit nicht erforderlich; es ist jedoch eine konstruktive Torsionsbewehrung anzuordnen.

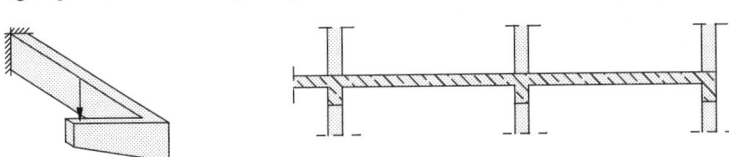

Gleichgewichtstorsion
(ohne Torsion kein Gleichgewicht möglich)

Verträglichkeitstorsion beim Randbalken
(durch unbeabsichtigte Einspannung der Decke)

Nachweis: s. *Bautabellen für Ingenieure*, S. 5.74f.

5.2.3 Gebrauchstauglichkeitsnachweise

5.2.3.1 Begrenzung der Spannungen

Für das nutzungsgerechte Verhalten und eine ausreichende Dauerhaftigkeit eines Bauwerks müssen übermäßige Schädigungen des Betongefüges sowie nichtelastische Verformungen des Betonstahls (und Spannstahls) durch Einhaltung von zulässigen Spannungen vermieden werden.

Auf einen Spannungsnachweis darf jedoch in bestimmten Fällen verzichtet werden (für andere Fälle: s. *Bautabellen für Ingenieure*), und zwar für nicht vorgespannte Tragwerke des üblichen Hochbaus, falls
- die Schnittgrößen nach der Elastizitätstheorie ermittelt und im Grenzzustand der Tragfähigkeit um nicht mehr als 15 % umgelagert werden
- die bauliche Durchbildung nach DIN 1045-1, 13 (s. Abschn. 5.1.4, 5.2.4 etc.) durchgeführt wird und insbesondere die dort genannte Mindestbewehrung eingehalten ist.

5.2.3.2 Begrenzung der Rissbreiten

Grundsätzliches

Für Stahlbetonbauteile werden entsprechend den Anforderungen an die Dauerhaftigkeit und nach dem Erscheinungsbild zwei Anforderungsklassen unterschieden, die den Expositionsklassen für Bewehrungskorrosion (s. Abschn. 2.1.4) zugeordnet sind:
- Anforderungsklasse E: Expositionsklassen XC 2 bis XC 4, XD 1 bis XD 3, XS 1 bis XS 3
- Anforderungsklasse F: Expositionsklasse XC 1

Die rechnerische Rissbreite w_k ist unter der quasi-ständigen Einwirkungskombination zu begrenzen auf
- für die Anforderungsklasse E: $w_k = 0{,}3$ mm
- für die Anforderungsklasse F: $w_k = 0{,}4$ mm

In besonderen Anwendungsfällen kann eine weitergehende Beschränkung der Rissbreiten erforderlich sein (z. B. Wasserundurchlässigkeit). Ebenso sind bei Bauteilen der Umgebungsklasse XD 3 weitergehende Maßnahmen erforderlich. Hierauf wird nachfolgend nicht eingegangen.

Mindestbewehrung

Zur Aufnahme von Zwangeinwirkungen und Eigenspannungen ist eine Mindestbewehrung anzuordnen, die für die Schnittgrößenkombination zu bemessen ist, die zur Erstrissbildung führt.
Bei Stahlbetonbauteilen wird der erforderliche Mindestquerschnitt aus Gl. (65.1) bestimmt:

$$\boxed{A_s = k_c \cdot k \cdot f_{ct,eff} \cdot A_{ct} / \sigma_s} \tag{65.1}$$

A_{ct} Betonquerschnitt in der Zugzone unmittelbar vor der Rissbildung
σ_s zulässige Spannung in der Bewehrung unmittelbar nach der Rissbildung in Abhängigkeit vom Grenzdurchmesser $d_s{}^*$ (s. S. 5.66)
$f_{ct,eff}$ wirksame Zugfestigkeit des Betons beim Auftreten der Risse; für $f_{ct,eff}$ gilt der Mittelwert der Zugfestigkeit f_{ctm} (s. Abschn. 2.2.1.1).
Die Zugfestigkeit kann in Abhängigkeit von der Festigkeitsklasse bestimmt werden, die beim Auftreten der Risse zu erwarten ist. Wenn der maßgebende Zwang z. B. aus dem Abfließen der Hydratationswärme entsteht, kann dies nach den ersten 3 bis 5 Tagen der Fall sein. Hierfür darf die Betonzugfestigkeit $f_{ct,eff}$ zu 50 % der mittleren Zugfestigkeit nach 28 Tagen gesetzt werden.
Wenn die Rissbildung jedoch nicht mit Sicherheit innerhalb der ersten 28 Tagen festgelegt werden kann, wird die Zugfestigkeit für die entsprechende Betonfestigkeitsklasse bestimmt; es sollte dann jedoch mindestens eine Zugfestigkeit von 3 N/mm² angenommen werden.
k_c Faktor zur Berücksichtigung der Spannungsverteilung innerhalb der Zugzone vor der Erstrissbildung sowie der Änderung des inneren Hebelarms beim Übergang in den Zustand II; hierfür gilt:
– reiner Zug: $k_c = 1{,}0$
– reine Biegung: $k_c = 0{,}4$
– allgemeiner Fall: s. *Bautabellen für Ingenieure, S. 5.94*
k Faktor zur Berücksichtigung einer nichtlinearen Spannungsverteilung
– $k = 1{,}0$ bei Zugspannungen infolge außerhalb des Bauteils hervorgerufenen Zwangs („äußerer" Zwang), z. B. infolge von Setzungen
– $k = 0{,}8$ bei Zug infolge inneren Zwangs für Rechtecke mit $h \leq 30$ cm | Zwischenwerte
– $k = 0{,}5$ bei Zug infolge inneren Zwangs für Rechtecke mit $h \geq 80$ cm | interpolieren

Die Mindestbewehrung kann vermindert werden oder entfallen, wenn die Zwangschnittgröße die Rissschnittgröße nicht erreicht oder Zwangschnittgrößen nicht auftreten können. Die Mindestbewehrung muss dann für die nachgewiesene Zwangschnittgröße angeordnet werden.
Weitere Hinweise und Berechnungsbeispiel s. *Bautabellen für Ingenieure, S. 5.93ff.*

Rissbreitenbegrenzung durch Einhaltung von Konstruktionsregeln

Die Rissbreiten von Stahlbetonbauteilen werden auf zulässige Werte begrenzt, wenn bei Zwangbeanspruchung die Grenzdurchmesser nach Gl. (66.1) und bei Lastbeanspruchung entweder die Grenzdurchmesser nach Gl. (66.2a) oder die Stababstände nach Gl. (66.2b) eingehalten sind:

– Zwangbeanspruchung $\quad d_s = d_s^* \cdot \dfrac{k_c \cdot k \cdot h_t}{4 \cdot (h-d)} \cdot \dfrac{f_{ct,eff}}{f_{ct0}} \geq d_s^* \cdot \dfrac{f_{ct,eff}}{f_{ct0}}$ (66.1)

– Lastbeanspruchung $\quad d_s = d_s^* \cdot \dfrac{\sigma_s \cdot A_s}{4 \cdot (h-d) \cdot b \cdot f_{ct0}} \geq d_s^* \cdot \dfrac{f_{ct,eff}}{f_{ct0}}$ (66.2a)

oder $\quad s_l \leq \lim s_l$ (66.2b)

mit dem Grenzdurchmesser d_s^* nach Tafel 5.66a, der Bauteildicke h, der Nutzhöhe d und der Zugzonenhöhe h_t vor Rissbildung; bei Zugfestigkeiten $f_{ct,eff} < f_{ct0} = 3{,}0$ N/mm², auf die die Werte nach Tafel 5.66a bezogen sind, muss der Grenzdurchmesser außerdem im Verhältnis $f_{ct,eff}/f_{ct0}$ herabgesetzt werden (eine Erhöhung sollte nur bei einem genaueren Nachweis vorgenommen werden).

Für die Ermittlung der *Stahlspannung* σ_s gilt als maßgebende Lastkombination
– für überwiegende Lastbeanspruchung → die quasi-ständige Lastfallkombination (s. Abschn. 2.1.3)
– bei überwiegendem Zwang → die in Gl. (65.1) gewählte Stahlspannung.

Tafel 5.66a Grenzdurchmesser d_s^* in mm für Betonrippenstähle

Stahlspannung σ_s in N/mm²	160	200	240	280	320	360	400	450
$w_k = 0{,}3$ mm $\quad d_s^*$ in mm	42	28	19	14	11	8	7	5
$w_k = 0{,}4$ mm $\quad d_s^*$ in mm	56	36	25	18	14	11	9	7

Tafel 5.66b Höchstwerte der Stababstände $\lim s_l$ in mm für Betonrippenstähle

Stahlspannung σ_s in N/mm²	160	200	240	280	320	360
$w_k = 0{,}3$ mm $\quad \lim s_l$ in mm	300	250	200	150	100	50
$w_k = 0{,}4$ mm $\quad \lim s_l$ in mm	300	300	250	200	150	100

Bei unterschiedlichen Durchmessern darf ein mittlerer Durchmesser $d_{sm} = (\Sigma d_{s,i}^2)/(\Sigma d_{s,i})$ angesetzt werden. Bei Stabbündeln muss der Vergleichsdurchmesser $d_{sV} = d_s \cdot \sqrt{n}$ (n Anzahl der Einzelstäbe), bei Betonstahlmatten mit Doppelstäben darf jedoch der Durchmesser des Einzelstabes nachgewiesen werden.

Die Begrenzung der Schubrissbreite darf als sichergestellt angenommen werden, wenn die Konstruktionsregeln nach DIN 1045-1, 13.2.3 (s. Abschn. 5.2.4) eingehalten werden.

Beispiel

Für den dargestellten Plattenbalken (vgl. S. 5.61) soll der Nachweis zur Rissbreitenbegrenzung geführt werden. Es sei unterstellt, dass es sich um ein Bauteil im Freien (Umweltklasse XC 4) handelt; die Verkehrslast sei eine „Sonstige Einwirkung".

Quasi-ständiger Lastanteil ($\psi_2 = 0{,}5$)

$M_{q-s} = 1{,}0 \cdot M_{g,k} + 0{,}5 \cdot M_{q,k}$
$\quad = (1{,}0 \cdot 50 + 0{,}5 \cdot 30) \cdot 7{,}50^2 / 8$
$\quad = 457$ kNm/m

Stahlspannung

$\sigma_s = M_{q-s} / (z \cdot A_s)$
$z \approx 0{,}9 \cdot d = 0{,}9 \cdot 0{,}53 = 0{,}48$ m
$A_s = 35{,}8$ cm² (vgl. S. 5.61)
$\sigma_s = 0{,}457 / (0{,}48 \cdot 0{,}00358) = 266$ MN/m²

Nachweis

$d_s = d_s^* \cdot \dfrac{\sigma_s \cdot A_s}{4 \cdot (h-d) \cdot b \cdot f_{ct0}} \geq d_s^* \cdot \dfrac{f_{ct,eff}}{f_{ct0}}$

$d_s^* = 16$ mm

$\dfrac{\sigma_s \cdot A_s}{4 \cdot (h-d) \cdot b \cdot f_{ct0}} = \dfrac{266 \cdot 0{,}00358}{4 \cdot (0{,}60-0{,}53) \cdot 0{,}30 \cdot 3{,}00} = 3{,}8$

$d_s = 16 \cdot 3{,}8 = 61$ mm

Im vorliegenden Falle liegt somit für den Stabdurchmesser keine baupraktische Begrenzung vor, sodass die Bewehrungswahl unabhängig vom Nachweis zur Rissbreitenbegrenzung erfolgen kann.

5.2.4 Konstruktion und Bewehrung

5.2.4.1 Längsbewehrung

Mindest- und Höchstbewehrung

Mindestbewehrung — Ein Versagen ohne Vorankündigung muss verhindert werden. Zur Sicherstellung eines duktilen Bauteilverhaltens ist daher bei überwiegend auf Biegung beanspruchten Bauteilen eine Mindestbewehrung erforderlich, die für das Rissmoment mit dem Mittelwert der Betonzugfestigkeit f_{ctm} und einer Stahlspannung $\sigma_s = f_{yk}$ zu berechnen ist. Die Mindestbewehrung ist gleichmäßig über die Breite und anteilmäßig über die Höhe der Zugzone zu verteilen. Im Feld muss die Mindestbewehrung zwischen den Auflagern durchlaufen, über Innenauflagern ist die obere Mindestbewehrung in beiden anschließenden Feldern über eine Länge von mindestens einem Viertel der Stützweite einzulegen.

Höchstbewehrung — Die Querschnittsfläche der Bewehrung darf auch im Bereich von Übergreifungsstößen den Wert $0,08\,A_c$ nicht überschreiten.

Konstruktive Einspannbewehrung

Zur Aufnahme einer rechnerisch nicht berücksichtigten Einspannung ist eine geeignete Bewehrung anzuordnen. Die Querschnitte der Endauflager sind für ein Stützmoment zu bemessen, das mindestens 25 % des benachbarten Feldmoments entspricht. Die Bewehrung muss, vom Auflageranschnitt gemessen, mindestens über $0,25\,l$ des Endfeldes eingelegt werden.

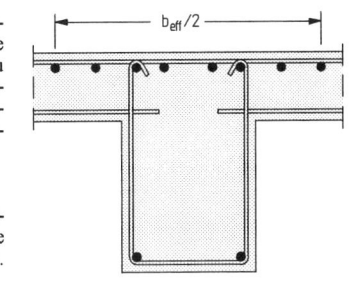

Ausgelagerte Bewehrung

Die Zugbewehrung darf bei Plattenbalken- und bei Hohlkastenquerschnitten in der Platte höchstens auf einer Breite entsprechend der halben mitwirkenden Breite (s. Abschn. 3.4.2) angeordnet werden.

Zugkraftdeckung

Die Zugkraftlinie der Längsbewehrung erhält man durch Verschiebung der F_{sd}-Linie um das Versatzmaß a_l in Richtung der Bauteilachse; F_{sd} ist die Zugkraft in der Längsbewehrung, die sich aus der Querschnittsbemessung aus $F_{sd} = M_{Eds}/z + N_{Ed}$ ergibt. Beispiele zur Zugkraftdeckung sind in [5.51] enthalten.

Versatzmaß:

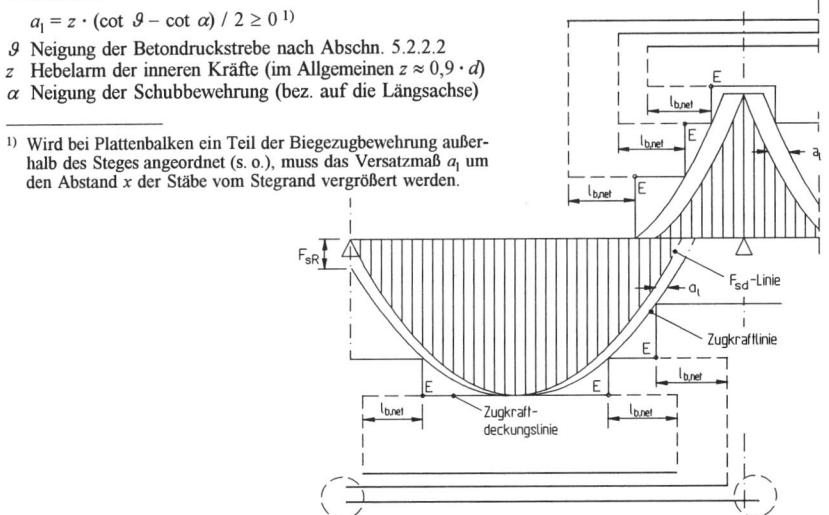

$a_l = z \cdot (\cot \vartheta - \cot \alpha) / 2 \geq 0$ [1)]

ϑ Neigung der Betondruckstrebe nach Abschn. 5.2.2.2
z Hebelarm der inneren Kräfte (im Allgemeinen $z \approx 0,9 \cdot d$)
α Neigung der Schubbewehrung (bez. auf die Längsachse)

[1)] Wird bei Plattenbalken ein Teil der Biegezugbewehrung außerhalb des Steges angeordnet (s. o.), muss das Versatzmaß a_l um den Abstand x der Stäbe vom Stegrand vergrößert werden.

Verankerung am Endauflager
- Am frei drehbaren oder schwach eingespannten Endauflager muss eine Bewehrung zur Aufnahme der Randzugkraft
$$F_{sR} = V_{Ed} \cdot (a_1/z) + N_{Ed} \geq V_{Ed}/2$$
ausreichend verankert sein.
- Über dem Endauflager sind mindestens 25 % der Feldbewehrung durchzuführen.
- Erforderliche Verankerungslängen (s. Abb.):

direkte Auflagerung $l_{b,dir} = 2/3 \cdot l_{b,net} \geq 6\,d_s$
indirekte Auflagerung $l_{b,ind} = 1{,}0 \cdot l_{b,net} \geq 10\,d_s$

Die Verankerung beginnt an der *Innen*kante des Auflagers. Die Bewehrung ist jedoch in allen Fällen mindestens über die rechnerische Auflagerlinie zu führen.

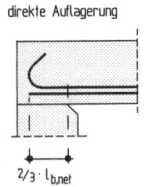

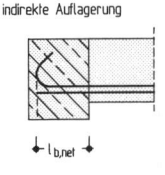

Verankerung am Zwischenauflager
- Es sind mindestens 25 % der Feldbewehrung über das Auflager zu führen (s. o.). Die erforderliche Bewehrung ist mindestens mit $6d_s$ bis hinter den Auflagerrand zu führen. Zur Aufnahme positiver Momente infolge außergewöhnlicher Beanspruchungen (Auflagersetzungen, Explosion u.a.) wird empfohlen, die Bewehrung durchlaufend auszuführen (ggf. kraftschlüssig zu stoßen).

Verankerungen außerhalb von Auflagern
- Verankerungslänge der Biegezugbewehrung
  ab dem rechnerischen Endpunkt E: $l \geq l_{b,net}$
- Verankerungslängen von Schrägstäben zur Aufnahme von Schubkräften (nach EC 2; in DIN 1045-1 fehlen entsprechende Angaben)
  im Zugbereich $\quad l \geq 1{,}3 \cdot l_{b,net}$
  im Druckbereich $\quad l \geq 0{,}7 \cdot l_{b,net}$

5.2.4.2 Schubbewehrung

Ausbildung der Schubbewehrung

Die Neigung der Schubbewehrung zur Bauteilachse sollte zwischen 45° und 90° liegen. Die Schubbewehrung kann aus einer Kombination folgender Bewehrungen bestehen (s. a. Abb. unten):
- Bügel, die die Längszugbewehrung und die Druckzone umfassen
- Schrägstäbe
- Schubzulagen als Körbe, Leitern usw., die die Längsbewehrung nicht umfassen, aber ausreichend im Zug- und Druckbereich verankert sind.

Mindestens 50 % der aufzunehmenden Querkraft müssen durch Bügel abgedeckt sein.

Bei Plattenbalken darf die für die Querkrafttragfähigkeit erforderliche Bügelbewehrung im Bereich der Platte mittels durchlaufender Querstäbe geschlossen werden, wenn der Bemessungswert der Querkraft V_{Ed} höchstens 2/3 der maximalen Querkrafttragfähigkeit $V_{Rd,max}$ beträgt.

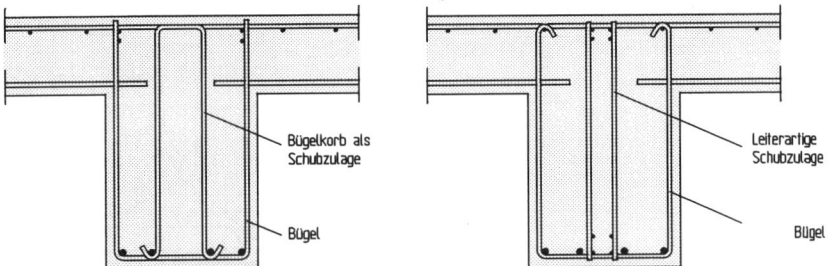

Bei feingliedrigen Bauteilen (z. B. I-, T- oder Hohlquerschnitten mit Stegbreiten $b_w \leq 80$ mm) dürfen einschnittige Querkraftzulagen auch allein als Querkraftbewehrung verwendet werden, wenn die Druckzone und die Biegezugbewehrung gesondert durch Bügel umschlossen sind.

Die Querkaftbewehrung ist längs der Bauteilachse so zu verteilen, dass an jeder Stelle die Bemessungsquerkraft abgedeckt ist (Schubkraftdeckung).

Mindestschubbewehrung und Abstände der Schubbewehrung

Für balkenartige Tragwerke ist eine Mindestschubbewehrung vorgeschrieben; es gilt:

$$A_{sw}/s \geq \rho_w \cdot (b_w \cdot \sin \alpha)$$

A_{sw}/s Querschnitt der Schubbewehrung je Längeneinheit
ρ_w Mindestbewehrungsgrad nach Tafel 5.69a
b_w maßgebende Stegbreite
α Neigungswinkel der Schubbewehrung

Tafel 5.69a Mindestschubbewehrungsgrad min ρ_w

Betonfestigkeitsklasse C	12/15	16/20	20/25	25/30	30/37	35/45	40/50	45/55	50/60
ρ_w(‰)	0,51	0,61	0,70	0,83	0,93	1,02	1,12	1,21	1,31

Für die Höchstabstände der Schubbewehrung sind die Werte nach Tafel 5.69b einzuhalten.

Tafel 5.69b Höchstabstände der Schubbewehrung

Schubbeanspruchung	Bügelabstände s_{max}		Schrägstäbe längs*⁾
	Längsabstände	Querabstände	
$0 \leq V_{Ed}/V_{Rd,max} \leq 0{,}30$	$0{,}7h \leq 30$ cm	$1{,}0h \leq 80$ cm	$s_{max} \leq$
$0{,}30 < V_{Ed}/V_{Rd,max} \leq 0{,}60$	$0{,}5h \leq 30$ cm	$1{,}0h \leq 60$ cm	$0{,}5h(1+\cot\alpha)$
$0{,}60 < V_{Ed}/V_{Rd,max} \leq 1{,}00$	$0{,}25h \leq 20$ cm	$1{,}0h \leq 60$ cm	*⁾ quer s. Bügel

Bei Einhaltung der zuvor genannten Regelungen kann die Begrenzung der Schubrissbildung als sichergestellt angesehen werden.

5.2.4.3 Torsionsbewehrung

Ausbildung — Für die Torsionsbewehrung ist ein rechtwinkliges Bewehrungsnetz aus Bügeln und Längsstäben zu verwenden. Die Torsionsbügel sind zu schließen und durch Übergreifung zu verankern; sie sollten einen Neigungswinkel von 90° mit der Achse des Bauteils bilden.

Mindestbewehrung — Es gelten die im Abschnitt 5.2.4.2 angegebenen Mindestbewehrungsgrade.

Bügelabstände — Sie sollten das Maß $u_k/8$ nicht überschreiten (u_k Umfang des Kernquerschnitts); die Abstände nach Abschn. 5.2.4.2 sind zusätzlich zu beachten.

Abstände der Längsbewehrung — Sie sollten keinen größeren Abstand als 35 cm haben, wobei in jeder Querschnittsecke mindestens ein Stab angeordnet werden sollte.

5.2.4.4 Hautbewehrung

- Bei Anordnung von Stabbündeln oder Stäben mit d_s bzw. $d_{sV} > 32$ mm (und ggf. aus Brandschutzgründen) sollte eine Hautbewehrung angeordnet werden.
- Die Hautbewehrung sollte aus Betonstahlmatten oder Rippenstäben mit Durchmesser $d_s \leq 10$ mm bestehen und außerhalb der Bügel angeordnet werden (s. Abb.).
- Es gilt die Mindestbetondeckung nach Abschnitt 4.1.1.
- Die Querschnittsfläche der Hautbewehrung $A_{s,surf}$ sollte betragen (s. Abb.):
  $A_{s,surf} \geq 0{,}02 \cdot A_{ct,ext}$
  mit $A_{ct,ext}$ als Querschnittsfläche der Zugzone außerhalb der Bügel.
- Die Längsstäbe der Hautbewehrung dürfen als Biegezugbewehrung und die Querstäbe als Schubbewehrung angerechnet werden (entsprechende bauliche Durchbildung vorausgesetzt).

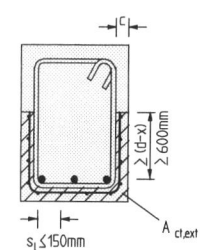

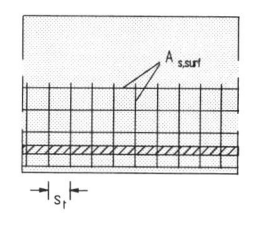

5.3 Stützen

5.3.1 Schnittgrößenermittlung

5.3.1.1 Einführung

Bei Stützen ist i.Allg. ein Nachweis am verformten System (Theorie II. Ordnung) erforderlich. Hierauf darf jedoch verzichtet werden, wenn der Einfluss der Verformung gering (Auswirkungen ≤ 10 %) ist. Zur Nachweisführung wird unterschieden nach unverschieblichen und verschieblichen Bauteilen. Als unverschieblich gelten Bauteile, die durch lotrechte Bauteile wie z. B. Scheiben, Wände, Kerne ausgesteift sind (zur rechn. Beurteilung s. *Bautabellen für Ingenieure, S. 5.41ff*) oder die nur wenig schlank sind.

Die *Schlankheit* eines Druckglieds ergibt sich zu

$\lambda = l_0 / i$ $\qquad i = \sqrt{I/A}$ $\quad$ Flächenträgheitsradius
$\qquad\qquad\qquad l_0 = \beta \cdot l_{col}$ $\quad$ Ersatzlänge (auch „Knick"-Länge)

mit β als Verhältnis der Ersatzlänge l_0 zur Stützenlänge l_{col} (Beiwert β s. folgende Tafel).

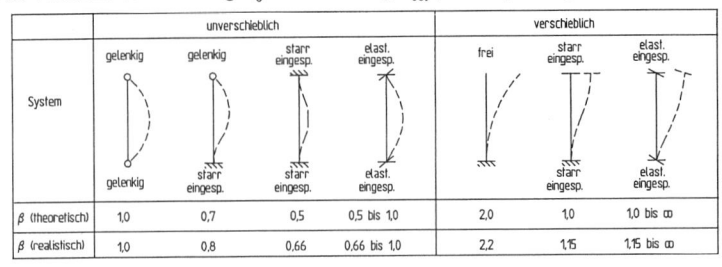

System	unverschieblich				verschieblich		
	gelenkig–gelenkig	gelenkig–starr eingesp.	starr–starr eingesp.	elast.–elast. eingesp.	frei–starr eingesp.	starr–starr eingesp.	elast.–elast. eingesp.
β (theoretisch)	1,0	0,7	0,5	0,5 bis 1,0	2,0	1,0	1,0 bis ∞
β (realistisch)	1,0	0,8	0,66	0,66 bis 1,0	2,2	1,15	1,15 bis ∞

Die „realistischen" Beiwerte β berücksichtigen eine begrenzte, baupraktisch häufig vorhandene Nachgiebigkeit der Einspannung. Für eine genauere Ermittlung wird auf die *Bautabellen für Ingenieure* (S. 5.81) verwiesen.

5.3.1.2 Vereinfachtes Verfahren für Einzeldruckglieder

Einzeldruckglieder können einzelstehende Stützen (z. B. Kragstützen), schlanke, aussteifende Bauteile, die als Einzeldruckglieder betrachtet werden, sowie gelenkig oder biegesteif angeschlossene Stützen in einem unverschieblichen Tragwerk sein (s. DIN 1045-1, 8.6.2 und Bild 8.3).

Abgrenzung zwischen schlanken und gedrungenen Druckgliedern

Auf eine Untersuchung am verformten System darf verzichtet werden (kein Nachweis der Knicksicherheit), falls eine der nachfolgenden Bedingungen erfüllt ist:

$\lambda \leq 25$ $\qquad\qquad$ (70.1a)

$\lambda \leq \dfrac{16}{\sqrt{v_{Ed}}}$ $\qquad\qquad$ (70.1b) $\qquad$ mit $v_{Ed} = \dfrac{N_{Ed}}{A_c \cdot f_{cd}}$

Für elastisch eingespannte Stützen in unverschieblichen Tragwerken ohne Querlasten zwischen den Stützenenden gilt außerdem

$\lambda \leq 25 \cdot (2 - e_{01}/e_{02})$ [1)] $\qquad$ (70.1c) $\qquad$ mit $|e_{01}| \leq |e_{02}|$; die Stützenenden sind jedoch mindestens zu bemessen für $N_{Rd} = N_{Ed}$ und $M_{Rd} \geq N_{Ed} \cdot h/20$.

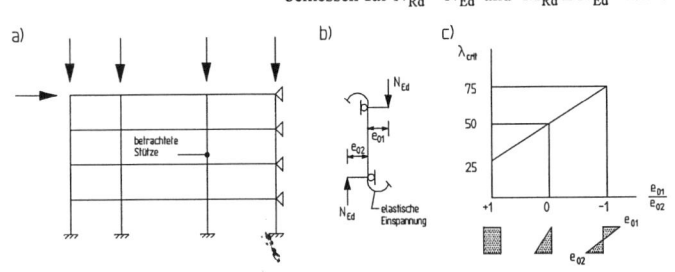

a) statisches Gesamtsystem $\qquad$ b) idealisierte Stütze $\qquad$ c) Grenzschlankheit λ_{crit} (s. Gl. 70.1c)

[1)] Für den Sonderfall der beidseitig gelenkig gelagerten Stütze gilt $\lambda \leq 25$.

Modellstützenverfahren

Die Modellstütze ist eine Kragstütze unter der Wirkung von Längskräften und Momenten, wobei am Stützenfuß das maximale Moment auftritt. Es ist anwendbar bei
- rechteck- oder kreisförmigen und konstanten Querschnitten (Beton und Bewehrung konstant)
- planmäßigen Lastausmitten $e_0 \geq 0,1 \cdot h$ (für $e_0 < 0,1 \cdot h$ sichere Seite).

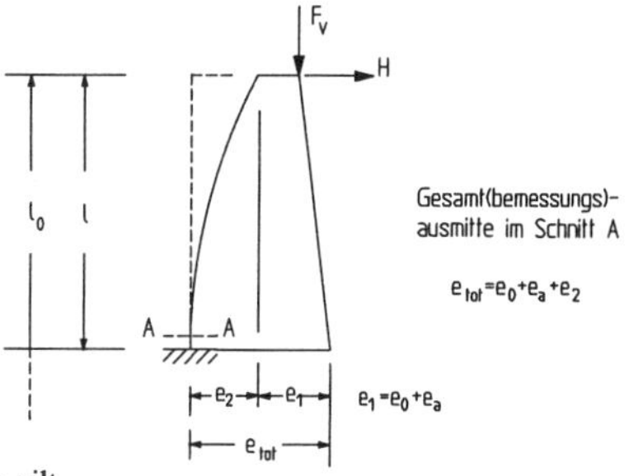

Die zu berücksichtigende Gesamtausmitte im kritischen Querschnitt am Fuß (Schnitt A-A) beträgt

$$\boxed{e_{tot} = e_0 + e_a + e_2} \qquad (71.1)$$

Lastausmitte e_0 Ausmitte nach Theorie I. Ordnung; es gilt

allgemein: $\Rightarrow e_0 = M_{Ed}/N_{Ed}$ (71.2a)

für unverschieblich gehaltene Stützen ohne Querlasten:

bei $e_{01} = e_{02}$ (s. Abb., Fall a) $\Rightarrow e_0 = e_{01} = e_{02}$ (71.2b)

bei $|e_{01}| \leq |e_{02}|$ (s. Abb., Fall b u. c) $\Rightarrow e_0 = 0,6 \cdot e_{02} + 0,4 \cdot e_{01} \geq 0,4 \cdot e_{02}$ (71.2c)

(e_{01}, e_{02} mit Vorzeichen)

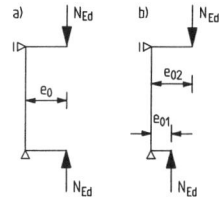

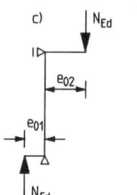

Imperfektionen e_a zusätzliche Lastausmitte $\Rightarrow e_a = \alpha_{a1} \cdot l_0 / 2$ (71.3)

mit $\alpha_{a1} = 1 / (100 \cdot \sqrt{l}) \leq 1/200$, wobei $l = l_{col}$ ist (in m); s. DIN 1045-1, 8.6.4

Lastausmitte e_2 Ausmitte nach Theorie II. Ordnung $\Rightarrow e_2 = K_1 \cdot 0,1 \cdot l_0^2 \cdot (1/r)$ (71.4)

mit $K_1 = (\lambda / 10) - 2,5$ für $25 \leq \lambda \leq 35$

$K_1 = 1$ für $\lambda > 35$

$1/r$ Krümmung; näherungsweise gilt (s. a. *Bautabellen für Ingenieure*, S. 5.83):

$1/r \leq 2 \cdot \varepsilon_{yd}/(0,9\, d)$ mit $\varepsilon_{yd} = f_{yd}/E_s$; für Betonstahl BSt 500 mit $\varepsilon_{yd} = 0,0022$:

$1/r \approx 1/(200\, d)$

Bei verschieblichen Tragwerken sind auch die anschließenden einspannenden Bauteile (Fundamente, Rahmenriegel) für die Zusatzbeanspruchung zu bemessen.

Für Stützen in unverschieblichen Tragwerken oder in verschieblichen Tragwerken mit einer Schlankheit $\lambda < 50$ und gleichzeitig $e_0/h > 2$ kann eine *Kriechausmitte* i. d. R. vernachlässigt werden.

Beispiel Unverschieblich gehaltene Stütze mit Bemessungsschnittgrößen nach Theorie I. Ordnung; die Stütze soll nur in der dargestellten Ebene ausweichen können.

Schlankheit $l_0 = \beta \cdot l_{col} \approx 0,7 \cdot 7,0 = 4,90$ m [2]

eff $\lambda = l_0 / i = 490 / (0,289 \cdot 24) = 71$

lim $\lambda = 25 \cdot (2 - 20/(-40)) = 63 < 71 \Rightarrow$ KSNW

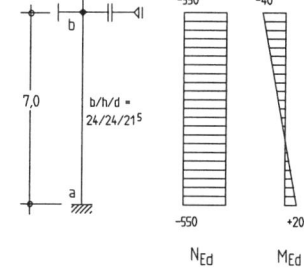

Gesamtausmitte

$e_{tot} = e_0 + e_a + e_2$

$e_0 = (-0,60 \cdot 40 + 0,40 \cdot 20) / (-550) = 0,029$ m

$\geq (-0,4 \cdot 40) / (-550) = 0,029$ m

$e_a = 1/(100 \cdot \sqrt{7,00}) \cdot (4,90/2) = 0,009$ m

$e_2 \leq 1 \cdot 0,1 \cdot 4,90^2 / (200 \cdot 0,215) = 0,056$ m

$e_{tot} = 0,029 + 0,009 + 0,056 = 0,094$ m

Bemessungsschnittgrößen:

im kritischen Schnitt: $N_{Ed} = -550$ kN; $M_{Ed} = 0,094 \cdot 550 = 52$ kNm

am Stützenkopf u. -fuß: „Regel"-Bemessungsschnittgrößen (ohne Th. II. O.); hier nicht maßgebend.

---

[1] β wird näherungsweise zu 0,7 geschätzt (s. hierzu S. 5.70).

5.3.2 Bemessung von Stützen

5.3.2.1 Zentrisch belastete Stahlbetonquerschnitte (ohne „Knick"gefahr)

Die Tragfähigkeit ergibt sich aus der Addition der Traganteile des Betons und Betonstahls; bei *zentrischem* Druck darf $|\varepsilon_{c2}| = |\varepsilon_{c1}| = 2{,}2$ ‰ betragen (s. DIN 1045-1, 10.2), die Stahlspannung ist dann $\sigma_{sd} = f_{yd}$.

Beispiel

Querschnitt, mittig auf Druck beansprucht; es ist die im Grenzzustand der Tragfähigkeit aufnehmbare Bemessungskraft N_{Rd} gesucht.

Baustoffe: C20/25; BSt 500

$$|N_{Rd}| = |F_{cd}| + |F_{sd}| = b \cdot h \cdot (\alpha \cdot f_{ck}/\gamma_c) + (A_{s1} + A_{s2}) \cdot \sigma_{sd}$$
$$= 0{,}30 \cdot 0{,}40 \cdot (0{,}85 \cdot 20/1{,}5) + 2 \cdot 6{,}3 \cdot 10^{-4} \cdot 435$$
$$= 1{,}360 + 0{,}548 = 1{,}908 \text{ MN} \quad (Bemessungs\text{druckkraft!})$$

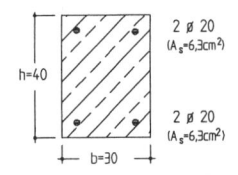

h=40, 2 ⌀ 20 (A_s=6,3cm²), 2 ⌀ 20 (A_s=6,3cm²), b=30

Alternativ ist auch die Ermittlung der Tragfähigkeit mit Tafeln für mittig belastete Stahlbetonquerschnitte nach Abschn. 5.3.4 (s. S. 5.75) möglich.

5.3.2.2 Exzentrisch belastete Stahlbetonstützen

Die Bemessung für Längsdruck mit kleiner Ausmitte erfolgt häufig – insbesondere im Zusammenhang mit Stabilitätsnachweisen – mit Interaktionsdiagrammen für symmetrische Bewehrung. Der Anwendungsbereich dieser Diagramme geht allerdings über den Bereich „Längsdruckkraft mit kleiner Ausmitte" hinaus und erstreckt sich vom zentrischen Zug bis zum zentrischen Druck (s. S. 5.84, Tafel 3).

Beispiel 1

Die dargestellte Stütze wird durch eine zentrische Druckkraft aus Eigenlasten und durch eine horizontal gerichtete veränderliche Einwirkung beansprucht. Gesucht ist die Bemessung am Stützenfuß, wobei die Stütze nur in der dargestellten Ebene ausweichen kann.

Baustoffe C20/25; BSt 500
Belastungen $G_{k,v} = 900$ kN; $Q_{k,h} = 100$ kN

Bemessungsschnittgrößen

Wegen $\lambda = 2 \cdot 1{,}75 / (0{,}289 \cdot 0{,}50) = 24 < 25$ kann auf eine Untersuchung am verformten System verzichtet werden; d. h., es gelten die „Regel"bemessungsschnittgrößen.

$N_{Ed} = \gamma_G \cdot G_{k,v} = \mathbf{1{,}35}^*) \cdot (-900) = -1215$ kN
$M_{Ed} = \gamma_Q \cdot Q_{k,h} \cdot l = 1{,}50 \cdot 100 \cdot 1{,}75 = 263$ kNm

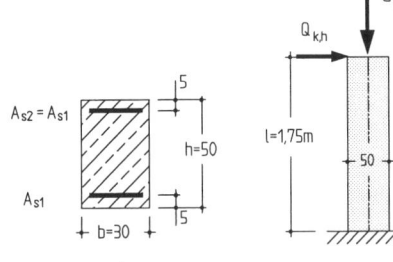

$A_{s2} = A_{s1}$, A_{s1}, h=50, b=30, $G_{k,v}$, $Q_{k,h}$, l=1,75m

Bemessung

$d_1/h = d_2/h = 5/50 = 0{,}10$; BSt 500 $\Rightarrow$ Tafel 3 (S. 5.84)

$\nu_{Ed} = N_{Ed} / (b \cdot h \cdot f_{cd}) = -1{,}215 / (0{,}30 \cdot 0{,}50 \cdot 11{,}3) = -0{,}714$
$\mu_{Ed} = M_{Ed} / (b \cdot h^2 \cdot f_{cd}) = 0{,}263 / (0{,}30 \cdot 0{,}50^2 \cdot 11{,}3) = 0{,}309$ $\Bigg\} \Rightarrow \omega_{tot} = 0{,}65$

$A_{s,tot} = \omega_{tot} \cdot b \cdot h / (f_{yd}/f_{cd}) = 0{,}65 \cdot 0{,}30 \cdot 0{,}50 /(435/11{,}3) = 25{,}4 \cdot 10^{-4}$ m² $= 25{,}4$ cm²
$A_{s1} = A_{s2} = 12{,}7$ cm²

Beipiel 2

Die im Beispiel 1 berechnete Stütze wird für eine geänderte Belastung aus Eigenlast bemessen. Im Übrigen gelten die zuvor gemachten Angaben.

Belastung $G_{k,v} = 400$ kN; $Q_{k,h} = 100$ kN
Bemessungsschnittgrößen $N_{Ed} = \gamma_G \cdot G_{k,v} = \mathbf{1{,}00}^*) \cdot (-400) = -400$ kN
$M_{Ed} = \gamma_Q \cdot Q_{k,h} \cdot l = 1{,}50 \cdot 100 \cdot 1{,}75 = 263$ kNm

Bemessung $\nu_{Ed} = N_{Ed} / (b \cdot h \cdot f_{cd}) = -0{,}400 / (0{,}30 \cdot 0{,}50 \cdot 11{,}3) = -0{,}235$
$\mu_{Ed} = M_{Ed} / (b \cdot h^2 \cdot f_{cd}) = 0{,}263 / (0{,}30 \cdot 0{,}50^2 \cdot 11{,}3) = 0{,}311$ $\Bigg\} \Rightarrow \omega_{tot} = 0{,}55$

$A_{s,tot} = \omega_{tot} \cdot b \cdot h / (f_{yd}/f_{cd}) = 0{,}55 \cdot 0{,}30 \cdot 0{,}50 /(435/11{,}3) \cdot 10^4 = 21{,}4$ cm²
$A_{s1} = A_{s2} = 10{,}7$ cm²

---

*) Im Beispiel 2 wirkt im Gegensatz zum Beispiel 1 die Eigenlast günstig und darf daher nur mit $\gamma_{G,inf} = 1{,}0$ multipliziert werden (vgl. Abschn. 2.1.2, S. 5.33f).

5.3.2.3 Unbewehrte Betonstützen

Für stabförmige unbewehrte Bauteile mit Rechteckquerschnitt ist die Ausmitte der Längskraft in der maßgebenden Einwirkungskombination des Grenzzustands der Tragfähigkeit auf $e_d/h < 0,4$ zu begrenzen. Der Teilsicherheitsbeiwert für Beton beträgt i.Allg. $\gamma_c = 1,8$ (s. S. 5.34). Es darf rechnerisch keine höhere Betonfestigkeitsklasse als C35/45 ausgenutzt werden.

Es ist nachzuweisen, daß die äußeren Lasten und/oder Zwängungen vom Querschnitt aufgenommen werden können. Unsicherheiten bezüglich der Lage der Spannungsresultierenden sind zu berücksichtigen; Öffnungen, Schlitze, Aussparungen usw. müssen bei großem Einfluss erfasst werden.

Allgemeine Nachweisbedingung:

$$\boxed{N_{Ed} \leq N_{Rd}}$$

Bemessungswert der aufnehmbaren Längsdruckkraft

Unabhängig vom tatsächlichen Schlankheitsgrad λ sind Druckglieder aus unbewehrtem Beton stets als schlanke Bauteile zu betrachten. Für Druckglieder mit $l_0/h \leq 2,5$ (bzw. $\lambda \leq 8,6$) darf jedoch die Zusatzausmitte nach Theorie II. Ordnung vernachlässigt werden. Die Schlankheit von Ortbetonstützen darf den Wert $\lambda = 85$ nicht überschreiten. Die Ausmitten infolge Kriechens e_φ können im Allgemeinen vernachlässigt werden.

Die aufnehmbare Längskraft N_{Rd} von rechteckigen Stützen (oder Wänden) mit einachsiger Lastausmitte kann ermittelt werden aus

$$\boxed{N_{Rd} = -b \cdot h \cdot f_{cd} \cdot \Phi}$$

mit $\quad \Phi = 1,14 \cdot (1 - 2e_{tot}/h) - 0,020 \cdot l_0/h \quad$ (Traglastfunktion; s. untenstehendes Diagramm)
$\quad\quad 0 \leq \Phi \leq 1 - 2e_{tot}/h$
$\quad\quad e_{tot} = e_0 + e_a$
$\quad\quad\quad\quad\quad\quad e_0$ planmäßige Lastausmitte
$\quad\quad\quad\quad\quad\quad e_a = l_0/400$, ungewollte Ausmitte

Traglastfunktion Φ (für Rechteckquerschnitte)

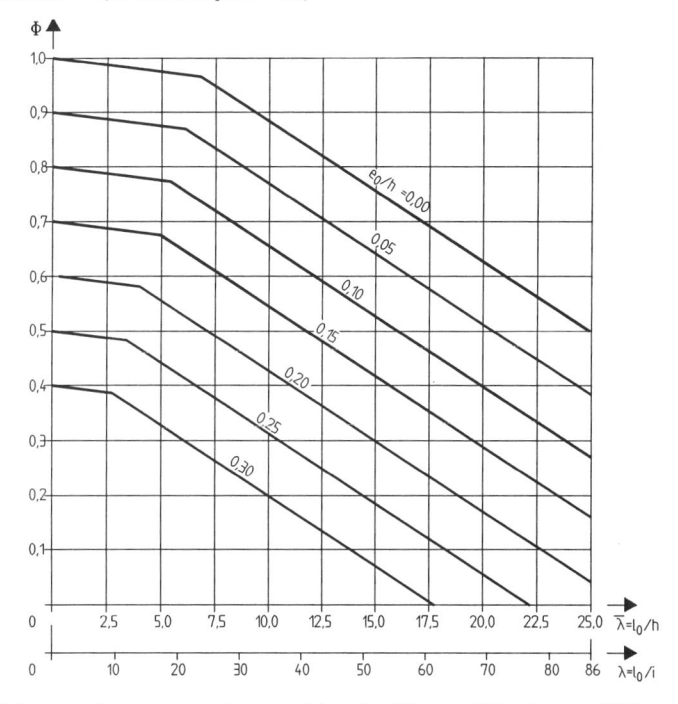

Hinweis: Die ungewollte Ausmitte e_a ist generell (von $\lambda = 0$ bis $\lambda = 86$) mit $e_a = l_0/400$ berücksichtigt.

Beispiel

Unbewehrte Rechteckstütze (b/h = 30/40 cm) mit exzentrischer Druckkraft infolge Eigenlast N_{Gk} = –250 kN und Verkehrslast N_{Qk} = –140 kN. Die Stütze soll nur in der dargestellten Ebene ausweichen können, als Beton sei ein C20/25 vorhanden.

Einwirkung: $|N_{Ed}| = 1{,}35 \cdot 0{,}250 + 1{,}5 \cdot 0{,}140 = 0{,}548$ MN

Schlankheit: $\lambda_{eff} = l_0 / i = 1{,}0 \cdot 3{,}00 / (0{,}289 \cdot 0{,}40) = 26$
$< \lambda_{lim} = 85$

Tragfähigkeit: $N_{Rd,\lambda} = -b \cdot h \cdot f_{cd} \cdot \Phi$
$\Phi \approx 0{,}49$ (für $\lambda = 26$ und $e_0/h = 0{,}20$; s. Diagramm S. 5.73)
$N_{Rd,\lambda} = -0{,}30 \cdot 0{,}40 \cdot (0{,}85 \cdot 20/1{,}8) \cdot 0{,}49 = -0{,}555$ MN

Nachweis: $|N_{Ed}| = 548$ kN $< |N_{Rd,\lambda}| = 555$ kN
→ Tragfähigkeit als unbewehrte Stütze gegeben.

Duktiles Bauteilverhalten: Nach DIN 1045-1, 5.3.2(4) ist für unbewehrte Rechteckquerschnitte nachzuweisen, dass in der maßgebenden Einwirkungskombination des Grenzzustandes der Tragfähigkeit $e_d / h \leq 0{,}4$ eingehalten ist (s. vorher). Im vorliegenden Fall ist der Nachweis – auch unter Einschluss der Momente nach Theorie II. Ordnung – erfüllt.

5.3.3 Konstruktive Durchbildung

Geltungsbereich: Verhältnis der größeren zur kleineren Querschnittsseite $b/h < 4$

Mindestabmessung: stehend hergestellte Ortbetonstützen $h_{min} = 20$ cm
liegend hergestellte Fertigteilstützen $h_{min} = 12$ cm

Längsbewehrung: Mindestdurchmesser $d_{s,l} \geq 12$ mm

Mindestbewehrung $A_{s,min} \geq \begin{cases} 0{,}15 \cdot N_{Ed} / f_{yd} \\ 0{,}003 \cdot A_c \text{ }^{2)} \end{cases}$

(A_c Fläche des Betonquerschnitts; N_{Ed} Bemessungslängsdruckkraft)

Höchstbewehrung $A_{s,max} \leq 0{,}09 \cdot A_c$ (auch im Bereich von Stößen)

Mindestanzahl polygonaler Querschnitt: 1 Stab je Ecke
Kreisquerschnitt: 6 Stäbe

Höchstabstand $s_l \leq 30$ cm
(für Querschnitte mit $b \leq 40$ cm genügt 1 Stab je Ecke)

Bügelbewehrung: Durch Bügel können max. 5 Stäbe in oder in der Nähe der Ecke[2)] gegen Ausknicken gesichert werden; für weitere Stäbe sind Zusatzbügel erforderlich.

Durchmesser $d_{sbü} \geq \begin{cases} 6 \text{ mm (Stabstahl)} \\ 5 \text{ mm (Matte)} \\ d_{sl} / 4 \end{cases}$

Bügelabstand[1)] $s_{bü} \leq \begin{cases} 12\, d_{sl} \\ \min h \\ 30 \text{ cm} \end{cases}$

[1)] Der Bügelabstand sollte mit 0,6 multipliziert werden:
- im Bereich unmittelbar unter und über Platten oder Balken auf einer Höhe gleich der größeren Stützenabmessung
- bei Übergreifungsstößen der Längsbewehrung mit $d_{sl} > 14$ mm
(zusätzlich ist Abschn. 4.2.4 zu beachten).
Bei Richtungsänderung der Längsbewehrung (z. B. Änderung der Stützenabmessung) sollte der Abstand der Querbewehrung unter Berücksichtigung der Umlenkkräfte ermittelt werden.

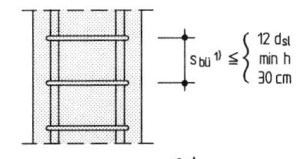

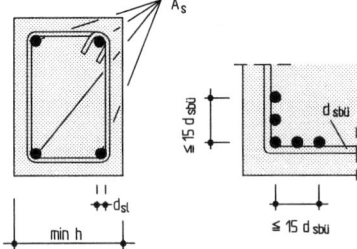

[2)] In den derzeitigen Regelungen von DIN 1045-1 nicht mehr enthalten; s. hierzu jedoch Eurocode 2 und nachfolgende Forderung für Wände (Abschn. 5.5.1).

5.3.4 Bemessungshilfen

Tragfähigkeit N_{Rd} in MN bei mittigen Druck (für Rechteck- und Kreisquerschnitte; ohne „Knick"einfluss)

Betonanteil F_{cd} (in MN)

- Reckteckquerschnitt **C12/15**

h\b	20	25	30	40	50	60	70	80
20	0,272	0,340	0,408	0,544	0,680	0,816	0,952	1,088
25		0,425	0,510	0,680	0,850	1,020	1,190	1,360
30			0,612	0,816	1,020	1,224	1,428	1,632
40				1,088	1,360	1,632	1,904	2,176
50					1,700	2,040	2,380	2,720
60						2,448	2,856	3,264
70							3,332	3,808
80								4,352

- Kreisquerschnitt **C12/15**

D	20	25	30	40	50	60	70	80
	0,214	0,334	0,481	0,855	1,335	1,923	2,617	3,418

Betonanteil F_{cd} (in MN)

- Reckteckquerschnitt **C20/25**

h\b	20	25	30	40	50	60	70	80
20	0,453	0,567	0,680	0,907	1,133	1,360	1,587	1,813
25		0,708	0,850	1,133	1,417	1,700	1,983	2,267
30			1,020	1,360	1,700	2,040	2,380	2,720
40				1,813	2,267	2,720	3,173	3,627
50					2,833	3,400	3,967	4,533
60						4,080	4,760	5,440
70							5,553	6,347
80								7,253

- Kreisquerschnitt **C20/25**

D	20	25	30	40	50	60	70	80
	0,356	0,556	0,801	1,424	2,225	3,204	4,362	5,697

Betonanteil F_{cd} (in MN)

- Reckteckquerschnitt **C30/37**

h\b	20	25	30	40	50	60	70	80
20	0,680	0,850	1,020	1,360	1,700	2,040	2,380	2,720
25		1,063	1,275	1,700	2,125	2,550	2,975	3,400
30			1,530	2,040	2,550	3,060	3,570	4,080
40				2,720	3,400	4,080	4,760	5,440
50					4,250	5,100	5,950	6,800
60						6,120	7,140	8,160
70							8,330	9,520
80								10,88

- Kreisquerschnitt **C30/37**

D	20	25	30	40	50	60	70	80
	0,534	0,835	1,202	2,136	3,338	4,807	6,542	8,545

Stahlanteil F_{sd} (in MN)

- Stabstahl **BSt 500**

n\d	12	14	16	20	25	28
4	0,197	0,268	0,350	0,546	0,854	1,071
6	0,295	0,402	0,525	0,820	1,281	1,606
8	0,393	0,535	0,699	1,093	1,707	2,142
10	0,492	0,669	0,874	1,366	2,134	2,677
12	0,590	0,803	1,049	1,639	2,561	3,213
14	0,688	0,937	1,224	1,912	2,988	3,748
16	0,787	1,071	1,399	2,185	3,415	4,283
18	0,885	1,205	1,574	2,459	3,842	4,819
20	0,983	1,339	1,748	2,732	4,268	5,354

Abminderungsfaktor κ
(für den Stahlanteil F_{sd})

Beton	κ
C 12/15	0,984
C 20/25	0,974
C 30/37	0,961

h, b Abmessungen des Querschnitts (in cm)
D   Durchmesser des Querschnitts (in cm)
n   Stabanzahl
d   Stabdurchmesser (in mm)

Gesamttragfähigkeit

$$|N_{Rd}| = F_{cd} + \kappa \cdot F_{sd}$$
$$\approx F_{cd} + F_{sd}$$

Beispiel
(vgl. Abschn. 5.3.2.1, S. 5.72)

Stütze 30/40 cm, Beton C20/25, bewehrt mit Stäben 4 ⌀ 20, BSt 500

gesucht:

Tragfähigkeit bei Beanspruchung unter einer zentrischen Druckkraft

Lösung:

$N_{Rd} = F_{cd} + \kappa \cdot F_{sd}$
$\phantom{N_{Rd}} = 1,360 + 0,974 \cdot 0,546 = 1,892$ MN
bzw.
$N_{Rd} \approx 1,360 + 0,546 = 1,906$ MN

5.4 Fundamente

5.4.1 Bewehrte Einzelfundamente

In Fundamentplatten verlaufen die Hauptmomente in Stützennähe radial und tangential. Anstelle dieser Hauptmomente darf man jedoch näherungsweise die Momente M_x und M_y parallel zu den Kanten der Fundamentplatte berücksichtigen [5.13]. Das größte Gesamtbiegemoment je Richtung einer Fundamentplatte mit rechteckigem Grundriss, die durch eine mittig und lotrecht angreifende Stützenlast beansprucht wird, beträgt unter der Annahme gleichmäßig verteilter Bodenpressungen (die nachfolgenden Gleichungen sind für die x-Richtung aufgestellt, für die y-Richtung gelten sie analog):

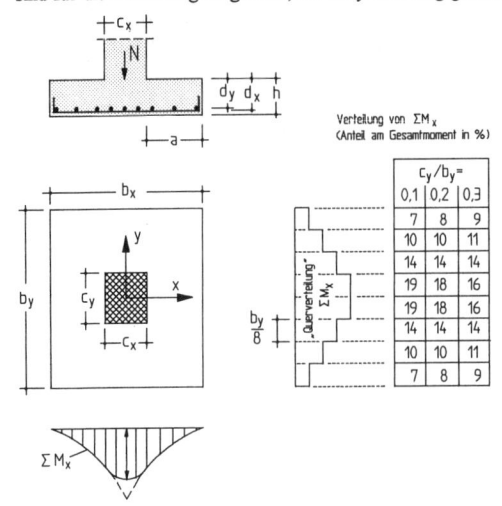

$$M_x = N \cdot \frac{b_x}{8}$$

Unter Berücksichtigung einer gegebenenfalls zulässigen Momentenausrundung (s. Abschn. 3.5.2; s. a. [5.27], [5.28]) erhält man als

Ausgerundetes Moment

$$M_x' = N \cdot \frac{b_x}{8} \cdot \left(1 - \frac{c_x}{b_x}\right)$$

*Anschnitts*moment

$$M_{xI} = N \cdot \frac{b_x}{8} \cdot \left(1 - \frac{c_x}{b_x}\right)^2$$

Die Verteilung der Plattenmomente rechtwinklig zur betrachteten Richtung darf nach nebenstehender Tabelle erfolgen. Bei gedrungenen Fundamenten (bei $c_y/b_y > 0{,}3$, $h/a > 1{,}0$) darf das Gesamtmoment gleichmäßig über die Breite verteilt werden.

Verteilung von ΣM_x (Anteil am Gesamtmoment in %)

$c_y/b_y =$	0,1	0,2	0,3
	7	8	9
	10	10	11
	14	14	14
	19	18	16
	19	18	16
	14	14	14
	10	10	11
	7	8	9

Wird durch die Stütze gleichzeitig ein Biegemoment eingeleitet bzw. ist die Stütze exzentrisch angeordnet, ist das Plattenmoment aus der trapez- oder dreieckförmig verteilten Bodenpressung zu berechnen.

Für Fundamentplatten sind die konstruktiven Anforderungen von Platten zu beachten (s. Abschn. 5.1). Die Biegebewehrung sollte wegen der hohen Verbundspannungen ohne Abstufung bis zum Rand geführt werden und dort z. B. mit Haken verankert werden, die Betondeckung sollte reichlich gewählt werden; ggf. ist ein Nachweis der Verbundspannungen erforderlich. Bei Einzelfundamenten ist i. d. R. zusätzlich ein Nachweis der Sicherheit gegen Durchstanzen zu führen.

Durchstanzen

Durchstanzen resultiert aus konzentrierten Lasten oder Auflagerreaktionen, die auf einer relativ kleinen Fläche (i.Allg. Fläche einer Stütze bzw. Lasteinleitungsfläche einer Einzellast) wirken. Der Nachweis der aufnehmbaren Querkraft muss längs eines festgelegten Rundschnitts erfolgen.

Für das Durchstanzen von Fundamenten[1] gelten die Grundsätze des Tragfähigkeitsnachweises für Querkraft mit zusätzlichen Ergänzungen. Die einwirkende Querkraft v_{Ed} wird längs eines kritischen Rundschnitts ermittelt, der sich unter Annahme einer Neigung des Durchstanzkegels von $\beta = 33{,}7°$ ergibt (s. Abb. unten). Die Querkraft v_{Ed} darf den Widerstand v_{Rd} nicht überschreiten, der differenziert nach Fundamenten ohne Schub- bzw. Durchstanzbewehrung und mit Durchstanzbewehrung formuliert ist. Bei Fundamenten wird die Plattendicke häufig so gewählt, dass rechnerisch keine Durchstanzbewehrung erforderlich ist.

Bezüglich des rechnerischen Nachweises wird auf die *Bautabellen für Ingenieure, S. 5.76ff* verwiesen.

Bemessungsmodell für den Nachweis der Sicherheit gegen Durchstanzen im Grenzzustand der Tragfähigkeit.

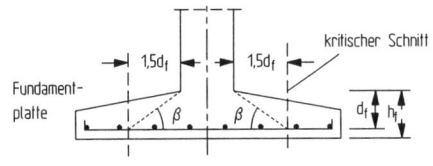

---
[1] Analog für punktförmig gestützte Platten (Flachdecken); s. hierzu *Bautabellen für Ingenieure, S. 5.76ff.*

5.4.2 Unbewehrte Fundamente

Unbewehrte Fundamente werden in DIN 1045-1 nicht behandelt; die nachfolgenden Regelungen stammen aus DIN V ENV 1992-1-6 (EC 2, Teil 1-6).

Danach dürfen annähernd zentrisch belastete streifenförmige und flache Einzelfundamente dann unbewehrt ausgeführt werden, wenn das Verhältnis h_F/a folgende Bedingung erfüllt (s. Diagramm unten):

$$\frac{h_F}{a} \geq \sqrt{\frac{3\sigma_{gd}}{f_{ctd}}} \quad (77)$$

mit σ_{gd} Bemessungswert der Bodenpressungen
f_{ctd} Bemessungswert der Betonzugfestigkeit
($f_{ctd} = f_{ctk;0,05}/\gamma_c$ und $\gamma_c = 1,8$; s. S. 5.34 und 5.36)

In [5.12] wird eine Begrenzung auf $h_F/a \geq 1$ empfohlen. Ohne weiteren Nachweis dürfen Streifenfundamente mit $h_F/a \geq 2$ stets unbewehrt ausgeführt werden.

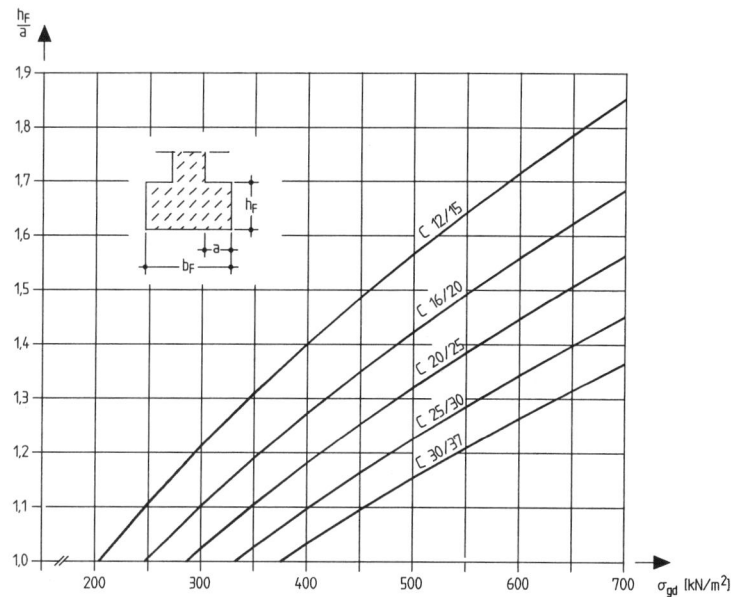

Zulässige Fundamentschlankheit h_F/a nach Gl. (77)
(zusätzlich wird die Grenze $h_F/a \geq 1$ eingehalten; vgl. [5.12])

Beispiel

Streifenfundament mit Belastung aus Eigenlasten N_{Gk} und Verkehrslasten N_{Qk}. Zur Erfüllung der bodenmechanischen Nachweise wurde eine Fundamentbreite $b_F = 0,90$ m festgelegt. Gesucht ist die Fundamenthöhe h_F.

Baustoffe: Beton C12/15
Bodenpressungen: $\sigma_{gd} = N_{Ed}/b_F = (1,35 \cdot 150 + 1,50 \cdot 100)/0,90 = 392$ kN/m²

→ $(h_F/a)_{req} \geq 1,39$ *) (aus Diagramm für $\sigma_{gd} = 392$ kN/m² und C12/15)
$h_{F,req} \geq 1,39 \cdot a = 1,39 \cdot (0,90-0,24)/2 = 0,46$ m
gew.: $h_{F,prov} = 0,50$ m (Für eine frostfreie Gründung sind ggf. größere Fundamentdicken erforderlich.)

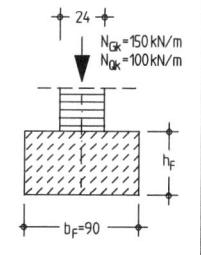

---

*) Berechnung nach Gl. (77) (zur Kontrolle):

$$\frac{h_F}{a} \geq \sqrt{\frac{3\sigma_{gd}}{f_{ctd}}}$$

$\sigma_{gd} = 0,392$ MN/m²
$f_{ctd} = 1,1/1,8 = 0,611$ MN/m²
($f_{ctk;0,05} = 1,1$ MN/m², $\gamma_c = 1,8$; s. S. 5.34 und 5.36)

$$= \sqrt{\frac{3 \cdot 0,392}{0,611}} = 1,39$$

Das Ergebnis ist identisch mit dem oben genannten Ablesewert.

5.5 Wände, Konsolen, wandartige Träger

5.5.1 Wände

5.5.1.1 Stahlbetonwände

Bei Wänden ist die waagerechte Länge größer als die 4fache Dicke, andernfalls s. Stützen.

Mindestabmessungen   Es gilt Tafel 5.78 (s.u.).

Lotrechte Bewehrung   Mindestbewehrung je Wandseite   i.Allg.: $A_{s,min} \geq 0{,}0015 \cdot A_c$
bei $|N_{Ed}| \geq 0{,}3 f_{cd} A_c$ u.
bei schlanken[1] Wänden: $A_{s,min} \geq 0{,}0030 \cdot A_c$

(der Bewehrungsgehalt an beiden Wandseiten sollte etwa gleich groß sein)

Höchstbewehrung $A_{s,max} \leq 0{,}04 \cdot A_c$

Stababstand $s \leq \begin{cases} 2h & (h \text{ Wanddicke}) \\ 300 \text{ mm} \end{cases}$

Waagerechte Bewehrung   Mindestbewehrung   i.Allg.:   20 % der lotr. Bewehrung
bei $|N_{Ed}| \geq 0{,}3 f_{cd} A_c$ u.
bei schlanken[1] Wänden: 50 % der lotr. Bewehrung

Stababstand $s \leq 350$ mm
Stabdurchmesser $\geq 1/4$ des Durchmessers der Längsbewehrung
Anordnung   außen   (zwischen der lotrechten Bewehrung und der Wandoberfläche)

S-Haken, Steckbügel, Bügelbewehrung

Wenn die Querschnittsfläche der lastabtragenden lotrechten Bewehrung $0{,}02 \cdot A_c$ übersteigt, sollte sie nach Abschn. 5.3.3 verbügelt werden. Andernfalls gilt:
- Außen liegende Bewehrung ist durch 4 S-Haken je m² zu sichern (alternativ bei dicken Wänden durch Steckbügel, die mindestens mit $0{,}5 \, l_b$ im Inneren der Wand zu verankern sind).
- Bei Tragstäben $d_s \leq 16$ mm und bei einer Betondeckung $\geq 2d_s$ sind keine Maßnahmen erforderlich (in diesem Fall und stets bei Betonstahlmatten dürfen die druckbeanspruchten Stäbe außen liegen).

An freien Rändern von Wänden mit $A_s \geq 0{,}003 \, A_c$ sind die Eckstäbe durch Steckbügel zu sichern.

Tafel 5.78 Mindestwanddicke für tragende Wände

Betonfestigkeits-klasse	Herstellung	Mindestwanddicke (in cm) für Wände aus			
		unbewehrtem Beton		Stahlbeton	
		Decken über Wände		Decken über Wände	
		nicht durchlaufend	durchlaufend	nicht durchlaufend	durchlaufend
< C 12/15	Ortbeton	20	14	-	-
≥ C 16/20	Ortbeton	14	12	12	10
	Fertigteil	12	10	10	8

5.5.1.2 Unbewehrte Wände

Die Gesamtdicke von Ortbetonwänden muss mindestens 10 cm betragen (s. auch Tafel 5.78). Aussparungen, Schlitze, Durchbrüche und Hohlräume sind i.Allg. zu berücksichtigen. Ausgenommen hiervon sind lediglich lotrechte Schlitze mit einer Tiefe bis zu 30 mm, wenn die Tiefe höchstens 1/6 der Wanddicke, die Breite höchstens gleich der Wanddicke und der gegenseitige Abstand mindestens 2 m beträgt; die Wand muss dann außerdem mindestens 12 cm dick sein.

5.5.2 Wandartige Träger

Die Bewehrung, die den Zugstäben eines Fachwerkmodells zugeordnet ist, sollte vollständig außerhalb der Knotenpunkte durch Aufbiegungen, durch U-Bügel oder durch Ankerkörper verankert werden, wenn zwischen Knotenpunkt und Trägerende eine ausreichende Verankerungslänge $l_{b,net}$ nicht vorhanden ist.

Für die *Mindestdicken* gelten die Regelungen für Wände (s. Tafel 5.78). Als *Mindestbewehrung* ist an beiden Außenflächen ein rechtwinkliges Bewehrungsnetz vorzusehen, das je Außenfläche und Richtung den Wert $a_s = 1{,}5$ cm²/m bzw. 0,075 % des Betonquerschnitts A_c nicht unterschreiten darf. Die Maschenweite des Bewehrungsnetzes darf maximal gleich der doppelten Wanddicke und höchstens 30 cm sein.

---

[1] Hierfür gilt die Definition nach Abschn. 5.3.1.2.

5.5.3 Konsolen

Konsolen sind kurze wandartige Träger mit einem Verhältnis $a_c \leq h_c$ (bei $a_c > h_c$ liegt ein Kragbalken vor). Konsolen sind für die einwirkenden Vertikallasten F_c zu bemessen und sollten zusätzlich außerdem eine Horizontallast von mindestens $H_c = 0{,}2F_c$ aufnehmen können. Die Schnittgrößenermittlung erfolgt in der Regel mit Stabwerkmodellen.

Die Zugbewehrung A_s sollte ab der Innenkante der Lagerplatte mit der Verankerungslänge $l_{b,net}$ verankert werden; die Verankerung erfolgt im Allgemeinen mit Schlaufen. Wenn die Verankerungslänge nicht untergebracht werden kann, kommen Ankerkörper in Frage.

(Weitere Hinweise s. *Bautabellen für Ingenieure, S. 5.122*; s. a. Bemessungsbeispiel in [5.51].)

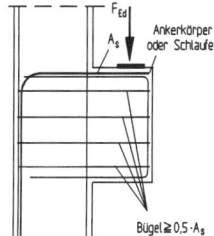

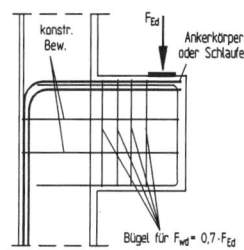

5.5.4 Ausgeklinkte Trägerauflager

Das Tragverhalten wird i.Allg. an Stabwerkmodellen nachgewiesen, die jeweils die Gleichgewichtsbedingung erfüllen (Hinweise zur Berechnung s. *Bautabellen für Ingenieure, S. 5.122f*). Zur Erfüllung von Verträglichkeiten sind nachfolgende Hinweise zur Bewehrungsführung zu beachten.

Im Modell a) wird das ausgeklinkte Ende wie bei Konsolen mit horizontalem Zugband bemessen. Das Zugband wird aus liegenden Schlaufen ausgeführt und ist wirksam im Auflagerbereich zu verankern. Zur anderen Seite hin sollte es weit in den Träger geführt werden. Im ungeschwächten Balkensteg ist eine vertikale Rückhängebewehrung mindestens für die Größe der Auflagerkraft zu bemessen, die vorzugsweise aus geschlossenen Bügeln (ggf. mit einer leichten Schrägstellung zur Ausklinkung hin) besteht. Die unten endende Biegezugbewehrung muss mit $l_{b,net}$ (indirekte Auflagerung) verankert werden, was häufig nur durch Zulage von liegenden Schlaufen möglich ist (s. Abb. rechts).

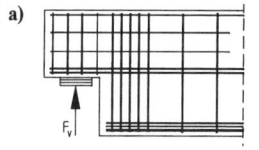

Eine alternative Bewehrungsführung ist im Modell b) dargestellt. Hierbei wird ein Teil der Auflagerkraft F_v einer schrägen Bewehrung (schlaufenförmig geführt) zugewiesen. Der Restanteil wird dann wie oben im Modell a) dargestellt aufgenommen. Eine Bewehrungsführung ausschließlich mit Schrägaufbiegungen ist jedoch nicht zulässig.

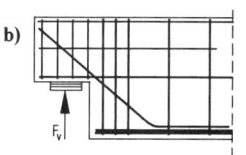

5.6 Andere Bauteile und besondere Bestimmungen

Umlenkkräfte

In Bereichen mit großen Richtungsänderungen der inneren Kräfte müssen die zugehörigen Umlenkkräfte durch eine Zusatzbewehrung aufgenommen werden.

Rahmenecken

In Rahmenecken bzw. Bauteilen mit stark geknickter Leibung sollte der Beton sorgfältig verdichtet werden; die Festigkeitsklasse des Betons sollte mindestens C20/25 betragen (nach DIN 1045, 18.9.3: Beton B 25), die Bewehrung sollte aus Rippenstählen bestehen. Bei Rahmenecken über ca. 70 cm Bauhöhe sollte zur Begrenzung der Rissbreite eine Zusatzbewehrung an den Seitenflächen angeordnet werden. Für die Bewehrungsführung ist zu unterscheiden, ob die Ecke durch ein positives oder negatives Moment beansprucht wird.

(Ausführliche Hinweise zur Bewehrungsführung s. *Bautabellen für Ingenieure, S. 5.123*.)

Anschluss von Nebenträgern

Im Kreuzungsbereich von Haupt- und Nebenträgern muss eine Aufhängebewehrung für die volle aufzunehmende Auflagerkraft des Nebenträgers vorgesehen werden. Die Aufhängebewehrung sollte vorzugsweise aus Bügeln bestehen, die die Hauptbewehrung des unterstützenden Bauteils (Hauptträger) umfassen.

Weitere Hinweise s. *Bautabellen für Ingenieure, S. 5.124*.

6 Bemessungstafeln

Den Tafeln 1 bis 3 liegt für den Beton das Parabel-Rechteck-Diagramm der Querschnittsbemessung zugrunde (s. Abschn. 2.2.1).

In den Bemessungstafeln werden entweder die auf die Schwerachse bezogenen Schnittgrößen N_{Ed} und M_{Ed} oder die auf die Zugbewehrung A_{s1} bezogenen Schnittgrößen M_{Eds} und N_{Ed} benötigt. Der Zusammenhang zwischen diesen Größen ist der nachfolgenden Darstellung zu entnehmen.

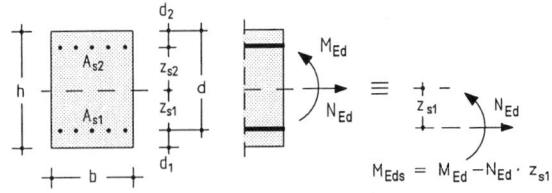

$$M_{Eds} = M_{Ed} - N_{Ed} \cdot z_{s1}$$

Tafel 1

In Tafel 1 (aus [5.54]) wird als Eingangswert das auf die Biegezugbewehrung bezogene Moment benötigt:

$$\mu_{Eds} = M_{Eds} / (b \cdot d^2 \cdot f_{cd}) \quad \text{mit } M_{Eds} = M_{Ed} - N_{Ed} \cdot z_{s1}$$

Die Ermittlung der Biegezugbewehrung erfolgt mit den in der Tafel angegebenen Gleichungen, wobei für Betonstahl wahlweise der horizontale Ast der $\sigma\text{-}\varepsilon$-Linie (Ablesewert σ_{sd}) oder der ansteigende Ast (Ablesewert σ_{sd}*) gemäß Abschn. 2.2.2 berücksichtigt werden kann. Die bezogene Druckzonenhöhe $\xi = x/d$ darf zur Sicherstellung einer ausreichenden Rotationsfähigkeit, sofern keine anderen Maßnahmen getroffen werden, folgende Werte nicht überschreiten (s. Abschn. 3.5.3):

$\xi_{lim} = 0{,}25$ oder $\mu_{Eds,lim} = 0{,}181$ bei Anwendung der Plastizitätstheorie bei Platten
$\xi_{lim} = 0{,}45$ oder $\mu_{Eds,lim} = 0{,}296$ für Beton der Festigkeitsklasse C12/15 bis C50/60

Aus wirtschaftlichen Gründen – Ausnutzung der Streckgrenze der Bewehrung – gilt für den Betonstahl BSt 500 als Grenze (die konstruktiven Maßnahmen nach DIN 1045-1, 13.1.1(5) sind dann zu beachten)

$\xi_{lim} = 0{,}617$ oder $\mu_{Eds,lim} = 0{,}371$

Falls die angegebenen Grenzwerte überschritten werden, ist Druckbewehrung anzuordnen (Tafeln mit Druckbewehrung s. nachfolgend).

Tafeln 2a und 2b

Das k_d-Verfahren – vergleichbar mit dem in DAfStb-H. 220 [5.30] für eine Bemessung auf der Grundlage von DIN 1045 bekannten k_h-Verfahren – kann alternativ zu der Tafel 1 zur Querschnittsbemessung angewendet werden. Der k_d-Wert ist dimensionsgebunden und mit den angegebenen Dimensionen als Eingangswert zu verwenden:

$$k_d = \frac{d\,[\text{cm}]}{\sqrt{M_{Eds}\,[\text{kNm}] / b\,[\text{m}]}} \quad \text{mit } M_{Eds} = M_{Ed} - N_{Ed} \cdot z_{s1}$$

Für die bezogenen Druckzonenhöhen ξ gelten dieselben Grenzen wie in Tafel 1.

Für Querschnitte ohne Druckbewehrung erfolgt die Ermittlung der Bewehrung mit Hilfe von Tafel 2a; falls Druckbewehrung erforderlich wird, ist Tafel 2b maßgebend (Tafeln 2a und 2b nach [5.54]). Die Ermittlung der Bewehrung erfolgt mit den in den Tafeln angegebenen – dimensionsgebundenen (!) – Gleichungen. Für die Tafeln 2 wurde generell der horizontale Ast der $\sigma\text{-}\varepsilon$-Linie des Betonstahls angesetzt.

Tafel 3

Die Tafel 3 (aus [5.54]) als Bemessungsdiagramm von Rechteckquerschnitten mit symmetrischer Bewehrung („Interaktionsdiagramme") hat als Eingangswerte die auf die Schwerachse des Querschnitts bezogenen Momente und Längskräfte

$$\mu_{Ed} = M_{Ed} / (b \cdot h^2 \cdot f_{cd}) \quad \text{und} \quad \nu_{Ed} = N_{Ed} / (b \cdot h \cdot f_{cd})$$

Die Ermittlung der Bewehrung erfolgt mit den im Diagramm angegebenen Gleichungen. Die abgedruckte Tafel gilt für einen Betonstahl BSt 500, für ein Verhältnis $d_1/h = 0{,}10$ und für den ansteigenden Ast der $\sigma\text{-}\varepsilon$-Linie des Betonstahls.

Weitere Tafeln s. Bautabellen für Ingenieure, S. 5.129ff; s. a. insbesondere [5.54] mit zusätzlichen und weiteren Bemessungstafeln und -diagrammen.

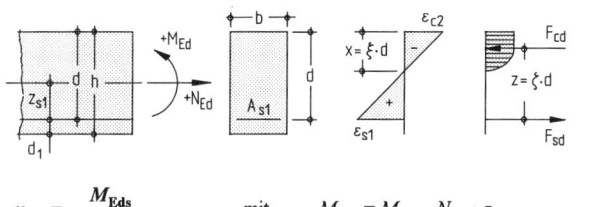

Tafel 1

$$\mu_{Eds} = \frac{M_{Eds}}{b \cdot d^2 \cdot f_{cd}} \quad \text{mit} \quad \begin{array}{l} M_{Eds} = M_{Ed} - N_{Ed} \cdot z_{s1} \\ f_{cd} = \alpha \cdot f_{ck}/\gamma_c \end{array} \quad \text{(i.Allg. gilt } \alpha = 0{,}85\text{)}$$

μ_{Eds}	ω	$\xi = \frac{x}{d}$	$\zeta = \frac{z}{d}$	ε_{c2} in ‰	ε_{s1} in ‰	$\sigma_{sd}{}^{1)}$ in MPa BSt 500	$\sigma_{sd}{}^{*\,2)}$ in MPa BSt 500
0,01	0,0101	0,030	0,990	−0,77	25,00	435	457
0,02	0,0203	0,044	0,985	−1,15	25,00	435	457
0,03	0,0306	0,055	0,980	−1,46	25,00	435	457
0,04	0,0410	0,066	0,976	−1,76	25,00	435	457
0,05	0,0515	0,076	0,971	−2,06	25,00	435	457
0,06	0,0621	0,086	0,967	−2,37	25,00	435	457
0,07	0,0728	0,097	0,962	−2,68	25,00	435	457
0,08	0,0836	0,107	0,956	−3,01	25,00	435	457
0,09	0,0946	0,118	0,951	−3,35	25,00	435	457
0,10	0,1057	0,131	0,946	−3,50	23,29	435	455
0,11	0,1170	0,145	0,940	−3,50	20,71	435	452
0,12	0,1285	0,159	0,934	−3,50	18,55	435	450
0,13	0,1401	0,173	0,928	−3,50	16,73	435	449
0,14	0,1518	0,188	0,922	−3,50	15,16	435	447
0,15	0,1638	0,202	0,916	−3,50	13,80	435	446
0,16	0,1759	0,217	0,910	−3,50	12,61	435	445
0,17	0,1882	0,232	0,903	−3,50	11,56	435	444
0,18	0,2007	0,248	0,897	−3,50	10,62	435	443
0,19	0,2134	0,264	0,890	−3,50	9,78	435	442
0,20	0,2263	0,280	0,884	−3,50	9,02	435	441
0,21	0,2395	0,296	0,877	−3,50	8,33	435	441
0,22	0,2528	0,312	0,870	−3,50	7,71	435	440
0,23	0,2665	0,329	0,863	−3,50	7,13	435	440
0,24	0,2804	0,346	0,856	−3,50	6,60	435	439
0,25	0,2946	0,364	0,849	−3,50	6,12	435	439
0,26	0,3091	0,382	0,841	−3,50	5,67	435	438
0,27	0,3239	0,400	0,834	−3,50	5,25	435	438
0,28	0,3391	0,419	0,826	−3,50	4,86	435	437
0,29	0,3546	0,438	0,818	−3,50	4,49	435	437
0,30	0,3706	0,458	0,810	−3,50	4,15	435	437
0,31	0,3869	0,478	0,801	−3,50	3,82	435	436
0,32	0,4038	0,499	0,793	−3,50	3,52	435	436
0,33	0,4211	0,520	0,784	−3,50	3,23	435	436
0,34	0,4391	0,542	0,774	−3,50	2,95	435	436
0,35	0,4576	0,565	0,765	−3,50	2,69	435	435
0,36	0,4768	0,589	0,755	−3,50	2,44	435	435
0,37	0,4968	0,614	0,745	−3,50	2,20	435	435
0,38	0,5177	0,640	0,734	−3,50	1,97	395	395
0,39	0,5396	0,667	0,723	−3,50	1,75	350	350
0,40	0,5627	0,695	0,711	−3,50	1,54	307	307

unwirtschaftlicher Bereich (Zeilen 0,38–0,40)

[1] Begrenzung der Stahlspannung auf $f_{yd} = f_{yk}/\gamma_s$ (horizontaler Ast der σ-ε-Linie).
[2] Begrenzung der Stahlspannung auf $f_{td,cal} = f_{tk,cal}/\gamma_s$ (geneigter Ast der σ-ε-Linie).

$$A_{s1} = \frac{1}{\sigma_{sd}}(\omega \cdot b \cdot d \cdot f_{cd} + N_{Ed})$$

Bemessungstafeln mit dimensionslosen Beiwerten für den Rechteckquerschnitt ohne Druckbewehrung für Biegung mit Längskraft (Betonstahl BSt 500 und $\gamma_s = 1{,}15$; Normalbeton $\leq$ C50/60)

5 Stahlbetonbau (neu)

Tafel 2a

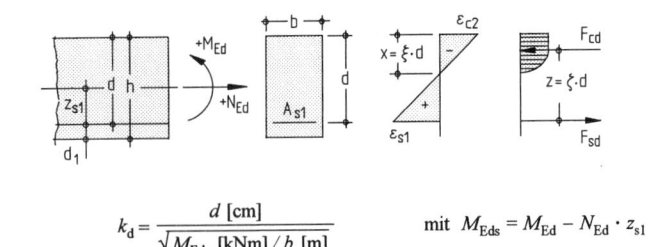

$$k_d = \frac{d\ [\text{cm}]}{\sqrt{M_{Eds}\ [\text{kNm}]\,/\,b\ [\text{m}]}} \qquad \text{mit } M_{Eds} = M_{Ed} - N_{Ed} \cdot z_{s1}$$

k_d für Betonfestigkeitsklasse C								k_s	ξ	ζ	ε_{c2} ‰	ε_{s1} ‰
12/15	16/20	20/25	25/30	30/37	35/45	40/50	45/55 50/60					
14,37	12,44	11,13	9,95	9,09	8,41	7,87	7,42 7,04	2,32	0,025	0,991	−0,64	25,00
7,90	6,84	6,12	5,47	5,00	4,63	4,33	4,08 3,87	2,34	0,048	0,983	−1,26	25,00
5,87	5,08	4,55	4,07	3,71	3,44	3,22	3,03 2,88	2,36	0,069	0,975	−1,84	25,00
4,94	4,27	3,82	3,42	3,12	2,89	2,70	2,55 2,42	2,38	0,087	0,966	−2,38	25,00
4,38	3,80	3,40	3,04	2,77	2,57	2,40	2,26 2,15	2,40	0,104	0,958	−2,89	25,00
4,00	3,47	3,10	2,78	2,53	2,35	2,20	2,07 1,96	2,42	0,120	0,950	−3,40	25,00
3,63	3,14	2,81	2,51	2,29	2,12	1,99	1,87 1,78	2,45	0,147	0,939	−3,50	20,29
3,35	2,90	2,60	2,32	2,12	1,96	1,84	1,73 1,64	2,48	0,174	0,927	−3,50	16,56
3,14	2,72	2,43	2,18	1,99	1,84	1,72	1,62 1,54	2,51	0,201	0,916	−3,50	13,90
2,97	2,57	2,30	2,06	1,88	1,74	1,63	1,53 1,46	2,54	0,227	0,906	−3,50	11,91
2,85	2,47	2,21	1,97	1,80	1,67	1,56	1,47 1,40	2,57	0,250	0,896	−3,50	10,52
2,72	2,36	2,11	1,89	1,72	1,59	1,49	1,41 1,33	2,60	0,277	0,885	−3,50	9,12
2,62	2,27	2,03	1,82	1,66	1,54	1,44	1,36 1,29	2,63	0,302	0,875	−3,50	8,10
2,54	2,20	1,97	1,76	1,61	1,49	1,39	1,31 1,24	2,66	0,325	0,865	−3,50	7,26
2,47	2,14	1,91	1,71	1,56	1,44	1,35	1,27 1,21	2,69	0,350	0,854	−3,50	6,50
2,41	2,08	1,86	1,67	1,52	1,41	1,32	1,24 1,18	2,72	0,371	0,846	−3,50	5,93
2,35	2,03	1,82	1,63	1,49	1,38	1,29	1,21 1,15	2,75	0,393	0,836	−3,50	5,40
2,28	1,98	1,77	1,58	1,44	1,34	1,25	1,18 1,12	2,79	0,422	0,824	−3,50	4,79
2,23	1,93	1,73	1,54	1,41	1,30	1,22	1,15 1,09	2,83	0,450	0,813	−3,50	4,27
2,18	1,89	1,69	1,51	1,38	1,28	1,19	1,13 1,07	2,87	0,477	0,801	−3,50	3,83
2,14	1,85	1,65	1,48	1,35	1,25	1,17	1,10 1,05	2,91	0,504	0,790	−3,50	3,44
2,10	1,82	1,62	1,45	1,33	1,23	1,15	1,08 1,03	2,95	0,530	0,780	−3,50	3,11
2,06	1,79	1,60	1,43	1,30	1,21	1,13	1,07 1,01	2,99	0,555	0,769	−3,50	2,81
2,03	1,75	1,57	1,40	1,28	1,19	1,11	1,05 0,99	3,04	0,585	0,757	−3,50	2,48
1,99	1,72	1,54	1,38	1,26	1,17	1,09	1,03 0,98	3,09	0,617	0,743	−3,50	2,17

$$A_s\ [\text{cm}^2] = k_s \cdot \frac{M_{Eds}\ [\text{kNm}]}{d\ [\text{cm}]} + \frac{N_{Ed}\ [\text{kN}]}{43,5}$$

Dimensionsgebundene Bemessungstafel (k_d-Verfahren) für den Rechteckquerschnitt ohne Druckbewehrung für Biegung mit Längskraft (Betonstahl BSt 500 und $\gamma_s = 1,15$; Normalbeton $\leq$ C50/60)

Tafel 2b

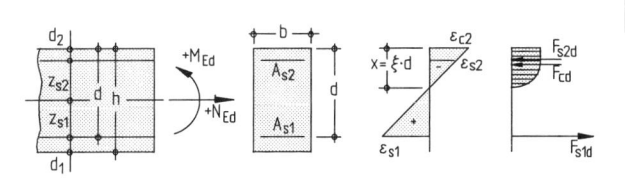

$$k_d = \frac{d\,[\text{cm}]}{\sqrt{M_{Eds}\,[\text{kNm}] / b\,[\text{m}]}} \quad \text{mit } M_{Eds} = M_{Ed} - N_{Ed} \cdot z_{s1}$$

Beiwerte k_{s1} und k_{s2}

$\xi = 0{,}45$									k_{s1}	$\xi = 0{,}617$									k_{s1}	k_{s2}
k_d für f_{ck}										k_d für f_{ck}										$\xi = \begin{cases}0{,}450\\0{,}617\end{cases}$
12	16	20	25	30	35	40	45	50		12	16	20	25	30	35	40	45	50		
2,23	1,93	1,73	1,54	1,41	1,30	1,22	1,15	1,09	2,83	1,99	1,72	1,54	1,38	1,26	1,17	1,09	1,03	0,98	3,09	0
2,18	1,89	1,69	1,51	1,38	1,28	1,19	1,13	1,07	2,82	1,95	1,69	1,51	1,35	1,23	1,14	1,07	1,01	0,96	3,07	0,10
2,14	1,85	1,65	1,48	1,35	1,25	1,17	1,10	1,05	2,80	1,91	1,65	1,48	1,32	1,21	1,12	1,05	0,99	0,93	3,04	0,20
2,09	1,81	1,62	1,45	1,32	1,22	1,14	1,07	1,02	2,79	1,87	1,62	1,45	1,29	1,18	1,09	1,02	0,96	0,91	3,02	0,30
2,04	1,77	1,58	1,41	1,29	1,19	1,11	1,05	1,00	2,77	1,82	1,58	1,41	1,26	1,15	1,07	1,00	0,94	0,89	2,99	0,40
1,99	1,72	1,54	1,38	1,26	1,17	1,09	1,03	0,98	2,76	1,78	1,54	1,38	1,23	1,12	1,04	0,97	0,92	0,87	2,97	0,50
1,94	1,68	1,50	1,34	1,23	1,14	1,07	1,01	0,96	2,74	1,73	1,50	1,34	1,20	1,10	1,01	0,95	0,89	0,85	2,94	0,60
1,89	1,63	1,46	1,31	1,19	1,10	1,03	0,97	0,92	2,73	1,69	1,46	1,31	1,17	1,07	0,99	0,92	0,87	0,83	2,92	0,70
1,83	1,59	1,42	1,27	1,16	1,07	1,00	0,94	0,89	2,71	1,64	1,42	1,27	1,13	1,04	0,96	0,90	0,85	0,80	2,89	0,80
1,78	1,54	1,38	1,23	1,12	1,04	0,97	0,92	0,87	2,70	1,59	1,37	1,23	1,10	1,00	0,93	0,87	0,82	0,78	2,87	0,90
1,72	1,49	1,33	1,19	1,09	1,01	0,95	0,89	0,85	2,69	1,54	1,33	1,19	1,06	0,97	0,90	0,84	0,79	0,75	2,84	1,00
1,66	1,44	1,29	1,15	1,05	0,97	0,91	0,86	0,81	2,67	1,48	1,28	1,15	1,03	0,94	0,87	0,81	0,77	0,73	2,82	1,10
1,60	1,38	1,24	1,11	1,01	0,94	0,88	0,83	0,79	2,66	1,43	1,24	1,11	0,99	0,90	0,84	0,78	0,74	0,70	2,79	1,20
1,53	1,33	1,19	1,06	0,97	0,90	0,84	0,79	0,75	2,64	1,37	1,19	1,06	0,95	0,87	0,80	0,75	0,71	0,67	2,77	1,30
1,47	1,27	1,14	1,02	0,93	0,86	0,80	0,76	0,72	2,63	1,31	1,14	1,02	0,91	0,83	0,77	0,72	0,68	0,64	2,74	1,40

Beiwerte ρ_1 und ρ_2

d_2/d	$\xi = 0{,}45$					$\xi = 0{,}617$				
	ρ_1 für $k_{s1} =$				ρ_2	ρ_1 für $k_{s1} =$				ρ_2
	2,83	2,74	2,68	2,63		3,09	2,97	2,85	2,74	
≤0,07	1,00	1,00	1,00	1,00	1,00	1,00	1,00	1,00	1,00	1,00
0,08	1,00	1,00	1,00	1,01	1,01	1,00	1,00	1,00	1,01	1,01
0,10	1,00	1,01	1,01	1,02	1,03	1,00	1,01	1,01	1,02	1,03
0,12	1,00	1,01	1,02	1,03	1,06	1,00	1,01	1,02	1,03	1,06
0,14	1,00	1,02	1,03	1,04	1,08	1,00	1,01	1,03	1,04	1,08
0,16	1,00	1,02	1,04	1,06	1,11	1,00	1,02	1,04	1,06	1,11
0,18	1,00	1,03	1,05	1,07	1,17	1,00	1,02	1,05	1,07	1,13
0,20	1,00	1,04	1,06	1,09	1,30	1,00	1,03	1,06	1,08	1,16
0,22	1,00	1,04	1,07	1,10	1,45	1,00	1,03	1,07	1,10	1,19
0,24	1,00	1,05	1,09	1,12	1,63	1,00	1,04	1,08	1,12	1,24

$$A_{s1}\,[\text{cm}^2] = \rho_1 \cdot k_{s1} \cdot \frac{M_{Eds}\,[\text{kNm}]}{d\,[\text{cm}]} + \frac{N_{Ed}\,[\text{kN}]}{43{,}5}$$

$$A_{s2}\,[\text{cm}^2] = \rho_2 \cdot k_{s2} \cdot \frac{M_{Eds}\,[\text{kNm}]}{d\,[\text{cm}]}$$

Dimensionsgebundene Bemessungstafel (k_d-Verfahren) für den Rechteckquerschnitt mit Druckbewehrung für Biegung mit Längskraft (Betonstahl BSt 500 und $\gamma_s = 1{,}15$; Normalbeton ≤ C50/60)

5 Stahlbetonbau (neu)

Tafel 3

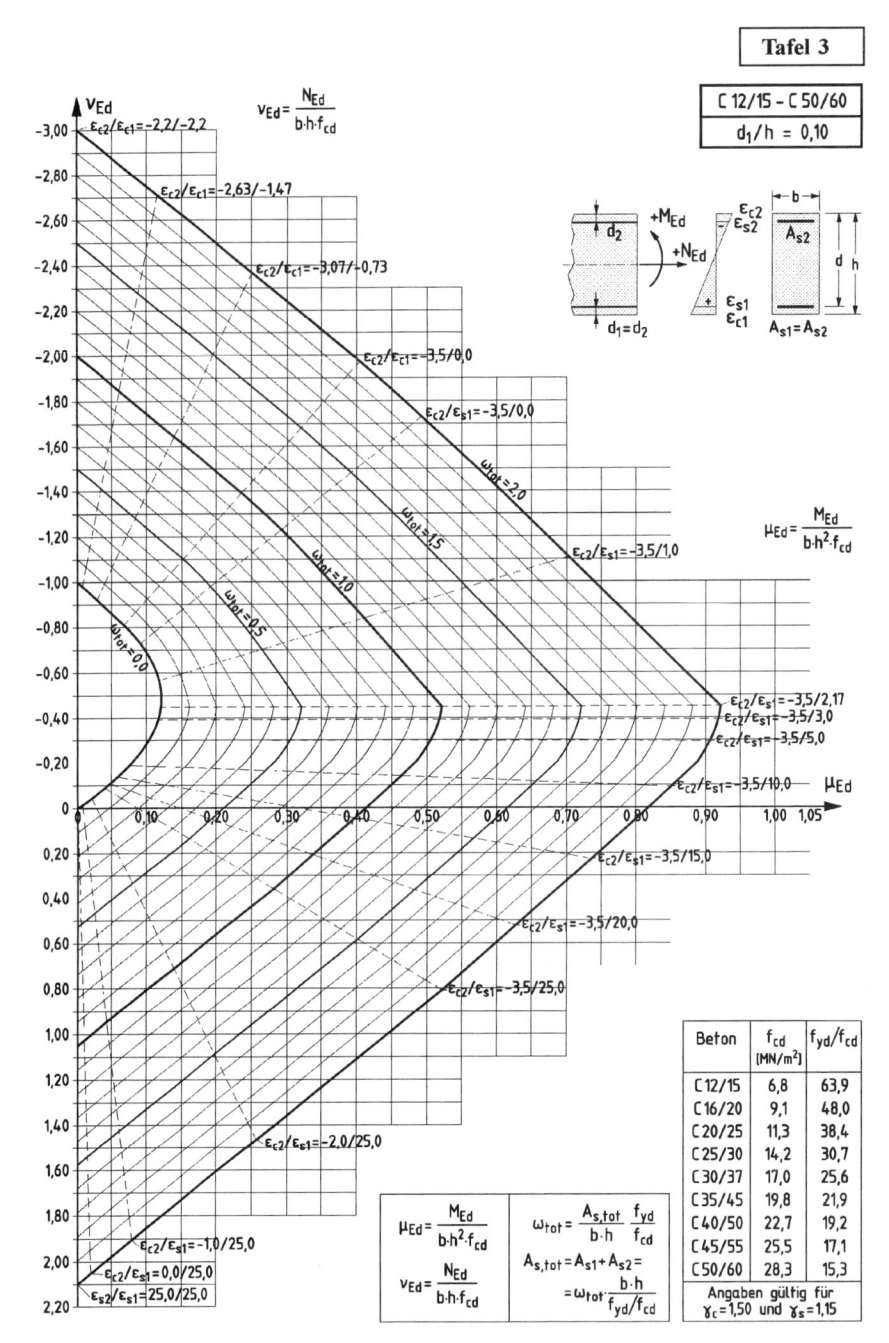

C 12/15 – C 50/60
$d_1/h = 0{,}10$

$\nu_{Ed} = \dfrac{N_{Ed}}{b \cdot h \cdot f_{cd}}$

$\mu_{Ed} = \dfrac{M_{Ed}}{b \cdot h^2 \cdot f_{cd}}$

$\omega_{tot} = \dfrac{A_{s,tot}}{b \cdot h} \cdot \dfrac{f_{yd}}{f_{cd}}$

$A_{s,tot} = A_{s1} + A_{s2} = \omega_{tot} \cdot \dfrac{b \cdot h}{f_{yd}/f_{cd}}$

Beton	f_{cd} [MN/m²]	f_{yd}/f_{cd}
C 12/15	6,8	63,9
C 16/20	9,1	48,0
C 20/25	11,3	38,4
C 25/30	14,2	30,7
C 30/37	17,0	25,6
C 35/45	19,8	21,9
C 40/50	22,7	19,2
C 45/55	25,5	17,1
C 50/60	28,3	15,3

Angaben gültig für $\gamma_c = 1{,}50$ und $\gamma_s = 1{,}15$

Interaktionsdiagramm für den Rechteckquerschnitt mit Bewehrungsanordnung nach obiger Skizze (BSt 500 mit $\gamma_s = 1{,}15$; Beton $\leq$ C50/60); $d_1/h = 0{,}10$ (aus [5.54])

5.84

7 Bewehrungszeichnungen; Konstruktionstafeln
(s. a. Kapitel 14 B „Bauzeichnungen")

7.1 Bewehrungszeichnungen
7.1.1 Darstellung von Stabstahlbewehrung
- Stahlbetonbalken

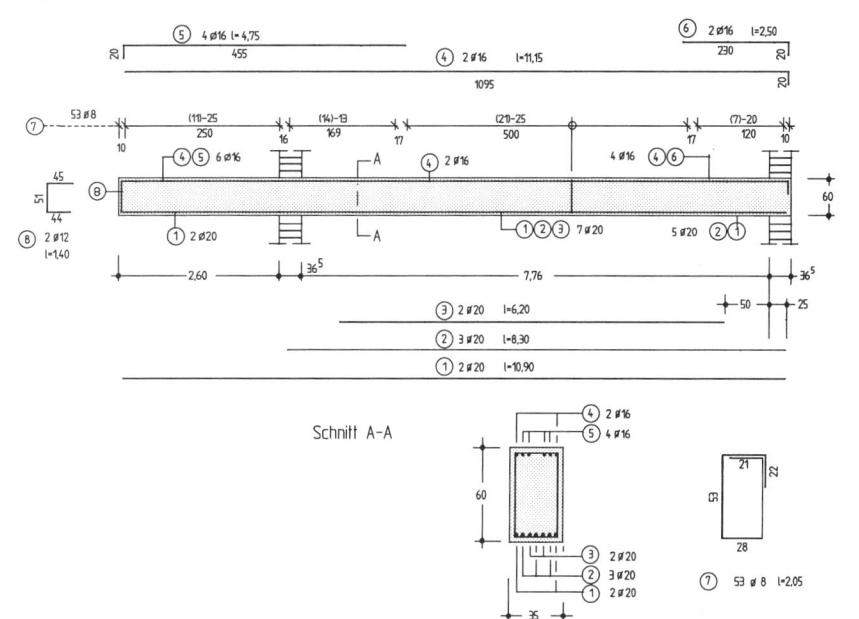

- Stahlbetonplatten

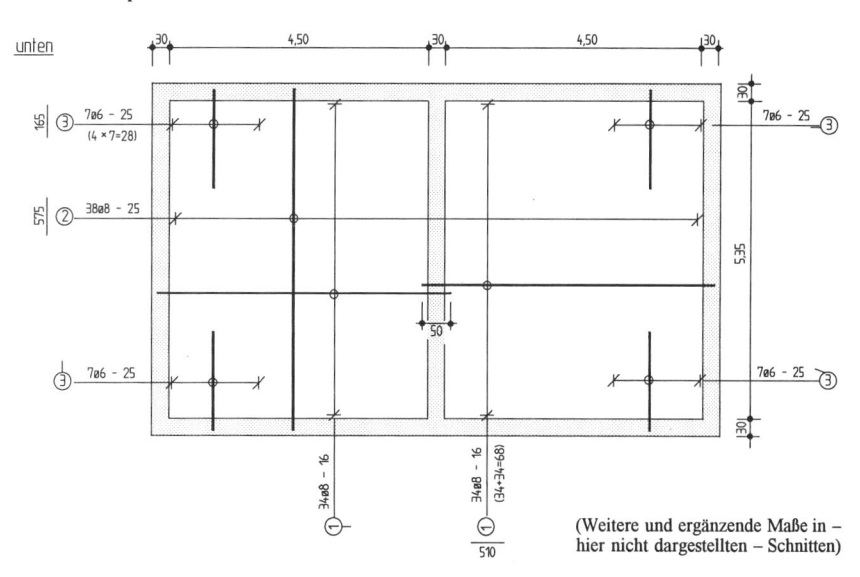

(Weitere und ergänzende Maße in – hier nicht dargestellten – Schnitten)

7.1.2 Darstellung von Mattenbewehrung

- **Darstellung einzelner Matten**

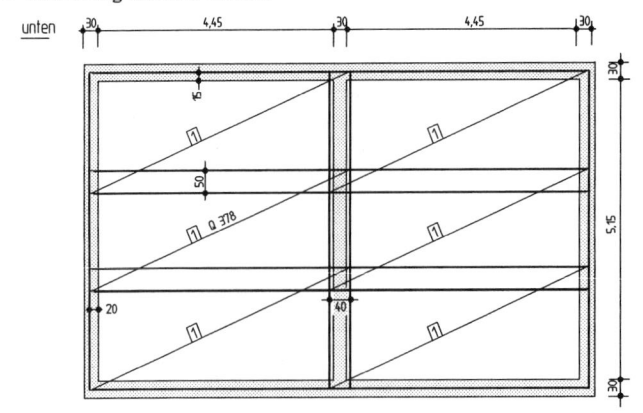

- **Zusammengefasste Darstellung von gleichen Einzelmatten**

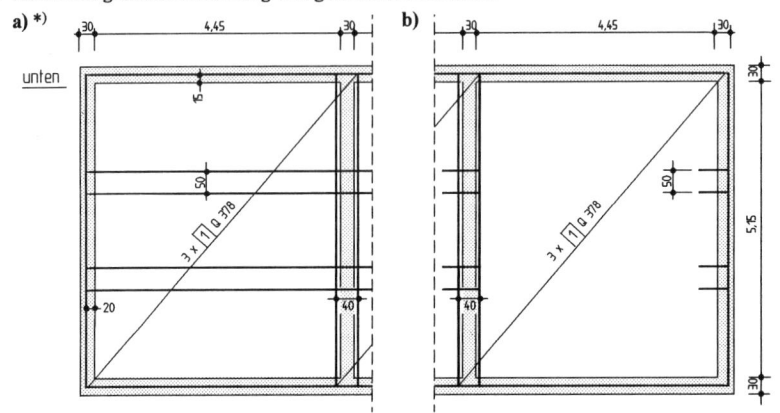

  a) *)   b)

- **Achsenbezogene Darstellung**

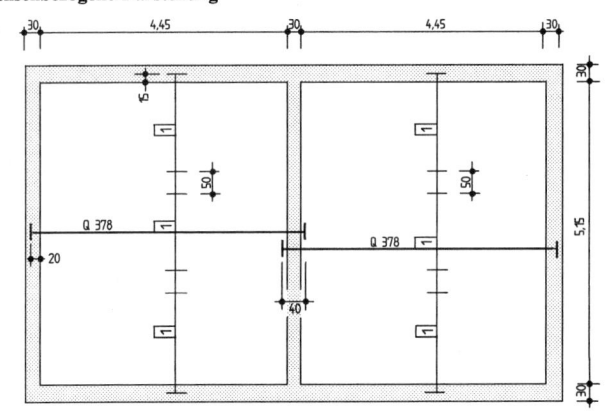

*) Die Darstellungsart a) ist nicht genormt.

7.2 Konstruktionstafeln

7.2.1 Betonstabstahl BSt 500 S

Abmessungen und Gewichte

Nenndurchmesser d_s in mm	6	8	10	12	14	16	20	25	28	32	36	40
Nennquerschnitt A_s in cm²	0,283	0,503	0,785	1,13	1,54	2,01	3,14	4,91	6,16	8,04	10,18	12,57
Nenngewicht G in kg/m	0,222	0,395	0,617	0,888	1,21	1,58	2,47	3,85	4,83	6,31	7,99	9,87

Querschnitte von Flächenbewehrungen a_s in cm²/m

Stababstand s in cm	\multicolumn{8}{c}{Durchmesser d_s in mm}	Stäbe pro m
	6	8	10	12	14	16	20	25	28	
5,0	5,65	10,05	15,71	22,62	30,79	40,21	62,83	98,17		20,00
5,5	5,14	9,14	14,28	20,56	27,99	36,56	57,12	89,25		18,18
6,0	4,71	8,38	13,09	18,85	25,66	33,51	52,36	81,81	102,63	16,67
6,5	4,35	7,73	12,08	17,40	23,68	30,93	48,33	75,52	94,73	15,38
7,0	4,04	7,18	11,22	16,16	21,99	28,72	44,88	70,12	87,96	14,29
7,5	3,77	6,70	10,47	15,08	20,53	26,81	41,89	65,45	82,10	13,33
8,0	3,53	6,28	9,82	14,14	19,24	25,13	39,27	61,36	76,97	12,50
8,5	3,33	5,91	9,24	13,31	18,11	23,65	36,96	57,75	72,44	11,76
9,0	3,14	5,59	8,73	12,57	17,10	22,34	34,91	54,54	68,42	11,11
9,5	2,98	5,29	8,27	11,90	16,20	21,16	33,07	51,67	64,82	10,53
10,0	2,83	5,03	7,85	11,31	15,39	20,11	31,42	49,09	61,58	10,00
10,5	2,69	4,79	7,48	10,77	14,66	19,15	29,92	46,75	58,64	9,52
11,0	2,57	4,57	7,14	10,28	13,99	18,28	28,56	44,62	55,98	9,09
11,5	2,46	4,37	6,83	9,83	13,39	17,48	27,32	42,68	53,54	8,70
12,0	2,36	4,19	6,54	9,42	12,83	16,76	26,18	40,91	51,31	8,33
12,5	2,26	4,02	6,28	9,05	12,32	16,08	25,13	39,27	49,26	8,00
13,0	2,17	3,87	6,04	8,70	11,84	15,47	24,17	37,76	47,37	7,69
13,5	2,09	3,72	5,82	8,38	11,40	14,89	23,27	36,36	45,61	7,41
14,0	2,02	3,59	5,61	8,08	11,00	14,36	22,44	35,06	43,98	7,14
14,5	1,95	3,47	5,42	7,80	10,62	13,87	21,67	33,85	42,47	6,90
15,0	1,88	3,35	5,24	7,54	10,26	13,40	20,94	32,72	41,05	6,67
16,0	1,77	3,14	4,91	7,07	9,62	12,57	19,63	30,68	38,48	6,25
17,0	1,66	2,96	4,62	6,65	9,06	11,83	18,48	28,87	36,22	5,88
18,0	1,57	2,79	4,36	6,28	8,55	11,17	17,45	27,27	34,21	5,56
19,0	1,49	2,65	4,13	5,95	8,10	10,58	16,53	25,84	32,41	5,26
20,0	1,41	2,51	3,93	5,65	7,70	10,05	15,71	24,54	30,79	5,00
21,0	1,35	2,39	3,74	5,39	7,33	9,57	14,96	23,37	29,32	4,76
22,0	1,29	2,28	3,57	5,14	7,00	9,14	14,28	22,31	27,99	4,55
23,0	1,23	2,19	3,41	4,92	6,69	8,74	13,66	21,34	26,77	4,35
24,0	1,18	2,09	3,27	4,71	6,41	8,38	13,09	20,45	25,66	4,17
25,0	1,13	2,01	3,14	4,52	6,16	8,04	12,57	19,63	24,63	4,00

Querschnitte von Balkenbewehrungen A_s in cm²

Stabdurchmesser d_s in mm	\multicolumn{10}{c}{Anzahl der Stäbe}
	1	2	3	4	5	6	7	8	9	10
6	0,28	0,57	0,85	1,13	1,41	1,70	1,98	2,26	2,54	2,83
8	0,50	1,01	1,51	2,01	2,51	3,02	3,52	4,02	4,52	5,03
10	0,79	1,57	2,36	3,14	3,93	4,71	5,50	6,28	7,07	7,85
12	1,13	2,26	3,39	4,52	5,65	6,79	7,92	9,05	10,18	11,31
14	1,54	3,08	4,62	6,16	7,70	9,24	10,78	12,32	13,85	15,39
16	2,01	4,02	6,03	8,04	10,05	12,06	14,07	16,09	18,10	20,11
20	3,14	6,28	9,42	12,57	15,71	18,85	21,99	25,13	28,27	31,42
25	4,91	9,82	14,73	19,64	24,54	29,45	34,36	39,27	44,18	49,09
28	6,16	12,32	18,47	24,63	30,79	36,95	43,10	49,26	55,42	61,58

5 Stahlbetonbau (neu)

Größte Anzahl von Stäben in einer Lage bei Balken

Nachfolgende Werte gelten für ein Nennmaß der Betondeckung nom $c = 2,5$ cm (bezogen auf den Bügel) ohne Berücksichtigung von Rüttellücken. Bei den Werten in ( ) werden die geforderten Abstände geringfügig unterschritten.

Balkenbreite b in cm	Durchmesser d_s in mm						
	10	12	14	16	20	25	28
10	1	1	1	1	1	1	–
15	3	3	3	(3)	2	2	1
20	5	4	4	4	3	3	2
25	6	6	6	5	5	4	3
30	8	(8)	7	7	6	5	4
35	10	9	(9)	8	7	6	5
40	11	11	10	9	8	7	6
45	13	12	(12)	11	10	8	7
50	15	14	13	12	11	9	(8)
55	16	15	14	14	12	10	8
60	18	17	16	15	13	11	9
Bügeldurchmesser $d_{sbü}$	$d_{sbü} \leq 8$ mm				≤ 10 mm	≤ 12 mm	≤ 16 mm

Verbundbedingungen (s. auch S. 5.45)

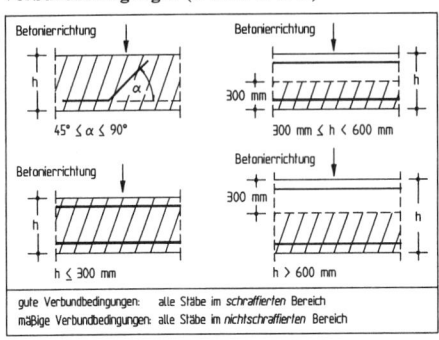

Verbundspannungen f_{bd} in N/mm²
(für Rippenstäbe mit $d_s \leq 32$ mm; s. S. 5.45)

Beton-festigkeits-klasse	Verbundspannung f_{bd} in N/mm²	
	guter Verbund	mäßiger Verbund
C12/15	1,6	1,1
C16/20	2,0	1,4
C20/25	2,3	1,6
C25/30	2,7	1,9
C30/37	3,0	2,1
C35/45	3,4	2,4
C40/50	3,7	2,6
C45/55	4,0	2,8
C50/60	4,3	3,0

Grundmaß der Verankerungslänge l_b in cm

Beton-festigkeits-klasse	Verbund-bedingung	Stabdurchmesser d_s in mm							
		6	8	10	12	14	16	20	25	28
C12/15	gut	40	53	66	79	92	105	132	165	184
	mäßig	56	75	94	113	132	150	188	235	263
C16/20	gut	33	43	54	65	76	87	109	136	152
	mäßig	47	62	78	93	109	124	155	194	217
C20/25	gut	28	37	47	56	66	75	94	117	131
	mäßig	40	54	67	80	94	107	134	167	187
C25/30	gut	24	32	40	48	57	65	81	101	113
	mäßig	35	46	58	69	81	92	115	144	161
C30/37	gut	21	29	36	43	50	57	71	89	100
	mäßig	31	41	51	61	71	82	102	128	143
C35/45	gut	19	26	32	39	45	52	64	81	90
	mäßig	28	37	46	55	64	74	92	115	129
C40/50	gut	18	24	30	35	41	47	59	74	83
	mäßig	25	34	42	51	59	67	84	105	118
C45/55	gut	16	22	27	33	38	44	55	68	76
	mäßig	23	31	39	47	55	62	78	97	109
C50/60	gut	15	20	25	31	36	41	51	64	71
	mäßig	22	29	36	44	51	58	73	91	102

7.2.2 Betonstahlmatten BSt 500 M (A)

Lagermatten Lieferprogramm
(mit Materialeigenschaften gemäß DIN 1045-1, Tabelle 11; ab 01.10.2001)

Die neue DIN 1045-1 definiert erhöhte Anforderungen an die Duktilität von Betonstählen, die über den Anforderungen nach DIN 488 liegen. Das geforderte Qualitätsniveau wird mit einer neuen, tiefgerippten Betonstahlmatte erreicht, die zukünftig vom Fachverband Betonstahlmatten produziert wird. Im Zuge der Anpassung der Betonstahlmatten an die DIN 1045-1 wird das Lagermattenprogramm außerdem reduziert. Nachfolgend ist das nach dem derzeitigen Stand geplante neue Lagermattenprogramm wiedergegeben.

Länge / Breite	Randeinsparung (Längsrichtung)	Matten-be-zeichnung	Mattenaufbau in Längsrichtung			Mattenaufbau in Querrichtung		Quer-schnitte	Gewicht	
			Stab-ab-stände	Stabdurchmesser		Anzahl der Längsrandstäbe		längs / quer	je Matte	je m²
				Innen-bereich	Rand-bereich	links	rechts			
m			mm	mm				cm²/m	kg	
5,00 / 2,15	ohne	Q188 A	150 / 150	6,0 / 6,0				1,88 / 1,88	32,4	3,01
		Q257 A	150 / 150	7,0 / 7,0				2,57 / 2,57	44,1	4,10
		Q335 A	150 / 150	8,0 / 8,0				3,35 / 3,35	57,7	5,37
6,00 / 2,15	mit	Q377 A	150 / 100	6,0 d / 7,0	6,0	– 4	/ 4	3,77 / 3,85	67,6	5,24
		Q513 A	150 / 100	7,0 d / 8,0	7,0	– 4	/ 4	5,13 / 5,03	90,0	6,98
5,00 / 2,15	ohne	R188 A	150 / 250	6,0 / 6,0				1,88 / 1,13	26,2	2,44
		R257 A	150 / 250	7,0 / 6,0				2,57 / 1,13	32,2	3,00
		R335 A	150 / 250	8,0 / 6,0				3,35 / 1,13	39,2	3,65
6,00 / 2,15	mit	R377 A	150 / 250	6,0 d / 6,0	6,0	– 2	/ 2	3,77 / 1,13	46,1	3,57
		R513 A	150 / 250	7,0 d / 6,0	7,0	– 2	/ 2	5,13 / 1,13	58,6	4,54

Der Gewichtsermittlung der Lagermatten liegen folgende Überstände zugrunde:

Q188 A – Q335 A: Überstände längs: 100/100 mm Überstände quer: 25/25 mm
Q377 A – Q513 A: Überstände längs: 100/100 mm Überstände quer: 25/25 mm
R188 A – R335 A: Überstände längs: 125/125 mm Überstände quer: 25/25 mm
R377 A – R513 A: Überstände längs: 125/125 mm Überstände quer: 25/25 mm

„d": Doppelstab in Längsrichtung

Randausbildung der Lagermatten: Doppelstäbe / Einfachstäbe

Q377 A, Q513 A

R377 A, R513 A

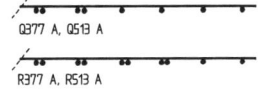

DIN 1045 digital

Nach Einführung der neuen Norm zum Stahlbetonbau DIN 1045-1 müssen sich die in Stahlbeton- und Spannbeton tätigen Ingenieure mit grundlegend geänderten Konzepten, Berechnungsmethoden und Bezeichnungen auseinandersetzen.

Die DIN 1045-1 digital bietet:
- den Normentext mit Querverweisen, Kurzbeispielen und sich einblendenden Erläuterungen
- interaktive Bemessungshilfen mit vielen Eingabe- und Berechnungsvarianten
- Bemessungshilfen für die Nachweise im Grenzzustand der Tragfähigkeit und im Grenzzustand der Gebrauchstauglichkeit
- ausführlich erläuterte Beispiele aus dem Hochbau (Platten, Balken, Stützen und Fundamente) mit den wesentlichen Nachweisen. Diese Beispiele liegen zusammen mit Benutzungshinweisen für die CD zusätzlich in Buchform vor.

Systemvoraussetzungen: Windows 95 oder höher • MS Excel 97 oder höher

Autoren: *Prof. Dr.-Ing. Ulrich P. Schmitz* und *Prof. Dr.-Ing. Alfons Goris* lehren an der Universität-Gesamthochschule Siegen.

Zu beziehen über Ihre Buchhandlung oder direkt beim Verlag.

Schmitz/Goris
DIN 1045 digital
Normaltext, interaktive Bemessungshilfen, Beispiele
2002, etwa 100 Seiten, 17x24 cm, kartoniert, inkl. CD-ROM
Subskriptionspreis bis zwei Monate nach Erscheinen
€ 49,-/sFr 98,-
danach
€ 65,-/sFr 130,-
ISBN 3-8041-4177-3

WERNER VERLAG

Werner Verlag · Postfach 10 53 54 · 40044 Düsseldorf
Telefon (02 11) 3 87 98-0 · Telefax (02 11) 3 87 98-11
www.werner-verlag.de

6 Beton- und Stahlbetonbau (DIN 1045)

Prof. Dipl.-Ing. Dipl.-Wirtschaftsing. Gerhard Richter
Prof. Dr.-Ing. Robert Weber (Abschnitt 1.1)
Prof. Dr.-Ing. Alfons Goris (Zum Einstieg)

Inhaltsverzeichnis

Seite

Zum Einstieg
- I Bemessungskonzept nach DIN 1045 .... 6.2
- II Bemessungsbeispiel 6.3
- III Bemessungshilfen 6.6

1 **Beton und Betonstahl** 6.8
1.1 Beton 6.8
1.1.1 Ausgangsstoffe 6.8
1.1.2 Eigenschaften des Frischbetons .. 6.10
1.1.3 Eigenschaften des Festbetons 6.11
1.1.4 Anforderungen an die Zusammensetzung des Betons 6.12
1.1.5 Anforderungen und Hinweise für die Bauausführung 6.15
1.1.6 Prüfungen im Rahmen der Eigenüberwachung 6.16
1.2 Betonstahl 6.17

2 **Grundlagen zur Ermittlung von Schnittgrößen** 6.18
2.1 Allgemeines 6.18
2.1.1 Ungünstigste Laststellung 6.18
2.1.2 Bemessungswerte 6.18
2.1.3 Voraussetzung für eine Durchlaufwirkung 6.19
2.2 Stützweiten und Auflagertiefen ... 6.19
2.3 Schnittgrößen in einachsig gespannten, durchlaufenden Platten und Balken 6.19
2.4 Biegemomente in rahmenartigen Tragwerken 6.21
2.5 Schnittgrößen und Auflagerkräfte in zweiachsig gespannten Platten . 6.21
2.6 Räumliche Steifigkeit und Stabilität 6.21

3 **Bemessung im Stahlbetonbau (DIN 1045, Abschnitt 17)** 6.22
3.1 Bemessung für Biegung, Biegung mit Längskraft und Längskraft allein 6.22

Seite

3.2 Bemessung für Druck (Knicksicherheitsnachweis – KSNW) ... 6.23
3.2.1 Vorbemerkung 6.23
3.2.2 Ersatzstabverfahren 6.23
3.2.3 Bedingungen für den Fortfall des Knicksicherheitsnachweises 6.25
3.2.4 Druckglieder mit geringer Schlankheit (Fortfall des KSNW) 6.25
3.3 Bemessung für Querkraft (DIN 1045, 17.5) 6.27
3.3.1 Schubspannungsnachweis – Grundwert τ_0 .... 6.27
3.3.2 Bemessungswerte für die Schubbewehrung (DIN 1045, 17.5.5) ... 6.28
3.4 Beschränkung der Durchbiegung unter Gebrauchslast (DIN 1045, 17.7) 6.30

4 **Bewehrungsrichtlinien** 6.31
4.1 Lichte Stababstände, Betondeckung und Biegeradien 6.31
4.2 Grundlagen zur Verankerung und zum Stoß von Bewehrungsstäben . 6.32
4.3 Stöße der Bewehrungsstäbe 6.34
4.4 Bewehrungsführung und Verankerung 6.34

5 **Spezielle Vorschriften für besondere Bauteile** 6.36
5.1 Fundamente 6.36
5.2 Platten und plattenartige Bauteile . 6.40
5.3 Balken, Plattenbalken und Rippendecken (DIN 1045, Abschnitt 21) 6.42
5.3.1 Balken, Plattenbalken und deckengleiche Unterzüge 6.42
5.3.2 Stahlbetonrippendecken 6.43
5.4 Druckglieder 6.43
5.4.1 Stabförmige Druckglieder 6.43
5.4.2 Wände 6.45

6 **Bemessungstafeln mit Anwendungsbeispielen** 6.47

Zum Einstieg

Prof. Dr.-Ing. Alfons Goris

I Bemessungskonzept nach DIN 1045

Die Bemessung der tragenden Konstruktion eines Bauwerks muss sicherstellen, dass ein Tragwerk
- mit angemessener Zuverlässigkeit den Einwirkungen während der Nutzung standhält,
- mit annehmbarer Wahrscheinlichkeit die geforderte Gebrauchstauglichkeit behält,
- eine angemessene Dauerhaftigkeit aufweist.

Diese grundlegenden Forderungen werden durch Nachweise (Bemessung und/oder Beachtung von Konstruktionsregeln) in *Bruch- und Gebrauchszuständen* erfüllt.

Bruchzustand

Es ist nachzuweisen, dass die Beanspruchungen S_u des rechnerischen Bruchzustandes – das sind die mit einem globalen Sicherheitsfaktor γ_{Global} vervielfachten Einwirkungen S des Gebrauchszustandes – den Widerstand bzw. die Beanspruchbarkeit R_u, die sich aus den Baustofffestigkeiten β_R und β_s von Beton und Stahl ergibt, nicht überschreitet:

$$S_u = \gamma_{Global} \cdot S \leq R_u$$

Alternativ (und in der Bemessungspraxis üblich) können auch die Beanspruchungen des Gebrauchszustandes S den um γ_{Global} verminderten Tragfähigkeiten $R \leq R_u / \gamma_{Global}$ gegenübergestellt werden:

$$S \leq R_u / \gamma_{Global}$$

Gebrauchszustand

Unter einer festgelegten Lastfallkombination des Gebrauchszustandes ist nachzuweisen, dass eine bestimmte Bauteileigenschaft nicht überschritten wird. Die Nachweise beziehen sich auf die Einhaltung der zulässigen Durchbiegung, den Nachweis der Rissbreite und die Beschränkung der Stahlspannungen bei nicht vorwiegend ruhender Belastung.

Dauerhaftigkeit

Eine ausreichende Dauerhaftigkeit wird in Abhängigkeit von den Umweltbedingungen durch geeignete Baustoffe und eine entsprechende bauliche Durchbildung (Betondeckung usw.) nachgewiesen.

Erläuterung der Grenzzustände an Beispielen

	Grenzzustände	Beispiele
①	Bruchzustände – Biegung und Längskraft – Querkraft, Torsion, Durchstanzen – Verformungsbeeinflusste Grenzzustände der Tragfähigkeit (Knicken)	(Biegebruch/Schubbruch bei zu schwacher Bewehrung und/oder zu gering dimensioniertem Betonquerschnitt)
②	Gebrauchszustände – Begrenzung der Rissbreiten – Begrenzung der Verformungen – Spannungsbegrenzung	Durchbiegungsschäden (z. B. an leichten Trennwänden)
③	Dauerhaftigkeit – Betonzusammensetzung – Betonverarbeitung – Betondeckung der Bewehrung – ...	Korrosion der Bewehrung, Betonabplatzungen

II Bemessungsbeispiel

1 Tragwerksbeschreibung

Die dargestellte Decke mit Unterzug einer Warenhauserweiterung ist zu bemessen und konstruktiv zu bearbeiten. Im Rahmen des Beispiels werden die Biege- und Querkraftbemessung sowie die Begrenzung der Biegeschlankheit (Durchbiegungsbegrenzung) gezeigt; Nachweise zur Bewehrungsführung sind zusätzlich zu führen und hier nicht dargestellt.

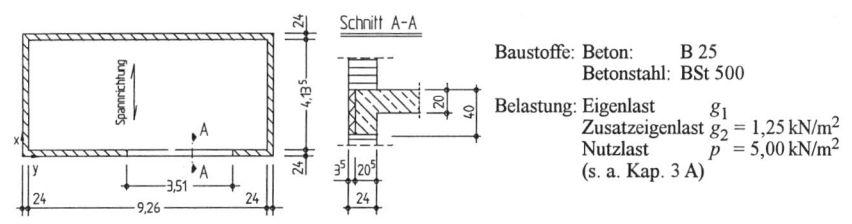

Baustoffe: Beton: B 25
Betonstahl: BSt 500

Belastung: Eigenlast g_1
Zusatzeigenlast $g_2 = 1{,}25$ kN/m²
Nutzlast $p = 5{,}00$ kN/m²
(s. a. Kap. 3 A)

2 Decke

2.1 Tragwerksidealisierung
(vgl. Abschn. 2, S. 6.18ff)

Die Platte kann wegen überwiegender Lastabtragung in einer Richtung als einachsig, in Richtung der kürzeren Stützweite gespannt, gerechnet werden. Als Ersatzsystem wird dabei ein *Plattenstreifen mit einer Breite von einem Meter* angenommen. Die Stützweite wird ermittelt als Abstand der Auflagerschwerpunkte:

$l_x = 4{,}135 + 2 \cdot (0{,}205/3) \approx 4{,}25$ m

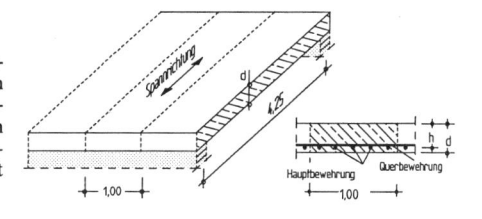

Belastung

Konstruktionseigenlast:	$0{,}20 \cdot 25{,}0 = 5{,}00$ kN/m²		$g_1 = 5{,}00$ kN/m²
Zusatzeigenlast (Estrich, Belag, Putz ...):			$g_2 = 1{,}25$ kN/m²
		Σ ständige Lasten:	$g = 6{,}25$ kN/m²
Nutzlast in Warenhäusern (DIN 1055-3):		Σ veränderliche Lasten:	$p = 5{,}00$ kN/m²

2.2 Schnittgrößen

Biegemoment:
$M = 0{,}125 \cdot q \cdot l_x^2$
$= 0{,}125 \cdot (6{,}25 + 5{,}00) \cdot 4{,}25^2$
$= 25{,}40$ kNm/m

Querkraft:
$Q = 0{,}5 \cdot q \cdot l_x$
$= 0{,}5 \cdot (6{,}25 + 5{,}00) \cdot 4{,}25$
$= 23{,}91$ kN/m

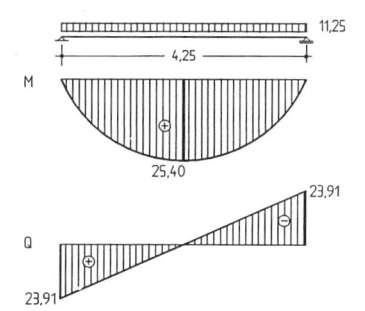

2.3 Bemessung

2.3.1 Biegebemessung

Bemessungsmoment $M_s = M = 25{,}40$ kNm/m
Bewehrung $A_s = 5{,}62$ cm²/m (s. Tafel 6.6a)
gew.: R 589 (= 5,89 cm²/m)

2.3.2 Bemessung für Querkraft

Ohne Schubbewehrung aufnehmbare Querkraft: $Q_{aufn} = 77$ kN/m (Bewehrung nicht gestaffelt; s. Tafel 6.6b)

$Q_{aufn} > Q_{vorh} = 23{,}91$ kN/m → keine Schubbewehrung erforderlich!

2.3 Nachweise im Gebrauchszustand
(s. Abschn. 3.4, S. 6.30)

Für Platten bis 20 cm Dicke ohne nennenswerte Zwangbeanspruchung ist i. d. R. nur ein Nachweis zur Begrenzung der Verformungen erforderlich. Der Nachweis wird vereinfachend nach Tafel 6.6c durch Begrenzung der Biegeschlankheit geführt.

Einfeldsystem mit $l_x = 4{,}25$ m → $d_{erf} \approx 15$ cm $< d_{vorh} = 20$ cm (Nachweis erfüllt)

2.4 Bewehrungsführung und Bewehrungsskizze

Auf Nachweise zur Bewehrungsführung wird verzichtet, Bewehrung entsprechend nachfolgender Skizze.

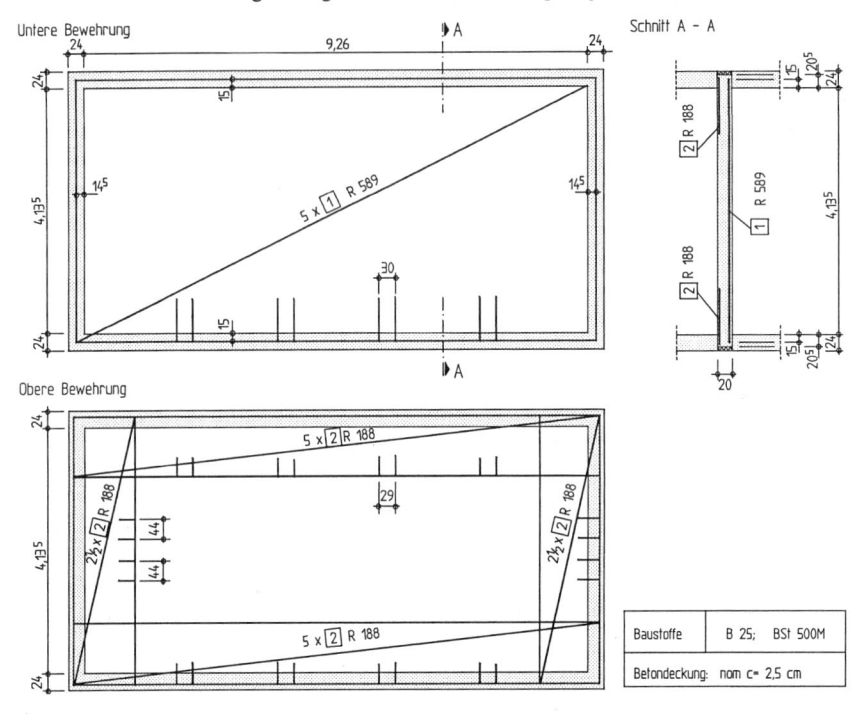

Baustoffe	B 25; BSt 500M
Betondeckung:	nom c = 2,5 cm

3 Unterzug

3.1 Tragwerksidealisierung

Als Stützweite wird die um 5 % vergrößerte lichte Weite angenommen.

$l = 1{,}05 \cdot 3{,}51 \approx 3{,}70$ m

Belastung

aus Decke (s. S. 6.3): $0{,}5 \cdot (6{,}25 + 5{,}00) \cdot 4{,}25 = 23{,}91$ kN/m
Konstruktionseigenlast: $0{,}205 \cdot 0{,}20 \cdot 25{,}0 = 1{,}03$ kN/m

$q = 24{,}94$ kN/m

3.2 Grenzzustände der Tragfähigkeit (Bruchzustände)

3.2.1 Bemessung für Biegung
(s. Tafel IV,1; S.6.46)

Biegemoment $\quad M = 0{,}125 \cdot q \cdot l^2 = 0{,}125 \cdot 24{,}94 \cdot 3{,}70^2 = 42{,}7$ kNm

Mittragende Breite: $\quad b_m \approx l_0/6 = 3{,}70/6 = 0{,}62$ m

Bemessung
Nutzhöhe: $\quad h \approx 40{,}0 - 5{,}0 = 35$ cm
Bemessungsmoment $\quad M_s = M = 42{,}7$ kNm (wegen $N = 0$)

Eingangswert: $\quad k_h = \dfrac{h\,[\text{cm}]}{\sqrt{M_s\,[\text{kNm}]/b\,[\text{m}]}} = \dfrac{35}{\sqrt{42{,}7/0{,}62}} = 4{,}22$

Ablesung (s.S. 6.48): $\quad k_s = 3{,}7 \quad (k_x = 0{,}16 \rightarrow x = 0{,}16 \cdot 35 = 5{,}6$ cm $< d_{pl} = 20$ cm)

Bewehrung: $\quad \text{erf } A_s = k_s \cdot \dfrac{M_s[\text{kNm}]}{h\,[\text{cm}]} + \dfrac{N[\text{kN}]}{28{,}6} = 3{,}7 \cdot \dfrac{42{,}7}{35{,}0} = 4{,}50$ cm^2

gew.: $\quad 4\,\varnothing\,12$ ($= 4{,}52$ cm^2) (Stabstahl)

Näherungsweise und auf der sicheren Seite ist auch eine Bemessung mit Tafel 6.7a als Rechteckquerschnitt mit $b/d(/h) = 20{,}5/40$ (/35) cm möglich. Man erhält mit $b_{Steg} = 20{,}5$ cm ≈ 20 cm.

$\left.\begin{array}{l} M = 42{,}7 \text{ kNm} \\ b/d(/h) = 20/40(/35) \text{ cm} \end{array}\right\} \rightarrow \quad \text{erf } A_s \approx 4{,}8$ cm^2

3.2.2 Bemessung für Querkraft
(s. a. Abschn. 3.3, S. 6.27ff)

Querkraft: $\quad Q_s = 0{,}5 \cdot q \cdot l = 0{,}5 \cdot 24{,}94 \cdot 3{,}70 = 46{,}1$ kN

Nachweise (näherungsweise und auf der sicheren Seite in der theoretischen Auflagerlinie)

Schubspannungsgrenze: $\quad \tau_0 = Q_s/(b_0 \cdot z)$
(Druckstrebennachweis) $\quad = 0{,}0461\,/(0{,}205 \cdot (0{,}9 \cdot 0{,}35)) = 0{,}71$ MN/m$^2 < \tau_{03} = 3{,}00$ MN/m^2
$\quad \rightarrow$ Druckstrebentragfähigkeit erfüllt

Schubbewehrung: $\quad \tau_0 = 0{,}71$ MN/m$^2 < \tau_{012} = 0{,}75$ MN/m$^2 \rightarrow$ Schubbereich 1
$\quad \tau = 0{,}4\,\tau_0 = 0{,}4 \cdot 0{,}71 = 0{,}29$ MN/m^2 (Bemessungswert τ im Schubber.1)
$\quad a_{bü} = \tau \cdot b_0/\sigma_{s,bü} = 0{,}29 \cdot 0{,}205/286 \cdot 10^4 = 2{,}1$ cm^2/m

gew.: $\quad \varnothing\,6 - 20$ ($= 2{,}82$ cm^2/m)

Anschluss Druckgurt: Im Rahmen des Beispiels ohne Nachweis.

Alternativ ist auch eine Bemessung mit Tafel 6.7b als Rechteckquerschnitt mit $b/d(/h) \approx 20/40$ (/35) cm möglich.

$\left.\begin{array}{l} Q_s = 46{,}1 \text{ kN/m} \\ b/d(/h) = 20/40(/35) \text{ cm} \end{array}\right\} \rightarrow \quad \text{erf } a_{sbü} \approx 2{,}2$ cm^2/m

3.3 Nachweise des Gebrauchszustandes

Auf entsprechende Nachweise kann im vorliegenden Falle verzichtet werden. Bei Balken ist jedoch häufig ein Nachweis zur Begrenzung der Rissbreite, bei schlanken Konstruktionen ggf. auch ein Nachweis der Durchbiegung erforderlich.

3.4 Bewehrungsführung und Bewehrungsskizze

Auf Nachweise zur Bewehrungsführung wird verzichtet, Bewehrung entsprechend nebenstehender Skizze.

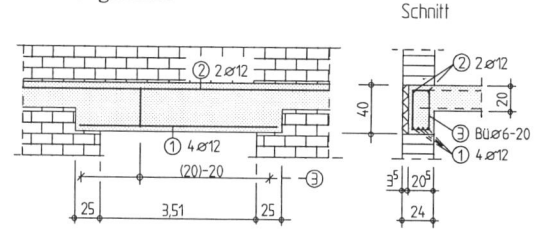

III Bemessungshilfen

(weitere Tafeln s. [5.53])

BSt 500; B 25

Voraussetzungen für die Tafel 6.6a bis 6.6c: Plattendicke d [cm] = h [cm] + 3 cm

Tafel 6.6a Plattenbemessung für Biegung (erf. Bewehrung a_s in cm²/m für Platten ohne Druckbewehrung)

M kNm ↓	erf a_s in cm²/m bei d in cm (=h[cm] + 3 cm)								M kNm ↓	erf a_s in cm²/m bei d in cm (=h[cm] + 3 cm)						
	14	16	18	20	22	24	26	28	30		16	18	20	22	24	26	28	30
4	1,33	1,11	0,96	0,84	0,75	0,68	0,62	0,57	0,53	50	16,6	13,5	11,6	10,1	9,07	8,20	7,49	6,90
6	2,01	1,69	1,45	1,27	1,14	1,03	0,93	0,86	0,79	55	18,8	15,1	12,8	11,2	10,0	9,07	8,27	7,61
8	2,71	2,26	1,95	1,71	1,52	1,37	1,25	1,15	1,06	60		16,7	14,1	12,3	11,0	9,94	9,06	8,33
10	3,41	2,85	2,45	2,15	1,91	1,72	1,57	1,44	1,33	65		18,5	15,5	13,5	12,0	10,8	9,86	9,06
12	4,12	3,44	2,95	2,59	2,30	2,07	1,89	1,73	1,60	70		20,4	16,9	14,7	13,0	11,7	10,7	9,79
14	4,85	4,04	3,46	3,03	2,70	2,43	2,21	2,03	1,87	75		22,4	18,3	15,8	14,0	12,6	11,5	10,5
16	5,59	4,64	3,98	3,48	3,09	2,78	2,53	2,32	2,14	80			19,9	17,1	15,0	13,5	12,3	11,3
18	6,34	5,26	4,49	3,93	3,49	3,14	2,86	2,62	2,42	85			21,5	18,3	16,1	14,4	13,1	12,0
20	7,11	5,87	5,02	4,38	3,89	3,50	3,18	2,91	2,69	90			23,2	19,6	17,1	15,3	13,9	12,8
22	7,89	6,49	5,54	4,84	4,29	3,86	3,51	3,22	2,96	95			24,9	20,9	18,2	16,3	14,7	13,5
24	8,70	7,13	6,07	5,30	4,70	4,22	3,84	3,51	3,24	100				22,2	19,4	17,2	15,6	14,3
26	9,53	7,77	6,61	5,76	5,11	4,59	4,16	3,81	3,52	110				25,2	21,6	19,2	17,3	15,8
28	10,4	8,42	7,15	6,22	5,50	4,95	4,49	4,11	3,80	120				28,3	24,0	21,2	19,1	17,4
30	11,3	9,09	7,69	6,69	5,92	5,32	4,83	4,42	4,07	130					26,6	23,3	20,9	19,0
32	12,2	9,76	8,24	7,16	6,34	5,68	5,16	4,72	4,35	140					29,4	25,4	22,7	20,6
34	13,1	10,5	8,80	7,63	6,75	6,05	5,49	5,03	4,63	150						27,7	24,6	22,2
36	14,1	11,2	9,35	8,11	7,17	6,42	5,83	5,33	4,91	160						30,2	26,6	24,0
38	15,2	11,9	9,93	8,59	7,59	6,80	6,16	5,64	5,19	170	Druckbewehrung erforderlich.					32,7	28,6	25,7
40	16,3	12,6	10,5	9,07	8,01	7,17	6,50	5,94	5,48	180							30,8	27,5
42		13,4	11,1	9,55	8,44	7,55	6,84	6,25	5,76	190							33,0	29,3
44		14,1	11,7	10,1	8,86	7,93	7,18	6,56	6,04	200							35,3	31,2
46		14,9	12,3	10,5	9,29	8,31	7,52	6,87	6,32	210							37,8	33,2
48		15,7	12,9	11,0	9,72	8,69	7,85	7,18	6,61	220								35,3

Tafel 6.6b Plattenbemessung für Querkraft (aufn. Querkraft in kN für Platten ohne Schubbewehrung)
(Hebelarm $z \approx 0,9 h$)

	d in cm (= h [cm] + 3 cm) gestaffelte Biegezugbewehrung							d in cm (= h [cm] + 3 cm) nichtgestaffelte Biegezugbewehrung						
	14	16	18	20	22	24	26	28	14	16	18	20	22	24	26	28	30
Q_{aufn} in kN	35	41	47	54	60	66	72	79	85	50	59	68	77	86	95	104	113	122

Tafel 6.6c Erforderliche Plattendicke d für die Begrenzung der Biegeschlankheit

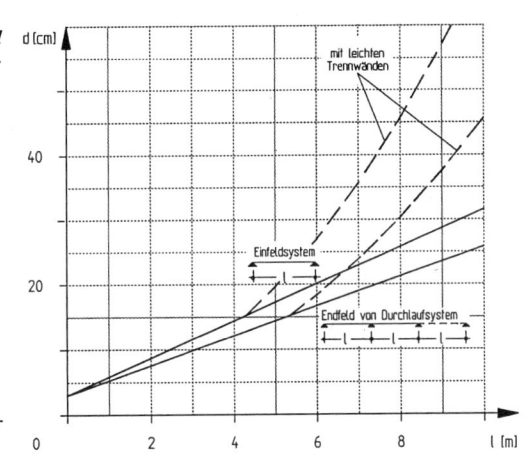

(Erläuterungen und weitere Systeme – Innenfelder, Kragträger usw. – s. a. S. 6.30)

Voraussetzungen für die Tafel 6.7a und 6.7b: Bauteildicke d [cm] = h [cm] + 5 cm   **BSt 500; B 25**

Tafel 6.7a Balkenbemessung für Biegung (erf. Bewehrung A_s in cm² für Rechtecke ohne Druckbewehrung)

M kNm ↓	erf A_s in cm² bei d[cm]= 40 / 60 / 80 / 100; b[cm]= 20, 30, 40 / 30, 40 / 40, 60 / 40, 60								M kNm ↓	erf A_s in cm² bei d[cm]= 60 / 80 / 100; b[cm]= 30, 40 / 40, 60 / 40, 60					
10	1,0	1,0	1,0	0,7	0,7	0,5	0,5	0,4 0,4	200	14,7	14,3	10,0	9,9	7,8	7,7
20	2,2	2,1	2,1	1,3	1,3	0,9	0,9	0,7 0,7	250	19,2	18,2	12,7	12,5	9,8	9,7
30	3,3	3,2	3,2	2,0	2,0	1,4	1,4	1,1 1,1	300	24,4	22,6	15,4	15,2	11,9	11,7
40	4,5	4,4	4,3	2,7	2,7	1,9	1,9	1,5 1,5	350		27,3	18,2	17,7	13,9	13,7
50	5,7	5,5	5,4	3,4	3,3	2,4	2,4	1,9 1,9	400		32,5	21,0	20,4	16,0	15,7
60	7,1	6,7	6,6	4,1	4,0	2,9	2,9	2,3 2,3	450			24,0	23,1	18,1	17,8
70	8,6	7,9	7,8	4,8	4,7	3,4	3,4	2,6 2,6	500			27,0	25,8	20,3	19,8
80	10,2	9,2	9,0	5,5	5,4	3,9	3,9	3,0 3,0	600			33,5	31,5	24,7	24,0
90		10,6	10,2	6,2	6,1	4,4	4,4	3,4 3,4	700			40,8	37,5	29,3	28,3
100		12,0	11,4	6,9	6,8	4,9	4,9	3,8 3,8	800				43,7	34,1	32,6
120		15,2	14,1	8,4	8,3	5,9	5,8	4,6 4,6	900				50,3	39,2	37,0
140			17,1	9,9	9,7	7,0	6,8	5,4 5,3	1000				57,4	44,5	41,6
160			20,3	11,4	11,2	8,0	7,9	6,2 6,1	1100				65,2	50,3	46,3
180				13,1	12,7	9,0	8,9	7,0 6,9	1200					56,6	51,2

Tafel 6.7b Balkenbemessung für Querkraft (erf. Bewehrung $a_{s,bü}$ in cm²/m für Rechtecke; lotr. Bügel)
($z \approx 0{,}9h$; Bemessungswerte τ: Schubbereich 1 (SB 1) → $\tau = 0{,}4\tau_0$ | SB 2 → $\tau = \tau_0^2/\tau_{02}$ | SB 3 → $\tau = \tau_0$)

Q kN ↓	erf $a_{s,bü}$ in cm²/m bei d[cm]= 40 / 60 / 80 / 100; b[cm]= 20, 30, 40 / 30, 40 / 40, 60 / 40, 60								Q kN ↓	erf $a_{s,bü}$ cm²/m bei d[cm]= 60 / 80 / 100; b[cm]= 30, 40 / 40, 60 / 40, 60					
10	0,4	0,4	0,4	0,3	0,3	0,2	0,2	0,2 0,2	200	10,6	7,9	4,1	4,1	3,3	3,3
20	0,9	0,9	0,9	0,6	0,6	0,4	0,4	0,3 0,3	250	16,5	12,4	6,7	5,2	4,1	4,1
30	1,3	1,3	1,3	0,9	0,9	0,6	0,6	0,5 0,5	300	21,2	17,8	9,6	6,2	6,0	4,9
40	1,8	1,8	1,8	1,1	1,1	0,8	0,8	0,7 0,7	350	24,7	24,3	13,1	8,7	8,2	5,7
50	2,5	2,2	2,2	1,4	1,4	1,0	1,0	0,8 0,8	400	28,3	28,3	17,1	11,4	10,6	7,1
60	3,5	2,7	2,7	1,7	1,7	1,2	1,2	1,0 1,0	450		31,8	21,6	14,4	13,5	9,0
70	4,8	3,1	3,1	2,0	2,0	1,5	1,5	1,2 1,2	500		35,3	25,9	17,8	16,6	11,1
80	6,3	4,2	3,6	2,3	2,3	1,7	1,7	1,3 1,3	600			31,1	25,6	23,9	16,0
90	7,9	5,3	4,0	2,6	2,6	1,9	1,9	1,5 1,5	700			36,3	34,9	28,7	21,7
100	9,8	6,5	4,9	2,8	2,8	2,1	2,1	1,6 1,6	800			41,5	41,5	32,8	28,4
120	13,3	9,4	7,1	3,8	3,4	2,5	2,5	2,0 2,0	900				46,7	36,8	35,9
140	15,5	12,8	9,6	5,2	4,0	2,9	2,9	2,3 2,3	1000				51,9	40,9	40,9
160	17,8	16,7	12,5	6,8	5,1	3,3	3,3	2,6 2,6	1100				57,0		45,0
180	20,0	20,0	15,9	8,6	6,4	3,7	3,7	3,0 3,0	1200				62,2		49,1

Gestrichelte Linie = Grenze zwischen SB 1 / SB 2 bzw. SB 2 / SB 3 (SB = Schubbereich)

Tafel 6.7c Bemessung für mittigen Druck (aufn. Längskraft N in kN für Rechteck- und Kreisquerschnitte)

Betonanteil D_b in kN; Rechteckquerschnitt

d\b	20	25	30	40	50	60	70	80
20	333	417	500	667	833	1000	1167	1333
25		521	625	833	1042	1250	1458	1667
30			750	1000	1250	1500	1750	2000
40				1333	1667	2000	2333	2667
50					2083	2500	2917	3333
60						3000	3500	4000
70							4083	4667
80								5333

Betonanteil D_b in kN; Kreisquerschnitt

D	20	25	30	40	50	60	70	80
	262	409	589	1047	1636	2356	3207	4189

Stahlanteil D_s in kN; Stabstahl

n\$\varnothing$	12	14	16	20	25	28
4	91	123	161	251	393	493
6	136	185	241	377	589	739
8	181	246	322	503	785	985
10	226	308	402	628	982	1232
12	271	370	483	754	1178	1478
14	317	431	563	880	1374	1724
16	362	493	643	1005	1571	1970
18	407	554	724	1131	1767	2217
20	452	616	804	1257	1964	2463

Gesamttragfähigkeit

zul $|N| \approx D_b + D_s$

6 Stahlbetonbau

1 Beton und Betonstahl

1.1 Beton

1.1.1 Ausgangsstoffe

● Zement

Für Beton und Stahlbeton muß Zement nach DIN 1164 verwendet werden. Außerdem können nichtgenormte, bauaufsichtlich zugelassene Zemente, z. B. Traßhochofenzement, eingesetzt werden.

Zementarten und Zusammensetzung (DIN 1164 Teil 1)

Zementart	Bezeichnung	Kurzzeichen	Zusammensetzung in Masse-%[1]	
			Portlandzement-klinker (K)	Weitere Hauptbestandteile
CEM I	Portlandzement (bisher Portlandzement PZ)	CEM I	100	–
CEM II	Portlandhüttenzement (bisher Eisenportlandzement EPZ)	CEM II/A-S	94 ... 80	6 ... 20 Hüttensand (S)
		CEM II/B-S	79 ... 65	21 ... 35 Hüttensand (S)
	Portlandpuzzolanzement (bisher Traßzement TrZ)	CEM II/A-P	94 ... 80	6 ... 20 natürl. Puzzolan (P)
		CEM II/B-P	79 ... 65	21 ... 35 natürl. Puzzolan (P)
	Portlandflugaschezement (bisher Flugaschezement FAZ)	CEM II/A-V	94 ... 80	6 ... 20 kieselsäurereiche Flugasche (V)
	Portlandölschieferzement (bisher Portlandölschieferzement PÖZ)	CEM II/A-T	94 ... 80	6 ... 20 gebrannter Ölschiefer (T)
		CEM II/B-T	79 ... 65	21 ... 35 gebrannter Ölschiefer (T)
	Portlandkalksteinzement (bisher Portlandkalksteinzement PKZ)	CEM II/A-L	94 ... 80	6 ... 20 Kalkstein (L)
	Portlandflugaschehüttenzement (bisher Flugaschehüttenzement FAHZ)	CEM II/B-SV	79 ... 65	10 ... 20 kieselsäurereiche Flugasche (V) 10 ... 20 Hüttensand (S)
CEM III	Hochofenzement (bisher Hochofenzement HOZ)	CEM III/A	64 ... 35	36 ... 65 Hüttensand (S)
		CEM III/B	34 ... 20	66 ... 80 Hüttensand (S)

[1] Die Angaben beziehen sich auf die Summe von Portlandzementklinker und von weiteren Hauptbestandteilen.

Festigkeitsklassen und Kennfarben (DIN 1164 Teil 1)

Festig-keits-klasse	Druckfestigkeit in N/mm²			Kennfarbe[3]	Farbe des Aufdrucks	[1] Üblich erhärtende Zemente (ohne Kennbuchstabe). [2] Schnell erhärtende Zemente (Kennbuchstabe R = rapid). [3] Grundfarbe des Sackes bzw. des Siloanheftblatts.
	Anfangsfestigkeit		Normfestigkeit 28 Tage			
	2 Tage mindestens	7 Tage mindestens	mindestens	höchstens		
32,5 [1]	–	16	32,5	52,5	hellbraun	schwarz
32,5 R[2]	10	–				rot
42,5 [1]	10	–	42,5	62,5	grün	schwarz
42,5 R[2]	20	–				rot
52,5 [1]	20	–	52,5	–	rot	schwarz
52,5 R[2]	30	–				weiß

NW-Zemente entwickeln eine niedrige Hydratationswärme und sind deshalb besonders für massige Bauteile geeignet. HS-Zemente weisen einen hohen Sulfatwiderstand auf und sind bei einem Sulfatangriff des Grundwassers über 600 mg/l erforderlich. NA-Zemente haben einen niedrigen wirksamen Alkaligehalt. Sie werden bei Verarbeitung von Zuschlägen mit alkaliempfindlichen Bestandteilen verwendet. Dabei ist die Richtlinie „Alkalireaktion im Beton" zu beachten.

6 Stahlbetonbau

● **Betonzuschlag**

Der Betonzuschlag muß DIN 4226 entsprechen; er soll möglichst grobkörnig, jedoch hohlraumarm sein. Das Größtkorn darf 1/3 der kleinsten Bauteilmaße nicht überschreiten. Der überwiegende Teil des Zuschlags sollte kleiner als der Abstand der Bewehrungsstäbe untereinander und von der Schalung sein. Die Kornzusammensetzung wird durch Sieblinien nach DIN 1045 und eventuell weitere Kennwerte für die Kornverteilung (Körnungsziffer, D-Summe) gekennzeichnet.

Regelsieblinien für Zuschlaggemische mit unterschiedlichem Größtkorn (DIN 1045)

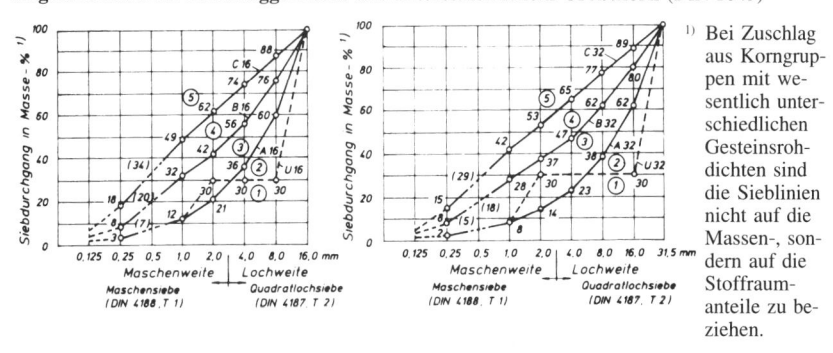

[1] Bei Zuschlag aus Korngruppen mit wesentlich unterschiedlichen Gesteinsrohdichten sind die Sieblinien nicht auf die Massen-, sondern auf die Stoffraumanteile zu beziehen.

	Zuschlag mit	Zusätzliche Bezeichnung für	
Kleinstkorn in mm	Größtkorn in mm	ungebrochenen Zuschlag	gebrochenen Zuschlag[1]
0	4	Sand	Brechsand; Edelbrechsand
4	32	Kies	Splitt; Edelsplitt
32	63	Grobkies	Schotter

[1] Für gebrochene Zuschläge nach den „Technischen Lieferbedingungen für Mineralstoffe im Straßenbau" (TLMin) gelten andere Begrenzungen der Korngruppen.

Körnungsziffern und *D*-Summen für die stetigen Regelsieblinien mit 32 mm und 16 mm Größtkorn sowie Richtwerte für den Wasseranspruch

		A32	B32	C32	A16	B16	C16
Körnungsziffer *k*		5,48	4,20	3,30	4,61	3,66	2,75
D-Summe		352	480	570	439	534	625
Richtwerte für den Wasseranspruch	KS	130	150	170	140	160	190
in kg/m³ verdichteten Frischbetons	KP	150	170	190	160	180	210
für Konsistenzbereich	KR	170	190	210	180	200	230

Zuschlag mit erhöhten und verminderten Anforderungen

Eigenschaft	Anforderung erhöht (e)	Anforderung vermindert (v)
Kornform	eK	vK
Druckfestigkeit	–	vD
Widerstand gegen Frost	eF	vF
Widerstand gegen Frost und Taumittel	eFT	–
Gehalt an abschlämmbaren Stoffen	–	vA
Gehalt an Stoffen organischen Ursprungs	–	vO
Gehalt an quellfähigen Bestandteilen organischen Ursprungs	eQ	–
Gehalt an Sulfaten	–	vS
Gehalt an wasserlöslichem Chlorid	eCl	vCl

Zuschlag erfüllt entweder Regelanforderungen (Kornzusammensetzung, Kornform, Festigkeit, Widerstand gegen Frost bei mäßiger Durchfeuchtung, Gehalt an schädlichen Bestandteilen) oder erhöhte oder verminderte Anforderungen. Erhöhte und verminderte Anforderungen an bestimmte Eigenschaften müssen im Sortenverzeichnis des Herstellerwerkes gekennzeichnet sein.

● **Betonzusatzmittel**

Betonzusatzmittel sind flüssige oder pulverförmige Mittel, die dem Beton zugesetzt werden, um durch chemische oder physikalische Wirkung – oder durch beides – Eigenschaften des Frisch- oder Festbetons zu ändern, wie z. B. Verarbeitbarkeit und Luftgehalt. Sie müssen ein Prüfzeichen haben.

Kurzzeichen und Farbkennzeichen der Betonzusatzmittel

Wirkungsgruppe	Kurzzeichen	Farbkennzeichen
Betonverflüssiger	BV	gelb
Fließmittel	FM	grau
Luftporenbildner	LP	blau
Dichtungsmittel	DM	braun
Verzögerer	VZ	rot
Beschleuniger	BE	grün
Einpreßhilfen	EH	weiß
Stabilisierer	ST	violett

● **Betonzusatzstoff**

Betonzusatzstoffe sind fein aufgeteilte Stoffe, z. B. Gesteinsmehl, Traß, Steinkohlenflugasche, die dem Beton zugegeben werden, um bestimmte Eigenschaften (z. B. Verarbeitbarkeit, Dichtigkeit) zu beeinflussen. Betonzusatzstoffe, die weder der Zuschlagnorm DIN 4226 noch einer dafür vorgesehenen Norm, wie z. B. der Norm für Flugasche DIN EN 450, entsprechen, dürfen nur dann verwendet werden, wenn für sie eine allgemeine bauaufsichtliche Zulassung vorliegt oder – wie bei den Zusatzmitteln – vom Deutschen Institut für Bautechnik ein Prüfzeichen erteilt ist.

1.1.2 Eigenschaften des Frischbetons

Frischbetontemperatur (DIN 1045, Abschnitt 11.1)

Lufttemperatur in °C	Mindesttemperatur des Frischbetons beim Einbau in °C
+5 ... –3	+5 allgemein
	+10 bei Zementgehalt < 240 kg/m³ sowie bei NW-Zement
< –3	+10, außerdem Halten dieser Temperatur wenigstens 3 Tage

Die Frischbetontemperatur darf i. allg. +30 °C nicht überschreiten.

Konsistenz des Betons (DIN 1045, Abschnitt 6.5.3)

Konsistenzbereiche		Ausbreitmaß a in cm	Verdichtungsmaß v
Bezeichnung	Symbol		
steif	KS	–	$\geq 1{,}20$
plastisch	KP	35 ... 41	1,19 ... 1,09
weich	KR	42 ... 48	1,07 ... 1,02
fließfähig	KF	49 ... 60	–

Die Konsistenz KF darf nur durch Zugabe eines Fließmittels eingestellt werden. Für Ortbeton der Gruppe B I ist vorzugsweise Beton der Regelkonsistenz KR oder fließfähiger Beton KF zu verwenden. Das Verdichtungsmaß empfiehlt sich bei Verwendung von Splittbeton, sehr mehlkornreichem Beton sowie Leicht- und Schwerbeton.

Mehlkorn- und Feinstsandgehalt (DIN 1045, Abschnitt 6.5.4)

Zementgehalt in kg/m³				≤ 300	350
Höchstzulässiger Gehalt in kg/m³	Mehlkorn	bei einer Prüfkorngröße	0,125 mm	350	400
	Mehlkorn und Feinstsand		0,250 mm	450	500

Zum Mehlkorngehalt zählen alle Stoffe im Beton mit einer Korngröße bis zu höchstens 0,125 mm, d. h. der Zement, der im Zuschlag enthaltene Kornanteil 0/0,125 mm und gegebenenfalls der Betonzusatzstoff. Der Mehlkorngehalt ist vor allem bei Beton zu beachten, der besonders dicht sein muß, sowie bei Sichtbeton und Pumpbeton. Bei Beton für Außenbauteile und bei Beton mit hohem Widerstand gegen Frost, Frost-Tausalz und Verschleiß sind die Tafelwerte zu berücksichtigen. Bei Zementgehalten zwischen 300 kg/m³ und 350 kg/m³ ist zwischen den angegebenen Tafelwerten geradlinig zu interpolieren. Die Werte dürfen, wenn der Zementgehalt 350 kg/m³ übersteigt, um den über 350 kg/m³ hinausgehenden Zementgehalt oder um die Menge eines gegebenenfalls zugegebenen puzzolanischen Betonzusatzstoffes erhöht werden. In beiden Fällen darf die Erhöhung höchstens 50 kg/m³ betragen. Ebenfalls um 50 kg/m³ dürfen die Tafelwerte bei einem Größtkorn von 8 mm erhöht werden.

1.1.3 Eigenschaften des Festbetons

Einteilung des Betons nach der Trockenrohdichte in kg/dm³ bzw. t/m³
(DIN 1045, Abschnitt 2.1.2)

	Trockenrohdichte	Zuschläge, zum Beispiel
Leichtbeton	$\leq 2{,}0$	Naturbims, Hüttenbims, Blähton, Blähschiefer
Normalbeton	$> 2{,}0 \ldots 2{,}8$	natürliches ungebrochenes oder gebrochenes dichtes Gestein (z. B. Sand, Kies, Splitt), künstlich hergestellte gebrochene oder ungebrochene dichte Zuschläge (z. B. Hochofenbrechsand, Hochofenschlackensplitt)
Schwerbeton	$> 2{,}8$	Schwerspat, Eisenerz, Stahlsand, Stahlschrott

Festigkeitsklassen des Betons und ihre Anwendung (DIN 1045, Tab. 1)

Betongruppe	Beton B I				Beton B II[4]		
Betonfestigkeitsklasse	B 5	B 10	B 15	B 25	B 35	B 45	B 55
Nennfestigkeit[1] β_{WN} in N/mm²	5	10	15	25[3]	35	45	55
Serienfestigkeit[2] β_{WS} in N/mm²	8	15	20	30	40	50	60
Herstellung nach Abschnitt	6.5.5 der DIN 1045				6.5.6 der DIN 1045		
Anwendung für	unbewehrten				bewehrten und unbewehrten Beton		

[1] Mindestwert für die Druckfestigkeit β_{W28} jedes Würfels; ihr liegt die 5%-Fraktile zugrunde.
[2] Mindestwert für die mittlere Druckfestigkeit β_{W28} jeder Würfelserie.
[3] Bei Beton für Außenbauteile gilt i. d. R. $\beta_{WN} \geq 32$ N/mm².
[4] In Ergänzung zu DIN 1045 nach Richtlinie „Hochfester Beton" Festigkeitsklassen B 65, B 75, B 85, B 95, B 105 und B 115.

Grundlage für Nenn- und Serienfestigkeit ist die Druckfestigkeit von 20-cm-Würfeln nach 28 Tagen Normlagerung. Mindestdruckfestigkeit eines jeden Würfels: $\beta_{W28} \geq \beta_{WN}$. Außerdem müssen die Würfel einer Serie eine mittlere Druckfestigkeit $\beta_{Wm28} \geq \beta_{WS}$ erreichen.

Der Nachweis der Würfeldruckfestigkeit darf auch für einen späteren Zeitpunkt vereinbart werden, wenn dies z. B. durch die Verwendung von langsam erhärtendem Zement zweckmäßig und mit Rücksicht auf die Beanspruchung zulässig ist.
Wenn kein Verhältniswert durch eine Eignungsprüfung ermittelt wurde, darf bei Normalbeton von der 7-Tage- auf die 28-Tage-Würfeldruckfestigkeit wie folgt geschlossen werden:

Zementfestigkeitsklasse	32,5	32,5 R; 42,5	42,5 R; 52,5; 52,5 R
Würfeldruckfestigkeit β_{W28}	1,3 β_{W7}	1,2 β_{W7}	1,1 β_{W7}

Bei gleichartiger Lagerung darf die Druckfestigkeit von 20-cm-Würfeln β_W aus der an 15-cm-Würfeln oder an Zylindern gemessenen Druckfestigkeit abgeleitet werden:

15-cm-Würfel	$\beta_W = 0{,}95 \cdot \beta_{W15\,cm}$	
Zylinder: $\varnothing = 15\,cm, h = 30\,cm$	bei $\leq$ B 15: $\beta_W = 1{,}25 \cdot \beta_C$	bei $\geq$ B 25: $\beta_W = 1{,}18 \cdot \beta_C$

1.1.4 Anforderungen an die Zusammensetzung des Betons
Anforderungen an das Zuschlaggemisch für Beton B I und B II (DIN 1045)

* keine Anforderungen + möglich − nicht möglich	ohne Beton B I Eignungsprüfung		mit Beton B I Eignungsprüfung		Beton B II
	B 5; B 10	B 15; B 25	B 5; B 10	B 15; B 25	
Sieblinienbereich nach DIN 1045	A/B; B/C	A/B; B/C	*	*	*
werkgemischter Betonzuschlag bis 32 mm	+	+	+	+	−
ungetrennter Betonzuschlag	+	−	+	−	−
Ausfallkörnung	−	−	+	+	+
Zuschlag mit verminderten Anforderungen	−	−	+	+	+
Mindestzahl der Korngruppen bei — Größtkorn 8 mm u. 16 mm	*	2	*	2	2
— 32 mm	*	2	*	2	3
— Ausfallkörnung	−	−	*	2	2
eine Korngruppe im Bereich von	*	0/4	*	0/4	0/2 o. 0/4a

Mindestzementgehalt für Beton B I ohne Eignungsprüfung – „Rezeptbeton" (DIN 1045, Tab. 4)

Zement: Festigkeitsklasse 32,5; Zuschlag: Größtkorn 32 mm

Festigkeitsklasse des Betons	Sieblinienbereich des Zuschlags	Mindestzementgehalt[2] in kg je m³ verdichteten Betons für Konsistenzbereich		
		KS[1]	KP	KR
B 5[1]	③	140	160	−
	④	160	180	−
B 10[1]	③	190	210	230
	④	210	230	260
B 15[3]	③	240	270	300
	④	270	300	330
B 25 allgemein	③	280	310	340
	④	310	340	380
B 25 für Außenbauteile	③	300	320	350
	④	320	350	380

[1] Nur für unbewehrten Beton (fette Umrahmung für bewehrten und unbewehrten Beton).

[2] Der Mindestzementgehalt muß *vergrößert* werden um
 10 % bei einem Größtkorn des Zuschlags von 16 mm,
 20 % bei einem Größtkorn des Zuschlags von 8 mm,
darf *verringert* werden um
 $\leq$ 10 % bei Zement der Festigkeitsklasse 42,5
 $\leq$ 10 % bei einem Größtkorn des Zuschlags von 63 mm,
jedoch bei B 25 für Außenbauteile nicht unter 300 kg/m³ bzw. 270 kg/m³ bei Zement der Festigkeitsklasse 42,5 und bei Stahlbeton allgemein nicht unter 240 kg/m³.
Vergrößerungen müssen, Verringerungen dürfen zusammengezählt werden.

[3] Stahlbeton B 15 darf nicht für Außenbauteile verwendet werden.

Beton B I *kann* auch aufgrund einer Eignungsprüfung zusammengesetzt werden. Eine Eignungsprüfung *muß* durchgeführt werden, wenn niedrigere Zementgehalte als beim Rezeptbeton, wenn Zuschlag mit verminderten Anforderungen, Ausfallkörnungen, Betonzusatzmittel oder Betonzusatzstoffe verwendet werden sollen.
Beton B II muß stets aufgrund einer Eignungsprüfung zusammengesetzt werden.

Anforderungen an den Beton bei der Eignungsprüfung (nach DIN 1045)

Betongruppe	Betonfestigkeitsklasse	Erforderliche Druckfestigkeit[1][2] in N/mm²	Erforderliche Konsistenzmaße[2] a oder v, bezogen auf den voraussichtlichen Zeitpunkt des Einbaus
Beton B I	B 5	≥ 11	
	B 10	≥ 20	KS: $v = 1{,}24 \ldots 1{,}20$
	B 15	≥ 25	KP: $a = 39 \ldots 41$ cm; $v = 1{,}12 \ldots 1{,}08$
	B 25	≥ 35	KR: $a = 46 \ldots 48$ cm; $v = 1{,}04 \ldots 1{,}02$
Beton B II	B 35	35 + Vorhaltemaß[3]	von der Baustelle verlangte Konsistenz + Vorhaltemaß
	B 45	45 + Vorhaltemaß[3]	
	B 55	55 + Vorhaltemaß[3]	

[1] Mittlere Druckfestigkeit von 3 Würfeln aus einer Mischung.
[2] Nur für Baustellen- und Transportbeton, nicht für Beton in Fertigteilwerken.
[3] Vorhaltemaß nach Erfahrung, andernfalls mindestens 10 N/mm² zweckmäßig.

Grenzwerte für den Zementgehalt und den w/z-Wert (DIN 1045)

Anwendung		Anrechnung von Steinkohlenflugasche (SFA)	Festigkeitsklasse des Zements	Mindestzementgehalt in kg/m³	Höchstzulässiger Wasserzementwert
unbew. Beton		–	–	100	–
Stahlbeton B I	allgemein	ohne	≥ 32,5	240	0,75
		mit	≥ 32,5	240	0,75[1]
	Außenbauteil	ohne	32,5	300	0,60[2]
			≥ 42,5	270	0,60[2]
		mit	32,5	300[3]	0,60[1]
			≥ 42,5	270	0,60[1]
Stahlbeton B II	allgemein	ohne	≥ 32,5	240	0,75
		mit	≥ 32,5	240	0,75[1]
	Außenbauteil	ohne	≥ 32,5	270	0,60
		mit	≥ 32,5	270	0,60[1]

[1] Anrechnung des SFA-Gehalts f mit der Formel $w/(z + 0{,}4 f)$, wobei $f \leq 0{,}25\, z$.
[2] Anforderung in der Regel erfüllt, wenn $\beta_{WN} \geq 32$ N/mm².
[3] Bei Transportbeton Verringerung unter bestimmten Bedingungen auf 270 kg/m³ möglich.

Anforderungen an Betone mit besonderen Eigenschaften (DIN 1045, Abschnitt 6.5.7)

Eigenschaft	Herstellung als	Sieblinienbereich	Zementgehalt in kg/m³	Wasser-Zement-Wert[1]	Zusätzliche Anforderungen
Wasserundurchlässigkeit	B I	A 16/B 16 A 32/B 32	$\geq$ 370 $\geq$ 350	– –	Wassereindringtiefe $e_W \leq 50$ mm
	B II[2]	–	–	$d \leq 40$ cm: $w/z \leq 0{,}60$[3]	
		–	–	$d > 40$ cm: $w/z \leq 0{,}70$[3]	
Hoher Frostwiderstand	B I	A 16/B 16 A 32/B 32	$\geq$ 370 $\geq$ 350	– –	Zuschläge frostbeständig (eF); $e_W \leq 50$ mm
	B II	–	–	$\leq 0{,}60$[3]	
		–	–	bei massigen Bauteilen $\leq 0{,}70$[3]	Zuschläge frostbeständig (eF bzw. eFT); $e_W \leq 50$ mm; mittlerer LP-Gehalt[4] bei
Hoher Frost- und Tausalzwiderstand[6]	B II	–	–	$\leq 0{,}50$	8 mm Größtkorn[5] $\geq$ 5,5 Vol.-% 16 mm Größtkorn[5] $\geq$ 4,5 Vol.-% 32 mm Größtkorn[5] $\geq$ 4,0 Vol.-% 63 mm Größtkorn[5] $\geq$ 3,5 Vol.-%
Hoher Widerstand gegen chemische Angriffe mit Angriffsgrad — schwach	B I	A 16/B 16 A 32/B 32	$\geq$ 370 $\geq$ 350	– –	Wassereindringtiefe $e_W \leq 50$ mm
	B II	–	–	$\leq 0{,}60$[3]	
— stark	B II	–	–	$\leq 0{,}50$[3]	Wassereindringtiefe $e_W \leq 30$ mm
— sehr stark	B II	–	–	$\leq 0{,}50$[3]	Wassereindringtiefe $e_W \leq 30$ mm und Schutz des Betons
Hoher Verschleißwiderstand	B II	nahe A oder B/U	$\leq$ 350 bei Zuschlag 0/32	–	Beton $\geq$ B 35; Zuschlag bis 4 mm Quarz o. ä., > 4 mm mit hohem Verschleißwiderstand

[1] Zur Berücksichtigung der Streuungen während der Betonherstellung ist bei der Festlegung der Betonzusammensetzung ein um etwa 0,05 niedrigerer Höchstwert zugrunde zu legen.
[2] Unter bestimmten Bedingungen auch als B I zulässig.
[3] Anrechnung eines Steinkohlenflugaschegehalts f mit der Formel $w/(z + 0{,}4\,f)$ möglich, wobei $f \leq 0{,}25\,z$.
[4] Bei Betonwaren aus sehr steifem Beton nicht erforderlich.
[5] Einzelwerte dürfen bei der Bauausführung den mittleren LP-Gehalt um höchstens 0,5 Vol.-% unterschreiten. Zur Berücksichtigung möglicher Streuungen empfiehlt es sich, bei der Eignungsprüfung den LP-Gehalt um etwa 0,5 Vol.-% höher einzustellen.
[6] Alle Zemente nach DIN 1164 mit Ausnahme Portlandpuzzolanzement; bei sehr starkem Frost-Tausalzangriff (wie z. B. bei Betonfahrbahnen) Portlandzement, Portlandhüttenzement, Portlandölschieferzement und Portlandkalksteinzement der Festigkeitsklasse $\geq$ 32,5 oder Hochofenzement 42,5.

Grenzwerte zur Beurteilung des Angriffsgrads von Böden (DIN 4030 Teil 1, Tab. 5)

Untersuchung	Angriffsgrad schwach	Angriffsgrad stark
Säuregrad nach *Baumann-Gully* in ml/kg	> 200	–
Sulfat (SO_4^{2-}) in mg je kg lufttrockenen Bodens[1]	2000 … 5000	> 5000

[1] Bei Sulfatgehalten über 3000 mg je kg Boden ist ein Zement mit hohem Sulfatwiderstand (HS) zu verwenden.

Grenzwerte zur Beurteilung des Angriffsgrads von Wässern vorwiegend natürlicher Zusammensetzung (DIN 4030 Teil 1, Tab. 4)

Untersuchung		Angriffsgrad[1]		
		schwach angreifend	stark angreifend	sehr stark angreifend
pH-Wert		6,5 ... 5,5	< 5,5 ... 4,5	< 4,5
kalklösende Kohlensäure (CO_2)	mg/l	15 ... 40	> 40 ... 100	> 100
Ammonium (NH_4^+)	mg/l	15 ... 30	> 30 ... 60	> 60
Magnesium (Mg^{2+})	mg/l	300 ... 1000	> 1000 ... 3000	> 3000
Sulfat[2] (SO_4^{2-})	mg/l	200 ... 600	> 600 ... 3000	> 3000

[1] Für die Beurteilung des Wassers ist der aus der Tabelle entnommene höchste Angriffsgrad maßgebend, auch wenn er nur von einem der Werte der Tabelle erreicht wird. Liegen 2 oder mehr Werte im oberen Viertel eines Bereiches (bei pH im unteren Viertel), so erhöht sich der Angriffsgrad um eine Stufe. Diese Erhöhung gilt nicht für Meerwasser.

[2] Bei Sulfatgehalten über 600 mg SO_4^{2-} je Liter Wasser, ausgenommen Meerwasser, ist ein Zement mit hohem Sulfatwiderstand (HS) nach S. 6.9 zu verwenden.

Zusammenhang zwischen Betondruckfestigkeit, Normfestigkeit des Zements und Wasser-Zement-Wert (nach *Walz*)

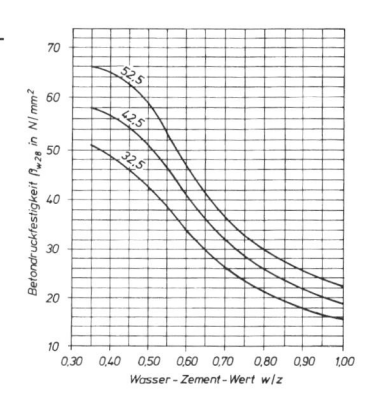

1.1.5 Anforderungen und Hinweise für die Bauausführung

Zement, Zuschlag, Zugabewasser, Betonzusatzmittel und Betonzusatzstoff müssen mit einer Genauigkeit von 3 Masse-% zugegeben werden.

Die Betonzusammensetzung muß in einer Mischanweisung vorliegen. Die Stoffe müssen in Betonmischern, die für die jeweilige Betonzusammensetzung geeignet sind, so lange gemischt werden, bis ein gleichmäßiges Gemisch entstanden ist.

Bei der Bestellung von Transportbeton sind folgende Angaben wichtig: Rezepturnummer laut Betonsortenverzeichnis/Betonfestigkeitsklasse, gegebenenfalls besondere Eigenschaften/Konsistenzbereich, möglichst Regelkonsistenz KR/Zementart und gegebenenfalls -festigkeitsklasse/Größtkorn des Zuschlags/Tag und Uhrzeit des Betonierbeginns/Gesamtmenge und stündlicher Bedarf/Baustellenanschrift und Telefonnummer/Zufahrtmöglichkeit. Weitergehende Angaben, wie z. B. Sichtbeton, Pumpbeton, können zweckmäßig sein.

Beim Fördern und Einbringen ist darauf zu achten, daß der Beton nicht durch Witterungseinflüsse verändert wird und sich nicht entmischt. Der Beton muß vollständig verdichtet werden. Für das Verdichten durch Rütteln ist DIN 4235 zu beachten.

Zum Schutz des Betons gegen vorzeitiges Austrocknen und zur Sicherstellung einer ausreichenden Erhärtung der oberflächennahen Bereiche ist eine gründliche Nachbehandlung durchzuführen. Ihre erforderliche Dauer richtet sich in erster Linie nach der Festigkeitsentwicklung des Betons und den Umgebungsbedingungen während der Erhärtung. Gebräuchliche Verfahren sind:

Belassen in der Schalung/Abdecken mit Folien/Aufbringen wasserhaltender Abdeckungen/Aufbringen von flüssigen Nachbehandlungsmitteln/kontinuierliches Besprühen mit Wasser.

Mindestdauer für die Nachbehandlung von Außenbauteilen bei Betontemperaturen $\geq$ 10 °C[1]
(Richtlinie zur Nachbehandlung von Beton)

Umgebungsbedin- gungen[2]	Festigkeitsentwicklung des Betons[3]		
	schnell	mittel	langsam
günstig	1 Tag	2 Tage	2 Tage
normal	1 Tag	3 Tage	4 Tage
ungünstig	2 Tage	4 Tage	5 Tage

[1] Temperatur der Betonoberfläche; ersatzweise kann die mittlere Lufttemperatur als ungünstigster Grenzwert zugrunde gelegt werden. Bei Temperaturen unter 10 °C sind die Nachbehandlungszeiten zu verdoppeln. Die Dauer der Nachbehandlung muß um evtl. Frosttage, bei verzögertem Beton um die Verzögerungszeit verlängert werden.

[2] Umgebungsbedingungen (für die Einordnung ist der jeweils ungünstigste der drei genannten Einflüsse maßgebend):
  günstig: vor unmittelbarer Sonneneinstrahlung und vor Windeinwirkung geschützt sowie eine relative Luftfeuchte durchgehend nicht unter 80 %,
  normal: mittlere Sonneneinstrahlung und/oder mittlere Windeinwirkung und/oder relative Luftfeuchte nicht unter 50 % abfallend,
  ungünstig: starke Sonneneinstrahlung und/oder starke Windeinwirkung und/oder relative Luftfeuchte unter 50 %.

[3] Festigkeitsentwicklung der gebräuchlichen Betonzusammensetzungen:
  schnell: Beton mit einem w/z-Wert < 0,50 und Zement der Festigkeitsklassen 52,5 u. 42,5 R,
  mittel: Beton mit einem w/z-Wert zwischen 0,50 und 0,60 und Zement der Festigkeitsklassen 52,5; 42,5 und 32,5 R oder mit einem w/z-Wert < 0,50 und Zement der Festigkeitsklasse 32,5,
  langsam: Beton mit einem w/z-Wert zwischen 0,50 und 0,60 und Zement der Festigkeitsklasse 32,5 oder Beton mit einem w/z-Wert < 0,50 und Zement 32,5-NW/HS.

Für Innenbauteile reicht im allgemeinen eine Nachbehandlungsdauer von einem Tag, bei Betontemperaturen < 10 °C von zwei Tagen. Werden an die Betonoberfläche besondere Anforderungen gestellt, z. B. für das Aufbringen eines Verbundestrichs, so sind die Zeiträume zu verdoppeln.
Ein Bauteil darf erst dann ausgerüstet oder ausgeschalt werden, wenn es die angreifenden Lasten mit der vorgeschriebenen Sicherheit aufnehmen kann. Die ausreichende Festigkeit ist unter Umständen durch eine zerstörungsfreie Prüfung oder eine Erhärtungsprüfung an Probekörpern nachzuweisen.

Anhaltswerte für Ausschalfristen (DIN 1045, Tab. 8)

Festigkeitsklasse des Zements	Für die seitliche Schalung der Balken und für die Schalung der Wände und Stützen	Für die Schalung der Deckenplatten	Für die Rüstung (Stützung) der Balken, Rahmen und weitgespannten Platten
32,5	3 Tage	8 Tage	20 Tage
32,5 R; 42,5	2 Tage	5 Tage	10 Tage
42,5 R; 52,5; 52,5 R	1 Tag	3 Tage	6 Tage

Die Fristen sind zu vergrößern, wenn die Betontemperatur in der Erhärtungszeit überwiegend unter +5 °C lag. Tritt während des Erhärtens Frost ein, so sind die Fristen für ungeschützten Beton mindestens um die Dauer des Frostes zu verlängern.

1.1.6 Prüfungen im Rahmen der Eigenüberwachung

Zement: Bei jeder Lieferung Kontrolle des Lieferscheins, des Verpackungsaufdrucks bzw. Silozettels. Die Kennzeichnung (Zementart, Festigkeitsklasse und Nachweis der Güteüberwachung) muß mit den bautechnischen Unterlagen übereinstimmen.

Betonzuschlag: Bei jeder Lieferung Kontrolle des Lieferscheins im Hinblick auf Bezeichnung und Nachweis der Güteüberwachung. Überprüfen des Zuschlags nach Augenschein auf Art, Beschaffenheit und schädliche Bestandteile. Siebversuche zur Feststellung der Kornzusammensetzung bei der ersten Lieferung und bei jedem Wechsel des Herstellwerks sowie in angemessenen Zeitabständen.

Betonzusatzmittel, Betonzusatzstoff: Bei jeder Lieferung Kontrolle des Lieferscheins und Verpakkungsaufdrucks auf Bezeichnung, Prüfzeichen oder Zulassung und Nachweis der Güteüberwachung.

Beton: Die Betonproben sind für jeden Probekörper und für jede Prüfung der Konsistenz und des w/z-Werts aus verschiedenen Mischerfüllungen – bei Transportbeton möglichst aus verschiedenen Lieferungen – etwa gleichmäßig über die Betonierzeit verteilt zu entnehmen.

Umfang der Güteprüfung für Ortbeton

	Beton-gruppe		Häufigkeit		
Zementgehalt	B I	je Betonsorte	beim ersten Einbringen, dann in angemessenen Zeitabständen		
Wasser-Zement-Wert	B I[1]; B II	je Betonsorte	beim ersten Einbringen, dann einmal je Betoniertag		
Konsistenzmaß	B I; B II	je Betonsorte	beim ersten Einbringen, beim Herstellen der Probekörper		
	B II		zusätzlich in angemessenen Zeitabständen		
Druckfestigkeit	B I	tragende Wände und Stützen aus B 5, B 10	3 Würfel	je 500 m³ Beton oder je Geschoß oder je 7 Betoniertage[3]	
		B 15, B 25			
	B II	B 35, B 45, B 55	6 Würfel[2]		

[1] Nur bei Beton für Außenbauteile; gilt in der Regel als erfüllt, wenn der Beton eine Nennfestigkeit $\beta_{WN} \geq 32$ N/mm² aufweist.
[2] Die Hälfte der geforderten Würfelprüfungen kann durch zusätzliche w/z-Wert-Bestimmungen ersetzt werden. Zwei w/z-Werte ersetzen einen Würfel.
[3] Die Forderung, die die größte Anzahl von Würfeln ergibt, ist maßgebend.

Sind besondere Eigenschaften nachzuweisen, so ist der Umfang der Güteprüfung im Einzelfall festzulegen. Die Wassereindringtiefe ist an mindestens drei Prüfkörpern nachzuweisen. Der Prüfumfang vermindert sich für den Abnehmer von Transportbeton:

Zementgehalt und der bei Beton B II täglich zu prüfende w/z-Wert dürfen dem Lieferschein oder dem Betonsortenverzeichnis entnommen werden. Festigkeitsprüfungen im Rahmen der Eigenüberwachung des Transportbetonwerks für Beton B I und B II dürfen angerechnet werden, wenn der Beton für die Probekörper auf der betreffenden Baustelle entnommen wurde. Werden weniger als 100 m³ Transportbeton B I je Betoniervorgang eingebracht, so können auch auf einer anderen Baustelle hergestellte Probekörper angerechnet werden, wenn ein Beton desselben Werks, derselben Zusammensetzung und in derselben Woche verwendet wurde. Die Betonfestigkeit dieser Betonsorte muß dann vom Transportbetonwerk statistisch nachgewiesen werden.

1.1.7 Rechenwerte der Elastizitätsmoduln nach DIN 1045 (7.88)

Rechenwerte des Elastizitätsmoduls des Betons E_b (DIN 1045 Tab. 11)

Festigkeitsklasse des Betons	B 10	B 15	B 25	B 35	B 45	B 55
E_b in MN/m²	22 000	26 000	30 000	34 000	37 000	39 000

1.2 Betonstahl siehe Kapitel 5 A (Seite 5.28)

2 Grundlagen zur Ermittlung von Schnittgrößen
2.1 Allgemeines

Die Schnittgrößen müssen sowohl für alle maßgebenden Lastfälle während des Gebrauchs als auch für diejenigen während der Errichtung berechnet werden. Ob bei der Schnittgrößenberechnung die Formänderungen der Bauteile berücksichtigt werden müssen (Theorie II. Ordnung), hängt von der räumlichen Steifigkeit des Gebäudes und/oder der Schlankheit des Einzelbauteils ab, s. Kapitel 2.6 und 3.2. Die Schnittgrößen statisch unbestimmter Tragwerke sind mit Verfahren, die auf der Elastizitätstheorie beruhen, zu berechnen. Die Querschnittswerte dürfen im allgemeinen nach Zustand I mit oder ohne Einschluß des 10fachen Stahlquerschnittes ermittelt werden.

2.1.1 Ungünstigste Laststellung (DIN 1045, 15.1 − 7)

Für die Ermittlung der Schnittgrößen sind die Verkehrslasten in ungünstigster Stellung anzusetzen.

- Bei Hochbauten unter gleichmäßig verteilten Verkehrslasten darf jedoch mit Vollbelastung der einzelnen Felder in ungünstigster Anordnung gerechnet werden.
- *Querkräfte* zur Ermittlung der Schub- und Verbundspannungen dürfen in Hochbauten für Vollbelastung *aller* Felder bestimmt werden, wobei ggf. die Durchlaufwirkung oder Einspannung zu berücksichtigen ist. Bei ungleichen Stützweiten darf Vollbelastung nur dann zugrunde gelegt werden, wenn das Verhältnis benachbarter Stützweiten nicht kleiner als 0,7 ist. In Feldern mit größeren Querschnittsschwächungen (Aussparungen, stark wechselnder Steghöhe) ist für die Ermittlung der Querkräfte im geschwächten Bereich die ungünstigste Teilstreckenbelastung anzusetzen.
- *Stützkräfte*, die von einachsig gespannten Platten und Rippendecken sowie von Balken und Plattenbalken auf andere Bauteile übertragen werden, dürfen im allgemeinen ohne Berücksichtigung einer Durchlaufwirkung unter der Annahme berechnet werden, daß die Tragwerke über allen Innenstützen gestoßen und frei drehbar gelagert sind. Die Durchlaufwirkung muß bei der ersten Innenstütze stets, bei den übrigen Innenstützen dann berücksichtigt werden, wenn das Verhältnis benachbarter Stützweiten kleiner als 0,7 ist.

2.1.2 Bemessungswerte

Zu beachten ist, daß die ermittelten Schnittgrößen in vielen Fällen nicht direkt zur Bemessung verwendet werden, sondern durch Berücksichtigung weiterer Einflüsse in „Bemessungswerte" umgerechnet werden dürfen oder müssen:

a) Bemessungsmomente in durchlaufenden Platten und Balken s. S. 6.20.
b) Bei Bauteilen mit kleinen Nutzhöhen sind die Schnittgrößen für die Bemessung $(M : N)$ in Abhängigkeit von h und Δc mit α_1 auf $(\alpha_1 \cdot M;\ \alpha_1 \cdot N)$ zu vergrößern (DIN 1045, 17.2.1 [6.1] und DAfStb-Heft 400 S. 68). Es gilt für:

$\Delta c = 1{,}0$ cm und $h\ <\ 7$ cm: $\alpha_1 = 15/(h+8)$
$\Delta c = 0\ \ \,$ cm und $h\ <\ 10$ cm: $\alpha_2 = 15/(h+5)$

$0\ <\ \Delta c\ <\ 1{,}0.$ Es ist zwischen α_1 und α_2 geradlinig zu interpolieren (h in cm einsetzen).

---

c) Berücksichtigung zusätzlicher Ausmitten bei der Stützenbemessung (s. S. 6.23).
d) Berechnung maßgebender Querkräfte und Umrechnung vom Rechenwert (Grundwert) der Schubspannung in Bemessungswert (s. S. 6.28)
e) Bei üblichen Hochbauten[1] dürfen für Durchlaufkonstruktionen mit Stützweiten bis zu 12 m und gleichbleibendem Betonquerschnitt die Stützmomente bis zu 15 % ihrer Maximalwerte vergrößert oder verringert werden. Die zugehörigen Feldmomente müssen jedoch in jedem Fall den Gleichgewichtsbedingungen genügen.

---

[1] *Übliche Hochbauten* nach DIN 1045, 2.2.4 sind Hochbauten, die für vorwiegend ruhende, gleichmäßig verteilte Verkehrslasten $p \leq 5$ kN/m² (s. DIN 1055 Teil 3), ggf. auch für Einzellasten $P \leq 7{,}5$ kN und für Personenkraftwagen, bemessen sind, wobei bei mehreren Einzellasten je m² kein größerer Verkehrslastenanteil als 5 kN entstehen darf.

f) Die Einflüsse von Zwang (Schwinden, Temperaturänderungen mit $\alpha_T = 10^{-5} K^{-1}$ gemäß DIN 1045, 16.5, Stützensenkungen usw.) müssen berücksichtigt werden, wenn hierdurch die Summe der Schnittgrößen wesentlich in ungünstiger Richtung verändert wird (weiteres in DIN 1045, 15.1.3). In der Regel dürfen diese Einflüsse bei Bauten, die durch Fugen in genügend Abschnitte unterteilt sind, vernachlässigt werden.

g) Liegen im Stoßbereich die gestoßenen Stäbe übereinander und werden dort zu mehr als 80 % ausgenutzt, so ist für die Bemessung nach DIN 1045, 17.2 die statische Nutzhöhe der innenliegenden Stäbe zu verwenden.

2.1.3 Voraussetzung für eine Durchlaufwirkung (DIN 1045, 15.4.1)

Platten zwischen Stahlträgern oder Stahlbetonfertigbalken dürfen nur dann als durchlaufend in Rechnung gestellt werden, wenn die Oberkante der Platte *mindestens 4 cm* über der Trägeroberkante liegt und die Bewehrung zur Deckung der Stützmomente über die Träger hinweggeführt wird.

2.2 Stützweiten und Auflagertiefen

Die Stützweite ist der Abstand zwischen Auflagerungspunkten. Falls diese nicht durch besondere Lagerausbildung (z. B. Kipp- oder Punktlager) eindeutig gegeben ist, gelten für deren Lage die Werte der nachstehenden Tafel.
Für die Auflagertiefe ist zu beachten, daß
a) die zulässigen Spannungen in der Auflagerfläche nicht überschritten werden und
b) die erforderlichen Verankerungslängen der Bewehrung (l_2; l_3; s. S. 6.34) untergebracht werden können.
Außerdem sind die Mindestauflagertiefen zu beachten.

Annahme des Auflagerungspunktes (DIN 1045; 15.2)

frei drehbares Endauflager	eingespanntes Auflager	durchlaufendes Bauteil
l; $t/3$ bzw. $0{,}025 \cdot l_w$ *⁾	l; $t/2$ bzw. $0{,}025 \cdot l_w$ *⁾	l_1, l_2; $\frac{b}{2}+\frac{b}{2}$; l_{w1}, b, l_{w2}

*⁾ maßgebend ist der *kleinere* der beiden Werte

Mindestauflagertiefen t **in cm** (DIN 1045; 20.1.2 u. 21.1.1)

Bauteil	Baustoff der Auflagerfläche	t [cm]
Platten	Mauerwerk, Beton B 5 oder B 10	7
	Stahl, Beton B 15 bis B 55	5
	Träger aus Stahl oder Stahlbeton, wenn seitliches Ausweichen konstruktiv verhindert wird und die Stützweite der Platte ≤ 2,50 m beträgt	3
Balken Plattenbalken		10

2.3 Schnittgrößen in einachsig gespannten, durchlaufenden Platten und Balken

Durchlaufende Platten und Balken dürfen im allgemeinen als frei drehbar gelagert berechnet werden. Konstruktive Eck- oder Randbewehrung ist i. allg. nicht als Rahmenbewehrung anzusehen. Die Ermittlung der Schnittgrößen erfolgt mit den üblichen Verfahren der Elastizitätstheorie (vgl. Abschnitt „Baustatik").

Bemessungsmomente[1] einachsig gespannter Durchlaufplatten und -balken

Stützmomente

- *Stützmomentenausrundung* bei *nicht biegefestem Anschluß* an die Unterstützung, wenn bei der Stützmomentenberechnung frei drehbare Lagerung angenommen wurde:

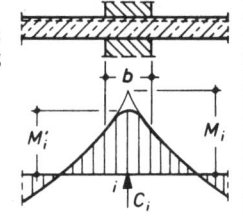

$$|M'_i| = |M_i| - \left| \frac{C_i \cdot b}{8} \right|$$

M_i Stützmoment in i ohne Ausrundung
C_i Auflagerkraft in i
b Auflagerbreite

- Bei *biegefestem Anschluß* an die Unterstützung ist bei Hochbauten für die Randmomente zu bemessen:

$$|M_I| = |M_i| - \left| \frac{Q_{il} \cdot b}{2} \right| \geq |\overline{M}_I|$$

$$|M_{II}| = |M_i| - \left| \frac{Q_{ir} \cdot b}{2} \right| \geq |\overline{M}_{II}|$$

$Q_{il}; Q_{ir}$ Querkraft bei i aus dem linken/rechten Feld. l_l und l_r sollen nicht zu unterschiedlich groß sein.
$\overline{M}_I; \overline{M}_{II}$ Mindestwerte für die Momente an den Rändern I mit l_{wl} bzw. II mit l_{wr}

Bemessungswerte für h siehe Abbildung
Sofern kein genauerer Nachweis der teilweisen Einspannung geführt wird, sind bei gleichmäßig verteilter Belastung bei der Bemessung, wenn sich kleinere Rechenwerte ergeben, *mindestens* die am nebenstehend dargestellten System angegebenen Werte für die Randmomente einzuhalten. Mit anderer Belastung ist sinngemäß entsprechend zu verfahren. Bei durchlaufenden, kreuzweise gespannten Platten sind die entsprechenden Lastanteile ($q_x; q_y$) zu verwenden, s. S. 6.21.

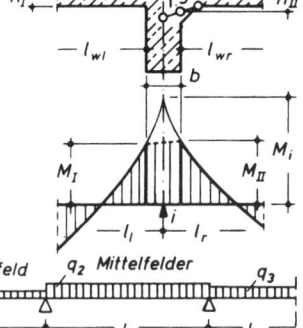

Positive Feldmomente
Sofern kein genauerer Nachweis der teilweisen Einspannung geführt wird, sind bei gleichmäßig verteilter Belastung für die Bemessungsmomente nebenstehende *Mindestwerte* einzuhalten. Mit anderer Belastung ist sinngemäß entsprechend zu verfahren.

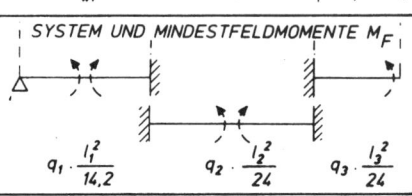

Negative Feldmomente
Sie brauchen, wenn trotz biegefester Verbindung zur Unterstützung frei drehbare Auflagerung angenommen wurde, nur berechnet zu werden mit
- bei *Platten* und *Rippendecken*: $g + 0,5\,p$ • bei *Balken*: $g + 0,7\,p$

Torsionsmomente
Wird ihr Einfluß rechnerisch nicht erfaßt, so ist dieser konstruktiv im Bauteil und in der Unterstützung zu berücksichtigen.

---

[1] DIN 1045, 15.4; 15.5; bei Bauteilen mit kleinen Nutzhöhen s. S. 6.10 b), DIN 1045, 17.2.1 (6) und DAfStb Heft 400.

2.4 Biegemomente in rahmenartigen Tragwerken s. BT für Ingenieure
Näherungsweise Biegemomentenberechnung (vgl. DAfStb-Heft 240 Abschn. 1.6):

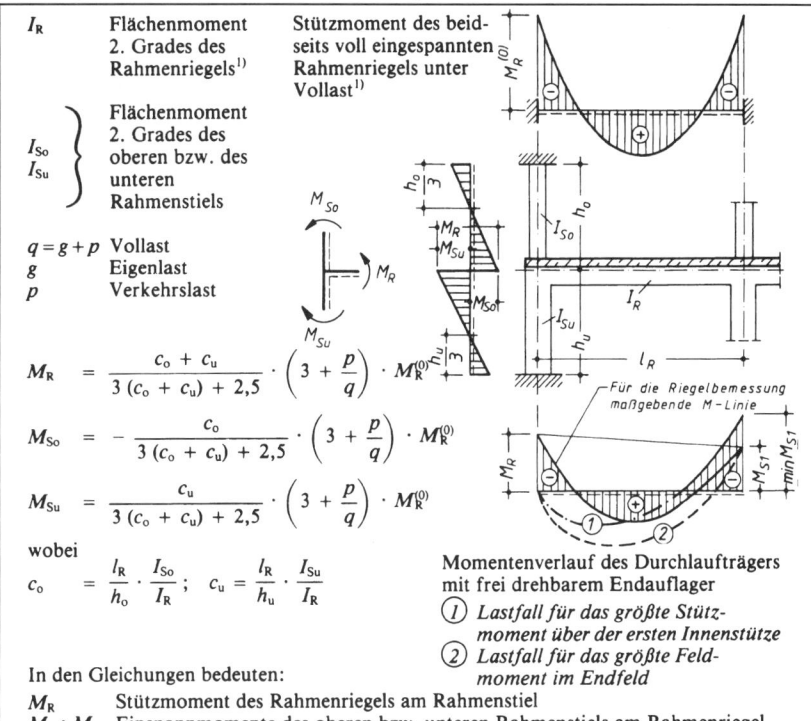

I_R Flächenmoment 2. Grades des Rahmenriegels[1])

I_{So} / I_{Su} Flächenmoment 2. Grades des oberen bzw. des unteren Rahmenstiels

Stützmoment des beidseits voll eingespannten Rahmenriegels unter Vollast[1])

$q = g + p$ Vollast
g Eigenlast
p Verkehrslast

$$M_R = \frac{c_o + c_u}{3(c_o + c_u) + 2{,}5} \cdot \left(3 + \frac{p}{q}\right) \cdot M_R^{(0)}$$

$$M_{So} = -\frac{c_o}{3(c_o + c_u) + 2{,}5} \cdot \left(3 + \frac{p}{q}\right) \cdot M_R^{(0)}$$

$$M_{Su} = \frac{c_u}{3(c_o + c_u) + 2{,}5} \cdot \left(3 + \frac{p}{q}\right) \cdot M_R^{(0)}$$

wobei

$$c_o = \frac{l_R}{h_o} \cdot \frac{I_{So}}{I_R}; \quad c_u = \frac{l_R}{h_u} \cdot \frac{I_{Su}}{I_R}$$

In den Gleichungen bedeuten:
M_R Stützmoment des Rahmenriegels am Rahmenstiel
M_{So}; M_{Su} Einspannmomente des oberen bzw. unteren Rahmenstiels am Rahmenriegel

Momentenverlauf des Durchlaufträgers mit frei drehbarem Endauflager
① Lastfall für das größte Stützmoment über der ersten Innenstütze
② Lastfall für das größte Feldmoment im Endfeld

Das Näherungsverfahren darf auch auf die Verbindung von Stahlbetonwänden mit Stahlbetonplatten angewendet werden. Die Verwendung der Formeln ist, bei entsprechender Angleichung des Momentenverlaufs in den Stielen, auch bei *gelenkiger* Lagerung der abliegenden Stützenenden erlaubt. Eine Verminderung der Stielsteifigkeiten auf $0{,}75 \cdot I_S$ führt zu einer Verminderung der Momentenbeanspruchung im Rahmenknoten.
Auf eine Verminderung der Stielsteifigkeiten darf bei der Rahmeneckmomentenberechnung auch in diesem Falle verzichtet werden.

[1]) Besteht der Rahmenriegel aus einer einachsig gespannten Rippendecke [6.2], 1.6 beachten.

2.5 Schnittgrößen und Auflagerkräfte in zweiachsig gespannten Platten
Lastaufteilung bei Platten mit Hauptbewehrung in zwei Richtungen

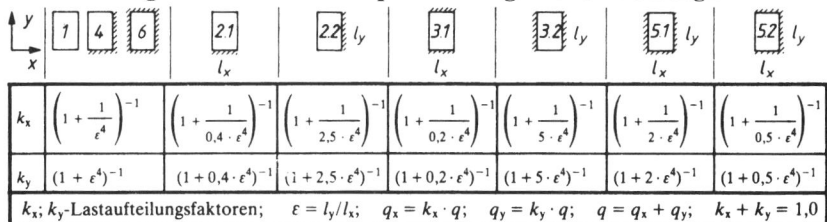

	1, 4, 6	21	22 l_y	31	32 l_y	51 l_y	52 l_y
		l_x	l_x	l_x	l_x	l_x	l_x
k_x	$\left(1 + \frac{1}{\varepsilon^4}\right)^{-1}$	$\left(1 + \frac{1}{0{,}4 \cdot \varepsilon^4}\right)^{-1}$	$\left(1 + \frac{1}{2{,}5 \cdot \varepsilon^4}\right)^{-1}$	$\left(1 + \frac{1}{0{,}2 \cdot \varepsilon^4}\right)^{-1}$	$\left(1 + \frac{1}{5 \cdot \varepsilon^4}\right)^{-1}$	$\left(1 + \frac{1}{2 \cdot \varepsilon^4}\right)^{-1}$	$\left(1 + \frac{1}{0{,}5 \cdot \varepsilon^4}\right)^{-1}$
k_y	$(1 + \varepsilon^4)^{-1}$	$(1 + 0{,}4 \cdot \varepsilon^4)^{-1}$	$(1 + 2{,}5 \cdot \varepsilon^4)^{-1}$	$(1 + 0{,}2 \cdot \varepsilon^4)^{-1}$	$(1 + 5 \cdot \varepsilon^4)^{-1}$	$(1 + 2 \cdot \varepsilon^4)^{-1}$	$(1 + 0{,}5 \cdot \varepsilon^4)^{-1}$
k_x; k_y-Lastaufteilungsfaktoren; $\varepsilon = l_y/l_x$; $q_x = k_x \cdot q$; $q_y = k_y \cdot q$; $q = q_x + q_y$; $k_x + k_y = 1{,}0$							

2.6 Räumliche Steifigkeit und Stabilität s. BT für Ingenieure

3 Bemessung im Stahlbetonbau (DIN 1045, Abschnitt 17)
3.1 Bemessung für Biegung, Biegung mit Längskraft und Längskraft allein

Bei Biegung und Biegung mit Längskraft sowie Längskraft allein sind einerseits eine ausreichende Sicherheit gegenüber der rechnerischen Bruchlast und andererseits ein einwandfreies Verhalten unter Gebrauchslast nachzuweisen (Beschränkung der Rißbreite, der Durchbiegung und der Stahlspannung bei beweglicher Belastung). Als Biegeträger sind hierbei Träger mit $l_0/h \geq 2$ und Kragträger mit $l_k/h \geq 1$ definiert (l_0 = Abstand der Momenten-Nullpunkte; l_k = Kraglänge).

Dehnungsdiagramme im Bruchzustand und Sicherheitsbeiwerte (DIN 1045, Bild 13)

Zwangschnittgrößen brauchen nur mit einem Sicherheitsbeiwert $\gamma = 1{,}0$ in Rechnung gestellt zu werden .... Dann ist jedoch Nachweis der Rißbreitenbeschränkung zu führen.

Für $3{,}0 \geq \varepsilon_{s2} \geq 0$: $\gamma = 1{,}75 + \dfrac{(3{,}0 - \varepsilon_{s2}) \cdot 0{,}35}{3{,}0}$

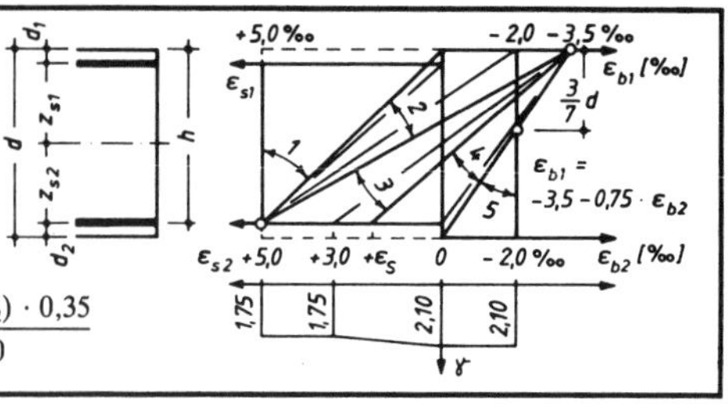

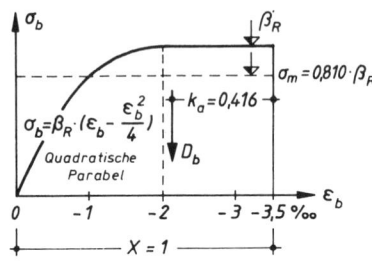

Betondruckspannungen in MN/m²

Beton-festigkeits-klasse	Rechen-wert β_R	zul. $\sigma_b = \beta_R/\gamma$ (kein Knicken)	
		unbewehrt	bewehrt
B 5	3,5	1,7	–
B 10	7,0	3,3	–
B 15	10,5	5,0	5,0
B 25	17,5	8,3	8,3
B 35	23,0	10,9	10,9
B 45	27,0	10,9	12,9
B 55	30,0	10,9	14,3

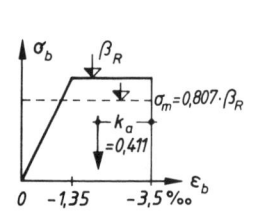

Abb. 6.22a Spannungsverteilung im Bruchzustand in der Biegedruckzone des Betons (DIN 1045, Bild 11) – *Regelfall* für die Bemessung (Parabel-Rechteck-Diagramm).

Abb. 6.22b Spannungs-Dehnungs-Linie des Betons zum Nachweis der Formänderungen oberhalb der Gebrauchslast

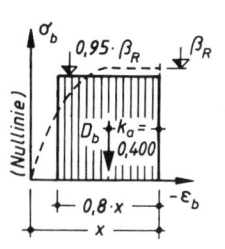

Abb. 6.22c Spannungsverteilung in der Biegedruckzone des Betons als Ersatz für das P-R-Diagramm zur vereinfachten Bemessung komplizierter Querschnittsformen, für die keine Bemessungstafeln zur Verfügung stehen (nach DAfStb-Heft 220 Abschnitt 1.6).

Abb. 6.22d Spannungs-Dehnungs-Linien der Betonstähle

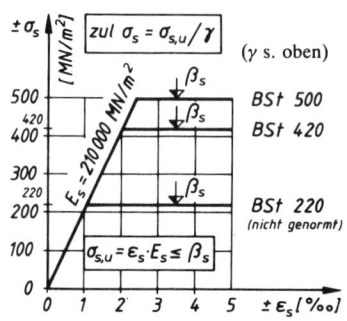

Dehnungswert in ‰ bei Beginn des Fließbereiches

Betonstahlsorte	ε_{sS} [‰]
BSt 220 (nicht genormt)	1,05
BSt 420 S	2,00
BSt 500 S und 500 M	2,38

3.2 Bemessung für Druck (Knicksicherheitsnachweis – KSNW)

3.2.1 Vorbemerkungen

Zusätzlich zur Bemessung auf Biegung mit Längskraft oder Längskraft allein für die Schnittgrößen am unverformten System ist für Druckglieder die Tragfähigkeit unter Berücksichtigung der Stabauslenkung zu ermitteln (Nachweis der Knicksicherheit nach Theorie II. Ordnung). Neben den planmäßigen Ausmitten sind ungewollte Ausmitten des Lastangriffs und unvermeidbare Maßabweichungen durch Annahme einer zur Knickfigur des untersuchten Druckgliedes affinen Vorverformung mit dem Größtwert $e_v = s_K/300$ (s_K = Knicklänge des Druckgliedes) *oder* durch eine äquivalente Schiefstellung zu berücksichtigen. In den *f*-Werten und den Bemessungsnomogrammen für schlanke Druckglieder ist e_v bereits enthalten.

In Abhängigkeit von ihrer Schlankheit unterscheidet man drei Gruppen von Druckgliedern, bei denen der Verformungseinfluß unterschiedlich berücksichtigt wird:

- Druckglieder, bei denen der KSNW entfallen darf – *geringe Schlankheit* (s. Abschnitt 3.2.4).

- Druckglieder, bei denen der Einfluß der ungewollten Ausmitte und der Stabauslenkung näherungsweise durch Annahme einer zusätzlichen Ausmitte *f* erfaßt werden darf – *mäßige Schlankheit*.

- Druckglieder, bei denen der Einfluß der Stabauslenkungen genauer erfaßt werden muß (Theorie II. Ordnung) – *große Schlankheit*.

3.2.2 Ersatzstabverfahren

Das wichtigste vereinfachte Nachweisverfahren für den KSNW basiert auf dem Ersatzstabverfahren. Unverschiebliche regelmäßige Systeme werden i. allg. damit untersucht. Bei verschieblichen Systemen leistet es zumindest für die Abschätzung der erforderlichen Querschnittswerte und Bewehrungsverhältnisse gute Dienste. Beim Ersatzstabverfahren wird ein Gesamtsystem zur Untersuchung seiner einzelnen Druckglieder in Ersatzstäbe aufgelöst. Die Ersatzstäbe werden als beiderseitig gelenkig gelagerte Stäbe gedacht mit gleich großen und gleich gerichteten Endausmitten, die der größten Lastausmitte im mittleren Drittel der Knicklänge der zu untersuchenden Stütze unter Gebrauchslast nach Theorie I. Ordnung entspricht. Die Knicklänge (Ersatzlänge) darf mit Hilfe der Elastizitätstheorie ermittelt werden, wobei die Verschieblichkeit der Stabenden zu berücksichtigen ist. In unverschieblichen Systemen ergeben sich die Knicklängen aus dem Abstand der Wendepunkte der Knickfigur und sind kleiner als die Stablängen.
Es genügt vielfach, von den Einspannverhältnissen der Stützenden auszugehen. Der Längskrafteinfluß auf den Einspanngrad braucht nur in Sonderfällen berücksichtigt zu werden. Das Nomogramm a) der Tafel auf der folgenden Seite liefert Ersatzstablängen in Abhängigkeit von den Kopf- und Fußeinspannverhältnissen.
Das Nomogramm b) der Tafel auf der folgenden Seite darf für verschiebliche Systeme angewendet werden, solange in aufeinanderfolgenden Geschossen durchgehender Stützen eingehalten wird:

$$\boxed{(0,5)^*)\ 0,80 \leq \varepsilon_i/\varepsilon_{i+1} \leq 1,25\ (2,0)^*)} \quad \text{und} \quad \boxed{\varepsilon_i = s_i \cdot \sqrt{N_i/(EI_i)} \approx \text{const}} \quad (1)$$

*) Erweiterter Anwendungsbereich nach Angaben von *Opladen*, 1977 im HdT, Essen

Außerdem sind die Riegelsteifigkeiten in verschieblichen Systemen infolge des Steifigkeitsabfalls durch Rißbildung wie folgt auf ef I_R abzumindern.

Abminderung der Riegelsteifigkeit zur Berechnung der Ersatzlängen

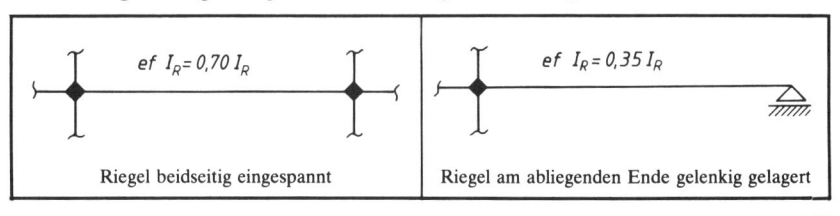

ef $I_R = 0{,}70\, I_R$	ef $I_R = 0{,}35\, I_R$
Riegel beidseitig eingespannt	Riegel am abliegenden Ende gelenkig gelagert

Nomogramme zur Ermittlung der Ersatzstablänge[1])

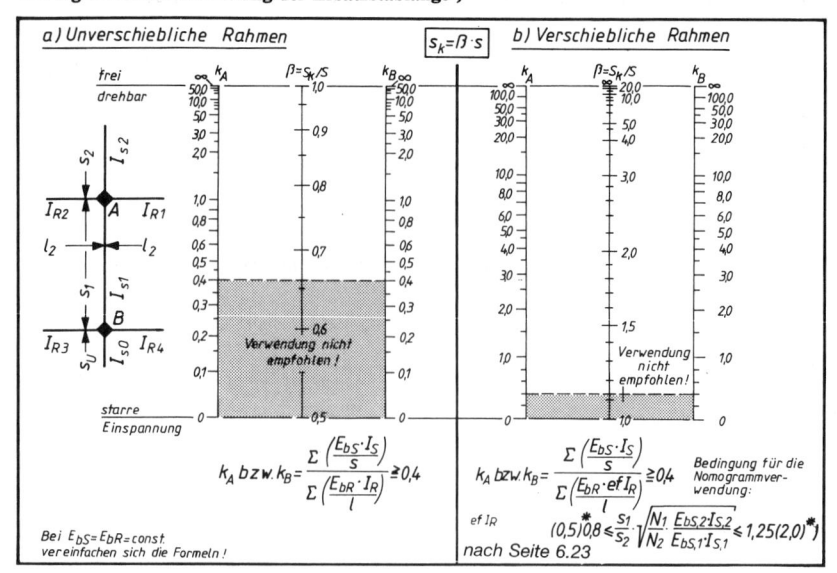

a) Unverschiebliche Rahmen $s_k = \beta \cdot s$ b) Verschiebliche Rahmen

$$k_A \, bzw. \, k_B = \frac{\Sigma \left(\frac{E_{bS} \cdot I_S}{s}\right)}{\Sigma \left(\frac{E_{bR} \cdot I_R}{l}\right)} \geq 0{,}4$$

Bei $E_{bS} = E_{bR} = const.$ vereinfachen sich die Formeln!

$$k_A \, bzw. \, k_B = \frac{\Sigma \left(\frac{E_{bS} \cdot I_S}{s}\right)}{\Sigma \left(\frac{E_{bR} \cdot ef \, I_R}{l}\right)} \geq 0{,}4$$

ef I_R nach Seite 6.23

Bedingung für die Nomogrammverwendung:
$$(0{,}5)\,0{,}8 \leq \frac{s_1}{s_2} \sqrt{\frac{N_1}{N_2} \cdot \frac{E_{bS,2} \cdot I_{S,2}}{E_{bS,1} \cdot I_{S,1}}} \leq 1{,}25\,(2{,}0)\,{}^*)$$

[1]) Die Nomogramme wurden abgeleitet für den Fall eines regelmäßigen Rahmens mit vielen Stockwerken und Feldern. Die Lasten wurden nur als Knotenlasten, nicht aber als Riegelbelastung eingeführt. Weitere Angaben s. [6.1], [6.3], [6.4], [6.5], Knicklängen von Wänden s. Abschn. 5.4.2.

*) Siehe Fußnote zu Gl. (1) S. 6.23.

Beispiele

a) *Unverschiebliches System* $(E_{bR} = E_{bS})$

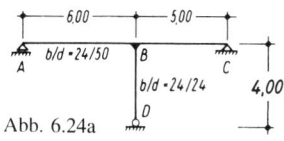

$I_{AB} = I_{BC} = 2{,}4 \cdot 5{,}0^3/12 = 25{,}0$ dm^4

$I_{BD} = 2{,}4^4/12 = 2{,}76$ dm^4

Abb. 6.24a

$k_B = \dfrac{2{,}76/4{,}00}{25\,(1/6{,}00 + 1/5{,}00)} = \dfrac{0{,}69}{9{,}17} = 0{,}075 < 0{,}4$ gewählt $k_B = 0{,}4$

$k_D = \infty$ (gelenkige Lagerung); $s_K = 0{,}8 \cdot 4{,}00 = 3{,}20$ m;

Einspannung im Riegel konstruktiv berücksichtigen oder sonst $s_K = s$ setzen.

b) *Regelmäßiges, verschiebliches System* $(E_{bR} = E_{bS})$

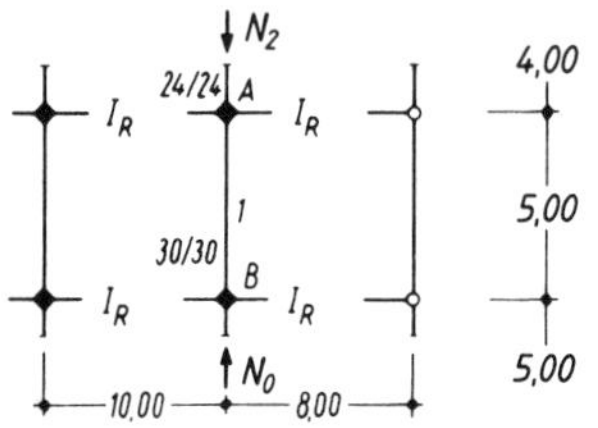

Abb. 6.24b

mit: $I_R = 40$ dm^4; $I_2 = 2{,}76$ dm^4; $I_1 = I_0 = 6{,}75$ dm^4

$N_2 = 800$ kN; $N_1 = 1000$ kN; $N_0 = 1200$ kN

Voraussetzung für die Nomogrammanwendung am:

Knoten A:
$$\frac{5{,}0}{4{,}0} \cdot \sqrt{\frac{1000}{800} \cdot \frac{2{,}76}{6{,}75}} = 0{,}89 \quad \begin{matrix} > 0{,}80 \\ < 1{,}25 \end{matrix}$$

Knoten B:
$$\frac{5{,}0}{5{,}0} \cdot \sqrt{\frac{1000}{1200} \cdot \frac{6{,}75}{6{,}75}} = 0{,}91 \quad \begin{matrix} > 0{,}80 \\ < 1{,}25 \end{matrix}$$

$k_A = \dfrac{2{,}76/4{,}00 + 6{,}75/5{,}00}{0{,}7 \cdot 40/10{,}00 + 0{,}35 \cdot 40/8{,}00} = \dfrac{2{,}04}{4{,}55} = 0{,}45 > 0{,}40$

$k_B = \dfrac{2 \cdot 6{,}75/5{,}00}{4{,}55} = \dfrac{2{,}70}{4{,}55} \approx 0{,}6;\quad s_K = 1{,}15 \cdot 5{,}00 = 5{,}75$ m

6.24

3.2.3 Bedingungen für den Fortfall des Knicksicherheitsnachweises (DIN 1045, 17.4.1)

$\lambda = s_K/i$ [1]) $\lambda' = s_K/d$	unverschiebliches System	verschiebliches System
$0 \leq \lambda \leq 20$ $0 \leq \lambda' \leq 5,77$	immer	
		$e/d \geq 3,5$
$20 < \lambda \leq 70$ $5,77 < \lambda'$ $\leq 20,21$	eingespanntes Druckglied, wenn $\lambda'(\lambda) \leq \lim \lambda'(\lambda)$ $\lim \lambda = 45 - 25 \dfrac{M_1}{M_2}$ $\lim \lambda' = 12,99 - 7,22 \dfrac{M_1}{M_2}$ $\|M_2\| \geq \|M_1\|$ empfohlen im Heft 220; 4.1.6: ($\lim \lambda' = 14 - 8 \cdot M_1/M_2$) Querlasten dürfen nicht innerhalb der Stiellänge angreifen. Wenn $\lim \lambda > 45$ bzw. $\lim \lambda' > 12,99$ und $\lambda > 45$ bzw. $\lambda' > 12,99$, dann muß für $\|M_2\| \geq \|M_1\| \geq \|0,1 \cdot d \cdot N\|$ bemessen werden und deren Aufnahme in den anschließenden Stäben nachgewiesen werden.	
	Unverschiebliche Innenstützen mehrstieliger, regelmäßiger Rahmen, wenn: $\beta = 1,0 \rightarrow s_K = s$ gesetzt wird. $\lim \lambda = 45$ bzw. $\lim \lambda' = 12,99$	
$70 < \lambda \leq 200$ $20,21 < \lambda' \leq 57,74$		$\dfrac{e}{d} \geq 3,5 \cdot \dfrac{\lambda}{70} \cong 3,5 \cdot \dfrac{\lambda'}{20,21}$

[1]) Für Rechteckquerschnitt gilt: $\lambda' = 0,2887\,\lambda \rightarrow i = 0,2887\,d; \lambda = \lambda' \cdot \sqrt{12} = 3,464 \cdot \lambda'$

3.2.4 Druckglieder mit geringer Schlankheit (Fortfall des KSNW) Bemessung

Fall 1: $e = 0$

$$\text{zul } N = \frac{1}{\gamma}(N_{bu} + N_{su}) = N_b + N_s \qquad (1)$$

$$N_b = \frac{1}{2,1} \cdot A_b \cdot \beta_R; \quad N_s = \frac{1}{2,1} \cdot \text{tot } A_s \cdot \sigma_{su}$$

Beispiel: *geg.:* $N = -400$ kN mittige Last; B 15; BSt 420 S; $e = 0$
ges.: Stahlbetonquerschnitt
gew A_b: 25/25 cm; A_s: 4 ⌀ 14; nach Gl. (1):
zul $N = 0,60 \cdot 520 + 123 = 435$ kN > 400 kN
vorh $\mu = A_s/b \cdot d = 6,16/25 \cdot 25 = 0,010 > 0,008$ (vgl. Abschnitt 5.4.1)

Fall 2: $e \neq 0$ mit Hilfe der Interaktionsdiagramme oder näherungsweise[1]):

$$\text{zul } N = K(N_b + N_s)$$

---

[1]) Vgl. [6.6] Beitrag *Grasser*

a) Rechteckquerschnitt: $\quad K = \dfrac{1}{1 + 2{,}6\ e/d} \quad$ für $e/d \leqslant 1{,}0$

b) Kreisquerschnitt: $\quad K = \dfrac{1}{1 + 3{,}2\ e/d} \quad$ für $e/d \leqslant 0{,}7$

Außerdem müssen folgende Bedingungen erfüllt sein:

tot $\mu_0 \geqslant 0{,}6\ \beta_R/\beta_S$
$d_1/d \leqslant 0{,}10$

Tafelwerte $0{,}6\ \beta_R/\beta_S$ [%]

BSt \ B	15	25	35	45	55
220[1)]		2,86	4,78	6,28	7,36	8,18
420 u. 500	1,50	2,50	3,28	3,88	4,28

[1)] Nicht mehr genormt

Abminderungswerte K infolge Exzentrizität a) Rechteckquerschnitt

e/d	$\dfrac{1}{1+2{,}6\ e/d}$	e/d	$\dfrac{1}{1+2{,}6\ e/d}$	e/d	$\dfrac{1}{1+2{,}6\ e/d}$	e/d	$\dfrac{1}{1+2{,}6\ e/d}$	e/d	$\dfrac{1}{1+2{,}6\ e/d}$
0,01	0,975	0,21	0,645	0,41	0,484	0,61	0,387	0,81	0,322
0,02	0,951	0,22	0,636	0,42	0,478	0,62	0,383	0,82	0,319
0,03	0,928	0,23	0,626	0,43	0,472	0,63	0,379	0,83	0,317
0,04	0,906	0,24	0,616	0,44	0,466	0,64	0,375	0,84	0,314
0,05	0,885	0,25	0,606	0,45	0,461	0,65	0,372	0,85	0,312
0,06	0,865	0,26	0,597	0,46	0,455	0,66	0,368	0,86	0,309
0,07	0,846	0,27	0,588	0,47	0,450	0,67	0,365	0,87	0,307
0,08	0,828	0,28	0,579	0,48	0,445	0,68	0,361	0,88	0,304
0,09	0,810	0,29	0,570	0,49	0,440	0,69	0,358	0,89	0,302
0,10	0,794	0,30	0,562	0,50	0,435	0,70	0,355	0,90	0,299
0,11	0,778	0,31	0,554	0,51	0,430	0,71	0,351	0,91	0,297
0,12	0,762	0,32	0,546	0,52	0,425	0,72	0,348	0,92	0,295
0,13	0,747	0,33	0,538	0,53	0,421	0,73	0,345	0,93	0,293
0,14	0,733	0,34	0,531	0,54	0,416	0,74	0,342	0,94	0,290
0,15	0,719	0,35	0,524	0,55	0,412	0,75	0,339	0,95	0,288
0,16	0,706	0,36	0,517	0,56	0,407	0,76	0,336	0,96	0,286
0,17	0,693	0,37	0,510	0,57	0,403	0,77	0,333	0,97	0,284
0,18	0,681	0,38	0,503	0,58	0,399	0,78	0,330	0,98	0,282
0,19	0,669	0,39	0,497	0,59	0,395	0,79	0,328	0,99	0,280
0,20	0,658	0,40	0,490	0,60	0,391	0,80	0,325	1,00	0,278

b) Kreisquerschnitt (Zwischenwerte geradlinig einschalten)

e/d	$\dfrac{1}{1+3{,}2\ e/d}$	e/d	$\dfrac{1}{1+3{,}2\ e/d}$	e/d	$\dfrac{1}{1+3{,}2\ e/d}$	e/d	$\dfrac{1}{1+3{,}2\ e/d}$	e/d	$\dfrac{1}{1+3{,}2\ e/d}$
0,01	0,969	0,04	0,887	0,07	0,817	0,10	0,758	0,13	0,707
0,02	0,940	0,05	0,862	0,08	0,796	0,11	0,740	0,14	0,691
0,03	0,912	0,06	0,839	0,09	0,776	0,12	0,723	0,15	0,675

Beispiel:

geg.: $N = -800$ kN; $M = 80$ kNm; B 25; BSt 500 S; Betonquerschnitt in cm 30/30; $d_1 = 3{,}1$ cm (Innenbauteil; besondere Maßnahmen bei der Bewehrungsverlegung erforderlich – s. S. 6.23); $d_1/d = 3{,}1/30 \sim 0{,}10$;

ges.: Bewehrung: $e/d = 80/(800 \cdot 0{,}30) = 0{,}33 < 1{,}0$; aus Tafel a) $\rightarrow K = 0{,}538$

$$\text{erf } N_s = \frac{\text{vorh } N}{K} - N_b = \frac{800}{0{,}538} - 750 = 737 \text{ kN}$$

gew. $\boxed{12\ \varnothing\ 20}$ mit vorh $N_s = 753$ kN und tot $A_s = 37{,}68$ cm²

vorh $\mu = \dfrac{37{,}68}{30 \cdot 30} = 0{,}042 \quad \begin{cases} > 0{,}008 \text{ (DIN 1045, 25.2.2.1)} \\ > 0{,}025 \text{ nach Tafel } 0{,}6\ \beta_R/\beta_S \text{ s. o.} \\ < 0{,}09 \text{ (DIN 1045, 25.2.2.1)} \end{cases}$

Tafel 6.27a Lastanteil N_b in kN eines Betonquerschnitts aus B 25
Rechteckiger (quadratischer) Querschnitt und Kreisquerschnitt

b \ d	20	25	30	35	40	45	50	60	80	100 cm
20	333	417	500	584	667	750	833	1000	1332	1666
25		520	625	727	832	935	1040	1250	1665	2083
30			750	875	1000	1125	1250	1500	2000	2500
35	Bei *anderen* Beton-		1020	1165	1310	1455	1750	2330	2920
40	festigkeitsklassen			1333	1500	1666	2000	2666	3333
45	N_b = Tafelwert · k				1686	1873	2245	3000	3750
50	B 15 k = 0,60					2085	2500	3340	4170
60	B 25 k = 1,00							3000	4000	5000
80	B 35 k = 1,31								5330	6666
100 cm	B 45 k = 1,54									8330
	B 55 k = 1,71									
Kreis	262	409	589	802	1047	1325	1636	2356	4189	6545

Tafel 6.27b Lastanteil N_s in kN

Betonstähle 420 S und 500 S
σ_{su} = 420 MN/m^2

Anzahl \ ⌀	4	6	8	10	12
12	90	135	181	226	272
14	123	185	246	308	370
16	161	241	322	404	483
20	251	377	502	628	753
25	393	589	786	982	1180
28	493	739	983	1230	1478

Tafel 6.27c Traglast bei Mindestbewehrung

$$N = A_b \cdot (\beta_R + \min \mu \cdot \beta_S)/2,1$$

Für B 25; BSt 500 S;
A_b (cm^2); ε_b = − 2,0 ‰
folgt zur Vorbemessung
$N = 0,993 \cdot A_b \rightarrow$

erf A_b (in cm^2) ~ N (in kN)

6 Stahlbetonbau

3.3 Bemessung für Querkraft (DIN 1045, 17.5)

3.3.1 Schubspannungsnachweis – Grundwert τ_0 der Schubspannung

- Für Querschnitte mit einer Nullinienlage $x < d$ (DIN 1045; 17.5.1-3) erfolgt die Schubspannungsermittlung nach Zustand II:

$$\tau_0 = Q_s/(\min b_0 \cdot z) \leqslant \lim \tau_0 \quad (1)$$

(lim τ_0 s. S. 6.28.) Der durch τ_0 erreichte Schubbereich gilt für den gesamten Querkraftbereich gleichen Vorzeichens wie Q_s („Schubabschnitt").

Hierin bedeuten:
min b_0 geringste Breite im gezogenen Bereich des Bemessungsquerschnittes
z Hebelarm der inneren Kräfte: allgemein $k_z \cdot h$
                                   bei Rechteckquerschnitten i. allg. $0,85 \cdot h$
                                   bei Plattenbalken i. allg. $h - d/2$

Q_s „maßgebende" Querkraft bei:

- konstanter Balkenhöhe und
  - *mittelbarer* (indirekter) Stützung → Querkraft am Auflagerrand
  - *unmittelbarer* (direkter) Stützung → Querkraft im Abstand von 0,5 h vom Auflagerrand

6.27

Grenzen der Grundwerte lim τ_0 in MN/m² unter Gebrauchslast (DIN 1045, Tab. 13)

Bereich	Bauteil	max τ_0 für	lim τ_0 für					Schubdeckung
			B 15	B 25	B 35	B 45	B 55	
1	Platten[1)]	τ_{011} a)	0,25	0,35	0,40	0,50	0,55	i. allg. keine
		b)	0,35	0,50	0,60	0,70	0,80	(beachte S. 6.29)
	Balken	τ_{012}	0,50	0,75	1,00	1,10	1,25	konstr. s. S. 6.30
2	Platten, Balken	τ_{02}	1,20	1,80	2,40	2,70	3,00	verminderte
3	Balken	τ_{03}	2,00	3,00	4,00	4,50	5,00	volle
			nur bei d bzw. $d_0 \geq 30$ cm					

[1)] Zeile a) gilt bei gestaffelter, d. h. teilweise im Zugbereich verankerter Bewehrung.

[1)] Ausnahme bei Platten s. 3.3.2

3.3.2 Bemessungswerte für die Schubbewehrung (DIN 1045, 17.5.5)

- Breite Balken mit Rechteckquerschnitt $b > 5\,d$ dürfen wie Platten behandelt werden.
- Bei indirekter (mittelbarer) Stützung ist stets eine Aufhängebewehrung anzuordnen (DIN 1045, 18.10.2/3; s. auch Kap. 5.1).

Schubbereich 1:

bei Platten: $\tau_0 \leq k_i \cdot \tau_{011}$
bei Balken: $\tau_0 \leq \tau_{012}$

- Bei Platten darf auf eine Schubbewehrung verzichtet werden.

Für k_i ist einzusetzen:

- im allgemeinen Fall:

$0,5 \leq (k_i = 0,33 + 0,2/d) \leq 1,0$

- in Bereichen, in denen max Q und max M nicht zusammentreffen:

$0,7 \leq (k_i = 0,60 + 0,12/d) \leq 1,0$

Die Plattendicke d ist in m einzusetzen. k_i-Werte $< 1,0$ ergeben sich erst bei Plattendicken $> 0,30$ m. (Abminderungsgrenze wird bei $d = 1,20$ m erreicht.)

- In Balken, Plattenbalken und Rippendecken ist im Regelfall stets eine Schubbewehrung, die einen bestimmten Bügelanteil enthalten muß, anzuordnen.

Bemessungswerte:

Mindestschubbewehrung für $\tau = 0,4\,\tau_0$, darin
Mindestbügelbewehrung für $\tau_{bü} = 0,25\,\tau_0$

Verzicht auf Schubbewehrung möglich bei:

- Tür- und Fensterstürzen als Balken, wenn $l \leq 2,0$ m ist und sich über ihnen eine Gewölbetragwirkung entsprechend DIN 1053 (2/90) T1, 8.5 ausbilden kann.
- Rippendecken, wenn $\tau_0 \leq \tau_{011}$, $d_{sl} \leq 16$ mm, $p \leq 2,75$ kN/m² und die Feldbewehrung von Auflager zu Auflager durchgeführt wird (DIN 1045, 21.2.2.2).

Schubbereich 2:

bei Platten: $k_i \cdot \tau_{011} < \tau_0 \leq \tau_{02}$
bei Balken: $\tau_{012} < \tau_0 \leq \tau_{02}$

(k_i s. Schubbereich 1)

Der Grundwert τ_0 darf abgemindert werden:

Bemessungswert:

$\tau = \tau_0^2 / \tau_{02} \geq 0,4 \cdot \tau_0$

Sonderregelung für Platten erlaubt; Verzicht auf Schubbewehrung in den Trägerteilbereichen, in denen $\tau_0 \leq k_i \cdot \tau_{011}$ ist.

Schubbereich 3: $\quad$ Nur für Balken mit d bzw. $d_0 \geq 30$ cm: $\quad \tau_{02} \leq \tau_0 \leq \tau_{03}$

Bemessungswert: $\quad \tau = \tau_0$

Die Bemessungswerte gelten jeweils im ganzen zugehörigen Querkraftbereich gleichen Vorzeichens („Schubabschnitt").

Obere Grenzwerte der zul. Abstände (lim $s_{bü}$) der Bügel und -schenkel (DIN 1045; Tab. 26)

Art des Bauteils und Höhe der Schubbeanspruchung	Bemessungsspannung der Schubbewehrung	
	$\sigma_s \leq 240$ MN/m²	$\sigma_s = 286$ MN/m²
Abstände der Bügel in Richtung der Biegezugbewehrung		
Platten im Schubbereich 2	0,6 d bzw. 80 cm	0,6 d bzw. 80 cm
Balken im Schubbereich 1	0,8 d_0 bzw. 30 cm*)	0,8 d_0 bzw. 25 cm*)
Balken im Schubbereich 2	0,6 d_0 bzw. 25 cm	0,6 d_0 bzw. 20 cm
Balken im Schubbereich 3	0,3 d_0 bzw. 20 cm**)	0,3 d_0 bzw. 15 cm**)
Abstand der Bügelschenkel quer zur Biegezugbewehrung		
Bauteildicke d bzw. $d_0 \leq 40$ cm	40 cm	
Bauteildicke d bzw. $d_0 > 40$ cm	d oder d_0 bzw. 80 cm	

*) Bei Balken mit $d_0 < 20$ cm und $\tau_0 \leq \tau_{011}$ braucht der Abstand nicht kleiner als 15 cm zu sein.
**) Die Bügelabstände gelten im ganzen zugehörigen Querkraftbereich gleichen Vorzeichens. ($\rightarrow$ „Schubabschnitt")

6 Stahlbetonbau

$a_{sbü}$-Werte in cm²/m bei Schubdeckung durch vertikale¹) Stäbe mit Hilfe des Grundwertes τ_0

Schubbereich	Betonstahl	Faktor	B 15	B 25	B 35	B 45	B 55	Bemerkungen
1	BSt 420 S	$b_0 \cdot \tau_0$			0,167			Mindestschubbewehrung n. DIN 1045, 17.5.5.2 (16)
	BSt 500 S/M				0,140			
2	BSt 420 S	$b_0 \cdot \tau_0^2$	0,347	0,232	0,174	0,154	0,139	Rechenwert τ_0 in MN/m² b_0 in cm
	BSt 500 S/M		0,292	0,194	0,146	0,130	0,117	
3	BSt 420 S	$b_0 \cdot \tau_0$			0,417			
	BSt 500 S/M				0,350			

Bemessung: erf $a_{sbü}$ (in cm²/m) = „Faktor" · „Zahlenwert aus Tafel"

¹) Bei Schrägbügeln (45°): $a_{sbü}$-Werte mit 0,707 multiplizieren.

Beispiel: *geg.:* B 25; BSt 500 S; $b_0/d_0 = 25/40$; Grundwert $\tau_0 = 1{,}2$ MN/m² (Schubbereich 2)

erf $a_{sbü} = 0{,}194 \cdot 25 \cdot 1{,}2^2 = 6{,}98$ cm²/m

Mit Tafel 6.51a kann bei gewählter Schnittigkeit „n" aus erf $a_{sbü}$ der Abstand $s_{bü}$ bestimmt werden, z. B. $n = 2$ und erf $a_{sbü} = 6{,}98$ cm²/m $\rightarrow$ 6,98/2 = 3,49 cm²/m $\rightarrow$ Ablesung $\varnothing$ 8; $s_{bü} = 14{,}0$ cm mit vorh $a_{sbü} = 2 \cdot 3{,}59 = 7{,}18$ cm/m; $s_{bü} = 14$ cm < 20 cm $< 0{,}6 \cdot 40 = 24$ cm = lim $s_{bü}$

3.4 Beschränkung der Durchbiegung unter Gebrauchslast (DIN 1045, 17.7)

$\boxed{l_i = \alpha \cdot l}$ ($\approx$ Abstand benachbarter Momentennullpunkte)

Bei biegebeanspruchten Bauteilen, die mit ausreichender Überhöhung der Schalung hergestellt worden sind, kann der Nachweis durch eine Begrenzung der Biegeschlankheit l_i/h geführt werden:

allgemein	*Zusätzliche Bedingung* bei trennwandtragenden Bauteilen, wenn störende Risse in den Trennwänden nicht durch andere Maßnahmen vermieden werden.
$h \geq l_i/35$	$h \geq l_i^2/150$ – maßgebend erst, wenn $l_i > 4{,}29$ m –

α-Werte bei gleichmäßig verteilter Belastung und h = const

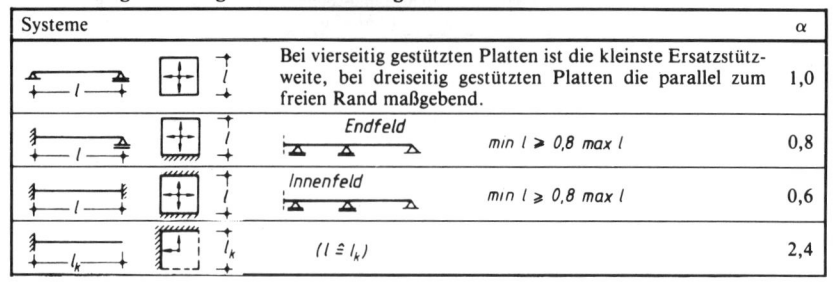

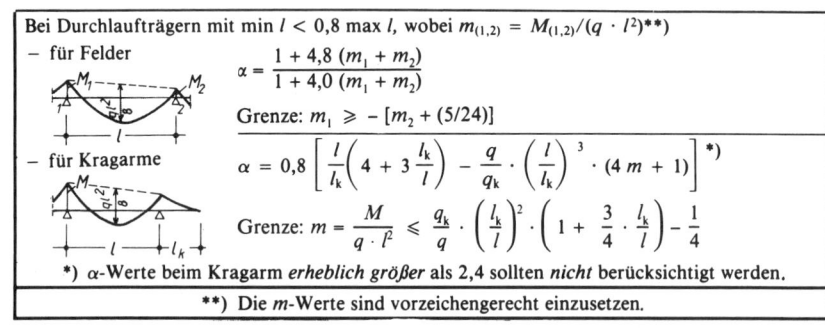

Systeme				α
⊢— l —⊣	⊞ l		Bei vierseitig gestützten Platten ist die kleinste Ersatzstützweite, bei dreiseitig gestützten Platten die parallel zum freien Rand maßgebend.	1,0
⊢— l —⊣	⊞ l	Endfeld	min $l \geqslant 0{,}8$ max l	0,8
⊢— l —⊣	⊞ l	Innenfeld	min $l \geqslant 0{,}8$ max l	0,6
⊢— l_k —⊣	⊟ l_k	$(l \triangleq l_k)$		2,4

Bei Durchlaufträgern mit min $l < 0{,}8$ max l, wobei $m_{(1,2)} = M_{(1,2)}/(q \cdot l^2)$**)

– für Felder

$$\alpha = \frac{1 + 4{,}8\,(m_1 + m_2)}{1 + 4{,}0\,(m_1 + m_2)}$$

Grenze: $m_1 \geqslant -[m_2 + (5/24)]$

– für Kragarme

$$\alpha = 0{,}8 \left[\frac{l}{l_k}\left(4 + 3\frac{l_k}{l}\right) - \frac{q}{q_k} \cdot \left(\frac{l}{l_k}\right)^3 \cdot (4m + 1)\right] \text{*)}$$

Grenze: $m = \dfrac{M}{q \cdot l^2} \leqslant \dfrac{q_k}{q} \cdot \left(\dfrac{l_k}{l}\right)^2 \cdot \left(1 + \dfrac{3}{4} \cdot \dfrac{l_k}{l}\right) - \dfrac{1}{4}$

*) α-Werte beim Kragarm *erheblich größer* als 2,4 sollten *nicht* berücksichtigt werden.

**) Die *m*-Werte sind vorzeichengerecht einzusetzen.

Eine darüber hinausgehende Verminderung der Biegeschlankheit ist vorzunehmen, wenn Schäden an Bauteilen oder eine Beeinträchtigung der Gebrauchsfähigkeit infolge zu großer Durchbiegungen zu erwarten sind.

4 Bewehrungsrichtlinien
4.1 Lichte Stababstände, Betondeckung und Biegeradien

Für die lichten Stababstände gleichlaufender Bewehrungsstäbe außerhalb von Stoßbereichen gilt:

$a_l \geqq d_s$ gegenseitiger lichter
$ \geqq 2{,}0$ cm Abstand der Längsstäbe

Betondeckung der Bewehrung – Mindestmaße, Nennmaße (DIN 1045, 13.1 – 3)

Mindestmaße, min c, sind Betondeckungsmaße, die von jedem Bewehrungsstab nach keiner Seite hin unterschritten werden dürfen.

Nennmaße, nom c, sind Verlegemaße und sind auf den Bewehrungszeichnungen anzugeben sowie den Standsicherheitsnachweisen zugrunde zu legen. Das Nennmaß setzt sich aus min c und einem Vorhaltemaß von – im Regelfall – 1,0 cm zusammen.
Über Verringerung des Vorhaltemaßes s. DIN 1045, 13.2.1 (4) – (9).

Eine Verringerung von nom c darf erfolgen, wenn besondere Maßnahmen bei der Bewehrungsverlegung gemäß Merkblatt „Betondeckung" (1982) des Deutschen Beton-Vereins getroffen werden.

Eine Vergrößerung des Vorhaltemaßes hat zu erfolgen bei

- Beton mit Größtkorn > 32 mm –   um 0,5 cm
- mechanischer Einwirkung auf nicht voll erhärteten Beton –   um 0,5 cm
- Waschbeton oder steinmetzartiger Bearbeitung –   angemessen
- aus Brandschutzgründen –   s. DIN 4102

Betondeckungsmaße in cm, bezogen auf die Umweltbedingungen (Korrosionsschutz) und die Sicherung des Verbundes (nach DIN 1045, Tab. 10) (Beispiele s. S. 6.50)

	Umweltbedingungen (Der Begriff „Bauteil" ist nach DAfStb-Heft 400 als „Bauteil*seite*" auszulegen, wenn die betrachteten Bauteiloberflächen durchgehend eindeutig unterschiedlichen Umwelteinflüssen ausgesetzt sind.)	Stabdurchmesser d_s [1]) mm	Mindestmaße für $\geqslant$ B 25 [2]) min c cm	Nennmaße für $\geqslant$ B 25 [2]) nom c cm
1	Bauteile in geschlossenen Räumen, z. B. in Wohnungen (einschließlich Küche, Bad und Waschküche), Büroräumen, Schulen, Krankenhäusern, Verkaufshäusern, Verkaufsstätten – soweit nicht im folgenden etwas anderes gesagt ist. Bauteile, die ständig trocken sind.	bis 12 14, 16 20 25 28	1,0 1,5 2,0 2,5 3,0	2,0 2,5 3,0 3,5 4,0
2	Bauteile, zu denen die Außenluft häufig oder ständig Zugang hat, z. B. offene Hallen und Garagen. Bauteile, die ständig unter Wasser oder im Boden verbleiben, soweit nicht Zeile 3 oder Zeile 4 oder andere Gründe maßgebend sind. Dächer mit einer wasserdichten Dachhaut für die Seite, auf der die Dachhaut liegt.	bis 20 25 28	2,0 2,5 3,0	3,0 3,5 4,0
3	Bauteile im Freien. Bauteile in geschlossenen Räumen mit oft auftretender, sehr hoher Luftfeuchte bei normaler Raumtemperatur, z. B. in gewerblichen Küchen, Bädern, Wäschereien, in Feuchträumen von Hallenbädern und in Viehställen. Bauteile, die wechselnder Durchfeuchtung ausgesetzt sind, z. B. durch häufig starke Tauwasserbildung oder in der Wasserwechselzone. Bauteile, die „schwachem" chemischem Angriff nach DIN 4030 ausgesetzt sind.	bis 25 28	2,5 3,0	3,5 4,0
4	Bauteile, die besonders korrosionsfördernden Einflüssen auf Stahl oder Beton ausgesetzt sind, z. B. durch häufige Einwirkung angreifender Gase oder Tausalze (Sprühnebel- oder Spritzwasserbereich) oder „starkem" chemischem Angriff nach DIN 4030 (siehe auch Abschnitt 13.3).	bis 28	4,0	5,0

[1]) Bei Betonstahlmatten mit Doppelstäben ist nicht von d_{sV}, sondern vom Einzelstab-$\varnothing$ auszugehen.
[2]) Bei B $\geqslant$ 35 dürfen min c und nom c um 0,5 cm verringert werden, min $c \geqslant d_s$ muß eingehalten werden.

Biegeradien – Mindestwerte der Biegerollendurchmesser d_{br} (nach DIN 1045, Tab. 18)

Betonstahl BSt	Haken, Schlaufen, Bügel Winkelhaken (bei Rippenstahl)		Aufbiegungen und andere Krümmungen von Stäben (z. B. in Rahmenecken) *)	
	Stabdurchmesser d_s (mm)		Betondeckung (Mindestmaß) rechtwinklig zur Krümmungsebene	
	< 20	20 bis 28	> 5 cm und > 3 d_s $\leq$ 5 cm oder $\leq$ 3 d_s	
I[1])	2,5 d_s	5 d_s	10 d_s	15 d_s
III; IV	4 d_s	7 d_s	15 d_s **)	20 d_s

[1]) Nicht mehr genormt.
*) Werden die Stäbe mehrerer Bewehrungsanlagen an einer Stelle abgebogen, sind für die Stäbe der inneren Lagen die angegebenen Werte mit dem Faktor 1,5 zu vergrößern.
**) Der Biegerollendurchmesser darf auf d_{br} = 10 d_s vermindert werden, wenn das Mindestmaß der Betondeckung rechtwinklig zur Krümmungsebene und der Achsabstand der Stäbe mindestens 10 cm und mindestens 7 d_s betragen.

4.2 Grundlagen zur Verankerung und zum Stoß von Bewehrungsstäben

Allgemeines
Der Nachweis einer ausreichenden Verankerung wird durch Einhaltung bestimmter Verankerungslängenmaße geführt. Innerhalb der Verankerungslänge wird die Verbundspannung als konstant angenommen. Die zul. Verbundspannungen können in Abhängigkeit vom Verbundbereich nachfolgender Tafel entnommen werden.

Verbundbereiche I und II

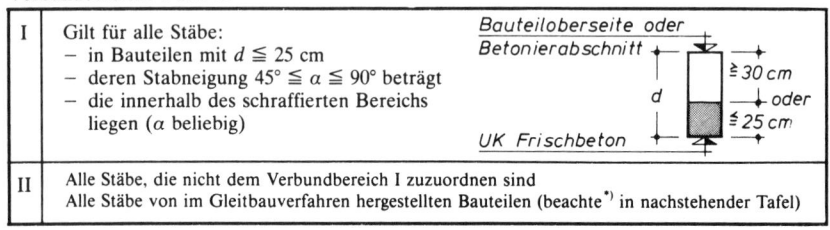

I	Gilt für alle Stäbe: – in Bauteilen mit $d \leq 25$ cm – deren Stabneigung $45° \leq \alpha \leq 90°$ beträgt – die innerhalb des schraffierten Bereichs liegen (α beliebig)	Bauteiloberseite oder Betonierabschnitt ≥ 30 cm oder ≤ 25 cm UK Frischbeton
II	Alle Stäbe, die nicht dem Verbundbereich I zuzuordnen sind Alle Stäbe von im Gleitbauverfahren hergestellten Bauteilen (beachte*) in nachstehender Tafel)	

Zulässige Grundwerte der Verbundspannung*) zul τ_1 in MN/m^2 (DIN 1045, Tab. 19)

	1	2	3	4	5	6	7
	Verbundbereich	Oberflächengestaltung des Betonstahls	\multicolumn{5}{c}{Festigkeitsklasse des Betons}
			B 15	B 25	B 35	B 45	B 55
1	I	glatt; BSt 220/340 GU[1]); BSt 500/550 GK[1])	0,6	0,7	0,8	0,9	1,0
2		profiliert; BSt 500/550 PK[1])	0,8	1,0	1,2	1,4	1,6
3		gerippt; BSt 420 S; BSt 500 S; BSt 500 M	1,4	1,8	2,2	2,6	3,0
4	II	50% der Werte von Verbundbereich I*)	0,7	0,9	1,1	1,3	1,5

*) Voraussetzung für die Anwendung der Werte: Keine Störung des Verbundes während des Erhärtens des Betons. Für innerhalb der horizontalen Bewehrung liegende Stäbe von im Gleitbauverfahren hergestellten Bauteilen dürfen die im Verbundbereich herabgesetzten Verbundspannungen um 30% erhöht werden.
Die angegebenen *Werte dürfen um 50% erhöht werden*, wenn allseits Querdruck oder eine allseitige, durch Bewehrung gesicherte Betondeckung $\geq 10 \, d_s$ vorhanden ist, jedoch nicht zulässig bei Übergreifungsstößen und Endauflagerverankerungen.
[1]) Nicht mehr genormt.

Das *Grundmaß* (l_0) beträgt:

$$l_0 = \frac{F_s}{\gamma \cdot u \cdot \text{zul } \tau_1} = \frac{\beta_S}{1{,}75 \cdot 4 \cdot \text{zul } \tau_1} \cdot d_s \, (d_{sV})$$

Die *erforderliche Verankerungslänge* l_1 wird vom Grundmaß l_0 abgeleitet. Sie ist kleiner als l_0, wenn die vorhandene Bewehrung (vorh A_s) größer als die rechnerisch erforderliche (erf A_s) ist.
Verankerungslänge l_1 ergänzende Auslegung im DAfStb-Heft 400

$$l_1 = \alpha_1 \cdot \frac{\text{erf } A_s}{\text{vorh } A_s} \cdot l_0 \quad \begin{matrix} \geqq 10\, d_s \text{ bei geraden Stabenden*)} \\ \geqq (0{,}5\, d_{br} + d_s) \text{ bei Haken, Winkelhaken, Schlaufen*)} \end{matrix}$$

*) Jeweils mit oder ohne angeschweißten Querstab.

Hierin sind:
F_s Zug- oder Druckkraft im Bewehrungsstab unter $\sigma_s = \beta_S$ (s. S. 6.22)
γ rechnerischer Sicherheitsbeiwert = 1,75
u Umfang des Bewehrungsstabes
d_s Durchmesser des Bewehrungsstabes
d_{sV} Vergleichsdurchmesser — bei Doppelstäben von Betonstahlmatten ist d_s bei der Berechnung von l_0 durch d_{sV} zu ersetzen ($d_{sV} = \sqrt{d_1^2 + d_2^2}$; wenn $d_1 = d_2 = d_s$: $d_{sV} = d_s \cdot \sqrt{2}$)
zul τ_1 Grundwert der Verbundspannung s. S. 6.32
erf (vorh) A_s rechnerisch erforderlicher (bzw. vorhandener) Bewehrungsquerschnitt
d_{br} vorhandener Biegerollendurchmesser s. S. 6.32

Beiwerte α_1 (nach DIN 1045, Tab. 20)

	Art und Ausbildung der Verankerung	Beiwert α_1 Zugstäbe	Druckstäbe
1	a) Gerade Stabenden	1,0	1,0
2	b) Haken ($\alpha \geqq 150°$) c) Winkelhaken ($150° > \alpha \geqq 90°$) d) Schlaufen	0,7 (1,0)	1,0
3	e) Gerade Stabenden mit mindestens einem angeschweißten Stab[1]) innerhalb l_1	0,7	0,7
4	f) Haken ($\alpha \geqq 150°$) g) Winkelhaken ($150° > \alpha \geqq 90°$) h) Schlaufen (Draufsicht) mit jeweils mindestens einem angeschweißten Stab[1]) innerhalb l_1 vor dem Krümmungsbeginn	0,5*) (0,7)	1,0
5	i) Gerade Stabenden mit mindestens zwei angeschweißten Stäben[1]) innerhalb l_1 (Stababstand $s_q < 10$ cm bzw. $\geqq 5\, d_s$ und $\geqq 5$ cm). nur zulässig bei Einzelstäben mit $d_s \geqq 16$ mm bzw. Doppelstäben mit $d_s \leqq 12$ mm	0,5*)	0,5

Die in Klammern angegebenen Werte gelten, wenn im Krümmungsbereich rechtwinklig zur Krümmungsebene die Betondeckung weniger als $3\, d_s$ beträgt bzw. kein Querdruck oder keine enge Verbügelung vorhanden ist.
[1]) Bei Schweißungen nach DIN 4099 muß über die in DIN 488 Teil 1 u. 4 geforderten Nachweise hinaus die zur Verankerung vorgesehene Fläche des Querstabes je zu verankernden Stab mindestens $5\, d_s^2$ betragen.

*) Bei der Berechnung der Übergreifungslängen von Zugstößen nach Abschnitt 18.6.3.2 muß der Beiwert $\alpha \geqq 0{,}7$ verwendet werden.

Die vorgenannten Verankerungsmaße gelten sowohl für Einzelstäbe wie auch für geschweißte Betonstahlmatten aus gerippten Stäben.

4.3 Stöße der Bewehrungsstäbe

Siehe s. S. 6.50 bzw. BAUTABELLEN für Ingenieure

4.4 Bewehrungsführung und Verankerung (Biegezugbewehrung)

● **Zugkraftdeckung**

Die Biegezugbewehrung ist so zu führen, daß in jedem Schnitt die Zugkraftlinie abgedeckt ist.

Die Biegezugbewehrung darf bei Plattenbalken- und Hohlkastenquerschnitten in der Platte höchstens auf einer Breite entsprechend der halben mitwirkenden Plattenbreite angeordnet werden. Im Stegbereich muß jedoch zur Beschränkung der Rißbreite ein angemessener Anteil verbleiben.

Die Zugkraftlinie ist die in Richtung der Bauteilachse um das Versatzmaß v verschobene $(M_s/z + N)$-Linie (Beispiel für reine Biegung S. 6.35). M_s ist dabei das auf die Schwerachse der Biegezugbewehrung bezogene Moment und N die Längskraft (als Zugkraft positiv). Längszugkräfte müssen, Längsdruckkräfte dürfen bei der Zugkraftlinie berücksichtigt werden. Die Zugkraftlinie ist stets so zu ermitteln, daß sich eine Vergrößerung der $(M_s/z + N)$-Fläche ergibt.

Bei veränderlicher Querschnittshöhe ist für die Bestimmung von v die Nutzhöhe h des jeweils betrachteten Schnittes anzusetzen.

● **Versatzmaß v** (DIN 1045, Tab. 25)

Anordnung der Schubbewehrung[1])	Versatzmaß v^2) bei Schubbereich		
	1	2	3
schräg mit Abstand $\leqslant 0{,}25 \cdot h$	$0{,}75 \cdot h$	$0{,}50 \cdot h$	$0{,}25 \cdot h$
schräg mit Abstand $> 0{,}25 \cdot h$ oder schräg und annähernd rechtwinklig zur Bauteilachse	(bei Platten ohne Schubbewehrung: $1{,}0 \cdot h$)	$0{,}75 \cdot h$	$0{,}50 \cdot h$
annähernd rechtwinklig zur Bauteilachse		$1{,}00 \cdot h$	$0{,}75 \cdot h$

[1]) Neigungswinkel-Bauteilachse zu Schubbewehrung: (45°...60°) → „schräg",
  $> 60°$ → „annähernd rechtwinklig"
[2]) Versatzmaß für in Platte „ausgelagerte" Biegezugbewehrung bei Plattenbalken jeweils um den Abstand vom Stegrand vergrößern (DIN 1045, 18.7.2)

● **Verankerung an Endauflagern** (DIN 1045, 18.7.4)

An frei drehbaren oder nur schwach eingespannten Endauflagern ist eine Bewehrung zur Aufnahme der Zugkraft F_{sR} (s. S. 6.35) erforderlich, es muß jedoch mindestens ein Drittel der größten Feldbewehrung vorhanden sein. Für Platten ohne Schubbewehrung ist zusätzlich DIN 1045 Abschnitt 20.1.6.2 zu beachten.

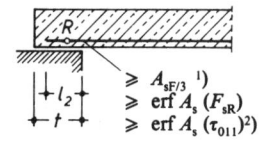

Die Verankerungslängen betragen bei

$\geqslant A_{sF/3}$ [1])
$\geqslant \text{erf } A_s (F_{sR})$
$\geqslant \text{erf } A_s (\tau_{011})^2$)

direkter Auflagerung: $l_2 = 2 \cdot l_1/3 \geqq 6 \, d_s{}^*$)

indirekter Auflagerung: $l_3 = l_1 \geqq 10 \, d_s{}^*$)

R Rechnerischer Auflagerpunkt

Verankerung an Endauflagern

*) d_s ist bei Betonstahlmatten aus Doppelstäben auf den Durchmesser des Einzelstabes zu beziehen.

In allen Fällen ist die Bewehrung jedoch mindestens über die rechnerische Auflagerlinie R zu führen $[l_2 > t/3$ bzw. $0{,}025 \cdot l_w$ (s. S. 6.33)].
Ergibt sich bei Betonstahlmatten erf $A_s/$vorh $A_s \leqslant 1/3$, so genügt zur Verankerung mindestens Querstab hinter der rechnerischen Auflagerlinie.

---

[1]) bei Bauteilen mit Schubbewehrung
[2]) bei Platten ohne Schubbewehrung s. DIN 1045, 20.1.6.2 (1)

- **Verankerung an Zwischenauflagern** (DIN 1045, 18.7.5)

An Zwischenauflagern von durchlaufenden Platten und Balken, an Endauflagern mit anschließenden Kragarmen, an eingespannten Auflagern und an Rahmenecken ist mindestens ein Viertel der größten Feldbewehrung mindestens um das Maß $6\,d_s$ bis hinter die Auflagervorderkante zu führen. Für Platten ohne Schubbewehrung ist zusätzlich DIN 1045 Abschnitt 20.1.6.2 zu beachten.

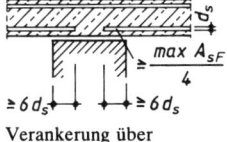

Verankerung über Zwischenauflager

Zur Aufnahme rechnerisch nicht berücksichtigter Beanspruchungen (z. B. Brandeinwirkung, Stützensenkung) empfiehlt es sich jedoch, den im ersten Absatz geforderten Anteil der Feldbewehrung durchzuführen oder über dem Auflager kraftschlüssig zu stoßen, insbesondere bei Auflagerung auf Mauerwerk.

- **Verankerung außerhalb von Auflagern** (DIN 1045, 18.7.3)

Verankerungslänge: $\boxed{i \cdot \alpha_1 \cdot l_0}$ (siehe Tafel 6.49 bzw. Abschn. 4.2)

i siehe Abbildungen unten; α_1 siehe S. 6.33

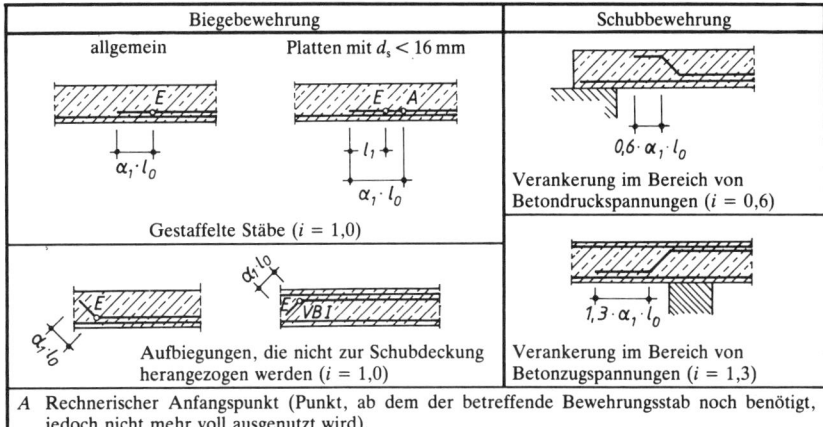

Biegebewehrung		Schubbewehrung
allgemein	Platten mit $d_s < 16$ mm	
$\alpha_1 \cdot l_0$	l_1 ; $\alpha_1 \cdot l_0$	$0,6 \cdot \alpha_1 \cdot l_0$ — Verankerung im Bereich von Betondruckspannungen ($i = 0,6$)
Gestaffelte Stäbe ($i = 1,0$)		
Aufbiegungen, die nicht zur Schubdeckung herangezogen werden ($i = 1,0$)		$1,3 \cdot \alpha_1 \cdot l_0$ — Verankerung im Bereich von Betonzugspannungen ($i = 1,3$)

A Rechnerischer Anfangspunkt (Punkt, ab dem der betreffende Bewehrungsstab noch benötigt, jedoch nicht mehr voll ausgenutzt wird).

E Rechnerischer Endpunkt (Punkt, ab dem der betreffende Bewehrungsstab nicht mehr benötigt wird).

Beispiel: Zugkraftdeckung und Verankerungslängen für eine **Platte mit $d_s < 16$ mm** bei reiner Biegung. (Bei gestaffelter Bewehrung ist DIN 1045, 20.1.62 zu beachten!)

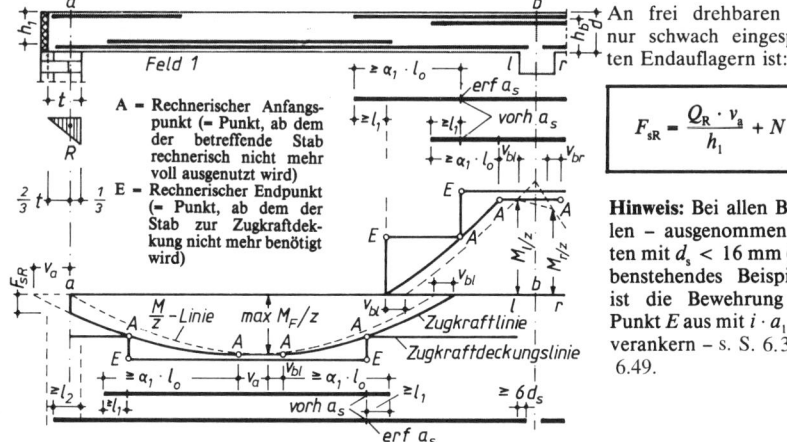

An frei drehbaren oder nur schwach eingespannten Endauflagern ist:

$$F_{sR} = \frac{Q_R \cdot v_a}{h_1} + N$$

Hinweis: Bei allen Bauteilen – ausgenommen Platten mit $d_s < 16$ mm (s. nebenstehendes Beispiel) – ist die Bewehrung vom Punkt E aus mit $i \cdot \alpha_1 \cdot l_0$ zu verankern – s. S. 6.33 und 6.49.

5 Spezielle Vorschriften für besondere Bauteile

Anschluß von Nebenträgern, Konsolen und Detailfragen lassen sich rechnerisch und konstruktiv vorteilhaft und anschaulich mit Stabwerksmodellen bearbeiten. Es wird auf den Abschnitt Schlaich/Schäfer „Konstruieren in Stahlbetonbau", BK 1998, T II, S. 721 f. besonders hingewiesen.

5.1 Fundamente
5.1.1 Unbewehrte Fundamente

Unbewehrte Fundamente dürfen ausgeführt werden, wenn $d \geqslant n \cdot a$ ist. Wird das Fundament breiter ausgeführt, ist es als bewehrtes Fundament zu berechnen. Das Einlegen einer konstruktiven Bewehrung ist empfehlenswert (s. Abschnitt 3.3.2).

n-Werte für die Lastausbreitung (nach DIN 1045; Tab. 17)

Bodenpressung σ_0 in kN/m² ≤	100	200	300	400	500
B 5	1,6	2,0	2,0	unzulässig	
B 10	1,1	1,6	2,0	2,0	2,0
B 15	1,0	1,3	1,6	1,8	2,0
B 25	1,0	1,0	1,2	1,4	1,6
B 35	1,0	1,0	1,0	1,2	1,3

5.1.2 Bewehrte Fundamente

- **Einzel- und Streifenfundamente.** Für Seitenverhältnisse $d < n \cdot a$ müssen Fundamentkörper bewehrt werden. Sie sind für Biegung zu bemessen. Die Sicherheit gegen Durchstanzen ist nachzuweisen. Nachstehende Ausführungen für Einzelfundamente sind sinngemäß auf Streifenfundamente zu übertragen. DIN 1045, 22.7 und Heft 240 2.5 sind zu beachten.

Nachweis zur Aufnahme der Biegemomente in der Fundamentplatte

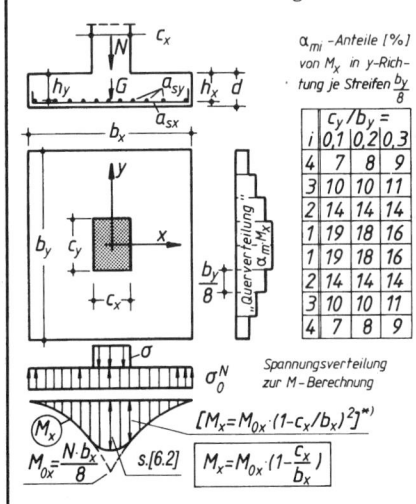

Werden die Schnittgrößen nicht nach der Plattentheorie [6.6 u. a.] ermittelt, dürfen sie genähert wie folgt berechnet werden.

Das Gesamtbiegemoment je Achsrichtung wird mit dem Schnittprinzip ermittelt. Hierbei wird die aus der Stützenlast N (ohne Fundamenteigenlast G) berechnete Spannung, σ_0^N, als Belastung aufgebracht (s. Abb.). Greift außer N auch ein Biegemoment M an, sind die Biegemomente in der Fundamentplatte analog aus dreieck- oder trapezförmiger Bodenpressung zu berechnen. Bei verschieblichen Tragwerken (s. Abschnitt 2.6.1) ist bei der Bemessung des Fundamentes ΔM zusätzlich zu berücksichtigen. ΔM braucht jedoch nicht beim Nachweis der Bodenpressung in Ansatz gebracht zu werden.

α_{mi}-Anteile [%] von M_x in y-Richtung je Streifen $\frac{b_y}{8}$

$c_y/b_y =$	0,1	0,2	0,3
4	7	8	9
3	10	10	11
2	14	14	14
1	19	18	16
1	19	18	16
2	14	14	14
3	10	10	11
4	7	8	9

$M_{0x} = \frac{N \cdot b_x}{8}$ s.[6.2] $M_x = M_{0x} \cdot \left(1 - \frac{c_x}{b_x}\right)$

$[M_x = M_{0x} \cdot (1 - c_x/b_x)^2]$ *)

Bemessung mit dem k_h-Verfahren. Bemessungsmomente nach Heft 240 sind:

$$M_x = N \cdot (b_x - c_x)/8; \quad M_y = N \cdot (b_y - c_y)/8$$

Hinweis: *Entgegen vektorieller Schreibweise errechnet sich aus M_x die Bewehrung für die x-Richtung und aus $M_y \rightarrow A_{sy}$.*

$k_{h,xi} = h_x/\sqrt{\alpha_{mi} M_x/(0{,}125 \cdot b_y)} \mapsto$ je $b_y/8$: $A_{sx,i}$ [cm²] $= k_s \cdot \alpha_{m.i} \cdot M_x/h_x$

$k_{h,yi} = h_y/\sqrt{\alpha_{mi} M_y/(0{,}125 \cdot b_x)} \mapsto$ je $b_x/8$: $A_{sy,i}$ [cm²] $= k_s \cdot \alpha_{m.i} \cdot M_y/h_y$

Die Gesamtbewehrung: $A_{sx} = 2 \cdot \sum_{i}^{4} A_{sx,i}; \quad A_{sy} = 2 \cdot \sum_{i}^{4} A_{sy,i}$

Fortsetzung auf folgender Seite

---

*) Nach Untersuchungen von *Steinle* und *Dieterle* (Vortrag Deutscher Betontag 1981, Hamburg) kann der Bemessung auch dieses Biegemoment zugrunde gelegt werden. Nach Auffassung des Verfassers bei *monolithischem* Verbund Stütze/Fundament immer anzuwenden.

Genähert läßt sich die Gesamtbewehrung wie folgt berechnen:

$k_{hx} = h_x/\sqrt{\max \alpha_{mi} \cdot M_x/(0{,}125\ b_y)} \mapsto A_{sx}\ [\text{cm}^2] = k_s \cdot M_x/h_x$

$k_{hy} = h_y/\sqrt{\max \alpha_{mi} \cdot M_y/(0{,}125\ b_x)} \mapsto A_{sy}\ [\text{cm}^2] = k_s \cdot M_y/h_y$

Häufig ausreichend: Bewehrung nur zweifach zu staffeln → Mittelstreifen $b/2$; Randstreifen $b/4$. Bewehrungsverteilung wie folgt: $a_{sx}\ [\text{cm}^2/\text{m}] = A_{sx}/b_y$ → Wahl von d_{sx} und mittlerem Stababstand s_{ix}; Randstreifen: d_{sx}; $s_x = 1{,}50 \cdot s_{ix}$; vorh $a_s = 0{,}67\ a_{sx}$; Mittelstreifen: d_{sx}; $s_x = 0{,}75 \cdot s_{ix}$; vorh $a_s = 1{,}33\ a_{sx}$. Für a_{sy} analoge Rechnung. Bewehrung ohne Abstufung bis zu den Rändern durchführen und dort verankern (z. B. durch Hochbiegen). Nach [6.8, T 3, S. 222] darf ein Verbundnachweis für die Bewehrung entfallen, wenn $s/d_s \leq 0{,}38 \cdot \beta_{WN}^{2/3}/\sigma_0^N$ ist. Hierin sind: s mittlerer Stababstand s_m oder Bewehrungsstababstand, der im Mittelstreifen gewählt wurde, und d_s Stabstahldurchmesser.

Nachweis zur Aufnahme der Querkräfte (Durchstanznachweis)

Bei Rechteckstützen darf bei der Berechnung des Durchmessers, c, einer flächengleichen Rundstütze für max $(c_x; c_y)$ höchstens $1{,}5 \cdot \min (c_x; c_y)$ in Rechnung gestellt werden.

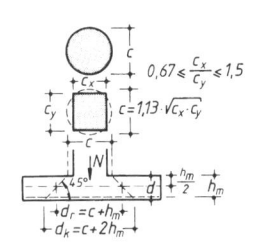

Vorbemessung für Beanspruchung durch Querkräfte (Erläuterungen s. Zahlenbeispiel)

Mindestbewehrungsmenge a_s (cm^2/m) je Achsrichtung im Gurtbereich d_r für rechteckige Einzelfundamente, mit $a_{sx} \approx a_{sy} = a_s$ für BSt 500, wenn

a	gesonderte Schubbewehrung vermieden werden soll	$a_s \geq 0{,}302 \cdot h_m\ (\tau_r/\tau_{011})^2$
b	gesonderte Schubbewehrung eingelegt werden kann	$a_s \geq 2{,}52 \cdot h_m \cdot (\tau_r/\tau_{02})^2$

h_m ist in (cm) einzusetzen.

Schubspannung im Rundschnitt d_r:

$$\tau_r = \frac{Q_r}{\pi \cdot d_r \cdot h_m} = \frac{N - \sigma_0 \cdot \pi \cdot d_k^2/4}{\pi \cdot d_r \cdot h_m} \leq \text{zul } \tau_r\ {**})$$

→ zul $\tau_{r,1} = 1{,}3 \cdot \alpha_s \cdot \tau_{011} \cdot \sqrt{\mu\%}$ – keine Schubbewehrung

→ zul $\tau_{r,2} = 0{,}45 \cdot \alpha_s \cdot \tau_{02} \cdot \sqrt{\mu\%}$ – bei Schubbewehrung

mit $\alpha_s = 1{,}3$ bei BSt III; $\alpha_s = 1{,}4$ bei BSt IV

τ_{011}; τ_{02} s. S. 6.28

$\mu\%$ mittlerer Bewehrungsprozentsatz der im Gurtbereich (d_r) befindlichen Bewehrung, wobei $\mu \leq 25 \cdot \beta_{WN}/\beta_S \leq 1{,}5\ \%$ einzuhalten ist. $\mu = 0{,}5 \cdot (\mu_x + \mu_y) = 0{,}5 \cdot (A_{s,x}^{Gurt} + A_{s,y}^{Gurt}) \cdot 100/(h_m \cdot d_r)$

$A_{s,x}^{Gurt}; A_{s,y}^{Gurt}$ im Bereich d_r vorhandene Bewehrungsmenge in cm^2

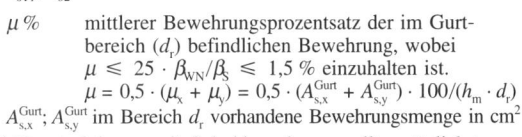

Auf Konstruktionen mit Schubbewehrung sollte möglichst verzichtet werden (z. B. durch Vergrößerung von d oder/und μ). Die Schubbewehrung darf unabhängig von ihrem Neigungswinkel bestimmt werden. Sie muß die untere Hälfte des Stanzkegels möglichst kontinuierlich mit der Druckzone verbinden (s. Abb.). Bügel müssen die untere Lage der Fundamentbewehrung umschließen.

erf $A_{s,r} = 0{,}75 \cdot Q_r/(\beta_S/1{,}75) = 1{,}31 \cdot Q_r/\beta_S$

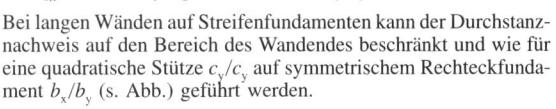

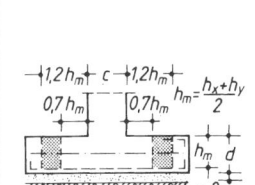

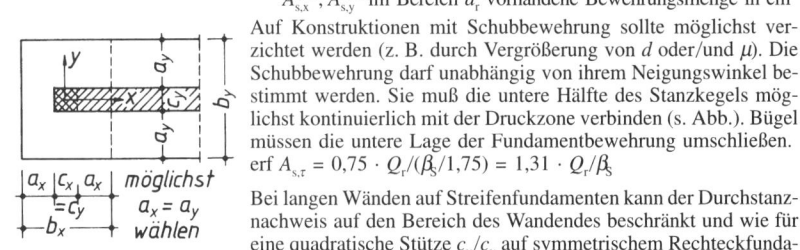

Bei langen Wänden auf Streifenfundamenten kann der Durchstanznachweis auf den Bereich des Wandendes beschränkt und wie für eine quadratische Stütze c_y/c_y auf symmetrischem Rechteckfundament b_x/b_y (s. Abb.) geführt werden.

**) Beachte hierzu DAfStb-Heft 240; 3. Aufl. 1991; 2.5.2.2, S. 37

Beispiel

geg.: $N = -1800$ kN; B 25; BSt 500; $c_x = 40$ cm; $c_y = 35$ cm
zulässige Bodenpressung = 270 kN/m²; Bauteil im Freien
ges.: Fundamentbemessung. Vorentwurf unter Berücksichtigung
von Vorgaben: $b_x = 2,80$ m; $b_y = 2,60$ m; $d = 0,70$ m

Lastzusammenstellung: aus Bauwerk	1800 kN
Fundamenteigenlast $2,8 \cdot 2,6 \cdot 0,7 \cdot 25 =$	127 kN
$\sum V =$	1927 kN

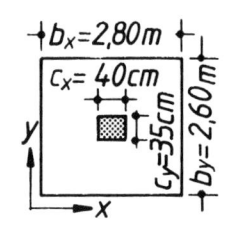

$\quad\; b_x = 2,80\,m$
$c_x = 40\,cm$
$c_y = 35\,cm$, $b_y = 2,60\,m$

Nachweis der Bodenpressung: $\sigma_0 = 1927/(2,8 \cdot 2,6) = 265$ kN/m² < 270 kN/m²
Davon Spannungsanteil infolge N: $\sigma_0^N = 1800/(2,8 \cdot 2,6) = 247$ kN/m² = 0,247 MN/m²
geschätzte Bewehrung: $d_s = 20$ mm; → nom $c = 3,5$ cm → $h_x = 0,70 - 0,035 - 0,02/2 = 0,655$ m
$h_y = 0,655 - 0,02 = 0,635$ m; $h_m = 0,5 \cdot (0,655 + 0,635) = 0,645$ m
Momentenermittlung nach Steinle/Dieterle.
$M_x = 1800 \cdot 2,80 \, (1 - 0,4/2,8)^2/8 = 463$ kNm; $M_y = 1800 \cdot 2,60 \cdot (1 - 0,35/2,60)^2/8 = 438$ kNm
Bemessung nach dem Näherungsverfahren; x-Richtung: Für $c_x/b_y = 0,35/2,6 = 0,13 \approx 0,10$
→ max $\alpha_{mi} = 19\,\%$; $k_{hx} = 65,5/\sqrt{0,19} \cdot 463/(0,125 \cdot 2,60) = 3,98 > 1,72$ →
erf $A_{sx} = 3,8 \cdot 463/65,5 = 26,9$ cm²
y-Richtung: Für $c_y/b_x = 0,40/2,80 = 0,14 \approx 0,10$ → max $\alpha_{mi} = 19\,\%$;
$k_{hy} = 63,5/\sqrt{0,19} \cdot 438/(0,125 \cdot 2,80) = 4,11 > 1,72$ → erf $A_{sy} = 3,8 \cdot 438/63,5 = 26,2$ cm²
Bewehrung je m infolge Biegebeanspruchung:
erf $a_{sx} = 26,9/2,60 = 10,4$ cm²/m, abdeckbar mit $\emptyset$ 12; $s = 10,5$ cm und $a_{sx} = 10,77$ cm²/m
erf $a_{sy} = 26,2/2,80 = 9,36$ cm²/m, abdeckbar mit $\emptyset$ 12; $s = 12$ cm und $a_{sy} = 9,42$ cm²/m

Entfall des Verbundnachweises, wenn max $s/d_s = 12,0/1,2 = 10 < 0,38 \cdot 25^{2/3}/0,247 = 13,15$

Zur Aufnahme der Querkräfte für ein Fundament mit einzulegender Schubbewehrung wird im Gurtstreifen d_r folgende Bewehrungsmenge benötigt (Durchstanznachweis Fall b):

Mit $d_s = 12$ mm ergeben sich: $h_x = 0,70 - 0,035 - 0,012/2 = 0,659$ m
$h_y = 0,659 - 0,012 = 0,647$ m; $h_m = 0,5 \cdot (0,659 + 0,647) = 0,653$ m = 65,3 cm
$0,67 < 40/35 = 1,14 < 1,5 \to c = 4/\pi \cdot \sqrt{0,40 \cdot 0,35} = 0,423$ m
$d_r = 0,423 + 0,653 = 1,076 \sim 1,08$ m; $d_k = 0,423 + 2 \cdot 0,653 = 1,729 \approx 1,73$ m

Die unter b (s. S. 6.37) angegebene Vorbemessungsformel entstand durch Kombination und Auflösung
nach a_s unter den Voraussetzungen: $A_{sx}^{Gurt} = A_{sy}^{Gurt} = d_r \cdot a_s$.

Aus $\tau_r \leqslant 0,45 \cdot 1,4 \cdot \tau_{02} \cdot \sqrt{0,5 \cdot (A_{sx}^{Gurt} + A_{sy}^{Gurt}) \cdot 100/(h_m \cdot d_r)}$.
Aus der unter b (s. S. 6.37) angegebenen Formel:
$a_s \geqslant 2,52 \cdot h_m \cdot (\tau_r/\tau_{02})^2$;
mit $\tau_r = (1800 - 247) \cdot \pi \cdot 1,73^2/4)/(\pi \cdot 1,08 \cdot 0,653) = 1219,4/2,216 = 550$ kN/m² = 0,55 MN/m²
$a_s \geqslant 2,52 \cdot 65,3 \, (0,55/1,8)^2 = 15,36$ cm²/m > 10,4 cm²/m → für Bewehrungswahl maßgebend
(s. hierzu Anmerkung am Ende des Beispiels)
gewählt:

$\emptyset$ 12; $s = 7,0$ cm

mit $a_{sx} = a_{sy} = a_s = 16,16$ cm²/m
Bewehrungsverteilung: x-Richtung: Randstreifen $b_y/4 = 2,60/4 = 0,65$ → gewählt 0,60 m
mit $s_R = 2 \cdot 7,0 = 14$ cm; y-Richtung: Randstreifen $b_x/4 = 2,80/4 = 0,70$ m →
gewählt: 0,735 m mit $s_R = 2 \cdot 7,0 = 14$ cm (s. Abbildungen)

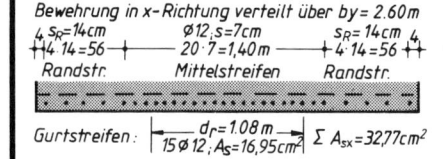

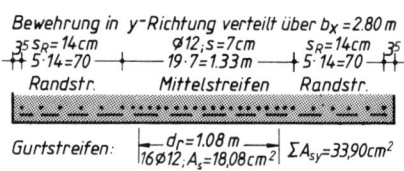

Bewehrung in x-Richtung verteilt über $b_y = 2.60$ m
 4 $s_R = 14$ cm $\emptyset 12; s = 7$ cm $s_R = 14$ cm 4
 ++ 4·14=56 +———— 20·7=1,40 m ————+ 4·14=56 ++
 Randstr.   Mittelstreifen   Randstr.

Gurtstreifen: |— $d_r = 1.08$ m —| $\sum A_{sx} = 32,77$ cm²
              15 $\emptyset$ 12; $A_s = 16,95$ cm²

Bewehrung in y-Richtung verteilt über $b_x = 2.80$ m
 $_{3,5}s_R = 14$ cm $\emptyset 12; s = 7$ cm $s_R = 14$ cm $_{3,5}$
 ++ 5·14=70 +———— 19·7=1,33 m ————+ 5·14=70 ++
 Randstr.   Mittelstreifen   Randstr.

Gurtstreifen: |— $d_r = 1.08$ m —| $\sum A_{sy} = 33,90$ cm²
              16 $\emptyset$ 12; $A_s = 18,08$ cm²

Durchstanznachweis: μ (%) = 0,5 · (16,95 + 18,08) · 100/(65,3 · 108) = 0,248 % < 25 · 25/500 = 1,25 % < 1,5 %:

zul $\tau_{r,1}$ = 1,3 · 1,4 · 0,5 · $\sqrt{0,248}$ = 0,45 MN/m² < $\Bigg\}$ 0,55 MN/m² → Schubbewehrung erforderlich

zul $\tau_{r,2}$ = 0,45 · 1,4 · 1,8 · $\sqrt{0,248}$ = 0,56 MN/m² >

erf $A_{s,r}$ = 1,31 · 1219,4/50 ~ 32 cm²

Abdeckung durch Schubzulagen – alternativ – aus:
- Stabstahl, z. B. 4 · 8 (Stück/Seite) · ⌀ 12 mit 36,16 cm²
- Betonstahlmatten (n = 2). Bei Einhaltung des Bewehrungsbereichs zwischen 0,7 · h_m = 0,7 · 0,653 = 0,46 m und 1,2 · h_m = 1,2 · 0,653 = 0,78 m, → i. M. 0,62 m, ergibt sich für die Bügelkörbe eine Achsmaßlänge: 2 (4 · 0,62 + 0,40 + 0,35) = 6,46 m
erf a_s = 32/(2 · 6,46) = 2,47 cm²/m → z. B. Betonstahllagermatte Q 257

Anmerkung: Fundamente sollten möglichst so konstruiert werden, daß *keine* Schubbewehrung erforderlich wird. Im Beispiel sollte die Handhabung des gesamten Formelumfanges vorgeführt werden.

6 Stahlbetonbau

● **Fundamente an Dehnungsfugen**

Doppelstützen oder -wände an Dehnungsfugen sollten nach Möglichkeit auf *ein* Fundament gegründet werden. Bei nachträglichen Anbauten (siehe Abb.) hängt die Sohldruckverteilung von der Steifigkeit der Verbindung zwischen Fundament und aufgehender Konstruktion ab und liegt zwischen den angegebenen Extremfällen. Das äußere Moment $\sum V \cdot e$ muß entweder in die aufgehende Konstruktion eingeleitet oder durch ein Gegenmoment $R \cdot z$ aufgenommen werden. Letzteres kann durch querlaufende Aussteifungsbalken, aber auch durch Heranziehen der Reibung in der Sohlfuge und einer bewehrten Fußbodenplatte erzeugt werden (Reibungskoeffizient μ s. Vorblatt). Gegenseitige Beeinflussung von Fundamenten tritt bei engem Abstand der Fundamente $a \leq 4 b$ auf (s. Abschnitt Grundbau).

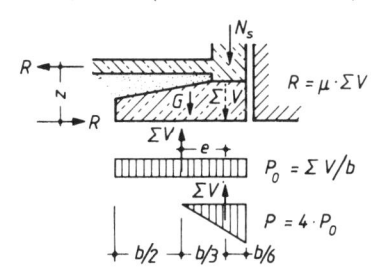

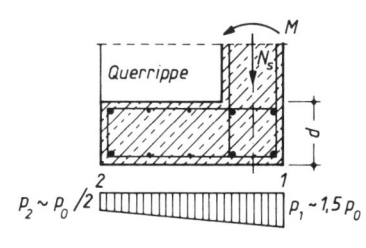

● **Blockfundamente; Köcherfundamente (Hülsen- oder Becherfundamente)**

Sie dienen der Aufnahme vorgefertigter Stahlbetonstützen. Blockfundamente sind besonders vorteilhaft für den Geschoßbau bei großem N und kleinem M. Sie ermöglichen niedrige Bauhöhen und sind einfacher herzustellen. Köcherfundamente sind geeigneter bei kleinem N und großem M. Besonders wichtig für die Übernahme der Lasten aus der Stütze und deren Einleitung in den Fundamentkörper sind eine gute Verzahnung und Verfüllung der Fuge (möglichst mit Fließmörtel ≥ Festigkeitsklasse wie Beton des Köchers). Ausbildung der Fugenverzahnung s. nebenstehend. Weiteres s. Hefte 326 und 411 des DAfStb sowie Bindseil, Stahlbetonfertigteile, Werner-Verlag, Düsseldorf 1991, S. 159f. Die Bemessung der Blockfundamente erfolgt wie bei monolithisch hergestellten Fundamenten.

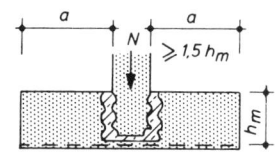

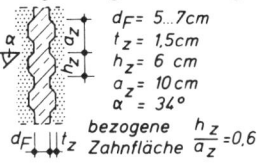

d_F = 5...7 cm
t_z = 1,5 cm
h_z = 6 cm
a_z = 10 cm
α = 34°

bezogene Zahnfläche $\frac{h_z}{a_z}$ = 0,6

6.39

5.2 Platten und plattenartige Bauteile

Nach ihrer statischen Wirkung werden einachsig und zweiachsig gespannte Platten unterschieden. Vierseitig gelagerte Rechteckplatten mit max $l \leq 2 \cdot \min l$ sowie dreiseitig oder an zwei benachbarten Rändern gelagerte Rechteckplatten sind im allgemeinen als zweiachsig gespannt zu berechnen und auszubilden (s. hierzu Abschn. 2.5 sowie [6.6]; [6.7]; [6.8]; [6.15] und [6.17]. Werden sie zur Vereinfachung des statischen Systems als einachsig gespannt berechnet, so sind die aus den vernachlässigten Tragwirkungen herrührenden Beanspruchungen durch geeignete konstruktive Bewehrungen zu berücksichtigen.

Mindestdicke d

a) im allgemeinen Fall 7 cm
b) befahrbare Platten für:
   Personenwagen 10 cm
   schwere Fahrzeuge 12 cm
c) bei nur ausnahmsweise begangenen Platten 5 cm
d) bei durch Brandlast beanspruchten Platten s. S. 10.75 ff.

Stützweiten, *Auflagertiefen* und *Schnittgrößen* s. Abschnitt 2.3 und 2.5

Lastverteilungsbreiten bei einachsig gespannten Platten unter Punkt-, Linien- und Rechtecklasten nach Heft 240; Tafel 2.1

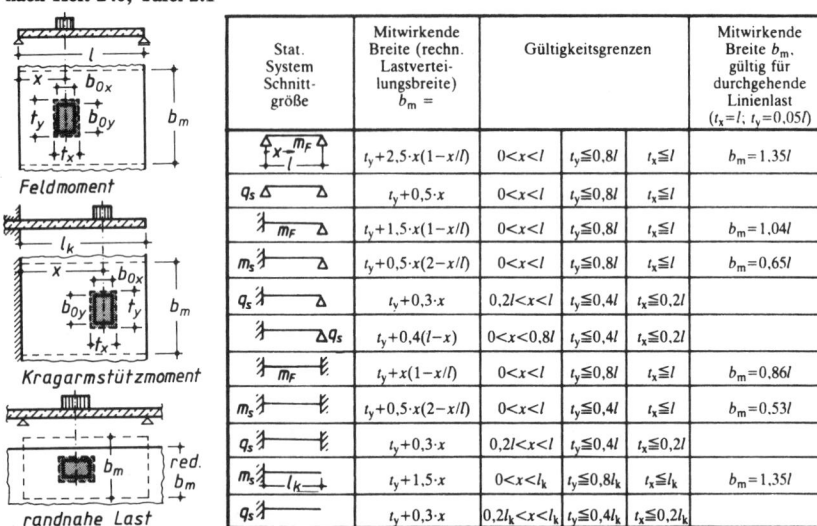

Stat. System Schnittgröße	Mitwirkende Breite (rechn. Lastverteilungsbreite) $b_m =$	Gültigkeitsgrenzen			Mitwirkende Breite b_m, gültig für durchgehende Linienlast ($t_x = l$; $t_y = 0,05l$)
m_F Feldmoment	$t_y + 2,5 \cdot x(1-x/l)$	$0 < x < l$	$t_y \leq 0,8l$	$t_x \leq l$	$b_m = 1,35l$
$q_s \triangle$	$t_y + 0,5 \cdot x$	$0 < x < l$	$t_y \leq 0,8l$	$t_x \leq l$	
m_F	$t_y + 1,5 \cdot x(1-x/l)$	$0 < x < l$	$t_y \leq 0,8l$	$t_x \leq l$	$b_m = 1,04l$
m_s	$t_y + 0,5 \cdot x(2-x/l)$	$0 < x < l$	$t_y \leq 0,8l$	$t_x \leq l$	$b_m = 0,65l$
q_s	$t_y + 0,3 \cdot x$	$0,2l < x < l$	$t_y \leq 0,4l$	$t_x \leq 0,2l$	
$\triangle q_s$	$t_y + 0,4(l-x)$	$0 < x < 0,8l$	$t_y \leq 0,4l$	$t_x \leq 0,2l$	
m_F Kragarmstützmoment	$t_y + x(1-x/l)$	$0 < x < l$	$t_y \leq 0,8l$	$t_x \leq l$	$b_m = 0,86l$
m_s	$t_y + 0,5 \cdot x(2-x/l)$	$0 < x < l$	$t_y \leq 0,4l$	$t_x \leq l$	$b_m = 0,53l$
q_s	$t_y + 0,3 \cdot x$	$0,2l < x < l$	$t_y \leq 0,4l$	$t_x \leq 0,2l$	
m_s randnahe Last	$t_y + 1,5 \cdot x$	$0 < x < l_k$	$t_y \leq 0,8l_k$	$t_x \leq l_k$	$b_m = 1,35l$
q_s	$t_y + 0,3 \cdot x$	$0,2l_k < x < l_k$	$t_y \leq 0,4l_k$	$t_x \leq 0,2l_k$	

Bei punkt-, linien- und gleichförmig verteilten Rechtecklasten darf die Lastverteilungsbreite b_m quer zur Tragrichtung mit Hilfe vorstehender Tafel ermittelt werden.

Lasteintragungsbreite t

$$t = b_0 + 2 d_1 + d$$

mit b_0 Lastaufstandsbreite
d_1 lastverteilende Deckschicht
d Plattendicke

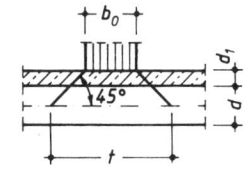

Die rechnerische Lasteintragungs- wie auch die Lastverteilungsbreite dürfen nicht größer als die mögliche angesetzt werden (s. Abb.). Mit der nachfolgenden Gleichung lassen sich die Plattenmomente (m_x; m_y) für die baupraktisch wichtigsten Fälle bestimmen.

Das Biegemoment und die Querkraft errechnet man mit:

$$m = m_{Gleichlast} + M/b_m$$
$$q = q_{Gleichlast} + Q/b_m$$

Hierin sind:
M größtes Feldmoment M_F bzw. Stützmoment M_S infolge der auf die Länge t gleichmäßig verteilten Last (aus „Balkenstatik") infolge Einzellast
m (q) Plattenmoment (-querkraft) je Meter Breite
Q Querkraft am Auflager (aus „Balkenstatik") infolge Einzellast
b_m mitwirkende Lastverteilungsbreite am Ort des größten Feldmomentes bzw. am Auflager

Bewehrung

- **Hauptbewehrung** lim s = 25 cm bei Plattendicken $d \geqslant$ 25 cm ⎫ Zwischenwerte sind
  lim s = 15 cm bei Plattendicken $d \leqslant$ 15 cm ⎭ linear zu interpolieren
  Die Werte gelten für den Größtmomentenbereich. In *minderbeanspruchter* Richtung zweiachsig gespannter Platten: 2 $d \leqslant s^* \leqslant$ 25 cm.

  $a_{s,\text{Rand}} \geqslant 0,5\ a_{s,\text{Mitte}}$ Bewehrungsabminderung im Randbereich c mit c = 0,2 min l bei vierseitig gelagerten, zweiachsig gespannten Platten, sonst entsprechend der Zugkraftdeckung

- **Querbewehrung/m** $\geqslant$ 1/5 der erf Hauptbewehrung, jedoch $\geqslant 3\ \varnothing$ 6 mm bei BSt 420 S (III S) und BSt 500 S (IV S); $\geqslant 3\ \varnothing$ 4,5 mm bei BSt 500 M (IV M) oder eine gesamtflächengleiche Anzahl dünnerer Stäbe.
  Unter Einzel- oder Streckenlasten ist eine zusätzliche untere Querbewehrung einzulegen $a_{sq,\ell} \geqslant 0,6 \cdot a_{s l,\ell}$, wobei $a_{s l,\ell}$ dem Bewehrungsanteil je lfd. m entspricht, der durch Einzel- oder Streckenlast bedingt ist. (Anordnung siehe nebenstehende Abb.)

  Zusatzbewehrung unter Einzel- oder Streckenlasten

Abreißbewehrung (je lfd. m - oben) wenn Hauptbewehrung gleichlaufend mit rechnerisch nicht berücksichtigter Stützung (z. B. Steg, Balken, Wand) bei Mindestlänge/Seite von $l/4$:
$\geqslant 0,6 \cdot a_s$ der Hauptbewehrung der Platte, mindestens jedoch $5\ \varnothing$ 6 mm bei allen Betonstahlsorten oder eine gesamtflächengleiche Anzahl dünnerer Stäbe

Stützbewehrung („oben" liegend) *bei nicht berücksichtigter Einspannung:* etwa 1/3 $a_{s\text{Feld}}$
Genäherte Berechnung des Einspannmomentes nach [6.8] – s. Abb. Beachte DIN 1053 T 2; 6

Randeinspannung nach [6.8]

Auflagerbereich: („unten" liegend) Endauflager: $\geqslant a_{sF}/3 \geqslant$ erf a_s infolge F_{sR}
$\geq a_{sF}/2$ (DIN 1045; 20.1.6.2 (1))
Zwischenauflager: $\geqslant a_{sF}/4$

$M = \dfrac{F \cdot t}{2}$

Randeinfassung Freie, ungestützte Ränder von Platten und breiten Balken mit Ausnahme von Fundamenten und Bauteilen des üblichen Hochbaus im Gebäudeinneren sind durch eine konstruktive Bewehrung (z. B. Steckbügel) einzufassen (DIN 1045; 18.9.1)

Schubbewehrung Aufbiegungen i. allg. ⅓; ½ oder ⅔ von a_{sF}; Bügel entsprechend Mindestbügelbewehrung s. S. 6.28; **Schubbewehrung in Platten sollte vermieden werden.**

Eckbewehrung (Drillbewehrung oben und unten) erf $a_s \geqslant$ max $a_{s,\text{Feld}}$ (in beiden Richtungen); s. nebenstehende Abb. Stoßen eingespannter und frei aufliegender Rand zusammen: oben rechtwinklig zum freien Rand $0,5 \cdot$ max $a_{s,\text{Feld}}$ einlegen.
Auch bei einachsig gespannt gerechneten, jedoch vierseitig aufliegenden Platten empfiehlt sich diese Eckbewehrung. Bei anderen, z. B. dreiseitig gelagerten, Platten ist die sich nach der Elastizitätstheorie ergebende Eckbewehrung anzuordnen.
Bei biegefester Verbindung mit Randbalken oder benachbarten Plattenfeldern *kann* auf eine Drillbewehrung verzichtet werden.

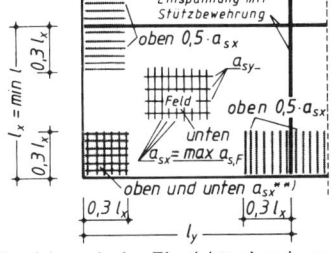

Einspannung mit Stützbewehrung
oben $0,5 \cdot a_{sx}$
oben $0,5 \cdot a_{sx}$
unten $a_{sx} =$ max a_{sF}
oben und unten a_{sx}^{**}

Bewehrung im Randstreifen Die Feldbewehrung zweiachsig gespannter Platten darf im Auflagerbereich von 0,2 min l auf 0,5 a_s vermindert werden – beachte jedoch die Auswirkung auf die lim τ_0-Werte – s. S. 6.28

6 Stahlbetonbau

**) vorh a_s darf dabei mitgezählt werden. Drillbewehrung mit 20 d_s oder 1 Querstab verankern.

5.3 Balken, Plattenbalken und Rippendecken
(DIN 1045, Abschnitt 21)

5.3.1 Balken, Plattenbalken und deckengleiche Unterzüge

Auflagertiefe t (beachte: 2.2; S. 6.19) $t \geq 10$ cm

Stützweite l (s. Tafel S. 6.19) und *Schnittgrößen* (nach 2.3; S. 6.19 ff.)

Mindestdicke *Platte:*   7 cm $\leq d \geq$ Plattenmindestdicke s. S. 6.40

Bezogene mitwirkende Plattenbreite b_{mk} = Tafelwert $\cdot b_k$ (k = 1, 2, 3)

$\dfrac{d}{d_0}$	\multicolumn{13}{c}{b_1/l bzw. b_2/l bzw. $b_3/l^{1)}$}
	1,0	0,9	0,8	0,7	0,6	0,5	0,45	0,40	0,35	0,30	0,25	0,20	0,15	0,10
0,10	0,18	0,20	0,23	0,26	0,31	0,38	0,43	0,48	0,55	0,62	0,71	0,82	0,92	1,00
0,15	0,20	0,22	0,25	0,28	0,33	0,40	0,45	0,50	0,57	0,64	0,72	0,82	0,92	1,00
0,20	0,23	0,26	0,29	0,33	0,38	0,45	0,50	0,55	0,61	0,68	0,76	0,85	0,93	1,00
0,30	0,32	0,36	0,40	0,44	0,50	0,56	0,59	0,63	0,68	0,74	0,80	0,87	0,94	1,00

[1] Bei Durchlaufträgern ist für l der Wert l_0 einzusetzen.

Plattenbalkenbemessung – näherungsweise

$$A_s = \frac{1}{\beta_S/1{,}75} \cdot \left(\frac{M_s}{h - d/2} + N \right) \quad (1) \qquad \sigma_m = \frac{M_s}{\alpha \, (h - d/2) \cdot b_m \cdot d} \leq \frac{\beta_R}{1{,}75} \quad (2)$$

$\dfrac{d}{h}$	0,231	0,300	0,400	0,500	0,539	\multicolumn{3}{c}{$\beta_S/1{,}75$ MN/m²}	\multicolumn{5}{c}{$\beta_R/1{,}75$ MN/m²}
						\multicolumn{3}{c}{Betonstahl BSt}	\multicolumn{5}{c}{Betonfestigkeitsklasse B}
						220[1]	420 S	500 S/M	15	25	35	45	55
α	1,00	0,99	0,96	0,86	0,81	126	240	286	6	10	13,1	15,4	17,1

[1] Nicht mehr genormt.

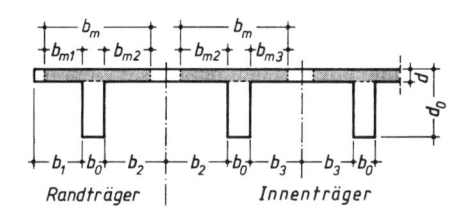

Randträger   Innenträger

Bewehrung

Trageinlagen: Bewehrungsmenge entsprechend Bemessung;
ausgelagerte Bewehrung $d_s \leq \dfrac{d}{8} \cdots \dfrac{d}{10}$
(Plattendicke d in cm; ausgel. Stab-$\varnothing$ d_s in mm); Auslagerungsbreite $\leq b_m/2$
Abstände der Längsbewehrung $s_1 \begin{matrix}\geq 2 \text{ cm} \\ \geq d_s\end{matrix}$ } Rüttellücken lassen!
(Dies gilt nicht für einen an die Querbewehrung [z. B. Bügelschenkel]
angeschweißten Querstab $d_s \leq 12$ mm.)
Betondeckung und Abstände in Längs- und Querrichtung s. S. 6.31

Bügel: lim $s_{bü}$ s. S. 6.29
Längsbewehrung und Bügel – bei Torsion
Stegbewehrung, wenn d (d_0) > 1,0 m: 8% der Biegezugbewehrung. Anrechnung auf
Zugbewehrung möglich, wenn Abstände von der Nullinie beachtet werden.
„Abreißbewehrung" – s. unter Platten S. 6.40 f. und DIN 1045, 18.8.5 und 20.1.6.3
Anschlußbewehrung zur Verbindung von Platte und Steg. Im „üblichen Hochbau" $\geq A_{v,bü}/2$
bei Stababstand = $s_{bü}$. Ansonsten Ermittlung als Schubbewehrung für volle
Schubdeckung entsprechend S.6.29.
Nebenträger s. Bautabellen für Ingenieure
Bewehrungsführung und -abstaffelung s. Abschnitt 4.4

6 Stahlbetonbau

5.3.2 Stahlbetonrippendecken

sind „Plattenbalkendecken" mit einem lichten Abstand der Rippen ≤ 70 cm

Ein statischer Nachweis der Druckplatte ist nicht erforderlich. Die Druckplatte kann ganz oder teilweise durch Zwischenbauteile nach DIN 4158 oder DIN 4159 ersetzt werden, wenn $p \leq 5$ kN/m², $P \leq 7,5$ kN und die Decke nur von Pkw befahren wird.

Auflagertiefe und Stützweiten wie bei Balken s. S. 6.19
Schnittgrößenermittlung wie bei Platten s. Abschnitte 2.3 und 2.5

Platte Dicke $\geq 1/10$ des lichten Rippenabstandes, ≥ 5 cm   Querbewehrung wie bei Platten s. S. 6.41

Längsrippen $b_0 \geq 5$ cm   Die Bewehrung ist möglichst gleichmäßig auf die einzelnen Rippen zu verteilen. Bei ≥ 2 Stäben/Rippe darf jeder 2. Stab aufgebogen werden. Bei Verwendung als Druckbewehrung $\mu_d \leq 1\%$ von A_b. Druckstäbe durch Bügel gegen Knicken sichern. Bügel sind als Schubbewehrung nach DIN 1045, 18.8.2 anzuordnen (stets erforderlich bei Feuerbeständigkeit). Auf Bügel kann im Schubbereich 1 verzichtet werden, wenn $p \leq 2,75$ kN/m²; $d_s \leq 16$ mm sind, die Bewehrung von Auflager zu Auflager durchläuft und die Schubbeanspruchung $\tau_0 \leq \tau_{011}$ Zeile 1 b der Tafel auf S. 6.28 ist.

Querrippen werden außer zur Lastverteilung bei Einzellasten > 7,5 kN bei den in nachstehender Tafel genannten Bedingungen erforderlich.

Bedingungen für die Anordnung von Querrippen

Verkehrslast p in kN/m²	Lichte Rippenlänge [m]	Querrippenabstand s_Q bei $s_1 \leq l/8$	$s_1 > l/8$
$\leq 2,75$ (in zugehörigen Fluren = 3,5)	$\leq 6,0$	–	$12 d_0$
$> 2,75$	$> 6,0$	$10 d_0$	$8 d_0$

Hierin sind:
s_1 Achsabstand der Längsrippen
l Stützweite der Längsrippen
d_0 Dicke der Rippendecke

Die Querrippen sind bei $p > 3,5$ kN/m² für die vollen, sonst für die halben Schnittgrößen der Längsrippe zu bemessen. Diese Bewehrung möglichst oben und unten anordnen. $d_{0Q} \approx d_0$ wählen. Bei *zweiachsig gespannten Rippendecken* darf die günstige Wirkung der Drillmomente nicht in Rechnung gestellt werden.

6.43

5.4 Druckglieder (DIN 1045; Abschnitt 25)
Bei Druckgliedern unter Brandlast ist DIN 4102 zu beachten – Näheres s. S. 10.72 ff.

> *Stabförmige Druckglieder*, wenn $b \leq 5\,d$; *Wände*, wenn $b > 5\,d$, wobei $b \geq d$.

5.4.1 Stabförmige Druckglieder

● **Umschnürte Druckglieder** (Bemessung Abschnitt 3.3.1)
Es gelten die Bestimmungen für bügelbewehrte Druckglieder, sofern nachfolgend nichts anderes gesagt ist.

Mindestdicke $d_k \geq 20$ cm bei Ortbeton; $d_k \geq 14$ cm bei werkmäßiger Herstellung

Bewehrung umschnürter Druckglieder

Längsbewehrung A_s	$\geq 2\,\%$ von A_k $\leq 9\,\%$ im Bereich von Übergreifungsstößen ≥ 6 Längsstäbe, gleichmäßig auf den Umfang verteilt
Wendelbewehrung	Ganghöhe $s_w \leq 8$ cm $\leq d_k/5$; Durchmesser ≥ 5 mm

● **Bügelbewehrte Druckglieder** (Bemessung s. Abschnitt 3.2)

Mindestdurchmesser d_{sl} der Längsbewehrung (DIN 1045, Tab. 32)

d_{sl} in mm bei Betonstahl \ kleinste Querschnittsdicke der Druckglieder in cm	< 10	≥ 10 $< 20 \ldots \geq 10$	≥ 20
BSt 220 (nicht mehr genormt)	10	12	14
BSt 420 S (III S) und 500 S/M (IV S; IV M)	8	10	12

Bewehrung bügelbewehrter Druckglieder

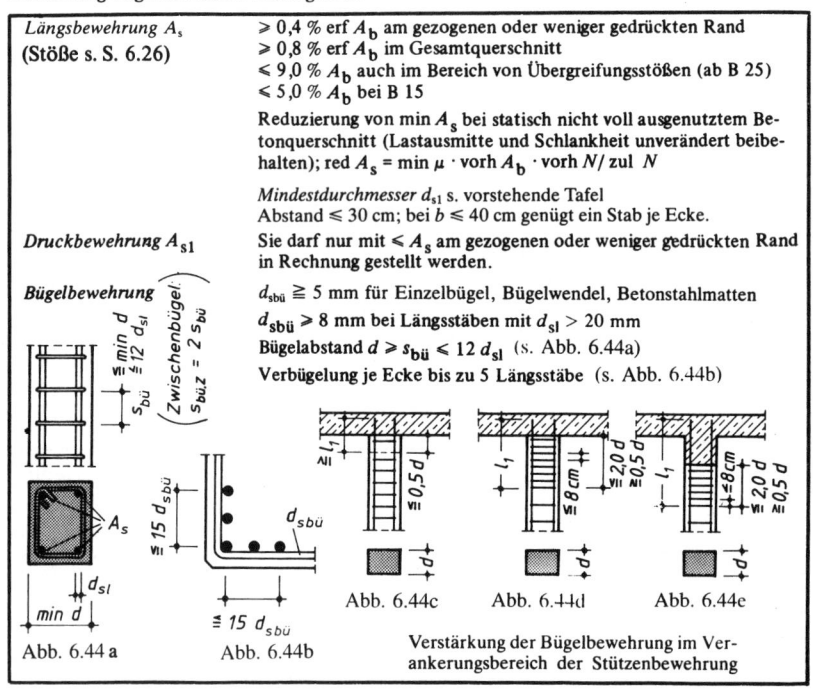

Längsbewehrung A_s (Stöße s. S. 6.26)	$\geq 0{,}4\,\%\,A_b$ am gezogenen oder weniger gedrückten Rand $\geq 0{,}8\,\%\,A_b$ im Gesamtquerschnitt $\leq 9{,}0\,\%\,A_b$ auch im Bereich von Übergreifungsstößen (ab B 25) $\leq 5{,}0\,\%\,A_b$ bei B 15 Reduzierung von min A_s bei statisch nicht voll ausgenutztem Betonquerschnitt (Lastausmitte und Schlankheit unverändert beibehalten); red $A_s = \min \mu \cdot \text{vorh}\,A_b \cdot \text{vorh}\,N / \text{zul}\,N$ *Mindestdurchmesser* d_{sl} s. vorstehende Tafel Abstand ≤ 30 cm; bei $b \leq 40$ cm genügt ein Stab je Ecke.
Druckbewehrung A_{s1}	Sie darf nur mit $\leq A_s$ am gezogenen oder weniger gedrückten Rand in Rechnung gestellt werden.
Bügelbewehrung	$d_{sbü} \geq 5$ mm für Einzelbügel, Bügelwendel, Betonstahlmatten $d_{sbü} \geq 8$ mm bei Längsstäben mit $d_{sl} > 20$ mm Bügelabstand $d \geq s_{bü} \leq 12\,d_{sl}$ (s. Abb. 6.44a) Verbügelung je Ecke bis zu 5 Längsstäbe (s. Abb. 6.44b)

Abb. 6.44a   Abb. 6.44b   Abb. 6.44c   Abb. 6.44d   Abb. 6.44e

Verstärkung der Bügelbewehrung im Verankerungsbereich der Stützenbewehrung

Mindestdicken bügelbewehrter, stabförmiger Druckglieder[3]) in cm (DIN 1045, Tab. 31)

	Querschnittsform	stehend hergestellte Druckglieder aus Ortbeton	Fertigteile und liegend hergestellte Druckglieder
1	Vollquerschnitt, Dicke	≥ 20	≥ 14
2	aufgelöster Querschnitt[1])	≥ 14	≥ 7
3	Hohlquerschnitt[2]) (Wanddicke)	≥ 10	≥ 5

[1]) Zum Beispiel I-, T- und L-förmig (Flansch- und Stegdicke). Gesamte Flanschbreite $\geq$ Werte in Zeile 1; Flansche mit Breite > 5fache Dicke sind als Wände zu behandeln. [2]) Wandungen mit lichter Seitenlänge > 10fache Wanddicke sind als Wände zu behandeln. [3]) Auch für unbewehrte stabförmige Druckglieder gültig.

5.4.2 Wände

Diese sind überwiegend auf Druck beanspruchte, scheibenartige Bauteile, und zwar

- *tragende Wände* zur Aufnahme lotrechter Lasten, z. B. Deckenlasten; auch lotrechte Scheiben zur Abtragung waagerechter Lasten (z. B. Windscheiben) gelten als tragende Wände. Schnittgrößen in wandartigen Trägern: s. Heft 240 des DAfStb, Abschnitt 4.

- *aussteifende Wände* zur Knickaussteifung tragender Wände, hierzu können auch tragende Wände verwendet werden.

- *nichttragende Wände* werden überwiegend durch ihre Eigenlast beansprucht, können aber auch für ihre Fläche wirkende Windlasten auf tragende Bauteile, z. B. Wand- oder Deckenscheiben, abtragen.

Mindestwanddicke d: – bei tragenden Wänden s. nachstehende Tafel
 – bei aussteifenden Wänden ≥ 8 cm

Mindestwanddicken für tragende Wände (DIN 1045; Tab. 33)*)

1	2	3	4	5	6
		\multicolumn{4}{c}{Mindestwanddicken für Wände aus}			
Festigkeitsklasse des Betons	Herstellung	\multicolumn{2}{c}{unbewehrtem Beton}	\multicolumn{2}{c}{Stahlbeton}
		Decken über Wänden		Decken über Wänden	
		nicht durchlaufend cm	durchlaufend cm	nicht durchlaufend cm	durchlaufend cm
bis B 10	Ortbeton	20	14	–	–
ab B 15	Ortbeton	14	12	12	10
	Fertigteil	12	10	10	8

Die Werte gelten auch für Wandteile mit $b < 5\,d$ zwischen oder neben Öffnungen oder für Wandteile mit Einzellasten, auch wenn sie wie bügelbewehrte, stabförmige Druckglieder ausgebildet werden. Die Werte der Spalten 4 und 6 gelten auch bei nicht durchlaufenden Decken, wenn nachgewiesen wird, daß die Ausmitten der lotrechten Lasten kleiner als ⅙ der Wanddicke sind oder wenn Decke und Wand biegesteif miteinander verbunden sind.

Bei untergeordneten Wänden, z. B. von vorgefertigten, eingeschossigen Einzelgaragen, sind geringere Wanddicken zulässig, soweit besondere Maßnahmen bei der Herstellung, z. B. liegende Fertigung, dieses rechtfertigen.

*) Wände unter Brandbelastung nach DIN 4102 – s. S. 10.76

Aussteifung; ausmittiger Kraftangriff
Als genügend aussteifend kann eine Querwand bei einer Länge $l_{Qw} = 1/5$ der Geschoßhöhe angesehen werden. Weiteres s. DIN 1045; 25.5.2.
Ausmittiger Kraftangriff kann bei Innenwänden unberücksichtigt bleiben, wenn diese beidseitig durch nicht biegesteif mit diesen verbundene Decken belastet werden. Bei einseitiger Belastung ist nebenst. Abb. zu beachten, falls die Lasteintragung am Kopf nicht durch Zwangszentrierung in die Achse verlegt wird.

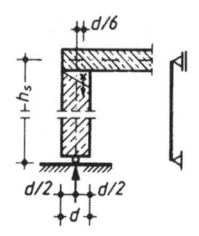

Abb. 6.65a Annahme des Kraftverlaufes bei einseitig belasteter Wand

Knicklänge h_K

Sie ist je nach Art der Aussteifung in Abhängigkeit von der Geschoßhöhe h_s nach Gl. (1) in Rechnung zu stellen

$$h_K = \beta \cdot h_s$$

Für den Beiwert β ist einzusetzen bei:

a) zweiseitig gehaltenen Wänden[1]) $\beta = 1{,}00$

b) dreiseitig gehaltenen Wänden[2]) $\beta = 1/[1 + (h_s/3b)^2] \geq 0{,}3$

c) vierseitig gehaltenen Wänden[2]) für $h_s \leq b$ $\beta = 1/[1 + (h_s/b)^2]$

für $h_s > b$ $\beta = b/(2\,h_s)$

mit b = Abstand des freien Randes von der Mitte der aussteifenden Wand bzw. Mittenabstand der aussteifenden Wände

[1]) Es darf $\beta = 0{,}85$ gesetzt werden, wenn die Wände oben und unten mit den Decken durch Ortbeton und Bewehrung biegesteif so verbunden sind, daß die Eckmomente voll aufgenommen werden.
[2]) Abminderungsbeiwerte bei Betonwänden („unbewehrte Wände") nicht verwendbar, bei Stahlbetonwänden („bewehrte" Wände) nur, wenn Querbewehrung folgender Stärke vorhanden ist:
bei $h_K/d \leq 10 \to a_{sq} \geq a_{sl}/5$; bei $h_K/d \geq 20*) \to a_{sq} \geq a_{sl}/2$
Zwischenwerte interpolieren; d = Wanddicke, a_{sl} = Längsbewehrung
*) Nach Heft 220 S. 119 – Kordina/Quast geben hierfür in BK 90 Teil I S. 516 $h_K/d \geq 30$ an.

Bemessung (s. Abschnitt 3.9)

a) Betonwände („unbewehrte Wände")
Hierzu zählen Wände mit einem Bewehrungsanteil $< 0{,}5\%$ des statisch erforderlichen Querschnitts (erf A_b). Die Bewehrung darf nur für die Aufnahme örtlich auftretender Biegemomente in Rechnung gestellt werden. Zur Vermeidung bzw. günstiger Verteilung von Schwindrissen sollte stets eine Schwindbewehrung eingelegt werden. Außerdem sind in Außen-, Haus- und Wohnungstrennwänden etwa in Höhe jeder Geschoß- oder Kellerdecke zwei durchlaufende Rundstäbe $\geq \varnothing\,12$ mm einzulegen (parallel hierzu liegende durchlaufende Bewehrungen können hierauf angerechnet werden – weiteres s. DIN 1045; 25.5.5.1).

Aussparungen, Schlitze, Durchbrüche und Hohlräume sowie die Ableitung waagerechter Auflagerkräfte der Deckenscheiben sind bei der Bemessung zu berücksichtigen. Nachträglich einzustemmende Schlitze müssen die in Abb. 6.65b dargestellten Bedingungen erfüllen. Beachte DIN 1045; 25.5.5.1 (5).

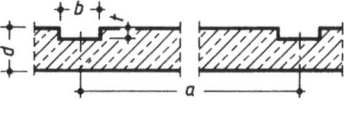

Abb. 6.65b Schlitze in Betonwänden

$a \geq 2{,}0$ m
$b \leq d$
$t \leq d/6$
≤ 3 cm
$d \geq 12$ cm

b) Stahlbetonwände (bewehrte Wände)
Bewehrung

> vorh $A_s \geqslant 0{,}5\,\%$ erf $A_b \triangleq 0{,}005 \cdot$ erf A_b
> *Tragstabdurchmesser* bei Betonstabstahl $d_{sl} \geqslant 8$ mm – bei Betonstahlmatten $d_{sl} \geqslant 5$ mm;
> *Tragstababstand* max $s_l \leqslant 20$ cm;
> *Querbewehrung* wie bei Platten s. S. 6.41 – beachte Fußnote [2]) auf S. 6.46 →
> $\qquad a_{sq} = (0{,}2 \ldots 0{,}5) \cdot a_{sl}$.
> *Verankerung* außenliegender Bewehrungsstäbe:
>   a) *S-Haken*/m² Wandfläche $\geqslant 4$ St. (versetzt anzuordnen) – Beachte untenstehenden
>   b) *Steckbügel* – im Inneren der Wand mit $\geqslant l_0/2$ zu verankern   Hinweis
> *Verbügelung* entsprechend Abb. 6.44a ... e wird erforderlich, wenn der statisch
> erforderliche Bewehrungsprozentsatz/Wandseite $\geqslant 1\,\%$ ist.
> An den freien Rändern sind Eckstäbe anzuordnen und durch Steckbügel zu sichern.

Ist die Betondeckung $\geqslant 2\,d_{si}$ und $d_{si} \leqslant 16$ mm, können S-Haken entfallen. In diesem Fall und stets bei geschweißten Betonstahlmatten dürfen die Stäbe in Druckrichtung außen liegen.

6 Bemessungstafeln mit Anwendungsbeispielen

Anwendungsbeispiele zur k_h-Tafel (Tafel IV, 1)

> **geg.:** B 25; BSt 500; Platte $b = 1{,}0$ m; $d/h = 16/13{,}5$ cm
>
> a) *ohne* Druckbewehrung; $M = 9{,}1$ kNm
> $k_h = 13{,}5/\sqrt{9{,}1} = 4{,}46 \;>\; 1{,}72 = k_h^*$; erf $a_{sL} = 3{,}7 \cdot 9{,}1/13{,}5 = 2{,}49$ cm²/m
>   erf $a_{sq} = 0{,}2 \cdot 2{,}49 = 0{,}5$ cm²/m
>   gewählt: ● bei Stabstahlbewehrung: $a_{sL} \to \varnothing\,6;\; s_L = 11$ cm mit $a_s = 2{,}57$ cm²/m
> $a_{sq} \to 3\,\varnothing\,6$/m mit $a_{sq} = 28{,}28/33{,}3 = 0{,}85$ cm²/m
>   ● bei Betonstahlmattenbewehrung: Matte R 295 mit 2,95 cm²/m
>
> b) *mit* Druckbewehrung; $M = 70$ kNm
> $k_h = 13{,}5/\sqrt{70} = 1{,}61 \;<\; 1{,}72 = k_h^*$; → Druckbewehrung erforderlich
> $d_1/h = 2{,}5/13{,}5 = 0{,}185;\; k_{s1} = 0{,}47;\; k_{s2} = 4{,}4;\; \varrho_1 = 1{,}17;\; \varrho_2 = 1{,}01$
> $a_{s2} = 4{,}4 \cdot 1{,}01 \cdot 70/13{,}5 = 23{,}04$ cm²/m (am gezogenen Bauteilrand)
> $a_{s1} = 1{,}17 \cdot 0{,}47 \cdot 70/13{,}5 = 2{,}85$ cm²/m (am gedrückten Bauteilrand)
>   gewählt: Stabstahlbewehrung $\varnothing\,14;\; s_L = 6{,}5$ cm mit 23,68 cm²/m
>   Querbewehrung erf $a_s = 23{,}04/5 = 4{,}61$ cm²/m $\varnothing\,8;\; s_q = 16{,}5$ cm mit 4,76 cm²/m
>   Druckbewehrung Betonstahlmatte R 295 mit 2,95 cm²/m

6 Stahlbetonbau

Bemessungstabellen mit einheitengebundenen Beiwerten für Rechteckquerschnitte, beansprucht durch Biegung und Längskraft

Tafel IV, 1

● ohne Druckbewehrung („einfache" Bewehrung)

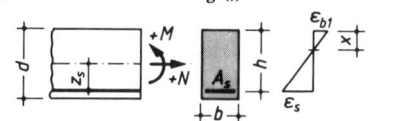

Für alle B BSt 500

$$M_s = M - N \cdot z_s$$

$$k_h = \frac{h \text{ [cm]}}{\sqrt{\frac{M_s \text{ [kNm]}}{b \text{ [m]}}}}$$

Einfache Bewehrung, wenn $k_h \geq k_h^* \rightarrow A_{s1} = 0$

N ist als Druckkraft negativ einzusetzen

$x = k_x \cdot h;$ $z = k_z \cdot h;$ $\mu_M^* = k_s^*/(k_h^*)^2$

$$A_s \text{ [cm}^2\text{]} = k_s \cdot \frac{M_s \text{ [kNm]}}{h \text{ [cm]}} + \frac{N \text{ [kN]}}{\frac{\sigma_{su}}{\gamma} \left[\frac{\text{kN}}{\text{cm}^2}\right]}$$

	k_h				k_s	k_x	k_z	$-\varepsilon_b$ [‰]	ε_s [‰]
B 15	B 25	B 35	B 45	B 55					
10,2	7,9	6,9	6,4	6,0	3,6	0,08	0,97	0,44	5,00
5,4	4,2	3,6	3,4	3,2	3,7	0,16	0,95	0,92	5,00
3,9	3,0	2,6	2,4	2,3	3,8	0,22	0,92	1,41	5,00
3,2	2,5	2,2	2,0	1,9	3,9	0,28	0,90	1,91	5,00
2,86	2,22	1,94	1,79	1,69	4,0	0,32	0,87	2,39	5,00
2,64	2,05	1,78	1,65	1,56	4,1	0,36	0,85	2,87	5,00
2,49	1,93	1,68	1,55	1,47	4,2	0,40	0,83	3,38	5,00
2,37	1,84	1,61	1,48	1,41	4,3	0,45	0,81	3,50	4,32
2,29	1,78	1,55	1,43	1,36	4,4	0,49	0,80	3,50	3,62
k_h^* = 2,22	1,72	1,50	1,38	1,31	4,5	0,538	0,776	3,50	3,00
μ_M^* [%] = 0,91	1,52	2,00	2,36	2,62					

● mit Druckbewehrung („doppelte" Bewehrung)

Doppelte Bewehrung, wenn $k_h < k_h^*$
Es sind: $\sigma_{su}/\gamma = 28{,}6$ kN/cm²
$k_x = 0{,}54;$ $k_z = 0{,}78;$ $\varepsilon_{b1}/\varepsilon_s = -3{,}5/3{,}0$

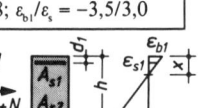

Anwendung des „k_h-Verfahrens", wenn:

$|n| = |N/b \cdot d \cdot \beta_R| < 0{,}25$

$$A_{s2}(A_s) \text{ [cm}^2\text{]} = k_{s2} \cdot \varrho_2 \cdot \frac{M_s \text{ [kNm]}}{h \text{ [cm]}} + \frac{N \text{ [kN]}}{28{,}6}$$

$$A_{s1} \text{ [cm}^2\text{]} = k_{s1} \cdot \varrho_1 \cdot \frac{M_s \text{ [kNm]}}{h \text{ [cm]}}$$

		ϱ_2 für k_{s2}			ϱ_1 für alle k_{s1}
d_1/h	4,5	4,4	4,3	4,2	4,1	
0,07	1,00	1,00	1,00	1,00	1,00	1,00
0,08	1,00	1,00	1,00	1,00	1,00	1,01
0,10	1,00	1,00	1,01	1,01	1,02	1,03
0,12	1,00	1,01	1,01	1,02	1,03	1,06
0,14	1,00	1,01	1,01	1,03	1,04	1,08
0,16	1,00	1,01	1,01	1,02	1,05	1,11
0,18	1,00	1,01	1,03	1,04	1,06	1,15
0,20	1,00	1,01	1,03	1,05	1,07	1,25
0,22	1,00	1,02	1,04	1,06	1,09	1,37

	k_h für B...				k_{s2}	k_{s1}
	15	25	35	45	55		
k_h^*=	2,22	1,72	1,50	1,39	1,31	4,5	0
	2,19	1,69	1,48	1,37	1,30	4,5	0,1
	2,16	1,67	1,46	1,35	1,28	4,5	0,2
	2,13	1,65	1,44	1,33	1,26	4,5	0,3
	2,10	1,63	1,42	1,31	1,24	4,4	0,4
	2,07	1,60	1,40	1,29	1,22	4,4	0,5
	2,04	1,57	1,38	1,27	1,20	4,4	0,6
	2,00	1,55	1,35	1,25	1,19	4,4	0,7
	1,97	1,52	1,33	1,23	1,17	4,4	0,8
	1,94	1,50	1,31	1,21	1,14	4,3	0,9
	1,90	1,47	1,29	1,19	1,13	4,3	1,0
	1,87	1,45	1,26	1,16	1,10	4,3	1,1
	1,83	1,42	1,24	1,14	1,08	4,3	1,2
	1,80	1,39	1,21	1,12	1,06	4,3	1,3
	1,76	1,36	1,19	1,10	1,04	4,2	1,4
	1,72	1,33	1,16	1,07	1,02	4,2	1,5
	1,68	1,30	1,14	1,05	1,00	4,2	1,6
	1,64	1,27	1,11	1,02	0,97	4,2	1,7
	1,60	1,24	1,08	1,00	0,95	4,2	1,8
	1,56	1,21	1,06	0,97	0,92	4,1	1,9
	1,52	1,18	1,03	0,95	0,90	4,1	2,0
	1,48	1,14	1,00	0,92	0,87	4,1	2,1

Tafel 6.49 Verankerungslängen für BSt 500 S und BSt 500 M – Verbundbereich I

Beton	d_s [mm]	l_0 [cm]	$0{,}7\,l_0$ [cm]	$l_1 = l_3$ in cm $\alpha_1 \cdot \text{erf}\,A_s/\text{vorh}\,A_s$ [1]									l_3 in cm									$6\,d_s$ [cm]
				≤ 0,2	0,3	0,4	0,5	0,6	0,7	0,8	0,9	1,0	≤ 0,2	0,3	0,4	0,5	0,6	0,7	0,8	0,9	1,0	
B 25	4,0	16	12	4	5	7	8	10	12	13	15	16	3	4	5	6	7	8	9	10	11	3
	4,5	18	13	5	6	8	9	11	13	15	16	18	3	4	5	6	8	9	10	11	12	3
	5,0	20	14	5	6	8	10	12	14	16	18	20	4	4	6	7	8	10	11	12	14	3
	5,5	22	16	6	7	9	11	13	16	18	20	22	4	5	6	8	9	11	12	13	15	4
	6,0	24	17	6	8	10	12	15	17	19	22	24	4	5	7	8	10	12	13	15	16	4
	6,5	26	18	7	8	11	13	16	18	21	24	26	5	6	7	9	11	12	14	16	18	4
	7,0	28	20	7	9	12	14	17	20	23	25	28	5	6	8	10	12	13	15	17	19	5
	7,5	30	21	8	9	12	15	18	21	24	27	30	5	6	8	10	12	14	16	18	20	5
	8,0	32	23	8	10	13	16	19	23	26	29	32	6	7	9	11	13	15	17	19	22	5
	8,5	34	24	9	11	14	17	21	24	27	31	34	6	7	9	12	14	16	18	21	23	6
	9,0	36	25	9	11	15	18	22	25	29	33	36	6	8	10	12	15	17	20	22	24	6
	9,5	38	27	10	12	15	19	23	27	31	35	38	6	8	10	13	15	18	20	23	25	6
	10	40	28	10	12	16	20	24	28	32	36	40	7	8	11	14	16	19	22	24	27	6
	12	48	34	12	15	20	24	29	34	39	44	48	8	10	13	16	20	23	26	29	32	8
	14	56	39	14	17	23	28	34	40	45	51	56	10	12	15	19	23	27	30	34	38	9
	16	64	45	16	20	26	32	39	45	52	58	64	11	13	18	22	26	30	35	39	43	10
	20	80	56	20	24	32	40	48	56	64	72	80	9	16	22	27	32	38	43	48	54	12
	25	99	69	25	30	40	50	60	70	80	90	99	17	20	27	33	40	47	53	60	66	15
	28	111	78	28	34	45	56	67	78	89	100	111	9	23	30	37	45	52	60	67	74	17
	6,5 d	37	26	8	11	15	19	22	26	30	33	37	6	8	10	13	15	17	20	22	25	4
	7,0 d	40	28	8	12	16	20	24	28	32	36	40	6	8	11	13	16	19	21	24	27	5
	7,5 d	43	30	9	13	18	22	26	31	35	39	43	6	9	12	15	18	21	24	27	29	5
	8,0 d	45	32	9	14	18	23	27	32	36	41	45	6	9	12	15	18	21	24	27	30	5
B 35	4,0	13	9	4	4	6	7	8	9	11	12	13	3	3	4	5	6	7	8	9	3
	4,5	15	11	5	5	6	8	9	11	12	14	15	3	3	4	5	6	7	8	9	10	3
	5,0	17	12	5	5	7	9	10	12	13	15	17	4	4	5	6	7	8	9	10	11	3
	5,5	19	13	6	6	8	9	11	13	15	16	18	4	4	5	6	8	9	10	11	12	3
	6,0	20	14	6	6	8	10	12	14	16	18	20	4	4	6	7	8	9	11	12	13	4
	6,5	22	15	7	7	9	11	13	15	17	19	22	5	5	6	7	9	10	12	13	14	4
	7,0	23	16	7	7	9	12	14	16	19	21	23	5	5	6	8	9	11	13	14	16	5
	7,5	25	17	8	8	10	13	15	17	20	22	25	5	5	7	9	10	12	13	15	17	5
	8,0	26	19	8	8	11	13	16	19	21	24	26	6	6	7	9	11	13	14	16	18	5
	8,5	28	20	9	9	11	14	17	20	22	25	28	6	6	8	10	11	13	15	17	19	6
	9,0	30	21	9	9	12	15	18	21	24	27	30	6	6	8	10	12	14	16	18	20	6
	9,5	31	22	10	10	13	16	19	22	25	28	31	6	7	9	11	13	15	17	19	21	6
	10	33	23	10	10	14	17	20	24	27	30	33	7	7	9	11	14	16	18	20	22	6
	12	39	27	12	12	16	20	24	28	32	36	39	8	8	11	13	16	19	21	24	26	8
	14	46	32	14	14	19	23	28	33	37	42	46	10	10	13	16	19	22	25	28	31	9
	16	52	36	16	16	21	26	32	37	42	47	52	11	11	14	18	21	25	28	32	35	10
	20	65	46	20	20	26	33	39	46	52	59	65	14	14	18	22	26	31	35	39	44	12
	25	81	57	25	25	33	41	49	57	65	73	81	17	17	22	27	33	38	44	49	54	15
	28	91	64	28	28	37	46	55	64	73	82	91	19	19	25	31	37	43	49	55	61	17
	6,5 d	30	21	7	10	12	15	18	21	24	27	30	5	7	8	10	12	14	16	18	20	4
	7,0 d	33	23	7	10	13	16	20	23	26	29	33	5	7	9	11	13	15	18	20	22	5
	7,5 d	35	25	8	11	14	18	21	25	28	31	35	5	7	10	12	14	16	19	21	23	5
	8,0 d	37	26	8	11	15	19	22	26	30	33	37	5	8	10	13	15	17	20	22	25	5

Verbundbereich II: Für $\alpha_1 \cdot \text{erf}\,A_s/\text{vorh}\,A_s \geq 0{,}4 \rightarrow$ Tafelwerte verdoppeln. Für $\alpha_1 \cdot \text{erf}\,A_s/\text{vorh}\,A_s < 0{,}4$ ergibt die Verdoppelung größere Verankerungslängen als erforderlich.

---

[1] Bei BSt IV M und $\text{erf}\,A_s/\text{vorh}\,A_s \leq 1/3$ genügt zur Verankerung 1 Querstab hinter der rechnerischen Auflagerlinie.

Stababstandsangaben nach DIN 1045 und DIN 4102

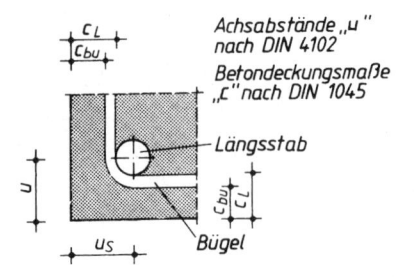

Achsabstände „u"
nach DIN 4102

Betondeckungsmaße
„c" nach DIN 1045

– Längsstab

Bügel

Beispiel für Betondeckungsmaße nom c nach DAfStb-Heft 400

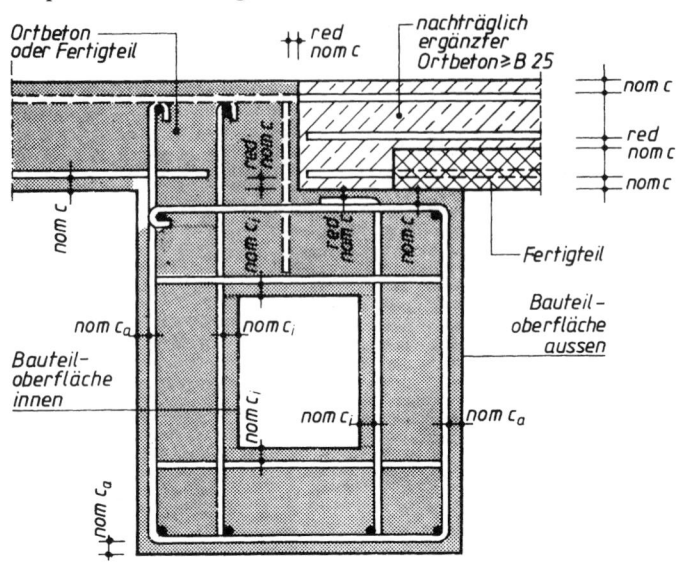

Ortbeton oder Fertigteil

red nom c

nachträglich ergänzter Ortbeton $\geq$ B 25

nom c
red nom c
nom c

Fertigteil

Bauteiloberfläche aussen

nom c_a
nom c_i
nom c_i
nom c_a

Bauteiloberfläche innen

Stöße der Bewehrungsstäbe

Tafel 6.50 Übergreifungslängen l_s in cm Betonstahllagermatten und B 25[1]
(Beachte DIN 1045, 18.6.4)

			Q-Matten							R-Matten							K-Matten		
100 α_s in cm^2/m			131	188	221	295	378	443	513	670	188	221	295	378	443	513	589	664	770	884
$l_ü$ in cm	Verbundbereich I	längs	22	27	29	33	38	42	49	66	27	29	33	38	42	49	57	53	63	75
		quer	22	27	(29)	(33)	(38)	(34)	(39)	51	22	22	22	22	24	27	29	(29)	(31)	(33)
	Verbundbereich II	längs	40	48	52	60	68	73	79	99	48	52	60	68	73	79	85	80	95	112
		quer	40	48	52	60	68	60	64	76	40	40	40	44	48	52	52	56	60

(...) nur anwendbar, wenn Bewehrungsschwächung in Längsrichtung unschädlich ist

[1] Für andere Betonsorten, Umrechnungsfaktoren: zul τ_1 (B 25)/zul τ_1 (B...): B 15 $\to$ 1,29; B 35 $\to$ 0,82; B 45 $\to$ 0,69; B 55 $\to$ 0,60
Voraussetzung für diese Werte: $\alpha_1 = 1,0$ (gerade Stabenden); erf a_s/vorh $a_s = 1,0$

6.50

Tafel 6.51a Stahlquerschnitte für Flächenbewehrungen a_s [cm²/m]

Stababstand s in cm	Stabdurchmesser in mm								Stäbe je m
	6	8	10	12	14	16	20	25	28	
5,0	5,65	10,05	15,71	22,62	30,79	40,21	62,83	98,17	123,20	20,0
5,5	5,14	9,14	14,28	20,56	27,99	36,56	57,12	89,25	112,00	18,2
6,0	4,71	8,38	13,09	18,85	25,66	33,52	52,36	81,83	102,67	16,7
6,5	4,35	7,73	12,08	17,40	23,68	30,95	48,33	75,54	94,77	15,4
7,0	4,04	7,18	11,22	16,16	21,99	28,73	44,87	70,14	88,00	14,3
7,5	3,77	6,70	10,47	15,08	20,52	26,81	41,88	65,47	82,13	13,4
8,0	3,53	6,28	9,82	14,14	19,24	25,14	39,26	61,38	77,00	12,5
8,5	3,33	5,91	9,24	13,31	18,11	23,66	36,95	57,76	72,47	11,8
9,0	3,14	5,59	8,73	12,57	17,10	22,34	34,90	54,56	68,44	11,1
9,5	2,98	5,29	8,27	11,90	16,20	21,17	33,06	51,68	64,84	10,5
10,0	2,83	5,00	7,85	11,31	15,39	20,11	31,41	49,10	61,60	10,0
10,5	2,69	4,79	7,48	10,77	14,66	19,15	29,91	46,76	58,67	9,5
11,0	2,57	4,57	7,14	10,28	13,99	18,28	28,55	44,64	56,00	9,1
11,5	2,46	4,37	6,83	9,84	13,39	17,49	27,31	42,70	53,57	8,7
12,0	2,36	4,19	6,54	9,42	12,83	16,76	26,17	40,92	51,33	8,3
12,5	2,26	4,02	6,28	9,05	12,32	16,09	25,13	39,28	49,28	8,0
13,0	2,17	3,87	6,04	8,70	11,84	15,47	24,16	37,77	47,38	7,7
13,5	2,09	3,72	5,82	8,38	11,40	14,90	23,27	36,37	45,63	7,4
14,0	2,02	3,59	5,61	8,08	11,00	14,36	22,44	35,07	44,00	7,1
14,5	1,95	3,47	5,42	7,80	10,62	13,87	21,66	33,86	42,48	6,9
15,0	1,89	3,36	5,24	7,54	10,26	13,41	20,94	32,73	41,07	6,7
15,5	1,82	3,24	5,07	7,30	9,93	12,97	20,27	31,68	39,74	6,5
16,0	1,77	3,14	4,91	7,07	9,62	12,57	19,64	30,69	38,50	6,3
16,5	1,71	3,05	4,76	6,85	9,33	12,19	19,04	29,76	37,33	6,1
17,0	1,66	2,96	4,62	6,65	9,05	11,83	18,48	28,88	36,24	5,9
17,5	1,62	2,87	4,49	6,46	8,79	11,49	17,95	28,06	35,20	5,7
18,0	1,57	2,79	4,36	6,28	8,55	11,17	17,46	27,28	34,22	5,6
18,5	1,53	2,72	4,25	6,11	8,32	10,87	16,94	26,54	33,30	5,4
19,0	1,49	2,65	4,13	5,95	8,10	10,58	16,54	25,84	32,42	5,3
19,5	1,45	2,58	4,03	5,80	7,89	10,31	16,11	25,18	31,59	5,1
20,0	1,41	2,51	3,93	5,65	7,69	10,05	15,71	24,55	30,80	5,0
20,5	1,38	2,45	3,83	5,52	7,51	9,81	15,32	23,95	30,04	4,9
21,0	1,35	2,39	3,74	5,39	7,33	9,57	14,96	23,37	29,32	4,8
21,5	1,32	2,34	3,65	5,26	7,16	9,35	14,61	22,83	28,64	4,7
22,0	1,29	2,28	3,57	5,14	7,00	9,14	14,28	22,31	27,99	4,5
22,5	1,26	2,23	3,49	5,03	6,84	8,94	13,96	21,82	27,37	4,4
23,0	1,23	2,19	3,41	4,92	6,69	8,74	13,66	21,34	26,77	4,3
23,5	1,20	2,14	3,34	4,81	6,55	8,56	13,37	20,89	26,20	4,3
24,0	1,18	2,09	3,27	4,71	6,41	8,38	13,09	20,45	25,66	4,2
24,5	1,15	2,05	3,21	4,62	6,28	8,21	12,82	20,04	25,13	4,1
25,0	1,13	2,01	3,14	4,52	6,16	8,04	12,57	19,63	24,63	4,0
$k =$	28,28	50,27	78,54	113,1	153,9	201,1	314,2	490,9	615,6	

Formeln: $s = k/a_s$; $a_s = k/s$ (s in cm; a_s in cm²/m)

Hauptbewehrung für Plattendicke: $d \leq 15$ cm → lim $s = 15$ cm; $d \geq 25$ cm → lim $s = 25$ cm.

Querbewehrung: $a_{sq} \geq$ erf $a_{sl}/5 \geq$ min a_{sq}: (III S; IV S) 3 Ø 6/m; (IV M) 3 Ø 4,5/m

Tafel 6.51b Bezogene Wendelbewehrung A_w/d_k in cm bei Ganghöhe s_w in cm

s_w [cm]	Ø 5	Ø 6	Ø 8	Ø 10	Ø 12	Ø 14	Ø 16
3,5	0,176	0,254	0,452	0,704	1,015	1,380	1,805
4,0	0,154	0,222	0,395	0,617	0,888	1,209	1,578
4,5	0,137	0,197	0,351	0,548	0,790	1,074	1,403
5,0	0,123	0,178	0,316	0,498	0,711	0,967	1,263
5,5	0,112	0,161	0,287	0,448	0,646	0,879	1,148
6,0	0,103	0,148	0,263	0,411	0,592	0,809	1,052
6,5	0,095	0,137	0,243	0,379	0,547	0,744	0,971
7,0	0,088	0,127	0,226	0,352	0,508	0,691	0,902
7,5	0,082	0,118	0,210	0,329	0,474	0,645	0,830
8,0	0,077	0,110	0,197	0,308	0,444	0,604	0,789

$A_w =$ Tafelw. × d_k

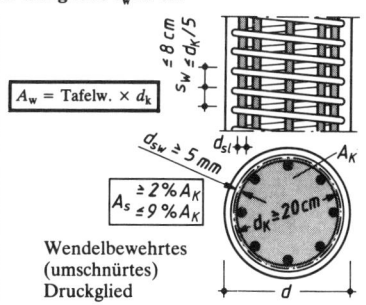

Wendelbewehrtes (umschnürtes) Druckglied

Tafel 6.52a Querschnittsflächen von Betonstabstahl (A_s in cm^2) und Nenngewicht (g in kg/m)

Anzahl n	Stabstahldurchmesser d_s (mm)									
	6	8	10	12	14	16	20	25	28	32	36	40
1	0,28	0,50	0,79	1,13	1,54	2,01	3,14	4,91	6,16	8,04	10,20	12,60
2	0,57	1,01	1,57	2,26	3,08	4,02	6,28	9,82	12,32	16,08	20,40	25,20
3	0,85	1,51	2,36	3,39	4,62	6,03	9,42	14,73	18,48	24,12	30,60	37,80
4	1,13	2,01	3,14	4,52	6,16	8,04	12,56	19,64	24,64	32,16	40,80	50,40
5	1,42	2,52	3,93	5,65	7,70	10,05	15,70	24,55	30,80	40,20	51,00	63,00
6	1,70	3,02	4,71	6,78	9,24	12,06	18,84	29,46	36,96	48,24	61,20	75,60
7	1,98	3,52	5,50	7,91	10,78	14,07	21,98	34,37	43,12	56,28	71,40	88,20
8	2,26	4,02	6,28	9,04	12,32	16,08	25,12	39,28	49,28	64,32	81,60	100,80
9	2,55	4,53	7,07	10,17	13,86	18,09	28,26	44,19	55,44	72,36	91,80	113,4
10	2,83	5,03	7,85	11,30	15,40	20,10	31,40	49,10	61,60	80,40	102,0	126,0
11	3,11	5,53	8,64	12,43	16,94	22,11	34,54	54,01	67,76	88,44	112,2	138,6
12	3,40	6,04	9,42	13,56	18,48	24,12	37,68	58,92	73,92	96,48	122,4	151,2
g kg/m je $\varnothing$	0,222	0,395	0,617	0,888	1,21	1,58	2,47	3,85	4,83	6,31	7,99	9,87

Tafel 6.52b Größte Anzahl von Stahleinlagen/Lage;[1]) Mindesthakenzuschläge für Stabstähle (BSt III S und BSt IV S)

d_{sl} mm	Balkenbreite b_0 (cm)										$d_{sbü}$ mm	Für 1 Haken (cm)	
	15	20	24	26	28	30	34	36	40	45	50		⌐[2)]	⌐[3)]
8	4	6	7	8	8	9	11	11	13	14	16		7	5
10	3	5	6	7	8	8	10	10	12	13	15		9	6
12	3	5	6	7	7	8	9	10	11	13	14	6	11	7
14	3	4	6	6	7	7	9	9	10	12	13		12	9
16	3	4	5	6	6	7	8	9	10	11	13		14	10
20	2	4	5	5	6	7	8	9	10	11		8	22	14
25	2	3	3	4	4	5	5	6	7	8	9		28	17
28	1	2	3	3	4	4	5	5	6	7	8	10	31	19

[1]) Der Berechnung der Tafelwerte wurden die nom c-Werte der DIN 1045, Tab. 10 *Zeile 1* (trockene Innenbauteile und B 25) zugrunde gelegt. Tab. 10: s. S. 6.31
[2]) Hakenlänge ($\alpha = 150°$): $(0,809 \cdot n + 5,309) \cdot d_{sl}$ mit $n = d_{br}/d_{sl}$ und für $ü = 5 \, d_{sl}$.
[3]) Winkelhakenlänge: $(0,285 \cdot n + 4,785) \cdot d_{sl}$ mit $n = d_{br}/d_{sl}$ und für $ü = 5 \, d_{sl}$.

Tafel 6.52c Rundstahlquerschnitte $A_{ss} \cdot \sqrt{2}$ in cm^2 für Schrägstäbe unter 45°[1])

d_s [mm]	1	2	3	4	5	6	7	8	9	10
10	1,1	2,2	3,3	4,4	5,6	6,7	7,8	8,9	10,0	11,1
12	1,6	3,2	4,8	6,4	8,0	9,6	11,2	12,8	14,4	16,0
14	2,2	4,4	6,5	8,7	10,9	13,1	15,2	17,4	19,6	21,8
16	2,8	5,7	8,5	11,4	14,2	17,1	19,9	22,8	25,6	28,4
20	4,4	8,9	13,3	17,8	22,2	26,7	31,1	35,5	40,0	44,4
25	6,9	13,9	20,8	27,8	34,7	41,7	48,6	55,5	62,5	69,4
28	8,7	17,4	26,1	34,8	43,5	52,3	61,0	69,7	78,4	87,1

[1]) Für Aufbiegungen unter 30° oder 60° sind die Tafelwerte mit cos 15° = 0,966 zu vervielfachen.

Tafel 6.52d Rundstahlquerschnitte $A_{sbü}$ in cm^2 für zweischnittige Bügel

⌀ [mm]	1	2	3	4	5	6	7	8	9	10	11	12	13	14	15
5	0,4	0,8	1,2	1,6	2,0	2,4	2,7	3,1	3,5	3,9	4,3	4,7	5,1	5,5	5,9
6	0,6	1,1	1,7	2,3	2,8	3,4	4,0	4,5	5,1	5,7	6,2	6,8	7,4	7,9	8,5
8	1,0	2,0	3,0	4,0	5,0	6,0	7,0	8,0	9,0	10,1	11,1	12,1	13,1	14,1	15,1
10	1,6	3,1	4,7	6,3	7,9	9,4	11,0	12,6	14,1	15,7	17,3	18,8	20,4	22,0	23,6
12	2,3	4,5	6,8	9,0	11,3	13,6	15,8	18,1	20,4	22,6	24,9	27,1	29,4	31,7	33,9
14	3,1	6,2	9,2	12,3	15,4	18,5	21,6	24,6	27,7	30,8	33,9	36,9	40,0	43,1	46,2
16	4,0	8,0	12,1	16,1	20,1	24,1	28,1	32,2	36,2	40,2	44,2	48,3	52,3	56,3	60,3
$s_{bü}$ [cm]	100	50	33,3	25	20	16,7	14,3	12,5	11,1	10	9,1	8,3	7,7	7,1	6,7

Tafel 6.53a Betonstahl-Lagermatten

Länge / Breite (m)	Randeinsparung (Längsrichtung)	Mattenbezeichnung	Stababstände (mm)	Stabdurchmesser Innenbereich / Randbereich (mm)	Anzahl der Längsrandstäbe links / rechts	Querschnitte längs / quer (cm²/m)	Gewichte je Matte (kg)	Gewichte je m² (kg)	Stahlsorte
5,00 / 2,15	ohne	Q 131	150 / 150	5,0 / 5,0		1,31 / 1,31	22,5	2,09	
		Q 188	150 / 150	6,0 / 6,0		1,88 / 1,88	32,4	3,01	
	mit	Q 221	150 / 150	6,5 / 5,0 – 4 / 4		2,21 / 2,21	33,7	3,14	
		Q 295	150 / 150	7,5 / 5,5 – 4 / 4		2,95 / 2,95	44,2	4,12	
6,00 / 2,15		Q 378	150 / 150	8,5 / 6,0 – 4 / 4		3,78 / 3,78	66,7	5,17	
		Q 443	150 / 100	6,5 d / 6,5 – 4 / 4		4,43 / 4,42	78,3	6,07	
		Q 513	150 / 100	7,0 d / 7,0 – 4 / 4		5,13 / 5,03	90,0	6,97	
		Q 670	150 / 100	8,0 d / 8,0 – 4 / 4		6,70 / 6,36	115,4	8,95	BSt 500 M nach DIN 488
5,00 / 2,15	ohne	R 188	150 / 250	6,0 / 5,0		1,88 / 0,78	23,3	2,17	
		R 221	150 / 250	6,5 / 5,0		2,21 / 0,78	26,1	2,43	
6,00 / 2,15	mit	R 295	150 / 250	7,5 / 5,5 – 2 / 2		2,95 / 0,78	29,4	2,74	
		R 378	150 / 250	8,5 / 6,0 – 2 / 2		3,78 / 0,78	42,6	3,30	
		R 443	150 / 250	6,5 d / 6,5 – 2 / 2		4,43 / 0,95	50,2	3,89	
		R 513	150 / 250	7,0 d / 7,0 – 2 / 2		5,13 / 1,13	58,6	4,54	
		R 589	150 / 250	7,5 d / 7,5 – 2 / 2		5,89 / 1,33	67,5	5,24	
		K 664	100 / 250	6,5 d / 6,5 – 4 / 4		6,64 / 1,33	69,6	5,39	
		K 770	100 / 250	7,0 d / 7,0 – 4 / 4		7,70 / 1,54	80,8	6,27	
		K 884	100 / 250	7,5 d / 7,5 – 4 / 4		8,84 / 1,77	92,9	7,20	

Der Gewichtsermittlung der Lagermatten liegen folgende Überstände zugrunde:

Q 131–Q 295:	Überstände längs: 100/100 mm	Überstände quer: 25/25 mm
Q 378:	Überstände längs: 150/150 mm	Überstände quer: 25/25 mm
Q 443–Q 670:	Überstände längs: 100/100 mm	Überstände quer: 25/25 mm
R 188–R 589:	Überstände längs: 125/125 mm	Überstände quer: 25/25 mm
K 664–K 884:	Überstände längs: 125/125 mm	Überstände quer: 25/25 mm

Tafel 6.53b Bewehrungsstoß in Querrichtung bei Betonstahlmatten mit Randeinspannung

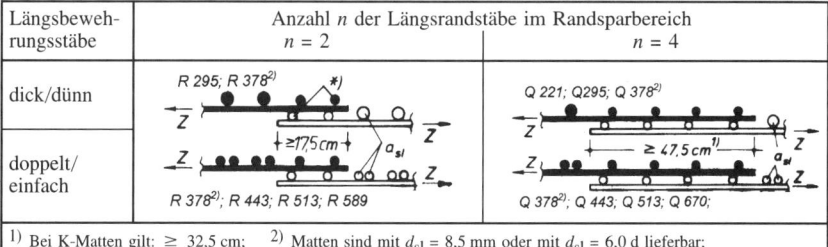

Längsbewehrungsstäbe	Anzahl n der Längsrandstäbe im Randsparbereich	
	$n = 2$	$n = 4$
dick/dünn	R 295; R 378[2] $\geq 17,5$ cm	Q 221; Q 295; Q 378[2] $\geq 47,5$ cm[1]
doppelt/einfach	R 378[2]; R 443; R 513; R 589	Q 378[2]; Q 443; Q 513; Q 670

[1] Bei K-Matten gilt: $\geq 32,5$ cm; [2] Matten sind mit $d_{sl} = 8,5$ mm oder mit $d_{sl} = 6,0$ d lieferbar;
*) „wirksame Stäbe" = Bewehrungsstäbe, die sich gegenseitig abstützen

Beispiele für die Bewehrungsdarstellung (Näheres s. im Kapitel 14 B „Bauzeichnungen")

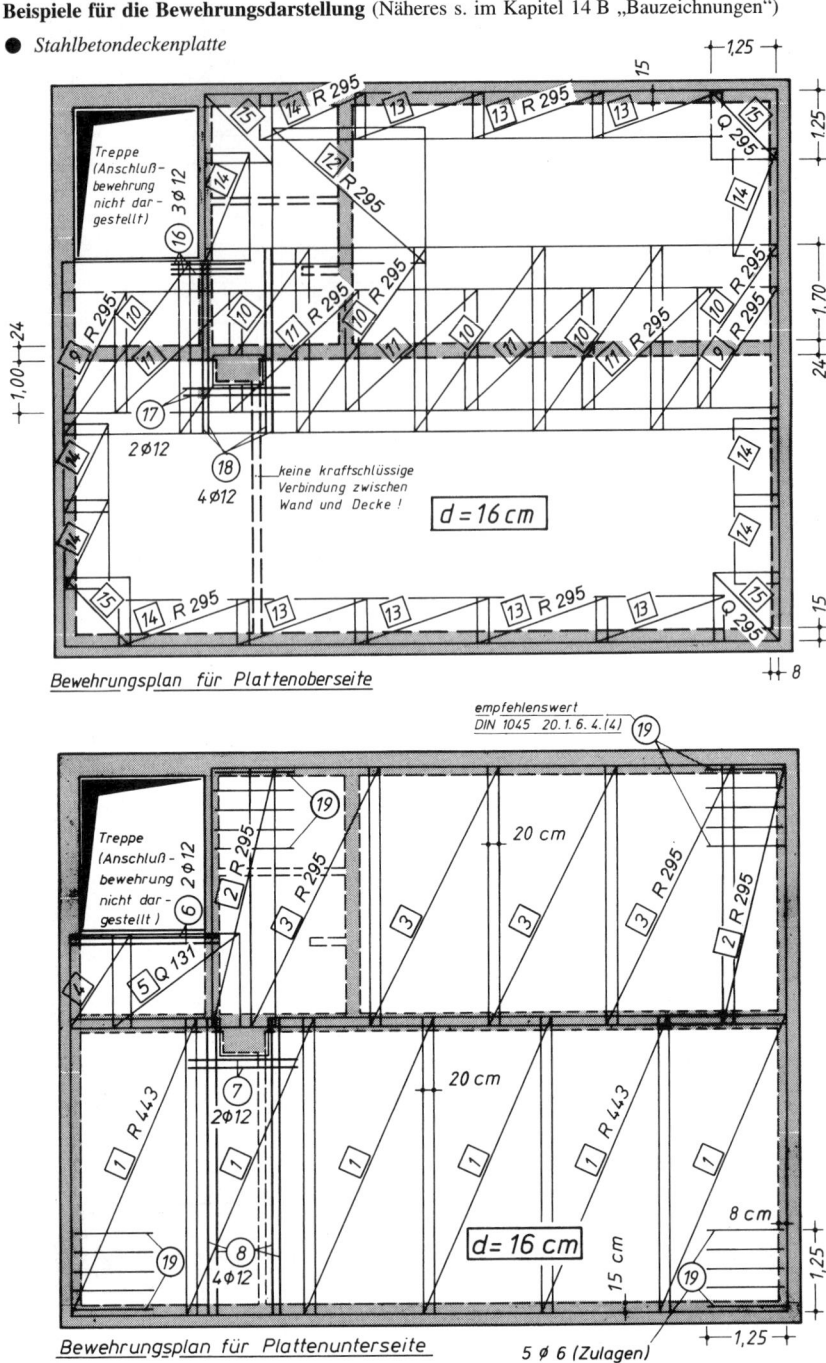

● *Stahlbetondeckenplatte*

Bewehrungsplan für Plattenoberseite

Bewehrungsplan für Plattenunterseite

6.54

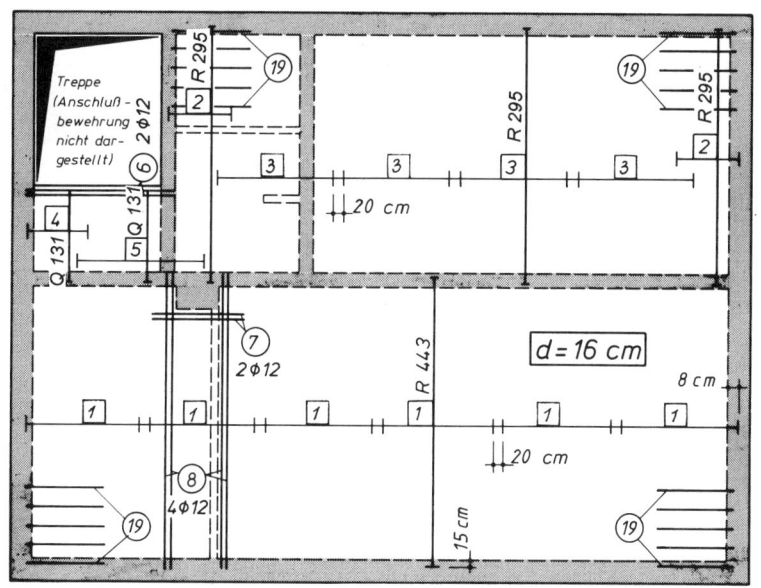

Treppe
(Anschluß-
bewehrung
nicht dar-
gestellt)

$d = 16$ cm

Bewehrungsplan für Plattenunterseite - vereinfachte Darstellung

Positionsangaben für
die Stahlbetondeckenplatte

Betonstahlsorten:
  BSt 500 M
  BSt 500 S

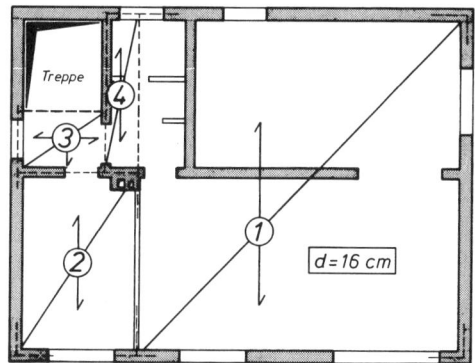

Treppe

$d = 16$ cm

● Stahlbetonbalken

$s = 20$ cm
④ 25 Bü φ 6-20
① 2φ12
② + ③ 4φ16 + 2φ12
$t = 20$

① 2φ12
④ Bü φ6
② 4φ16
③ 2φ12

$c_{Bü} = 2{,}5$ cm
(> nom $c = 2{,}0$ cm)

① 2 MSt φ12; L = 4,80 m

Stabstahl-
bewehrung
BSt 500 S

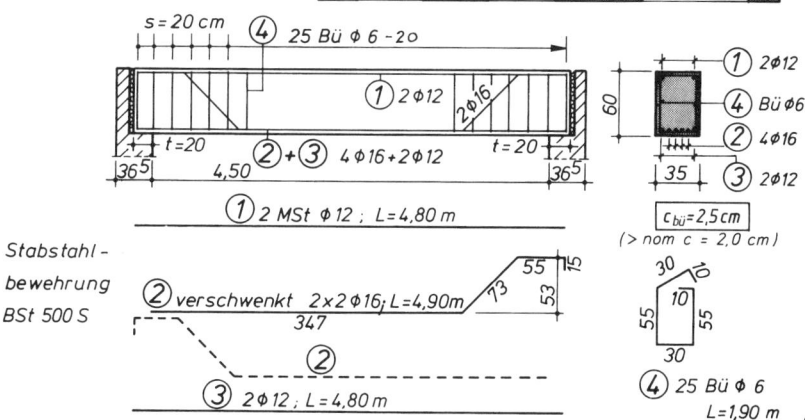

② verschwenkt 2x2φ16; L = 4,90 m

③ 2φ12; L = 4,80 m

④ 25 Bü φ 6
L = 1,90 m

6 Stahl-
beton-
bau

6.55

Wichtige Grundlagenliteratur Mauerwerksbau

Schneider/Schubert/Wormuth
Mauerwerksbau
Gestaltung – Baustoffe –
Konstruktion –
Berechnung – Ausführung
6., neubearbeitete und
erweiterte Auflage 1999.
408 Seiten,
17 x 24 cm, kartoniert
€ 31,– / sFr 62,–
ISBN 3-8041-4143-9

Die 6. Auflage bringt wie gewohnt kompakt und handlich die wichtigsten Grundlagen und weiterführenden Informationen über Mauerwerkskonstruktionen für die Praxis auf den Punkt.

Neu aufgenommen wurden die Bereiche Mauerwerksfertigbauteile, Mauerwerksbau in deutschen Erdbaugebieten, Umweltverträglichkeit und Recycling von Mauerwerk.

WERNER VERLAG
Werner Verlag · Postfach 10 53 54 · 40044 Düsseldorf
Telefon (02 11) 3 87 98-0 · Telefax (02 11) 3 87 98-11
www.werner-verlag.de

Zu beziehen über Ihre Buchhandlung
oder direkt beim Verlag.

7 Mauerwerksbau (DIN 1053)

Prof. Dipl.-Ing. Klaus-Jürgen Schneider
(Mauerwerksbau nach Eurocode 6 siehe Kapitel VII [CD])

Inhaltsverzeichnis

		Seite
1	**Maßordnung im Hochbau**	7.2
2	**Vermaßung von Mauerwerk**	7.2
3	**Rohdichten und Festigkeitsklassen gängiger Mauersteine**	7.3
4	**Baustoffbedarf**	7.4
5	**Mauerwerk nach DIN 1053-1** . . .	7.5
5.1	Baustoffe	7.5
5.1.1	Mauersteine	7.5
5.1.2	Mörtel	7.5
5.1.3	Rezeptmauerwerk	7.6
5.1.4	Mauerwerk nach Eignungsprüfung	7.6
5.2	Standsicherheit	7.6
5.2.1	Räumliche Steifigkeit	7.6
5.2.2	Standsicherheit einzelner Wände	7.6
5.3	Wandkonstruktionen	7.7
5.3.1	Tragende Wände und Pfeiler	7.7
5.3.2	Mindestabmessungen von tragenden Wänden und Pfeilern	7.7
5.3.3	Zweischalige Außenwände	7.7
5.3.4	Kellerwände	7.8
5.3.5	Nichttragende Wände (Begriff) . . .	7.9
5.3.6	Nichttragende Außenwände	7.9
5.3.7	Nichttragende innere Trennwände	7.9
5.4	**Weitere Konstruktionen und Konstruktionsdetails**	7.11
5.4.1	Ringbalken	7.11
5.4.2	Ringanker	7.11
5.4.3	Anschluss der Wände an Decken und Dachstuhl	7.11

		Seite
5.4.4	Gewölbe, Bogen, gewölbte Kappen	7.11
5.5	**Vereinfachtes Berechnungsverfahren**	7.12
5.5.1	Anwendungsgrenzen	7.12
5.5.2	Lastannahmen	7.13
5.5.3	Wind rechtwinklig zur Wandebene	7.13
5.5.4	Zwängungen	7.13
5.5.5	Knicklängen	7.14
5.5.6	Halterungen zur Knickaussteifung	7.15
5.5.7	Mitwirkende Breite	7.15
5.5.8	Bemessung nach dem vereinfachten Verfahren	7.15
5.6	Verband	7.19
5.7	Verformungskennwerte und Elastizitätsmoduln	7.19
6	**Mauerwerk nach DIN 1053-2** . . .	7.19
7	**Bewehrtes Mauerwerk nach DIN 1053-3**	7.20
7.1	Bewehrungsarten	7.20
7.2	Baustoffe	7.20
7.3	Bemessung für Längskraft, Biegung und Biegung mit Längskraft	7.22
7.4	Bemessung für Querkraft	7.23
7.4.1	Scheibenschub	7.23
7.4.2	Plattenschub	7.23
7.5	Beispiele	7.24
8	**Bemessung von Flachziegelstürzen**	7.25

1 Maßordnung im Hochbau nach DIN 4172 (7.55)

Baunormzahlen

Reihen vorzugsweise für							
den Rohbau				Einzelmaße		den Ausbau	
a	b	c	d	e	f	g	h	i
25	$\frac{25}{2}$	$\frac{25}{3}$	$\frac{25}{4}$	$\frac{25}{10} = \frac{5}{2}$	5	2×5	4×5	5×5
				2,5				
			$6^{1}/_{4}$	5	5			
		$8^{1}/_{3}$		10	10	10		
	$12^{1}/_{2}$		$12^{1}/_{2}$	12,5				
		$16^{2}/_{3}$		15	15			
			$18^{3}/_{4}$	17,5				
				20	20	20	20	
				22,5				
25	25	25	25	25	25			25
				27,5				
		$31^{1}/_{4}$	30	30	30			
	$33^{1}/_{3}$			35				
	$37^{1}/_{2}$		$37^{1}/_{2}$	37,5				
		$41^{2}/_{3}$		40	40	40	40	
			$43^{3}/_{4}$	42,5				
				45	45			
				47,5				
50	50	50	50	50	50			50

Baunormzahlen sind Zahlen für Baurichtmaße und die daraus abgeleiteten Einzel-, Rohbau- und Ausbaumaße.

Baurichtmaße sind die theoretischen Grundlagen für die Baumaße der Praxis. Sie sind Maße von Bauteilen einschl. ihrer Fugen.

Nennmaße sind Maße, die die Bauten haben sollen. Sie werden in der Regel in die Bauzeichnungen eingetragen. Bei Bauarten ohne Fugen sind die Nennmaße gleich den Baurichtmaßen. Bauarten mit Fugen vgl. unten.

Kleinmaße sind Maße von 2,5 cm und darunter. Sie sind nach DIN 323 wie folgt zu wählen:

2,5; 2; 1,6; 1,25; 1 cm;
8; 6,3; 5; 4; 3,2; 2,5; 2;
1,6; 1,25; 1 mm.

Fugen und Verband

Bauteile (Mauersteine, Bauplatten usw.) sind so zu bemessen, dass ihre Baurichtmaße im Verband Baunormzahlen sind.

2 Vermaßung von Mauerwerk

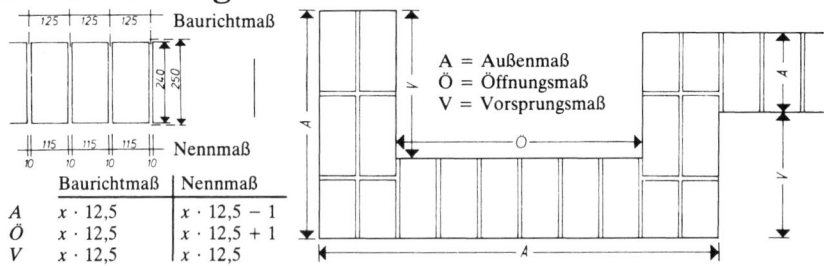

A = Außenmaß
Ö = Öffnungsmaß
V = Vorsprungsmaß

	Baurichtmaß	Nennmaß
A	$x \cdot 12{,}5$	$x \cdot 12{,}5 - 1$
Ö	$x \cdot 12{,}5$	$x \cdot 12{,}5 + 1$
V	$x \cdot 12{,}5$	$x \cdot 12{,}5$

Kopf-	Längenmaße in m			Schich-	Höhenmaße in m bei Ziegeldicken in mm				
zahl	A	O	V	ten	52	71	113	155	175	238
1	0,115	0,135	0,125	1	0,0625	0,0833	0,125	0,1666	0,1875	0,250
2	0,240	0,260	0,250	2	0,1250	0,1667	0,250	0,3334	0,3750	0,500
3	0,365	0,385	0,375	3	0,1875	0,2500	0,375	0,5000	0,5625	0,750
4	0,490	0,510	0,500	4	0,2500	0,3333	0,500	0,6666	0,7500	1,000
5	0,615	0,635	0,625	5	0,3125	0,4167	0,625	0,8334	0,9375	1,250
6	0,740	0,760	0,750	6	0,3750	0,5000	0,750	1,0000	1,1250	1,500
7	0,865	0,885	0,875	7	0,4375	0,5833	0,875	1,1666	1,3125	1,750
8	0,990	1,010	1,000	8	0,5000	0,6667	1,000	1,3334	1,5000	2,000
9	1,115	1,135	1,125	9	0,5625	0,7500	1,125	1,5000	1,6875	2,250
10	1,240	1,260	1,250	10	0,6250	0,8333	1,250	1,6666	1,8750	2,500
11	1,365	1,385	1,375	11	0,6875	0,9167	1,375	1,8334	2,0625	2,750
12	1,490	1,510	1,500	12	0,7500	1,0000	1,500	2,0000	2,2500	3,000
13	1,615	1,635	1,625	13	0,8125	1,0833	1,625	2,1666	2,4375	3,250
14	1,740	1,760	1,750	14	0,8750	1,1667	1,750	2,3334	2,6250	3,500
15	1,865	1,885	1,875	15	0,9375	1,2500	1,875	2,5000	2,8125	3,750

3 Rohdichtenklassen und Festigkeitsklassen gängiger genormter Mauersteine

Darüber hinaus werden weitere genormte, aber weniger gebräuchliche Steine hergestellt.

Bezeichnung	Roh-dichte klassen	Festigkeitsklassen							G_M *) kN/m³
		2	4	6	8	12	20	28	
Mauerziegel DIN 105 Teil I bis 4 Mz　Vollziegel (1,6–1,8 kg/dm³) HLz　Hochlochziegel (0,6–1,4 kg/dm³) KMz　Vollklinker (2,0–2,2 kg/dm³) KHLz　Hochlochklinker (1,6–1,8 kg/dm³) VHLz　Hochlochziegel, frostbeständig 　　　(1,0–1,4 kg/dm³) VMz　Vollziegel, frostbeständig 　　　(1,6–1,8 kg/dm³)	0,6	●	●	●					7
	0,65	●	●	●					7,5
	0,7	●	●	●	●				9
	0,75	●	●	●	●				9,5
	0,8	●	●	●	●				10
	0,9		●	●	●				11
	1,0			●	●	●			12
	1,2			●	●	●			14
	1,4				●	●	●		15
	1,6				●	●	●		17
	1,8				●	●	●		18
	2,0					●	●	●	20
Kalksandsteine DIN 106 Teil 1 und 2 KS　　Vollsteine (1,6–2,0 kg/dm³) KSL　Lochsteine (1,2–1,6 kg/dm³) KS-R　Blocksteine (1,6–2,0 kg/dm³) KSL-R　Hohlblocksteine (1,2–1,6 kg) KSVm　Vormauersteine (1,8–2,0 kg/dm³) KSVb　Verblender (1,8–2,0 kg/dm³)	1,2			●	●				14
	1,4			●	●	●			15
	1,6			●	●	●	●		17
	1,8				●	●	●		18
	2,0				●	●	●		20
	2,2				●	●	●		22
Porenbetonsteine DIN 4165 PB　Porenbeton-Blocksteine PP　Porenbeton-Plansteine (Die Angaben für G_M sind bei Blocksteinen mit Normalmörtel um 1 kN/m³ zu erhöhen.)	0,35	●							4,5
	0,4	●							5
	0,45	●							5,5
	0,5	●							7
	0,55		●						6,5
	0,6		●						7
	0,65		●	●					7,5
	0,7			●	●				8
	0,8			●	●	●			9
	0,9					●			10
	1,0					●			11
Leichtbeton und Beton Hbl　Leichtbeton-Hohlblocksteine 　　　DIN 18 151 (0,45–1,4 kg/dm³) V　　Vollsteine (0,60–2,0 kg/dm³) 　　　DIN 18 152 Vbl　Vollblöcke aus Leichtbeton 　　　DIN 18 152 　　　(0,45–2,0 kg/dm³) Hbn　Hohlblocksteine aus Beton 　　　DIN 18 153 　　　(0,8–2,0 kg/dm³)	0,45	●							7
	0,5	●							7
	0,6	●							8
	0,7	●	●						9
	0,8	●	●	●					10
	0,9	●	●	●	●				11
	1,0		●	●	●				12
	1,2		●	●	●	●			14
	1,4			●	●	●			15
	1,6				●	●	●		17
	1,8				●	●	●		18
	2,0					●	●		20

Hinweis: Neben den genormten Mauersteinen gibt es weitere Steine auf Grund von Zulassungen des Deutschen Instituts für Normung.

---

*) G_M Eigenlast des Mauerwerks.

4 Baustoffbedarf

Bedarf an Mauersteinen und Mörtel[1]

Steinformat und Wanddicke		je m² Wand		je m³ Mauerwerk	
		Steine	Mörtel	Steine	Mörtel
a) Steine mit glatten, vermörtelten Stoßflächen					
DF	(240 × 115 × 52)	66	35	570	300
NF	(240 × 115 × 71)	50	30	430	260
	(115 × 240 × 71)	100	70	415	290
2 DF	(240 × 115 × 113)	33	20	285	175
	(115 × 240 × 113)	66	55	275	230
3 DF	(240 × 175 × 113)	33	30	188	175
	(175 × 240 × 113)	44	50	183	210
2+3 DF	300	je 33	je 65	je 110	je 215
5 DF	(300 × 240 × 113)	26	40	110	170
	(240 × 300 × 113)	33	55	110	185
6 DF	(365 × 240 × 113)	22	40	92	170
	(240 × 365 × 113)	33	65	90	180
10 DF	(300 × 240 × 238)	13,5	25	55	105
	(240 × 300 × 238)	16,5	33	55	110
12 DF	(365 × 240 × 238)	11	23	46	95
	(240 × 365 × 238)	16,5	38	45	105
b) Steine mit Nut und Feder, unvermörtelte Stoßfugen[2]					
6 DF	(373 × 115 × 238)	11	8	96	70
8 DF	(498 × 115 × 238)	8,3	8	72	70
7,5 DF	(308 × 175 × 238)	13,5	12	77	70
9 DF	(373 × 175 × 238)	11	12	63	70
12 DF	(498 × 175 × 238)	8,3	12	48	70
10 DF	(308 × 240 × 238)	13,5	17	55	70
12 DF	(373 × 240 × 238)	11	17	46	70
16 DF	(498 × 240 × 238)	8,3	17	35	70
10 DF	(248 × 300 × 238)	16,5	22	55	70
12 DF	(308 × 300 × 238)	13,5	22	45	70
20 DF	(498 × 300 × 238)	8,3	22	28	70
12 DF	(248 × 365 × 238)	16,5	26	45	70
24 DF	(498 × 365 × 238)	8,3	26	23	70
14 DF	(248 × 425 × 238)	16,5	30	39	70
16 DF	(248 × 490 × 238)	16,5	35	33	70
Ausfugen von Sichtmauerwerk			10		

[1] Bedarf an Normal- oder Leichtmörtel in Liter für Lochsteine; für Vollsteine (Mz, KS, V, Vbl, PB) kann ein um etwa 15 % geringerer Bedarf angenommen werden. Für gelochte Plansteine werden etwa 20 kg Dünnbettmörtel je m³ Mauerwerk benötigt. Bei der Bestellung von Planziegeln wird der benötigte Dünnbetonmörtel systemabhängig vom Ziegellieferanten mitgeliefert.

[2] Bei Mauerblöcken mit glatten, vermörtelten Stoßflächen oder mit Mörteltaschen ist der Mörtelbedarf je m³ Mauerwerk um etwa 20 Liter (bei Blocklängen von 490 mm) bis 40 Liter (bei Blocklängen von 240 mm) höher.

5 Mauerwerk nach DIN 1053-1 (11.96)
5.1 Baustoffe
5.1.1 Mauersteine

Es dürfen Mauersteine nach DIN 105, DIN 106, DIN 398, DIN 1057-1, DIN 4165, DIN 18 151 bis 18 153 verwendet werden (vgl. auch Kapitel 3).

5.1.2 Mörtel

Es dürfen Mörtel verwendet werden, die den Bedingungen des Anhangs A der DIN 1053-1 entsprechen. Für die Anwendung der verschiedenen Mörtelarten gelten folgende Einschränkungen:
- **Normalmörtel, Mörtelgruppe I**
  - Nicht zulässig für Gewölbe und Kellermauerwerk[*)]
  - Nicht zulässig bei mehr als zwei Vollgeschossen und bei Wanddicken kleiner als 240 mm, dabei ist als Wanddicke bei zweischaligen Außenwänden die Dicke der Innenschale maßgebend
  - Nicht zulässig für Vermauern der Außenschale bei zweischaligem Außenmauerwerk.
- **Normalmörtel, Mörtelgruppe II und IIa**
  - Keine Einschränkung.
- **Normalmörtel, Mörtelgruppe III und IIIa**
  - Nicht zulässig für Vermauern der Außenschale bei zweischaligem Außenmauerwerk. Abweichend davon darf MG III zum nachträglichen Verfugen und für diejenigen Bereiche von Außenschalen verwendet werden, die als bewehrtes Mauerwerk nach DIN 1053-3 ausgeführt werden.
- **Leichtmörtel**
  - Nicht zulässig für Gewölbe und der Witterung ausgesetztes Sichtmauerwerk.
- **Dünnbettmörtel**
  - Nicht zulässig für Gewölbe und für Mauersteine mit Maßabweichungen der Höhe von mehr als 1,0 mm (Anforderungen an Plansteine).

Normalmörtel, der nach der folgenden Tafel zusammengesetzt ist, bedarf keiner Eignungsprüfung.

Tafel 7.5 Mörtelzusammensetzung, Mischungsverhältnisse für Normalmörtel in Raumteilen

Mörtel-gruppe	Luftkalk		Hydraulischer Kalk	Hydraulischer Kalk (HL 5) Putz- und Mauerbinder (MC 5)	Zement	Sand[1)] aus natürlichem Gestein
	Kalkteig	Kalkhydrat	HL 2			
I	1	–	–	–	–	4
	–	1	–	–	–	3
	–	–	1	–	–	3
	–	–	–	1	–	4,5
II	1,5	–	–	–	1	8
	–	2	–	–	1	8
	–	–	2	–	1	8
	–	–	–	1	–	3
IIa	–	1	–	–	1	6
	–	–	–	2	1	8
III	–	–	–	–	1	4
IIIa[2)]	–	–	–	–	1	4

[1)] Die Werte des Sandanteils beziehen sich auf den lagerfeuchten Zustand.
[2)] Die größere Festigkeit soll vorzugsweise durch Auswahl geeigneter Sande erreicht werden.

[*)] Anwendung erlaubt bei Instandsetzung von Natursteinmauerwerk in MG I.

5.1.3 Rezeptmauerwerk (RM)
Mauerwerk aus Stein/Mörtel-Kombinationen gemäß Tafel 7.15

5.1.4 Mauerwerk nach Eignungsprüfung (EM)
Mauerwerk, dessen Grundwerte der zulässigen Druckspannungen σ_0 aufgrund von Eignungsprüfungen nach DIN 1053-2 und nach Tafel 7.16 bestimmt werden

5.2 Standsicherheit

5.2.1 Räumliche Steifigkeit
Auf einen Nachweis der räumlichen Steifigkeit kann verzichtet werden, wenn folgende Bedingungen erfüllt sind:
- Die Decken sind als steife Scheiben ausgebildet, oder es sind statt dessen statisch nachgewiesene Ringbalken vorhanden.
- In Längs- und Querrichtung des Bauwerks ist eine offensichtlich ausreichende Anzahl von aussteifenden Wänden vorhanden.

Diese müssen ohne größere Schwächungen und Versprünge bis auf die Fundamente gehen.
DIN 1053-1 enthält keine Hinweise darüber, was unter „offensichtlich ausreichend" zu verstehen ist. Es wird daher empfohlen, die bewährte Konstruktionsregel der *alten* DIN 1053 (Norm ist zurückgezogen) sinngemäß anzuwenden, dass bei Mauerwerksbauten bis zu 6 Geschossen auf einen Windnachweis verzichtet werden kann, wenn die Bedingungen der folgenden Tabelle in etwa erfüllt sind:

Dicken und Abstände aussteifender Wände (Tab. 3, DIN 1053 **alt**)

Zeile	Dicke der auszusteifenden belasteten Wand in cm	Geschosshöhe in m	Aussteifende Wand		
			im 1. bis 4. Vollgeschoss von oben	im 5. u. 6. Vollgeschoss von oben	Mittenabstand in m
1	$\geq 11{,}5 < 17{,}5$	$\leq 3{,}25$	$\geq 11{,}5$ cm	$\geq 17{,}5$ cm	$\leq 4{,}50$
2	$\geq 17{,}5 < 24$				$\leq 6{,}00$
3	$\geq 24 < 30$	$\leq 3{,}50$			$\leq 8{,}00$
4	≥ 30	$\leq 5{,}00$			

Ist bei einem Bauwerk nicht von vornherein erkennbar, dass die räumliche Steifigkeit durch genügend vertikale und horizontale Scheiben gewährleistet ist, so muss ein Nachweis gemäß Kapitel 5 B (S. 5.43 ff.) geführt werden.

5.2.2 Standsicherheit einzelner Wände
Der Nachweis kann nach dem *vereinfachten* Berechnungsverfahren (Abschn. 5.5) oder nach dem *genaueren Berechnungsverfahren* (Abschn. 5.6) durchgeführt werden.
Es wird zwischen einseitig, zweiseitig, dreiseitig und vierseitig gehaltenen Wänden unterschieden. Einseitig gehaltene (frei stehende) Wände sollten nach dem *genaueren Verfahren* nachgewiesen werden.

5.3 Wandkonstruktionen
5.3.1 Tragende Wände und Pfeiler (Begriff)
Wände und Pfeiler gelten als tragend, wenn sie
- vertikale Lasten (z. B. aus Decken, Dachstielen) und/oder
- horizontale Lasten (z. B. aus Wind) aufnehmen und/oder
- zur Knickaussteifung von tragenden Wänden dienen.

5.3.2 Mindestabmessungen von tragenden Wänden und Pfeilern
Die Mindestdicke von tragenden Innen- und Außenwänden beträgt $d = 11,5$ cm, sofern aus statischen oder bauphysikalischen Gründen nicht größere Dicken erforderlich sind.

Mindestabmessungen von tragenden Pfeilern: 11,5 cm × 36,5 cm bzw. 17,5 cm × 24 cm.

5.3.3 Zweischalige Außenwände
Nach dem Wandaufbau wird unterschieden nach zweischaligen Außenwänden
- mit Luftschicht
- mit Luftschicht und Wärmedämmung
- mit Kerndämmung
- mit Putzschicht.

Maximaler Abstand der Außen- und Innenschale: 15 cm. Bei größerem Abstand ist die Verankerung durch andere Verankerungsarten gemäß DIN 1053-1, 8.4.3.1, Aufzählung e, 4. Absatz, nachzuweisen.

Mindestdicke der Luftschicht: 6 cm. Sie darf bis zu 4 cm vermindert werden, wenn der Fugenmörtel mindestens an einer Hohlraumseite abgestrichen wird.

Bei der Bemessung ist als Wanddicke nur die Dicke der tragenden Innenschale anzusetzen.

In Außenschalen dürfen glasierte Steine oder Steine mit Oberflächenbeschichtungen nur verwendet werden, wenn deren Frostwiderstandsfähigkeit unter erhöhter Beanspruchung geprüft wurde (Mauerziegel nach DIN 55 252-1, Kalksandsteine nach DIN 106-2).

● **Mindestdicken**
- Tragende Innenschalen: $d = 11,5$ cm (vgl. jedoch Abschnitt 5.5.1)
- Außenschalen: $d = 9$ cm (dünnere Außenschalen sind Bekleidungen nach DIN 18 515)

● **Mindestlänge**
Die Mindestlänge von gemauerten Pfeilern in der Außenschale beträgt 24 cm.

● **Verankerung der Außenschalen**
Die Mauerwerksschalen sind durch Drahtanker aus nichtrostendem Stahl nach DIN 17 440, Werkstoff-Nr. 1.4401 oder 1.4571, zu verbinden. Anzahl der Drahtanker siehe Tafel 7.8; Form und Maße siehe Abb. Der vertikale Abstand der Drahtanker soll höchstens 500 mm, der horizontale Abstand höchstens 750 mm betragen.

An allen freien Rändern (von Öffnungen, an Gebäudeecken, entlang von Dehnungsfugen und an den oberen Enden der Außenschalen) sind zusätzlich zur folgenden Tafel 7.8 drei Drahtanker je m Randlänge anzuordnen.

Werden die Drahtanker (s. Abb.) in Leichtmörtel eingebettet, so ist dafür LM 36 erforderlich. Drahtanker in Leichtmörtel LM 21 bedürfen einer anderen Verankerungsart.

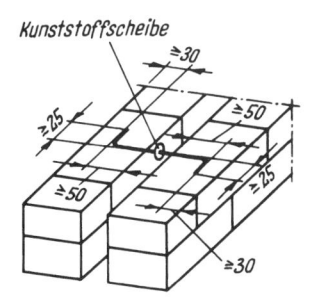

Drahtanker für zweischaliges Mauerwerk für Außenwände

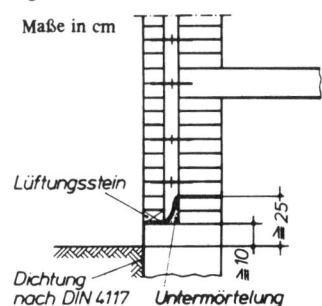

Untere Sperrschichten in zweischaligem Verblendmauerwerk mit Luftschicht (Prinzipskizze)

Tafel 7.8 Mindestanzahl und Durchmesser von Drahtankern je m² Wandfläche

	Drahtanker	
	Mindestanzahl	Durchmesser
mindestens, sofern nicht folgende Zeilen maßgebend	5	3
Wandbereich höher als 12 m über Gelände oder Abstand der Mauerwerksschalen über 7 bis 12 cm	5	4
Abstand der Mauerwerksschalen über 12 bis 15 cm	7 oder 5	4 5
Bei zweischaligen Außenwänden mit Putzschicht genügt grundsätzlich eine Drahtankerdicke von 3 mm.		

- **Auflagerung und Abfangung der Außenschalen**
  - Die Außenschalen sollen über ihre ganze Länge und vollflächig aufgelagert sein. Sie dürfen bis zu 25 mm über ihr Auflager vorstehen.
  - Außenschalen von 11,5 cm Dicke sollen in Höhenabständen von etwa 12 m abgefangen werden. Ist die 11,5 cm dicke Außenschale nicht höher als zwei Geschosse oder wird sie alle zwei Geschosse abgefangen, dann darf sie bis zu einem Drittel ihrer Dicke über ihr Auflager vorstehen. Für die Ausführung der Fugen der Sichtflächen von Verblendschalen siehe DIN 1053-1, 8.4.2.2 oder [7.2].
  - Außenschalen von weniger als 11,5 cm Dicke dürfen nicht höher als 20 m über Gelände geführt werden und sind in Höhenabständen von etwa 6 m abzufangen. Bei Gebäuden bis zwei Vollgeschossen darf ein Giebeldreieck bis 4 m Höhe ohne zusätzliche Abfangung ausgeführt werden. Diese Außenschalen dürfen maximal 15 mm über ihr Auflager vorstehen. Die Fugen der Sichtflächen von diesen Verblendschalen sollen in Glattstrich ausgeführt werden.

5.3.4 Kellerwände

Auf einen rechnerischen Erddruck-Nachweis kann verzichtet werden, wenn folgende Bedingungen erfüllt sind:

a) lichte Wandhöhe $h_s \leq 2{,}60$ m und Wanddicke $d \geq 240$ mm.
b) Die Kellerdecke wirkt als Scheibe, die die aus dem Erddruck entstehenden Kräfte aufnimmt.
c) Im Einflussbereich Erddruck/Kellerwand beträgt die Verkehrslast auf der Geländeoberfläche $\leq 5\,\text{kN/m}^2$.
d) Die Geländeoberfläche steigt nicht an, und Anschütthöhe $h_e \leq$ lichter Wandhöhe h_s.
e) Die Auflast N_o der Kellerwand unterhalb der Kellerdecke liegt innerhalb folgender Grenzen:

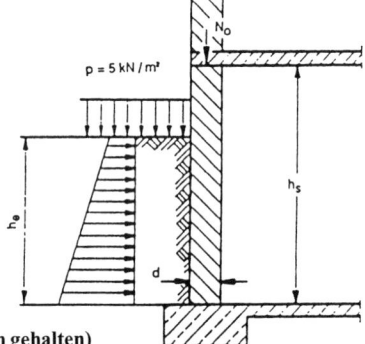

- **Kellerwand ohne Querwände (nur oben und unten gehalten)**

zul $N_o > N_o >$ min N_o mit zul $N_o = 0{,}45 \cdot d \cdot \sigma_o$

σ_o siehe Tafel 7.15
min N_o siehe Tafel 7.9a

- **Kellerwand mit Querwänden**

Ist die durch Erddruck belastete Kellerwand durch Querwände oder statisch nachgewiesene Bauteile im Abstand b ausgesteift, so gelten für N_o folgende Mindestwerte:

$b \leq h_s$	$N_o \geq 1/2 \min N_o$
$b \leq 2\,h_s$	$N_o \geq \min N_o$

Zwischenwerte dürfen geradlinig interpoliert werden.

Tafel 7.9a min N_o für Kellerwände ohne rechnerischen Nachweis

Wanddicke d mm	min N_o in kN/m bei einer Anschütthöhe h_e			
	1,0 m	1,5 m	2,0 m	2,5 m
240	6	20	45	75
300	3	15	30	50
365	0	10	25	40
490	0	5	15	30
Zwischenwerte sind geradlinig zu interpolieren.				

Eine modifizierte (genauere) Darstellung befindet sich in DIN 1053-1, 8.1.2.3 bzw. [7.2].
Die Gln. auf der Seite zuvor setzen rechnerisch klaffende Fugen voraus.

5.3.5 Nichttragende Wände (Begriff)

Wände, die überwiegend nur durch ihre Eigenlast belastet sind und nicht zur Knickaussteifung tragender Wände dienen, werden als nichttragende Wände bezeichnet. Sie müssen jedoch in der Lage sein, rechtwinklig auf die Wand wirkende Lasten (z. B. aus Wind) auf tragende Bauteile (z. B. Wand- oder Deckenscheiben) abzutragen.

5.3.6 Nichttragende Außenwände

Nichttragende Außenwände können ohne statischen Nachweis ausgeführt werden, wenn sie vierseitig gehalten sind (z. B. durch Verzahnung, Versatz oder Anker), den Bedingungen der Tafel 7.9b genügen und mindestens Mörtelgruppe IIa oder Dünnbettmörtel bzw. Leichtmörtel LM 36 verwendet wird.
Werden Steine der Festigkeitsklassen 20 verwendet und ist $\varepsilon = h/l \geq 2$ (h = Höhe und l = Breite der Ausfachungsfläche), so dürfen die entsprechenden Tafelwerte verdoppelt werden.

Tafel 7.9b Zulässige Größtwerte der Ausfachungsfläche von nichttragenden Außenwänden ohne rechnerischen Nachweis

Wand-dicke in cm	Zulässiger Größtwert[1] der Ausfachungsfläche in m² bei einer Höhe über Gelände von:														
	bis 8,0 m ε					8 bis 20 m ε					20 bis 100 m ε				
	=1,0	=1,2	=1,4	=1,6	=1,8	≥2,0	=1,0	=1,2	=1,4	=1,6	=1,8	≥2,0	=1,0	=1,2	=1,4	=1,6	=1,8	≥2,0
11,5[2]	12,0	11,2	10,4	9,6	8,8	8,0	7,4	6,8	6,2	5,6	5,0	6,0	5,6	5,2	4,8	4,4	4,0
17,5	20,0	18,8	17,6	16,4	15,2	14,0	13,0	12,2	11,4	10,6	9,8	9,0	9,0	8,8	8,6	8,4	8,2	8,0
24	36,0	33,8	31,6	29,4	27,2	25,0	23,0	21,6	20,2	18,8	17,4	16,0	16,0	15,2	14,4	13,6	12,8	12,0
≥30	50,0	46,4	43,2	39,8	36,4	33,0	35,0	32,6	30,2	27,8	25,4	23,0	25,0	23,4	21,8	20,2	18,6	17,0

[1] Zwischenwerte dürfen geradlinig eingeschaltet werden. ε ist das Verhältnis der größeren zur kleineren Seite der Ausfachungsfläche.
[2] Bei Verwendung von Steinen der Festigkeitsklassen ≥ 12 dürfen die Werte dieser Zeile um 33 % vergrößert werden.

5.3.7 Nichttragende innere Trennwände

Für nichttragende innere Trennwände, die nicht rechtwinklig zur Wandfläche durch Wind beansprucht werden, ist DIN 4103-1 (7.84) maßgebend.
Abhängig vom Einbauort werden nach DIN 4103-1 zwei unterschiedliche Einbaubereiche unterschieden.

Einbaubereich I:
Bereiche mit geringer Menschenansammlung, wie sie z. B. in Wohnungen, Hotel-, Büro- und Krankenräumen sowie ähnlich genutzten Räumen einschließlich der Flure vorausgesetzt werden können.

Einbaubereich II:
Bereiche mit großen Menschenansammlungen, wie sie z. B. in größeren Versammlungs- und Schulräumen, Hörsälen, Ausstellungs- und Verkaufsräumen und ähnlich genutzten Räumen vorausgesetzt werden müssen.

Aufgrund neuer Forschungsergebnisse hat die Deutsche Gesellschaft für Mauerwerksbau ein Merkblatt über „Nichttragende innere Trennwände aus künstlichen Steinen und Wandbauplatten" herausgegeben. Die folgenden Ausführungen basieren auf diesem Merkblatt. Bei Einhaltung der in den folgenden Tafeln angegebenen Grenzabmessungen ist kein statischer Nachweis erforderlich.

Tafel 7.10a Grenzabmessungen für vierseitig[1] gehaltene Wände ohne Auflast[2)3)]

d cm	max. Wandlänge in m (Tabellenwerte) im Einbaubereich I (oberer Wert)/ Einbaubereich II (unterer Wert) bei einer Wandhöhe in m					
	2,5	3,0	3,5	4,0	4,5	≤ 6,0
5,0	3,0	3,5	4,0	–	–	–
	1,5	2,0	2,5	–	–	–
6,0	4,0	4,5	5,0	5,5	–	–
	2,5	3,0	3,5	–	–	–
7,0	5,0	5,5	6,0	6,5	7,0	–
	3,0	3,5	4,0	4,5	5,0	–
9,0	6,0	6,5	7,0	7,5	8,0	–
	3,5	4,0	4,5	5,0	5,5	–
10,0	7,0	7,5	8,0	8,5	9,0	–
	5,0	5,5	6,0	6,5	7,0	–
11,5	10,0	10,0	10,0	10,0	10,0	–
	6,0	6,5	7,0	7,5	8,0	–
17,5	12,0	12,0	12,0	12,0	12,0	12,0
	12,0	12,0	12,0	12,0	12,0	12,0
24,0	12,0	12,0	12,0	12,0	12,0	12,0
	12,0	12,0	12,0	12,0	12,0	12,0

Tafel 7.10b Grenzabmessungen für vierseitig[1] gehaltene Wände mit Auflast[3)4)]

d cm	max. Wandlänge in m (Tabellenwerte) im Einbaubereich I (oberer Wert)/ Einbaubereich II (unterer Wert) bei einer Wandhöhe in m					
	2,5	3,0	3,5	4,0	4,5	≤ 6,0
5,0	5,5	6,0	6,5	–	–	–
	2,5	3,0	3,5	–	–	–
6,0	6,0	6,5	7,0	–	–	–
	4,0	4,5	5,0	–	–	–
7,0	8,0	8,5	9,0	9,5	–	–
	5,5	6,0	6,5	7,0	7,5	–
9,0	12,0	12,0	12,0	12,0	12,0	–
	7,0	7,5	8,0	8,5	9,0	–
10,0	12,0	12,0	12,0	12,0	12,0	–
	8,0	8,5	9,0	9,5	10,0	–
11,5	12,0	12,0	12,0	12,0	12,0	–
	12,0	12,0	12,0	12,0	12,0	–
17,5	12,0	12,0	12,0	12,0	12,0	12,0
	12,0	12,0	12,0	12,0	12,0	12,0
24,0	12,0	12,0	12,0	12,0	12,0	12,0
	12,0	12,0	12,0	12,0	12,0	12,0

Hinweis: Die Stoßfugen sind zu vermörteln. Ausnahmen s. Merkblatt DGfM, Abschnitt 8.

Tafel 7.10c Grenzabmessungen für dreiseitig gehaltene Wände (der obere Rand ist frei) ohne Auflast[3)5)]

d cm	max. Wandlänge in m (Tabellenwerte) im Einbaubereich I (oberer Wert)/Einbaubereich II (unterer Wert) bei einer Wandhöhe in m						
	2,0	2,25	2,50	3,0	3,50	4,0	4,50	≤ 6,0
5,0	3,0	3,5	4,0	5,0	6,0	–	–	–
	1,5	2,0	2,5	–	–	–	–	–
6,0	5,0	5,5	6,0	7,0	8,0	9,0	–	–
	2,5	2,5	3,0	3,5	4,0	–	–	–
7,0	7,0	7,5	8,0	9,0	10,0	10,0	10,0	–
	3,5	3,5	4,0	4,5	5,0	6,0	7,0	–
9,0	8,0	8,5	9,0	10,0	10,0	12,0	12,0	–
	4,0	4,0	5,0	6,0	7,0	8,0	9,0	–
10,0	8,0	9,0	10,0	12,0	12,0	12,0	12,0	–
	5,0	5,0	6,0	7,0	8,0	9,0	10,0	–
11,5	8,0	9,0	10,0	12,0	12,0	12,0	12,0	–
	6,0	6,0	7,0	8,0	9,0	10,0	10,0	–
17,5	12,0	12,0	12,0	12,0	12,0	12,0	12,0	12,0
	8,0	9,0	10,0	12,0	12,0	12,0	12,0	12,0
24,0	12,0	12,0	12,0	12,0	12,0	12,0	12,0	12,0
	8,0	9,0	10,0	12,0	12,0	12,0	12,0	12,0

Hinweis: Stoßfugen sind zu vermörteln.

[1] Bei dreiseitiger Halterung (ein freier, vertikaler Rand) sind die max. Wandlängen zu halbieren.
[2] Für Porenbeton gelten die angegebenen Werte bei Verwendung von Normalmörtel der MG III oder Dünnbettmörtel. Bei Wanddicken < 17,5 cm und Verwendung der MG II oder IIa sind die Werte für die max. Wandlängen zu halbieren.
[3] Für Kalksandsteine gelten die angegebenen Werte bei Verwendung von Normalmörtel der Mörtelgruppe III (trockene Kalksandsteine sind vorzunässen) oder Dünnbettmörtel bei Wanddicken < 11,5 cm. Bei Wanddicken ≥ 11,5 ist Normalmörtel mindestens der Mörtelgruppe IIa oder Dünnbettmörtel zu verwenden (trockene Kalksandsteine sind vorzunässen).
[4] Für Porenbeton gelten die angegebenen Werte bei Verwendung von Normalmörtel der MG III oder Dünnbettmörtel. Bei Wanddicken ≥ 11,5 cm ist auch Normalmörtel min. der MG II zulässig. Werden Wanddicken ≤ 10 cm mit Normalmörtel der MG II und IIa ausgeführt, so sind die Werte für die max. Wandlängen zu halbieren.
[5] siehe nächste Seite

5.4 Weitere Konstruktionen und Konstruktionsdetails
5.4.1 Ringbalken
Ringbalken sind in der Wandebene liegende horizontale Balken, die Biegemomente infolge von **rechtwinklig** zur Wandebene wirkenden Lasten (z. B. Wind) aufnehmen können. Ringbalken können auch Ringankerfunktionen übernehmen, wenn sie als „geschlossener Ring" um das ganze Gebäude herumgeführt werden.
Ausführungsmöglichkeiten: bewehrtes Mauerwerk, Stahlbeton, Stahl, Holz.

5.4.2 Ringanker
In alle Außenwände und in die Querwände, die als lotrechte Scheiben der Abtragung waagerechter Lasten (z. B. Wind) dienen, sind durchlaufende Ringanker zu legen:
- bei Bauten, die insgesamt mehr als 2 Vollgeschosse haben oder länger als 18 m sind,
- bei Wänden mit vielen oder besonders großen Öffnungen, besonders dann, wenn die Summe der Öffnungsbreiten 60 % der Wandlänge oder bei Fensterbreiten von mehr als 2/3 der Geschosshöhe 40 % der Wandlänge übersteigt,
- wenn die Baugrundverhältnisse es erfordern.

Die Ringanker sind in jeder Deckenlage oder unmittelbar darunter anzubringen. Sie können mit Massivdecken oder Fensterstürzen aus Stahlbeton vereinigt werden.

In Gebäuden, in denen die Ringanker nicht durchgehend ausgebildet werden können, ist die Ringankerwirkung auf andere Weise sicherzustellen.

Ringanker aus Stahlbeton sind mit mindestens zwei durchlaufenden Rundstäben zu bewehren, die unter Gebrauchslast eine Zugkraft von mindestens 30 kN aufnehmen können (z. B. 2 $\varnothing$ 10, BSt III oder IV). Auf die Ringanker dürfen dazu parallel liegende durchlaufende Bewehrungen mit vollem Querschnitt angerechnet werden, wenn sie in Decken oder in Fensterstürzen im Abstand von höchstens 50 cm von der Mittelebene der Wand bzw. der Decke liegen. Ringanker können auch aus bewehrtem Mauerwerk, Stahl oder Holz ausgeführt werden.

5.4.3 Anschluss der Wände an Decken und Dachstuhl
Umfassungswände müssen an die Decken durch Zuganker oder über Haftung und Reibung angeschlossen werden.
- Zuganker müssen in belasteten Wandbereichen (nicht in Brüstungen) angeordnet werden. Bei fehlender Auflast sind zusätzlich Ringanker anzuordnen. Abstand der Zuganker (bei Holzbalkendecken mit Splinten): 2 m bis 3 m. Bei parallel spannenden Decken müssen die Anker mindestens einen 1 m breiten Deckenstreifen erfassen (bei Holzbalkendecken mindestens 3 Balken). Balken, die mit Außenwänden verankert und über der Innenwand gestoßen sind, müssen untereinander zugfest verbunden sein. Giebelwände sind durch Querwände auszusteifen oder mit dem Dachstuhl kraftschlüssig zu verbinden.
- Haftung und Reibung dürfen bei Massivdecken angesetzt werden, wenn die Decke mindestens 10 cm aufliegt.

5.4.4 Gewölbe, Bogen, gewölbte Kappen
Gewölbe und *Bogen* sollen möglichst nach der Stützlinie für ständige Last geformt werden. Gewölbe und Bogen mit günstigem Stichverhältnis ($f/l > 1/10$), voller Hintermauerung oder reichlicher Überschüttungshöhe und mit überwiegend ständiger Last sowie Gewölbe und Bogen mit kleineren Stützweiten dürfen nach dem Stützlinienverfahren berechnet werden.

Für gewölbte Kappen zwischen Trägern, die durch vorwiegend ruhende Belastung nach DIN 1055-3 belastet sind, ist i. Allg. kein statischer Nachweis erforderlich, da die vorhandene Kappendicke erfahrungsgemäß ausreicht.

Fußnote zu S. 7.10
[5)] Für Porenbeton gelten die angegebenen Werte bei Verwendung von Normalmörtel der Mörtelgruppe III oder Dünnbettmörtel. Bei Verwendung der Mörtelgruppen II und IIa sind die Werte wie folgt abzumindern:
a) bei 5, 6 und 7 cm dicken Wänden auf 40 %
b) bei 9 und 10 cm dicken Wänden auf 50 %
c) bei 11,5 cm dicken Wänden im Einbaubereich II auf 50 % (keine Abminderung im Einbaubereich I). Die Reduzierung der Wandlängen ist nicht erforderlich bei Verwendung von Dünnbettmörteln oder Mörteln der Gruppe III. Bei Verwendung der Mörtelgruppe III sind die Steine vorzunässen.

Für die Konstruktion von gewölbten Kappen sind die folgenden Punkte zu beachten:
- Die Mindestdicke der Kappen beträgt 11,5 cm. Die Kappen sind im Verband zu mauern (Kuff oder Schwalbenschwanz; vgl. z. B. [7.2]).
- Die Stichhöhe f muß mindestens 1/10 der Kappenstützweite betragen.
- Die auftretenden Horizontalschübe müssen über die Endfelder einwandfrei auf die seitlichen Wandscheiben (parallel zur Spannrichtung der Kappen) übertragen werden. Hierzu sind in den Endfeldern zwischen den Stahlträgern Zuganker anzuordnen, und zwar mindestens in den Drittelpunkten und an den Trägerenden. Die „Endscheiben mit Zugankern" müssen mindestens so breit sein wie 1/3 ihrer Länge (vgl. Abb.). Es kann also bei schmalen Endfeldern u. U. erforderlich sein, die Zuganker über mehrere Felder zu führen.

  Zuganker bei gewölbten Kappen mind. in den Drittelpunkten und an Trägerenden

- Die Endfelder als Ganzes müssen seitliche Auflager erhalten, die in der Lage sind, den Horizontalschub der Mittelfelder auch dann aufzunehmen, wenn die Endfelder unbelastet sind. Die Auflager dürfen durch Vormauerung, dauernde Auflast, Verankerung oder andere geeignete Maßnahmen gesichert werden.
- Bei Kellerdecken in Wohngebäuden und Decken in einfachen Stallgebäuden mit einer Kappenstützweite bis zu 1,30 m gilt die Aufnahme des Horizontalschubes unter folgenden Voraussetzungen als gewährleistet: Es müssen mindestens 2 m lange und 24 cm dicke Querwände (ohne Öffnungen) im Abstand $\leq$ 6 m vorhanden sein. Die Wände müssen mit der Endauflagerwand (meistens Außenwand) im Verband hochgemauert oder – bei Loch- bzw. stehender Verzahnung – kraftschlüssig verbunden werden.

5.5 Vereinfachtes Berechnungsverfahren
5.5.1 Anwendungsgrenzen

Das vereinfachte Berechnungsverfahren nach DIN 1053-1 darf nur angewendet werden, wenn folgende Anwendungsgrenzen eingehalten werden:
- Gebäudehöhe < 20 m über Gelände (bei geneigten Dächern darf die Mitte zwischen First- und Traufhöhe zugrunde gelegt werden)
- Verkehrslast $p \leq 5,0$ kN/m^2
- Deckenstützweiten $l \leq 6,0$ m[1]
  (bei zweiachsig gespannten Decken gilt für l die kürzere Seite)
- **Innenwände**
  Wanddicke 11,5 cm $\leq d <$ 24 cm: lichte Geschosshöhe $h_s \leq 2,75$ m
  Wanddicke $\geq$ 24 cm: h_s ohne Einschränkung
- **Einschalige Außenwände**
  Wanddicke 17,5 cm[2] $\leq d <$ 24 cm: lichte Geschosshöhe $h_s \leq 2,75$ m
  Wanddicke $d \geq$ 24 cm: lichte Geschosshöhe $h_s \leq 12\,d$
- **Zweischalige Außenwände und Haustrennwände**
  Tragschale 11,5 cm $\leq d <$ 24 cm: $h_s \leq 2,75$ m
  Tragschale $d \geq$ 24 cm: $h_s \leq 12\,d$

  Zusätzliche Bedingungen, wenn $d = 11,5$ cm:
  a) Maximal 2 Vollgeschosse zuzüglich ausgebautem Dachgeschoss
  b) Verkehrslast einschließlich Zuschlag für unbelastete Trennwände $p \leq 3$ kN/m^2 [3]
  c) Abstand der aussteifenden Querwände $e \leq 4,50$ m bzw. Randabstand $\leq 2,0$ m
- Als horizontale Last darf nur Wind oder Erddruck angreifen.
- Es dürfen keine Lasten mit größeren planmäßigen Exzentrizitäten eingeleitet werden.

---

[1] Es dürfen auch Stützweiten $l > 6$ m vorhanden sein, wenn die Deckenauflagerkraft durch Zentrierung mittig eingeleitet wird (Verringerung des Einflusses des Deckendrehwinkels).
[2] Bei eingeschossigen Garagen und vergleichbaren Bauwerken, die nicht zum dauernden Aufenthalt von Menschen dienen, ist auch $d = 11,5$ cm zulässig.
[3] Auch wenn in der Norm $p \leq 3$ kN/m^2 festgelegt ist, ist die Anordnung von Balkonen mit $p = 3,5$ kN/m^2 vertretbar, da durch Balkone die Exzentrizität der Endauflagerkraft verringert wird.

5.5.2 Lastannahmen

Bei Hoch- und Ingenieurbauten gilt DIN 1055, soweit bei Ingenieurbauten keine Sondervorschriften (z. B. DIN 4131 für Kranlasten) maßgebend sind.
Bei Sturz- und Abfangeträgern brauchen nur die Lasten gemäß Abb. 7.13 angesetzt zu werden.

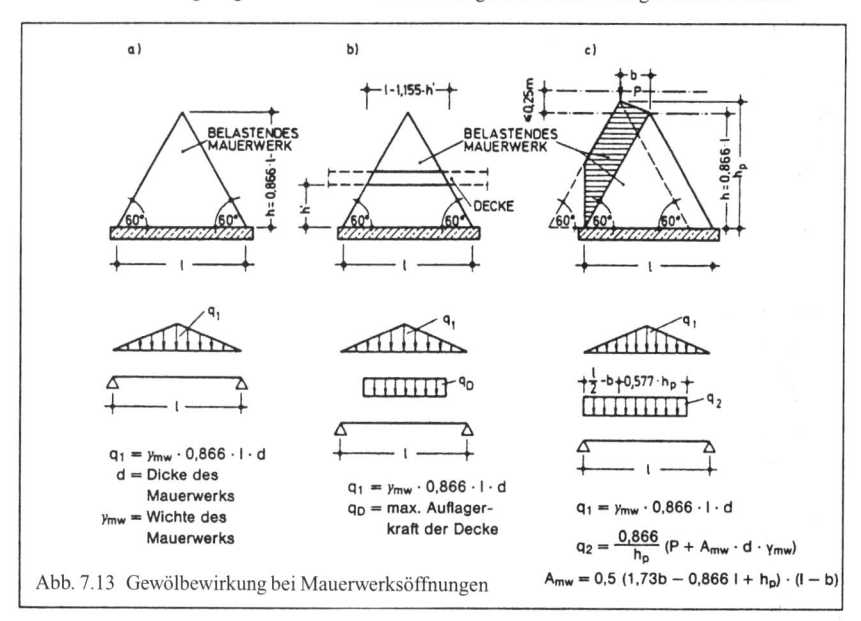

$q_1 = \gamma_{mw} \cdot 0{,}866 \cdot l \cdot d$
d = Dicke des Mauerwerks
γ_{mw} = Wichte des Mauerwerks

$q_1 = \gamma_{mw} \cdot 0{,}866 \cdot l \cdot d$
q_D = max. Auflagerkraft der Decke

$q_1 = \gamma_{mw} \cdot 0{,}866 \cdot l \cdot d$
$q_2 = \dfrac{0{,}866}{h_p}(P + A_{mw} \cdot d \cdot \gamma_{mw})$
$A_{mw} = 0{,}5\,(1{,}73b - 0{,}866\,l + h_p) \cdot (l - b)$

Abb. 7.13 Gewölbewirkung bei Mauerwerksöffnungen

Für Einzellasten, die innerhalb oder in der Nähe des Belastungsdreiecks liegen, darf eine Lastverteilung von 60° angenommen werden. Liegen Einzellasten außerhalb des Belastungsdreiecks, so brauchen sie nur berücksichtigt zu werden, wenn sie noch innerhalb der Stützweite des Trägers und unterhalb einer Waagerechten angreifen, die 25 cm über der Dreiecksspitze liegt. Solchen Einzellasten ist das Gewicht des waagerecht schraffierten Mauerwerks zuzuschlagen.

Man beachte: Die verminderten Belastungsannahmen nach Abb. 7.13 a) bis c) sind nur zulässig, wenn sich oberhalb und neben dem Träger und der Belastungsfläche ein Gewölbe ausbilden (keine störenden Öffnungen!) und der Gewölbeschub aufgenommen werden kann.

Angaben über erforderliche Abmessungen des ungestörten Mauerwerks neben und über der Öffnung findet man in der Vorschrift 158 (Ausgabe 1985) der Staatl. Bauaufsicht (ehemalige DDR); siehe nebenstehende Abb. und Tabelle.

h/l	n
0,85	0,4
1,2	0,5
1,6	0,6
2,0	0,7
2,5	0,8
3,0	0,9
3,6	1,0

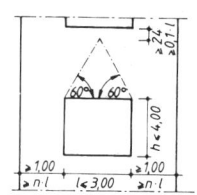

5.5.3 Wind rechtwinklig zur Wandebene

Ein Nachweis für Windlasten rechtwinklig zur Wand ist in der Regel nicht erforderlich. Voraussetzung ist jedoch, dass die Wände durch Deckenscheiben oder statisch nachgewiesene Ringbalken oben und unten einwandfrei gehalten sind.

5.5.4 Zwängungen

Bei Baustoffen mit unterschiedlichem Verformungsverhalten und starren Verbindungen kann es infolge von Temperatur, Schwinden und Kriechen zu Zwängungen und somit zu Schäden im Mauerwerk kommen. Verformungskennwerte für Normalmörtel siehe DIN 1053-1 oder [7.2]. Zur Vermeidung von Schäden sind konstruktive Maßnahmen zu ergreifen (z. B. ausreichende Wärmedämmung, geeignete Baustoffwahl, zwängungsfreie Anschlüsse, Fugen; vgl. auch [7.7]).

5.5.5 Knicklängen
a) Zweiseitig gehaltene Wände
- **Allgemein:** $\quad h_K = h_s$

- Bei Einspannung der Wand in flächig[1)] aufgelagerten Massivdecken: $\quad h_K = \beta \cdot h_s$

Für β gilt:

β	Wanddicke d in mm
0,75	≤ 175
0,90	$175 < d \leq 250$
1,00	> 250

[1)] Als flächig aufgelagerte Massivdecken gelten auch Stahlbetonbalken- und Stahlbetonrippendecken mit Zwischenbauteilen nach DIN 1045, bei denen die Auflagerung durch Randbalken erfolgt.

- Abminderung der Knicklänge nur zulässig, wenn
  - als horizontale Last nur Wind vorhanden ist,
  - folgende Mindestauflagertiefen gegeben sind:

Wanddicke d in mm	Auflagertiefe a in mm
= 240	≥ 175
< 240	$= d$

b) Drei- und vierseitig gehaltene Wände

- **Für die Knicklänge gilt:** $\quad h_K = \beta \cdot h_s$

  - wenn $h_s \leq 3{,}50$ m, β nach Tafel 7.14a
  - wenn $b > 30\,d$ bzw. $b' > 15\,d$, Wände wie zweiseitig gehalten berechnen
  - ein Faktor β größer als bei zweiseitiger Halterung braucht nicht angesetzt zu werden.

- **Schwächung der Wände durch Schlitze oder Nischen**
  a) vertikal in Höhe des mittleren Drittels:
     d = Restwanddicke oder freien Rand annehmen
  b) unabhängig von der Lage eines vertikalen Schlitzes oder einer Nische Wandöffnung annehmen, wenn Restwanddicke $d <$ halbe Wanddicke oder < 115 mm ist

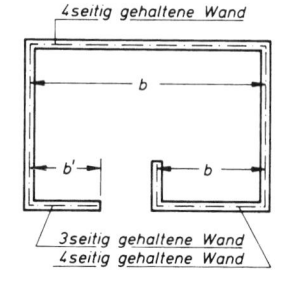

- **Öffnungen in Wänden**
  Bei Wänden, deren Öffnungen
  - in ihrer lichten Höhe $> 1/4$ der Geschosshöhe oder
  - in ihrer lichten Breite $> 1/4$ der Wandbreite oder
  - in ihrer Gesamtfläche $> 1/10$ der Wandfläche sind, gelten die Wandteile
    - zwischen der Wandöffnung und der aussteifenden Wand als dreiseitig
    - zwischen den Wandöffnungen als zweiseitig gehalten.

Tafel 7.14a β-Werte für drei- und vierseitig gehaltene Wände

b' in m	0,65	0,75	0,85	0,95	1,05	1,15	1,25	1,40	1,60	1,85	2,20	2,80
β	0,35	0,40	0,45	0,50	0,55	0,60	0,65	0,70	0,75	0,80	0,85	0,90
b in m	2,00	2,25	2,50	2,80	3,10	3,40	3,80	4,30	4,80	5,60	6,60	8,40

Tafel 7.14b Grenzwerte für b' und b in m

Wanddicke in cm	11,5	17,5	24	30
max $b' = 15\,d$	1,75	2,60	3,60	–
max $b = 30\,d$	3,45	5,25	7,20	9,00

5.5.6 Halterungen zur Knickaussteifung

Als unverschiebliche Halterungen von belasteten Wänden dürfen Deckenscheiben und aussteifende Querwände oder andere ausreichend steife Bauteile angesehen werden.
Ist die aussteifende Wand durch Öffnungen unterbrochen, so muss die Bedingung der nebenstehenden Abbildung erfüllt sein. Bei Fenstern gilt die jeweilige lichte Höhe als h_1 und h_2.

Abb. 7.15 Mindestlänge einer knickaussteifenden Wand bei Öffnungen

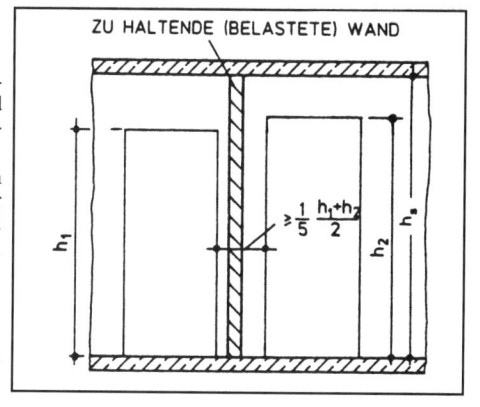

5.5.7 Mitwirkende Breite b_m

b_m = 1/4 der über dem betrachteten Schnitt liegenden Höhe des zusammengesetzten Querschnitts, jedoch nicht größer als die vorhandene Querschnittsbreite.

5.5.8 Bemessung nach dem vereinfachten Verfahren

5.5.8.1 Zentrische und exzentrische Druckbeanspruchung

Der Spannungsnachweis ist unter Ausschluss von Zugspannungen zu führen (klaffende Fugen maximal bis zum Schwerpunkt des Querschnitts zulässig).

$$\text{zul } \sigma = k \cdot \sigma_0$$

σ_0 Grundwert der zulässigen Spannungen
k Abminderungsfaktor

Tafel 7.15 Grundwerte der zulässigen Druckspannungen in MN/m²

Steinfestigkeitsklasse	Normalmörtel mit Mörtelgruppe					Dünnbettmörtel[2]	Leichtmörtel	
	I	II	IIa	III	IIIa		LM 21	LM 36
2	0,3	0,5	0,5[1]	–	–	0,6	0,5[3]	0,5[3)4]
4	0,4	0,7	0,8	0,9	–	1,1	0,7[5]	0,8[6]
6	0,5	0,9	1,0	1,2	–	1,5	0,7	0,9
8	0,6	1,0	1,2	1,4	–	2,0	0,8	1,0
12	0,8	1,2	1,6	1,8	1,9	2,2	0,9	1,1
20	1,0	1,6	1,9	2,4	3,0	3,2	0,9	1,1
28	–	1,8	2,3	3,0	3,5	3,7	0,9	1,1
36	–	–	–	3,5	4,0	–	–	–
48	–	–	–	4,0	4,5	–	–	–
60	–	–	–	4,5	5,0	–	–	–

[1] σ_0 = 0,6 MN/m² bei Außenwänden mit Dicken ≥ 300 mm. Diese Erhöhung gilt jedoch nicht für den Nachweis der Auflagerpressung nach Abschnitt 5.5.8.4.
[2] Verwendung nur bei Porenbeton-Plansteinen nach DIN 4165 und bei Kalksand-Plansteinen. Die Werte gelten für Vollsteine. Für Kalksand-Lochsteine und Kalksand-Hohlblocksteine nach DIN 106-1 gelten die entsprechenden Werte bei Mörtelgruppe III bis Steinfestigkeitsklasse 20.
[3] Für Mauerwerk mit Mauerziegeln nach DIN 105-1 bis -4 gilt σ_0 = 0,4 MN/m².
[4] σ_0 = 0,6 MN/m² bei Außenwänden mit Dicken ≥ 300 mm. Diese Erhöhung gilt jedoch nicht für den Nachweis der Auflagerpressung.
[5] Für Kalksandsteine nach DIN 106-1 der Rohdichteklasse ≥ 0,9 und für Mauerziegel nach DIN 105-1 bis -4 gilt σ_0 = 0,5 MN/m².
[6] Für Mauerwerk mit den in Fußnote 5 genannten Mauersteinen gilt σ_0 = 0,7 MN/m².

Tafel 7.16 Grundwerte der zulässigen Druckspannungen σ_0 für Mauerwerk nach Eignungsprüfung

Nennfestigkeit β_M[1)] in MN/m²	1,0 bis 9,0	11,0 und 13,0	16,0 bis 25,0
σ_0 in MN/m² [2)]	$0{,}35\,\beta_M$	$0{,}32\,\beta_M$	$0{,}30\,\beta_M$

[1)] β_M nach DIN 1053-2.   [2)] Abrunden auf 0,01 MN/m².

Ermittlung der Abminderungsfaktoren k_i
- Wände als Zwischenauflager: $k = k_1 \cdot k_2$
- Wände als einseitiges Endauflager: $k = k_1 \cdot k_2$ oder $k = k_1 \cdot k_3$
Der kleinere Wert ist maßgebend.

a) k_1 für Pfeiler/Wände   Ein Pfeiler im Sinne der Norm liegt vor, wenn $A < 1000\,\text{cm}^2$ ist.
Pfeiler mit einer Fläche $A < 400\,\text{cm}^2$ (Nettofläche) sind unzulässig.
1. Wände sowie *Pfeiler*, die aus einem oder mehreren ungetrennten Steinen bestehen oder aus getrennten Steinen mit einem Lochanteil von $< 35\%$: $k_1 = 1{,}0$
2. Alle anderen *Pfeiler*: $k_1 = 0{,}8$

b) k_2 für Knicken

$h_K/d \leq 10$	$k_2 = 1{,}0$
$10 < h_K/d \leq 25$	$k_2 = \dfrac{25 - h_K/d}{15}$

h_K Knicklänge

c) k_3 für Deckendrehwinkel (Endauflager)

Geschossdecken

$l \leq 4{,}20\,\text{m}$	$k_3 = 1{,}0$
$l > 4{,}20\,\text{m}$	$k_3 = 1{,}7 - l/6$

Bei zweiachsig gespannten Decken:
l kürzere Stützweite

Dachdecken (oberstes Geschoss)

Für alle l:	$k_3 = 0{,}5$

Bei mittiger Auflagerkrafteinleitung (z. B. Zentrierung): $k_3 = 1$

Zahlenbeispiel 1
Gegeben:
Innenwand: $d = 11{,}5\,\text{cm}$
lichte Geschosshöhe: $h_S = 2{,}75\,\text{m}$
Belastung UK Wand: $R = 49{,}6\,\text{kN}$
Stahlbetondecke

Knicklänge: $h_K = \beta \cdot h_S = 0{,}75 \cdot 2{,}75 = 2{,}06\,\text{m}$
a) $k_1 = 1$ (Wand)
b) k_2
$h_K/d = 206/11{,}5 = 17{,}9 > 10$
$k_2 = \dfrac{25 - h_K/d}{15} = \dfrac{25 - 17{,}9}{15} = 0{,}47$

Ermittlung des Abminderungsfaktors k
$k = k_1 \cdot k_2 = 1 \cdot 0{,}47 = 0{,}47$

Zahlenbeispiel 2
Gegeben:
Außenwandpfeiler: $b/d = 49/17{,}5\,\text{cm}$ [*)]
lichte Geschosshöhe: $h_s = 2{,}75\,\text{m}$
Stützweite Decke: $l = 4{,}80\,\text{m}$
Belastung UK Pfeiler: $R = 68\,\text{kN}$
Stahlbetondecke

Knicklänge: $h_K = \beta \cdot h_S = 0{,}75 \cdot 2{,}75 = 2{,}06\,\text{m}$
a) $k_1 = 0{,}8$ (Pfeiler, vgl. Fußnote[*)])
b) k_2
$h_K/d = 206/17{,}5 = 11{,}8$
$k_2 = \dfrac{25 - h_K/d}{15} = \dfrac{25 - 11{,}8}{15} = 0{,}88$
c) $k_3 = 1{,}7 - l/6 = 1{,}7 - 4{,}8/6 = 0{,}9$

Ermittlung des Abminderungsfaktors k
$k = k_1 \cdot k_2 = 0{,}8 \cdot 0{,}88 = 0{,}70$
bzw.
$k = k_1 \cdot k_3 = 0{,}8 \cdot 0{,}9 = 0{,}72$

[*)] Getrennte Steine mit Lochanteil $> 35\%$ (vgl. unter a).

Spannungsnachweis

$$\sigma = \frac{49{,}6}{100 \cdot 11{,}5} = 0{,}043 \text{ kN/cm}^2 = 0{,}43 \text{ MN/m}^2$$

| gew. HLz 12/II | $\sigma_0 = 1{,}2$ MN/m^2 |

zul $\sigma = k \cdot \sigma_0 = 0{,}47 \cdot 1{,}2 = 0{,}56$ MN/m^2
  $> 0{,}43$

Spannungsnachweis

$$\sigma = \frac{68}{49 \cdot 17{,}5} = 0{,}079 \text{ kN/cm}^2 = 0{,}79 \text{ MN/m}^2$$

| gew. KSL 12/II | $\sigma_0 = 1{,}2$ MN/m^2 |

zul $\sigma = k \cdot \sigma_0 = 0{,}70 \cdot 1{,}2 = 0{,}84$ MN/m^2
  $> 0{,}79$

5.5.8.2 Zusätzlicher Nachweis bei Scheibenbeanspruchung
Sind Wandscheiben infolge Windbeanspruchung rechnerisch nachzuweisen, so ist bei klaffender Fuge außer dem Spannungsnachweis ein Nachweis der Randdehnung $\varepsilon_R \leq 10^{-4}$ zu führen. Der Elastizitätsmodul für Mauerwerk darf zu $E = 3000\ \sigma_0$ angenommen werden.

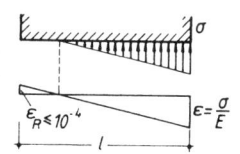

5.5.8.3 Zusätzlicher Nachweis bei dünnen, schmalen Wänden
Bei zweiseitig gehaltenen Wänden mit $d < 17$ cm und mit Schlankheiten $h_K/d > 12$ und Wandbreiten $< 2{,}0$ m ist der Einfluss einer ungewollten horizontalen Einzellast $H = 0{,}5$ kN in halber Geschosshöhe zu berücksichtigen. H darf über die Wandbreite gleichmäßig verteilt werden. zul σ darf hierbei um 33 % erhöht werden.
Dieser Nachweis darf entfallen, wenn Gl. (1) in Abschn. 5.6.9.4 (Bautabellen für Ingenieure, Kapitel 7) erfüllt ist.

5.5.8.4 Teilflächenpressung
● **Belastung in Richtung der Wandebene**
Gleichmäßig verteilte Auflagerpressung mit zul $\sigma = 1{,}3\ \sigma_0$. Zusätzlich Nachweis in Wandmitte (Lastverteilung unter 60°) erforderlich.
● **Belastung rechtwinklig zur Wandebene**
Ebenfalls gilt zul $\sigma = 1{,}3\ \sigma_0$. Bei $F \geq 3$ kN ist zusätzlich ein Schubnachweis in den Lagerfugen der belasteten Steine nach 5.5.8.6 zu führen.
Bei Loch- und Kammersteinen muss die Last mindestens über zwei Stege eingeleitet werden (Unterlagsplatten).

5.5.8.5 Biegezug
Nur zulässig parallel zur Lagerfuge in Wandrichtung.

zul $\sigma_Z = 0{,}4\ \sigma_{0HS} + 0{,}12\ \sigma_D \leq \max \sigma_Z$

zul σ_Z zulässige Biegezugspannung parallel zur Lagerfuge
σ_D zugehörige Druckspannung rechtwinklig zur Lagerfuge
σ_{0HS} und max σ_Z siehe Tafeln

Tafel 7.17a σ_{0HS}

Mörtelgruppe	I	II	IIa	III	IIIa	LM 21	LM 36	DM
σ_{0HS} in MN/m^2	0,01	0,04	0,09	0,11	0,11	0,09	0,09	0,11
Bei unvermörtelten Stoßfugen (weniger als die halbe Wanddicke ist vermörtelt) sind die σ_{0HS}-Werte zu halbieren. DM = Dünnbettmörtel									

Tafel 7.17b max σ_Z

Steinfestigkeitsklasse	2	4	6	8	12	20	≥ 28
max σ_Z in MN/m^2	0,01	0,02	0,04	0,05	0,10	0,15	0,20

5.5.8.6 Schubbeanspruchung

- **Scheibenschub**

Ein Schubnachweis ist in der Regel nicht erforderlich, wenn ausreichende räumliche Steifigkeit des Bauwerks gegeben ist.
Anderenfalls gilt für Rechteckquerschnitte (andere Querschnittsformen sind nach dem *genaueren Verfahren* nachzuweisen):

$$\tau = c\, Q/A \leq \text{zul}\ \tau \qquad \text{mit} \qquad \text{zul}\ \tau = \sigma_{0HS} + 0{,}20\, \sigma_{Dm} \leq \max \tau$$

c Formbeiwert

$$\frac{H}{L} \geq 2 \rightarrow c = 1{,}5$$

$$\frac{H}{L} \leq 1 \rightarrow c = 1{,}0$$

(H Höhe der Mauerwerksscheibe)
(L Länge der Mauerwerksscheibe)
Zwischenwerte für c sind linear zu interpolieren.

A überdrückte Querschnittsfläche
σ_{0HS} aus Tafel 7.17a
σ_{Dm} mittlere zugehörige Druckspannung rechtwinklig zur Lagerfuge im ungerissenen Querschnitt A
$\max \tau = n \cdot \beta_{NSt}$
$n = 0{,}010$ bei Hohlblocksteinen
$n = 0{,}012$ bei Hochlochsteinen und Steinen mit Grifföffnungen oder -löchern
$n = 0{,}014$ bei Vollsteinen ohne Grifföffnungen oder -löcher
β_{NSt} Steindruckfestigkeit

- **Plattenschub**

$$\text{zul}\ \tau = \sigma_{0HS} + 0{,}30\, \sigma_D$$

A überdrückte Querschnittsfläche
σ_{0HS} aus Tafel 7.17a
σ_D Druckspannung rechtwinklig zur Lagerfuge

Nachweis für einen Rechteckquerschnitt:

$$\tau = \frac{1{,}5\, Q}{A} \leq \text{zul}\ \tau$$

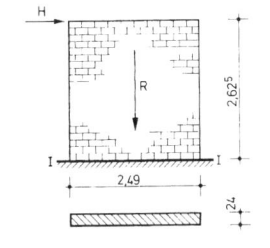

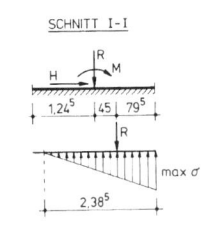

Zahlenbeispiel

Gegeben:
Wandscheibe mit Rechteckquerschnitt
Vertikale Belastung $R = 350$ kN
Horizontale Last $H = 60$ kN
Nachweis der *Randdehnung* siehe 5.5.8.2

Biegespannung (vgl. Tafel S. 4.27)
Der Nachweis wird in der unteren Fuge I–I geführt.

$M = H \cdot 2{,}625 = 60 \cdot 2{,}625 = 157{,}5$ kNm
$e = M/R = 157{,}5/350 = 0{,}45$ m
$\quad < d/3 = 2{,}49/3 = 0{,}83$ m
$c = d/2 - e = 2{,}49/2 - 0{,}45 = 0{,}795$ m
$3c = 2{,}385$ m
$\max \sigma = 2 \cdot 350/(238{,}5 \cdot 24)$
$\qquad = 0{,}122$ kN/cm^2 = 1,22 MN/m^2

Schubspannung
$c \approx 1$
$\tau \approx Q/A = 60/238{,}5 \cdot 24 = 0{,}01$ kN/cm^2
$\qquad = 0{,}1$ MN/m^2

Zulässige Schubspannung
gew. KS 12/II (Vollsteine)
$\sigma_{0HS} = 0{,}04$ MN/m^2
$\sigma_{Dm} = 1{,}22/2 = 0{,}61$ MN/m^2
$\max \tau = n \cdot \beta_{NSt} = 0{,}014 \cdot 12$
$\qquad = 0{,}17$ MN/m^2
$\text{zul}\ \tau = 0{,}04 + 0{,}20 \cdot 0{,}61$
$\qquad = 0{,}16$ MN/m^2

Schubnachweis
$\tau = 0{,}10$ MN/m^2 $< 0{,}16$ MN/m^2 = zul τ

5.6 Verband

Es muss im Verband gemauert werden, d. h., die Stoß- und Längsfugen übereinander liegender Schichten müssen versetzt sein. Erforderliches Überbindemaß $\ddot{u}$ siehe Abb. 7.19a.

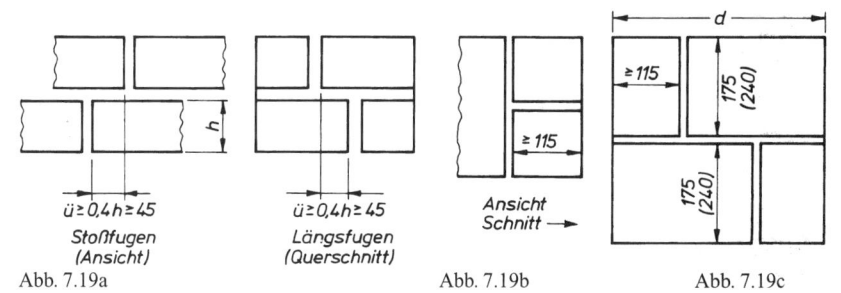

Abb. 7.19a	Abb. 7.19b	Abb. 7.19c
$\ddot{u} \geq 0{,}4h \geq 45$ Stoßfugen (Ansicht) / $\ddot{u} \geq 0{,}4h \geq 45$ Längsfugen (Querschnitt)	Ansicht Schnitt →	

Steine einer Schicht sollen die gleiche Höhe haben. Ausnahmsweise ist an Wandenden und unter Stürzen eine zusätzliche Lagerfuge pro Schicht als Höhenausgleich auf eine Länge von mindestens 115 mm möglich (Abb. 7.19b). Steine und Mörtel müssen mindestens die Festigkeit des übrigen Mauerwerks aufweisen.

In Schichten mit Längsfugen darf die Steinhöhe nicht größer als die Steinbreite sein. Eine Abweichung von dieser Regel ist bei 175 mm und 240 mm hohen Steinen möglich, wenn die Aufstandsbreite mindestens 115 mm beträgt (Abb. 7.19c).

5.7 Verformungskennwerte und Elastizitätsmoduln

Mauersteinart	Endwert der Feuchtedehnung (Schwinden, chemisches Quellen)[1]		Endkriechzahl		Wärmedehnungskoeffizient		Elastizitätsmodul	
	$\varepsilon_{f\infty}$[1]		φ_∞[2]		α_T		E[3]	
	Rechenwert	Wertebereich	Rechenwert	Wertebereich	Rechenwert	Wertebereich	Rechenwert	Wertebereich
	mm/m				10^{-6}/K		MN/m²	
1	2	3	4	5	6	7	8	9
Mauerziegel	0	+0,3 bis −0,2	1,0	0,5 bis 1,5	6	5 bis 7	$3500 \cdot \sigma_0$	3000 bis 4000 · σ_0
Kalksandsteine[4]	−0,2	−0,1 bis −0,3	1,5	1,0 bis 2,0	8	7 bis 9	$3000 \cdot \sigma_0$	2500 bis 4000 · σ_0
Leichtbetonsteine	−0,4	−0,2 bis −0,5	2,0	1,5 bis 2,5	10[5]	8 bis 12	$5000 \cdot \sigma_0$	4000 bis 5000 · σ_0
Betonsteine	−0,2	−0,1 bis −0,3	1,0	−	10	8 bis 12	$7500 \cdot \sigma_0$	6500 bis 8500 · σ_0
Porenbetonsteine	−0,2	+0,1 bis −0,3	1,5	1,0 bis 2,0	8	7 bis 9	$2500 \cdot \sigma_0$	2000 bis 3000 · σ_0

[1] Verkürzung (Schwinden): Vorzeichen minus; Verlängerung (chemisches Quellen): Vorzeichen plus.
[2] $\varphi_\infty = \varepsilon_{k\infty}/\varepsilon_{el}$; $\varepsilon_{k\infty}$ Endkriechdehnung; $\varepsilon_{el} = \sigma/E$.
[3] E Sekantenmodul aus Gesamtdehnung bei etwa ⅓ der Mauerwerksdruckfestigkeit.
[4] Gilt auch für Hüttensteine.
[5] Für Leichtbeton mit überwiegend Blähton als Zuschlag.

6 Mauerwerk nach DIN 1053-2 (Hinweis zur Neuausgabe 11.96)

Das bisher in dieser Norm enthaltene genauere Berechnungsverfahren ist jetzt in DIN 1053-1 enthalten. DIN 1053-2 ist eine reine Baustoffnorm und dient zur Festlegung von Mauerwerksfestigkeitsklassen durch Eignungsprüfung. Näheres siehe z. B. [7.2].

7 Bewehrtes Mauerwerk nach DIN 1053-3 (2.90)

7.1 Bewehrungsarten

Die im Folgenden dargestellten Bewehrungsarten können auch miteinander kombiniert werden.

7.1.1 Horizontale Bewehrung
- in den Lagerfugen (Abb. 7.20a)
- in Formsteinen (Abb. 7.20b)
- in trogförmigen Formsteinen (Abb. 7.20c)

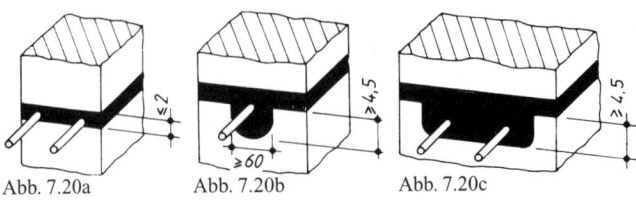

Abb. 7.20a   Abb. 7.20b   Abb. 7.20c

7.1.2 Vertikale Bewehrung
- in Formsteinen mit kleiner Aussparung (Abb. 7.20d)
- in Formsteinen mit großer Aussparung (Abb. 7.20e)
- in ummauerten Aussparungen (Abb. 7.20f)
- in durchgehenden, ummauerten Aussparungen (Abb. 7.20g)

Die Mauerschalen sind durch Anker zu verbinden; z. B. durch Drahtanker nach Abschnitt 5.3.3.

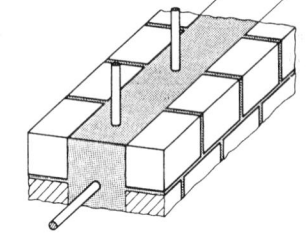

Abb. 7.20g

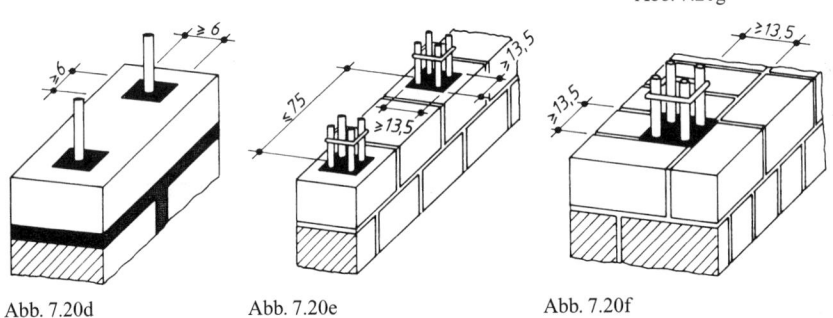

Abb. 7.20d   Abb. 7.20e   Abb. 7.20f

7.2 Baustoffe

7.2.1 Mauersteine

Es dürfen Formsteine und Steine der folgenden DIN-Normen verwendet werden: 105, 106, 398, 4165, 18151, 18152, 18153. Der Lochanteil darf nicht mehr als 35% betragen (Ausnahme s. [7.2], Abschn. E.2]); Aussparungen bei Formsteinen zählen nicht zum Lochanteil. Bei nicht kreisförmigen Lochquerschnitten dürfen die Stege zwischen den Löchern nicht gegeneinander versetzt sein.

Wienerberger
Die Rohbau-Systematiker.

EnEV-Planungs-Programm
Bestellung unter www.wienerberger.de

(50 €, zzgl. MwSt.)

■ Mit eingebauter Wohlfühl-Garantie.

Die neue **Energieeinsparverordnung (EnEV)** ist für uns kein Grund zur Aufregung. Mühelos erfüllt das **Planziegel-System** von Wienerberger die strengen Anforderungen der EnEV 2002 nach Luftdichtheit und wärmebrückenfreiem Bauen. Und weil POROTON Ziegel mit viel Erfahrung aus gutem Ton gebrannt werden, sorgen sie für ein wunderbares **Wohlfühlklima** im ganzen Haus. Ziegel von Wienerberger – und Sie bauen auf die Zukunft.

POROTON
ZIEGELSYSTEME

TERCA
VERBLENDER

KAMTEC
KAMINSYSTEME

Wienerberger Ziegelindustrie GmbH · Oldenburger Allee 26 · 30659 Hannover · Telefon (05 11) 6 10 70-0 · Fax (05 11) 61 44 03 · info@wzi.de · www.wienerberger.de

7.2.2 Mauermörtel

Die Bewehrung muss in Normalmörtel Gruppe III oder IIIa eingebettet sein. Für den Zuschlag ist dichtes Gefüge nach DIN 4246-1 erforderlich.

7.2.3 Bewehrung

Durchmesser der Bewehrung in Fugen nach Abb. 7.20a: $d_s \leq 8$ mm, in mörtelverfüllten Aussparungen: $d_s \leq 14$ mm.

● **Ungeschützte Bewehrung**
- *im Mauermörtel:* Nur zulässig bei Bauteilen, die einem dauernd trockenen Raumklima ausgesetzt sind (z. B. Innenwände).
- *in betonverfüllten Aussparungen:* Überdeckungsmaße nach DIN 1045 sind einzuhalten (vgl. Tafel auf S. 6.31).
- *allgemein gilt:* Der Abstand zwischen Stahl und Wandoberfläche muss ≥ 3 cm sein. Mörteldeckung bei Formsteinen: allseitig $\geq$ zweifacher Stahldurchmesser.

● **Geschützte Bewehrung**
Bewehrung gilt als geschützt, wenn besondere Maßnahmen gegen Korrosion ergriffen werden (z. B. Verzinken, Kunststoffbeschichtung). Hierfür ist eine bauaufsichtliche Zulassung erforderlich. Weitere Einzelheiten vgl. DIN 1053-3, Abschnitt 6 u. 7.

● **Bewehrungsregeln**
a) *Feldbewehrung:* Muss über gesamte Stützweite geführt werden (keine Staffelung erlaubt).
b) *Mindestbewehrung* (BSt 420 S und BSt 500 S): min μ_H Mindesthauptbewehrung; min μ_Q Mindestquerbewehrung (bezogen auf den Gesamtquerschnitt)

Lage der Hauptbewehrung	min μ_H	min μ_Q
Horizontal in Lagerfugen oder Aussparungen (Abb. 7.30a bis 7.30c)	4 Stäbe $d_s = 6$ mm/m	–
Vertikal in Aussparungen oder Sonderverbänden (Abb. 7.30d bis 7.30f)	0,1 %	$\mu_H < 0,5\%$: $\mu_Q = 0$[1] $\mu_H > 0,6\%$: $\mu_Q = 0,2\, \mu_H$[1]
In durchgehenden, ummauerten Aussparungen	0,1 %	$0,2\, \mu_H$

[1] Zwischenwerte sind geradlinig zu interpolieren.

Sind breite Risse infolge lastunabhängiger Zwängungen zu befürchten, wird ein Mindestquerschnitt der Bewehrung von $\mu = 0,2\%$ in Richtung (oder annähernd) des Zwanges empfohlen. Überwiegt der Betonquerschnitt: Mindestbewehrung nach DIN 1045.

c) *Stababstände bei plattenartig beanspruchten Bauteilen*
Mindestabstand der Bewehrung nach DIN 1045 (vgl. S. 6.31). Maximaler Stababstand bei Hauptbewehrung: 250 mm, bei Querbewehrung: 375 mm. Bei Bewehrung nach Abb. 7.20e Bügelabstand nach DIN 1045 (vgl. S. 6.44).

d) *Verankerung der Bewehrung*
Nach DIN 1045 (vgl. S. 6.32). Bei Bewehrung im Mörtel gilt abweichend für die zulässigen Grundwerte der Verbundspannung zul τ_1 (in MN/m²) für gerippten Betonstahl (DIN 488-1):

Mörtelgruppe	in der Lagerfuge	in Formsteinen und Aussparungen
III	0,35	1,0
IIIa	0,70	1,4

7.3 Bemessung für Biegung und Biegung mit Längskraft
7.3.1 Allgemeines
- Biegeschlankheit $l/d > 20$ nicht zulässig
- Bei wandartigen Trägern muss die Nutzhöhe $h \leq 0{,}5\, l$ sein (l Stützweite).
- Bemessungsquerschnitt ist das tragende Mauerwerk einschl. mit Mörtel oder Beton verfüllten Aussparungen.
- Rechenwerte β_R der Mauerwerksfestigkeit ($\beta_R = 2{,}67 \cdot \sigma_o$):
  - in Lochrichtung: β_R
  - rechtwinklig zur Lochrichtung: $0{,}5\, \beta_R$
- Bei verfüllten Aussparungen gilt: Für den Gesamtquerschnitt ist der kleinste Rechenwert (β_R von Mauerwerk oder von der Verfüllung) anzusetzen.

Mörtelgruppe III: $\beta_R = 4{,}5\ \text{MN/m}^2$; IIIa: $\beta_R = 10{,}5\ \text{MN/m}^2$
Beton: β_R nach DIN 1045 (vgl. S. 6.22)

7.3.2 Biegebemessung mit dem k_h-Verfahren

$$k_h = \dfrac{h\,(\text{cm})}{\sqrt{\dfrac{M\,(\text{kNm})}{b\,(\text{m})}}}$$

M Biegemoment in kNm
b Querschnittsbreite in m
h statische Höhe in cm

$$A_s\,(\text{cm}^2) = k_s \cdot \dfrac{M\,(\text{kNm})}{h\,(\text{cm})}$$

für Biegung ohne Längskraft

$$A_s = k_s \cdot \dfrac{M_s}{h} + \dfrac{N}{\beta_s/\gamma}$$

für Biegung mit Längskraft
N Längskraft in kN
M_s Moment, bezogen auf die Lage der Bewehrung
$\beta_s/\gamma = 24\ \text{kN/cm}^2$ für BSt 420; $\beta_s/\gamma = 28{,}6\ \text{kN/cm}^2$ für BSt 500

k_h-Tafel für Rezeptmauerwerk nach DIN 1053-1

Rechenfestigkeit β_R in MN/m²											BSt 420 k_s	BSt 500 k_s	k_x	k_z	$-\varepsilon_m/\varepsilon_s$ ‰
0,67	0,94	1,07	1,2	1,34	1,6 k_h	1,87	2,14	2,4	2,54	2,67					
165,14	139,42	130,68	123,40	116,77	106,87	98,85	92,40	87,26	84,82	82,73	4,19	3,52	0,02	0,99	0,1/5,0
57,46	48,51	45,47	42,93	40,63	37,18	34,39	32,15	30,36	29,51	28,78	4,25	3,57	0,06	0,98	0,3/5,0
35,97	30,37	28,46	26,88	25,43	23,28	21,53	20,13	19,01	18,47	18,02	4,30	3,61	0,09	0,97	0,5/5,0
26,80	22,63	21,21	20,03	18,95	17,34	16,04	15,00	14,16	13,77	13,43	4,35	3,65	0,12	0,96	0,7/5,0
21,74	18,36	17,21	16,25	15,37	14,07	13,01	12,17	11,49	11,17	10,89	4,40	3,70	0,15	0,95	0,9/5,0
18,56	15,67	14,68	13,87	13,12	12,01	11,11	10,38	9,80	9,53	9,30	4,45	3,74	0,18	0,94	1,1/5,0
16,38	13,83	12,96	12,24	11,58	10,60	9,81	9,17	8,66	8,41	8,21	4,50	3,78	0,21	0,93	1,3/5,0
14,82	12,51	11,72	11,07	10,48	9,59	8,87	8,29	7,83	7,61	7,42	4,55	3,82	0,23	0,92	1,5/5,0
13,65	11,52	10,80	10,20	9,65	8,83	8,17	7,64	7,21	7,01	6,84	4,59	3,86	0,25	0,91	1,7/5,0
12,76	10,77	10,10	9,53	9,02	8,26	7,64	7,14	6,74	6,55	6,39	4,64	3,90	0,28	0,90	1,9/5,0
12,31	10,40	9,74	9,20	8,71	7,97	7,37	6,89	6,51	6,32	6,17	4,67	3,93	0,29	0,89	2,0/4,9
12,16	10,26	9,62	9,08	8,60	7,87	7,28	6,80	6,42	6,24	6,09	4,69	3,94	0,30	0,89	2,0/4,7
12,00	10,13	9,49	8,96	8,48	7,76	7,18	6,71	6,34	6,16	6,01	4,71	3,96	0,31	0,88	2,0/4,5
11,84	9,99	9,37	8,84	8,37	7,66	7,08	6,62	6,25	6,08	5,93	4,73	3,97	0,32	0,88	2,0/4,3
11,67	9,85	9,24	8,72	8,25	7,55	6,99	6,53	6,17	5,99	5,85	4,75	3,99	0,33	0,88	2,0/4,1
11,51	9,71	9,11	8,60	8,14	7,45	6,89	6,44	6,08	5,91	5,76	4,77	4,01	0,34	0,87	2,0/3,9
11,34	9,57	8,97	8,47	8,02	7,34	6,79	6,34	5,99	5,82	5,68	4,80	4,03	0,35	0,87	2,0/3,7
11,17	9,43	8,84	8,35	7,90	7,23	6,69	6,25	5,90	5,74	5,60	4,82	4,05	0,36	0,86	2,0/3,5
11,00	9,28	8,70	8,22	7,78	7,12	6,58	6,15	5,81	5,65	5,51	4,85	4,08	0,38	0,86	2,0/3,3
10,82	9,14	8,56	8,09	7,65	7,00	6,48	6,06	5,72	5,56	5,42	4,89	4,10	0,39	0,85	2,0/3,1

k_h-Tafel für Rezeptmauerwerk nach DIN 1053-1 (Fortsetzung)

Rechenfestigkeit β_R in MN/m²										BSt 420 k_s	BSt 500 k_s	k_x	k_z	$-\varepsilon_m/\varepsilon_s$ ‰
3,07	3,2	3,74	4,01	4,27	4,67 k_h	4,81	5,07	5,34	6,14	6,41				
77,15	75,57	69,90	67,50	65,42	62,55	61,63	60,03	58,80	54,55	53,39	4,19	3,52	0,02	0,99	0,1/5,0
26,84	26,29	24,32	23,49	22,76	21,76	21,44	20,89	20,35	18,98	18,58	4,25	3,57	0,06	0,98	0,3/5,0
16,80	16,46	15,22	14,70	14,25	13,62	13,42	13,08	12,74	11,88	11,63	4,30	3,61	0,09	0,97	0,5/5,0
12,52	12,26	11,34	10,96	10,62	10,15	10,00	9,74	9,49	8,85	8,66	4,35	3,65	0,12	0,96	0,7/5,0
10,16	9,95	9,20	8,89	8,61	8,24	8,11	7,90	7,70	7,18	7,03	4,40	3,70	0,15	0,95	0,9/5,0
8,67	8,49	7,85	7,58	7,35	7,03	6,93	6,75	6,57	6,13	6,00	4,45	3,74	0,18	0,94	1,1/5,0
7,65	7,50	6,93	6,70	6,49	6,20	6,11	5,95	5,80	5,41	5,30	4,50	3,78	0,21	0,93	1,3/5,0
6,92	6,78	6,27	6,06	5,87	5,61	5,53	5,39	5,25	4,89	4,79	4,55	3,82	0,23	0,92	1,5/5,0
6,38	6,25	5,78	5,58	5,41	5,17	5,09	4,96	4,83	4,51	4,41	4,59	3,86	0,25	0,91	1,7/5,0
5,96	5,84	5,40	5,22	5,05	4,83	4,76	4,64	4,52	4,21	4,12	4,64	3,90	0,28	0,90	1,9/5,0
5,75	5,63	5,21	5,03	4,88	4,66	4,60	4,48	4,36	4,07	3,98	4,67	3,93	0,29	0,89	2,0/4,9
5,68	5,56	5,15	4,97	4,82	4,60	4,54	4,42	4,31	4,02	3,93	4,69	3,94	0,30	0,89	2,0/4,7
5,60	5,49	5,08	4,90	4,75	4,54	4,48	4,36	4,25	3,96	3,88	4,71	3,96	0,31	0,88	2,0/4,5
5,53	5,42	5,01	4,84	4,69	4,48	4,42	4,30	4,19	3,91	3,83	4,73	3,97	0,32	0,88	2,0/4,3
5,45	5,34	4,94	4,77	4,62	4,42	4,36	4,24	4,13	3,86	3,77	4,75	3,99	0,33	0,88	2,0/4,1
5,38	5,27	4,87	4,70	4,56	4,36	4,29	4,18	4,08	3,80	3,72	4,77	4,01	0,34	0,87	2,0/3,9
5,30	5,19	4,80	4,63	4,49	4,30	4,23	4,12	4,02	3,75	3,67	4,80	4,03	0,35	0,87	2,0/3,7
5,22	5,11	4,73	4,57	4,42	4,23	4,17	4,06	3,96	3,69	3,61	4,82	4,05	0,36	0,86	2,0/3,5
5,14	5,03	4,65	4,50	4,36	4,17	4,10	4,00	3,90	3,63	3,56	4,85	4,08	0,38	0,86	2,0/3,3
5,06	4,95	4,58	4,42	4,29	4,10	4,04	3,93	3,83	3,58	3,50	4,89	4,10	0,39	0,85	2,0/3,1

7.3.3 Nachweis der Knicksicherheit ($\lambda = h_K/d$)

- $\lambda \leq 20$: Im mittleren Drittel darf für ungewollte Ausmitte und Stabauslenkung nach Theorie II. Ordnung angesetzt werden:

$$f = \frac{h_K}{46} - \frac{d}{8}$$

h_K Knicklänge
d Querschnittsdicke in Knickrichtung

- $\lambda > 20$: Nachweis nach DIN 1045 (vgl. BT f. Ingenieure, S. 6.19)
- $\lambda > 25$: unzulässig

7.4 Bemessung für Querkraft

7.4.1 Scheibenschub (Last parallel zur Mauerwerksebene)

Nachweis darf im Abstand 0,5 h von der Auflagerkante geführt werden:
- bei überdrückten Rechteckquerschnitten Nachweis mit max τ
- bei gerissenen Querschnitten Nachweis in Höhe der Nullinie im Zustand II

Es ist nachzuweisen, dass vorh $\tau \leq$ zul τ (nach DIN 1053-1, vgl. Abschnitt 6.2.4). Für die rechnerische Normalspannung σ darf angesetzt werden: $\sigma = 2 \cdot A/(b \cdot l)$ (A Auflagerkraft; b Querschnittsbreite; l Stützweite des Trägers bzw. doppelte Kraglänge bei Kragträgern).
Ergänzend gilt: $\beta_{Rk} = 0,08$ MN/m² für Mörtelgruppe II; $\beta_{Rk} = 0,18$ MN/m² für Leichtmörtel; $\beta_{Rk} = 0,22$ MN/m² für Dünnbettmörtel.

7.4.2 Plattenschub (Last rechtwinklig zur Mauerwerksebene)

Nachweis gemäß DIN 1045 (vgl. S. 6.27). Abweichend gilt: $\tau_{011} = 0,015\,\beta_R$ (β_R nach DIN 1053-1). Nur Schubbereich I zulässig.

7.5 Beispiele

Bewehrtes Mauerwerk, durch Erddruck belastet

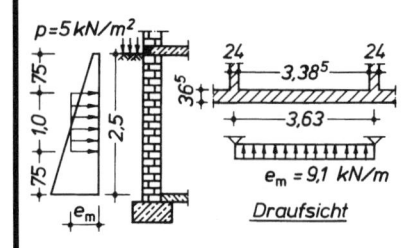

Bodenkennwerte:
$\gamma = 18$ kN/m³; $\varphi = 30°$; $\delta = 0$; $K_{ah} = 0{,}33$

Nach Kap. 11 ist $e = e_{ah} + e_{ah,p} = \gamma \cdot h \cdot K_{ah} + p \cdot K_{ah}$

0,75 von OK Erdreich:
$e = 18 \cdot 0{,}75 \cdot 0{,}33 + 5 \cdot 0{,}33 = 6{,}1$ kN/m²

1,75 m von OK Erdreich:
$e = 18 \cdot 1{,}75 \cdot 0{,}33 + 5 \cdot 0{,}33 = 12{,}1$ kN/m²

Berechnung des mittleren 1-m-Streifens:
$e_m = (6{,}1 + 12{,}1)/2 = 9{,}1$ kN/m

Da die Wand als dreiseitig gelagerte Platte trägt und die elastische Einspannung nicht angesetzt wird, ist diese Vereinfachung vertretbar.

max $M = 9{,}1 \cdot 3{,}63^2/8 = 15{,}0$ kNm
max $Q = 9{,}1 \cdot 3{,}63/2 = 16{,}5$ kN
$d = 3{,}65$ cm; $h = 33$ cm; $b = 1{,}0$ m
Steinfestigkeitsklasse 12 (Lochsteine); MG III; BSt 500 (IV)
$\sigma_0 = 1{,}8$ MN/m²; $\beta_R = 2{,}67 \cdot 1{,}8 = 4{,}8$ MN/m²; da Lochsteine: $\beta_R/2 = 2{,}4$ MN/mm²
$k_h = 33/\sqrt{15{,}0/1{,}0} = 8{,}52 \rightarrow k_s < 3{,}82$
$a_s = 3{,}82 \cdot 15/33 = 1{,}74$ cm²/m

innen und außen je $\varnothing$ 6 IV

Bei einer Steinhöhe von 11,5 cm (8 Fugen je m) ergibt sich: vorh $a_s = 8 \cdot 0{,}28 = 2{,}24$ cm²/m $> 1{,}74$

Schubnachweis:
$\tau = Q/b \cdot z = Q/b \cdot h \cdot k_z = 16{,}5/100 \cdot 33 \cdot 0{,}92 = 0{,}0054$ kN/cm² = 0,054 MN/m²
zul $\tau = 0{,}015 \beta_R = 0{,}015 \cdot 4{,}8 = 0{,}072$ MN/m² $> 0{,}054$

Träger (Sturz) aus bewehrtem Mauerwerk
$l = 1{,}40$ m; $q = 20{,}2$ kN/m; $b = 24$ cm; $d = 58$ cm
Rezeptmauerwerk 12/III (Lochsteine); nach 5.6.9.1 ist $\beta_R = 2{,}67 \cdot 1{,}8 = 4{,}8$ MN/m²;
da Lochsteine: $\beta_R/2 = 2{,}4$ MN/m²
$M = 20{,}2 \cdot 1{,}40^2/8 = 4{,}95$ kNm; $Q = 20{,}2 \cdot 1{,}40/2 = 14{,}14$ kN

Biegebemessung
$h = 58 - 7{,}1 - $ ca. $1{,}0 = 49{,}9$ cm
$k_h = 49{,}9/\sqrt{4{,}95/0{,}24} = 10{,}9$; $k_s = 3{,}72$; $k_z = 0{,}94$
erf $A_s = 3{,}72 \cdot 4{,}95/49{,}9 = 0{,}37$ cm²
gew. 2 $\varnothing$ 6; vorh $A_s = 0{,}57$ cm²

Querkraftbemessung (Scheibenschub)
$Q_R = 14{,}14 - 0{,}5 \cdot 0{,}499 \cdot 20{,}2 = 9{,}10$ kN
$\tau_0 = 0{,}00910/(0{,}24 \cdot 0{,}94 \cdot 0{,}499) = 0{,}081$ MN/m²
$\sigma = 2 \cdot 0{,}014/(0{,}24 \cdot 1{,}4) = 0{,}083$ MN/m²
Nach 5.6.9.9 folgt:
$2 \cdot 0{,}081 = 0{,}162 \leq 0{,}22 + 0{,}4 \cdot 0{,}083 = 0{,}253$ MN/m²
bzw. $\leq 0{,}45 \cdot 0{,}033 \cdot 12 \cdot \sqrt{1 + 0{,}083/(0{,}033 \cdot 12)} = 0{,}196$ MN/m²
Hiermit ist der Querkraftnachweis erbracht.

8 Bemessung von Flachziegelstürzen

Maßgebend: „Richtlinien für die Bemessung und Ausführung von Flachziegelstürzen" (vgl. Ohler: Bemessung von Flachstürzen, Mauerwerkskalender 1988)

Folgende Bedingungen sind einzuhalten:

Zuggurt: $b \geq 11{,}5$ cm und $d \geq 6$ cm; BSt 420 S (III) oder BSt 500 S (IV); $\geq$ B 25 oder $\geq$ LB 25 zum Verfüllen der Schalen; Betonüberdeckung ≥ 2 cm; vollvermörtelte Stoß- und Lagerfugen; Mauerwerk $\geq$ 12/II (Rechenwert der Festigkeit: $\beta = 2{,}5$ MN/m^2). Druckhöhe darf nur bis max $h = l/2{,}4$ (l Stützweite; h statische Höhe) in Rechnung gestellt werden.

Auflagertiefe $t \geq 11{,}5$ cm; Bewehrungsdurchmesser $d_s \leq 12$ mm, max $l = 3{,}0$ m.

Besteht die Druckzone aus Mauerwerk *und* Beton, so ist der gesamte Druckgurt wie für Mauerwerk zu bemessen. Mauerwerk *über* einer Stahlbetondecke bzw. einem Ringbalken darf nicht angesetzt werden.

Biegebemessung (k_h-Verfahren)

$$k_h = \frac{h\,(\text{cm})}{\sqrt{\dfrac{M\,(\text{kNm})}{b\,(\text{m})}}} \quad ; \quad A_s = k_s \cdot \frac{M\,(\text{kNm})}{h\,(\text{cm})}$$

k-Tafel für Flachstürze

$\beta_R = 2{,}5$ MN/m^2												
k_h	29,7	18,6	13,9	11,3	9,61	8,48	7,67	7,07	6,42	6,21	6,00	5,78	5,56
k_s (III)	4,25	4,30	4,35	4,40	4,45	4,50	4,55	4,59	4,67	4,71	4,76	4,82	4,90
k_s (IV)	3,57	3,61	3,65	3,70	3,74	3,78	3,82	3,86	3,92	3,96	4,00	4,05	4,12
k_x	0,06	0,09	0,12	0,15	0,18	0,21	0,23	0,25	0,29	0,31	0,33	0,36	0,40
k_z	0,98	0,97	0,96	0,95	0,94	0,93	0,92	0,91	0,89	0,89	0,88	0,86	0,85
$-\varepsilon_{mw}/\varepsilon_s$	0,3/5	0,5/5	0,7/5	0,9/5	1,1/5	1,3/5	1,5/5	1,7/5	2/5	2/4,5	2/4	2/3,5	2/3

Querkraftbemessung

$$\text{zul } Q = \text{zul } \tau \cdot b \cdot h \, \frac{\lambda + 0{,}4}{\lambda - 0{,}4} \quad \text{mit zul } \tau = 0{,}1 \text{ N/mm}^2 = 100 \text{ kN/m}^2$$

und $\lambda = \max M/(\max Q \cdot h) \geq 0{,}6$. Für Gleichstreckenlast wird $\lambda = l/(4\,h)$.

Verankerung der Bewehrung

Maßgebend DIN 1045. Es muss ein Bewehrungsquerschnitt A_s verankert werden für eine Zugkraft $F_{sR} = 0{,}75\,Q_R \leq \max M/(k_z \cdot h)$. Erforderliche Verankerungslänge hinter der Auflagervorderkante: $l_2 = 2 \cdot l_1/3 \geq 6\,d_s$ bzw. $\geq t/3$ (t Auflagertiefe, d_s Stabdurchmesser).

Beispiel

Belastung des Sturzes $q = 50$ kN/m; Breite der U-Schalen $b = 30$ cm; Stützweite $l = 2{,}20$ m; Höhe der Druckzone (U-Schale, Mauerwerk, Dicke der Stahlbetonplatte) 78 cm; statische Höhe (geschätzt) $h = 70$ cm; B 25; BSt 420 S (III); Auflagertiefe $t = 18$ cm.

Bedingung $h = 70$ cm $< \max h = l/2{,}4 = 220/2{,}4 = 91{,}7$ cm erfüllt.

Biegebemessung: $M = 50 \cdot 2{,}20^2/8 = 30{,}25$ kNm
$k_h = 70\,\sqrt{30{,}25/0{,}30} = 6{,}97;\ k_s = 4{,}67;\ k_z = 0{,}89$
$A_s = 4{,}67 \cdot 30{,}25/70 = 2{,}02$ cm^2
gew. 3 $\varnothing$ 10 mit $A_s = 2{,}36$ cm^2

Querkraftbemessung: max $Q = 50 \cdot 2{,}20/2 = 55$ kN
$\lambda = 220/(4 \cdot 70) = 0{,}786$
zul $Q = 100 \cdot 0{,}30 \cdot 0{,}70 \cdot (0{,}786 + 0{,}4)/(0{,}786 - 0{,}4) = 64{,}5$ kN > 55

Verankerung: $F_{sR} = 0{,}75 \cdot 55 = 41{,}25 < 30{,}25/(0{,}89 \cdot 0{,}70) = 48{,}56$ kN
erf $A_s = 41{,}25/24 = 1{,}72$ cm^2 (hinter der Auflagerkante mit l_2 verankern)
erf A_s/vorh $A_s = 1{,}72/2{,}36 = 0{,}7$
Nach S. 6.46: $l_2 = 16$ cm $> 6 \cdot 1{,}0$ cm bzw. $> 18/3$

Neuauflage!

Stahlbau nach DIN 18 800 (11.90)

Das Buch behandelt Bemessung und Konstruktion der Grundelemente des Stahlbaus nach den Normen DIN 18 800 -1 und -2 vom November 1990. Der Zusammenstellung von Trägerarten und -systemen folgt die Berechnung der **Vollwandträger** mit Einwirkungskombinationen, Schlankheitsgrenzwerten, Lochschwächungen und den Tragsicherheitsnachweisen nach den Verfahren **Elastisch-Elastisch, Elastisch-Plastisch, Plastisch-Plastisch**. Die Biegedrillknickuntersuchung enthält u. a. den Nachweis ausreichender Drehbettung.

Detaillierte Beispiele erläutern die Berechnungsansätze für Träger und Stützen. Besondere Betonung finden die Verbindungen.

Neu in der 4. Auflage sind **ergänzende Regelungen zu DIN-Normen** und die **neuen Bezeichnungen der Stähle** sowie einige **alternative Berechnungsmöglichkeiten** und **neue Beipiele** eingearbeitet.

Kahlmeyer
Hebestreit
Vogt

Stahlbau nach DIN 18 800 (11.90)
Bemessung und Konstruktion
Träger · Stützen · Verbindungen

4. Auflage
Werner Verlag   WIT

Kahlmeyer/Hebestreit/Vogt
Stahlbau nach DIN 18 800 (11.90)
Bemessung und Konstruktion
Träger - Stützen - Verbindungen
4., überarbeitete Auflage 2002,
ca. 320 Seiten, 17 x 24 cm,
kartoniert,
ca. € 35,-/sFr 70,-
ISBN 3-8041-4904-9

WERNER VERLAG

Werner Verlag · Postfach 10 53 54 · 40044 Düsseldorf
Telefon (02 11) 3 87 98 - 0 · Telefax (02 11) 3 87 98 -11
www.werner-verlag.de

Zu beziehen über Ihre Buchhandlung oder direkt beim Verlag.

8 A   Stahlbau nach DIN 18 800 (11.90)
8 B   Stahlbau nach DIN 18 800 (3.81)
8 C   Spezielle Stähle im Bauwesen
8 D   Trapezprofile und Sandwichbauteile
8 E   Stahlbauprofile

Inhaltsverzeichnis

		Seite
A	**STAHLBAU NACH DIN 18 800 (11.90)**	
1	**Werkstoffe**	8.2
2	**Grundlagen der Berechnung**	8.3
2.1	Regelwerke	8.3
2.2	Begriffe, Größen und anzunehmende Werte	8.3
2.3	Nachweisverfahren	8.7
2.4	Abgrenzungskriterien	8.9
3	**Trag-, Lage- und Gebrauchstauglichkeitsnachweise nicht stabilitätsgefährdeter Bauteile**	8.11
3.1	Nachweisverfahren Elastisch-Elastisch (E-E)	8.11
3.2	Nachweisverfahren Elastisch-Plastisch (E-P)	8.17
3.3	Krafteinleitungen	8.24
3.4	Lochschwächungen	8.25
3.5	Gebrauchstauglichkeit	8.26
4	**Tragsicherheitsnachweise stabilitätsgefährdeter Bauteile**	8.27
4.1	Knicken von Stäben und Stabwerken	8.27
4.1.1	Biegeknicksicherheitsnachweis nach Theorie II. Ordnung	8.27
4.1.2	Planmäßig mittiger Druck	8.27
4.1.3	Einachsige Biegung ohne Normalkraft	8.32
5	**Verbindungen mit Schweißnähten**	8.34
5.1	Allgemeine Regeln	8.34
5.2	Maße und Querschnittswerte	8.34
5.3	Symbole für Schweißverbindungen	8.38
6	**Verbindungen mit Schrauben**	8.39
6.1	Allgemeine Regeln	8.39
6.2	Tragsicherheitsnachweis	8.40
6.3	Anwendungen	8.44
6.4	Bemessungshilfen für Verbindungen	8.44
6.5	Schraubentafeln	8.45
B	**STAHLBAU NACH DIN 18 800 (3.81)**	
1	Stähle für den Stahlbau	8.47
2	Berechnungswerte für Stahlbauten (nach DIN 18 800 Teil 1)	8.48
3	**Berechnung von Stahlbauten**	8.52
3.1	Lastenermittlung	8.52
3.2	Stütz- und Schnittgrößen	8.52
3.3	Bemessung und Nachweise	8.52
3.4	Berechnungshinweise	8.53
3.4.1	Allgemeiner Spannungsnachweis	8.53
3.4.2	Kippsicherheitsnachweis für Träger	8.55
3.4.3	Knicksicherheitsnachweis für Druckstäbe und Stützen	8.56
4	Schweißverbindungen – Symbole	8.58
5	**Schraubenverbindungen**	8.58
5.1	Symbole für Schrauben (nach DIN ISO 5261 (2.83))	8.58
5.2	Schraubentafeln	8.58
5.3	Ausführung der Schraubenverbindungen nach DIN 18 800 Teil 1 (3.81)	8.60
5.4	Berechnung der Schraubenverbindungen nach DIN 18 800 Teil 1 (3.81)	8.60
5.4.1	Übertragung von Kräften senkrecht zur Schraubenachse	8.60
5.4.2	Übertragung von Kräften parallel zur Schraubenachse	8.61
5.4.3	Gleichzeitige Übertragung von Kräften senkrecht und parallel zur Schraubenachse	8.61
C	**SPEZIELLE STÄHLE IM BAUWESEN**	
1	**Feinkornbaustähle**	8.63
1.1	Allgemeines	8.63
1.2	Schweißeignung	8.64
1.3	Stähle nach DIN EN 10 113	8.65
1.4	Stähle nach DIN EN 10 137	8.65
1.5	Stähle nach DIN EN 10 149	8.66
1.6	Hohlprofile	8.66
2	**Nichtrostende Stähle im Bauwesen**	8.68
2.1	Allgemeines	8.68
2.2	Bauaufsichtlich zugelassene nichtrostende Stähle	8.68
D	**TRAPEZPROFILE UND SANDWICHBAUTEILE**	
1	Stahltrapezprofile	8.74
2	Sandwichbauteile	8.79
E	**STAHLBAUPROFILE**	8.85

8 A Stahlbau nach DIN 18 800 (11.90)

Prof. Dr.-Ing. Otto Oberegge und Dipl.-Ing. Hans-Peter Hockelmann

1 Werkstoffe

Tafel 8.2a Mechanische Eigenschaften warmgewalzter Flach- und Langerzeugnisse aus unlegierten Baustählen, Auszug aus DIN EN 10 025 (3.94)

Stahlsorte nach DIN EN 10 027 T1		S 235 JR [1]	S 235 JRG1 [1]	S 235 JRG2	S 235 JO	S 355 JO
Werkst.-Nr. nach DIN EN 10 027 T2		1.0037	1.0036	1.0038	1.0114	1.0553
Bezeichnung in EC 3		Fe 360 B	Fe 360 B FU	Fe 360 B FN	Fe 360 C	Fe 510 C
Bezeichnung in DIN 18 800 (11.90)		St 37-2	USt 37-2	RSt 37-2	St 37-3 U	St 52-3 U
Stahlart [2]		BS	BS	BS	QS	QS
Desoxidationsart [3]		freigestellt	FU	FN	FN	FN
Zugfestigkeit [4] R_m in N/mm² für Nenndicken t in mm	$3 \leq t \leq 100$	-	340 - 470	340 - 470	340 - 470	490 - 630
	$100 < t \leq 150$	-	-	-	340 - 470	470 - 630
	$150 < t \leq 250$	-	-	-	320 - 470	450 - 630
Mindestwert der oberen Streckgrenze [4] R_{eH} in N/mm² für Nenndicken t in mm	$t \leq 16$	235	235	235	235	355
	$16 < t \leq 40$	225	225	225	225	345
	$40 < t \leq 63$	-	-	215	215	335
	$63 < t \leq 80$	-	-	215	215	325
	$80 < t \leq 100$	-	-	215	215	315
	$100 < t \leq 150$	-	-	195	195	295
	$150 < t \leq 200$	-	-	185	185	285
	$200 < t \leq 250$	-	-	175	175	275
Mindestwert der Bruchdehnung [5] A in % für Nenndicken t in mm	$3 \leq t \leq 40$	26 (24)	26 (24)	26 (24)	26 (24)	22 (20)
	$40 < t \leq 63$	25 (23)	25 (23)	25 (23)	25 (23)	21 (19)
	$63 < t \leq 100$	24 (22)	24 (22)	24 (22)	24 (22)	20 (18)
	$100 < t \leq 150$	22 (22)	22 (22)	22 (22)	22 (22)	18 (18)
	$150 < t \leq 250$	21 (21)	21 (21)	21 (21)	21 (21)	17 (17)
Mindestwert der Kerbschlagarbeit in J für Nenndicken t in mm	$10 \leq t \leq 150$	-	27 bei 20 °C	27 bei 20 °C	27 bei 0 °C	27 bei 0 °C
	$150 < t \leq 250$	-	-	23 bei 20 °C	23 bei 0 °C	23 bei 0 °C

[1]) Nur in Nenndicken $t \leq 25$ mm lieferbar. [2]) BS Grundstahl, QS Qualitätsstahl
[3]) FU unberuhigt; FN unberuhigt nicht zulässig; FF vollberuhigt
[4]) Die Tabellenwerte für den Zugversuch gelten für Längsproben, bei Band, Blech und Breitflachstahl in Breiten ≥ 600 mm für Querproben.
[5]) Die Tabellenwerte für den Zugversuch gelten für Längsproben, die Werte in Klammern für Querproben bei Band, Blech und Breitflachstahl in Breiten ≥ 600 mm.

Tafel 8.2b Mechanische Eigenschaften von Schraubenwerkstoffen Auszug aus DIN EN 20 898 (4.92)

Eigenschaft		Festigkeitsklasse				
		4.6	5.6	8.8 $d \leq 16$ mm	8.8 $d > 16$ mm	10.9
Zugfestigkeit R_m in N/mm²	Nennwert	400	500	800	800	1000
	min	400	500	800	830	1040
Untere Streckgrenze R_{eL} in N/mm²	Nennwert	240	300	-	-	-
	min	240	300	-	-	-
0,2 %-Dehngrenze $R_{p\,0,2}$ in N/mm²	Nennwert	-	-	640	640	900
	min	-	-	640	660	940
Bruchdehnung A in %		22	20	12	12	9

2 Grundlagen der Berechnung nach DIN 18 800 (11.90)

2.1 Regelwerke

Seit 1. 1. 1996 gelten DIN 18 800 Teil 1 (3.81) sowie DIN 4114 Blatt 1 (7.52) und Blatt 2 (2.53) nur noch im Zusammenhang mit Stahlbrückenbauten und Verbundtragwerken. Bis zur Veröffentlichung einer europäischen Norm ist für Stahlbauten DIN 18 800 (korrigierte Fassung 11.90) einschließlich Änderungen DIN 18 800-1/A1, DIN 18 800-2/A1 und DIN 18 800-3/A1 (alle 2.96) anzuwenden. Die Normenreihe DIN 18 800 (11.90) besteht aus folgenden Teilen:

Teil 1 Stahlbauten, Bemessung und Konstruktion
Teil 2 Stahlbauten, Stabilitätsfälle, Knicken von Stäben und Stabwerken
Teil 3 Stahlbauten, Stabilitätsfälle, Plattenbeulen
Teil 4 Stahlbauten, Stabilitätsfälle, Schalenbeulen

Das dieser Norm zugrunde liegende Sicherheitskonzept ist auf die zu erwartende europäische Norm abgestimmt. Die Anpassungsrichtlinie Stahlbau [8.32] enthält Festlegungen zu einzelnen Normelementen sowie Regelungen zur Anwendung von Fachnormen und DASt-Richtlinien, die noch auf dem alten Sicherheitskonzept basieren.

Die probeweise Anwendung der Vornorm DIN V ENV 1993 Teil 1-1 Ausgabe 4.93 (Eurocode 3), deren Regelungsumfang weitgehend DIN 18 800 Teil 1 und 2 entspricht, ist ebenfalls erlaubt. Hierbei sind die in der „Richtlinie zur Anwendung von DIN V ENV 1993-1-1" (DASt-Ri 103 Ausgabe 11.93) enthaltenen Regelungen zu beachten.

2.2 Begriffe, Größen und anzunehmende Werte

- **Einwirkungen** sind Ursachen von Kraft- und Verformungsgrößen in einem Tragwerk. Allgemein werden diese mit F (engl. force) bezeichnet. Nach ihrer zeitlichen Veränderlichkeit sind zu unterscheiden:

    G Ständige Einwirkungen
    Q Veränderliche Einwirkungen
    F_A Außergewöhnliche Einwirkungen.

    Wahrscheinliche Baugrundbewegungen sind wie ständige Einwirkungen G, Temperaturänderungen wie veränderliche Einwirkungen Q und der Anprall von Fahrzeugen wie außergewöhnliche Einwirkungen F_A zu behandeln.

- **Einwirkungsgrößen** sind die zur Beschreibung der Einwirkungen verwendeten Größen.

- **Widerstand** ist im Sinne der Norm der Widerstand eines Tragwerkes, seiner Bauteile und Verbindungen gegen Einwirkungen.

- **Widerstandsgrößen** sind aus geometrischen Größen und Werkstoffkennwerten abgeleitete Größen. Allgemein werden diese mit M (engl. material) gekennzeichnet. Festigkeiten und Steifigkeiten sind z. B. Widerstandsgrößen.

- **Bemessungswerte** sind diejenigen Werte der Einwirkungs- und Widerstandsgrößen, die für die Nachweise anzunehmen sind. Sie beschreiben einen Fall ungünstiger Einwirkungen auf Tragwerke mit ungünstigen Eigenschaften. Ungünstigere Fälle sind in der Realität nur mit sehr geringer Wahrscheinlichkeit zu erwarten. Bemessungswerte werden im allgemeinen durch den Index d (engl. design) gekennzeichnet.

- **Bemessungswerte von Einwirkungen** werden aus den charakteristischen Werten der Einwirkungen durch Multiplikation mit den Teilsicherheitsbeiwerten γ_F und den Kombinationsbeiwerten ψ berechnet: $F_d = \gamma_F \cdot \psi \cdot F_k$. Die Beanspruchungen werden aus Grund- und eventuell zusätzlichen Grundkombinationen der Bemessungswerte von Einwirkungsgrößen berechnet.

- **Bemessungswerte von Widerstandsgrößen** sind im allgemeinen – eine Ausnahme ist das Nachweisverfahren Plastisch-Plastisch – aus den charakteristischen Werten der Widerstandsgrößen M_k durch Division durch den Teilsicherheitsbeiwert γ_M zu berechnen: $M_d = M_k / \gamma_M$.

- **Charakteristische Werte für Einwirkungs- und Widerstandsgrößen** sind die Bezugsgrößen für die Bemessungsgrößen. Als charakteristische Werte für Einwirkungen gelten die Werte der einschlägigen Normen über Lastannahmen. Charakteristische Werte von Festigkeiten, z. B. Streckgrenze $f_{y,k}$ (y: engl. yieldpoint) und Zugfestigkeit $f_{u,k}$ (u: engl. ultimate), können den Tafeln 8.4a und 8.4b entnommen werden. Charakteristische Werte von Steifigkeiten, z. B. $(E \cdot I)_k$, $(E \cdot A)_k$ und $(G \cdot A_S)_k$ sind mit den Nennwerten der Querschnittswerte und dem charakteristischen Wert für den Elastizitätsmodul E und den Schubmodul G zu berechnen.

Beispiel: Ermittlung des Bemessungswertes der Streckgrenze für ein Blech mit $t = 50$ mm aus St 52-3
$f_{y,d} = f_{y,k} / \gamma_M = 325 / 1{,}1 = 295$ N/mm². (γ_M: Teilsicherheitsbeiwert nach Tafel 8.5b)

Tafel 8.4a Charakteristische Werte für Walzstahl und Stahlguß

Stahl	Erzeugnis-dicke t mm	Streck-grenze $f_{y,k}$ N/mm²	Zug-festigkeit $f_{u,k}$ N/mm²	E-Modul E N/mm²	Schub-modul G N/mm²	Temperatur-dehnzahl α_T K^{-1}
Baustahl St 37-2 USt 37-2 RSt 37-2 St 37-3	$t \leq 40$ $40 < t \leq 80$	240 215	360			
Baustahl St 52-3	$t \leq 40$ $40 < t \leq 80$	360 325	510			
Feinkorn-baustahl StE 355 WStE 355 TStE 355 EStE 355	$t \leq 40$ $40 < t \leq 80$	360 325	510	210 000	81 000	$12 \cdot 10^{-6}$
Stahlguß GS-52		260	520			
GS-20 Mn 5	$t \leq 100$	260	500			
Vergütungs-stahl C 35 N	$16 < t \leq 80$	300 270	480			

Tafel 8.4b Charakteristische Werte der Werkstoffe von Verbindungsmitteln

Schraubenwerkstoffe			Werkstoffe für Kopf- und Gewindebolzen			
Festigkeits-klasse	Streck-grenze $f_{y,b,k}$ N/mm²	Zug-festigkeit $f_{u,b,k}$ N/mm²	Bolzen	d in mm	Streck-grenze $f_{y,b,k}$ N/mm²	Zug-festigkeit $f_{u,b,k}$ N/mm²
4.6	240	400	nach DIN 32 500 Teil 1 Festigkeitsklasse 4.8		320	400
5.6	300	500				
8.8	640	800	nach DIN 32 500 Teil 3 mit chem. Zusammensetzung des St 37-3 nach DIN 17 100		350	450
10.9	900	1000				
Nietwerkstoffe			aus St 37-2, St 37-3 nach DIN 17 100	$d \leq 40$	240	360
UST 36	205	330		$40 < d \leq 80$	215	
RST 38	225	370	aus St 52-3 nach DIN 17 100	$d \leq 40$	360	510
				$40 < d \leq 80$	325	

- **Teilsicherheitsbeiwerte** γ_F und γ_M berücksichtigen die Streuung der Einwirkungen F und der Widerstandsgrößen M.

  Tafel 8.5a Größen der Teilsicherheitsbeiwerte der Einwirkungen γ_F

γ_F	Anwendung
1,35	für ständige Einwirkungen G
1,5	für ungünstig wirkende veränderliche Einwirkungen Q
1,0	wenn ständige Einwirkungen G Beanspruchungen aus veränderlichen Einwirkungen Q verringern, z. B. beim Tragsicherheitsnachweis von Dächern bei Windsog
1,0	wenn neben einer außergewöhnlichen Einwirkung F_A ständige Einwirkungen G und veränderliche Einwirkungen Q wirken, für alle drei Einwirkungen
Für Tragwerke vom Typ Waagebalken gilt:	
1,1	wenn Teile ständiger Einwirkungen die Beanspruchungen aus veränderlichen Einwirkungen erhöhen
0,9	wenn Teile ständiger Einwirkungen die Beanspruchungen aus veränderlichen Einwirkungen verringern zur Untersuchung einer zusätzlichen Grundkombination

  Tafel 8.5b Größen der Teilsicherheitsbeiwerte der Widerstandsgrößen γ_M

γ_M	Anwendung
1,1	zur Berechnung der Bemessungswerte der Festigkeiten beim Nachweis der Tragsicherheit
1,1	zur Berechnung der Bemessungswerte der Steifigkeiten beim Nachweis der Tragsicherheit
1,0	ist erlaubt, falls sich eine abgeminderte Steifigkeit weder erhöhend auf die Beanspruchung noch ermäßigend auf die Beanspruchbarkeit auswirkt
1,0	ist erlaubt zur Berechnung der Bemessungswerte der Steifigkeiten, falls kein Nachweis der Biegeknick- und Biegedrillknicksicherheit erforderlich ist
1,0	bei der Berechnung von Schnittgrößen aus Zwängungen nach der Elastizitätstheorie, wenn $\gamma_M = 1,1$ die Zwängungsbeanspruchungen reduzieren würde
1,0	für den Nachweis der Gebrauchstauglichkeit, wenn <u>keine</u> Gefahr für Leib und Leben besteht
1,1	für den Nachweis der Gebrauchstauglichkeit, wenn Gefahr für Leib und Leben besteht

- **Kombinationsbeiwerte** ψ berücksichtigen die Wahrscheinlichkeit des gleichzeitigen Auftretens von Einwirkungen.

  Tafel 8.5c Größen der Kombinationsbeiwerte ψ

ψ	Anwendung
1,0	für ständige Einwirkungen
1,0	bei der Berücksichtigung von jeweils nur <u>einer</u> veränderlichen Einwirkung bei der Bildung einer Grundkombination
0,9	bei der Berücksichtigung <u>aller</u> ungünstig wirkenden veränderlichen Einwirkungen bei der Bildung einer Grundkombination

- **Einwirkungskombinationen**
  Zur Berechnung der Beanspruchungen aus Einwirkungen sind Einwirkungskombinationen zu bilden. Es werden Grundkombinationen, zusätzliche Grundkombinationen und außergewöhnliche Kombinationen unterschieden.

Grundkombination 1:
Ständige Einwirkungen G und <u>alle</u> ungünstig wirkenden veränderlichen Einwirkungen Q_i.
$$G_d = \gamma_F \cdot \psi \cdot G_k = 1{,}35 \cdot 1{,}0 \cdot G_k = 1{,}35 \cdot G_k$$
$$Q_{i,d} = \gamma_F \cdot \psi \cdot Q_{i,k} = 1{,}5 \cdot 0{,}9 \cdot Q_{i,k} = 1{,}35 \cdot Q_{i,k}$$
Anmerkung: Vertikale Verkehrslasten nach DIN 1055 Teil 3 gelten als <u>eine</u> Einwirkung Q_i.

Grundkombination 2:
Ständige Einwirkungen G und <u>eine</u> ungünstig wirkende veränderliche Einwirkung Q_i.
$$G_d = \gamma_F \cdot \psi \cdot G_k = 1{,}35 \cdot 1{,}0 \cdot G_k = 1{,}35 \cdot G_k$$
$$Q_{i,d} = \gamma_F \cdot \psi \cdot Q_{i,k} = 1{,}5 \cdot 1{,}0 \cdot Q_{i,k} = 1{,}5 \cdot Q_{i,k}$$

Zusätzliche Grundkombinationen,
– wenn ständige Einwirkungen Beanspruchungen aus veränderlichen Einwirkungen verringern:
$$G_d = \gamma_F \cdot \psi \cdot G_k = 1{,}0 \cdot 1{,}0 \cdot G_k = 1{,}0 \cdot G_k$$
– wenn die Teile ständiger Einwirkungen die Beanspruchungen aus veränderlichen Einwirkungen vergrößern: verkleinern:
$$G_d = \gamma_F \cdot \psi \cdot G_k = 1{,}1 \cdot 1{,}0 \cdot G_k = 1{,}1 \cdot G_k \qquad G_d = \gamma_F \cdot \psi \cdot G_k = 0{,}9 \cdot 1{,}0 \cdot G_k = 0{,}9 \cdot G_k$$

Außergewöhnliche Kombinationen:
Ständige Einwirkungen, alle ungünstig wirkenden veränderlichen Einwirkungen und eine außergewöhnliche Einwirkung.
$$G_d = \gamma_F \cdot \psi \cdot G_k = 1{,}0 \cdot 1{,}0 \cdot G_k = 1{,}0 \cdot G_k$$
$$Q_{i,d} = \gamma_F \cdot \psi \cdot Q_{i,k} = 1{,}0 \cdot 0{,}9 \cdot Q_{i,k} = 0{,}9 \cdot Q_{i,k}$$
$$F_{A,d} = \gamma_F \cdot \psi \cdot F_{A,k} = 1{,}0 \cdot 1{,}0 \cdot F_{A,k} = 1{,}0 \cdot F_{A,k}$$

Beispiel: Zusammenstellung der Einwirkungskombinationen für ein System

Statisches System mit den charakteristischen Werten der Einwirkungen:

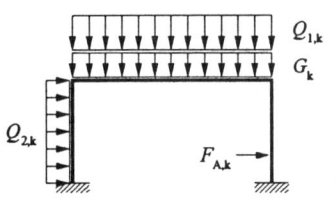

Grundkombination 1:
$G_d = 1{,}35 \cdot G_k$
$Q_{1,d} = 1{,}5 \cdot 0{,}9 \cdot Q_{1,k} = 1{,}35 \cdot Q_{1,k}$
$Q_{2,d} = 1{,}5 \cdot 0{,}9 \cdot Q_{2,k} = 1{,}35 \cdot Q_{2,k}$

Grundkombination 2:
2.1 $G_d = 1{,}35 \cdot G_k$ 2.2 $G_d = 1{,}35 \cdot G_k$
$Q_{1,d} = 1{,}5 \cdot Q_{1,k}$ $Q_{2,d} = 1{,}5 \cdot Q_{2,k}$

Außergewöhnliche Kombination:
$G_d = 1{,}0 \cdot G_k$
$Q_{1,d} = 1{,}0 \cdot 0{,}9 \cdot Q_{1,k} = 0{,}9 \cdot Q_{1,k}$
$Q_{2,d} = 1{,}0 \cdot 0{,}9 \cdot Q_{2,k} = 0{,}9 \cdot Q_{2,k}$
$F_{A,d} = 1{,}0 \cdot 1{,}0 \cdot F_{A,k} = 1{,}0 \cdot F_{A,k}$

- **Beanspruchungen** S_d (S: engl. stress) sind die von den Bemessungswerten der Einwirkungen F_d verursachten Zustandsgrößen (vorhandene Größen) in einem Tragwerk. Zustandsgrößen sind Momentenschnittgrößen M_x, M_y, M_z, Kraftschnittgrößen N, V_y, V_z, Verschiebungen u, v, w und Verdrehungen (siehe Bild 8.7).

- **Grenzzustände** können auf Bauteile, Querschnitte, Werkstoffe und Verbindungsmittel bezogen sein. Zu unterscheiden sind:
  – Beginn des Fließens
  – Durchplastizieren eines Querschnittes
  – Ausbilden einer Fließgelenkkette
  – Bruch.
  Es sind Zustände des Tragwerks, die den Bereich der Beanspruchung, in dem das Tragwerk tragsicher bzw. gebrauchstauglich ist, begrenzen.

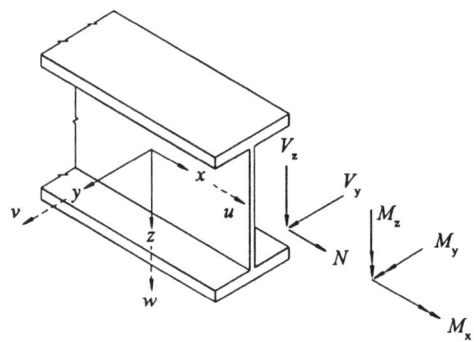

Anmerkung: Querkräfte werden mit V bezeichnet, um Verwechslungen mit der veränderlichen Einwirkung Q zu vermeiden.

Abb. 8.7 Koordinaten, Verschiebungs- und Schnittgrößen

- **Beanspruchbarkeiten R_d** (R: engl. resistance) sind die zu den Grenzzuständen gehörenden Zustandsgrößen. Sie sind mit den Bemessungswerten der Widerstandsgrößen M_d zu berechnen und werden als <u>Grenzgrößen</u> bezeichnet.
Beanspruchbarkeiten sind z. B. Grenzspannungen, Grenzschnittgrößen, Grenzabscherkräfte von Schrauben usw.

Beispiel: Ermittlung des Grenzbiegemoments bezogen auf die y-Achse eines Walzprofils IPE 500 aus RSt 37-2:

1. elastischer Zustand

$$M_{el,y,d} = W_y \cdot \sigma_{R,d}; \quad \sigma_{R,d} = f_{y,k}/\gamma_M$$
$$M_{el,y,d} = 1930 \cdot 24 \cdot 10^{-2}/1{,}1$$
$$= 421 \text{ kNm}$$

2. plastischer Zustand

$$M_{pl,y,d} = W_{pl,y} \cdot \sigma_{R,d}; \quad W_{pl,y} = \alpha_{pl,y} \cdot W_y$$
$\alpha_{pl,y}$: plastischer Formbeiwert
$$M_{pl,y,d} = 1{,}14 \cdot 1930 \cdot 24 \cdot 10^{-2}/1{,}1 = 480 \text{ kNm}$$

2.3 Nachweisverfahren

- **Nachweis der Tragsicherheit**
Der Tragsicherheitsnachweis belegt, daß das Tragwerk und seine Teile während der Errichtung und geplanten Nutzung gegen Versagen ausreichend sicher sind. Es dürfen während der Nutzung keine die Standsicherheit beeinträchtigenden Veränderungen - z. B. Korrosion - eintreten. Der Tragsicherheitsnachweis ist geführt, wenn nachgewiesen ist, daß der Quotient Beanspruchung S_d zu Beanspruchbarkeit R_d kleiner oder gleich 1 ist.

$$\boxed{S_d / R_d \leq 1}$$

Tragsicherheitsnachweise können nach einem den Grenzzuständen entsprechenden Verfahren geführt werden.

Tafel 8.7 Übersicht über die Nachweisverfahren

Verfahren	Ermittlung der Beanspruchungen S_d nach	Ermittlung der Beanspruchbarkeiten R_d nach
Elastisch-Elastisch (E-E)	Elastizitätstheorie	Elastizitätstheorie
Elastisch-Plastisch (E-P)	Elastizitätstheorie	Plastizitätstheorie
Plastisch-Plastisch (P-P)	Plastizitätstheorie	Plastizitätstheorie

8 Stahlbau

Bei den Nachweisen sind grundsätzlich folgende Einflüsse zu berücksichtigen:
- Tragwerksverformungen
- geometrische Imperfektionen
- Schlupf in Verbindungen
- planmäßige Außermittigkeiten.

● **Tragwerksverformungen** sind zu berücksichtigen, wenn sie zu einer Vergrößerung der Beanspruchungen führen. Hierbei sind die Gleichgewichtsbedingungen am verformten System (Theorie II. Ordnung) anzusetzen, wenn die Vergrößerung der Schnittgrößen infolge der nach Theorie I. Ordnung ermittelten Verformungen mehr als 10 % beträgt. Bei druckbeanspruchten Stäben und Stabwerken können Abtriebskräfte zu einer Vergrößerung der Beanspruchungen führen. Ob in diesen Fällen die Beanspruchungen nach Theorie II. Ordnung zu ermitteln sind, kann anhand der in Abschnitt 2.4 dargestellten Abgrenzungskriterien entschieden werden.

● **Geometrische Imperfektionen,** die durch Abweichungen von den planmäßigen Maßen verursacht werden können, sind bei druckbeanspruchten Stäben und Stabwerken durch den Ansatz von Stabdrehwinkeln zu berücksichtigen.

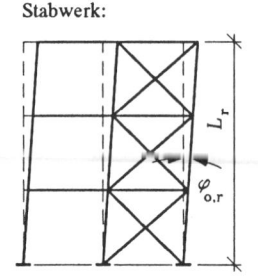

Stäbe:	Stabwerk:

Abb. 8.8a Winkel der Vorverdrehung φ_o bei Stäben und Stabwerken

Allgemein gilt:

$\boxed{\varphi_o = 1/400 \cdot r_1 \cdot r_2}$ Reduktionsfaktoren: $r_1 = \sqrt{5/L} \le 1$; $r_2 = 0{,}5\,(1 + \sqrt{1/n})$

L: Länge des Stabes oder Stabzuges, für den Stabdrehwinkel anzusetzen sind ($L > 5$ m).
n: Anzahl der unabhängigen Ursachen für Vorverdrehungen von Stäben und Stabzügen. Bei Rahmen ist n die Anzahl der Stiele in einem Stockwerk. Stiele, deren Normalkraft (Druck) kleiner als 25 % der maximalen Normalkraft im jeweiligen Geschoß ist, werden nicht mitgezählt.

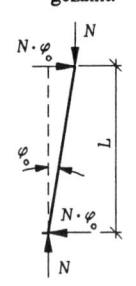

Beanspruchungen von Stabwerken mit geringen horizontalen Einwirkungen, die gemäß Abschnitt 2.4 nach Theorie I. Ordnung ermittelt werden dürfen, sind mit den 2fachen Imperfektionen zu berechnen. Geringe horizontale Einwirkungen liegen vor, wenn die ungünstigen horizontalen Einwirkungen kleiner sind als 1/400 der ungünstigen vertikalen Einwirkungen.

Imperfektionen können auch durch den Ansatz von Ersatzlasten berücksichtigt werden.

Nach DIN 18 800 Teil 2 (11.90) sind zusätzliche strukturelle Imperfektionen zu berücksichtigen.

Abb 8.8b Berücksichtigung von Imperfektionen durch Ersatzlasten

- **Schlupf in Verbindungen** ist zu berücksichtigen, wenn die daraus resultierende Vergrößerung der Beanspruchungen offensichtlich nicht vernachlässigbar ist. Dies ist zum Beispiel bei Aussteifungsfachwerken mit Schraubverbindungen und kurzen Stäben der Fall. Bei Durchlaufträgern wird z. B. durch Laschenstöße der Flansche, die als SL-Verbindungen ausgeführt sind, die Durchlaufwirkung stark reduziert.

- **Planmäßige Außermittigkeiten**, die oft konstruktiv bedingt sind, müssen berücksichtigt werden. Dies ist z. B. der Fall, wenn die Schwerachsen der Füllstäbe bei Fachwerken keinen gemeinsamen Schnittpunkt mit der Schwerachse eines Gurtstabes haben.

2.4 Abgrenzungskriterien

Folgende Nachweise sind im Rahmen des Tragsicherheitsnachweises zu führen:
- Biegeknicknachweis nach DIN 18 800 Teil 2 (siehe Abschnitt 4.1)
- Biegedrillknicknachweis nach DIN 18 800 Teil 2 (siehe Abschnitt 4.1)
- Betriebsfestigkeitsnachweis.

- **Biegeknicknachweis**
Der Nachweis darf entfallen, wenn die maßgebenden Biegemomente nach Theorie II. Ordnung nicht größer sind als die 1,1fachen maßgebenden Biegemomente nach Theorie I. Ordnung. Hiervon kann ausgegangen werden, wenn eine der folgenden Bedingungen erfüllt ist:

a) $\boxed{\dfrac{N_d}{0{,}1 \cdot N_{ki,d}} \leq 1}$ $\quad N_{ki,d} = \dfrac{\pi^2 \cdot (E \cdot I)_d}{s_k^2}$; $\quad (E \cdot I)_d = E \cdot I / \gamma_M$; $\quad s_k = \beta \cdot l$

b) $\boxed{\bar{\lambda}_k / (0{,}3 \sqrt{f_{y,d} / \sigma_{N,d}}) \leq 1}$ $\quad \bar{\lambda}_k = \lambda_k / \lambda_a$; $\quad \lambda_k = s_k / i$; $\quad \lambda_a = \pi \sqrt{E/f_{y,k}}$; $\quad \sigma_{N,d} = N_d / A$

c) $\boxed{\beta \cdot \varepsilon \leq 1}$ $\quad \varepsilon = l \sqrt{N_d / (E \cdot I)_d}$ $\quad$ Diese Bedingung muß für alle Stäbe erfüllt sein.

N_d: Normalkraft (als Druckkraft positiv)
$\bar{\lambda}_k$: bezogener Schlankheitsgrad
λ_a: Bezugsschlankheitsgrad; St 37: $\lambda_a = 92{,}9$; St 52: $\lambda_a = 75{,}9$

β: Knicklängenbeiwert
l: Systemlänge
ε: Stabkennzahl

Beispiel:

Profil: HEA 400; St 37
$N_d = 700$ kN
$l = 500$ cm
$\beta_y = 2$
Ausweichen senkrecht zur z-Achse sei ausgeschlossen.

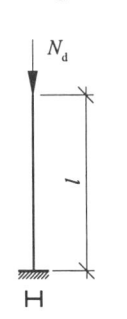

Bedingung a):

$N_{ki,d} = \dfrac{\pi^2 \cdot 21\,000 \cdot 45\,070}{2^2 \cdot 500^2 \cdot 1{,}1} = 8\,492$ kN

$\dfrac{N_d}{0{,}1 \cdot N_{ki,d}} = \dfrac{700}{0{,}1 \cdot 8\,492} = 0{,}82 < 1$

Bedingung b):

$\lambda_a = \pi \sqrt{21\,000 / 24} = 92{,}93$
$\lambda_k = 2 \cdot 500 / 16{,}8 = 59{,}52$
$\bar{\lambda}_k = 59{,}52 / 92{,}93 = 0{,}641$
$\sigma_{N,d} = 700 / 159 = 4{,}40$ kN/cm²; $f_{y,d} = 24 / 1{,}1 = 21{,}8$ kN/cm²
$\bar{\lambda}_k / (0{,}3 \sqrt{f_{y,d} / \sigma_{N,d}}) = 0{,}641 / (0{,}3 \sqrt{21{,}8 / 4{,}40}) = 0{,}96 < 1$

Bedingung c):

$\varepsilon = 500 \sqrt{700 / (21\,000 \cdot 45\,070 / 1{,}1)} = 0{,}451$
$\beta \cdot \varepsilon = 2 \cdot 0{,}451 = 0{,}90 < 1$

Bei diesem Beispiel ist der Biegeknicknachweis nach DIN 18 800 Teil 2 (11.90) nicht erforderlich.

- **Biegedrillknicknachweis**
  Der Nachweis nach DIN 18 800 Teil 2 darf entfallen
  – bei Stäben mit Hohlquerschnitt
  – wenn Stäbe mit I-förmigem Querschnitt nur durch ein Biegemoment M_z beansprucht sind
  – wenn bei einfachsymmetrischen Querschnitten (Symmetrie zur z-Achse), die durch ein Biegemoment M_y beansprucht sind, der Druckgurt im Abstand c seitlich unverschieblich gehalten und die folgende Bedingung erfüllt ist:

  $$\boxed{c \leq 0{,}5\, \lambda_a \cdot i_{z,g} \cdot M_{pl,y,d} / M_{y,d}}$$

  $i_{z,g}$: Trägheitsradius um die Stegachse z der aus Druckgurt und 1/5 des Steges gebildeten Querschnittsfläche (siehe Tafel 8.33)
  $M_{pl,y,d}$: Biegemoment im plastischen Zustand (siehe Tafel 8.19a)
  $M_{y,d}$: größter Absolutwert des Biegemoments

  Beispiel:
  Profil: IPEa 500; St 37
  $G_d + Q_d = 30$ kN/m; $c = 250$ cm
  Der Druckgurt ist an den Auflagern sowie in den Punkten 1, 2 und 3 seitlich unverschieblich gehalten.

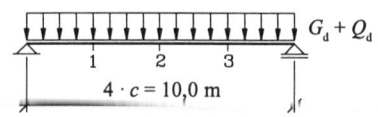

  $4 \cdot c = 10{,}0$ m

  $M_{y,d} = 30 \cdot 10^2 / 8 = 375$ kNm
  $M_{pl,y,d} = 430$ kNm
  $i_{z,g} = 5{,}0$ cm
  $\lambda_a = 92{,}93$
  $0{,}5 \cdot 92{,}93 \cdot 5{,}0 \cdot 430 / 375 = 266$ cm
  $c = 250 < 266$ cm

  Der Biegedrillknicknachweis nach DIN 18 800 Teil 2 (11.90) kann bei diesem System entfallen.

- **Betriebsfestigkeitsnachweis**
  Auf den Betriebsfestigkeitsnachweis darf verzichtet werden
  – wenn als veränderliche Einwirkungen neben Schnee, Temperatur und Verkehrslasten nach DIN 1055 Teil 3 (6.71) nur Windlasten auftreten, die das Bauwerk nicht periodisch anfachen
  – wenn eine der folgenden Bedingungen erfüllt ist:
    a) $\Delta\sigma_d < 26$ N/mm²
    b) $n < 5 \cdot 10^6 \cdot (26 / \Delta\sigma_d)^3$

  $\Delta\sigma_d = \max \sigma_d - \min \sigma_d$: Spannungsschwingbreite in N/mm² unter den Bemessungswerten der veränderlichen Einwirkungen für den Tragsicherheitsnachweis
  n: Anzahl der Spannungsspiele

  Bei der Berechnung von $\Delta\sigma_d$ brauchen die o. a. veränderlichen Einwirkungen nicht berücksichtigt zu werden. Wenn mehrere veränderliche Einwirkungen auftreten, darf $\Delta\sigma_d$ für die einzelnen Einwirkungen getrennt berechnet werden.

3 Trag-, Lage- und Gebrauchstauglichkeitsnachweise nicht stabilitätsgefährdeter Bauteile

3.1 Nachweisverfahren Elastisch-Elastisch (E-E)

- **Ermittlung der Beanspruchungen**
  Beim Nachweisverfahren E-E sind die Beanspruchungen nach der Elastizitätstheorie zu ermitteln.

- **Ermittlung der Grenzwerte grenz (b/t) der Querschnittsteile**
  Bei Einhaltung der Werte grenz (b/t) ist das volle Mitwirken der Querschnittsteile unter Druckspannungen gewährleistet. Ein Nachweis ausreichender Beulsicherheit nach DIN 18 800 Teil 3 (11.90) ist in diesem Fall nicht erforderlich. Die Querschnitte werden in ein- bzw. zweiseitig gelagerte Plattenstreifen eingeteilt und nachgewiesen.

- **Zweiseitig gelagerte Plattenstreifen** z. B. Stege von Walz-, Schweiß- und Hohlprofilen

  Lagerung: Spannungsverteilung: 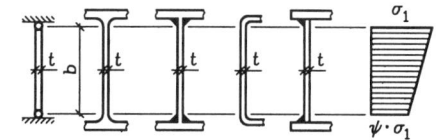

  σ_1: größte Druckspannung im betrachteten Plattenstreifen in N/mm²
  ψ: Spannungsverhältnis (Druck: positiv; Zug: negativ)

Walzprofile: $b = h - (2 \cdot t + 2 \cdot r)$; Schweißprofile: $b = h - (2 \cdot t + 2 \cdot a \cdot \sqrt{2})$; Bedeutung der Abmessungen h, t und r nach Abschnitt 10; a: Kehlnahtdicke nach Abschnitt 5

Für $\boxed{-1 < \psi \leq 0}$ gilt: grenz $(b/t) = 420{,}4 \sqrt{(7{,}81 - 6{,}29 \cdot \psi + 9{,}78 \cdot \psi^2) \cdot \dfrac{1}{\sigma_1 \cdot \gamma_M}}$; mit σ_1 in N/mm²

Für $\boxed{0 < \psi \leq 1}$ gilt: grenz $(b/t) = 420{,}4 \,(1 - 0{,}278 \cdot \psi - 0{,}025 \,\psi^2) \sqrt{\dfrac{8{,}2}{\psi + 1{,}05} \cdot \dfrac{1}{\sigma_1 \cdot \gamma_M}}$

Sonderfälle:

$M_y = 0$; $N \neq 0$ (reine Druckbeanspruchung) | $M_y \neq 0$; $N = 0$ (reine Biegebeanspruchung)

$\boxed{\psi = 1}$ grenz $(b/t) = 37{,}8 \sqrt{\dfrac{240}{\sigma_1 \cdot \gamma_M}}$ | $\boxed{\psi = -1}$ grenz $(b/t) = 133 \sqrt{\dfrac{240}{\sigma_1 \cdot \gamma_M}}$

Tafel 8.11 grenz (b/t) zweiseitig gelagerter Plattenstreifen mit $t \leq 40$ mm und $\sigma_1 = \sigma_{R,d}$

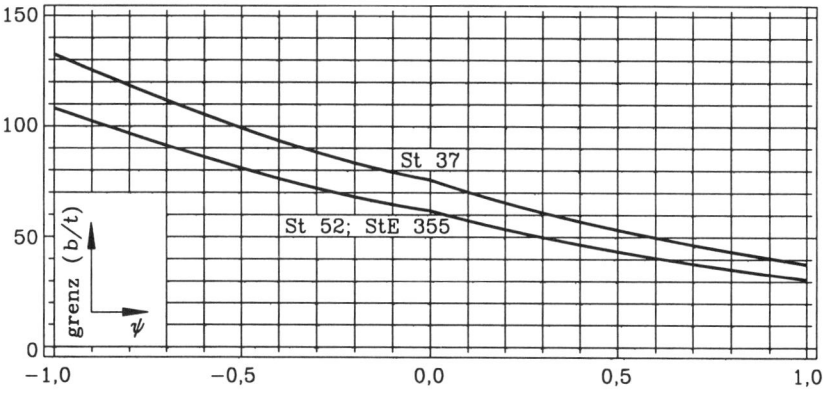

● **Nachweis:**

$$\text{vorh } (b/t) \leq \text{grenz } (b/t)$$

vorh (b/t) für I-förmige Walzprofile siehe Tafel 8.12

Beispiel:

Profil IPE 500, St 37
Beanspruchungen:
$M_{y,d} = 340$ kNm
$N_{x,d} = 470$ kN (Druck)

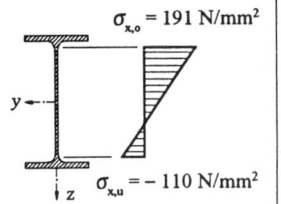

$\sigma_{x,o} = 191$ N/mm²

$\sigma_{x,u} = -110$ N/mm²

Berechnung der Normalspannungen siehe Seite 8.14
$\sigma_1 = \sigma_{x,o} = 191$ N/mm²
$\psi = \sigma_{x,u} / \sigma_{x,o} = -110 / 191 = -0,58$
Berechnung von grenz (b/t):

$$420,4 \sqrt{[7,81 - 6,29 \cdot (-0,58) + 9,78 \cdot (-0,58)^2] \cdot \frac{1}{191 \cdot 1,1}}$$

grenz $(b/t) = 111$ (siehe auch Tafel 8.11)
vorh $(b/t) = \underline{41,8 \leq 111}$ (vorh $(b/t)_{\text{Steg}}$ nach Tafel 8.12)

Ein Nachweis der Beulsicherheit nach DIN 18 800 Teil 3 (11.90) ist in diesem Fall nicht erforderlich.

Tafel 8.12 Verhältnisse vorh (b/t) zum Nachweis der Schlankheit des Steges von Walzprofilen $\qquad$ vorh $(b/t)_{\text{Steg}}$

Nenn-höhe	I	IPEa	IPE	IPEo	IPEv	HEAA	HEA	HEB	HEM
80	15,1	-	15,7	-	-	-	-	-	-
100	16,7	-	18,2	-	-	13,3	11,2	9,33	4,67
120	18,0	24,6	21,2	-	-	17,6	14,8	11,4	5,92
140	19,1	29,5	23,9	-	-	21,4	16,7	13,1	7,08
160	19,8	31,8	25,4	-	-	23,1	17,3	13,0	7,43
180	20,6	34,0	27,5	24,3	-	24,4	20,3	14,4	8,41
200	21,2	35,3	28,4	25,6	-	24,4	20,6	14,9	8,93
220	21,7	35,5	30,1	26,9	-	25,3	21,7	16,0	9,81
240	22,1	36,6	30,7	27,2	-	25,2	21,9	16,4	9,11
260	22,1	-	-	-	-	27,2	23,6	17,7	9,83
270	-	39,9	33,3	29,3	-	-	-	-	-
280	22,3	-	-	-	-	28,0	24,5	18,7	10,6
300	22,3	40,8	35,0	31,1	-	27,7	24,5	18,9	9,90
320	22,4	-	-	-	-	28,1	25,0	19,6	10,7
330	-	41,7	36,1	31,9	-	-	-	-	-
340	22,5	-	-	-	-	28,6	25,6	20,3	11,6
360	22,3	45,2	37,3	32,5	-	29,0	26,1	20,9	12,4
400	22,4	47,3	38,5	34,1	31,2	31,4	27,1	22,1	14,2
450	22,4	49,8	40,3	34,4	30,5	34,4	29,9	24,6	16,4
500	22,4	50,7	41,8	35,5	30,0	37,1	32,5	26,9	18,6
550	23,4	52,0	42,1	36,8	27,3	38,1	35,0	29,2	20,9
600	22,5	52,4	42,8	34,3	28,6	40,5	37,4	31,4	23,1
650	-	-	-	-	-	42,7	39,6	33,4	25,4
700	-	-	-	-	-	44,8	40,1	34,2	27,7
800	-	-	-	-	-	48,1	44,9	38,5	32,1
900	-	-	-	-	-	51,3	48,1	41,6	36,7
1000	-	-	-	-	-	54,3	52,6	45,7	41,3
	vorh $(b/t)_{\text{Steg}} = (h - 2 \cdot t - 2 \cdot r) / s$								

8.12

- **Einseitig gelagerte Plattenstreifen z. B. Flansche von Walz- und Schweißprofilen**

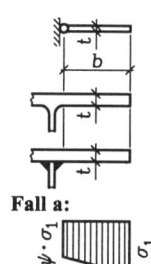

Fall a: Größte Druckspannung am freien Rand (siehe Tafel 8.13a)

Für $\boxed{-1 \leq \psi \leq 1}$ gilt: grenz $(b/t) = 305\sqrt{\dfrac{0{,}57 - 0{,}21 \cdot \psi + 0{,}07 \cdot \psi^2}{\sigma_1 \cdot \gamma_M}}$

Fall b: Größte Druckspannung am gelagerten Rand (siehe Tafel 8.13b)

Für $\boxed{-1 \leq \psi < 0}$ gilt: grenz $(b/t) = 305\sqrt{\dfrac{1{,}7 - 5 \cdot \psi + 17{,}1 \cdot \psi^2}{\sigma_1 \cdot \gamma_M}}$

Für $\boxed{0 \leq \psi \leq 1}$ gilt: grenz $(b/t) = 305\sqrt{\dfrac{0{,}578}{\psi + 0{,}34} \cdot \dfrac{1}{\sigma_1 \cdot \gamma_M}}$

σ_1: Größte Druckspannung im betrachteten Plattenstreifen in N/mm²
ψ: Spannungsverhältnis (Druck: positiv; Zug: negativ)

Tafel 8.13a grenz (b/t) einseitig gelagerter Plattenstreifen mit $t \leq 40$ mm und $\sigma_1 = \sigma_{R,d}$
Fall a) Größte Druckspannung am freien Rand

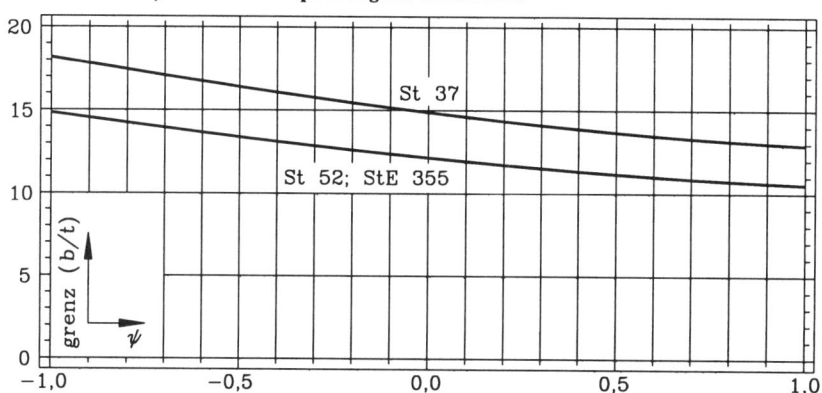

Tafel 8.13b grenz (b/t) einseitig gelagerter Plattenstreifen mit $t \leq 40$ mm und $\sigma_1 = \sigma_{R,d}$
Fall b) Größte Druckspannung am gelagerten Rand

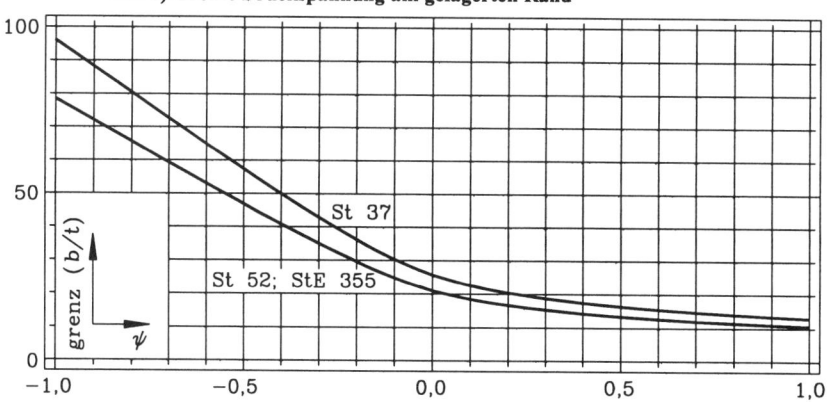

8.13

- **Nachweis:** $\text{vorh}\,(b/t) \leq \text{grenz}\,(b/t)$

Tafel 8.14 Verhältnisse vorh (b/t) zum Nachweis der Schlankheit des Flansches von Walzprofilen

$\text{vorh}\,(b/t)_{\text{Flansch}}$

Nenn-höhe	I	IPEa	IPE	IPEo	IPEv	HEAA	HEA	HEB	HEM
80	2,57	-	3,10	-	-	-	-	-	-
100	2,68	-	3,24	-	-	6,53	4,44	3,50	1,75
120	2,77	4,53	3,62	-	-	8,35	5,69	4,07	2,13
140	2,84	4,93	3,93	-	-	9,31	6,50	4,54	2,48
160	2,90	5,08	3,99	-	-	8,96	6,89	4,69	2,65
180	2,95	5,28	4,23	3,78	-	9,67	7,58	5,05	2,95
200	2,99	5,11	4,14	3,78	-	9,91	7,88	5,17	3,10
220	3,02	5,26	4,35	3,99	-	10,5	8,05	5,45	3,36
240	3,05	5,11	4,28	3,94	-	10,6	7,94	5,53	2,94
260	3,01	-	-	-	-	10,8	8,18	5,77	3,11
270	-	5,72	4,82	4,04	-	-	-	-	-
280	2,92	-	-	-	-	11,3	8,62	6,15	3,36
300	2,86	6,19	5,28	4,49	-	11,4	8,48	6,18	3,01
320	2,79	-	-	-	-	10,8	7,65	5,72	2,93
330	-	5,88	5,07	4,35	-	-	-	-	-
340	2,74	-	-	-	-	10,3	7,17	5,44	2,93
360	2,67	5,54	4,96	4,31	-	9,88	6,74	5,19	2,91
400	2,59	5,46	4,79	4,20	3,70	9,10	6,10	4,01	2,90
450	2,50	5,36	4,75	3,95	3,56	8,74	5,58	4,46	2,90
500	2,43	5,16	4,62	3,89	3,21	8,41	5,09	4,13	2,89
550	2,38	4,87	4,39	3,75	2,99	7,82	4,86	3,98	2,89
600	2,32	4,63	4,21	3,35	2,89	7,55	4,66	3,84	2,88
650	-	-	-	-	-	7,30	4,47	3,71	2,88
700	-	-	-	-	-	6,85	4,29	3,58	2,86
800	-	-	-	-	-	6,28	4,02	3,37	2,78
900	-	-	-	-	-	5,63	3,73	3,16	2,76
1000	-	-	-	-	-	5,33	3,60	3,07	2,76

$\text{vorh}\,(b/t)_{\text{Flansch}} = (b/2 - s/2 - r)/t$

- **Normalspannung**
- Normalspannung an einer beliebigen Querschnittsstelle: $\quad \sigma_x = \dfrac{N}{A} + \dfrac{M_y}{I_y} \cdot z - \dfrac{M_z}{I_z} \cdot y$

- Maximale Normalspannung bei doppeltsymmetrischen Querschnitten: $\quad \sigma_x = \dfrac{N}{A} \pm \dfrac{M_y}{W_y} \pm \dfrac{M_z}{W_z}$

- Erlaubnis örtlich begrenzter Plastizierung für Stäbe mit doppeltsymmetrischem I-Querschnitt: Wenn für diese Querschnitte die Nachweise vorh $(b/t) \leq$ grenz (b/t) nach dem Verfahren E-P (siehe Seite 8.17) erfüllt sind, darf die Normalspannung σ_x wie folgt berechnet werden:

$$\sigma_x = \left| \dfrac{N}{A} \pm \dfrac{M_y}{\alpha^*_{\text{pl},y} \cdot W_y} \pm \dfrac{M_z}{\alpha^*_{\text{pl},z} \cdot W_z} \right|$$

Für α^*_{pl} ist der jeweilige plastische Formbeiwert $\alpha_{\text{pl}} \leq 1{,}25$ einzusetzen. Für gewalzte I-Profile darf $\alpha^*_{\text{pl},y} = 1{,}14$ und $\alpha^*_{\text{pl},z} = 1{,}25$ angenommen werden.

Nachweis: $\boxed{\sigma_d / \sigma_{R,d} \leq 1}$ bzw. $\boxed{\sigma_d / (1{,}1 \cdot \sigma_{R,d}) \leq 1\ ^{1)}}$ Grenznormalspannung

$\sigma_{R,d} = f_{y,k} / \gamma_M$

Fußnoten siehe Seite 8.15 unten

● **Schubspannung**

Für doppelsymmetrische I-Profile mit ausgeprägten Flanschen darf die Schubspannung infolge Querkraft V_z wie folgt berechnet werden:

$\tau = V_z / A_{Steg}$ (mittlere Schubspannung) mit $A_{Steg} = (h-t) \cdot s$ nach Tafel 8.16

Ausgeprägte Flansche liegen vor, wenn die Bedingung $A_{Gurt} / A_{Steg} > 0{,}6$ erfüllt ist. Für A_{Gurt} ist die Querschnittsfläche eines Gurtes bzw. Flansches einzusetzen.

Die maximale Schubspannung infolge V_z und V_y kann nach der Theorie für dünnwandige Querschnitte an den in der Skizze angegebenen Querschnittsstellen wie folgt bestimmt werden:

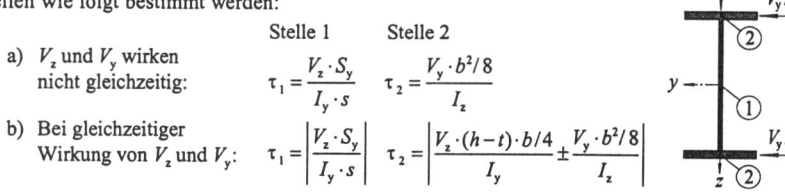

         Stelle 1   Stelle 2

a) V_z und V_y wirken nicht gleichzeitig: $\tau_1 = \dfrac{V_z \cdot S_y}{I_y \cdot s}$ $\tau_2 = \dfrac{V_y \cdot b^2 / 8}{I_z}$

b) Bei gleichzeitiger Wirkung von V_z und V_y: $\tau_1 = \left| \dfrac{V_z \cdot S_y}{I_y \cdot s} \right|$ $\tau_2 = \left| \dfrac{V_z \cdot (h-t) \cdot b/4}{I_y} \pm \dfrac{V_y \cdot b^2/8}{I_z} \right|$

Nachweis: $\boxed{\tau_d / \tau_{R,d} \leq 1}$ bzw. $\boxed{\tau_d / (1{,}1 \cdot \tau_{R,d}) \leq 1}$ [1])   Grenzschubspannung

$$\tau_{Rd} = f_{y,k} / (\sqrt{3} \cdot \gamma_M)$$

● **Vergleichsspannung** (bei gleichzeitiger Wirkung mehrerer Spannungen)

– Allgemein gilt: $\sigma_v = \sqrt{\sigma_x^2 + \sigma_y^2 + \sigma_z^2 - \sigma_x \cdot \sigma_y - \sigma_x \cdot \sigma_z - \sigma_y \cdot \sigma_z + 3\tau_{xy}^2 + 3\tau_{xz}^2 + 3\tau_{yz}^2}$

– Für doppelsymmetrische Profile mit I-Querschnitt und den Beanspruchungen N, M_y und V_z darf die Vergleichsspannung wie folgt berechnet werden:

$\sigma_v = \sqrt{\sigma^2 + 3\tau^2}$ mit $\sigma = \left| \dfrac{N}{A} \pm \dfrac{M_y}{I_y} \cdot \dfrac{h-t}{2} \right|$ und $\tau = V_z / A_{Steg}$ für $A_{Gurt} / A_{Steg} > 0{,}6$

Nachweis: $\boxed{\sigma_{v,d} / \sigma_{R,d} \leq 1}$ Bei alleiniger Wirkung von σ_x und τ oder σ_y und τ ist der Nachweis erfüllt, wenn $\sigma_d / \sigma_{R,d} \leq 0{,}5$ oder $\tau_d / \tau_{R,d} \leq 0{,}5$ ist.

Erlaubnis örtlich begrenzter Plastizierung

– Allgemein darf in kleinen Bereichen die Vergleichsspannung $\sigma_{v,d}$ rechnerisch die Grenzspannung $\sigma_{R,d}$ um 10 % überschreiten. Für Stäbe mit Normalkraft und zweiachsiger Biegung kann ein kleiner Bereich unterstellt werden, wenn gleichzeitig gilt:

$$\left| \dfrac{N}{A} + \dfrac{M_y}{I_y} \cdot z \right| \leq 0{,}8 \cdot \sigma_{R,d} \quad \text{und} \quad \left| \dfrac{N}{A} + \dfrac{M_z}{I_z} \cdot y \right| \leq 0{,}8 \cdot \sigma_{R,d}$$

Nachweis: $\boxed{\sigma_{v,d} / (1{,}1 \cdot \sigma_{R,d}) \leq 1}$

Der Vergleichsspannungsnachweis ist nicht maßgebend bei

– Einfeldträgern mit Beanspruchung aus Gleichstreckenlast, wenn am Auflager der Schubspannungsnachweis und bei $l/2$ der Normalspannungsnachweis erfüllt ist
– Rechteck- oder T-Querschnitten mit den Beanspruchungen M_y und V_z. Derartige Querschnitte liegen z. B. bei Trägerausklinkungen vor.

---

[1]) Nach DIN 18 800-1/A1 (2.96) darf die Grenzspannung um 10 % erhöht werden, wenn die Erlaubnis örtlich begrenzter Plastizierung nicht in Anspruch genommen wird und kein Stabilitätsnachweis nach folgenden Normteilen zu führen ist:
Teil 2 → Prüfung anhand der Abgrenzungskriterien auf Seite 8.9 bis 8.10;
Teil 3 → Nachweis vorh $(b/t) \leq$ grenz (b/t) nach Seite 8.11 bis 8.14;
Teil 4 → Nachweis vorh $(d/t) \leq$ grenz (d/t) nach DIN 18 800-1 Tabelle 14.

Tafel 8.16 Querschnittsfläche A_{Steg} in cm² zur Berechnung der mittleren Schubspannung τ für Walzprofile mit Beanspruchung durch V_z

A_{Steg}

Nennhöhe	I	IPEa	IPE	IPEo	IPEv	HEAA	HEA	HEB	HEM
80	2,89	-	2,84	-	-	-	-	-	-
100	4,19	-	3,87	-	-	3,59	4,40	5,40	12,0
120	5,73	4,27	5,00	-	-	4,35	5,30	7,09	14,9
140	7,49	5,01	6,26	-	-	5,25	6,85	8,96	17,9
160	9,48	6,04	7,63	-	-	6,35	8,58	11,8	22,0
180	11,7	7,33	9,12	10,4	-	7,98	9,69	14,1	25,5
200	14,2	8,55	10,7	11,9	-	9,79	11,7	16,6	29,3
220	16,8	10,5	12,4	14,0	-	11,8	13,9	19,4	33,2
240	19,7	11,9	14,3	16,2	-	14,0	16,4	22,3	42,8
260	23,1	-	-	-	-	15,2	17,8	24,3	46,4
270	-	14,2	17,1	19,6	-	-	-	-	-
280	26,7	-	-	-	-	17,8	20,6	27,5	51,2
300	30,7	17,6	20,5	23,3	-	20,4	23,5	30,9	63,2
320	34,8	-	-	-	-	23,2	26,5	34,4	67,0
330	-	20,6	23,9	27,2	-	-	-	-	-
340	39,2	-	-	-	-	26,2	29,8	38,2	70,8
360	44,3	22,8	27,8	32,1	-	29,4	33,3	42,2	74,6
400	54,5	27,0	33,2	37,7	41,4	34,7	40,8	50,8	82,3
450	69,0	33,0	40,9	48,2	54,6	41,2	48,2	59,4	92,0
500	83,1	40,3	49,4	50,1	69,7	48,1	56,0	68,1	102
550	98,8	47,8	59,1	68,0	92,5	58,3	64,5	78,2	112
600	123	56,8	69,7	87,9	106	66,7	73,5	88,3	122
650	-	-	-	-	-	75,5	82,9	99,0	132
700	-	-	-	-	-	84,9	96,1	114	142
800	-	-	-	-	-	105	114	134	163
900	-	-	-	-	-	128	138	160	183
1000	-	-	-	-	-	152	158	183	203

$A_{Steg} = (h - t) \cdot s$ (bei *kursiv* gedruckten Werten ist $A_{Gurt} / A_{Steg} \leq 0{,}6$)

Beispiel:

IPE 400; St 37
2,0 m | 2,0 m | 2,0 m
F_d | q_d | F_d

Bemessungswerte der Einwirkungen

$F_d = 112$ kN; $q_d = 6{,}3$ kN/m

Auflager- und Schnittgrößen

$A_d = \max V_{z,d} = 112 + 6{,}3 \cdot 3{,}0 = 130{,}90$ kN
$V_{z,d}(x = 2{,}0) = 130{,}9 - 6{,}3 \cdot 2{,}0 = 118{,}30$ kN
$M_{y,d}(x = 2{,}0) = 130{,}9 \cdot 2{,}0 - 6{,}3 \cdot 2{,}0^2 / 2 = 249{,}20$ kNm
$\max M_{y,d} = 130{,}9 \cdot 3{,}0 - 112 \cdot 1{,}0 - 6{,}3 \cdot 3{,}0^2 / 2 = 252{,}35$ kNm

Tragsicherheitsnachweis nach dem Verfahren E - E

Schubspannungsnachweis an der Stelle $x = 0$:
$\tau_{R,d} = 24 / (\sqrt{3} \cdot 1{,}1) = 12{,}6$ kN/cm²
$\tau_d = 130{,}9/33{,}2 = 3{,}94$ kN/cm² (mit $A_{Steg} = 33{,}2$ cm² nach Tafel 8.16); $\tau_d / \tau_{R,d} = 3{,}94 / 12{,}6 = 0{,}31 < 1$

Normalspannungsnachweis an der Stelle $x = 3{,}0$:
$\sigma_{R,d} = 24 / 1{,}1 = 21{,}8$ kN/cm²
$\sigma_d = 252{,}35 \cdot 10^2 / 1160 = 21{,}75$ kN/cm² (mit $W_y = 1166$ cm³); $\sigma_d / \sigma_{R,d} = 21{,}75 / 21{,}8 = 0{,}98 < 1$

Ein Vergleichsspannungsnachweis an der Stelle $x = 2{,}0$ ist nicht erforderlich, da hier das Verhältnis $\tau_d / \tau_{R,d} < 0{,}5$ ist.

3.2 Nachweisverfahren Elastisch-Plastisch (E-P)

- **Ermittlung der Beanspruchungen**
  Beim Verfahren E-P sind die Beanspruchungen nach der Elastizitätstheorie und die Beanspruchbarkeiten unter Ausnutzung plastischer Tragfähigkeiten zu ermitteln.

  Ermittlung der Grenzwerte grenz (b/t) der Querschnittsteile
  Bei Einhaltung der Werte grenz (b/t) ist das volle Mitwirken der Querschnittsteile unter Druckspannungen gewährleistet. Ein Nachweis ausreichender Beulsicherheit nach DIN 18 800 Teil 3 (11.90) ist in diesem Fall nicht erforderlich. Für Bereiche, in denen die Schnittgrößen nicht größer als die elastischen Grenzschnittgrößen sind, darf der Nachweis nach dem Verfahren E-E geführt werden. Die Querschnitte werden in ein- bzw. zweiseitig gelagerte Plattenstreifen aufgeteilt und nachgewiesen.

- **Zweiseitig gelagerte Plattenstreifen** z. B. Stege von Walz-, Schweiß- und Hohlprofilen

  Lagerung: Spannungsverteilung:
  $f_{y,d} = f_{y,k} / \gamma_M$ (Druck)

  Allgemein gilt:

  $$\text{grenz}\,(b/t) = \frac{37}{\alpha} \sqrt{\frac{240}{f_{y,k}}}$$

  $f_{y,d} = f_{y,k} / \gamma_M$ (Zug)

  mit $f_{y,k}$ in N/mm²

  Sonderfälle:
  - Reine Druckbeanspruchung

    $\boxed{\alpha = 1}$ Für St 37 und $t \leq 40$ gilt: grenz $(b/t) = 37$
    Für St 52, StE 355 und $t \leq 40$ gilt: grenz $(b/t) = 30{,}2$
  - Beanspruchung $M_{y,d}$ und $M_{z,d}$ bei doppeltsymmetrischen I-Profilen

    $\boxed{\alpha = 0{,}5}$ Für St 37 und $t \leq 40$ gilt: grenz $(b/t) = 74$
    Für St 52, StE 355 und $t \leq 40$ gilt: grenz $(b/t) = 60{,}4$
  - Beanspruchung N_d, $M_{y,d}$ und $M_{z,d}$ bei doppeltsymmetrischen I-Profilen

    $\boxed{0 < \alpha \leq 1}$ $\alpha = \frac{1}{2} \cdot \left[1 + \frac{N_d}{f_{y,k} / \gamma_M \cdot (h - 2t - 2r) \cdot s} \right]$ N_d ist als Druckkraft positiv und als Zukraft negativ einzusetzen.

- **Nachweis:** $\boxed{\text{vorh}\,(b/t) \leq \text{grenz}\,(b/t)}$ vorh $(b/t)_{\text{Steg}}$ für I-förmige Walzprofile siehe Tafel 8.12

- **Einseitig gelagerte Plattenstreifen** z. B. Flansche von Walz- und Schweißprofilen

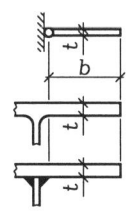

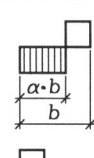

  Fall a) Druckspannung $f_{y,k} / \gamma_M$ am gelagerten Rand:

  $$\text{grenz}\,(b/t) = \frac{11}{\alpha \cdot \sqrt{\alpha}} \sqrt{\frac{240}{f_{y,k}}}$$

  Fall b) Druckspannung $f_{y,k} / \gamma_M$ am freien Rand:

  $$\text{grenz}\,(b/t) = \frac{11}{\alpha} \sqrt{\frac{240}{f_{y,k}}}$$

- **Nachweis:**

  $\boxed{\text{vorh}\,(b/t) \leq \text{grenz}\,(b/t)}$ vorh $(b/t)_{\text{Flansch}}$ für I-förmige Walzprofile siehe Tafel 8.14

- **Spannungsverteilung und Grenzschnittgrößen im vollplastischen Zustand**
  Für die Berechnung der Grenzschnittgrößen von Stabquerschnitten im vollplastischen Zustand gelten folgende Annahmen:
  - Linearelastische-idealplastische Spannungs-Dehnungs-Beziehung des Werkstoffes mit der Streckgrenze $f_{y,d} = f_{y,k} / \gamma_M$
  - Ebenbleiben der Querschnitte und Fließbedingung nach Seite 8.15 (Vergleichsspannung).

  Die Grenzbiegemomente sind im allgemeinen für einen beliebigen Querschnitt auf den 1,25fachen Wert des Grenzbiegemomentes im elastischen Zustand zu begrenzen.
  Für gewalzte I-Profile gilt: $M_{pl,y,d} < 1{,}25 \cdot \sigma_{R,d} \cdot W_y$ und $M_{pl,z,d} \geq 1{,}25 \cdot \sigma_{R,d} \cdot W_z \to$ die o. a. Begrenzung ist für $M_{pl,z,d}$ zu berücksichtigen. Ausgenommen sind Einfeld- und Durchlaufträger mit konstantem Querschnitt.

Grenzschnittgrößen :

a) $N_{pl,d} = \sigma_{R,d} \cdot A$

b) $M_{pl,y,d}{}^{1)} = \sigma_{R,d} \cdot W_{pl,y} = \sigma_{R,d} \cdot 2 \cdot S_y$

c) $V_{pl,z,d} = \tau_{R,d} \cdot (h - t) \cdot s$

d) $M_{pl,z,d} = \sigma_{R,d} \cdot W_{pl,z}$

e) $V_{pl,y,d} = \tau_{R,d} \cdot 2 \cdot b \cdot t$

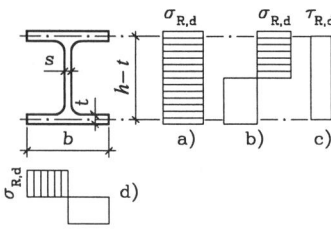

¹) Für gewalzte I-Profile darf $M_{pl,y,d} = 1{,}14 \cdot \sigma_{R,d} \cdot W_y$ angenommen werden.
Die Werte in Tafel 8.19a sind wie folgt ermittelt: $M_{pl,y,d} = \max(\sigma_{R,d} \cdot 2 \cdot S_y;\ 1{,}14 \cdot \sigma_{R,d} \cdot W_y)$.

Tafel 8.18 Normalkraft im plastischen Zustand in kN für Walzprofile aus St 37 (für St 52 und StE 355 gelten die 1,5fachen Werte) $N_{pl,d}$

Nennhöhe	IPEa	IPE	IPEo	IPEv	HEAA	HEA	HEB	HEM
80	-	167	-	-	-	-	-	-
100	-	225	-	-	340	463	568	1 160
120	241	288	-	-	405	553	742	1 450
140	292	358	-	-	502	685	937	1 760
160	353	438	-	-	662	846	1 180	2 120
180	427	521	591	-	797	987	1 420	2 470
200	512	622	697	-	963	1 170	1 700	2 860
220	617	728	816	-	1 120	1 400	1 990	3 260
240	727	853	954	-	1 320	1 680	2 310	4 360
260	-	-	-	-	1 510	1 890	2 580	4 790
270	854	1 000	1 170	-	-	-	-	-
280	-	-	-	-	1 700	2 120	2 870	5 240
300	1 010	1 170	1 370	-	1 940	2 460	3 250	6 610
320	-	-	-	-	2 060	2 710	3 520	6 810
330	1 190	1 370	1 580	-	-	-	-	-
340	-	-	-	-	2 190	2 910	3 730	6 890
360	1 400	1 590	1 840	-	2 330	3 120	3 940	6 960
400	1 590	1 840	2 100	2 330	2 570	3 470	4 320	7 110
450	1 870	2 160	2 570	2 880	2 770	3 880	4 760	7 320
500	2 210	2 520	2 980	3 580	2 990	4 310	5 210	7 510
550	2 560	2 930	3 400	4 410	3 340	4 620	5 540	7 730
600	2 990	3 400	4 290	5 100	3 580	4 940	5 890	7 930

Tafel 8.19a Biegemoment im plastischen Zustand in kNm für Walzprofile $M_{pl,y,d}$
aus St 37 (für St 52 und StE 355 gelten die 1,5fachen Werte)

Nenn-höhe	IPEa	IPE	IPEo	IPEv	HEAA	HEA	HEB	HEM
80	-	5,06	-	-	-	-	-	-
100	-	8,60	-	-	12,9	18,1		51,5
120	10,9	13,3	-	-	18,9	26,4		76,4
140	15,7	19,3	-	-	27,9	38,6		108
160	21,8	27,1	-	-	43,0	54,7		147
180	29,8	36,3	41,3	-	58,7	73,1		193
200	40,3	48,3	54,5	-	78,8	96,8		248
220	53,2	62,7	70,3	-	101	128		310
240	69,1	80,6	89,8	-	130	168		463
260	-	-	-	-	163	208		550
270	91,5	107	126	-	-	-		-
280	-	-	-	-	199	251		646
300	120	139	164	-	243	313		890
320	-	-	-	-	271	368		969
330	156	177	207	-	-	-		-
340	-	-	-	-	303	418		1 030
360	202	225	261	-	338	470		1 090
400	254	289	328	368	410	575		1 220
450	331	373	445	502	490	721		1 380
500	430	480	572	689	577	883		1 550
550	545	607	711	916	694	1 030		1 730
600	691	768	977	1 160	801	1 190		1 920

Tafel 8.19b Biegemoment im plastischen Zustand in kNm für Walzprofile $M_{pl,z,d}$
aus St 37 (für St 52 und StE 355 gelten die 1,5fachen Werte)

Nenn-höhe	IPEa	IPE	IPEo	IPEv	HEAA	HEA	HEB	HEM
80	-	1,27	-	-	-	-	-	-
100	-	2,00	-	-	6,21	8,98	11,2	25,4
120	2,40	2,96	-	-	8,86	12,8	17,7	37,4
140	3,39	4,20	-	-	13,1	18,5	26,1	52,5
160	4,52	5,69	-	-	19,9	25,7	37,1	71,0
180	6,10	7,55	8,71	-	27,0	34,1	50,4	92,8
200	7,97	9,73	11,3	-	35,6	44,5	66,7	119
220	10,6	12,7	14,6	-	45,7	59,0	85,9	148
240	13,6	16,1	18,4	-	57,7	76,7	109	219
260	-	-	-	-	71,5	93,9	132	260
270	18,0	21,2	25,7	-	-	-	-	-
280	-	-	-	-	87,1	113	157	305
300	23,4	27,3	33,3	-	105	140	190	417
320	-	-	-	-	110	155	205	426
330	29,1	33,5	40,4	-	-	-	-	-
340	-	-	-	-	115	165	215	426
360	37,5	41,7	49,5	-	121	175	225	424
400	44,1	50,0	58,7	66,3	131	190	241	422
450	53,6	60,3	74,4	84,9	136	211	261	423
500	65,8	73,3	89,1	111	142	231	282	422
550	78,9	87,4	105	138	152	242	293	423
600	96,5	106	140	170	158	252	304	421

8 Stahlbau

Tafel 8.20a Querkraft im plastischen Zustand in kN für Walzprofile aus St 37 (für St 52 und StE 355 gelten die 1,5fachen Werte) $V_{pl,z,d}$

Nenn-höhe	IPEa	IPE	IPEo	IPEv	HEAA	HEA	HEB	HEM
80	-	35,8	-	-	-	-	-	-
100	-	48,7	-	-	45,2	55,4	68,0	151
120	53,9	63,0	-	-	54,8	66,8	89,2	187
140	63,1	78,8	-	-	66,1	86,3	113	226
160	76,1	96,1	-	-	79,9	108	148	277
180	92,4	115	131	-	100	122	178	321
200	108	135	150	-	123	147	210	368
220	132	157	176	-	149	175	244	418
240	150	180	204	-	176	206	281	540
260	-	-	-	-	192	224	305	584
270	179	216	247	-	-	-	-	-
280	-	-	-	-	224	259	347	646
300	221	259	294	-	257	296	389	796
320	-	-	-	-	292	334	434	844
330	260	301	343	-	-	-	-	-
340	-	-	-	-	330	375	481	891
360	288	350	405	-	371	419	531	939
400	339	419	475	521	437	514	639	1 040
450	415	516	607	688	518	607	748	1 160
500	511	622	736	878	606	706	862	1 280
550	602	745	857	1170	734	812	984	1 410
600	715	878	1110	1340	840	925	1 110	1 530

Tafel 8.20b Querkraft im plastischen Zustand in kN für Walzprofile aus St 37 (für St 52 und StE 355 gelten die 1,5fachen Werte) $V_{pl,y,d}$

Nenn-höhe	IPEa	IPE	IPEo	IPEv	HEAA	HEA	HEB	HEM
80	-	60,3	-	-	-	-	-	-
100	-	79,0	-	-	139	202	252	534
120	82,2	102	-	-	166	242	333	667
140	103	127	-	-	212	300	423	809
160	122	153	-	-	282	363	524	962
180	149	183	209	-	340	431	635	1 130
200	176	214	244	-	403	504	756	1 300
220	213	255	288	-	471	610	887	1 480
240	251	296	332	-	544	726	1 030	2 000
260	-	-	-	-	622	819	1 150	2 190
270	296	347	418	-	-	-	-	-
280	-	-	-	-	705	917	1 270	2 390
300	348	404	486	-	794	1 060	1 440	3 050
320	-	-	-	-	831	1 170	1 550	3 110
330	403	464	551	-	-	-	-	-
340	-	-	-	-	869	1 250	1 630	3 110
360	493	544	637	-	907	1 320	1 700	3 100
400	544	612	711	802	983	1 440	1 810	3 090
450	627	699	851	958	1 020	1 590	1 970	3 090
500	731	806	967	1 180	1 060	1 740	2 120	3 080
550	831	910	1 080	1 370	1 130	1 810	2 190	3 080
600	970	1 050	1 350	1 610	1 170	1 890	2 270	3 070

- **Tragsicherheitsnachweis nach dem Verfahren Elastisch-Plastisch (E-P)**
  Es ist nachzuweisen, daß die Grenzschnittgrößen im plastischen Zustand nicht überschritten sind.

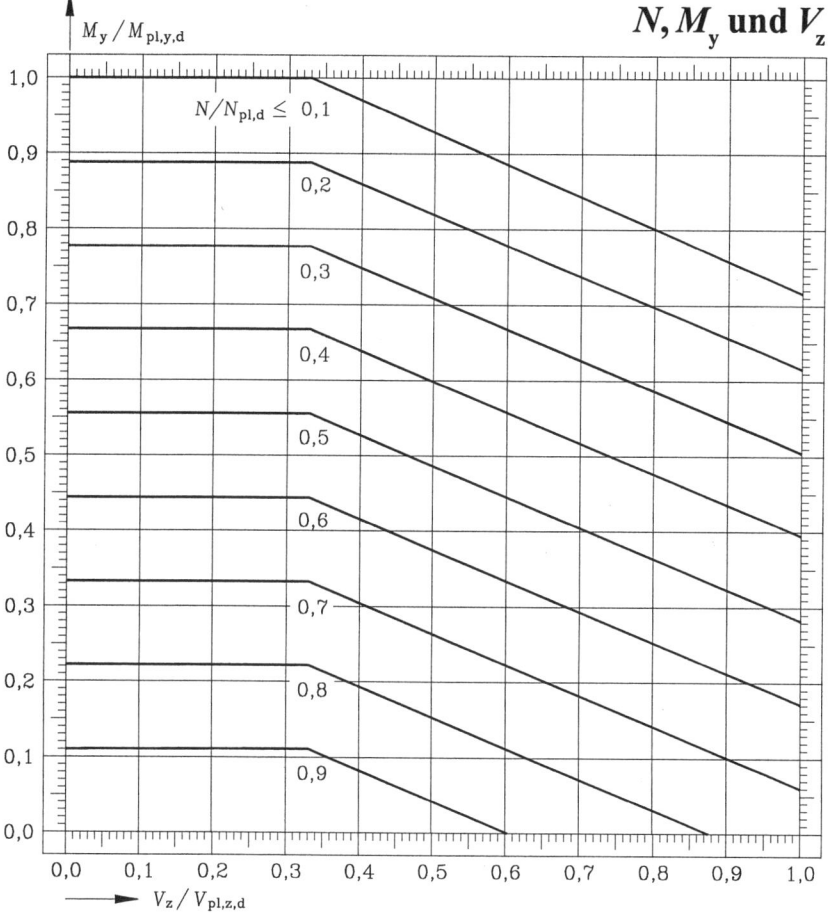

Tafel 8.21a Vereinfachte Tragsicherheitsnachweise für doppeltsymmetrische I-Profile mit den Beanspruchungen N, M_y, V_z

Gültigkeits-bereich	$\dfrac{V_z}{V_{pl,z,d}} \leq 0{,}33$	$0{,}33 < \dfrac{V_z}{V_{pl,z,d}} \leq 1$
$\dfrac{N}{N_{pl,d}} \leq 0{,}1$	$\dfrac{M_y}{M_{pl,y,d}} \leq 1$	$0{,}88 \dfrac{M_y}{M_{pl,y,d}} + 0{,}37 \dfrac{V_z}{V_{pl,z,d}} \leq 1$
$0{,}1 < \dfrac{N}{N_{pl,d}} \leq 1$	$0{,}9 \dfrac{M_y}{M_{pl,y,d}} + \dfrac{N}{N_{pl,d}} \leq 1$	$0{,}8 \dfrac{M_y}{M_{pl,y,d}} + 0{,}89 \dfrac{N}{N_{pl,d}} + 0{,}33 \dfrac{V_z}{V_{pl,z,d}} \leq 1$

Tafel 8.21b Interaktionsdiagramm für die Beanspruchungen: N, M_y und V_z

Tafel 8.22a Vereinfachte Tragsicherheitsnachweise für doppeltsymmetrische I-Profile mit den Beanspruchungen N, M_z und V_y

Gültigkeitsbereich	$\dfrac{V_y}{V_{pl,y,d}} \leq 0{,}25$	$0{,}25 < \dfrac{V_y}{V_{pl,y,d}} \leq 0{,}9$
$\dfrac{N}{N_{pl,d}} \leq 0{,}3$	$\dfrac{M_z}{M_{pl,z,d}} \leq 1$	$0{,}95\,\dfrac{M_z}{M_{pl,z,d}} + 0{,}82\left[\dfrac{V_y}{V_{pl,y,d}}\right]^2 \leq 1$
$0{,}3 < \dfrac{N}{N_{pl,d}} \leq 1$	$0{,}91\,\dfrac{M_z}{M_{pl,z,d}} + \left[\dfrac{N}{N_{pl,d}}\right]^2 \leq 1$	$0{,}87\,\dfrac{M_z}{M_{pl,z,d}} + 0{,}95\left[\dfrac{N}{N_{pl,d}}\right]^2 + 0{,}75\left[\dfrac{V_y}{V_{pl,y,d}}\right]^2 \leq 1$

Tafel 8.22b Interaktionsdiagramm für die Beanspruchungen: N, M_z und V_y

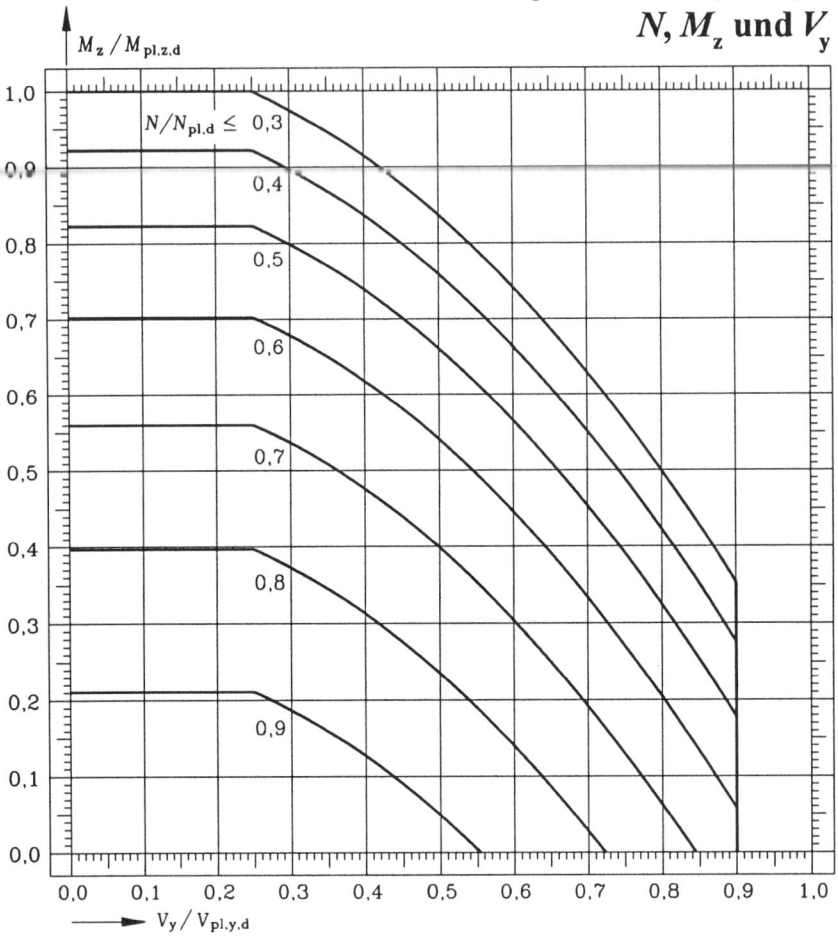

Beispiel:
- **System mit den charakteristischen Werten der Einwirkungen**

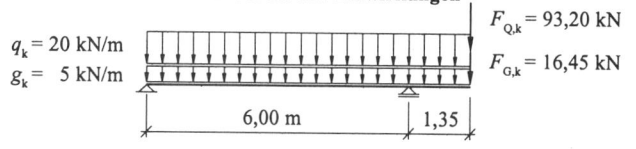

$q_k = 20$ kN/m
$g_k = 5$ kN/m
$F_{Q,k} = 93{,}20$ kN
$F_{G,k} = 16{,}45$ kN

6,00 m ; 1,35

- **Bemessungswerte der Einwirkungen** (siehe auch Seite 8.5 und 8.6)
Für die Bemessung ist die Grundkombination 2 mit dem Kombinationsbeiwert $\psi = 1{,}0$ maßgebend. Da es sich bei den veränderlichen Einwirkungen um Verkehrlasten nach DIN 1055 Teil 3 handelt, gelten diese als *eine* veränderliche Einwirkung.

$g_d = 5{,}0 \cdot 1{,}35 \cdot 1{,}0 = 6{,}75$ kN/m
$q_d = 20{,}0 \cdot 1{,}50 \cdot 1{,}0 = 30{,}00$ kN/m
$\overline{r_d \qquad\qquad\qquad = 36{,}75 \text{ kN/m}}$

$F_{G,d} = 16{,}45 \cdot 1{,}35 \cdot 1{,}0 = 22{,}2$ kN
$F_{Q,d} = 93{,}20 \cdot 1{,}50 \cdot 1{,}0 = 139{,}8$ kN
$\overline{\Sigma F_d \qquad\qquad\qquad = 162{,}0 \text{ kN}}$

Zur Berechnung der minimalen Auflagerkraft A ist folgende zusätzliche Grundkombination zu untersuchen:
Feld $\qquad g_d = 5{,}0 \cdot 0{,}9 \cdot 1{,}0 = 4{,}50$ kN/m
Kragbereich $r_d = 5{,}0 \cdot 1{,}1 \cdot 1{,}0 + 30{,}0 = 35{,}50$ kN/m; $\Sigma F_d = 139{,}8 + 16{,}45 \cdot 1{,}1 \cdot 1{,}0 = 157{,}9$ kN

- **Berechnung der maßgebenden Auflager- und Schnittgrößen**

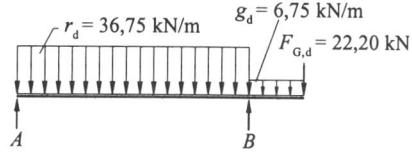

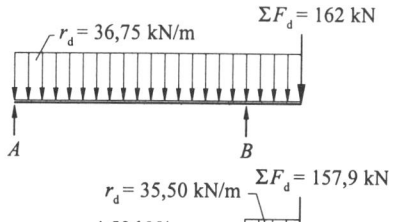

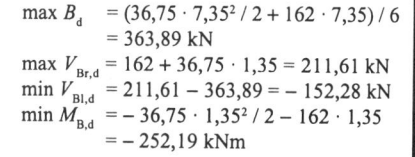

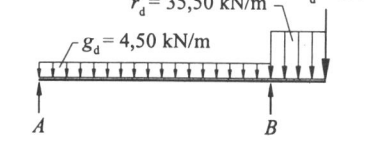

$r_d = 36{,}75$ kN/m ; $g_d = 6{,}75$ kN/m ; $F_{G,d} = 22{,}20$ kN

$\max A_d = (36{,}75 \cdot 6{,}0^2 / 2 - 22{,}20 \cdot 1{,}35 - 6{,}75 \cdot 1{,}35^2 / 2) / 6 = 104{,}23$ kN
$x_0 = 104{,}23 / 36{,}75 = 2{,}84$ m
$\max M_{F,d} = 104{,}23 \cdot 2{,}84 - 36{,}75 \cdot 2{,}84^2 / 2 = 147{,}81$ kNm

$r_d = 36{,}75$ kN/m ; $\Sigma F_d = 162$ kN

$\max B_d = (36{,}75 \cdot 7{,}35^2 / 2 + 162 \cdot 7{,}35) / 6 = 363{,}89$ kN
$\max V_{Br,d} = 162 + 36{,}75 \cdot 1{,}35 = 211{,}61$ kN
$\min V_{Bl,d} = 211{,}61 - 363{,}89 = -152{,}28$ kN
$\min M_{B,d} = -36{,}75 \cdot 1{,}35^2 / 2 - 162 \cdot 1{,}35 = -252{,}19$ kNm

$r_d = 35{,}50$ kN/m ; $\Sigma F_d = 157{,}9$ kN ; $g_d = 4{,}50$ kN/m

$\min A_d = (4{,}50 \cdot 6{,}0^2 / 2 - 35{,}50 \cdot 1{,}35^2 / 2 - 157{,}9 \cdot 1{,}35) / 6 = -27{,}42$ kN
→ Der Träger ist am Auflager A gegen Abheben zu sichern.

- **Tragsicherheitsnachweis nach dem Verfahren E - P**

gewählt: **IPE 400, St 37** mit $V_{pl,z,d} = 419$ kN (Tafel 8.20a); $M_{pl,y,d} = 289$ kNm (Tafel 8.19a)

$(b/t)_{Steg}$: $\alpha = 0{,}5$ → grenz $(b/t) = 74$ (siehe Seite 8.17); vorh $(b/t)_{Steg} = 38{,}5$ (Tafel 8.12) < 74
$(b/t)_{Flansch}$: $\alpha = 1$ → grenz $(b/t) = 11$ (siehe Seite 8.17); vorh $(b/t)_{Flansch} = 4{,}79$ (Tafel 8.14) < 11

Für den Tragsicherheitsnachweis ist der Schnitt über dem Auflager B mit den Schnittgrößen max $V_{Br,d} = 211{,}61$ kN und min $M_{B,d} = -252{,}19$ kNm maßgebend.
$V_{z,d} / V_{pl,z,d} = 211{,}61 / 419 = 0{,}51 > 0{,}33$
Nachweis (siehe Tafel 8.21a): $0{,}88 \cdot (252{,}19 / 289) + 0{,}37 \cdot 0{,}51 = 0{,}96 < 1$

3.3 Krafteinleitungen

In Bereichen von Krafteinleitungen, Kraftumlenkungen, Krümmungen und Ausschnitten ist zu prüfen, ob konstruktive Maßnahmen erforderlich sind.
Bei Walz- und Schweißprofilen mit I-förmigem Querschnitt dürfen Kräfte ohne Aussteifungen eingleitet werden, wenn ...
- der Betriebsfestigkeitsnachweis nicht maßgebend ist
- der Trägerquerschnitt gegen Verdrehen und seitliches Ausweichen gesichert ist
- die Tragsicherheit wie folgt nachgewiesen wird: $\boxed{F/F_{R,d} \leq 1}$

Für σ_x und σ_z mit unterschiedlichem Vorzeichen und $|\sigma_x| > 0{,}5 f_{y,k}$ gilt:

$$\boxed{F_{R,d} = \frac{1}{\gamma_M} s \cdot l \cdot f_{y,k} (1{,}25 - 0{,}5 \, |\sigma_x|/f_{y,k})}$$

Für alle anderen Fälle gilt:

$$\boxed{F_{R,d} = \frac{1}{\gamma_M} s \cdot l \cdot f_{y,k}}$$

F: einzuleitende Kraft
σ_x: Normalspannung im maßgebenden Schnitt
σ_z: konstante Spannung über die Bereiche l bzw. l_i aus der Krafteinleitung (siehe Tafel 8.24)
s: Stegdicke des Trägers
l: mittragende Länge nach Tafel 8.24

Bei Profilen mit Stegschlankheiten $h/s > 60$ ist zusätzlich ein Beulsicherheitsnachweis für den Steg zu führen.

Tafel 8.24 Rippenlose Krafteinleitung bei Walz- und Schweißprofilen mit I-Querschnitt

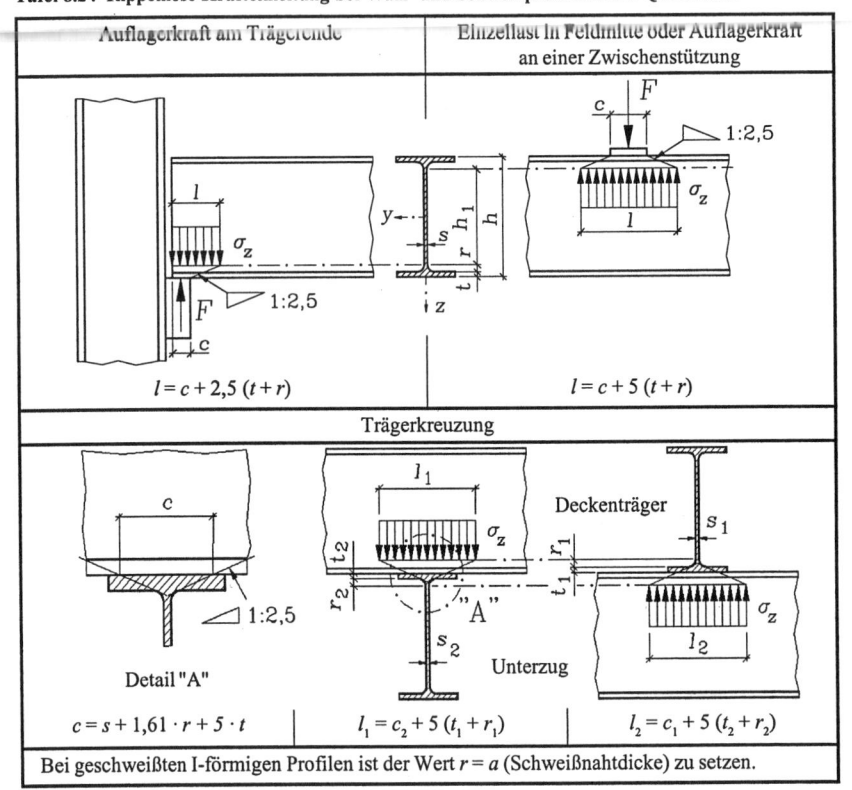

Auflagerkraft am Trägerende	Einzellast in Feldmitte oder Auflagerkraft an einer Zwischenstützung
$l = c + 2{,}5 \, (t + r)$	$l = c + 5 \, (t + r)$
Trägerkreuzung	
Detail "A": $c = s + 1{,}61 \cdot r + 5 \cdot t$	$l_1 = c_1 + 5 \, (t_1 + r_1)$ — $l_2 = c_1 + 5 \, (t_2 + r_2)$

Bei geschweißten I-förmigen Profilen ist der Wert $r = a$ (Schweißnahtdicke) zu setzen.

Beispiel: Ein Unterzug IPE 400 aus St 37 ist an einem Endauflager auf eine Knagge aufgelegt. Die Auflagerkraft $F_{A,d}$ beträgt 180 kN. Es ist zu prüfen, ob Rippen zur Krafteinleitung erforderlich sind.

IPE 400
$s = 8,6$ mm
$t = 13,5$ mm
$r = 21,0$ mm

$F_{A,d} = 180$ kN

Nachweis:
$c = 30$ mm
$l = 3,0 + 2,5 \cdot (1,35 + 2,1) = 11,63$ cm
$F_{A,R,d} = 0,86 \cdot 11,63 \cdot 24 / 1,1 = 218,22$ kN
$F_{A,d} / F_{A,R,d} = 180 / 218,22 = \underline{0,82 < 1}$
→ Es sind keine Rippen erforderlich.

Beispiel: In einer rippenlosen Trägerkreuzung zwischen einem Deckenträger IPE 270 (St 37) und einem Unterzug IPE 500 (St 37) wirkt eine Auflagerkraft $F_{A,d} = 160$ kN.

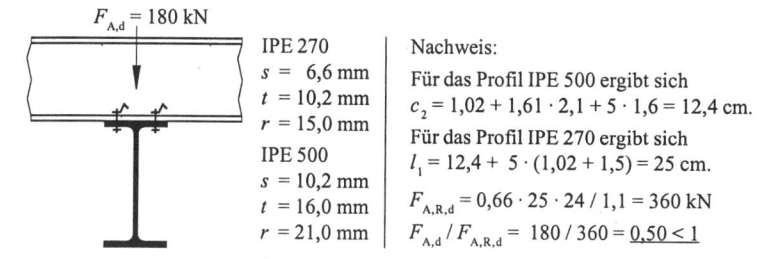

$F_{A,d} = 180$ kN

IPE 270
$s = 6,6$ mm
$t = 10,2$ mm
$r = 15,0$ mm

IPE 500
$s = 10,2$ mm
$t = 16,0$ mm
$r = 21,0$ mm

Nachweis:
Für das Profil IPE 500 ergibt sich
$c_2 = 1,02 + 1,61 \cdot 2,1 + 5 \cdot 1,6 = 12,4$ cm.
Für das Profil IPE 270 ergibt sich
$l_1 = 12,4 + 5 \cdot (1,02 + 1,5) = 25$ cm.
$F_{A,R,d} = 0,66 \cdot 25 \cdot 24 / 1,1 = 360$ kN
$F_{A,d} / F_{A,R,d} = 180 / 360 = \underline{0,50 < 1}$

3.4 Lochschwächungen

Bei der Berechnung der Beanspruchbarkeiten sind Lochschwächungen zu berücksichtigen. Die Grenzzugkraft von Querschnitten und Querschnittsteilen aus St 37 bzw. St 52 darf unabhängig von der Art der Lochherstellung wie folgt ermittelt werden:

$\boxed{N_{R,d} = A_{Netto} \cdot f_{u,k} / (1,25 \cdot \gamma_M)}$ $f_{u,k}$: Charakteristischer Wert der Zugfestigkeit des Werkstoffes

Für andere Stähle gilt dies nur, wenn die Löcher gebohrt sind.

Der Lochabzug **darf entfallen**,
– wenn die Bedingung $A_{Brutto} / A_{Netto} \leq 1,2$ (St 37) bzw. $\leq 1,1$ (St 52) erfüllt ist.
– bei der Berechnung der Beanspruchungen (Schnittgrößen) und Formänderungen.
– wenn im Bereich von Druck- oder Schubspannungen liegende Löcher durch Verbindungsmittel ausgefüllt sind, deren Lochspiel höchstens 1 mm beträgt. Ist das Lochspiel größer, können größere Verformungen im Bereich der Löcher entstehen, die ggf. zu berücksichtigen sind.

Der durch die Lochschwächung verursachte Versatz darf unberücksichtigt bleiben, wenn die Grenzzugkraft in der Form

$\boxed{N_{R,d} = A_{Netto} \cdot f_{y,k} / \gamma_M}$ $f_{y,k}$: Charakteristischer Wert der Streckgrenze des Werkstoffes

ermittelt wird oder die Bedingung $A_{Brutto} / A_{Netto} \leq 1,2$ (St 37) bzw. $\leq 1,1$ (St 52) eingehalten ist.

Lochabzug bei Zugstäben, die nur durch eine Schraube angeschlossen sind (unsymmetrische Anschlüsse):

Falls kein genauer Nachweis geführt wird, ist $A_{Netto} = 2 \cdot A^*$ anzunehmen.

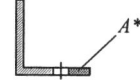

Beispiel: Für die dargestellten Zugstäbe ist der Tragsicherheitsnachweis zu führen.

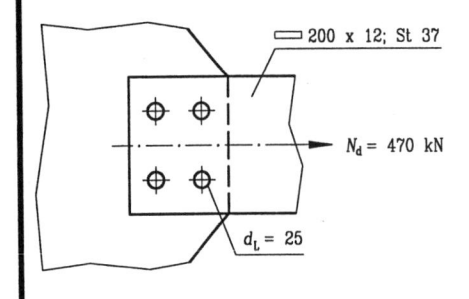

$A_{Brutto} = 20 \cdot 1{,}2 = 24 \text{ cm}^2$

$A_{Netto} = 24 - 2 \cdot 2{,}5 \cdot 1{,}2 = 18 \text{ cm}^2$

$A_{Brutto} / A_{Netto} = 24 / 18 = 1{,}33 > 1{,}2$

$N_{R,d} = 18 \cdot 36 / (1{,}25 \cdot 1{,}1) = 471{,}28 \text{ kN}$

mit $f_{u,k} = 36 \text{ kN/cm}^2$ nach Tafel 8.4a.

Nachweis:

$N_d / N_{R,d} = 470 / 471{,}28 = \underline{0{,}997 < 1}$

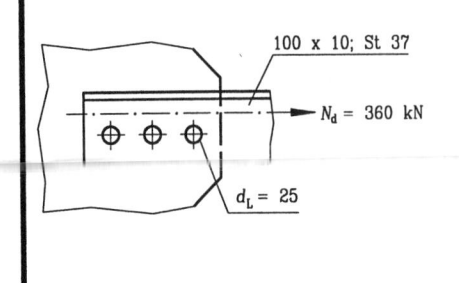

$A_{Brutto} = 19{,}2 \text{ cm}^2$ (siehe Seite 8.54)

$A_{Netto} = 19{,}2 - 2{,}5 \cdot 1{,}0 = 16{,}7 \text{ cm}^2$

$A_{Brutto} / A_{Netto} = 19{,}2 / 16{,}7 = 1{,}15 < 1{,}2$

→ Das aus dem Versatz der Schwerachse zur Lochachse resultierende Moment darf unberücksichtigt bleiben.

$N_{R,d} = 16{,}7 \cdot 24 / 1{,}1 = 364{,}36 \text{ kN}$

mit $f_{y,k} = 24 \text{ kN/cm}^2$ nach Tafel 8.4a.

Nachweis:

$N_d / N_{R,d} = 360 / 364{,}36 = \underline{0{,}99 < 1}$

3.5 Gebrauchstauglichkeit

Der Nachweis der Gebrauchstauglichkeit ist in den meisten Fällen ein Nachweis der Größe der Verformungen. Hierbei muß ggf. das plastische Verhalten berücksichtigt werden, insbesondere bei Systemen, die nach dem Verfahren P-P nachgewiesen werden.

Da DIN 18 800 Teil 1 keine Angaben über Grenzzustände für den Nachweis der Gebrauchstauglichkeit enthält, sind Teilsicherheitsbeiwerte, Kombinationsbeiwerte und Einwirkungskombinationen zu vereinbaren, soweit sie nicht entsprechenden Fachnormen zu entnehmen sind.

Beim Nachweis der Gebrauchstauglichkeit sind zwei Fälle zu unterscheiden:

- **Es besteht keine Gefahr für Leib und Leben:**

  Die Verformungsberechnungen werden mit den charakteristischen Einwirkungsgrößen durchgeführt (γ_F und $\gamma_M = 1{,}0$).

- **Es besteht Gefahr für Leib und Leben:**

  Für die Berechnung gelten die gleichen Bestimmungen wie beim Nachweis der Tragsicherheit. Die Streuung der Einwirkungen und Widerstandsgrößen ist also durch die entsprechenden γ_F- und γ_M-Werte nach Tafeln 8.5a und 8.5b zu berücksichtigen.

4 Tragsicherheitsnachweise stabilitätsgefährdeter Bauteile

4.1 Knicken von Stäben und Stabwerken

Wenn die Abgrenzungskriterien nach Abschnitt 2.4 für Biegeknicken und Biegedrillknicken nicht eingehalten sind, muß die Sicherheit gegenüber diesen Versagensformen nachgewiesen werden.

4.1.1 Biegeknicksicherheitsnachweis nach Theorie II. Ordnung

Diese Nachweisform ist in Kapitel 4 A (Baustatik) behandelt.

4.1.2 Planmäßig mittiger Druck

● **Biegeknicken**

Berechnungsablauf:

– Ermittlung der Knicklänge $\boxed{s_K = \beta \cdot l}$

getrennt für die Querschnittshauptachsen des Einzelstabes oder des gedanklich aus dem Stabwerk herausgelösten Stabes mit den realen Randbedingungen (Ersatzstabverfahren).

β: Knicklängenbeiwert
l: Stablänge

Knicklängenbeiwerte einfacher Stäbe mit konstantem Querschnitt nach Euler

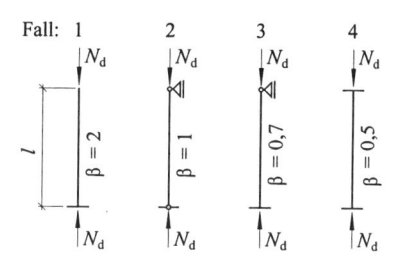

Fall: 1 ($\beta = 2$), 2 ($\beta = 1$), 3 ($\beta = 0{,}7$), 4 ($\beta = 0{,}5$)

Zur Ermittlung der Knicklängen bei unverschieblichen und verschieblichen Stabwerken siehe Schneider, Bautabellen für Ingenieure, Kapitel 8 A, Abschnitt 4.3.

– Schlankheitsgrad $\boxed{\lambda_K = s_K / i}$ i: Trägheitsradius

– Bezogener Schlankheitsgrad $\boxed{\overline{\lambda}_K = \lambda_K / \lambda_a}$ λ_a: Bezugsschlankheitsgrad $\boxed{\lambda_a = \pi \sqrt{E / f_{y,k}}}$

St 37: $t \leq 40$ mm → $\lambda_a = 92{,}9$
St 52: $t \leq 40$ mm → $\lambda_a = 75{,}9$

– Zuordnung des Querschnitts zu einer Knickspannungslinie (siehe Tafel 8.28)
– Abminderungsfaktor κ nach den Europäischen Knickspannungslinien

Der Abminderungsfaktor für die Knickspannungslinien a, b, c und d kann Tafel 8.30 bzw. 8.31 entnommen oder mit folgenden Formeln berechnet werden.

Bereich:	$\overline{\lambda}_K \leq 0{,}2$	$\overline{\lambda}_K > 0{,}2$	$\overline{\lambda}_K > 3{,}0$ (vereinfachend)
	$\kappa = 1$	$\kappa = 1 / (k + \sqrt{k^2 - \overline{\lambda}_K^2})$ $k = 0{,}5 \, [1 + \alpha \, (\overline{\lambda}_K - 0{,}2) + \overline{\lambda}_K^2]$	$\kappa = 1 / [\overline{\lambda}_K \cdot (\overline{\lambda}_K + \alpha)]$

Tafel 8.27 Parameter α zur Berechnung des Abminderungsfaktors κ

Knickspannungslinie	a	b	c	d
α	0,21	0,34	0,49	0,76

– Berechnung der Normalkraft im plastischen Zustand $N_{pl,d}$ (für I-förmige Walzprofile siehe hierzu Tafel 8.18)

– Nachweis der Biegeknicksicherheit: $\boxed{N_d / (\kappa \cdot N_{pl,d}) \leq 1}$

N_d: Bemessungswert der Normalkraft (Druck positiv)

Tafel 8.28 Zuordnung der Querschnitte zu den Knickspannungslinien

Querschnitt			Ausweichen rechtwinklig zur Achse	Knickspannungslinie
Hohlprofile	(Kreis- und Rechteckhohlprofil)	warm gefertigt	y und z	a
		kalt gefertigt	y und z	b
geschweißte Kastenquerschnitte	(Skizze mit h_y, t_z, h_z, t_y)		y und z	b
		Schweißnaht $a \geq \min t$ und $h_y / t_y < 30$ $h_z / t_z < 30$	y und z	c
gewalzte I-Profile	(I-Profil mit b, h, t)	$h/b > 1{,}2;$ $\quad t \leq 40$ mm	y z	a b
		$h/b > 1{,}2;\ 40 < t \leq 80$ mm $h/b \leq 1{,}2;\quad t \leq 80$ mm	y z	b c
		$t > 80$ mm	y und z	d
geschweißte I-Querschnitte	(Skizzen)	$t_i \leq 40$ mm	y z	b c
		$t_i > 40$ mm	y z	c d
U-, L-, T- und Vollquerschnitte	(Skizzen)		y und z bzw. η und ζ	c

Hier nicht aufgeführte Querschnitte sind nach den möglichen Eigenspannungen und Blechdicken sinngemäß einzuordnen.

● **Beispiel**

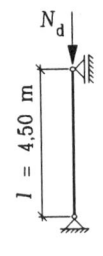

Profil: HEB 360; St 52

Beanspruchung: $N_d = 3900$ kN

Maßgebend ist in diesem Fall Ausweichen senkrecht zur z-Achse.

$s_{K,z} = \beta_z \cdot l = 1{,}0 \cdot 450 = 450$ cm; $\quad i_z = 7{,}49$ cm

$\lambda_K = s_{K,z} / i_z = 450 / 7{,}49 = 60{,}1;\quad \bar{\lambda}_K = \lambda_K / \lambda_a = 60{,}1 / 75{,}9 = 0{,}79$

$h/b = 360/300 = 1{,}2 \rightarrow$ Knickspannungslinie c (siehe Tafel 8.28)

$\kappa = 0{,}67$ (Tafel 8.30)

$N_{pl,d} = 3940 \cdot 1{,}5 = 5910$ kN ($N_{pl,d}$ nach Tafel 8.18; Faktor 1,5 für St 52)

Biegeknicknachweis: $3900 / (0{,}67 \cdot 5910) = \underline{0{,}98 < 1}$

$l = 4{,}50$ m

Tafel 8.29 Beanspruchbarkeiten $N_{R,d}$ in kN von Druckstäben aus St 37 für Biegeknicken senkrecht zur z-Achse

Profil-reihe	Nenn-höhe	\multicolumn{10}{c}{Knicklänge bezogen auf die z-Achse $s_{K,z}$ in m}
		3,00	3,50	4,00	4,50	5,00	5,50	6,00	6,50	7,00	7,50	8,00
HEA (IPBl)	100	183	146	118	96,6	80,6	68,1	58,3	50,4	44,0	38,8	34,4
	120	277	227	188	156	132	112	96,5	83,8	73,4	64,8	57,7
	140	404	343	290	246	209	180	156	136	120	106	94,4
	160	555	484	418	361	311	270	235	207	183	162	145
	180	707	633	561	493	433	380	334	296	263	235	210
	200	888	810	730	653	581	516	458	408	365	327	294
	220	1 110	1 030	946	860	777	699	628	564	508	458	414
	240	1 380	1 290	1 200	1 100	1 010	919	834	755	684	621	564
	260	1 600	1 510	1 420	1 320	1 220	1 120	1 030	941	859	785	717
	280	1 830	1 740	1 650	1 550	1 450	1 340	1 240	1 150	1 050	969	890
	300	2 160	2 070	1 960	1 860	1 750	1 640	1 530	1 420	1 320	1 220	1 130
	320	2 390	2 280	2 170	2 060	1 940	1 810	1 690	1 570	1 460	1 350	1 240
	340	2 560	2 450	2 330	2 200	2 070	1 940	1 810	1 680	1 560	1 440	1 330
	360	2 740	2 610	2 480	2 350	2 210	2 070	1 930	1 790	1 660	1 530	1 410
	400	3 160	3 050	2 930	2 800	2 650	2 500	2 340	2 170	2 010	1 860	1 710
	450	3 530	3 410	3 270	3 120	2 960	2 790	2 600	2 420	2 240	2 060	1 900
	500	3 910	3 770	3 620	3 450	3 270	3 080	2 870	2 670	2 460	2 270	2 090
HEB (IPB)	100	227	181	147	120	100	85,0	72,7	62,9	54,9	48,4	42,9
	120	377	310	257	214	180	154	132	115	101	89,0	79,1
	140	561	478	405	344	293	252	219	191	168	149	133
	160	786	688	597	515	446	387	338	297	262	233	209
	180	1 030	921	817	720	633	556	490	434	386	344	309
	200	1 300	1 190	1 070	964	860	765	681	607	543	487	439
	220	1 590	1 470	1 350	1 230	1 120	1 010	905	814	733	662	599
	240	1 910	1 790	1 660	1 540	1 410	1 280	1 170	1 060	961	873	794
	260	2 190	2 070	1 950	1 820	1 680	1 550	1 420	1 300	1 190	1 090	996
	280	2 490	2 360	2 240	2 110	1 970	1 830	1 700	1 570	1 440	1 330	1 220
	300	2 870	2 750	2 620	2 480	2 340	2 190	2 050	1 900	1 770	1 640	1 510
	320	3 110	2 970	2 830	2 680	2 530	2 370	2 210	2 060	1 910	1 770	1 630
	340	3 290	3 140	2 990	2 830	2 670	2 500	2 330	2 170	2 010	1 860	1 720
	360	3 470	3 320	3 150	2 990	2 810	2 630	2 460	2 280	2 120	1 960	1 810
	400	3 930	3 800	3 650	3 490	3 310	3 120	2 930	2 730	2 530	2 330	2 150
	450	4 330	4 180	4 010	3 830	3 630	3 420	3 200	2 980	2 760	2 540	2 340
	500	4 730	4 560	4 380	4 180	3 960	3 730	3 480	3 230	2 990	2 760	2 540
	550	5 020	4 840	4 640	4 420	4 180	3 930	3 660	3 400	3 130	2 880	2 650
	600	5 320	5 120	4 910	4 670	4 410	4 130	3 850	3 560	3 280	3 010	2 760
HEM (IPBv)	100	515	416	339	280	235	199	171	148	129	114	101
	120	788	658	549	461	390	334	288	251	220	194	173
	140	1 100	949	812	694	596	514	447	391	345	306	273
	160	1 460	1 290	1 130	984	856	747	654	576	511	455	407
	180	1 830	1 650	1 480	1 310	1 160	1 030	907	805	717	642	577
	200	2 230	2 050	1 870	1 690	1 510	1 350	1 210	1 080	970	873	788
	220	2 640	2 460	2 270	2 080	1 900	1 720	1 550	1 400	1 270	1 150	1 040
	240	3 660	3 450	3 230	3 000	2 770	2 540	2 320	2 120	1 930	1 760	1 610
	260	4 120	3 910	3 690	3 470	3 230	3 000	2 770	2 550	2 340	2 150	1 970
	280	4 600	4 390	4 170	3 940	3 710	3 470	3 230	3 000	2 780	2 560	2 370
	300	5 920	5 680	5 430	5 170	4 900	4 630	4 350	4 070	3 800	3 540	3 290
	320	6 090	5 840	5 580	5 310	5 030	4 740	4 450	4 170	3 880	3 610	3 360
	340	6 360	6 160	5 950	5 720	5 470	5 200	4 920	4 620	4 320	4 020	3 730
	360	6 410	6 210	5 990	5 760	5 500	5 220	4 930	4 630	4 320	4 010	3 720
	400	6 530	6 320	6 090	5 850	5 580	5 290	4 980	4 660	4 340	4 030	3 730
	450	6 700	6 480	6 240	5 980	5 700	5 390	5 070	4 740	4 400	4 080	3 770
	500	6 860	6 630	6 370	6 100	5 790	5 470	5 130	4 780	4 440	4 100	3 780
	550	7 040	6 790	6 530	6 240	5 920	5 580	5 220	4 860	4 500	4 150	3 820
	600	7 200	6 940	6 660	6 350	6 010	5 650	5 280	4 900	4 520	4 160	3 830

Tafel 8.30 Abminderungsfaktoren κ für Biegeknicken

Bezogener Schlankheitsgrad $\bar{\lambda}_k$ für Knickspannungslinie:				κ	Bezogener Schlankheitsgrad $\bar{\lambda}_k$ für Knickspannungslinie:				κ
a	b	c	d		a	b	c	d	
0,20	0,20	0,20	0,20	1,00	1,17	1,08	0,98	0,85	0,55
0,25	0,23	0,22	0,21	0,99	1,18	1,09	1,00	0,87	0,54
0,29	0,26	0,24	0,23	0,98	1,20	1,11	1,02	0,88	0,53
0,33	0,28	0,26	0,24	0,97	1,22	1,13	1,03	0,90	0,52
0,37	0,31	0,28	0,25	0,96	1,23	1,14	1,05	0,92	0,51
0,41	0,34	0,30	0,26	0,95	1,25	1,16	1,07	0,94	0,50
0,45	0,36	0,32	0,28	0,94	1,27	1,18	1,09	0,96	0,49
0,48	0,39	0,34	0,29	0,93	1,28	1,20	1,11	0,98	0,48
0,51	0,42	0,36	0,30	0,92	1,30	1,22	1,13	0,99	0,47
0,54	0,44	0,38	0,32	0,91	1,32	1,23	1,15	1,01	0,46
0,57	0,46	0,39	0,33	0,90	1,34	1,25	1,17	1,03	0,45
0,60	0,49	0,41	0,35	0,89	1,36	1,27	1,19	1,05	0,44
0,63	0,51	0,43	0,36	0,88	1,38	1,29	1,21	1,08	0,43
0,65	0,53	0,45	0,37	0,87	1,40	1,31	1,23	1,10	0,42
0,67	0,55	0,47	0,39	0,86	1,42	1,34	1,25	1,12	0,41
0,70	0,57	0,49	0,40	0,85	1,44	1,36	1,27	1,14	0,40
0,72	0,59	0,51	0,41	0,84	1,46	1,38	1,30	1,17	0,39
0,74	0,61	0,52	0,43	0,83	1,48	1,40	1,32	1,19	0,38
0,76	0,63	0,54	0,44	0,82	1,51	1,43	1,35	1,22	0,37
0,77	0,65	0,56	0,46	0,81	1,53	1,45	1,37	1,24	0,36
0,79	0,67	0,58	0,47	0,80	1,56	1,48	1,40	1,27	0,35
0,81	0,69	0,59	0,48	0,79	1,58	1,51	1,43	1,30	0,34
0,83	0,71	0,61	0,50	0,78	1,61	1,53	1,45	1,32	0,33
0,84	0,72	0,63	0,51	0,77	1,64	1,56	1,48	1,35	0,32
0,86	0,74	0,64	0,53	0,76	1,67	1,59	1,51	1,39	0,31
0,88	0,76	0,66	0,54	0,75	1,70	1,63	1,55	1,42	0,30
0,89	0,77	0,68	0,56	0,74	1,73	1,66	1,58	1,45	0,29
0,91	0,79	0,69	0,57	0,73	1,76	1,69	1,61	1,49	0,28
0,92	0,81	0,71	0,59	0,72	1,80	1,73	1,65	1,53	0,27
0,94	0,82	0,72	0,60	0,71	1,84	1,77	1,69	1,56	0,26
0,95	0,84	0,74	0,61	0,70	1,88	1,81	1,73	1,60	0,25
0,96	0,86	0,76	0,63	0,69	1,92	1,85	1,78	1,65	0,24
0,98	0,87	0,77	0,64	0,68	1,97	1,90	1,82	1,69	0,23
0,99	0,89	0,79	0,66	0,67	2,01	1,95	1,87	1,74	0,22
1,01	0,90	0,80	0,67	0,66	2,07	2,00	1,92	1,80	0,21
1,02	0,92	0,82	0,69	0,65	2,12	2,05	1,98	1,85	0,20
1,04	0,93	0,84	0,70	0,64	2,18	2,11	2,04	1,91	0,19
1,05	0,95	0,85	0,72	0,63	2,24	2,18	2,10	1,98	0,18
1,07	0,96	0,87	0,74	0,62	2,31	2,25	2,17	2,05	0,17
1,08	0,98	0,88	0,75	0,61	2,39	2,32	2,25	2,12	0,16
1,09	1,00	0,90	0,77	0,60	2,47	2,40	2,33	2,21	0,15
1,11	1,01	0,92	0,78	0,59	2,56	2,50	2,42	2,30	0,14
1,12	1,03	0,93	0,80	0,58	2,66	2,60	2,53	2,40	0,13
1,14	1,04	0,95	0,82	0,57	2,78	2,71	2,64	2,52	0,12
1,15	1,06	0,97	0,83	0,56	2,91	2,84	2,77	2,65	0,11
					3,06	2,99	2,92	2,79	0,10

Tafel 8.31a Abminderungsfaktoren k für Biegeknicken (Knickspannungslinien a, b, c und d)

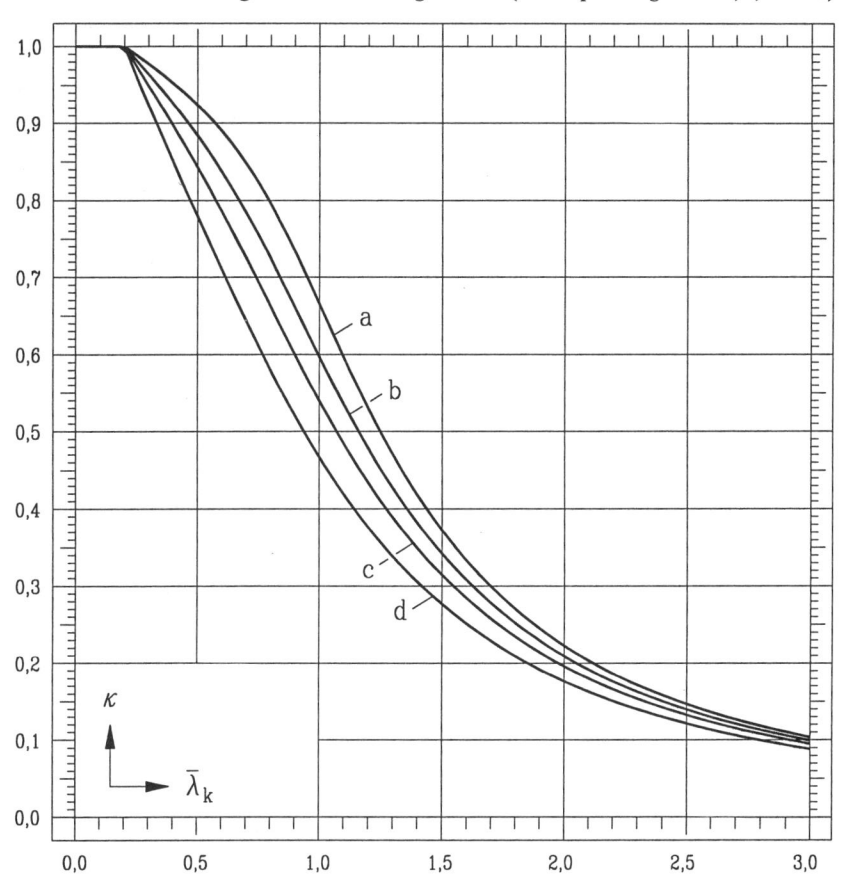

Tafel 8.31b Beanspruchbarkeiten $N_{R,d}$ in kN von an den Enden gelenkig gelagerten Druckstäben aus warmgefertigten quadratischen Hohlprofilen nach DIN EN 10 210-2 (St 37) (Fortsetzung siehe Seite 8.32)

B	T	Knicklänge s_K in m										
mm	mm	2,00	2,50	3,00	3,50	4,00	4,50	5,00	5,50	6,00	6,50	7,00
50	3	69,8	50,0	36,6	27,6	21,6	17,3	14,1	11,8	9,94	8,51	7,37
	4	87,7	62,3	45,4	34,3	26,7	21,4	17,5	14,6	12,3	10,5	9,12
60	3	105	81,7	62,0	47,7	37,6	30,2	24,8	20,7	17,6	15,1	13,1
	4	135	104	78,2	60,1	47,2	38,0	31,2	26,0	22,0	18,9	16,4
70	3	139	117	93,6	74,0	59,1	48,0	39,6	33,2	28,2	24,2	21,0
	4	180	150	120	94,2	75,1	60,9	50,2	42,1	35,7	30,7	26,6
	5	218	181	143	112	89,4	72,4	59,7	49,9	42,4	36,4	31,6
80	3	170	152	129	106	86,0	70,6	58,7	49,4	42,1	36,3	31,5
	4	222	197	166	136	110	90,4	75,0	63,1	53,8	46,3	40,2
	5	271	239	200	163	132	108	89,8	75,5	64,3	55,3	48,1

Tafel 8.31b (Fortsetzung)

B mm	T mm	\multicolumn{10}{c}{Knicklänge s_K in m}
		2,00	2,50	3,00	3,50	4,00	4,50	5,00	5,50	6,00	6,50	7,00
90	4	262	241	213	181	152	126	106	89,5	76,6	66,1	57,6
	5	322	295	259	220	183	152	127	108	92,1	79,5	69,3
	6	379	346	303	256	212	176	147	124	106	91,7	79,9
100	4	301	283	259	229	197	168	142	121	104	90,4	79,0
	5	370	347	317	279	240	203	172	147	126	109	95,4
	6	437	409	372	327	279	236	200	170	146	127	111
120	5	464	446	423	393	357	318	279	243	212	186	164
	6	550	528	500	464	421	373	327	285	248	217	191
	8	715	685	646	597	539	475	414	360	313	273	240
140	5	557	541	522	498	470	435	397	357	319	283	252
	6	661	642	619	591	556	514	468	420	374	333	296
	8	863	837	806	768	720	664	601	538	478	424	377

- **Biegedrillknicken**

  Für Walzprofile mit I-förmigem Querschnitt und Träger mit ähnlichen Abmessungen sowie für Hohlprofile ist bei *Beanspruchung durch planmäßig mittigen Druck* kein Tragsicherheitsnachweis für Biegedrillknicken erforderlich. Zum Nachweis anderer Querschnitte siehe Schneider BAUTABELLEN für Ingenieure Seite 8.39 bis 8.41.

4.1.3 Einachsige Biegung ohne Normalkraft

Behandelt werden hier I-förmige Profile mit der Beanspruchung M_y. Bei der alleinigen Beanspruchung durch M_z ist der Biegedrillknicksicherheitsnachweis nicht erforderlich.

- **Nachweis des Druckgurtes als Druckstab**

  Eine genauere Biegedrillknickuntersuchung kann entfallen, wenn der Druckgurt im Abstand c seitlich unverschieblich gehalten und folgende Bedingung erfüllt ist:

  $$\overline{\lambda} \leq 0,5 \cdot M_{pl,y,d} / M_{y,d} \quad \text{mit } \overline{\lambda} = \frac{c \cdot k_c}{i_{z,g} \cdot \lambda_a}$$

$i_{z,g}$ Trägheitsradius um die Steg-Achse z der aus Druckgurt und 1/5 des Steges gebildeten Querschnittsfläche (Tafel 8.33)

k_c Beiwert für den Verlauf der Druckkraft im Druckgurt

→ $$c \leq 0,5 \cdot \frac{M_{pl,y,d}}{M_{y,d}} \cdot \frac{i_{z,g} \cdot \lambda_a}{k_c}$$

Tafel 8.32 Druckkraftbeiwerte k_c

Normalkraftverlauf	k_c
max N (konstant)	1,00
max N (dreieckig)	0,94
max N (dreieckig)	0,86
max N ... $\psi \cdot$ max N, $-1 \leq \psi \leq 1$	$\dfrac{1}{1,33 - 0,33 \cdot \psi}$

Beispiel:

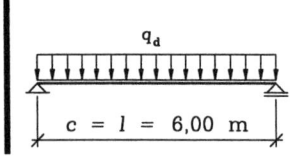

$c = l = 6,00$ m

Profil: IPE 400, St 37; $q_d = 23,5$ kN/m

$M_{y,d} = 23,5 \cdot 6,0^2 / 8 = 105,75$ kNm;

$M_{pl,y,d} = 289$ kNm (siehe Tafel 8.19a)

$\lambda_a = 92,9$; $i_{z,g} = 4,49$ cm (Tafel 8.33); $k_c = 0,94$ (Tafel 8.32)

$c \leq 0,5 \cdot \dfrac{289}{105,75} \cdot \dfrac{4,49 \cdot 92,9}{0,94} \leq 606$ cm; <u>vorh $c = 600 < 606$ cm</u>

Tafel 8.33 Trägkeitsradius um die Stegachse z der aus Druckgurt und 1/5 der Stegfläche gebildeten Querschnittsfläche für Walzprofile in cm $i_{z,g}$

Nenn-höhe	I	IPEa	IPE	IPEo	IPEv	HEAA	HEA	HEB	HEM
80	1,02	-	1,18	-	-	-	-	-	-
100	1,21	-	1,40	-	-	2,60	2,66	2,69	2,90
120	1,40	1,61	1,63	-	-	3,14	3,21	3,24	3,45
140	1,58	1,86	1,87	-	-	3,70	3,76	3,80	4,00
160	1,76	2,07	2,08	-	-	4,23	4,26	4,31	4,53
180	1,95	2,31	2,32	2,35	-	4,78	4,82	4,87	5,08
200	2,14	2,51	2,52	2,59	-	5,27	5,32	5,39	5,61
220	2,32	2,78	2,79	2,85	-	5,81	5,88	5,95	6,16
240	2,51	3,01	3,03	3,09	-	6,30	6,40	6,47	6,78
260	2,67	-	-	-	-	6,81	6,91	6,99	7,31
270	-	3,40	3,41	3,47	-	-	-	-	-
280	2,81	-	-	-	-	7,35	7,46	7,54	7,86
300	2,94	3,78	3,79	3,88	-	7,83	7,98	8,06	8,47
320	3,94	-	-	-	-	7,81	7,99	8,06	8,43
330	-	4,00	4,02	4,10	-	-	-	-	-
340	3,23	-	-	-	-	7,79	7,99	8,05	8,41
360	3,36	4,31	4,29	4,36	-	7,77	7,98	8,04	8,36
400	3,64	4,51	4,49	4,57	4,60	7,75	7,94	7,99	8,29
450	3,99	4,76	4,72	4,81	4,87	7,68	7,93	7,97	8,23
500	4,34	5,00	4,96	5,04	5,13	7,61	7,91	7,94	8,15
550	4,72	5,21	5,16	5,25	5,34	7,54	7,86	7,89	8,09
600	5,01	5,47	5,41	5,56	5,66	7,47	7,82	7,84	8,01
650	-	-	-	-	-	7,40	7,77	7,80	7,95
700	-	-	-	-	-	7,36	7,70	7,73	7,87
800	-	-	-	-	-	7,20	7,58	7,61	7,72
900	-	-	-	-	-	7,13	7,50	7,52	7,60
1000	-	-	-	-	-	7,01	7,41	7,43	7,50

- **Vereinfachter Nachweis auf Biegedrillknicken**
- **Bezugsschlankheit:** $\bar{\lambda} = c \cdot k_c / (i_{z,g} \cdot \lambda_a)$ c: Abstand der unverschieblichen, seitlichen Abstützungen des Druckgurtes; k_c: Druckkraftbeiwert nach Tafel 8.32
- **Abminderungsfaktor** κ: Der Abminderungsfaktor ist nach Seite 8.27 für die Knickspannungs-linie c mit $\alpha = 0,49$ zu bestimmen (siehe auch Tafeln 8.30 und 8.31a).
  Ausnahme: Bei geschweißten Profilen mit Querbelastung am Druckgurt ist der Abminderungs-faktor für die Knickspannungslinie d mit $\alpha = 0,76$ zu ermitteln. Zusätzlich ist folgende Bedingung einzuhalten: $h / t \leq 44 \sqrt{240 / f_{y,k}}$; h: größte Gesamthöhe des Querschnitts; t: Dicke des Druck-gurtes
- **Biegedrillknicknachweis:** $\dfrac{0,843 \cdot |M_{y,d}|}{\kappa \cdot M_{pl,y,d}} \leq 1$

Beispiel:

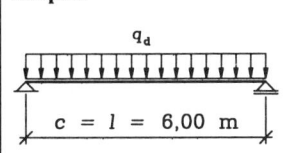

Profil: IPE 400, St 37; $q_d = 28$ kN/m

$M_{y,d} = 28 \cdot 6,0^2 / 8 = 126$ kNm; $M_{pl,y,d} = 289$ kNm (Tafel 8.19a)

$i_{z,g} = 4,49$ cm (Tafel 8.33); $k_c = 0,94$ (Tafel 8.32); $\lambda_a = 92,9$

$c = l = 6,00$ m

$\bar{\lambda} = 600 \cdot 0,94 / (4,49 \cdot 92,9) = 1,35$; → $\kappa = 0,37$ (siehe Tafel 8.30)

Nachweis: $\dfrac{0,843 \cdot 126}{0,37 \cdot 289} = \underline{0,99 < 1}$

5 Verbindungen mit Schweißnähten

5.1 Allgemeine Regeln

Schweißverbindungen müssen schweißgerecht konstruiert sein. Die Werkstoffe sind nach ihrem Verwendungszweck und ihrer Schweißeignung auszuwählen (siehe DASt-Ri 009). Anhäufungen von Schweißnähten sollen vermieden werden.

In **Hohlkehlen von Walzprofilen** aus unberuhigt vergossenen Stählen dürfen in Längsrichtung keine Schweißnähte ausgeführt werden.

Bei **kaltverformten Bauteilen**, die vor dem Schweißen nicht normalgeglüht werden, darf im kaltverformten und im angrenzenden Bereich mit der Breite $5\,t$ nur geschweißt werden, wenn die in Tafel 8.34 angegebenen Grenzwerte min (r/t) eingehalten sind. Für Zwischenwerte darf linear interpoliert werden.

Tafel 8.34 Grenzwerte min (r/t) für das Schweißen in kaltverformten Bereichen

max t mm	min (r/t)
50	10
24	3
12	2
8	1,5
4*)	1
< 4*)	1

*) Für Bauteile aus St 37-3: max $t = 6$ mm

Stumpfstöße von Querschnittsteilen mit einem Dickenunterschied > 10 mm sind wie folgt auszuführen:

a) einseitig bündiger Stoß $\leq \triangle\ 1:1$

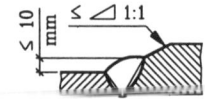

b) zentrischer Stoß $\leq \triangle\ 1:1$ $\leq \triangle\ 1:1$

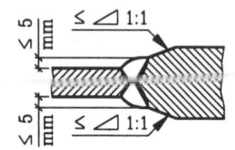

5.2 Maße und Querschnittswerte

● **Rechnerische Schweißnahtdicke a**

Für verschiedene Nahtarten siehe hierzu Tafel 8.36. Dort nicht aufgeführte Nahtarten sind sinnvoll einzuordnen. Zur Nahtdickenbegrenzung bei Kehlnähten siehe Seite 8.37.

● **Rechnerische Schweißnahtlänge l**

Die rechnerische Schweißnahtlänge entspricht der geometrischen Nahtlänge. Bei Kehlnähten ist das die Länge der Wurzellinie. Zur Nahtlängenbegrenzung bei Kehlnähten siehe Seite 8.37. Tafel 8.35 enthält Angaben über die anzunehmende Nahtlänge bei unmittelbaren Stabanschlüssen. Die Nahtlänge bei mittelbaren Anschlüssen ist nach folgender Abb. anzunehmen.

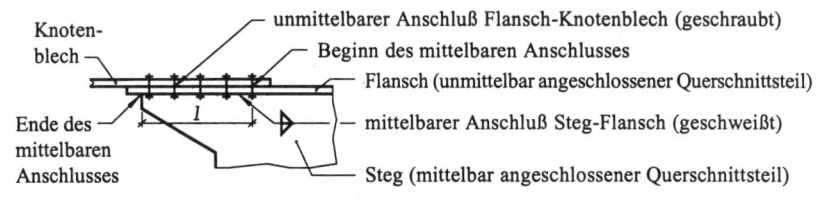

- Knotenblech
- unmittelbarer Anschluß Flansch-Knotenblech (geschraubt)
- Beginn des mittelbaren Anschlusses
- Flansch (unmittelbar angeschlossener Querschnittsteil)
- Ende des mittelbaren Anschlusses
- mittelbarer Anschluß Steg-Flansch (geschweißt)
- Steg (mittelbar angeschlossener Querschnittsteil)

● **Rechnerische Schweißnahtfläche A_w**

$$A_w = \Sigma a \cdot l$$

Beim Nachweis dürfen nur die Schweißnahtflächen derjenigen Nähte angesetzt werden, die aufgrund ihrer Lage vorzugsweise imstande sind, die Schnittgrößen in der Verbindung zu übertragen. Bei einem Trägeranschluß mit Flansch- und Stegkehlnähten sind z.B. nur die Stegnähte zur Übertragung der Querkraft V_z heranzuziehen.

● **Rechnerische Schweißnahtlage**

Bei der Ermittlung der Querschnittswerte von Kehlnähten ist die Schweißnahtfläche konzentriert in der Wurzellinie anzunehmen.

Tafel 8.35 Rechnerische Schweißnahtlängen Σl bei unmittelbaren Stabanschlüssen

	1	2	3
	Nahtart	**Bild**	**Rechnerische Nahtlänge Σl**
1	Flankenkehlnähte		$\Sigma l = 2\, l_1$
2	Stirn- und Flankenkehlnähte	Endkrater unzulässig	$\Sigma l = b + 2\, l_1$
3	Ringsumlaufende Kehlnaht - Schwerachse näher zur längeren Naht		$\Sigma l = l_1 + l_2 + 2\, b$
4	Ringsumlaufende Kehlnaht - Schwerachse näher zur kürzeren Naht		$\Sigma l = 2\, l_1 + 2\, b$
5	Kehlnaht oder HV-Naht bei geschlitztem Winkelprofil	z.B. 1/2 IPE A–B	$\Sigma l = 2\, l_1$

Wenn die rechnerische Schweißnahtlänge nach dieser Tafel bestimmt wird, dürfen die Momente aus den Außermittigkeiten des Nahtschwerpunktes zur Stabachse unberücksichtigt bleiben, auch wenn andere, hier nicht dargestellte Profilarten angeschlossen werden.

8 Stahlbau

8.35

Tafel 8.36 Rechnerische Schweißnahtdicken a

		1	2	3
		Nahtart[1])	Bild	Rechnerische Nahtdicke a
1	Durch- oder gegengeschweißte Nähte	Stumpfnaht		$a = t_1$
2		D(oppel)HV-Naht (K-Naht)		
3		HV-Naht — Kapplage gegengeschweißt		$a = t_1$
4		HV-Naht — Wurzel durchgeschweißt		
5	Nicht durchgeschweißte Nähte	HY-Naht mit Kehlnaht[2])		Die Nahtdicke a ist gleich dem Abstand vom theoretischen Wurzelpunkt zur Nahtoberfläche
6		HY-Naht[2])		
7		D(oppel)HY-Naht mit Doppelkehlnaht[2])		
8		D(oppel)HY-Naht[2])		
9		Doppel I-Naht ohne Nahtvorbereitung (Vollmechanische Naht)		Nahtdicke a mit Verfahrensprüfung festlegen; Spalt b ist verfahrensabhängig; UP: $b = 0$

Fußnoten siehe nächste Seite

Tafel 8.36 (Fortsetzung)

	1	2	3
	Nahtart[1])	**Bild**	**Rechnerische Nahtdicke a**
10	Kehlnaht (Kehlnähte)	theoretischer Wurzelpunkt	Nahtdicke a ist gleich der bis zum theoretischen Wurzelpunkt gemessenen Höhe des einschreibbaren gleichschenkligen Dreiecks
11	Doppelkehlnaht	theoretische Wurzelpunkte	
12	Kehlnaht mit tiefem Einbrand	theoretischer Wurzelpunkt	$a = \bar{a} + e$ $\bar{a}$: entspricht Nahtdicke a nach Zeile 10 und 11 e: mit Verfahrensprüfung festlegen (siehe DIN 18 800 Teil 7 Ausg. 5.83, Abschnitt 3.4.3.2 a)
13	Doppelkehlnaht mit tiefem Einbrand	theoretische Wurzelpunkte	
14	Dreiblechnaht Steilflankennaht	$b \leq 6\,\text{mm}$, A, B, C	Kraftübertragung von ... A nach B: $a = t_2$ für $t_2 < t_3$
15			C nach A und B: $a = b$

[1]) Ausführung nach DIN 18 800 Teil 7 (5.83), Abschnitt 3.4.3.
[2]) Bei Nähten nach Zeile 5 bis 8 mit einem Öffnungswinkel < 45° ist das rechnerische a-Maß um 2 mm zu vermindern oder durch eine Verfahrensprüfung festzulegen. Ausgenommen hiervon sind Nähte, die in Wannenposition (w) und Horizontalposition (h) mit Schutzgasschweißung ausgeführt werden.

- **Nahtdickenbegrenzung bei Kehlnähten**

  $2 \leq a \leq 0{,}7 \cdot \min t$

  $a \geq \sqrt{\max t} - 0{,}5 \;{}^*)$

  mit a und t in mm

  *) Hierdurch wird die Versprödungs- und Kaltrißgefahr berücksichtigt, die durch einen schnellen Wärmeabfluß beim Schweißen entstehen kann. In Abhängigkeit von den Schweißbedingungen darf auf die Einhaltung der Bedingung verzichtet werden, wenn bei $t \geq 30$ mm die Nahtdicke mit $a \geq 5$ mm gewählt wird.

- **Nahtlängenbegrenzung bei Kehlnähten**
  Kehlnähte dürfen rechnerisch nur berücksichtigt werden, wenn folgende Bedingung erfüllt ist:
  $30 < l \geq 6 \cdot a$ mit l und a in mm

  Bei unmittelbaren Laschen- und Stabanschlüssen mit nicht kontinuierlicher Krafteinleitung gilt:
  $\max l \leq 150 \cdot a$

- **Nachweise für Schweißverbindungen** siehe Schneider BAUTABELLEN für Ingenieure Seite 8.68.

5.3 Symbole für Schweißverbindungen
Beispiele nach DIN EN 22553 (8.94)

Grundsymbole für Nahtarten			Zusammengesetzte Symbole für Nahtarten		
Benennung	Illustration	Symbol	Benennung	Illustration	Symbol
Kehlnaht		⊿	Doppelkehlnaht		⊳
V-Naht		V	DV-Naht		X
HV-Naht		V	DHV-Naht		K
Y-Naht		Y	DY-Naht		X
HY-Naht		Y	DHY-Naht		K
Gegennaht (Gegenlage)		⌢	V-Naht mit Gegennaht		⩗
I-Naht		‖	Bezugszeichen	Pfeillinie a_w V l_w Stoß Strichlinie	

Zusatzsymbole				Ergänzungssymbole	
Oberflächenform		Nahtausführung		ringsum-verlaufende Naht	
hohl (konkav)	⌣	Wurzel ausgearbeitet und gegengeschweißt	⬛		
flach	—				
gewölbt (konvex)	⌢	Naht durch zusätzliche Bearbeitung eingeebnet	⩗	Baustellennaht	

Kombinationen		
V-Naht mit ebener Oberfläche, Wurzel ausgearbeitet und gegengeschweißt		ringsum-verlaufende Kehlnaht mit hohler Oberflächenform, auf der Baustelle geschweißt
Stellung des Bezugszeichens bzw. des Symbols	Gegenseite ... Pfeilseite ... Gegenseite	

8.38

6 Verbindungen mit Schrauben

6.1 Allgemeine Regeln

Tafel 8.39a Ausführungsformen von Schraubenverbindungen

Nennlochspiel [1] $\Delta d = d_L - d_{Sch}$ mm	ohne planmäßige Vorspannung	mit planmäßiger Vorspannung [2] ohne gleitfeste Reibfläche	mit gleitfester Reibfläche [3]
$0{,}3 < \Delta d \leq \max \Delta d$	SL	SLV	GV
$\Delta d \leq 0{,}3$	SLP	SLVP	GVP
Schraubenfestigkeitsklasse →	4.6; 5.6; 8.8; 10.9	8.8; 10.9	8.8; 10.9

d_L Lochdurchmesser; d_{Sch} Schaftdurchmesser;
max Δd Größtwert des Nennlochspiels:
1 mm für Schrauben < M 16; 2 mm für Schrauben M 16 bis M 24; 3 mm für Schrauben > M 24
SL   Scher-Lochleibungsverbindung
SLP Scher-Lochleibungsverbindung mit Paßschrauben
SLV Scher-Lochleibungsverbindung mit planmäßiger Vorspannung
SLVP Scher-Lochleibungsverbindung mit planmäßiger Vorspannung und Paßschrauben
GV   Gleitfeste, planmäßig vorgespannte Verbindung
GVP Gleitfeste, planmäßig vorgespannte Verbindung mit Paßschrauben
[1] Das Nennlochspiel ist auf $\Delta d \leq 1$ mm zu begrenzen
 – wenn beim Nachweis von Vollwandträgern der Schlupf in den Endanschlüssen zusätzlicher Gurtplatten nicht berücksichtigt wird
 – für die Bohrung einer Senkschraubenverbindung in dem Bauteil, das die Senkung erhält.
[2] Vorspannung nach DIN 18 800-7.
[3] Reibflächenbehandlung nach DIN 18 800-7.

In unmittelbaren Laschen- und Stabanschlüssen mit nicht kontinuierlicher Krafteinleitung dürfen maximal 8 Schrauben in Kraftrichtung hintereinanderliegend beim Nachweis berücksichtigt werden.

Unsymmetrische Anschlüsse mit nur einer Schraube dürfen ausgeführt werden, wenn bei Zugstäben der Nettoquerschnitt nach Abschnitt 3.4 berechnet wird. Dieser Abschnitt enthält außerdem Angaben über die Berücksichtigung von Lochschwächungen.

Bezeichnung der Rand- und Lochabstände:

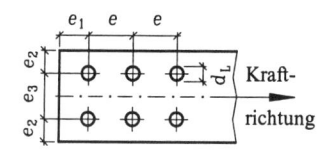

Tafel 8.39b Rand- und Lochabstände von Schrauben und Nieten

	Randabstände			Lochabstände	
Kleinster Randabstand	In Kraftrichtung e_1	$1{,}2\,d_L$	Kleinster Lochabstand	In Kraftrichtung e	$2{,}2\,d_L$
	$\perp$ zur Kraftrichtung e_2	$1{,}2\,d_L$		$\perp$ zur Kraftrichtung e_3	$2{,}4\,d_L$
Größter Randabstand	In und $\perp$ zur Kraftrichtung e_1 bzw. e_2	$3\,d_L$ oder $6\,t$ [1]	Größter Lochabstand e bzw. e_3	Zur Sicherung gegen lokales Beulen	$6\,d_L$ oder $12\,t$
				wenn lokale Beulgefahr nicht besteht	$10\,d_L$ oder $20\,t$

Bei gestanzten Löchern sind die kleinsten Randabstände $1{,}5\,d_L$, die kleinsten Lochabstände $3\,d_L$.
Die Rand- und Lochabstände dürfen vergrößert werden, wenn keine lokale Beulgefahr besteht und wenn ein ausreichender Korrosionsschutz durch besondere Maßnahmen sichergestellt ist.
[1] Maximal 8 t, wenn der freie Rand durch die Querschnittsform versteift wird.

6.2 Tragsicherheitsnachweise

6.2.1 Beanspruchung auf Abscheren

Die Tragsicherheit auf Abscheren ist nachgewiesen, wenn die vorhandene Abscherkraft $V_{a,d}$ je Scherfuge und je Schraube die Grenzabscherkraft $V_{a,R,d}$ nicht überschreitet.

- **Grenzabscherkraft**

$$V_{a,R,d} = A \cdot \tau_{a,R,d} = A \cdot \alpha_a \cdot f_{u,b,k} / \gamma_M$$

A: Schaftquerschnittsfläche nach Tafel 8.46b, wenn der glatte Teil des Schaftes in der Scherfuge liegt; Spannungsquerschnittsfläche A_S nach Tafel 8.46b, wenn das Gewinde in der Scherfuge liegt.

$\alpha_a = 0{,}60$ für Festigkeitsklasse 4.6, 5.6 und 8.8; $\alpha_a = 0{,}55$ für Festigkeitsklasse 10.9
$\alpha_a = 0{,}44$ für Festigkeitsklasse 10.9, wenn das Gewinde in der Scherfuge liegt.
$f_{u,b,k}$: Charakteristischer Wert der Zugfestigkeit des Schraubenwerkstoffes nach Tafel 8.4b
$\gamma_M = 1{,}1$ bzw. $\gamma_M = 1{,}25$, wenn es sich um eine einschnittige ungestützte Verbindung handelt.

Tafel 8.40 Grenzabscherkräfte $V_{a,R,d}$ in kN je Scherfuge für einschnittige gestützte und mehrschnittige Verbindungen

Verbindungsart		Festigkeitsklasse	Schraubengröße							
			M 12	M 16	M 20	M 22	M 24	M 27	M 30	M 36
Schaft in der Scherfuge	SL	4.6	24,7	43,9	68,5	82,9	98,6	125	154	222
		5.6	30,8	54,8	85,6	104	123	156	193	278
	SL bzw. SLV	8.8	49,3	87,7	137	166	197	250	309	444
		10.9	56,5	101	157	190	226	287	354	509
Gewinde in der Scherfuge	SL	4.6	18,4	34,3	53,5	66,1	77,0	100	122	178
		5.6	23,0	42,8	66,8	82,6	96,3	125	153	223
	SL bzw. SLV	8.8	36,8	68,5	107	132	154	200	245	357
		10.9	33,7	62,8	98,0	121	141	184	224	327
	SLP	4.6	29,0	49,5	75,5	90,5	107	134	165	235
		5.6	36,3	61,9	94,4	113	134	168	206	293
	SLP bzw. SLVP	8.8	58,0	99,1	151	181	214	269	329	469
		10.9	66,5	114	173	208	246	308	378	538

- **Nachweis auf Abscheren** $\boxed{V_{a,d} / V_{a,R,d} \leq 1}$

6.2.2 Beanspruchung auf Zug in Richtung der Schraubenachse

Es ist nachzuweisen, daß die in der Schraube vorhandene Zugkraft N_d die Grenzzugkraft $N_{R,d}$ nicht überschreitet. Schrauben der Festigkeitsklassen 8.8 und 10.9 sind planmäßig vorzuspannen, wenn die zu erwartenden Verformungen im Tragsicherheitsnachweis nicht berücksichtigt, bzw. im Gebrauchszustand nicht in Kauf genommen werden.

- **Grenzzugkraft**

$$N_{R,d} = \min \begin{cases} A \cdot \sigma_{1,R,d} \\ A_S \cdot \sigma_{2,R,d} \end{cases}$$

mit $\sigma_{1,R,d} = f_{y,b,k} / (1{,}1 \cdot \gamma_M)$ und $\sigma_{2,R,d} = f_{u,b,k} / (1{,}25 \cdot \gamma_M)$
$f_{y,b,k}; f_{u,b,k}$: Charakteristischer Wert der Streckgrenze bzw. der Zugfestigkeit des Schraubenwerkstoffes nach Tafel 8.4b

Für Schrauben mit Gewinde bis annähernd zum Kopf, Gewindestangen und aufgeschweißte Gewindebolzen und wenn die durch das Fließen der Schrauben verursachten Verformungen nicht zulässig sind, ist an Stelle des Schaftquerschnittes A der Spannungsquerschnitt A_S (siehe Tafel 8.46b) einzusetzen.

- **Nachweis auf Zug** $\boxed{N_d / N_{R,d} \leq 1}$

Tafel 8.41a Grenzzugkräfte $N_{R,d}$ in kN je Schraube

Schrauben-art	Festigkeits-klasse	Schraubengröße							
		M 12	M 16	M 20	M 22	M 24	M 27	M 30	M 36
Sechskant-schrauben nach Tafel 8.45b bzw. 8.46a	4.6	22,4	39,9	62,3	75,4	89,7	114	140	202
	5.6	28,0	49,8	77,9	94,2	112	142	175	252
	8.8	49,0	91,3	143	176	205	267	326	475
	10.9	61,3	114	178	220	257	334	408	594
Sechskant-Paßschrauben nach Tafel 8.45b bzw. 8.46a	4.6	24,5	45,0	68,6	82,3	97,4	122	150	213
	5.6	30,7	56,3	85,8	103	122	153	187	267
	8.8	49,0	91,3	143	176	205	267	326	475
	10.9	61,3	114	178	220	257	334	408	594

6.2.3 Beanspruchung auf Zug und Abscheren

Bei dieser Beanspruchungskombination ist zusätzlich zum Nachweis nach Abschnitt 6.2.2 (Zugbeanspruchung) folgender Interaktionsnachweis zu führen:

$$\left[\frac{N_d}{N_{R,d}}\right]^2 + \left[\frac{V_{a,d}}{V_{a,R,d}}\right]^2 \leq 1$$

Der Nachweis darf entfallen, wenn $N_d / N_{R,d}$ oder $V_{a,d} / V_{a,R,d} < 0{,}25$ ist. Für die Berechnung von $N_{R,d}$ ist die in der Scherfuge liegende Querschnittsfläche maßgebend.

6.2.4 Beanspruchung auf Lochleibung

Die Tragsicherheit auf Lochleibung ist nachgewiesen, wenn die vorhandene Lochleibungskraft $V_{l,d}$ einer Schraube an einer Lochwandung die Grenzlochleibungskraft $V_{l,R,d}$ nicht überschreitet.

- **Grenzlochleibungskraft** $\quad V_{l,R,d} = t \cdot d_{Sch} \cdot \sigma_{l,R,d} = t \cdot d_{Sch} \cdot \alpha_l \cdot f_{y,k} / \gamma_M$

t: Maßgebende Blechdicke ≥ 3 mm $\quad d_{Sch}$: Schaftdurchmesser der Schraube nach Tafel 8.45b
α_l: Beiwert nach Tafel 8.41b $\quad f_{y,k}$: Streckgrenze des Werkstoffes nach Tafel 8.4a

Tafel 8.41b Bestimmungsgleichungen für α_l

Maßgebender Abstand	Bedingungen für Abstände in Kraftrichtung	Bedingungen für Abstände $\perp$ zur Kraftrichtung	
		$e_2 \geq 1{,}5\,d_L$ und $e_3 \geq 3{,}0\,d_L$	$e_2 = 1{,}2\,d_L$ und $e_3 = 2{,}4\,d_L$
Randabstand in Kraftrichtung	$1{,}2\,d_L \leq e_1 \leq 3{,}0\,d_L$	$\alpha_l = 1{,}1 \cdot e_1 / d_L - 0{,}3$	$\alpha_l = 0{,}73 \cdot e_1 / d_L - 0{,}2$
Lochabstand in Kraftrichtung	$2{,}2\,d_L \leq e \leq 3{,}5\,d_L$	$\alpha_l = 1{,}08 \cdot e / d_L - 0{,}77$	$\alpha_l = 0{,}72 \cdot e / d_L - 0{,}51$
Unabhängig von den tatsächlichen Abständen darf e_1 höchstens mit $3\,d_L$ und e höchstens mit $3{,}5\,d_L$ in Rechnung gestellt werden. Für Zwischenwerte von e_2 und e_3 darf linear interpoliert werden.			

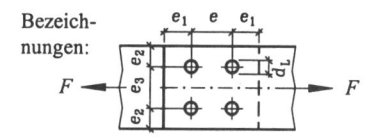

Bezeichnungen:

Die maximale Beanspruchbarkeit auf Lochleibung ergibt sich für die Abstände:
$e_1 = 3 \cdot d_L$, $e_2 = 1{,}5 \cdot d_L$, $e = 3{,}5 \cdot d_L$ und $e_3 = 3 \cdot d_L$.
Für die Mindestabstände nach Tafel 8.39b werden wesentlich kleinere Werte erreicht.

Grenzlochleibungskräfte für praxisübliche Rand- bzw. Lochabstände sind den Tafeln 8.42 bzw. 8.43 zu entnehmen.

Die Grenzlochleibungskräfte der Schrauben einer Verbindung dürfen innerhalb eines Anschlusses addiert werden, wenn die einzelnen Schraubenkräfte beim Nachweis auf Abscheren berücksichtigt werden. Zur Ermittlung des Kleinstwertes der Beanspruchbarkeit auf Abscheren und Lochleibung innerhalb einer Verbindung ist für jede Schraube die Summe der Grenzabscherkräfte sowie die Summe der für die vorhandenen Rand- und Lochabstände maßgebenden Grenzlochleibungskräfte zu bestimmen. Dies gilt ebenfalls für die entgegengesetzte Kraftrichtung.

Tafel 8.42 Grenzlochleibungskräfte in kN für SL-, SLV- und GV-Verbindungen, bezogen auf 10 mm Bauteildicke und Baustahl St 37 mit 3 mm $\leq t \leq$ 40 mm

		Abstand mm	Schrauben (alle Festigkeitsklassen)							
			M 12	M 16	M 20	M 22	M 24	M 27	M 30	M 36
Nennlochspiel Δd = 1 mm	Lochabstand in Kraftrichtung	e = 30	45,1							
		35	56,0							
		40	66,8	61,8						
		45	77,7	72,9						
		50	78,8	84,0	78,6					
		55	78,8	95,1	89,8	87,0	84,1			
		60	78,8	105	101	98,3	95,4			
		65	78,8	105	112	110	107	102		
		70	78,8	105	123	121	118	114	109	
		75	78,8	105	131	132	129	125	121	
		80		105	131	143	141	136	132	
		85		105	131	144	152	148	143	134
		90		105	131	144	158	159	155	146
		95		105	131	144	158	170	166	157
		100		105	131	144	158	177	178	169
		105			131	144	158	177	189	180
		110			131	144	158	177	197	192
		115			131	144	158	177	197	203
		120			131	144	158	177	197	215
		125			131	144	158	177	197	226
		130				144	158	177	197	236
	Randabstand in Kraftrichtung	e_1 = 20	36,5							
		25	47,5	46,0						
		30	58,6	57,3	55,5	54,5	53,4			
		35	69,7	68,6	66,9	65,9	64,9	63,3		
		40	(78,5)	79,9	78,3	77,4	76,5	74,9	73,6	
		45		91,2	89,9	88,9	88,0	86,5	84,9	81,5
		50		102	101	100	99,5	98,0	96,5	93,2
		55		(105)	113	112	111	110	108	105
		60			124	123	123	121	120	117
		65			(131)	135	134	133	131	128
		70				(144)	146	144	143	140
		75					(157)	156	155	152
		80					167	166	163	
		85					(177)	178	175	
		90						189	187	
		95						(196)	189	
		100								210
		105								222
		110								233
		115								(236)

Die Tafelwerte sind mit der maßgebenden Bauteildicke min Σt (in cm) zu multiplizieren. Sie gelten nur, wenn senkrecht zur Kraftrichtung die Abstände $e_2 \geq 1{,}5\, d_L$ und $e_3 \geq 3\, d_L$ eingehalten werden. Die Werte in Klammern beziehen sich auf $e_1 = 3\, d_L$. Für diesen Abstand ergibt sich die maximale Beanspruchbarkeit auf Lochleibung.

Für Stahlsorte St 52 und StE 355 können die Tafelwerte mit Faktor 1,5 umgerechnet werden.

Stahlbau in Beispielen

Auf der Grundlage der DIN 18 800 werden für

- Bemessungsvoraussetzungen
- Berechnungen der Stabilitätsfälle Knicken und Beulen
- Schraubenverbindung
- Schweißverbindungen
- Zugstäbe, Stützenfüße
- biegesteife Rahmenecken, örtliche Krafteinleitungen und Biegetorsionsbeanspruchung von U-Profilen

d.h. für häufig benötigte Berechnungsabläufe, die in der Norm enthaltenen Gebote, Verbote und Grundsätze jeweils in Nachweisschemata übersichtlich geordnet. Für die einzelnen Nachweisführungen sind erläuternde Beispiele vorgerechnet, die dem jeweiligen Nachweisschema folgen. Für die bauliche Durchbildung sind Standardlösungen gewählt.

Zu beziehen über Ihre Buchhandlung oder direkt beim Verlag.

Hünersen
Fritzsche

Stahlbau in Beispielen

Berechnungspraxis nach DIN 18 800 Teil 1 bis Teil 3

5. Auflage
Werner Verlag   WIT

Hünersen/Fritzsche
Stahlbau in Beispielen
5., überärbeitete und erweiterte Auflage 2001,
296 Seiten, 17 x 24 cm, kartoniert,
€ 29,–/sFr 58,–
ISBN 3-8041-5102-7

WERNER VERLAG
Werner Verlag · Postfach 10 53 54 · 40044 Düsseldorf
Telefon (02 11) 3 87 98-0 · Telefax (02 11) 3 87 98-11
www.werner-verlag.de

Tafel 8.43 Grenzlochleibungskräfte in kN für SLP-, SLVP- und GVP- Verbindungen bezogen auf 10 mm Bauteildicke und Baustahl St 37 mit 3 mm $\leq t \leq$ 40 mm

	Abstand mm	Paßschrauben (alle Festigkeitsklassen)							
		M 12	M 16	M 20	M 22	M 24	M 27	M 30	M 36
Nennlochspiel $\Delta d = 0$ — Lochabstand in Kraftrichtung	$e = 30$	48,9							
	35	60,6							
	40	72,4	65,7						
	45	84,2	77,5						
	50	85,4	89,3	82,5					
	55	85,4	101	94,3	91,0	87,6			
	60	85,4	112	106	103	99,4			
	65	85,4	112	118	115	111	106		
	70	85,4	112	130	126	123	118	113	
	75	85,4	112	138	138	135	130	125	
	80		112	138	150	147	141	136	
	85		112	138	151	158	153	148	138
	90		112	138	151	164	165	160	150
	95		112	138	151	164	177	172	162
	100		112	138	151	164	184	184	173
	105			138	151	164	184	184	185
	110			138	151	164	184	204	197
	115			138	151	164	184	204	209
	120			138	151	164	184	204	221
	125				151	164	184	204	232
	130				151	164	184	204	243
Randabstand in Kraftrichtung	$e_1 = 20$	39,5							
	25	51,5	48,9						
	30	63,5	60,9	58,3	56,9	55,6			
	35	75,5	72,9	70,3	68,9	67,6	65,7		
	40	(85,1)	84,9	82,3	80,9	79,6	77,7	75,7	
	45		96,9	94,3	92,9	91,6	89,7	87,7	83,8
	50		109	106	105	104	102	99,7	95,8
	55		(111)	118	117	116	114	112	108
	60			130	129	128	126	124	120
	65			(137)	141	140	138	136	132
	70				(151)	152	150	148	144
	75					(164)	162	160	156
	80						174	172	168
	85						(183)	184	180
	90							196	192
	95							(203)	204
	100								216
	105								228
	110								240
	115								(242)

Die Tafelwerte sind mit der maßgebenden Bauteildicke min Σt (in cm) zu multiplizieren. Sie gelten nur, wenn senkrecht zur Kraftrichtung die Abstände $e_2 \geq 1,5\, d_L$ und $e_3 \geq 3\, d_L$ eingehalten werden. Die Werte in Klammern beziehen sich auf $e_1 = 3\, d_L$. Für diesen Abstand ergibt sich die maximale Beanspruchbarkeit auf Lochleibung.

Für Stahlsorte St 52 und StE 355 können die Tafelwerte mit Faktor 1,5 umgerechnet werden.

- **Nachweis auf Lochleibung** $\boxed{V_{l,d}/V_{l,R,d} \leq 1}$ bzw. $\boxed{1{,}2 \cdot V_{l,d}/V_{l,R,d} \leq 1,}$ wenn es sich um eine einschnittige, ungestützte Verbindung mit nur einer Schraubenreihe senkrecht zur Kraftrichtung nach folgender Skizze handelt:

Für die Randabstände gilt in diesem Fall: $e_1 \geq 2 \cdot d_L$ und $e_2 \geq 1{,}5 \cdot d_L$.

6.3 Anwendungen

- **Rechteckiges Schraubenbild mit den Beanspruchungen V_z, N, und M_S**

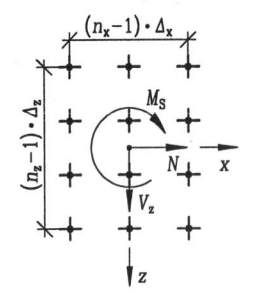

n_x: Anzahl der Schrauben je Reihe in x-Richtung
Δ_x: Abstand der Schrauben in x-Richtung
n_z: Anzahl der Schrauben je Reihe in z-Richtung
Δ_z: Abstand der Schrauben in z-Richtung

Anzahl der Schrauben: $n = n_x \cdot n_z$

- **Schraubenkraft V_b der maximal beanspruchten Schraube**

$$V_b = \sqrt{\left[\frac{V_z}{n} + \frac{M_S}{I_P} \cdot \frac{(n_x - 1) \cdot \Delta_x}{2}\right]^2 + \left[\frac{N}{n} + \frac{M_S}{I_P} \cdot \frac{(n_z - 1) \cdot \Delta_z}{2}\right]^2}$$

mit $I_P = \Sigma r_i^2 = n/12 \cdot [(n_x^2 - 1) \cdot \Delta_x^2 + (n_z^2 - 1) \cdot \Delta_z^2]$

- Sonderfall: $N = 0$, $M_S = V_z \cdot a \rightarrow$ $V_b = V_z \cdot \sqrt{\left[\frac{1}{n} + \frac{a}{I_P} \cdot \frac{(n_x - 1) \cdot \Delta_x}{2}\right]^2 + \left[\frac{a}{I_P} \cdot \frac{(n_z - 1) \cdot \Delta_z}{2}\right]^2}$

Beispiel:
Gelenkiger Winkelanschluß

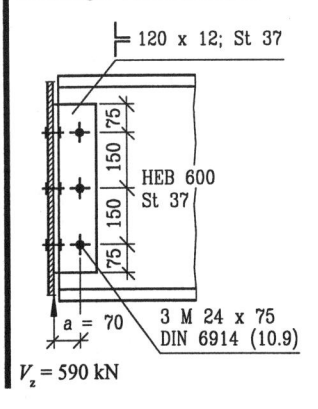

120 x 12; St 37
HEB 600 St 37
$a = 70$
3 M 24 x 75 DIN 6914 (10.9)
$V_z = 590$ kN

- Berechnung der Schraubenkraft V_b der maximal beanspruchten Schraube

$n_x = 1$; $n_z = 3$; $n = 3$; $I_P = 3/12 \, [(3^2 - 1) \cdot 15{,}0^2] = 450 \text{ cm}^2$

$$V_b = 590 \cdot \sqrt{\left[\frac{1}{3}\right]^2 + \left[\frac{7}{450} \cdot \frac{(3-1) \cdot 15}{2}\right]^2} = \underline{240{,}1 \text{ kN}}$$

- **Nachweis auf Abscheren**

Die Schraubenschäfte der 2-schnittigen SL-Verbindung befinden sich in der Scherfuge.
$V_{a,R,d} = 226$ kN je Scherfuge (Tafel 8.40)
$V_b/(V_{a,R,d} \cdot n) = 240{,}1/(226 \cdot 2) = \underline{0{,}53 < 1}$

- **Nachweis auf Lochleibung**

Maßgebend ist Lochleibungsversagen im Trägersteg (min $t = s_{(HEB\ 600)} = 15{,}5$ mm).
Mit $e = 150$ folgt aus Tafel 8.42: $V_{l,R,d} = 158$ kN
$V_b/(V_{l,R,d} \cdot \min t) = 240{,}1/(158 \cdot 1{,}55) = \underline{0{,}98 < 1}$

6.4 Bemessungshilfen für Verbindungen

Für folgende typisierte Verbindungen stehen in [8.30] Bemessungshilfen zur Verfügung, für die ein rechnerischer Nachweis nicht erforderlich ist, da sie vom Prüfamt für Baustatik des Landes Nordrhein-Westfalen geprüft sind:
- Querkraftbeanspruchte Winkelanschlüsse (Schraubenfestigkeitsklassen 4.6 und 10.9),
- Querkraftbeanspruchte Stirnplattenanschlüsse (Schraubenfestigkeitsklassen 4.6 und 10.9),
- Biegesteife Stirnplattenanschlüsse (Schraubenfestigkeitsklasse 10.9),
- Rippenlose Trägerverbindungen.

6.5 Schraubentafeln

Tafel 8.45a Übersicht über die Normung von Schrauben, Muttern und Scheiben

Ausführungsform [1]	Schraube	Festigkeitsklasse	Mutter	Festigkeitsklasse	Scheibe rund	Keilform
SL	DIN 7990 DIN 7969	4.6	DIN EN ISO 4034 DIN EN ISO 4032	4 > M 16 [3] 5 ≤ M 16 [3]	DIN 7989-1	DIN 434 DIN 435
SL	DIN 7990	5.6	DIN EN ISO 4034 DIN EN ISO 4032	5 [3]	DIN 7989-1	DIN 434 DIN 435
SLP	DIN 7968	5.6	DIN EN ISO 4034 DIN EN ISO 4032	5 [3]	DIN 7989-2	DIN 434 DIN 435
SL	DIN EN ISO 4014 DIN EN ISO 4017	8.8	DIN EN ISO 4032	8	DIN 125 DIN 126	DIN 434 DIN 435
SLV [2]	DIN EN ISO 4014 DIN EN ISO 4017	8.8	DIN EN ISO 4032	8	DIN 125-2 Form B [4]	
SL SLV [2] GV	DIN 6914	10.9	DIN 6915	10	DIN 6916	DIN 6917 DIN 6918
SLP SLVP [2] GVP	DIN 7999	10.9	DIN 6915	10	DIN 6916	DIN 6917 DIN 6918

[1] Bei allen Ausführungsformen ist vorwiegend ruhende Zugbeanspruchung zulässig.
[2] Nicht vorwiegend ruhende Zugbeanspruchung zulässig.
[3] Auch Muttern der Festigkeitsklasse 8 zulässig.
[4] Gekennzeichnet mit dem Herstellerkennzeichen an der der Fase gegenüberliegenden Seite.

Tafel 8.45b Schraubenmaße in mm für Sechskantschrauben nach DIN 7990 und DIN 7968

Schraubengröße →	M 12	M 16	M 20	M 22	M 24	M 27	M 30	M 36
Gewinde-∅ d	12	16	20	22	24	27	30	36
Schaft-∅ d_s				= Gewinde-∅ d				
dto. Paßschraube d_s	13	17	21	23	25	28	31	37
Kopfhöhe k	8	10	13	14	15	17	19	23
Mutterhöhe max m	12,2	15,9	19	20,2	22,3	24,7	26,4	31,5
Schlüsselweite s	18	24	30	34	36	41	46	55
Eckenmaß min e	19,85	26,17	32,95	37,29	39,55	45,20	50,85	60,79
Scheiben-∅	24	30	37	39	44	50	56	60
Scheibendicke t	8	8	8	8	8	8	8	8

Tafel 8.46a Schraubenmaße in mm für Sechskantschrauben mit großen Schlüsselweiten (HV-Schrauben) nach DIN 6914 und DIN 7999

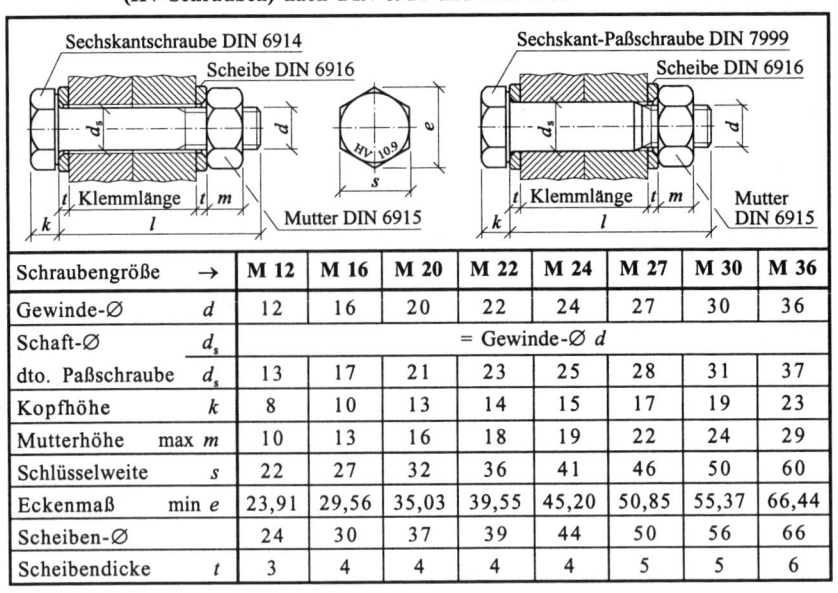

Schraubengröße →		M 12	M 16	M 20	M 22	M 24	M 27	M 30	M 36
Gewinde-∅	d	12	16	20	22	24	27	30	36
Schaft-∅	d_s				= Gewinde-∅ d				
dto. Paßschraube	d_s	13	17	21	23	25	28	31	37
Kopfhöhe	k	8	10	13	14	15	17	19	23
Mutterhöhe max	m	10	13	16	18	19	22	24	29
Schlüsselweite	s	22	27	32	36	41	46	50	60
Eckenmaß min	e	23,91	29,56	35,03	39,55	45,20	50,85	55,37	66,44
Scheiben-∅		24	30	37	39	44	50	56	66
Scheibendicke	t	3	4	4	4	4	5	5	6

Tafel 8.46b Schaftquerschnittsfläche A und Spannungsquerschnittsfläche A_s in cm²

Schraubengröße →		M 12	M 16	M 20	M 22	M 24	M 27	M 30	M 36
Schaftquerschnitt	A	1,13	2,01	3,14	3,80	4,52	5,73	7,07	10,18
dto. Paßschraube	A	1,33	2,27	3,46	4,15	4,91	6,16	7,55	10,75
Spannungsquerschnitt	A_s	0,843	1,57	2,45	3,03	3,53	4,59	5,61	8,17

Tafel 8.46c Symbole für Schrauben in Zeichnungen nach DIN ISO 5261 (2.83)

Zeichenebene →	senkrecht zur Achse			parallel zur Achse		
Bedeutung des Symbols	nicht gesenkt	Senkung auf der Vorderseite	Senkung auf der Rückseite	Mutterseite freigestellt	Mutterseite rechts	Senkung rechts
Schraube in der Werkstatt eingebaut						
Schraube auf der Baustelle eingebaut						
Schraube auf der Baustelle gebohrt und eingebaut						

Bei den Sinnbildern für Löcher entfallen der Punkt in der Mitte bzw. in der Ansicht parallel zur Achse die senkrechten Striche. Zusätzlich ist der Loch-∅ in mm anzugeben.

Bezeichnung einer Schraube bzw. Schraubengruppe:
4 M 20 × (Länge in mm) DIN ....

8 B Stahlbau nach DIN 18 800 (3.81)*

Prof. Dipl.-Ing. Eduard Kahlmeyer

1 Stähle für den Stahlbau

Allgemeine Baustähle, Auszug aus DIN 17 100 (1.80)

Stahlsorte Kurzname				St 37-2	USt 37-2	RSt 37-2	St 37-3	St 52-3
Werkstoffnummer				1.0037	1.0036	1.0038	1.0016	1.570
Desoxidationsart[1])				[2])	U	R	RR	RR
Zugfestigkeit für Erzeugnisdicken in mm	N/mm^2	$\geq$ 3 $\leq$ 100		\multicolumn{3}{c}{340 bis 470}			490 bis 630
		> 100		\multicolumn{4}{c}{nach Vereinbarung}		
Obere Streckgrenze für Erzeugnisdicken in mm	N/mm^2 min	$\leq$ 16		235		235		355
		> 16 $\leq$ 40		225		225		345
		> 40 $\leq$ 63		215		215		335
		> 63 $\leq$ 80		205		215		325
		> 80 $\leq$ 100		195		215		315
		> 100		\multicolumn{4}{c}{nach Vereinbarung}		
Bruchdehnung für Erzeugnisdicken in mm	% min	$\geq$ 3 $\leq$ 40		\multicolumn{3}{c}{Probenlage längs 26 quer 24}			22 20
		> 40 $\leq$ 63		\multicolumn{3}{c}{Probenlage längs 25 quer 23}			21 19
Meßlänge $L_0 = 5d_0$		> 63 $\leq$ 100		\multicolumn{3}{c}{Probenlage längs 24 quer 22}			20 18
		> 100		\multicolumn{4}{c}{nach Vereinbarung}		

[1]) U unberuhigt, R beruhigt (einschließlich halbberuhigt), RR besonders beruhigt
[2]) freigestellt

Hochfeste schweißgeeignete Feinkornbaustähle, Auszug aus DASt-Ri. 011 (2.88)

Stahl-sorte	Erzeugnisform	Behand-lungs-zustand[1])	Streckgrenze N/mm^2 für Dicken in mm[2])				Zugfestigkeit N/mm^2 für Dicken in mm[2])		Bruch-dehnung % $L_0 = 5d_0$
			$\leq$ 12	> 12 $\leq$ 16	> 16 $\leq$ 35	> 35 $\leq$ 50	> 50 $\leq$ 60		
StE 460	Blech, Profil, geschweißtes Hohlprofil	N	460 (460	450 450	440 440	430 430	\multicolumn{2}{c}{560 bis 730 (530 bis 730)[3])}		17
StE 690	Blech, Profil, geschweißtes Hohlprofil	V	\multicolumn{4}{c}{690}	–	\multicolumn{2}{c}{790 bis 940}	–	16

[1]) N normalgeglüht, V vergütet (wasservergütet)
[2]) Für dickere Erzeugnisse sind die entsprechenden Werte zu vereinbaren
[3]) Klammerwerte gelten für nahtlose Hohlprofile

---

*) Die Gültigkeit der „alten" Stahlbaunorm DIN 18 800 (3.81) ist mit Ablauf des Jahres 1995 offiziell beendet (vgl. *Mitteilungen des BlfB,* Heft 2, 1995 und *Anpassungsrichtlinie zu DIN 18 800 (11.90),* Ausgabe Juli 1995). Für das Studium im Fach Tragwerkslehre und zur Vorbemessung kann die „alte" Stahlbaunorm mit dem zul σ-Konzept nach wie vor hilfreich sein. Daher wurden die Berechnungsgrundlagen für den Stahlbau nach der „alten" DIN 18 800 (3.81) auch in die vorliegende 14. Auflage weiterhin aufgenommen.

2 Berechnungswerte für Stahlbauten nach DIN 18 800 Teil 1 (3.81)*

Berechnungswerte für Bauteile

a) Zulässige Spannungen für Bauteile in N/mm²

Spannungsart		Werkstoff und Lastfall							
		St 37		St 52		StE 460		StE 690	
		H	HZ	H	HZ	H	HZ	H	HZ
1	Druck und Biegedruck (zul σ_D) für Stabilitätsnachweis nach DIN 4114 Teil 1 und 2	140	160	210	240	275	310	410	460
2	Druck und Biegedruck Zug und Biegezug (zul σ) Vergleichsspannung	160	180	240	270	310	350		
3	Schub (zul τ)	92	104	139	156	180	200	240	270

Beanspruchungsfälle, bei denen die zulässigen Spannungen um 10 % erhöht werden können, siehe Abschnitt 3, Seite 8.54

b) Zulässige Spannungen für Lagerteile und Gelenke in N/mm²

	Spannungsart	Werkstoff und Lastfall									
		GG-15		St 37		St 52		GS 52		C 35 N	
		H	HZ	H	HZ	H	HZ	H	HZ	H	HZ
1	Druck	100	110								
2	Biegedruck	90	100	160	180	240	270	180	200	160	180
3	Biegezug	45	50								
4	Berührungsdruck nach Hertz[1]	500	600	650	800	850	1050	850	1050	800	1000
5	Lochleibungsdruck bei Gelenkbolzen	[2]		210	240	320	360	240	265	210	240

[1] Bei beweglichen Lagern mit mehr als 2 Rollen sind diese Werte auf 85 % zu ermäßigen. Solche Lager sind jedoch möglichst zu vermeiden.
[2] Diese Werte gelten nur für mehrschnittige Verbindungen. GG-15 ist für Gelenkbolzen nicht verwendbar.

c) Rechenwerte für Werkstoffeigenschaften

	Werkstoffeigenschaft	Werkstoff						
		GG-15	St 37	St 52	StE 460	StE 690	GS 52	C 35 N
1	Streckgrenze β_s in N/mm²	–	240	360	460	690	260	280
2	Elastizitätsmodul E in N/mm²	$10 \cdot 10^4$	$21 \cdot 10^4$					
3	Schubmodul G in N/mm²	$38 \cdot 10^3$	$81 \cdot 10^3$					
4	Lineare Wärmedehnzahl α_t in K^{-1}	$10 \cdot 10^{-6}$	$12 \cdot 10^{-6}$					

*„Nicht vorwiegend ruhend" beanspruchte Bauteile: siehe Seite 8.52 erster Abschnitt.

Berechnungswerte für Schraubenverbindungen
(Berechnungsformeln siehe Seite 8.60)

Verbindungsart	Lochspiel Δd in mm	Schraubenart		Festigkeitsklasse nach DIN ISO 898	Kurzzeichen
Scher-/Lochleibungs-Verbindung	$0{,}3 < \Delta d \leqq 2$ [1])	Rohe Schraube	DIN 7990	4.6; 5.6	SL
		Senkschraube	DIN 7969	4.6; 5.6	
		Hochfeste Schraube	DIN 6914	10.9 [3])	
	$\Delta d \leqq 0{,}3$	Paßschraube	DIN 7968	4.6; 5.6	SLP
		Hochfeste Paßschraube	DIN 7999	10.9 [3])	
Gleitfeste Verbindung	$0{,}3 < \Delta d \leqq 2$	Hochfeste Schraube	DIN 6914	10.9	GV
	$\Delta d \leqq 0{,}3$ [2])	Hochfeste Paßschraube	DIN 7999	10.9	GVP

[1]) $\Delta d \leqq 1$ mm bei Verbindungen mit Senkschrauben und bei Anschlüssen und Stößen in seitenverschieblichen Rahmen.
[2]) Bei einem Lochspiel 2 mm $< \Delta d \leqq 3$ mm sind die Werte zul Q_{GV} zu verkleinern: siehe Tafel a)
[3]) SL- und SLP-Verbindungen mit hochf. Schrauben können ohne Vorspannung o. zwecks Erhöhung des zul. Lochleibungsdruckes mit „nichtplanmäßiger Vorspannung" ($\geqq 0{,}5\ F_v$) ausgeführt werden.

a) Zulässige übertragbare Kraft je Schraube und je Scherfläche (Reibfläche) senkrecht zur Schraubenachse: zul Q_a in kN

	Verbindungsart	Festigkeitsklasse	Lastfall	\multicolumn{8}{c	}{Schraubengröße}	zul τ_a N/mm²
				M 12	M 16	M 20	M 22	M 24	M 27	M 30	M 36	
\multicolumn{13}{	l	}{Scher-/Lochleibungs-Verbindung: zul $Q_{SL/SLP}$ = zul $\tau_a \cdot A_a$; Scherfläche A_a s. S. 8.59}
1	SL	4.6	H	12,7	22,5	35,2	42,6	50,6	64,2	79,2	114,0	112
2			HZ	14,2	25,3	39,6	47,9	57,0	72,2	89,1	128,3	126
3		5.6	H	19,2	34,1	53,4	64,6	76,8	97,4	120,2	173,1	168
4			HZ	21,5	38,2	59,7	72,5	85,9	108,9	134,3	193,4	192
5		10.9	H	27,0	48,5	75,5	91,0	108,5	137,5	169,5	244,5	240
6			HZ	30,5	54,5	85,0	102,5	122,0	154,5	191,0	275,0	270
7	SLP	4.6	H	18,6	31,8	48,4	58,1	68,7	86,2	105,7	150.6	140
8			HZ	21,3	36,3	55,4	66,4	78,6	98,6	120,8	172,0	160
9		5.6	H	27,9	47,7	72,7	87,2	103,1	129,4	158,6	225,8	210
10			HZ	31,9	54,5	83,0	99,6	117,8	147,8	181,2	258,0	240
11		10.9	H	37,0	63,5	97,0	116,5	137,5	172,5	211,5	301,1	280
12			HZ	42,5	72,5	111,0	133,0	157,0	197,0	241,5	344,0	320
\multicolumn{13}{	l	}{Gleitfeste Verbindung in Bauteilen aus St 37 und St 52: zul $Q_{GV} = \mu \cdot F_v / \nu_G$ zul Q_{GVP} = zul Q_{GV} + zul $Q_{SLP}/2$; $\mu = 0{,}5$; $\nu_{G,H} = 1{,}25$; $\nu_{G,HZ} = 1{,}10$}
13	GV[1])	10.9	H	20,0	40,0	64,0	76,0	88,0	116,0	140,0	204,0	–
14			HZ	22,5	45,5	72,5	86,5	100,0	132,0	159,0	232,0	–
15	GVP	10.9	H	38,5	72,0	112,5	134,0	156,5	202,0	245,5	354,5	–
16			HZ	43,5	82,0	128,0	153,0	178,5	230,5	280,5	404,0	–

[1]) Für GV-Verbindungen mit Lochspiel 2 mm $< \Delta d \leqq 3$ mm sind die Werte der Zeilen 13 und 14 auf 80 % zu ermäßigen.

8 Stahlbau

8.49

b) Vorspannkraft: F_v in kN

Schraubengröße	M 12	M 16	M 20	M 22	M 24	M 27	M 30	M 36
F_v	50	100	160	190	220	290	350	510

c) Zulässiger Lochleibungsdruck für Bauteile ($t \geqq 3$ mm) und Schrauben: zul σ_l in N/mm²

	Verbindungs-art	Festigkeits-klasse	\multicolumn{8}{c}{Werkstoff des Bauteils}							

	Verbindungs-art	Festigkeits-klasse	St 37		St 52		StE 460		StE 690	
			\multicolumn{8}{c}{Lastfall}							
			H	HZ	H	HZ	H	HZ	H	HZ
\multicolumn{11}{l}{Schrauben ohne Vorspannung}										
1 2	SL SLP	4.6; 5.6; 10.9 ¹)	280²) 320	320²) 360	420 480	470 540	540 620	610 700	710 820	800 920
\multicolumn{11}{l}{Schrauben mit nichtplanmäßiger Vorspannung: $\geqq 0{,}5\,F_v$; F_v s. Tafel b)}										
3 4	SL SLP	10.9	380 420	430 470	570 630	645 710	710 810	800 910	940 1070	1050 1200
\multicolumn{11}{l}{Schrauben mit planmäßiger Vorspannung: $1{,}0\,F_v$}										
5	GV; GVP	10.9	480	540	720	810	–	–	–	–

¹) Wird die Festigkeitsklasse 4.6 in Bauteilen aus St 52 verwendet, sind die für St 37 geltenden Werte anzusetzen.
²) In zweischnittigen Verbindungen mit Lochspiel $\Delta d \leqq 1$ mm können 300 N/mm² im Lastfall H und 340 N/mm² im Lastfall HZ zugelassen werden (DIN 18801).
Für hochfeste Feinkornbaustähle dürfen nur hochfeste Schrauben (10.9) in SL- und SLP-Verbindungen ohne oder mit teilweiser Vorspannung verwendet werden.

d) Zulässige übertragbare Zugkraft je Schraube in Richtung der Schraubenachse: zul Z in kN

Festig-keits-klasse	Last-fall	\multicolumn{8}{c}{Schraubengröße}	zul σ_z N/mm²

	Festig-keits-klasse	Last-fall	M 12	M 16	M 20	M 22	M 24	M 27	M 30	M 36	zul σ_z N/mm²
\multicolumn{12}{l}{Schrauben ohne oder mit nichtplanmäßiger Vorspannung: zul Z = zul $\sigma_z \cdot A_s$¹)}											
1 2	4.6	H HZ	9,3 10,5	17,3 19,6	27,0 30,6	33,3 37,9	38,8 44,1	50,5 57,4	61,7 70,1	89,9 102,1	110 125
3 4	5.6	H HZ	12,6 14,3	23,6 26,7	36,8 41,7	45,5 51,5	53,0 60,0	68,9 78,0	84,2 95,4	122,6 138,9	150 170
5 6	10.9 ³)	H HZ	30,5 34,6	56,5 64,4	88,2 100,5	109,0 124,2	127,0 144,7	165,2 188,2	202,0 230,0	294,0 335,0	360 410
\multicolumn{12}{l}{Schrauben mit planmäßiger Vorspannung: zul $Z_H = 0{,}7\,F_v$; zul $Z_{HZ} = 0{,}8\,F_v$²)}											
7 8	10.9	H HZ	35,0 40,0	70,0 80,0	112,0 128,0	133,0 152,0	154,0 176,0	203,0 232,0	245,0 280,0	357,0 408,0	– –

¹) Spannungsquerschnitt A_s s. S. 8.59 ²) F_v s. Tafel b)
³) Hochfeste Schrauben ohne planmäßige Vorspannung dürfen bei Zugbeanspruchung nur verwendet werden, wenn die nicht ständigen Lasten aus Schnee, Temperatur, Lagerstoffen oder Nutzlasten in Wohnungen, Büros und Büchereien bestehen. Bei Wind gilt die Einschränkung, daß eine durch das Tragverhalten bedingte Periodizität (z. B. durch angefachte Schwingungen) ausgeschlossen werden kann.

Knickzahlen

Knickzahlen ω **für Bauteile aus St 37** (Tafel 1, DIN 4114)

λ	0	1	2	3	4	5	6	7	8	9	λ
20	1,04	1,04	1,04	1,05	1,05	1,06	1,06	1,07	1,07	1,08	20
30	1,08	1,09	1,09	1,10	1,10	1,11	1,11	1,12	1,13	1,13	30
40	1,14	1,14	1,15	1,16	1,16	1,17	1,18	1,19	1,19	1,20	40
50	1,21	1,22	1,23	1,23	1,24	1,25	1,26	1,27	1,28	1,29	50
60	1,30	1,31	1,32	1,33	1,34	1,35	1,36	1,37	1,39	1,40	60
70	1,41	1,42	1,44	1,45	1,46	1,48	1,49	1,50	1,52	1,53	70
80	1,55	1,56	1,58	1,59	1,61	1,62	1,64	1,66	1,68	1,69	80
90	1,71	1,73	1,74	1,76	1,78	1,80	1,82	1,85	1,86	1,88	90
100	1,90	1,92	1,94	1,96	1,98	2,00	2,02	2.05	2,07	2,09	100
110	2,11	2,14	2,16	2,18	2,21	2,23	2,27	2,31	2,35	2,39	110
120	2,43	2,47	2,51	2,55	2,60	2,64	2,68	2,72	2,77	2,81	120
130	2,85	2,90	2,94	2,99	3,03	3,08	3,12	3,17	3,22	3,26	130
140	3,31	3,36	3,41	3,45	3,50	3,55	3,60	3,65	3,70	3,75	140
150	3,80	3,85	3,90	3,95	4,00	4,06	4,11	4,16	4,22	4,27	150
160	4,32	4,38	4,43	4,49	4,54	4,60	4,65	4,71	4,77	4,82	160
170	4,88	4,94	5,00	5,05	5,11	5,17	5,23	5,29	5,35	5,41	170
180	5,47	5,53	5,59	5,66	5,72	5,78	5,84	5,91	5,97	6,03	180
190	6,10	6,16	6,23	6,29	6,36	6,42	6,49	6,55	6,62	6,69	190
200	6,75	6,82	6,89	6,96	7,03	7,10	7,17	7,24	7,31	7,38	200
210	7,45	7,52	7,59	7,66	7,73	7,81	7,88	7,95	8,03	8,10	210
220	8,17	8,25	8,32	8,40	8,47	8,55	8,63	8,70	8,78	8,86	220
230	8,93	9,01	9,09	9,17	9,25	9,33	9,41	9,49	9,57	9,65	230
240	9,73	9,81	9,89	9,97	10,05	10,14	10,22	10,30	10,39	10,47	240
250	10,55	Zwischenwerte brauchen nicht eingeschaltet zu werden									

Knickzahlen ω **für Bauteile aus St 52** (Tafel 2, DIN 4114)

λ	0	1	2	3	4	5	6	7	8	9	λ
20	1,06	1,06	1,07	1,07	1,08	1,08	1,09	1,09	1,10	1,11	20
30	1,11	1,12	1,12	1,13	1,14	1,15	1,15	1,16	1,17	1,18	30
40	1,19	1,19	1,20	1,21	1,22	1,23	1,24	1,25	1,26	1,27	40
50	1,28	1,30	1,31	1,32	1,33	1,35	1,36	1,37	1,39	1,40	50
60	1,41	1,43	1,44	1,46	1,48	1,49	1,51	1,53	1,54	1,56	60
70	1,58	1,60	1,62	1,64	1,66	1,68	1,70	1,72	1,74	1,77	70
80	1,79	1,81	1,83	1,86	1,88	1,91	1,93	1,95	1,98	2,01	80
90	2,05	2,10	2,14	2,19	2,24	2,29	2,33	2,38	2,43	2,48	90
100	2,53	2,58	2,64	2,69	2,74	2,79	2,85	2,90	2,95	3,01	100
110	3,06	3,12	3,18	3,23	3,29	3,35	3,41	3,47	3,53	3,59	110
120	3,65	3,71	3,77	3,83	3,89	3,96	4,02	4,09	4,15	4,22	120
130	4,28	4,35	4,41	4,48	4,55	4,62	4,69	4,75	4,82	4,89	130
140	4,96	5,04	5,11	5,18	5,25	5,33	5,40	5,47	5,55	5,62	140
150	5,70	5,78	5,85	5,93	6,01	6,09	6,16	6,24	6,32	6,40	150
160	6,48	6,57	6,65	6,73	6,81	6,90	6,98	7,06	7,15	7,23	160
170	7,32	7,41	7,49	7,58	7,67	7,76	7,85	7,94	8,03	8,12	170
180	8,21	8,30	8,39	8,48	8,58	8,67	8,76	8,86	8,95	9,05	180
190	9,14	9,24	9,34	9,44	9,53	9,63	9,73	9,83	9,93	10,03	190
200	10,13	10,23	10,34	10,44	10,54	10,65	10,75	10,85	10,96	11,06	200
210	11,17	11,28	11,38	11,49	11,60	11,71	11,82	11,93	12,04	12,15	210
220	12,26	12,37	12,48	12,60	12,71	12,82	12,94	13,05	13,17	13,28	220
230	13,40	13,52	13,63	13,75	13,87	13,99	14,11	14,23	14,35	14,47	230
240	14,59	14,71	14,83	14,96	15,08	15,20	15,33	15,45	15,58	15,71	240
250	15,83	Zwischenwerte brauchen nicht eingeschaltet zu werden									

8 Stahlbau

3 Berechnung von Stahlbauten

nach DIN 18800 Teil 1 (3.81) und DIN 18801 (9.83)
Für „nicht vorwiegend ruhend" beanspruchte Bauteile sind zusätzliche oder einschränkende Bestimmungen zu beachten:
Kranbahnen DIN 4132, Straßenbrücken DIN 18809, Eisenbahnbrücken DS 804.

3.1 Lastenermittlung

Lastannahmen nach DIN 1055 (s. Kapitel 3). Fehlen ausreichende Angaben, sind entsprechende Festlegungen durch die Beteiligten zu vereinbaren.

Einteilung der Lasten
Hauptlasten (H) sind alle planmäßigen äußeren Lasten und Einwirkungen, die nicht nur kurzzeitig auftreten, z. B. ständige Last, planmäßige Verkehrslast, Schneelast, sonstige Massenkräfte, Einwirkungen aus wahrscheinlichen Baugrundbewegungen.
Zusatzlasten (Z) sind alle übrigen bei der planmäßigen Nutzung auftretenden Lasten und Einwirkungen, z. B. Windlast, Kräfte aus Bremsen und Seitenstoß (z. B. von Kranen), andere kurzzeitig auftretende Massenkräfte, Wärmewirkungen.
Sonderlasten (S) sind nichtplanmäßige, mögliche Lasten und Einwirkungen, z. B. Anprall, Einwirkungen aus möglichen Baugrundbewegungen.

Lastfälle
Lastfall H: Alle Hauptlasten; *Lastfall HZ:* Alle Haupt- und Zusatzlasten
Lastfall HS: Alle Hauptlasten mit nur einer Sonderlast (und evtl. weiteren Zusatz- und Sonderlasten). Für den Lastfall HS sind die Berechnungswerte des Lastfalls H (nach Seiten 8.48 bis 8.50) um 30 % zu erhöhen.
Wird ein Bauteil, abgesehen von seiner Eigenlast, nur durch Zusatzlasten beansprucht, so gilt die mit der größten Wirkung als Hauptlast.

3.2 Stütz- und Schnittgrößen

Die von den einzelnen Lasten erzeugten Schnittgrößen sind, getrennt nach Lastfällen, so zu überlagern, daß sich die ungünstigste Beanspruchung aller tragenden Bauteile und Verbindungen ergibt.

Spezielle Berechnungsannahmen für Träger
Als *Stützweite* von Trägern, die unmittelbar auf Mauerwerk oder Beton gelagert sind, darf die um 1/20, mindestens aber um 12 cm vergrößerte Lichtweite angenommen werden.
Auflagerkräfte von Durchlaufträgern, deren kleinste Stützweite nicht weniger als 0,8 der größten beträgt, dürfen wie für Träger auf zwei Stützen berechnet werden mit Ausnahme des Zweifeldträgers.
Durchlaufende Deckenträger, Pfetten, Unterzüge mit doppeltsymmetrischen Querschnitten und gleichmäßig verteilter Belastung dürfen bei Einhaltung der unten angegebenen Bedingungen für folgende Biegemomente bemessen werden:
in den Endfeldern $M = q \cdot l^2/11$
in den Innenfeldern $M = q \cdot l^2/16$
an den Innenstützen $M = - q \cdot l^2/16$
Bedingungen: min $l \geq 0,8$ max l; min $q \geq 0$. Die Stützmomente sind mit dem größeren Wert $q \cdot l^2$ der angrenzenden Felder zu berechnen.
Stöße sollen volle Querschnittsdeckung aufweisen.
Die Auflagen der DASt-Richtlinie 008 zur Vermeidung örtlichen Ausbeulens (Mindestdicken) und Kippens im Bereich von Fließgelenken sind zu erfüllen, wobei Walzprofile die erforderlichen Mindestdicken haben außer IPBl 180 bis 340 und 1000 aus St 52.

3.3 Bemessung und Nachweise

Zur Feststellung einer ausreichenden Bemessung sind, getrennt nach Lastfällen, folgende Nachweise zu führen:
a) **Allgemeiner Spannungsnachweis** zum Nachweis der Sicherheit gegen Fließen.
Die errechneten Spannungen sind den zulässigen Spannungen gegenüberzustellen. Anstelle dieses Nachweises kann die γ-fach gesteigerte Gebrauchslast (Bemessungslast) mit der Traglast (größte vom Bauwerk getragene Last) verglichen werden: siehe DASt-Richtlinie 008. Das Traglastverfahren muß angewandt werden, wenn die Schnittgrößen überproportional zur Belastung zunehmen und kein Ersatzverfahren benutzt wird.

b) **Stabilitätsnachweis** zum Nachweis der Sicherheit gegen Knicken, Kippen und Beulen. Knick- und Kippsicherheitsnachweis nach DIN 4114 Teil 1 und 2, Beulsicherheitsnachweis nach DASt-Ri 012.
c) **Lagesicherheitsnachweis** zum Nachweis der Sicherheit gegen Abheben, Umkippen (Erreichen der kritischen Pressung) und gegen Gleiten. Wenn die Sicherheit nicht zweifelsfrei feststeht, sind die Nachweise nach DIN 18800 Teil 1 zu führen.
d) **Formänderungsuntersuchung.** Die Funktionsfähigkeit des Bauwerks kann eine Beschränkung der Formänderungen erforderlich machen.
MBl. NW 1970: Soweit nicht kleinere Werte einzuhalten sind, darf die Durchbiegung bei Deckenträgern und Unterzügen mit einer Stützweite von mehr als 5 m nicht größer als 1/300 der Stützweite sein, bei Kragträgern am Kragende nicht mehr als 1/200 der Kraglänge.

3.4 Berechnungshinweise
3.4.1 Allgemeiner Spannungsnachweis

Die Einzelnachweise sind den Zusammenstellungen auf den Seiten 8.54 und 8.55 zu entnehmen. Speziell für **Walzträger** nach DIN 1025, beansprucht durch einachsige Biegung (M_y und Q_z), ergeben sich mit den Profiltafelwerten folgende Vereinfachungen:

Biegespannung: $\max \sigma = \max M_y/W_y \leqq \text{zul } \sigma$

Schubspannung: $\max \tau = \max Q_z/(s_y \cdot t_{Steg}) \leqq \text{zul } \tau$
$\leqq 1{,}1 \text{ zul } \tau$, wenn $\tau_m = \max Q_z/A_{Qz} \leqq \text{zul } \tau$

Vergleichsspannung: $\sigma_V = \sqrt{\sigma_1^2 + 3\tau_m^2} \leqq 1{,}1 \cdot \text{zul } \sigma$

$\sigma_1 = (M_y/W_y) \cdot h_1/h$, $\tau_m = Q_z/A_{Qz}$ mit zugeordneten Schnittgrößen M_y und Q_z
(Der σ_V-Nachweis kann entfallen, wenn $\sigma_1 \leqq 0{,}5$ zul σ oder $\tau_m \leqq 0{,}5$ zul τ)
$A_{Qz} = (h - t_{Flansch}) \cdot t_{Steg}$; zul σ nach S. 8.48, Tafel a), Zeile 2, zul τ nach Zeile 3
$s_y \cdot t_{Steg}$*) und A_{Qz} für Walzträger in cm²

	IPE		IPBl		IPB	
	$s_y \cdot t_{St}$	A_{Qz}	$s_y \cdot t_{St}$	A_{Qz}	$s_y \cdot t_{St}$	A_{Qz}
100	3,56	3,87	4,21	4,40	5,18	5,40
120	4,62	5,00	5,05	5,30	6,83	7,09
140	5,78	6,26	6,55	6,85	8,61	8,96
160	7,00	7,63	8,16	8,58	11,3	11,8
180	8,37	9,12	9,30	9,69	13,5	14,1
200	9,86	10,7	11,2	11,7	15,9	16,7
220	11,4	12,4	13,3	13,9	18,6	19,4
240	13,1	14,3	15,7	16,4	21,4	22,3
260	–	–	17,0	17,8	23,3	24,3
270	15,8	17,1	–	–	–	–
280	–	–	19,7	20,6	26,4	27,5
300	18,9	20,5	22,4	23,5	29,6	30,9
320	–	–	25,4	26,5	33,0	34,4
330	22,0	23,9	–	–	–	–
340	–	–	28,4	29,8	36,5	38,2
360	25,5	27,8	31,7	33,3	40,3	42,2
400	30,4	33,2	38,7	40,8	48,2	50,8
450	37,3	40,9	45,5	48,2	56,1	59,4
500	44,8	49,4	52,9	56,0	64,5	68,4
550	53,5	59,1	60,5	64,5	73,4	78,2
600	62,9	69,7	68,6	73,5	82,5	88,4

*) t_{Steg} entspricht der Bezeichnung s in den Profiltafeln

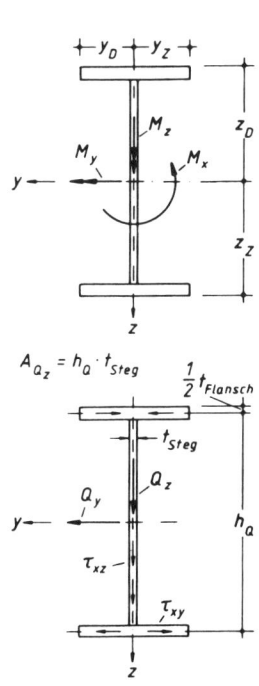

Schnittgröße	Spannungsart	Spannungsgleichung	zulässige Spannung	Lochabzug [1])
Längskraft N	Druck	$\sigma_D = N/A$	Seite 8.48 Tafel a Zeile 2	ohne
	Zug	$\sigma_Z = N/(A - \Delta A)^2)$		ΔA
Biegemoment M_y bzw. M_z [3])	Biegedruck	$\sigma_D = M_y/W_{D,y}$; $W_{D,y} = I_y/z_D$		ohne
	Biegezug	$\sigma_Z = m_y/W_{Z,y}$ $W_{Z,y} = (I_y - \Delta I_y)/z_Z$		ΔI
Querkraft Q_z bzw. Q_y [3])	Schub	$\max \tau_{Qz} = Q_z \cdot \max S_y/(I_y \cdot t)$ $\tau_{Qz,m} = Q_z/A_{Qz}$	Zeile 3	ohne
Torsionsmoment M_T (M_x)	Schub	$\tau_T = M_T/W_T$; W_T s. unten	Zeile 3	ohne
	Wölbspannung	$\sigma_T = M_w \cdot w_M/C_M$;	Zeile 2	

A, I Fläche bzw. Flächenmoment 2. Grades des ungelochten Querschnitts
ΔA Summe der Flächen aller in die ungünstigste Rißlinie fallenden Löcher (Die ungünstigste Rißlinie ergibt den kleinsten Wert $A - \Delta A$.)
ΔI Summe der Flächenmomente aller in die ungünstigste Rißlinie fallenden Löcher im Biegezugbereich, bezogen auf die Schwerachse des ungelochten Querschnitts
W_D, W_Z maßgebendes Widerstandsmoment für die Biegedruck- bzw. Biegezugrandspannung
z_D, z_Z Abstand der Randfaser am Druck- bzw. Zugrand von der Schwerachse des ungelochten Querschnitts
S Flächenmoment 1. Grades von ungelochten Querschnittsteilen, bezogen auf die Schwerachse des ungelochten Querschnitts
A_Q Querkraftfläche: Querschnittsteile, die bei Berechnung der mittleren Querkraftschubspannungen zu deren Aufnahme geeignet sind
t Dicke von Querschnittsteilen, die Schubspannungen aufnehmen
W_T Torsionswiderstandsmoment
Hohlquerschnitte: $W_T = 2 \cdot A_m \cdot t$; $\min W_T = 2 \cdot A_m \cdot \min t$; siehe Seite 4.25 und Profiltafeln
Offene, aus Rechtecken zusammengesetzte Querschnitte:
$W_T = I_T/t$; $\min W_T = I_T/\max t$
siehe Profiltafeln

[1]) Lochabzug bei näherungsweiser Berücksichtigung von Löchern für Verbindungsmittel
[2]) Gleitfeste Verbindung siehe Abschnitt 5.4.1, Seite 8.61
[3]) Für M_z und Q_y sind in den Spannungsgleichungen y und z zu vertauschen

In den folgenden Fällen darf der örtliche auftretende Spannungsgrößtwert bei Einhaltung der angegebenen Bedingungen die zulässige Spannung bis zu 10 % überschreiten.

Beanspruchung durch	Spannungsgrößtwert	Bedingung
Q_y bzw. Q_z	$\max \tau_{Qy}$ bzw. $\max \tau_{Qz} \leq 1{,}1$ zul τ	$\tau_{Qy,m}$ bzw. $\tau_{Qz,m} \leq$ zul τ
Q_y und Q_z und M_T gleichzeitig	$\max (\tau_{Qy} + \tau_{Qz} + \tau_T) \leq 1{,}1$ zul τ	$\tau_{Qy} + \tau_{Qz,m} + \tau_T \leq$ zul τ $\tau_{Qy,m} + \tau_{Qz} + \tau_T \leq$ zul τ
N und M_y und M_z gleichzeitig	$\max (\sigma_N + \sigma_{My} + \sigma_{Mz}) \leq 1{,}1$ zul σ	$(\sigma_N + \sigma_{My}) \leq 0{,}8$ zul σ $(\sigma_N + \sigma_{Mz}) \leq 0{,}8$ zul σ

Vergleichsspannungen sind nachzuweisen, wenn in zweiachsigen Spannungszuständen Schub- und Normalspannungen zusammenwirken (z. B. σ_x, σ_y und τ):
$$\sigma_V = \sqrt{\sigma_x^2 + \sigma_y^2 - \sigma_x \cdot \sigma_y + 3\,\tau^2} \leqslant \text{zul } \sigma; \quad \text{zul } \sigma \text{ nach Seite 8.48, Tafel a, Zeile 2.}$$
Für Träger mit einachsiger Biegung gilt (z. B. M_y und Q_z):
$$\sigma_V = \sqrt{\sigma_x^2 + 3\,\tau^2} \leqq 1,1 \text{ zul } \sigma; \text{ diese Gleichung gilt als erfüllt, wenn die einzelnen Spannungs-}$$
anteile die Bedingungen $\sigma \leqq 0,5$ zul σ oder $\tau \leqq 0,5$ zul τ erfüllen.
In beiden Gleichungen kann τ ersetzt werden durch τ_m.

3.4.2 Kippsicherheitsnachweis für Träger
Einfacher Kippsicherheitsnachweis für Träger nach DIN 4114, 15.4
Prinzip: Der Druckgurt wird als Knickstab mit Biegeknickung senkrecht zur z-Achse aufgefaßt.

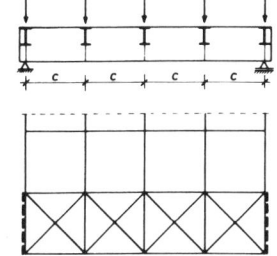

c Entfernung der Punkte, in denen der Druckgurt seitlich unverschieblich festgehalten wird.

$$A_G = A_{\text{Druckgurt}} + \frac{1}{5} A_{\text{Steg}}$$

$$i_{zG} = \sqrt{\frac{I_{zG}}{A_G}} \quad \text{(Walzträger: s. unten)}$$

Fall 1: $i_{zG} \geqq c/40$: Stabilitätsnachweis kann entfallen

Fall 2: $i_{zG} < c/40$: Schlankheitsgrad $\lambda = c/i_{zG}$; **Knickzahl ω nach den Tafeln** auf Seite 8.51
Biegedruckrandspannung
(s. allgemeiner Spannungsnachweis) $\leqslant \dfrac{1,14 \cdot \text{zul } \sigma_D}{\omega}$; zul σ_D: Tafel a), S. 8.48, Zeile 1

Trägheitsradius i_{zG} der Gurtquerschnitte von Walzträgern nach DIN 4114, 15.3

Nenn-höhe	I	IPE	IPEo	IPEv	IPBl	IPB	IPBv	Nenn-höhe
80	1,02	1,18						80
100	1,21	1,40			2,67	2,69	2,90	100
120	1,40	1,63			3,21	3,24	3,45	120
140	1,58	1,87			3,75	3,80	3,99	140
160	1,76	2,08			4,26	4,31	4,53	160
180	1,95	2,32	2,35		4,82	4,86	5,08	180
200	2,14	2,52	2,59		5,33	5,39	5,61	200
220	2,32	2,79	2,85		5,88	5,95	6,16	220
240	2,51	3,03	3,09		6,41	6,46	6,76	240
260	2,67	–	–		6,92	6,99	7,30	260
270	–	3,41	3,47		–	–	–	270
280	2,81	–	–		7,46	7,54	7,86	280
300	2,94	3,79	3,88		7,94	8,05	8,47	300
320	3,09	–	–		8,01	8,07	8,43	320
320/305	–	–	–		–	–	8,29	320/305
330	–	4,02	4,10		–	–	–	330
340	3,23	–	–		8,01	8,04	8,40	340
360	3,36	4,28	4,36		7,98	8,04	8,36	360
400	3,64	4,50	4,57	4,60	7,93	8,00	8,28	400
450	3,99	4,73	4,81	4,88	7,92	7,96	8,23	450
500	4,34	4,95	5,04	5,13	7,90	7,94	8,15	500
550	4,72	5,17	5,25	5,34	7,86	7,89	8,10	550
600	5,01	5,41	5,56	5,66	7,82	7,84	8,00	600

3.4.3 Knicksicherheitsnachweis für Druckstäbe und Stützen
Berechnungswerte: Knicklänge $s_K = \beta \cdot s$

	Bauteil			β	s
1	Durchgehende Geschoßstützen mit seitlich unverschieblich festgehaltenen Knoten			1	Geschoßhöhe[1])
2	Gurtstäbe von Fachwerken	Knicken in der Fachwerkebene		1	Netzlänge
		Knicken senkrecht zur Fachwerkebene, wenn die Stabenden seitlich unverschieblich festgehalten werden		1	Netzlänge
3	Füllstäbe von Fachwerken			1	Netzlänge
		Knicken in der Fachwerkebene		1	Schwerpunktsabstand der Stabanschlüsse
4	Rahmenstiele	Knicken in der Rahmenebene			Netzlänge

Schlankheitsgrad λ s. Übersicht S. 8.57; Knickzahl ω s. Tafel S. 8.51

Einteilige Druckstäbe mit mittigem Kraftangriff

Stabilitätsnachweis: $\omega \dfrac{N}{A} \leqq \text{zul } \sigma_D;$ zul σ_D s. Tafel a), S. 8.48, Zeile 1

Die Knickzahl ω ist auf den größeren der beiden Werte λ_y und λ_z bzw. λ_y und λ_{vi} zu beziehen (s. Übersicht S. 8.57).

Einteilige Druckstäbe mit außermittigem Kraftangriff
Fall 1: Der Kraftangriffspunkt liegt auf einer Querschnittshauptachse

a) allgemeiner Spannungsnachweis für Druck und einachsige Biegung;
   zul σ s. Tafel a), S. 8.48, Zeile 2
b) Stabilitätsnachweis für Knicken in der Momentenebene

$e_Z \leqq e_D : \omega \dfrac{N}{A} + 0{,}9 \dfrac{M}{W_D} \leqq \text{zul } \sigma_D;$ zul σ_D s. Tafel a), S. 8.48, Zeile 1

$e_Z > e_D : \omega \dfrac{N}{A} + 0{,}9 \dfrac{M}{W_D} \leqq \text{zul } \sigma_D \text{ und } \omega \dfrac{N}{A} + \dfrac{300 + 2\lambda}{1000} \dfrac{M}{W_Z} \leqq \text{zul } \sigma_D$

Es bedeuten:

N und M die Beträge der max. Werte (tritt max M an einem Stabende auf, ist Abminderung möglich; s. DIN 4114, 10.04)

λ und ω die Werte des Stabes für Knicken in der Momentenebene

e_D, e_Z die Abstände des Biegedruck- bzw. Biegezugrandes vom Querschnittsschwerpunkt

W_D, W_Z die auf den Biegedruck- bzw. Biegezugrand bezogenen Widerstandsmomente des unverschwächten Stabquerschnitts

c) Stabilitätsnachweis für Knicken senkrecht zur Momentenebene
   Biegedrillknicken: λ_{vi} (s. Übersicht S. 8.57); $\omega \cdot N/A \leqq \text{zul } \sigma_D;$ zul σ_D wie b)

Fall 2: Der Kraftangriffspunkt liegt nicht auf einer Querschnittshauptachse
Allgemeiner Spannungsnachweis für Druck und zweiachsige Biegung.
Stabilitätsnachweis: In die Formeln unter 1b) ist die auf die Minimumachse bezogene Knickzahl einzusetzen und an Stelle der Randspannungen M/W_D und M/W_Z die bei gleichzeitiger Wirkung von M_y und M_z auftretende größte Biegedruck- bzw. Biegezugspannung.

[1]) Beim untersten Geschoß ist die Knicklänge vom Stützenfuß aus zu messen.

Übersicht: Ermittlung des Schlankheitsgrades λ

Biegeknicken $\lambda_y = s_{Ky}/i_y$; $\lambda_z = s_{Kz}/i_z$. Es bedeuten: s_{Ky} bzw. s_{Kz} die Knicklänge für das Ausknicken senkrecht zur Hauptachse $y - y$ bzw. $z - z$.
Drillknicken $\lambda_{vi} = \lambda_z \cdot (i_P/c)$. Bei Walzprofilen i. allg. nicht maßgebend.

Biegedrillknicken $\lambda_{vi} = \lambda_z \cdot \sqrt{\dfrac{c^2 + i_M^2 + a(r_y - 2z_M)}{2c^2}} \cdot \left(1 \pm \sqrt{k}\right)$

$k = 1 - \dfrac{4\,c^2 \cdot [i_p^2 + a\,(r_y - a) + 0{,}093\,(\beta^2/\beta_0^2 - 1)(a - z_M)^2]}{[c^2 + i_M^2 + a\,(r_y - 2z_M)]^2}$

Bei $\sqrt{k}$ ist das Vorzeichen maßgebend, das den größeren Wert λ_{vi} ergibt.

Es bedeuten:
a Abstand des Kraftangriffspunktes P vom Schwerpunkt S
z_M Abstand des Schubmittelpunktes M vom Schwerpunkt S
Beide Werte sind mit Vorzeichen im Sinne des Koordinatensystems einzusetzen.*)

$i_P^2 = i_y^2 + i_z^2;\quad i_M^2 = i_P^2 + z_M^2;\quad c^2 = \dfrac{C_M\,(\beta \cdot s)^2/(\beta_0 \cdot s_0)^2 + 0{,}039\,(\beta \cdot s)^2 \cdot I_T}{I_z}$

β Einspannungswert für Biegung; β_0 Kennwert für Verwölbung:
Volle Einspannung bzw. volle Wölbbehinderung β bzw. $\beta_0 = 0{,}5$
Keine Einspannung bzw. keine Wölbbehinderung β bzw. $\beta_0 = 1$
Elastische Einspannung bzw. elastische Wölbbehinderung $0{,}5 < \beta$ bzw. $\beta_0 < 1$
s Netzlänge des Stabes
s_0 für die Verdrehung maßgebender Abstand der beiden Stabenden.

Zuordnung der obigen Stabilitätsfälle

1 Doppelsymmetrischer Querschnitt
$z_M = 0;\quad r_y = 0;\quad I_T = 1/3\,(2b_1t_1^3 + b_2t_2^3);\quad C_M = t_1 b_1^3\,h^2/24$
I_T; C_M für Walzprofile: s. Profiltafeln

1.1 Mittiger Kraftangriff: $a = 0$
Biegeknicken senkrecht zur y-Achse oder senkrecht zur z-Achse.
Drillknicken um die Stabachse.
1.2 Außermittiger Kraftangriff (P liegt auf der z-Achse)
Biegeknicken senkrecht zur y-Achse.
Biegedrillknicken senkrecht zur z-Achse.
Hinweis: Vereinfachung λ_{vi}, da $z_M = 0$ und $r_y = 0$.

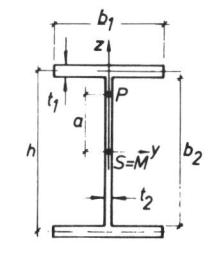

2 Einfachsymmetrischer Querschnitt
$z_M = e;\quad r_y = \dfrac{1}{I_y}\,\{I_z \cdot e + b_1 t_1\,e^3 + 0{,}25 \cdot t_2\,[e^4 - (h - e)^4]\};\quad I_T = \dfrac{1}{3}\,(b_1 t_1^3 + b_2 t_2^3);$
$C_M = 0$

2.1 Mittiger Kraftangriff: $a = 0$
Biegeknicken senkrecht zur y-Achse.
Biegedrillknicken senkrecht zur z-Achse.
Hinweis: Vereinfachung λ_{vi}, da $a = 0$.
2.2 Außermittiger Kraftangriff (P liegt auf der z-Achse)
Biegeknicken senkrecht zur y-Achse.
Biegedrillknicken senkrecht zur z-Achse.
Sonderfall: Kraftangriffspunkt P = Schubmittelpunkt M: $a = z_M$
Biegeknicken oder *Biegedrillknicken* senkrecht zur z-Achse.

$\lambda_z = s_{Kz}/i_z$ oder $\lambda_{vi} = \lambda_z \cdot \sqrt{\dfrac{i_M^2 + z_M\,(r_y - 2z_M)}{c^2}}$; der größere Wert ist maßgebend.

*) Hauptachsrichtungen nach DIN 4114

4 Schweißverbindungen – Symbole s. S. 8.38
5 Schraubenverbindungen

5.1 Symbole für Schrauben nach DIN ISO 5261 (2.83)

Schraube	Darstellung in der Zeichenebene				
	senkrechte zur Achse			parallel zur Achse	
	nicht gesenkt	Senkung auf der Vorderseite	Senkung auf der Rückseite	nicht gesenkt	Senkung auf einer Seite
in der Werkstatt eingebaut					
auf der Baustelle eingebaut					
auf der Baustelle gebohrt und eingebaut					
Bezeichnung der Schrauben	Die Bezeichnung für eine Gruppe gleicher Schrauben braucht nur, mit einer Pfeillinie, an einer äußeren Schraube angebracht zu werden.				4 M 16 DIN ...

Bei Symbolen für Löcher entfällt der Punkt in der Mitte bzw. die senkrechten Striche.

5.2 Schraubentafeln

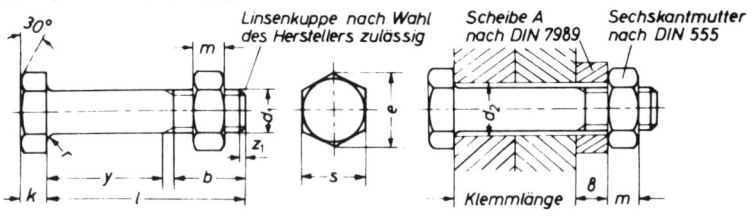

Schraubenart	DIN			Festigkeitsklasse nach DIN ISO 898	Kurzzeichen
	Schraube	Mutter	Scheibe		
Sechskantschrauben (Rohe Schrauben)	7990 (10.89)	555 (10.87)	7989 (7.74) A(roh)	4.6 ; 5.6	R
Sechskant-Paßschrauben (Paßschrauben)	7968 (10.89)		7989 (7.74) B(blank)	4.6 ; 5.6	P
Sechskantschrauben mit großen Schlüsselweiten (Hochfeste Schrauben)	6914 (10.89)	6915 (10.89)	6916 (10.89) 6917 (10.89)	10.9	HR
Sechskant-Paßschrauben mit großen Schlüsselweiten (Hochfeste Paßschrauben)	7999 (12.83)		6918 (3.79)	10.9	HP

Schraubenmaße in mm

Schraubengröße			M 12	M 16	M 20	M 22	M 24	M 27	M 30	M 36
Gewinde ⌀ d_1			12	16	20	22	24	27	30	36
Loch ⌀ d_2			13	17	21	23	25	28	31	37
Schaft ⌀	R	HR	= Gewindedurchmesser d_1							
	P	HP	= Lochdurchmesser d_2							
Kopfhöhe k			8	10	13	14	15	17	19	23
Mutterhöhe m			10	13	16	18	19	22	24	29
Schlüsselweite s	R	P	18	24	30	34	36	41	46	55
	HR	HP	22	27	32	36	41	46	50	60
Eckenmaß min e	R	P	19,85	26,17	32,95	37,29	39,55	45,20	50,85	60,79
	HR	HP	23,91	29,56	35,03	39,55	45,20	50,85	55,37	66,44
Scheiben ⌀			24	30	37	39	44	50	56	66
Scheibendicke	R	P	8	8	8	8	8	8	8	8
	HR	HP	3	4	4	4	4	5	5	6

Extremwerte der Klemmlängen in mm

Schraubengröße				M 12	M 16	M 20	M 22	M 24	M 27	M 30	M 36
Sechskantschrauben	DIN 7990	min		5	6	8	6	9	21	39	[1]
		max		99	125	147	170	168	165	163	
Sechskant-Paßschrauben	DIN 7968	min		5	6	8	11	14	21	29	[1]
		max		99	135	152	170	168	165	163	
Sechskantschrauben mit großen Schlüsselweiten	DIN 6914	min		6	10	10	14	22	28	29	31
		max		73	102	122	131	158	160	156	148

Scherfläche A_a, Spannungsquerschnitt A_s, Kernquerschnitt A_k in cm²

Schraubengröße			M 12	M 16	M 20	M 22	M 24	M 27	M 30	M 36
$A_a = \pi d^2/4$	R	HR	1,13	2,01	3,14	3,80	4,52	5,73	7,07	10,18
	P	HP	1,33	2,27	3,46	4,15	4,91	6,16	7,55	10,75
$A_s = \pi (d_2 + d_3)^2/16$			0,843	1,57	2,45	3,03	3,53	4,59	5,61	8,17
$A_k = d_3^2/4$			0,763	1,44	2,25	2,82	3,24	4,27	5,19	7,59

A_s, A_k nach DIN 13, Teil 28 (9.75); d Schaftdurchmesser; d_2 = Gewinde-Flankendurchmesser, d_3 = Gewinde-Kerndurchmesser nach DIN ISO 898 Teil 1 (4.79)

[1]) in den Normen nicht angegeben

5.3 Ausführung der Schraubenverbindungen nach DIN 18800 Teil 1 (3.81)

Schraubenabstände (von Lochmitte zu Lochmitte gemessen)

d = Lochdurchmesser; t = Dicke des dünnsten außenliegenden Teiles der Verbindung.
Bei den von d und t abhängigen Werten ist der jeweils kleinere maßgebend.

Randabstände			Lochabstände		
Kleinster Randabstand	in Kraftrichtung	$2 \cdot d$	Kleinster Lochabstand	in allen Bereichen eines Bauteiles	$3 \cdot d$
	senkrecht zur Kraftrichtung	$1,5 \cdot d$			
Größter Randabstand [1])	in und senkrecht zur Kraftrichtung	$3 \cdot d$ oder $6 \cdot t$	Größter Lochabstand	im Druckbereich und für Beulsteifen	$6 \cdot d$ oder $12 \cdot t$
				im Zugbereich und für Heftung im Druckbereich	$10 \cdot d$ oder $20 \cdot t$

[1]) Bei Stab- und Formstählen darf als größter Randabstand $8 \cdot t$ statt $6 \cdot t$ genommen werden, wenn das abstehende Ende eine Versteifung durch die Profilform erfährt.

Größere Rand- und Lochabstände sind zulässig, wenn geeignete Maßnahmen einen ausreichenden Korrosionsschutz gewährleisten (wie z. B. bei biegesteifen Stirnplattenverbindungen mit hochfesten vorgespannten Schrauben).

Schraubengröße
Empfehlungen für die Wahl der Schraubengröße in Abhängigkeit von der kleinsten Materialdicke der Verbindung (min t) können aus nebenstehendem Diagramm entnommen werden.

Hinweis: Für die Anreißmaße und Lochdurchmesser der Form- und Stabstähle gilt DIN 997.

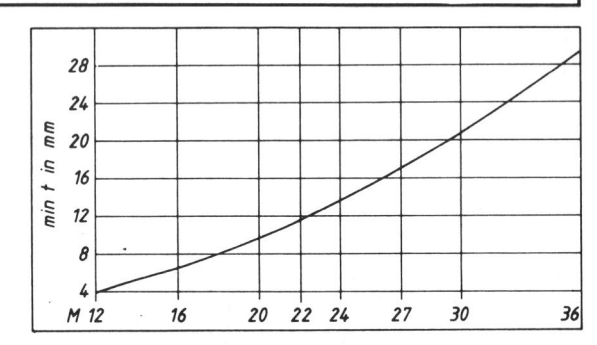

5.4 Berechnung der Schraubenverbindungen nach DIN 18800 Teil 1 (3.81)

5.4.1 Übertragung von Kräften senkrecht zur Schraubenachse

Erforderliche Anzahl der Schrauben (maßgebend ist der jeweils größere Wert n):

$$\text{erf } n_1 = F_\perp/(m \cdot \text{zul } Q_a) \qquad \text{erf } n_2 = F_\perp/(\text{zul } \sigma_l \cdot d \cdot \text{min } \Sigma t)$$

Tragfähigkeitsnachweis für die Scher- bzw. Reibkräfte: $\quad Q_a = F_\perp/n \leq m \cdot \text{zul } Q_a$

Nachweis des Lochleibungsdruckes: $\quad \sigma_l = F_\perp/(n \cdot d \cdot \text{min } \Sigma t) \leq \text{zul } \sigma_l$

Es bedeuten:
$F_\perp$ durch die Verbindung zu übertragende Kraft senkrecht zur Schraubenachse
n vorhandene Anzahl der Schrauben
d Schaftdurchmesser der Schraube
m Anzahl der Scherflächen bzw. Reibflächen je Schraube (siehe unten)
min Σt kleinste Summe der Blechdicken mit gleichgerichtetem Lochleibungsdruck
zul Q_a zulässige übertragbare Kraft je Schraube und je Scher- bzw. Reibfläche senkrecht zur Schraubenachse, siehe Seite 8.49 Tafel a)
zul σ_l zulässiger Lochleibungsdruck, siehe Seite 8.50 Tafel c)

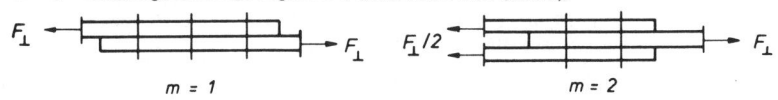

Allgemeiner Spannungsnachweis für Bauteile mit Zugbeanspruchung

a) Scher/Lochleibungs-Verbindungen (SL und SLP)

$\sigma = F_\perp/(A - \Delta A) \leq$ zul σ

b) Gleitfeste Verbindungen (GV und GVP)

$\sigma = F_\perp/A \leq$ zul σ und $\sigma = (F_\perp - \Delta F_\perp)/(A - \Delta A) \leq$ zul σ

Es bedeuten
$F_\perp$ senkrecht zur Schraubenachse zu übertragende Zugkraft im Bauteil
$A; \Delta A$ siehe Seite 8.54
$\Delta F_\perp$ 40 % der zulässigen übertragbaren Kraft zul Q_{GV} derjenigen hochfesten Schrauben, die im betrachteten Querschnitt mit Lochabzug liegen; zul Q_{GV} nach Tafel a) auf Seite 8.65, Zeilen 13 und 14

5.4.2 Übertragung von Kräften parallel zur Schraubenachse (Zug)

Erforderliche Anzahl der Schrauben:

$\boxed{\text{erf } n = F_\parallel/\text{zul } Z}$

Tragfähigkeitsnachweis für die Zugkräfte:

$\boxed{Z = F_\parallel/n \leq \text{zul } Z}$

Es bedeuten:
$F_\parallel$ durch die Verbindung zu übertragende Kraft parallel zur Schraubenachse
n vorhandene Anzahl der Schrauben
zul Z zulässige übertragbare Zugkraft je Schraube in Richtung der Schraubenachse, siehe Seite 8.50 Tafel d)

5.4.3 Gleichzeitige Übertragung von Kräften senkrecht und parallel zur Schraubenachse

a) Scher/Lochleibungs-Verbindungen
Die Einzelnachweise (Q_a, σ_l, Z) nach den Abschnitten 5.4.1 und 5.4.2 sind unabhängig voneinander zu führen. Dabei dürfen die zulässigen Werte der einzelnen Beanspruchungsarten ohne Nachweis einer Vergleichsspannung voll ausgenutzt werden.
Für den zulässigen Lochleibungsdruck σ_l sind in planmäßig vorgespannten Verbindungen (1,0 F_v) die Werte nach Tafel c) auf Seite 8.50, Zeilen 3 bzw. 4 zu benutzen; bei nicht planmäßig vorgespannten Verbindungen ($\geq 0{,}5 F_v$) die Werte in Zeilen 1 bzw. 2 (im letzteren Fall kann zwischen den Werten der Zeilen 1 bzw. 2 und 3 bzw. 4 linear interpoliert werden, wenn $Z < $ zul Z.

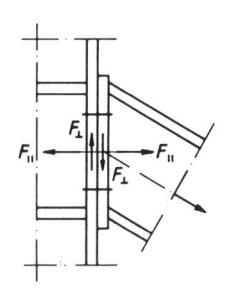

b) Gleitfeste Verbindungen (Formelzeichen nach Abschnitten 5.4.1 und 5.4.2)

● GV-Verbindung
erf $n_{GV} = F_\perp/(m \cdot \text{zul } Q_{GV}) + 0{,}8\, F_\parallel/\text{zul } Z \geq F_\parallel/\text{zul } Z$

$Q_{GV} = F_\perp/n \leq m \cdot \text{zul } Q_{GV,Z}$; zul $Q_{GV,Z}/\text{zul } Q_{GV} = 1 - 0{,}8 \cdot Z/\text{zul } Z$; $Z/\text{zul } Z \leq 1$

$\sigma_l = F_\perp/(n \cdot d \cdot \min \Sigma t) \leq$ zul σ_l; zul σ_l nach Tafel c) auf Seite 8.50, Zeile 3

● GVP-Verbindung
erf $n_{GVP} = $ erf $n_{GV} \cdot \alpha \geq F_\parallel/\text{zul } Z$; $\alpha = \text{zul } Q_{GV}/\text{zul } Q_{GVP} \approx 0{,}570\ (\pm 0{,}021)$

$Q_{GVP} = F_\perp/n \leq m \cdot \text{zul } Q_{GVP,Z}$; zul $Q_{GVP,Z}/\text{zul } Q_{GVP} = 1 - 0{,}8 \cdot \alpha \cdot Z/\text{zul } Z$; $Z/\text{zul } Z \leq 1$

$\sigma_l = F_\perp/(n \cdot d \cdot \min \Sigma t) \leq$ zul σ_l; zul σ_l nach Tafel c) auf Seite 8.50, Zeile 4

Beispiel: Stirnplattenanschluß mit hochfesten Schrauben
Übertragung von Kräften senkrecht und parallel zur Schraubenachse

Bauteile aus St 37.

Hochfeste Schrauben M 22 DIN 6914,
Schaftdurchmesser $d = 2,2$ cm
bzw.
Hochfeste Paßschrauben M 22 DIN 7999,
Schaftdurchmesser $d = 2,3$ cm.

Anzahl der Scher- bzw. Reibflächen $m = 1$.

Kleinste Blechdicke der Verbindung
min $t = 1,5$ cm.

$F_\perp = 200$ kN; $F_\parallel = 500$ kN (Lastfall H)

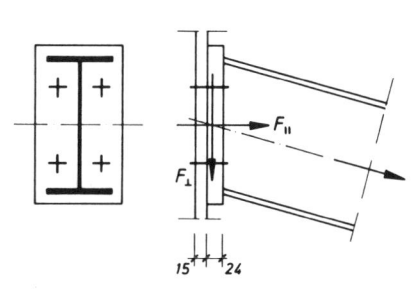

a) SL-Verbindung mit planmäßiger Vorspannung
zul $Q_{SL} = 91$ kN; zul $Z = 133$ kN; zul $\sigma_l = 380$ N/mm^2

$$\text{erf } n_1 = \frac{200}{1 \cdot 91} = 2,2; \quad \text{erf } n_2 = \frac{200}{38,0 \cdot 2,2 \cdot 1,5} = 1,6; \quad \text{erf } n_3 = \frac{500}{133} = 3,8$$

$n = 4$

$$Q_{SL} = \frac{200}{4} = 50 \text{ kN} < \text{zul } Q_{SL} = 91 \text{ kN}; \quad Z = \frac{500}{4} = 125 \text{ kN} < \text{zul } Z = 133 \text{ kN}$$

$$\sigma_l = \frac{200}{4 \cdot 2,2 \cdot 1,5} = 15,2 \text{ kN/cm}^2 = 152 \text{ N/mm}^2 < \text{zul } \sigma_l = 380 \text{ N/mm}^2$$

b) SLP-Verbindung mit planmäßiger Vorspannung
zul $Q_{SLP} = 116,5$ kN; zul $Z = 133$ kN; zul $\sigma_l = 420$ N/mm^2
Rechengang wie bei der SL-Verbindung.

c) GV-Verbindung
zul $Q_{GV} = 76$ kN; zul $Z = 133$ kN; zul $\sigma_l = 380$ N/mm^2

$$\text{erf } n = \frac{200}{1 \cdot 76} + 0,8 \frac{500}{133} = 5,6 > \frac{500}{133} = 3,8; n = 6$$

$$\text{zul } Q_{GV,Z} = 76 \cdot \left(1 - 0,8 \frac{500}{6 \cdot 133}\right) = 37,9 \text{ kN}; \quad \frac{Z}{\text{zul } Z} = \frac{500}{6 \cdot 133} = 0,627 < 1$$

$$Q_{GV} = \frac{200}{6} = 33,3 \text{ kN} < \text{zul } Q_{GV,Z} = 37,9 \text{ kN}$$

$$\sigma_l = \frac{200}{6 \cdot 2,2 \cdot 1,5} = 10,1 \text{ kN/cm}^2 = 101 \text{ N/mm}^2 < \text{zul } \sigma_l = 380 \text{ N/mm}^2$$

d) GVP-Verbindung
zul $Q_{GVP} = 134$ kN; zul $Z = 133$ kN; zul $\sigma_l = 420$ N/mm^2

$$\text{erf } n = 5,6 \cdot 0,570 = 3,2 < \frac{500}{133} = 3,8; n = 4$$

$$\text{zul } Q_{GVP,Z} = 134 \cdot \left(1 - 0,8 \cdot 0,570 \cdot \frac{500}{4 \cdot 133}\right) = 76,6 \text{ kN}; \quad \frac{Z}{\text{zul } Z} = \frac{500}{4 \cdot 133} = 0,94 < 1$$

$$Q_{GVP} = \frac{200}{4} = 50 \text{ kN} < \text{zul } Q_{GVP,Z} = 76,6 \text{ kN}$$

$$\sigma_l = \frac{200}{4 \cdot 2,3 \cdot 1,5} = 14,5 \text{ kN/cm}^2 = 145 \text{ N/mm}^2 < \text{zul } \sigma_l = 420 \text{ N/mm}^2$$

8 C Spezielle Stähle im Bauwesen

Prof. Dr.-Ing. Ömer Bucak
Prof. Dipl.-Ing. Hellmut Losert (Abschnitt 2)

1 Feinkornbaustähle

1.1 Allgemeines

Im Stahlbau gehen die Entwicklungstendenzen dahin, genormte Profile und Bleche aus Stählen unterschiedlicher Festigkeit einzusetzen. Resultierend aus den spezifischen Anforderungen der vielfältigen Baukonstruktionen aus dem Werkstoff Stahl genügen die Standardgüten S 235 JRG 2 (R-St 37-2) und S 355 JO (St 52-3) allein heutzutage nicht mehr den Anforderungen im expandierenden Stahlmarkt.

Der Markt fordert zunehmend Stahlgüten, die hohe Festigkeitskennwerte mit guten Zähigkeitseigenschaften, einer guten Schweißeignung und einer Feinköränigkeit des Gefüges verbinden.

Das Walzen mit kontrollierter Wärmesteuerung, d. h. das normalisierende Walzen, das thermomechanische Walzen bzw. das Vergüten bieten Möglichkeiten, diese Ziele bei der Produktion von Blechen und von Profilen zu erreichen.

Das Walzen mit kontrollierter Wärmesteuerung von Stählen wird seit etwa 30 Jahren praktiziert. Im Wesentlichen kann zwischen dem normalisierenden Umformen (Lieferbedingungen DIN EN 10 113-2), das im Bereich der Normalglühtemperaturen erfolgt, und dem thermomechanischen Umformen (Lieferbedingungen DIN EN 10 113-3), welches in Temperaturbereichen zwischen 800 °C und 900 °C erfolgt, und dem Vergüten (Lieferbedingungen DIN EN 10 137) unterschieden werden.

Bei Verwendung von Mikrolegierungselementen werden die Rekristallisierungsverzögerung und damit der thermomechanische Effekt bereits bei Temperaturen um 900 °C wirksam. Das thermomechanische Walzen wird daher vor allem in Zusammenhang mit dem Einsatz von Mikrolegierungselementen wie Titan, Niob und Vanadium durchgeführt. Diese Elemente scheiden zum Teil während und nach dem Walzen aus der Eisenmatrix als feinverteilte Dispersionen, bestehend aus Nitriden, Carbiden und Carbonnitriden, aus. Die Wirkmechanismen dieser Elemente sind sehr unterschiedlich.

Tafel 8.63 Wirkungsmechanismen der Mikrolegierungselemente

Mikrolegierungselement	Wirkungsmechanismus
Titan	erzeugt eine Kornverfeinerung und eine Ausscheidungshärtung
Niob	bewirkt hauptsächlich eine Kornverfeinerung, wodurch gleichzeitig Festigkeit und Zähigkeit verbessert werden
Vanadium	steigert vor allem die Festigkeit durch Ausscheidungshärtung

In der Praxis verringert das thermomechanische Walzen den erforderlichen Legierungsgehalt des Stahls und erhöht daher nicht nur seine Festigkeit und Zähigkeit, sondern verbessert ebenfalls seine Schweißeigenschaften, was niedrigere Vorwärmtemperaturen ermöglicht.

Die Kombination des thermomechanischen Walzens mit beschleunigter Kühlung aus der Walzhitze und anschließendem Selbstanlassen stellt eine weitere wirtschaftliche Möglichkeit dar, die Beschränkung des herkömmlichen thermomechanischen Walzens im Bereich der schweren Walzprofile zu überwinden und hohe Festigkeit, gute Zähigkeit und erheblich verbesserte Schweißeigenschaften miteinander zu verbinden.

Dieses sogenannte QST-Verfahren (**Q**uenching and **S**elf-**T**empering = Abschrecken und Selbstanlassen) wurde in den letzten Jahren zur Produktionsreife gebracht, sodass heute den Anwendern alle Abmessungen von schweren Trägern, auch mit diesem Verfahren hergestellt, zur Verfügung stehen.

Von großer Bedeutung ist das niedrige Kohlenstoffäquivalent dieser Träger, das erlaubt, diese Träger in vielen Fällen ohne Vorwärmen rissfrei zu verschweißen. Das niedrige Kohlenstoffäquivalent bedeutet aber auch eine erhebliche Einsparung an Legierungselementen, insbesondere von Mangan, Vanadium und Niob, was dieses Verfahren wirtschaftlich attraktiv macht.

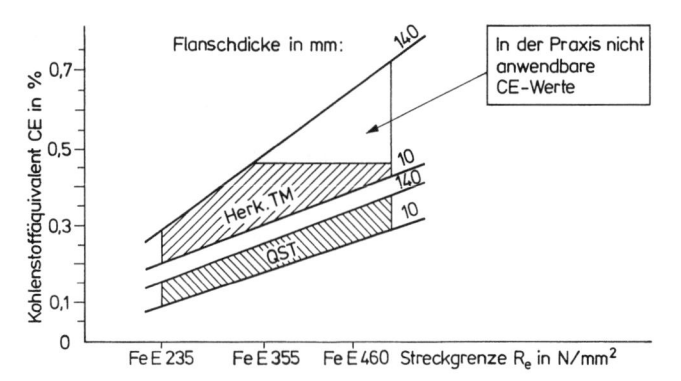

Kohlenstoffäquivalent CE und erreichbare Streckgrenze beim herkömmlichen TM-Walzen und beim QST-Verfahren

1.2 Schweißeignung

Der entscheidende Vorteil der kontrolliert gewalzten Baustähle (z. B. TM) aus der Sicht des Verarbeiters liegt in der verbesserten Schweißeignung. Speziell durch die Anwendung der beschleunigten Kühlung nach dem Walzen lassen sich auch bei größeren Blechdicken die Festigkeitseigenschaften mit erheblich vermindertem Kohlenstoff-, Legierungs- und Mikrolegierungsgehalt einstellen, was die Schweißeignung des Stahls wesentlich verbessert.

Einer der wichtigsten Kennwerte zur Beurteilung der Schweißeignung eines Baustahls ist das Kohlenstoffäquivalent CE_V (nach DIN EN 10 025, 7.3.3.1). Je niedriger der Wert des Kohlenstoffäquivalents ist, umso besser ist die Schweißeignung.

Kohlenstoffäquivalent CE_V kann nach der nachfolgenden Formel ermittelt werden.

$$CE_V = C + \frac{Mn}{6} + \frac{Cr + Mo + V}{5} + \frac{Ni + Cu}{15}$$

Neben dem Kohlenstoffäquivalent CE_V wird der p_{cm}-Wert als Maß für die Schweißeignung herangezogen. Der p_{cm}-Wert, eine modifizierte Form des Kohlenstoffäquivalents, welche den Kohlenstoffgehalt besonders gewichtet, wird zur Beurteilung der Kaltrissempfindlichkeit in der Wärmeeinflusszone (WEZ) einer Schweißnaht infolge von Wasserstoffinduktion benötigt.

Der p_{cm}-Wert wird mit der nachfolgenden Formel ermittelt:

$$p_{cm} = C + \frac{Si}{30} + \frac{Mn + Cu + Cr}{20} + \frac{Ni}{60} + \frac{Mo}{15} + \frac{V}{10} + 5B$$

1.3 Stähle nach DIN EN 10 113

Tafel 8.65a Stähle nach DIN EN 10 113

Kurzname	Wanddickenbereich	zugehörige Gütegruppen	
S 275 S 355 S 420	< 150 mm	N	Normalgeglühte bzw. normalisierend gewalzte Stähle, Nachweis der Kerbschlagarbeit bei –20 °C
S 460	< 100 mm	NL	Nachweis der Kerbschlagarbeit bei –50 °C
		M	Thermomechanisch gewalzte Stähle, Nachweis der Kerbschlagarbeit bei –20 °C
		ML	Nachweis der Kerbschlagarbeit bei –50 °C

Bestellbeispiel: Stahl EN 10 113-2   S 355 NL
                  Stahl EN 10 113-3   S 355 ML

Tafel 8.65 b Benennung der Stähle nach DIN EN 10 113-1
Beispiel:

```
 S   460   M
           ML       Thermomechanisches Walzen
           N        TM-Walzen mit festgelegter Mindest-Kerbschlagarbeit bei –50 °C
           NL       Normalisierendes Walzen
                    N-Walzen mit festgelegter Mindest-Kerbschlagarbeit bei –50 °C
      Mindeststreckgrenze     z. B. 460 N/mm²
  Kennbuchstabe     S ... Stähle für Stahlbau
```

Zusätzliche Anforderungen: z. B.   6 Verbesserte Eigenschaften in Blechdickenrichtung
                                  11 Eignung um Kaltbiegen, Abkanten usw.
                                  12 Walzprofilieren
                                   7 Eignung zum Feuerverzinken
                                  15 Eignung für Längstrennen

1.4 Stähle nach DIN EN 10 137

Für andere Anwendungsfälle, z. B. Mobilkranbau etc., sind auch Stähle mit höherer Festigkeit lieferbar, welche nach DIN EN 10 137 geliefert werden können.

Tafel 8.65 c Stähle nach DIN EN 10 137-2

Kurzname	Wanddickenbereich	zugehörige Gütegruppen	
S 460 S 500 S 550 S 620 S 690	3 bis 150 mm	Kerbschlagarbeiten bei Temperaturen	
		nicht unter –20 °C	Q
		nicht unter –40 °C	QL
S 890	3 bis 100 mm	nicht unter –60 °C	QL1
S 960	3 bis 50 mm		

Bestellbeispiel: Stahl EN 10 137-2   S 460 QL

1.5 Stähle nach DIN EN 10 149

Für andere Anwendungsbereiche, z. B. kaltverformte Hohlprofile, gibt es höherfeste Stähle im Lieferumfang der europäischen Stahlwerke.

Tafel 8.66 a Stähle nach DIN EN 10 149

Kurzname	Wanddickenbereich	zugehörige Gütegruppen	
S 315 S 355 S 420 S 460	$1{,}5 < t < 20$ mm	N	Normalgeglüht bzw. normalisierend gewalzt
S 500 S 550 S 600 S 650 S 700	$1{,}5 < t < 16$	M	Thermomechanisch gewalzt
		C	Zum Kaltverformen geeignet

Bestellbeispiel: Stahl EN 10 149-2   S 420 MC
                    Stahl EN 10 149-3   S 420 NC

1.6 Hohlprofile nach DIN EN 10 210-1 und DIN EN 10 219-1

Tafel 8.66 b Bezeichnung der Stähle nach DIN EN 10 210-1
Beispiel:

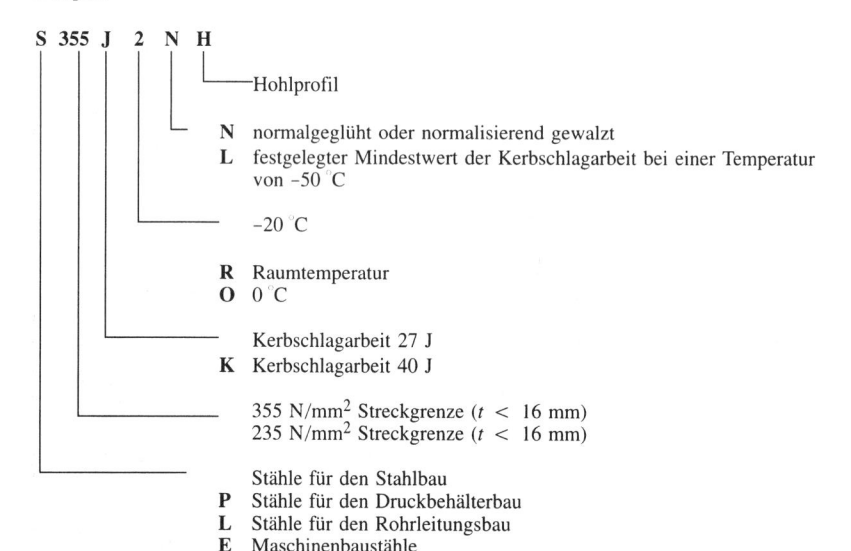

S 355 J 2 N H

                    └── Hohlprofil

               N   normalgeglüht oder normalisierend gewalzt
               L   festgelegter Mindestwert der Kerbschlagarbeit bei einer Temperatur
                   von –50 °C

            –20 °C

          R   Raumtemperatur
          O   0 °C

       Kerbschlagarbeit 27 J
     K   Kerbschlagarbeit 40 J

   355 N/mm² Streckgrenze ($t < 16$ mm)
   235 N/mm² Streckgrenze ($t < 16$ mm)

       Stähle für den Stahlbau
P   Stähle für den Druckbehälterbau
L   Stähle für den Rohrleitungsbau
E   Maschinenbaustähle

Tafel 8.67 gibt eine übersichtliche Darstellung der Stahlgüten nach verschiedenen Normen (Techn. Lieferbedingungen) in Abhängigkeit von der Kerbschlagarbeit und Mindeststreckgrenze.

Tafel 8.67 Gesamtübersicht

Stahl-festig-keit	Kerbschlagarbeit AV		EN 10025 Stahlgüte	EN 10113-2 Stahlgüte	EN 10113-3 Stahlgüte	EN 10155 Stahlgüte	EN 10137-2 Stahlgüte	EN 10149-2 Stahlgüte	EN 10210-1 Stahlgüte	EN 10219-1 Stahlgüte
	bei $T\,°C$	J								
S235	20	27	S235JR						S235JRH	S235JRH
	0	27	S235JO			S235JOW				
	−20	27	S235J2			S235J2W				
S275	20	27	S275JR							
	0	27	S275JO						S275JOH	S275JOH
	−20	27	S275J2						S275J2H	S275J2H
	−20	40		S275N	S275M				S275NH	S275NH S275MH
	−50	27		S275NL	S275ML				S275NLH	S275NLH S275MLH
S315	−20	40						S315MC		
S355	20	27	S355JR							
	0	27	S355JO			S355JOW			S355JOH	S355JOH
	−20	27	S355J2			S355J2W			S355J2H	S355J2H
	−20	40	S355K2	S355N	S355M	S355K2W		S355MC	S355NH	S355NH S355MH
	−50	27		S355NL	S355ML				S355NLH	S355NLH S355MLH
S420	−20	40		S420N	S420M			S420MC		S420MH
	−50	27		S420NL	S420ML					S420MLH
S460	−20	30					S460Q			
	−20	40		S460N	S460M			S460MC	S460NH	S460NH S460MH
	−40	30					S460QL			
	−50	27		S460NL	S460ML				S460NLH	S460NLH S460MLH
	−60	30					S460QL1			
S500	−20	40						S500MC		
S550	−20	40						S550MC		
S600	−20	40						S600MC		
S650	−20	40						S650MC		
S690	−20	30					S690Q			
	−20	40					S690QL			
	−40	30					S690QL			
	−40	40					S690QL1			
	−60	30					S690QL1			
S700	−20	40						S700MC		
S890	−20	30					S890Q			
	−20	40					S890QL			
	−40	30					S890QL			
	−40	40					S890QL1			
	−60	30					S890QL1			
S960	−20	30					S960Q			
	−20	40					S960QL			
	−40	30					S960QL			
	0	60					S960QL1			
	−20	50					S960QL1			
	−40	40					S960QL1			
	−60	30					S960QL1			

8 Stahlbau

2 Nichtrostende Stähle im Bauwesen (mit Hinweisen für Schweißen)
2.1 Allgemeines

Als nichtrostend werden Stähle mit > 12 % Cr angesehen. Mit erhöhtem C-Gehalt muß zur Erzielung der Korrosionsbeständigkeit der Cr-Gehalt erhöht werden. Die Beständigkeit wird dadurch erreicht, dass sich an der Luft eine feine, dichte, festhaftende Oxidschicht bildet, die von den meisten Medien nicht angegriffen wird (Zustand „passiv").
Nichtrostende Stähle (allgemein) nach: DIN 17 440, DIN 17 441, DIN 17 455, DIN 17 456 und DIN 267-11 (vgl. auch Normenverzeichnis).

2.2 Bauaufsichtlich zugelassene nichtrostende Stähle
2.2.1 Konstruktionswerkstoffe

Anforderungen an die 0,2%-Dehngrenze (bei Raumtemperatur)
Rechenwerte für den Standsicherheitsnachweis

Tafel 8.68 a

	Stahlsorte		Anforderungen		Rechenwerte		
	Werkst.-Nummer	Kurzname	Behandlungszustand	0,2%-Dehngrenze $R_{p0,2}$ N/mm^2	Streckgrenze β_s N/mm^2	Bezugsschlankheitsgrad λ_D	lineare Wärmedehnzahl $10^{-6} \cdot K^{-1}$
1	1.4301	X5CrNi18-10	abgeschreckt	195		92,76	16,0
2	1.4541	X6CrNiTi18-10		200		91,59	16,0
3	1.4401	X5CrNiMo17-12-2		205	240	90,47	16,5
4	1.4571	X6CrNiMoTi17-12-2		210		89,39	16,5
5	1.4301	X5CrNi18-10	abschließend leicht nachgewalzt[1]	220		87,33	16,0
6	1.4541	X6CrNiTi18-10		230		85,41	16,0
7	1.4401	X5CrNiMo17-12-2		240	240 [2]		16,5
8	1.4571	X6CrNiMoTi17-12-2		240		83,61	16,5
9	1.4301 K700	X5CrNi18-10 X700	abgeschreckt, kaltverfestigt	350			16,0
10	1.4541 K700	X6CrNiTi18-10 K700		350	360	69,24	16,0
11	1.4401 K700	X5CrNiMo17-12-2 K700		350			16,5
12	1.4571 K700	X6CrNiMoTi17-12-2 K700		350			16,5

[1]) Nach DIN 17 441.
[2]) Werte in Längsrichtung. Die höheren Werte in Querrichtung dürfen nicht in Rechnung gesetzt werden.

Tafel 8.68 b Alte Bezeichnungen (DIN 17 140)

1	1.4301 E 225	X5CrNi18-9	7	1.4401 E 225	X5CrNiMo18-10
2	1.4541 E 225	X10CrNiTi18-9	8	1.4571 E 225	X5CrNiMoTi18-10
3	1.4401 E 225	X5CrNiMo18-10	9	1.4301 E 355	X5CrNi18-9
4	1.4571 E 225	X10CrNiMoTi18-10	10	1.4541 E 355	X10CrNiTi18-9
5	1.4301 E 225	X5CrNi18-9	11	1.4401 E 355	X5CrNiMo18-10
6	1.4541 E 225	X10CrNiTi18-9	12	1.4571 E 355	X10CrNiMoTi18-10

2.2.2 Festigkeitsklassen

Die Zuordnung der Festigkeitsklassen erfolgt über die Dehngrenze; Ersatz-0,2%-Dehngrenze entsprechend zu den Stählen 18 800-1:

$R_{p0,2} = 225$ N/mm²   Rechenwert $\beta_s = 240$ N/mm² $\rightarrow$ St 37
$R = 355$ N/mm²   Rechenwert $\beta_s = 360$ N/mm² $\rightarrow$ St 52
Die Stähle der Verfestigungsstufe K 700 entsprechen St 57.

2.2.3 Dehngrenzen (Streckgrenzen)

Die nach DIN 17 440 gewährleistete 0,2%-Dehngrenze ist für die Gruppen E 225 je nach Behandlungszustand – abgeschreckt bzw. abschließend leicht nachgewalzt – niedriger. Sie liegt je nach Werkstoff zwischen 195 und 240 N/mm².
Die Gruppe E 355, mit der Anforderung $R_{p0,2} = 350$ N/mm², erhält die Festigkeit durch Abschreckung und Kaltverfestigung.

2.2.4 Schrauben

Nach DIN 267-11 gelten folgende Bezeichnungen:
A 2 für Werkstoffnummer 1.4301 und 1.4541;
A 4 für Werkstoffnummer 1.4401 und 1.4571.
Die 0,2%-Dehngrenze ist abhängig vom Gewindedurchmesser (siehe DIN 267-11).

2.2.5 Anwendungsgrenzen der nichtrostenden Stähle im Bauwesen
Tafel 8.69

Werkstoff-Nr.	zul. Dicke für Flachzeug		zul. Dicke für andere Erzeugnisse		Verb.-element:	Veranke-rung
	geschweißt		geschweißt		Sorte	
	nein	ja	nein	ja		
1.4301 E 225	nicht begrenzt	< 6	nicht begrenzt	< 20	A 2	nicht zul.
1.4401 E 225		< 6		< 20	A 2	zulässig
1.4541 E 225	nicht begrenzt		nicht begrenzt		A 2	nicht zul.
1.4571 E 225	nicht begrenzt		nicht begrenzt		A 2	zulässig
1.4301 K 700					A 2	nicht zul.
1.4541 K 700					A 4	zulässig
1.4401 K 700	< 6	< 6	< 20	< 20	A 2	nicht zul
1.4571 K 700					A 4	zulässig

2.2.6 Bei aggressiven Medien

Für dekoratives Aussehen bei aggressiver Atmosphäre werden folgende Werkstoffe empfohlen:

1.4401	X5CrNiMo17-12-2	
1.4571	X6CrNiMoTi17-12-2	
1.4401 K 700	X5CrNiMo17-12-2	K 700
1.4571 K 700	X6CrNiMoTi17-12-2	K 700

2.2.7 Berechnungsgrundlagen, Konstruktionshinweise, Verarbeitung

a) **Bauteildicken**
  – **Mindestdicken** von Bauteilen: 1,5 mm,
  – **bei Schweißanschlüssen** von Hohlprofilen, siehe DIN 18 808, Tab. 3
b) **Werkstoffkenngrößen:** $E = 170\,000$ N/mm², $G = 64\,000$ N/mm² für Biegung und Stabilität; $E = 200\,000$ N/mm²; $G = 75\,000$ N/mm² für Zwängungsschnittgrößen.

c) **Zulässige Spannungen und konstruktive Hinweise**
   - **Grundwerkstoff**
     Die Verfestigungsgrade K 700 entsprechen St 52; andere Behandlungszustände entsprechen St 37.
   - Bei **geschraubten Verbindungen** aus nichtrostenden Stählen sind für Muttern und ähnliche Gewinde- und Formteile die Sorten A 2 und A A nach DIN 267-11 zu verwenden. Bei der Verfestigungsklasse 70 mit Abmessungen nach DIN 7990 (rohe Schrauben) bzw. DIN 7968 (Passschrauben) gilt DIN 18 800-1; Tab. 8 und 10, und zwar für den Durchmesserbereich < M 20 die Werte der Festigkeitsklasse 5,6; für > M 20 und < M 30 die Werte der Festigkeitsklasse 4.6. Lochleibungsdrücke (siehe DIN 18 800-1, Tab. 7 Zeilen 5, 7 und 8) sind für nichtrostende Stähle nicht zulässig.
   - **Lichtbogen-Schweißverbindung:**
     zulässige Spannungen nach DIN 18 800-1
   - **Widerstands-Punktschweißen** nach DIN 18 801
   - **Abbrennstumpf-, Bolzen- und Reibschweißen** sind nach der Zulassung mit besonderen Gutachten zu belegen. So sind z. B. für Bolzenschweißen höhere Pressdrücke und kleinere Stromstärken erforderlich.

d) **Tafel 8.70a Empfohlene Kombinationen von Schweißzusatzwerkstoffen mit Grundwerkstoffen** (Tab. 3 aus [8.28])

	Grundwerkstoff	umhüllte Stabelektroden Kurzzeichen	Schweißdraht, Schweißstäbe und Drahtelektroden Kurzname	Werkstoffnummer
1	X5CrNi18-10	E19 9	X5CrNi19-9	1.4302
2	(1.4301)	E19 9 n C	X2CrNi19-9	1.4316
3		E19 9 Nb	X5CrNiNb19-9	1.4551
4	X6CrNiTi18-10	E19 9 Nb	X5CrNiNb19-9	1.4551
5	(1.4541)	E19 9 n C	X2CrNi19-9	1.4316
6	X5CrNiTi18-10	E19 12 3	X5CrNiMo19-11	1.4403
7	(1.4401)	E19 12 3 n C	X2CrNiMo19-12	1.4430
8		E19 12 3 Nb	X5CrNiMoNb19-12	1.4576
9	X6CrNiMoTi17-12-2	E19 12 3 Nb	X5CrNiMoNb19-12	1.4576
10	(1.4571)	E19 12 3 n C	X2CrNiMo19-12	1.4430
11	Verbindung von	E23 12 n C	X2CrNi24-12	1.4332
12	nichtrostenden Stählen	E23 12 Nb	X2CrNiNb24-12	1.4556
13	nach Tab. 1 mit unlegierten Stählen	E18 8 Mn 6	X15CrNiMn18-8	1.4370

e) **Tafel 8.70b Schweißen bauaufsichtlich zugelassener Stähle** (Weitere Kombinationen)

Werkstoff 2	Werkstoff 1			
	1.4301	1.4541	1.4401	1.4571
1.4571		*1.4551*	*1.4575*	*1.4575*
		1.4316	*1.4576*	*1.4576*
	*)	*1.4402*	*1.4428*	*1.4428*
		1.4403	*1.4430*	*1.4430*
		1.4575		
		1.4576		

*) Alle in Tafel 8.70a, letzte Spalte, aufgeführten Zusatzwerkstoffe sind technisch geeignet.

Kursiv Tabellenwerte: technisch geeignet
Nicht kursive Tabellenwerte: zugelassen
Fortsetzung siehe Seite 8.71

Tafel 8.70b (Fortsetzung)

Werkstoff 2	Werkstoff 1			
	1.4301	1.4541	1.4401	1.4571
1.4401	*)	*)	1.4402 1.4403 1.4428 1.4430 1.4575 1.4576	
1.4541	1.4551 1.4316	1.4451 1.4315		
1.4301	1.4302 1.4316 1.4551			

*) Siehe Seite 8.70 unten.

f) Schweißverbindungen zwischen nichtrostenden und normalen Stählen sollten mit höher legierten Schweißzusatzwerkstoffen ausgeführt werden, da die Aufschmelzung des unlegierten Stahls die Zusammensetzung des Schweißgutes verdünnt und somit den Cr-Gehalt reduziert. Diese Maßnahme gilt besonders für das Verschweißen von St 52 und Betonstahl III K (alt) an nichtrostende Stähle (siehe Tafel 8.70a).

g) Wärmevor- und nachbehandlung. Das Schweißen wird ohne Vorwärmen ausgeführt. Eine Wärmenachbehandlung ist nicht zulässig. Beim Anschweißen von St 52 mit Wanddicken

$t > 25$ mm sollte der St 52 auf 100 bis 150 °C vorgewärmt werden.

h) Eignungsnachweise sind zusätzlich erforderlich als Erweiterung nach DIN 18 800-7.

i) Erforderliche Werkstoffbescheinigung nach DIN 50 049 mit Werksabnahmezeugnis 3. 1 B, mit Lieferzeugnis, dass das Erzeugnis aus einem überwachten Betrieb stammt.

j) Warmformgebung im Verarbeitungsbetrieb nicht zulässig. Gefahr von interkristalliner Korrosion (IK); Bildung spröder Phasen und Aufkohlung.

k) Kaltformgebung ist zulässig. Keine Alterungsgefahr. Bei der Gruppe E 225 muss das Verhältnis $r/t \geq 1$, bei E 355 ≥ 2 sein.

l) Kaltverfestigung tritt infolge Kaltformgebung auf; entspechend nimmt die Verformungsfähigkeit ab. Sie ist aber trotzdem noch ausreichend (bei Gruppe E 355 etwa noch entsprechend St 37). Da bei zunehmender Erwärmungshöhe und Dauer eine Entfestigung eintritt, wird eine Blechdickenbegrenzung eingeführt (siehe Tafel 8.69).

m) Thermisches Trennen ist durch Plasmabrennschneiden durchzuführen. Autogenes Brennschneiden ist nicht möglich.

n) Stabilitätsnachweise sind entsprechend DIN 4114 unter Berücksichtigung der unterschiedlichen σ-ε-Linien zu führen. Daraus ergeben sich folgende Änderungen:

- **Ermittlung der Knickzahlen** ω
  zum Nachweis nach Abschnitt 8.5.1 in [8.28]:
  Für $\bar{\lambda} < 20$: $\omega = 1$

  Für $\bar{\lambda} \geq 20$: $\omega = \dfrac{\beta_s}{1{,}71 \cdot R_{p0,2}} \, [\alpha_1 + \bar{\lambda}\,(0{,}015 \cdot \lambda_a + \alpha_2) + 0{,}6 \cdot \bar{\lambda}^2 + 0{,}27 \cdot \bar{\lambda}^3]$

  mit $\bar{\lambda} = \dfrac{\lambda}{\lambda_a}$

  λ_a nach Tafel 8.68a, Spalte 6
  β_s nach Tafel 8.68a, Spalte 5
  $R_{p0,2}$ nach Tafel 8.68a, Spalte 4

  sowie für $\alpha_1 = 1{,}32$ und $\alpha_2 = 0{,}03$
  und für $\alpha_1 = 1{,}20$ und $\alpha_2 = 0{,}51$

8.71

- Bei **mehrteiligen Druckstäben** ist als ideelle Stabquerkraft für die Berechnung von Querverbänden anstelle der in DIN 4114 aufgeführten Formeln anzunehmen.
  $Q_i = (F \cdot \sigma_{zul})/60$ oder $Q_i = (W_{yt} \cdot S)/60$
- **Dünnwandige Teile von Druckstäben** sind entsprechend DIN 4114 zu behandeln, aber mit den nachstehenden Werten (Tabelle 4 aus [8.28]) zu rechnen. Auch die Abminderung der Beulsicherheiten entsprechend dem Muster des Ergänzungserlasses, Abschnitt 2.4 („Mitteilungen Institut für Bautechnik" 1973, S. 83) darf nicht angesetzt werden. Die folgende Tabelle gilt für $20 \leq \lambda \leq 250$.
- Für die **Kippsicherheit** von I-Querschnitten ist entsprechend DIN 4114, anstelle des Wertes in Abschnitt 15.3 von $c/40$, mit $c/30$ zu rechnen.
- Für die **ideelle Beulspannung** nach DIN 4114-1 Abschn. 17.5 ist
  $\sigma_e = 15{,}36 \cdot (100 \cdot t/b)^2$ N/mm² oder
  $\sigma_e = (392 \cdot t/b)^2$ N/mm² einzusetzen.
- Für die **Abminderung** der idealen Beulspannung sind für das Verhältnis $\sigma_{VK}/R_{p0,02}$ die nachstehenden Werte zu benutzen.

Tafel 8.72a

Stegbleche nach DIN 4113, Bild 11 a, b, c oder Gurtplatten nach Bild 11 d	$h/t \leq 0{,}6 \cdot (25 + 0{,}9\,\lambda)$
Stegbleche nach DIN 4114, Bild 11 e	$h/t \leq (0{,}7 - 0{,}1\,\delta^2) \cdot (25 + 0{,}9\,\lambda)$
Stegbleche nach DIN 4114, Bild 11 f, g oder Gurtplatten nach Bild 11 h, i	$h/t \leq (0{,}8 - 0{,}2\,\delta^2) \cdot (25 + 0{,}9\,\lambda)$
Stegbleche nach DIN 4114, Bild 11 j, wenn ausnahmsweise keine Saumwinkel, sondern nur Querschotte im Abstand a angeordnet werden	$h/t \leq \{0{,}34 - [0{,}14 - 0{,}2 \cdot (h/a)^2]\} \cdot (25 + 0{,}9\,\lambda)$
Stegbleche nach DIN 4114, Bild 11 k, l	$h/t \leq (0{,}20 + 0{,}4 \cdot \sqrt{b_2/b_1}) \cdot (25 + 0{,}9\,\lambda)$

- Für die **Beulsicherheit** von Druckstab-Federn sind ebenso die nachstehenden Werte anzuwenden.
- Der **Beulsicherheitsnachweis** von Schalen ist unter Verwendung der nachstehenden Werte (Tabelle 5 aus [8.28]) nach den DASt-Richtlinien zu führen.

Tafel 8.72b Abgeminderte Vergleichsspannung und Beulsicherheit von Druckstab-Feldern

$\bar{\lambda}_p = \sqrt{\dfrac{R_{p0,2}}{\lambda_{VKi}}}$	$\bar{\sigma}_{VK} = \dfrac{\sigma_{VK}}{R_{p0,2}}$	Erforderliche Beulsicherheiten von Druckstab-Feldern	
		Lastfall H ν_{K1}	Lastfall HZ ν_{K2}
< 0,3	1,000	1,71	1,50
0,3 bis 0,7	$1{,}22 - 0{,}75 \cdot \bar{\lambda}_p$		
0,7 bis 1,7	$0{,}96 - 0{,}37 \cdot \bar{\lambda}_p$	$\bar{\sigma}_{VK} \cdot \bar{\pi}$	$\bar{\sigma}_{VK} \cdot \bar{\pi} \cdot \dfrac{1{,}50}{1{,}71}$
> 1,7	$\sigma_{VK} = \sigma_{VKi}$	2,50	2,19

$\bar{\lambda}_p$ = bezogener Platten-Schlankheitsgrad
$R_{p0,2}$ aus Tafel 8.68a
$\bar{\pi} = 1{,}2 + 1{,}9 \cdot \bar{\lambda}_p + 0{,}6 \cdot \bar{\lambda}_p^2 + 0{,}27 \cdot \bar{\lambda}_p^3$

o) **Das Traglastverfahren**, DASt-Ri 008, darf bei Verwendung der hier aufgeführten Kennwerte angewandt werden; es ist jedoch auf die Abmessungsverhältnisse (Stabstatik) gem. DASt-Ri 008 (3.73), Abschnitt 2, beschränkt.

p) **Verankerungs- und Verbindungsmittel** sind nicht nur rechnerisch, sondern bei örtlichen Lasteinleitungsproblemen etc. auch über Versuche nachzuweisen. Dabei dürfen unter Gebrauchslasten keine schädlichen bleibenden Verformungen auftreten. Plastische Verformungen dürfen auftreten, sofern sie bzgl. des Gebrauchs und bzgl. der Umlagerungen von Schnittgrößen und Ankerkräften unschädlich sind.

Bei Beanspruchungen **im Fassadenbereich** aus dem Traglastverfahren, die außerhalb der Wärmedämmung des Gebäudes liegen, dürfen temperaturbedingte plastische Verformungen nicht dann zugelassen werden, wenn eine ausreichende Ermüdungsfestigkeit nachgewiesen wird.

q) **Korrosionsschutz**
   - **Korrosionsschutz** der genannten Stähle ist in Industrieatmosphäre und in Meeresnähe **gegeben**, sofern nicht zusätzliche Korrosionsbelastungen auftreten.
   - **Ohne zusätzlichen** Korrosionsschutz dürfen diese Stähle z. B. nicht über gechlortem Wasser (Schwimmbäder) oder chlorhaltiger und chlorwasserstoffhaltiger Atmosphäre eingesetzt werden.
   - Die **Korrosionsbeständigkeit** ist nur bei metallisch blanker Oberfläche gegeben, nicht in Bereichen von Verzunderungen. Im Schweißbereich müssen Verzunderungen durch mechanisches (Schleifen) oder chemisches (Beizen) Bearbeiten entfernt werden.
   - Bei **Hohlprofilen** mit Korrosionsbeanspruchung im Inneren ist während des Schweißens durch Formiergas die Innenseite vor Oxidation zu schützen.

r) **Korrosionsformen**
   - **Interkristalline Korrosion** (IK) tritt an den Korngrenzen der Wärmeeinflusszonen (WEZ) durch Bildung nicht korrosionsbeständiger Cr-Karbide, bei unstabilisierten (keine Zugabe von Ti/Nb) Stählen mit $C > 0{,}05\,\%$ auf.
   - **Spannungsrisskorrosion** (SpRk) tritt auf, wenn der Stahl an der Grenze der chem. Beständigkeit gegen ein Angriffsmedium liegt und hohe Zugspannungen auftreten. Grobes Schleifen fördert die SpRk, weil dadurch große Eigenspannungen entstehen.
   - **Spaltkorrosion** ist eine überdurchschnittliche schnelle Korrosion in unverschweißten Spalten (z. B. bei einseitig geschweißten Kehlnähten) und Überlappungen (z. B. Punktschweißungen).
   - **Grenzflächenkorrosion** tritt beim Kontakt unterschiedlicher Metalle auf (Spannungsreihe), z. B. im Bereich von Verschraubungen oder Lötverbindungen.

8 D Trapezprofile und Sandwichbauteile

Prof. Dr.-Ing. Klaus Berner

1 Stahltrapezprofile für Dach und Wand

Stahltrapezprofile sind tragende Bauteile für Dächer, Decken, Wände und Wandverkleidungen. Sie werden aus dünnen, ebenen Stahlblechen durch Kaltumformung (Profilierung) in der Art hergestellt, dass in Tragrichtung Rippen (Trapeze) mit Gurten und Stegen entstehen, die durch Sicken oder Ähnliches versteift sein können. Die Nennblechdicken liegen zwischen 0,5 mm und 1,0 mm. Die Profiltafeln sind durch Bandverzinkung und entsprechend den für die verschiedenen Bausysteme vorgeschriebenen Korrosionsschutzklassen (nach DIN ISO 12 944) durch eine zusätzliche Beschichtung vor Korrosion geschützt.

Das Herstellen der Stahltrapezprofile unterliegt einer laufenden Eigen- und Fremdüberwachung und den Güte- und Prüfbestimmungen nach RAL-GZ 617.

Eine Auswahl von Stahltrapezprofilen mit unterschiedlicher Querschnittsgeometrie ist nachfolgend zusammengestellt. Neben diesen üblichen Stahltrapezprofilen werden auch Kassetten, wellenförmige Querschnittsgeometrien und entsprechende Bauteile aus Aluminium hergestellt.

Der praxisgerechte Einsatz der Stahltrapezprofile ist nach DIN 18 807 Teil 1 bis 3 geregelt. Für die erforderlichen Nachweise zur Gebrauchstauglichkeit und Standsicherheit sind die maßgebenden Querschnittswerte und die aufnehmbaren Tragfähigkeitswerte auf der Grundlage von Versuchen nach Teil 2 oder rein rechnerisch nach Teil 1 zu bestimmen. Für die meisten Trapezprofil-Typen liegen typengeprüfte Tabellen mit den genannten Werten vor.

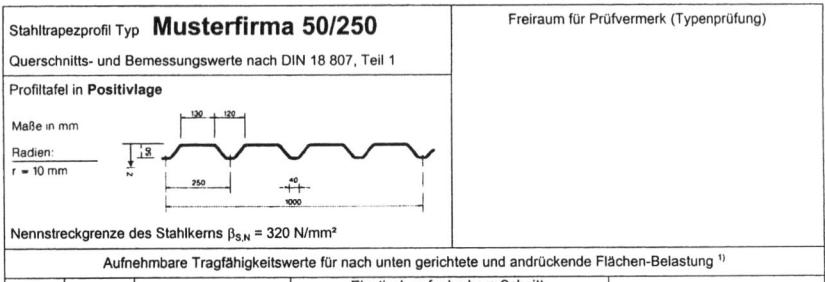

Stahltrapezprofil Typ Musterfirma 50/250

Querschnitts- und Bemessungswerte nach DIN 18 807, Teil 1

Profiltafel in **Positivlage**

Maße in mm
Radien: r = 10 mm

Nennstreckgrenze des Stahlkerns $\beta_{S,N}$ = 320 N/mm²

Aufnehmbare Tragfähigkeitswerte für nach unten gerichtete und andrückende Flächen-Belastung [1]

Nenn-blech-dicke	Feld-moment	Endauflagerkräfte		Elastisch aufnehmbare Schnittgrößen an Zwischenauflagern [5]			Reststützmomente [6]		
		Trag-fähigkeit	Gebrauchs-fähigkeit	max. $M_B \geq M^0 - (R_B/C)^\epsilon$		maximale Zwischen-auflagerkraft	$M_R = 0$ für $\ell \leq$ min. ℓ		
					maximales Stütz-moment		$M_R = \dfrac{\ell - \text{min.}\,\ell}{\text{max.}\,\ell - \text{min.}\,\ell} \cdot \text{max.}\,M_R$		
							$M_R = \text{max.}\,M_R$ für $\ell \geq$ max. ℓ		
t_N	$M_{F,k}$	$R^T_{A,k}$	$R^G_{A,k}$	$M^0_{B,k}$	C	max. $M_{B,k}$	max. $R_{B,k}$	min. ℓ	max. ℓ	max. $M_{R,k}$
mm	kNm/m	kN/m	kN/m	kNm/m	1/m	kNm/m	kN/m	m	M	kNm/m
		[2] $b_A \leq 40$ mm		[3] Zwischenauflagerbreite b_B = 60 mm; ϵ = 1; [C] = m⁻¹					
0,88	3,43	11,71	11,71	3,83	13,01	2,99	15,59	2,35	3,22	1,83

[1] An den Stellen von Linienlasten quer zur Spannrichtung und von Einzellasten ist der Nachweis nicht mit dem Feldmoment M_F sondern mit dem Stützmoment max. M_B für die entgegengesetzte Lastrichtung zu führen.

[2] b_A = Endauflagerbreite. Bei einem Profiltafelüberstand ü ≥ 50 mm dürfen die R_A-Werte um 20% erhöht werden.

[3] Für kleinere Auflagerbreiten muss zwischen den angegebenen aufnehmbaren Tragfähigkeitswerten und denen bei 10 mm Auflagerbreite linear interpoliert werden. Für Auflagerbreiten kleiner als 10 mm, z. B. Rohren, darf maximal 10 mm eingesetzt werden.

[4] Bei Auflagerbreiten, die zwischen den aufgeführten Werten liegen, dürfen die aufnehmbaren Tragfähigkeitswerte jeweils linear interpoliert werden.

[5] Interaktionsbeziehung für M_B und R_B: $M_B \geq M^0 - (R_B/C)^\epsilon$. Sind keine Werte für M^0 und C angegeben, ist M_B = max. M_B zu setzen.

[6] Sind keine Werte für Reststützmomente angegeben, ist beim Tragsicherheitsnachweis M_R = 0 zu setzen, oder ein Nachweis mit γ = 1,65 nach der Elastizitätstheorie zu führen. (ℓ = kleinere der benachbarten Stützweiten).

Abb. 8.74 Tragfähigkeitswerte für ein Trapezprofil (Musterbeispiel)

Beispielhaft sind für ein Profiltyp und eine Blechstärke in Abb. 8.74 die Tragfähigkeitswerte dargestellt. Zu beachten ist, dass bei den zur Zeit vorliegenden Tabellen es sich meist um charakteristische Werte (R_K) handelt, mit denen nach dem anzuwendenden Bemessungskonzept nach der Anpassungsrichtlinie Stahlbau (Abschnitt 4.13) unter Berücksichtigung des Materialsicherheitsfaktors γ_M die Beanspruchbarkeiten (Bemessungswerte R_d) bestimmt werden müssen. Im Prinzip ist in jedem Fall nachzuweisen, dass die Beanspruchbarkeiten (R_d) größer sind als die Beanspruchungen S_d. Die entsprechenden Nachweise, einschließlich von Beispielen, sind im Einzelnen in der Literatur (z. B. [8.59], [8.60]) dargestellt.

Nachfolgend wird beispielhaft mit den Tragfähigkeitswerten nach Abb. 8.74 für ein dreifeldrig gespanntes Trapezprofil die wesentlichen Nachweise dargestellt:

System: Dreifeldträger $\quad \ell_1 = \ell_2 = \ell_3 = l = 3{,}65\,\text{m}$
Zwischenauflagerbreite $\quad b_B = 60\,\text{mm}$
Durchbiegungsbegrenzung $\quad f_{max} \leq l/150$
vorhandene Belastung
$\quad$ Eigenlast $\quad\quad\quad g = 0{,}35\,\text{kN/m}^2$
$\quad$ Schneelast $\quad\quad\quad s = 0{,}90\,\text{kN/m}^2$

Tragsicherheitsnachweise nach DIN 18 807 und Anpassungsrichtlinie Stahlbau
$\quad q_{S,d} \quad\quad = 1{,}35 \cdot 0{,}35 + 1{,}5 \cdot 0{,}90 = 1{,}82\,\text{kN/m}^2$

Schnittgrößen nach der Elastizitätstheorie:
$\quad R_{A,S,d} \quad = 0{,}40 \cdot 1{,}82 \cdot 3{,}65 \quad = 2{,}66\,\text{kN/m}$
$\quad R_{B,S,d} \quad = 1{,}10 \cdot 1{,}82 \cdot 3{,}65 \quad = 7{,}31\,\text{kN/m}$
$\quad M_{F,S,d} \quad = 0{,}08 \cdot 1{,}82 \cdot 3{,}65^2 \quad = 1{,}94\,\text{kNm/m}$
$\quad |M_{B,S,d}| \quad = 0{,}10 \cdot 1{,}82 \cdot 3{,}65^2 \quad = 2{,}42\,\text{kNm/m}$

Bemessungswerte der Widerstandsgrößen:

$$R_{A,G,d} = \frac{R_{A,G,k}}{\gamma_M} = \frac{11{,}71}{1{,}1} = 10{,}65\,\text{kN/m}$$

$$\max R_{B,d} = \frac{\max R_{B,k}}{\gamma_M} = \frac{15{,}59}{1{,}1} = 14{,}17\,\text{kN/m}$$

$$M_{F,d} = \frac{M_{F,k}}{\gamma_M} = \frac{3{,}43}{1{,}1} = 3{,}12\,\text{kN/m/m}$$

$$\max M_{B,d} = \frac{\max M_{B,k}}{\gamma_M} = \frac{2{,}99}{1{,}1} = \underline{2{,}72\,\text{kN/m}}$$

Berechnung von $M_{B,d}^0$:
für $\varepsilon = 1{,}0$ ist $C_d = C_k = C \quad = 13{,}01\,\text{1/m}$

$$M_{B,d}^0 = \frac{M_{B,k}^0}{\gamma_M} = \frac{3{,}83}{1{,}1} = 3{,}48\,\text{kN/m}$$

$$M_{B,d}^0 - \left(\frac{R_{B,S,d}}{C_d}\right)^\varepsilon = 3{,}48 - \left(\frac{7{,}31}{13{,}01}\right)^1 = \underline{2{,}92\,\text{kNm/m}}$$

maßgebend: $M_{D,d} = \max M_{B,d} \quad = 2{,}72\,\text{kNm/m}$

Nachweise:

$$\frac{R_{A,S,d}}{R_{A,G,d}} = \frac{2{,}66}{10{,}65} = 0{,}25 \quad < 1{,}0$$

$$\frac{R_{B,S,d}}{\max R_{B,d}} = \frac{7{,}31}{14{,}17} = 0{,}52 \quad < 1{,}0$$

$$\frac{M_{F,S,d}}{M_{F,d}} = \frac{1{,}94}{3{,}12} = 0{,}62 \quad < 1{,}0$$

8 Stahlbau

$$\frac{M_{B,S,d}}{M_{B,d}} = \frac{2{,}42}{2{,}72} = 0{,}89 \quad < 1{,}0$$

Interaktion an der Zwischenstütze ohne C
für $\varepsilon = 1$ ist $R^0_{B,k} = C_k \cdot M^0_{B,k} = 13{,}01 \cdot 3{,}83 = 49{,}83$ kN/m

$$R^0_{B,d} = \frac{R^0_{B,k}}{\gamma_M} = \frac{49{,}83}{1{,}1} = 45{,}30 \text{ kN/m}$$

Nachweis:

$$\frac{M_{B,S,d}}{M^0_{B,d}} + \frac{R_{B,S,d}}{R^0_{B,d}} = \frac{2{,}42}{3{,}48} + \frac{7{,}31}{45{,}30} = 0{,}86 < 1{,}0$$

Falls der Nachweis des Stützmomentes nicht erfüllt ist, kann ein Reststützmoment angesetzt werden (siehe Literatur).

Weitere erforderliche Nachweise (nicht dargestellt): Gebrauchstauglichkeit (Durchbiegungsnachweis), Windsogverankerung, evtl. Schubfeldnachweise.

Stahltrapezprofile werden unter anderem von nachstehend genannten Firmen[1] hergestellt und/oder geliefert.

Bausysteme Krahl + Partner GmbH 70184 Stuttgart	(K + P)	Maas GmbH „Profil-Partner Süd" 74532 Ilshofen	(PP)
BIEBER, Bereich „bieberal" 35649 Bischoffen	(BI)	O-Metal Deutschland GmbH 53359 Rheinbach/Bonn	(O-Met.)
BPS · Profile + Bauelemente GmbH 57234 Wilnsdorf	(BPS)	PAB EST F-67017 Strasbourg Cedex	(PAB)
Color Profil Deutschland GmbH 81243 München	(CP)	PROGE Profilverkauf Gehrmann GmbH, 57076 Siegen	(PROGE)
Dörnbach Bauprofile GmbH 57250 Netphen-DT	(DP)	SAB-Profil GmbH 36272 Niederaula	(SAB)
Fischer Profil GmbH 57250 Netphen	(FI)	Salzgitter Bauelemente GmbH 38239 Salzgitter	(SZBE)
Hoesch Siegerlandwerke GmbH 57078 Siegen	(HSW)	Straßburger Stahlkontor GmbH 77694 Kehl/Rhein	(SSK)
INTER PROFILES A/S 22111 Hamburg	(IP)	Thyssen Bausysteme GmbH 46535 Dinslaken	(TBS)
Friedrich von Lien 27404 Zeven	(VLZ)	USINOR Bauteile GmbH 57205 Kreuztal-Eichen	(UB)
Klinger und Partner Profilvertrieb GmbH, 81243 München	(KPM)	Rudolf Wiegmann Umformtechnik 49593 Bersenbrück	(RWU)
		Georg Wurzer – Bauartikel – Trapezpr. 86444 Affing bei Augsburg	(WU)

Die nachfolgenden Tabellen enthalten für eine Vorbemessung zulässige Stützweiten für Einfeldträger und für Mehrfeldträger mit gleichen Stützweiten für Dächer. Die angegebenen Werte für gleichmäßig verteilte Belastung in den Spalten 6–11 sind für reine Biegebeanspruchung auf der Grundlage der aufnehmbaren Tragfähigkeitswerte nach der Elastizitätstheorie bzw. dem Traglastverfahren errechnet.

(Die angegebenen Stützweiten liegen geringfügig auf der sicheren Seite, da die Werte meist noch mit einem globalen Sicherheitsfaktor von $\gamma_F = 1{,}7$ ohne Berücksichtigung von γ_M, errechnet sind.) Es wird jedoch ausdrücklich darauf hingewiesen, dass die typengeprüften Stützweitentabellen, bei unterschiedlichen Spannweiten oder besonderer Belastung (z. B. Einzellasten oder Schubfeldbeanspruchung) stets projektbezogene Nachweise zu führen sind. In jedem Fall ist vor allem auch die Windsogverankerung (Befestigungen) nachzuweisen.

---

[1] Weitere Einzelheiten und technische Beratung über die Anwendung von Stahltrapezprofilen im Bauwesen durch den Industrieverband zur Förderung des Bauens mit Stahlblech e.V., Max-Planck-Str. 4, 40237 Düsseldorf und seine Mitgliedsfirmen. Ein komplettes Verzeichnis der Liefer- und Montagefirmen kann kostenlos angefordert werden.

Abb. 8.77 Beispiel Dachaufbau

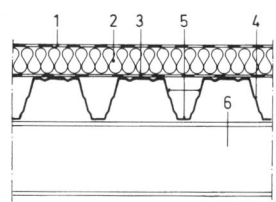

1 Dachabdichtung
2 Wärmedämmung
3 Dampfsperre (falls erforderlich)
4 Stahltrapezprofil
5 Werkseitige Kunststoffbeschichtung
6 Pfette oder Rahmenriegel

Warmdachaufbau, Vertikalschnitt

Tafel 8.77 Zulässige Stützweiten für Stahltrapezprofile für Dächer in m
(Die zulässige Grenzstützweite für die Begehbarkeit ist berücksichtigt.)

Hersteller-kurzzeichen	Firmenprofil-bezeichnung	Abmessungen nach DIN 18 807 h_e/b_R [mm/mm]	Profilquerschnitt Maße in mm	Nennblech-dicke t_n mm	Eigen-last g kN/m²	Statische Systeme						Zwischen-aufla-gerbreite b_B mm
						Einfeldträger		Zweifeldträger		Dreifeldträger		
						$q=$ 1,20 kN/m²	$q=$ 2,20 kN/m²	$q=$ 1,20 kN/m²	$q=$ 2,20 kN/m²	$q=$ 1,20 kN/m²	$q=$ 2,20 kN/m²	
1	2	3	4	5	6	7	8	9	10	11	12	13
1	IP PP SZBE TBS UB WU CP FI HSW	35/207 35/207 P-S35 T35 35/207 35/207 35/207 35/207 E 35	35/207 207	0,75 0,88 1,00 1,25	0,073 0,085 0,097 0,121	0,88 1,36 1,78 2,20	0,88 1,36 1,63 1,80	1,10 1,70 2,22 2,98	1,10 1,70 2,21 2,44	1,10 1,70 2,22 2,73	1,10 1,70 2,02 2,23	60
2	FI HSW SZBE UB WU CP TBS	40/183 E40 P-S40 40/183 40/183 40/183 T 40	40/183	0,75 0,88 1,00 1,25	0,082 0,096 0,109 0,137	1,20 2,31 2,50 2,70	1,20 1,89 2,04 2,20	1,50 3,10 3,36 3,62	1,50 2,53 2,74 2,96	1,50 2,86 3,09 3,34	1,50 2,33 2,53 2,72	60
3	SZBE HSW WU TBS	P-S50 E50 50/250 T50	48,5/250	0,75 0,88 1,00 1,25	0,075 0,088 0,100 0,125	1,77 2,50 2,77 2,99	1,77 2,16 2,26 2,44	2,21 3,13 3,58 4,01	2,21 2,56 2,83 3,27	2,21 3,13 3,42 3,69	2,21 2,67 2,79 3,02	60
4	UB	115/275	111/275	0,75 0,88 1,00 1,25	0,090 0,106 0,121 0,151	4,23 4,39 4,54 4,87	3,45 3,59 3,71 3,98	5,67 5,89 6,08 6,53	4,44 4,81 4,97 5,34	5,25 5,46 5,63 6,05	4,29 4,46 4,60 4,94	160
5	TBS	T126	126/326	0,75 0,88 1,00 1,25	0,092 0,108 0,123 0,153	4,66 4,93 5,16 5,57	3,81 4,03 4,21 4,55	5,31 6,70 7,00 7,56	3,92 5,21 5,21 6,09	5,79 6,14 6,41 6,93	3,92 4,73 5,24 5,66	160

8.77

Tafel 8.77 (Fortsetzung)

	Hersteller-kurzzeichen	Firmen-profil-bezeichnung	Abmessungen nach DIN 18807 h_e/b_R [mm/mm]	Profilquerschnitt Maße in mm	Nenn-blech-dicke t_n mm	Ei-gen-last g kN/m²	Statische Systeme						Zwischen-auflager-breite b_B mm
							Einfeldträger		Zweifeldträger		Dreifeldträger		
							$q=$ 1,20 kN/m²	$q=$ 2,20 kN/m²	$q=$ 1,20 kN/m²	$q=$ 2,20 kN/m²	$q=$ 1,20 kN/m²	$q=$ 2,20 kN/m²	
1	2	3		4	5	6	7	8	9	10	11	12	13
6	FI WU UB CP	135/310 135/310 135/310 135/310	135/310		0,75 0,88 1,00 1,25	0,097 0,114 0,129 0,161	4,96 5,25 5,48 5,93	4,05 4,28 4,48 4,84	6,10 6,97 7,35 7,95	3,90 5,19 5,91 6,49	6,16 6,51 6,81 7,36	3,93 5,34 5,56 6,01	160
7	HSW SZBE TBS	E 135 P-S 135 T135	137/310 137,8/308		0,75 0,88 1,00 1,25	0,097 0,114 0,130 0,162	5,10 5,36 5,57 6,03	3,82 4,38 4,55 4,93	6,32 7,18 7,47 8,09	3,82 5,19 5,95 6,61	6,30 6,62 6,89 7,46	4,28 5,19 5,63 6,09	160
8	FI	144/287	144/287		0,75 0,88 1,00 1,25	0,105 0,123 0,139 0,174	5,44 5,66 5,85 6,35	4,44 4,62 4,78 5,20	7,27 7,58 7,83 8,55	5,13 6,04 6,43 7,00	6,76 7,04 7,28 7,92	5,35 5,75 5,95 6,46	160
9	FI HSW UB SZBE WU CP	150/280 E150 150/280 P-S 150 153/280 153/280	153/280 153/280		0,75 0,88 1,00 1,25	0,107 0,126 0,143 0,179	5,52 5,84 6,11 6,60	4,51 4,77 4,99 5,39	7,19 7,83 8,19 8,84	5,18 6,34 6,69 7,22	6,83 7,22 7,55 8,15	5,18 5,90 6,17 6,66	160
10	TBS	T150	155/280		0,75 0,88 1,00 1,25	0,107 0,126 0,143 0,179	5,68 6,01 6,29 6,79	4,64 4,91 5,14 5,55	7,39 8,16 8,53 9,22	4,82 6,34 6,97 7,53	7,07 7,48 7,82 8,45	4,93 6,11 6,39 6,90	160
11	HSW SZBE UB CP	E160 P-S 160 160/250 158/280	158/250 158/280		0,75 0,88 1,00 1,25	0,121 0,142 0,161 0,201	5,89 6,23 6,52 7,04	4,81 5,09 5,32 5,75	7,63 8,36 8,74 9,44	5,40 6,41 7,14 7,71	7,28 7,71 8,05 8,70	5,40 6,30 6,58 7,11	160
12	UB	170/250	165/250		0,75 0,88 1,00 1,25	0,120 0,141 0,160 0,200	6,00 6,33 6,61 7,20	4,90 5,17 5,43 5,86	7,60 8,40 9,00 9,75	5,60 7,86 7,25 7,95	7,45 7,86 8,21 8,90	5,65 6,40 6,75 7,30	160

2 Sandwichbauteile für Dach und Wand
(Querschnitte und Stützweitentabellen)

Sandwichbauteile werden hauptsächlich als raumbildende und tragende Wand- und Dachbauteile eingesetzt. Sie bestehen in der Regel aus zwei dünnen Deckblechen (profiliert oder gesickt), die durch eine Kernschicht aus Hartschaum (z. B. Polyurethan) oder Mineralwolle schubfest miteinander verbunden sind, sodass ein tragender Verbundquerschnitt entsteht. Die beim additiven Aufbau von z. B. oberseitig wärmegedämmten Trapezblechen ausschließlich zur Dämmung vorgesehene Schicht wird hier zusätzlich als schubsteifer Kern im Sandwichquerschnitt bei der Tragfähigkeit integriert. Durch die Mitwirkung der Dämmschicht und der damit erreichten Verbundwirkung können große Stützweiten erreicht werden. Gleichzeitig ist eine hohe Wärmedämmung gewährleistet.

Die schubfeste Verbindung der Deckbleche mit dem Kern wird automatisch durch Selbsthaftung (bei PUR) oder Verklebung (bei Mineralwolle) bei der fabrikmäßigen Herstellung der Bauteile in großen, kontinuierlichen Fertigungsstraßen erreicht.

Das Herstellen der Sandwichbauteile unterliegt einer laufenden Eigen- und Fremdüberwachung und den Güte- und Prüfbestimmungen nach RAL-GZ-617.

Die Bauteile werden als Fertigteile auf die Baustelle angeliefert und auf der Unterkonstruktion in **einem** Arbeitsgang verschraubt.

Bauaufsichtliche Zulassung

Für den Einsatz von tragenden Sandwichbauteilen für Dach und Wand, bei denen die Verbundtragwirkung durch Verbindung der Deckbleche mit einem schubsteifen Kern angesetzt und genutzt wird, ist in Deutschland eine bauaufsichtliche Zulassung des DIBt erforderlich, da diese Bauteile in keiner Norm geregelt und in der Bauregelliste nicht erfasst sind.

Wegen der Verwendung von leichten Kernschichten, z. B. aus Polyurethan-Hartschaum, die sich hinsichtlich der Herstellung und der bautechnischen Anforderungen so günstig verhalten, sind bei der Beurteilung der Tragfähigkeit des Sandwichtragwerks und damit bei der Bemessung jedoch eine Reihe von Besonderheiten zu beachten. So ist zunächst, um eine „sichere" Bemessung zu gewährleisten, bei fast allen praxisgerechten Sandwichbauteilen die Schubverformung der Kernschicht zu berücksichtigen und damit die „Theorie des nachgiebigen Verbundes" anzuwenden. Die Besonderheiten sind jedoch im Einzelnen in den bauaufsichtlichen Zulassungen erfasst.

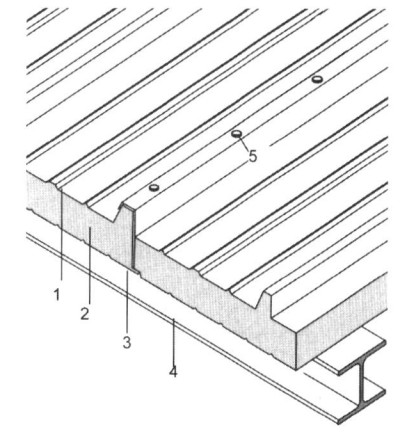

1 = äußere Deckschicht (Stahl, Alu, Kupfer etc.)
2 = Kernschicht (PUR, Mineralwolle, PS)
3 = innere Deckschicht (Stahl, Alu, Kupfer etc.)
4 = Unterkonstruktion
5 = Befestigungsmittel (Bohrschrauben etc.)

Einwirkungen und Lastfallkombinationen

Bei der Bemessung von Sandwichbauteilen ist außerdem darauf zu achten, dass (neben den üblichen Belastungen) ein wesentlicher Anteil der Beanspruchungen infolge Zwängung aus unterschiedlichen Deckblechtemperaturen und bei langzeitiger Belastung infolge Spannungsumlagerung durch Schub-Kriechen in der Kernschicht entsteht. Diese Zusatzbeanspruchungen müssen bei der Berechnung nach der Theorie des nachgiebigen Verbundes mit erfasst werden.

Die genauen Angaben über die anzusetzenden Temperaturen (im Gebrauchsfähigkeitsnachweis in Abhängigkeit von der Farbe des äußeren Deckblechs) enthält Anlage A der Zulassungen. Es werden für die Bemessung der Bauteile drei Farbgruppen (Gruppe I: sehr hell, Gruppe II: hell, Gruppe III: dunkel) definiert.

Für den Lastfall Kriechen sind die Kriechwerte in dem jeweiligen Zulassungsbescheid angegeben.

Zur sicheren Bemessung ist – wie üblich – die ungünstigste Lastfallkombination anzusetzen. Dabei ist eine Reihe von Lastfällen zu beachten, abhängig vom statischen System (Einfeld- oder Mehrfeldsysteme), von der Nachweisart (z. B. Tragfähigkeits-, Gebrauchsfähigkeits- oder Verformungsnachweis) und von den Widerstandsgrößen (z. B. Knitterspannungen im Feld oder über der Stütze).

Für die praxisgerechte Bemessung der Bauteile werden in den meisten Fällen von den Herstellern zunächst immer Tabellen mit (typengeprüften) zulässigen Stützweiten zur Verfügung gestellt (beispielhaft sind einige typische Tabellen angegeben). Diese zulässigen Stützweiten müssen, getrennt für Wand- und Dachbauteile, für die ungünstigsten Lastfälle berechnet und für die zugehörigen Lastansätze wie z. B. Schneelast, Windbelastung (in Abhängigkeit von der Gebäudehöhe) und Temperaturen (in Abhängigkeit von den Farbgruppen) angegeben werden.

In diesen Tabellen können nur die Standardfälle, z. B. durchlaufende Platten mit **gleichen** Stützweiten und üblichen Lastfällen, erfasst werden, selbstverständlich mit Berücksichtigung aller erforderlichen Nachweise.

Bei statischen Systemen, die nicht erfasst sind (z. B. ungleiche Stützweiten), oder bei besonderen Beanspruchungen (z. B. Kühllager mit Innentemperaturen von 0 bis $-30\,°C$) oder zur Überprüfung von Berechnungen (z. B. auch bei nicht typengeprüften Stützweitentabellen) müssen Einzelnachweise entsprechend Abschnitt 7 der Zulassung durchgeführt werden.

Im Wesentlichen sind folgende Nachweise zu führen:

Tragfähigkeitsnachweis:

Das 1,85fache der Spannungen aus äußeren Lasten (σ_L) wird zu den 1,3fachen Spannungen aus Temperaturzwängungen (σ_T) addiert und der Knitterspannung σ_K (bei Druckspannung) oder der Fließspannung β_S (bei Zugspannung) gemäß Zulassung gegenübergestellt:

$$1{,}85 \cdot \sigma_L + 1{,}3 \cdot \sigma_T \leq \sigma_K$$

Bei langzeitigen Einwirkungen sind zusätzlich die 1,3fachen Spannungsanteile aus Kriechen zu erfassen.

Bei Mehrfeldsystemen kann Versagen im Feld nach Ausbilden von Knittergelenken über den Zwischenstützen vorausgesetzt werden.

Gebrauchsfähigkeitsnachweis:

Neben dem Nachweis der Durchbiegung wird der Gebrauchsfähigkeitsnachweis dadurch geführt, dass an keiner Stelle Fließen im Zug oder Knittern im Druckbereich auftritt. Bei Mehrfeldsystemen sind die Nachweise vor allem auch über den Mittelstützen zu führen.

Das 1,1fache der Addition aller gleichzeitig wirkenden Spannungen aus äußeren Lasten (σ_L) und Temperatur (σ_T) ist der Knitter- bzw. Fließspannung gegenüberzustellen:

$$1{,}1\,(\sigma_L + \Psi \cdot \sigma_T) \leq \sigma_K \quad \text{bzw.} \quad 1{,}1\,(\sigma_L + \Psi \cdot \sigma_T) \leq \beta_S$$

$\Psi = 1{,}0$ (Kühlhäuser)

$\Psi = 0{,}9$ (sonst. Gebäude)

Bei profilierten Deckschichten, bei denen die Zugspannungen im Obergurt maßgebend werden können, sind bei langzeitigen Einwirkungen zusätzlich auch die 1,1fachen Spannungsanteile aus Kriechen zu erfassen.

Zur Berechnung der Spannungen können die Formeln der Seiten 8.81 und 8.82 verwendet werden.

Um Einzelnachweise oder Überprüfungen von Berechnungen zu ermöglichen, stehen spezielle Rechenhilfen zur Verfügung ([8.60], [8.61], [8.62], [8.63], [8.64]).

In [8.65] sind zusammenfassend weitere Berechnungshilfen und praxisgerechte Beispiele dargestellt.

Falls häufig Sandwichbauteile berechnet werden, bietet sich die Anwendung eines EDV-Programms an.

Zusatznachweise

Es wird ausdrücklich darauf hingewiesen, dass zusätzlich zu dem Nachweis für die Sandwichplatten selbst, z. B. anhand zulässiger Stützweiten oder aufgrund von Einzelnachweisen, unbedingt noch folgende Nachweise nach den Zulassungen gefordert sind:

a) Nachweis der **Auflagerpressung nach Abschnitt 7.2.1.4 und 7.3 der Zulassung:**

   Hier ist nachzuweisen, dass aufgrund der Auflagerkräfte infolge Auflasten, einschließlich der Zwängungskräfte infolge Temperatur, die Druckfestigkeit der Kernschicht (mit den entsprechenden Sicherheiten) nicht überschritten wird.

b) Nachweis der **Befestigungen**, insbesondere für abhebende Beanspruchungen, auch in Rand- und Eckbereichen der Gebäude nach Abschnitt 7.7 der Zulassung:

   Die abhebenden Schraubenkräfte sind infolge Windsogbeanspruchungen und Zwängungen aus den Temperaturlastfällen zu ermitteln. Die zulässigen Kräfte für die Befestigungen sind in Anlage B der Zulassungen bzw. in den Verbindungselemente-Zulassungen definiert.

Abb. 8.81 Momentenanteile, Auflagerkräfte und Verformungen bei Sandwichelementen mit „quasi-ebenen" Deckschichten

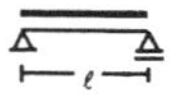

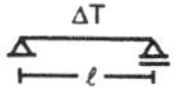

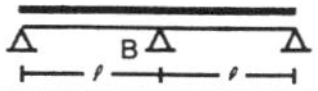

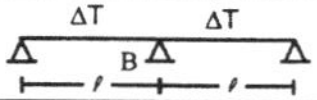

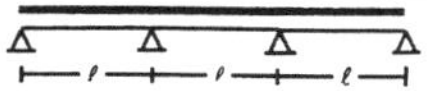

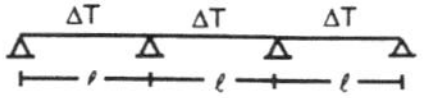

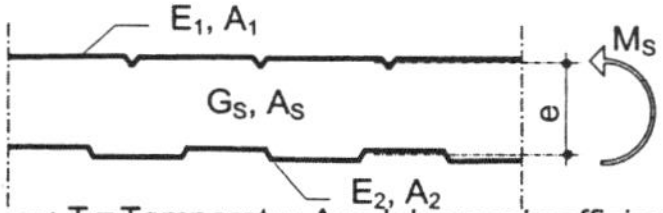

Ein- bzw. beidseitig profilierte Deckschichten

Systeme	k	β	$M_S{}^{1)}$	$M_D{}^{1)}$	$R_E{}^{2)}$	$R_M{}^{2)}$	w_{max}
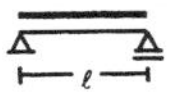 (Einfeld, q)	$\dfrac{9{,}6 \cdot B_S}{\ell^2 \cdot G_S \cdot A_S}$	$\dfrac{B_D}{B_D + \dfrac{B_S}{1+k}}$	$(1-\beta) \cdot \dfrac{q \cdot \ell^2}{8}$	$\beta \cdot \dfrac{q \cdot \ell^2}{8}$	$\dfrac{q \cdot \ell}{2}$	—	$\dfrac{5 \cdot q \cdot \ell^4}{384 \cdot B_S} \cdot (1+k) \cdot (1-\beta)$
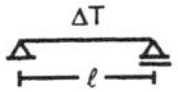 (Einfeld, ΔT)	$\dfrac{8 \cdot B_S}{\ell^2 \cdot G_S \cdot A_S}$	$\dfrac{B_D}{B_D + \dfrac{B_S}{1+k}}$	$\dfrac{B_D \cdot \Delta T' \cdot (1-\beta)}{e}$	$M_D = -M_S$	0	—	$\dfrac{\ell^2 \cdot \Delta T'}{8 \cdot e} \cdot (1-\beta)$

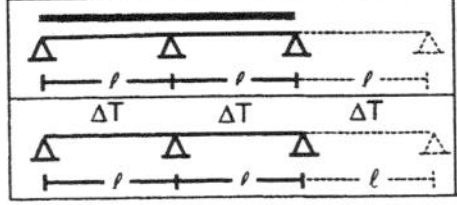

Mehrfeldplatten nur mit EDV-Programm oder Diagrammen

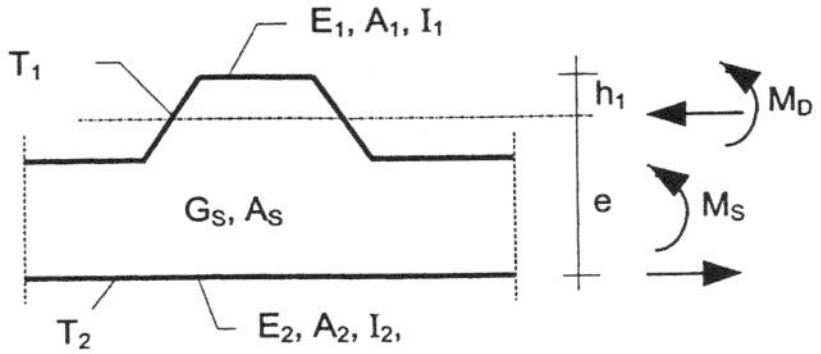

$E_1, A_1, I_1, E_2, A_2, I_2$ = E-Modul, Fläche und Trägheitsmoment der oberen (1) und unteren (2) Deckschicht
G_S, A_S = Schubmodul und Fläche der Kernschicht
e = Schwerlinienabstand der Deckschichten

$$B_S = \dfrac{E_1 \cdot A_1 \cdot E_2 \cdot A_2 \cdot e^2}{E_1 \cdot A_1 + E_2 \cdot A_2} \qquad B_D = E_1 \cdot I_1 + E_2 \cdot I_2$$

$$\Delta T' = (\alpha_2 \cdot T_2 - \alpha_1 \cdot T_1)$$

$$\sigma_1 = -\dfrac{M_S}{e} \cdot \dfrac{1}{A_1} + \dfrac{M_D}{I_1} \cdot h_1 \qquad \sigma_2 = -\dfrac{M_S}{A_2 \cdot e}$$

1) $\alpha_i; T_i$ = Temperatur-Ausdehnungskoeffizient und Temperatur der Deckschichten
   $M_S; M_D$ = bei Einfeldplatten in Feldmitte; bei Zweifeldplatten über der Mittelstütze
2) R_E = Endauflagerreaktionen; R_M = bei Mehrfeldplatten Mittelauflagerkräfte
3) w_{max} = maximale Durchbiegung

Abb. 8.82 Momentenanteile, Auflagerkräfte und Verformungen bei Sandwichelementen mit profilierten Deckschichten

Hinsichtlich der Windsogbelastungen ist zu beachten, dass im Rand-Eck-Bereich der Gebäude die erhöhten Windsoglasten nach DIN 1055-4 anzusetzen sind. Bei der Bemessung der Bauteile selbst brauchen diese Lasten nicht berücksichtigt zu werden.

c) Nachweis der **Schraubenkopfauslenkung** infolge unterschiedlicher Deckblech-Temperaturen nach Abschnitt 7.7.2 der Zulassung:
Diese Nachweise sind aufgrund einer Berechnungsformel relativ einfach nachzuweisen. Die maximal zulässigen Schraubenkopfauslenkungen sind in den Zulassungen angegeben.

Stützweiten in m

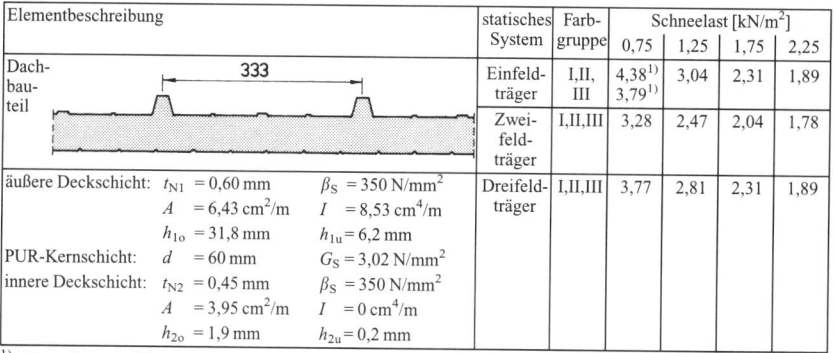

Elementbeschreibung		statisches System	Farbgruppe	Schneelast [kN/m^2]			
				0,75	1,25	1,75	2,25
Dachbauteil	333	Einfeldträger	I,II,III	4,38[1] 3,79[1]	3,04	2,31	1,89
		Zweifeldträger	I,II,III	3,28	2,47	2,04	1,78
äußere Deckschicht: $t_{N1}=0{,}60$ mm $\beta_S=350$ N/mm^2 $A=6{,}43$ cm^2/m $I=8{,}53$ cm^4/m $h_{1o}=31{,}8$ mm $h_{1u}=6{,}2$ mm PUR-Kernschicht: $d=60$ mm $G_S=3{,}02$ N/mm^2 innere Deckschicht: $t_{N2}=0{,}45$ mm $\beta_S=350$ N/mm^2 $A=3{,}95$ cm^2/m $I=0$ cm^4/m $h_{2o}=1{,}9$ mm $h_{2u}=0{,}2$ mm		Dreifeldträger	I,II,III	3,77	2,81	2,31	1,89

[1] Unter Berücksichtigung einer max. Durchbiegung von $l/150$.

Elementbeschreibung		statisches System	Farbgruppe	Einbaubereich			
				$h/a \leq 0{,}25$		$h/a > 0{,}5$	
				$h \leq 8$m	$8 < h < 20$	$h \leq 8$m	$8 < h < 20$
Wandbauteil 58 58 58		Einfeldträger	I,II,III	8,95 8,08[2]	7,07 6,96[2]	8,95 8,08[2]	7,07 6,96[2]
		Zweifeldträger	I,II,III	7,24	6,00	7,24	6,00
		Dreifeldträger	I,II,III	8,47	6,80	8,47	6,80
äußere Deckschicht: $t_{N1}=0{,}60$ mm $\beta_S=320$ N/mm^2 $A=5{,}64$ cm^2/m $I=0$ cm^4/m $h_{1o}=0{,}8$ mm $h_{1u}=0{,}8$ mm PUR-Kernschicht: $d=120$ mm $G_S=3{,}4$ N/mm^2 innere Deckschicht: $t_{N2}=0{,}50$ mm $\beta_S=320$ N/mm^2 $A=4{,}63$ cm^2/m $I=0$ cm^4/m $h_{2o}=0{,}8$ mm $h_{2u}=0{,}8$ mm							
Wandbauteil 15 60 50 50		Einfeldträger	I,II,III	7,20 6,41[2]	5,70 5,63[2]	7,20 6,41[2]	5,70 5,63[2]
		Zweifeldträger	I II III	6,72 5,34 2,69	5,40 4,54 2,59	6,70 4,75 2,62	5,39 4,07 2,50
		Dreifeldträger	I II III	7,20 7,20 3,67	5,70 5,70 3,26	7,20 6,75 3,37	5,70 5,42 2,98
äußere Deckschicht: $t_{N1}=0{,}60$ mm $\beta_S=350$ N/mm^2 $A=5{,}61$ cm^2/m $I=0$ cm^4/m $h_{1o}=0{,}2$ mm $h_{1u}=0{,}2$ mm Mineralwollschicht: $s=80$ mm $G_S=10{,}5$ N/mm^2 innere Deckschicht: $t_{N2}=0{,}60$ mm $\beta_S=350$ N/mm^2 $A=5{,}63$ cm^2/m $I=0$ cm^4/m $h_{2o}=0{,}2$ mm $h_{2u}=0{,}2$ mm							

[2] Unter Berücksichtigung einer max. Durchbiegung von $l/100$.

8 Stahlbau

Allgemeine Randbedingungen:
- Farbgruppen I (sehr hell), II (hell) und III (dunkel) siehe Zulassungen, Anlage A, Abschnitt 3.4.2.
- Die Stützweitentabelle gilt nur für geschlossene Gebäude mit normalem Innenklima.
- Zulässige Stützweiten sind in Metern (m) angegeben und gelten bei den Wandelementen für direkte Befestigungen mit maximal 3 Schrauben pro Meter und Zwischenauflagerlinie.
- Für jeden Einzelfall sind noch die Nachweise der Befestigungen (Schraubenkopfauslenkung und Zugverankerung) sowie der Nachweis der Auflagerpressungen zu erbringen.

Oben dargestellte Stützweitentabellen sind nur beispielhaft für einige wenige Paneeltypen angegeben. Ähnliche Tabellen für viele weitere Bauteiltypen können direkt von den Liefer-/Herstellfirmen angefordert werden.

Im europäischen Ausland werden häufig folgende offizielle Unterlagen bei der Bemessung und dem praktischen Einsatz verwendet ([8.66], [8.67]):
ECCS-Empfehlungen und CIB-Empfehlungen.

In Zukunft soll eine europäische Norm die Anwendung von Sandwichbauteilen regeln. Für die Erarbeitung der Norm wurde 1996 ein Committee (CEN/TC 128, SC 11) beauftragt. Der Titel der Norm lautet: Double Skin Metal Sandwich Panels With Insulation.

In der Zwischenzeit liegt ein in den Arbeitsgruppen abgestimmter Entwurf (draft 11, stage 40) vor, der zur Zeit von den einzelnen Mitgliedstaaten beraten wird.

Sandwichbauteile werden u. a. von nachstehend genannten Firmen[1)] hergestellt und/oder geliefert.

Liste der Herstell- bzw. Lieferfirmen:

Firmenname	Straße/Haus-Nr.	PLZ	Ort
Brucha GmbH	Triester Str. 245–247	A-1232	Wien
Color Profil Deutschland GmbH	Limesstr. 91	81243	München
Correcta GmbH	Correctastraße 1	34537	Bad Wildungen
Metecno Bausysteme GmbH	Freiberger Straße 9	74379	Ingersheim
ems Isoliertüren Mickeleit GmbH & Co. KG	Süderstraße 12–14	23689	Pansdorf
Fischer Profil GmbH	Waldstraße 67	57250	Netphen
Hoesch Siegerlandwerke GmbH	Geisweider Straße 13	57078	Siegen
Industrija Montaznih Objektov p.o. (Trimo)	Prijatljeva 12	SLO-68210	Trebnje
IsoBouw Dämmtechnik GmbH	Kanalstraat 107	NL-5711	EG Someren
Isodek	Danziger Bocht 7	NL-1013	AM Amsterdam
Isopan s.p.a.	Märchenring 40a	50127	Bergheim
Isora Oy		SF-38201	Vammala
Italpanelli GmbH	Bahnhofstraße 12	I-39040	Tramin (BZ)
Kingspan Deutschland GmbH	Am Schornacker 2	46485	Wesel
Metalplast Oborniki sp.zo.o	ul. Lukowska 7/9	PL-64-600	Oborniki (Polen)
Metecno S.P.A.		I-20067	Tribiano (Mi)
N.V. Isocab S.A.	Treurnietstraat 10	B-8531	Harelbeke-Bavikhove
Usinor Bauteile GmbH	An der Stetze 12	57223	Kreuztal-Eichen
Paroc Dämmstoffe GmbH	Bergiusstraße 5	28816	Bremen-Brinkum
Partek Paroc Oy Ab Panel System		SF-21600	Parainen
Pflaum & Söhne Bausysteme GmbH	Ganglgutstraße 89	A-5040	Traun
Romakowski GmbH	Herdweg 31	86647	Buttenwiesen-Thürheim
SAB-profiel b.v. – Abteilung Technik	Produktieweg 2-3a	NL-3400	AB IJesselstein
Salzgitter Bauelemente GmbH	Eisenhüttenstrasse 99	38239	Salzgitter
Scanwall Bygge Profiler AS	Mineralvej 2–8	DK-9100	Aalborg
Schwenk Dämmtechnik GmbH & Co. KG	Isotexstraße 1	08710	Landsberg
Thyssen Bausysteme GmbH	Hagenstraße 2	46535	Dinslaken
Aluform System-Technik Pohl GmbH	Dresdener Straße 15	02994	Bernsdorf
wdi-Elementbau GmbH	Philipp-Reis-Straße 9	63486	Bruckköbel
Unidek Vertriebsgesellschaft mbH	Industriestraße 35	28199	Bremen

8 E Stahlbauprofile

Bearbeitet von Prof. Dr.-Ing. Otto Oberegge und Dipl.-Ing. Hans-Peter Hockelmann

Kurzzeichen für Walzmaterial (Beispiele)

Kurzbezeichnung		Bedeutung
zeichnerisch	schreibbar	
IPE 240 – 4600 DIN 1025	IPE 240 x 4600 DIN 1025	Mittelbreiter I-Träger mit $h = 240$ mm und $l = 4600$ mm nach DIN 1025
HEB 400 – 8000 DIN 1025	HEB 400 x 8000 DIN 1025	Breiter I-Träger mit $h = 400$ mm und $l = 8000$ mm nach DIN 1025
⌐ 200 – 800 DIN 1026	U 200 x 800 DIN 1026	U-Profil mit $h = 200$ mm und $l = 800$ mm nach DIN 1026
L 100 x 10 – 2500 DIN EN 10 056	L 100 x 10 x 2500 DIN EN 10 056	Gleichschenkliger Winkelstahl mit 100 mm Schenkelbreite, 10 mm Dicke und 2500 mm Länge nach DIN EN 10 056
L 120 x 80 x 12 – 2500 DIN EN 10 056	L 120 x 80 x 12 x 2500 DIN EN 10 056	Ungleichschenkliger Winkelstahl mit 120 und 80 mm Schenkelbreite, 12 mm Dicke und 2500 mm Länge nach DIN EN 10 056
▭ 80 x 10 – 800 DIN 1017, St 52-3	Fl 80 x 10 x 800 DIN 1017, St 52-3	Flachstahl mit $b = 80$ mm, $t = 10$ mm und $l = 800$ mm nach DIN 1017 aus St 52-3
Bl 8 x 600 x 900 DIN EN 10 029	Bl 8 x 600 x 900 DIN EN 10 029	Stahlblech mit $t = 8$ mm, $b = 600$ mm und $l = 900$ mm nach DIN EN 10 029
Rohr 88,9 x 4 – 500 DIN EN 10 210	Rohr 88,9 x 4 x 500 DIN EN 10 210	Warmgefertigtes Stahlrohr mit 88,9 mm Außendurchmesser, 4 mm Wanddicke und 500 mm Länge nach DIN EN 10 210
QHP 100 x 4 – 2500 DIN EN 10 219	QHP 100 x 4 x 2500 DIN EN 10 219	Kaltgefertigtes, quadratisches Hohlprofil mit $B = 100$ mm, $T = 4$ mm und $l = 2500$ mm nach DIN EN 10 219

Benennungen in den Profiltafeln nach DIN 1080-1 (6.76) und DIN 1080-4 (3.80)

Die Indizes y bzw. z und η bzw. ζ geben den Bezug zu den entsprechenden Querschnittshauptachsen an.
Profilmaße: Die Bedeutung ist den Querschnittsskizzen zu entnehmen. Das Maß $h_1 = h - (2 \cdot t + 2 \cdot r)$ ist auf volle mm abgerundet.

Statische Werte:

A	Querschnittsfläche
g	Charakteristischer Wert der Eigenlast in kN/m (entspricht Masse m in kg/m $\cdot 10^{-2}$)
$I_y; I_z$	Flächenmoment 2. Grades bezogen auf die y- bzw. z-Achse
$W_y; W_z$	Widerstandsmoment bezogen auf die y- bzw. z-Achse. Bei Profilen mit unterschiedlichen Abständen der Randfasern von der jeweiligen Bezugsachse gilt für die Tafelwerte: W = min W = I / max Abstand.
$i_y; i_z$	Trägheitsradius $i_y = \sqrt{I_y/A}$; $i_z = \sqrt{I_z/A}$
S_y	Flächenmoment 1. Grades des halben Querschnitts bezogen auf die y-Achse
I_T	Torsionsflächenmoment 2. Grades
W_T	Torsionswiderstandsmoment
I_ω	Wölbflächenmoment 2. Grades (Wölbwiderstand), bezogen auf den Schubmittelpunkt; Alternative Bezeichnung: C_M
y_M	Abstand des Schubmittelpunktes M von der z-Achse bei U-Profilen. Bei doppelt- und punktsymmetrischen Profilen fallen Schubmittelpunkt und Schwerpunkt zusammen. Bei Winkel- und T-Profilen ergibt sich der Schubmittelpunkt als Schnittpunkt der Mittellinien der beiden Teilflächen.

Weitere statische Werte für *I-förmige Profile* sind auf folgenden Seiten zusammengestellt:

$i_{z,g}$	Trägheitsradius um die Stegachse z der aus Druckgurt und 1/5 der Stegfläche gebildeten Querschnittsfläche: Seite 8.33

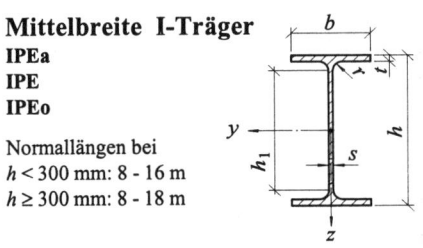

Schmale I-Träger

Normallängen bei
$h < 300$ mm: 8 - 16 m
$h \geq 300$ mm: 8 - 18 m

Mittelbreite I-Träger
IPEa
IPE
IPEo

Normallängen bei
$h < 300$ mm: 8 - 16 m
$h \geq 300$ mm: 8 - 18 m

I-Reihe nach DIN 1025-1 (10.63)

Nenn-höhe	h mm	b mm	$s=r_1$ mm	t mm	r_2 mm	h_1 mm	A cm²	I_y cm⁴	W_y cm³	i_y cm	I_z cm⁴	W_z cm³	i_z cm	S_y cm³	g kN/m
							Profilmaße				**Statische Werte**				
80	80	42	3,9	5,9	2,3	59	7,57	77,8	19,5	3,20	6,29	3,00	0,91	11,4	0,0594
100	100	50	4,5	6,8	2,7	75	10,6	171	34,2	4,01	12,2	4,88	1,07	19,9	0,0834
120	120	58	5,1	7,7	3,1	92	14,2	328	54,7	4,81	21,5	7,41	1,23	31,8	0,111
140	140	66	5,7	8,6	3,4	109	18,2	573	81,9	5,61	35,2	10,7	1,40	47,7	0,143
160	160	74	6,3	9,5	3,8	125	22,8	935	117	6,40	54,7	14,8	1,55	68,0	0,179
180	180	82	6,9	10,4	4,1	142	27,9	1 450	161	7,20	81,3	19,8	1,71	93,4	0,219
200	200	90	7,5	11,3	4,5	159	33,4	2 140	214	8,00	117	26,0	1,87	125	0,262
220	220	98	8,1	12,2	4,9	176	39,5	3 060	278	8,80	162	33,1	2,02	162	0,311
240	240	106	8,7	13,1	5,2	192	46,1	4 250	354	9,59	221	41,7	2,20	206	0,362
260	260	113	9,4	14,1	5,6	208	53,3	5 740	442	10,4	288	51,0	2,32	257	0,419
280	280	119	10,1	15,2	6,1	225	61,0	7 590	542	11,1	364	61,2	2,45	316	0,479
300	300	125	10,8	16,2	6,5	241	69,0	9 800	653	11,9	451	72,2	2,56	381	0,542
320	320	131	11,5	17,3	6,9	258	77,7	12 510	782	12,7	555	84,7	2,67	457	0,610
340	340	137	12,2	18,3	7,3	274	86,7	15 700	923	13,5	674	98,4	2,80	540	0,680
360	360	143	13,0	19,5	7,8	290	97,0	19 610	1 090	14,2	818	114	2,90	638	0,761
400	400	155	14,4	21,6	8,6	323	118	29 210	1 460	15,7	1 160	149	3,13	857	0,924
450	450	170	16,2	24,3	9,7	363	147	45 850	2 040	17,7	1 730	203	3,43	1 200	1,15
500	500	185	18,0	27,0	10,8	404	179	68 740	2 750	19,6	2 480	268	3,72	1 620	1,41
550	550	200	19,0	30,0	11,9	445	212	99 180	3 610	21,6	3 490	349	4,02	2 120	1,66
600	600	215	21,6	32,4	13,0	485	254	139 000	4 630	23,4	4 670	434	4,30	2 730	1,99

IPEa (nicht genormt)

Nenn-höhe	h mm	b mm	s mm	t mm	r mm	h_1 mm	A cm²	I_y cm⁴	W_y cm³	i_y cm	I_z cm⁴	W_z cm³	i_z cm	S_y cm³	g kN/m
120	117,6	64	3,8	5,1	7	93	11,0	257	43,8	4,83	22,4	7,00	1,42	24,9	0,0866
140	137,4	73	3,8	5,6	7	112	13,4	435	63,3	5,70	36,4	9,98	1,65	35,8	0,105
160	157	82	4,0	5,9	9	127	16,2	689	87,8	6,53	54,4	13,3	1,83	49,5	0,127
180	177	91	4,3	6,5	9	146	19,6	1 060	120	7,37	81,9	18,0	2,05	67,7	0,154
200	197	100	4,5	7,0	12	159	23,5	1 590	162	8,23	117	23,4	2,23	90,8	0,184
220	217	110	5,0	7,7	12	177	28,3	2 320	214	9,05	171	31,2	2,45	120	0,222
240	237	120	5,2	8,3	15	190	33,3	3 290	278	9,94	240	40,0	2,68	156	0,262
270	267	135	5,5	8,7	15	219	39,1	4 920	368	11,2	358	53,0	3,02	206	0,307
300	297	150	6,1	9,2	15	248	46,5	7 170	483	12,4	519	69,2	3,34	271	0,365
330	327	160	6,5	10,0	18	271	54,7	10 230	626	13,7	685	85,6	3,54	351	0,430
360	357,6	170	6,6	11,5	18	298	64,0	14 520	812	15,1	944	111	3,84	453	0,502
400	397	180	7,0	12,0	21	331	73,1	20 290	1 020	16,7	1 170	130	4,00	572	0,574
450	447	190	7,6	13,1	21	378	85,5	29 760	1 330	18,7	1 500	158	4,19	747	0,672
500	497	200	8,4	14,5	21	426	101	42 930	1 730	20,6	1 940	194	4,38	973	0,794
550	547	210	9,0	15,7	24	467	117	59 980	2 190	22,6	2 430	232	4,55	1 240	0,921
600	597	220	9,8	17,5	24	514	137	82 920	2 780	24,6	3 120	283	4,77	1 570	1,080

IPE-Reihe nach DIN 1025-5 (3.65) und EURONORM 19-57

Nenn-höhe	Profilmaße						Statische Werte							
	h mm	b mm	s mm	t mm	r mm	h_1 mm	A cm²	I_y cm⁴	W_y cm³	i_y cm	I_z cm⁴	W_z cm³	i_z cm	S_y cm³	g kN/m
80	80	46	3,8	5,2	5	59	7,64	80,1	20,0	3,24	8,49	3,69	1,05	11,6	0,060
100	100	55	4,1	5,7	7	74	10,3	171	34,2	4,07	15,9	5,79	1,24	19,7	0,081
120	120	64	4,4	6,3	7	93	13,2	318	53,0	4,90	27,7	8,65	1,45	30,4	0,104
140	140	73	4,7	6,9	7	112	16,4	541	77,3	5,74	44,9	12,3	1,65	44,2	0,129
160	160	82	5	7,4	9	127	20,1	869	109	6,58	68,3	16,7	1,84	61,9	0,158
180	180	91	5,3	8	9	146	23,9	1 320	146	7,42	101	22,2	2,05	83,2	0,188
200	200	100	5,6	8,5	12	159	28,5	1 940	194	8,26	142	28,5	2,24	110	0,224
220	220	110	5,9	9,2	12	177	33,4	2 770	252	9,11	205	37,3	2,48	143	0,262
240	240	120	6,2	9,8	15	190	39,1	3 890	324	9,97	284	47,3	2,69	183	0,307
270	270	135	6,6	10,2	15	219	45,9	5 790	429	11,2	420	62,2	3,02	242	0,361
300	300	150	7,1	10,7	15	248	53,8	8 360	557	12,5	604	80,5	3,35	314	0,422
330	330	160	7,5	11,5	18	271	62,6	11 770	713	13,7	788	98,5	3,55	402	0,491
360	360	170	8	12,7	18	298	72,7	16 270	904	15,0	1 040	123	3,79	510	0,571
400	400	180	8,6	13,5	21	331	84,5	23 130	1 160| 16,5	1 320	146	3,95	654	0,663
450	450	190	9,4	14,6	21	378	98,8	33 740	1 500| 18,5	1 680	176	4,12	851	0,776
500	500	200	10,2	16	21	426	116	48 200	1 930| 20,4	2 140	214	4,31	1 100	0,907
550	550	210	11,1	17,2	24	467	134	67 120	2 440| 22,3	2 670	254	4,45	1 390	1,06
600	600	220	12	19	24	514	156	92 080	3 070| 24,3	3 390	308	4,66	1 760	1,22

IPEo (nicht genormt)

	h	b	s	t	r	h_1	A	I_y	W_y	i_y	I_z	W_z	i_z	S_y	g
180	182	92	6	9	9	146	27,1	1 510	165	7,45	117	25,5	2,08	94,6	0,213
200	202	102	6,2	9,5	12	159	32,0	2 210	219	8,32	169	33,1	2,30	125	0,251
220	222	112	6,6	10,2	12	177	37,4	3 130	282	9,16	240	42,8	2,53	161	0,294
240	242	122	7	10,8	15	190	43,7	4 370	361	10,0	329	53,9	2,74	205	0,343
270	274	136	7,5	12,2	15	219	53,8	6 950	507	11,4	513	75,5	3,09	287	0,423
300	304	152	8	12,7	15	248	62,8	9 990	658	12,6	746	98,1	3,45	372	0,493
330	334	162	8,5	13,5	18	271	72,6	13 910	833	13,8	960	119	3,64	471	0,570
360	364	172	9,2	14,7	18	298	84,1	19 050	1 050	15,0	1 250	145	3,86	593	0,660
400	404	182	9,7	15,5	21	331	96,4	26 750	1 320	16,7	1 560	172	4,03	751	0,757
450	456	192	11	17,6	21	378	118	40 920	1 790	18,6	2 090	217	4,21	1 020	0,924
500	506	202	12	19	21	426	137	57 780	2 280	20,6	2 620	260	4,38	1 310	1,07
550	556	212	12,7	20,2	24	467	156	79 160	2 850	22,5	3 220	304	4,55	1 630	1,23
600	610	224	15	24	24	514	197	118 300	3 880	24,5	4 520	404	4,79	2 240	1,54

IPEv (nicht genormt)

	h	b	s	t	r	h_1	A	I_y	W_y	i_y	I_z	W_z	i_z	S_y	g
400	408	182	10,6	17,5	21	331	107	30 140	1 480	16,8	1 770	194	4,06	841	0,840
450	460	194	12,4	19,6	21	378	132	46 200	2 010	18,7	2 400	247	4,26	1 150	1,04
500	514	204	14,2	23	21	426	164	70 720	2 750	20,8	3 270	321	4,47	1 580	1,29
550	566	216	17,1	25,2	24	467	202	102 300	3 620	22,5	4 260	395	4,60	2 100	1,59
600	618	228	18	28	24	514	234	141 600	4 580	24,6	5 570	489	4,88	2 660	1,84

Breite I-Träger (siehe Folgeseiten)
HEAA
HEA (IPBl)
HEB (IPB)
HEM (IPBv)

Normallängen: $h < 300$ mm: 8 - 16 m
$\qquad\qquad\quad h \geq 300$ mm: 8 - 18 m

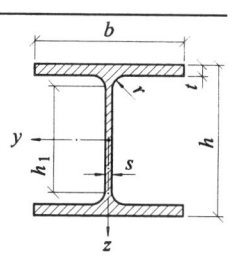

HEAA (nicht genormt)

Nenn-höhe	Profilmaße in mm						Statische Werte							g
	h	b	s	t	r	h_1	A cm²	I_y cm⁴	W_y cm³	i_y cm	I_z cm⁴	W_z cm³	i_z cm	S_y cm³	kN/m
100	91	100	4,2	5,5	12	56,0	15,6	237	52,0	3,89	92,1	18,4	2,43	29,2	0,122
120	109	120	4,2	5,5	12	74,0	18,6	413	75,8	4,72	159	26,5	2,93	42,1	0,146
140	128	140	4,3	6	12	92,0	23,0	719	112	5,59	275	39,3	3,45	61,9	0,181
160	148	160	4,5	7	15	104	30,4	1 280	173	6,50	479	59,8	3,97	95,2	0,238
180	167	180	5	7,5	15	122	36,5	1 970	236	7,34	730	81,1	4,47	129	0,287
200	186	200	5,5	8	18	134	44,1	2 940	317	8,17	1 070	107	4,92	174	0,346
220	205	220	6	8,5	18	152	51,5	4 170	407	9,00	1 510	137	5,42	223	0,404
240	224	240	6,5	9	21	164	60,4	5 840	521	9,83	2 080	173	5,87	285	0,474
260	244	260	6,5	9,5	24	177	69,0	7 980	654	10,8	2 790	214	6,36	357	0,541
280	264	280	7	10	24	196	78,0	10 560	800	11,6	3 660	262	6,85	437	0,612
300	283	300	7,5	10,5	27	208	88,9	13 800	976	12,5	4 730	316	7,30	533	0,698
320	301	300	8	11	27	225	94,6	16 450	1 090	13,2	4 960	331	7,24	598	0,742
340	320	300	8,5	11,5	27	243	101	19 550	1 220	13,9	5 180	346	7,18	670	0,789
360	339	300	9	12	27	261	107	23 040	1 360	14,7	5 410	361	7,12	748	0,837
400	378	300	9,5	13	27	298	118	31 250	1 650	16,3	5 860	391	7,06	912	0,924
450	425	300	10	13,5	27	344	127	41 890	1 970	18,2	6 090	406	6,92	1 090	0,997
500	472	300	10,5	14	27	390	137	54 640	2 320	20,0	6 310	421	6,79	1 290	1,07
550	522	300	11,5	15	27	438	153	72 870	2 790	21,8	6 770	451	6,65	1 560	1,20
600	571	300	12	15,5	27	486	164	91 870	3 220	23,7	6 990	466	6,53	1 810	1,29
650	620	300	12,5	16	27	534	176	113 900	3 680	25,5	7 220	481	6,41	2 080	1,38
700	670	300	13	17	27	582	191	142 700	4 260	27,3	7 670	512	6,34	2 420	1,50
800	770	300	14	18	30	674	218	208 900	5 430	30,9	8 130	542	6,10	3 110	1,72
900	870	300	15	20	30	770	252	301 100	6 920	34,6	9 040	603	5,99	4 000	1,98
1000	970	300	16	21	30	868	282	406 500	8 380	38,0	9 500	633	5,80	4 890	2,22

HEA (IPB1)-Reihe nach DIN 1025-3 (10.63) und Euronorm 53-62

Nenn-höhe	h	b	s	t	r	h_1	A cm²	I_y cm⁴	W_y cm³	i_y cm	I_z cm⁴	W_z cm³	i_z cm	S_y cm³	g kN/m
100	96	100	5	8	12	56	21,2	349	72,8	4,06	134	26,8	2,51	41,5	0,167
120	114	120	5	8	12	74	25,3	606	106	4,89	231	38,5	3,02	59,7	0,199
140	133	140	5,5	8,5	12	92	31,4	1 030	155	5,73	389	55,6	3,52	86,7	0,247
160	152	160	6	9	15	104	38,8	1 670	220	6,57	616	76,9	3,98	123	0,304
180	171	180	6	9,5	15	122	45,3	2 510	294	7,45	925	103	4,52	162	0,355
200	190	200	6,5	10	18	134	53,8	3 690	389	8,28	1 340	134	4,98	215	0,423
220	210	220	7	11	18	152	64,3	5 410	515	9,17	1 950	178	5,51	284	0,505
240	230	240	7,5	12	21	164	76,8	7 760	675	10,1	2 770	231	6,00	372	0,603
260	250	260	7,5	12,5	24	177	86,8	10 450	836	11,0	3 670	282	6,50	460	0,682
280	270	280	8	13	24	196	97,3	13 670	1 010	11,9	4 760	340	7,00	556	0,764
300	290	300	8,5	14	27	208	113	18 260	1 260	12,7	6 310	421	7,49	692	0,883
320	310	300	9	15,5	27	225	124	22 930	1 480	13,6	6 990	466	7,49	814	0,976
340	330	300	9,5	16,5	27	243	133	27 690	1 680	14,4	7 440	496	7,46	925	1,05
360	350	300	10	17,5	27	261	143	33 090	1 890	15,2	7 890	526	7,43	1 040	1,12
400	390	300	11	19	27	298	159	45 070	2 310	16,8	8 560	571	7,34	1 280	1,25
450	440	300	11,5	21	27	344	178	63 720	2 900	18,9	9 470	631	7,29	1 610	1,40
500	490	300	12	23	27	390	198	86 970	3 550	21,0	10 370	691	7,24	1 970	1,55
550	540	300	12,5	24	27	438	212	111 900	4 150	23,0	10 820	721	7,15	2 310	1,66
600	590	300	13	25	27	486	226	141 200	4 790	25,0	11 270	751	7,05	2 680	1,78
650	640	300	13,5	26	27	534	242	175 200	5 470	26,9	11 720	782	6,97	3 070	1,90
700	690	300	14,5	27	27	582	260	215 300	6 240	28,7	12 180	812	6,84	3 520	2,04
800	790	300	15	28	30	674	286	303 400	7 680	32,6	12 640	843	6,65	4 350	2,24
900	890	300	16	30	30	770	321	422 100	9 480	36,3	13 550	903	6,50	5 410	2,52
1000	990	300	16,5	31	30	868	347	553 800	11 190	40,0	14 000	934	6,35	6 410	2,72

HEB (IPB)-Reihe nach DIN 1025-2 (10.63) und Euronorm 53-62

Nenn-höhe	Profilmaße						Statische Werte							
	h mm	b mm	s mm	t mm	r mm	h_1 mm	A cm²	I_y cm⁴	W_y cm³	i_y cm	I_z cm⁴	W_z cm³	i_z cm	S_y cm³	g kN/m
100	100	100	6	10	12	56	26,0	450	89,9	4,16	167	33,5	2,53	52,1	0,204
120	120	120	6,5	11	12	74	34,0	864	144	5,04	318	52,9	3,06	82,6	0,267
140	140	140	7	12	12	92	43,0	1 510	216	5,93	550	78,5	3,58	123	0,337
160	160	160	8	13	15	104	54,3	2 490	311	6,78	889	111	4,05	177	0,426
180	180	180	8,5	14	15	122	65,3	3 830	426	7,66	1 360	151	4,57	241	0,512
200	200	200	9	15	18	134	78,1	5 700	570	8,54	2 000	200	5,07	321	0,613
220	220	220	9,5	16	18	152	91,0	8 090	736	9,43	2 840	258	5,59	414	0,715
240	240	240	10	17	21	164	106	11 260	938	10,3	3 920	327	6,08	527	0,832
260	260	260	10	17,5	24	177	118	14 920	1 150	11,2	5 130	395	6,58	641	0,930
280	280	280	10,5	18	24	196	131	19 270	1 380	12,1	6 590	471	7,09	767	1,03
300	300	300	11	19	27	208	149	25 170	1 680	13,0	8 560	571	7,58	934	1,17
320	320	300	11,5	20,5	27	225	161	30 820	1 930	13,8	9 240	616	7,57	1 070	1,27
340	340	300	12	21,5	27	243	171	36 660	2 160	14,6	9 690	646	7,53	1 200	1,34
360	360	300	12,5	22,5	27	261	181	43 190	2 400	15,5	10 140	676	7,49	1 340	1,42
400	400	300	13,5	24	27	298	198	57 680	2 880	17,1	10 820	721	7,40	1 620	1,55
450	450	300	14	26	27	344	218	79 890	3 550	19,1	11 720	781	7,33	1 990	1,71
500	500	300	14,5	28	27	390	239	107 200	4 290	21,2	12 620	842	7,27	2 410	1,87
550	550	300	15	29	27	438	254	136 700	4 970	23,2	13 080	872	7,17	2 800	1,99
600	600	300	15,5	30	27	486	270	171 000	5 700	25,2	13 530	902	7,08	3 210	2,12
650	650	300	16	31	27	534	286	210 600	6 480	27,1	13 980	932	6,99	3 660	2,25
700	700	300	17	32	27	582	306	256 900	7 340	29,0	14 440	963	6,87	4 160	2,41
800	800	300	17,5	33	30	674	334	359 100	8 980	32,8	14 900	994	6,68	5 110	2,62
900	900	300	18,5	35	30	770	371	494 100	10 980	36,5	15 820	1 050	6,53	6 290	2,91
1000	1000	300	19	36	30	868	400	644 700	12 890	40,1	16 280	1 090	6,38	7 430	3,14

HEM (IPBv)-Reihe nach DIN 1025-4 (10.63) und Euronorm 53-62

Nenn-höhe	h mm	b mm	s mm	t mm	r mm	h_1 mm	A cm²	I_y cm⁴	W_y cm³	i_y cm	I_z cm⁴	W_z cm³	i_z cm	S_y cm³	g kN/m
100	120	106	12	20	12	56	53,2	1 140	190	4,63	399	75,3	2,74	118	0,418
120	140	126	12,5	21	12	74	66,4	2 020	288	5,51	703	112	3,25	175	0,521
140	160	146	13	22	12	92	80,6	3 290	411	6,39	1 140	157	3,77	247	0,632
160	180	166	14	23	15	104	97,1	5 100	566	7,25	1 760	212	4,26	337	0,762
180	200	186	14,5	24	15	122	113	7 480	748	8,13	2 580	277	4,77	442	0,889
200	220	206	15	25	18	134	131	10 640	967	9,00	3 650	354	5,27	568	1,03
220	240	226	15,5	26	18	152	149	14 600	1 220	9,89	5 010	444	5,79	710	1,17
240	270	248	18	32	21	164	200	24 290	1 800	11,0	8 150	657	6,39	1 060	1,57
260	290	268	18	32,5	24	177	220	31 310	2 160	11,9	10 450	780	6,90	1 260	1,72
280	310	288	18,5	33	24	196	240	39 550	2 550	12,8	13 160	914	7,40	1 480	1,89
300	340	310	21	39	27	208	303	59 200	3 480	14,0	19 400	1 250	8,00	2 040	2,38
320	359	309	21	40	27	225	312	68 130	3 800	14,8	19 710	1 280	7,95	2 220	2,45
340	377	309	21	40	27	243	316	76 370	4 050	15,6	19 710	1 280	7,90	2 360	2,48
360	395	308	21	40	27	261	319	84 870	4 300	16,3	19 520	1 270	7,83	2 490	2,50
400	432	307	21	40	27	298	326	104 100	4 820	17,9	19 340	1 260	7,70	2 790	2,56
450	478	307	21	40	27	344	335	131 500	5 500	19,8	19 340	1 260	7,59	3 170	2,63
500	524	306	21	40	27	390	344	161 900	6 180	21,7	19 150	1 250	7,46	3 550	2,70
550	572	306	21	40	27	438	354	198 000	6 920	23,6	19 160	1 250	7,35	3 970	2,78
600	620	305	21	40	27	486	364	237 400	7 660	25,6	18 980	1 240	7,22	4 390	2,85
650	668	305	21	40	27	534	374	281 700	8 430	27,5	18 980	1 240	7,13	4 830	2,93
700	716	304	21	40	27	582	383	329 300	9 200	29,3	18 800	1 240	7,01	5 270	3,01
800	814	303	21	40	30	674	404	442 600	10 870	33,1	18 630	1 230	6,79	6 240	3,17
900	910	302	21	40	30	770	424	570 400	12 540	36,7	18 450	1 220	6,60	7 220	3,33
1000	1008	302	21	40	30	868	444	722 300	14 330	40,3	18 460	1 220	6,45	8 280	3,49

U-Stahl nach DIN 1026 (10.63)

Normallängen bei
$h \leq$ 65 mm: 6 - 12 m
$h <$ 300 mm: 8 - 16 m
$h \geq$ 300 mm: 8 - 18 m

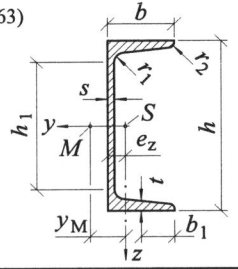

	h	b_1	Flanschneigung
$h \leq 300$	$b/2$	8 %
$h > 300$	$(b-s)/2$	5 %

U	Profilmaße in mm						Statische Werte									
	h	b	s	$t = r_1$	r_2	h_1	A cm²	I_y cm⁴	W_y cm³	i_y cm	I_z cm⁴	W_z cm³	i_z cm	S_y cm³	e_z cm	y_M cm	g kN/m
30 × 15	30	15	4	4,5	2	12	2,21	2,53	1,69	1,07	0,38	0,39	0,42	–	0,52	0,74	0,017
30	30	33	5	7	3,5	1	5,44	6,39	4,26	1,08	5,33	2,68	0,99	–	1,31	2,22	0,043
40 × 20	40	20	5	5,5	2,5	18	3,66	7,58	3,79	1,44	1,14	0,86	0,56	–	0,67	1,01	0,029
40	40	35	5	7	3,5	11	6,21	14,1	7,05	1,50	6,68	3,08	1,04	–	1,33	2,32	0,049
50 × 25	50	25	5	6	3	25	4,92	16,8	6,73	1,85	2,49	1,48	0,71	–	0,81	1,34	0,039
50	50	38	5	7	3,5	20	7,12	26,4	10,6	1,92	9,12	3,75	1,13	–	1,37	2,47	0,056
60	60	30	6	6	3	35	6,46	31,6	10,5	2,21	4,51	2,16	0,84	–	0,91	1,50	0,051
65	65	42	5,5	7,5	4	33	9,03	57,5	17,7	2,52	14,1	5,07	1,25	–	1,42	2,60	0,071
80	80	45	6	8	4	47	11,0	106	26,5	3,10	19,4	6,36	1,33	15,9	1,45	2,67	0,086
100	100	50	6	8,5	4,5	64	13,5	206	41,2	3,91	29,3	8,49	1,47	24,5	1,55	2,93	0,106
120	120	55	7	9	4,5	82	17,0	364	60,7	4,62	43,2	11,1	1,59	36,3	1,60	3,03	0,134
140	140	60	7	10	5	97	20,4	605	86,4	5,45	62,7	14,8	1,75	51,4	1,75	3,37	0,160
160	160	65	7,5	10,5	5,5	116	24,0	925	116	6,21	85,3	18,3	1,89	68,8	1,84	3,56	0,188
180	180	70	8	11	5,5	133	28,0	1 350	150	6,95	114	22,4	2,02	89,6	1,92	3,75	0,220
200	200	75	8,5	11,5	6	151	32,2	1 910	191	7,70	148	27,0	2,14	114	2,01	3,94	0,253
220	220	80	9	12,5	6,5	166	37,4	2 690	245	8,48	197	33,6	2,30	146	2,14	4,20	0,294
240	240	85	9,5	13	6,5	185	42,3	3 600	300	9,22	248	39,6	2,42	179	2,23	4,39	0,332
260	260	90	10	14	7	201	48,3	4 820	371	9,99	317	47,7	2,56	221	2,36	4,66	0,379
280	280	95	10	15	7,5	216	53,3	6 280	448	10,9	399	57,2	2,74	266	2,53	5,02	0,418
300	300	100	10	16	8	232	58,8	8 030	535	11,7	495	67,8	2,90	316	2,70	5,41	0,462
320	320	100	14	17,5	8,75	247	75,8	10 870	679	12,1	597	80,6	2,81	413	2,60	4,82	0,595
350	350	100	14	16	8	283	77,3	12 840	734	12,9	570	75,0	2,72	459	2,40	4,45	0,606
380	380	102	13,5	16	8	313	80,4	15 760	829	14,0	615	78,7	2,77	507	2,38	4,58	0,631
400	400	110	14	18	9	325	91,5	20 350	1 020	14,9	846	102	3,04	618	2,65	5,11	0,718

Statische Werte für Torsion

U	I_T cm⁴	I_ω cm⁶	U	I_T cm⁴	I_ω cm⁶	Z	I_T cm⁴	I_ω cm⁶
30 × 15	0,165	0,408	160	7,39	3 260	30	0,306	9,78
30	0,912	4,36	180	9,55	5 570	40	0,473	25,9
40 × 20	0,363	2,12	200	11,9	9 070	50	0,714	60,3
40	1,00	11,9	220	16,0	14 600	60	0,923	114
50 × 25	0,878	8,25	240	19,7	22 100	80	1,78	355
50	1,12	27,8	260	25,5	33 300	100	2,86	883
60	0,939	21,9	280	31,0	48 500	120	4,37	1 920
65	1,61	77,3	300	37,4	69 100	140	6,67	3 810
80	2,16	168	320	66,7	96 100	160	9,66	6 940
100	2,81	414	350	61,2	114 000			
120	4,15	900	380	59,1	146 000			
140	5,69	1 800	400	81,6	221 000			

Gleichschenkliger T-Stahl
nach DIN EN 10 055 (12.95)
Normallängen: 6 – 12 m

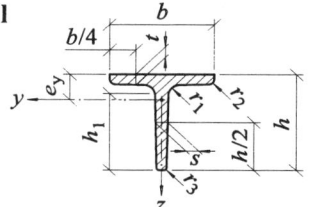

Neigung der Flanschinnenflächen und der Stegflächen 2 %

T	Profilmaße in mm							Statische Werte								g
	h	b	$s; t$	r_1	r_2	r_3	h_1	A cm²	I_y cm⁴	W_y cm³	i_y cm	I_z cm⁴	W_z cm³	i_z cm	e_y cm	kN/m
30	30	30	4	4	2	1	21	2,26	1,72	0,80	0,87	0,87	0,58	0,62	0,85	0,018
35	35	35	4,5	4,5	2,5	1	25	2,97	3,10	1,23	1,04	1,57	0,90	0,73	0,99	0,023
40	40	40	5	5	2,5	1	29	3,77	5,28	1,84	1,18	2,58	1,29	0,83	1,12	0,030
50	50	50	6	6	3	1,5	37	5,66	12,1	3,36	1,46	6,06	2,42	1,03	1,39	0,044
60	60	60	7	7	3,5	2	45	7,94	23,8	5,48	1,73	12,2	4,07	1,24	1,66	0,062
70	70	70	8	8	4	2	53	10,6	44,5	8,79	2,05	22,1	6,32	1,44	1,94	0,083
80	80	80	9	9	4,5	2	61	13,6	73,7	12,8	2,33	37,0	9,25	1,65	2,22	0,107
100	100	100	11	11	5,5	3	77	20,9	179	24,6	2,92	88,3	17,7	2,05	2,74	0,164
120	120	120	13	13	6,5	3	93	29,6	366	42,0	3,51	178	29,7	2,45	3,28	0,232
140	140	140	15	15	7,5	4	109	39,9	660	64,7	4,07	330	47,2	2,88	3,80	0,313

Z-Stahl
nach DIN 1027 (10.63)
Normallängen: 6 – 12 m

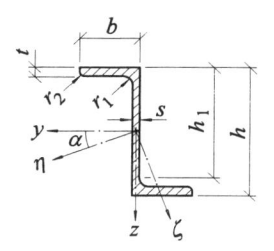

Z	Profilmaße in mm						g
	h	h_1	b	s	$t = r_1$	r_2	kN/m
30	30	21	38	4	4,5	2,5	0,034
40	40	30	40	4,5	5	2,5	0,043
50	50	39	43	5	5,5	3	0,053
60	60	48	45	5	6	3	0,062
80	80	66	50	6	7	3,5	0,087
100	100	84	55	6,5	8	4	0,114
120	120	102	60	7	9	4,5	0,143
140	140	120	65	8	10	5	0,180
160	160	138	70	8,5	11	5,5	0,216

Z	Statische Werte											
	A cm²	I_y cm⁴	W_y cm³	i_y cm	I_z cm⁴	W_z cm³	i_z cm	I_η cm⁴	W_η cm³	i_η cm	I_ζ cm⁴	W_ζ cm³	i_ζ cm	$\tan \alpha$
30	4,32	5,96	3,97	1,17	13,7	3,80	1,78	18,1	4,69	2,04	1,54	1,11	0,60	1,655
40	5,43	13,5	6,75	1,58	17,6	4,66	1,80	28,0	6,72	2,27	3,05	1,83	0,75	1,181
50	6,77	26,3	10,5	1,97	23,8	5,88	1,88	44,9	9,76	2,57	5,23	2,76	0,88	0,939
60	7,91	44,7	14,9	2,38	30,1	7,09	1,95	67,2	13,5	2,81	7,60	3,73	0,98	0,779
80	11,1	109	27,3	3,13	47,4	10,1	2,07	142	24,4	3,58	14,7	6,44	1,15	0,588
100	14,5	222	44,4	3,91	72,5	14,0	2,24	270	39,8	4,31	24,6	9,26	1,30	0,492
120	18,2	402	67,0	4,70	106	18,8	2,42	470	60,6	5,08	37,7	12,5	1,44	0,433
140	22,9	676	96,6	5,43	148	24,3	2,54	768	88,0	5,79	56,7	16,6	1,57	0,385
160	27,5	1060	132	6,20	204	31,0	2,72	1180	121	6,57	79,5	21,4	1,70	0,357

8 Stahlbau

8.91

Lochdurchmesser und Lochabstände
nach DIN 997 (10.70) in mm

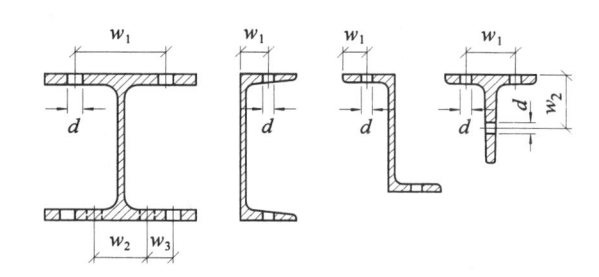

I	d	w_1	IPE	d	w_1	HEA	d	w_1	w_2	w_3	HEB	d	w_1	w_2	w_3	HEM	d	w_1	w_2	w_3
80	6,4	22	80	6,4	26	100	13	56	–	–	100	13	56	–	–	100	13	60	–	–
100	6,4	28	100	8,4	30	120	17	66	–	–	120	17	66	–	–	120	17	68	–	–
120	8,4	32	120	8,4	36	140	21	76	–	–	140	21	76	–	–	140	21	76	–	–
140	11	34	140	11	40	160	23	86	–	–	160	23	86	–	–	160	23	86	–	–
160	11	40	160	13	44	180	25	100	–	–	180	25	100	–	–	180	25	100	–	–
180	13[1])	44	180	13	50	200	25	110	–	–	200	25	110	–	–	200	25	110	–	–
200	13	48	200	13	56	220	25	120	–	–	220	25	120	–	–	220	25	120	–	–
220	13	52	220	17	60	240	25	–	94	35	240	25	–	96	35	240	25/23	–	100	35
240	17/13	56	240	17	68	260	25	–	100	40	260	25	–	106	40	260	25	–	110	40
260	17	60	270	21/17	72	280	25	–	110	45	280	25	–	110	45	280	25	–	116	45
280	17	60	300	23	80	300	28	–	120	45	300	28	–	110	45	300	25	–	120	50
300	21/17	64	330	25/23	86	320	28	–	120	45	320	28	–	120	45	320	28	–	126	47
320	21/17	70	360	25	90	340	28	–	120	45	340	28	–	120	45	340	28	–	126	47
340	21	74	400	28/25	96	360	28	–	120	45	360	28	–	120	45	360	28	–	126	47
360	23/21	76	450	28	106	400	28	–	120	45	400	28	–	120	45	400	28	–	126	47
400	23	86	500	28	110	450	28	–	120	45	450	28	–	120	45	450	28	–	126	47
450	25/23	94	550	28	120	500	28	–	120	45	500	28	–	120	45	500	28	–	130	45
500	28	100	600	28	120	550	28	–	120	45	550	28	–	120	45	550	28	–	130	45
						600	28	–	120	45	600	28	–	120	45	600	28	–	130	45
Lochabstände für IPEo und IPBv wie bei IPE außer:						650	28	–	120	45	650	28	–	120	45	650	28	–	130	45
IPEo 220 mit $w_1 = 62$						700	28	–	120	45	700	28	–	120	45	700	28	–	130	42
IPEo 400 mit $w_1 = 98$						800	28	–	130	40	800	28	–	130	40	800	28	–	132	42
IPEv 400 mit $w_1 = 98$						900	28	–	130	40	900	28	–	130	40	900	28	–	132	42
						1000	28	–	130	40	1000	28	–	130	40	1000	28	–	132	42

U	d	w_1	U	d	w_1	T	d	w_1	w_2	Z	d	w_1
30 × 15	4,3	10	160	21/17	35	30	4,3	17	17	30	4,3	17
30	8,4	20	180	21	40	35	4,3	19	19	40	4,3	19
40 × 20	6,4	11	200	23/21	40	40	6,4	21	22	50	6,4	21
40	8,4	20	220	23	45	45	6,4	24	25	60	6,4	24
50 × 25	8,4	16	240	25/23	45	50	6,4	30	30	80	6,4	30
50	11	20	260	25	50	60	8,4	34	35	100	8,4	34
60	8,4	18	280	25	50	70	11	38	40	120	11	38
65	11	25	300	28	55	80	11	45	45	140	11	45
80	13	25	320	28	58	90	13	50	50	160	13	50
100	13	30	350	28	58	100	13	60	60			
120	17/13	30	380	28	60	120	17	70	70			
140	17	35	400	28	60	140		80	75			

d = größtmöglicher Lochdurchmesser. Für Verbindungen mit kleinerem Lochdurchmesser können die gleichen Maße angenommen werden. Sind für d zwei Werte angegeben, gilt der kleinere Wert für HV-Schrauben.

Gleichschenkliger Winkelstahl
nach DIN EN 10 056 (10.98)

[1]) $I = I_y = I_z$
[2]) $W = W_y = W_z = I/(a-e)$
[3]) $i = i_y = i_z$

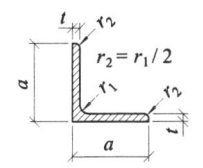

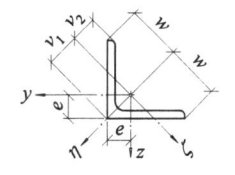

$r_2 = r_1/2$

Profilmaße		Abstände der Achsen				Statische Werte							
$a \times t$	r_1	e	w	v_1	v_2	A	I [1])	W [2])	i [3])	I_η	i_η	I_ζ	i_ζ	g
mm	mm	cm	cm	cm	cm	cm²	cm⁴	cm³	cm	cm⁴	cm	cm⁴	cm	kN/m
20 × 3	3,5	0,598	1,41	0,846	0,708	1,12	0,392	0,279	0,590	0,618	0,742	0,165	0,383	0,0088
25 × 3	3,5	0,723	1,77	1,02	0,885	1,42	0,803	0,452	0,751	1,27	0,945	0,334	0,484	0,0112
25 × 4	3,5	0,762	1,77	1,08	0,901	1,85	1,02	0,586	0,741	1,61	0,931	0,430	0,482	0,0145
30 × 3	5	0,835	2,12	1,18	1,05	1,74	1,40	0,649	0,899	2,22	1,13	0,585	0,581	0,0136
30 × 4	5	0,878	2,12	1,24	1,06	2,27	1,80	0,850	0,892	2,85	1,12	0,754	0,577	0,0178
35 × 4	5	1,00	2,47	1,42	1,24	2,67	2,95	1,18	1,05	4,68	1,32	1,23	0,678	0,0209
40 × 4	6	1,12	2,83	1,58	1,40	3,08	4,47	1,55	1,21	7,09	1,52	1,86	0,777	0,0242
40 × 5	6	1,16	2,83	1,64	1,41	3,79	5,43	1,91	1,20	8,60	1,51	2,26	0,773	0,0297
45 × 4,5	7	1,25	3,18	1,78	1,58	3,90	7,14	2,20	1,35	11,4	1,71	2,94	0,870	0,0306
50 × 4	7	1,36	3,54	1,92	1,75	3,89	8,97	2,46	1,52	14,2	1,91	3,73	0,979	0,0306
50 × 5	7	1,40	3,54	1,99	1,76	4,80	11,0	3,05	1,51	17,4	1,90	4,55	0,973	0,0377
50 × 6	7	1,45	3,54	2,04	1,77	5,69	12,8	3,61	1,50	20,3	1,89	5,34	0,968	0,0447
60 × 5	8	1,64	4,24	2,32	2,11	5,82	19,4	4,45	1,82	30,7	2,30	8,03	1,17	0,0457
60 × 6	8	1,69	4,24	2,39	2,11	6,91	22,8	5,29	1,82	36,1	2,29	9,44	1,17	0,0542
60 × 8	8	1,77	4,24	2,50	2,14	9,03	29,2	6,89	1,80	46,1	2,26	12,2	1,16	0,0709
65 × 7	9	1,85	4,60	2,62	2,29	8,70	33,4	7,18	1,96	53,0	2,47	13,8	1,26	0,0683
70 × 6	9	1,93	4,95	2,73	2,46	8,13	36,9	7,27	2,13	58,5	2,68	15,3	1,37	0,0638
70 × 7	9	1,97	4,95	2,79	2,47	9,40	42,3	8,41	2,12	67,1	2,67	17,5	1,36	0,0738
75 × 6	9	2,05	5,30	2,90	2,64	8,73	45,8	8,41	2,29	72,7	2,89	18,9	1,47	0,0685
75 × 8	9	2,14	5,30	3,02	2,66	11,4	59,1	11,0	2,27	93,8	2,86	24,5	1,46	0,0899
80 × 8	10	2,26	5,66	3,19	2,83	12,3	72,2	12,6	2,43	115	3,06	29,9	1,56	0,0963
80 × 10	10	2,34	5,66	3,30	2,85	15,1	87,5	15,4	2,41	139	3,03	36,4	1,55	0,119
90 × 7	11	2,45	6,36	3,47	3,16	12,2	92,6	14,1	2,75	147	3,46	38,3	1,77	0,0961
90 × 8	11	2,50	6,36	3,53	3,17	13,9	104	16,1	2,74	166	3,45	43,1	1,76	0,109
90 × 9	11	2,54	6,36	3,59	3,18	15,5	116	17,9	2,73	184	3,44	47,9	1,76	0,122
90 × 10	11	2,58	6,36	3,65	3,19	17,1	127	19,8	2,72	201	3,42	52,6	1,75	0,134
100 × 8	12	2,74	7,07	3,87	3,52	15,5	145	19,9	3,06	230	3,85	59,9	1,96	0,122
100 × 10	12	2,82	7,07	3,99	3,54	19,2	177	24,6	3,04	280	3,83	73,0	1,95	0,150
100 × 12	12	2,90	7,07	4,11	3,57	22,7	207	29,1	3,02	328	3,80	85,7	1,94	0,178
120 × 10	13	3,31	8,49	4,69	4,24	23,2	313	36,0	3,67	497	4,63	129	2,36	0,182
120 × 12	13	3,40	8,49	4,80	4,26	27,5	368	42,7	3,65	584	4,60	152	2,35	0,216
130 × 12	14	3,64	9,19	5,15	4,60	30,0	472	50,4	3,97	750	5,00	194	2,54	0,236
150 × 10	16	4,03	10,6	5,71	5,28	29,3	624	56,9	4,62	990	5,82	258	2,97	0,230
150 × 12	16	4,12	10,6	5,83	5,29	34,8	737	67,7	4,60	1170	5,80	303	2,95	0,273
150 × 15	16	4,25	10,6	6,01	5,33	43,0	898	83,5	4,57	1430	5,76	370	2,93	0,338
160 × 15	17	4,49	11,3	6,35	5,67	46,1	1100	95,6	4,88	1750	6,15	453	3,14	0,362
180 × 16	18	5,02	12,7	7,11	6,38	55,4	1680	130	5,51	2690	6,96	679	3,50	0,435
180 × 18	18	5,10	12,7	7,22	6,41	61,9	1870	145	5,49	2960	6,92	768	3,52	0,486
200 × 16	18	5,52	14,1	7,81	7,09	61,8	2340	162	6,16	3720	7,76	960	3,94	0,485
200 × 18	18	5,60	14,1	7,92	7,12	69,1	2600	181	6,13	4150	7,75	1050	3,90	0,543
200 × 20	18	5,68	14,1	8,04	7,15	76,3	2850	199	6,11	4530	7,70	1170	3,92	0,599
200 × 24	18	5,84	14,1	8,26	7,21	90,6	3330	235	6,06	5280	7,64	1380	3,90	0,711
250 × 28	18	7,24	17,7	10,2	9,04	133	7700	433	7,62	12200	9,61	3170	4,89	1,04
250 × 35	18	7,50	17,7	10,6	9,17	163	9260	529	7,54	14700	9,48	3860	4,87	1,28

Ungleichschenkliger Winkelstahl
Gekürzte Reihe nach DIN EN 10 056 (10.98)

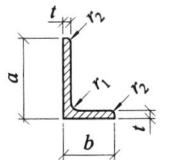

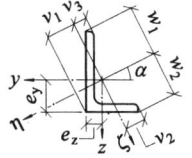

Profilmaße			Abstände der Achsen							
$a \times b \times t$ mm	r_1 mm	r_2 mm	e_y cm	e_z cm	w_1 cm	w_2 cm	v_1 cm	v_2 cm	v_3 cm	$\tan \alpha$	g kN/m
40 × 20 × 4	4,0	2,0	1,47	0,480	2,58	1,79	0,824	1,17	0,498	0,252	0,0177
40 × 25 × 4	4,0	2,0	1,36	0,623	2,69	1,94	1,07	1,35	0,671	0,380	0,0193
45 × 30 × 4	4,5	2,25	1,48	0,740	3,07	2,25	1,26	1,58	0,819	0,436	0,0225
50 × 30 × 5	5,0	2,5	1,73	0,741	3,33	2,38	1,27	1,65	0,791	0,352	0,0296
60 × 30 × 5	5,0	2,5	2,17	0,684	3,88	2,67	1,20	1,77	0,722	0,257	0,0336
60 × 40 × 5	6,0	3,0	1,96	0,972	4,10	3,00	1,67	2,11	1,08	0,434	0,0376
60 × 40 × 6	6,0	3,0	2,00	1,01	4,08	3,02	1,72	2,10	1,11	0,431	0,0446
65 × 50 × 5	6,0	3,0	1,99	1,25	4,53	3,60	2,08	2,39	1,49	0,577	0,0435
70 × 50 × 6	7,0	3,5	2,23	1,25	4,83	3,67	2,11	2,52	1,42	0,500	0,0541
75 × 50 × 6	7,0	3,5	2,44	1,21	5,12	3,75	2,08	2,64	1,35	0,435	0,0565
75 × 50 × 8	7,0	3,5	2,52	1,29	5,08	3,78	2,18	2,62	1,41	0,430	0,0739
80 × 40 × 6	7,0	3,5	2,85	0,884	5,20	3,54	1,57	2,38	0,935	0,258	0,0541
80 × 40 × 8	7,0	3,5	2,94	0,963	5,14	3,59	1,65	2,34	1,01	0,253	0,0707
80 × 60 × 7	8,0	4,0	2,51	1,52	5,55	4,35	2,54	2,92	1,77	0,546	0,0736
100 × 50 × 6	8,0	4,0	3,51	1,05	6,55	4,39	1,90	3,00	1,12	0,262	0,0684
100 × 50 × 8	8,0	4,0	3,60	1,13	6,48	4,45	1,99	2,96	1,20	0,258	0,0897
100 × 65 × 7	10	5,0	3,23	1,51	6,83	4,89	2,63	3,49	1,69	0,415	0,0877
100 × 65 × 8	10	5,0	3,27	1,55	6,81	4,92	2,69	3,47	1,72	0,413	0,0994
100 × 65 × 10	10	5,0	3,36	1,63	6,76	4,95	2,79	3,45	1,78	0,410	0,123
100 × 75 × 8	10	5,0	3,10	1,87	6,95	5,42	3,13	3,65	2,19	0,547	0,106
100 × 75 × 10	10	5,0	3,19	1,95	6,92	5,45	3,24	3,65	2,24	0,544	0,130
100 × 75 × 12	10	5,0	3,27	2,03	6,89	5,47	3,34	3,65	2,29	0,540	0,154
120 × 80 × 8	11	5,5	3,83	1,87	8,23	5,97	3,24	4,23	2,12	0,437	0,122
120 × 80 × 10	11	5,5	3,92	1,95	8,19	6,01	3,35	4,21	2,18	0,435	0,150
120 × 80 × 12	11	5,5	4,00	2,03	8,15	6,04	3,45	4,20	2,24	0,431	0,178
125 × 75 × 8	11	5,5	4,14	1,68	8,44	5,86	2,98	4,20	1,85	0,360	0,122
125 × 75 × 10	11	5,5	4,23	1,76	8,39	5,91	3,08	4,17	1,92	0,357	0,150
125 × 75 × 12	11	5,5	4,31	1,84	8,33	5,95	3,17	4,15	1,98	0,354	0,178
135 × 65 × 8	11	5,5	4,78	1,34	8,79	5,87	2,44	3,95	1,43	0,245	0,122
135 × 65 × 10	11	5,5	4,88	1,42	8,72	5,93	2,53	3,91	1,51	0,243	0,150
150 × 75 × 9	12	6,0	5,26	1,57	9,82	6,59	2,85	4,50	1,68	0,261	0,154
150 × 75 × 10	12	6,0	5,31	1,61	9,79	6,62	2,90	4,48	1,72	0,261	0,170
150 × 75 × 12	12	6,0	5,40	1,69	9,72	6,68	2,99	4,44	1,79	0,258	0,202
150 × 75 × 15	12	6,0	5,52	1,81	9,63	6,75	3,11	4,40	1,90	0,253	0,248
150 × 90 × 10	12	6,0	5,00	2,04	10,1	7,06	3,61	5,03	2,25	0,360	0,182
150 × 90 × 12	12	6,0	5,08	2,12	10,1	7,11	3,71	5,00	2,31	0,358	0,216
150 × 90 × 15	12	6,0	5,21	2,23	9,98	7,16	3,84	4,98	2,41	0,354	0,266
150 × 100 × 10	12	6,0	4,81	2,34	10,3	7,48	4,08	5,29	2,67	0,438	0,190
150 × 100 × 12	12	6,0	4,89	2,42	10,2	7,52	4,18	5,28	2,73	0,436	0,225
200 × 100 × 10	15	7,5	6,93	2,01	13,2	8,74	3,71	6,05	2,18	0,263	0,230
200 × 100 × 12	15	7,5	7,03	2,10	13,1	8,80	3,81	6,00	2,26	0,262	0,273
200 × 100 × 15	15	7,5	7,16	2,22	13,0	8,89	3,95	5,84	2,37	0,260	0,3375
200 × 150 × 12	15	7,5	6,08	3,61	13,9	10,8	6,10	7,34	4,35	0,552	0,320
200 × 150 × 15	15	7,5	6,21	3,73	13,9	10,9	6,27	7,33	4,43	0,551	0,396

Ungleichschenkliger Winkelstahl
Gekürzte Reihe nach DIN EN 10 056 (10.98)
Fortsetzung

Profilmaße					Statische Werte						
$a \times b \times t$	A	I_y	W_y	i_y	I_z	W_z	i_z	I_η	i_η	I_ζ	i_ζ
mm	cm²	cm⁴	cm³	cm	cm⁴	cm³	cm	cm⁴	cm	cm⁴	cm
40 × 20 × 4	2,26	3,59	1,42	1,26	0,600	0,393	0,514	3,80	1,30	0,393	0,417
40 × 25 × 4	2,46	3,89	1,47	1,26	1,16	0,619	0,687	4,35	1,33	0,700	0,534
45 × 30 × 4	2,87	5,78	1,91	1,42	2,05	0,910	0,850	6,65	1,52	1,18	0,640
50 × 30 × 5	3,78	9,36	2,86	1,57	2,51	1,11	0,816	10,3	1,65	1,54	0,639
60 × 30 × 5	4,28	15,6	4,07	1,91	2,63	1,14	0,784	16,5	1,97	1,71	0,633
60 × 40 × 5	4,79	17,2	4,25	1,89	6,11	2,02	1,13	19,7	2,03	3,54	0,860
60 × 40 × 6	5,68	20,1	5,03	1,88	7,12	2,38	1,12	23,1	2,02	4,16	0,855
65 × 50 × 5	5,54	23,2	5,14	2,05	11,9	3,19	1,47	28,8	2,28	6,32	1,07
70 × 50 × 6	6,89	33,4	7,01	2,20	14,2	3,78	1,43	39,7	2,40	7,92	1,07
75 × 50 × 6	7,19	40,5	8,01	2,37	14,4	3,81	1,42	46,6	2,55	8,36	1,08
75 × 50 × 8	9,41	52,0	10,4	2,35	18,4	4,95	1,40	59,6	2,52	10,8	1,07
80 × 40 × 6	6,89	44,9	8,73	2,55	7,59	2,44	1,05	47,6	2,63	4,93	0,845
80 × 40 × 8	9,01	57,6	11,4	2,53	9,61	3,16	1,03	60,9	2,60	6,34	0,838
80 × 60 × 7	9,38	59,0	10,7	2,51	28,4	6,34	1,74	72,0	2,77	15,4	1,28
100 × 50 × 6	8,71	89,9	13,8	3,21	15,4	3,89	1,33	95,4	3,31	9,92	1,07
100 × 50 × 8	11,4	116	18,2	3,19	19,7	5,08	1,31	123	3,28	12,8	1,06
100 × 65 × 7	11,2	113	16,6	3,17	37,6	7,53	1,83	128	3,39	22,0	1,40
100 × 65 × 8	12,7	127	18,9	3,16	42,2	8,54	1,83	144	3,37	24,8	1,40
100 × 65 × 10	15,6	154	23,2	3,14	51,0	10,5	1,81	175	3,35	30,1	1,39
100 × 75 × 8	13,5	133	19,3	3,14	64,1	11,4	2,18	162	3,47	34,6	1,60
100 × 75 × 10	16,6	162	23,8	3,12	77,6	14,0	2,16	197	3,45	42,2	1,59
100 × 75 × 12	19,7	189	28,0	3,10	90,2	16,5	2,14	230	3,42	49,5	1,59
120 × 80 × 8	15,5	226	27,6	3,82	80,8	13,2	2,28	260	4,10	46,6	1,74
120 × 80 × 10	19,1	276	34,1	3,80	98,1	16,2	2,26	317	4,07	56,8	1,72
120 × 80 × 12	22,7	323	40,4	3,77	114	19,1	2,24	371	4,04	66,7	1,71
125 × 75 × 8	15,5	247	29,6	4,00	67,6	11,6	2,09	274	4,21	40,9	1,63
125 × 75 × 10	19,1	302	36,5	3,97	82,1	14,3	2,07	334	4,18	49,9	1,61
125 × 75 × 12	22,7	354	43,2	3,95	95,5	16,9	2,05	391	4,15	58,5	1,61
135 × 65 × 8	15,5	291	33,4	4,34	45,2	8,75	1,71	307	4,45	29,4	1,38
135 × 65 × 10	19,1	356	41,3	4,31	54,7	10,8	1,69	375	4,43	35,9	1,37
150 × 75 × 9	19,6	455	46,7	4,82	77,9	13,1	1,99	483	4,96	50,2	1,60
150 × 75 × 10	21,7	501	51,6	4,81	85,6	14,5	1,99	531	4,95	55,1	1,60
150 × 75 × 12	25,7	588	61,3	4,78	99,6	17,1	1,97	623	4,92	64,7	1,59
150 × 75 × 15	31,7	713	75,2	4,75	119	21,0	1,94	753	4,88	78,6	1,58
150 × 90 × 10	23,2	533	53,3	4,80	146	21,0	2,51	591	5,05	88,3	1,95
150 × 90 × 12	27,5	627	63,3	4,77	171	24,8	2,49	694	5,02	104	1,94
150 × 90 × 15	33,9	761	77,7	4,74	205	30,4	2,46	841	4,98	126	1,93
150 × 100 × 10	24,2	553	54,2	4,79	199	25,9	2,87	637	5,13	114	2,17
150 × 100 × 12	28,7	651	64,4	4,76	233	30,7	2,85	749	5,11	134	2,16
200 × 100 × 10	29,2	1220	93,2	6,46	210	26,3	2,68	1290	6,65	135	2,15
200 × 100 × 12	34,8	1440	111	6,43	247	31,3	2,67	1530	6,63	159	2,14
200 × 100 × 15	43,0	1758	137	6,40	299	38,5	2,64	1864	6,59	193	2,12
200 × 150 × 12	40,8	1650	119	6,36	803	70,5	4,44	2030	7,04	430	3,25
200 × 150 × 15	50,5	2022	147	6,33	979	86,9	4,40	2476	7,00	526	3,23

Lochdurchmesser
nach DIN 997 (10.70) in mm
und Lochabstände
nach DIN 998 (10.70)
bzw. DIN 999 (10.70) in mm

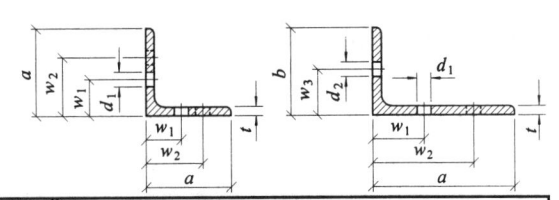

Gleichschenkliger Winkelstahl				Ungleichschenkliger Winkelstahl				
$a \times t$	d_1	w_1	w_2	$a \times b \times t$	d_1	d_2	w_1	w_2	w_3
25 × 3	6,4	15	–	40 × 25 × 4	11	6,4	22	–	15
25 × 4	6,4	15	–	45 × 30 × 4	13	8,4	25	–	17
30 × 3	8,4	17	–	50 × 30 × 5	13	8,4	30	–	17
30 × 4	8,4	17	–	60 × 30 × 5	17	8,4	35	–	17
35 × 4	11	18	–	60 × 40 × 5	17	11	35	–	22
40 × 4	11	22	–	60 × 40 × 6	17	11	35	–	22
40 × 5	11	22	–	65 × 50 × 5	21	13	35	–	30
45 × 4,5	*13*	*25*	–	*70 × 50 × 6*	*21*	*13*	*40*	–	*30*
50 × 4	13	30	–	75 × 50 × 6	23	*13*	35	–	*30*
50 × 5	13	30	–	75 × 50 × 8	23	*13*	35	–	*30*
50 × 6	13	30	–	80 × 40 × 6	23	11	45	–	22
60 × 5	17	35	–	80 × 40 × 8	23	11	45	–	22
60 × 6	17	35	–	80 × 60 × 7	23	17	45	–	35
60 × 8	17	35	–	100 × 50 × 6	25	13	55	–	30
65 × 7	21	35	–	100 × 50 × 8	25	13	55	–	30
70 × 6	21	40	–	100 × 65 × 7	25	21	55	–	35
70 × 7	21	40	–	100 × 65 × 8	25	–	55	–	35
75 × 6	23	40	–	100 × 65 × 10	25	21/17[1]	55	–	–
75 × 8	23	40	–	100 × 75 × 8	25	23	55	–	40
80 × 8	23	45	–	100 × 75 × 10	25	–	55	–	40
80 × 10	23	45	–	100 × 75 × 12	25	–	–	–	–
90 × 7	25	50	–	120 × 80 × 8	25	23	50	80	45
90 × 8	25	50	–	120 × 80 × 10	25	23	50	80	45
90 × 9	25	50	–	120 × 80 × 12	25	23	50	80	45
90 × 10	25	50	–	125 × 75 × 8	25	–	*50*	–	–
100 × 8	25	55	–	125 × 75 × 10	25	–	*50*	–	–
100 × 10	25	55	–	125 × 75 × 12	25	–	*50*	–	–
100 × 12	25	55	–	135 × 65 × 8	–	–	–	–	–
120 × 10	25	50	80	135 × 65 × 10	–	–	–	–	–
120 × 12	25	50	80	150 × 75 × 9	28	23	60	105	40
130 × 12	25	50	90	150 × 75 × 10	28	–	60	*105*	40
150 × 10	28	60	105	150 × 75 × 12	28	–	–	–	–
150 × 12	28	60	105	150 × 75 × 15	28	–	–	–	–
150 × 15	28	60	105	150 × 90 × 10	28	25	60	105	50
160 × 15	28	60	115	150 × 90 × 12	28	25	60	105	50
180 × 16	28	60	135	150 × 90 × 15	28	25	60	–	–
180 × 18	28	60/65[1]	135	150 × 100 × 10	28	25	60	105	55
200 × 16	28	65	150	150 × 100 × 12	28	25	60	105	55
200 × 18	28	65	150	200 × 100 × 10	28	25	65	150	55
200 × 20	28	65	150	200 × 100 × 12	28	25	65	150	55
200 × 24	28	65/70[1]	150	200 × 100 × 15	*28*	*25*	*65*	*150*	*55*
250 × 28	*28*	*75*	*200*	200 × 150 × 12	–	–	–	–	–
250 × 35	*28*	*75*	*200*	200 × 150 × 15	–	–	–	–	–

[1]) Der zweite Wert ist für HV-Schrauben anzunehmen. Kursiv gedruckte Werte sind nicht genormt.

Hohlprofile mit kreisförmigem Querschnitt

Auszug aus:
DIN EN 10210-2 (11.97), warmgefertigt, nahtlos oder geschweißt
DIN EN 10219-2 (11.97), kaltgefertigt, geschweißt
Die o. a. Normen enthalten zusätzlich Profile mit folgenden Nenndurchmessern D: 21,3; 26,9; 762; 813; 914; 1016; 1067; 1168 und 1219.

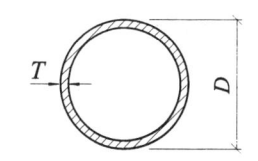

Nennmaße $D \times T$ mm	Statische Werte A cm²	I cm⁴	i cm	W_{el} cm³	W_{pl} cm³	g kN/m	Nennmaße $D \times T$ mm	Statische Werte A cm²	I cm⁴	i cm	W_{el} cm³	W_{pl} cm³	g kN/m
33,7 × 2,5[1]	2,45	3,00	1,11	1,78	2,44	0,0192	193,7 × 6	35,4	1 560	6,64	161	211	0,278
× 3[1]	2,89	3,44	1,09	2,04	2,84	0,0227	× 8	46,7	2 016	6,57	208	276	0,366
× 3,2[2]	3,07	3,60	1,08	2,14	2,99	0,0241	× 10	57,7	2 442	6,50	252	338	0,453
× 4	3,73	4,19	1,06	2,49	3,55	0,0293	× 12	68,5	2 839	6,44	293	397	0,538
42,4 × 2,5[1]	3,13	6,26	1,41	2,95	3,99	0,0246	219,1 × 6	40,2	2 282	7,54	208	273	0,315
× 3[1]	3,71	7,25	1,40	3,42	4,67	0,0291	× 8	53,1	2 960	7,47	270	357	0,416
× 3,2[2]	3,94	7,62	1,39	3,59	4,93	0,0309	× 10	65,7	3 598	7,40	328	438	0,516
× 4	4,83	8,99	1,36	4,24	5,92	0,0379	× 12	78,1	4 200	7,33	383	515	0,613
48,3 × 2,5[1]	3,60	9,46	1,62	3,92	5,25	0,0282	244,5 × 6	45,0	3 199	8,43	262	341	0,353
× 3[1]	4,27	11,0	1,61	4,55	6,17	0,0335	× 8	59,4	4 160	8,37	340	448	0,467
× 4	5,57	13,8	1,57	5,70	7,87	0,0437	× 10	73,7	5 073	8,30	415	550	0,578
× 5	6,80	16,2	1,54	6,69	9,42	0,0534	× 12	87,5	5 938	8,23	486	649	0,688
60,3 × 2,5[1]	4,54	19,0	2,05	6,30	8,36	0,0356	273,0 × 6	50,3	4 487	9,44	329	428	0,395
× 3[1]	5,40	22,2	2,03	7,37	9,86	0,0424	× 8	66,6	5 852	9,37	429	562	0,523
× 4	7,07	28,2	2,00	9,34	12,7	0,0555	× 10	82,6	7 154	9,31	524	692	0,649
× 5	8,69	33,5	1,96	11,1	15,3	0,0682	× 12	98,4	8 396	9,24	615	818	0,772
76,1 × 2,5[1]	5,78	39,2	2,60	10,3	13,5	0,0454	323,9 × 6	59,9	7 572	11,2	468	606	0,470
× 3[1]	6,89	46,1	2,59	12,1	16,0	0,0541	× 8	79,4	9 910	11,2	612	799	0,623
× 4	9,06	59,1	2,55	15,5	20,8	0,0711	× 10	98,6	12 158	11,1	751	986	0,774
× 5	11,2	70,9	2,52	18,6	25,3	0,0877	× 12	118	14 320	11,0	884	1 168	0,923
88,9 × 3[1]	8,10	74,8	3,04	16,8	22,1	0,0636	355,6 × 8	87,4	13 201	12,3	742	967	0,686
× 4	10,7	96,3	3,00	21,7	28,9	0,0838	× 10	109	16 223	12,2	912	1 195	0,852
× 5	13,2	116	2,97	26,2	35,2	0,103	× 12	130	19 139	12,2	1 076	1 417	1,02
× 6	15,6	135	2,94	30,4	41,3	0,123	× 16	171	24 663	12,0	1 387	1 847	1,34
101,6 × 4	12,3	146	3,45	28,8	38,1	0,0963	406,4 × 8	100	19 874	14,1	978	1 270	0,786
× 5	15,2	177	3,42	34,9	46,7	0,119	× 10	125	24 476	14,0	1 205	1 572	0,978
× 6	18,0	207	3,39	40,7	54,9	0,141	× 12	149	28 937	14,0	1 424	1 867	1,17
× 8[2]	23,5	260	3,32	51,1	70,3	0,185	× 16	196	37 449	13,8	1 843	2 440	1,54
114,3 × 4	13,9	211	3,90	36,9	48,7	0,109	457,0 × 8	113	28 446	15,9	1 245	1 613	0,886
× 5	17,2	257	3,87	45,0	59,8	0,135	× 10	140	35 091	15,8	1 536	1 998	1,10
× 6	20,4	300	3,83	52,5	70,4	0,160	× 12	168	41 556	15,7	1 819	2 377	1,32
× 8	26,7	379	3,77	66,4	90,6	0,210	× 16	222	53 959	15,6	2 361	3 113	1,74
139,7 × 4	17,1	393	4,80	56,2	73,7	0,134	508,0 × 8	126	39 280	17,7	1 546	2 000	0,986
× 5	21,2	481	4,77	68,8	90,8	0,166	× 12	187	57 536	17,5	2 265	2 953	1,47
× 6	25,2	564	4,73	80,8	107	0,198	× 16	247	74 909	17,4	2 949	3 874	1,94
× 8	33,1	720	4,66	103	139	0,260	× 20	307	91 428	17,3	3 600	4 766	2,41
168,3 × 4	20,6	697	5,81	82,8	108	0,162	610,0 × 8	151	68 551	21,3	2 248	2 899	1,19
× 6	30,6	1 009	5,74	120	158	0,240	× 12	225	100 814	21,1	3 305	4 292	1,77
× 8	40,3	1 297	5,67	154	206	0,316	× 16	299	131 781	21,0	4 321	5 647	2,34
× 10	49,7	1 564	5,61	186	251	0,390	× 20	371	161 490	20,9	5 295	6 965	2,91
177,8 × 5	27,1	1 014	6,11	114	149	0,213	711,0 × 8	177	109 162	24,9	3 071	3 954	1,39
× 6	32,4	1 196	6,08	135	177	0,254	× 12	264	160 991	24,7	4 529	5 864	2,07
× 8	42,7	1 541	6,01	173	231	0,335	× 16	349	211 040	24,6	5 936	7 730	2,74
× 10	52,7	1 862	5,94	209	282	0,414	× 20	434	259 351	24,4	7 295	9 552	3,41

[1]) nur kaltgefertigt lieferbar; [2]) nur warmgefertigt lieferbar; $I_T = 2 \cdot I$; $W_T = 2 \cdot W_{el}$

Warmgefertigte Hohlprofile mit quadratischem Querschnitt

Auszug aus:
DIN EN 10210-2 (11.97), nahtlos oder geschweißt
Diese Norm enthält zusätzliche Profile mit den Nennmaßen $B = 20$ und $B = 25$.

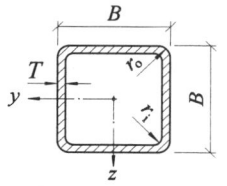

Radien für Berechnungen:
$r_o = 1{,}5 \cdot T$
$r_i = 1{,}0 \cdot T$

Nennmaße		Statische Werte					Nennmaße		Statische Werte				
B	T	A	I	i	W_{el}	W_{pl}	g	B	T	A	I	i	W_{el}	W_{pl}	g
mm	mm	cm²	cm⁴	cm	cm³	cm³	kN/m	mm	mm	cm²	cm⁴	cm	cm³	cm³	kN/m
30	2,5	2,68	3,33	1,11	2,22	2,74	0,0211	160	5	30,7	1 225	6,31	153	178	0,241
	3	3,14	3,74	1,09	2,50	3,14	0,0247		6	36,6	1 437	6,27	180	210	0,287
40	3	4,34	9,78	1,50	4,89	5,97	0,0341		8	48,0	1 831	6,18	229	272	0,376
	4	5,59	11,8	1,45	5,91	7,44	0,0439		10	58,9	2 186	6,09	273	329	0,463
50	3	5,54	20,2	1,91	8,08	9,70	0,0435		12	69,5	2 502	6,00	313	382	0,546
	4	7,19	25,0	1,86	9,99	12,3	0,0564	180	5	34,7	1 765	7,13	196	227	0,273
	5	8,73	28,9	1,82	11,6	14,5	0,0685		6	41,4	2 077	7,09	231	269	0,325
60	3	6,74	36,2	2,32	12,1	14,3	0,0529		8	54,4	2 661	7,00	296	349	0,427
	4	8,79	45,4	2,27	15,1	18,3	0,0690		10	66,9	3 193	6,91	355	424	0,525
	5	10,7	53,3	2,23	17,8	21,9	0,0842		12	79,1	3 677	6,82	409	494	0,621
	6	12,6	59,9	2,18	20,0	25,1	0,0987	200	5	38,7	2 445	7,95	245	283	0,304
70	3	7,94	59,0	2,73	16,9	19,9	0,0624		6	46,2	2 883	7,90	288	335	0,362
	4	10,4	74,7	2,68	21,3	25,5	0,0815		8	60,8	3 709	7,81	371	436	0,477
	5	12,7	88,5	2,64	25,3	30,8	0,0999		10	74,9	4 471	7,72	447	531	0,588
	6	15,0	101	2,59	28,7	35,5	0,118		12	88,7	5 171	7,64	517	621	0,696
80	3	9,14	89,8	3,13	22,5	26,3	0,0718		16	115	6 394	7,46	639	785	0,903
	4	12,0	114	3,09	28,6	34,0	0,0941	220	6	51,0	3 875	8,72	352	408	0,400
	5	14,7	137	3,05	34,2	41,1	0,116		8	67,2	5 002	8,63	455	532	0,527
	6	17,4	156	3,00	39,1	47,8	0,136		10	82,9	6 050	8,54	550	650	0,651
	8	22,4	189	2,91	47,3	59,5	0,175		12	98,3	7 023	8,45	638	762	0,772
90	4	13,6	166	3,50	37,0	43,6	0,107		16	128	8 749	8,27	795	969	1,00
	5	16,7	200	3,45	44,4	53,0	0,131	250	6	58,2	5 752	9,94	460	531	0,457
	6	19,8	230	3,41	51,1	61,8	0,155		8	76,8	7 455	9,86	596	694	0,603
	8	25,6	281	3,32	62,6	77,6	0,201		10	94,9	9 055	9,77	724	851	0,745
100	4	15,2	232	3,91	46,4	54,4	0,119		12	113	10 556	9,68	844	1 000	0,885
	5	18,7	279	3,86	55,9	66,4	0,147		16	147	13 267	9,50	1 061	1 280	1,15
	6	22,2	323	3,82	64,6	77,6	0,174	260	6	60,6	6 491	10,4	499	576	0,476
	8	28,8	400	3,73	79,9	98,2	0,226		8	80,0	8 423	10,3	648	753	0,628
	10	34,9	462	3,64	92,4	116	0,274		10	98,9	10 242	10,2	788	924	0,777
120	5	22,7	498	4,68	83,0	97,6	0,178		12	117	11 954	10,1	920	1 087	0,922
	6	27,0	579	4,63	96,6	115	0,212		16	153	15 061	9,91	1 159	1 394	1,20
	8	35,2	726	4,55	121	146	0,276	300	6	70,2	10 080	12,0	672	772	0,551
	10	42,9	852	4,46	142	175	0,337		8	92,8	13 128	11,9	875	1 013	0,728
	12	50,3	958	4,36	160	201	0,395		10	115	16 026	11,8	1 068	1 246	0,902
140	5	26,7	807	5,50	115	135	0,210		12	137	18 777	11,7	1 252	1 470	1,07
	6	31,8	944	5,45	135	159	0,249		16	179	23 850	11,5	1 590	1 895	1,41
	8	41,6	1 195	5,36	171	204	0,326	350	8	109	21 129	13,9	1 207	1 392	0,854
	10	50,9	1 416	5,27	202	246	0,400		10	135	25 884	13,9	1 479	1 715	1,06
	12	59,9	1 609	5,18	230	284	0,470		12	161	30 435	13,8	1 739	2 030	1,26
150	5	28,7	1 002	5,90	134	156	0,226		16	211	38 942	13,6	2 225	2 630	1,66
	6	34,2	1 174	5,86	156	184	0,268	400	10	155	39 128	15,9	1 956	2 260	1,22
	8	44,8	1 491	5,77	199	237	0,351		12	185	46 130	15,8	2 306	2 679	1,45
	10	54,9	1 773	5,68	236	286	0,431		16	243	59 344	15,6	2 967	3 484	1,91
	12	64,7	2 023	5,59	270	331	0,508		20	300	71 535	15,4	3 577	4 247	2,35

Kaltgefertigte Hohlprofile mit quadratischem Querschnitt

Auszug aus:
DIN EN 10 219-2 (11.97), geschweißt
Diese Norm enthält zusätzliche Profile mit den Nennmaßen $B = 20$ und $B = 25$.

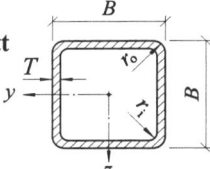

Radien für Berechnungen:

r	$T \leq 6$	$6 < T \leq 10$	$T > 10$
r_o	$2 \cdot T$	$2{,}5 \cdot T$	$3 \cdot T$
r_i	$1 \cdot T$	$1{,}5 \cdot T$	$2 \cdot T$

Nennmaße		Statische Werte					Nennmaße		Statische Werte					
B	T	A	I	i	W_{el}	W_{pl}	g	B	T	A	I	i	W_{el}	W_{pl}	g
mm	mm	cm²	cm⁴	cm	cm³	cm³	kN/m	mm	mm	cm²	cm⁴	cm	cm³	cm³	kN/m
30	2,5	2,59	3,16	1,10	2,10	2,61	0,0203	160	5	30,4	1 202	6,29	150	175	0,238
	3	3,01	3,50	1,08	2,34	2,96	0,0236		6	36,0	1 405	6,25	176	206	0,283
40	3	4,21	9,32	1,49	4,66	5,72	0,0330		8	46,4	1 741	6,12	218	260	0,365
	4	5,35	11,1	1,44	5,54	7,01	0,0420		10	56,6	2 048	6,02	256	311	0,444
50	3	5,41	19,5	1,90	7,79	9,39	0,0425		12	64,9	2 224	5,86	278	346	0,509
	4	6,95	23,7	1,85	9,49	11,7	0,0545	180	5	34,4	1 737	7,11	193	224	0,270
	5	8,36	27,0	1,80	10,8	13,7	0,0656		6	40,8	2 037	7,06	226	264	0,321
60	3	6,61	35,1	2,31	11,7	14,0	0,0519		8	52,8	2 546	6,94	283	336	0,415
	4	8,55	43,6	2,26	14,5	17,6	0,0671		10	64,6	3 017	6,84	335	404	0,507
	5	10,4	50,5	2,21	16,8	20,9	0,0813		12	74,5	3 322	6,68	369	454	0,585
	6	12,0	56,1	2,16	18,7	23,7	0,0945	200	5	38,4	2 410	7,93	241	279	0,301
70	3	7,81	57,5	2,71	16,4	19,4	0,0613		6	45,6	2 833	7,88	283	330	0,358
	4	10,1	72,1	2,67	20,6	24,8	0,0797		8	59,2	3 566	7,76	357	421	0,465
	5	12,4	84,6	2,62	24,2	29,6	0,0970		10	72,6	4 251	7,65	425	608	0,570
	6	14,4	95,2	2,57	27,2	33,8	0,113		12	84,1	4 730	7,50	473	576	0,660
80	3	9,01	87,8	3,12	22,0	25,8	0,0707		16	107	5 625	7,26	562	706	0,838
	4	11,7	111	3,07	27,8	33,1	0,0922	220	6	50,4	3 813	8,70	347	402	0,396
	5	14,4	131	3,03	32,9	39,7	0,113		8	65,6	4 828	8,58	439	516	0,515
	6	16,8	149	2,98	37,3	45,8	0,132		10	80,6	5 782	8,47	526	625	0,632
	8	20,8	168	2,84	42,1	53,9	0,164		12	93,7	6 487	8,32	590	712	0,735
90	4	13,3	162	3,48	36,0	42,6	0,105		16	120	7 812	8,08	710	881	0,939
	5	16,4	193	3,43	42,9	51,4	0,128	250	6	57,6	5 672	9,92	454	524	0,452
	6	19,2	220	3,39	49,0	59,5	0,151		8	75,2	7 229	9,80	578	676	0,591
	8	24,0	255	3,25	56,6	71,3	0,189		10	92,6	8 707	9,70	697	822	0,727
100| 4	14,9	226	3,89	45,3	53,3	0,117		12	108	9 859	9,55	789	944	0,848
	5	18,4	271	3,84	54,2	64,6	0,144		16	139	12 047	9,32	964	1 180	1,09
	6	21,6	311	3,79	62,3	75,1	0,170	260	6	60,0	6 405	10,3	493	569	0,471
	8	27,2	366	3,67	73,2	91,1	0,214		8	78,4	8 178	10,2	629	734	0,616
	10	32,6	411	3,55	82,2	105	0,256		10	96,6	9 865	10,1	759	894	0,758
120| 5	22,4	485	4,66	80,9	95,4	0,175		12	113	11 200	9,96	862	1 028	0,886
	6	26,4	562	4,61	93,7	112	0,207		16	145	13 739	9,73	1 057	1 289	1,14
	8	33,6	677	4,49	113	138	0,264	300	6	69,6	9 964	12,0	664	764	0,547
	10	40,6	777	4,38	129	162	0,318		8	91,2	12 801	11,8	853	991	0,716
	12	45,7	806	4,20	134	174	0,358		10	113	15 519	11,7	1 035	1 211	0,884
140| 5	26,4	791	5,48	113	132	0,207		12	132	17 767	11,6	1 184	1 402	1,04
	6	31,2	920	5,43	131	155	0,245		16	171	22 076	11,4	1 472	1 774	1,34
	8	40,0	1 127	5,30	161	194	0,314	350	8	107	20 681	13,9	1 182	1 366	0,842
	10	48,6	1 312	5,20	187	230	0,381		10	133	25 189	13,8	1 439	1 675	1,04
	12	55,3	1 398	5,03	200	253	0,434		12	156	29 054	13,6	1 660	1 949	1,23
150| 5	28,4	982	5,89	131	153	0,223		16	203	36 511	13,4	2 086	2 488	1,59
	6	33,6	1 146	5,84	153	180	0,264	400	10	153	38 216	15,8	1 911	2 214	1,20
	8	43,2	1 412	5,71	188	226	0,339		12	180	44 319	15,7	2 216	2 587	1,41
	10	52,6	1 653	5,61	220	269	0,413		12,5	187	45 877	15,7	2 294	2 683	1,47
	12	60,1	1 780	5,44	237	298	0,471		16	235	56 154	15,5	2 808	3 322	1,84

8.99

Warmgefertigte Hohlprofile mit rechteckigem Querschnitt

Auszug aus:
DIN EN 10 210-2 (11.97), nahtlos oder geschweißt

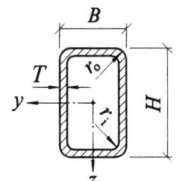

Radien für Berechnungen:
$r_o = 1{,}5 \cdot T$
$r_i = 1{,}0 \cdot T$

Nennmaße				Statische Werte								
$H \times B$ mm	T mm	A cm²	I_y cm⁴	i_y cm	$W_{el,y}$ cm³	$W_{pl,y}$ cm³	I_z cm⁴	i_z cm	$W_{el,z}$ cm³	$W_{pl,z}$ cm³	I_T cm⁴	g kN/m
50 × 25	3	4,04	11,9	1,72	4,76	6,18	3,83	0,973	3,06	3,71	9,64	0,0317
50 × 30	3	4,34	13,6	1,77	5,43	6,88	5,94	1,17	3,96	4,76	13,5	0,0341
	4	5,59	16,5	1,72	6,60	8,59	7,08	1,13	4,72	5,88	16,6	0,0439
60 × 40	3	5,54	26,5	2,18	8,82	10,9	13,9	1,58	6,95	8,19	29,2	0,0435
	4	7,19	32,8	2,14	10,9	13,8	17,0	1,54	8,52	10,3	36,7	0,0564
	5	8,73	38,1	2,09	12,7	16,4	19,5	1,50	9,77	12,2	43,0	0,0685
	6	10,2	42,3	2,04	14,1	18,6	21,4	1,45	10,7	13,7	48,2	0,0799
80 × 40	3	6,74	54,2	2,84	13,6	17,1	18,0	1,63	9,00	10,4	43,8	0,0590
	4	8,79	68,2	2,79	17,1	21,8	22,2	1,59	11,1	13,2	55,2	0,0690
	5	10,7	80,3	2,74	20,1	26,1	25,7	1,55	12,9	15,7	65,1	0,0842
	6	12,6	90,5	2,68	22,6	30,0	28,5	1,50	14,2	17,8	73,4	0,0987
90 × 50	4	10,4	107	3,21	23,8	29,8	41,9	2,01	16,8	19,6	97,5	0,0815
	5	12,7	127	3,16	28,3	36,0	49,2	1,97	19,7	23,5	116	0,0999
	6	15,0	145	3,11	32,2	41,6	55,4	1,92	22,1	27,0	133	0,118
	8	19,2	174	3,01	38,6	51,4	64,6	1,84	25,8	32,9	160	0,150
100 × 50	4	11,2	140	3,53	27,9	35,2	46,2	2,03	18,5	21,5	113	0,0878
	5	13,7	167	3,48	33,3	42,6	54,3	1,99	21,7	25,8	135	0,108
	6	16,2	190	3,43	38,1	49,4	61,2	1,95	24,5	29,7	154	0,127
	8	20,8	230	3,33	46,0	61,4	71,7	1,86	28,7	36,3	186	0,163
100 × 60	4	12,0	158	3,63	31,6	39,1	70,5	2,43	23,5	27,3	156	0,0941
	5	14,7	189	3,58	37,8	47,4	83,6	2,38	27,9	32,9	188	0,116
	6	17,4	217	3,53	43,4	55,1	95,0	2,34	31,7	38,1	216	0,136
	8	22,4	264	3,44	52,8	68,7	113	2,25	37,8	47,1	265	0,175
120 × 60	4	13,6	249	4,28	41,5	51,9	83,1	2,47	27,7	31,7	201	0,107
	5	16,7	299	4,23	49,9	63,1	98,8	2,43	32,9	38,4	242	0,131
	6	19,8	345	4,18	57,5	73,6	113	2,39	37,5	44,5	279	0,155
	8	25,6	425	4,08	70,8	92,7	135	2,30	45,0	55,4	344	0,201
120 × 80	4	15,2	303	4,46	50,4	61,2	161	3,25	40,2	46,1	330	0,119
	5	18,7	365	4,42	60,9	74,6	193	3,21	48,2	56,1	401	0,147
	6	22,2	423	4,37	70,6	87,3	222	3,17	55,6	65,5	468	0,174
	8	28,8	525	4,27	87,5	111	273	3,08	68,1	82,6	587	0,226
140 × 80	4	16,8	441	5,12	62,9	77,1	184	3,31	46,0	52,2	411	0,132
	5	20,7	534	5,08	76,3	94,3	221	3,27	55,3	63,6	499	0,163
	6	24,6	621	5,03	88,7	111	255	3,22	63,8	74,4	583	0,193
	8	32,0	776	4,93	111	141	314	3,14	78,5	94,1	733	0,251
150 × 100	4	19,2	607	5,63	81,0	97,4	324	4,11	64,8	73,6	660	0,151
	6	28,2	862	5,53	115	141	456	4,02	91,2	106	946	0,221
	8	36,8	1 087	5,44	145	180	569	3,94	114	135	1 203	0,289
	12	52,7	1 450	5,25	193	249	745	3,76	149	185	1 633	0,414
160 × 80	4	18,4	612	5,77	76,5	94,7	207	3,35	51,7	58,3	493	0,144
	5	22,7	744	5,72	93,0	116	249	3,31	62,3	71,1	600	0,178
	6	27,0	868	5,67	108	136	288	3,27	72,0	83,3	701	0,212
	8	35,2	1 091	5,57	136	175	356	3,18	89,0	106	883	0,276
	12	50,3	1 449	5,37	181	240	455	3,01	114	142	1 175	0,395

Warmgefertigte Hohlprofile mit rechteckigem Querschnitt

Auszug aus DIN EN 10 210-2 (11.97), nahtlos oder geschweißt (Fortsetzung)

Nennmaße $H \times B$ mm	T mm	A cm²	I_y cm⁴	i_y cm	$W_{el,y}$ cm³	$W_{pl,y}$ cm³	I_z cm⁴	i_z cm	$W_{el,z}$ cm³	$W_{pl,z}$ cm³	I_T cm⁴	g kN/m
180 × 100	4	21,6	945	6,61	105	128	379	4,19	75,9	85,2	852	0,169
	5	26,7	1 153	6,57	128	157	460	4,15	92,0	104	1 042	0,210
	6	31,8	1 350	6,52	150	186	536	4,11	107	123	1 224	0,249
	8	41,6	1 713	6,42	190	239	671	4,02	134	157	1 560	0,326
	10	50,9	2 036	6,32	226	288	787	3,93	157	188	1 862	0,400
	12	59,9	2 320	6,22	258	333	886	3,85	177	216	2 130	0,470
200 × 100	4	23,2	1 223	7,26	122	150	416	4,24	83,2	92,8	983	0,182
	5	28,7	1 495	7,21	149	185	505	4,19	101	114	1 204	0,226
	6	34,2	1 754	7,16	175	218	589	4,15	118	134	1 414	0,268
	8	44,8	2 234	7,06	223	282	739	4,06	148	172	1 804	0,351
	10	54,9	2 664	6,96	266	341	869	3,98	174	206	2 156	0,431
	12	64,7	3 047	6,86	305	395	979	3,89	196	237	2 469	0,508
	16	83,0	3 678	6,66	368	491	1 147	3,72	229	290	2 982	0,652
200 × 120	6	36,6	1 980	7,36	198	242	892	4,94	149	169	1 942	0,287
	8	48,0	2 529	7,26	253	313	1 128	4,85	188	218	2 495	0,376
	10	58,9	3 026	7,17	303	379	1 337	4,76	223	263	3 001	0,463
	12	69,5	3 472	7,07	347	440	1 520	4,68	253	305	3 461	0,546
250 × 150	6	46,2	3 965	9,27	317	385	1 796	6,24	239	270	3 877	0,362
	8	60,8	5 111	9,17	409	501	2 298	6,15	306	350	5 021	0,477
	10	74,9	6 174	9,08	494	611	2 755	6,06	367	426	6 090	0,588
	12	88,7	7 154	8,98	572	715	3 168	5,98	422	497	7 088	0,696
	16	115	8 879	8,79	710	906	3 873	5,80	516	625	8 868	0,903
260 × 180	6	51,0	4 942	9,85	380	454	2 804	7,42	312	353	5 554	0,400
	8	67,2	6 390	9,75	492	592	3 608	7,33	401	459	7 221	0,527
	10	82,9	7 741	9,66	595	724	4 351	7,24	483	560	8 798	0,651
	12	98,3	8 999	9,57	692	849	5 034	7,16	559	656	10 285	0,772
	16	128	11 245	9,38	865	1 081	6 231	6,98	692	831	12 993	1,00
300 × 200	6	58,2	7 486	11,3	499	596	4 013	8,31	401	451	8 100	0,457
	8	76,8	9 717	11,3	648	779	5 184	8,22	518	589	10 562	0,603
	10	94,9	11 819	11,2	788	956	6 278	8,13	628	721	12 908	0,745
	12	113	13 797	11,1	920	1 124	7 294	8,05	729	847	15 137	0,885
	16	147	17 390	10,9	1 159	1 441	9 109	7,87	911	1 080	19 252	1,15
350 × 250	6	70,2	12 616	13,4	721	852	7 538	10,4	603	677	14 529	0,551
	8	92,8	16 449	13,3	940	1 118	9 798	10,3	784	888	19 027	0,728
	10	115	20 102	13,2	1 149	1 375	11 937	10,2	955	1 091	23 354	0,902
	12	137	23 577	13,1	1 347	1 624	13 957	10,1	1 117	1 286	27 513	1,07
	16	179	30 011	12,9	1 715	2 095	17 654	9,93	1 412	1 655	35 325	1,41
400 × 200	8	92,8	19 562	14,5	978	1 203	6 660	8,47	666	743	15 735	0,728
	10	115	23 914	14,4	1 196	1 480	8 084	8,39	808	911	19 259	0,902
	12	137	28 059	14,3	1 403	1 748	9 418	8,30	942	1 072	22 622	1,07
	16	179	35 738	14,1	1 787	2 256	11 824	8,13	1 182	1 374	28 871	1,41
450 × 250	8	109	30 082	16,6	1 337	1 622	12 142	10,6	971	1 081	27 083	0,854
	10	135	36 895	16,5	1 640	2 000	14 819	10,5	1 185	1 331	33 284	1,06
	12	161	43 434	16,4	1 930	2 367	17 359	10,4	1 389	1 572	39 260	1,26
	16	211	55 705	16,2	2 476	3 070	22 041	10,2	1 763	2 029	50 545	1,66
500 × 300	10	155	53 762	18,6	2 150	2 595	24 439	12,6	1 629	1 826	52 450	1,22
	12	185	63 446	18,5	2 538	3 077	28 736	12,5	1 916	2 161	62 039	1,45
	16	243	81 783	18,3	3 271	4 005	36 768	12,3	2 451	2 804	80 329	1,91
	20	300	98 777	18,2	3 951	4 885	44 078	12,1	2 939	3 408	97 447	2,35

8.101

Kaltgefertigte Hohlprofile mit rechteckigem Querschnitt

Auszug aus:
DIN EN 10219-2 (11.97), geschweißt

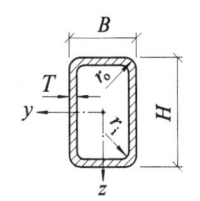

Radien für Berechnungen:			
r	$T \leq 6$	$6 < T \leq 10$	$T > 10$
r_o	$2 \cdot T$	$2,5 \cdot T$	$3 \cdot T$
r_i	$1 \cdot T$	$1,5 \cdot T$	$2 \cdot T$

Nennmaße		Statische Werte										
$H \times B$ mm	T mm	A cm²	I_y cm⁴	i_y cm	$W_{el,y}$ cm³	$W_{pl,y}$ cm³	I_z cm⁴	i_z cm	$W_{el,z}$ cm³	$W_{pl,z}$ cm³	I_T cm⁴	g kN/m
40 × 20	3	3,01	5,21	1,32	2,60	3,50	1,68	0,748	1,68	2,12	4,57	0,0236
50 × 30	3	4,21	12,8	1,75	5,13	6,57	5,70	1,16	3,80	4,58	13,5	0,0330
	4	5,35	15,3	1,69	6,10	8,05	6,69	1,12	4,46	5,58	16,5	0,0420
60 × 40	3	5,41	25,4	2,17	8,46	10,5	13,4	1,58	6,72	7,94	29,3	0,0425
	4	6,95	31,0	2,11	10,3	13,2	16,3	1,53	8,14	9,89	36,7	0,0545
70 × 50	3	6,61	44,1	2,58	12,6	15,4	26,1	1,99	10,4	12,2	53,6	0,0519
	4	8,55	54,7	2,53	15,6	19,5	32,2	1,94	12,9	15,4	68,1	0,0671
80 × 40	3	6,61	52,3	2,81	13,1	16,5	17,6	1,63	8,78	10,2	43,9	0,0519
	4	8,55	64,8	2,75	16,2	20,9	21,5	1,59	10,7	12,8	55,2	0,0671
80 × 60	3	7,81	70,0	3,00	17,5	21,2	44,9	2,40	15,0	17,4	88,3	0,0613
	4	10,1	87,9	2,94	22,0	27,0	56,1	2,35	18,7	22,1	113	0,0797
90 × 50	3	7,81	81,9	3,24	18,2	22,6	32,7	2,05	13,1	15,0	76,7	0,0613
	4	10,1	103	3,18	22,8	28,8	40,7	2,00	16,3	19,1	97,7	0,0797
100 × 40	3	7,81	92,3	3,44	18,5	23,7	21,7	1,67	10,8	12,4	59,0	0,0613
	4	10,1	116	3,38	23,1	30,3	26,7	1,62	13,3	15,7	74,5	0,0797
100 × 50	3	8,41	106	3,56	21,3	26,7	36,1	2,07	14,4	16,4	88,6	0,0660
	4	10,9	134	3,50	26,8	34,1	44,9	2,03	18,0	20,9	113	0,0859
	5	13,4	158	3,44	31,6	40,8	52,5	1,98	21,0	25,0	135	0,105
100 × 60	3	9,01	121	3,66	24,1	29,6	54,6	2,46	18,2	20,8	122	0,0707
	4	11,7	153	3,60	30,5	37,9	68,7	2,42	22,9	26,6	156	0,0922
	5	14,4	181	3,55	36,2	45,6	80,8	2,37	26,9	31,9	188	0,113
100 × 80	3	10,2	149	3,82	29,8	35,4	106	3,22	26,4	30,4	196	0,0801
	4	13,3	189	3,77	37,9	45,6	134	3,17	33,5	39,2	254	0,105
	5	16,4	226	3,72	45,2	55,1	160	3,12	39,9	47,2	308	0,128
120 × 60	4	13,3	241	4,25	40,1	50,5	81,2	2,47	27,1	31,1	201	0,105
	5	16,4	287	4,19	47,8	60,9	96,0	2,42	32,0	37,4	242	0,128
	6	19,2	328	4,13	54,7	70,6	109	2,38	36,3	43,1	280	0,151
120 × 80	4	14,9	295	4,44	49,1	59,8	157	3,24	39,3	45,2	331	0,117
	5	18,4	353	4,39	58,9	72,4	188	3,20	46,9	54,7	402	0,144
	6	21,6	406	4,33	67,7	84,3	215	3,15	53,8	63,5	469	0,170
140 × 80	4	16,5	430	5,10	61,4	75,5	180	3,30	45,1	51,3	412	0,130
	5	20,4	517	5,04	73,9	91,8	216	3,26	54,0	62,2	501	0,160
	6	24,0	597	4,98	85,3	107	248	3,21	62,0	72,4	584	0,189
	8	30,4	708	4,82	101	131	293	3,10	73,3	88,4	731	0,239
150 × 100	4	18,9	595	5,60	79,3	95,7	319	4,10	63,7	72,5	662	0,149
	5	23,4	719	5,55	95,9	117	384	4,05	76,8	88,3	809	0,183
	6	27,6	835	5,50	111	137	444	4,01	88,8	103	948	0,217
	8	35,2	1 008	5,35	134	169	536	3,90	107	128	1 206	0,277
160 × 80	4	18,1	598	5,74	74,7	92,9	204	3,35	50,9	57,4	494	0,142
	5	22,4	722	5,68	90,2	113	244	3,30	61,0	69,7	601	0,175
	6	26,4	836	5,62	105	132	281	3,26	70,2	81,3	702	0,207
	8	33,6	1 001	5,46	125	163	335	3,16	83,7	100	882	0,264
	10	40,6	1 146	5,32	143	191	380	3,06	95,0	117	1 031	0,318

Kaltgefertigte Hohlprofile mit rechteckigem Querschnitt

Auszug aus DIN EN 10219-2 (11.97), geschweißt (Fortsetzung)

Nennmaße		Statische Werte									
$H \times B$ mm	T mm	A cm²	I_y cm⁴	i_y cm	$W_{el,y}$ cm³	$W_{pl,y}$ cm³	I_z cm⁴	i_z cm	$W_{el,z}$ cm³	$W_{pl,z}$ cm³	I_T cm⁴	g kN/m
180 × 100	4	21,3	926	6,59	103	126	374	4,18	74,8	84,0	854	0,168
	6	31,2	1 310	6,48	146	181	524	4,10	105	120	1 227	0,245
	8	40,0	1 598	6,32	178	226	637	3,99	127	150	1 565	0,314
	10	48,6	1 859	6,19	207	268	736	3,89	147	177	1 859	0,381
200 × 100	4	22,9	1 200	7,23	120	148	411	4,23	82,2	91,7	985	0,180
	6	33,6	1 703	7,12	170	213	577	4,14	115	132	1 417	0,264
	8	43,2	2 091	6,95	209	267	705	4,04	141	165	1 811	0,339
	10	52,6	2 444	6,82	244	318	818	3,94	164	195	2 154	0,413
200 × 120	4	24,5	1 353	7,43	135	164	618	5,02	103	115	1 345	0,193
	6	36,0	1 929	7,32	193	237	874	4,93	146	166	1 947	0,283
	8	46,4	2 386	7,17	239	298	1 079	4,82	180	209	2 507	0,365
	10	56,6	2 806	7,04	281	356	1 262	4,72	210	250	3 007	0,444
250 × 150	5	38,4	3 304	9,28	264	320	1 508	6,27	201	225	3 285	0,301
	6	45,6	3 886	9,23	311	378	1 768	6,23	236	266	3 886	0,358
	8	59,2	4 886	9,08	391	482	2 219	6,12	296	340	5 050	0,465
	10	72,6	5 825	8,96	466	582	2 634	6,02	351	409	6 121	0,570
260 × 180	5	42,4	4 121	9,86	317	377	2 350	7,45	261	294	4 695	0,332
	6	50,4	4 856	9,81	374	447	2 763	7,40	307	348	5 566	0,396
	8	65,6	6 145	9,68	473	573	3 493	7,29	388	446	7 267	0,515
	10	80,6	7 363	9,56	566	694	4 174	7,20	464	540	8 850	0,632
	12	93,7	8 245	9,38	634	790	4 679	7,07	520	615	10 328	0,735
300 × 100	6	45,6	4 777	10,2	318	411	842	4,30	168	188	2 403	0,358
	8	59,2	5 978	10,0	399	523	1 045	4,20	209	238	3 080	0,465
	10	72,6	7 106	9,90	474	631	1 224	4,11	245	285	3 681	0,570
	12	84,1	7 808	9,64	521	710	1 343	4,00	269	321	4 177	0,660
	16	107	9 157	9,26	610	865	1 543	3,80	309	386	4 939	0,838
300 × 150	6	51,6	6 074	10,8	405	500	2 080	6,35	277	309	4 988	0,405
	8	67,2	7 684	10,7	512	640	2 623	6,25	350	396	6 491	0,528
	10	82,6	9 209	10,6	614	776	3 125	6,15	417	479	7 879	0,648
	12	96,1	10 298	10,4	687	883	3 498	6,03	466	546	9 153	0,754
	16	123	12 387	10,0	826	1 092	4 174	5,83	557	673	11 328	0,964
300 × 200	6	57,6	7 370	11,3	491	588	3 962	8,29	396	446	8 115	0,452
	8	75,2	9 389	11,2	626	757	5 042	8,19	504	574	10 627	0,591
	10	92,6	11 313	11,1	754	921	6 058	8,09	606	698	12 987	0,727
	12	108	12 788	10,9	853	1 056	6 854	7,96	685	801	15 236	0,848
	16	139	15 617	10,6	1 041	1 319	8 340	7,75	834	1 000	19 223	1,09
350 × 250	6	69,6	12 457	13,4	712	843	7 458	10,3	597	671	14 554	0,547
	8	91,2	16 001	13,2	914	1 092	9 573	10,2	766	869	19 136	0,716
	10	113	19 407	13,1	1 109	1 335	11 588	10,1	927	1 062	23 500	0,884
	12	132	22 197	13,0	1 268	1 544	13 261	10,0	1 061	1 229	27 749	1,04
	16	171	27 580	12,7	1 576	1 954	16 434	9,81	1 315	1 554	35 497	1,34
400 × 200	8	91,2	18 974	14,4	949	1 173	6 517	8,45	652	728	15 820	0,716
	10	113	23 003	14,3	1 150	1 434	7 864	8,36	786	888	19 368	0,884
	12	132	26 248	14,1	1 312	1 656	8 977	8,24	898	1 027	22 782	1,04
	16	171	32 547	13,8	1 627	2 093	11 074	8,05	1 106	1 294	28 928	1,34
400 × 300	8	107	25 122	15,3	1 256	1 487	16 212	12,3	1 081	1 224	31 179	0,842
	10	133	30 609	15,2	1 530	1 824	19 726	12,2	1 315	1 501	38 407	1,04
	12	156	35 284	15,0	1 764	2 122	22 747	12,1	1 516	1 747	45 527	1,23
	16	203	44 350	14,8	2 218	2 708	28 535	11,9	1 902	2 228	58 730	1,59

Holzbau

Aus dem Inhalt:
- Holz als Baustoff
- Holzschutz im Hochbau
- Brandverhalten von Bauteilen aus Holz
- Stöße und Anschlüsse
- Verbindungsmittel
- Zugstäbe
- Einteilige Druckstäbe
- Mehrteilige Druckstäbe
- Gerade Biegeträger
- Biegung mit Längskraft

Werner/Steck
Holzbau
Teil 1: Grundlagen
WIT, 4. Auflage 1991,
300 Seiten,
12 x 19 cm,
zahlreiche Abb.,
kartoniert,
€ 20,-/sFr 40,-
ISBN 3-8041-4040-8

Aus dem Inhalt:
- Grundformen der Dächer
- Dachdeckungen
- Lastannahmen für Dach- und Hallentragwerke
- Tragwerke der Hausdächer
- Tragwerke von Skelettbauten
- Hallentragwerke
- Sparrenfetten
- Brettschichtholzträger
- Fachwerkträger
- Wind- und Aussteifungsverbände
- Verformungsberechnung von Holztragwerken

Werner/Steck
Holzbau
Teil 2: Dach- und Hallentragwerke
WIT, 4. Auflage 1993,
396 Seiten,
12 x 19 cm,
zahlreiche Abb.,
kartoniert,
€ 24,-/sFr 48,-
ISBN 3-8041-4041-6

Steck
Euro-Holzbau nach DIN V ENV 1995
Teil 1: Grundlagen
1. Auflage 1997, 280 Seiten, 17 x 24 cm, zahlreiche Abb., kartoniert,
€ 28,-/sFr 56,- • ISBN 3-8041-3173-5

WERNER VERLAG

Werner Verlag · Postfach 10 53 54 · 40044 Düsseldorf
Telefon (02 11) 3 87 98-0 · Telefax (02 11) 3 87 98-11
www.werner-verlag.de

Zu beziehen über Ihre Buchhandlung oder direkt beim Verlag.

9 Holzbau (DIN 1052)

Bearbeitet von Prof. Dr.-Ing. Günter Steck

Inhaltsverzeichnis

		Seite
I	Bezeichnungen und Abkürzungen	9.1
II	Beispiele zum Einstieg	9.2
III	Bemessungshilfen	9.3
1	**Berechnungsgrundlagen**	
1.1	Elastizitäts- und Schubmodul	9.5
1.2	Gleichgewichtsfeuchten und Rechenwerte der Schwind- und Quellmaße	9.6
1.3	Lasten und Lastfälle	9.6
1.4	Zulässige Spannungen	9.7
1.5	Querschnittsermittlung	9.9
1.6	Stützweiten und Ausmittigkeiten	9.10
1.7	Knicklängen	9.10
1.8	Knickzahlen	9.11
2	**Durchbiegungsberechnung**	
2.1	Zulässige Durchbiegungen	9.12
2.2	Überhöhungen	9.12
2.3	Kriechverformungen	9.12
2.4	Verschiebungswerte	9.13
2.5	Vereinfachte Durchbiegungsnachweise	9.13
3	**Spannungsnachweise einteiliger Rechteckquerschnitte**	
3.1	Zug parallel zur Faser	9.14
3.2	Druck parallel zur Faser	9.14
3.3	Druck rechtwinklig zur Faser	9.14
3.4	Biegung	9.14
3.5	Biegung und Zug	9.14
3.6	Biegung und Druck	9.15
3.7	Abscheren	9.15
3.8	Schub	9.15
4	**Stabilitätsnachweise**	
4.1	Knicken von Druckstäben	9.15
4.2	Kippen von Biegeträgern	9.16
4.3	Tragsicherheitsnachweis nach der Spannungstheorie II. Ordnung	9.16
4.4	Berechnung von Verbänden	9.16
5	**Berechnung von BSH-Trägern**	9.16
6	**Berechnung zusammengesetzter Querschnitte**	9.16
7	**Verbindungen**	
7.1	Einfacher und doppelter Versatz	9.16
7.2	Dübelverbindungen	9.17
7.3	Stabdübel- und Bolzenverbindungen	9.21
7.4	Nagelverbindungen	9.22
7.5	Klammerverbindungen	9.30
7.6	Holzschraubenverbindungen	9.31
7.7	Nagelplattenverbindungen	9.32
8	**Holzschutz**	
8.1	Transport, Lagerung und Einbau von Holz und Holzwerkstoffen	9.33
8.2	Natürliche Dauerhaftigkeit des Holzes	9.33
8.3	Holzschutzmittel	9.33
8.4	Gefährdungsklassen	9.34
8.5	Beispiele für vorbeugende bauliche Maßnahmen	9.35
9	**Querschnittstabellen**	9.36

I Bezeichnungen und Abkürzungen

A_n	Nettoquerschnitt	MS	Sortierklasse für maschinelle Sortierung
BAZ	Bauaufsichtliche Zulassung		
BFU	Bau-Furniersperrholz DIN 68 705	Na	Nagel
Bo	Bolzen	NH	Nadelholz
BSH	Brettschichtholz	PB	Passbolzen
$\text{ef}\,I$	Wirksames Flächenmoment 2. Grades	$\|\|\,\text{Pl}$	In Plattenebene
Fa	Faser, Faserrichtung	$\perp\,\text{Pl}$	Rechtwinklig zur Plattenebene
$\|\|\,\text{Fa}$	In Faserrichtung	Ri	Richtung
$\perp\,\text{Fa}$	Rechtwinklig zur Faserrichtung	RNa	Rillennagel
FP	Flachpressplatte DIN 68 763	S	Sortierklasse
G	Schubmodul	SDü	Stabdübel
HFH	Harte Holzfaserplatte	SNa	Schraubnagel
HFM	Mittelharte Holzfaserplatte	Sr	Holzschraube
HW	Holzwerkstoff	vb	Vorgebohrt
Kl	Klammer	VH	Vollholz
Kr	Kraft, Kraftrichtung	VM	Verbindungsmittel
KVH	Konstruktionsvollholz	W_{erf}	Erforderliches Widerstandsmoment
LH	Laubholz		

II Beispiele zum Einstieg

Statische Nachweise für ein Bauwerk und seine Bauteile müssen sicherstellen, dass während der Nutzungsdauer mit ausreichender Zuverlässigkeit die Tragfähigkeit und die Gebrauchstauglichkeit gewährleistet bleiben. Dies wird erreicht, indem die Spannungen in den Querschnitten höchstens die Werte der zulässigen Spannungen, die Kräfte in den Verbindungsmitteln höchstens die zulässigen Verbindungsmittelbelastungen und die rechnerischen Durchbiegungen höchstens die Werte der zulässigen Durchbiegungen erreichen.

Sichtbare Holzbalkendecke in einem Wohnhaus

Material: Konstruktionsvollholz (KVH-Si) aus NH S 10
Balkenabstand: gewählt: $e = 0,6$ m
Alle Deckenbalken sind in horizontaler Richtung seitlich gehalten.

Lastzusammenstellung
Ständige Lasten
Dielenboden $t = 35,5$ mm $0,0355 \cdot 6,0$ $= 0,213$ kN/m²
Lagerhölzer + Mineralfasermatte $= 0,017$ kN/m²
Betonsteine $d = 60$ mm $6,0 \cdot 0,24$ $= 1,440$ kN/m²
Baufilz o. ä. $= 0,050$ kN/m²
Schalung $t = 40$ mm $0,04 \cdot 6,0$ $= 0,240$ kN/m²
Eigenlast Balken $0,12 \cdot 0,20 \cdot 6,0/0,6$ $= 0,240$ kN/m²

$\quad\quad\quad\quad\quad\quad\quad\quad\quad\quad\quad g = 2,20$ kN/m²
Verkehrslast $\quad\quad\quad\quad\quad\quad\quad\quad p = 2,00$ kN/m²

$\quad\quad\quad\quad\quad\quad\quad\quad\quad\quad\quad q = 4,20$ kN/m²

Schnittgrößen für den maßgebenden Lastfall q (Lastfall H)

$$M_{max} = \frac{q\,e\,l^2}{8} = \frac{4,2 \cdot 0,6 \cdot 4,2^2}{8} = 5,56 \text{ kNm} \quad\quad Q_{max} = \frac{q\,e\,l}{2} = \frac{4,2 \cdot 0,6 \cdot 4,2}{2} = 5,3 \text{ kN}$$

Vorbemessung
Nach Kapitel 4 B: $\quad h \approx l/20 = 21$ cm
Nach Bemessungshilfe „Holzbalkendecken für Wohnräume" (siehe Seite 9.4) liegt der erforderliche Querschnitt zwischen □ 6×24 cm und □ 12×24 cm

Gewählt: $\quad$ □ 12×20 cm KVH-Si aus NH S 10 $\quad e = 0,6$ m
aus der Tafel „Kanthölzer" (Seite 9.37): $A = 240$ cm²; $W_y = 800$ cm³; $I_y = 8000$ cm⁴

Biegerandspannung an der Stelle des maximalen Momentes: $\quad \sigma_B = \dfrac{M_{max}}{W_y} = \dfrac{5,56 \cdot 10^3}{800} = 6,95$ MN/m²

Schubspannung an der Stelle der maximalen Querkraft: $\quad \tau_Q = 1,5\dfrac{Q_{max}}{A} = 1,5\dfrac{5,3 \cdot 10}{240} = 0,33$ MN/m²

Nachweise für Biegung: $\sigma_B / \text{zul}\,\sigma_B = 6,95/10 \quad = 0,7 \quad < 1$
$\quad\quad\quad$ Schub: $\quad \tau_Q / \text{zul}\,\tau_Q = 0,33/0,9 \quad = 0,37 < 1$

Durchbiegungsnachweis (siehe Seite 9.13)

$$f = n\,M_{max}\,l^2 \frac{1}{I}\frac{10^4}{E_\parallel} + \frac{\kappa\,M_{max}}{G\,A} = 104 \cdot 5,56 \cdot 4,2^2 \cdot \frac{1}{8000} + \frac{1,2 \cdot 5,56 \cdot 10^2}{50 \cdot 240} = 1,33 \text{ cm}$$

Kriechen berücksichtigen, da $g/q = 0,524 > 0,5 \;\rightarrow\; \eta_k = 1,5 - 0,524 = 0,976 \;\rightarrow\; \Phi = 1/\eta_k - 1 = 0,025$

$f_{ges} = 1,33 \cdot 0,524\,(1 + 0,025) + 1,33 \cdot 2,0/4,2 = 1,35 = l/311 < l/300$

Pfosten in einem Pfettendach

Material: Pfette, Pfosten und Schwelle aus NH S 10
Pfostenlast F = 36,0 kN (Lastfall H)
Knicklängen $s_{ky} = s_{kz} = l = 3,4$ m

Vorbemessung nach Kapitel 4 B $\qquad A \approx 5,5 \cdot 36,0 = 198$ cm²

Gewählt ☐ 14×14 cm NH S 10 $\quad A = 196$ cm²; $i = 4,05$ cm

Schlankheitsgrad $\lambda_y = \lambda_z = 340/4,05 = 84$
Knickzahl (siehe Tafel 9.11b) $\omega = 2,35$
Zulässige Knickspannung zul σ_k = zul $\sigma_{D\parallel} / \omega = 8,5/2,35 = 3,62$ MN/m²
Zulässige Querdruckspannung zul $\sigma_{D\perp} = 2,0$ MN/m²
Vorhandene Spannung

$$\sigma_{D\parallel} = \sigma_{D\perp} = \frac{F}{A} = \frac{36,0 \cdot 10}{196} = 1,84 \text{ MN/m}^2$$

Knicknachweis: $\dfrac{\sigma_{D\parallel}}{\text{zul}\,\sigma_k} = \dfrac{1,84}{3,62} = 0,51 < 1$ $\qquad$ *Querdrucknachweis:* $\dfrac{\sigma_{D\perp}}{\text{zul}\,\sigma_{D\perp}} = \dfrac{1,84}{2,0} = 0,92 < 1$

Anschluss eines Trägers (☐ 8×18 cm) an eine Stütze (2 ☐ 6×12 cm)

Material: NH S 10
Lastfall: H
Stützenlast F = 22,0 kN
Verbindungsmittel: SDü ⌀ 12 mm

Zulässige Stabdübelbelastung
Seitenhölzer: 60/12 = 5 < 6 →
zul N_{st} = 2 zul $\sigma_l\, a_s\, d_{st}$
  $= 2 \cdot 5,5 \cdot 60 \cdot 12 \cdot 10^{-3} = 7,92$ kN

Mittelholz: 80/12 = 6,7 > 6 →
zul $N_{st} = B\, d_{st}^2\, (1 - \alpha / 360)$
  $= 51 \cdot 12^2 \cdot 0,75 \cdot 10^{-3} = 5,51$ kN
zul σ_l und B aus Tafel 9.22; $\quad \alpha$ ist der Winkel zwischen Kraft- und Faserrichtung.

erf n_{st} = 22,0 / 5,51 = 3,99 $\quad\to$ gewählt $\quad$ **4 SDü ⌀ 12 mm St 37 l = 200 mm**

III Bemessungshilfen

Zulässige Lasten einteiliger Stützen $\hfill$ max $N = A$ zul σ_k

Quadratholz aus NH S 10/MS 10 nach DIN 4074-1 im Lastfall H
Trägheitsradius $i = 0,289\, a$ $\qquad$ zul $\sigma_{D\parallel} = 8,5$ MN/m² $\qquad$ zul σ_k = zul $\sigma_{D\parallel} / \omega$

a	A	max N in kN bei einer Knicklänge in m von									
cm	cm²	2,00	2,50	3,00	3,50	4,00	4,50	5,00	5,50	6,00	6,50	7,00
10	100	45,7	34,8	26,2	19,3	14,8	11,7	9,44	7,80	6,55	5,58	4,81
12	144	78,0	62,8	50,0	39,9	30,6	24,1	19,6	16,2	13,6	11,8	9,97
14	196	118	100	83,0	68,3	56,5	44,7	36,2	30,0	25,2	21,4	18,5
16	256	167	145	125	106	89,2	75,3	62,2	51,2	43,0	36,7	31,6
18	324	222	200	175	152	131	113	97,3	82,0	68,8	58,7	50,5
20	400	284	260	233	209	184	160	139	122	105	89,4	77,0
22	484	353	329	302	270	243	216	192	168	149	131	113
24	576	429	405	377	342	312	281	252	226	201	179	160
26	676	510	487	460	422	388	355	321	292	262	235	212

——— $\lambda > 150$ $\qquad$ ---------- $\lambda > 200$

9 Holzbau

Rundholz (mit ungeschwächter Randzone) aus NH Gkl II nach DIN 4074-2   im Lastfall H

Trägheitsradius $i = d/4$ zul $\sigma_{D\|} = 1{,}2 \cdot 8{,}5 = 10{,}2$ MN/m²   zul σ_k = zul $\sigma_{D\|} /\omega$

d	A	max N in kN bei einer Knicklänge in m von									
cm	cm²	2,00	2,50	3,00	3,50	4,00	4,50	5,00	5,50	6,00	6,50	7,00
10	78,5	36,3	26,6	18,5	13,6	10,4	8,24	6,66	5,51	4,63	-*)	-*)
12	113	64,3	49,6	38,4	28,2	21,6	17,0	13,8	11,4	9,60	8,14	7,06
14	154	101	81,7	65,1	52,3	40,2	31,6	25,6	21,2	17,9	15,1	13,1
16	201	144	122	101	82,5	68,3	54,0	43,8	36,1	30,4	25,8	22,3
18	255	196	169	145	122	102	86,3	69,7	57,7	48,5	41,3	35,6
20	314	254	226	198	170	146	124	107	88,1	74,1	63,2	54,4
22	380	320	289	256	226	198	171	148	129	109	92,3	79,4
24	452	391	358	324	290	257	227	199	174	154	131	113
26	531	466	436	401	361	326	291	258	228	203	180	155
28	616	551	519	483	442	402	365	327	292	260	234	209
30	707	637	610	572	530	483	445	402	364	328	294	266

———— $\lambda > 150$ ---------- $\lambda > 200$ *) $\lambda > 250$

Holzbalkendecken für Wohnräume

Statisches System: Einfeldträger mit Stützweite l Material: KVH aus NH S 10 (siehe [9.12])

Erforderlicher Balkenquerschnitt □ $b \times h$ cm Konstruktionsvollholz (KVH) aus NH S 10

		Verkehrslast $p = 2{,}0$ kN/m²				Verkehrslast $p = 2{,}75$ kN/m²			
		Balkenabstand e in m				Balkenabstand e in m			
l m	g kN/m²	0,6	0,7	0,8	0,9	1,0	0,6	0,7	0,8	0,9	1,0
3,0	1,50	6×18	6×18	6×20	8×20	8×20	6×18	6×20	8×20	8×20	8×20
	1,75	6×18	6×20	6×20	8×20	6×24	6×20	8×20	8×20	8×20	8×20
	2,00	6×18	6×20	8×20	8×20	6×24	6×20	8×20	8×20	8×20	8×24
	2,25	6×18	6×20	8×20	8×20	6×24	6×20	8×20	8×20	8×20	8×24
3,5	1,50	6×20	8×20	8×20	6×24	8×24	8×20	8×20	6×24	12×20	12×20
	1,75	6×20	8×20	8×20	6×24	8×24	8×20	6×24	8×24	12×20	12×20
	2,00	8×20	8×20	6×24	8×24	8×24	8×20	6×24	8×24	12×20	8×24
	2,25	8×20	6×24	6×24	8×24	8×24	8×20	6×24	8×24	12×20	8×24
4,0	1,50	6×24	6×24	12×20	8×24	12×24	6×24	12×20	8×24	12×24	12×24
	1,75	6×24	12×20	12×20	8×24	12×24	12×20	8×24	12×24	12×24	12×24
	2,00	6×24	12×20	8×24	12×24	12×24	12×20	8×24	12×24	12×24	12×24
	2,25	6×24	12×20	8×24	12×24	12×24	12×20	12×24	12×24	12×24	12×24
4,5	1,50	12×20	12×24	12×24	12×24	12×24	12×24	12×24	12×24	–	–
	1,75	8×24	12×24	12×24	12×24	–	12×24	12×24	12×24	–	–
	2,00	8×24	12×24	12×24	12×24	–	12×24	12×24	–	–	–
	2,25	12×24	12×24	12×24	–	–	12×24	12×24	–	–	–
5,0	1,50	12×24	12×24	–	–	–	12×24	–	–	–	–
	1,75	12×24	12×24	–	–	–	12×24	–	–	–	–
	2,00	12×24	–	–	–	–	–	–	–	–	–
	2,25	12×24	–	–	–	–	–	–	–	–	–

1 Berechnungsgrundlagen

1.1 Elastizitäts- und Schubmodul (DIN 1052-1 und DIN 1052-1/A1)

Tafel 9.5a Rechenwerte für Elastizitäts- und Schubmoduln in MN/m² für Vollholz[6] ($u \leq 20\%$)

Modul	NH, Sortierklasse nach DIN 4074-1[1]					LH, mittlere Güte[4]		
	S 7/MS 7	S 10/MS 10	S 13	MS 13	MS 17	Gruppe A	Gruppe B	Gruppe C
$E_\parallel$	8000	10 000[2)3)]	10 500[2)3)]	11 500[2)]	12 500[2)]	12 500	13 000	17 000[5]
$E_\perp$	250	300	350	350	400	600	800	1200[5]
G	500	500	500	550	600	1000	1000	1000[5]
G_T	330	330	330	360	360	400	660	660[5]

NH: Fichte (FI), Kiefer (KI), Tanne (TA), Lärche (LA), Douglasie (DG), Southern Pine (PIR), Western Hemlock (HEM), Yellow Cedar

LH: Gruppe A: Eiche (EI), Buche (BU), Teak (TEK), Keruing (YAN)
    Gruppe B: Afzelia (AFZ), Merbau (MEB), Angelique (AGQ)
    Gruppe C: Azobé (Bongossi) (AZO), Greenheart (GRE)

[1] Den Sortierklassen S 7, S 10 und S 13 entsprechen die Güteklassen III, II und I nach DIN 4074-2.
[2] Für Holz, das mit einer Holzfeuchte $\leq 15\%$ eingebaut wird, dürfen für Durchbiegungsberechnungen die Werte um 10 % erhöht werden.
[3] Für Baurundholz: $E_\parallel = 12\,000$ MN/m².
[4] Mindestens Sortierklasse S 10 im Sinne von DIN 4074-1 bzw. Güteklasse II im Sinne von DIN 4074-2.
[5] Diese Werte gelten unabhängig von der Holzfeuchte.
[6] Auch für Konstruktionsvollholz (KVH) aus NH S 10, siehe [9.12].

Die Rechenwerte sind bei allseitiger Bewitterung um 1/6, bei dauernder Durchfeuchtung um 1/4 abzumindern.

Tafel 9.5b Rechenwerte für Elastizitäts- und Schubmoduln in MN/m² für BSH aus NH

Festigkeitsklasse	BS 11	BS 14	BS 16	BS 18	[1] Erhöhung um 1000 MN/m²,
Sortierklasse der Lamellen	S 10/MS 10	S 13	MS 13	MS 17	wenn in den äußeren Sechsteln der Zug- und Druckzone des
Beanspruchungsart					Biegeträgers die zugehörige Sor-
Biegung $E_\parallel$	11 000	11 000[1]	12 000[1]	13 000[1]	tierklasse, im übrigen Bereich
Zug und Druck $E_\parallel$	11 000	12 000	13 000	14 000	mindestens die nächst niedrigere
Zug und Druck $E_\perp$	350	400	400	450	Sortierklasse verwendet wird.
Schub G und Torsion G_T	550	600	650	700	

Die Rechenwerte sind bei allseitiger Bewitterung um 1/6, bei dauernder Durchfeuchtung um 1/4 abzumindern.

Tafel 9.5c Rechenwerte[1] für Elastizitäts- und Schubmoduln in MN/m² für FP nach DIN 68 763

Beanspruchungsart		Flachpressplatten nach DIN 68 763 Plattendicke in mm					
		≤ 13	$> 13 - 20$	$> 20 - 25$	$> 25 - 32$	$> 32 - 40$	$> 40 - 50$
Biegung $\perp$ Pl	E_B	3200	2800	2400	2000	1600	1200
	G	200				100	
Biegung $\parallel$ Pl	E_B	2200	1900	1600	1300	1000	800
	G	1100	1000	850	700	550	450
Druck, Zug $\parallel$ Pl	$E_{D,Z}$	2200	2000	1700	1400	1100	900

[1] Größere Werte dürfen verwendet werden, sofern nachgewiesen.

Tafel 9.6a Rechenwerte für Elastizitäts- und Schubmoduln in MN/m² für BFU nach DIN 68 705-3 und BFU-BU nach DIN 68 705-5

Beanspruchungs-art	E-Modul ‖ Fa Lagenanzahl		E-Modul ⊥ Fa Lagenanzahl		G-Modul	Größere Werte dürfen verwendet werden, sofern nachgewiesen.
	3	≥ 5	3	≥ 5	≥ 3	E-Moduln um 1/5 abmindern bei BFU aus Okumé und Pappel.
Biegung ⊥ Pl E_B	8000	5500	400	1500	250 (400)	Werte in ( ) für BFU-BU nach DIN 68 705-5.
Biegung ‖ Pl E_B Zug, Druck $E_{D,Z}$	4500		1000	2500	500 (700)	Klassenspezifische E-Moduln für BFU-BU nach Beiblatt 1 zu DIN 68 705-5.

⊥ Pl ‖ Fa	⊥ Pl ⊥ Fa	‖ Pl ‖ Fa	‖ Pl ⊥ Fa

E- und G-Werte für BFU und FP sind bei Plattenfeuchten von > 18 % über mehrere Wochen abzumindern, um 1/4 bei BFU 100G und um 1/3 bei FP V100G.

1.2 Gleichgewichtsfeuchten und Rechenwerte der Schwind- und Quellmaße

Tafel 9.6b Mittlere Gleichgewichtsfeuchten in %

Exposition	Bauwerk geschlossen		Bauwerk offen, überdeckt	Konstruktion der Witterung ausgesetzt
	mit Heizung	ohne Heizung		
Mittl. Gleichgewichtsfeuchten	9 ± 3	12 ± 3	15 ± 3	18 ± 6

Tafel 9.6c Rechenwerte der Schwind- und Quellmaße in % je 1 % Holzfeuchteänderung

VH und BSH aus NH, EI ⊥ Faser	BU, YAN, AGQ, GRE ⊥ Faser	TEK, AFZ, MEB ⊥ Faser	AZO ⊥ Faser	BFU in Plattenebene	FP in Plattenebene
0,24	0,3	0,2	0,36	0,02	0,035
Werte gelten für Holzfeuchten unterhalb des Fasersättigungsbereiches. Bei behinderter Schwindung oder Quellung dürfen die Tabellenwerte halbiert werden. Schwinden und Quellen ‖ zur Faser (≈ 0,01) oder in Plattenebene bleibt normalerweise unberücksichtigt.					

1.3 Lasten und Lastfälle (DIN 1052-1, 6.2)

Auf ein Tragwerk einwirkende Lasten nach DIN 1055 werden eingeteilt in:

Hauptlasten (H): ständige Lasten, Verkehrslasten einschließlich Schneelasten, freie Massenkräfte von Maschinen, Seitenlasten aus Hauptlasten nach Abschnitt 4.4

Zusatzlasten (Z): Windlasten, Bremskräfte und waagerechte Seitenkräfte (z. B. von Kranen), Zwängungen aus Temperatur- und Feuchteänderungen, Seitenlasten aus Zusatzlasten nach Abschnitt 4.4, Personenlast nach DIN 1055-3

Sonderlasten (S): waagerechte Stoßlasten und Erdbebenlasten

Man unterscheidet die Lastfälle:

Lastfall H   Summe der ungünstig wirkenden Hauptlasten

Lastfall HZ   Summe der ungünstig wirkenden Haupt- und Zusatzlasten

Wird ein Bauteil, abgesehen von seiner Eigenlast, nur durch Zusatzlasten beansprucht, so gilt die größte davon als Hauptlast.

1.4 Zulässige Spannungen (DIN 1052-1, 5 und DIN 1052-1/A1)

Tafel 9.7a Zulässige Spannungen für Vollholz[6] in MN/m² im Lastfall H

Art der Beanspruchung		Vollholz aus NH (Holzarten siehe Tafel 9.5a) Sortierklasse nach DIN 4074-1[1]					Vollholz aus LH (Holzarten siehe Taf. 9.5a) Holzartgruppe		
		S 7 MS 7	S 10 MS 10	S 13	MS 13	MS 17	A	B	C
							mittlere Güte[2]		
Biegung	zul σ_B	7	10	13	15	17	11	17	25
Zug	zul $\sigma_{Z\parallel}$	0[3]	7	9	10	12	10	10	15
Zug	zul $\sigma_{Z\perp}$	0[3]	0,05	0,05	0,05	0,05	0,05	0,05	0,05
Druck	zul $\sigma_{D\parallel}$	6	8,5	11	11	12	10	13	20
Druck	zul $\sigma_{D\perp}$	2 2,5[4]	2 2,5[4]	2 2,5[4]	2,5 3[4]	2,5 3[4]	3 4[4]	4 -	8 -
Abscheren	zul τ_a	0,9	0,9	0,9	1	1	1	1,4	2
Schub aus Q	zul τ_Q	0,9	0,9	0,9	1	1	1	1,4	2
Torsion[5]	zul τ_T	0	1	1	1	1	1,6	1,6	2

[1] Den Sortierklassen S 7, S 10 und S 13 entsprechen die Güteklassen III, II und I von DIN 4074-2.
[2] Mindestens Sortierklasse S 10 nach DIN 4074-1 bzw. Güteklasse II nach DIN 4074-2.
[3] Für MS 7 gilt: zul $\sigma_{Z\parallel}$ = 4 MN/m² und zul $\sigma_{Z\perp}$ = 0,05 MN/m².
[4] Bei Anwendung dieser Werte ist mit größeren Eindrückungen zu rechnen, die erforderlichenfalls konstruktiv zu berücksichtigen sind. Bei Anschlüssen mit verschiedenen VM diese Werte nicht anwenden.
[5] Für Kastenquerschnitte sind die Werte für Schub aus Q einzuhalten.
[6] Auch für Konstruktionsvollholz (KVH) aus NH S 10, siehe [9.12].

Tafel 9.7b Zulässige Spannungen für BSH in MN/m²

Art der Beanspruchung		BSH aus NH			
		BS 11	BS 14	BS 16	BS 18
		Sortierklasse[1] der Lamellen			
		S 10/MS 10	S 13	MS 13	MS 17
Biegung	zul σ_B	11	14	16	18
Zug	zul $\sigma_{Z\parallel}$	8,5	10,5	11	13
Zug	zul $\sigma_{Z\perp}$	0,2	0,2	0,2	0,2
Druck	zul $\sigma_{D\parallel}$	8,5	11	11,5	13
Druck	zul $\sigma_{D\perp}$	2,5 3[2]	2,5 3[2]	2,5 3[2]	2,5 3[2]
Abscheren	zul τ_a	0,9	0,9	1	1
Schub aus Q	zul τ_Q	1,2	1,2	1,3	1,3
Torsion[3]	zul τ_T	1,6	1,6	1,6	1,6

[1] Die zugehörige Sortierklasse nach DIN 4074-1 muss bei Biegeträgern mindestens in den äußeren Sechsteln der Trägerhöhe, mindestens jedoch in zwei Lamellen, vorhanden sein. Für die inneren Lamellen darf die nächst niedrigere Sortierklasse nach DIN 4074-1 verwendet werden.

[2] Bei Anwendung dieser Werte ist mit größeren Eindrückungen zu rechnen, die erforderlichenfalls konstruktiv zu berücksichtigen sind. Bei Anschlüssen mit verschiedenen VM diese Werte nicht anwenden.

[3] Für Kastenquerschnitte sind die Werte für Schub aus Q einzuhalten.

Die zulässigen Spannungen der Sortierklasse S 13 dürfen bei Sparren, Pfetten, Deckenbalken aus Kanthölzern oder Bohlen nicht angewendet werden. Bei Fliegenden Bauten nach DIN 4112 müssen tragende Bauteile des Haupttragwerkes mindestens den Bedingungen der Sortierklasse S 13 nach DIN 4074-1 bzw. der Güteklasse I nach DIN 4074-2 entsprechen.

Mögliche Erhöhungen der zulässigen Spannungen nach Tafel 9.7a/b:

zul σ_B	um 10 %	bei Durchlaufträgern ohne Gelenke über Innenstützen
zul σ_B, zul $\sigma_{D\parallel}$	um 20 %	bei Rundhölzern mit ungeschwächter Randzone

zul $\sigma_{D\perp}$	auf $k_{D\perp}$ zul $\sigma_{D\perp}$		bei kleinen Druckflächen mit $k_{D\perp}$ nach Abschnitt 3.3, Seite 9.14
zul τ_Q	auf 1,2 MN/m²		bei Trägern aus NH und LH A für die Querschnitte, die ≥ 1,5 m vom Stirnende entfernt sind.

Erforderliche Abminderungen der zulässigen Spannungen nach Tafel 9.7a/b

zul $\sigma_{Z\parallel}$	um 20 %	bei symmetrisch beanspruchten Teilen genagelter Zugstöße oder Zuganschlüsse, siehe Gl. (3) auf Seite 9.14
zul $\sigma_{D\perp}$	um 20 %	wenn Überstand $\ddot{u}$ < 10 (7,5) cm nach Abschnitt 3.3, Seite 9.14

Zulässige Druckspannungen in MN/m² bei einem Winkel α zwischen Kraft und Faser im Lastfall H
zul $\sigma_{D\alpha}$ = zul $\sigma_{D\parallel}$ – (zul $\sigma_{D\parallel}$ – zul $\sigma_{D\perp}$) sin α α ist der Winkel zwischen Kraft- und Faserrichtung.

Winkel α	0°	10°	20°	30°	40°	50°	60°	70°	80°	90°
VH(NH) S 10/MS 10	8,5	7,4	6,3	5,2	4,3	3,5	2,9	2,4	2,1	2,0
BSH (NH) BS 11	8,5	7,5	6,4	5,5	4,6	3,9	3,3	2,9	2,6	2,5

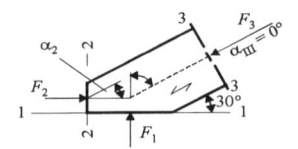

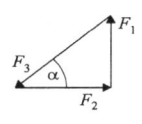

NH S 10; α = 30°			
Fuge	1-1	2-2	3-3
α	60°	30°	0°
zul $\sigma_{D\alpha}$	2,9	5,2	8,5

Tafel 9.8 Zulässige Spannungen in MN/m² für BFU und FP im Lastfall H

		BFU nach DIN 68 705-3(5) Lagenanzahl				FP DIN 68 763, Plattendicke in mm					
		3	≥ 5	3	≥ 5		≤ 13	> 13 ≤ 20	> 20 ≤ 25	> 25 ≤ 32	> 32 ≤ 40	> 40 ≤ 50
zul σ_B		13		5			4,5	4,0	3,5	3,0	2,5	2,0
		9		6			3,4	3,0	2,5	2,0	1,6	1,4
zul σ_Z		8³⁾		4³⁾			2,5	2,25	2,0	1,75	1,5	1,25
zul σ_D		8³⁾		4³⁾			3,0	2,75	2,5	2,25	2,0	1,75
zul $\sigma_{D\perp}$		3 (4,5)					2,5		2,0		1,5	
zul τ¹⁾		0,9 (1,2)					0,4			0,3		
		1,8 (3)	3 (4)	1,8 (3)	3 (4)		1,8			1,2		
zul σ_l²⁾⁴⁾		8		4			6,0					

¹⁾ Werte gelten für Abscheren und Schub aus Querkraft Q.   ²⁾ Lochleibungsspannung für Bo und SDü.
³⁾ Bei Winkel Kr-Fa 30° bis 60° ist zul $\sigma_{Z,D}$ = 2 MN/m². Für 0° < α < 30° darf zwischen 8 MN/m² und 2 MN/m², für 60° < α < 90° darf zwischen 2 MN/m² und 4 MN/m² interpoliert werden.
⁴⁾ Für BFU-BU nach DIN 68 705-5 aus mindestens 5 Lagen ist zul σ_l = 2 zul σ_D.
( )-Werte gelten für BFU nach DIN 68 705-5 mit Beiblatt 1. Die übrigen Werte für zulässige Span-

Die zulässigen Spannungen der Tafeln 9.7a/b und 9.8 dürfen erhöht werden um:

25 % im Lastfall HZ   50 % für Transport- und Montagezustände   100 % bei Sonderlasten

Die zulässigen Spannungen müssen bei Feuchteeinwirkungen abgemindert werden für
VH und BSH um 1/6 bei Bauteilen, die der Witterung allseitig ausgesetzt sind oder deren Gleichgewichtsfeuchte > 18 % ist, nicht aber bei Gerüsten;
um 1/3 bei Bauteilen und Gerüsten, die dauernd im Wasser stehen, und bei Gerüsten aus Hölzern, die zum Zeitpunkt der Belastung noch nicht halbtrocken sind (s. DIN 4074-1-2).
Diese Abminderungen gelten nicht für LH der Gruppe C und für Fliegende Bauten mit Schutzanstrich, der mindestens alle zwei Jahre erneuert wird;
BFU 100G und FP V 100G um 1/4 für BFU 100G und um 1/3 für FP V 100G, wenn Plattenfeuchten > 18 % über mehrere Wochen zu erwarten sind.

Zulässige Spannungen für Stahlteile (DIN 1052-1, 5.3)
− Für geschweißte Bauteile aus Stahl gilt DIN 18 800-7.
− Für gerade Bauteile aus Flach- und Rundstahl ohne Werksbescheinigung gilt für Lastfälle H und HZ:
  zul σ_B = zul σ_Z = 110 MN/m^2 allgemein und
  zul σ_Z = 100 MN/m^2 im Kernquerschnitt der Rundstähle.

1.5 Querschnittsermittlung

Mindestquerschnitte und Mindestdicken (DIN 1052-1, 6.3)

$a \geq 2{,}4$ cm $A \geq 14$ cm^2	für tragende einteilige VH–Querschnitte
$A \geq 11$ cm^2	für Lattungen
$a \geq 8$ mm	für tragende FP
$a \geq 6$ mm	für tragendes BFU (Lagenanzahl ≥ 5)
$a \geq 6$ mm	für aussteifende BFU-Beplankungen (Lagenanzahl ≥ 3)
a ist die Plattendicke.	

Brettabmessungen für BSH

6 mm $\leq a \leq 33$ mm $a \leq 42$ mm	bei geraden Bauteilen, die keinen extremen klimatischen Wechselbeanspruchungen ausgesetzt sind
$b \leq 220$ mm	bei einteiligen Brettern
$b > 220$ mm	zulässig, wenn mindestens 1 Entlastungsnut je Brett oder mindestens 2 Bretter je Lage

Mindestquerschnitte für Lastfall Brand s. DIN 4102-4 (Auszüge in Kapitel 10, Tafel 10.75 und 10.76).

Querschnittsschwächungen im Zug- und Biegezugbereich (DIN 1052-1, 6.4)

Abzuziehen sind alle im gleichen Querschnitt liegenden Fehlflächen (z. B. Einschnitte, Bohrungen usw.). Nach DIN 4074 zulässige Baumkanten sind nicht abzuziehen.
a, d_{st}, d_n, d_b in cm.
Versetzt liegende Schwächungen nach nebenstehender Abbildung sind in Querschnitt 1-1 abzuziehen, wenn der Lichtabstand $l \leq 15$ cm oder bei stabförmigen Verbindungsmitteln < $4d$ (Einzelheiten hierzu sind [9.11] zu entnehmen).

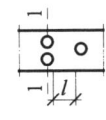

Bei Keilzinkungen ist die Schwächung durch den Zinkengrund nur einmal abzuziehen.

Verbindungsmittel	VM-∅	Bemerkung	Fehlfläche in cm²
SDü und PB	d_{st}	alle Durchmesser	$a\, d_{st}$
Nagellöcher vb	d_n		$a\, d_n$
Nagellöcher nicht vb	d_n	$d_n > 4{,}2$ mm[1)]	$a\, d_n$
Holzschrauben (Sr)	d_s	alle Sr-∅	$a\, d_s$
Bolzen (Bo)	d_b	alle Bo-∅	$a\,(d_b + 0{,}1)$
Dübel besonderer Bauart nach DIN 1052-2, siehe Tafel 9.19		alle Dü-∅; ΔA nach Tafel 9.19, Spalte 8(5) mit zugehörigem Bo	Seitenholz $\Delta A + a\,(d_b + 0{,}1)$ Mittelholz $2\Delta A + a\,(d_b + 0{,}1)$
Keilzinkung nach DIN 68 140		Keilzinken der Beanspruchungsgruppe I	$vA = A\,b/t$

[1)] Bei BFU alle Na-∅.

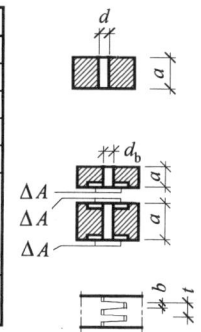

Querschnittsschwächungen im Druck- und Biegedruckbereich sind nur abzuziehen, wenn die geschwächte Stelle nicht satt ausgefüllt ist oder der E-Modul des ausfüllenden Materials kleiner ist als der E-Modul des Holzes in Richtung der Druck- und Biegespannungen.

Bezugsachse für I_n und W_n
Die Netto-Querschnittswerte I_n und W_n dürfen auf die Achse des ungeschwächten Querschnitts bezogen werden.

1.6 Stützweiten und Ausmittigkeiten

Als **Stützweite** von Biegeträgern ist nach DIN 1052-1, 8.1.1 der Abstand der Auflagermitten anzusetzen, bei Einfeldträgern und Auflagerung auf Mauerwerk oder Beton jedoch höchstens das 1,05fache der lichten Weite.
Durchlaufende Bretter, Bohlen oder Platten aus HW sind üblicherweise als frei drehbar gelagerte Träger auf zwei Stützen zu berechnen.
Ausmittigkeiten in Anschlüssen und Stößen sind zu berücksichtigen.

Spannungen infolge Ausmittigkeit brauchen bei Verbindungen mit Nägeln, Nagel- oder Knotenplatten nicht nachgewiesen zu werden, wenn für die Ausmittigkeit gilt: e_1 bzw. $e_2 \leq h_g/2$

Bei Zugstößen und -anschlüssen sind die einseitig beanspruchten Teile (Außenlasche bzw. Stabhälfte) vereinfacht zu bemessen für
$1{,}5N/2$
(siehe auch Abschnitt 3.1)

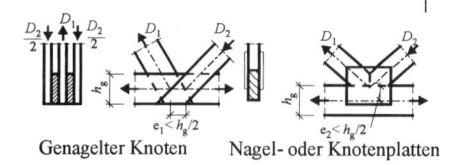

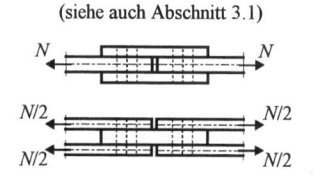

Genagelter Knoten   Nagel- oder Knotenplatten

1.7 Knicklängen (DIN 1052-1, 9.1)

Knicklängen für die Eulerfälle, die nachgiebig eingespannte Stütze, die Stützenreihe, das Kehlbalkendach, den Bogenträger und Rahmentragwerke siehe BTI, Kapitel IX [CD], wobei gilt: $s_k = l_{ef}$
Weitere Knicklängen siehe [9.1].

Knicklängen für Fachwerkstäbe

Stabart und Anschluss		zur Fachwerksebene ‖	zur Fachwerksebene ⊥
Gurtstäbe		s	s_v
Füllstäbe, angeschlossen mit	Versatz, Bo, Dübelpaar	s	s
	SDü, Nä, Knotenplatten, Dü-Gruppe	$0{,}8\,s$	s

s Länge der Netzlinie
s_v Abstand der Dachverbandsknoten

Zulässiger Schlankheitsgrad (DIN 1052-1, 9.2)

$\lambda \leq 150$ bei einteiligen Druckstäben
ef $\lambda \leq 175$ bei zusammengesetzten, nicht geleimten Druckstäben
$\lambda \leq 200$ bei Verbands- und Zugstäben, die nur aus Zusatzlast Druckkräfte erhalten
$\lambda \leq 250$ bei Zeltstangen zur Minderung des Durchhangs nach DIN 4112

1.8 Knickzahlen (DIN 1052-1, Tab. 10 und DIN 1052-1/A1)

Tafel 9.11a Knickzahlen ω — Zwischenwerte dürfen linear interpoliert werden.

λ	VH aus NH S 7 bis MS 17	BSH aus NH BS 14 bis BS 18	BS 11	VH aus LH Gruppe A	B	C	FP Plattendicke in cm ≤ 2	$>2 \leq 5$	BFU Lagenanzahl 3	≥ 5
0	1,00	1,00	1,00	1,00	1,00	1,00	1,00	1,00	1,00	1,00
10	1,04	1,00	1,00	1,04	1,03	1,03	1,03	1,02	1,02	1,01
20	1,08	1,00	1,00	1,08	1,08	1,07	1,07	1,07	1,05	1,04
30	1,15	1,00	1,00	1,15	1,15	1,15	1,15	1,16	1,11	1,12
40	1,26	1,03	1,03	1,25	1,27	1,29	1,28	1,34	1,22	1,28
50	1,42	1,13	1,11	1,40	1,45	1,50	1,49	1,61	1,38	1,54
60	1,62	1,28	1,25	1,59	1,69	1,79	1,78	1,99	1,61	1,91
70	1,88	1,51	1,45	1,83	2,00	2,17	2,15	2,48	1,92	2,53
80	2,20	1,92	1,75	2,13	2,38	2,67	2,60	3,24	2,30	3,30
90	2,58	2,43	2,22	2,48	2,87	3,38	3,22	4,10	2,87	4,18
100	3,00	3,00	2,74	2,88	3,55	4,17	3,98	5,07	3,55	5,16
110	3,63	3,63	3,32	3,43	4,29	5,05	4,82	6,13	4,29	6,24
120	4,32	4,32	3,95	4,09	5,11	6,01	5,73	7,30	5,11	7,43
130	5,07	5,07	4,63	4,79	5,99	7,05	6,73	8,56	5,99	8,72
140	5,88	5,88	5,37	5,56	6,95	8,18	7,80	9,93	6,95	10,11
150	6,75	6,75	6,17	6,38	7,98	9,39	8,96	11,40	7,98	11,61
160	7,68	7,68	7,02	7,26	9,08	10,68	10,19	12,97	9,08	13,20
170	8,67	8,67	7,92	8,20	10,25	12,06	11,50	14,64	10,25	14,91
175	9,19	9,19	8,39	8,69	10,86	12,78	12,19	15,52	10,86	15,80
180	9,72	9,72	8,88	9,19	11,49	13,52	12,90	16,41	11,49	16,71
190	10,83	10,83	9,89	10,24	12,80	15,06	14,37	18,29	12,80	18,62
200	12,00	12,00	10,96	11,35	14,18	16,69	15,92	20,26	14,18	20,63
210	13,23	13,23	12,08	12,51	15,64	18,40	17,55	22,34	15,64	22,75
220	14,52	14,52	13,26	13,73	17,16	20,19	19,27	24,52	17,16	24,97
230	15,87	15,87	14,50	15,01	18,76	22,07	21,06	26,80	18,76	27,29
240	17,28	17,28	15,78	16,34	20,43	24,03	22,93	29,18	20,43	29,71
250	18,75	18,75	17,13	17,73	22,16	26,08	24,88	31,66	22,16	32,24

Tafel 9.11b Knickzahlen ω von VH aus NH für die ganzzahligen Schlankheitsgrade

λ	0	1	2	3	4	5	6	7	8	9
0	1,00	1,00	1,01	1,01	1,02	1,02	1,02	1,03	1,03	1,04
10	1,04	1,04	1,05	1,05	1,06	1,06	1,06	1,07	1,07	1,08
20	1,08	1,09	1,09	1,10	1,11	1,11	1,12	1,13	1,13	1,14
30	1,15	1,16	1,17	1,18	1,19	1,20	1,21	1,22	1,24	1,25
40	1,26	1,27	1,29	1,30	1,32	1,33	1,35	1,36	1,38	1,40
50	1,42	1,44	1,46	1,48	1,50	1,52	1,54	1,56	1,58	1,60
60	1,62	1,64	1,67	1,69	1,72	1,74	1,77	1,80	1,82	1,85
70	1,88	1,91	1,94	1,97	2,00	2,03	2,06	2,10	2,13	2,16
80	2,20	2,23	2,27	2,31	2,35	2,38	2,42	2,46	2,50	2,54
90	2,58	2,62	2,66	2,70	2,74	2,78	2,82	2,87	2,91	2,95
100	3,00	3,06	3,12	3,18	3,24	3,31	3,37	3,44	3,50	3,57
110	3,63	3,70	3,76	3,83	3,90	3,97	4,04	4,11	4,18	4,25
120	4,32	4,39	4,46	4,54	4,61	4,68	4,76	4,84	4,92	4,99
130	5,07	5,15	5,23	5,31	5,39	5,47	5,55	5,63	5,71	5,80
140	5,88	5,96	6,05	6,13	6,22	6,31	6,39	6,48	6,57	6,66
150	6,75	6,84	6,93	7,02	7,11	7,21	7,30	7,39	7,49	7,58
160	7,68	7,78	7,87	7,97	8,07	8,17	8,27	8,37	8,47	8,57
170	8,67	8,77	8,88	8,98	9,08	9,19	9,29	9,40	9,51	9,61
180	9,72	9,83	9,94	10,05	10,16	10,27	10,38	10,49	10,60	10,72
190	10,83	10,94	11,06	11,17	11,29	11,41	11,52	11,64	11,76	11,88
200	12,00	12,12	12,24	12,36	12,48	12,61	12,73	12,85	12,98	13,10
210	13,23	13,36	13,48	13,61	13,74	13,87	14,00	14,13	14,26	14,39
220	14,52	14,65	14,79	14,92	15,05	15,19	15,32	15,46	15,59	15,73
230	15,87	16,01	16,15	16,29	16,43	16,57	16,71	16,85	16,99	17,14
240	17,28	17,42	17,57	17,71	17,86	18,01	18,15	18,30	18,45	18,60
250	18,75	-	-	-	-	-	-	-	-	-

9 Holzbau

2 Durchbiegungsberechnung

2.1 Zulässige Durchbiegungen (DIN 1052-1, Tab. 9 und 8.5.6)

Zur Sicherung der Gebrauchstauglichkeit von Bauteilen und Bauwerken sind Grenzwerte für die Durchbiegungen (nach DIN 1052: zulässige Durchbiegungen) einzuhalten.

Tafel 9.12 Zulässige Durchbiegungen[1]

Bauteil (Üb = Überhöhung)		Mit Üb Verkehrslast	Mit Üb Gesamtlast	Ohne Üb Gesamtlast
BSH-Träger, zusammengesetzte Träger, Vollwandträger		$l/300$	$l/200$ [2]	$l/300$
Fachwerkträger einschl. einsinnig verbretterter Vollwandträger	Näherungsberechnung: nur die elastische Verformung der Gurtstäbe	$l/600$	$l/400$	$l/600$
	Genauere Berechnung:[3] elast. Verformung aller Stäbe u. Nachgiebigkeit aller Anschlüsse	$l/300$	$l/200$ [2]	$l/300$
Deckenträger (außer Stalldecken), Pfetten, Sparren und Balken über Wohn- u. Büroräumen				$l/300$
Pfetten und Sparren, Balken in Ställen und Scheunen				$l/200$
Stützen und Riegel in Außenwänden, z. B. infolge Windlast				$l/200$
Dach- und Deckenschalung oder obere Beplankung		$l/200 \leq 1$ cm für $g + p + w$		
		$l/100 \leq 2$ cm für $g + 1$ kN (Personenlast)		
Kragträger: bezogen auf die Kraglänge l_k gelten die zweifachen obigen Werte.				

[1] In Sonderfällen (z. B. verglaste Fassaden) geringere Durchbiegungen beachten, siehe [9.11].
[2] Diese Werte gelten in landwirtschaftlichen Bauten auch ohne Überhöhung.
[3] Zum Beispiel bei Flachdächern mit $l/h > 10$.

2.2 Überhöhungen (DIN 1052-1, 8.5.5)

Bei BSH-, Fachwerk- und zusammengesetzten Trägern ist in der Regel das Gesamtsystem parabelförmig zu überhöhen. Die Überhöhung soll betragen:

mit rechnerischem Nachweis: $\geq$ rechnerische Durchbiegung infolge Gesamtlast, gegebenenfalls einschließlich Kriech- und Nachgiebigkeitseinfluss

ohne rechnerischen Nachweis: $\geq l/300$ allgemein
                                   $\geq l/200$ bei halbtrockenem oder frischem Holz
                                   $\geq l_k/150$ bei Kragträgern

2.3 Kriechverformungen (DIN 1052-1, 4.3)

Die Kriechverformung ist bei hoher ständiger Last ($g > 0{,}5q$) zu berücksichtigen und darf proportional zur elastischen Verformung infolge ständiger Last angenommen werden.

Kriechverformung $f_k = \phi f_{el}$ (1)   mit Kriechzahl $\phi = 1/\eta_k - 1$ (2)

Gesamtverformung $f_{g+p} = (1+\phi)f_g + f_p = (f_g + f_p)\,(1+\phi\dfrac{g}{q})$ (3)

Für Bauteile aus Holz und BFU ist in Gl. (2) einzusetzen:

Bei $u_G \leq 18\,\%$: $\eta_k = 1{,}5 - g/q$	
Bei $u_G > 18\,\%$: $\eta_k = 1{,}67 - 1{,}33\,g/q$	
Bei $s_0 > 0{,}75$ kN/m² ist anstelle von g	
$g + 0{,}5(s_0 - 0{,}75)s/s_0$ zu verwenden.	

g ständige Last
p Verkehrslast
q Gesamtlast
s, s_0 Schneelast, Regelschneelast (DIN 1055-5) in kN/m²
u_G Gleichgewichtsfeuchte

Für Bauteile aus FP sind, sofern ihre Holzfeuchte nicht ständig unter 15 % liegt, die zweifachen ϕ-Werte in Rechnung zu stellen.

Bei Wohnhausdächern mit Ausnahme von Flachdächern dürfen Kriechverformungen beim Durchbiegungsnachweis vernachlässigt werden.

2.4 Verschiebungswerte (DIN 1052-2, 13)

Neben den elastischen Verformungen und den Kriechverformungen sind in Holzkonstruktionen die Verschiebungen infolge der Nachgiebigkeit in Anschlüssen und Stößen beim Nachweis der Gebrauchstauglichkeit gegebenenfalls zusätzlich zu berücksichtigen. Rechenwerte für Verschiebungsmoduln C siehe BTI, Kapitel 9, 2.4.

2.5 Vereinfachte Durchbiegungsnachweise
2.5.1 Einteilige Träger mit konstanter Höhe

Einachsige Biegung $\quad f_\sigma = n \max M \, l^2 \, \dfrac{1}{I} \, \dfrac{10^4}{E_\|} \leq \text{zul} f \quad$ (1)

Doppelbiegung $\quad f_y = n \max M_z \, l_z^2 \, \dfrac{1}{I} \, \dfrac{10^4}{E_\|} \qquad f_z = n \max M_y \, l_y^2 \, \dfrac{1}{I} \, \dfrac{10^4}{E_\|}$

$$f_\sigma = \sqrt{f_y^2 + f_z^2} \leq \text{zul} f \quad (2)$$

n-Werte und Einheiten von $\max M$, l, I siehe Seite 4.23

Schubverformung $\quad f_\tau = \dfrac{\max M}{G A_v} \quad$ (3) $\qquad G \quad$ Schubmodul

$A_v = A_{\text{Steg}}$ bei Stegträgern
$A_v = A/1{,}2$ bei Trägern mit Rechteck-Querschnitt

Gesamtverformung $\quad f = f_\sigma + f_\tau \leq \text{zul} f \quad$ (4)

Beachten: Bei Feuchteeinwirkung: E-Modul abmindern
ϕf_g aus Kriecheinfluss, wenn $g > 0{,}5q$ (siehe Abschnitt 2.3)

2.5.2 Sattel- und Pultdachträger aus BSH unter Gleichstreckenlast

Biegeverformung mit $I_a = b h_a^3 / 12 \qquad$ Schubverformung mit $A_a = b h_a$

$$f_\sigma = \dfrac{\max M \, l^2}{9{,}6 E_\| \, I_a} k_\sigma \quad (5) \qquad f_\tau = \dfrac{1{,}2 \max M}{G A_a} k_\tau \quad (6)$$

Faktoren k_σ und k_τ für Pultdachträger und symmetrische Satteldachträger

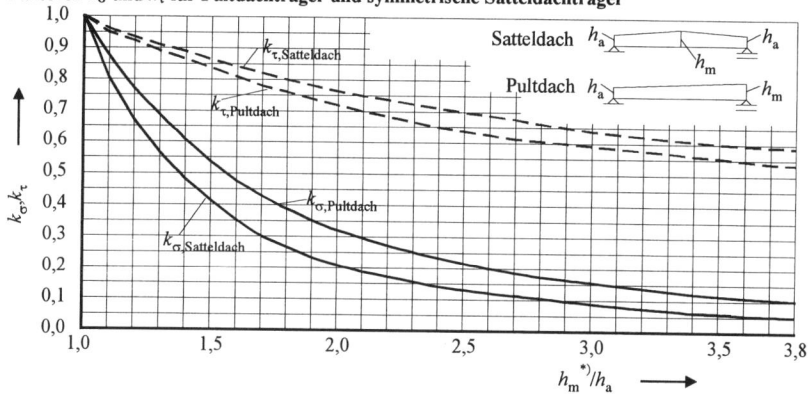

[Diagramm: k_σ, k_τ über h_m/h_a von 1,0 bis 3,8; Kurven $k_{\tau,\text{Satteldach}}$, $k_{\tau,\text{Pultdach}}$, $k_{\sigma,\text{Pultdach}}$, $k_{\sigma,\text{Satteldach}}$; Skizzen Satteldach und Pultdach mit h_a, h_m]

*) Bei gekrümmtem Untergurt hier h_1 nach der Abb. in Bautabellen für Ingenieure, Kap. 9B einsetzen.
Für symmetrische Satteldachträger kann k_σ bzw. k_τ nach folgenden Gln. berechnet werden:

$$k_\sigma = \dfrac{(h_a / h_m)^3}{0{,}15 + 0{,}85 \, h_a / h_m} \quad (7) \qquad k_\tau = \dfrac{2}{1 + (h_m / h_a)^{2/3}} \quad (8)$$

3 Spannungsnachweise einteiliger Rechteckquerschnitte

3.1 Zug parallel zur Faser (DIN 1052-1, 7)

$$\frac{N/A_n}{\text{zul}\,\sigma_{Z\parallel}} \leq 1 \qquad (1)$$

N ist mittige Zugkraft

Zugstoß oder Zuganschluss

Teile m (mittig):
- allgemein $\quad \dfrac{N/A_n}{\text{zul}\,\sigma_{Z\parallel}} \leq 1 \qquad (2)$
- genagelt $\quad \dfrac{N/A_n}{0{,}8^{*)}\,\text{zul}\,\sigma_{Z\parallel}} \leq 1 \qquad (3)$

Teile s $\quad$ ausmittig $\quad \dfrac{1{,}5^{**)}\,N/A_n}{\text{zul}\,\sigma_{Z\parallel}} \leq 1 \qquad (4)$

*) Siehe Seite 9.8. $\qquad$ **) Siehe Abschnitt 1.6.

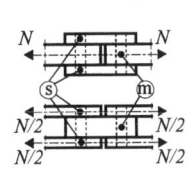

3.2 Druck parallel zur Faser

$$\frac{N/A_n}{\text{zul}\,\sigma_{D\parallel}} \leq 1 \qquad (5)$$

N ist mittige Druckkraft.
Bei Knickgefahr siehe 4.1.

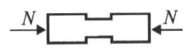

3.3 Druck rechtwinklig zur Faser

$ü < 10\ (7{,}5)$ cm $\qquad \dfrac{V/A_n}{0{,}8\,\text{zul}\,\sigma_{D\perp}} \leq 1 \qquad (6)$

$ü \geq 10\ (7{,}5)$ cm $\qquad \dfrac{V/A_n}{\text{zul}\,\sigma_{D\perp}} \leq 1 \qquad (7)$

$ü \geq 10\ (7{,}5)$ cm
und $l < 15$ cm $\qquad \dfrac{V/A_n}{k_{D\perp}\,\text{zul}\,\sigma_{D\perp}} \leq 1 \qquad (8)$

mit l in cm ist $\qquad k_{D\perp} = \sqrt[4]{15/l} \leq 1{,}8 \qquad (9)$

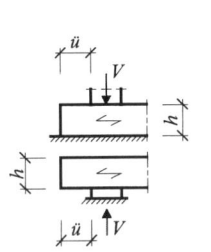

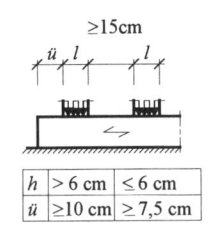

	$h > 6$ cm	≤ 6 cm
$ü$	≥ 10 cm	$\geq 7{,}5$ cm

3.4 Biegung

$$\frac{M_y/W_{yn} + M_z/W_{zn}}{\text{zul}\,\sigma_B} \leq 1 \qquad (10)$$

W_{yn} bzw. W_{zn} ist das Netto-Widerstandsmoment um die y- bzw. z-Achse.
Zulässige Spannung siehe 1.4.
Bei Kippgefahr siehe Abschnitt 4.2.

3.5 Biegung und Zug

$$\frac{N/A_n}{\text{zul}\,\sigma_{Z\parallel}} + \frac{M_y/W_{yn} + M_z/W_{zn}}{\text{zul}\,\sigma_B} \leq 1 \qquad (11)$$

Zum Beispiel exzentrischer Zug mit $M_y = N\,e$
Bezeichnungen siehe 3.4.

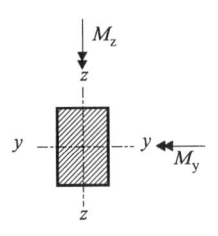

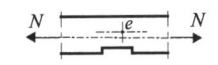

3.6 Biegung und Druck

$$\frac{N/A_n}{zul\,\sigma_{D\|}} + \frac{M_y/W_{yn} + M_z/W_{zn}}{zul\,\sigma_B} \leq 1 \quad (1)$$

Als Querschnittswerte sind einzusetzen:
A_n und W_n: für Fall a stets; für Fall b nur, wenn $|N/A| < |M/W|$ ist.
A und W : für Fall c stets; für Fall b nur, wenn $|N/A| \geq |M/W|$ ist.

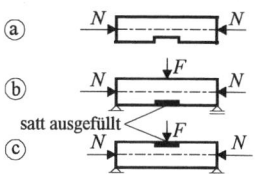

3.7 Abscheren

$$\tau_a = \frac{D\cos\alpha}{b\,l_V} \quad (2) \quad \tau_a/zul\,\tau_a \leq 1$$

3.8 Schub

aus Querkraft: $\quad \tau_Q = 1{,}5\dfrac{Q}{b\,h} \quad (3) \quad \tau_Q/zul\,\tau_Q \leq 1$

Q darf gegebenenfalls durch red Q ersetzt werden, siehe unten.

Reduzierte Querkraft red Q (DIN 1052-1, 8.2.1.2)

Für Biegeträger mit Auflagerung am unteren und Lastangriff am oberen Trägerrand darf im Bereich der End- und Zwischenauflagerung der Nachweis der Schubspannung und gegebenenfalls der Schubverbindungsmittel mit red Q geführt werden, wenn dort keine Ausklinkungen und Durchbrüche sind.

Bei Einzellast: $\quad$ red $Q = k_F V$
$\qquad\qquad\qquad$ wenn $a \leq 2h$

Bei Gleichlast: $\quad$ red $Q = k_q V$

k_F und k_q für Einfeldträger siehe BTI, Kapitel IX [CD].

4 Stabilitätsnachweise
4.1 Knicken von Druckstäben (DIN 1052-1, 9)

Zentrischer Druck

$$\frac{N/A_n}{zul\,\sigma_k} \leq 1 \quad (4) \quad \text{mit} \quad zul\,\sigma_k = zul\,\sigma_{D\|}/\omega \quad \text{und } \omega \text{ nach Tafeln 9.11a/b}$$

Druck und Biegung

$$\frac{N/A_n}{zul\,\sigma_k} + \frac{M/W_n}{k_B\,1{,}1zul\,\sigma_B} \leq 1 \quad (5) \quad \text{Für } k_B > 1/1{,}1 \text{ ist nach Ergänzungsblatt zu [9.11] außerdem}$$

einzuhalten:

$$\frac{N/A_n}{zul\,\sigma_k} + \frac{M/W_n}{zul\,\sigma_B} \leq 1 \quad (6)$$

k_B ist der Kippbeiwert nach Abschnitt 4.2. Für ω ist stets der größte Wert ohne Rücksicht auf die Richtung der Ausbiegung einzusetzen. Die Schlankheitsgrade λ_y bzw. λ_z (Knicken) und der Kippschlankheitsgrad λ_B dürfen für den ungeschwächten Querschnitt berechnet werden.

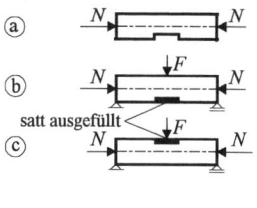

4.2 Kippen von Biegeträgern   Siehe BTI, Kapitel 9, 4.2.

4.3 Tragsicherheitsnachweis nach der Spannungstheorie II. Ordnung (DIN 1052-1, 9.6)

Anstelle des Knicksicherheitsnachweises (ω-Verfahren nach Abschnitt 4.1) wird mit γ-fachen Lasten der Tragsicherheitsnachweis nach der Spannungstheorie II. Ordnung geführt. Näheres siehe BTI, Kap. 9, 4.3.

4.4 Berechnung von Verbänden   Siehe BTI, Kapitel 9, 4.4.

Sofern kein genauerer Nachweis erfolgt, sind bei Gebäudelängen über 25 m mindestens zwei Aussteifungskonstruktionen anzuordnen, deren lichter Abstand in der Regel $\leq$ 25 m betragen soll. Einzelheiten zur Berechnung und Beispiele siehe auch [9.2] und [9.3].

5 Berechnung von BSH-Trägern   Siehe BTI, Kapitel 9, 5.

6 Berechnung zusammengesetzter Querschnitte

Zur Herleitung der Berechnungsgleichungen siehe z. B. [9.4]. Näheres siehe BTI, Kap. 9, 6.

7 Verbindungen (DIN 1052-2)

Für zulässige Belastungen der Verbindungen gelten allgemein folgende Erhöhungen (DIN 1052-2, 3.2):
- um 25 % im Lastfall HZ
- um 100 % bei waagerechten Stoßlasten und Erdbebenlasten
- um 25 % für Transport- und Montagezustände.

Bei Feuchteeinwirkungen sind die zulässigen Belastungen in den auf Seite 9.9 oben beschriebenen Fällen auf 5/6 bzw. 2/3 zu ermäßigen.

Bei der Berücksichtigung von Windsogspitzen nach Seite 3.25 darf als Tragkraft F_{Trag} der Verbindungsmittel 1,8 zul F in Rechnung gestellt werden, siehe Abhebenachweis Seite 3.19.

Verbindungsmittel sind möglichst symmetrisch zur Stabachse anzuordnen.

Mechanische Verbindungsmittel in Hirnholz dürfen mit Ausnahme der Hirnholz-Dübelverbindung mit Dübel Typ A nach Seite 9.20 bzw. Typ C und D nach [9.6] nicht als tragende Verbindungsmittel in Rechnung gestellt werden.

Mindestanforderungen an den Korrosionsschutz für tragende Verbindungsmittel aus Stahl sind der Tab. 1 in DIN 1052-2 zu entnehmen.

7.1 Einfacher und doppelter Versatz

Für die Ausführung von Versätzen gilt DIN 1052-2, 12. Die erforderliche Lagesicherung erfolgt z. B. durch seitlich aufgenagelte Laschen oder durch Bolzen oder Sondernägel zur Verbindung von Strebe und Schwelle.

Strebenneigungswinkel α	$\leq 50°$	$50° < \alpha < 60°$	$\geq 60°$	Bei zweiseitigem Versatzeinschnitt: $t_V \leq h/6$
Versatztiefe t_V	$\leq h/4$	$\leq h\left(\dfrac{2}{3} - \dfrac{\alpha°}{120°}\right)$	$\leq h/6$	Bei doppeltem Versatz: $t_{V,1} = 0{,}8 t_{V,2} \leq t_{V,2} - 10$ mm
Im Nachweis anrechenbare Vorholzlänge $l_V \leq 8 t_V$				Auszuführende Mindest-Vorholzlänge: 200 mm

Stirnversatz (S)	Fersenversatz (F)	Doppelter Versatz (D)
$\text{zul}\,N_S = \dfrac{b\,t_V\,\text{zul}\,\sigma_{D\alpha/2}}{\cos^2\alpha/2} = \text{zul}\,\sigma_S b\,t_V$ zul σ_S siehe Tafel 9.17a $\text{erf}\,l_V = \dfrac{N\cos\alpha}{b\,\text{zul}\,\tau_a}$	$\text{zul}\,N_F = \dfrac{b\,t_V\,\text{zul}\,\sigma_{D\alpha}}{\cos\alpha} = \text{zul}\,\sigma_F b\,t_V$ zul σ_F siehe Tafel 9.17a $\text{erf}\,l_V = \dfrac{N\cos\alpha}{b\,\text{zul}\,\tau_a}$	$\text{zul}\,N_D = \text{zul}\,N_S + \text{zul}\,N_F$ $\text{erf}\,l_{V1} = \dfrac{N_S\cos\alpha}{b\,\text{zul}\,\tau_a}$ $\text{erf}\,l_{V2} = \text{erf}\,l_{V1}\,N/N_S$
Näherungswerte zul N in kN im Lastfall H:		
zul $N_S \approx 0{,}7b\,t_V$	zul $N_F \approx 0{,}56b\,t_V$	zul $N_D \approx 1{,}12b\,t_{V2}$

Tafel 9.17a zul σ_S und zul σ_F in kN/cm² für NH im Lastfall H

	$\alpha =$	15°	20°	25°	30°	35°	40°	45°	50°	55°	60°
S 10	zul σ_S	0,778	0,760	0,744	0,731	0,720	0,711	0,704	0,700	0,699	0,700
MS 10	zul σ_F	0,706	0,668	0,635	0,606	0,583	0,564	0,552	0,548	0,554	0,574
S 13	zul σ_S	1,000	0,973	0,950	0,929	0,912	0,897	0,885	0,876	0,870	0,867
	zul σ_F	0,898	0,843	0,794	0,751	0,713	0,681	0,656	0,639	0,632	0,641

$\text{zul}\,\sigma_S = \left(\text{zul}\,\sigma_{D\|} - (\text{zul}\,\sigma_{D\|} - \text{zul}\,\sigma_{D\perp})\sin\alpha/2\right)/\cos^2\alpha/2$

$\text{zul}\,\sigma_F = \left(\text{zul}\,\sigma_{D\|} - (\text{zul}\,\sigma_{D\|} - \text{zul}\,\sigma_{D\perp})\sin\alpha\right)/\cos\alpha$

Beispiel Stirnversatz für eine Strebenkraft $N = 50$ kN im Lastfall H
Material: NH S 13
Näherung: zul $N_S \approx 0{,}7 \cdot 14 \cdot 4{,}5 \;= 44{,}1$ kN
Genau: zul $N_S = 0{,}885 \cdot 14 \cdot 4{,}5 = 55{,}7$ kN
$\text{erf}\,l_V = \dfrac{50{,}0 \cdot 10 \cdot \cos 45°}{14 \cdot 0{,}9} = 28$ cm $= \text{vorh}\,l_V < 8t_V = 36$ cm

7.2 Dübelverbindungen (DIN 1052-2, 4)

Nur zulässig für Verbindungen von NH und BSH aus NH mit mindestens S 10/MS 10, Einlassdübel auch für LH. Für Stahl-Holz-Verbindungen sind nur einseitige Dübel anwendbar. Alle Dübel müssen durch nachziehbare Schraubenbolzen gesichert werden mit Scheiben unter Kopf und Mutter nach nebenstehender Tafel.

Tafel 9.17b Scheibenmaße für tragende Dübel- und Bolzenverbindungen

Bolzen-∅	M 12	M 16	M 20	M 24
Dicke t in mm	6	6	8	8
○ D in mm	58	68	80	105
□ a a in mm	50	60	70	95

Rechteckdübel aus trockenem Hartholz oder Stahl
Zul. Leibungsspannungen zul σ_l in MN/m² $\|$ Fa im Lastfall H

l_d / t_d	Dübelanzahl $\|$ Kraft hintereinander			
	≤ 2 und in verdübelten Balken		3 und 4	
	NH	LH	NH	LH
≥ 5	8,5	10,0	7,5	9,0
< 5	4,0	5,0	3,5	4,5

Mehr als vier Rechteckdübel hintereinander dürfen nicht in Rechnung gestellt werden.

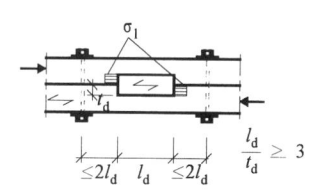

Fa-Ri $\|$ Kr-Ri

$\dfrac{l_d}{t_d} \geq 3$

Dübel besonderer Bauart
Einpressdübel sind nur in NH zu verwenden, Grundplatten des Typs D dürfen ≤ 3 mm ins Holz eingelassen werden. Zusätzliche Klemmbolzen sind an Laschenenden anzuordnen, wenn Dübel-$\varnothing$ oder -seitenlänge ≥ 130 mm.

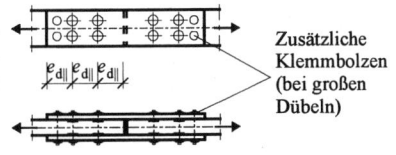

Zusätzliche Klemmbolzen (bei großen Dübeln)

Zulässige Belastungen
Die zulässigen Belastungen eines Dübels im Lastfall H sind für ≤ 2 ∥ Kraft hintereinander angeordnete Dübel in Abhängigkeit vom Winkel zwischen Kraft- und Faserrichtung in Tafel 9.19 angegeben.
Bei Stößen und Anschlüssen mit $n > 2$ ∥ Kraft hintereinander liegenden Dübeln ist nicht mit der Anzahl n, sondern mit der wirksamen Anzahl ef n nach Gl. (1) zu rechnen.

$$\text{ef } n = 2 + (1 - n/20)(n - 2) \leq 6 \qquad (1)$$

Dübelanzahl n ∥ Kraft hintereinander	2	3	4	5	6	7	8	9	≥ 10
Wirksame Dübelanzahl ef n	2	2,85	3,6	4,25	4,8	5,25	5,6	5,85	6,0

Querschnittsschwächungen sind nach Tafel auf Seite 9.10 oben zu berechnen. Fehlflächen ΔA siehe Tafel 9.19, Spalte 8(5) (in DIN 1052-2 siehe Tab. 4, 6, 7 Spalte 5 bzw. 8).
Dübelabstände siehe Tafel 9.20b, b und $e_{d\parallel}$ siehe Tafel 9.19, Spalte 10 bis 12. Die Mindestabstände $e_{d\perp}$ nach Tafel 9.20b gelten auch für Hirnholzverbindungen und Queranschlüsse.

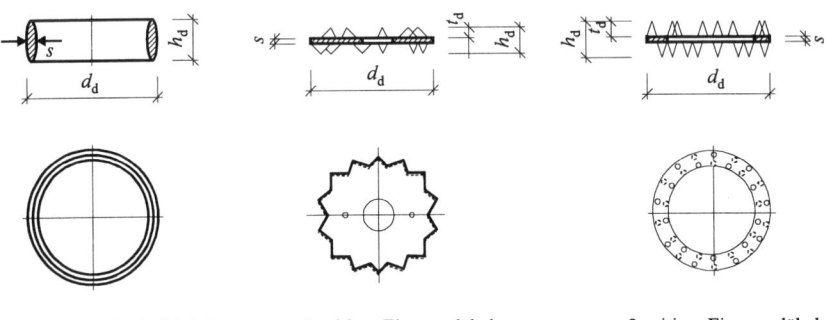

2-seitiger Ringkeildübel Typ A

2-seitiger Einpressdübel Typ C

2-seitiger Einpressdübel Typ D

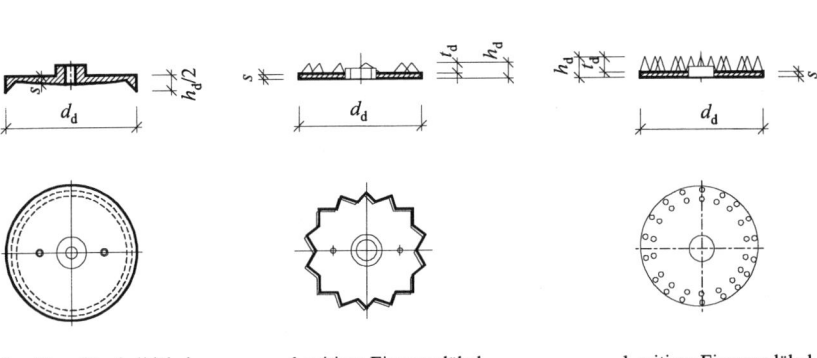

1-seitiger Ringkeildübel Typ A

1-seitiger Einpressdübel Typ C

1-seitiger Einpressdübel Typ D

Tafel 9.19 Dübel besonderer Bauart (DIN 1052-2, gekürzte Zusammenfassung der Tabellen 4, 6 und 7)

Sp.-Nr. in DIN 1052-2		1	2	3	8(5)	9	10	11	12	13	14	15
Symbol Dü-⌀ mm: ⌀ 40 bis ⌀ 55; ⌀ 56 bis ⌀ 70; ⌀ 71 bis ⌀ 85; ⌀ 86 bis ⌀ 100; > 100		Außendurchmesser bzw. Seitenlänge	Höhe	Dicke	Dübelfehlfläche	Sechskantschraube[1] nach DIN 601	Zulässige Belastung eines Dübels im Lastfall H bei ≤ 2 ∥ zur Kraft hintereinander liegenden Dübeln bei Neigung der Kraft zur Faserrichtung		Mindestabstand und Vorholzlänge bei 1 Dübelreihe	Mindestabmessung der Hölzer[2] bei 1 Dübelreihe und Neigung der Kraft zur Faserrichtung		
Dübelform siehe Seite 9.18 und 9.19							≤ 30° ≤ 90°	> 30° ≤ 90°		≤ 30°	> 30° ≤ 60°	> 60° ≤ 90°
	Dübeltyp	d_d	h_d	s	ΔA	d_b	b/a	b/a	$e_{d\parallel}$			
		mm	mm	mm	cm²	mm	mm	mm	mm	kN	kN	kN
A	Zwei- und einseitige Ringkeildübel	65	30	5	7,8	M 12	100/ 40	110/ 40	140	11,5	10,0	9,0
		80	30	6	10,1	M 12	110/ 50	130/ 50	180	14,0	12,5	11,0
		95	30	6	12,3	M 12	120/ 60	150/ 60	220	17,0	14,5	12,5
		126	30	6	17,0	M 12	160/ 60	200/ 60	250	20,0	17,0	14,0
		128	45	8	25,9	M 12	160/ 60	200/ 60	300	28,0	23,5	19,0
		160[3]	45	10	32,2	M 16	200/100	240/100	340	34,0	27,5	21,5
		190[4]	45	10	39,9	M 16	230/100	280/100	430	48,0	38,5	29,0
B	Rundholzdübel	66	32	-	8,2	M 12	100/ 40[6]	100/ 40[6]	130	11,0	9,0	9,0
		100	40	-	16,8	M 12	130/ 60	160/ 60	200	18,0	15,5	13,5
C	Einpressdübel rund zweiseitig	48	12,5	1,00	0,9	M 12	100/ 40[5]	100/ 40	120	5,0	4,5	4,5
		62	16,0	1,20	2,0	M 12	100/ 40[6]	110/ 40	120	7,0	6,5	6,0
		75	19,5	1,25	2,6	M 16	100/ 50	120/ 50	140	9,0	8,5	8,0
		95	24,0	1,35	4,7	M 16	120/ 50	140/ 50	140	12,0	11,0	10,5
		117	29,5	1,50	6,9	M 20	150/ 80	180/ 80	170	16,0	15,0	14,0
		140[3]	31,0	1,65	8,7	M 24	170/ 80	200/100	200	22,0	20,0	18,5
		165[3]	32,0	1,80	11,0	M 24	190/ 80	230/100	230	30,0	27,0	24,0
C	Einpressdübel rund einseitig	48	6,6	1,00	0,9	M 12	100/ 40[5]	100/ 40	120	5,0	4,5	4,5
		62	8,7	1,20	2,0	M 12	100/ 40[6]	110/ 40	120	7,0	6,5	6,0
		75	10,3	1,25	2,6	M 16	100/ 50	120/ 50	140	9,0	8,5	8,0
		95	12,8	1,35	4,7	M 16	120/ 50	140/ 50	140	12,0	11,0	10,5
		117	16,0	1,50	6,9	M 20	150/ 80	180/ 80	170	16,0	15,0	14,0
C	quadratisch zweiseitig	100	16	1,35	2,7	M 20	130/60	160/ 60	170	17,0	15,5	14,5
		130[4]	20	1,50	4,5	M 24	160/60	190/ 80	200	23,0	21,0	19,0
D	Einpressdübel zweiseitig	50	27	3	2,8	M 12	100/ 40[5]	100/ 40[6]	120	8,0	7,5	7,0
		65	27	3	3,6	M 16	100/ 40[6]	110/ 40[7]	140	11,5	11,0	10,0
		85	27	3	4,6	M 20	110/ 50	130/ 50	170	17,0	16,0	14,5
		95	27	3	5,6	M 24	120/ 60	140/ 60	200	21,0	19,5	17,5
		115	27	3	7,0	M 24	140/ 60	170/ 60	230	27,0	24,5	21,5
D	Einpressdübel einseitig	50	15	3	3,4	M 12	100/ 40[5]	100/ 40[6]	120	8,0	7,5	7,0
		65	15	3	4,5	M 16	100/ 40[6]	110/ 40[7]	140	11,5	11,0	10,0
		85	15	3	5,5	M 20	110/ 50	130/ 50	170	17,0	16,0	14,5
		95	15	3	6,9	M 24	120/ 60	140/ 60	200	21,0	19,5	17,5
		115	15	3	8,6	M 24	140/ 60	170/ 60	230	27,0	24,5	21,5

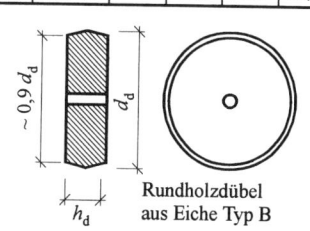

[1] Scheiben nach Tafel 9.17b.
[2] Gilt für ein- und beidseitige Dübelanordnung; bei beidseitiger Dübelanordnung jedoch Mindestholzdicke $a = 60$ mm für Dübel mit $d_d < 80$ mm, $a = 80$ mm für Dübel mit $d_d \geq 80$ mm.
[3] Mit einem Klemmbolzen am Laschenende, siehe Abb. Seite 9.18.
[4] Mit zwei Klemmbolzen am Laschenende, siehe Abb. Seite 9.18.
[5] Oder 80/60.
[6] Oder 90/60.
[7] Oder 100/60.

Rundholzdübel aus Eiche Typ B

Nach DIN 1052-2, 4.3.5 dürfen die Sechskantschrauben (DIN 601) M 12 bzw. M 16 nach Tafel 9.19, Spalte 9 bei Anschlüssen von VH- oder BSH-Querschnitten an BSH mit zweiseitigen Dübeln der Typen A bzw. C (rund) mit Außendurchmessern $d_d \leq 95$ mm ersetzt werden durch:
- Sechskantholzschrauben (DIN 571) gleichen Durchmessers mit einer Einschraubtiefe in das BSH $s \geq 120$ mm nach nebenstehender Abb. oder
- durch gleichwertige Verbindungen mit ≥ 4 SoNä II oder III mit $d_n \geq 5$mm nach [9.11]. Eine Nagelgruppe von vier Nägeln je Dübel muss eine Zugkraft $\geq 3,0$ kN aufnehmen können. Unter diesen Voraussetzungen können die zulässigen Belastungen der Dübel nach Tafel 9.19 in Rechnung gestellt werden.

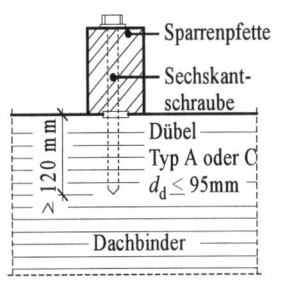

Einlaßdübel Typ A dürfen für **Hirnholzanschlüsse** nach nebenstehender Abb. mit zul F und Mindestabmessungen nach Tafel 9.20a verwendet werden. Bolzen M 12 und Scheiben 58/6 (rund) bzw. 50/6 (quadratisch) siehe Tafel 9.17b.

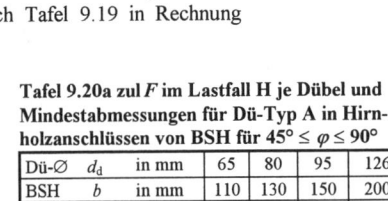

Tafel 9.20a zul F im Lastfall H je Dübel und Mindestabmessungen für Dü-Typ A in Hirnholzanschlüssen von BSH für $45° \leq \varphi \leq 90°$

Dü-⌀	d_d	in mm	65	80	95	126
BSH	b	in mm	110	130	150	200
Rand	v	in mm	55	65	75	100
$n^{1)} \leq 2$		zul F in kN	6,0	7,3	8,5	11,4
$3 \leq n^{1)} \leq 5$		zul F in kN	7,2	8,7	10,2	13,7

[1] n Dübelanzahl in 1 Reihe übereinander.

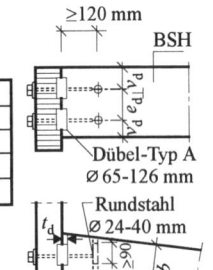

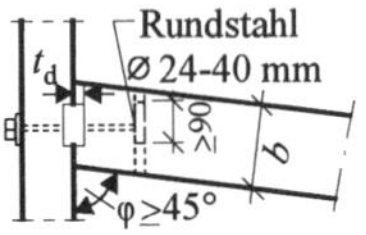

Hirnholzanschlüsse mit Einpreßdübeln Typ C und D siehe [9.6].

Tafel 9.20b Mindestabstände der Dübel bei mehreren Dübelreihen

Zugbeanspruchung	$e_{d\perp}$	$e_{d\|}$	Randabstand ⊥ Faser
	$d_d + t_d$	$e_{d\|}$	
	$d_d + t_d$	$e_{d\|}$	$b/2$
	d_d	$1,1 e_{d\|}$	mit b als Mindestbreite des Holzes
	$0,5 (d_d + t_d)$	$1,8 e_{d\|}$	
	Zwischenwerte linear interpolieren		
	d_d s. Spalte 1 $t_d^{1)} = h_d/2$ s. Spalte 2 $e_{d\|}$ s. Spalte 12 b s. Spalte 10/11		Tafel 9.19

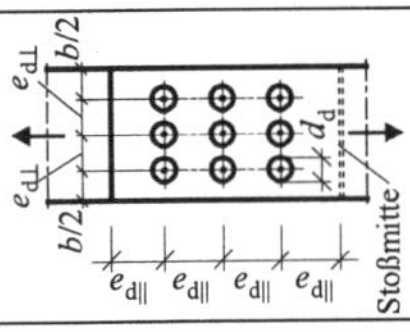

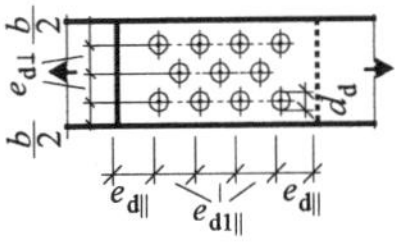

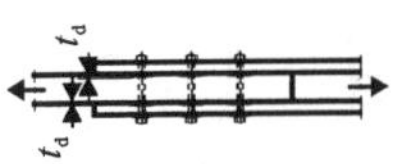

[1] $t_d = h_d/2$ gilt exakt nur für Typen A und B, für Typen C und D genauer nach Abb. auf Seite 9.18.

Die **Vorholzlänge** in Faserrichtung vom unbeanspruchten Rand darf auf 0,5 $e_{d\|}$ reduziert werden.

Mindestabstände bei Queranschluss (H Hirnholzende)

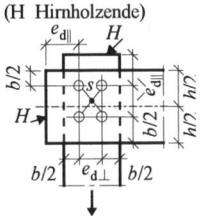

Bei Queranschlüssen nach obiger Abb. kann auf den Querzugnachweis (siehe [9.7]) verzichtet werden, wenn h des querbeanspruchten Holzes ≤ 30 cm ist und der Anschlussschwerpunkt S nicht unter der Stabachse liegt.

7.3 Stabdübel- und Bolzenverbindungen (DIN 1052-2, 5)

Stabdübel (SDü) sind glattschaftige zylindrische Stifte, die in vorgebohrte Löcher eingetrieben werden. Sind sie mit Kopf und Mutter oder beidseitig mit Muttern versehen, bezeichnet man sie als **Passbolzen** (PB). SDü und PB sind uneingeschränkt anwendbar.

Tragende Verbindungen mit Bolzen (Bo) sind nur für untergeordnete Bauten, Fliegende Bauten und Gerüste anwendbar. Für Dauerbauten sind Bo nur dann geeignet, wenn der Schlupf infolge des Lochspiels von ca. 1 mm verhindert wird, z. B. durch Verwendung ausreichend trockener Hölzer zum Zeitpunkt des Einbaus und durch regelmäßiges Nachziehen.

Tafel 9.21 Schaft- und Lochdurchmesser bei Stabdübel- und Bolzenverbindungen

	Schaft-$\varnothing$ in mm	Loch-$\varnothing$ in mm	
SDü	d_{st} = 6[1] bis 30	d_{st} in Holz	$\leq d_{st}$ + 1 mm in Stahlteilen[2]
Bo	d_b = 12 bis 30	$\leq d_b$ + 1 mm in Holz- und Stahlteilen	

[1] Nach DIN 1052-2/A1.
[2] Bei gleichzeitigem Bohren von Holz- und Stahlteilen gilt: Bohrer-$\varnothing$ = d_{st}

Außen liegende Stahlteile in Stabdübelverbindungen sind zu sichern. Sofern keine Stahllaschen verwendet werden, sind bei PB und Heftbolzen Scheiben nach DIN 436 und DIN 440, Scheiben für tragende Bolzenverbindungen nach Tafel 9.17b vorzusehen.

Mindestanzahl
SDü, PB, Bo: $n \geq 2$ je Verbindung und ≥ 4 Scherflächen bei SDü
≥ 2 Scherflächen bei PB
PB, Bo: wenn $n = 1$ je Verbindung, dann ist zul N nur zu 50 % auszunutzen.

Bei Stößen und Anschlüssen mit $n > 6$ $\parallel$ zur Kraft hintereinander liegenden SDü oder PB ist die **wirksame Anzahl** ef $n = 6 + (n - 6)\,2/3 \leq 10$

SDü- bzw. PB-Anzahl n $\parallel$ zur Kraft hintereinander	≤ 6	7	8	9	10	11	≥ 12
wirksame SDü- bzw. PB-Anzahl ef n	n	6,7	7,3	8	8,7	9,3	10

Mindestabstände von tragenden Stabdübeln, Passbolzen und Bolzen (H Hirnholzende)

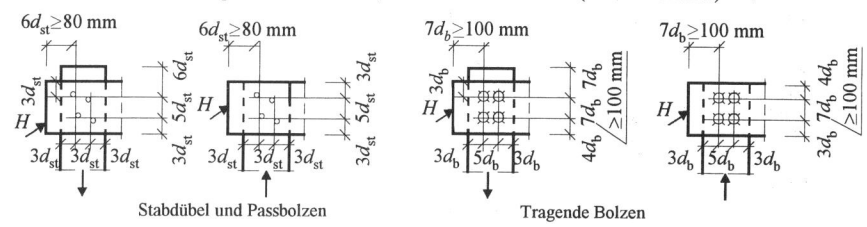

Stabdübel und Passbolzen

Tragende Bolzen

Stabdübel und Passbolzen, die $\parallel$ zur Faser hintereinander liegen, müssen nach DIN 1052-2 um $d_{st}/2$ gegen-über der Risslinie versetzt werden, wenn ihr Abstand $\parallel$ Faser $< 8\,d_{st}$ ist.

Nach *Ehlbeck/Werner* [9.8] kann auf das Versetzen der SDü und PB gegenüber der Risslinie verzichtet werden, wenn bei der zulässigen Belastung die Abnahme der Tragfähigkeit mit zunehmendem Stiftdurchmesser berücksichtigt wird:

$\text{zul}N^*_{st,b} = k^2_{st,b}\ \text{zul}N_{st,b}$ [1]

$\text{zul}N^*_{st,b} = k_{st,b}\ \text{zul}N_{st,b}$ [2]

mit $k_{st,b} = \sqrt{1{,}1(1 - 0{,}01 d_{st,b})}$

$d_{st,b} = \varnothing$ des SDü/Bo in mm

[1] zul $N_{st,b}$ nach Gl. (1) Seite 9.22.
[2] zul $N_{st,b}$ nach Gl. (2) Seite 9.22.

$d_{st,b}$ in mm	6	8	10	12	16	20	24	30
$k^2_{st,b}$	1,034	1,012	0,990	0,968	0,924	0,880	0,836	0,770
$k_{st,b}$	1,017	1,006	0,995	0,984	0,961	0,938	0,914	0,877

Zulässige Belastung eines SDü, PB oder Bo ∥ zur Faser im Lastfall H

$$zul N_{st,b} = \min \begin{cases} zul\sigma_l \; a \; d_{st,b} 10^{-3} & \text{in kN} \quad (1) \\ B \; d_{st,b}^2 \; 10^{-3} & \text{in kN} \quad (2) \end{cases}$$

mit a, $d_{st,b}$ in mm und B nach Tafel 9.22

Einschnittiger Bo

Wenn der Winkel α zwischen Kr-Ri und Fa-Ri $\neq 0°$:

$zul N_{st,b} = \eta_\alpha \; zul N_{st,b}$ (nach Gl. (1) bzw. (2))
$\eta_\alpha = (1 - \alpha°/360°)$

Zweischnittiger SDü

Anschluss VH oder BSH an Stahlteile:
– $zul N_{st,b}$ nach Gl. (1) bzw. (2) darf um 25 % erhöht werden.
– $zul \sigma_l$ in den Stahlteilen ist einzuhalten.

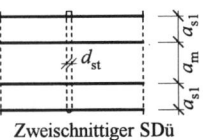

Anschluss an BFU oder FP-Platten:
– $zul N_{st,b}$ ist auch mit $zul \sigma_l$ nach Tafel 9.8 zu ermitteln.
Bei BFU darf für $0° \leq$ Kr-Fa-Winkel $\alpha \leq 90°$ geradlinig interpoliert werden.

Tafel 9.22 Werte für zul σ_l und B in MN/m²

zul σ_l und B in MN/m²		einschnittig			zweischnittig					
		Seitenholz			Mittelholz			Seitenholz		
		NH	LH Gruppe		NH	LH Gruppe		NH	LH Gruppe	
			A	B	C[1)]		A	B	C[1)]		A	B	C[1)]
zul σ_l		4,0	5,0	6,1	9,4	8,5	10	13	20	5,5	6,5	8,4	13
B	SDü/PB	23	27	30	36	51	60	65	80	33	39	42	52
	Bo	17	20	24	30	38	45	52	65	26	30	34	42

[1)] Die Abminderungen für Feuchteeinwirkungen nach Seite 9.16 gelten nicht für LH Gruppe C.

7.4 Nagelverbindungen (DIN 1052-2, 6 + 7)

Nagelarten (Einzelheiten zu Form und Material siehe DIN 1052-2)

Nagel (Na) mit glattem Schaft		Sondernagel (SoNa) mit profiliertem Schaft			
Runder Drahtstift Form B nach DIN 1151	Runder Maschinenstift nach DIN 1143-1	Schraubnagel (SNa) für Holz-Holz- und Holz-HW- Verbindungen	Rillennagel (RNa) für Holz-Holz- und Holz-HW- Verbindungen	SNa für Stahlblech-Holz- Verbindungen	RNa für Stahlblech-Holz- Verbindungen

Schraubnägel, vorwiegend für Holz-Holz- bzw. Holz-HW-Verbindungen. Beispiel: Bira-Sparrennagel in den Größen $d_n = 4,2$ mm mit $l_n = 80$ bis 230 mm und $d_n = 5,1$ mm mit $l_n = 80$ bis 320 mm.

Rillennägel, vorwiegend in verzinkter Ausführung für Stahlblech-Holz-Verbindungen (Blechdicke ≥ 2 mm). BAZ regeln Bemessung und Konstruktion der Stahlblechformteil-Verbindungen für vorwiegend ruhende Belastung [9.9]. Üblich sind $d_n = 4,0$ mm und 6,0 mm. Nach [9.1] sind auch RNä mit $d_n = 2,5$ und 2,9 sowie 3,1 mm lieferbar.

7.4.1 Nagelverbindungen von Holz und Holzwerkstoffen
7.4.1.1 Beanspruchung rechtwinklig zur Nagelachse (Abscheren)

Zulässige Nagelbelastung zul N_1 $\quad$ zul $N_1 = \dfrac{500 d_n^2}{10 + d_n}$ in N $\quad$ (1) $\quad$ mit d_n in mm

Tafel 9.23a Randbedingungen im Standardfall und abweichende Fälle für Gl. (1)

	Standardfall	Abweichung vom Standardfall
Schnittigkeit	einschnittig	m-schnittig: m zul N_1
Lastfall	H	siehe Seite 9.16
Holzfeuchte	ohne Feuchteeinwirkungen	siehe Seite 9.16
Nagelmaterial Nagelgeometrie	nach DIN 1151, DIN 1143-1 und Einstufungsschein	-
Material der verbundenen Teile	NH, unabhängig von der Sortierklasse	siehe Tafel 9.23d
Vorbohrung	<u>nicht</u> vorgebohrte Nagellöcher	Standardfall, aber vorgebohrt (mit $0,9 d_n$): 1,25 zul N_1 vorgebohrt und weitere Abweichungen: siehe Tafel 9.23d
Mindestholzdicke	min $a = (3 + 0,8 d_n) d_n \geq 24$ mm in mm mit d_n in mm	siehe Tafel 9.23c
Mindest-HW-Dicke	-	siehe Tafel 9.23c
Einschlagtiefe	$s \geq 12 d_n$ bei Nä und SoNä I $s \geq 8 d_n$ bei SoNä II, III	siehe Tafel 9.23b

Tafel 9.23b zul N_1 auf Abscheren in Abhängigkeit von der Einschlagtiefe s in NH

	Nagelart	Einschlagtiefe	Zulässige Nagelbelastung
einschnittig	Na und SoNa I	$s \geq 12 d_n$	zul N_1
	Na (vb) und SoNa I (vb)	$12 d_n > s \geq 6 d_n$	zul $N_1 \, s/(12 d_n)$
	SoNa II, III (vb)	$s < 6 d_n$	0
	SoNa II, III	$s \geq 8 d_n$	zul N_1
		$8 d_n > s \geq 4 d_n$	zul $N_1 \, s/(8 d_n)$
		$s < 4 d_n$	0
m-schnittig	Na und Na (vb) SoNa I, II, III	$s \geq 8 d_n$	m zul N_1
		$8 d_n > s \geq 4 d_n$	$(m - 1 + s/(8 d_n))$ zul N_1
	SoNa I, II, III (vb)	$s < 4 d_n$	$(m - 1)$ zul N_1

Bei SoNa II, III gilt nur der profilierte Schaftteil l_g als Einschlagtiefe s, siehe Seite 9.22, Tafel in Abschn. 7.4.

Tafel 9.23c Mindestholzdicken und Mindestplattendicken

	nicht vorgebohrt	min $a = (3 + 0,8 d_n) d_n \geq 24$ mm	d_n in mm
NH	vorgebohrt bei $d_n \geq 4,2$ mm auch für Laubholz	min $a = 6 d_n$ bei $a < 6 d_n$ ist mit zul $N_1 \, a/(6 d_n)$ zu rechnen.	
BFU[2)3)]		min $a = 3 d_n$ bei $d_n \leq 4,2$ mm $\quad$ min $a = 4 d_n$ bei $d_n > 4,2$ mm	
FP[2)] und HFM[2)]		min $a = 4,5 d_n$ bzw. bis $3 d_n$[1)] bei $d_n \leq 4,2$ mm	
HFH[2)]		min $a = 2 d_n$	

[1)] Nur zulässig bei Abminderung der zulässigen N_1-Werte mit dem Faktor $a/(4,5 d_n)$.
[2)] Vorgebohrte und nicht vorgebohrte Nagellöcher.
[3)] Bei BFU-BU darf die Mindestplattendicke um 25 % abgemindert werden.

Tafel 9.23d Erhöhungsfaktoren für zul N_1 nach Gl. (1)

	NH, BSH	LH	BFU	BFU-BU	FP, HFM[1)], HFH
Na	1,0	1,0 / 1,5(vb)	1,0	1,2 / 1,5(vb)	1,0
SoNa	1,25(vb)	1,5 / 1,5(vb)	1,25(vb)	1,5 / 1,5(vb)	1,25(vb)

[1)] Die Nagelspitze muss mindestens $2 d_n$ in VH, BSH oder BFU eindringen, wenn das der Nagelspitze nächst gelegene verbundene Teil eine Flachpressplatte oder Holzfaserplatte ist. Bei nicht vorgebohrten Nagellöchern wird die Nagelbarkeit von LH und BFU-BU vorausgesetzt.

Tafel 9.24 Holzdicken, Einschlagtiefen und zulässige Belastungen in N je Nagelscherfläche (Abscheren) im Lastfall H für Drahtstifte nach DIN 1151 und Maschinenstifte nach DIN 1143-1

Nagelgröße $d_n \times l_n$ d_n in $\frac{1}{10}$ mm l_n in mm	Mindestholzdicke a nach Tafel 9.23c bei Nagellöchern		Mindesteinschlagtiefe s nach Tafel 9.23b		zul N_1 für 1 Scherfläche		
	nicht vorgebohrt mm	vorgebohrt mm	einschnittig mm	mehrschnittig mm	NH nach Tafel 9.5a		LH A, B, C vorgebohrt N
					nicht vorgebohrt N	vorgebohrt N	
22×45 22×50[1]	24		27	18	200	250	300
25×55[1] 25×60[1]	24		30	20	250	310	375
28×65[1]	24		34	23	305	380	460
31×65 31×70[1] 31×80[1]	24		38	25	365	460	550
34×80 34×90[1]	24		41	27	430	540	650
38×100	24		46	30	525	655	785
42×100 42×110 42×120	26		51	34	620	775	930
46×130	30	28	56	37	725	905	1090
55×140 55×160	40	35	66	44	975	1220	1460
60×180	50	35	72	48	1125	1405	1690
70×210	60	45	84	56	1440	1800	2160
76×230 76×260	70	45	91	61	1640	2050	2460
88×260	90	55	106	70	2060	2575	3090

[1] Auch runder Maschinenstift nach DIN 1143-1.

Konstruktive Regeln für Nagelverbindungen

Mindestens vier Nagelscherflächen sind in jeder Fuge zur Kraftübertragung erforderlich, ausgenommen bei Schalungen, Latten, Windrispen, Sparren, Pfetten.

Runde Draht- und Maschinenstifte sowie Sondernägel der Tragfähigkeitsklasse I sind bei zwei- und mehrschnittigen Verbindungen von beiden Seiten einzuschlagen.

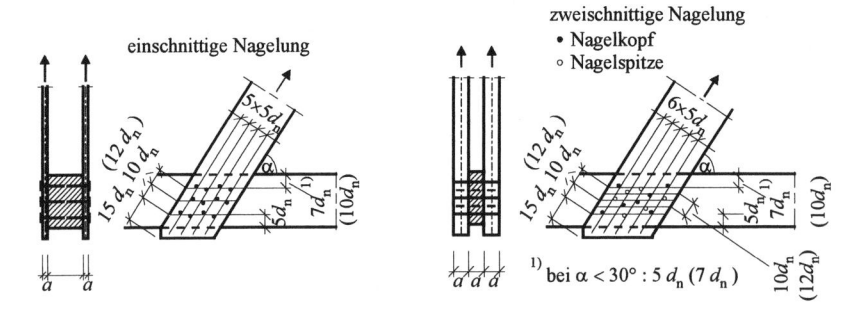

einschnittige Nagelung

zweischnittige Nagelung
• Nagelkopf
○ Nagelspitze

[1] bei $\alpha < 30°$: $5 d_n (7 d_n)$

Nagelabstand e bei übergreifenden Nä

Einschlagtiefe s	Nagelabstand e
$a_m - 8d_n \geq s$	0
$a_m - 8d_n < s < a_m$	$5d_n$
$s \geq a_m$	$10d_n$ bzw. $12d_n^{1)}$

[1)] Bei $d_n > 4{,}2$ mm.

Größtabstände: $\parallel$ Fa $\leq 40d_n$; $\perp$ Fa $\leq 20d_n$

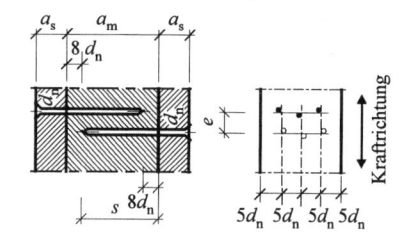

Mindestabstände der Nä in HW-Platten, soweit nicht die Nagelabstände im Holz maßgebend werden, siehe nebenstehende Tafel.

Größtabstände der Nä in HW-Platten in allen Richtungen $\leq 40d_n$ und bei Platten mit nur aussteifender Funktion $\leq 80d_n$.

Mindestabstände der Nägel	BFU	FP	HFM	HFH
untereinander		$5d_n$		
vom beanspr. Rand	$4d_n$	$7d_n$		$7{,}5d_n$
vom unbeanspr. Rand	$2{,}5d_n$		$3d_n$	

Wirksame Nagelanzahl ef n bei > 10 Nägeln hintereinander in Stößen und Anschlüssen, wenn

> 10 Nägel hintereinander: $\quad$ ef $n = 10 + (n - 10)\,2/3 \qquad (1)$

$n > 30$ Nägel hintereinander dürfen nicht in Rechnung gestellt werden.

ef n

n	≤ 10	11	12	13	14	15	16	17	18	19	20	21	22	23	24	25	26	27	28	29	≥ 30
ef n	n	10,7	11,3	12	12,7	13,3	14	14,7	15,3	16	16,7	17,3	18	18,7	19,3	20	20,7	21,3	22	22,7	23,3

Bei biegesteifen Stößen und bei der Stoßdeckung von Koppelträgern gelten alle Ränder als beansprucht.

Mindestnagelabstände parallel der Kraftrichtung (DIN 1052-2, Tab. 11)

untereinander				vom beanspruchten Rand				vom unbeanspruchten Rand			
nicht$^{1)}$ vorgebohrt		vorgebohrt		nicht$^{1)}$ vorgebohrt		vorgebohrt		nicht$^{1)}$ vorgebohrt		vorgebohrt	
$\parallel$ Fa	$\perp$ Fa	$\parallel$ Fa	$\perp$ Fa	$\parallel$ Fa	$\perp$ Fa	$\parallel$ Fa	$\perp$ Fa	$\parallel$ Fa	$\perp$ Fa	$\parallel$ Fa	$\perp$ Fa
$10d_n$ $12d_n^{2)}$	$5d_n$	$5d_n$	$5d_n$	$15d_n$	$7d_n$ $10d_n^{2)}$	$10d_n$	$5d_n$	$7d_n$ $10d_n^{2)}$	$5d_n$	$5d_n$	$3d_n$

[1)] Bei Douglasie ist stets vorzubohren.
[2)] Bei $d_n > 4{,}2$ mm.

7.4.1.2 Beanspruchung parallel zur Nagelachse (Herausziehen)

Bei Beanspruchung auf Herausziehen wird unterschieden zwischen kurzfristiger Einwirkung (z. B. Windsogkräfte) und ständiger Belastung.

Na und SoNa I dürfen nur kurzfristig belastet werden: $\quad$ min $s \geq 12d_n$
SoNa II, III dürfen auch ständig belastet werden: $\quad$ min $s \geq 8d_n$
Größte wirksame Einschlagtiefe einschl. Nagelspitze: $\quad s \leq 20\,d_n$
$\qquad$ bei SoNa: $\quad s \leq l_g$

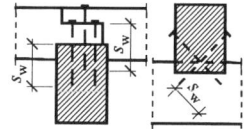

Zulässige Belastung auf Herausziehen im Lastfall H

zul $N_Z = B_Z\, d_n\, s_w \qquad (2) \quad$ in N $\quad$ mit $\quad d_n$ Nageldurchmesser in mm
$\qquad s_w$ wirksame Einschlagtiefe in mm

Festwert B_Z

	Na		SoNa$^{2)}$		
	allgemein	Koppelpfette$^{1)}$	I	II	III
B_Z in MN/m²	1,3	0,8	1,8	2,5	3,2

[1)] Bei Koppelpfettenanschluss aus planmäßig ständiger Belastung bei Dachneigung $\leq 30°$.
[2)] Bei vorgebohrtem SoNa ist zul $N_Z = 0$.

zul N_Z ist – außer bei LH Gruppe C – um 1/3 abzumindern, wenn
- Na in halbtrockenes oder frisches Holz eingeschlagen wird, auch wenn es nachtrocknen kann
- SoNa in frisches Holz eingeschlagen wird und die Holzfeuchte im Gebrauchszustand im Fasersättigungsbereich bleibt. Das gilt nicht, wenn das Holz nachtrocknen kann.

zul N_Z für Nägel je mm wirksamer Einschlagtiefe bei kurzfristiger Beanspruchung oder bei Koppelpfettenanschluss (siehe Tafel für Festwert B_Z) für $u_H \leq 20°$

Na-$\varnothing$	in mm	3,1	3,4	3,8	4,2	4,6	5,5	6,0	7,0	7,6	8,8
zul N_Z	allgemein	4,03	4,42	4,94	5,46	5,98	7,15	7,80	9,10	9,88	11,40
in N/mm	bei Koppelpf.	2,48	2,72	3,04	3,36	3,68	4,40	4,80	5,60	6,08	7,04

u_H ist die Holzfeuchte bei der Herstellung der Verbindung.

zul N_Z für SoNä je mm wirksamer Einschlagtiefe bei kurzfristiger Beanspruchung für $u_G \leq 30\%$

Übliche, nicht vorgebohrte SoNä I					Übliche, nicht vorgebohrte SoNä II oder III					
Na-$\varnothing$ in mm	4,0	4,2	5,1	6,0	Na-$\varnothing$	in mm	4,0	4,2	5,1	6,0
zul N_Z in N/mm	7,20	7,56	9,18	10,8	zul N_Z	SoNa II	10,0	10,5	12,8	15,0
u_G ist die Holzfeuchte im Gebrauchszustand.					in N/mm	SoNa III	12,8	13,4	16,3	19,2

Beim Anschluss von HW-Platten an Holz mit SoNä II, III gilt zul N_Z nach Gl. (2), Seite 9.25 nur, wenn die Plattendicke $t \geq 12$ mm. Für $t < 12$ mm ist zul $N_Z \leq 150$ N wegen der Gefahr des Kopfdurchziehens.

7.4.1.3 Kombinierte Beanspruchung (DIN 1052-2, 6.4)

$$\left(\frac{N_1}{\text{zul } N_1}\right)^m + \left(\frac{N_Z}{\text{zul } N_Z}\right)^m \leq 1 \qquad (1)$$

$m = 1$ für Na und SoNa I
$m = 1,5$ für Na bei Koppelpfetten
$m = 2$ für SoNa II und III

7.4.2 Nagelverbindungen mit Stahlteilen (DIN 1052-2, 7)

Ebene Stahlbleche und räumlich geformte Stahlbleche (Stahlblechformteile) der Dicke ≥ 2 mm dürfen mit VH und BSH durch Nä und SoNä verbunden werden. Bei Blechformteilen müssen SoNä verwendet werden, wenn sie planmäßig auch auf Herausziehen beansprucht werden. SoNä dürfen nur bei außen liegenden vorgelochten Blechen mit Lochdurchmesser gemäß Werksbescheinigung des Sondernagels verwendet werden. Vorbohren des Holzes ist nicht notwendig, jedoch mit $\leq 0,9 d_n$ zulässig.

7.4.2.1 Nagelverbindungen mit ebenen Blechen

- Bei außen liegenden Blechen ohne Vorbohren des Holzes.
- Bei innen liegenden Blechen sind die Na-Löcher mit d_n gleichzeitig in Holz und Blechen auf die erforderliche Nagellänge vorzubohren.

Zulässige Belastung je Nagel auf Abscheren:

zul $N_1 = 1,25$ zul N_1 (nach Gl. (1), Seite 9.23)   (2)

Einschnittig   Vierschnittig

Bauweisen, die von diesen Regeln abweichen, sind in BAZ behandelt. Bei der Bauweise System „Greim" (BAZ Z 9.1-166) werden innen liegende Bleche mit $t < 2$ mm verwendet, die ohne Vorbohren von Holz und Blech durchgenagelt werden. Ebenfalls ohne Vorbohrung und mit innen liegenden Blechen, jedoch bei Dicken 2 mm $< t \leq 3$ mm, können Stahlblech-Holz-Nagelverbindungen gemäß der BAZ Z 9.1-212 hergestellt werden.

Bei Druckbeanspruchung: Kontaktanschluss der Hölzer und Beulgefahr der Bleche beachten.
Bei Zugbeanspruchung: Spannungsnachweis der Bleche für A_n.
Auf eine zur Fa-Ri versetzte Nagelanordnung kann bei außen liegenden Blechen verzichtet werden, wenn die Bedingungen nach Bild 19 der DIN 1052-2 erfüllt sind.

7.4.2.2 Nagelverbindungen mit Stahlprofilen und Stahlblechformteilen

Stahlblechformteile sind nach DIN 1052-2 nur zulässig für Holzkonstruktionen mit vorwiegend ruhender Belastung. Kaltverformte Bleche dürfen nicht dicker als 4 mm sein.

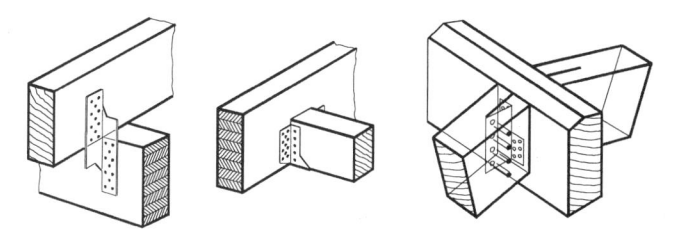

Die Tragfähigkeit der Blechformteile gemäß obiger Abbildung aus C13 in [9.13] ist unter Berücksichtigung aller Querschnittsschwächungen und Ausmittigkeiten rechnerisch nachzuweisen. Ist dies rechnerisch nicht eindeutig möglich, muss die Brauchbarkeit z. B. durch eine BAZ nachgewiesen werden.

Balkenschuhe
Als Beispiel sind in Tafel 9.28 die Fabrikate GH, Bilo und BMF aufgeführt. Weitere Fabrikate mit BAZ (siehe [9.9]) sind EuP-, Joma-, BELLION-, BB-, FraP-, Loewen-, SM-, AV- und WB-Balkenschuhe. BAZ regeln Berechnung und Konstruktion der Balkenschuhverbindung für VH- und BSH-Bauteile [9.1], [9.5], [9.9]. Der Nebenträger muss vollflächig im Balkenschuh aufliegen. Alle Nagellöcher sind mit SoNä II oder III auszunageln.

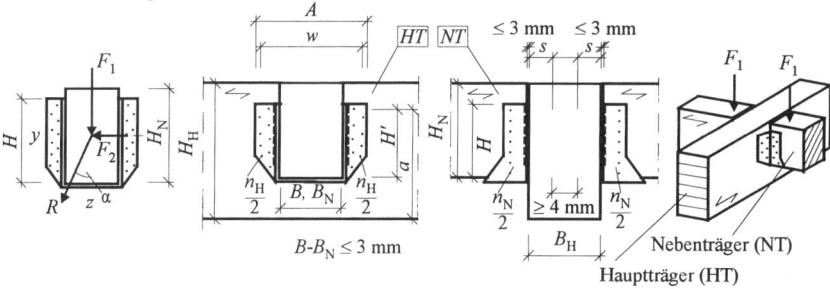

Die zulässige Belastung des Balkenschuhs beträgt bei Beanspruchung
- in Richtung seiner Symmetrieachse (z-Richtung)   zul $F_1 = n_N$ zul N_1 (1)
- rechtwinklig zu seiner Symmetrieachse (y-Richtung)   zul $F_2 = c$ zul $F_1 H / H_N$ (2)

mit
zul N_1 nach Seite 9.23 Gl. (1) n_N ist die Anzahl der Nägel im Nebenträger.
H ist die Höhe des Balkenschuhs. H_N ist die Nebenträgerhöhe.
c ist der Formfaktor nach Tafel 9.28 (zul $F_2 = 0$, wenn kein c-Wert angegeben ist).

Bei gleichzeitiger Beanspruchung des Balkenschuhs in Richtung seiner Symmetrieachse und rechtwinklig dazu ist nachzuweisen, dass

$$\left(\frac{F_1}{\text{zul } F_1}\right)^2 + \left(\frac{F_2}{\text{zul } F_2}\right)^2 \leq 1 \qquad (3)$$

Die im Hauptträger Querzug erzeugende Komponente $F_{Z\perp}$ der Anschlusskraft darf den Wert

$$\text{zul}\, F_{Z\perp} = 0{,}04\, A_w\, f \quad \text{in kN} \qquad (1)$$

nicht überschreiten, sofern kein genauerer Nachweis, z. B. nach [9.7], geführt wird
mit

A_w	$= w\, s$	f	$= 1/(1 - 0{,}93\, a/H_H)$
w	ist der Abstand zwischen den äußersten Nagelreihen im Hauptträger in cm.	s	ist die Einschlagtiefe in cm; anrechenbar ist $s \leq 12 d_n$.
a	ist der Abstand der obersten Nagelreihe vom beanspruchten Trägerrand.	H_H	ist die Höhe des Hauptträgers.

Für $a/H_H \geq 0{,}7$ darf dieser Nachweis entfallen.

Tafel 9.28 Abmessungen und zulässige Belastungen zul F_1 in kN der Balkenschuhe GH 04 und 05, Bilo und BMF

Abmessungen			SoNä	Nagelanzahl					zul F_1 in kN	
$B \times H$ mm × mm	A mm	H' mm	$d_n \times l_n$ mm × mm	n_H	n_N	A_w cm^2	c	ψ	$\dfrac{a}{H_H} \geq \psi$	$\dfrac{a}{H_H} < \psi$
GH 04 Grundabmessungen BAZ-Nr. Z 9.1-65										
* Sonderabmessungen BAZ-Nr. Z 9.1-244										
60×100*	136	92	4,0×40	14	8	46,4	0,4	0,7	5,7	1,86 f
80×100	158	92	4,0×50	14	8	68,2	0,4	0,56	5,7	2,73 f
80×120*		112		18	10		0,4	0,67	7,1	
80×140		132		22	12		0,4	0,7	8,6	
100×120	184	112	4,0×50	18	10	80,6	0,4	0,59	7,1	3,22 f
100×140*		132		22	12		0,4	0,67	8,6	
100×160		152		26	14		0,4	0,7	10,0	
120×140	204	132	4,0×50-60	22	12	90,2	0,4	0,62	8,6	3,61 f
120×160*		152		26	14		0,4	0,69	10,0	
120×180		172		30	16		0,4	0,7	11,4	
140×160	224	152	4,0×50-60	26	14	99,8	0,4	0,65	10,0	3,99 f
140×180*		172		30	16		0,4	0,7	11,4	
GH 05 BAZ-Nr. Z 9.1-65										
100×240	182	232	4,0×50	46	30	81,6	-	0,7	21,4	3,26 f
100×280		272		54	34		-		24,3	
100×300		292		58	36		-		25,7	
100×320		312		62	38		-		27,1	
120×240	202	232	4,0×50-60	46	30	91,2	-	0,7	21,4	3,65 f
120×280		272		54	34		-		24,3	
120×300		292		58	36		-		25,7	
120×320		312		62	38		-		27,1	
140×200	222	192	4,0×50-60	38	22	100,8	-	0,7	15,7	4,03 f
140×240		232		46	30		-		21,4	
140×280		272		54	34		-		24,3	
140×300		292		58	36		-		25,7	
140×320		312		62	38		-		27,1	
160×200	242	192	4,0×60-75	38	22	110,4	0,4	0,7	15,7	4,42 f
160×240		232		46	30		0,4		21,4	
160×280		272		54	34		-		24,3	
160×320		312		62	38		-		27,1	
180×200	262	192	4,0×60-75	38	22	120,0	0,4	0,7	15,7	4,80 f
180×220		212		42	26		0,4		18,6	
180×240		232		46	30		0,4		21,4	
180×280		272		54	34		0,4		24,3	

Tafel 9.28 (Forts.) Abmessungen und zulässige Belastungen zul F_1 in kN der Balkenschuhe Bilo und BMF

Abmessungen			SoNä	Nagelanzahl					zul F_1 in kN	
$B \times H$ mm × mm	A mm	H' mm	$d_n \times l_n$ mm × mm	n_H	n_N	A_w cm^2	c	ψ	$\dfrac{a}{H_H} \geq \psi$	$\dfrac{a}{H_H} < \psi$
Bilo	BAZ-Nr. Z 9.1-80									
60×100	130	92	4,0×40	16	8	44,84	0,4	0,7	5,7	1,79 f
80×120	150	112	4,0×50	20	10	66,24	0,4	0,68	7,1	2,65 f
100×140	170	132	4,0×60	24	12	75,84	0,4	0,7	8,6	3,03 f
120×160	200	152	4,0×60	26	14	88,32	0,4	0,7	10,0	3,53 f
140×180	220	172	4,0×60	30	16	97,92	0,4	0,7	11,4	3,92 f
180×200	260	192	4,0×60	38	20	115,2	0,4	0,7	14,3	4,61 f
100×320	180	312	4,0×60	62	30	76,8	-	0,7	21,4	3,07 f
BMF	BAZ-Nr. Z 9.1-225									
60×100	133	92	4,0×40	16	8	44,8	0,4	0,7	5,7	1,79 f
60×130	139	122	4,0×40	20	10	46,7	-	0,7	7,1	1,87 f
70×125	149	117	4,0×40	20	10	50,5	0,4	0,7		2,02 f
76×122	155	114	4,0×40	20	10	52,8	0,4	0,7		2,11 f
80×120	159	112	4,0×40	20	10	54,3	0,4	0,7		2,17 f
60×160	140	152	4,0×40	24	12	47,5	-	0,7	8,6	1,90 f
76×152	156	144	4,0×40	24	12	53,6	-	0,7		2,14 f
80×150	160	142	4,0×50	24	12	69,6	-	0,7		2,78 f
100×140	180	132	4,0×50	24	12	79,2	0,4	0,68		3,17 f
60×190	144	182	4,0×40	24	14	49,0	-	0,7	10,0	1,96 f
80×180	164	172	4,0×40	24	14	56,6	-	0,7		2,26 f
100×170	184	162	4,0×50	24	14	81,1	0,4	0,7		3,24 f
120×160	204	152	4,0×50	24	14	90,7	0,4	0,69		3,63 f
80×210	164	202	4,0×40	30	16	56,2	-	0,7	11,4	2,25 f
100×200	184	192	4,0×50	30	16	80,6	-	0,7		3,22 f
120×190	204	182	4,0×50	30	16	90,2	0,4	0,7		3,61 f
140×180	224	172	4,0×50	30	16	99,8	0,4	0,7		3,99 f

Maßgebend für die zulässige Belastung kann die zulässige Nagelbelastbarkeit zul F_1 oder die zulässige Querzugbeanspruchung des Hauptträgers zul $F_{Z\perp}$ sein. Sie ist zu ermitteln für

$a/H_H \geq 0{,}7$ mit   zul $F_1 = n_N$ zul N_1 zul N_1 nach Seite 9.26 Gl. (2)

$a/H_H < 0{,}7$ mit $\begin{cases} \text{zul } F_1 = n_N \text{ zul} N_1 \\ \text{zul } F_{Z\perp}^{1)} = 0{,}04 A_w\, f \end{cases}$ min F ist maßgebend

[1] Ein genauerer Querzugnachweis kann nach [9.7] geführt werden.

Wenn $H_N > 1{,}5H$, muss die Kippsicherheit des Nebenträgers nachgewiesen werden. Bei einseitigem Anschluss (Bedingung: $B_H \geq B_N$) muss die Torsionsbeanspruchung des Hauptträgers durch das Versatzmoment $M_v = F_1\, B_H/2$ berücksichtigt werden, siehe [9.10]. Der Torsionsnachweis ist auch bei beidseitigem Anschluss erforderlich, wenn sich die Auflagerkräfte einander gegenüber liegender Nebenträger um mehr als 20 % unterscheiden.

Mindestachsabstand der Balkenschuhe
  untereinander: $A + 100$ mm (200 mm), wenn zul F_1 (zul $F_{Z\perp}$) maßgebend ist.
  vom Trägerende: $(A + 300$ mm$)/2$, wenn zul $F_{Z\perp}$ maßgebend ist.

Beispiel Hauptträger ☐ 12×38 cm BSH BS 11
Nebenträger ☐ 14×24 cm NH S 10
(beidseitig)
Auflagerkraft je Nebenträger: $F_1 = 7{,}5$ kN
Gewählt: GH-Balkenschuh 04 140×160
Tafel 9.28: $n_N = 14$ RNä 4,0×60 ($n_H = 26$)
$a/H_H = 21{,}2/38 = 0{,}558$ $< 0{,}65$
$f \approx 1/(1 - 0{,}93 \cdot 0{,}558) = 2{,}08$
zul $F_{Z\perp} = 0{,}04 \cdot 99{,}8 \cdot 2{,}08 = 3{,}99 \cdot 2{,}08 = 8{,}30$ kN maßgebend
zul $F_1 = 14 \cdot 0{,}714 = 10{,}0$ kN $> 8{,}30$ kN
vorh $F_1 = 7{,}5$ kN $< 8{,}30$ kN

Sparrenpfettenanker
Als Beispiel ist in Tafel 9.30 das Fabrikat Bilo-Sparrenpfettenanker mit einreihiger Nagelung (Bilo-Kammnägel 4,0×40) aufgeführt. Verwendung als Zugankerpaar in symmetrischer Anordnung, möglichst über Eck, gemäß nachfolgender Abbildung.

Tafel 9.30 Zulässige Zugkraft [1] **für 1 Ankerpaar im Lastfall H**

Höhe h	in mm	170	210	250	290	330	370	410
Schenkelbreite a	in mm		20			25		30
Blechdicke t	in mm				2			
Na-Anzahl je Schenkel		3	4	5	6	7	8	9
zul Z eines Ankerpaares in kN für die kleinere Holzbreite b	6 cm		4,5	-	-	-	-	-
	7 cm	3,6	5,1	6,1	7,1	8,0	8,9	9,8
	8 cm			8,1	9,1	10,2	11,2	
	9 cm			6,7				12,6
	10 cm				8,2	9,8	11,2	13,0

[1] Unter vorwiegend ruhender Belastung bei voller Ausnagelung aller Löcher. Falls nicht voll ausgenagelt, gilt zul Z für die vorhandene Nagelanzahl.
Achsabstand benachbarter Anker ≥ 50 cm. Ein genauerer Querzugnachweis kann nach [9.7] geführt werden.

7.5 Klammerverbindungen (DIN 1052-2, 8)

Für tragende Verbindungen von VH bzw. BSH aus NH oder NH mit HW dürfen Klammern aus Stahldraht mit Eignungsnachweis verwendet werden, die auf der Länge $l_H \geq 0{,}5 l_n$ beharzt sind und mit geeigneten Geräten eingetrieben werden. Für die Ausführung von Klammerverbindungen gelten die Regeln für Nagelverbindungen sinngemäß, soweit im Folgenden nichts anderes festgelegt ist.

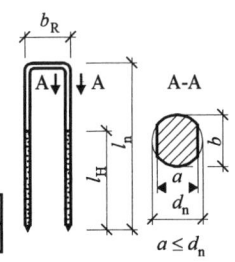

Querschnittsform	d_n in mm	b_R	l_n	l_H
$b \leq 1{,}2a$	1,5 bis 2,0	$\geq 6d_n \leq 15$ mm	$\leq 50d_n$	$\geq 0{,}5l_n$

$a \leq d_n$

Handelsübliche Klammerfabrikate sind [9.9] und handelsübliche Klammerabmessungen [9.5] zu entnehmen. Der Klammerrücken muss mindestens bündig mit Bauteiloberkante sein (gilt als nicht versenkt) und darf nicht mehr als 2 mm versenkt werden.

Die **Mindestdicke** t von HW beträgt 8 mm bei FP, 6 mm bei BFU, HFH und HFM. Diese Werte sind um 2 mm zu erhöhen, wenn der Klammerrücken 2 mm versenkt wird.

Klammermindestabstände sinngemäß wie bei Nagelverbindungen Seite 9.25 (siehe auch [9.1],[9.5]).

Größtabstände bei HW und bei NH parallel zur Faser: $\leq 80d_n$ bei NH $\perp$ Fa: $\leq 40d_n$

Die **zulässige Klammerbelastung rechtwinklig zum Klammerschaft** einer einschnittigen Verbindung im Lastfall H beträgt

$$\text{zul } N_1 = \frac{1000 \, d_n^2}{10 + d_n} \quad \text{in N} \quad (1)$$

mit d_n als Draht-$\varnothing$ der Klammer in mm

Tafel 9.31
Erforderliche Eindringtiefen und zulässige Belastungen je einschnittiger Klammer auf Abscheren im Lastfall H

Klammer-draht-$\varnothing$ d_n mm	Erforderliche Eindringtiefe s mm	zul N_1 N $\alpha^{1)} \geq 30°$	zul N_1 N $\alpha < 30°$
1,5	18	196	130
d_n	$12 d_n$	zul N_1 nach Gl. (1)	$\frac{2}{3}$ zul N_1 nach Gl. (1)
2,0	24	333	222

[1] α ist der Winkel zwischen Klammerrücken und Holzfaserrichtung.

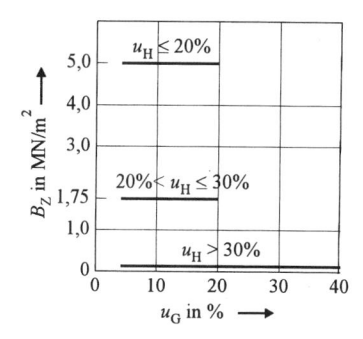

Wenn $\alpha < 30°$, ist mit $\frac{2}{3} B_Z$ zu rechnen.

Die **zulässige Belastung auf Herausziehen** im Lastfall H bei **kurzfristiger Belastung** einer Klammer beträgt

$$\text{zul } N_Z = B_Z \, d_n \, s_w \quad \text{in N} \quad (2)$$

mit wirksamer Eindringtiefe $s_w \geq 20$ mm bzw. $\geq 12 d_n$ in mm.
Dabei darf nur $s_w \leq l_H$ bzw. $\leq 20 d_n$ in Rechnung gestellt werden.
B_Z nach obiger Abb.

Für **langfristig oder ständig auf Herausziehen** beanspruchte Klammern ist der Nachweis der Brauchbarkeit z. B. durch eine BAZ zu erbringen.
Beim Anschluss von HW an NH gilt wegen der Gefahr des Durchziehens des Klammerrückens:
zul $N_Z \leq 150$ N, wenn Plattendicke < 12 mm.

Kombinierte Beanspruchung: siehe Seite 9.26 Gl. (1) mit $m = 1$.

7.6 Holzschraubenverbindungen (DIN 1052-2, 9)

Herstellung der meist einschnittigen Verbindung erfolgt mit Holzschrauben nach DIN 96, DIN 97 und DIN 571 mit einem Schaft-$\varnothing$ $d_s \geq 4$ mm. Das Holz ist auf die Länge des Gewindeteils mit $0{,}7 d_s$ und auf die Tiefe des glatten Schaftes mit d_s vorzubohren. Schraubenverbindungen ohne Vorbohren z. B. mit ABC SPAX-S Schrauben nach BAZ Z 9.1-235.

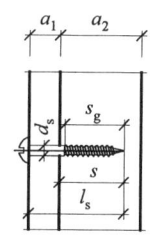

Schraubenmindestabstände im Holz wie Abstände bei vorgebohrten Nägeln nach Seite 9.25, in HW wie bei Nägeln nach Seite 9.25.

Größtabstände bei tragenden Holzschrauben und Heftschrauben:
∥ Fa des Holzes und bei HW-Platten $\leq 40 d_s$;
⊥ Fa des Holzes $\leq 20 d_s$

Mindestanzahl von Scherflächen je Anschluss   4 für $d_s < 10$ mm
                                                                        2 für $d_s \geq 10$ mm

Tafel 9.32 Zulässige Holzschraubenbelastungen bei Abscheren in N im Lastfall H

Winkel α zwischen Kraft- und Faserrichtung	Nenn-$\varnothing$ d_s	zul N_1 [1]			
		$s \geq 8d_s$		$4d_s \leq s < 8d_s$	
		a_1 [2] $\geq 4{,}25d_s$	a_1 [2] $< 4{,}25d_s$	a_1 [2] $\geq 4{,}25d_s$	a_1 [2] $< 4{,}25d_s$
	mm	N	N	N	N
beliebig	4	270			
	5	425			
	6	610	$4\,a_1\,d_s$	$2{,}125\,d_s\,s$	$0{,}5\,a_1\,s$
	8	1090			
$0°$ [3]	10	1700			
	12	2450			
	16	4350			
	20	6800			

[1] s, a_1, d_s in mm einsetzen.
[2] Einzuhaltende Mindestplattendicken: FP, HFM: min a_1 = 6 mm
   HFH: min a_1 = 4 mm
[3] $\alpha \neq 0°$: zul N_1 mit $\eta_s = 1 - \alpha/360°$ abmindern.

Wirksame Anzahl ef n bei > 10 bzw. > 6 Schrauben in einem Stoß oder Anschluss hintereinander
  für $d_s < 10$ mm $\rightarrow$ ef n wie bei Nägeln
  für $d_s \geq 10$ mm $\rightarrow$ ef n wie bei Stabdübeln

Zulässige Belastung einer Holzschraube auf Herausziehen
für trockenes Holz unabhängig von der Holzfeuchte beim Einschrauben im Lastfall H
  zul $N_Z = 3\,s_g\,d_s$ in N   mit s_g, d_s in mm, wobei $s_g < 4d_s$ und $s_g > 12d_s$ nicht in
                                    Rechnung gestellt werden darf.
  zul $N_Z \leq 150$ N bei HW-Platten mit $t < 12$ mm

Kombinierte Beanspruchung: siehe Seite 9.26 Gl. (1) mit $m = 2$.

7.7 Nagelplattenverbindungen (DIN 1052-2, 10)

Geltungsbereich   Holzbauteile aus NH der Sortierklassen S 10/MS 10 bis MS 17; Nagelplatten aus verzinktem oder korrosionsbeständigem Stahlblech von mindestens 1,0 mm Nenndicke mit einseitig etwa rechtwinklig abgebogenen nagel- oder dübelartigen Ausstanzungen gemäß nachfolgender Abbildung.

Brauchbarkeit   muss nachgewiesen werden z. B. durch BAZ, worin Form, Materialkennwerte und zulässige Belastungen festgelegt sind.

Anwendbarkeit   nur bei Bauteilen mit vorwiegend ruhender Belastung. Die maximalen Spannweiten der Tragwerke sind in den BAZ festgelegt.

Berechnungsgrundlagen zur Ermittlung der Nagel- und Plattenbelastung, sowie **Konstruktions- und Herstellungsrichtlinien** siehe DIN 1052-2, 10 und BAZ, siehe auch [9.1].

Die Kraftübertragung zwischen Nagelplatte und Holz erfolgt rechnerisch in der wirksamen Plattenanschlussfläche = Bruttoberührungsfläche abzüglich Randstreifen c. Annahme: $c \geq 10$ mm, sofern in BAZ nichts anderes festgelegt ist.

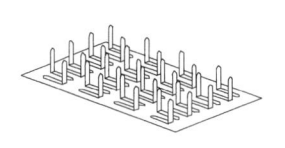

Nagelplatte (schematisch)
c ist Randstreifenbreite.

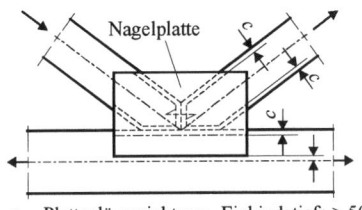

Plattenlängsrichtung   Einbindetiefe ≥ 50 mm
Knotenpunkt mit Nagelplatte

8 Holzschutz

Die dauerhafte Funktionstüchtigkeit, d. h. die Dauerhaftigkeit einer Holzkonstruktion, ist vorrangig durch vorbeugende bauliche Maßnahmen (siehe DIN 68 800-2) und erforderlichenfalls zusätzlich durch vorbeugenden chemischen Holzschutz (siehe DIN 68 800-3) sicherzustellen. Auf den vorbeugenden chemischen Holzschutz kann verzichtet werden, wenn eine Gefährdung der Holzteile durch Pilze und Insekten auf Dauer und ausreichend zuverlässig durch bauliche Maßnahmen ausgeschlossen ist.

8.1 Transport, Lagerung und Einbau von Holz und Holzwerkstoffen

Bei Transport im Regen und auch bei kurzzeitiger Lagerung im Freien sind Holz, BS-Holz und HW durch eine Abdeckung vor Feuchtigkeit und intensiver Sonnenbestrahlung zu schützen. Holz und HW sind möglichst mit der Gleichgewichtsfeuchte nach Tafel 9.33a einzubauen (ausgenommen Holzfaserplatten, deren Gleichgewichtsfeuchte ca. 3 % unter den Werten in Tafel 9.33a liegt).

Tafel 9.33a Mittlere Gleichgewichtsfeuchten des Holzes in %

Exposition	Bauwerk geschlossen		Bauwerk offen,	Konstruktion der
	mit Heizung	ohne Heizung	überdeckt	Witterung ausgesetzt
Mittl. Gleichgewichtsfeuchte	9 ± 3	12 ± 3	15 ± 3	18 ± 6

Wird Holz ohne chemischen Holzschutz eingebaut, dann muss die Holzfeuchte innerhalb von höchstens sechs Monaten $u_1 \leq 20\,\%$ erreichen, wenn der gemessene Einzelwert u_1 beim Einbau über 20 % liegt. Die Austrocknung kann erreicht werden, wenn die Abdeckung des Bauteils an mindestens einer Bauteiloberfläche eine diffusionsäquivalente Luftschichtdicke $s_d \leq 0{,}2$ m aufweist. Ist das nicht sichergestellt, ist das Holz der Gefährdungsklasse 2 (siehe Tafel 9.34a) zuzuordnen.

8.2 Natürliche Dauerhaftigkeit des Holzes

Die Eingruppierung des Kernholzes der Holzarten nach DIN 1052 in Resistenzklassen ist DIN 68364 entnommen. Das Splintholz aller Holzarten ist den Resistenzklassen 4 und 5 zuzuordnen.

Tafel 9.33b Resistenzklassen des Kernholzes verschiedener Holzarten

Resistenzklasse	Holzart	Resistenzklasse	Holzart
1	sehr resistent	Afzelia, Angelique, Azobé (Bongossi), Greenheart, Teak, Yellow Cedar[*]	3	mäßig resistent	Douglasie, Keruing, Lärche
			3-4		Kiefer, Southern Pine[*]
1-2		Merbau	4	wenig resistent	Fichte, Tanne, Western Hemlock[*]
2	resistent	Eiche	5	nicht resistent	Buche

[*] In Anlehnung an [9.14].

8.3 Holzschutzmittel

Tafel 9.33c Prüfprädikate für Holzschutzmittel

Prüfprädikat	Wirksamkeit	Für Gefährdungsklasse
Iv	gegen Insekten vorbeugend wirksam	1 bis 4
P	gegen Pilze vorbeugend wirksam	2 bis 4
W	auch für Holz, das der Witterung ausgesetzt ist, jedoch nicht im ständigen Erdkontakt und nicht im ständigen Kontakt mit Wasser	3 und 4
E	auch für Holz, das extremer Beanspruchung ausgesetzt ist (im ständigen Erdkontakt und/oder im ständigen Kontakt mit Wasser sowie bei Schmutzablagerungen in Rissen und Fugen)	4

Ergibt sich die Notwendigkeit des chemischen Holzschutzes, kommen wasserlösliche oder ölige Holzschutzmittel und Präparate für besondere Anwendungsgebiete zum Einsatz. Es sind nur Mittel zu verwenden, die vom Deutschen Institut für Bautechnik (DIBt) eine BAZ sowie die ihren Eigenschaften entsprechenden amtlichen Prüfprädikate erhalten haben (siehe Tafel 9.33c). Diese Präparate sind im vom DIBt jährlich veröffentlichten Holzschutzmittelverzeichnis [9.15] zusammengestellt.

8.4 Gefährdungsklassen

Nach DIN 68 800-3 werden Holzbauteile entsprechend der Art der Gefährdung in die Gefährdungsklassen (GK) 0 bis 4 eingestuft. In GK 1 bis GK 4 ist chemischer Holzschutz nicht zwingend erforderlich, wenn Hölzer eingesetzt werden, die für die jeweilige Gefährdungsklasse ausreichend dauerhaft sind (siehe Abschnitt 8.5).

Tafel 9.34a
Holzbauteile, die durch Niederschläge, Spritzwasser o. Ä. nicht beansprucht werden

Gefährdungs-klasse	Beanspruchung	Anwendungsbereiche	Erforderliche Prüfprädikate der Holzschutzmittel[3]
0	Innen verbautes Holz, ständig trocken	Wie Gefährdungsklasse 1 unter Berücksichtigung von [1]	-
1[2]	Innen verbautes Holz, ständig trocken	Innenbauteile bei einer mittleren relativen Luftfeuchte bis 70 % und gleichartig beanspruchte Bauteile	Iv
2	Holz, das weder dem Erdkontakt noch direkt der Witterung oder Auswaschung ausgesetzt ist, vorübergehende Befeuchtung ist möglich	Innenbauteile bei einer mittleren relativen Luftfeuchte über 70 % und gleichartig beanspruchte Bauteile. Innenbauteile in Nassbereichen, Holzteile wasserabweisend abgedeckt. Außenbauteile ohne unmittelbare Wetterbeanspruchung	Iv P

[1] Chemische Holzschutzmaßnahmen im Bereich der Gefährdungsklasse 1 sind nicht erforderlich, wenn Farbkernhölzer verwendet werden, die einen Splintholzanteil unter 10 % aufweisen oder Holz in Räumen mit üblichem Wohnklima oder vergleichbaren Räumen verbaut ist und a) gegen Insektenbefall allseitig durch eine geschlossene Bekleidung abgedeckt ist oder b) Holz zum Raum hin so offen angeordnet ist, dass es kontrollierbar bleibt.
[2] Holzfeuchte $u \leq 20\,\%$ sichergestellt.   [3] Siehe Tafel 9.33c.

Tafel 9.34b
Holzbauteile, die durch Niederschläge, Spritzwasser oder dergleichen beansprucht werden

Gefährdungs-klasse	Beanspruchung	Anwendungsbereiche	Erforderliche Prüfprädikate der Holzschutzmittel siehe Tafel 9.33c
3	Holz der Witterung oder Kondensation ausgesetzt, aber nicht in Erdkontakt	Außenbauteile mit Wetterbeanspruchung ohne ständigen Erd- und/oder Wasserkontakt Innenbauteile in Nassräumen	Iv P W
4	Holz in dauerndem Erdkontakt oder ständiger starker Befeuchtung ausgesetzt [1]	Holzteile mit ständigem Erd- und/oder Süßwasserkontakt, [1] auch bei Ummantelung	Iv P W E

[1] Besondere Bedingungen gelten für Kühltürme sowie für Holz im Meerwasser.

Für andere als in Tafeln 9.34a/b angeführte Anwendungsbereiche und im Falle von Abweichungen von den Tafeln ist ein besonderer Verwendbarkeitsnachweis zu führen (siehe [9.16]).

8.5 Beispiele für vorbeugende bauliche Maßnahmen

Die nachfolgenden Beispiele stellen eine Auswahl dar. Weitere Beispiele können z. B. [9.17] bis [9.19] entnommen werden.

Einsatz des Kernholzes von Holzarten mit ausreichend hoher Resistenz statt der Verwendung von Holzschutzmitteln

Gefährdungsklasse	1	2	3	4
Resistenzklasse	3-4	3	2	1
Holzarten wie z. B.	Kiefer	Douglasie, Lärche	Eiche	Afzelia, Teak, Azobé

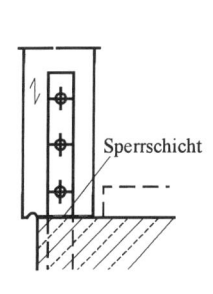

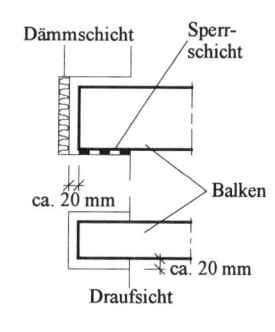

Schutz der Bauteile gegen aufsteigende Feuchte durch Sperrschichten
Gefährdungsklasse 3

Schutz von Stützenfüßen gegen Spritzwasser
Gefährdungsklasse 3

Luftzutritt sicherstellen

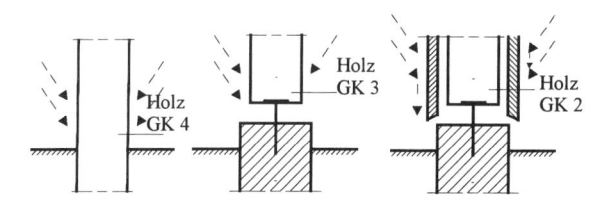

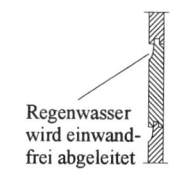

Stützen im Freien (aus [9.18])

Wasserabfluss von Holzoberflächen sicherstellen

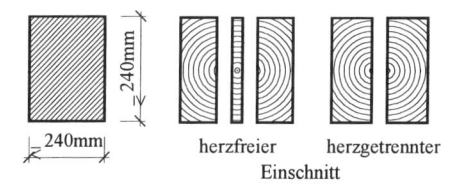

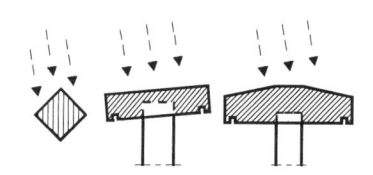

Keine Hölzer mit starker Schwindrissneigung verwenden
→ keine großen Querschnitte
→ herzfreie oder zumindest herzgetrennte Querschnitte (siehe KVH)

Waagerechte Holzoberflächen vermeiden

Für Anstriche auf Holzoberflächen diffusionsoffene Anstrichmittel verwenden und Kanten abfasen.

9 Querschnittstabellen

Dachlatten aus NH nach DIN 4070-1
Hinweise zur Berechnung und Konstruktion siehe Seite 3.14 und 9.9

b/h mm/mm	A cm^2	g kN/m	W_y cm^3	I_y cm^4	W_z cm^3	I_z cm^4	i_y cm	i_z cm
24/48	11,5	0,0069	9,2	22,1	4,57	5,5	1,39	0,69
30/50	15,0	0,0090	12,5	31,3	7,50	11,3	1,45	0,87
40/60	24,0	0,0144	24,0	72,0	16,0	32,0	1,73	1,16

Ungehobelte Bretter und Bohlen aus NH nach DIN 4071-1

Brettdicke	mm	16	18	22	24	28	38						
Bohlendicke	mm	44	48	50	63	70	75						
Breite[1] (Auswahl)	mm	80	100	120	140	150	160	180	200	220	240	260	280	300

[1] Parallel besäumt.

Rechteckquerschnitte aus BSH
$b = 10$ cm Zahlenwerte aufgerundet
Rechenwert der Eigenlast: 5 kN/m^3

h cm	A cm^2	g kN/m	W_y cm^3	I_y cm^4	i_y cm	h cm	A cm^2	g kN/m	W_y cm^3	I_y cm^4	i_y cm
30	300	0,15	1 500	22 500	8,67	90	900	0,45	13 500	607 500	26,0
32	320	0,16	1 710	27 300	9,24	92	920	0,46	14 110	648 900	26,6
34	340	0,17	1 930	32 800	9,81	94	940	0,47	14 730	692 200	27,1
36	360	0,18	2 160	38 900	10,4	96	960	0,48	15 360	737 300	27,7
38	380	0,19	2 410	45 700	11,0	98	980	0,49	16 010	784 300	28,3
40	400	0,20	2 670	53 300	11,6	100	1 000	0,50	16 670	833 300	28,9
42	420	0,21	2 940	61 700	12,1	102	1 020	0,51	17 340	884 300	29,4
44	440	0,22	3 230	71 000	12,7	104	1 040	0,52	18 030	937 400	30,0
46	460	0,23	3 530	81 100	13,3	106	1 060	0,53	18 730	992 500	30,6
48	480	0,24	3 840	92 200	13,9	108	1 080	0,54	19 440	1 050 000	31,2
50	500	0,25	4 170	104 200	14,4	110	1 100	0,55	20 170	1 109 000	31,8
52	520	0,26	4 510	117 200	15,0	112	1 120	0,56	20 910	1 171 000	32,3
54	540	0,27	4 860	131 200	15,6	114	1 140	0,57	21 660	1 235 000	32,9
56	560	0,28	5 230	146 300	16,2	116	1 160	0,58	22 430	1 301 000	33,5
58	580	0,29	5 610	162 600	16,7	118	1 180	0,59	23 210	1 369 000	34,1
60	600	0,30	6 000	180 000	17,3	120	1 200	0,60	24 000	1 440 000	34,6
62	620	0,31	6 410	198 600	17,9	122	1 220	0,61	24 810	1 513 000	35,2
64	640	0,32	6 830	218 500	18,5	124	1 240	0,62	25 630	1 589 000	35,8
66	660	0,33	7 260	239 600	19,1	126	1 260	0,63	26 460	1 667 000	36,4
68	680	0,34	7 710	262 000	19,6	128	1 280	0,64	27 310	1 748 000	37,0
70	700	0,35	8 170	285 800	20,2	130	1 300	0,65	28 170	1 831 000	37,5
72	720	0,36	8 640	311 000	20,8	132	1 320	0,66	29 040	1 917 000	38,1
74	740	0,37	9 130	337 700	21,4	134	1 340	0,67	29 930	2 005 000	38,7
76	760	0,38	9 630	365 800	21,9	136	1 360	0,68	30 830	2 096 000	39,3
78	780	0,39	10 140	395 500	22,5	138	1 380	0,69	31 740	2 190 000	39,8
80	800	0,40	10 670	426 700	23,1	140	1 400	0,70	32 670	2 287 000	40,4
82	820	0,41	11 210	459 500	23,7	142	1 420	0,71	33 610	2 386 000	41,0
84	840	0,42	11 760	493 900	24,3	144	1 440	0,72	34 560	2 488 000	41,6
86	860	0,43	12 330	530 000	24,8	146	1 460	0,73	35 530	2 593 000	42,1
88	880	0,44	12 910	567 900	25,4	148	1 480	0,74	36 510	2 701 000	42,7

Beispiel Träger aus BSH ☐ 16×90: A, g, W_y, I_y = 1,6 × Tafelwert; z. B.: W_y = 1,6 · 13 500 = 21 600 cm^3

Kanthölzer nach DIN 4070-2 (Auswahl) Rechenwert der Eigenlast: 6 kN/m³
Fettdruck: Querschnitte mit günstiger Rundholzausnutzung
■ Konstruktionsvollholz (Holzfeuchte 15 % ± 3 %) * Vorratskanthölzer nach DIN 4070-1
Zahlenwerte gelten zum Zeitpunkt des Einschnitts bei ≈ 30 % Holzfeuchte (ausgenommen Konstruktionsvollholz). Sie dürfen auch beim Einbau zugrunde gelegt werden.

b/h cm/cm	A cm²	g kN/m	W_y cm³	I_y cm⁴	W_z cm³	I_z cm⁴	i_y cm	i_z cm
6/6*	36	0,022	36	108	36	108	1,73	1,73
6/8*	48	0,029	64	256	48	144	2,31	1,73
6/10	60	0,036	100	500	60	180	2,89	1,73
■ 6/12*	72	0,043	144	864	72	216	3,46	1,73
■ 6/14	84	0,050	196	1372	84	252	4,04	1,73
■ 6/16	96	0,058	256	2048	96	288	4,62	1,73
■ 6/18	108	0,065	324	2916	108	324	5,20	1,73
■ 6/20	120	0,072	400	4000	120	360	5,77	1,73
6/22	132	0,079	484	5324	132	396	6,36	1,73
■ 6/24	144	0,086	576	6910	144	432	6,94	1,73
8/8*	64	0,038	85	341	85	341	2,31	2,31
8/10*	80	0,048	133	667	107	427	2,89	2,31
■ 8/12*	96	0,058	192	1152	128	512	3,46	2,31
■ 8/14	112	0,067	261	1829	149	597	4,04	2,31
■ 8/16*	128	0,077	341	2731	171	683	4,62	2,31
8/18	144	0,086	432	3888	192	768	5,20	2,31
■ 8/20	160	0,096	533	5333	213	853	5,77	2,31
8/22	176	0,106	645	7099	235	939	6,35	2,31
■ 8/24	192	0,115	768	9216	256	1024	6,94	2,31
10/10*	100	0,060	167	833	167	833	2,89	2,89
■ 10/12*	120	0,072	240	1440	200	1000	3,46	2,89
10/14	140	0,084	327	2287	233	1167	4,04	2,89
10/16	160	0,096	427	3413	267	1333	4,62	2,89
10/18	180	0,108	540	4860	300	1500	5,20	2,89
■ 10/20*	200	0,120	667	6667	333	1667	5,77	2,89
10/22*	220	0,132	807	8873	367	1833	6,35	2,89
10/24	240	0,144	960	11 520	400	2000	6,93	2,89
■ 12/12*	144	0,086	288	1728	288	1728	3,46	3,46
12/14*	168	0,101	392	2744	336	2016	4,04	3,46
12/16*	192	0,115	512	4096	384	2304	4,62	3,46
12/18	216	0,130	648	5832	432	2592	5,20	3,46
■ 12/20*	240	0,144	800	8000	480	2880	5,77	3,46
12/22	264	0,158	968	10 648	528	3168	6,35	3,46
■ 12/24*	288	0,173	1152	13 824	576	3456	6,93	3,46
14/14*	196	0,118	457	3201	457	3201	4,04	4,04
14/16*	224	0,134	597	4779	523	3659	4,62	4,04
14/18	252	0,151	756	6801	588	4116	5,20	4,04
14/20	280	0,168	933	9333	652	4573	5,77	4,04
14/22	308	0,185	1129	12 422	719	5031	6,35	4,04
14/24	336	0,202	1344	16 128	784	5488	6,93	4,04
16/16*	256	0,154	683	5461	683	5461	4,62	4,62
16/18*	288	0,173	864	7776	768	6144	5,20	4,62
16/20*	320	0,192	1067	10 667	853	6827	5,77	4,62
16/22	352	0,211	1291	14 197	939	7509	6,35	4,62
16/24	384	0,230	1536	18 432	1024	8192	6,93	4,62
18/18	324	0,194	972	8748	972	8748	5,20	5,20
18/20	360	0,216	1200	12 000	1080	9720	5,78	5,20
18/22*	396	0,238	1452	15 972	1188	10 692	6,35	5,20
20/20*	400	0,240	1333	13 333	1333	13 333	5,77	5,77
20/22	440	0,264	1613	17 747	1467	14 667	6,35	5,77
20/24*	480	0,288	1920	23 040	1600	16 000	6,93	5,77
22/22	484	0,290	1775	19 520	1775	19 520	6,35	6,35
22/24	528	0,317	2110	25 340	1936	21 296	6,93	6,35
24/24	576	0,346	2304	27 648	2304	27 648	6,93	6.93

Hölzerne Dachkonstruktionen

Das Buch gibt einen Überblick über die Systeme hölzerner Dachkonstruktionen; Zahlentafeln, zahlreiche konstruktive Details und Beispiele unterstützen besonders den Studierenden, aber auch den Baupraktiker, bei der Realisierung rationeller Lösungen. Die beiliegende CD-ROM enthält ein komplettes Berechnungsprogramm für Dachtragwerke der mb software AG zur 30-Tage-Nutzung sowie die vorgestellten Berechnungsbeispiele.

Aus dem Inhalt:

- Geschichte der Dachtragwerke
- Sprengwerke und Hängewerke
- Lastannahmen
- Aussteifungen und Windverbände
- Sparrenabstände
- Drempel oder Kniestock
- Holzlängen
- Walme und Kehlen
- Gespärredächer
- Dachgauben und Fensterbänder
- Pfettendächer
- Tafeln
- Dachstühle
- Beispiele
- Mischbauweise
- CD-ROM

Autor:
Prof. Dipl.-Ing. Hagen Prehl, FH Bochum, Beratender Ingenieur.

Zu beziehen über Ihre Buchhandlung oder direkt beim Verlag.

Prehl
Hölzerne Dachkonstruktionen
Berechnung, Konstruktion, Tafeln, Beispiele
2., überarbeitete und erweiterte Auflage
2001. 184 Seiten, 17 x 24 cm, kartoniert, inkl. CD-ROM für Windows 95 oder höher,
€ 39,–/sFr 78,–
ISBN 3-8041-2988-9

WERNER VERLAG

Werner Verlag · Postfach 10 53 54 · 40044 Düsseldorf
Telefon (02 11) 3 87 98-0 · Telefax (02 11) 3 87 98-11
www.werner-verlag.de

10 Bauphysik

Prof. Dr.-Ing. Erwin Knublauch
Prof. Dr. rer. nat. Erich Cziesielski (Abschnitt 6)

Inhaltsverzeichnis

		Seite
1	**Wärmeschutz und Energieeinsparung in Gebäuden**	10.2
1.1	Begriffe	10.2
1.2	Anforderungen zum Mindestwärmeschutz	10.4
1.3	Anforderungen der Energieeinsparverordnung (EnEV)	10.5
1.4	Anforderungen an den sommerlichen Wärmeschutz	10.12
1.5	Daten für die wärme- und feuchtigkeitsschutztechnische Planung	10.14
1.6	Bauen im Bestand	10.30
1.7	Heiz- und raumlufttechnische Anlagen in der EnEV	10.31
2	**Klimabedingter Feuchtigkeitsschutz**	10.35
2.1	Begriffe	10.35
2.2	Tauwasserbildung	10.35
2.3	Wasserdampfdiffusion in Bauteilen	10.38
2.3.1	Allgemeines	10.38
2.3.2	Diffusionsberechnung	10.38
2.3.3	Bauteile, für die kein rechnerischer Nachweis des Tauwasserausfalls erforderlich ist	10.40
2.4	Tauwasser- und Luftdichtheit	10.41
2.5	Regensicherheit	10.43
3	**Schallschutz im Hochbau**	10.45
3.1	Begriffe	10.45
3.2	Anforderungen zum Mindestschallschutz	10.46
3.2.1	Allgemeines	10.46
3.2.2	Luft- und Trittschalldämmung	10.46
3.2.3	Schutz gegen Geräusche aus haustechnischen Anlagen	10.50
3.2.4	Schutz gegen Außenlärm	10.51
3.3	Erhöhter Schallschutz	10.53
3.4	Bemessung der Luftschalldämmung	10.54
3.4.1	Einschalige Bauteile	10.54
3.4.2	Zweischalige Bauteile	10.56
3.4.3	Einfluss flankierender Bauteile auf die Luftschalldämmung	10.59
3.4.4	Beispiele für Bauteile mit hohen Schalldämm-Maßen	10.61
3.4.5	Resonanz, Eigenfrequenz	10.62
3.4.6	Koinzidenz, Spuranpassung, Grenzfrequenz	10.63
3.4.7	Überlagerung von Schallquellen	10.63
3.4.8	Resultierende Luftschalldämmung	10.63
3.5	Trittschalldämmung von Massivdecken und -treppen	10.64
3.6	Luftschalldämmung von Außenbauteilen	10.66
3.7	Beispiel für das Zusammenwirken von unterschiedlichen Anforderungen	10.67

		Seite
3.8	Bauen im Bestand	10.68
4	**Schallausbreitung in Räumen, Raumakustik**	10.69
5	**Brandsicherheit in Gebäuden**	10.72
5.1	Planerische Grundlagen	10.72
5.1.1	Zielvorgaben	10.72
5.1.2	Brandschutz als Personenschutz	10.72
5.1.3	Wirksame Löscharbeiten	10.72
5.1.4	Erforderliche Baustoffe und Bauteile	10.73
5.2	Bauteile für den Brandschutz	10.76
5.2.1	Stahlbauteile	10.76
5.2.2	Stahlverbundkonstruktionen	10.77
5.2.3	Mauerwerk	10.77
5.2.4	Stahlbeton	10.78
5.2.5	Holz und Holzwerkstoffe	10.80
5.2.6	Brandwände	10.82
6	**Abdichtung von Hochbauten im Erdreich**	10.83
6.1	Aufgabe von Abdichtungen	10.83
6.2	Abdichtungsmaterialien	10.83
6.3	Beanspruchung	10.83
6.4	Schutz des Bauwerks gegen Bodenfeuchtigkeit	10.85
6.4.1	Abdichtungsprinzipien	10.85
6.4.2	Konstruktive Ausbildung und Materialien	10.87
6.5	Abdichtung gegen nichtdrückendes Wasser	10.90
6.5.1	Abdichtungsprinzipien	10.90
6.5.2	Bauliche Erfordernisse	10.91
6.5.3	Materialwahl und Konstruktionsbeispiele	10.92
6.6	Abdichtung gegen drückendes Wasser	10.95
6.6.1	Abdichtungsprinzipien	10.95
6.6.2	Konstruktionsprinzipien	10.96
6.6.3	Materialwahl und Konstruktionsbeispiele	10.96
6.7	Gebäudedränung	10.100
6.7.1	Aufgabe und Wirkungsweise einer Dränanlage	10.100
6.7.2	Materialien und Konstruktionsprinzipien	10.102
6.8	Gründungsbauwerke aus wasserundurchlässigem Beton	10.106
6.8.1	Vorteile	10.106
6.8.2	Planungsgrundsätze	10.106
6.8.3	Wasserdurchgang durch Bauteile aus WU-Beton	10.109
6.8.4	Verdunstung und Feuchtebilanz	10.111
6.8.5	Beispiel	10.112
6.8.6	Innenseitige Beschichtung der Betonoberfläche	10.113

1 Wärmeschutz und Energieeinsparung in Gebäuden
1.1 Begriffe zum Wärmetransport und Wärmebedarf
1.1.1 Formelzeichen und Einheiten

Die nationalen Regelwerke wurden auf die internationalen Symbole umgestellt.

Größe	Symbol alt	Symbol neu	Einheit[2]	Bemerkung
Schichtdicke	s	d	m	Einheit beachten!
Celsius-Temperatur	ϑ	θ	°C	θ_i; θ_e Innen-; Außentemperatur
Temperaturdifferenz	$\Delta\vartheta$	ΔT	K	gleiche Zahlenwerte in °C und K
Wärmemenge, wie Jahresheizwärmebedarf, Primärenergiebedarf, W-gewinne/verluste,	Q	Q	kWh, kWh/a	Indizes nach Energiesparvorschriften in DIN V 4701-10 auch q mit Indizes;
auf Nutzfläche bezogener Jahres-(Primär)energiebedarf		Q''	kWh/(m²a)	Q' volumenbezogen in kWh/(m³a)
Wärmestromdichte	q	q	W/m²	Wärme je Einheit der Bauteilfläche
Wärmeleitfähigkeit	λ	λ	W/(mK)	Bemessungswerte nach Tafel 10.18
Wärmedurchlasswiderstand[1]	$1/\Lambda$	R	m²K/W	Anforderungen nach Tafel 10.4
Wärmeübergangswiderstand[1]	$1/\alpha_i$	R_{si}	m²K/W	analog $1/\alpha_a$, R_{se}, nach Tafel 10.27a
Wärmedurchgangswiderstand[1]	$1/k$	R_T	m²K/W	$R_T = R_{si} + R + R_{se}$
Wärmedurchgangskoeffizient	k	U	W/(m²K)	$U = 1/R_T$
längenbezogener Wärmedurchgangskoeffizient/Wärmebrückenverlustkoeffizient		Ψ	W/(mK)	z. B. nach Wärmebrückenkatalogen oder DIN EN ISO 10 211
spez. Transmissions- oder Lüftungswärmeverlust		H, H_T H_V	W/K	H'_T auf die wärmeübertragende Umfassungsfläche bezogen in W/(m²K)
spezifische Wärmekapazität	c	c	J/(kg K)	1 J = 1 Ws,[2] Beispiele nach Tafel 10.27c
Luftwechselrate	n, β	n	1/h	z. B. n_{50} bei 50 Pa Druckdifferenz
Fugendurchlasskoeffizient	a	a	m³/(hm daPa^{2/3})	z. B. Fugen in beweglichen Bauteilen
Sonneneintragskennwert		S	1	Anforderung n. Tafel 10.13 b
Gesamtenergiedurchlassgrad	g	g	1	solare Gewinne, sommerl. Wärmeschutz, Tafel 10.13 a
Abminderungsfaktor	z	F_c	1	Sonnenschutzvorrichtung, Beschattung
(beheiztes Gebäude-) Volumen	V	V	m³	V_e aus den Gebäudeaußenmaßen
(wärmeübertragende) Flächen	A	A	m²	A_N Gebäudenutzfläche

[1] Kehrwerte der „Widerstände" heißen „Koeffizienten".
[2] Frühere Energieeinheit: 1 kcal = 4187 J = 0,001163 kWh; frühere Leistungseinheit: 1 kcal/h = 1,163 W.

1.1.2 Grundbeziehungen bei ebenen Bauteilen bei stationären Temperaturen

Bei Temperaturunterschieden zwischen dem beheizten und unbeheizten Gebäudeinneren bzw. dem winterlichen Freien kommt es zur Wärmeübertragung durch die Umfassungsbauteile, die durch ausreichend große „Widerstände" bzw. kleine Wärme„koeffizienten" begrenzt wird. Damit werden zunächst die inneren Bauteiloberflächen behaglich warm und bei angepasstem Wohnverhalten frei von (gesundheits-) schädlichem Tauwasser (Mindestwärmeschutz). Der dauerhaften Funktion solcher Bauteile dient die Abwehr auch anderer Wasser/Eis-Bildungen (klimabedingter Feuchtigkeitsschutz, Regenschutz, Bauwerksabdichtung). Die Verkleinerung des Heizenergiebedarfs eines Gebäudes bei guter Ausnutzung der zugelieferten Energie innerhalb der Anlagentechnik ist politische Aufgabe für Bauplanung, Baukonstruktion, Bauphysik und Haustechnik. Ein Teilaspekt ist der erhöhte Wärmeschutz bei Nutzung auch solarer Gewinne. Zur ingenieurmäßigen Handhabung der Vorgänge werden überwiegend vereinfachte Berechnungsverfahren verwendet, die den Winter (monatsweise) auf zeitunabhängige mittlere Temperaturen und Strahlungsverhältnisse und Bauwerke auf ebene (eindimensionale) Bauteile idealisieren. Solche Berechnungen erfassen daher keine speicherfähigen Massen und sind also für sommerliche (instationäre) Temperaturen ungeeignet. Kleinflächige und nichtebene Bauteile (z. B. Fensterprofil) werden als Wärmebrücken behandelt.

a) $R = d_1/\lambda_1 + d_2/\lambda_2 + \ldots + d_n/\lambda_n = \Sigma (d/\lambda)$

b) $U = \dfrac{1}{R_{si} + R + R_{se}}$

Die in allen Schichten gleich große Wärmestromdichte:
$q = U(\theta_i - \theta_e) = 1/R_{si}(\theta_i - \theta_{si}) = \Delta\theta_k \lambda_k / d_k$, k Schichtnr.

Temperaturen im geschichteten Bauteil:
$\theta_{si} = \theta_i - R_{si} \cdot q = \theta_i - R_{si} U(\theta_i - \theta_e)$
allgemein: $\Delta\theta = q\, d/\lambda$

Temperatur hinter der Schicht x von innen ($x = 0$ bis $x = n$):
$\theta_x = \theta_i - U(R_{si} + d_1/\lambda_1 + \ldots + d_x/\lambda_x)(\theta_i - \theta_e)$

Bauteilquerschnitt

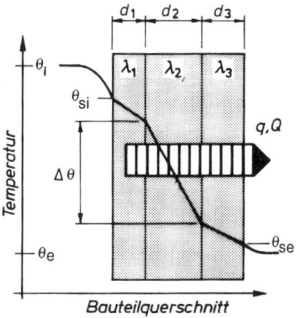

1.1.3 Berechnung von U in besonderen Fällen (nach DIN EN ISO 6946 : 1998-11)

Bei aus *Teilbereichen* A_a bis A_q zusammengesetzten Bauteilen der Gesamtfläche $A = \Sigma\, A_i$ mit unterschiedlichen Werten U_i wird ein mittlerer Wert U_m „naiv" bestimmt nach

$$U_m = \frac{1}{R_T{}'} = \frac{U_a A_a}{A} + \frac{U_b A_b}{A} + \ldots + \frac{U_q A_q}{A} = \frac{f_a}{R_{Ta}} + \frac{f_b}{R_{Tb}} + \ldots + \frac{f_q}{R_{Tq}}$$

$f_i = A_i/A$ ist dabei der Flächenanteil des i-ten ($i = a$ bis q) Bereiches. Der so bestimmte Wert $1/R_T{}'$ schätzt den Wärmedurchgangskoeffizient zu günstig ein, weil die Wärmebrückenwirkungen an den Grenzen der Bereiche nicht erfasst werden. $R_T{}'$ heißt daher oberer Grenzwert. Ein unterer Grenzwert $R_T{}''$ wird abgeschätzt, indem man den Bauteilquerschnitt in n Schichten parallel zu den Oberflächen so teilt, dass jeweils nur nebeneinander liegende Bereiche entstehen. Jeder Schicht j ($j = 1$ bis n) ordnet man eine äquivalente Wärmeleitfähigkeit $\lambda'' = \lambda_a f_a + \lambda_b f_b + \ldots + \lambda_q f_q$ zu und bestimmt für diese Schicht den Wärmedurchlasswiderstand $R = d/\lambda''$. Man erhält den unteren Grenzwert $R_T{}'' = R_{si} + \Sigma\, R_j + R_{se}$.
Der tatsächliche Wärmedurchgangswiderstand R_T liegt zwischen $R_T{}'$ und $R_T{}''$, also etwa bei $R_T = (R_T{}' + R_T{}'')/2$. Der mittlere U-Wert ist dann $U_m = 2/(R_T{}' + R_T{}'')$.

Beispiel:

Sparren (Bereich a, $\lambda_a = 0{,}13$ W/(mK)) mit Zwischensparrendämmung (Bereich b, WLG 040) bilden die Schicht 1 der Dicke 0,16 m. Die Aufsparrendämmung (WLG 035) bildet die Schicht 2 der Dicke 0,08 m. Für die Flächenanteile f_a, f_b gelten: $f_a = 0{,}125, f_b = 0{,}875$. Man erhält

$\dfrac{1}{R'_T} = \dfrac{0{,}125}{3{,}656} + \dfrac{0{,}875}{6{,}426} = 0{,}170$ W/(m²K)

$R_T{}' = 5{,}870$ m² K/W

und mit R_{si}, R_{se} nach Tafel 10.27a

$R_T{}'' = 0{,}10 + \dfrac{0{,}08}{0{,}035} + \dfrac{0{,}16}{0{,}051} + 0{,}04 = 5{,}551$ m²K/W

$R_T = (R_T{}' + R_T{}'')/2 = 5{,}710$ m²K/W und
$U_m = 0{,}175$ W/(m²K)

Bei Bauteilen mit *keilförmigen (Dämm)schichten* ist U schlechter als derjenige Wert, der sich aus der mittleren Schichtdicke ergeben würde. Einzelheiten siehe DIN EN ISO 6946, Anhang C.

Es werden nur Schichten innenseitig einer *Abdichtung* gegen Erdreich oder das Freie berücksichtigt. Ausnahme: Schichten ohne Wasseraufnahmefähigkeit, insbesondere bei Perimeterdämmung, Umkehrdach oder Ausnahmen im begrünten Dach. Bei der Berechnung des U-Wertes von *Umkehrdächern* ist U um einen Betrag ΔU zu erhöhen, wenn der prozentuale Anteil des Wärmedurchlasswiderstandes unterhalb der Abdichtung am Gesamtwiderstand $\leq 50\,\%$ beträgt, und zwar um $\Delta U = 0{,}05$ bei Prozentsatz bis $10\,\%$ und um $\Delta U = 0{,}03$ bei 10 bis $50\,\%$.

An *Wärmebrücken,* a) durch Richtungswechsel sonst ebener Bauteile (geometrische Wärmebrücke) oder b) durch Einbau stofflich andersartiger Baustoffe (konstruktive Wärmebrücke), verläuft die Wärmestromdichte q nicht mehr allein senkrecht zur Bauteiloberfläche; es entsteht eine Komponente in Bauteilebene mit der Folge höherer Energieverluste und geringerer Oberflächentemperaturen.

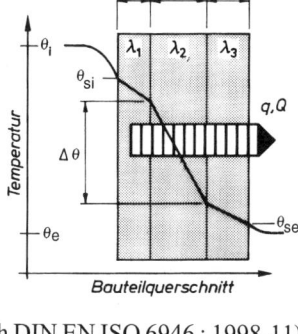

1.2 Anforderungen zum Mindestwärmeschutz nach DIN 4108-2

1.2.1 Bauteile mit mdst. 100 kg/m² flächenbezogener Gesamtmasse

Tafel 10.4 Mindestwerte für Wärmedurchlasswiderstände R von Bauteilen
Hinweis: Für leichte Bauteile siehe 1.2.2

Spalte Zeile	1 Bauteile		2 Wärmedurchlasswiderstand R m² K/W
1	Außenwände; Wände von Aufenthaltsräumen gegen Bodenräume, Durchfahrten, offene Hausflure, Garagen, Erdreich		1,2
2	Wände zwischen fremdgenutzten Räumen; Wohnungstrennwände		0,07
3 3.1	Treppenraumwände	zu Treppenräumen mit wesentlich niedrigeren Innentemperaturen (z. B. indirekt beheizte Treppenräume); Innentemperatur $\theta_i \leq 10\,°C$, aber mindestens frostfrei	0,25
3.2		zu Treppenräumen mit Innentemperaturen $\theta_i > 10\,°C$ (z. B. in Verwaltungsgebäuden, Geschäftshäusern, Unterrichtsgebäuden, Hotels, Gaststätten und Wohngebäuden)	0,07
4 4.1	Wohnungstrenndecken, Decken zwischen fremden Arbeitsräumen; Decken unter Räumen zwischen gedämmten Dachschrägen und Abseitenwänden	allgemein	0,35
4.2		in zentralbeheizten Bürogebäuden	0,17
5 5.1	Unterer Abschluss nicht unterkellerter Aufenthaltsräume	unmittelbar an das Erdreich bis zu einer Raumtiefe von 5 m	
5.2		über einen nichtbelüfteten Hohlraum an das Erdreich grenzend	0,90
6	Decken unter nicht ausgebauten Dachräumen; Decken unter bekriechbaren oder noch niedrigeren Räumen; Decken unter belüfteten Räumen zwischen Dachträgern und Abseitenwänden bei ausgebauten Dachräumen, wärmegedämmte Dachschrägen		
7	Kellerdecken; Decke gegen abgeschlossene, unbeheizte Hausflure u. ä.		
8 8.1	Decken (auch Dächer), die Aufenthaltsräume gegen die Außenluft abgrenzen	nach unten, gegen Garagen (auch beheizte), Durchfahrten (auch verschließbare) und belüftete Kriechkeller[1]	1,75
8.2		nach oben, z. B. massive Dächer nach DIN 18 530, Dächer und Decken unter Terrassen; Umkehrdächer	1,2

[1] Erhöhter Wärmedurchlasswiderstand wegen Fußkälte.

1.2.2 Leichte Bauteile, Rahmen, und Skelettbauten, Rollladenkästen

Für *Außenwände, Decken unter nicht ausgebauten Dachräumen* und *Dächer* mit einer flächenbezogenen Gesamtmasse unter 100 kg/m² gilt $R \geq 1{,}75$ m²K/W. Bei Rahmen- und Skelettbauarten gilt dies nur für den Gefachbereich. In diesen Fällen ist für das gesamte Bauteil zusätzlich im Mittel $R = 1{,}0$ m² K/W einzuhalten. Gleiches gilt für *Rollladenkästen;* für deren Deckel $R \geq 0{,}55$ m²K/W. Fenster mit *nichttransparenten Ausfachungen: Ausfachung* $R \geq 1{,}2$ m² K/W.

1.2.3 Anforderungen an den Wärmeschutz von Wärmebrücken

Zur Vermeidung von Schimmelpilzbildung ist $f_{Rsi} \geq 0{,}7$ einzuhalten. Ausreichend wärmegedämmt sind die Konstruktionen nach Abschnitt 1.5.1, bzw. Beiblatt 2 zu DIN 4108. f_{Rsi} ist dabei eine dimensionslose Temperatur, definiert durch die Gleichung $f_{Rsi} = (\theta_{si} - \theta_e)/(\theta_i - \theta_e)$. Die Einhaltung der Anforderung bedeutet, dass bei den hier üblichen Temperaturannahmen ($\theta_i = 20\,°C$, $\theta_e = -5\,°C$) θ_{si} selbst an ungünstigster Stelle, wie der Raumkante zwischen zwei Wänden, θ_{si} mindestens 12,6 °C betragen muss. Vergleiche hierzu auch Abschnitt 2.2.2.1 auf Seite 10.36. θ_{si} kann nach DIN EN ISO 10211 näherungsweise berechnet werden.

1.2.4 Anforderungen an die Luftdichtheit von Außenbauteilen und Gebäuden

DIN 4108-2, DIN 4108-7 und EnEV enthalten Anforderungen, die wie folgt zusammenzufassen sind: Soweit die wärmeübertragende Umfassungsfläche durch Verschalungen oder gestoßene, überlappende sowie plattenartige Bauteile gebildet wird, ist in der Regel eine luftundurchlässige Schicht (Luftdichtheitsschicht) über die gesamte Fläche einzubauen, Beispiele s. Seite 10.17. Planung und Ausführung ohne Nachweis nach DIN 4108-7. Der Fugendurchlasskoeffizient *a* ist bei Bauteilanschlussfugen auf 0,1 m³/(mhdaPa$^{2/3}$), bei Schließfugen beweglicher Bauteile (Fenster, Lüftungseinrichtungen) fallweise auf Klasse 2 oder 3 nach DIN EN 12207-1 : 2000-06 begrenzt. Werden *Messungen* der Luftdichtheit von Gebäuden oder Gebäudeteilen durchgeführt, so darf der nach dem Differenzdruckverfahren (DIN EN 13829 : 2001-02) gemessene Luftvolumenstrom bei einem Differenzdruck von 50 Pa bei Gebäuden

	ohne	mit raumlufttechnischen Anlagen
bezogen auf das beheizte Luftvolumen	$n_{50} = 3$ h^{-1}	$n_{50} = 1{,}5$ h^{-1}
bezogen auf die Netto-Grundfläche	7,8 m³/(m²h)	3,9 m³/(m²h)

nicht überschreiten.

1.3 Anforderungen der Energieeinsparverordnung (EnEV)

1.3.1 Allgemeines

Die Energieeinsparverordnung (EnEV) vom 16.11.2001 ist am 1.2.2002 in Kraft getreten. Sie fasst die bisherige WärmeschutzV und die Heizanlagen-Verordnung unter Einbeziehung der DIN EN 832 – Berechnung des Heizenergiebedarfs Wohngebäude –, deren nationale Umsetzungsnorm DIN V 4108-6 – Berechnung des Jahres-Heizwärme- und des Jahres-Heizenergiebedarfs – und DIN V 4701-10 – Kennwerte zur energetischen Bewertung heiz- und raumlufttechnischer Anlagen – zu *einer* Verordnung zusammen. Die entscheidende Änderung gegenüber der WärmeschutzV ist der Wechsel vom Jahres-Heiz*wärme*bedarf Q_h als Maß für die Heizlast zu deckende Wärmeverluste durch die Gebäudehülle zum Jahres-Primär*energie*bedarf Q_P als neuer Anforderungsgröße. Diese erfasst neben dem Jahres-Heizwärmebedarf Q_h den Nutzwärmebedarf für die Warmwasserbereitung Q_w und in der Form der Anlagenaufwandszahl e_P auch die Wärmeverluste des Heizsystems und des Systems zur Warmwasserbereitung und -verteilung sowie auch den elektrischen Energiebedarf für alle Einrichtungen, die für den Betrieb der Heizungs- und raumlufttechnischen Anlagen und der Warmwasserbereitung benötigt werden.

Die Zielrichtung der EnEV ist die allgemeine Einführung des „Niedrigenergiehauses", also eines Standards, der bisher nur bei deutlicher Überschreitung der Anforderungen nach der WärmeschutzV (1995) erreicht wurde. Zur Erfüllung dieser Forderungen müssen alle Wärmeverluste des Gebäudes minimiert werden. Da in Gebäuden unterschiedliche Energiearten, wie Erdgas oder Heizöl jeweils in

Verbindung mit Strom, für die Haustechnik und ggf auch für die Bereitung von Warmwasser benötigt werden, müssen sie addierbar sein und eine klare Aussage über den tatsächlichen Energieverbrauch, wenigstens unter standardisierten Klima- oder Nutzerbedingungen, zulassen. Dies geschieht über die bewertete Primärenergie (Tafel 10.31). Aus dem Ziel resultieren zahlreiche Abhängigkeiten zwischen Gebäudehülle, Energieträger und Anlagentechnik.

Konkret macht die EnEV Aussagen für
- zu errichtende Gebäude mit normalen und niedrigen Innentemperaturen einschließlich deren Luftdichtheit und der Behandlung von Wärmebrücken, für
- die Änderung und geringfügige (bis 100 m^3) Erweiterung bestehender Gebäude einschließlich Änderungen der vorhandenen Heizanlagen, für
- die Inbetriebnahme von Heizkesseln und Verteilungseinrichtungen und Warmwasseranlagen, für
- Ausweise über Energie- und Wärmebedarf und Energieverbrauchskennwerte.

Die Berechnungsverfahren und Nachweise sind in der Regel nicht mehr unmittelbar in der EnEV dargestellt. So kann die Verordnung nur praktisch umgesetzt werden, wenn die Hintergrundnormen vorliegen. Auf solche Normen wird fallweise entweder hinsichtlich der Normausgabe fest Bezug genommen oder der Anwender wird auf Regeln der Technik verwiesen, die in der Praxis nur schwer aktuell zu verfolgen sind, weil regelmäßig zwischen deren Erscheinungsdatum und der amtlichen Bekanntmachung (im Bundesanzeiger) eine geraume Zeitspanne vergeht. Die Berechnungen sind im Ergebnis so komplex, dass sie im Allgemeinen mit Hilfe von Softwareprogrammen (mit zeitnahen updates) durchgeführt werden. Nachfolgend werden daher nur die jeweiligen Anforderungen und Nachweisverfahren skizziert, um Berechnungen Dritter z. B. auf Plausibilität zu prüfen. Ausführlicher dargestellt wird nur das „Vereinfachte Verfahren" nach Anhang 1 Nr. 3, welches für Wohngebäude, die zugleich weitere Bedingungen erfüllen, angewendet werden darf.

1.3.2 Anforderungen und Nachweise für zu errichtende Gebäude mit normalen Innentemperaturen

Solche Gebäude werden aufgrund ihres Verwendungszwecks mehr als 4 Monate auf mindestens 19 °C beheizt. Es sind (bis zu) drei Nachweise zu führen über:
a) den Jahresprimärenergiebedarf, der bei Wohngebäuden auf die Gebäudenutzfläche und bei anderen Gebäuden auf das Gebäudevolumen bezogen wird (Q_P'' und Q_P') (s. Tafel 10.7 Spalten 2 bis 4),
b) den spezifischen, auf die wärmeübertragende Umfassungsfläche bezogenen Transmissionswärmeverlust H_T' (s. Tafel 10. 7 Spalten 5 und 6),
c) die Sonneneintragskennwerte S (Grenzwerte nach DIN 4108-2, Tafel 10.13).

Der Nachweis nach a) entfällt bei mehr als 70 %iger Beheizung aus Kraft-Wärmekopplung oder mittels erneuerbarer Energien und bei Einzelfeuerstätten in Räumen. Im letzten Fall dürfen die Grenzwerte nach b) (Spalte 5) nur zu 76 % ausgeschöpft werden. Der Nachweis nach c) darf entfallen, wenn der Fensterflächenanteil am Gebäude 30 % nicht überschreitet.

Hinweise zur Tafel 10.7

Die wärmeübertragende *Umfassungsfläche A* ist aus den Außenabmessungen zu ermitteln. (Einzonenmodell nach DIN EN 832, Maße nach DIN EN ISO 13 789); das beheizte *Volumen V_e* ist das von A eingeschlossene Volumen. A/V_e ist die Eingangsgröße (Spalte 1) der Tafel 10.7.

Die Gebäudenutzfläche von Wohngebäuden wird ermittelt nach $A_N = 0{,}32\ V_e$.

Q_P wird berechnet nach DIN EN 832 : 1998-12 in Verbindung mit DIN V 4108-6 : 2000-11 und DIN V 4701-10 : 2001-02. Der dazu benötigte Jahresheizwärmebedarf Q_h ist nach dem Monatsbilanzverfahren zu bestimmen; für den Nutzwärmebedarf für die *Warmwasserbereitung* in Wohngebäuden sind je m^2 Gebäudenutzfläche 12,5 kWh/(m^{2}a) anzusetzen. Soweit das beheizte Luftvolumen V benötigt wird, darf bis zu drei Vollgeschossen mit $V = 0{,}76\ V_e$, sonst mit $V = 0{,}80\ V_e$ gerechnet werden.

Wärmebrücken beeinflussen H_T' und Q_h innerhalb des Rechengangs von Q_P. Sie können auf eine der drei folgenden Arten berücksichtigt werden:
a) Erhöhung aller Wärmedurchgangskoeffizienten U um $\Delta U_{WB} = 0{,}10$ W/(m^{2}K), wenn kein weiterer Nachweis geführt wird,
b) Erhöhung aller Wärmedurchgangskoeffizienten U um $\Delta U_{WB} = 0{,}05$ W/(m^{2}K), wenn Wärmebrücken nach den Planungsbeispielen nach DIN 4108 Bbl 2 : 1998-08 unterdrückt werden,
c) genauer Nachweis der Wärmebrücken nach den Regeln der Technik.

Soweit der Wärmebrückeneinfluss bei Teilflächen schon nach c) (oder b)) bei der Berechnung von U berücksichtigt wurde, brauchen die ungünstigen Werte von a) nur für die verbleibenden Bauteilflächen angesetzt zu werden.

Bei *aneinander gereihter Bebauung* werden Trennwände zwischen Bereichen mit normalen Innentemperaturen als nicht wärmedurchlässig angenommen und bei der Ermittlung von A und A/V_e nicht berücksichtigt. Trennwände zu Bereichen mit niedrigen bzw. wesentlich niedrigeren Innentemperaturen werden mit einem Temperatur-Korrekturfaktor F_u nach DIN V 4108-6 : 2000-11 bzw. $F_u = 0,5$ gewichtet. Mit diesen Annahmen lassen sich auch Teilbereiche von beheizten Gebäuden getrennt berechnen (z. B. bei Anbauten oder Aufstockungen).

Tafel 10.7 Höchstwerte nach EnEV für Gebäude mit normalen Innentemperaturen

A/V_e	Jahresprimärenergiebedarf			Spezifischer, auf die wärmeübertragende Umfassungsfläche A bezogener Transmissionswärmeverlust	
	Q_p'' kWh/(m²a) bezogen auf die Gebäudenutzfläche A_N		Q_p' kWh/(m³a) bezogen auf Volumen V_e	H_T' W/(m²K)	
	Wohngebäude außer solchen nach Spalte 3	mit überwiegender Warmwasserbereitung aus elektrischem Strom	andere Gebäude	Nichtwohngebäude mit einem Fensterflächenanteil	
				≤ 30 % und Wohngebäude	> 30 %
1	2	3	4	5	6
≤ 0,2	$66,00 + 2600/(100 + A_N)$	88,00	14,72	1,05	1,55
0,3	$73,53 + 2600/(100 + A_N)$	95,53	17,13	0,80	1,15
0,4	$81,06 + 2600/(100 + A_N)$	103,06	19,54	0,68	0,95
0,5	$88,58 + 2600/(100 + A_N)$	110,58	21,95	0,60	0,83
0,6	$96,11 + 2600/(100 + A_N)$	118,11	24,36	0,55	0,75
0,7	$103,64 + 2600/(100 + A_N)$	125,64	26,77	0,51	0,69
0,8	$111,17 + 2600/(100 + A_N)$	133,17	29,18	0,49	0,65
0,9	$118,70 + 2600/(100 + A_N)$	140,70	31,59	0,47	0,62
1	$126,23 + 2600/(100 + A_N)$	148,23	34,00	0,45	0,59
≥ 1,05	$130,00 + 2600/(100 + A_N)$	152,00	35,21	0,44	0,58

Zwischenwerte zu den Höchstwerten sind nach folgenden Gleichungen zu ermitteln:

Spalte 2	Q_p''	$= 50,94 + 75,29 \cdot A/V_e + 2600/(100 + A_N)$	in kWh/(m²a)
Spalte 3	Q_p''	$= 72,94 + 75,29 \cdot A/V_e$	in kWh/(m²a)
Spalte 4	Q_p'	$= 9,9 + 24,10 \cdot A/V_e$	in kWh/(m³a)
Spalte 5	H_T'	$= 0,3 + 0,15/(A/V_e)$	in W/(m²K)
Spalte 6	H_T'	$= 0,35 + 0,24/(A/V_e)$	in W/(m²K)

Das „vereinfachte Verfahren" der EnEV für Wohngebäude

Der Jahres-Primärenergiebedarf Q_P und der spezifische, auf die wärmeübertragende Umfassungsfläche bezogene Transmissionswärneverlust H_T, aus denen sich die in der EnEV der Höhe nach begrenzten Werte $Q_P'' = Q_P/A_N$ und H_T/A (nach Tafel 10.7 Spalten 2 und 5) ergeben, dürfen nach dem vereinfachten Verfahren in Anhang 1 Nr. 3 der EnEV bestimmt werden, wenn folgende Bedingungen gleichzeitig erfüllt sind:
– Der Fensterflächenanteil f (vgl. S. 10.12) darf 30 % nicht überschreiten.
– Der Einfluss der Wärmebrücken ist durch Anwendung der Planungsbeispiele in DIN 4108 Bbl 2 : 1998-08 zu begrenzen, damit wird $\Delta U_{WB} = 0,05$ W/(m²K) als fester Wert in die Berechnung eingefügt (Tafel 10.8a Zeile 3).

Nach planerischer Entscheidung über Gebäudevolumen V_e (es ergibt sich auch A_N), Bauteilflächen A_i (es ergeben sich auch A und A/V_e) und Bauteilkonstruktionen (U_i und g_i) sind die Berechnungen nach Tafel 10.8a durchzuführen:

Tafel 10.8a Vereinfachtes Verfahren für Wohngebäude

Zeile	Zu ermittelnde Größen	Gleichung	Zu verwendende Randbedingung
	1	2	3
1	Jahres-Primärenergiebedarf Q_P	$Q_P = (Q_h + Q_w)\, e_p$	Warmwasser: $Q_w = 12{,}5\, A_N$ Anlagenaufwandszahl e_p nach DIN V 4701-10: 2001-02, z. B. nach Tafeln 10.32 bis 10.34
	bezogen auf Gebäudenutzfläche A_N	$Q_P\,'' = Q_P/A_N$	Für Nachweis nach Tafel 10.7 Spalten 2 und 3
2	Jahres-Heizwärmebedarf Q_h	$Q_h = 66\,(H_T + H_V) - 0{,}95\,(Q_s + Q_i)$	
3	Spezifischer Transmissionswärmeverlust H_T	$H_T = \Sigma\,(F_{xi}\,U_i\,A_i) + 0{,}05\, A^{1)}$	Temperatur-Korrekturfaktoren F_{xi} nach Tafel 10.8b
	bezogen auf die wärmeübertragende Umfassungsfläche	$H_T\,' = \dfrac{H_T}{A}$	Für Nachweis nach Tafel 10.7 Spalte 5
4	Spezifischer Lüftungswärmeverlust H_V	$H_V = 0{,}19\, V_e$ $H_V = 0{,}163\, V_e$	allgemein nur mit Luftdichtheitsprüfung und Nachweis $n_{50} \leq 3{,}0\,\text{m}^{-1}$
5	Solare Gewinne Q_S	$Q_S = \Sigma\,(I_s)_{j,\text{HP}}\,\Sigma\,0{,}567\,g_i\,A_i^{\,2)3)}$	(s. Tafel 10.8c)
6	Interne Gewinne Q_i	$Q_i = 22\, A_N$	$A_N = 0{,}32\, V_e$

[1)] Die Wärmedurchgangskoeffizienten der Bauteile U_l sind nach DIN EN ISO 6946 : 1996-11 und nach DIN EN ISO 10 077-1 : 2000-11 zu ermitteln oder sind technischen Produkt-Spezifikationen (z. B. für Dachflächenfenster) zu entnehmen. Bei an das Erdreich angrenzenden Bauteilen ist der äußere Wärmeübergangswiderstand gleich null zu setzen.
[2)] Der Gesamtenergiedurchlassgrad g_i (für senkrechte Einstrahlung) ist technischen Produkt-Spezifikationen zu entnehmen oder nach DIN EN 410 : 1998-12 zu ermitteln. Besondere energiegewinnende Systeme, wie z. B. Wintergärten oder transparente Wärmedämmung, können im vereinfachten Verfahren keine Berücksichtigung finden.
[3)] Dachflächenfenster mit Neigungen $\geq 30°$ sind hinsichtlich der Orientierung wie senkrechte Fenster zu behandeln.

Tafel 10.8b Temperatur-Korrekturfaktoren F_{xi} zu Tafel 10.8a Zeile 3

Wärmestrom nach außen über Bauteil i	Temperatur-Korrekturfaktor F_{xi}
Außenwand, Fenster	1
Dach (als Systemgrenze)	1
Oberste Geschossdecke (Dachraum nicht ausgebaut)	0,8
Abseitenwand (Drempelwand)	0,8
Wände und Decken zu unbeheizten Räumen	0,5
Unterer Gebäudeabschluss: – Kellerdecke/-wände zu unbeheiztem Keller – Fußboden auf Erdreich – Flächen des beheizten Kellers gegen Erdreich	0,6[1)]

[1)] Hinweis: Dieser Wert im vereinfachten Verfahren weicht von F_u in DIN V 4108-6 (Monatsbilanzverfahren) teilweise ab.

Tafel 10.8c Solare Einstrahlung $\Sigma(I_s)_{j,\text{HP}}$ zu Tafel 10.8a Zeile 5

Solare Einstrahlung:

Orientierung	$\Sigma\,(I_s)_{j,\text{HP}}$
Südost bis Südwest	270 kWh/(m²a)
Nordwest bis Nordost	100 kWh/(m²a)
übrige Richtungen	155 kWh/(m²a)
Dachflächenfenster mit Neigungen < 30°	225 kWh/(m²a)

Die Fläche der Fenster A_i mit der Orientierung j (Süd, West, Ost, Nord und horizontal) ist nach den lichten Fassadenöffnungsmaßen zu ermitteln.

1.3.3 Anforderungen und Nachweise für zu errichtende Gebäude mit niedrigen Innentemperaturen

Solche Gebäude werden aufgrund ihres Verwendungszwecks mehr als vier Monate im Jahr beheizt, wobei die Innentemperaturen zwischen 12 °C und 19 °C liegen. Es ist (nur) nachzuweisen, dass der spezifische, auf die wärmeübertragende Umfassungsfläche bezogene Transmissionswärmeverlust H_T' die Höchstwerte nach Tafel 10.9 in Abhängigkeit vom Verhältnis A/V_e (V_e Volumen der beheizten Zone, ermittelt aus den Gebäudeaußenmaßen) nicht übersteigt. Es wird, anders als bei Gebäuden mit normalen Innentemperaturen, kein Nachweis des (Primär-)energiebedarfs geführt. H_T' berechnet sich aus $H_T' = H_T/A$, wobei A die wärmeübertragende Umfassungsfläche der beheizten Zone ist.

H_T berechnet sich nach DIN V 4108-6 (auf der Basis von DIN EN 832/EN ISO 13 789), wenn nicht das genauere Verfahren verwendet wird, nach

$H_T = \Sigma (F_{x,i}\, U_i\, A_i) + H_{WB}$

Die Temperatur-Reduktionsfaktoren $F_{x,i}$ können DIN V 4108-6 : 2000-11 Tabelle 3 entnommen werden. Bei Verwendung der Werte aus Tafel 10.8b liegt man auf der sicheren Seite. H_{WB} ist ein pauschaler Ansatz zur Erfassung von Wärmebrücken.

$H_{WB} = \Delta U_{WB}\, A$

Ohne Nachweis ist $\Delta U_{WB} = 0{,}1$ W/(m²K); bei analoger Anwendung von DIN 4108 Bbl 2 (s. Abschnitt 1.5. 1) darf ΔU_{WB} halbiert werden.

Tafel 10.9 Höchstwerte für H_T' in Abhängigkeit von A/V_e

A/V_e in m⁻¹	≤ 0,20	0,30	0,40	0,50	0,60	0,70	0,80	0,90	≥ 1,00
Höchstwerte H_T' in W/(m²K)[1)]	1,03	0,86	0,78	0,73	0,70	0,67	0,66	0,64	0,63
[1)] Zwischenwerte sind nach folgender Gleichung zu ermitteln: $H_T' = 0{,}53 + 0{,}1 \cdot V_e/A$ in W/(m² · K)									

1.3.4 Anforderungen an bestehende Gebäude und Anlagen

Die EnEV enthält Anforderungen für den Fall, dass bei bestehenden Gebäuden mit normalen und niedrigen Innentemperaturen bestimmte bauliche Änderungen an schon vorhandenen Außenbauteilen vorgenommen werden. Einzelheiten auf Seite 10.10 und Tafel 10.11. Zur Abgrenzung gegen reine Reparaturarbeiten gelten die Anforderungen nicht, falls die Änderungen weniger als 20 % der jeweiligen Bauteilflächen (bei Außenwänden und Fenstern 20 % der Bauteilflächen gleicher Orientierung/ Himmelsrichtung) betreffen.

Hilfsweise darf auch nachgewiesen werden, dass das geänderte Gebäude insgesamt die Höchstwerte nach Tafel 10.7 bzw. 10.9 (also Höchstwerte bei Neubauten) um nicht mehr als 40 % überschreitet.

Die EnEV enthält auch Anforderungen für den Fall, dass das Gebäude um ein *beheiztes Volumen* von mehr als 30 m³ erweitert wird. Für diesen Teil sind die Anforderungen an zu errichtende Gebäude (fallweise also Tafel 10.7 bzw. 10.9) einzuhalten. Ist das zusätzliche beheizte Volumen nicht größer als $V_e = 100$ m³, dürfen die Vorschriften für Gebäude mit geringem Volumen nach § 7 EnEV angewendet werden, d. h., die Außenbauteile müssen allein Tafel 10.11 entsprechen.

Die EnEV enthält in § 9 Verpflichtungen zur *Nachrüstung* bei Anlagen und Gebäuden, die bis zum 31.12.2006 abgeschlossen sein muss. Betroffen sind bestimmte alte Heizkessel, zugängliche Wärmeverteilungs- und Warmwasserleitungen sowie nichtbegehbare, aber zugängliche oberste Geschossdecken beheizter Räume, die auf $U \leq 0{,}30$ W/(m²K) nachzudämmen sind.

Außenbauteile, ggf. Anlagen, dürfen nicht in der Weise verändert werden, dass die energetische Qualität des Gebäudes verschlechtert wird (§ 10 EnEV).

Auf die Möglichkeit von Befreiungen von Vorschriften nach der EnEV durch die nach Landesrecht zuständigen Behörden beim Vorliegen von Härtefällen wird hingewiesen (§ 17 EnEV).

Übersicht der von der EnEV erfassten baulichen Änderungen oder Maßnahmen an vhd. Gebäuden

1. Außenwände

Soweit bei beheizten Räumen Außenwände ersetzt, erstmalig eingebaut oder in der Weise erneuert werden, dass

a) Bekleidungen in Form von Platten oder plattenartigen Bauteilen oder Verschalungen sowie Mauerwerks-Vorsatzschalen angebracht werden,

b) auf der Innenseite Bekleidungen oder Verschalungen aufgebracht werden,

c) Dämmschichten eingebaut werden,

d) bei einer bestehenden Wand mit einem Wärmedurchgangskoeffizienten größer 0,9 W/(m²K) der Außenputz erneuert wird oder

e) neue Ausfachungen in Fachwerkwände eingesetzt werden,

sind die Höchstwerte der Wärmedurchgangskoeffizienten nach Tafel 10.11 Zeile 1 einzuhalten.

2. Fenster, Fenstertüren und Dachflächenfenster

Soweit bei beheizten Räumen außen liegende Fenster, Fenstertüren oder Dachflächenfenster in der Weise erneuert werden, dass

a) das gesamte Bauteil ersetzt oder erstmalig eingebaut wird,

b) zusätzliche Vor- oder Innenfenster eingebaut werden oder

c) die Verglasung ersetzt wird,

sind die Anforderungen nach Tafel 10.11 Zeile 2 einzuhalten. Satz 1 gilt nicht für Schaufenster und Türanlagen aus Glas. Bei Maßnahmen gemäß Buchstabe c gilt Satz 1 nicht, wenn der vorhandene Rahmen zur Aufnahme der vorgeschriebenen Verglasung ungeeignet ist. Werden bei Maßnahmen nach Satz 1 bestimmte Sonderverglasungen (Schall, Brand, Durchbruch) verwendet, sind abweichend von Satz 1 die Anforderungen nach Tabelle 10.11 Zeile 3 einzuhalten.

3. Außentüren

Bei der Erneuerung von Außentüren dürfen nur Außentüren eingebaut werden, deren Türfläche einen Wärmedurchgangskoeffizienten von 2,9 W/(m²K) nicht überschreitet. Nr. 2 Satz 2 bleibt unberührt.

4. Decken, Dächer und Dachschrägen

4.1 Steildächer

Soweit bei Steildächern, Decken unter nicht ausgebauten Dachräumen sowie Decken und Wände (einschließlich Dachschrägen), die beheizte Räume nach oben gegen die Außenluft abgrenzen, ersetzt, erstmalig eingebaut oder in der Weise erneuert werden, dass

a) die Dachhaut bzw. außenseitige Bekleidungen oder Verschalungen ersetzt oder neu aufgebaut werden,

b) innenseitige Bekleidungen oder Verschalungen aufgebracht oder erneuert werden,

c) Dämmschichten eingebaut werden,

d) zusätzliche Bekleidungen oder Dämmschichten an Wänden zum unbeheizten Dachraum eingebaut werden,

sind für die betroffenen Bauteile die Anforderungen nach Tafel 10.11 Zeile 4 a einzuhalten. Wird bei Maßnahmen nach Buchstabe a oder c der Wärmeschutz als Zwischensparrendämmung ausgeführt und ist die Dämmschichtdicke wegen einer innenseitigen Bekleidung und der Sparrenhöhe begrenzt, so gilt die Anforderung als erfüllt, wenn die nach den Regeln der Technik höchstmögliche Dämmschichtdicke eingebaut wird.

4.2 Flachdächer

Soweit bei beheizten Räumen Flachdächer ersetzt, erstmalig eingebaut oder in der Weise erneuert werden, dass

a) die Dachhaut bzw. außenseitige Bekleidungen oder Verschalungen ersetzt oder neu aufgebaut werden,

b) innenseitige Bekleidungen oder Verschalungen aufgebracht oder erneuert werden,

c) Dämmschichten eingebaut werden,

sind die Anforderungen nach Tafel 10.11 Zeile 4 b einzuhalten. Werden bei der Flachdacherneuerung Gefälledächer durch die keilförmige Anordnung einer Dämmschicht aufgebaut, so ist der Wärmedurchgangskoeffizient nach DIN EN ISO 6946 : 1996-11, Anhang C zu ermitteln. Der Bemessungswert des Wärmedurchgangswiderstands am tiefsten Punkt der neuen Dämmschicht muss den Mindestwärmeschutz nach Tafel 10.4 gewährleisten.

5. Wände und Decken gegen unbeheizte Räume und gegen Erdreich
Soweit bei beheizten Räumen Decken und Wände, die an unbeheizte Räume oder an Erdreich grenzen,
a) ersetzt, erstmalig eingebaut
oder in der Weise erneuert werden, dass
b) außenseitige Bekleidungen oder Verschalungen, Feuchtigkeitssperren oder Drainagen angebracht oder erneuert,
c) innenseitige Bekleidungen oder Verschalungen an Wände angebracht,
d) Fußbodenaufbauten auf der beheizten Seite aufgebaut oder erneuert,
e) Deckenbekleidungen auf der Kaltseite angebracht oder
f) Dämmschichten eingebaut werden,
sind die Anforderungen nach Tafel 10.11 Zeile 5 einzuhalten.

Tafel 10.11 Höchstwerte der Wärmedurchgangskoeffizienten bei erstmaligem Einbau, Ersatz und Erneuerung von Bauteilen

Zeile	Bauteil	Maßnahme nach Seite 10.10 oder 10.11	Gebäude mit normalen Innentemperaturen	Gebäude mit niedrigen Innentemperaturen
			maximaler Wärmedurchgangskoeffizient $U_{max}^{1)}$ in W/(m²K)	
	1	2	3	4
1 a	Außenwände	allgemein	0,45	0,75
b		Nr. 1 a, c und d	0,35	0,75
2 a	Außen liegende Fenster, Fenstertüren,	Nr. 2 a und b	$1,7^{2)}$	$2,8^{2)}$
b	Dachflächenfenster	Nr. 2 c	$1,5^{3)}$	keine Anforderung
c	Verglasungen Vorhangfassaden	allgemein	$1,9^{4)}$	$3,0^{4)}$
3 a	Außen liegende Fenster, Fenstertüren, Dachflächenfenster mit Sonderverglasungen	Nr. 2 a und b	$2,0^{2)}$	$2,8^{2)}$
b	Sonderverglasungen	Nr. 2 c	$1,6^{3)}$	keine Anforderung
4 a	Decken, Dächer und Dachschrägen	Nr. 4.1	0,30	0,40
b	Dächer	Nr. 4.2	0,25	0,40
5 a	Decken und Wände gegen unbeheizte Räume oder Erdreich	Nr. 5 b und e	0,40	keine Anforderung
b		Nr. 5 a, c, d und f	0,50	keine Anforderung

[1)] Wärmedurchgangskoeffizient des Bauteils unter Berücksichtigung der neuen und der vorhandenen Bauteilschichten; für die Berechnung opaker Bauteile ist DIN EN ISO 6946 : 1996-11 zu verwenden.
[2)] Wärmedurchgangskoeffizient des Fensters; er ist technischen Produkt-Spezifikationen zu entnehmen oder nach DIN EN ISO 10 077-1 : 2000-11 zu ermitteln.
[3)] Wärmedurchgangskoeffizient der Verglasung; er ist technischen Produkt-Spezifikationen zu entnehmen oder nach DIN EN 673 : 2001-1 zu ermitteln.
[4)] Wärmedurchgangskoeffizient der Vorhangfassade; er ist nach anerkannten Regeln der Technik zu ermitteln.

1.4 Anforderungen an den sommerlichen Wärmeschutz

1.4.1 Anforderungen

Enthalten Fassaden oder Dachflächen größere Fensterflächenanteile als nach Tafel 10.13c, werden aufgrund von Energieeinstrahlung durch die transparenten Flächen unbehagliche Innentemperaturen erwartet. Nach DIN 4108-2 ist in diesen Fällen der Sonneneintragskennwert S raumweise unter den aus einer Bonus/Malus-Betrachtung nach Tafel 10.13b erhältlichen zulässigen Maximalwert S_{max} zu begrenzen. Die EnEV fordert einen Nachweis nach dieser Norm, sobald der Fensterflächenanteil 30 % überschreitet.

1.4.2 Nachweisverfahren in DIN 4108-2 : 2001-03

Der nachfolgend ermittelte Sonneneintragskennwert S darf den zulässigen Höchstwert S_{max} nicht überschreiten, d. h. $S \leq S_{max}$.

Dabei wird berechnet
$$S = f_s\, g\, F_c\, \frac{F_F}{0{,}7} \quad \text{mit } f_s = \frac{A_{w,s}}{A_{HF}} \tag{a}$$

Der Gesamtenergiedurchlassgrad g kann aufgrund von Einfärbungen bzw. Oberflächenbehandlung der Glasscheiben sehr unterschiedlich (zwischen 0,2 und 0,8) sein. Im Einzelfall ist ein anerkannter Nachweis, z. B nach DIN EN 410, erforderlich. Näherungswerte für F_c enthält Tafel 10.12. Genauere Werte in DIN 4108-6. F_F als Abminderungsfaktor infolge des Rahmenanteils kann ohne genaueren Nachweis zu 0,8 angenommen werden. $A_{w,s}$ ist die Summe (der Rohbauöffnungen) aller Fensterflächen des Raumes und A_{HF} die Fläche der Hauptfassade einschließlich der Fenster. Bei Räumen mit zwei oder mehr Fensterfronten ist die Fassade mit der größeren Fensterfront als Hauptfassade anzusetzen.

Hinweis 1: Bei Gebäudeeckräumen mit zwei Fassaden mit Fenstern kann auch $f_s > 1{,}0$ werden. Dies führt zu besonders großen Sonneneintragswerten.

Hinweis 2: f_s nach obiger Gleichung gilt auch für Dachfenster in Dachflächen. In diesem Sinne kann eine Dachfläche mit Fenstern als Hauptfassade gelten.

$$S_{max} = S_o + \Sigma\, \Delta S_x \tag{b}$$

$S_o = 0{,}18$ ist der Basiswert, Zuschlagwerte ΔS_x sind aus Tafel 10.13b zu entnehmen.

Tafel 10.12 Anhaltswerte für Abminderungsfaktoren F_c

	Sonnenschutzvorrichtung	F_c
1	Ohne Sonnenschutzvorrichtung	1,0
2	Innen liegend und zwischen den Scheiben liegend[1]	
2.1	– weiße oder reflektierende Oberfläche mit geringer Transparenz[2]	0,75
2.2	– helle Farben und geringe Transparenz[2]	0,80
2.3	– dunkle Farben und höhere Transparenz[2]	0,90
3	Außen liegend	
3.1	– Jalousien, Stoffe geringer Transparenz[2]	0,25
3.2	– Jalousien, Stoffe höherer Transparenz[2]	0,40
4	– Vordächer, Loggien[3]	0,50
5	– Markisen, allgemein[3]	0,50

[1] Für innen und zwischen den Scheiben liegende Sonnenschutzvorrichtungen ist eine genauere Ermittlung zu empfehlen, da sich erheblich günstigere Werte ergeben können. Ohne Nachweis ist der ungünstigere Wert zu verwenden.
[2] Eine Transparenz der Sonnenschutzvorrichtung unter 10 % gilt als gering, unter 30 % als erhöht.
[3] Es ist sicherzustellen, dass keine direkte Besonnung des Fensters erfolgt. Dies ist der Fall, wenn bei Südorientierung (± 22,5°): $\beta \geq 50°$; bei Ost-West-Orientierung (± 22,5°): entweder $\beta \geq 85°$ oder $\gamma \geq 115°$; Südost/Südwest (± 22,5°): $\beta \geq 80°$.

Tafel 10.13a Bemessungswerte der Gesamtenergiedurchlassgrade für Verglasungen, wenn keine Einzelnachweise, z. B. nach DIN EN 410, vorliegen

Verglasung	Gesamtenergie-durchlassgrad g
Doppelverglasung	0,75
Wärmeschutzverglasung, doppelt verglast, Klarglas mit nur einer infrarot reflektierenden Schicht	0,50
Dreifachverglasung unbeschichtet	0,65
Dreifachverglasung mit zwei infrarot reflektierenden Schichten	0,40

Tafel 10.13b Zuschlagswerte ΔS_x zur Bestimmung des Höchstwertes S_{max} des Sonneneintragskennwertes (vgl. Gleichung (b) auf S. 10.12)

Zeile	Gebäudelage bzw. -beschaffenheit		ΔS_x
1	Gebiete mit erhöhter sommerlicher Belastung[1]		− 0,04
2	Leichte Bauart: Holzständerkonstruktionen, leichte Trennwände, untergehängte Decken		− 0,03
	Extrem leichte Bauart: vorwiegend Innendämmung, große Halle, kaum raumumschließende Flächen		− 0,10
3	Sonnenschutzverglasung, $g < 0{,}4$[2]		+ 0,04
4	Erhöhte Nachtlüftung: während der zweiten Nachthälfte $n \geq 1{,}5\,h^{-1}$	Leichte und sehr leichte Bauart	+ 0,03
		Schwere Bauart	+ 0,05
5	Fensterflächenanteil $f > 65\,\%$		− 0,04
6	Geneigte Fensterausrichtung: $0° \leq$ Neigung $\leq 60°$ (gegenüber der Horizontalen)		$-0{,}12 f_s$[3]
7	Nord-, nordost- und nordwest-orientierte Fassaden		+ 0,10

[1] Gebiete mit mittleren monatlichen Außenlufttemperaturen oberhalb 18 °C nach Anhang A von DIN V 4108-6, z, B. Gebiete der Regionen 8, 11, 12, 13 und 14.
[2] Als gleichwertige Maßnahme gilt eine Sonnenschutzvorrichtung, die die diffuse Strahlung permanent reduziert und deren $g_{total} = g\,F_c < 0{,}4$ erreicht.
[3] Siehe Hinweis 2 auf S. 10.12.

1.4.3 Räume, für die ein Nachweis des sommerlichen Wärmeschutzes nicht erforderlich ist

Auf einen Nachweis nach Abschnitt 1.4.2 kann verzichtet werden, wenn der solarwirksame Fensterflächenanteil f_s raumweise die Werte der Tafel 10.13c nicht übersteigt.

Tafel 10.13c Zulässige Werte des Fensterflächenanteils f_s in %, unterhalb dessen auf einen sommerlichen Wärmeschutznachweis verzichtet werden kann

Zeile	Neigung der Fenster gegenüber der Horizontalen	Orientierung der Fenster	Fensterflächenanteil f_s in %
1	über 60° bis 90°	West über Süd bis Ost	20
2		Nordost über Nord bis Nordwest	30
3	von 0° bis 60°	Alle Orientierungen	15

1.4.4 Beispiel für den sommerlichen Wärmeschutz

Gegeben sei ein Therapieraum in einer Klinik:

Raumeigenschaften, Ausstattung	Ermittlung von S	Ermittlung von S_{max}
Raumgröße; 6,0 m breit, 10 m tief, 2,75 hoch (Haupt-)Fassade nach Süden von 6 m Breite und 2,75 m Höhe, also $A_{HF} = 16,5\,m^2$, enthält ein Fenster von 2,4 m Breite auf 0,75 m Brüstung, Fensterhöhe 2,0 m. Über dem Fenster ragt ein Vordach 2 m weit aus. Im Dach befindet sich ein Dachfenster mit 1,2 m² Fläche. Verglasungen mit $g = 0,6$ Erhöhte Nachtlüftung betrieblich nicht möglich.	a) Ermittlung von $F_c f_s$: Das auskragende Vordach deckt bei $\beta = 50°$ einen Fensterstreifen von 1,68 m in ganzer Fensterbreite ab mit $F_c = 0,5$. Ein unterer Fensterstreifen von 0,32 m Höhe ist ohne Sonnenschutz. Fenster mit Schatten: $F_c f_s = 0,5 \cdot 1,68 \cdot 2,4/16,5$ $= 0,122$ Fenster ohne Schatten: $F_c f_s = 0,32 \cdot 2,4/16,5 = 0,047$ Dachfenster: $F_c f_s = 1,2/16,5 = 0,073$ $\Sigma F_c f_s = 0,242$ b) Ermittlung von S: $S = 0,6 \cdot 0,242 \cdot 0,8/0,7 = 0,166$	a) Ermittlung von $\Sigma \Delta S_x$ Wegen der Dachfenster: $\Delta S_x = -0,12 \cdot 0,073 = 0,009$ sonst $\Delta S_x = 0$ b) Ermittlung von S_{max}: $S_{max} = 0,18 - \Sigma \Delta S_x = 0,171$

Anforderung knapp erfüllt. Man erkennt die Bedeutung von Dachfenstern und das Fehlen der erhöhten Nachtlüftung (Tafel 10.13b, Zeilen 6 und 4).

1.5 Daten für die wärme- und feuchtigkeitsschutztechnische Planung

1.5.1 Hinweise zur konstruktiven Vermeidung von Wärmebrücken

Beiblatt 2 zu DIN 4108 enthält umfangreiche Beispiele für die konstruktive Vermeidung von Wärmebrücken in der an Außenluft grenzenden Gebäudehülle, für die kein weitergehender Nachweis zu führen ist. Die folgenden Abbildungen skizzieren die Prinzipien. Soweit in den Abbildungen Wandbaustoffe nach Ziffer 2 in Tafel 10.14 in Verbindung mit 60 mm Dämmstoffen nach Ziffer 1 dargestellt sind, können diese durch Wandbaustoffe nach Ziffer 3 mit 100 mm (bei erdberührten Bauteilen 60 mm) Dämmstoffdicke ersetzt werden. Außenputze können sinngemäß durch Verblendmauerwerk oder hinterlüftete Verkleidungen ersetzt werden. Man beachte, dass Dämmschichten vor einer Deckenstirn in die angrenzenden Wände übernommen werden und Innen-, sinngemäß Giebelwände nicht bis zur Oberkante Sparren reichen.

Die Anschlüsse von Fenstern (vgl. auch Abb. 10.16d) sind nicht geeignet, Tauwasser entlang den Fensterprofilen und Glasfalzen sicher zu verhindern. Hierzu bedarf es weitergehender Maßnahmen zur Senkung von U_f gegenüber den typischen Werten der bisherigen Rahmenmaterialgruppen. In den Abbildungen werden Wärmeleitfähigkeiten nach Tafel 10.14 unterstellt.

Tafel 10.14 Bildelemente, Baustoffe in Außenbauteilen und deren angenommene Wärmeleitfähigkeit λ in den Abbildungen der Seiten 10.15 und 10.16

Ziffer in nachfolgenden Abb.	1	2	3	4	5
Zeichnerische Abbildung	⋙⋙	▓	▨	▨	▨
λ in W/(mK)	0,040	< 0,21	$0,21 < \lambda < 1,0$	> 1,0	2,1

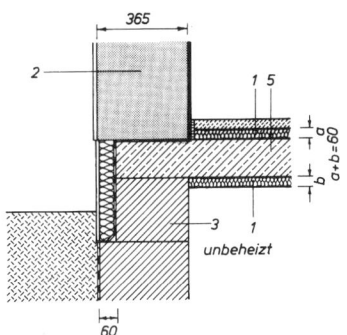

Abb. 10.15a Kellerdecke – monolithisches Mauerwerk
Hinweise: Bei beheiztem Keller entfällt die Zusatzdämmung der Decke zugunsten der Wand. Bei nichtmonolithischem Mauerwerk ist 100-mm-Dämmung in die EG-Wand zu übernehmen.

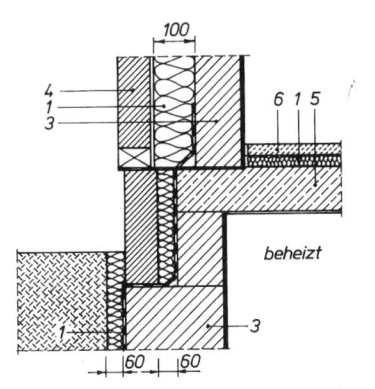

Abb. 10.15d Kellerdecke – kerngedämmtes Mauerwerk, beheizter Keller mit Perimeterdämmung

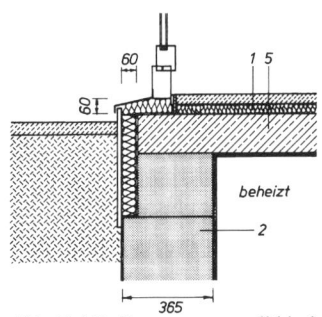

Abb. 10.15b Terrasse – monolithisches Mauerwerk
Hinweis: Die Folie dient nicht nur der Bauwerksabdichtung, sondern auch der Luftdichtung.

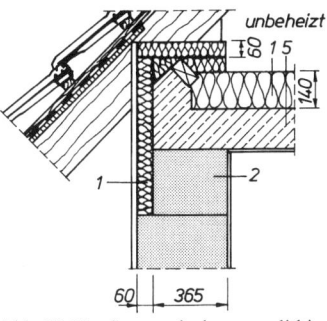

Abb. 10.15e Sparrendach – monolithisches Mauerwerk
Hinweis: Sinngemäß ist beim Pfettendach ein Anschluss der Wand-Zusatzdämmung über die Fußpfette hinweg an die Dämmung der Decke zu finden (sinngemäß bei beheizten Dachräumen an die Dämmung in der Dachschräge). Gleiches Prinzip bei Flachdach-Rändern.

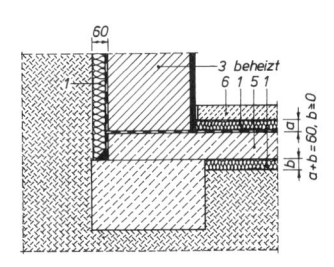

Abb. 10.15c Gründung eines beheizten Kellers – Perimeterdämmung

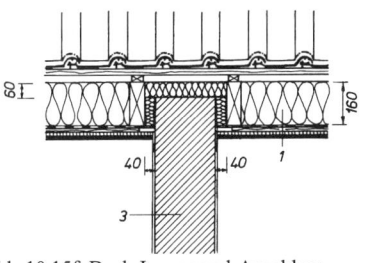

Abb. 10.15f Dach-Innenwand-Anschluss
Hinweis: Folienanschluss an der Wand zur Luftdichtung. Dichte Faserdämmstoffe aus Gründen des Schallschutzes.

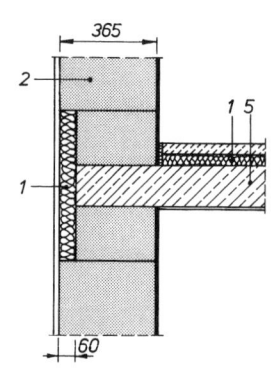

Abb. 10.16a Geschossdecke – monolithisches Mauerwerk

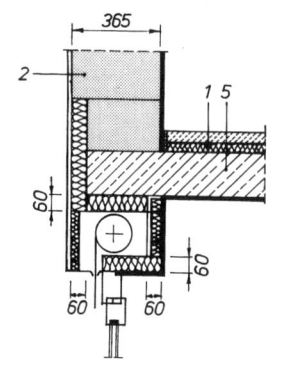

Abb. 10.16b Rollladenkasten – monolithisches Mauerwerk

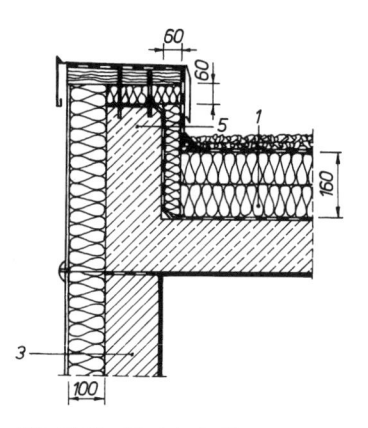

Abb. 10.16c Flachdachattika – außengedämmtes Mauerwerk

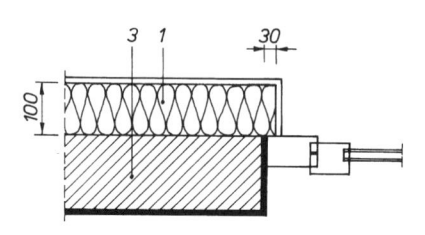

Abb. 10.16d Fensteranschlüsse – teilweise abgedeckte Rahmen

Hinweis: Sinngemäß gilt dies auch für Fensterstürze ohne Rollladenkästen und für Fensterbrüstungen.

1.5.2 Hinweise zu Luftdichtheitsschichten (nach DIN 4108-7)

Die in DIN 4108-2 und EnEV (siehe Seite 10.5) geforderte Luftdichtheit wird mit den Planungs- und Ausführungsbeispielen in DIN 4108-7 erreicht. Danach ist das beheizte Gebäudevolumen (regelmäßig im Verlauf der wärmeübertragenden Umfassungsfläche) mit einer Luftdichtheitsschicht einzuschließen, die eine Luftströmung in Dickenrichtung durch die Bauteile verhindern soll. Es ist zu beachten, dass die Luftdichtheitsschicht und ihre Anschlüsse während und nach dem Einbau weder durch Witterungseinflüsse noch durch nachfolgende Arbeiten, wie Elektro- oder Rohrleitungsinstallationen, beschädigt werden.

Regelmäßige Bauteilflächen aus Beton, Holzwerkstoffplatten, Gipskartonbauplatten oder Faserzementplatten gelten als luftdicht, Mauerwerk benötigt in der Regel wenigstens eine einseitige Putzschicht aus Mörtel (kein „Trockenputz"), verlegte Trapezbleche gelten als nicht ausreichend luftdicht. Bahnen aus Kunststofffolien oder Pappen gelten als luftdicht.

Besondere Sorgfalt benötigen Fugen, Stöße oder Überlappungen, die in der Regel mit zusätzlichen Maßnahmen dauerhaft abzudichten sind. Um Durchdringungen zu reduzieren, sollten Installationsebenen für die Aufnahme von Kabeln und Rohren raumseitig vor der Luftdichtheitsschicht, z. B. mit einer zusätzlichen Konterlattung, vorgesehen werden (vergl. Abb. 10.17a).

Auf Seite 10.17 folgen Prinzipskizzen zur Herstellung von Luftdichtheitsschichten im Bereich Anschlüsse (nach DIN 4108-7 : 2001-08).

Tafel 10.17 Bildelemente in den Abbildungen der Seite 10.17

Dämmung	Holzlattung	Gipsplatte/Putz	Mauerwerk/Beton	Bahn	Klebeband
∞∞∞∞	≈≈≈	░░░	/////	▬ ▬ ▬	▬▬▬

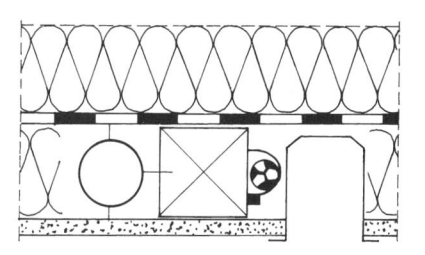

Abb. 10.17a Herstellung einer Installationszone mittels zusätzlicher Lattung

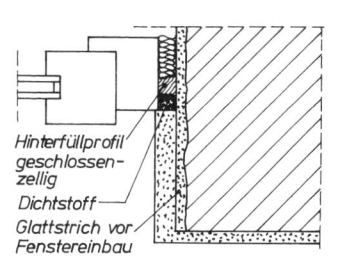

Abb. 10.17d Fensteranschluss nach Glattstrich

Hinterfüllprofil geschlossenzellig
Dichtstoff
Glattstrich vor Fenstereinbau

Luftdichtheitsschicht
Putzträger z. B. Streckmetall

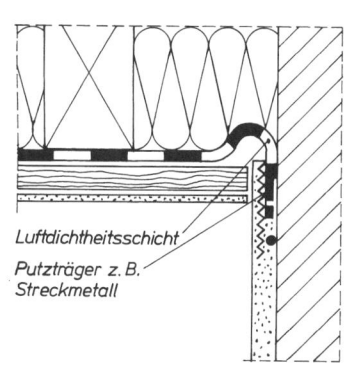

Abb. 10.17b Anschluss einer Bahn an eine Wand

Luftdichtheitsschicht
Anpresslatte

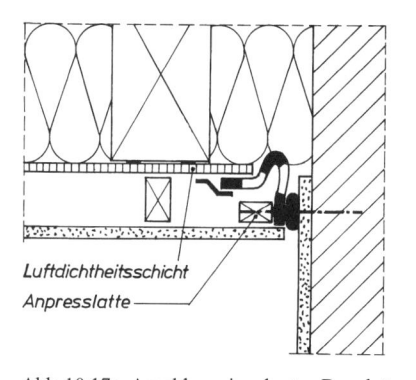

Abb. 10.17e Anschluss einer harten Bauplatte

Luftdichtheitsschicht   *einseitiges Klebeband*

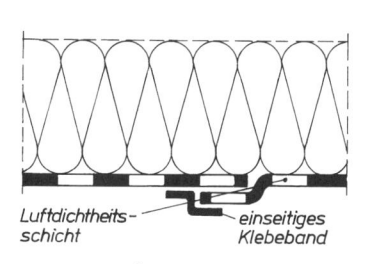

Abb. 10.17c Überlappung von Bahnen

einseitiges Klebeband

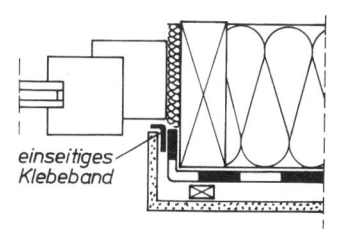

Abb. 10.17f Abdichtung Fenster im Holzbau (Dachflächenfenster sinngemäß)

10 Bauphysik

1.5.3 Anerkannte Bemessungswerte von Baustoffen und Bauteilen

Für eindeutig, insbesondere durch Stoffnormen beschreibbare Baustoffe sind Bemessungswerte der folgenden Tafeln anzuwenden. Wegen „neuer Baustoffe", die als Firmenprodukte nicht normungsfähig oder noch nicht allgemein anerkannt sind, siehe auch Bundesanzeiger oder bauaufsichtliche Zulassungen des DIBt in Berlin mit ggf. **erheblich günstigeren Bemessungswerten.** Die Anwendung von Messwerten der Wärmeleitfähigkeit für wärmetechnische Berechnungen, wie z. B. $\lambda^{10,tr}$, gilt als unzulässig, wenn diese nicht mit Zuschlagwerten Z nach anerkannten Regeln auf Bemessungswerte, z. B. $\lambda = \lambda^{10,tr} (1 + Z)$, umgerechnet werden.

Die Angaben in Tafel 10.18 beruhen auf DIN V 4108-4 : 2002-02 und DIN EN 12 524 : 2000-07.

Nach Einführung der Dämmstoffnormen DIN EN 13 162 bis DIN EN 13 171 werden die Werte in Tafel 10.18, Zeile 5 geändert.

Tafel 10.18 Bemessungswerte der Wärmeleitfähigkeit und Richtwerte der Wasserdampf-Diffusionswiderstandszahl von Baustoffen nach DIN V 4108-4 und DIN EN 12 524

Zeile	Stoff		Rohdichte[a)b)] ϱ kg/m³	Bemessungswert der Wärmeleitfähigkeit λ W/(m · K)	Richtwert der Wasserdampf-Diffusionswiderstandszahl[c)] μ
1	**PUTZE, MÖRTEL UND ESTRICHE**				
1.1	**Putze**				
1.1.1	Putzmörtel aus Kalk, Kalkzement und hydraulischem Kalk		(1800)	1,0	15/35
1.1.2	Putzmörtel aus Kalkgips, Gips, Anhydrit und Kalkanhydrit		(1400)	0,70	10
1.1.3	Leichtputz		≤ 1300 ≤ 1000 ≤ 700	0,56 0,38 0,25	15/20
1.1.4	Gipsputz ohne Zuschlag		(1200)	0,51	10
1.1.5	Wärmedämmputz nach DIN 18 550-3 Wärmeleitfähigkeitsgruppe	060 070 080 090 100	(≥ 200)	0,060 0,070 0,080 0,090 0,100	5/20
1.1.6	Kunstharzputz		(1100)	0,70	50/200
1.2	**Mauermörtel**				
1.2.1	Zementmörtel		(2000)	1,6	
1.2.2	Normalmörtel NM		(1800)	1,2	
1.2.3	Dünnbettmauermörtel DM		(1600)	1,0	15/35
1.2.4	Leichtmörtel nach DIN 1053-1 LM 36		≤ 1000	0,36	
1.2.5	Leichtmörtel nach DIN 1053-1 LM 21		≤ 700	0,21	
1.3	**Asphalt** **Bitumen als Stoff** **als Membran/Bahn**		2100 1050 1100	0,70 0,17 0,23	50 000
1.4	**Estriche**				
1.4.1	Zement-Estrich		(2000)	1,4	
1.4.2	Anhydrit-Estrich		(2100)	1,2	15/35
1.4.3	Magnesia-Estrich		1400 2300	0,47 0,70	

Zeile	Stoff		$\varrho^{a)b)}$	λ	$\mu^{c)}$
2	**BETON-BAUTEILE**				
2.1	**Beton nach DIN EN 206**				
	mittlere Rohdichte		1800	1,15	60/100
			2000	1,35	60/100
			2200	1,65	70/120
	hohe Rohdichte		2400	2,00	80/130
	armiert (mit 1 % Stahl)		2300	2,3	80/130
	armiert (mit 2 % Stahl)		2400	2,5	80/130
2.2	**Leichtbeton und Stahlleichtbeton** mit geschlossenem Gefüge nach DIN EN 206 und DIN 1045-1, hergestellt unter Verwendung von Zuschlägen mit porigem Gefüge nach DIN 4226-2 ohne Quarzsandzusatz$^{d)}$		800	0,39	
			900	0,44	
			1000	0,49	
			1100	0,55	
			1200	0,62	
			1300	0,70	70/150
			1400	0,79	
			1500	0,89	
			1600	1,0	
			1800	1,3	
			2000	1,6	
2.3	**Dampfgehärteter Porenbeton** nach DIN 4223-1		300	0,10	
			350	0,11	
			400	0,13	
			450	0,15	
			500	0,16	
			550	0,18	
			600	0,19	5/10
			650	0,21	
			700	0,22	
			750	0,24	
			800	0,25	
			900	0,29	
			1000	0,31	
2.4	**Leichtbeton mit haufwerksporigem Gefüge**				
2.4.1	– mit nichtporigen Zuschlägen nach DIN 4226-1, z. B. Kies		1600	0,81	3/10
			1800	1,1	
			2000	1,4	5/10
2.4.2	– mit porigen Zuschlägen nach DIN 4226-2, ohne Quarzsandzusatz$^{d)}$		600	0,22	
			700	0,26	
			800	0,28	
			1000	0,36	5/15
			1200	0,46	
			1400	0,57	
			1600	0,75	
2.4.2.1	– ausschließlich unter Verwendung von Naturbims		500	0,16	
			600	0,18	
			700	0,21	
			800	0,24	5/15
			900	0,28	
			1000	0,32	
			1200	0,41	
			1300	0,47	
2.4.2.2	– ausschließlich unter Verwendung von Blähton		400	0,13	
			500	0,16	
			600	0,19	
			700	0,23	
			800	0,27	5/15
			900	0,30	
			1000	0,35	
			1100	0,39	
			1200	0,44	

Zeile	Stoff	$\varrho^{a)b)}$	λ		$\mu^{c)}$
2.4.2.2	(Fortsetzung) – ausschließlich unter Verwendung von Blähton	1300 1400 1500 1600 1700	0,50 0,55 0,60 0,68 0,76		5/15
3	**BAUPLATTEN**				
3.1	**Porenbeton-Bauplatten und Porenbeton-Planbauplatten**, unbewehrt, nach DIN 4166				
3.1.1	Porenbeton-Bauplatten (Ppl) mit normaler Fugendicke und Mauermörtel nach DIN 1053-1, verlegt	400 500 600 700 800	0,20 0,22 0,24 0,27 0,29		5/10
3.1.2	Porenbeton-Planbauplatten (Pppl), dünnfugig verlegt	300 350 400 450 500 550 600 650 700 750 800	0,10 0,11 0,13 0,15 0,16 0,18 0,19 0,21 0,22 0,24 0,25		5/10
3.2	Wandbauplatten aus Leichtbeton nach DIN 18 162	800 900 1000 1200 1400	0,29 0,32 0,37 0,47 0,58		5/10
3.3	Wandbauplatten aus Gips nach DIN 18 163, auch mit Poren, Hohlräumen, Füllstoffen oder Zuschlägen	600 750 900 1000 1200	0,29 0,35 0,41 0,47 0,58		5/10
3.4	Gipskartonplatten nach DIN 18 180	900	0,25		8
4	**MAUERWERK EINSCHLIESSLICH MÖRTELFUGEN**				
4.1	**Mauerwerk aus Mauerziegeln** nach DIN 105-1 bis E DIN 105-6		NM/DM$^{f)}$		
4.1.1	Vollklinker, Hochlochklinker, Keramikklinker	1800 2000 2200 2400	0,81 0,96 1,2 1,4		50/100
4.1.2	Vollziegel, Hochlochziegel, Füllziegel	1200 1400 1600 1800 2000 2200 2400	0,50 0,58 0,68 0,81 0,96 1,2 1,4		5/10
4.1.3	Hochlochziegel mit Lochung A und Lochung B nach DIN 105-2 und E DIN 105-6	550 600 650 700 750 800 850 900 950 1000	LM21/LM36^f 0,27 0,28 0,30 0,31 0,33 0,34 0,36 0,37 0,38 0,40	NM/DM^f 0,32 0,33 0,35 0,36 0,38 0,39 0,41 0,42 0,44 0,45	5/10

Zeile	Stoff	$\varrho^{a)b)}$	λ		$\mu^{c)}$
			LM21/LM36$^{f)}$	NM/DM$^{f)}$	
4.1.4	Hochlochziegel HLzW und Wärme-dämmziegel WDz nach DIN 105-2, $h \geq 238$ mm	550 600 650 700 750 800 850 900 950 1000	0,19 0,20 0,20 0,21 0,22 0,23 0,23 0,24 0,25 0,26	0,22 0,23 0,23 0,24 0,25 0,26 0,26 0,27 0,28 0,29	5/10
4.1.5	Plan-Wärmedämmziegel PWDz nach E DIN 105-6, $h \geq 238$ mm	550 600 650 700 750 800 850 900 950 1000	0,20 0,21 0,21 0,22 0,23 0,24 0,24 0,25 0,26 0,27		5/10
4.2	Mauerwerk aus Kalksandsteinen nach DIN 106-1	1000 1200 1400	NM/DM$^{f)}$ 0,50 0,56 0,70		5/10
	und DIN 106-2	1600 1800 2000 2200	0,79 0,99 1,1 1,3		15/25
4.3	Mauerwerk aus Hüttensteinen nach DIN 398	1000 1200 1400 1600 1800 2000	0,47 0,52 0,58 0,64 0,70 0,76		70/100
4.4	Mauerwerk aus Porenbeton-Plansteinen (PP) nach DIN 4165	300 350 400 450 500 550 600 650 700 750 800	DM$^{f)}$ 0,10 0,11 0,13 0,15 0,16 0,18 0,19 0,21 0,22 0,24 0,25		5/10

Zeile	Stoff		$\varrho^{a)b)}$	λ			$\mu^{c)}$
4.5	**Mauerwerk aus Betonsteinen**						
4.5.1	Hohlblöcke (Hbl) nach DIN 18 151 Gruppe 1$^{e)}$			LM21$^{f)}$	LM36$^{f)}$	NM$^{f)}$	
	Steinbreite in cm	Anzahl der Kammerreihen					
	17,5	≥ 2	500	0,22	0,23	0,26	
	24	≥ 3	600	0,24	0,25	0,29	
	30	≥ 4	700	0,28	0,29	0,32	
	36,5	≥ 5	800	0,31	0,32	0,35	5/10
	49	≥ 6	900	0,34	0,36	0,39	
			1000			0,45	
			1200			0,53	
4.5.2	Hohlblöcke (Hbl) nach DIN 18 151 und Hohlwandplatten nach DIN 18 148, Gruppe 2		450	0,22	0,23	0,28	
			500	0,24	0,25	0,30	
			550	0,26	0,27	0,31	
	Steinbreite in cm	Anzahl der Kammerreihen	600	0,27	0,28	0,32	
			650	0,29	0,30	0,34	
	11,5	≤ 1	700	0,30	0,32	0,36	5/10
	17,5	≤ 1	800	0,34	0,36	0,41	
	24	≤ 2	900	0,37	0,40	0,46	
	30	≤ 3	1000			0,52	
	36,5	≤ 4	1200			0,60	
	49	≤ 5	1400			0,72	
4.5.3	Vollblöcke (Vbl, S-W) nach DIN 18 152		500	0,15	0,17	0,20	
			600	0,17	0,19	0,22	
			700	0,19	0,21	0,25	5/10
			800	0,21	0,23	0,27	
			900	0,25	0,26	0,30	
4.5.4	Vollblöcke (Vbl) und Vbl-S nach DIN 18 152 aus Leichtbeton mit anderen leichten Zuschlägen als Naturbims und Blähbeton		500	0,23	0,24	0,29	
			600	0,25	0,26	0,31	
			650	0,26	0,27	0,32	
			700	0,27	0,28	0,33	
			800	0,29	0,30	0,36	5/10
			900	0,32	0,32	0,39	
			1000	0,34	0,35	0,42	
			1200			0,49	
			1400			0,57	
			1600			0,69	
			1800			0,79	10/15
			2000			0,89	
4.5.5	Vollsteine (V) nach DIN 18 152		500	0,22	0,23	0,32	
			600	0,24	0,26	0,34	
			700	0,27	0,29	0,37	
			800	0,30	0,32	0,40	
			900	0,33	0,35	0,43	5/10
			1000	0,36	0,38	0,46	
			1200			0,54	
			1400			0,63	
			1600			0,74	
			1800			0,87	10/15
			2000			0,99	
4.5.6	Mauersteine nach DIN 18 153 aus Beton		800			0,60	
			900			0,65	5/15
			1000			0,70	
			1200			0,80	
			1400			0,90	
			1600			1,1	
			1800			1,2	20/30
			2000			1,4	
			2200			1,7	
			2400			2,1	

Zeile	Stoff		$\varrho^{a)b)}$	λ	$\mu^{c)}$
5	**WÄRMEDÄMMSTOFFE**				
5.1	Holzwolle-Leichtbauplatten nach DIN 1101[g)] Plattendicke $d \geq 25$ mm Wärmeleitfähigkeitsgruppe	065 070 075 080 085 090	(360 bis 460)	0,065 0,070 0,075 0,080 0,085 0,090	2/5
	Plattendicke d 15 mm $\geq d \geq 25$ mm			0,15	
5.2	Holzwolleschichten[h)] Dicke d: 10 mm $\geq d <$ 25 mm Plattendicke $d \geq 25$ mm Wärmeleitfähigkeitsgruppe	065 070 075 080 085 090	(460 bis 650) (360 bis 460)	0,15 0,065 0,070 0,075 0,080 0,085 0,090	2/5
5.3	**Schaumkunststoffe, an der Baustelle hergestellt**				
5.3.1	Polyurethan-(PUR-)Ortschaum nach DIN 18 159-1 (Treibmittel CO_2) Wärmeleitfähigkeitsgruppe	035 040	(> 45)	0,035 0,040	30/100
5.3.2	Harnstoff-Formaldehydharz-(UF-)Ortschaum nach DIN 18 159-2 Wärmeleitfähigkeitsgruppe	035 040	(≥ 10)	0,035 0,040	1/3
5.4	**Korkdämmstoffe** Korkplatten nach DIN 18 161-1 Wärmeleitfähigkeitsgruppe	045 050 055	(80 bis 500)	0,045 0,050 0,055	5/10
5.5	**Schaumkunststoffe** nach DIN 18 164-1[1)]				
5.5.1	Polystyrol-(PS-)Hartschaum				
5.5.1.1	Polystyrol-(PS-)Partikelschaum Wärmeleitfähigkeitsgruppe	035 040	≥ 15 ≥ 20 ≥ 30	0,035 0,040	20/50 30/70 40/100
5.5.1.1.1	Polystyrol-Extruderschaum Wärmeleitfähigkeitsgruppe	030 035 040	(≥ 25)	0,030 0,035 0,040	80/250
5.5.1.1.2	Polystyrol-Extruderschaum außerhalb der Bauwerksabdichtung[i)] bzw. Dachhaut[k)] Wärmeleitfähigkeitsgruppe	030 035 040	(≥ 30)	0,030 0,035 0,040	80/250
5.5.2	Polyurethan-(PUR-)Hartschaum Wärmeleitfähigkeitsgruppe	020[l)] 025 030 035 040	(≥ 30)	0,020 0,025 0,030 0,035 0,040	30/100
5.5.3	Phenolharz-(PF-)Hartschaum Wärmeleitfähigkeitsgruppe	030 040 045 050	(≥ 30)	0,030 0,035 0,040 0,045	10/50

10 Bauphysik

10.23

Zeile	Stoff		$\varrho^{a)b)}$	λ	$\mu^{c)}$
5.6	**Mineralische und pflanzliche Faserdämmstoffe** nach DIN 18 165-1$^{m)}$ Wärmeleitfähigkeitsgruppe	035 040 045 050	(8 bis 500)	0,035 0,040 0,045 0,050	1
5.7	**Schaumglas**				
5.7.1	Schaumglas nach DIN 18 174 Wärmeleitfähigkeitsgruppe	045 050 055 060	(100 bis 150)	0,045 0,050 0,055 0,060	n)
5.7.2	Schaumglas nach DIN 18 174 außerhalb der Bauwerksabdichtungen Wärmeleitfähigkeitsgruppe	045 050 055	(110 bis 150)	0,045 0,050 0,055	n)
5.8	**Holzfaserdämmplatten** nach DIN 68 755 Wärmeleitfähigkeitsgruppe	035 040 045 050 055 060 065 070	(110 bis 450)	0,035 0,040 0,045 0,050 0,055 0,060 0,065 0,070	5

Veränderungen in Zeile 5 oder Tafel 10.18 nach Einführung der Produktnormen DIN EN 13 162 bis DIN EN 13 171

Für Produkte nach harmonisierten europäischen Dämmstoff-Normen, die nach Bauregelliste eingeführt sind, werden Nennwerte λ_D verwendet. Bei der Ermittlung des Bemessungswertes ist der Nennwert wegen der zu erwartenden Materialstreuung mit einem Sicherheitsbeiwert $\gamma = 1,2$ zu multiplizieren (Kategorie II). Dieser Sicherheitsbeiwert kann bei einer Fremdüberwachung der Produktion nach DIN EN 13 172 : 2001-10, Anhang A gleich 1,0 gesetzt werden (Kategorie I). In die Kategorie II werden alle Produkte aufgenommen, die CE gekennzeichnet sind. In die Kategorie I werden Produkte aufgenommen, die zusätzlich zur CE-Kennzeichnung der Fremdüberwachung einer von den Ländern zugelassenen Stelle unterliegen.

Zeile	Stoff	$\varrho^{a)b)}$	λ	$\mu^{c)}$
6	**HOLZ UND HOLZWERKSTOFFE**			
6.1	Konstruktionsholz	500 700	0,13 0,18	20/50 50/200
6.2	**Holzwerkstoffe**			
6.2.1	Sperrholz	300 500 700 1000	0,09 0,13 0,17 0,24	50/150 70/200 90/220 110/250
6.2.2	Zementgebundene Spanplatte	1200	0,23	30/50
6.2.3	Spanplatte	300 600 900	0,10 0,14 0,18	10/50 15/50 20/50
6.2.4	OSB-Platten	650	0,13	30/50
6.2.5	Holzfaserplatten einschließlich MDF	250 400 600 800	0,07 0,10 0,14 0,18	2/5 5/10 12/50 20/50
7	**BELÄGE, ABDICHTUNGSSTOFFE UND ABDICHTUNGSBAHNEN**			
7.1	**Fußbodenbeläge** Gummi Kunststoff Unterlagen, poröser Gummi oder Kunststoff Filzunterlage Wollunterlage Korkunterlage Korkfliesen Teppich/Teppichböden Linoleum	1200 1700 270 120 200 < 200 > 400 200 1200	0,17 0,25 0,10 0,05 0,06 0,05 0,065 0,06 0,17	10 000 10 000 10 000 15/20 15/20 10/20 20/40 5 800/1000
7.2	**Abdichtstoffe, Abdichtungsbahnen**	siehe DIN EN 12 524		
7.3	**Dachbahnen, Dachdichtungsbahnen**			
7.3.1	Bitumendachbahnen nach DIN 52 128	(1200)	0,17	10 000/80 000
7.3.2	Nackte Bitumenbahnen nach DIN 52 129	(1200)	0,17	2000/20 000
7.3.3	Glasvlies-Bitumendachbahnen nach DIN 52 143	–	–	20 000/60 000
7.3.4	Kunststoff-Dachbahnen nach DIN 16 729 (ECB)	–	–	50 000/75 000 (2,0K) 70 000/90 000 (2,0)
7.3.5	Kunststoff-Dachbahnen nach DIN 16 730 (PVC-P)	–	–	10 000/30 000
7.3.6	Kunststoff-Dachbahnen nach DIN 16 731 (PIB)	–	–	400 000/ 1 750 000
7.4	**Folien**	siehe DIN EN 12 524		
7.4.1	PTFE-Folien Dicke $d \geq 0,05$ mm	–	–	10 000
7.4.2	PA-Folie Dicke $d \geq 0,05$ mm	–	–	50 000
7.4.3	PP-Folie Dicke $d \geq 0,05$ mm	–	–	1000
8	**SONSTIGE GEBRÄUCHLICHE STOFFE**$^{o)}$			
8.1	**Lose Schüttungen,$^{p)}$ abgedeckt**			
8.1.1	– aus porigen Stoffen: Blähperlit Blähglimmer Korkschrot, expandiert Hüttenbims Blähton, Blähschiefer Bimskies Schaumlava	(≤ 100) (≤ 100) (≤ 200) (≤ 600) (≤ 400) (≤ 1000) (≤ 1200) (≤ 1500)	0,060 0,070 0,055 0,13 0,16 0,19 0,22 0,27	3

Zeile	Stoff	$\varrho^{a)b)}$	λ	$\mu^{c)}$
8.1.2	– aus Polystyrolschaumstoff-Partikeln	(15)	0,050	3
8.1.3	– aus Sand, Kies, Splitt (trocken)	(1800)	0,70	3
8.2	Lehmbaustoffe	500	0,14	
		600	0,17	
		700	0,21	
		800	0,25	
		900	0,30	
		1000	0,35	5/10
		1200	0,47	
		1400	0,59	
		1600	0,73	
		1800	0,91	
		2000	1,1	
8.3	Böden, naturfeucht	≤ 1800	1,5	50
		≤ 2200	2,0	50
8.4	**Keramik und Glas, Gestein**			
	Naturglas, Floatglas	2500	2,00	n)
	kristalliner Naturstein	2800	3,5	10 000
	Sediment Naturstein	2600	2,3	2/250
	poröses Gestein, Lava	1600	0,55	15/20
	Naturbims	400	0,12	6/8
	Kunststein	1750	1,3	40/50
8.5	**Metalle**			
	Aluminiumlegierungen	2800	160	n)
	Kupfer	8900	380	n)
	Stahl	7800	50	n)
	nichtrostender Stahl	7900	17	n)
	Blei	11 300	35	n)
	Zink	7200	110	n)
8.6	**massive Kunststoffe**	siehe DIN EN 12 524		

a) Die in Klammern angegebenen Rohdichtewerte dienen nur zur Ermittlung der flächenbezogenen Masse, z. B. für den Nachweis des sommerlichen Wärmeschutzes.
b) Die bei den Steinen genannten Rohdichten entsprechen den Rohdichteklassen der zitierten Stoffnormen.
c) Es ist jeweils der für die Baukonstruktion ungünstigere Wert einzusetzen. Bezüglich der Anwendung der μ-Werte siehe DIN 4108-3.
d) Bei Quarzsand erhöhen sich die Bemessungswerte der Wärmeleitfähigkeit um 20 %.
e) Die Bemessungswerte der Wärmeleitfähigkeit sind bei Hohlblöcken mit Quarzsandzusatz für 2 K Hbl um 20 % und für 3 K Hbl bis 6 K Hbl um 15 % zu erhöhen.
f) Bezeichnung der Mörtelarten nach DIN 1053-1:1996-11:
  – NM Normalmörtel
  – LM21 Leichtmörtel mit $\lambda = 0{,}21$ W/(mK)
  – LM36 Leichtmörtel mit $\lambda = 0{,}36$ W/(mK)
  – DM Dünnbettmörtel.
g) Platten der Dicke $d < 15$ mm dürfen wärmeschutztechnisch nicht berücksichtigt werden (siehe DIN 1101).
h) Holzwolleschichten (Einzelschichten) mit Dicken $d < 10$ mm dürfen zur Berechnung des Wärmedurchlasswiderstandes R nicht berücksichtigt werden (siehe DIN 1101). Bei Berechnungen der Wasserdampf-Diffusionswiderstandszahl werden sie jedoch mit ihrer wasserdampfdiffusionsäquivalenten Luftschichtdicke s_d in Ansatz gebracht (Richtwert der Wasserdampf-Diffusionswiderstandszahl $\mu^{c)} = 2$ bis 5).
i) Bei Trittschalldämmplatten aus Schaumkunststoffen werden bei sämtlichen Erzeugnissen der Wärmedurchlasswiderstand R und die Wärmeleitfähigkeitsgruppe auf der Verpackung angegeben (siehe DIN 18 164-2).
j) Zusätzliche Anforderungen gegenüber DIN 18 164-1. Anwendungstyp WD oder WS bei Anwendung als Perimeterdämmung:
  – Die Dämmplatten müssen beidseitig je eine Schaumhaut haben.
  – Druckfestigkeit bzw. Druckspannung bei 10 % Stauchung ≥ 0,30 N/mm²
  – Wasseraufnahme in der Prüfung nach DIN EN 12 088 im Temperaturgefälle 50 °C zu 1 °C: unter 3,0 % Volumenanteil.
k) Zusätzliche Anforderungen gegenüber DIN V 18 164-1. Anwendungstyp WD oder WS bei Anwendung als Umkehrdach:
  – Druckfestigkeit bzw. Druckspanung bei 10 % Stauchung ≥ 0,30 N/mm²
  – Wasseraufnahme in der Prüfung nach DIN EN 12 088 im Temperaturgefälle 50 °C zu 1 °C: unter 3,0 % Volumenanteil.
  – Die Dämmplatten sind mit Kantenprofilierung (z. B. Stufenfalz) auszubilden.
l) Mit diffusionsdichten Deckschichten.
m) Bei Trittschalldämmplatten aus Faserdämmstoffen wird bei sämtlichen Erzeugnissen die Wärmeleitfähigkeitsgruppe auf der Verpackung angegeben (siehe DIN 18 165-2).
n) Praktisch dampfdicht; DIN EN 12 086 oder DIN EN ISO 12 572: $s_d \geq 1500$ m.
o) Diese Stoffe sind hinsichtlich ihrer wärmeschutztechnischen Eigenschaften nicht genormt. Die angegebenen Wärmeleitfähigkeitswerte stellen obere Grenzwerte dar.
p) Die Dichte wird bei losen Schüttungen als Schüttdichte angegeben.

Wärmeübergangswiderstände

DIN 4108-4 verweist auf DIN EN ISO 6946. Für Regelfälle gelten die Werte nach Tafel 10.27a. Für abweichende Windgeschwindigkeiten, Temperaturen oder Emissionsgrade der Oberflächen siehe Anhang A der genannten Norm.

Tafel 10.27a Bemessungswerte der Wärmeübergangswiderstände in m^2K/W

	Richtung des Wärmestroms		
	aufwärts	horizontal[1]	abwärts
R_{si}	0,10	0,13	0,17
R_{se}	0,04	0,04	0,04

[1] Auch bis ± 30° geneigt.

Wärmedurchgangswiderstände von Luftschichten

DIN 4108-4 verweist auf DIN EN ISO 6946. Dort werden Luftschichten zwischen parallelen Grenzflächen mit einem hohen Emissionsgrad ($\geq 0,8$) behandelt, deren Dicke in Wärmestromrichtung klein gegen die übrigen Maße sind. Es werden ruhende, schwach und stark belüftete Luftschichten definiert. Eine ruhende Luftschicht ist von der Umgebung abgeschlossen oder besitzt nur kleine Öffnungen zur Außenumgebung. Kleine Öffnungen sind z. B. die Entwässerungs-/Dränageöffnungen beim zweischaligen Mauerwerk oder Öffnungen von maximal 500 mm^2 je m Länge bei vertikalen bzw. 500 mm^2 je m^2 Fläche bei horizontalen und bis 30° geneigten Bauteilflächen. Es gilt Tafel 10.27b.
Schwach belüftete vertikale (horizontale) Luftschichten besitzen Öffnungen von bis zu 1500 mm^2 je m Länge (1500 mm^2 je m^2 Fläche). Ihr Wärmedurchgangswiderstand beträgt die Hälfte der Werte nach Tafel 10.27b. Wärmedurchlasswiderstände von Schichten zwischen Luftschicht und Außenumgebung dürfen dabei nur bis zu einem Höchstwert von 0,15 m^2K/W angerechnet werden.
Stark belüftete Luftschichten über 1500 mm^2 je m bzw. je m^2 führen dazu, dass alle Bauteilschichten zwischen Luftschicht und Außenumgebung vernachlässigt werden. Anstelle der Luftschicht wird das Bauteil auch nach außen von einem Wärmeübergangswiderstand R_{si} nach Tafel 10.27a begrenzt.

Tafel 10.27b Bemessungswerte der Wärmedurchlasswiderstände in m^2K/W von ruhenden Luftschichten

Dicke der Luftschicht mm	Richtung des Wärmestromes		
	aufwärts	horizontal	abwärts
0	0,00	0,00	0,00
5	0,11	0,11	0,11
7	0,13	0,13	0,13
10	0,15	0,15	0,15
15	0,16	0,17	0,17
25	0,16	0,18	0,19
50	0,16	0,18	0,21
100	0,16	0,18	0,22
300	0,16	0,18	0,23
Zwischenwerte können linear interpoliert werden.			

Tafel 10.27c Anhaltswerte der spezifischen Wärmekapazität c verschiedener Stoffe sonst siehe DIN EN 12 524

Stoff	J/(kg K)
Anorganische Bau- und Dämmstoffe	1000
Holz und Holzwerkstoffe	2100
Pflanzliche Fasern, Textilfasern, Holzwolle-Leichtbauplatten	1500
Kork, lose Zellulosefasern	1600
Schaumkunststoffe, Kunststoffe	1400
Aluminium	800
Sonstige Metalle	400
Luft ($\varrho = 1,25 \, kg/m^3$)	1000
Wasser	4200

Wärmedurchgangskoeffizienten von Fenstern, Dachflächenfenstern und Fenstertüren

Bis zur Normausgabe DIN V 4108-4 : 1998-10 ließen sich die Wärmedurchgangskoeffizienten von Fenstern in Kenntnis der Rahmenmaterialgruppe und der Qualität der Verglasung aus der Norm unabhängig von der Fenstergröße bestimmen. Zwischenzeitlich wird deutlich, dass mit der Entwicklung immer besserer Verglasungen der Einfluss der jede Verglasung umlaufenden Glasfalze nicht mehr pauschal zu erfassen ist. Vielmehr ist zu deren Berücksichtigung ein längenbezogener Wärmedurchgangskoeffizient Rahmen/Glas (Wärmebrückenverlustkoeffizient) Ψ zusätzlich einzuführen. Der Wärmedurchgangskoeffizient U_W (window) eines Fensters in der Rohbaufläche A_W wird daher berechnet in Kenntnis von U_f (frame) des Fensterprofils mit der Fläche A_f, der Verglasung U_g (glass) mit der Fläche A_g und und des sich längs aller Glaskanten im Fenster der Länge l_{fg} erstreckenden Wertes für Ψ_{fg} nach der Beziehung

$$U_W = (A_g\, U_g + A_f\, U_f + l_{fg}\, \Psi_{fg})/(A_g + A_f)$$

Damit wird U_W abhängig von der Fenstergröße und ggf. der Teilung durch Sprossen. Ψ_{fg} ist abhängig sowohl von Merkmalen des Randverbundes des Glaselements als auch von Details der Falz- und Dichtungssituation im Flügel/Rahmen.

In zunehmendem Umfang werden Fenster als komplette Bauprodukte und nicht länger als Summe von Einzelkomponenten in Verkehr gebracht. Es ist dann Sache des Herstellers, die Werte auch für U_W (bezogen auf die Rohbauöffnung) nachzuweisen (bauaufsichtliche Zulassung, Übereinstimmungszeichen, Gütesicherung usw.) und dem Aufsteller von Wärmeschutznachweisen verbindlich zur Verfügung zu stellen.

DIN V 4108-4 : 2002-02 enthält als erste Hilfe eine Tabelle, in der U_W für ein Standardfenster mit $A_W = 1{,}23 \times 1{,}48 = 1{,}82\ m^2$, $A_g = 1{,}25\ m^2$, $A_f = 0{,}57\ m^2$ und $\Psi_{fg} = 0{,}07\ W/(mK)$ bei einer Falzlänge von 4,5 m angegeben wird. Die nach der genannten Gleichung berechneten Werte U_W liegen durchschnittlich um 0,2 W/(m²K) höher (schlechter) als die bisher bekannten Werte aus DIN V 4108-4 : 1998-10 (vgl. Schneider, Bautabellen, 14. Auflage). Beispiel: Für das „alte" Isolierglasfenster mit $U_g = 3{,}0\ W/(m^2K)$ im Holz-/Kunststoffrahmen der Rahmenmaterialgruppe 1 ($U_f = 1{,}8\ W/(m^2K)$) ergibt die neue Berechnung: $U_W = (1{,}25 \cdot 3{,}0 + 0{,}57 \cdot 1{,}8 + 4{,}5 \cdot 0{,}07)/1{,}82 = 2{,}80\ W/(m^2K)$ anstelle des früheren Normwertes 2,6 W/(m²K). Die Industrie soll zunehmend bessere Rahmen bis $U_f = 0{,}8\ W/(m^2K)$ anstelle der Rahmenmaterialgruppe 1 herstellen. Günstige Verglasungslösungen sollen bis $\Psi_{fg} < 0{,}04\ W/(mK)$ herabreichen.

Tafel 10.28 Nennwerte der Wärmedurchgangskoeffizienten U_w eines Standardfensters in Abhängigkeit von den Wärmedurchgangskoeffizienten der Verglasung und des Rahmens U_g und U_f
(nach DIN V 4108-4 : 2002-02; andere Fenster siehe oben stehender Text)

U_f W/(m²K)	0,8	1,0	1,2	1,4	1,8	2,2	2,6	3,0	3,4	3,8	7,0
U_g W/(m²K)	\multicolumn{11}{c}{U_W in W/(m²K)}										
5,7	4,2	4,3	4,3	4,4	4,5	4,6	4,8	4,9	5,0	5,1	6,1
3,0	2,4	2,5	2,6	2,6	2,7	2,9	3,0	3,1	3,3	3,4	4,2
2,4	2,1	2,1	2,2	2,2	2,4	2,5	2,7	2,8	2,9	3,0	3,8
2,0	1,8	1,8	1,9	2,0	2,1	2,2	2,4	2,5	2,6	2,7	3,6
1,8	1,6	1,7	1,8	1,8	1,9	2,1	2,2	2,4	2,5	2,6	3,4
1,6	1,5	1,6	1,6	1,7	1,8	1,9	2,1	2,2	2,3	2,5	3,3
1,4	1,4	1,4	1,5	1,5	1,7	1,8	2,0	2,1	2,2	2,3	3,1
1,2	1,2	1,3	1,3	1,4	1,5	1,7	1,8	1,9	2,1	2,2	3,0
1,0	1,1	1,1	1,2	1,3	1,4	1,5	1,7	1,8	1,9	2,0	2,9
0,8	0,9	1,0	1,1	1,1	1,3	1,4	1,5	1,7	1,8	1,9	2,7
0,6	0,8	0,9	0,9	1,0	1,1	1,2	1,4	1,5	1,6	1,8	2,6

Tafel 10.29a Luftdichtheit in Abhängigkeit der Konstruktionsmerkmale von Fenstern und Fenstertüren nach DIN 4108-4 : 2002-02

Konstruktionsmerkmale	Klasse nach DIN EN 12 207
Holzfenster (auch Doppelfenster) mit Profilen nach DIN 68 121-1 ohne Dichtung	2
Alle Fensterkonstruktionen mit alterungsbeständiger, leicht auswechselbarer, weichfedernder Dichtung, in einer Ebene umlaufend angeordnet	3

Hinweis: Bezüglich eines ausreichenden Luftwechsels siehe DIN 4108-2. Der Luftwechsel allein über die Fugen reicht in der Regel nicht aus, um hygienisch einwandfreie Innenluftverhältnisse aufrechtzuerhalten. Es bedarf zusätzlicher Maßnahmen, z. B. in der Form eines „Stoßlüftens" über geöffnete Fensterflügel.

Tafel 10.29b Ausgleichsfeuchtegehalt von Baustoffen im Klima 23 °C/80 % relative Luftfeuchte nach DIN 4108-4:2002-02 und DIN EN 12524:2000-07

Zeile	Baustoffe	Feuchtegehalt[1]	
		massebezogen u kg/kg	volumenbezogen ψ[2] m^3/m^3
1	Ziegel		0,012
2	Kalksandsteine		0,024
3	Mauer- und Putzmörtel		0,06
4	Beton mit nichtporigen Zuschlägen, Kunststein		0,04
5.1	Leichtbeton mit haufwerkporigem Gefüge mit dichten Zuschlägen nach DIN 4226-1	0,03	
5.2	Leichtbeton mit haufwerkporigem Gefüge mit porigen Zuschlägen nach DIN 4226-2, Porenbeton	0,045	
5.3	Beton mit geschlossenem Gefüge mit porigen Zuschlägen	0,13	
6	Gips, Anhydrit	0,02	
7	Holz, Sperrholz, Spanplatten, Holzfaserplatten, organische/pflanzliche Platten, Matten und Faserdämmstoffe	0,15	
8	Holzwolle-Leichtbauplatten		0,05
9	Polystyrol-Hartschaum (EPS und XPS), PU-Schaum		0
10	Mineralwolle, auch lose, Schaumglas		0
11	Gussasphalt, Asphaltmastix		0
12	Korkdämmstoffe		0,011

[1] Die genannten Werte werden im Allgemeinen nicht überschritten; sie sind auch Grundlage für die Festlegung der Bemessungswerte der Wärmeleitfähigkeit nach Tafel 10.18.
[2] Umrechnung $\psi = u \, \varrho/\varrho_{Wasser}$ mit der Rohdichte ϱ des Stoffes und der des Wassers $\varrho_{Wasser} = 1000$ kg/m³.

1.6 Bauen im Bestand; Wärmeschutzeigenschaften nicht mehr üblicher Bauarten

Im Zuge von Umnutzung, Modernisierung, Veränderungen der Eigentumsverhältnisse werden wärmetechnische Daten benötigt, die aus den aktuellen Normen nicht mehr vollständig ermittelt werden können. Im Folgenden gibt der Autor des Abschnitts Daten an, die nach seiner Meinung hinreichend auf der sicheren Seite liegen und daher beim Bauen im Bestand verwendet werden können. Werden bestehende Bauteile nicht übernommen, sondern baulich verändert, so ist der Wärmeschutz mindestens nach Maßgabe der EnEV, Einzelheiten siehe Tafel 10.11, zu verbessern. Werden bestehende Bauteile nachträglich mit Wärmedämmstoffen ergänzt, so ist auf die Belange der Tauwasserbildung im Bauteilquerschnitt zu achten (s. Seite 10.38ff.); sind gleichzeitig Anforderungen zum Schallschutz einzuhalten, wird auf Seite 10.46ff. verwiesen. Werden Bauteile unter Beibehaltung aller bestehenden Schichten mit weiteren (auch brennbaren) Schichten versehen, so verändert sich die Feuerwiderstandsklasse nicht negativ. Die Feuerwiderstandsdauer kann durch zusätzliche Schichten verlängert werden, der anhängende Zusatzbuchstabe (vgl. Seite 10.73 und 10.80) bleibt jedoch in der Regel unverändert. (Es ist damit also nicht möglich, ein Bauteil der Klasse F 30-B in ein Bauteil F 30-AB oder F 90-AB zu überführen.)

Tafel 10.30a Wärmeleitfähigkeit nicht mehr gebräuchlicher Baustoffe

Stoff	Wärmeleitfähigkeit λ W/(m · K)
Massivlehm und Lehmformlinge	0,80
Strohlehm	0,60
Leichtlehm	0,40
Lehmwickel mit Stroh auf Holzstaken	0,40
Lose Füllstoffe in Decken o. ä. (lufttrocken)	
Sand	0,58
Steinkohlenschlacke	0,20
Ziegelsplitt	0,41
Rohrputze	0,47
Rabitz auf Drahtgewebe	0,58
Ziegelsplittbeton, Steinkohlenschlackenbeton	
Rohdichte 1200	0,47
Rohdichte 1400	0,58
Rohdichte 1600	0,76
Rohdichte 1800	0,93
Rohdichte 2000	1,05
Holzbeton, Steinholz	0,52

Tafel 10.30b Wärmedurchlasswiderstände R von „alten" Holzbalkendecken (ohne Fußboden gerechnet)

Deckenausbildung	Wärmedurchlasswiderstand R $m^2 K/W$
a)	
b)	

Füllung:	Putzträger:	
a) mit Stakung, Lehmglattstrich und Lehmschüttung	Lattung/Rohrgewebe	0,43
	35-mm-Holzwolle-Leichtbauplatten	0,82
b) mit Stakung, Lehmglattstrich, Lehm- und Koksaschefüllung	Lattung/Rohrgewebe	0,69
	35-mm-Holzwolle-Leichtbauplatten	1,07

Tafel 10.30c Wärmedurchlasswiderstände R von gestelzten Decken

Decke (ohne Fußboden gerechnet) ohne bzw. mit untergehängter Drahtputz- oder gerohrter Decke (UD)	Wärmedurchlasswiderstand R	
	ohne UD	mit UD
a) Stahlbetonhohldielen b) Stahlsteindecke	0,13	0,34
c) Stahlbetondecke	0,03	0,24

1.7 Heiz- und raumlufttechnische Anlagen in der EnEV (DIN V 4701-10 : 2001-02)

1.7.1 Anlagenaufwandszahl e_p zur Bestimmung des Primärenergiebedarfs Q_p

Die Anlagenaufwandszahl $e_p = Q_P/(Q_{TW}+Q_h)$ wird nach DIN V 4701-10 ermittelt und beschreibt das Verhältnis der von der gesamten Anlagentechnik aufgenommenen Primärenergie Q_P in Relation der von ihr abgegebenen Nutzwärme $Q_{TW} + Q_h$ für Trinkwassererwärmung und Raumheizung. Die Anlagentechnik besteht in der Regel aus einem Heizstrang, einem Trinkwasserstrang und ggf. aus einem Lüftungsanlagenstrang, die in der Summe Brennstoffe und elektrischen Strom benutzen. Als Nutzwärme für die Trinkwassererwärmung wird der Wert q_{TW} = 12,5 kWh/(m²a) (je m² Nutzfläche!) in der Norm bestimmt, Q_h dient der Deckung des Heizwärmebedarfs des Gebäudes nach DIN V 4108-6. (In diesem Sinne sind das Wärmeangebot der Anlage nach DIN V 4701-10 und der Wärmebedarf nach DIN V 4108-6 bzw. EnEV gleich.) e_p dient dem Vergleich unterschiedlicher, jeweils (nach Herstellern, Typen) konkreter Anlagen hinsichtlich ihres Primärenergieaufwands, wobei alle Funktionen (Heizen, Lüften, Trinkwassererwärmung) und alle Teilschritte der Wärmebereitstellung für das Gebäude aus der Primärenergie, z. B. Transport zum Gebäude, Umwandlung im Kessel, Verluste bei der Verteilung und Speicherung und auch der Aufwand an zusätzlicher Hilfsenergie (Strom) für Antriebe/Pumpen/ Lüfter zusammengefasst werden. In der Norm stehen drei Verfahren zur Ermittlung von e_p zur Verfügung: Das Diagrammverfahren für bereits vorab in der Norm durchgerechnete Anlagenkonfigurationen (nachfolgend Auszüge aus Anlage C.5 der Norm) und das rechnerische Verfahren, dessen Eingangsdaten entweder mittels in Tabellen zu Verfügung stehender Standarddaten von Anlagenteilen oder unter Anwendung konkreter Produktunterlagen gewonnen werden.

Bei Anwendung der Tafeln 10.32a bis 10.34b ist zunächst Q_h nach (z. B. nach dem vereinfachten Verfahren) der EnEV zu bestimmen und auf $q_h = Q_h/A_N$ überzugehen. Sodann kann e_p bestimmt werden.

Man erhält Q_P nach der Gleichung $Q_P = e_p (q_h + 12,5) A_N$.

1.7.2 Endenergie Q_E für den Energiepass nach § 13 der EnEV

Die Summe der von den Anlagenteilen für Heizung und Trinkwassererwärmung nach DIN V 4701-10 benötigten Endenergie muss an der Grundstücksgrenze als Systemgrenze insbesondere in der Form von Brennstoffen und Strom, bereitgestellt werden. Im Energiepass ist anzugeben, welcher Anteil $Q_{WE,E}$ an Q_E auf die Wärmeerzeugung und welcher Anteil $Q_{HE,E}$ auf Hilfsenergie entfällt. Im Energiepass ist auf die normierten Berechnungsannahmen hinzuweisen. In den Tafeln 10.32a bis 10.34b ist $Q_E = q_E A_N$.

1.7.3 Primärenergiefaktoren f_p

In Kenntnis des im Gebäude verwendeten Energiemix der Energieträger (Brennstoffe, Strom) kann mit Hilfe der Primärenergiefaktoren $f_p = Q_P/Q_E$ in DIN 4701-10, hier Tafel 10.31, von der Endenergie auf den Primärenergiebedarf Q_P übergegangen werden. f_p spiegelt dabei zunächst die objektiven Verluste innerhalb der vorgelagerten Prozesskette bei Gewinnung, Umwandlung und Verteilung und enthält offensichtlich auch den politischen Willen der EnEV.

Tafel 10.31 Primärenergiefaktoren nach DIN V 4701-10

Energieträger		Primär-energiefaktor
Brennstoffe[1]	Heizöl EL	1,1
	Erdgas H	1,1
	Flüssiggas	1,1
	Steinkohle	1,1
	Braunkohle	1,2
Nah-/Fernwärme aus KWK[2,3]	fossiler Brennstoff	0,7
	erneuerbarer Brennstoff	0,0
Nah/Fernwärme aus Heizwerken	fossiler Brennstoff	1,3
	erneuerbarer Brennstoff	0,1
Strom	Strom-Mix	3,0

[1] Bezugsgröße: unterer Heizwert H_u.
[2] Angaben sind typisch für durchschnittliche Nah-/Fernwärme.
[3] Bei Nah-/Fernwärme können von den Vorgaben abweichende Werte von unabhängigen Sachverständigen ermittelt werden. Bei Nah-/Fernwärme ist zu berücksichtigen, dass bereits Endenergie am Gebäude zur Verfügung gestellt wird und damit die Primärenergiefaktoren mit den Brennstoffen nicht direkt vergleichbar sind.

Tafel 10.32a Brennwertkessel mit gebäudezentraler Trinkwassererwärmung

Heizung:	Übergabe:	Radiatoren mit Thermostatventil 1K
	Verteilung:	max. Vorlauf-/Rücklauftemp. 55 °C/45 °C, horiz. Verteilung außerhalb der thermischen Hülle, vertikale Stränge innen liegend, geregelte Pumpe
	Erzeugung:	Brennwertkessel außerhalb der thermischen Hülle,
Wasser:	Speicherung:	indirekt beheizter Speicher außerhalb der thermischen Hülle
	Verteilung:	horizontale Verteilung außerhalb der thermischen Hülle, mit Zirkulation
	Erzeugung:	zentral, Brennwertkessel

A_N in m²	100	150	200	300	500	750	1000	1500	2500	5000	10000
q_h in kWh/(m²a)	\multicolumn{11}{c}{Anlagenaufwandszahl e_P}
40	2,11	1,86	1,74	1,61	1,50	1,45	1,42	1,39	1,36	1,34	1,33
50	1,96	1,75	1,64	1,53	1,44	1,40	1,37	1,35	1,33	1,31	1,29
60	1,85	1,67	1,57	1,48	1,40	1,36	1,34	1,32	1,30	1,28	1,27
70	1,76	1,60	1,52	1,44	1,37	1,33	1,31	1,29	1,28	1,26	1,25
80	1,70	1,55	1,48	1,41	1,34	1,31	1,29	1,27	1,26	1,24	1,23
90	1,64	1,51	1,45	1,38	1,32	1,29	1,27	1,26	1,25	1,23	1,22
	\multicolumn{11}{c}{Gesamt-Endenergie $q_{WE,E}$ in kWh/(m²a) (ohne Hilfsenergie)}
40	89,02	84,78	76,14	71,68	67,98	66,03	65,02	64,13	63,35	62,58	62,05
50	99,54	95,27	86,55	82,03	78,27	76,29	75,25	74,34	73,53	72,72	72,16
60	110,06	105,75	96,95	92,39	88,57	86,55	85,49	84,55	83,70	82,86	82,27
40	120,58	116,24	107,36	102,74	98,87	96,81	95,73	94,75	93,88	93,00	92,38
80	131,10	126,73	117,76	113,09	109,16	107,07	105,96	104,96	104,06	103,15	102,49
90	141,63	137,22	128,17	123,44	119,46	117,33	116,20	115,17	114,23	113,29	112,60
	\multicolumn{11}{c}{Hilfsenergie $q_{HE,E}$ in kWh/(m²a)}
alle	4,27	3,67	2,48	1,87	1,37	1,10	0,95	0,79	0,65	0,53	0,46

Tafel 10.32b Niedertemperatur-Kessel mit gebäudezentraler Trinkwassererwärmung

Heizung:	Übergabe:	Radiatoren mit Thermostatventil 1 K
	Verteilung:	max. Vorlauf-/Rücklauftemp. 70 °C/55 °C, horiz. Verteilung außerhalb der thermischen Hülle, vertikale Stränge innen liegend, geregelte Pumpe
	Erzeugung:	Niedertemperaturkessel außerhalb der thermischen Hülle
Wasser:	Speicherung:	indirekt beheizter Speicher außerhalb der thermischen Hülle
	Verteilung:	horizontale Verteilung außerhalb der thermischen Hülle, mit Zirkulation
	Erzeugung:	zentral, Niedertemperaturkessel

A_N in m²	100	150	200	300	500	750	1000	1500	2500	5000	10000
q_h in kWh/(m²a)	\multicolumn{11}{c}{Anlagenaufwandszahl e_P}
40	2,29	2,01	1,87	1,73	1,61	1,55	1,51	1,48	1,45	1,43	1,41
50	2,13	1,89	1,77	1,65	1,55	1,49	1,47	1,44	1,41	1,39	1,37
60	2,01	1,80	1,70	1,59	1,50	1,46	1,43	1,41	1,38	1,36	1,35
70	1,92	1,74	1,65	1,55	1,47	1,43	1,40	1,38	1,36	1,34	1,33
80	1,85	1,69	1,60	1,52	1,44	1,40	1,38	1,36	1,34	1,33	1,31
90	1,79	1,64	1,57	1,49	1,42	1,39	1,37	1,35	1,33	1,31	1,30
	\multicolumn{11}{c}{Gesamt-Endenergie $q_{WE,E}$ in kWh/(m²a) (ohne HIlfsenergie)}
40	98,02	93,06	82,96	77,73	73,36	71,05	69,83	68,73	67,74	66,76	66,07
50	109,56	104,54	94,28	88,96	84,49	82,11	80,86	79,70	78,66	77,61	76,87
60	121,10	116,02	105,61	100,19	95,62	93,18	91,88	90,67	89,57	88,47	87,67
70	132,64	127,50	116,94	111,42	106,75	104,24	102,90	101,64	100,49	99,32	98,46
80	144,18	138,97	128,27	122,65	117,88	115,31	113,92	112,61	111,40	110,17	109,26
90	155,72	150,45	139,60	133,89	129,01	126,37	124,95	123,58	122,32	121,02	120,06
	\multicolumn{11}{c}{Hilfsenergie $q_{HE,E}$ in kWh/(m²a)}
alle	4,12	3,54	2,38	1,79	1,29	1,02	0,88	0,72	0,59	0,47	0,40

Tafel 10.33a Dezentrale elektrische Direktheizung mit Lüftungsanlage, dezentrale Trinkwassererwärmung

Heizung:	Übergabe:	Direktheizung
	Erzeugung:	dezentrale elektrische Direktheizung
Wasser:	Erzeugung:	wohnungszentral, elektrischer Durchlauferhitzer
Lüftung:	Übergabe:	Luftauslässe im Außenwandbereich, ohne Einzelraumregelung, mit zentraler Vorregelung
	Verteilung:	innerhalb der thermischen Hülle, zentrale Zu- und Abluftanlage, Luftwechsel 0,6 h^{-1}, DC-Ventilatoren
	Erzeugung:	Abluft/Zuluft-Wärmepumpe mit Wärmeübertrager innerhalb der thermischen Hülle, Wärmerückgewinnung 60 %

A_N in m²	100	120	150	170	200	250	300	350	400	450	500
q_h in kWh/(m²a)	\multicolumn{11}{c}{Anlagenaufwandszahl e_p}
40	1,95	1,94	1,93	1,93	1,93	1,92	1,92	1,92	1,92	1,92	1,92
50	1,90	1,90	1,89	1,89	1,89	1,89	1,88	1,88	1,88	1,88	1,88
60	1,92	1,91	1,91	1,91	1,90	1,90	1,90	1,90	1,90	1,90	1,90
70	1,95	1,95	1,95	1,94	1,94	1,94	1,94	1,94	1,94	1,94	1,94
80	2,00	2,00	1,99	1,99	1,99	1,99	1,99	1,98	1,98	1,98	1,98
90	2,05	2,05	2,05	2,05	2,04	2,04	2,04	2,04	2,04	2,04	2,04
	\multicolumn{11}{c}{Gesamt-Endenergie $q_{WE,E}$ in kWh/(m²a) (ohne Hilfsenergie)}
40	30,73	30,62	30,51	30,46	30,40	30,34	30,29	30,26	30,24	30,22	30,21
50	36,34	36,23	36,12	36,07	36,01	35,95	35,90	35,87	35,85	35,83	35,82
60	43,02	42,91	42,80	42,75	42,69	42,62	42,58	42,55	42,53	42,51	42,49
70	50,42	50,32	50,21	50,16	50,10	50,03	49,99	49,96	49,93	49,92	49,90
80	58,31	58,20	58,09	58,04	57,98	57,92	57,87	57,84	57,82	57,80	57,79
90	66,86	66,75	66,64	66,59	66,53	66,47	66,42	66,39	66,37	66,35	66,34
	\multicolumn{11}{c}{Hilfsenergie $q_{HE,E}$ in kWh/(m²a)}
alle	3,33	3,33	3,33	3,33	3,33	3,33	3,33	3,33	3,33	3,33	3,33

Tafel 10.33b Brennwertkessel und solar unterstützte Trinkwassererwärmung

Heizung:	Übergabe:	Radiatoren mit Thermostatventil 1 Kelvin
	Verteilung:	Aufstellung innerhalb der thermischen Hülle, Stränge innen liegend, 55/45 °C, geregelte Pumpe
	Erzeugung:	Brennwertkessel, Gas, Aufstellung innerhalb der thermischen Hülle
Wasser:	Speicherung:	indirekt beheizter Speicher, Aufstellung innerhalb der thermischen Hülle
	Verteilung:	gebäudezentral, ohne Zirkulation, horizontale Verteilung innerhalb der thermischen Hülle
	Erzeugung:	Brennwertkessel und Solaranlage

A_N in m²	100	150	200	300	500	750	1000	1500	2500	3000
q_h in kWh/(m²)	\multicolumn{10}{c}{Anlagenaufwandszahl e_p}
40	1,21	1,16	1,14	1,12	1,08	1,08	1,08	1,08	1,08	1,08
50	1,19	1,15	1,14	1,12	1,09	1,09	1,09	1,09	1,09	1,09
60	1,18	1,15	1,13	1,12	1,09	1,09	1,09	1,09	1,09	1,09
70	1,17	1,14	1,13	1,12	1,09	1,09	1,09	1,09	1,09	1,09
80	1,17	1,14	1,13	1,12	1,09	1,09	1,09	1,09	1,09	1,09
90	1,16	1,14	1,13	1,12	1,10	1,10	1,10	1,10	1,10	1,10
	\multicolumn{10}{c}{Gesamt-Endenergie $q_{WE,E}$ in kWh/(m²a) (ohne Hilfsenergie)}
40	47,76	48,02	48,65	49,05	48,20	48,79	49,14	49,44	49,81	50,00
50	57,89	58,15	58,77	59,17	58,31	58,89	59,24	59,53	59,90	60,10
60	68,02	68,27	68,89	69,28	68,42	68,99	69,34	69,63	69,99	70,20
70	78,15	78,40	79,01	79,40	78,53	79,10	79,44	79,72	80,07	80,20
80	88,28	88,53	89,13	89,51	88,64	89,20	89,54	89,82	90,16	90,30
90	98,41	98,66	99,25	99,63	98,74	99,31	99,64	99,91	100,25	100,40
	\multicolumn{10}{c}{Hilfsenergie $q_{HE,E}$ in kWh/(m²a)}
alle	3,59	34,10	2,13	1,65	1,23	1,02	0,91	0,79	0,68	0,65

Tafel 10.34a Brennwertkessel + Lüftungsanlage mit Wärmerückgewinnung

Heizung:	Übergabe:	Radiatoren mit Thermostatventil 1 K
	Verteilung:	max. Vorlauf-/Rücklauftemperatur 55 °C/45 °C, horiz. Verteilung innerhalb der thermischen Hülle, vertikale Stränge innen liegend, geregelte Pumpe
	Erzeugung:	Brennwertkessel innerhalb der thermischen Hülle,
TWW:	Speicherung:	indirekt beheizter Speicher innerhalb der thermischen Hülle,
	Verteilung:	horizontale Verteilung innerhalb der thermischen Hülle, mit Zirkulation
	Erzeugung:	zentral, Brennwertkessel
Lüftung:	Übergabe:	Lüftungsanlage mit Lufttemperaturen kleiner 20 °C
	Verteilung:	zentrale Zu- und Abluftanlage, Luftwechsel 0,4 h^{-1}, DC-Ventilatoren
	Erzeugung:	Wärmerückgewinnung 80 %

A_N in m²	100	120	150	170	200	250	300	350	400	450	500
q_h in kWh/(m²a)	\multicolumn{11}{c}{Anlagenaufwandszahl e_p}										
40	1,48	1,41	1,34	1,31	1,28	1,23	1,20	1,18	1,17	1,16	1,15
50	1,42	1,37	1,31	1,28	1,25	1,21	1,19	1,17	1,16	1,15	1,14
60	1,38	1,33	1,28	1,26	1,23	1,20	1,18	1,16	1,15	1,14	1,14
70	1,35	1,30	1,26	1,24	1,22	1,19	1,17	1,16	1,15	1,14	1,13
80	1,32	1,28	1,24	1,23	1,21	1,18	1,16	1,15	1,14	1,14	1,13
90	1,30	1,27	1,23	1,22	1,20	1,17	1,16	1,15	1,14	1,13	1,13
	\multicolumn{11}{c}{Gesamt-Endenrgie $q_{WE,E}$ in kWh/(m²a) (ohne Hilfsenergie)}										
40	53,34	51,68	50,00	49,20	48,29	47,26	46,56	46,05	45,67	45,37	45,13
50	63,47	61,80	60,12	59,32	58,41	57,37	56,67	56,16	55,78	55,48	55,23
60	73,60	71,93	70,24	69,44	68,53	67,49	66,78	66,28	65,89	65,59	65,34
40	83,73	82,06	80,37	79,56	78,65	77,61	76,90	76,39	76,00	75,70	75,45
80	93,86	92,19	90,49	89,69	88,77	87,72	87,01	86,50	86,11	85,81	85,56
90	103,99	102,31	100,62	99,81	98,89	97,84	97,13	96,61	96,22	95,92	95,67
	\multicolumn{11}{c}{Hilfsenergie $q_{HE,E}$ in kWh/(m²a)}										
alle	6,40	5,80	5,20	4,92	4,61	4,25	4,01	3,83	3,69	3,59	3,50

Tafel 10.34b Wärmepumpe mit gebäudezentraler Trinkwassererwärmung

Heizung:	Übergabe:	Flächenheizung mit Einzelraumregelung 2 K
	Speicherung:	Pufferspeicher außerhalb der thermischen Hülle,
	Verteilung:	max. Vorlauf-/Rücklauftemp. 35 °C/28 °C, horiz. Verteilung außerhalb der thermischen Hülle, vertikale Stränge innen liegend, geregelte Pumpe
	Erzeugung:	Sole/Wasser-Wärmepumpe außerhalb der thermischen Hülle
TWW:	Speicherung:	indirekt beheizter Speicher außerhalb der thermischen Hülle
	Verteilung:	horizontale Verteilung innerhalb der thermischen Hülle, keine Zirkulation
	Erzeugung:	zentral, Sole/Wasser-Wärmepumpe

A_N in m²	100	120	150	170	200	250	300	350	400	450	500
q_h in kWh/(m²a)	\multicolumn{11}{c}{Anlagenaufwandszahl e_p}										
40	1,32	1,26	1,20	1,17	1,13	1,10	1,07	1,05	1,04	1,03	1,02
50	1,22	1,17	1,12	1,09	1,06	1,03	1,01	1,00	0,98	0,97	0,97
60	1,15	1,10	1,06	1,04	1,01	0,98	0,97	0,95	0,94	0,94	0,93
70	1,09	1,05	1,01	0,99	0,97	0,95	0,93	0,92	0,91	0,91	0,90
80	1,05	1,01	0,98	0,96	0,94	0,92	0,91	0,90	0,89	0,88	0,88
90	1,01	0,98	0,95	0,93	0,92	0,90	0,89	0,88	0,87	0,86	0,86
	\multicolumn{11}{c}{Gesamt-Energie $q_{WE,E}$ in kWh/(m²a) (ohne Hilfsenergie)}										
40	17,30	16,82	16,34	16,11	15,84	15,53	15,32	15,17	15,05	14,96	14,88
50	19,60	19,12	18,64	18,41	18,14	17,83	17,62	17,47	17,35	17,26	17,18
60	21,90	21,42	20,94	20,71	20,44	20,13	19,92	19,77	19,65	19,56	19,48
70	24,20	23,72	23,24	23,01	22,74	22,43	22,22	22,07	21,95	21,86	21,78
80	26,50	26,02	25,54	25,31	25,04	24,73	24,52	24,37	24,25	24,16	24,08
90	28,80	28,32	27,84	27,61	27,34	27,03	26,82	26,67	26,55	26,46	26,38
	\multicolumn{11}{c}{Hilfsenergie $q_{HE,E}$ in kWh/(m²a)}										
alle	5,86	5,22	4,60	4,32	4,01	3,66	3,43	3,26	3,14	3,04	2,96

2 Klimabedingter Feuchtigkeitsschutz
2.1 Begriffe

Aufgrund klimatischer Prozesse finden Phasenumwandlungen zwischen Wasserdampf und Wasser bzw. Eis statt: Aus Wasserdampf entsteht Tauwasser/Eis (Abschnitt 2.2 und 2.3), und kapillar aufgenommenes Wasser, z. B. aus Schlagregen, trocknet unter Dampfbildung ab (Abschnitt 2.4), ohne dass es Sperrschichten oder Abdichtungen bedarf. Wasser/Eis muss außerhalb enger Grenzen an und in Bauteilen vermieden werden, weil es Ursache von Bauschäden oder hygienischen Problemen sein kann (z. B. Pilzbefall, Stockflecken).

Größe	Zeichen	Einheit	Bemerkungen
Schichtdicke	d	m	Einheit beachten!
Wasserdampfteildruck	p	Pa	z. B. Teildruck innen p_i
Sättigungsdruck des Wasserdampfes	p_s	Pa	Werte nach Tafel 10.37
absolute Luftfeuchtigkeit	c	g/m^3	
Wasserdampfsättigungsdichte	c_s	g/m^3	Grenzwert für c, Tafel 10.35
relative Luftfeuchtigkeit	ϕ	1	$\phi = c/c_s = p/p_s$, ggf. $\cdot$ 100 %
Taupunkttemperatur	θ_s	°C	Werte nach Tafel 10.36
Wasserdampf-Diffusionsstromdichte	g	kg/(m^{2}h)	
Wasserdampf-Diffusionsleitkoeffizient	δ	kg/(mhPa)	z. B. von Luft: $\delta_L = 1/1{,}5 \cdot 10^6$
Wasserdampf-Diffusionsdurchlasswiderstand	Z	m^{2}h Pa/kg	$Z = d/\delta = 1{,}5 \cdot 10^6 \cdot \mu \cdot d$ Richtwerte nach Tafel 10.18
Wasserdampf-Diffusionswiderstandszahl	μ	1	$\mu = \delta_L/\delta$
diffusionsäquivalente Luftschichtdicke	s_d	m	$s_d = \mu \cdot d$
flächenbezogene Tauwassermasse	$m_{W,T}$	kg/m^2	gebildet im Winter (Seite 10.39)
flächenbezogene Verdunstungsmasse	$m_{W,V}$	kg/m^2	
Wasseraufnahmekoeffizient	w	kg/(m^{2}h^{0,5})	kapillares Saugen zeitlich nichtlinear

2.2 Tauwasserbildung
2.2.1 Allgemeines

Auch in Gegenwart von flüssigem oder festem Wasser kann Wasser**dampf** höchstens nur die Maximalwerte p_s für den Wasserdampfteildruck (Tafel 10.37) bzw. c_s für die absolute Luftfeuchtigkeit (Tafel 10.35) annehmen. Normalerweise besteht nur der durch die relative Luftfeuchtigkeit ϕ ausgedrückte Bruchteil $p = \phi \cdot p_s \cdot 100$ % bzw. $c = \phi \cdot c_s \cdot 100$ % davon.

Bei Erwärmung fällt bei gleicher absoluter Luftfeuchtigkeit c bzw. p die relative Luftfeuchtigkeit ϕ, weil c_s bzw. p_s als Bezugswert ansteigt. Bei Abkühlung steigt dagegen ϕ wegen der fallenden Sättigungswerte an und erreicht bei Abkühlung bis auf θ_s den Wert $\phi = 100$ %. Bei weiterer Abkühlung auf $\theta < \theta_s$ fällt der dann überschüssige Wasserdampf als Tauwasser oder Eis/Rauhreif aus.

Beispiel: Gegeben sei Luft von $\theta = 20$ °C und $\phi = 60$ %. Die Taupunkttemperatur wird in Tafel 10.36 abgelesen: $\theta_s = 12$ °C. Den gleichen Wert erhält man auch mit Hilfe der Tafel 10.37: Der tatsächliche Dampfdruck bei 20 °C beträgt 60 % von 2340 Pa, also 1404 Pa. Dieser Wert ist Sättigungsdruck bei 12 °C. Unter 12 °C setzt Tauwasserbildung ein.

Der Wasserdampfgehalt beträgt in Anwendung von Tafel 10.35 $c = 0{,}6 \cdot 17{,}3 = 10{,}4$ g/m^3. Diese Luft wird beim Hindurchtreten durch eine Bauteilfuge auf schließlich $\theta = -5$ °C abgekühlt und kann dann noch maximal 3,2 g/m^3 an Dampf halten. Der Rest von 7,2 g fällt aus jedem Kubikmeter Luft als Wasser aus.

Tafel 10.35 Wasserdampfsättigungsdichte c_s in Luft der Temperatur θ

θ in °C	**−20**	**−15**	**−10**	**−5**	**−2**	**−1**	**0**	1	2	3	4	5	6	7	8	9
c_s in g/m^3	0,9	1,5	2,1	3,2	4,1	4,5	4,9	5,2	5,6	6,0	6,4	6,8	7,3	7,7	8,3	8,8
θ in °C	**10**	11	12	13	14	15	16	17	18	19	**20**	21	23	25	28	**30**
c_s in g/m^3	9,4	10,0	10,7	11,3	12,1	12,8	13,7	14,5	15,4	16,3	**17,3**	18,3	20,6	23,0	27,2	30,3

2.2.2 Tauwasser auf Bauteiloberflächen
2.2.2.1 Ermittlung notwendiger Oberflächentemperatur θ_{si}

Unterschreitet die Innenoberfläche eines Außenbauteils unter winterlichen Verhältnissen die Taupunkttemperatur der Innenraumluft, dann fällt aus der an diese Oberfläche grenzenden, dann gesättigten Luftschicht Tauwasser aus. Tauwasser kann nur **verhindert werden, solange** $\theta_{si} > \theta_s$ ist. θ_s wird wegen der Abhängigkeit von ϕ durch das Wohnverhalten beeinflusst, θ_{si} durch den Wärmeschutz (vergl. Abschn. 2.2.2.2) und die klimatischen Verhältnisse.

Bei saugfähigen Baustoffoberflächen setzt in den Poren bereits Kapillarkondensation ein, wenn die Luftfeuchtigkeit ϕ_{si} der Grenzschicht, bezogen auf die Oberflächentemperatur θ_{si}, noch nicht gesättigt ist (z. B. oberhalb von ϕ_{si} = 80 %). So werden Lebensbedingungen für Schimmelpilze bereits geschaffen, wenn noch kein frei sichtbares Tauwasser entsteht. Schimmelpilze werden damit nur sicher verhindert, wenn θ_s in der Beziehung $\theta_{si} > \theta_s$ unter der Annahme aus Tafel 10.36 ermittelt wird, dass die Luftfeuchtigkeit im Raum um den Faktor 1/0,8 = 1,25 größer ist als in Wirklichkeit.

Beispiel:	ϕ_i in %	p_i in Pa	ϕ_{si}	= 100 %	= 80 %
(vgl. Tafel 10.36, 10.37)	50	1170	Dann folgt, wenn Tauwasserbildung bei ϕ_{si} einsetzt, θ_{si} in °C $\geq$	9,3	12,6
Gegeben sei Innenluft	60	1404		**12,0**	**15,4**
mit θ_i = 20 °C und ϕ_{si}	65	1521		13,2	16,7

Tafel 10.36 Taupunkttemperatur θ_s in Abhängigkeit von Temperatur θ und rel. Feuchtigkeit ϕ

θ °C	Taupunkttemperatur θ_s in °C bei einer relativen Luftfeuchte ϕ von													
	30 %	35 %	40 %	45 %	50 %	55 %	60 %	65 %	70 %	75 %	80 %	85 %	90 %	95 %
30	10,5	12,9	14,9	16,8	18,4	20,0	21,4	22,7	23,9	25,1	26,2	27,2	28,2	29,1
29	9,7	12,0	14,0	15,9	17,5	19,0	20,4	21,7	23,0	24,1	25,2	26,2	27,2	28,1
28	8,8	11,1	13,1	15,0	16,6	18,1	19,5	20,8	22,0	23,2	24,2	25,2	26,2	27,1
27	8,0	10,2	12,2	14,1	15,7	17,2	18,6	19,9	21,1	22,2	23,3	24,3	25,2	26,1
26	7,1	9,4	11,4	13,2	14,8	16,3	17,6	18,9	20,1	21,2	22,3	23,3	24,2	25,1
25	6,2	8,5	10,5	12,2	13,9	15,3	16,7	18,0	19,1	20,3	21,3	22,3	23,2	24,1
24	5,4	7,6	9,6	11,3	12,9	14,4	15,8	17,0	18,2	19,3	20,3	21,3	22,3	23,1
23	4,5	6,7	8,7	10,4	12,0	13,5	14,8	16,1	17,2	18,3	19,4	20,3	21,3	22,2
22	3,6	5,9	7,8	9,5	11,1	12,5	13,9	15,1	16,3	17,4	18,4	19,4	20,3	21,2
21	2,8	5,0	6,9	8,6	10,2	11,6	12,9	14,2	15,3	16,4	17,4	18,4	19,3	20,2
20	1,9	4,1	6,0	7,7	9,3	10,7	12,0	13,2	14,4	15,4	16,4	17,4	18,3	19,2
19	1,0	3,2	5,1	6,8	8,3	9,8	11,1	12,3	13,4	14,5	15,5	16,4	17,3	18,2
18	0,2	2,3	4,2	5,9	7,4	8,8	10,1	11,3	12,5	13,5	14,5	15,4	16,3	17,2
17	–0,6	1,4	3,3	5,0	6,5	7,9	9,2	10,4	11,5	12,5	13,5	14,5	15,3	16,2
16	–1,4	0,5	2,4	4,1	5,6	7,0	8,2	9,4	10,5	11,6	12,6	13,5	14,4	15,2
15	–2,2	–0,3	1,5	3,2	4,7	6,1	7,3	8,5	9,6	10,6	11,6	12,5	13,4	14,2
14	–2,9	–1,0	0,6	2,3	3,7	5,1	6,4	7,5	8,6	9,6	10,6	11,5	12,4	13,2
13	–3,7	–1,9	–0,1	1,3	2,8	4,2	5,5	6,6	7,7	8,7	9,6	10,5	11,4	12,2
12	–4,5	–2,6	–1,0	0,4	1,9	3,2	4,5	5,7	6,7	7,7	8,7	9,6	10,4	11,2
11	–5,2	–3,4	–1,8	–0,4	1,0	2,3	3,5	4,7	5,8	6,7	7,7	8,6	9,4	10,2
10	–6,0	–4,2	–2,6	–1,2	0,1	1,4	2,6	3,7	4,8	5,8	6,7	7,6	8,4	9,2

Näherungsgleichung für θ und $\theta_s \geq 0$: $\theta_s = (\phi/100)^{0,1247} \cdot (109,8 + \theta) - 109,8$

2.2.2.2 Ermittlung des notwendigen Mindestwärmeschutzes

Aus der Bedingung $\theta_{si} > \theta_s$ ergibt sich für ebene Bauteile als Anforderung an jeder Stelle:

$$U \leq \frac{\theta_i - \theta_s}{R_{si}(\theta_i - \theta_e)} \quad ; \quad R \geq R_{si}\frac{(\theta_i - \theta_e)}{\theta_i - \theta_s} - (R_{si} + R_{se})$$

In DIN 4108-2, Abschnitt 6.2 genannte Berechnungsannahmen: R_{si} = 0,25 m²K/W, θ_i = 20 °C, θ_{si} = 80 % (siehe Abschnitt 2.2.2.1), R_{se} = 0,04 m²K/W, θ_e = –5 °C. Falls ϕ = 50 %, folgt daraus $U \leq 1,2$ W/(m²K) und $R \geq 0,55$ m²K/W. Falls „außen" ein Keller, eine unbeheizte Pufferzone oder Erdreich angrenzt, gilt R_{se} = 0,17 m²K/W, θ_e = 10 °C.

Die Bedingung $\theta_{si} > \theta_s$ ist auch an ungünstigen Stellen von Wärmebrücken zu erfüllen. Werte für θ_{si} können durch Berechnung nach DIN EN ISO 10211-2 oder aus Wärmebrückenkatalogen ermittelt werden.

Tafel 10.37 Sättigungsdruck p_s des Wasserdampfes bei unterschiedlichen Temperaturen θ

Temperatur θ °C ganzzahlige Werte	Wasserdampfsättigungsdruck über Wasser bzw. Eis in Pa Temperatur θ °C, 1. Dezimale									
	,0	,1	,2	,3	,4	,5	,6	,7	,8	,9
30	4244	4269	4294	4319	4344	4369	4394	4419	4445	4469
29	4006	4030	4053	4077	4101	4124	4118	4172	4196	4219
28	3781	3803	3826	3848	3871	3894	3916	3939	3961	3984
27	3566	3588	3609	3631	3652	3674	3695	3717	3738	3759
26	3362	3382	3403	3423	3443	3463	3484	3504	3525	3544
25	3169	3188	3208	3227	3246	3266	3284	3304	3324	3343
24	2985	3003	3021	3040	3059	3077	3095	3114	3132	3151
23	2810	2827	2845	2863	2880	2897	2915	2932	2950	2968
22	2645	2661	2678	2695	2711	2727	2744	2761	2777	2794
21	2487	2504	2518	2535	2551	2566	2582	2598	2613	2629
20	2340	2354	2369	2384	2399	2413	2428	2443	2457	2473
19	2197	2212	2227	2241	2254	2268	2283	2297	2310	2324
18	2065	2079	2091	2105	2119	2132	2145	2158	2172	2185
17	1937	1950	1963	1976	1988	2001	2014	2027	2039	2052
16	1818	1830	1841	1854	1866	1878	1889	1901	1914	1926
15	1706	1717	1729	1739	1750	1762	1773	1784	1795	1806
14	1599	1610	1621	1631	1642	1653	1663	1674	1684	1695
13	1498	1508	1518	1528	1538	1548	1559	1569	1578	1588
12	1403	1413	1422	1431	1441	1451	1460	1470	1479	1488
11	1312	1321	1330	1340	1349	1358	1367	1375	1385	1394
10	1228	1237	1245	1254	1262	1270	1279	1287	1296	1304
9	1148	1156	1163	1171	1179	1187	1195	1203	1211	1218
8	1073	1081	1088	1096	1103	1110	1117	1125	1133	1140
7	1002	1008	1016	1023	1030	1038	1045	1052	1059	1066
6	935	942	949	955	961	968	975	982	988	995
5	872	878	884	890	896	902	907	913	919	925
4	813	819	825	831	837	843	849	854	861	866
3	759	765	770	776	781	787	793	798	803	808
2	705	710	716	721	727	732	737	743	748	753
1	657	662	667	672	677	682	687	691	696	700
0	611	616	621	626	630	635	640	645	648	653
−0	611	605	600	595	592	587	582	577	572	567
−1	562	557	552	547	543	538	534	531	527	522
−2	517	514	509	505	501	496	492	489	484	480
−3	476	472	468	464	461	456	452	448	444	440
−4	437	433	430	426	423	419	415	412	408	405
−5	401	398	395	391	388	385	382	379	375	372
−6	368	365	362	359	356	353	350	347	343	340
−7	337	336	333	330	327	324	321	318	315	312
−8	310	306	304	301	298	296	294	291	288	286
−9	284	281	279	276	274	272	269	267	264	262
−10	260	258	255	253	251	249	246	244	242	239
−11	237	235	233	231	229	228	226	224	221	219
−12	217	215	213	211	209	208	206	204	202	200
−13	198	197	195	193	191	190	188	186	184	182
−14	181	180	178	177	175	173	172	170	168	167
−15	165	164	162	161	159	158	157	155	153	152
−16	150	149	148	146	145	144	142	141	139	138
−17	137	136	135	133	132	131	129	128	127	126
−18	125	124	123	122	121	120	118	117	116	115
−19	114	113	112	111	110	109	107	106	105	104
−20	103	102	101	100	99	98	97	96	95	94

Näherungsgleichung $p_s = 288{,}68 \, (1{,}098 + \theta/100)^{8{,}02}$

Näherungsgleichung $p_s = 4{,}689 \, (1{,}486 + \theta/100)^{12{,}3}$

2.3 Wasserdampfdiffusion in Bauteilen
2.3.1 Allgemeines
Wasserdampf kann wegen der Leitfähigkeit δ der Baustoffe (durch Diffusion) bei einem Wasserdampfteildruckgefälle $(p_2 - p_1)$ auch Bauteilschichten durchdringen. Es stellt sich eine Wasserdampf-Diffusionsstromdichte g umgekehrt proportional dem Diffusionswiderstand Z ein nach der Beziehung
$g = (p_2 - p_1)/Z = (p_2 - p_1)/(d/\delta) = (p_2 - p_1)/(1{,}5 \cdot 10^6\, \mu \cdot d)$ in kg/(m²h)
Richtwerte für μ siehe Tafel 10.18.
Relatives Maß, also bis auf den Faktor $1{,}5 \cdot 10^6$, für die sperrende Wirkung von Schichten gegen Wasserdampf ist die diffusionsäquivalente Luftschichtdicke $s_d = \mu\, d$ in m, ein Wert, der bisher auch als Sperrwert bezeichnet worden ist. Schichten werden nach ihrem s_d-Wert in DIN 4108-3 wie folgt unterschieden:
diffusionsoffene Schicht: $s_d \leq 0{,}5$ m; diffusionshemmende Schicht: $0{,}5$ m $< s_d <$ 1500 m; diffusionsdichte Schicht: $s_d \geq$ 1500 m. Im technischen Schrifttum heißen Schichten mit s_d-Werten über 20 m oder gar 100 m auch **Dampfsperren**.
Bei ungünstiger Überlagerung von (winterlicher) Temperaturverteilung und Dampfdruckverteilung im Bauteilquerschnitt kann der Wasserdampfteildruck den Sättigungsdruck bei der örtlichen Temperatur erreichen: Tauwasserausfall im Bauteilquerschnitt. Überschreitet die Tauwassermenge $m_{W,T}$ spezifische Grenzwerte oder ist $m_{W,T} > m_{W,V}$, muss mit Schäden gerechnet werden.
Die im Abschnitt 2.3.3 genannten Bauteile gelten als frei von schädlichem Tauwasser. Für dort nicht genannte Bauteile kann ein Nachweis durch Berechnung nach DIN 4108-3, Anhang A („Glaser-Verfahren") geführt werden. Die Berechnung gehört nicht zu den regelmäßig im bauaufsichtlichen Verfahren anzuwendenden Nachweisen, gilt aber trotz grundsätzlicher Mängel in der rechnerischen Modellierung der Vorgänge (Vernachlässigung von Kapillarität als zusätzlichem Transportvorgang für Wasser und Hygroskopizität als Maß für Wasser, in dessen Nähe nicht $p = p_s$ angenommen werden kann) noch als anerkannt. Der Umkehrschluss bei Bauteilen, bei denen der Nachweis von Tauwasserfreiheit misslingt, sie seien daher schadensgefährdet, ist in der Regel nicht zulässig.
Solange im Bauteilquerschnitt freies, „überhygroskopisches" Wasser vorhanden ist, herrscht dort $p = p_s$. Bauteile trocknen aus, solange dieser Druck größer ist als der Wasserdampfdruck im Freien (Austrocknung nach Schlagregen, von Baufeuchtigkeit oder im Winterhalbjahr durch Diffusion entstandenem Tauwasser im Bauteil).

2.3.2 Diffusionsberechnung nach DIN 4108-3 (Glaser-Verfahren)
2.3.2.1 Erkennen einer Tauwasserbildung im Querschnitt
Das Beurteilungsverfahren geht von den folgenden vereinfachenden Klimaannahmen aus:

Tauperiode:	**Verdunstungsperiode:**	b) Dächer über Aufenthaltsräu-
Außenklima:	a) Wandbauteile und Decken	men:
-10 °C, $\phi = 80\%$ ($p_a = 208$ Pa)	unter nicht ausgebauten	Außen- und Innenklima:
Innenklima:	Dachräumen.	je 12 °C, $\phi = 70\%$, dabei Tempe-
20 °C, $\phi = 50\%$ ($p_i = 1170$ Pa)	Außen- und Innenklima:	ratur Dachoberfläche: 20 °C
Dauer t_T:	je 12 °C, $\phi = 70\%$	Tauwasserbereich:
1440 Stunden (60 Tage)	Tauwasserbereich:	berechnete Temperatur,
	12 °C, $\phi = 100\%$	$\phi = 100\%$
	Dauer t_V: 2160 Stunden (90 Tage)	Dauer t_V: 2160 Stunden (90 Tage)

Zum Nachweis von Tauwasserfreiheit werden folgende Schritte ausgeführt:
Schritt 1:
Für den zu beurteilenden Bauteilquerschnitt werden die Temperaturverteilung θ, die dazugehörigen Sättigungsdrucke des Wasserdampfes p_s und die diffusionsäquivalenten Luftschichtdicken $s_d = \mu \cdot d$ bestimmt. Werden in Tafel 10.18 zwei Richtwerte für μ genannt, ist derjenige einzusetzen, der im Schritt 3 zum größten Wert für $m_{W,T}$ führt. Dies ist der Fall, wenn für Schichten, die s_{di} bilden, der kleinere μ-Wert verwendet wird, für alle übrigen der größere. Für die Berechnung eignet sich ein Formular nach dem Muster auf Seite 10.39; ein Berechnungsbeispiel siehe Seite 10.42.

Schritt 2:
Im Diffusionsdiagramm wird der Bauteilquerschnitt im Maßstab s_d dargestellt (Abszisse). Auf der Ordinate werden die rechnerischen Wasserdampfsättigungsdrücke p_s und die außen und innen vorhandenen Wasserdampfteildrücke p_e und p_i eingetragen. Die vorhandene Wasserdampfteildruckverteilung über den Bauteilquerschnitt bekommt man, indem die kürzeste Verbindungslinie zwischen den Teildrücken p_e und p_i konstruiert wird, wobei die Bedingung $p \leq p_s$ eingehalten werden muss.

Schicht/Baustoff	d m	λ_R W/mK	μ -	R_s; d/λ_R m²K/W	μd m	θ °C	p_s ¹⁾ Pa	$\Sigma \mu d$ ²⁾ m
Übergang innen								
								0
Übergang außen								

Klima:

$\theta_i = $ ___ °C, $\phi_i = $ ___ %, $p_i = $ ___ Pa

$\theta_e = $ ___ °C, $\phi_e = $ ___ %, $p_e = $ ___ Pa

R_T m²K/W

U W/(m²K)

Woher? $\lambda_R \mu$: Tafel 10.18,
R_s: Tafel: 10.27a
p_s: Tafel 10.37

¹⁾ Ordinate nach Schritt 2.
²⁾ Abszisse nach Schritt 2.

Geometrisch können drei Fälle eintreten:

Fall 1: Der vorhandene Wasserdampfteildruck ist stets kleiner als p_s: keine Kondensation (Abb. 10.39a).

Fall 2: Die p-Linie berührt die Sättigungslinie p_s in einem Punkt. Es fällt Tauwasser in einer Ebene an, die durch den Berührungspunkt gegeben ist (Abb. 10.39b).

Fall 3: Die p-Linie lässt sich nur so konstruieren, dass die p_s-Linie in zwei Punkten berührt wird und zwischen diesen Punkten mit der p-Linie identisch ist. Es fällt Tauwasser in einem Bereich an (Abb. 10.39c).

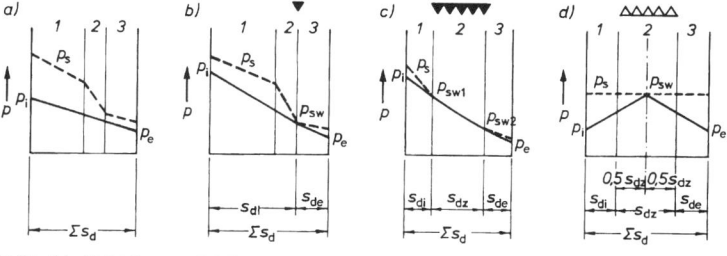

Abb. 10.39a bis 10.39d ▼▼ Tauwasser entsteht △△ Tauwasser trocknet

Schritt 3:

Bestimmung der Werte s_{di} und s_{de} der Warm- und Kaltseite mit den zugehörigen Werten p_{sw1} und p_{sw2} aus dem Diffusionsdiagramm. Im Fall 2 ist $p_{sw1} = p_{sw2}$. Die in der Befeuchtungsperiode der Dauer t_T insgesamt anfallende **Tauwassermenge** $m_{W,T}$ berechnet sich nach der Gleichung

$$m_{W,T} = \frac{t_T}{1{,}5 \cdot 10^6} \left(\frac{p_i - p_{sw1}}{s_{di}} - \frac{p_{sw2} - p_e}{s_{de}} \right) \text{ kg/m}^2$$

(Differenz der ein- und ausdiffundierenden Wasserdampfmengen)

Schritt 4: (Abb. 10.39d)

Bestimmung der **Verdunstungsmenge** $m_{W,V}$ analog zu Schritt 2 anhand von Diffusionsdiagrammen. Nach einem vorhergehenden Tauwasserausfall herrscht im Tauwasserbereich Sättigungsdruck. Die Verdunstung erfolgt nach innen und außen. Die Menge berechnet sich nach der Gleichung (bei Klimaannahmen nach S. 10.38 ist $p_{sw} = 1403$ Pa und $p_i = p_e = 982$ Pa):

$$m_{W,V} = \frac{t_V}{1{,}5 \cdot 10^6} \left(\frac{p_{sw} - p_i}{s_{di} + 0{,}5\, s_{dz}} + \frac{p_{sw} - p_e}{0{,}5\, s_{dz} + s_{de}} \right) \text{ kg/m}^2$$

(Summe der zu beiden Oberflächen hin diffundierenden Wasserdampfmengen. Beim Tauwasseranfall in einer Ebene ist $s_{dz} = 0$.)

2.3.2.2 Anforderungen

Es ist nachzuweisen, dass $m_{W,T} \leq$ zul $m_{W,T}$ und $m_{W,T} \leq m_{W,V}$. Für zul $m_{W,T}$ gilt:
Eine Tauwasserbildung in Bauteilen ist unschädlich, wenn durch Erhöhung des Feuchtegehaltes der Bau- und Dämmstoffe der Wärmeschutz und die Standsicherheit der Bauteile nicht gefährdet werden. Diese Voraussetzungen liegen vor, wenn folgende Bedingungen erfüllt sind:

a) Das während der Tauperiode im Innern des Bauteils anfallende Wasser muss während der Verdunstungsperiode wieder an die Umgebung abgegeben werden können, d. h. $m_{W,T} \leq m_{W,V}$.

b) Die Baustoffe, die mit dem Tauwasser in Berührung kommen, dürfen nicht geschädigt werden (z. B. durch Korrosion, Pilzbefall).

c) Bei Dach- und Wandkonstruktionen darf eine Tauwassermasse zul $m_{W,T}$ von insgesamt 1,0 kg/m² nicht überschritten werden. Dies gilt nicht für die Bedingungen nach d).

d) Tritt Tauwasser an Berührungsflächen von kapillar nicht wasseraufnahmefähigen Schichten auf, so darf eine flächenbezogene Tauwassermasse zul $m_{W,T}$ von 0,5 kg/m² nicht überschritten werden.

e) Neben der Einhaltung von c) ist bei Holz eine Erhöhung des massebezogenen Feuchtegehaltes u_m um mehr als 5 %, bei Holzwerkstoffen um mehr als 3 % unzulässig (Holzwolle-Leichtbauplatten und Mehrschicht-Leichtbauplatten aus Schaumkunststoffen und Holzwolle nach DIN 1101 sind hiervon ausgenommen). Weitere Festlegungen, insbesondere zum Holzschutz, s. Abschn. 6.4 von DIN 68 800-2 (1996).

Hinweis:

Tritt in der Berechnung nach 2.3.2.1 in mehreren Ebenen Tauwasser auf, ist die Summe der flächenbezogenen Tauwassermassen $m_{W,T}$ für den Vergleich mit den vorgenannten Bedingungen a) bis e) maßgebend.

2.3.3 Bauteile, für die kein rechnerischer Nachweis des Tauwasserausfalls erforderlich ist (nach DIN 4108-3)

2.3.3.1 Außenwände

① Ein- und zweischaliges Mauerwerk nach DIN 1053-1 (auch mit Kerndämmung), Wände aus Normalbeton nach DIN 1045, Wände aus gefügedichtem Leichtbeton nach DIN 4219-1 und DIN 4219-2, Wände aus Porenbeton nach DIN 4223, Wände aus haufwerkporigem Leichtbeton nach DIN 4232, jeweils mit Innenputz und folgenden Außenschichten:

– Putz nach DIN 18 550-1 oder Verblendmauerwerk nach DIN 1053-1;
– angemörtelte oder angemauerte Bekleidungen nach DIN 18 515-1 und DIN 18 515-2, bei einem Fugenanteil von mindestens 5 %;
– hinterlüftete Außenwandbekleidung nach DIN 18 516-1 mit und ohne Wärmedämmung;
– Außendämmung nach DIN 1102 oder nach DIN 18 550-3 oder durch ein zugelassenes Wärmedämmverbundsystem.

② Wände, wie unter ①, aber mit Innendämmung und einem Wärmedurchlasswiderstand der Wärmedämmschicht von $R \leq 1,0$ m² K/W sowie einem Wert der wasserdampfdiffusionsäquivalenten Luftschichtdicke der Wärmedämmschicht mit Innenputz bzw. Innenbekleidung $s_d \geq 0,5$ m.

③ Wände in Holzbauart nach Abschn. 8.2 von DIN 68 800-2 : 1996-05 mit vorgehängten Außenwandbekleidungen, zugelassenem Wärmedämmverbundsystem oder Mauerwerk-Vorsatzschalen, jeweils mit raumseitiger diffusionshemmender Schicht mit $s_d \geq 2$ m.

④ Holzfachwerkwände mit Luftdichtheitsschicht, in den Varianten:

– mit wärmedämmender Ausfachung (Sichtfachwerk);
– mit Innendämmung (über Fachwerk und Gefach) mit Wärmedurchlasswiderstand der Wärmedämmschicht $R \leq 1,0$ m² K/W und einer wasserdampfdiffusionsäquivalenten Luftschichtdicke (gegebenenfalls einschließlich Winddichtheitsschicht) mit Innenputz und Innenbekleidung $s_d \geq 1,0$ m;
– mit Außendämmung (über Fachwerk und Gefach) als Wärmedämmverbundsystem oder Wärmedämmputz, deren $s_{d,e} \leq 2$ m ist, oder mit hinterlüfteter Außenwandbekleidung.

2.3.3.2 Nichtbelüftete Dächer (keine belüftete Luftschicht unmittelbar über Wärmedämmschicht)

Der Wärmedurchlasswiderstand der Bauteilschichten unterhalb der erforderlichen diffusionshemmenden Schicht darf höchstens 20 % des Gesamtdurchlasswiderstandes betragen.

① Nichtbelüftete Dächer mit belüfteter Dachdeckung (Dachziegel, -steine, Schiefer, Metallbleche) und Wärmedämmung zwischen, unter und/oder über den Sparren und zusätzlicher regensichernder Schicht (z. B. Unterdächer) mit wasserdampfdiffusionsäquivalenter Luftschichtdicke $s_{d,e}$: Benötigt wird diffusionshemmende Schicht raumseitig der Wärmeschicht mit $s_{d,i}$ nach Tabelle:

äquivalente Luftschichtdicke in m	
außen: $s_{d,e}$	innen: $s_{d,i}$
$\leq 0,1$	$\geq 1,0$
$\leq 0,3$	$\geq 2,0$
$> 0,3$	$\geq 6\, s_{d,e}$
beliebig	≥ 100

Hinweis: $s_{d,e}$ ($s_{d,i}$) ist die Summe der wasserdampfdiffusionsäquivalenten Luftschichtdicken aller Schichten, die sich außenseitig (innenseitig) der Wärmedämmschicht bis zur ersten mit Außenluft (Innenluft) belüfteten Luftschicht befinden.

Hinweis: Bei Werten $s_{d,e} > 2$ m kann Baufeuchte oder eingedrungene Feuchtigkeit nur schlecht ausdiffundieren (Holzschutz!).

② Nichtbelüftete Dächer mit Dachabdichtung oder nichtbelüfteter Dachdeckung mit diffusionshemmender Schicht unterhalb der Wärmedämmschicht mit $s_{d,i} \geq 100$ m. Ausnahmen: Dächer mit diffusionsdichten Dämmstoffen, z. B. Schaumglas auf starrer Unterlage; Dächer aus Porenbeton nach DIN 4223; Dächer mit Wärmedämmung oberhalb der Dachabdichtung (Umkehrdächer) mit dampfdurchlässiger Auflast (z. B. Grobkies), die keine zusätzliche diffusionshemmende Schicht benötigen.

2.3.3.3 Belüftete Dächer mit Dachneigung $\geq 5°$ (Für Neigung $< 5°$ gilt Abschn. 2.3.3.2 ②.)

Der s_d-Wert der unterhalb der Belüftungsschicht angeordneten Bauteilschichten muss insgesamt mindestens 2 m betragen. Der Wärmedurchlasswiderstand der Bauteilschichten unterhalb der ggf. zusätzlichen diffusionshemmenden Schicht (z. B. Luftdichtheitsschicht) darf höchstens 20 % des Gesamtdurchlasswiderstandes betragen. Bei klimatisch unterschiedlich beanspruchten Flächen eines Daches (z. B. Nord/Süd-Dachflächen ist eine Abschottung der Belüftungsschicht im Firstbereich zweckmäßig. Bei Kehlen, auch an Dachgauben, sind Lüftungsöffnungen im Allgemeinen nicht möglich. Solche Dachkonstruktionen sind daher ohne Belüftung, z. B. nach Abschn. 2.3.3.2 ①, auszuführen.

Für die Belüftungsschicht *unmittelbar über der Wärmedämmschicht* und ihre Öffnungen zum Freien gilt:
– Die Höhe des freien Lüftungsquerschnittes innerhalb des Dachbereiches muss mindestens 2 cm betragen.
– Der freie Lüftungsquerschnitt an den *Traufen* bzw. an Traufe und Pultdachabschluss muss mindestens 2‰ der zugehörigen geneigten Dachfläche betragen, mindestens jedoch 200 cm²/m, bei Satteldächern sind an *First* und Grat 0,5‰ erforderlich, mindestens jedoch 50 cm²/m.

2.4 Tauwasser und Luftdichtheit (Wasserdampfkonvektion)

Wände und Dächer müssen luftdicht sein, um eine Durchströmung und Mitführung von Raumluftfeuchte, die zu Tauwasserbildung in der Konstruktion führen kann, zu unterbinden. Auf die Luftdichtheit von Anschlüssen und Durchdringungen (z. B. Wand/Dach, Schornstein/Dach) sowie bei Installationen (z. B. Steckdosen) ist besonders zu achten. Auch Querströmungen in Belüftungsschichten innerhalb einer Konstruktion zwischen unterschiedlich beheizten Räumen sind zu vermeiden, z. B. durch Abschottung. Sichtmauerwerk und Holzfachwerk sowie Mauerwerk nach DIN 1053-1 allein sind nicht luftdicht im Sinne dieser Anforderung; diese Wandbauarten müssen auf einer Seite eine Putzschicht nach DIN 18 550-2 haben oder es sind sonstige luftdichtende Maßnahmen zu treffen.

Luftdicht in diesem Sinne sind z. B. Betonbauteile nach DIN 1045-1 oder 1045-4 oder Putze nach DIN 18 550-2 bzw. DIN 18 558. Bei anderen Konstruktionen muss gegebenenfalls, bei Holzbauteilen generell, eine Luftdichtheitsschicht nach DIN V 4108-7 angebracht werden, s. Abschnitt 1.5.2.

Zahlenbeispiel zur Berechnung des Tauwasserausfalls

Nachfolgend wird am Beispiel einer Außenwand die Untersuchung auf innere Tauwasserbildung und Verdunstung infolge von Wasserdampfdiffusion bei den Randbedingungen entsprechend DIN 4108-3 gezeigt.

Wandaufbau: Zusammenstellung der Rechengrößen für das Diffusionsdiagramm bei Tauwasserausfall

Schicht	d m	μ –	s_d m	λ_R W/(m·K)	$R_s; R$ m²·K/W	θ °C	p_s Pa
Wärmeübergang innen	–	–	–	–	0,13	20,0	2340
						18,7	2158
Spanplatte V 20	0,019	50	0,95	0,13	0,15		
Polystyrol-Partikelschaum	0,10	20	2,00	0,04	2,50	17,2	1964
						–7,7	318
Spanplatte V 100	0,019	100	1,90	0,13	0,15	–9,2	279
Luftschicht – belüftet –	0,03	–	–	–	–		
						–	–
Außenschale	0,02	–	–	–	–		
						–	–
Wärmeübergang außen	–	–	–	–	0,08	–10,0	260
			$\Sigma s_d =$ 4,85		$R_T =$ 3,01		

Randbedingungen

Periode	Raumklima	Außenklima
Tauperiode $t_T = 1440\,h$		
Lufttemperatur	20 °C	–10 °C
Relative Luftfeuchte	50 %	80 %
Wasserdampfsättigungsdruck	2340 Pa	260 Pa
Wasserdampfteildruck	1170 Pa	208 Pa
Verdunstungsperiode $T_v = 2160\,h$		
Lufttemperatur	12 °C	12 °C
Relative Luftfeuchte	70 %	70 %
Wasserdampfsättigungsdruck	1403 Pa	1403 Pa
Wasserdampfteildruck	982 Pa	982 Pa

Diffusionsdiagramme
a) Tauperiode   b) Verdunstungsperiode

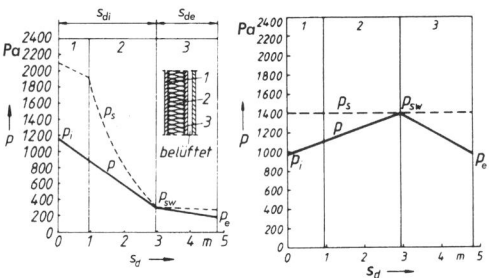

Tauwassermasse (s. S. 10.39):
$p_i = 1170\,\text{Pa}, p_{sw} = 318\,\text{Pa}, p_e = 208\,\text{Pa}$
$t_T = 1440\,h$
$$m_{W,T} = \frac{1440}{1,5}\left(\frac{1170-318}{2,95} - \frac{318-208}{1,90}\right)\cdot 10^{-6}$$
$m_{W,T} = 0,222\,\text{kg/m}^2$
Ergebnis:
Zulässige Tauwassermasse nach DIN 4108-3 (Erhöhung des massebezogenen Feuchtegehalts der Spanplatte um nicht mehr als 3 %):
zul $m_{W,T} = 0,03 \cdot 0,019 \cdot 700 = 0,399\,\text{kg/m}^2 > m_{W,T}$

Verdunstende Wassermasse (s. S. 10.39):
$p_i = p_e = 982\,\text{Pa}, \quad p_{sw} = 1403\,\text{Pa}$
$t_v = 2160\,h$
$$m_{W,V} = \frac{2160}{1,5}\left(\frac{1403-982}{2,95} + \frac{1403-982}{1,90}\right)\cdot 10^{-6}$$
$m_{W,V} = 0,525\,\text{kg/m}^2 > m_{W,T}$
Ergebnis:
Die Tauwasserbildung ist im Sinne von DIN 4108-3 unschädlich, da
a) $m_{W,V} <$ zul $m_{W,T}$ und
b) $m_{W,V} > m_{W,T}$

2.5 Regensicherheit
2.5.1 Allgemeines

Bauteile ohne Bauwerksabdichtung gelten in ihren Wetterschutzschichten als regensicher, wenn Niederschlagsfeuchtigkeit in den Regenpausen wieder an das Freie oder an belüftete Schichten so rasch abgegeben werden kann, dass Schäden nicht zu besorgen sind. Geeignet sind Baustoffschichten, deren Wasseraufnahmekoeffizient w und deren diffusionsäquivalente Luftschichtdicke zur Austrocknung eingedrungenen Wassers einzeln oder kombiniert nicht zu groß sind.

Die Beanspruchung von Wänden durch Schlagregen wird durch regional unterschiedliche (siehe Deutschlandkarte) Beanspruchungsgruppen I bis III beschrieben, die abhängig sind von der jährlichen Niederschlagsmenge. Sie werden wie folgt definiert.

Beanspruchungsgruppe I Geringe Schlagregenbeanspruchung:

Im Allgemeinen Gebiete mit Jahresniederschlagshöhen unter 600 mm sowie besonders windgeschützte Lagen auch in Gebieten mit größeren Niederschlagshöhen.

Beanspruchungsgruppe II Mittlere Schlagregenbeanspruchung:

Im Allgemeinen Gebiete mit Jahresniederschlagshöhen von 600 bis 800 mm sowie windgeschützte Lagen auch in Gebieten mit größeren Niederschlagshöhen; Hochhäuser und Häuser in exponierter Lage in Gebieten, die aufgrund der regionalen Regen- und Windverhältnisse einer geringen Schlagregenbeanspruchung zuzuordnen wären.

Beanspruchungsgruppe III Starke Schlagregenbeanspruchung:

Im Allgemeinen Gebiete mit Jahresniederschlagshöhen über 800 mm sowie windreiche Gebiete auch mit geringeren Niederschlagshöhen (z. B. Küstengebiete, Mittel- und Hochgebirgslagen, Alpenvorland); Hochhäuser und Häuser in exponierter Lage in Gebieten, die aufgrund der regionalen Regen- und Windverhältnisse einer mittleren Schlagregenbeanspruchung zuzuordnen wären.

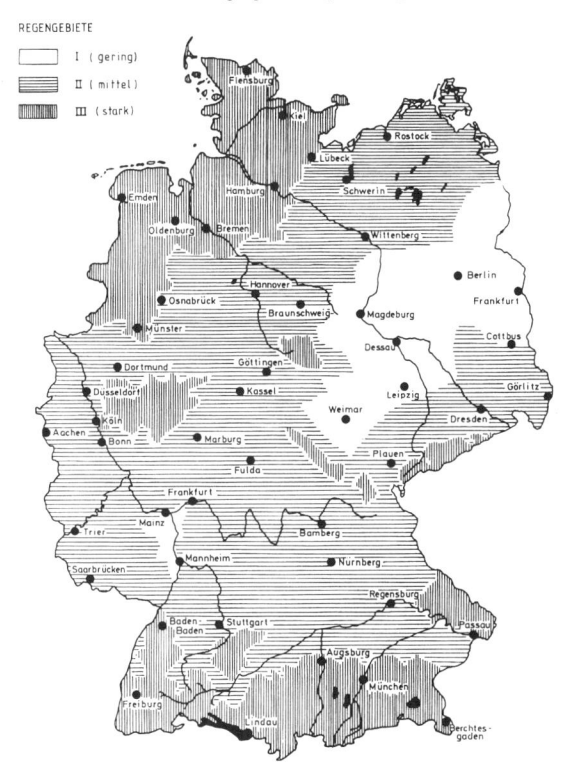

2.5.2 Regensichere Wetterschutzkonstruktionen

Als regensicher gelten alle Steildächer und Flachdächer mit ihren ordnungsgemäßen An- und Abschlüssen nach den Fachregeln des Dachdeckerhandwerks. Folgende Wandbauarten haben nach DIN 4108-3 ausreichenden Schlagregenschutz:

Tafel 10.44a Beispiele für die Zuordnung von Wandbauarten und Beanspruchungsgruppen (S. 10.37)

	Beanspruchungsgruppe I	Beanspruchungsgruppe II	Beanspruchungsgruppe III
1	Außenwände aus Mauerwerk, Wandbauplatten, Beton u. ä. sowie aus Holzwolle-Leichtbauplatten und Mehrschicht-Leichtbauplatten, ausgeführt nach DIN 1102, bekleidet mit		
	Außenputz nach DIN 18 550-1 ohne besondere Anforderungen	wasserhemmendem[1] Außenputz nach DIN 18 550-1	wasserabweisendem[2] Außenputz DIN 18 550-1 bis DIN 18 550-4 oder Kunstharzputz DIN 18 558
2	Einschaliges Sichtmauerwerk nach DIN 1053-1 mit Innenputz und einer Wanddicke (einschließlich 20 mm Längsmörtelfuge) von 31 cm	37,5 cm	Verblendmauerwerk DIN 1053-1 mit Luftschicht und Wärme- oder Kerndämmung (mit Innenputz)
3	Wände mit im Dickbett oder Dünnbett außen angemörtelten Fliesen oder Platten nach DIN 18 515-1		mit wasserabweisendem[2] Ansetzmörtel
4	Wände mit gefügedichter Betonaußenschicht nach DIN 1045 sowie DIN 4219-1 und DIN 4219-2		
5	Wände mit hinterlüfteten Außenwandbekleidungen nach DIN 18 516-1, DIN 18 516-3 und DIN 18 516-4 (auch offene Fugen zwischen Bekleidungsplatten zulässig)		
6	Wände mit Wärmedämmputzsystem DIN 18 550-3 oder zugelassenem Wärmedämmverbundsystem		
7	Wände in Holzbauart mit Wetterschutz nach Abschn. 8.2 von DIN 68 800-2 (1996)		

[1] Putzschicht mit Wasseraufnahmekoeffizient $0,5 < w < 2,0\ \mathrm{kg/(m^2 h^{0,5})}$.
[2] Putzschicht mit $w \leq 0,5\ \mathrm{kg/(m^2 h^{0,5})}$ und $s_d \leq 2,0$ m und $w \cdot s_d \leq 0,2\ \mathrm{kg/(mh^{0,5})}$.

Tafel 10.44b Beispiele für die Zuordnung von Fugenabdichtungsarten und Beanspruchungsgruppen (S. 10.43)

	Fugen[2], Fugenverlauf	Beanspruchungsgruppe			Definition der Schwellenhöhe h
		I	II	III	
1	vertikal	Fugenausbildung nach DIN 18 540, Fugen mit Fugendichtstoffen oder anderen konstruktiven Maßnahmen[1]			
2	horizontal	Offene, schwellenförmige Fugen, Schwellenhöhe h			
		$h \geq 60$ mm	$h \geq 80$ mm	$h \geq 100$ mm	
		Fugen nach DIN 18 540 mit zusätzlichen konstruktiven Maßnahmen, z. B. mit Schwelle $h \geq 50$ mm			

[1] Fugen nach DIN 18 540 dürfen nicht bei Bauten in einem Bergsenkungsgebiet verwendet werden. Bei Setzungsfugen ist die Verformung bei der Bemessung der Fugenmaße zu berücksichtigen.
[2] Die Möglichkeit der Wartung von Fugen, einschließlich der Fugen von Anschlüssen, ist vorzusehen.

3 Schallschutz im Hochbau

3.1 Begriffe zum Luft- und Trittschallschutz

Im Kern werden die folgenden Begriffe und Einheiten verwendet, denen je nach Anwendungsfall weitere Indizes angefügt werden (Beispiele unter Bemerkungen).

	Größe	Zeichen	Einheit	Bemerkung
1	Schallpegel, Schalldruckpegel	L	dB	meist als Funktion der Frequenz gemessen, z. B. Sende- und Empfangsraumpegel L_S und L_E
2	bewerteter Schallpegel	L_A	dB(A)	„gehörrichtige" Bewertung von L nach Bewertungskurve A
3	Mittelungspegel	L_{Am}	dB(A)	„gemittelter" Pegel von zeitlich veränderlichen Pegeln
4	Beurteilungspegel	L_r	dB(A)	Mittelungspegel mit Zuschlägen zur Erfassung von Störwirkungen wie Impuls- und Tonhaltigkeit
5	Schalldämm-Maß	R	dB	Eigenschaft eines raumtrennenden Bauteils der Fläche S, im Wesentlichen $R = L_S - L_E$ (+ konst), frequenzabhängig
6	**bewertetes Schalldämm-Maß**	R_w	dB	Einzahlwert von R, in der alle Frequenzen zwischen 100 Hz und 3150 Hz beurteilt werden
7		R'_w	dB	Schallübertragung über flankierende Bauteile ist berücksichtigt ($R'_w \leq R_w$).
8	Luftschallschutzmaß	LSM	dB	veraltet: $R'_w = LSM + 52$ dB
9	Schallpegeldifferenz	D, D_w	dB	wird anstelle R, R_w verwendet, wenn ein Bezug auf eine Sende- und Empfangsraum gemeinsame Fläche S nicht zweckmäßig ist (zu klein, nicht vorhanden, Diagonalübertragung)
10	**bewerteter Normtrittschallpegel**	$L'_{n,w}$	dB	Einzahlwert für den Normtrittschallpegel L'_n, ausgewertet zwischen 100 Hz und 3150 Hz
11	Trittschallschutzmaß	TSM	dB	veraltet: $L'_{n,w} = 63$ dB $- TSM$
12	bewertete Trittschallminderung	ΔL_w	dB	Einzahlwert zur Kennzeichnung des Fußbodens, früher VM genannt: $VM = \Delta L_w$
13	äquivalenter bewerteter Normtrittschallpegel	$L_{n,w,eq}$	dB	Einzahlwert für Massivdecke ohne Fußboden (Rohdecke): $L'_{n,w} = L_{n,w,eq} - \Delta L_w$

Bemerkungen zu:
2 Weitere Indizes zur Kennzeichnung der Zeitbewertung, z. B. fast, impulse, Maximalwert in Taktzeit.
4 Gegebenenfalls Sonderregelungen zur Beurteilung von Schallimmissionen.
5 Messbar nur im Labor, keine Schallübertragung über flankierende Bauteile oder Schallnebenwege.
6 Mit zusätzlichem Index P bzw. R werden **P**rüfergebnisse oder verallgemeinerungsfähige **R**echenwerte gekennzeichnet. $R_{w,R} < R_{w,P}$. Unterschied heißt Vorhaltemaß und beträgt im Regelfall 2 dB. R_w kennzeichnet abschließend die Luftschalldämmung eines raumtrennenden Bauteiles als näherungsweise gehörrichtige Bemessungsgröße bauakustischer Planung.
7 Mit zusätzlichem Index kann die Art der Nebenwege gekennzeichnet sein, insbesondere $R'_{w,R,300}$. Diese Rechenwerte gelten, falls die mittlere flächenbezogene Masse der flankierenden Bauteile 300 kg/m² beträgt, vergl. Beiblatt 1 zu DIN 4109.
9 Beispiele können Rollladenkästen in der Fassade oder Lüftungsschächte zwischen Bädern sein. Normschallpegeldifferenz $D_{n,w}$ bezieht sich auf einen „Normal-Empfangsraum" mit äquivalenter Absorptionsfläche $A_0 = 10$ m².
10 Normtrittschallpegel bezieht sich auf einen „Normal-Empfangsraum" mit äquivalenter Absorptionsfläche $A_0 = 10$ m². $L'_{n,w}$ kennzeichnet abschließend die Trittschallschutz einer Decke zum unmittelbar darunter liegenden Raum als Bemessungsgröße bauakustischer Planung. Man beachte: Die Luft- und Trittschallschutz kennzeichnenden Einzahlwerte „laufen" in Richtung besseren Schallschutzes in unterschiedliche Richtungen: R'_w steigt, $L'_{n,w}$ fällt mit zunehmendem Schallschutz!
12 Zahlenwerte sind nicht anwendbar, wenn mehr als ein Fußboden übereinander liegt, z. B. Teppichboden auf schwimmendem Estrich. Für solche Fußbodensysteme müssen eigene ΔL_w ermittelt werden. Zahlenwerte für Böden auf Massivdecken gelten nicht auf Holzbalkendecken.

3.2 Anforderungen zum Mindestschallschutz
3.2.1 Allgemeines

Fremde Aufenthaltsräume in Wohnhäusern, Beherbergungsstätten, Krankenanstalten u. ä. genießen wegen der generellen Unverletzlichkeitsansprüche einen bauaufsichtlich bestimmten Mindestschallschutz, der allgemein nicht unterschritten werden darf. Völlig unabhängig davon, ob ggf. aus Vertrag privatrechtlich ein höherer Schallschutz geschuldet sein kann, ergibt sich der **Mindestschallschutz** unmittelbar aus der bauaufsichtlich eingeführten DIN 4109 – Schallschutz im Hochbau. Die Einhaltung dieser Anforderungen muss im Zweifelsfall im fertigen Bauwerk vor Ort durch Messung, „Güteprüfung", nachgewiesen werden können. Bauakustische Planung muss daher über die Einzelbauteile hinaus den Baukörper als Ganzes berücksichtigen (Lage von zueinander fremden Räumen, flankierende Bauteile, Schallnebenwege über Schächte usw.).

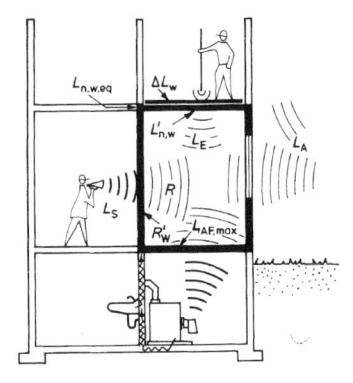

Verbindliche Schallschutzanforderungen beziehen sich auf Luftschalldämmung (R'_w) und Trittschallschutz ($L'_{n,w}$) nach Abschnitt 3.2.2, auf den Schutz gegen Geräusche aus haustechnischen Anlagen und im Haus befindlichen Betrieben, für die zulässige Maximalpegel nach Abschnitt 3.2.3 festgelegt sind, und auf den Schutz von Innenräumen gegen Außenlärm durch ein ausreichend resultierendes Schalldämm-Maß der Fassaden, ggf. Dachflächen nach Abschnitt 3.2.4.

Innerhalb des Mindestschallschutzes ist das bauaufsichtliche Nachweisverfahren bestimmt. Bauteile gelten ohne besonderen Nachweis als geeignet, wenn ihre Ausführung den Vorgaben in Beiblatt 1 zu DIN 4109 entspricht. Die Angaben im Abschnitt 3.4 sind diesem Beiblatt entnommen. Für andere Ausführungen muss mit den Bauvorlagen ein Zeugnis einer anerkannten/zertifizierten Prüfstelle über die Eignung vorgelegt werden.

Der Mindestschallschutz nach DIN 4109 als Teil des öffentlichen Baurechts kann privatrechtlich ergänzt werden durch weitergehende Anforderungen. Vergleiche hierzu die Angaben auf Seite 10.53.

Da die verwendeten Größen R'_w und $L'_{n,w}$ bestimmte (z. B. tieffrequente) Störgeräusche nicht ausreichend gehörrichtig erfassen, können Anforderungen ggf. auch unter Berücksichtigung anderer Größen, wie den Spektrum-Anpassungswerten, vgl. DIN EN ISO 717-1 und -2, formuliert werden, bei denen andere „Bezugskurven" als die in Deutschland seit Jahrzehnten üblichen und zusätzliche Messfrequenzen zwischen 50 Hz und 5000 Hz benutzt werden können.

3.2.2 Anforderungen an die Luftschalldämmung und den Trittschallschutz

Tafel 10.46 Mindestwert erf R'_w eines erforderlichen bewerteten Schalldämm-Maßes und Höchstwert erf $L'_{n,w}$ für den zulässigen bewerteten Normtrittschallpegel zum Schutz gegen Schallübertragung aus einem fremden Wohn- oder Arbeitsbereich nach DIN 4109, Tabelle 3
Achtung: Nachweise lauten vorh $R'_w \geq$ erf R'_w, aber vorh $L'_{n,w} \leq$ erf $L'_{n,w}$!

		Anforderungen	
		erf R'_w	erf $L'_{n,w}$
1	Geschosshäuser mit Wohnungen und Arbeitsräumen		
1.1	**Decken**		
1.1.1	Decken unter allgemein nutzbaren Dachräumen, z. B. Trockenböden, Abstellräumen und ihren Zugängen	53	53
1.1.2	Wohnungstrenndecken (auch -treppen) und Decken zwischen fremden Arbeitsräumen bzw. vergleichbaren Nutzungseinheiten	54	53
1.1.3	Decken über Kellern, Hausfluren, Treppenräumen unter Aufenthaltsräumen	52	53

			Anforderungen	
			erf R'_w	erf $L'_{n,w}$
1	**Geschosshäuser mit Wohnungen und Arbeitsräumen**			
1.1.4	Decken über Durchfahrten, Einfahrten von Sammelgaragen und ähnliches unter Aufenthaltsräumen		55	53
1.1.5	Decken unter/über Spiel- oder ähnlichen Gemeinschaftsräumen		55	46
1.1.6	Decken unter Terrassen und Loggien über Aufenthaltsräumen		–	53
1.1.7	Decken unter Laubengängen		–	53
1.1.8	Decken und Treppen innerhalb von Wohnungen, die sich über zwei Geschosse erstrecken		–	53
1.1.9	Decken unter Bad und WC ohne/mit Bodenentwässerung		54	53
1.1.10	Decken unter Hausfluren		–	53
1.2	**Treppenläufe und -podeste**		–	58
1.3	**Wände**			
1.3.1	Wohnungstrennwände und Wände zwischen fremden Arbeitsräumen		53	–
1.3.2	Treppenraumwände und Wände neben Hausfluren		52	–
1.3.3	Wände neben Durchfahrten, Einfahrten von Sammelgaragen u. ä.		55	–
1.3.4	Wände von Spiel- oder ähnlichen Gemeinschaftsräumen		55	–
1.4	**Türen**			
1.4.1	Türen, die von Hausfluren oder Treppenräumen in Flure und Dielen von Wohnungen und Wohnheimen oder von Arbeitsräumen führen		27	–
1.4.2	Türen, die von Hausfluren oder Treppenräumen unmittelbar in Aufenthaltsräume – außer Flure und Dielen – von Wohnungen führen		37	–

Bemerkungen zu:

1.1.1	Bei Gebäuden mit ≤ 2 Wohnungen gilt: erf R'_w = 52 dB und erf $L'_{n,w}$ = 63 dB.
1.1.2	Bei Gebäuden mit ≤ 2 Wohnungen gilt: R'_w = 52 dB. Weichfedernde Bodenbeläge dürfen beim Nachweis nicht angerechnet werden. Ausnahme: Gebäude mit ≤ 2 Wohnungen (Voraussetzungen: weichfedernde Bodenbeläge z. B. nach Beiblatt zu DIN 4109, Tab. 18 oder Eignungsprüfung und Werksbescheinigung nach DIN 50 049).
1.1.3	Die Anforderung an die Trittschalldämmung gilt nur für die Trittschallübertragung in fremde Aufenthaltsräume, ganz gleich, ob sie in waagerechter, schräger oder senkrechter (nach oben) Richtung erfolgt. Weichfedernde Bodenbeläge dürfen beim Nachweis nicht angerechnet werden.
1.1.4	Wie 1.1.3.
1.1.5	Wegen der verstärkten Übertragung tiefer Frequenzen können zusätzliche Maßnahmen zur Körperschalldämmung erforderlich sein.
1.1.6	Wegen der Luftschalldämmung gegen Außenlärm siehe aber DIN 4109 Abschnitt 5 (Tafel 10.51a).
1.1.7	Die Anforderung an die Trittschalldämmung gilt nur für die Trittschallübertragung in fremde Aufenthaltsräume, ganz gleich, ob sie in waagerechter, schräger oder senkrechter (nach oben) Richtung erfolgt.
1.1.8	Weichfedernde Bodenbeläge dürfen beim Nachweis nicht angerechnet werden. Die Prüfung der Anforderungen an den bewerteten Normtrittschallpegel erfolgt bei einer gegebenenfalls vorhandenen Bodenentwässerung nicht in einem Umkreis von r = 60 cm. Bei Gebäuden mit ≤ 2 Wohnungen gilt: erf R'_w = 52 dB und erf $L'_{n,w}$ = 63 dB.
1.1.9	Wie 1.1.8.
1.1.10	Wie 1.1.3 und 1.1.4.
1.2	Keine Anforderungen an Treppenläufe in Gebäuden mit Aufzug und an Treppen in Gebäuden mit ≤ 2 Wohnungen.
1.3.1	Wohnungstrennwände sind Bauteile, die Wohnungen voneinander oder von fremden Arbeitsräumen trennen.
1.3.2	Für Wände mit Türen gilt: erf R'_w (Wand) = erf R_w (Tür) + 15 dB. Darin bedeutet erf R_w (Tür) die erforderliche Schalldämmung der Tür nach 1.4. Wandbreiten ≤ 30 cm bleiben dabei unberücksichtigt.
1.4.1	Bei Türen gilt erf R_w anstelle R'_w.
1.4.2	Wie 1.4.1.

		Anforderungen	
		erf R'_w	erf $L'_{n,w}$
2	**Einfamilien-Doppelhäuser und Einfamilien-Reihenhäuser**		
2.1	**Decken**		
2.1.1	Decken allgemein	–	48
2.1.2	Treppenläufe und -podeste und Decken unter Fluren	–	53
2.2	**Haustrennwände**	57	–
3	**Beherbergungsstätten**		
3.1	**Decken**		
3.1.1	Decken allgemein	54	53
3.1.2	Decken unter/über Schwimmbädern, Spiel- oder ähnlichen Gemeinschaftsräumen zum Schutz gegenüber Schlafräumen	55	46
3.1.3	Treppenläufe und -podeste	–	58
3.1.4	Decken unter Fluren	–	53
3.1.5	Decken unter Bad und WC ohne/mit Bodenentwässerung	54	53
3.2	**Wände zwischen Übernachtungsräumen und zwischen Fluren und Übernachtungsräumen**	47	–
3.3	**Türen zwischen Fluren und Übernachtungsräumen**	32	–
4	**Krankenanstalten, Sanatorien**		
4.1	**Decken**		
4.1.1	Decken allgemein	54	53
4.1.2	Decken unter/über Schwimmbädern, Spiel- oder ähnlichen Gemeinschaftsräumen	55	46
4.1.3	Treppenläufe und -podeste	–	58
4.1.4	Decken unter Fluren	–	53
4.1.5	Decken unter Bad und WC ohne/mit Bodenentwässerung	54	53
4.2	**Wände**		
4.2.1	Wände zwischen Krankenräumen, Fluren und Krankenräumen, Untersuchungs- bzw. Sprechzimmern, Fluren und Untersuchungs- bzw. Sprechzimmern, Krankenräumen und Arbeits- und Pflegeräumen	47	–
4.2.2	Wände zwischen Operations- bzw. Behandlungsräumen, Fluren und Operations- bzw. Behandlungsräumen	42	–
4.2.3	Wände zwischen Räumen der Intensivpflege, Fluren und Räumen der Intensivpflege	37	–

Bemerkungen zu:

2.1.1	Wie 1.1.7.
2.1.2	Bei einschaligen Haustrennwänden gilt: Wegen der möglichen Austauschbarkeit von weichfedernden Bodenbelägen nach Beiblatt 1 zu DIN 4109, Tabelle 18, die sowohl dem Verschleiß als auch den besonderen Wünschen der Bewohner unterliegen, dürfen diese bei dem Nachweis der Anforderungen an den Trittschallschutz nicht angerechnet werden.
3.1.2	Wie 1.1.5.
3.1.3	Keine Anforderungen an Treppenläufe in Gebäuden mit Aufzug. Die Anforderung gilt nicht für Decken, an die in DIN 4109 Tabelle 5, Zeile 1 Anforderungen an den Schallschutz gestellt werden (hier Tafel 10.50b).
3.1.4	Wie 1.1.7.
3.1.5	Die Anforderung an die Trittschalldämmung gilt nur für die Trittschallübertragung in fremde Aufenthaltsräume, ganz gleich, ob sie in waagerechter, schräger oder senkrechter (nach oben) Richtung erfolgt. Die Prüfung der Anforderungen an den bewerteten Normtrittschallpegel erfolgt bei einer gegebenenfalls vorhandenen Bodenentwässerung nicht in einem Umkreis von $r = 60$ cm.
3.3	Bei Türen gilt: erf R_w anstelle R'_w.
4.1.2	Wie 1.1.5.
4.1.3	Keine Anforderungen an Treppenläufe in Gebäuden mit Aufzug.
4.1.4	Wie 1.1.7.
4.1.5	Wie 3.1.5.

		Anforderungen	
		erf R'_w	erf $L'_{n,w}$
4.3	**Türen**		
4.3.1	Türen zwischen Untersuchungs- bzw. Sprechzimmern, Fluren und Untersuchungs- bzw. Sprechzimmern	37	–
4.3.2	Türen zwischen Fluren- und Krankenräumen, Operations- bzw. Behandlungsräumen, Fluren und Operations- bzw. Behandlungsräumen	32	–
5	**Schulen und vergleichbare Unterrichtsbauten**		
5.1	**Decken**		
5.1.1	Decken zwischen Unterrichtsräumen oder ähnlichen Räumen	55	53
5.1.2	Decken unter Fluren	–	53
5.1.3	Decken zwischen Unterrichtsräumen oder ähnlichen Räumen und „besonders lauten" Räumen (z. B. Sporthallen, Musikräume, Werkräume)	55	46
5.2	**Wände**		
5.2.1	Wände zwischen Unterrichtsräumen oder ähnlichen Räumen	47	–
5.2.2	Wände zwischen Unterrichtsräumen oder ähnlichen Räumen und Fluren	47	–
5.2.3	Wände zwischen Unterrichtsräumen oder ähnlichen Räumen und Treppenräumen	52	–
5.2.4	Wände zwischen Unterrichtsräumen oder ähnlichen Räumen und „besonders lauten" Räumen (z. B. Sporthallen, Musikräumen, Werkräumen)	55	–
5.3	**Türen zwischen Unterrichtsräumen oder ähnlichen Räumen und Fluren**	32	–
Bemerkungen zu:			
4.3	Bei Türen gilt: erf R_w anstelle R'_w.		
5.1.2	Wie 1.1.7.		
5.1.3	Wie 1.1.5.		
5.3	Bei Türen gilt: erf R_w anstelle R'_w.		

Besonderer Hinweis zur Anwendung der Tafel 10.46

Die Einhaltung der Anforderungen nach Tafel 10.46 (sinngemäß Tafel 10.50a und 10.51a) stellt sicher, dass der Schallschutz zwischen fremden Wohn- und Aufenthaltsräumen im Sinne des (öffentlichen) Bauordnungsrechts den „anerkannten Regeln der Technik" des § 3 BauO entspricht. Mit der Einhaltung wird also erreicht, dass die öffentliche Sicherheit und Ordnung nicht gefährdet werden (Gesundheitsschutz). Verschiedene, auch höchstrichterliche Entscheidungen haben jedoch ergeben, dass daraus nicht zwingend folgt, dass damit auch der gleichlautende Begriff (anerkannte Regel der Technik) im privaten Vertragsrecht erfüllt ist, der durchaus über den „Sicherheitsstandard" zugunsten eines Qualitäts- und Komfortstandards hinausgehen kann. Der Begriff des Mindestschallschutzes ist daher insgesamt nicht eindeutig gegen den Begriff eines erhöhten Schallschutzes abgegrenzt! Letzterer wird sicherlich immer unter Nennung konkreter Anforderungen vertraglich vereinbart werden müssen und wird nicht automatisch oder stillschweigend Vertragsbestandteil. Ungeklärt erscheint die Grauzone zwischen dem Mindestschallschutz nach DIN 4109 und dem erhöhten Schallschutz, zumal der Schallschutz bei der Bauausführung von mittlerer Qualität und Güte den Mindestschallschutz nach DIN 4109 auch ohne (zusätzlichen) Mehraufwand überschreiten kann.

Grundlage für privatrechtliche konkrete Festlegungen zu einem vereinbarten erhöhten Schallschutz kann insbesondere Beiblatt 2 zu DIN 4109 sein, welches auszugsweise im Abschnitt 3.3 auf Seite 10.53 wiedergegeben wird. Hilfreich kann auch VDI 4100 (09.94) – Schallschutz von Wohnungen; Kriterien für Planung und Beurteilung – sein. Diese VDI-Richtlinie definiert drei „Schallschutzstufen" SSt I bis SSt III. Dabei entspricht SSt I dem Mindestschallschutz nach DIN 4109, SSt II könnte herangezogen werden, wenn eine Wohnung auch in ihrer sonstigen Ausstattung üblichen Komfortansprüchen genügt, SSt III für Wohnungen, die in ihrer gesamten sonstigen Ausstattung gehobenen Komfortansprüchen genügen.

3.2.3 Anforderungen an den Schutz gegen Geräusche aus haustechnischen Anlagen und Betrieben

Tafel 10.50a Höchstwerte zulässiger Schalldruckpegel in schutzbedürftigen Räumen aus haustechnischen Anlagen und Gewerbebetrieben nach DIN 4109

Zeile	Geräuschquelle	Art der schutzbedürftigen Räume	
		Wohn- und Schlafräume	Unterrichts- und Arbeitsräume
		Kennzeichnender Schalldruckpegel dB (A)	
1	Wasserinstallationen (Wasserversorgungs- und Abwasseranlagen gemeinsam)	$\leq 30^{1)}$	$\leq 35^{1)}$
2	Sonstige haustechnische Anlagen	$\leq 30^{2)}$	$\leq 35^{2)}$
3	Betriebe tags 6 bis 22 Uhr	≤ 35	$\leq 35^{2)}$
4	Betriebe nachts 22 bis 6 Uhr	≤ 25	$\leq 35^{2)}$

[1] Einzelne kurzzeitige Spitzen, die beim Betätigen der Armaturen und Geräte (Öffnen, Schließen, Umstellen, Unterbrechen u. a.) entstehen, sind z. Z. nicht zu berücksichtigen. Die ursprüngliche Anforderung („35 dB(A)") wurde durch DIN 4109 Änderung A 1 verschärft.
[2] Bei lüftungstechnischen Anlagen sind um 5 dB (A) höhere Werte zulässig, sofern es sich um Dauergeräusche ohne auffällige Einzeltöne handelt.

Der in schutzbedürftigen Räumen auftretende Schallpegel lässt sich häufig nicht genau berechnen, weil insbesondere die Körperschallanregung nur schwer erfassbar ist. Daher sind die Anforderungen nach Tafel 10.50b zusätzlich zu erfüllen. Anforderungen an die Wasserinstallationen gelten als erfüllt, wenn zur Grundrisssituation passende **Armaturen** an einschaligen Wänden von mindestens 220 kg/m^2 flächenbezogener Masse und **Abwasserleitungen** nicht frei liegend verlegt werden. Dämmungen bei Rohrschellen und Wanddurchführungen!

Tafel 10.50b Anforderungen an die Luft- und Trittschalldämmung von Bauteilen zwischen „besonders lauten" und „schutzbedürftigen" Räumen nach DIN 4109, Tabelle 5

	Art der „besonders lauten" Räume	erf R'_w dB	erf $L'_{n,w}$ dB[1]
1	Räume mit „besonders lauten" haustechnischen Anlagen oder Anlageteilen. Schallpegel größer als 80 dB (A) (75 bis 80 dB (A))	62 (57)	43
2	Betriebsräume von Handwerks- und Gewerbebetrieben; Verkaufsstätten, Schallpegel größer als 80 dB (A) (75 bis 80 dB (A))	62 (57)	43
3	Küchen von Beherbergungsstätten, Krankenhäusern, Gaststätten usw.	55	43
4	Gasträume, nur bis 22 Uhr in Betrieb	55	43
5	Gasträume (max. Schallpegel $L_{AF} \leq 85$ dB (A)), auch nach 22 Uhr in Betrieb	62	33
6	Räume von Kegelbahnen Fußboden der Kegelbahn	67	33 13
7	Gasträume mit elektroakustischen Anlagen (max. Schallpegel $L_{AF} \leq 95$ dB (A))	72	28

[1] Jeweils in Richtung der Lärmausbreitung gemessen. Die für Maschinen erforderliche Körperschalldämmung ist mit diesen Werten nicht erfasst; hierfür sind ggf. weitergehende Maßnahmen erforderlich.

3.2.4 Anforderungen an den Schutz gegen Außenlärm
3.2.4.1 Das Verfahren

Die erforderliche Luftschalldämmung wird in der Form des „resultierenden bewerteten Schalldämm-Maßes" der aus Teilflächen (Wand/Fenster) zusammengesetzten Außenbauteile vorgeschrieben. Wegen der Berechnung von $R'_{w,res}$ siehe Seite 10.63. Die Anforderungshöhe ergibt sich aus dem Standort des Gebäudes in seinem Lärmpegelbereich. Letzterer kann mit Hilfe der Angaben auf Seite 10.52 näherungsweise bestimmt werden. Tafel 10.51a wird für die Bauteile der **Fassade** um die Werte der Tafel 10.51b erhöht oder vermindert, bleibt dagegen für **Dach**flächen ohne Korrektur.

Wenn die genannten Voraussetzungen gegeben sind, kann Tafel 10.51c angewendet werden, ohne dass die Berechnungen nach den Tafeln 10.51a und b durchgeführt zu werden brauchen.

Tafel 10.51a Anforderungen an die Luftschalldämmung von Außenbauteilen
(DIN 4109, Tabelle 8)

Zeile	Lärm-pegel-bereich	„Maß-geblicher Außen-lärmpegel"	Raumarten		
			Bettenräume in Krankenanstalten und Sanatorien	Wohnräume; Übernachtungsräume; Unterrichtsräume und ähnliches	Büroräume[1] und Ähnliches
		dB(A)	erf $R'_{w,res}$ des Außenbauteils in dB		
1	II	56 bis 60	35	**30**	30
2	III	61 bis 65	40	**35**	30
3	IV	66 bis 70	45	**40**	35
4	V	71 bis 75	50	**45**	40
5	VI	76 bis 80	[2]	**50**	45
6	VII	> 80	[2]	[2]	50

[1] An Außenbauteile von Räumen, bei denen der eindringende Außenlärm aufgrund der in den Räumen ausgeübten Tätigkeiten nur einen untergeordneten Beitrag zum Innenraumpegel leistet, werden keine Anforderungen gestellt.
[2] Die Anforderungen sind hier aufgrund der örtlichen Gegebenheiten festzulegen.

Tafel 10.51b Korrekturwerte für das erforderliche resultierende Schalldämm-Maß nach Tafel 10.51a in Abhängigkeit vom Verhältnis $S_{(W+F)}/S_G$ (DIN 4109, Tabelle 9)

1	$S_{(W+F)}/S_G$	2,5	2,0	1,6	1,3	1,0	0,8	0,6	0,5	0,4
2	Korrektur	+5	+4	+3	+2	+1	0	−1	−2	−3

$S_{(W+F)}$ Gesamtfläche des Außenbauteils eines Aufenthaltsraumes in m²
S_G Grundfläche eines Aufenthaltsraumes in m²

Tafel 10.51c Schalldämm-Maße der Kombinationen von Außenwänden und Fenstern

Zeile	erf. $R'_{w,res}$ in dB nach Tafel 10.51a	Schalldämm-Maße für Wand/Fenster in ... dB/... dB bei folgenden Fensterflächenanteilen in %					
		10 %	20 %	30 %	40 %	50 %	60 %
1	30	30/25	30/25	35/25	35/25	50/25	30/30
2	35	35/30 40/32	35/30	35/32 40/30	40/30	40/32 50/30	45/32
3	40	40/32 45/30	40/30	45/35	45/35	40/37 60/35	40/37

Diese Tabelle gilt nur für Wohngebäude mit üblicher Raumhöhe von etwa 2,5 m und Raumtiefe von etwa 4,5 m oder mehr, unter Berücksichtigung der Anforderungen an das resultierende Schalldämm-Maß erf $R'_{w,res}$ des Außenbauteiles nach Tafel 10.51a und der Korrektur von −2 dB nach Tafel 10.51b. Tafel gilt nur, falls Bauteile nicht teilweise von Schallquelle abgewandt sind.

10 Bauphysik

3.2.4.2 Ermittlung des „maßgeblichen Außenlärmpegels" für Tafel 10.51a

Weitere Angaben hierzu auch in Kapitel 12 – Verkehr – Seite 12.39

Sofern keine besonderen Festlegungen, z. B. durch Bebauungspläne oder Lärmkarten, maßgebend sind, ist für **Straßenverkehrslärm** der Mittelungspegel L_{Am} nach dem Nomogramm in Tafel 10.52 zugrunde zu legen. Zu den Mittelungspegeln sind ggf. folgende Zuschläge zu addieren: +3 dB(A), wenn der Immissionsort an einer Straße mit beidseitig geschlossener Bebauung liegt; +2 dB(A), wenn die Straße eine Längsneigung von mehr als 5 % hat; +2 dB(A), wenn der Immissionsort weniger als 100 m von der nächsten lichtsignalgeregelten Kreuzung oder Einmündung entfernt ist. In der Nähe von **Gewerbe- und Industrieanlagen** gilt der Tag-Immissionsrichtwert, der TA-Lärm für die jeweilige Gebietskategorie, und für den **Schienenverkehr** ist der Beurteilungspegel für den Tag nach DIN 18 005-1, erhöht um 3 dB(A), maßgeblich. Anderenfalls kann der maßgebliche Außenlärmpegel auch durch Messung nach DIN 45 642 bestimmt werden; Auswertung nach DIN 4109 Anhang B.

Für die von der maßgeblichen Lärmquelle abgewandten Gebäudeseiten darf der maßgebliche Außenlärmpegel ohne besonderen Nachweis gemindert werden, und zwar bei offener Bebauung um 5 dB(A) und bei geschlossener Bebauung bzw. bei Innenhöfen um 10 dB(A).

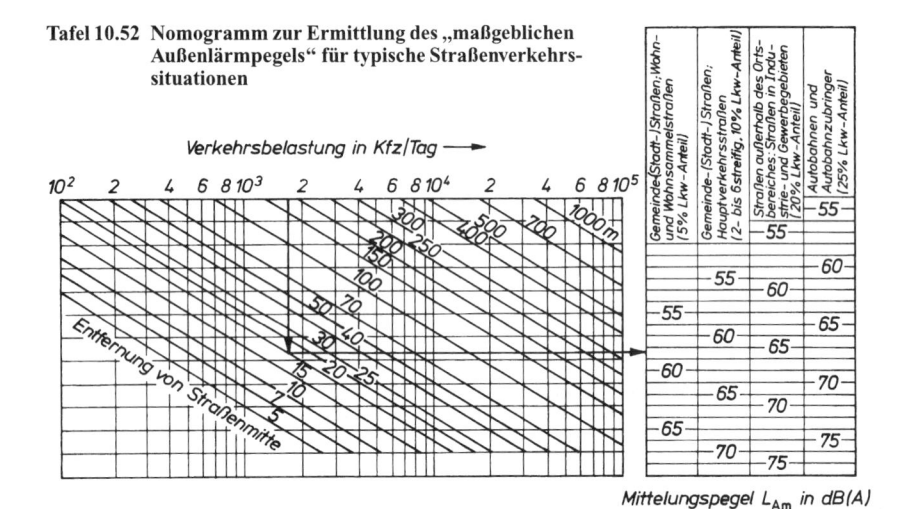

Tafel 10.52 Nomogramm zur Ermittlung des „maßgeblichen Außenlärmpegels" für typische Straßenverkehrssituationen

Verkehrsbelastung in Kfz/Tag ⟶

Mittelungspegel L_{Am} in dB(A)

Berechnungsbeispiel zum Schutz gegen Außenlärm

Aufenthaltsraum einer Wohnung; Lage im Lärmpegelbereich IV nach Tafel 10.51a:

Raumhöhe 2,60 m, Raumtiefe 5 m, also $S_{(W+F)}/S_G = 2,6/5 = 0,52$; Korrekturwert nach Tafel 10.51b: -2 dB

Anforderung an die resultierende Luftschalldämmung erf $R'_{w,res} = 40 - 2 = 38$ dB

Vorgesehen ist: Wand aus 30 cm Leichthochlochziegel, Rohdichte 700 kg/m³, Wandrohdichte nach Tafel 10.54a also 730 kg/m³, 10 mm Gipsputz und 20 mm Kalkputz. Mit Tafel 10.54c erhält man damit eine flächenbezogene Masse von $m' = 259$ kg/m². Aus Tafel 10.54d erhält man das Schalldämm-Maß $R'_{w,W} = 47$ dB.

Vorgesehen sind weiterhin Fenster mit $R'_{w,F} = 32$ dB.

Frage: Wie groß darf der Fensteranteil in der Fassade maximal sein?

Lösung mit Hilfe von Seite 10.63: Da $R'_{w,W} - R'_{w,res} = 9$ dB und $R'_{w,W} - R'_{w,F} = 15$ dB, folgt aus Tafel 10.63b: $S_{ges}/S_F = 4,5$ und daraus $S_F = 22$ %.

Kontrolle mit Gleichung auf Seite 10.63:

$$R'_{w,res} = -10 \lg(0,22 \cdot 10^{-3,2} + 0,78 \cdot 10^{-4,7}) = 38 \text{ dB}$$

3.3 Anforderungen an einen weitergehenden oder erhöhten Schallschutz

Das Bauaufsichtsrecht verzichtet darauf, im *eigenen Wohn- und Arbeitsbereich* Anforderungen zum Mindestschallschutz festzulegen, obwohl er auch dort sehr zweckmäßig ist. Im Beiblatt 2 zu DIN 4109 finden sich Empfehlungen, die Grundlage privater vertraglicher Regelungen sein können. Im Einzelfall kann es zweckmäßig sein, einen höheren Schallschutz als den Mindestschallschutz gemäß Tafel 10.46 vorzusehen. Auch mit Blick auf die engen Grenzen der Machbarkeit enthält Beiblatt 2 zu DIN 4109 hierzu Vorschläge als sachverständigen Rat. Siehe auch Seite 10.49.

Tafel 10.53a Empfehlungen für normalen und erhöhten Schallschutz; Luft- und Trittschalldämmung von Bauteilen zum Schutz gegen Schallübertragung aus dem eigenen Wohn-/Arbeitsbereich

Zeile	Bauteile	Empfehlungen für			
		normalen Schallschutz		erhöhten Schallschutz	
		erf R'_w	erf $L'_{n,w}$	erf R'_w	erf $L'_{n,w}$
	1 Wohngebäude				
1	Decken in Einfamilienhäusern, ausgenommen Kellerdecken	50	56	≥ 55	≤ 46
2	Treppen und Treppenpodeste in Einfamilienhäusern	–	–	–	≤ 53
3	Decken von Fluren in Einfamilienhäusern	–	56	–	≤ 46
4	Wände ohne Türen zwischen Räumen unterschiedlicher Nutzung, z. B. zwischen Wohn- und Kinderschlafzimmer	40	–	≥ 47	–
	2 Büro- und Verwaltungsgebäude				
5	Decken, auch von Fluren, Treppenraumwände	52	53	≥ 55	≤ 46
6	Wände von Räumen mit üblicher Bürotätigkeit	37	–	≥ 42	–
7	Wände von Räumen für konzentrierte geistige Tätigkeit oder zur Behandlung vertraulicher Angelegenheiten, z. B. zwischen Direktions- und Vorzimmer oder Flur	45	–	≥ 52	–
8	Türen in Wänden nach Zeile 6	27	–	≥ 32	–
9	Türen in Wänden nach Zeile 7	37	–	–	–

Bemerkungen zu:
1, 2, 3, 5: Weichfedernde Bodenbeläge dürfen beim Nachweis des Trittschallschutzes angerechnet werden.
2, 3: Der Vorschlag für die Trittschalldämmung gilt nur für die Übertragung in fremde Aufenthaltsräume, ganz gleich, ob sie waagerechter, schräger oder senkrechter (nach oben) Richtung erfolgt.
6, 7, 8: Es ist darauf zu achten, dass diese Werte nicht durch Nebenwegübertragung über Flur und Türen verschlechtert werden.

Tafel 10.53b Vorschläge für erhöhten Schallschutz; Luft- und Trittschalldämmung von Bauteilen zum Schutz gegen Schallübertragung aus einem fremden Wohn- oder Arbeitsbereich

Zeile	Bauteile	erhöhter Schallschutz	
		erf R'_w	erf $L'_{n,w}$
	1 Geschosshäuser mit Wohnungen und Arbeitsräumen, Beherbergungsstätten, Krankenanstalten, Sanatorien		
1	Decken, an die in Tafel 10.46 Anforderungen gestellt werden	≥ 55	≤ 46
2	Wohnungstrennwände und Wände zwischen fremden Arbeitsräumen, Treppenhauswände und Wände neben Hausfluren	≥ 55	–
3	Wände zwischen Übernachtungs- bzw. Krankenräumen und Wände zwischen solchen Räumen	≥ 52	–
4	Türen, an die in Tafel 10.46 Anforderungen gestellt werden	≥ 37	–
	2 Einfamilien-Doppelhäuser und Einfamilien-Reihenhäuser		
5	Decken	–	≤ 38
6	Treppenläufe und -podeste und Decken unter Fluren	–	≤ 46
7	Haustrennwände	≥ 67	–

Bemerkungen zu 1, 5, 6 bzw. 5 und 6 siehe Tafel 10.53a sinngemäß.

3.4 Daten für die Bemessung der Luftschalldämmung im Massivbau
3.4.1 Einschalige Bauteile in „bauüblichen Nebenwegen"
3.4.1.1 Einschalige Bauteile, die aufgrund ihrer Masse bemessen werden

Im akustischen Sinne einschalig heißen Bauteile, die im Wesentlichen homogen aufgebaut sind. Dies sind Bauteile, die in Bauteilebene gleichmäßig sind, also z. B. überall gleich dick sind, und in Dickenrichtung aus einheitlichen oder wenigstens ähnlichen Baustoffen bestehen. Kleine Hohlräume, wie z. B. bei Porenbeton, Hochlochsteinen, stören nicht. Enthalten die Bauteile mehrere Schichten, so müssen diese einen flächigen Verbund aufweisen.

Das bewertete Schalldämm-Maß einschaliger Bauteile wird überwiegend durch dessen flächenbezogene Masse m' bestimmt. Diese berechnet sich nach $m' = \varrho \cdot d$, mit ϱ Rechenwert der Rohdichte in kg/m³ und d Dicke in m, gegebenenfalls mit Zuschlag für ein- oder beidseitigen Putz.

Voraussetzung für den in Tafel 10.54d angegebenen Zusammenhang zwischen Luftschalldämmung und flächenbezogener Masse einschaliger Wände sind ein geschlossenes Gefüge und ein fugendichter Aufbau. Ist diese Voraussetzung nicht erfüllt, sind die Wände zumindest einseitig durch einen vollflächig haftenden Putz bzw. durch eine entsprechende Beschichtung gegen unmittelbaren Schalldurchgang abzudichten. Punktweise geklebte Platten sind hierfür ungeeignet.

Tafel 10.54a Rechenwerte der Rohdichten ϱ einschaliger Wände aus Steinen und Platten

Rohdichteklasse		2,20	2,00	1,80	1,60	1,40	1,20	1,00	0,90	0,80	0,70	0,60	0,50	0,40
Wandrohdichte[1)2)] (kg/m³) mit	Normalmörtel	2080	1900	1720	1540	1360	1180	1000	910	820	730	640	550	460
	Leichtmörtel	1940	1770	1600	1420	1260	1090	950	860	770	680	590	500	410

[1)] Die angegebenen Werte sind für alle Formate der in DIN 1053-1 und DIN 4103-1 für die Herstellung von Wänden aufgeführten Steine bzw. Platten zu verwenden.
[2)] Dicke der Mörtelfugen von Wänden nach DIN 1053-1 bzw. DIN 4103-1. Bei Wänden aus dünnfugig zu verlegenden Plansteinen und -platten sind die Nennwerte der Rohdichteklassen abzumindern. Es gilt Tafel 10.54b.

Tafel 10.54b Rechenwerte der Rohdichten ϱ von Betonen und Platten

Normal- u. Stahlbeton	2300
Leicht- u. Porenbeton, Platten	Der Nennwert der Rohdichteklasse wird abgemindert bei $\varrho > 1000$ kg/m³ um 100 kg/m³ und $\varrho \leq 1000$ kg/m³ um 50 kg/m³

Tafel 10.54c Rechenwerte der flächenbezogenen Masse von Putz in kg/m²

Putzdicke	Kalkgips-, Gipsputz	Kalk, Kalkzement-, Zementputz
10	10	18
15	15	25
20	–	30

Tafel 10.54d Bewertetes Schalldämm-Maß $R'_{w,R}$ von einschaligen, biegesteifen Wänden und Decken (Rechenwerte) nach DIN 4109 Beiblatt 1

m' kg/m²	85	90	95	105	115	125	135	150	160	175	190	210	230	250	270
$R'_{w,R}$[1)] dB	34	35	36	37	38	39	40	41	42	43	44	45	46	**47**	48
m' kg/m²	295	320	350	380	410	450	490	530	580	630	680	740	810	880	960
$R'_{w,R}$[1)] dB	49	50	51	**52**	**53**	54	**55**	56	**57**	58[2)]	59[2)]	60[2)]	61[2)]	62[2)]	63[2)]

Näherung, zu runden auf ganze dB: $R'_{w,R} = 28 \lg m' - 20$

[1)] Gültig für flankierende biegesteife Bauteile mit einer mittleren flächenbezogenen Masse von ≈ 300 kg/m². Sonst gelten Korrekturwerte $K_{L,1}$ nach Seite 10.59.
[2)] Diese Werte gelten nur für die Ermittlung des Schalldämm-Maßes zweischaliger Wände aus biegesteifen Schalen nach Seite 10.56.

- **Einfluss zusätzlich angebrachter Bau- und Dämmplatten**
Werden z. B. aus Gründen des Wärmeschutzes an einschalige, biegesteife (s. S. 10.54) Wände Dämmplatten hoher dynamischer Steifigkeit (z. B. Holzwolle-Leichtbauplatten oder harte Schaumkunststoffplatten) vollflächig oder punktweise angesetzt oder anbetoniert, so verschlechtert sich die Schalldämmung, wenn die Dämmplatten durch Putz, Bauplatten (z. B. Gipskartonplatten) oder Fliesen abgedeckt werden. Es entsteht ein zweischaliges System mit ungünstiger Eigenfrequenz f_0. Die Angaben der Tafel 10.54d gelten nicht. Günstig sind Vorsatzschalen nach Seite 10.57.

3.4.1.2 Einschalige Wände ohne besonderen Nachweis

Tafel 10.55 Bewertetes Schalldämm-Maß $R'_{w,R}$ von einschaligem, in Normalmörtel gemauertem Mauerwerk (Ausführungsbeispiele, Rechenwerte)

Spalte	1	2	3	4	5	6	7
Zeile	Bewertetes Schalldämm-Maß $R'_{w,R}$[1] dB	\multicolumn{6}{c}{Rohdichteklasse der Steine und Wanddicke der Rohwand bei einschaligem Mauerwerk}					
		Beiderseitiges Sichtmauerwerk		Beiderseitig je 10 mm Putz P IV (Gips- oder Kalkgipsputz) 20 kg/m²		Beiderseitig je 15 mm Putz P I, P II, P III (Kalk-, Kalkzement- oder Zementputz) 50 kg/m²	
		Stein-Rohdichteklasse	Wanddicke mm	Stein-Rohdichteklasse	Wanddicke mm	Stein-Rohdichteklasse	Wanddicke mm
1		0,6	175	0,5[2]	175	0,4	115
2		0,9	115	0,7[2]	115	0,6[3]	100
3	37	1,2	100	0,8	100	0,7[3]	80
4		1,4	80	1,2	80	0,8[3]	70
5		1,6	70	1,4	70	–	–
6		0,5	240	0,5[2]	240	0,5[2]	175
7		0,8	175	0,7[3]	175	0,7[3]	115
8	40	1,2	115	1,0[3]	115	1,2	80
9		1,8	80	1,6	80	1,4	70
10		2,2	70	1,8	70	–	–
11		0,7	240	0,6[3]	240	0,5[2]	240
12		0,9	175	0,8[3]	175	0,6[3]	175
13		1,4	115	1,2	115	1,0[4]	115
14	42	2,0	80	1,6	100	1,2	100
15		–	–	1,8	80	1,4	80
16		–	–	2,0	70	1,6	70
17		0,9	240	0,8[3]	240	0,6[2]	240
18	45	1,2	175	1,2	175	0,9[3]	175
19		2,0	115	1,8	115	1,4	115
20		2,2	100	2,0	100	1,8	100
21		0,8	300	0,8[3]	300	0,6[2]	300
22	47	1,0	240	1,0[3]	240	0,8[3]	240
23		1,6	175	1,4	175	1,2	175
24		2,0	115	2,2	115	1,8	115
25		0,8	490	0,7	490	0,6	490
26		1,0	365	1,0	365	0,9	365
27	52	1,4	300	1,2	300	1,2	300
28		1,6	240	1,6	240	1,4	240
29		–	–	2,2	175	2,0	175
30		0,8	490	0,8	490	0,7	490
31		1,2	365	1,2	365	1,2	365
32	53	1,4	300	1,4	300	1,2	300
33		1,8	240	1,8	240	1,6	240
34		–	–	–	–	2,2	175
35		1,0	490	0,9	490	0,9	490
36		1,4	365	1,4	365	1,2	365
37	55	1,8	300	1,6	300	1,6	300
38		2,2	240	2,0	240	2,0	240
39		1,2	490	1,2	490	1,2	490
40	57	1,6	365	1,6	365	1,6	365
41		2,0	300	2,0	300	1,8	300

[1] Gültig für flankierende Bauteile mit einer mittleren flächenbezogenen Masse $m'_{1,\text{Mittel}}$ von etwa 300 kg/m².
[2] Bei Schalen aus Porenbetonsteinen und -platten nach DIN 4165 und DIN 4166 sowie Leichtbetonsteinen mit Blähton als Zuschlag nach DIN 18 151 und DIN 18 152 kann die Stein-Rohdichteklasse um 0,1 niedriger sein.
[3] Bei Schalen aus Porenbetonsteinen und -platten nach DIN 4165 und DIN 4166 sowie Leichtbetonsteinen mit Blähton als Zuschlag nach DIN 18 151 und DIN 18 152 kann die Stein-Rohdichteklasse um 0,2 niedriger sein.
[4] Bei Schalen aus Porenbetonsteinen und -platten nach DIN 4165 und DIN 4166 sowie Leichtbetonsteinen mit Blähton als Zuschlag nach DIN 18 151 und DIN 18 152 kann die Stein-Rohdichteklasse um 0,3 niedriger sein.

3.4.2 Zweischalige Bauteile in „bauüblichen Nebenwegen"

Die beiden Schalen eines zweischaligen Bauteils können zusammen mit der federnden Zwischenschicht als Feder-Masse-System betrachtet werden. Ein solches System ist selbst schwingungsfähig und schwingt nach Erregung, z. B. durch Stoß, mit einer bestimmten Eigenfrequenz f_0, die nach Tafel 10.62a berechnet werden kann. f_0 sollte durch konstruktive Maßnahmen unter 100 Hz gehalten werden. Das bewertete Schalldämm-Maß kann nicht allein aus der flächenbezogenen Masse bestimmt werden. Weitere konstruktive Einzelheiten, z. B. Entkopplung beider Schalen an Rippen und am Rand, sind von Einfluss.

3.4.2.1 Zweischalige Wände aus zwei biegesteifen Schalen

Die flächenbezogene Masse der Einzelschale mit einem etwaigen Putz muß mindestens 150 kg/m² betragen. Dabei muss die Dicke der Trennfuge (Schalenabstand) mindestens 30 mm aufweisen. Lediglich bei einem Schalenabstand $\geq$ 50 mm darf das Gewicht der Einzelschale auf 100 kg/m² sinken. Details s. Abb. 10.56.

Der Fugenhohlraum ist mit dicht gestoßenen und vollflächig verlegten mineralischen Faserdämmplatten nach DIN 18 165-2, Typ T (Trittschalldämmplatten) auszufüllen. In Ortbetonbauweise sind mineralische Faserdämmplatten mit besonderer Eignung für die beim Betoniervorgang auftretenden Beanspruchungen vorzuziehen.

Ermittlung von $R'_{w,R}$

Für zweischalige Wände mit durchgehender Trennfuge kann das bewertete Schalldämm-Maß aus der Summe der flächenbezogenen Massen der Einzelschalen unter Berücksichtigung etwaiger Putze – wie bei einschaligen, biegesteifen Wänden – nach Tafel 10.54d ermittelt werden; dabei dürfen auf das so ermittelte Schalldämm-Maß $R'_{w,R}$ wegen der zweischaligen Ausführung **12 dB aufgeschlagen** werden (weniger im Raum über dem gemeinsamen Fundament).

Abb. 10.56 Fugenbildung

Tafel 10.56 Beispiele für das bewertete Schalldämm-Maß $R'_{w,R}$ für zweischaliges, in Normalmörtel gemauertes Mauerwerk mit durchgehender Gebäudetrennfuge

Bewertetes Schalldämm-Maß $R'_{w,R}$ in dB	Beiderseitiges Sichtmauerwerk		Beiderseitig je 10 mm Putz P IV (Gips- und Kalkgipsputz)		Beiderseitig je 15 mm Putz P I, P II, P III (Kalk-, Kalkzement-, Zementputz)	
	Stein-Rohdichte-klasse –	Mindestdicke der Schalen in mm	Stein-Rohdichte-klasse –	Mindestdicke der Schalen in mm	Stein-Rohdichte-klasse –	Mindestdicke der Schalen in mm
57	0,6	2 × 240	0,6	2 × 240		
	0,9	2 × 175	0,8	2 × 175	0,7	2 × 175
	1,0	2 × 150	1,0	2 × 150	0,9	2 × 150
	1,4	2 × 115	1,4	2 × 115	1,2	2 × 115
62	0,6	2 × 240	0,6	2 × 240	0,5	2 × 240
	0,9	175 + 240	0,8	2 × 175	0,8	2 × 175
	0,9	2 × 175	1,0	2 × 150	0,9	2 × 150
	1,4	2 × 115	1,4	2 × 115	1,2	2 × 115
67	1,0	2 × 240	1,0	2 × 240	0,9	2 × 240
	1,2	175 + 240	1,2	175 + 240	1,2	175 + 240
	1,4	2 × 175	1,4	2 × 175	1,4	2 × 175
	1,8	115 + 175	1,8	115 + 175	1,6	115 + 175
	2,2	2 × 115	2,2	2 × 115	2,0	2 × 115

3.4.2.2 Zweischalige Wände aus einer biegesteifen Schale und biegeweicher Vorsatzschale

Die Luftschalldämmung einschaliger, biegesteifer Wände kann mit Vorsatzschalen nach Tafel 10.57b verbessert werden. Bei den Vorsatzschalen ist nach ihrer Wirksamkeit zwischen zwei Gruppen A und B zu unterscheiden. Das erreichbare bewertete Schalldämm-Maß $R'_{w,R}$ hängt von der flächenbezogenen Masse der biegesteifen Trennwand ab.

Die relative Wirksamkeit biegeweicher Vorsatzschalen nimmt ab mit zunehmendem Schallschutz der biegesteifen Trennwand, weil der Anteil der Schallübertragung über die durch Vorsatzschalen ungeschützten flankierenden Bauteile relativ zunimmt.

Tafel 10.57a Bewertetes Schalldämm-Maß $R'_{w,R}$ von einschaligen, biegesteifen Wänden mit einer biegeweichen Vorsatzschale nach Tafel 10.57b

flächenbezogene Masse der biegesteifen Wand kg/m²	100	150	200	250	275	300	350	400	450	500
$R'_{w,R}$ dB[1)2)]	49	49	50	52	53	54	55	56	57	58

[1)] Gültig für Gruppe B. Für Vorsatzschalen der Gruppe A sind die Werte um 1 dB abzumindern.
[2)] Gültig für flankierende Bauteile mit einer mittleren flächenbezogenen Masse $m'_{L,Mittel} \approx 300$ kg/m² (sonst s. S. 10.59).

Tafel 10.57b Eingruppierung von biegeweichen Vorsatzschalen vor einschaligen, biegesteifen Wänden nach ihrem schalltechnischen Verhalten

Bild	Gruppe	Wandausbildung	Beschreibung
1	A		Vorsatzschale aus Holzwolle-Leichtbauplatten nach DIN 1101; Dicke ≥ 25 mm, verputzt, Holzstiele (Ständer) an schwerer Schale befestigt; Ausführung nach DIN 1102.
2	B		Ausführung wie Bild 1, jedoch Holzstiele (Ständer) mit Abstand ≥ 20 mm vor schwerer Schale frei stehend. Ausführung nach DIN 1102.
3	A		Vorsatzschale aus Gipskartonplatten nach DIN 18 180, Dicke 12,5 oder 15 mm, oder aus Spanplatten nach DIN 68 763, Dicke 10 bis 16 mm; mit Hohlraumausfüllung[1)], Holzstiele (Ständer) an schwerer Schale befestigt[2)].
4	B		Ausführung wie Bild 3, jedoch Holzstiele (Ständer) mit Abstand ≥ 20 mm vor schwerer Schale frei stehend[2)].
5	B		Vorsatzschale aus Holzwolle-Leichtbauplatten nach DIN 1101; Dicke 50 mm, verputzt, frei stehend mit Abstand von 30 bis 50 mm vor schwerer Schale, Ausführung nach DIN 1102.
6	B		Vorsatzschale aus Gipskartonplatten nach DIN 18 180, Dicke 12,5 oder 15 mm, und Faserdämmplatten[3)], Ausführung nach DIN 18 181, streifen- oder punktförmig angesetzt.

[1)] Faserdämmstoffe DIN 18 165-1, Strömungswiderstand $\Xi \geq 5$ kN · s/m⁴.
[2)] Zulässig auch Ständer aus Blech-C-Profilen nach DIN 18 182-1.
[3)] Faserdämmstoffe DIN 18 165-1, Anwendungstyp WV-s, $s' \leq 5$ MN/m³.

3.4.2.3 Zweischalige Wände aus zwei biegeweichen Schalen

Ausführungsbeispiele sind in Tafel 10.58a enthalten. Von entscheidender Bedeutung ist die Ausbildung der flankierenden Bauteile. Die Werte gelten bei mittleren flächenbezogenen Massen der flankierenden Bauteile von etwa 300 kg/m² (sonst s. S. 10.59).

Tafel 10.58a Bewertetes Schalldämm-Maß $R'_{w,R}$ von Wänden aus Gipskartonplatten (12,5 oder 15 mm dick) **oder Spanplatten** (13 oder 16 mm dick)

Zeile	Wandausbildung mit Stielen (Ständern) und ein- oder zweilagiger Bekleidung	Anzahl der Lagen je Seite	Schalenabstand s mm	Dämmstoffdicke[1] s_D mm	$R'_{w,R}$ dB
1		1	≥ 60	≥ 40	38
2		2			46
3	wie Zeile 1, jedoch Ständer aus Blech-C-Profilen nach DIN 18 182-1	1	≥ 50	≥ 40	45
5		2	≥ 100	≥ 80	50
6		1	≥ 100	≥ 60	44
7	*auch als Blech-C-Profile ausführbar*	1	≥ 125	2 × ≥ 40	49
8	Wie Zeile 7, jedoch eine Dämmstoffschicht zwischen den Stiel-(Ständer-)Reihen	1	≥ 160	≥ 40	49
9		2	≥	≥ 80 oder 2 × ≥ 40	50

[1] Faserdämmstoffe nach DIN 18 165-1, $\Xi \geq 5$ kN · s/m⁴.

3.4.2.4 Decken

Die Angaben der Tafel 10.58b gelten für flankierende Bauteile mit $m'_{L,mittel} \approx 300$ kg/m². Bei der Ermittlung der flächenbezogenen Masse darf die Masse von unmittelbar aufgebrachten Estrichen und unterseitigem Putz angerechnet werden, nicht aber die von schwimmenden Fußböden oder Unterdecken. Rohdichten von Seite 10.54. Unterdecken sinngemäß wie Tafel 10.57b, Gruppe B.

Tafel 10.58b Bewertetes Schalldämm-Maß $R'_{w,R}$ von Massivdecken in dB

Zeile	flächenbezogene Masse der Decke kg/m²	Massivdecke			
		Estrich und Gehbelag unmittelbar angebracht	mit schwimmendem Fußboden ($\Delta L_w \geq 25$ dB)	mit Unterdecke Gehbelag und Estrich unmittelbar angebracht	mit schwimmendem Fußboden und Unterdecke
1	500	55	59	59	62
2	450	54	58	58	61
3	400	53	57	57	60
4	350	51	56	56	59
5	300	49	55	55	58
6	250	47	53	53	56
7	200	44	51	51	54
8	150	41	49	49	52

3.4.3 Bauteile in anderen als „bauüblichen Nebenwegen"; Einfluss flankierender Bauteile auf die Luftschalldämmung

3.4.3.1 Bewertungsverfahren für flankierende Bauteile mit anderer Masse als 300 kg/m²

Die Luftschalldämmung von Trennwänden und -decken hängt nicht nur von deren Ausbildung, sondern auch von der Ausführung der flankierenden Bauteile ab. Die Angaben der Seiten 10.54, 10.56 bis 10.58 setzen eine mittlere flächenbezogene Masse von ≈ 300 kg/m² und eine biegesteife Anbindung der flankierenden Bauteile an das trennende Bauteil (Ausnahme: Bauteile nach Tafel 10.58a sowie Holzbalkendecken) voraus.

Weicht die mittlere flächenbezogene Masse der flankierenden Bauteile von etwa 300 kg/m² ab, so ist zu den in den Tafeln genannten Schalldämm-Maßen ein Korrekturwert $K_{L,1}$ zu addieren. Er ist in Abhängigkeit von der mittleren flächenbezogenen Masse $m'_{L,Mittel}$ der flankierenden Bauteile aus der Tafel 10.59a zu entnehmen. Die mittlere flächenbezogene Masse muss je nach Art des **trennenden** Bauteils unterschiedlich berechnet werden (s. S. 10.60). Bei der Berechnung der flächenbezogenen Masse werden Öffnungen (Fenster, Türen) nicht berücksichtigt.

Für die aufgeführten Korrekturwerte wird vorausgesetzt, dass die flankierenden Bauteile zu beiden Seiten eines trennenden Bauteils in einer Ebene liegen und auf beiden Seiten von gleicher flächenbezogener Masse sind. Ist dies nicht der Fall, ist für die Berechnung anzunehmen, dass das jeweils leichtere flankierende Bauteil auch im Nachbarraum vorhanden ist.

Sind bei mehrschaligen trennenden Bauteilen auch ein oder mehrere flankierende Bauteile mehrschalig auf beiden Seiten des trennenden Bauteils (z. B. durch Vorsatzschalen oder schwimmenden Estrich, jeweils unterbrochen am trennenden Bauteil), so gilt der Korrekturwert $K_{L,1} + K_{L,2}$; $K_{L,1}$ ergibt sich aus Tafel 10.59a, $K_{L,2}$ aus Tafel 10.59b.

Tafel 10.59a Korrekturwerte $K_{L,1}$ in dB für das Schalldämm-Maß R'_w von Wänden und Decken als trennende Bauteile bei flankierenden Bauteilen mit der mittleren flächenbezogenen Masse $m'_{L,Mittel}$ in kg/m²

Art des trennenden Bauteils	$K_{L,1}$, falls $m'_{L,Mittel}$ [1]							
	450	400	350	**300**	250	200	150	100
Einschalige **biegesteife** Wand oder Decke (nach Tafel 10.54d, 10.55, 10.58b, Spalte 1)	0	0	0	0	−1	−1	−1	
Biegesteife Wände mit Vorsatzschalen oder Decken mit schwimmendem Estrich oder/und Unterdecke (nach Tafel 10.57a, 10.58b, 2. bis 4. Spalte)		+2	+1	0	−1	−2	−3	−4
Wände aus zwei **biegeweichen Schalen** (nach Tafel 10.58a) oder Holzbalkendecke, falls bei $m'_{L,Mittel}$ ≈ 300 kg/m² $R'_{w,R}$ dB								
50	+4	+3	+2	0	−2	−4	−7	
49	+2	+2	+1	0	−2	−3	−6	
47	+1	+1	+1	0	−2	−3	−6	
45	+1	+1	+1	0	−1	−2	−5	
43	0	0	0	0	−1	−2	−4	
41	0	0	0	0	−1	−1	−3	

[1] Die Berechnung von $m'_{L,Mittel}$ erfolgt fallweise nach einer der beiden auf Seite 10.60 angegebenen Gleichungen.

Tafel 10.59b Korrekturwerte $K_{L,2}$ bei mehrschaligen trennenden Bauteilen

Anzahl der flankierenden, biegeweichen Bauteile oder flankierenden Bauteile mit biegeweicher Vorsatzschale	1	2	3
$K_{L,2}$ dB	+1	+3	+6

3.4.3.2 Berechnung der mittleren flächenbezogenen Masse flankierender Bauteile

Die mittlere flächenbezogene Masse $m'_{L,Mittel}$ der flankierenden Bauteile wird je nach Art des **trennenden** Bauteils unterschiedlich berechnet. Ist es eine biegesteife Wand oder eine Massivdecke, jeweils mit steifer Anbindung an die flankierenden Bauteile, so gilt das arithmetische Mittel der z. B. $n = 4$ unverkleideten, flankierenden, massiven Bauteile der flächenbezogenen Massen $m'_{L,i}$ (i = 1 bis n). Ist das trennende Bauteil ohne biegesteife Anbindung an die flankierende Bauteile, zeigt Tafel 10.60 eine modifizierte Formel.

Tafel 10.60 Ermittlung der mittleren flächenbezogenen Masse $m'_{L,Mittel}$ der flankierenden Bauteile

	Art des trennenden Bauteils	
1	Biegesteif, steife Anbindung an flankierende Bauteile	$m'_{L,Mittel} = \dfrac{1}{n} \cdot \sum_{i=1}^{n} m'_{L,i}$
2	Biegeweiche Wände, Holzbalkendecken, Bauteile ohne steife Anbindung	$m'_{L,Mittel} = \left\{ \dfrac{1}{n} \sum_{i=1}^{n} (m'_{L,i})^{-2,5} \right\}^{-0,4}$

Die Summe i = 1 bis n ist über diejenigen Bauteile zu erstrecken, die in beiden Räumen vorhanden sind und unverkleidet an der Schall-Längsübertragung teilhaben. Sind solche Bauteile auf beiden Seiten des trennenden Bauteils unterschiedlich schwer (oder ggf. auch versetzt), dann ist die geringere der beiden Flächenmassen einzusetzen.

3.4.3.3 Berechnungen nach anderen Methoden

Das Schema der Abschnitt 3.4.3.1 und 3.4.3.2 unterstellt, dass die flankierenden Bauteile Schall allein aufgrund ihrer Masse übertragen und dass die Art der Stoßstelle zwischen trennendem und flankierendem Bauteil nur die Art der Verzweigung auf die einzelnen Übertragungswege bestimmt. Allgemein kann man die Luftschalldämmung zwischen zwei Räumen auch bestimmen, wenn die Beiträge aller Einzelwege bekannt sind. Der Einzelweg Dd wird dabei durch R_w (nebenwegfrei) und die Wege Ff durch die Längsschalldämm-Maße $R'_{L,w,i}$ (i = 1 bis n) beschrieben. (Es heißt R'_L und nicht R_L, weil in die Übertragung über Ff auch die Größen der beiden Räumen zugewandten Flächen und die Länge der Stoßfuge zum trennenden Bauteil eingehen könnte.) Bei Räumen mit Höhen von ca. 2,5 bis 3 m und Raumtiefen von 4 bis 5 m kann $R'_{L,w,i} = R_{L,w,i}$ gesetzt werden, sodass auch die flankierenden Bauteile, wie schon die trennenden über R_w, einbauunabhängig tabelliert werden können.

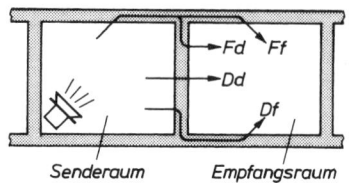

Abb. 10.60 Luftschallübertragung über trennende und flankierende Bauteile

Bei nichtsteifer Anbindung der trennenden Bauteile an die flankierenden findet keine Übertragung auf den Wegen Fd und Df statt. Dies gilt insbesondere bei Holzhäusern und Skelettbauten. Dann erfolgt die Luftschallübertragung nur auf den Wegen Dd und Ff, und das Schalldämm-Maß kann bestimmt werden nach der Gleichung

$$R'_{w,R} = -10 \lg \left(10^{-R_{w,R}/10} + \sum_{i=1}^{n} 10^{-R_{L,w,R,i}/10} \right)$$

Bemessungswerte für R_w und $R_{L,w}$ findet man in Beiblatt 1 zu DIN 4109. Abschnitt 5 bis 7.

Beispiel:
Trennwand: doppelschalige Wand aus Gipskartonplatten mit $R'_w = 50$ dB
Flankierende Bauteile: Außenwand $m'_{L,1} = 200$ kg/m²
  Innen-Längswand $m'_{L,2} = 350$ kg/m²
  obere Decke (160-mm-Stahlbetonplatte) $m'_{L,3} = 368$ kg/m²
  untere Decke Schwimmender Estrich auf 160 mm Stahlbeton

Die untere Decke trägt wegen des schwimmenden Estrichs nicht zur Schallübertragung über flankierende Bauteile bei und ist deshalb bei der Bestimmung von $m'_{L,Mittel}$ nicht zu berücksichtigen, daher hier $n = 3$.

$$m'_{L,Mittel} = \left[\frac{1}{3} (200^{-2,5} + 350^{-2,5} + 368^{-2,5}) \right]^{-0,4} = 266 \text{ kg/m}^2$$

Für den Korrekturwert ergibt sich aus Tafel 10.59a: $K_{L,1} = -2$ dB. Zusätzlich ist der Korrekturwert $K_{L,2} = 1$ dB nach Tafel 10.59b zu berücksichtigen. Damit wird $R'_w = (50 - 2 + 1)$ dB $= 49$ dB.

3.4.4 Beispiele für Bauteile mit hohen Schalldämm-Maßen

Tafel 10.61 Ausführungsbeispiele für trennende und flankierende Bauteile neben bzw. übereinander liegender Räume mit hohen Anforderungen

Spalte	1	2	3	4
Zeile	Anforderung an R'_w dB	Lage der Räume	Trennende Bauteile (Wände, Decken)	Flankierende Bauteile beiderseits der trennenden Bauteile[1]
1.1			Einschalige, biegesteife Wand, $m' \geq 490$ kg/m²	a) Einschalige, biegesteife Wände, $m' \geq 300$ kg/m²
1.2	55	nebeneinander liegend	Zweischalige Wand aus einer schweren, biegesteifen Schale, $m' \geq 350$ kg/m², mit biegeweicher Vorsatzschale auf einer Seite[2]	b) Massivdecke, $m' \geq 300$ kg/m²
1.3		übereinander liegend	Massivdecke, $m' \geq 300$ kg/m² mit schwimmendem Estrich[3]	Einschalige, biegesteife Wände, $m' \geq 300$ kg/m²
2.1			Einschalige, biegesteife Wand, $m' \geq 580$ kg/m²	a) einschalige, biegesteife Wände, $m' \geq 250$ kg/m²
2.2	57	nebeneinander liegend	Zweischalige Wand aus einer schweren, biegesteifen Schale, $m' \geq 450$ kg/m², mit biegeweicher Vorsatzschale auf einer Seite[2]	b) Massivdecke, $m' \geq 350$ kg/m²
2.3		übereinander liegend	Massivdecke, $m' \geq 400$ kg/m², mit schwimmendem Estrich[3]	Einschalige, biegesteife Wände, $m' \geq 300$ kg/m²
3.1			Zweischalige Wand mit durchgehender Gebäudetrennfuge[4], flächenbezogene Masse jeder Schale $m' \geq 160$ kg/m²	keine Anforderungen
3.2	62	nebeneinander liegend	Dreischalige Wand aus einer schweren, biegesteifen Schale, mit $m' \geq 500$ kg/m², mit je einer biegeweichen Vorsatzschale auf beiden Seiten[2]	a) Einschalige biegesteife Wände, $m' \geq 400$ kg/m² b) Massivdecke, $m' \geq 300$ kg/m²
3.3		übereinander liegend	Massivdecke, $m' \geq 500$ kg/m², mit schwimmendem Estrich[3] und biegeweicher Decke[5]	Einschalige, biegesteife Wände, $m' \geq 300$ kg/m²
4.1			Zweischalige Wand mit durchgehender Gebäudetrennfuge[4], flächenbezogene Masse jeder Schale $m' \geq 250$ kg/m²	keine Anforderungen
4.2	67	nebeneinander liegend	Dreischalige Wand aus einer schweren, biegesteifen Schale, $m' \geq 700$ kg/m², mit je einer biegeweichen Vorsatzschale auf beiden Seiten[2])	a) Einschalige, biegesteife Wände, $m' \geq 450$ kg/m² b) Massivdecke, $m' \geq 450$ kg/m²
4.3		übereinander liegend	Massivdecke, $m' \geq 700$ kg/m², mit schwimmendem Estrich[3] und biegeweicher Decke[5]	nach Zeile 4.2 a)
5.1	72	nebeneinander liegend	Zweischalige Wand mit durchgehender Gebäudetrennfuge[4], flächenbezogene Masse jeder Schale $m' \geq 370$ kg/m²	keine Anforderungen
5.2		übereinander liegend	Bei übereinander liegenden Räumen können diese hohen Anforderungen ohne besondere Schallschutzmaßnahmen nicht erfüllt werden.	

[1]) Anstelle der angegebenen einschaligen, flankierenden Wände können auch biegesteife Wände mit $m' \geq 100$ kg/m² und biegeweicher Vorsatzschale, Gruppe B, nach Seite 10.57 verwendet werden.
[2]) Nach Seite 10.57.
[3]) Nach Tafel 10.65a.
[4]) Nach Abb. 10.56.
[5]) Unterdecke analog Tafel 10.57b, Bild 3.

3.4.5 Resonanz, Eigenfrequenz

Nahe der Eigenfrequenz f_0 **zweischaliger Bauteile** ist die Schalldämmung schlecht. Die Eigenfrequenz sollte daher stets außerhalb des akustisch bewerteten Frequenzbereiches zwischen 100 und 3200 Hz, insbesondere unter 100 Hz, liegen. Weit oberhalb f_0 ist die Schalldämmung zweischaliger Bauteile besser als einschaliger gleicher flächenbezogener Masse, unterhalb f_0 dämmen beide Bauteiltypen nahezu gleich.

Tafel 10.62a Eigenfrequenz f_0 zweischaliger Bauteile

Allgemein gilt: $f_0 = \dfrac{1000}{2\pi} \sqrt{s'\left(\dfrac{1}{m'_1} + \dfrac{1}{m'_2}\right)}$ Dies vereinfacht sich für folgende Sonderfälle	Doppelwand aus zwei gleich schweren biegeweichen Einzelschalen	Biegeweiche Vorsatzschale vor schwerem Bauteil
Ausfüllung des Zwischenraumes zweischaliger Bauteile		
Luftschicht mit weichfedernder, schallschluckender Einlage[1], da für Luft: $s' \approx 0{,}14/a$ in m	$f_0 \approx \dfrac{85}{\sqrt{m' \cdot a}}$	$f_0 \approx \dfrac{60}{\sqrt{m' \cdot a}}$
Dämmschicht mit beiden Schalen vollflächig fest verbunden oder an diesen fest anliegend	$f_0 \approx 225 \sqrt{\dfrac{s'}{m'}}$ [3]	$f_0 \approx 160 \sqrt{\dfrac{s'}{m'}}$ [2]

Hierin bedeuten: f_0 Eigenfrequenz in Hz, m' flächenbezogene Masse der biegeweichen Schale in kg/m², a Schalenabstand in m, s' dynamische Steifigkeit der Dämmschicht in MN/m³ (s. Tafel 10.62b)

[1] Einlage muss einen längsbezogenen Strömungswiderstand $\geq 5 \cdot$ kN $\cdot$ s/m⁴ haben. Diese Bedingung kann erfüllt werden z. B. von Faserdämmstoffen nach DIN 18 165-1.
Ausnahmen bilden Ausführungen mit außenseitig verputzten Holzwolle-Leichtbauplatten nach DIN 1101 (siehe z. B. Tafel 10.57b, Bilder 2 und 5). Hierbei kann auf eine schallschluckende Einlage verzichtet werden, weil diese Schalen zum Hohlraum hin offene Poren haben.
[2] Diese Gleichung gilt auch für die Bestimmung der Eigenfrequenz schwimmender Estriche, obwohl diese im Allgemeinen nicht mehr zu den biegeweichen Schalen rechnen.
[3] Wegen der aus Stabilitätsgründen notwendigen hohen dynamischen Steifigkeit der Dämmschicht in der Regel bauakustisch ungünstig.

Tafel 10.62b Dynamische Steifigkeit s' von Dämm- und anderen Baustoffen

Trittschalldämmstoffe Typ T (DIN 18 164/18 165 Teile 2)		Baustoff	Dicke mm[1]	s' MN/m³
Steifigkeitsgruppe (gem. Kennzeichnung)	s' MN/m³	Polystyrol-Hartschaum, Typ W, PS 15	10	120
			20	60
30	≤ 30		40	30
20	≤ 20		60	20
15	≤ 15		100	12
10	≤ 10	Holzwolle-Leichtbauplatten (lose verlegt)	26	200
Luft (auch in porösen Dämmschichten)		Weichfaserdämmplatten	13	150
Schichtdicke in mm	s' MN/m³	Korkplatten (lose verlegt)	12	550
		Schüttungen aus		
a	$140/a$	– Korkschrot	20	80
Umrechnung auf andere Schichtdicken: Alle in dieser Tafel 10.62b genannten Werte für s' können auf andere Dicken umgerechnet werden, weil das Produkt $s' \cdot a = E_{dyn}$ (dynamischer E-Modul) eine Konstante ist.		– Hanfschäben	10	130
		– Blähglimmer	15	175
		– Sand	25	400
		– Sand	50	200
		[1] Dicke in eingebautem (belastetem) Zustand.		

3.4.6 Koinzidenz, Spuranpassung, Grenzfrequenz

Oberhalb der Grenzfrequenz f_g verschlechtert sich relativ die Schalldämmung **einschaliger Bauteile**. Das Produkt aus Grenzfrequenz f_g und Schichtdicke d ist eine Materialkonstante, die Koinzidenzkonstante.

Die genannte Verschlechterung hat für $f_g >$ 2000 Hz keine Bedeutung mehr. Bauteile mit $f_g > 2000$ Hz heißen **biegeweich**, die sonstigen **biegesteif**.

Tafel 10.63a Koinzidenzkonstante $f_g \cdot d$ verschiedener Baustoffe

Material	Koinzidenzkonstante $f_g \cdot d$ Hz·cm
Beton	1500 bis 1850
Magerbeton	2300
Leicht-/Porenbeton	3700 bis 4800
Zementestrich	1700
Asphaltestrich	2400 bis 4200
Straßenasphalt	3000 bis 3800
Gipsestrich	1550 bis 1600
Gipsplatten	2400 bis 3500
Gipskartonplatten	3500
Asbestzementplatten	1650 bis 2000
Ziegelmauerwerk	1600 bis 2700
Glas	1100 bis 1300
Holzspanplatten	2300 bis 3600
Sperrholz	1400 bis 3450
Fichtenholz	2000 bis 3200
Hartfaserplatten	2950 bis 3650
Acrylglas (Plexi)	2900
Polypropylen (PP)	3800
Polyvinylchlorid hart (PVC)	4350
Polyäthylen, hart (PE)	4700
Polyäthylen, weich	9550
Polystyrol (PS)	3760
Polystyrol, verstärkt mit Glasfaser	2680
Polyesterharz mit Glasfaser	2740
Aluminium	1200
Blei	4850
Kupfer	1700
Stahl	1230
Zink	4650

3.4.7 Überlagerung von Schallquellen

Mehrere Schallquellen mit Einzelwerten L_{Aj} werden zu einem Gesamtpegel $L_{A,\,res}$ zusammengefasst:

$$L_{A,res} = 10\lg \sum_{j=1}^{n} (10^{0,1\,L_{Aj}})$$

3.4.8 Resultierende Luftschalldämmung

Für das resultierende Schalldämmaß $R_{w,\,res}$ eines aus Elementen verschiedener Schalldämmung bestehenden Bauteils (z. B. Wand mit Tür oder Fenster) gilt:

$$R_{w,res} = -10\lg \left(\frac{1}{S_{ges}} \cdot \sum_{j=1}^{n} S_j \cdot 10^{-0,1 R_{wj}} \right)$$

S_1 bis S_n, S_{ges} Flächen der einzelnen Elemente des Bauteils, Gesamtfläche
$R_{w,1}$ bis $R_{w,n}$ bewertete Schalldämmaße der einzelnen Elemente

Steht ausnahmsweise nur der Meßwert der Norm-Schallpegeldifferenz $D_{n,w}$ an einem Prüfkörper der Fläche $S_{Prü}$ zur Verfügung (z. B. bei Rolladenkästen, Lüftungsöffnungen), dann ist dieser auf das bewertete Schalldämm-Maß R'_w umzurechnen nach

$$R'_w = D_{n,w,P} - 10\lg(A_0/S_{Prü}) - 2 \text{ dB}$$

A_0 ist die Bezugsabsorptionsfläche von 10 m².

Bei Bauteilen mit nur zwei verschiedenen Einzeldämmwerten $R_{w,1} > R_{w,2}$ kann die Gesamtschalldämmung aus Tafel 10.63b bestimmt werden.

Ablesebeispiel für Tafel 10.63b:
Wand ($S_1 = 20$ m², $R'_{w,1} = 50$ dB)
mit Tür ($S_2 = 2$ m², $R'_{w,2} = 35$ dB):

$$\frac{S_{ges}}{S_2} = 11, \quad R'_{w,1} - R'_{w2} = 15 \text{ dB}$$

abgelesen: $R'_{w,1} - R'_{w,res} = 6$ dB,
daraus: $R'_{w,res} = 44$ dB

Tafel 10.63b Gesamtluftschalldämmung eines aus 2 Teilflächen bestd. Bauteils

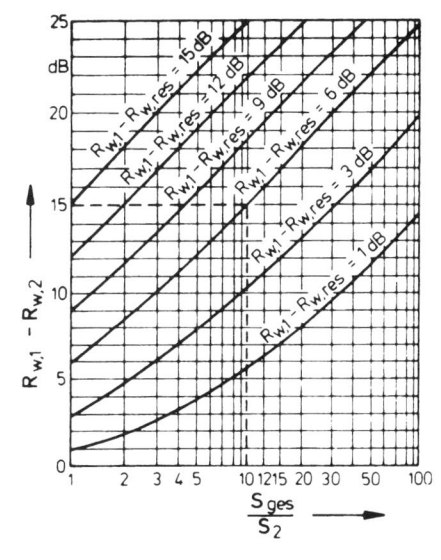

3.5 Daten für die Bemessung des Trittschallschutzes von Massivdecken und -treppen

Soweit der Trittschallschutz nicht durch die Angabe von $L'_{n,w,R}$ aus Ausführungsbeispielen oder Messungen mit berücksichtigtem Vorhaltemaß bekannt ist, wird hilfsweise für Rohdecke die Größe $L_{n,w,eq,R}$ nach Tafel 10.64a und für den Fußbodenaufbau die Größe $\Delta L_{w,R}$ nach Tafel 10.65a als Bemessungsgrößen eingeführt. Unterdecken werden als Teile der Rohdecke und Bodenbeläge werden als Teile des Fußbodens betrachtet, ohne dass es der Definition zusätzlicher weiterer Bemessungsgrößen bedarf. Liegt der zu schützende Raum nicht unmittelbar unter der durch das Normhammerwerk angeregten Decke, sondern schräg darunter, darüber oder weiter entfernt, kann durch die Größe K_T nach Tafel 10.64b eine weitere Abminderung vorgenommen werden.

Soweit ein Nachweis nach DIN 4109 geführt wird, ist sicherheitshalber ein Zuschlag von 2 dB anzubringen. Es gilt insgesamt die Beziehung:

vorh $L'_{n,w,R} = L_{n,w,eq,R} - \Delta L_{w,R} - K_T + 2\ \mathrm{dB} \leq \mathrm{erf}\ L'_{n,w}$

Tafel 10.64a Äquivalenter bewerteter Norm-Trittschallpegel $L_{n,w,eq,R}$ von Massivdecken ohne und mit biegeweicher Unterdecke

Massivdecke		Stahlbetonvollplatten aus Normalbeton, Leichtbeton, bewehrtem Gasbeton; Massivdecken mit Hohlräumen							
flächenbezogene Masse der Massivdecke in kg/m²		135	160	190	225	270	320	380	450	530
$L_{n,w,eq,R}$	ohne	86	85	84	82	79	77	74	71	69
	mit Unterdecke[1]	75	74	74	73	73	72	71	69	67

[1] Konstruktion sinngemäß Tafel 10.57b. Bei Verwendung von schwimmenden Estrichen mit mineralischen Bindemitteln sind alle Werte dieser Zeile um 2 dB zu erhöhen.

- Für die Berechnung der flächenbezogenen Masse m' gelten die Regeln der Tafeln 10.54a bis 10.54c. Hilfsweise kann bei Massivdecken mit Hohlräumen von den Rechenwerten nach DIN 1055-1 mit einem Abzug von 15 %, bei Estrichen 10 %, ausgegangen werden. Für unbewehrten (Auf-)Beton ist $\varrho = 2100\ \mathrm{kg/m^3}$ anzusetzen. Bei Rippendecken ohne Estrich und Unterdecke darf nur die Deckenplatte berücksichtigt werden.

Tafel 10.64b Korrekturwert K_T für verschiedene räumliche Zuordnungen von lautem zu schützendem Raum

K_T in dB	Zuordnung zu schützender Räume zum lauten Raum mit dem Hammerwerk
	10[1]
	15 5 10
	15 0 5 10

[1] Im Skelettbau mit geringer aufwärts gerichteter Schallübertragung darf $K_T = 20\ \mathrm{dB}$ angesetzt werden.

Beispiel

Eine 14 cm dicke Decke aus Normalbeton besitzt $L_{n,w,eq} = 77\ \mathrm{dB}$ (Tafel 10.64a, da $m' = 320\ \mathrm{kg/m^2}$). Bei der Mindestanforderung von $L'_{n,w} = 53\ \mathrm{dB}$ erhält man $\Delta L_w = 26\ \mathrm{dB}$. Dieser Wert wird von einem Estrich nach Tafel 10.65a, Zeile 1.2 gerade erreicht, wenn die dynamische Steifigkeit der Dämmschicht $s' \leq 30\ \mathrm{MN/m^3}$ ist.

Tafel 10.65a Bewertete Trittschallminderung $\Delta L_{w,R}$ von schwimmenden Estrichen und schwimmend verlegten Holzfußböden und Bodenbelägen auf Massivdecken

Zeile	Deckenauflagen; schwimmende Böden		$\Delta L_{w,R}$	
			mit hartem Gehbelag	mit Gehbelag[1] ($\Delta L_w \geq$ 20 dB)
1	Schwimmende Estriche			
1.1	Gussasphaltestriche nach DIN 18 560-2 mit einer flächenbezogenen Masse $\geq$ 45 kg/m² auf Dämmschichten aus Dämmstoffen nach DIN 18 164-2/18 165-2 mit einer dynamischen Steifigkeit s' von höchstens	50 MN/m³	20	20
		40 MN/m³	22	22
		30 MN/m³	24	24
		20 MN/m³	26	26
		15 MN/m³	27	29
		10 MN/m³	29	32
1.2	Estriche nach DIN 18 560-2 mit einer flächenbezogenen Masse $\geq$ 70 kg/m² auf Dämmschichten aus Dämmstoffen nach DIN 18 164/18 165-2 mit einer dynamischen Steifigkeit s' von höchstens	50 MN/m³	22	23
		40 MN/m³	24	25
		30 MN/m³	26	27
		20 MN/m³	28	30
		15 MN/m³	29	33
		10 MN/m³	30	34
2	Schwimmende Holzfußböden			
2.1	Unterböden nach DIN 68 771 aus Holzspanplatten auf Lagerhölzern mit Dämmstreifen-Unterlagen aus Dämmstoffen nach DIN 18 165-2 mit einer dynamischen Steifigkeit s' von höchstens 20 MN/m³ Dicke der mindestens 100 mm breiten Dämmstreifen im eingebauten Zustand mindestens 10 mm; zwischen den Lagerhölzern Dämmstoffe nach DIN 18 165-1, Nenndicke = 30 mm, mit $\varXi \geq 5$ kN $\cdot$ s/m⁴		24	
2.2	Unterböden nach DIN 68 771 aus mindestens 22 mm dicken Holzspanplatten nach DIN 68 763, vollflächig schwimmend verlegt auf Dämmstoffen nach DIN 18 165-2 mit einer dynamischen Steifigkeit s' von höchstens 10 MN/m³		25	
3	Deckenauflagen; weichfedernde Bodenbeläge[2], je nach Produkt		12 bis über 30	

[1] Wegen der möglichen Austauschbarkeit von weichfedernden Bodenbelägen nach Zeile 3, die sowohl dem Verschleiß als auch besonderen Wünschen der Bewohner unterliegen, dürfen diese bei dem Nachweis der Anforderungen nach DIN 4109 in der Regel nicht angerechnet werden.

[2] Die Bodenbeläge müssen durch Hinweis auf die jeweilige Norm gekennzeichnet sein. Die maßgebliche bewertete Trittschallminderung ΔL_w muss auf dem Erzeugnis angegeben sein.

Tafel 10.65b Äquivalenter bewerteter Norm-Trittschallpegel $L_{n,w,eq}$ von Massivtreppen, bewerteter Norm-Trittschallpegel $L'_{w,w,R}$ von Massivtreppen ohne Deckenauflage

Massivtreppe und Treppenraumwand		$L_{n,w,eq}$	$L'_{n,w,R}$
Treppenpodest	mit einschaliger biegesteifer Treppenraumwand (flächenbezogene Masse 380 kg/m²) fest verbunden	66	70
Treppenlauf		61	65
Treppenlauf von der Treppenraumwand abgesetzt		58	58
Treppenpodest	an Treppenraumwand mit durchgehender Gebäudetrennfuge	$\leq$ 53	$\leq$ 50
Treppenlauf		$\leq$ 46	$\leq$ 43

3.6 Luftschalldämmung von Außenbauteilen

Für bauakustisch einschalige Wände und Dächer gilt Seite 10.54 mit dem Hinweis auf Seite 10.55 oben analog (ggf. Verschlechterung durch Wärmedämmverbundsystem oder Flachdachaufbauten um ca. 2 dB, wenn kein genauerer Nachweis geführt wird). Beim Flachdach darf dann auch das Gewicht der Kiesschüttung berücksichtigt werden. Für zweischaliges Mauerwerk mit Luftschicht nach DIN 1053 wird $R'_{w,R}$ aus der Summe der flächenbezogenen Massen der beiden Schalen nach Tafel 10.54d ermittelt und jener Wert um 5 dB erhöht. Für mehrschalige Dächer und Fenster gelten die folgenden Tafeln.

Tafel 10.66a Bewertetes Schalldämmmaß von flachen Dächern

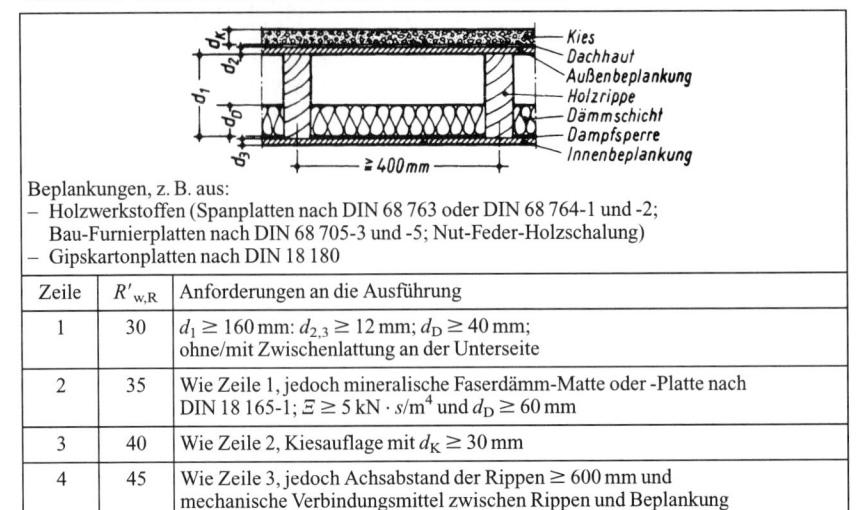

Beplankungen, z. B. aus:
- Holzwerkstoffen (Spanplatten nach DIN 68 763 oder DIN 68 764-1 und -2; Bau-Furnierplatten nach DIN 68 705-3 und -5; Nut-Feder-Holzschalung)
- Gipskartonplatten nach DIN 18 180

Zeile	$R'_{w,R}$	Anforderungen an die Ausführung
1	30	$d_1 \geq 160$ mm: $d_{2,3} \geq 12$ mm; $d_D \geq 40$ mm; ohne/mit Zwischenlattung an der Unterseite
2	35	Wie Zeile 1, jedoch mineralische Faserdämm-Matte oder -Platte nach DIN 18 165-1; $\Xi \geq 5$ kN · s/m^4 und $d_D \geq 60$ mm
3	40	Wie Zeile 2, Kiesauflage mit $d_K \geq 30$ mm
4	45	Wie Zeile 3, jedoch Achsabstand der Rippen ≥ 600 mm und mechanische Verbindungsmittel zwischen Rippen und Beplankung
5	50	Wie Zeile 4, zusätzlich zweite Innenbeplankung aus Spanplatten, Gipskartonplatten, Bretterschalung, $m' \geq 8$ kg/m^2

Tafel 10.66b Bewertetes Schalldämmmaß von geneigten Dächern

1	35		Dacheindeckung mit Unterspannbahn; mineralische Faserdämm-Matte oder -Platte nach DIN 18 165-1, mit längenbezogenem Strömungswiderstand $\Xi \geq 5 \cdot$ kN · s/m^4 und $d_D \geq 60$ mm; Holzwerkstoffplatten oder Gipskartonplatten mit $d_3 \geq 12$ mm; ohne/mit Zwischenlattung
2	40		Wie Zeile 1, jedoch Sparrenhöhe ≥ 160 mm. Bekleidung auf Zwischenlattung oder zusätzliche zweite Bekleidung mit $m' \geq 6$ kg/m^2
3	45		Wie Zeile 2, jedoch mit Anforderungen an die Dichtheit der Dacheindeckung: z. B. Faserzementdachplatten auf Rauhspund ≥ 20 mm, Tondachziegel nach DIN EN 1304 bzw. Betondachsteine nach DIN EN 490, nichtverfalzte Dachziegel bzw. Dachsteine in Mörtelbettung

Tafel 10.67 Ausführungsbeispiele für Dreh-, Kipp- und Drehkipp-Fenster(-Türen)

Zeile	Fensterart	$R_{w,R}$ dB	Scheiben- zwischen- raum mm	Gesamt- dicke 2 Scheiben mm	Einzel- plus Iso-Glas mm	Dichtungen
1	Einfachfenster mit Isolierglas	25	8	6		keine
2		30	12	6		Sämtliche Flügel müssen bei Holzfenstern mindestens Doppelfalze, bei Metall- und Kunststoff-Fenstern mindestens zwei wirksame Anschläge haben. Falzdichtungen müssen umlaufend, **ohne Unterbrechung**, angebracht sein; sie müssen weichfedernd, **dauerelastisch, alterungsbeständig** und leicht auswechselbar sein. Fenster nach Zeile 10ff benötigen 2 wirksame Dichtungen, um auch den Scheibenzwischenraum abzudichten.
3		32	12	8		
4		35	16	10		
5		37	Kennzeichnungspflichtige Sondergläser			
6	Verbund- oder Kastenfenster mit 2 Einfachscheiben oder 1 Einfach- und 1 Isolierglasscheibe	32	30	8	4 + 4/12/4	
7		35	40	8	6 + 4/12/4	
8		37	40	10	6 + 6/12/4	
9		37	100	8	4 + 4/12/4	
10		40	50	14	8 + 6/12/4	
11		40	100	8	6 + 4/12/4	
12		42	50	16	8 + 8/12/4	
13		42	100	10	8 + 4/12/4	
14		45	60	18	8 + 8/12/4	
15		45	100	12	8 + 6/12/4	
16	Über 48 dB können keine allgemein gültigen Angaben gemacht werden, Nachweis nur über Eignungsprüfung I nach DIN 4109 aufgrund von Messungen nach DIN ISO 20 140-10.					

● **Rollladenkästen** erreichen bewertete Schalldämm-Maße $R_{w,R}$ von 35 dB, wenn Innenschürze, Verkleidung bzw. Rollkastendeckel aus Holzwerkstoffplatten (Dicke ≥ 10 mm) oder Putzträgerplatten plus 5 mm Putz oder mineralischen Platten mit $m' \geq 30\ kg/m^2$ bestehen. Alle Fugen sind mit Dichtprofilen, -bändern oder Dichtstoffen zu schließen; für $R_{w,R} \geq 40$ dB ist an mind. einer Innenfläche schallabsorbierendes Material (20 mm Mineralfaserplatten o. ä.) anzubringen.

3.7 Beispiel für das Zusammenwirken von unterschiedlichen Anforderungen

Im Bereich der Krone einer zweischaligen Haustrennwand entsteht eine Wärmebrücke, der entsprechend der Konstruktion auf Seite 10.15, Abb. 10.15f, begegnet werden muss. Die Dachfläche muss wegen der Anforderungen zum Schutz gegen Außenlärm ggf. nach Ausführungsbeispiel gemäß Tafel 10.66b ausgewählt werden. Über die Mauerkrone hinweg kommt es gleichzeitig zur Schall(längs)-übertragung von einem Innenraum zum benachbarten. Abhilfe schafft ggf. eine Konstruktion, die *H. Schulze* in Bauphysik 13 (1991) Heft 5, Seite 182 näher beschreibt: Der Luftraum unter der Dacheindeckung muss mit Faserdämmstoffen in ganzer Wanddicke zur Bildung eines „Absorberschotts" in Anlehnung an Beiblatt 1 von DIN 4109 ausgestopft werden. Schulze ermittelt für dieses Schott den Wert $R_{L,w,R} \approx 64$ dB. Falls für die zweischalige Haustrennwand (vgl. Seite 10.56) $R_w = 67$ dB ermittelt werden würde, ergäbe sich nach Abschnitt 3.4.3.3 für die Schalldämmung von Haus zu Haus:

$R'_{w,R} = -10\ \lg(10^{-6{,}7} + 10^{-6{,}4}) = 62$ dB

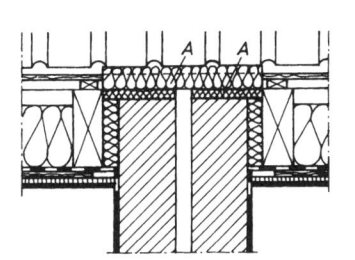

Abb. 10.67 Verringerung der Flankenübertragung durch Einbringen eines Absorberschotts A im Bereich der Krone einer zweischaligen Haustrennwand, wegen des Brandschutzes aus nichtbrennbaren Faserdämmstoffen

3.8 Bauen im Bestand; Verwendung alter Holzbalkendecken

Im Zuge von Umnutzung, Modernisierung, Veränderungen der Eigentumsverhältnisse ist teilweise auch der Schallschutz in alten Gebäuden zu überprüfen und zu verbessern. Die häufig angetroffenen „alten" Holzbalkendecken erfordern zusätzliche Überlegungen. Zunächst ist zu prüfen, ob die Holzbalkendecken überhaupt wegen des Brandschutzes noch genehmigungsfähig sind. Der Zusatzbuchstabe in der Feuerwiderstandsklasse lautet immer „-B", z. B. F 30-B. Eine nachträgliche Ertüchtigung durch Bekleidungen in die Klasse F 30-AB oder F 90-AB ist nicht möglich. Werden – wie bei höheren Gebäuden regelmäßig üblich – derartige Anforderungen gestellt, müssen Anträge auf Ausnahmen und Befreiungen genehmigt werden. Im Einzelfall können Holzbalkendecken mit Unterdecken, die als selbständiges nichttragendes Bauteil F 30/90-A klassifiziert sind, mit nichtbrennbaren schwimmenden Estrichen genehmigt werden. Im Allgemeinen ist die Holzbalkendecke zu ersetzen.

Im Folgenden werden einige schalltechnische Daten nach Gösele zusammengetragen.

Danach kann zunächst die **Trittschalldämmung** der Holzbalkendecke nach einer analog Seite 10.64 gebildeten Gleichung aus den Einzelelementen Holzbalkendecke gleich Rohdecke ($L_{n,w,eq,H}$), Fußbodenaufbau ($\Delta L_{w,H}$) und ggf. zusätzlichem weichfederndem Bodenbelag ($\Delta L_{w,H2}$) geschätzt werden:

vorh $L'_{n,w} = L_{n,w,eq,H} - \Delta L_{w,H} - \Delta L_{w,H2}$

Einige Rechenwerte für $L_{n,w,eq,H}$ und $\Delta L_{w,H}$ sind in Tafel 10.68a, 10.68b angegeben. Werden weichfedernde Bodenbeläge unmittelbar auf der Rohdecke verwendet, wird ein $\Delta L_{w,H}$ angesetzt; befindet sich der Bodenbelag auf einem Fußboden, z. B. nach Tafel 10.68b, dann wird ein $\Delta L_{w,H2}$ angesetzt. Beide Werte können Abb. 10.68a entnommen werden, wenn das Verhalten des Bodenbelages ($\Delta L_{w,R}$) auf einer **Massivdecke** (vgl. Tafel 10.65b) bekannt ist.

Aus der danach berechneten Trittschalldämmung kann mit Hilfe Abb. 10.68b auch die **Luftschalldämmung** bestimmt werden.

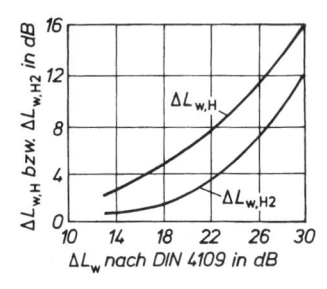

Abb. 10.68a Bewertete Trittschallminderung $\Delta L_{w,H}$ und $\Delta L_{w,H2}$ von Bodenbelägen in Abhängigkeit von L_w, wie es für Massivdecken verwendet wird

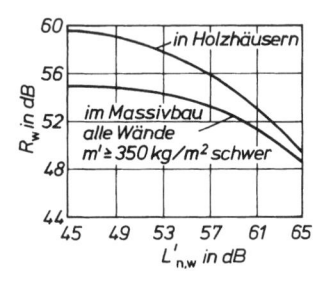

Abb. 10.68b Bewertetes Luftschalldämm-Maß von Holzbalkendecken in Abhängigkeit von $L'_{n,w}$, berechnet ohne weichfedernde Bodenbeläge

Tafel 10.68a Trittschallverhalten von Holzbalkendecken als Rohdecken

Holzbalkendecke		$L_{n,w,eq,H}$
	„alte" Holzbalkendecke	66
	Gipskarton- oder Spanplatte einlagig	62
	abgehängt über Federschiene oder gesonderte Traghölzer zweilagig	60

Tafel 10.68b Bewertete Trittschallminderung $\Delta L_{w,H}$ von Fußböden auf Holzrohdecken nach Tafel 10.68a

Fußboden		$\Delta L_{w,H}$
auf 30/25 mm Mineralfaserplatten schwimmend verlegte 22-mm-Holzspanplatte		9
50-mm-Zementestriche		16
Rohdecke mit Platten zusätzlich beschwert: m' der Platten	25 kg/m²	17
	50 kg/m²	22
	75 kg/m²	26
	100 kg/m²	31

4 Schallausbreitung in Räumen, Raumakustik

4.1 Begriff, Formelzeichen und Einheiten

	Größe	Zeichen	Einheit	Bemerkung
1	Volumen des Raumes	V	m^3	insbesondere zwischen 125 und 1000 m^3
2	Schallabsorptionsgrad	α	1	gemessen z. B. im Hallraum nach DIN EN 20 354
3	Oberflächen im Raum	S	m^2	hier: geplante Flächen, die Schall absorbieren
4	äquiv. Absorptionsfläche	A	m^2	für Lautstärke, Hörsamkeit wichtig
5	Hallradius	r_H	m	Grenze des Nahfeldes um Schallquelle
6	Nachhallzeit	T	s	frequenzabhängig, Messung nach DIN EN ISO 3382
7	Schall-Leistungspegel	L_wd	dB	z. B. nach ISO 3741

Im Raum erzeugter Schall trifft in kurzen Zeitabständen auf die Raumbegrenzungsflächen und wird dort zu einem Bruchteil α (nichtreflektierte zu auftreffender Schallenergie) absorbiert (oder transmittiert); der Rest $(1-\alpha)$ wird reflektiert und überlagert sich mit der von der Schallquelle nachströmenden Schall-Leistung zu einem Gesamtpegel L. Die gemeinsame Absorption aller Oberflächen S_i, hierzu gehören ggf. auch Möbel und Zuhörer, wird bestimmt durch

$A = \alpha_1 S_1 + \alpha_2 S_2 + \ldots \alpha_n S_n = \Sigma \alpha_i S_i$ (äquivalente Absorptionsfläche)

Lediglich in einer Nachbarschaft mit etwa dem Radius $r_H = 0{,}141 \sqrt{A}$ dominiert das direkte Schallfeld der Schallquelle, welches mit 6 dB bei Abstandsverdopplung (3 dB, wenn die Schallquelle unmittelbar vor einer Wand steht) abnimmt. Sonst bildet sich ein statistisch gleichmäßig verteilter Schallpegel. Aus dem reflektierten Schall entsteht im Raum ein Nachhall, der nach dem Abstellen der Schallquelle gemessen werden kann: Die Nachhallzeit T ist die Zeit, innerhalb der der Schallpegel um 60 dB abnimmt. Zwischen A und T gilt die Beziehung

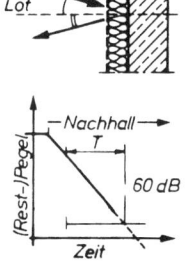

$A = 0{,}163\ V/T$ (Gleichung von *Sabine*)

Mit zunehmender Nachhallzeit wird es im Raum bei gleicher Schall-Leistung lauter. Zur Senkung von Lärm in Räumen mit Arbeitsplätzen ist daher die Anordnung von Absorptionsflächen wichtig, die allerdings erst außerhalb des Hallradius r_H um die Schallquelle wirksam werden. Durch Veränderung der äquivalenten Absorptionsflächen von A_1 auf $A_2 = A_1 + \Delta A$ ändert sich der Innenschallpegel um

$\Delta L = L_2 - L_1 = -10 \lg (A_2/A_1) = -10 \lg (1 + \Delta A / A_1)$ (Lärmminderung)

Der Lautstärkegewinn ist wichtig für Vortragsräume oder Theater, die demnach nicht zu stark bedämpft werden sollen. Der sinnvolle Lautstärkegewinn durch Verringerung der Absorption wird begrenzt, weil durch überlange Nachhallzeiten die Silbenverständlichkeit verringert wird.

Der im Raum (außerhalb von r_H) entstehende Schallpegel L (in dB) wird bestimmt durch die Schall-Leistung der Schallquelle L_w und die raumakustischen Gegebenheiten, wie A und T. Es gilt näherungsweise unter Verwendung der o. g. Einheiten

$L = L_w + 14 - 10 \lg (V/T) = L_w + 6 - 10 \lg A$

Die Gleichung kann auch für die Bestimmung des A-Schallpegels in dB(A) benutzt werden, wenn man A durch $A_{500\,Hz}$ und L_W durch L_{WA} ersetzt.

Da sich Einzelschallquellen energetisch addieren (vgl. Abschnitt 3.3.7), kann man mit der genannten Gleichung auch die Schall-Leistung von Lautsprechern für eine Beschallung oder umgekehrt aus dem Schallpegel L den Schall-Leistungspegel L_w abschätzen.

4.2 Hinweise auf raumakustische Bemessungswerte

4.2.1 Anforderungen an die Nachhallzeit und Zahlenwerte für Schallabsorptionsgrade

Bemessungswerte für Schallabsorptionsgrade α, die in jeweils typischer Weise von der Frequenz abhängen (Hochton-Absorber, Tiefenabsorber) findet man in der bauphysikalischen Literatur, z. B. bei Bobran, Fasold/Winkler/Sonntag oder Schmidt. Hier nur wenige Anhaltswerte.

Raumakustische Planungen gehen in zwei je nach Nutzung grundverschiedene Richtungen: Lärmminderung in Arbeitsräumen, z. B. im Sinne eines Arbeitsschutzes durch Absorption (Schalldämpfung), einerseits und Optimierung der Hörsamkeit von Räumen, die für Schalldarbietungen geeignet sind, andererseits. Bei letzterem Problem wird durch zweckmäßige geometrische Gestaltung des Raumes in Verbindung mit der Bildung geeigneter Nachhallzeiten durch Auswahl und Verteilung definiert schallschluckender Flächen eine ausreichende Sprach- oder Silbenverständlichkeit angestrebt (DIN 18 041).

Tafel 10.70 a Schallabsorptionsgrade α einiger Raumbegrenzungsflächen

Hinweis: α ist keine reine Stoffeigenschaft; α wird durch Systemeigenschaften, wie Schichtdicke, Abstand vor schallharter Wand, Porenverschluss durch Beschichtungen und Imprägnierungen usw., bestimmt.

Raumbegrenzungsfläche	bei Frequenz in Hz					
	125	250	500	1000	2000	4000
Sichtmauerwerk, Fliesen, Naturstein	0,01	0,01	0,02	0,02	0,03	0,04
Tapete auf Kalkgipsputz	0,03	0,03	0,04	0,05	0,06	0,07
Porenbeton, unbehandelt und unlasiert	0,10	0,10	0,10	0,18	0,22	0,27
25 mm Spritzputz mit Vermiculitezusatz	0,05	0,10	0,20	0,55	0,60	0,55
8 mm Schaumstofftapete	0,03	0,10	0,25	0,50	0,70	0,90
Vorhänge gefaltet, 200 mm vor der Wand	0,09	0,55	1,00	0,89	0,93	0,92
20 mm Mineralfaserplatte, offenporig	0,02	0,15	0,50	0,85	1,00	0,95
50 mm Holzwolle-Leichtbauplatte	0,17	0,22	0,42	0,78	0,65	0,95
50 mm Mineralfaserplatte, offenporig	0,30	0,60	1,00	1,00	1,00	1,00
16 mm Akustikplatten in 200 mm Deckenabstand	0,40	0,45	0,60	0,65	0,85	0,85
gelochte Metallkassetten mit 20 mm Faserdämmstoff	0,30	0,70	0,70	0,90	0,95	0,95
PVC, Linoleum, Gummi auf Fußboden	0,01	0,01	0,02	0,02	0,03	0,03
Parkett, versiegelt und aufgeklebt	0,02	0,02	0,03	0,04	0,05	0,06
Teppiche mittlerer Dicke, liegend	0,05	0,08	0,20	0,30	0,35	0,40
mit Zuhörern, Orchester, Chören belegte Fläche	0,60	0,74	0,88	0,96	0,93	0,85
Fläche mit Bestuhlung (Polster mit Stoffbespannung)	0,49	0,66	0,80	0,88	0,82	0,70
Fläche mit Bestuhlung (Lederpolster) ohne Zuhörer	0,44	0,54	0,60	0,62	0,58	0,50

Tafel 10.70b Anforderungen an die Nachhallzeit T für Versammlungsräume

Raumart	Raumvolumen m³	Nachhallzeit s	Norm/Richtlinie
Unterrichtsräume	bis 250	0,8 bis 1,0[1]	Allg. Schulbaurichtlinien für Baden-Württemberg
	bis 500	0,9 bis 1,1[1]	
	bis 750	1,0 bis 1,2[1]	
Musikräume	bis 250	1,2 bis 1,3[1]	
	bis 500	1,3 bis 1,4[1]	
	bis 750	1,4 bis 1,5[1]	
Sporthallen	Fläche 15 m × 27 m	< 2,5[1]	DIN 18 032-1
	teilbar	oberhalb 500 Hz < 3,0[1]	
Sitzungssäle, Versammlungsräume und dergleichen	125	0,6	DIN 18 041
	250	0,7	
	500	0,8	
	1 000	0,9	

[1] Werte gelten für den unbesetzten Raum, im besetzten Raum sinken sie jeweils etwa um 0,2 s.

4.2.2. Vorschläge für die räumliche Verteilung der Absorptionsflächen im Raum

Der Inhalt des Raumes sollte je Hörer zwischen 4 und 6 m³ liegen. In langen Räumen (> 15 m) wird bei Vorträgen die Hörsamkeit besonders für den vorderen und mittleren Zuhörerbereich durch Laufzeitunterschiede zwischen direktem und reflektiertem Schall beeinträchtigt, und zwar auch dann, wenn die Nachhallzeit klein ist. Das menschliche Ohr nimmt zwei Schallereignisse getrennt wahr bei Zeitdifferenzen von mehr als 0,05 s entsprechend einem Laufwegunterschied von etwa 17 m zwischen direktem und reflektiertem Schall. Diese Reflexion wird dann als störendes Echo empfunden, wenn nicht schon vorher energiereiche Reflexionen von anderen Flächen am Ohr eintreffen. Die Rückwand sollte daher schallschluckend verkleidet oder geneigt sein.

Wird ein Raum durch ein Paar zueinander paralleler Flächen begrenzt, die weder gegliedert noch schallschluckend ausgebildet sind, so können störende Flatterechos auftreten. Schrägstellung um mindestens 5° wird empfohlen. Auch weitere in Abb. 10.71 dargestellte Regeln beruhen auf den Gesetzen der geometrischen Raumakustik, für die die Reflexionsgesetze der Optik angenommen werden (Einfallswinkel gleich Reflexionswinkel).

In kleinen Unterrichtsräumen hat sich die Anordnung schallschluckender Streifen von 1 bis 1,5 m Breite an der Decke nach Art eines zum Pult offenen *U* bewährt.

Weitere Einzelheiten hierzu siehe DIN 18 041 – Hörsamkeit in kleinen bis mittelgroßen Räumen, Ausgabe 1968. Wegen der Messung des Schallabsorptionsgrades siehe DIN EN 20 354 – Bestimmung des Schallabsorptionsgrades im Hallraum.

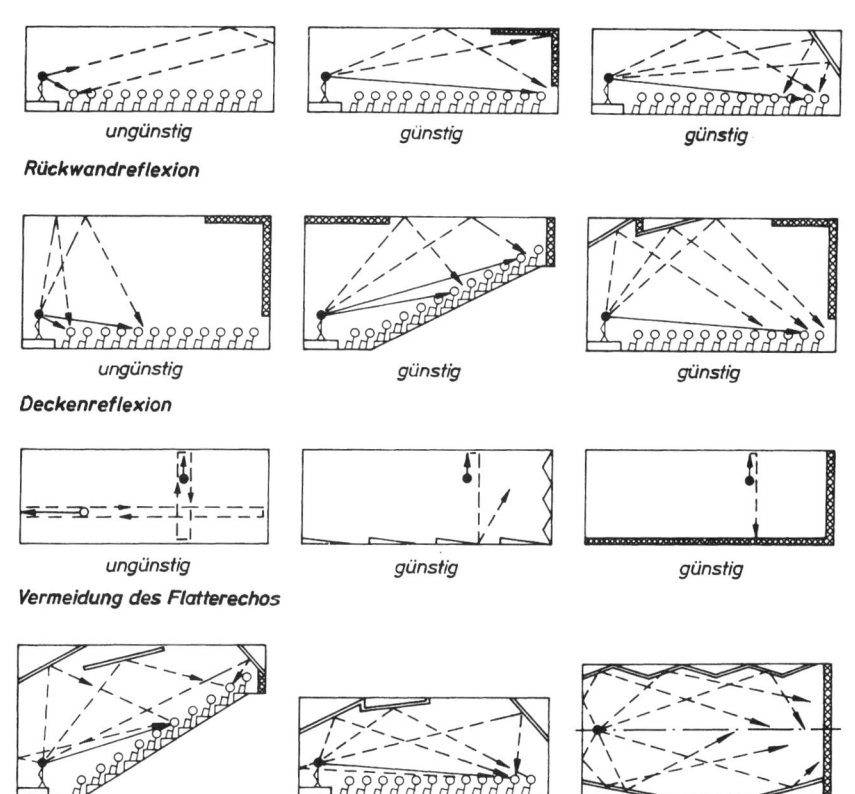

ungünstig — *günstig* — *günstig*
Rückwandreflexion

ungünstig — *günstig* — *günstig*
Deckenreflexion

ungünstig — *günstig* — *günstig*
Vermeidung des Flatterechos

Reflexionen für entfernte Raumbereiche

Abb. 10.71 Regeln für die Anordnung von Absorptionsflächen

5 Brandsicherheit in Gebäuden
5.1 Planerische Grundlagen
5.1.1 Zielvorgaben
Im Falle eines Brandes können Menschen und fremdes Eigentum gefährdet werden. Der Schutz beider ist ein zentrales Anliegen von Verfassungsrang und gehört zur „öffentlichen Sicherheit und Ordnung", konkretisiert innerhalb der Landesbauordnungen. Dem Ziel dienen baulich-planerische, baulich-konstruktive oder betriebliche oder organisatorische Vorkehrungen, die durch örtliche Feuerwehren ergänzt werden. Der Schutz von reinen Sachwerten tritt vergleichsweise in den Hintergrund und ist privatrechtlich/versicherungstechnisch zu organisieren.

5.1.2 Brandschutz als Personenschutz
Jede Nutzungseinheit mit Aufenthaltsräumen muss in jedem Geschoss über mindestens *zwei* voneinander unabhängige Rettungswege erreichbar sein. Der *erste* Rettungsweg ist immer baulich auszuführen. Er wird dadurch gesichert, dass die raumumschließenden Bauteile entlang dieses Weges baurechtlich festgelegte Feuerwiderstandsklassen (F 30 bei Fluren bis Bauart von Brandwänden bei Treppenraumwänden, dichtschließende Türen, Rauchschutztüren, Feuerschutzabschlüsse an Zugängen) aufweisen. Bei Nutzungseinheiten, die nicht zu ebener Erde liegen, besteht der erste Rettungsweg aus horizontalen und vertikalen Abschnitten, nämlich: Gänge im Raum, Wohnungsflure ohne Schutz (max. 25 m [z. B. Versammlungsstätten] bis 50 m [offene Großgaragen] lang, je nach Gebäudetyp), Ausgangstür zum notwendigen Flur, der dann in höchstens 25 bis 30 m lange Rauchabschnitte zu teilen ist, der notwendigen Treppe (im Regelfall in eigenem, durchgehendem, schützendem und zu entrauchendem Treppenraum, der an einer Außenwand liegt) mit dem Ausgang schließlich auf öffentliche Verkehrsflächen. In ausgedehnten Nutzungseinheiten, wie Verkaufsgeschossen, bedarf es ggf. zusätzlicher Treppenräume zum Einhaltung der Entfernungsgrenzwerte. Auf den eigenen Treppenraum kann nur für die innere Verbindung einer höchstens zweigeschossigen Nutzungseinheit (z. B. Maisonettewohnung im Dach) verzichtet werden, wenn in jedem Geschoss ein anderer Rettungsweg erreicht werden kann. Der *zweite* Rettungsweg kann eine mit Rettungsgeräten der Feuerwehr erreichbare (anleiterbare) Fensteröffnung (notwendiges Fenster, mindestens 0,90 m × 1,20 m, Unterkante nicht höher als 1,20 m über Fußboden) oder eine weitere notwendige Treppe (Regelfall für größere Nutzungseinheiten als Wohnungen, wie Beherbergungsstätten, Geschäftshäuser, Versammlungsstätten). Da tragbare Leitern nur bis etwa 7 m Fußbodenhöhe (8 m bis Fensterunterkante) einsetzbar sind, ergeben sich für Gebäude, die nicht „Gebäude geringer Höhe" sind, zusätzliche Auflagen für die Erreichbarkeit des Gebäudes mittels Hubrettungsgeräten/Drehleitern, wie befestigte und ausreichend große und tragfähige Zu- und Durchfahrten, um die je Geschoss notwendigen Fenster zu erreichen. Notwendige Fenster in Dachaufbauten dürfen mit ihrer Unterkante oder einem Austritt davor nicht mehr als 1,20 m von der Traufkante entfernt sein. Hieraus folgt auch, dass an Wohnwegen nur Gebäude geringer Höhe gebaut werden können und auch diese nur max. 50 m lang sein dürfen. Hochhäuser (Aufenthaltsräume auch noch höher als 22 m) können nicht mehr vollständig angeleitert werden; daher werden zwei unabhängige Treppenräume benötigt, die durch (mind.) einen Sicherheitstreppenraum ersetzt werden können.

5.1.3 Wirksame Löscharbeiten
5.1.3.1 Sofortmaßnahmen
Zur frühzeitigen Branderkennung werden Brandmeldeanlagen erforderlich. Der sofortigen Brandbekämpfung als Selbsthilfemaßnahme dienen tragbare Feuerlöscher, wenn die Bedeutung des Personen-/Sachschutzes nicht weitergehende automatische Löscheinrichtungen erfordert.

5.1.3.2 Hilfen für die Feuerwehr am Grundstück
Gebäude können nur an befahrbaren öffentlichen Verkehrsflächen errichtet werden. Von dörflichen Gebieten abgesehen, besteht die Feuerwehr aus mindestens einer Löschgruppe (bei Berufsfeuerwehren einem Löschzug und Löschgruppen). Aufgrund der Mannschaftsstärke kann eine Löschgruppe 3 C-Rohre oder zwei B-Rohre bedienen. Für letztere ist eine Wasserversorgung, insbesondere aus der Trinkwasserversorgung, von mindestens 800 ℓ/min aufzubauen bzw. vorzuhalten. Erleichterungen von sonst üblichen Bauvorschriften nach der Industriebaurichtlinie setzen voraus, dass am Grundstück für hinreichend lange Zeit eine Wasserversorgung von 3200 ℓ/min gesichert ist. Trockene und nasse Steigleitungen im Gebäude helfen die Wasserverteilung zu beschleunigen.

5.1.3.3 Brandabschnittsbildungen

Brände, die sich ungehindert auf große Flächen ausdehnen können, gelten als nicht mehr beherrschbar. Flächenbränden kann nur durch die Bildung von Brandabschnitten begegnet werden. Dies sind entweder ganze Gebäude, die voneinander durch Abstandsflächen getrennt, oder Gebäudeteile, die, aneinandergebaut, durch innere Trennwände bzw. Gebäudeabschlusswände von der Qualität von Brandwänden in Teilflächen aufgeteilt sind. Ausgedehnte Gebäude müssen im Regelfall in Abständen von 40 m unterteilt werden (Brandabschnittsfläche also maximal $40 m \cdot 40 m = 1600 m^2$).

Tafel 10.73 Brandabschnittsflächen (Nutzflächen) in m^2 als Ausnahme

Garagen offen	Garagen geschlossen	Verkaufsstätten	Schulen allg. ebenerdig		Krankenhäuser	
$5000^{1)}$	$2500^{1)}$	$5000^{1)2)3)}$	$3000^{1)2)}$	5000	$2000^{3)4)}$	1) Doppelter Wert bei Sprinkleranlage. 2) Verteilt bis auf drei Geschosse. 3) Brandwandabstände 50 m. 4) In jedem Obergeschoss muss ein zweiter Brandabschnitt stufenlos erreicht werden können.

Größere Brandbekämpfungsabschnitte sind im Industriebau in Abhängigkeit von der Brandschutzklasse, ermittelt nach DIN 18 230-1, ggf. in Verbindung mit Wärmeabzugsanlagen (RWA), zulässig.

5.1.4 Erforderliche Baustoffe und Bauteile
5.1.4.1 Begriffe
❶ **Bauliche Anlagen besonderer Art oder Nutzung**

Für bauliche Anlagen und Räume besonderer Art oder Nutzung können besondere Anforderungen gestellt oder Erleichterungen gestattet werden. Dies gilt je nach Landesrecht z. B. für **Hochhäuser** (Aufenthaltsräume über 22 m), **Geschäftshäuser** (Verkaufsstätten mit zusammen mehr als 2000 m² Nutzfläche), **Versammlungsstätten** (Räume mit Bühne für mehr als 100, sonst Räume für zusammen mehr als 200 Besucher; Gaststätten, Kirchen oder Ausstellungshallen gelten nicht als VStätt.), **Gaststätten** (auch Beherbergungsbetriebe mit mehr als 8 Gastbetten), **Krankenhäuser** (einschließlich Polikliniken), **Industriebauten** (Produktions- oder Lagergebäude nur eines Unternehmens), **Garagen** (Kleingaragen bis 100 m², Mittelgaragen bis 1000 m², sonst Großgaragen), zusätzlich ggf. **Schulen, Betriebsräume elektrischer Anlagen, Fliegende Bauten.**

❷ **5.1.4.2 Feuerwiderstandsklassen nach DIN 4102**

Die Bezeichnungen enthalten einen **Buchstaben** für die Art des Bauteils (F für Wände, Decken, Stützen, Balken, Treppen) und eine **Zeitangabe** (30, 60, 90, 120, 180) als Mindestdauer in Minuten, für die das Bauteil den in DIN 4102 genormten Versuchsbränden widersteht (z. B. F 90). **Bauteile** der Klasse F erhalten Zusatzbuchstaben zur Beschreibung der Brennbarkeit der verwendeten Baustoffe (z. B. F 90 – A). – **A:** das das Brandverhalten bestimmenden Schichten sind alle nichtbrennbar, bei – **AB** sind wenigstens wesentliche Bestandteile nichtbrennbar. Hierzu gehören alle tragenden oder aussteifenden Teile und eine in Bauteilebene durchgehende Schicht, die bei der Brandprüfung nicht zerstört werden darf. – **B:** beliebige (auch brennbare) Baustoffe.

Folgende Buchstaben gelten für Sonderbauteile: **W** nichtbrennbare Außenwände; **T** Türen, Tore; **G** Verglasungen, die beim Brand durchsichtig bleiben, wie Glaskeramik, Drahtglas; **L** Lüftungsleitungen; **K** Klappen im Zuge von Lüftungsleitungen; **R** Rohrleitungen; **I** Installationsschächte. Sonderbauteile dienen dem Schutz von „Schwachstellen" im Abschluss von Räumen, insbesondere Öffnungen. Sie gelten als „Vorkehrungen gegen die Übertragung von Feuer und Rauch". Sonderbauteile sind zunächst die **Feuerschutzabschlüsse** (Feuerschutztüren, -tore, -klappen), die zur Funktionsfähigkeit gleichzeitig selbstschließend sein müssen, also Türschließer haben müssen. Genannt werden müssen aber auch G-Verglasungen (auch im Brand durchsichtig) und F-**Verglasungen** (nach Brandausbruch undurchsichtig), **Rohrabschottungen, Kabelschotts** und (Klappen in) **Lüftungsleitungen** zur Verhinderung der Brandweiterleitung entlang haustechnischer Anlagen und **Fahrschachttüren** zur Sicherung des Feuerüberschlagsweges über den Aufzugschacht. Die genannten Sonderbauteile sind einbaufertige, funktionsfähige komplette Bauteile (enthalten also z. B. Zargen, Rahmen, Dichtungen und Befestigungsmittel), sind in aller Regel zulassungspflichtig, kennzeichnungspflichtig und unterliegen der Güteüberwachung bei der Herstellung. Einzelheiten über das besonders wichtige Sonderbauteil **Brandwand** siehe Seite 10.82. Eine solche Bauart ist in höheren Gebäuden in der Regel auch für Treppenraumwände vorgeschrieben!

❸ **5.1.4.3 Baustoffklassen nach DIN 4102-1**

A, A1, A2 nichtbrennbar, **B1** schwerentflammbar, **B2** normalflammbar, **B3** leichtentflammbar, oder allgemein **B** brennbar, beschreiben das Brandverhalten im Entstehungsfeuer.

5.1.4.4 Bauaufsichtliche Anforderungen

Anforderungen an die Bauausführung (Baustoffe, Bauteile) ergeben sich unmittelbar aus den Landesbauordnungen und nicht – wie beim Wärme- und Schallschutz – aus jeweils einer als Technische Baubestimmung eingeführten Norm. Die Anforderungen sind in einigen Bundesländern verbal formuliert (s. Tafel 10.74, Spalte 3), erhalten aber ihren technischen Sinn aus der Prüfnorm DIN 4102, Generaltitel „**Brandverhalten von Baustoffen und Bauteilen, Begriffe, Anforderungen und Prüfungen**", und den Untertiteln

DIN 4102-1 –	Baustoffe	
DIN 4102-2 –	Bauteile	
DIN 4102-3 –	Brandwände und nichttragende Außenwände	
DIN 4102-5 –	Feuerschutzabschlüsse, Abschlüsse in Fahrschachtwänden und gegen Feuer widerstandsfähige Verglasungen	
DIN 4102-6 –	Lüftungsleitungen	
DIN 4102-7 –	Bedachungen	
DIN 4102-9 –	Kabelabschottungen	
DIN 4102-11 –	Rohrummantelungen, Rohrabschottungen, Installationsschächte und -kanäle sowie Abschlüsse ihrer Revisionsöffnungen	
DIN 4102-12 –	Funktionserhalt von elektrischen Kabelanlagen	
DIN 4102-13 –	Brandschutzverglasungen	
DIN 4102-14 –	Bodenbeläge	
DIN 4102-18 –	Feuerschutzabschlüsse; Nachweis der Eigenschaft selbstschließend (Dauerfunktionsprüfung)	

Als Sammlung von **Ausführungsbeispielen**, die ohne zusätzlichen Nachweis verwendet werden dürfen, gilt DIN 4102-4 (1994) „— — Zusammenstellung und Anwendung klassifizierter Baustoffe, Bauteile und Sonderbauteile". Dieser umfänglichen Norm sind die Beispiele der Abschnitte 5.2 entnommen.

Tafel 10.74 Verbale bauaufsichtliche Anforderungen und ihre Übersetzungen in DIN 4102

1	2	3	4	5	
Zeile		verbale Anforderung	mind. Klasse	nach Teil	Bemerkungen, Hinweise
1	Baustoffe	dürfen nach Einbau nicht leichtentflammbar sein; **brennbar,** normalentflammbar	B 2	1	**Mindestanforderung** für Baustoffe, Verbot von Baustoffen, die nach Einbau (noch) leichtentflammbar sind
2		schwerentflammbar	B 1	1	allgemeine bauaufsichtliche Zulassung erforderlich[1)]
3		**nichtbrennbar**	A 1/A 2	1	
4		**feuerhemmend**	F 30–B	2	also für 30 min im Normbrand widerstandsfähig
5		selbstschließende und feuerhemmende Tür	T 30	5	allgemeine bauaufsichtliche Zulassung erforderlich[1)]
6	Bauteile	feuerhemmend und in den tragenden Bauteilen aus nichtbrennbaren Baustoffen	F 30–AB	2	s. Erläuterung in 5.1.4.2 oben
7		**feuerbeständig**	F 90–A	2	keine Bedenken gegen F 90 – AB
8		selbstschließende und feuerbeständige Tür	T 90	5	allgemeine bauaufsichtliche Zulassung erforderlich[1)]
9		Brandwand	–	3	über „feuerbeständig" hinausgehende Anforderungen
10		widerstandsfähig gegen Feuer (Verglasungen)	G 60	13	allgemeine bauaufsichtliche Zulassung erforderlich
11		Lüftungsleitungen: Feuer und Rauch nicht in andere Geschosse, Brandabschnitte, Treppenräume übertragen	L 30 bis L 120	6	sonst in Wand- und Deckenebene Klappen ≥ K 30 nach Teil 6 verwenden. Zulassung erforderlich.
		Fahrschachttüren: sinngem. wie oben	–	5	Zulassung erforderlich[1)]
12		Vorkehrungen gegen Brandübertragungen (Rohre und Leitungen)	R 30 bis R 120	11	Kabelschotts mit Klassen S 30 bis S 180 nach Teil 9, sinngemäß nach Teil 11
13		harte Bedachung	–	7	Flugfeuer, Wärmestrahlung

[1)] Soweit nicht durch DIN 4102-4 und eingeführte Konstruktionsnorm ausgenommen.

Die zur Verhinderung der Brandausbreitung im Gebäude oder des Einsturzes von Gebäudeteilen wichtigen Anforderungen an den Feuerwiderstand von **Bauteilen** lassen sich „Sicherheitsniveaus" zuordnen, die entsprechend der Höhe und der Grundfläche des Gebäudes und der Gefährlichkeit der Nutzung schrittweise für die einzelnen Teile des Baus (Wände, Decken, Rettungswege, Öffnungen, Schächte) abgestuft werden (s. Tafel 10.74). Zusätzliche Anforderungen ergeben sich aus „Sonderbauordnungen" (für Versammlungsstätten, Geschäftshäuser, Krankenhäuser, Garagen). Als Beispiel der in den Bauordnungen der Bundesländer gestellten Anforderungen kann Tafel 10.75 gelten.

Tafel 10.75 Mindestanforderungen des baulichen Brandschutzes nach der BauO NW (2000)

	Gebäude Bauteile	Frei stehende Wohngebäude mit nicht mehr als einer Wohnung[1]	Wohngebäude geringer Höhe mit nicht mehr als zwei Wohnungen	Gebäude geringer Höhe (kein Fußboden eines Aufenthaltsraumes über 7 m)	Andere Gebäude
1	Tragende und aussteifende Wände, Pfeiler und Stützen	keine	F 30–B	F 30–B	F 90–AB[5]
2	wie vor, jedoch in Kellergeschossen	keine	F 30–AB	F 90–AB	F 90–AB
3	Nichttragende Außenwände, nichttragende Teile von Außenwänden	keine	keine	keine	A oder F 30
4	Oberflächen von Außenwänden, Außenwandbekleidungen und Dämmstoffe in Außenwänden	B 2	B 2[2]	B 2[2]	B 1
5	Trennwände	–	F 30–B	F 30–B	F 90–AB
6	wie vor, jedoch in obersten Geschossen von Dachräumen	–	F 30–B	F 30–B	F 90–B
7	Gebäudeabschlusswände, Gebäudetrennwände	–	F 90–AB	Brandwand[3][4]	Brandwand
8	tragende Teile von Treppen	keine	keine	A	F 90–A
9	Decken	keine	F 30	F 30	F 90–AB
10	Decken über Kellergeschossen	keine	F 30	F 90–AB	F 90–AB
11	Decken im Dachraum, über denen Aufenthaltsräume möglich sind	keine	F 30	F 30	F 90
12	Decken im Dachraum, über denen Aufenthaltsräume nicht möglich sind	keine	keine[6]	keine[6]	keine[6]

[1] Gilt auch für andere frei stehende Gebäude ähnlicher Größe sowie für frei stehende landwirtschaftliche Betriebsgebäude.
[2] Bei der Verwendung normalentflammbarer Baustoffe (B 2) muss durch geeignete Maßnahmen eine Brandausbreitung auf Nachbargebäude verhindert werden.
[3] Auch F 90–AB zulässig, wenn diese wie Brandwände eingebaut werden (§ 33, Absatz 2 bis 6).
[4] Bei Reihenhäusern auch Doppelwand F 30/F 90 zulässig.
[5] In Geschossen im Dachraum, über denen Aufenthaltsräume möglich sind: F 90–B.
[6] Werden Trennwände nach Zeile 5 nicht bis unter die Dachhaut geführt sondern nur bis unter die Rohdecke, so muss diese Decke einschließlich der sie tragenden Bauteile mindestens F 30 sein.

5.2 Bauteile für den Brandschutz

5.2.1 Brandverhalten von Stahlbauteilen

Wegen der hohen Stahlfestigkeit besitzen tragende Bauteile nur geringe Querschnitte. Aufgrund der hohen Wärmeleitfähigkeit erreichen diese im Brandfall rasch ($<$ 30 min) „kritische Stahltemperaturen" crit T, also Temperaturen, bei denen die Streckgrenze des Stahls auf die im Bauteil jeweils vorhandene Stahlspannung absinkt. crit T beträgt für die in den baustatischen Regelwerken zulässigen Beanspruchungen etwa 500 °C. Um Klassifizierungen F 30 bis F 180 zu erreichen, ist im Allgemeinen die Anordnung einer Bekleidung erforderlich. Es kommen in Frage: Putze mit, in Sonderfällen ohne Putzträger, Platten mit Faserzusatz, z. B. Gipskarton- oder Faserzementplatten, Vermiculite usw. als Zuschlagstoffe mit organischen und mineralischen Bindemitteln, Unterdecken und andere Vorsatzschalen, dämmschichtbildende Brandschutzbeschichtungen (bis F 60). Herstellerverzeichnisse s. Stahlbau-Kalender.

Die erforderliche Leistungsfähigkeit der Bekleidung steigt mit zunehmendem U/A, d. h. mit dem Verhältnis von beflammtem Umfang U zu Stahlquerschnittsfläche A. Bei profilfolgender Bekleidung ist U die Anstrichfläche pro Meter Profillänge, bei kastenförmiger Bekleidung der entsprechende Anteil an $(2h+2b)$ (h Höhe, b Breite).

Tafel 10.76 gibt Beispiele für die Dicken notwendiger Bekleidungen bei Stützen und Balken. Stahlbauteile können auch mit konstruktiv bewehrtem Beton (50 mm dick) oder Mauerwerk (im Verband) für F 90-A bekleidet werden (z. B. 50 mm´ Porenbeton, 71 mm Ziegel/Kalksandsteinen oder 80 mm Wandbauplatten aus Gips).

Unbekleideter Stahl kann für tragende/aussteifende Bauteile nur eingesetzt werden, wenn eine Feuerwiderstandsklasse nicht erforderlich ist. Dies setzt in der Regel ein besonderes Brandschutzkonzept oder im Industriebau eine Brandschutzbemessung nach DIN 18 230-1 voraus. Der Versuch lohnt bei Bauvorhaben mit nachweisbar geringem Brandgefahrenpotential für Menschen oder geringen Brandbelastungen aus der Nutzung.

Tafel 10.76 Stützen und Träger mit Bekleidung aus Putz oder Gipskartonplatten
(nach DIN 4102-4)

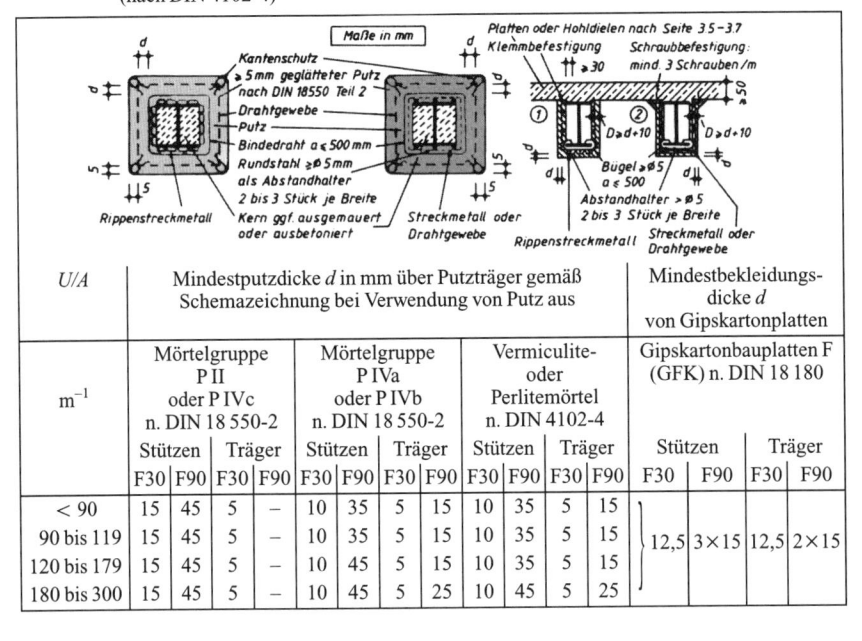

U/A m^{-1}	Mindestputzdicke d in mm über Putzträger gemäß Schemazeichnung bei Verwendung von Putz aus								Mindestbekleidungsdicke d von Gipskartonplatten			
	Mörtelgruppe P II oder P IVc n. DIN 18 550-2				Mörtelgruppe P IVa oder P IVb n. DIN 18 550-2				Vermiculite- oder Perlitemörtel n. DIN 4102-4		Gipskartonbauplatten F (GFK) n. DIN 18 180	
	Stützen		Träger		Stützen		Träger		Stützen	Träger	Stützen	Träger
	F30	F90	F30	F90	F30	F90	F30	F90	F30	F90	F30	F90	F30	F90
$<$ 90	15	45	5	–	10	35	5	15	10	35	5	15		
90 bis 119	15	45	5	–	10	35	5	15	10	35	5	15	12,5	3×15	12,5	2×15
120 bis 179	15	45	5	–	10	45	5	15	10	35	5	15		
180 bis 300	15	45	5	–	10	45	5	25	10	45	5	25		

5.2.2 Brandverhalten von Stahlverbundkonstruktionen

Verbundbauteile bestehen aus Stahlbauprofilen und (bewehrtem) Beton, die in ihrer Tragfähigkeit planmäßig zusammenwirken und so die Vorteile des Stahlbetonbaus (preisgünstiger Werkstoff, Brandschutz vom Werkstoff gewährleistet) und des Stahlbaus (hohe plastische Verformbarkeit, hochentwickelte Verbindungstechnik und weitere) vereinigen. Prinzipielle Querschnittsformen sind in Abb. 10.77 dargestellt. Das Brandverhalten lässt sich gegenüber dem unbekleideter Stahlbauteile in Richtung Stahlbeton deutlich verschieben, indem z. B. Teile der Stahlquerschnitte durch Betonquerschnitte abgedeckt und damit „bekleidet" und einer direkten Beflammung entzogen werden (abgestuft z. B. in der Reihenfolge der Abb. 10.77a bis d): Benötigen Verbundträger nach Abb. 10.77a eine Feuerwiderstandsklasse, so sind die Stahlbauprofile zu ummanteln oder durch Unterdecken zu schützen. Stützen, Balken und Platten nach Abb. 10.77b und c erreichen dagegen höhere Feuerwiderstandsdauern, wenn die bei Raumtemperatur zulässigen Lasten abgemindert werden. Günstig ist das in Abb. 10.77d erkennbare Prinzip.

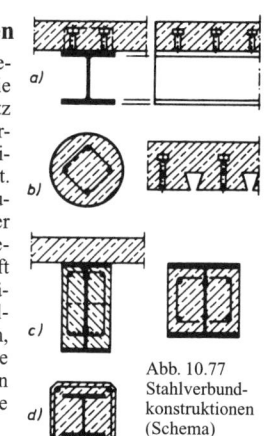

Abb. 10.77 Stahlverbundkonstruktionen (Schema)

Klassifizierte Verbundbauteile unter Verwendung handelsüblicher Walzprofile nach DIN EN 10 025 und von Schweißprofilen in Verbindung mit Normalbeton der Festigkeitsklasse B 25 nach DIN 1045 sind in DIN 4102-4 beschrieben. Vertiefte Details im „Verbundbau-Brandschutz-Handbuch", Verlag W. Ernst & Sohn, Berlin. Hinweis auch auf Merkblatt 117 des Stahl-Informationszentrums, Düsseldorf.

5.2.3 Brandverhalten von Mauerwerk

Die hier verwendeten „massiven" Baustoffe besitzen gegenüber Stahl eine um rund zwei Zehnerpotenzen kleinere Wärmeleitfähigkeit. Wegen der um etwa eine Zehnerpotenz geringeren Festigkeit sind Bauteile aus diesen Baustoffen von großem Querschnitt und besitzen eine große Masse. Bei einem Brand erwärmen sich tragende bzw. durchwärmen raumabschließende Bauteile viel langsamer als ungedämmte Stahlbauteile. Sie besitzen „schon von Hause" eine Feuerwiderstandsfähigkeit, die durch Putz noch vergrößert wird.

Tafel 10.77 Mindestwerte von Wänden aus Mauerwerk und Wandbauplatten nach DIN 4102-4
(einseitige Brandbeanspruchung)
Die ( )-Werte gelten für Wände mit beidseitigem Putz.

Zeile	Konstruktionsmerkmale	Feuerwiderstandsklasse		
		F 30-A	F 60-A	F 90-A
1	Mindestdicke d in mm **nichttragender Wände** aus Mauersteinen und Wandbauplatten, je nach Art und Steinformaten (Einzelheiten s. DIN 4102-4, Tabelle 38)	60 bis 115 (50 bis 70)	75 bis 115 (50 bis 80)	80 bis 115 (80 bis 100)
2	Mindestdicke d in mm[1]) tragender Wände aus Porenbeton-Block- und Plansteinen nach DIN 4165 Leichtbeton Hohlblöcken DIN 18 151, Vollsteine/-Blöcken DIN 18 152, Beton-Mauersteinen Mauerziegeln DIN 105-1 (Voll- und Hochlochziegel) Mauerziegeln DIN 105-2 (Leichthochlochziegel) Kalksandsteinen DIN 106-1, 1 A 1 und 2	115 (115) 175 (140) 115 (115) – (115) 115 (115)	175 (150) 175 (140) 115 (115) – (115) 115 (115)	240 (175) 175 (140) 175 (115) – (115) 115 (115)
3	Mindestdicke/-breite d/b[1]) von **tragenden Pfeilern** bzw. nicht raumabschließenden Wandteilen (Wand: 2 ungeteilte Steine und $A \geq 0{,}1 \text{ m}^2$) aus Vollziegeln DIN 105-1 aus Kalksandsteinen DIN 106-1,1 A 1 und 2	175/490 oder 240/365 300/300 115/(365) 175/240 240/175	175/615 oder 240/490 300/365 115/990 175/240 240/175	175/730 oder 240/615 300/490 115/(990) 175/300 240/240

[1]) Geringere Dicken bei Ausnutzungsfaktoren < 1 zulässig. Einzelheiten s. DIN 4102-4.

5.2.4 Brandverhalten von Stahlbeton

Bei Einhaltung jeweils bestimmter Mindestabmessungen ist die Druckzone von Beton auch ohne zusätzliche Bekleidung jeweils ausreichend feuerwiderstandsfähig. Gefahren können jedoch von den Bewehrungsstählen im (Biege-)Zugbereich ausgehen. Sie werden vorzugsweise ausgeschaltet durch einen ausreichend bemessenen Achsabstand der Hauptbewehrung (s. Abb. 10.78). Fehlende Betonüberdeckung kann ggf. durch Putzbekleidungen ersetzt werden (Einzelheiten Seite 10.79 unten). Nach den Bemessungsnormen des Stahlbetonbaus (z. B. DIN 1045) ist eine Mindestüberdeckung unverzichtbar, sodass sich allgemein ein Achsabstand bei üblichen Stahldurchmessern ergibt, der für die Feuerwiderstandsklassen F 30-A und F 60-A ausreicht. Lediglich bei Balken (s. Tafel 10.79b) kann sich wegen der zweidimensionalen Wirkung der Kanten ein größerer Achsabstand als 25 mm ergeben, der sonst erst bei Feuerwiderstandsklassen $\geq$ F 90-A benötigt wird.

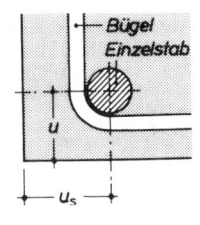

Abb. 10.78 Definition des Achsabstands der Bewehrung

Ausführliche Angaben, auch für Betone mit besonderen Zuschlagstoffen, findet man im Beton-Brandschutz-Handbuch von Kordina und Meyer-Ottens, Beton-Verlag, Düsseldorf.

Tafel 10.78a Mindestdicke und Mindestachsabstand der Bewehrung von Wänden aus Stahlbeton

	Konstruktionsmerkmale	Feuerwiderstandsklasse		
		F 30-A	F 60-A	F 90-A
1	**nichttragende Wände** bei einseitiger Beanspruchung Mindestwanddicke d in mm	80	90	100
2	**tragende Wände** bei ein- (mehrseitiger) Beanspruchung Mindestwanddicke in mm u in mm der Längsbewehrung	120 (120) 10	130 (140) 10[1]	140 (170) 25[1]

[1] $u = u_s$ am Rand großer Öffnungen 25 mm (F 60-A) bzw. 35 mm (F 90-A).

Tafel 10.78b Mindestdicke und Mindestachsabstand der Bewehrung Stahlbetonplatten ohne Hohlräume

	Konstruktionsmerkmale	Feuerwiderstandsklasse		
		F 30-A	F 60-A	F 90-A
1	**Mindestdicke,** Platten ohne (mit) Estrich			
	$D = d +$ Estrichdicke in mm	80	80	100
	min d bei schwimmendem Estrich (Dämmstoff Klasse A)	80	80	80
	Platten, punktförmig gestützt, mit (ohne) Stützenkopfverstärkung (unabhängig von Estrich)	150 (150)	150 (200)	150 (200)
2	**Mindestachsabstand** u in mm der Feldbewehrung			
	1-achsig gespannte Platten[1]	10	25	35
	1-achsig mit konstruktivem Querabtrag ($b/l \leq 1,0$)[1]	10	10	20
	2-achsig, dreiseitig gelagert mit $l_x/l_y > 1$	10	25	35
	mit $1,0 \geq l_x/l_y \geq 0,7$	10	20	30
	mit $l_x/l_y < 0,7$ [1)2)]	10	15	25
	2-achsig, vierseitig gelagert mit $l_x/l_y \leq 1,5$ [1)2)]	10	10	15

[1] Die Werte dieser Zeile gelten auch für durchlaufende oder eingespannte sowie punktförmig gestützte Stahlbetonplatten aus Normalbeton mit Stütz- bzw. Einspannbewehrung nach DIN 1045.
[2] Gilt unabhängig vom Seitenverhältnis.

Tafel 10.79a Mindestdicke und Mindestachsabstand der Bewehrung von Stahlbetonstützen aus Normalbeton nach DIN 4102-4

Zeile	Konstruktionsmerkmale	Feuerwiderstandsklasse		
		F 30-A	F 60-A	F 90-A
1	**unbekleidete Stützen bei mehrseitiger Brandbeanspruchung** Mindestdicke d in mm bei			
	Ausnutzungsfaktor $\alpha_1 = 0{,}3$	150	150	180
	Ausnutzungsfaktor $\alpha_1 = 0{,}7$	150	180	210
	Ausnutzungsfaktor $\alpha_1 = 1{,}0$	150	200	240
	Mindestachsabstand der Bewehrung	Mindestwerte für c nach DIN 1045		
2	**unbekleidete Stützen bei einseitiger Brandbeanspruchung** Mindestdicke d in mm	120	120	140
	Mindestachsabstand der Bewehrung	Mindestwerte für c nach DIN 1045		
3	**Stützen mit Putzbekleidung** Die angegebenen Maße dürfen bei Anordnung einer mit Drahtgeflecht nach DIN 1200 bewehrten Putzbekleidung auch unterschritten werden, wenn als Ersatz für je 10 mm Normalbeton 8 mm Putzmörtel der Gruppen P II und P IV a bis P IV c nach DIN 18 550-2, zusätzlich 5 mm Glättputz über Bewehrung, verwendet wird. Einzelheiten in DIN 4102-4.			
	Verbleibende Mindestdicken jedoch	140	140	160

Tafel 10.79 b Zugbewehrung von 1- bis 4-seitig beanspruchten, statisch bestimmt gelagerten Stahlbetonbalken aus Normalbeton nach DIN 4102-4

Zeile	Konstruktionsmerkmale	Feuerwiderstandsklasse		
		F 30-A	F 60-A	F 90-A
1	Mindestachsabstände $u^{1)}$ und $u_s^{1)}$ sowie Mindeststabzahl $n^{2)}$ der Zugbewehrung **unbekleideter, einlagig bewehrter Balken** bei einer Balkenbreite b in mm von	≤ 80	≤ 120	≤ 150
	u in mm	≤ 25	≤ 40	≤ 55[3)]
	u_s in mm	≤ 35	≤ 50	≤ 65
	n	≤ 1	≤ 2	≤ 2
2	bei einer Balkenbreite b in mm von	≤ 120	≤ 160	≤ 200
	u in mm	≤ 15	≤ 35	≤ 45
	u_s in mm	≤ 25	≤ 45	≤ 55
	n	≤ 2	≤ 2	≤ 3
3	bei einer Balkenbreite b in mm von	≤ 160	≤ 200	≤ 250
	u in mm	≤ 12	≤ 30	≤ 40
	u_s in mm	≤ 22	≤ 40	≤ 50
	n	≤ 2	≤ 3	≤ 4
4	bei einer Balkenbreite b in mm von	≥ 200	≥ 300	≥ 400
	$u = u_s$ in mm	≤ 12	≤ 25	≤ 35
	n	≤ 3	≤ 4	≤ 5

[1)] Zwischen den u- und u_s-Werten darf für andere Balkenbreiten b geradlinig interpoliert werden.
[2)] Die geforderte Mindeststabzahl n darf unterschritten werden, wenn der seitliche Achsabstand u_s pro entfallendem Stab jeweils um 10 mm vergrößert wird: Stabbündel gelten als ein Stab.
[3)] Die Tabellenwerte gelten auch für **Spannbetonbalken;** die Mindestachsabstände u und u_s sind jedoch um die folgenden Δu-Werte zu erhöhen.
Bei vergüteten Drähten mit crit $T = 450\,°C$ um $\Delta u = 5$ mm und
bei kaltgezogenen Drähten und Litzen mit crit $T = 350\,°C$ um $\Delta u = 15$ mm
Sofern die Mindestachsabstände u oder u_s mit 12 mm angegeben sind, dürfen die Δu-Werte um 2 mm verringert werden.

● **Putzbekleidungen.** Wenn Stahlbeton- oder Spannbetonbauteile in brandschutztechnischer Hinsicht nachträglich verstärkt werden müssen, so kann der für die höhere Feuerwiderstandsklasse notwendige Achsabstand – z. T. auch die erforderlichen Querschnittsabmessungen – durch Putzbekleidungen ersetzt werden. Einen passenden Putzuntergrund vorausgesetzt, können Putze P II oder P IV a bis IV c auch ohne Putzträger verwendet werden, wobei günstigstenfalls innerhalb der maximal zulässigen Putzdicke bis zu 25 mm fehlender Normalbeton (20 mm Porenbeton) ersetzt werden können. Bei Verwendung nichtbrennbarer Putzträger, z. B. Drahtgewebe, Rippenstreckmetall, die sorgfältig überlappt und verankert werden müssen, können bis zu rund 30 mm Normalbeton (25 mm Porenbeton) ersetzt werden. Dies gilt auch für Bauteile mit in massiven Schichten eingebetteten Stahlträgern (Beton-, Kappen-, Hourdisdecken), bei denen 25 mm Putz der Mörtelgruppen P IV a und b nach DIN 18 550-2 für F 90 ausreichen.

5.2.5 Brandverhalten von Bauteilen aus Holz und Holzwerkstoffen

Soweit Holz ohne Bekleidung dem Brand ausgesetzt wird, verbleibt ein mit der Zeit abnehmender, durch Holzkohle geschützter tragfähiger Restquerschnitt. Die Feuerwiderstandsklasse ungeschützter tragender Holzbauteile wird somit durch den Ausgangsquerschnitt und die Spannungsausnutzung bestimmt. Durch Bekleidung, z. B. mit Gipskartonplatten (GKF), Sperrholz oder Spanplatten, kann die Entzündung des tragenden Holzes verzögert werden. Raumabschließende Holzbauteile (Wände oder Holzbalkendecken) erhalten eine Feuerwiderstandsklasse durch die Dicke und Qualität der Bekleidungen (auch aus Putz) und/oder (nichtbrennbare) Dämmstoffe, auch Holzwolle-Leichtbauplatten, im Bauteilquerschnitt. Holzbauteile können im Sinne von Tafel 10.74 nicht „feuerbeständig" sein, da sie immer den Zusatzbuchstaben „-B", z. B. F 90-B, tragen. Bei Verwendung anstelle „feuerbeständiger Bauteile" ist Genehmigung im Einzelfall erforderlich.

DIN 4102-4 (3.94) enthält eine Fülle von Konstruktionsdetails für Fachwerkwände, Holztafelwände, Holzbalkendecken, Dächer, Balken, Stützen, Zugglieder und Verbindungsmittel. Weitere Informationen über die Arbeitsgemeinschaft Holz, Düsseldorf. Hier werden nur einige Angaben zur Darstellung einer Größenordnung wiedergegeben.

Tafel 10.80 Raumabschließende[1] Wände aus Holztafeln, auch unter Verwendung von Gipskartonplatten nach DIN 4102-4

Zeile	Konstruktionsmerkmale Abkürzungen: MF = Mineralfaser-Platten oder -Matten	Holzrippen		Beplankung(en) und Bekleidung(en) Mindestdicke von		Dämmschicht Mindest-			Feuerwiderstandsklasse
		Mindestabmessungen	zul. Spannung	Holzwerkstoffplatten (Mindestrohdichte) $\varrho =$ 600 kg/m³	Gipskartonbauplatten F (GKF)	Dicke von Mineralfaser-Platten oder -Matten	Rohdichte	Dicke von Holzwolle-Leichtbauplatten	
		$b_1 \times d_1$	σ_D	d_2	d_3	D	ϱ	D	
		mm × mm	N/mm²	mm	mm	mm	kg/m³	mm	
1		40 × 80[2]	2,5	13[3]		80	30		F 30-B
2			2,5	13[3]		40	50		
3			1,25	8[3]		60	100		
4			2,5	13[3]				25	
5			2,5	0	12,5[7]	60	30		
6			2,5	2 × 16[4]		80	30		
7			2,5	2 × 16[4]		60	50		F 60-B
8			1,25	19[5]		80	100		
9			0,5	8	12,5[7]	80	100		
10			0,5	2 × 19[6]		100	100		
11			0,5	2 × 19[6]				75	F 90-B

[1] Wegen tragender, nicht raumabschließender Wände siehe DIN 4102-4, Tabelle 50.
[2] Bei nichttragenden Wänden muss $b_1 \times d_1 \geq 40$ mm × 40 mm sein.
[3] Einseitig ersetzbar durch GKF-Platten mit $d \geq 12,5$ mm oder GKB-Platten mit $d \geq 18$ mm oder $d \geq 2 \times 9,5$ mm.
[4] Die jeweils raumseitige Lage darf durch Gipskarton-Bauplatten entsprechend Fußnote 3 ersetzt werden.
[5] Einseitig ersetzbar durch GKF-Platten mit $d \geq 18$ mm.
[6] Die jeweils raumseitige Lage darf durch Gipskarton-Bauplatten F mit $d \geq 18$ mm ersetzt werden.
[7] Anstelle von 12,5 mm dicken GKF-Platten dürfen auch GKB-Platten mit $d \geq 18$ mm oder $d \geq 2 \times 9,5$ mm verwendet werden.

Hinweise: a) In allen raumabschließenden Wänden sind Dämmschichten aus Faserdämmstoffen nach DIN 18 165, Baustoffklasse A 1 mit Schmelzpunkt ≥ 1000 °C oder Holzwolle-Leichtbauplatten notwendig. Sie sind gegen Herausfallen zu sichern.

b) Sehr ähnliche Konstruktionen sind möglich in der Form von Gipskartonplatten-Wänden mit Metallständern, deren Einzelheiten in DIN 18 181 und DIN 18 183 genormt sind. Hier können die Feuerwiderstandsklassen auch den Zusatzbuchstaben „-A" erhalten.

Tafel 10.81a Mindestbreite b unbekleideter Stützen und Balken der Klasse F 30-B aus Voll- und Brettschichtholz bei dreiseitiger und vierseitiger Brandbeanspruchung

Zeile	Brandbeanspruchung	statische Beanspruchung		Mindestbreite b in mm bei einem Seitenverhältnis h/b von							
		Druck σ_D zul σ_K	Biegung $\sigma_B^{*1)}$ zul σ_B^*	1	2	4	6	1	2	4	6
				dreiseitig				vierseitig			
				\multicolumn{8}{c|}{Brandbeanspruchung und einem Abstützungsabstand s bzw. einer Knicklänge s_k in m von 2,0 m/5,0 m}							
1	Brettschichtholz	1,0	0,0	148/169	139/158	135/153	134/151	169/202	147/168	139/157	136/154
2		0,8	0,0	132/146	124/134	121/128	120/126	148/164	131/145	124/134	122/130
3			0,2	141/157	132/147	127/142	127/143	164/190	140/157	131/146	130/145
4		0,6	0,0	116/119	110/110	107/107	106/106	130/139	116/118	110/110	108/108
5			0,4	134/146	124/131	119/130	121/139	158/173	133/145	123/134	123/142
6		0,4	0,0	100/100	95/95	92/92	91/91	112/112	100/100	95/95	93/93
7			0,6	125/131	114/116	111/126	114/139	153/162	125/130	114/129	116/141
8		0,2	0,0	80/80	80/80	80/80	80/80	90/90	80/80	80/80	80/80
9			0,8	115/116	102/108	102/123	107/138	147/151	114/116	105/126	109/140
10		0,0	0,2	80/80	80/80	80/80	80/80	80/80	80/80	80/80	80/80
11			1,0	100/100	84/100	92/120	101/138	140/140	99/108	95/123	103/140
12	Vollholz (Beispiele)	1,0	0,0	163/203	151/190	–	–	187/229	161/202	–	–
13		0,6	0,4	148/171	135/154	–	–	177/204	146/169	–	–
14		0,4	0,6	139/153	125/137	–	–	172/190	138/152	–	–
15		0,0	1,0	114/114	96/114	–	–	160/160	113/123	–	–

[1)] zul $\sigma_B^* = 1{,}1\, k_B$ zul σ_B mit $1{,}1\, k_B \leq 1{,}0$.

Tafel 10.81b Ertüchtigung „alter Holzbalkendecken" auf F 30-B nach DIN 4102-4

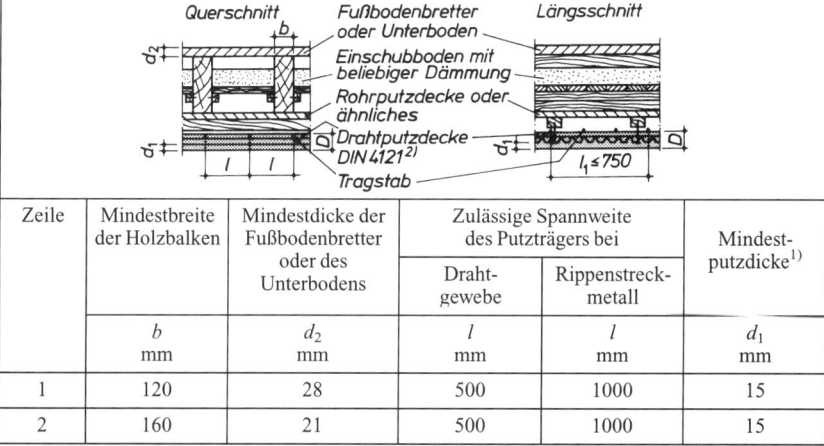

Zeile	Mindestbreite der Holzbalken	Mindestdicke der Fußbodenbretter oder des Unterbodens	Zulässige Spannweite des Putzträgers bei		Mindestputzdicke[1)]
			Drahtgewebe	Rippenstreckmetall	
	b mm	d_2 mm	l mm	l mm	d_1 mm
1	120	28	500	1000	15
2	160	21	500	1000	15

[1)] Putz der Mörtelgruppe P II, P IVa, P IVb oder P IVc nach DIN 18 550-2. d_1 über Putzträger gemessen; die Gesamtputzdicke muss $D \geq d_1 + 10$ mm sein – das heißt, der Putz muss den Putzträger ≥ 10 mm durchdringen. Zwischen Rohrputz oder Ähnlichem und Drahtputz darf kein wesentlicher Zwischenraum sein (siehe Schemaskizze).
[2)] Anstelle der Drahtputzdecke dürfen auch Gipskarton-Feuerschutzplatten (GKF) nach DIN 18 180 mit einer Dicke von 25 mm oder $2 \times 12{,}5$ mm bei einer Spannweite von $l \leq 500$ mm verwendet werden.

5.2.6 Brandwände

Brandwände zur Bildung von Brandabschnitten als Gebäudetrennwände oder Gebäudeabschlusswände müssen der Feuerwiderstandsklasse F 90-A angehören; sie müssen so beschaffen sein, dass sie bei einem Brand ihre Standsicherheit nicht verlieren. Die Brandwand ist bei Gebäuden geringer Höhe durchgehend mindestens bis unmittelbar unter die Dachhaut zu führen. Bei sonstigen Gebäuden ist sie durchgehend entweder 0,3 m über Dach zu führen oder in Höhe der Dachhaut mit einer beidseitig 0,5 m auskragenden Stahlbetonplatte in F 90 abzuschließen. Bei Gebäuden mit weicher Bedachung ist die Brandwand 0,5 m über Dach zu führen. Müssen Gebäude oder Gebäudeteile, die über Ecke zusammenstoßen, durch eine Brandwand abgeschlossen oder unterteilt werden, so muss die Brandwand über die innere Ecke mindestens 3 m hinausragen. Dies gilt nicht, wenn die Gebäude oder Gebäudeteile in einem Winkel von mehr als 120° über Ecke zusammenstoßen. Stoßen Gebäude unterschiedlicher Höhe entlang einer Brandwand aneinander, so ist entweder die Wand des höheren Gebäudes bis zu deren Oberkante (fensterlos) als Brandwand auszubilden oder die Dachfläche des niedrigeren Gebäudes in einem 5 m breiten Streifen einschließlich der unterstützenden Bauteile und der Öffnungen in der Dachfläche in der Klasse F 90-A auszuführen.

Öffnungen in Brandwänden sind unzulässig. In inneren Brandwänden können sie gestattet werden, wenn sie mit selbstschließenden Abschlüssen der Klasse T 90 (auch „Schleusen" mit zwei T 30 möglich) oder mit Verglasungen der Klasse F 90 gesichert werden.

Bauteile mit brennbaren Baustoffen dürfen Brandwände oder die genannte Stahlbetonplatte nicht überdecken. Bauteile dürfen in Brandwänden nur so weit eingreifen, dass der verbleibende Wandquerschnitt die Feuerwiderstandsklasse F 90 behält; für Leitungen, Leitungsschlitze und Schornsteine gilt dies entsprechend. Leitungen dürfen durch Brandwände nur hindurchgeführt werden, wenn die Übertragung von Feuer und Rauch nicht zu befürchten ist oder Vorkehrungen hiergegen getroffen sind.

Tafel 10.82 Zulässige Schlankheit, Mindestwanddicke und Mindestachsabstand von ein- und zweischaligen Brandwänden nach DIN 4102-4 (Auszug)

Zeile	Schemaskizze für bewehrte Wände	Zulässige Schlankheit h_s/d (h_s = lichte Geschosshöhe)	Mindestdicke d in mm, falls Brandwand		Mindestachsabstand u in mm
			einschalig	zweischalig	
1	Wände aus Normalbeton nach DIN 1045 bewehrt, tragend	25	140	2×120	25
	bewehrt, nichttragend	Bemessung nach DIN 1045	120	2×100	nach DIN 1045
	unbewehrt		200	2×180	
2	Wände aus Leichtbeton mit haufwerkporigem Gefüge nach DIN 4232 der Rohdichteklasse	Bemessung nach DIN 4232			
	≥ 1,4		250	2×200	–
	≥ 0,8		300	2×200	
3	Wände aus bewehrtem Porenbeton nichttragende Wandplatten der Festigkeitsklasse 4,4, Rohdichteklasse ≥ 0,7 Festigkeitsklasse 3,3,	nach Zulassungsbescheid	175	2×175	20
	Rohdichteklasse ≥ 0,6		200	2×200	30
	tragende, stehend angeordnete Wandtafeln der Festigkeitsklasse 4,4, Rohdichteklasse ≥ 0,5		200	2×200	20
4	Wände aus Mauerwerk nach DIN 1053-1 und -2 unter Verwendung von Normalmörtel der Mörtelgruppe II, II a oder III, III a überbrücken.	Bemessung nach DIN 1053-1 und -2 (Exzentrizität $e \leq d/3$)			
	Steine nach DIN 105-1 Rohdichteklasse ≥ 1,4		240	2×175	
	≥ 1,0		300	2×175	–
	DIN 105-2 ≥ 0,8		365	2×240	
	Steine nach DIN 106-1 Rohdichteklasse ≥ 1,4		240	2×175	
	≥ 0,9		300	2×200	
	0,8		300	2×240	
	Steine nach DIN 4165, DIN 18 151 bis 18 153 Rohdichteklasse ≥ 0,6		300	2×240	

6 Abdichtung von Hochbauten im Erdreich

6.1 Aufgabe von Abdichtungen

Abdichtungen haben die Aufgabe, Bauwerke vor den schädigenden Einflüssen des im Boden vorhandenen Wassers zu schützen. Schädigende Einflüsse sind:

- Überschwemmungen – Eindringen des Wassers in das Bauwerk
- Durchfeuchtungen von Raumumschließungsflächen und dadurch bedingte Nutzungseinschränkungen dieser Räume
- verringerter Wärmeschutz durchfeuchteter Bauteile
- Frost-Tau-Gefährdung mancher Baustoffe
- verringerte Festigkeit mancher Baustoffe im feuchten Zustand
- bei aggressivem Wasser Korrosion von Baustoffen.

Bauwerksabdichtungen sind dadurch gekennzeichnet, dass sie in der Regel weder gewartet noch nachgebessert werden können, sodass sie für die Lebensdauer des abzudichtenden Bauwerks funktionsfähig sein müssen.

6.2 Abdichtungsmaterialien

Eine Übersicht der gebräuchlichsten Abdichtungsmaterialien ist in Tafel 10.83 enthalten.

Tafel 10.83 Übersicht gebräuchlicher Abdichtungsmaterialien nach DIN 18 195

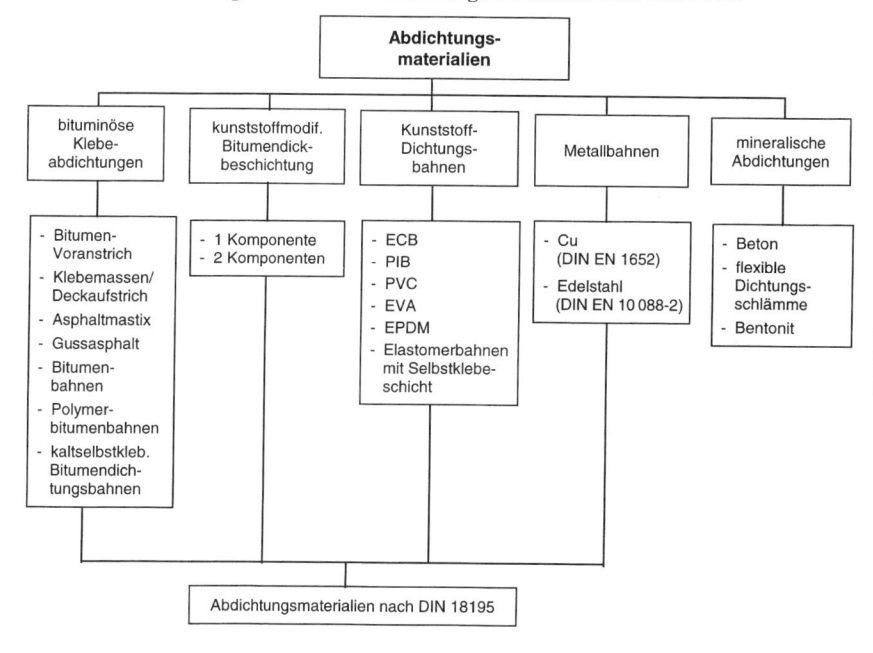

bituminöse Klebeabdichtungen	kunststoffmodif. Bitumendickbeschichtung	Kunststoff-Dichtungsbahnen	Metallbahnen	mineralische Abdichtungen
- Bitumen-Voranstrich - Klebemassen/Deckaufstrich - Asphaltmastix - Gussasphalt - Bitumenbahnen - Polymerbitumenbahnen - kaltselbstkleb. Bitumendichtungsbahnen	- 1 Komponente - 2 Komponenten	- ECB - PIB - PVC - EVA - EPDM - Elastomerbahnen mit Selbstklebeschicht	- Cu (DIN EN 1652) - Edelstahl (DIN EN 10 088-2)	- Beton - flexible Dichtungsschlämme - Bentonit

Abdichtungsmaterialien nach DIN 18195

6.3 Beanspruchung

Vor der Wahl einer geeigneten Abdichtungskonstruktion müssen folgende Planungsgrundlagen bekannt sein:

- Bodenprofil (Bodenarten, Schichtdicken des Bodens, Durchlässigkeit k des Bodens, vgl. Tafel 10.84)

- höchster Grundwasserstand (HGW bei den Wasserwirtschaftsämtern erfragen)
- Aggressivität des Grundwassers (DIN 4030) bei Bauten aus wasserundurchlässigem Beton.

Zur Festlegung der geeigneten Abdichtungsart und der Auswahl der Abdichtungsmaterialien ist die Art des Einwirkens von Wasser auf das Bauwerk von Bedeutung. Grundsätzlich kann zwischen nichtdrückendem und drückendem Wasser unterschieden werden.

a) Nichtdrückendes Wasser

Bodenfeuchtigkeit

Unter Bodenfeuchtigkeit im Sinne von DIN 18 195 wird das in den Poren des Erdreichs kapillargebundene Wasser verstanden (Kapillarwasser) bzw. das an den Bodenteilchen angelagerte Wasser (Haftwasser). Die Bodenfeuchtigkeit entsteht beim Durchsickern des Wassers (Niederschlags) durch den gut wasserdurchlässigen Boden; sie übt keinen hydrostatischen Druck auf die Abdichtung aus. Mit Bodenfeuchtigkeit im Sinne von DIN 18 195 darf nur bei wasserdurchlässigen Böden gerechnet werden (Kies, Sand mit $k > 10^{-4}$ m/s, vgl. Tafel 10.84).

Tafel 10.84 Anhaltswerte für die Durchlässigkeit k verschiedener Bodenarten

	Bodenart nach DIN 4023	Korngröße mm	Kap. Steighöhe cm	$k \triangleq$ Durchlässigkeit m/s
	Steine/Blöcke	>60	0	durchlässig
Kies	Grobkies	20–60	≈0	durchlässig
	Mittelkies	6–20	≈0	durchlässig
	Feinkies	2–6	5	$>1 \cdot 10^{-2}$
Sand	Grobsand	0,6–2	10	$10^{-2} - 1{,}5 \cdot 10^{-3}$
	Mittelsand	0,2–0,6	25	$1{,}5 \cdot 10^{-3} - 1{,}5 \cdot 10^{-4}$
	Feinsand	0,06–0,2	50–100	$1{,}5 \cdot 10^{-4} - 5{,}5 \cdot 10^{-6}$
	Schluff	0,002–0,06	200–1000	$5{,}5 \cdot 10^{-6} - 10^{-7}$
	Ton	<0,002	>1000	$10^{-7} - 10^{-9}$

Sickerwasser

Sickerwasser ist das unter dem Wirken der Schwerkraft sich auf dem Wege zum Grundwasser bewegende Wasser. Es werden unterschieden:
- nichtstauendes Sickerwasser, das weitgehend ungehindert zum Grundwasser abfließt (Kies, Sand, $k > 10^{-4}$ m/s)
- zeitweise aufstauendes Sickerwasser: Kommt es oberhalb weniger durchlässiger Bodenschichten zu einer langsameren Versickerung des Sickerwassers – z.B. im Bereich eines verfüllten Arbeitsraumes –, so entsteht ein zeitweise aufstauendes Sickerwasser. Die davon betroffenen Bauteile werden dann so lange durch hydrostatisch wirkendes Wasser beansprucht, bis sich der Wasserstau abgebaut hat.

b) Drückendes Wasser

Stauwasser

Trifft Sickerwasser auf eine weniger wasserdurchlässige Schicht, so wird es gestaut, und der Porenraum in der wasserdurchlässigen Bodenschicht füllt sich mit Wasser – dem Stauwasser. Dieses Wasser übt einen hydrostatischen Druck auf Bauteile aus, die sich im Stauwasser befinden (Abb. 10.85a).

Schichtwasser

Ist ein wenig wasserdurchlässiger Boden von gut durchlässigen Bodenschichten durchsetzt (z.B. Kiesadern im Lehmboden), so fließt das Sickerwasser in diesen Schichten auf das Bauwerk zu und übt einen hydrostatischen Druck aus (Abb. 10.85a).

Grundwasser

Es füllt die Poren und Hohlräume zwischen den Bodenteilchen vollständig aus. Im Erdreich liegt ein geschlossener Wasserspiegel vor; taucht ein Bauwerk in das Grundwasser ein, so wird es durch den Druck des Wassers beansprucht (hydrostatischer Druck).

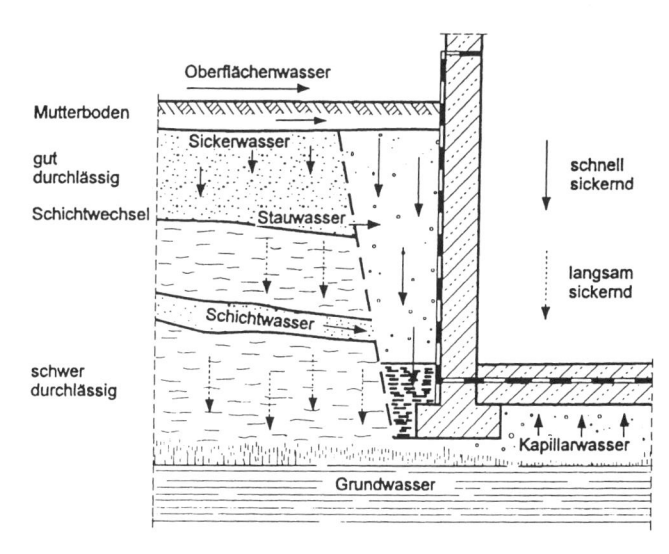

Abb. 10.85 a Wasserzufluss an ein Bauwerk

In Abhängigkeit von der Beanspruchung des Bauwerks durch das anstehende Wasser und in Abhängigkeit von der Wasserdurchlässigkeit des anstehenden Bodens sowie von der Nutzung des Bauwerks ist die Art der Abdichtung festzulegen (vgl. Tafel 10.86): Gegen Sickerwasser, gegen nichtdrückendes Wasser bzw. gegen drückendes Wasser (Grundwasser). Bei Vorhandensein von Stauwasser oder Schichtwasser muss die Abdichtung gegen drückendes Wasser bemessen werden. Wird das Schichtwasser bzw. das stauende Wasser durch eine Dränage abgeführt (s. Abschnitt 6.7), so genügt es, die Abdichtung wie für eine durch Bodenfeuchte beanspruchte Abdichtung auszuführen (vgl. DIN 18 195-1 und Tafel 10.86, Zeile 3).

6.4 Schutz des Bauwerks gegen Bodenfeuchtigkeit
6.4.1 Abdichtungsprinzipien

Abdichtungsmaßnahmen gegen Bodenfeuchtigkeit dürfen nach DIN 18 195-4 nur für Bauwerke in nichtbindigen Böden ausgeführt werden, die nicht in das Grundwasser eintauchen (andernfalls vgl. Abschnitt 6.6). Die Abdichtung muss das Bauwerk gegen im Boden vorhandenes, kapillar gebundenes Wasser schützen. Weiterhin haben die Abdichtungsmaßnahmen die Aufgabe, die durch Kapillarkräfte in den Bauteilen mögliche Wasserbewegung zu unterbinden. In Abb. 10.85b ist die mögliche Wasserbewegung in einer ungeschützten Wand dargestellt; hieraus sind die erforderlichen Stellen für die Abdichtungsmaßnahmen vorgegeben:

- senkrechte Abdichtung der Kellerwand einschließlich Sockel
- waagerechte Abdichtung über dem Fundament
- Abdichtung der Kellersohle.

Nach DIN 18195-4 kann eine Abdichtung gegen Bodenfeuchtigkeit auch bei wenig durchlässigen Böden ausgeführt werden, wenn eine Dränage vorhanden ist, wenn deren Funktionsfähigkeit auf Dauer gegeben ist. Im Hinblick darauf, dass die Funktionsfähigkeit auf Dauer nur dann gegeben ist, wenn die Dränage laufend gewartet wird, sollte die Wahl der Abdichtung gründlich abgewogen werden.

Abb. 10.85b Wasserbewegung in einem nichtabgedichteten Bauwerk

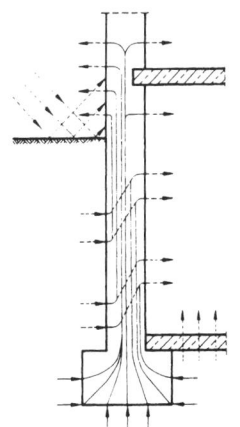

Tafel 10.86 Zuordnung der Abdichtungsarten nach DIN 18 195-1 in Abhängigkeit von Wasserbeanspruchung, Bodenart und Nutzung

Nr.	1	2	3	4	5	6
1	Bauteilart	Wasserart	Einbausituation		Art der Wassereinwirkung	Art der erforderlichen Abdichtung nach
2	Erdberührte Wände und Bodenplatten oberhalb des Bemessungswasserstandes	Kapillarwasser Haftwasser Sickerwasser	stark durchlässiger Boden[8] $>10^{-4}$ m/s		Bodenfeuchte und nichtstauendes Sickerwasser	DIN 18 195-4
3			wenig durchlässiger Boden[8] $\leq 10^{-4}$ m/s	mit Dränung[1]		
4				ohne Dränung[2]	aufstauendes Sickerwasser	Abschnitt 9 von DIN 18 195-6 : 2000-08
5	Waagerechte und geneigte Flächen im Freien und im Erdreich; Wand- und Bodenflächen in Nassräumen[3]	Niederschlagswasser Sickerwasser Anstaubewässerung[4] Brauchwasser	Balkone u. ä. Bauteile im Wohnungsbau Nassräume[3] im Wohnungsbau[6]		nichtdrückendes Wasser, mäßige Beanspruchung	Abschn. 8.2 von DIN 18 195-5 : 2000-08
6			genutzte Dachflächen[5] intensiv begrünte Dächer[4] Nassräume (ausgenommen Wohnungsbau)[6] Schwimmbäder[7]		nichtdrückendes Wasser, hohe Beanspruchung	nach Abschn. 8.3 von DIN 18 195-5 : 2000-08
7			nicht genutzte Dachflächen, frei bewittert, ohne feste Nutzschicht, einschließlich Extensivbegrünung		nichtdrückendes Wasser	DIN 18 531
8	Erdberührte Wände, Boden- und Deckenplatten unterhalb des Bemessungswasserstandes	Grundwasser Hochwasser	Jede Bodenart, Gebäudeart und Bauweise		drückendes Wasser von außen	Abschnitt 8 von DIN 18 195-6 : 2000-08
9	Wasserbehälter, Becken	Brauchwasser	im Freien und in Gebäuden		drückendes Wasser von innen	DIN 18 195-7

[1] Dränung nach DIN 4095. [2] Bis zu Gründungstiefen von 3 m unter Geländeoberkante, sonst Zeile 8.
[3] Definition Nassraum siehe Abschn. 3.31 von DIN 18 195-1.
[4] Bis etwa 10 cm Anstauhöhe bei Intensivbegrünungen. [5] Beschreibung siehe 7.3 von DIN 18 195-5.
[6] Beschreibung siehe 7.2 von DIN 18 195-5. [7] Umgänge, Duschräume. [8] Siehe DIN 18 130-1.

6.4.2 Konstruktive Ausbildung und Materialien

6.4.2.1 Waagerechte Abdichtung in oder unter Wänden

Waagerechte Abdichtungen in oder unter Wänden haben die Aufgabe, den kapillaren Wassertransport in den Wandbaustoffen zu unterbinden. Bei Wänden aus Beton ist die Anordnung einer waagerechten Abdichtung in der Regel nicht möglich. In solchen Fällen sind die Fundamente und Wände aus wasserundurchlässigem Beton herzustellen, oder wenn dies nicht möglich ist, so ist unterhalb und seitlich der Fundamente eine grobkörnige Kiesschicht als kapillarbrechende Schicht anzuordnen. Die Kiesschüttung ist zu verdichten und gegen das Eindringen von Zementschlämme durch ein geotextiles Vlies zu schützen.

Werden horizontale Abdichtungen ausnahmsweise nicht direkt über dem Fundament angeordnet, sondern in den Wänden, muss die Abdichtung durch einen gegebenenfalls vorhandenen Innenputz geführt werden, um eine Feuchtebrücke im Bereich des Putzes zu vermeiden (Abb. 10.87a). Diese Abdichtung ist in solchen Fällen mit der Abdichtung der Bodenplatte zu verkleben, um einerseits mögliche abgetrocknete Durchfeuchtungsspuren unterhalb der Abdichtung in den Wänden zu vermeiden und um andererseits der ästhetischen Beeinträchtigung durch die sichtbare Abdichtungsbahn sowie der Gefahr der Beschädigung der aus der Wand ragenden Abdichtung während des Putzens zu begegnen. Vorzuziehen sind in jedem Fall horizontale Abdichtungen unterhalb der Wände auf dem Fundament (Abb. 10.87b); Konstruktionen entsprechend Abb. 10.87a sind nicht praktikabel.

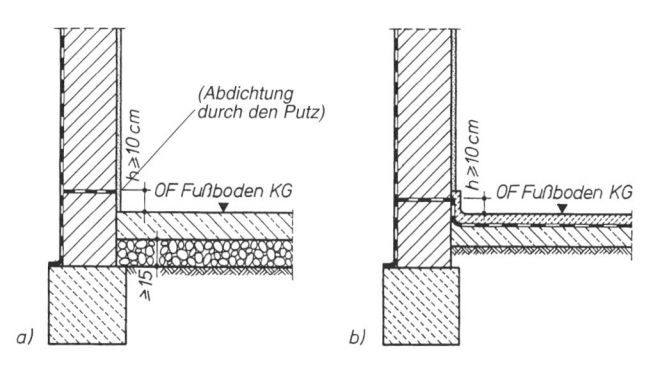

Abb. 10.87a Horizontale Abdichtung in der Wand (sollte nicht der Regelfall sein)

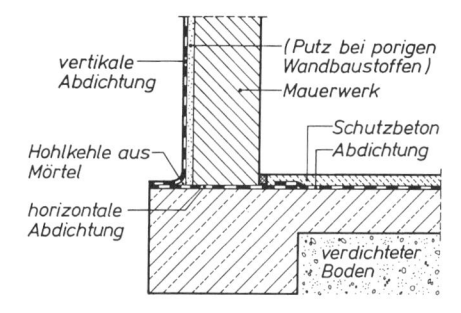

Abb. 10.87b Horizontale Abdichtung über dem Fundament (Regelfall)

Für die waagerechte Abdichtung in oder unter Wänden dürfen nach DIN 18 195-4 folgende Materialien verwendet werden:
– Bitumen-Dachbahnen mit Rohfilzeinlage nach DIN 52 128
– Bitumen-Dachdichtungsbahnen nach DIN 52 130
– Kunststoff-Dichtungsbahnen nach Tabelle 5 von DIN 18 195-2 (ECB, PIB, PVC, EVA, EPDM, Elastomerbahnen mit Selbstklebeschicht).

Horizontale Abdichtungen in Wänden unter und gegebenenfalls oberhalb von Kellerdecken brauchen in Zukunft nach DIN 18 195-4 nicht mehr ausgeführt zu werden, weil man sich auf die Funktionssicherheit der horizontalen Abdichtung direkt über dem Fundament verlässt.

Die Abdichtungen müssen mindestens einlagig ausgeführt werden. Die Auflageflächen für die Abdichtungsbahnen müssen durch Mauermörtel so glatt ausgeführt werden, dass keine schädlichen Unebenheiten entstehen (Gefahr von Perforationen). Die Bahnen sind lose zu verlegen – nicht zu verkleben! Die Überdeckungslänge der Bahnen untereinander soll mindestens 200 mm betragen. Die Überdeckungen dürfen verklebt werden.

Die lose verlegten Abdichtungsbahnen sind nicht in der Lage, horizontal wirkende Kräfte – z.B. aus einseitigem Erddruck bei Häusern am Hang oder bei nur einseitig über längere Zeiträume verfüllten Baugruben – aufzunehmen. In solchen Fällen dürfen nach DIN 18 195-4 die Abdichtungen stufenförmig ausgeführt werden; besser ist es aber, die Horizontalkräfte z.B. durch Widerlager (Nocken) o.ä. aufzunehmen (Abb. 10.88a).

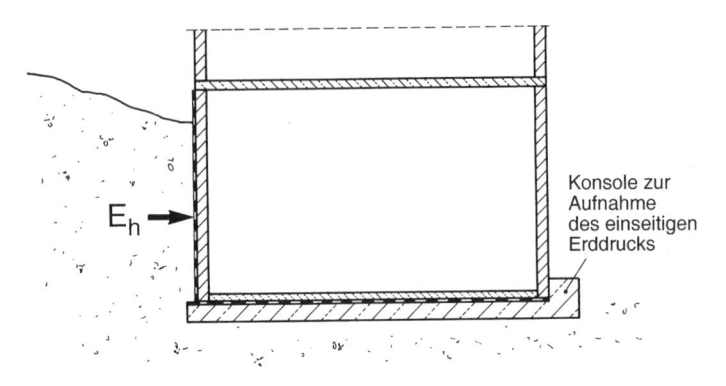

Abb. 10.88a

6.4.2.2 Abdichtung der Außenwände

Sämtliche vom Boden berührten Außenwandflächen sind abzudichten. Diese Abdichtung muss planmäßig bis 300 mm über Gelände hochgeführt werden, um eine ausreichende Anpassungsmöglichkeit an die Geländeoberfläche sicherzustellen. Im Endzustand darf dieser Wert das Maß von 150 mm nicht unterschreiten (Spritzwasserschutz). Sofern der Sockel des Gebäudes selbst ausreichend wasserabweisend ausgebildet ist (Vormauerziegel, Klinkermauerwerk, Zementputz), darf auf das Hochführen der Abdichtung verzichtet werden (Abb. 10.88b).

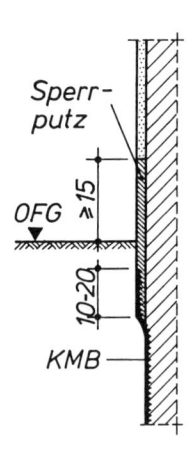

Abb. 10.88b
Spritzwasserschutz im Sockelbereich

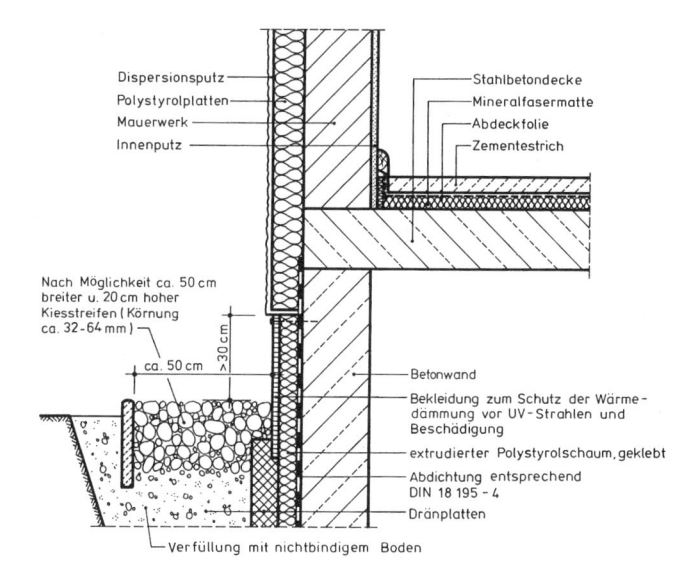

Abb. 10.89a
Sockelausbildung bei Vorhandensein einer Perimeterdämmung

Auf eine sorgfältige Verbindung der Wandabdichtung mit der horizontalen Abdichtung unter der Wand ist besonders zu achten (Abb. 10.89b). Auch auf die Verträglichkeit der unter Umständen unterschiedlichen Materialien für die vertikale und horizontale Abdichtung ist zu achten; insbesondere dann, wenn für die vertikale Abdichtung eine kunststoffmodifizierte Bitumendickbeschichtung gewählt wird (Herstellerangabe beachten, ob die Bitumendickbeschichtung mit der horizontalen Abdichtung verträglich ist).

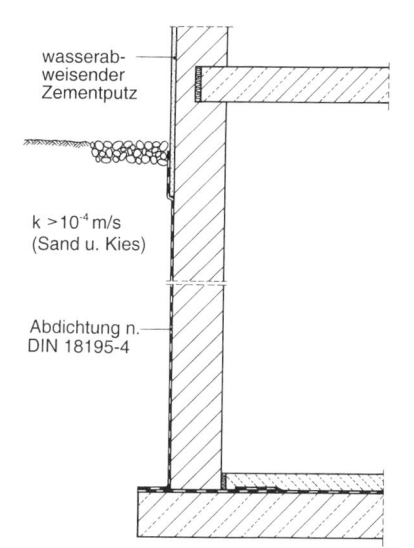

Abb. 10.89b
Anschluss der vertikalen Wandabdichtung an die horizontale Sperrschicht

Die Wandabdichtungen sind durch Schutzschichten – z. B. aus Polystyrol o. ä. – gegen mechanische Beschädigungen beim Verfüllen der Baugrube zu schützen (Bauschutt, Geröll o. ä. darf nicht unmittelbar die Abdichtung berühren).

Für die Abdichtung der Wände dürfen nach DIN 18 195-4 verwendet werden:
- sämtliche Bahnenabdichtungen mit Ausnahme von Bitumenbahnen mit Rohfilzeinlage
- kunststoffmodifizierte Bitumendickbeschichtungen mit einer Trockenschichtdicke von mindestens 3 mm; die Dickbeschichtung ist grundsätzlich auf einen Voranstrich aufzubringen.

Der Untergrund für die Abdichtung muss fest, eben, frei von Nestern und klaffenden Rissen sowie Graten sein. Nicht verschlossene Vertiefungen, die größer als 5 mm sind, wie beispielsweise Mörteltaschen oder offene Stoß- oder Lagerfugen, sind zu schließen. Haufwerksporige Betone o. ä. müssen – soweit eine kunststoffmodifizierte Bitumendickbeschichtung als Abdichtung verwendet wird – mit einer Kratzspachtelung geschlossen werden.

Kanten müssen gefast und Kehlen sollen gerundet sein.

6.4.2.3 Abdichtung der Bodenplatte

Kellerfußböden sind gegen aufsteigende Feuchtigkeit entsprechend Abb. 10.89b zu schützen; nur bei geringer Anforderung an die Nutzung der Kellerräume (z.B. Lager für feuchteunempfindliche Güter) darf auf die Abdichtung der Bodenplatte verzichtet werden; statt dessen wird eine grobkörnige, 15 cm dicke Kiesschüttung angeordnet. Der Anschluss einer eventuell notwendigen Fußbodenabdichtung an die Sperrschicht im Mauerwerk geschieht am zweckmäßigsten entsprechend Abb. 10.89b.

Als Abdichtungsmaterialien können Bitumenbahnen, kaltselbstklebende Bitumenbahnen, Kunststoff-Dichtungsbahnen, kunststoffmodifizierte Bitumendickbeschichtungen oder Asphaltmastix verwendet werden.

6.5 Abdichtung gegen nichtdrückendes Wasser

6.5.1 Abdichtungsprinzipien

Die Abdichtung soll gegen nichtdrückendes Wasser (Niederschlags-, Sicker- oder Brauchwasser) beständig sein: Nichtdrückendes Wasser übt auf die Abdichtung *keinen* oder nur einen *geringfügigen, zeitlich begrenzten* hydrostatischen Druck aus.

Nach der Größe der auf die Abdichtung einwirkenden Beanspruchungen werden „mäßig" oder „hoch beanspruchte" Abdichtungen unterschieden. Mäßig beanspruchte Abdichtungen sind nach DIN 18 195-5 durch folgende Randbedingungen gekennzeichnet:
- Die auf die Abdichtung einwirkenden Verkehrslasten sind ruhend (s. DIN 1055-3).
- Die Wasserbeanspruchung ist gering und wirkt nicht ständig (d.h. Gefälle).

Beispiele für mäßig beanspruchte Abdichtungen nach DIN 18 195-5 sind u. a.:
- Balkone und ähnliche Flächen im Wohnungsbau
- unmittelbar spritzwasserbelastete Fußboden- und Wandflächen in Nassräumen des Wohnungsbaus – soweit sie nicht durch andere Maßnahmen, deren Eignung nachzuweisen ist, hinreichend gegen eindringende Feuchtigkeit geschützt sind.

Bei häuslichen Bädern ohne Bodeneinlauf, die nicht zu den Nassräumen nach DIN 18 195-5 zählen, kann nach DIN 18 195 eine Abdichtung entfallen; wenn jedoch im Bereich von Wohnungsbädern ohne Bodeneinlauf die Umfassungsbauteile aus feuchtigkeitsempfindlichen Materialien bestehen (z.B. aus Holz, Holzwerkstoffen, zementgebundenen Holzwerkstoffplatten, Gips o. ä.), muss der Schutz gegen Feuchtigkeit bei der Planung besonders beachtet werden (z.B. Merkblatt des Fachverbandes des deutschen Fliesengewerbes).

Zu den hoch beanspruchten Flächen zählen u. a.:
- Dachterrassen, intensiv begrünte Flächen, Parkdecks, Hofkellerdecken und Durchfahrten, erdüberschüttete Decken (nicht dazu gehören z.B. nichtgenutzte und extensiv begrünte Dachflächen, Fahrbahnen, die zu öffentlichen Straßen gehören)
- durch Brauch- oder Reinigungswasser stark beanspruchte Fußboden- und Wandflächen in Nassräumen, wie z.B. Umgänge in Schwimmbädern, öffentlichen Duschen, gewerbliche Küchen u. ä.

Die Ausführungen in DIN 1819-5 gelten nicht für die Abdichtung von nichtgenutzten und von extensiv begrünten Dachflächen; hier gilt DIN 18 531 bzw. die Flachdachrichtlinie.

6.5.2 Bauliche Erfordernisse

- Die Abdichtungen sind mit Gefälle auszuführen ($i \geq 1,5\%$), damit sich das Wasser auf ihnen nicht staut. Sofern erforderlich, ist eine Dränage (s. Abschnitt 6.7) anzuordnen.
- Bei Bewegungen des Baukörpers (Schwinden, Bewegungen aus Temperaturänderungen, Setzungen) darf die Abdichtung nicht ihre Schutzfunktion verlieren. Die Größen der zu erwartenden Bewegungen sind z.B. der statischen Berechnung zu entnehmen und mit der von der Abdichtung aufnehmbaren Verformung zu vergleichen.
- Risse im Bauwerk dürfen zum Zeitpunkt ihres Auftretens nicht breiter als 0,5 mm sein und sich nicht weiter als 2,0 mm breit öffnen (für Bitumendickbeschichtungen 1,0 mm). Der Versatz der Risskanten in der Ebene darf nicht größer als 1 mm sein (für Bitumendickbeschichtungen 0,5 mm).
- Werden die genannten Rissabmessungen überschritten, so ist durch konstruktive Maßnahmen (mehr Bewehrung, engere Fugenteilung, Wärmedämmung) den entstehenden Bauwerksbewegungen entgegenzuwirken.
- Die Abdichtung darf nur senkrecht zur Fläche beansprucht werden. Abdichtungen in den Schrägen sind durch Widerlager, Anker o.ä. am Gleiten zu hindern (vgl. Abb. 10.94a).
- Dämmschichten, auf die die Abdichtungen aufgebracht werden, müssen für die jeweilige Nutzung geeignet sein. In den Dämmstoffnormen werden in der Regel keine Anforderungen an die Druckfestigkeit gestellt; es werden Mindestwerte der Druckspannung festgelegt, die eine Stauchung von 10%, bezogen auf die ursprüngliche Dicke des Dämmmaterials, verursachen (vgl. z.B. Tafel 10.91). Für zähelastische Dämmstoffe sind diese Grenzwerte zu hoch; es ist mit etwa um die Hälfte verringerten Spannungen zu rechnen. Bei den sprödharten Dämmstoffen rechnet man bei der Bemessung mit einer ca. dreifachen Sicherheit gegen Bruch (vgl. bauaufsichtliche Zulassung). Die Temperaturempfindlichkeit der Kunstharzschäume ist bei der Verarbeitung bituminöser Abdichtungen zu beachten. Bei der Verwendung von Kunststoffabdichtungen sind mögliche Weichmacherwanderungen zwischen Kunstharzschäumen und Abdichtungsbahnen zu berücksichtigen (Anordnen von Trennlagen).

Tafel 10.91 Mindestwerte für die Druckspannung bei 10 % Stauchung für Anwendungstypen genormter Dämmstoffe

Dämmstoff	nach DIN	Typkurzzeichen	$\sigma_{D, 10\%}$ in N/mm²
Kork	18 161-1	WD	0,10
Kork	18 161-1	WDS	0,20
Schaumkunststoff	18 164-1	W [1]	0,10
Schaumkunststoff	18 164-1	WD	0,10
Schaumkunststoff	18 164-1	WS	0,15
Schaumglas	18 174	WDS	0,50 [2]
Schaumglas	18 174	WDH	0,70 [2]

[1] Gilt nicht für Polystyrol-Partikelschaum.
[2] Bruchspannung.

- Decken aus großformatigen Einzelelementen für Parkdächer oder vergleichbar genutzte Flächen, z.B. aus Beton-Fertigteilplatten, müssen zur Stabilisierung mit einem bewehrten, am Ort hergestellten Aufbeton oder mit anderen Maßnahmen zur Querkraftübertragung versehen sein, um unterschiedliche Durchbiegungen der Einzelelemente sowohl an ihren Längskanten als auch an den Auflagerfugen zu vermeiden (Schutzwirkung für die Abdichtung).
- Die Abdichtung muss *hohlraumfrei* zwischen den festen Bauteilen des Gebäudes angeordnet werden, damit sie nicht „abfließt" bzw. bei geringfügigen Beanspruchungen durch den Wasserdruck nicht zerstört wird.
- Entwässerungseinläufe, die die Abdichtung durchdringen, müssen sowohl die Oberfläche des Bauwerks als auch die Abdichtungsebene entwässern (z.B. bei Dachterrassen mit Gehwegplatten über der Abdichtung o.ä.).

6.5.3 Materialwahl und Konstruktionsbeispiele

a) Mäßig beanspruchte Abdichtung

Als Abdichtungsmaterialien können nach DIN 18 195-5 z.B. verwendet werden:

- 1 Lage Bitumen- oder Polymerbitumenbahn oder -Schweißbahn. Bitumen-Dachdichtungsbahnen mit Gewebeeinlage müssen mit einem Deckaufstrich versehen werden.
- 1 Lage Bitumen-KSK-Bahn
- 1 Lage 1,5 mm PIB- oder ECB-Bahn
- 1,2 mm PVC
- Asphaltmastix auf Trennlage, z.B. aus Rohglasvlies. Die Abdichtung aus Asphaltmastix ist zweilagig herzustellen. Die Dicke muss im Mittel $d = 15$ mm betragen; zul. Abweichungen: min $d = 12$ mm, max $d = 20$ mm. Darüber Schutzschicht aus Gussasphalt, $d = 25$ mm. An- und Abschlüsse, Durchdringungen u.ä. mit Bitumenbahnen, die für die Kombination mit Asphalt geeignet sind (Verarbeitungstemperatur).
- Kunststoffmodifizierte Bitumendickbeschichtungen, min $d = 3$ mm. An Kehlen und Kanten sind Gewebeverstärkungen einzubauen und auch im Bereich horizontaler Flächen, um die Mindesthöhe der Beschichtung einzuhalten.

b) Hoch beanspruchte Abdichtung (z.B. Abdichtung eines Parkdecks)

Der Aufbau von befahrbaren, gegen nichtdrückendes Wasser abgedichteten Decken ist in den Abb. 10.92a und 10.92b dargestellt. Als Abdichtungsmaterialien können nach DIN 18 195-5 beispielsweise verwendet werden:

- 2 Lagen Bitumen- oder Polymerbitumenbahnen und/oder -Schweißbahnen, jeweils mit Gewebe- bzw. Metallbandeinlage. Bei Gefälle $n < 2\%$ sind mindestens 2 Lagen Polymerbitumenbahnen zu verwenden.
- 1,5 mm PIB oder 2 mm ECB; oben und unten je eine nackte Bitumenbahn vollständig verklebt. Oberseitig ein Deckaufstrich.
- Asphaltmastix im Verbund mit Gussasphalt ($d = 25$ mm). Zwischen der Abdichtung und dem Untergrund ist eine Trennlage, z.B. aus Rohglasvlies, vorzusehen.

c) Konstruktionsbeispiele

Die prinzipiellen Aufbauten eines Parkdecks sind in den Abb. 10.92 a und b dargestellt. Bei einer Abdichtung nach Abb. 10.92a mit einer Pflasterung als Fahrbahnbelag darf das Kiesbett nicht mit Zement verfestigt werden, da der Niederschlag den freien Kalk des Zements löst und es zu Kalkausscheidungen in den Entwässerungsleitungen kommen kann. Die Höhe der Steine sollte mindestens 10 cm betragen, um Verkantungen, Fahrrillen u.ä. zu vermeiden. Zur Lagesicherung der Steine sind diese in Feldern durch Betonbalken zu umfassen.

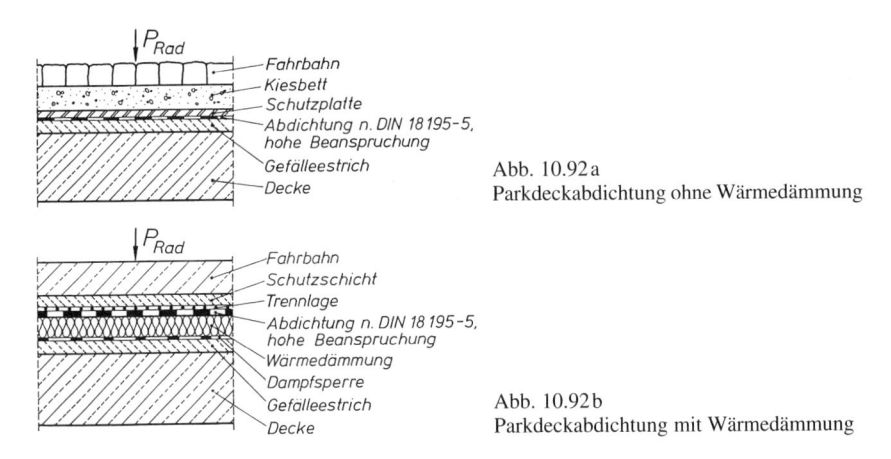

Abb. 10.92a
Parkdeckabdichtung ohne Wärmedämmung

Abb. 10.92b
Parkdeckabdichtung mit Wärmedämmung

Das kritische Detail des Anschlusses einer Tiefgarage an ein Gebäude ist in Abb. 10.93a dargestellt. Abb. 10.93b zeigt die Ausbildung eines Schrammbordes als Schutz der Abdichtung (z.B. im Bereich von Hofdurchfahrten).

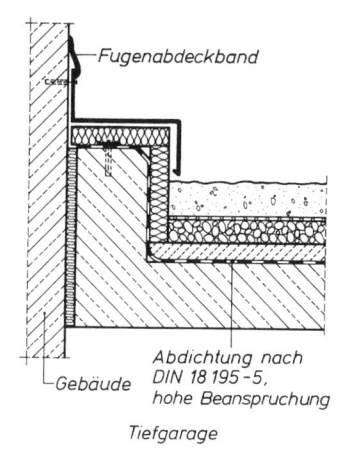

Abb. 10.93a
Fugenabdichtung zwischen Tiefgarage und angrenzendem Gebäude

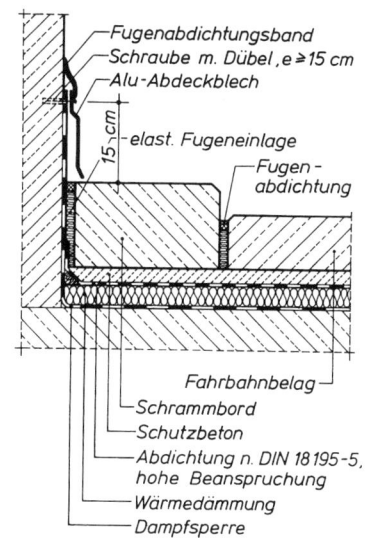

Abb. 10.93b
Schrammbord als Schutz der Abdichtung

Im Bereich von Gefällstrecken werden die in Richtung der Abdichtung wirkenden Kräfte am zweckmäßigsten durch Telleranker aufgenommen (Abb. 10.94a). Ein solcher besteht aus einem Festflansch, der an dem Bolzen wasserdicht angeschweißt ist; auf dem Festflansch wird die Abdichtung aufgeklebt, die mit dem Losflansch gegen den Festflansch gepresst wird. Der Bolzen überträgt die Kraft vom Fahrbahnbelag – einschließlich der Beschleunigungskräfte anfahrender oder bremsender Kraftfahrzeuge – in die Unterkonstruktion; die Bemessung des Bolzens kann unter Verwendung von Abb. 10.94b erfolgen.

Nach DIN 18 195-5 sind Nassräume Innenräume, in denen nutzungsbedingt Wasser in solchen Mengen anfällt, dass zu dessen Ableitung Fußbodenentwässerungen erforderlich sind. Bäder im Wohnungsbau ohne Bodenablauf zählen hingegen nicht zu den Nassräumen, da die anfallende Wassermenge als gering erachtet wird. Ist ein Fußbodenablauf in einem Wohnungsbad vorhanden, so wird dieser auch als Ausguss benutzt, wodurch dann nach DIN 18 195 auch eine Abdichtung notwendig wird. – Entsprechend der Definition eines Nassraumes ist ein Badezimmer im Wohnungsbau mit niveaugleicher Duschtasse ein Nassraum – ein Wohnungsbadezimmer mit Duschtasse, jedoch ohne Bodenablauf nicht.

Sind die Umfassungsflächen in einem Wohnungsbadezimmer feuchtigkeitsempfindlich, so sind geeignete Schutzmaßnahmen erforderlich. Diese Schutzmaßnahmen können z.B. entsprechend dem Merkblatt des Fachverbandes des deutschen Fliesengewerbes ausgeführt werden (Abb. 10.94c, Abb. 10.94d).

Anmerkung: Im Hinblick darauf, dass die Fugen zwischen den Fliesen auf dem Boden und denen auf der Wand nicht auf Dauer wasserdicht ausgebildet werden können (Verformung des Estrichs), wird empfohlen, grundsätzlich auch bei feuchtigkeitsunempfindlichen Untergründen zumindest eine Abdichtung noch dem o.g. Merkblatt auszuführen.

Nassräume in öffentlichen Bädern, gewerblichen Küchen u.ä. sind grundsätzlich nach DIN 18 195-5 für hohe Beanspruchungen abzudichten. In Abb. 10.95a ist die Abdichtung im Bereich einer Dusche dargestellt.

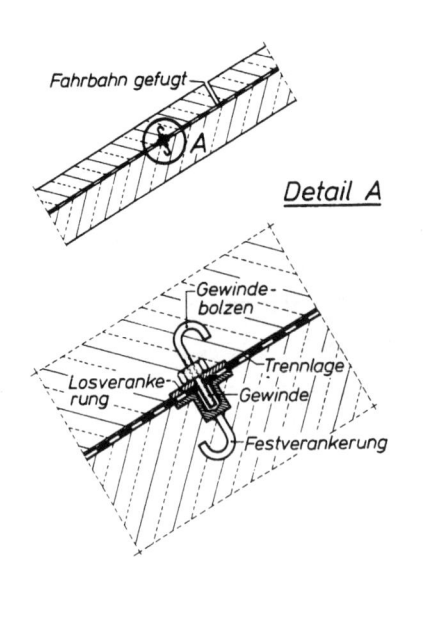

Abb. 10.94a Abdichtung von Rampen mit Tellerankern

Abb. 10.94b Tragfähigkeit von Bolzen unter dem Einwirken einer Querkraft

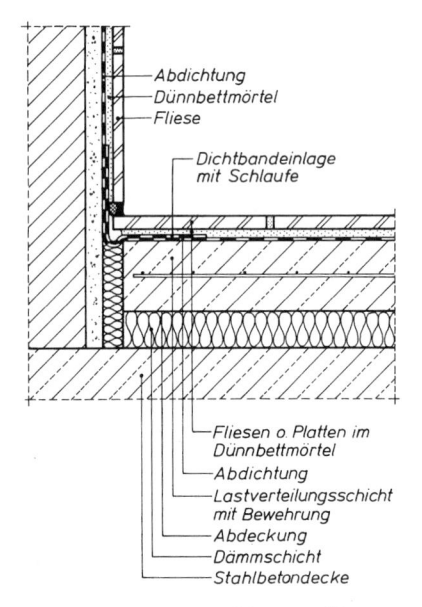

Abb. 10.94c Fugenausbildung am Übergang zwischen Wand- und Bodenfliesen

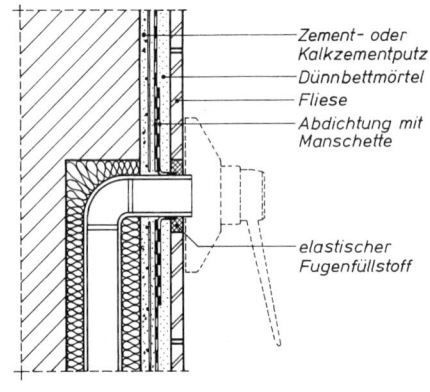

Abb. 10.94d Eindichtung von Wasserrohren

10.94

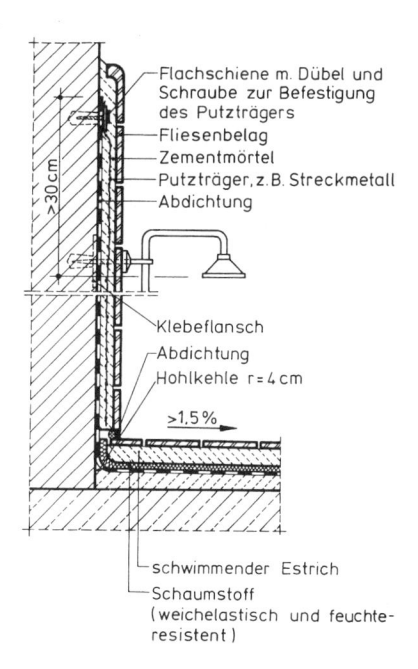

Abb. 10.95 a
Abdichtung im Bereich einer Dusche

6.6 Abdichtung gegen drückendes Wasser
6.6.1 Abdichtungsprinzipien

Wasserdruckhaltende Abdichtungen müssen Bauwerke gegen von außen drückendes Wasser schützen und gegen natürliche oder durch Lösungen aus der Umgebung entstandene Aggressivität unempfindlich sein. Nach der Art und Lage der Abdichtung werden unterschieden:
- Außenhautabdichtungen (Regelfall) – s. Abb. 10.95 b
- Innenhautabdichtungen bei Behältern bzw. für Sanierungen – s. Abb. 10.95 c
- wasserundurchlässige Bauteile/Bauwerke (Regelfall s. Abschnitt 6.8)

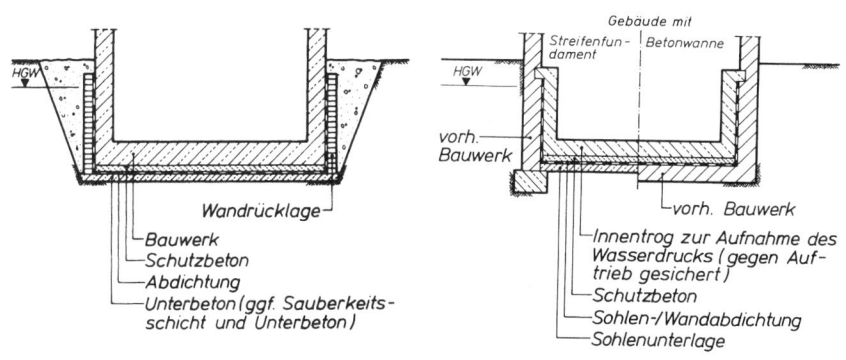

Abb. 10.95 b
Außenhautabdichtung, Regelfall für Neubauten

Abb. 10.95 c
Innenhautabdichtung, Regelfall für Behälterabdichtungen und nachträgliche Abdichtungen in Gebäuden

10 Bauphysik

10.95

6.6.2 Konstruktionsprinzipien

- Die Abdichtung darf durch die Bewegungen des Bauwerks nicht beschädigt werden (Schwinden, Setzen, Temperaturbewegungen). Risse im Bauwerk dürfen nach DIN 18 195-6 zum Zeitpunkt ihres Entstehens (zum Zeitpunkt des Abdichtens) nicht breiter als 0,5 mm sein und durch weitere Bewegungen nicht breiter als 5 mm werden. Der Versatz der Rissufer in Richtung der Abdichtungsebene muss geringer als 2 mm sein. Bei Abdichtungen gegen aufstauendes Sickerwasser darf die Rissbreite nicht größer als 0,5 mm sein und durch weitere Bewegungen nicht breiter als 1 mm werden. Der Versatz der Rissufer in der Abdichtungsebene muss geringer als 0,5 mm sein.

- Die Abdichtung ist bei nichtbindigen Böden ($k > 10^{-4}$ m/s) 300 mm über den höchsten Grundwasserspiegel zu führen; bei bindigen Böden 300 mm über Oberkante Erdreich (Begründung: Stauwasserwirkung).

- Die Abdichtung kann keine planmäßigen Kräfte in ihrer Ebene aufnehmen, sie ist also statisch als reibungslos anzusehen. Nichtplanmäßige Kräfte in Richtung der Abdichtungsebene entstehen z. B. durch das Schwinden einer Fundamentplatte, die auf der Abdichtung liegt. Planmäßige Kräfte in der Abdichtungsebene, z. B. bei Bauwerken im Gefälle oder bei einseitiger Baugrubenverfüllung, sind durch Verankerungen (s. Abb. 10.94a), Nocken oder sonstige konstruktive Maßnahmen von der Abdichtung fernzuhalten (s. z. B. Abb. 10.88a).

- Die Ermittlung der maximalen Druckspannungen unterhalb der Fundamentplatte geschieht nach DIN 4018 entweder nach dem
  – Spannungstrapezverfahren
  – Bettungsmodulverfahren
  – Streifenmodulverfahren
  – oder nach der FEM.

- Gegen die Abdichtung muss hohlraumfrei gemauert oder betoniert werden. Wandrücklagen aus Mauerwerk müssen geputzt werden. – Wird die tragende Außenwand des Bauwerks in Mauerwerk ausgeführt und nachträglich vor die fertige Abdichtung gestellt, so ist sie durch eine etwa 4 cm breite Fuge, die schichtenweise beim Mauern mit Zementmörtel verfüllt wird, von der Abdichtung zu trennen.

- Bituminöse Abdichtungen mit Trägerbahnen aus Rohfilzpappe oder Jutegewebe müssen zwischen festen Bauteilen eingepresst sein, wobei der Mindesteinpressdruck 0,01 MN/m² betragen muss. Bei der Ermittlung des mininalen Einpressdrucks darf der hydrostatische Druck des Wassers nicht in Rechnung gestellt werden.

- Abdichtungen gegen aufstauendes Sickerwasser – nichtdrückendes Wasser – sind nach DIN 18 195-6 Abdichtungen von Kelleraußenwänden und Bodenplatten bei Gründungstiefen bis 3,0 m unter GOK in wenig durchlässigen Böden ($k < 10^{-4}$ m/s) ohne Dränung, bei denen Bodenart und Geländeform nur Stauwasser erwarten lassen. Die Unterkante der Kellersohle muss mindestens 1000 mm über HGW liegen (Abb. 10.97a).

- Wird die bituminöse Abdichtung durch Temperatur beansprucht (Heizkanäle, Abbindewärme dicker Fundamentplatten o.ä.), so muss der Erweichungspunkt Ring und Kugel (s. DIN EN 1427) des verwendeten Bitumens mindestens 30 K über der zu erwartenden Temperatur liegen.

- Bei Einwirkung von Druckluft (wenn beim Abschalten der Wasserhaltung z. B. das Wasser die Luft in den Poren des Erdreichs gegen die Abdichtung presst) sind die Abdichtungen gegen das Ablösen von der Unterlage zu sichern. Bei bituminösen Abdichtungen sind Metallbänder einzukleben oder „Luftdränagen" vorzusehen (grober Kies, in dessen Poren die Luft entweichen kann).

6.6.3 Materialwahl und Konstruktionsbeispiele

Bauwerke, die gegen drückendes Wasser abgedichtet werden müssen, werden entweder aus wasserundurchlässigem Beton nach DIN 1045 ausgeführt, oder sie werden mit Bitumen- bzw. Kunststoffbahnen nach DIN 18 195-6 geschützt (Abb. 10.95b).

Die zulässige Druckbeanspruchung senkrecht zu den Bahnenabdichtungen ist in DIN 18 195-6 in Abhängigkeit von der Art der Abdichtung festgelegt. Die Anzahl der erforderlichen Lagen ist ebenfalls in DIN 18 195-6 in Abhängigkeit von der Eintauchtiefe des Gebäudes in das Grundwasser, der Art der Abdichtungsmaterialien sowie deren Verarbeitung festgelegt (s. Tafel 10.98).

± 0,0

Schutzplatte
Perimeterdämmung
als Schutzschicht
Abdichtung nach
DIN 18195-5,
hohe Beanspruchung

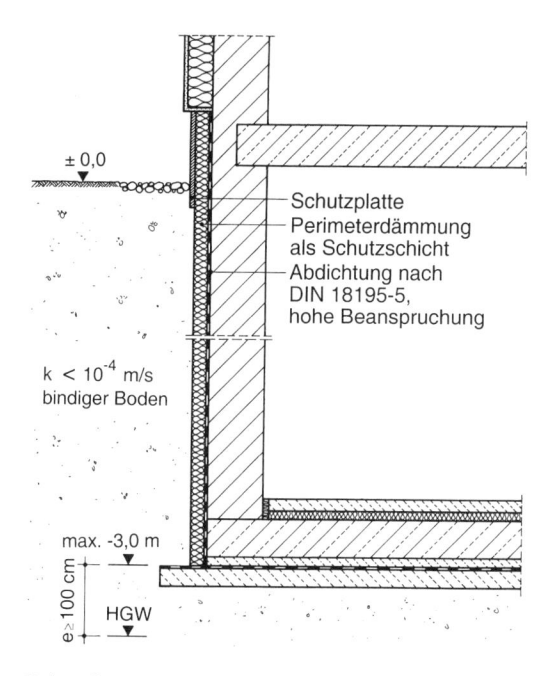

$k < 10^{-4}$ m/s
bindiger Boden

max. -3,0 m

$e \geq 100$ cm

HGW

Abb. 10.97a
Abdichtung gegen aufstauendes
Sickerwasser nach DIN 18 195-6

Bei größeren Eintauchtiefen des Bauwerks in das Grundwasser wird der Auftrieb immer größer, sodass die Gefahr des Aufschwimmens gegeben ist. Gemäß DIN 1054 ist die Sicherheit gegen Aufschwimmen η_a nachzuweisen:

$$\eta_a = \frac{Q_{\text{Auflast}}}{Q_{\text{Auftrieb}}} \geq 1,1$$

Die Ausführung der Abdichtung erfolgt nach der Grundwasserabsenkung und dem anschließenden Ausheben der Baugrube wie folgt:
Auf einer Sauberkeitsschicht/Unterbeton (8 bis 10 cm Magerbeton) wird die Abdichtung aufgebracht. Die Abdichtung ist vor dem Beginn des Bewehrens der Fundamentplatte vor mechanischen Verletzungen zu schützen; dies geschieht in der Regel durch eine etwa 5 cm dicke Schutzbetonschicht. Der Übergang von der Fundamentplatte zu den Wänden erfolgt in Abhängigkeit von den örtlichen Verhältnissen und vom Bauablauf (Abb. 10.97b und 10.97c).
Die Druckbeanspruchung der Abdichtung ist für die Lastfälle „Volllast bei Grundwasserabsenkung (Bauzustand)" und „Volllast mit Auftrieb" zu untersuchen.
Die Wandrücklage soll die hohlraumfreie Einpressung der Abdichtung sicherstellen. Dazu ist es erforderlich, dass sie glatt sowie eben ausgeführt wird und dass sie beweglich auf dem Fundament aufsteht, damit sie durch den Erddruck gegen die Abdichtung bzw. das Bauwerk gepresst wird.

Kunststoff-
abdichtung
bitum. Bahn

Kunststoff-
abdichtung
bitum. Bahn

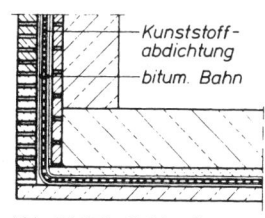

Abb. 10.97b Kehlstoß

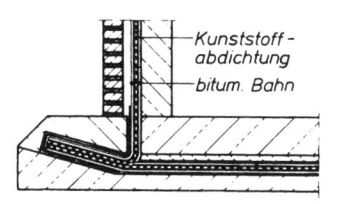

Abb. 10.97c Rückläufiger Stoß (vgl. auch Abb. 10.93a)

Tafel 10.98 Zusammenstellung der bahnenförmigen Abdichtungssysteme gegen drückendes Wasser entsprechend DIN 18 195-6 mit der Angabe der zulässigen Druckbelastung

Abdichtungssystem	zul σ in MN/m²	t in m	Lagenzahl bei Bü	Gi
Nackte Bitumenbahnen (erf. Einpressdruck $\geq 0{,}01$ MN/m²)	0,6	≤ 4 4 bis 9 > 9	3 4 5	3 3 4
Nackte Bitumenbahnen und eine Metallbandlage (Kupfer $d = 0{,}1$ mm oder Edelstahl $d = 0{,}05$ mm)	1,0	≤ 4 4 bis 9 > 9	3 3 4	3 3 3
Nackte Bitumenbahnen und zwei Metallbandlagen (Kupfer $d = 0{,}1$ mm oder Edelstahl $d = 0{,}05$ mm)	1,5	≤ 4 4 bis 9 > 9	4 4 5	4 4 4
			Lagenzahl bei sonstiger Verlegung	
Bitumen-Schweißbahnen (nur in Ausnahmefällen – z. B. im Überkopfbereich und an unterschnittenen Flächen)	0,8 bei Glasgewebe, 1,0 bei sonstigen Einlagen	≤ 4 4 bis 9 > 9	2 mit GE oder PE 3 mit GE oder PE 1 mit GE oder PE + jew. m. 1 Ku 2 mit GE oder PE + jew. m. 1 Ku	
Bitumen-Bahnen und/oder Polymerbitumen-Dachdichtungsbahnen	0,8 bei Glasgewebe, 1,0 bei sonstigen Einlagen	≤ 4 4 bis 9 > 9	siehe Bit.-Schweißbahnen Bitumenbahnen mit Gewebeeinlagen sind mit Bahnen anderer Trägereinlage zu kombinieren.	
Bahnen aus EVA, PIB bzw. PVC-P	1,0 (bei PIB 0,6)	≤ 4 4 bis 9 > 9	1 $d = 1{,}5$ mm 1 $d = 2{,}0$ mm 1 $d = 2{,}0$ mm	
ECB- und EPDM-Bahnen	1,0	≤ 4 4 bis 9 > 9	1 $d = 2{,}0$ mm 1 $d = 2{,}5$ mm 1 $d = 2{,}5$ mm	

zul σ	zulässige Druckbelastung	GE	Gewebeeinlage
t	Eintauchtiefe	Ku	Kupferbandeinlage
Bü	Bürstenstreich- oder Gießverfahren	PE	Polyestervlies-Einlage
Gi	Gieß- und Einwalzverfahren		

Die Wandrücklagen sollten in Abständen von etwa 5 m und an Gebäudekanten gefugt sein, damit sie in sämtlichen Bereichen gegen den Baukörper gedrückt werden (Abb. 10.99b). Die Wandrücklagen aus Mauerwerk müssen bei noch nicht erfolgter Erdanschüttung den Schalungsdruck des Betons aufnehmen; aus diesem Grunde sind die Rücklagen im Abstand von etwa 2 m wirksam auszusteifen.
Beim Einbau der Wandbewehrungen vor der Abdichtung ist darauf zu achten, dass die Abdichtung nicht mechanisch beschädigt wird. Der Abstand der Bewehrung von der Abdichtung muss mindestens 5 cm betragen, wobei notwendige Abstandhalter sich nicht in die Abdichtung eindrücken dürfen (Abb. 10.99c).

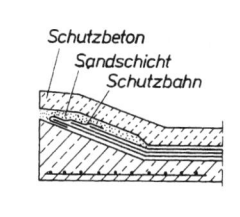

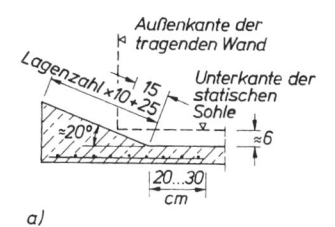

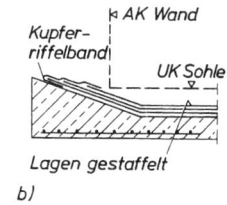

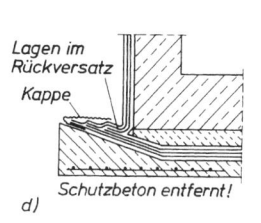

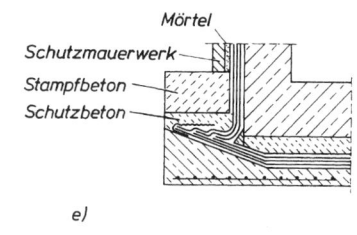

Abb. 10.99a Herstellung eines rückläufigen Stoßes [10.26]

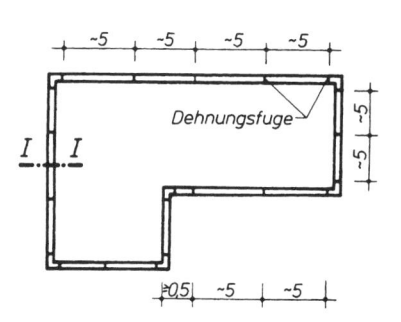

Abb. 10.99b Ausbildung der Wandrücklagen

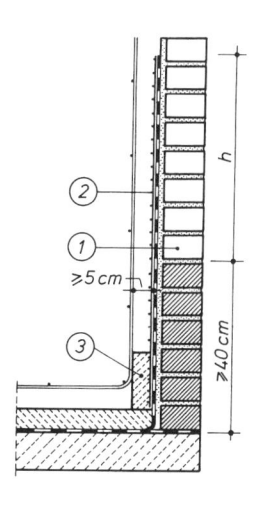

Abb. 10.99c Schutz der Abdichtung (Betondickung)
Stoß der Abdichtung im Bereich von ca. 40 cm über der Sauberkeitsschicht.
1 Wandrücklage
2 Schutzschicht
3 Abstandhalter

10.99

Die Abdichtung gegen aufstauendes Sickerwasser (Abb. 10.97a) kann nach DIN 18 195-6 bestehen aus:

- kunststoffmodifizierter Bitumendickbeschichtung ($d = 4$ mm). Die Beschichtung ist in zwei Arbeitsgängen aufzubringen. Nach dem ersten Arbeitsgang ist eine Verstärkungslage einzulegen. Die Abdichtung ist grundsätzlich mit einer Schutzschicht zu versehen. Diese darf erst nach ausreichender Trocknung der Abdichtung aufgebracht werden.
- 1 Lage Polymerbitumen-Schweißbahn
- 2 Lagen Bitumen- oder Polymerbitumenbahnen mit Gewebe- oder Polyestervlieseinlage
- 1 Lage bitumenverträgliche Kunststoff-Dichtungsbahn.

6.7 Gebäudedränung

6.7.1 Aufgabe und Wirkungsweise einer Dränanlage

Unter einer Dränanlage versteht man einen unterirdischen Leitungsstrang und eine dazugehörige Flächenentwässerung zur Abführung des sich im Bereich baulicher Anlagen im Boden befindenden Wassers (Abb. 10.100 und 10.101a). Die Abführung des Wassers verhindert das Entstehen eines hydrostatischen Drucks auf die Abdichtung; bei der Ableitung des Wassers soll ein Ausschlämmen von Bodenteilchen nicht auftreten (filterfeste Dränung).

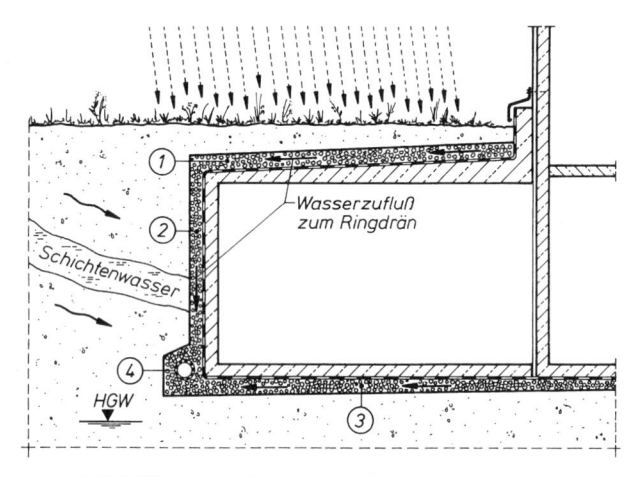

Abb. 10.100 Wirkungsweise von Dränanlagen
1 Flächendrän (Flächenentwässerung) auf der Decke im Gefälle
2 Wanddrän
3 Flächendrän unter der Bodenplatte im Gefälle
4 Ringdrän im Gefälle

Eine Dränanlage besteht aus den Dränschichten und außerdem aus den Kontroll- und Spüleinrichtungen sowie den Ableitungen. Die Wirkungsweise einer Dränanlage ist Abb. 10.100 und Abb. 10.101a zu entnehmen (vgl. auch DIN 4095, Bild 2): Das auf das Bauwerk zufließende Wasser wird im Bereich der Kelleraußenwände durch eine Wanddränage (Dränschicht) zum Ringdrän geleitet. Das von unten auf das Bauwerk zufließende Wasser wird durch eine horizontale Dränage (Flächendränage, Dränschicht) ebenfalls zum Ringdrän (durch das Fundament) geleitet (Abb. 10.100 und 10.101b). Der Ringdrän leitet das Wasser zu einem Versickerungsschacht (Abb. 10.101c). Der Abstand zwischen Schachtsohle und Grundwasseroberfläche soll mindestens 1 m betragen.

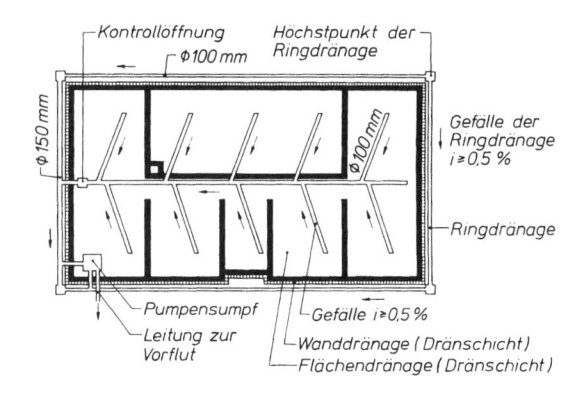

Abb. 10.101a
Prinzip der Ausbildung von
Dränagen

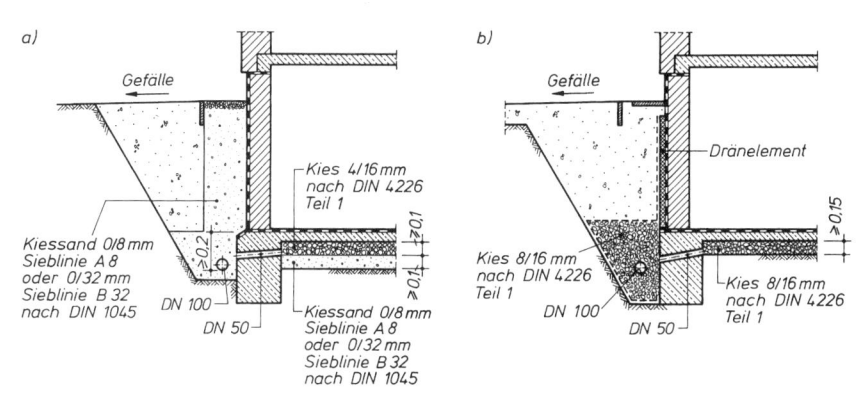

Abb. 10.101b Beispiele einer Dränanlage nach DIN 4095
  a) mit mineralischer Dränschicht
  b) mit Dränelementen

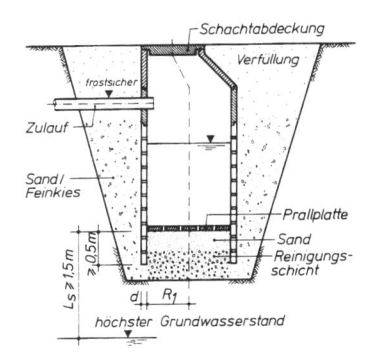

Abb. 10.101c
Versickerungsschacht nach ATV Regelwerk
[10.27]

Es ist zweckmäßig, den Sickerschacht mit grobkörnigen Füllstoffen zu füllen, deren Korngröße von unten nach oben abnimmt. Die oberste Schicht muss jedoch aus feinem Sand bestehen, mindestens 500 mm hoch und gegen Ausspülen gesichert sein, z.B. durch eine Prallplatte. Die Bemessung des Sickerschachtes geschieht nach [10.27].

In Abb. 10.102 ist eine Rohrversickerung von Dränwasser in einer Rigole dargestellt. Die Rigole besteht aus einem horizontalen, perforierten Versickerungsrohr (DN $\geq$ 300 mm), das in einer Kiespackung eingebettet ist; eine Kiesabdeckung verhindert das Zuschlämmen des Kieses. Die Bemessung der Rigolen geschieht ebenfalls nach [10.27].

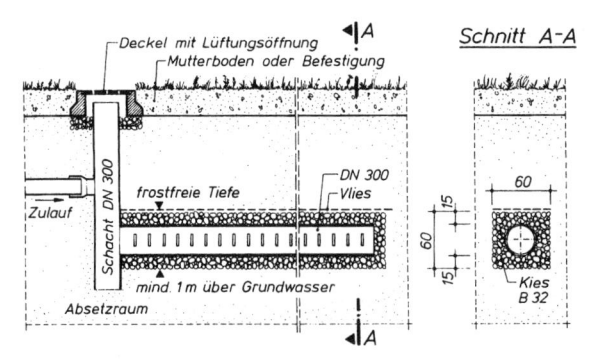

Abb. 10.102 Versickerung von Dränwasser in einer Rigole [10.27]

6.7.2 Materialien und Konstruktionsprinzipien für Dränanlagen

Die Bemessung einer Dränanlage kann unterbleiben, wenn die Randbedingungen für den Regelfall nach Tafel 10.102 eingehalten werden. In diesem Fall gelten die Bemessungsangaben nach den Tafeln 10.103b und 10.104.

Tafel 10.102 Richtwerte für den Regelfall einer Dränanlage

Richtwerte vor Wänden	
Einflussgröße	Richtwert
Gelände	eben bis leicht geneigt
Durchlässigkeit des Bodens	schwach durchlässig
Einbautiefe	bis 3 m
Gebäudehöhe	bis 15 m
Länge der Dränleitung zwischen Hochpunkt und Tiefpunkt	bis 60 m
Richtwerte auf Decken	
Einflussgröße	Richtwert
Gesamtauflast	bis 10 kN/m^2
Deckenteilfläche	bis 150 m^2
Deckengefälle	ab 3 %
Länge der Dränleitung zwischen Hochpunkt und Dacheinlauf/Traufkante	bis 15 m
Angrenzende Gebäudehöhe	bis 15 m
Richtwerte unter Bodenplatten	
Einflussgröße	Richtwert
Durchlässigkeit des Bodens	schwach durchlässig
Bebaute Fläche	bis 200 m^2

Baustoffe für die Ausführung von Dränanlagen entsprechend DIN 4095 sind in Tafel 10.103a aufgeführt.

Tafel 10.103a Beispiele von Baustoffen für Dränelemente (DIN 4095)

Bauteil	Art	Material
Filterschicht	Schüttung	Mineralstoffe (Sand und Kies)
	Geotextilien	Filtervlies (z. B. Spinnvlies)
Sickerschicht	Schüttung	Mineralstoffe (Sand und Kies)
	Einzelelemente	Dränsteine (z. B. aus haufwerksporigem Beton) Dränplatten (z. B. aus Schaumkunststoff) Geotextilien (z. B. aus Spinnvlies)
Dränschicht	Schüttungen	Kornabgestufte Mineralstoffe; Mineralstoffgemische (Kiessand) z. B. Körnung 0/8 mm (Sieblinie A 8 nach DIN 1045) oder Körnung 0/32 mm (Sieblinie B 32 nach DIN 1045)
	Einzelelemente	Dränsteine (z. B. aus haufwerksporigem Beton, ggf. ohne Filtervlies); Dränplatten (z. B. aus Schaumkunststoff, ggf. ohne Filtervlies)
	Verbundelemente	Dränmatten aus Kunststoff (z. B. aus Höckerprofilen mit Spinnvlies, Wirrgelege mit Nadelvlies, Gitterstrukturen mit Spinnvlies)
Dränrohr	gewellt o. glatt	Beton, Faserzement, Kunststoff, Steinzeug, Ton mit Muffen
	gelocht oder geschlitzt	allseitig (Vollsickerrohr); seitlich und oben (Teilsickerrohr)
	mit Filtereigenschaften	Kunststoffrohre mit Ummantelung Rohre aus haufwerksporigem Beton

Tafel 10.103b Beispiele für die Ausführung und Dicke der Dränschicht aus mineralischen Baustoffen für den Regelfall (DIN 4095)

Lage	Baustoff	Dicke in m (mind.)
vor Wänden	Kiessand, z. B. Körnung 0/8 mm (Sieblinie A 8) oder 0/32 mm (Sieblinie B 32 nach DIN 1045)	0,50
	Filterschicht, z. B. Körnung 0/4 mm (0/4 a nach DIN 4226-1), und Sickerschicht, z. B. Körnung 4/16 mm (nach DIN 4226-1)	0,10 0,20
	Kies, z. B. Körnung 8/16 mm (nach DIN 4226-1) und Geotextil	0,20
auf Decken	Kies, z. B. Körnung 8/16 mm (nach DIN 4226-1) und Geotextil	0,15
unter Bodenplatten	Filterschicht, z. B. Körnung 0/4 mm (0/4 a nach DIN 4226-1), und Sickerschicht, z. B. Körnung 4/16 mm (nach DIN 4226-1)	0,10 0,10
	Kies, z. B. Körnung 8/16 mm (nach DIN 4226-1) und Geotextil	0,15
um Dränrohre (Ringleitung)	Kiessand, z. B. Körnung 0/8 mm (Sieblinie A 8) oder 0/32 mm (Sieblinie B 32 nach DIN 1045)	0,15
	Sickerschicht, z. B. Körnung 4/16 mm (nach DIN 4226-1), und Filterschicht, z. B. Körnung 0/4 mm (0/4 a nach DIN 4226-1)	0,15 0,10
	Kies, z. B. Körnung 8/16 mm (nach DIN 4226-1) und Geotextil	0,10

Tafel 10.104 Richtwerte für Dränleitungen und Kontrolleinrichtungen im Regelfall nach DIN 4095 (vgl. Tafel 10.102)

Bauteil	Richtwert mind.
Dränleitung	Nennweite ≥ DN 100; Gefälle ≥ 0,5 %
Kontrollrohr	Nennweite ≥ DN 100
Spülrohr	Nennweite DN 300
Übergabeschacht	Nennweite DN 1000

Für die Ausführung von Dränagen gilt:

- Das Mindestgefälle des Ringdräns soll $i = 0,5\%$ betragen (bei zu geringem Gefälle besteht die Gefahr der Sedimentation und der anschließenden Rohrverstopfung von eingespülten Bodenfeinstteilen).
- Die Ringdränage soll am Hochpunkt mit der Rohrsohle mindestens 20 cm unter Oberkante des Fundamentes liegen (liegt die Ringdränage höher als Oberkante Fundament, so ist der freie Wasserzufluss von der Wanddränage in den Ringdrän unterbunden; liegt der Ringdrän tiefer als die Unterkante des Fundamentes, so kann es bei starkem Wasseranfall zu einer Unterspülung des Fundamentes kommen).
- Die Dränrohre werden mit filterstabilen Kiesschichten oder mit ebenfalls filterstabilen Umhüllungen aus Polyestervlies umgeben (weitgehende Vermeidung des Versandens).
- Anbringen von Kontroll- und Spülrohren an allen Richtungswechseln (Knicke) von Ringdränen entsprechend Abb. 10.101a und 10.104 (Ringdräne können versanden oder verockern – Festsetzen von gallertartigem, verfestigtem Eisenschlamm an Rohrwandungen).
- In regelmäßigen Zeitabständen ist der Sandfang zu überprüfen (befindet sich am Boden der Kontrollschächte, Abb. 10.104), ob zuviel Sand im Ringdrän transportiert wurde. Mindestens einmal jährlich sollen Ringdräne von den Schächten aus saubergespült werden.
- Richtwerte für die Dränleitungen und Kontrolleinrichtungen im Regelfall enthält Tafel 10.104.
- Entsorgung des Dränagewassers durch Vorfluter (Bach, See, Graben) oder durch Versickerung im Erdreich. Sickerschacht 10 bis 20 m vom Bauwerk entfernt anordnen (Abb. 10.101c).
- Die Funktionsfähigkeit der Dränleitungen muss nach dem Verfüllen der Baugrube, z.B. durch Spiegelung und Spülung, überprüft werden.
- Die Abdichtung hinter der Wanddränage und über der Bodendränage kann nach DIN 18 195 einer Abdichtung gegen Bodenfeuchtigkeit (DIN 18 195-4) entsprechen. Dies setzt eine funktionsfähige Dränage voraus. Der Überprüfung und laufenden Wartung kommt eine besondere Bedeutung zu.

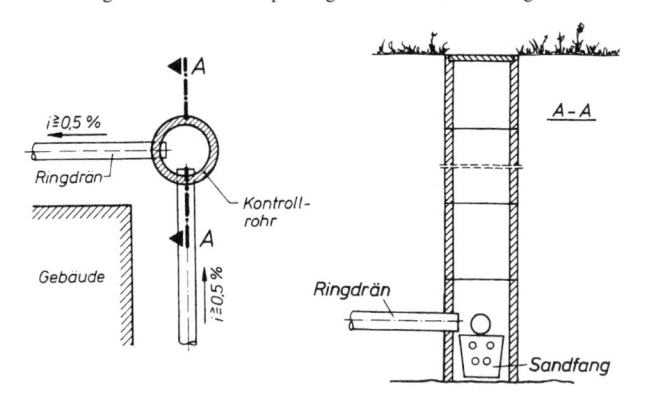

Abb. 10.104 Spül- und Kontrollrohr

Im Hinblick darauf, dass die nach Abb. 10.101b Teil a auszuführenden Wanddränagen aus abgestuften Kiesschüttungen ausführungstechnische Schwierigkeiten bereiten, ist es zweckmäßig, vor-

Abb. 10.105 a Sickerplatte als Wanddränelement aus miteinander verbundenen Polystyrolkugeln ⌀ 6 ... 12 mm

gefertigte Dränelemente im Bereich der Wände zu verwenden. In Abb. 10.105 a ist beispielhaft ein Wanddränelement dargestellt, das aus Polystyrolkugeln ⌀ 6 bis 12 mm besteht, bei dem die einzelnen Kugeln miteinander bituminös gebunden sind. Durch die Kugeln wird eine haufwerksporige Platte gebildet, die ein relativ großes Porenvolumen besitzt, in dem das auf die Platte zufließende Wasser abgeführt werden kann (versickern kann). Durch das Porenvolumen ist die Platte fast vergleichbar mit einer Dränschicht aus sandigem Kies (vgl. Abb. 10.105 b). – Bei anstehenden Böden, die zum Ausschlämmen neigen, muss zur Erhöhung der von der Dränplatte verlangten Filterstabilität ein geeignetes geotextiles Vlies angeordnet werden; das geotextile Vlies verhindert das Zusetzen der Dränplatten.

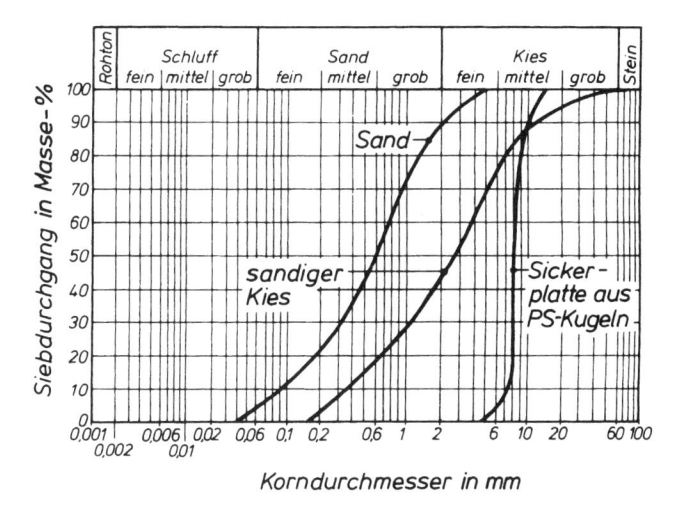

Abb. 10.105 b Korngrößenverteilung [10.37]

In Abb. 10.106 a ist der Einfluss der Stauchung unter dem Einwirken des Erddrucks aufgezeigt: Unter dem Einwirken eines langfristig wirkenden Erddrucks von 100 bis 150 MN/m² ist eine etwa 25- bis 30-%ige Stauchung der Dränplatte zu erwarten. In Abb. 10.106 b ist die Veränderung der abführbaren Wassermenge in Abhängigkeit vom Durchlässigkeitswert dargestellt, der wiederum von der Stauchung abhängig ist. Es lässt sich ablesen, dass Sickerplatten, die um etwa 25 % auf Grund des Erddrucks gestaucht werden, nahezu das gleiche Wasserableitungsvermögen wie Kies ⌀ 5 bis 7 mm aufweisen. – Von der Industrie wird eine Vielzahl vergleichbarer Dränelemente, z. B. solche aus Wirrvliesen und aufkaschierten geotextilen Vliesen, angeboten, die die funktionsfähige Ausführung von Dränagen ermöglichen. Die abführbaren Wassermengen dieser Elemente sind von den Herstellern der Elemente durch ein Prüfzeugnis zu belegen.

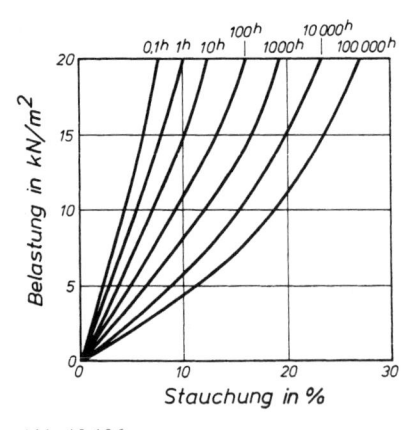

Abb. 10.106a
Stauchung von Sickerplatten aus Polystyrolkugeln entsprechend Abb. 10.105a [10.37]

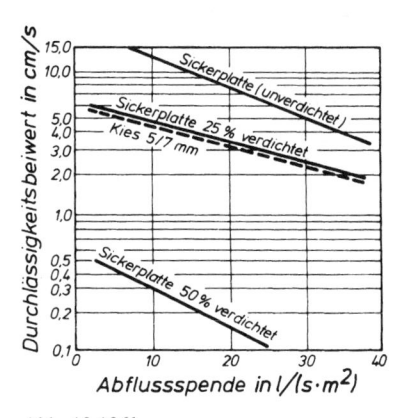

Abb. 10.106b
Abführbare Wassermenge (Abflussspende) [10.37]

6.8 Gründungsbauwerke aus wasserundurchlässigem Beton (WU-Beton) *)

6.8.1 Vorteile

Bauten aus wasserundurchlässigem Beton sind dadurch gekennzeichnet, dass der Schutz gegen im Erdreich vorhandenes Wasser durch die Betonkonstruktion selbst erbracht wird. Äußere Abdichtungen aus Bitumen- oder Kunststoffbahnen sind somit nicht erforderlich. Dadurch entstehen folgende Vorteile:
- Wegfall eines Gewerkes (z. B. bituminöse Abdichtung),
- weitgehende Witterungsunabhängigkeit bei der Herstellung des Bauwerkes im Vergleich zu Bauwerken, die zum Beispiel mit bituminösen Abdichtungsbahnen versehen werden,
- leichte Ortung von Leckagen und deren nachträgliche Sanierung (Bauteile mit einer Außenhautdichtung können im Regelfall im nachhinein schwer oder überhaupt nicht mehr saniert werden).

Um die genannten Vorteile zu erzielen, sind aber zusätzliche Maßnahmen im Vergleich zu üblichen Stahlbetonkonstruktionen erforderlich:
- Betonrezeptur (Zement, Sieblinie für die Zuschläge, Betonzusätze),
- Verarbeitung (Schalung, Verdichtung, Nachbehandlung),
- Nachweis der verminderten Rissbildung oder der Rissbreitenbeschränkung (dadurch höherer Bewehrungsgehalt),
- besondere Aufwendungen für die konstruktive Durchbildung des Bauwerkes (Fugen),
- Mehraufwendungen für den Innenausbau (WU-Beton ist wasserundurchlässig, aber nicht wasserdicht).

Die aufgeführten Mehraufwendungen müssen technisch befriedigend machbar sein, und sie müssen sich in wirtschaftlicher Hinsicht tragen.

6.8.2 Planungsgrundsätze

Bei der Planung von Bauten aus WU-Beton ist zu beachten, dass wasserundurchlässiger Beton ein „poröser" Beton ist, der nicht absolut wasserdicht ist. Bauteile aus WU-Beton müssen deswegen so konstruiert werden, dass das durch das Bauteil transportierte Wasser im Rauminnern sicher und

---

*) Es wird auf die Richtlinie des Deutschen Ausschusses für Stahlbeton (WU-Richtlinien) verwiesen, die bei Abschluss des Manuskriptes nur im Entwurf vorlag und deswegen nur zum Teil berücksichtigt werden konnte.

schadensfrei verdunsten kann. Es muss weiterhin sichergestellt sein, dass die Bauteile so bemessen werden, dass keine durchgehenden Risse bzw. unzulässig breite Risse entstehen.

Folgende Nachweise müssen bei der Planung von Kellerbauwerken aus WU-Beton geführt werden, bzw. es müssen folgende Regeln beachtet werden:
- Höhe des maximalen Grundwasserpegels (HGW) (zu erfragen bei den zuständigen Wasserwirtschaftsämtern)
- Prüfen der Korrosivität des Grundwassers entsprechend DIN 4030 (Wasseruntersuchung). Gegebenenfalls ist die Wahl der Zementart in Abhängigkeit vom Angriffsgrad des Grundwassers (schwach, stark, sehr stark) vorzunehmen; unter Umständen ist auf die Ausführung von WU-Beton zu verzichten.
- Im Rahmen der statischen Berechnung müssen folgende Nachweise geführt werden:
   a) Rissweitenbeschränkung $w_m < w_{cal}$ – Nachweis vgl. Kapitel 6, Beton- und Stahlbetonbau. Die zulässige Rissbreite w_{cal} ist vom hydraulischen Gefälle abhängig (Tafel 10.107a).
   b) Nachweis der Zwangs- und Eigenspannungen ([10.21] und [10.22]),
   c) Auftriebssicherung des Bauwerkes (vgl. Kapitel 11, Abschn. 4.6).
- Ermittlung der in das Bauwerk durch den WU-Beton eintretenden Wassermenge und Nachweis der schadlosen Verdunstungsmöglichkeit im Rahmen einer Feuchtebilanz (s. Abschn. 6.8.3).
- Die Mindestdicke der Bauteile aus WU-Beton ist abhängig von der Beanspruchungsart des Bauwerks durch das Wasser (drückendes Wasser, aufstauendes Sickerwasser, Bodenfeuchte) und von der Art der Herstellung (Ortbeton, Elementwände, Fertigteile). Es wird auf Tafel 10.107b verwiesen.
- Schalungsanker im Wandbereich müssen wasserundurchlässig sein. Es bieten sich z.B. Gewindestähle mit verlorener Kupplungsmutter an (vgl. Abb. 10.108a). Der Nachweis der Dichtheit ist entsprechend dem Merkblatt des Deutschen Beton-Vereins zu führen (DBV-Merkblatt „Schalungsanker").

Tafel 10.107a Zulässige Rissweite w in Abhängigkeit vom Druckgefälle $i = h_w/d$

Druckgefälle $i = h_w/d$ in mWS/m	Rechenwert der Rissbreite w_{cal} in mm
≤ 10	0,20
> 10 bis ≤ 15	0,15
> 15 bis ≤ 25	0,10

h_w Höhe des Grundwassers (m); d Bauteildicke (m)

Tafel 10.107b Empfohlene Mindestdicken von Bauteilen (Angaben in cm) nach der WU-Richtlinie des DAfStb

			1	2	3
	Bauteil	Beanspruchungsart*)	Ausführungsart		
			Ortbeton	Elementwände	Fertigteile
1	Wände	1	24	24	20
2		2	20	20	10
3	Bodenplatte	1	25	–	20
4		2	15	–	10

*) 1 = drückendes bzw. nichtdrückendes Wasser sowie aufstauendes Sickerwasser
   2 = Bodenfeuchte und nichtstauendes Sickerwasser

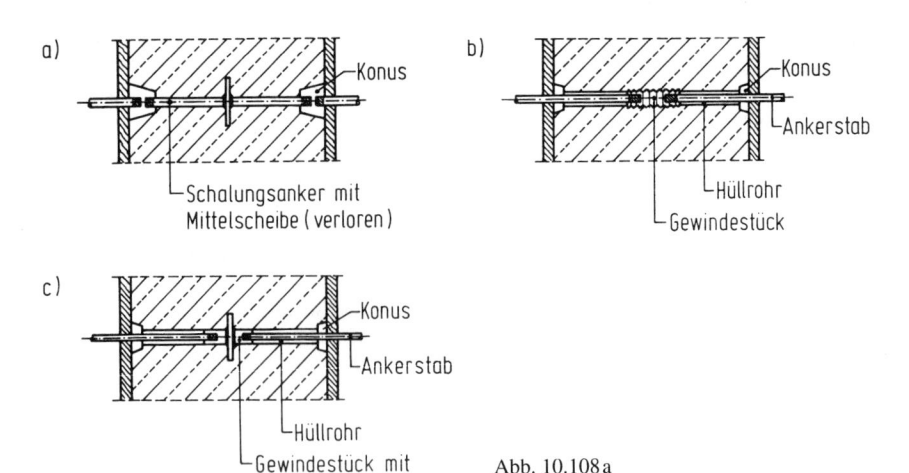

Abb. 10.108a Konstruktionsprinzipien für Schalungsanker

a) Schalungsanker mit Mittelscheibe (verloren)
b) Konus, Ankerstab, Hüllrohr, Gewindestück
c) Konus, Ankerstab, Hüllrohr, Gewindestück mit Scheibe

– Zur Einführung von Ver- und Entsorgungsleitungen in das Bauwerk sind Mantelrohre einzubetonieren (Abb. 10.108b). Flanschrohre mit Mittelkranz, die an den Leitungen starr befestigt werden, sind wegen möglicher Setzungen oder anderer Bauwerksbewegungen zu vermeiden.

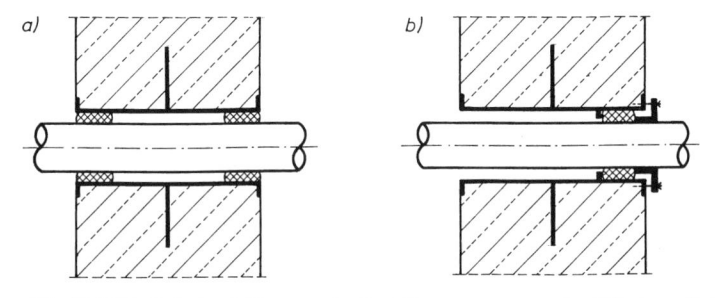

Abb. 10.108b Rohrdurchführungen in Bauteilen aus wasserundurchlässigem Beton
a) mit verstemmter Buchse
b) mit Stopfbuchse

– Die Ausbildung der Arbeitsfugen in den Bauteilen aus WU-Beton wird z.Z. noch kontrovers diskutiert. In den Abbildungen 10.109a und 10.109b sind einige Ausführungsbeispiele dargestellt; näheres s. [10.38].

– Eine Nachbehandlung, z.B. auch durch eine wärmedämmende Abdeckung der Fundamentplatte, ist zweckmäßig, um im frühen Alter des Betons Rissbildungen auf Grund der Temperaturunterschiede in der Fundamentplatte zu vermeiden. Die Wärmedämmung ist spätestens nach 24 Stunden aufzubringen (vgl. Abb. 10.109c), sonst ist sie weitgehend wirkungslos.

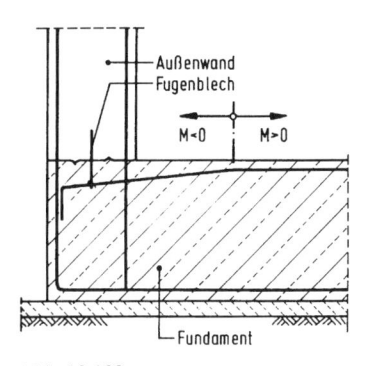

Abb. 10.109a
Fugenausbildung am Übergang Fundamentplatte/Wand

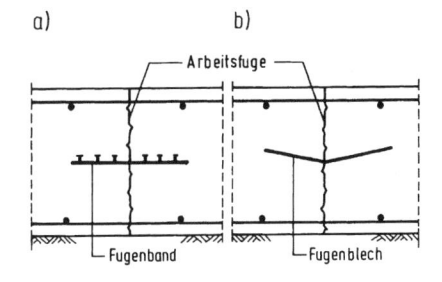

Abb. 10.109b
Arbeitsfuge in der Fundamentplatte
a) Gefahr der Luft- und Wasserblasenbildung unterhalb des Fugenbandes
b) Ein abgewinkeltes Fugenblech ermöglicht die Ableitung von Luft- und Wasserblasen.

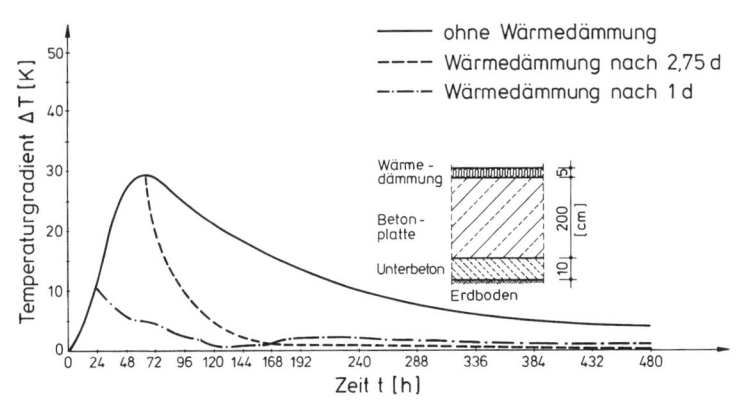

Abb. 10.109c Zeitlicher Verlauf des Temperaturgradienten zwischen Plattenoberfläche und Betonkern in einem gedämmten und einem ungedämmten Betonquerschnitt (Betonplatte)

6.8.3 Wasserdurchgang durch Bauteile aus WU-Beton

Der Wasserdurchgang durch Bauteile aus WU-Beton kann nach dem heutigen Stand des Wissens nach mehreren Verfahren berechnet werden, die sich zum einen hinsichtlich der Randbedingungen (stationär – instationär) und zum anderen hinsichtlich der Methodik unterscheiden.

Um die unterschiedlichen Berechnungsmethoden zu vergleichen, wurde der Feuchtetransport durch ein WU-Betonbauteil unter gleichartigen stationären Randbedingungen ermittelt. Als Vergleichsgröße dient der Gesamtwasserdurchgang Q in g/(m^2 · d). Für die numerischen instationären Berechnungsverfahren wurden quasistationäre Verhältnisse gewählt, die über den gesamten Berechnungszeitraum von 5 Jahren angesetzt wurden.

Die Dicke des Betonbauteils wurde für die stationären Berechnungen zwischen 0,2 m und 0,9 m variiert. In Tafel 10.110 folgt ein Überblick der ermittelten Gesamtwasserdurchgänge durch ein 0,5 m dickes WU-Betonbauteil mit 2,5 m Wasserdruckbelastung.

Das Ergebnis der Berechnungen ist in Abb. 10.110 aufgetragen. Die Berechnungsverfahren weisen eine als hinreichend anzusehende Übereinstimmung auf.

Tafel 10.110 Vergleich der Gesamtwasserdurchgänge durch ein 0,5 m dickes WU-Bauteil bei 2,5 m Eintauchtiefe in das Grundwasser

Verfahren	Kießl/Gertis	Klopfer	WUFI	Häupl/Grunewald
Randbedingungen	stationär		instationär	
2,5 m Wasserdruck	berücksichtigt	nicht berücksichtigt *)	nicht berücksichtigt	berücksichtigt
Gesamtwasserdurchgang in g/(m² · d)	5,8	ca. 4,5 bis 8	5,0	7,9

*) Die Dicke des betrachteten Verdunstungsbereichs wurde zwischen 2,0 % und 3,5 % der Gesamtdicke gewählt.

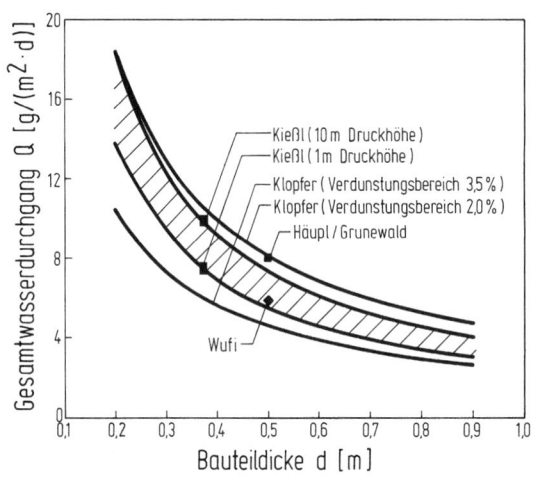

Abb. 10.110 Vergleich der Berechnungsverfahren hinsichtlich des Wasserdurchgangs durch Bauteile aus WU-Beton

Für die stationäre Berechnung nach Kießl [10.31] wurde die Wasserdruckhöhe zwischen 1 m und 10 m variiert. Dieser Bereich ist in Abb. 10.110 schraffiert angelegt. Im Folgenden wird dieses Verfahren weiter betrachtet.

Der Transportvorgang des Wassers durch Bauteile aus wasserundurchlässigem Beton ist von mehreren Parametern abhängig:
- Wassergehalt des Betons
- Temperaturgradient
- Druckgradient (treibendes Potential)
- Porengröße und Porenverteilung im Beton.

Der Gesamtwasserdurchgang Q in g/(m² · d) kann näherungsweise anhand von experimentell zu bestimmenden Feuchtigkeitskoeffizienten ermittelt werden:

$$Q = \frac{1}{d} \cdot (FC \cdot \Delta c + FT \cdot \Delta \vartheta + FP \cdot \Delta h) \quad \text{in g/(m}^2 \cdot \text{d)} \tag{1}$$

10.110

Es bedeuten:
d Bauteildicke in m
FC Hygrischer Feuchteleitkoeffizient, der von der Theorie der kapillaren Flüssigkeitsbewegung in porösen Stoffen ausgeht [10.31]
$FC_{Beton} = 10^{-6}$ m^2/h = 24 g/(m · d)
Δc Wassergehaltsdifferenz in den Bauteiloberflächen in m^3 Wasser pro m^3 Material
$c_1 \approx 22$ in Vol.-% (gesättigter Beton)
$c_2 \approx 5$ in Vol.-% (Beton in der Ausgleichsfeuchte)
$\Delta c = 17\%$
FT Thermischer Feuchteleitkoeffizient, der von einem temperaturbedingten Feuchtetransport in flüssigem und in dampfförmigem Zustand unter Berücksichtigung von Sorptionsvorgängen ausgeht und primär vom Feuchtegehalt des Baustoffes abhängt [10.31]
10^{-10} m^2/(h · K) $\leq$ FT $\leq 10^{-8}$ m^2/(h · K)

Für eine überschlägige Berechnung des Gesamtfeuchtetransports kann FT wie folgt angenommen werden:
FT = 10^{-8} m^2/(h · K) = 0,24 g/(m · K · d)
bei temperaturbedingten Feuchtigkeitsanreicherungen und
FT = 10^{-12} m^2/(h · K) $\approx$ 0 g/(m · K · d)
bei temperaturbedingten Austrocknungen.
$\Delta\vartheta$ Temperaturdifferenz der Bauteiloberflächen in K
FP Gesamtdruckbezogener Feuchteleitkoeffizient, der die Transportintensität durch ein poröses Material infolge eines Gesamtdruckgradienten beschreibt. Auch wenn ein „kompakter" Wassertransport durch die Poren eines wasserundurchlässigen Betons nicht stattfinden wird, kann näherungsweise von der materialspezifischen Durchlässigkeit nach dem *Darcy*schen Gesetz ausgegangen werden.
FP $\approx 10^{-10}$ cm/s = 0,1 g/(m^2 · d)
Δh Gesamtdruckunterschied in m Wassersäule

6.8.4 Verdunstung und Feuchtebilanz

Anhand von Gleichung (1) kann die durch ein Bauteil aus wasserundurchlässigem Beton transportierte Feuchtigkeitsmenge größenordnungsmäßig ermittelt werden. Diese Feuchtigkeitsmenge muss von der inneren Bauteiloberfläche an die Luft wieder abgegeben werden können (Verdunstungsvorgang). Die Feuchtigkeit Q_v, die von der Luft aufgenommen werden kann, folgt zu:

$$Q_v = n \cdot m_s \cdot \frac{(100 - \varphi)}{100} \cdot V \cdot 24 \quad \text{in g/(m}^2 \cdot \text{d)} \tag{2}$$

Es bedeutet:
Q_v von der Luft aufnehmbare Feuchtigkeitsmenge in g/(m^2 · d)
n Luftwechselzahl (1/h)
$n = 0,2$ bei üblichen Kellerfenstern (Keller wird nicht belüftet)
$n \geq 0,2$ für belüftete Räume
m_s max. Wassergehalt der Luft in g/m^3 (s. Abb. 10.112)
φ relative Luftfeuchtigkeit in %
V auf die Außenwandfläche bezogenes Raumvolumen in m^3/m^2

Zusammenfassend ist festzustellen, dass der Nachweis einer hinreichenden Feuchtebilanz erfüllt ist, wenn folgende Gleichung zutrifft:

$$Q_v > 1,5 \left(Q + \frac{Q_N}{A_{\text{Nutzfläche}}} \right) \tag{3}$$

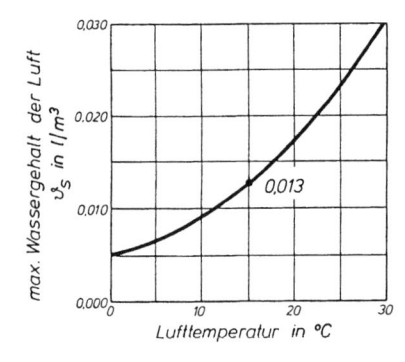

Abb. 10.112
Sättigungsgehalt der Luft an Wasserdampf in Abhängigkeit von der Temperatur

mit

Q Gesamtwasserdurchgang durch die Betonbauteile, z.B. entsprechend Gleichung (1)

Q_N Feuchteproduktion auf Grund der Nutzung, z.B. $40 \frac{g}{h \cdot Pers.} \approx 1000 \frac{g}{d \cdot Pers.}$

Der Faktor 1,5 ist als Sicherheitsbeiwert anzusehen. Es wird hierbei vorausgesetzt, dass die Abgabe der durch das Bauteil transportierten Feuchtigkeit an die Raumluft nicht durch eine dampfdichte Schicht – wie z.B. einem PVC-Fußbodenbelag o.ä. – behindert wird. Bei Bauteilen aus wasserundurchlässigem Beton ist konstruktiv sicherzustellen, dass die – wenn auch in geringen Mengen – transportierte Feuchtigkeit an die das Bauteil umgebende Luft abgegeben werden kann.

6.8.5 Beispiel

Für die in Abb. 10.113a dargestellte Konstruktion ist zu prüfen, ob die durch den wasserundurchlässigen Beton hindurchtretende Grundwassermenge durch die Kellerlüftung abgeführt werden kann (verdunsten kann). Randbedingung: 2 Personen/(9,40 · 5,0)

In das Gebäudeinnere transportierte Feuchtigkeitsmenge

$$Q = \frac{1}{d}(FC \cdot \Delta c + FT \cdot \Delta \vartheta + FP \cdot \Delta h) \text{ in } g/(m^2 \cdot d)$$

$d_{Wand} = 0,30$ m; $d_{Boden} = 0,50$ m

$FC = 24$ g/(m · d)

$\Delta c = 0,22 - 0,05 = 0,17$ m³ H$_2$O/m³ Beton

$FT = 0,24$ g/(m · d · K)   für $\Delta \vartheta > 0$

$FT = 0$ für $\Delta \vartheta < 0$

$\Delta \vartheta = 8\,°C - (+15\,°C) = -7$ K

$FP = 0,1$ g/(m² · d)

$\Delta h_{Wand} = 2,0$ m; $\Delta h_{Boden} = 2,50$ m

$$Q_{Wand} = \frac{1}{0,30} \cdot [24 \cdot 0,17 + 0 \cdot (-7) + 0,1 \cdot 2] = 14,3 \text{ g}/(m^2 \cdot d)$$

$$Q_{Boden} = \frac{1}{0,5} \cdot (24 \cdot 0,17 + 0 + 0,1 \cdot 2,5) = 8,7 \text{ g}/(m^2 \cdot d)$$

$$Q' = Q_{Wand} \cdot A_{Wand} + Q_{Boden} \cdot A_{Boden} \text{ in g/d}$$
$$= 14,3\,(2 \cdot 2,0) + 8,7\,(9,40) = 136 \text{ g}/(d \cdot m)$$

Verdunstungsmenge

$$Q'_v = n \cdot m_s \cdot \frac{100-\varphi}{100} \cdot V \cdot 24 \text{ in g}/(\text{m}^2 \cdot \text{d})$$

$n = 0{,}2 \frac{1}{\text{h}}$ (Keller ohne Zwangsbelüftung)

$m_s = 13 \text{ g/m}^3$ (s. Abb. 10.106 für $\vartheta_{Li} = +15°C$)

$V = 9{,}40 \cdot 3{,}50 \cdot 1{,}00 = 32{,}9 \text{ m}^3/\text{m}$

$$Q'_v = 0{,}2 \cdot 13 \cdot \frac{100-70}{100} \cdot 32{,}9 \cdot 24 = 616 \text{ g}/(\text{d} \cdot \text{m})$$

Feuchtebilanz:

$$Q'_v \stackrel{!}{>} 1{,}5 \left(Q' + \frac{Q_N}{A_{\text{Nutzfläche}}} \right)$$

$$616 \text{ g}/(\text{d} \cdot \text{m}) > 1{,}5 \left(136 + \frac{2 \cdot 1000}{9{,}40} \right) = 524 \text{ g}/(\text{d} \cdot \text{m})$$

Ergebnis: Die durch die Kelleraußenbauteile durchtretende Wassermenge kann durch die in den Kellerräumen vorhandene Lüftung ($n = 0{,}2 \text{ h}^{-1}$) mit Sicherheit abgeführt werden (verdunsten), sofern die Abgabe dieser Feuchtigkeit an die Luft nicht durch eine dampfdichte Schicht behindert wird. Die Zufuhr der Luft kann durch die Belüftungsanlage – am besten entlang den Außenwänden – erfolgen. Die Fußbodenoberfläche sollte durch einen aufgeständerten Fußboden gebildet werden (Abb. 10.113b).

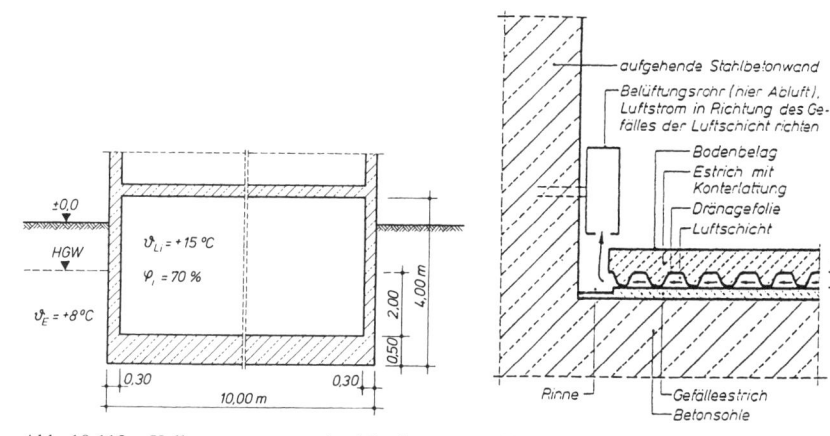

Abb. 10.113a Keller aus wasserundurchlässigem Beton – Bemessungsbeispiel

Abb. 10.113b Belüfteter Fußbodenaufbau

6.8.6 Innenseitige Beschichtung der Betonoberfläche

Häufig wird erwogen, statt eines aufgeständerten, belüfteten Fußbodens (Abb. 10.113b) eine Beschichtung innenseitig auf die wasserundurchlässigen Bauteile aufzubringen, um Feuchteschäden zu vermeiden. Als mögliche Wassersperren bieten sich beispielsweise Epoxidharz- oder Polyurethanbeschichtungen an. Bei der Verwendung solcher Beschichtungen treten u.a. zwei Fragestellungen auf:

1. Widerstehen die innenseitig aufgebrachten Beschichtungen dem hydrostatischen Druck des von außen einwirkenden Wassers?

2. Bestehen bei der Ausführung Probleme hinsichtlich der Blasenbildung sowie einer unzureichenden Adhäsion zwischen Beschichtung und Beton?

zu 1: Das Vorhandensein eines hydrostatischen Drucks auf die Beschichtung setzt voraus, dass das Wasser durch die Kapillaren des Betons fließt und an der Beschichtung gestaut wird. Bei der Strömung des Wassers durch den Beton sind die Voraussetzungen der Fließtheorie zu beachten: Eine Durchströmung setzt Druckunterschiede voraus, wobei der Widerstand des strömenden Wassers ausschließlich von der Viskosität des Wassers herrühren darf, nicht aber von der Oberflächenspannung des Wassers, bezogen auf die Kapillarwandungen. Im Beton sind die Poren und Kapillaren jedoch klein und zumindest bereichsweise mit Luft gefüllt, sodass die Oberflächenspannung des Wassers ein freies Durchströmen durch den Beton nahezu völlig unterbindet. In weitporigen Körpern, z. B. in Kies, weist die Oberflächenspannung des Wassers bei Anwesenheit von Luft keine das Durchströmen behindernde Oberflächenspannung auf. Da der Fließvorgang des Wassers im Betonbauteil nahezu völlig unterbunden wird, können auf Betonbauteilen innenseitig Beschichtungen aufgetragen werden, um den Wasserdurchgang, z. B. auf dem Wege der Diffusion, zu behindern. Zur Bestätigung dieser Überlegung wurden im Institut für Baukonstruktionen und Festigkeit der TU Berlin Wassereindringversuche nach DIN 1048 durchgeführt. Hierzu wurden die Probekörper aus einem gut wasserdurchlässigen Beton mit einem Wasserzementwert von 0,80 hergestellt. Die Probekörper wurden auf den vier Seitenflächen (12/20 cm) jeweils mit Epoxidharz beschichtet, sodass beim Wassereindringversuch Wasser nicht seitlich aus den Probekörpern entweichen/verdunsten konnte. Bei der Nullprobe (auf seiner Oberfläche unbehandelter Beton) trat bereits nach einem Tag Wasser auf der Luftseite der Probe aus. Es bildete sich auf der Betonprobe im Aufspannring der Versuchseinrichtung eine Wasserpfütze aus. Die Versuchskörper, die mit Epoxidharz, mit Polyurethan und einer mineralischen Schlämme beschichtet wurden, wiesen die in Abb. 10.114 dargestellten Wasserdurchlässigkeiten in Abhängigkeit von der Zeit auf. Es zeigte sich, dass auch bei der zweifach aufgetragenen Epoxidharzbeschichtung Wasser durch die Proben hindurchtritt – wenn auch diese Mengen sehr gering sind. Es ist im Einzelfall zu prüfen, ob die durchtretende Wassermenge schädlich ist oder nicht. Mögliche Schadensbilder im Bereich der Fundamentplatten sind aufgeklebte PVC-Fußbodenplatten, bei denen das Wasser den Dispersionskleber zum Verseifen bringt. Nach Abschluss der in Abb. 10.114 aufgeführten Wassereindringversuche wurden die Beschichtungen auf Adhäsion untersucht. Dabei zeigte sich, dass die Haftzugfestigkeit der mit Epoxidharz und Polyurethan beschichteten nassen Proben keinen Festigkeitsabfall im Ver-

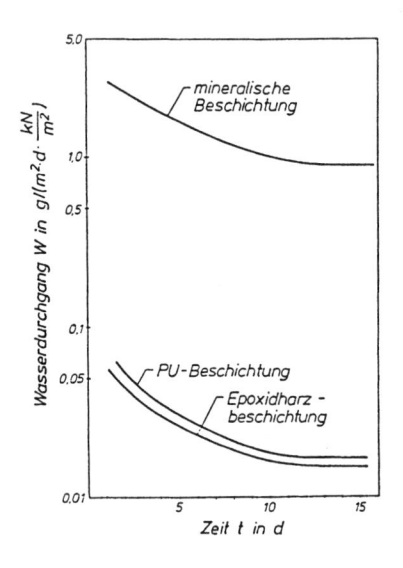

Abb. 10.114
Wasserdurchgang durch eine Betonprobe in Abhängigkeit von der Zeit und unterschiedlichen Beschichtungsmaterialien

gleich zu trocknen und in gleicher Weise beschichteten Proben aufwiesen. Der Bruch trat sowohl in der Beschichtung als auch zum überwiegenden Teil im Beton auf. Die in Abb. 10.114 festgestellte Abnahme des Wasserdurchgangs mit der Zeit ist auf eine „Selbstheilung" des Betons zurückzuführen.

zu 2: Die Eigenschaften der Beschichtungen auf den Beton sind von Fiebrich [10.25] ausführlich und gründlich untersucht worden. Es wurde gezeigt, dass die Adhäsionsfestigkeit von einer Vielzahl komplex verknüpfter Einzelparameter abhängig ist:
– Betonoberfläche und deren Vorbehandlung
– chemische und physikalische Kunstharzeigenschaften
– Applikation der Kunstharzbeschichtung
– klimatische Randbedingungen
– Betriebsbeanspruchungen.

Hinsichtlich der Blasenbildung wird auf [10.33] verwiesen, wonach u.U. dann Blasen in der Beschichtung auftreten können, wenn das Epoxidharz auf Grund der niedrigen Betontemperatur ($\vartheta \approx +10\,°C$) nur verzögert oder ungenügend aushärtet. Dann bilden sich Blasen in der Weise, dass Wasser in die Beschichtung eindiffundiert und sich durch weitere Wasseraufnahme zu Blasen vergrößert.

Hinsichtlich des Vorbehaltes gegenüber innenseitigen Beschichtungen kommen zwei weitere Überlegungen hinzu:

a) Im Bereich von breiteren Rissen und Spalten wirkt der Wasserdruck auf die Abdichtung und kann sie unter Umständen beschädigen.

b) Eine Epoxidharzbeschichtung ist in etwa um den Faktor 2 bis 4 teurer im Vergleich zu einem aufgeständerten Fußboden.

Energieeinsparverordnung 2002

Die neue Energieeinsparverordnung bedeutet eine **grundlegende Veränderung bei der Berechnung des Energieverbrauchs von Gebäuden.** Ermittelt wird nicht mehr wie bei der Wärmeschutzverordnung der Wärmebedarf, sondern **der tatsächlich anfallende Energiebedarf.**
Deswegen wird in der neuen EnEV der bauliche Wärmeschutz sowie der Energieverbrauch für Heizungsanlagen und Warmwasser in einem Verbrauchskennwert berechnet. Bei Neubauten soll mit dieser Verordnung eine **Energieeinsparung von 30%** erzielt werden. Für Architekten und Ingenieure bedeutet die neue Verordnung eine grundlegende Umstellung. Die energetische Beurteilung und Bewertung ist somit ein grundlegendes Instrument, das bereits in der Vorplanung berücksichtigt werden muss.

Das Buch will hier eine Hilfestellung geben, indem **Schritt für Schritt an einem Beispiel** das Vorgehen zur Ermittlung der richtigen Werte dargestellt wird. Gerechnet werden die Beispiele im Buch mit **Excel-Tabellen**; diese sind auch auf der **CD-ROM** enthalten, so dass der Architekt und Ingenieur nach der Anleitung eigene Berechnungen anstellen kann.

Buch und CD-Rom enthalten praxisgerechte **Anleitungen zur richtigen Anwendung der neuen Verordnung** und das **Handwerkszeug, den Energiebedarf** selbst zu ermitteln.

Rainer Dirk ist Architekt in Regensburg und hat – u. a. für die Bayerische Architektenkammer – viele Seminare zur Energieeinsparung gehalten.

Zu beziehen über Ihre Buchhandlung
oder direkt beim Verlag.

Dirk
**Energieeinsparverordnung 2002
Schritt für Schritt**
Erläuterung – Beispiele –
Excel-Berechnungsblätter
1. Auflage 2002.
160 Seiten, 17 x 24 cm,
mit 50 Abbildungen und
zahlreichen Tabellen, inkl. CD-ROM
€ 38,–/sFr 76,–
ISBN 3-8041-5093-4

WERNER VERLAG
Werner Verlag · Postfach 10 53 54 · 40044 Düsseldorf
Telefon (02 11) 3 87 98-0 · Telefax (02 11) 3 87 98-11
www.werner-verlag.de

11 Geotechnik

Prof. Dr.-Ing. habil. D. Franke

1 **Technisches Regelwerk** 11.2
1.1 Allgemeines 11.2
1.2 Grundsätze für Sicherheitsnachweise 11.2
1.3 Beobachtungsmethode 11.2
1.4 Geotechnische Kategorien (GK) 11.3
1.5 Grenzzustände (GZ) 11.3
1.6 Einwirkungen 11.3
1.7 Widerstände 11.4
1.8 Charakteristische Werte und Bemessungswerte 11.4
1.9 Lastfälle (LF)................... 11.4
1.10 Teilsicherheitsbeiwerte 11.4

2 **Erkundung und Untersuchung des Bodens als Baugrund und Baustoff**..................... 11.6
2.1 Ziele und erforderliche Unterlagen für erdstatische Untersuchungen 11.6
2.2 Baugrunderkundung 11.6
2.3 Baugrunduntersuchung im Labor .. 11.10
2.4 Benennung und Klassifizierung von Böden................... 11.12
2.5 Erdbau 11.13
2.6 Eigenschaften von Böden 11.16
2.7 Geotechnischer Bericht 11.18
2.8 Mittlere bodenmechanische Kennwerte 11.19

3 **Ansatz des Erddrucks in bautechnischen Berechnungen**.... 11.20
3.1 Allgemeines zur Berechnung des Erddrucks 11.20
3.2 Neigungswinkel des Erddrucks.... 11.21
3.3 Aktiver Erddruck 11.23
3.4 Erdruhedruck 11.26
3.5 Passiver Erddruck 11.27
3.6 Zwischenwerte des Erddrucks 11.29
3.7 Ansatz des Erddrucks in bautechnischen Berechnungen 11.29

4 **Flachgründungen** 11.34
4.1 Einwirkungen und Beanspruchungen (GZ1B und GZ 2)..... 11.34

4.2 Bodenwiderstände (GZ 1B, GZ 2).. 11.34
4.3 Sohlspannungsnachweis 11.34
4.4 Sicherheit gegen Grundbruch (GZ 1B) 11.38
4.5 Gleitsicherheit (GZ 1B)........... 11.41
4.6 Kippen (GZ 1B/ GZ 2)........... 11.42
4.7 Sicherheit gegen Aufschwimmen (GZ 1A) 11.42
4.8 Zulässige Ausmittigkeit der resultierenden charakteristischen Beanspruchung (GZ 2) 11.42
4.9 Verschiebungen in der Sohlfläche und Verdrehungen (GZ 2) 11.43
4.10 Setzungen (GZ 2) 11.43

5 **Pfahlgründungen** 11.45
5.1 Pfahlarten.................... 11.45
5.2 Einwirkungen und Beanspruchungen 11.45
5.3 Pfahlwiderstände 11.45

6 **Stützkonstruktionen**........... 11.49
6.1 Stützmauern 11.49
6.2 Stützwände 11.50

7 **Standsicherheit von Böschungen und Geländesprüngen** 11.53
7.1 Allgemeine Forderungen 11.53
7.2 Berechnung der Standsicherheit.....11.53
7.3 Hilfsmittel für die Festlegung der Böschungsneigung 11.54

8 **Baugrube, Verankerungen und Wasserhaltung** 11.56
8.1 Allgemeines 11.56
8.2 Nicht verbaute Baugruben und Gräben 11.57
8.3 Grabenverbau 11.58
8.4 Schlitzwände und Bohrpfahlwände . 11.60
8.5 Injektionswände und Frostwände... 11.62
8.6 Trägerbohlwände 11.64
8.7 Verankerungen und Absteifungen .. 11.64
8.8 Wasserhaltung 11.65

1 Technisches Regelwerk

1.1 Allgemeines

Die übergeordnete Norm in Europa ist der Eurocode (EC), der einem neuen Sicherheitskonzept entspricht. Für die Aufgaben in der Geotechnik ist der EC 7 Teil 1 „Entwurf und Bemessung in der Geotechnik, Teil 1: Allgemeine Regeln" maßgebend. Außerdem ist der EC 1 zu beachten, der allgemeine Grundlagen enthält.
Zur Anwendung in der Bundesrepublik Deutschland wurde die DIN 1054 „Sicherheitsnachweise im Erd- und Grundbau" überarbeitet. Die Regelungen der neuen Fassung berücksichtigen die Forderungen von EC 1 und EC 7 entsprechend dem gegenwärtigen Stand. Für die der DIN 1054 nachgeordneten Berechnungsnormen liegen ebenfalls Neufassungen (endgültige Entwürfe) vor. Sie bilden zusammen mit dem Entwurf der DIN 1054 (07.02) - in aktualisierter Form - die inhaltliche Grundlage für diesen Abschnitt, der damit dem neuesten Stand der Normung auf dem Gebiet der Geotechnik entspricht.
Für die bald erscheinenden endgültigen Normen sind kaum noch Änderungen gegenüber den folgenden Ausführungen zu erwarten. Das vorliegende Kapitel kann daher ohne weiteres als Grundlage der Lehre sowie für die Praxis zur Einarbeitung in die neue Normengeneration der Geotechnik verwendet werden. Baurechtlich ist z. Zt. jedoch noch die alte Normengeneration, siehe Kapitel 11 der Bautabellen der 14. Auflage, gültig.
Alle für das hier behandelte Gebiet wichtigen Normen, Richtlinien und die Empfehlungen der *Deutschen Gesellschaft für Geotechnik* (DGGT) sind am Ende des Buches im Normen- und Literaturverzeichnis zusammengestellt.
Begriffe und Regelungen nach dem neuen Sicherheitskonzept sind in 1.2 bis 1.8 dargestellt.

1.2 Grundsätze für Sicherheitsnachweise

Nach dem neuen Sicherheitskonzept ist nachzuweisen, dass die Grenzzustände der Tragfähigkeit (GZ 1) und der Gebrauchstauglichkeit (GZ 2) mit hinreichender Sicherheit ausgeschlossen sind.
Zufällige Abweichungen von streuenden Einwirkungen, von Beanspruchungen infolge von Einwirkungen und von Widerständen sind durch Teilsicherheitsbeiwerte und sonstige Sicherheitsregelungen, z.B. Bemessungswasserstände, abzudecken, um das geforderte Sicherheitsniveau zu erreichen.
In einfachen Fällen, z.B. bei Flachgründungen sowie bei Böschungen und beim Verbau von Baugruben und Gräben nach DIN 4124, darf nach der neuen DIN 1054 auf Tabellenwerte zurückgegriffen werden. In schwierigen Fällen kann die Anwendung der Beobachtungsmethode sinnvoll sein.

1.3 Beobachtungsmethode

Sie ist eine Kombination der üblichen geotechnischen Untersuchungen und Berechnungen mit der laufenden messtechnischen Kontrolle des Bauwerks während dessen Herstellung und gegebenenfalls auch während dessen Nutzung, wobei kritische Situationen durch vorgehaltene geeignete technische Maßnahmen beherrscht werden. Die gezielten Beobachtungen dienen der Überprüfung der bei den Berechnungen und zeigen das Eintreten unzulässiger Zustände so rechtzeitig an, dass geeignete Gegenmaßnahmen getroffen werden können.
Die Beobachtungsmethode sollte angewendet werden, wenn die Voraussage des Baugrundverhaltens nicht mit ausreichender Zuverlässigkeit möglich ist.
Die Methode ist nicht anwendbar, wenn sich das Versagen nicht durch rechtzeitig erkennbare und messbare Anzeichen ankündigt.

1.4 Geotechnische Kategorien (GK)

Die Mindestanforderungen an Umfang und Qualität geotechnischer Untersuchungen, Berechnungen und Überwachungsmaßnahmen richten sich nach der Geotechnische Kategorie in die die Baumaßnahme nach DIN 4020: 1990-10 entsprechend ihrer Schwierigkeit einzuordnen ist.

Eine Baumaßnahme ist zu Beginn der Planung einer Geotechnische Kategorie zuzuordnen. Diese Zuordnung ist zu ändern, wenn spätere Befunde das erfordern.

Es ist nicht notwendig, eine gesamte Baumaßnahme in ein und dieselbe Geotechnische Kategorie einzuordnen. Es darf dies für einzelne Bauphasen oder Bauabschnitte unterschiedlich vorgenommen werden.

Detaillierte Angaben über die Zuordnung zu den Geotechnischen Kategorien finden sich in DIN 1054 (07.02).

Kategorie 1:
GK 1 umfaßt einfache Baumaßnahmen mit geringer Schwierigkeit bei einfachen und übersichtlichen Baugrundverhältnissen. Im Zweifelsfall sollte ein Sachverständiger für Geotechnik hinzugezogen werden.
Kategorie 2:
GK 2 umfaßt Baumaßnahmen mit normalem Schwierigkeitsgrad hinsichtlich Standsicherheit und Gebrauchstauglichkeit. Durch einen Sachverständigen für Geotechnik ist ein geotechnischer Bericht nach DIN 4020: 1990-10 auf der Grundlage von routinemäßigen Baugrunduntersuchungen im Feld und Labor zu erstellen.
Kategorie 3:
GK 3 umfaßt Baumaßnahmen mit hohem Schwierigkeitsgrad, die nicht in die Kategorien GK 1 bzw. GK 2 eingeordnet werden können. Das Mitwirken eines Sachverständigen für Geotechnik ist in jedem Fall erforderlich.
Bauwerke oder Baumaßnahmen, bei denen die Beobachtungsmethode angewendet werden soll, sind, abgesehen von begründeten Ausnahmen, GK 3 zuzuordnen.

1.5 Grenzzustände (GZ)

Man unterscheidet Grenzzustände der Tragfähigkeit (GZ 1) und Grenzzustände der Nutzungsfähigkeit (GZ 2).
GZ 1:
GZ 1A ist der Grenzzustand der Lagesicherheit. Er betrifft die Sicherheit gegen Aufschwimmen und die Sicherheit gegen hydraulischen Grundbruch. Bei diesem Nachweis treten nur Einwirkungen, aber keine Widerstände auf.
GZ 1B betrifft das Versagen von Bauwerken und Bauteilen und dient der Bemessung. Dazu werden in der Grenzzustandsbedingungen die Bemessungswerte der Beanspruchungen den Bemessungswerten der Widerstände gegenübergestellt, unabhängig davon, ob der Grenzzustand im Bauwerk oder im Baugrund auftritt.
GZ 1C betrifft die Gesamtstandsicherheit von Bauwerk und Baugrund. Dazu werden die Grenzzustandsbedingungen mit Bemessungseinwirkungen, Bemessungswerten für die Scherfestigkeit im Boden und gegebenenfalls Bemessungswiderständen von mittragenden Bauteilen gegenübergestellt.
Dieser Grenzzustand tritt immer im Baugrund, gegebenenfalls auch gleichzeitig in mittragenden Bauteilen auf.
GZ 2:
Grenzzustände der Gebrauchstauglichkeit beziehen sich im Regelfall auf einzuhaltende Verformungen bzw. Verschiebungen. Im Einzelfall können auch weitere Kriterien maßgebend sein. Bei Nachweisen für die Grenzzustände der Gebrauchstauglichkeit sind Größe, Dauer und Häufigkeit der Einwirkungen zu berücksichtigen.

1.6 Einwirkungen

- Gründungslasten
- Grundbauspezifische Lasten nach DIN 1054 sind Kräfte, die sich aus dem Zusammenwirken von Baugrund und Bauwerk ergeben. Dazu zählen Überlagerungsdruck infolge Eigenlast des Bodens, Erddruck, Druck von Stützflüssigkeit, Wasserdruck, Seitenreibungskräfte durch Baugrundverformungen und Sohlreibungskräfte.
- Dynamische Einwirkungen werden durch statische Ersatzlasten berücksichtigt.

Die Möglichkeit gleichzeitig auftretender Einwirkungen wird durch besondere **Einwirkungskombinationen** berücksichtigt.

1.7 Widerstände

- Widerstände aus dem Zusammenwirken mit einem Bauwerk ergeben sich nach den Regeln der entsprechenden Bauartnormen.
- Widerstände von Boden und Fels ergeben sich aus der Scherfestigkeit oder der Steifigkeit direkt oder aus den durch diese erzeugten Einflüsse, wie Grundbruchwiderstand, Sohlreibung, stützenden Erddruck, Eindring- bzw. Herausziehwiderstand.

Bezüglich des Sicherheitsanspruchs bei den Widerständen werden verschiedene **Sicherheitsklassen (SK)** unterschieden:
- SK 1: Zustände während der Funktionszeit des Bauwerks
- SK 2: Zustände, die während der Bauzeit, der Reparatur oder anderer Baumaßnahmen neben dem Bauwerk eintreten, z.b. Baugrubenkonstruktionen
- SK 3: Zustände, die während der Funktionszeit des Bauwerks einmalig oder voraussichtlich nie eintreten.

1.8 Charakteristische Werte und Bemessungwerte

Charakteristische Werte sind aus sorgfältig durchgeführten Untersuchungen gewonnene, mögliche Streuungen berücksichtigende, vorsichtig festgelegte Mittelwerte.

Um mögliche Streuungen zu berücksichtigen werden die charakteristische Werte je nachdem, ob sie günstig oder ungünstig wirken, mit Hilfe besonderer Teilsicherheitsbeiwerte abgemindert oder erhöht. Die so veränderten Werte sind Bemessungswerte.

1.9 Lastfälle (LF)

LF 1: EK 1 in Verbindung mit dem Zustand der SK 1. Der LF 1 entspricht der „ständigen Bemessungssituation" nach DIN 1055-100 (03.01).
LF 2: EK 2 in Verbindung mit dem Zustand der SK 1 oder EK 1 in Verbindung mit SK 2. Der LF 2 entspricht der „vorübergehenden Bemessungssit." nach DIN 1055-100 (03.01).
LF 3: EK 2 in Verbindung mit dem Zustand der SK 2 oder EK 2 in Verbindung mit SK 3. Der LF 3 entspricht der „außergewöhnlichen Bemessungssit." nach IN 1055-100 (03.01).

1.10 Teilsicherheitsbeiwerte

Die Teilsicherheitsbeiwerte für Einwirkungen und Widerstände enthalten die folgenden Tabellen. Das Vorgehen bei Berechnung ist in DIN 1054 näher geregelt. Es werden Nachweise für die Auftriebssicherung (GZ 1A) und für die erforderlichen Abmessungen (GZ 1B) beschrieben. Dabei werden auch Ausnahmen genannt, für die Sonderregelungen vereinbart werden können. Beim Nachweis der bodenmechanisch bedingten Abmessungen und beim Nachweis der von Materialfestigkeit abhängigen von Bauwerken und Bauteilen (GZ 1B) sind die mit charakteristischen Werten der Bodenkenngrößen ermittelten Bodenwiderstände mit dem Teilsicherheitsbeiwert für Widerstände in Bemessungswerte umzurechnen.

Tafel 11.7a Teilsicherheitsbeiwerte für Einwirkungen

Einwirkung	Formelzeichen	Lastfall		
		LF 1	LF 2	LF 3
GZ 1A: Verlust der Lagesicherheit				
Günstige ständige Einwirkungen	$\gamma_{G,stb}$	0,90	0,90	0,95
Ungünstige ständige Einwirkungen	$\gamma_{G,dst}$	1,00	1,00	1,00
Strömungskraft bei günstigem Untergrund	γ_H	1,35	1,30	1,20
Strömungskraft bei ungünstigem Untergrund	γ_H	1,80	1,60	1,35
Ungünstige veränderliche Einwirkungen	$\gamma_{Q,dst}$	1,50	1,30	1,00
GZ 1B: Versagen von Bauwerk und Bauteilen				
Ständige Einwirkungen, allgemein, einschließlich ständigem und veränderlichem Wasserdruck	γ_G	1,35	1,20	1,00
Ständige Einwirkungen aus Erdruhedruck	γ_{E0g}	1,20	1,10	1,00
Ungünstige veränderliche Einwirkungen	γ_Q	1,50	1,30	1,00
GZ 1C: Verlust der Gesamtstandsicherheit				
Ständige Einwirkungen	γ_G	1,00	1,00	1,00
Ungünstige veränderliche Einwirkungen	γ_Q	1,30	1,20	1,00
GZ 2: Gebrauchstauglichkeit				
Ständige und veränderliche Einwirkungen	γ_G, γ_Q	1,00		

Tafel 11.7b Teilsicherheitsbeiwerte für Widerstände

Widerstand	Formelzeichen	Lastfall		
		LF 1	LF 2	LF 3
GZ 1B: Versagen von Bauwerken und Bauteilen				
Bodenwiderstände				
Passiver Erddruck (Erdwiderstand) und Grundbruchwiderstand	γ_{Ep}, γ_{Gr}	1,40	1,30	1,20
Gleitwiderstand	γ_{Gl}	1,10	1,10	1,10
Pfahlwiderstände				
aus Probebelastung, Druck	γ_{Pc}	1,20	1,20	1,20
aus Probebelastung, Zug	γ_{Pt}	1,30	1,30	1,30
Erfahrungswerte, Druck und Zug	γ_P	1,40	1,40	1,40
Verpressankerwiderstände				
Stahlzuglied	γ_M	1,15	1,15	1,15
Herausziehwiderstand des Verpresskörpers	γ_A	1,10	1,10	1,10
Widerstände flexibler Bewehrungselemente				
Materialwiderstand der Bewehrung	γ_B			
GZ 1C: Verlust der Gesamtstandsicherheit				
Scherfestigkeit				
Reibungsbeiwert tan φ' des dränierten Bodens	γ_φ	1,25	1,15	1,10
Kohäsion c' des dränierten Bodens und Scherfestigkeit c_u des undränierten Bodens	γ_c, γ_{cu}	1,25	1,15	1,10
Herausziehwiderstände				
Boden- bzw. Felsnägel, Ankerzugpfähle	γ_N, γ_Z	1,40	1,30	1,20
Verpresskörper von Verpressankern	γ_A	1,10	1,10	1,10
Flexible Bewehrungselemente	γ_B	1,40	1,30	1,20

2 Erkundung und Untersuchung des Bodens als Baugrund und Baustoff

2.1 Ziele und erforderliche Unterlagen für erdstatische Untersuchungen

Im Ergebnis geotechnischer Untersuchungen soll das Baugrundrisiko begrenzt und eine wirtschaftliche Gründung ermöglicht werden. Es sind folgende Unterlagen erforderlich:
- Lageplan mit Angaben zum geplanten Bauobjekt
- Grundrisse und Schnitte (Entwurfsplanung) mit NN-Höhen
- Annahmen über die zu erwartenden Einwirkungen (Lasten, dynamische Einwirkungen)
- geplante Konstruktion (Nutzung der unter Geländeoberfläche befindlichen Räume)
- Angaben zu Baugrundeigenschaften der durch die Baumaßnahme beanspruchten Schichten.

Durch die geotechnischen Untersuchungen sollen folgende Sachverhalte beurteilt werden:
- Verformungen durch Bauwerk und Baumaßnahme (räumliche Verteilung und zeitlicher Verlauf) sowie Möglichkeiten zur Sicherung des verträglichen Zusammenwirkens von Bauwerk und Baugrund (z.B. Wahl des statischen Systems, Gründungsart)
- Nachweis der Sicherheit gegen Grenzzustände
- Einwirkungen des Baugrunds auf das Bauwerk in Abhängigkeit der konstruktiven Gestaltung
- Auswirkungen des Bauwerks auf die Umgebung einschließlich der während der Baudurchführung erforderlichen Maßnahmen
- eingetretene oder zu erwartende Kontaminationen (Art und Ausdehnung, Grundwasserströmung) und Wirkung von Maßnahmen zur Eingrenzung oder Beseitigung.

2.2 Baugrunderkundung

2.2.1 Geotechnische Kategorien

Nach Schwierigkeit des Baugrunds, Art und Größe der geplanten Baumaßnahme erfolgt die Einordnung in geotechnische Kategorien.

Kategorie 1: einfache bauliche Anlagen bei einfachen und übersichtlichen Baugrundverhältnissen (Stützenlasten < 250 kN, Streifenlasten < 100 kN/m, Stützmauern < 2 m, Gründungsplatten, die nach empirischen Regeln bemessen werden, Gräben bis 2 m Tiefe, waagerechtes bzw. schwach geneigtes Gelände, Baugrund tragfähig mit geringer Setzungsneigung, Grundwasser unter Aushubsohle, umgebende Bauwerke oder bauliche Anlagen werden nicht gefährdet)
Mindestanforderungen: Informationen über örtliche Baugrundverhältnisse, Erkundung der Boden- oder Felsarten sowie ihre Schichtung, Abschätzung der Grundwasserverhältnisse, Besichtigung der Baugrube

Kategorie 2: bauliche Anlagen und geotechnische Gegebenheiten, die nicht in Kategorie 1 oder 3 eingeordnet werden können
Mindestanforderungen: Direkte Aufschlüsse, zu untersuchende Bodenkenngrößen sind durch Versuche oder Abschätzung zu bestimmen.

Kategorie 3: nicht herkömmliche Konstruktionen, Bauwerke mit hohen Sicherheitsanforderungen und/oder großer Verformungsempfindlichkeit, ungewöhnliche oder besonders schwierige Baugrundverhältnisse, ungewöhnliche Lastfälle, Gebiete mit hoher Erdbebenwahrscheinlichkeit
Voruntersuchung: Sichtung und Bewertung vorhandener Unterlagen, weitmaschiges Untersuchungsnetz an ausgewählten Punkten, stichprobenartige Feststellungen von maßgebenden Baugrundkennzahlen
Hauptuntersuchung: Sichtung vorhandener Unterlagen. Erkundung der Konstruktionsmerkmale und Gründungsverhältnisse der angrenzenden baulichen Anlagen. Geologische Beurtei-

lung der Baugrundverhältnisse. Erkundung durch direkte und indirekte Aufschlüsse, Feldversuche, Probebelastungen, Pumpversuche, Dichtheitsprüfungen, Laboruntersuchungen. Beschränkungen des Untersuchungsaufwands sind zu begründen.

2.2.2 Umfang von Aufschlüssen (DIN 4020)

Untersuchungsaufwand richtet sich nach der Schwierigkeit der baulichen Anlage und des Baugrundes. Anordnung und Abstände der Aufschlüsse sind so zu wählen, dass ausreichende Informationen über Zusammensetzung und räumlichen Verlauf der Schichten und Trennflächen sowie der Grundwasserverhältnisse im Baugrund gewonnen werden.

Anordnung in Rastern oder Schnitten, bevorzugt an Eckpunkten des Grundrisses, bei Linienbauten an Geländesprüngen, Hängen auch außerhalb der Trasse; ohne Gefährdung des Bauwerkes, der Nachbarschaft oder der Wasserverhältnisse anordnen

Rasterabstände Hoch- und Industriebauten 20-40 m, großflächige Bauwerke 60 m, Linienbauwerke 50 bis 200 m, Sonderbauwerke 2-4 Aufschlüsse je Fundament, Staumauern und Wehre 25-75 m in charakteristischen Schnitten

Aufschlusstiefe muss alle Schichten, die durch das Bauwerk beansprucht werden, und die hydrologischen Verhältnisse erfassen.

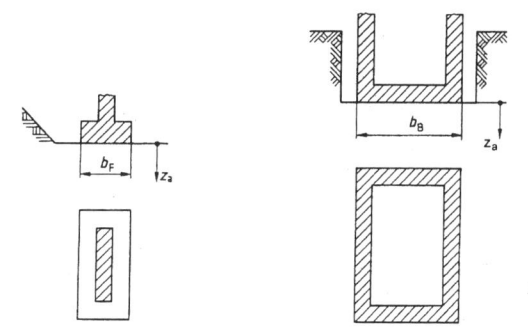

Abb. 11.7a Erkundungstiefen bei Hoch- und Industriebauten

– Hochbauten und Industriebauten (Abb. 11.7a): $z_a \geq 3 b_F$; $z_a \geq 6$ m (b_F kleineres Fundamentmaß), Plattengründungen, Bauwerke mit mehreren Gründungskörpern, deren Einflüsse sich überlagern: $z_a \geq 1{,}5 b_B$ (b_B als kleineres Bauwerksmaß).

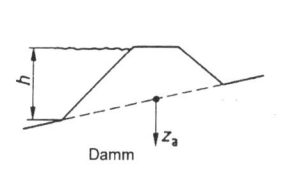

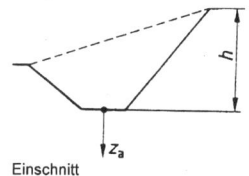

Abb. 11.7b Erkundungstiefen bei Erdbauwerken

– Erdbauwerke (Abb. 11.7b): Dämme: $0{,}8 h < z_a < 1{,}2 h$; $z_a \geq 6$ m,
   Einschnitte: $z_a \geq 2$ m; $z_a \geq 0{,}4 h$ (h Dammhöhe bzw. Einschnitttiefe)
– Linienbauwerke (Abb. 11.8a): Verkehrswege: $z_a \geq 2$ m unter Aushubsohle,
   Kanäle/ Leitungsgräben: $z_a \geq 2$ m unter Aushubsohle, $z_a \geq 1{,}5 b_{Ah}$ (b_{Ah} Aushubbreite)

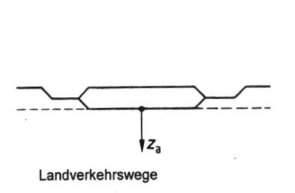

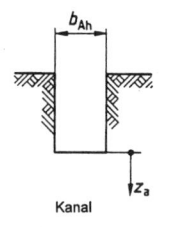

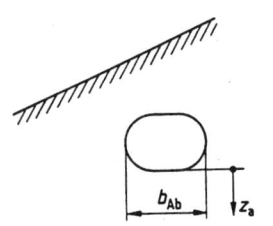

Abb. 11.8a Erkundungstiefen bei Linienbauwerken

Abb. 11.8b Erkundungstiefen bei Hohlraumbauten

Hohlraumbauwerke (Abb. 11.8b): $b_{Ab} < z_a < 2\,b_{Ab}$ (b_{Ab} Ausbruchtiefe)

Baugruben (Abb. 11.8c): Grundwasserspiegel unter Baugrubensohle: $z_a \geq 0{,}4\,h;\; z_a \geq t + 2\,\text{m}$
(t Einbindetiefe Umhüllung, h Baugrubentiefe)
Grundwasserspiegel über der Baugrubensohle:
$z_a \geq H + 2\,\text{m}$, $z_a \geq t + 2\,\text{m}$; wenn bis zu dieser Tiefe kein Grundwasserhemmer, dann $z_a \geq t + 5\,\text{m}$ (H Höhe des Grundwasserspiegels über Baugrubensohle)
Dichtungswände (Abb. 11.8d): $z_a \geq 2\,\text{m}$ unter Oberfläche des Grundwassernichtleiters

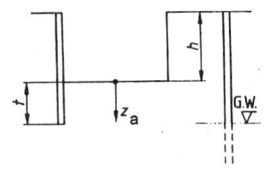

Grundwasserspiegel unterhalb Baugrubensohle

Grundwasserspiegel oberhalb Baugrubensohle

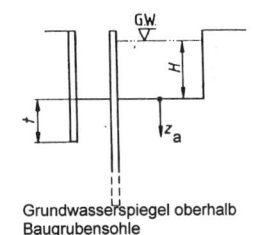

Abb. 11.8c Erkundungstiefen bei Baugruben

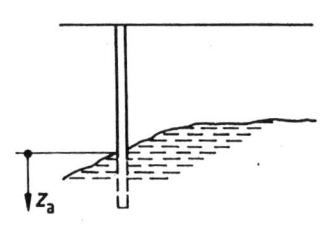

Abb. 11.8d Erkundungstiefen bei Dichtungswänden

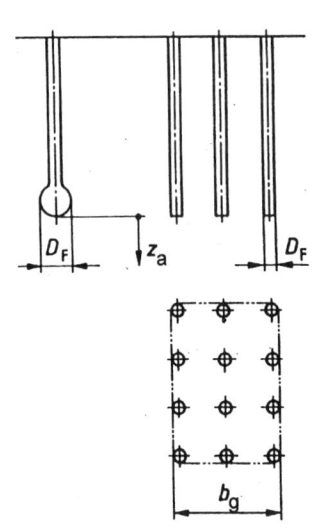

Abb. 11.8e Erkundungstiefen bei Pfahlgründungen

Pfähle (Abb. 11.8e): $z_a \geq b_g,\; 4\,\text{m} \leq z_a \leq 10\,\text{m},\; z_a \geq 3\,D_F$
(D_F Pfahlfußdurchmesser, b_g kleineres Maß eines Rechtecks in der Fußebene, das die Pfahlgruppe umschließt)

2.2.3 Aufschlussverfahren

Verfahren zur Erkundung des Baugrunds. Direkte und indirekte Erkundungsverfahren sind kombiniert einzusetzen. Abhängig von der Baugrundsituation und den verfügbaren Vorinformationen soll das Erkundungsprogramm unter Beachtung der erforderlichen Erkundungstiefen und -abstände durch einen Sachverständigen für Geotechnik geplant werden.

Direkte Aufschlussverfahren (DIN 4021): Bohrungen, begehbare Stollen
    Schurf: künstlich hergestellte Grube oder Graben (nach DIN 4124) zur Einsichtnahme in den Baugrund und zur Entnahme von Proben

Indirekte Aufschlussverfahren (Sondierungen DIN 4094):

a) Rammsondierungen: Rammen einer Sonde in den Untergrund mittels Fallgewicht (Gewicht und Fallhöhe festgelegt). Messgröße ist Anzahl der für 10 cm Eindringung erforderlichen Schläge N_{10}. Zur Feststellung der Lagerungsdichte nichtbindiger Böden empfohlen.

Benennung	mittlere Untersuchungstiefe in m	nicht anwendbar bei
leichte Rammsonde	10	bindigen und dicht gelagerten nichtbindigen Böden
mittelschwere Rammsonde	15	dicht gelagerten Kiesen, festen bindigen Böden
schwere Rammsonde	25	-

b) Standard Penetration Test: Sonderfall der Rammsondierung. Sonde wird von der Bohrlochsohle ca. 45 cm eingerammt. Messgröße ist der Eindringwiderstand N_{30} (Schlagzahl für Eindringtiefe 30 cm).

c) Drucksondierungen (cone penetration test): Eindrücken einer Sonde in den Untergrund mit gleichbleibender Geschwindigkeit. Sondenwiderstand ist die Summe von Spitzenwiderstand (q_c in MN/m^2) und Mantelreibung.

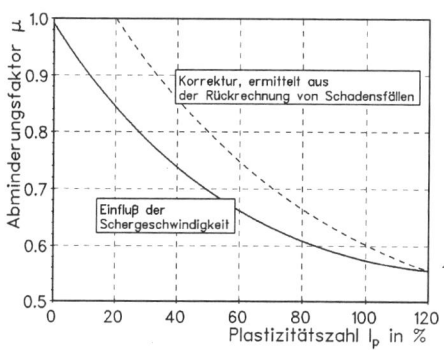

Abb. 11.9 Abminderung der undrainierten Kohäsion bei Flügelsondierungen

d) Flügelsondierungen (DIN 4096): Ermittlung der undrainierten Kohäsion des Bodens durch Abscheren eines zylindrischen Bodenkörpers mit einer Flügelsonde. Für erdstatische Nachweise ist die undrainierte Kohäsion c_u in Abhängigkeit von der Bodenart abzumindern (Abb. 11.9).

Geophysikalische Verfahren: Anwendung nur in Verbindung mit direkten Aufschlussverfahren (Bohrungen, Schürfe) empfohlen. Zur Voruntersuchung großer Flächen. Güteklassen für Bodenproben (DIN 4021)

2.2.4 Güteklassen für Bodenproben (DIN 4021)

Für die Untersuchung im Labor sind nach Anforderung bestimmte Güteklassen der Bodenproben erforderlich. Die Gewinnung von Proben der Güteklasse 1 und 2 ist bei nichtbindigen Böden nur mit Spezialverfahren (Frost) möglich.

Güte-klasse	Unverändert in [1]	im Wesentlichen feststellbar
1[2]	$Z, w,$ ρ, k, E_S, τ_f	Feinschichtgrenzen, Kornzusammensetzung, $\rho, w, w_l, w_p, I_C, \max n, \min n,$ ρ_S, organische Bestandteile, Wasserdurchlässigkeit, Steifezahl, Scherfestigkeit
2	$Z, w,$ ρ, k	Feinschichtgrenzen, Kornzusammensetzung, $\rho, w, w_l, w_p, I_C, \max n, \min n,$ ρ_S, organische Bestandteile, Wasserdurchlässigkeit
3	Z, w	Schichtgrenzen, Kornzusammensetzung, $w, w_l, w_p, I_C, \max n, \min n, \rho_S$, organische Bestandteile
4	Z	Schichtgrenzen, Kornzusammensetzung, $w_l, w_p, \max n, \min n, \rho_S$, organische Bestandteile
5		Schichtenfolge

[1] Es bedeuten: Z Kornzusammensetzung, w Wassergehalt, ρ Dichte des feuchten Bodens, E_S Steifezahl, τ_f Scherfestigkeit, k Wasserdurchlässigkeit.
[2] Bei Güteklasse 1 ist das Korngefüge unverändert.

2.3 Baugrunduntersuchung im Labor

2.3.1 Kennwerte der Phasenzusammensetzung

Volumen-/Massenverhältnisse der festen, flüssigen und gasförmigen Bestandteile (Phasen).

Grundgrößen: Dichte $\rho = \dfrac{m}{V}$ (m Masse Gesamtprobe, V Volumen der Probe), DIN 18 125,

Wichte $\gamma = \rho \cdot g$ (g Erdbeschleunigung), Wichte unter Auftrieb $\gamma' = \gamma_{Sat} - \gamma_w$ (γ_{Sat} Wichte bei Sättigung, γ_w Wichte von Wasser)

Wassergehalt $w = \dfrac{m_w}{m_s}$ (m_w Masse des Wassers, m_s Masse der Festsubstanz) DIN 18 121,

Trockendichte $\rho_d = \dfrac{\rho}{1+w}$, Korndichte $\rho_S = \dfrac{m_S}{V_S}$ (V_S Volumen Festsubstanz), DIN 18 124

abgeleitete Größen: Porenanteil $n = \dfrac{V_P}{V} = 1 - \dfrac{\rho_d}{\rho_s}$ (V_P Volumen des Porenraumes)

Porenzahl $\quad e = \dfrac{V_P}{V_S} = \dfrac{\rho_s}{\rho_d} - 1$

Sättigungszahl $\quad S_R = \dfrac{n_w}{n} = \dfrac{V_w}{V_P} = \dfrac{e_w}{e}$ (V_w wassererfülltes Porenvolumen)

2.3.2 Klassifizierungsversuche

Kennwerte zur Klassifizierung (DIN 18 196) und Benennung (DIN 4022). Grundlage zur Abschätzung der bodenmechanischen Eigenschaften.

Korngrößenverteilung: Unterscheidung der Böden in nichtbindige (Feinkornanteil $d \leq 0{,}06$ mm kleiner 5 M.-%), gemischtkörnige (Feinkornanteil 5 bis 40 %) und bindige.
Verfahren (DIN 18 123): Siebung (nichtbindige Böden), Nasssiebung (Feinkornanteil 5 bis 15 %), Sedimentation (Feinkornanteil > 15 %), Siebung und Sedimentation

Kennwerte: Ungleichförmigkeitszahl $U = \dfrac{d_{60}}{d_{10}}$, Krümmungszahl $C_C = \dfrac{(d_{30})^2}{d_{10} d_{60}}$

(d_{10}, d_{30}, d_{60} Durchmesser der Körner bei 10, 30, 60 % Masseanteil)

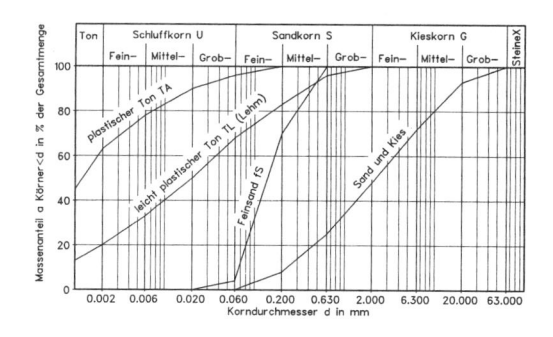

Lockerste und dichteste Lagerung: Beurteilung der Lagerungsdichte nichtbindiger Böden
Verfahren *(DIN 18 126)*: Rütteltisch-/Schlaggabelversuch für min n, Trichterversuch für max n
Kennwerte: max n Porenanteil lockerste Lagerung, min n Porenanteil bei dichtester Lagerung,

Lagerungsdichte $D = \dfrac{\max n - n}{\max n - \min n}$ ($0{,}0 \le D \le 0{,}15$ sehr locker, $0{,}15 < D \le 0{,}3$ locker,

$0{,}3 < D \le 0{,}5$ mitteldicht, $0{,}5 < D \le 0{,}75$ dicht)

bezogene Lagerungsdichte: $I_D = \dfrac{\max e - e}{\max e - \min e}$ ($0{,}0 \le I_D \le 0{,}33$ locker, $0{,}33 < I_D \le 0{,}66$ mitteldicht, $0{,}66 < I_D$ dicht)

Konsistenzgrenzen: Benennung und Klassifizierung bindiger Böden
Verfahren (DIN 18 122): Fließgrenze w_l, Ausrollgrenze w_p

Kennwerte: Plastizitätszahl $I_P = w_l - w_p$, Konsistenzzahl $I_C = \dfrac{w_l - w}{I_P}$ (w Wassergehalt),

Beurteilung der Konsistenz des Bodens mit I_C gemäß folgender Tafel

Konsistenzzahl I_C	Zustandsform	qualitative Merkmale	undrainierte Kohäsion c_u in kN/m²
0,25-0,50	breiig	Faust lässt sich leicht eindrücken	10-15
0,50-0,75	weich	Daumen lässt sich leicht eindrücken	15-25
		Daumen lässt sich mit geringem Druck eindrücken	25-50
0,75-1,00	steif	Daumen lässt Spuren zurück, aber nur mit großem Druck eindrückbar	60-150
1,00-1,25	halbfest	mit Fingernagel leicht zu kratzen	150-300
	fest (hart)	mit Fingernagel kaum zu kratzen	>300

Organische Anteile: Abschätzung durch Bestimmung des Glühverlusts (DIN 18 128). Wird für die bodenmechanische Beurteilung und Klassifizierung von Böden benötigt.

Proctorkennwerte (DIN 18 127): Es wird die bei vorgegebener Verdichtungsenergie maximal erreichbare Trockendichte in Abhängigkeit vom Wassergehalt ermittelt. Kennwerte: Proctordichte ρ_{Pr}, Proctorwassergehalt w_{Pr}, Verdichtungsgrad D_{Pr}

$$D_{Pr} = \dfrac{\rho_d}{\rho_{Pr}} \cdot 100\,\%$$

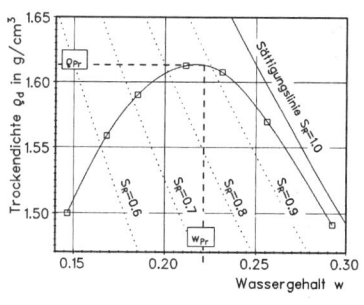

Die Proctorkennwerte werden zur Kontrolle des Verdichtungserfolgs und für die Angabe von Verdichtungsanforderungen eingesetzt.

2.4 Benennung und Klassifizierung von Böden

2.4.1 Benennung und Beschreibung von Böden (DIN 4022)
Zuordnung eines Namens nach der stofflichen Zusammensetzung der Boden- oder Felsprobe
Benennung: Substantiv für Hauptanteil, ein oder mehrere Adjektive für Nebenanteile (z.B. Kies, sandig Gs; Feinsand, schluffig fSu)
Hauptanteil: nach Masseanteilen am stärksten vertretene Bodenart, die die bodenmechanischen Eigenschaften maßgeblich bestimmt
Nebenanteile: Anteil, der die bestimmenden Eigenschaften des Bodens nicht prägt. Adjektive der Nebenanteile werden dem Substantiv des Hauptanteils in der Reihenfolge ihrer Bedeutung nachgestellt.
Sind bei nichtbindigen Böden zwei Korngrößenbereiche mit etwa gleichen Masseanteilen (40 bis 60 %) vertreten, sind die beiden Substantive durch „und" zu verbinden (Sand und Kies SG).
Nach Anteil Feinkorn ($d \leq 0{,}06$ mm) Unterscheidung in gering schluffig oder tonig (u oder t, wenn Masseanteil 5 bis 15 %) und stark schluffig oder tonig (u* oder t*, wenn Masseanteil über 15 bis 40 %).

Siebanalyse (Labor)	FEINKORN (SCHLÄMMKORN)				GROBKORN (SIEBKORN)						STEINE	BLÖCKE
	TON(T)	SCHLUFF(U)			SAND (S)			KIES (G) (Gravel)			(X)	(Y)
		fein fU	mittel mU	grob gU	fein fS	mittel mS	grob gS	fein fG	mittel mG	grob gG	X	Y
Korndurchmesser d in mm	0,002	0,006	0,02	0,06	0,2	0,6	2,0	6,3	20,0	63,0	200,0	
Schätzung (in situ)	zwischen Finger reiben (analog Reibeversuch) haftet am Finger seifig	im trockenen Zustand leicht entfernbar, mehlig Körner noch fühlbar		gerade noch sichtbar	Gries		Streich- holz- kopf	Erbse	Hasel- nuß	Hühner- ei	Kopf		

Abb. 11.12 Plastizitätsdiagramm zur Benennung bindiger Böden

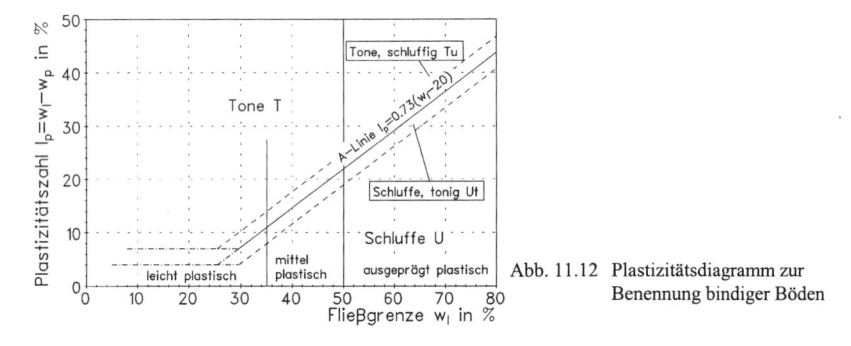

Versuche zur Abschätzung bei bindigen Böden:
Knetversuch: Es wird eine Kugel von etwa 1 cm Durchmesser hergestellt. Mit zunehmender Plastizität lässt sich die Kugel häufiger zerdrücken und neu formen.
Schüttelversuch: Eine breiige bis weiche Probe wird in der Hand geschüttelt. Die Geschwindigeit des Wasseraustritts gibt Hinweise auf die Bodenart.
Veränderlichkeit unter Wasser: Kugel von etwa 0,5 cm Durchmesser wird in Wasser gelegt. Die Geschwindigkeit des Zerfalls ist bei Schluff sehr hoch, bei Ton kann i.Allg. kein Zerfall beobachtet werden.
Trockenfestigkeit: Getrocknete Kugel (0,5 cm Durchmesser) wird zwischen den Fingern zerdrückt. Bei Tonen kann Probe nicht mit Fingerdruck zerstört werden, bei Schluff reicht geringer Druck.
Schneideversuch: Eine erdfeuchte Kugel wird mit einem Messer durchschnitten. Glänzendes Aussehen der Schnittfläche deutet auf Ton hin. Bei Schluff ist die Oberfläche stumpf.

Reibeversuch: Etwas Probenmaterial wird zwischen den Fingern gerieben. Tonige Böden fühlen sich seifig, Schluffe mehlig an.

Knet-versuch	Schüttel-versuch	Veränderlich-keit unter Wasser	Trocken-festigkeit	Schneideversuch	Reibe-versuch	Benennung
Plastizität	Wasseraustritt	Zerfall		Aussehen		
leicht	schnell	schnell	gering	stumpf	weich, mehlig	U
mittel	langsam	langsam	mittel	glatt, matt		Tu, Ut
ausgeprägt	kein	kein	groß	speckig	seifig	T

Beschreibung: Erfassung der wichtigsten Zustandseigenschaften des Bodens, z.B. Konsistenz, Lagerungsdichte. Durch umfassende Beschreibung kann der Boden bereits einer Gruppe mit ähnlichen geotechnischen Eigenschaften zugeordnet werden.

2.4.2 Klassifizierung (DIN 18 196)

Zuordnung der Bodenprobe in Gruppen mit annähernd gleichen bautechnischen Eigenschaften und gleichem stofflichem Aufbau, Grundlage für die Schätzung von Kennwerten (z.B. für Vorentwürfe nach DIN 1055)

Nichtbindige Böden: Böden mit Feinkornanteil ($d < 0{,}06$ mm) kleiner 5 %, Klassifizierung nach Korngrößenverteilung (siehe Tabelle), Einteilung der Bodengruppen nach Ungleichförmigkeitszahl und Krümmungszahl.

Bezeichnung	Ungleichförmigkeitszahl U	Krümmungszahl C_C
Eng gestuft	$U < 6$	beliebig
Intermittierend gestuft	$U \geq 6$	$C_C < 1$ oder $C_C > 3$
Weit gestuft	$U \geq 6$	$1 \leq C_C \leq 3$

Bindige Böden: Böden mit Feinkornanteil von mehr als 40 %, Klassifizierung nach Konsistenzgrenzen (siehe Abb. 11.13).

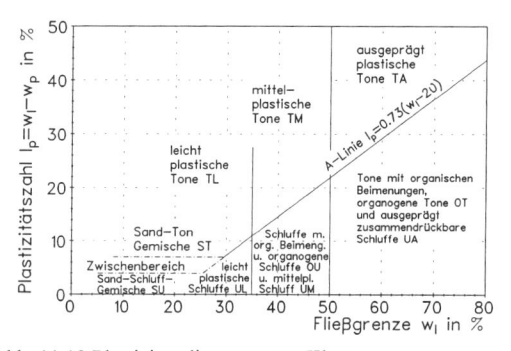

Abb. 11.13 Plastizitätsdiagramm zur Klassifizierung bindiger Böden

2.5 Erdbau

2.5.1 Einstufung von Boden und Fels

Boden- und Felsklassen
Nach Lösbarkeit wird Boden in Boden- und Felsklassen gemäß DIN 18 300 eingeteilt. Die im Folgenden angegebene Zuordnung zu Bodengruppen der DIN 18 196 entspricht den Angaben der ZTVE-StB 94, wobei die Lösbarkeit den genannten Kriterien entsprechen muss.

Klasse 1: **Oberboden** Oberste Bodenschicht, die neben anorganischen Stoffen auch Humus und Bodenlebewesen enthält (OH)

Klasse 2: **Fließende Bodenarten** Bodenarten flüssiger und breiiger Beschaffenheit ($I_C < 0{,}5$), die Wasser schwer abgeben. (org. Böden: HN, HZ, F, feinkörnige, organogene Böden oder Böden mit organischen Beimengungen, die beim Lösen ausfließen: UL, UM, UA, TL, TM, TA, OU, OT, OH, OK, gemischtkörnige Böden breiiger bis flüssiger Konsistenz: $G\overline{U}$, $G\overline{T}$, $S\overline{U}$, $S\overline{T}$)

Klasse 3: **Leicht lösbare Bodenarten** Nichtbindige bis schwachbindige Sande, Kiese und Sand-Kies-Gemische mit bis zu 15 % Korngröße < 0,06 mm und höchstens 30 % Steinen *⁾ sowie organische Bodenarten mit geringem Wassergehalt (SW, SI, SE, GW, GI, GE, SU, ST, GU, GT, HN)

Klasse 4: **Mittelschwer lösbare Bodenarten** Gemische von Sand, Kies, Schluff und Ton mit mehr als 15 % Korngröße < 0,06 mm sowie leicht- bis mittelplastische bindige Bodenarten, die weich bis halbfest sind und maximal 30 % Steine bis 0,01 m³ *⁾ enthalten (UL, UM, UA, TL, TM, $G\overline{U}$, $G\overline{T}$, $S\overline{U}$, $S\overline{T}$, OU, OH, OK)

Klasse 5: **Schwer lösbare Bodenarten** Bodenarten der Klassen 3 und 4 mit mehr als 30 % Steinen von über 63 mm Korngröße bis zu 0,01 m³ Rauminhalt*⁾, nichtbindige und bindige Böden mit höchstens 30 % Steinen von über 0,01 m³ bis 0,1 m³ Rauminhalt*⁾, ausgeprägt plastische Böden bei weicher bis halbfester Konsistenz (TA, OT)

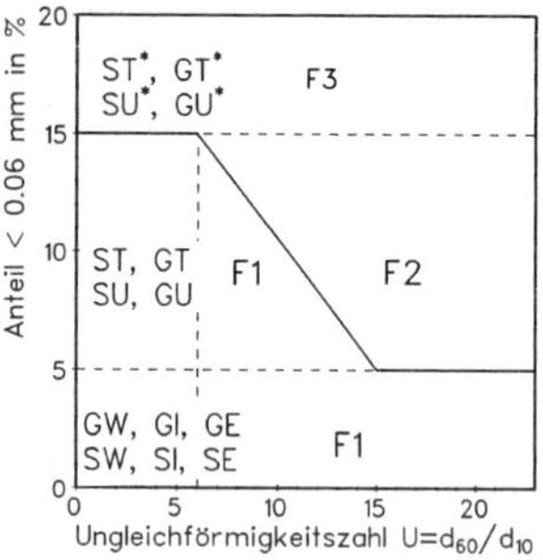

Klasse 6: **Leicht lösbarer Fels und vergleichbare Bodenarten** Fels, der nicht zu Klasse 7 gehört, Bodenarten fester Konsistenz der Klassen 4 und 5, nichtbindige und bindige Böden mit mehr als 30 % Steinen von über 0,01 m³ bis 0,1 m³ Rauminhalt*⁾

Abb. 11.17 Frostempfindlichkeitsklassen

Klasse 7: **Schwer lösbarer Fels** hoher Gefügefestigkeit mit innerem, mineralisch gebundenem Zusammenhalt, der wenig klüftig und verwittert ist; Steine von über 0,1 m³ Rauminhalt

Frostempfindlichkeit von Böden :
Einteilung der Böden nach Frostempfindlichkeit, insbesondere für Verkehrswegebau (ZTVE-StB 94).

Bodengruppen (DIN 18 196)	Bodenklasse	Frostklasse	Frostempfindlichkeit
GE, GW, GI, SE, SW, SI	3	F 1	nicht frostempfindlich
GU, GT, SU, ST		F 1/2[1)]	
$G\overline{U}$, $G\overline{T}$, $S\overline{U}$, $S\overline{T}$ UL, UM, TL, OU, TM, UA	4	F 3	sehr frostempfindlich
TA, OT	5		
OH	1	F 2	gering bis mittel frostempfindlich
OK	4		

---

*⁾ 0,01 m³ Rauminhalt entspricht einer Kugel von 0,3 m Durchmesser, 0,1 m³ Rauminhalt einer Kugel von 0,6 m Durchmesser.

[1)] Zu F 1, wenn Kornanteil unter 0,06 mm von 5,0 % bei $U \geq 15$ oder 15,0 % bei $U \leq 6$, sonst zu F 2, Zwischenwerte durch lineare Interpolation gemäß Abb. 11.18.

Klassifizierung mineralischer Böden nach DIN 18 196

Merkmal	Korngrößenverteilung											
	von der Gesamttrockenmasse $d < 63$ mm sind $\leq 0{,}06$ mm											
	weniger als 40 %								gleich oder mehr als 40 %			
Hauptgruppe	Kieskorn, Sandkorn								Schluff, Ton			
Merkmal	Massenanteil des Korns ≤ 2 mm								Plastizitätsgrenzen			
	bis 60 %				über 60 %				I_P unterhalb A-Linie		I_P oberhalb A-Linie	
	Kies (G)				Sand (S)				Schluff (U)		Ton (T)	
Merkmal	Korngrößenverteilung von der Gesamtmasse sind $\leq 0{,}06$ mm								Plastizitätsgrenzen			
	< 5 %		5 bis 15 %	über 15 < 40 %	< 5 %		5 bis 15 %	über 15 < 40 %	Fließgrenze w_L in %		Fließgrenze w_L in %	
Merkmal	$U < 6$ C_C beliebig	$U \geq 6$ $1 \leq C_C \leq 3$			$U < 6$ C_C beliebig	$U \geq 6$ $1 \leq C_C \leq 3$			< 35	≥ 35 ≤ 50	< 35	≥ 35 ≤ 50	> 50
		$U \geq 6$ $C_C > 3$				$U \geq 6$ $C_C > 3$							
Klassifizierung	Kies enggestuft	Kies weitgestuft	Kies tonig oder schluffig	Kies stark tonig oder schluffig	Sand enggestuft	Sand weitgestuft	Sand tonig oder schluffig	Sand stark tonig oder schluffig	Schluff leicht plast.	Schluff mittel plast.	Schluff ausgeprägt plast.	Ton leicht plast.	Ton mittel plast.	Ton ausgeprägt plast.
		Kies intermittierend gestuft				Sand intermittierend gestuft								
Kurzzeichen	GE	GW	GU[1] GT[2]	GU* GT*[2]	SE	SW	SU[1] ST[1]	SU* ST*[2]	UL	UM	UA	TL	TM	TA
		GI				SI								

[1] Die Zuordnung zu T oder U erfolgt an Hand der Zustandsgrenzen des Feinkorns. [2] Anstelle U* bzw. T* kann auch $\bar{U}$ oder $\bar{T}$ geschrieben werden.

organische und organogene Böden

OU, OT Schluffe/Tone mit organischen Beimengungen
OH grob- bis gemischtkörnige Böden mit Beimengungen **h**umoser Art
OK grob- bis gemischtkörnige Böden mit **k**alkigen, kieseligen Bildungen
HN **n**icht bis mäßig zersetzte Torfe (**H**umus)
HZ **z**ersetzte Torfe
F Schlamm als Sammelbegriff für **F**aulschlamm, Mudde etc.
A **A**uffüllung aus Fremdstoffen

11 Geotechnik

2.5.2 Plattendruckversuch

Ermittlung von Druck-Setzungs-Kurven (DIN 18 134). Grundlage für die Bemessung von Straßen- und Flugplatzbefestigungen. Im Erdbau Anwendung zur Nachprüfung der Verdichtung (ZTVE-StB 94). Der Verformungsmodul E_V des Bodens wird aus der Neigung der Sekante zwischen den Punkten $0{,}3\,\sigma_{max}$ und $0{,}7\,\sigma_{max}$ der Druck-Setzungs-Linie bei Erst- (E_{V1}) und Wiederbelastung (E_{V2}) nach folgender Gleichung ermittelt:

$$E_V = 1{,}5\,r\,\frac{\Delta\sigma}{\Delta s} \qquad \Delta\sigma = 0{,}4\,\sigma_{max};\ \Delta s = s\,(\sigma = 0{,}7\,\sigma_{max}) - s\,(\sigma = 0{,}3\,\sigma_{max})\,;\ r\ \text{Plattenradius}$$

Zur Vermeidung subjektiver Einflüsse ist die Druck-Setzungs-Linie durch ein Polynom 2. Grades anzunähern (DIN 18 134). Für die Ermittlung des Bettungsmoduls zur Bemessung der Deckenkonstruktion von Straßen- oder Flugplatzbauten sollten i.d.R. Lastplatten mit einem Durchmesser von 762 mm verwendet werden. Bei der Ermittlung des Bettungsmoduls zur Bemessung von Fundamenten dürfen Lastplatten mit Durchmessern von 300 oder 600 mm verwendet werden. Der Bettungsmodul ist aus der Erstbelastung zu bestimmen.

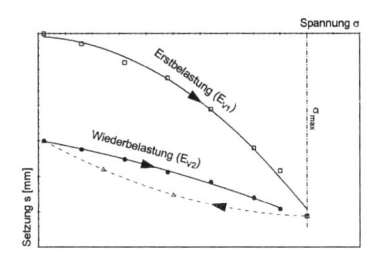

2.5.3 Verdichtungskontrolle

Verdichtungsgrad $D_{Pr} = \dfrac{\rho_d}{\rho_{Pr}}\,100\,\%$ (Trockendichte bezogen auf Proctordichte), Nachweis Bestimmung von Trockendichte/Luftporenanteil nach Verdichtung (TP BF-StB, DIN 18125)
Indirekte Verfahren: statischer Plattendruckversuch (DIN 18 134)
  dynamischer Plattendruckversuch (TP BF-StB Teil B8.3)
  Einsenkungsmessung mit dem Benkelmann-Balken (TP BF-StB Teil B9)
  flächendeckende dynamische Verdichtungskontrolle (TP BF-StB Teil E2).
Grundsätzlich sind indirekte Verfahren durch Kontrollmessungen zu kalibrieren. Ist dies nicht möglich, dürfen Erfahrungswerte zugrunde gelegt werden. In folgender Tabelle sind die Kennwerte des statischen Plattendruckversuchs nach ZTVE-StB 94 zusammengestellt.

Bodengruppen	Verdichtungsgrad D_{Pr} in %	Verformungsmodul E_{V2} in MN/m² [*]	Verhältniswert E_{V2}/E_{V1} [*]
GW, GI	≥ 100	≥ 100	≤ 2,3
	≥ 98	≥ 80	≤ 2,5
	≥ 97	≥ 70	≤ 2,6
GE, SE, SW, SI	≥ 100	≥ 80	≤ 2,3
	≥ 98	≥ 70	≤ 2,5
	≥ 97	≥ 60	≤ 2,6

2.6 Eigenschaften von Böden

Die Eigenschaften von Böden werden u.a. durch Korngrößenverteilung (Klassifizierung), Phasenzusammensetzung, Struktur und Spannungszustand bestimmt. Versuche sollten an Proben der Qualität 1 durchgeführt werden. Ist dies nicht möglich, ist anzustreben, die Verhältnisse *in situ* (Spannungszustand) anzunähern. Kapillarspannungen sollten nur berücksichtigt werden, wenn durch entsprechende Maßnahmen eine Durchfeuchtung oder Austrocknung des Bodens ausgeschlossen ist. Die Angaben der folgenden Abschnitte gelten für gesättigte Zustände.

---

[*] Wenn der E_{V1}-Wert bereits 60 % des in der Tabelle angegebenen E_{V2}-Wertes erreicht, sind auch höhere Verhältniswerte E_{V1}/E_{V2} zulässig.

2.6.1 Scherfestigkeit

Unterscheidung in **drainierte** (langsame Vorgänge, Boden kann entwässern, Nachweis mit wirksamen Spannungen und wirksamen Scherparametern) und **undrainierte** Zustände (schnelle Vorgänge, Boden kann nicht entwässern, Nachweis mit totalen Spannungen und undrainierten Scherparametern).
Es wird die Mohr-Coulombsche Grenzbedingung verwendet.

Grenzbedingung für drainierte Zustände: wirksame Spannungen (Druck positiv)
$$\tau = \sigma'_N \tan \varphi' + c'$$
$\sigma'_N = \sigma_N - u$ wirksame Normalspannung in der Bruchzone; σ_N totale Normalspannung;
u Porenwasserdruck; φ' wirksamer Reibungswinkel; c' wirksame Kohäsion

$$\frac{\sigma'_1 - \sigma'_3}{2} = \frac{\sigma'_1 + \sigma'_3}{2} \sin \varphi' + c' \cos \varphi', \quad \sigma'_1 \geq \sigma'_2 \geq \sigma'_3 \text{ wirksame Hauptspannungen (Druck positiv)}$$

Grenzbedingung für undrainierte Zustände: totale Spannungen (Druck positiv)
$$\tau = \sigma_N \tan \varphi_u + c_u \qquad \frac{\sigma_1 - \sigma_3}{2} = \frac{\sigma_1 + \sigma_3}{2} \sin \varphi_u + c_u \cos \varphi_u$$
φ_u undrainierter Reibungswinkel $\qquad c_u$ undrainierte Kohäsion

bindige Böden: bei erstbelasteten Böden (normalkonsolidiert) keine wirksame Kohäsion $c' = 0$ und Reibungswinkel der Gesamtscherfestigkeit $\varphi'_S \geq \varphi'$, bei vorbelasteten Böden wirksame Kohäsion $c' \geq 0$ und wirksamer Reibungswinkel φ', Schätzung der wirksamen Kohäsion nach *Ohde:* $c' \approx (\tan \varphi'_S - \tan \varphi') \sigma'_{max}$ (σ'_{max} maximale Vorbelastung)
nichtbindige Böden: Reibungswinkel φ' abhängig von der Porenzahl e, keine wirksame Kohäsion c', Kapillarkohäsion bei unvollständiger Sättigung.

Experimentelle Bestimmung (Routineversuche):

Versuchsart	Norm	Bemerkungen
Direktscherversuch	DIN 18137	keine Ermittlung undrainierter Scherparameter möglich
einaxialer Druckversuch	DIN 18 136	Druckfestigkeit $q_u \approx 2 c_u$
Triaxialversuch	DIN 18 137	Ermittlung der wirksamen und undrainierten Scherparameter
Flügelsondierung	DIN 4096	Labor- oder Feldflügelsondierungen, Bestimmung von c_u

2.6.2 Zusammendrückbarkeit

Untersuchung der Zusammendrückbarkeit in Versuchen mit behinderter Seitendehnung (Ödometer, Kompressionsversuch). Bindige Böden: große Setzungen über lange Zeiträume; nichtbindige Böden: kleine Setzungsbeträge, die sofort eintreten.

Ermittlung der Gesamtsetzung:

Steifemodul: $E_S = \dfrac{d\sigma'}{d\varepsilon} \approx \dfrac{\Delta \sigma'}{\Delta \varepsilon}$ (σ' wirksame Vertikalspannung; Dehnung $\varepsilon = -\ln\left(\dfrac{h_A - \Delta h}{h_A}\right)$;

Δh Setzung; h_A Ausgangshöhe)

Erfassung der Druckabhängigkeit des Steifemoduls nach *Ohde:* $E_S = \sigma_k v \left(\dfrac{\sigma'}{\sigma_k}\right)^w$

(σ_k Bezugsspannung, i.Allg. 1 bar = 100 kN/m^2 = 100 kPa)
Böden mit $\sigma' = \sigma'_{max}$ heißen erstbelastet oder normalkonsolidiert. Böden mit $\sigma' < \sigma'_{max}$ heißen überkonsolidiert oder vorbelastet. Bei vorbelasteten Böden beträgt ist der Steifemodul das 3- bis 7fache des Steifemoduls bei gleicher Vertikalspannung und Erstbelastung (Vorbelastungsspannung hier: größte wirksame Vertikalspannung).

2.6.3 Durchlässigkeit

Filtergesetz nach *Darcy*: $v = k\,i$

$v = \dfrac{Q}{A}$ Filtergeschwindigkeit; $Q = \dfrac{\Delta V_W}{\Delta t}$ Wasservolumen pro Zeit; A durchströmte Fläche

$i = \dfrac{h}{l}$ hydraulisches Gefälle; h hydraulischer Druckhöhenunterschied; l durchströmte Länge

Experimentelle Bestimmung (DIN 18 130): Unterscheidung in Verfahren mit konstanter und fallender Druckhöhe. Bestimmung z.B. im Kompressions-Durchlässigkeits-Gerät, Triaxialgerät, Standrohrgerät, indirekte Ermittlung der Durchlässigkeit feinkörnig-bindiger Böden aus Zeit-Setzungs-Verhalten im Ödometer über Konsolidationsbeiwert c_v.

Ermittlung der horizontalen Durchlässigkeit im Feld durch Pumpversuch.

2.6.4 Bettungsmodul

Grundlage für verformungsabhängige Berechnungen (z.B. Bettungsmodulverfahren zur Berechnung von Fundamentplatten). Überschlägliche Ermittlung aus Setzungsberechnung nach DIN 4018. Der mittlere Bettungsmodul ergibt sich aus dem Quotienten Sohldruck/ Setzung:

$k_{S,m} = \dfrac{\sigma_{0,m}}{s_m}$ ($\sigma_{0,m}$ mittlere Sohlpressung;

s_m Setzung unter dem kennzeichnenden Punkt)

Näherung nach folgender Gleichung: $k_s \approx \dfrac{E_S}{fb}$

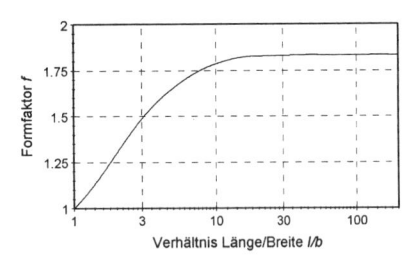

Abb. 11.18 Formfaktor f zur Abschätzung des Bettungsmoduls

(E_S Steifemodul des Baugrunds; b Fundamentbreite; f Formfaktor nach Abb. 11.18)

2.7 Geotechnischer Bericht

Baugrunduntersuchungen für alle geotechnischen Kategorien sowie für Baustoff- und Grundwasseruntersuchungen sind in einem geotechnischen Bericht (DIN 4020) zu dokumentieren.

Abschnitt 1: Darstellung der Untersuchungsergebnisse (Aufgabenstellung, Kurzbeschreibung der Objektangaben, zugrunde liegende Unterlagen, vollständige Beschreibung der Felderkundung, Art- und Durchführung der Labor- und Feldversuche, lückenlose Darstellung der Untersuchungsergebnisse)

Abschnitt 2: Bewertung der Untersuchungsergebnisse (kritische Bewertung der in Abschnitt 1 dargestellten Untersuchungsergebnisse in Bezug auf die geplanten baulichen Anlagen, gegebenenfalls begründete Vorschläge für ergänzende Untersuchungen)

Abschnitt 3: Folgerungen, Empfehlungen, Hinweise (Stellungnahme zur geotechnischen Kategorie des Bauwerks, Hinweise und Empfehlungen für die geotechnische Entwurfsbearbeitung der baulichen Anlage, z.B. Ausbildung der Baugrube, Wasserhaltung, Gründungsart usw.):

- Baugrundbeurteilung und Gründungsberatung für Flächen- und Pfahlgründungen. Bereitstellung der Grundlagen für die Bemessung
- Planung, Überwachung und Auswertung der Erkundungsmaßnahmen
- Planung, Durchführung und Auswertung der Labor- und Feldversuche
- Beratung bei der Sicherung von Nachbarbauwerken
- Untersuchungen zur Berücksichtigung dynamischer Beanspruchungen
- Erdstatische Berechnungen bzw. Beratung des Tragwerksplaners
- Abnahme der Aushub- und Gründungssohle
- Beurteilung der Tragfähigkeit des Baugrunds im Hinblick auf Gründungsvarianten unter Beachtung der Anforderungen aus der geplanten Baumaßnahme.

2.8 Mittlere bodenmechanische Kennwerte

Bodenart	Wichte kN/m³ γ erdfeucht	Wichte kN/m³ γ' unter Auftrieb	Bodengruppe nach DIN 18 196	Korngrößenverteilung ≤0,06 mm %	Korngrößenverteilung ≤2,0 mm %	Ungleichförmigk. U	Reibungswinkel φ' °	Kohäsion c' kN/m²	Durchlässigkeitsbeiwert k m/s	Proctorwerte Dichte ρ_{Pr} t/m³	Proctorwerte Wassergehalt w_{Pr}	Kompressionskennwerte $\bar{E}_s = \nu \bar{\sigma}^{w\;1)}$ ν	Kompressionskennwerte w
Kies, gleichkörnig	16,0 / 19,0	9,5 / 10,5	GE	<5	≤60	2 / 5	34 / 42	- / -	$2 \cdot 10^{-1}$ / $1 \cdot 10^{-2}$	1,70 / 1,90	8 / 5	400 / 900	0,6 / 0,4
Kies, sandig, wenig Feinkorn	21,0 / 23,0	11,5 / 13,5	GW, GI	<5	≤60	10 / 100	35 / 45	- / -	$1 \cdot 10^{-2}$ / $1 \cdot 10^{-6}$	2,00 / 2,25	7 / 4	400 / 1100	0,7 / 0,5
Kies, sandig, tonig, schluffig Feinkorn sprengt nicht Korngerüst	21,0 / 24,0	11,5 / 14,5	GU, GT	8 / 15	≤60	30 / 300	35 / 43	7 / 0	$1 \cdot 10^{-5}$ / $1 \cdot 10^{-8}$	2,10 / 2,35	7 / 4	400 / 1200	0,7 / 0,5
Kies-Sand-Feinkorngemisch Sprengung des Korngerüstes	20,0 / 22,5	10,5 / 13,0	GU*, GT*	20 / 40	≤60	100 / 1000	28 / 35	15 / 5	$1 \cdot 10^{-7}$ / $1 \cdot 10^{-11}$	1,90 / 2,20	10 / 5	150 / 300	0,9 / 0,7
Sand, gleichkörnig	16,0 / 19,0	9,5 / 11,0	SE	<5	100	1,2 / 3	32 / 40	- / -	$5 \cdot 10^{-3}$ / $2 \cdot 10^{-5}$	1,60 / 1,75	15 / 10	150 / 250	0,6 / 0,7
Sand, gut abgestuft Sand, kiesig	18,0 / 21,0	10,0 / 12,0	SW, SI	<5	>60	6 / 15	33 / 41	- / -	$5 \cdot 10^{-4}$ / $2 \cdot 10^{-5}$	1,90 / 2,15	10 / 6	150 / 300	0,70 / 0,55
Sand mit Feinkorn, keine Sprengung des Korngerüstes	19,0 / 22,5	10,5 / 13,0	SU, ST	8 / 15	>60	10 / 50	32 / 40	7 / 0	$2 \cdot 10^{-5}$ / $5 \cdot 10^{-7}$	2,00 / 2,20	11 / 7	100 / 200	0,80 / 0,70
Sand mit Feinkorn Sprengung des Korngerüstes	18,00 / 21,5	9,0 / 11,0	SU*, ST*	20 / 40	>60 / >70	30 / 500	25 / 32	25 / 7	$2 \cdot 10^{-6}$ / $1 \cdot 10^{-9}$	1,70 / 2,00	19 / 12	40 / 140	0,90 / 0,75
Schluff, gering plastisch	17,5 / 21,0	9,5 / 11,0	UL	>50	>80	5 / 50	28 / 35	10 / 5	$1 \cdot 10^{-5}$ / $1 \cdot 10^{-7}$	1,60 / 1,80	22 / 15	25 / 60	0,95 / 0,85
Schluff, mittel- und ausgeprägt plastisch	17,0 / 20,0	8,5 / 10,5	UM, UA	>80	100	5 / 50	25 / 33	20 / 7	$2 \cdot 10^{-6}$ / $1 \cdot 10^{-9}$	1,55 / 1,75	24 / 18	25 / 60	1,0 / 1,0
Ton, gering plastisch	19,0 / 22,0	9,5 / 12,0	TL	>80	100	6 / 20	28 / 35	35 / 10	$1 \cdot 10^{-7}$ / $2 \cdot 10^{-9}$	1,65 / 1,85	20 / 15	20 / 40	1,00 / 1,00
Ton, mittelplastisch	18,0 / 21,0	8,5 / 11,0	TM	>90	100	5 / 40	25 / 30	45 / 15	$5 \cdot 10^{-8}$ / $1 \cdot 10^{-10}$	1,55 / 1,75	23 / 17	10 / 25	1,00 / 1,00
Ton, ausgeprägt plastisch	16,5 / 20,0	7,0 / 10,0	TA	100	100	5 / 40	17 / 27	60 / 20	$1 \cdot 10^{-9}$ / $1 \cdot 10^{-11}$	1,45 / 1,65	27 / 20	6 / 20	1,00 / 1,00
Schluff oder Ton organisch	15,5 / 18,5	5,5 / 8,5	OU, OT	>80	100	5 / 30	20 / 26	35 / 10	$2 \cdot 10^{-9}$ / $1 \cdot 10^{-11}$	1,45 / 1,70	27 / 18	4 / 7	1,00 / 0,90
Torf	10,4 / 12,5	0,4 / 2,5	HN, HZ	-	-	-	24 / 30	15 / 5	$1 \cdot 10^{-5}$ / $1 \cdot 10^{-8}$	-	-	3 / 6	1,00 / 1,00

[1] $\bar{E}_s = E_s/1\,\text{bar}$; $\bar{\sigma} = \sigma/1\,\text{bar}$; der mittlere Steifemodul für Setzungsberechnungen kann wie folgt ermittelt werden: $\bar{E}_{Sm} = \nu(\bar{\sigma}_v \bar{\sigma}_0)^{w/2}$

3 Ansatz des Erddrucks in bautechnischen Berechnungen

3.1 Allgemeines zur Berechnung des Erddrucks

Der Ansatz des Erddrucks in bautechnischen Berechnungen erfolgt nach DIN 4085 unter Beachtung von DIN 1054.

Formelzeichen

Formelzeichen	Benennung	Einheit
b	Breite	m
c	Kohäsion	kN/m^2
e	Erddruck	kN/m^2
E	Erddruckkraft	kN oder kN/m
G	Eigenlast eines Bodenkörpers	kN oder kN/m
h	Höhe der Wand	m
l	Länge der Wand in der Draufsicht	m
K	Erddruckbeiwert	-
p	gleichmäßig verteilte Flächenlast	kN/m^2
V	vertikale Punkt oder Linienlast	kN oder kN/m
H	horizontale Punkt oder Linienlast	kN oder kN/m
Q	Resultierende aus Normal- und Reibungskraft in der Gleitfläche	kN oder kN/m
s	Wandverschiebung	m
z	Tiefe unter der Schnittlinie der Geländeoberfläche mit der Wand	m
α	Wandneigungswinkel	°
β	Geländeneigungswinkel	°
δ	Erddruckneigungswinkel	°
γ	Wichte des Bodens	kN/m^3
φ	Reibungswinkel des Bodens	°
ϑ	Neigungswinkel der Gleitfläche	°

Indizes

Index	Benennung
a	aktiver Zustand
c	infolge Kohäsion
g	infolge Bodeneigenlast
h	Horizontalkomponente
0	Ruhezustand
p	passiver Zustand
v	Vertikalkomponente

Notwendige Unterlagen
Angaben über Geländeverlauf, das Bauwerk, auf das der Erddruck wirkt, benachbarte Oberflächen- und Fundamentlasten, Wasserstände und Strömungsverhältnisse, Baugrundeigenschaften

Ermittlung des Erddrucks
Bei der Ermittlung des Erddrucks ist die Scherfestigkeit entsprechend dem Zustand des Bodens anzusetzen, im dränierten Zustand φ', c', im undränierten Zustand φ_u, c_u.

Bei der Berechnung des aktiven Erdddrucks darf in der Regel von ebenen Gleitflächen ausgegangen werden. Der Berechnung des passiven Erddrucks müssen im Allgemeinen gekrümmte Gleitflächen zugrunde gelegt werden. Maßgebend ist jeweils die Gleitfläche, für die die aktive Erddruckkraft am größten und die passive Erddruckkraft am kleinsten wird.
Größe und Verteilung des Erddrucks hängt entscheidend von den Relativbewegungen zwischen dem Boden und der betroffenen Wand ab.

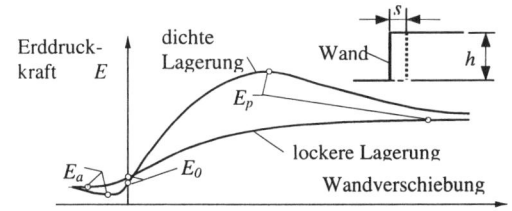

Bei der Berechnung der Erddruckkraft aus Eigenlast des Bodens ist zunächst von einer geradlinigen Zunahme des Erddrucks mit der Tiefe auszugehen. Gegebenenfalls ist anschließend der Erddruck entsprechend der Art der Wandbewegung umzuverteilen, siehe Tafel 11.24 und 11.28.

Bei biegsamen Wänden sind im bestimmten Umfang Umlagerungen des Erddrucks aus den nachgiebigeren Wandbereichen in weniger nachgiebige zu erwarten. Durch die Vorspannung von Ankern oder Steifen können ebenfalls Erddruckumlagerungen hervorgerufen werden.
Anhaltswerte für die zur Erzeugung des aktiven bzw. des passiven Erddrucks erforderlichen Relativbewegungen zwischen Wand und Boden und die Erddruckverteilung siehe Tafel 11.24 und 11.28.

Die Horizontalkomponente des Erddrucks aus Eigenlast des Bodens erhält man allgemein zu:
$$e_{xgh}(z) = \gamma \cdot z \cdot K_{xgh}$$
Die Indizes in dieser Gleichung bedeuten
- x Spannungszustand des Bodens (z.B. a aktiver Zustand, 0 Ruhezustand, p passiver Zustand)
- g Einfluss, hier Eigenlast des Bodens
- h Horizontalkomponente

Bei homogenem Boden, dreieckförmiger Erddruckverteilung und einer Wandhöhe h ist damit die Horizontalkomponente der Erddruckkraft aus Eigenlast des Bodens:
$$E_{xgh} = \frac{e_{xgh}(z=h) \cdot h}{2} = \frac{1}{2} \cdot \gamma \cdot h^2 \cdot K_{xgh}$$

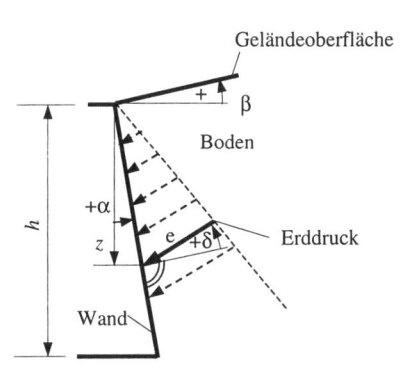

Die Vertikalkomponente ist
$$E_{xgv} = E_{xgh} \cdot \tan(\alpha + \delta)$$

und die Resultierende
$$E_{xg} = \frac{E_{xgh}}{\cos(\alpha + \delta)}.$$

Die Vorzeichen der bei der Ermittlung des Erddrucks benutzten Winkel und Bezeichnungen sind im Bild angegeben.
Werden zur Berechnung des Erddrucks andere Berechnungsverfahren als die nachstehend angegebenen verwendet, wie zum Beispiel das Bettungsmodulverfahren oder die Finite-Element-Methode, muss sichergestellt werden, daß Verträglichkeit mit den Erkenntnissen der Erddrucktheorie besteht.

3.2 Neigungswinkel des Erddrucks

Der Neigungswinkel (δ) des Erddrucks bezüglich der Wandnormalen ergibt sich aus den Wechselwirkungen zwischen Boden und Bauwerk. Er hängt von folgenden Einflüssen ab:
Vom Spannungszustand im Boden, von den Relativbewegungen zwischen Boden und Bauwerk, von der Scherfestigkeit in der Kontaktfläche (Wandreibungswinkel), von der Fähigkeit der Wand, tangentiale Kräfte abzutragen.

11.21

Tafel 11.22a Wandreibungswinkel

Beschaffenheit der Wandfläche	Wandreibungswinkel
verzahnt z.B.: Der Wandbeton wird so eingebracht, daß er in die Hohlräume des angrenzenden Bodens eindringen kann.	φ'_k
rau z.B.: Unbehandelte Oberflächen von Stahl, Beton und Holz	$2\varphi'_k/3$
weniger rau z.B.: Wandabdeckungen aus verwitterungsfesten, plastisch nicht verformbaren Kunststoffplatten	$\varphi'_k/2$
glatt z.B.: stark schmierige Hinterfüllung; Dichtungsschicht, die keine Schubkräfte übertragen kann	0

Tafel 11.22b Neigungswinkel des Erddrucks (δ), wenn die Beschaffenheit der Wand die Übertragung von Reibungskräften zulässt und die Wand konstruktiv in der Lage ist, wandparallele Kräfte abzutragen

Zeile Nr.	Spannungszustand	Neigungswinkel des Erddrucks δ
1	aktiver Zustand	je nach Art der Wandbewegung $\varphi/2 \ldots 2\varphi/3$
2	Ruhedruckzustand	parallel zur Geländeoberfläche
3	teilweise mobilisierter passiver Zustand	Im Gebrauchszustand kann nur ein Teil des passiven Erddrucks als Reaktion des Baugrunds mobilisiert werden. Seine Richtung hängt weitgehend vom jeweiligen Beanspruchungszustand ab, wie die Beispiele zeigen. Die Möglichkeit des Gleichgewichts mit dem jeweils angenommenen Winkel δ_p ist in jedem Fall rechnerisch nachzuweisen.

Für die Einflüsse a) und b) müssen durch Erfahrung gestützte plausible Annahmen getroffen werden, siehe Tafel 11.22a.
Die Einflüsse c) und d) liefern obere Begrenzungen, wobei der kleinere Wert maßgebend ist.
Ist eine Bauwerkswand durch ihre konstruktiven Eigenschaften in der Lage, tangentiale Kräfte abzutragen, so sind zur Sicherstellung dieser Wirksamkeit entsprechende Nachweise (z.B. die Kontrolle $\Sigma V = 0$) zu führen, siehe Tafel 11.22b.
Bei vorgespannten Ankern oder Steifen ist deren Einfluss auf die Neigung des Erddrucks zu berücksichtigen.
In der Regel ist $\delta_a \geq 0$ und $\delta_p \leq 0$.

3.3 Aktiver Erddruck

3.3.1 Allgemeines

Der Erddruckanteil aus Eigenlast des Bodens, der Erddruckanteil aus Kohäsion und der Erddruckanteil aus an der Geländeoberfläche gleichmäßig verteilten Lasten darf in der Regel mit Hilfe von Erddruckbeiwerten berechnet werden.
Der Erddruckanteil aus Linienlasten oder Streifenlasten darf auch mit Hilfe von Erddruckbeiwerten ermittelt werden, wenn durch diese Lasten der Gleitflächenwinkel aus Eigenlast des Bodens (ϑ_{ag}) nicht wesentlich verändert wird. Andernfalls ist ein grafisches Verfahren anzuwenden.
Die durch verschiedene Einflüsse erzeugten Anteile des Erddrucks dürfen überlagert werden.

3.3.2 Erddruckanteil aus Eigenlast des Bodens

Der Erddruck bei ebener Wand und ebener Geländeoberfläche ist $e_{agh}(z) = \gamma \cdot z \cdot K_{agh}$.

Die Komponenten der Erddruckkraft erhält man zu $E_{agh} = \dfrac{e_{agh}(z=h) \cdot h}{2} = \dfrac{\gamma \cdot h^2 \cdot K_{agh}}{2}$ und

$E_{agv} = E_{agh} \cdot \tan(\alpha + \delta_a)$.

Der Erddruckbeiwert ist
$$K_{agh} = \frac{\cos^2(\varphi - \alpha)}{\cos^2\alpha \cdot \left(1 + \sqrt{\dfrac{\sin(\varphi + \delta_a) \cdot \sin(\varphi - \beta)}{\cos(\alpha - \beta) \cdot \cos(\alpha + \delta_a)}}\right)^2} \qquad (1)$$

Der Gleitflächenwinkel für den aktiven Erddruck aus Eigenlast des Bodens ist

$$\vartheta_{ag} = arc\cot\left[\tan(\varphi - \alpha) + \frac{1}{\cos(\varphi - \alpha)} \cdot \sqrt{\frac{\sin(\varphi + \delta_a) \cdot \cos(\alpha - \beta)}{\sin(\varphi - \beta) \cdot \cos(\alpha + \delta_a)}}\right] + \varphi \qquad (2)$$

Im Sonderfall

$\alpha = \beta = \delta_a = 0$ ist $K_{agh} = \dfrac{1 - \sin\varphi}{1 + \sin\varphi} = \tan^2\left(45° - \dfrac{\varphi}{2}\right)$ und $\vartheta_{ag} = 45° + \dfrac{\varphi}{2}$

3.3.3 Erddruckanteil infolge einer gleichmäßig verteilten vertikalen Oberflächenlast p_v

Der Erddruckzuwachs infolge einer gleichmäßig verteilten vertikalen Oberflächenlast p_v ist

$e_{aph} = p_v \cdot K_{aph}$ mit $K_{aph} = \dfrac{\cos\alpha \cdot \cos\beta}{\cos(\alpha - \beta)} \cdot K_{agh}$

Er ist bei homogenem Boden gleichmäßig über die Wandhöhe verteilt. Eine gleichmäßig verteilte Oberflächenlast, die von der Wand bis zum Austritt der Gleitfläche für ϑ_{ag} reicht, liefert den gleichen Erddruckzuwachs wie eine Belastung, die von der Wand bis ins Unendliche reicht.
Die Horizontalkomponente der Erddruckkraft bei homogenem Boden ist $E_{aph} = p_v \cdot h \cdot K_{aph}$.

Tafel 11.24 Anhaltswerte für die zur Erzeugung des aktiven Erddrucks erforderliche Wandbewegungen (s_a) und die Verteilung des Erddrucks aus Bodeneigenlast (e_{agh}) für verschiedene Arten der Wandbewegung (Die Angaben der Tabelle gelten etwa für $\alpha = 0°$ und $\beta = 0°$.)

Art der Wandbewegung	Erddruckkraft E_{ag}		
	bezogene Wandbewegungung s_a/h		vereinfachte Erddruckverteilung
	lockere Lagerung	dichte Lagerung	
a) Drehung um den Wandfuß	0,004 bis 0,005	0,001 bis 0,002	E^a_{agh} bei $h/3$, e^a_{agh}
b) Parallele Bewegung	0,002	0,0005 bis 0,001	$0,5 \cdot h$, $0,4 \cdot h$, $E^b_{agh} = E^a_{agh}$, $\frac{2}{3} \cdot e^a_{agh}$
c) Drehung um den Wandkopf	0,008 bis 0,01	0,002 bis 0,005	$h/2$, $E^c_{agh} = E^a_{agh}$, $0,5 \cdot e^a_{agh}$
d) Durchbiegung	0,004 bis 0,005	0,001 bis 0,002	$h/2$, $E^d_{agh} = E^a_{agh}$, $0,5 \cdot e^a_{agh}$

Näherungen beim Ansatz der Erddruckverteilung, wenn sich die Wand geringfügig um ihren Fuß verdrehen kann:

Erddruck bei gebrochener Wandfläche:

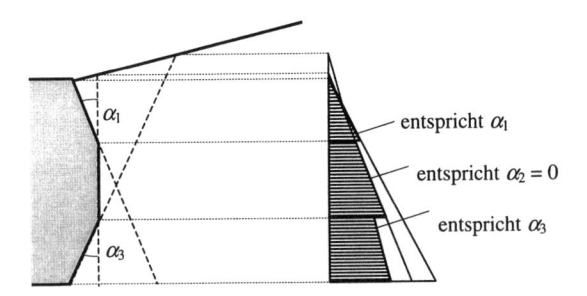

entspricht α_1

entspricht $\alpha_2 = 0$

entspricht α_3

Erddruck bei nicht ebener Geländeoberfläche:

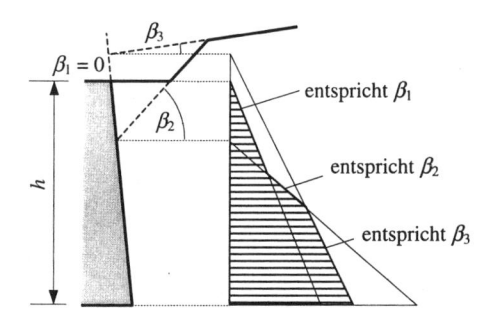

– entspricht β_1
– entspricht β_2
– entspricht β_3

Erddruck bei oberflächenparalleler Schichtung des Bodens:

$$e^u_{aghA} = \gamma_A \cdot d_A \cdot K_{aghA}$$
$$e^o_{aghB} = \gamma_A \cdot d_A \cdot K_{aghB}$$

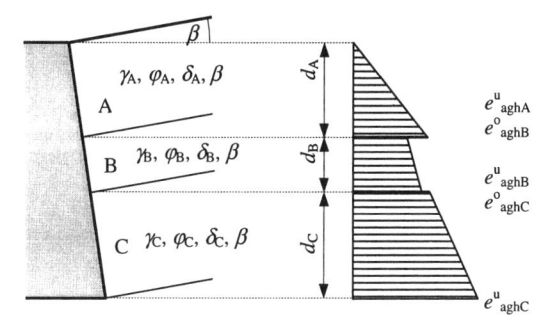

$$e^u_{aghB} = [\gamma_A \cdot d_A + \gamma_B \cdot d_B] \cdot K_{aghB} \qquad e^o_{aghC} = [\gamma_A \cdot d_A + \gamma_B \cdot d_B] \cdot K_{aghC}$$
$$e^u_{aghC} = [\gamma_A \cdot d_A + \gamma_B \cdot d_B + \gamma_C \cdot d_C] \cdot K_{aghC}$$

Wenn die Bedingungen die Anwendung dieser Näherungen für die Erddruckverteilung erfordern, die Wandbewegung aber bei homogenem Boden näherungsweise eine rechteckige Verteilung des aktiven Erddrucks zur Folge hätte, kann mit der im nebenstehenden Bild dargestellten Näherung gearbeitet werden. Dabei ist die Flächengleichheit der schraffierten Flächen durch proportionale Veränderung der umgelagerten Fläche sicherzustellen.

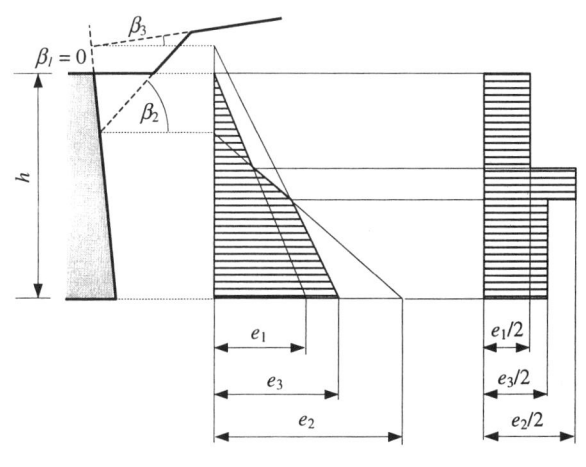

11 Geotechnik

11.25

3.3.4 Erddruckanteil infolge Kohäsion

Der aktive Erddruck wird durch die Wirkung der Kohäsion verringert. Die Horizontalkomponente des Erddruckanteils infolge Kohäsion ist näherungsweise

$$e_{ach} = -c \cdot K_{ach} \quad \text{mit} \quad K_{ach} = \frac{2 \cdot \cos(\alpha - \beta) \cdot \cos\varphi \cdot \cos(\alpha + \delta_a)}{[1 + \sin(\varphi + \alpha + \delta_a - \beta)] \cdot \cos\alpha}. \tag{1}$$

Der Erddruckanteil infolge Kohäsion ist gleichmäßig über die Wandhöhe verteilt. Bei Wandbewegungsarten, bei denen im oberen Wandbereich wegen des Einflusses der Kohäsion der Erddruck sehr kleine Werte annimmt, wird in der Regel der Mindesterddruck maßgebend.
Wenn für den Erddruck aus Eigenlast des Bodens eine rechteckige Verteilung angenommen werden darf, entspricht die Erddruckkraft aus Kohäsion ebenfalls einer rechteckigen Fläche.
Der Anteil der Erddruckkraft aus Kohäsion ist dann

$$E_{ach} = -c \cdot h \cdot K_{ach}$$

Auch in diesem Fall ist zu prüfen, ob der Mindesterddruck maßgebend wird.

Mindesterddruck:
Wird beim Ansatz des aktiven Erddrucks der Einfluss der Kohäsion berücksichtigt, werden in Oberflächennähe sehr kleine, u.U. auch negative Werte für den Erddruck berechnet. Um Unsicherheiten infolge örtlicher Schwachstellen des Bodens zu begegnen, darf bei der Berechnung von Stützkonstruktionen ein Mindestwert für den Erddruck nicht unterschritten werden.
Der anzusetzende Mindesterddruck entspricht dem Erddruck, der sich bei Annahme einer Scherfestigkeit entsprechend $\varphi = 40°$ und $c = 0$ infolge der Eigenlast des Bodens bei Beibehaltung der geometrischen Größen und der Erddruckneigung ergibt.
Der Beiwert für den Mindesterddruck ist

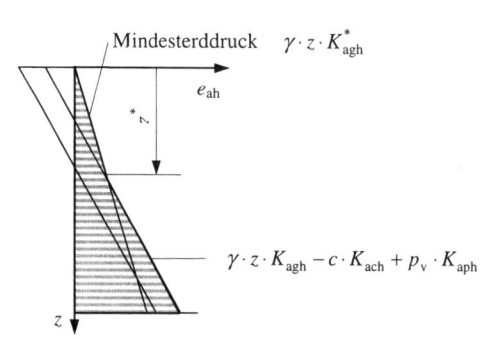

$$K^*_{agh} = K_{agh}(\varphi = 40°).$$

Ist $p_v \cdot K_{aph} - c \cdot K_{ach} \leq 0$, so ist bis zur Tiefe z^* unter dem Wandkopf der Mindesterddruck maßgebend.

$$z^* = \frac{c \cdot K_{ach} - p_v \cdot K_{aph}}{\gamma \cdot (K_{agh} - K^*_{agh})}$$

Auch bei tiefer liegenden kohäsiven Schichten ist zu prüfen, ob der Mindesterddruck maßgebend wird.

Mindesterddruck $\gamma \cdot z \cdot K^*_{agh}$

e_{ah}

$\gamma \cdot z \cdot K_{agh} - c \cdot K_{ach} + p_v \cdot K_{aph}$

3.4 Erdruhedruck

3.4.1 Erdruhedruck infolge der Eigenlast des Bodens

Horizontalkomponente des Erdruhedrucks $e_{0gh} = z \cdot \gamma \cdot K_{0gh}$ und die Komponenten der Erdruhedruckkraft $E_{0gh} = \frac{e_{0gh}(z=h) \cdot h}{2} = \frac{1}{2} \cdot \gamma \cdot h^2 \cdot K_{0gh}$ $\quad E_{0gv} = E_{0gh} \cdot \tan(\alpha + \delta_0)$.

Bei der Berechnung des Erdruhedrucks wird in der Regel davon ausgegangen, dass sich der Boden im Zustand der Erstbelastung befindet. Demzufolge kommt keine Kohäsion zum Ansatz. Bei bindigen Böden entspricht φ dem Reibungswinkel der Gesamtscherfestigkeit.
Bei $\beta > 0$ muss $\delta_0 \leq \beta$ eingehalten werden, bei $\beta < 0$ ist immer $\delta_0 = 0$ zu setzen, siehe Tafel 11.22b.

$$K_{0gh} = K_1 \cdot f \cdot \frac{1 + \tan\alpha_1 \cdot \tan\beta}{1 + \tan\alpha_1 \cdot \tan\delta_0} \qquad \text{mit} \qquad K_1 = \frac{\sin\varphi - \sin^2\varphi}{\sin\varphi - \sin^2\beta} \cdot \cos^2\beta$$

$$\tan\alpha_1 = \sqrt{\frac{1}{\frac{1}{K_1} + \tan^2\beta}} \qquad f = 1 - |\tan\alpha \cdot \tan\beta|$$

Im Sonderfall $\alpha = \beta = \delta_0 = 0$ ist $K_{ogh} = K_{0g} = 1 - \sin\varphi$.

Bei überkonsolidierten Böden können auch größere Werte für den Erddruck, als nach diesen Formeln erhalten werden.

3.4.2 Anteil des Erdruhedrucks infolge einer gleichmäßig verteilten vertikalen Auflast

Der Erddruckzuwachs infolge einer gleichmäßig verteilten vertikalen, quasi unendlich breiten ($b \geq h \cdot \cot\varphi$) Flächenlast p_v, ist

$$e_{0ph} = p_v \cdot K_{0ph} \qquad \text{mit} \qquad K_{0ph} = \frac{\cos\alpha \cdot \cos\beta}{\cos(\alpha - \beta)} \cdot K_{0gh}$$

Er ist bei homogenem Boden gleichmäßig über die Wandhöhe verteilt. Die Komponenten der Erddruckkraft sind $E_{0ph} = p_v \cdot h \cdot K_{0ph}$ und $E_{0pv} = E_{0ph} \cdot \tan(\alpha + \delta)$.

3.5 Passiver Erddruck

3.5.1 Allgemeines

Der passive Erddruck dient bei bautechnischen Berechnungen in der Regel als wichtigste Ausgangsgröße bei der Ermittlung der möglichen Stützwirkung des Bodens. Dabei muss die Abhängigkeit des stützenden Erddrucks von der möglichen und zulässigen Bewegung der betrachteten Wand beachtet werden.

Bei größeren Bodenbewegungen gegen die betrachtete Wand – die z.B. durch untertägigen Bergbau verursacht werden können – kann als größtmöglicher Erddruck der passive Erddruck erzeugt werden. Der passive Erddruck ist dann eine Belastung.

Alle Erddruckberechnungen sind Näherungen. Das gilt besonders für den passiven Erddruck und die von dieser Größe für den konkreten Fall abzuleitende stützende Erddruckkraft sowie für die zu erwartende Erddruckverteilung. Die Angaben der Tafel 11.28 sind Richtwerte.

3.5.2 Erddruckanteil aus Eigenlast des Bodens

Die Horizontalkomponente des passiven Erddrucks aus Eigenlast des homogenen Bodens erhält man zu:

$$e_{pgh}(z) = z \cdot \gamma \cdot K_{pgh} \qquad K_{pgh} \text{ siehe Tafel 11.30}$$

Die Komponenten der passiven Erddruckkraft bei einer zur Wandebene parallelen Bewegung der Wand (siehe Tafel 11.28, Bewegungsart b) ergibt sich entsprechend zu:

$$E_{pgh}^b = \frac{e_{pgh}(h) \cdot h}{2} = \frac{\gamma \cdot h^2 \cdot K_{pgh}}{2} \qquad \text{und} \qquad E_{pgv}^b = E_{pgh}^b \cdot \tan(\alpha + \delta_p)$$

Bei dieser Art der Wandbewegung ist der passive Erddruck bei homogenem Boden etwa dreieckförmig verteilt, siehe Tafel 11.28.

Im Sonderfall Fall $\alpha = \beta = \delta = 0$ ist die maßgebende Gleitfläche eine Ebene mit dem Neigungswinkel $\vartheta_p = 45° - \frac{\varphi}{2}$. Der Erddruckbeiwert ist $K_{pgh} = \frac{1 + \sin\varphi}{1 - \sin\varphi} = \tan^2\left(45° + \frac{\varphi}{2}\right)$.

11 Geotechnik

Beim Abweichen der Wandbewegung von diesem Sonderfall liefert die Berechnung des passiven Erddrucks mit ebenen Gleitflächen zu große Werte, deshalb müssen im Allgemeinen Erddruckbeiwerte benutzt werden, die auf gekrümmten oder entsprechend aus ebenen Abschnitten zusammengesetzten Gleitflächen basieren. Tafel 11.30 trägt dem Rechnung.

Tafel 11.28 Anhaltswerte für Wandbewegungen zur Erzeugung des passiven Grenzzustands und die Verteilung des passiven Erddrucks aus Bodeneigenlast für verschiedene Arten der Wandbewegung (Die Angaben der Tabelle Werte gelten etwa für $\alpha = 0°$, $\beta = 0°$.)

Art der Wandbewegung	bezogene Wandbewegungen s_p/h		Erddruckkraft E_{pg}
	lockere Lagerung	dichte Lagerung	vereinfachte Verteilung des passiven Erddrucks
a) Drehung um den Wandfuß	0,07 bis 0,25	0,05 bis 0,10	quadratische Parabel, $E^a_{pgh} = \frac{2}{3} E^b_{pgh}$, Ordinate $e^b_{agh}/2$ bei $h/2$
b) Parallele Bewegung	0,05 bis 0,10	0,03 bis 0,06	Rechteck mit Ordinate e^b_{pgh} bei $h/3$, $E^b_{pgh} = \frac{1}{2} \gamma h^2 K_{pgh}$
c) Drehung um den Wandkopf	0,06 bis 0,15	0,05 bis 0,06	quadratische Parabel bei $h/4$; $1{,}5 \cdot e^b_{pgh}$ für $\varphi = 0$; $1{,}05 \cdot e^b_{pgh}$ für $\varphi = 40°$; $\varphi = 0$: $E^c_{pgh} = E^b_{pgh}$; $\varphi = 40°$: $E^c_{pgh} = 0{,}7 \cdot E^b_{pgh}$. Für Zwischenwerte von φ kann geradlinig interpoliert werden!

Die Erddruckkraft bei Drehung der Wand um ihren Fuß (Tafel 11.28, Bewegungsart a) ist für $\alpha = \beta = 0$ näherungsweise $E^a_{pgh} = \frac{2}{3} \cdot E^b_{pgh}$.

Die Erddruckkraft bei Drehung der Wand um ihren Kopf (Tafel 11.28, Bewegungsart c) ist näherungsweise für $\alpha = \beta = 0$
bei $\varphi = 0$: $E^c_{pgh} = E^b_{pgh}$ und bei $\varphi = 40°$: $E^c_{pgh} = 0{,}7 \cdot E^b_{pgh}$.
Für Zwischenwerte von φ darf geradlinig interpoliert werden.

Die Erddruckverteilungen für die Wandbewegungsart a) und c) sind in Tafel 11.28 angegeben.

3.5.3 Erddruckanteil infolge Kohäsion

Die passive Erddruckkraft wird durch die Wirkung der Kohäsion vergrößert. Die Erddruckkraft infolge Kohäsion ist

$E_{pch} = c \cdot h \cdot K_{pch}$. K_{pch} siehe Tafel 11.31a

Im Sonderfall $\alpha = \beta = \delta = 0$ ist $K_{pch} = 2 \cdot \sqrt{K_{pgh}}$.

3.5.4 Erddruckanteil infolge einer gleichmäßig verteilten vertikalen Oberflächenlast

Die Erddruckkraft infolge einer gleichmäßig verteilten vertikalen Oberflächenlast p_v ist $E_{pph} = p_v \cdot h \cdot K_{pph}$, mit K_{pph} siehe Tafel 11.31b.

3.6 Zwischenwerte des Erddrucks

Als Zwischenwerte des Erddrucks werden alle Werte des Erddrucks verstanden, die nicht den Sonderfällen aktiver Erddruck, Erdruhedruck oder passiver Erddruck entsprechen. Sie stellen sich ein, wenn die zur Erzeugung der genannten Sonderfälle erforderlichen Bedingungen nicht erfüllt sind oder wenn davon ausgegangen werden muss, dass sich diese Bedingungen verändern. Diese Zwischenwerte lassen sich nicht mit den klassischen Methoden ermitteln. Sie können aber näherungsweise durch Interpolation zwischen den Sonderfällen aktiver Erddruck – Erdruhedruck bzw. Erdruhedruck – passiver Erddruck berechnet werden.

3.7 Ansatz des Erddrucks in bautechnischen Berechnungen

3.7.1 Allgemeines

In den meisten praktisch vorkommenden Fällen liegen nicht die Bedingungen vor, die zu einem der Sonderfälle wie aktiver Erddruck, passiver Erddruck oder Erdruhedruck führen. In allen Fragen der Bemessung von Konstruktionen und Konstruktionsteilen ist aber der im Gebrauchszustand tatsächlich zu erwartende Erddruck die maßgebende Größe. Wenn es die jeweils vorliegenden Bedingungen erfordern, ist deshalb ein Zwischenwert des Erddrucks, wie in Abschnitt 7 angegeben, in Ansatz zu bringen.

3.7.2 Belastender Erddruck

Die Größe des Erddrucks ist ursächlich von den im Boden eintretenden Verschiebungen durch Relativbewegungen zwischen der betreffenden Wand und dem angrenzenden Boden abhängig. Diese werden vorwiegend durch die Bewegungen der Wand, können aber auch durch von der Wand unabhängige Einflüsse wie Vorspannungen, Verdichtungen, Bodenbewegungen durch Hangbewegungen oder untertägigen Bergbau usw. hervorgerufen werden.

Im Normalfall gilt für den belastenden Erddruck: $E_a \leq E_{bel} \leq E_0$.

Vorschläge enthalten die Tafeln 11.32 und 11.33. Gegebenenfalls ist zusätzlich Verdichtungserddruck zu berücksichtigen.

3.7.2.1 Aktiver Erddruck

Aktiver Erddruck darf bei solchen Stützbauwerken als Belastung angesetzt werden, die während ihrer Nutzungszeit gewisse Verformungen erleiden dürfen.

3.7.2.2 Erhöhter aktiver Erddruck

Ein höherer Erddruck als der aktive Erddruck ist anzusetzen, wenn die zu erwartenden Bewegungen zwischen Boden und Wand nicht ausreichen, um den Grenzzustand des aktiven Erddrucks auszulösen oder um ihn während der gesamten Nutzungszeit des Bauwerks zu erhalten. Dies gilt besonders, wenn Bauwerke steifer als üblich ausgeführt werden oder wenn durch eine Vergrößerung der Fundamentfläche Verkantungen bewusst eingeschränkt werden.

Das trifft z.B. zu, wenn sich Wände zwar anfänglich unter dem Erddruck verformen, während ihrer Nutzungszeit später aber an weiteren Bewegungen durch konstruktive Maßnahmen gehindert werden.

3.7.2.3 Erdruhedruck

Erdruhedruck ist bei Bauwerken anzusetzen, die ohne nennenswerte Beeinflussung des In-situ-Spannungs-Zustands in den Untergrund eingebracht werden und deren Verbindung mit benachbarten oder stützenden Bauteilen oder mit dem Untergrund so starr ist, dass eine Bewegung in Erddruckrichtung nicht auftreten kann.

3.7.2.4 Erddruck größer als der Erdruhedruck

In Ausnahmefällen muss von einem höheren Erddruck als dem Erdruhedruck ausgegangen werden. Das trifft zu, wenn der anstehende Boden eine Bewegung gegen das Bauwerk ausführt, z.B. Pressung infolge von Bergsenkungen oder wenn sich eine Bauwerkswand infolge von Wärmeausdehnungen oder nach außen gerichtete Belastungen gegen das Erdreich bewegt.

3.7.3 Stützender Erddruck

Stützender Erddruck als Reaktionskraft des Bodens darf nur angesetzt werden, wenn die geometrischen Gegebenheiten und der Zustand des Bodens seine Ausbildung erlauben und wenn seine Wirksamkeit während der gesamten Nutzungszeit des Bauwerks gewährleistet ist.

Stützender Erddruck kann, wenn keine anderen Festlegungen bestehen, in Abhängigkeit von der möglichen und zulässigen Wandbewegung als teilweise mobilisierter passiver Erddruck angesetzt werden.

Tafel 11.30 Erddruckbeiwert K_{pgh} für gekrümmte Gleitflächen bei $\alpha = \beta = 0$ nach Sokolovsky/Pregl

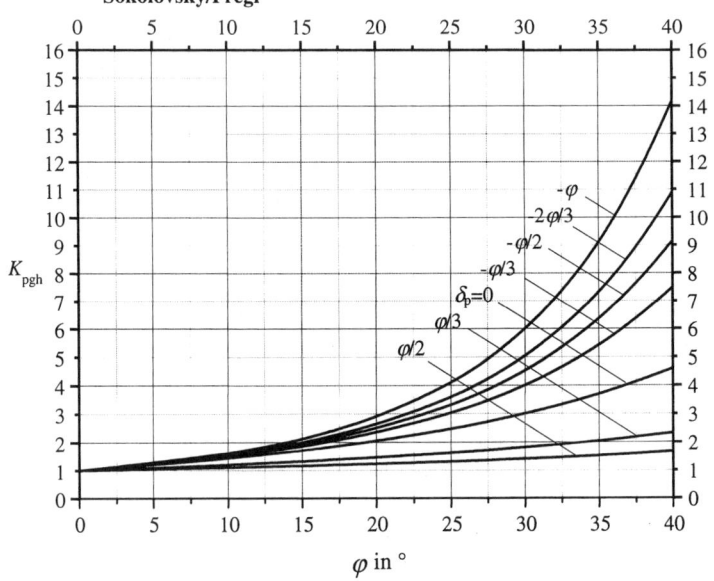

Tafel 11.31a Erddruckbeiwerte K_{pch} für gekrümmte Gleitflächen bei $\alpha = \beta = 0$ nach Sokolovsky/Pregl

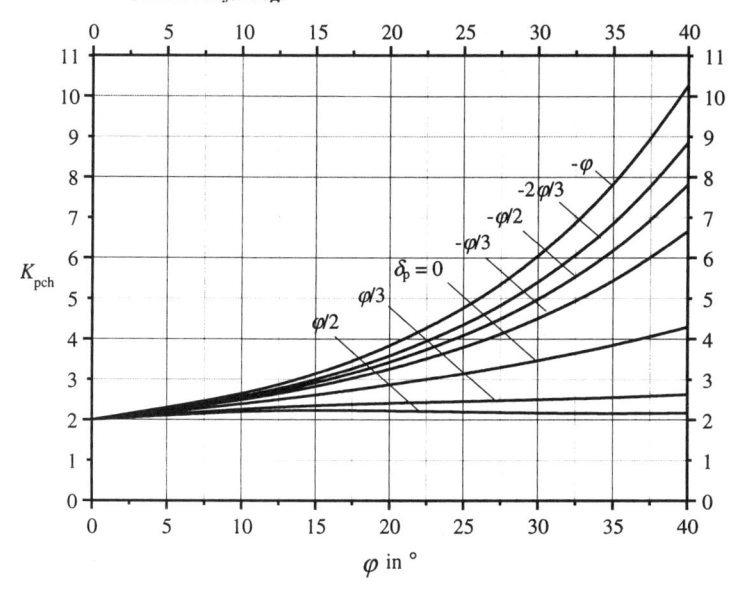

Tafel 11.31b Erddruckbeiwert K_{pph} für gekrümmte Gleitflächen bei $\alpha = \beta = 0$ nach Sokolovsky/Pregl

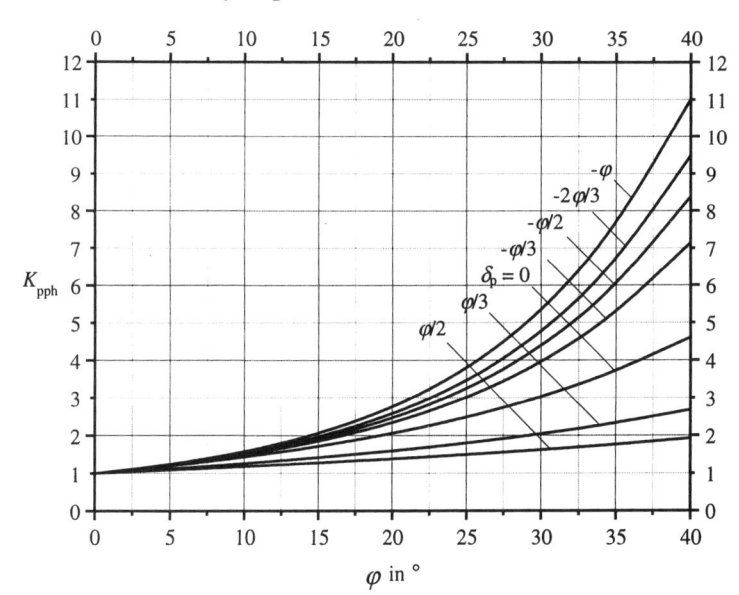

Tafel 11.32 Erddruckansatz in Abhängigkeit von der Nachgiebigkeit der Stützkonstruktion bei Dauerbauwerken *)

Zeile	Nachgiebigkeit der Stützkonstruktion	Konstruktion (Beispiele)	Erddruckansatz
1	nachgiebig	Stützwände, die während ihrer gesamten Nutzungszeit geringe Verformungen in Richtung der Erddruckbelastung ausführen können und dürfen z.B. Uferwände, auf Lockergestein gegründete Gewichtsmauern.	aktiver Erddruck
2	wenig nachgiebig	Stützwände nach Zeile 1, bei denen während ihrer Nutzungszeit Verformungen in Richtung der Erddruckbelastung unerwünscht sind und die gegen den ungestörten Boden hergestellt worden sind	erhöhter aktiver Erddruck $E'_{ah} = 0{,}75 \cdot E_{ah} + 0{,}25 \cdot E_{0h}$
3	annähernd unnachgiebig	Stützwände, die auf Grund ihrer Konstruktion unter der Erddruckbelastung anfänglich geringfügig nachgeben, sich dann aber nicht mehr verformen können oder dürfen z.B. Kellerwände und Stützwände, die in Bauwerke einbezogen sind und von diesen zusätzlich gestützt werden, stehender Schenkel von Winkelstützwänden	erhöhter aktiver Erddruck im Normalfall: $E'_{ah} = 0{,}5 \cdot E_{ah} + 0{,}5 \cdot E_{0h}$ in Ausnahmefällen: $E'_{ah} = 0{,}25 \cdot E_{ah} + 0{,}75 \cdot E_{0h}$
4	unnachgiebig	Stützwände, die auf Grund ihrer Konstruktion weitgehend unnachgiebig sind z.B. auf Festgestein gegründete Stützmauern als ebene Systeme und auf Lockergestein gegründete Stützwände als räumliche Systeme, z.B. Brückenwiderlager mit biegesteif angeschlossenen Parallel-Flügelmauern	erhöhter aktiver Erddruck $E'_{ah} = 0{,}25 \cdot E_{ah} + 0{,}75 \cdot E_{0h}$ bis Erdruhedruck

*) Der Fall nach 3.7.2.4 wird durch diese Tabelle nicht erfasst und erfordert gesonderte Untersuchungen.

Tafel 11.33 Erddruckansatz in Abhängigkeit von der Nachgiebigkeit der Stützung bei Baugrubenwänden oder anderen temporären Stützkonstruktionen

Zeile	Nachgiebigkeit der Stützung (Stützkonstruktion)	Konstruktion	Vorspannung auf die Stützkraft bei Endaushub bezogen[*]	Erddruckansatz
1	nicht gestützt oder nachgiebig gestützt	Wand ohne obere Stützung (Steifen, Anker) oder mit nachgiebiger Stützung (z.B.: Anker nicht oder nur gering vorgespannt)	-	aktiver Erddruck
2	wenig nachgiebig gestützt	Steifen kraftschlüssig verkeilt – bei Spundwänden – bei Trägerbohlwänden Verpressanker	$\approx$ 30 % $\approx$ 60 % 80%...100%	umgelagerter aktiver Erddruck
3	annähernd unnachgiebig gestützt	Steifen – bei mehrfach ausgesteiften Spundwänden, ausgesteiften Ortbetonwänden – bei mehrfach ausgesteiften Trägerbohlwänden Verpressanker	$\geq$ 30 % $\geq$ 60 % $\geq$ 100 %	erhöhter aktiver Erddruck im Normalfall $E'_{ah} = 0{,}5 \cdot E_{ah} + 0{,}5 \cdot E_{0h}$ in Ausnahmefällen $E'_{ah} = 0{,}25 \cdot E_{ah} + 0{,}75 \cdot E_{0h}$
4	unnachgiebig	Wände, die für einen abgeminderten oder für den vollen Erdruhedruck bemessen worden und deren Stützungen entsprechend vorgespannt sind; wenn Anker zusätzlich in einer unnachgiebigen Felsschicht verankert sind oder wesentlich länger sind, als rechnerisch erforderlich ist Steifen Anker	 $\geq$ 100 % > 100 %	erhöhter aktiver Erddruck $E'_{ah} = 0{,}25 \cdot E_{ah} + 0{,}75 \cdot E_{0h}$ bis Erdruhedruck

[*] In Anlehnung an EAB: EB 67, EB 8, EB 42, EB 22.

4 Flachgründungen [1]

4.1 Einwirkungen und Beanspruchungen (GZ 1B und GZ 2)

Bemessungswerte der resultierenden Normal- und Tangentialkomponente $N_d; T_d$ in Höhe der Sohlfläche:
$$N_d = N_{G,k} \cdot \gamma_G + N_{Q,k} \cdot \gamma_Q$$
$$T_d = T_{G,k} \cdot \gamma_G + T_{Q,k} \cdot \gamma_Q$$

N_G, T_G ständiger Anteil der charakteristischen Einwirkungen
N_Q, T_Q veränderlicher Anteil der charakteristischen Einwirkungen
γ Sicherheitsbeiwert nach Abschn. 1

Bei nicht achsparallelem Kraftangriff zu einer Symmetrieachse ergibt sich $T_d = \sqrt{T_{dx}^2 + T_{dy}^2}$.

4.2 Bodenwiderstände (GZ 1B und GZ 2)

Bei Berücksichtigung der Bodenreaktion vor dem Bauwerk darf der stützende Erddruck mit $E_{pd} = E_{p,k} / \gamma_{Ep}$ berücksichtigt werden ($E_{p,k}$ nach Abschn. 3).
Weiterhin ist beim Ansatz von E_p zu beachten:
- Der Ansatz von $E_{p,k}$ muss unter Beachtung der Gleichgewichtsbedingungen am Bauwerk erfolgen. Es ist zu überprüfen, inwieweit der Baukörper überhaupt Verschiebungen und Verdrehungen erfahren darf, die zur Mobilisierung des stützenden Erddrucks erforderlich sind.
- Beim Ansatz von E_p ist die dauerhafte Wirkung dieser Kraft sicherzustellen.
- Bei Bauzuständen oder zeitlich begrenzten Aufgrabungen, die zu einem vorübergehenden Ausfall der Bodenreaktion führen, darf im GZ 1B beim Nachweis der Gleitsicherheit und Grundbruchsicherheit der Lastfall 2 zugrunde gelegt werden.

Beim Nachweis der Grundbruchsicherheit ist $E_{p,d}$ nicht als Widerstand, sondern als Einwirkung zu berücksichtigen (siehe Abschn. 4.4.1).

4.3 Sohlspannungsnachweis

In einfachen Regelfällen darf der Sohlspannungsnachweis als Ersatz für die Nachweise im GZ 1B und GZ 2 geführt werden. Eine ausreichende Sicherheit ist vorhanden, wenn der einwirkende charakteristische Sohldruck kleiner als der aufnehmbare Sohldruck ist: $\sigma_{vorh} \leq \sigma_{zul}$.

4.3.1 Größe und Verteilung des vorhandenen charakteristischen Sohldrucks σ_{vorh}

4.3.1.1 Allgemeines

Die Bemessung von Flachgründungen muss sicherstellen, dass
- das Fundament durch die Beanspruchungen im Gebrauchszustand nicht zerstört wird,
- die unter Gebrauchslast auftretenden Baugrundsetzungen sowie die sich daraus ergebenden Verschiebungen und Verdrehungen ein für den Bestand und die Funktionssicherheit des Bauwerks zulässiges Maß nicht überschreiten.

Grundlage dafür ist die Kenntnis der aus dem aufgehenden Bauwerk in die Gründung eingetragenen Lasten und der sich daraus ergebenden Reaktionskräfte des Baugrunds, des Sohldrucks. Die sich aus der Baukonstruktion ergebenden Lasten für die Gründung werden in der statischen Berechnung ermittelt.

Vereinfachte Ermittlung der Sohldruckverteilung nach DIN 1054 [1]:
- Beim Nachweis mit zulässigen Sohlpressungen darf eine gleichmäßige Verteilung des Sohldrucks angenommen werden (siehe Abschnitt 4.3.1.2).
- Bei der Ermittlung der Schnittkräfte und der Setzungsberechnung darf von einer geradlinigen Verteilung des Sohldrucks ausgegangen werden (siehe Abschnitt 4.3.1.2).

---
[1] Berechnung nach aktualisierter Fassung (07/2002) von E DIN 1054

— Bei biegeweichen Gründungsplatten und -balken kann nach DIN 4018 oder EWB [11.18] vorgegangen werden (siehe Abschn. 4.3.1.3).

Abschätzung des Verformungsverhaltens von Gründungskörpern:
Die **Bauwerkssteifigkeit** ergibt sich aus der Steifigkeit der Gründung und des Überbaus. Vor allem Letztere ist schwer erfassbar, da dabei der zeitliche Ablauf der Lasteintragung und das Kriechen des Betons berücksichtigt werden müssen. Beide lassen sich nur abschätzen. Bei Stahlbetonbauteilen ist außerdem bedeutungsvoll, ob mit einer gerissenen Zugzone gerechnet werden muss.

Die Steifigkeit eines reinen Betonbalkens mit dem E-Modul E_b ist: $\quad E_b \cdot I_b = \dfrac{E_b \cdot b \cdot d^3}{12}$

Dieser Wert wird wegen des Einflusses des Kriechens meist nur zur Hälfte angesetzt. Die Steifigkeit eines Hochhauses beschreibt das Ersatzflächenmoment I. Entsprechend dem Steinerschen Satz erhält man

$$I = \sum_{}^{n} I_0 + \sum_{}^{n'} A \cdot y^2$$

wobei n die Geschosszahl und n' die Anzahl der mitwirkenden Geschosse ($0 \leq n' \leq n$); bei Skelettbauten ist in der Regel $n' = 0$, nur sehr steife Kellergeschosse wirken mit.

Das **Steifigkeitsverhältnis** K_s bzw. die Systemsteifigkeit erhält man aus folgenden Gleichungen:

– Balken mit der Breite b, der Länge l und dem Flächenmoment I: $\quad K_s = \dfrac{E_b \cdot I}{E_s \cdot l^3 \cdot b}$

– Plattenstreifen mit der Breite $b = 1$, der Länge l und der Dicke d: $\quad K_s = \dfrac{E_b}{12 \cdot E_s} \cdot \left(\dfrac{d}{l}\right)^3$

Diese Gleichungen sind gültig unter der Voraussetzung, dass die Dicke der zusammendrückbaren Schicht mindestens die Hälfte der Länge der kürzeren Fundamentseite beträgt.
$K_s = 0$ entspricht einem schlaffen oder sehr biegeweichen, $K_s \to \infty$ einem starren Fundament. Die Grenze zwischen schlaffen und starren Fundamenten ist etwa $K_s = 0{,}1$. Systeme mit $K_s = 1$ sind schon als starr anzusehen. Bei der Berechnung ist zu unterscheiden, ob ein ebenes oder ein räumliches System vorliegt. Ebene Systeme bilden Hochbauten in Querwandbauweise. Sie verhalten sich in der Querrichtung nahezu starr.

4.3.1.2 Sohldruckermittlung bei Annahme einer gleichmäßigen oder geradlinigen Verteilung

In einfachen Fällen wird der Einfluss der Verformungseigenschaften von Bauwerk und Gründung ganz außer acht gelassen und eine gleichmäßige oder geradlinige Sohldruckverteilung angenommen.
Der Sohldruck an den Rändern bzw. Eckpunkten von Fundamenten ist nach Kapitel 4, Seite 4.35 bzw. den Angaben in folgender Tabelle zu berechnen. Greift die resultierende Sohldruckkraft außerhalb der 1. Kernfläche an, kommt es in bestimmten Bereichen zum „Klaffen" der Sohlfuge.
Die charakteristischen Sohlspannungen unter dem Fundament erhält man zu:

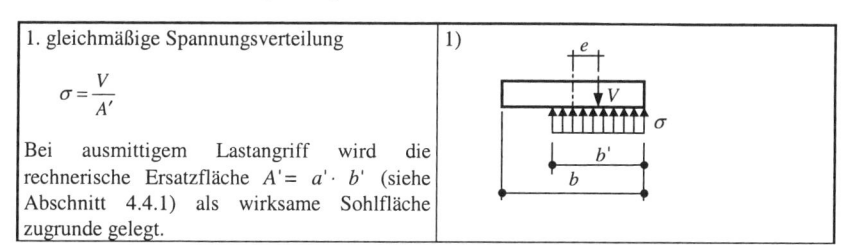

1. gleichmäßige Spannungsverteilung $\sigma = \dfrac{V}{A'}$ Bei ausmittigem Lastangriff wird die rechnerische Ersatzfläche $A' = a' \cdot b'$ (siehe Abschnitt 4.4.1) als wirksame Sohlfläche zugrunde gelegt.	1)

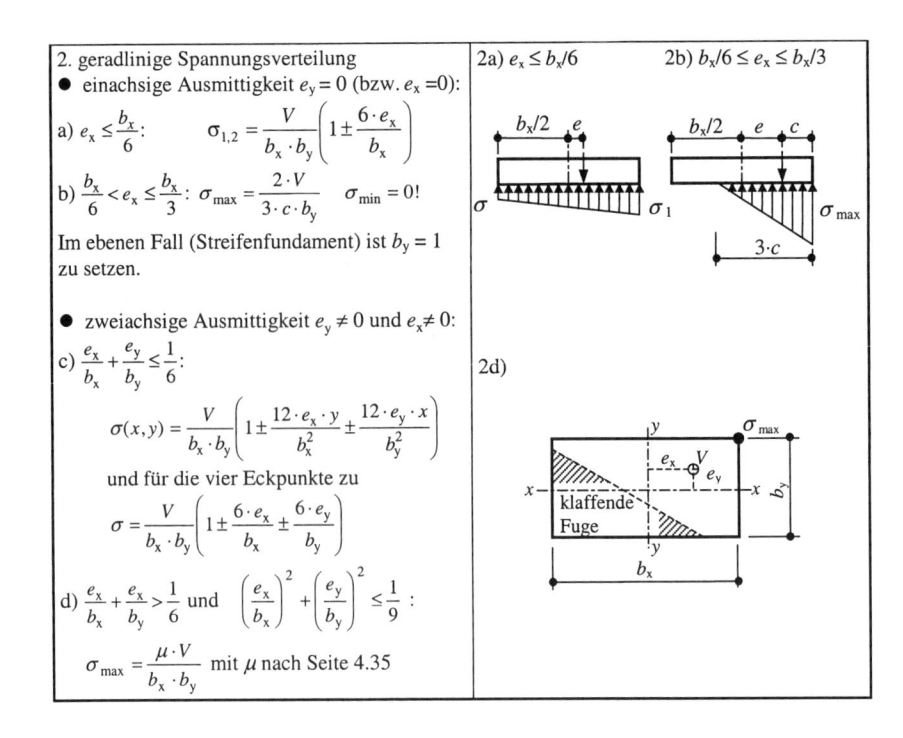

2. geradlinige Spannungsverteilung
- einachsige Ausmittigkeit $e_y = 0$ (bzw. $e_x = 0$):

a) $e_x \leq \dfrac{b_x}{6}$: $\quad \sigma_{1,2} = \dfrac{V}{b_x \cdot b_y}\left(1 \pm \dfrac{6 \cdot e_x}{b_x}\right)$

b) $\dfrac{b_x}{6} < e_x \leq \dfrac{b_x}{3}$: $\sigma_{max} = \dfrac{2 \cdot V}{3 \cdot c \cdot b_y} \quad \sigma_{min} = 0!$

Im ebenen Fall (Streifenfundament) ist $b_y = 1$ zu setzen.

2a) $e_x \leq b_x/6$ 2b) $b_x/6 \leq e_x \leq b_x/3$

- zweiachsige Ausmittigkeit $e_y \neq 0$ und $e_x \neq 0$:

c) $\dfrac{e_x}{b_x} + \dfrac{e_y}{b_y} \leq \dfrac{1}{6}$:

2d)

$$\sigma(x,y) = \dfrac{V}{b_x \cdot b_y}\left(1 \pm \dfrac{12 \cdot e_x \cdot y}{b_x^2} \pm \dfrac{12 \cdot e_y \cdot x}{b_y^2}\right)$$

und für die vier Eckpunkte zu

$$\sigma = \dfrac{V}{b_x \cdot b_y}\left(1 \pm \dfrac{6 \cdot e_x}{b_x} \pm \dfrac{6 \cdot e_y}{b_y}\right)$$

d) $\dfrac{e_x}{b_x} + \dfrac{e_x}{b_y} > \dfrac{1}{6}$ und $\left(\dfrac{e_x}{b_x}\right)^2 + \left(\dfrac{e_y}{b_y}\right)^2 \leq \dfrac{1}{9}$:

$\sigma_{max} = \dfrac{\mu \cdot V}{b_x \cdot b_y}$ mit μ nach Seite 4.35

4.3.1.3 Ermittlung der Sohldruckverteilung mit verbesserten Annahmen

Für die Berechnung der Sohldruckverteilung stehen u.a. das **Bettungszahlverfahren** und das **Steifezahlverfahren** zur Verfügung. Als Mangel des Bettungszahlverfahrens ist anzusehen, dass bei diesem Modell die Spannungsausbreitung im Boden unberücksichtigt bleibt. Die Anwendung des Bettungszahlverfahrens und des Steifezahlverfahrens ist mit umfangreicher Rechenarbeit verbunden und bedingt die Nutzung entsprechender Rechenprogramme. Die Berechnungsergebnisse sind erheblich von den gewählten Eingangsgrößen, wie Steifezahlen, Bettungszahlen sowie den vorhandenen Steifigkeiten, abhängig und setzen diesbezügliche Erfahrung voraus. Die Nutzung dieser Verfahren sollte entsprechenden Fachleuten vorbehalten bleiben.

4.3.2 Zulässiger Sohldruck für Regelfälle

Voraussetzungen für die Anwendung der folgenden zulässigen Sohldrücke σ_{zul}:

— Die Fundamentform muss einem Streifenfundament entsprechen.
— Die Geländeoberfläche und die Schichtgrenzen müssen annähernd waagerecht verlaufen.
— Der für den Nachweis zugrunde gelegte Baugrund darf bis in eine Tiefe $d = 2 \times$ Fundamentbreite, mindestens aber bis in 2 m Tiefe nicht an Tragfähigkeit verlieren.
— Der Baugrund darf nicht überwiegend dynamisch beansprucht werden. In bindigem Boden entsteht kein nennenswerter Porenwasserüberdruck.
— Für die Neigung der resultierenden charakteristischen Belastung in der Sohlfläche muss $\tan \delta_E = H_k/V_k \leq 0{,}2$ gelten.
— Bei ausmittigem Lastangriff e der Resultierenden in der Sohlfläche darf nur die wirksame Fundamentbreite $b' = b - 2 \cdot e$ in Rechnung gestellt werden (siehe auch Abschn. 4.4.1).
— Das zu untersuchende Bauteil befindet sich nicht im Lastausbreitungsbereich benachbarter Bauwerke.

— Für die Ermittlung des zulässigen Sohldrucks ist die kleinste vorhandene Einbindetiefe d maßgebend. Bei Einbindetiefen $d_{vorh} > 2$ m darf der aufnehmbare Sohldruck σ_{zul} um $(d_{vorh}-2)\cdot\gamma_{Boden}$ erhöht werden (d_{vorh} ist in der Einheit m einzusetzen).

- **Zulässiger Sohldruck σ_{zul} bei nichtbindigem Baugrund in Abhängigkeit der Einbindetiefe d und der wirksamen Fundamentbreite b':**
Die Anwendung der Tabellen setzt eine ausreichend dichte Lagerung mit folgenden Anforderungen voraus:

Bodenart nach DIN 18196	Ungleich-förmigkeit	Lagerungs-dichte	Verdich-tungsgrad	Spitzenwiderstand Drucksonde
SE,GE,SU,GU,GT	$U \leq 3$	$D \geq 0{,}30$	$D_{pr} \geq 95\ \%$	$q_s \geq 7{,}5$ MN/m²
SE,GE,SU,GU,GT,GW,SI,SW	$U > 3$	$D \geq 0{,}45$	$D_{pr} \geq 98\ \%$	$q_s \geq 7{,}5$ MN/m²

σ_{zul} in Abhängigkeit von b' und d:

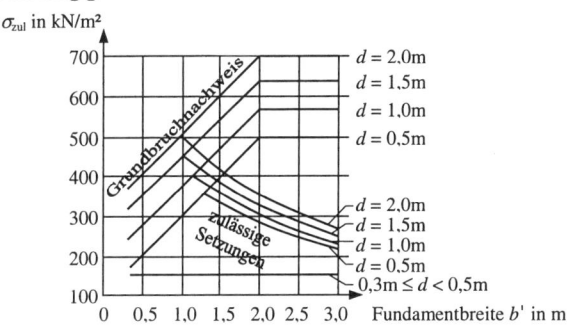

σ'_{zul} in kN/m²

```
700                            d = 2,0m
600                            d = 1,5m
500                            d = 1,0m
400                            d = 0,5m
300                            d = 2,0m
200                            d = 1,5m
                               d = 1,0m
100                            d = 0,5m
                               0,3m ≤ d < 0,5m
    0  0,5 1,0 1,5 2,0 2,5 3,0  Fundamentbreite b' in m
```
(Kurvenscharen: Grundbruchnachweis; zulässige Setzungen)

Bei mittiger Belastung ergeben sich bei Anwendung von σ_{zul} auf Grundlage der Grundbruchsicherheit bei 1,5 m breiten Fundamenten Setzungen in der Größenordnung von 2 cm. Die Setzungen nehmen mit der Fundamentbreite ungefähr proportional zu. Die Sohldrücke σ_{zul}, die auf Grundlage zulässiger Setzungen ermittelt wurden, ergeben bei einer Fundamentbreite von 1,5 m ungefähr eine Setzung von 1 cm und bei breiteren Fundamenten in der Regel eine maximale Setzung von 2 cm. Die i.d.R. geringeren zulässigen Sohldrücke bei Beachtung der Setzungen sind dem Sohldrucknachweis zugrunde zu legen, wenn die Verformungen begrenzt werden sollen.

a) Verminderung des Sohldrucks σ_{zul} in Abhängigkeit der Lage des Grundwasserspiegels

Der Sohldruck muss verringert werden, wenn die Grundbruchsicherheit zugrunde gelegt wird und der Abstand u zwischen Gründungssohle und Grundwasserspiegel geringer als die wirksame Fundamentbreite b' ist.

Fall 1: Der Grundwasserspiegel befindet sich im Abstand $u \geq b'$ unter der Gründungssohle:
$$\sigma'_{zul} = \sigma_{zul}$$
Fall 2: Der Grundwasserspiegel befindet sich im Bereich zwischen $u < b'$ und der Gründungssohle ($u = 0$): $\sigma'_{zul} = \sigma_{zul}(1 - 0{,}4\,(b' - u)/b') = 0{,}6 + 0{,}4 \cdot u/b'$
Fall 3: Der Grundwasserspiegel liegt in Höhe Gründungssohle bzw. darüber und es gilt $d > 0{,}8$ m bzw. $d > b'$: $\sigma'_{zul} = 0{,}6 \cdot \sigma_{zul}$

b) Erhöhung des Sohldrucks σ_{zul}

Die Erhöhung nach folgenden Kriterien darf erfolgen, wenn die wirksame Fundamentbreite $b' \geq 0{,}5$ m und die Einbindetiefe $d \geq 0{,}5$ m sind.

— Eine Erhöhung von bis zu 50 % für σ_{zul} ist möglich, wenn der Boden bis in eine Tiefe von 2 × Fundamentbreite eine dichte Lagerung aufweist, die bei Einhaltung folgender Voraussetzungen vorliegt:

Bodenart nach DIN 18196	Ungleich- förmigkeit	Lagerungs- dichte	Verdich- tungsgrad	Spitzenwiderstand Drucksonde
SE,GE,SU,GU,GT	$U \leq 3$	$D \geq 0,50$	$D_{pr} \geq 98\%$	$q_s \geq 15$ MN/m²
SE,GE,SU,GU,GT,GW,SI	$U > 3$	$D \geq 0,65$	$D_{pr} \geq 100\%$	$q_s \geq 15$ MN/m²

- Bei Rechteckfundamenten mit dem Verhältnis Länge/Breite $a'/b' < 2$ und Kreisfundamenten, die jeweils eine Einbindetiefe $d > 0,6 \cdot b'$ besitzen, dürfen die auf Grundlage der Grundbruchsicherheit ermittelten Werte um 20 % erhöht werden.

c) *Abminderung von σ_{zul} bei nicht lotrechtem Angriff der Resultierenden in der Sohlfläche*
Die sich auf die Grundbruchsicherheit beziehenden Sohldrücke und gegebenenfalls nach Punkt a) oder b) korrigierten Werte sind bei nicht lotrechtem Kraftangriff abzumindern.
Fall 1: Bei einem Seitenverhältnis a'/b' größer 2 und Angriff der Horizontalkomponente des charakteristischen Sohldrucks H_k parallel zur langen Fundamentseite
$\sigma'_{zul} = (1 - H_k/V_k) \cdot \sigma_{zul}$
Fall 2: Falls Fall 1 nicht zutreffend, gilt $\sigma'_{zul} = (1 - H_k/V_k)^2 \cdot \sigma_{zul}$
Bei setzungsempfindlichen Bauwerken ist zu überprüfen, ob der abgeminderte Sohldruck σ'_{zul} auf Grundlage der Grundbruchsicherheit nicht kleiner als der zulässige Sohldruck unter Beachtung der Setzungen wird. Der kleinere Wert für σ_{zul} ist dem Nachweis zugrunde zu legen.

• **Zulässiger Sohldruck σ_{zul} in kN/m² bei bindigem Baugrund und einer wirksamen Fundamentbreite b' im Bereich von 0,5 m $\leq b' \leq$ 2,0 m (bei $b' > 2$ m siehe Unterpunkt a)**
Die Ermittlung von σ_{zul} nach folgender Tabelle erfolgt für die jeweiligen Bodengruppen in Abhängigkeit der Konsistenz oder der einaxialen Druckfestigkeit nach DIN 18 136. Bei weichen Böden bzw. Unterschreitung der dreiaxialen Druckfestigkeit dürfen die folgenden Tabellen für σ_{zul} nicht angewandt werden.

	Schluff UL	gemischtkörniger S$\bar{U}$,ST,S$\bar{T}$,G$\bar{U}$,G$\bar{T}$			tonig schluffiger Boden UM,TL,TM			Ton TA		
Druckfestigkeit einaxial in kN/m²	≥120	120 ...300	300 ...700	>700	120 ...300	300 ...700	>700	120 ...300	300 ...700	>700
Konsistenz	steif	steif	halbfest	fest	steif	halbfest	fest	steif	halbfest	fest
$d = 0,5$ m	130	150	220	330	120	170	280	90	140	200
$d = 1,0$ m	180	180	280	380	140	210	320	110	180	240
$d = 1,5$ m	220	220	330	440	160	250	360	130	210	270
$d = 2,0$ m	250	250	370	500	180	280	400	150	230	300

Die Ermittlung von Zwischenwerten darf durch geradlinige Interpolation der Tabellenwerte erfolgen. Die Einhaltung der gegebenen Sohldrücke σ_{zul} führt bei mittig belasteten Fundamenten zu Setzungen in der Größenordnung zwischen 2 bis 4 cm.

a) *Verringerung des Sohldrucks bei einer Fundamentbreite $b' > 2$ m*
Bei Fundamentbreiten von 2 m $< b' \leq$ 5 m gilt : $\sigma'_{zul} = \sigma_{zul(Grundwert\ Tabelle)} \cdot (1,2 - 0,1b')$
(b' ist in m einzusetzen).
b) *Erhöhung des Sohldrucks*
Bei Rechteckfundamenten mit dem Verhältnis Länge/Breite $a'/b' < 2$ und Kreisfundamenten dürfen die ermittelten Werte um 20 % erhöht werden.

4.4 Grundbruchsicherheit (GZ 1B)

Bei Bauwerken an einem Geländesprung oder einer Böschung kann anstelle des Grundbruchnachweises der Gelände- oder Böschungsbruchnachweis maßgebend sein. Anstelle des

Grundbruchnachweises darf für einfache Regelfälle auch der Nachweis mit zulässigen Sohlpressungen nach Abschnitt 4.3 erfolgen.

4.4.1 Grundbruchnachweis bei homogenem Boden unterhalb der Sohlfläche

Grundbruchfigur bei ausmittiger und lotrechter resultierender Belastung R in der Sohlfläche:

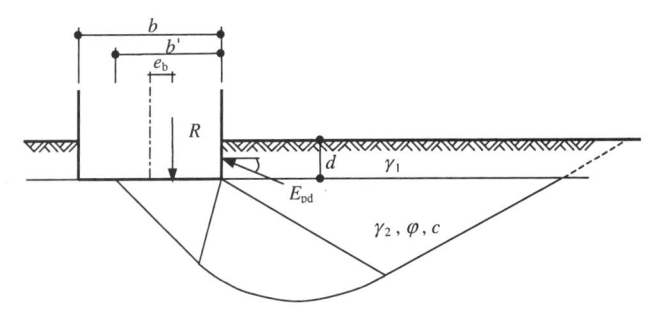

Grundbruchlast für lotrechte Belastung ohne Neigung der Sohl- und Geländeoberfläche
Die Berechnung des Grundbruchwiderstands nach folgenden Formeln darf für nichtbindige Böden mit $D > 0,2$ und $U \leq 3$, oder $D > 0,3$ und $U > 3$, sowie für bindige Böden mit $I_c > 0,5$ durchgeführt werden. Für Flachgründungen mit $d/b \leq 2$ (für $d/b > 2$ liegen die Ergebnisse auf der sicheren Seite, sofern mit $d/b = 2$ gerechnet wird) ergibt sich unter der Annahme einer gleichmäßigen Sohlspannungsverteilung:
a) die mittlere charakteristische Grundbruchspannung σ_g
$$\sigma_g = b' \cdot \gamma_2 \cdot N_{b0} \cdot \nu_b + d \cdot \gamma_1 \cdot N_{d0} \cdot \nu_d + c \cdot N_{c0} \cdot \nu_c$$
b) die charakteristische Grundbruchlast $R_{n,k}$
$$R_{n,k} = A' \cdot \sigma_g$$
c) der Bemessungswert der Grundbruchlast $R_{n,d}$ normal zur Sohlfläche
$$R_{n,d} = R_{n,k} / \gamma_{Gr} \quad \text{mit } \gamma_{Gr} \text{ nach Abschn. 1}$$
d) Nachweis für GZ 1B
$$N_d \leq R_{n,d} \qquad N_d \text{ siehe Abschn. 4.1}$$
Bei bindigen Boden kann eventuell der Nachweis der Anfangsstandfestigkeit mit $\varphi_{u,k}$ und $c_{u,k}$ maßgebend sein. Für die ständigen und veränderlichen Einwirkungen ist der maßgebende Fall für den Nachweis durch Kombination zu untersuchen, insbesondere sind die Kombinationen ($N_{k(max)}$ und $T_{k(max)}$) oder ($N_{k(min)}$ und $T_{k(max)}$) zu beachten.

Ermittlung der Parameter in der Grundbruchgleichung

γ_1 Wichte des Bodens oberhalb der Gründungssohle in Ausweichrichtung
γ_2 Wichte des Bodens innerhalb der Grundbruchfigur bis in Höhe Gründungssohle
d Einbindetiefe unter Geländeoberfläche in Ausweichrichtung

● Rechnerische Ersatzfläche A' und rechnerische Sohlbreite b' bei rechteckförmigem Grundriss:

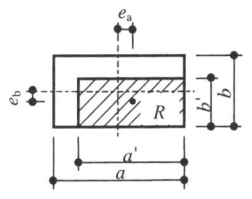

Prinzipielles Vorgehen:
Die rechnerische Ersatzfläche A' ist so zu bilden, dass die resultierende Kraft R im Schwerpunkt dieser Fläche angreift (für $e_a = e_b = 0$ gilt $a' = a$ und $b' = b$).
$a' = a - 2 \cdot e_a$ und $b' = b - 2 \cdot e_b$ Beachte: $b \leq a$ und
$A' = a' \cdot b'$ $b' \leq a'$

Bei Aussparungen in der Sohlfläche, die nicht mehr als 20 % der Gesamtfläche betragen, darf die äußere umrissene Fläche zugrunde gelegt werden.

- Tragfähigkeitsbeiwerte N (N_{b0} nach Meyerhof, N_{d0} nach Prandtl und N_{c0} nach Caquot)
$N_{b0} = (N_{d0} - 1) \cdot \tan \varphi$; $N_{d0} = e^{\pi \cdot \tan \varphi} \cdot \tan^2(45° + \varphi/2)$; $N_{c0} = (N_{d0} - 1) / \tan \varphi$

φ in °	0	5	10	15	20	22,5	25	27,5	30	32,5	35	37,5	40	42,5
N_{b0}	0,0	0,0	0,3	0,8	2,0	3,0	4,5	7	10	15	23	34	53	83
N_{d0}	1,0	1,6	2,5	3,9	6,4	8,2	10,7	14	18	25	33	46	64	92
N_{c0}	5,1	6,5	8,3	11,0	14,8	17,4	20,7	25	30	37	46	58	75	99

- Formbeiwerte ν mit $b' \leq a'$

Grundrissform	ν_b	ν_d	$\nu_c (\varphi \neq 0)$	$\nu_c (\varphi = 0)$
Streifen	1,0	1,0	1,0	1,0
Rechteck	$1 - 0{,}3 \cdot b'/a'$	$1 + \sin\varphi \cdot b'/a'$	$(\nu_d \cdot N_{d0} - 1)/(N_{d0} - 1)$	$1 + 0{,}2 \cdot b'/a'$
Kreis	0,7	$1 + \sin\varphi$	$(\nu_d \cdot N_{d0} - 1)/(N_{d0} - 1)$	1,2

- Erddruckansatz :
Der stützende Erddruck infolge Bodenreaktion darf parallel zur Sohlfläche mit $E_{p,k(mob)} \leq 0{,}5 \cdot E_{p,k}$ wie eine charakteristische Einwirkung angesetzt werden, wobei $E_{p,k(mob)}$ immer kleiner als die Tangentialkomponente der anderen charakteristischen Einwirkungen T_k sein muss.

Ausweichrichtung beim Grundbruch
Bei Annahme homogenen Bodens und freier Beweglichkeit des Baukörpers ergibt sich in Abhängigkeit des Lastangriffs von R:

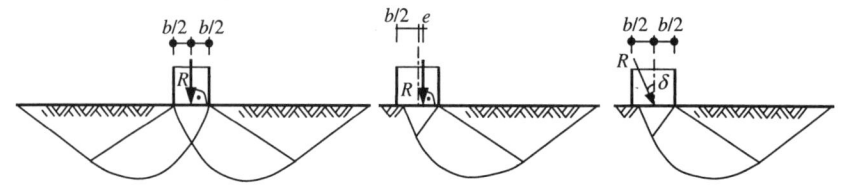

Bei mittiger lotrechter Lasteintragung ist ein Ausweichen nach beiden Seiten möglich.
Bei Bauteilen, die durch Abstützungen o.ä. am seitlichen Ausweichen gehindert werden, wird ein lotrechtes Einsinken erzwungen. Die Berechnung hat dann wie für einen lotrecht mittig belasteten Gründungskörper zu erfolgen.

Abschätzung der Grundbruchfigur
bei lotrechter mittiger Belastung eines Streifenfundaments sowie $\alpha = \beta = 0$ und $c = 0$:

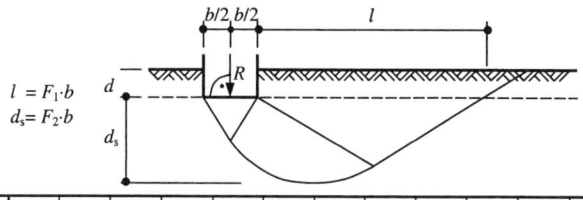

$l = F_1 \cdot b$
$d_s = F_2 \cdot b$

φ in °	0	5	10	15	20	22,5	25	27,5	30	32,5	35	37,5	40	42,5
F_1	1,0	1,3	1,6	2,0	2,5	2,9	3,3	3,7	4,3	5,0	5,8	6,8	8,0	9,6
F_2	0,7	0,8	0,9	1,0	1,2	1,2	1,4	1,5	1,6	1,7	1,9	2,1	2,4	2,6

Nachweis bei bindigem Boden
Bei plötzlicher Belastung eines bindigen Bodens ist der Nachweis der Anfangsfestigkeit mit den Scherparametern des unkonsolidierten Zustands φ_u und c_u zu führen.

Weicher bindiger Boden unterhalb der Deckschicht
Bei Vorhandensein eines gesättigten bindigen Bodens unter einer festen Deckschicht mit einem Abstand $d_1 \leq 2b$ unterhalb der Gründungssohle ist der zusätzliche Nachweis des Durchstanzens zu erbringen.

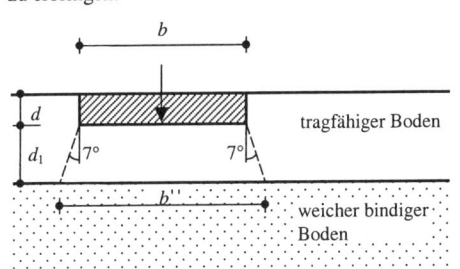

Dieser Grundbruchnachweis ist für die Ersatzfläche A'' und die Einbindetiefe $d'' = d+d_1$ unter Berücksichtigung des Gewichts der Deckschicht als Einwirkung zu führen. Zur Ermittlung der Ersatzfläche A'' in Höhe der weichen bindigen Schicht darf ein Lastausbreitungswinkel von 7° gegen die Lotrechte angenommen werden.

4.4.2 Grundbruchnachweis bei geschichtetem Boden unterhalb der Sohlfläche

Möglichkeiten:
a) unter Ansatz eines Ersatzbodens mit gemittelten Parametern φ, c und γ entsprechend den Anteilen (φ,c Gleitflächenanteile, γ Flächenanteil des Grundbruchkörpers) der jeweiligen Schicht an der Grundbruchfigur, wobei die Abweichung der Reibungswinkel der einzelnen Schicht vom arithmetischen Mittelwert nicht mehr als 5° betragen darf.
b) mittels besonderer Untersuchungen, z.B. Nutzung eines grafischen Verfahrens oder Auswertung von Probebelastungen.

4.5 Gleitsicherheit (GZ 1B)

Die Gefahr des Gleitens besteht entlang der Sohlfläche oder einer darunter befindlichen Schnittfläche im Baugrund (z.B. bei Fundamenten mit Sporn oder bei in Gleitrichtung ansteigender Sohlfläche) nach DIN 1054, falls der Bemessungswert der parallel zu dieser Fläche angreifenden Kräfte T_d in Verschiebungsrichtung größer als der Bemessungswert der widerstehenden Kräfte ($R_{t,d}$ und $E_{p,d}$) ist.

Nachweis: $T_d \leq R_{t,d} + E_{p,d}$

● Bestimmung des Bemessungswertes des Gleitwiderstandes $R_{t,d}$:
$R_{t,d}$ $R_{t,d} = R_{t,k} / \gamma_{Gl}$ mit γ_{Gl} nach Abschn. 1
     a) Schnittebene in Höhe der Sohlfläche
       – nichtbindiger Boden: $R_{t,k} = N_K \cdot \tan \delta_{s,k}$
       – bindiger wassergesättigter Boden mit $\varphi_u=0$: $R_{t,k} = A \cdot c_{u,k}$
     b) Schnittebene im Boden unterhalb der Sohlfläche $R_{t,k} = N_k \cdot \tan \varphi_k + A \cdot c_k$
N_k normal zur betrachteten Schnittebene gerichtete charakteristische Einwirkung (siehe Abschn. 4.1)
$\varphi_k, c_k, c_{u,k}$ charakteristische Scherparameter
A für die Kraftübertragung maßgebende Sohlfläche
$\delta_{s,k}$ Erfahrungswerte für den Sohlreibungswinkel $\delta_{s,k}$: bei Sohlflächen aus Ortbeton und Fertigteilen im Mörtelbett $\delta_{s,k} = \varphi_k$ mit $\delta_{s,k} \leq 35°$ und bei Fertigteilen $\delta_{s,k} = 2 \cdot \varphi_k/3$.
$E_{p,d}$ Bemessungswert des passiven Erddrucks siehe Abschn. 3

$E_{p,d}$ Bemessungswert des passiven Erddrucks $E_{p,d} = E_{p,k}/\gamma_{Ep}$ parallel zur Sohlfläche (siehe Abschn. 3). Bei ausreichend tiefer Einbindung des Fundaments in den Baugrund wird eine Verdrehung durch eine beidseitige Bodenreaktion verhindert, wobei $e_{p,k(mob)} \leq 0{,}5 \cdot e_{p,k}$ einzuhalten ist.

4.6 Kippen (GZ 1B)

Bei ausmittiger Beanspruchung ist der Nachweis ausreichender Kippsicherheit erfüllt, wenn R_k aus den ständigen und wechselnden Einwirkungen in den Lastfällen LF 1 und LF 2 höchstens ein Klaffen der Sohlfuge bis zum Schwerpunkt der Sohlfläche verursacht, das heißt, R_k darf nicht außerhalb der 2. Kernfläche liegen. Im Lastfall LF 3 darf bei erfülltem Grundbruchnachweis der Nachweis gegen Kippen entfallen.

Für rechteckförmige Sohlflächen gilt:

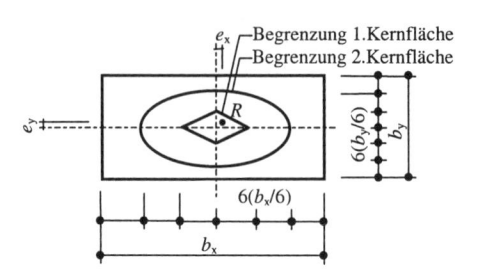

Nachweis, dass R_k sich innerhalb der 1. Kernfläche befindet:
$$\frac{e_x}{b_x} + \frac{e_y}{b_y} \leq \frac{1}{6}$$

Nachweis, dass R_k nicht außerhalb der 2. Kernfläche liegt:
$$\left(\frac{e_x}{b_x}\right)^2 + \left(\frac{e_y}{b_y}\right)^2 \leq \frac{1}{9}$$

Für kreisförmige Sohlflächen mit dem Radius r gilt:
1. Kernfläche bis $r_e = 0{,}25 \cdot r$ und 2. Kernfläche bis $r_e = 0{,}59 \cdot r$.

Für Baukörper, bei denen kleine Belastungsänderungen eine erhebliche Vergrößerung der Exzentrizität der resultierenden Kraft in der Sohlfläche nach sich ziehen, sind besondere Untersuchungen erforderlich..

4.7 Sicherheit gegen Aufschwimmen (GZ 1A)

Bei nicht verankerten Konstruktionen ist folgender Nachweis zu führen:
$$A_k \cdot \gamma_{G,dst} + Q_k \cdot \gamma_{Q,dst} \leq G_k \cdot \gamma_{G,stb} + F_{s,k} \cdot \gamma_{G,stb}$$

mit den charakteristische Werten

A_k hydrostatische Auftriebskraft an der Unterseite der Gründung
Q_k ungünstige veränderliche Einwirkungen in vertikaler Richtung
G_k unterer Wert der günstigen ständigen Einwirkungen
$F_{s,k}$ eventuell zusätzlich einwirkende Scherkraft

Die Sicherheitsbeiwerte γ für den GZ 1A können dem Abschn. 1 entnommen werden. Die Vertikalkomponente des aktiven Erddrucks kann als ständig günstige Einwirkung mit
$$F_{s,k} = E_{av,k} = 0{,}8 \cdot E_{ah,k} \tan \varphi_k$$
berücksichtigt werden. Bei Dauerbauwerken muss bei Berücksichtigung von Scherkräften am vertikalen Bauwerksrand z.B. $E_{av,k}$ nachgewiesen werden, dass der Nachweis gegen Aufschwimmen auch ohne Berücksichtigung der Scherkräfte für den Lastfall LF 3 erfüllt ist.

4.8 Zulässige Ausmittigkeit der resultierenden charakteristischen Beanspruchung R (GZ 2)

Damit keine klaffende Fuge auftritt, sind die Fundamentabmessungen so zu wählen, dass R_k aus den ständigen Einwirkungen in der Sohlfläche innerhalb der 1. Kernfläche liegt (siehe Abb. im Abschn. 4.6).

4.9 Verschiebungen in der Sohlfläche und Verdrehungen (GZ 2)

Der Nachweis unzuträglicher Verschiebungen in der Sohlfläche gilt unter folgenden beiden Bedingungen als erbracht, wenn das Gleichgewicht der charakteristischen Kräfte parallel zur Sohle bei vollständiger Inanspruchnahme des Gleitwiderstandes eine Bodenreaktion erfordert, für die weniger als 30 % des charakteristischen passiven Erddrucks erforderlich ist (gilt nur bei mindestens steifen bindigen Boden oder nichtbindigen Boden mit mitteldichter Lagerung);
oder
Erfüllung des Gleitsicherheitsnachweises ohne Berücksichtigung des stützenden Erddrucks.
In allen anderen Fällen sind gesonderte Untersuchungen erforderlich.

Bei Einhaltung der zulässigen Ausmittigkeit nach Abschn. 4.8 kann angenommen werden, dass bei Einzel- und Streifengründungen keine unzulässigen Verdrehungen des Bauwerks auftreten.

4.10 Setzungen (GZ 2)

Definition: *Setzung* ist die lotrechte Verschiebung der Bodenteilchen infolge statischer Spannungszunahme in Richtung der Schwerkraft. (Für Senkungen, Sackungen und Erdfall sind andere Ursachen maßgebend. Deren Berechnung kann nicht nach Abschnitt 0 bis 4.10.3 erfolgen.)

4.10.1 Gesamtsetzung s

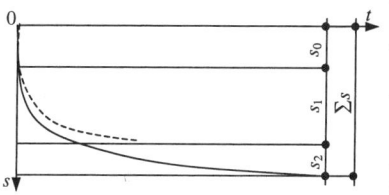

s_0 Sofortsetzung infolge Anfangsschubverformung und/oder Sofortverdichtung
s_1 Konsolidationssetzung (Primärsetzung) infolge Auspressen von Porenwasser und Porenluft
s_2 Kriechen (Sekundärsetzung) infolge plastischen Fließens bei bindigen Böden, wobei dieser Vorgang stark zeitabhängig ist $s_2 = f(t)$
t Zeit
Gesamtsetzung $\quad \Sigma s = s_0 + s_1 + s_2$

4.10.2 Ermittlung der Gesamtsetzung Σs (Zeit $t \to \infty$) infolge lotrechter Belastung

4.10.2.1 Berechnungsmöglichkeiten

- mit Hilfe lotrechter Spannungen unter Ansatz eines mittleren Zusammendrückungsmoduls E_{sm} (indirekte Berechnung) oder mit Hilfe des Druck-Stauchungs-Diagramms aus Laborversuchen
- mit Hilfe einer Setzungsformel (direkte Berechnung).

4.10.2.2 Vorgehen bei der Setzungsberechnung

Im Fall, dass die Setzungen bei der Bemessung des Tragwerks berücksichtigt werden, sind diese aufgrund
a) vorsichtiger geschätzter charakteristischer Mittelwerte
   oder
b) als Bemessungswerte der kleinsten und größten zu erwartenden Setzungen zu ermitteln.
Die Berechnung ist abhängig vom Verformungsverhalten (starr/schlaff) des Gründungskörpers (siehe auch Abschnitt 4.2).

4.10.2.3 Berechnung mit Hilfe einer Setzungsformel

Bei gleichmäßig verteilter Belastung auf einer rechteckförmigen schlaffen Fundamentfläche $A = a \cdot b$ mit $a \geq b$ ergeben sich die Setzungen für die Grenztiefe $z = t_s$ (bei starren Fundamenten unter k.P.):

$$s = \frac{\sigma_1 \cdot b \cdot f}{E_{sm}} \text{ mit } f = f_k \text{ für den kennzeichnenden Punkt (k.P.); } f = f_1 \text{ für den Eckpunkt nach } Kany.$$

z/b	a/b = 1		a/b = 1,5		a/b = 2,0		a/b = 3,0		a/b = 4,0		a/b = 5,0	
	f_1	f_k	f_1	f_k	f_1	f_k	f_1	f_k	f_1	f_k	f_1	f_k
0,75	0,18	0,42	0,18	0,46	0,18	0,48	0,18	0,51	0,18	0,52	0,18	0,53
1,00	0,23	0,49	0,23	0,54	0,23	0,57	0,24	0,61	0,24	0,63	0,24	0,64
1,25	0,27	0,54	0,28	0,60	0,28	0,64	0,28	0,69	0,28	0,71	0,28	0,73
1,50	0,30	0,58	0,32	0,65	0,32	0,70	0,33	0,75	0,33	0,79	0,33	0,81
1,75	0,33	0,61	0,35	0,69	0,36	0.74	0,37	0,81	0,37	0,85	0,37	0,87
2,00	0,35	0,64	0,38	0,73	0,39	0,78	0,40	0,85	0,40	0,90	0,40	0,93
2,25	0,37	0,66	0,40	0,76	0,42	0,82	0,43	0,89	0,43	0,94	0,44	0,98

4.10.3 Setzungen infolge Kriechens

– Das Kriechen wird i.d.R. bereits im mittleren Steifemodul E_{sm} mit berücksichtigt, sodass die Berechnung nach Abschnitt 4.10.2 erfolgen kann.
– Bei sehr weichen bindigen Böden können Kriechsetzungen noch nach Jahren auftreten (siehe auch Abschn. 4.10.1).

4.10.4 Grenzwerte für Verformungen

Bei Ausbildung einer Setzungsmulde gilt nach *Skempton*:

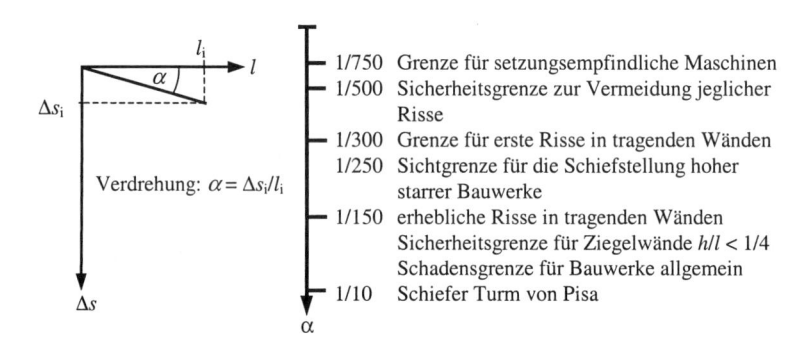

- 1/750 Grenze für setzungsempfindliche Maschinen
- 1/500 Sicherheitsgrenze zur Vermeidung jeglicher Risse
- 1/300 Grenze für erste Risse in tragenden Wänden
- 1/250 Sichtgrenze für die Schiefstellung hoher starrer Bauwerke
- 1/150 erhebliche Risse in tragenden Wänden Sicherheitsgrenze für Ziegelwände $h/l < 1/4$ Schadensgrenze für Bauwerke allgemein
- 1/10 Schiefer Turm von Pisa

Verdrehung: $\alpha = \Delta s_i / l_i$

Die angegebenen Werte gelten für Muldenlagerung. Bei Sattellagerung ist die zulässige Setzung zu halbieren.

Die messtechnische Überprüfung der rechnerischen Setzungsprognose ist während der Bauausführung besonders dann empfehlenswert, wenn die Differenz zwischen berechneter und zulässiger Setzung im Endzustand relativ gering ist oder erhebliche Schäden durch unzulässige Setzungen zu erwarten sind.

5 Pfahlgründungen[1]

5.1 Pfahlarten

Pfähle übertragen die Belastung über die Pfahlmantelfläche und den Pfahlfuß in den Baugrund. Es wird in axial belastete Druck- oder Zugpfähle und in horizontal belastete Pfähle unterschieden. Für die Nachweise nach DIN 1054 wird unterteilt in Verdrängungspfähle (Verdichtung des umgebenden Bodens beim Einbau), Bohrpfähle und verpresste Mikropfähle.
Nach der Herstellungsart ist die Unterscheidung in Fertig- und Ortpfähle üblich.
Ortbetonpfähle werden durch Ausbetonieren des Bohrlochs hergestellt. Dieses ist dazu durch Verrohrung oder Stützflüssigkeit frei zu halten. Man unterscheidet nach dem Arbeitsverfahren in Bohr-, Ortramm-, Pressrohr- und Rüttelpfähle.
Verbundpfähle sind eine Kombination aus Fertig- und Ortpfahl. Dabei wird die Kraftübertragung zum umgebenden Erdreich durch Verpressen mit Beton oder Zementmörtel erreicht.
Vorschriften:
DIN 4014 (03.90) – Bohrpfähle; Herstellung, Bemessung und Tragverhalten
DIN 4026 (08.75) – Rammpfähle; Herstellung, Bemessung und zulässige Belastung
DIN 4128 (03.83) – Verpresspfähle (Ortbeton- und Verbundpfähle) mit kleinem Durchmesser; Herstellung, Bemessung und zulässige Belastung

5.2 Einwirkungen und Beanspruchungen

Neben den Einwirkungen aus den Gründungslasten sind u.a. folgende grundbauspezifische Einwirkungen zu berücksichtigen:
Seitendruck
Biegebeanspruchung aus Seitendruck ist zu berücksichtigen bei Vertikalpfählen als Folge von horizontalen Bodenbewegungen und bei Schrägpfählen als Folge von Setzungen und Hebungen des Bodens. In weichen, bindigen Böden ist der Seitendruck mit den charakteristischen Bodenkenngrößen für folgende Fälle zu untersuchen, wobei der kleinere Wert maßgebend ist:
- resultierender Erddruck aus der Differenz der Erddrücke, die auf gegenüber liegende Flächen des im Boden eingebetteten Bauteils wirken,
- Fließdruck infolge Vorbeifließens des Bodens bei voll ausgeschöpfter Scherfestigkeit.

Negative Mantelreibung
Schubkräfte auf die Mantelflächen sind als ständige Einwirkungen anzusetzen, wenn sich der Boden relativ zum Pfahl überwiegend vertikal bewegt. Charakteristischer Wert der negativen Mantelreibung ($c_{u,k}$ undrainierte Kohäsion, σ_z wirksame Vertikalspannung, φ'_k Reibungswinkel, E_0 - Erdruhedruckbeiwert):

$\tau_{n,k} = c_{u,k}$ für bindige Böden $\qquad \tau_{n,k} = \sigma_z' \cdot K_0 \cdot \tan \varphi'_k$ für nichtbindige Böden

Die Bemessungswerte der Beanspruchungen, d.h. axial- bzw. horizontal auf den Pfahl wirkende Kräfte, sind gemäß Abschnitt 1 aus den charakteristischen Größen zu ermitteln und den Bemessungswerten der Widerstände gegenüber zu stellen.

5.3 Pfahlwiderstände

Die nachfolgenden Angaben zur Ermittlung der Pfahlwiderstände gelten für Einzelpfähle. Bei Pfählen in Pfahlgruppen und bei Pfahl-Platten-Gründungen ist teilweise mit abweichendem Widerstands-Setzungs-Verhalten zu rechnen.

5.3.1 Axiale Pfahlwiderstände

Pfahlwiderstand R des in axialer Richtung belasteten Einzelpfahls ist Funktion der Pfahlkopfsetzung s, Anteile: Fußwiderstand $R_b(s)$ (nur bei Druckpfählen) und Mantelwiderstand $R_S(s)$. Die Widerstands-Setzungs(Hebungs)-Linie soll aufgrund statischer Probebelastungen oder von

---

[1] Aktualisierte Fassung von E DIN 1054 (12.00)

Erfahrungen mit vergleichbaren Verhältnissen ermittelt werden (DIN 1054). Liegen keine Erfahrungen mit vergleichbaren Verhältnissen vor und sind Probebelastungen nicht möglich, darf der charakteristische Pfahlwiderstand aus Erfahrungswerten bestimmt werden. Aus der Arbeitslinie des Einzelpfahls erhält man den Widerstand im GZ1 bei der Setzung s_1. Wird kein Grenzwert des Widerstands festgestellt, gilt: $s_1 = 0{,}1 \cdot D_b$ (D_b - Pfahlfußdurchmesser).

5.3.1.1 Bohrpfähle, charakteristische axiale Pfahlwiderstände (Erfahrungswerte)

Zur Ermittlung des axialen Pfahlwiderstands $R_{1,k}(s)$ Widerstands-Setzungs-Linie nach folgendem Ansatz konstruieren: $R_{1,k}(s) = R_{b1,k}(s) + R_{S1,k}(s) = q_{b1,k} \cdot A_b + \sum q_{S1,k,i} \cdot A_{S,i}$

A_b	Pfahlfußfläche	$A_{S,i}$	Pfahlmantelfläche der Schicht i
$q_{b1,k}$	Pfahlspitzenwiderstand,	$q_{s1,k,i}$	Pfahlmantelreibung in der Schicht i
$R_{1,k}(s)$	Pfahlwiderstand	$R_{b1,k}(s)$	Pfahlfußwiderstand
$R_{S1,k}(s)$	Pfahlwiderstand		

$s_g = 0{,}1 \cdot D_S$ bzw. $s_g = 0{,}1 \cdot D_b$ Grenzsetzung $s_g = s_1$ D_S Pfahlschaftdurchmesser

$s_{sg} = 0{,}5 \cdot R_{S,k}(s) + 0{,}5 \leq 3{,}0 \text{ cm}$ $R_{S,k}$ in MN, bei Zug $s_{sg,zug} = 1{,}3 \cdot s_{sg}$

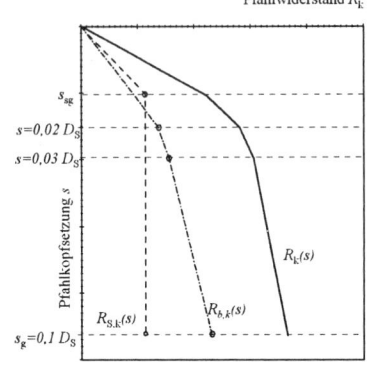

Anforderungen für Ansatz der Tabellenwerte:
- Einbindetiefe der Pfähle in den Baugrund: mindestens 5 m bzw. mit größer dem 5fachen Pfahlschaftdurchmesser D_S
- Einbindetiefe in tragfähige Schicht $\geq 2{,}5$ m

Voraussetzungen für Anwendung der Erfahrungswerte des Pfahlspitzenwiderstands:
- Mindestmächtigkeit der tragfähigen Schicht unterhalb Pfahlfuß: dreifacher Pfahlfußdurchmesser bzw. 1,5 m
- Für diesen Bereich ist $q_c \geq 10 \text{MN/m}^2$ bzw. $c_{u,k} \geq 0{,}10 \text{MN/m}^2$ nachzuweisen.

Andernfalls ist der Nachweis gegen Durchstanzen zu führen und es ist zu untersuchen, inwieweit der darunter liegende Boden das Setzungsverhalten beeinflusst.

Pfahlspitzenwiderstand $q_{b,k}$ in MN/m² nach DIN 1054[5]) Tab. D.1, D.2 und D.5									
s/D_s oder s/D_b[1])	Nichtbindiger Boden bei q_c[2]) in MN/m²				bindiger Boden bei c_u[3]) in MN/m²		Fels bei $q_{u,k}$[4]) MN/m²		
	10	15	20	25	0,1	0,2	0,5	5	20
0,02	0,70	1,05	1,40	1,75	0,35	0,90	1,5	5	10
0,03	0,90	1,35	1,80	2,25	0,45	1,10			
0,1 (=s_g)	2,00	3,00	3,50	4,00	0,80	1,50			

Zwischenwerte geradlinig interpolieren. Bohrpfähle mit Fußverbreiterung: Werte auf 75% abmindern.

Bruchwert der Pfahlmantelreibung $q_{s,k}$ in MN/m² nach DIN 1054 Tab. D.3 bis D.5								
Nichtbindiger Boden bei q_c[2]) in MN/m²				bindiger Boden bei c_u[3]) in MN/m²		Fels bei $q_{u,k}$[4]) MN/m²		
0	5	10	15	0,025	0,1	0,2	0,5	5	20
0,00	0,04	0,08	0,12	0,025	0,04	0,06	0,08	0,5	0,5

[1]) Bezogene Pfahlkopfsetzung: s Pfahlkopfsetzung, D_s Pfahlschaftdurchmesser, D_b Pfahlfußdurchmesser.
[2]) Spitzenwiderstand Drucksonde DIN 4094 (Spitzenquerschnittsfläche 10 cm²).
[3]) Undrainierte Kohäsion des Bodens
[4]) Einaxiale Druckfestigkeit nach Empfehlungen des AK Versuchstechnik im Fels der DGGT.

---

[5]) siehe Fußnote 1, Seite 11.45

Sind Verformungen der Pfahlgründung für das Gesamttragwerk von Bedeutung, ist unter Vorgabe charakteristischer aufnehmbarer Setzungen $s_{2,k}$ der Nachweis des GZ2 unter Benutzung der Pfahlwiderstands-Setzungs-Linien zu führen (siehe DIN 1054).
Es ist der Nachweis $E_{2,d} = E_{2,k} \leq R_{2,d} = R_{2,k}$ zu erbringen (siehe Kapitel 11.1).

5.3.1.2 Gerammte Verdrängungspfähle, charakteristische axiale Pfahlwiderstände (Erfahrungswerte)

Erfahrungswerte für die Berechnung der axialen Tragfähigkeit von Verdrängungspfählen sind für den GZ 1B nur für nichtbindige Böden und Fertigteilpfähle aus Stahlbeton oder Spannbeton angegeben. Andernfalls ist der Nachweis für den Grenzzustand GZ2 mit den entsprechenden Erfahrungswerten für Pfahlmantelreibung und Pfahlspitzenwiderstand zu führen.
Charakteristische Pfahlwiderstände für den Grenzzustand GZ1B dürfen wie folgt ermittelt werden:

$$R_{1,k} = R_{b1,k} + R_{S1,k} = q_{b1,k} \cdot A_b + \sum q_{S1,k,i} \cdot A_{S,i}$$

Die Anwendung der Erfahrungswerte für den GZ1B ist auf Fertigverdrängungspfähle aus Stahlbeton oder Spannbeton mit Durchmessern D_S=0,2 bis 0,5 m beschränkt. Folgende Anforderungen an die Bodenschicht sind nachzuweisen:
- Der Baugrund besteht aus nichtbindigen Böden.
- Die Mächtigkeit der tragfähigen Schicht unterhalb der Pfahlfußfläche entspricht mindestens dem 3fachen des Pfahldurchmessers und ist größer als 1,5 m.
- Der Spitzenwiderstand der Drucksonde ist in diesem Bereich $q_c \geq 7{,}5$ MN/m²

Charakteristischer Pfahlspitzenwiderstand $q_{b1,k}$ und charakteristische Pfahlmantelreibung $q_{s1,k}$ von Fertigteilpfählen aus Stahl- oder Spannbeton in nichtbindigem Boden für den Grenzzustand GZ1B nach Tabelle C.1 und C.2 der DIN 1054[1]								
Pfahlspitzenwiderstand $q_{b1,k}$ bei mittlerem Spitzenwiderstand der Drucksonde q_c in MN/m²				Pfahlmantelreibung $q_{s1,k}$ bei mittlerem Spitzenwiderstand der Drucksonde q_c in MN/m²			
2,5	7,5	15	25	7,5	15	25
0,023	0,07	0,140	0,23	2,0	5,0	12,0
Zwischenwerte dürfen geradlinig interpoliert werden.						

Für gerammte Fertigteilverdrängungspfähle aus Stahl- oder Spannbeton kann ein gesonderter Nachweis der Pfahltragfähigkeit im GZ 2 entfallen. Die zu erwartenden Setzungen liegen i.d.R. unter 1,5 cm.
Für die Anwendung der Erfahrungswerte zum Nachweis des Grenzzustandes GZ2 sind folgende Anforderungen an den Boden nachzuweisen:
- ausreichend tragfähiger nichtbindiger Boden, Spitzenwiderstand der Drucksonde von $q_c \geq 10$ MN/m²,
- annähernd halbfester bindiger Boden mit $I_C \approx 1{,}0$ bzw. $c_u \geq 150$ kN/m².

Die Pfahlwiderstände für den GZ2 dürfen um 25% erhöht werden, wenn
- nichtbindiger Boden mit $q_c \geq 15$ MN/m²,
- halbfester bindiger Boden mit $I_C \geq 1{,}0$ bzw. $c_u \geq 200$ kN/m² ansteht.

Charakteristische Pfahlwiderstände $R_{2,k}$ in kN von gerammten Verdrängungspfählen für den Grenzzustand GZ2 nach Tabelle C.3 und C.4 DIN 1054[1]								
Einbindetiefe in den tragfähigen Boden in m	Holz $D_{Fuß}$ in cm					Stahl- und Spannbeton Seitenlänge a_S in cm			
	15	20	25	30	35	20	25	30	35	40
3,0	100	150	200	300	400	200	250	350	450	550
4,0	150	200	300	400	500	250	350	450	600	700
5,0	-	300	400	500	600	-	400	550	700	850
6,0	-	-	-	-	-	-	-	650	800	1000

[1] siehe Fußnote 1, Seite 11.45

Charakteristische Pfahlwiderstände $R_{2,k}$ in kN von gerammten Verdrängungspfählen aus Stahl für den Grenzzustand GZ2 nach Tabelle C.5 DIN 1054[6)]

Einbindetiefe in den tragfähigen Boden in m	Stahlträgerprofile[1)] Breite oder Höhe in cm		Stahlrohr[2)]- und Stahlkastenprofile[3)] D bzw. a in cm		
	30	35	35 bzw. 30	40 bzw. 35	45 bzw. 40
3,0	-	-	350	450	550
4,0	-	-	450	600	700
5,0	450	550	550	700	850
6,0	550	650	650	800	1000
7,0	600	750	700	900	1100
8,0	700	850	800	1000	1200

Zwischenwerte geradlinig interpolieren.

[1)] Breite I-Träger mit Breite : Höhe ca. 1:1, z.B. HEB - Profile.

[2)] Werte für Pfähle mit geschlossener Spitze. Für offene Pfähle 90 % des Tabellenwertes ansetzen, wenn fester Bodenpfropfen innerhalb des Pfahles mit Sicherheit vorhanden.

[3)] D äußerer Durchmesser des Stahlrohrpfahls oder mittlerer Durchmesser eines zusammengesetzten, radialsymmetrischen Pfahls, a_S mittlere Seitenlänge von annähernd quadratischen oder flächeninhaltsgleichen rechteckigen Kastenpfählen.

5.3.1.3 Verpresste Mikropfähle (Erfahrungswerte)

Wenn keine Probebelastungen an verpressten Mikropfählen ($D_S \leq 0,3$ m) ausgeführt werden können, darf im Ausnahmefall der charakteristische, axiale Pfahlwiderstand im GZ 1B wie folgt berechnet werden: $R_{1,k} = \sum q_{s1,k,i} \cdot A_{S,i}$

$A_{S,i}$ Nennwert der Pfahlmantelfläche der Schicht i
$q_{s1,k,i}$ Pfahlmantelreibung in der Schicht i

Charakteristische Werte der Pfahlmantelreibung $q_{s1,k}$ bei verpressten Mikropfählen nach Tabelle D.1 der DIN 1054[6)]	
Bodenart	$q_{s1,k}$ in MN/m²
Mittel- und Grobkies[4)]	0,20
Sand und Kiessand[4)]	0,15
Bindiger Boden[5)]	0,10
[4)] Lagerungsdichte (DIN 18126) $D \geq 0,4$ bzw. Spitzenwiderstand der Drucksonde $q_c \geq 10$ MN/m² [5)] Konsistenzzahl (DIN 18122-1) $I_C \geq 1,0$ bzw. Scherfestigkeit im undrainierten Zustand $c_u \geq 150$ kN/m²	

5.3.2 Pfahlwiderstände quer zur Pfahlachse

Ermittlung des charakteristischen Querwiderstands eines Einzelpfahls, zahlenmäßig durch den Bettungsmodul k_S beschrieben, aufgrund von Probebelastungen oder Erfahrungen mit vergleichbaren Probebelastungen. Ansatz des Querwiderstands bei Pfählen mit Schaftdurchmesser $D_S \geq 0,3$ m bzw. Kantenlänge $a_S \geq 0,3$ m zulässig.

Für Ermittlung der Schnittgrößen gilt für die Bettungsmodul der beteiligten Schichten:

$k_{S,k} = \dfrac{E_{S,k}}{D_S}$ $k_{S,k}$ Bettungsmodul (charakteristischer Wert), $E_{S,k}$ Steifemodul (charakteristischer Wert), D_S Pfahldurchmesser, bei $D_S > 1,0$ m ist $D_S = 1,0$ m anzusetzen.

Anwendung dieser Beziehung für Horizontalverschiebungen $\leq 2,0$ cm oder $0,03\, D_S$ (kleinerer Wert maßgebend). Größe und Verteilung von $k_{S,k}$ längs des Pfahls aus Probebelastung, wenn keine Erfahrungen vorliegen und Verformungen der Pfahlgründung für Tragverhalten des Bauwerks von Bedeutung sind.

[6)] siehe Fußnote 1, Seite 11.45

6 Stützkonstruktionen

6.1 Stützmauern

6.1.1 Allgemeines

Grundprinzipien für die Ausbildung der Entwässerung
— In die Hinterfüllung sollte so wenig Wasser wie möglich eindringen (u.a. anströmendes Schichtenwasser durch schräg zum Mauerfuß verlegte Drainagen bzw. Niederschlagswasser an der Geländeoberfläche sammeln und abführen)
— Stauendes Wasser an der Rückseite von Gewichts- und Winkelstützmauern ist durch sorgfältige Ausbildung der Drainage zu vermeiden, da dadurch eine zusätzliche Belastung der Mauer infolge Wasserdruck auftritt.

6.1.2 Gewichtsmauern

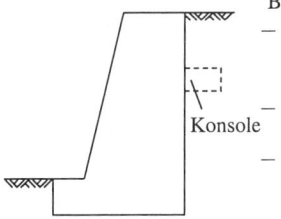

Belastung:
— Nicht verankerte Gewichtsmauern auf nachgiebigen Baugrund werden i.d.R. durch den aktiven Erddruck belastet (siehe Abschn. 3).
— Bei lagenweisem Einbau mit Verdichtung ist zusätzlich ein Verdichtungserddruck zu berücksichtigen.
— erdstatische Nachweise:
Nachweis der Tragfähigkeit und Gebrauchstauglichkeit wie bei Flachgründungen nach Abschn. 4.

6.1.3 Winkelstützmauern

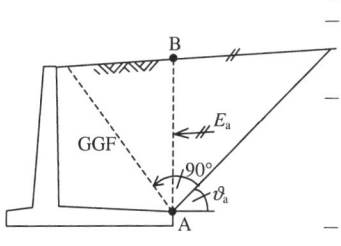

Belastung:
— Bei Winkelstützmauern sind nach DIN 4085 für den Standsicherheitsnachweis und die Bemessung der Mauer unterschiedliche Erddruckansätze maßgebend.
— Für den Nachweis der Standsicherheit kann bei Austritt der Gegengleitfläche GGF an der Geländeoberfläche ersatzweise der oberflächenparallele Ansatz des aktiven Erddrucks E_a in der lotrechten Ebene AB erfolgen.
— erdstatische Nachweise:
Nachweis der Tragfähigkeit und Gebrauchstauglichkeit wie bei Flachgründungen nach Abschn. 4.

6.1.4 Stützmauern nach dem Verbundprinzip

sind unter anderen:
— bewehrte Erde (i.d.R. flächenhafte Bewehrung mit Geotextilien)
— Bodenvernagelung (siehe Abschn. 7)
— Raumgitterstützwände (i.d.R. aus Stahlbetonfertigteilen)

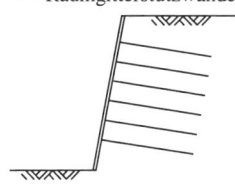

Nachweis der Tragfähigkeit:
— Nachweis der äußeren Standsicherheit wie bei Gewichtsmauern
— Nachweis der inneren Standsicherheit für den Verbundkörper durch Überprüfung möglicher Bruchmechanismen innerhalb des Verbundkörpers und Nachweis gegen Versagen von Bauteilen.

Bodenvernagelung

6.2 Stützwände

6.2.1 Übersicht zu den Nachweisen

Für Stützwände sind folgende Nachweise immer zu führen:
- Versagen des Erdwiderlagers bzw. Nachweis ausreichender Einbindetiefe (GZ 1B) nach Abschn. 6.2.2
- Versinken von Bauteilen (GZ 1B) nach Abschn. 6.2.3
- Versagen des Materials (GZ 1B) nach Abschn. 6.2.5.

Zusätzlich sind bei verankerten Stützwänden folgende Nachweise erforderlich:
- Aufbruch des Verankerungsbodens (GZ 1B) bei Ankerplatten und -wänden
- Versagen in der tiefen Gleitfuge (GZ 1B)
- Geländebruchsicherheit (GZ 1C) nach Abschn. 7 – dieser Nachweis ist nur erforderlich, wenn besondere Gegebenheiten, z.B. Vorhandensein eines Bodens mit geringer Tragfähigkeit unterhalb des Wandfußes, die Ausbildung eines Geländebruches fördern.

Bei Vorhandensein von Grundwasser können eventuell folgende Nachweise erforderlich sein:
- Sicherheit gegen hydraulischen Grundbruch (GZ 1A)
- Auftriebssicherheit (GZ 1A) siehe auch Abschn. 4.7.

Zum Nachweis der Gebrauchstauglichkeit siehe Abschn. 6.2.4.

6.2.2 Nachweis gegen Versagen des Erdwiderlagers (GZ 1B)

6.2.2.1 Allgemeines

Stützwände können zur Einschränkung von Verformungen oberhalb des Einbindebereiches durch Steifen oder rückwärtige Verankerungen abgestützt werden. Die eingeschränkte Verformungsmöglichkeit der Wand bei Abstützungen muss beim Erddruckansatz berücksichtigt werden (siehe Abschn. 3). Hinsichtlich der Auflagerung am Wandfuß unterscheidet man zwischen den zwei Grenzfällen „freie Auflagerung" und „Einspannung". Die Annahme eines frei aufgelagerten Wandfußes ergibt die geringstmögliche Einbindetiefe t, die zur Gewährleistung der Standsicherheit notwendig ist. Eine angenommene Einspannung der Wand erfordert die Einbindetiefe t, bei deren Überschreitung sich das Tragverhalten der Wand hinsichtlich der Horizontalbelastung nicht mehr ändert. Die Annahme einer freien Auflagerung führt zu größeren Eigenverformungen der Stützwand.

Für den Tragfähigkeitsnachweis gegen Versagen des Erdwiderlagers bzw. Vorhandensein einer ausreichenden Einbindetiefe hat sich das Verfahren nach Blum bewährt. Zur Berechnung von Stützwänden im Gebrauchszustand z.B. der Ermittlung von Verformungen kommen andere Verfahren zum Einsatz, z.B. das Bettungszahlverfahren.

6.2.2.2 Nachweis ausreichender Einbindetiefe

Nachweis: $H_d \leq E_{ph,d}$ mit $E_{ph,d} = \eta \cdot E_{ph,k} / \gamma_{Ep}$

H_d Bemessungswert der Horizontalkomponente der Beanspruchung aus der Auflagerkraft
$E_{ph,d}$ Bemessungswert der Horizontalkomponente des stützenden Erddrucks
$E_{ph,k}$ charakteristischer Wert der Horizontalkomponente des stützenden Erddrucks (Abschn. 3)
γ_{Ep} Sicherheitsbeiwert nach Abschn. 1
η Anpassungsfaktor, der zur Begrenzung der Verformungen (z.B. bei weichen bindigen Böden) im Auflagerbereich mit $\eta < 1$ dienen kann

Der Nachweis gilt bei Anwendung des Blumschen Verfahrens als erfüllt ($H_d = E_{ph,d}$), wenn die erforderliche Sicherheit γ_{Ep} und der Anpassungsfaktors η beim Ansatz des stützenden Erddrucks berücksichtigt werden.

6.2.3 Nachweis gegen Versinken von Bauteilen (GZ 1B)

Es ist nachzuweisen, dass Bauteile nicht infolge zu großer wandparalleler Beanspruchung in den Boden versinken.

Nachweis: $V_d \leq R_d$

V_d Bemessungswert der lotrechten Beanspruchungen am Wandfuß
R_d Bemessungswert des Widerstands in axialer Richtung unter der Wand

6.2.4 Nachweis der Gebrauchstauglichkeit

Aufgrund von Erfahrungen kann in der Regel für den Lastfall 1 auf einen gesonderten Nachweis der Gebrauchstauglichkeit verzichtet werden, wenn
– die geforderten Nachweise für den GZ 1B und GZ 1C erfüllt sind
– mindestens steife bindige bzw. mitteldicht gelagerte nichtbindige Böden anstehen
– keine Gefährdung benachbarter Bauwerke, Leitungen oder anderer baulicher Anlagen infolge zu großer Verschiebung der Stützwand vorliegt
– kein höherer Erddruck als der aktive Erddruck zum Ansatz kommt.

Der Nachweis der Gebrauchstauglichkeit ist mit den charakteristischen Werten der Einwirkungen zu führen. Bei ausgeprägter Wechselwirkung des Stützbauwerks mit dem Baugrund oder falls sehr große Verformungen zu erwarten sind, sollte ein Beobachtungsverfahren angewandt werden.

6.2.5 Bemessung des Wandquerschnitts

Die Sicherheit gegen Materialversagen des Stützbauwerks ist nachzuweisen.

Nachweis: $E_d \leq R_{M,d}$

E_d der Bemessungswert der Beanspruchungen z.B. aus Auflagerkräften, Eigengewicht der Wand, Erd- und Wasserdruck als Schnittgröße bzw. Spannung im jeweils untersuchten Querschnittsbereich unter Berücksichtigung der Sicherheitsfaktoren nach Abschn. 1
$R_{M,d}$ Bauteilwiderstände unter Ansatz der Sicherheitsfaktoren der jeweiligen Bauartnormen

6.2.6 Spundwände und Kanaldielen

Zur Ausführung von Spundwandkonstruktionen (u.a. Lagerung, Einbringen, Schweißen, Abdichtung, Korrosionsschutz, Lärmschutz, Bauüberwachung) siehe DIN EN 12 063.

Profiltypen für Spundwände und Kanaldielen (siehe Tafel S. 11.52):

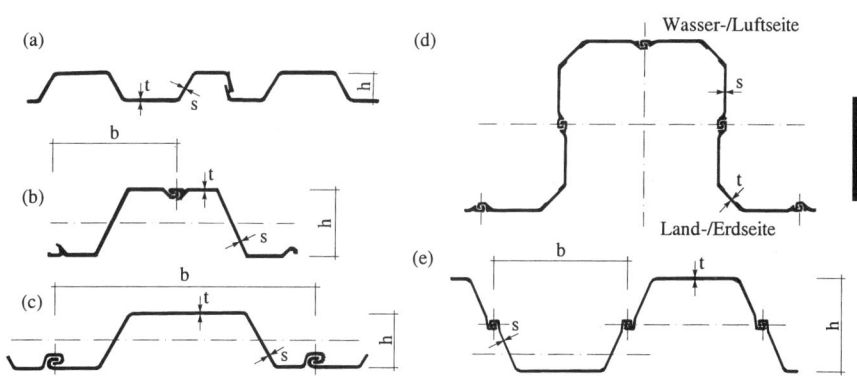

Hersteller der Profile:
KL, DWU, KD, PU, L, JSP, AZ, BZ : ARBED - Spundwände (Vertrieb durch KRUPP)
LARSSEN, HOESCH, HKD, HL: HOESCH - Spundwände (KRUPP HOESCH Stahl AG)

Profile für Spundwände und Kanaldielen

Profil	Typ	W_y cm³/m	I_y cm⁴/m	Gewicht kg/m	Gewicht kg/m²	b mm	h mm	t mm	s mm	A cm²/m
1. Kanaldielen										
KD III S	a	80	150	23,2	62	375	40	6,5	6,5	79,0
HKD VI/6	a	182	726	37,5	62	600	78	6,0	6,0	80,0
KD VI/8	a	242	968	50,0	83	600	80	8,0	8,0	106,0
2. Leichtprofile										
KL 1	c	140	560	20,2	45,0	450	80,0	4,5	4,5	57,6
DWU 44	c	161	742	28,8	43,6	660	90,5	4,5	4,5	55,6
DWU 35	c	329	2061	38,9	54,7	711	127,0	5,0	5,0	69,7
KL 2	c	338	2200	37,8	63,0	600	130,0	6,0	6,0	80,3
KL 2/7	c	388	2560	45,0	75,0	600	131,0	7,0	7,0	95,5
KL 3/6	c	410	3080	46,2	66	700	148	6,0	6,0	84,0
KL 3/8	c	540	4050	61,5	88,0	700	150,0	8,0	8,0	111,9
DWU 55	c	562	5390	52,2	70,7	739	190,5	5,5	5,5	82,0
DWU 56	c	658	6359	61,4	83,1	739	191,5	6,5	6,5	105,9
3. Normalprofile (* Walzung/Lieferung nur auf Anfrage)										
Larssen 600	e	510	3840	56,4	94	600	150	9,5	9,5	120
Larssen 600 K	e	540	4050	59,4	99	600	150	10,0	10,0	126
PU 6	e	600	6720	45,3	75	600	226	7,5	6,4	96
Larssen 601	e	745	11520	46,3	77	600	310	7,5	6,4	98
PU 8	e	830	11610	54,5	91	600	280	8,0	8,0	116
Larssen 602	e	830	12870	53,4	89	600	310	8,2	8,0	113
JSP 2	e	874	8740	48,0	120	400	200	10,5	-	153
HOESCH 1200	b	1140	14820	61,5	107	575	260	9,5	9,5	136
Larssen 603	e	1200	18600	64,8	108	600	310	9,7	8,2	138
PU 12	e	1200	21550	65,9	110	600	360	9,8	9,0	140
Larssen 703	e	1210	24200	67,5	96,5	700	400	9,5	8,0	123
Larssen 603 K	e	1240	19220	68,1	113	600	310	10,0	9,0	145
Larssen 603 K/10/10*	e	1260	19350	70,8	118	600	310	10,0	10,0	151
AZ 13	b	1300	19700	72,0	107	670	303	9,5	9,5	137
Larssen 703 K	e	1300	25950	72,1	103	700	400	10,0	9,0	131
Larssen 703 K/10/10*	e	1340	26800	75,6	108	700	400	10,0	10,0	138
JSP 3	e	1340	16800	60,0	150	400	250	13,0	-	191
PU 16	e	1600	30520	74,7	124	600	380	12,0	9,0	159
L 2 S	e	1600	27200	69,7	139	500	340	12,3	9,0	177
Larssen 604	e	1620	30710	74,5	124	600	380	10,5	9,0	158
Larssen 43	e	1660	34900	83,0	166	500	420	12,0	12,0	212
HOESCH 1700 K	b	1700	29750	67,3	117	575	350	9,5	9,5	149
HOESCH 1700	b	1720	30100	66,7	116	575	350	10,0	9,0	148
AZ 18	b	1800	34200	74,4	118	630	380	9,5	9,5	150
Larssen 23	e	2000	42000	77,5	155	500	420	11,5	10,0	197
PU 20	e	2000	43000	84,3	141	600	430	12,4	10,0	180
L 3 S	e	2000	40010	78,9	158	500	400	14,1	10,0	201
Larssen 605	e	2020	42370	83,5	139	600	420	12,5	9,0	177
Larssen 605 K	e	2030	42550	86,7	144	600	420	12,2	10,0	184
HOESCH 2500	b	2480	43400	87,4	152	575	350	12,5	9,5	193
Larssen 606	e	2500	54370	94,4	157	600	435	15,6	9,2	201
Larssen 24	e	2500	52500	87,5	175	500	420	15,6	10,0	223
PU 25	e	2500	56500	94,1	157	600	452	14,2	10,0	200
L 4 S	e	2500	55010	86,2	172	500	440	15,5	10,0	219
Larssen 606 K	e	2540	55240	97,5	162	600	435	15,6	10,0	207
HOESCH 2500 K	b	2540	44450	89,1	155	575	350	12,8	10,0	197
Larssen 24/12	e	2550	53610	92,7	185	500	420	15,6	12,0	236
AZ 26	b	2600	55510	97,8	155	630	427	13,0	12,2	198
Larssen 25	e	3040	63840	103,0	206	500	420	20,0	11,5	262
Larssen 607	e	3200	69600	114,4	191	600	435	21,5	9,8	243
PU 32	e	3200	72260	114,6	191	600	452	19,5	11,0	243
Larssen 607 K	e	3220	70030	115,2	192	600	435	21,5	10,0	244
HOESCH 3600	b	3580	74285	110,4	192	575	415	16,0	12,0	245
AZ 36	b	3600	82800	122,5	194	630	460	18,0	14,0	247
BZ 42	b	4200	73920	135,3	271	500	354	24,0	14,0	345
Larssen 430	d	6450	241800	83,0	235	708	750	12,0	12,0	299

7 Standsicherheit von Böschungen und Geländesprüngen

7.1 Allgemeine Forderungen

Ein Geländebruch tritt ein, wenn ein Erd- bzw. Felskörper an einer Böschung, einem Hang oder an einem Geländesprung, gegebenenfalls einschließlich des Stützbauwerks, infolge des Ausschöpfens des Scherwiderstands des Bodens bzw. Fels und eventuell vorhandener Bauwerke abrutscht.

Für den Nachweis der Standsicherheit sind folgende Unterlagen erforderlich:

- Angaben über die allgemeine Gestaltung und die Maße des Geländesprungs und eventueller Stützkonstruktionen, die maßgebenden Wasserstände und Grundwasserverhältnisse sowie die Art und Größe der Belastungen, die zur Berechnung für die verschiedenen Lastfälle notwendig sind.

- Für im Lockergestein verlaufende Prüfgleitflächen sind erforderlich:
  - die Wichten der einzelnen Schichten
  - die Scherparameter der im Bereich der Gleitfläche anstehenden Bodenarten
  - Bei bindigen Böden sind die Scherparameter für den konsolidierten Zustand (Endstandsicherheit) und gegebenenfalls für den nichtkonsolidierten Zustand (Anfangsstandsicherheit) zu ermitteln. Hierzu gehören gegebenenfalls Angaben über den Porenwasserdruck in bindigen Böden, die unter Eigenlast und Belastung konsolidieren. Bei bindigen Böden ist unter Umständen (z.B. bei Rutsch- und Kriechhängen) auch die Restscherfestigkeit zu bestimmen.

- Für im Fels verlaufende Prüfgleitflächen sind erforderlich:
  - geologische Beschreibung des Gesteins
  - Beschreibung der Trennflächen (Einzelklüfte, Kluftscharen, Kluftabstand, Öffnungsweite, Kluftfüllung, Rauigkeit, Verzahnung u.a.)
  - räumliche Stellung der Trennflächen
  - Wichte des Gleitkörpers
  - Scherparameter sowie die Durchtrennungsgrade der maßgebenden Gleitflächen.

- Bei der Ermittlung der Standsicherheit von Rutsch- und Kriechhängen ist es erforderlich, den Verlauf der Gleitfläche bzw. die Begrenzung des Gleit- bzw. Kriechkörpers festzustellen; dafür kommen u.a. Feststellungen an der Geländeoberfläche, Aufschlüsse, Sondierungen, Inklinometer- und Extensometermessungen in Betracht.

Der Boden/Fels in einer Böschung muss gegen Erosion sowie gegen Einwirkungen der Witterung gesichert sein. Freie Oberflächen von Böschungen sind rechtzeitig durch ingenieurbiologische (Begrünung u.a.) oder konstruktive Maßnahmen gegen Erosion durch Oberflächenwasser und Verlust der Kohäsion/Kapillarkohäsion zu schützen.

7.2 Berechnung der Standsicherheit

Allen Nachweisen der Standsicherheit gegen Geländebruch ist der Grenzzustand 1C nach E DIN 1054 (07.02) zugrunde zu legen. Die charakteristischen Werte der Scherfestigkeit sind dabei mit dem entsprechenden Teilsicherheitsbeiwert für Widerstände (siehe Abschnitt 1.10) in Bemessungswerte der Scherfestigkeit umzurechnen.

Bei der Berechnung der Standsicherheit nach E DIN 4084 (09.01) wird eine ausreichende Sicherheit gegen Versagen eingehalten, wenn die Bedingung für den Grenzzustand der Tragfähigkeit

$$E \leq R \quad \text{bzw.} \quad E_M \leq R_M$$

oder

$$\frac{R}{E} = f \geq 1 \quad \text{bzw.} \quad \frac{R_M}{E_M} = f \geq 1$$

erfüllt ist. (Alle Größen bezeichnen dabei Bemessungswerte.)

Zur Berechnung der Geländebruchsicherheit mit den gebräuchlichen Verfahren werden versuchsweise mehrere Gleitflächen (Prüfgleitflächen) durch den Boden gelegt und für jede einzelne die Standsicherheit gesondert ermittelt. Der Bruchmechanismus, bei dem sich der kleinste Verhältniswert f bzw. der größte Ausnutzungsgrad $1/f$ ergibt, ist der für den Nachweis maßgebende Mechanismus.

7.3 Hilfsmittel für die Festlegung der Böschungsneigung

a) Standsicherheit für den Sonderfall einer geraden, unbelasteten Böschung mit dem Neigungswinkel β in nichtbindigen Böden ohne Grundwasser:

$$f = \frac{R}{E} = \frac{\gamma \cdot \cos \beta \cdot \tan \varphi}{\gamma \cdot \sin \beta} = \frac{\tan \varphi}{\tan \beta}$$

Beispiel für den Nachweis der Standsicherheit:

Gesucht: Standsicherheit gegen Geländebruch für Lastfall 1 (LF1):

Gegeben: Charakteristische Bodenkennwerte: $\varphi'_k = 37°$, $c'_k = 0$, $\gamma_k = 18$ kN/m^3
geplante Böschungsneigung: $1:1{,}8 \Rightarrow \tan \beta = 0{,}555$
(entspricht einem Böschungswinkel von $\beta = 29°$)

Lösung: Teilsicherheitsbeiwert $\gamma_\varphi = 1{,}25$ (s. Abschnitt 1.10)
$\tan \varphi = \tan \varphi'_d = \tan \varphi'_k / \gamma_\varphi = \tan 37° / 1{,}25 = 0{,}603$

Nachweis: $f = \dfrac{R}{E} = \dfrac{\tan \varphi}{\tan \beta} = \dfrac{0{,}603}{0{,}555} = 1{,}09 > 1{,}0 \Rightarrow$ Nachweis erfüllt!

b) Standsicherheitsdiagramm für Regelböschungen nach Gußmann[1]

Das Standsicherheitsdiagramm (Abb. 11.55) beruht auf Berechnungen mit der Kinematischen-Elemente-Methode (KEM) mit 5 Elementen, deren Geometrie vollständig variiert wurde.

Voraussetzungen für die Anwendung:
- homogener Boden im Einflussbereich
- kein Wasser im Einflussbereich
- keine Auflasten auf der Geländeoberfläche.

Beispiel für die Anwendung des Standsicherheitsdiagramms:

Gesucht: Standsicherheit gegen Geländebruch für Lastfall 2 (LF2):

Gegeben: Charakteristische Werte: $\varphi'_k = 27{,}5°$, $c'_k = 10$ kN/m^2, $\gamma_k = 21$ kN/m^3
geplante Böschungshöhe: $H = 5{,}0$ m; geplanter Böschungswinkel: $\beta = 60°$

Lösung: Einwirkungen: Teilsicherheitsbeiwert $\gamma_G = 1{,}00$ (s. Abschnitt 1.10)

---

[1] Grundbautaschenbuch Teil 1.

$$\gamma = \gamma_d = 21 \text{ kN/m}^3 \cdot 1{,}00 = 21 \text{ kN/m}^3$$

Widerstände: Teilsicherheitsbeiwerte $\gamma_\varphi = 1{,}15$ und $\gamma_c = 1{,}15$
(s. Abschnitt 1.10)
$\varphi = \varphi'_d = \arctan(\tan 27{,}5°/1{,}15) = 24{,}4°$,
$c = c'_d = 10 \text{ kN/m}^2/1{,}15 \approx 8{,}5 \text{ kN/m}^2$

Mit $1/\lambda = \dfrac{c}{H \cdot \gamma \cdot \tan\varphi} = \dfrac{8{,}5}{5 \cdot 21 \cdot \tan 24{,}4°} = 0{,}179$ und $\beta = 60°$

ergibt sich aus dem Diagramm: $1/N = \dfrac{c}{H \cdot \gamma \cdot F} \approx 0{,}08$

Nachweis der Standsicherheit: $\dfrac{1}{F} = \dfrac{1}{f} = \dfrac{(1/N) \cdot H \cdot \gamma}{c} = \dfrac{0{,}08 \cdot 5 \cdot 21}{8{,}5} = 0{,}99$

$f = 1/0{,}99 = 1{,}01 > 1{,}0 \Rightarrow$ Nachweis erfüllt!

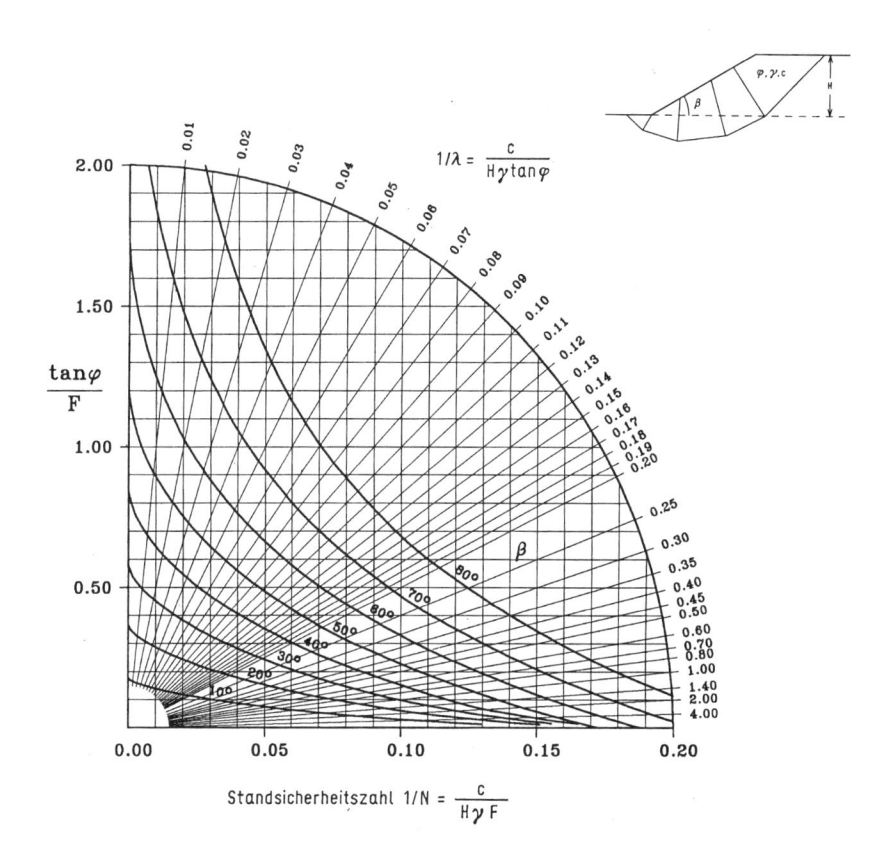

Standsicherheitszahl $1/N = \dfrac{c}{H\gamma F}$

8 Baugrube, Verankerungen und Wasserhaltung

8.1 Allgemeines

Die Größe der Baugrube ergibt sich im wesentlichen aus der erforderlichen Gründungstiefe und dem angestrebten Bauwerksgrundriss, zuzüglich den erforderlichen Arbeitsraumbreiten und den Abmessungen des Baugrubenverbaus oder -böschung.

- Angaben zu den Ansätzen von Nutzlasten (Straßen- und Schienenverkehr, Baustellenverkehr und -betrieb), des Erddrucks, des Wasserdrucks und der Bemessung können den „Empfehlungen des Arbeitskreises Baugruben (EAB)" entnommen werden.
- Für die Ermittlung der Baugrundverhältnisse und der notwendigen Bodenkennwerte ist der Abschnitt 2 beachten.
- Bei Bauwerken im Einflussbereich von Baugruben sind weiterhin DIN 4123 und DIN 1055-1 bis -3 zu beachten.
- Bei verankerten Baugrubenwänden ist neben dem Nachweis der Standsicherheit in der tiefen Gleitfuge (Abschnitt 8.7) auch der Nachweis der Geländebruchsicherheit zu erbringen (EAB/EB45). Der Nachweis der Geländebruchsicherheit kann analog dem Nachweis der Böschungsbruchsicherheit (mit eingeschlossener Stützkonstruktion) nach E DIN 4084 bzw. Abschnitt 7 erfolgen.
- Bei Baugruben mit umströmtem Wandfuß (Wasserspiegeldifferenz zwischen außerhalb und innerhalb der Baugrube) ist neben dem Einfluss des Strömungsdrucks auf die Baugrubenkonstruktion auch der Nachweis gegen Aufbruch der Baugrubensohle (hydraulischer Grundbruch) zu führen (siehe EAB und Abschnitt 8).
- Bei Baugruben mit einer Dichtungssohle (Injektionssohle bzw. Unterwasserbetonsohle) stellt sich ein hydrostatischer Wasserdruck ein. In diesem Fall ist der Nachweis der Auftriebssicherheit der Sohle und der Baugrubenkonstruktion zu führen (siehe EAB).

Arbeitsräume, die betreten werden, müssen in Baugruben mind. 0,50 m breit sein. Die für die Abrechnung im Einzelfall maßgebende Arbeitsraumbreite b_A ergibt sich aus der folgenden Abbildung. Werden Fundamente und Sohlplatten gegen Erde betoniert (linke Seite der Abb. 11.56), so darf der Gründungskörper nicht in die Verlängerung der Böschungsfläche einschneiden. Für Leitungsgräben kann die erforderliche lichte Breite b den folgenden Tafeln entnommen werden.

Lichte Breiten für Gräben mit betretbarem Arbeitsraum nach DIN 4124

Art des Grabens, Böschungswinkel	Äußerer Rohrschaftdurchmesser d in m	Lichte Grabenbreite b in m[1]
Böschungswinkel an der Sohle		
$\beta \leq 90°$	$d \leq 0{,}40$	$b = d + 0{,}40$
$\beta \leq 60°$	$d > 0{,}40$	$b = d + 0{,}40$
$\beta > 60°$	$d > 0{,}40$	$b = d + 0{,}70$
verbauter Graben	$d \leq 0{,}40$	$b = d + 0{,}40$[2]
	$0{,}40 < d \leq 0{,}80$	$b = d + 0{,}70$
	$0{,}80 < d \leq 1{,}40$	$b = d + 0{,}80$
	$d > 1{,}40$	$b = d + 1{,}00$
Mindestbreite bei Grabentiefe[3]	für alle Durchmesser	
$\leq 1{,}75$ m		$b = 0{,}70$
$\leq 4{,}00$ m		$b = 0{,}80$
$> 4{,}00$ m		$b = 1{,}00$

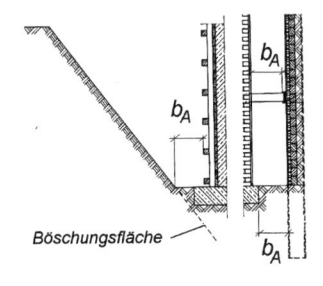

Abb. 11.56 Arbeitsraumbreiten für Baugruben nach DIN 4124

---

[1] Bei geböschten Gräben = Sohlbreite; bei waagerechtem Verbau = lichter Abstand der Bohlen bzw. der Brusthölzer, wenn $l_1 < 1{,}50$ m; bei senkrechtem Verbau = lichter Abstand der Bohlen bzw. der waagerechten Gurtungen, wenn deren Unterkante bei $d \geq 0{,}60$ m weniger als 1,75 m über der Grabensohle bzw. bei $d \geq 0{,}30$ m weniger als 0,50 m über OK Rohr liegt.

[2] Sind planmäßige Umsteifungen für das Herablassen von langen Rohren erforderlich, dann gilt $b = d + 0{,}70$.

[3] Gilt nur für Gräben mit senkrechten Wänden; bei Gräben nach Abb. 11.58a (a und c) genügt $b = 0{,}60$ m.

Tafel 11.57a Lichte Breiten für Gräben bis 1,25 m Tiefe ohne betretbaren Arbeitsraum nach DIN 4124

Regelverlegetiefe t in m	$t \leq 0{,}70$	$0{,}70 < t \leq 0{,}90$	$0{,}90 < t \leq 1{,}00$	$1{,}00 < t \leq 1{,}25$
Lichte Grabenbreite b in m	0,30	0,40	0,50	0,60

8.2 Nicht verbaute Baugruben und Gräben

Nicht verbaute Baugruben und Gräben mit einer Tiefe von mehr als 1,25 m (s. Tafel 11.57c und Abb. 11.58a) müssen mit abgeböschten Wänden hergestellt werden. Die zulässige Böschungsneigung richtet sich nach den bodenmechanischen Eigenschaften des Bodens unter Berücksichtigung der Zeit, während der sie offen zu halten sind, und nach den äußeren Einflüssen, die auf die Böschung wirken. Die maximalen Böschungswinkel können für einfache Fälle ohne rechnerischen Nachweis nach folgender Tafel angenommen werden (DIN 4124):

Tafel 11.57b Maximale Böschungswinkel für einfache Fälle

lfd. Nr.	Bodenart	Böschungswinkel β in °
1	nichtbindiger Boden, weicher bindiger Boden	≤ 45
2	steifer oder halbfester bindiger Boden	≤ 60
3	Fels	≤ 80

Geringere Böschungswinkel sind vorzusehen, wenn besondere Einflüsse wie
- Störungen des Bodengefüges (Klüfte oder Verwerfungen)
- zur Einschnittsohle hin einfallende Schichtung oder Schieferung
- Grundwasserhaltung durch offene Wasserhaltung
- Zufluss von Schichtenwasser
- nicht entwässerte Fließsandböden
- starke Erschütterungen aus Verkehr, Rammarbeiten oder Sprengungen

vorliegen.

Die Sicherheit gegen Böschungsbruch ist rechnerisch nachzuweisen, wenn
- die Böschung mehr als 5m hoch ist oder die in Tafel 11.57b unter 1 und 2 genannten Böschungswinkel überschritten werden sollen, wobei mehr als 80° nicht zulässig sind,
- einer der oben genannten besonderen Einflüsse vorliegt,
- vorhandene Leitungen oder andere bauliche Anlagen gefährdet werden können,
- unmittelbar neben dem Schutzstreifen von 0,60 m Breite Auflasten von mehr als 10 kN/m^2 zu erwarten sind.

Tafel 11.57c Nicht- und teilverbaute Gräben und Baugruben bis 1,75 m Tiefe

Grabentiefe h in m	
<1,25	**alle Bodenarten:** Lotrechte Abschachtung ist zulässig, sofern die Neigung der Geländeoberfläche bei nichtbindigen Böden < 1:10 ($\beta < 5{,}7°$) und bei bindigen Böden < 1:2 ($\beta < 26{,}5°$) ist
1,25 bis 1,75	**bindiger Boden (ab steifer Konsistenz) und Fels:** Ausbildung nach Abb. 11.58a **nichtbindiger Boden:** Böschung oder kompletter Verbau
>1,75	**alle Bodenarten:** Böschung oder kompletter Verbau

Im Bereich benachbarter baulicher Anlagen sind die Forderungen der DIN 4123 zu beachten.

Bermen sind anzuordnen, falls dies zum Auffangen von abrutschenden Steinen, Felsbrocken und dergleichen oder für Wasserhaltungen erforderlich ist. Bermen, die zum Auffangen abrutschender Teile dienen, müssen mindestens 1,50 m breit sein und in Stufen von höchstens 3,00 m Höhe angeordnet werden. Eine gleichwertige oder bessere Sicherungsmaßnahme als mit Bermen kann z.B. eine Sicherung mit Folienabdeckung und verankerten Baustahlgewebematten darstellen, wenn auf den Bermen einsickerndes Oberflächenwasser Rutschungen auslösen kann.

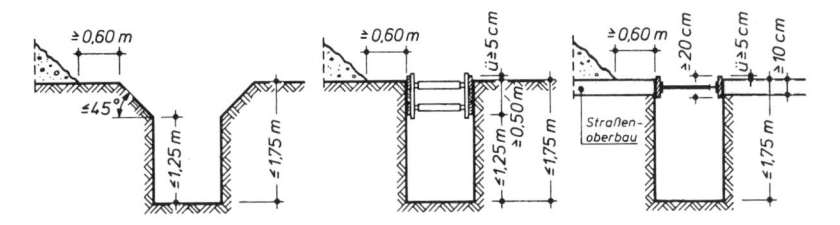

a) Graben mit abgeböschten Kanten   b) Teilweise verbauter Graben   c) Graben mit Saumbohlen

Abb. 11.58a   Nicht- und teilverbaute Gräben und Baugruben bis 1,75 m Tiefe

8.3 Grabenverbau

8.3.1 Waagerechter und senkrechter Normverbau nach DIN 4124

Normverbau darf unter folgenden Voraussetzungen ohne besonderen Standsicherheitsnachweis verwendet werden:
- Geländeoberfläche verläuft annähernd waagerecht.
- nichtbindiger Boden oder ein bindiger Boden, steif oder halbfest
- Bauwerkslasten üben keinen Einfluss auf Größe und Verteilung des Erddrucks aus.
- Straßenfahrzeuge und Baugeräte halten einen ausreichend großen Abstand vom Verbau ein.

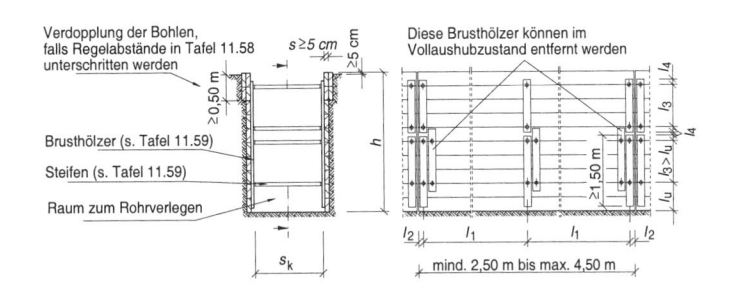

Abb. 11.58b Waagerechter Normverbau nach DIN 4124

Tafel 11.58   Regelabstände a für Verkehrslasten nach DIN 4124

	Regelabstände a in m für Gruppe			
	I	II	III	IV
Böschungen ohne Nachweis	$\geq 1,0$	$\geq 2,0$	$\geq 1,0$	$\geq 2,0$
Waagerechter Normverbau	$\geq 0,6$	$\geq 1,0$	$\geq 0,6$	$\geq 1,0$
senkrechter Normverbau	$\geq 0,6$	$\geq 0,6$	$\geq 0,6$	$\geq 1,0$

Gruppe I   nach der StVZO allgemein zugelassene Straßenfahrzeuge
Gruppe II   schwere Straßenfahrzeuge, z.B. Straßenroller, Schwertransportfahrzeuge
Gruppe III   nach der StVZO zugelassene Baufahrzeuge sowie Bagger und Hebezeuge bis 12 t Gesamtgewicht während der Arbeit
Gruppe IV   schwere Baufahrzeuge sowie Bagger und Hebezeuge von 12 bis 18 t Gesamtgewicht
  (bei geböschten Baugruben von mehr als 12 t Gesamtgewicht)
a lichter Abstand zwischen Aufstandsflächen und Böschungskante bzw. Hinterkante Baugrubenwand

Die Abstände können beim Normverbau verringert werden, wenn bestimmte Maßnahmen wie Doppelverbohlung, Stützweitenverringerung usw. nach Abschn. 6 und 7 der DIN 4124 vorgesehen werden.

Senkrechter Normverbau nach DIN 4124

Gurthölzer (s. Tafel 11.59)

Steifen (s. Tafel 11.59)

Anstelle von Holzbohlen mit Gurthölzern dürfen Kanaldielen (Stahlprofile) gleichen Widerstandsmomentes, anstelle von Holzsteifen auch andere Steifen mit gleicher zulässiger Steifenkraft (max P nach Tafel 11.59) eingesetzt werden.

Tafel 11.59 Normverbau nach DIN 4124, Tab. 3 bis 6

Waagerechter Normverbau					Senkrechter Normverbau				
	Bohlendicke					Bohlendicke			
	5 cm	6 cm				5 cm	6 cm		7 cm
max h in m	3,00	3,00	4,00	5,00	5,00	max h in m	3,00	3,00	4,00	5,00	5,00
max l_1 in m	1,90	2,10	2,00	1,90	2,10	max l_o in m	0,50	0,60	0,60	0,60	0,70
max l_2 in m			0,50			max l_1 in m	1,80	2,00	1,90	1,80	2,00
max l_4 in m		0,30[1)]	bzw.	0,40[2)]		max l_u in m	1,20	1,40	1,30	1,20	1,40
max l_3 in m [1)]	0,70	0,70	0,65	0,60	0,60	max l_2 in m [3)]	1,60	1,50	1,40	1,30	1,20
[2)]	1,10	1,10	1,00	0,90	0,90	[4)]	2,30	2,20	2,00	1,80	1,70
max l_u in m [1)]	0,60	0,60	0,55	0,50	0,50	max l_3 in m [3)]	0,80	0,75	0,70	0,65	0,60
[2)]	0,80	0,80	0,75	0,70	0,70	[4)]	1,15	1,10	1,00	0,90	0,85
max s_k in m [1)]	1,65	1,55	1,50	1,45	1,35	max s_k in m [3)]	1,70	1,65	1,50	1,30	1,25
[2)]	1,95	1,85	1,80	1,75	1,65	[4)]	1,90	1,85	1,65	1,45	1,40
max P in kN[1)]	31	34	37	40	43	max P in kN[3)]	61	62	70	79	80
[2)]	49	54	57	59	64	[4)]	88	91	100	111	114

[1)] Brusthölzer ≥ 8 × 16, Rundholzsteifen ⌀ 10
[2)] Brusthölzer ≥ 12 × 16, Rundholzsteifen ⌀ 12
[3)] Gurthölzer ≥ 16 × 16, Rundholzsteifen ⌀ 12
[4)] Gurthölzer ≥ 20 × 20, Rundholzsteifen ⌀ 14

max P zulässige Steifenkraft

8.3.2 Grabenverbausysteme

Bei den Grabenverbausystemen werden vorgefertigte Verbaueinheiten oder Verbauelemente in den Graben eingesetzt. Sie bestehen aus zwei meist großflächigen Wandelementen (Holzbohlen- oder Stahlverbauplatten), die rahmenartig verbunden sind.

Verbauelemente mit Holzbohlen:
- Holzbohlen, Brustträger und Spindelstreben sind zu einer rahmenartigen Verbaueinheit verbunden.
- Verbauelemente werden neben dem Graben auf Grabenbreite eingestellt, übereinander in den Graben gesetzt (Einstellverfahren) und, von oben beginnend, durch Andrehen der Streben an das Erdreich angepresst.

Stählerne Wandelemente (großflächige Stahlverbauplatten):
- in allen Bodenarten anwendbar, die nicht ausfließen
- Anwendung des Einstellverfahrens (s.u.) ist auf bestimmte Bodenarten beschränkt.

Nach Lage und Art der Stützung können mittig gestützte Platten (Mittelträgerplatten), randgestützte Platten (Randträgerplatten), randgeführte Platten, waagerecht gestützte Platten und Dielenkammerelemente unterschieden werden.

Einbauverfahren:
Einstellverfahren: Die Verbauelemente werden nach Aushub des Bodens auf die erforderliche Tiefe in den Graben eingestellt. Voraussetzung: vorübergehend standfester Boden.

11 Geotechnik

Absenkverfahren: Es kann in allen Bodenarten angewendet werden, die nicht ausfließen. Der Graben wird zunächst auf eine Tiefe ausgehoben, bei der die Grabenwände noch vorübergehend stehen. Nach Einsetzen der auf die Grabenbreite montierten Verbaueinheit wird der Graben in Abschnitten von ≤ 0,50 m Tiefe ausgehoben. Sinkt hierbei die Verbaueinheit nicht durch ihr Eigengewicht nach, müssen die Platten nachgedrückt werden. Bei großen Grabentiefen werden die Verbaueinheiten durch Aufstocken zum Verbaufeld ergänzt und abschnittsweise zur Grabensohle abgesenkt.

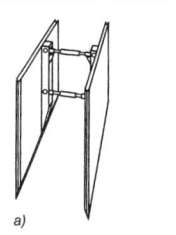

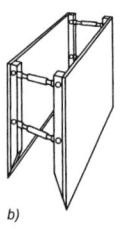

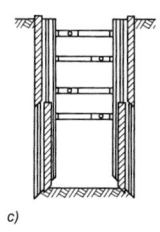

a) mittig gestützt   b) randgestützt   c) in Doppelgleitschienen

Für den Einsatz sind die für das jeweilige System gültigen Zulassungen der Tiefbauberufsgenossenschaft und die Herstellerangaben zu beachten.

8.4 Schlitzwände und Bohrpfahlwände

8.4.1 Schlitzwände

Vorteile:
- Mit Rammen oder Rütteln verbundene Belästigung der Umgebung durch Lärm und Erschütterungen wird weitgehend vermieden.
- Können tiefer geführt werden als gerammte Wände; Baugrund, der zum Rammen nicht geeignet ist, wird durchfräst.
- verformungsarm: geringere Verformungen im angrenzenden Boden, günstig in der unmittelbaren Nähe von Bauwerken
- wasserabdichtende Baugrube herstellbar: Grundwasserabsenkung kann unterbleiben.
- Kann nah an bestehenden Gebäuden abgeteuft werden und konstruktiv in das herzustellende Bauwerk eingebunden werden (z.B. Kelleraußenwand).

Nachteile:
- aufwendig hinsichtlich Baustelleneinrichtung und Aushubbehandlung (Deponierung)
- problematisch bei querenden Kanälen und Leitungen
- nur vertikal herstellbar.

Herstellung:
Der lamellenweise Aushub des Bodens unter Flüssigkeitsstützung erfolgt entweder mit Greifern (Seilgreifer mechanisch oder hydraulisch u.a.) oder mit Fräsen. Bei der Wandherstellung wird zwischen Zweiphasen-Verfahren (auch Ortbeton-Schlitzwand – bei Baugruben am häufigsten), Einphasen-Verfahren (vor allem bei Dichtungswänden) und kombinierten Verfahren (Einstellen von Betonfertigteilen oder Spundwandprofilen) unterschieden. Die üblichen Wanddicken liegen zwischen 0,4 bis 1,50 m. Dickere Wände bis 3,00 m können mit Fräsen ausgeführt werden. Die erreichbaren Tiefen liegen bei 100 bis 150 m.

Berechnung und Bemessung der erhärteten Wand:
Die Ermittlung der Einbindetiefe, Schnittgrößen und Stützkräfte und die erdstatischen Standsicherheitsnachweise erfolgen analog zu denen der Spundwand. Zu beachten ist, dass bei der Ermittlung des belastenden Erddrucks und des Erdwiderstands ein größerer Erddruckneigungswinkel als $|\delta| = \varphi/2$ nur aufgrund genauerer Nachweise angesetzt werden darf. Bei Sand- und Kiesböden ist $\delta = 0$ zu setzen, wenn damit zu rechnen ist, dass zwischen Beginn des Aushubs und Beginn des Betonierens mehr als 30 Stunden liegen.
Bei der konstruktiven Ausbildung und Bemessung sind DIN 1045 und DIN 4126 zu beachten, wobei keine höheren Festigkeitsklassen als B 25 anzusetzen sind. Die Konsistenz des verwendeten Betons kann wegen des besonderen Einbauverfahrens nach DIN 4126, Abschn. 6.2 von der DIN 1045 abweichen.

Stützflüssigkeit:
Die Stützflüssigkeit für den vertikalen Erdschlitz besteht beim Zweiphasen-Verfahren in der Regel aus Ton-(Bentonit-)Suspensionen. Die Forderungen an die Eigenschaften und die Prüfmethoden dieser Suspensionen sind in DIN 4126 und DIN 4127 festgelegt. Die Aufbereitung und ausreichende Bevorratung (ca. 2- bis 2,5fache des Schlitzvolumens), die Behandlung der gebrauchten Suspension und des Erdaushubes stellen besondere Anforderungen an die Baustelleneinrichtung. Anzustreben ist ferner eine weitestmögliche Trennung von Aushubmaterial und Suspension und die anschließende Wiederaufbereitung der gebrauchten Suspension in der geforderten Qualität. Der verbleibende, durch Suspension verunreinigte Bodenaushub und die verbrauchte Suspension müssen in der Regel auf eine Deponie verbracht werden.

Die Standsicherheitsnachweise für den flüssigkeitsgestützten Schlitz sind nach DIN 4126 zu führen. Für die Herstellung sind weiterhin DIN EN 1538 und DIN 18313 zu beachten.

8.4.2 Bohrpfahlwände

Vorteile:

- Im Wesentlichen analog zu denen der Schlitzwand
- Weitere Vorteile:
    - Bohren erfolgt in der Regel unter Verrohrung, Stützflüssigkeit kann meist entfallen.
    - auch komplizierten Grundrissen von Baugruben sehr gut anpassbar
    - querenden Kanälen und Leitungen gut anpassbar (Pfähle weglassen)
    - auch mit Neigung herstellbar.

Nachteile:

- Mögliche Tiefen geringer als bei Schlitzwand (bis ca. 25 m Tiefe).

Wandarten:

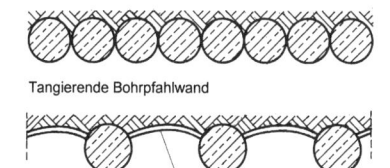

Tangierende Bohrpfahlwand

Aufgelöste Bohrpfahlwand (Spritzbeton)

Überschnittene Bohrpfahlwand

Arten von Bohrpfahlwänden

1. *Tangierende Bohrpfahlwand*
    - bewehrte Pfähle, nebeneinander angeordnet
    - lichter Pfahlabstand aus Herstellungsgründen ca. 2-10 cm
    - Berechnung der notwendigen Einbindetiefe und Schnittgrößen und die erdstatischen Standsicherheitsnachweise analog zur Spundwand möglich
    - nicht wasserdicht.
2. *Aufgelöste Bohrpfahlwand*
    - bewehrte Pfähle, mit Abständen größer als der Durchmesser des Einzelpfahles angeordnet
    - Zwischenräume im Aushubbereich werden mit dem Aushub fortschreitend gesichert (im Allgemeinen mit Spritzbeton – bewehrt und auf Biegung bemessen oder unbewehrt mit Gewölbeausbildung zum Boden).
- Berechnung der notwendigen Einbindetiefe und Schnittgrößen und die erdstatischen Standsicherheitsnachweise analog zur Trägerbohlwand möglich
- nicht wasserdicht.
3. *Überschnittene Bohrpfahlwand*
- Herstellung unbewehrter Primärpfähle (Pfähle 1, 3, 5 usw.)
- wenige Tage danach Bohren der Sekundärpfähle (bewehrte Pfähle 2, 4, 6 usw.), die in die Primärpfähle einschneiden (Herstellung einer durchgehenden Betonwand)
- Überschneidungsmaß ca. 10-20 % des Pfahldurchmessers (abhängig von Bohrtechnologie und Baugrundverhältnissen)

- Berechnung der notwendigen Einbindetiefe und Schnittgrößen und die erdstatischen Standsicherheitsnachweise analog zur Spundwand möglich
- wasserabdichtende Baugrube herstellbar.

Für die Herstellung und Bemessung der verrohrt oder unverrohrt hergestellten Bohrpfähle (siehe auch Abschnitt 5) sind vor allem die DIN 4014, DIN EN 1536, DIN 18301, DIN 1045 und DIN 1054 zu beachten.

Weitere Informationen zu Schlitz- und Bohrpfahlwänden (Bemessung, konstruktive Ausbildung u.a.) können neben den genannten Normen z.b. dem Grundbautaschenbuch Teil 3 und dem Betonkalender 1998 Teil 2 entnommen werden.

8.5 Injektionswände und Frostwände

Injektionswände kommen im Zusammenhang mit Baugruben meist bei der Unterfangung von benachbarter Bebauung zum Einsatz. Durch die Injektion des Baugrundes soll ein Baukörper erzeugt werden, der wie eine Schwergewichtsmauer wirkt (bei Unterfangungshöhen von mehr als 2-3 m verankert).

Injektionsverfahren:
- „klassische" Injektionen oder Niederdruckinjektionen: Einpressen von Injektionsmitteln in die Porenräume des Bodens. Bei Planung, Ausführung und Prüfung von Injektionen ist die DIN 4093 zu beachten.
- *soil-fracturing*-Verfahren: planmäßiges Einpressen von Injektionsmaterial zur gezielten, örtlichen Aufsprengung des Bodens (im Prinzip nur zur Gründungssanierung/Baugrundverbesserung bei bindigen Böden eingesetzt, wo die klassischen Injektionsverfahren ausscheiden – nicht zur Gebäudeunterfangung)
- Düsenstrahlverfahren, auch Hochdruckinjektion (HDI), jet-grouting oder soilcrete genannt: Die Bodenstruktur wird durch Düsenstrahl aufgeschnitten, und der Boden wird entweder mit dem Injektionsgut teilweise vermischt und ein Teil mit dem Spülmittelrücklauf gefördert (nichtbindige Böden) oder nahezu vollständig durch das Injektionsmittel ersetzt und durch den Spülmittelrücklauf gefördert (bindige Böden). Technologisch wird noch zwischen Ein-, Zwei- und Dreiphasenverfahren unterschieden.

Injektionsmittel:
- Nach Ausgangsstoffen und Zusammensetzung werden Mörtel, Pasten, Suspensionen, Lösungen und Emulsionen unterschieden.
- Ausgangsstoffe können z.B. Zemente, Zement-Bentonitmischungen, Feinstbindemittel (Ultrafeinzemente) oder Chemikalien (Wasserglas, Silikate und Kunstharze) sein.

Die Wahl des Injektionsmittels und -verfahrens wird im Wesentlichen durch den Boden und seine Eigenschaften bestimmt. Erste Anhaltswerte zu den möglichen Anwendungsbereichen können der Abb.11.63b entnommen werden.

Planung und Bemessung von Injektionswänden zur Bauwerksunterfangung:
Bei Planung von Injektionswänden für Bauwerksunterfangungen ist die DIN 4123 zu beachten. Die Bohrlochneigungen, Bohrlochabstände und Bohrlochfolge müssen vor Baubeginn in einem Injektionsplan festgelegt werden. Zur Überprüfung der geplanten Injektionsreichweite (Säulendurchmesser) und der geplanten Druckfestigkeit sind gegebenenfalls vor Baubeginn Probeinjektionen durchzuführen. Das Injektionsziel hinsichtlich Bereich, Qualität und Druckfestigkeit ist durch Kontrolle und Aufzeichnungen bei der Herstellung und durch Probenentnahme und -prüfung nach der Herstellung zu prüfen (DIN 4093). Bei Unterfangungen mit Injektionen sind weiterhin eventuelle Bewegungen des zu unterfangenden Bauwerkes ständig zu überwachen (Hebungen/Setzungen z.B. mit Nivellements oder Schlauchwaagen). Unter bestimmten Voraussetzungen können Injektionswände auch wasserdicht ausgebildet werden.

Erforderliche Nachweise:
(analog zu Schwergewichtsmauern – Abschnitt 6)
- Kippen
- Gleiten
- Grundbruch/zulässige Sohlspannungen
- zulässige Spannungen im Injektionskörper
- Verankerungsnachweise
- eventuell Geländebruch.

Die erreichbaren Druckfestigkeiten der Injektionskörper sind von Bodeneigenschaften, Injektionsverfahren und Injektionsmittel abhängig.

Einaxiale Druckfestigkeiten (Anhaltswerte) bei:
- Niederdruckinjektionen mit
  - Chemikalien: bis 5 N/mm^2
  - Zementen: bis 10 N/mm^2
  - Feinstbindemitteln: bis 20 N/mm^2
- Düsenstrahl-Verfahren:
  - im Sand/Kies: 1 - 15 MN/m^2
  - im Schluff/Ton: 0,5 - 3 MN/m^2

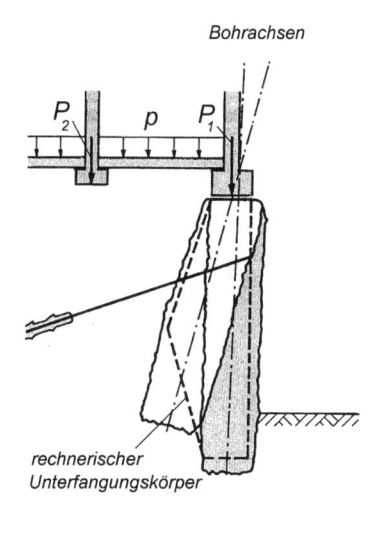

Abb. 11.63a Bauwerksunterfangung

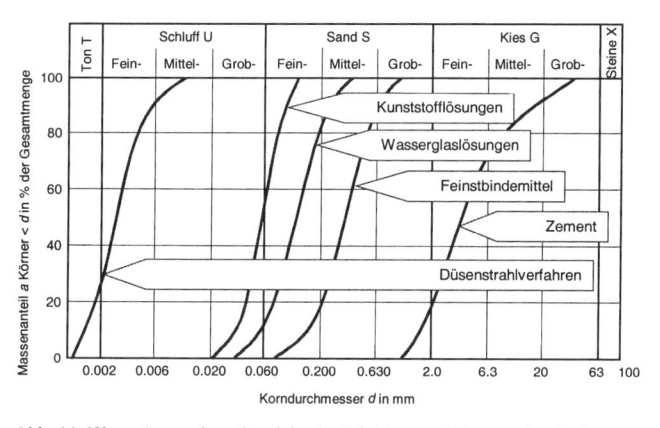

Abb. 11.63b Anwendungsbereiche der Injektionsverfahren und -mittel

Für weitere Hinweise zu geotechnischen Injektionen kann neben DIN 4093 z.B. auf das Grundbautaschenbuch Teil 2 und den Betonkalender 1998 Teil 2 zurückgegriffen werden.

Frostwände (i.Allg. wasserabdichtend ausführbar) können durch künstliches Einfrieren wasserhaltender Bodenschichten (Bodenvereisung) hergestellt werden. Mit dem Vereisungszustand ist nur so lange zu rechnen, wie die Gefriereinrichtung in Betrieb gehalten wird. Im Zuge der Eignungs- und Planungsuntersuchungen für eine Bodenvereisung sind neben der Bestimmung der notwendigen Bodenkennwerte für den ungefrorenen und gefrorenen Boden Untersuchungen zu den notwendigen Gefrierrohrabständen und zum geeigneten Kühlverfahren notwendig.

Nähere Informationen zur Bodenvereisung können z.b. dem Grundbautaschenbuch Teil 2 und dem Betonkalender 1998 Teil 2 entnommen werden.

8.6 Trägerbohlwände

Trägerbohlwände werden im Prinzip wie Spundwände berechnet. Da die Wände jedoch nur oberhalb der Baugrubensohle durchgängig ausgebildet sind, erfolgt zur Ermittlung der Einbindetiefe der Ansatz des belastenden Erddrucks für den ebenen Fall auch nur in diesem Bereich. Bei Erreichen des passiven Erddrucks kann sich bei ausreichend großem Abstand der Bohlträger unterhalb der Baugrubensohle ein räumlicher Bruchkörper ausbilden. Bei geringem Trägerabstand kommt es infolge der Überschneidung der Bruchkörper zur Reduzierung der Stützwirkung vor dem Bohlträger. Den Grenzwert stellt dann der passive Erddruck im ebenen Fall dar. Für den Standsicherheitsnachweis sind deshalb zum Vergleich zwei Nachweise erforderlich, von denen der ungünstigere maßgebend ist. Die Träger besitzen die Breite b_t und untereinander einen Abstand a_t.

8.7 Verankerungen und Absteifungen

8.7.1 Verankerungen

Baugrubenwände und Bauwerke (z.B. Gewichtsmauern) werden zur Begrenzung der Verformungen oft rückwärtig verankert. Verankerungen dienen u.a. auch zur Auftriebssicherung und zur Aufnahme von Einzelkräften, z.B. bei Abspannungen. Eine Verankerung mit Ankerplatten (z.B. Einsatz bei Uferwänden) erfolgt nur noch selten, da ein großer freier Arbeitsraum zur Einbringung der Verankerung hinter der Wand notwendig ist. Üblicherweise erfolgt bei Baugrubenwänden eine rückwärtige Verankerung mit Verpressankern, mitunter auch mit Verpressmantelpfählen. Es dürfen nur die Verpressanker zum Einsatz kommen, die bauaufsichtlich zugelassen sind. Für die sachgemäße Herstellung dieser Anker gilt DIN EN 1537.

Hinsichtlich der Einsatzdauer unterscheidet man bei Verpressankern Kurzzeitanker (Einsatzdauer kleiner 2 Jahre) und Daueranker (länger als 2 Jahre im Einsatz). Verpressanker werden i.d.R. mit Vorspannung eingebaut (Auswirkungen auf den Erddruckansatz siehe Abschn. 3).

Verankerungsarten:

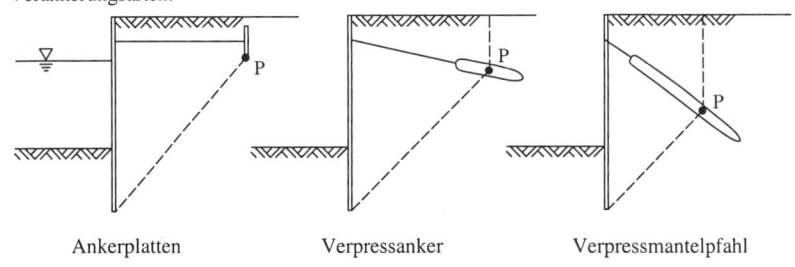

| Ankerplatten | Verpressanker | Verpressmantelpfahl |

Konstruktive Regeln für den Einsatz von Verpressankern
- Die freie Ankerlänge (nicht verpresster Teil) sollte mindestens 5 m betragen.
- Der Verpresskörper sollte möglichst nur innerhalb einer bindigen oder nichtbindigen Bodenschicht bzw. vollständig im Fels liegen.
- Der Verpresskörper sollte mindestens 4 m unter Geländeoberfläche liegen.
- Der Abstand der Verpresskörper untereinander sollte bei 15 m bis 20 m langen Ankern mindestens 1,5 m sein. Zu Bauwerken muss ein Mindestabstand von 3 m eingehalten werden.

8.7.2 Absteifungen

Steifen sind gegen Herabfallen zu sichern, z.B. durch horizontal angeordnete Gurte. Rundholzsteifen müssen mindestens einen Durchmesser von 10 cm besitzen und der Güteklasse II entsprechen. Die Steifen sind u.a. auf Ausknicken zu untersuchen.

8.8 Wasserhaltung

Unter einer Wasserhaltung versteht man alle Maßnahmen zur Beherrschung des zuströmenden Wassers während des Betriebes einer Baugrube. Man unterscheidet zwischen offener und geschlossener Wasserhaltung. Die Anwendung der einzelnen Verfahren ist von den geohydrologischen Verhältnissen und der Baugrubengeometrie abhängig.

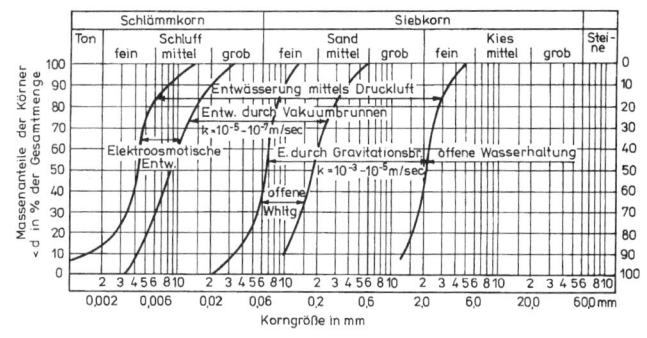

Abb. 11.65 Auswahl des Absenkungsverfahrens in Abhängigkeit von der Bodenart

8.8.1 Offene Wasserhaltung

Die offene Wasserhaltung wird in standfesten Bodenarten (z.B. in Felsboden mit wasserführenden Spalten und Rissen und in bindigem Boden mit einer Durchlässigkeit von $k = 10^{-9}$ bis 10^{-7} m/s) angewendet. In sandigen und kiesigen Böden kann die Anwendung nur für geringe Baugrubentiefen (3-4 m) erfolgen.

8.8.2 Grundwasserabsenkung oder geschlossene Wasserhaltung

Flachbrunnen werden an eine gemeinsame Saugleitung angeschlossen. Die Wasserförderung erfolgt durch Kreiselpumpen. Die praktisch erreichbare Absenktiefe beträgt 3,5 bis 4 m ab Pumpenachse, bei größeren Absenktiefen ist eine Anordnung von mehrstaffeligen Anlagen erforderlich. Für die Gravitationsentwässerung werden im Allgemeinen *Filterbrunnen* mit einem Filterdurchmesser von 150 mm verwendet, sodass der Bohrlochdurchmesser zwischen 300 bis 400 mm beträgt. Die Einlaufhöhe am Filter muss mindestens 2 bis 3 m betragen, der Mindestabstand benachbarter Brunnen 3 bis 4 m. Für die Vakuumentwässerung werden *Nadelbrunnen* verwendet. Sie haben einen Durchmesser von 50 mm, eine Einlaufhöhe von mindestens 0,5 m und einen Abstand von 1,25 m.

Aus **Tiefbrunnen** wird das Wasser mit eingehängten Tauchpumpen gefördert. Die Absenktiefe wird durch die Druckleistung der Pumpe begrenzt. Für Tiefbrunnen sind folgende Maße üblich: Filterdurchmesser 350 mm, Bohrlochdurchmesser 500 bis 800 mm, Einlaufhöhe 5 bis 8 m, Mindestabstand 5 bis 6 m.

Vakuumentwässerungen
Anwendung: Feinsande und Grobschluffe mit $k = 10^{-4}$ bis 10^{-7} m/s
Anordnung: – Abstand der Brunnen 1 bis 1,25 m
– Filteroberkante muss mindestens 1 m unter Aushubsohle liegen.
– Abstand der Filter zur Baugrubenwand mindestens 60 cm
– alle 50 m Vakuumanlage eine leistungsstarke Pumpenanlage anordnen.

Elektroosmotisches Verfahren
Anwendung: schluffige u. tonige Böden mit $k < 10^{-8}$ m/s und d_{10} zwischen 0,002 und 0,015mm
Anordnung: – kreisförmig, Elektrodenabstände zwischen 1 und 10 m
– Spannung zwischen 15 und 150 V.

9 Schutz von Bäumen, Pflanzenbeständen und Vegetationsflächen bei Baumaßnahmen (DIN 18 920)

Prof. Dipl.-Ing. Rüdiger Wormuth

Vegetationsschutz dient der Werterhaltung (Baumschutz) und der Sicherung der natürlichen Lebensgrundlagen. Er ist gleichzeitig auch Bodenschutz.

Die Anwendung der DIN 18 920 soll die durch bauliche Eingriffe entstehenden Schäden minimieren helfen. Die im einzelnen vorzusehenden Schutzmaßnahmen sollten nur von fachlich qualifizierten Firmen des Garten- und Landschaftsbaus durchgeführt werden.

● **Schutz von Vegetationsflächen**
- Mindestens 1,80 m hohe, standfeste Maschendrahtumzäunung, seitlicher Zaunabstand: 1,5 m
- Verbot der Bodenverunreinigung (Mineralöl, Säuren, Laugen, Farben, sonstige Chemikalien, bodenverfestigende Stoffe wie Zement, Zementmilch usw.) und Vernässung
- Verbot von Baustellenheizungen bis 5 m an den Kronentraufenbereich von Bäumen und Sträuchern
- Verbot von offenem Feuer bis 20 m Entfernung von der Kronentraufe von Bäumen und Sträuchern unter Berücksichtigung der Windrichtung.

● **Schutz der Wurzelscheiben von Bäumen** (siehe auch oben)
- Verbot von Bodenverdichtungen (z. B. durch Lagern von Baustoffen und Gerät und durch Befahren) und Vernässung
- Verbot von Überfüllungen[1])
- Verbot von Bodenabtrag[1])
- Einzäunung mindestens 1,80 m hoch.

● **Besondere Baumschutzmaßnahmen**
- Bei Freistellung von Bäumen Schutz des Stamms gegen Sonneneinstrahlung und Rindenbrand
- Kurzfristige Aufgrabungen (z. B. Rohrgräben) in Handarbeit nur bis auf 2,5 m an den Stamm zulässig. Besondere Behandlung der berührten Wurzeln. In Sonderfällen Unterschreitung des o. a. Abstands.
- Bei langfristigen Aufgrabungen (Baugruben) Erstellung von **Wurzelvorhängen** nach Vorschrift eine Vegetationsperiode vor Baubeginn.
- Bei Leitungsverlegung möglichst **Unterfahrung** der Wurzelbereiche, Einbringung von Leerrohren.
- Stämme gegen Stoß durch **Abpolsterungen,** Kronen durch **Hochbinden** schützen. Keine Beschädigung von Ästen und Stamm (Verbot des Einschlagens von Nägeln, Bauklammern usw.). Frei stehende Mauern im Wurzelscheibenbereich nur auf Punktfundamenten mit einem Mindestabstand von 1,5 m voneinander.
- Bei unvermeidbaren Grundwasserabsenkungen ausreichendes Wässern der Bäume nach Erfordernis; ggf. zusätzliche Maßnahmen.
- Vermeidung der Drainagewirkung sandverfüllter Leitungsgräben.
- Unvermeidbare Baustellenüberfahrten mit mindestens 0,20 m dicker Schüttung aus **Filterkies** o. ä. **abpuffern** und mit unverschiebbarer **Bohlenabdeckung** versehen.

Die Anwendung dieser allgemein anerkannten Regeln ist nur möglich, wenn vor Beginn der Baustelleneinrichtung die vorhandene Vegetation und die Schutzbereiche exakt aufgenommen und bei der Planung der Baustelleneinrichtung berücksichtigt wurden.

---

[1]) Diese Verbote können ggf. begründet und unter bestimmten Voraussetzungen sowie bei Berücksichtigung besonderer technischer Maßnahmen gelockert werden.

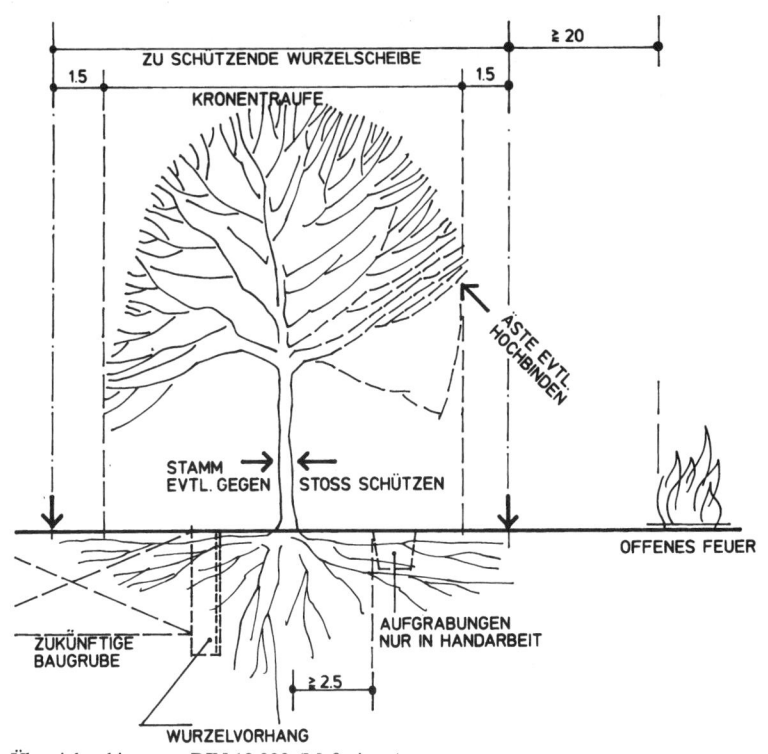

Übersichtsskizze zur DIN 18 920 (Maße in m)

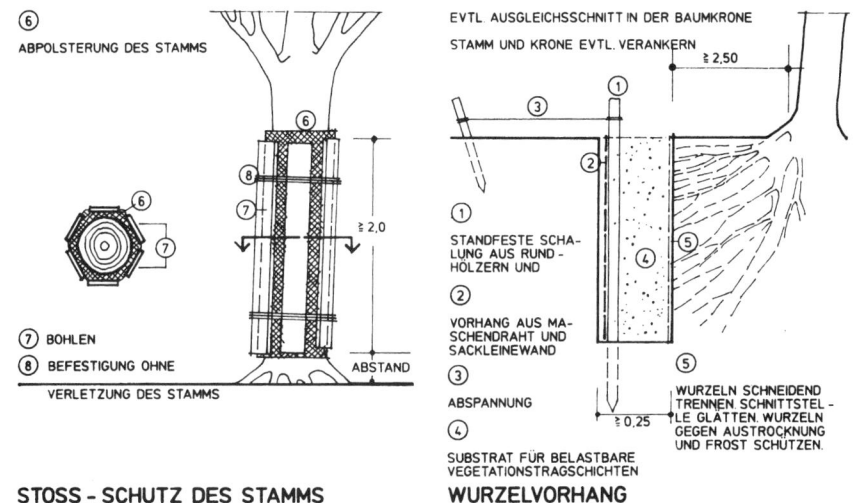

Baum-Schutzbereich:
- ZU SCHÜTZENDE WURZELSCHEIBE
- KRONENTRAUFE
- 1.5 / 1.5 / ≥ 20
- ÄSTE EVTL. HOCHBINDEN
- STAMM EVTL. GEGEN STOSS SCHÜTZEN
- OFFENES FEUER
- ZUKÜNFTIGE BAUGRUBE
- AUFGRABUNGEN NUR IN HANDARBEIT
- WURZELVORHANG
- ≥ 2.5

STOSS-SCHUTZ DES STAMMS

- ⑥ ABPOLSTERUNG DES STAMMS
- ⑦ BOHLEN
- ⑧ BEFESTIGUNG OHNE VERLETZUNG DES STAMMS
- ≥ 2,0
- ABSTAND

WURZELVORHANG

EVTL AUSGLEICHSSCHNITT IN DER BAUMKRONE
STAMM UND KRONE EVTL. VERANKERN
≥ 2,50

- ① STANDFESTE SCHALUNG AUS RUNDHÖLZERN UND
- ② VORHANG AUS MASCHENDRAHT UND SACKLEINEWAND
- ③ ABSPANNUNG
- ④ SUBSTRAT FÜR BELASTBARE VEGETATIONSTRAGSCHICHTEN
- ⑤ WURZELN SCHNEIDEND TRENNEN. SCHNITTSTELLE GLATTEN. WURZELN GEGEN AUSTROCKNUNG UND FROST SCHÜTZEN.
- ≥ 0,25

11 Geotechnik

Grundbau in Beispielen Teil 1-3

Dörken/Dehne
Grundbau in Beispielen
Teil 1: Gesteine, Böden, Bodenuntersuchungen im Gelände, Bodenuntersuchungen im Labor, Grundbau im Erd- und Straßenbau, Erddruck, Wasser im Boden
WIT, 3., überarbeitete und erweiterte Auflage 2002, ca. 340 Seiten,
17x24 cm, kartoniert,
ca. € 34,–/sFr 68,–
ISBN 3-8041-5094-2

Dörken/Dehne
Grundbau in Beispielen
Teil 2: Kippen, Gleiten, Grundbruch, Setzungen, Fundamente, Stützwände, Neues Sicherheitskonzept, Anhang: Risse im Bauwerk
2., neubearbeitete Auflage 2000, 288 Seiten,
17 x 24 cm, kartoniert,
€ 34,–/sFr 68,–
ISBN 3-8041-5082-9

Leicher
Grundbau in Beispielen
Teil 3: Baugruben und Gräben, Spundwände und Verankerungen, Böschungs- ung Geländebruch
2001, 328 Seiten, 17 x 24 cm, kartoniert,
€ 29,–/sFr 58,–
ISBN 3-8041-5089-6

Zu beziehen über Ihre Buchhandlung oder direkt beim Verlag.

WERNER VERLAG
Werner Verlag · Postfach 10 53 54 · 40044 Düsseldorf
Telefon (02 11) 3 87 98-0 · Telefax (02 11) 3 87 98-11
www.werner-verlag.de

12 A Straßenwesen
12 B Wasserversorgung
12 C Kanalisation

Inhaltsverzeichnis

A STRASSENWESEN

		Seite
1	Entwurfselemente im Querschnitt	12.2
1.1	Regelquerschnitte anbaufreier Straßen	12.2
1.2	Querschnitte von Stadt- und Erschließungsstraßen	12.4
1.2.1	Grundmaße für Verkehrsräume und lichte Räume	12.4
1.2.2	Regelquerschnitte angebauter Straßen	12.6
1.3	Querschnitte ländlicher Wege	12.12
2	Sonstige Verkehrsanlagen	12.12
2.1	Wendeanlagen, Versätze	12.12
2.2	Anlagen des ruhenden Verkehrs	12.13
2.2.1	Pkw, Lkw, Busse	12.13
2.2.2	Fahrräder	12.16
2.2.3	Parkbauten	12.17
2.3	Bushaltebuchten	12.17

B WASSERVERSORGUNG

1	Wasserbedarf	12.18
2	Bemessungsgrundlagen	12.20
3	Wassergewinnung	12.21
4	Wasserförderung	12.22
5	Wasserbeschaffenheit	12.22
6	Wasserverteilung	12.23
7	Wasserspeicherung	12.29

C KANALISATION

1	Entwässerungsverfahren	12.30

		Seite
2	Abwasseranfall und Kanalnetzberechnung	12.31
2.1	Ermittlung des Trockenwetterabflusses	12.31
2.1.1	Häusliches Schmutzwasser	12.31
2.1.2	Gewerbliches und industrielles Schmutzwasser	12.32
2.1.3	Fremdwasser	12.32
2.2	Ermittlung des Regenabflusses	12.33
2.2.1	Regenabfluss	12.33
2.2.2	Regenspende	12.33
2.2.3	Zeitbeiwert	12.34
2.2.4	Bemessungsregenspende	12.35
2.2.5	Abflussbeiwert	12.36
2.2.6	Maßgebliche Abflussgrößen	12.37
3	Grundstücksentwässerung	12.38
3.1	Allgemeines	12.38
3.2	Begriffe	12.38
3.3	Anlagenteile der Grundstücksentwässerung	12.39
3.3.1	Reinigungsöffnungen	12.39
3.3.2	Leitungen	12.39
3.3.3	Schächte	12.39
3.3.4	Rückstausicherungen	12.40
3.3.5	Rückhalten schädlicher Stoffe	12.40
3.4	Bauantrag für Grundstücksentwässerungsanlagen	12.40
3.5	Abwasserabfluss und Bemessungsgrundlagen	12.40
3.5.1	Schmutzwasserabfluss	12.40
3.5.2	Regenabfluss	12.42
3.5.3	Mischwasserabfluss	12.44
3.5.4	Lüftungsleitungen	12.44
3.5.5	Sinnbilder und Zeichen für Entwässerungsanlagen	12.44
3.5.6	Beispiel	12.44
3.5.7	Bemessungstafeln nach der Formel von Prandtl/Colebrook	12.48
4	Dezentrale Niederschlagswasserversickerung	12.53

12 A Straßenwesen
Prof. Dipl.-Ing. Günter Wolf

1 Entwurfselemente im Querschnitt
1.1 Regelquerschnitte anbaufreier Straßen (nach RAS-Q 96)

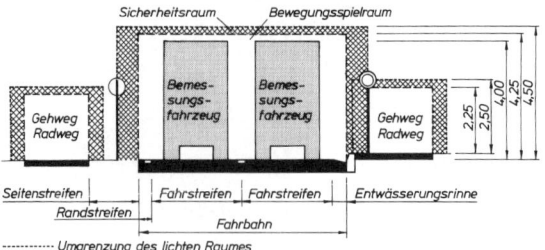

Abb. 12.2a Regelmaße des lichten Raumes

Verkehrsteilnehmer	Ausgangsmaß in der Breite m	Breite des seitlichen Bewegungsspielraumes m	Breite des seitlichen Sicherheitsraumes für V_{zul} m	Ausgangsmaß in der Höhe m	Höhe des oberen Bewegungsspielraumes m	Höhe des oberen Sicherheitsraumes m	Höhe des lichten Raumes m
Kfz	2,50	je nach RQ 0,25 bis 1,25	> 70 km/h: 1,25[1] ≤ 70 km/h: 1,00[1] ≤ 50 km/h: 0,75[1]	4,00	0,25	0,25	4,50
Radfahrer	Radweg-Regelbr. 2,00 [2)3)]		0,25[2]		Verkehrsraum-Höhe 2,25	0,25	2,50
Fußgänger	Gehweg-Regelbr. 1,50 [4)5)]		_[2]		Verkehrsraum-Höhe 2,25	0,25	2,50

[1] Neben Standstreifen, am Mittelstreifen und neben Hochborden können diese Breiten um 0,25 cm verringert werden.
[2] Wenn die Verkehrsräume von Kraftfahrzeugen und Radfahrern oder Fußgängern unmittelbar aneinander grenzen, dann muss nur der seitliche Sicherheitsraum der Kfz berücksichtigt werden.
[3] Die Mindestbreite von Radwegen beträgt 1,60 m.
[4] Neben nicht angebauten Straßen gelten kombinierte Geh- und Radwege von 2,50 m Breite als Regellösung.
[5] Die Breite der Geh- und Radwege kann in weiten Grenzen variieren, vgl. Abb. 12.4.

Die Regelquerschnitte der nicht angebauten Straßen werden nach ihrer Kronenbreite benannt.

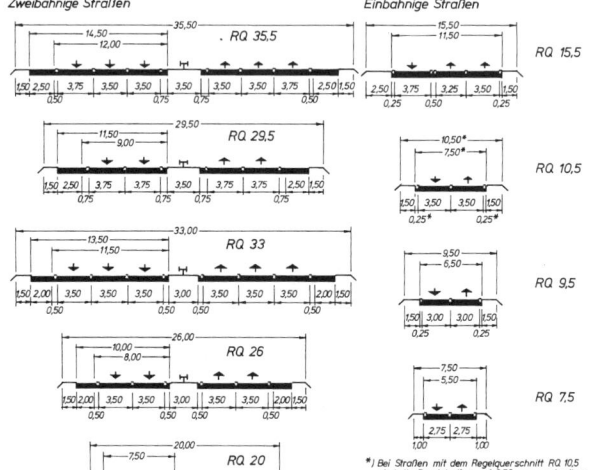

Abb. 12.2b Regelquerschnitte nach RAS-Q 1996

*) Bei Straßen mit dem Regelquerschnitt RQ 10,5 sind die Randstreifen auf 0,50 m zu verbreitern, wenn die Schwerverkehrsbelastung einen Wert von 900 Kfz/24h übersteigt. Der Querschnitt erhält dann eine Kronenbreite von 11,00 m.

*) Fußnoten siehe folgende Seite.

Tafel 12.3 Einteilung der Straßen und ihrer Entwurfs- und Betriebsmerkmale (…) Ausnahmewerte

Straßenfunktion Kategoriengruppe	Straßenkategorie		Verkehrsart	zul. Geschw. V_{zul} (km/h)	Querschnitt	Knotenpunkte	Entwurfsgeschwindigkeit v_e (km/h)
A anbaufreie Straßen außerhalb bebauter Gebiete mit maßgebender Verbindungsfunktion	A I	Fernstraße	Kfz / Kfz	≤100 (120)	zweibahnig / einbahnig	planfrei (planfrei)	120 100 / 100 90 (80)
	A II	überregionale / regionale Straße	Kfz / (Kfz) Allg.	— / ≤100	zweibahnig / einbahnig	planfrei (planfrei)	100 90 (80) / 100 90 80 (70)
	A III	zwischengemeindliche Straße	Allg.	≤100	einbahnig	(planfrei) plangleich	(90) 80 70
	A IV	flächenerschließende Straße	Allg.	≤100	einbahnig	plangleich	80 70
	A V	untergeordnete Straße	Allg.	≤100	einbahnig	plangleich	70 60 (50)
	A VI	Wirtschaftsweg	Allg.	≤100	einbahnig	plangleich	(50)
							keine
B anbaufreie Straßen im Vorfeld und innerhalb bebauter Gebiete mit maßgebender Verbindungsfunktion	B I	Stadtautobahn	Kfz	≤100	zweibahnig	planfrei	100 90 80 (70)
	B II	Schnellverkehrsstraße	Kfz	≤80	zweibahnig	planfrei	80 70 (60)
	B III	Hauptverkehrsstraße	Allg. / Allg.	≤70 / ≤70	zweibahnig / einbahnig	(plangleich) plangleich / plangleich	70 60 (50) / 70 60 (50)
	B IV	Hauptsammelstraße	Allg.	≤60	einbahnig	plangleich	60 50
C angebaute Straßen innerhalb bebauter Gebiete mit maßgebender Verbindungsfunktion	C III	Hauptverkehrsstraße	Allg. / Allg.	50 / 50	zweibahnig / einbahnig	plangleich / plangleich	(70) (60) 50 (40) keine / (60) 50 (40)
	C IV	Hauptsammelstraße	Allg.	50	einbahnig	plangleich	50 (40)
D angebaute Straßen innerhalb bebauter Gebiete mit maßgebender Erschließungsfunktion	D IV	Sammelstraße	Allg.	≤50	einbahnig	plangleich	keine
	D V	Anliegerstraße	Allg.	≤50	einbahnig	plangleich	keine
E angebaute Straßen innerhalb bebauter Gebiete mit maßgebender Aufenthaltsfunktion	E V	Anliegerstraße	Allg.	Schrittgeschw.	einbahnig	plangleich	keine
	E VI	befahrbarer Wohnweg	Allg.	Schrittgeschw.	einbahnig	plangleich	keine

12 Verkehr Kanalisation

---

*) Bei Straßen mit dem Regelquerschnitt RQ 10,5 sind die Randstreifen auf 0,50 m zu verbreitern, wenn die Schwerverkehrsbelastung einen Wert von 900 Kfz/24h übersteigt. Der Querschnitt erhält dann eine Kronenbreite von 11,0 m.

1.2 Querschnitte von Stadt- und Erschließungsstraßen (nach EAE 85/95 und EAHV 93)

1.2.1 Grundmaße für Verkehrsräume und lichte Räume

Nach den Empfehlungen für die Anlage von Hauptverkehrs- und Erschließungsstraßen sollen angebaute Straßen je nach Lage und Funktion sowohl der Ortsveränderung der Verkehrsteilnehmer (Fußgänger, Radfahrer, öffentlicher Personennahverkehr und Kraftfahrzeuge) und dem Anschluß der Anlieger an das Verkehrsnetz als auch dem Aufenthalt der Bewohner bzw. Besucher dienen. Abhängig vom Begegnungsfall der Verkehrsteilnehmer (z. B. Müllfahrzeuge, Busse usw.) und von der Geschwindigkeit ergibt sich aus den Grundmaßen und den Bewegungsspielräumen eine große Variationsbreite für die Dimensionierung und Aufteilung des Verkehrsraumes. Genaueres geht aus den EAE und den EAHV hervor. Nichtsdestoweniger sind Standardbreiten zu bevorzugen.

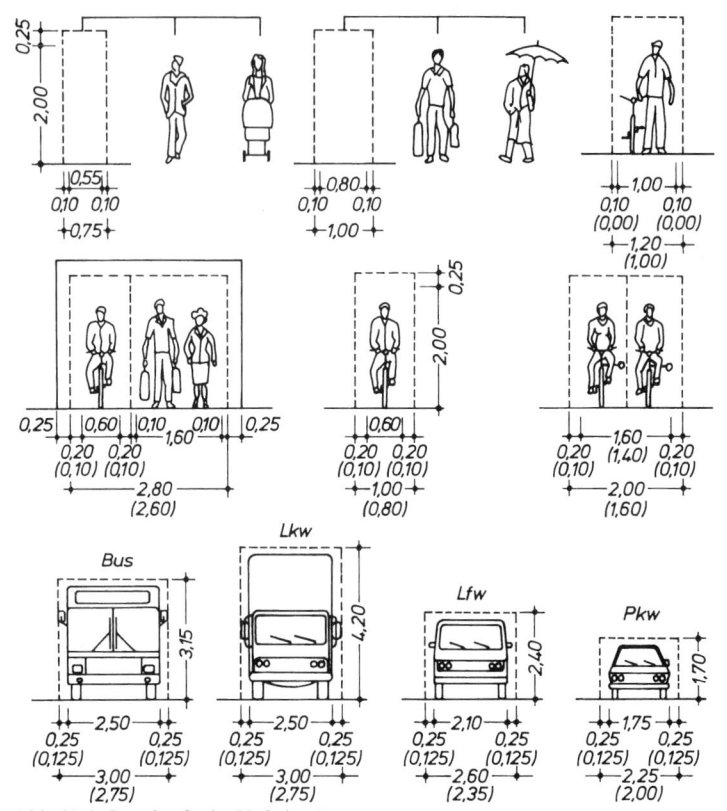

Abb. 12.4 Grundmaße der Verkehrsräume

Für innerörtliche Hauptverkehrsstraßen werden folgende Standardfahrstreifenbreiten empfohlen:

Linienbus- und Schwerlastverkehr	Flächenverfügbarkeit	
	wenig eingeschränkt	erheblich eingeschränkt
hoch	3,50 m	3,25 m
mittel	3,25 m	3,00 m
gering	3,00 m	2,75 m

12.4

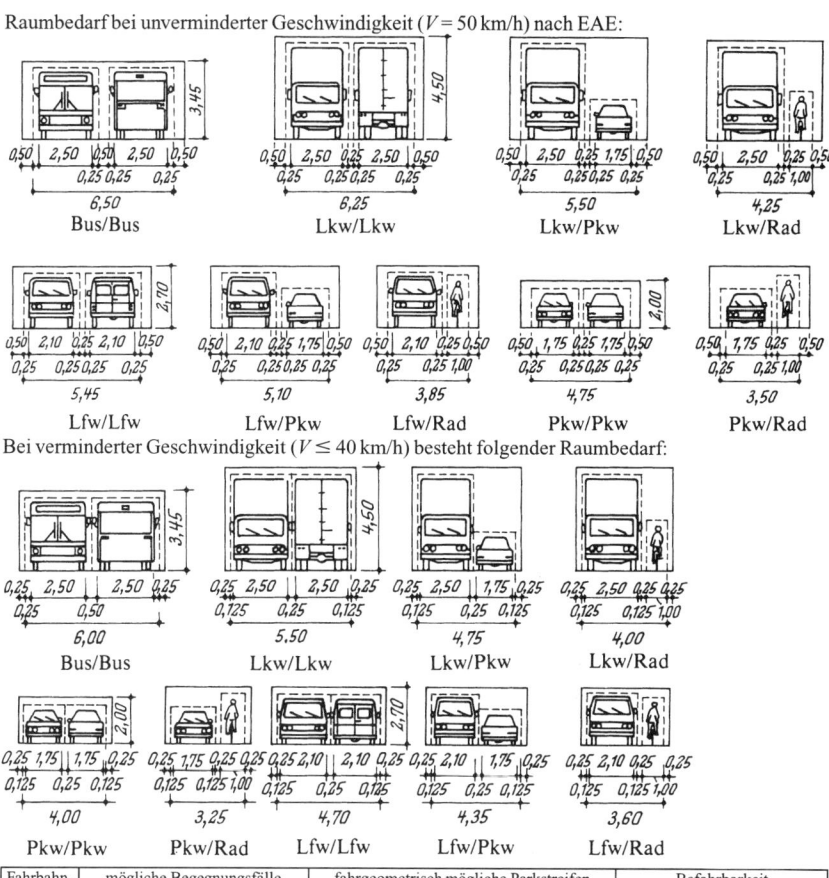

Raumbedarf bei unverminderter Geschwindigkeit ($V = 50$ km/h) nach EAE:

Bus/Bus	Lkw/Lkw	Lkw/Pkw	Lkw/Rad
0,50 | 2,50 | 0,50 | 2,50 | 0,50 0,25 0,25 0,25 **6,50**	0,50 | 2,50 | 0,25 | 2,50 | 0,50 0,25 0,25 0,25 0,25 **8,25**	0,50 | 2,50 | 0,25 | 1,75 | 0,50 0,25 0,25 0,25 0,25 **5,50**	0,50 | 2,50 | 0,25 | 0,50 0,25 0,25 1,00 **4,25**

Lfw/Lfw	Lfw/Pkw	Lfw/Rad	Pkw/Pkw	Pkw/Rad
0,50 | 2,10 | 0,25 | 2,10 | 0,50 0,25 0,25 0,25 0,25 **5,45**	0,50 | 2,10 | 0,25 | 1,75 | 0,50 0,25 0,25 0,25 0,25 **5,10**	0,50 | 2,10 | 0,25 | 0,50 0,25 0,25 1,00 **3,85**	0,50 | 1,75 | 0,25 | 1,75 | 0,50 0,25 0,25 0,25 0,25 **4,75**	0,50 | 1,75 | 0,25 | 0,50 0,25 0,25 1,00 **3,50**

Bei verminderter Geschwindigkeit ($V \leq 40$ km/h) besteht folgender Raumbedarf:

Bus/Bus	Lkw/Lkw	Lkw/Pkw	Lkw/Rad
0,25 | 2,50 | 2,50 | 0,25 0,25 0,50 **6,00**	0,25 | 2,50 | 2,50 | 0,25 0,125 0,125 **5,50**	0,25 | 2,50 | 1,75 | 0,25 0,125 0,125 **4,75**	0,25 | 2,50 | 0,25 0,125 0,125 1,00 **4,00**

Pkw/Pkw	Pkw/Rad	Lfw/Lfw	Lfw/Pkw	Lfw/Rad
0,25 | 1,75 | 1,75 | 0,25 0,125 0,25 0,125 **4,00**	0,25 | 1,75 | 0,25 0,125 0,125 1,00 **3,25**	0,25 | 2,10 | 2,10 | 0,25 0,125 0,25 0,125 **4,70**	0,25 | 2,10 | 1,75 | 0,25 0,125 0,25 0,125 **4,35**	0,25 | 2,10 | 0,25 0,125 0,125 1,00 **3,60**

Fahrbahn- breite/ Fahrgas- senbreite	mögliche Begegnungsfälle		fahrgeometrisch mögliche Parkstreifen				Befahrbarkeit durch Müllfahrzeuge	
	bei unverminderter Geschwindig- keit	bei verminderter Geschwindig- keit	mit Mitbenutzung der Gegenfahrbahn		ohne Mitbenutzung der Gegenfahrbahn		bei unverminderter Geschwindig- keit	bei verminderter Geschwin- digkeit
			b=2,50 m	b=2,30 m	b=2,50 m	b=2,30 m		
m			gon	gon	gon	gon		
6,50	Bus/Bus Lkw/Pkw/R	Lkw/Lkw Lfw/Lfw/R	100 100r	100r 89	64	59	Müllfz/Lkw Müllfz/Pkw/R	–
5,50	Lkw/Pkw Lfw/Lfw	Lkw/Lkw Pkw/Pkw/R	100r 95	100r 80	58	52	Müllfz/Pkw	Müllfz/Lkw
4,75	Pkw/Pkw Lkw/R Pkw/R/R	Lkw/Lfw Lkw/Pkw	100r 87	74	0	0	Müllfz/R	Müllfz/Pkw
4,00	Lfw/R	Pkw/Pkw Lkw/R	77	67	–	–	Müllfz/-	Müllfz/R
3,50	Pkw/R Feuerwehr/-	Pkw/R	–	–	66	62	Müllfz/-	Müllfz/-
3,00	Lkw/-	Feuerwehr/-	–	–	61	56	Müllfz/-	Müllfz/-
2,75	Lfw/-	Lkw/-	–	–	58	52	Müllfz/-	Müllfz/-
r = rückwärts								

Abb. 12.5 Mögliche Begegnungsfälle, mögliche Parkstreifenarten und Befahrbarkeit durch Müllfahrzeuge für ausgewählte Fahrbahn-/Fahrgassenbreiten

1.2.2 Regelquerschnitte angebauter Straßen (nach EAE 85/95)

Tafel 12.6

Straßen-/ Wegetyp	maßgebende Funktion	Entwurfsprinzip	Begegnungsfall	Einsatzgrenzen		Querschnittskizze (Klammerwerte: Mindestmaße bei beengten Verhältnissen)
				Verkehrsstärke (Spitzenstunde)	angestrebte Geschwindigkeit (V_{85})	
1	2	3	4	5	6	7
–	–	–	–	Kfz/h	km/h	
in Stadtkerngebieten						
HSS 3	V	2	Bus/Bus	≤ 1 000	40	
SS 2	E	2	Lkw/Lkw	≤ 800	30 40	
AS	E	2	Lkw/Lkw	≤ 400	≤ 30	
AS 3	E	1	Pkw/Pkw Lkw/R	≤ 200	≤ 20	
		1	Pkw/Pkw (Lkw/ Lkw)	≤ / 150	≤ 20	

Erklärungen zu den Tafeln 12.6 bis 12.11:
HSS Hauptsammelstraße
SS   Sammelstraße
AS   Anliegerstraße
AW   Anliegerweg
V   maßgebende Verbindungsfunktion
E   maßgebende Erschließungsfunktion
A   maßgebende Aufenthaltsfunktion
F   Fußgänger

Kfz Kraftfahrzeug
R   Radfahrer
G   Grünstreifen
P   Parkstreifen/Parkbucht
Entwurfsprinzipien:
1   Mischungsprinzip
2   Trennungsprinzip mit Geschw.dämpfung
3   Trennungsprinzip ohne Geschw.dämpfung

Tafel 12.6 (Fortsetzung)

Straßen-/ Wegetyp	maßgebende Funktion	Entwurfsprinzip	Begegnungsfall	Einsatzgrenzen Verkehrsstärke (Spitzenstunde)	angestrebte Geschwindigkeit (V_{85})	Querschnittsskizze (Klammerwerte: Mindestmaße bei beengten Verhältnissen)
1	2	3	4	5	6	7
–	–	–	–	Kfz/h	km/h	
				in stadtkernnahen Altbaugebieten		
HSS 3	V	2	Bus/Bus	≤ 1 000	40	
SS 2	E	2	Lkw/Lkw	≤ 800	30 … … 40	
AS 2	E	2	Lkw/Pkw Lfw/Lfw	≤ 400	≤ 30	
AS 3	E	1	Pkw/Pkw Lkw/R	≤ 200	≤ 20	
		1	Pkw/Pkw (Lkw/ Lkw)	≤ 150	≤ 20	
AS 4	A	1	Pkw/R (Lkw/ Pkw) (Lfw/ Lfw)	≤ 60	≤ 20	
AW 1	A	1	Lkw/Pkw Lfw/Lfw		≤ 20	
			Lkw Pkw/R		≤ 20	

12.7

Tafel 12.8 Regelquerschnitte angebauter Straßen

Straßen-/Wegetyp	maßgebende Funktion	Entwurfsprinzip	Begegnungsfall (Abb. 12.5)	Einsatzgrenzen		Querschnittskizze (Klammerwerte: Mindestmaße bei beengten Verhältnissen)
				Verkehrsstärke (Spitzenstunde)	angestrebte Höchstgeschwindigkeit	
1	2	3	4	5	6	7
–	–	–	–	Kfz/h	km/h	
in Wohngebieten in Orts- oder Stadtrandlage							
HSS 1	V	3	Bus/Bus	≤ 1500	50	
HSS 3	V	2	Bus/Bus	≤ 800	40	
SS 2	E	2	Pkw/Pkw (Lkw/Lkw)	≤ 500	30 bis 40	
SS 2	E	2	Lkw/Lkw	≤ 500	30 bis 40	
AS 2	E	2	Lkw/Pkw Lfw/Lfw	≤ 250	≤ 30	
AS 3	E	1	Pkw/Pkw (Lkw/Lkw)	≤ 120	≤ 20	Neubau
AS 3	E	1	Pkw/Pkw Lkw/R	≤ 150	≤ 20	Teilumbau
AS 4	A	1	Pkw/R (Lkw/Pkw) (Lfw/Lfw)	≤ 60	≤ 20	

12.8

Tafel 12.8 (Fortsetzung)

Straßen-/Wegetyp	maßgebende Funktion	Entwurfsprinzip	Begegnungsfall (Abb. 12.5)	Einsatzgrenzen		Querschnittsskizze (Klammerwerte: Mindestmaße bei beengten Verhältnissen)
				Verkehrsstärke (Spitzenstunde)	angestrebte Höchstgeschwindigkeit	
1	2	3	4	5	6	7
–	–	–	–	Kfz/h	km/h	
colspan: in Wohngebieten in Orts- oder Stadtrandlage (Fortsetzung)						
AW 1	V	1	Lkw/Pkw Lfw/Lfw		≤ 20	(Skizze, 4.75)
AW 1	V	1	Lkw Pkw/R		≤ 20	(Skizze, 3.00)
colspan: in Industrie- und Gewerbegebieten						
HSS 1	V	3	Lz/Lz	≤ 1400	50	(Skizze)
HSS 2[1]	V	3	Lz/Lz	≤ 1400	50	(Skizze)
SS 1	E	3	Lz/Lz	≤ 1400	40 bis 50	(Skizze)
AS 1	E	3	Lz/Pkw Lfw/Lfw	≤ 500	40 bis 50	(Skizze)
AS 2	E	2	Lkw/Lkw	≤ 500	30 bis 40	(Skizze)

[1] Straße auch zur Verbindung von Siedlungsbereichen.

Tafel 12.10

Straßen-/Wegetyp	maßgebende Funktion	Entwurfsprinzip	Begegnungsfall	Einsatzgrenzen		Querschnittsskizze
				Verkehrsstärke (Spitzenstunde)	angestrebte Geschwindigkeit (V_{85})	(Klammerwerte: Mindestmaße bei beengten Verhältnissen)
1	2	3	4	5	6	7
–	–	–	–	Kfz/h	km/h	
in dörflichen Gebieten						
HSS 3	V	2	Lz/Lz	≤ 800	40	
SS 2	E	2	Lkw/Lkw	≤ 500	≤ 30	
AS 3	A	1	Pkw/Pkw Lkw/R	≤ 150	≤ 20	
			Lz/Lz	≤ 150	≤ 20	
AW 1	A	1	Lkw/Pkw Lfw/Lfw	–	≤ 20	
AW 2	A	1	Lkw Pkw/R	–	≤ 20	

Tafel 12.10 (Fortsetzung)

Straßen-/ Wegetyp	maßgebende Funktion	Entwurfsprinzip	Begegnungsfall	Einsatzgrenzen Verkehrsstärke (Spitzenstunde)	angestrebte Geschwindigkeit (V_{85})	Querschnittskizze (Klammerwerte: Mindestmaße bei beengten Verhältnissen)
1	2	3	4	5	6	7
–	–	–	–	Kfz/h	km/h	
in Freizeitwohngebieten							
AS 3	E	1	Pkw/Pkw (Lkw/Lkw)	≤ 120[1]	≤ 30	[6]
AS 4	A	1	1Pkw/R (Lkw/Pkw) (Lfw/Lfw)	≤ 60[2]	≤ 30	
AW 1	A	1	Lkw/Pkw Lfw/Lfw	[3]	≤ 30	
			Pkw	[4]	≤ 30	
Fahrgassen auf Campingplätzen	A	1	Lkw/Lkw	[5]	≤ 30	
			Lkw Pkw/R	[5]	≤ 30	

[1] bis 400 Wohnungen
[2] bis 200 Wohnungen
[3] bis 100 Wohnungen
[4] bis 10 Wohnungen
[5] bis 500 Standplätze
[6] Tiefe des Parkstreifens: 5 m bei 100 gon, 5,30 m bei 70 gon, 4,95 m bei 50 gon, 2,00 (1,80) m bei 0 gon. Bei Schräg- und Senkrechtaufstellung sind Rangiervorgänge beim Ein- und Ausparken erforderlich.

12 Verkehr Kanalisation

1.3 Querschnitte ländlicher Wege

Zweistreifige Verbindungswege	Einstreifige Verbindungswege	Wirtschaftswege	Waldwege	Spurwege
≥6,25 / ≥4,75	≥5,50 / 3,00 (3,50)	4,00–5,50 / 3,00	4,00–4,50 / 3,00	3,50 / 0,90 / 0,80 0,80

2 Sonstige Verkehrsanlagen

2.1 Wendeanlagen, Versätze (nach EAE 85/95)

Am Ende von Stichstraßen müssen **Wendeanlagen** angeordnet werden. Sie sind auf die regelmäßig zu erwartenden Fahrzeuge zu dimensionieren:
Pkw benötigen einen äußeren Wendekreisradius von 6 m, kleine Busse und zweiachsige Müllfahrzeuge von 8 m. Größere Lkw und dreiachsige Müllfahrzeuge sollen durch Rangieren wenden können. Um das Zuparken der Wendeanlage zu verhindern, bietet sich die Kombination mit Parkständen oder Privatgaragen an. Hinter dem Bordstein sollte ein Streifen von 1,0 m Breite frei von Zäunen und dgl. ausgewiesen werden.

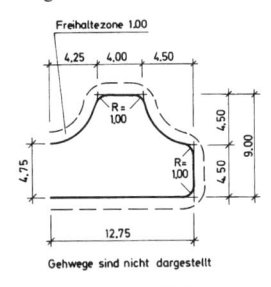

Wendehammer für Personenkraftwagen (Wendeanlagentyp 1)

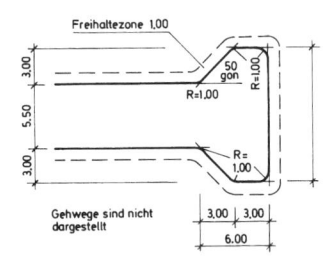

Wendehammer für Personenkraftwagen und Lastkraftwagen bis 8,00 m Länge (2achsiges Müllfahrzeug, Feuerwehr, Lkw 16,0 t) (Wendeanlagentyp 2)

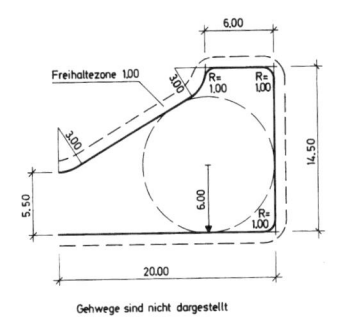

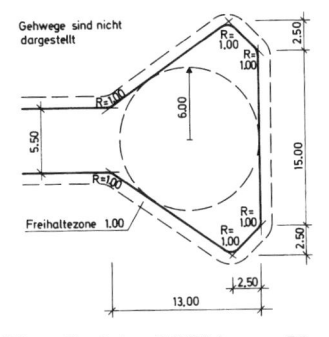

Wendehammer für Lastkraftwagen bis 10,00 m Länge (3achsiges Müllfahrzeug, Lkw 22,0 t) mit Wendekreis für Personenkraftwagen (Wendeanlagentyp 3)

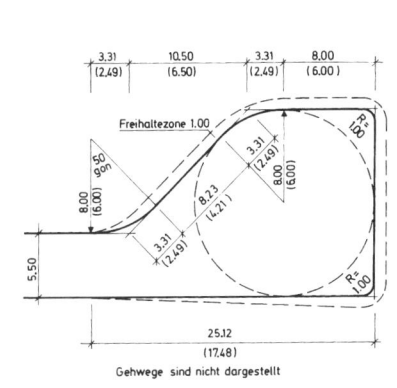

Wendekreis mit einem äußeren Wendekreisradius von 8,00 m (2achsiges Müllfahrzeug) (Wendeanlagentyp 5) bzw. von 6,00 m (Lieferwagen) (Wendeanlagentyp 4)

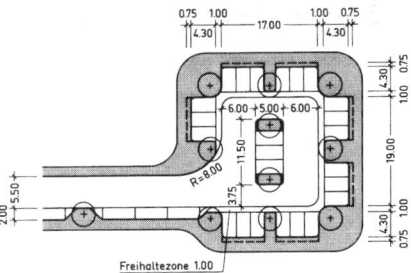

Wendeschleife für Lastkraftwagen bis 10,00 m Länge (3achsiges Müllfahrzeug, Lkw 22,0 t) (Wendeanlagentyp 6)

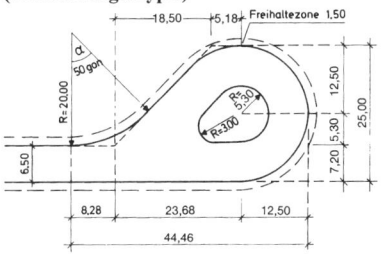

Gehwege sind nicht dargestellt
Wendeschleife für Lastzüge und Gelenkbusse (Wendeanlagentyp 7)

Versätze werden in Erschließungsstraßen angeordnet, um die räumliche Wirkung des Straßenbildes zu fördern und die Geschwindigkeit der Kraftfahrzeuge zu reduzieren.

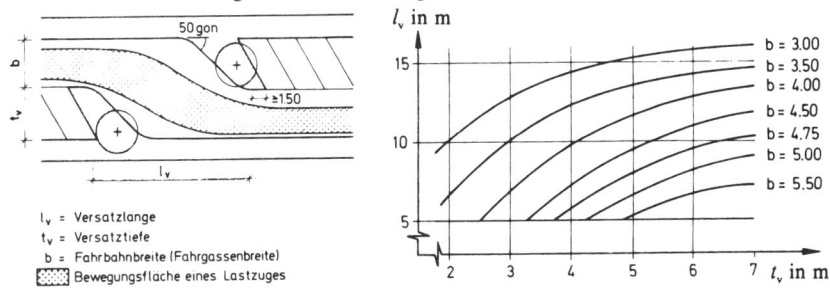

l_v = Versatzlänge
t_v = Versatztiefe
b = Fahrbahnbreite (Fahrgassenbreite)
▨ Bewegungsfläche eines Lastzuges

Abmessungen von fahrdynamisch wirksamen Versätzen

2.2 Anlagen des ruhenden Verkehrs (nach EAR 91)

Für die Aufteilung von Park- und Stellflächen sind folgende Größen zu beachten: Abmessungen der Fahrzeuge, Aufstellarten der Fahrzeuge, Parkstandabmessungen, Fahrgassenbreite und sonstiger Flächenbedarf (Begrünung u. ä.).

2.2.1 Pkw, Lkw, Busse

Bei den Aufstellarten unterscheidet man Längs-, Schräg- und Senkrechtaufstellung, und ob vorwärts oder rückwärts eingeparkt wird.
Längsaufstellung wird nur am Fahrbahnrand benutzt, für Plätze ist sie zu flächenaufwendig. Mit Rückwärtseinparken lassen sich 17 Pkw auf 100 m Länge unterbringen.

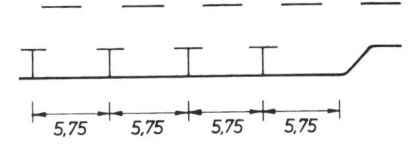

12 Verkehr Kanalisation

Schrägaufstellung mit α = 50 bis 90 gon erlaubt zügiges und bequemes Einparken und unterstützt eine eindeutige Verkehrsführung. Die Parkstandbreite B beträgt 2,50 m (bequemes Parken) bzw. 2,30 m (beengtes Parken), für Busse und Lkw 3,50 m. Die Zahl der Parkstände je 100 m hängt vom Winkel α und der Breite B ab; sie liegt um 36 Pkw.
Senkrechtaufstellung erfordert den geringsten Flächenbedarf, es ist aber kein so zügiges Ein- und Ausparken möglich. Die Parkstandbreiten B entsprechen denen der Schrägaufstellung. Bei $B = 2{,}50$ m lassen sich auf 100 m Länge 40 Pkw unterbringen.

Tafel 12.14 Abmessungen von Parkständen und Fahrgassen

	Aufstellwinkel	Tiefe ab Fahrgassenrand	Überhangstreifen	bequemes Ein- und Ausparken					beengtes Ein- und Ausparken[2]					
				Breite des Parkstands	Straßenfrontlänge f (in m) beim Einparken		notwendige Fahrgassenbreite g in m beim Einparken		Breite des Parkstands	Straßenfront f (in m) beim Einparken		notwendige Fahrgassenbreite g in m beim Einparken		
	a gon	$t-\ddot{u}$ m	$\ddot{u}$ m	$b^{1)}$ m	vorwärts	rückwärts	vorwärts	rückwärts	$b^{1)}$ m	vorwärts	rückwärts	vorwärts	rückwärts
Längsaufstellung	0			2,00	5,75		3,50		1,80	5,25		3,50		
Schrägaufstellung	50	4,15 (3,95)		2,50	3,54		2,40		2,30	3,25		2,60 (2,50)		
	60	4,45 (4,20)		2,50	3,09		2,90		2,30	2,84		3,30 (3,00)		
$l = \dfrac{b}{\sin\alpha}$	70	4,60 (4,30)	einheitlich 0,70 (0,50)	2,50	2,81		3,60		2,30	2,58		4,30 (3,50)		
	80	4,60 (4,30)		2,50	2,63		4,20		2,30	2,42		5,40 (4,10)		
	90	4,50 (4,20)		2,50	2,53		5,00		2,30	2,33		6,60[3] (4,80)		
Senkrechtaufstellung	100	4,30 (4,00)		2,50	2,50	2,50	6,00	4,50	2,30	2,30	2,30	7,70[3] (5,50)	5,00 (4,50)	
Blockaufstellung	100	4,30 (4,00)		2,50	7,90	7,15	6,00	4,50	2,30	– (6,65)	7,40	– (5,50)	5,00 (4,50)	

[1] Besonderheiten ergeben sich z. B. neben aufgehenden Bauteilen oder Absperrungen: Mehrbreite etwa 0,30 bis 0,40 m. Für Rollstuhlfahrer Parkstandbreite ≥ 3,50 m, wenn keine freie Fläche von mindestens 1,50 m Breite vorhanden.
[2] Nur bei niedrigem Umschlagsgrad.
[3] Nur zur Überprüfung des Flächenbedarfs bei vorhandenen Fahrbahnen; zur Parkflächenbemessung nicht empfohlen.

Die Klammerwerte können angewendet werden, wenn
– sowohl starker Parkraumbedarf als auch Freiflächenmangel eine sparsame Flächenausweisung erfordern,
– in den Straßenräumen eines Gebiets auch künftig überwiegend mit Mittelklasse- und Kleinwagen zu rechnen ist,
– einzelne große oder ungenau eingeparkte Fahrzeuge punktuell über die Parkstandbegrenzung hinausragen können und
– bei einzelnen großen Fahrzeugen Rangieren in der Fahrgasse in Kauf genommen werden kann.
Probeweise Markierungen und Fahrversuche können im Einzelfall hilfreich sein.
Die erforderliche Fahrgassenbreite hängt neben dem Winkel α und der Fahrweise beim Ein- und Ausparken auch von der gewählten Breite des Parkstandes ab: In breiten Parkständen kann besser rangiert werden, sodass eine geringere Fahrgassenbreite benötigt wird. Die geringste Fahrgassenbreite zwischen den Parkständen beträgt $g = 2{,}40$ m. Die Fahrgassenbreite soll 6,75 m nicht überschreiten, weil sonst Fahrzeuge verkehrswidrig in der Fahrgasse abgestellt werden.

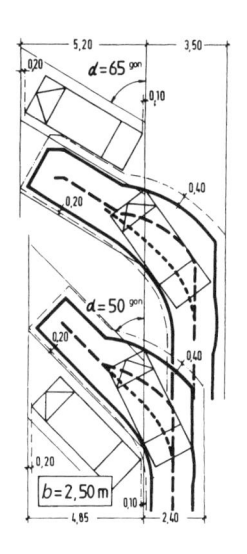

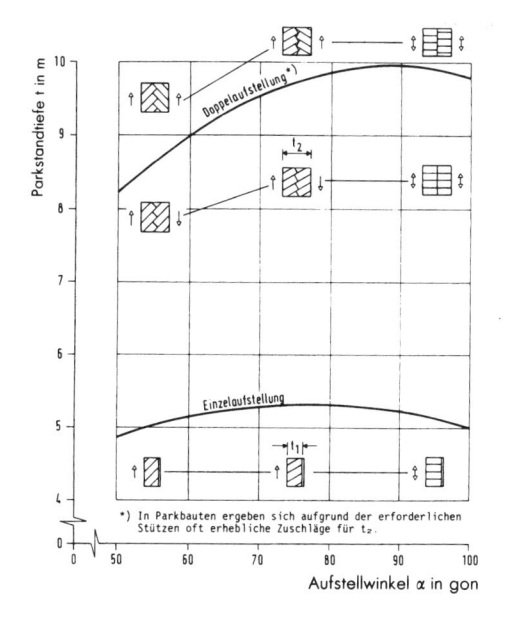

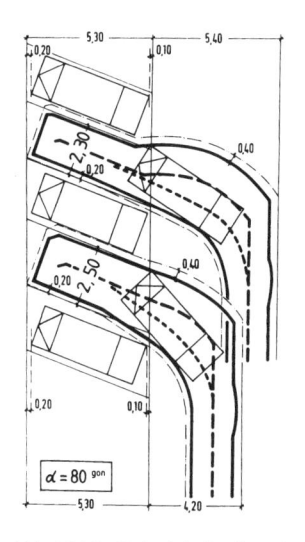

Abb. 12.15a Beispiele für die Fahrgassengeometrie

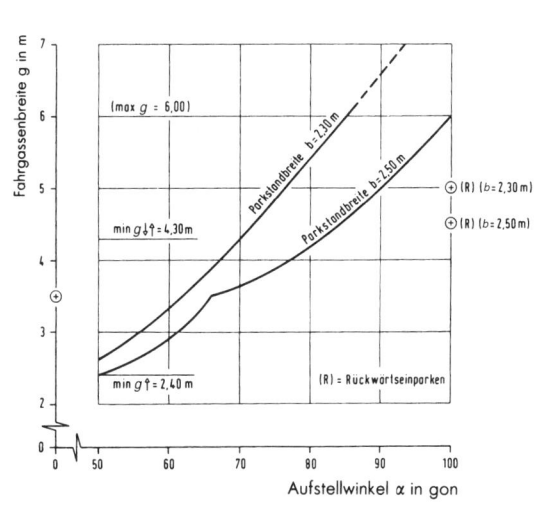

Abb. 12.15b Zusammenhang zwischen den Parametern der Parkflächengeometrie

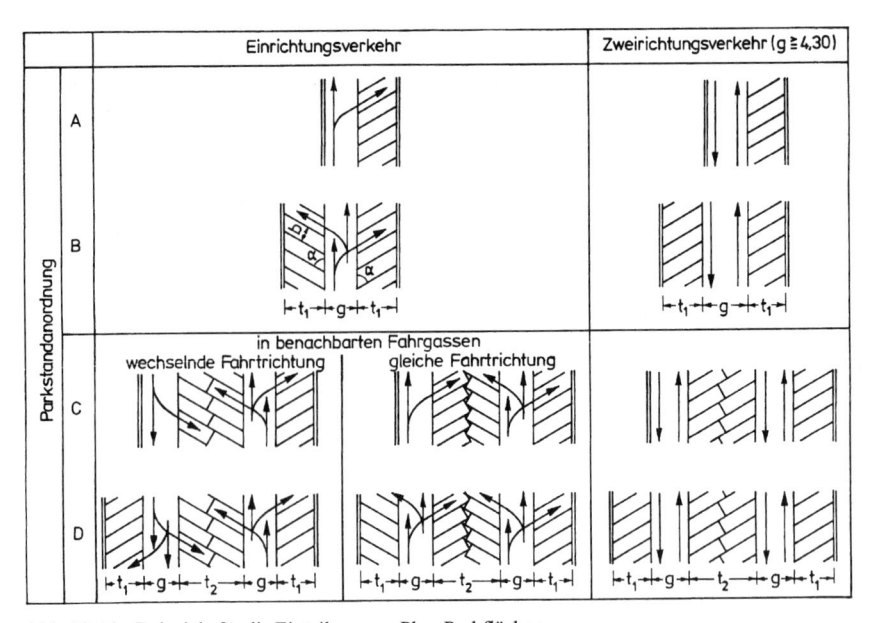

Abb. 12.16a Beispiele für die Einteilung von Pkw-Parkflächen
Omnibusse und Lastkraftwagen benötigen Parkstandbreiten von $B = 3{,}50$ m.

Omnibusse, Lastkraftwagen   Gelenkbusse, Lastzüge

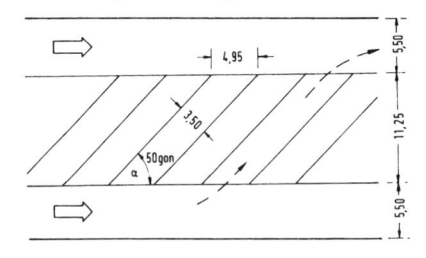

Abb. 12.16b Schrägaufstellung von Bussen,
Lkw und Lastzügen

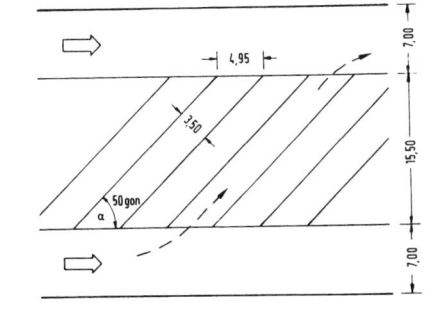

2.2.2 Fahrräder

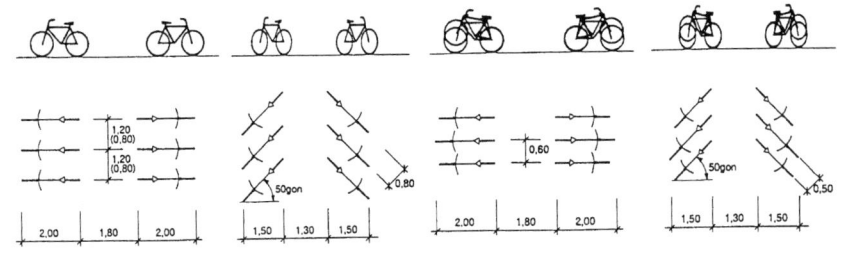

Abb. 12.16c Abmessungen für Fahrradabstellanlagen

2.2.3 Parkbauten

Für Parkbauten als Großgaragen enthalten die verschiedenen Landesbauordnungen mehr oder weniger differenzierte Planungsvorschriften. Die Parkstandabmessungen und Fahrgassenbreiten stimmen mit den Angaben in den EAR überein. In die Parkstände sollen keine Stützen hineinragen. Die Wahl des Rampensystems und des Höhenversatzes zwischen den Parkgeschossen richtet sich stark nach dem Grundstückszuschnitt.

Gerade Rampen mit Richtungsverkehr sollten mindestens 3,0 m, mit Gegenverkehr mindestens 6,0 m breit sein. Bei gekrümmten Rampen und Bogenfahrten muss der Innenhalbmesser mindestens 5,0 m betragen. Die Breite gekrümmter Rampen wird nach der unten stehenden Tabelle gewählt.

Die Rampenneigung soll 15 %, im Freien 10 % nicht überschreiten. Parkrampen, an denen direkt geparkt wird, sollen höchstens 6 % geneigt sein. Auf Kuppen- und Wannenausrundungen entsprechend nachfolgender Abbildung ist zu achten.

Tabelle 12.17 Fahrbahnbreite in Abhängigkeit vom Innenhalbmesser

Halbmesser R_i in m	5,00	6,00	7,00	8,00	9,00	10,00
Fahrbahnbreite f in m	4,00	3,80	3,60	3,40	3,20	3,00

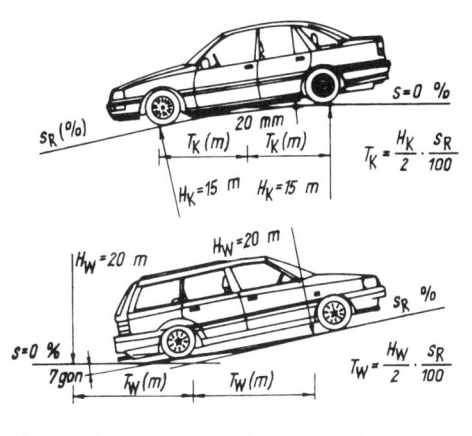

Abb. 12.17a Kuppen- und Wannenausrundung bei Rampen

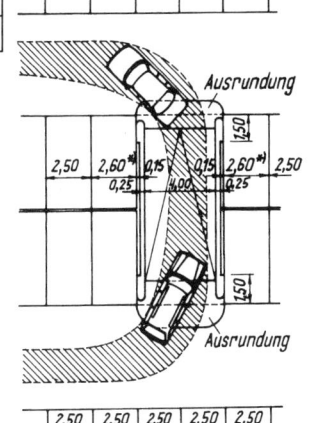

Abb. 12.17b Halbrampe mit Einrichtungsverkehr im Grundriss

*) Parkstandbreite 2,60 m für beengtes Ein- und Ausparken, um das Rastermaß einzuhalten

2.3 Bushaltebuchten

Die EAE und die RAS-Ö enthalten geringfügig voneinander abweichende Angaben über Bushaltebuchten. Es wird zwischen Ausfahrbereich, Aufstellstrecke und Einfahrbereich unterschieden. Der Aufstellbereich wird nach dem zu erwartenden Busverkehr (ein oder zwei Einzelbusse, Gelenkbus) dimensioniert. Busbuchten werden 2,50 oder 3,00 m breit angelegt.

Abb. 12.17c Regelausbildung von Busbuchten nach RAS-Ö

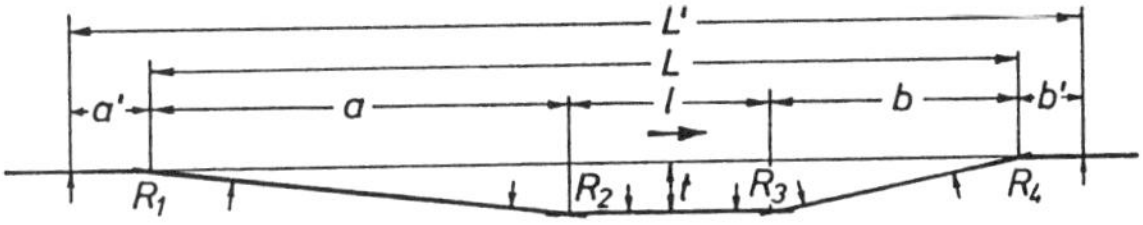

	V	t	a	b	a'	b'	R_1	R_2	R_3	R_4	l	L	L'
	km/h						m						
Normalbus	50	3,00	25,00	15,00	4,80	4,00	80,00	60,00	20,00	40,00	12,00	52,00	60,80
2 Normalbusse											25,00	65,00	73,80
Gelenkbus											18,00	58,00	66,80

12 B Wasserversorgung

Prof. Dr.-Ing. Klaus Müller

1 Wasserbedarf

Wasserbedarf für häusliche Zwecke

	l/(E · d)
Baden, Duschen	20 bis 40
Wäsche waschen	20 bis 40
WC	20 bis 40
Körperpflege (ohne Baden)	10 bis 15
Wohnungsreinigung	3 bis 10
Geschirrspülen	4 bis 7
Trinken und Kochen	3 bis 6
Gesamtbedarf	80 bis 158

Haushaltsbedarf einschl. Kleingewerbe

Jahr	l/(E · d)	
1950	85	
1960	92	
1970	118	(99)*
1980	138	(125)*
1985	145	
1990	146	(144)*
1995	132	
2000	129	

* neue Bundesländer

Wasserbedarf für öffentliche Einrichtungen (W 410)

Verwendung	Bedarf in l
Krankenhäuser, je Tag und Bett	260 – 600
Krankenhäuser mit Spezialeinrichtungen können ein Mehrfaches dieses Wasserbedarfes haben, unter Umständen etwa 1500 l je Tag und Bett	150 – 180
Hallenbäder, je Besucher	
Der Wasserbedarf kann je nach Ausstattung einer angeschlossenen Wannenbäderabteilung wesentlich höher liegen.	150 – 200
Freibäder, je Besucher	
Schulen, je Schüler und Tag (Mittel 250 Schultage/Jahr)	
ohne Duschanlage, ohne Schwimmbecken	10
mit Duschanlage, ohne Schwimmbecken	20
mit Duschanlage, mit Schwimmbecken	30 – 50
Werden die Duschanlagen (z. B. in Turnhallen) bzw. die Schwimmbecken von beispielsweise Sportvereinen mitbenutzt, erhöht sich der Bedarf.	
Verwaltungsgebäude und Bürohäuser, je Beschäftigten und Tag	40 – 60
Bei Garagen und Kfz-Waschplätzen erhöht sich der Bedarf entsprechend.	
Kasernen, je Mann und Tag	120
Sind Kfz-Großwaschanlagen u. ä. vorhanden, liegt der Bedarf entsprechend höher	
Schlachthöfe, je Stück Großvieh	300 – 400
2,5 Stck. Kleinvieh (Schweine, Schafe, Kälber, Ziegen) = 1 Stck. Großvieh	

Richtwert für ländliche Orte: Wasserbedarf für öffentliche Einrichtungen 0,01 Q_d bis 0,02 Q_d

Wasserbedarf für Gewerbebetriebe

Verwendung	Bedarf in l	Verwendung	Bedarf in l
Kaufhäuser, je Beschäftigten und Tag, ohne Restaurant, ohne Klimaanlage	25 – 100	Fleischer, je Beschäftigten und Tag	250 – 400
	150 – 250	Friseure, je Kunde und Tag	20 – 52
Bäcker, je Beschäftigten und Tag		Gaststätten, je Gast und Tag	15 – 20
		Hotels, je Bett und Tag ...	200 – 600
Autowäsche ohne Spülwasserrecycling PKW 200 l LKW 400 l bis 1000 l			
mit Spülwasserrecycling PKW 80 l LKW 80 l bis 200 l			

Von diesen Werten bestehen, je nach Lage des Einzelfalles, zum Teil erhebliche Abweichungen.

Wasserbedarf für Industriebetriebe

Neben bevorzugten produktmengenbezogenen vorhandenen Angaben kann in der Planung mit flächenbezogenen Wasserbedarfswerten gerechnet werden.

Mittlerer flächenbezogener Wasserbedarf $q_m = \dfrac{Q_a}{n \cdot t \cdot A}$ in m³/(h · ha)

Q_a Jahreswasserbedarf in m³/a n Zahl der Arbeitstage in d/a
t mittlere Betriebszeit in h/d A Industriefläche in ha

Richtwert für Gewerbegebiete: $q_m = (2 \text{ bis } 6) \text{ m}^3/(\text{h} \cdot \text{ha})$ bei $n = 310$ d/a und $t = 14$ h/d

Richtwerte für den Löschwasserbedarf unter Berücksichtigung der baulichen Nutzung und der Gefahr der Brandausbreitung (W 405)

Bauliche Nutzung nach § 17 der Baunutzungsverordnung	(WS) (SW)	(WR), (WA), (WB) (MI), (MD) (GE)		Kerngebiete (MK) Gewerbegebiete (GE)		Industriegebiete (GI)
Zahl der Vollgeschosse	≤ 2	≤ 3	> 3	1	> 1	–
Geschoßflächenzahl (GFZ)	≤ 0,4	≤ 0,3–0,6	0,7–1,2	0,7–1,0	1,0–2,4	–
Baumassenzahl (BMZ)	–	–	–	–	–	≤ 9
Löschwasserbedarf bei unterschiedlicher Gefahr der Brandausbreitung[1]:	m³/h	m³/h	m³/h	m³/h		m³/h
klein[2]	24	48	96	96		
mittel[3]	48	96	96	192		
groß[4]	96	96	192	192		

Erläuterungen: Kleinsiedlungsgebiet (WS); Wochenendhausgebiet (SW); Reines Wohngebiet (WR); allgem. Wohngebiet (WA); besonderes Wohngebiet (WB); Mischgebiet (MI); Dorfgebiet (MD)
[1] Begriff s. DIN 14 011-2.
[2] Feuerbeständige oder feuerhemmende Umfassungen, harte Bedachungen, s. DIN 4102.
[3] Umfassungen nicht feuerbeständig oder nicht feuerhemmend, harte Bedachungen oder Umfassungen feuerbeständig oder feuerhemmend, weiche Bedachung, s. DIN 4102.
[4] Umfassungen nicht feuerbeständig oder nicht feuerhemmend; weiche Bedachungen, Umfassungen aus Holzfachwerk (ausgemauert). Stark behinderte Zugänglichkeit, Häufung von Feuerbrücken usw.

Bei kleinen ländlichen Orten ist i.d.R. $Q = 48$ m³/h anzusetzen. Löschwasser soll für eine Löschzeit von 2 h zur Verfügung stehen. Der Auslaufdruck am Hydranten zur Bereitstellung von Löschwasser soll 1,5 bar nicht unterschreiten.

Richtwert: Bedarf der Feuerwehr für Übung und Brandfall beträgt 0,2 % bis 0,5 % der Gesamtjahresförderung.
Ausrüstung der Feuerwehr: Tragkraftspritze TS 8 mit $Q = 800$ l/min; Löschfahrzeug LF 16 mit $Q = 1600$ l/min und LF 24 mit $Q = 2400$ l/min.

Für Gemeinden unter 3000 E ist folgende Regelung möglich:
Endstrang (Stichleitung): Löschwasser 6,7 l/s für DN 80 und DN 100; Löschwasser 13,4 l/s für > DN 100.
Ringleitung (bei 2 Zuflußmöglichkeiten zum Hydranten):
je Strang 6,7 l/s Löschwasser; Hydrantenzulauf 13,4 l/s Löschwasser.

Wasserverlust ist der Anteil des in das Rohrnetz eingespeisten Wasservolumens, dessen Verbleib im einzelnen volumenmäßig nicht erfaßt werden kann. Tatsächliche Verluste entstehen durch Rohrbrüche, Leckagen. Scheinbare Verluste entstehen durch Fehlanzeigen der Meßgeräte, unkontrollierte Entnahmen. Die Darstellung als Prozentangabe bezogen auf das Abgabevolumen (Neuanlagen bis 5 %, bestehende Anlagen bis 10 %) sind aus methodischen Gründen zu ersetzen durch den spezifischen Wasserverlust q_v. Für das gesamte Versorgungsgebiet gilt:

$$q_v = Q_v : (8760\, L_r) \text{ in m}^3/(h \cdot km)$$

Q_v Verlustvolumen in m³/a aus Wassermengenbilanz
L_r Länge des Versorgungsnetzes in km ohne Hausanschlußleitungen

Spezifische Wasserverluste (W 391)

überwiegende Bodenart	q_v in m³/(h · km)	
	unterer Richtwert	oberer Richtwert[1]
lehmig	0,10	0,30
sandig	0,05	0,15
felsig, klüftig[2]	0,20	0,60

[1] Gültig bei 35 bis 50 Hausanschlüssen je km.
[2] Gilt auch für groben Kies, Schotter, Geröll sowie Boden mit Bau- und Trümmerschutt.

Eigenverbrauch der Wasserwerke: Filterrückspülungen ca. 1 % der Jahreswasserabgabe, Rohrnetzspülungen ca. 1 % bis 1,5 % der Jahreswasserabgabe.

2 Bemessungsgrundlagen

Voraussetzung: Nutzbares Wasservorkommen > max. Bedarf

Forderung: wirklichkeitsnahe Ermittlung des Wasserbedarfes

$Q_d = Q_a : 365$	mittlerer Tagesbedarf in m³/d = Bedarf im Jahresdurchschnitt
max Q_d	Bedarf an verbrauchsreichen Tagen in m³/d, größter Tagesbedarf
min Q_d	Bedarf an verbrauchsarmen Tagen in m³/d, kleinster Tagesbedarf
$Q_h = Q_d : 24$	mittlerer stündlicher Bedarf in m³/h
max Q_h	maximaler stündlicher Bedarf in m³/h
f	Spitzenfaktor (dim $f = 1$)

Schwankungen des Wasserbedarfs (im wesentlichen abhängig von klimatischen Faktoren und der Größe des Versorgungsgebietes; je kleiner das Versorgungsgebiet, desto größer der Spitzenfaktor):

1. Innerhalb eines Jahres   max $Q_{d(a)} = f_{d(a)} \cdot Q_d$ $f_{d(a)} = 1{,}3$ bis $3{,}0$
2. Monatl. Schwankungen   max $Q_m = f_m \cdot Q_d \cdot 30$ $f_m = 1{,}3$ bis $1{,}5$;   max. $f_m = 2{,}0$
3. Tagesschwankungen   max $Q_d = f_d \cdot Q_d$
4. Stündl. Schwankungen
    bezogen auf Q_d max $Q_h = f_h \cdot Q_d : 24 = f_h \cdot Q_h$
    bezogen auf max Q_d max $Q_h = f_h \cdot f_d \cdot Q_h$

Ausbaugröße des Wasserwerkes (Wassergewinnung, Wasseraufbereitung, kleiner Wasserbehälter) wird bestimmt durch max Q_d.

Bemessung des Rohrnetzes wird bestimmt durch max Q_h.
Bemessung der Fördereinrichtungen der Wassergewinnungsanlage wird bestimmt durch max Q_d: Förderzeit (tägliche Förderzeit $t = 8$ h bis 10 h bei Durchschnittsverbrauch, $t = 12$ h bis 14 h bei großem Verbrauch, $t = 16$ h bis 20 h bei maximalem Verbrauch).

Reinwasserbehälter in der zentralen Wasserversorgung werden aus wirtschaftlichen und hygienischen Gründen nur zum Ausgleich der täglichen Verbrauchsschwankungen an Spitzentagen bemessen. Maßgeblich ist max Q_d bzw. das fluktuierende Wasservolumen.

Richtwerte: Spitzenfaktoren f_h und f_d

	Maximalwerte		Minimalwerte			Maximalwerte		Minimalwerte	
	f_h	f_d	f_h	f_d		f_h	f_d	f_h	f_d
Dorf	3,6	3	0	0,4	Mittelstadt	2,0	2,5	0,36	0,7
Kleinstadt	3,0	2,7	0,12	0,5	Großstadt	1,4	2,0	0,5	0,75

Nach neueren Ermittlungen sind die Spitzenfaktoren niedriger, als bisher angegeben. Nach BGW Wasserstatistik 1992 liegen die Spitzenwerte in folgenden Bereichen:
max $f_d = (1{,}59$ bis $1{,}36)$, max $f_h = (2{,}54$ bis $2{,}25)$, min $f_d = (0{,}69$ bis $0{,}71)$.

Tagesganglinien des Wasserverbrauchs (Anhaltswerte Q_h in % von Q_d)

Zeit	0–1	1–2	2–3	3–4	4–5	5–6	6–7	7–8	8–9	9–10	10–11	11–12
Dorf	0,5	0,5	0,5	0	0,1	6,4	**12,5**	8,5	3,5	3,0	3,0	4,5
Kleinstadt	2,01	1,5	1,0	0,5	0,5	1,5	2,5	3,0	3,5	4,0	5,0	7,0
Mittelstadt	1,5	1,5	1,5	1,5	2,0	3,0	5,0	5,5	**6,0**	5,5	**6,0**	**6,0**
Großstadt	2,6	2,4	2,2	2,1	2,2	4,2	5,3	**5,7**	5,6	5,4	5,3	5,3

Zeit	12–13	13–14	14–15	15–16	15–17	17–18	18–19	19–20	20–21	21–22	22–23	23–24
Dorf	11,0	10,0	1,0	1,5	1,5	2,0	3,0	5,5	9,0	8,5	3,0	1,0
Kleinstadt	9,5	**10,0**	8,5	5,0	3,5	3,0	5,0	8,0	6,0	4,0	3,0	2,5
Mittelstadt	5,0	5,5	5,5	**6,0**	5,5	**6,0**	5,5	5,0	4,0	3,0	2,0	2,0
Großstadt	5,2	5,1	4,0	4,5	4,2	4,7	5,0	5,0	4,2	3,3	2,9	2,7

3 Wassergewinnung

Es gilt: Grundwasserzufluss Q_{GW} > gewinnbarer Zufluss Q_G > Fassungsvermögen Q_F > aktuelle Entnahme Q_E. (Sicherer Betriebsablauf erfordert mind. 2 Brunnen.)
Maßgeblich für die Brunnenergiebigkeit ist der Bohrdurchmesser = Brunnendurchmesser d_a.

Richtwert nach *Truelsen:* min $d_a = 90\, Q : (h \cdot d_w)$ in m
Q in m³/s; h Höhe des abgesenkten Wasserspiegels über Unterkante Filterrohr in m; d_w wirksame Korngröße der wasserführenden Schicht in mm; nach *Hazen* ist d_w gleichzusetzen der Korngröße des 10-prozentigen Kornanteils der Sieblinie (d_{10}).

Filtersande und Filterkiese (DIN 4924)

	Körnungen in mm	Zusammengehörige Körnungen bei mehrfacher Abstufung für Brunnenfilter	Unterkorn Zul. Höchstanteil in Gewichtsprozenten	Überkorn Zul. Höchstanteil in Gewichtsprozenten	Siebgutmenge für Probe g
	0,25 bis 0,5	x		15	15	500
Filtersand	über 0,5 bis 1	x | |			500
	über 0,71 bis 1,4	| x |			1 000
	über 1 bis 2	x | | x			1 000
Filterkies	über 2 bis 3,15	| x | | x	10	10	1 000
	über 3,15 bis 5,6	| | x |			1 000
	über 5,6 bis 8	x | | x |			5 000
	über 8 bis 16	| x | | x			5 000
	über 16 bis 31,5	| | x x x			10 000

Der Filterrohrdurchmesser d_i ($\geq$ DN 300) ist bestimmt durch d_a sowie durch die Abmessungen der U-Pumpe und der zul. Eintrittsgeschwindigkeit in das Filterrohr.

erf d_i + Schichtstärke des Schüttkorns $\leq$ min d_a

Ungleichförmigkeitsfaktor U = Quotient aus Korngröße des 60- und des 10-prozentigen Kornanteils der Sieblinie (DIN 19 623).
Schüttkorngröße = Filterfaktor · Kennkorngröße (empirisches Verfahren nach *Truelsen*)

Ungleichförmigkeitsfaktor U	Filterfaktor	Kennkorngröße
3 bis 5	4 bis 5	Korngröße des 90%-Anteiles
< 3	4 bis 5	Korngröße des 80%-Anteiles

Ermittlung der Schüttkorngröße mit Hilfe charakteristischer Sieblinien erfolgt nach Arbeitsblatt W 113.

Dicke der Schichten in Brunnenfiltern je Kornabstufung
Bei Brunnen mit mehrfacher Kornabstufung darf die Schichtdicke der feineren Abstufung niemals dünner als die der angrenzenden gröberen sein. Das feinere Korn liegt stets außen.

Körnungen in mm	Dicke in mm
0,25 bis 2	$\geq$ 50
über 2 bis 8	$\geq$ 80
über 8 bis 31,5	$\geq$ 100

Baustoffe der Filterrohre: Stahlschlitzbrückenfilterrohre nach DIN 4922
(Stahl mit Kunststoffüberzug, Edelstahl)
Kunststofffilterrohre nach DIN 4925

Grundwassergewinnung – Berechnungsformeln für stationären Zustand

1. Vertikale Grundwasserfassung (Einzelbrunnen), siehe auch BT f. Ing., Kapitel 13 A Wasserbau
   Freies Grundwasser (GW)   Gespanntes Grundwasser (GW)
   $Q_z = Q = \pi \cdot k_f (h_{GW}^2 - h^2)/(\ln r_w - \ln r)$ $Q_z = Q = 2\pi \cdot k_f \cdot m_{GW} (h_p - h)/(\ln r_w - \ln r)$
   $Q_f = Q' = 2\pi \cdot r \cdot h \cdot \sqrt{k_f}/15$ $Q_f = Q' = 2\pi \cdot r \cdot m_{GW} \cdot \sqrt{k_f}/15$
   Wassergewinnung – Betriebsabsenkung: $s = s_{GW} \leq h_{GW} : 3$ und $s_{GW} \leq (0{,}6$ bis $0{,}75) \, s_{opt}$;
   s_{opt} liegt vor, wenn $Q_f = Q_z$; $r_w = 3000 \, s_{GW} \cdot \sqrt{k_f}$

2. Waagerechte Grundwasserfassung (einseitiger Zufluss)
   Freies GW: $Q = 0{,}5 \, k_f \cdot l \cdot (h_{GW}^2 - h^2) : r_w$ Gespanntes GW: $Q = 0{,}5 \, k_f \cdot l \cdot m_{GW} (h_p - h) : r_w$

3. Einleitung in das Grundwasser
   3.1 Schluckbrunnen, Infiltrationsbrunnen (Unterkante Brunnen = GW-Sohle)
       Freies GW: $Q = \pi \cdot k_f (2 \, h_{GW} \cdot s'_{GW} + s'^2_{GW}) : (\ln r_w - \ln r)$
       Gespanntes GW: $Q = 2\pi \cdot k_f \cdot h_{GW} \cdot s'_{GW} : (\ln r_w - \ln r)$
   3.2 Versickerungsbrunnen (Unterkante Brunnen = Grundwasseroberfläche)
       $Q = k_f \cdot s'_{GW} \cdot \pi : (\ln r_w - \ln r)$
   3.3 Waagerechte Sickerrohrleitung $Q = 0{,}5 \, k_f \cdot d \cdot l(z + h') : z$
   3.4 Langgestrecktes Anreicherungsbecken $Q = 0{,}5 \, k_f \cdot A \cdot (z + h') : z$

Formelzeichen

Größe	Einheit	Benennung	Größe	Einheit	Benennung
A	m²	Grundfläche	m_{GW}	m	GW-Mächtigkeit in der wasserführenden Schicht
d	m	Durchmesser			
h	m	Wassertiefe über GW-Sohle	Q	m³/s	Zufluss, Sickerabfluss
h'	m	Wassertiefe in Sickerleitung, Anreicherungsbecken	r	m	Brunnenradius
			r_w	m	Reichweite der Absenkung
h_{GW}	m	GW-Mächtigkeit, $h + s_{GW}$	s_{GW}	m	GW-Absenkung, $h_{GW} - h$
h_p	m	Standrohrspiegelhöhe	s'_{GW}	m	GW-Aufstauhöhe
k_f	m/s	Durchlässigkeit	z	m	Abstand zwischen Rohrunterkante bzw. Sohle Anreicherungsbecken und gehobener GW-Oberfläche
l	m	Länge (Fassung, Sickerleitung)			
l_R	m	Reichweite des GW-Aufstaus			

4 Wasserförderung

Kreiselpumpen: kontinuierlicher Förderstrom, Saughöhe $h = 7$ m bis $7{,}5$ m, Förderhöhe kann durch Einsatz von mehrstufigen Kreiselpumpen nach Bedarf erhöht werden, Wirkungsgrad $\eta = 30\%$.
Kolbenpumpen: Saughöhe $h = 8$ m, Wirkungsgrad $\eta = 70\%$ bis 80%.
Elektromotore: übliche Stromart ist Drehstrom, Antrieb direkt durch Kupplung, durch Riemen oder Getriebe, übliche Lastdrehzahlen $n = 2900/\text{min}$ bzw. $1450/\text{min}$, Wirkungsgrad $\eta = 80\%$ bis 95%.

Leistungsberechnung:

$P = (Q \cdot h_{ges}) : (102 \cdot \eta_{ges})$ in kW

    Q Förderstrom in l/s
    h_{ges} Förderhöhe in m (= geodätische Höhe + Verlusthöhe für Saug- und Druckleitung)
    η_{ges} Gesamtwirkungsgrad von Pumpe und Motor

Richtwert: $W_{el} = 5 \, W \cdot h$ bei Kreiselpumpen, für $V = 1 \, m^3$ und $h_{ges} = 1$ m
             $W_{el} = 3{,}5 \, W \cdot h$ bei Kolbenpumpen, für $V = 1 \, m^3$ und $h_{ges} = 1$ m

Richtwert: Leistungsreserve für Antriebsmotore
             kleine Motore: 10% bis 20%; große Motore: 5% bis 10%

5 Wasserbeschaffenheit
Anforderungen an Trinkwasser (DIN 2000)

- Trinkwasser ist das wichtigste Lebensmittel. Es kann nicht ersetzt werden.
- Trinkwasser muss frei sein von Krankheitserregern und darf keine gesundheitsschädigenden Eigenschaften haben.
- Trinkwasser soll keimarm sein.

- Trinkwasser soll appetitlich sein und zum Genuss anregen. Es soll farblos, klar, kühl, geruchlos und geschmacklich einwandfrei sein.
- Der Gehalt an gelösten Stoffen soll sich in Grenzen halten.
- Trinkwasser und die damit in Berührung stehenden Werkstoffe sollen so aufeinander abgestimmt sein, dass keine Korrosionsschäden hervorgerufen werden.
- Trinkwasser soll an der Übergabestelle in genügender Menge und mit ausreichendem Druck zur Verfügung stehen.

Wasserhärte

Härtebildner sind Calcium- und Magnesiumsalze. Calcium und Magnesium in Verbindung mit Hydrogenkarbonaten und Karbonaten ergeben die Karbonathärte, in Verbindung mit Sulfaten, Nitraten, Chloriden die Nichtkarbonathärte. Gesamthärte ist Karbonathärte plus Nichtkarbonathärte. Sie wird gemessen in mmol/l (Millimol je Liter). Bei Umrechnung in nicht mehr zulässiger, aber noch häufig verwendeter Maßeinheit °d (Grad deutscher Härte) ergibt sich: 1 °d ≙ 10 mg CaO bzw. 7,19 mg MgO pro Liter.
Bezogen auf die Summe der Erdalkalien: 1 mmol/l ≙ 5,6 °d; 0,179 mmol/l ≙ 1 °d

Beispiel: Gegeben: Konzentrationen für Calcium 36,8 mg/l und Magnesium 7,9 mg/l
Gesucht: Stoffmengenkonzentration in mmol/l
Lösung: Stoffmengenkonzentration = Massenkonzentration (mg/l) dividiert durch molare Masse
(g/mol) → (36,8/40 + 7,9/24) = 1,25 mmol/l
Umrechnung in °d → Gesamthärte = 1,25 · 5,6 °d = 7,0 °d

Wasserhärtebereiche für Trinkwasser

Gesamthärte mmol/l	Bezeichnung	Beurteilung
0 bis 0,71	sehr weich	geeignet
> 0,71 bis 1,42	weich	gut geeignet
> 1,42 bis 2,14	mittelhart	gut geeignet
> 2,14 bis 3,21	ziemlich hart	tragbar
> 3,21 bis 5,35	hart	tragbar
> 5,35	sehr hart	ungeeignet

Wasserhärtebereiche (Waschmittelgesetz)

Gesamthärte mmol/l	Härtebereich	Bezeichnung
≤ 1,25	1	weich
> 1,25 bis 2,50	2	mittelhart
> 2,50 bis 3,78	3	hart
> 3,78	4	sehr hart

pH-Wert

Der pH-Wert ist ein Kennzeichen für die Aggressivität des Wassers. Für Trinkwasser liegt er im Bereich von 6,0 bis 8,5. Der pH-Wert ist der negative dekadische Logarithmus der Wasserstoffionenaktivität. Die Wasserstoffionenkonzentration kann zwischen 10^0 und 10^{-14} mmol/l liegen. Eine Mittelwertbildung von pH-Werten ist unzulässig. Bei gemessenen pH-Werten ist stets die Temperatur anzugeben.

pH-Werte und Aggressivität

0	1	2	3	4	5	6	7	8	9	10	11	12	13	14
stark sauer				schwach sauer				schwach basisch				stark basisch		

pH = 7 → neutrale Lösung oder reines Wasser.

6 Wasserverteilung

Einzelheiten zur Rohrhydraulik siehe BT f. Ingenieure, Kap. 13 A Wasserbau. Bemessung der Rohrleitungen erfolgt nach *Prandtl/Colebrook* (ausführliche Tabellen in W 302).

Es gelten für k_i in mm und v in m/s:	k_i	v
Fern- und Zubringerleitungen m. gestreckter Leitungsführung aus Stahl- od. Gussrohren m. ZM- oder Bitumenauskleidung od. Spannbeton- od. Faserzementrohren	0,1	≥ 2,0
Hauptleitungen wie vor, aber auch ohne Auskleidung in Verteilungsnetzen (ohne Ablagerungen)	0,4	1,0 bis 2,0
Neue Netze, Versorgungsleitungen	1,0	0,5 bis 0,8

Für Nachrechnung bestehender Netze vorhandene Rauheit i. d. R. durch Messung bestimmen.

Tafel für Fernwasserleitungen
Integrale Rauheit $k_i = 0{,}1$ mm; DN = Nennweite; $I_E = h_{vr}/l$

Q l/s	DN 50 v m/s	DN 50 I_E ‰	DN 65 v m/s	DN 65 I_E ‰	DN 80 v m/s	DN 80 I_E ‰	DN 100 v m/s	DN 100 I_E ‰	DN 125 v m/s	DN 125 I_E ‰	DN 150 v m/s	DN 150 I_E ‰
1	0,51	7,900	0,30	2,171	0,20	0,790	0,13	0,269	0,08	0,092	0,06	0,039
1,5	0,76	16,752	0,45	4,544	0,30	1,638	0,19	0,553	0,12	0,188	0,08	0,079
2	1,02	28,749	0,60	7,726	0,40	2,766	0,25	0,927	0,16	0,314	0,11	0,130
3	1,53	62,101	0,90	16,474	0,60	5,838	0,38	1,938	0,24	0,650	0,17	0,269
4	2,04	107,883	1,21	28,374	0,80	9,982	0,51	3,289	0,33	1,096	0,23	0,450
5	2,55	166,068	1,51	43,408	0,99	15,189	0,64	4,974	0,41	1,649	0,28	0,675
6	3,06	236,645	1,81	61,568	1,19	21,452	0,76	6,992	0,49	2,307	0,34	0,941
7			2,11	82,850	1,39	28,769	0,89	9,340	0,57	3,070	0,40	1,248
8			2,41	107,251	1,59	37,137	1,02	12,016	0,65	3,936	0,45	1,595
9			2,71	134,769	1,79	46,554	1,15	15,020	0,73	4,905	0,51	1,983
10			3,01	165,403	1,99	57,021	1,27	18,350	0,81	5,977	0,57	2,411
15					2,98	125,066	1,91	39,893	1,22	12,865	0,85	5,148
20							2,55	69,566	1,63	22,291	1,13	8,869
30									2,44	48,723	1,70	19,242

Q l/s	DN 200 v m/s	DN 200 I_E ‰	DN 250 v m/s	DN 250 I_E ‰	DN 300 v m/s	DN 300 I_E ‰	DN 400 v m/s	DN 400 I_E ‰	DN 500 v m/s	DN 500 I_E ‰	DN 600 v m/s	DN 600 I_E ‰
10	0,32	0,585	0,20	0,197	0,14	0,082	0,08	0,021				
15	0,48	1,233	0,31	0,412	0,21	0,169	0,12	0,043				
20	0,64	2,105	0,41	0,698	0,28	0,286	0,16	0,072	0,10	0,025		
30	0,95	4,509	0,61	1,482	0,42	0,602	0,24	0,149	0,15	0,051	0,11	0,021
40	1,27	7,787	0,81	2,543	0,57	1,027	0,32	0,250	0,20	0,085	0,14	0,036
50	1,59	11,933	1,02	3,876	0,71	1,559	0,40	0,377	0,25	0,127	0,18	0,052
60	1,91	16,945	1,22	5,481	0,85	2,198	0,48	0,529	0,31	0,177	0,21	0,074
70	2,23	22,821	1,43	7,358	0,99	2,941	0,56	0,703	0,36	0,235	0,25	0,096
80	2,55	29,561	1,63	9,504	1,13	3,790	0,64	0,902	0,41	0,301	0,28	0,124
90	2,86	37,164	1,83	11,921	1,27	4,744	0,72	1,126	0,46	0,374	0,32	0,154
100	3,18	45,630	2,04	14,607	1,41	5,802	0,80	1,372	0,51	0,454	0,35	0,186
150			3,06	32,080	2,12	12,658	1,19	2,958	0,76	0,969	0,53	0,393
200					2,83	22,117	1,59	5,130	1,02	1,671	0,71	0,674
300							2,39	11,219	1,53	3,622	1,06	1,449
400							3,18	19,633	2,04	6,304	1,41	2,510
500									2,55	9,714	1,77	3,852
600									3,06	13,850	2,12	5,479
700									3,56	18,714	2,48	7,386
800											2,83	9,576

Q l/s	DN 700 v m/s	DN 700 I_E ‰	DN 800 v m/s	DN 800 I_E ‰	DN 900 v m/s	DN 900 I_E ‰	DN 1000 v m/s	DN 1000 I_E ‰	DN 1100 v m/s	DN 1100 I_E ‰	DN 1200 v m/s	DN 1200 I_E ‰
80	0,21	0,059	0,16	0,031	0,13	0,018	0,10	0,012				
90	0,23	0,072	0,18	0,038	0,14	0,021	0,11	0,013				
100	0,26	0,088	0,20	0,046	0,16	0,026	0,13	0,017	0,11	0,010		
150	0,39	0,185	0,30	0,096	0,24	0,054	0,19	0,033	0,16	0,021	0,13	0,015
200	0,52	0,315	0,40	0,163	0,31	0,092	0,25	0,056	0,21	0,034	0,18	0,023
300	0,78	0,672	0,60	0,346	0,47	0,194	0,38	0,116	0,32	0,074	0,27	0,048
400	1,04	1,159	080	0,596	0,63	0,331	0,51	0,198	0,42	0,124	0,35	0,082
500	1,30	1,772	0,99	0,907	0,79	0,504	0,64	0,301	0,53	0,188	0,44	0,123
600	1,56	2,518	1,19	1,284	0,94	0,713	0,76	0,423	0,63	0,263	0,53	0,172
700	1,82	3,381	1,39	1,725	1,10	0,956	0,89	0,565	0,74	0,351	0,62	0,229
800	2,08	4,376	1,59	2,229	1,26	1,232	1,02	0,728	0,84	0,452	0,71	0,294
900	2,34	5,497	1,79	2,795	1,41	1,544	1,15	0,911	0,95	0,566	0,80	0,367
1000	2,60	6,745	1,99	3,427	1,57	1,890	1,27	1,113	1,05	0,690	0,88	0,447
1500	3,90	14,877	2,98	7,527	2,36	4,136	1,91	2,426	1,58	1,500	1,33	0,969
2000					3,14	7,238	2,55	4,236	2,10	2,612	1,77	1,684
3000							3,82	9,341	3,16	5,747	2,65	3,692

Tafel für Wasserversorgungshauptleitungen
Integrale Rauheit $k_i = 0,4$ mm; DN = Nennweite; $I_E = h_{vr}/l$

Q l/s	DN 50 v m/s	DN 50 I_E ‰	DN 65 v m/s	DN 65 I_E ‰	DN 80 v m/s	DN 80 I_E ‰	DN 100 v m/s	DN 100 I_E ‰	DN 125 v m/s	DN 125 I_E ‰	DN 150 v m/s	DN 150 I_E ‰
1	0,51	10,155	0,30	2,638	0,20	0,921	0,13	0,302	0,08	0,101	0,06	0,041
1,5	0,76	22,250	0,45	5,711	0,30	1,972	0,19	0,638	0,12	0,210	0,08	0,085
2	1,02	38,997	0,60	9,938	0,40	3,408	0,25	1,094	0,16	0,356	0,11	0,144
3	1,53	86,441	0,90	21,851	0,60	7,431	0,38	2,359	0,24	0,759	0,17	0,304
4	2,04	52,482	1,21	38,371	0,80	12,986	0,51	4,095	0,33	1,307	0,23	0,520
5	2,55	237,120	1,51	59,500	0,99	20,072	0,64	6,301	0,41	2,001	0,28	0,791
6	3,06	340,353	1,81	85,234	1,19	28,688	0,76	8,977	0,49	2,839	0,34	1,118
7			2,11	115,575	1,39	38,835	0,89	12,123	0,57	3,821	0,40	1,501
8			2,41	150,423	1,59	50,513	1,02	15,738	0,65	4,948	0,45	1,938
9			2,71	190,077	1,79	63,721	1,15	19,822	0,73	6,219	0,51	2,431
10			3,01	234,337	1,99	78,459	1,27	24,375	0,81	7,635	0,57	2,979
15					2,98	175,102	1,91	54,182	1,22	16,876	0,85	6,546
20							2,55	95,719	1,63	29,723	1,13	11,490
30									2,44	66,229	1,70	25,509

Q l/s	DN 200 v m/s	DN 200 I_E ‰	DN 250 v m/s	DN 250 I_E ‰	DN 300 v m/s	DN 300 I_E ‰	DN 400 v m/s	DN 400 I_E ‰	DN 500 v m/s	DN 500 I_E ‰	DN 600 v m/s	DN 600 I_E ‰
10	0,32	0,686	0,20	0,223	0,14	0,090	0,08	0,023				
15	0,48	1,489	0,31	0,479	0,21	0,191	0,12	0,046				
20	0,64	2,595	0,41	0,828	0,28	0,329	0,16	0,079	0,10	0,026		
30	0,95	5,715	0,61	1,809	0,42	0,712	0,24	0,167	0,15	0,058	0,11	0,023
40	1,27	10,044	0,81	3,164	0,57	1,240	0,32	0,287	0,20	0,095	0,14	0,039
50	1,59	15,582	1,02	4,892	0,71	1,910	0,40	0,441	0,25	0,144	0,18	0,057
60	1,91	22,328	1,22	6,994	0,85	2,725	0,48	0,624	0,31	0,203	0,21	0,082
70	2,23	30,283	1,43	9,470	0,99	3,682	0,56	0,841	0,36	0,271	0,25	0,108
80	2,55	39,447	1,63	12,320	1,13	4,783	0,64	1,088	0,41	0,349	0,28	0,139
90	2,86	49,819	1,83	15,543	1,27	6,028	0,72	1,367	0,46	0,438	0,32	0,175
100	3,18	61,400	2,04	19,139	1,41	7,416	0,80	1,679	0,51	0,535	0,35	0,212
150			3,06	42,726	2,12	16,504	1,19	3,709	0,76	1,175	0,53	0,464
200					2,83	29,175	1,59	6,531	1,02	2,061	0,71	0,808
300							2,39	14,552	1,53	4,570	1,06	1,782
400							3,18	25,740	2,04	8,063	1,41	3,136
500									2,55	12,539	1,77	4,869
600									3,06	18,000	2,12	6,987
700									3,56	24,442	2,48	9,468
800											2,83	12,336

Q l/s	DN 700 v m/s	DN 700 I_E ‰	DN 800 v m/s	DN 800 I_E ‰	DN 900 v m/s	DN 900 I_E ‰	DN 1000 v m/s	DN 1000 I_E ‰	DN 1100 v m/s	DN 1100 I_E ‰	DN 1200 v m/s	DN 1200 I_E ‰
80	0,21	0,065	0,16	0,034	0,13	0,020	0,10	0,012				
90	0,23	0,080	0,18	0,043	0,14	0,023	0,11	0,015				
100	0,26	0,098	0,20	0,051	0,16	0,028	0,13	0,018	0,11	0,012		
150	0,39	0,212	0,30	0,108	0,24	0,061	0,19	0,036	0,16	0,023	0,13	0,015
200	0,52	0,369	0,40	0,188	0,31	0,103	0,25	0,062	0,21	0,038	0,18	0,025
300	0,78	0,808	0,60	0,408	0,47	0,225	0,38	0,132	0,32	0,082	0,27	0,054
400	1,04	1,417	0,80	0,713	0,63	0,392	0,51	0,229	0,42	0,142	0,35	0,092
500	1,30	2,195	0,99	1,103	0,79	0,604	0,64	0,353	0,53	0,217	0,44	0,141
600	1,56	3,141	1,19	1,578	0,94	0,862	0,76	0,503	0,63	0,309	0,53	0,199
700	1,82	4,259	1,39	2,136	1,10	1,165	0,89	0,677	0,74	0,416	0,62	0,268
800	2,08	5,542	1,59	2,777	1,26	1,513	1,02	0,880	0,84	0,540	0,71	0,346
900	2,34	6,998	1,79	3,505	1,41	1,907	1,15	1,108	0,95	0,681	0,80	0,436
1000	2,60	8,621	1,99	4,314	1,57	2,346	1,27	1,364	1,05	0,835	0,88	0,535
1500	3,90	19,277	2,98	9,630	2,36	5,228	1,91	3,030	1,58	1,852	1,33	1,183
2000					3,14	9,246	2,55	5,355	2,10	3,270	1,77	2,085
3000							3,82	11,971	3,16	7,300	2,65	4,650

Tafel für Wasserverteilungsleitungen
Integrale Rauheit $k_i = 1,0$ mm; DN = Nennweite; $I_E = h_{vr}/l$

Q l/s	DN 50 v m/s	DN 50 I_E ‰	DN 65 v m/s	DN 65 I_E ‰	DN 80 v m/s	DN 80 I_E ‰	DN 100 v m/s	DN 100 I_E ‰	DN 125 v m/s	DN 125 I_E ‰	DN 150 v m/s	DN 150 I_E ‰
1	0,51	13,355	0,30	3,341	0,20	1,129	0,13	0,357	0,08	0,115	0,06	0,046
1,5	0,76	29,677	0,45	7,371	0,30	2,472	0,19	0,773	0,12	0,245	0,08	0,097
2	1,02	52,423	0,60	12,969	0,40	4,331	0,25	1,346	0,16	0,424	0,11	0,167
3	1,53	117,183	0,90	28,872	0,60	9,595	0,38	2,962	0,24	0,924	0,17	0,360
4	2,04	207,636	1,21	51,048	0,80	16,922	0,51	5,203	0,33	1,615	0,23	0,626
5	2,55	323,781	1,51	79,498	0,99	26,311	0,64	8,071	0,41	2,496	0,28	0,964
6	3,06	465,617	1,81	114,221	1,19	37,763	0,76	11,564	0,49	3,568	0,34	1,374
7			2,11	155,218	1,39	51,277	0,89	15,683	0,57	4,830	0,40	1,856
8			2,41	202,489	1,59	66,854	1,02	20,428	0,65	6,282	0,45	2,411
9			2,71	256,033	1,79	84,492	1,15	25,799	0,73	7,926	0,51	3,038
10			3,01	315,850	1,99	104,193	1,27	31,795	0,81	9,759	0,57	3,737
15					2,98	233,634	1,91	71,164	1,22	21,783	0,85	8,315
20							2,55	126,177	1,63	38,567	1,13	14,697
30									2,44	86,417	1,70	32,877

Q l/s	DN 200 v m/s	DN 200 I_E ‰	DN 250 v m/s	DN 250 I_E ‰	DN 300 v m/s	DN 300 I_E ‰	DN 400 v m/s	DN 400 I_E ‰	DN 500 v m/s	DN 500 I_E ‰	DN 600 v m/s	DN 600 I_E ‰
10	0,32	0,831	0,20	0,262	0,14	0,103	0,08	0,025				
15	0,48	1,836	0,31	0,575	0,21	0,224	0,12	0,052				
20	0,64	3,233	0,41	1,007	0,28	0,391	0,16	0,090	0,10	0,030		
30	0,95	7,202	0,61	2,233	0,42	0,863	0,24	0,196	0,15	0,064	0,11	0,026
40	1,27	12,738	0,81	3,939	0,57	1,517	0,32	0,341	0,20	0,110	0,14	0,044
50	1,59	19,840	1,02	6,126	0,71	2,355	0,40	0,527	0,25	0,167	0,18	0,065
60	1,91	28,510	1,22	8,793	0,85	3,376	0,48	0,752	0,31	0,237	0,21	0,093
70	2,23	38,748	1,43	11,941	0,99	4,580	0,56	1,018	0,36	0,320	0,25	0,126
80	2,55	50,549	1,63	15,569	1,13	5,968	0,64	1,325	0,41	0,416	0,28	0,163
90	2,86	63,919	1,83	19,678	1,27	7,538	0,72	1,617	0,46	0,524	0,32	0,204
100	3,18	78,856	2,04	24,267	1,41	9,292	0,80	2,058	0,51	0,643	0,35	0,251
150			3,06	54,418	2,12	20,808	1,19	4,591	0,76	1,429	0,53	0,555
200					2,83	36,904	1,59	8,127	1,02	2,526	0,71	0,976
300							2,39	18,207	1,53	5,645	1,06	2,175
400							3,18	32,298	2,04	10,002	1,41	3,849
500									2,55	15,596	1,77	5,996
600									3,06	22,429	2,12	8,618
700									3,56	30,499	2,48	11,713
800											2,83	15,283

Q l/s	DN 700 v m/s	DN 700 I_E ‰	DN 800 v m/s	DN 800 I_E ‰	DN 900 v m/s	DN 900 I_E ‰	DN 1000 v m/s	DN 1000 I_E ‰	DN 1100 v m/s	DN 1100 I_E ‰	DN 1200 v m/s	DN 1200 I_E ‰
80	0,21	0,074	0,16	0,038	0,13	0,021	0,10	0,013				
90	0,23	0,093	0,18	0,048	0,14	0,026	0,11	0,017				
100	0,26	0,115	0,20	0,057	0,16	0,033	0,13	0,020	0,11	0,012		
150	0,39	0,250	0,30	0,126	0,24	0,069	0,19	0,041	0,16	0,026	0,13	0,017
200	0,52	0,439	0,40	0,220	0,31	0,121	0,25	0,070	0,21	0,044	0,18	0,028
300	0,78	0,974	0,60	0,486	0,47	0,264	0,38	0,154	0,32	0,095	0,27	0,061
400	1,04	1,720	0,80	0,858	0,63	0,465	0,51	0,217	0,42	0,165	0,35	0,106
500	1,30	2,677	0,99	1,335	0,79	0,723	0,64	0,419	0,53	0,256	0,44	0,163
600	1,56	3,846	1,19	1,916	0,94	1,036	0,76	0,601	0,63	0,366	0,53	0,234
700	1,82	5,224	1,39	2,601	1,10	1,406	0,89	0,813	0,74	0,496	0,62	0,317
800	2,08	6,815	1,59	3,391	1,26	1,834	1,02	1,059	0,84	0,646	0,71	0,411
900	2,34	8,615	1,79	4,285	1,41	2,315	1,15	1,338	0,95	0,814	0,80	0,519
1000	2,60	10,626	1,99	5,283	1,57	2,855	1,27	1,648	1,05	1,004	0,88	0,638
1500	3,90	23,845	2,98	11,845	2,36	6,396	1,91	3,688	1,58	2,244	1,33	1,426
2000					3,14	11,344	2,55	6,540	2,10	3,975	1,77	2,524
3000							3,82	14,671	3,16	8,913	2,65	5,657

Ermittlung des Durchflusses bei geschlossenen Siedlungsgebieten mit dem Metermengenwert
$m = \max Q_h : \Sigma l$ in l/(s·m)
Σl = Gesamtlänge der Rohrleitungen im Versorgungsgebiet in m
Minimale Nennweite DN 100; Ausnahme in begründeten Fällen DN 80.

Betriebsdrücke (W 403): Maßgebende Grenzwerte in Versorgungsnetzen sind: Mindestfließdruck gemessen am Hausanschluss 2 bar bis 4 bar; empfohlener Ruhedruck im Schwerpunkt einer Druckzone 5 bar; Druckminderer in der Verbrauchsanlage 6 bar; i. d. R. höchster Ruhedruck 8 bar, zusätzlich etwa 2 bar Reserve für Druckstöße ergeben den Mindestplanungswert von 10 bar für Verteilungsnetze.

Versorgungsdruck	neue Netze[1]	bestehende Netze[2]
für Gebäude mit EG	2,0 bar	2,0 bar
für Gebäude mit EG und 1 OG	2,5 bar	2,35 bar
für Gebäude mit EG und 2 OG	3,0 bar	2,70 bar
für Gebäude mit EG und 3 OG	3,5 bar	3,05 bar
für Gebäude mit EG und 4 OG	4,0 bar	3,40 bar

[1] Die angegebenen Drücke – gemessen am Hausanschluss unmittelbar vor dem Wasserzähler – sollen nicht unterschritten werden. Bei normgerechter Bemessung und Ausführung der Wasserversorgungsanlagen ist dann an der hydraulisch ungünstigst gelegenen Wasserzapfstelle ein Mindestdruck von 1 bar verfügbar.

[2] Für bestehende Versorgungsnetze und für neue Netzteile in direktem Zusammenhang mit bestehenden Netzen sollen die angegebenen Drücke – gemessen am Hausanschluss – mindestens angestrebt werden.

Zum Nachweis der Rohrnetzdrücke sind folgende Betriebszustände zu berücksichtigen:
- max Q_h bei max Q_d ohne Löschwasser
- max Q_h bei Q_d mit Löschwasser
- max. Förderung der Pumpwerke ohne Abnahme.

Versorgungsnetz – Rohrnetzberechnung
Verästelungsnetz: In einfachen Fällen erfolgt die Bemessung eines Ringnetzes als „gedachtes" Verästelungsnetz. Das Ringnetz wird durch „scheinbare" Schnittstellen so weit aufgelöst, dass Rohrstränge mit eindeutiger Fließrichtung entstehen. Die Bemessung der Rohrstränge ist so durchzuführen, dass an den „scheinbaren" Schnittstellen die Druckdifferenz $\Delta p \leq 10\%$ des Versorgungsdrucks p_e ist, bei kleinen Netzen $\Delta p \leq 0,2$ bar. Bei unzulässiger Druckdifferenz muss die „scheinbare" Schnittstelle neu festgelegt werden, oder es muss ggf. die Bemessung geändert werden.
Zeichnerische Darstellung von Rohrnetzplänen der Wasserversorgung: DIN 2425-1

Einfacher Listenkopf

1	2	3	4	5	6	7	8	9	10	11
Lfd. Nr.	Name der Straße	Strecke		Strang-länge l	Strangabnahme				Lösch-wasser	Strang-belastung ΣQ
		von	bis		Meter-mengen-wert m	Durch-fluss $Q = l \cdot m$	Über-nahme aus Lfd. Nr.	Durch-fluss Q aus Sp. 7	Durch-fluss ΣQ Sp. 6+8		Sp.9+10
–	–	–	–	m	l/(s·m)	l/s	–	l/s	l/s	l/s	l/s

12	13	14	15	16	17	18	19	20
Bemessung		Druckge-fälle I_p	Ver-lusthöhe $h_v = l \cdot I_p$	Gesamt-verlust-höhe Σh_v	Druck-höhe H	Gelände-höhe H_{geo}	Versor-gungsdruck $p_e = \dfrac{H - H_{geo}}{10}$	Be-mer-kungen
Nenn-weite DN	Fließ-geschwin-digkeit v							
	m/s	m/km	m	m	m ü. NN	m ü. NN	bar	

Ringnetz: Eine genaue Bemessung von Ringnetzen ist möglich durch das Iterationsverfahren nach Cross.

Grundlagen:
1. Knotenbedingung:
   Summe der Zuflüsse
   = Summe der Abflüsse

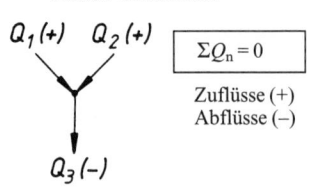

2. Maschenbedingung:
   Summe der Verlusthöhen innerhalb einer ringförmig geschlossenen Masche ist null.

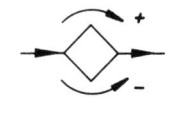

$Q_1 (+) \quad Q_2 (+)$

$\Sigma Q_n = 0$

$Q_3 (-)$

Zuflüsse (+)
Abflüsse (−)

$\Sigma h_v = 0$

$h_v (+)$ bei Durchfluss im Uhrzeigersinn
$h_v (-)$ bei Durchfluss entgegen Uhrzeigersinn

3. Knotenzahlbedingung:

$K - n + m = 1$

K Anzahl der Knoten
n Anzahl der Stränge
m Anzahl der Maschen

- **Verfahren mit Verlusthöhenausgleich:**
  Unter der Knotenpunktsbedingung $\Sigma Q = 0$ werden in der Masche die Strangdurchflüsse geschätzt und damit die Verlusthöhen h_v in den Strängen ermittelt. Ist die Maschenbedingung $\Sigma h = 0$ nicht erfüllt, wird für die Masche eine Korrektur erforderlich:

- $\Delta Q = -\Sigma h_v / \left(2 \Sigma \dfrac{h_v}{Q}\right)$; $\quad h_v = \lambda \cdot l \cdot v^2/(d \cdot 2g) = I_p \cdot l$

Die Rechnung muss so lange wiederholt werden, bis die Korrektur ΔQ unter einem gewählten Grenzwert bleibt.

Beispiel:

Gegeben: $l_1 = 0{,}100$ km; $l_2 = 0{,}150$ km; $Q = 60$ l/s;
$DN_1 = DN\ 250$; $DN_2 = DN\ 200$; $k_i = 1{,}0$ mm;
zul $\Delta Q \leq \pm\ 0{,}1$ l/s

Gesucht: Q_1 und Q_2 in l/s

Ring	Strang	DN	l km	Schätzung				1. Korrektur			
				Q l/s	I_p m/km	h_v m	h_v/Q m·s/l	Q' l/s	I'_p m/km	h'_v m	h'_v/Q' m·s/l
1	1	250	0,100	45	5,033	0,5033	0,01118	41,143	4,189	0,4189	0,01018
	2	200	0,150	−15	1,836	−0,2754	0,01836	−18,857	2,914	−0,4371	0,02318
				Summe		0,2279	0,02954	Summe		−0,0182	0,03336

$\Delta Q_1 = -\dfrac{0{,}2279}{2 \cdot 0{,}02954} = -3{,}857$ l/s

$Q' = Q + \Delta Q_1$

$\Delta Q_2 = -\dfrac{-0{,}0182}{2 \cdot 0{,}03336} = 0{,}273$ l/s

$Q'' = Q' + \Delta Q_2$

2. Korrektur

Q'' l/s	I''_p m/km	h''_v m	h''_v/Q'' m·s/l
41,416	4,249	0,4249	0,01026
−18,584	2,837	−0,4256	0,02290
Summe		−0,0007	0,03316

$\Delta Q_3 = -\dfrac{-0{,}0007}{2 \cdot 0{,}03316} = 0{,}011$ l/s

Ergebnis:
$\Delta Q_3 = 0{,}01$ l/s $<$ zul ΔQ

$Q_1 = 41{,}4$ l/s

$Q_2 = 18{,}6$ l/s

7 Wasserspeicherung (W 311)

Für die Bemessung des Fassungsraumes ist maßgebend max Q_d einschl. eines Zuschlages. Hinzu kommt die Löschwasserreserve. Bei großen Behältern ($V > 2000 \, m^3$) ist maßgebend das fluktuierende Wasservolumen eines Höchstverbrauchstages mit einem ausreichenden Sicherheitszuschlag. Fluktuierendes Wasservolumen = max. Differenz zwischen Fördersummenwert und Abnahmesummenwert.

Richtwert: Nutzinhalt $V = 0{,}5 \max Q_d$ (große Orte)
Nutzinhalt $V = \max Q_d$ (kleine und mittlere Orte)

Bis zu einem Nutzinhalt von $V = 5000 \, m^3$ werden folgende Fassungsinhalte einschl. Löschwasservorrat empfohlen: $100 \, m^3$; $200 \, m^3$; $500 \, m^3$; $2000 \, m^3$; $5000 \, m^3$.
Die Aufteilung in zwei Kammern ist i. d. R. erforderlich.

Übliche Grundformen für Erdbehälter:
Rechteckform für Behälter bis etwa $20\,000 \, m^3$, Kreisform für Behälter bis etwa $7000 \, m^3$; Quadratform für Behälter bis etwa $300 \, m^3$ Nutzinhalt.

Rechteckform	Seitenverhältnis Länge : Breite	kleiner Behälter $\geq 2:1$	großer Behälter $\geq 3:1$	
Empfohlene Wassertiefe h in m	3,00	4,00 (oder 5,00)	5,00 (oder 6,00)	> 6,00
Behältervolumen V in m^3	< 200	200 bis 500	> 500	> 10 000

Richtwerte: Für kleine und mittlere Anlagen gelten folgende Werte für vertretbaren Löschwasserspeicherraum, soweit die zuständige Behörde zustimmt:

	Einwohnerzahl	LW-Speicherraum
Einzelgebäude, kl. landw. Anwesen	< 100 E	50 m^3
Kl. ländl. Orte, bis 50 Anwesen	ca. 300 E	100 m^3
Gr. ländl. Orte, offene Bauweise	ca. 3000 E	150 m^3
Gr. ländl. Orte, geschl. Bauweise	ca. 3000 E	200 m^3
Kleinstädte mit gefährdetem Altstadtgebiet	> 3000 E	300 m^3

Beispiel:
Gegeben: Tagesganglinie des Wasserverbrauchs
Förderzeit $t = 10$ h (8 Uhr bis 18 Uhr)
Gesucht: Fluktuierendes Wasservolumen V_{fl} in m^3 für den Tagesausgleich
Lösung: $V_{fl} = \max Q_d \cdot \max \Sigma (F - V) = \max Q_d \cdot 43{,}2/100$

Zeit	0–1	1–2	2–3	3–4	4–5	5–6	6–7	7–8	8–9	9–10	10–11	11–12
V	2,0	1,6	1,5	1,5	1,6	2,2	3,1	4,0	5,1	6,0	5,9	5,9
ΣV	2,0	3,6	5,1	6,6	8,2	10,4	13,5	17,5	22,6	28,6	34,5	40,4
F									10	10	10	10
$F - V$	–2,0	–1,6	–1,5	–1,5	–1,6	–2,2	–3,1	–4,0	4,9	4,0	4,1	4,1
$\Sigma (F - V)$	15,5	13,9	12,4	10,9	9,3	7,1	4,0	0	4,9	8,9	13,0	17,1

Zeit	12–13	13–14	14–15	15–16	16–17	17–18	18–19	19–20	20–21	21–22	22–23	23–24
V	6,1	5,2	5,5	5,6	6,0	5,5	6,0	5,3	5,1	4,1	3,1	2,1
ΣV	46,5	51,7	57,2	62,8	68,8	74,3	80,3	85,6	90,7	94,8	97,9	100,0
F	10	10	10	10	10	10						
$F - V$	3,9	4,8	4,5	4,4	4,0	4,5	–6,0	–5,3	–5,1	–4,1	–3,1	–2,1
$\Sigma (F - V)$	21,0	25,8	30,3	34,7	38,7	**43,2**	37,2	31,9	26,8	22,7	19,6	17,5

V Stündlicher Verbrauch in % des Tagesverbrauchs.
F Stündliche Förderung in % des Tagesverbrauchs.
$F - V$ Stündlicher Fehlbetrag (negativ) bzw. stündlicher Überschuss (positiv) in %

12 C Kanalisation
Prof. Dr.-Ing. Klaus Müller

1 Entwässerungsverfahren
Gegenüberstellung von Misch- und Trennverfahren

	Mischverfahren	Trennverfahren
Leitungsnetz	Nur 1 Kanal erforderlich, Tiefenlage wird durch Kellertiefe bestimmt. Im Allg. größere Einbautiefe als beim Trennverfahren. Häufig geringere Kosten bei Sammelkanälen.	Je 1 Kanal erforderlich für Schmutz- und Regenwasser, Tiefenlage des Schmutzwasserkanals wird durch Kellertiefe bestimmt. Regenwasserkanal liegt über dem Schmutzwasserkanal, soll unterhalb der Wasserversorgungsleitung liegen. Günstige Erweiterungsmöglichkeiten.
Grundstücksentwässerung	Nur 1 Grundleitung erforderlich, Gefahr durch Rückstau.	Je 1 Leitung für Schmutz- und Regenwasser, Rückstaugefahr bei Regenwasser.
Kanalbetrieb	Ablagerungen im Kanalnetz bei Trockenwetter, ggf. Spülvorrichtungen erforderlich.	Ablagerungen in den Anfangshaltungen der Schmutzwasserkanäle. Kanalbetrieb teurer.
Sonderbauwerke	Einbau von Regenüberläufen (ggf. Regenüberlaufbecken) zur Entlastung der Mischwasserkanäle. Pumpwerke werden baulich und betrieblich teurer.	Spülschächte in Schmutzwasserkanälen bei ungünstigen Gefälleverhältnissen. Gleichmäßige Beanspruchung der Schmutzwasserpumpen in Pumpwerken.
Klärwerk	Bei wechselnden Mischwassermengen ungleichmäßige Belastung in der Abwasserreinigung, ggf. Bau von Regenwasserklärbecken.	Bau- und Betriebskosten sind geringer, da nur Schmutzwasser behandelt wird.
Vorfluter	Tritt Regenüberlauf in Tätigkeit, gelangt ungereinigtes Abwasser (Mischwasser) in den Vorfluter (hygienische Gefahren).	Regenwasser gelangt i. d. R. ungereinigt in den Vorfluter. (Die Verschmutzung ist geringer als die des Mischwassers und im Wesentlichen verursacht durch Straßenschmutz.)
Bauaufsicht		Ausreichende Bauaufsicht erforderlich, um falsche Anschlüsse zu vermeiden.

Beide Verfahren können mit Erfolg angewandt werden. Vor der Entscheidung für ein Verfahren sind die örtlichen Verhältnisse in ihrer Gesamtheit (wasserwirtschaftliche, hygienische und technische Gesichtspunkte) zu untersuchen [12.10]. Zu berücksichtigen sind:
  Örtliche Gegebenheiten, Gelände- und Vorflutverhältnisse, Entwicklungstendenzen des Entwässerungsgebietes, vorhandene Kanalisationsanlagen, Vorfluterreinhaltung, Bau- und Betriebskosten für Kanalisation und Klärwerk.
Ist die Entscheidung für ein Verfahren nicht eindeutig, sollte dem Mischverfahren der Vorzug gegeben werden. Das Mischverfahren wird bevorzugt in kleinen ländlichen Gemeinden und in Stadtkerngebieten bei dichter Bebauung. Das Trennverfahren wird bevorzugt in geschlossenen Industriegebieten und in schmalen Entwässerungsgebieten längs eines Wasserlaufes. Auch bei geringer Siedlungsdichte (z. B. ländlicher Raum) ist das Trennverfahren geeignet. Hierbei gilt: Versickerung am Entstehungsort, soweit es die Bodenverhältnisse und der Verschmutzungsgrad zulassen. Ist Versickerung nicht möglich, Regenwasser über offene Entwässerungseinrichtungen (Mulden, Gräben, Teiche) dem Gewässer zuführen. Verschmutztes Regenwasser ableiten oder ggf. am Entstehungsort behandeln.
Nach Möglichkeit soll in einem Entwässerungsgebiet nur ein Verfahren angewandt werden (Neuanlagen, besonders in kleinen Gemeinden); (A 105).
Sonderverfahren: Regenwasser oder Teile davon werden unmittelbar verwertet oder versickert.
1. Zwei Entwässerungszonen für Regenwasser: a) verschmutztes Regenwasser, b) nicht schädlich verunreinigtes Regenwasser (A 138).
1.1 Modifiziertes Trennverfahren: Schmutzwasserableitung erfolgt im Schmutzwasserkanal; Regenwasser aus a) wird abgeleitet, Regenwasser aus b) wird versickert.

1.2 Modifiziertes Mischverfahren: Regenwasser aus b) wird versickert, Schmutzwasser und Regenwasser aus a) werden abgeleitet.
2. Druck- und Unterdruckentwässerung: Anwendung zur Ableitung von Schmutzwasser im Trennverfahren bei mit Freispiegelkanälen schwierig zu entwässernden Gebieten (A 116).

2 Abwasseranfall und Kanalnetzberechnung
2.1 Ermittlung des Trockenwetterabflusses
2.1.1 Häusliches Schmutzwasser

Der Schmutzwasseranfall häuslicher Herkunft kann gleichgesetzt werden der Trinkwasserabnahme. Zu berücksichtigen sind Minderung (Verwendung des Trinkwassers in größerem Umfang für Bewässerungszwecke) und Mehrung (Ableitung von Wasser aus Privatbrunnen). Die Kanalleitungen sind nach dem maximalen stündlichen Abfluss zu bemessen.
Der Schmutzwasserlastwert w_s soll auch bei kleineren Orten nicht unter 150 l/(E · d) angenommen werden.
Bei einheitlicher Bebauung kann der Schmutzwasserabfluss mit Hilfe der Schmutzwasserabflussspende ermittelt werden:

$Q_h = q_h \cdot A_{E,k}$

Q_h Schmutzwasserabfluss in l/s
q_h Schmutzwasserabflussspende in l/(s · ha)
$A_{E,k}$ kanalisierte Einzugsfläche in ha

Nach (A 118) wird die Ermittlung von Q_h wie folgt empfohlen:

$Q_h = (q'_h \cdot ED \cdot A_{E,k}) : 1000$

q'_h Einwohnerspezifischer häuslicher Schmutzwasserabfluss in l/(s · 1000 E)
ED Siedlungsdichte im Einzugsgebiet in E/ha

Richtwert: $q'_h = 4$ l/(s · 1000 E);
wenn $q'_h > 5$ l/(s · 1000 E), dann Berechnungsansätze überprüfen   (A 118).

Anhaltswerte für den Schmutzwasserlastwert und max. Stundenabfluss

Schmutzwasserlastwert w_s l/(E · d)	Einwohnerzahl EZ E	max. Stundenabfluss Q_n m³/h
150 bis 180	< 10 000	Q_8 bis Q_{10}
180 bis 200	10 000 bis 20 000	Q_{10}
200 bis 220	20 000 bis 50 000	Q_{12} bis Q_{14}
220 bis 250	50 000 bis 100 000	Q_{14}
250 bis 300	> 100 000	Q_{14} bis Q_{16}

Schmutzwasser aus Gemeinschaftseinrichtungen

Nach DIN 4261 gelten folgende Bemessungswerte:
Beherbergungsstätten, Internate (je nach Ausstattung) .... 1 Bett ≙ 1 E bis 3 E
Camping- und Zeltplätze .... 2 Personen ≙ 1 E
Fabriken, Werkstätten ohne Küchenbetrieb .... 2 Betriebsangehörige ≙ 1 E
Bürohäuser .... 3 Betriebsangehörige ≙ 1 E
Gaststätten ohne Küchenbetrieb .... 3 Plätze ≙ 1 E
Gaststätten mit Küchenbetrieb und höchstens dreimaliger Ausnutzung eines Sitzplatzes in 24 Stunden .... 1 Platz
je weitere dreimalige Ausnutzung in 24 Stunden Zuschlag ...... je 1 E
Gartenlokale ohne Küchenbetrieb .... 10 Plätze ≙ 1 E
Vereinshäuser ohne Küchenbetrieb .... 5 Benutzer ≙ 1 E
Sportplätze ohne Gaststätte und Vereinshaus .... 30 Besucherplätze ≙ 1 E
Nach DIN 19 250 in Krankenanstalten mit weniger als
  200 Betten können gelten:
1 Krankenbett ≙ 2,5 E
1 Angehöriger des ständig anwesenden Personals ≙ 1 E
  (nicht ständig anwesendes Personal bleibt unberücksichtigt)
1 Bewohner einer Personalwohnung ≙ 1 E

Die Anhaltswerte erfassen in ihrer Bandbreite örtliche und strukturelle Besonderheiten, normale tägliche, monatliche und jährliche Schwankungen. Gegebenenfalls sind die Anhaltswerte den Angaben der zuständigen Wasserversorgungsunternehmen gegenüberzustellen.

Der max. Stundenabfluss ist bezogen auf den mittleren Tagesabfluss Q_d in m^3/d.
Schreibweise zur Kennzeichnung des max. Stundenabflusses:
$1/10 \cdot Q_d = Q_{10} = 10$-Stunden-Mittel in m^3/h.
Nach DIN 4261-1 (2.91) wird ein Einwohnerwert mit $w_s = 150$ l/(E · d) berücksichtigt. Bei einem höheren Schmutzwasseranfall sind die Werte entsprechend zu korrigieren.
Nach DIN 19 520 (5.64) schwankt der Wassergebrauch der Krankenanstalten zwischen 200 bis 1000 Liter je Krankenbett und Tag einschl. Wassergebrauch des Personals. Die angegebenen Einwohnerwerte beziehen sich noch auf $w_s = 100$ l/(E · d). Hier ist ebenfalls ein höherer Wasserbedarf zu berücksichtigen. Den Krankenanstalten sind gleichzusetzen Altersheime, Strafanstalten und Anstalten für geistig Behinderte.
Weitere Angaben zum Wasserbedarf öffentlicher Einrichtungen in [12.10] und Seite 12.18.

Richtwerte:
- Bei einem Schmutzwasserlastwert von 200 l/(E · d) und einem 12-Stunden-Mittel ergeben sich bei 1000 Einwohnern etwa 5,0 l/s Schmutzwasserabfluss.
- Bei einer Siedlungsdichte von 200 E/ha und 5,0 l/s Schmutzwasser auf 1000 Einwohner beträgt die Schmutzwasserabflussspende 1,0 l/(s · ha).
- Siedlungsdichte: ländliche Gebiete, lockere Bebauung: 20 E/ha; Stadtzentren: 300 E/ha.
- $w_s = (80$ bis $200)$ l/(E · d), entspricht z. Z. dem mittl. Wasserverbrauch der Bevölkerung inkl. Kleingewerbe.

Beispiel: Gegeben: Siedlungsdichte $ED = 200$ E/ha (Bruttowohndichte)
Schmutzwasserlastwert $w_s = 200$ l/(E · d)
Gesucht: Schmutzwasserabflussspende q_h für Q_{14}
Lösung: $q_h = \dfrac{200 \text{ E/ha} \cdot 200 \text{ l/(E · d)}}{14 \text{ h/d} \cdot 3600 \text{ s/h}} = 0{,}794$ l/(s · ha)

2.1.2 Gewerbliches und industrielles Schmutzwasser

Der Wasserbedarf des Kleingewerbes ist relativ gering (etwa 2 % bis 5 % der städtischen Wasserabnahme). Der Schmutzwasseranfall aus Betrieben des Kleingewerbes ist ohne Bedeutung, solange die Anzahl der Betriebe in einem als normal zu bezeichnenden Verhältnis zur Gesamtbevölkerung bleibt. Wird dieses Verhältnis überschritten, ist der Schmutzwasseranfall als gesonderter industrieller Schmutzwasseranfall auszuweisen.
Der Wasserbedarf der Industrie wird bestimmt durch die Produktionsverfahren. Bei der Ermittlung des Schmutzwasserabflusses sind zu berücksichtigen mögliche stündliche, tägliche und jahreszeitliche Schwankungen. In der Regel ist der Wasserbedarf des Betriebes größer als die abgeleitete Schmutzwassermenge. Abweichungen sind möglich, wenn Rohstoffe mit hohem Wassergehalt zu trockenen Endprodukten verarbeitet werden (z. B. Nahrungsmittelindustrie – Früchteverarbeitung). Industrielles Schmutzwasser wird nicht in die Schmutzwasserabflussspende eingerechnet, sondern als Einzelabfluss in die Berechnung aufgenommen.
Angaben über Wasserbedarf und Abwasseranfall verschiedener Gewerbe- und Industriebetriebe finden sich in [12.10] Bd. 1).

Bei geplanten Gewerbe- und Industriegebieten können folgende Schmutzwasserabflussspenden empfohlen werden, wenn keine Angaben über Art und Größe der geplanten Betriebe gemacht werden:
Betriebe mit geringem Wasserverbrauch $q_g = (0{,}2$ bis $0{,}5)$ l/(s · ha)
Betriebe mit mittlerem bis hohem Wasserverbrauch $q_g = (0{,}5$ bis $1{,}0)$ l/(s · ha)

In den Zahlenangaben für q_g ist Kühlwasser nicht enthalten.
Gewerblicher und industrieller Schmutzwasserabfluss: $Q_g = q_g \cdot A_{E,k}$ in l/s.

2.1.3 Fremdwasser

Mit Fremdwasser wird bezeichnet in die Kanalisation eindringendes Grundwasser (undichte Stellen), unerlaubt über Fehlanschlüsse eingeleitetes Wasser (z. B. Drän-, Quell-, Bach-, Regenwasser) sowie einem Schmutzwasserkanal zufließendes Oberflächenwasser (z. B. über Schachtabdeckungen, Fehleinleitungen) (DIN 4045). Einleitungen von Schmutzwasser in Regenwasserkanäle sind generell zu verbieten. Die Zulässigkeit der Einleitung von Drän-, Quell- und Bachwasser in Regenwasserkanäle ist im Einzelfall zu überprüfen.

Bei unzureichenden Kenntnissen kann Q_f pauschal als Vielfaches des Schmutzwasserabflusses abgeschätzt werden: $Q_f = m (Q_h + Q_g)$; $m = 0,1$ bis $1,0$ (in begründeten Fällen auch $m > 1,0$). Der Fremdwasseranteil bei der Rohrdimensionierung von Regen- u. Mischwasserkanälen ist i. d. R. nicht bemessungsrelevant. Er ist aber von Bedeutung für die Bemessung von Sonderbauwerken und entlasteten Hauptsammlern. Wenn weder Messungen vorliegen noch durchgeführt werden können, darf in Abhängigkeit von den Grundwasserverhältnissen und dem Kanalzustand in Misch- und Trennverfahren für Fremdwasser – bezogen auf die undurchlässige Fläche – mit $q_f \leq 0,15$ l/(s · ha) gerechnet werden. Für Sonderbauwerke und Klärwerke ist das Fremdwasser gesondert anzusetzen (A 118, A 128).
Fremdwasserabfluss $Q_f = q_f \cdot A_{E,k}$; alternativ $Q_f = m (Q_h + Q_g)$ in l/s
Schmutzwasserkanäle im Trennverfahren sollten mit zusätzl. Ansatz für eindringendes Regenwasser mit $q_{r,T} = (0,2$ bis $0,7)$ l/(s · ha) bemessen werden.

2.2 Ermittlung des Regenabflusses
2.2.1 Regenabfluss
Regenabflüsse sind um eine Vielfaches größer als die Schmutzwasserabflüsse. Bei Mischwasserkanälen hat der Schmutzwasserabfluss bei der Bemessung der Leitungen nur noch Bedeutung wegen der Berechnung der Teilfüllung bei Trockenwetter (Trockenwetterabfluss $Q_t = Q_h + Q_g + Q_f$ in l/s).
Die Berücksichtigung fester atmosphärischer Niederschläge (Hagel, Schnee) ist nicht erforderlich.

$Q_r = \psi \cdot r_{D(n)} \cdot A_{E,k} = q_r \cdot A_{E,k}$

Q_r Regenabfluss in l/s
ψ Abflussbeiwert (dim $\psi = 1$)

$r_{D(n)}$ Regenspende in l/(s · ha)
$q_r = \psi \cdot r_{D(n)}$ Regenabflussspende in l/(s · ha)
$A_{E,k}$ kanalisierte Einzugsfläche in ha

2.2.2 Regenspende
Für die Bestimmung der Regenspende dient die Regenstärke i.

$i = h_R/D$ in mm/min h_R Regenhöhe in mm D_R Regendauer in min

Aus der Regenstärke i kann die Regenspende r in l/(s · ha) abgeleitet werden.

$r = 166,67\, i$ in l/(s · ha)

Die statistische Auswertung langjähriger Beobachtungen (10 bis 20 Jahre) führt zur Aufstellung von Regenreihen. Sie geben für eine bestimmte Häufigkeit n den Zusammenhang zwischen der Regenspende r und der Regendauer bzw. Dauerstufe D an.
Die Regenhäufigkeit n gibt an, wie oft bei gegebener Regendauer eine Regenspende in einem Jahr erreicht oder überschritten wird. Man benennt mit

$n = 2\, \text{a}^{-1}$ einen Regen, der in einem Jahr zweimal, und mit
$n = 0,5\, \text{a}^{-1}$ einen Regen, der in zwei Jahren einmal erreicht oder überschritten wurde.

Man schreibt: $r_{D(n)} = r_{15(1)} = 100$ l/(s · ha)
Die Schreibweise bedeutet:
Ein Regen von $D = 15$ Minuten Dauer und einer Regenspende $r \geq 100$ l/(s · ha) kommt einmal jährlich vor ($n = 1\, \text{a}^{-1}$).

Regenreihen für $n = 1\, \text{a}^{-1}$

	D in min	5	10	15	30	60	90	150
Nordwestdeutschland		154	110	85	53	32	23	15
Nordost- bis Mitteldeutschland	r in l/(s · ha)	162	121	94,5	59	34	24	15,5
Westdeutschland		162	124	96	57	32	23	15
Sachsen, Schlesien		174	132,5	106	67	39,5	28,5	18,5
Südwestdeutschland		212	150	119	74	43	27,5	–

Richtwerte:

- Regenstärke i = 1 mm/min ≙ Regenspende r = 166,67 l/(s · ha)
- Regenspende r = 100 l/(s · ha) ≙ Regenstärke i = 0,6 mm/min
- Regenstunden 800 h/a bis 1000 h/a
- Regenhöhe h_N = 1 mm = 1 l/m² = 10 m³/ha

2.2.3 Zeitbeiwert

Nach *Reinhold* gilt für Deutschland folgende Beziehung zwischen Regenspende, Regendauer und Regenhäufigkeit:

$$r_{D(n)} = \varphi_{D(n)} \cdot r_{15(1)} \text{ in l/(s · ha) mit dem Zeitbeiwert } \varphi = \frac{38}{D+9} (n^{-0,25} - 0,369); \dim \varphi = 1$$

Annähernd gilt: $\varphi = \dfrac{24}{n^{0,35}(D+9)}$; $\dim \varphi = 1$

Der Faktor $r_{15(1)}$ ist örtlich veränderlich, der Zeitbeiwert φ ist eine für Deutschland etwa gleichbleibende Funktion.

Die bisher mit dem Zeitbeiwert ermittelte Regenspende $r_{D(n)}$ kann aus den Niederschlagsdaten des Deutschen Wetterdienstes (DWD) bzw. örtlich verfügbaren Niederschlagsdaten und deren Auswertung gewonnen werden. Im Atlas des DWD „Starkniederschlagshöhe für Deutschland KOSTRA" ist ein EDV-Programm zur Ermittlung der ortsspezifischen Niederschlagshöhen und Regenspenden unterschiedlicher Dauerstufen D und Wiederkehrzeiten T_n enthalten (Diskette).

Zeitbeiwert φ

Regendauer D min	Häufigkeit n in a⁻¹						
	$n=0,1$	$n=0,2$	$n=0,3$	$n=0,5$	$n=1,0$	$n=2,0$	$n=3,0$
5	3,824	3,056	2,665	2,226	1,713	1,281	1,061
10	2,818	2,252	1,964	1,640	1,262	0,944	0,782
15	2,230	1,783	1,555	1,298	1,000	0,747	0,619
20	1,846	1,475	1,287	1,074	0,827	0,618	0,512
30	1,372	1,097	0,957	0,799	0,615	0,460	0,381
50	0,907	0,725	0,632	0,528	0,406	0,304	0,252
80	0,602	0,481	0,419	0,350	0,269	0,202	0,167
100	0,491	0,393	0,342	0,286	0,220	0,165	0,136
150	0,337	0,269	0,235	0,196	0,151	0,113	0,093

Örtliche Regenspenden

Ort	$r_{15(1)}$ l/(s · ha)	Ort	$r_{15(1)}$ l/(s · ha)	Ort	$r_{15(1)}$ l/(s · ha)
Augsburg	120	Flensburg	(100)	Lübeck	90 (106)
Berlin	94	Frankfurt (M.)	115 (120)	Mainz	105 (117)
Bitterfeld	95	Görlitz	107	Minden	84
Bonn	115 (108)	Halle	84	München	117 (135)
Braunschweig	91	Hamburg	87 (99)	Nürnberg	90
Bremen	78 (108)	Hannover	95 (100)	Oldenburg	(108)
Dortmund	84 (84)	Heilbronn	104	Osnabrück	96 (150)
Dresden	102	Kassel	109	Passau	(123)
Duisburg	104	Kiel	76	Saarbrücken	88 (135)
Düsseldorf	102	Konstanz	(150)	Stuttgart	133 (126)
Essen	89 (96)	Leipzig	97	Tübingen	(200)

Werte in Klammern sind Ergebnisse neuerer Auswertungen nach (A 118, 1977).
Durch neuere örtliche Auswertungen werden von den Aufsichtsbehörden z. T. veränderte Werte für $r_{15(1)}$ angeordnet.

Beispiel: 1. Gegeben: $r_{15(1)} = 100 \, l/(s \cdot ha)$
Gesucht: $r_{90(1)} = ?$
Lösung: $r_{90(1)} = \varphi_{90(1)} \cdot r_{15(1)} = 0{,}24 \cdot 100 \, l/(s \cdot ha) = 24 \, l/(s \cdot ha)$

2. Gegeben: $r_{20(0,5)} = 95 \, l/(s \cdot ha)$
Gesucht: $r_{20(2)} = ?$
Lösung: $r_{15(1)} = \dfrac{r_{20(0,5)}}{\varphi_{20(0,5)}} = \dfrac{r_{20(2)}}{\varphi_{20(2)}}$

$r_{20(2)} = \dfrac{r_{20(0,5)} \cdot \varphi_{20(2)}}{\varphi_{20(0,5)}} = \dfrac{95 \cdot 0{,}62}{1{,}07} \, l/(s \cdot ha) = 55{,}05 \, l/(s \cdot ha)$

2.2.4 Bemessungsregenspende

Aus wirtschaftlichen Gründen werden Kanalleitungen nicht nach dem ungünstigsten zu erwartenden Regen bemessen, sondern durch eine festgelegte Regenspende mit zugehöriger Regendauer und Regenhäufigkeit. Man bezeichnet die festgelegte Regenspende als Bemessungsregenspende $r_{D(n)}$. Man nimmt in Kauf, dass bei Überschreiten der Bemessungsregenspende Überlastungen des Kanalnetzes auftreten. Es ist zu prüfen, inwieweit Überlastungen zugelassen werden können und ob ggf. die Baukosten oder die Nachteile aus Überstauungen (Kellerüberstauungen, örtliche Straßenüberschwemmungen) höher zu bewerten sind.

Maßgebende kürzeste Regendauer D

Neigungsgruppe	1		2	3	4	
mittl. Geländeneigung I_G in %	<1		1 bis 4	>4 bis 10	>10	
befestigter Flächenanteil in %	≤50	>50	>0	>0	≤50	>50
Regendauer D in min	15	10	10	10	10	5

Regendauer D ist die Zeit, unterhalb derer definitionsgemäß mit fester Regenspende gerechnet wird. Die Bemessungsgröße Regenhäufigkeit soll ersetzt werden durch die Bemessungsgröße Überstauhäufigkeit als Kriterium zur Bemessung von Kanalnetzen. Wenn bei Kanalnetzen Wasserspiegellagen über dem Kanalscheitel zugelassen werden, ändern sich die Sicherheiten gegen Überflutungen nicht unwesentlich. Bei Verzicht auf die Regenhäufigkeit ist die Überstauhäufigkeit des Kanalnetzes mit Hilfe von Langzeitsimulationen nachzuweisen. Überstau bezeichnet den Zustand, bei dem der Wasserstand die Geländeoberkante erreicht und das Wasser aus dem Kanalnetz auszutreten beginnt, bzw. zufließendes Wasser nicht vom Kanalnetz aufgenommen werden kann. Die Überstauhäufigkeit ist für jeden Schacht eines Kanalnetzes nachzuweisen. Wird die örtlich zulässige Überstauhäufigkeit überschritten, ist eine hydraulische Sanierung des Kanalnetzes abzuwägen. In der europäischen Normung wird unterschieden zwischen Freispiegelabfluss und Überflutung. In Deutschland wird als Überflutung ein Zustand angesehen, bei dem ein Wasserstand auf der Oberfläche auftritt, der einen Schadenfall (z. B. Überschwemmung von Gebäuden) nach sich ziehen kann. Ein Überflutungsnachweis ist eine zusätzliche Überprüfung des Kanalnetzes mit dem Ziel, für sehr selten auftretende Ereignisse durch zusätzliche Maßnahmen eine erhöhte Sicherheit im Einzugsgebiet zu erreichen (Lit. Korrespondenz Abwasser, Sept. 95).

Empfohlene Überstauhäufigkeiten bei Neuplanungen bzw. nach Sanierung (A 118)
(hier: Bezugsniveau Geländeoberkante)

Ort	n in a^{-1}	Ort	n in a^{-1}
Ländl. Gebiet	0,5	Stadtzentren, Industrie- u. Gewerbegebiete	≤ 0,2
Wohngebiete	0,33	Unterirdische Verkehrsanlagen, Unterführungen	≤ 0,1

Bei Unterführungen ist zu beachten, dass bei Überstau über Gelände i. d. R. unmittelbar eine Überflutung einhergeht, sofern nicht besondere örtliche Sicherungsmaßnahmen bestehen. Hier entsprechen sich Überstau- und Überflutungshäufigkeit mit dem Wert $n = 0{,}02/a$.

Empfohlene Häufigkeiten für den Entwurf (DIN EN 752-4)

Ort	Bemessungs-regenhäufigkeit[1] n in a^{-1}	Überflutungshäufigkeit[2] n in a^{-1}
Ländliche Gebiete	1	0,10
Wohngebiete	0,5	0,05
Stadtzentren, Industrie-, Gewerbegeb.		
a) mit Überflutungsprüfung	0,5	0,033
b) ohne Überflutungsprüfung	0,2	–
Unterirdische Verkehrsanlagen, Unterführungen	0,1	0,02

[1] Gilt für Bemessung ohne Nachweisführung (Neuplanung), Anwendung von Fließzeitverfahren; für Bemessungsregen dürfen keine Überlastungen auftreten.
[2] Anwendung bei Abflusssimulationsmodellen (größere Entwässerungssysteme). Anforderungen der zuständigen Stellen an die Überflutungshäufigkeit sind einzuhalten. Werden keine Überflutungshäufigkeiten vorgegeben, sollten die Werte der Tabelle angewendet werden.

2.2.5 Abflussbeiwert

Der auf die Geländeoberfläche niedergehende Regen kommt nur zum Teil zum Abfluss. Andere Teile werden verbraucht für
Verdunstung, Versickerung, Auffüllen der Mulden, Benetzung der Oberfläche.
Die Regenabflussspende ist deshalb nur ein Teil der Regenspende.

$q_r = \psi \cdot r_{D(n)}$ in l/(s · ha) mit ψ = Abflussbeiwert ($0 \leq \psi \leq 1$)

In der Kanalisationstechnik wird bei Verfahren (hydrologische Methoden) mit einem festen Abflussbeiwert gerechnet.

Spitzenabflussbeiwert: $\psi_s = \dfrac{\text{max. Regenabflussspende in l/(s · ha)}}{\text{zugehörige Regenspende in l/(s · ha)}}$; dim $\psi_s = 1$

(maßgeblich für die Bemessung von Regenwasserkanälen und von Regenwasserpumpwerken, wenn der Maximalwert des Abflusses zugrunde gelegt wird)

Gesamtabflussbeiwert: $\psi_m = \dfrac{\text{Regenabflusssumme } V Q_r \text{ in m}^3}{\text{Regensumme } VR \text{ in m}^3}$; dim $\psi_m = 1$

(von Bedeutung für die Bemessung von Regenrückhaltebecken und Regenwasserpumpwerken)

Spitzenabflussbeiwerte ψ_s

Art und Beschaffenheit der Auffangflächen	ψ_s
Metall- und Schieferdächer	0,95 bis 0,90
Gewöhnliche Dachziegel und Dachpappe	0,90 bis 0,90
Asphaltstraßen und Fußwege (dichte Oberfläche)	0,85 bis 0,90
Fugendichtes Pflaster aus Stein oder Holz	0,75 bis 0,85
Reihenpflaster ohne Fugenverguss	0,25 bis 0,60
Schotterstraßen wassergebunden und Kleinsteinpflaster	0,25 bis 0,60
Kieswege	0,15 bis 0,30
Unbefestigte Flächen, Bahnhöfe	0,10 bis 0,20
Park- und Gartenflächen	0,05 bis 0,10

Bei einem gleichmäßig erschlossenen Gebiet lässt sich ein mittlerer Spitzenabflusswert ψ_{sm} bestimmen.

$\psi_{sm} = \dfrac{\sum\limits_{1}^{n} A_i \cdot \psi_{si}}{\sum\limits_{1}^{n} A_i}$ A_i Teilfläche, unterteilt nach Bebauung, Befestigung usw.
ψ_{si} zur Teilfläche A_i gehöriger Abflussbeiwert

Bei größeren Ortschaften mit unterschiedlichen Grundflächenzahlen müssen die ψ_{sm}-Werte für jede Grundflächenzahl gesondert festgelegt werden.

Beispiel: Ermittlung des mittleren Spitzenabflussbeiwertes ψ_{sm} für ein Teilgebiet

Art der Teilfläche	ψ_{si}	A_i in ha	$A_i \cdot \psi_{si}$ in ha
Ziegeldächer	0,90	22,0	19,80
Straßen, Höfe (asphaltiert)	0,87	22,0	19,14
Kieswege	0,25	12,0	3,00
Grünflächen, Gärten	0,05	51,0	2,55
Summe		107,0	44,49
$\psi_{sm} = 44{,}49 : 107{,}0 = 0{,}42$			

In Bebauungsgebieten sollte $\psi_{sm} \geq 0{,}35$ zur Anwendung kommen.
Mit zunehmender Geländeneigung I_G wird ψ_s größer, so dass $0 \leq \min \psi_{sm} \leq 0{,}4$ sein kann. In der Regel ist max $\psi_{sm} \leq 0{,}95$. Weitere Angaben über den Spitzenabflussbeiwert ψ_s in (A 118, 1977).

Empfohlene Spitzenabflussbeiwerte für Fließzeitverfahren (A 118)

Spitzenabflussbeiwerte ψ_s für $r_{15(1)} = 130$ l/(s · ha) (I_G = mittlere Geländeneigung)

Befestigte Fläche in %	0	10	20	30	40	50	60	70	80	90	100
$I_G < 10$‰	0,00	0,09	0,18	0,28	0,37	0,46	0,55	0,64	0,74	0,83	0,92
$10‰ \leq I_G \leq 40‰$	0,15	0,23	0,31	0,39	0,47	0,55	0,63	0,71	0,79	0,87	0,95
$40‰ < I_G \leq 100‰$	0,20	0,28	0,35	0,42	0,50	0,58	0,65	0,72	0,80	0,88	0,95
$I_G > 100‰$	0,30	0,37	0,43	0,50	0,56	0,63	0,70	0,76	0,83	0,89	0,96

Spitzenabflussbeiwerte ψ_s für $r_{15(1)} = 100$ l/(s · ha) (I_G = mittlere Geländeneigung)

Befestigte Fläche in %	0	10	20	30	40	50	60	70	80	90	100
$I_G < 10$‰	0,00	0,09	0,18	0,28	0,37	0,46	0,55	0,64	0,74	0,83	0,92
$10‰ \leq I_G \leq 40‰$	0,10	0,18	0,27	0,35	0,44	0,52	0,60	0,68	0,77	0,86	0,94
$40‰ < I_G \leq 100‰$	0,15	0,23	0,31	0,39	0,47	0,55	0,62	0,70	0,78	0,86	0,94
$I_G > 100‰$	0,20	0,28	0,35	0,42	0,50	0,58	0,65	0,72	0,80	0,88	0,95

2.2.6 Maßgebliche Abflussgrössen

Trennsystem: Schmutzwasserkanal: $Q_{ges} = Q_t + Q_{r,T} = Q_s + Q_f + Q_{r,T}$ in l/s
                 Regenwasserkanal: $Q_{ges} = Q_r$ in l/s
Mischsystem: Mischwasserkanal: $Q_{ges} = Q_t + Q_r$ in l/s

Q_{ges} maßgebender Gesamtabfluss
Q_t Trockenwetterabfluss ($Q_t = Q_s + Q_f$)
Q_s Schmutzwasserabfluss ($Q_s = Q_h + Q_g$)
Q_h häuslicher Schmutzwasserabfluss
Q_g gewerblicher Schmutzwasserabfluss
Q_f Fremdwasserabfluss ($Q_f = m\,(Q_h + Q_g)$)
m Sicherheitszuschlag für Fremdwasser als Vielfaches des Schmutzwasserabflusses
       $m = 1{,}0 \cong 100\,\%$
$Q_{r,T}$ unvermeidbarer Regenabfluss im Schmutzwasserkanal im Trennsystem
Q_r Regenabfluss

Aus betrieblichen Gründen wird empfohlen:
Mindestquerschnitte: Schmutzwasserkanal   DN 250, Ausnahme DN 200
                        Regen-, Mischwasserkanal   DN 300, Ausnahme DN 250.
                 Fließgeschwindigkeit: 0,5 m/s $\leq$ v $\leq$ (6 bis 8) m/s, gilt für max Q_t und max Q_r.

3 Grundstücksentwässerung

3.1 Allgemeines

Maßgeblich für den Bau und Betrieb von Entwässerungsanlagen für Gebäude und Grundstücke ist die DIN 1986 (Teil 1 bis 4 und 30 bis 33), die als Bestandteil der Landesbauordnung und der Ortssatzung (Entwässerung der Grundstücke und Anschluss an die öffentliche Abwasseranlage) zwingend vorgeschrieben ist.

Es gelten folgende Grundsätze:
Regenwasser und Schmutzwasser müssen getrennt abgeleitet werden. Bei Mischverfahren dürfen Regenwasser und Schmutzwasser nur außerhalb des Gebäudes in der Grundleitung zusammengeführt werden.

Alle über der Rückstauebene liegenden Entwässerungsgegenstände sind mit natürlichem Gefälle zu entwässern.

Alle Entwässerungsgegenstände müssen bei den möglichen auftretenden Drücken wasserdicht sein, sind vor Frosteinwirkung zu schützen und unter Beachtung des Schallschutzes (DIN 4109) und Brandschutzes (DIN 4102) auszuführen. Jede Ablaufstelle ist mit einem Geruchverschluss zu versehen außer Ablaufstellen und Bodenabläufe für Regenwasser bei Trennverfahren. Überläufe und Abläufe von Einrichtungen, die aus einer Trinkwasserleitung gespeist werden, dürfen nicht unmittelbar mit der Abwasserleitung verbunden werden (DIN 1988).

Autowaschplätze müssen bei Trennverfahren an die Schmutzwasserleitung angeschlossen werden.

Entwässerungsanlagen dürfen nur der Ableitung von Abwasser gemäß DIN 1986-3 dienen.

Nach DIN 1986-2 ist für den Abfluss das Formelzeichen Q ersetzt worden durch das Formelzeichen $\dot{V}$. Da im gesamten wasserbaulichen Bereich das Formelzeichen Q verwendet wird, soll für die Grundstücksentwässerung zunächst das Formelzeichen $\dot{V}$ nicht verwendet werden.

3.2 Begriffe

Anschlusskanal: Kanal vom öffentlichen Straßenkanal bis zur Grundstücksgrenze oder bis zum ersten Reinigungsschacht. Mindestnennweite DN 150; $I_{So} = 20\ \infty\infty$ bis $10\ \infty\infty$ (Anschlusskanal wird nicht in DIN 1986 behandelt).

Grundleitung: Auf dem Grundstück im Erdreich oder in der Grundplatte unzugänglich verlegte Leitung, die das Abwasser in der Regel dem Anschlusskanal zuführt.

Sammelleitung: Liegende Leitung zur Aufnahme des Abwassers aus Fall- und Anschlussleitungen, die nicht im Erdreich oder in der Grundplatte verlegt ist.

Falleitung: Lotrechte Leitung, die durch ein Geschoss oder mehrere Geschosse führt, über Dach gelüftet wird und das Abwasser einer Grundleitung zuführt.

Anschlussleitung: Leitung vom Geruchverschluss des Entwässerungsgegenstandes bis zur weiterführenden Leitung.

Verbindungsleitung: Leitung zwischen Ablaufstelle und Geruchverschluss.

Lüftungsleitung: Leitung, die kein Abwasser aufnimmt und nur die Entwässerungsanlage be- und entlüftet.

Hauptlüftung: Lüftung von einzelnen oder mehreren zusammengefassten Falleitungen bis über Dach (übliche Ausführungsart).

Nebenlüftung: Zusätzliche Lüftung 1) der Falleitung durch eine Lüftungsleitung, die in jedem Geschoss mit der Falleitung verbunden ist, oder 2) der Anschlussleitungen durch eine Lüftungsleitung über Dach oder Rückführung an die Hauptleitung.

Umlüftung: Lüftung einer Anschlussleitung durch Rückführung an die zugehörige Falleitung oder belüftete Grundleitung.

Sekundärlüftung: Zusätzliche Lüftung jeder Anschlussleitung am Geruchverschluss durch ein zweites Lüftungssystem (Beispiel Hochhäuser).

3.3 Anlagenteile der Grundstücksentwässerung
3.3.1 Reinigungsöffnungen
Reinigungsöffnungen, Rohrend- und Reinigungsverschlüsse, Reinigungsrohre müssen ständig zugänglich sein.

Anordnung: Reinigungsrohre in *Fallleitungen* unmittelbar vor dem Übergang in die Sammel- oder Grundleitung, in Sammel- oder *Grundleitungen* mindestens alle 20 m, bei Grundleitungen ($\geq$ DN 150) ohne Richtungsänderung bis 40 m und nahe der Grundstücksgrenze, i. d. R. $\leq$ 15 m vom öffentlichen Abwasserkanal entfernt.

3.3.2 Leitungen
Liegende Leitungen sind in gleichmäßigem Gefälle zu verlegen. Das Maximalgefälle beträgt max I_{So} = 50‰. Für größere Höhenunterschiede sind Abstürze anzuordnen.
Die Nennweite für alle im Erdreich verlegten Leitungen muss mindestens DN 100 betragen. Hydraulische Berechnung: Grundlage ist die „*Prandtl-Colebrook*"-Gleichung. Diesen Berechnungen liegen eine betriebliche Rauheit k_b = 1,0 mm und eine Abwassertemperatur von 10 °C zugrunde.

	Füllungsgrad h/d_i		
	SW	RW	MW
Grund- u. Sammelleitung inner- und außerhalb von Gebäuden	0,5	0,7	0,7
Grundleitungen außerhalb von Gebäuden ab DN 150	0,7	1,0	1,0

Leitungen unterhalb der Kellersohle gelten als innerhalb eines Gebäudes liegend.

In den Tabellen sind die Werte für den Teilfüllungsabfluss der Leitungen bei Mindestgefälle I_{min} in Abhängigkeit vom Verlegeort der Leitung (innerhalb bzw. außerhalb von Gebäuden) gekennzeichnet. Die Werte unterhalb der jeweiligen Abtreppung dürfen für die Leitungsbemessung nur in begründeten Einzelfällen verwendet werden (vorh I_{So} < min I_{So}, dann ist $v \geq$ 0,7 m/s).

Freispiegelleitungen hinter einer Abwasserdruckleitung sind wie folgt zu bemessen:
– Regenwasser: Förderstrom der Pumpe Q_p und Regenabfluss Q_r.
– Schmutz- und Mischwasser: Maßgebend ist max Q (Pumpenförderung oder übriger Abwasseranfall) unter der Voraussetzung, dass bei $Q_p + Q_m$ bzw. $Q_p + Q_s$ Vollfüllung der Leitung nicht erreicht wird. Bei Leitungen – bemessen für h/d_i = 0,7 – ist rechnerische Überprüfung auf Vollfüllung durchzuführen.

Zul. Richtungsänderungen bei Grund- und Sammelleitungen 15°-, 30°- und 45°-Bogen, Abzweige $\leq$ 45°. In Fließrichtung darf der Rohrquerschnitt nicht verringert werden. Bei Übergang auf größere Querschnitte müssen Übergangsformstücke verwendet werden. Für die Verlegung von Grundleitungen gelten DIN 4033 und DIN 4124 (s. Abschn. 11). Alle Grundleitungen sind einer Wasserdichtigkeitsprüfung zu unterziehen (DIN 4033). Um die Lüftung sicherzustellen, dürfen in Schmutzwasser- und Mischwasserleitungen weder Geruchverschlüsse noch Schlammfänge eingebaut werden. In Gebäuden bis zu drei Geschossen sind Fallleitungen ohne Nennweitenänderung geradlinig durch die Geschosse zu führen. Bei Fallleitungsverziehungen und Übergang einer Fallleitung in eine liegende Leitung und mehr als drei Geschossen sind Umgehungsleitungen oder besondere Ausbildungen der Übergänge vorzusehen; bei mehr als acht Geschossen sind Umgehungsleitungen erforderlich.

3.3.3 Schächte
Der Anschluss der Leitungen an einen Schacht muss gelenkig sein. Für Schachtabdeckungen gelten DIN 1229 und DIN 19 599. Für Schachtausführung gilt DIN 19 549.
Mindestabmessungen von Schächten (DIN 1986 T 1.6)

Schachtquerschnitt		Kreis	Quadrat	Rechteck
Lichte Weite	0,4 m < h < 0,8 m	0,8 m	–	0,6 m × 0,8 m
	$h \geq$ 0,8 m	1,0 m	0,9 m × 0,9 m	0,8 m × 1,0 m

Bemerkung: Schacht in den vorher genannten Maßen bis unter Schachtdecke hochführen.

Hinweise: In Gebäuden: Geschlossene Leitungsführung mit Reinigungsrohr. Außerhalb von Gebäuden: Offene oder geschlossene Leitungsführung. Steighilfen sind ab 0,8 m Tiefe vorgeschrieben. Bei

Schächten, deren Deckel unter der Rückstauebene liegen, ist geschlossene Leitungsführung erforderlich. Schächte oberhalb einer Arbeitshöhe von 2 m über Schachtsohle können von dieser Höhe ab oben eingezogen werden. Ausführung nach (A 241).

Schachtabstände: Entfernung zum Straßenkanal max $l = 15$ m; in Grundleitungen bis DN 150 max $l = 20$ m; in Grundleitungen über DN 150 max $l = 40$ m.

3.3.4 Rückstausicherungen

Als Rückstauebene gilt mindestens die Straßenhöhe an der Anschlussstelle, sofern keine amtlichen Festlegungen vorliegen. Gegen Rückstau zu sichern sind Ablaufstellen, deren Wasserspiegel im Geruchverschluss unterhalb der festgelegten Rückstauebene liegt. Abwasser, das unterhalb der festgelegten Rückstauebene anfällt, muss durch automatisch arbeitende Hebewerke rückstaufrei der öffentlichen Kanalisation zugeführt werden. Die Ableitung von fäkalienfreiem bzw. -haltigem Abwasser über Rückstauverschlüsse aus Räumen untergeordneter Nutzung ist möglich, wenn bei Rückstau auf die Benutzung der Ablaufstellen verzichtet werden kann. Absperrarmaturen, Rückstauverschlüsse: DIN 1997 und DIN 19 578.

3.3.5 Rückhalten schädlicher Stoffe

Um Schäden oder Betriebsstörungen zu vermeiden, sind anzuordnen: *Sand- oder Schlammfänge* bei sinkstoffhaltigem Abwasser; *Fettabscheider* bei fetthaltigem Abwasser, DIN 4040 bis 4042; *Stärkeabscheider* bei stärkehaltigem Abwasser; *Benzinabscheider* in Garagen und auf Stellplätzen, auf denen Kraftfahrzeuge gewaschen, gewartet und betankt werden, DIN 1999. Andere geeignete Anlagen sind z. B. Neutralisations-, Entgiftungs-, Desinfektionsanlagen und dergleichen.

3.4 Bauantrag für Grundstücksentwässerungsanlagen

Beispiel:
Bestandteile eines Bauantrages (Entwässerungsantrag):
– Antrag, ggf. Antrag auf Erteilung einer Erlaubnis zur Benutzung eines Gewässers
– Amtlicher Lageplan des Grundstückes
– Amtlicher Auszug aus der Flurkarte (Katasterauszug) in Verbindung mit einem Auszug aus dem Lageplan des öffentlichen Kanalnetzes (Kanalkataster, Angaben über Lage, Höhen und Anschlussstück des Straßenkanals) im Maßstab 1:1000
– Bauzeichnungen
1. Lageplan des Grundstückes, Maßstab mind. 1:500; der Plan enthält Angaben über die Grundstücksbebauung, Grundstücksgrenzen, Entwässerungsanlage (Lage, Höhen, Durchmesser der Leitungen).
2. Kellergeschossgrundriss, Maßstab 1:100; Angaben über Gefälle, Höhen, Durchmesser und Werkstoff der Grundleitungen und aller entwässerungstechnischen Einrichtungen; ggf. zusätzliche Geschosspläne.
3. Längsschnitt, Maßstab 1:100; der Längsschnitt durch die gesamte Anlage mit Strangschema vom Straßenkanal bis zur Lüftungsleitung enthält Angaben über Höhen, Gefälle und Leitungsquerschnitte.
– Baubeschreibung und Bemessung der Grund- und Fallleitungen nach DIN 1986
– Baukostenermittlung.

3.5 Abwasserabfluss und Bemessungsgrundlagen
3.5.1 Schmutzwasserabfluss

$$Q_s = K \cdot \sqrt{\Sigma AW_s} + Q_e$$

Q_s Schmutzwasserabfluss in l/s
K Abflusskennzahl in l/s
AW_s Anschlusswert (dim $AW_s = 1$)
Q_e Effektiver Abfluss, der keiner Gleichzeitigkeit unterliegt, in l/s

Reduzierte Anschlusswerte (DIN 1986-2) (Fall-, Sammel- und Grundleitungen)

Mehrzimmerwohnung:		
– für die Entwässerungsgegenstände sämtlicher Sanitärräume		$\Sigma AW_s = 5$
– für die Entwässerungsgegenstände sämtlicher Sanitärräume, ohne Küche		$\Sigma AW_s = 4$
Einzimmerwohnung:	für sämtliche Entwässerungsgegenstände	$\Sigma AW_s = 4$
Hotelzimmer u. ä.:	für sämtliche Entwässerungsgegenstände	$\Sigma AW_s = 4$

Richtwerte für Abflusskennzahlen (DIN 1986-2)

Wohnungsbau, Gaststätten, Gasthöfe, Pensionen, Bürogebäude, Schulen	$K = 0,5$ l/s
Krankenhäuser, Großgaststätten, Großhotels	$K = 0,7$ l/s
Reihenwaschanlagen, Reihenduschanlagen (falls nicht der Abwasserabfluss Q_e maßgebend ist)	$K = 1,0$ l/s
Laboranlagen in Industriebetrieben	$K = 1,2$ l/s

Ist der nach diesem Verfahren ermittelte Schmutzwasserabfluss Q_s kleiner als der größte Anschlusswert eines einzelnen Entwässerungsgegenstandes, so ist letzterer maßgebend (Grenzwert).

Anschlusswerte von Entwässerungsgegenständen und Nennweiten von Einzelanschlussleitungen (DIN 1986-2)

Entwässerungsgegenstand oder Art der Leitung	AW_s l	DN
Handwaschbecken, Waschtisch, Sitzwaschbecken	0,5	40
Küchenablaufstellen (Spülbecken, Spültisch einfach und doppelt) einschließlich Geschirrspülmaschine bis zu 12 Maßgedecken, Ausguss, Haushaltswaschmaschine bis zu 6 kg Trockenwäsche mit eigenem Geruchverschluss	1	50
Waschmaschine 6 bis 12 kg Trockenwäsche	1,5*)	70*)
Gewerbliche Geschirrspülmaschine, Kühlmaschine	2*)	100*)
Urinal (Einzelbecken)	0,5	50
Bodenablauf DN 50	1	50
DN 70	1,5	70
DN 100	2	100
Klosett, Steckbeckenspülapparat	2,5	100
Badewanne mit direktem Anschluss	1	50
Badewanne mit direktem Anschluss, Anschlussleitung oberhalb des Fußbodens bis zu 1 m Länge, eingeführt in eine Leitung $\geq$ DN 70	1	40
Badewanne oder Duschwanne mit indirektem Anschluss (Badablauf), Anschlussleitung hinter dem Badablauf bis 2 m Länge	1	50
Badewanne oder Duschwanne mit indirektem Anschluss (Badablauf), Anschlussleitung hinter dem Badablauf länger als 2 m	1	70
Verbindungsleitung zwischen Wannenablaufventil und Badablauf	–	≥ 40
Duschwanne, Fußwaschbecken, Duschstand	1	50
Laborablaufstelle	1	50
Ablauf einer zahnärztlichen Behandlungseinrichtung nach DIN 13 937 bzw. eines Amalgamabscheiders	0,5*)	40*)

*) Bei vorliegenden Werksangaben müssen der Bemessung die tatsächlichen Werte zugrunde gelegt werden.

Zu bemessen sind – keine Umrechnung in AW_s –
nach dem *Abwasserabfluss*: Benzinabscheider, Fettabscheider, Heizölabscheider; Reihenwasch- und Duschanlagen, wenn die ganze Anlage gleichzeitig benutzt wird;
nach dem *Pumpenförderstrom*: Entwässerungspumpen, Fäkalienhebeanlagen und große Wasch- bzw. Geschirrspülautomaten, die über eine Druckleitung an die Entwässerungsanlage angeschlossen sind;
nach dem *Regenabfluss*: Regenwasseranteil in Mischwasserleitungen.

Reihenurinale – Anschlusswerte und Nennweiten zugehöriger Sammelanschlussleitungen – (DIN 1986-2)

Anzahl der Urinale	bis 2	bis 4	bis 6	> 6
Anschlusswert AW_s	0,5	1	1,5	2
Sammelanschlussleitung DN	70	70	70	100

Einzel- und Sammelanschlussleitungen (DIN 1986-2)

Einzelanschlussleitung	DN	L in m	H in m
unbelüftet	40, 50 70 100	≤ 3 ≤ 5 ≤ 10	≤ 1 ≤ 1 ≤ 1
belüftet oder nächsthöherer DN	40, 50 70 100	> 3 > 5 > 10	> 1 bis 3 > 1 bis 3 > 1 bis 3
belüftet	40, 50 70, 100		> 3

Bei Klosetteinzelanschlussleitungen gilt:
bei max $H = 1$ m ist horizontale Länge $L \leq 5$ m; bei DN 100 ist zul $H = (1$ bis $4)$ m und zul $L \leq 1$ m.

Sammelanschlussleitung	DN	L in m	H in m	AW_s
unbelüftet	50 70, 100	≤ 3 $\leq 5, \leq 10$	< 1 < 1	– –
belüftet oder nächsthöherer DN	50 70, 100	≤ 6 ≤ 10	1 bis 3 1 bis 3	– –
belüftet	100 50 70, 100	> 5 > 6 > 10	$> 1^{*)}$ > 3 > 3	– > 16 > 16

*) mit Klosettanschlüssen
L abgewickelte Leitungslänge bis zum entferntesten Geruchverschluss
H Höhenunterschied vom Anschluss an eine belüftete Leitung bis zu dem am höchsten gelegenen Geruchverschluss

Bemessungswerte für Schmutzwasserfalleitungen mit Hauptlüftung (DIN 1986-2)

DN	$d_{i,mm}$	zul Q_s	$K = 0{,}5$ l/s		$K = 0{,}7$ l/s		$K = 1{,}0$ l/s	
			ΣAW_s	Anzahl der Klosetts maximal	ΣAW_s	Anzahl der Klosetts maximal	ΣAW_s	Anzahl der Klosetts maximal
	mm	l/s						
$70^{*)}$	68,2	1,5	9	–	5	–	2	–
100	97,5	4,0	64	13	33	8	16	4
125	115	5,3	112	22	57	14	28	7
	121,9	6,2	154	31	78	20	38	10
150	146,3	10,1	408	82	208	52	102	25

*) Es dürfen nicht mehr als 4 Küchenablaufstellen an eine gesonderte Falleitung (Küchenstrang) angeschlossen werden.

Gegenüber Schmutzwasserfalleitungen mit Hauptlüftung können Schmutzwasserfalleitungen mit Nebenlüftung (direkt oder indirekt) um 40 % und Schmutzwasserfalleitungen mit Sekundärlüftung um 70 % höher belastet werden.

3.5.2 Regenabfluss

$Q_r = \psi \cdot A \cdot r : 10\,000$

Q_r Regenabfluss in l/s
ψ Abflussbeiwert (dim $\psi = 1$)
A angeschlossene Niederschlagsfläche in m²
r Regenspende in l/(s · ha)

Regenwasserleitungen innerhalb und außerhalb von Gebäuden sind grundsätzlich mit $r_{T(n)} \geq 300\,l/(s \cdot ha)$ zu bemessen.
Abweichungen:
– Für Sammel- und Grundleitungen innerhalb von Gebäuden kann in Abstimmung mit örtlichen Behörden $r_{T(n)} < 300\,l/(s \cdot ha)$ festgelegt werden, mindestens jedoch $r_{T(n)} = r_{5(0,5)}$.
– Regenwassergrundleitungen unter Flächen, die nicht gegen Überflutung geschützt werden müssen, können z. B. mit $r_{T(n)} = 200\,l/(s \cdot ha)$, mindestens jedoch in Abstimmung mit örtlichen Behörden mit $r_{T(n)} = r_{5(0,5)}$ bemessen werden.

- Die aus den unterschiedlichen Bemessungsannahmen resultierenden Differenzen in $r_{T(n)}$ aus der Grundstücks- und der Ortsentwässerung sind ggf. durch Rückhalten von Regenwasser für $T \geq 15$ min auf dem Grundstück auszugleichen (Versickerung, Rückhaltebecken, Überflutung nicht gefährdeter Flächen u.a.m.).

Abflussbeiwerte ψ (DIN 1986-2)

Art der Flächen	Abflussbeiwert

Wasserundurchlässige Flächen, z. B.
 – Dachflächen > 3° Neigung
 – Betonflächen
 – Rampen
 – befestigte Flächen mit Fugendichtung
 – Schwarzdecken
 – Pflaster mit Fugenverguss
 – Dachflächen ≤ 3° Neigung
 – Kiesdächer
 – begrünte Dachflächen[1]
   – für Intensivbegrünungen
   – für Extensivbegrünungen ab 10 cm Aufbaudicke
   – für Extensivbegrünungen unter 10 cm Aufbaudicke
	1,0
	
	 0,8
	 0,5
	
	 0,3
	 0,3
	 0,5

Teildurchlässige und schwach ableitende Flächen, z. B.
 – Betonsteinpflaster, in Sand oder Schlacke verlegt, Flächen mit Platten
 – Flächen mit Pflaster, mit Fugenanteil > 15%,
   z. B. 10 cm × 10 cm und kleiner
 – wassergebundene Flächen
 – Kinderspielplätze mit Teilbefestigungen
 – Sportflächen mit Dränung
   – Kunststoff-Flächen, Kunststoffrasen
   – Tennenflächen
   – Rasenflächen
	
	 0,7
	
	 0,6
	 0,5
	 0,3
	
	 0,6
	 0,4
	 0,3

Wasserdurchlässige Flächen ohne oder mit unbedeutender Wasserableitung, z. B. – Parkanlagen und Vegetationsflächen Schotter- und Schlackenboden, Rollkies auch mit befestigten Teilflächen, wie – Gartenwege mit wassergebundener Decke oder – Einfahrten und Einzelstellplätze mit Rasengittersteinen	 0,0
[1] Nach Richtlinien für die Planung, Ausführung und Pflege von Dachbegrünungen – Richtlinien für Dachbegrünungen –	

Regenfalleitungen und Dachrinnen außerhalb von Gebäuden (DIN 18 460)

zul Q_r	Fallrohr DN[1]	Rinnenquerschnitt[6] ∪	Rinnenquerschnitt[6] □	Fallrohr d_a[3]	Rinnenquerschnitt[6] ∪	Rinnenquerschnitt[6] □	zul A[4]	zul A[5]
l/s		cm²	cm²	mm	cm²	cm²	m²	m²
0,6	–	–	–	50	34	22	20,0	15,0
1,1	60[2]	25	28	63	34	34	36,7	27,5
1,7	70[2]	–	–	75	53	53	56,7	42,5
2,5	80[2]	43	42	–	–	–	83,3	62,5
2,9	–	–	–	90	73	73	96,7	72,5
4,5	100[2]	92	90	–	–	–	150,0	112,5
5,1	–	–	–	110	101	100	170,0	127,5
7,3	120[2]	145	135	125	137	137	243,3	182,5
8,1	125[2]	–	–	–	–	–	270,0	202,5
13,3	150[2]	245	220	–	–	–	443,3	332,5
14,5	–	–	–	160	245	225	483,3	362,5

[1] Zuordnung für Falleitung (DN ≙ Nennweite) und Dachrinne aus Metall.
[2] Maße nach DIN 18 461.
[3] Zuordnung für Falleitung (d_a = Außendurchmesser) und Dachrinne aus PVC hart.
[4] Zul. anschließbare Niederschlagsfläche, ermittelt für $r = 300$ l/(s · ha) mit $\psi = 1,0$.
[5] Zul. anschließbare Niederschlagsfläche, ermittelt für $r = 400$ l/(s · ha) mit $\psi = 1,0$.
[6] Mindestgefälle für Dachrinnen: 1 mm/m.

3.5.3 Mischwasserabfluss

$$Q_m = Q_s + Q_r$$

Q_m Mischwasserabfluss in l/s
Q_s Schmutzwasserabfluss in l/s
Q_r Regenabfluss in l/s

Bemessung liegender Schmutzwasser-, Regenwasser- und Mischwasserleitungen nach *Prandtl/Colebrook* mit $k_b = 1{,}00$ mm und $t = 10\,°C$, Nennweite $\geq$ DN 100.

3.5.4 Lüftungsleitungen

Einzelhauptlüftungen erhalten den gleichen Querschnitt wie die zugehörigen Fall- oder Grundleitungen. Werden Einzelhauptlüftungen zu Sammelhauptlüftungen zusammengeschlossen, muss der Querschnitt der Sammelhauptlüftung der halben Summe der Querschnitte der Einzelhauptlüftungen entsprechen, aber, ausgenommen bei Einfamilienhäusern, mindestens eine Nennweite größer sein als der größte Einzelquerschnitt.
Bemessungsgrundlagen für Lüftungsleitungen siehe DIN 1986-2.

3.5.5 Sinnbilder und Zeichen für Entwässerungsanlagen (DIN 1986-1)

Sanitär-Ausstattungsgegenstände und Abwasserleitungen s. Kapitel 14B (Entwässerungszeichnungen)						
Abläufe, Abscheider, Schächte						
Benennung	Grundriss	Aufriss		Benennung	Grundriss	Aufriss
Ablauf oder Entwässerungsrinne ohne Geruchverschluss				Kellerentwässerungspumpe		
Ablauf oder Entwässerungsrinne mit Geruchverschluss				Fäkalienhebeanlage		
Ablauf mit Rückstauverschluss für fäkalienfreies Abwasser						
Schlammfang	S	S		Schacht mit offenem Durchfluss		
Fettabscheider	F	F		Schacht mit geschlossenem Durchfluss		

3.5.6 Beispiel:

Für ein 3geschossiges Wohnhaus mit 6 Mehrzimmerwohnungen sind die Fall- und Grundleitungen zu bemessen.

Berechnungsvorgaben:
Trennverfahren; Bemessungsregenspende für Fall- und Grundleitungen $r_{T(n)} = 300$ l/(s · ha);
Dachfläche $A = 200\,m^2$ mit $22°$ Dachneigung $\rightarrow \psi = 1{,}0$;
betonierte Hoffläche $A = 222\,m^2 \rightarrow \psi = 1{,}0$;
wasserdurchlässige Grundstücksfläche $A = 178\,m^2 \rightarrow \psi = 0$;
Mehrzimmerwohnung: reduzierte Anschlusswerte $AW_s = 5$; $K = 0{,}5$ l/s;
im Kellergeschoss sind folgende Entwässerungsgegenstände: 6 Haushaltswaschmaschinen ($AW_s = 6 \cdot 1 = 6$), 2 Spülbecken ($AW_s = 2 \cdot 1 = 2$), 1 Bodenablauf ($AW_s = 1{,}5$)
$\rightarrow$ Summe $AW_s = 9{,}5$;
Lüftungssystem: Hauptlüftung;
Gefälle: Schmutzwasserleitung mit $I_{So} = 1:50$; Regenwasserleitung mit $I_{So} = 1:100$ und $1:40$.

Teil-strecke TS	Leitungsart $F^{1)}$	Leitungsart $L_i^{2)}$	Leitungsart $L_a^{3)}$	Fläche m²	ψ 1	Anzahl Kü	Anzahl WC	AW_s	Q_r l/s	Q_s l/s	I_{So} %	DN –	Bemerkungen
Regenfallleitungen														
R1	x			50	1				1,5			70	
R2	x			50	1				1,5			70	
R3	x			50	1				1,5			70	
R4	x			50	1				1,5			70	
Regenwasser-Grundleitungen														
R1			x	222	1				6,67		1	100	
R2			x						1,5		1	100	
R3			x						8,17		1	100	
R4			x						1,5		1	100	
R5			x						9,67		1	100	
R6			x						1,5		1	100	
R7			x						1,5		1	100	
R8			x						3,0		1	100	
R9			x						12,67		2,5	125	bis Grundstücksgrenze
Schmutzwasser-Fallleitungen														
S1	x					3	3	15		1,94		100	
S2	x					3	3	15		1,94		100	
Schmutzwasser-Grundleitungen														
S1		x				x)		9,5		1,5	2	100	x) s. Aufgabenstellung
S2		x						15		1,9	2	100	
S3		x						24,5		2,5	2	100	
S4		x						15		1,9	2	100	
S5		x	x					39,5		3,1	2	100	bis Grundstücksgrenze

[1] F Fallleitung. [2] L_i Leitung innerhalb von Gebäuden.
[3] L_a Leitung außerhalb von Gebäuden.

Leitungsplan zum Berechnungsbeispiel
Kellergeschoss

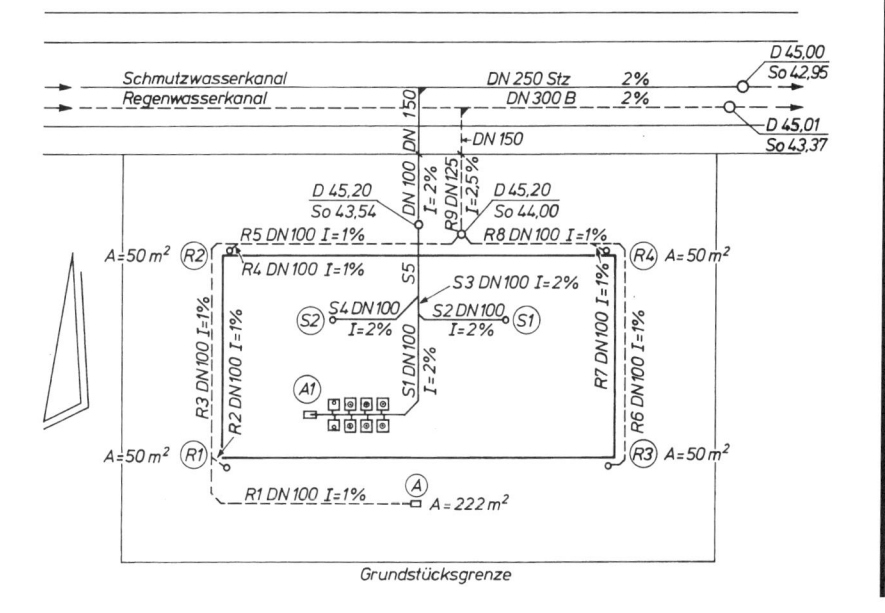

Lageplan

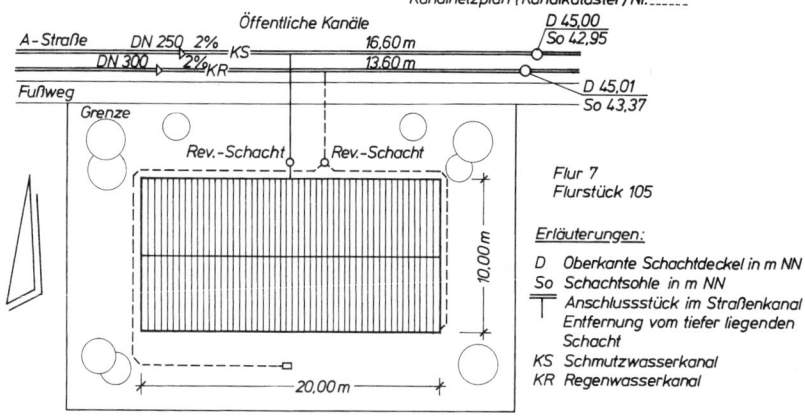

Die Angaben sind entnommen aus:
Flurkarte (Katasterauszug) Nr. _____
Kanalnetzplan (Kanalkataster) Nr. _____

Öffentliche Kanäle

A-Straße DN 250 2%
DN 300 2% KS 16,60 m
 KR 13,60 m

D 45,00 / So 42,95
D 45,01 / So 43,37

Fußweg
Grenze
Rev.-Schacht   Rev.-Schacht

10,00 m
20,00 m

Flur 7
Flurstück 105

Erläuterungen:
D Oberkante Schachtdeckel in m NN
So Schachtsohle in m NN
⊤ Anschlussstück im Straßenkanal
   Entfernung vom tiefer liegenden Schacht
KS Schmutzwasserkanal
KR Regenwasserkanal

Längsschnitt - Grundleitung

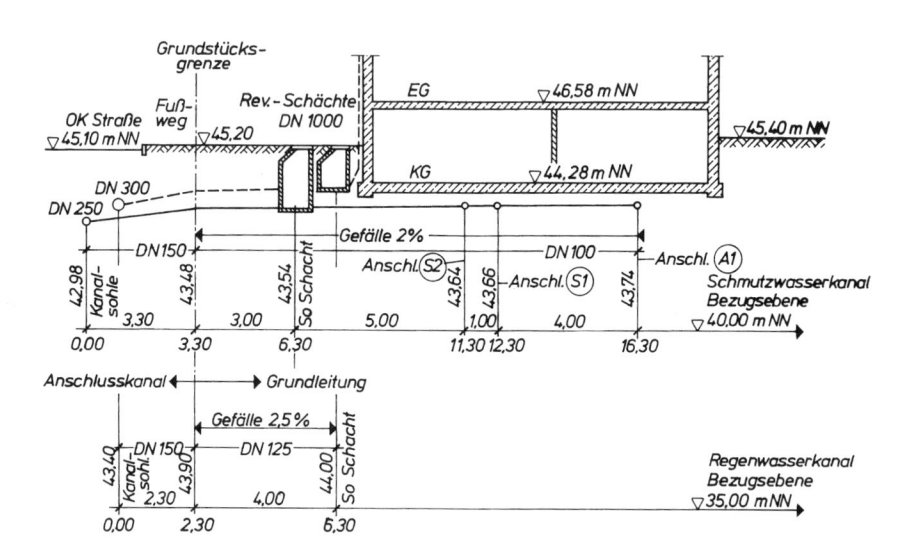

Grundstücksgrenze
OK Straße Fuß- Rev.-Schächte
▽ 45,10 m NN weg DN 1000
  ▽ 45,20

EG ▽ 46,58 m NN ▽ 45,40 m NN
KG ▽ 44,28 m NN

DN 300
DN 250

DN 150 Gefälle 2% DN 100 Anschl. (A1)
Anschl. (S2) Anschl. (S1)

42,98 Kanalsohle 43,48 43,54 So Schacht 43,64 43,66 43,74

3,30 3,00 5,00 1,00 4,00
0,00 3,30 6,30 11,30 12,30 16,30

Schmutzwasserkanal
Bezugsebene
▽ 40,00 m NN

Anschlusskanal ◄──► Grundleitung

Gefälle 2,5%
DN 150 DN 125

43,40 Kanalsohle 43,90 44,00 So Schacht
2,30 4,00
0,00 2,30 6,30

Regenwasserkanal
Bezugsebene
▽ 35,00 m NN

12.46

Erd- und Obergeschosse

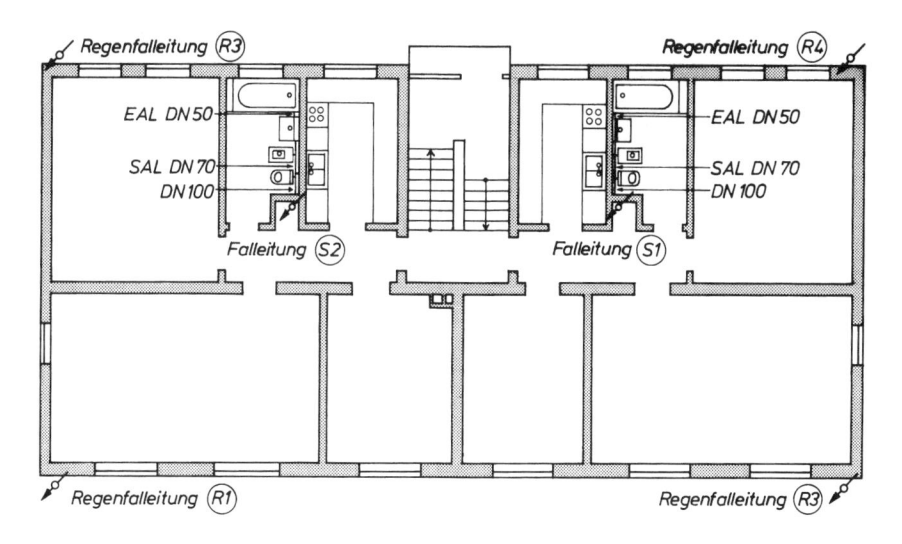

Regenfalleitung R3 — EAL DN 50, SAL DN 70, DN 100, Falleitung S2
Regenfalleitung R4 — EAL DN 50, SAL DN 70, DN 100, Falleitung S1
Regenfalleitung R1
Regenfalleitung R3

EAL Einzelanschlussleitung
SAL Sammelanschlussleitung

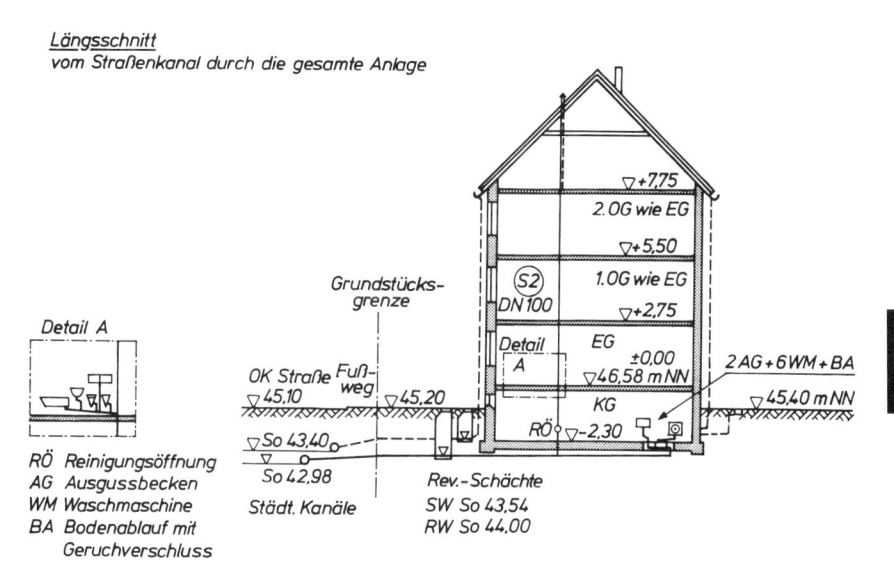

Längsschnitt
vom Straßenkanal durch die gesamte Anlage

+7,75
2. OG wie EG
+5,50
1. OG wie EG
S2 DN 100
+2,75
Detail A
EG ±0,00
46,58 m NN
2 AG + 6 WM + BA
KG
45,40 m NN
RÖ -2,30

Grundstücksgrenze
OK Straße 45,10 Fußweg 45,20
So 43,40
So 42,98
Städt. Kanäle
Rev.-Schächte
SW So 43,54
RW So 44,00

Detail A

RÖ Reinigungsöffnung
AG Ausgussbecken
WM Waschmaschine
BA Bodenablauf mit Geruchverschluss

12 Verkehr Kanalisation

3.5.7 Bemessungstafeln nach der Formel von *Prandtl/Colebrook*

Schmutzwasserabfluss von Grund- und Sammelleitungen innerhalb und außerhalb von Gebäuden[1)] bei einem Füllungsgrad $h/d_i = 0,5$

Nennweite		DN 70		DN 100		DN 125		DN 125		DN 150	
d_i mm		70		100		118		125		150	
min d_1		68,2		97,50		115,00		121,90		146,30	
Gefälle I cm/m		Q l/s	v m/s	Q l/s	v m/s	Q l/s	v m/s	Q l/s	v m/s	Q l/s	v m/s
5,00	1:20	2,4	1,3	6,3	1,6	9,8	1,8	11,4	1,9	18,5	2,1
4,00	1:25	2,2	1,1	5,6	1,4	8,7	1,6	10,2	1,7	16,6	1,9
3,33	1:30	2,0	1,0	5,1	1,3	8,0	1,5	9,3	1,5	15,1	1,7
3,03	1:33	1,9	1,0	4,9	1,2	7,6	1,4	8,9	1,4	14,4	1,6
2,50	1:40	1,7	0,9	4,4	1,1	6,9	1,3	8,0	1,3	13,1	1,5
2,00	1:50	1,5	0,8	4,0	1,0	6,2	1,1	7,2	1,2	11,7	1,3
1,67	1:60	1,4	0,7	3,6	0,9	5,6	1,0	6,6	1,1	10,7	1,2
1,50	1:67	–	–	3,4	0,9	5,3	1,0	6,2	1,0	10,1	1,1
1,43	1:70	–	–	3,3	0,9	5,2	1,0	6,1	1,0	9,9	1,1
1,25	1:80	–	–	3,1	0,8	4,9	0,9	5,7	0,9	9,2	1,0
1,00	1:100	–	–	2,8	0,7	4,3	0,8	5,1	0,8	8,2	0,9
0,80	1:125	–	–	–	–	3,9	0,7	4,5	0,7	7,4	0,8
0,67	1:150	–	–	–	–	–	–	–	–	6,7	0,8
0,57	1:175	–	–	–	–	–	–	–	–	6,2	0,7
0,50	1:200	–	–	–	–	–	–	–	–	–	–
0,40	1:250	–	–	–	–	–	–	–	–	–	–

[1] marks I_{min} – Mindestgefälle für Grund- oder Sammelleitungen innerhalb von Gebäuden
[2] marks I_{min} – Mindestgefälle für Grund- oder Sammelleitungen außerhalb von Gebäuden

Nennweite		DN 200		DN 250		DN 300		DN 350		DN 400		DN 500	
d_i mm		200		250		300		350		400		500	
min d_1		195,00		243,70		292,40		341,10		389,90		487,30	
Gefälle I cm/m		Q l/s	v m/s	Q l/s	v m/s	Q l/s	v m/s	Q l/s	v m/s	Q l/s	v m/s	Q l/s	v m/s
5,00	1:20	–	–	–	–	–	–	–	–	–	–	–	–
4,00	1:25	35,6	2,3	–	–	–	–	–	–	–	–	–	–
3,33	1:30	32,4	2,1	58,6	2,4	–	–	–	–	–	–	–	–
3,03	1:33	30,9	2,0	55,9	2,3	–	–	–	–	–	–	–	–
2,50	1:40	28,1	1,8	50,8	2,1	82,2	2,3	–	–	–	–	–	–
2,00	1:50	25,1	1,6	45,4	1,8	73,5	2,1	110,5	2,3	–	–	–	–
1,67	1:60	22,9	1,5	41,4	1,7	67,1	1,9	100,9	2,1	143,6	2,3	–	–
1,50	1:67	21,7	1,4	39,3	1,6	63,6	1,8	95,6	2,0	136,1	2,2	245,1	2,5
1,43	1:70	21,2	1,3	38,3	1,6	62,1	1,8	93,4	1,9	132,9	2,1	239,3	2,4
1,25	1:80	19,8	1,3	35,8	1,5	58,0	1,6	87,3	1,8	124,2	2,0	223,7	2,3
1,00	1:100	17,7	1,1	32,0	1,3	51,9	1,5	78,0	1,6	111,0	1,8	200,0	2,0
0,80	1:125	15,8	1,0	28,6	1,2	46,4	1,3	69,7	1,4	99,2	1,6	178,8	1,8
0,67	1:150	14,4	0,9	26,1	1,1	42,3	1,2	63,6	1,3	90,5	1,4	163,1	1,7
0,57	1:175	13,3	0,8	24,1	1,0	39,1	1,1	58,8	1,2	83,7	1,3	150,9	1,5
0,50	1:200	12,5	0,8	22,6	0,9	36,6	1,0	55,0	1,1	78,3	1,2	141,1	1,4
0,40	1:250	11,1	0,7	20,2	0,8	32,7	0,9	49,2	1,0	70,0	1,1	126,1	1,3
0,33	1:300	–	–	18,4	0,7	29,8	0,8	44,8	0,9	63,8	1,0	115,0	1,2
0,29	1:350	–	–	–	–	27,6	0,8	41,5	0,9	59,1	0,9	106,5	1,1
0,25	1:400	–	–	–	–	25,8	0,7	38,8	0,8	55,2	0,9	99,5	1,0
0,20	1:500	–	–	–	–	–	–	34,6	0,7	49,3	0,8	88,9	0,9

[1] I_{min} – Mindestgefälle für Grund- oder Sammelleitungen innerhalb von Gebäuden
[2] I_{min} – Mindestgefälle für Grund- oder Sammelleitungen außerhalb von Gebäuden

[1)] Als außerhalb von Gebäuden liegende Leitungen sind dabei solche Leitungen zu verstehen, die außerhalb der Grundfläche des Gebäudes verlegt werden. Leitungen unterhalb der Kellersohle gelten als innerhalb eines Gebäudes liegend.

Schmutzwasserabfluss von Grundleitungen außerhalb von Gebäuden[1] ab DN 150, bei einem Füllungsgrad $h/d_i = 0{,}7$

Nennweite		DN 70		DN 100		DN 125		DN 125		DN 150	
d_i mm		70		100		118		125		150	
min d_1		68,2		97,50		115,00		121,90		146,30	
Gefälle I cm/m		Q l/s	v m/s	Q l/s	v m/s	Q l/s	v m/s	Q l/s	v m/s	Q l/s	v m/s
5,00	1:20	4,1	1,4	10,5	1,8	16,4	2,0	19,1	2,1	31,0	2,3
4,00	1:25	3,6	1,3	9,4	1,6	14,6	1,8	17,0	1,9	27,7	2,1
3,33	1:30	3,3	1,1	8,6	1,5	13,3	1,6	15,5	1,7	25,2	1,9
3,03	1:33	3,1	1,1	8,2	1,4	12,7	1,6	14,8	1,6	24,1	1,8
2,50	1:40	2,9	1,0	7,4	1,3	11,5	1,4	13,5	1,5	21,9	1,7
2,00	1:50	2,6	0,9	6,6	1,1	10,3	1,3	12,0	1,3	19,5	1,5
1,67	1:60	2,3	0,8	6,1	1,0	9,4	1,2	11,0	1,2	17,8	1,4
1,50	1:67	2,2	0,8	5,7	1,0	8,9	1,1	10,4	1,1	16,9	1,3
1,43	1:70	2,2	0,7	5,6	1,0	8,7	1,1	10,2	1,1	16,5	1,2
1,25	1:80	–	–	5,2	0,9	8,1	1,0	9,5	1,0	15,4	1,2
1,00	1:100	–	–	4,7	0,8	7,3	0,9	8,5	0,9	13,8	1,0
0,80	1:125	–	–	4,2	0,7	6,5	0,8	7,6	0,8	12,3	0,9
0,67	1:150	–	–	–	–	5,9	0,7	6,9	0,8	11,2	0,8
0,57	1:175	–	–	–	–	–	–	–	–	[3] 10,4	0,8
0,50	1:200	–	–	–	–	–	–	–	–	9,7	0,7
0,40	1:250	–	–	–	–	–	–	–	–	–	–

Nennweite		DN 200		DN 250		DN 300		DN 350		DN 400		DN 500	
d_i mm		200		250		300		350		400		500	
min d_1		195,00		243,70		292,40		341,10		389,90		487,30	
Gefälle I cm/m		Q l/s	v m/s	Q l/s	v m/s	Q l/s	v m/s	Q l/s	v m/s	Q l/s	v m/s	Q l/s	v m/s
5,00	1:20	–	–	–	–	–	–	–	–	–	–	–	–
4,00	1:25	–	–	–	–	–	–	–	–	–	–	–	–
3,33	1:30	54,2	2,3	–	–	–	–	–	–	–	–	–	–
3,03	1:33	51,7	2,2	–	–	–	–	–	–	–	–	–	–
2,50	1:40	46,9	2,0	84,7	2,3	–	–	–	–	–	–	–	–
2,00	1:50	41,9	1,8	75,7	2,1	122,6	2,3	–	–	–	–	–	–
1,67	1:60	38,3	1,6	69,2	1,9	112,0	2,1	168,3	2,3	–	–	–	–
1,50	1:67	36,3	1,5	65,5	1,8	106,1	2,0	159,4	2,2	226,8	2,4	–	–
1,43	1:70	35,4	1,5	64,0	1,7	103,6	2,0	155,7	2,2	221,4	2,2	–	–
1,25	1:80	33,1	1,4	59,8	1,6	96,8	1,8	145,5	2,0	206,9	2,2	–	–
1,00	1:100	29,6	1,3	53,4	1,5	86,6	1,6	130,1	1,8	185,0	2,0	333,0	2,3
0,80	1:125	26,4	1,1	47,8	1,3	77,4	1,5	116,2	1,6	165,4	1,8	297,7	2,0
0,67	1:150	24,1	1,0	43,6	1,2	70,6	1,3	106,1	1,5	150,9	1,6	271,7	1,9
[3] 0,57	1:175	22,3	0,9	40,3	1,1	65,3	1,2	98,1	1,4	139,5	1,5	251,3	1,7
0,50	1:200	20,8	0,9	37,7	1,0	61,0	1,2	91,7	1,3	130,5	1,4	235,1	1,6
0,40	1:250	18,6	0,8	33,7	0,9	54,5	1,0	82,0	1,1	116,6	1,2	210,1	1,4
0,33	1:300	17,0	0,7	28,4	0,8	49,7	0,9	74,7	1,0	106,3	1,1	191,6	1,3
0,29	1:350	–	–	26,5	0,7	46,0	0,9	69,2	0,9	98,5	1,0	177,4	1,2
0,25	1:400	–	–	–	–	43,0	0,8	64,7	0,9	92,0	1,0	165,8	1,1
0,20	1:500	–	–	–	–	38,4	0,7	57,8	0,8	82,2	0,9	148,1	1,0

[3] I_{min} – Mindestgefälle von Grundleitungen außerhalb von Gebäuden

[1] Als außerhalb von Gebäuden liegende Leitungen sind dabei solche Leitungen zu verstehen, die außerhalb der Grundfläche des Gebäudes verlegt werden. Leitungen unterhalb der Kellersohle gelten als innerhalb eines Gebäudes liegend.

Regenwasserabfluss von Grund- und Sammelleitungen innerhalb/außerhalb von Gebäuden, Füllungsgrad $h/d_i = 0{,}7$

Nennweite		DN 70		DN 100		DN 125		DN 125		DN 150	
d_i mm		70		100		118		125		150	
min d_1		68,2		97,50		115,00		121,90		146,30	
Gefälle I cm/m		Q l/s	v m/s	Q l/s	v m/s	Q l/s	v m/s	Q l/s	v m/s	Q l/s	v m/s
5,00	1:20	4,1	1,4	10,5	1,8	16,4	2,0	19,1	2,1	31,0	2,3
4,00	1:25	3,6	1,3	9,4	1,6	14,6	1,8	17,0	1,9	27,7	2,1
3,33	1:30	3,3	1,1	8,6	1,5	13,3	1,6	15,5	1,7	25,2	1,9
3,03	1:33	3,1	1,1	8,2	1,4	12,7	1,6	14,8	1,6	24,1	1,8
2,50	1:40	2,9	1,0	7,4	1,3	11,5	1,4	13,5	1,5	21,9	1,7
2,00	1:50	2,6	0,9	6,6	1,1	10,3	1,3	12,0	1,3	19,5	1,5
1,67	1:60	2,3	0,8	6,1	1,0	9,4	1,2	11,0	1,2	17,8	1,4
1,50	1:67	2,2	0,8	5,7	1,0	8,9	1,1	10,4	1,1	16,9	1,3
1,43	1:70	2,2	0,7	5,6	1,0	8,7	1,1	10,2	1,1	16,5	1,2
1,25	1:80	–	–	5,2	0,9	8,1	1,0	9,5	1,0	15,4	1,2
⎿4⎾ 1,00	1:100	–	–	4,7	0,8	7,3	0,9	8,5	0,9	13,8	1,0 ⎿4⎾
⎿5⎾ 0,80	1:125	–	–	4,2	0,7	6,5	0,8	7,6	0,8	12,3	0,9
0,67	1:150	–	–	–	–	5,9	0,7	6,9	0,8	11,2	0,8 ⎿5⎾
0,57	1:175	–	–	–	–	–	–	–	–	10,4	0,8
0,50	1:200	–	–	–	–	–	–	–	–	9,7	0,7
0,40	1:250	–	–	–	–	–	–	–	–	–	–

Nennweite		DN 200		DN 250		DN 300		DN 350		DN 400		DN 500	
d_i mm		200		250		300		350		400		500	
min d_1		195,00		243,70		292,40		341,10		389,90		487,30	
Gefälle I cm/m		Q l/s	v m/s	Q l/s	v m/s	Q l/s	v m/s	Q l/s	v m/s	Q l/s	v m/s	Q l/s	v m/s
5,00	1:20	–	–	–	–	–	–	–	–	–	–	–	–
4,00	1:25	–	–	–	–	–	–	–	–	–	–	–	–
3,33	1:30	54,2	2,3	–	–	–	–	–	–	–	–	–	–
3,03	1:33	51,7	2,2	–	–	–	–	–	–	–	–	–	–
2,50	1:40	46,9	2,0	84,7	2,3	–	–	–	–	–	–	–	–
2,00	1:50	41,9	1,8	75,7	2,1	122,6	2,3	–	–	–	–	–	–
1,67	1:60	38,3	1,6	69,2	1,9	112,0	2,1	168,3	2,3	–	–	–	–
1,50	1:67	36,3	1,5	65,5	1,8	106,1	2,0	159,4	2,2	226,8	2,4	–	–
1,43	1:70	35,4	1,5	64,0	1,7	103,6	2,0	155,7	2,2	221,4	2,4	–	–
1,25	1:80	33,1	1,4	59,8	1,6	96,8	1,8	145,5	2,0	206,9	2,2	–	–
⎿4⎾ 1,00	1:100	29,6	1,3	53,4	1,5	86,6	1,6	130,1	1,8	185,0	2,0	333,0	2,3
0,80	1:125	26,4	1,1	47,8	1,3	77,4	1,5	116,2	1,6	165,4	1,8	297,7	2,0
⎿5⎾ 0,67	1:150	24,1	1,0	43,6	1,2	70,6	1,3	106,1	1,5	150,9	1,6	271,7	1,9
0,57	1:175	22,3	0,9	40,3	1,1	65,3	1,2	98,1	1,4	139,5	1,5	251,3	1,7
0,50	1:200	20,8	0,9	37,7	1,0	61,0	1,2	91,7	1,3	130,5	1,4	235,1	1,6
0,40	1:250	18,6	0,8	33,7	0,9	54,5	1,0	82,0	1,1	116,7	1,2	210,1	1,4 ⎿4⎾
0,33	1:300	17,0	0,7	28,4	0,8	49,7	0,9	74,7	1,0	106,3	1,1	191,6	1,3
0,29	1:350	–	–	26,5	0,7	46,0	0,9	69,2	1,0	98,5	1,0	177,4	1,2
0,25	1:400	–	–	–	–	43,0	0,8	64,7	0,9	92,0	1,0	165,8	1,1
0,20	1:500	–	–	–	–	38,4	0,7	57,8	0,8	82,2	0,9	148,1	1,0 ⎿5⎾

⎿4⎾ I_{min} – Mindestgefälle für Grund- oder Sammelleitungen innerhalb von Gebäuden
⎿5⎾ I_{min} – Mindestgefälle für Grund- oder Sammelleitungen außerhalb von Gebäuden

Mischwasserabfluss von Grund- und Sammelleitungen innerhalb/außerhalb von Gebäuden bei einem Füllungsgrad von $h/d_i = 0{,}7$

Nennweite		DN 70		DN 100		DN 125		DN 125		DN 150	
d_i mm		70		100		118		125		150	
min d_1		68,2		97,50		115,00		121,90		146,30	
Gefälle I cm/m		Q l/s	v m/s	Q l/s	v m/s	Q l/s	v m/s	Q l/s	v m/s	Q l/s	v m/s
5,00	1:20	4,1	1,4	10,5	1,8	16,4	2,0	19,1	2,1	31,0	2,3
4,00	1:25	3,6	1,3	9,4	1,6	14,6	1,8	17,0	1,9	27,7	2,1
3,33	1:30	3,3	1,1	8,6	1,5	13,3	1,6	15,5	1,7	25,2	1,9
3,03	1:33	3,1	1,1	8,2	1,4	12,7	1,6	14,8	1,6	24,1	1,8
2,50	1:40	2,9	1,0	7,4	1,3	11,5	1,4	13,5	1,5	21,9	1,7
2,00	1:50	2,6	0,9	6,6	1,1	10,3	1,3	12,0	1,3	19,5	1,5
1,67	1:60	2,3	0,8	6,1	1,0	9,4	1,2	11,0	1,2	17,8	1,4
1,50	1:67	2,2	0,8	5,7	1,0	8,9	1,1	10,4	1,1	16,9	1,3
1,43	1:70	2,2	0,7	5,6	1,0	8,7	1,1	10,2	1,1	16,5	1,2
1,25	1:80	–	–	5,2	0,9	8,1	1,0	9,5	1,0	15,4	1,2
1,00	1:100	–	–	4,7	0,8	7,3	0,9	8,5	0,9	13,8	1,0
0,80	1:125	–	–	4,2	0,7	6,5	0,8	7,6	0,8	12,3	0,9
0,67	1:150	–	–	–	–	5,9	0,7	6,9	0,8	11,2	0,8
0,57	1:175	–	–	–	–	–	–	–	–	10,4	0,8
0,50	1:200	–	–	–	–	–	–	–	–	9,7	0,7
0,40	1:250	–	–	–	–	–	–	–	–	–	–

Nennweite		DN 200		DN 250		DN 300		DN 350		DN 400		DN 500	
d_i mm		200		250		300		350		400		500	
min d_1		195,00		243,70		292,40		341,10		389,90		487,30	
Gefälle I cm/m		Q l/s	v m/s	Q l/s	v m/s	Q l/s	v m/s	Q l/s	v m/s	Q l/s	v m/s	Q l/s	v m/s
5,00	1:20	–	–	–	–	–	–	–	–	–	–	–	–
4,00	1:25	–	–	–	–	–	–	–	–	–	–	–	–
3,33	1:30	54,2	2,3	–	–	–	–	–	–	–	–	–	–
3,03	1:33	51,7	2,2	–	–	–	–	–	–	–	–	–	–
2,50	1:40	46,9	2,0	84,7	2,3	–	–	–	–	–	–	–	–
2,00	1:50	41,9	1,8	75,7	2,1	122,6	2,3	–	–	–	–	–	–
1,67	1:60	38,3	1,6	69,2	1,9	112,0	2,1	168,3	2,3	–	–	–	–
1,50	1:67	36,3	1,5	65,5	1,8	106,1	2,0	159,4	2,2	226,8	2,4	–	–
1,43	1:70	35,4	1,5	64,0	1,7	103,6	2,0	155,7	2,2	221,4	2,4	–	–
1,25	1:80	33,1	1,4	59,8	1,6	96,8	1,8	145,5	2,0	206,9	2,2	–	–
1,00	1:100	29,6	1,3	53,4	1,5	86,6	1,6	130,1	1,8	185,0	2,0	333,0	2,3
0,80	1:125	26,4	1,1	47,8	1,3	77,4	1,5	116,2	1,6	165,4	1,8	297,7	2,0
0,67	1:150	24,1	1,0	43,6	1,2	70,6	1,3	106,1	1,5	150,9	1,6	271,7	1,9
0,57	1:175	22,3	0,9	40,3	1,1	65,3	1,2	98,1	1,4	139,5	1,5	251,3	1,7
0,50	1:200	20,8	0,9	37,7	1,0	61,0	1,2	91,7	1,3	130,5	1,4	235,1	1,6
0,40	1:250	18,6	0,8	33,7	0,9	54,5	1,0	82,0	1,1	116,6	1,2	210,1	1,4
0,33	1:300	17,0	0,7	28,4	0,8	49,7	0,9	74,7	1,0	106,3	1,1	191,6	1,3
0,29	1:350	–	–	26,5	0,7	46,0	0,9	69,2	1,0	98,5	1,0	177,4	1,2
0,25	1:400	–	–	–	–	43,0	0,8	64,7	0,9	92,0	1,0	165,8	1,1
0,20	1:500	–	–	–	–	38,4	0,7	57,8	0,8	82,2	0,9	148,1	1,0

[6] I_{min} – Mindestgefälle für Grund- oder Sammelleitungen innerhalb von Gebäuden
[7] I_{min} – Mindestgefälle für Grund- oder Sammelleitungen außerhalb von Gebäuden

12 Verkehr Kanalisation

Regen- und/oder Mischwasserabfluss von Grundleitungen außerhalb von Gebäuden bei einem Füllungsgrad von $h/d_i = 1$

Nennweite		DN 70		DN 100		DN 125		DN 125		DN 150		
d_i mm min d_1		70 68,2		100 97,50		118 115,00		125 121,90		150 146,30		
Gefälle I cm/m		Q l/s	v m/s	Q l/s	v m/s	Q l/s	v m/s	Q l/s	v m/s	Q l/s	v m/s	
5,00	1:20	4,8	1,3	12,6	1,6	19,5	1,8	22,8	1,9	37,0	2,1	
4,00	1:25	4,3	1,1	11,2	1,4	17,5	1,6	20,4	1,7	33,1	1,9	
3,33	1:30	3,9	1,0	10,2	1,3	15,9	1,5	18,6	1,5	30,2	1,7	
3,03	1:33	3,8	1,0	9,8	1,2	15,2	1,4	17,7	1,4	28,8	1,6	
2,50	1:40	3,4	0,9	8,9	1,1	13,8	1,3	16,1	1,3	26,1	1,5	
2,00	1:50	3,0	0,8	7,9	1,0	12,3	1,1	14,4	1,2	23,4	1,3	
1,67	1:60	2,8	0,7	7,2	0,9	11,2	1,0	13,1	1,1	21,3	1,2	
1,50	1:67	–	–	6,8	0,9	10,7	1,0	12,4	1,0	20,2	1,1	
1,43	1:70	–	–	6,7	0,9	10,4	1,0	12,1	1,0	19,7	1,1	
1,25	1:80	–	–	6,2	0,8	9,7	0,9	11,3	0,9	18,4	1,0	
1,00	1:100	–	–	5,6	0,7	8,7	0,8	10,1	0,8	16,5	0,9	
0,80	1:125	–	–	–	–	7,8	0,7	9,0	0,7	14,7	0,8	
0,67	1:150	–	–	–	–	–	–	–	–	13,4	0,8	[8]
0,57	1:175	–	–	–	–	–	–	[8]	–	12,4	0,7	[9]
0,50	1:200	–	–	–	–	–	–	[9]	–	–	–	
0,40	1:250	–	–	–	–	–	–	–	–	–	–	

	Nennweite	DN 200		DN 250		DN 300		DN 350		DN 400		DN 500		
	d_i mm min d_1	200 195,00		250 243,70		300 292,40		350 341,10		400 389,90		500 487,30		
	Gefälle I cm/m	Q l/s	v m/s	Q l/s	v m/s	Q l/s	v m/s	Q l/s	v m/s	Q l/s	v m/s	Q l/s	v m/s	
	5,00 1:20	–	–	–	–	–	–	–	–	–	–	–	–	
	4,00 1:25	71,1	2,3	–	–	–	–	–	–	–	–	–	–	
	3,33 1:30	64,9	2,1	117,2	2,4	–	–	–	–	–	–	–	–	
	3,03 1:33	61,9	2,0	111,8	2,3	–	–	–	–	–	–	–	–	
	2,50 1:40	56,2	1,8	101,5	2,1	164,5	2,3	–	–	–	–	–	–	
	2,00 1:50	50,2	1,6	90,7	1,8	147,0	2,1	221,0	2,3	–	–	–	–	
	1,67 1:60	45,8	1,5	82,9	1,7	134,3	1,9	201,9	2,1	287,2	2,3	–	–	
	1,50 1:67	43,4	1,4	78,5	1,6	127,2	1,8	191,3	2,0	272,2	2,2	490,3	2,5	
	1,43 1:70	42,4	1,3	76,6	1,6	124,2	1,8	186,7	1,9	265,7	2,1	478,7	2,4	
	1,25 1:80	39,6	1,3	71,6	1,5	116,1	1,6	174,5	1,8	248,3	2,0	447,4	2,3	
	1,00 1:100	35,4	1,1	64,0	1,3	103,8	1,5	156,0	1,6	222,0	1,8	400,4	2,0	
	0,80 1:125	31,6	1,0	57,2	1,2	92,7	1,3	139,4	1,4	198,4	1,6	357,5	1,8	
[8]	0,67 1:150	28,9	0,9	52,2	1,1	84,6	1,2	127,2	1,3	181,1	1,4	326,3	1,7	
[9]	0,57 1:175	26,7	0,8	48,3	1,0	78,2	1,1	117,6	1,2	167,4	1,3	301,7	1,5	
	0,50 1:200	24,9	0,8	45,1	0,9	73,2	1,0	110,0	1,1	156,6	1,2	282,2	1,4	
	0,40 1:250	22,3	0,7	40,3	0,8	65,4	0,9	98,3	1,0	139,9	1,1	252,2	1,3	
	0,33 1:300	–	–	36,7	0,7	59,6	0,9	89,6	0,9	127,6	1,0	230,0	1,2	
	0,29 1:350	–	–	–	–	55,2	0,8	83,0	0,9	118,1	0,9	213,0	1,1	
	0,25 1:400	–	–	–	–	51,5	0,7	77,5	0,8	110,4	0,9	199,0	1,0	
	0,20 1:500	–	–	–	–	–	–	69,2	0,7	98,6	0,8	177,8	0,9	[8] [9]

Regenwasserleitungen: ab DN 150   [8] I_{min} – Mindestgefälle außerhalb von Gebäuden im Anschluss an einen Schacht mit offenem Durchfluss

Mischwasserleitungen: ab DN 150   [9] I_{min} – Mindestgefälle außerhalb von Gebäuden im Anschluss an einen Schacht mit offenem Durchfluss

4 Dezentrale Niederschlagswasserversickerung

Nicht schädlich verunreinigtes Niederschlagswasser kann durch Versickerung entsorgt werden, soweit es die örtlichen Verhältnisse zulassen. Vorteile: Erreichung verringerter Kanalabmessungen, Erhaltung des natürlichen Wasserhaushaltes und der Grundwasserreserven (A 138).

Zentrale Versickerung: Abflüsse aus mehreren Grundstücken bzw. Einzugsgebieten werden zusammengefasst und einer gemeinsamen Versickerungsanlage zugeführt. Bsp.: Versickerungsbecken.

Dezentrale Versickerung: Versickerung erfolgt auf den Grundstücken selbst, auf denen der Niederschlag fällt. Bsp.: Flächen-, Mulden-, Rohr-, Rigolen- und Schachtversickerung.

Unbedenklich ist die Versickerung des Niederschlagswassers aus Wohn- und vergleichbaren Gewerbegebieten. Schädlich verunreinigtes Niederschlagswasser erfordert ausreichende Voreinigung vor Versickerung. Versickerung in besonderen Anlagen gilt als Einleitung in ein Gewässer und bedarf der wasserrechtlichen Erlaubnis. Sonderregelungen gelten in Wasserschutzgebieten (Trinkwasser- und Heilquellenschutz). Je flächenhafter die Versickerung erfolgt, desto besser ist die Wirkung des Reinigungsvermögens im Boden. Günstige Versickerung im Boden, wenn $k_f = 10^{-3}$ m/s (Feinkies) bis $k_f = 10^{-6}$ m/s (schluffiger Sand).

Bemessungsgrundlagen: Regenwasserzufluss $Q_z = 10^{-7} \cdot r_{D(n)} \cdot A_{red}$ in m³/s
Versickerungsrate $Q_s = v_{f,u} \cdot A_{s,w}$ in m³/s
$v_{f,u} = k_{f,u} \cdot I = 0{,}5\, k_f \cdot I$ in m/s; $I = (l_s + z) : (l_s + 0{,}5\, z)$ in m/m;

Regenspende $r_{D(n)}$ in l/(s · ha); Häufigkeit $n = 0{,}2$ a^{-1}; Regendauer $D = 10$ min bei Versickerung ohne Speichermöglichkeit, $D = 15$ min bei großen und flachgeneigten Anschlussflächen, $D = 30$ min für Vorbemessung; bei Versickerung mit Speichermöglichkeit ergibt sich die maßgebende Regendauer D aus der Berechnung des erforderlichen Speichervolumens; angeschlossene befestigte Fläche A_{red} in m²; Filtergeschwindigkeit der ungesättigten Zone $v_{f,u}$ in m/s; Durchlässigkeit in der ungesättigten Zone $k_{f,u}$ in m/s; Durchlässigkeit in der gesättigten Zone k_f in m/s; hydraulisches Gefälle I in m/m; Abstand zwischen Anlagensohle und Grundwasseroberfläche l_s in m; Wassertiefe z in m; wirksame Versickerungsfläche $A_{s,w}$ in m².

Schutzzone	Untergrundbeschaffenheit[1]	Art der Versickerung
IIIA III[2]	ungünstig	F, M
	mittel	F, M R[3]
	günstig	F, M, R[3], S[3]
IIIB IV[2]	ungünstig	F, M, R[3]
	mittel	F, M, R[3], S[3]
	günstig	
Außerhalb von Schutzzonen	ungünstig mittel günstig	F, M, R, S

[1] Nach DVGW-Arbeitsblatt W 101, Febr. 1975.
[2] Bei Heilquellenschutzgebieten.
[3] In Einzelfällen in IIIA bzw. III: Abstand > 1 km zur Fassungsanlage und Abstandsgeschwindigkeit < 3 m/Tag.
F Flächenversickerung, Boden z. T. bewachsen
M Muldenversickerung, Boden bewachsen
R Rigolen- und Rohrversickerung
S Schachtversickerung
Versickerung in Schutzzonen I und II i. d. R. nicht tragbar.

Flächenversickerung

Voraussetzung: Versickerungsfähigkeit des Bodens > zu erwartender Regenabfluss.

Anwendungsbereiche: Parkwege, Sportanlagen, unbedenkliche Hofflächen, ländliche Wege, Campingplätze. Bei Oberflächenbefestigung sind geeignet Betongittersteine, wasserdurchlässige Pflasterung in Sandbettung und Kiestragschicht als Unterbau sowie Mineralbeton.

Für die gleichmäßige Überleitung von befestigten Flächen in unbefestigte Seitenräume z. B. Tiefbordrinnen anordnen. Notwendige Versickerungsfläche $A_s = A_{red}/[(10^7 \cdot k_f)/(2\, r_{D(n)}) - 1]$ in m²

Beispiel

Gegeben: $A_{red} = 1000$ m²; $k_f = 10^{-4}$ m/s; $r_{15(1)} = 100$ l/(s · ha); $n = 0{,}2$ a^{-1}; $D = 15$ min;

Gesucht: Erforderliche Versickerungsfläche A_s in m²

Lösung: $r_{15(0,2)} = \varphi_{15(0,2)} \cdot r_{15(1)} = 1{,}783 \cdot 100$ l/(s · ha) $= 178$ l/(s · ha)
$A_s = 1000/[(10^7 \cdot 10^{-4}) : (2 \cdot 178) - 1] = 553$ m²

Richtwerte:
- Aufnehmbare Regenspende $r = 200$ l/(s · ha) erfordert mittlere Durchlässigkeit der Oberfläche $k_f \geq 2 \cdot 10^{-5}$ m/s.
- Betongittersteine (durchbrochener Anteil i. d. R. 30 % bis 40 % der Fläche) erfordern Füllmaterial mit $k_f \geq 6 \cdot 10^{-5}$ m/s.
- Aufgeweitete Fugen in der Pflasterung erfordern Abstimmung zwischen Fugenfläche und Füllmaterial, dass $k_f = 2 \cdot 10^{-5}$ m/s erreicht wird.

Muldenversickerung

Voraussetzung: Verfügbare Versickerungsfläche reicht für Flächenversickerung nicht aus. Nur kurzzeitiger Einstau: Muldenentleerung innerhalb von 12 Std.
Anwendungsbereiche: Seitenräume von Fuss- und Radwegen, Grundstücke mit wirtschaftlich ungenutzter Grünfläche sowie untergeordnete Wege und Plätze.
Mulden stellen Bodenvertiefungen dar mit einer Tiefe $h \leq 0,5$ m und einer Breite $b = (1,0$ bis $5,0)$ m. Sohlebene und -linien der Mulden sollen horizontal liegend hergestellt werden. Lange Mulden sind insbesondere bei vorhandenem Geländegefälle durch Bodenschwellen zu unterbrechen.

Richtwert: Flächenbedarf (5 bis 10) m² pro 100 m² angeschlossener versiegelter Fläche.
Speichervolumen = erf. Muldenvolumen $V_s = (\Sigma Q_z - \Sigma Q_s) \cdot D \cdot 60$ in m³
für $I = 1$ und $n = 0,2$ a⁻¹ ist $V_s = [(2,57 \cdot 10^{-4} (A_{red} + A_s) \cdot r_{15(1)} \cdot D)/(D + 9)] - A_s \cdot D \cdot 30 \, k_f$ in m³
Aus der Bedingung $dV_s/dD = 0$ ergibt sich
$D = [3,85 \cdot 10^{-5} (A_{red} + A_s) \cdot r_{15(1)}/(A_s \cdot 0,5 \, k_f)]^{0,5} - 9$ in min
Falls analytische Lösung nicht gelingt, ist D iterativ zu ermitteln.

Beispiel
Gegeben: $A_{red} = 3000$ m²; $A_s = 750$ m²; $k_f = 10^{-5}$ m/s; $r_{15(1)} = 100$ l/(s · ha); $n = 0,2$ a⁻¹
Gesucht: Speichervolumen V_s in m³
Lösung: $D = [3,85 \cdot 10^{-5} \cdot (3\,000 + 750) \cdot 100/(750 \cdot 10^{-5} \cdot 0,5)]^{0,5} - 9$ min $= 53$ min
$V_s = [2,57 \cdot 10^{-4} (3000 + 750) \cdot 100 \cdot 53/(53 + 9)] - 750 \cdot 53 \cdot 30 \cdot 10^{-5}$ m³ $= 70,46$ m³
Bei $A_s = 750$ m² und h = 0,1 m ist vorh $V_s = 75$ m³ > $V_s = 70,46$ m³

Rigolen- und Rohrversickerung

Bei der Rigolenversickerung wird das Niederschlagswasser oberirdisch in einen kiesgefüllten Graben (Rigole), bei der Rohrversickerung unterirdisch in einen in Kiesbettung verlegten perforierten Rohrstrang geleitet, dort zwischengespeichert und in den Untergrund entsprechend der Bodenversickerungsfähigkeit abgegeben.
Anwendungsbereich: vor allem bei beengten Platzverhältnissen. Eine Kombination der Rigolen- mit Rohrversickerung und Versickerungsmulde ist möglich.
Abstand zwischen Grabensohle (frostfreie Tiefe) und höchstem natürlichem Grundwasserstand $l_s \geq 1$ m. Rohrversickerung erfordert $\geq$ DN 300 und nach Möglichkeit Vorschaltung einer geeigneten Absetzvorrichtung. Die Filterstabilität gegenüber dem anstehenden Boden ist durch Kornabstufungen bzw. Geotextil sicherzustellen. Kontrollschachtabdeckungen sind mit Lüftungsöffnungen bzw. Entlüftungshauben vorzusehen.

$Q_s = (b + 0,5 \, h) \cdot L \cdot 0,5 \, k_f$ in m³/s
Rigole: Sohlbreite b in m; nutzbare Höhe h in m; Länge L in m;
$V_s = A_{red} \cdot 10^{-7} \cdot r_{D(n)} \cdot D \cdot 60 - (b + 0,5 \, h) \cdot L \cdot D \cdot 60 \cdot 0,5 \, k_f$ in m³
Allgemein gilt: $V_s = b \cdot h \cdot L \cdot s$ in m³
Porenziffer $n_p \cong$ Speicherkoeffizient $s = [\pi \cdot r_i^2 + n_p (h \cdot b - \pi \cdot r_a^2)]/(h \, b)$
Innenradius des Rohres r_i in m; Außenradius des Rohres r_a in m; $n_p = (30$ bis $40)$ %
Bei Vorgabe des Rigolenquerschnitts ist die erforderliche Länge bei $n = 0,2$ a⁻¹
$L = [2,57 \cdot 10^{-4} \cdot A_{red} \cdot r_{15(1)} \cdot D/(D + 9)] : [b \cdot h \cdot s + (b + 0,5 \, h) \cdot D \cdot 30 \, k_f]$ in m
Die maßgebende Dauer des Bemessungsregens ergibt sich aus $dL/dD = 0$:
$D = \{9 \, b \cdot h \cdot s : [(b + 0,5 \, h) \cdot 30 \, k_f]\}^{0,5}$ in min

Beispiel
Gegeben: $A_{red} = 3\,000$ m²; $k_f = 5 \cdot 10^{-5}$ m/s; $b = 1$ m; $h = 1,5$ m; $r_{15(1)} = 130$ l/(s ha); $n = 0,2$ a⁻¹; $s = 0,35$;
Gesucht: Rigolenlänge L in m
Lösung: $D = \{9 \cdot 1 \cdot 1,5 \cdot 0,35/[(1 + 0,75) \cdot 30 \cdot 5 \cdot 10^{-5}]\}^{0,5}$ min $= 42,4$ min
$L = [2,57 \cdot 10^{-4} \cdot 3000 \cdot 130 \cdot 42,4/(42,4 + 9)]/[1 \cdot 1,5 \cdot 0,35 + (1 + 0,75) \cdot 42,4 \cdot 30 \cdot 5 \cdot 10^{-5}]$ m $= 130$ m
Bei Rohrversickerung mit perforiertem Rohr DN 1000, Wandstärke $d = 0,1$ m,
Rigolenbreite $b = 1,5$ m : $s = [\pi \cdot 0,5^2 + 0,35 \cdot (1,5 \cdot 1,5 - \pi \cdot 0,6^2)]/(1,5 \cdot 1,5) = 0,523$
$D = \{9 \cdot 1,5 \cdot 1,5 \cdot 0,523/[(1,5 + 0,5 \cdot 1,5) \cdot 30 \cdot 5 \cdot 10^{-5}]\}^{0,5}$ min $= 56$ min
$L = [2,57 \cdot 10^{-4} \cdot 3000 \cdot 130 \cdot 56/(56 + 9)]/[1,5 \cdot 1,5 \cdot 0,523 + (1,5 + 0,5 \cdot 1,5) \cdot 56 \cdot 30 \cdot 5 \cdot 10^{-5}]$ m $= 63,2$ m

Schachtversickerung

Die Versickerungsrate eines einzelnen Schachtes ist i. Allg. begrenzt durch die Standardmaße der Brunnenringe (DIN 4034) und durch die Tiefenbeschränkung (z. B. Höhenlage der Grundwasseroberfläche). Anwendung bevorzugt bei kleinen abflusswirksamen Flächen (z. B. Einfamilienhausgrundstück). Im Sohlenbereich des Schachtes ist eine sandige Reinigungsschicht ($\geq 0{,}5$ m) oder Vlies oder Geotextil vorzusehen. Abstand Oberkante der Reinigungsschicht und höchstem natürlichen Grundwasserstand soll i. d. R. 1,5 m nicht unterschreiten. Funktionsfähigkeit der Schächte setzt voraus, dass Feststoffe zurückgehalten werden, z. B. durch Vorschalten eines Absetzschachtes mit fester Wandung und Sohle. Empfohlen wird eine halbjährliche Kontrolle, Entfernung von größeren Stoffanreicherungen, ggf. Erneuern der Vliesmatte. Anordnung mehrerer Sickerschächte (Sickergalerie) hintereinander (Abstand ≥ 10 m) ist möglich zur Verbesserung von Q_s und zur Vergrößerung von V_s. Da das Speichervolumen bei der Bemessung berücksichtigt wird, kann Q_s kleiner sein als Q_z.

$$Q_s = [k_f(l_s + z) \cdot (2\,l_s + z)] \cdot \pi \cdot (R \cdot z + 0{,}25\,z^2) \text{ in m}^3/\text{s}$$
$$Q_z = 10^{-7} \cdot r_{15(1)} \cdot \vartheta_{T(n)} \cdot A_{red} \text{ in m}^3/\text{s}; \qquad V_s = z \cdot \pi \cdot R_1^2$$

Innerer Schachthalbmesser R_1 in m; Wandstärke des Brunnenringes d in m; $\qquad R = R_1 + d$ in m

Nach Tafel 12.55 kann die Bemessung durchgeführt werden. Zwischen den Flächengrößen $A_{red} = (100$ (Extrapolation) bis 400) m² kann ebenso wie zwischen den Regenspenden $r_{15(1)} = (80$ (Extrapolation) bis 200) l/(s ha) linear interpoliert werden. In den Tabellen wird zwischen den $r_{15(1)}$-Werten interpoliert. Man entnimmt aber Daten für die Schachtabmessungen, die $n = 0{,}2 \text{ a}^{-1}$ entsprechen.

Bemessungstafeln 12.55 – Schachtversickerung

Versickerungsschacht DN 1000 / Versickerungsschacht DN 1500

	k_f m/s	$A_{red}=200\,\text{m}^2$				$A_{red}=400\,\text{m}^2$				$A_{red}=200\,\text{m}^2$				$A_{red}=400\,\text{m}^2$			
		Z_{max} m	$V_{s,max}$ m³	$Q_{s,max}$ l/s	T min	Z_{max} m	$V_{s,max}$ m³	$Q_{s,max}$ l/s	T min	Z_{max} m	$V_{s,max}$ m³	$Q_{s,max}$ l/s	T min	Z_{max} m	$V_{s,max}$ m³	$Q_{s,max}$ l/s	T min
$r_{15(1)}=100\,\text{l/(s·ha)}$	$5\cdot10^{-3}$	0,86	0,68	5,77	5	1,47	1,16	11,95	5	0,58	1,02	4,63	5	1,08	1,91	9,96	5
	10^{-3}	1,93	1,52	3,59	10	3,24	2,54	8,17	10	1,20	2,11	2,28	15	2,19	3,87	5,29	15
	$5\cdot10^{-4}$	2,50	1,96	2,67	10	4,33	3,40	6,75	15	1,49	2,63	1,52	20	2,75	4,86	3,73	20
	10^{-4}	3,89	3,06	1,12	30	6,94	5,45	3,20	20	2,08	3,68	0,49	50	3,96	6,99	1,33	40
	$5\cdot10^{-5}$	4,43	3,48	0,70	40	8,06	6,33	2,13	30	2,28	4,03	0,28	70	4,38	7,74	0,79	55
	10^{-5}	5,41	4,25	0,20	85	10,22	8,03	0,68	65	2,59	4,58	0,07	150	5,08	8,98	0,20	125
	$5\cdot10^{-6}$	5,70	4,47	0,11	125	10,92	8,58	0,39	90	2,67	4,72	0,04	150*	5,27	9,31	0,11	150*
	10^{-6}	6,06	4,76	0,02	150	11,97	9,40	0,09	150	2,73	4,82	0,01	150*	5,44	9,61	0,02	150*
$r_{15(1)}=200\,\text{l/(s·ha)}$	$5\cdot10^{-3}$	1,47	1,16	11,95	5	2,36	1,85	24,34	5	1,08	1,91	9,96	5	1,92	3,39	21,75	5
	10^{-3}	3,24	2,54	8,17	10	5,40	4,24	20,08	5	2,19	3,87	5,29	15	3,90	6,89	12,99	10
	$5\cdot10^{-4}$	4,33	3,40	6,75	10	6,98	5,48	16,19	10	2,75	4,86	3,73	20	4,92	8,69	9,61	15
	10^{-4}	6,94	5,45	3,20	20	11,86	9,31	9,11	15	3,96	6,99	1,33	40	7,29	12,89	3,88	30
	$5\cdot10^{-5}$	8,06	6,33	2,13	30	14,06	11,04	6,42	20	4,38	7,74	0,79	55	8,20	14,49	2,41	45
	10^{-5}	10,22	8,03	0,68	65	18,82	14,78	2,23	45	5,08	8,98	0,20	125	9,80	17,32	0,68	100
	$5\cdot10^{-6}$	10,92	8,58	0,39	90	20,48	16,09	1,39	65	5,27	9,31	0,11	150*	10,27	18,16	0,37	140
	10^{-6}	11,97	9,40	0,09	150*	23,25	18,26	0,36	145	5,44	9,61	0,02	150*	10,82	19,12	0,08	150*

Versickerungsschacht DN 1200 / Versickerungsschacht DN 2000

	k_f m/s	$A_{red}=200\,\text{m}^2$				$A_{red}=400\,\text{m}^2$				$A_{red}=200\,\text{m}^2$				$A_{red}=400\,\text{m}^2$			
		Z_{max} m	$V_{s,max}$ m³	$Q_{s,max}$ l/s	T min	Z_{max} m	$V_{s,max}$ m³	$Q_{s,max}$ l/s	T min	Z_{max} m	$V_{s,max}$ m³	$Q_{s,max}$ l/s	T min	Z_{max} m	$V_{s,max}$ m³	$Q_{s,max}$ l/s	T min
$r_{15(1)}=100\,\text{l/(s·ha)}$	$5\cdot10^{-3}$	0,74	0,84	5,33	5	1,32	1,49	11,32	5	0,40	1,25	3,82	10	0,76	2,37	7,93	10
	10^{-3}	1,58	1,79	2,93	10	2,82	3,19	6,99	10	0,79	2,47	1,66	20	1,50	4,71	3,72	20
	$5\cdot10^{-4}$	2,02	2,28	2,09	15	3,60	4,07	5,20	15	0,95	2,98	1,04	25	1,83	5,75	2,43	25
	10^{-4}	2,98	3,37	0,77	35	5,49	6,21	2,17	30	1,26	3,96	0,30	65	2,46	7,73	0,73	55
	$5\cdot10^{-5}$	3,33	3,77	0,46	50	6,23	7,04	1,37	40	1,35	4,26	0,16	90	2,66	8,35	0,41	80
	10^{-5}	3,92	4,43	0,12	115	7,55	8,53	0,39	90	1,49	4,68	0,04	150*	2,97	9,32	0,10	150*
	$5\cdot10^{-6}$	4,09	4,63	0,06	150*	7,94	8,98	0,22	125	1,52	4,78	0,02	150*	3,02	9,50	0,05	150*
	10^{-6}	4,24	4,80	0,01	150*	8,43	9,53	0,05	150*	1,54	4,84	0,01	150*	3,07	9,65	0,01	150*
$r_{15(1)}=200\,\text{l/(s·ha)}$	$5\cdot10^{-3}$	1,32	1,49	11,32	5	2,20	2,49	23,77	5	0,76	2,37	7,93	10	1,42	4,47	17,33	5
	10^{-3}	2,82	3,19	6,99	10	4,66	5,27	16,23	10	1,50	4,71	3,72	20	2,80	8,81	8,90	15
	$5\cdot10^{-4}$	3,60	4,07	5,20	15	6,15	6,95	13,33	10	1,83	5,75	2,43	25	3,42	10,75	6,03	20
	10^{-4}	5,49	6,21	2,17	30	9,72	10,99	6,34	20	2,46	7,73	0,73	55	4,71	14,81	2,01	50
	$5\cdot10^{-5}$	6,23	7,04	1,37	40	11,26	12,73	4,23	30	2,66	8,35	0,41	80	5,14	16,16	1,16	70
	10^{-5}	7,55	8,53	0,39	90	14,23	16,10	1,35	60	2,97	9,31	0,10	150*	5,84	18,35	0,29	150*
	$5\cdot10^{-6}$	7,94	8,98	0,22	125	15,19	17,18	0,77	95	3,02	9,50	0,04	150*	6,00	18,85	0,15	150*
	10^{-6}	8,43	9,53	0,05	150*	16,63	18,81	0,18	150*	3,07	9,65	0,01	150*	6,13	19,27	0,03	150*

* Die Berechnung ist bei $T = 150$ min abgebrochen.

Beispiel
Gegeben: $A_{red} = 300\,m^2$; $r_{15(1)} = 130\,l/(s \cdot ha)$; $k_f = 10^{-5}\,m/s$; gewählter Schacht DN 1500;
Gesucht: Schachtwassertiefe z_{max} in m
Lösung: Aus Bemessungstafel 12.55 (Tabelle für DN 1500) Interpolationen erstens bez. A_{red} und dann bez. $r_{15(1)}$ für z_{max} durchführen.
Tabellenwerte $r_{15(1)} = 100\,l/(s \cdot ha)$ $A_{red} = 200\,m^2$ **2,59** $A_{red} = 400\,m^2$ **5,08**
$r_{15(1)} = 200\,l/(s \cdot ha)$ $A_{red} = 200\,m^2$ **5,08** $A_{red} = 400\,m^2$ **9,80**
Interpolation in Bezug auf Flächengröße $A_{red} = 300\,m^2$:
$z_{max} = 2,59 + (5,08 - 2,59) \cdot 100/200\,m = 3,84\,m$
$z_{max} = 5,08 + (9,80 - 5,08) \cdot 100/200\,m = 7,44\,m$
Interpolation in Bezug auf Regenspende $r_{15(1)} = 130\,l/(s \cdot ha)$:
$z_{max} = 3,84 + (7,44 - 3,84) \cdot 30/100\,m = 4,92\,m$ = Schachtwassertiefe

13 A Objektentwurf
13 B Freiraumplanung/Gehölzanwendung
13 C Baustoffe
13 D Baukonstruktion

Inhaltsverzeichnis

		Seite
A	**OBJEKTENTWURF**	
1	**Allgemeine Planungsgrundlagen**	13.2
1.1	Mensch und Maße	13.2
1.2	Besonnung	13.3
1.3	Orientierung	13.3
1.4	Aufenthaltsräume	13.3
1.5	Belichtung	13.4
2	**Bauelemente**	13.5
2.1	Öffnungen	13.5
2.2	Erschließungselemente	13.6
3	**Wohnungsbau**	13.15
3.1	Wohnhaustypen	13.15
3.2	Wohnungen	13.26
3.3	Techikräume	13.34
3.4	Sonderformen des Wohnens	13.35
4	**Barrierefreies Bauen**	13.38
4.1	Öffentlich zugängige Bereiche	13.38
4.2	Barrierefreie Wohnungen	13.43
4.3	Rollstuhlgerechte Wohnungen	13.45
5	**Gaststätten**	13.47
5.1	Schank- und Speisegaststätten	13.47
5.2	Hotels	13.52
6	**Verwaltungsbau**	13.53
6.1	Büroraumtypen	13.53
6.2	Gebäudetypen	13.56
6.3	Konstruktion und Technik	13.57
7	**Gewerbebauten**	13.59
7.1	Produktions- und Werkstattbauten	13.59
7.2	Lager	13.61
7.3	Arbeitsstätten, Grundsätze	13.62
7.4	Sozialräume	13.63
8	**Sportbauten**	13.65
8.1	Sportfelder	13.65
8.2	Sporträume	13.65
8.3	Sporthallen	13.65
8.4	Tribünen	13.66
8.5	Ausstattung von Stadien und Sporthallen	13.68
9	**Bauen für Kinder und Jugendliche**	13.69
9.1	Spielplätze	13.69
9.2	Kinderbetreuungsstätten	13.70
9.3	Schulen	13.73

		Seite
B	**FREIRAUMPLANUNG/ GEHÖLZANWENDUNG**	
1	**Allgemeines**	13.78
2	**Gütebestimmungen für Baumschulpflanzen**	13.78
2.1	Begriffe, Abkürzungen	13.78
2.2	Anforderungen an Laubgehölze	13.79
2.3	Anforderungen an Nadelgehölze	13.79
3	**Gehölze. Gestalt, Eigenschaften, Eignung**	13.80
3.1	Allgemeines	13.80
3.2	Bäume	13.81
3.3	Heckengehölze	13.84
3.4	Klettergehölze	13.85
C	**BAUSTOFFE**	
1	Natursteine	13.86
2	Keramische Baustoffe	13.87
3	Mörtel, Putze, Estriche	13.90
4	Baustoffe mit mineralischen Bindemitteln	13.94
5	Holz und Holzbaustoffe	13.98
6	Glas	13.99
7	Baumetalle	13.102
8	Bituminöse Baustoffe	13.106
9	Kunststoffe	13.108
10	Dämmstoffe	13.112
11	Oberflächenschutz	13.116
12	Dach- und Dichtungsbahnen	13.118
D	**BAUKONSTRUKTION**	
1	**Grundlagen, Konstruktionsarten**	13.119
1.1	Allgemeines	13.119
1.2	Massivbau	13.119
1.3	Skelettbau	13.122
1.4	Flächentragwerke	13.128
1.5	Seiltragwerke	13.133
1.6	Membrantragwerke	13.134
2	**Bauteile. Anwendungsbeispiele**	13.137
2.1	Außenwände	13.137
2.2	Decken	13.144
2.3	Dächer	13.157
2.4	Verbindungen	13.171
2.5	Fugen	13.176

13 Bauko. Entwurf

13 A Objektentwurf

Bearbeitet von Prof. Dr. Joachim P. Heisel

Vorbemerkungen

In diesem Kapitel sind Informationen für den Entwurf zusammengestellt: Gebäudetypen, Maßempfehlungen, Mindestmaße sowie baurechtliche Vorschriften u.a.m. Die kritische Auseinandersetzung mit gebauten und/oder veröffentlichten Planungen und dem eigenen Entwurf kann dieses Kapitel nicht ersetzen. Für die Genehmigungs- und Ausführungsplanung wird ein Blick in die jeweils angegebenen Normen, in die Planungsunterlagen von Herstellern und in die jeweils leicht differierenden Bauordnungen der Länder unerläßlich sein.

1 Allgemeine Planungsgrundlagen

1.1 Mensch und Maße

Der Entwurf von Gebäuden muß sich maßlich, funktional und gestalterisch an den Benutzern, den Menschen, orientieren. Grundmaße, die sich aus den Körperabmessungen des Menschen ergeben, sind bei der Planung und Dimensionierung der Bauten und Bauteile zu beachten.

Maßverhältnisse
Bestimmte Maßverhältnisse, Proportionen, wirken auf den Menschen besonders angenehm. Es sind in der Regel Maßverhältnisse, die sich durch Eindeutigkeit und Unterscheidbarkeit der Teile auszeichnen und deren Teile in einem klaren, intuitiv spürbaren inneren Verhältnis zueinander stehen, z.B. 1:2; 2:3; 3:5.
Modulsysteme gehen von einer Grundeinheit (Modul) aus. Alle weiteren Teile werden als ganzzahlige Vielfache dieses Moduls entwickelt.
Der sog. Goldene Schnitt gilt als ästhetisch besonders befriedigend. Er definiert das Verhältnis zweier Streckenteile (a, b) untereinander und aus dem größeren Streckenteils (b) zur Gesamtstrecke nach der Formel:

$$a : b = b : (a+b)$$

Seit der Antike werden die Maße und Maßverhältnisse des menschlichen Körpers als ästhetisch besonders befriedigend und harmonisch empfunden. Le Corbusiers Modulor-Systeme stehen so in antiker und abendländischer Tradition. Er entwickelte aus dem menschlichen Körper, insbesondere aus der Höhe des Solarplexus und seiner Verdopplung, Maßreihen, die sich jeweils im Goldenen Schnitt verkürzen bzw. verlängern.

Maße des Menschen

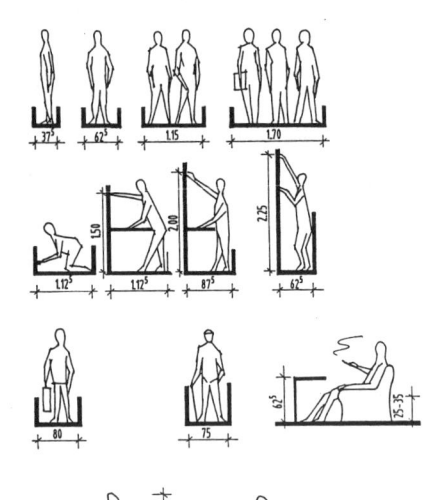

Modulor-Maße (m)
Le Corbusier

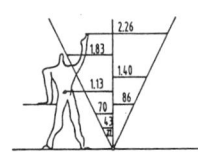

Rote Reihe	Blaue Reihe
85,91	171,83
53,10	106,19
32,81	65,63
20,28	40,56
12,53	25,07
7,74	15,49
4,79	9,57
2,96	5,92
1,83	3,66
1,13	2,26
0,70	1,40
0,43	0,86
0,26	0,53
0,16	0,33
0,10	0,20
0,06	0,12
0,04	0,08
0,02	0,04
0,01	0,03

Besonnungstabelle
(Horizontal- und Vertikalwinkel (HW, VW))

Zeit	21.6. HW	21.6. VW	21.3./23.9. HW	21.3./23.9. VW	21.12. HW	21.12. VW
4 h	127°	2°				
5 h	116°	9°				
6 h	105°	18°	90°	0°		
7 h	94°	27°	78°	9°		
8 h	82°	37°	66°	18°		
9 h	68°	46°	52°	26°	41°	5°
10 h	51°	54°	37°	33°	28°	11°
11 h	28°	59°	19°	37°	14°	14°
12 h	0°	62°	0°	39°	0°	15°
13 h	28°	59°	19°	37°	14°	14°
14 h	51°	54°	37°	33°	28°	11°
15 h	68°	46°	52°	26°	41°	5°
16 h	82°	37°	66°	18°		
17 h	94°	27°	78°	9°		
18 h	105°	18°	90°	0°		
19 h	116°	9°				
20 h	127°	2°				

Beispiel für die Anwendung der Besonnungstabelle:
Schatten am 21. 3. um 11.00 Uhr

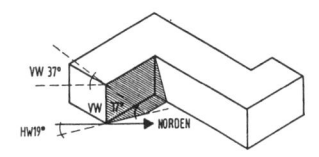

Orientierung von Wohnhäusern an Ost-West-Straßen

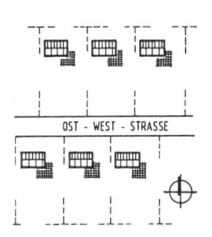

Orientierung von Wohnhäusern an Nord-Süd-Straßen

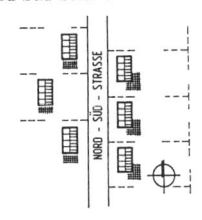

1.2 Besonnung

DIN 5034

Sonnenstand
Die Dauer und die Intensität der Besonnung eines Bauwerkes hängen, neben dem Grad der Bewölkung und der Verschattung durch Nachbarobjekte, von der Jahres- und der Tageszeit ab. Für Deutschland gilt etwa: Am 21.12. (Wintersonnenwende; 7,5 h Tag) beginnt die Sonne von ihrem tiefsten Mittagsstand (15°) immer höher zu steigen, bis sie am 21.6. (Sommersonnenwende; 16 h Tag) ihren höchsten Stand (62°) erreicht. Gleichzeitig wandern die Auf- und Untergangspunkte immer weiter nach Osten bzw. nach Westen. Zu den Tag- und Nachtgleichen (21.3. und 23.9.; 12 h Tag) steht die Sonne 39° über dem Horizont.
Statistische Werte über monatliche Sonnenscheindauer sind bei den lokalen Wetterämtern erhältlich.

Ermittlung des Sonnenstandes
In der Regel ermittelt man 3 Besonnungsfälle: Winter- und Sommersonnenwende sowie Tag- und Nachtgleiche. Die Horizontal- und Vertikalwinkel des Sonnenstandes zu einer bestimmten Uhrzeit werden entsprechenden Tabellen entnommen und in Grundriß, Aufriß oder Isometrie eingetragen.

1.3 Orientierung

Die Orientierung von Bauwerken und Räumen erfolgt nach Besonnung, Wetter, Aussicht, Funktion, Schallschutz. Gute Planung kann bei Konflikten unterschiedlicher Orientierungsaspekte vermitteln, z. B. Durchwohnen mit Besonnung von Süden und schöner Aussicht nach Norden. Bei Lärm im Süden bieten z.B. Schallschutzglaserker eine Lösungsvariante.
Für die Orientierung kleinerer Wohneinheiten nach der Sonne gelten folgende Grundsätze:
An Nord-Süd-Straßen die Häuser an die Nordgrenze setzen und/oder versetzt anordnen, um Südgärten zu bekommen.
Die nördlichen Bauten von Ost-West-Straßen abrücken, um Südgärten zu schaffen. Bauten südlich der Straße an diese heranrücken.

1.4 Aufenthaltsräume

Sie dienen dem nicht nur vorübergehenden Aufenthalt von Menschen. Lichte Höhe mind. 2,40 m. In Dachräumen muß mind. 50 % der Fläche eine Höhe von 2,30 m besitzen; Bauteile unter 1,50 m Höhe werden dabei nicht berücksichtigt. Vor Fenstern von Aufenthaltsräumen darf das Gelände max. 50 cm über dem Fußboden liegen.

13 Bauko. Entwurf

13.3

1.5 Belichtung

DIN 5034

Tageslichtquotient
Der Tageslichtquotient (*D*) beschreibt das Verhältnis der *Belichtungsstärke* in einem Raum (E_p) zu der im Freien (E_a):

$$D = E_p / E_a \times 100\,\%$$

Für Wohnräume gilt: In 85 cm über Fußboden in halber Raumtiefe und in 1 m Distanz zu den Wänden D = mind. 0,9 % im Mittel; am ungünstigsten Punkt dieser Linie: D = mind. 0,75 %. Bei Fenstern in 2 aneinandergrenzenden Wänden D = mind. 1 % am ungünstigsten Punkt.
Seitliche Fenster bedingen eine deutliche Abnahme des Tageslichts mit zunehmender Raumtiefe. Hohe Fenster belichten weiter in die Tiefe.
Als Orientierungswert für eine ausreichend belichtete Raumtiefe (*Rt*) gilt:

$$Rt = 1,5 \times \text{Fenstersturzhöhe}$$

Helle Raumoberflächen fördern die natürliche Belichtung durch Reflexion und Streuung. Lichtlenkprismen können schräg einfallendes Sonnenlicht horizontal in die Tiefe des Raumes werfen. Dachlichter ermöglichen die Versorgung großflächiger Räume mit Tageslicht.
Blendung von arbeitenden Personen und übermäßige Aufheizung von Räumen verhindern. Evtl. Sonnen- und Blendschutz vorsehen.
Blendfreie, gleichmäßige Lichtverteilung (Ausstellungsbauten) kann u. a. durch Nordorientierung der Öffnungen, regelmäßige Anordnung und/oder gezielte Streuung durch helle Flächen oder lichtstreuende Glasdecken erreicht werden.

Bestimmung des Tageslichtquotienten (*D*)
Bei bandförmigen Belichtungselementen an einem Punkt (P) wird *D* graphisch ermittelt:
Die Meßebene (*m*) liegt 85 cm über Fußboden. Halbkreis mit beliebigem Radius (*r*) um P schlagen, die oberen bzw. unteren Öffnungskanten mit P verbinden, senkrechte Projektion der Schnittpunkte dieser Verbindungslinien mit dem Halbkreis auf die Meßebene. Der Tageslichtquotient entspricht nun der auf die Meßstrecke projizierten Öffnungen ($Ö_1$, $Ö_2$, ...) am Durchmesser des Halbkreises um P. Wegen des Lichtverlustes durch Glas, Sprossen und Verschmutzung den ermittelten Wert auf 66 % reduzieren. Formel:

$$D = 2 \times r / (Ö_1 + Ö_2 + ...) \times 0,66$$

Gleichmäßig verteilte punktförmige Öffnungen sind entsprechend ihrem Anteil (z. B. 0,5) an der Fassadenlänge zu berücksichtigen. Formel z.B.:

$$D = 2 \times r / (Ö_1 + Ö_2 + ...) \times 0,5 \times 0,66$$

Faustregel für ausreichende Belichtung

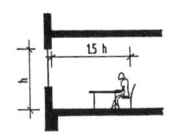

Tageslichtverteilung bei unterschiedlicher Anordnung gleich großer Fensterflächen

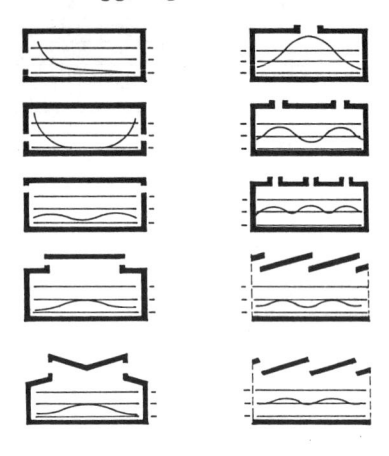

Besondere Formen von Dachlichtern

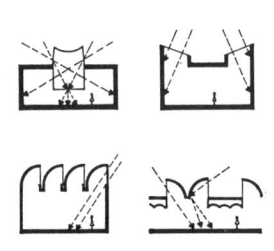

Graphische Bestimmung des Tageslichtquotienten

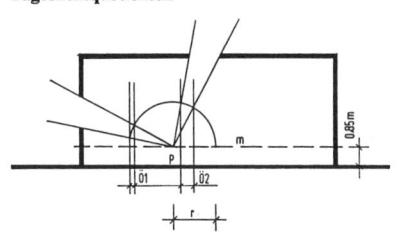

Maße von Fenstern und Brüstungen

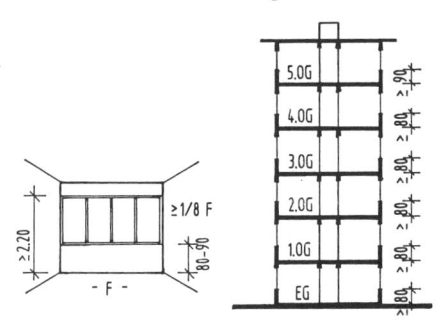

Regeln für Fenster als Fluchtwege

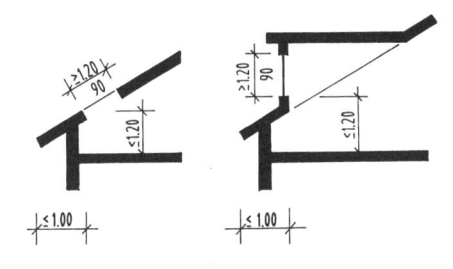

Liegende Dachfenster (Marke Roto)
(Rahmenmaße Breite/Höhe in cm)

65/85	54/112	65/121	74/112	85/112
94/123	105/123	74/145	94/145	105/145

Höhe von Schornsteinmündungen (FeuVO)

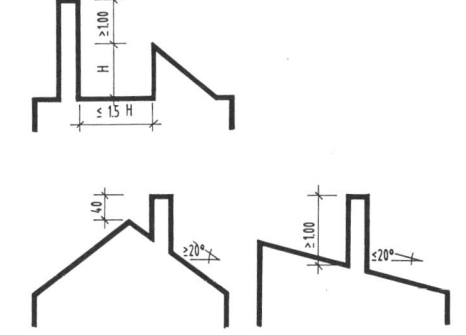

2 Bauelemente
2.1 Öffnungen
2.1.1 Fenster

LBO, ArbStättV, DIN 18 025

Aufenthaltsräume müssen über Fenster (notwendige Fenster) belichtet und belüftet sein: Rohbaumaße der notwendigen Fenster mind. 1/8 der Grundfläche der Räume, in Kindertagesstätten und Schulen mind. 1/5. Ausnahmen sind möglich, wenn Raumfunktionen dies verlangen und Belichtung sowie Belüftung gesichert sind. Für Wohnräume und Arbeitsstätten bis etwa 50 m² Fläche gilt: Unterkante Fenster möglichst max. 90 cm, Oberkante mind. 2,20 m über Fußboden. Wohnungen für Schwerbehinderte: Unterkante Fenster mind. eines Raumes max. 60 cm über Fußboden. Besondere Bestimmungen bei Arbeitsstätten. Bei öffenbaren Fenstern bis zum 5. Vollgeschoß: Brüstungs- oder Geländerhöhe mind. 80 cm; darüber: mind. 90 cm über Fußboden. Fensteranteil an Außenwänden möglichst 55 %.
Fenster, die als Rettungswege gelten, müssen mind. 90 × 120 cm im Lichten messen. Liegen diese in Dachschrägen oder in Dachaufbauten (z. B. Gauben), so gilt: Die Unterkante darf max. 1,2 m über Fußboden und max. 1 m horizontal gemessen von der Traufe entfernt sein.

2.1.2 Türen

LBO, GhVo, DIN 4102, DIN 4109

Die schall- und brandschutztechnischen Anforderungen und den Transport von Möbeln und Geräten bei der Festlegung der Maße beachten.

Türen in Wohnungen
Eingangstüren: Breite mind. 90 cm, besser 100 cm. Türbreiten innerhalb von Wohnungen: 88,5 cm; zu untergeordneten Räumen: 75 cm.

Türen in Geschäftshäusern
Türen in Rettungswegen müssen in Fluchtrichtung aufschlagen und während der Öffnungszeiten mit einem Griff in voller Breite zu öffnen sein. Schiebe-, Drehtüren und Automatiktüren ohne mechanische Panikeinrichtungen sind in Rettungswegen unzulässig. Türen zu Treppen und gesicherten Fluren: F 90 und selbstschließend. Bei Sprinklerung: rauchdicht und selbstschließend.

Türen in Versammlungsstätten
Türen in Rettungswegen wie in Geschäftshäusern, jedoch: Türflügel dürfen max. 15 cm in einen Flur vorspringen, wenn der Flur entsprechend verbreitert wird. Türen zu Treppen und gesicherten Fluren: selbstschließend.

2.2 Erschließungselemente

2.2.1 Treppen

LBO, HHR, GhVo, VStättVo, DIN 18 025

Notwendige Treppen
Jedes Geschoß, das nicht zu ebener Erde liegt, muß mindestens über 1 Treppe (= notwendige Treppe) erschlossen sein. Leitern, Fahrtreppen und Einschubtreppen sind als notwendige Treppen unzulässig.
Versammlungsstätten mit Räumen und Fluren, die mehr als 6 m bzw. 4 m unter der als Rettungsweg dienenden Verkehrsfläche liegen, Häuser mit Aufenthaltsräumen 22 m über Gelände (Hochhäuser) und Tiefgaragen, deren Rampen nicht unmittelbar ins Freie führen, benötigen mind. 2 Treppen. Bei Hochhäusern ist auch 1 Sicherheitstreppenraum zulässig. Zu Treppen im barrierefreien Bauen s. Kap. 4.

Steigungsverhältnis
Unter dem Steigungsverhältnis einer Treppe wird die Relation zwischen der Auftrittsbreite (*b*) und der Höhe (*h*) der Stufen verstanden. Das Steigungsverhältnis darf sich in der Lauflinie einer Treppe nicht ändern.
Günstige Steigungsverhältnisse, etwa 17/29 cm, ergeben sich aus der Schrittlänge des Menschen von 62 bis 64 cm. Formel:

$$2 \times h + b = 62 \text{ bis } 64 \text{ cm}$$

z. B.: $2 \times 17 \text{ cm} + 29 \text{ cm} = 63 \text{ cm}$

Diese Formel ist insbesondere für notwendige Treppen im Sinne der LBO anzuwenden. Für notwendige Treppen in Versammlungsstätten und für Kundentreppen in Geschäftshäusern gilt: max. $h = 17$ cm; mind. $b = 28$ cm.
Grundsätzlich sollten Steigungen 21 cm nicht überschreiten und Auftrittsbreiten 21 cm nicht unterschreiten.
Freitreppen und repräsentative Treppen in Gebäuden sollten größere Auftrittsbreiten und geringere Steigungshöhen erhalten.
In Gebäuden, in denen sich möglicherweise Kinder aufhalten, darf der Lichtraum zwischen offenen Treppenstufen 12 cm nicht übersteigen.

Podeste
Spätestens nach 18 Stufen ist ein Podest vorzusehen, bei Versammlungsstätten nach 14 Stufen. Die Podestbreite muß mindestens der Treppenbreite entsprechen. Die Podestlänge (*L*) errechnet sich wie folgt:

$$L = n \times \text{Schrittlänge} + 1 \text{ Auftritt}$$

Schlägt eine Tür in Richtung der Treppe auf, so ist vor Beginn der Treppe ein Absatz vorzusehen, dessen Tiefe mindestens der Türbreite entspricht.

Stufen, Begriffe

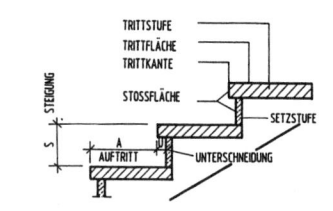

Stufenformen

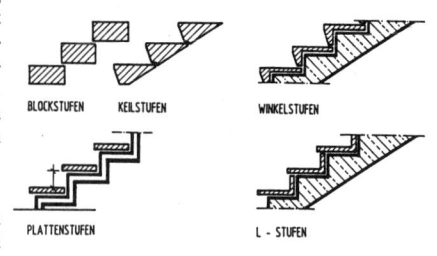

Günstige Treppensteigungen

Freitreppen	14 - 16 cm
Versammlungsstätten	15 - 17 cm
Schulen	14 - 16 cm
öffentliche Gebäude	16 - 17 cm
Gewerbebauten	17 - 19 cm
Verwaltungsbauten	16 - 17 cm
Wohnhäuser	16 - 19 cm
Bodentreppen	18 - 20 cm
Kellertreppen	18 - 19 cm
nicht notwendige Treppen	bis 21 cm

Treppen, Begriffe

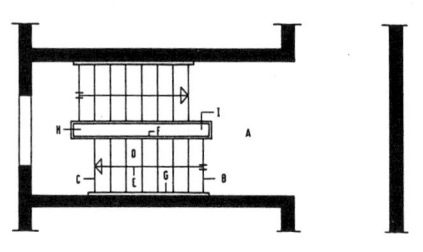

A PODEST
B ANTRITTSTUFE
C AUSTRITTSTUFE
D TREPPENLAUF
E LAUFLINIE
F INNERE TREPPENWANGE
G ÄUSSERE TREPPENWANGE
H KRÜMMLING
I TREPPENAUGE

Treppen, wichtige Maße

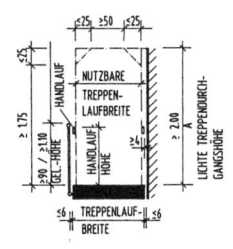

Treppenformen

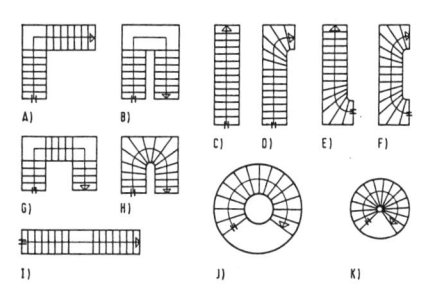

A) ZWEILÄUFIGE GEWINKELTE TREPPE MIT ZWISCHENPODEST
B) ZWEILÄUFIGE GEGENLÄUFIGE TREPPE MIT ZWISCHENPODEST
C) EINLÄUFIGE GERADE TREPPE
D) EINLÄUFIGE, IM AUSTRITT VIERTELGEWENDELTE TREPPE
E) EINLÄUFIGE, IM ANTRITT VIERTELGEWENDELTE TREPPE
F) EINLÄUFIGE, ZWEIMAL VIERTELGEWENDELTE TREPPE
G) DREILÄUFIGE, ZWEIMAL ABGEWINKELTE TREPPE MIT ZWISCHENPODESTEN
H) EINLÄUFIGE, HALBGEWENDELTE TREPPE
I) ZWEILÄUFIGE GERADE TREPPE
J) WENDELTREPPE MIT TREPPENAUGE
K) SPINDELTREPPE MIT TREPPENSPINDEL

Nutzbare Mindest-Treppenbreiten

nicht notw. Treppe	50 cm
Treppe in Wohnungen	80 cm
Wohnhaus bis 2 Geschosse	90 cm
Garagen	100 cm
übrige Gebäude	100 cm
Hochhäuser	125 cm

Nutzbare Maximal-Treppenbreite

Versammlungstätten	2,50 m

Durchmesser bei Wendeltreppen[6]

Deckenöffnung	Treppe
140 cm	125 cm
160 cm	145 cm
180 cm	165 cm
200 cm	185 cm
220 cm	205 cm
230 cm	215 cm

[6] Roto-Prospekt

Nutzbare Treppenbreiten
Als nutzbare Breite einer Treppe bezeichnet man den freien Raum zwischen begrenzenden Bauteilen, wie Wänden, Handläufen u. ä.

Handläufe und Geländer
Treppen mit mehr als 3 Stufen müssen einen Handlauf besitzen. Bauaufsichtlich notwendige Handläufe müssen fest sein, z. B. keine Seile. Ab 1,50 m Breite sind beidseitige Handläufe sinnvoll, ab 2,50 m Breite kann ein mittiger Handlauf erforderlich sein.
Treppengeländer müssen über der Vorderkante der Stufen bzw. der Oberkante des Fußbodens eine Höhe von mind. 90 cm aufweisen. Bei mehr als 12 m Absturzhöhe muß die Geländerhöhe mind. 110 cm betragen.

Treppenformen
Geradläufige und gewendelte Treppen sind bis zu einer Geschoßhöhe von etwa 2,75 m ohne Podeste ausführbar. Kombinationen von geradläufigen und gewendelten Teilen sollten sich auf Treppen innerhalb von Wohnungen beschränken.
Bei Wendeltreppen und Treppen mit einem zentralen Haltestab (Spindeltreppen) sind bei Durchmessern ab 220 cm bzw. 270 cm nutzbare Laufbreiten von 80 cm bzw. 100 cm erreichbar. Sie gelten dann als notwendige Treppen.
Bei gewendelten Treppen sollte die Auftrittsbreite an keiner Stelle 10 cm unterschreiten. In der Lauflinie darf sich das Steigungsverhältnis nicht verändern. Sie muß ohne Knick mit einem Mindestradius von 30 cm innerhalb des Gehbereichs verlaufen.

Treppenräume, Konzeption
Bei Gebäuden mit mehr als 2 Wohnungen gilt: Von jeder Stelle eines Aufenthaltsraumes oder eines Kellergeschosses darf die Entfernung zu einem Treppenraum 35 m nicht übersteigen. Notwendige Treppen müssen in einem eigenen, an der Außenwand liegenden Treppenraum angeordnet sein. Innenliegende Treppenräume können gestattet werden, wenn wegen der Rauchgefährdung und des Brandschutzes keine Bedenken bestehen. Jeder Treppenraum muß einen sicheren und möglichst kurzen Ausgang ins Freie besitzen. Bei mehr als 2 Vollgeschossen muß die notwendige Treppe in einem Zug zu den Geschossen führen. Die Treppen zum Dachraum müssen damit unmittelbar verbunden sein. Zu Fluren mit mehr als 4 Wohneinheiten oder ähnlichen Nutzungseinheiten muß der Treppenraum rauchdicht abgeschlossen sein.

Treppenräume, Öffnungen
Öffnungen zu Kellergeschossen, zu nicht ausgebauten Dachräumen, Werkstätten, Lager und ähnlichen Räumen müssen mindestens selbst-

13 Bauko. Entwurf

schließende, feuerhemmende Türen (T 30) und zu Fluren rauchdichte Türen besitzen. Treppenräume an Außenwänden benötigen in jedem Geschoß ein öffenbares Fenster von mind. 60 cm × 90 cm. Bei Gebäuden nicht geringer Höhe ($h > 7$ m): alle übrigen Türen rauchdicht.

Materialien
Für notwendige Treppen in Gebäuden geringer Höhe ($h < 7$ m) gilt: tragende Teile nichtbrennbar oder F 30, Wände und Ausgänge F 90. Bei sonstigen Gebäuden: tragende Teile F 90, Wände als Brandwände (F 90). Dies gilt nicht für Treppenhauswände aus nichtbrennbaren Materialien, die Außenwände sind. Für Gebäude mit max. 2 Wohnungen gelten diese Auflagen nicht.

Treppenräume, RWA
In Gebäuden mit mehr als 5 Vollgeschossen, in Versammlungsstätten mit mehr als 3 Geschossen und in Geschäftshäusern bei Treppenräumen durch mehr als 2 Geschosse sind Rauch- und Wärmeabzugsanlagen (RWA) von mind. 5 % der Grundfläche des Treppenraumes bzw. mind. 1 m² Querschnitt auszuführen. Sie müssen mind. im EG und im obersten Geschoß zu bedienen sein.

Treppenräume, Versammlungsstätten
Die Breite der Treppen errechnet man mit 1 m je 150 Personen, jede weitere angefangene Gruppe von 30 Personen wird mit 20 cm berücksichtigt. Die Personenzahl ergibt sich aus der Bestuhlung oder mit 2 Personen/m². Mindestbreite: 2 m. Liegen Versammlungsräume auf verschiedenen Geschossen, so ist für die Berechnung der Personenzahl der größte Raum voll, alle anderen nur zur Hälfte anzusetzen.
Notwendige Treppen grundsätzlich beidseitig mit durchlaufenden Handläufen versehen. Treppen und Treppenräume feuerbeständig herstellen. Türen müssen in Fluchtrichtung aufschlagen und selbstschließend sein. Schiebe- und Drehtüren sind unzulässig. Notwendige Treppen dürfen nur in Kellerbereiche führen, die für Besucher vorgesehen sind. Bei mehr als 3 Geschossen sind Rauch- und Wärmeabzugsanlagen (RWA) von mind. 5 % der Grundfläche des Treppenraumes bzw. mind. 1 m² Querschnitt auszuführen. Sie müssen mind. im EG und im obersten Geschoß zu bedienen sein. Stufenhöhe max. 17 cm; Stufenbreite max. 28 cm. Podest nach 14 Stufen.

Treppenräume, Geschäftshäuser
Die nutzbare Breite notwendiger Treppen darf 2,50 m nicht übersteigen. Sie müssen feuerbeständig (F 90) und aus nichtbrennbarem Material sein. Kundentreppen sind bei mehr als 1,50 m Breite beidseitig mit durchlaufenden Handläufen zu versehen. Kundentreppen vom

Treppen, Gehbereiche

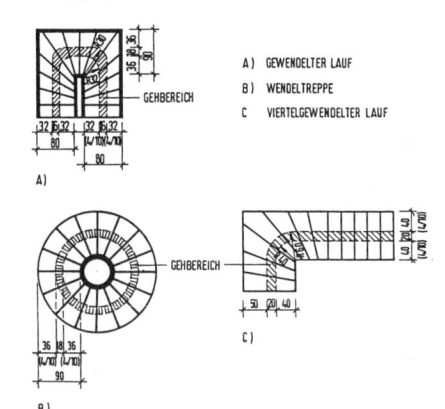

A) GEWENDELTER LAUF
B) WENDELTREPPE
C) VIERTELGEWENDELTER LAUF

Treppen, Flächenbedarf

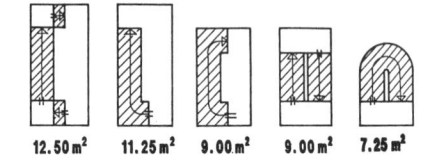

12.50 m² 11.25 m² 9.00 m² 9.00 m² 7.25 m²

Orientierungswerte für die nutzbare Breite von Fluchttreppenhäusern in Verkaufs- und Ausstellungsgebäuden

bis 100 m²	1,10 m
bis 250 m²	1,30 m
bis 500 m²	1,65 m
bis 1000 m²	1,80 m
über 1000 m²	2,10 m

Orientierungswerte für die nutzbare Breite von Fluchttreppenhäusern

bis 100 Personen	1,10 m
bis 250 Personen	1,65 m
über 250 Personen	2,10 m

Grundrißmaße von Raumspartreppen (bis 285 cm Höhe)[5]

Länge	Breite
120 cm	60 cm
120 cm	65 cm
120 cm	70 cm

[5] Roto-Prospekt

Bodentreppe, Begriffe

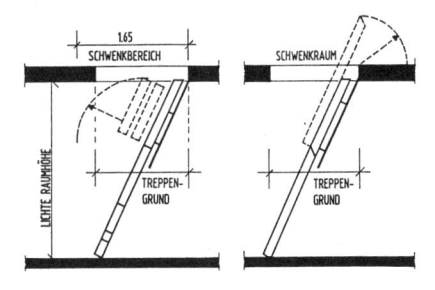

Einbaumaße für Bodentreppen.

Li. Raumhöhe	Lukenbreite	Lukenlänge
2teilig mit Schwenkraum[1]		
200-280 cm	60 cm	100, 110, 120 cm
200-280 cm	70 cm	110 cm
220-300 cm	60, 70 cm	120, 130 cm
240-320 cm	60, 70 cm	140 cm

Alten- und behindertengerechte Rampe

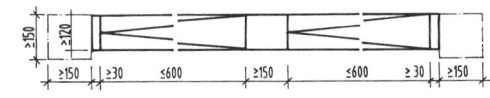

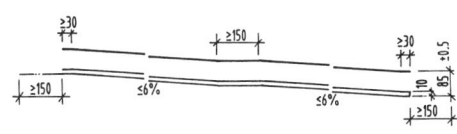

Treppenrampe (< 30°)

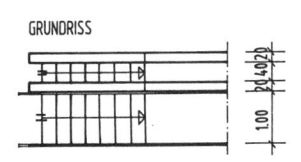

KG und vom OG benötigen getrennte Ausgänge. Stufenhöhe max. 17 cm; Stufenbreite max. 28 cm.

Treppenräume, Hochhäuser

Liegt der Fußboden eines Aufenthaltsraumes 22 m über Gelände, so gilt:
Von jeder Stelle eines Aufenthaltsraumes dürfen notwendige Treppen oder Sicherheitstreppenräume max. 25 m entfernt sein. Es sind mind. 2 notwendige Treppen vorzusehen. Statt 2 notwendiger Treppen kann ein Sicherheitstreppenraum ausgeführt werden. Dieser muß an einer Außenwand liegen und über einen an 2 Seiten offenen Gang zu erreichen sein, der mindestens so breit wie die Treppe ist und dessen Länge mindestens die doppelte Treppenbreite beträgt. Hochhäuser mit dem Fußboden eines Aufenthaltsraumes über 60 m über Gelände erfordern mind. 2 Sicherheitstreppenräume. Innenliegende Treppenräume benötigen einen Vorraum und eine mechanische Lüftung.
Die Rauchabzüge müssen von jedem Geschoß zu bedienen sein. Treppen und Wände sind feuerbeständig (F 90) und nichtbrennbar auszuführen, Türen mind. feuerhemmend (T 30).

Treppenräume, Garagen

Verbinden Treppen mehrere Garagengeschosse, so sind lüftbare Treppenräume mit F 90-Wänden und selbstschließenden T 30-Türen zu bauen.

Baurechtlich nicht notwendige Treppen

Baurechtlich nicht notwendige Treppen müssen Laufbreiten von mind. 50 cm besitzen. Stufenhöhe: max. 21 cm; Stufenbreite: mind. 21 cm. Leitertreppen für den Zugang zu Dachböden besitzen Neigungen bis zu 55°.

2.2.2 Rampen

Rampen für Fußgänger und Rollstuhlfahrer sollen max. 6 % Steigung und nach 6 m ein Podest von 150 cm Länge besitzen. Lichte Breite mind. 120 cm. Seitliche Radabweiser zur Führung mind. 10 cm hoch. Geländer auf 85 cm Höhe. Geländer und Radabweiser 30 cm über Anfang und Ende der Rampe hinausführen. Davor jeweils eine waagerechte Fläche von mind. 150 cm × 150 cm vorhalten.
Für Kinderwagen und Fahrradfahrer sind Rampen mit mittiger Treppenanlage sinnvoll.

2.2.3 Umwehrungen

Höhe der Umwehrungen bei Absturzhöhen von 1 m - 12 m: 0,90 m, in Schulen, Kindertagesstätten und Arbeitsstätten: 1 m. Bei größeren Absturzhöhen überall: 1,10 m.

---

[1] Roto-Katalog

2.2.3 Flure und Rettungswege
LBO

Rettungswege
Bereiche mit Aufenthaltsräumen benötigen in jedem Geschoß 2 unabhängige Rettungswege. Sind sie nicht ebenerdig, ist mind. 1 Treppe erforderlich (notwendige Treppe). Der zweite Rettungsweg kann eine von der Feuerwehr (Leitern) erreichbare Stelle (z.B. Fenster) sein. Liegt die Stelle mehr als 8 m über dem Gelände, ist eine Abstimmung mit der Feuerwehr erforderlich. Der zweite Rettungsweg ist bei einem Sicherheitstreppenraum nicht erforderlich.

Fenster als Rettungswege
Fenster zu ebener Erde, zu Rettungsgeräten, Fluchtbalkon u.a. müssen mind. 90 × 120 cm im Lichten messen (s. Punkt 2.1.1).

Flure. Allgemeines
In der Regel den Anteil von Fluren in einem Grundriß möglichst gering halten. Längere Flure gliedern. Verwinkelte Flure sind wenig attraktiv und erschweren die Orientierung. In Wohnbauten, Schulen, Heimen, Bürobauten u. ä. die Flure als Aufenthalts- und Kommunikationszonen ausbilden. Auf ausreichende, möglichst natürliche Belichtung achten.

Dimensionierung
Die Dimensionierung der Flure erfolgt nach dem max. zu erwartenden Verkehr. Faustwert bei größeren Menschenmengen: 1 m Breite auf 60 bis 70 Menschen. Übliche Flurbreiten:

Wohnungen	mind. 1,20 m
einhüftige Büros	mind. 1,30 m
zweihüftige Bürobauten	mind. 1,60 m

Besondere Regeln gelten für Schulen (s. 9.3).

Bauordnungsrecht
Flure über 30 m Länge durch rauchdichte, selbstschließende Türen unterteilen. Treppen in Fluren müssen mind. 3 Stufen besitzen.
Gebäude geringer Höhe ($h < 7$ m): Flurwände mind. F 30, in wesentlichen Teilen nichtbrennbar, Türen rauchdicht; Wände, Decken und Brüstungen in Laubengängen mind. F 30.
Gebäude nicht geringer Höhe ($h > 7$ m) Flurwände mind. F 90, in wesentlichen Teilen nichtbrennbar. Türen rauchdicht; Wände, Decken und Brüstungen in Laubengängen mind. F 30, in wesentlichen Teilen nichtbrennbar.

Flure, Verkaufsräume
Nebengänge von mind. 1 m Breite müssen nach max. 10 m auf einen breiteren Hauptgang führen. Flure, die Verkaufsräume oder Treppenhäuser mit öffentlichen Verkehrsflächen als Fluchtwege verbinden, feuerbeständig (F 90) ausführen, bei max. Länge von 35 m.

Flure, Hochhäuser
Flure mit 2 Fluchrichtungen max. 40 m lang und mit selbstschließenden, rauchdichten Unterteilungen nach max. 20 m. Flure mit 1 Fluchtrichtung max. 10 m lang; wenn er nur einem Raum dient, max. 20 m lang.
Mündet ein Rettungsweg (Flur/Treppe) nicht unmittelbar ins Freie (Eingangshalle), so müssen die Wände des Raumes brandschutztechnisch denen des Treppenraumes entsprechen. Öffnungen sind nur zu Fluren zulässig und mit rauchdichten Türen auszustatten. Treppenräume sind ebenfalls mit rauchdichten Türen zu versehen. Es muß ein zweiter Ausgang ins Freie vorhanden sein. Die Entfernung von der untersten Stufe zum Ausgang darf 20 m nicht übersteigen.

Flure, Versammlungsstätten
Jeder nicht ebenerdige Flur muß an 2 notwendige Treppen anschließen. Von jeder Stelle eines Flures muß in 30 m Entfernung eine Treppe erreichbar sein. Stufen sind zulässig, wenn es mehr als 3 sind sowie eine Stufen- und Sicherheitsbeleuchtung erfolgt. Rampen in Fluren dürfen nicht mehr als 5 % Neigung aufweisen.
Die Breite der Flure errechnet man mit 1 m je 150 Personen, jede weitere angefangene Gruppe von 30 Personen wird mit 20 cm berücksichtigt. Die Personenzahl ergibt sich aus der Bestuhlung oder ist mit 2 Personen/m² anzusetzen. Das Mindestmaß für Flure beträgt 2 m, für die übrigen Rettungswege 1 m. Liegen Versammlungsräume auf verschiedenen Geschossen, gilt für die Berechnung der Personenzahl der größte Raum voll, alle anderen nur hälftig anzusetzen. Türen müssen in Fluchtrichtung aufschlagen.

Flure, Garagen
Bei nicht offenen Mittel- und Großgaragen gilt: Flure, Treppenräume und Aufzüge, die auch von Benutzern von Wohnungen und anderen Räume genutzt werden, sind über eine Sicherheitsschleuse zu erschließen. Bei oberirdischen Garagen kann die Schleuse entfallen, wenn die Flure, Treppenräume und Aufzüge nicht den einzigen Fluchtweg darstellen und in ihnen keine Zündquellen oder leicht entflammbaren Stoffe vorhanden sind.
Rettungswege in Garagen müssen eine Breite von mind. 0,80 m aufweisen, Treppen von mind. 1,00 m. Jedes Garagengeschoß benötigt mind. 2 Ausgänge. Von jeder Stelle darf bei offenen Garagen ein Ausgang max. 50 m und bei geschlossenen Garagen max. 30 m entfernt sein. Rampen, die unmittelbar ins Freie führen, können als zweiter Rettungsweg gelten, bei Großgaragen jedoch nur, wenn ein 0,80 m breiter Fußweg auf der Rampe vorhanden ist. Es darf keine Brandschottung der Rampe erforderlich sein.

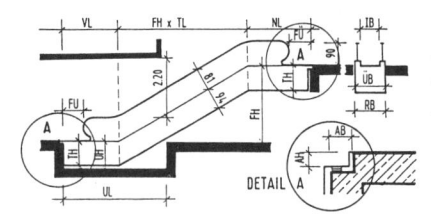

2.2.4 Fahrtreppen und Fahrsteige

Richtlinien für Fahrtreppen und Fahrsteige; EN 115; LBO; DIN 18 024

Zur kontinuierlichen Beförderung größerer Menschenmengen ist der Einsatz von Fahrtreppen und Fahrsteigen sinnvoll. Fahrtreppen gelten nicht als notwendige Treppen (Fluchttreppen).

Fahrtreppen

Steigungen in Kaufhäusern und Verwaltungsbauten gem. DIN 18 024 max. 30°. Steigungen in Verkehrsanlagen (z. B.: U-Bahnhof): auch 27,3°, ähnlich übliche Treppensteigungen. Lichte Breite 80 bzw. 100 cm. 60 cm Breite läßt die EN 115 nicht mehr zu. Vor den Zu- und Abgängen ist ein Stauraum von mind. 2,50 m Tiefe vom Ende der Fahrtreppenbalustrade vorzusehen. Die lichte Kopfhöhe muß mind. 2,30 m betragen. Neben der Länge der eigentlichen Treppen muß die Planung die oberen und unteren Umlenk- und Motorräume berücksichtigen. Auf die Auflager kommen hohe Lasten.
Die Förderleistung einer Fahrtreppe hängt von deren Breite und der Fahrgeschwindigkeit ab. In öffentlich zugängigen Gebäuden beträgt die Geschwindigkeit gem. DIN 18 024 max. 0,5 m/s. Der horizontale Vorlauf muß mind. 3 Stufen betragen. Bei Kaufhäusern wird etwa je 1000 m² Verkaufsfläche eine Fahrtreppe eingebaut.

Fahrsteige

Fahrsteige sind horizontale oder leicht geneigte Fördermittel (max. 12°) für größere Menschenmengen. Sie sind sinnvoll, wenn die Menschen Gepäck über weite Strecken transportieren müssen (z. B. Flughafen). Baulängen bis 250 m sind möglich. Eine Aufteilung in kürzere Teilstücke bietet mehr Zusteigemöglichkeiten, zwingt aber auch zu häufigem Umsteigen auf weiterführende Fahrsteige. In öffentlich zugängigen Bereichen dürfen die Neigung max. 7° und die Fördergeschwindigkeit max. 0,5 m/sec betragen (DIN 18 024).

Maße von Fahrtreppen (cm)

VL	TL	NL	FU	FO	TH	UH	UL
Fahrtreppe 27,3° (Gr. 1)							
226	1.9375	244	71	58	112	120	450
Fahrtreppe 27,3° (Gr. 2)							
266	1.9375	284	71	58	112	120	490
Fahrtreppe 30° (Gr. 1)							
226	1.7321	244	71	58	112	120	430
Fahrtreppe 30° (Gr. 2)							
266	1.7321	284	71	58	112	120	470
Fahrtreppe 35° mit Glasbalustrade (Gr. 1)							
221	1.4281	249	79	79	105	115	400
Fahrtreppe 30° mit Glasbalustrade (Gr. 1)							
221	1.7321	249	79	79	105	115	430
Fahrtreppe 35 mit Glasbalustrade (Gr. 1)							
221	1.4281	249	79	79	105	115	400
Fahrtreppe 30° mit Ganzglasbalustrade (Gr. 1)							
221	1.7321	249	24	24	105	115	430
Fahrtreppe 35 mit Ganzglasbalustrade (Gr. 1)							
221	1.4281	249	24	24	105	115	400

Gr. 1: v max.: 0,5 m/s, FH max.: 6 m
Gr. 2: v über: 0,5 m/s, FH über: 6 m

Breiten- und Auflagermaße von Fahrtreppen (cm)

IB	UB	RB	AH	AB
Verkehrsfahrtreppe mit geschlossener Balustrade				
80	142	148	14	20
100	162	168	14	20
Fahrtreppen mit Glasbalustrade				
80	137	143	14	18
100	157	163	14	18
Fahrtreppe mit Ganzglasbalustrade				
80	130	136	14	18
100	150	156	14	18

Breite von Fahrtreppen

60 cm	1 Person
80 cm	1 Person + Tasche
100 cm	2 Personen oder 1 Person + Gepäck

Fahrtreppen. Fördermenge (Pers./h)

Stufenbreite	80 cm	100 cm
bei v= 0,5 m/s	6750	9 000
bei v= 0,65 m/s	8775	11 700

2.2.5 Aufzüge

AufzV; GewO; TRA 200; TRA 300; TRA 400; EN 81; DIN 15 306, DIN 15 309; DIN 18 024, DIN 18 025; LBO; HHR; GärV

Notwendige Aufzüge
Gebäude mit mehr als 5 Vollgeschossen müssen durch Aufzüge erschlossen werden. Mind. 1 Aufzug muß zur Aufnahme von Lasten, Tragen und Rollstühlen geeignet sein. Macht die Nutzung des obersten Geschosses keinen Aufzug erforderlich, so bleibt dieses bei der Zahl der Vollgeschosse unberücksichtigt. In Gebäuden mit Publikumsverkehr ist mind. 1 behindertengerechter Aufzug vorzusehen.

Stauflächen
Vor jedem Aufzug ist eine seiner Funktion entsprechende Staufläche zu planen. Ihre Tiefe soll mind. der des Fahrkorbes entsprechen, bei Aufzugsgruppen der des tiefsten Korbes. Stauflächen vor Aufzügen in barrierefreien Bauten mind. 150 × 150 cm (Kap. 4).

Lage im Grundriß
Aufzüge in der Regel zentral anordnen, damit sie von allen Stellen eines Geschosses gut zu erreichen sind. Mehrere Aufzüge in Gruppen zusammenfassen. Bei großflächigen Gebäuden mehrere Aufzugsgruppen im Grundriß verteilen. Die Zugänge zu Aufzügen sollten in öffentlichen Gebäuden zu kontrollieren sein (Pförtner).

Aufzüge in Hochhäusern
Von jeder Stelle müssen mind. 2 Aufzüge zu erreichen sein, die jedes Geschoß anfahren. Die Haltestellen dürfen nur in Fluren oder eigenen Vorräumen liegen. Die Haltestellen im Keller sind in Vorräumen in F 90-Bauweise mit mind. T 30-Türen aus nicht brennbarem Material anzuordnen. Liegt der Fußboden eines Geschosses 30 m über Gelände, so ist mind. 1 Feuerwehraufzug auszuführen: Jeder Punkt eines Geschosses darf nicht weiter als 50 m vom Feuerwehraufzug entfernt liegen. Feuerwehraufzüge besitzen einen eigenen Schacht und einen Vorraum. Beide sind aus nichtbrennbaren Materialien in F 90-Ausführung zu errichten. Der Vorraum muß das Einbringen einer Trage (0,60 m × 2,40 m) ermöglichen, selbstschließende T 30-Türen und Rauchabzüge aufweisen.

Bei Gebäuden mit mehr als 20 Geschossen ist die Anordnung von Nah- und Fernverkehrsaufzügen mit Umsteigegeschossen (Sky-Lobbys) sinnvoll.

Aufzüge in Garagen
Verbinden Aufzüge Garagengeschosse, so müssen sie in Schächten mit F 90-Wänden liegen.

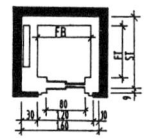

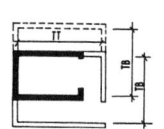

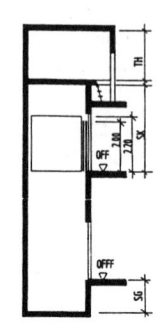

Personenaufzüge mit Seilantrieb. Maße (cm)[16]
Treibwerksraum über dem Schacht

kg/Pers	FB	FT	ST	TT	SG	TH
320/4	100	80	135	240	120	200
400/5	110	95	145	310	135	220
450/6	110	105	145	310	135	220
630/8	110	140	175	330	135	220
750/10	110	165	205	340	180	240
675/9 D	110	140	182	330	180	240
630/8	110	210	245	340	130	200
1050/14 D	110	210	252	360	180	240
D= Durchladung						

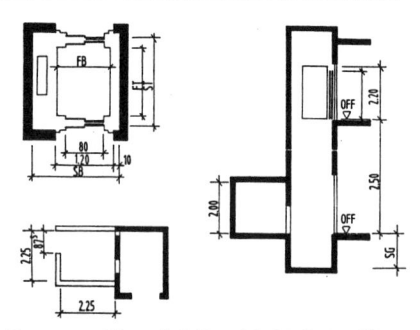

Personenaufzüge mit Seilantrieb. Maße (cm)[17]
Treibwerksraum neben dem Schacht

kg/Pers	GG	FB	FT	ST	SB	SG
320/4	H	100	80	150	160	140
400/5	H	110	95	165	160	140
450/6	H	110	105	175	160	140
630/8	H	110	140	200	160	160
630/8	N	110	140	182	175	160
675/9 D	N	110	140	182	175	160
1000/13	H	110	210	270	160	160
1000/13	N	110	210	252	170	160
1050/14 D	N	110	210	252	170	160
H= Gegengewicht hinten dem Fahrkorb						
N= Gegengewicht neben dem Fahrkorb						

[16] Thyssen NO 41
[17] Thyssen NO 41

Orientierungswerte für Aufzüge in Wohn- und Bürohäusern

Pers./Geschosse	bis 3	bis 6	bis 12	bis 20
- 100 Pers	A/C	A+B	B+D	
- 200 Pers		A+B	B+D	2∗D
- 300 Pers			B+D	2∗D
- 400 Pers			B+D	2∗D
- 500 Pers			2∗D	3∗D
- 600 Pers				3∗D

Traglast (kN)	A: 4	B: 6,3	C: 8,3	D: 10

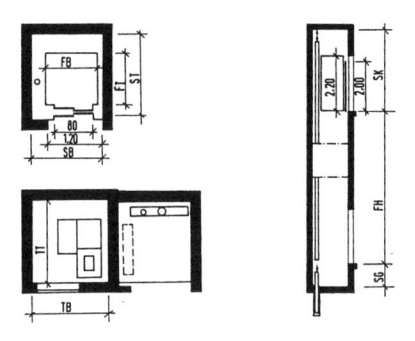

Personenaufzüge mit Hydraulikantrieb. Maße (in cm)

kg	FB	FT	ST	TT/TB	SG	SK
Heber hinter dem Fahrkorb (SB= 150 cm)						
320	100	80	140	150/160	115	320
400	110	95	155	150/160	115	320
450	110	105	165	150/160	115	320
Heber neben dem Fahrkorb (SB= 160)						
400	110	140	170	160/170	115	320
400	110	140	182	160/170	115	320
630	110	140	170	160/170	115	320
630	110	140	182	160/170	115	320
630	110	210	240	160/170	115	320
630	110	210	252	160/170	115	320
1000	110	210	252	160/170	115	320
Heber im Schachtkopf hängend (SB= 160)						
320	100	80	130	150/160	120	375
400	110	95	140	150/160	120	375
400	110	140	175	160/170	120	375
400	110	140	182	160/170	120	375
450	110	105	140	150/160	120	375
630	110	140	175	160/170	120	375
630	110	140	182	160/170	120	375
630	110	210	245	160/170	120	375
630	110	210	252	160/170	120	375
1000	110	210	245	160/170	120	375
1000	110	210	252	160/170	120	375

Fahrkorbmaße
In barrierefreien Gebäuden lichte Fahrkorbmaße mind. 110 cm × 140 cm, möglichst mit Klappsitz (s. Kap. 4). Bei mehr als 2 Haltestellen: Halteansage, Bedienungstableau nach DIN 18 024, Haltestangen. Lichte Fahrkorbmaße für Krankentragen: mind. 110 cm × 210 cm. In beiden Fällen lichte Türbreite mind. 90 cm.

Aufzugsschächte
Aufzüge in Gebäuden bis zu 5 Vollgeschossen dürfen in Treppenräumen liegen, wenn sie sicher eingefaßt sind (Verletzungsgefahr). Fahrschächte sind allseitig mit nichtbrennbaren Wänden (Beton, Glas usw.) zu umgeben. In übrigen Bauten müssen innenliegende Aufzüge in feuerbeständigen Schächten (F 90) angeordnet sein. Ein Schacht darf nicht mehr als 3 Aufzüge aufnehmen. Bei 2 Aufzügen in einem Schacht sind zusätzlich zu den Einzelschachtabmessungen etwa 10 cm Raum vorzusehen. Aufzugsschächte müssen zu lüften sein und einen Rauchabzug von mind. 2,5 % der Grundfläche, jedoch mind. 0,1 m² besitzen.

Türen und andere Öffnungen in feuerbeständigen Aufzugsschächten müssen rauchdicht sein und den Übergriff von Feuer verhindern.

Bei Aufzügen im Freien, Aufzügen, die max. 3 Geschosse erschließen, und gewerblichen Aufzügen können Erleichterungen gewährt werden.

Bei Fahrkörben ohne Türen (z. B. Lastenaufzüge) darf der Schacht keine Vorsprünge und Vertiefungen von mehr als 5 mm aufweisen. Kanten gegen die Aufwärtsfahrtrichtung sind abzuschrägen. Bei Fahrkörben mit Türen gilt dies mind. 25 cm unterhalb der Türschwelle.

Über- und Unterfahrten
Zur Aufnahme des Korbaufbaus und anderer Einbauten benötigen Aufzugsschächte Über- und Unterfahrten. Die Maße sind jedoch nach Aufzughersteller unterschiedlich.

Triebwerks- und Rollenräume
Die Maschinen für seilgezogene Aufzüge befinden sich am günstigsten über dem Schacht. Eine Anordnung im Keller neben dem Schacht ist wegen der Seilumlenkung aufwendiger.

Maschinenräume für Hydraulikaufzüge liegen am unteren Ende des Schachtes. Sie sollten möglichst max. 5 m von Hubzylindern entfernt liegen. Darüber treten Energieverluste auf. Boden durch Türschwelle und ölfesten Anstrich als Leckauffangwanne ausbilden (Volumen = Ölinhalt der Maschincrie).

Wände, Decken und Fußböden aus nichtbrennbaren Stoffen. Türen mind. 180 cm hoch, nach außen aufschlagend. Zugang über Treppe oder Leiter (68°-75°).

Antriebsarten

Seilgezogene Aufzüge sind in ihrer Hubhöhe und ihrer Geschwindigkeit hydraulischen Aufzügen überlegen.
Hydraulische Aufzüge können max. 15-20 m hoch heben. Sie eigenen sich besonders zum Transport großer Lasten. Aus ästhetischen Gründen werden sie häufiger bei verglasten Aufzugsanlagen eingesetzt. Hubzylinder können in Erdbohrungen mit Schutzrohr untergebracht werden.

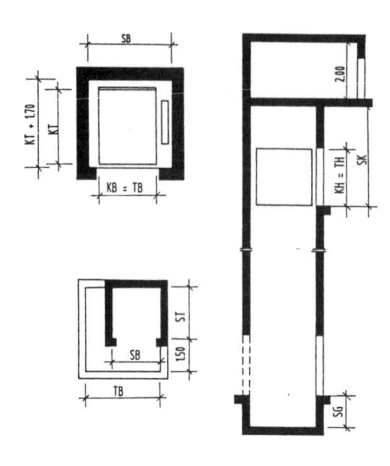

Seil-Lastenaufzüge. Korbmaße (cm)
in 10-cm-Schritten von - bis

Last (kN)	Korbbreite KB	Korbtiefe KT
10	120 - 160	160 - 210
12,5	120 - 160	160 - 250
16	140 - 200	180 - 250
20	140 - 200	180 - 300
25	150 - 220	220 - 350
30	150 - 250	230 - 400
40	170 - 250	320 - 460
50	170 - 300	330 - 500
Fahrkorbhöhen (KH): 200, 225, 250 cm		

Lastenaufzug mit Seilantrieb. Maße (cm)

kN	SB	TB	SG	SK
10; 12,5	KB +68	230	130	KH +155
16; 20	KB +77	230	130	KH +155
25	KB +78	230	135	KH +165
30	KB +795	280	135	KH +170
40	KB +850	280	135	KH +170
50	KB +925	380	140	KH +175

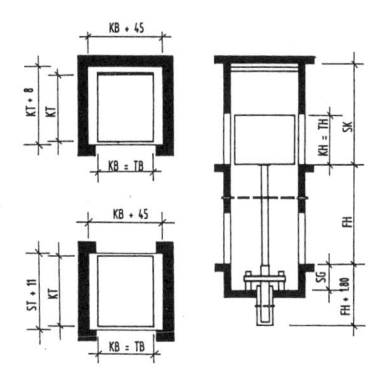

Hydraulik-Lastenaufzüge. Maße (cm)
Korbmaße in 10-cm-Schritten von - bis

Last (kN)	KB	KT
5	90 - 160	160 - 260
8	90 - 180	160 - 260
10	90 - 200	160 - 310
125	100 - 200	160 - 310
16	100 - 250	160 - 310
20	100 - 250	160 - 360
25	120 - 250	160 - 360
30; 40	150 - 300	160 - 460
50	150 - 300	160 - 500
Fahrkorbhöhen (KH): 200, 225, 250 cm		

Kleinlastenaufzüge. Maße (cm)
Korbmaße in 10-cm-Schritten von - bis

Last (kN)	Typ	KB	KT	KH
1	ST, bh	40 - 80	50 - 80	80
1 u. 3	Dt, bg	60 - 100	80 - 100	120
1	Dt/St, bg,	40 - 100	60 - 100	120
3	Dt/St, bg	40 - 100	80 - 100	120
1	St, bh	40 - 100	50 -100	120
3	St, bh	40 - 100	70 - 100	120
KH: Korbhöhe, St: Schiebetür, Dt: Drehtür,				
bh: UK Tür in Brüstungshöhe				
bg: UK Tür bodengleich				

Kleinlastenaufzüge. Maße (cm)
Korbmaße in 10-cm-Schritten von - bis

Last (kN)	Typ	SB	ST	SG
1	ST, bh	KB + 32	KT + 18	
1,3	Dt, bg	KB + 23	KT + 23	40
1	St, bg	KB + 32	KT + 18	40
1	Dt, bg	KB + 40	KT + 12	40
3	Dt, bg	KB + 40	KT + 12	40
3	St, bg	KB + 32	KT + 18	40
1	St, bh	KB + 32	KT + 18	
3	St, bh	KB + 32	KT + 18	
KH: Korbhöhe, St: Schiebetür,				
Dt: Drehtür,				
bh: UK Tür in Brüstungshöhe				
bg: UK Tür bodengleich; SK: 140 cm				

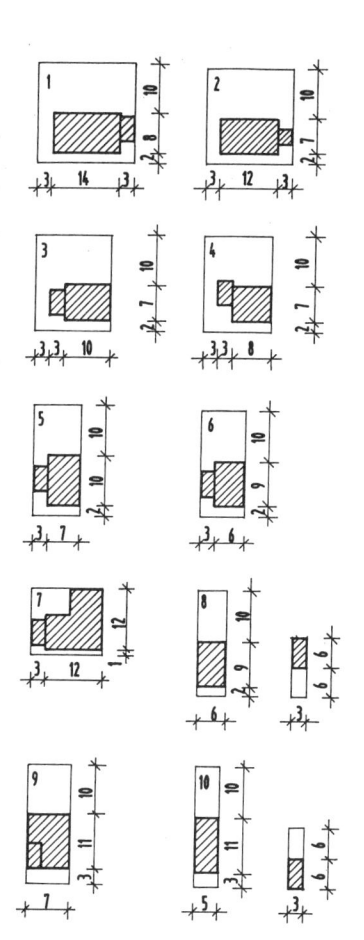

3 Wohnungsbau
3.1 Wohnhaustypen

Von der Wahl des Haustyps hängt wesentlich die mögliche Dichte einer Wohnbebauung ab. Art und Maß der baulichen Nutzung sind in der Regel in Bebauungsplänen der Gemeinden festgesetzt. Das Maß der baulichen Nutzung wird durch Grundflächenzahl (GRZ) und Geschoßflächenzahl (GFZ) beschrieben.

Die Dichte nimmt von vielgeschossigen Mehrfamilienhäusern über Ketten- und Reihenhäuser bis zu frei stehenden Einfamilienhäusern hin ab. Neben der Grundstücksgröße ist auch der Erschließungsaufwand je Wohneinheit ein wichtiger Kostenfaktor. Er läßt sich u.a. an der Straßenbreite der Grundstücke ablesen.

Von innerörtlichen Lagen abgesehen, ist es meist sinnvoll, den Bauten eine Vorzone zu geben, die 2 m Breite nicht unterschreiten sollte. Bei der Tiefe von Privatgärten sind 10 m als das Minimum anzusehen, um einen Schutz der Privatsphäre zu gewährleisten. Die in der Tabelle aufgeführten Grundstückstiefen sind daher als absolute Mindestmaße zu verstehen. Die Grundrißflächen bewegen sich im Rahmen des üblichen.

Neben der Wahl des Bautyps beeinflussen dessen Anordnung, die Art der Erschließung, die Größe von öffentlichen Freiräumen und die Anordnung des ruhenden Verkehrs ganz wesentlich die Dichte und Qualität einer Wohnsiedlung.

links:
Mindestmaße für Grundstücke bei verschiedenen Einfamilienhäusern

Städtebauliche Kennwerte von Einfamilienhaustypen (vgl. Abb. oben)

Haustyp	Zahl der Geschosse	Grundstücksmaße in m / m² (mind.)	GRZ	GFZ	durchschnittliche Wohndichte in Einwohner/ha
1 Frei stehendes EFH	1	20 × 20 / 400	0,32	0,32	< 80
2 Frei stehendes EFH	2	18 × 19 / 342	0,30	0,54	< 90
3 Doppelhaus	1,5	16 × 19 / 304	0,29	0,40	< 110
4 Doppelhaus	2	14 × 19 / 266	0,28	0,49	< 130
5 Kettenhaus	1,5	10 × 22 / 220	0,40	0,56	< 150
6 Kettenhaus	2	9 × 21 / 189	0,38	0,67	< 180
7 Gartenhofhaus	1	15 × 13 / 195	0,65	0,65	< 185
8 Reihenhaus + Stellplatz	2	6 × 21 / 162	0,44	0,78	< 210
9 Reihenhaus	2	7 × 22 / 154	0,54	0,91	< 250
10 Reihenhaus + Stellplatz	3	5 × 24 / 156	0,47	0,82	< 220

3.1.1 Raumkonzepte

Offene und geschlossene Grundrisse
Geschlossene Räume bieten hohe Privatheit durch Sicht- und Schallschutz. Wohnungen mit ausschließlich geschlossenen Räumen sind jedoch meist unflexibel zu nutzen und schlechter zu belichten. Sie erfordern zudem in der Regel abgetrennte, räumlich nicht wirksame Erschließungsflächen.
Offene, mit transparenten, transluzenten oder halbhohen Teilern gegliederte Räumlichkeiten wirken großzügiger und lichter, offene kleinere Wohnungen wirken größer. Wohnungen mit offenen Grundrissen oder Grundrißteilen sind zudem flexibler in der Nutzung. Es gilt, für jede Wohnung und ihre Teilbereiche das richtige Maß an Offenheit bzw. Geschlossenheit zu finden.

Räumliche Entwicklung
Sowohl im Einfamilienhausbau wie im Geschoßwohnungsbau lassen sich durch Verteilung der Wohnungen auf verschiedene Ebenen interessante Raum- und Sichtbeziehungen erreichen. Absenken des Wohnraums, zweigeschossige Ausführung (Maisonette), halbversetzte Geschosse (Split-Level) und die Ausbildung von Galerien sind gängige Ansätze zur innenräumlichen Gestaltung.

Sichtbezüge
Von ähnlich großer Bedeutung sind die Sicht- und Blickbeziehungen innerhalb einer Wohnung und aus dem Gebäude heraus. Offene Grundrisse erlauben z.B. Außensichtbezüge nach mehreren Richtungen.

Veränderbarkeit der Grundrisse
Wohnhäuser sollten möglichst so entworfen und konstruiert sein, daß sie den sich verändernden Vorstellungen und Bedürfnissen der Bewohner angepaßt werden können. Möglichkeiten bieten u.a.:
– leichte Trennwände (Schallschutz !)
– versetzbare Trennwände
– verschiebliche Trennwände
– neutrale, vielseitig verwendbare Räume
– offene Grundrisse.

Reihenhaus in Stuttgart
Architekten: Szyszkowitz / Kowalski

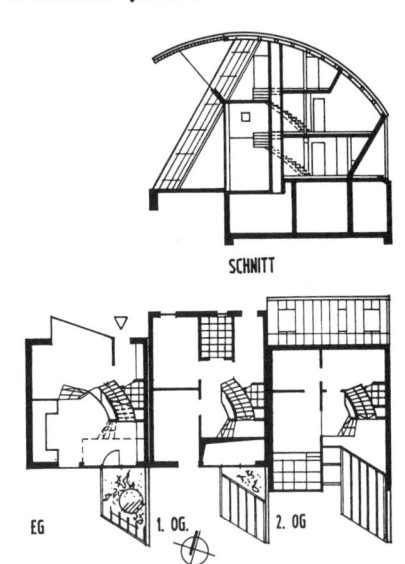

Reihenhaus in Darmstadt
Architekten: Eisele + Fritz

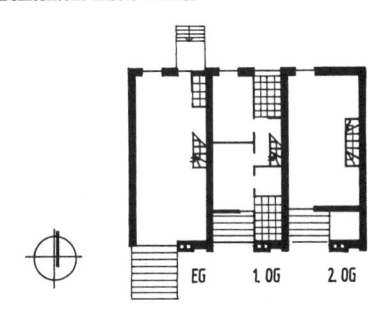

Wohnanlage in Schwabach
Architekt: H. Rieß

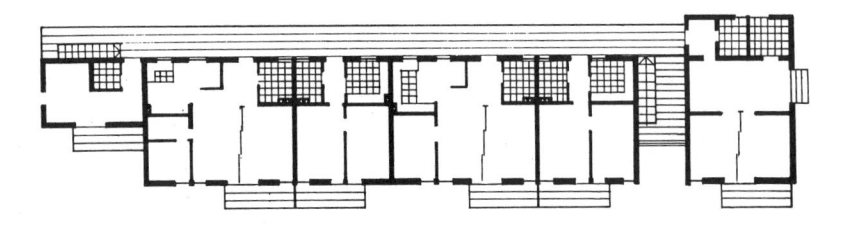

Frei stehendes Einfamilienhaus
(1geschossig)

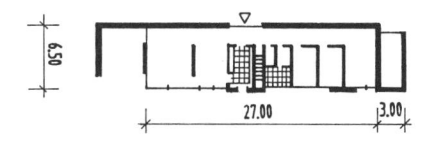

Frei stehendes Einfamilienhaus
(1 1/2geschossig) (EG: links, OG: rechts)

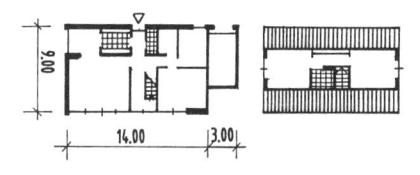

Frei stehendes Einfamilienhaus
(2geschossig) (EG: links, OG: rechts)

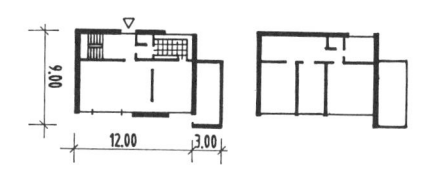

Doppelhaus
(1 1/2geschossig)

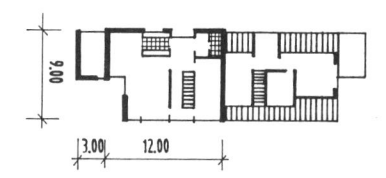

Doppelhaus
(2geschossig)

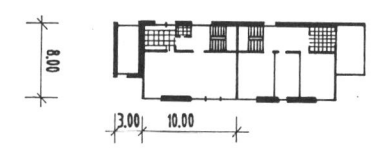

3.1.2 Einfamilienhäuser

Unter Einfamilienhäusern sind frei stehende oder gereihte Häuser mit 1 Wohneinheit und mit max. 1 kleineren Einliegerwohnung zu verstehen. Wegen des Zwangs zur Reduzierung des Flächenverbrauchs, der Kosten und des Energieverbrauchs erlangen flächensparende Bautypen wie Reihenhäuser und Gartenhofhäuser eine immer größere Bedeutung.

Ausbau und Erweiterung
Da Bauvorhaben meist die monentanen Finanzmittel der Bauherren erschöpfen, sind nach Möglichkeit spätere Ausbauten und Erweiterungen zu ermöglichen.

Schallschutz
Zwischen Einfamilienhäusern, die aneinanderstoßen, wie Gartenhof-, Ketten-, Doppel-, Reihen- und Stadthäusern, sind Schalltrennfugen anzuordnen. Diese sind durch die Kellerwände, bei Fehlen eines Kellers durch die Fundamente zu führen.

Frei stehende Einfamilienhäuser
In der Regel die individuellste Form des Wohnhauses. 1-, 1 1/2- oder 2geschossig. Garage im, am oder beim Haus. Großer Flächenverbrauch. Ebene oder versetzte Geschosse (Split-Level).

Doppelhäuser
Doppelhäuser ermöglichen geringere Grundstücksbreiten. Die Garage wird im oder am Haus angeordnet. Gegenüber Ketten- und Reihenhäusern ist es seitlich umgehbar. Beide Hälften sind gleich oder mindestens ähnlich zu gestalten. Sie werden meist von Bauträgern errichtet. Die Haushälften sind schalltechnisch durch doppelte Wände mit Fuge zu trennen. Die gartenseitigen Freisitzbereiche sind deutlich zu trennen. Probleme liegen in der Akzeptanz dieser Häuser bei den Bauherren, da ein gewisser Zwang zur gestalterischen Anpassung an den Nachbarn besteht. Das Doppelhaus ist ein Kompromiß zwischen frei stehendem Einfamilienhaus und Reihenhaus.

13 Bauko. Entwurf

Kettenhäuser

Kettenhäuser sind Reihungen deutlich ablesbarer 1 1/2- bis 2geschossiger Wohnhäuser mit kleineren Zwischenteilen (Nebenräumen, Garagen) oder deutlichen Versätzen. Sie werden von Bauträgern oder mit Gestaltungsauflagen privat errichtet. Gewisse Individualität ist durch die Zwischenelemente möglich. Räumlich interessante Ausformungen der Eingangs- und der Rückseite bieten Wetter- und Sichtschutz. Die Garagen werden im Haus als Kettenverbindungsglied oder als Sammelgaragen ausgeführt. Garagen als Verbindungsglieder erlauben den Durchgang von der Straße zum Garten. Vorteile der Kettenhäuser: Individualität, geringer Flächenverbrauch, geringere Ausflächen.

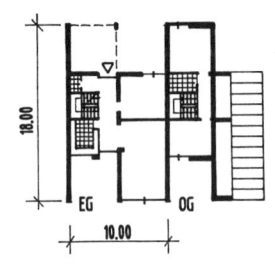

Gartenhofhaus (1geschossig)

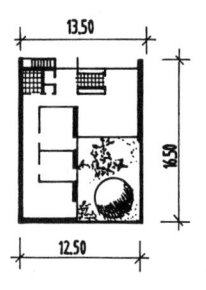

Kettenhäuser

Gartenhofhäuser

Gartenhofhäuser werden in der Regel als Reihungen L- oder U-förmiger eingeschossiger Grundrisse um Wohnhöfe in flächiger, dichter Bauweise von Bauträgern oder mit Gestaltungsauflagen privat errichtet. Gewisse Individualität ist möglich.

Die Flügel der Häuser nehmen jeweils bestimmte Wohnbereiche auf, z.B. Wohn- und Eßbereich oder die Individualräume. Die Bereiche können so optimal orientiert werden. Um die Besonnung der Höfe zu gewährleisten, sind in der Regel eingeschossige Bauweisen mit flach geneigten Dächern erforderlich.

Dieser Bautyp bietet einen guten Wetter-, Sicht- und Schallschutz der Freibereiche. Trotz hoher Verdichtung verbleibt ein gesicherter Privatbereich. Schalltrennfugen zum Nachbarn sind erforderlich. Garagen werden im Haus oder als Sammelgarage ausgeführt; evtl. Durchgang von der Straße oder vom Wohnweg zum Garten. Vorteile: Individualität, geringer Flächenverbrauch.

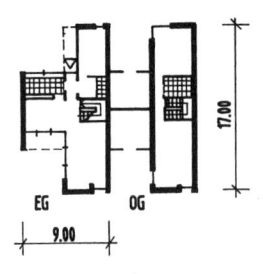

Gartenhofhaus (z.T. 2geschossig)

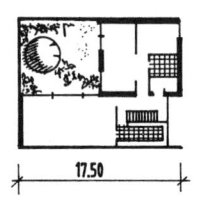

Gartenhofhaus in Puchheim
Architekt: M. Kovatsch

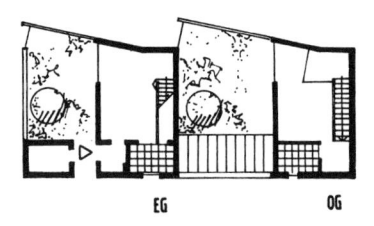

Atriumhäuser

Bei dieser Hausform ist der Innenhof vierseitig von Wohnräumen umbaut. Diese Bauform ist nur bei großflächigen Wohnhäusern sinnvoll und weniger wirtschaftlich als die kompakteren L- bzw. U-förmigen Gartenhofhäuser.

Reihenhaus, Treppe längs angeordnet

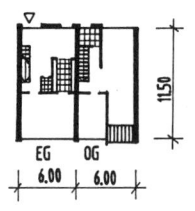

Reihenhaus, Treppe quer angeordnet

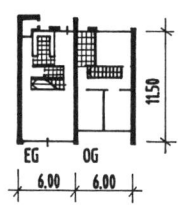

Reihenhaus mit Split-Level

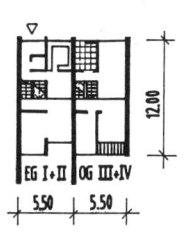

Reihenhaus mit 3 Geschossen

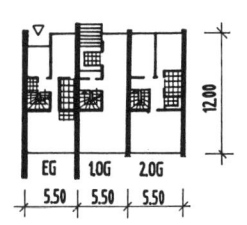

Reihenhäuser

Reihung 2- bis 3geschossiger schmaler, tiefer Bauten, durch Schalltrennfugen getrennt. Sie werden von Bauträgern errichtet. In der Regel befinden sich im Erdgeschoß die Wohnräume mit Küche, in den Obergeschossen die Individualräume. Abstellräume werden entweder im Keller oder in Kellerersatzräumen angeordnet. Letzterer kann auch außerhalb des geheizten Bereiches als einfacher Anbau ausgeführt sein.

Die Garagen sind in der Regel in Sammelgaragen, bisweilen auch im Haus, z.B. im Keller, angeordnet. Reihenhäuser bieten eine besonders gute Ausnutzung der Grundstücke. Durch plastische Gestaltung der einzelnen Häuser und Versprünge in der Reihung werden interessante Gestaltungen möglich.

Die Privatheit der Freisitze kann durch bauliche Maßnahmen und durch Pflanzungen gewährleistet werden. Die Vorzonen zu den Erschließungswegen bieten sich als halbprivate Kommunikations- und Pufferzonen an. Kellerersatzräume und Garagen/Carports lassen sich als Gliederungselemente verwenden.

Reihenhaus mit Split-Level, Carport, Kellerersatzraum und Wintergarten
Architekt: A. Schuster

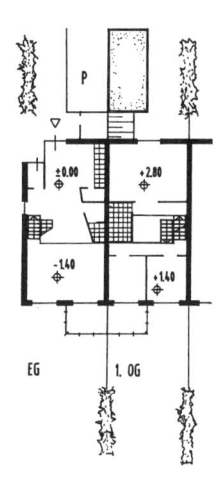

13 Bauko. Entwurf

13.19

Stadthäuser
Es handelt sich um Reihungen individuell nach gewissen Gestaltungsvorgaben entworfener, meist dreigeschossiger Häuser mit einer zweiten, kleineren Wohnung im Erd- oder im Dachgeschoß. Die Stadthäuser erreichen eine stadttypische hohe Grundstücksnutzung bei gleichzeitiger Ausformung eines markanten, baulich geprägten städtischen Straßenraums.

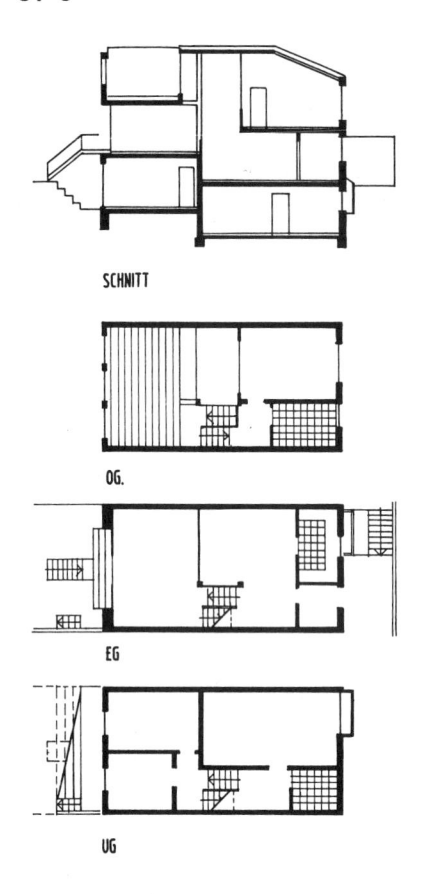

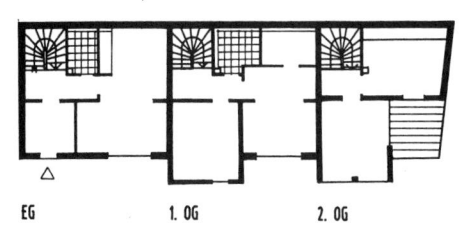

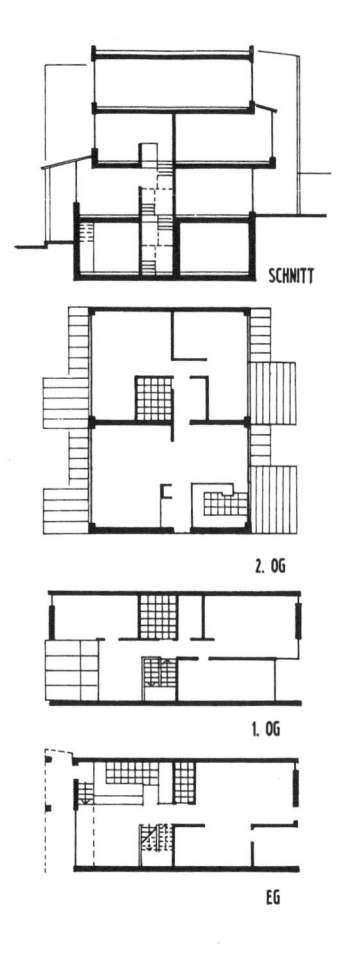

Oben links:
Hauszeilen in Schopfheim-Wiechs
Architekten: G. Pfeifer, R. Mayer

Oben rechts:
Hofumbauung in Niederwangen / Bern
Architekten: Atelier 5

Unten links:
Stadthaus in Nürnberg
Architekten: Baufrösche

Räume und Raummaße in Geschoßwohnungen

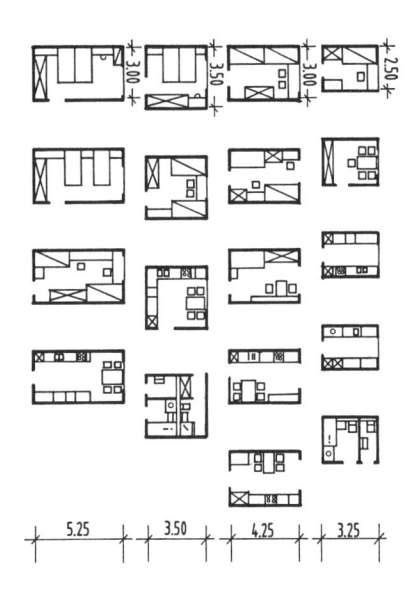

Grundrißbeispiele

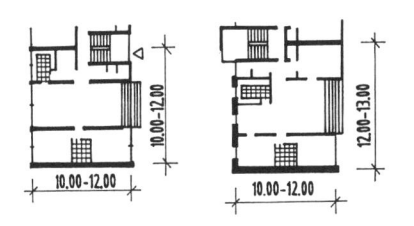

3.1.3 Geschoßwohnungsbauten

Grundsätze

Miet- oder Eigentumswohnungen in mehrgeschossigen Bauten sind insbesondere im städtischen Umfeld zu finden. Je nach Lage und städtebaulichem Umfeld können Block-, Zeilen-, Scheibenhaus- oder Punkthauslösungen sinnvoll sein.

Die Wohnungen werden vertikal über Treppenhäuser und spätestens ab 6 Vollgeschossen auch mit Fahrstühlen erschlossen. Horizontal sind sie entweder unmittelbar von einem Treppenhaus (Spännertyp) oder über einen Gang (Gangtyp) erschlossen. Je geringer der Anteil der Erschließungselemente am Bauvolumen, desto günstiger die Baukosten. Je mehr Wohnungen über ein Treppenhaus oder einen Flur erschlossen werden, desto größer wird jedoch auch die Anonymität.

Eine Wohnung kann sich über 1 Geschoß oder über mehrere Geschosse erstrecken, als Split-Level-Typ oder als Maisonette. Mehrgeschossige Wohnungen besitzen einen schmaleren Zuschnitt, ähnlich einem Reihenhaus.

Der ruhende Verkehr wird in Sammelanlagen untergebracht: je nach Güte des Objektes, Baulandpreis und Verfügbarkeit des Bodens in offenen oder überdachten Stellplätzen, Garagen oder Tiefgaragen.

Die Abstellflächen für Müllbehälter, Fahrräder und Kinderwagen sowie Hausanschluß-, Wasch- und Trocken- sowie Abstellräume sind frühzeitig in die Planung zu integrieren (vgl. 3.2.6 und 3.3.1).

Bei Gebäuden mit mehr als 3 Wohnungen ist auf dem Grundstück ein Spielplatz für Kleinkinder anzulegen, sofern kein geeigneter Spielplatz in der Nähe vorhanden oder geplant ist oder die Wohnungen kinderlosen Personengruppen vorbehalten sind.

Städtebauliche Kennwerte von Geschoßwohnungsbauten

Haustyp	Zahl der Geschosse	Grundstücksmaße in m² / WE	Zweckmäßige Grundstücksbreite (m)	empfohlene GFZ	durchschnittliche Nettowohndichte in Einwohner/ha
1 Einspänner	2	120-220	> 20	0,6 - 0,8	< 300
2 Zweispänner	3		> 30	0,8 - 1,0	< 350
3 Zwei- und Mehrspänner	4	= Wohnfläche	> 40	0,8 - 1,1	< 400
4 Drei- u. Mehrspänner	5	= Wohnfläche	> 50	0,8 - 1,1	< 400
5 Vier- u. Mehrspänner	> 5	= Wohnfläche	> 60	0,8 - 1,2	< 450

13 Bauko. Entwurf

Konstruktion und Technik
Auf den Schallschutz der Decken, Wohnungstrennwände und Installationen besonders achten.
Die wegen des Schallschutzes schweren Wohnungstrennwände (Mauerwerk, Beton) werden meist gleichzeitig zur vertikalen Lastabtragung herangezogen (Massivbauweise).

Schottenbauweise
Die Decken spannen zwischen in regelmäßigen Abständen angeordneten Innenwänden (Schotten). Abstand der Schotten 3-6 m (Zimmerbreite). Zwischen den Schotten erlauben leichte Trennwände freie Grundrißgestaltungen.

Skelettbauweise
In der Regel teurere Lösung, erlaubt aber freiere Grundrißgestaltungen. Wohnungstrennwände müssen oft aus Schallschutzgründen massiv ausgeführt werden und sind dann nur an konstruktiv verstärkten Deckenbereichen (Unterzüge) zu realisieren.
Bei Bauten mit Tiefgaragen sind Schotten- oder Stützenabstände, Wohnungs- und Parkplatzbreiten frühzeitig abzustimmen.

Technischer Ausbau
Räume mit Installationsanteilen (Bäder, Küchen) werden möglichst an durchgehende vertikale Trassen gelegt. Bei Installationen und Deckendurchführungen auf den Schallschutz achten. Innenliegende Bäder benötigen Abluftschächte. Verschiedene Landesbauordnungen schreiben einen Notschornstein je Wohnung vor.

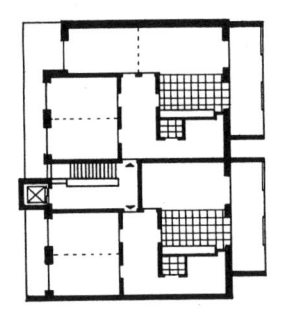

Wohnhaus (Zweispänner) mit Ateliervorbauten in Nürnberg (1. OG), Architekten: Baufrösche

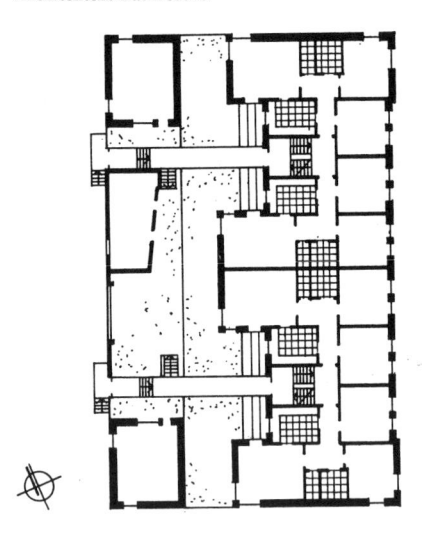

Wohnhaus mit Flurerschließung in Sulzbach Rosenberg Architekten: D. Fink, Th. Jocher

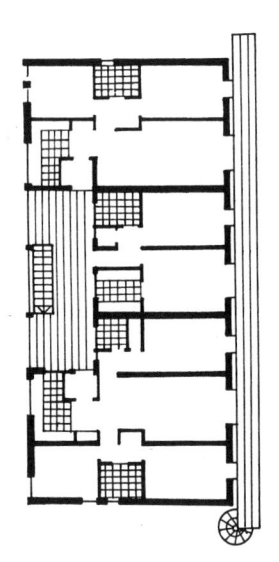

Wohnhaus (Zweispänner) in Stuttgart, Architekt: M. Adler

Unten:
Wohnanlage in Ingolstadt
Architekten: H. Schröder, S. Widmann

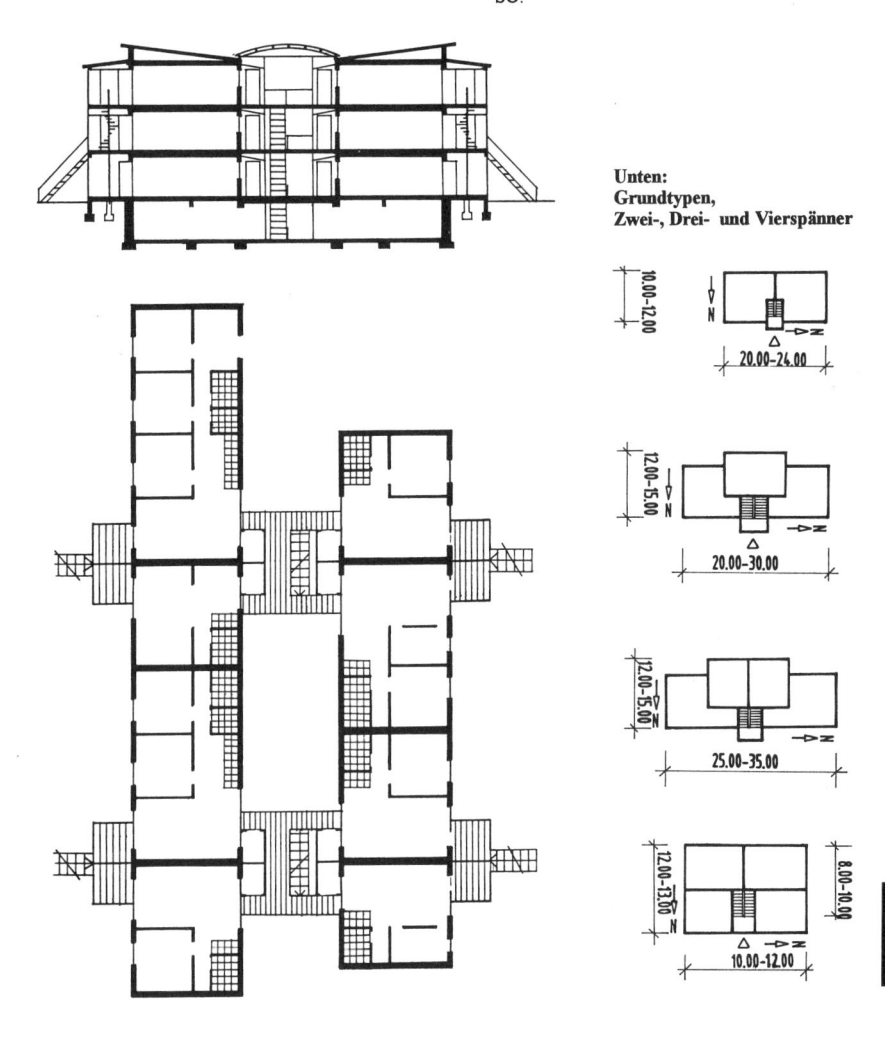

Geschoßbauten ohne Flurerschließung (Spännertypen)

Die Wohnungen werden unmittelbar von Treppenhauskernen erschlossen. Je nach Anzahl der je Treppenhaus auf einem Geschoß erschlossenen Wohnungen unterscheidet man ein-, zwei-, drei- oder vierspännige Wohnbauten. Wirtschaftlich günstig sind mehrspännige Lösungen. Liegen die Treppenhäuser an der Nord- oder Ostseite des Gebäudes, so wird die Orientierung nach den übrigen Seiten nicht behindert. Nebenräume und Bäder liegen meist dem Kern zugewandt, Wohn- und Schlafräume nach SW bzw. SO.

Unten:
Grundtypen,
Zwei-, Drei- und Vierspänner

13 Bauko. Entwurf

13.23

Geschoßbauten mit Flurerschließung (Gangtypen)

Deutlich mehr Wohnungen lassen sich über Gänge an Treppenhäuser anbinden. Dies ist u.a. bei einer Vielzahl kleinerer Wohnungen sinnvoll, etwa bei Heimen. Im regulären Geschoßwohnungsbau werden Gangerschließungen häufig als anonym empfunden. Gänge als Freiräume mit Aufenthaltsqualitäten ausgestalten.

Innengänge
Die Erschließung beidseitig liegender Wohnungen erfolgt über einen Innenflur. Möglichst natürliche Belichtung und Außenbezüge sichern. Flur räumlich differenziert ausformen. Eine Nord-Süd-Erstreckung des Flures verhindert bei eingeschossigen Wohnungen reine Nord- bzw. Südorientierungen. Durch Wohnungen mit versetzten Geschossen werden zu beiden Gebäudeseiten durchgehende Wohneinheiten möglich.

Außengänge (Laubengänge)
Außengänge bieten den Vorteil der Belichtung und Belüftung beider Wohnungsseiten. Offene Gänge sind wegen der Witterung problematisch. Verbesserung durch ganz oder teilweise transparenten Witterungsschutz. Am Gang liegen bevorzugt Nebenräume, Bad und Küche. Die Anlagerung von Schlafräumen ist wegen des Schallschutzes problematisch. Zweigeschossige Wohnungen als Split-Level oder Maisonetten erlauben gangfreie Geschosse.

**Innenflurhaus in Stuttgart,
Architekten: Gullichsen, Kairamo, Vormala**

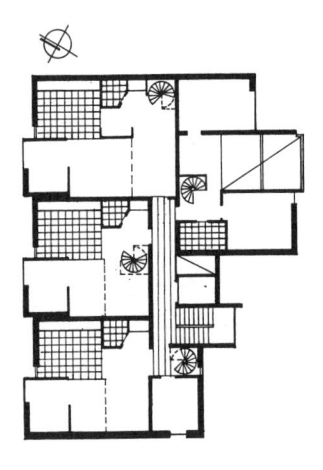

Innenganghäuser

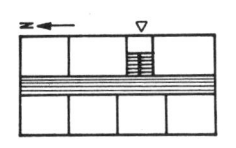

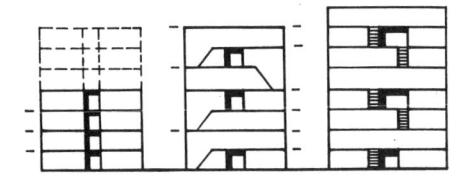

Außenganghäuser

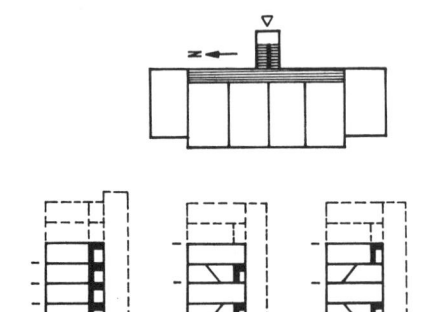

Ganghäuser, Sonderformen

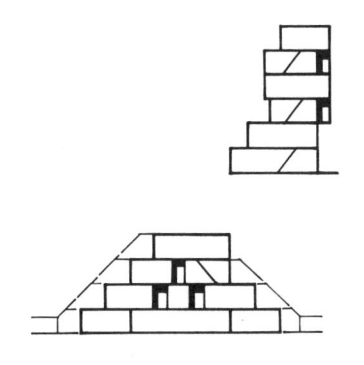

13.24

Laubenganghaus in Nürnberg,
Architekten: Baufrösche
Teilgrundriß 2. Obergeschoß und Schnitt

Laubenganghaus in Nürnberg,
Architekten: Steidle + Partner
Teilgrundriß 2. Obergeschoß und Schnitt

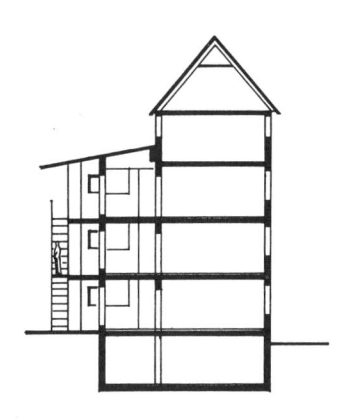

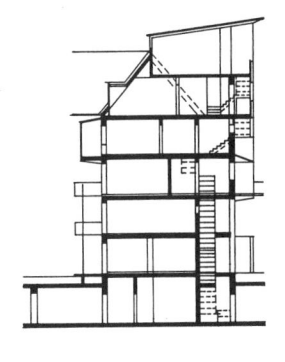

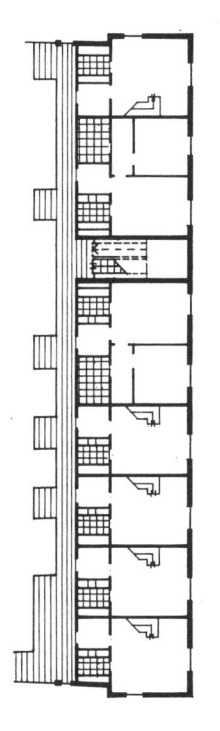

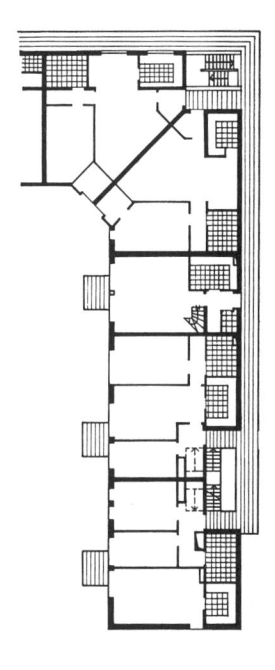

13 Bauko.
Entwurf

3.2 Wohnungen

LBO, WoBauG

Wohnungen in Wohngebäuden mit mehr als 2 Wohnungen müssen abgeschlossen sein und einen eigenen abschließbaren Zugang ins Freie, zu einem Flur oder einer Treppe besitzen. Jede Wohnung muß mit einem Bad mit Badewanne oder Dusche, mit einer Toilette, einer Küche oder einer Kochnische ausgestattet sein. Zu jeder Wohnung muß ein Abstellraum gehören.

3.2.1 Eingangsbereiche, Flure

Eingangsbereiche dienen als Windfang, dem Schallschutz und der Erschließung anderer Wohnungsteile: Gästetoilette, Küche, Wohnzimmer, Schlafbereich. Mindestbreite des Windfangs: 137,5 cm. Im Eingangsbereich ist eine mind. 100 cm breite Kleiderablage vorzusehen. Auf ausreichende Belichtung und ansprechende räumliche Gestaltung achten. Dielen lassen sich auch als Eßplätze nutzen. Flure müssen mind. 87,5 cm breit sein.

3.2.2 Wohnräume

Lage und Anbindung von Wohnräumen

In der Regel gilt: Möglichst unmittelbarer Zugang vom Vorraum und Trennung von den Individualräumen (Schlafzimmern) wegen Schallschutz. Küche und Eßplatz in der Nähe anordnen. Von Wohnraum Zugang zu Garten, Balkon o. ä. Gute Belichtung und Sichtbezug ins Freie wichtig. Orientierung: SO bis SW.

Größe und Einrichtung

Größe und Einrichtung ergeben sich aus der Art der Nutzung und der Zahl der Nutzer. Eßplatz und Küche können integriert sein. Größere Wohnräume durch Trennelemente und Niveauversätze differenzieren. Mindesteinrichtung: Sitzgruppe, Schrank oder Regal, halbhoher Schrank. Auf ausreichende Stellmöglichkeiten achten. Breite in 1-Zimmer-Wohnungen mind. 3,50 m, bei 2-Zimmer-Wohnungen mind. 2,75 m. Wohnraum für 1-2 Personen: mind. 14 m², für jede weitere Person: 2 m² zusätzlich. Bei Wohnungen für mehr als 2 Personen möglichst 2 Wohnräume planen: erster Raum mind. 2,75 m breit und 14 m² groß, zweiter Raum mind. 2,25 m breit und bei 3 Personen mind. 6 m² groß. Für jede weitere Person mind. 1 m² Zuschlag. Den zweiten Raum der Küche zuordnen als Teil der Küche oder des Flures.

Abstände und Bewegungsflächen in Wohnungen

zwischen Möbel und Wand	5 cm
zwischen Hinterkante Stuhl u. Wand	30 cm
zwischen Möbel u. Tür (Schalterseite)	20 cm
zwischen Möbel und Tür	10 cm
zwischen Möbel und Fenster	15 cm
zwischen Stellfläche und Wand	70 cm
zwischen verschied. Stellflächen	70 cm
in Eingangsfluren	130 cm
in Neben- und Stichfluren	90 cm

Mindestgrößen für Wohnzimmer

Wohnzimmer mit Eßplatz	
Wohnung für 4 Personen	20 m²
Wohnung für 5 Personen	22 m²
Wohnung für 6 Personen	24 m²
Wohnung ohne Eßplatz	18 m²

Wohnraum mit Eßplatz

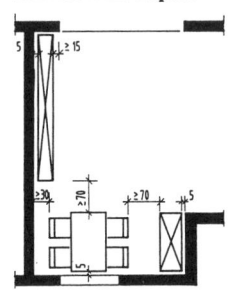

Imbiß-Eßplätze

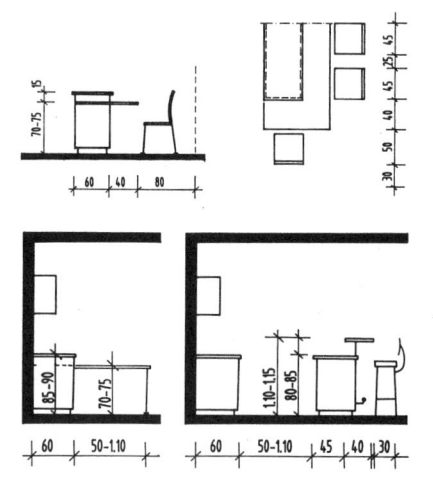

Eßplätze und deren Möblierung

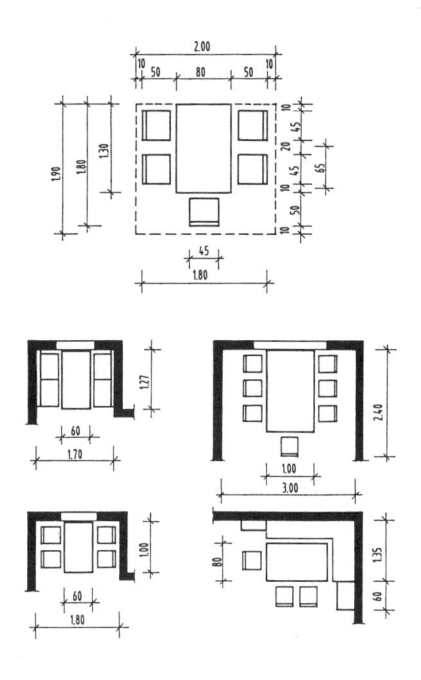

3.2.3 Loggien, Balkone und Glaserker

Freisitze steigern den Wohnwert erheblich, insbesondere für alte und behinderte Menschen. Über den Wohnraum erschließen. Auf Sicht- und Windschutz achten und diesen aus der baulichen Gestaltung heraus entwickeln. Räume mit Geborgenheit und Privatbereichen ausbilden. Eventuell feste Vorrichtungen für Begrünung. Glaserker können als Klimapuffer und Lärmschutz wirken, an sonnigen Tagen den Wohnraum erweitern und ähnlich Balkonen genutzt werden.
Größe der Balkone auf die Größe der Wohnung abstimmen. Bei Nutzung als Sitzplatz: Fläche: mind. 3 m² bei nutzbarer Tiefe von mind. 140 cm.
Orientierung nach Besonnung und Aussicht. Bevorzugt: S bis SW.

3.2.4 Speiseplätze und -räume

Jede Wohnung sollte zumindest über einen Eßplatz für 4 Personen verfügen.

Lage von Speiseplätzen
Kleinere Eßgelegenheiten in Küchen anbieten, größere in der Nähe der Küche, im oder beim Wohnraum. Insbesondere bei kleineren Wohnungen Eßplatz in den Wohnraum integrieren. Erweiterung des Tisches zur Bewirtung von Gästen räumlich ermöglichen. Frühstücksplatz im Osten, Speiseplatz im Westen. Auf Aussicht und Belichtung achten.

Imbißplätze
Zur Einnahme kurzer Mahlzeiten, z.B. Frühstück. Oft im Bereich von Küchen als Auszieh-, Klapp- oder kleiner Einzeltisch angeordnet. Bei offenen Küchen auch als Bartresen mit Hockern oder als Ansetztische an übliche Küchenmöbel.

Speiseplätze
Zur Einnahme auch größerer Mahlzeiten und zur Bewirtung von Gästen (erweiterungsfähig).

Wichtige Maße
Tischbreite bei einseitiger Nutzung (z. B. Ansetztisch): mind. 40 cm. Breite bei beidseitiger Nutzung für Imbiß: mind. 60 cm, für Eßplatz: mind. 80 cm. Eßfläche je Person für Imbiß: mind. 60 cm × 30 cm; für Eßplatz: mindestens 60 cm × 40 cm. Tischhöhe: 70 - 75 cm.
Freier Raum für einen Stuhlplatz zwischen Vorderkante Tisch und Wand: mind. 80 cm, für einen Banksitz: mind. 60 cm.
Durchmesser runder Imbißtische: mind. 90 cm
Formel: $D = 65$ cm × Pers. / 3,14
Für 4 Speiseplätze: mind. 110 cm
Formel: $D = 85$ cm × Pers. / 3,14

Eßtischmaße

Nutzung	Tischhöhe	Tischbreite
Imbiß, 1seitig	70-75 cm	min. 40 cm
Imbiß, 2seitig	70-75 cm	min. 60 cm
Ansetztisch	70-75 cm	min. 40 cm
Eßbar	110-115 cm	min. 40 cm
Eßtisch	70-75 cm	min. 80 cm

Flächenbedarf von Speiseplätzen (Tisch b = 80 cm)

Personen	Breite	Länge
Mit Kopfplätzen		
3 Personen	240 cm	140 cm
4 Personen	240 cm	220 cm
5 Personen	240 cm	200 cm
6 Personen	240 cm	280 cm
7 Personen	240 cm	260 cm
8 Personen	240 cm	340 cm
Ohne Kopfplätze		
2 Personen	240 cm	70 cm
4 Personen	240 cm	120 cm
6 Personen	240 cm	180 cm
8 Personen	240 cm	240 cm

13 Bauko. Entwurf

3.2.5 Individualräume

Individualräume, oft als Schlafräume bezeichnet, sind so zu orientieren, daß sie von außen und von der eigenen und benachbarten Wohnungen möglichst wenig Schallimmissionen erhalten. Der Weg zum Bad ist möglichst kurz und vom Wohnraum nicht einsehbar zu gestalten. Die Erschließung eines Schlafraumes über den Wohnraum ist nur in Wohnungen für max. 2 Personen sinnvoll. In Wohnungen gehobenen Standards evtl. Kombination von Schlafräumen mit Ankleidezimmern und die unmittelbare Zuordnung eines Bades und/oder eines WC planen. Orientierung reiner Schlafzimmer: O bis SO.

Größen
Für 1 Person mind. 8 m² Fläche und mind. 2,25 m breit. Für 2 Personen mind. 13 m² und mind. 2,75 m breit.

Elternzimmer
Oft in traditioneller Form des Schlafzimmers für Paare mit der Möblierung: 2 Betten, 2 Nachtschränke, Wäscheschrank, Kommode und 2 Stühle. Im Mietwohnungsbau muß klassische Stellung mit Doppelbett und seitlichen Nachttischen möglich sein. Besser freie Anordnung, auch getrennte Bettstellung ermöglichen und Bewegungsraum zum Aus- und Ankleiden lassen; evtl. Platz für weitere Funktionen (Schreiben, Nähen etc.).

Kinderzimmer
Diese Räume sollten insbesondere auch als Aufenthalts-, Arbeits- und Spielräume für Kinder gestaltet werden.
Kinderzimmer so legen, daß sie von gemeinschaftlichen Wohnräumen nicht zu sehr abgetrennt, anderseits aber abends keiner Lärmbelästigung von den Wohnräumen ausgesetzt sind. Nähe zum Bad. Orientierung: S bis W.
Je Kind mind. Bett, Kleiderschrank, Arbeitstisch, Stuhl, Kommode oder Regal. Spielfläche mind. 120 cm × 180 cm. Hoch- und Etagenbetten können den Bewegungs- und Spielraum deutlich vergrößern. Zuschnitt und Größe so bemessen, daß ausreichend Spielfläche vorhanden ist und verschiedene Möblierungsvarianten möglich sind.

Stell- und Spielflächen in Individualräumen [7]

Objekt	Fläche in cm
1 Bett je Person	100 x 205
Nachtschränke	55 x 40
Wäscheschrank für 1 Person	110 x 65
Wäscheschrank für 2 Personen	180 x 65
Kommode u.ä.	110 x 55
Arbeitstisch für 1 Kind	100 x 60
Arbeitstisch für 2 Kinder	140 x 55
Stuhl	45 x 50
Spiel- und Bewegungsfläche	120 x 180

Mindestmaßempfehlungen

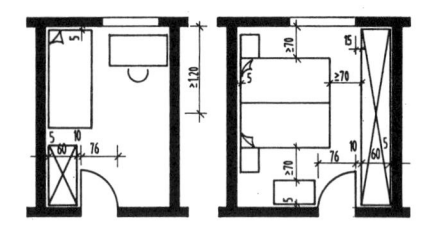

Elternzimmer, Nutzungsvarianten

Kinderzimmer, Beispiele

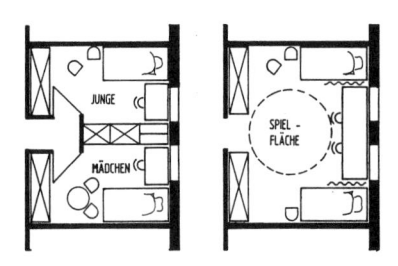

---

[7] DIN 18011 (alt)

Vorratsräume und Speisekammern

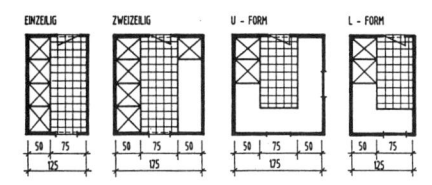

Hauswirtschaftsräume

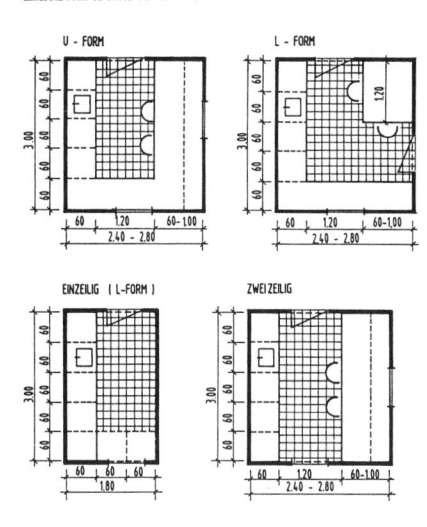

Hauswirtschaftsräume, Richt- und Mindestmaße

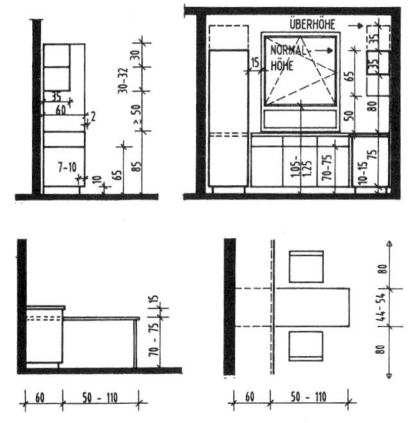

3.2.6 Lager- und Wirtschaftsräume
LBO

Vorratsräume, Speisekammern
Diese Räume sind in der Regel den Küchen unmittelbar zugeordnet. Sie dienen der Aufbewahrung von Essensvorräten und weniger verderblichen Speisen. Die Größe der Räume schwankt von begehbaren Schränken bis zu größeren Räumen mit Kühlschränken und Gefriertruhen. Vorratsräume werden heute wegen des Flächenverbrauchs nur noch in gehobenen Wohnungsbauten ausgeführt.

Hauswirtschaftsräume
Hauswirtschaftsräume dienen in der Regel zum Waschen, Bügeln und Lagern von Wäsche, zum Nähen und anderen Haushaltsarbeiten (6 m² bis 15 m²). Sie sind entweder der Küche oder den Schlafräumen zugeordnet.

Wasch- und Trockenräume
Wenn in Geschoßwohnungsbauten keine Aufstellmöglichkeiten in den Wohnungen gegeben sind, sind Anschlüsse für Waschmaschinen- und Wäschetrockner in ausreichender Zahl in einem Gemeinschaftsraum vorzusehen. In Gebäuden mit mehr als 2 Wohnungen sind ausreichend große gemeinsame Trockenräume vorgeschrieben.

Abstellflächen und -räume
Zu jeder Wohnung muß nach LBO ein Abstellraum von mind. 6 m² gehören. Bei Gebäuden mit mehr als 2 Wohnungen muß in 1- oder 2-Personen-Wohnungen davon mind. 1 m² in der Wohnung liegen und möglichst eine lichte Breite von 75 cm besitzen. Bei Wohnungen für 3 und mehr Personen müssen mind. 1,5 m² in der Wohnung liegen. Er dient dem Abstellen sperriger Gegenstände, wie Besen, Staubsauger, Bügelbrett. In einfachen Wohnungen wird dieser Raum ähnlich einem Schrank ausgeformt und in Fluren oder anderen allgemein zugänglichen Räumen angeordnet. Günstig ist, wenn mind. 2 % einer Wohnung als Abstellfläche dienen. Diese Fläche kann in verschiedene Einzelflächen aufgeteilt sein.

Abstellräume für Kinderwagen und Fahrräder
Wohngebäude mit mehr als 3 Vollgeschossen müssen gut erreichbare Abstellräume für Kinderwagen und Fahrräder besitzen, aber auch bei den übrigen Wohnbauten ist an entsprechende Abstellmöglichkeiten zu denken. Treppen sind hier hinderlich. Gegebenenfalls Treppenrampen einplanen.

13 Bauko. Entwurf

3.2.7 Bäder und Toilettenräume

LBO, DIN 18 022, DIN 4109

Lage und Aufteilung
Sinnvoll: Bäder in der Nähe der Schlafräume. Orientierung: N. Bad und WC vom Flur zugänglich. Wenn das Bad nur von Schlafzimmern zugänglich ist: mind. 1 WC über Flur erschließen (Gäste-WC).
Kleinere Wohnungen: Toilette im Bad. Größere Wohnungen: Bad mit Toilette und zusätzliche Gästetoilette im Bereich des Eingangs. Optimal: Gästetoilette, Bad mit getrenntem WC.
Installationsräume möglichst mit anderen Bereichen, etwa Küchen, derselben Wohnung gemeinsam nutzen. Bei mehrgeschossigen Bauten Bäder und Küchen an durchgehenden vertikalen Installationssträngen anordnen.

Belichtung/Belüftung
Möglichst natürlich belichten und belüften. Innenliegende Bäder und Toiletten mechanisch entlüften (DIN 18 017).

Schallschutz
Bei Bädern und Toiletten auf den Schallschutz achten. Installationswände möglichst nicht an Wohn- und Schlafräume legen, sondern z. B. an Küchen oder benachbarte Bäder und Toiletten. Vorwandinstallationen und Armaturen der Schallschutzklasse I verwenden. Bäder und Toiletten benachbarter Wohnungen nicht an einen Installationsstrang anschließen.

Regelabstände, Bewegungsflächen
Der Regelabstand zwischen Sanitärobjekten oder Objekt und gegenüberliegender Wand beträgt mind. 75 cm, bei Waschmaschinen und Trocknern mind. 90 cm, zwischen Sanitärobjekt und angrenzender Querwand oder Nachbarobjekt mind. 20 cm, bei Bidets und bei WC, die seitlich von zwei Wänden eingefaßt sind, mind. jeweils 25 cm, zwischen Badewanne und Nachbarobjekt 0 cm. Türleibungen auf mind. 10 cm Breite freihalten.

Sanitärobjekte/Maschinen
Die Mindestmaße für Bäder und Toiletten ergeben sich aus den Größen der Sanitärobjekte und der zugehörigen Bewegungs- und Standflächen. Diese können sich überlappen.

Klosetts
Hänge-WC erlauben eine bessere Reinigung des Bodens. Nachteil: aufwendigere Wandbefestigung.

Waschbecken
Einfaches Handwaschbecken in Toiletten. Größere Waschtische in Bädern. In Haushalten mit mehreren Personen: 2 Waschbecken oder Doppelwaschbecken einplanen.

WCs, Mindestmaße

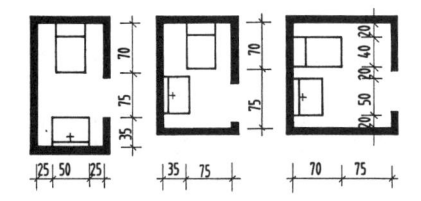

Duschbad (l.) und Duschzelle (r.), Mindestmaße

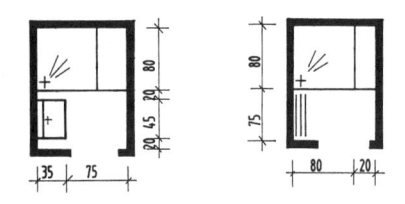

Mindestflächen für Sanitärobjekte (cm)

Objekt	Tiefe	Breite
Handwaschbecken	35	45
Waschbecken	55	60
Doppelwaschbecken	55	120
Einbauwaschtisch	60	70
Doppeleinbauwascht.	60	140
WC mit Spülkasten	75	40
WC ohne Spülkasten	60	40
Urinal	40	40
Bidet	60	40
Duschtasse	80	80
Badewanne	75	170
Hochschrank	40	30
Waschmaschine	60	60

Sanitärobjekte. Freiraummaße (cm)

Objekt / Freiraum	Zur Wand	Zum Nachbarobjekt	Freie Tiefe vor dem Objekt
Waschbecken	20	15	75
Einbauwaschbecken	0	15	75
WC	20[1]	20	75
Urinal	20[1]	20	75
Bidet	25	25	75
Duschtasse	0	20[2]	75 / 90
Badewanne	0	20[2]	75 / 90

[1] Unmittelbar zwischen zwei Wänden: 25 cm
[2] Abstand zu Waschbecken: 0 - 20 cm

Duschbäder mit Toilette, Mindestmaße

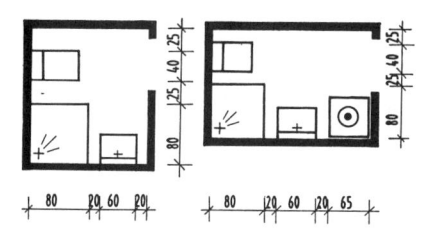

Wannenbäder, Mindestmaße

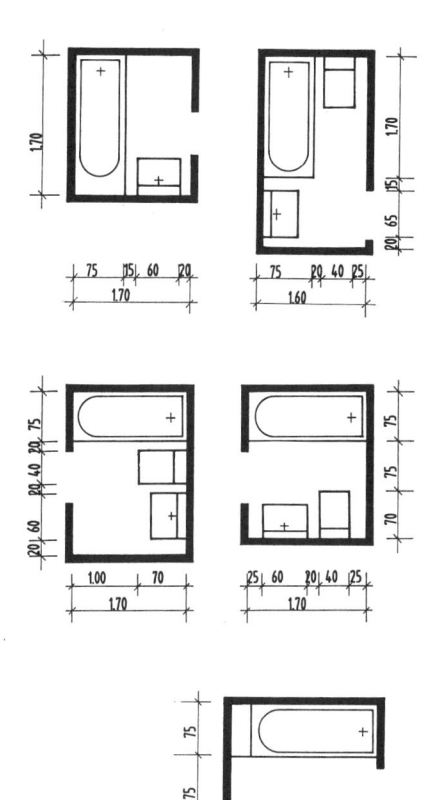

Duschwannen
Ideal für kleine Bäder und für Senioren. Bewegungsraum ggf. seitlich erweitern. In größeren Bädern als Ergänzung der Badewanne. Freier Durchstieg von mind. 70 cm.

Badewannen
Zur Körperpflege und zur Entspannung in größeren Bädern, evtl. mit Duscheinrichtung in der Wanne. Besser: zusätzliche Duschwanne.

Urinal
In Wohnungen in der Regel nicht sinnvoll.

Bidet
Zur Reinigung des Intimbereichs. Besser: Verwendung einer Dusche.

Waschmaschinen/Wäschetrockner
Soweit keine Waschräume zur Verfügung stehen oder die Wege zu weit sind. Eventuell Platz für Wäschekorb: 40 cm × 40 cm. Wasser- und Abwasseranschluß vorsehen. Lichte Türbreite mind. 65 cm.

Ablagen
Ablagen für Pflegemittel, Handtücher usw. vorsehen.

Bäder- und Toilettentypen

Toilettenräume
Raum mit WC und Handwaschbecken als Gästetoilette oder als Ergänzung zu Bädern in größeren Haushalten. Größe bei Anordnung der Objekte über Eck: mind. 100 cm × 145 cm; bei Anordnung an einer Wand: 150 cm × 145 cm.

Duschbad
Raum mit Waschbecken und Dusche. Als Ergänzung zu Bädern in größeren Haushalten. Größe: mind. 100 cm × 165 cm.

Duschbad mit Toilette
Raum mit WC, Waschbecken und Dusche für kleine Wohnungen, Appartments, Hotelzimmer und als Gästebad. Mindestgröße eines Duschbades mit Toilette: 180 cm × 170 cm.

Wannenbad mit Toilette
Raum mit WC, Waschbecken und Badewanne in Wohnungen, Appartements und Hotelzimmern. Größen: mind. 170 cm × 220 cm bzw. 220 cm × 225 cm.

Vollbad mit Toilette
Raum mit WC, Waschbecken, Dusche und Badewanne in größeren Wohnungen. Größen: mind. 240 cm × 235 cm bzw. 170 cm × 245 cm.

13 Bauko. Entwurf

3.2.8 Küchen

DIN 18 022, DIN 66 354, DIN 68 901

Lage in der Wohnung
Von Wohnungs- bzw. Hauseingängen möglichst unmittelbar zu erreichen. Kurzer Weg zum Eßplatz und zu Vorratsräumen. Vorteilhaft: Zugang zum Garten, Sicht auf Spielplatz der Kinder und Haustür. Orientierung nach Lebensgewohnheiten: NW oder NO.

Küchentypen
Die Wahl des Typus wird – neben wirtschaftlichen Gründen – von den Lebensgewohnheiten der Benutzer abhängen.
Arbeitsküchen (mind. 8 - 10 m²)
Solche Küchen sind ausschließlich für das Bereiten von Speisen und Getränken konzipiert. Auf vergleichsweise kleiner Fläche werden die notwendigen Möbel und Maschinen angeordnet. Vorteil: geringer Raumbedarf; Nachteil: wenig kommunikativ, keine Aufenthaltsqualität.
Wohnküchen (mind. 12 - 14 m²)
Wohnküchen enthalten neben den eigentlichen Küchenmöbeln auch Wohnelemente, etwa Tische, Bänke, Stühle usw., die das Speisen und Arbeiten über das eigentliche Kochen hinaus in der Küche ermöglichen. Vorteile: kommunikativ, hohe Aufenthaltsqualität; Nachteil: hoher Raumbedarf.
Offene Küchen (mind. 6 - 8 m²)
Offene Küchen sind in der Regel Arbeitsküchen, die eine mehr oder weniger gute Sichtverbindung zu Wohnräumen besitzen. Vorteile: geringer Raumbedarf, kommunikativ; Nachteile: Geruchs- und optische Belästigung der Wohnräume. Abhilfen: starke Abluftanlage; geschickte Anordnung von Raumteilern
Schrankküchen (0,5 - 1 m²)
Küchen von 60, 90 oder 120 cm Breite mit Türen verschließbar für kleine Wohnungen und Büros.

Küchenelemente (Breite × Tiefe)
Unterschränke (40; 60; 120; 150 cm × 60 cm)
Dienen zur Aufnahme von schwerem und/oder sperrigem Geschirr (Pfannen, Töpfe) und zur Aufnahme von Einbaugeräten.
Herd (60 cm × 60 cm)
In der Regel mit 4flammiger Kochmulde und Backofen. Auch 2flammig (30 cm × 60 cm). Darüber Abzugshaube. Neben dem Herd Arbeits- und Abstellflächen (mindestens 30 cm × 60 cm).
Spüle (60; 90; 120; 150 cm × 60 cm)
Möglichst mit 2 großen Becken mit Abtropfplatz links (150 cm × 60 cm). Darunter Abfalleimer, Kühlschrank oder Geschirrspüler. Rechts der Spüle Abstellfläche für schmutziges Geschirr.

Küchen, Richt- und Mindestmaße

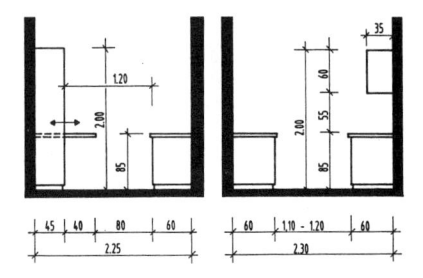

Kücheneinrichtung [8]

Objekt	Breite	Tiefe
Unterschrank	30-150 cm	60 cm
Hochschrank	60 cm	60 cm
Oberschrank	30-150 cm	40 cm
Speisenschrank	60 cm	60 cm
Kühlschrank	60 cm	60 cm
Gefrierschrank	60 cm	60 cm
Gefriertruhe	min. 90 cm	60 cm
Küchenmaschinen-Fläche	min. 60 cm	60 cm
Kl. Arbeitsfläche zw. Herd und Spüle	min. 60 cm	60 cm
Gr. Arbeitsfläche	min. 120 cm	60 cm
Herd / Backofen	60 cm	60 cm
Abstellplatte zum Herd	20 cm	60 cm
Spülmaschine	45 o. 60 cm	60 cm
Einbeckenspüle mit Abtropffläche	min. 90 cm	60 cm
Doppelspüle mit Abtropffläche	min. 120 cm	60 cm
Abstell- und Abtropffläche neben der Spüle	60 cm	60 cm

Koordinierungsmaße für Küchenmöbel

Frontbreiten der Möbel	30, 40, 45, 50, 60, 90, 100, 120 cm
Standardbreite der Einbaugeräte	60 cm
Tiefe der Unterschränke	60 cm
Höhe der Unterschränke	85 cm
Unterkante der Oberschränke	135-140 cm
Tiefe der Oberschränke	35 cm
Höhe der Oberschränke	60 - 90 cm
Gangbreite zwischen Möbeln	120 cm

---

[8] DIN 18022 v. 11.89

Herde und Ablufthauben, Höhenmaße

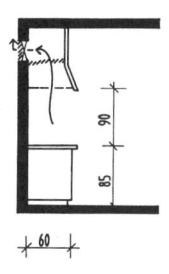

Küchen, Grundtypen

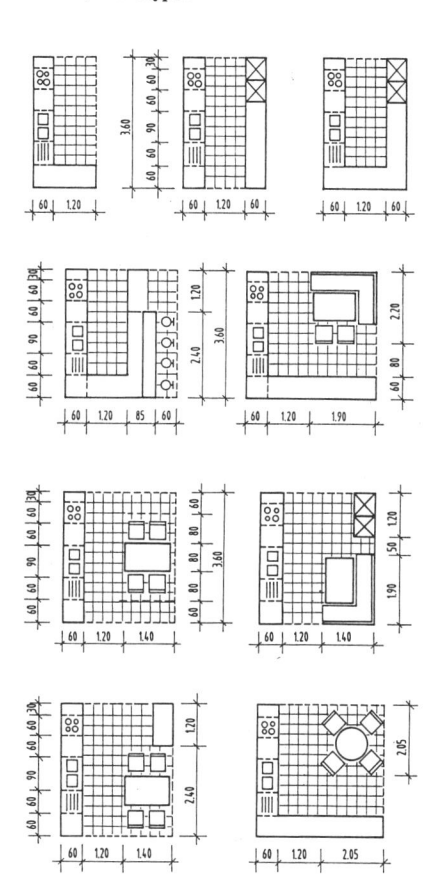

Geschirrspülmaschine (45; 60 cm × 60 cm)
In der Nähe der Spüle anordnen.
Kühlschrank (60 cm × 60 cm)
In der Nähe der Arbeitsfläche und des Herdes einplanen.
Gefrierschrank (60 cm × 60 cm)
In der Nähe der Arbeitsfläche und des Herdes anzuordnen.
Waschmaschine, Trockner (60 cm × 60 cm)
Wenn keine anderen Räume geeignet sind (Keller, Bad).
Steharbeitsfläche (60; 120 cm × 60 cm)
Fläche zur Küchenarbeit im Stehen. Arbeitshöhe max. 92 cm. Fensterbrüstung entsprechend planen.
Vorbereitungsfläche (mind. 120 cm × 60 cm)
Fläche mit Sitzgelegenheit in 70-75 cm Höhe für vorbereitende Arbeiten.
Hochschränke (40 - 60 cm × 60 cm, h = 2 m)
Dienen als Vorrats- und Besenschränke sowie zur Aufnahme von Einbaugeräten, z. B. Kühlschränke, Backofen, Mikrowellenherd.
Oberschränke (40; 60; 120; 150 cm × 60 cm)
Dienen zur Aufnahme von Geschirr und leichten Vorräten sowie von Geräten: Mikrowellenherd. Unter den Schränken Beleuchtung für die Arbeitsflächen.
Dunsthauben (50 cm × 60 cm)
Über den Herd angeordnet, saugen sie die Kochdünste ab und filtern sie von Fett und z. T. von Gerüchen. Umlufthauben bringen nicht den gewünschten Luftwechsel. Abluftgeräte bringen die mit Fett und Feuchte belastete Luft über Kanäle nach außen. Austritt möglichst über Dach, nicht in der Nähe von Fenstern.

Anordnung der Küchenelemente
Ideal ist folgende Reihung von rechts nach links: Abstellfläche (*b* mind. 30 cm), Herd, Arbeitsfläche (*b* mind. 60 cm), Spüle, Breite der Abtropffläche mind. 30 cm.

Belichtung und Beleuchtung
Möglichst natürliche Belichtung über Fenster, insbesondere der Vorbereitungsflächen. Die Morgensonne ist für Wohnküchen besonders angenehm (NO bis O). Arbeitsflächenbeleuchtung mittels Lampen unter den Oberschränken.

Belüftung
Möglichst natürliche Belüftung über Fenster. Achtung: Bei Arbeitsplatten vor den Fenstern muß wegen der dort abgestellten Gegenstände die Fensterbrüstung höher sein oder das Fenster ein unteres Festteil besitzen. Optimal: Entfernen der Kochdünste über Abluftgeräte.

13 Bauko. Entwurf

13.33

3.3 Technikräume
3.3.1 Hausanschlußräume

DIN 18 012

Sie dienen der Einführung von Leitungen in das Gebäude und zur Aufnahme der Anschlußeinrichtungen: Zähler, Sicherungen, Verteiler, Übergabestationen. Von außen Flur oder Treppenraum zugänglich machen. Sie dürfen keine weiteren Räume erschließen und müssen an einer Außenseite liegen. Lichte Türöffnung mind. 65 cm breit und 195 cm hoch. Bedienungsfläche: mind. 120 cm breit. Freier Durchgang unter Leitungen: mind. 180 cm. Ständig wirksame Entwässerungs- und eine Lüftungsmöglichkeit ins Freie vorsehen. Wände F 90.

Orientierungsgrößen für Hausanschlußräume ($b \times l$)

bis ca. 30 Wohneinheiten ohne Fernwärmeanschluß	180 × 200 cm
bis ca. 10 Wohneinheiten mit Fernwärmeanschluß	180 × 200 cm
Wasserzähler bis q_n= 10 m³/h Starkstrom bis 165 kVA Fernwärme bis 80 kW	180 × 200 cm
bis ca. 60 Wohneinheiten ohne Fernwärmeanschluß	180 × 350 cm
bis ca. 30 Wohneinheiten mit Fernwärmeanschluß	180 × 350 cm
Wasserzähler über q_n= 10 m³/h Starkstrom bis 270 kVA Fernwärme bis 200 kW	180 × 350 cm

3.3.2 Heiz- und Brennstofflagerräume

FeuVO, WHG, VDI- Rl 2050

Heizräume
Bei Feuerstätten mit Gesamtnennwärmeleistungen über 50 kW wird ein eigener Heizraum erforderlich: Rauminhalt mind. 8 m³; lichte Raumhöhe mind. 200 cm. Lagerung von festen Brennstoffen bis max. 150 kW Gesamtnennwärmeleistung ist in Heizräumen erlaubt. Wände, Decken, Stützen: F 90. Türen: T 30 und selbstschließend, wenn sie nicht unmittelbar ins Freie führen. Türen müssen unmittelbar auf einen Rettungsweg führen, zum Rettungsweg aufschlagen und stets vom Raum zu öffnen sein. Sie dürfen nicht mit Aufenthaltsräumen und Räumen notwendiger Treppen in unmittelbarer Verbindung stehen. Über 350 kW Gesamtnennwärmeleistung sind 2 möglichst entgegengesetzt liegende Ausgänge erforderlich. Davon ist einer auch als Notausstieg ausführbar. Lichte Fensterfläche: mind. 1/12 der Grundfläche. Bodeneinläufe bei Heizölbetrieb mit Ölsperren ausrüsten. Ständig wirksame Be- und Entlüftungseinrichtungen sind erforderlich.

Brennstofflagerräume
Öltanks müssen doppelwandig sein, oder der Raum eine Auffangwanne besitzen. Lagerung von max. 5000 l Öl in ortsfesten Behältern in Räumen mit Feuerstätten ist möglich, wenn diese außerhalb der Auffangwanne und mind. 1 m entfernt steht. Besondere Brennstofflagerräume sind bei mehr als 150 kW Gesamtnennwärmeleistung und/oder mehr als 5000 l Öl erforderlich. Wände, Decken und Stützen: F 90; Türen: T 30 und selbstschließend, soweit nicht ins Freie führend. Alle Baustoffe: nichtbrennbar. Je 100 000 l Öl einen Lagerraum planen. Er muß gelüftet und von der Feuerwehr von außen beschäumt werden können.

Abmessungen von Öltanks[11]

Inhalt	Breite	Höhe	Länge
1 000 l	0,72 m	1,50 m	1,10 m
1 500 l	0,72 m	1,50 m	1,65 m
2 000 l	0,72 m	1,50 m	2,15 m

Abstandsmaße für Heizöltankbatterien (cm)[12]

Art / Maße	a	b	c	d	e	f	g
Stahl	40	25	25	40	4	25	5
PA, PE	40	-	-	40	-	-	
GFK	40	5	5	40	5	-	-

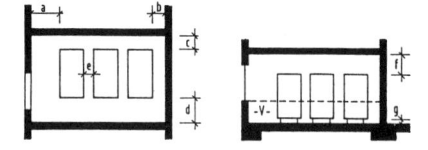

Orientierungswerte. Jahresbedarf an Heizöl

Öllagermenge in l	Objekt
Q_N × 232	Einfamilienhäuser, Bürobauten
Q_N × 241	Mehrfamilienhäuser
Q_N × 200	Schulen
Q_N= Normwärmebedarf	

Orientierungswerte. Lagermenge an Heizöl[13]

Q_N	Lagermenge
bis 100 kW	100 % des Jahresbedarfs
100 - 1 000 kW	50 - 70 % des Jahresbedarfs
über 1 000 kW	30 - 50 % des Jahresbedarfs

---

[11] Wellpott, S.198
[12] Wellpott, S. 199
[13] Wellpott; s. 198

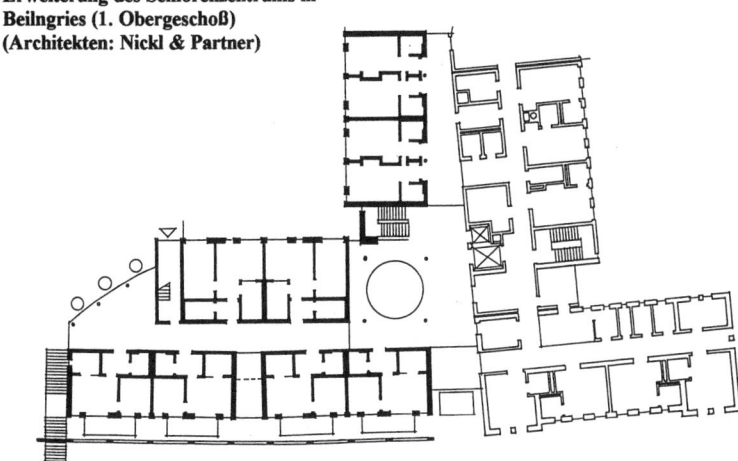

Erweiterung des Seniorenzentrums in Beilngries (1. Obergeschoß)
(Architekten: Nickl & Partner)

Mindestgrößen von Wohn- und Pflegeplätzen (HeimMindBauV)

Art der Wohnung	Größe	Ausstattung
Altenwohnheime		
1- Pers.- Wohn.	12 m²	Ko, WC, 1 Wb
2- Pers.- Wohn.	18 m²	Ko, WC, 1 Wb
3- Pers.- Wohn.	24 m²	Ko, WC, 2 Wb
4- Pers.- Wohn.	30 m²	Ko, WC, 2 Wb
Altenheime		
1- Pers.- Wohn.	12 m²	1 Wb
2- Pers.- Wohn.	18 m²	1 Wb
3- Pers.- Wohn.	24 m²	2 Wb
4- Pers.- Wohn.	30 m²	2 Wb
Altenpflegeheime		
1- Pers.- Wohn.	12 m²	
2- Pers.- Wohn.	18 m²	
3- Pers.- Wohn.	24 m²	
4- Pers.- Wohn.	30 m²	
Ko= Kochgelegenheit	Wb= Waschbecken	

Mindestausstattung von Schlafräumen in Altenwohnungen und in Altenwohnheimen (Altenwohnstätten)

Möbel	Länge × Breite
1 Bett je Nutzer	205 × 100 cm
1 Schrank je Nutzer	110 × 65 cm
1 tischhohes Möbel	110 × 55 cm

3.4 Sonderformen des Wohnens
3.4.1 Altenwohnstätten

DIN 18 022, DIN 18 025; HeimMindBauV; Altenwohnstätten-Empfehlungen

Beim Bauen für ältere Menschen ist insbesondere die DIN 18 025 Teil 2, bei rollstuhlgerechtem Bauen DIN 18 025 Teil 1 zu beachten. Für behinderte Senioren wird das Umfeld der Anlage bedeutsam. Geschützte Ausblicke, Freisitze im Gebäude und Fußwege mit Sitzgelegenheiten im Freien machen das Umfeld erlebbar.

Altengerechte Wohnungen
1- und 2-Personen-Wohnungen nach DIN 18 025 Teil 2, die den Bedürfnissen älterer Menschen Rechnung tragen. Wohneinheiten möglichst in ein normales Wohnumfeld integrieren, z.B. im EG von Geschoßwohnungsbauten.
Mindest-Raumprogramm nach Altenwohnstätten-Empfehlungen:
1-Personen-Wohnung (40-50 m²): Vorraum (freie Fläche mind. 120 cm × 150 cm, 100 cm Garderobe); mind. 1 m² Abstellfläche; Wohnschlafzimmer (möglichst 18 m²); evtl. Schlafzimmer; Sanitärraum mit Waschtisch, WC. Bewegungsfläche vor den Objekten: mind. 75 cm. Lichter Abstand Waschtisch – Wand: mind. 20 cm. Erwünscht: Bade- oder Duschwanne und Loggia.
2-Personen-Wohnung: wie vor, jedoch zzgl. Wohnraum (mind. 18 m², besser 20 m²).

13 Bauko. Entwurf

Altenwohnheim (HeimMindBauV)

Senioren werden durch Sozialeinrichtungen in Wohnanlagen oder ambulant betreut. Die Anlagen verfügen über Gemeinschaftseinrichtungen für Essen, Freizeit, Pflege, Therapie usw. Wohnraumprogramm wie vor. Mindestgröße und -ausstattung nach HeimMindBauV: Für max. 20 Bewohner 1 Dusche bzw. Wanne. Standard: Duschbad und WC in jeder Wohnung. Gemeinschaftsraum: mind. 0,75 m² je Bewohner.

Altenheime (HeimMindBauV)

Größere Einheiten (120 WE und mehr). Planung nach dem Heimgesetz. Rollstuhlgerechte Ausrüstung nach DIN 18 025 Teil 1. Aufzüge für liegend Kranke und mit Klappsitz. Umfangreiche Nebeneinrichtungen zur Versorgung, Pflege und Freizeitgestaltung: Speiseräume, Wandelgänge, Teeküchen, Freizeiträume, Sport- und Gymnastikräume, Wasch- und Trockenräume, Leichenraum. Therapie und Betreuungsräume. Wirtschafts-, Personal- und Verwaltungsräume. Gemeinschaftsflächen: mind. 20 m² oder 1 m² je Bewohner. Mind. 1 Kochgelegenheit für die Bewohner. Bäder und WCs wie in Altenwohnheimen. Wohnungen nach Altenwohnstätten-Empfehlungen: Vorraum (mind. 120 cm × 150 cm); mind. 100 cm Garderobe, 1-Personen-Wohnschlafzimmer oder 2-Personen-Wohnplätze, evtl. mit Schlafzimmer, und Bad mit WC, Altenbade- oder Duschwanne und Loggia.

Altenpflegeheime (HeimMindBauV)

Sie dienen der Betreuung pflegebedürftiger und chronisch kranker Menschen möglichst in 1- oder 2-Bett-Pflegezimmern. Etwa 10 Bewohner werden zu einer Wohngruppe mit Gemeinschaftsraum und Teeküche zusammengefaßt. Für 3 Wohngruppen: Betreuer- und Pflegeräume, WC und Duschräume sowie Geräteräume in der Nähe. Wohn- und medizinische Bereiche sind getrennt. Medizinischer Bereich mit Arzträumen und Therapieeinrichtungen. Zentrale Versorgungs- und Freizeiträume. Verwaltung. Bettenaufzug erforderlich. Flur- und Türbreiten für fahrbare Betten.

Mindestausstattung von Kleinküchen in Altenwohnungen und Altenwohnheimen für Selbstversorger (Altenwohnstätten)

Objekte in dieser Folge:	Breite
Unterschrank mit Arbeitsplatte	60 cm
Spüle	40 cm
Unterschrank mit Arbeitsplatte und herausziehbarer Platte für Arbeiten im Sitzen	60 cm
Herd mit Backofen	50 cm
Unterschrank mit Arbeitsplatte	60 cm
Kühlschrank	60 cm
Arbeitshöhe: 85 cm	
Bewegungsfläche: mind. 120 cm breit	

Altengerechte Küchen

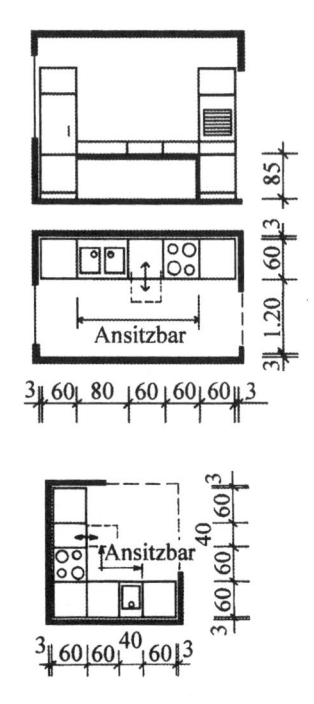

Altengerechte Stufen

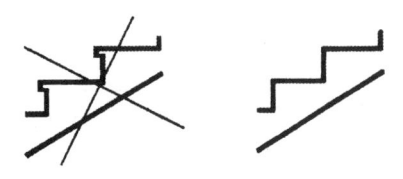

Altengerechte Bäder

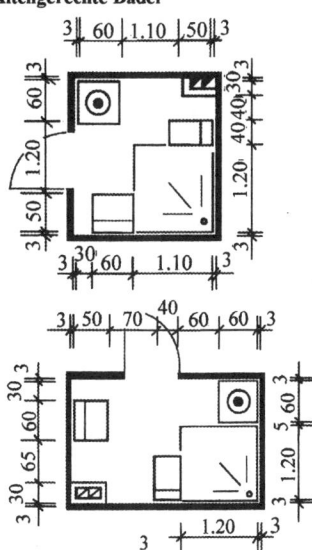

Altengerechte Wohnung

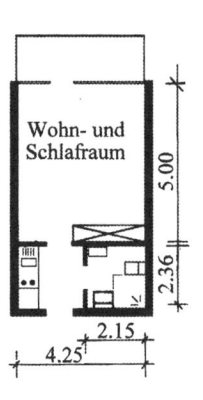

Wohn- und Schlafraum

Altengerechtes Treppenhaus

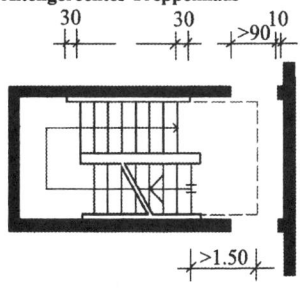

Bewegungsflächen vor Drehtüren (DIN 18 025 T 2) (unten)

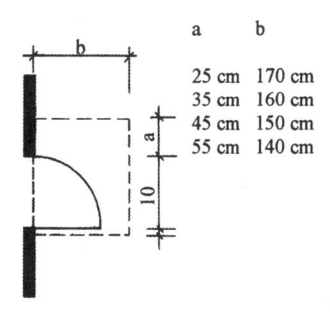

a	b
25 cm	170 cm
35 cm	160 cm
45 cm	150 cm
55 cm	140 cm

Altentagesstätten

Einrichtungen zur sozialen Betreuung und ambulanten Versorgung älterer Menschen. Oft in räumlicher Verbindung mit altengerechtem oder betreutem Wohnen. Einrichtungen nach Bedarf: Dienst- und Beratungsraum 20 m², Gruppenräume 20-30 m², Veranstaltungsraum, WC, Teeküche.

Elemente altengerechten Bauens

Die Ausgestaltung der Bauten muß barrierefrei gem. DIN 18 025 Teil 2 und sollte zumindest in Teilen rollstuhlgerecht gem. DIN 18 025 Teil 1 sein (Kap. 4). Der Eingang direkt anfahrbar. Rollstuhlabstellplätze im Eingangsbereich (mind. 190 cm × 150 cm). Bei Altenwohnstätten, die höher als im 1. Obergeschoß liegen: mind. 1 Fahrstuhl nach DIN 18 025. Möglichst 1 Aufzug für Tragen und Möbeltransport. Wohnstätten im 5. Obergeschoß und höher sind mit einen Aufzug für liegenden Personentransport zu erschließen.

Erschließungselemente und Gemeinschaftseinrichtungen von Heimen sollten räumlich so differenziert ausgestaltet sein, daß immer wieder interessante, abwechslungsreiche Räumlichkeiten entstehen. Geschützte Bereiche für einzelne Personen oder kleinere Gruppen zur Ruhe und zur Kommunikation anbieten.

13 Bauko. Entwurf

4 Barrierefreies Bauen

DIN 18 024, DIN 18 025, LBO, HeimMindBauV

Das barrierefreie Bauen muß die für behinderte Personen notwendigen bauseitigen Hilfsmittel und Bewegungsräume zur Verfügung stellen und auf bauliche Elemente, die zu einer Einschränkung der Lebens- und Bewegungsfreiheit führen, verzichten.

Anwendungsbereiche
Bauten, die von Behinderten, älteren Menschen und Müttern mit Kleinkindern häufiger aufgesucht werden, müssen von diesen ohne fremde Hilfe genutzt werden können. Bei Geschäftshäusern, Versammlungsstätten, Bürogebäuden, bei Bauten, die der Öffentlichkeit zugänglich sind (z.B. Banken, Sportstätten, Museen), sowie bei deren Stellplätzen und Garagen gilt dies für die Bereiche mit Publikumsverkehr. Bei Tagesstätten, Werkstätten und Heimen für Behinderte sowie bei Altersheimen, Altenwohnheimen und Altenpflegeheimen muß die gesamte bauliche Anlage von den genannten Gruppen genutzt werden können.

4.1 Öffentlich zugängige Bereiche

Verkehrs- und Grünanlagen, Spielplätze
DIN 18 024 T1

Straßen, Plätze, öffentliche Verkehrs- und Grünanlagen sowie Spielplätze sind auf Grundlage der DIN 18 024 T1 barrierefrei zu planen. Dazu gehört u.a. die Schaffung geeigneter Bewegungs- und Begegnungsflächen, die u.a. rollstuhlgerecht sind.

Gehwege
Fußgängerflächen sind gegenüber Fahrbahnen mit einem mind. 75 cm breiten Schutzstreifen zu trennen. Rad- und Gehwege durch einen 50 cm breiten Trennstreifen trennen, der optisch und taktil deutlich erkennbar ist. Breiten/Tiefen-Verhältnis von Muldenrinnen max. 1:30.
Längsgefälle von Gehwegen ohne Verweilplätze max. 3 %; mit Verweilplätzen in max. 10 m Abstand max. 6 %. Quergefälle von Gehwegen max. 2 %, in Grundstückszufahrten max. 6 %.
Richtungsänderungen, verkehrsberuhigte Straßenräume und Verweilplätze sind auch durch optische Kontrastierung erkennbar zu machen.
Borde an Zugängen und Übergängen sind in der ganzen Breite auf 3 cm abzusenken. Sie müssen takil und optisch deutlich erkennbar sein.

Zugang zu anderen Ebenen
Ebenen sind mit Treppen und zusätzlich mit Rampen und/oder Aufzügen zu verbinden.
Treppen dürfen nicht gewendelt sein. Treppen mit beidseitigem Handlauf in 85 cm Höhe versehen.

Üblicher Selbstfahrer- Rollstuhl
Übliche Rollstuhlmaße

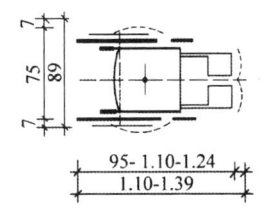

Stuhlart	Länge	Breite
Zimmerrollstuhl	115 cm	75 cm
Selbstfahrer	174 cm	75 cm
Elektro- Rollstuhl	90-117 cm	75 cm
Dreirad- Rollstuhl	210 cm	75 cm

Durchmesser des Handlaufs 3 - 4,5 cm. Der Handlauf darf nicht unterbrochen sein und muß 30 cm über Anfang und Ende der Treppe hinausragen.
Bei Treppen mit max. 3 Stufen ist jede Stufe mit einen 5-8 cm breiten Streifen optisch zu kontrastieren. Bei Treppen mit mehr als 3 Stufen nur die erste und die letzte Stufe. Offene Stufenenden sollten 2 cm hohe Aufkantungen besitzen. Stufenunterscheidungen sind nicht zulässig. Die Durchgangshöhe unter Treppen muß mind. 230 cm betragen, niedrigere Bereiche sind zu schließen.
Rampen sind mit max. 6 % Gefälle und mit Zwischenpodesten nach max. 6 m auszuführen (s. Kap. 2.2.2). Aufzüge sind mit ausreichenden Fahrkorbmaßen und Bewegungsraum vor der Anlage zu planen (s. Kap. 2.2.5).

Grünanlagen und Spielplätze
Hauptwege mit Lichtraumprofil von mind. 150 cm Breite und mind. 230 cm Höhe. Auf einer Länge von max. 200 cm kann die Breite auf 120 cm reduziert werden. Längsgefälle max. 4 %, Quergefälle max. 2 %. In Sichtweite, jedoch max. alle 18 m, sind Begegnungsflächen anzuordnen. Ein Längsgefälle von max. 6 % ist aus topografischen Gründen zulässig, wenn alle 10 m ebene Ruhe-, Verweil- oder Begegnungsflächen angeordnet werden. Ruhebänke sind in max. 100 m Abstand aufzustellen.
Nebenwege zu barrierefreien Spiel- und Freizeitgeräten sowie zu Erlebnisbereichen müssen ein Lichtraumprofil von mind. 90 cm Breite und mind. 230 cm Höhe besitzen.
Längsgefälle max. 6 %, Quergefälle max. 2 %. In Sichtweite sind Begegnungsflächen anzuordnen.

Bewegungsflächen. Mindestmaße
(DIN 18 024 T1+T2)

	Breite in cm	Tiefe in cm
Verweilflächen auf Schutzinseln oder Fahrbahnstreifen. Hauptverkehrsstraßen	400	250
Gehwege im Umfeld von Kindergärten, Schulen, Freizeiteinrichtungen, Einkaufszentren, Pflegeeinrichtungen Fußgängerüberwege und Furten	300	
Verweilflächen auf Fußgängerüberwegen und Furten von Erschließungsstraßen	300	200
Gehwege an Sammelstraßen	200	
Als Wendemöglichkeit, Ruhefläche, Verweilplatz	150	150
Am Anfang und am Ende einer Rampe		
Vor Fahrschachttüren		
Vor Haus- und Gebäudeeingängen, Fernsprecheinrichtungen, Notrufanlagen, Serviceschaltern, Dienstleistungsautomaten, Briefeinwürfen, Ruf- und Sprechanlagen, Durchgängen, Kassen, Kontrollen, Bedienungseinrichtungen, Rahmensperren, Umlaufschranken		
Vor und neben Ruhebänken		
Vor und nach Fahrtreppen und Fahrsteigen		
In Fluren und auf Hauptwegen	150	
Auf Gehwegen und Hauptgehwegen		
Neben Treppenauf- und abgängen		
Neben der Längsseite des Kfz des Rollstuhlfahrers auf Pkw-Stellplätzen		1500
Vor Rollstuhlabstellplätzen		
Vor Therapieeinrichtungen		
Zwischen Umlaufschranken	130	
Zwischen Radabweisern einer Rampe, auf Hauptgehwegen	120	
In Durchgängen an Kassen und Kontrollen	90	
Auf Nebengehwegen		
Entlang Haltestellen öffentlicher Verkehrsmittel		250

Bei Längsgefällen zwischen 4 und 6 % sind alle 10 m ebene Ruhe-, Verweil- oder Begegnungsfläche anzuordnen. Ruhebänke sind in max. 100 m Abstand aufzustellen.
Park- und Freizeitanlagen müssen mind. 1 Sanitäranlage nach DIN 18 024 T2 besitzen und Notrufmöglichkeiten besitzen.

Pkw-Stellplätze
Mind. 3 % der Stellplätze, mind. jedoch 1 Stellplatz muß eine 150 cm tiefe Bewegungsfläche an der Längsseite eines geparkten Pkws aufweisen. Empfohlene Breite des Stellplatzes bei offener Stellfläche: 350 cm; bei seitlicher Begrenzung durch eine Wand o.ä.: 380 cm.

Haltestellen
Haltestellen öffentlicher Verkehrsmittel und der Bahn sind so zu gestalten, daß der Höhenunterschied und der Abstand zwischen Fahrgastraum des Fahrzeugs und der Vorderkante der Zustiegsfläche max. 3 cm beträgt. Die Einstiegstelle muß taktil und optisch kontrastreich sein. Es sind Sitzgelegenheiten und ein Witterungsschutz für Rollstuhlfahrer vorzusehen.

Baustellensicherung
Baustellen- und Notwege sind mit einer Absperrung mit mind. zwei 10 cm hohen Schranken zu sichern. Die Oberkante der oberen Schranke liegt 100 cm, die der unteren Schranke 25 cm über Gelände. Das Lichtraumprofil muß mind. 120 cm Breite und 230 cm Höhe besitzen.

Behindertengerechte Stellplätze und Garagen
(DIN 18 024 T1+T2)

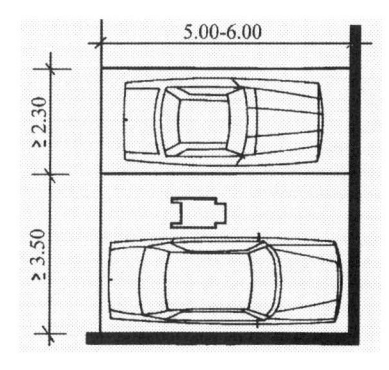

In nicht überschaubaren bzw. längeren Bereichen sind Begegnungsflächen einzurichten.

Öffentliche Einrichtungen
Öffentliche Einrichtungen und Angebote wie Fernsprecher, Notrufanlagen, Fahrkarten- und Geldautomaten, Briefkästen etc. müssen anfahrbar sein und sind in einer Höhe von 85 cm anzubringen.

Öffentlich zugängige Gebäude
DIN 18 024 T2

Türen
Türen sind mit einer lichten Breite von mind. 90 cm und einer lichten Höhe von mind. 210 cm auszuführen. Untere Türanschläge und -schwellen max. 2 cm hoch. Türen von Toilettenzellen, Duschzellen und Umkleidekabinen dürfen nicht nach innen schlagen. Hauseingangstüren, Brandschutztüren und Garagentore müssen kraftbetätigt werden können. Vor und hinter Türen sind Bewegungsflächen anzuordnen (s. Tabelle). Türgriffe von Drehtüren im geschlossenen Zustand und Schiebetüren auch im geöffneten Zustand müssen mind. 50 cm in diesen Flächen liegen. Schalter vor kraftbetätigten Türen sind bei frontaler Anfahrt mind. 250 cm vor der aufschlagenden Tür und auf der Gegenseite mind. 150 cm davor anzubringen.

Erreichbarkeit
Stufenlos erreichbarer Eingang. Rampen gem. Kap. 2.2.2 ausführen. Aufzüge sind mit ausreichenden Fahrkorbmaßen und Bewegungsraum vor der Anlage zu planen (s. Kap. 2.2.5). In Verlängerung der Treppe darf keine Treppe angeordnet werden. Bodenbeläge müssen rutschfest und für Rollstühle geeignet sein. Längsgefälle von Zugangswegen max. 3 %, Quergefälle max. 2 %.

Treppen
Notwendige Treppen dürfen nicht gewendelt sein. Treppen mit beidseitigem Handlauf in 85 cm Höhe zu versehen. Durchmesser des Handlaufs 3 - 4,5 cm. Der Handlauf darf nicht unterbrochen sein und 30 cm über Anfang und Ende der Treppe hinausragen. Keine Stufenunterschneidungen.

Sanitärräume
In jedem Sanitärraum bzw. in jeder Sanitäranlage muß mind. 1 rollstuhlgerechte Toilettenkabine vorhanden sein. Links und rechts neben dem Klosett sind Bewegungsflächen von 95 × 70 cm zu planen; vor dem Klosett, vor dem Waschtisch und dem Handtrockner eine Bewegungsfläche von 150 × 150 cm. Die Höhe der Oberkante des Toilettensitzes soll 48 cm betragen. 55 cm hinter der Vorderkante des Sitzes muß der Sitzende sich

Behindertengerechte Stellplätze
(DIN 18 024 T1+T2)

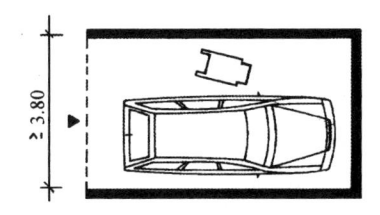

Begegnungsflächen. Mindestmaße
(DIN 18 024 T1+T2)

Fall des Erfordernis	Breite in cm	Tiefe in cm
Hauptgehwege: in Sichtweite, jedoch mind. je 18 m	250	250
Geh- und Nebengehwege: in Sichtweite		
Gehwege neben Baustellensicherungen	180	180
Flure und Wege in		

Begegnungsflächen im Bereich von Türen
(DIN 18 024 T2)

	Breite in cm	Tiefe in cm
Drehtür: Aufschlagsseite	150	150
Drehtür: Nicht-Aufschlagsseite	150	120
Schiebetür: Beide Seiten	190	120

Rollstuhlgerechter Sanitärraum.
Mindestmaße (cm) (DIN 18 024 T2)

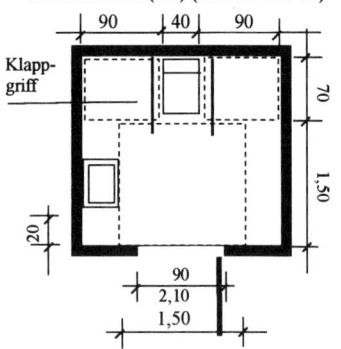

13.40

Bewegungsflächen vor und hinter Drehtüren. Mindestmaße (DIN 18 024 T2)

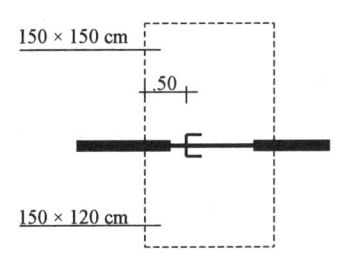

150 × 150 cm
150 × 120 cm

Bewegungsflächen vor und hinter Schiebetüren. Mindestmaße (DIN 18 024 T2)

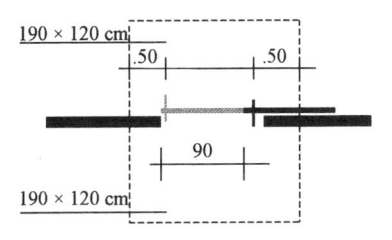

190 × 120 cm
190 × 120 cm

Barrierefreie Fahrstuhlanlage (DIN 18 024)

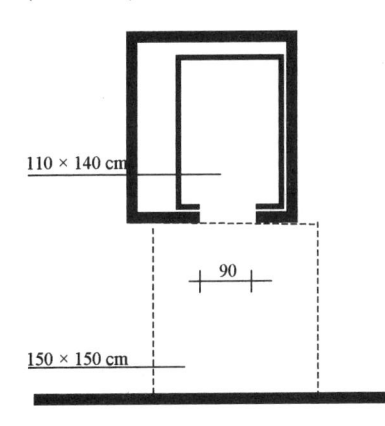

110 × 140 cm
150 × 150 cm

anlehnen können. Links und rechts der Toilettenschüssel sind in 70 cm Abstand vertikal und horizontal klappbare Griffe für mind. 100 kg Belastung am vordersten Punkt in 85 cm Höhe zu installieren. Die Griffe müssen die Vorderkante des Toilettenbeckens um 15 cm überragen. Die Oberkante des Waschtisches auf max. 80 cm planen, darunter Kniefreiheit mind. 30 cm tief und mind. bis 67 cm Höhe. Einhandarmatur mit schwenkbarem Auslauf; Wassertemperatur max. 45 °C. Handtrockner, Seifenspender und Mündung eines selbstschließenden Abfallkorbes in 85 cm Höhe. Zur Ausstattung gehören zudem Spiegel für Sitz- und Stehposition, Notruf, Wasserventil mit Schlauch, Fußbodenablauf, Kleiderhaken in 85 cm und 150 cm Höhe und eine 15 cm tiefe und 30 cm breite Ablage in 85 cm Höhe. Der Notruf muß auch am Boden liegend erreichbar sein (ggf. Schnur). Die Tür muß nach außen öffnen. Sie muß von innen abschließbar sein und über eine Notfall-Öffnungsvorrichtung von außen verfügen.

Sanitärräume in Raststätten, Sportstätten, Behinderteneinrichtungen
Zusätzlich zu dem vorgenannten: Klappliege (200 × 90 cm) in 50 cm Höhe; Klappwickeltisch (mind. 50 × 50 cm) in 85 cm Höhe.

Duschkabinen
Schwellenfreie Duschplätze mit Grundfläche von mind. 150 × 150 cm, z.B. als seitliche Bewegungsfläche von Toilettenbecken. In 48 cm Sitzhöhe Duschklappsitz, Sitzfläche 40 cm tief, 45 cm breit, links und rechts des Klappsitzes waagerechte, hochklappbare Haltegriffe. Vor dem Sitz Bewegungsfläche von 95 × 70 cm. Einhebelarmaturen, Seifenschalen und Ablage in 85 cm Höhe. Notruf, der auch am Boden liegend erreichbar ist (ggf. Schnur).

Umkleidebereiche
Arbeitsstätten, Sport- und Badestätten und Therapieeinrichtungen müssen mind. einen Umkleidebereich für Rollstuhlfahrer besitzen. Türmaße (90 × 210 cm), Aufschlagrichtung nach außen, Hakenhöhen (85 cm) und Bewegungsflächen (150 × 150 cm) bei der Planung beachten.

Schwimm- und Bewegungsbecken
Technische Einstieghilfen, wie Lifte oder Rutschen sind erforderlich. Rollstuhlabstellfläche in der Nähe vorsehen.

13 Bauko. Entwurf

Rollstuhlabstellplätze
Rollstuhlplätze sind mind. 150 cm tief und 190 cm breit zur Aufnahme von 2 Rollstühlen vorzusehen. Davor muß eine Bewegungsfläche gleicher Größe vorhanden sein. Eingangsbereiche sollten einen Rollstuhlabstellplatz aufweisen.

Versammlungs-, Sport- und Gaststätten
In Versammlungs-, Sport- und Gaststätten sind 1 % der Plätze, mind. jedoch zwei für Rollstuhlbenutzer vorzusehen. Platz für Rollstuhlbenutzer: 95 × 150 cm. Möglichst Sitzplatz für Begleitperson in der Nähe planen.

Beherbergungsbetriebe
Mind. 1 % der Zimmer, mind. jedoch 1 Zimmer sind rollstuhlgerecht zu planen.

Tresen, Serviceschalter, Verkaufstische
Höhe möglichst 85 cm. Mind. 1 Bereich unterfahrbar mit Kniefreiheit bis in 30 cm Tiefe und 67 cm Höhe.

Stellplätze
1 % der Stellplätze, mind. jedoch 2 nach DIN 18 024 T1. Stellplätze möglichst nahe dem Eingang bzw. nahe dem Aufzug. Beim Haupteingang Stellplatz für Kleinbus (Länge: 750 cm, Breite: 350 cm, Höhe: 250 cm) planen.

Bedienungselemente
Schalter, Toilettenspüler, Klingel u.a. Bedienungseinrichtungen sind in 85 cm Höhe anzubringen.

Toilette mit Duschbereich nach DIN 18 024 T2

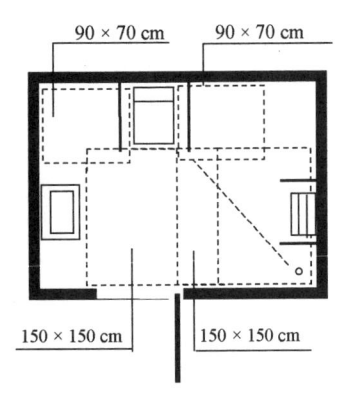

Abstellplatz für 2 Rollstühle nach DIN 18024 T2

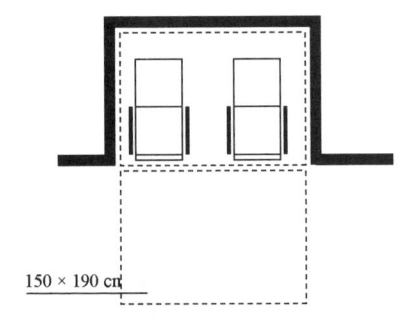

Bewegungsfläche neben Bedienungselementen. Mindestmaße

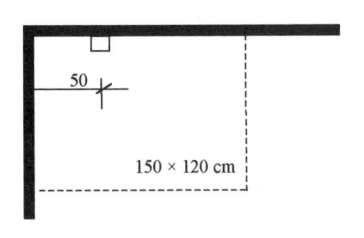

13.42

Wohnungen für Schwerbehinderte Mindestgrößen und -ausstattung

Größe der Wohnzimmer	
Für 1 Person	20 m²
Für 2 bis 4 Personen	22 m²
Für 5 Personen	24 m²
Für 6 und mehr Personen	26 m²
Größe der Abstellräume	
Anteil an der Wohnfläche	2 %
Mindestfläche	1 m²
Möbel im Schlafzimmer	
1 Bett je Person	205 × 100 cm
1 Schrank je Person	120 × 65 cm
1 tischhohes Möbel	120 × 65 cm
Ausstattung der Küche	
Abstellplatte	60 × 60 cm
Doppelbeckenspüle	80 × 60 cm
kleine Arbeitsplatte	60 × 60 cm
Herdmulde	60 × 60 cm
Abstellplatte	30 × 60 cm
4 schrankhohe Einrichtungsteile	à 60 × 60 cm
tischhoher Kühlschrank	60 × 60 cm
Arbeitsplatte	120 × 60 cm

4.2 Barrierefreie Wohnungen
DIN 18 025 T2

Erschließung
Pkw-Stellplätze für Behinderte sollten mind. 1 m breiter als üblich ausgeführt werden. Der Hauseingang und eine Wohnebene müssen stufenlos erreichbar sein. Alle zu einer Wohnung gehörenden Räume und die Gemeinschaftseinrichtungen müssen durch den nachträglichen Einbau einer Rampe oder eines Aufzuges stufenlos erreichbar sein. Wege zwischen Wänden außerhalb von Wohnungen (z. B. Flure) sollten mind. 150 cm breit sein.
Möglichst wenig Treppen bauen. Vor Treppen waagerechte Flächen von mind. 150 cm Tiefe anordnen. Treppen in Bauten mit gehbinderten Personen sollten Treppensteigungen von etwa 16 cm × 30 cm mit farbig markierten Kanten besitzen. Sie sollten möglichst geradläufig sein, und der Handlauf (Durchmesser 3,0 bis 4,5 cm) sollte am Treppenauge nicht unterbrochen sein. Treppen und Flure müssen beidseitig Geländer in 85 cm Höhe besitzen, die bei den Treppen über Anfang und Ende 30 cm hinausführen. Stufenunterschneidungen sind nicht zulässig.
Rampen nur mit max. 6 % Steigung und nach 6 m mit einem Podest von 150 cm Länge. Lichte Breite mind. 120 cm. Seitliche Radab-

Altenwohnheim Lindenhof in Basel, 1. u. 2. Obergeschoß
(Architekten: Brogli & Müller)

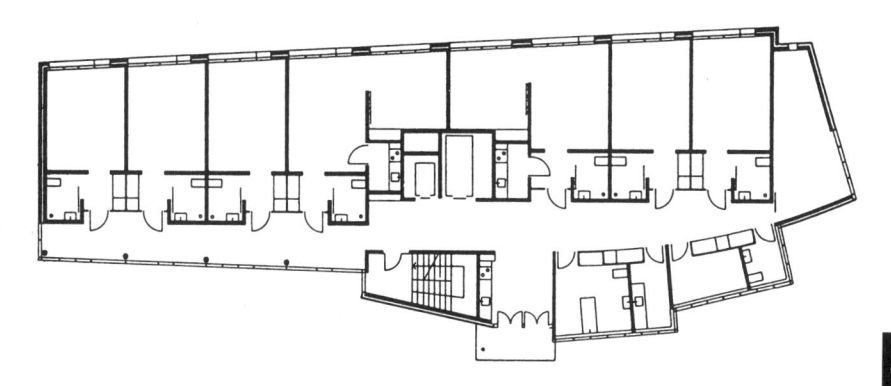

13 Bauko. Entwurf

13.43

weiser zur Führung von Rollstühlen, mind. 10 cm hoch. Geländer auf 85 cm Höhe. Geländer und Radabweiser 30 cm über Anfang und Ende der Rampe hinausführen. Davor jeweils eine waagerechte Fläche von mind. 150 cm × 150 cm vorhalten.
Die Zahl der Türen ist auf das Notwendigste zu beschränken. Türen in Wohnungen brauchen mind. 80 cm Breite im Lichten, Hauseingangs- und Wohnungseingangstüren jedoch von mind. 90 cm. Lichte Höhe mind. 210 cm. Aufschlagrichtungen besonders beachten, ggf. Automatiktüren einsetzen. Schwellen sind bis max. 2 cm Höhe zulässig.
Mindestmaße für Fahrkörbe im Lichten: Breite: 110 cm; Tiefe: 140 cm; Fahrstuhltüren 90 cm breit. Davor Bewegungsfläche von 150 cm × 150 cm.

Räumlichkeiten
In Wohnungen muß der Abstand zwischen Wänden (z. B. Flure) mind. 120 cm betragen. Auf einer Längsseite eines Bettes ist ein Bewegungsraum von mind. 120 cm Breite vorzusehen. Jedes Bett sollte bei Bedarf von drei Seiten zugänglich gemacht werden können. Die Mindesttiefe vor Kücheneinrichtungen beträgt 120 cm, vor Möbeln 90 cm. Jede Wohnung sollte einen Freisitz von mindestens 4,5 m² mit einer Bewegungsfläche von mindestens 150 cm × 150 cm aufweisen. Alle Schalter, Armaturen, Steckdosen und Beschläge (Fenster!) im Griffbereich: h = etwa 85 cm; in Sonderfällen: h = max. 140, mind. 40 cm über Fußboden. Keine Möbel vor Fenstern.
Vor Einrichtungen im Sanitärbereich und in der stufenlos begehbaren Dusche muß nach DIN 18 025 T 2 ein Bewegungsraum von mind. 120 cm × 120 cm gesichert sein. In der Praxis wird Fläche vor Sanitäreinrichtungen meist reduziert. Die Tür darf nicht in den Sanitärraum schlagen und sollte von außen zu entriegeln sein. Unter dem Waschtisch Beinfreiraum durch Unterputz- oder Flachaufputzsiphon schaffen. Rutschfester Boden. Haltegriffe vorsehen.
Jede Wohnung mit Freisitz oder tiefem Fenster planen. Undurchsichtige Fensterbrüstungen in mind. einem Raum max. 60 cm hoch. Sinnvoll sind deren Überdachung und seitlicher Schutz vor Wetter. Undurchsichtige Teile von Brüstungen dürfen max. 60 cm hoch sein. Nutzbare Fläche eines Freisitzes mind. 4,5 m², nutzbare Tiefe mind. 150 cm. Niveaugleicher Übergang zur Wohnung.

Empfehlungen zur Gestaltung von Fluren und Eingangsbereichen

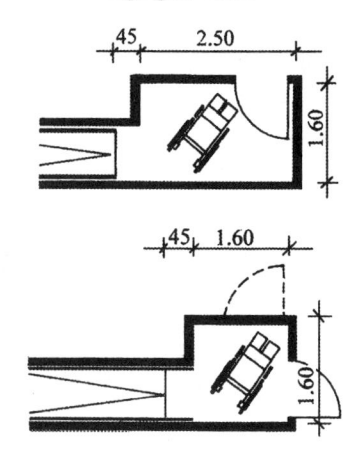

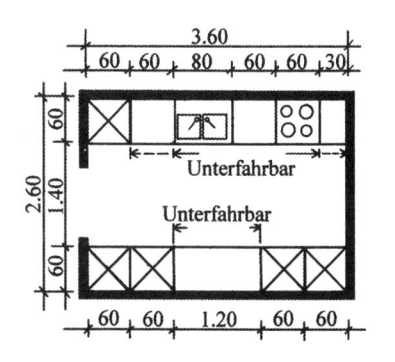

Rollstuhlgerechte Küche
Grundriß (oben), Schnitt (unten)

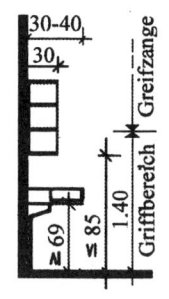

13.44

Rollstuhlgerechte Bäder

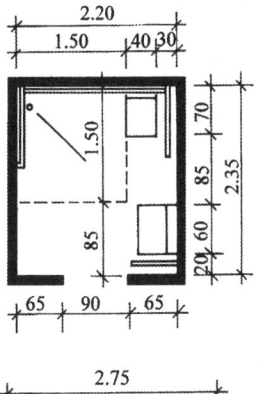

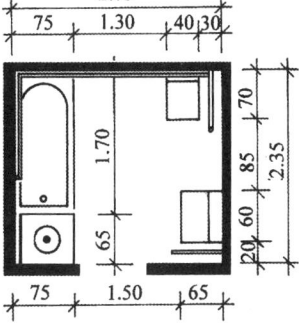

Rollstuhlgerechte Räume (Mindestmaße)

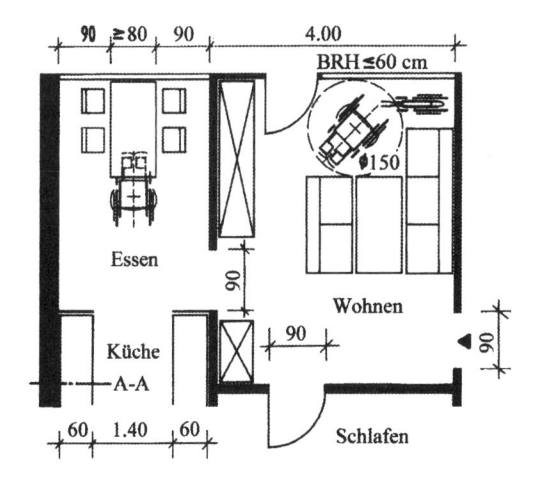

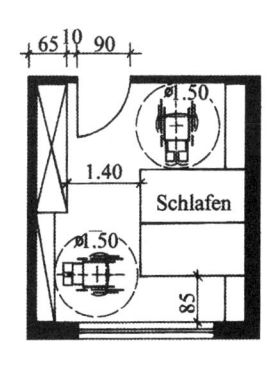

4.3 Rollstuhlgerechte Wohnungen
DIN 18 025 T 1

Zusätzlich bzw. abweichend zu Abschnitt 4.2 ist folgendes zu beachten:

Erschließung
Pkw-Stellplätze müssen Raum zum Umsteigen bieten. Breite mind. 3,50 m. Grenzt der Umsteigebereich an eine Wand (Garage): 3,85 m. Hauseingänge: mind. 95 cm breit. Keine Drehtüren. Gut: automatische Türen. Eventuell Rollstuhlabstellplatz (mind. 190 × 150 cm) im Eingangsbereich für den Straßenrollstuhl mit Umstiegsmöglichkeit auf den Hausrollstuhl. Davor Bewegungsfläche mind. 150 cm tief. Lichte Türbreiten, auch in Wohnungen: mind. 90 cm, max. 110 cm.

Räumlichkeiten
In jedem Raum, vor und hinter handbetätigten Drehflügeltüren, vor WC und Waschbecken Wendefläche von mind. 150 cm × 150 cm planen. Auf einer Seite des WC einen Freiraum von mind. 95 cm × 70 cm, auf der anderen Seite zur Wand oder zum nächsten Objekt ein Abstand von 30 cm garantieren. Duschplätze stufenfrei 150 cm × 150 cm groß. Waschtische mind. 60 cm breit und 50 cm tief, unterfahrbar. WC-Sitzhöhe 48 cm. Duschplatz und WC nebeneinander anordnen. Sanitärräume stets mit mechanischer Lüftung. Wohnungen für mehr als 3 Personen brauchen einen zweiten Sanitärraum mit Waschbecken und WC gem. DIN 18 022 (s. Abschnitt 3.2). Zugang zum Bad möglichst vom Flur und vom Schlafzimmer.

13 Bauko. Entwurf

13.45

Rollstuhlgerechte Wohnung
Bewegungsflächen vor einer Längsseite des Bettes, vor Schränken, Kücheneinrichtungen, Badewannen, Rollstuhlabstellplätzen sowie neben Pkw-Längsseiten mind. 150 cm breit, Bewegungsflächen vor Möbeln, die seitlich angefahren werden, entlang der Einstiegseite des Bettes, zwischen Wänden in der Wohnung und neben Bedienungseinrichtungen mind. 120 cm breit planen. Arbeitsflächen (Tische, Waschbecken, Küchenmöbel usw.) müssen unterfahrbar sein: Unterkante mind. 69 cm, Oberkante max. 85 cm über Fußboden, bei Waschbecken etwa 95 bis 100 cm über Fußboden. Handelsübliche Küchenmöbel werden mit entsprechenden unterfahrbaren Arbeitsflächen versehen, die Höhen der Oberschränke reduziert. Herd, Arbeitsplatte und Spüle möglichst übereck anordnen. Ansitzbreite für Rollstühle an Tischen: 80 cm.

Rollstuhlgerechte Wohnung (Mindestmaße)

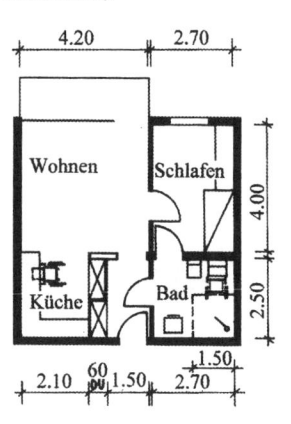

Altenheim in Bad Wörishofen, Erdgeschoß (Architekten: Huber & Partner)

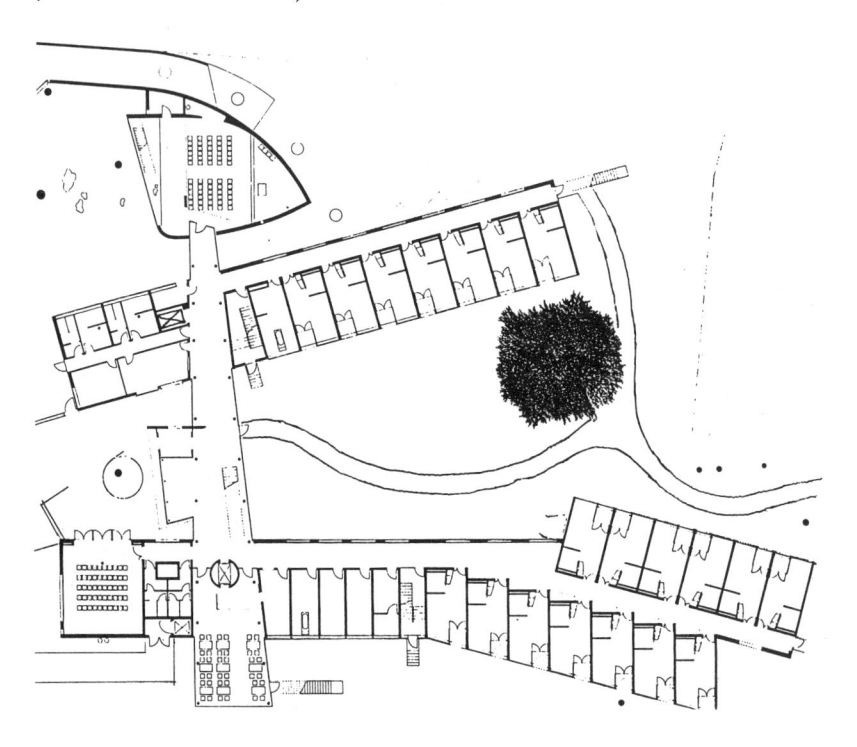

5 Gaststätten

GastStättV; ArbStättV; ASR; DIN 18 024; über 400 Plätze: VStättVO

5.1 Schank- und Speisegaststätten

Ab mehr als 400 Plätzen gilt die VStättVO. Schank- und Speisegaststätten müssen barrierefreie Zugänge und Fluchtwege sowie barrierefreie Toiletten besitzen. 1 % der Stellplätze, mind. jedoch 2 sind barrierefrei auszubilden.

5.1.1 Gästebereich

Schankräume
Schankräume und Wohnungen müssen getrennt zugänglich sein. Grundfläche von Schankräumen: mind. 25 m², weitere Schankräume: mind. 15 m². Lichte Raumhöhe möglichst 3 m. Lichte Breite der Türen mind. 90 cm. Flure und Rettungswege mind. 100 cm breit bzw. 100 cm Breite je 150 darauf angewiesene Personen. Garderoben mit Hutablage und Schirmständer (1 m / 25 Plätze). Übliche Bestuhlung: 4er-Tische, zu anderen Aufstellungen kombinierbar. Evtl. Barplätze zum Essen und Trinken. Größere Räume gliedern. Eventuell unterschiedliche Platzangebote anbieten. Flexible Raumteiler ermöglichen unterschiedliche Nutzungen und Raumgrößen. 1 % der Sitzplätze, mind. jedoch 2 müssen für Rollstühle geeignet sein (mind. 95 × 150 cm).
Tischfläche je Gast: mind. 60 cm breit, 40 cm tief. Breite eines Eßtisches: mind. 80 cm.

Möblierung von Galsträumen

WC-Anlagen
Für Personal und Gäste getrennte Anlagen. Personal- WC mit Vorraum nach *ArbStättV*, nicht über den Schankraum oder das Freie erschließen.

5.1.2 Servicebereiche

Küchen *(DIN 66 075)*
Kochküchen müssen mind. 15 m² Grundfläche aufweisen und eine lichte Höhe von 3 m besitzen. Mindestausrüstung: 1 Wasserzapfstelle, 1 eigene Handwaschgelegenheit, 1 Schmutzwasserausguß. Küchen besitzen folgende Hauptteile:
Anlieferung und Abfuhrbereich (11 % Flächenanteil) mit Annahme, Registratur und Vorsortieren der Waren. Vorsortieren des Mülls und des Leergutes. Büro des Lagerleiters und/oder des Küchenleiters. Anlieferung gut mit Lkw erreichbar, nicht einsehbar.
Warenlager (40 %) mit Kühllager für Molkereiprodukte, Fleischwaren, Obst und Gemüse sowie Getränke jeweils getrennt. Dazu: Vorkühlung und Tiefkühlung. In kleineren Gaststätten in Kühlschränken, in größeren Gaststätten in Kühlräumen. Lager vor Sonne schützen.
Küche (25 % Flächenanteil) mit Vorbereitung von Gemüse und Salaten (Waschen, Putzen, Schneiden) sowie von Fleisch (Entbeinen, Portionieren). Vorbereitung entfällt bei weitgehend vorbereiteter Anlieferung der Waren. Warme Küche zum Kochen, Backen und Braten. Kalte Küche für Salate, Brote u. a. Grundmodul für Kücheneinrichtungen nach DIN 66 075: 53 cm × 32,5 cm. Be- und Entlüftung von größter Wichtigkeit (VDI-Rl 2052). Boden rutschfest.

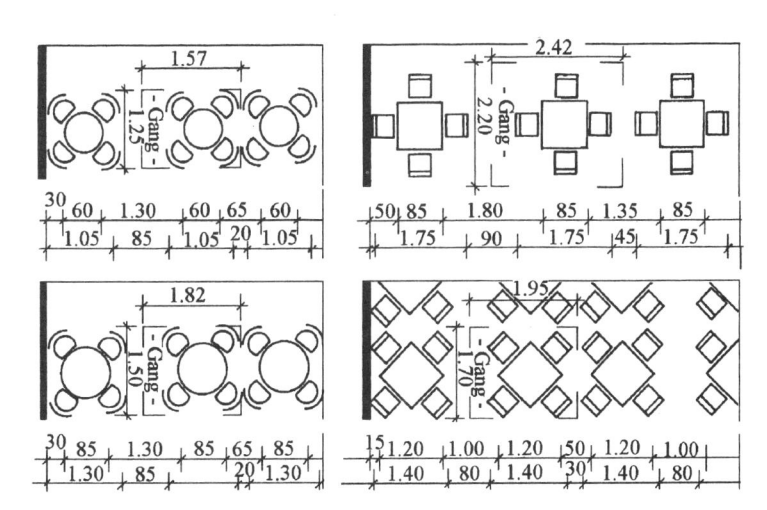

Spülküche (12 %) für Geschirr und Töpfe mit Automaten und Doppelspülbecken mit Abtropffläche; bei Kantinen o. ä. mit Zuführung des Geschirrs über Bandanlagen.
Sozialbereich (12 %) mit Umkleide-, Wasch-, Toiletten-, Pausen- und Ruheraum nach ArbStättV.

Speiseausgabe
Bei Ausgabe über Kellner: Warm- und Kühlhaltevorrichtungen zur Pufferung der Auslieferung. Kellneroffice mit Kasse in der Nähe der Speiseausgabe. Besteck- und Geschirrlager sowie Warmhalteplattenspender für den Kellner.
Bei Selbstbedienung: Tablettausgabe in der Nähe des Eingangs – Speiseausgabe über Tresen mit rückseitiger Beschickung, Bedienung am Tresen oder Automaten – Kasse – Besteckausgabe – Sitzplätze – Geschirrückgabe in der Nähe der Spülküche und des Ausgangs. Evtl. automatische Rückführung des Geschirrs zur Spülmaschine.

Organisation von Küchen

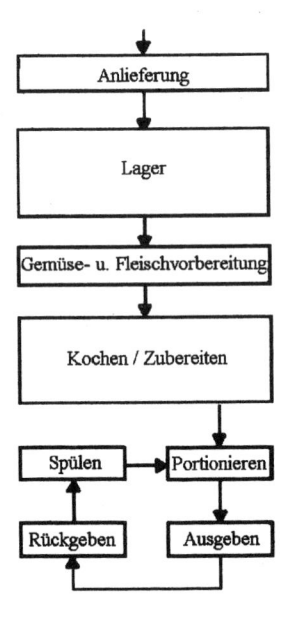

```
        Anlieferung
            ↓
          Lager
            ↓
   Gemüse- u. Fleischvorbereitung
            ↓
      Kochen / Zubereiten
            ↓
     Spülen → Portionieren
       ↓           ↓
    Rückgeben   Ausgeben
```

Orientierungswerte für Küchen und Küchennebenräume (m^2 / Eßplatz)

Bereich	≤ 100 Gäste	≤ 250 Gäste	> 250 Gäste
Anliefer. / Abfuhr	**0,2**	**0,2**	**0,2**
Warenanlieferung	0,07	0,06	0,05
Lagerverwaltung	0,03	0,02	0,04
Büro d. Küchenchefs	0,05	0,04	0,03
Abfall	0,10	0,12	0,11
Warenlager	**0,35**	**0,45**	**0,38**
Vorkühlraum		0,03	0,03
Fleischkühlraum		0,05	0,04
Milchproduktekühlr.		0,04	0,03
Gemüsekühlraum		0,04	0,05
Tiefkühlraum		0,04	0,04
Kalte Küche	0,02	0,02	
Abfallkühlraum	0,02	0,02	
Lebensmittellager	0,02	0,02	0,02
Gemüselager	0,09	0,07	0,04
Getränkelager		0,03	0,02
Weinkeller		0,04	0,03
Geschirrlager	0,04	0,03	0,03
Küche			
Fleischvorbereitung	0,1	0,08	0,05
Gemüsevorbereit.	0,1	0,08	0,06
Warme Küche	0,3	0,2	0,2
Kalte Küche	0,2	0,15	0,1
Speisenausgabe	0,08	0,08	0,07
Spülküche	0,1	0,12	0,1

Flächenbedarf von Governmentsräumen

Art der Gaststätte	Belegung	Küche/ Gedeck	m^2/ Platz
Restaurant	1	0,8 m^2	1,9 m^2
Pension	1 - 1,5	0,4 m^2	1,5 m^2
Einf. Gastst.	1,5 - 2	0,5 m^2	1,7 m^2
Pizzeria	2 - 3	0,5 m^2	1,5 m^2

Laufbreiten von Treppen in Gaststätten

Gastraum	Nutzbare Laufbreite
unter 100 m^2	min. 1,10 m
bis 250 m^2	min. 1,30 m
bis 500 m^2	min. 1,65 m
bis 1000 m^2	min. 1,80 m
über 1000 m^2	min. 2,10 m

Autobahn-Tank- und Rastanlage bei Ellwangen
(Architekten: Arge Arat / Haisch / Volz)

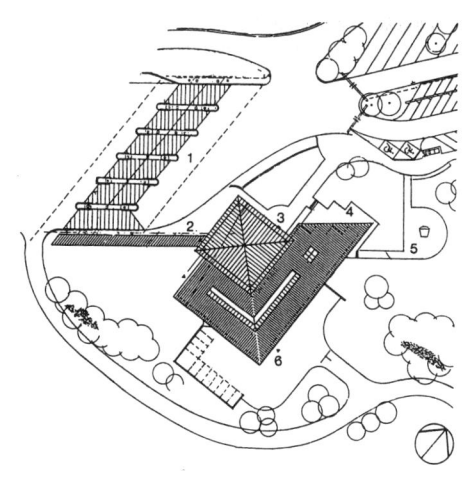

Lageplan

1 Tankanlage
2 Verbindungsgang
3 Pavillon
4 Terrasse
5 Spielplatz
6 Anlieferung

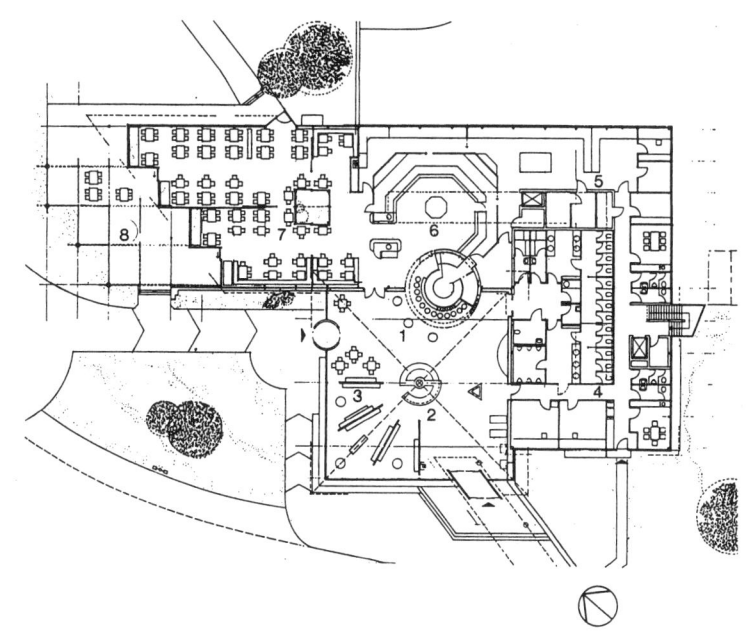

Grundriß

1 Eingangpavillon
2 Kasse
3 Verkaufsbereich
4 Verwaltung
5 Küche
6 SB- Bereich
7 Restaurant
8 Terrasse

13 Bauko. Entwurf

13.49

Gemüsevorbereitungsraum

A: Waage
B: Schneiden
C: Schleuder
D: Spüle

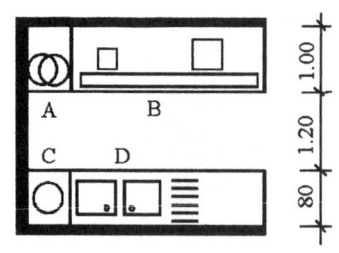

Fleischvorbereitung

A: Wolf   C; Hackstock
B: Tranchierbereich   D: Waage
E: Spüle

Warme Küche

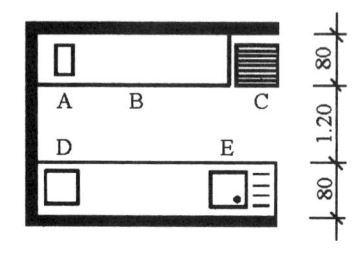

Warme Küche

A Hockerkocher   F Herd
B Arbeits- / Abstelltisch   G Friteuse
C Kochkessel   H-I Bratpfannen
D Handwaschbecken   K Konvektomat
E Etagenbratofen   L Abstellzone

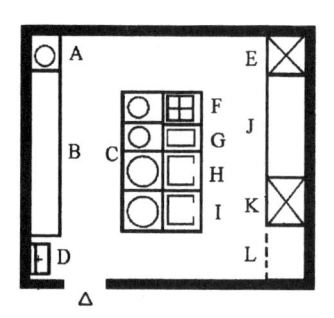

Platzbedarf bei Galträumen

Bei Selbstbedienung		
Art des Tisches	Pers./Tisch	m²/Platz
Quadratischer Tisch	4	1,25 m²
Rechteckiger Tisch	4	1,25 m²
Rechteckiger Tisch	6	1,05 m²
Rechteckiger Tisch	8	1,10 m²
Bei Bedienung		
Art des Tisches	Pers./Tisch	m²/Platz
Quadratischer Tisch	4	1,25 m²
Rechteckiger Tisch	4	1,10 m²
Rechteckiger Tisch	6	1,00 m²
Rechteckiger Tisch	8	1,10 m²

Toilettenanlagen in Schank- und Speisewirtschaften

Gastraum (m²)	WC- D	WC- H	Urinale
- 50	1 St.	1 St.	2 St.
50 - 100	1 St.	2 St.	3 St.
100 - 150	2 St.	2 St.	3 St.
150 - 200	2 St.	3 St.	4 St.
200 - 250	2 St.	3 St.	5 St.
250 - 350	3 St.	4 St.	6 St.

Pro WC 1 Waschbecken vorsehen

Hotel in Mandarfen (A) Bau I, Erdgeschoß
(Architekten: E. + A. Neururer)

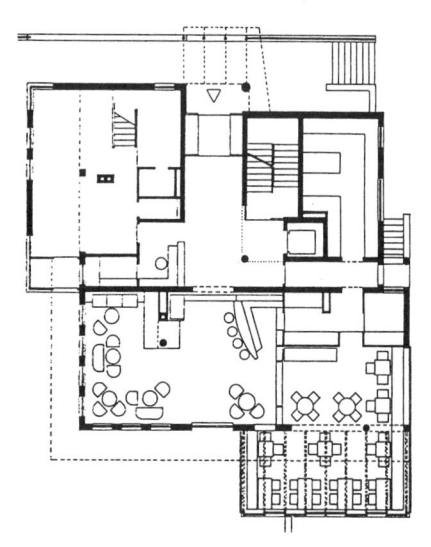

Großspülküche

A Geschirrwaschen D Vorspüle
B Auslauf E Vorabräumung
C Geschirrspülmasch. F Rückgabe

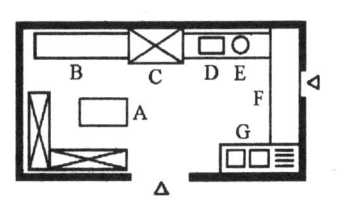

Kleinspülküche

A Regal C Spüle
B Arbeitstisch D Stellfläche

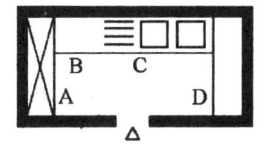

Speisenausgabe

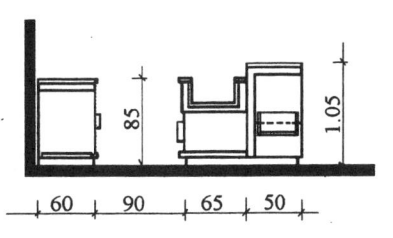

Schanktresen

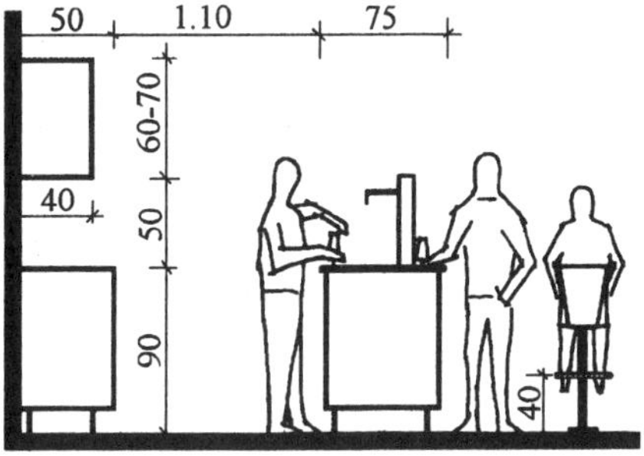

Eßbar, Aufsicht (links)
und Schnitt (rechts)

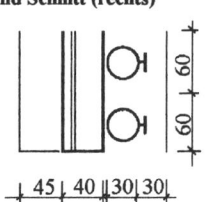

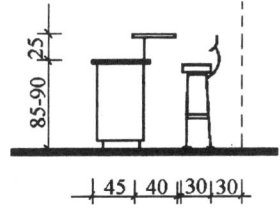

Hotel in Mandarfen (A) Bau II
Erdgeschoß
(Architekten: E. + A. Neururer)

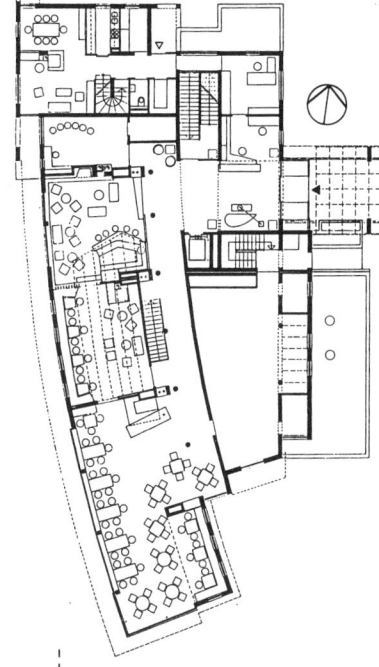

13 Bauko.
Entwurf

5.2 Hotels

5.2.1 Organisation

Vorfahrt der Gäste möglichst getrennt von der Materiallieferung und -abfuhr planen. Leichte Erreichbarkeit des Kfz-Stellplatzes für den Gast. Rezeption, Wartezone, Kofferraum und Verwaltungsräume beim Eingang. Speise- und Aufenthaltsräume in guter Lage im EG bzw. DG. Restauration möglichst auch für externe Gäste nutzbar, evtl. mit angegliederter Bar. Frühstücksraum auch als Fest- oder Tagungsraum nutzbar. Tagungs- und Festräume möglichst in der Größe variabel und von der Küche zu versorgen. Mögliche weitere Einrichtungen: Fitneßräume, Sauna, Schwimmbad, Boutique, Friseur etc. Erschließung größerer Häuser für Gäste und Personal/Material getrennt. Flure mind. 150 cm breit. 1 Etagenservicezimmer (mind. 20 m²) in der Nähe des Serviceaufzuges für 15 bis 20 Zimmer.

5.2.2 Hotelzimmer

Vorwiegend Doppelzimmer (etwa 25 m²), auch als Einzelzimmer vermietbar. Mindestausstattung: Doppelbett oder 2 Betten, Sessel, Arbeitstisch, Stuhl, TV, Kühlschrank, Schrank, Garderobe, Bad mit Dusche, Waschbecken und WC. Gut: Schallschleuse zum Flur, zusätzliche Tür vor Bad und Garderobe. In größeren Häusern auch Appartements mit getrennten Wohn- und Schlafbereichen.

Hotelzimmer

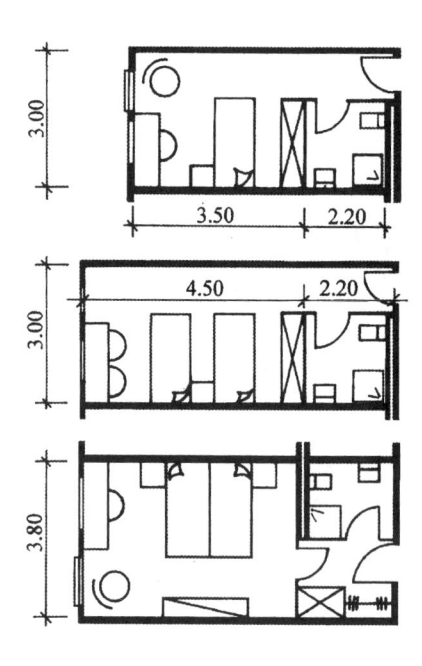

Hotel Bielerhöhe an der Silvrettastraße (A)
1. Obergeschoß
(Architekten: Untertrifaller / Hörburger)

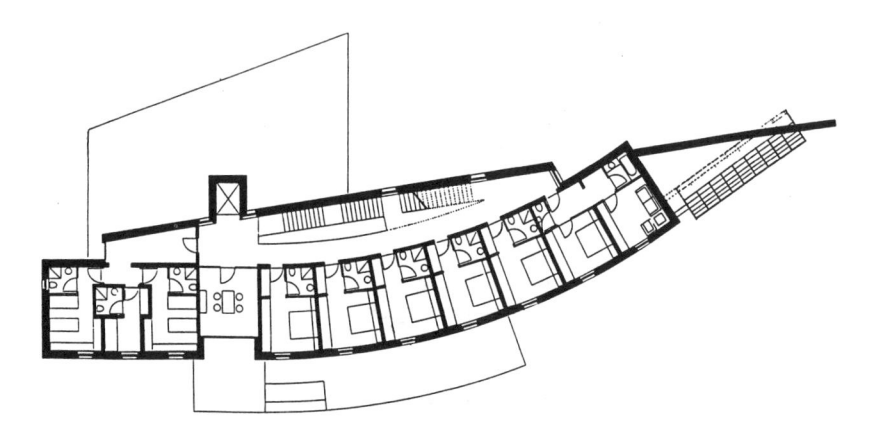

Standard-Schreibtisch nach DIN (links)
Schreibtisch nach Herstellernorm (rechts)

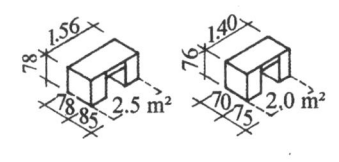

Bürotresen mit Schreibplatz (links)
Bürotresen mit Schreibplatz längs (rechts)

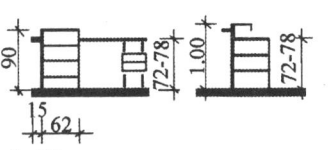

Arbeitsplätze
mit Zeichenplatz (links oben und Mitte)
mit Besprechungstisch (rechts oben)
mit Besucherstühlen (rechts Mitte)
für Sachbearbeiter (rechts und links unten)

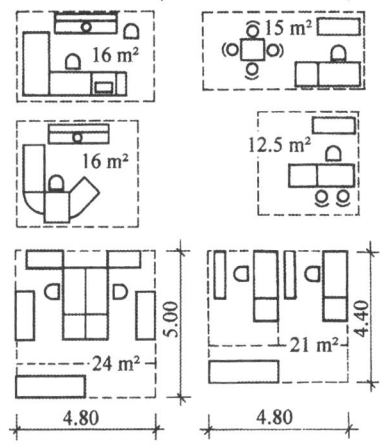

Orientierungswerte
Arbeitsflächenbedarf in Büros

Schreibmaschinenplatz	1,7 m²
Sachbearbeiter in Bürozelle	8 m²
Sachbearbeiter mit 2 Besucherstühlen in Bürozelle	12 m²
Sachbearbeiter mit besonderem Besuchertisch in Bürozelle	16 m²
Sachbearbeiter im Großraum	12 m²
Besprechungsräume je Sitz	2,5 m²
Zeichenarbeitsplatz	16 m²

6 Verwaltungsbau

LBO; ArbStättV; ASR; DIN 4549

Raumprogramme im Verwaltungsbau
Neben den eigentlichen Büroarbeitsplätzen sind häufig folgende Elemente erforderlich: Empfang / Pförtner, Besprechungsräume oder -zonen, Kopierräume, Archive, Lager, Ruheräume, Teeküchen, Kantinen. Pausenräume sind bei Büroarbeitsplätzen nicht erforderlich. Die Dimensionierung der WC-Anlage erfolgt nach ASR. Technik-, Müll- und Putzräume.

6.1 Büroraumtypen

Grundsätze
Die Wahl des Büroraumtyps hängt sehr stark von den Tätigkeiten, der Organisationsstruktur und der Philosophie eines Unternehmens ab. Ähnliches gilt für die Größe und Ausstattung der einzelnen Arbeitsplätze.

Büroarbeitsplätze
Die ArbStättV fordert Arbeitsräume von mind. 8 m² Grundfläche, für jeden Arbeitnehmer mind. 1,5 m² Bewegungsfläche mit mind. 1 m Breite und je Arbeitnehmer mit sitzender Tätigkeit mind. 12 m³ Raum.
Mindestmaße für lichte Raumhöhen in Abhängigkeit von der Raumgröße nach ArbStättV beachten (s. Abschn. 7). Eine Raumtiefe bis zum 1,5fachen der Fenstersturzhöhe ist in der Regel ausreichend natürlich belichtet.

Bildschirmarbeitsplätze
Bildschirmarbeitsplätze benötigen Möblierungen nach DIN 66 234 Teil 6 und müssen reflexionsarm sein. Sie sind gem. DIN 66 234 T 7 quer zu Fenstern und zu Leuchtbändern anzuordnen. Nur reflexionsarme Leuchten einbauen und vor Fenstern Blendschutz vorsehen.

Zellenbüro
Bis max. 4 Arbeitsplätze in einem abgeschlossenen Raum. Zellenbreite nach Anzahl und Art der Arbeitsplätze: 3,60-4,80 m; Tiefe: etwa 4,80 m. Vorteile: Weniger Störung durch andere Mitarbeiter, natürliche Belichtung und Belüftung möglich. Nachteile: Wenig kommunikativ, unübersichtlich bei größeren Verwaltungen und wenig anregend. Einsatzgebiete: Bereiche für besonders konzentriertes Arbeiten (Denkzellen), sensible Bereiche (Personalwesen, leitende Angestellte), laute Bereiche (Schreibdienst).

13 Bauko. Entwurf

13.53

Verwaltungsbau in Sarnen (CH)
Erdgeschoß und 1.-3. Obergeschoß
(Architektin: A. Roost)

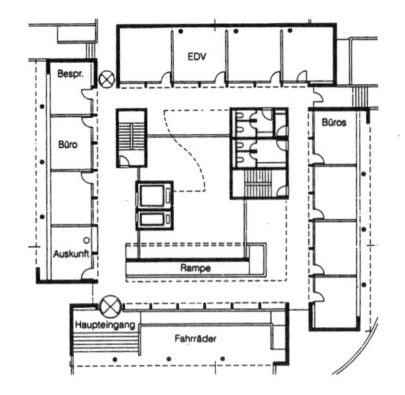

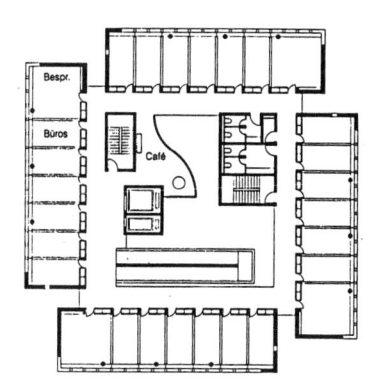

Zürich-Haus in Hamburg, Erdgeschoß
(Architekten: von Gerkan, Marg & Partner)

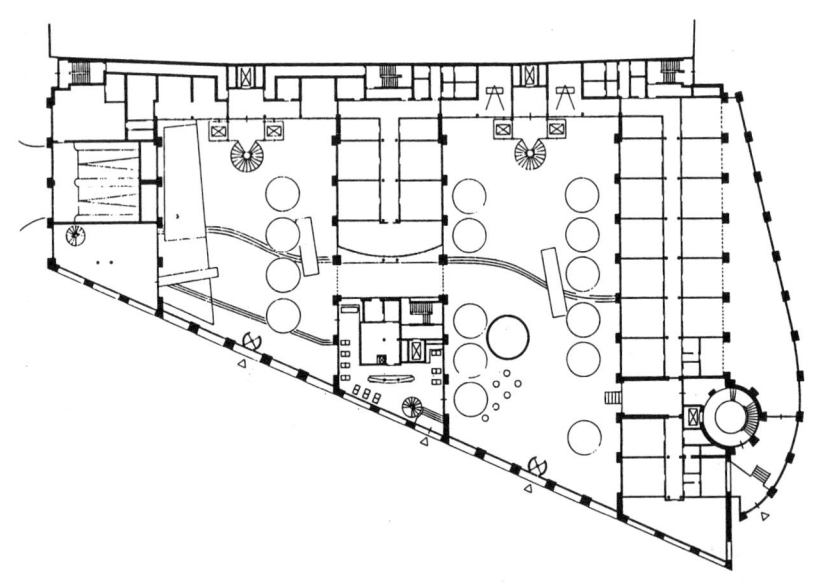

13.54

**Verwaltungsgebäude der Neuen Messe in Leipzig
Ebene +2 (Ausschnitt)
(Architekten: von Gerkan, Marg & Partner)**

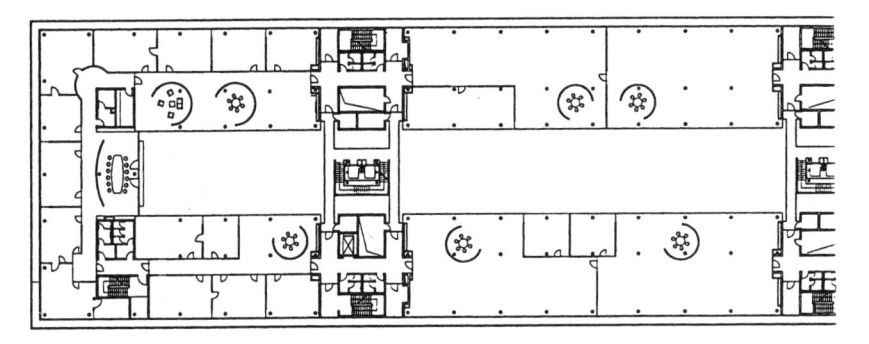

Übliche Breitenmaße in m von Bürobauten

Typ	1-Bund	2-Bund	3-Bund
Zellenbüro	8-11	12-15	19 - 24
Gruppenbüro	10-13	17-19	24 - 27

Typ	Flurlose Erschließung	Flurerschließung
Großraum	25-30	25-30

Raumhöhen in Büroräumen *(ArbStättV)*

Grundfläche	Lichte Raumhöhe (min.)
bis 50 m²	2,50 m
51 - 100 m²	2,75 m
101 - 250 m²	3,00 m
251 - 2000 m²	3,25 m

Orientierungswerte für Büroräume

Vorstandsvorsitzender	45 m²
Vorstand	35 m²
Vorstandssekretärin	14 m²
Hauptabteilungsleiter	25 m²
HAL- Sekreatriat	14 m²
Abteilungsleiter	20 m²
AL- Sekretärin	14 m²
Besprechungsraum	18 m²
1- Personen- Schreibtisch- Zelle	8 m²
2- Personen- Schreibtisch- Zelle	18 m²
3- Personen- Schreibtisch- Zelle	27 m²
4- Personen- Schreibtisch- Zelle	36 m²
Je Angestellten im Gruppenbüro	12 m²
Je Angestellten im Großraumbüro	12 m²

Gruppenbüro
Bis etwa 20 Arbeitsplätze in einem Raum. Arbeitsgruppen über 12 Personen sind selten. Arbeitsplätze max. 7,50 m von Fensterflächen entfernt; evtl. Gliederung durch halbhohe Elemente (Möbel/Stellwände) und Pflanzen. Sichtbezug nach außen wahren. Vorteile: Kommunikatives Arbeiten, Übersichtlichkeit, Flexibilität, natürliche Belichtung und Belüftung möglich. Erzeugt ein Wir-Gefühl. Nachteile: gegenseitige Störung möglich, häufig tagsüber künstliche Beleuchtung der innenliegenden Bereiche notwendig. Orientierungswert: 12 m² je Angestellten.

Großraumbüro
Anordnung von mehr als 20 Arbeitsplätzen auf einer Fläche. Entfernung zu Fenstern bis zu 20 m. Lichte Raumhöhe mind. 3 m. Gliederung durch halbhohe Stellwände, Möbel und Pflanzen. Fluchtwege freihalten und erkennbar machen, ggf. ausschildern. Vorteile: Kommunikatives Arbeiten, Flexibilität. Nachteile: evtl. gegenseitige Störung, dauernde künstliche Beleuchtung und Belüftung erforderlich.

Kombinierte Bürotypen (Kombi-Büro)
Häufig werden die vorgenannten Büroarten in einem Gebäude entsprechend den unterschiedlichen Anforderungen kombiniert. Planungen sollten spätere Wechsel zwischen Bürotypen, etwa von Gruppenbüros zu Zellen, ermöglichen.

13 Bauko. Entwurf

6.2 Gebäudetypen
6.2.1 Grundrißtypen

Bei mehrgeschossigen Verwaltungsbauten werden die vertikalen Erschließungs- und Versorgungselemente meist mit den Feuchträumen zu Gruppen (Kerne) zusammengefaßt.

Einbündige Anlage
Ein Flur erschließt einseitig angeordnete Büroräume. Erschließungs- und Nebenräume in Kernen oder parallel zum Flur. Wirtschaftlich bei großen Büroraumtiefen. Sinnvoll beim Abwenden von einer besonders schallbelasteten Seite. Orientierung der Büroseite nach Süden.

Zweibündige Anlage
Ein Flur erschließt beidseitig angeordnete Büroräume. Erschließungs- und Nebenräume in Kernen oft als Teil eines Bundes. Orientierung der Büroseiten nach Osten bzw. Westen.

Dreibündige Anlage
Zwei Flure erschließen an den Außenseiten liegende Büroräume. Erschließungs- und Nebenräume (z. B. Besprechungsräume, Archive, Kopierräume) sind in Kernen bzw. offen (Kombi-Büro) zwischen den Fluren angeordnet. Orientierung der Büroseiten nach Osten bzw. Westen.

Flurlose Anlage
Nicht unterteilte, freie Bürofläche mit integriertem oder angelagertem Kern.

Verwaltungsgebäude in Lünen
Obergeschoß und Schnitt
(Architekten: A. Hillebrandt & G. Schulz)

Boden und Deckenaufbau in Bürobauten

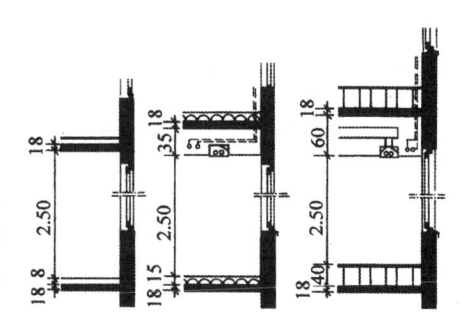

Orientierungswerte für Geschoßhöhen in Bürobauten

Bautyp	Geschoßhöhe
Zellenbüro ohne Unterdecke	2,75 - 3,10 m
Zellenbüro Elektro, Heizung, Sanitär in der Unterdecke	3,00 - 3,20 m
Zellenbüro mit Klimakanälen in der Unterdecke	3,20 - 3,40 m
Gruppen- und Großraumbüro mit Klimakanälen in der Unterdecke	3,45 - 4,20 m
Gruppen- und Großraumbüro mit Klimakanälen in Unterdecke und Fußboden	3,85 - 4,60 m

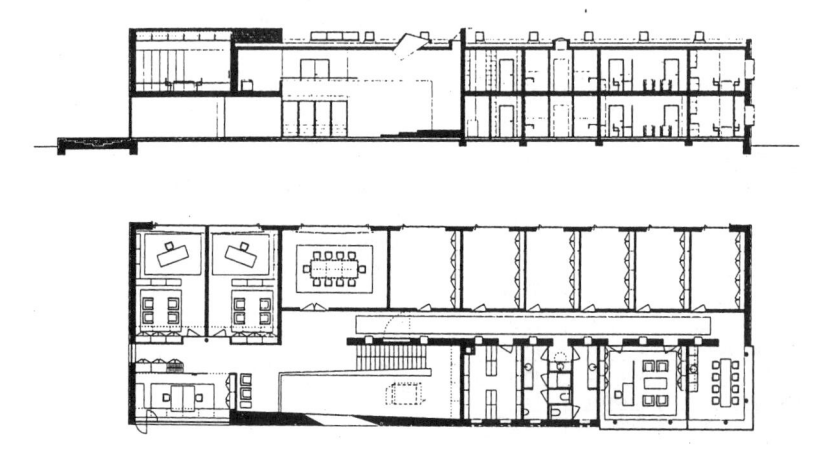

Anordnung der Kerne in Abhängigkeit von Fluchtwegen bzw. Brandabschnitten

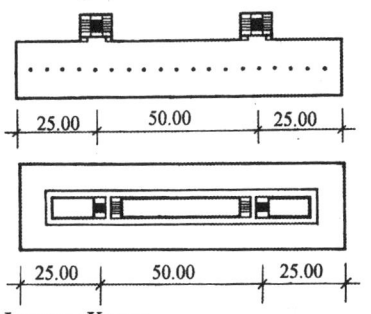

Lage von Kernen
bei Großraumbüros (oben)
bei Zellen- und Gruppenbüros (unten)

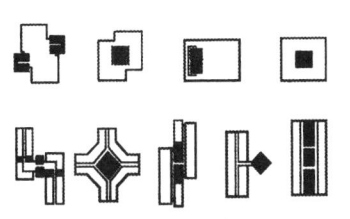

Ausbauraster und Büroteilungen

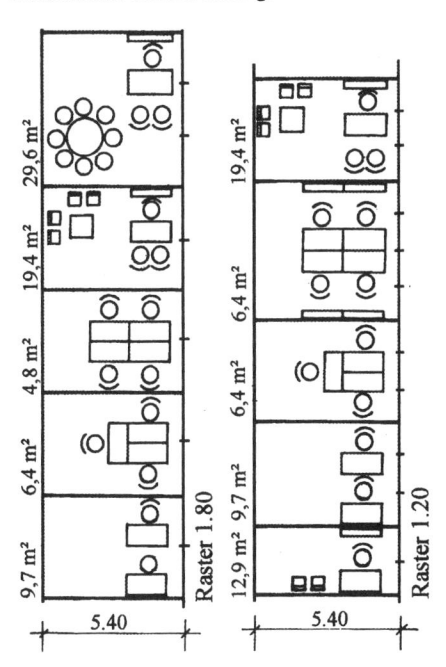

6.2.2 Baukörpertypen

Bürobauten mit Zellen- und Gruppenbüros sind in ihrer Tiefe durch die Forderung nach natürlicher Belichtung beschränkt. Als Folge entstehen meist lange, schmale Bauten, an die z.T. Querarme angesetzt werden.
Großraumbüros erlauben wegen der großen nutzbaren Tiefe besonders kompakte Baukörper mit geringen Außenflächen. Bessere Sichtbeziehungen nach außen werden durch geringere Tiefen bzw. stärkere Gliederung des Baukörpers erreicht.

Lage und Anzahl der Kerne
Die Lage und die Anzahl der Kerne ergeben sich aus den baurechtlichen Bestimmungen (LBO, HHR) über die Länge der Fluchtwege und der Brandabschnitte. Je nach LBO muß von jedem Punkt eines Aufenthaltsraumes nach 30 oder 35 m ein notwendiges Treppenhaus erreichbar sein, bei Hochhäusern gar in 25 m Entfernung. Brandabschnitte dürfen meist 35 m Länge nicht überschreiten. Kerne können in die Bunde integriert oder an den Hauptbaukörper angesetzt werden. Bei abgewinkelten Baukörpern liegen Kerne vorzugsweise in den nichtbelichtbaren Innenecken.

Flure
Flure lassen sich durch plastische Ausbildung der Wände, etwa Rücksprünge bei Eingängen, gliedern. Belichtung und Belüftung durch kopfseitige Fenster ermöglichen. Oberlichter in den Flurwänden und Glastüren belichten lange Flure zusätzlich. Größere Unterbrechungen mit Sichtkontakt nach außen wirken besonders angenehm. In Fluren und Treppenhäusern kommunikative Zonen ausgestalten. Flurbreiten: 1,50 bis 2,50 m.

6.3 Konstruktion und Technik

Konstruktionsraster
Skelettkonstruktionen erlauben freiere Grundriß- und Fassadendispositionen. Stützen im Fassadenbereich, in den Fluren oder in den Flurwänden anordnen. Übliche Spannweiten bei Zellenbüros bis etwa 6,5 m, bei Gruppen- und Großraumbüros bis etwa 9 m. Besser: etwa 5 m, 7,5 m. Unterzüge quer zur Hauptachse des Gebäudes führen zu statisch günstigeren Durchlaufdeckenplatten. Unterzüge parallel zur Hauptachse des Gebäudes erlauben Hauptinstallationsstrassen ohne Kollision mit den Unterzügen. Dies ist bei großen Leitungsquerschnitten (Lüftung) oft entscheidend. Horizontalkräfte werden über die Decken, die

Kerne, Rahmen oder Verbände (Stahlbau) abgetragen.
Bei Tiefgaragen ist die Parkplatzanordnung für das Tragwerksraster mit bestimmend. Das Tragwerksraster soll ein ganzzahliges Vielfaches des Ausbaurasters sein.

Ausbauraster
Das Ausbauraster gibt die Grundmaße für die Ausbauelemente Fassade, Leichte Innenwände, Unterdecken und demontable Fußböden vor. Insbesondere bei der Verwendung umsetzbarer Trennwände sind die genannten Ausbauelemente mit Hilfe des Ausbaurasters maßlich zu koordinieren. Übliche Raster: 12 M (120 cm), 18 M (180 cm). Beide beruhen auf der Modulvorzugsreihe 3 M nach DIN 18 000. 12 M wird bei Bauten mit vielen kleinen Räumen bevorzugt. 18 M gilt als wirtschaftlicher, u. a., weil die Zahl der Elemente (Fassadenteilung) geringer sein kann.

Technischer Ausbau
Möglichst natürlich belichten und belüften. Das bedeutet: Raumtiefen von max. 7,50 m, Raumgrößen max. 150 m².
Sonnen- und Blendschutz sind im Sommer bei intensiver Einstrahlung und im Winter bei tiefstehender Sonne unerläßlich.

Tragwerke für Bürobauten
Grundrisse mit eingezeichneten Schnitten

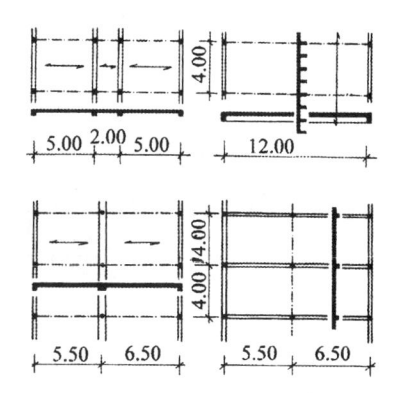

(unten)
Haus der Wirtschaftsförderung in Duisburg
Normalgeschoß
(Architekten: Sir N. Foster & Partners)

(ganz unten)
Verwaltungszentrum in Langenthal (CH)
Erdgeschoß
(Architekt: F. Geiser)

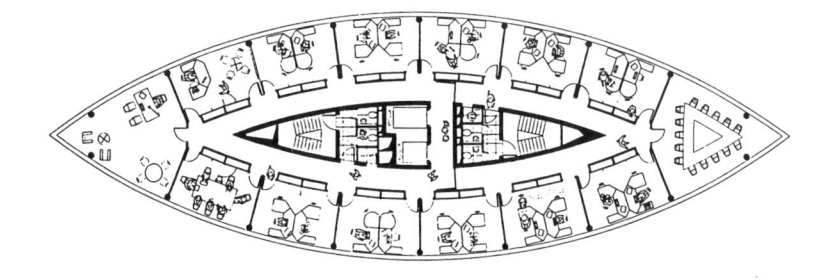

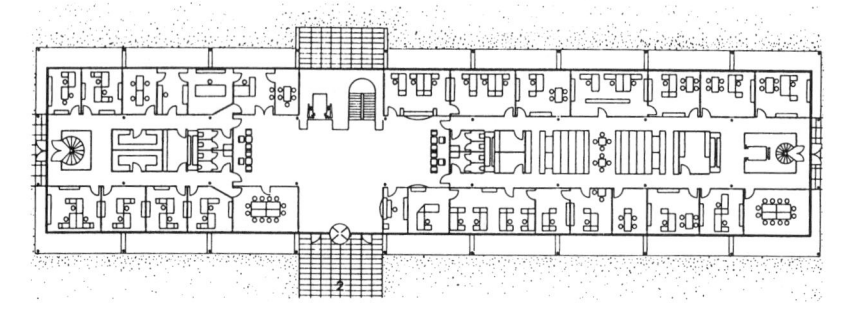

Tragwerke von Geschoßbauten

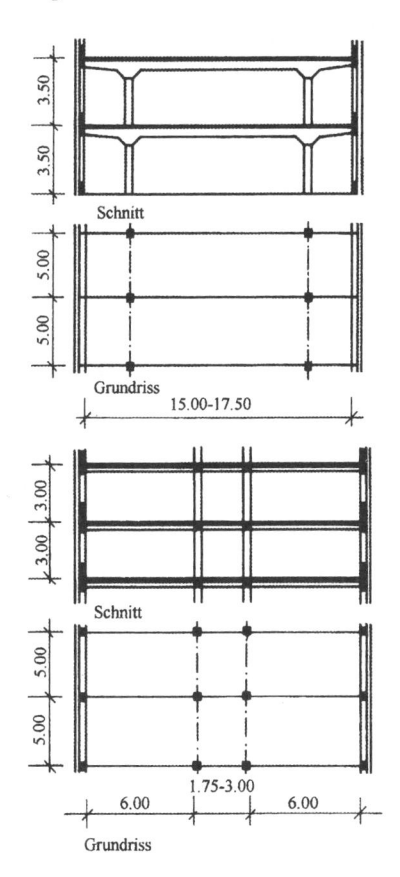

Schnitt
3,50 | 3,50 | 5,00 | 5,00

Grundriss
15.00–17.50

3,00 | 3,00 | 5,00 | 5,00
Schnitt

6.00 | 1.75–3.00 | 6.00
Grundriss

Typologie von Hallen
Grundtyp – Staffelung – Addition

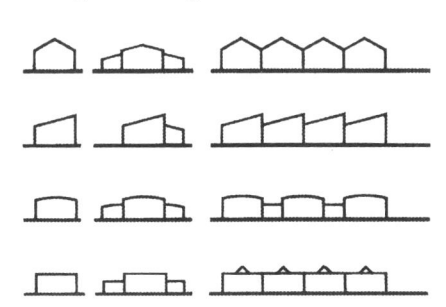

7 Gewerbebauten
ArbStättV, ASR, DIN 18 225, DIN 18 230, DIN 18 232

7.1 Produktions- und Werkstattbauten

7.1.1 Geschoßbauten

Die Produktionsstätten sind in mehreren Geschossen übereinander angeordnet. Flächensparende Bauweise. Sinnvoll und wirtschaftlich in Bereichen hoher Grundstückskosten und bei max. 15 kN/m² Deckenlast: Werkstätten und Produktion leichter Produkte mit leichten Maschinen (Elektro-, Lebensmittel-, Textilindustrie). Wenige Innenstützen erlauben freie Raumnutzung. Wegen der seitlichen Belichtung max. 20 m Gebäudetiefe. Bei großflächigen Bauten Lichthöfe anordnen. Kompakte Installationsführung, natürliche Be- und Entlüftung möglich. Raumhöhe mind. 3 m. Arbeitsplätze bis max. 2fache lichte Fensterhöhe von der Außenwand entfernt anordnen. Verhältnis Fenster/Bodenfläche bei groben Arbeiten: mind. 1/10; bei feinen Arbeiten mind. 1/5. Sonnen- und Blendschutz berücksichtigen. Vertikaler Verkehr erfolgt über Aufzüge, Bänder oder Rutschen. Vertikale Erschließung und Toiletten zu Kernen zusammenfassen. Haustechnik im Keller oder auf dem Dach. Wegen des Brandschutzes werden meist Stahlbetonkonstruktionen ausgeführt. Unterzugs- bzw. Binderabstände: etwa 5 m. Bei hohen Flächenlasten und/oder großen Spannweiten Plattenbalkendecken einsetzen.

7.1.2 Hallen

Eingeschossige Bauten mit weitgespannten Konstruktionen und größeren Raumhöhen. Spannweiten und Höhen richten sich nach der Funktion des Bauwerks. Wirtschaftlich: Spannweiten von 15–20 m, Höhen von 4–6 m. Großflächige Hallen in Schiffe untergliedern. Eventuell Ausrüstung mit Brückenkrananlagen. Belichtung in der Tiefe über Lichtbänder, Sheds, Lichtkuppeln oder Fensterbänder in der Fassade oder in Höhenversätzen zwischen den Schiffen. Öffnungen im Dach für Lüftung sowie Rauch- und Wärmeabzug (RWA) nach DIN 18 232 vorsehen. Bei Arbeitsstätten Sichtbeziehung nach außen sicherstellen. Einsatzbereiche: Großproduktion, Werkstätten, Lager.

13 Bauko. Entwurf

(Architekten: StadtBauPlan)

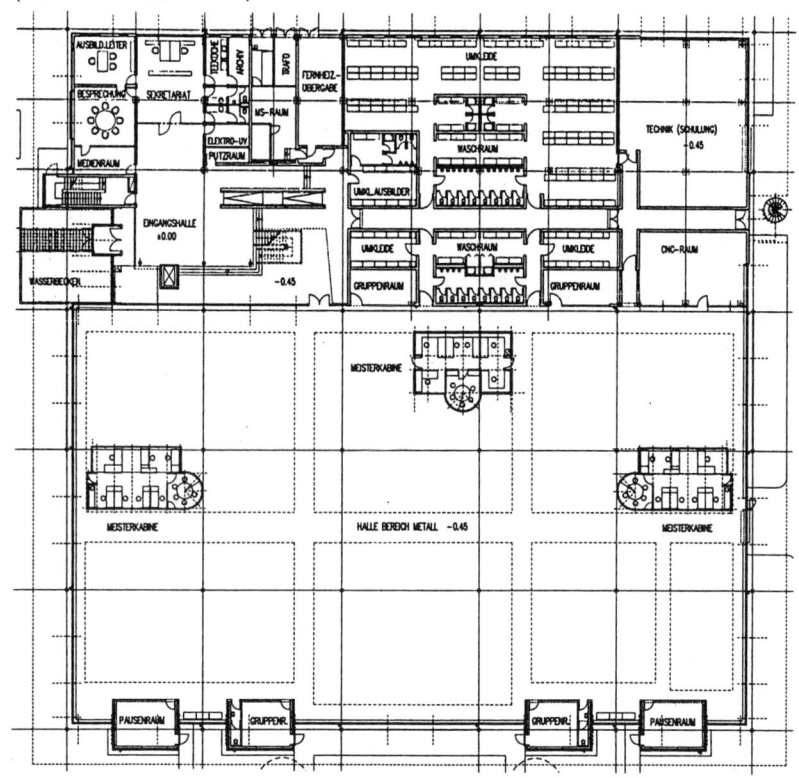

In Hallen sind alle Funktionen auf einer Ebene: Vorteil: Einfacher Materialfluß. Nachteile: hoher Flächenverbrauch, große Außenflächen, hohe Wärmeverluste, sommerlicher Wärmeschutz bei Leichtbauten erforderlich.

Gewerbebauten, Grundtypen

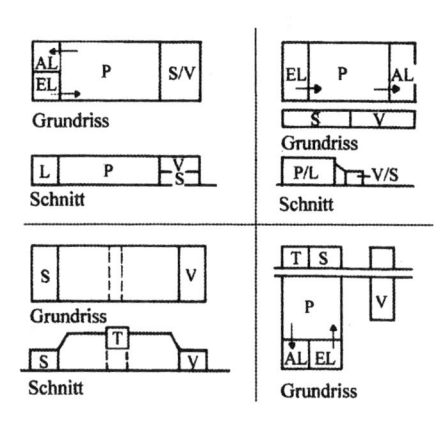

7.1.3 Flachbauten

Eingeschossige Bauten mit mittlerer Spannweite (6-10 m) und Höhen (3-5 m) für großflächige gewerbliche Nutzungen, z. B. Einzelhandel, Werkstätten. Vor- und Nachteile ähnlich den Hallen. Geringere Aufwendungen für das Tragwerk wegen kürzerer Spannweiten.

7.1.4 Kombinationen

Geschoß-, Hallen- und Flachbauten werden häufig mit Sozial- und Verwaltungseinrichtungen ergänzt. Die unterschiedlichen Höhen können nen zum Stapeln bestimmter Funktionen oder zur Belichtung genutzt werden.

Eurogitterboxen und -paletten

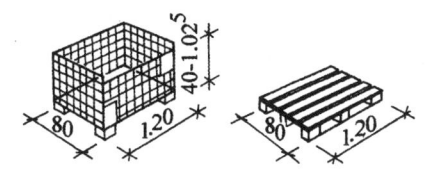

Paletten-Regallager

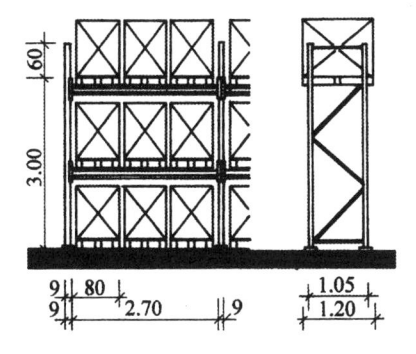

Gefahrstofflager

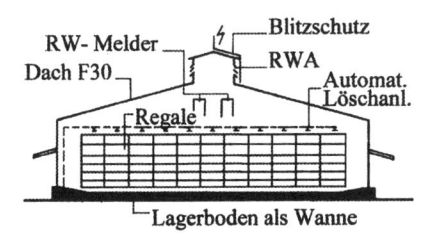

Hallen und Flachbauten

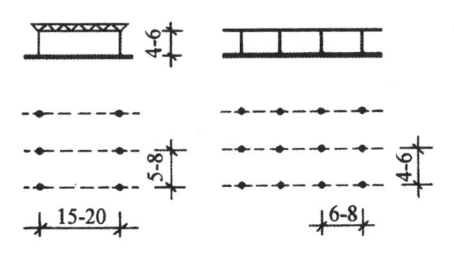

7.2 Lager

TRbF, WHG

Bei Lagerung von wasser- sowie umweltgefährdenden Materialien sind Lager gemäß WHG je nach Menge und Art des Stoffes (z. B. Wassergefährdungsklasse) mit besonderen Einrichtungen zu versehen: überdachte Lagerung und Umfüllung, Leckwarnanlagen, Auffangvorrichtungen bei Leckagen, Löschwasserrückhaltebecken, Sperren der Kanalisation.

Für brennbare Flüssigkeiten sind nach TRbF je nach Art und Menge des Stoffes besondere bauliche Ausführungen erforderlich: F 90-Wände und -Decken, RWA-Anlagen, Rauch- und Feuermelder, automatische Löschanlagen.

7.2.1 Schüttgutlager

Lagerung je nach Witterungsempfindlichkeit und verfügbarer Fläche in offenen oder überdachten Schüttkegeln, in Schüttgutboxen oder Silos. Auf gute Be- und Entlademöglichkeiten und Rangierflächen achten.

7.2.2 Lagerung von Flüssigkeit

Nur bei kleineren Mengen sind Faß- und Kanisterlager sinnvoll und erlaubt. Für größere Mengen sind ober- oder unterirdische Tanklager erforderlich. Gewässerschutz beachten.

7.2.3 Stückgutlager

Als Flächenlager (z. B. für Betonfertigteile), als ein- oder mehrgeschossige Regallager (z. B. für Kleinteile, Paletten) oder Ständerlager (z. B. für Rohre).

Kleinere Lager mit handlichen Teilen werden von Hand bedient. Schwerere Güter werden mit Gabelstaplern sowie mit Kranen (Brücken- oder Portalkranen) bewegt. Für den Transport werden die Güter auf Paletten (Europalette 80 cm × 80 cm × 120 cm) oder in Körbe gelegt. Gabelstapler mit starrer Gabel benötigen je nach Größe und Lenkung zum Drehen breite Gänge (bis 3,50 m). Schwenkbare Gabeln ermöglichen schmale Gänge. Hubhöhe der Stapler bis 4,50 m. Höhere Lager werden mit speziellen Stapelkranen bedient. Hochregallager erreichen bis zu 25 m Höhe. Sie werden in der Regel vollautomatisch bedient.

Bei Lagern die hohen Punktlasten der Regalfüße (Gründung) und der Staplerräder (Abrieb des Bodens) beachten.

13 Bauko. Entwurf

13.61

7.3 Arbeitsstätten, Grundsätze

ArbStättV; ASR
Arbeitsstätten sind Orte regelmäßiger Tätigkeit im Rahmen eines Gewerbebetriebes: Industrie, Handel, Handwerk, Baugewerbe, Verwaltung, Aus- und Fortbildung usw.

Arbeitsraumhöhen, Mindestlufträume, Bewegungsflächen am Arbeitsplatz
An jedem Arbeitsplatz ist eine Fläche von mind. 1,5 m² zur freien Bewegung vorzusehen. Ist dies aus betrieblichen Gründen nicht möglich, so muß die Fläche in nächstmöglicher Nähe liegen.

Sichtverbindung nach außen
Soweit betriebliche Belange nicht entgegenstehen, benötigen Arbeits-, Pausen-, Bereitschafts-, Liege- und Sanitätsräume Sichtverbindungen nach außen. Bei Räumen bis 600 m² Grundfläche und bei Pausenräumen soll die Sichtfläche (Fenster) mind. 1/10 der Grundfläche betragen. Für größere Räume bestehen keine Festlegungen. Sinnvoll ist mind. 1/100 der Grundfläche. Größe einzelner Sichtflächen bei Raumtiefen bis 5 m mind. 1,25 m², bei größeren Raumtiefen mind. 1,50 m²; Höhe mind. 125 cm, Breite mind. 100 cm; Brüstungshöhe bei sitzenden Tätigkeiten max. 85 cm, bei Tätigkeiten im Stehen max. 125 cm.

Wege und Tore
DIN 18 225
Wege mit Fahrverkehr müssen zu Türen, Toren, Austritten u. ä. mind. 100 cm Abstand aufweisen. Bei Geschwindigkeiten bis 20 km/h beträgt die Fahrbahnbreite mind. Fahrzeugbreite + 2fachen Randzuschlag (50 cm). Bei Gegenverkehr mind. 2fache Fahrzeugbreite + 2fachen Randzuschlag + Begegnungszuschlag (40 cm). Bei Gehverkehr auf dem Weg erhöht sich der Randzuschlag auf 75 cm. Die Breite reiner Gehwege ergibt sich aus der Zahl der Personen im Einzugsbereich. Bei Toren, die vorwiegend dem Fahrverkehr dienen, ist in unmittelbarer Nähe eine Tür für Fußgänger anzuordnen.

Umwehrungen in Arbeitsstätten
Höhe mind. 100 cm. Bei Absturzhöhen über 12 m mind. 110 cm. Bei Umwehrungen mit senkrechten Stäben mind. alle 18 cm einen Stab anordnen. Außer bei Treppen mind. 5 cm hohe Fußleiste ausführen. Horizontallasten von mind. 1000 N/m sind aufzunehmen, geringere Lasten (500 N/m) bei Treppen, Bühnen und Stegen mit geringen lotrechten Verkehrslasten.

Haken- und Bügelumkleiden (u.)

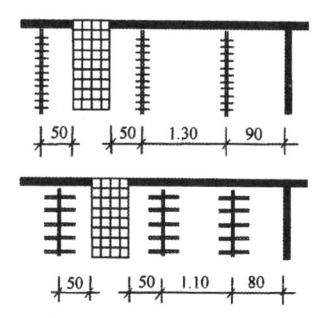

Raumhöhen in Arbeitsstätten *(ArbStättV)*

Grundfläche	Lichte Raumhöhe (mind.)
bis 50 m²	2,50 m
51 - 100 m²	2,75 m
101 - 250 m²	3,00 m
251 - 2000 m²	3,25 m

Mindest-Raumtemperaturen (ASR 6/1,3)

bei überwiegend sitzender Tätigkeit	+ 19° C
bei nichtsitzender Tätigkeit	+ 17° C
bei schwerer körperlicher Arbeit	+ 12° C
in Umkleide- und Waschräumen	+ 24° C
in Büroräumen	+ 20° C
in Verkaufsräumen	+ 19° C

Max. Entfernung zu Türen und Toren in Arbeitsstätten (ASR 10/1)

in regulären Räumen	gem. LBO
in brandgefährdeten Räumen ohne Sprinklerung o.ä.	25 m
in brandgefährdeten Räumen mit Sprinklerung o.ä.	gem. LBO
in giftstoffgefährdeten Räumen	20 m
in explosionsgefährdeten Räumen	20 m
in explosivstoffgefährdeten Räumen	10 m

Lichte Breite von Wegen (ASR 10/1)

Personen im Einzugsbereich	Lichte Breite
bis 5	88 cm
bis 20	100 cm
bis 100	125 cm
bis 250	175 cm
bis 400	225 cm

Maße für Spindumkleiden *(ASR)* ohne Bänke (o.), mit Bänken (M.), mit Hocker (u.) *(V= Verkehrsfläche)*

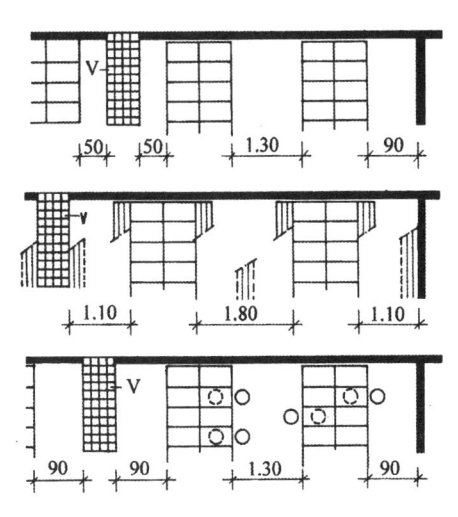

Duschplätze (l.) und -kabinen (r.) *(ASR)*

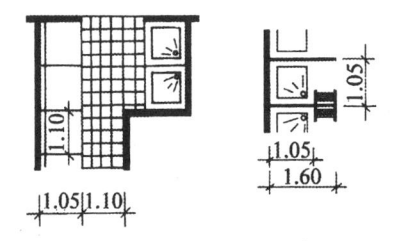

Maße für Wand- und Deckenduschplätze (l.) sowie Waschplätze (r.) *(ASR)*

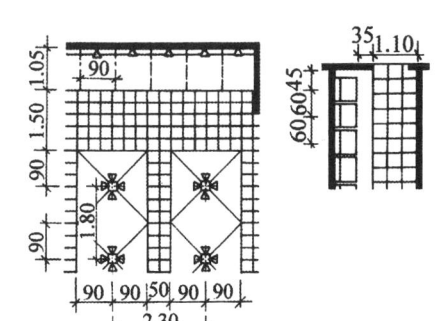

7.4 Sozialräume

ArbStättV, ASR

Pausen- und Bereitschaftsräume
Bei mehr als 10 Arbeitnehmern ist ein Pausenraum anzubieten, nicht jedoch bei Büroarbeit und vergleichbaren Tätigkeiten. Bei Arbeitsplätzen mit schwerer körperlicher Arbeit, Staub, Hitze, Lärm, gefährlichen Stoffen oder ohne Sichtverbindung nach außen sind Pausenräume vorzuhalten. Gasträume von Kantinen gelten als Pausenräume. Fällt Arbeitsbereitschaft an, so sind, soweit keine geeigneten Pausenräume vorhanden sind, Bereitschaftsräume anzubieten.
Mindestgrößen von Pausen- und Bereitschaftsräumen: 1 m² je Arbeitnehmer, mind. jedoch 6 m². Ausstattung mit Stühlen, Tischen, Kleiderhaken, Trinkwasser oder kalten Getränken, evtl. Küche mit Spüle, Kühlschrank und Herd. Sichtverbindung nach außen sichern.

Liegeräume
Werdenden, stillenden Müttern und Frauen, die während der Arbeit keine Möglichkeit zum zeitweisen Sitzen haben, sind Liegen (mind. 70 cm × 190 cm) in Liegeräumen anzubieten. Diese dürfen nicht von außen einsehbar sein.

Umkleideräume
Wenn Arbeitnehmer Arbeitskleidung tragen und es gesundheitlich oder sittlich nicht zumutbar ist, daß sie sich anderswo umkleiden, müssen Umkleideräume zur Verfügung stehen. Männer und Frauen sollen getrennte Umkleideräume erhalten. Raumhöhe bei bis zu 30 m² Grundfläche mind. 230 cm, über 30 m² Grundfläche: mind. 250 cm. Grundfläche: mind. 6 m². Aufbewahrung der Kleidung in Schränken oder an Haken oder Bügeln. Vor jeder Kleiderablage eine freie Bodenfläche (inkl. Verkehrsfläche) von mind. 0,5 m² sichern. Wenn Arbeitnehmer mit gesundheitsgefährdenden oder übelriechenden Stoffen arbeiten oder starker Verschmutzung ausgesetzt sind, müssen Arbeitskleidung (schwarz) und Straßenkleidung (weiß) getrennt aufbewahrt werden. Sind Umkleideräume nicht erforderlich, so erhält jeder Arbeitnehmer eine Kleiderablage und ein abschließbares Fach.

Waschräume

Wenn Arbeitnehmer infektiösen, giftigen, gesundheitsschädlichen, ätzenden, reizenden oder geruchsbelästigenden Stoffen, einer deutlichen Verschmutzung, Hitze oder Nässe ausgesetzt sind, muß für je 4 Arbeitnehmer eine Waschgelegenheit (Waschbecken, -rinnen, -brunnen oder Duschen) angeboten werden. Bei mäßig schmutzender Tätigkeit ist 1 Waschgelegenheit für 5 Arbeitnehmer anzubieten. Bei stark schmutzender Tätigkeit müssen 1/3 der Waschgelegenheiten Duschen sein. Bei Arbeiten mit infektiösen, giftigen, gesundheitsschädlichen, ätzenden oder stark geruchsbelästigenden Stoffen ist für je 4 Arbeitnehmer eine Dusche einzurichten. Dimensionierung nach der personalstärksten Schicht. Montagehöhe eines Duschkopfes an der Wand: mind. 180 cm. Lichte Höhe von unter der Decke hängenden Duschköpfen: mind. 200 cm.
Oberkante von Waschbecken u. ä. 70-80 cm über Fußboden. Die Breite einer Waschstelle muß mind. 60 cm, möglichst 70 cm, die Tiefe mind. 55 cm betragen. Freie Bodenfläche vor einer Waschstelle möglichst 70 × 70 cm. Raumhöhen wie bei Umkleideräumen. Grundfläche mind. 4 m². Für je 10 Waschstellen 1 Fußwaschstand vorsehen. Wasch- und Umkleideräume als getrennte Räume ausbilden, aber unmittelbar verbinden.

Toilettenräume

Toilettenräume dürfen von ständigen Arbeitsplätzen nicht mehr als 100 m und ein Geschoß entfernt sein. Sie bestehen aus einem Raum mit Toilettenzellen, ggf. Bedürfnisständen und einem Vorraum mit Waschgelegenheiten. In der Nähe von Pausen-, Bereitschafts-, Umkleide- und Waschräumen müssen Toilettenräume angeordnet sein. Toilettenanlagen sollten nicht mehr als 10 WCs aufweisen.
Bei mehr als 5 Arbeitnehmern unterschiedlichen Geschlechts Toiletten für Frauen und Männer trennen. Bei mehr als 5 Arbeitnehmern für diese eigene WC-Anlagen zur Verfügung stellen.

Sanitätsräume

Sind erforderlich bei mehr als 1000 Arbeitnehmern oder mehr als 100 Arbeitnehmern in Betrieben mit besonderen Unfallgefahren. Raumgröße: mind. 20 m². Lichte Raumhöhe: mind. 250 cm. Türen: mind. 120 cm breit. Vor Schnee und Regen geschützter Transport zum Krankenwagen muß möglich sein. Ausstattung: Waschbecken, Schreibtisch, Stuhl, Liege.

Maße für Waschbecken und -rinnen (l.) sowie -brunnen (r.) *(ASR)*

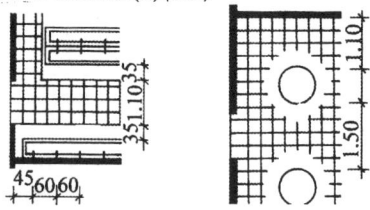

Maße für Toilettenanlagen *(ASR)*

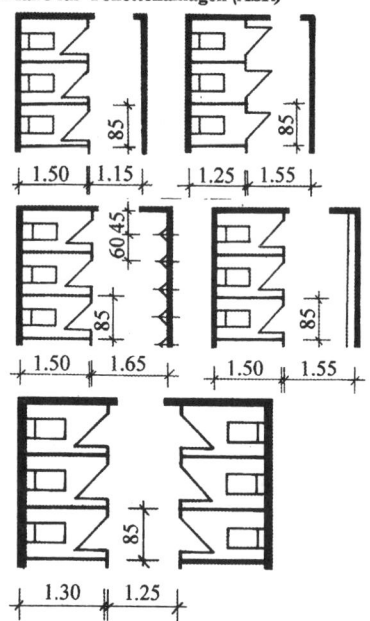

Bedarfszahlen für Toilettenanlagen *(ASR)*

Männer	WCs	Urinale	Frauen	WCs
bis 5	1		bis 5	1
bis 10	1	1	bis 10	1
bis 25	2	2	bis 20	2
bis 50	3	3	bis 35	3
bis 75	4	4	bis 50	4
bis 100	5	5	bis 65	5
bis 130	6	6	bis 80	6
bis 160	7	7	bis 100	7
bis 190	8	8	bis 120	8
bis 220	9	9	bis 140	9
bis 250	10	10	bis 160	10
1 Waschbecken je 2 WCs oder Urinale				

Sporthallen und deren Teilungen
(Länge × Breite × lichte Höhe)

Spielhallen	Größe (m)
Einzelhalle	15 × 27 × 5,5
Einzelhalle für Spiele	22 × 44 × 7
Doppelhalle	22 × 44 × 7
Doppelhallenteil A	22 × 26 × 7
Doppelhallenteil B	22 × 18 × 7
Dreifachhalle	27 × 45 × 7
Dreifachhallenteile	27 × 15 × 7

Ausstattung von Sporthallen

Hallentyp	Eingangsraum	WC je Eingangsraum	Geräteraum, Spielhalle	Geräteraum, multif. Halle
Einzelhalle	15 m²	1 H, 1D	60 m²	20 m²
Doppelhalle	30 m²	1 H, 1D	90 m²	
3fach-Halle	45 m²	1 H, 1D	120 m²	60 m²
4fach-Halle	60 m²	1 H, 1D	150 m²	80 m²

Hallentyp	Spielhalle	Lehrerräume	Umkleide / Duschräume	WC je Umkleide
Einzelhalle	20 m²	1	2 / 1	1
Doppelhalle	-	1	2 / 2	1
3fach-Halle	60 m²	2	3 / 3	1
4fach-Halle	80 m²	3	4 / 4	1

Wasch- und Duschraum für Sportler (l.)
Spind- und Hakenumkleide für Sportler (r.)

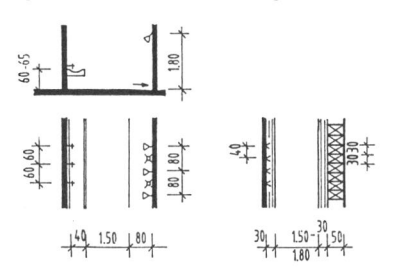

Sportlerumkleiden, Grundriß und Schnitt

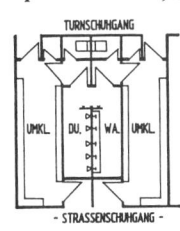

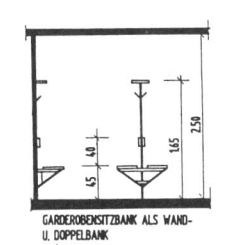

8 Sportbauten
8.1 Sportfelder
DIN 18 035, DIN 18 036, DIN 18 024

Der Flächenbedarf ergibt sich aus dem Spielfeld und den jeweils notwendigen Bewegungs- und Sicherheitsstreifen um das Feld. Für die meisten Sportarten gibt es max. und mind. Größen für Sportfelder sowie Richtwerte für Wettkampffelder, für einzelne Sportarten jedoch nur Felder nach Richtbreiten und -längen. Für Leichtathletik sind drei Kampfbahntypen entwickelt worden.

8.2 Sporträume
Als eigenständige Anlagen oder Teil von Sporthallen oder Stadien. Konditions- und Krafttrainingsräume: 35-80 m² Fläche, 3,5 m Höhe. Fitneßräume: 20-50 m² Fläche, 2,5 m Höhe. Gymnastikräume mit Ballettstangen, Spiegel- und Sprossenwand: 10 × 10 m bis 14 × 14 m, 4 m Höhe.

8.3 Sporthallen
DIN 18 032, DIN 18 036, DIN 18 038

Konzeption
In der Regel können größere Sporthallen durch Trennwände, die von der Decke abgesenkt werden, vielfältig genutzt werden (Einzel-, Doppel- und Dreifachhallen). Die Hallenteile müssen getrennt zugänglich sein. 1 Öffnung von mind. 1,5 m Breite und 2,2 m Höhe für Gerätetransport. Räumliche Einfassungen müssen bis 2 m Höhe ebenflächig, geschlossen, splitterfrei und glatt sein. Keine Pfeiler, Türklinken usw. Türen nur an den Längsseiten. Wände und Decken ballwurfsicher ausführen.
Die übrigen Funktionen liegen in der Regel in flacheren Anbauten. Umkleiden trennen den Stiefelbereich vom Turnschuhbereich. Jede Hallenanlage erhält einen Eingangsraum (Foyer) von mind. 15 m² je Teilungsoption mit mind. je 1 Damen-, Herren- und Behindertentoilette.

Sportgeräteraum
Mindesttiefe: 4,5 m. Länge bei Einzelhalle mind. 15 m, bei Doppelhalle mind. 22 m, bei Dreifachhalle mind. 27 m. Länge je Hallenteil mind. 6 m. Lichte Höhe mind. 2,50 m. Lichte Torhöhe mind. 2,20 m. Bei Sporthallen für Spiele: Tiefe mind. 3 m, Länge mind. 7 m.

Umkleiden, Sanitärräume
Die Anzahl der Umkleiden richtet sich nach den möglichen Feldern. Um zeitweise Doppelbelegung von beginnenden und fertigen Teams zu vermeiden, mind. 2 Umkleiden (mind. 20 m²) vorsehen. Für jeden Umkleideplatz zwei Haken

und Sitzbank von mind. 40 cm Breite und 30 cm Tiefe. Verkehrsflächen zwischen Bänken mind. 120 cm breit. Als einziger Durchgang zwischen den Bänken mind. 180 cm breit. Zwischen gegenüberliegenden Wasch- und Duschplätzen mind. 150 cm. Je Hallenteilung mind. 1 Umkleide planen. Zwischen Umkleide und Halle Toiletten und Waschbereich anordnen. Je Umkleide mind. 1 Toilette. Klare Teilung in Stiefelgang – Umkleiden – Turnschuhbereich vorsehen. Umkleideraum: etwa 1 m²/Sportler; bei Umkleiden unter 20 Plätzen oder teilbaren Umkleiden: etwa 1,5 m²/ Sportler.

Je Umkleide 1 Waschraum vorsehen, bei Einzelhallen auch teilbar. 1 Dusche für 4 Sportler. Jeder Waschraum erhält mind. 4 Handwaschstellen und 1 Sitztoilette (s. auch Kap. 4).

Sportlehrerraum

Für jedes Hallenteil Lehrer- und Schiedsrichterräume (Arbeitstisch, Stuhl, Umkleide, 3 Garderobenschränke, Waschgelegenheit, Dusche) vorsehen. Mit Erste-Hilfe-Funktion (Schrank, Trage, Liege) mind. 12 m², ohne Erste-Hilfe-Funktion mind. 8 m².

Einrichtungen für Besucher

1 Garderobenplatz je 3 Sportzuschauer bzw. 1 Besucher geselliger oder kultureller Veranstaltungen. 0,05-0,1 m² je Garderobenplatz. 1 m Ausgabetheke je 30 Garderobenplätze.
Bis 200 Besucher mind.: 2 WC-Damen, 1 WC-Herren, 2 Urinale. Für je weitere 100 Besucher mind.: 1 WC oder Urinal. Aufteilung wie vor.

Gastronomie

bei Selbstbedienung: 1 m Theke je 50 Besucher;
bei Kellnerbetrieb: 1 m Theke je 100 Besucher;
Teeküche: 12-15 m², 6 m² Lager;
Kiosk: 8-12 m², 10-12 m² Lager;
bei Cafeteria oder Restaurant: s. Gaststätten.

8.4 Tribünen

VStättVO
Steigungsverhältnisse zwischen 1:2 und 1:3. In Gruppen von max. bis 4 m Höhe getrennt zu erschließen. Stehstufen: Stufentiefe 40 cm, Stufenhöhe 12 cm, Stehplatzbreite mind. 50 cm. Vor der ersten Stehstufe und in versetzter Anordnung alle weiteren 10 Stehstufen mind. 1,10 m hohe und mind. 3 m lange Panikgeländer anordnen. Sitzstufen mit Bänken oder Einzelsitzen: Stufentiefe mind. 80 cm, Stufenhöhe 15 cm, Sitzplatzbreite mind. 50 cm, Sitztiefe 35 cm, freie Durchgangsbreite mind. 45 cm. Sitze versetzt anordnen. Zahl der Sitzplätze an einer Gangseite nach VStättVO (Freilichtstadien über 5000 Besucher): max. 16, bei steilem Anstieg: 12. Bei Stehplätzen analog verfahren. 1 %, jedoch mind. 2 Rollstuhlplätze (95 × 150 cm).

Schulsporthallen gem. SchBauRL
(Breite × Länge × lichte Höhe)

Art der Halle	Übungseinheiten	Maße (m)
Regelhalle	1	15 × 27 × 5,5
Regelhalle	2	22 × 44 × 5,5
Regelhalle	3	22 × 44 × 5,5
Ausnahmehalle	2	22 × 26 × 7
Ausnahmehalle	3	22 × 18 × 7

Tennis- (l.) und Squashplatz (r.)

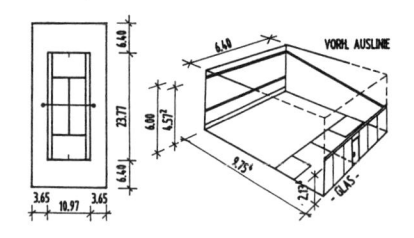

Lauffläche für Eissporthallen (DIN 18 036)

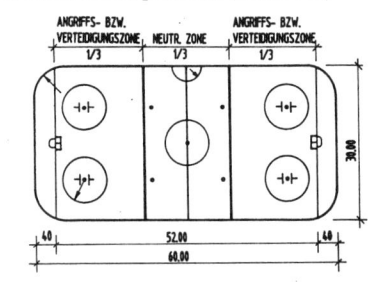

Sitztribünen

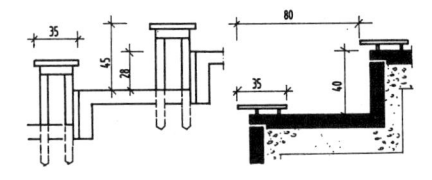

Stehtribünen

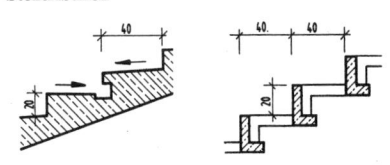

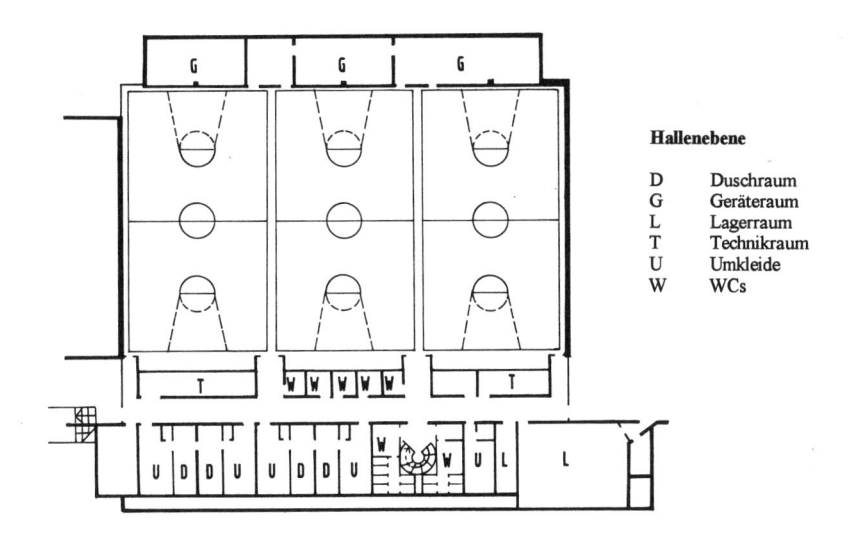

Sporthalle in Wernau
Architekten: Prof. Gerber + Gabeler

Hallenebene

D Duschraum
G Geräteraum
L Lagerraum
T Technikraum
U Umkleide
W WCs

Sporthallen (DIN 18 032)

Hallentyp	Größe in m	Mögliche Spiele	Trainings-felder	Wettkampf-felder
Einzelhalle	15×27×5,5	Badminton	4	
		Basketball, Volleyball	1	
Einzelhalle	22×44×7	Badminton	6	5
		Basket-, Fuß- u. Handball, Hockey		1
		Volleyball	3	1
Doppelhalle	22×44×7	Badminton	6	5
		Basket-, Fuß- u. Handball, Hockey		1
		Volleyball	3	1
Multifunkt. Dreifachhalle	27×45×7	Badminton	12	5
		Basketball	3	1
		Fußball, Handball, Hockey		1
		Volleyball	3	1
Dreifachhalle (Spielhalle)	44×66×8	Badminton	24	15
		Basketball		4
		Fußball (20×40), Handball, Hockey		3
		Fußball (30×60)		1
		Volleyball	9	3
Multifunkt. Vierfachhalle	27×60×7	Badminton	16	7
		Basketball	4	2
		Fußball, Handball, Hockey		1
		Volleyball	4	1
Vierfachhalle (Spielhalle)	44×88×9	Badminton	32	25
		Basketball	5	4
		Fußball (20×40), Handball, Hockey		4
		Fußball (30×60)		1
		Volleyball	12	4

13 Bauko. Entwurf

8.5 Ausstattung von Stadien und Sporthallen

Errechnen der notwendigen Treppenbreite Tb in Metern nach gewünschter maximaler Entleerungszeit t in Sekunden (z.B. 600 s) und der auf die Treppe angewiesenen Besucherzahl Bz. Formel:

$$(Bz / t) \times 1{,}25 = Tb$$

Beispiel:

(2000 (Pers.) / 600 (Sek.)) × 1,25 = 4,17 (m)

Bei Stehplätzen gilt: je 750 Plätze 1 m Fluchtwegbreite, mind. jedoch 1 m Breite. Kassen und Eingangskontrollen mit Stauraum davor und ausreichenden Verteiler- und Warteflächen dahinter. Getrennte Zugänge für Sportler. Toilettenanlagen: je 100 Besucher 1 Toilette. Aufteilung: 40 % Damen-WC, 20 % Herren-WC, 40 % Urinale. Automaten, Kioske, Cafeterias zur Verpflegung; Sanitätsraum; Erste-Hilfe-Raum (mind. 8 m²); je 30 000 Besucher: Behandlungs- und Ruheraum (15 m²), Lagerraum (2 m²), 2 WCs mit Vorräumen; Stadien über 30 000 Besucher: 15-m²-Raum für Polizei und Feuerwehr. Kameraplattform: 2 m × 2 m; Pressekabine: 1,5 m², erhöht in Feldmitte; Schaltraum 8 m². Technik-, Wartungs- und Gerätepflegeräume. Raum für Hallenwart (mind. 10 m²) und Reinigungsgeräte (mind. 5 m²).

Leichtathletikkampfbahn A (DIN 18 035)

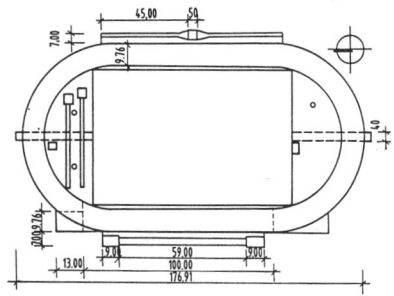

Leichtathletikkampfbahn B (DIN 18 035)

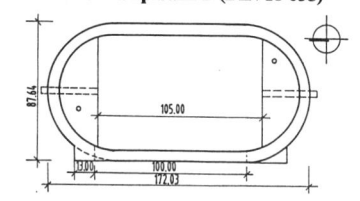

Leichtathletikkampfbahn C (DIN 18 035)

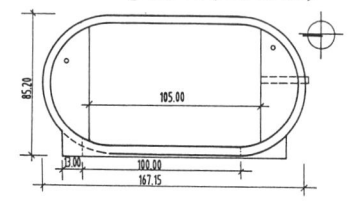

Sportfeldmaße in m (incl. Sicherheitsränder)[10]

Sportart	mögliche Feldlänge	mögliche Feldbreite	Feldrichtmaße für Wettkämpfe	Sicherheitsstreifen vorn, hinten	Sicherheitsstreifen seitlich	Lichte Hallenhöhe
Badminton			6,10 / 13,40	2,50	1,25	9
Basketball	28 - 24	15 - 13	28 / 15	1	1	7
Eishockey			60 / 30			
Fußball	120 - 90	90 - 45	105 / 70			
Schülerfußball	70 - 40	40 - 20	44 / 22			
Hallenfußball	50 - 30	25 - 15	40 / 20			5,5
Handballfeld	110 - 90	65 - 55				
Hallenhandball	44 - 38	22 - 18	40 / 20	2	1	7
Hockey	91	55 - 50	91 / 55			
Hallenhockey	44 - 36	22 - 18	40 / 20	2	0,5	5,5
Prellball	60	25				
Volleyball			18 / 9	8	5	7 - 12,5
Faustball			50 / 20			
Fechtbahn	24 - 13	2 - 1,80				
Squash	9,754	6,40	9,754 / 6,40			
Tischtennis			2,74 / 1,525	2,74	5,63	4
Tennis			10,97 / 23,77	6,4	3,65	3-7

---

[10] Neufert, S. 464

Wippe, Schaukel und Spielkombination mit Sicherheitsbereichen

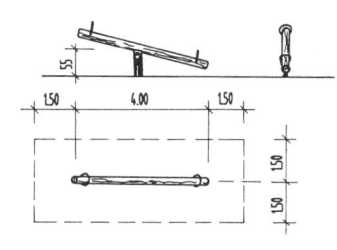

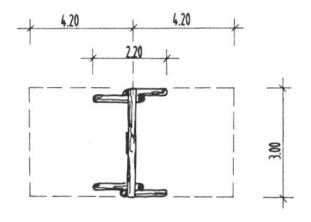

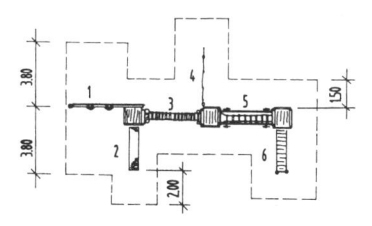

1 Stangen
2 Rutsche
3 Brücke
4 Kletternetz
5 Seilbrücke
6 Leiter

Max. Fallhöhen bei Spielgeräten in cm

Boden	DIN 7926	GUV16.4
Beton/Stein	100	< 50
Bitumengebunden	100	< 50
Oberboden	200 + A	< 100
Tennenflächen	200 + A	< 100
Rasen	200	< 100
Kunststoffflächen	200	< 100
Fallschutzplatten	300 + A	< 200
Sand, Feinkies, Mulch	400	< 200

+ A: nur mit Absturzsicherung von mind. 85 cm Höhe

9 Bauen für Kinder und Jugendliche

9.1 Spielplätze

LBO, DIN 7926, DIN 18 034, GUV 16.3, GUV 16.4, GUV 26.14, GUV 29.15, DIN 18 024

Erfordernis und Größe
Die LBOs fordern bei Errichtung von Gebäuden mit mehr als 3 Wohnungen einen Spielplatz für Kinder im Vorschulalter, soweit in der Nähe keine Gemeinschaftsanlage vorhanden ist. Je Wohnung mind. 3 m² nutzbare Spielfläche, mind. jedoch 30 m². Mind. 1/3 als Sandspielfläche.

Lage und Gliederung
Spielplätze für kleinere Kinder möglichst in Sicht- und Rufweite der elterlichen Wohnungen anordnen. Von verkehrsreichen Zonen weglegen bzw. abschirmen sowie in Grünanlagen und Wegesysteme integrieren. Übersichtlich und abwechslungsreich gestalten. Nach Alter leicht zonieren: Krabbelzonen für Jüngere, Abenteuerzone für ältere Kinder. Spielplätze und ihre Zugänge sind möglichst barrierefrei zu gestalten.

Ausstattung
Auf die verschiedenen Bedürfnisse der Altersstufen achten. Materialien und Konstruktionen mit positiven Tast- und Erfahrungseigenschaften wählen. Beliebt bei älteren Kindern: Abenteuerspielplätze mit Klettergeräten, Häusern, Türmen und Anlagen, die kreatives Handeln (z.B. Bauen) anregen. Bei größeren Anlagen verschiedene Szenen mit Spielgeräten errichten. Rückzugsmöglichkeiten (Spielhäuser), Erlebnisspiele und Freiflächen für eigene Spiele anbieten.

Sicherheitsrichtlinien
Absätze von mehr als 20 cm Höhe im Gelände sichern, z.B. mit Pflanzstreifen. Vertiefungen sichern. Oberflächen und Einfassungen nicht scharfkantig. Nur schwer splitternde Rundhölzer verwenden. Keine giftigen Pflanzen. Gewässer bis max. 40 cm Tiefe benötigen eine 1 m breite, flachgeneigte, trittsichere Uferzone. Bei größeren Tiefen ist eine Umfriedung erforderlich. Gegenüber Verkehrsflächen mind. 1 m hohe Einfriedungen (z.B. Hecke) vorsehen.
Nur Spielgeräte gemäß den Sicherheitsregeln DIN 7926, GUV 26.14 und mit TÜV- oder GS-Prüfung verwenden, ohne scharfe Kanten, Scher- und Quetschstellen. Unter und um die Geräte in mind. 2 m Breite einen Sicherheitsbereich mit weichen Böden schaffen. Fundamente mind. 40 cm tief vergraben oder mind. 20 cm tief und unter 45° abschrägen. Vorstehende Konstruktionsteile abpolstern.

13 Bauko. Entwurf

9.2 Kindertagesstätten
KiTaV, KiGartGV, GUV 16.4

9.2.1 Definitionen

Kindertagesstätte
Oberbegriff für Einrichtungen zur Betreuung und pädagogischen Förderung von Kindern während des Tages. Dazu zählen u.a.:

Kinderkrippe
Einrichtung zur ganztägigen Betreuung und pädagogischen Förderung von 8monatigen bis 3jährigen.

Kindergarten
Einrichtung zur Betreuung und pädagogischen Förderung von 3- bis 6jährigen.

Kinderhort
Einrichtung zur Betreuung und pädagogischen Förderung von Schulkindern bis 15 Jahren.

9.2.2 Planungsanforderungen

Grundsätzliches
Kinderbetreuungsstätten müssen in ihrer baulichen Ausgestaltung auf die jeweiligen Altersstufen und die Gruppenzusammensetzung abgestimmt sein. Die Atmosphäre soll licht, offen, anregend und Geborgenheit vermittelnd sein sowie kommunikative Bereiche und Rückzugsmöglichkeiten anbieten. Eine behindertengerechte Ausführung ermöglicht die Bildung integrativer Gruppen.

Bauprogramme
Für Einrichtungen mit mind. 3 Kindergruppen ist folgendes Raumprogramm üblich, bei kleineren Einrichtungen können die Anforderungen reduziert sein:

Gruppenräume
Die Größe der Gruppenräume ist abhängig von der Zahl und dem Alter der Kinder. Gruppenräume dürfen keine Durchgangsräume sein, sollen günstig zur Sonne liegen, licht und möglichst natürlich belüftbar sein. Lichte Raumhöhe möglichst 2,70 m. Die Fensterfläche muss 20 % der Grundfläche betragen. Sonnenschutz ist erforderlich. Möglichst unmittelbaren Zugang zum Freien anbieten. Evtl. räumlich gefasste Freiräume für die Gruppen. Gruppenräume für Kinder unter 3 Jahren und behinderte Kinder ebenerdig anordnen. Für jeweils 2 Gruppen ein Raum für Kleingruppenarbeit. Zu jedem Gruppenraum Schränke, Spielzeugregale, Tische, Stühle u.a.m. Außerhalb der Gruppenräume Garderoben anordnen.
Den Gruppenräumen räumlich zugeordnet: eine sanitäre Anlage. 2 benachbarte Gruppen können eine gemeinsame Anlage haben. Sanitär- und Wirtschaftsräume mit rutschfesten Böden. WC-

Kindergarten in Manching
Architekt: Th. Hugues

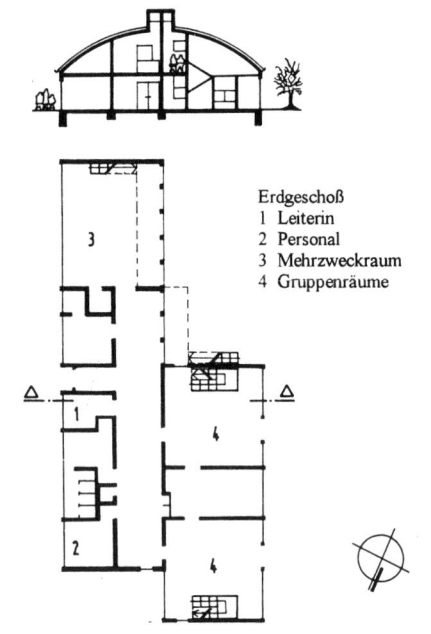

Erdgeschoß
1 Leiterin
2 Personal
3 Mehrzweckraum
4 Gruppenräume

Gruppengrößen in Kinderbetreuungsstätten

Einrichtung	Kinder / Gruppe
Kinderkrippe	max. 10
Kindergarten	max. 18 - 20
Kinderhort	max. 15 - 18
altersgemischte Gruppen mit Kindern bis max. 3 Jahren	max. 15
integrative Gruppe	max. 15

Größe von Gruppenräumen

Einrichtung	Fläche / Kind
Kindertagesstätten	2,5 m²
Kinder unter 3 Jahren	3,5 m²
Behinderte Kinder	3,5 m²

Ausstattung von Sanitärräumen für Gruppen in Kindertagesstätten

Art	Bezugsgröße
1 Waschbecken	je 6 Kinder
1 Toilette	je 9 - 10 Kinder
1 Fußwaschbecken mit Handbrause oder Dusche	je Gruppe
1 Dusche	je Gruppe
1 Handwaschbecken für Personal	je Gruppe
1 Ausguß für Reinigungsmittel	je Gruppe

13.70

Kindertagesstätte in Frankfurt-Sossenheim
Architekt: Ch. Mäckler

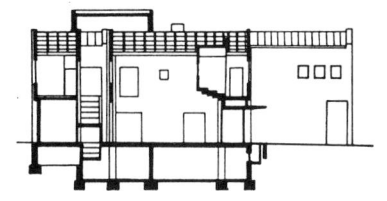

Schnitt

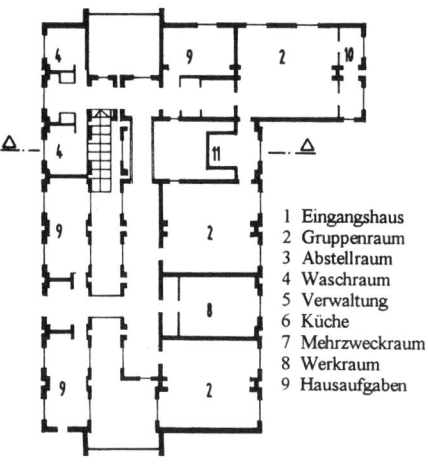

1 Eingangshaus
2 Gruppenraum
3 Abstellraum
4 Waschraum
5 Verwaltung
6 Küche
7 Mehrzweckraum
8 Werkraum
9 Hausaufgaben

Obergeschoß

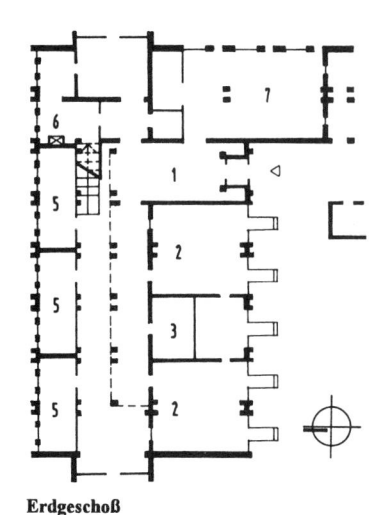

Erdgeschoß

Trennwände 1,20 - 1,50 m hoch. Waschbecken 55 cm hoch einbauen, für Kinder unter 2 Jahren 45 cm hoch. Sanitäre Anlagen für Kinder und Personal trennen.
Bei mehr als 2 Gruppen ist ein Mehrzweck- und Bewegungsraum sinnvoll (mind. 60 m²). Dazu Nebenraum als Geräte- und Stuhllager. Bei Ganztagsbetreuung und für Kinder unter 3 Jahren sind Schlaf- und Ruheräume vorzusehen (mind. 2,5 m²/Kind). Bei Kleinkindern (bis 6 Jahre) ist ein Pflegeraum oder -bereich zu planen. In Ganztagseinrichtungen müssen Räume für das Erledigen von Schularbeiten und anderen Beschäftigungen vorhanden sein.
Für jedes Kind mind. 10 m² Außenspielfläche, mind. jedoch 300 m². Natur-, Spiel- und Bewegungsbereiche anbieten.

Funktionsräume
Zimmer für Leitung, Personalraum, Personal-WC, Mehrzweck-, Therapie- und Bewegungsraum, Küche, Vorratsraum und wenn nicht in den Gruppenräumen gegessen wird: ein Speiseraum. Abstellraum für Außenspielgeräte. Pkw- und Fahrradstellplätze. Kurzzeitparkplätze für Abholer. Bei Krippen Abstellplatz für Kinderwagen. Technik-, Lager- und Müllräume.

9.2.3 Sicherheit und Ausstattung

Gebäudeeingänge und Bodenbeläge
Vermeiden, dass Kinder vom Gebäude unmittelbar in den Straßenverkehr laufen, ggf. Geländer o.ä. anordnen. Podeste vor Gebäudeeingängen müssen in der Tiefe die nach außen aufgeschlagene Tür um 40 cm überragen. Jeder Eingang ist mit einer oberflächenbündigen Abstreifmatte über die volle Breite des Eingangs zu versehen. Beim Haupteingang muss deren Tiefe mind. 1,30 m betragen. Bodenbeläge sollen rutschhemmend, nicht scharfkantig und möglichst sturzweich sein. Böden, Wandbelag bis 1,5 m Höhe abwaschbar.

Treppen und Flure
Einzelne Stufen und Stolperstellen (z.B. Türpuffer) nicht zulässig. Stufenvorderkanten leicht abrunden. Treppen mit beidseitigen Handläufen. Spalt zwischen Geländer bzw. Wand und Treppe max. 4 cm. Bei Leitern als Aufstiege zu Spielebenen ist die Einstiegsöffnung mit einem Querriegel in Höhe der Umwehrung zu sichern. Ab 1 m Aufstiegshöhe ist ein falldämpfender Boden im Bereich der Leiter anzuordnen. Stufenhöhe max. 17 cm, Auftrittsbreite mind. 28 cm. Freie Treppenbreite mind. 1,30 m. Flurbreiten möglichst mind. 1,70 m.

13 Bauko. Entwurf

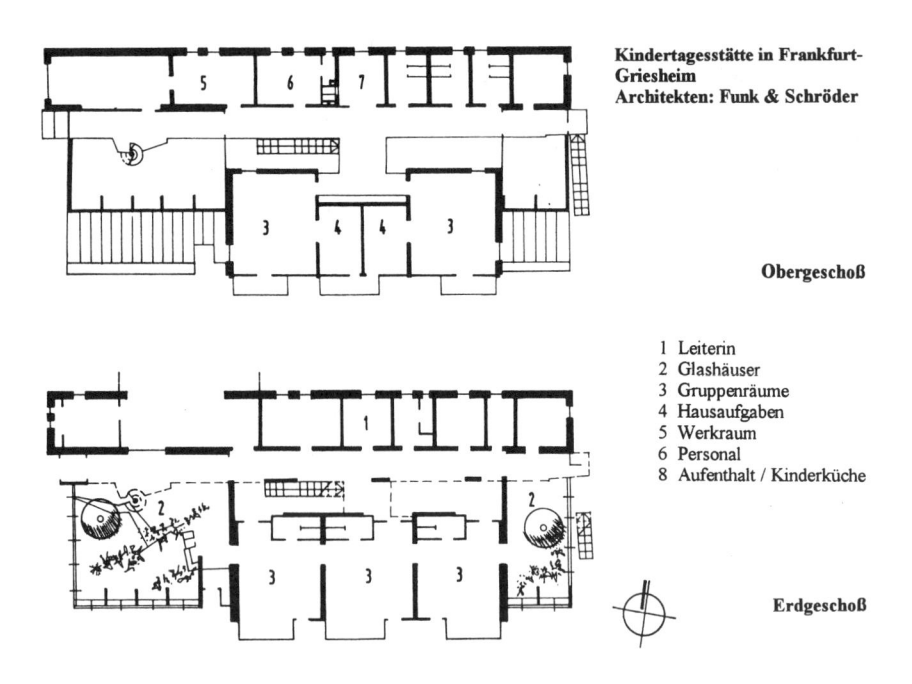

Kindertagesstätte in Frankfurt-Griesheim
Architekten: Funk & Schröder

Obergeschoß

1 Leiterin
2 Glashäuser
3 Gruppenräume
4 Hausaufgaben
5 Werkraum
6 Personal
8 Aufenthalt / Kinderküche

Erdgeschoß

Alle Ecken und Kanten von Bauteilen und Einrichtungsgegenständen sind mit einem Radius von mind. 2 cm abzurunden und dürfen keine Spitzen haben. Wände dürfen bis 1,50 m Höhe nicht spitzig-rau sein. Verglasungen müssen bis in 1,50 m Höhe aus Einscheiben- oder Verbund-Sicherheitsglas sein, kein Drahtglas. Glasflächen in der Nähe des Fußbodens kennzeichnen.

Fenster und Türen
Türen nicht in Verkehrsflächen schlagen lassen. Leichtgängige Türen, keine Pendeltüren. Keine scharfkantigen Beschläge. Kanten im Berührungsbereich runden. Griffe, Hebel und Schlösser mind. 25 mm von der Schließkante. Kinder sollen im Sitzen raussehen können, daher geschlossene Brüstungen max. 60 cm hoch ausführen. Offene Fenster und Hebel von Oberlichtöffnern dürfen nicht in den Aufenthaltsbereich ragen. Dreh-Kipp-Fenster nur mit Sicherung gegen Fehlbedienung (Herausfallen).

Umwehrungen
Umwehrungen, außer Fensterbrüstungen, mind. 1 m hoch. Bei Spielebenen bis 1,50 m Höhe über Fußböden genügen 70 cm hohe Umwehrungen. Aufklettern und Rutschen darf nicht möglich sein. Abstand vertikaler Stäbe max. 12 cm.

Möbel
Füße von Einrichtungsgegenständen dürfen nicht Stolperstellen darstellen. Rollbare Teile benötigen Feststellvorrichtungen. Schubladen gegen Herausfallen sichern.

Bewegungsräume
Fußböden mit elastischen Belägen oder elastischem Untergrund (Schwingboden) ausführen. Wände bis in 1,50 m Höhe besonders ebenflächig. Ausgenommen: Turnischen und Fensterwände. Vorstehende Teile außer Sprossenwände unzulässig. Türen dürfen nicht nach innen schlagen. Eigener Raum für Geräte erforderlich.

Toiletten- und Waschräume
Boden auch bei Nässe rutschhemmend. Bodenabläufe. Wassertemperatur max. 45 °C.

Kindersicherungen
Müllsammelstellen, Reinigungs- und Desinfektionsmittel, Medikamente gegen Zugriff von Kindern sichern. Steckdosen nur mit Kindersicherungen.

Einfriedungen
Aufenthalts- und Spielbereiche im Freien sind mind. 1 m hoch einzufrieden. Die Einfriedung darf nicht spitz oder scharf sein und muss ein Aufklettern erschweren.

Orientierungswerte für Raumgrößen im Schulbau

Klassenräume	
Standard-Klassenraum	2 m²/Schüler
Großraum-Klassenraum	3 - 5 m² Schüler
Naturw. Unterricht	
Lehrraum	2,5 m²/Schüler
Sammlungsraum	40 - 60 m²
Vorbereitungsraum	30 - 35 m²
Übungsraum	2,5 m²/Schüler
Sprachenunterricht	
HS-Sprachlabor	2,0 m²/Schüler
HSA-Sprachlabor	2,5 m²/Schüler
Sprachlaborkabine	1 × 2 m
Aufnahmeraum	14 m²
Geräteraum für Sprachlabor	16 m²
Nebenraum	70 - 75 m²
Praktischer Unterricht	
Hauswirtschaftsunterricht	2 m²/Schüler
Küche	30 - 40 m²
Lehrraum	20 - 25 m²
Werkstatt (16 Plätze)	112 m²
Wasch- und Umkleideraum	0,55 m²/Platz
Kunsterziehung	
Musik- und Zeichenräume	je 80 - 85 m²
je 1 Nebenraum	15 - 20 m²
Werkraum	80 - 85 m²
Nebenraum	20 m²
Sportunterricht	
Wasch- und Umkleideräume	10 - 20 m²
Leibesübungsraum	20 - 25 m²
Turnhalle, 1 Übungseinheit	15 × 27 m
2 Waschräume und Umkleiden	50 - 60 m²
Lehrerumkleide	8 - 10 m²
Geräteraum	20 - 30 m²
Zentrale Einrichtungen	
Pausenhof	4-6 m²/Schüler
Pausenhalle	0,4 m²/Schüler
Speiseraum	1,4 m²/Platz
Lehrmittelraum	15 - 20 m²
Bücherei, Mediothek	0,5 m²/Schüler
Schülermitverwaltung	20 - 25 m²
Aula	0,4 m²/Schüler
Verwaltung	20 - 25 m²
Schulleiterbüro	12 - 16 m²
Büro des Vertreters	12 - 16 m²
Sekretariat	12 - 26 m²
Elternsprechzimmer	12 m²
Hausmeisterzimmer	12 m²
Lehrer- und Konferenzzimmer	1,5 m²/Lehrer
Lehrerbücherei	1 m²/Lehrer

9.3 Schulen

BASchulR, SchBauR, SchBauTR, DIN 58 125, GUV 16.3, GUV 26.18, GUV 27.17

Grundsätzliches
In Abhängigkeit von Größe, Alter der Schüler und Bildungsauftrag können Schulen unterschiedliche bauliche Programme zugrunde liegen. Die Planungen sollten die Erweiterbarkeit berücksichtigen und die Zahl der Geschosse auf max. 4 begrenzen.
Ziel aller Planungen sollte es sein, für diese Bildungsstätten eine freundliche, anregende, aber auch Geborgenheit vermittelnde Atmosphäre zu vermitteln. Bei großen Schulanlagen ist der Anonymität durch Ausbildung identifizierbarer individueller Teilbereiche entgegenzuwirken und gleichzeitig eine Übersichtlichkeit und Orientierbarkeit zu gewährleisten. Auf eine behindertengerechte Ausgestaltung ist zu achten (s. Kap. 4.1).

Unterrichtsräume. Allgemeines
Für alle Unterrichtsräume mit Sitzbestuhlung gilt: lichte Raumhöhe mind. 3 m, unter Unterzügen u. ä. mind. 2,50 m. Bei geneigten Decken mind. 2,25 m. Bei einseitiger Belichtung max. Raumtiefe von 7,20 m. Faustformel: Glasfläche mind. 1/5 der Grundfläche. Tafelabstand möglichst unter 9 m. Ausstattung mit Verdunklungs- und Sonnenschutz. Je Schüler 0,3 m² Lüftungsflügel.

Räume für Allgemeinunterricht
Die Größe der Klassenzimmer richtet sich nach der Gruppengröße. Individuelle Ausformung und Gestaltung der einzelnen Räume erleichtern die Identifikation der Schüler mit ihrem Klassenraum. Möglichst interessante, vielfältig möblierbare Raumformen. Ausstattung mit Tafel, Leinwand, Handwaschbecken, abschließbarem Schrank für Lehrmittel. Garderobe in der Nähe auf dem Flur mit Ablagen für Helme. Insbesondere für jüngere Schüler möglichst direkten Zugang ins Freie. Freiraumklassen anbieten.

Sprachlabore
Etwa 25-30 Plätze/1000 Schüler. Lage in der Nähe der Bibliothek/Mediothek. Man unterscheidet: Labore für Hören und Sprechen (HS) und Labore mit zusätzlichem Aufnehmen (HSA); evtl.: Aufnahmeraum, Materialraum.

EDV-Unterrichtsräume
Diese Räume sollten aus Sicherheitsgründen nicht im EG liegen. Für die Ausgestaltung der Unterrichtsplätze sind die Normen und Richtlinien für Bildschirm-Arbeitsplätze sinngemäß anzuwenden.

Naturwissenschaftliche Unterrichtsbereiche

Bereiche für Biologie-, Physik- und Chemieunterricht mit Lehr-, Übungs- und Vorbereitungs- und Sammlungsräumen. Lehrräume mit ansteigendem Gestühl. Übungs-, Vorbereitungs- und Sammlungsräume unmittelbar zugeordnet. Zwischen Arbeitstischen mind. 85 cm; wenn Schüler Rücken an Rücken arbeiten: 1,50 m Abstand. Zentrale Notsperrung für Elektrik, Gase und andere Medien. In Chemieräumen: Abstand Experimentiertisch zu Schülertischen mind. 1,20 m. Abzüge für Gas und Dämpfe gem. TRGS 450. Chemieunterrichtsräume: mind. 2 Ausgänge. Ein Schulgarten von ca. 300-400 m² dient dem Biologie- bzw. dem Umweltunterricht.

Bei Unterrichtsräumen mit ansteigender Bestuhlung sind Rampen und ab 10 % Steigung auch Stufen zulässig. Alle Stufen in gleicher Breite. Hauptgänge mind. 90 cm breit. An der obersten Reihe mind. noch 2,30 m lichte Raumhöhe. Bei Höhenunterschieden über 3 m ist ein 2. Ausgang in Höhe der obersten Reihe erforderlich.

Einrichtungen zur Sporterziehung

Für die Sporterziehung sind je nach Größe der Schule Sport- und Gymnastikhallen (15 × 27 m) und Sportplätze im Freien mit entsprechenden Umkleiden vorzusehen. Ausführung gem. DIN 18 032 und DIN 18 035 (s. Kap. 8 Sportbauten). Die inneren Stirnseiten der Sporthallen sind zur Minderung der Ballreflexion mit nachgiebigem Material abzudecken, ggf. auch mit mobilen Matten. Sportstätten sollten so konzipiert sein, dass sie auch für den Breiten- und Vereinssport genutzt werden können: Zugang von außen, Nähe zu Kfz-Stellplätzen.

Einrichtungen für musischen Unterricht

Bei Unterrichtsräumen für Kunst ist insbesondere auf eine möglichst gleichmäßige, natürliche Belichtung zu achten (Nordlicht). Nebenräume: Materiallager, Lehrmittelräume, Werkräume. Räume für Musikunterricht stellen besondere Anforderung bezüglich Akustik, Schalldämpfung und Schalldämmung. Raum für größere Instrumente, unterschiedliche Bestuhlungen ermöglichen. Mögliche Nebenräume: Lehrmittelraum, Übungsräume.

Einrichtungen für praktischen Unterricht

Insbesondere an Berufsschulen sind fachpraktische Übungsräume zu planen. Je nach Art der durchgeführten Übungen ist auf eine ausreichende Belichtung und auf die Schallemissionen zu achten. Zwischen Werktischen mind. 85 cm, wenn Schüler Rücken an Rücken arbeiten: 1,50 m Abstand. Zentrale Notsperrung für Elektrik, Gase und andere Medien; evtl. Absaugungen gem. TRGS 450 und TRGS 553. Beim Umgang mit brennbaren Flüssigkeiten VbF beachten. Brandgefährdete Räume: 2 Ausgänge.

Orientierungswerte.
Gruppengrößen in Schulen

Schulform	Alter	Klasse	Anzahl
Grundschule	6	1	18-22
Grundschule	7-10	2-4	20-30
Gesamtschule	10-16	5-10	20-30
Hauptschule	10-16	5-10	20-30
Sonderschule	6-15	5-10	10-18
Sekundarstufe I	10-16	5-10	20-30
Sekundarstufe II	16-19	11-13	15-25

Maße und Platzbedarf von Schülerplätzen

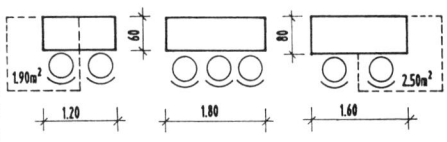

Sprachlabor mit Geräteraum und Studio

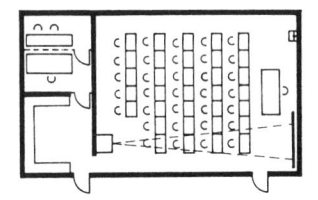

Naturwissenschaftlicher Bereich

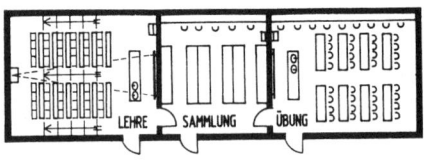

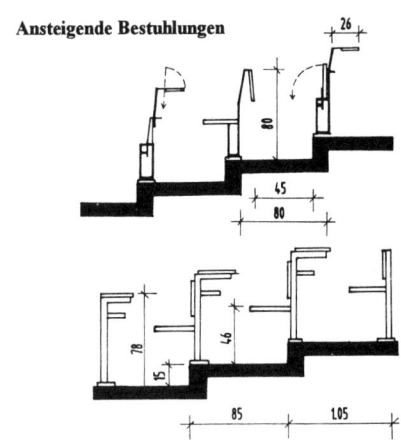

Ansteigende Bestuhlungen

Hauptschule in Wien - EG (oben)
Architekt: R. Lainer

Grundschule in Leonberg - EG (unten)
Architekt: R. Scholl

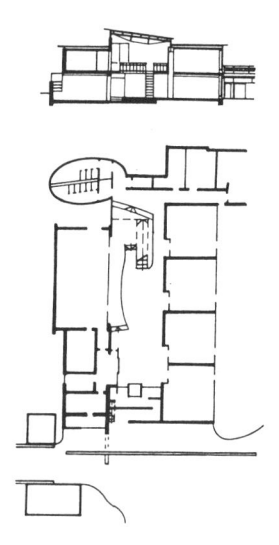

Bibliotheken und Mediotheken
Ausgabebereich mit Handlager und EDV-Arbeitsplätzen (6 m²). Katalogschrank (6 m²). EDV-Arbeitsplätze für Katalog und Online-Dienste (s. Kap. 6). Bücherregale ($h = 2$ m) mit ca. 125 Bänden/lfm. Regaltiefe: 30 cm. Gangbreite: mind. 60 cm. Leseplätze im Fensterbereich anbieten. Sitzgruppe mit Zeitschriftenständer. Biblio- und Mediotheken sollten möglichst zentral, in der Nähe der Pausenbereiche liegen und auch nach Schulschluss zugänglich sein.

Küchen und Speiseräume
Soweit erforderlich, sind zur Verpflegung Küchen und Speiseräume in der Nähe der Pausenhöfe und -räume vorzusehen. Küchenplanung und Möblierung der Speiseräume gem. Kap. 5. Ausgabe als Selbstbedienung oder nach Klassen auf Servierwagen. Bestimmung der Platzzahl: 50 % der Schüler bei 3-facher Platzbelegung. Im Eingangsbereich Garderobe und je 40 Plätze 1 Handwaschbecken anbieten. Für Speiseräume mit mehr als 400 Plätzen gilt die VStättVO.

Pausenhöfe und -hallen
Pausenhöfe sind so anzulegen, dass auch bei schlechter Witterung ein Aufenthalt im Freien ermöglicht wird (Teilüberdachung). Sonnig und windgeschützt ausbilden. Störung von Unterrichtsräumen möglichst vermeiden. Die Freilauffläche ist mit 4-6 m²/Schüler anzusetzen. Als gedeckte Pausenbereiche können auch Eingangshalle, Speise- oder Mehrzweckräume dienen. Die Kinder sollen Anregung zur Bewegung erhalten. Unterschiedliche Zonierungen der Pausenhöfe (Spiel-, Sitz-, Naturbereiche) mit unterschiedlichen Angeboten für die verschiedenen Altersgruppen sind oft sinnvoll, dürfen aber die Aufsicht nicht erschweren. Pausenhöfe sollten Spielgeräte nach DIN 7926 enthalten, die von vielen Kindern in kurzer Zeit benutzt werden können, z.B. Rutschen (vgl. Abschn. 9.1). Gefährdung durch Kfz-Verkehr ausschließen.

Gemeinschaftsbereich, Aula
Raum für Veranstaltungen und Feierstunden. In kleineren Anlagen auch als Pausenraum oder durch Unterteilung als Unterrichtsraum nutzbar. Eine Aula mit Bühne ist bei größeren Gymnasien, insbesondere bei zusätzlicher außerschulischer Nutzung, sinnvoll. Fasst der Raum mehr als 200 Besucher, so gilt die VStättVO.

13 Bauko. Entwurf

WC-Anlagen

Immer getrennte Anlagen für Jungen und Mädchen. Stunden-WCs: zur Benutzung während des Unterrichts in max. 40 m Entfernung von Unterrichtungsräumen je 1 WC in der Nähe des Treppenhauses. Pausen-WCs: größere Anlagen, ebenerdig und von Pausenhof oder -halle zugänglich. Für Lehrpersonal eigene WCs. Auf jedem Geschoss und im Bereich der Sportstätten eine Behindertentoilette (s. Kap. 4.1).

Lehrer- und Verwaltungsräume

Diese Räume sollten für Besucher leicht auffindbar sein. Zum Verwaltungsbereich gehören meist: Lehrerzimmer mit Konferenztisch, Postfächern und kleiner Handbibliothek, Zimmer der Schulleiter, Sekretariat, Elternsprech- und Arztzimmer, Raum für Schülervertretung, Hausmeisterraum im Eingangsbereich.

Allgemeine Sicherheitsanforderungen

Pausenhöfe, Spielanlagen, Verkehrswege und Werkräume mit rutschhemmenden Böden gem. GUV 26.18. In Wasch- und Duschräumen Beläge der Gruppe B und in daran angrenzenden Gruppenumkleideräumen Beläge der Gruppe A gem. GUV 27.17. Keine Stolperstellen in Verkehrsflächen. Im Eingangsbereich mind. 1,50 m tiefe Matte in ganzer Durchgangsbreite.
Einzelstufen vermeiden. Wenn dies nicht möglich ist, deutlich kennzeichnen. Bereiche unter Treppen mit weniger als 2 m Höhe gegen unbeabsichtigtes Unterlaufen sichern. Treppen mit beidseitigen Handläufen ohne offene Enden, in den Treppenaugen umlaufend. In Grundschulen zusätzlicher Handlauf in 70 cm Höhe. Stufenhöhe max. 17 cm, Stufenbreite mind. 28 cm. Bei gebogenen Läufen: mind. 23 cm, 1,25 m vom inneren Treppenauge entfernt max. 40 cm. Absätze mit Höhen von 20 cm bis 100 cm mit Absturzsicherungen versehen, z.B. Pflanzstreifen. Geländer bei Absturzhöhen von 1-12 m mind. 1 m hoch, bei mehr als 12 m mind. 1,10 m hoch. Rutschen und Aufsteigen auf die Geländer erschweren. Öffnungen in Umwehrungen in einer Richtung nicht größer als 12 cm, Abstand von der zu sichernden Fläche max. 4 cm. Rampen in Fluren max. 6 % Neigung.
Türen zu Unterrichtsräumen mind. 1 m Breite im Lichten. Türen in Verkehrswegen und bei Räumen für mind. 80 Personen in Fluchtrichtung aufschlagen lassen. Türflügel dürfen max. 20 cm in Fluchtwege ragen.
Stützen und Wandecken ohne scharfe Kanten: rund, mit gebrochenen Kanten oder mit einem Radius von mind. 5 cm abrunden. Oberflächen von Wänden und Stützen in 2 m Höhe nicht spitzig rau. Türgriffe abgerundet, Türblätter und -griffe an der Griffkante ohne scharfe Kanten. Verglasungen auch in Möbeln bis 2 m Höhe nur aus Sicherheitsgläsern. Sicherheitsgläser sind

Orientierungswerte.
Toilettenanlagen im Schulbau

Benutzer	WCs	Urinale	Waschbecken
für 40 Jungen	1	2	2
für 40 Mädchen	2	-	2
für 15 Lehrer	1	1	1
für 10 Lehrerinnen	1	-	1

nicht notwendig, wenn 1 m hohes Geländer oder Pflanzzone davor angeordnet oder mind. 80 cm hohe Fensterbrüstungen mit mind. 20 cm tiefen Fensterbänken vorhanden sind.
Wasseranlagen benötigen eine min. 1 m breite, max. 40 cm tiefe Flachwasserzone und sind max. 1,20 m tief oder sind mit Zäunen, Geländern oder Hecken zu sichern.
Erste-Hilfe-Einrichtungen gem. GUV 20.26.

Fahrrad- und Kfz-Stellplätze

Fahrrad- und Mopedständer außerhalb des Pausenhofes. Fahrradrampen über 10 % Neigung nur mit Gehstufen, max. 25 % (s. Kap. 2.2.2). Stellplatzzufahrt und Fußwege trennen.

Bauaufsichtliche Bestimmungen

Ergänzend zu den Bestimmungen der LBO haben die Länder eigene umfangreiche Technische Richtlinien für den Schulbau (TR Schulbau bzw. SchBauTR) einschließlich Bauaufsichtlicher Richtlinien (BASchulR) erlassen. Die für den Entwurf wichtigsten Bestimmungen sind hier berücksichtigt:
Zu- und Durchfahrten von Rettungswegen müssen mind. 3 m breit, 3,80 m hoch sein und einen mind. 1 m breiten Gehsteig besitzen. Ihre Wände und Decken in F 90 ohne Öffnungen.
Tragende und aussteifende Bauteile bei Gebäuden bis 300 m² Grundfläche F 30, brennbare Baustoffe zulässig. Bis 2 Vollgeschosse F 30, nichtbrennbare Baustoffe. Mehr als 2 Vollgeschosse: F 90, nichtbrennbare Baustoffe. Für Gebäude mit 1 Vollgeschoss bestehen keine Forderungen an die Feuerwiderstandsklasse, wenn die Fluchtwege max. 15 m, bei Sporthallen 25 m betragen. Kellerdecken immer F 90. Dächer von Gebäuden mit mehr als 1 Vollgeschoss mind. F 30. Ausnahmen bei überdachten Höfen möglich. Wand- und Deckenbekleidungen in Verkehrs- und Rettungswegen nichtbrennbar.

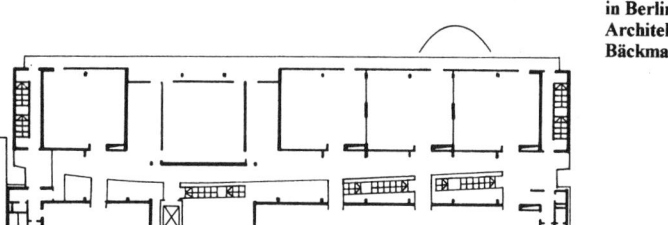

**Oberstufenzentrum
in Berlin
Architekten: Quick,
Bäckmann, Quick**

Obergeschoß

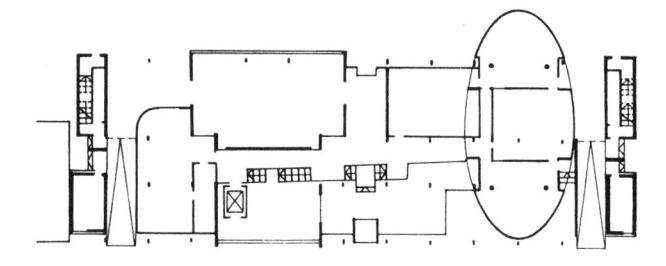

Erdgeschoß

Brandabschnitte max. 3.000 m² und max. über 3 Geschosse verteilt. Brandabschnitte max. 5.000 m², wenn in jedem Geschoss Rettungswege zu ebener Erde ins Freie führen (eingeschossig oder Hanglage). Brandabschnitte von max. 6.000 m² sind mit selbsttätigen Feuerlöschanlagen möglich. Hallen, die offene Geschosse verbinden, benötigen RWA-Anlagen von 1 % der Grundfläche und mind. 1 m² Größe.
Zwischen Geschosse ist mittels Brüstungen bzw. Kragplatten in W 30 ein mind. 1 m langer Feuerüberschlagweg zu realisieren.

Flure und Rettungswege
Von jeder Stelle eines Unterrichtsraums müssen mind. 2 unabhängige Rettungswege erreichbar sein, die unmittelbar oder über Treppen und Flure ins Freie führen. Dies gilt nicht bei 2 Vollgeschossen mit einem 1. Obergeschoss von max. 300 m² Geschossfläche. Von jeder Stelle eines Unterrichtsraumes max. 35 m bis ins Freie bzw. ins Treppenhaus. Unterrichtsräume über 180 m², über 200 Besucher oder mit erhöhter Brandgefahr (Chemie, Holzwerkräume) benötigen mind. 2 unabhängige Ausgänge.
Breite von Rettungswegen (Flure / Treppen): 1 m je 150 zu rettende Personen, im Unterrichtsbereich jedoch bei weniger als 180 Benutzer: mind. 1,25 m, sonst mind. 2 m. Treppen mind. 1,25 m breit. Notwendige Treppen max. 2,50 m breit. Alternative Regel für Treppenbreiten: 0,10 m / 15 Personen, jedoch nur das oberste Geschoss mit 100 %, die übrigen mit 50 % Belegung angesetzt. Sonstige Rettungswege: mind. 1 m breit. Tragende Teile notwendiger Treppen von Schulen mit max. 2 Vollgeschossen aus nichtbrennbaren Materialien, bei Gebäuden mit mehr als 2 Vollgeschossen: F 90.
Fluchtwege aus Treppenhäusern können bis zu einer Länge von max. 20 m über Eingangs- und Pausenhallen geführt werden, wenn diese brandtechnisch wie Treppenhäuser ausgebildet sind. Treppenräume benötigen Rauchabzüge von mind. 5 % der Grundfläche, jedoch mind. 1 m² Größe.
Notwendige Flure sind bei Schulen mit 1 Vollgeschoss und einer Länge von max. 15 m, bei Sporthallen max. 25 m, aus normalentflammbaren Baustoffen ohne Nachweis der F-Klasse möglich. Notwendige Flure in Schulen mit max. 2 Vollgeschossen, mit max. 1.600 m² Geschossfläche, ohne Aufenthaltsraum über dem 2. Vollgeschoss: F 30, nichtbrennbare Materialien. Notwendige Flure in allen anderen Schulen: mind. F 30-A.
Fachräume mit erhöhter Brandgefahr (Chemieübungsräume, Holzwerkräume u.ä.) müssen mind. 2 günstig gelegene Ausgänge besitzen. Die Türen müssen in Fluchtrichtung aufschlagen.

13 B Freiraumplanung/Gehölzanwendung

Prof. Dipl.-Ing. Rüdiger Wormuth

1 Allgemeines

Es werden zunächst als Grundlagen für Leistungsverzeichnisse nach DIN 18 320 – Landschaftsbauarbeiten (ATV VOB, Teil C) – Gütebestimmungen für Baumschulpflanzen dargestellt, wie sie von der Forschungsgesellschaft Landschaftsentwicklung – Landschaftsbau e.V., Bonn (FLL) entwickelt wurden. Grundlage der Ausführung von Pflanzungen ist DIN 18 916.
Die Gestalt, die Eigenschaften und die Eignung von Gehölzen werden sodann tabellarisch, nach Bäumen, Heckengehölzen und Klettergehölzen differenziert, zusammengestellt, um eine gute Vergleichbarkeit zu bieten und Planungsentscheidungen zu erleichtern.

2 Gütebestimmungen für Baumschulpflanzen [13.1]

2.1 Begriffe, Abkürzungen

2.1.1 Anzuchtformen

	Abkürzung		Abkürzung
Jungpflanze	Jpf.	Halbstamm	ha.
leichter Strauch	l. Str.	Hochstamm	H.
verpflanzter Strauch	v. Str.	Alleebaum	Al.
leichter Heister	l. Hei.	Solitärgehölz	Sol.
Heister	Hei.	leichte Heckenpflanze	l. He.
Busch (Obst)	Bu.	Heckenpflanze	He.
Stammbusch	Stbu.	Forstgehölz	F.
Stamm von Sträuchern	Sta.		

2.1.2 Anzuchtstand

jährig	j.	aus halbweitem Stand	hw.
verpflanzt	v.	aus weitem Stand	w.
... mal verpflanzt	xv.	aus extraweitem Stand	ew.

2.1.3 Wurzelbeschaffenheit

bewurzelt	bew.	mit Drahtballen	mDb.
ohne Ballen	oB.	mit Topfballen	mTb.
wurzelverpackt	wvp.	mit Topf	P
mit Ballen	mB.	mit Container	C

2.1.4 Maßarten

hoch	h.	(cm)	Stammhöhe	Sth.
breit	br.	(cm)	Grundstämme	Gst.
Stammumfang	StU.	(cm)	Triebe	Tr.
Durchmesser	∅	(mm)	Grundtriebe	Gtr.

Beispiel einer Bezeichnung:

Winterlinde, Hochstamm, dreimal verpflanzt aus extraweitem Stand, Stammhöhe 300 cm, Stammumfang 14–16 cm, mit Drahtballen:
Tilia cordata H. 3xv. ew. Sth. 300 StU. 14–16 mDb.

2.2 Anforderungen an Laubgehölze (Kurzfassung)

Tafel 13.79 Anzuchtformen und Anforderungen (spez. Gütebestimmungen)

Anzucht-form (Abk.)	Beschreibung/allgemeine Anforderungen	spezielle Anforderungen
l. Str.	Str. wachsen nicht baumartig und i.d.R. mehrtriebig. Sortierung n. Triebzahl und -höhe. Nach dem letzten Verpflanzen max. drei Veg.-Per. Standzeit. Der letzte Rückschnitt vor oder während der letzten Veg.-Per. Nach dem letzten Verpflanzen höchstens vier Veg.Per. Standzeit	mind. 2 Tr.[2]
v. Str.		mind. 1 xv. mind. 2Tr.[1]
SolStr.		3 xv. als v. Str. ew. mB., mDb. oder C
l. Hei.	Hei. wachsen baumartig mit seitl. Beastung ohne Krone. Sortierung n. Höhe.	1 xv. nach dem Verpfl. max. zwei Veg.-Per. Standzeit
Hei.		2 xv.[1]
Stbu.	v. Hei. mit guter Zweiggarnierung Sortierung nach StU.	mind. StU. 12, Mindesthöhe 250; als Hei. v. ew. kultiviert u. nach dem letzten Verpfl. max. vier Veg.-Per. Standzeit. 3–4 xv. StU. 12–14/14–16
SolStbu.		als Stbu. ew. kultiviert u. danach nach max. 4 Veg.-Per. v., mDb. oder C. Stammgarnierung ausdrucksvoll.
mehrtriebige SolStbu.		mehrtriebig ab 0,5 m, sonst wie SolStbu.[2]
H.	Bäume, gegliedert in Stamm und Krone. Max. vier Veg.-Per. Standzeit, n. dem letzten Verpfl. Sortierung n. StU.	2 xv. ew. Sth. mind. 180[1)2)] 3 xv. ew. Sth. mind. 200[1] Ballenpfl. mDb.
Sol H.		kultiviert wie H. 3 xv., ew., danach n. vier Veg.-Per. erneut zu verpfl. mDb. Für Al. und besondere Kronenformen.[2]
He.	wachsen baum- oder strauchartig. Durch Wuchsform und Schnittverträglichkeit f. Formhecken geeignet.	strauchartig wachsende He. siehe: l. Str., v. Str. u. SolStr.[2]

[1] Ausnahmen siehe [13.1]. [2] Besondere Anforderungen siehe [13.1].

2.3 Anforderungen an Nadelgehölze

- Nadelgehölze müssen art-, alters- und standortbedingt mind. alle zwei Jahre, spätestens alle drei Jahre verpflanzt worden sein. Lieferung mB., P oder C. Ausnahmen siehe [13.1].
- Bezweigung je nach Sorte und Wuchseigenschaft vom Boden an. Benadelung in sortentyp. Färbung.
- Starktriebige Nadelgehölze bis zum letzten Jahrestrieb voll bezweigt. Quirlabstände sowie Länge des letzten Jahres Tr. in gutem Verhältnis zur Gesamtpflanze. Aufrecht wachsende Arten mit geradem MittelTr.
- Sol. Nadelgehölze mind. alle 4 Jahre verpflanzt. ew. mB.
- He. Pflanzen vom Boden an gut bezweigt und benadelt und ggf. durch regelm. Schnitt geformt.
- Sortierung nach Höhe und/oder Breite.

3 Gehölze. Gestalt, Eigenschaften, Eignung

3.1 Allgemeines

Jede Art hat ihre besondere Kronenform, die sich jedoch je nach Standort (Boden, Klima, Exposition), Anzuchtform, ob als frei stehendes oder als Gruppengehölz und je nach den bisher erfolgten Schnittmaßnahmen unterschiedlich ausbilden kann [13.2]. Die hier dargestellten Formen entstehen bei normaler Entwicklung am richtigen Standort in Einzelstellung. Auch die Baumgröße variiert bei unterschiedlichen Standortbedingungen. Es werden hier aus der großen Anzahl der von den Baumschulen angebotenen Arten und Sorten bis auf einige Ausnahmen nur in Mitteleuropa heimische dargestellt. Die letzte Tabellenspalte (Anwendungsbereich) enthält in Fußnoten Empfehlungen der Gartenamtsleiterkonferenz. Sie gelten für Baumpflanzungen im öffentlichen Freiraum, insbesondere an Straßen.

Bäume, Kronenform

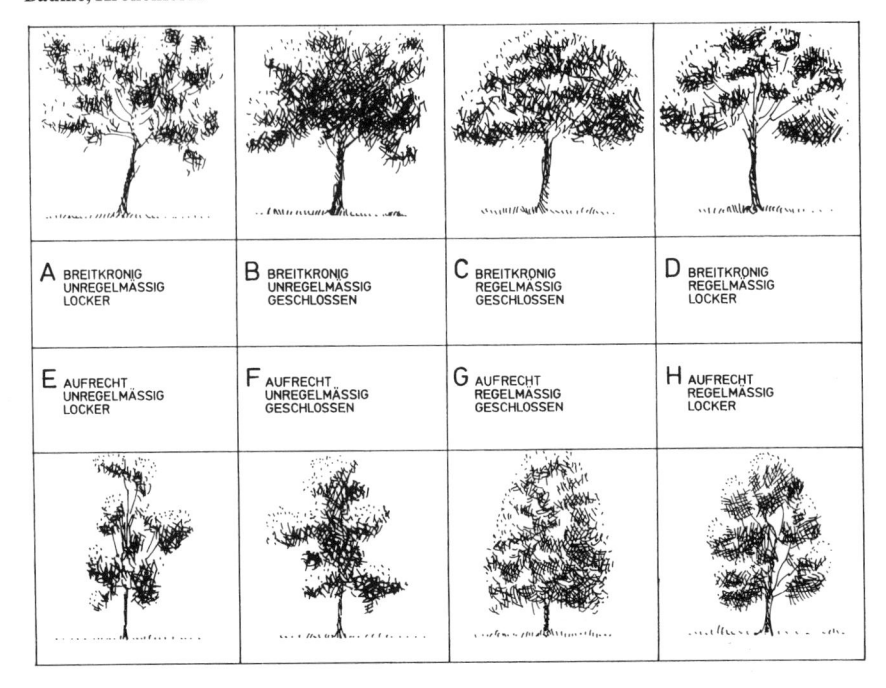

A BREITKRONIG UNREGELMÄSSIG LOCKER

B BREITKRONIG UNREGELMÄSSIG GESCHLOSSEN

C BREITKRONIG REGELMÄSSIG GESCHLOSSEN

D BREITKRONIG REGELMÄSSIG LOCKER

E AUFRECHT UNREGELMÄSSIG LOCKER

F AUFRECHT UNREGELMÄSSIG GESCHLOSSEN

G AUFRECHT REGELMÄSSIG GESCHLOSSEN

H AUFRECHT REGELMÄSSIG LOCKER

3.2 Bäume
Tafel 13.81 Bäume, Gestalt, Eigenschaften, Eignung

Name Botanischer und deutscher Name	Gestalt			Wurzelsystem			Bodenansprüche				Lichtansprüche			Blüte	Fruchtschmuck	Herbstfärbung	Anwendungsbereich
	Kronenform	Höhe in m	Breite in m	flach verwurzelt	tief verwurzelt	Pfahlwurzel	leicht	schwer	trocken	feucht	sonnig	halbschattig	schattig				
Acer campestre **Feldahorn**	D	15	15	●			●		●	●						●	Pioniergehölz
Acer platanoides **Spitzahorn**	G	20–30	20	●			●	●			●			●		●	Park- und Alleebaum [2)3)]
Acer pseudoplatanus **Bergahorn**	G	25–40	25		●			●		●	●	●		●			Park- und Alleebaum [2)]
Aesculus hippocastanum **Roßkastanie**	G	25–30	15–25	●	●		●			●	●	●		●			Park- und Alleebaum [3)]
Alnus glutinosa **Roterle**	F	10–20	8–12	●				●		●	●						Parkbaum, Uferbefestigung
Alnus incana **Grauerle**	G F	6–10	4–8	●	●				○	●	●	●					Pioniergehölz
Betula pendula **Sandbirke**	H	18–25	7–12	●			●		●		●					●	Parkbaum, Alleebaum, Pioniergehölz
Betula pubescens **Moorbirke**	G H	10–20	8–12	●			●			●	●					●	Parkbaum
Carpinus betulus **Hainbuche**	G	10–20	7–12				●	●	●	●	●	●	●				Parkbaum Heckengehölz
Corylus colurna **Baumhasel**	G	18	12	●	●		○	●	○		●			●	●		Straßenbaum [1)]
Crataegus carrieri **Apfeldorn**	B	7	7–10		●		●	●	●	●	●			●	●	○	Straßenbaum [1)]
Crataegus monogyna **Weißdorn**	C G	6–10	3–4	●	●		●	●	●	●	●			●	●	●	Straßenbaum, Heckengehölz [1)]
Fagus sylvatica **Rotbuche**	C G	25–30	25–30	●				●		●	●	●	●				Parkbaum (kalkliebend)
Fraxinus excelsior **Esche**	C G	25–40	20–35	●		●		●		●	●						Park- und Alleebaum [2)]
Fraxinus ornus **Blumenesche**	D H	8–10	4–8	●								●		●		●	Kleiner Straßenbaum [1)]
Gleditsia triacanthos **Gleditschie**	E	10–25	8–15		●		●	●	●	●	●					●	Park- und Alleebaum [2)]
Ilex aquifolium **Stechpalme**	C G	3–6	3–5	●	●							●			●		Immergrünes Parkgehölz
Juglans regia **Walnuss**	G	15–20	10–15		●		●			●	●			●	●		Park- und Alleebaum
Malus floribunda **Wildapfel**	B	4–6	4–6	●				●		●	●	●		●	●		Kleinkroniger Zierbaum

(Fortsetzung folgende Seiten. Fußnoten s. dort.)

Tafel 13.81 Bäume, Gestalt, Eigenschaften, Eignung (Fortsetzung)

Name Botanischer und deutscher Name	Gestalt			Wurzelsystem			Bodenansprüche				Lichtansprüche			Blüte	Fruchtschmuck	Herbstfärbung	Anwendungsbereich
	Kronenform	Höhe in m	Breite in m	flach verwurzelt	tief verwurzelt	Pfahlwurzel	leicht	schwer	trocken	feucht	sonnig	halbschattig	schattig				
Platanus acerifolia **Platane**	C G	20– 30	15– 25	●			●	●	●	●	●						Alleebaum,[1] schnittverträglich
Populus alba **Silberpappel**	D H	20– 35	15– 18	●	○		●		●	●	●						Wind- und Küstenschutz
Populus berolinensis **Berliner Lorbeerpappel**	G	18– 25	10	●			●		●		●						Alleebaum
Populus canescens **Graupappel**	B	20– 25	15– 20	●			●	●	●	●	●	●					Park- und Alleebaum
Populus nigra **Schwarzpappel**	G	20– 25	15– 20	●			○	●	○	●	●	●					Parkbaum
Populus nigra „Italica" **Säulenpappel**	G	25– 30	3–5	●			●		●		●				●		Alleebaum
Populus tremula **Zitterpappel**	F	10– 20	7– 10	●			●	●	●	●	●					●	Parkbaum
Prunus avium **Vogelkirsche**	C G	15– 20	10– 15	●			●		●		●	●				●	Alleebaum
Prunus padus **Traubenkirsche**	C	6– 10	4–8	●			○		●	●	●	●				●	Park- und Pioniergehölz
Quercus coccinea **Scharlacheiche**	H	15– 18	9– 12	●			●	●	●	●	●					●	Park- und Straßenbaum
Quercus petraea **Traubeneiche**	C G	20– 30	15– 20	●			●	●	●	●	●					○	Park- und Straßenbaum[1]
Quercus robur **Stieleiche**	D H	25– 35	15– 20		●	●		●		●	●						Park- und Straßenbaum[1]
Quercus rubra **Amerikanische Roteiche**	G	20– 25	12– 18	●			●		●		●					●	Park- und Straßenbaum
Robinia pseudoacacia **Robinie, Scheinakazie**	A	20– 25	12– 18	●		●	●	●	●	●	●			●			Parkbaum[2] Pioniergehölz[3]
Salix alba **Silberweide**	H	15– 20	10– 15	●			○		●	●	●					●	Parkbaum (am Wasser)
Salix caprea **Salweide**	H	5–8	3–6	●			●		●	●	●	●		●			Pioniergehölz
Sorbus aria **Mehlbeere**	C	6– 12	4–7		●		○	●	●		●	●					Kleiner Alleebaum, Pioniergehölz

● zutreffend   ○ bedingt zutreffend

[1] Empfehlung für die Verwendung als Straßenbaum nach [13.7]. Als Beurteilungskriterien werden nach [13.7] u.a. angesetzt: Standortansprüche, Widerstandsfähigkeit gegen Umweltbelastungen und Krankheiten, Stand- und Verkehrssicherheit (Bruchgefahr/Fruchtfall usw.), Pflegeaufwand.

[2] „Bedingt geeignet" bzw. nur in bestimmten Sorten nach [13.7] empfohlen.

[3] Es gibt kleinkronige Sorten mit guter Schnittverträglichkeit für besondere räumliche Wirkungen.

Tafel 13.81 Bäume, Gestalt, Eigenschaften, Eignung (Fortsetzung)

Name Botanischer und deutscher Name	Gestalt			Wurzelsystem			Bodenansprüche				Lichtansprüche			Blüte	Fruchtschmuck	Herbstfärbung	Anwendungsbereich
	Kronenform	Höhe in m	Breite in m	flach verwurzelt	tief verwurzelt	Pfahlwurzel	leicht	schwer	trocken	feucht	sonnig	halbschattig	schattig				
Sorbus aucuparia **Eberesche**	H	6–12	4–6	●			○	●	○	●	●	●		●	●	●	Park- und Alleebaum
Sorbus intermedia **Oxelbeere**	C G	10–12	5–7		●		●	●	●	●	●	●			●		●	Alleebaum,[2] Pioniergehölz
Sorbus torminalis **Elsbeere**	G	10–20	7–12	●				●	●						●	●	●	Park- und Alleebaum
Tilia cordata **Winterlinde**	C G	18–25	10–15		●	●	●	●		●	●	●		●		●	Park- und Alleebaum, schnittverträglich[3]
Tilia intermedia **Holländ. Linde**	G	25–30	18–20	●				●	○	●		●			●		●	Park- und Alleebaum[1]
Tilia intermedia „Pallida" **Kaiserlinde**	G	30–35	12–18	●	●			●	○	●		●			●		●	Park- und Straßenbaum[1]
Tilia platyphyllos **Sommerlinde**	G	30–35	18–25		●	●		●		●	●	●			●		●	Park- und Straßenbaum
Tilia tomentosa **Silberlinde**	G	25–30	15–20		●			●	●	●	●	●			●		●	Park- und Straßenbaum[1]
Ulmus carpinifolia **Feldulme, Rüster**	C G	20–35	18–25		●	●		●		●	●	●					●	Park- und Alleebaum
Ulmus glabra **Bergulme**	B	25–35	20		●	●		●		●	●	●					●	Park- und Alleebaum

● zutreffend
○ bedingt zutreffend

[1] Empfehlung für die Verwendung als Straßenbaum nach [13.7]. Als Beurteilungskriterien werden nach [13.7] u.a. angesetzt: Standortansprüche, Widerstandsfähigkeit gegen Umweltbelastungen und Krankheiten, Stand- und Verkehrssicherheit (Bruchgefahr/Fruchtfall usw.), Pflegeaufwand.
[2] „Bedingt geeignet" bzw. nur in bestimmten Sorten nach [13.7] empfohlen.
[3] Es gibt kleinkronige Sorten mit guter Schnittverträglichkeit für besondere räumliche Wirkungen.

3.3 Heckengehölze
Tafel 13.84 Heckengehölze, Eigenschaften, Eignung

Name / Botanischer und deutscher Name	immergrün	sommergrün	Wuchshöhe in m	Wuchsgeschwindigkeit			Bodenansprüche				Lichtansprüche			formschnittgeeignet	Blüten	Fruchtschmuck	Blätter (Herbstfärbung)	Vogelnährgehölz	Bienennährgehölz
				schnell	mittel	langsam	leicht	trocken	schwer	feucht	sonnig	halbschattig	schattig						
Acer campestre **Feldahorn**		●	9		●			●	●		●	●	○	○		●	●		●
Buxus sempervirens „Suffroticosa" **Buchsbaum**	●		0,4			●		●	●	●	●	●	●	●					●
Buxus sempervirens –	●		1			●		●	●	●	●	●	●	●					●
Buxus sempervirens arborescens –	●		2			●		●	●	●	●	●	●	●					●
Carpinus betulus **Hainbuche (Weißbuche)**		●	9		●			●	●	●	●	●	●	●					
Crataegus laevigata **Zweigriffliger Weißdorn**		●	6	●				○	●	●	●	●		●	●	●	●	●	
Crataegus monogyna **Eingriffliger Weißdorn**		●	6	●				○	●	●	●	●		●	●	●	●	●	
Ilex aquifolium **Stechpalme**	●		6			●		○	●		●	●	○		●				
Ligustrum vulgare **Liguster**	○	●	4		●		●	●	●	●	●	●	●	●					●
Philadelphus coronatus **Pfeifenstrauch**		●	4		●			○	●	●	●	●	○	●	●				
Rosa arvensis **Feldrose**		●	2		●			●	●	●	○	●			●	●		●	●
Rosa canina **Hundsrose**		●	3	●				●	●	●	●	○			●	●		●	●
Rosa glauca **Hechtrose**		●	3	●			○	●	●		●	●			●	●	●	●	●
Rosa rugosa **Apfelrose**		●	2	●				●	●	○	●	●			●	●		●	●
Syringa vulgaris **Flieder**		●	6		●		○	○	●		●	●		○	●				
Taxus baccata **Eibe**	●		9		●			●	●	●	●	●	●						
Thuja occidentalis **Lebensbaum**	●		10		●			●	●	●	●	●		●					
Viburnum lantana **Wolliger Schneeball**		●	4		●			●	●	○	●	○			●	●	●	●	
Viburnum opulus **Schneeball**		●	9		●			●	●	●					●	●	●	●	

● zutreffend   ○ bedingt zutreffend
Die Auswahl beschränkt sich auf europäische Gehölze.

3.4 Klettergehölze
Tafel 13.85 Klettergehölze, Eigenschaften, Eignung

Name – Botanischer und deutscher Name	immergrün	sommergrün	Wuchshöhe in m	Wuchsgeschwindigkeit			Lichtansprüche			Kletterart			Dekor			Anwendungsbereich
				schnell	mittel	langsam	sonnig	halbschattig	schattig	Selbstklimmer	Schlinger	Ranken	Blüten	Fruchtschmuck	Blätter	
Aristolochia durior **Pfeifenwinde**		●	10	●			○	●	●		●		○		●	Pergolenbegrünung, großblättrig
Campsis radicans **Trompetenwinde**		●	10	●			●			●	○		●			Pergolenbegrünung[1][2]
Celastrus orbiculatus **Baumwürger**		●	12	●			●				●			●	●	Pergolenbegrünung, Herbstfärbung[4]
Clematis vitalba **Wilde Waldrebe**		●	30	●			●	●			●		●	●		Pergolenbegrünung [1][2][3]
Clematis montana „Rubens" **Anemonenwaldrebe**		●	8		●		●	●			○	●	●			Pergolenbegrünung[1]
Hedera helix **Efeu**	●		30			●		●	●	●						Fassadenbegrünung[2][3]
Hydrangea petiolaris **Kletterhortensie**		●	10–15	●			●	●	●	●		○	●			Pergolen- und Fassadenbegrünung
Lonicera caprifolium **Geißblatt**		●	6–8		●		●	●			●		●			Pergolenbegrünung[3]
Parthenocissus quinquefolium **Wilder Wein**		●	15–20	●			●	●	●	●	○	●			●	Fassadenbegrünung,[2] Herbstfärbung
Parthenocissus tricuspidata „Veitchii" **Wilder Wein**		●	15–20	●			●	●		●		●			●	Fassadenbegrünung,[2] Herbstfärbung
Polygonum aubertii **Knöterich**		●	8–15	●			●	●	○		●		●			Pergolen- und Fassadenbegrünung
Wisteria sinensis **Blauregen**		●	6–10	●			●	●			●		●			Pergolenbegrünung[4]

● zutreffend
○ bedingt zutreffend

[1] Wurzelscheibe vor Sonne und Trockenheit zu schützen.
[2] Ohne Hilfe kletternd.
[3] Heimisch in Mitteleuropa.
[4] Stark schlingend: Regenfallrohre gefährdet!

13 Bauko. Entwurf

13 C Baustoffe

Prof. Dr. techn. Dr.-Ing. habil. U. Schneider und Dipl.-Ing. Dr. techn. H. Bruckner

Im folgenden wird ein kurzer Überblick über wichtige Baustoffe und deren Eigenschaften gegeben, wobei in einer lexikalischen Zusammenstellung die technischen Kennwerte, aber auch ökologisch relevante Größen betrachtet werden. Alle Werte beziehen sich auf Normtemperaturen, d. h. ca. 20 °C. Die Baustoffklassen bzw. Brennbarkeit der Baustoffe in den Tabellen wurde nach DIN 4102 Teil 1 bewertet. λ-Werte sind der Literatur und Normen entnommen. Sie entsprechen nur bedingt den Normwerten trockener Baustoffe; bei einem angegebenen Bereich für die Dichte der Baustoffe sind die großen λ-Werte den größeren ρ-Werten zuzuordnen. Die ökologische Bewertung wurde unter Zugrundelegung der Literatur ([13.27], [13.37], [13.40], [13.41]) erstellt. Es wurden dabei nicht nur der Primärenergieaufwand, die Umweltauswirkungen bei der Herstellung und der Nutzung, sondern auch die Wiederverwendbarkeit bzw. das Recyclingpotential der Baustoffe berücksichtigt. Bei der Beurteilung der Nutzung wurden insbesondere Auswirkungen auf die Gesundheit beurteilt. Die Baustoffkennwerte der Felder, die mit x bezeichnet sind, werden gegenwärtig noch systematisiert und bearbeitet.

1 Natursteine – Gestein, Lehm

1.1 Granit und Syenit gehören zur Familie der Tiefengesteine (Plutonite). Wichtigste Mineralbestandteile des Granits: Feldspat, Quarz, Glimmer. Syenite enthalten im Gegensatz zu Granit keinen bis sehr wenig Quarz ([13.16], [13.17], [13.37]).
Verwendung: Fassadenplatten, Bodenplatten, Säulen, Straßenpflaster

1.2 und 1.3 Kalksteine, Dolomite, Marmor: Kalksteine sind Sedimentgesteine, die einen überwiegenden Kalkgehalt aufweisen (Richtwert: dichte Kalkgesteine $\rho > 2600$ kg/m^3, sonstige Kalksteine $\rho \leq 2600$ kg/m^3). Dolomite sind Gesteine, die vorwiegend aus Dolomitmineralen bestehen. Marmor: Umprägungsgestein von Kalkstein bzw. Dolomit.
Solnhofer Platten: feinkörniger, sehr dichter, dünnschichtiger Plattenkalk ([13.16], [13.17], [13.37]).
Verwendung: dichte Kalkst.: Fußböden, Wandplatten; sonstige Kalkst.: Kirchen, Prunkbauten

1.4 Quarzitische Sandsteine: durch Ton, Kalk und Kieselsäure in Schichten verfestigte Sande mit einem Quarzanteil von mindestens 85 %, evtl. quarzitische Gesteinsbruchstücke.
Verwendung: Bruchsteine, Bahn- und Straßenschotter ([13.16], [13.17], [13.37], [13.44]).

1.5 Sonstige Sandsteine: durch Ton, Kalk und Kieselsäure in Schichten verfestigte Sande. Quarzanteil < 85 % ([13.16], [13.17], [13.37]).
Verwendung: Baustein z. B. für Kirchen, Prunkgebäude, Denkmäler

1.6 Tonschiefer: umgeprägtes Tongestein, nicht quellfähig (Schieferton im Gegensatz dazu ist kaum (nicht) umgeprägt und daher quellfähig) ([13.16], [13.17], [13.37]).
Verwendung: Dach- und Wandplatten

1.7 Tuffstein: als Tuff werden vulkanische Auswurf- bzw. Lockerprodukte bezeichnet. Tuffgestein ist verfestigter vulkanischer Tuff. Sehr porig, verwitterungsgefährdet ([13.16], [13.17], [13.37]).
Verwendung: als Leichtbaustein, zur Wärmedämmung, früher auch bei Prunkgebäuden

1.8 Strohlehm: Lehm-Stroh-Gemisch mit einer Dichte zwischen 1200 und 1700 kg/m^3 ([13.14], [13.37]).
Verwendung: Zwischenwände, Ausfachungen, Lehmstampfbau

1.9 Massivlehm: Lehm ohne Beimengungen in Form organischer (Stroh, Hackschnitzel) oder anorganischer (Blähton) Zuschläge mit tragender Funktion ([13.14], [13.37]).
Verwendung: Lehmstampfbau

1.10 Massivlehmsteine: vorgefertigte Lehmsteine aus Massivlehm (nicht gebrannt) ([13.14], [13.37]). Verwendung: Mauerwerksbau

2 Keramische Baustoffe – Steine, Dachziegel, Platten und Fliesen

2.1 Vollziegel sind keramische Baustoffe (Irdengut, Grobkeramik) aus Ton bzw. Tonmergel (Ton = Anteile mit d < 0,002 mm), die bei Temperaturen zwischen 900 und 1100 °C gebrannt werden. Vollziegel können einen Lochanteil in der Lagerfläche bis 15 % aufweisen ([13.16], [13.17], [13.19], [13.20], [13.37]).
Verwendung: Mauerwerk, Bögen, Ausmauerungen, Pfeiler

2.2 Lochziegel können als Hochlochziegel mit einem Lochanteil bis 50 % der Lagerfläche, als Leichthochlochziegel ($\rho \leq 1000$ kg/m^3) oder als Langlochziegel (Lochung parallel zur Lagerfuge; nichttragend) ausgebildet sein ([13.16], [13.17], [13.19], [13.20], [13.37]).
Verwendung: Außen- und Zwischenwände

2.3 Klinkerziegel: gelochte oder nicht gelochte, bis zur Sintergrenze (Grobkeramik, Sinterzeug) gebrannte Ziegel (1150 bis 1300 °C), d. h., sie sind schwer (Scherbenrohdichte $\geq$ 1900 kg/m^3), dicht, hart und frostbeständig; heller Klang beim Anschlagen ([13.16], [13.17], [13.19], [13.20], [13.37]).
Verwendung: man unterscheidet Wasserbau-, Kanal-, Pflaster-, Fassadenklinker, Fußboden-, Tunnelklinker und säurefesten Klinker.

2.4 Dachziegel: Dachziegel sind hochfeste keramische Bauteile (spezielle Anforderungen an den Ton), die in natürlicher Brennfarbe, gefärbt, engobiert, glasiert oder gedämpft hergestellt werden. Man unterscheidet Strangdachziegel (ohne oder mit Seitenfalz; Biberschwanz, Hohlpfanne, Strangfalzziegel) und Preßdachziegel (ein oder mehrere Kopf-, Fuß- und Seitenfalze; Falzziegel, Flachdachpfanne, Mönch und Nonne). Besondere Anforderungen werden bezüglich Frostbeständigkeit, Wasserundurchlässigkeit, Oberflächenbeschaffenheit und Farbe, Form und Maßhaltigkeit und Flügeligkeit gestellt ([13.16], [13.17], [13.19], [13.20], [13.37]).

2.5 Vormauerziegel: Vormauerziegel sind hochfest und daher frostbeständig, sie genügen speziellen Anforderungen bezüglich Sichtfläche und Farbe ([13.16], [13.17], [13.19], [13.20], [13.37]).
Verwendung: Sichtmauerwerk, Schornsteinköpfe

2.6 und 2.7 Spalt- und Klinkerplatten: hergestellt aus hochwertigen Tonen und mineralischen Zuschlägen (Grobkeramik) im Strangpreßverfahren, die nach dem Brennen (1100 bis 1300 °C) gespalten werden (eine Form ergibt zwei Platten). Frostsicher, säurebeständig, bessere Stoß- und Bruchfestigkeit als Steingutfliesen. Höhere Toleranzen bei der Maßgenauigkeit aufgrund des Schwindens beim Trocknen und Brennen.

Bodenklinkerplatten werden trocken gepreßt. Glasierte Fußbodenplatten werden entsprechend der Abriebfestigkeit der Glasuren in 4 Klassen eingeteilt ([13.17], [13.19], [13.20], [13.37]).
Verwendung: Treppen-, Fassadenplatten, Fenstersohlbank-, Rinnen- und Beckenrandsteine

Cottoplatten: unglasierte und ungesinterte rote (rotbraune) Ziegelplatten, die nach ausreichender Trocknungszeit (ca. 4 Wochen) gewachst werden. Meist nicht frostbeständig und mit höherer Wasseraufnahme (Brenntemperatur 1000 °C) ([13.43]).

2.8 Wandfliesen innen: Steingut- oder Irdengutfliesen (Feinkeramik) werden vor allem aus Ton (Anteil $\geq$ 50 %), Kaolin (fehlt beim Irdengut), Quarz und Feldspat usw. hergestellt. Hohe Wasseraufnahme (daher Glasur) ([13.16], [13.17], [13.19], [13.20], [13.37], [13.43]).

2.9 Bodenfliesen in Zementmörtel: Fliesen können mit Fliesenkleber (hydraulischer Dünnbettmörtel auf Zementbasis, Dispersionskleber, Reaktionsharzkleber) oder in Zementmörtel verlegt werden. Einmischungsfaktor (EF) = (Trockenmasse von Sand 0/4 + Zement)/Naßmörtel. Mischungsverhältnisse Zement : Sand, EF für: Vorputz: 1 : 3 (3,5), 1,5; Spritzbewurf: 1 : 2,5 (3), 1,5; Spaltwandplatten: 1 : 4 (4,5), 1,4; Steinzeugfliesen: 1 : 3, 1,5; Steingut und Irdengut: 1 : 5, 1,4 ([13.16], [13.17], [13.19], [13.20], [13.37]).
Verwendung: Mauerwerk oder rauhe Betonoberflächen, keramische Bodenplatten, Bodenfliesen

Natursteine – Gestein, Lehm

NR.	KURZBEZEICHNUNG	DICHTE	DRUCK-FESTIGKEIT	BIEGE-FESTIGKEIT	E-MODUL	LINEARE WÄRME-AUSDEHNUNG	BAUSTOFF-KLASSE
		ρ	σ_D	σ_{BZ}	E	α	
		kg/m^3	N/mm^2	N/mm^2	N/mm^2	10^{-6} K	
1.1	Granit/Syenit	2600 – 2800	160 – 240	10 – 20	40 000 – 80 000	5 – 11	A1
1.2	dichte Kalksteine, Dolomite, Marmor	2650 – 2850	80 – 180	6 – 15	60 000 – 90 000	5 – 10	A1
1.3	sonstige Kalksteine	2400 – 2500	20 – 90	5 – 8	40 000 – 70 000	4 – 12	A1
1.4	Quarzit. Sandstein	2600 – 2650	120 – 200	12 – 20	20 000 – 70 000	8 – 12	A1
1.5	Sonstige Sandstein	2000 – 2650	30 – 180	3 – 15	5 000 – 30 000	8 – 12	A1
1.6	Tonschiefer	2600 – 3500	60 – 95	7 – 16	56 000 – 91 000	5	A1
1.7	Tuffstein	1300	5 – 25	1 – 4	30 000 – 80 000	6 – 10	A1
1.8	Strohlehm	850 – 1600	1,7 – 2,5	1,2 – 1,7	4350	5	A1
1.9	Massivlehm	1800	2 – 5	x	4350	5	A1
1.10	Massivlehmsteine	1800	2 – 4	x	4350	5	A1

Keramische Baustoffe – Steine, Dachziegel, Platten und Fliesen

NR.	KURZBEZEICHNUNG	DICHTE	DRUCK-FESTIGKEIT	BIEGE-FESTIGKEIT	E-MODUL	LINEARE WÄRME-AUSDEHNUNG	BAUSTOFF-KLASSE
		ρ	σ_D	σ_{BZ}	E	α	
		kg/m^3	N/mm^2	N/mm^2	N/mm^2	10^{-6} K	
2.1	Vollziegel	1500 – 1800	10 – 25	5 – 10	5 000 – 20 000	5	A1
2.2	Lochziegel	600 – 1400	2,5 – 25	5 – 10	5 000 – 20 000	5	A1
2.3	Klinkerziegel	2000	60	10 – 30	20 000 – 70 000	5	A1
2.4	Dachziegel	1800	x	8 – 15	5 000 – 20 000	4,5 – 5	A1
2.5	Vormauerziegel	1800	25 – 50	10 – 25	9 000	5	A1
2.6	Spalt- und Klinkerplatten für den Fußboden	2000 – 2100	150	15	x	x	A1
2.7	Wandspalt- und Klinkerplatten	2000	x	9	x	x	A1
2.8	Wandfliesen, innen	1700 – 2000	x	12 – 15	x	9	A1
2.9	Bodenfliesen in Zementmörtel	2300	x	27	x	9	A1

WÄRMELEIT-FÄHIGKEIT	SPEZ. WÄRME-KAPAZITÄT	DAMPF-DIFFUSIONS-WIDERSTAND	WASSER-AUFNAHME	PRIMÄR-ENERGIE-INHALT	UMWELTAUS-WIRKUNGEN HERSTELLUNG/ NUTZUNG	WIEDERVER-WENDBAR-KEIT RECYCLING	NR.
λ	c	μ		PEI			
W/(m·K)	kJ/(kg·K)		Masse-%	kWh/m3			
3,5	0,91	50 – 200	0,2 – 0,5	74 – 200	+/-	+	1.1
3,5	0,91	50 – 200	0,2 – 0,6	74 – 200	+/n. b.	+	1.2
2,1 – 2,3	0,88	50 – 200	0,2 – 10	74 – 200	+/n. b.	+	1.3
2,1	0,88	20 – 50	0,2 – 0,6	74 – 200	+/n. b.	+	1.4
2,1	0,88	20 – 50	0,2 – 9	74 – 200	+/n. b.	+	1.5
3,5	0,9	25	0,5 – 0,7	74 – 200	+/-	+	1.6
0,8	0,88	4 – 10	6 – 15	74 – 200	+/-	+	1.7
0,25 – 0,81	1 – 1,1	2 – 5	x	0 – 25	+/+	+	1.8
0,85 – 0,93	1	5 – 10	x	0 – 25	+/+	+	1.9
0,91	1	5 – 10	x	x	+/+	+	1.10

WÄRME-LEITFÄHIG-KEIT	SPEZ. WÄRME-KAPAZITÄT	DAMPF-DIFFUSIONS-WIDERSTAND	WASSER-AUFNAHME	PRIMÄR-ENERGIE-INHALT	UMWELTAUS-WIRKUNGEN HERSTELLUNG/ NUTZUNG	WIEDER-VERWEND-BARKEIT RECYCLING	NR.
λ	c	μ		PEI			
W/(m·K)	kJ/(kg·K)		MASSE-%	kWh/m^3			
0,46 – 0,83	0,92	5 – 10	18 – 22	563 – 1360	n. b./+	+	2.1
0,13 – 0,50	0,92	2 – 10	15 – 22	375 – 570	n. b./+	+	2.2
0,8 – 1,16	0,88	50 – 400	9 – 10	1385 – 1750	n. b./n. b.	+	2.3
0,46 – 0,69	0,90	100 – 400	14 – 18	1150 – 1360	n. b./+	+	2.4
0,96	0,92	50 – 100	x	845 – 1400	n. b./+	+	2.5
1,05 – 1,11	0,88 – 0,90	120 – 410	5	x	n. b./+	+	2.6
0,96 – 1,05	0,9 – 0,92	35 – 300	10	x	n. b./n. b.	n. b.	2.7
0,87 – 1,04	0,90	150 – 300	> 10	x	n. b./n. b.	n. b.	2.8
1,28	0,9	x	< 3	x	n. b./n. b.	n. b.	2.9

13 Bauko. Entwurf

3 Mörtel, Putze, Estriche

3.1 Anhydritestrich: natürliches Anhydrit ($CaSO_4$) ist ein in der Natur vorkommender wasserfreier Gips, synthetisches Anhydrit fällt z. B. bei der Flußsäureherstellung an. Anhydritestriche (AE12, AE20, AE30, AE40) werden aus Anhydritbindern (AB 20) und Sand im Mischungsverhältnis 1 : 2,5 (Raumteile) und evtl. Fließmitteln meist als Fließestrich hergestellt (Lufttemperatur bei der Herstellung $\geq$ 5 °C; Fugen sind bei weniger als < 1000 m^2 i. d. R. nicht erforderlich, außer bei Fußbodenheizungen). Nachbehandlung ist nicht erforderlich, begehbar nach 1 bis 2 Tagen, verlegereif nach ca. 10 bis 14 Tagen ([13.17], [13.37], [13.38]).
Verwendung: Wohn- und Bürobauten

3.2 Fließestrich: Fließestrich ist ein Werktrockenmörtel, der auf der Baustelle mit Wasser angerührt und zur Verlegestelle gepumpt wird (selbstverlaufend, eben). Dicke ca. 3,5 cm, begehbar nach 3 bis 24 Std., belastbar nach 8 bis 72 Std., verlegereif nach 8 bis 21 Tagen ([13.17], [13.37]).
Verwendung: Wohn-, Bürobauten, Feuchtebereiche, Fußbodenheizungen

3.3 Gipsestrichplatten: Trockenestrich aus meist 3 verklebten Gipskartonplatten (Nut und Feder), Abmessungen oft 200 cm × 60 cm, d = 2,5 cm. Auch mit Feuchtigkeitsschutz bzw. aufgeklebten Polystyrolschaumplatten. Sofort begehbar ([13.17], [13.37], [13.38]).
Anwendung: Trockenausbau (auch für Fußbodenheizungen)

3.4 Gipsfaserestrichplatten: Analog den Gipsestrichplatten (3.3) aus Gips mit Faserbewehrung (Cellulosefasern); sofort begehbar ([13.17], [13.37]).
Anwendung: Trockenausbau

3.5 Gußasphaltestrich: Estrich aus Bitumen und Zuschlag (einschließlich Füller): GE10, GE15, GE40, GE100 (GE Stempeleindringtiefe (Härte) in 0,1 mm). Fugenloser Einbau (bei jedem Wetter), Verarbeitungstemperatur 220 bis 250 °C, die Oberfläche wird vor dem Erkalten mit feinem Sand abgerieben (einlagig 2 bis 3 cm; zweilagig $\geq$ 4 cm). Nach 2 bis 3 Stunden begehbar ([13.17], [13.37]).
Verwendung: befahrbar, beheizte und unbeheizte Räume, im Freien, Kühlräume

3.6 Lehmestrich wird mit nicht zu grobkörnigem und feuchtem Lehm (Trockenschwindung < 5 mm) und evtl. Faserstoffen (Strohhäcksel, Kuhhaare) schichtenweise in einer Stärke von 8 bis 20 cm hergestellt. Die nach dem Trocknen der jeweiligen Schicht auftretenden Risse werden wieder so lange zugestampft, bis keine Risse mehr auftreten.
Verwendung: landwirtschaftlich genutzte Gebäude, Ställe, Getränkekeller

3.7 Magnesiaestrich: Estrich aus kaustisch (= ätzend) gebranntem Magnesia und einer wäßrigen Lösung aus Magnesiumchlorid, anorganischen oder organischen Zuschlägen und evtl. Farbstoffen (ME5, ME7, ME10, ME20, ME30, ME40, ME50 – Nenndruckfestigkeit in N/mm^2). Schwindet beim Erhärten (Fugen anordnen). Auf Betondecken Eindringen der Mörtelfeuchtigkeit in den Beton verhindern (Chloridkorrosion!), feuchteanfällig (Schutz durch Dampfsperre, Ölen) ([13.17], [13.37]).
Steinholz (Dicke 1,5 bis 2,5 cm); Mischungsverhältnis (Vol.) für Unterböden: Magnesia : Sägemehl (Füller) = 1 : 4, Mischungsverhältnis für Nutzschichten: Magnesia : Füllstoff = 1 : 2.
Anwendung: Innenbereich (z. B. Küchen), Laborräume

3.8 Zementestrich: Estrich (ZE12, ZE20, ZE30, ZE40, ZE50, ZE55 M, ZE65 A, ZE65 KS; Nenndruckfestigkeit in N/mm^2) aus Zement, Zuschlag (bei $d \leq 4$ cm Korndurchmesser ≤ 8 mm, bei größeren Dicken bis 16 mm) und evtl. Zusätze. Mischungsverhältnis (Vol.): Sand (0/2) : Kiessand (2/8) : Zement = 2 (2,5) : 2 (2,5) : 1 ([13.17], [13.37]).
Verwendung: begehbare und befahrbare Estriche im Innen- und Außenbereich
Terrazzo: Zementestrich mit weißem (farbigem) schleif- und polierfähigem Natursteinzuschlag. Fugen alle 5 bis 6 m, nicht unter 5 °C verarbeiten, begehbar nach ca. 3 Tagen ([13.17]).

3.9 und 3.10 Gipsputze (Maschinengipsputze) besteht aus Halbhydrat, Anhydrit II und Anhydrit III (Versteifungsbeginn $\geq$ 3 Min., Maschinenputz $\geq$ 25 Min.). Gips : Wasser = 1,5 : 1

Gipsmörtel mit Sand abgemagert: abgemagerter Gipsputz, mit relativ raschem Versteifungsbeginn. Mischungsverhältnis (Vol.) Wasser : Gips : Sand = 1 : 1,25 : 2,5 (3,75), evtl. Kalkhydrat als Verzögerer (Wasser : Kalk = 10 : 1) ([13.17], [13.21], [13.37]).
Verwendung: Innenbereich (nicht in Feuchträumen)

3.11 Gipskalkputze müssen mit Luftkalk (Kalkhydrat = gelöschter Kalk) hergestellt werden. Mischungsverhältnis (Vol.) Gips : Kalk : Sand = 1 : 1 : 3 ([13.17], [13.21], [13.37]).
Verwendung: Innenbereich

3.12 Luftkalkputze (Luftkalkmörtel) bestehen aus Luftkalken (Weißkalk, Dolomitkalk; Kalkhydrat = gelöschter Kalk), Sand und Wasser. Mischungsverhältnis (Vol.) Luftkalk : Sand = 1 : 3 (3,5) ([13.17], [13.21], [13.37]).
Verwendung: Innenbereich

3.13 Hydraulische und Hochhydraulische Kalkputze bestehen aus hydraulisch erhärtenden Kalken (Wasserkalk, Hydraulischer Kalk, Hochhydraulischer Kalk) und Sand, benötigen keine Zementzusätze und dürfen nicht mit Gips gemischt werden. Mischungsverhältnis (Vol.) Hydr. Kalk : Sand = 1 : 3 Verwendung auch als Traßkalkmörtel ([13.17], [13.21], [13.37]).
Verwendung: feuchtebeständig – Außen- und Innenbereich

3.14 Kalkzementputz: Putze aus Zement, Kalk, Zuschlag und Wasser. Mischungsverhältnis (Vol.) Zement : Kalk : Zuschlag = 1 : 2 (1,5) : 9 ([13.17], [13.21], [13.37]).
Verwendung: Innen- und Außenbereich

3.15 Zementputz: Feste und kaum saugende Putze aus Zement, Zuschlag und Wasser. Mischungsverhältnis (Vol.) Zement : Zuschlag : Wasser = 1 : 3 : 0,5 ([13.17], [13.21], [13.37]).
Verwendung: Sockelbereich, Außenmauern

3.16 Kunstharzputze sind Beschichtungen, bestehend aus Kunstharzen (organischen Verbindungen, z. B. Polymeracrylat, Polyvinylacetat) als Bindemittel und Sanden bzw. Füllstoffen ([13.17], [13.21], [13.37]).
Verwendung: Oberputz auf mineralischen Unterputzen oder Wärmedämmverbundsystemen

3.17 Silikatputz: Silikatputze, aber auch Silikonharzputze sind ähnlich aufgebaut wie Kunstharzputze (3.16), unterscheiden sich jedoch hinsichtlich des Bindemittels ([13.17], [13.21], [13.37]).
Silikatputz = Bindemittel (Kaliwasserglas + Dispersionszusatz (z. B. Acrylate)) + Sand
Verwendung: auf silikatischen Untergründen (sandhaltige Putze) nicht auf Holz(werkstoffen) oder Kunststoffen

3.18 Leichtputz: Werksmörtel mit einer Dichte von 600 bis 1300 kg/dm^3 (keine Wärmedämmputze!). Verwendung von mineralischen oder organischen Zuschlägen (bei Außenputz nur als Unterputz) ([13.17], [13.21], [13.37]).
Anwendung: als Unterputz bei Außenwänden

3.19 und 3.20 Wärmedämmputze ($\lambda \leq 0,2$ W/(m·K)): Dämmputz mit exp. Zuschlägen werden mit expandiertem Polystyrol, Blähperlit, Vermiculit oder auch Mischungen dieser Stoffe hergestellt. Die Putzdicke ist abhängig von der gewünschten Dämmwirkung (Unterputz 2 bis 10 cm, Oberputz 1 cm) ([13.17], [13.21], [13.37]).
Verwendung: Unterputz für außenliegende Wärmedämmputzsysteme

3.21 Dämmputz mit Perliten: Perlitputz, Vermiculitputz (siehe auch Wärmedämmungen) Unterputz $d_{min} = 1$ cm; Oberputz $d \approx 0,5$ cm ([13.17], [13.21], [13.37]).
Verwendung: brandschutztechnisch wirksame Bekleidung von Bauteilen

3.22 Sanierputze sind Werk-Trockenmörtel (meist Zementmörtel mit Luftporenbildner, Sand oder Füllstoffen) mit hoher Porosität (30 bis 45 Vol.-%), großer Wasserdampfdurchlässigkeit und geringer kapillarer Leitfähigkeit. Üblich sind 2- oder 3lagige Systeme mit Schichtdicken $\geq 2,0$ cm (Salzeinlagerung von ca. 4 bis 6 kg/m^2) ([13.17], [13.21], [13.37]).
Verwendung: Trockenlegung der Oberflächen von feuchtem Mauerwerk

Mörtel, Putze, Estriche

NR.	KURZBEZEICHNUNG	DICHTE	DRUCK-FESTIG-KEIT	ZUG-FESTIG-KEIT	BIEGE-FESTIGKEIT	E-MODUL	LINEARE WÄRME-AUSDEHNUNG	BAUSTOFF-KLASSE
		ρ	σ_D	σ_Z	σ_{BZ}	E	α	
		kg/m³	N/mm²	N/mm²	N/mm²	N/mm²	10^{-6} K	
3.1	Anhydritestrich	2100 – 2200	18 – 50	x	3 – 7	17 000 – 18 000	x	A1
3.2	Fließestrich	1800 – 2000	28 – 40	x	5 – 8	17 000 – 18 000	x	A1
3.3	Gipsestrichplatten	1000	x	x	x	x	x	A1
3.4	Gipsfaserestrich-platten	1000	x	x	x	x	x	A1
3.5	Gußasphaltestrich	2000 – 2300	x	x	≥ 8	x	x	B1
3.6	Lehmestrich	1700 – 2000	3 – 4	x	x	x	5	A1
3.7	Magnesiaestrich	1400 – 2300	12 – 60	x	3 – 11	x	x	A1
3.8	Zementestrich	2000	18 – 80	x	3 – 9	x	x	A1
3.9	Gipsputz	1000 – 1200	3	0,3	≥ 1	5 000	12	A1
3.10	Gipsmörtel mit Sand abgemagert	1200 – 1400	3	x	≥ 1	x	12	A1
3.11	Gipskalkputz	1400 – 1600	2	x	≥ 1	x	8 – 12	A1
3.12	Luftkalkputz	1600 – 1800	1,5	0,1	1,3	5 000	5 – 12	A1
3.13	Hochhydraulischer Kalkputz	1600 – 1800	4 – 20	0,2	2,6 – 9	5 000 – 6 000	5 – 12	A1
3.14	Kalkzementputz	1800	2,5 – 4	0,3	0,8	6 000	12	A1
3.15	Zementputz	1800 – 2000	15	1,5	x	15 000	6 – 10	A1
3.16	Kunstharzputz	1100	5	1,0	x	5 000	15	A1 – B1
3.17	Silikatputz	1750	5	0,3	x	7 000	12	A1
3.18	Leichtputz	1300	2,5 – 3	0,3	0,8	1 800 – 6 000	3 – 15	A1
3.19	Wärmedämmputz	300 – 600	0,7	0,1	x	1 000	15	A2
3.20	Dämmputz mit exp. Zuschlägen	600 – 800	0,7	0,1	x	1 000	x	A1
3.21	Dämmputz mit Perliten	550	0,7	0,1	x	x	x	A1
3.22	Sanierputz	< 1400	< 4	0,3	x	3 000	15	A1

WÄRME-LEITFÄHIGKEIT	SPEZ. WÄRME-KAPAZITÄT	DAMPF-DIFFUSIONS-WIDERSTAND	WASSER-AUFNAHME	PRIMÄR-ENERGIE-INHALT	UMWELTAUS-WIRKUNGEN HERSTELLUNG/ NUTZUNG	WIEDER-VERWEND-BARKEIT RECYCLING	NR.
λ	c	μ		PEI			
W/(m·K)	kJ/(kg·K)		MASSE-%	kWh/m^3			
0,7 – 1,2	0,84 – 1	20 – 30	x	x	n. b./+	-	3.1
1,38 – 1,87	x	x	x	130 – 350	n. b./+	-	3.2
0,25 – 0,47	x	5 – 10	x	x	n. b./+	-	3.3
0,27	x	9	x	x	n. b./+	-	3.4
0,70 – 0,90	1,05	2000 – dampfd.	≤ 0,7	x	-/ n. b.	n. b.	3.5
0,81 – 1,16	1	5 – 10	x	0 – 25	+/+	+	3.6
0,47 – 0,70	1,5	15	x		n. b./+	-	3.7
1,40	1,13	15 – 50	x	235	n. b./n. b.	n. b.	3.8
0,36 – 0,47	0,85	10		130 – 150	n. b./+	-	3.9
0,700	0,85	10	40	160 – 465	n. b./+	-	3.10
0,7 – 0,87	0,85 – 0,96	10 – 15	x	x	n. b./+		3.11
0,87	0,96	10 – 35	25	130 – 200	n. b./+	-	3.12
0,87	0,96	15 – 35	25	310 – 423	n. b./+	-	3.13
0,87 – 0,9	0,96 – 1,13	15 – 35	x	171	n. b./n. b.	-	3.14
1,40	1,13	15 – 35	15	265	n. b./n. b.	-	3.15
0,7	x	50 – 200	x	x	-/n. b.	-	3.16
0,7	0,84	40	x	x	-/n. b.	-	3.17
0,3	x	15 – 20	x	472	n. b./n. b.	-	3.18
0,15 – 0,25	x	5 – 20	x	265	n. b./n. b.	-	3.19
0,19 – 0,28	0,90 – 0,92	5 – 20	x	265	n. b./n. b.	-	3.20
0,15	0,90	5 – 20	x	1320	n. b./n. b.	-	3.21
	x	10	x	x	n. b./n. b.	-	3.22

13 Bauko. Entwurf

4 Baustoffe mit mineralischen Bindemitteln – Normalbeton, Leichtbeton, Platten und Dachsteine

4.1 bis 4.7 Normalbeton (Bezeichnung B Nennfestigkeit in N/mm^2) besitzt eine Dichte von 2000 bis 2800 kg/m^3 und besteht aus Normalzuschlag (Kies, Sand), Zement, Wasser und evtl. Zusätzen (Zusatzmittel: Luftporenbildner, Verflüssiger usw. Zusatzstoffe: Gesteinsmehl, Traß usw.).

Die Herstellung erfolgt vor Ort (Ortbeton) oder im Werk (Lieferbeton). Zement ist ein hydraulisches Bindemittel, Beton erhärtet daher auch unter Wasser.

Erforderliche Angaben: Druckfestigkeit, Konsistenz, Korngröße (abhängig von der Dicke des Bauteils und der Bewehrungslage), besondere Eigenschaften (Wasserundurchlässigkeit, Sichtbeton usw.).

Mischungsverhältnis für 1 m^3 Normalbeton: knapp 2 t Zuschlag (die Hälfte Kies ($\geq$ 4mm), ein Viertel Grobsand (1 bis 4 mm), ein Viertel Feinsand (0 bis 1 mm)), ca. 300 kg Zement, ca. 150 l Wasser. Volumenverhältnis Zement : Zuschlag : Wasser = 1 : 7 : 1,5 (1,6).

Einflüsse auf die Betoneigenschaften: W/Z-Wert, Zementleimanteil, Zement- und Zuschlagsqualität, Verarbeitung, Verarbeitungstemperatur, Verdichtung (Rütteln, Stampfen, usw.), Nachbehandlung (ausreichende Feuchtigkeit für den Erhärtungsvorgang, Schutz vor Kälte, zu großer Hitze usw., evtl. Nachbehandlungsmittel), Erhärtungsdauer ([13.16], [13.17], [13.22]).

4.8 Stahlbeton: Verbundbaustoff aus Beton (i.d.R. Aufnahme der Druckspannungen) und Stahl in Form einer schlaffen Bewehrung (Aufnahme der Zugspannungen).

4.9 und 4.10 Blähtonbeton, haufwerksporig, setzt sich im wesentlichen aus Zement, Wasser und Blähton als Zuschlag (kugeliger Leichtzuschlag mit einer Dichte von ρ = 600 bis 1600 kg/m^3, der durch Erhitzen (> 1000 °C) von illitreichen Tonarten entsteht) zusammen. Haufwerksporen sind Poren zwischen den Zuschlagskörnern, die z. B. entstehen wenn nur eine Korngröße verwendet wird, d. h. keine stetige Sieblinie verwendet wird ([13.11], [13.17], [13.23], [13.27]).

Verwendung: Hohlblocksteine, Schallschutzwände

4.11 Blähtonbeton, gefügedicht: Gefügedichter Blähtonbeton besitzt im Gegensatz zu haufwerksporigem Blähtonbeton eine stetige Sieblinie für den Zuschlag ([13.11], [13.17], [13.23], [13.27]).

Verwendung: Hohlblocksteine, Wand- und Deckenplatten, Estriche, konstruktiver Stahlleichtbeton

4.12 Porenbeton (Gasbeton): Quarzsand, Zement, Kalk, Wasser werden durch ein Treibmittel (z. B. Aluminiumpulver) bei konstantem Druck und Temperatur im Autoklaven aufgebläht. Die Unterscheidung erfolgt nach der Druckfestigkeit.

Verarbeitung zu Planblöcken (Verkleben mit Dünnbettmörtel), Fassadenplatten, Deckenplatten (Bewehrung benötigt eine Ummantelung!)

Verwendung: Außenwände, Innenwände, Deckenelemente, Fassadenplatten (Industriebau)

Porenleichtbeton oder Schaumbeton: Mischung eines Feinmörtels mit einem gesondert hergestellten Schaum in Spezialmischern. Erhärtung an der Luft ([13.16], [13.17], [13.22], [13.23], [13.24]).

Verwendung: Ausgleichsschichten (wärmedämmend) auf Decken und Flachdächern, Unterböden im Industriebau, Straßenbau

4.13 Holzspanbeton: Beton (Zement, Zuschlag, Wasser), bei dem Holzspäne (mineralisiert) als Zuschlag verwendet werden ([13.17]).

Verwendung: z.B. Hohlblockstein, Schalungssteine, Platten

4.14 Hüttenbimsbeton setzt sich aus Zement, Wasser und Hüttenbims (mit Wasser schnell gekühlte und aufgeschäumte Hochofenschlacke mit einer Dichte von ρ = 900 bis 1400 kg/m³) zusammen ([13.17], [13.37]).
Anwendung: z. B. wärmedämmender Leichtbeton, Stahlleichtbeton, Hohlblocksteine

4.15 und 4.16 Kalksandstein ist ein Gemisch von Branntkalk, Quarzsand und Wasser, das geformt und unter Sättigungsdampfduck (16 bar) und höherer Temperatur (160 bis 220 °C) im Autoklaven hydratisiert wird. Die Farbe ist weiß, Voll- oder Lochsteine ([13.13], [13.16], [13.17], [13.23]).
Verwendung: Mauersteine, Vormauersteine, Verblendsteine

4.17 und 4.18 Polystyrolbeton: gefügedichter Leichtbeton aus Zement, Zuschlag aus expandiertem Polystyrol (EPS-Beton), Feinsand oder Füller, Wasser und evtl. Zusatzmitteln ([13.17], [13.23]).
Verwendung: Steine bzw. geschoßhohe Element im Wohnbau (als verlorene Schalung und Verfüllung mit Normalbeton), im Straßenbau als Tragschicht bei frostgefährdeten Böden

4.19 Ziegelsplittbeton: wird aus Zement, Wasser und gebrochenem Ziegel als Zuschlag (Recyclingmaterial) hergestellt. Wichtig ist die Kornform des Ziegelsplitts (Verhältnis $l : d$) um ein entsprechendes Einmischen zu ermöglichen ([13.17], [13.37]).
Verwendung: Wände (Mauersteine)

Platten und Dachsteine

4.20 Gipsbauplatten (Gipsdielen): Gipsplatten (Steine) aus Stuckgips, manchmal auch mit anorganischen Zuschlägen oder Füllstoffen, mit Dicken zwischen 6 und 12 cm. Auch mit Nut und Feder. Die Steine werden mit Fugengips im Verband versetzt und gespachtelt ([13.17]).
Verwendung: Trennwände (innen)

4.21 Gipsfaserplatten: Gipsplatten mit Cellulosefasern als Faserverstärkung. Als Ausbauplatte, Feuchtraumplatte, Brandschutzplatte, Vorsatzschale.
Verwendung: trockener Ausbau, Dachboden, Zwischenwände, Vorsatzschale

4.22 Gipskartonplatten sind Platten mit einem Kern aus modifiziertem Stuckgips und einer Kartonummantelung. Als Ausbauplatte, Feuchtraumplatte, Brandschutzplatte.
Verwendung: trockener Innenausbau, Dachboden, Zwischenwände, Vorsatzzschale

4.23 Vermiculitebrandschutzplatten werden durch Verpressen von geblähtem Vermiculit mit anorganischen, nicht brennbaren Bindemitteln hergestellt.
Verwendung: Brandschutzbekleidungen für den Stahlbau und Holzbau, Ständerwände, Unterdecken, Luftkanäle

4.24 Mineralfaserbrandschutzplatten: Verbundelemente aus magnesitgebundenen, vlies- und gitterbewehrten Deckschichten und nichtbrennbarer Steinwolle im Kern.
Verwendung: Wärmedämmung von der Decke zum Dachraum

4.25 Betondachstein: im Strangpreßverfahren hergestellte Dachsteine aus Beton (Mörtel, Pigmente), die durch Preßwalzen verdichtet werden.

4.26 Dachplatten: Faserzementplatten mit Dolanit- (Polyacrylnitril) oder Kuralonfasern (Polyvinylalkohol), Zement und Wasser ([13.17]).
Verwendung: leichte Dachdeckungen als Wellenplatte, ebene Dachplatte, Fassadenplatte

Baustoffe mit mineralischen Bindemitteln – Normalbeton, Leichtbeton, Platten und Dachsteine

NR.	KURZBEZEICHNUNG	DICHTE ρ kg/m³	DRUCK-FESTIGKEIT σ_D N/mm²	BIEGE-FESTIGKEIT σ_{BZ} N/mm²	E-MODUL E N/mm²	LINEARE WÄRME-AUSDEH-NUNG α 10^{-6} K	BAUSTOFF-KLASSE
4.1	Normalbeton	2000 – 2400	5	2,6 – 3,2	x	10	A1
4.2	Normalbeton	2000 – 2400	10	4,0 – 5,2	22 000	10	A1
4.3	Normalbeton	2000 – 2400	15	5,0 – 7,0	26 000	10	A1
4.4	Normalbeton	2000 – 2400	25	6,9 – 10,2	30 000	10	A1
4.5	Normalbeton	2000 – 2400	35	8,4 – 12,9	34 000	10	A1
4.6	Normalbeton	2000 – 2400	45	9,8 – 15,5	37 000	10	A1
4.7	Normalbeton	2000 – 2400	55	11,1 – 17,9	39 000	10	A1
4.8	Stahlbeton	2400 – 2500	5 – 55	-	22 000 – 39 000	10	A1
4.9	Blähtonbeton, haufwerksporig	600 – 1100	1,7 – 4	0,3 – 1,05	500 – 4000	10	A1
4.10	Blähtonbeton, haufwerksporig	1100 – 1700	4 – 20	1,05 – 2,5	4000 – 16 000	10	A1
4.11	Blähtonbeton, dicht	1100 – 1800	14 – 28	x	9 000 – 17 500	10	A1
4.12	Gasbeton	400 – 1400	2,5 – 10	0,5 – 2	1 200 – 2 500	8	A1
4.13	Holzspanbeton	600 – 800	2,0	x	x	8	A2
4.14	Hüttenbimsbeton	900 – 1600	25	x	5 000 – 10 000	8	A1
4.15	Kalksandstein	1000 – 1400	12 – 35	x	x	8	A1
4.16	Kalksandstein	1800	4 – 60	x	x	8	A1
4.17	Polystyrolbeton	400	1,0	0,5	800	12	B1
4.18	Polystyrolbeton	600 – 1000	2,2 – 6,0	0,7 – 1,5	1 000 – 3 000	12	A2
4.19	Ziegelsplittbeton	1600	x	x	x	x	A1
4.20	Gipsbauplatten	800 – 1200	10 – 35	3 – 7	x	x	A1
4.21	Gipsfaserplatten	1000	x	7,0	x	37	A2, B1
4.22	Gipskartonplatten	900	x	x	x	35	A2, B1
4.23	Vermiculitebrand-schutzplatten	350 – 950	x	1,0 – 6,0	x	x	A1, A2
4.24	Mineralfaserbrand-schutzplatten	430 – 900	x	3,4 – 7,6	x	x	A1
4.25	Betondachstein	2400	x	x	x	x	A1
4.26	Dachplatten	1700	x	6,0	15 500	10	A2

WÄRMELEIT-FÄHIGKEIT	SPEZ. WÄRME-KAPAZITÄT	DAMPF-DIFFUSIONS-WIDERSTAND	PRIMÄRENERGIE-INHALT	UMWELTAUS-WIRKUNGEN HERSTELLUNG/ NUTZUNG	WIEDERVER-WENDBAR-KEIT RECYCLING	NR.
λ	c	μ	PEI			
W/(m·K)	kJ/(kg·K)		kWh/m³			
1,51 – 2,10	1,1 – 1,13	50 – 150	345 – 524	n. b./n. b.	n. b.	4.1
1,51 – 2,10	1,1 – 1,13	50 – 150	345 – 524	n. b./n. b.	n. b.	4.2
2,03 – 2,10	1,1 – 1,13	50 – 150	345 – 524	n. b./n. b.	n. b.	4.3
2,03 – 2,10	1,1 – 1,13	50 – 150	345 – 524	n. b./n. b.	n. b.	4.4
2,03 – 2,10	1,1 – 1,13	50 – 150	345 – 524	n. b./n. b.	n. b.	4.5
2,03 – 2,10	1,1 – 1,13	50 – 150	345 – 524	n. b./n. b.	n. b.	4.6
2,03 – 2,10	1,1 – 1,13	50 – 150	345 – 524	n. b./n. b.	n. b.	4.7
2,1 – 2,30	1,1 – 1,13	35 – 50	x	n. b./n. b.	n. b.	4.8
0,16 – 0,42	1,1 – 1,13	5 – 15	425	n. b./n. b.	n. b.	4.9
0,16 – 0,42	1,1 – 1,13	5 – 15	425	n. b./n. b.	n. b.	4.10
0,43 – 0,67	1,1 – 1,13	15	425	n. b./n. b.	n. b.	4.11
0,12 – 0,29	1,0	5 – 10	300 – 724	n. b./n. b.	n. b.	4.12
0,14 – 0,27	1,5	5 – 10	700 – 800	n. b./+	n. b.	4.13
0,52 – 0,63	1,13	10	203	n. b./n. b.	n. b.	4.14
0,56 – 0,77	0,9	5 – 10	290 – 350	n. b./n. b.	n. b.	4.15
0,99	0,9	15 – 25	436	n. b./n. b.	n. b.	4.16
0,14	1,4	40		-/n. b.	n. b.	4.17
0,21 – 0,43	1,4	60 – 200	545 – 570	-/n. b.	n. b.	4.18
0,73 – 0,87	0,92	5 – 15		n. b./n. b.	-	4.19
0,29 – 0,58	0,8	7 – 10	750 – 88	n. b./n. b.	n. b.	4.20
0,27	0,84	8	850	n. b./n. b.	n. b.	4.21
0,21	0,84 – 1,0	8	760 – 1033	n. b./n. b.	-	4.22
0,11 – 0,14	x	x	x	n. b./n. b.	-	4.23
0,08 – 0,17	x	x	x	n. b./n. b.	-	4.24
2,1	1,1 – 1,13	35	500 – 600	n. b./n. b.	+	4.25
0,35	1,0	136	x	n. b./n. b.	-	4.26

5 Holz und Holzbaustoffe

5.1 bis 5.5 Massivhölzer (Fichte, Kiefer, Lärche, Eiche, Buche): Holz besteht im wesentlichen aus Cellulose (polymeres Kohlehydrat) und Hemicellulose als Gerüststoff (Cellulosebegleiter, wird leicht von Schädlingen angegriffen) und Lignin als Kittstoff (aromatische Verbindungen). Nebenbestandteile sind Wachse, Harze, Fette, Stärke, Mineralien usw. Die Vorteile von Holz sind die hohe Festigkeit in bezug auf das Eigengewicht, die gute Bearbeitbarkeit und Verfügbarkeit. Nachteile sind die Brennbarkeit, geringe Dauerhaftigkeit bei Wechsel von feucht/trocken, Anfälligkeit gegen tierische und pflanzliche Holzschädlinge.

Holzschutz: Man unterscheidet beim baulichen Holzschutz zwischen konstruktivem (bauliche Maßnahmen wie Dachüberstände, Sockel und Mindesthöhe über dem Erdboden bei der Holzanwendung usw.) und chemischem Holzschutz und andererseits zwischen vorbeugendem und bekämpfendem Holzschutz. Der Holzschutz richtet sich gegen den Angriff von tierischen (Holzwurm, Hausbock etc.) und pflanzlichen Holzschädlingen (Pilze wie z. B. Hausschwamm und Kellerschwamm) und Mikroorganismen.

Beim konstruktiven Holzschutz versucht man die Voraussetzungen für ein Einnisten der Holzschädlinge – pflanzliche Holzschädlinge benötigen eine entsprechende Temperatur und Feuchte als Lebensbedingung – auszuschließen ([13.17]).

Bei den chemischen Holzschutzmitteln unterscheidet man:

- Wasserlösliche (salzhaltige) Holzschutzmittel für trockenes und halbtrockenes Holz. Sie bestehen aus auswaschbaren und nicht auswaschbaren Salzen, z.B. aus Arsenaten (A), anorganischen Borverbindungen (B), Chromaten (C), Hydrogenfluoriden (HF), Siliconfluoriden (SF), Kupfersalzen (K)
- Lösungsmittelhaltige (ölige) Holzschutzmittel: bestehen aus einem Lösungsmittel, in dem die Wirkstoffe (Insektizide, Fungizide) gelöst sind. Als Lösemittel werden aromatische Kohlenwasserstoffe, chlorierte Kohlenwasserstoffe, Alkohole, Ketone, Ester und aliphatische Kohlenwasserstoffe verwendet.
- Teeröle (nur für trockenes Holz) bestehen aus einem Öl oder einem organischen Lösungsmittel und evtl. Wirksubstanzen (Carbolineum).

Die Verwendungsarten von Massivhölzern sind abhängig von der Holzart ([13.11], [13.17], [13.23]).

Fichte: konstruktives Bauholz für Dachstühle, Träger, Stützen, Schalungen, Leisten, Bretter
Kiefer: konstruktives Bauholz für Träger, Stützen, Wasserbau, Möbel
Lärche: Wasserbau, Dachschindeln, Fußböden, Treppen
Eiche: Fußböden, Treppen, Türen, Möbelbau, Eisenbahnschwellen
Buche: Unterlagsplatten, Fußböden, Dübel, Möbelbau

5.6 und 5.7 Holzfaserplatten sind Holzwerkstoffe aus Holzfasern, die mit oder ohne Bindemittel unter Einwirkung von Druck und Temperatur hergestellt werden. Man unterscheidet nach der Dichte Hartfaserplatten (HFH, $\rho > 800$ kg/m^3), mittelharte Holzfaserplatten (HFM, $\rho = 350$ bis 800 kg/m^3) und mitteldichte Holzfaserplatten (MDF, $\rho = 250$ bis 450 kg/m^3)
Verwendung: mittragende Beplankung, Schalenkonstruktionen, Dachschalung ([13.11], [13.16], [13.17], [13.44])

5.8 Holzwolleleichtbauplatte: Platten aus Holzwolle und mineralischem Bindemittel (Zement oder kaustisch gebranntes Magnesit).
Verwendung: Ausbau (Putzträger), Wärmedämmung, Mantelbeton

5.9 bis 5.11 Holzspanplatten werden aus Holzspänen, die mit Leimen, Zement, Magnesit, Kunstharz oder Gips gebunden sind, hergestellt. Die Herstellung erfolgt als Flachpreß-, Strangpreßplatte in den Qualitäten V20 (Innenausbau, Möbelbau), gebunden mit Harnstoff-Formaldehydharz, V100 (Fußboden, Wand, Dach), gebunden mit Phenol-Fomaldehydharz, V100 iso, gebunden mit Isocyanat. Bezüglich der Formaldehydemissionen von leimgebundenen Platten

unterscheidet man E1 (geringe), E2 und E3 (höhere Emissionen) Platten ([13.11], [13.16], [13.44]).
Verwendung: mittragende Beplankung, Fußbodenunterkonstruktionen, Dachschalung
OSB-Platten (oriented structural board oder strandboard) bestehen aus langen Spänen (längsorientiert oder überkreuz) mit querliegender Mittelschicht.
Parallam: Platten aus längsorientierten Spänen mit einer Spanlänge bis ca. 75 mm.
PSL (parallel strand lumber): aus 30 mm langen und 1 mm dicken Spänen (Qualität V100)
Verwendung: aussteifende Platten, Kanthölzer ([13.45])
Intrallam: Stab- oder plattenförmige Konstruktionselemente aus Furnierstücken.
5.12 Sperrholz wird in **Furnierplatten (FU)** und **Tischlerplatten (TI)** unterteilt.
Furnierplatte: Sperrholzprodukt aus 2 parallelen Deckfurnieren und einer kreuzweise verleimten Mittellage [13.17].
Tischlerplatten oder Paneelplatten sind Platten mit einer dickeren Holzmittellage (Stäbchenmittellage (STAD), Holzleisten mit einer Breite bis 8 mm, verleimt; Stabmittellage (ST), Holzleisten mit einer Breite von 24 bis 28 mm, verleimt, oder Streifenmittellage (SR) mit einer Breite von 24 bis 28 mm, nicht verleimt) und beidseitig normal aufgeleimten Decklagen (2 bis 3 mm Furnieren; 3 bis 5 mm Spanplatten; 4 mm Hartfaserplatten).
Anwendung: Holztafelbauweise, Möbelbau
Furnierschichtholz besteht aus Furnierschichten, die entweder eine parallele Faserrichtung aufweisen, oder es wird zwischen mehreren parallelen Furnieren eine festgelegte Zahl von Furnieren mit querlaufender Faserrichtung eingelegt.
Kerto-Furnierschichtholz besteht aus 3,2 mm dicken verleimten Schälfurnieren aus Nadelholz.
Kerto-Q: Furnierlagen vorwiegend parallel, geringe Anzahl von Furnierlagen normal dazu.
Kerto-S: ausschließlich faserparallele Furnierlagen.
Microllam: Furnierschichtholz mit parallelen, in Längsrichtung überlappenden Furnierschichten aus „Southern Yellow Pine".

6 Glas

6.1 Flachglas besteht im wesentlichen aus Quarzsand, Soda, Dolomit, Kalk, Feldspat und Sulfat. Man unterscheidet Fensterglas und Spiegelglas (Herstellung vor allem im Floatverfahren), Gußglas (keine klare Durchsicht, z. B. Drahtgläser) und Antikglas (schlierig, blasig) ([13.17], [13.31]).
Nach der Verwendung unterscheidet man Normalglas, Sicherheitsglas (Einscheibensicherheitsglas, Verbundsicherheitsglas, Drahtglas), Wärmeschutzglas (Verbundelement aus zwei oder mehr Scheiben mit umlaufender Dichtung, luft- oder gasgefüllt), Sonnenschutzglas (Absorptions- und Reflexionsglas durch Schichtsysteme aus Metalloxiden oder gefärbten Folien) und Schallschutzglas (hohes Scheibengewicht, unterschiedliche Dicke der Einzelscheiben, Schwergasfüllung des Scheibenzwischenraums).
6.2 Kieselglas (Quarzglas) besitzt einen hohen SiO_2-Anteil und damit eine hohe Schmelztemperatur (1700 °C), gute Temperaturwechselbeständigkeit und Chemikalienbeständigkeit, UV-durchlässig ([13.17], [13.31]).
Verwendung: Quarzlampen, Laborgläser
6.3 Glaskeramik wird mit unterschiedlicher Zusammensetzung mit folgenden Eigenschaften hergestellt: geringe Wärmeausdehnung, hohe Temperatur- (Feuerwiderstandszeiten von 180 bis 240 Minuten) und Temperaturwechselbeständigkeit, hohe Abrieb- und Verschleißfestigkeit, hohe mechanische Festigkeit, gute Bearbeitbarkeit ([13.17], [13.31]).
Verwendung: Brandschutzgläser
6.4 Bauhohlglas wird vor allem durch Pressen hergestellt, man versteht darunter kompaktes Glas für raumabschließende Funktion ([13.17], [13.31]).
Anwendung: Glassteine, Betonglas, Glasdachsteine

Holz

NR.	KURZBEZEICHNUNG	DICHTE	DRUCK-FESTIGKEIT	ZUG-FESTIGKEIT	BIEGE-FESTIGKEIT	SCHUB-SPANNUNG	E-MODUL	LINEARE WÄRME-AUSDEHNUNG
		ρ	σ_D	σ_Z	σ_{BZ}		E	α
		kg/m³	N/mm²	N/mm²	N/mm²		N/mm²	10^{-6} K
5.1	Holz (Fichte)	470	40*⁾	80*⁾	68	7,5	10 000*⁾	34 (3 – 9)
5.2	Holz (Kiefer)	520	45*⁾	100*⁾	80	10	11 000*⁾	(3 – 9)
5.3	Holz (Lärche)	500	48*⁾	105*⁾	93	9	12 000*⁾	(3 – 9)
5.4	Holz (Eiche)	670	52*⁾	110*⁾	95	11,5	13 000*⁾	(3 – 9)
5.5	Holz (Buche)	670	60*⁾	135*⁾	120	10,0	14 000*⁾	(3 – 9)
5.6	Holzfaserhartplatte	1000	2,0*⁾	2,0**⁾ 0,06	2,2**⁾	0,12	2 000	x
5.7	Holzfaserdämmplatte	150 – 300	x	x	1,5 – 2	x	x	x
5.8	Holzwolleleichtbauplatten	310 – 570	x	x	x	x	x	x
5.9	Holzspanplatten	300 – 500	11 – 15	6 – 10	10 – 25	5 – 10	1 900 – 3 000	x
5.10	Holzspanplatten, außen	300 – 700	11 – 15	6 – 10	10 – 25	5 – 10	1 900 – 3 000	x
5.11	Spanplatte (zementgeb.)	1250 – 1280	x	≥ 5	≥ 9,0	x	x	10
5.12	Sperrholz	430	x	x	12 – 20	0,3	x	x
5.13	Sperrholz, außen	700	x	x	12 – 20	0,3	5 000 – 12 000	x

*⁾ Werte bei Massivholz sind parallel zur Faser, alle anderen Werte normal zur Faser.
**⁾ Festigkeiten in Plattenebene. Die Werte gelten für eine Holzfeuchte zwischen 15 und 20 %.

Bauglas

NR.	KURZBEZEICHNUNG	DICHTE	DRUCK-FESTIGKEIT	ZUG-FESTIGKEIT	BIEGE-FESTIGKEIT	E-MODUL	POISSON-ZAHL	LINEARE WÄRME-AUSDEHNUNG
		ρ	σ_D	σ_Z	σ_{BZ}	E		α
		kg/m³	N/mm²	N/mm²	N/mm²	N/mm²		10^{-6} K
6.1	Flachglas	2500	700 – 900	25 – 90	30 – 45	73 000	0,23	9
6.2	Kieselglas	2200	1600 – 2000	70	x	67 000 – 71 000	x	0,5
6.3	Glaskeramik	2670 – 2750	240	x	40	60 000	x	10,4
6.4	Bauhohlglas	2500	700 – 900	25	> 30	73 000	0,23	8 – 9

BAUSTOFF-KLASSE	WÄRME-LEITFÄHIGKEIT	SPEZ. WÄRME-KAPAZITÄT	DAMPF-DIFFUSIONS-WIDERSTAND	PRIMÄR-ENERGIE-INHALT	UMWELTAUS-WIRKUNGEN HERSTELLUNG/NUTZUNG	WIEDERVER-WENDBARKEIT RECYCLING	NR.
	λ	c	μ	PEI			
	W/(m·K)	kJ/(kg·K)		kWh/m³			
B2	0,13 – 0,14	2,5	40 – 50	470	+/+	+	5.1
B2	0,14	2,5		470	+/+	+	5.2
B2	0,14	2,5	40 – 50	470	+/+	+	5.3
B2	0,150	2,5	40 – 50	750	+/+	+	5.4
B2	0,170	2,5	40 – 50	750	+/+	+	5.5
B2	0,13 – 0,17	2,5	60 – 85	650	n. b./+	n. b.	5.6
B2	0,045 – 0,065	2,5	x	30 – 1705	n. b./+	n. b.	5.7
B1	0,073 – 0,15	2,0 – 2,1	2 – 5	35	n. b./+	n. b.	5.8
B2	0,081 – 0,13	2,5	50	800	n. b./-	n. b.	5.9
B2	0,081 – 0,13	2,5	100	800	n. b./-	n. b.	5.10
A2	0,2	2,0	20 – 23	800 – 1100	n. b./n. b.	n. b.	5.11
B2	0,10 – 0,15	2,5	50 – 230	1150	n. b./n. b.	n. b.	5.12
B2	0,14 – 0,15	2,5	50 – 400	1150	n. b./n. b.	n. b.	5.13

BAUSTOFF-KLASSE	WÄRME-LEITFÄHIGKEIT	SPEZ. WÄRME-KAPAZITÄT	DAMPF-DIFFUSIONS-WIDERSTAND	PRIMÄR-ENERGIE-INHALT	UMWELTAUS-WIRKUNGEN HERSTELLUNG/NUTZUNG	WIEDERVER-WENDBARKEIT RECYCLING	NR.
	λ	c	μ	PEI			
	W/(m·K)	kJ/(kg·K)		kWh/m³			
A1	0,8	0,8	dampfd.	15175	n. b./n. b.	n. b.	6.1
A1	1,3	0,9 – 1,2	dampfd.	15000	n. b./n. b.	n. b.	6.2
A1	0,93	0,9	dampfd.	15000	n. b./n. b.	n. b.	6.3
A1	0,8 – 1	0,8 – 1,2	dampfd	15175	n. b./n. b.	n. b.	6.4

7 Baumetalle
Stähle für den Stahlbau

Baustahl: Stahl ist ein Eisenwerkstoff mit einem Kohlenstoffgehalt kleiner 2,06 %. Die Herstellung von Stahl erfolgt vom Erz durch Verhütten (Hochofen) zum Roheisen, durch Frischen (Bessemerverfahren, LD-Verfahren, Elektrostahlverfahren) zum Rohstahl und durch Desoxidieren (entfernen des Restsauerstoffs aus der Schmelze) zum Stahl. Unlegierte Stähle enthalten neben Eisen und Kohlenstoff geringe, in ihren maximalen Mengen definierte weitere Stoffe (Si, Mn, Al, Ti, Cu, P, S, N). Legierte Stähle enthalten entsprechend größere Mengen der Legierungselemente.

Baustahl ist meist unlegierter (< 2 % Legierungsanteile) oder niedrig legierter Stahl (< 5 % Legierungsanteile), der sich aufgrund seiner Streckgrenze vornehmlich für Konstruktionen des Stahl- und Maschinenbaus eignet. Der Kohlenstoffgehalt liegt unterhalb 0,6 %. Man unterscheidet allgemeine Baustähle, Feinkornbaustähle, wetterfeste Baustähle und nichtrostende Baustähle.

Stähle für Schrauben, Muttern und Nieten weisen einen Kohlenstoffgehalt < 0,25 % auf, sie sind unlegiert, unlegiert und vergütet oder legiert und vergütet.

Stähle für Seildrähte werden aus Walzdrähten mit einem Kohlenstoffgehalt zwischen 0,35 und 0,9 % hergestellt ([13.11], [13.17], [13.25]).

7.1 Allgemeiner Baustahl sind Stähle, die im warmgeformten Zustand, nach dem Normalglühen oder nach einer Kaltumformung im wesentlichen aufgrund ihrer Zugfestigkeit und Streckgrenze im Bauwesen eingesetzt werden.
Verwendung: Profile, Bleche

7.2 Feinkornbaustähle sind voll beruhigte, unlegierte und schweißgeeignete Baustähle, bei denen durch Zugabe von Keimbildnern (Aluminium, Niobium, Vanadium und Titan) ein feinkörniges Gefüge entsteht. Sie besitzen eine höhere Streckgrenze und Zugfestigkeit als allgemeine Baustähle. Hochfeste Feinkornbaustähle haben einen Kohlenstoffgehalt ≤ 0,2 %.
Verwendung: Profile, Bleche

7.3 Wetterfeste Baustähle und nichtrostende Baustähle entsprechen in ihren technologischen Eigenschaften den allgemeinen Baustählen, besitzen jedoch Legierungszusätze (Cu, Cr, Ni, V, P), die unter Witterungseinfluß eine dichte oxidische Deckschicht bilden. Sie weisen im Vergleich zu allgemeinen Baustählen bei gleicher Streckgrenze eine deutlich höhere Zugfestigkeit und Bruchdehnung auf ([13.17], [13.25]).
Verwendung: Bleche, Profile

7.4 Stahlguß ist die Bezeichnung für jeden in eine Form gegossenen Stahl, der anschließend nicht mehr umgeformt wird (geringerer Kohlenstoffgehalt als Gußeisen).
Anwendung: Brückenlager, Maschinenteile, Schienenteile

7.5 Hochfeste und schweißgeeignete Stähle sind Feinkornbaustähle mit einem Kohlenstoffgehalt ≤ 0,2 % mit einer erhöhten Streckgrenze ([13.17]).
Verwendung: Profile, Bleche, Breitflachstähle

7.6 Hochlegierte Stähle werden für hochwertige Anforderungen verwendet, sie sind im allgemeinen hochfest, schweißbar und u. U. sehr korrosionsbeständig. Sie sind aber im allgemeinen nicht für Oberflächenvergütung oder Oberflächenhärtung geeignet ([13.17]).
Verwendung: nichtrostende Bauteile, Grubenausbauprofile, Bekleidungen

Stähle für den Betonbau und Spannbetonbau

7.7 Betonstabstahl wird als legierter (P, S, N), schweißbarer, warmgewalzter (mit oder ohne anschließender Nachbehandlung aus der Walzhitze) oder kaltverformter Stahl (Verwinden oder Recken) mit gerippter Oberfläche hergestellt.
Bezeichnung: BSt Streckgrenze bzw. 0,2 %-Dehngrenze ([13.17])

Bewehrungsdraht wird als legierter, schweißbarer, kaltverformter Stahl als Ring hergestellt und ausschließlich werksmäßig zu Bewehrung weiterverarbeitet.
Bezeichnung: BSt Streckgrenze bzw. 0,2 %-Dehngrenze G(latt) oder P(rofiliert) ([13.7])

7.8 Betonstahlmatten werden aus legiertem, schweißbarem, kaltverformtem Stahl durch Widerstandspunktschweißungen an den Schnittpunkten der Bewehrungsstäbe hergestellt.
Bezeichnung: BSt Streckgrenze bzw. 0,2 %-Dehngrenze Matte ([13.7])

7.9 Spannstähle werden aus unlegierten Stählen (0,6 bis 0,9 % Kohlenstoff) oder aus niedrig legierten Stählen (0,4 bis 0,7% Kohlenstoff, Si, Mn, Cr) hergestellt. Man unterscheidet warmgewalzte (rund, glatt bzw. mit Gewinde- oder Schrägrippen d = 26 bis 36 mm), vergütete (rund, glatt bzw. rund, gerippt, d = 5,2 bis 14 mm), kaltgezogene (rund, glatt oder rund profiliert, d = 4 bis 12,2 mm) Spannstähle und Spanndrahtlitzen.
Bezeichnung: YSt Streckgrenze ($R_{0,2}$)/Nennwert der Zugfestigkeit (R_m) jeweils in N/mm²
Spanndrahtlitzen bestehen aus kaltgezogenen Einzeldrähten: rund, glatt d = 6,9 bis 18,3 mm (Einzeldrähte ca. $d/3$) ([13.17], [13.25]).

Nichteisenmetalle

7.10 Aluminium(legierungen) für Bleche und Profile: Aluminium wird aus Bauxit in folgenden Verfahrensschritten hergestellt: Zerkleinern, in Drehrohröfen Entwässern und Reinigen, Aufmahlen und Aufschließen, Erhitzen und schmelzelektrolytisch Verarbeiten. Aluminium wird als Reinaluminium (98 bis 99,9 % Al) oder legiert (Mangan, Magnesium, Silizium, Zink, Kupfer) hergestellt. Aluminium bildet sehr schnell eine dünne, dichte und wasserunlösliche Oxidschicht, ist aber gegen Säuren und Basen empfindlich. Durch Eloxieren (anodische Oxidation) der Oberfläche kann Aluminium mit einer festhaftenden, bis 30 µm dicken, metallisch glänzenden Oxidschicht überzogen werden, dadurch wird es sehr korrosionsfest ([13.11], [13.17], [13.25]).
Verwendung: AlMn-Legierung: Dachdeckung, Wandverkleidungen; AlMg-Legierung: Fenster, Treppengeländer, Gitter; AlMgSi-Legierungen: Türprofile, Bauprofile

7.11 Kupfer wird aus Kupfererzen (Kupferkies, Kupferglanz) durch Flotation (Schwimmverfahren), Rösten und Reduktion im Konverter als Rohkupfer (97 bis 99 % Cu) hergestellt. Es ist ziemlich weich, läßt sich löten und schmieden und ist korrosionsbeständig durch Bilden einer Schutzschicht (Patina) ([13.17]).
Legierungen werden mit Zink (Messing), Zinn, (Bronze), Nickel oder Aluminium hergestellt.
Verwendung: Dachdeckung, Dachrinnen

7.12 Kupfer-Zink-Legierung (Messing) aus Kupfer und Zink (bis ca. 45 %). Gut verformbar und korrosionsbeständig.
Verwendung: Beschläge, Armaturen

7.13 Kupfer-Zinn-Legierung (Zinnbronze) Kupferlegierungen mit mehr als 60 % Kupfer werden als Bronze (hier Zinnbronze) bezeichnet (das Hauptlegierungselement darf nicht Zink sein). Sehr hart und korrosionsbeständig, gute Verschleißeigenschaften und gut kalt verformbar.
Verwendung: Gleitlager

7.14 und 7.15 Zink wird aus Zinkblende und Zinkcarbonat gewonnen und besitzt eine große Wärmeausdehnung. Es wird als Walz- oder Gußbauteil verarbeitet. Zink überzieht sich an der Luft mit einer graublauen Patina, es ist in der elektrochemischen Spannungsreihe unedler als Kupfer ([13.17]).
Verwendung: Dacheindeckungen, Traufenblech, Mauer- und Gesimsabdeckungen

Baumetalle

NR.	KURZBEZEICHNUNG	DICHTE	STRECKGRENZE	ZUGFESTIGKEIT	BRUCHDEHNUNG	E-MODUL	SCHUBMODUL	QUERDEHNZAHL
		ρ	β_s bzw. $\beta_{0,2}$	β_Z	δ_5	E	G	
		kg/m³	N/mm²	N/mm²	%	N/mm²	N/mm²	
7.1	Allgemeiner Baustahl	7850	185 – 360	310 – 680	18 – 26	210 000	85 000	0,28
7.2	Feinkornbaustähle	7850	225 – 460	350 – 720	17 – 24	210 000	81 000	0,28
7.3	Wetterfeste Baustähle	7850	215 – 355	340 – 680	18 – 26	170 000	64 000	0,28
7.4	Stahlguß	7850	260	500 – 520		210 000	81 000	0,28
7.5	Hochfeste und schweißgeeignete Stähle	7850	430 – 690	530 – 940	16 – 17	210 000	x	0,28 – 0,29
7.6	Hochlegierte Stähle	7950	225 – 600	490 – 950	25 – ≥ 50	170 000	65 000	0,28 – 0,30
7.7	Betonstabstahl	7850	200 – > 500	340 – > 550	8 – > 18	210 000	85 000	0,28
7.8	Betonstahlmatten	7850	500	550	8	210 000	85 000	0,28
7.9	Spannstahl	7850	835 – 1570	1030 – 1770	≤ 6	195 000 – 205 000	x	0,28 – 0,29
7.10	Aluminium(legierungen) für Bleche und Profile	2660 – 2800	90 – 250	120 – 400	5 – 20	70 000	27 000	0,3
7.11	Kupfer	8900	40 – 80	200 – 360	2 – 45	100 000 – 130 000	x	x
7.12	Kupfer-Zink-Legierungen (Messing)	8300 – 8500	180 – 270	440 – 490	18 – 20	75 000 – 104 000	40 000	0,37
7.13	Kupfer-Zinn-Legierungen (Zinnbronze)	8800 – 8900	140 – 150	260 – 280	5 – 10	80 000–106 000	43 000	0,35
7.14	Zink gewalzt	7100 – 7200	120 – 140	200	20	80 – 130 000	x	x
7.15	Zink gegossen	7100 – 7200	150 – 250	180 – 300	1 – 6	80 – 130 000	x	x

LINEARE WÄRME-AUSDEH-NUNG	BAU-STOFF-KLASSE	WÄRME-LEITFÄHIG-KEIT	SPEZ. WÄRME-KAPAZITÄT	DAMPF-DIFFUSIONS-WIDER-STAND	PRIMÄR-ENERGIE-INHALT	UMWELTAUS-WIRKUNGEN HERSTELLUNG/ NUTZUNG	WIEDER-VERWEND-BARKEIT RECYCLING	NR.
α		λ	c	μ	PEI			
10^{-6} K		W/(m·K)	kJ/(kg·K)		kWh/m³			
12	A1	40 – 60	0,46 – 0,48	dampfd.	70 000	n. b./n. b.	+	7.1
12	A1	40 – 60	0,46 – 0,48	dampfd.	x	n. b./n. b.	+	7.2
16	A1	40 – 60	0,46 – 0,48	dampfd.	x	n. b./n. b.	+	7.3
12	A1	40 – 50	0,46 – 0,48	dampfd.	70 000	n. b./n. b.	+	7.4
12	A1	40 – 60	0,46 – 0,48	dampfd.	x	n. b./n. b.	+	7.5
13 – 16	A1	15 – 25	0,46 – 0,48	dampfd.	x	n. b./n. b.	+	7.6
11	A1	40 – 50	0,46 – 0,48	dampfd.	65 130 – 65 676	n. b./n. b.	n. b.	7.7
11	A1	40 – 50	0,46 – 0,48	dampfd.	x	n. b./n. b.	n. b.	7.8
11	A1	40 – 50	0,46 – 0,48	dampfd.	x	n. b./n. b.	n. b.	7.9
23,4 – 23,7	A1	110 – 230	0,9 – 0,92	dampfd.	195 000	n. b./n. b.	+	7.10
17	A1	305 – 385	0,38	dampfd.	x	n. b./n. b.	+	7.11
17	A1	117	0,37	dampfd.	x	n. b./n. b.	+	7.12
17 – 18	A1	71	x	dampfd.	x	n. b./n. b	+.	7.13
22 – 29	A1	109	0,41	dampfd.	x	n. b./n. b.	+	7.14
22 – 29	A1	109	0,41	dampfd.	x	n. b./n. b.	+	7.15

13 Bauko. Entwurf

8 Bituminöse Baustoffe

8.1 Bitumen ist ein halbfestes bis hartes Destillationsprodukt (Kohlenwasserstoffgemisch) des Erdöls, das bei ca. 150 bis 200 °C dünnflüssig wird und sehr gut als Bindemittel für mineralische Stoffe (Splitt, Sand), Metalle und organische Fasern verwendet werden kann. Polymerbitumen ist ein Gemisch von Bitumen und Polymersystemen, die das elasto-viskose Verhalten von Bitumen verändern. Elastomerbitumen besitzt eine verbesserte Kälteflexibilität, Plastomerbitumen eine erhöhte Wärmestandsfestigkeit ([13.11], [13.23], [13.29]).
Anwendung: Straßenbau, Isolierungen

8.2 Asphalt ist ein Gemisch (natürlich vorkommend oder künstlich hergestellt) aus Bitumen und Mineralstoffen (Splitt, Sand, evtl. Zusätzen und weiteren Zuschlägen ([13.11], [13.17], [13.29]).
Anwendung: Straßenbau

8.3 Gußasphaltestrich Estrich aus Bitumen und Zuschlag (einschließlich Füller): GE10, GE15, GE40, GE100 (Stempeleindringtiefe in 0,1 mm). Fugenloser Einbau (bei jedem Wetter), Verarbeitungstemperatur 220 bis 250 °C, die Oberfläche wird vor dem Erkalten mit feinem Sand abgerieben (einlagig 2 bis 3 cm; zweilagig $\geq$ 4 cm). Nach 2 bis 3 Stunden begehbar ([13.17], [13.27]).
Anwendung: Unterboden für Nutzbeläge oder als direkt begehbarer oder befahrbarer Fußbodenbelag, Industrieestrich

NR.	KURZBEZEICHNUNG	DICHTE (FLÄCHEN-GEWICHT)	HÖCHST-ZULÄSSIGE ZUGKRAFT LÄNGS	HÖCHST-ZULÄSSIGE ZUGKRAFT QUER	DEHNUNG LÄNGS	DEHNUNG QUER	BAU-STOFF-KLASSE
		kg/m³ (g/m²)	N	N	%	%	
8.1	Bitumen	1200 – 1400	x	x	x	x	B2
8.2	Asphalt	2000	x	x	x	x	B2
8.3	Gußasphaltestrich	2100 – 2300	x	≥ 8	x	x	B2
8.4	Nackte Bitumenbahn	1200 (333 – 500)	240 – 280	140 – 180	2	2	B2
8.5	Bitumendachbahn (Rohfilzeinlage, Bitumendachdichtungs-bahnen, Glasvliesbitumen-dachbahnen)	1200 (200 – 500)	400 – 1000	300 – 1000	2 – 40	2 – 40	B2
8.6	Bitumendichtungsbahnen (Rohfilz-, Glasgewebe-, Metallbandeinlage, Jutegewebe, Polyethylenterephthalat)	(220 – 500)	200 – 800	200 – 800	2 – 15	2 – 15	B2
8.7	Bitumenschweißbahnen (Jute-, Glasgewebe, Glas-, Polyestervlies)	(60 – 300)	400 – 800	300 – 800	2 – 40	2 – 40	B2
8.8	Polymer-Bitumendach-dichtungsbahnen (Jute-, Glasgewebe, Polyester-vlies)	(200 – 300)	600 – 800	500 – 800	40	40	B2
8.9	Polymer-Bitumenschweiß-bahnen (Jute-, Glas-gewebe, Polyestervlies)	(200 – 300)	600 – 800	600 – 800	40	40	B2

8.4 Nackte Bitumenbahn mit einer Trägereinlage (Rohfilz-, Glasgewebe-, Metallbandeinlage, Jutegewebe, Chemiefaservliese) ohne Bestreuung mit mineralischen Stoffen ([13.16], [13.23], [13.32]).

8.5 Bitumendachbahn (Rohfilzeinlage, Bitumendachdichtungsbahnen, Glasvliesbitumendachbahnen): Bitumenbahn mit Besandung zur Verbesserung des Verwitterungsschutzes.

8.6 Bitumendichtungsbahnen (Rohfilz-, Glasgewebe-, Metallbandeinlage, Jutegewebe, Polyethylenterephthalat): besandete Bitumenbahn z.B. für horizontale Mauerwerksabdichtung zur Erhöhung der Reibung.

8.7 Bitumenschweißbahnen (Jute-, Glasgewebe, Glas-, Polyestervlies) sind Bitumenbahnen, die nur durch Erhitzen, ohne zusätzlichen Kleber mit der Unterlage verschweißt (verklebt) werden ([13.17], [13.32]).
Verwendung: vertikale Abdichtungen

8.8 Polymer-Bitumendachdichtungsbahnen (Jute-, Glasgewebe, Polyestervlies): Bitumendachbahnen aus Polymerbitumen (siehe 8.1 und 8.5) ([13.17], [13.23], [13.32]).

8.9 Polymer-Bitumenschweißbahnen (Jute-, Glasgewebe, Polyestervlies): Bitumenschweißbahnen aus Polymerbitumen (siehe 8.1 und 8.7) ([13.17], [13.23], [13.32]).
Verwendung: vertikale und horizontale Abdichtungen

WÄRME-LEITFÄHIGKEIT	SPEZ. WÄRME-KAPAZITÄT	DAMPFDIFFUSIONS-WIDERSTAND	PRIMÄR-ENERGIEINHALT	UMWELTAUS-WIRKUNGEN HERSTELLUNG/ NUTZUNG	WIEDERVER-WENDBARKEIT RECYCLING	NR.
λ	c	μ	PEI			
W/(m·K)	kJ/(kg·K)		kWh/m²			
0,14 – 0,17	1,0 – 1,26	100000	x	-/n. b.	n. b.	8.1
0,7	1,05	2000	x	-/n. b.	n. b.	8.2
0,7 – 0,9	1,05	2000	x	-/n. b.	n. b.	8.3
0,17	1,0	2000 – 20000	3 – 10	-/n. b.	-	8.4
0,17	1,5	10 000 – 80 000	3 – 10	-/n. b.	-	8.5
0,17	1,5	x	3 – 10 (mit Aluminiumeinlage 200)	-/n. b.	-	8.6
0,17	1,5	x	3 – 10	-/n. b.	-	8.7
0,17	1,5	x	3 – 10	-/n. b.	-	8.8
0,17	1,5	x	3 – 10	-/n. b.	-	8.9

9 Kunststoffe
Thermoplaste

9.1 und 9.2 Polyethylen (PE): Polyethylene sind strukturmäßig die einfachsten Kunststoffe und gehören zu den weichen und flexiblen Thermoplasten. Die Eigenschaften hängen im wesentlichen vom Polymerisationsverfahren und im weiteren von der Dichte ab. Die zwei Arten, Polyethylen hart und Polyethylen weich, unterscheiden sich neben der Dichte in der Festigkeit und den Temperatureigenschaften ([13.17], [13.34]).

Verwendung: Folien, Dach- und Dichtungsbahnen, Druckrohre für Trinkwasser und Abwasserentsorgung

9.3 Polypropylen (PP): ein durch Polymerisation von Propylen (entsteht beim Cracken von Benzin) gewonnenes Thermoplast. Es besitzt höhere Festigkeiten und eine höhere Erweichungstemperatur als Polyethylen ([13.17], [13.34]).

Verwendung: Rohre (Warmwasser, Fußbodenheizung), im Bauwesen derzeit eher selten

9.4 bis 9.6 Polyvinylchlorid (PVC) ist ein thermoplastischer Kunststoff und wird durch Polymerisation von Vinylchlorid in den Formen PVC-hart, PVC-weich und PVC-hochdruckgeschäumt hergestellt. PVC ist ohne Weichmacher schwer entflammbar, entwickelt aber beim Brand Chlorgase ([13.17], [13.27], [13.34], [13.35]).

Verwendung:
PVC-hart: Rohre, Fassadenelemente, Fensterrahmen, Lichtelemete, Rolladenprofile
PVC-weich: Dach- und Dichtungsbahnen, Fugenbänder
PVC-hochdruck-geschäumt: Dichtungsprofile, Sandwichplatten

9.7 Polystyrol (PS) entsteht durch Polymerisation von Styrol, das aus Benzol und Ethylen hergestellt wird (Thermoplast). Es ist relativ hart, spröde, glasklar und besitzt einen Oberflächenglanz. Es kann mit Strangguß- (Extrudern) und Spritzgußmaschinen verarbeitet werden ([13.17], [13.34]).

Verwendung: Beschläge, Profile, Behälter, Dosen

9.8 Polystyrol, expandiert (EPS) wird aus Perlpolymerkugeln (2 bis 3 mm), in die ein Treibmittel einpolymerisiert wird, hergestellt (Thermoplast). Polystyrolperlen werden mit Wasserdampf auf ca. 100 °C erweicht und blähen durch das Treibmittel auf das 30- bis 50fache Ausgangsvolumen auf. Findet dieser Prozeß in einer geschlossenen Form statt, verschweißen die Kugeln zu einem Block, der anschließend weiterverarbeitet werden kann ([13.11], [13.17], [13.34]).

Verwendung: nicht druckfeste Dämmplatten

9.9 Polystyrol, extrudiert (XPS) wird in einem Extruder (Strangpresse) als unendlicher Schaumstoffstrang hergestellt. Es entsteht eine druckfester Dämmstoff mit einer geschlossenen Porenstruktur. Als Treibmittel werden FCKW oder teilhalogenierte Kohlenwasserstoffe eingesetzt, die emittieren können ([13.11], [13.17], [13.34], [13.35]).

Verwendung: druckfeste Dämmplatten (Kelleraußenwände, Parkdecks, Terrassen)

9.10 und 9.11 Polyamide (PA) zählen zu den Thermoplasten und werden durch Polykondensation von Diaminen (basenartige organische Verbindungen, die zweimal die Aminogruppe NH_2 im Molekül enthalten) mit Dicarbonsäuren oder aus Aminosäuren hergestellt. Die Polyamide werden nach der Anzahl der Kohlenstoffatome ihrer Monomere bezeichnet (PA 6 Perlon, PA 66 Nylon, PA 11 Rilsan, PA 12 Vistamid) ([13.17], [13.34]).

Verwendung: Gewebe (Bekleidung, Teppiche), Folien, Platten, Profile, Dübel, Beschläge

9.12 Polyethylenterephthalat (PET) wird durch Polykondensation aus Terephthalsäure und Ethylenglycol hergestellt und zu sehr reißfesten und temperaturbeständigen Folien verarbeitet (Thermoplast) ([13.17], [13.34], [13.35]).

Verwendung: Dichtungsbahnen, Textilfasern (Diolen, Trevira)

Duroplaste und Elastomere

9.13 Phenolformaldehydharz (PF) (Phenol + Formaldehyd = Phenolharz + Wasser) ist braun und besitzt eine relativ hohe Oberflächenhärte (Mohs 3), beständig gegen Alkohole, Benzin Mineralöle, aber nicht gegen Säuren und Laugen ([13.17], [13.34]).
Verwendung:
ohne Füllstoffe: Beschläge
mit Füllstoffen zu Schaltern, Steckdosen, Preßschichtholz, Holzfaserplatten, Holzspanplatten, Mineralwolleplatten
Formaldehydharze werden durch Polykondensation mit Phenol oder Resorcin (Phenolformaldehydharz PF) oder mit Harnstoff oder Melamin zu Harnstoffharzen (Aminoplaste) hergestellt.

9.14 Phenolharz, blockgeschäumt ist ein spröder, offenzelliger Dämmstoff mit hoher Wasseraufnahme und sehr gutem Wärmedämm- und Brandverhalten ([13.17], [13.34]).
Verwendung: Wärmedämmplatten

9.15 und 9.16 Harnstoffformaldehydharz (UF) oder Aminoplaste werden durch Polykondensation von Harnstoff (hergestellt aus Kohlendioxid und Amoniak) und Formaldehyd hergestellt. Harnstoffformaldehydharze sind farblos, beständig gegen Sonnenlicht, aber hitze- und feuchtigkeitsempfindlich ([13.11], [13.17], [13.34]).
Verwendung: Bindemittel für Holzwerkstoffe, Holzleime, Schaumstoffe, Lackharze
Harnstoffharz, Ortschaum ist offenzellig und sehr gasdurchlässig und mechanisch nicht belastbar. Während der Erhärtung wird Formaldehyd frei.
Verwendung: Verfüllen von Hohlräumen

9.17 Melaminformaldehydharz (MF) oder Aminoplaste werden durch Polykondensation von Melamin mit Formaldehyd gewonnen. Melaminformaldehydharz ist färbbar und sonnenlichtbeständig und unbedenklich bei der Berührung mit Lebensmitteln (Küchenarbeitsplatten) ([13.17], [13.34]).
Verwendung: Dekorationsplatten, Holzwerkstoffe, für Leime und Lackrohstoffe

9.18 Epoxidharze werden aus Polyphenolen und Epichlorhydrin entweder als flüssige oder feste (mit Lösemittel) Materialien hergestellt. EP-Harze haften auf den meisten Materialien sehr gut und besitzen eine ziemlich große Härte und Abriebfestigkeit.
Verwendung: 2-Komponenten-Klebstoffe, Injektionsharz für Abdichtungen, Lack- und Gießharz ([13.17], [13.34]).

9.19 bis 9.21 Polyurethan: wird durch Polyaddition von Polyisocyanat und OH-Gruppen enthaltenden Molekülen synthetisiert. PUR-Schäume werden als gummiartiger Weichschaum oder als Hartschaum hergestellt ([13.17], [13.34], [13.35]).
Polyurethangießharze haften gut auf den meisten Untergründen, sind gut alterungsbeständig, beständig gegen Benzin, Öle, Fette und verdünnte Säuren und Laugen, aber unbeständig gegen konzentrierte Säuren und Laugen und werden evtl. durch heißes Wasser zerstört ([13.17], [13.34]).
Verwendung: Oberflächenschutzsysteme
Polyurethanhartschaum wird in Formen oder als endloses Band verschäumt und als Platten, Bahnen oder Blöcke gefertigt (evtl. ein- oder zweiseitig beschichtet).
Verwendung: Kelleraußendämmung, Dächer
Polyurethanortschaum wird auf der Baustelle mit einer Misch-Spritzpistole aufgespritzt (Haftung auf den meisten Untergründen sehr gut), wo es sofort aufschäumt und aushärtet.
Verwendung: Ausschäumen von Türzargen und Fensterrahmen

Kunststoffe

NR.	KURZBEZEICHNUNG	DICHTE	DRUCK-FESTIG-KEIT	ZUG-FESTIG-KEIT	REISS-DEHNUNG	E-MODUL (ZUG)	KUGEL-DRUCK-HÄRTE (10-S-WERT)	WÄRME-FORMBE-STÄNDIG-KEIT	BAU-STOFF-KLASSE
		ρ	σ_D	σ_Z		E			
		kg/m³	N/mm²	N/mm²	%	N/mm²	N/mm²	°C	A1
9.1	Polyethylen, weich	910 – 960	x	8 – 23	300 – 1000	200 – 500	13 – 20	40	B2
9.2	Polyethylen, hart	940 – 960	x	18 – 35	100 – 1000	700 – 1400	40 – 65	65	B2
9.3	Polypropylen	900 – 910	x	21 – 37	20 – 80	1100 – 1300	36 – 70	80 – 90	B1, B2
9.4	Polyvinylchlorid, hart	1380 – 1550	x	50 – 75	10 – 50	1000 – 3500	75 – 155	70 – 80	B1, B2
9.5	Polyvinylchlorid, weich	1160 – 1350	x	10 – 25	170 – 400	x	x	40	B2
9.6	PVC, hochdruck-geschäumt	30 – 100	0,3 – 1,2	x	x	16 – 35	x	60	B1, B2
9.7	Polystyrol	1050	x	45 – 65	3 – 4	3200	120 – 130	88	B2
9.8	Polystyrol, expandiert	15 – 40	0,06 – 0,25	x	x	3 – 12 (Biegung)	x	70 – 80	B2
9.9	Polystyrol, extrudiert	28 – 60	0,2 – > 0,5	x	x	> 15 (Biegung)	x	80 – 85	B2
9.10	Polyamid 6	1130	x	70 – 85	200 – 300	1400	75	> 200	B2
9.11	Polyamid 11	1040	x	56	500	1000	75	175	B2
9.12	Polyethylen-terephthalat	1370	x	47	50 – 300	3100	200	188	B2
9.13	Phenolform-aldehydharz	1400	x	25	0,4 – 0,8	5600 – 12 000	250 – 320	x	B2
9.14	Phenolharz, blockgeschäumt	30 – 100	0,2 – 0,9	x	x	6 – 27 (Biegung)	x	130	B2
9.15	Harnstoff-formaldehydharz	1500	x	30	0,5 – 1	7000 – 10 500	260 – 350	-	B2
9.16	Harnstoffharz, Ortschaum	5 – 15	0,01 – 0,05	x	x	n. b.	x	90	B2
9.17	Melamin-formaldehydharz	1500	x	30	0,6 – 0,9	4900 – 9100	240 – 410	x	B2
9.18	Epoxidharz	1900	x	30 – 40	4	21 500	x	x	B2
9.19	Polyurethan-gießharz	1050	x	70 – 80	3 – 6	4000	x	x	B2
9.20	Polyurethan-hartschaum	20 – 100	0,1 – 0,9	x	x	2 – 20 (Biegung)	x	80	B2, B1
9.21	Polyurethan-ortschaum	20 – 75	0,1 – 0,6	x	x	1 (Biege)	x	80	B2

WÄRME-LEIT-FÄHIG-KEIT	LINEARE WÄRME-AUS-DEHNUNG	SPEZ. WÄRME-KAPAZITÄT	DAMPF-DIFFUSIONS-WIDER-STAND	WASSER-AUFNAHME	PRIMÄR-ENERGIE-INHALT	UMWELTAUS-WIRKUNGEN HERSTELLUNG/ NUTZUNG	WIEDER-VERWEND-BARKEIT RECYCLING	NR.
λ	α	c	μ		PEI			
W/(m·K)	10^{-6} K	kJ/(kg·K)		MASSE-%	kWh/m³			
0,32	200	2,01 – 2,51	x	x	18506 (Folien)	-/n. b.	x	9.1
0,4	150 – 180	1,55 – 1,89	x	x	x	-/n. b.	x	9.2
0,22	110 – 170	0,80 – 1,72	x	x	x	-/n. b.	x	9.3
0,16	70 – 80	0,92 – 1,01	8000 – 20 000	x	20 000	-/n. b.	+	9.4
0,15	150 – 210	1,47	8000 – 20 000	x	20 000	-/-	+	9.5
0,03 – 0,04	x	1,4	150 – 450	2 – 6	x	-/n. b.	-	9.6
0,16	70	1,26 – 1,34	x	x	400 – 1050	-/ n. b.	-	9.7
0,03 – 0,037	x	1,4	20 – 110	22 – 29	530 – 1050	-/n. b.	+	9.8
0,03 – 0,039	x	1,4	100 – 300	7	470 – 1057	-/-	+	9.9
0,29	70 – 120	1,67 – 2,09	x	x	38 000	n. b./n. b.	+	9.10
0,23	100 – 120	1,67 – 2,09	x	x	38 000	n. b./n. b.	+	9.11
0,24	70	1,47	x	x	x	n. b./n. b.	x	9.12
0,35	30 – 50	1,01 – 1,34	x	x	x	-/-	x	9.13
0,02 – 0,03	x	1,4	30 – 300	13 – 22	x	-/-	x	9.14
0,40	40 – 50	1,47	x	x	x	-/-	x	9.15
0,03	x	1,4	4 – 10	6	x	-/-	x	9.16
0,35	10 – 30	1,27 – 1,38	x	x	x	-/n. b.	x	9.17
0,23	20	1,38	x	x	x	-/ n. b.	x	9.18
0,58	10 – 20	1,89	x	x	x	-/-	-	9.19
0,015 – 0,030	x	1,4	30 – 130	7 – 20	837 – 1330	-/-	+	9.20
0,02 – 0,04	x	1,4	30 – 100	n. B	1140 – 1330	-/-	-	9.21

13 Bauko. Entwurf

10 Dämmstoffe
Mineralische Dämmstoffe

10.1 bis 10.4 Glaswolle und Steinwolle werden aus entsprechenden mineralischen Bestandteilen durch Erhitzen und Weiterverarbeiten zu Fäden und anschließendem Vernadeln zu Matten und Platten (evtl. mit Papier oder Alukaschierung) hergestellt ([13.23], [13.29], [13.36]).
Verwendung: Innendämmung, Außendämmung, Trittschalldämmung

10.5 Schlackenwolle wird aus zerfaserter Hochofenschlacke als Nebenprodukt der Stahlgewinnung hergestellt ([13.17]).
Verwendung: Innendämmung

10.6 Schaumglas (Foamglas) wird aus Glaspulver und Kohlenstoff bei 1000 °C hergestellt, wobei der Kohlenstoff kleine Gasblasen bildet. Der Dämmstoff ist druckfest und feuchtebeständig ([13.11], [13.17], [13.23]).
Verwendung: befahr- und begehbare Außendämmung

10.7 und 10.8 Perlit ist ein vulkanisches Gestein (Naturglas), das durch Erhitzen aufbläht und in dieser Form (Blähperlit) als Dämmstoff (Schüttungen) zum Einsatz kommt. Für die Verwendung im Feuchtebereich wird Blähperlit mit Silikonen oder Bitumen hydrophobiert ([13.17], [13.36], [13.46]).
Verwendung: Dämmschüttungen

10.9 Vermiculit (Blähglimmer) wird durch Aufblähen spezieller Glimmer hergestellt. Vermiculite besitzen eher blättrige Struktur ([13.17], [13.36], [13.46]).
Verwendung: Schüttung

20.10 Bimskies ist schaumig aufgeblähte vulkanische Lava und gilt als der älteste Zuschlag für Leichtbeton ([13.17]).
Verwendung: Leichtbetonzuschlag, Schüttung

10.11 Blähton wird aus speziellen blähfähigen Tonen bzw. Schiefertonen im Drehrohrofen oder Schachtofen granuliert, gebläht und gebrannt (1150 °C) ([13.17], [13.36], [13.46]).
Verwendung: Leichtbetonzuschlag, Schüttung

Künstliche organische Dämmstoffe

Polystyrol, expandiert (EPS) wird aus Perlpolymerkugeln (2 bis 3 mm), in die ein Treibmittel einpolymerisiert wird, hergestellt. Polystyrolperlen werden mit Wasserdampf auf ca. 100 °C erweicht und blähen durch das Treibmittel auf das 30- bis 50fache Ausgangsvolumen auf. Findet dieser Prozeß in einer geschlossenen Form statt, verschweißen die Kugeln zu einem Block, der anschließend weiterverarbeitet werden kann (siehe 9.8) ([13.11], [13.17], [13.34]).
Verwendung: nicht druckfeste Dämmplatten

Polystyrol, extrudiert (XPS) wird in einem Extruder (Strangpresse) als unendlicher Schaumstoffstrang hergestellt. Es entsteht ein druckfester Dämmstoff mit einer geschlossenen Porenstruktur. Als Treibmittel werden FCKW oder teilhalogenierte Kohlenwasserstoffe eingesetzt, die emittieren können (siehe 9.9) ([13.11], [13.17], [13.34], [13.35]).
Verwendung: druckfeste Dämmplatten (Kelleraußenwände, Parkdecks, Terrassen)

Polyurethan wird durch Polyaddition von Polyisocyanat und OH-Gruppen enthaltenden Molekülen synthetisiert. PUR-Schäume werden als gummiartiger Weichschaum oder als Hartschaum hergestellt. **Polyurethanhartschaum** wird in Formen oder als endloses Band verschäumt und als Platten, Bahnen oder Blöcke gefertigt (evtl. ein- oder zweiseitig beschichtet) (siehe 9.20) ([13.17], [13.34], [13.35]).
Verwendung: Kelleraußendämmung, Dächer

Natürliche organische Dämmstoffe

10.12 Flachsdämmstoffe werden aus den Fasern des Stengels von Flachs (Lein) gewonnen. Zur Anwendung kommen Flachsschäben (Stopfwolle) und Flachsdämmstoffmatten ([13.36], [13.46]).
Verwendung: Innendämmung

10.13 und 10.14 Holzfaserdämmplatten werden aus aufbereitetem und zerfasertem Holz und evtl. Bindemittel (Bitumen, Natriumhydroxid, Paraffin oder Weißleim) hergestellt ([13.11], [13.23], [13.46]).
Verwendung: Unterdachplatten

10.15 Holzwolleleichtbauplatten werden aus Holzwolle und kaustisch gebranntem Magnesit oder Zement hergestellt. Bei der Verwendung von Zement muß die Holzwolle vorher mineralisiert werden, um schädliche Einwirkungen des Holzes auf den Zementstein zu verhindern ([13.11], [13.17], [13.46]).
Verwendung: Mantelbeton, Putzträger, Ausbauplatten

10.16 Hobelspäne bzw. Holzwolle zur Wärmedämmung stammen meist von Fichten oder Kiefern, die in der Holzindustrie anfallen. Die Brandbeständigkeit kann mit Hilfe einer Mischung aus Molke und Borax erhöht werden ([13.36], [13.46]).
Verwendung: Innendämmung, Hohlraumdämmung

10.17 Kokosfaserdämmstoffe werden aus der faserigen Umhüllung der Kokosnuß hergestellt. Kokosfaserdämmstoffe sind als Stopfwolle, Dämmfilz, Rollfilz und als Trittschalldämmplatten am Markt ([13.36], [13.46]).
Verwendung: Innendämmung

10.18 und 10.19 Kork ist ein sekundäres Abschlußgewebe von Stämmen, das bei der Korkeiche vorkommt. Korkeichen werden zur Ernte zu einem Drittel geschält, wobei der Baum von neuem nach der Ernte Korkgewebe ausbildet. Kork kommt in Form von Korkschrot oder als Platten mit holzeigenen Stoffen oder mit Bindemittel (Bitumen) gebunden auf den Markt ([13.36], [13.46]).
Verwendung: Dach-, Fassadendämmung

10.20 und 10.21 Schafwolldämmstoffe wird aus den Haaren der Schafe hergestellt und in Form von Stopfwolle, Matten oder Platten verarbeitet. Zum Schutz vor Schädlingen werden Schafwolldämmstoffe mit Mitin (Mottenschutzmittel), zum Brandschutz mit Borax behandelt ([13.36], [13.46]).
Verwendung: Innendämmung, Trittschalldämmung

10.22 Schilfbauplatten werden aus den Stengeln der Schilfpflanze hergestellt, die mit (verzinktem) Draht zu Platten zusammengebunden werden ([13.36], [13.46]).
Verwendung: Außendämmung, Putzträger

10.23 und 10.24 Cellulosedämmstoffe werden aus Holz oder aus Altpapier gewonnen und als Blaswolle oder Platten verwendet. Die Fasern sind meist mit Borax (Brandschutz) imprägniert ([13.17], [13.36], [13.46]).
Verwendung: Innendämmung, nachträglicher Einbau (Einblasen) einer Wärmedämmung

10.25 Baumwolldämmstoff wird aus den Fasern der Früchte der Baumwollpflanze gewonnen und als Stopfwolle, Blaswolle oder Platten auf den Markt gebracht ([13.36], [13.46]).
Verwendung: Innendämmung, Trittschalldämmung

10.26 Strohschüttungen werden aus den getrockneten Halmen verschiedener Getreidesorten (Roggen- und Weizenstroh) hergestellt (auch Strohplatten) ([13.36], [13.46]).
Verwendung: Leichtlehmzuschlag

Dämmstoffe

NR.	KURZBEZEICHNUNG	DICHTE ρ kg/m³	ZUSAMMEN-DRÜCKUNG UNTER LAST %	DYNAMISCHE STEIFIGKEIT s MN/m³	BAUSTOFF-KLASSE
10.1	Glaswolle	60 – 180	25	0,14 – 0,20	A1
10.2	Glaswolle Trittschalldämmplatte	140 – 170	10	0,21	A1
10.3	Steinwolle	10 – 100	20	0,18 – 0,23	A1
10.4	Steinwolle Trittschalldämmplatte	10 – 100	10	0,18 – 0,26	A1
10.5	Schlackenwolle	130 – 180	20 – 25	0,95 – 2,62	A1
10.6	Schaumglas (Foamglas)	110 – 150	0	15 000	A1
10.7	Perlite, ungebunden	70 – 100	x	x	A1
10.8	Perlite, bitumengebunden	280	x	x	B1
10.9	Vermiculite	100 – 180	25	2,63	A1
10.10	Bimskies	1200	x	x	A1
10.11	Blähton (4 – 8)	300-700	x	x	A1
10.12	Flachs	16 – 20	x	0,035 – 0,045	B2
10.13	Holzfaserdämmplatte	150 – 300	x	x	B2
10.14	Holzweichfaserplatte; Unterdachplatten	250 – 370	x	x	B2
10.15	Holzwolleleichtbauplatte	310 – 570	0	5,25	B1
10.16	Hobelspäne	50 – 75			B2
10.17	Kokos	60 – 140	15 – 20	0,18 – 0,35	B3, B2
10.18	Kork	90 – 300	0(25 Korkschrot)	10 – 30	B2
10.19	Kork, bitumengebunden	200 – 400	10	1,1	B2
10.20	Schafwolle	25	x	x	B2, B1
10.21	Schafwolle Trittschalldämmplatte		x	x	B1, B2
10.22	Schilfbauplatten	180 – 300	x	x	B2
10.23	Cellulose, lose	35 – 120	x	x	B2, B1
10.24	Cellulosedämmplatten	70 – 100	x	x	B2
10.25	Baumwolle	20	x	x	B2
10.26	Strohschüttung	150	x	x	B2

WÄRME-LEITFÄHIGKEIT	SPEZ. WÄRME-KAPAZITÄT	DAMPF-DIFFUSIONS-WIDERSTAND	PRIMÄRENERGIE-INHALT	UMWELTAUS-WIRKUNGEN HERSTELLUNG/ NUTZUNG	WIEDERVER-WENDBARKEIT RECYCLING	NR.
λ	c	μ	PEI			
W/(m·K)	kJ/(kg·K)		kWh/m³			
0,043 – 0,045	0,6	1	100 – 700	n. b./-	n. b.	10.1
x	x	1	100 – 700	n. b./n. b.	n. b.	10.2
0,046	0,6	1	100 – 700	n. b./-	n. b.	10.3
0,041	0,6	1	100 – 700	n. b./n. b.	n. b.	10.4
0,035 – 0,07	x	4	100 – 700	n. b./n. b.	-	10.5
0,045 – 0,06	0,8	dampfd.	320	n. b./n. b.	n. b.	10.6
0,046 – 0,06	0,9 – 0,94	2 – 5	210 – 235	n. b./ n. b.	+	10.7
0,07	0,9	x	210 – 235	-/n. b.	n. b.	10.8
0,05	0,88	3 – 4	x	n. b./n. b.	+	10.9
0,19	x	x	35	n. b./n. b.	+	10.10
0,10 – 0,16	x	1 – 8	16	n. b./ n. b.	+	10.11
0,04	n. b.	1 – 1,5		+/+	+	10.12
0,45 – 0,65	2,1 – 2,5	4 – 9	30	n. b./+	+	10.13
0,07	2, 1 – 2,5	4 – 9	30	n. b./+	+	10.14
0,073 – 0,15	2,0 – 2,1	2 – 5	35	n. b./+	+	10.15
0,055	1,6	2	x	+/+	+	10.16
0,46 ᵼ 0,57	2,0 – 2,1	1 – 2	95	+/+	+	10.17
0,04 – 0,053	2,0	5 – 30	35 – 90	+/+	+	10.18
0,047 – 0,093	x	x	35 – 90	+/n. b.	n. b.	10.19
0,035 – 0,04	x	1,2	x	+/+	+	10.20
x	x	x	x	+/+	+	10.21
0,072	x	1 – 1,5	x	+/+	+	10.22
0,04 – 0,045	1,8	1 – 1,5	10 – 17	+/+	+	10.23
0,04	1,8	1 – 1,4	10 – 17	+/+	+	10.24
0,04	x	1 – 2		+/+	+	10.25
0,056 – 0,1	x	1 – 1,5	x	+/+	+	10.26

11 Oberflächenschutz – Dispersionen, Anstriche, Kleber, Spachtel

Dispersionen

11.1 Polyvinylidenchlorid (PVDC) und Copolymere (anionisch, nicht ionisch) kommt sowohl in amorpher als auch in kristalliner Form vor und kann in dispergierter Form von einer zur anderen Form übergehen. Das Polymer ist hochschmelzend, abriebfest, chemikalienbeständig ([13.39]).

Verwendung: Feuchtesperren, Anstriche

11.2 bis 11.4 Polyacrylat- und Metacrylatdispersionen: Acrylatdispersionen enthalten als Hauptbestandteile Polymere aus Acryl- und Metacrylsäureestern mit Anteilen an Copolymeren wie z. B. Acrylnitril, Styrol, Vinylacetat, Vinylchlorid. Polyacrylatfilme besitzen eine höhere Dehnbarkeit und geringere Festigkeit als Metacrylate, die alterungsbeständig, relativ gut säure-, laugenbeständig und beständig gegen Salzlösungen, Benzin, Mineralöle und Fette sind. Durch Herstellung geeigneter Copolymere können die Eigenschaften von Acrylaten und Metacrylaten kombiniert werden ([13.39]).

Verwendung:

Polyacrylat-Acrylnitril-Copolymere (anionisch): Baukleber

Polyacrylat-Styrol-Copolymere (anionisch): Baukleber, Anstriche, Spachtel

Sonstige Polyacrylate (anionisch, nicht anionisch): Baukleber, Anstriche Spachtel, Putze, Versiegelungen, Feuchtesperren

NR.	KURZBE-ZEICHNUNG	DICHTE	ZUG-FESTIG-KEIT	REISS-DEH-NUNG	VISKO-SITÄT	KRIT. FILM-BILDEN-DE TEMP.	PH-WERT	SPEZ. WÄRME-KAPAZITÄT	PRIMÄR-ENERGIE-INHALT	UMWELT-AUSWIRK. HERST./ NUTZUNG	WIEDER-VERWEND-BARKEIT RECYC-LING
		ρ	σ_D					c	PEI		
		kg/m³	N/mm²		m·s·Pa	°C		kJ/(kg·K)	kWh/m³		
11.1	Polyvinylidenchlorid und Copolymere (anionisch, nicht ionisch)	1160 – 1250	15	150	5 – 20	5	2 – 7	2,75	x	-/-	-
11.2	Polyacrylat-Acrylnitril-Copolymere (anionisch)	1020 – 1070	0,27	2000	100 – 220	1	4 – 6	2,75	x	-/-	-
11.3	Polyacrylat-Styrol-Copolymere (anionisch)	1040 – 1080	0,3 – 10	500 – 2500	200 – 2000	1 – 20	7 – 9	2,75	x	-/-	-
11.4	Sonstige Polyacrylate (anionisch, nicht anionisch)	1010 – 1100	0,04 – 8	650 – 3000	10 – 1500	1 – 30	5 – 10	2,75	x	-/-	-

Farben und Spachtel

11.5 Silikonharzfarbe: Silikone sind kettenförmige Makromoleküle, die durch fortlaufende Verbindung von Silizium- und Sauerstoffatomen gebildet werden und ölig, pastenartig, harzartig oder kautschukartig hergestellt werden ([13.17]).
Verwendung von Silikonharzen: Imprägniermittel, Schutzanstriche, Schichtstoffe

11.6 und 11.7 Außendispersionen sind in der Regel Kunststoffdispersionsfarben (KD-Farben, auch Binderfarben), die in Wasser dispergierte Polymersiationsharze als Bindemittel enthalten.
Verwendung: im Innen- und Außenbereich für fast alle Untergründe (Stahl benötigt vorher einen Rostschutzanstrich)

11.8 Betonspachtel, polymermodifiziert, wird als Emulsions- oder Dispersionsspachtel aus Plastomeren, Füllstoffen und evtl. Zement hergestellt ([13.17], [13.39]).
Verwendung: Innen- und Außenanwendung zum Ausgleichen von Unebenheiten, Verschließen von Rissen

11.9 und 11.10 Außendispersionen siehe 11.6 und 11.7

11.11 und 11.12 Silikatfarbe (Wasserglasfarbe, Mineralfarbe) besitzt als Bindemittel Kaliwasserglas in wäßriger Lösung (alkalisch, keimtötend). Wasserglas bildet keinen Film, sondern bewirkt eine Verkieselung des Untergrundes. Dispersionssilikatfarben enthalten zusätzlich Kunststoffdispersionen und können daher streichfertig geliefert werden ([13.17], [13.40]).
Verwendung: Außenanstriche

	KURZBEZEICHNUNG	DICKE	DICHTE	WÄRME-LEIT-FÄHIG-KEIT	SPEZ. WÄRME-KAPAZITÄT	DAMPF-DIFFUSIONS-WIDERSTAND	PRIMÄR-ENERGIE-INHALT	UMWELTAUS-WIRKUNGEN HERSTELLUNG/ NUTZUNG
		d	ρ	λ	c	μ	PEI	
		m	kg/m³	W/(m·K)	kJ/(kg·K)		kWh/m³	
11.5	Silikonharzfarbe	0,00015	1400	0,600	1,000	260	20	-/-
11.6	Füllfarbe, Außendispersion	0,00020	1400	0,600	1,000	510	20	-/-
11.7	Seidenlatex, Außendispersion	0,00010	1400	0,600	1,000	5500	20	-/-
11.8	Betonspachtel, polymermodifiziert	0,00500	1700	0,700	0,840	120	20	-/-
11.9	Außendispersion	0,00020	1390	0,600	1,000	900	20	-/-
11.10	Außendispersion	0,00015	1425	0,600	1,000	3370	20	-/-
11.11	Silikatfarbe, hydrophobiert	0,00017	1400	0,700	1,000	850	0,5 – 2	n. b./+
11.12	Silikatfarbe, (Mineralfarbe)	0,00010	1400	0,600	1,000	500	0,5 – 3	n. b./+

Richtwerte für Oberflächenbehandlungen

EIGENSCHAFTEN	IMPRÄGNIERUNG	LASUR	DECKANSTRICH
Bindemittel	gelöstes Polymer	Silikat	Dispersion
Typische Schichtdicke (μm)	≥ 0	ca. 50	ca. 150
Diffusionsäquivalente Luftschichtdicke in m für Wasserdampf Kohlendioxid	< 5 < 0,5	< 1 < 0,1	0,5 – 100 0,1 – 0,5
Wasseraufnahmekoeffizient in kg/(m²·h^{0,5})	0,1 bis 0,5	0,1 – 3	0,05 – 0,1

12 Dach- und Dichtungsbahnen

12.1 bis 12.3 Dachbelagbahnen: Dachbahnen werden aus PVC, Ethylencopolymerisat-Bitumen ECB oder Polyisobutylen PIB (siehe auch Abschnitt 9) in Dicken von 1 bis 2 mm (evtl. einseitig kaschiert) hergestellt. Sie werden mit Heißbitumen oder Lösemittelspezialkleber verklebt oder auch nur gelegt und mit Platten oder Kies abgedeckt ([13.17], [13.23]).

12.4 und 12.5 Bautenschutzfolien (PVC- und PE-Folien siehe auch Abschnitt 9) werden in Dicken zwischen 0,02 und 0,4 mm und Breiten bis 6 m hergestellt. PE-Folien sind empfindlich gegen UV-Strahlen, bleiben aber auch bei Frost flexibel ([13.17], [13.23]).

12.6 Dampfbremsen, Unterspannbahnen werden zur Verhinderung der Kondenswasserbildung verwendet. Unterspannbahnen werden zum Schutz des Dachraumes vor Flugschnee verwendet (faserverstärkte Kunststoffolien oder kunststoffaserverstärkte Bitumenbahnen) ([13.17], [13.23]).

12.6 bis 12.9 Baupapiere und Pappen werden beschichtet oder getränkt, z. B. mit Wachs, Öl, Bitumen, Paraffin, Alu, oder gitterverstärkt hergestellt. Je nach Beschichtung sind unterschiedliche Anwendungen möglich.

Verwendung: Dampfbremse, Estrichpappe, Estrichlegerfolie, Trennlagen

	KURZBEZEICHNUNG	DICKE	DICHTE	WÄRME-LEIT-FÄHIG-KEIT	SPEZ. WÄRME-KAPAZITÄT	DAMPFDIF-FUSIONS-WIDERSTAND	PRIMÄR-ENERGIE-INHALT	UMWELTAUS-WIRKUNGEN HERSTELLUNG/NUTZUNG
		d	ρ	λ	c	μ	PEI	
		m	kg/m³	W/(m·K)	kJ/(kg·K)		kWh/m²	
12.1	Dachbahnen aus PVC	> 0,0012	1500	0,180	1,260	12500	2 – 5	-/n. b.
12.2	Dachdichtungsbahn Ethylencopol. ECB	> 0,0020	1500	0,180	1,260	50 – 75000	x	-/n. b.
12.3	Dachdichtungsbahn Polyisobutylen PIB	> 0,0015	1400	0,180	1,260	260000	x	-/n. b.
12.4	PVC-Folien	> 0,0001	1200	0,16	1,47	200 – 50 000	2 – 5	-/ n. b.
12.5	PE-Folien	> 0,0001	960	0,35	2,0 – 2,5	> 10 000	2 – 5	-/ n. b.
12.6	Papier, dampfbremsend	x	590	0,17	1,6	2250	0,5 – 1	n. b./ n. b.
12.7	Papier, wasserabstoßend	x	720	0,17	1,5	400	0,5 – 1	n. b./ n. b.
12.8	Wachspapier	0,00020	1400	0,180	1,260	4000	0,5 – 1	n. b./+
12.9	Pappe bituminiert	0,00092	1200	0,180	1,260	108	1 – 3	n. b./n. b.

13 D Baukonstruktion

Prof. Dipl.-Ing. Rüdiger Wormuth

1 Grundlagen. Konstruktionsarten

1.1 Allgemeines

Bei der hier angewandten Systematik der Baukonstruktionslehre ist der wichtigste Ordnungsfaktor die Art des Tragwerks [13.50]. Es folgen Konstruktionselemente, die die Struktur eines Tragwerks, und schließlich Bauteile, die die Grobstruktur eines Gebäudes bestimmen.

Der Baustoff ist kein Gliederungsfaktor, wenn der baukonstruktive Entwurf vom Entwurf des Tragwerks her entwickelt wird. Baustoffe werden für bestimmmte Funktionen (z. B. Tragfunktion, bauphysikalische Anforderungen) ausgewählt.

In der Baupraxis sind Gebäude aus Konstruktionselementen nur einer Konstruktionsart oder aus nur einem Baustoff selten anzutreffen. In der Regel sind es wirtschaftliche Überlegungen, die zu Mischkonstruktionen führen.

Eine wichtige Konstruktionsaufgabe ist die Berücksichtigung von Formänderungen bei Bauteilen und Baustoffen. Es gibt lastabhängige Verformungen (elastische Verformung, Kriechverformung) und lastunabhängige Verformungen (Schwindverformung, Temperaturverformung). Bei Mischkonstruktionen müssen daher die Verbindungen der Bauteile hinsichtlich baustoffspezifischer und konstruktionsbedingter Verformungen besonders sorgfältig konstruiert werden.

1.2 Massivbau

Konstruktionselemente des Massivbaus sind Körper (z. B. Mauerwerkskörper) mit relativ großer Masse. Bei klassischen Massivbauten (z. B. Mauerwerks- und Gewölbekonstruktionen) dominieren Druckkräfte. Das äußere Erscheinungsbild von Gebäuden in Massivkonstruktion wird durch relativ geschlossene Außenwandflächen und eher hochformatige Außenwandöffnungen bestimmt.

Das Konstruktionsprinzip des Massivbaus ist der „Zellenbau" mit sich gegenseitig aussteifenden Wand- und Deckenscheiben. Beim Standsicherheitsnachweis von Mauerwerkskonstruktionen nach DIN 1053-1 wird zwischen einseitig, zweiseitig, dreiseitig oder vierseitig gehaltenen Wänden unterschieden. Stürze und Ringbalken sind Konstruktionselemente, die der Standsicherheit von Wänden dienen (s. Kap. 7 und [13.51]).

Ringanker sind unter bestimmten Bedingungen in jeder Deckenlage oder darunter auf allen Außenwänden und bzw. oder auf allen Querwänden, die der Abtragung senkrechter Lasten dienen, ringförmig anzulegen.

Tafel: Konstruktionselemente massiver Bauwerke

KONSTRUKTIONS-ELEMENTE	KRAFTGRÖSSEN	VERFORMUNG	MATERIAL
WAND/MAUER	DRUCKKRÄFTE	LÄNGENSTAUCHUNG QUERDREHUNG	KÜNSTLICHE UND NATÜRLICHE MAUERSTEINE UND MÖRTEL. BETON, STAHLBETON, PORENBETON, LEHM.
STURZ	BIEGEMOMENTE	DURCHBIEGUNG	BEWEHRTES MAUERWERK, STAHLBETON
BOGEN	DRUCKKRÄFTE (IM STÜTZLINIENBEREICH)	LÄNGENSTAUCHUNG QUERDEHNUNG	KÜNSTLICHE UND NATÜRLICHE MAUERSTEINE UND MÖRTEL. GUSSMAUERWERK, BETON, STAHLBETON.
RINGANKER	ZUGKRÄFTE	LÄNGENDEHNUNG QUERKONTRAKTION	BEWEHRTES MAUERWERK, STAHLBETON, STAHL, HOLZ
RINGBALKEN	BIEGEMOMENTE	DURCHBIEGUNG	BEWEHRTES MAUERWERK, STAHLBETON, STAHL, HOLZ
PLATTE	BIEGEMOMENTE	DURCHBIEGUNG	STAHLBETON, TRAGENDE ODER NICHTTRAGENDE FÜLLKÖRPER UND GROSSFORMATIGE FERTIGTEILE AUS ZIEGELN UND BETON IN VERBINDUNG MIT STAHLBETON

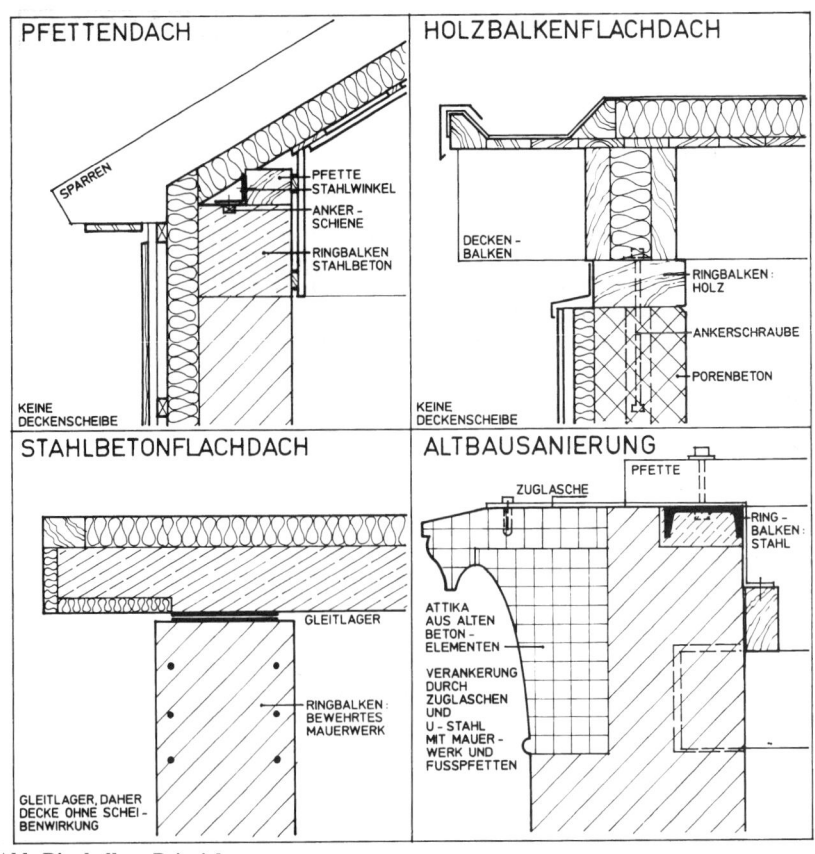

Abb. Ringbalken. Beispiele

Ringbalken dienen der Aufnahme und Abtragung auf Wände wirkender horizontaler Lasten (z. B. Wind). Sie können außerdem die Funktion von Stürzen haben oder, bei ringförmiger Geschlossenheit, die von Ringankern.

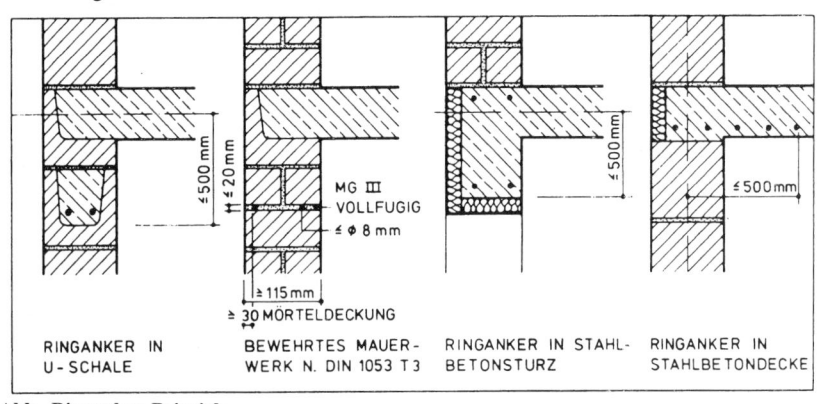

Abb. Ringanker. Beispiele

13.120

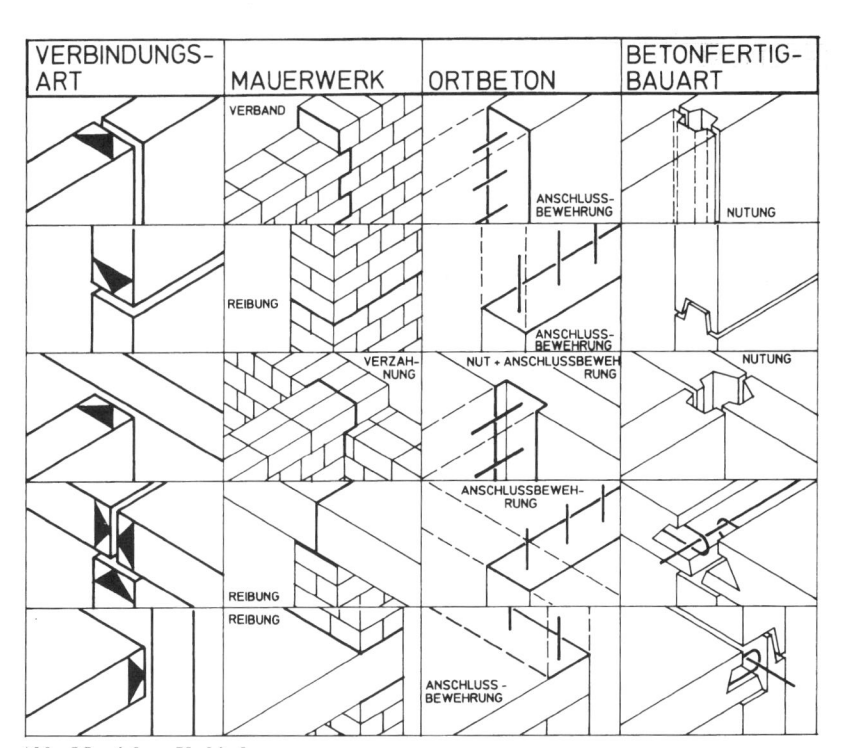

Abb. Massivbau. Verbindungen

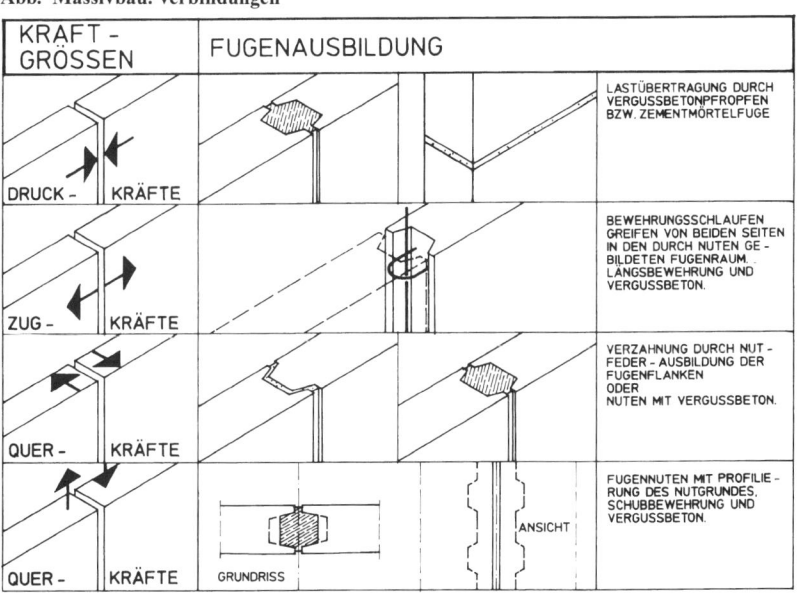

Abb. Stahlbetonfertigteile. Verbindungen

13.121

Massive Bauteile werden in der Regel durch Mörtel miteinander verbunden. Verbindend wirken dabei die Haftung des Mörtels und bzw. oder die durch Auflast entstehende Reibung in den Verbindungsfugen. Verbindungen von zeitlich nacheinander entstehenden Ortbetonbauteilen werden durch Anschlussbewehrung hergestellt. Bei Betonfertigteilen gibt es je nach statischer Funktion eine unterschiedliche Ausbildung der Fugenbereiche.

1.3 Skelettbau

1.3.1 Allgemeines

Konstruktionselemente des Skelettbaus sind Stäbe, deren Länge sehr groß ist im Vergleich zu den beiden anderen Abmessungen. Die Einzelstäbe von Skelettkonstruktionen sind meist für bestimmte Kraftgrößen spezialisiert: Druckkräfte, Zugkräfte und bzw. oder Biegemomente. Das tragende Gerippe eines Skelettbaus hat keine raumabschließende Wirkung. Die raumbegrenzenden Bauteile haben in der Regel keine tragende Funktion.

Es gibt bei Skelettkonstruktionen zwei Stabilitätsprinzipien:
- Aussteifung gelenkiger Stabwerke durch Dreiecksverbände, scheibenartige Konstruktionen (Fachwerke) oder Scheiben (Wand- oder Deckenscheiben)
- die Stabanschlüsse werden am Fundament oder an massiven Bauteilen durch Einspannung biegesteif hergestellt bzw. die Stabanschlüsse untereinander als biegesteife Rahmenecken ausgebildet.

Für die Erscheinung von Skelettbauwerken ist die Art der Stabilisierung und damit die Ausbildung der Knotenpunkte entscheidend. Gelenkige Verbindungen werden aus konstruktiven und konstruktionsästhetischen Gründen vorzugsweise aus Stahl hergestellt. Dagegen bieten biegesteife Rahmenecken aus Stahlbeton oder Holz keine herstellungstechnischen Probleme.

Tafel: Konstruktionselemente des Skelettbaus

KONSTRUKTIONS-ELEMENT	KRAFTGRÖSSE	VERFORMUNG	MATERIAL
STÜTZE/STIEL/SÄULE/ DRUCKSTAB (FACHWERK)	NORMALKRÄFTE UND/ ODER BIEGEMOMENTE	KNICKEN LÄNGSSTAUCHUNG UND QUERDEHNUNG DURCHBIEGUNG	HOLZ; STAHL; STAHLBETON
ZUGSTAB	NORMALKRÄFTE (ZUG)	LÄNGENDEHNUNG UND QUERKONTRAKTION	
TRÄGER/BALKEN/UNTER-(ÜBER-)ZUGRIEGEL	BIEGEMOMENTE QUERKRÄFTE	DURCHBIEGUNG	
GELENKIGES LAGER	BIEGEMOMENTE = 0 NORMALKRÄFTE QUERKRÄFTE		STAHL
BIEGESTEIFE RAHMEN-ECKE/EINGESPANNTES LAGER	BIEGEMOMENTE ≠ 0 BIEGEMOMENTE QUERKRÄFTE		HOLZ; STAHL; STAHLBETON

1.3.2 Gelenkige Stabanschlüsse

● **Stahlbau**

Allseits bewegliche Punktkipplager sind selten erforderlich. Konstruktiv logisch und gestalterisch einleuchtend, hat L. Mies van der Rohe an der Neuen Nationalgalerie in Berlin dieses Problem gelöst (B). Je nachdem, in welchen Richtungen die Gelenke fixiert werden müssen und um Normal- bzw. Querkräfte auf das angeschlossene Tragwerksteil übertragen zu können, wird der Gelenkanschluss auszubilden sein.

● **Stahlbetonbau**

Gelenkige Verbindungen sind untypisch für den Stahlbetonbau, da sie nur mit großem konstruktivem Aufwand herstellbar sind. Es wird daher nur eine gelenkige Verbindung des Stahlbetonfertigteil-Geschossbaus dargestellt [13.64].

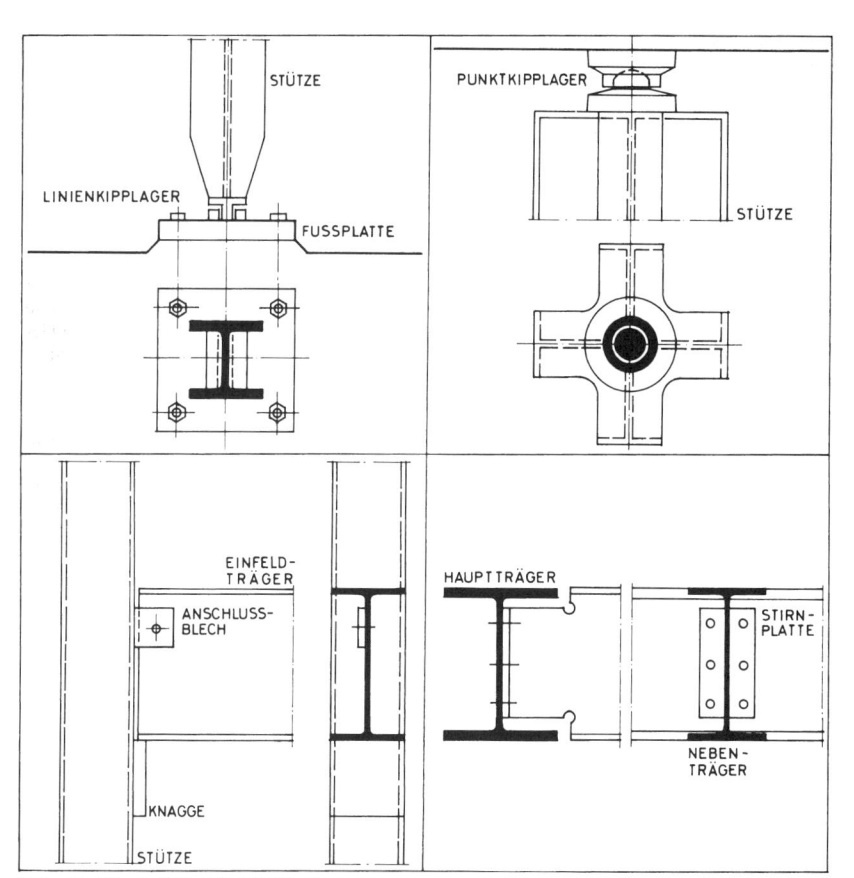

Abb. Stahlbau. Gelenkige Verbindungen

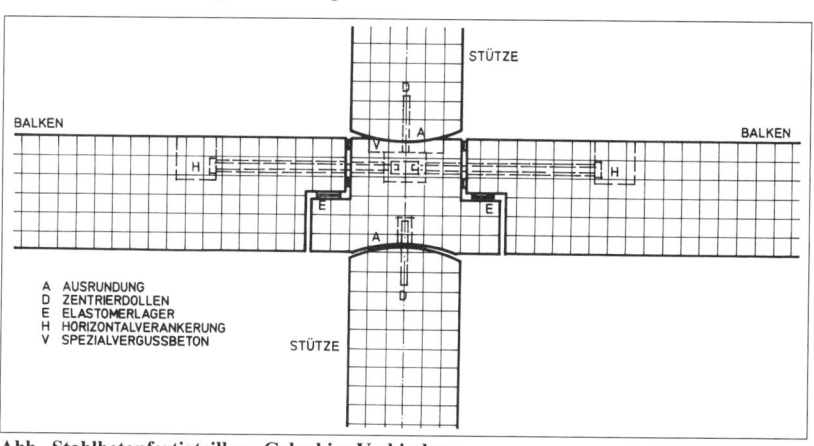

A AUSRUNDUNG
D ZENTRIERDOLLEN
E ELASTOMERLAGER
H HORIZONTALVERANKERUNG
V SPEZIALVERGUSSBETON

Abb. Stahlbetonfertigteilbau. Gelenkige Verbindung

13 Bauko. Entwurf

13.123

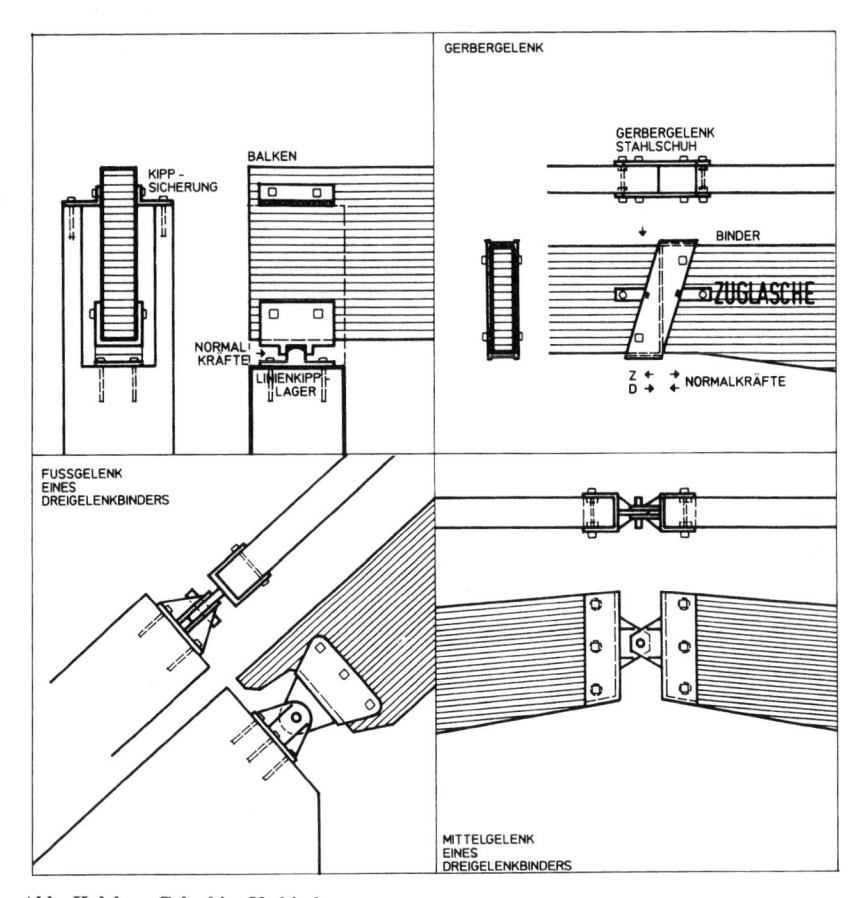

Abb. Holzbau. Gelenkige Verbindungen

● **Holzbau**
Bei hochbeanspruchten Gelenken von Holzskelettkonstruktionen wird in der Regel Stahl verwendet. Dabei vermeidet man Schwächungen der Holzbauteile. Bei klassischen handwerklichen Holzverbindungen ist dagegen eine Schwächung in der Regel unvermeidlich. Für die statisch-konstruktiven Anforderungen gilt das bereits oben für Stahlgelenke Ausgeführte.

1.3.3 Biegesteife Stabanschlüsse
- **Stahlbau**

A RIEGEL - STÜTZEN - VERBINDUNG. GESCHWEISST

B KOPFPLATTE / AUSSTEIFUNGSRIPPE / RIEGEL - STÜTZEN - VERBINDUNG. GESCHWEISST U. GESCHRAUBT

C AUSSTEIFUNGSRIPPEN / RAHMENECKE GESCHWEISST

D KOPFPLATTEN / RAHMENECKE GESCHWEISST U. GESCHRAUBT

E FUNDAMENT-AUSSPARUNG / MONTAGEWINKEL

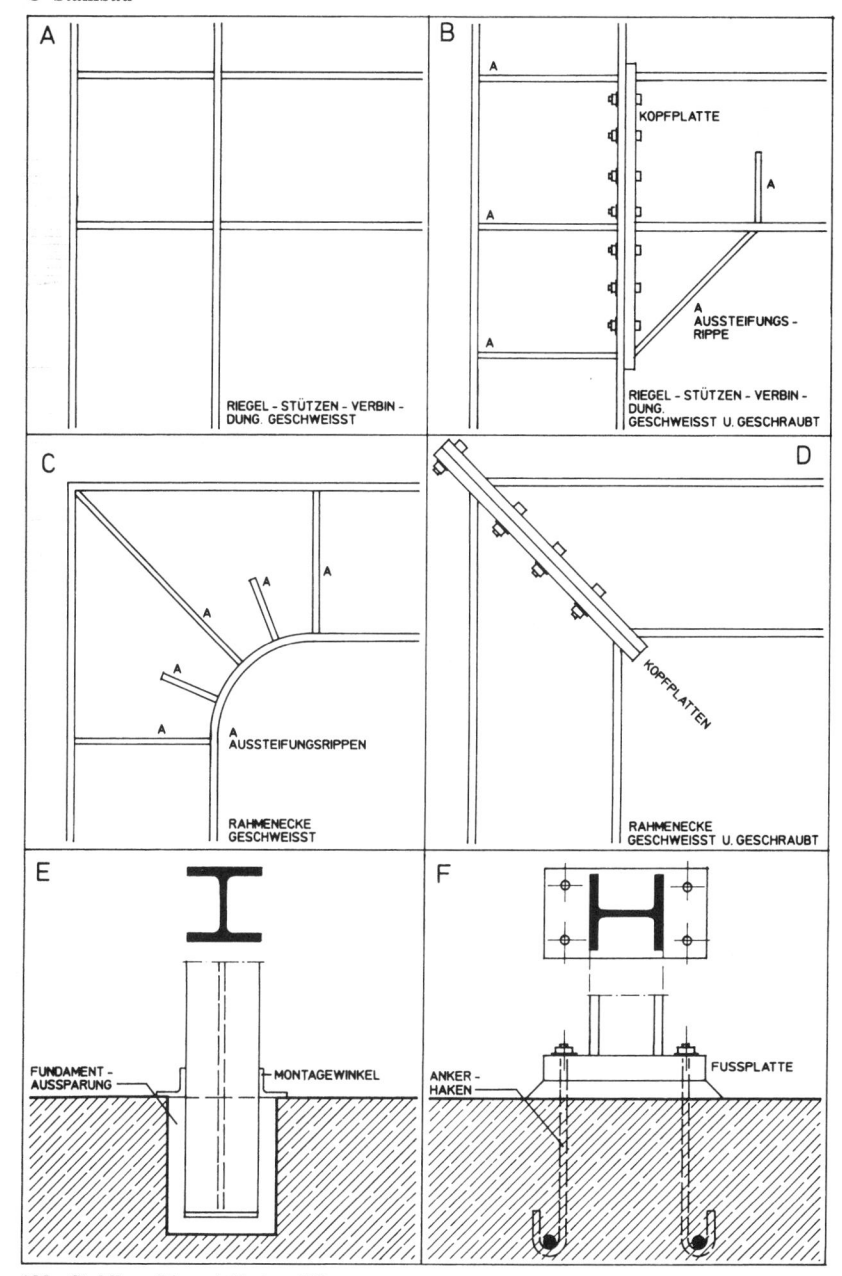

F ANKER-HAKEN / FUSSPLATTE

Abb. Stahlbau. Biegesteife Anschlüsse

Müssen bei Stahlstützen große Druckkräfte und Biegemomente auf die Fundamente übertragen werden, so sind relativ aufwendige Konstruktionen aus Fußplatten zur Verteilung der Druckkräfte und im Fundament verankerte Zugglieder erforderlich. Für biegesteife Rahmenecken gibt es eine Reihe von Standardanschlüssen, bei denen je nach dem statischen Erfordernis der Kraftumlenkung eine Querschnittsvergrößerung im Eckbereich oder wegen der Querkraftübertragung Aussteifungsrippen notwendig werden.

● **Holzbau**
Biegesteife Anschlüsse von Holzstützen an Fundamenten sind nur mittels relativ komplizierter Stahlverbindungen möglich. Für biegesteife Holzrahmenecken gibt es hingegen einige holzgemäße Konstruktionslösungen von der klassischen handwerklichen Ausführung eines diagonal beide Stäbe verbindenden Kopfbands bis hin zur industriell hergestellten Keilzinkenverbindung.

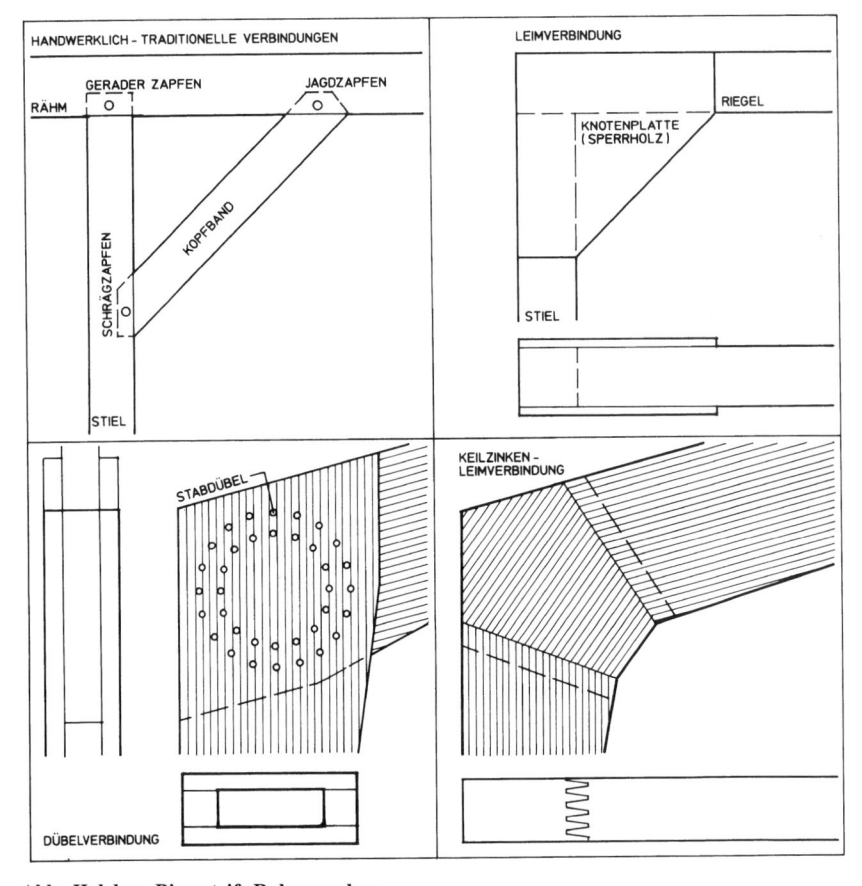

Abb. Holzbau. Biegesteife Rahmenecken

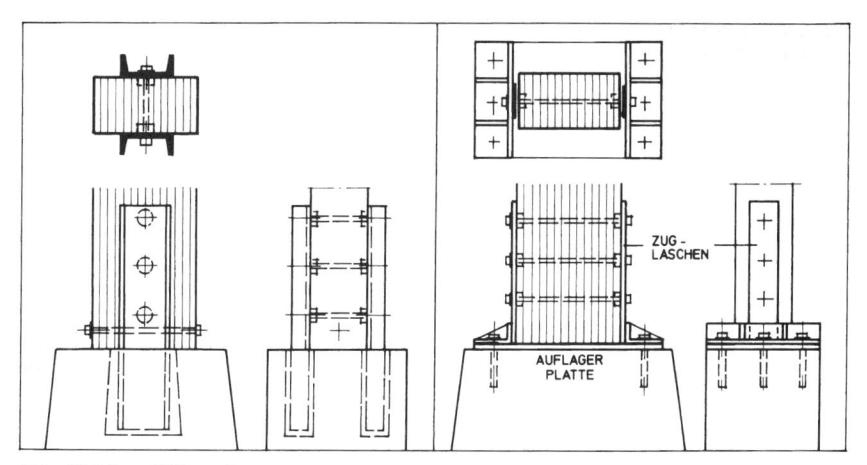

Abb. Holzbau. Stützeneinspannungen

- **Stahlbetonbau**

Für eingespannte Stahlbetonstützen gibt es zwei Standardlösungen: die Ortbetonstütze mit breitem Fundamentfuß, der im Bereich des Stützengrundrisses gegen das „Durchstanzen" eine größere Dicke als im Randbereich besitzt und dadurch eine geneigte Oberfläche von nicht mehr als 30° erhält [13.62] [13.63], wenn auf eine Konterschalung verzichtet werden soll, und das Köcher- oder Hülsenfundament für Stahlbetonfertigstützen. Ortbetonstützenfundamentfüße werden allerdings i. d. R. wegen des geringeren Arbeitsaufwandes mit ebener Oberfläche, jedoch mit der gegen das „Durchstanzen" erforderlichen Gesamtdicke hergestellt. Wegen des relativ großen Schalungsaufwandes für die Herstellung von Ortbetonköcherfundamenten sind inzwischen Alternativen entwickelt worden: 1. Köcherfundamentfertigteile, 2. Stütze-Fundament-Fertigteile.

Biegesteife Stahlbetonrahmenecken aus Ortbeton erfordern zwar einen hohen Schalungsaufwand, sind aber konstruktiv und konstruktionsästhetisch gut vertretbar. Die voutenartige Ausbildung der Rahmeninnenecke erleichtert die Bewehrungsführung für den Lastfall des „öffnenden Moments" [13.62]. Aus Gründen der Schalungsvereinfachung wird auf Vouten zugunsten größerer Riegelhöhen häufig verzichtet. Bei Stahlbetonfertigteilen ist ein Montageauflager erforderlich. Für die Übertragung der Zugkräfte greifen Anschlußbewehrungen in einen später durch hochwertigen Ortbeton auszufüllenden Eckraum.

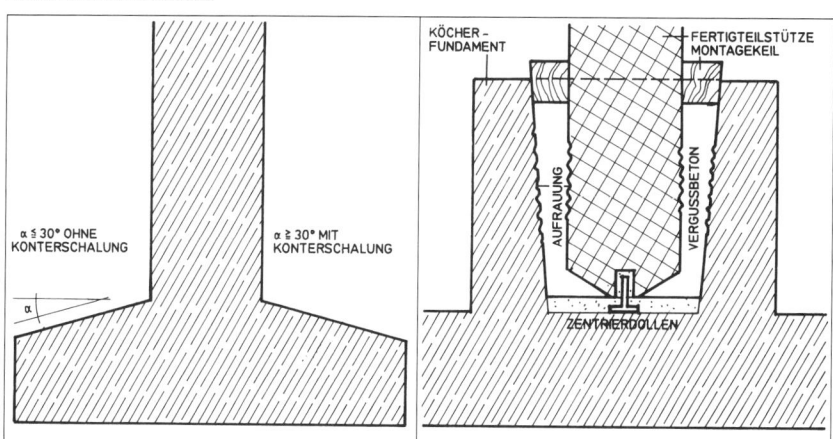

Abb. Stahlbetonbau. Eingespannte Stützen

13.127

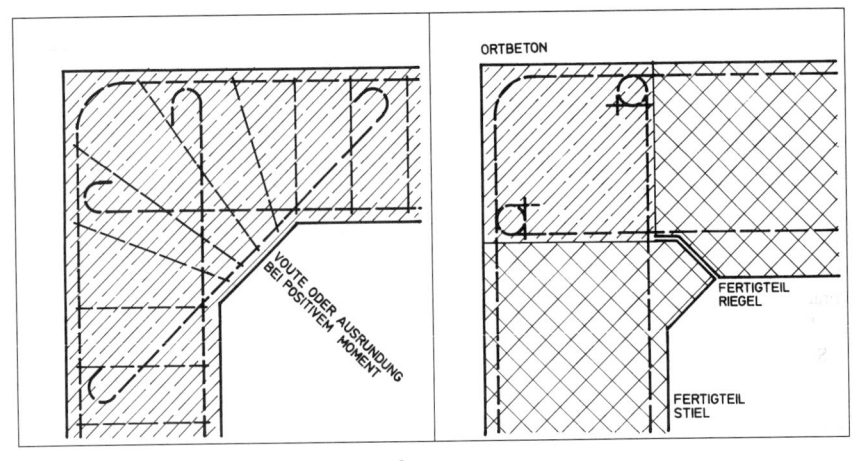

Abb. Stahlbetonbau. Biegesteife Rahmenecken

1.4 Flächentragwerke

1.4.1 Allgemeines

Konstruktionselemente von Flächentragwerken sind Flächen, deren Dicken im Verhältnis zu den übrigen Dimensionen sehr klein sind. Gewölbekuppeln und Kuppelschalen haben zwar ähnliche Erscheinungsformen, in der Tragwerksdicke und im Tragverhalten unterscheiden sie sich jedoch erheblich, Schalen sind wesentlich dünner als Kuppeln. Die günstige Materialausnutzung bei tragenden Flächen hat ihre Ursache darin, dass fast ausschließlich Normalkräfte vorkommen (Ausnahmen: Platten).

Ebene Flächentragwerke sind Scheiben und Platten. Aus ihnen setzen sich Faltwerke zusammen. Platten erfüllen zwar nicht alle Kriterien, die an Flächentragwerke zu stellen sind, ihre Tragwirkung wird jedoch zum Verständnis der Tragwirkung von Flächentragwerken und zu deren Berechnung in die theoretischen Überlegungen einbezogen.

Gekrümmte Flächentragwerke werden auch als Schalen bezeichnet. Man unterscheidet einfach gekrümmte Schalen (z. B. Zylindertonnenschalen) und zwei- oder mehrfach gekrümmte Schalen (z. B. Rotationsflächenschalen oder Leitkurvenflächenschalen).

Tafel: Konstruktionselemente ebener Flächentragwerke

KONSTRUKTIONS-ELEMENT	KRAFTGRÖSSEN	VERFORMUNG	MATERIAL
PLATTE KRAFTRICHTUNG SENKRECHT ZUR FLÄCHE	BIEGEMOMENTE	DURCHBIEGUNG	STAHLBETON
SCHEIBE/WANDARTIGER TRÄGER KRAFTRICHTUNG PARALLEL ZUR FLÄCHENEBENE	NORMALKRÄFTE	BEULEN/KIPPEN	
FALTE	NORMALKRÄFTE	DAS PRINZIP DER FALTUNG IST, VERFORMUNGEN ZU VERHINDERN	
RANDTRÄGER/ LÄNGSVERSTEIFER	BIEGEMOMENTE	DURCHBIEGUNG	
QUERVERSTEIFER QUER ZUR HAUPTTRAGRICHTUNG	NORMALKRÄFTE	BEULEN	

1.4.2 Ebene Flächentragwerke

Das Tragverhalten von ebenen Flächentragwerken ist am wirksamsten, wenn der Kraftangriff in Richtung der Flächenebene (Scheibenwirkung), und am schwächsten, wenn er senkrecht zur Flächenebene erfolgt (Plattenwirkung). Faltwerke sind eine Synthese der positiven Eigenschaften von Scheibe und Platte.

Die Plattenwirkung kann angenommen werden zwischen den als Auflager vorstellbaren Faltwerkskanten und der Scheibenwirkung in Haupttragrichtung des Faltwerks, also in Richtung der Falten von Auflager zu Auflager. Die Scheibenwirkung wird größer, je steiler die Faltwerksflächen stehen. Damit verbessert sich die Tragfähigkeit des Faltwerks. Sie verschlechtert sich in dem Maße, wie der Neigungswinkel der Faltwerksflächen flacher wird und somit die Plattenwirkung der Flächen zur Wirkung kommt.

Voraussetzung für die Formstabilität eines Faltwerks ist die Unverschieblichkeit der Faltwerkskanten. Kantenverformung kann durch eine Reihe von Maßnahmen eingeschränkt werden:

1. Steilere Faltung oder Verkleinerung des von zwei Faltwerksflächen eingeschlossenen Winkels (V-Falte).
2. Anordnung von Querversteifern oder biegesteifen Querrahmen.
3. Die Verformung insbesondere freier Faltwerkskanten wird durch Längsversteifer behindert.

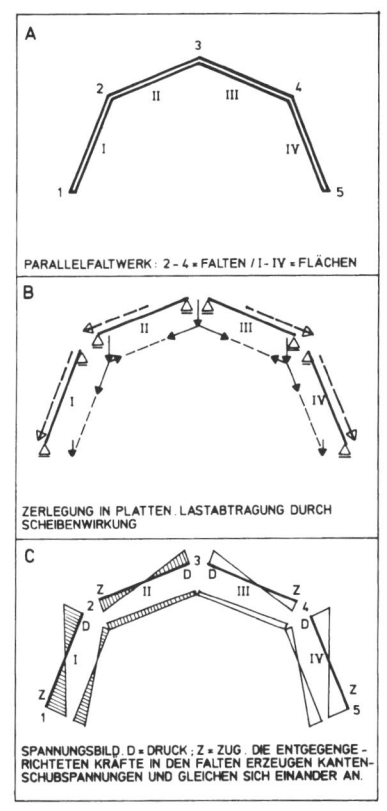

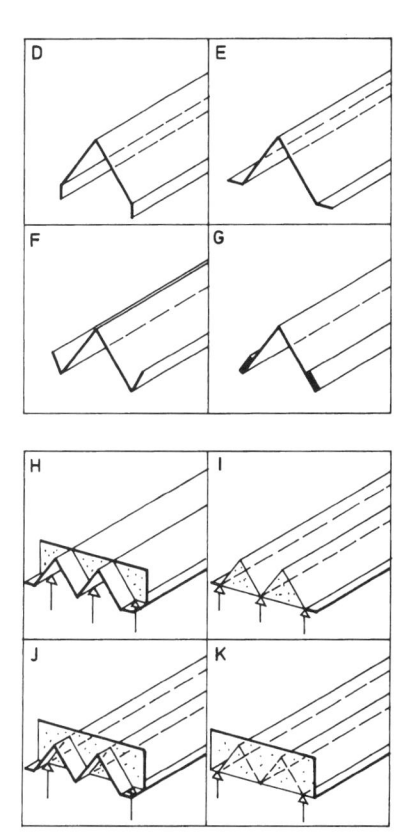

Abb. Faltwerke. Tragverhalten.
A-C: Tragverhalten; D-G: Längsversteifer; H-K: Querversteifer

Tafel: Konstruktionselemente gekrümmter Flächentragwerke

KONSTRUKTIONS-ELEMENT	KRAFTGRÖSSEN	VERFORMUNG	MATERIAL
SCHALENFLÄCHE	NORMALKRÄFTE (IN RANDZONEN AUCH BIEGEMOMENTE)	BEULEN	STAHLBETON/HOLZ/GLASFASER-VERSTÄRKTER KUNSTSTOFF/ACRYLGLAS/BLECHE
RANDTRÄGER IN DER HAUPTTRAGRICHTG.	BIEGEMOMENTE NORMALKRÄFTE	DURCHBIEGUNG	
DRUCKRING ZUGRING	NORMALKRÄFTE	STAUCHUNG (DRUCK) DEHNUNG (ZUG)	
ÜBERGANGSBOGEN	NORMALKRÄFTE (BIEGEMOMENTE REDUZIERT)	BEULEN	
QUERVERSTEIFER QUER ZUR HAUPTTRAGRICHTUNG	NORMALKRÄFTE (SCHEIBE) BIEGEMOMENTE (RAHMEN)	BEULEN DURCHBIEGUNG	

1.4.3 Gekrümmte Flächentragwerke (Schalen)

Die sehr große Formenvielfalt von Schalen läßt sich grob in drei Gruppen gliedern:
- Zylinderschalen
- Rotationsflächenschalen
- allgemeine Schalen

Zylinderschalen (Zylinderträger) lassen sich als Abkömmlinge von Parallelfaltwerken deuten, bei denen die Anzahl der Falten unendlich groß geworden ist. Entsprechend wird auch das Tragverhalten erklärt: eine Mischung aus Scheiben- und Plattenwirkung wie beim Parallelfaltwerk. Zusätzlich kann von einer Gewölbewirkung ausgegangen werden. Sie dient der Lastverteilung innerhalb des Zylinderträgers. Wie bei Parallelfaltwerken sind die freien Schalenränder besonders verformungsgefährdet. Ähnlich wie dort läßt sich die Formstabilität freier Ränder durch längs- und querversteifende Konstruktionselemente wahren.

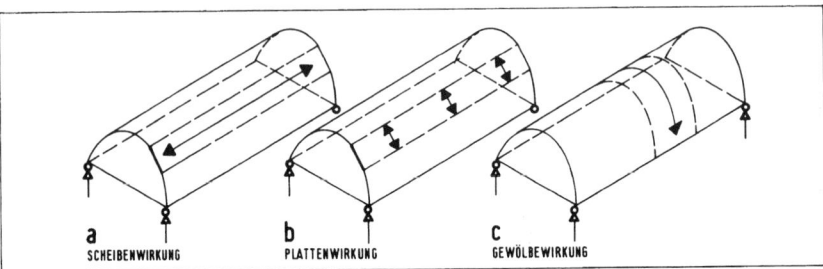

Abb. Tragverhalten von Zylinderträgern (Quertonnenschalen)

a SCHEIBENWIRKUNG b PLATTENWIRKUNG c GEWÖLBEWIRKUNG

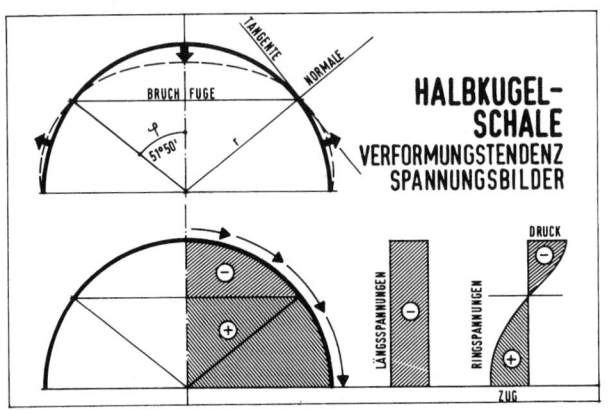

Abb. Halbkugelschale. Tragverhalten

HALBKUGELSCHALE
VERFORMUNGSTENDENZ
SPANNUNGSBILDER

13.130

Beispielhaft für **Rotationsflächenschalen** wird das Tragverhalten einer Halbkugelschale an ihrer Verformungstendenz und den Spannungsbildern dargestellt. Bei Kuppelschalen mit flachem Stich kann der Schalenrand durch Fußringe oder Übergangsbogen stabilisiert werden, oder er erhält eine widerlagerähnliche Unterstützung.

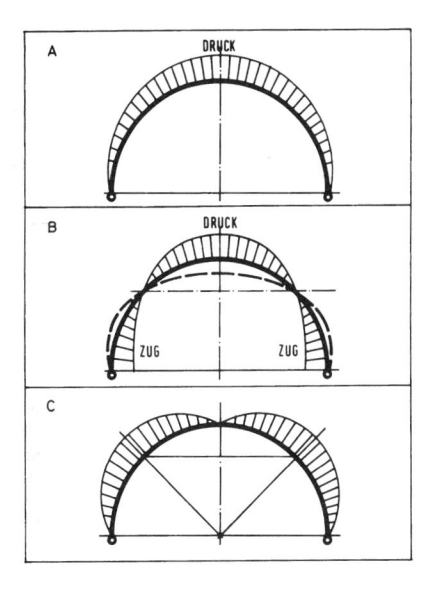

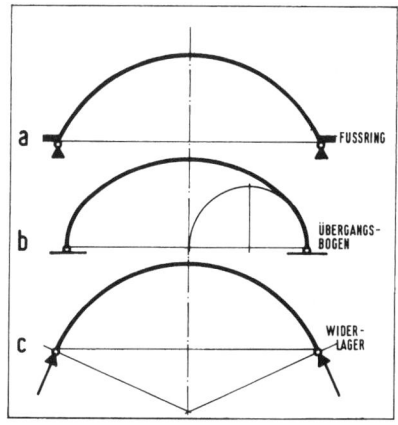

Abb. **Kuppelschalen. Lagerung. Randstabilisierung**

Abb. **Quertonnenschalen. Spannungsbilder**
A. Ringspannungen, B. Längsspannungen, C. Schubspannungen

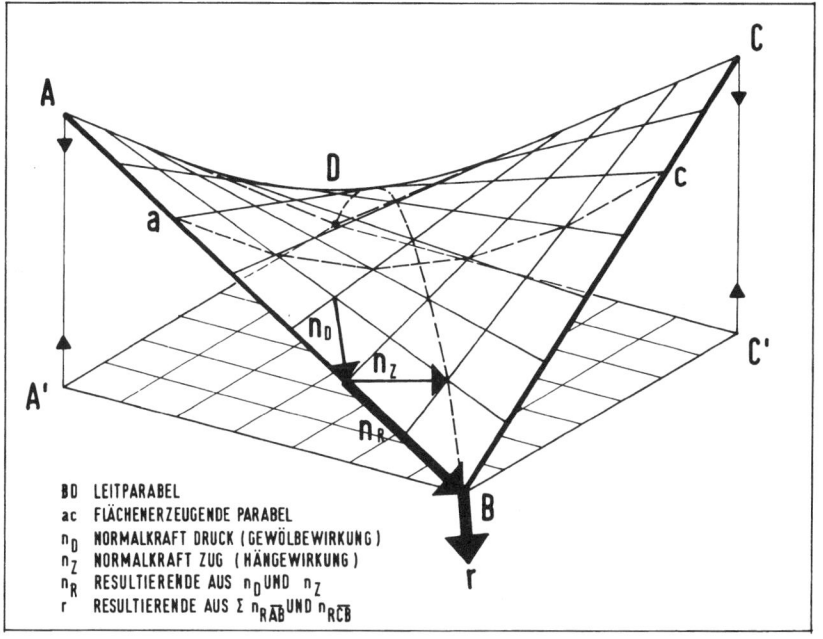

BD LEITPARABEL
ac FLÄCHENERZEUGENDE PARABEL
n_D NORMALKRAFT DRUCK (GEWÖLBEWIRKUNG)
n_Z NORMALKRAFT ZUG (HÄNGEWIRKUNG)
n_R RESULTIERENDE AUS n_D UND n_Z
r RESULTIERENDE AUS $\Sigma\ n_{R\overline{AB}}$ UND $n_{R\overline{CB}}$

Abb. **HP-Schalen: Geometrische und statische Merkmale**

13.131

a EINSPANNUNG

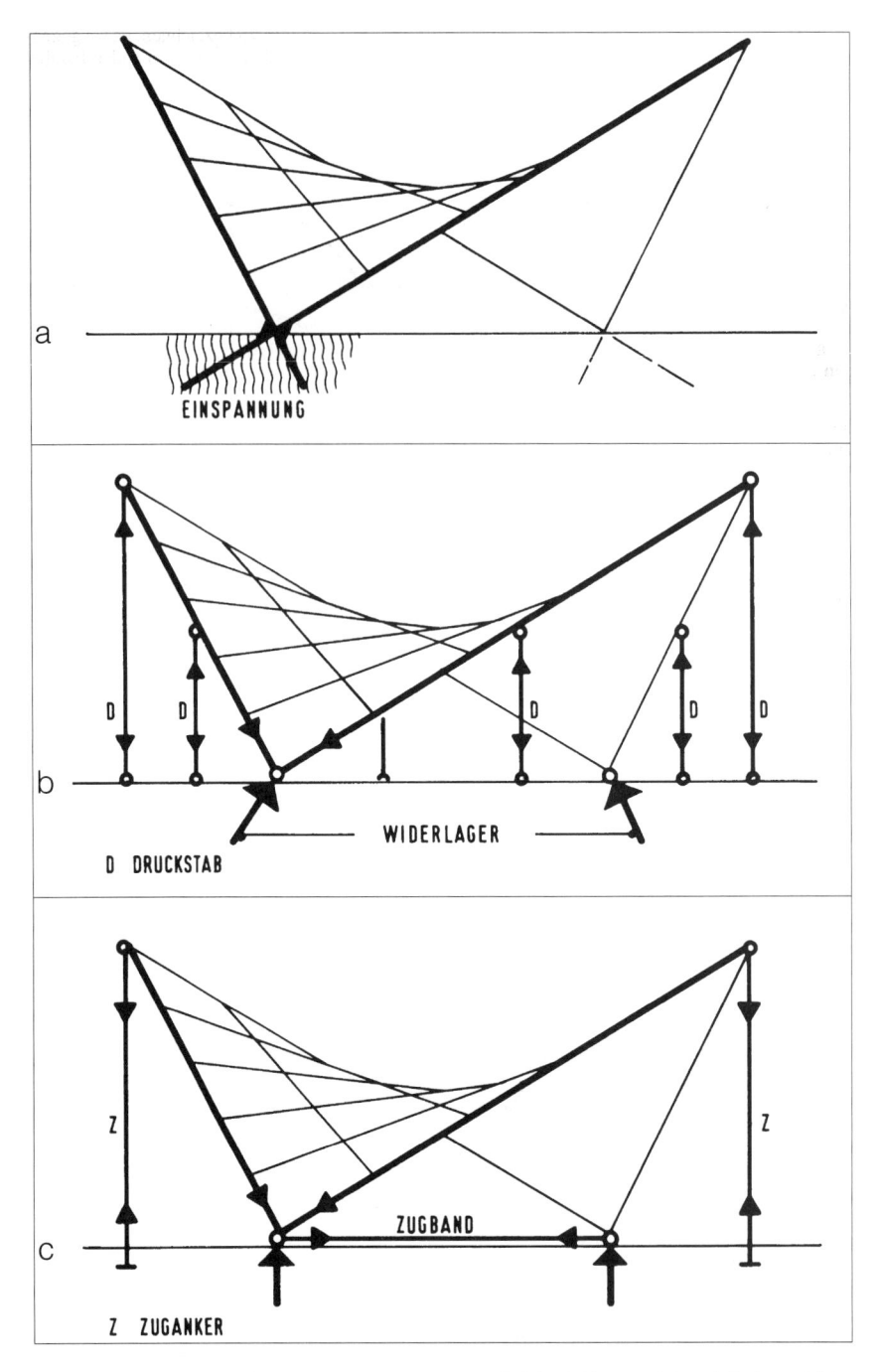

b D DRUCKSTAB WIDERLAGER

c Z ZUGANKER ZUGBAND

Abb. HP-Schalen. Standfestigkeit (die Schalenränder sind durch biegesteife Randglieder gefaßt)

13.132

Hyperbolische Paraboloidschalen (HP-Schalen) sind als Sattelflächen zu bezeichnen, da sie gegensinnig gekrümmt sind. Die Geometrie ist einfach erklärbar: Auf einer bogenartig stehenden Parabel als Leitkurve wird eine „hängende" Parabel geführt. Die HP-Schalenfläche wird somit auch als Leitkurvenfläche definiert. Durch diese geometrischen Merkmale wird das Tragverhalten anschaulich charakterisiert als eine Durchdringung von Gewölbe- und Hängewirkung.

Wie bei anderen Schalenformen und auch bei Faltwerken gilt bei HP-Schalen, daß Additionen, Kombinationen und Durchdringung von Einzelelementen zu großer Stabilität der dann entstehenden Gesamtform führen, weil die Ränder der Einzelelemente sich an den Berührungsstellen gegenseitig stabilisieren. An einer HP-Schale mit biegesteifen Randgliedern werden drei Möglichkeiten für die Standfestigkeit des Gesamttragwerks dargestellt.

1.5 Seiltragwerke

Es gilt hier der Stabilitätsgrundsatz: In allen zugbeanspruchten Konstruktionselementen müssen immer Zugspannungen herrschen.

Die Dachlasten eines Seiltragwerks werden von Tragseilen aufgenommen, die üblicherweise hängend angeordnet sind (Hängedächer). Die Seile sind biegeweich und passen ihre Form widerstandslos den auftretenden Lasten an. Sie müssen daher stabilisiert werden. Je nach Art des Seiltragwerks wird eine Stabilisierung durch Dacheigenlast, eine steife Schalenfläche oder punktuelle oder lineare Stabilisierungselemente bewirkt. Durch punktuelle Stabilisatoren werden einzelne Tragseilpunkte fixiert. Lineare Stabilisierungselemente (Seile, Balken, Bogen) fixieren jeweils einen Punkt auf mehreren Tragseilen.

Bei Zugbeanspruchung von Seilen treten elastische und nichtelastische Verformungen auf. Die nichtelastischen Verformungen aufgrund des Kriechens des Stahls bewirken das sogenannte **Seilreck**. Es sind Längendehnungen der Einzeldrähte eines Seils und damit verbundene Querkontraktionen, die ihrerseits Querschnitts- und Längenveränderungen des gesamten Seils bewirken. Durch mehrfaches Vorrecken der Seile vor dem Einbau und vor der endgültigen Belastung wird verhindert, daß nichtkorrigierbare Veränderungen des Spannungszustands am fertigen Tragwerk auftreten und Befestigungselemente (siehe Abb. S. 13.175) wie Seilschellen lose werden.

Tafel: Konstruktionselemente von Seiltragwerken

KONSTRUKTIONSELE-MENT	KRAFTGRÖSSEN	VERFORMUNG	MATERIAL
TRAGSEIL STABILISIERBAR DURCH: DACHEIGENGEWICHT/ STEIFE SCHALENFLÄCHE/ PUNKTFÖRMIGE ODER LINEARE STABILISATOREN/GEGENSINNIGE KRÜMMUNG VON SEILNETZEN	ZUGKRÄFTE	LÄNGENDEHNUNG	STAHLSEILE
RÜCKHALTESEIL SPANNSEIL			
MAST/PYLON DRUCKSTAB ZUR ERZEUGUNG VON HOCHPUNKTEN	DRUCKKRÄFTE	KNICKEN	STAHL/HOLZ
LUFTSTÜTZE PUNKTFÖRMIGER DRUCKSTABILISATOR			
STABILISIERUNGSSEIL	ZUGKRÄFTE	LÄNGENDEHNUNG	STAHLSEILE
STABILISIERUNGS-BALKEN	BIEGEMOMENTE	DURCHBIEGUNG	STAHL/HOLZ
STABILISIERUNGS-BOGEN	DRUCKKRÄFTE	LÄNGENSTAUCHUNG	STAHL/HOLZ/HOCHDRUCKSCHLÄUCHE

Das in der Abbildung rechts dargestellte Seilnetztragwerk des Olympiastadions in München ist als Übergangsform zu Membrantragwerken (Zelte) denkbar, wenn man sich die Netzmaschen sehr eng vorstellt. Eine Trennung in Trag- und Stabilisierungsseile ist bei der komplizierten, mehrfach gekrümmten Netzfläche nicht mehr möglich.

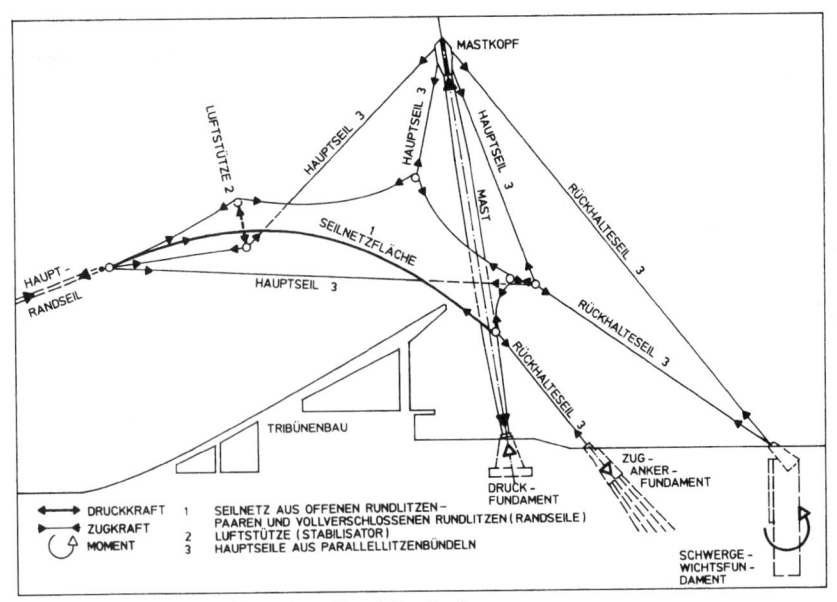

Abb. Seilnetztragwerk (Olympiastadion München)

1.6 Membrantragwerke

1.6.1 Allgemeines

Die konstruktive und formale Verwandtschaft von Membrantragwerken zu bestimmten Arten von Seilnetztragwerken oder auch zu HP-Schalen fällt auf.

Der schon bei Seiltragwerken aufgestellte Stabilitätsgrundsatz (Abschn. 1.5) gilt auch hier. Dieser Grundsatz ist bei gekrümmten Membranflächen nur einzuhalten, wenn die Flächen doppelt und gegensinnig gekrümmt sind (Sattelflächen). Bei pneumatisch stabilisierten Membrantragwerken (z. B. Traglufthallen) wird die Membran hingegen durch ein Stütz-, Stabilisierungs- oder Füllmedium stabilisiert.

Tafel: Konstruktionselemente von Membrantragwerken

KONSTRUKTIONS-ELEMENT	KRAFTGRÖSSEN	VERFORMUNG	MATERIAL
ZELTMEMBRAN KONSTRUKTIONSPRINZIP: DURCH HOCH- UND TIEFPUNKTE WERDEN MEMBRANFLÄCHEN ERZEUGT, DIE IN JEDEM PUNKT GEGENSINNIG GEKRÜMMT SIND.	ZUGKRÄFTE	DEHNUNG	PVC-BESCHICHTETES POLYESTER-GARNGEWEBE
RÜCKHALTESEIL SPANNSEIL			STAHL- ODER KUNSTSTOFFASERSEILE
MAST/PYLON DRUCKSTAB ZUR ERZEUGUNG VON HOCHPUNKTEN	DRUCKKRÄFTE	KNICKEN	STAHL/HOLZ
STABILISIERUNGSSEIL	ZUGKRÄFTE	LÄNGSDEHNUNG	STAHL- ODER KUNSTSTOFFASERSEILE
STABILISIERUNGSBOGEN	DRUCKKRÄFTE	STAUCHUNG	HOLZ/STAHL/HOCHDRUCKSCHLÄUCHE

1.6.2 Zelte

Durch Hoch- und Tiefpunkte werden Membranflächen erzeugt, die in jedem Punkt gegensinnig gekrümmt sind. Hochpunkte sind durch Pylone und nach oben gerichtete Seile, Grate durch Bogen, Tiefpunkte durch Seilabspannungen und Kehlen durch Kehlseile herzustellen. Eine derart entstandene doppelt und gegensinnig gekrümmte Membranfläche ist um so steifer, je stärker die Krümmungen sind.

Membranen sind sehr empfindlich gegen punktförmige Belastungen senkrecht zur Membranfläche. Sind punktförmige Stabilisatoren der Membranfläche erforderlich, dann ist durch geeignete konstruktive Maßnahmen sicherzustellen, daß die dort entstehenden Punktbelastungen allmählich in die Membran eingeleitet werden oder daß die Membran an diesen Stellen Verstärkungen erhält. Für Membranen werden in der Regel beschichtete Polyestergarngewebe verwendet.

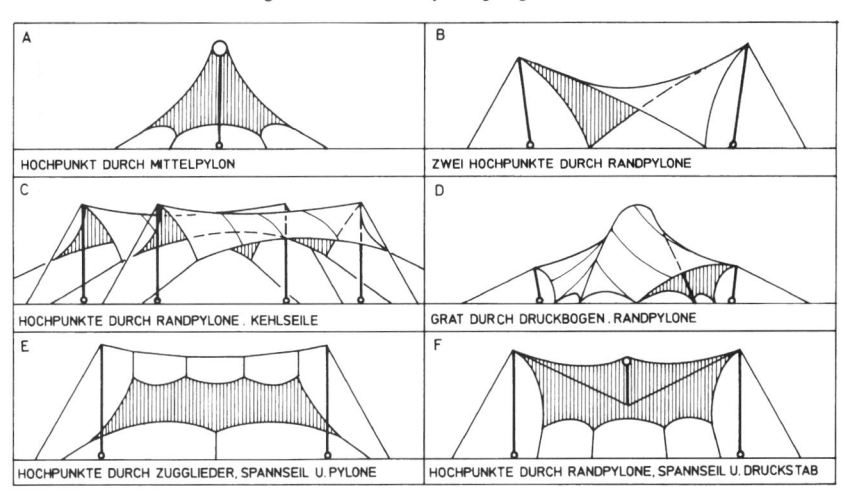

Abb. Membrantragwerke (Zelte)

1.6.3 Pneumatisch stabilisierte Membrantragwerke

Die Geometrie pneumatisch stabilisierter Membrantragwerke wird ausschließlich von der Membranstabilisierung bestimmt. Primärstabilisator ist ein gasförmiges Medium (z. B. Luft). Die Membran wird also durch ein nicht formbeständiges Medium flächig unterstützt. Sie trennt Medien unterschiedlicher Dichte. Das Stabilisierungselement ist ein Konstruktionselement und stellt keine Belastung dar. Es herrscht ein Gleichgewichtszustand zwischen dem Innendruck des stabilisierenden Mediums und dem Spannungszustand der stabilisierten Membran.

Die Lastabtragung auf den Baugrund infolge senkrechter Lasten ist vernachlässigbar. Bedeutend ist das Problem der Windverankerung.

Die Geometrie pneumatisch stabilisierter Membrantragwerke hängt ab
von der Art der Druckdifferenz zwischen Stabilisierungsmedium und Außenluft:
- **Überdruck** oder
- **Unterdruck**

dem Maß der Druckdifferenz:
- **Hochdruck** oder
- **Niederdruck**

und der Art zusätzlicher Stabilisierungselemente (siehe Seiltragwerke und Zelte).

Die Zugspannung in der Membran (Membranspannung) ist proportional dem Innendruck und dem Krümmungsradius. Bei geschicktem Entwurf zusätzlicher Stabilisierungselemente (z. B. Kehlseile) können mit dadurch entstehenden kleinen Krümmungsradien (Abb. rechts) relativ große Hallen ohne allzu große Membranspannungen hergestellt werden.

Abb. Pneumatisch stabilisierte Membrantragwerke. Membranspannung

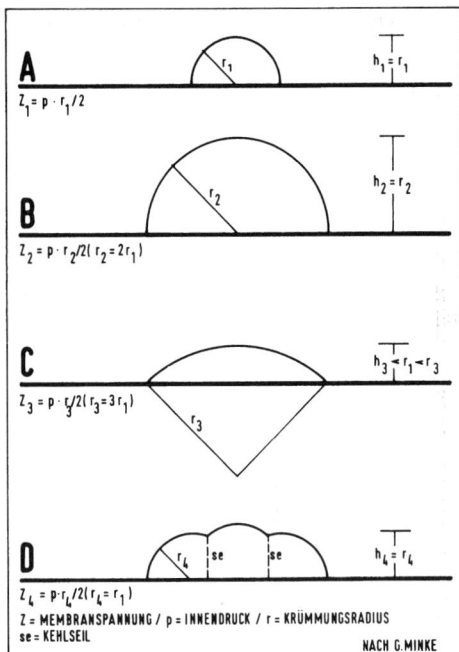

A $Z_1 = p \cdot r_1/2$; $h_1 = r_1$

B $Z_2 = p \cdot r_2/2 \, (r_2 = 2r_1)$; $h_2 = r_2$

C $Z_3 = p \cdot r_3/2 \, (r_3 = 3r_1)$; $h_3 < r_1 < r_3$

D $Z_4 = p \cdot r_4/2 \, (r_4 = r_1)$; $h_4 = r_4$

Z = MEMBRANSPANNUNG / p = INNENDRUCK / r = KRÜMMUNGSRADIUS
se = KEHLSEIL

NACH G. MINKE

Abb. Traglufthalle. Fundamentanschluß

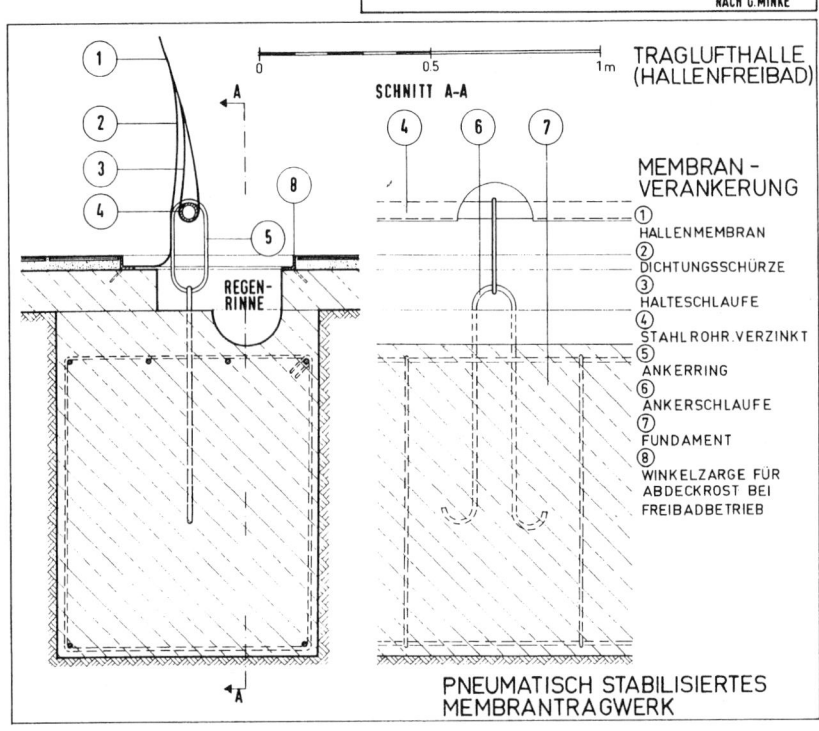

TRAGLUFTHALLE (HALLENFREIBAD)

SCHNITT A-A

MEMBRAN-VERANKERUNG

① HALLENMEMBRAN
② DICHTUNGSSCHÜRZE
③ HALTESCHLAUFE
④ STAHLROHR, VERZINKT
⑤ ANKERRING
⑥ ANKERSCHLAUFE
⑦ FUNDAMENT
⑧ WINKELZARGE FÜR ABDECKROST BEI FREIBADBETRIEB

REGENRINNE

PNEUMATISCH STABILISIERTES MEMBRANTRAGWERK

2 Bauteile. Anwendungsbeispiele

2.1 Außenwände

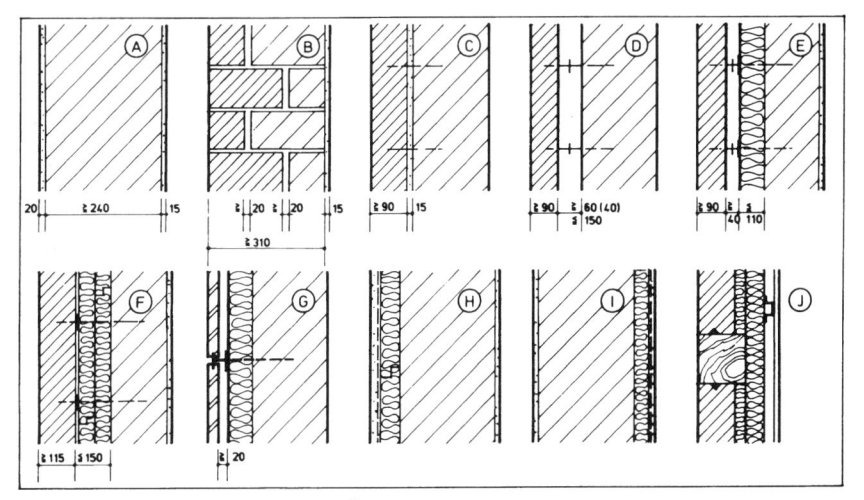

Abb. Außenwände aus Mauerwerk. Übersicht. Baukonstruktive Probleme und Hinweise zur Ausführung

A) **Einschalige Außenwände:**
Schlagregenschutz; geometrische, materialbedingte, konstruktionsbedingte Wärmebrücken.

B) **Einschaliges Verblendmauerwerk:**
Vollfugige Ausführung; hohlraumfreie Längsfuge (Schlagregenschutz); Wärmebrücken.

C) **Zweischalige Außenwände mit Putzschicht (wie A):**
Ausführung der Putzschicht und der sie durchstoßenden Drahtanker: Verankerung der Außenschale; ggf. Abfangung der Außenschale; Dehnfugen der Außenschale; Sickerwasserdichtungen; Verformungsunterschiede der Schalen (schadensanfällige Konstruktion).

D) **Zweischaliges Mauerwerk mit Luftschicht:**
Wärmebrücken; ausreichende Hinterlüftung der Außenschale; Freihalten des Luftraumes von Mörtelbrücken, Vermeiden von Wasserübertritt auf die Innenschale; Verankerung, Abfangungen und Dehnfugen der Außenschale; Sickerwasserdichtungen.

E) **Zweischaliges Mauerwerk mit Luftschicht und zusätzlicher Wärmedämmung:**
Ausreichende Hinterlüftung der Außenschale; Freihalten des Luftraumes von Mörtelbrücken; Vermeiden von Wasserübertritt von außen nach innen; Verankerung, Abfangung und Dehnfugen der Außenschale; Sickerwasserdichtungen; Lückenlosigkeit und Befestigung der Dämmplatten.

F) **Zweischaliges Mauerwerk mit Kerndämmung:**
Schlagregenschutz; Ausführung der Kerndämmung; Hydrophobierung bei Mineralwolledämmmatten und Hyperlite-Schüttungen; Verankerung, Abfangung und Dehnfugen der Außenschale; Sickerwasserdichtungen; der mit Kerndämmaterial ausgefüllte Raum kann durch Mörtelwülste eingeengt werden (Wärmebrücken/Durchfeuchtung).

G) **Zweischaliges Mauerwerk mit Wärmedämmung und hinterlüfteter Wetterschutzschale:**
Lückenlosigkeit und Befestigung der Wärmedämmung; Belüftung des Luftzwischenraumes.

H) **Mauerwerk mit Wärmedämmverbundsystem „Thermohaut" oder Wärmedämmputz:**
Gewährleistung der Dampfdiffusion; Schrumpfen der Wärmedämmplatten (Ablagern); Anordnung, Lage und Befestigung der WD-Platten; Armierung; Schutz des Dämmsystems vor mechanischen Beschädigungen.

I) **Einschaliges Mauerwerk mit Innendämmung:**
Wärmebrücken bei einbindenden Innenbauteilen; Dampfsperren; Wärmespeicherfähigkeit.

(Fortsetzung folgende Seite)

J) Mauerwerksausgefachte Holzfachwerkwände:
Konstruktive Verbindung Holz/Mauerwerk; Verformungen Holz/Mauerwerk; Wind- und Schlagregendichtigkeit; Wärmebrücken; Dampfsperre.

Dies ist eine schadensanfällige Konstruktion, da durch unvermeidlich eindringendes Schlagregenwasser (Fuge zwischen Holz und Ausfachung) im Inneren der Wand gute Wachstumsbedingungen für holzzerstörende Pilze entstehen [13.59].

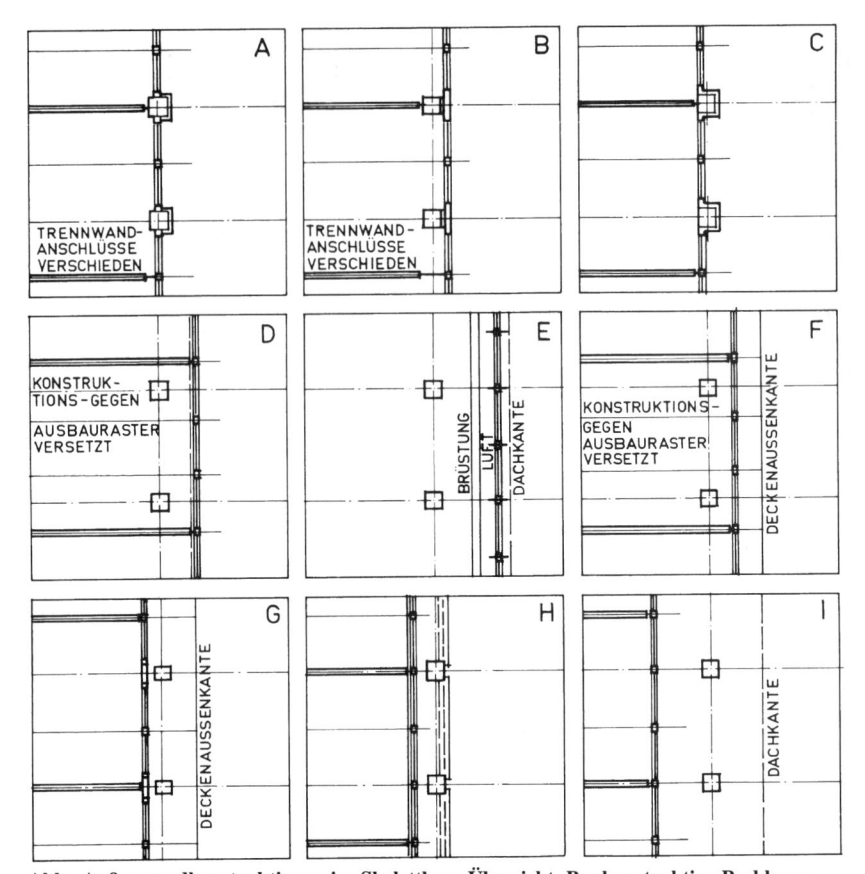

Abb. Außenwandkonstruktionen im Skelettbau. Übersicht. Baukonstruktive Probleme

A) Außenwand zwischen den Stützen der Tragkonstruktion:
Wärmebrückenprobleme im Stützenbereich; Fugen zwischen tragenden Stützen und Ausfachung; unterschiedliche Verformungen von Tragkonstruktion und Ausfachung.

B) Außenwand direkt vor der Tragkonstruktion (Vorhangfassade):
Guter Witterungsschutz bei dichter Außenfassade; unterschiedliche Verformung von Tragkonstruktion und Vorhangfassade.

C) Außenwand um die vorstehenden Stützen herumgeführt:
Probleme wie im Fall B, die Tragkonstruktion ist jedoch geschützt; komplizierte Fassadenabwicklung.

D) Außenwand vor den Stützen der Tragkonstruktion (Vorhangfassade):
Stützen hinter Deckenvorderkante und Brüstung: Probleme wie im Fall B.

E) **Selbsttragende Vorhangfassade über mehrere Geschosse:**
Probleme wie im Fall B; Brandüberschlag von Geschoß zu Geschoß; Windlasten auf der Vorhangfassade.
F) **Außenwand zwischen den auskragenden Decken vor den Stützen:**
Wärmebrücken-, Verformungs- und Dichtigkeitsprobleme im Deckenbereich; Deckenstirnflächen witterungsgefährdet.
G) **Außenwand hinter Stützen und auskragender Decke:**
Wärmebrücken-, Verformungs- und Dichtigkeitsprobleme im Deckenbereich; Stützen und Deckenstirnflächen witterungsgefährdet.
H) **Außenwandkonstruktion verspringt im Stützenbereich zwischen Brüstungs- und Fensterebene:**
Komplizierte baukonstruktive Anschlüsse; Wärmebrückenprobleme im Deckenbereich.
I) **Selbsttragende Fassade hinter den Stützen:**
Völlige Trennung von Stützen und Außenwand (vgl. D und E); Windlasten erfordern eigene Tragkonstruktion in der Außenwand; Wärmebrückenproblem am Dachanschluß der Außenwand.

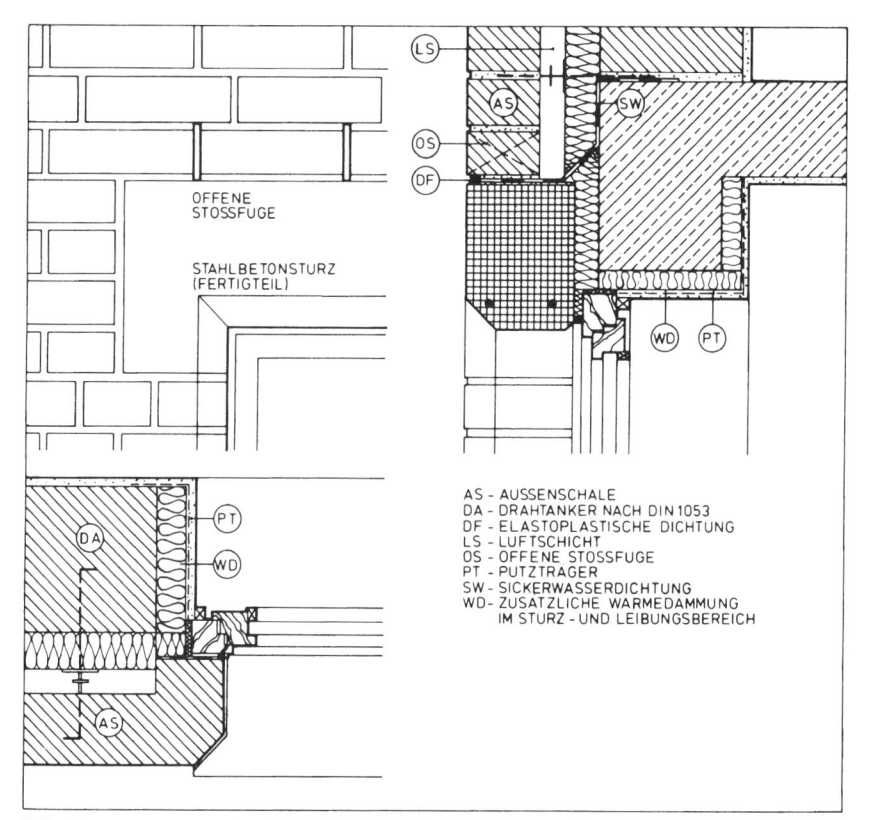

Abb. **Fenstersturz bei zweischaligem Verblendmauerwerk mit Luftschicht und zusätzlicher Wärmedämmung**

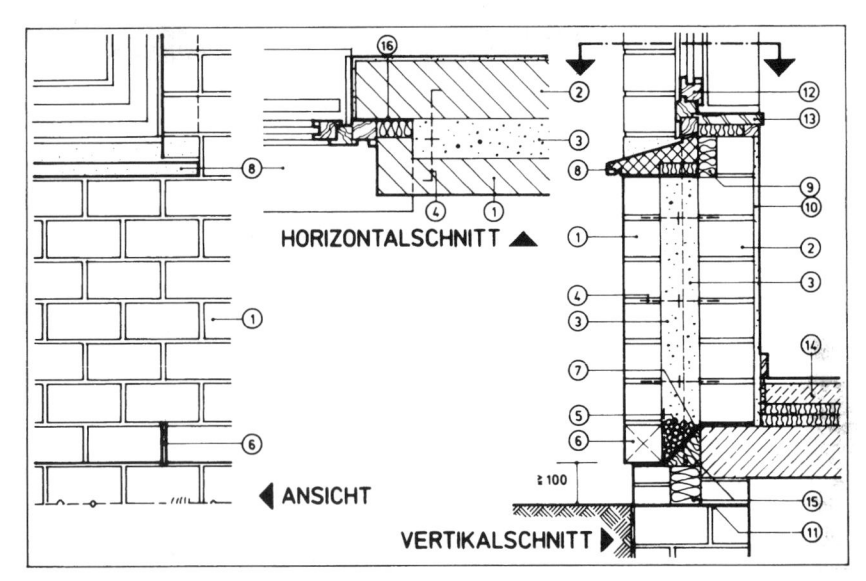

Abb. Außenmauerwerk mit Kerndämmung (Bei Verwendung von Kerndämmatten bzw. -platten sind diese mittels Kunststoffkrallenplatten, die von außen auf die Drahtanker zu schieben sind, zu fixieren. Die Rieselsperre vor der Entwässerungsöffnung ⑥ entfällt).

1 Außenschale, $d = 115$ mm, 2 Innenschale, 3 Schüttdämmung, hydrophobiert, mit Zulassung, 4 Drahtanker, Edelstahl, mit Kunststoffscheibe, 5 Drainschüttung, z. B. Blähton, 6 Entwässerungsöffnung, z. B. offene Stoßfuge, mit Rieselsperre, 7 Sickerwasserdichtung, 8 Fensterbank außen, z. B. Betonfertigteil, 9 zusätzliche Wärmedämmung, 10 Innenputz P I/P II, 11 Sperrschicht gegen Bodenfeuchtigkeit, 12 Holzfenster mit Einbauzarge, 13 Fensterbank, innen, 14 Schwimmender Estrich, 15 Dämmstoffkeil und Sockeldämmung aus Hartschaum oder Schaumglas, 16 Schlagregensperre

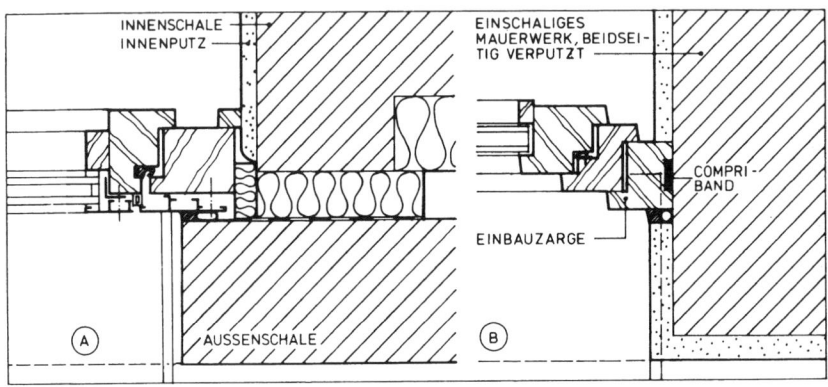

Abb. A) Zweischaliges Mauerwerk mit Luftschicht und zusätzlicher Wärmedämmung
Holz-Alu-Fenster im Innenanschlag. Montage nach Fertigstellung des Innenputzes. Schlagregenschutz von Wärmedämmung und Innenschale ist zu beachten.

B) Einschaliges, beidseitig verputztes Mauerwerk
Holzfenster mit Einbauzarge in stumpfer Leibung (ohne Anschlag). Das Fensterelement wird nach Abschluß der Putzarbeiten montiert. Wärmebrückenwirkung der Fensterleibung ist zu beachten.

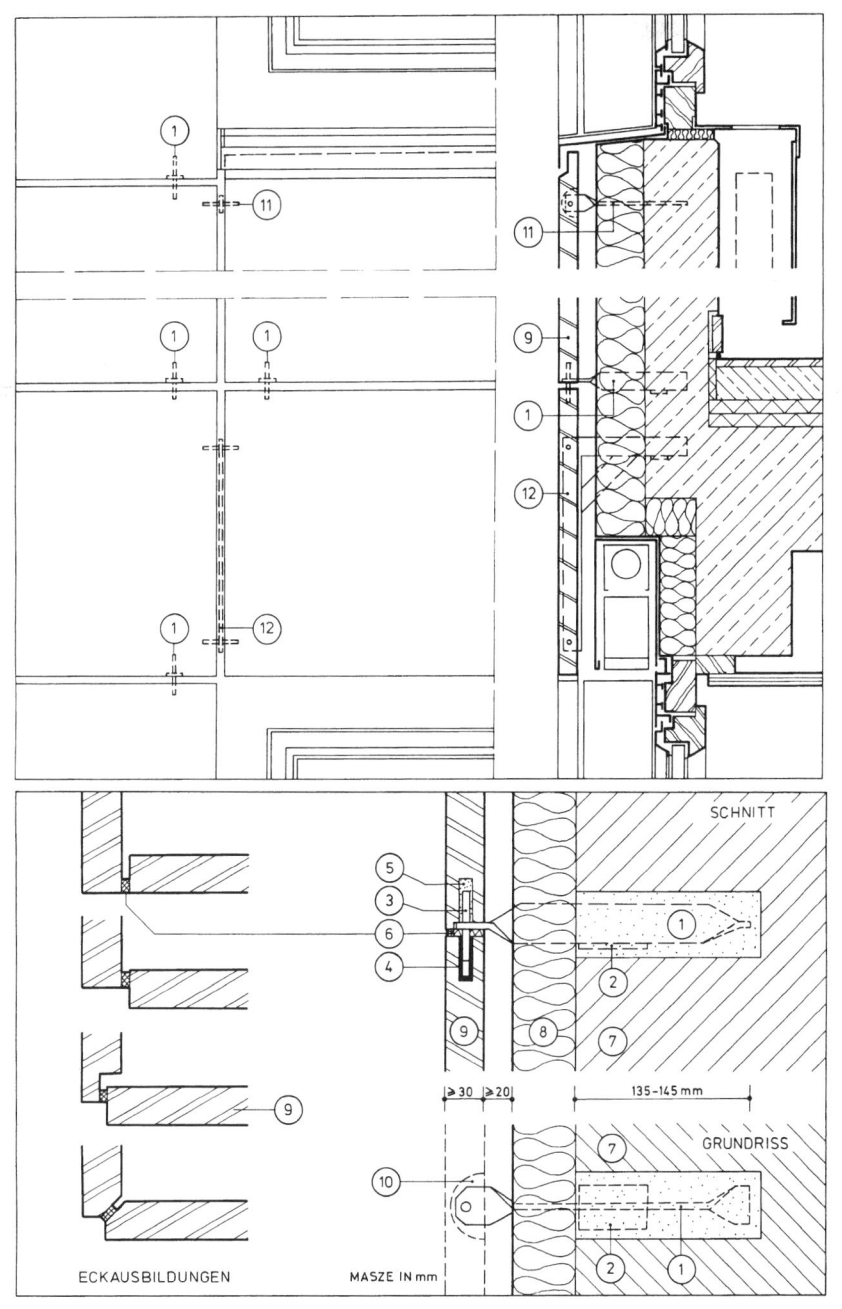

Abb. Mauerwerk mit außenseitiger Wärmedämmung und hinterlüfteter Wetterschutzschale
1 Traganker, nichtrostender Stahl, 2 Druckplatte, 3 Ankerdorn, 4 Ankerdorn in Kunststoffröhrchen gleitend, 5 Feinmörtel, 6 Elastoplastische Versiegelung, 7 Mauerwerk, 8 Wärmedämmung, 9 Naturwerksteinplatten, 10 Ausschurung, 11 Halteanker, 12 Sturzabhängung

13 Bauko. Entwurf

13.141

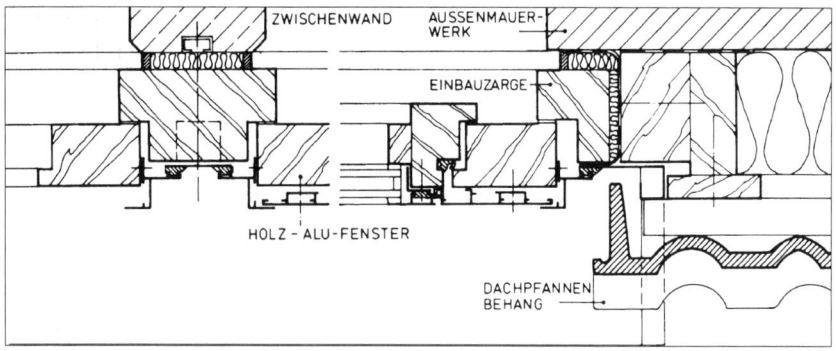

Abb. Dachpfannenbehang (Tragfähigkeit der Holzunterkonstruktion ist ggf. statisch nachzuweisen).

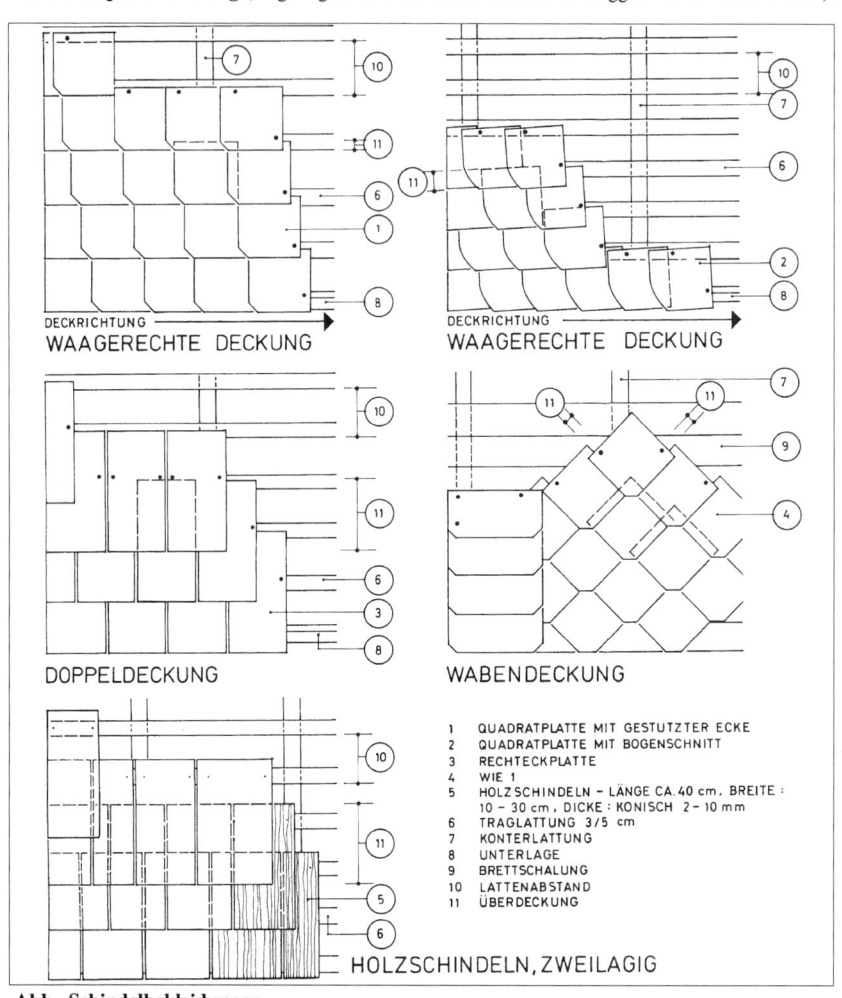

WAAGERECHTE DECKUNG

WAAGERECHTE DECKUNG

DOPPELDECKUNG

WABENDECKUNG

1 QUADRATPLATTE MIT GESTUTZTER ECKE
2 QUADRATPLATTE MIT BOGENSCHNITT
3 RECHTECKPLATTE
4 WIE 1
5 HOLZSCHINDELN – LÄNGE CA. 40 cm, BREITE : 10 – 30 cm, DICKE : KONISCH 2 – 10 mm
6 TRAGLATTUNG 3/5 cm
7 KONTERLATTUNG
8 UNTERLAGE
9 BRETTSCHALUNG
10 LATTENABSTAND
11 ÜBERDECKUNG

HOLZSCHINDELN, ZWEILAGIG

Abb. Schindelbekleidungen

13.142

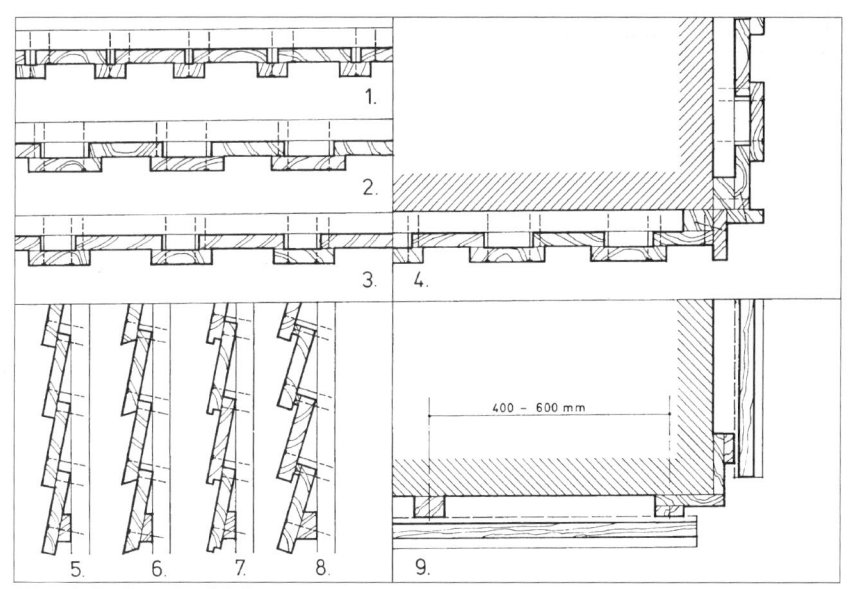

Abb. Aufgedoppelte Schalungen

1–3 Aufgedoppelte Schalung aus parallel besäumten Brettern nach DIN 4071. Brettdicke 21 mm, Brettüberlappungen: Ü = 12 % der Brettbreite oder = 25 mm. Nagelung nie durch mehrere Bretter; 4 Eckausbildung; 5–8 Horizontale Stülpschalungen aus sägerauhen, parallel besäumten Brettern nach DIN 4071. Brettdicke 21 mm. Bretter mit Tropfkanten. Nagelung nie durch mehrere Bretter; 9 Eckausbildung

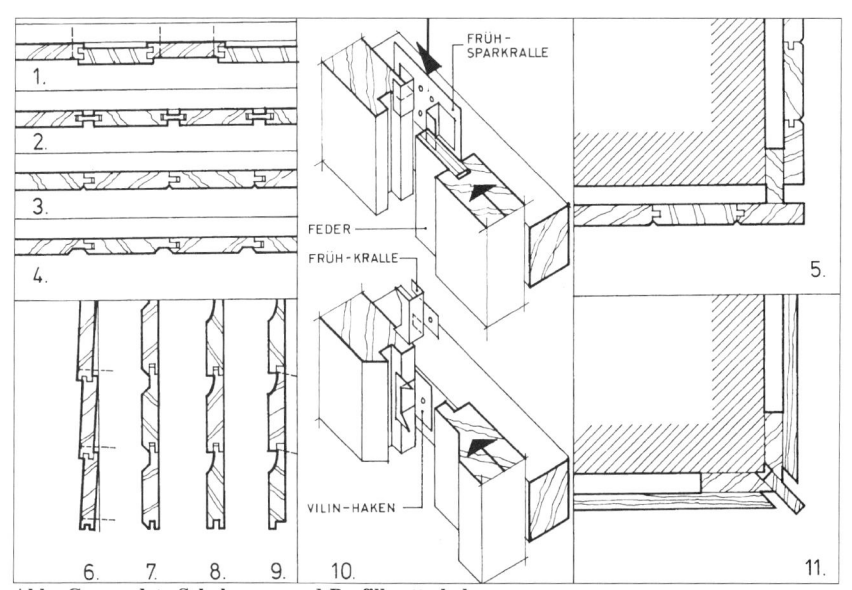

Abb. Gespundete Schalungen und Profilbrettschalungen

1 und 2 Glattkantbretter, gehobelt und genutet nach DIN 68 127 (senkrecht), 3 gespundete Fasebretter, gehobelt nach DIN 68 122 (senkrecht), 5 Eckausbildung, 6 wie 1 und 2 (horizontal), 7 wie 4 (horizontal), 8 Stülpschalungsbretter Form A, gespundet nach DIN 68 123 (horizontal), 9 wie 8, jedoch Form B (horizontal), 10 Befestigungen durch Spezialklammern, 11 Eckausbildung

2.2 Decken

2.2.1 Allgemeines

Decken haben in erster Linie neben ihrer Eigenlast die Verkehrslasten aus der Nutzung der darüberliegenden Räume auf die Tragkonstruktion abzutragen. Die erforderliche Dicke der tragenden Deckenkonstruktion hängt im wesentlichen von der Größe der Belastung und von der Spannweite der Decke ab.

Häufig haben Decken für die Gesamtstabilität eines Bauwerks die Funktion der Übertragung von Horizontallasten (z. B. Windlasten) auf vertikale Festpunkte (z. B. Wandscheiben), um sie von dort in die Gründungskonstruktion einzuleiten. Je nach ihrer Konstruktionsart müssen Decken dann als Scheiben oder als Fachwerke ausgebildet werden. Auch bei Mauerwerksbauten sind Deckenscheiben wichtige Konstruktionselemente für die Gesamtstabilität. Werden dort Decken ohne Scheibenwirkung vorgesehen oder wird z. B. durch Gleitschichten am Decken-Wand-Auflager eine kraftschlüssige Verbindung zwischen Wand und Deckenscheibe verhindert, so müssen Ersatzmaßnahmen, z. B. in Form von Ringbalken, eingeplant werden.

2.2.2 Scheibenwirkung von Decken

Scheiben sind flächenhafte Bauteile, die in sich unverschieblich sind. Sie werden nur in ihrer Ebene belastet. Scheiben können durch fachwerkartige Konstruktionen ersetzt werden. Decken können als horizontale Scheiben wirken, wenn sie durch horizontale Lasten beansprucht werden.

Ohne besonderen Nachweis gelten als Deckenscheiben:
- Stahlbetonplattendecken und
- Stahlbetonrippendecken aus Ortbeton

Bei Stahlbetonfertigteildecken sind nach DIN 1045 folgende Bedingungen Voraussetzung für die Anrechenbarkeit einer Scheibenwirkung:
- Die Decke muß eine zusammenhängende, ebene Fläche bilden.
- Die Fertigteile müssen in den Fugen druckfest miteinander verbunden sein.

In den Fugen zwischen den Fertigteilen sind in der Regel Bewehrungen *(Zugpfosten)* zu verlegen und in Randgliedern zu befestigen.

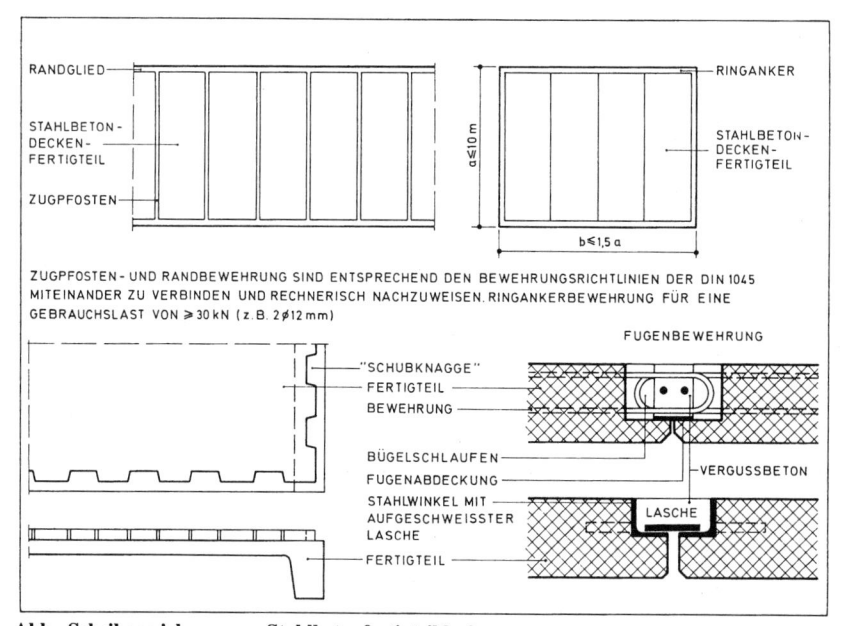

Abb. **Scheibenwirkung von Stahlbetonfertigteildecken**

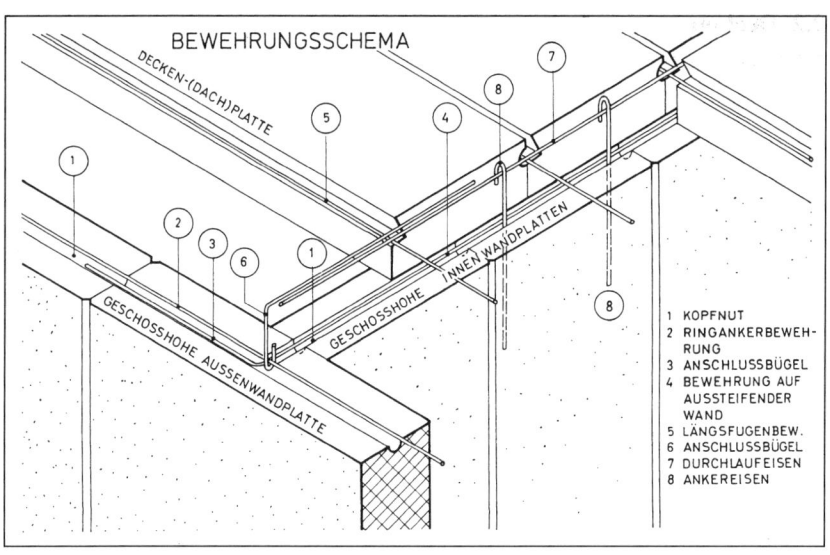

Abb. Scheibenwirkung von Porenbetondeckenplatten

1 KOPFNUT
2 RINGANKERBEWEHRUNG
3 ANSCHLUSSBÜGEL
4 BEWEHRUNG AUF AUSSTEIFENDER WAND
5 LÄNGSFUGENBEW.
6 ANSCHLUSSBÜGEL
7 DURCHLAUFEISEN
8 ANKEREISEN

Decken aus **Stahltrapezprofilen** können durch besondere konstruktive Maßnahmen auf die statische Funktion der Scheibenwirkung eingestellt werden. Im Einzelfall müssen allerdings alle konstruktiven Maßnahmen auf der Grundlage einer allgemeinen bauaufsichtlichen Zulassung für das jeweilige Trapezprofil statisch nachgewiesen werden. Es werden folgende Maßnahmen allgemein vorgeschlagen:

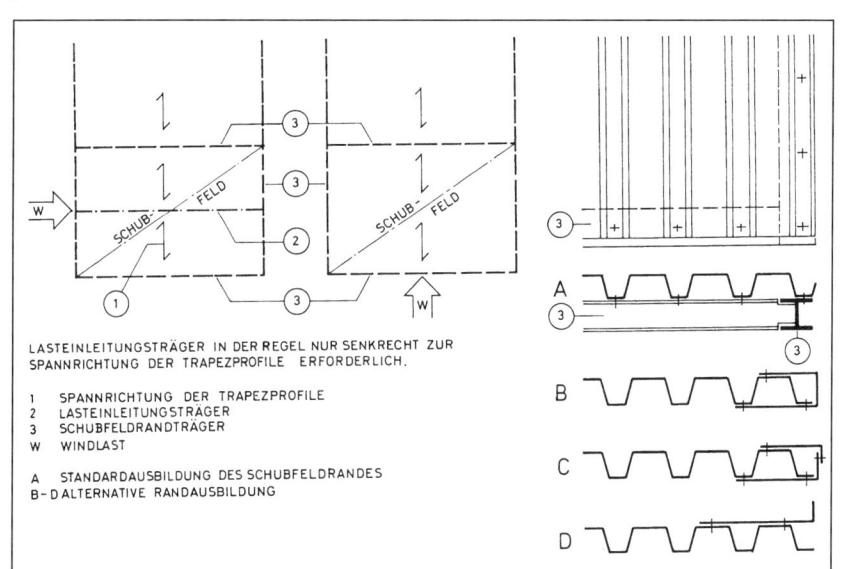

LASTEINLEITUNGSTRÄGER IN DER REGEL NUR SENKRECHT ZUR SPANNRICHTUNG DER TRAPEZPROFILE ERFORDERLICH.

1 SPANNRICHTUNG DER TRAPEZPROFILE
2 LASTEINLEITUNGSTRÄGER
3 SCHUBFELDRANDTRÄGER
W WINDLAST

A STANDARDAUSBILDUNG DES SCHUBFELDRANDES
B-D ALTERNATIVE RANDAUSBILDUNG

Abb. Scheibenwirkung bei Stahltrapezprofildecken

- Befestigung jedes Trapezprofiluntergurts auf der tragenden Unterkonstruktion
- Unter jedem äußeren Trapezprofil muß in Sickenrichtung (Spannrichtung) durchgehend am Untergurt ein versteifender Träger angeschlossen werden, der seinerseits mit den Auflagern der Trapezprofile zu verbinden ist. Die Trapezprofiltafeln bilden mit den Randträgern rechtwinklige Viergelenkrahmen. Deckenscheiben, allgemein auch als *Schubfelder* bezeichnet, können senkrecht zur Spannrichtung der Trapezprofile durch Träger unterteilt werden, die ggf. als *Lasteinleitungsträger* wirken können. Lasteinleitungsträger müssen mit den Randträgern verbunden werden.

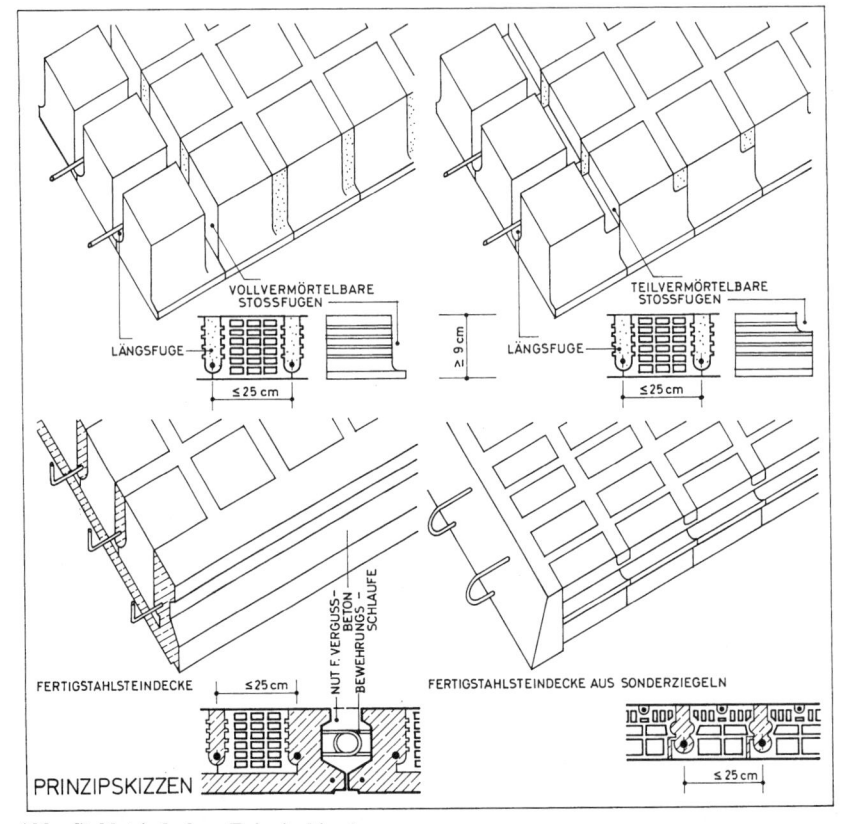

Abb. Stahlsteindecken (Prinzipskizze)

A PLATTENBALKEN

B PLATTENBALKEN MIT VOUTEN

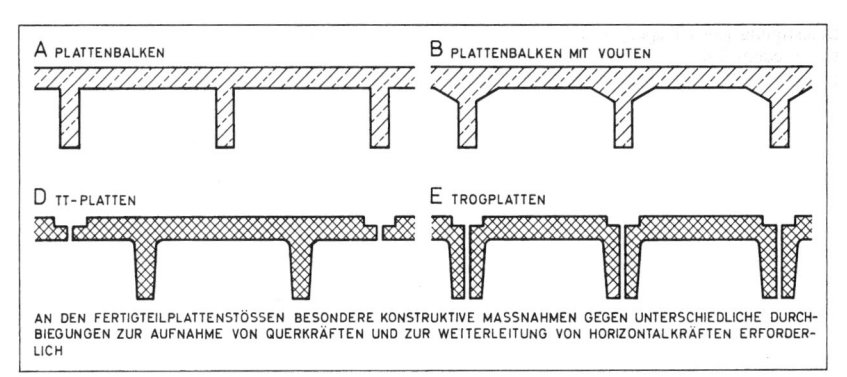

D TT-PLATTEN

E TROGPLATTEN

AN DEN FERTIGTEILPLATTENSTÖSSEN BESONDERE KONSTRUKTIVE MASSNAHMEN GEGEN UNTERSCHIEDLICHE DURCHBIEGUNGEN ZUR AUFNAHME VON QUERKRÄFTEN UND ZUR WEITERLEITUNG VON HORIZONTALKRÄFTEN ERFORDERLICH

Abb. Plattenbalkendeckentypen

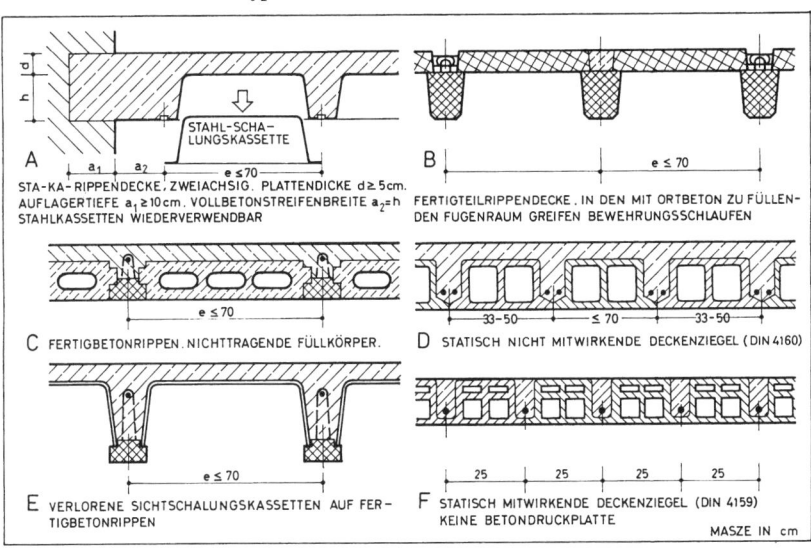

A STA-KA-RIPPENDECKE, ZWEIACHSIG. PLATTENDICKE $d \geq 5$ cm. AUFLAGERTIEFE $a_1 \geq 10$ cm. VOLLBETONSTREIFENBREITE $a_2 = h$ STAHLKASSETTEN WIEDERVERWENDBAR

B FERTIGTEILRIPPENDECKE, IN DEN MIT ORTBETON ZU FÜLLENDEN FUGENRAUM GREIFEN BEWEHRUNGSSCHLAUFEN

C FERTIGBETONRIPPEN. NICHTTRAGENDE FÜLLKÖRPER.

D STATISCH NICHT MITWIRKENDE DECKENZIEGEL (DIN 4160)

E VERLORENE SICHTSCHALUNGSKASSETTEN AUF FERTIGBETONRIPPEN

F STATISCH MITWIRKENDE DECKENZIEGEL (DIN 4159) KEINE BETONDRUCKPLATTE

MASZE IN cm

Abb. Rippendeckentypen

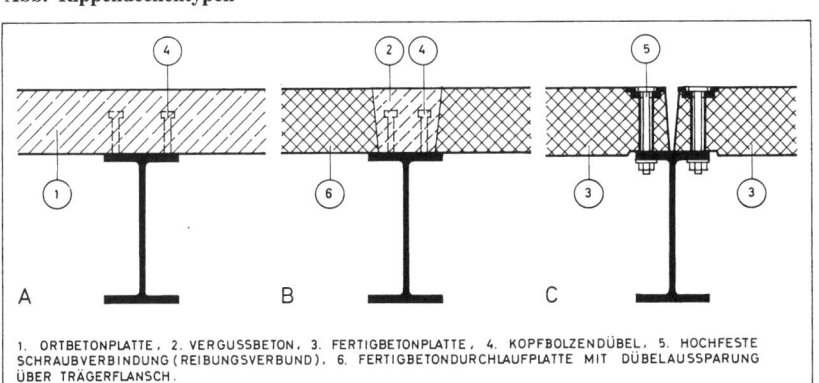

1. ORTBETONPLATTE, 2. VERGUSSBETON, 3. FERTIGBETONPLATTE, 4. KOPFBOLZENDÜBEL, 5. HOCHFESTE SCHRAUBVERBINDUNG (REIBUNGSVERBUND), 6. FERTIGBETONDURCHLAUFPLATTE MIT DÜBELAUSSPARUNG ÜBER TRÄGERFLANSCH.

Abb. Stahlträger-Verbunddecken (Beispiel C nur mit bauaufsichtlicher Zulassung)

Holzbalkendecken können als scheibenartige Bauteile angesehen und unter bestimmten Bedingungen zur waagerechten Aussteifung eines Gebäudes herangezogen werden (siehe DIN 1052-1, DIN 1053-1 und [13.51]).

PRINZIPSKIZZEN

STAHLBETONHOHLBALKEN-DECKE

DECKE AUS STAHLBETON-I-BALKEN. GGF. LASTVERTEILENDER, BEWEHRTER AUFBETON (DIN 1045)

DECKE AUS STAHLBETONBALKEN MIT STATISCH NICHT MITWIRKENDEN ZWISCHENBAUTEILEN AUS LEICHTBETON (DIN 4150)

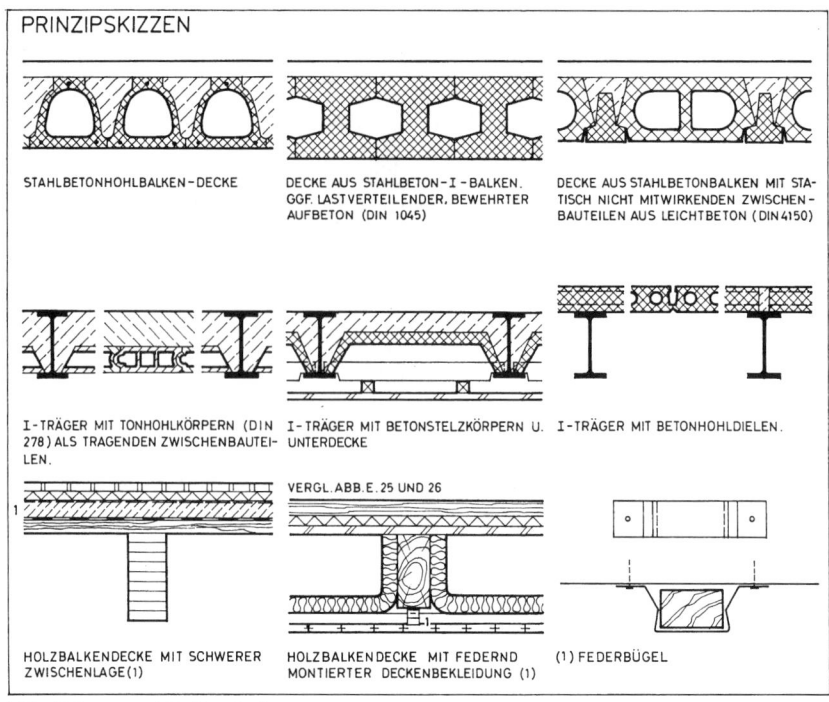

I-TRÄGER MIT TONHOHLKÖRPERN (DIN 278) ALS TRAGENDEN ZWISCHENBAUTEILEN.

I-TRÄGER MIT BETONSTELZKÖRPERN U. UNTERDECKE

I-TRÄGER MIT BETONHOHLDIELEN.

VERGL. ABB. E. 25 UND 26

HOLZBALKENDECKE MIT SCHWERER ZWISCHENLAGE (1)

HOLZBALKENDECKE MIT FEDERND MONTIERTER DECKENBEKLEIDUNG (1)

(1) FEDERBÜGEL

Abb. Träger- und Balkendecken

2.2.3 Tragverhalten von Decken

Das Tragverhalten, die Herstellungskosten, die Auswirkungen auf die Gesamtstabilität des Bauwerks, die Auswirkungen auf die Geschoßhöhe und die Integrationsmöglichekiten für die technische Gebäudeausrüstung sind die wichtigsten Kriterien für die Beurteilung einer Deckenkonstruktion. Entscheidende Einflußgröße für die Abmessung einer Decke ist jedoch oftmals der Brandschutz.

Vereinfachend lassen sich Deckenkonstruktionen in bezug auf ihr Tragverhalten in drei Gruppen gliedern:
- **Einachsig gespannte Decken** sind Systeme, die nach dem statischen Prinzip des „Trägers auf zwei oder mehreren Stützen" gelagert sind. In Spannrichtung (Tragrichtung) läßt sich die Decke streifenartig zerlegen (Träger, Balken), ohne daß die Tragwirkung beeinträchtigt wird.
- **Zweiachsig gespannte Decken** haben eine flächenhafte Tragwirkung. Eine streifenartige Zerlegung ist ohne Beeinträchtigung der Tragwirkung nicht möglich.
- Bei Deckenkonstruktionen mit **räumlicher Tragwirkung** sind die Konstruktionshöhe und die relativ große Unabhängigkeit dieser Systeme von bestimmten Lagerungsarten die auffälligsten Merkmale.

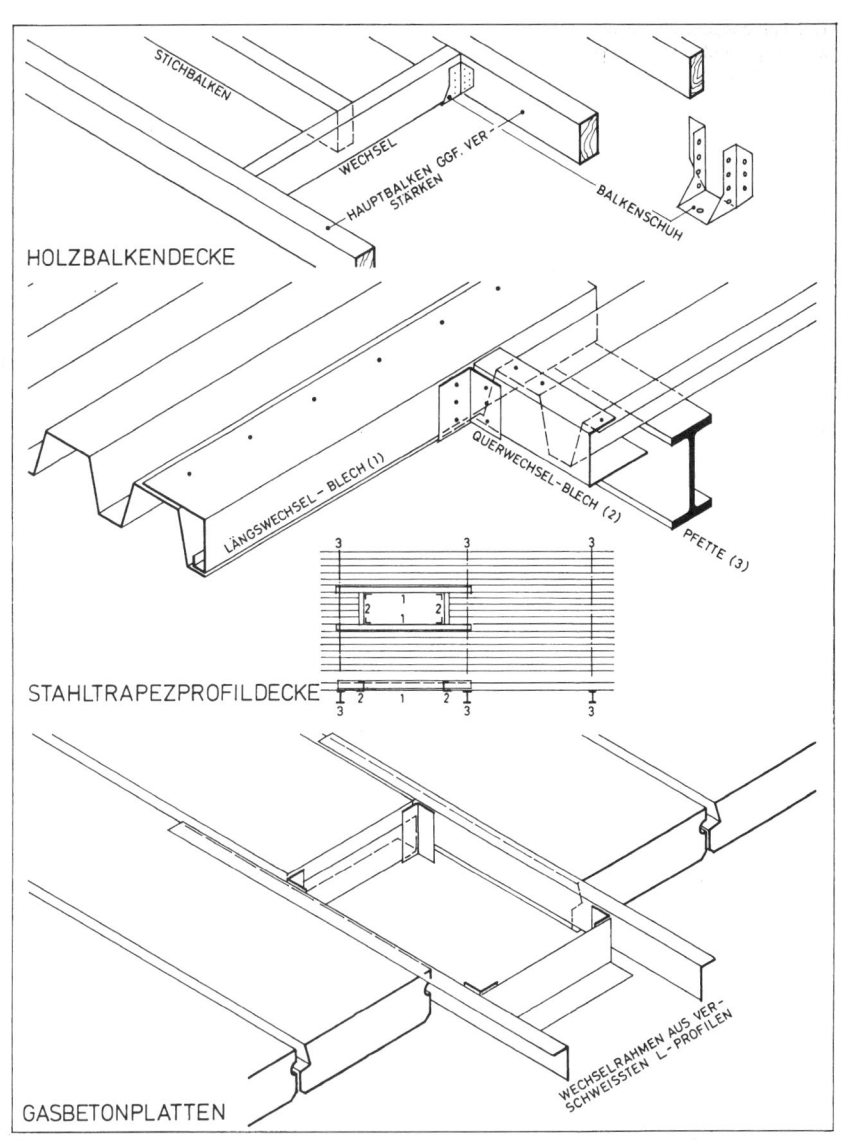

Abb. Auswechselungen

2.2.4 Verformungen

Bei Geschoßdecken sind in erster Linie lastabhängige Verformungen (elastische Verformung und Kriechverformung) und ggf. Schwindverformungen zu beachten. Da Geschoßdecken in der Regel im Innern der Gebäude keinen größeren Temperaturschwankungen unterliegen, kommen Temperaturverformungen kaum in Betracht. Allenfalls sind sie z. B. bei Decken über Durchfahrten zu berücksichtigen. Besondere Aufmerksamkeit erfordern die Kontaktstellen zwischen Bauteilen und Materialien mit unterschiedlichen Verformungseigenschaften. Bei Decken sind dies insbesondere die Auflagerbereiche.

Durchbiegungen als elastische Verformungen treten bei Belastung auf und gehen bei Entlastung in der Regel wieder zurück. Die bei Belastung auftretenden Kriechverformungen verbleiben jedoch auch nach Entlastung. Ein entscheidender Parameter für die Durchbiegung von Decken ist das Flächenmoment 2. Grades (Trägheitsmoment) des belasteten Deckenbauteils und somit seine Konstruktionshöhe.

Durchbiegungen können zu folgenden Schäden führen:
- Nichttragende Trennwände, die auf sich durchbiegenden Decken stehen, können von ihrer oberen und seitlichen Halterung abreißen.
- Bei unterschiedlichen Durchbiegungen nebeneinanderliegender Deckenfertigteile (z. B. Stahlbetonfertigplatten) können an den Fugen zwischen den Einzelteilen und ggf. an Fußböden und Unterdecken Schäden auftreten.
- Bei Stahlprofilträgern kann infolge starker Durchbiegung [13.50] durch *Biegedrillknicken* des Obergurts eine Kippwirkung beim Profilsteg auftreten (siehe [13.50], Abschnitt B 6.4.3).
- Bei Dachdecken oder sonstigen Decken aus Stahlbetonplatten, deren Ränder nicht gehalten sind, heben sich die Auflager bei starker Durchbiegung ab. Zweiachsig gespannte Stahlbetondecken zeigen dieses Phänomen besonders stark an den Eckpunkten. Die komplexen Schadensursachen und Vorsorgemaßnahmen sind hier nicht darstellbar [13.56]. Sind Rißschäden im Auflagerbereich von Decken zu befürchten, so ist eine Trennung von Decke und Wand, z. B. durch eine *Gleitfuge* (Gleitlager), zu empfehlen. Gleitlager müssen die unbeschränkte Beweglichkeit der Decke in der Waagerechten ermöglichen. Um bei großer Durchbiegung der Decke an der inneren Auflagerkante Kantenpressungen mit ihren Folgeschäden zu vermeiden, ist es ratsam, entweder diese Fuge offenzulassen oder an der durch Pressung gefährdeten Kante einen weichen Kantenstreifen einzulegen, so daß die Lasteinleitung aus der Decke mehr zur Wandmitte verlagert wird. Eine andere konstruktive Möglichkeit zur Vermeidung von Rißschäden s. Kapitel 4 B (Tragwerksentwurf und Vorbemessung), Abschnitt 2.2.2.

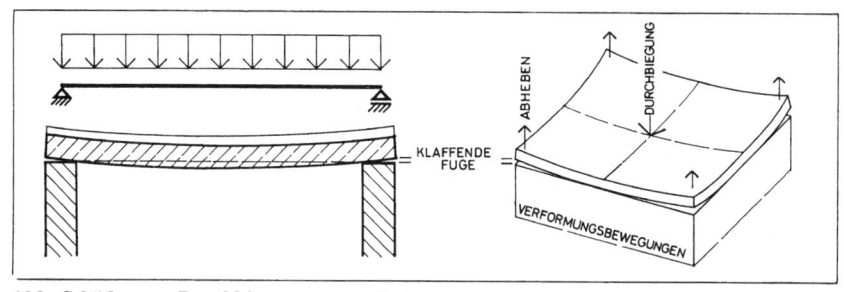

Abb. Schäden aus Durchbiegungen von Decken

2.2.5 Fußbodenkonstruktionen

Fußbodenkonstruktionen werden in der Regel aus mehreren Schichten unterschiedlicher Materialien aufgebaut. Jede Schicht hat eine bestimmte Funktion:
- **Ausgleichsschichten** werden erforderlichenfalls zum Ausgleich von Unebenheiten der Rohbauunterkonstruktion oder ggf. auf Estrichen vor Aufbringen des Bodenbelags notwendig.
- **Schutzschichten** dienen gegen Feuchtigkeit. Hierbei ist zu unterscheiden in Feuchtigkeit aus der Rohbauunterkonstruktion, Eigenfeuchtigkeit der Fußbodenbestandteile (z. B. Zementestrich) und Feuchtigkeit aus der Raumnutzung (Sickerwasser und Spritzwasser).
- **Gefälleschichten** ermöglichen eine Verlegung der Fußbodenkonstruktion im Gefälle bei gleichbleibender Dicke der übrigen Schichten. Das Gefälle der Fußbodenoberfläche oder auch darunterliegender Schichten bewirkt einen schnellen Wasserablauf (z. B. in Duschräumen) zum Fußbodenablauf hin, ohne daß hydrostatischer Druck entsteht.
- **Trennschichten** sollen kraftschlüssige Verbindungen zwischen Fußbodenschichten oder der Unterkonstruktion verhindern, wenn bei unterschiedlichen Bewegungen Rißschäden zu befürchten sind.

- **Wärmedämmschichten** sind bei Fußböden nichtunterkellerter Räume, über Durchfahrten und bei Fußböden in nichtwärmegedämmten Dachräumen erforderlich. Die Dämmschichten können je nach den planerischen Erfordernissen im Zusammenhang mit dem Fußboden oder mit der Rohbaukonstruktion vorgesehen werden.
- **Trittschallschutzschichten** können als Teil eines schwimmenden Estrichs die Weiterleitung des Trittschalls auf die Rohbaukonstruktion behindern oder als entsprechend eingestellte Bodenbeläge die Trittschallentstehung einschränken. Die Dämmaterialien für schwimmende Estriche eignen sich auch als Wärmedämmmaterialien, jedoch haben nicht alle Wärmedämmmaterialien die für den Trittschallschutz erforderlichen Eigenschaften (geringe dynamische Steifigkeit).

BEHEIZTE AUFENTHALTSRÄUME

BAUPHYSIKALISCHE ANFORDERUNGEN

(B) BRANDSCHUTZ
(DS) DAMPFSPERRE
(F) FEUCHTIGKEITSSCHUTZ
(LS) LUFTSCHALLSCHUTZ
(TS) TRITTSCHALLSCHUTZ
(W) WÄRMESCHUTZ

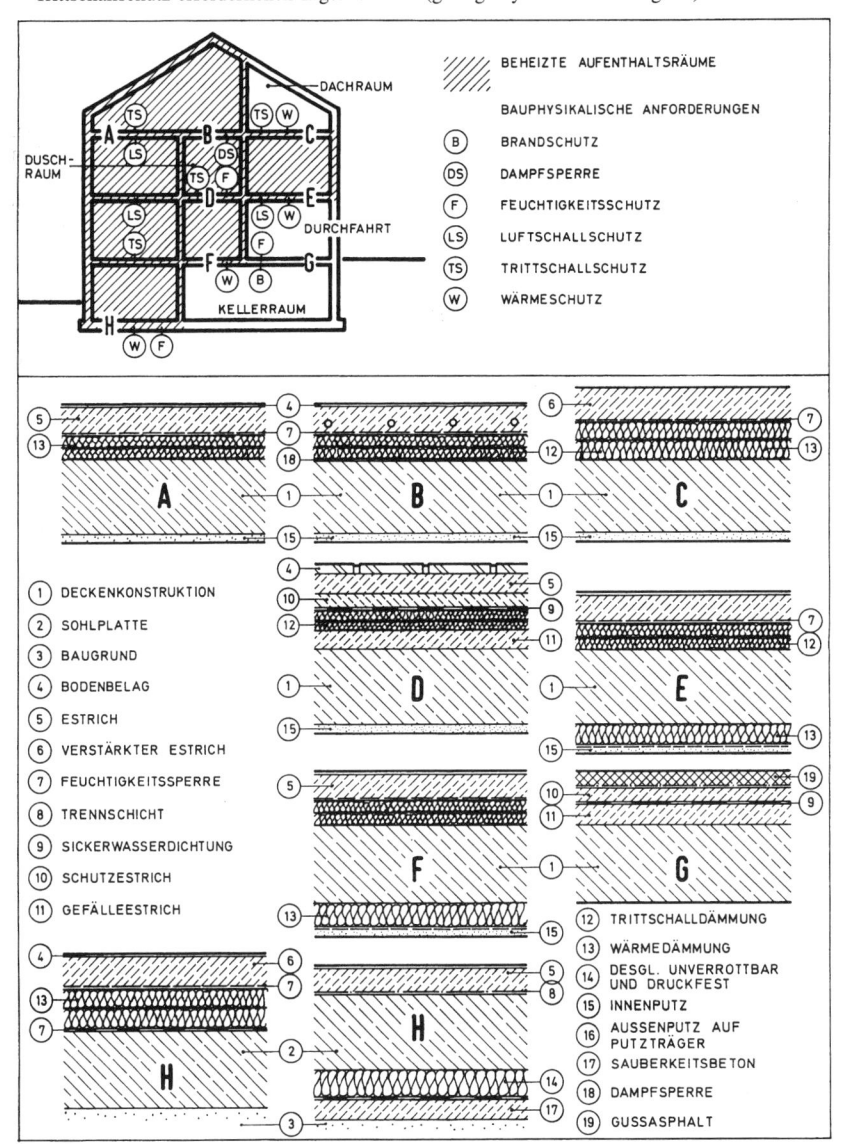

(1) DECKENKONSTRUKTION
(2) SOHLPLATTE
(3) BAUGRUND
(4) BODENBELAG
(5) ESTRICH
(6) VERSTÄRKTER ESTRICH
(7) FEUCHTIGKEITSSPERRE
(8) TRENNSCHICHT
(9) SICKERWASSERDICHTUNG
(10) SCHUTZESTRICH
(11) GEFÄLLEESTRICH
(12) TRITTSCHALLDÄMMUNG
(13) WÄRMEDÄMMUNG
(14) DESGL. UNVERROTTBAR UND DRUCKFEST
(15) INNENPUTZ
(16) AUSSENPUTZ AUF PUTZTRÄGER
(17) SAUBERKEITSBETON
(18) DAMPFSPERRE
(19) GUSSASPHALT

Abb. Fußböden. Bauphysikalische Anforderungen. Übersicht

13.151

- **Brandschutzschichten** verbessern den Feuerwiderstand von Deckenkonstruktionen. Dem Brandschutz können Schichten dienen, die noch andere Funktionen haben (Estriche, Dämmschichten), oder aber es werden besondere Brandschutzschichten (z. B. Gipskartonplatten bei Holzbalkendecken) vorgesehen.
- **Lastverteilungsschichten** sollen die Verteilung von punktförmigen Lasten (Möbel, Raddruck, Maschinen) auf eine größere Fläche weniger tragfähiger Schichten bewirken.
- **Elektrisch leitende Schichten** sind bei besonderen Raumnutzungen zur Ableitung unerwünschter elektrostatischer Ladungen erforderlich. Sie werden in der Regel mit dem Bodenbelag verlegt.
- **Bodenbeläge** (Nutzschichten) bilden die benutzbare Oberfläche von Fußbodenkonstruktionen.

Estriche

Estriche sind auf der Baustelle auf einem tragenden Untergrund oder auf Trenn- oder Dämmschichten hergestellte Bauteile. Sie müssen die auf sie wirkenden Verkehrslasten tragen und auf die Unterkonstruktion ableiten können. Man unterscheidet Estriche nach der Art ihrer ihrer Konstruktion in
- **Verbundestrich** (Kurzzeichen: V)
- **Estrich auf Trennschichten** und
- **Schwimmender Estrich** (S),

nach den verwendeten Materialien in
- **Anhydrit** (AE)
- **Gußasphaltestrich** (GE)
- **Magnesiaestrich** (ME)
- **Zementestrich** (ZE),

und hinsichtlich besonderer Funktionen gibt es Bezeichnungen wie
- **Hartstoffestrich** für einen besonders verschleißfesten Estrich mit Hartstoffzuschlägen oder
- **Heizestrich** für Estriche, in oder unter denen Fußbodenheizungssysteme untergebracht werden.

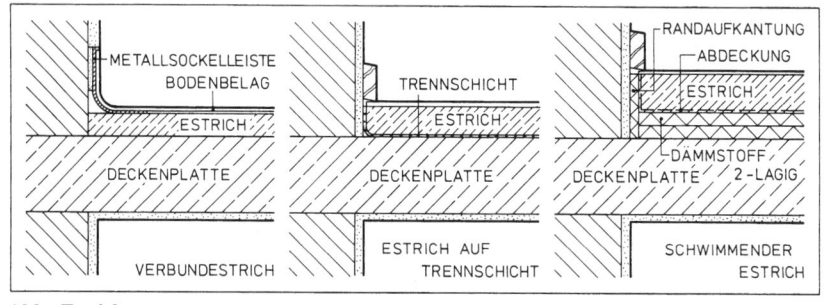

Abb. Estriche

Tafel: Verbundestriche. Eignung tragender Untergründe

Estrichart	Eignung bei tragendem Untergrund aus						
	Beton	Anhydritestrich	Magnesiaestrich	Zementestrich	Gußasphaltestrich[1]	Holz[2]	Stahl[2]
Anhydritestrich	+	+	–	+	–	–	O
Gußasphaltestrich	O	–	–	O	+	–	O
Magnesiaestrich[3]	+	O	+	+	O	+	O
Zementestrich	+	O	–	+	–	–	O
Zeichenerklärung + geeignet O geeignet mit besonderen Maßnahmen – nicht geeignet							

[1] Sowie andere bitumengebundene Trag-, Binder- oder Deckschichten.
[2] Bei ausreichender Biegefestigkeit.
[3] Bei Stahlbetondecken ist eine Sperrschicht vorzusehen.

Tafel: Schwimmende Estriche. Anforderungen an Dicke und Festigkeit

Verkehrslast	Nutzung des Estrichs Beispiele	Estrichart	Estrichnenndicke in mm[1] bei einer Zusammendrückbarkeit der Dämmschicht	
			bis 5 mm	5 bis 10 mm
$p \leq 1,5$ kN/m^2	Wohnräume	ZE 20	≥ 35	≥ 40
$p \leq 2,0$ kN/m^2	Büroräume, Flure in Wohn- und Bürogebäuden, Krankenzimmer und Aufenthaltsräume in Krankenhäusern		≥ 40	≥ 45
$p \leq 3,5$ kN/m^2	Treppen einschl. Zugängen in Wohngebäuden, Klassenzimmer, Behandlungsräume in Krankenhäusern	ZE 30	≥ 55	≥ 60
$p \leq 5,0$ kN/m^2	Versammlungsräume, Ausstellungs- und Verkaufsräume, Gaststätten		≥ 65	≥ 75

[1] Bei Dämmschichtdicken über 30 mm ist die Estrichdicke um 5 mm zu erhöhen.

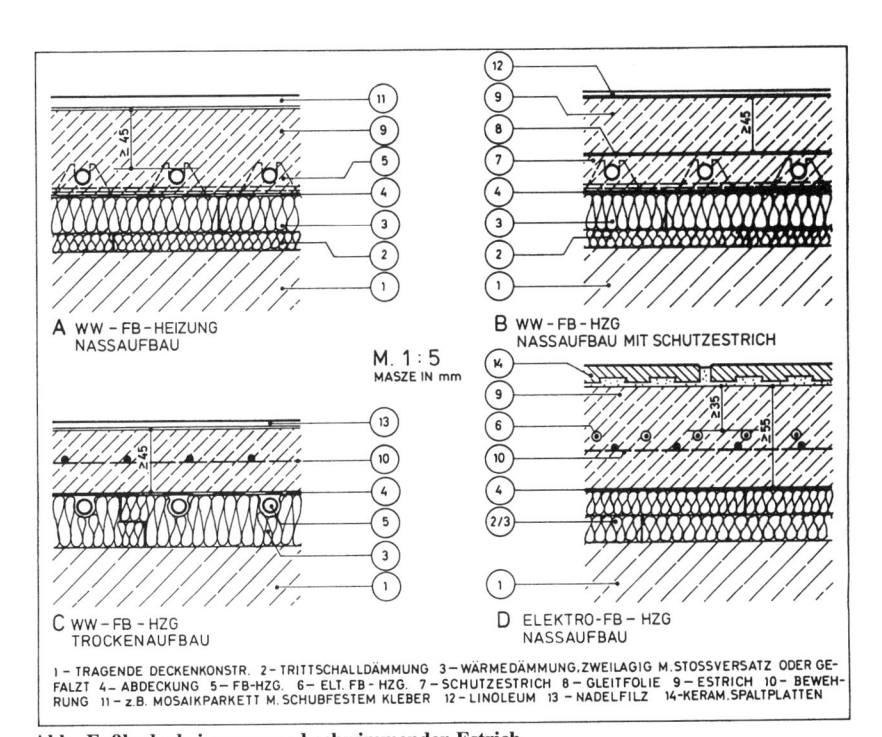

A WW-FB-HEIZUNG NASSAUFBAU

B WW-FB-HZG NASSAUFBAU MIT SCHUTZESTRICH

M. 1:5 MASZE IN mm

C WW-FB-HZG TROCKENAUFBAU

D ELEKTRO-FB-HZG NASSAUFBAU

1 - TRAGENDE DECKENKONSTR. 2 - TRITTSCHALLDÄMMUNG 3 - WÄRMEDÄMMUNG, ZWEILAGIG M. STOSSVERSATZ ODER GEFALZT 4 - ABDECKUNG 5 - FB-HZG. 6 - ELT. FB-HZG. 7 - SCHUTZESTRICH 8 - GLEITFOLIE 9 - ESTRICH 10 - BEWEHRUNG 11 - z.B. MOSAIKPARKETT M. SCHUBFESTEM KLEBER 12 - LINOLEUM 13 - NADELFILZ 14 - KERAM. SPALTPLATTEN

Abb. Fußbodenheizungen und schwimmender Estrich

A HOBELDIELEN

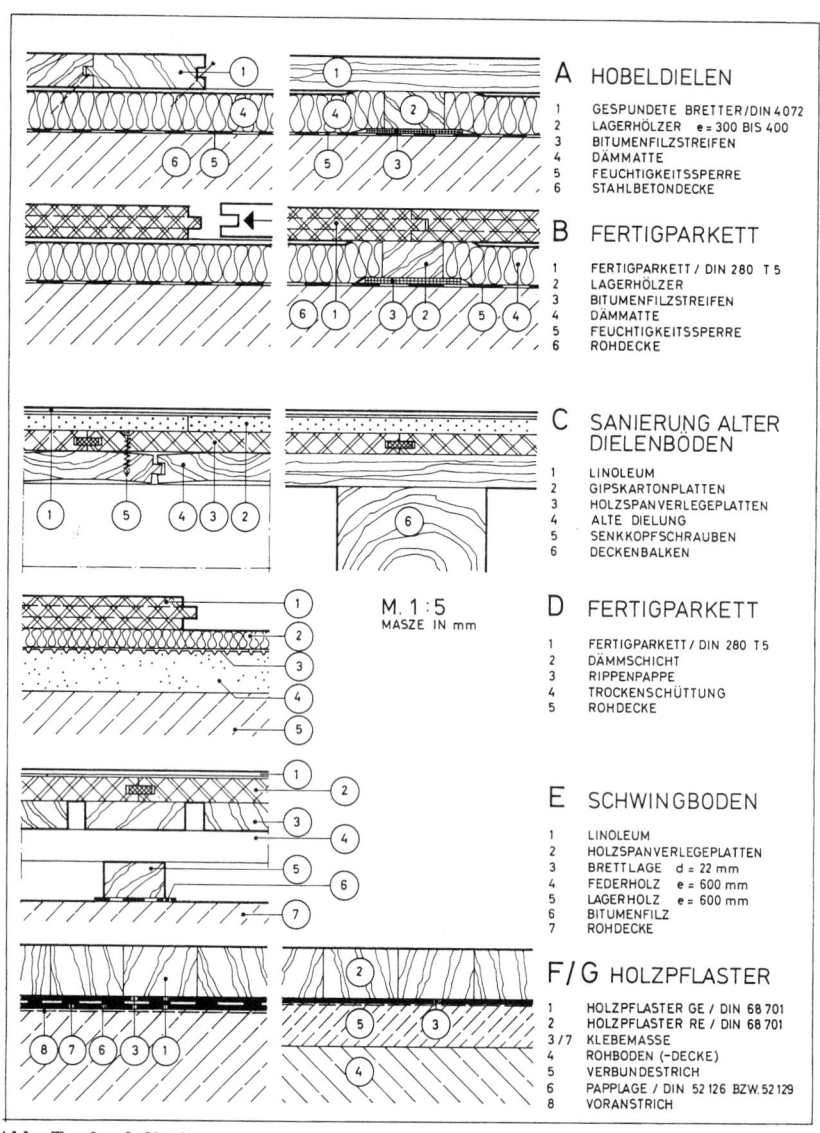

1 GESPUNDETE BRETTER / DIN 4072
2 LAGERHÖLZER e = 300 BIS 400
3 BITUMENFILZSTREIFEN
4 DÄMMATTE
5 FEUCHTIGKEITSSPERRE
6 STAHLBETONDECKE

B FERTIGPARKETT

1 FERTIGPARKETT / DIN 280 T 5
2 LAGERHÖLZER
3 BITUMENFILZSTREIFEN
4 DÄMMATTE
5 FEUCHTIGKEITSSPERRE
6 ROHDECKE

C SANIERUNG ALTER DIELENBÖDEN

1 LINOLEUM
2 GIPSKARTONPLATTEN
3 HOLZSPANVERLEGEPLATTEN
4 ALTE DIELUNG
5 SENKKOPFSCHRAUBEN
6 DECKENBALKEN

M. 1:5
MASZE IN mm

D FERTIGPARKETT

1 FERTIGPARKETT / DIN 280 T5
2 DÄMMSCHICHT
3 RIPPENPAPPE
4 TROCKENSCHÜTTUNG
5 ROHDECKE

E SCHWINGBODEN

1 LINOLEUM
2 HOLZSPANVERLEGEPLATTEN
3 BRETTLAGE d = 22 mm
4 FEDERHOLZ e = 600 mm
5 LAGERHOLZ e = 600 mm
6 BITUMENFILZ
7 ROHDECKE

F/G HOLZPFLASTER

1 HOLZPFLASTER GE / DIN 68 701
2 HOLZPFLASTER RE / DIN 68 701
3/7 KLEBEMASSE
4 ROHBODEN (-DECKE)
5 VERBUNDESTRICH
6 PAPPLAGE / DIN 52 126 BZW. 52 129
8 VORANSTRICH

Abb. Trockenfußböden

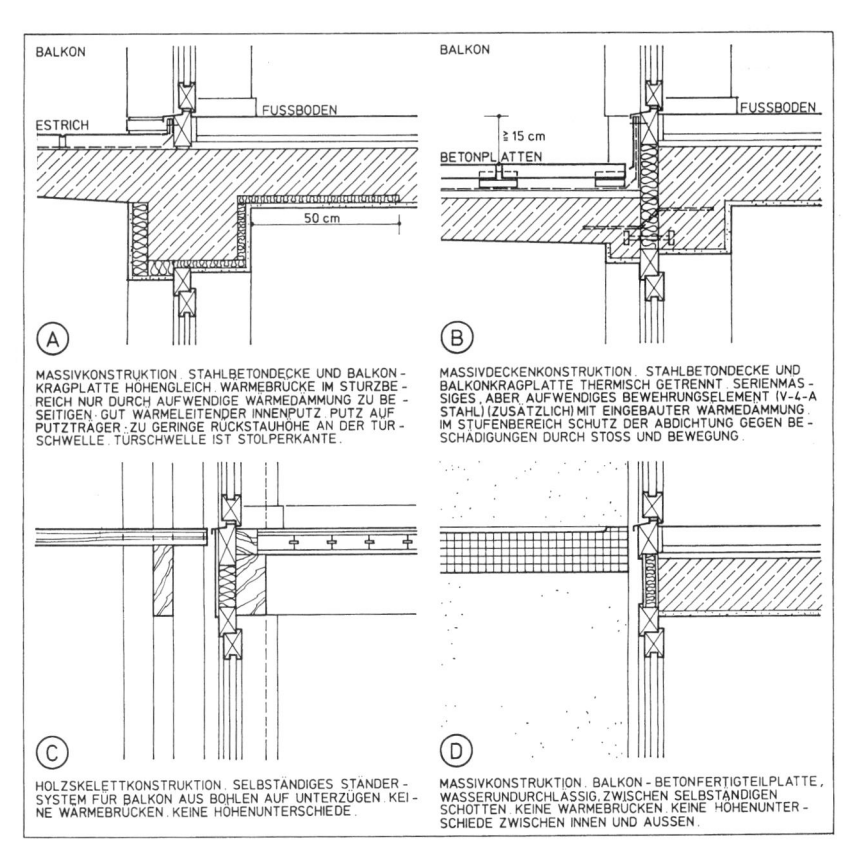

A
MASSIVKONSTRUKTION. STAHLBETONDECKE UND BALKON-KRAGPLATTE HÖHENGLEICH. WÄRMEBRÜCKE IM STURZBEREICH NUR DURCH AUFWENDIGE WÄRMEDÄMMUNG ZU BESEITIGEN. GUT WÄRMELEITENDER INNENPUTZ. PUTZ AUF PUTZTRÄGER. ZU GERINGE RÜCKSTAUHÖHE AN DER TÜRSCHWELLE. TÜRSCHWELLE IST STOLPERKANTE.

B
MASSIVDECKENKONSTRUKTION. STAHLBETONDECKE UND BALKONKRAGPLATTE THERMISCH GETRENNT. SERIENMÄSSIGES, ABER AUFWENDIGES BEWEHRUNGSELEMENT (V-4-A STAHL) (ZUSÄTZLICH) MIT EINGEBAUTER WÄRMEDÄMMUNG. IM STUFENBEREICH SCHUTZ DER ABDICHTUNG GEGEN BESCHÄDIGUNGEN DURCH STOSS UND BEWEGUNG.

C
HOLZSKELETTKONSTRUKTION. SELBSTÄNDIGES STÄNDERSYSTEM FÜR BALKON AUS BOHLEN AUF UNTERZÜGEN. KEINE WÄRMEBRÜCKEN. KEINE HÖHENUNTERSCHIEDE.

D
MASSIVKONSTRUKTION. BALKON-BETONFERTIGTEILPLATTE, WASSERUNDURCHLÄSSIG, ZWISCHEN SELBSTÄNDIGEN SCHOTTEN. KEINE WÄRMEBRÜCKEN. KEINE HÖHENUNTERSCHIEDE ZWISCHEN INNEN UND AUSSEN.

Abb. Balkonkonstruktionen (Prinzipskizzen)

BEI VERKEHRSLASTEN BIS 1.5 kN/m²

AE 20 ZE 20	ND	45 + d	50 + d	45 + d	45	45
	Ü	45	—	25	—	—
GE 20	ND	35	—	—	—	—
	Ü	15	—	—	—	—

ND = NENNDICKE Ü = ÜBERDECKUNG d = HEIZELEMENTDICKE

Abb. Dicke von Heizestrichen

13 Bauko. Entwurf

Tafel: Eignung von Bodenbelägen. Übersicht

Die Bewertung und Eignung sind im Einzelfall anhand genauer Produktdaten zu überprüfen: + (gut), O (neutral), − (negativ), × (anwendbar), (×) (beschränkt anwendbar)

Belagsgruppe	Belagsart	DIN-Norm	Brandverhalten/Baustoffklasse	Trittschallschutz	Wärmeschutz	Belastbarkeit	Verschleißfestigkeit	Feuchtigkeitsresistenz	chemische Resistenz	Verschmutzungsresistenz	elektrostatisches Verhalten	Fußbodenheiz.-Eignung	Rutschsicherheit	Wohnen	Ausstellung/Konferenz	Krankenhaus/Schule/Sport	Kaufhaus/Fabrik	Naßraum/Labors
Asphaltplattenbeläge		18354	A1	O	+	+	+	O	O	+	+	−	+		×	(×)	×	(×)
Elastische Fußbodenbeläge	Linoleum	18171		O							+		+		×	×	×	(×)
		18173	B1	+											×	×	(×)	(×)
	PVC ohne Träger	16951		+					O			+			(×)	×	(×)	×
	PVC mit Träger	16952	B2	O	O	O	O		O	+	−		O		×	×	(×)	(×)
	Elastomer ohne Unterschicht	16850						+							(×)	×	×	×	(×)
	Elastomer mit Unterschicht	16852		+						O	O		+		(×)	×	×	×	(×)
	Vinyl-Asbest	16950		O					O		O	+	+		(×)	×	(×)	×	
Estriche	Gußasphalt		A1	+	+	O		+	O		+	−				(×)	×	×	
	Hartstoff					+	+		O			O						×	
	Anhydrit	18560	A1	O	−	O	O	O		O	+		+				(×)		
	Magnesia										O		+				(×)		
	Zement																(×)		
Holzfußbodenbeläge	Dielung	4072/73							O	−				×					
	Mosaikparkett		B1	O		O			−		+	O		×	×				
	Stabparkett	280	+		+		O		−	+			×	×	(×)				
	Fertigparkett		B2											×	×				
	Holzpflaster RE	68 702		+	+	O	O		−		+			(×)	×	×	×		
	Holzpflaster GE	68 701												×	×	×			
Keramische Bodenbeläge	keram. Spaltplatten	18 166												×	×	(×)	(×)	×	
	Steingut	18 155												×			×		
	Steinzeug		A1	−	−	+	+	+	+	+	+	+	−		×			×	
	Bodenklinker	18 158												×	(×)	×	×	×	
Naturstein	Plattenbeläge		A1	−	−	+	+	+	O	O	+	+	O		×	×	×	×	
	Pflaster											−	+			(×)		(×)	
Zementgebundene Beläge	Betonwerksteinplatten	18 500	A1	−	−	+	+	+	O	+	+	+	O		(×)	×	×	×	
	Terrazzo											−						×	
Spachtelböden	(Kunststoff)			−	−	O	O	+	O	+	O	O	O					×	
Textile Fußbodenbeläge	Webteppiche														×	×			
	Wirkteppiche														×				
	Tuftingteppiche														×	×	×	×	
	Nadelvlies		B2	+	+	O	O	−	−	O	O	O	+		×	×	×	×	
	Klebpolteppiche	61 151												×	×				
	Flockteppiche														×				
	Nähwirkteppiche														×				
	Vlieswirkteppiche														×				

2.3 Dächer
2.3.1 Konstruktionen
2.3.1.1 Allgemeines

Wir unterscheiden Flachdächer und geneigte Dächer. Die Grenze zwischen beiden Dachformen ist fließend. Geneigte Dächer erhalten Deckungen, flache Dächer Abdichtungen. Flachdächer sind auf üblichen Deckenkonstruktionen (siehe Abschnitt 2.2. Decken) aufbaubar. Die besonderen konstruktiven und bauphysikalischen Anforderungen an Dächer müssen allerdings Berücksichtigung finden.

Für geneigte Dächer gibt es eine Fülle von Konstruktionsarten. Die Auswahl bestimmt sich aus der gewählten Dachneigung sowie konstruktiven, funktionalen und bauphysikalischen Anforderungen.

Neben den hier beispielhaft für den Wohnungsbau vorgestellten Konstruktionstypen des Sparrendachs und des Pfettendachs gibt es vor allem für freie Spannweiten ab 10 m u. a.
- Vollbinder aus Brettschichtholz, Stahl und Stahlbeton
- Fachwerkbinder aus Holz und Stahl
- Gittergewölbe aus Holz und Stahl
- Raumfachwerke aus Holz und Stahl
- ebene und gekrümmte Flächentragwerke (Abschnitt 1.4) aus Stahlbeton und Holz
- Seiltragwerke aus Stahl (Abschnitt 1.5) und
- Membrantragwerke (Abschnitt 1.6)

sowie Kombinationen dieser Tragwerkstypen (vgl. auch Kapitel 4 B Tragwerksentwurf und Vorbemessung).

2.3.1.2 Sparrendächer (vgl. Kapitel 4 B, Abschnitt 2.1.4)

Sparren- und Kehlbalkendächer werden aus Sparrenpaaren hergestellt, die am First und an den Traufpunkten druck- und zugfest angeschlossen sind. Die Decken, auf denen die Sparren aufstehen, haben Zugbandfunktion. Die konstruktive Einheit von Sparrenpaar und Decke darf nicht gestört werden. Dachein- und -ausbauten sind daher nur in beschränktem Umfang möglich. Der Abtragung von Horizontallasten dienen Windrispen, ggf. im Verbund mit Firstbohlen.

Der Schub der Sparren wird am Traufpunkt mit flacher werdender Sparrenneigung größer. Sparren- und Kehlbalkendächer unter 30° Dachneigung sind daher nicht sinnvoll. Klassische, zimmermäßig hergestellte Sparren- und Kehlbalkendächer haben Dachneigungen ab 45°. Erst dann sind die Versätze am Sparrenfuß handwerklich einwandfrei ausführbar. Bei Dachüberständen beim Aufbalken muß der durch das Vorholz des Deckenbalkens entstehende Überstand durch einen Aufschiebling ausgeglichen werden. Der Knick am Übergang vom Aufschiebling zur Sparrenoberkante verleiht diesen Dächern ihre besondere Form. Moderne Sparrenfußkonstruktionen bei Stahlbetondecken erlauben Dachüberstände ohne Aufschieblinge.

Sparren- und Kehlbalkendächer sind bei einfachen Satteldachformen und Dachneigungen ab 30° wirtschaftlicher (weniger Holzverbrauch) als Pfettendächer. Der Dachraum ist frei.

2.3.1.3 Pfettendächer (vgl. Kapitel 4 B, Abschnitt 2.1.6)

Pfettendächer bestehen aus horizontalen Pfetten in Gebäudelängsrichtung (parallel zu Traufe und First) und den gelenkig aufliegenden Sparren. Bei größeren Gebäudetiefen sind die Mittelpfetten und ggf. auch die Firstpfette mit Stielen und Kopfbändern und untereinander durch Zangen verbunden und durch Windstreben und die Kopfbänder windausgesteift. Lediglich jedes vierte oder fünfte Sparrenpaar wird mit dem Stuhl durch Zangen gebindeartig zusammengefaßt. Auf Kopfbänder an den Stuhlsäulen und den Mittel- bzw. Firstpfetten als Element der Windaussteifung kann verzichtet werden, wenn sie anderweitig sichergestellt wird. Kopfbänder behindern den Dachausbau.

Die Ausführung großer Dachüberstände ist problemlos möglich.

Pfettendächer sind je nach den Mindestneigungen der gewählten Dacheindeckung sehr flach ausführbar.

Mit Pfettendachkonstruktionen sind, wenn auch mit zusätzlichem Aufwand, zusammengesetzte Dachformen leichter herzustellen als mit Sparrendächern. Auch ist die Anpaßbarkeit der Dachkonstruktion an komplexere Gebäudegrundrisse leichter möglich. Als Nachteil gilt beim Vorhandensein von Pfettendachstühlen die geringere Flexibilität bei Dachraumausbauten.

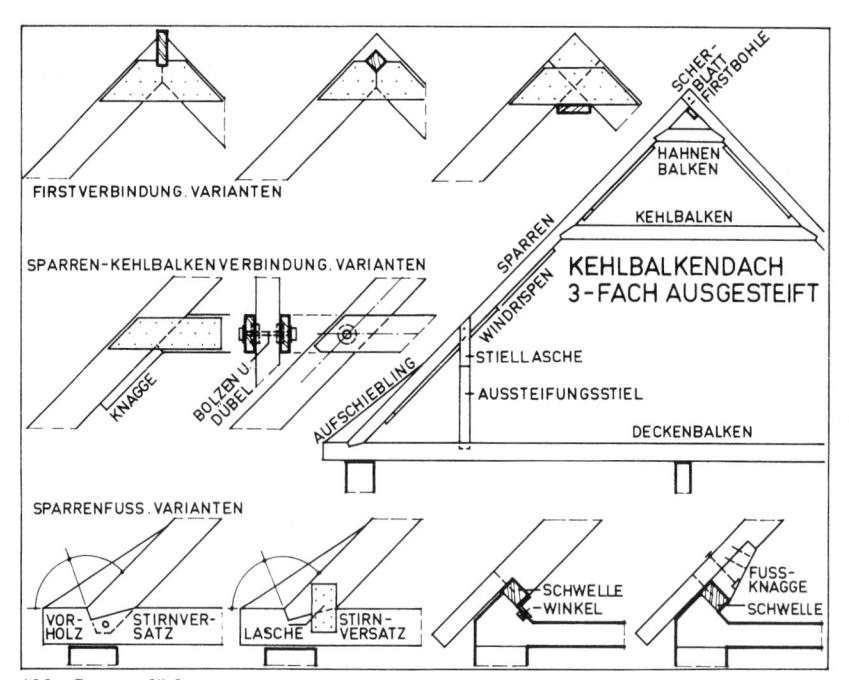

Abb. Sparrendächer

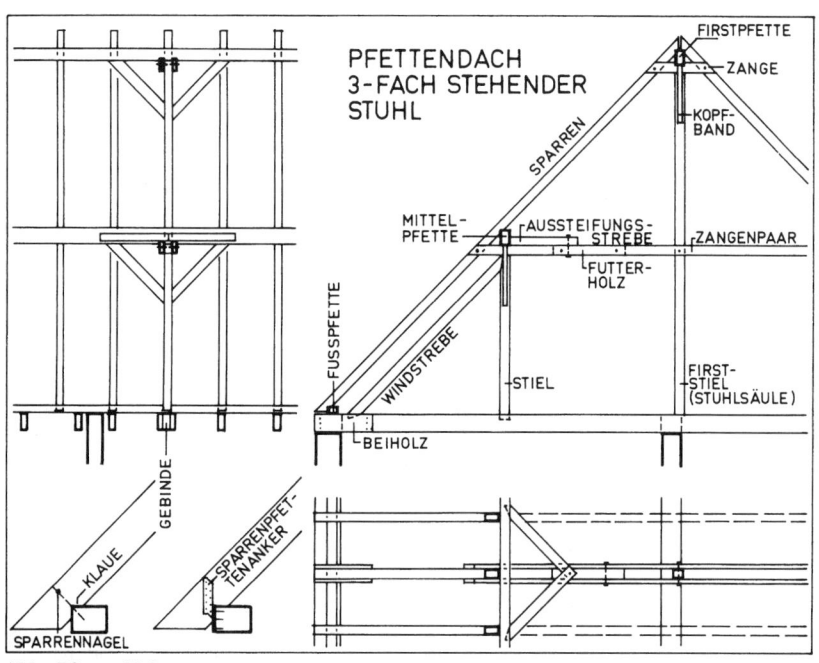

Abb. Pfettendächer

2.3.2 Feuchteschutz

Die wichtigste Funktion von Dächern ist der Schutz von Gebäuden gegen atmosphärische Niederschläge. Bei normaler Raumnutzung entsteht in Aufenthaltsräumen Wasserdampf, der die Tendenz hat, durch die Gebäudeaußenhülle nach außen zu diffundieren (Diffusion), wenn ein *Dampfdruckgefälle* von innen nach außen besteht. Dabei dringt der Wasserdampf je nach der *Dampfdurchlässigkeit* der Bauteile in diese ein. Bei Abkühlung des Wasserdampfes an oder in den Bauteilen steigt der Wasserdampfdruck an, und bei Überschreitung des Sättigungsdrucks bzw. bei Unterschreiten der Taupunkttemperatur fällt der Wasserdampf als *Tauwasser* aus. Tauwasserbildung ist in der Regel unschädlich, wenn folgende Bedingungen eingehalten werden (DIN 4108 Teil 3):
- Tauwasser muß wieder verdunsten können.
- Von Tauwasser betroffene Bauteile dürfen dadurch nicht geschädigt werden. Der massebezogene Feuchtegehalt von Holz darf um nicht mehr als 5 % und der von Holzwerkstoffen um höchstens 3 % erhöht werden.
- Bei Dach- (und Wand-)Konstruktionen darf eine Tauwassermenge von insgesamt 1 kg/m² je Tauperiode nicht überschritten werden.
- Die Tauwassermenge an Berührungsflächen von Bauteilen oder Baustoffschichten mit geringer Kapillarporosität muß auf höchstens 0,5 kg/m² je Tauperiode begrenzt bleiben.

Für belüftete Dächer gelten nach DIN 4108 Teil 3 die in nachstehender Tafel dargestellten Bedingungen zur Abführung von Wasserdampf.

Tafel: Tauwasserschutz (A) nichtbelüftete Konstruktionen
(B) belüftete Konstruktionen

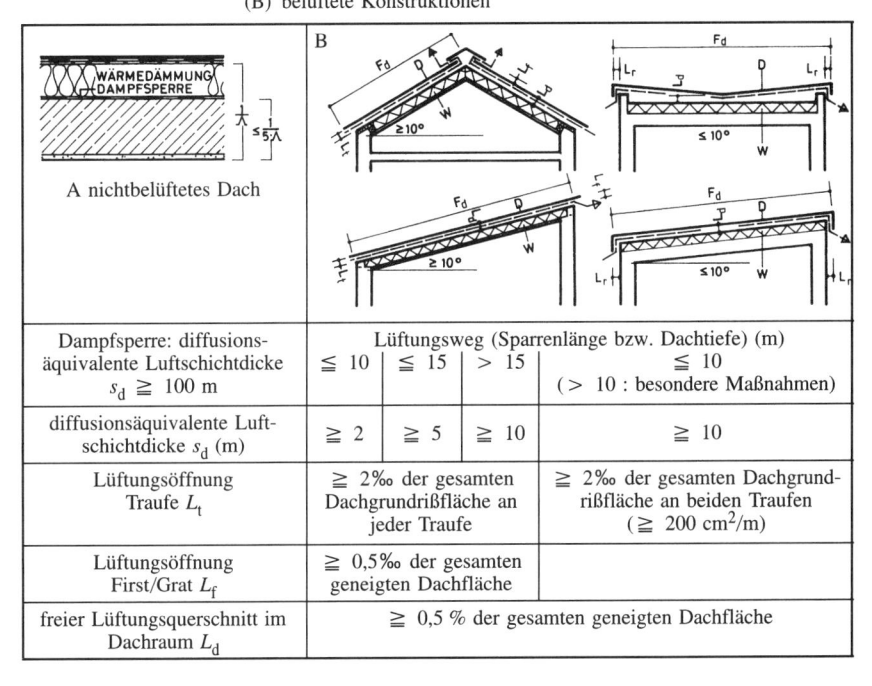

	Lüftungsweg (Sparrenlänge bzw. Dachtiefe) (m)			
Dampfsperre: diffusionsäquivalente Luftschichtdicke $s_d \geq 100$ m	≤ 10	≤ 15	> 15	≤ 10 (> 10 : besondere Maßnahmen)
diffusionsäquivalente Luftschichtdicke s_d (m)	≥ 2	≥ 5	≥ 10	≥ 10
Lüftungsöffnung Traufe L_t	$\geq 2‰$ der gesamten Dachgrundrißfläche an jeder Traufe			$\geq 2‰$ der gesamten Dachgrundrißfläche an beiden Traufen (≥ 200 cm²/m)
Lüftungsöffnung First/Grat L_f	$\geq 0,5‰$ der gesamten geneigten Dachfläche			
freier Lüftungsquerschnitt im Dachraum L_d	$\geq 0,5$ % der gesamten geneigten Dachfläche			

2.3.3 Wärmeschutz

Guter *sommerlicher Wärmeschutz* kann bei Dächern durch hohe Wärmespeicherfähigkeit der Bauteile erreicht werden, wenn ausreichende Wärmedämmung vorhanden ist. Zweischalige (belüftete) Dachkonstruktionen bieten in der Regel bessere Voraussetzungen für den sommerlichen Wärmeschutz als nichtbelüftete Konstruktionen. Auf der Rauminnenseite der Bauteile liegende Dämmungen sind ungünstig. Begrünte Dächer *(Grasdächer)* haben sich, sind sie richtig konstruiert, für den sommerlichen Wärmeschutz hervorragend bewährt. Die Kühlung beruht auf dem Schattenwurf der Grashalme und den Verdunstungsvorgängen der Pflanzen sowie der Masse des Erdsubstrats.

Der *winterliche Wärmeschutz* wird von folgenden Einflußgrößen bestimmt (baukonstruktive Parameter):
- Wärmedurchgangskoeffizent und
- Schichtenaufbau der Dachkonstruktion
- wirksamer Feuchtigkeitsschutz und
- Winddichtigkeit

Der *Winddichtigkeit* muß beim baukonstruktiven Entwurf, insbesondere von Holzdachkonstruktionen, Dachausbauten und bei Anschlüssen von Decken und Dächern an Wänden, besondere Aufmerksamkeit zugewandt werden.

Tafel: Regeldachneigungen für Dachziegel

Biberschwanzziegeldeckung		
bei Doppeldeckung	≥ 30°	(57,7 %)
bei Kronendeckung	≥ 30°	(57,7 %)
bei Einfachdeckung mit Spließen	≥ 40°	(83,9 %)
Hohlpfannendeckung		
bei Aufschnittdeckung – trocken, mit Strohdocken oder mit Mörtelverstrich	≥ 35°	(70,0 %)
bei Aufschnittdeckung – bei Verwendung von Pappdocken	≥ 30°	(57,7 %)
bei Vorschnittdeckung – trocken mit Strohdocken oder mit Mörtelverstrich	≥ 40°	(83,9 %)
bei Vorschnittdeckung – bei Verwendung von Pappdocken	≥ 35°	(70,0 %)
Mönch-Nonnen-Ziegeldeckung	≥ 40°	(83,9 %)
Krempziegel- und Strangfalzziegeldeckung	≥ 35°	(70,0 %)
Falzziegeldeckung		
z. B.: Doppelmuldenfalzziegel, Reformpfannen oder Falzpfannen	≥ 30°	(57,7 %)
Flachpfannendeckung	≥ 22°	(40,4 %)
Verschiebeziegeldeckung	≥ 35°	(70,0 %)

2.3.4 Geneigte Dächer. Dachdeckungsarten

2.3.4.1 Allgemeines

Dachdeckungen werden bei geneigten Dächern, Dachdichtungen bei Flachdächern ausgeführt. Es gibt folgende Dachdeckungsarten:
- Reet- und Strohdeckung
- schuppenartige Deckungen
- platten- und tafelförmige Deckungen
- Deckungen aus Bahnen und Bändern.

In der folgenden Übersicht sind die verschiedenen Dachdeckungen bestimmten Dachneigungsbereichen zugeordnet.

Die erforderlichen Mindestdachneigungen sind abhängig von der Dachdeckungsart, konstruktiven Besonderheiten und bei schuppen- und tafelförmigen Deckungen sowie Deckungen aus Bahnen von den Überdeckungen der Einzelteile in Richtung des Wasserabflusses.

Vorschriften über Mindest- und Regeldachneigungen enthalten die *Fachregeln des Dachdeckerhandwerks* [13.61] (FD) bzw. die Herstellerangaben, die von den Fachregeln abweichen können.

Flache, schuppenartige Deckungen wie Schindeln oder Biberschwanzziegel ohne Falze oder Verformungen, die der Wasserführung dienen, müssen mehrlagig ausgeführt werden, damit überall die senkrechten Fugen der jeweils darüberliegenden Schuppenlage vollständig unterlegt sind.

Bei Gebäuden mit untergeordneten Nutzungen können z. B. einfache Biberschwanzdeckungen als Spließdeckung mit Unterlegung der Längsfugen durch schmale, dünne Holzschindeln ausgeführt werden. Durch Unterlegung der Längsfugen mit Papp- oder Strohdocken verbesserte man die Wasserabführung bei Hohlpfannendächern. Früher wurden Hohlpfannendächer in der Regel auch von unten mit Kalkmörtel verstrichen. Heute wird für die Flugschneedichtigkeit eher ein Unterdach angeordnet.

Aus der Fülle von Dachpfannenformen werden hier lediglich sechs allgemein übliche und in der Form charakteristische mit einer Reihe unterschiedlicher Details aus dem First-, Trauf und Ortgangbereich dargestellt. Die Formen von Dachsteinen und die Konstruktionsprinzipien von Dächern mit Dachsteinen ähneln denen von Dachpfannen aus gebranntem Ton. Die Konstruktionsprinzipien von Schindeldeckungen sind in Abschn. 2.1, Seite 13.142, dargestellt.

Für die verschiedenen Dachpfannen- und Dachsteintypen bieten die Hersteller für fast jeden Anwendungsfall Sonderformteile an, so daß homogene Eindeckungen ohne Zuschnitte und ohne zusätzlichen konstruktiven Aufwand möglich sind.

Holzdächer mit schuppenartigen Deckungen sind nicht winddicht. Winddichtigkeit ist jedoch ein wichtiger Aspekt des Wärmeschutzes. Insbesondere bei ausgebauten Dachräumen sind die kritischen Anschlußbereiche der Traufe an Giebeln, Firsten und Gebäudetrennwänden besonders sorgfältig zu konstruieren.

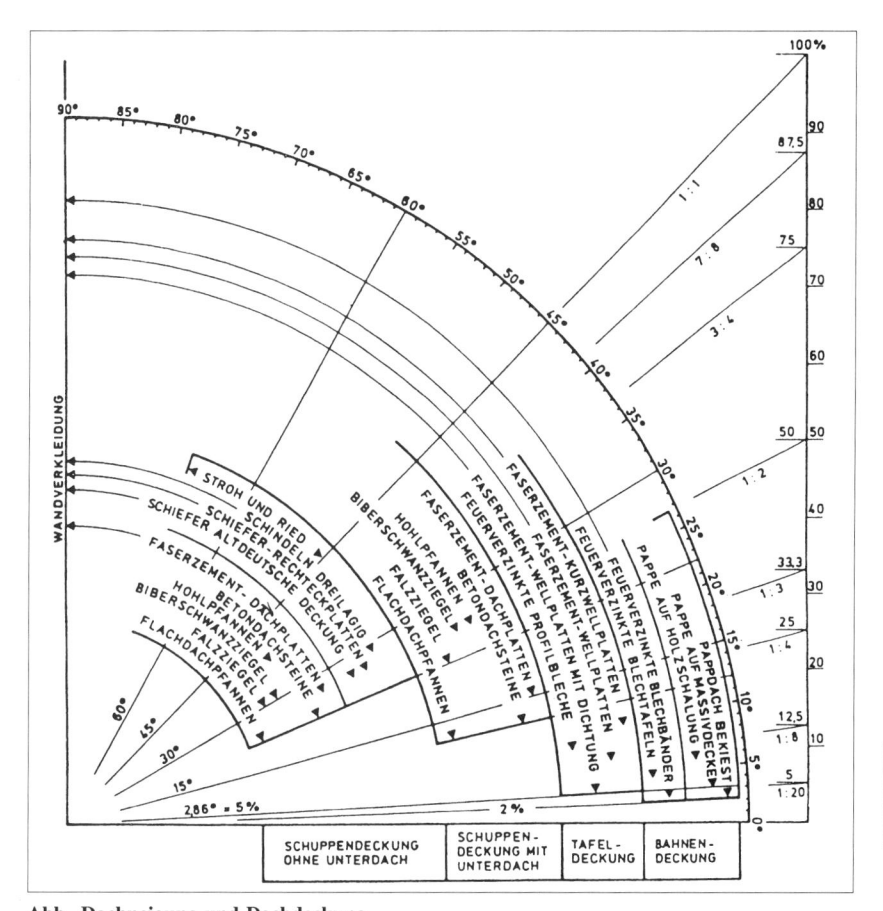

Abb. Dachneigung und Dachdeckung

Besonderen konstruktiven Aufwand erfordert bei allen Dachdeckungsarten die Ausführung von Graten und Kehlen bei Verschneidungen von Dachflächen. Zu beachten ist die geringere Dachneigung in diesen Bereichen.

2.3.4.2 Dachdeckungsarten

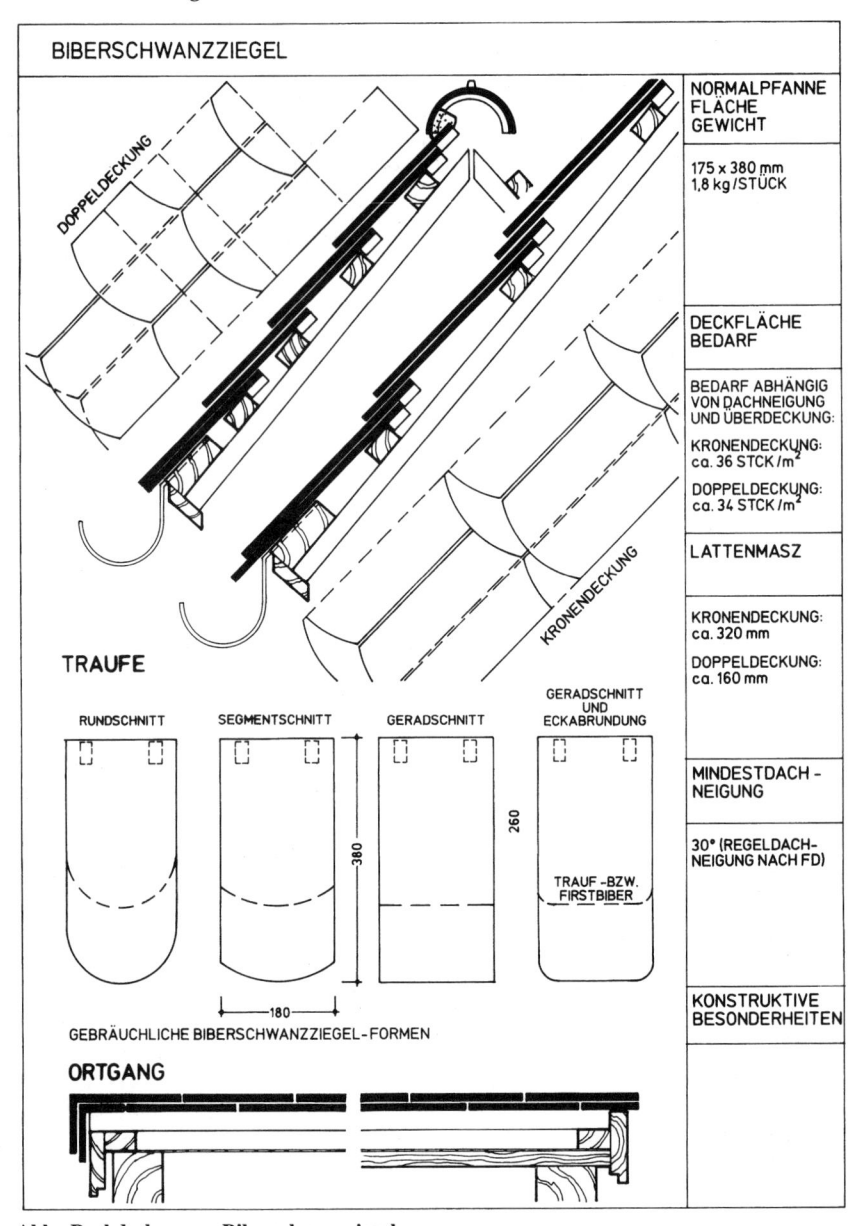

Abb. Dachdeckungen. Biberschwanzziegel

HOHLPFANNE

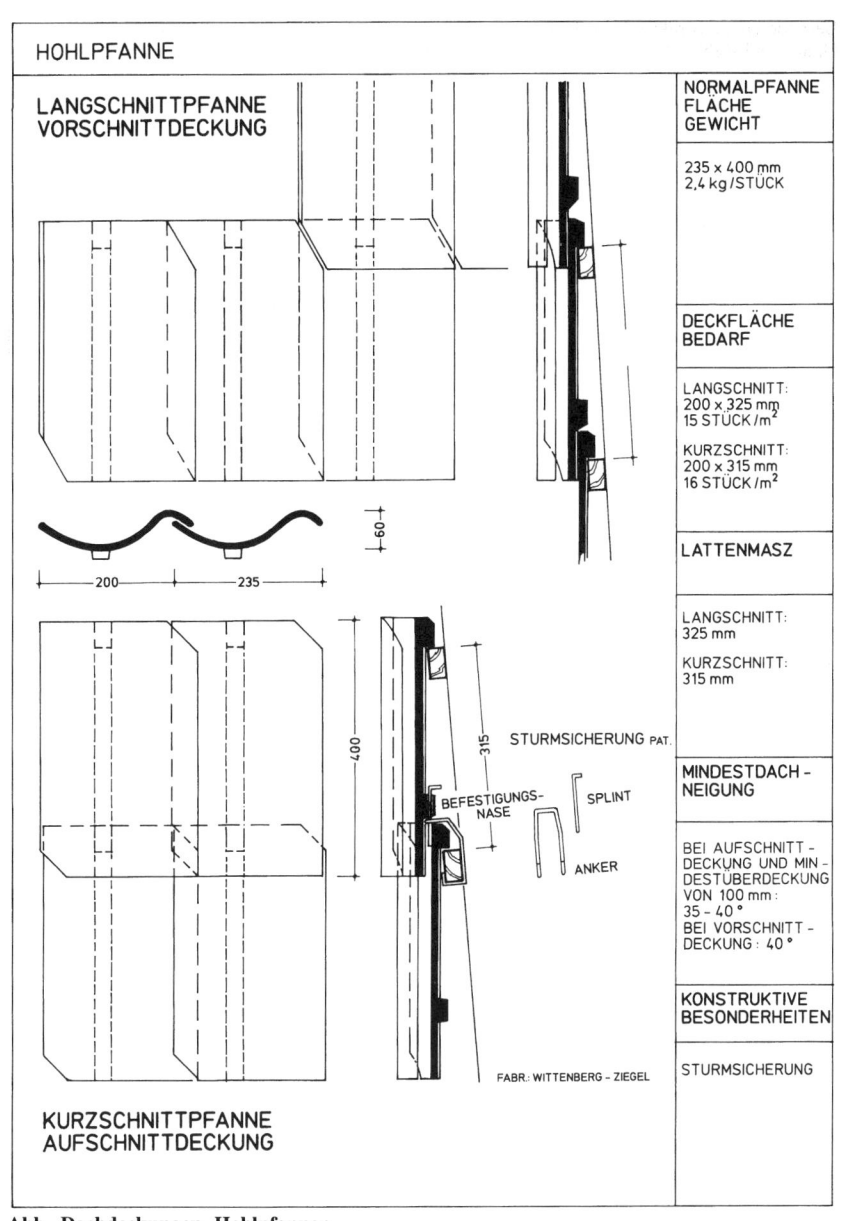

LANGSCHNITTPFANNE VORSCHNITTDECKUNG

KURZSCHNITTPFANNE AUFSCHNITTDECKUNG

Beschriftungen in der Zeichnung: STURMSICHERUNG PAT., BEFESTIGUNGSNASE, SPLINT, ANKER, FABR.: WITTENBERG - ZIEGEL

NORMALPFANNE FLÄCHE GEWICHT	235 x 400 mm 2,4 kg/STÜCK
DECKFLÄCHE BEDARF	LANGSCHNITT: 200 x 325 mm 15 STÜCK/m^2 KURZSCHNITT: 200 x 315 mm 16 STÜCK/m^2
LATTENMASS	LANGSCHNITT: 325 mm KURZSCHNITT: 315 mm
MINDESTDACH-NEIGUNG	BEI AUFSCHNITT-DECKUNG UND MIN-DESTÜBERDECKUNG VON 100 mm: 35 – 40° BEI VORSCHNITT-DECKUNG: 40°
KONSTRUKTIVE BESONDERHEITEN	STURMSICHERUNG

Abb. Dachdeckungen. Hohlpfannen

HOHLFALZZIEGEL

FABR.: MEYER - HOLSEN

1 SPARREN
2 FREISPARREN
3 ORTGANGBRETT
4 ORTGANGSCHALUNG
5 TRAGLATTUNG 3/5cm
6 KONTERLATTUNG
7 UNTERSPANNBAHN

TRAUFE

8 LUFTRAUM
9 WÄRMEDÄMMUNG
10 WINDSPERRE
11 LEICHTE DECKENBEKL.
12 FUSSPFETTE
13 FEUCHTIGKEITSSPERRE
14 RINGANKER IN U-SCHALE
15 TRAUFSCHALUNG
16 ANKERSCHIENE U. STAHLWINKEL
17 KEILBOHLE

DOPPELWULSTZIEGEL

ORTGANGZIEGEL LINKS

ORTGANG

NORMALPFANNE FLÄCHE GEWICHT
260x425 mm 3 kg/STÜCK

DECKFLÄCHE BEDARF
205x315 mm BIS 205x345 mm 14.5 STÜCK/m²

LATTENMASZ
315 mm BIS 345 mm

MINDESTDACH-NEIGUNG
11° MIT UNTERDACH AB 22° KEINE BESONDEREN ANFORDERUNGEN

KONSTRUKTIVE BESONDERHEITEN

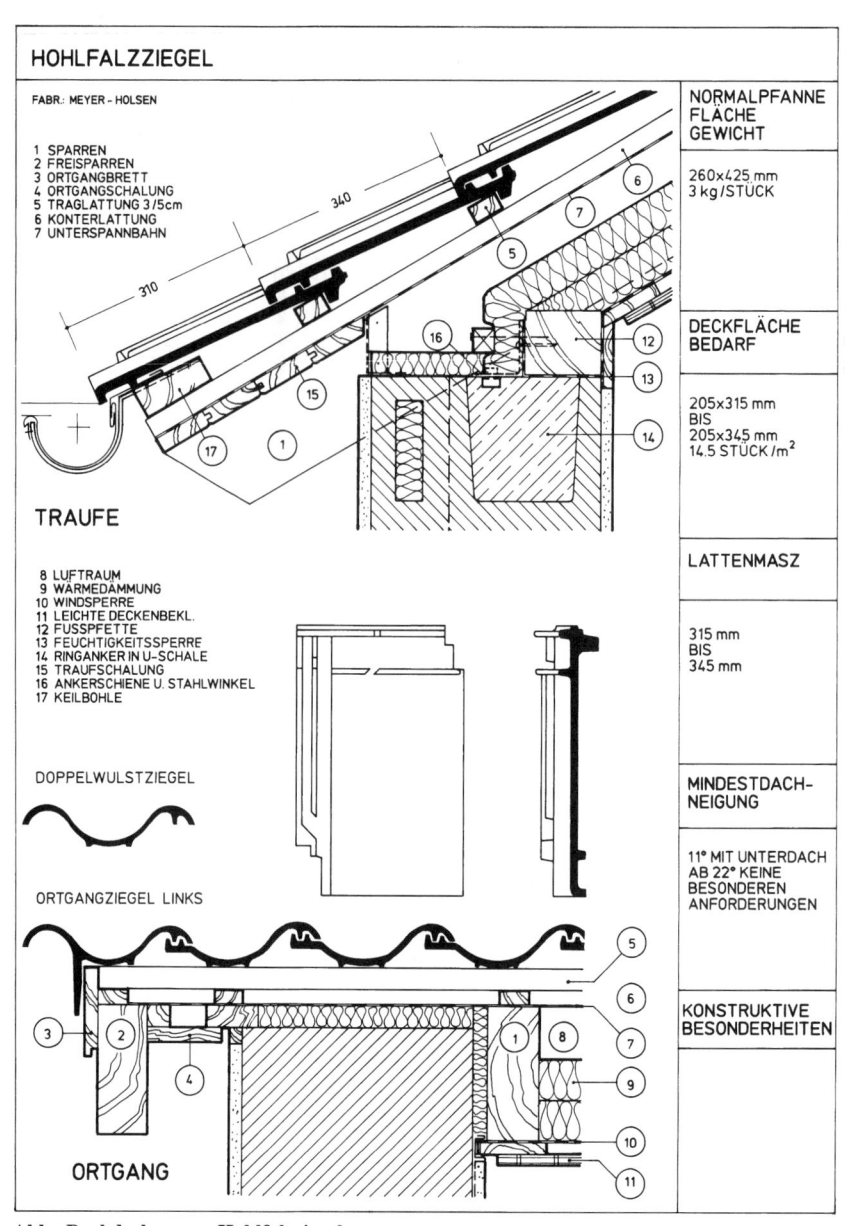

Abb. Dachdeckungen. Hohlfalzziegel

DOPPELMULDENFALZZIEGEL

1. DACHLATTUNG
2. KONTERLATTUNG
3. UNTERSPANNBAHN
4. SPARREN
5. ORTGANGSCHALUNG
6. WINDBRETT
7. DECKBRETT MIT Zn-ABDECKUNG
8. TRAUFSCHALUNG
9. FUTTERBRETT MIT LÜFTUNGSSIEB
10. TRAUFBOHLE
11. PFETTE
12. SPARRENPFETTEN-ANKER

NORMALPFANNE FLÄCHE GEWICHT
240 x 400 mm
3 kg/STÜCK

DECKFLÄCHE BEDARF
200 x 340 mm
15 STÜCK/m²

LATTENMASZ
340 mm

MINDESTDACH-NEIGUNG
30° (UNTER 30° MIT UNTERDACH)

KONSTRUKTIVE BESONDERHEITEN

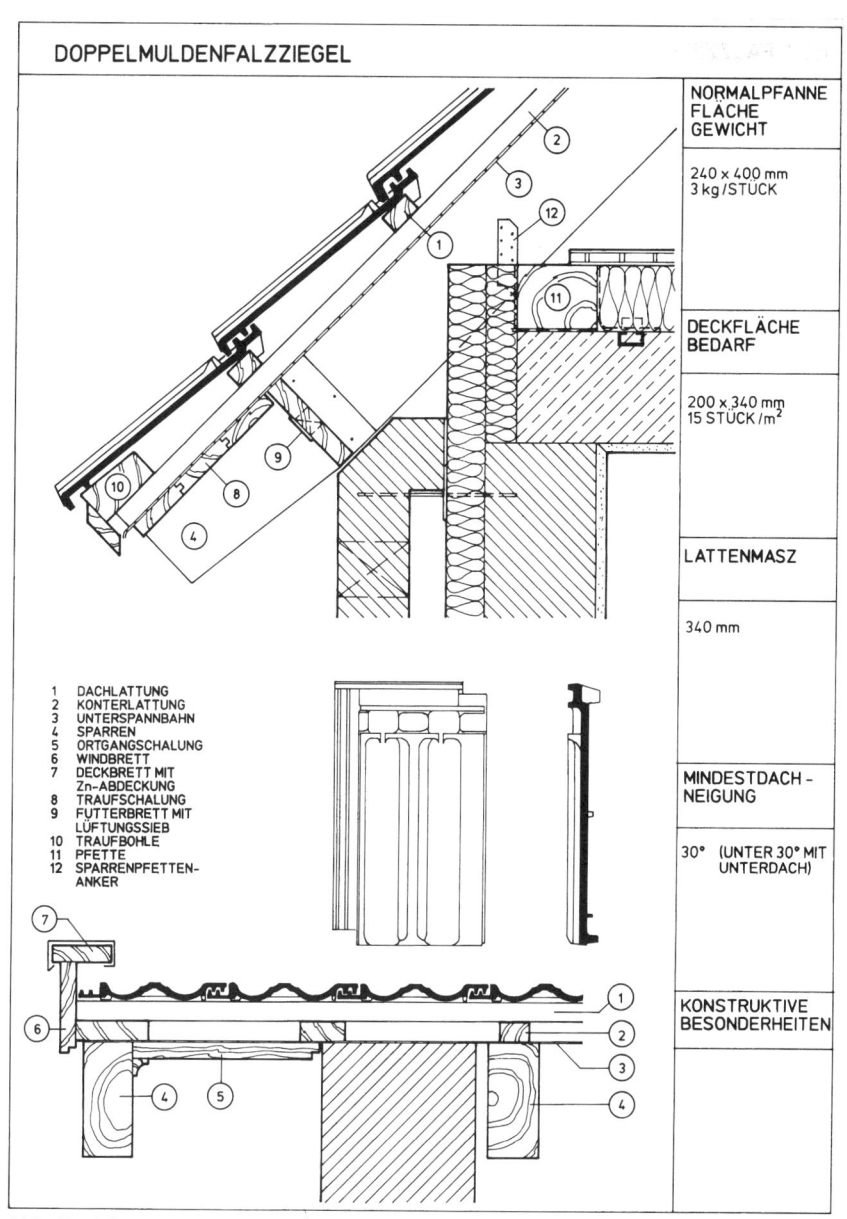

Abb. Dachdeckungen. Doppelmuldenfalzziegel

FLACHDACHPFANNE

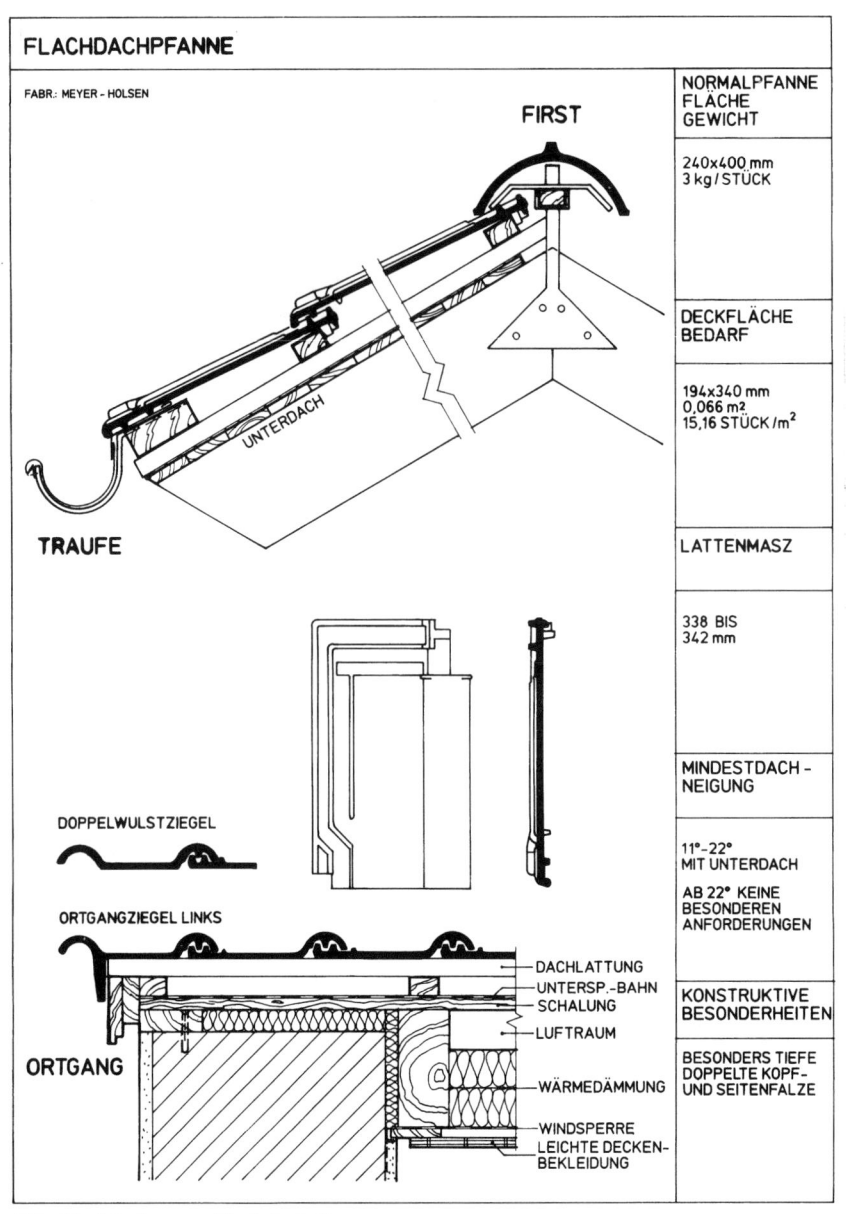

FABR.: MEYER - HOLSEN

FIRST

TRAUFE

DOPPELWULSTZIEGEL

ORTGANGZIEGEL LINKS

ORTGANG

- DACHLATTUNG
- UNTERSP.-BAHN
- SCHALUNG
- LUFTRAUM
- WÄRMEDÄMMUNG
- WINDSPERRE
- LEICHTE DECKEN-BEKLEIDUNG

NORMALPFANNE FLÄCHE GEWICHT	240x400 mm 3 kg / STÜCK
DECKFLÄCHE BEDARF	194x340 mm 0,066 m² 15,16 STÜCK / m²
LATTENMASZ	338 BIS 342 mm
MINDESTDACH - NEIGUNG	11°-22° MIT UNTERDACH AB 22° KEINE BESONDEREN ANFORDERUNGEN
KONSTRUKTIVE BESONDERHEITEN	BESONDERS TIEFE DOPPELTE KOPF- UND SEITENFALZE

Abb. Dachdeckungen. Flachdachpfanne

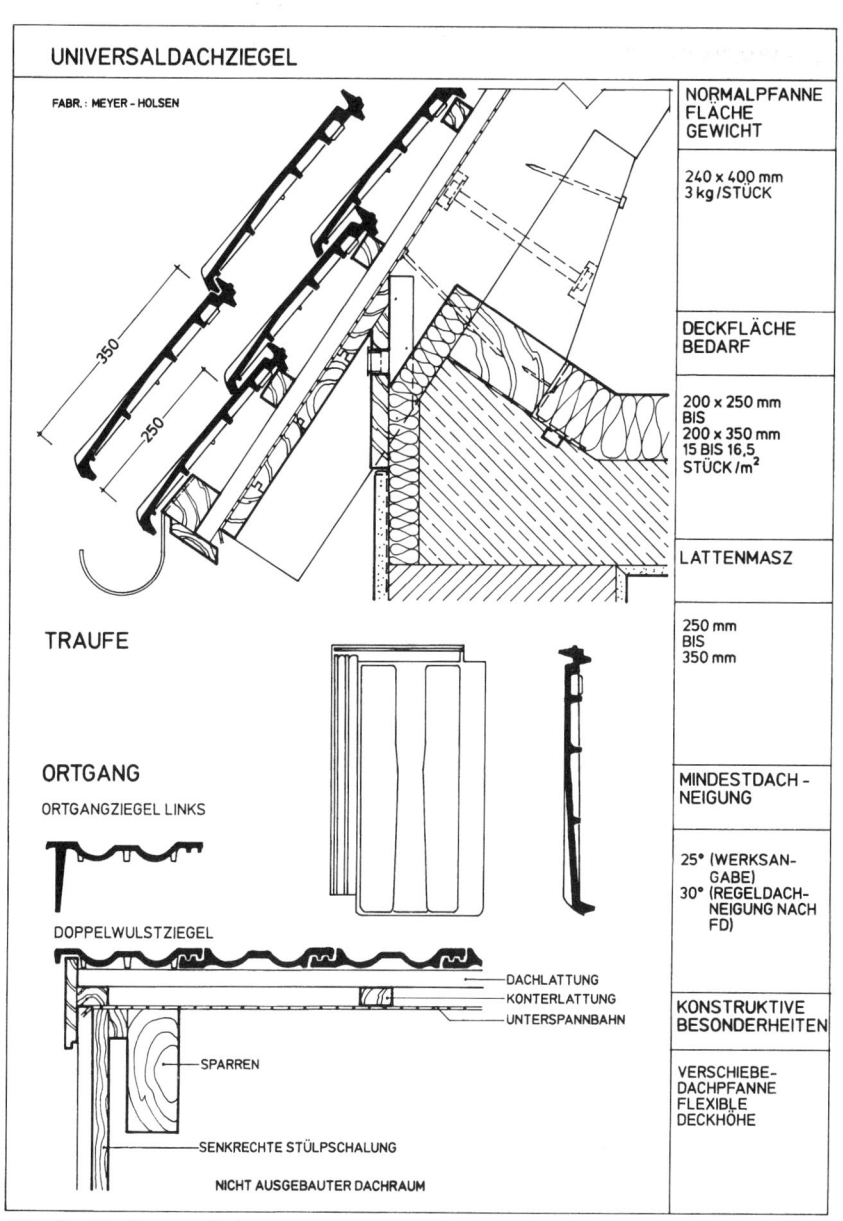

Abb. Dachdeckungen. Universaldachziegel

2.3.5 Flachdächer, Konstruktionsarten

Flachdächer sollten mit Gefälle von mindestens 3° zur problemlosen Wegführung des Niederschlagswassers ausgeführt werden. Dächer mit Neigungen unter 3° sind Sonderkonstruktionen mit besonderen Konstruktionsanforderungen.

Bei durchlüfteten Flachdächern ist zwischen der Dachabdichtung und deren Träger einerseits und der Wärmedämmung andererseits eine Luftschicht angeordnet, die von außen zu belüften ist. Die Größe und Lage der Lüftungsöffnungen ist nach DIN 4108 Teil 3 je nach Dachneigung und Dachtiefe festzulegen [13.61] (Abschn. 2.3.4.1).

Nichtdurchlüftete Flachdächer sind Verbundkonstruktionen, deren Einzelteile hinsichtlich ihrer bauphysikalischen, bauchemischen und statisch-konstruktiven Eigenschaften aufeinander abzustimmen sind. Bei Planung und Ausführung dieser Dächer bedarf es besonderer Sorgfalt.

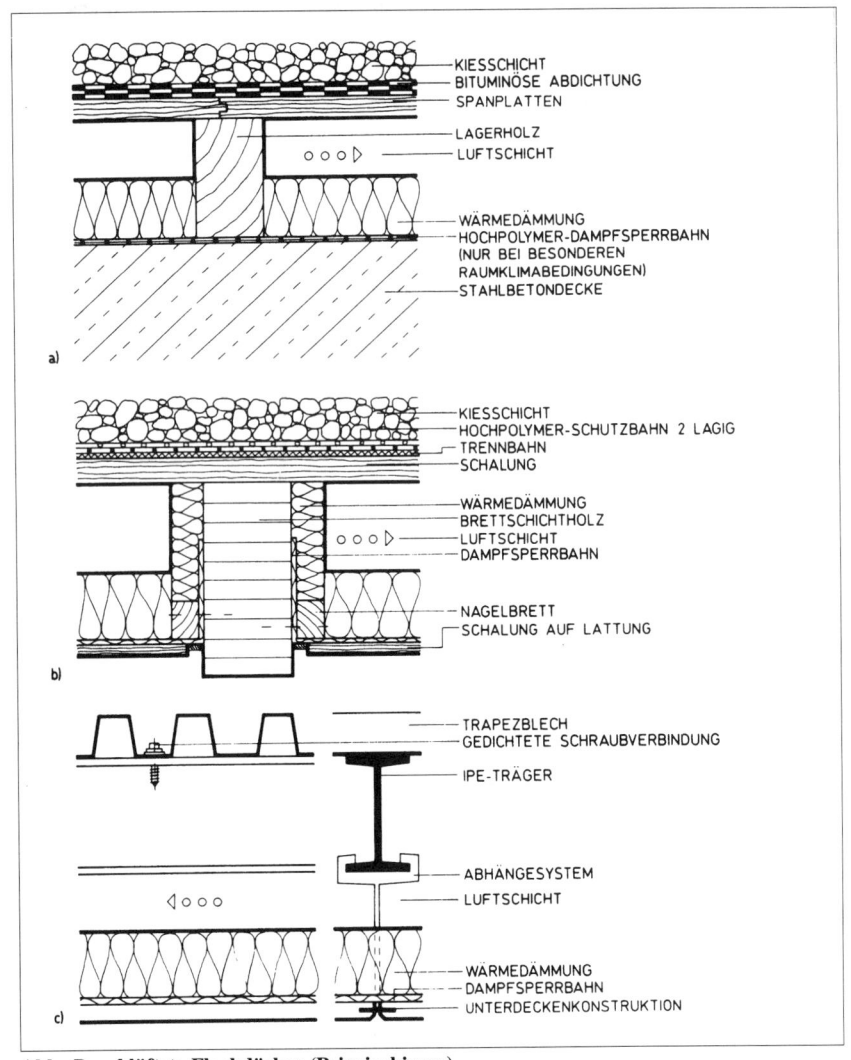

Abb. Durchlüftete Flachdächer (Prinzipskizzen)

13.168

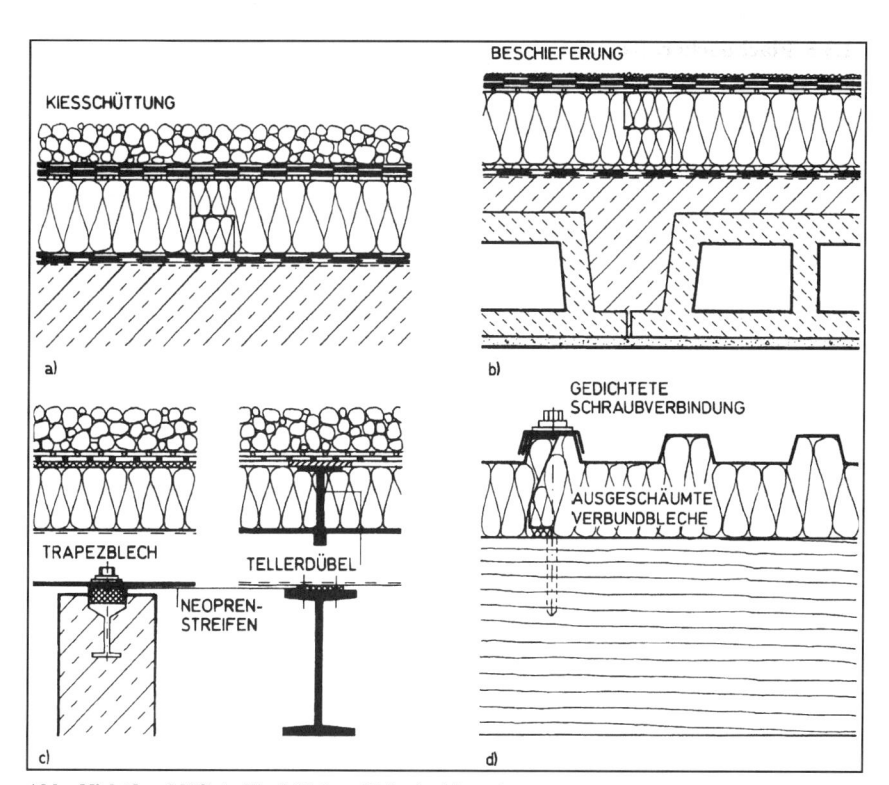

Abb. Nichtdurchlüftete Flachdächer (Prinzipskizzen)

2.3.6 Regenfalleitungen

Die Bemessung von Regenfalleitungen und Dachrinnen erfolgt nach DIN 18 460 entsprechend nachstehender Tafel unter Berücksichtigung folgender Parameter:

- Regenspende (r) = Regensumme in der Zeiteinheit, bezogen auf die Fläche, in $l/(s \cdot ha)$
- Regenwasserabfluß (Qr) = Regenwassermenge, die sich aus Regenspende, Abflußbeiwert und Niederschlagsfläche ergibt
- Regenwasserabflußspende (qr) = Regenwasserabfluß, bezogen auf die Fläche, in $l/(s \cdot ha)$
- Abflußbeiwert (Ψ) = Verhältnis der Regenwasserabflußspende zur Regenspende (siehe nachstehende Tafel)

Wegen der Verschmutzung von Dachrinnen werden Regenfalleitungen für eine Regenspende von mindestens 300 $l/(s \cdot ha)$ bemessen.

(Die Rechenwerte für die Bemessung von Regenfalleitungen sind Kap. 12 C – Kanalisation – Abschn. 2.2 und S. 12.43 zu entnehmen.)

Tafel: Abflußbeiwerte[1]

Art der angeschlossenen Dachfläche	Abflußbeiwert Ψ
Dächer $\geq 15°$	1
Dächer $< 15°$	0,8
Dachgärten	0,3

[1] Auszug aus DIN 1986 Teil 2
Tabelle 13: Abflußbeiwerte zur Ermittlung des Regenwasserabflusses Q_r:
Q_r (l/s) = Fläche (ha) × Regenspende r [l/(s · ha)] × Abflußbeiwert Ψ.

Berechnungsbeispiel:

(bei einer örtlichen Regenspende $r \leq 300$ l/(s · ha))
Regenspende: $r = 300$ l/(s · ha)
Dachgrundfläche 12,4 m × 15 m: $A = 187,5$ m^2
Abflußbeiwert: $\Psi = 0,8$ (Dach $< 15°$)
Regenwasserabfluß:

$$Q_r = \frac{187,5}{10\,000} \cdot 300 \cdot 0,8$$

$Q_r = 4,5$ l/s
nach Tafel unten gewähltes Rohr für $Q_r \geq 4,5$ l/s:
Regenfalleitung mit Nenngröße 100 mm oder wahlweise 2 Regenfalleitungen mit Nenngröße 80 mm.

Tafel: Bemessung von Regenfalleitungen

Anzuschließende Dachgrundfläche in m^2 bei max. Regenspende $r = 300$ l/(s · ha)*)	Regenwasser- abfluß[2] $Q_{r,zul}$ l/s	Regenfalleitung Durch- messer DN in mm	Quer- schnitt ca. in cm^2	Zugeordnete Dachrinne halbrund		kastenförmig	
				Nennmaß in mm	Rinnen- quer- schnitt ca. in cm^2	Nennmaß in mm	Rinnen- quer- schnitt ca. in cm^2
37	1,1	60[1]	28	200	25	200	28
57	1,7	70	38	–	–	–	–
83	2,5	80	50	250 285	43 63	250	42
150	4,5	100[1]	79	333	92	333	90
243	7,3	120[1]	113	400	145	400	135
270	8,1	125	122	–	–	–	–
443	13,2	150[1]	177	500	245	500	220

*) Ist die örtliche Regenspende größer als 300 l/(s · ha), muß mit den entsprechenden Werten gerechnet werden (siehe Beispiel)
[1] Für die Dachentwässerung übliche Nennmaße.
[2] Die angegebenen Werte resultieren aus trichterförmigen Einläufen.

2.4 Verbindungen

Die Planung und Gestaltung von Verbindungen zwischen den Bauelementen und Bauteilen ist ein wichtiger Bestandteil des baukonstruktiven Entwurfs.

Im Massivbau treten Verbindungen (Abbildung S. 13.121) in der Regel nicht besonders in Erscheinung. Bei der Ausführung von Mauerwerk muß das Überbindemaß (siehe Kapitel 7, Abschnitt 5.6) der Steine übereinanderliegender Schichten beachtet werden, d. h., es muß im Verband gemauert werden (DIN 1053-1). Für die Verbindung von Umfassungswänden an Decken und Dachstühlen gelten nach DIN 1053-1 besondere Anforderungen (siehe Kapitel 7, Abschnitt 5.4.3 und [13.2] Abb. B 7.5).

Bei zweischaligen Außenwandkonstruktionen sind die Schalen nach DIN 1053-1 durch Drahtanker aus nichtrostendem Stahl miteinander zu verbinden. Einzelheiten sind in Kapitel 7, Abschnitt 5.3.3 dargestellt.

Abfangungen von Außenschalen zweischaliger Außenwände aus Mauerwerk erfordern besonderen konstruktiven Aufwand (siehe Kapitel 7, Abschnitt 5.3.3 und [13.2], Abschnitte B 7.2 und B 7.3). Nachstehende Abbildung zeigt zwei typische Ausführungsarten.

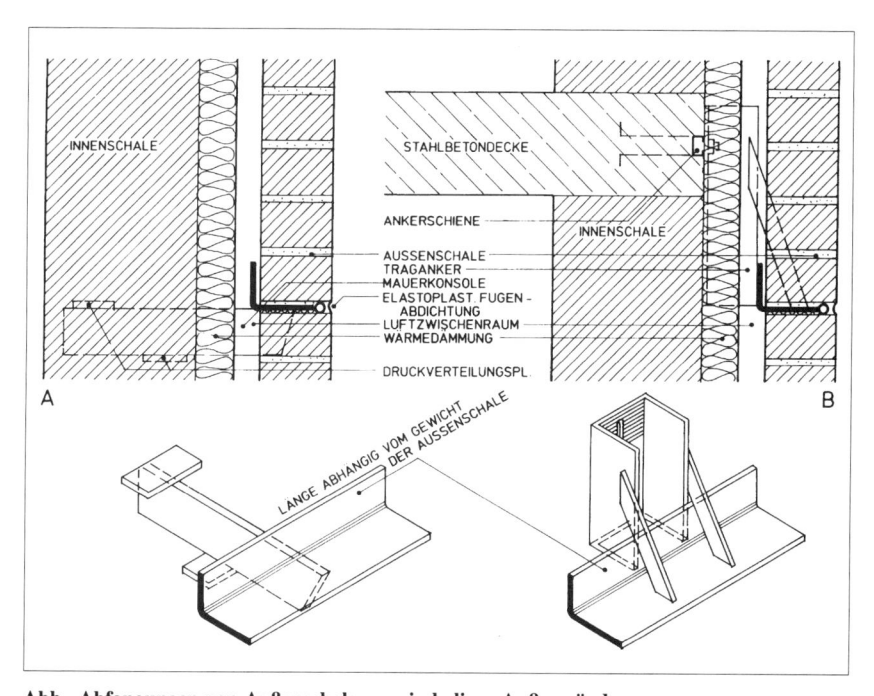

Abb. Abfangungen von Außenschalen zweischaliger Außenwände
Stahlteile aus nichtrostendem Stahl. Durchgehende Auflagerung erforderlich.

A) Abfangung mittels Mauerkonsole mit Druckverteilungsplatten. Statischer Nachweis des Mauerwerks erforderlich.
B) Abfangung mittels Traganker. Die Traganker sollen den Verband der Außenschale möglichst wenig stören. Dieses Beispiel ist in dieser Hinsicht problematisch.
Mauerwerkshilfsbauteile sind statisch nachzuweisen, oder ihre Brauchbarkeit ist durch bauaufsichtliche Zulassungen nachzuweisen. Die ausreichende Verformbarkeit der Außenschale ist durch eine entsprechend dicke Fuge unter dem Tragwinkel zu gewährleisten.

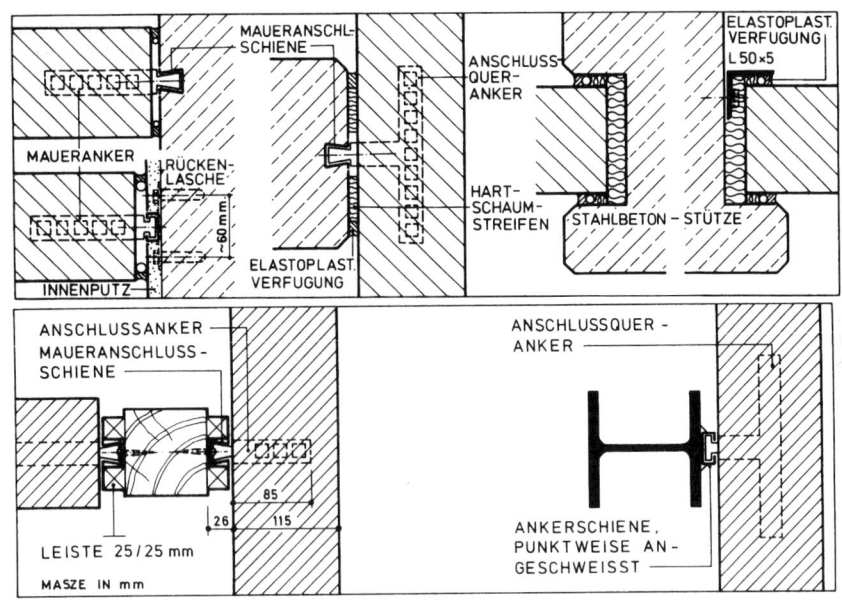

Abb. Anschlüsse von Trennwänden aus Mauerwerk

Verbindungen von Mauerwerksbauteilen mit Bauteilen aus anderen Baustoffen sind nur durch Verbindungsmittel bzw. Verbindungselemente, die in der Regel aus korrosionsgeschütztem Stahl bestehen, herzustellen.

Die europäische Normung ist auf dem Wege, Festlegungen für Hilfsbauteile für Mauerwerk (DIN EN 845-1), d. h. für Anker, Bänder, Auflager, Konsolen und Auflagerwinkel, vorzubereiten. Dabei werden u. a. die in nachstehender Abbildung dargestellten Balkenauflager vorgestellt, bei denen ein dem Balkenquerschnitt entsprechender Balkenschuh aus verzinktem Stahl mit einem Flansch in die Mörtelfuge eingreift, ohne daß das Hirnholz des Balkens mit dem Mauerwerk in Berührung kommt (Feuchtigkeitsschutz). Nachträgliches Einziehen von Balken ist mit dieser Methode bei besonderer Ausführungssorgfalt möglich.

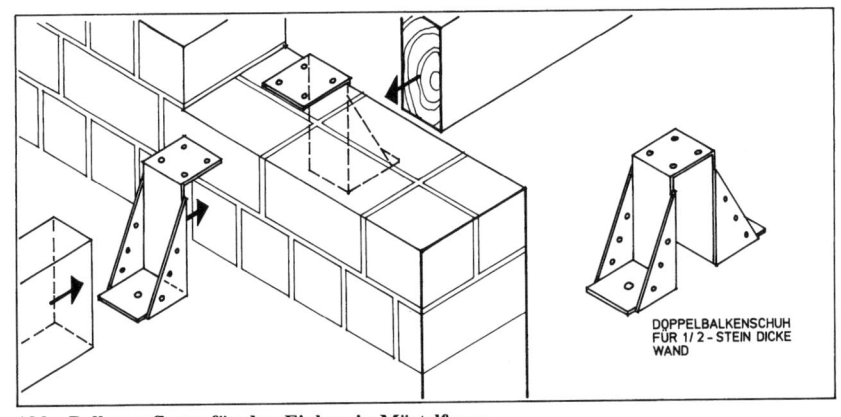

Abb. Balkenauflager für den Einbau in Mörtelfugen

Für den Anschluß von Bauteilen des Innenausbaus und der technischen Gebäudeausrüstung an tragende Bauteile aus Mauerwerk und Stahlbeton ist eine Fülle von Befestigungssystemen entwickelt worden. Sofern an die Befestigungselemente besondere statisch-konstruktive Sicherheitsanforderungen zu stellen sind, sind i. d. R. bauaufsichtliche Zulassungen erforderlich. In der nachfolgenden Tabelle sind die wichtigsten Anwendungsfälle dargestellt.

Im Stahlbeton ist es üblich, die Befestigungselemente wie Ankerschienen und Ankerboxen bereits vor dem Betonieren auf der Schalung zu fixieren. Nach Abbinden des Betons und Abnehmen der Schalung verbleiben die Befestigungselemente im Betonbauteil. Im Mauerwerksbau werden Verbindungen i. d. R. nachträglich durch punktgenaues Setzen von Dübeln, die in Bohrlöcher eingebracht werden, hergestellt. Die am Mauerwerk zu befestigenden Bauteile werden von in die Dübel eingedrehten Schrauben gehalten. Die Dübelsysteme sind auf die unterschiedlichen Steinfestigkeiten und Steinarten (Vollsteine oder Lochsteine) eingestellt.

Bei allen Befestigungsproblemen sind die Art und Größe der Belastung zu bestimmen und besondere konstruktive Anforderungen wie die Verschieblichkeit der zu befestigenden Teile auf Grund thermischer oder lastabhängiger Verformungen zu berücksichtigen.

Verbindungen im Stahlbau werden durch Schweißen (Kap. 8 A, Abschn. 5) unlösbar und mittels Schrauben (Kap. 8 A, Abschn. 6 und Kap. 8 B Abschn. 5) lösbar hergestellt. Verzinkungsgerechte Schweißverbindungen sind so zu konstruieren, daß im Zinkbad alle Teile gut von der Verzinkungsflüssigkeit umspült werden und keine zusätzlichen Spannungen in den Stahlteilen entstehen.

Tafel: Befestigungsmittel für Mauerwerk und Stahlbeton

Befestigungsart	Beispiel	Herstellung, Wirkung, Werkstoffe	Anwendungsbereich
Dübelsteine		Nagel- und schraubbare Holzbetonsteine, im Verband gemauert	Mauerwerk, Fußleisten, Türfutter
Verbunddübel		Glaspatrone mit Reaktionsharzmörtel und Gewindestange. Verklebung Gewindestange mit Bohrlochwand.	Beton, Vollbaustoffe
Kunststoffdübel	(a) (b)	Dübelhülse mit Spreizteil. Schrauben. Wirkung durch Reibung und Verzahnung.	Beton. Alle Arten von Mauerwerk (a). Für Porenbeton Sonderdübel (b).
Injektionsdübel		Drahtsiebhülse, Injektionsmörtel, Gewindestange	Poren- und Leichtbeton. Lochsteine.
Metallspreizdübel		Spreizung der Dübelspitze, z. B. durch Konus beim Eindrehen von Schraubenbolzen.	Beton. Hohe Lasten.
Hinterschnittdübel		Bohrloch mit Hinterschnitt durch spez. Bohrwerkzeuge. Spreizung der Dübelspitze.	Beton
Ankerschienen		Ankerschiene aus Stahl, Haken- bzw. Hammerkopfschrauben, U-Scheiben, Muttern	Beton. Hohe Lasten.
Dübelboxen		Blechschalen mit Ankerbügeln, gleichzeitig als Aufhängesteg	Beton

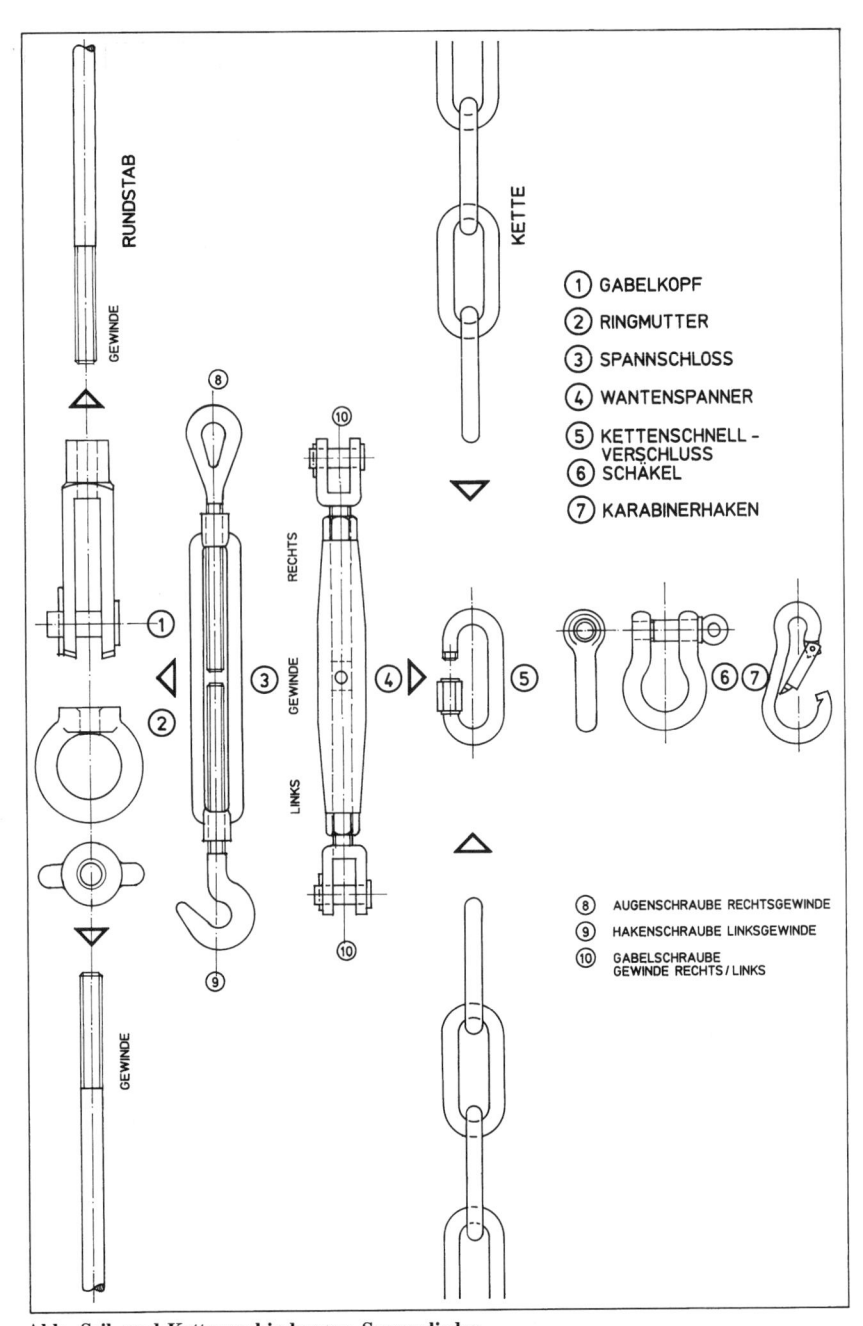

Abb. Seil- und Kettenverbindungen. Spannglieder

13.174

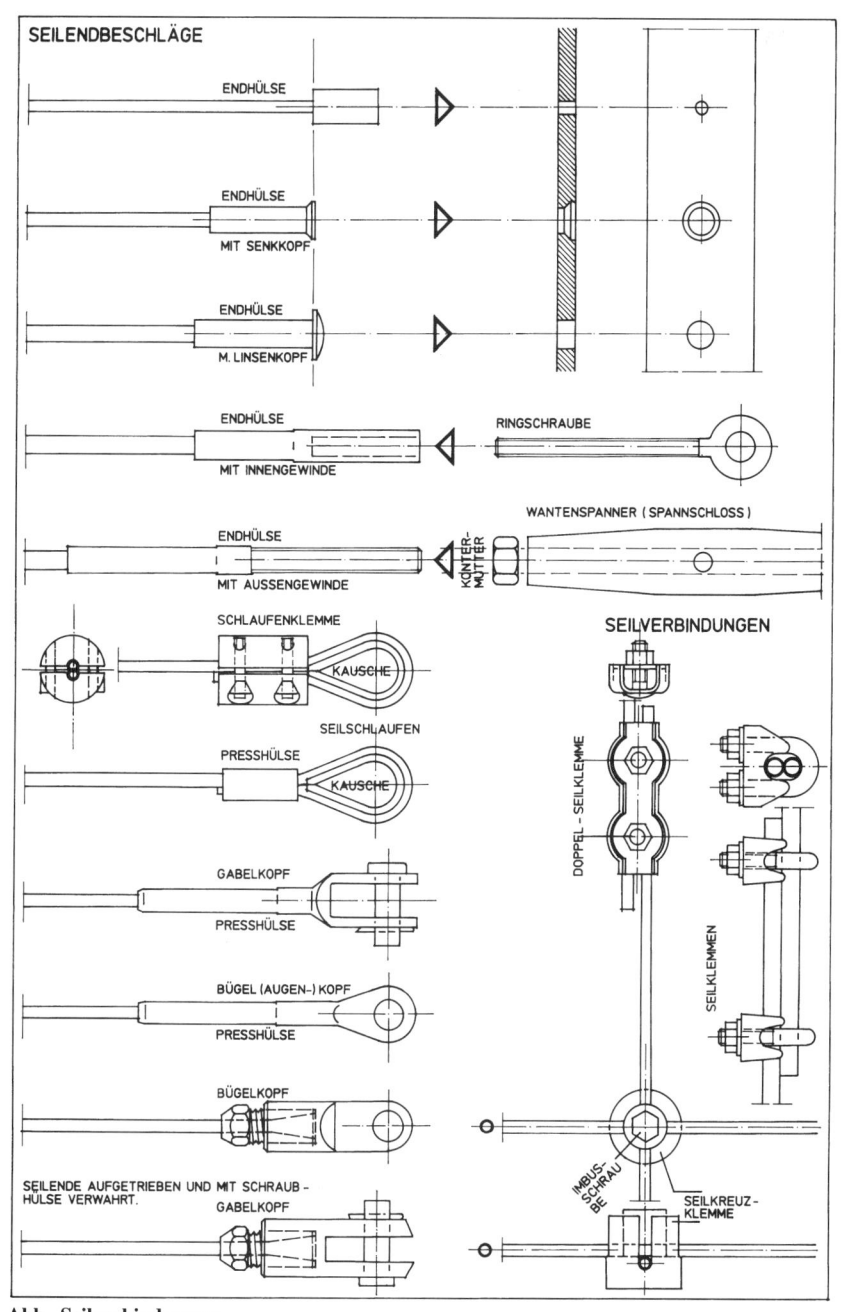

Abb. Seilverbindungen

Im Holzbau unterscheidet man traditionelle zimmermannsmäßig hergestellte Verbindungen, bei denen die zu verbindenden Skelettbauteile an den Verbindungsstellen geschwächt werden. Handwerkliche Verbindungstechniken sind Versätze, Verblattungen, Verkämmungen und Zapfenverbindungen. Im Ingenieurholzbau (Kapitel 9) werden Verbindungsmittel (Nägel, Schrauben, Schraubenbolzen mit Muttern) aus Stahl verwendet, Dübel aus Holz und Stahl und Verbindungselemente aus Stahl. Bei besonders kontrollierter Fertigung werden Holzbauteile auch verklebt.

Zugbelastete Verbindungen von Seilen und Ketten (siehe vorhergehende Abbildungen) gibt es in einer Fülle von Varianten für unterschiedliche Aufgaben. Bei Seilen ist wegen des sogenannten Seilrecks nach erstmaliger Belastung oft Nachspannen notwendig. Dies und das Erfordernis der Justierbarkeit führten zur Entwicklung von besonderen Spanngliedern.

2.5 Fugen

Bei Bauwerken entstehen Fugen an den Fügestellen von Einzelteilen und Bauteilen. Die Hauptaufgabe dieser Fugen ist die Verbindung der Teile miteinander. Dabei sind Kräfte zu übertragen. Art und Größe der Kräfte bestimmen die Konstruktion der Fugen.

Bauwerke und Bauteile verformen sich. Es gibt lastabhängige und lastunabhängige Verformungen. Zur Vermeidung von Rissen durch Verformungen sind Trennfugen zu planen. Dazu sind die Kenntnis des Verformungsverhaltens der Baustoffe und Bauteile und auf dieser Grundlage Verformungsberechnungen erforderlich, die für die Wahl geeigneter Fugensysteme nach Art und Größe ausschlaggebend sind.

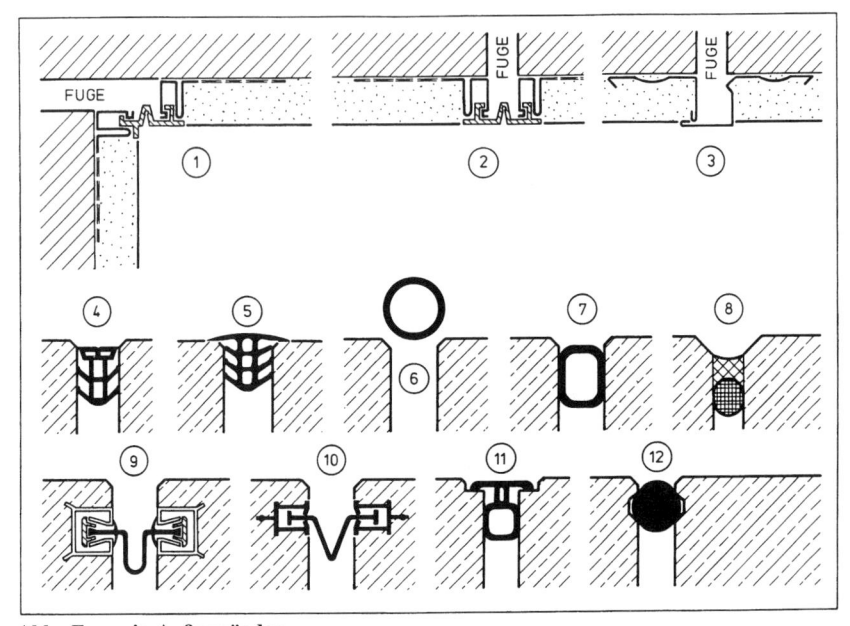

Abb. Fugen in Außenwänden

1 Fuge in Mauerwerksecke, Putzbau. Basisprofile aus verzinktem Stahlblech. PVC-Dehnfugen-Deckprofil, *2* Fuge in Putzfläche, sonst wie 1, *3* Fuge in Putzfläche. Verzinkte Stahlblechprofile, *4* bis *12* Außenfugen bei Stahlbetonwänden, *4*, *5* und *12* Quetsch- und Klemmprofil aus Kunststoff, *6*, *7* und *11* evakuierbare Hohlprofile aus Kunststoff, *8* elastoplastische Fugendichtung mit Hinterfüllmaterial, *9* und *10* Bandprofile in einbetonierten Profilfassungen

Bei Ortbetonbauwerken und Bauwerken mit Ortbetonbauteilen sind oft sogenannte Arbeitsfugen an Arbeitsabschnitten unumgänglich. Hier ist, insbesondere bei druckwasserbelasteten Sohlplatten und Kellerwänden, durch besondere und sorgfältige Ausbildung der Arbeitsfugen dem Eindringen von Wasser vorzubeugen.

Arbeits- und Bewegungsfugenbänder aus elastischen Materialien wie Weich-PVC werden bei stehender Anordnung beim zuerst betonierten Abschnitt in den noch weichen Beton eingedrückt und an der Bewehrung fixiert oder mit Stützbügeln vor dem Betonieren aufgestellt. Dabei ist die unverrückbare Lage zu sichern. Bei horizontalem Einbau muß gewährleistet sein, daß unter dem Fugenband keine Nester im Beton und unverdichtete Stellen entstehen. Völlig problemlos ist die Abdichtung von Arbeitsfugen mittels Injektionsschlauchdichtungen. Die flexiblen Schläuche werden auf dem zuerst betonierten Bauteil befestigt und nach dem Erhärten des Betons des zweiten Abschnitts mit PU-Harz oder einem Zement-Bentonit-Gemisch verpreßt. Der dadurch expandierte Schlauch dichtet die Fuge ab.

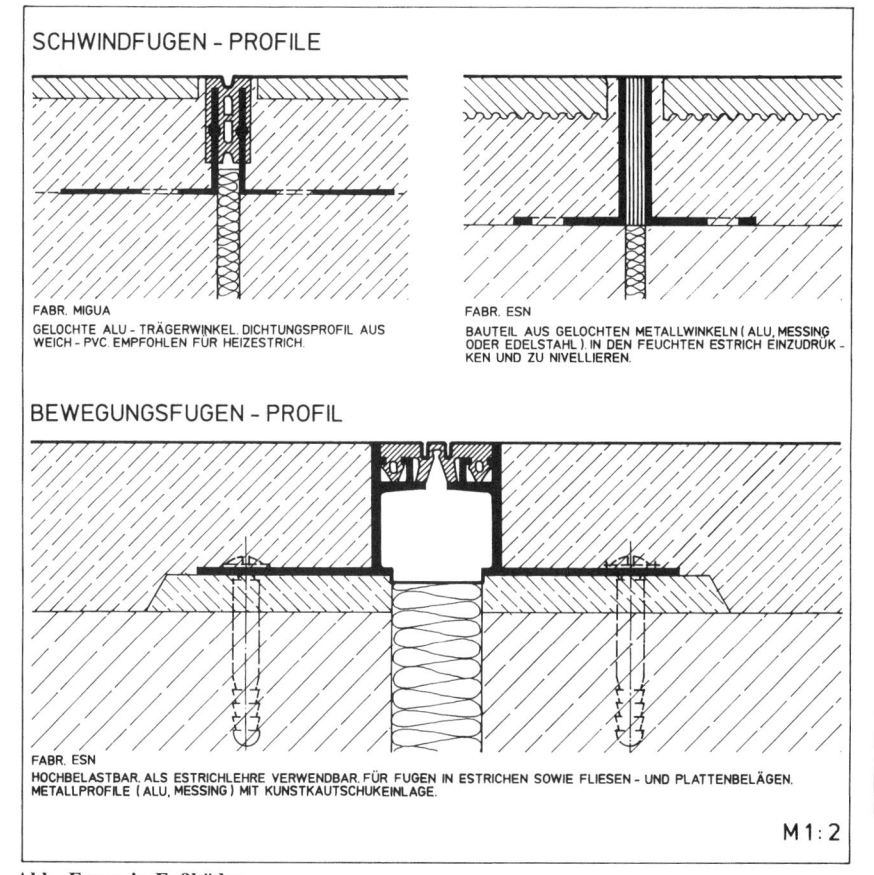

SCHWINDFUGEN - PROFILE

FABR. MIGUA
GELOCHTE ALU - TRÄGERWINKEL. DICHTUNGSPROFIL AUS WEICH-PVC. EMPFOHLEN FÜR HEIZESTRICH.

FABR. ESN
BAUTEIL AUS GELOCHTEN METALLWINKELN (ALU, MESSING ODER EDELSTAHL). IN DEN FEUCHTEN ESTRICH EINZUDRÜK- KEN UND ZU NIVELLIEREN.

BEWEGUNGSFUGEN - PROFIL

FABR. ESN
HOCHBELASTBAR. ALS ESTRICHLEHRE VERWENDBAR. FÜR FUGEN IN ESTRICHEN SOWIE FLIESEN - UND PLATTENBELÄGEN. METALLPROFILE (ALU, MESSING) MIT KUNSTKAUTSCHUKEINLAGE.

M 1 : 2

Abb. Fugen in Fußböden

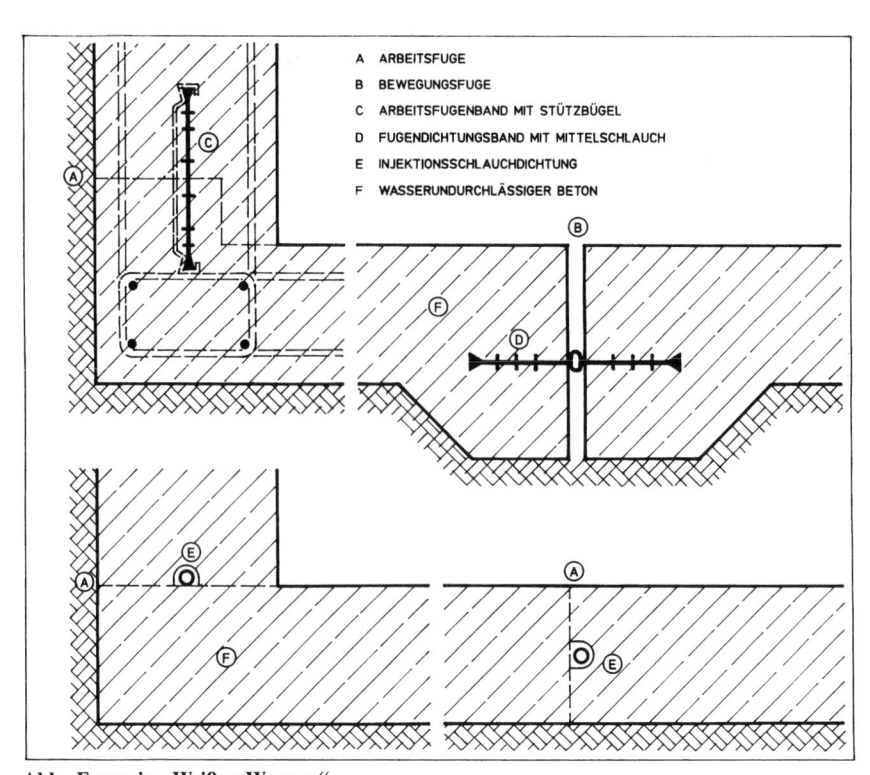

A ARBEITSFUGE
B BEWEGUNGSFUGE
C ARBEITSFUGENBAND MIT STÜTZBÜGEL
D FUGENDICHTUNGSBAND MIT MITTELSCHLAUCH
E INJEKTIONSSCHLAUCHDICHTUNG
F WASSERUNDURCHLÄSSIGER BETON

Abb. Fugen in „Weißen Wannen"

14 A Bauvermessung
14 B Bauzeichnungen

Inhaltsverzeichnis
Seite

A BAUVERMESSUNG

1	**Grundlagen**	14.2
1.1	Genauigkeit	14.2
1.2	Bezugssysteme	14.2
2	**Lagemessungen**	14.3
2.1	Längenmessungen	14.3
2.2	Winkelmessungen	14.3
2.3	Aufnahmeverfahren	14.5
3	**Höhenmessungen**	14.6
3.1	Geräte zum Höhenmessen	14.6
3.2	Verfahren zur Höhenmessung	14.7
4	**Koordinatenberechnungen**	14.7
4.1	Polares Anhängen	14.8
4.2	Richtungswinkel und Entfernung aus Koordinaten	14.8
4.3	Kleinpunktberechnung	14.8
4.4	Polygonzugberechnung	14.8
4.5	Koordinatentransformation	14.9
4.6	Helmerttransformation	14.10
4.7	Schnittpunkt zweier Strecken	14.10
5	**Absteckungsberechnung**	14.11
5.1	Klothoide	14.11
5.2	Kreisbogen	14.11
5.3	Klothoidenzwischenpunkte	14.12
5.4	Kreisbogen mit symmetrischen Klothoidenästen	14.12
5.5	Kreisbogen mit unsymmetrischen Klothoidenästen	14.12
6	**Lageabsteckungen**	14.14
6.1	Allgemeine Verfahren	14.14
6.2	Spezialfälle	14.14
	Rechter Winkel durch Bogenschnitt mit einem Messband	14.15
	Ellipse	14.15
	Kreisbogen	14.15
	Schnurgerüst für Baugruben	14.15
7	**Höhenabsteckungen**	14.15

B BAUZEICHNUNGEN

1	**Linien in Zeichnungen des Bauwesens**	14.17
2	**Kennzeichnung von geschnittenen Stoffen und Darstellung für Bauteile**	14.19
3	**Arten und Inhalte von Bauzeichnungen**	14.20
3.1	Anforderungen an die Zeichnungen der Objektplanung	14.20
3.2	Anforderungen an die Zeichnungen der Tragwerksplanung im Massivbau	14.24
4	**Allgemeine Zeichen und Begriffe**	14.27
5	**Darstellung von Treppen und Rampen**	14.28
6	**Darstellung von Aussparungen**	14.29
7	**Öffnungsarten von Türen und Fenstern**	14.30
8	**Kennzeichnung von Abriss und Wiederaufbau**	14.31
9	**Projektionsarten nach DIN ISO 5456-3**	14.32
10	**Projektionsarten für Bauzeichnungen nach DIN 1356-1**	14.33
11	**ISO-Normkörper/Haus am See**	14.34
11.1	Beispiele für die Darstellung von Entwurfszeichnungen	14.34
11.1.1	Ansicht von Süden (Bemaßung)	14.34
11.1.2	Räumliche Entwurfsdarstellung	14.34
11.1.3	Räumliche Darstellungsmethode	14.35
11.1.4	Grundriss (Bemaßung)	14.36
11.2	Beispiele für die Darstellung von Werkzeichnungen	14.37
11.2.1	Draufsicht/Dachaufsicht	14.37
11.2.2	Grundriss (Bemaßung)	14.37
11.2.3	Schnitt (Höhenangaben)	14.38
11.2.4	Ansicht der Westfassade (Höhenangaben und Bemaßung)	14.38
12	**Entwässerungszeichnungen**	14.39
13	**Elektroinstallationszeichnungen nach DIN 40 900**	14.40
14	**Bewehrungszeichnungen nach DIN 1356-10**	14.42
14.1	Anforderungen an Bewehrungszeichnungen	14.42
14.2	Arten der Bewehrungsdarstellungen	14.43
14.3	Kennzeichnung von Bewehrungselementen	14.43
14.4	Darstellung und Symbole für Stabstahlbewehrung	14.44
14.5	Geometrische Beschreibung der Biegeform für die Datenerfassg.	14.46
14.6	Beispiel für Bewehrungsdarstellung; Stahlbetonunterzug	14.47
15	**Modulordnung im Bauwesen**	14.48
16	**Darstellung von Planzeichen gem. Planzeichenverordnung**	14.49

14 A Bauvermessung
Prof. Dr.-Ing. Rolf Gelhaus

1 Grundlagen
1.1 Genauigkeit

Die empirische Standardabweichung (s. Kapitel 2, Abschnitt 6) $s_X = \sum_{i=1}^{n}(X_i - \bar{X})^2$ mit $\bar{X} = \frac{1}{n}\sum_{i=1}^{n} X_i$ für eine Messungsgröße X ist ein Maß, das die erreichbare Genauigkeit bei Wiederholungen eines Messverfahrens beschreibt. Dabei sind systematische Messabweichungen durch gute Justierung des Messgeräts und die Art der Messung und Berechnung auszuschalten. Die englische Bezeichnung für ein solches Maß heißt Precision (Präzision). Verfahren zur Genauigkeitsuntersuchung geodätischer Instrumente werden in DIN 18 723 beschrieben. Die Toleranz T (auch Fertigungstoleranz) kennzeichnet hingegen die Differenz zwischen dem größten zulässigen Maß G_o und dem kleinsten zulässigen Maß G_u, also $T = G_o - G_u$. Für den Zusammenhang zwischen einer vom Zweck vorgegebenen Toleranz T und der Wahl eines geeigneten Messverfahrens mit seiner typischen Standardabweichung s_X gibt DIN 17 710-1, im Abschnitt *3.3 Vermessungstoleranz*, einen Anhalt. Als grobe Faustformel sei hier $s_X = 0{,}2 \cdot T$ angegeben.

Beispiel: Ein Bauteil besitzt das Sollmaß $x = 10$ m. Aus $G_o = 10{,}01$ m und $G_u = 9{,}99$ m folgt die Toleranz $T = 0{,}02$ m. Damit muss für die Standardabweichung des Messverfahrens $s_X = 0{,}2 \cdot T = 0{,}004$ m gewählt werden.

1.2 Bezugssysteme

Bezugssysteme der Lage
Von den Landesvermessungsbehörden wird eine mathematische Idealfigur der Erde definiert und festgelegt. Das ist meist ein Rotationsellipsoid (Referenzellipsoid genannt), dessen Lage sich dem Landesgebiet in Meereshöhe gut anschmiegt (in Deutschland z. B. das Bessel-Ellipsoid). Die Punkte der Erdoberfläche werden in geeigneter Weise auf dieses Referenzellipsoid projiziert und dann weiter in eine Ebene abgebildet, die für die Kartenherstellung benutzt wird. In Deutschland werden in dieser Kartenebene Landeskoordinaten nach Gauß-Krüger in 3° breiten Meridianstreifen benutzt. In Europa werden es zukünftig UTM-Koordinaten in 6° breiten Meridianstreifen sein (UTM = Universal-Transversal-Mercator-Projektion). In kleineren Gebieten bis zu 10 × 10 km² können die Messungen ohne merkliche Fehler wie Messungen in einer Ebene behandelt werden.

Bezugssysteme der Höhe
Für die Angabe von Höhen wird verlangt, dass Wasser auf der Erdoberfläche von einem Punkt mit größerer Höhe zu einem Punkt mit geringerer Höhe fließt. Um das in größeren Teilen der Erdoberfläche zu gewährleisten, ist viel Theorie, Mess- und Rechenarbeit notwendig. Man versucht, Meereshöhen zu bestimmen. Damit verbunden ist die Bestimmung einer Fortsetzung der idealisierten Meeresoberfläche (Geoid) unter dem Festland. Dieses Geoid ist eine unregelmäßige Fläche, die keiner mathematisch einfachen Regel genügt. Physikalisch ist sie definiert als Fläche in Meereshöhe, die in jedem ihrer Punkte senkrecht zur Schwerkraft verläuft. Erschwerend kommt hinzu, dass die mittlere Meereshöhe auch mit Pegelbeobachtungen nicht exakt zu bestimmen ist. In der Nordsee dient ein Pegel bei Amsterdam als Bezugspunkt (Höhen über Normal-Null, NN), in der Ostsee ein Pegel bei Kronstadt (Höhen über Höhennull, HN). Das führte bei der Wiedervereinigung der west- und ostdeutschen Bundesländer zu Problemen, denn die Höhenangaben identischer Punkte unterscheiden sich teilweise im Dezimeterbereich. Beim einfachen Nivellieren in kleineren Gebieten werden Höhen*unterschiede* erhalten, die genähert den Unterschieden in der Meereshöhe entsprechen und somit auch im Wasserbau verwendet werden können.

Globale geozentrische Koordinaten
WGS (World Geodetic System), dreidimensionales Welt-Koordinatensystem mit Ursprung im Schwerpunkt der Erde. Die Z-Achse ist die mittlere Rotationsachse der Erde. Ihre positive Richtung verläuft zum Nordpol. Die Y-Achse entsteht durch Drehung der X-Achse um die Z-Achse um 90° in östliche Richtung. Zur Zeit gilt das WGS 84 (Bezugsjahr 1984). In diesem System werden die Bahn-Koordinaten der GPS-Satelliten angegeben. Mit den Messgeräten zur Satellitennavigation (GPS-Empfänger) werden Raumkoordinaten (im WGS 84-System) aus den Satellitenpositionen abgeleitet. Für den Praxisgebrauch müssen die Koordinaten in die herkömmlichen Landeskoordinatensysteme oder lokalen Koordinatensysteme umgerechnet (transformiert) werden.

2 Lagemessungen
2.1 Längenmessungen
Stahlmessbänder
Für Lagevermessungen im Bauwesen kann man die Bezugsfläche als eben ansehen (Tangentialebene). Der Abstand zweier Punkte auf der Erdoberfläche muss stets horizontal gemessen werden – gerade bei starken Höhenunterschieden. Daher wird das Messband bei jeder Bandlage horizontal gehalten und am Bandende mit dem Schnurlot abgelotet. Die folgende Bandlage setzt am Endpunkt der vorhergehenden Bandlage der Höhe nach versetzt an (Staffelmessung). Die Länge von Stahlmessbändern beträgt nach DIN 6403 meist 20 m, 30 m, 50 m oder 100 m, der Querschnitt 13 mm × 0,2 mm. Bevorzugt werden 20-m- und 30-m-Messbänder verwendet.

Für genaue Ergebnisse sind zu beachten:

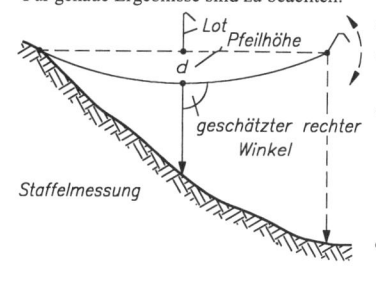

- Messband gut in die Gerade einfluchten
- Band stets horizontal halten (Freihandgefällemesser oder Hilfslot in Bandmitte); sauber abloten am Bandende
- mit einheitlichem Zug von 50 N arbeiten, Durchhangkorrektur berücksichtigen:
  $k_d = (-8/3) \cdot d^2/L$ (d Pfeilhöhe des Durchhangs,
  $d = 0,0005 \cdot L^2$ für $L \leq 20$ m,
  L Länge des frei durchhängenden Bandstücks)
- Bandtemperatur messen und Temperaturkorrektur anbringen: $k_t = s \cdot 11,5 \cdot 10^{-6} (t - 20\ °C)$

Beispiel: Rohentfernung $s = 77,14$ m gemessen mit 20-m-Band bei $t = 2,4\ °C$. Drei volle Bandlängen und das unrunde Reststück von 17,14 m sind bei der Durchhangkorrektur zu berücksichtigen. Für $L = 20$ m ist der Durchhang $d = 0,20$ m, und für $L = 17,14$ m ergibt sich $d = 0,15$ m. Also wird $k_d = (-8/3) \cdot (3 \cdot 0,200^2/20 + 0,15^2/17,14)$ m
$= -0,0194$ m Temperaturkorrektur: $k_t = 77,14 \cdot 11,5 \cdot 10^{-6} \cdot (2,4 - 20)$ m $= -0,0156$ m
korrigierte Strecke: $s_{korr} = (77,14 - 0,0194 - 0,0156)$ m $= 77,105$ m

Elektronische Distanzmesser (EDM)
EDM-Geräte ermitteln Streckenlängen aus der Laufzeit von Lichtsignalen, die über die Strecke gesandt und am Ende durch Reflektorprismen (für genaue Messungen) oder von natürlichen Oberflächen (für die schnelle Bauaufnahme) zum Messgerät zurückgelenkt werden. Die Lichtgeschwindigkeit in der Atmosphäre (und damit der Gerätemaßstab) hängt hauptsächlich von der Lufttemperatur und vom Luftdruck ab. Daher muss man den aktuellen Gerätemaßstab ermitteln und am Gerät einstellen oder später rechnerisch berücksichtigen. Manche Geräte messen selbsttätig Luftdruck und Temperatur und berücksichtigen den Gerätemaßstab automatisch.

EDM-Geräte mit automatischer Höhenwinkelmessung (sog. elektronische Tachymeter) erlauben die Umrechnung der direkt gemessenen Schrägentfernung in die benötigte Horizontalentfernung und Anzeige des Höhenunterschiedes zwischen der Kippachshöhe des Instruments und dem Zielprisma. Die Reichweite ist abhängig vom Gerätetyp, vom Wetter und von der Anzahl der Reflektorprismen. Die meisten Geräte erreichen bereits mit einem Prisma mindestens 600 bis 1000 m bei einer Standardabweichung um 3 mm. Für die Bauaufnahme gibt es Freihandgeräte als eleganten Ersatz für den Gliedermaßstab, die kein Prisma benötigen, sondern natürliche Oberflächen zur Reflektion des Lichtes benutzen.
Für die Kombination von EDM mit einem bestimmten Reflektortyp muss man die Nullpunktkorrektion k_0 berücksichtigen (nachträglich rechnerisch oder vor der Messung durch Eingeben in den Speicher des EDM-Geräts). Eine einfache Prüfung kann durch Messen der Distanzen zwischen drei Punkten P_1, P_2 und P_3 in einer Geraden erfolgen. Die Nullpunktkorrektion beträgt dann $k_0 = \overline{P_1 P_3} - \overline{P_1 P_2} - \overline{P_2 P_3}$.

2.2 Winkelmessungen
Rechtwinkelprismen
Rechtwinkelprismen werden freihändig zum Messen oder Abstecken rechter Winkel benutzt. Man hält das Prisma im Abstand von etwa 20 cm derart vor ein Auge, dass im Gesichtsfeld des Prismas ein rechts oder links stehender Fluchtstab zu sehen ist, der als Zielmarke dient. Die vom Auge des Beobachters über diese Zielmarke verlaufende Visurlinie steht senkrecht auf der Geraden „Prisma – Fluchtstab".

Die Winkelgenauigkeit liegt bei 0,02 gon. Bevorzugt werden Pentagonprismen (Fünfseit-) oder Doppelpentagonprismen verwendet.

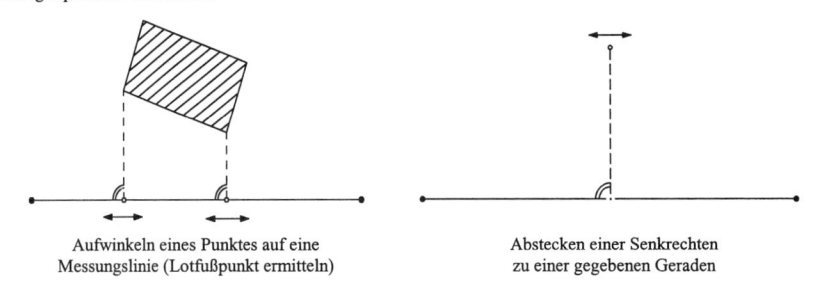

Aufwinkeln eines Punktes auf eine Messungslinie (Lotfußpunkt ermitteln)

Abstecken einer Senkrechten zu einer gegebenen Geraden

Theodolit

Der Theodolit dient zum Messen und Abstecken von Horizontalwinkeln (meist auch von Vertikalwinkeln). Spezielle Anwendungen im Bauwesen sind Präzisionsfluchtungen und Lotungen, insbesondere beim senkrecht Stellen langer Stützen. Er wird mit einem dreibeinigen Stativ lotrecht (Schnurlot, genauer: optisches Lot) über dem Bodenpunkt aufgebaut (zentriert) und anschließend horizontiert (mit Röhrenlibelle).

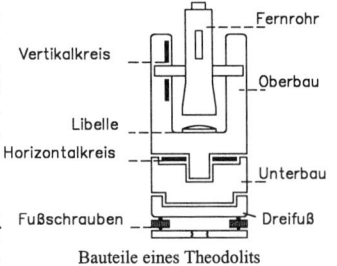

Bauteile eines Theodolits: Fernrohr, Vertikalkreis, Oberbau, Libelle, Horizontalkreis, Unterbau, Fußschrauben, Dreifuß

Zentrieren

Theodolit nach Augenmaß aufstellen, Stativbeine fest eintreten. Zielmarke des optischen Lots mit den Dreifußschrauben auf Bodenpunkt richten. Passende Stativbeine verlängern oder verkürzen, bis Dosenlibelle einspielt. Dann Feinzentrieren durch Verschieben des Dreifußes auf dem Stativteller (Dosenlibelle eingespielt halten!).

Horizontieren

Längsachse der Röhrenlibelle parallel zu zwei Dreifußschrauben drehen und auf Mittelmarke einspielen. Libelle mit Theodolit um 100 gon drehen, mit der dritten Fußschraube einspielen. Kontrolle: Theodolit um 200 gon drehen, Libelle beobachten. Spielt sie wieder in der Mitte ein, ist die Horizontierung abgeschlossen. Andernfalls liegt der Spielpunkt an der Stelle des halben Blasenausschlags. Horizontierung wiederholen mit Spielpunkt statt Mittelmarke!

Winkelmessung in vollen Sätzen

(Vgl. Aufschreibungsbeispiel) Nullrichtung des Teilkreises ungefähr auf das erste Ziel (Punkt 43) richten; scharf anvisieren; Teilkreis ablesen (0,016 gon), in Spalte „1. Fernrohrlage" notieren / rechtes Ziel (Punkt 61) anvisieren, Kreisablesung (69,728 gon) notieren / Fernrohr in die 2. Lage bringen (Objektiv zum Beobachter kippen, Theodolit um 200 gon drehen); letztes Ziel (Punkt 61) anvisieren, Kreisablesung (269,731 gon) in Spalte „2. Fernrohrlage" notieren / erstes Ziel (Punkt 43) anvisieren; Kreisablesung (200,021 gon) notieren.
Damit ist der erste Satz gemessen. Rechnerisch werden die Richtungen so reduziert, dass die Nullrichtung genau auf das erste Ziel weist (Richtung des ersten Ziels von den gemessenen Richtungen derselben Fernrohrlage abziehen). Dann 1. und 2. Fernrohrlage mitteln.
Der zweite Satz wiederholt die Messungen, nachdem der Teilkreis um etwa 100 gon verdreht wurde. Müssen aus Genauigkeitsgründen drei oder vier volle Sätze gemessen werden, so ist der Teilkreis um etwa 67 bzw. 50 gon (allgemein: 200 gon geteilt durch Anzahl der Sätze) zu verstellen.

Standpunkt	Zielpunkt	1. Fernrohrlage	2. Fernrohrlage	reduzierte Ablesungen		Mittel
				1. Lage	2. Lage	
(1.Satz)	43	0,016	200,021	0,000	0,000	0,000
14	61	69,728	269,731	69,712	69,710	69,711
(2.Satz)	43	100,215	300,214	0,000	0,000	0,000
14	61	169,923	369,926	69,708	69,712	69,710
					Gesamtmittel:	0,0000 69,7105

14.4

2.3 Aufnahmeverfahren

Bei weitmaschigem Vermessungspunktfeld (Aufnahmepunktfeld) legt man einen (Ring-)Polygonzug (vgl. 4.4) um das Baugebiet und vermarkt die Eckpunkte sicher. Die Brechungswinkel werden mit einem Theodolit, die Polygonseiten mit Messband oder besser elektronischem Distanzmesser ermittelt. Zur Berechnung der Koordinaten siehe Abschnitt 4.4.

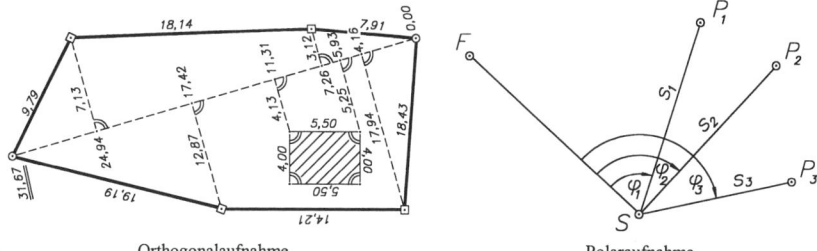

Orthogonalaufnahme   Polaraufnahme

Orthogonalaufnahme
Detailpunkte werden mit dem Rechtwinkelprisma auf Messungslinien zwischen Aufnahmepunkten aufgewinkelt und die Abszissen (Maße auf der Messungslinie) und Ordinaten (Abstände von der Messungslinie) mit einem Messband ermittelt.

Polaraufnahme
Detailpunkte werden durch Polarwinkel φ_i gegenüber einer bekannten Anschlussrichtung und Polarentfernungen s_i bestimmt. Standardgeräte für dieses Verfahren sind elektronische Tachymeter (elektronische Distanzmesser mit integriertem elektronischem Theodolit, auch Total-Stationen genannt). Ältere Geräte haben ihre Bedeutung verloren.

Freie Standpunktwahl
Nicht immer ist von einem nach Koordinaten bekannten Aufnahmepunkt gute Sichtverbindung zu allen Detailpunkten gegeben. Dann kann man den Tachymeter-Standpunkt frei wählen und durch Anmessen von mindestens zwei, besser drei Aufnahmepunkten rechnerisch ableiten. Praktisch sind dabei Total-Stationen, die Programme für die häufigsten Rechenaufgaben (z. B. für die freie Standpunktwahl) integriert haben (s. Abschnitt 4.6).

GPS-Vermessung
Die Satellitennavigation (GPS = Global Positioning System) kann für Zwecke der Bauvermessung genau genug sein, wenn man mit Hilfe zweier Satellitenempfänger (eine feste *Referenzstation* und ein beweglicher *Rover*) Koordinaten*differenzen* anstatt globaler, geozentrischer Koordinaten im WGS-System (World Geodetic System) bestimmt. Die systematischen Abweichungen sind bei nicht zu großen Entfernungen zwischen den Stationen etwa gleich groß und fallen bei der Differenzbildung heraus. Je nach Sichtverhältnissen zu den Satelliten (keine Abdeckung durch hohe Gebäude oder Bäume!) und geeigneter Messdauer können Genauigkeiten im Zentimeter- bis Millimeterbereich erzielt werden. Anstelle einer benutzereigenen Referenzstation können auch permanente Referenzstationen des SAPOS-Dienstes (Satellitenpositionierungsdienst) der Landesvermessung über Funk verwendet werden. Um Koordinaten im System der Landesvermessung zu bekommen, müssen zusätzlich zu den Detailpunkten mindestens drei, besser vier Aufnahmepunkte mit bekannten Landeskoordinaten und Höhenwerten angemessen werden. Mit deren Hilfe lassen sich die Transformationsparameter für eine räumliche Koordinatentransformation (WGS-Koordinaten in Landeskoordinaten) berechnen.

3 Höhenmessungen
3.1 Geräte zum Höhenmessen
Die Höhe eines Punktes der Erdoberfläche ist sein Abstand vom Geoid. Man kann sie nicht direkt messen, sondern nur Höhen*unterschiede* zwischen je zwei Punkten auf der Erdoberfläche.

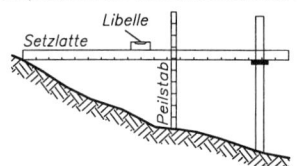

Setzlatte
Meist 3 m lange Holzlatte mit eingebauter oder aufgesetzter Röhrenlibelle (Wasserwaage), wird horizontal ausgerichtet und am freien Ende unterstützt. Zwischenhöhen des Geländeprofils werden mit einem Peilmaßstab abgelesen.

Schlauchwaage
Mit Wasser gefüllter Schlauch, an dessen Enden vertikal gehaltene Glaszylinder mit mm-Teilung die Wasseroberfläche erkennen lassen. Sehr wichtig ist die blasenfreie Füllung des Schlauchs. Nach Prüfung auf etwaige Nullpunktkorrektur (beide Messzylinder nebeneinander!) können Höhenübertragungen zwischen Punkten auch ohne Sichtverbindung, z. B. in verschiedenen Räumen eines Stockwerks, mit mm-Genauigkeit vorgenommen werden.

Freihandgefällmesser
Pendelnd aufgehängte Visiervorrichtungen mit Winkel- oder Prozentteilung. Man hält sie vor ein Auge, visiert horizontal (0 gon oder 0 % Neigung) und kann dann an vertikalen Maßstäben Höhenunterschiede gegenüber der eigenen Augenhöhe ermitteln. Mit Hilfe der Prozentskala können auch Geländeneigungen gemessen werden.

Nivellierinstrumente
Diese Instrumente zur Höhenmessung werden in Arbeitshöhe auf einem dreibeinigen Stativ montiert und besitzen ein Messfernrohr mit einem Strichkreuz, das horizontale Sicht ermöglicht (Messverfahren s. Abschnitt 3.2). Auf Baustellen findet man meist drei Typen von Nivellierinstrumenten, die sich im Gebrauch unterscheiden:
Libellennivelliere mit Kippschraube / Kompensatornivelliere / Lasernivelliere.
Allen Typen ist gemeinsam, dass zunächst mit der Dosenlibelle eine grobe Horizontierung vorgenommen wird.
Die Feinhorizontierung der Ziellinie ist je nach Typ verschieden:

Libellennivellier mit Kippschraube
Nivellierlatte anvisieren, Röhrenlibelle mit Kippschraube zum Einspielen bringen (geeignet für Streckennivellements).

Kompensatornivelliere
Die Restneigung des Fernrohrs wird durch ein Pendelsystem kompensiert, wodurch die Ziellinie ohne weiteres Zutun des Beobachters horizontal ist (richtige Gerätejustierung vorausgesetzt). Dieser Nivelliertyp ist am bequemsten für den Beobachter (geeignet für Festpunkt- und Flächennivellements). Nachteil von Kompensatoren: bei starken Bodenerschütterungen schwer einsetzbar (Pendel zittert mit!).

Lasernivelliere
Ein rotierender Laserstrahl erzeugt eine Horizontalebene. Die Ablesung an den Latten erfolgt mit dem Auge oder besser mit Detektoren für den Laserstrahl. Kompensatoren sorgen für die genaue Horizontierung.

Nivellierprüfung
Man stellt das Nivellierinstrument in die Mitte zwischen zwei 20 m voneinander entfernten Nivellierlatten und „horizontiert" je nach Gerätetyp die Ziellinie. Die Lattenablesung a_1 an der Latte A ist möglicherweise um die unbekannte Justierabweichung verfälscht, aber die Ablesung b_1 an der Latte B wegen der gleichen Zielweiten um den gleichen Betrag.

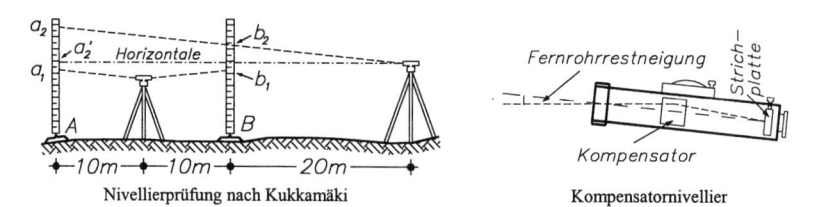

Nivellierprüfung nach Kukkamäki

Kompensatornivellier

Bei ungleichen Zielweiten ist auch die Abweichung verschieden. Stellt man sich 20 m von B entfernt in die Verlängerung von A–B, so ist die Abweichung bei A doppelt so groß wie bei B. Mit den Ablesungen a_1, b_1 sowie a_2, b_2 errechnet sich die Sollablesung für horizontale Sicht

$$a_2' = a_2 + 2[(a_1 - b_1) - (a_2 - b_2)]$$

Die Justierabweichung kann mit den Strichplattenjustierschrauben durch Einstellen der Sollablesung a_2' korrigiert (justiert) werden.

3.2 Verfahren zur Höhenmessung
Festpunktnivellement

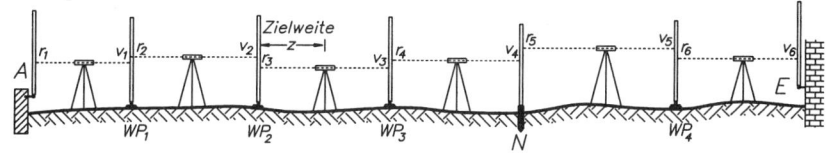

A und E sind bekannte Höhenanschlusspunkte, N der zu bestimmende Höhenneupunkt. Wechselpunkte WP_i werden je nach Gelände maximal alle 80 m mit gusseisernen Nivellierlattenuntersätzen zwischengeschaltet. Der Höhenunterschied Δh zweier aufeinander folgender Lattenstandpunkte ist „Rückblickablesung r minus Vorblickablesung v", der bei gleichen Zielweiten z im Rückblick und Vorblick frei von Restfehlern der Justierung und der Erdkrümmung ist.

Höhenabweichung

$w_H = H_E - H_A - \Sigma\Delta h$ Zulässig ist $Z_H = 0{,}002 + 0{,}006\sqrt{S/1000}$.

Bei zulässiger Abweichung wird w_H proportional zum Nivellementsweg verteilt: $k = w_H \cdot s_i / S$

Beispiel:

Pkt.	z	$s_i = \Sigma z$	r	v	$\Delta h = r - v$	$H_{\text{vorläufig}}$	k	$H_{\text{korrigiert}}$	Bemerkungen
578	40		1,349			56,394	$0{,}000_0$	56,394	Höhenfestpunkt A
	40	80		1,428	– 0,079				
WP_1	40		1,421			56,315	$0{,}000_9$	56,316	Wechselpunkt
	40	160		1,549	– 0,128				
WP_2	40		1,235			56,187	$0{,}001_8$	56,189	Wechselpunkt
	40	240		1,043	+0,192				
WP_3	27		1,652			56,379	$0{,}002_6$	56,382	Wechselpunkt
	27	294		1,117	+0,535				
923	40		1,327			56,914	$0{,}003_2$	56,917	Neupunkt
	40	374		1,635	– 0,308				
WP_4	40		1,124			56,606	$0{,}004_1$	56,610	Wechselpunkt
	40	454		1,678	– 0,554				
713						56,052	$0{,}005_0$	56,057	Höhenfestpunkt E
Σ: S=454			8,108	8,450	– 0,342				
		$\Sigma r - \Sigma v = -0{,}342$							

$w_H = 56{,}057 - 56{,}052 = 0{,}005$
$Z_H = 0{,}002 + 0{,}006\sqrt{0{,}454} = 0{,}006$
$H_{E\,\text{vorläufig}} = 56{,}394 - 0{,}342$

4 Koordinatenberechnungen

Die Berechnung von Absteckelementen für die Absteckung von Bauwerken gestaltet sich häufig einfacher, wenn für die geometrischen Elemente rechtwinklige Koordinaten in günstig liegenden lokalen Koordinatensystemen berechnet werden, die dann in ein dem gesamten Bauwerk gemeinsames Koordinatensystem (z.B. Landeskoordinatensystem, Gauß-Krüger-Koordinaten) transformiert werden. Die eigentlich benötigten Absteckdaten in Bezug auf die in der Örtlichkeit vorhandenen Messungslinien oder Polygonseiten werden über eine weitere Transformation gewonnen, bei der das Zielkoordinatensystem ein lokales Koordinatensystem ist mit Ursprung in einem Messungspunkt, dessen x-Achse die Messungslinie ist.

Bei größeren Maßstabsunterschieden zwischen Koordinatensystem und dem zur Absteckung benutzten Längenmesswerkzeug messe man eine Strecke s im Gelände, berechne deren Länge s' auch aus Koordinaten und multipliziere alle berechneten Längen vor der Absteckung mit dem Faktor s/s'. Winkel bleiben unverändert.

4.1 Polares Anhängen
Gegeben: $A(x_A; y_A)$, t_A^E, s_A^E; gesucht: $E(x_E; y_E)$
Lösung: $x_E = x_A + s_A^E \cdot \cos t_A^E$; $y_E = y_A + s_A^E \cdot \sin t_A^E$

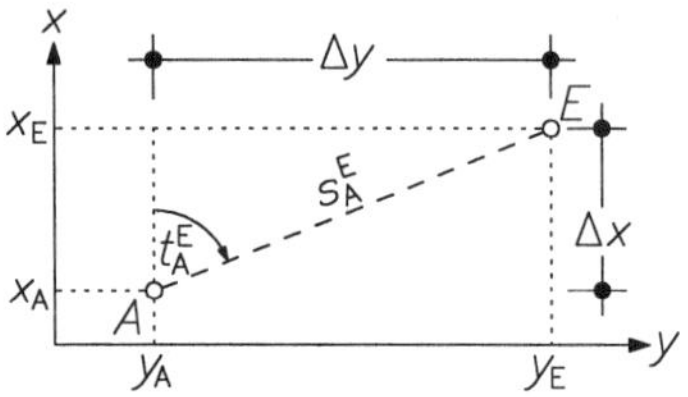

4.2 Richtungswinkel und Entfernung aus Koordinaten
Gegeben: $A(x_A; y_A)$, $E(y_E; y_E)$
Gesucht: Richtungswinkel t_A^E, Strecke s_A^E

Lösung: $s_A^E = \sqrt{(x_E - x_A)^2 + (y_E - y_A)^2}$

Mit $\Delta x = x_E - x_A$ und $\Delta y = y_E - y_A$ ergibt sich der

geodätische Richtungswinkel t_A^E der Strecke s_A^E in allen vier Quadranten:

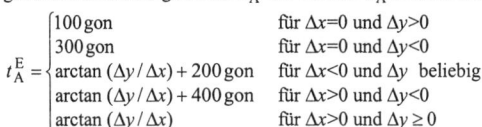

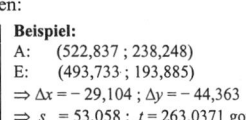

$$t_A^E = \begin{cases} 100\,\text{gon} & \text{für } \Delta x=0 \text{ und } \Delta y>0 \\ 300\,\text{gon} & \text{für } \Delta x=0 \text{ und } \Delta y<0 \\ \arctan(\Delta y/\Delta x) + 200\,\text{gon} & \text{für } \Delta x<0 \text{ und } \Delta y \text{ beliebig} \\ \arctan(\Delta y/\Delta x) + 400\,\text{gon} & \text{für } \Delta x>0 \text{ und } \Delta y<0 \\ \arctan(\Delta y/\Delta x) & \text{für } \Delta x>0 \text{ und } \Delta y \geq 0 \end{cases}$$

Beispiel:
A: (522,837 ; 238,248)
E: (493,733 ; 193,885)
$\Rightarrow \Delta x = -29{,}104$; $\Delta y = -44{,}363$
$\Rightarrow s = 53{,}058$; $t = 263{,}0371$ gon

Taschenrechner und Programmiersprachen mit einer Funktion für den Arcustangens mit *zwei* Argumenten liefern im Gegensatz zum gewöhnlichen `arctan` Werte zwischen $-\pi$ und $+\pi$. Damit lässt sich der geodätische Richtungswinkel *in allen vier Quadranten ohne Fallunterscheidung* ermitteln.

Beispiel: In der Tabellenkalkulation Excel gibt man für obiges Beispiel mit $\Delta x = -29{,}104$; $\Delta y = -44{,}363$ die Formel ein: `=200+50*Arctan2(29,104;44,363)/ArcTan(1)` und erhält direkt den Funktionswert: $t = 263{,}0371$ gon.

4.3 Kleinpunktberechnung
Gegeben: $A(x_A; y_A)$, $E(y_E; y_E)$
Gemessen: s_A^E, $P_i(s_A^i; h_i)$, $i = 1, 2, \ldots$
$h_1 > 0$ (rechts)
$h_2 = 0$
$h_3 < 0$ (links)
Gesucht: $P_i(x_i; y_i)$
Lösung: $a = (x_E - x_A)/s_A^E$; $o = (y_E - y_A)/s_A^E$
$x_i = x_A + a \cdot s_A^i - o \cdot h_i$; $y_i = y_A + o \cdot s_A^i + a \cdot h_i$. Liegt P_i bei Blickrichtung von A nach E „rechts" von $\overline{AE}$, so ist $h_i > 0$; liegt P_i auf $\overline{AE}$, so ist $h_i = 0$; sonst ist $h_i < 0$.

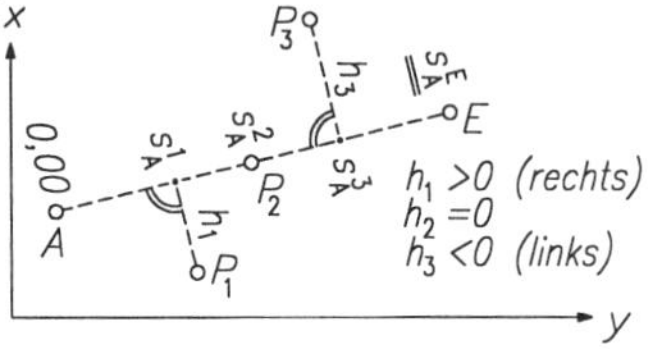

4.4 Polygonzugberechnung
Gegeben: Anfangspunkt $A(x_A; y_A)$, Endpunkt $E(x_E; y_E)$
sowie die Fernziele $AF(x_{AF}; y_{AF})$ bei A und $EF(x_{EF}; y_{EF})$ bei E.
Gemessen: n Brechungswinkel β_i, $i = 1, \ldots, n-2$ und $\beta_A = \sphericalangle AF\text{-}A\text{-}P_1$ und $\beta_E = \sphericalangle P_{n-2}\text{-}E\text{-}EF$
sowie $n-1$ Polygonseiten s_i^{i+1} ; $i = A, 1, \ldots, n-2$
Gesucht: Die Koordinaten der Neupunkte $P_i(x_i; y_i)$; $i = 1, \ldots, n-2$
Lösung:

1. Anschlussrichtungswinkel: Mit $\Delta x = x_A - x_{AF}$; $\Delta y = y_A - y_{AF}$ berechnet man t_{AF}^A nach Abschnitt 4.2 und mit $\Delta x = x_{EF} - x_E$; $\Delta y = y_{EF} - y_E$ ergibt sich auf gleiche Weise t_E^{EF}.

2. Vorläufige Richtungswinkel der Polygonseiten:
$t_A^1 = \|t_{AF}^A + \beta_A - 200\,\text{gon}\|$
$t_1^2 = \|t_A^1 + \beta_1 - 200\,\text{gon}\|$
$\ldots$
$t_{n-2}^E = \|t_{n-3}^{n-2} + \beta_{n-2} - 200\,\text{gon}\|$

Dabei ist
$\|t\| = \begin{cases} t - 400\,\text{gon} & \text{für } t \geq 400\,\text{gon} \\ t & \text{für } 0 \leq t < 400\,\text{gon} \\ t + 400\,\text{gon} & \text{für } t < 0\,\text{gon} \end{cases}$

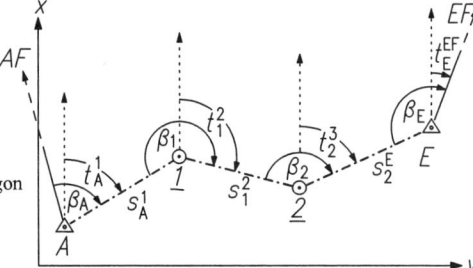

3. Winkelabweichung
$W_W = t_E^{EF} - \|t_{n-2}^E + \beta_E - 200\,\text{gon}\|$;
dem Betrage nach maximal zulässig: $Z_W = 0{,}009$ gon , also $|W_W| \leq 0{,}009$ gon

14.8

4. Verteilung der Winkelabweichung:
   Wenn W_W zulässig ist, wird jeder gemessene Brechungswinkel β_i um W_W / n verbessert.
5. Wiederholung von Schritt 2 mit den verbesserten Brechungswinkeln β_i.
6. Vorläufige Koordinatenunterschiede:
   $\Delta x_i^{i+1} = s_i^{i+1} \cdot \cos t_i^{i+1}$; $\Delta y_i^{i+1} = s_i^{i+1} \cdot \sin t_i^{i+1}$; $i = A, 1,..., n-2$
7. Koordinatenabweichungen:
   $W_x = (x_E - x_A) - \sum \Delta x_i^{i+1}$; $W_y = (y_E - y_A) - \sum \Delta y_i^{i+1}$; $i = A, 1,..., n-2$
8. Längs- (W_L) und Querabweichung (W_Q)
   $W_L = (w_y \Sigma \Delta y + w_x \Sigma \Delta x) / \sqrt{(\sum \Delta x)^2 + (\sum \Delta y)^2}$; dem Betrage nach zulässig: $Z_L = 0{,}09$ m
   $W_Q = (w_y \Sigma \Delta x - w_x \Sigma \Delta y) / \sqrt{(\sum \Delta x)^2 + (\sum \Delta y)^2}$; dem Betrage nach zulässig: $Z_Q = 0{,}09$ m
9. Korrektur der Koordinatenunterschiede, falls W_L und W_Q zulässig sind:
   $\Delta x_i^{i+1} := \Delta x_i^{i+1} + w_x \cdot s_i^{i+1} / \sum s$; $\Delta y_i^{i+1} := \Delta y_i^{i+1} + w_y \cdot s_i^{i+1} / \sum s$; $i = A, 1,..., n-2$
10. Koordinaten der Neupunkte: $x_{i+1} = x_i + \Delta x_i^{i+1}$; $y_{i+1} = y_i + \Delta y_i^{i+1}$; $i = A, 1,..., n-2$

Beispiel: A (5789216,04 ; 3497035,12) ; AF (5789177,31 ; 3497005,21) $\Rightarrow t_{AF}^A = 41{,}8642$ gon
E (5789122,60 ; 3497174,80) ; EF (5789242,98 ; 3497164,90) $\Rightarrow t_E^{EF} = 394{,}7762$ gon
$\beta_A = 302{,}1436$ gon ; $\beta_1 = 181{,}0700$ gon ; $\beta_2 = 218{,}3574$ gon ; $\beta_E = 51{,}3370$ gon ;
$s_A^1 = 57{,}93$ m ; $s_1^2 = 56{,}42$ m ; $s_2^E = 55{,}29$ m ; $n = 4$; $\Sigma s = 169{,}64$ m

Pkt.	t	s	$\Delta y = s \cdot \sin t$	$\Delta x = s \cdot \cos t$	Pkt.
	v_β		v_y	v_x	
	β		y	x	
AF			3497005,21	5789177,31	AF
	41,8642				
	+ 0,0010				
A	302,1436		3497035,12	5789216,04	A
	144,0088	57,93	+ 44,631	− 36,932	
	+ 0,0010		+ 0,014	+ 0,005	
1	181,0700		3497079,765	5789179,113	1
	125,0798	56,42	+ 52,098	− 21,656	
	+ 0,0010		+ 0,013	+ 0,005	
2	218,3574		3497131,876	5789157,462	2
	143,4382	55,29	+ 42,911	− 34,866	
	+ 0,0010		+ 0,013	+ 0,004	
E	51,3370		3497174,80	5789122,60	E
	394,7762	169,64			
EF			3497164,90	5789242,98	EF

$W_W = +0{,}0040$ gon
zulässig wegen $|+0{,}0040| \leq 0{,}009$
$v_\beta = W_W/4 = +0{,}0010$ gon
$\Sigma \Delta y = 139{,}640$ m ; $\Sigma \Delta x = -93{,}454$ m
$\sqrt{139{,}640^2 + (-93{,}454)^2} = 168{,}027$
$W_y = 3497174{,}80 - 3497035{,}12 - 139{,}640 = 0{,}040$
$W_x = 5789122{,}60 - 5789216{,}04 + 93{,}454 = 0{,}014$

$W_L = \dfrac{0{,}040 \cdot 139{,}640 + 0{,}014 \cdot (-93{,}454)}{168{,}027} = 0{,}025$
zulässig wegen $|+0{,}025| \leq 0{,}09$
$W_Q = \dfrac{0{,}040 \cdot (-93{,}454) - 0{,}014 \cdot 139{,}640}{168{,}027} = -0{,}034$
zulässig wegen $|-0{,}034| \leq 0{,}09$

4.5 Koordinatentransformation

Gegeben: $A(\xi_A ; \eta_A), E(\xi_E ; \eta_E), P_i(\xi_i ; \eta_i), i = 1,2...$
$A(x_A ; y_A), E(x_E ; y_E)$

Gesucht: $P_i(x_i ; y_i)$ im Zielsystem

Lösung: $\Delta \xi = \xi_E - \xi_A$; $\Delta \eta = \eta_E - \eta_A$
$\Delta x = x_E - x_A$; $\Delta y = y_E - y_A$
$s^2 = \Delta \xi^2 + \Delta \eta^2$
$a = (\Delta \eta \cdot \Delta y + \Delta \xi \cdot \Delta x) / s^2$; $o = (\Delta \xi \cdot \Delta y - \Delta \eta \cdot \Delta x) / s^2$

Neupunkte: $x_i = x_A + a \cdot (\xi_i - \xi_A) - o \cdot (\eta_i - \eta_A)$; $y_i = y_A + o \cdot (\xi_i - \xi_A) + a \cdot (\eta_i - \eta_A)$

Quellsystem: ξ, η
Zielsystem: x, y

Beispiel: $A = (\xi_A = 0{,}000 ; \eta_A = 0{,}000)$; $(x_A = 493{,}733 ; y_A = 193{,}885)$
$E = (\xi_E = 53{,}058 ; \eta_E = 0{,}000)$; $(x_E = 522{,}837 ; y_E = 238{,}248)$
Zu transformieren: $P_i (\xi_i = 39{,}921 / \eta_i = 1{,}669)$
$\Delta \xi = 53{,}058$; $\Delta \eta = 0{,}000$; $\Delta x = 29{,}104$; $\Delta y = 44{,}363$
$a = (0{,}000 \cdot 44{,}363 + 53{,}058 \cdot 29{,}104) / (53{,}058^2 + 0{,}000^2) = 0{,}548532$
$o = (53{,}058 \cdot 44{,}363 - 0{,}000 \cdot 29{,}104) / (53{,}058^2 + 0{,}000^2) = 0{,}836123$
$x_i = 493{,}733 + 0{,}548532 \cdot (39{,}921 - 0{,}000) - 0{,}836123 \cdot (1{,}669 - 0{,}000) = 514{,}235$
$y_i = 193{,}885 + 0{,}836123 \cdot (39{,}921 - 0{,}000) + 0{,}548532 \cdot (1{,}669 - 0{,}000) = 228{,}179$

4.6 Helmerttransformation

Wenn mehr als zwei Altpunkte AP_i in beiden Koordinatensystemen bekannt sind, müssen die Transformationsparameter durch Ausgleichung bestimmt werden (Verallgemeinerung der unter Abschnitt 4.5 beschriebenen Transformation).

Gegeben: $AP_1(\xi_1; \eta_1)$, $AP_2(\xi_2; \eta_2),\ldots, AP_n(\xi_n; \eta_n)$; $P_i(\xi_i; \eta_i)$, $i = n+1, n+2, \ldots$
$AP_1(x_1; y_1)$, $AP_2(x_2; y_2),\ldots, AP_n(x_n; y_n)$

Gesucht: $P_i(x_i; y_i)$ im Zielsystem

Lösung: Koordinaten des Schwerpunktes beider Systeme:

$$\bar{\xi} = \frac{1}{n}\sum_{i=1}^{n}\xi_i \; ; \; \bar{\eta} = \frac{1}{n}\sum_{i=1}^{n}\eta_i \; ; \; \bar{x} = \frac{1}{n}\sum_{i=1}^{n}x_i \; ; \; \bar{y} = \frac{1}{n}\sum_{i=1}^{n}y_i$$

Hilfsgrößen:

$$Sxx = \sum_{i=1}^{n}(\xi_i - \bar{\xi})(x_i - \bar{x}) \; ; \; Syy = \sum_{i=1}^{n}(\eta_i - \bar{\eta})(y_i - \bar{y}) \; ; \; Sss = \sum_{i=1}^{n}\left[(\xi_i - \bar{\xi})^2 + (\eta_i - \bar{\eta})^2\right]$$

$$Sxy = \sum_{i=1}^{n}(\xi_i - \bar{\xi})(y_i - \bar{y}) \; ; \; Syx = \sum_{i=1}^{n}(\eta_i - \bar{\eta})(x_i - \bar{x})$$

Transformationsparameter:
$a = (Sxx + Syy)/Sss$; $o = (Sxy - Syx)/Sss$
$x_0 = \bar{x} - a \cdot \bar{\xi} + o \cdot \bar{\eta}$; $y_0 = \bar{y} - o \cdot \bar{\xi} - a \cdot \bar{\eta}$

Neupunkte: $x_i^t = x_0 + a \cdot \xi_i - o \cdot \eta_i$; $y_i^t = y_0 + o \cdot \xi_i + a \cdot \eta_i$

Beispiel: Bei einer Polaraufnahme mit einem elektronischen Tachymeter konnten bei freier Standpunktwahl vier Aufnahmepunkte AP_1, AP_2, AP_3, AP_4 mit bekannten Landeskoordinaten ($y_i; x_i$) angezielt werden. Für jeden Messpunkt liegen also die Polarentfernung s_i und der Polarwinkel φ_i vor. Die Koordinaten des Standpunktes S und weitere Neupunkte P_i sollen berechnet werden. Man legt ein lokales ξ,η-Koordinatensystem mit Ursprung in S, dessen ξ-Achse in die Nullrichtung der Winkelmessung zeigt. Daher sind die Polarwinkel φ_i zugleich die Richtungswinkel t_i im lokalen System. S hat im lokalen System die Koordinaten (0,000 / 0,000). Für alle anderen Punkte berechnet man durch polares Anhängen $\xi_i = s_i \cdot \cos\varphi_i$ und $\eta_i = s_i \cdot \sin\varphi_i$:

AP_i	s_i	φ_i in gon	$\eta_i = s_i \cdot \sin\varphi_i$	$\xi_i = s_i \cdot \cos\varphi_i$	y_i	x_i
2	21,72	24,320	8,097	20,154	104,39	485,77
3	36,90	311,816	−36,266	6,809	58,28	481,24
6	28,65	209,757	−4,374	−28,314	82,81	440,63
7	28,04	107,337	27,854	−3,224	119,28	459,02

Man berechnet zuerst die Schwerpunktkoordinaten $\bar{\xi} = -1,144$; $\bar{\eta} = -1,172$; $\bar{x} = 466,665$; $\bar{y} = 91,190$,
es folgen die Hilfssummen $Sxx = 1246,103$; $Syy = 2119,478$; $Sss = 3429,703$
$Sxy = 188,6420$; $Syx = -472,9548$
und damit die Transformationsparameter $a = 0,9813036$; $o = 0,1929020$; $x_0 = 467,561$; $y_0 = 92,561$
Mit diesen Transformationsparametern werden alle Punkte transformiert:

P_i	s_i	φ_i in gon	$\eta_i = s_i \cdot \sin\varphi_i$	$\xi_i = s_i \cdot \cos\varphi_i$	y_i^t	x_i^t	$vy_i = y_i - y_i^t$	$vx_i = x_i - x_i^t$
2			8,097	20,154	104,395	485,777	−0,005	−0,007
3			−36,266	6,809	58,286	481,239	−0,006	0,001
6			−4,374	−28,314	82,807	440,620	0,003	0,010
7			27,854	−3,224	119,272	459,024	0,008	−0,004
S			0,000	0,000	92,561	467,561		
111	12,76	319,703	-12,158	3,888	81,380	473,722		
112	21,69	335,858	-18,338	11,580	76,800	482,462		

4.7 Schnittpunkt zweier Strecken

Gegeben: Die Endpunkte der Strecken $P_1(x_1; y_1), P_2(x_2; y_2), P_3(x_3; y_3), P_4(x_4; y_4)$

Gesucht: Schnittpunkt von $\overline{P_1 P_3}$ mit $\overline{P_2 P_4}$

Lösung:
$Det = (y_3 - y_1) \cdot (x_4 - x_2) - (x_3 - x_1) \cdot (y_4 - y_2)$
$t_{13} = [(y_2 - y_1) \cdot (x_4 - x_2) - (x_2 - x_1) \cdot (y_4 - y_2)] / Det$
$t_{24} = [(y_2 - y_1) \cdot (x_3 - x_1) - (x_2 - x_1) \cdot (y_3 - y_1)] / Det$

Wenn ($0 \leq t_{13} \leq 1$) und ($0 \leq t_{24} \leq 1$), dann schneiden sich die Strecken in:

$y_{S(13)} = (1 - t_{13}) \cdot y_1 + t_{13} \cdot y_3$; $x_{S(13)} = (1 - t_{13}) \cdot x_1 + t_{13} \cdot x_3$

Probe: $y_{S(24)} = (1 - t_{24}) \cdot y_2 + t_{24} \cdot y_4$; $x_{S(24)} = (1 - t_{24}) \cdot x_2 + t_{24} \cdot x_4$

5 Absteckungsberechnung
5.1 Klothoide (s. S. 2.2, 2.26, 2.39, 2.41)

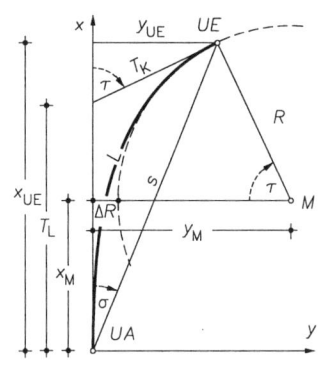

Die Reihenentwicklung nach dem unten stehenden Struktogramm läßt sich leicht programmieren (Visual Basic- und C-Quellprogramme s. S. 2.39, 2.41). Mit einfachen Taschenrechnern kann man auf sechs Stellen genau bei Beschränkung der Bogenlänge L auf Werte zwischen 0 und R mit der Bogenlänge $l = L/A$ auf der Einheitsklothoide rechnen nach:

$x = A \cdot x_{KL}(l) = A \cdot ((3474^{-1} \cdot l^4 - 40^{-1}) \cdot l^4 + 1) \cdot l$
$y = A \cdot y_{KL}(l) = A \cdot ((42410^{-1} \cdot l^4 - 336^{-1}) \cdot l^4 + 6^{-1}) \cdot l^3$

Struktogramm Klothoide:

Eingabe: L, A
$l := L/A$
$i := 0$; $b := l$; $x := b$; $y := 0$; $k := -1$
$i := i+2$; $k := -k$
$b := b \cdot l^2 \cdot \dfrac{(i-1)}{i \cdot (i+1)}$
wenn $k < 0$
dann $\mid$ sonst
$b := -b$ $\mid$
$x := x + b$ $\mid$ $y := y + b$
wiederhole, bis $\lvert b \rvert < 0{,}5 \cdot 10^{-7}$
$x := A \cdot x$; $y := A \cdot y$
Ausgabe: x, y

Hauptwerte der Klothoide:

$R \cdot L = A^2$	$l = \dfrac{L}{A}$	$\tau = \dfrac{l^2}{2} \cdot \dfrac{200}{\pi}$ gon
$x_{UE} = A \cdot x_{KL}(l)$		$y_{UE} = A \cdot y_{KL}(l)$
$x_M = x_{UE} - R \cdot \sin \tau$		$y_M = y_{UE} + R \cdot \cos \tau$
$\Delta R = y_M - R = y_{UE} - 2R \cdot \sin^2 \dfrac{\tau}{2}$		
$s = \sqrt{x_{UE}^2 + y_{UE}^2}$		$\sigma = \arctan \dfrac{y_{UE}}{x_{UE}}$
$T_K = y / \sin \tau$		$T_L = x_{UE} - y_{UE} / \tan \tau$

Beispiel: Gegeben $R = 125$ m ; $A = 65$ m. Daraus berechnet man die Hauptwerte:
$L = 65^2 / 125 = 33{,}800$; $l = 33{,}800/65 = 0{,}52000$; $\tau = 200 \cdot 0{,}52000^2 / (2\pi) = 8{,}6071$ gon
$x_{KL}(0{,}52000) = ((0{,}52000^4/3474 - 1/40) \cdot 0{,}52000^4 + 1) \cdot 0{,}52000 = 0{,}519050$
$y_{KL}(0{,}52000) = ((0{,}52000^4/42410 - 1/336) \cdot 0{,}52000^4 + 1/6) \cdot 0{,}52000^3 = 0{,}023404$
$x_{UE} = 65 \cdot 0{,}519050 = 33{,}738$; $y_{UE} = 65 \cdot 0{,}02404 = 1{,}521$
$x_M = 33{,}738 - 125 \cdot \sin 8{,}6071$ gon $= 16{,}889$; $y_M = 1{,}521 + 125 \cdot \cos 8{,}6071$ gon $= 125{,}380$
$\Delta R = 125{,}380 - 125{,}000 = 0{,}380$
$s = \sqrt{33{,}738^2 + 1{,}521^2} = 33{,}772$
$\sigma = \arctan(1{,}521/33{,}738) = 2{,}8681$ gon
$T_K = 1{,}521 / \sin 8{,}6071$ gon $= 11{,}284$
$T_L = 33{,}738 - 1{,}521 / \tan 8{,}6071$ gon $= 22{,}557$

5.2 Kreisbogen

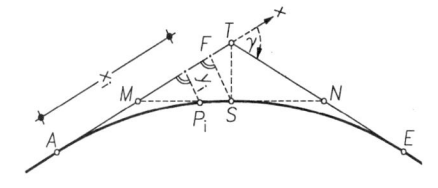

Gegeben: Radius R des abzusteckenden Kreises,
  Schnittwinkel γ der Anschlusstangenten
Gesucht: Rechtwinklige Koordinaten in einem
  System mit Ursprung in A bzw. E, dessen x-Achse mit der Tangente AT bzw. der Tangente ET zusammenfällt.

Bogenlänge: $AE = \gamma \cdot R \cdot \pi / 200$
Hauptpunkte: $TA = TE = R \cdot \tan(\gamma/2)$; $AM = MS = SN = NE = R \cdot \tan(\gamma/4)$
$TS = MS \cdot \tan(\gamma/2) = R \cdot \tan(\gamma/4) \cdot \tan(\gamma/2)$; $FT = TS \cdot \sin(\gamma/2)$
$AF = R \cdot \sin(\gamma/2)$; $FS = TS \cdot \cos(\gamma/2) = 2R \cdot \sin^2(\gamma/4)$
Zwischenpunkte: Ist x_i vorgegeben, so folgt $y_i = R - \sqrt{R^2 - x_i^2} = x_i^2 / (2R) + \ldots$

Ist die Bogenlänge b von A bis P_i bzw. von E bis P_i vorgegeben, dann ist mit dem zugehörigen Umfangswinkel $\omega = 200 \cdot b / (2\pi R)$ gon

$x_i = R \cdot \sin(2\omega)$; $y_i = 2R \cdot \sin^2(\omega)$

Beispiel: $R = 125$ m ; $b = 19{,}214 \Rightarrow \omega = (19{,}214 \cdot 200)/(2 \cdot \pi \cdot 125) = 4{,}9028$ gon
$x_i = 125 \cdot \sin(2 \cdot 4{,}9028$ gon$) = 19{,}138$; $y_i = 2 \cdot 125 \cdot (\sin 4{,}9028$ gon$)^2 = 1{,}474$

5.3 Klothoidenzwischenpunkte

Für ein Stationierungsmaß $L_{ÜA}$ des Klothoidenanfangspunktes $ÜA$ und das Stationierungsmaß L_i des Zwischenpunktes ist die Klothoidenlänge L von $ÜA$ aus gezählt $L = L_i - L_{ÜA}$. Damit ergibt sich $l = L/A$ und weiter:

$x_i = A \cdot [(3474^{-1} \cdot l^4 - 40^{-1}) \cdot l^4 + 1) \cdot l$; $\quad y_i = A \cdot [(42410^{-1} \cdot l^4 - 336^{-1}) \cdot l^4 + 6^{-1}] \cdot l^3$

Beispiel: $L_i = 20$ m; $L_{ÜA} = 8,686$ m; $A = 55$ m $\Rightarrow L = 20 - 8,686 = 11,314$
$l = 11,314 / 55 = 0,205709$
$x_i = 55 \cdot [(3474^{-1} \cdot 0,205709^4 - 40^{-1}) \cdot 0,205709^4 + 1] \cdot 0,205709 = 11,313$
$y_i = 55 \cdot [(42410^{-1} \cdot 0,205709^4 - 336^{-1}) \cdot 0,205709^4 + 6^{-1}] \cdot 0,205709^3 = 0,080$

5.4 Kreisbogen mit symmetrischen Klothoidenästen

Gegeben: R, A, γ
Hauptpunkte:

(1) $L = A^2/R$; $l = L/A = A/R$; $\tau = \dfrac{l^2}{2} \cdot \dfrac{200}{\pi}$ gon

(2) $x_{ÜE} = A \cdot x_{KL}(l)$; $\quad y_{ÜE} = A \cdot y_{KL}(l)$

(3) $\Delta R = y_{ÜE} - 2R \cdot \sin^2(\tau/2)$ $\quad$ (4) $x_M = x_{ÜE} - R \cdot \sin \tau$

(5) $TÜA = x_M + (R + \Delta R) \cdot \tan(\gamma/2)$ $\quad$ (6) $B = R \cdot (\gamma - 2\tau) \cdot \dfrac{\pi}{200}$

(7) $x_{BM} = x_M + R \cdot \sin(\gamma/2)$ $\quad$ (8) $y_{BM} = \Delta R + 2R \cdot \sin^2(\gamma/4)$

Zwischenpunkte im Abstand L_i von ÜA:
Klothoide: $\qquad\qquad\qquad x_i = A \cdot x_{KL}(L_i/A)$; $\qquad y_i = A \cdot y_{KL}(L_i/A)$
Kreis: $\quad \omega = (L_i - L/2) \cdot \dfrac{200}{2\pi R}$ gon ; $\quad x_i = x_M + R \cdot \sin(2\omega)$; $\quad y_i = \Delta R + 2R \cdot \sin^2 \omega$

5.5 Kreisbogen mit unsymmetrischen Klothoidenästen

Gegeben: A_1, A_2, R und γ
Hauptpunkte:

(1.1) $L_1 = A_1^2/R$; $\quad l_1 = A_1/R$; $\quad \tau_1 = l_1^2 \cdot 100/\pi$ gon

(1.2) $L_2 = A_2^2/R$; $\quad l_2 = A_2/R$; $\quad \tau_2 = l_2^2 \cdot 100/\pi$ gon

(2.1) $x_{ÜE_1} = A_1 \cdot x_{KL}(l_1)$; $\quad y_{ÜE_1} = A_1 \cdot y_{KL}(l_1)$

(2.2) $x_{ÜE_2} = A_2 \cdot x_{KL}(l_2)$; $\quad y_{ÜE_2} = A_2 \cdot y_{KL}(l_2)$

(3.1) $\Delta R_1 = y_{ÜE_1} - 2R \cdot \sin^2(\tau_1/2)$; $\quad$ (3.2) $\Delta R_2 = y_{ÜE_2} - 2R \cdot \sin^2(\tau_2/2)$

(4.1) $x_{M_1} = x_{ÜE_1} - R \cdot \sin \tau_1$; $\qquad$ (4.2) $x_{M_2} = x_{ÜE_2} - R \cdot \sin \tau_2$

(5.1) $TÜA_1 = x_{M_1} + (R + \Delta R_1) \cdot \tan(\gamma/2) + (\Delta R_2 - \Delta R_1)/\sin \gamma$

(5.2) $TÜA_2 = x_{M_2} + (R + \Delta R_2) \cdot \tan(\gamma/2) - (\Delta R_2 - \Delta R_1)/\sin \gamma$

(6) $B = R \cdot (\gamma - \tau_1 - \tau_2) \cdot \pi/200$

(7.1) $x_{BM_1} = x_{M_1} + R \cdot \sin[(\gamma + \tau_1 - \tau_2)/2]$

(7.2) $x_{BM_2} = x_{M_2} + R \cdot \sin[(\gamma - \tau_1 + \tau_2)/2]$

(8.1) $y_{BM_1} = \Delta R_1 + 2R \sin^2[(\gamma + \tau_1 - \tau_2)/4]$

(8.2) $y_{BM_2} = \Delta R_2 + 2R \sin^2[(\gamma - \tau_1 + \tau_2)/4]$

Zwischenpunkte:
wie beim symmetrischen Fall (richtige Parameter bzw. Klothoiden verwenden!).

Beispiel: Aus vorangegangenen Berechnungen sind die drei Punkte H_1, T und H_2 des Tangentenpolygons bekannt. T ist der Tangentenschnittpunkt, H_1 ein Punkt auf der ersten Tangente, H_2 ein Punkt auf der zweiten Tangente im Sinne steigender Stationierung. Der Punkt H_1 habe das Stationsmaß 0 m. Zwischen die beiden Tangenten soll eine Kurvenfolge eingerechnet werden, bestehend aus einer Klothoide vom Parameter $A_1 = 55$ m, gefolgt von einem Kreis mit dem Radius $R = 125$ m und einer anschließenden Klothoide mit dem Parameter $A_2 = 65$ m.

Für die Absteckung können zwei Polygonpunkte PP_A und PP_B in der Nähe der Trasse verwendet werden. Die Gauß-Krüger-Koordinaten der Punkte lauten:

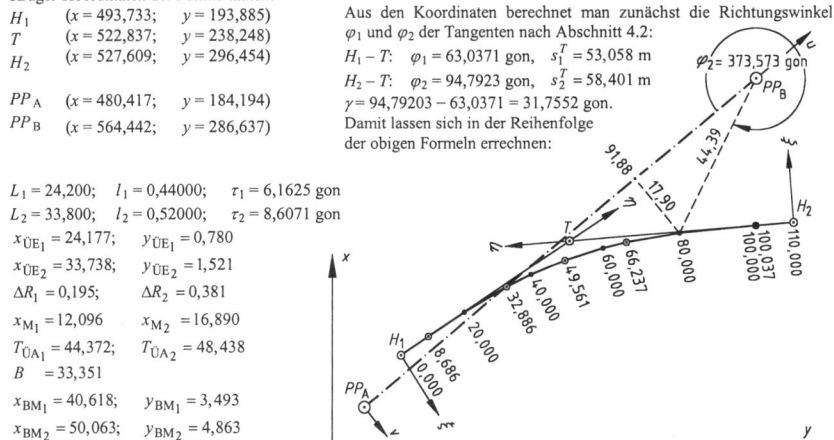

H_1	$(x = 493{,}733;$	$y = 193{,}885)$
T	$(x = 522{,}837;$	$y = 238{,}248)$
H_2	$(x = 527{,}609;$	$y = 296{,}454)$
PP_A	$(x = 480{,}417;$	$y = 184{,}194)$
PP_B	$(x = 564{,}442;$	$y = 286{,}637)$

Aus den Koordinaten berechnet man zunächst die Richtungswinkel φ_1 und φ_2 der Tangenten nach Abschnitt 4.2:

$H_1 - T$: $\varphi_1 = 63{,}0371$ gon, $s_1^T = 53{,}058$ m
$H_2 - T$: $\varphi_2 = 94{,}7923$ gon, $s_2^T = 58{,}401$ m
$\gamma = 94{,}79203 - 63{,}0371 = 31{,}7552$ gon.

Damit lassen sich in der Reihenfolge der obigen Formeln errechnen:

$L_1 = 24{,}200;$ $l_1 = 0{,}44000;$ $\tau_1 = 6{,}1625$ gon
$L_2 = 33{,}800;$ $l_2 = 0{,}52000;$ $\tau_2 = 8{,}6071$ gon
$x_{ÜE_1} = 24{,}177;$ $y_{ÜE_1} = 0{,}780$
$x_{ÜE_2} = 33{,}738;$ $y_{ÜE_2} = 1{,}521$
$\Delta R_1 = 0{,}195;$ $\Delta R_2 = 0{,}381$
$x_{M_1} = 12{,}096$ $x_{M_2} = 16{,}890$
$T_{ÜA_1} = 44{,}372;$ $T_{ÜA_2} = 48{,}438$
$B = 33{,}351$
$x_{BM_1} = 40{,}618;$ $y_{BM_1} = 3{,}493$
$x_{BM_2} = 50{,}063;$ $y_{BM_2} = 4{,}863$

Die Hauptpunkte haben die Stationierungsmaße (Sg = Segmentgrenze):
$ÜA_1$: $Sg_1 = s_1^T - T_{ÜA_1} = 53{,}058 - 44{,}372 = 8{,}686;$ $ÜE_1$: $Sg_2 = Sg_1 + L_1 = 32{,}886$
Kreisbogenmitte: $BM = Sg_2 + B/2 = 49{,}561;$ $ÜE_2$: $Sg_3 = Sg_2 + B = 66{,}237$
$ÜA_2$: $Sg_4 = Sg_3 + L_2 = 100{,}037;$ H_2: $Sg_5 = Sg_4 + s_2^T - T_{ÜA_2} = 110{,}000$

Die Zwischenpunkte im lokalen ξ-η-System der Anfangstangente:
$L = 20$: $\xi = 8{,}686 + 50 \cdot x_{KL}[(20 - 8{,}686)/55] = 19{,}999;$ $\eta = 55 \cdot y_{KL}[(20 - 8{,}686)/55] = 0{,}080$
$ÜE_1$: $\xi = 8{,}686 + 24{,}177 = 32{,}836;$ $\eta = 0{,}780$
$L = 40$: $\omega = (40 - 8{,}686 - 24{,}2/2) \cdot 200/(2 \cdot \pi \cdot 125) = 4{,}8928$ gon
$\xi = 8{,}686 + 12{,}096 + 125 \cdot \sin(2 \cdot 4{,}8928$ gon$) = 39{,}920$
$\eta = 0{,}195 + 2 \cdot 125 \cdot (\sin 4{,}8928$ gon$)^2 = 1{,}669$

Analog werden die übrigen ξ-η-Koordinaten im System der Endtangente berechnet. Nach dem Verfahren der Kleinpunktberechnung (Abschnitt 4.3) erhält man die Gauß-Krüger-Koordinaten (x, y) mit $A = H_1$, $E = T$ für die Anfangstangente und $A = H_2$, $E = T$ für die Endtangente. Über eine Koordinatentransformation nach Abschnitt 4.5 mit $A = PP_A$ und $E = PP_B$ berechnet man die orthogonalen Absteckdaten (u, v) im System der Polygonseite $PP_A \to PP_B$. Abschließend erhält man nach Abschnitt 4.2 aus den (u, v)-Koordinaten die Polarkoordinaten (e, φ), bezogen auf PP_A (bzw. PP_B) als Pol, die Polygonseite als Nullrichtung für die polare Absteckmethode.

Tabelle der Absteckdaten:

Station	Tangentensystem		Gauß-Krüger-System		Absteckdaten im System der Polygonseite					
					orthogonal		polar			
L	ξ	η	x	y	u	v	e_1	φ_1	e_2	φ_2	
0,000	0,000	0,000	493,733	193,885	15,938	–4,150	16,469	383,783	116,631	2,266	H_1
8,686	8,686	0,000	498,497	201,147	24,574	–3,228	24,785	391,685	107,968	1,904	$ÜA_1$
20,000	19,999	0,080	504,637	210,651	35,816	–1,948	35,869	396,541	96,698	1,283	
32,886	32,863	0,780	511,107	221,791	48,532	0,114	48,532	0,149	83,962	399,914	$ÜE_1$
40,000	39,920	1,669	514,235	228,179	55,456	1,747	55,483	2,004	77,059	398,557	
49,561	49,304	3,493	517,858	237,025	64,593	4,556	64,753	4,483	68,055	395,735	BM
(T)	53,058	0,000	522,837	238,248	68,696	1,481	68,712	1,372	63,816	398,522	(T)
(T)	58,401	0,000	522,837	238,248	68,696	1,481	68,712	1,372	63,816	398,522	(T)
49,561	60,027	–4,863	517,858	237,025	64,593	4,556	64,753	4,483	68,055	395,735	BM
60,000	49,858	–2,516	521,028	246,968	74,290	8,410	74,765	7,176	58,808	390,865	
66,237	43,702	–1,521	522,522	253,022	79,919	11,084	80,686	8,781	53,733	386,760	$ÜE_2$
80,000	29,996	–0,317	524,842	266,584	91,876	17,901	93,604	12,251	44,388	373,573	
100,000	10,001	0,000	526,792	286,487	108,501	29,015	112,314	16,635	37,650	343,986	
100,037	9,964	0,000	526,795	286,524	108,532	29,036	112,349	16,642	37,647	343,924	$ÜA_2$
110,000	0,000	0,000	527,609	296,454	116,729	34,705	121,776	18,398	38,119	327,150	H_2

(Erste Tangente: rows down to (T); Zweite Tangente: rows from (T) onward)

6 Lageabsteckungen
6.1 Allgemeine Verfahren
Orthogonalverfahren
In der Örtlichkeit bereits vorhanden sind die Anschlusspunkte A und E. Die rechtwinkligen Koordinaten (u / v) des abzusteckenden Neupunkts P sind häuslich errechnet worden. Mit dem Messband wird das Maß u auf der Messungslinie AE abgetragen und so der Lotfußpunkt F gewonnen. Mit dem Rechtwinkelprisma wird von F aus ein Fluchtstab rechtwinklig zur Geraden AE in einer Entfernung von F eingewiesen, die etwas größer als v ist (abschreiten!). Schließlich wird von F aus in Richtung auf diesen Hilfspunkt das genaue Maß v abgetragen.

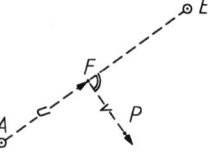

Orthogonalverfahren

Polarverfahren
Standardverfahren beim Abstecken mit elektronischen Tachymetern.
Standpunkt auf bekanntem Anschlusspunkt
Das Gerät wird auf A zentriert und horizontiert. Die Horizontalwinkelanzeige wird in die Richtung nach E auf null gesetzt. Der Polarwinkel φ wird eingestellt und das Reflektorprisma in diese Richtung in ungefähr Entfernung e (abschreiten!) auf einen Näherungspunkt eingewiesen. Danach erfolgt die genaue elektronische Distanzmessung e' zu diesem Näherungspunkt. Die Entfernungsverbesserung $e - e'$ wird mit einem 2-m-Handrollmessband oder nach Augenmaß abgesetzt. Das Verfahren wird mit dem neuen Näherungspunkt so lange wiederholt, bis die gewünschte Absteckgenauigkeit erreicht ist.

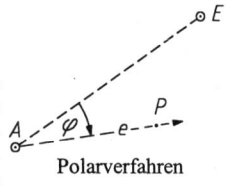

Polarverfahren

Freie Standpunktwahl
Viel Rechenarbeit wird gespart bei Verwendung von modernen Tachymetern (Totalstationen), in denen die Koordinaten der Anschlusspunkte und der abzusteckenden Neupunkte gespeichert werden können. Man kann dann den Gerätestandpunkt geschickt wählen, mindestens zwei, besser drei oder vier bekannte Anschlusspunkte (AP_i) anmessen und den Gerätestandpunkt S von einem Programm zur freien Standpunktwahl berechnen lassen (s. Beispiel zu Abschnitt 4.6). Die abzusteckenden Neupunkte werden durch Angabe ihrer Punktnummer ausgewählt. Im Tachymeter werden durch das Absteckprogramm die vom Gerätestandpunkt abhängigen Absteckdaten berechnet und mit der durch Messung erhaltenen Position des Prismas verglichen. Das Prisma wird dann iterativ in die Sollposition gewiesen. Am wirtschaftlichsten ist das Verfahren mit Tachymetern, die dem Prisma automatisch folgen (Sensor plus Motorantrieb) und ihre Messdaten durch Funk oder Infrarotlicht zu einem Display am Prismenstab übertragen. Dann genügt ein Bediener am Prismenstab für die Absteckung.

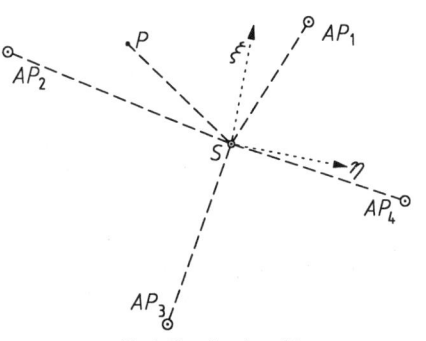

Freie Standpunktwahl

Abstecken nach Koordinaten durch Satellitenpositionierung (GPS)
Bei freier Sicht zum Himmel auf die GPS-Satelliten (GPS = Globales Positionierungssystem) und Verwendung von GPS-Satellitenempfängern, die die Speicherung der 3D-Koordinaten von Anschlusspunkten und Neupunkten gestatten, können direkt die 3D-Koordinaten zur Absteckung verwendet werden (s. Abschnitt 2.3 Aufnahmeverfahren, GPS-Vermessung). Man benötigt mindestens drei 3D-Anschlusspunkte, um vom GPS-Gerät die Daten in das terrestrische Gebrauchskoordinatensystem transformieren zu lassen. Mit den dadurch ermittelten Transformationsparametern können auch die abzusteckenden Neupunkte interaktiv mit ihren zuvor häuslich ermittelten Gebrauchskoordinaten abgesteckt werden.

6.2 Spezialfälle
In der Regel wird man mit zahlreichen, häuslich errechneten Absteckdaten zum Abstecken auf die Baustelle gehen. Im Falle von Verlusten einzelner Punkte (z.B. durch Baustellenbetrieb) ist man jedoch für Verfahren zur Punktverdichtung dankbar, deren Absteckdaten mit dem Taschenrechner oder durch örtliche Konstruktionen schnell ermittelt werden können.

Rechter Winkel durch Bogenschnitt mit einem Messband
Lot errichten im Punkt P einer Geraden
Man nutzt den Lehrsatz des Pythagoras ($c = \sqrt{a^2 + b^2}$) aus, indem man vom Lotfußpunkt P mit einem Messband auf der Geraden eine Kathete (z.B. b) abträgt und von diesen beiden Geradenpunkten die Kreise mit der anderen Kathete (z.B. a) und der Hypotenuse c örtlich zum Schnitt bringt. Bequem sind dabei ganze Zahlen pythagoreischer Dreiecke (z.B. $a = 3$ m, $b = 4$ m, $c = 5$ m).

Lot fällen von einem Punkt P auf eine Gerade
Von P aus werden die beiden Schnittpunkte eines Kreises mit hinreichend großem Radius (Messband mit Marke, z. B. Zählnadel) mit der Geraden durch Einweisen örtlich konstruiert. Der Mittelpunkt dieser Strecke (messen, Messwert halbieren, Maß abtragen) ist der gesuchte Lotfußpunkt.

Ellipse
Bei der sogenannten **Gärtnermethode** wird ausgenutzt, dass für Punkte auf einer Ellipse die Summe der Abstände von den beiden Brennpunkten gleich dem Doppelten der großen Halbachse a ist. Man steckt örtlich die beiden Brennpunkte F_1 und F_2 im Abstand $2 \cdot e$ (mit $e = \sqrt{a^2 - b^2}$, wobei b die kleine Halbachse ist) ab, knotet eine Schnur (einen Draht) der Länge $s = 2a + 2e$ zu einer Schlaufe und hängt diese Schlaufe über zwei Fluchtstäbe in F_1 und F_2. Spannt man die Schlaufe mit einem dritten Fluchtstab F_3 zu einem Dreieck, so liegt F_3 auf der Ellipse. Durch Umrunden der Brennpunkte konstruiert man beliebig viele Ellipsenpunkte.

Kreisbogen
Kann ein Kreisdurchmesser abgesteckt werden und sind zwei Fluchtstäbe an den Endpunkten dieses Durchmessers sichtbar, so kann man Kreispunkte unter Ausnutzung des Thalessatzes (der Umfangswinkel über einem Kreisdurchmesser ist ein rechter Winkel) mit einem Rechtwinkelprisma direkt aufsuchen.

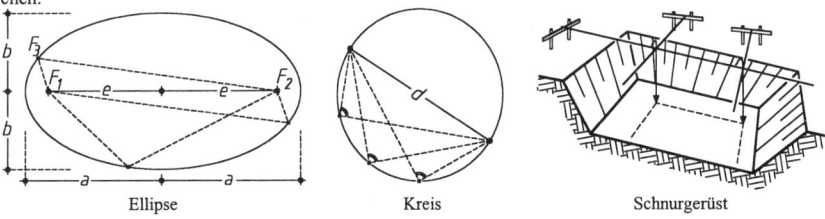

| Ellipse | Kreis | Schnurgerüst |

Schnurgerüst für Baugruben
Nach Absteckung des Bauwerkgrundrisses auf der Erdoberfläche verlängert man die **Grundriss**seiten über die geplante Baugrube hinaus und sichert die Verlängerungen mit Schnurgerüsten, die jederzeit eine schnelle Wiederherstellung der Seiten durch Einhängen von Schnüren erlauben. Ist die Baugrube fertiggestellt, werden die Schnittpunkte der Schnüre an den Eckpunkten des Bauwerks auf die Grubensohle abgelotet.

7 Höhenabsteckungen
Einzelpunkte
werden mit der Planungshöhe H_{Pl} abgesteckt, indem man zu einem nahe gelegenen Höhenanschlusspunkt (Höhe H_A) mit einem Nivellierinstrument einen Rückblick r abliest. An der gewünschten Stelle wird dann ein Höhenpflock so weit in den Boden geschlagen, dass an der aufgehaltenen Nivellierlatte die Vorblickablesung $v = H_A + r - H_{Pl}$ erscheint.

Geraden konstanter Steigung
kann man mit dem Nivellierinstrument durch Abstecken der Einzelpunkte in der Örtlichkeit konstruieren. Schneller jedoch kommt man zum Ziel, indem man nur Anfangs- und Endpunkt nach dieser Methode absteckt und die Zwischenpunkte mit Hilfe von Visierkreuzen höhenmäßig einweist. Am bequemsten verwendet man Kanalbaulaser. Sie gestatten es nach passender Ausrichtung, durch Auffangen des Laserstrahls mit einer Zieltafel lage- und höhenmäßig ohne Hilfspersonal selber Zwischenpunkte einzuweisen.

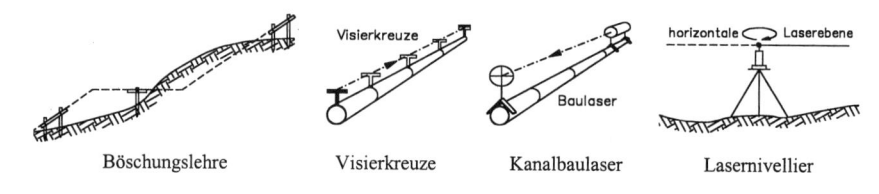

Böschungslehre   Visierkreuze   Kanalbaulaser   Lasernivellier

Flächen

können an ausgewählten Punkten mit dem Nivellierinstrument einzeln höhenmäßig eingewiesen werden. Bei horizontalen Ebenen (z.B. Geschossflächen) sind oft Schlauchwaagen vorteilhaft. Man markiert einen Höhenpunkt, z.B. mit Hilfe eines Nivellierinstrumentes, an einer Wand oder einem Pfahl. Man überträgt seine Höhe mit der Schlauchwaage auf beliebig viele Zwischenpunkte (auch ohne Sichtverbindung möglich, falls Wände die Sicht mit dem Nivellierinstrument behindern). Das Planum einer größeren Baustelle läßt sich mit dem horizontal kreisenden Laserstrahl eines Lasernivelliers (Rotationslaser) und einem Laserstrahldetektor an der Planierraupe sogar direkt einweisen.

Vermarkung

Die Vermarkung von abgesteckten Höhenpunkten geschieht durch Einschlagen von Pflöcken und Bolzen in den Boden oder durch Farbmarkierungen an bereits vorhandenen Wänden, Säulen oder Pfeilern. Böschungen werden durch Böschungslehren sichtbar gemacht.

14 B Bauzeichnungen

Prof. Dr.-Ing. Rudolf Bertig

1 Linien in Zeichnungen des Bauwesens   DIN ISO 128-23 [1]

Nr.	Linienart	Anwendung	Liniengruppe				
			0,25	0,35	0,5	0,7	1
1.1	Vollinie, schmal ―――	Begrenzung unterschiedlicher Werkstoffe in Ansichten und Schnitten	0,13	0,18	0,25	0,35	0,5
		Schraffuren					
		Diagonallinien für die Angabe von Öffnungen, Löchern und Aussparungen					
		Pfeillinien in Treppen, Rampen und geneigten Flächen					
		Rasterlinien 1. Ordnung					
		kurze Mittellinien					
		Maßhilfslinien					
		Maßlinien und Maßlinienbegrenzungen Hinweislinien					
		vorhandene Höhenlinien in Zeichnungen für Außenanlagen					
		sichtbare Umrisse von Teilen in der Ansicht					
		vereinfachte Darstellung von Türen, Fenstern, Treppen, Armaturen usw.					
		Umrahmung von Einzelheiten					
	Zickzack-linie, schmal ―⋀―	Begrenzungen von teilweise oder unter-brochenen Ansichten und Schnitten, wenn die Begrenzung nicht eine Linie 4.1 ist					
1.2	Vollinie, breit ▬▬	sichtbare Umrisse von Teilen in Schnitten mit Schraffur	0,25	0,35	0,5	0,7	1
		Begrenzungen unterschiedlicher Werkstoffe in Ansichten und Schnitten					
		sichtbare Umrisse von Teilen in der Ansicht					
		vereinfachte Darstellung von Türen, Fenstern, Treppen, Armaturen usw.					
		Rasterlinien 2. Ordnung					
		Pfeillinien zur Kennzeichnung von Ansichten und Schnitten					
		Projektierte Höhenlinien in Zeichnungen für Außenanlagen					
1.3	Vollinie, sehr breit ▬▬	sichtbare Umrisse von Teilen in Schnitten ohne Schraffur	0,5	0,7	1	1,4	2
		Bewehrungsstähle					
		Linien mit besonderer Bedeutung					

[1] Die DIN ISO 128-23 legt Linienarten und deren Anwendung in der Baudokumentation fest, bestehend aus Architekturzeichnungen, Statikzeichnungen, Zeichnungen für den ingenieurtechnischen Ausbau, Zeichnungen des Bauingenieurwesens, Zeichnungen für Außenanlagen sowie Zeichnungen der Stadtplanung.
Die Linienart, ihre Bezeichnungen und Abmessungen sowie die Grundregeln für das Zeichnen von Linien sind in DIN ISO 128-20 beschrieben. Die Anforderungen für die Mikroverfilmung enthält DIN ISO 6428.

Linien in Zeichnungen des Bauwesens (Fortsetzung)   DIN ISO 128-23

Nr.	Linienart	Anwendung	Liniengruppe				
			0,25	0,35	0,5	0,7	1
2.1	Strichlinie, schmal `--------`	vorhandene Höhenlinien in Zeichnungen für Außenanlagen; Unterteilung von Pflanzlichen/Rasen; unsichtbare Umrisse	0,13	0,18	0,25	0,35	0,5
2.2	Strichlinie, breit `---------`	verdeckte Umrisse	0,25	0,35	0,5	0,7	1
2.3	Strichlinie, sehr breit ▬ ▬ ▬ ▬	Bewehrungsstähle in der unteren Schicht in einem Lageplan sowie in der von der Oberfläche weiter entfernt liegenden Schicht in einer Ansichtszeichnung, wenn die untere und obere Schicht sowie die nahe Oberfläche und die dahinterliegende Schicht in einer Skizze dargestellt werden	0,5	0,7	1	1,4	2
4.1	Strichpunktlinie, schmal —·—·—	Schnittebenen; Mittellinien; Symmetrielinien; Rahmen für vergrößerte Einzelheiten; Bezugslinien; Begrenzungen von teilweisen oder unterbrochenen Ansichten u. Schnitten	0,13	0,18	0,25	0,35	0,5
4.2	Strichpunktlinie, breit —·—·—	Schnittebenen; Umrisse von sichtbaren Teilen von der Schnittebene	0,25	0,35	0,5	0,7	1
4.3	Strichpunktlinie, sehr breit ▬ ■ ▬	Zweitrangige Linie für Lagebeziehungen und beliebige Bezugslinie; Kennzeichnung von Linien oder Oberflächen mit besonderen Anforderungen; Grenzlinien für Verträge, Phasen, Bereiche usw.	0,5	0,7	1	1,4	2
5.1	Strich-Zweipunktlinie, schmal —··—··—	Alternativ- und Grenzstellungen beweglicher Teile; Schwerlinie; Umrisse angrenzender Teile	0,13	0,18	0,25	0,35	0,5
5.2	Strich-Zweipunktlinie, breit —··—··—	Umrisslinie vor der Schnittebene	0,25	0,35	0,5	0,7	1
5.3	Strich-Zweipunktlinie, sehr breit ▬ ■■ ▬	Vorgespannte Bewehrungsstähle und -seile	0,5	0,7	1	1,4	2
7	Punktlinie, schmal	Umrisse von nicht zum Projekt gehörenden Teilen	0,13	0,18	0,25	0,35	0,5
8	Grafische Symbole	Beschriftung und Darstellung grafischer Symbole	0,18	0,25	0,35	0,5	0,7

In einer Zeichnung für das Bauwesen werden in der Regel drei Linienbreiten, schmal, breit und sehr breit, angewendet. Das Verhältnis zwischen den Linienbreiten ist 1 : 2 : 4.

Eine spezielle Linienbreite wird für die Darstellung und Beschriftung grafischer Symbole angewendet. Diese Linienbreite befindet sich zwischen den Breiten der schmalen und der breiten Linie.

Die Linienbreite muss nach Art, den Maßen und dem Maßstab der Zeichnung ausgewählt werden sowie den Anforderungen für die Mikroverfilmung und für andere Reproduktionsverfahren entsprechen.

2 Kennzeichnung von geschnittenen Stoffen und Darstellung für Bauteile nach DIN 1356/DIN 201/DIN 919

Baustoff, Bauteil (ggf. ergänzt durch nähere Angaben)[1]		Kennz. der Schnittflächen	Baustoff, Bauteil (ggf. ergänzt durch nähere Angaben)[1]		Kennz. der Schnittflächen
Boden	gewachsen		Dämmstoff		
	geschüttet		Füllstoff		
Kies			Isolierstoff		
Sand			Kunststoffolie		
Beton	bewehrt		Dichtungsbahn mit Metallfolie		
	unbewehrt		Gussasphalt		
Porenbeton, bewehrt	(nicht genormt)		Abdichtg. gem. DIN 18 195-3	z. B. Thermoplaste, Bitumenbahnen	
Leichtbeton			Vollholz	Hirnholz	
Bimsbeton				Längsholz	
WU-Beton			Holzwerkstoffplatten		
Betonfertigteile			Eintragung der Plattenart / Nenndicke	z. B. FPY 16 (Flachpressplatte, Rohdicke 16 mm)	
Mauerwerk	Ziegel				
	erhöhte Festigkeit		Kernstruktur	Hirnholz	
	Leichtziegel			Längsholz	
	Bimsbaustoffe		Beschichtung	einseitig	
Gipsplatte				beidseitig	
Putz, Mörtel			Kennz. der Oberfl.struktur	in Faserrichtung	
Metall				quer zur Faser	
HWL-Platte			Anleimer		

[1] Die Rechtsverordnungen der Länder enthalten konkrete Forderungen der zu verwendenden Zeichen und ggf. Farben. Die Schraffuren können u.a. ergänzt werden durch grafische Symbole, Werkstoffkurzzeichen, Normbezeichnungen in Verbindung mit Maßangaben, Wortangaben, die in die Schnittflächen eingetragen oder durch Hinweislinien herausgezogen werden.

3 Arten und Inhalte von Bauzeichnungen für die Objekt- und Tragwerksplanung

3.1 Anforderungen an die Zeichnungen der Objektplanung

In dieser Checkliste werden Regeln und Mindestanforderungen für Zeichnungen in den einzelnen Entwurfs- und Ausführungsphasen zusammengestellt. In der HOAI (Honorarordnung für Architekten und Ingenieure) sind komplexe Leistungsbilder der Objektplanung genau beschrieben, diese Checkliste behandelt jedoch nur die Leistungen der *zeichnerischen* Darstellung.

3.1.1 Vorentwurfszeichnungen

Vorentwurfszeichnungen sind zeichnerische Darstellungen – gegebenenfalls in skizzenhafter Form – eines Entwurfskonzeptes für eine geplante bauliche Anlage. Sie dienen im Rahmen der Vorentwurfsplanung der Erläuterung des Entwurfskonzeptes unter Berücksichtigung der Leistungen anderer an der Planung fachlich Beteiligter, soweit notwendig. Vorentwurfszeichnungen können auch als Grundlage zur Beurteilung der baurechtlichen Genehmigungsfähigkeit verwendet werden.

Vorentwurfszeichnungen sind nach Art und Umfang der Bauaufgabe im Maßstab 1:500 bzw. 1:200 darzustellen und *sollen mindestens* enthalten:
a) die Einbindung der baulichen Anlagen in ihrer Umgebung, z. B. Darstellung des Bauwerks auf dem Baugrundstück mit Angabe der Haupterschließung und der Nordrichtung,
b) die Zuordnung der im Raumprogramm genannten Räume zueinander,
c) die angenäherten Maße der Baukörper und Räume, auch als Grundlage für die Berechnung nach DIN 276 und DIN 277,
d) konstruktive Angaben, soweit notwendig,
e) Darstellung der Baumassen, Gebäudeformen und Bauteile in Grundrissen, Schnitten und wesentlichen Ansichten mit Verdeutlichung der räumlichen Wirkung, soweit notwendig.

3.1.2 Entwurfszeichnungen

Entwurfszeichnungen sind zeichnerische Darstellungen des durchgearbeiteten Entwurfskonzeptes der geplanten baulichen Anlage und müssen die Beiträge anderer an der Planung fachlich Beteiligter berücksichtigen sowie Gestaltung und Konstruktion erkennen lassen. Sie dienen der abschließenden Beurteilung durch den Bauherrn und sind Grundlage für die Genehmigungsplanung. Entwurfszeichnungen sind in der Regel im Maßstab 1:100, ggf. 1:200 darzustellen und *sollen mindestens* enthalten:

in den Grundrissen
a) Angabe der Nordrichtung, die Bemaßung der Lage des Bauwerks im Baugrundstück, Hinweise auf die Erschließung,
b) die Bemaßung der Baukörper und Bauteile,
c) die lichten Raummaße des Rohbaues und Höhenlage des Bauwerks über NN,
d) Lage der vertikalen Schnittebenen,
e) Raumfläche in m^2,
f) Angabe der Bauart und der wesentlichen Baustoffe,
g) Bauwerksfugen,
h) Türöffnungen mit Bewegungsrichtung der Türen, Fensteröffnungen und besondere Kennzeichnung der Gebäudezugänge und ggf. Wohnungszugänge o. ä.,
i) Rampen und Treppen mit Angaben der Steigungsverhältnisse, Anzahl der Steigungen und Lauflinien,
j) Schornsteine, Kanäle und Schächte,
k) Einrichtungen des technischen Ausbaus,
l) betriebliche Einbauten und Möblierungen,
m) Bezeichnung der Raumnutzung und ggf. die Raumnummern gem. DIN ISO 4157,
n) bei Änderung baulicher Anlagen die zu erhaltenden, zu beseitigenden und die neuen Bauteile gem. DIN ISO 7518,

o) den zu erhaltenden Baumbestand und die geplante Gestaltung der Freiflächen auf dem Baugrundstück (Verkehrsflächen, Grünflächen),
p) die bestehenden und zu berücksichtigenden baulichen Anlagen, soweit notwendig;

in den Schnitten
a) Geschosshöhen (Stockwerkshöhen), ggf. auch lichte Raumhöhen,
b) Höhenlage der baulichen Anlage über NN,
c) konstruktive Angaben zur Gründung und zum Dachaufbau,
d) Rampen und Treppen mit Angabe der Steigungsverhältnisse und Anzahl der Steigungen,
e) den vorhandenen und den geplanten Geländeverlauf (Geländeanschnitt);

in den Ansichten
a) die Gliederung der Fassade, einschl. Gebäudefugen,
b) die Fenster- und Türteilungen,
c) die Dachrinnen und Regenfalleitungen,
d) die Schornsteine und sonstige technische Aufbauten,
e) die Dachüberstände,
f) den vorhandenen und den geplanten Geländeverlauf,
g) die ggf. zu berücksichtigende anschließende Bebauung.

3.1.3 Bauvorlagezeichnungen

Bauvorlagezeichnungen sind Entwurfszeichnungen (in der Regel im Maßstab 1:100), die durch alle Angaben ergänzt sind, die gemäß den jeweiligen Bauvorlagenverordnungen der Länder oder nach den Vorschriften für andere öffentlich-rechtliche Verfahren gefordert werden.

Zu den Bauvorlagezeichnungen gehören die Entwässerungszeichnungen, die mit den in DIN 1986-1 festgelegten Symbolen zu zeichnen und bei der zuständigen Baubehörde zur Genehmigung einzureichen sind (Sinnbilder siehe Abschn. 12.2).

Zu den Entwässerungszeichnungen gehören mindestens:
– Lageplan i. M. 1:500 mit der vorhandenen/geplanten Regen-Schmutzwasserkanalisation
– Stockwerksgrundrisse mit der Angabe aller Zapfstellen und Abläufe i. M. 1:100
– Kellergrundriss mit allen Fallrohren und Grundleitungen mit den jeweiligen Nennweitenangaben
– Schnitt i. M. 1:100 mit Grund- und Anschlussleitungen, Revisionsschacht, Fall- und Entlüftungsleitungen. Des weiteren sind anzugeben und höhenmäßig, bezogen auf NN, festzulegen: die Rückstauebene, das Gefälle und die Nennweiten der verschiedenen Rohrleitungen.

Die Rechtsverordnungen der Länder enthalten konkrete Forderungen hinsichtlich der Maßstäbe, der Mindestinhalte sowie der zu verwendenden Symbole und ggf. Tönungen. Bauvorlagezeichnungen dürfen keine farbigen Darstellungen enthalten und müssen sich wegen der Schwarzweiß-Mikroverfilmbarkeit gleichmäßig kontrastreich vom Zeichenträger abheben. Grautöne für Flächen sind in ihrer Wertigkeit so zu wählen, dass sie in diesen vorhandene Eintragungen nicht überdecken.

3.1.4 Ausführungszeichnungen

Ausführungszeichnungen sind Bauzeichnungen mit zeichnerischen Darstellungen des geplanten Objekts mit allen für die Ausführung notwendigen Einzelangaben. Sie enthalten alle für die Ausführung bestimmten Einzelangaben in
1. Werkzeichnungen,
2. Teilzeichnungen/Detailzeichnungen,
3. Sonderzeichnungen
und dienen als Grundlage der Leistungsbeschreibung und Ausführung der baulichen Leistungen.

3.1.4.1 Werkzeichnungen (Werkpläne)

Werkzeichnungen werden vorzugsweise im Maßstab 1:50, ggf. 1:20 dargestellt und sollen in jeweils einer Zeichnung oder – aus Gründen der Übersicht entsprechend der geplanten Baudurchführung – in schrittweise aufeinander abgestimmten und sich ergänzenden Zeichnungen *mindestens* enthalten:

in den Grundrissen
a) alle Maße zum Nachweis der Raumflächen und des Rauminhaltes (lichte Raummaße des Rohbaues),
b) Quadratmeterangaben für die Raumflächen, bezogen auf den Rohbau,
c) Höhenangaben, Lage des Bauwerkes über NN,
d) Maße aller Bauteile,
e) Türöffnungen mit Bewegungsrichtungen der Türen, Fensteröffnungen,
f) Treppen und Rampen mit Angabe der Steigungsrichtung (Lauflinie), Anzahl der Steigungen und Steigungsverhältnisse, bei Rampen nur Steigungsverhältnis,
g) Angaben der Bauart und der Baustoffe, soweit diese nicht den Tragwerksausführungszeichnungen zu entnehmen sind,
h) Lage und Verlauf der Abdichtungen,
i) konstruktive Fugen,
j) die Anordnung der betriebstechnischen Anlagen mit Querschnitten der Kanäle, Schächte und Schornsteine,
k) alle Angaben über Aussparungen und Einbauteile,
l) die Geländeanschnitte, welche die vorhandenen und künftigen Höhen erkennen lassen,
m) bei Änderung baulicher Anlagen: alle Angaben über zu erhaltende, zu beseitigende und neu zu errichtende Bauteile, Darstellung gem. DIN ISO 7518,
n) Hinweise auf weitere Zeichnungen,
o) die Raumnummern und die Bezeichnung der Raumnutzung,
p) Angaben über die Oberflächenbeschaffenheit verwendeter Baustoffe bei besonderen Anforderungen an die Oberfläche,
q) die Anordnung der Einrichtungen des technischen Ausbaus,
r) die Anordnung der betrieblichen Einbauten, ggf. in schematischer Darstellung,
s) Einbauschränke, Küchenneinrichtungen,
t) Verlauf der Grundleitung, Darstellung gem. DIN 1986-1
u) Angaben über die Dränung,
v) Hinweise auf weitere Zeichnungen,
w) bei Verwendung von Fertigteilen Angaben der Maßtoleranzen;

in den Schnitten
a) Geschosshöhen (Stockwerkshöhen), ggf. auch lichte Raumhöhen,
b) Höhenangaben für Decken und Fußböden (Rohbau- und Fertigmaß), Podeste, Brüstungen, Unterzüge, Vouten,
c) Maße aller Bauteile,
d) Angabe der Bauart und Baustoffe, soweit diese nicht den Tragwerksausführungszeichnungen zu entnehmen sind,
e) Angaben über die Oberflächenbeschaffenheit der verwendeten Baustoffe, bei besonderen Anforderungen an die Oberfläche,
f) Treppen mit Angabe der Anzahl der Steigungen und Steigungsverhältnisse, bei Rampen Steigungsverhältnis,
g) Lage und Verlauf der Abdichtungen,
h) Angaben über Aussparungen und Einbauteile, soweit notwendig,
i) die Geländeanschnitte, welche die vorhandenen und die künftigen Höhen erkennen lassen,
j) Angaben über die Dränung,
k) bei Änderung bestehender Anlagen Angaben über zu beseitigende oder neu zu errichtende Bauteile,
l) Einbauschränke und Küchenneinrichtungen,
m) Hinweise auf weitere Zeichnungen;

in den Ansichten
a) Gliederung der Fassade, einschl. Fugen,
b) Bemaßung und Höhenangaben, soweit nicht aus Grundriss und Schnitt ersichtlich,
c) hinter der Fassade liegende verdeckte Geschossdecken und verdeckte Fundamente,
d) Fenster und Türen mit Angabe der Teilung und Öffnungsart,
e) Dachrinnen und Regenfalleitungen,
f) Schornsteine und sonstige technische Aufbauten,
g) die ggf. zu berücksichtigende anschließende Bebauung.

3.1.4.2 Detailzeichnungen (Einzelheiten)
Detailzeichnungen ergänzen die Werkzeichnungen in bestimmten Ausschnitten in jeweils notwendigem Umfang durch zusätzliche Angaben. Sie werden im Maßstab 1:20, 1:10, 1:5 oder 1:1 dargestellt.

3.1.4.3 Sonderzeichnungen
Sonderzeichnungen enthalten zusätzliche Angaben über die Ausführung bestimmter Gewerke, der Maßstab ist nach den Erfordernissen zu wählen.

3.1.5 Abrechnungszeichnungen
Abrechnungszeichnungen dienen als Grundlage für die Abrechnung und Rechnungsprüfung. Hierfür werden in der Regel die während der Objektplanung fortgeschriebenen Ausführungszeichnungen angewendet. Jedoch ist auch eine unmaßstäbliche skizzenhafte Darstellung möglich.

3.1.6 Baubestandszeichnungen
Baubestandszeichnungen enthalten als fortgeschriebene Entwurfs- bzw. Ausführungszeichnungen alle für den jeweiligen Zweck notwendigen Angaben über die fertiggestellte bauliche Anlage. Maßstab 1:100, 1:50.

3.1.7 Bauaufnahmezeichnungen
Bauaufnahmen sind nachträgliche Maßaufnahmen bestehender Objekte im erforderlichen Umfang und Maßstab. Eine Norm ist in Vorbereitung (vgl. Anmerkung).

Nach den Empfehlungen des Landesdenkmalamtes Baden-Württemberg soll mit der Einführung von vier Genauigkeitsstufen eine Systematik bei Bauaufnahmen erreicht werden.

Genauigkeitsstufe 1
Eine einfache Dokumentation eines Gebäudes im Maßstab 1:100 in Grundrissgliederung, Höhenentwicklung und Ansichtsdarstellung. Die Bauaufnahmezeichnungen sollen als Besprechungsgrundlage bei Vorplanungen dienen oder bei Renovierungsmaßnahmen, wenn die Bausubstanz nicht angegriffen wird.

Bauaufnahmezeichnungen der Genauigkeitsstufe 1 werden wie Bauvorlagezeichnungen dargestellt, eine skizzenhafte Darstellung ist jedoch auch möglich. Die Bauaufnahmezeichnungen nach Genauigkeitsstufe 1 zeigen keine Bauschäden, Verwerfungen und Durchbiegungen, *sollen* jedoch *mindestens* enthalten:
a) Außenabmessungen und lichte Raummaße (Fertigmaße inkl. Putz),
b) Lage und Höhe der Wandöffnungen,
c) Stockwerks-, Geschoss- und Dachstuhlhöhen,
d) Wand- und Deckenstärken,
e) Winkel der Gebäudeecken durch Diagonalmaße,
f) vereinfachte Darstellung von Dachkonstruktion und Sichtfachwerk.

Genauigkeitsstufe 2
Mit der Genauigkeitsstufe 2 ist eine Zwischenstufe eingeführt, die ein annähernd wirklichkeitsgetreues Aufmaß wiedergibt. Die Bauaufnahmezeichnungen dieser Genauigkeitsstufe können auch über Photovermessung bzw. Auswertung von Einzelaufnahmen erstellt werden und sollen vorzugsweise im Maßstab 1:50 dargestellt werden. Sie zeigen eine annähernd wirklichkeitsgetreue Dokumentation eines Baubestandes mit der Feststellung des konstruktiven Systems. Die Bauaufnahmezeichnungen sollen als Grundlage für einfache Sicherungs- und Sanierungsmaßnahmen ohne weiterführende Umbaumaßnahmen benutzbar sein. Weiterhin sollen sie die Grundlage für Orts- und Stadtbildanalysen und die daraus abgeleiteten Gestaltungssatzungen bilden. Die Bauaufnahmezeichnung der Genauigkeitsstufe 2 *soll mindestens* enthalten:
a) Konstruktion und Struktur der Wände, Bezeichnung von Baumaterial,
b) Spannrichtung der Deckenbalken im Grundriss,
c) Deckendurchbiegungen, Fußbodengefälle, Wandneigungen, Grundrissabweichungen vom rechten Winkel,

d) Ausbaudetails wie Türen, Fenster durch einfache Konturen,
e) Außenabmessungen, lichte Raummaße, Stockwerks-/Geschosshöhen,
f) Bauschädenerfassung,
g) Hinweis auf frühere Bauzustände.

Die Genauigkeitsstufen 3 und 4 erfordern ein exaktes und verformungsgetreues Aufmaß, das die Grundlage für schwierige Umbau-, Rekonstruktions- und Sanierungsmaßnahmen bildet und durch entsprechende photogrammetrische Vermessung (Auswertung von Stereoaufnahmen) oder mit elektronischen Theodoliten (dreidimensionale Bauaufnahme) erfolgt [1].

Anmerkung:
Bauen im Bestand ist eines der zentralen Themen, mit denen sich die Immobilienwirtschaft verstärkt auseinandersetzen muss, denn im Jahre 2020 wird voraussichtlich 85% im Bestand und nur noch 15% neu gebaut. Die Prüfung der Erhaltungswürdigkeit eines historischen Bauwerkes setzt aber eine fundierte Bauzustandsuntersuchung bzw. fundierte Analyse, Erfassung und Dokumentation voraus und bildet somit eine wichtige Voraussetzung für die Planung von wirtschaftlich vertretbaren und fachgerechten Sanierungs- bzw. Modernisierungsmaßnahmen.

Prof. Benning von der TH Aachen fordert z. B., dass folgende Kriterien an eine Bauwerksdokumentation zu erfüllen sind: präzise Vermessung der Objektoberfläche; Erfassung aller konstruktiven und gestalterischen Elemente der Bauwerksfassaden für eine detailgetreue Darstellung; EDV-gestützte Speicherung und Auswertung aller Bauwerksdaten in einem einheitlichen Koordinaten-System; aus den gespeicherten Daten sollten mit CAD-Techniken beliebige ebene Abbildungen, Abwicklungen und 3D-Darstellungen ableitbar sein; in einer gemeinsamen Datenbank sollen Außen- und Innenräume der Bauwerke integriert sein; alle Ergebnisdaten sollen als Grundlage für eine weitergehende Visualisierung von Ist- und Sollzuständen im Baubestand geeignet sein.

Des Weiteren muss beim Bauen im Bestand damit begonnen werden, die Bewirtschaftung der Immobilie durch ein Facility Management neu zu ordnen, um den Kostenfaktor stärker zu berücksichtigen, da für den Eigentümer die optimierte Gebäudebewirtschaftung eine wesentlich höhere Rendite bringt, denn die Betriebskosten eines Gebäudes erreichen meist schon nach 10 bis 15 Jahren die Höhe der Sanierungs- bzw. Herstellungskosten.

Das Deutsche Institut für Normung hat auf der Basis seines Entwurfs von 1993 und der ÖNORM A 6250 die bestehende DIN 1356 (wird z. Zt. überarbeitet) um die Teile 6 bis 8 „Bauaufnahmezeichnungen" als Normentwurf erweitert. Im Teil 6 werden die Informationsdichte I und II festgelegt. Die Informationsdichte III und IV erfordern ein exaktes und verformungsgetreues Aufmaß, welches nur mit besonderem technischem Aufwand erreicht werden kann; sie werden im Teil 7 behandelt. Für spezielle Anforderungen im Bereich Facility Management wurde der Teil 8 eingerichtet.

3.1.8 Benutzungspläne

Benutzungspläne sind Baubestandszeichnungen oder Bauaufnahmen, die durch zusätzliche Angaben für bestimmte baurechtlich, konstruktiv oder funktionell zulässige Nutzungen ergänzt sind (z.B. zulässige Verkehrslasten, Rettungswege im Filmtheater, Bestuhlungspläne im Theater usw.).

3.2 Anforderungen an die Zeichnungen der Tragwerksplanung im Massivbau (Mauerwerks-, Beton-, Stahlbeton- und Spannbetonbau)

In dieser Checkliste werden Regeln und Mindestanforderungen für die Zeichnungen der Tragwerksplanung zusammengestellt. In der HOAI ist der für die Honorierung der Ingenieurleistungen gesteckte Rahmen genau beschrieben. Da entsprechend den Festlegungen in der HOAI ein Schal-

---

[1] Das Österreichische Normeninstitut hat den deutschen Vorschlag zur Normung von Bauaufnahmezeichnungen aus den Jahren 1993 aufgegriffen und im Juni 2001 eine ÖNORM – A 6250 – herausgegeben. Diese Norm regelt die Darstellung der Bauaufnahme bzw. die erforderliche Genauigkeit entsprechend dem Verwendungszweck und legt 4 Stufen als Mindestanforderungen für Bauaufnahmen und als Analyse des Bestandsobjekts fest (Informationsdichte I–IV).

plan nicht alle Maße und Angaben enthalten muss, die auf der Baustelle für die Ausführung des Objekts benötigt werden, wurde in die DIN 1356 der zusätzliche Begriff der *Rohbauzeichnung* neu aufgenommen. Schalpläne sind danach lediglich Ergänzungen zu den Ausführungszeichnungen des Objektplaners. Bei Rohbauzeichnungen und Schalplänen ist die Grundrissdarstellungsart nach DIN ISO 2594 bzw. DIN 1356 Grundriss Typ B (gespiegelte Projektion) als „Blick in die leere Schalung" anzuwenden.

3.2.1 Positionspläne

Positionspläne sind Bauzeichnungen des Tragwerks – ggf. in skizzenhafter Darstellung – zur Erläuterung der statischen Berechnungen mit Angabe der einzelnen Positionen. Sie werden auf der Grundlage der Entwurfszeichnungen des Objektplaners nach den gleichen Projektionsregeln wie Schalpläne und Rohbauzeichnungen erstellt, im Regelfall als Grundrisse im Maßstab 1:100, durch Ergänzungen der Transparentpausen der Entwurfszeichnungen des Objektplaners.

Positionspläne dienen der Erläuterung der statischen Berechnung und *sollen mindestens* enthalten:
a) Hauptmaße des Tragwerks und der tragenden Bauteile,
b) Spannrichtungen plattenartiger Bauteile,
c) Kennzeichnung der Bauteile mit den Positionen der statischen Berechnung, erforderlichenfalls mit ihren Bereichsgrenzen (z. B. bei Platten),
d) Angaben über Festigkeitsklassen der Baustoffe tragender Bauteile.

3.2.2 Tragwerksausführungszeichnungen

3.2.2.1 Rohbauzeichnungen

Rohbauzeichnungen sind Bauzeichnungen mit allen für die Ausführung des Rohbaues erforderlichen Angaben im Maßstab 1:50 (erweiterte Schalpläne). Sie werden auf der Grundlage der Ausführungszeichnungen des Objektplaners angefertigt und sollen außer den für Schalpläne geforderten Mindestinhalten alle Angaben für die Herstellung des Tragwerks, auch des Mauerwerks, enthalten, insbesondere:
a) in den Beton oder das Mauerwerk einbindende Bauteile, die selbst Bestandteile des Tragwerks sind oder zur späteren Befestigung oder Anbindung von nicht selbst zum Tragwerk gehörenden Teilen dienen, z. B. Ankerschienen, Ankerplatten, Fassadenverankerungen, Rohrhülsen, Sperr- und Gleitschichten, Dämmschichten, Fugenbänder. Dazu gehört auch die genaue Lage beim Einbau einschließlich Bemaßung.
b) Lager- und Übergangskonstruktionen, soweit sie nicht in besonderen Zeichnungen dargestellt werden,
c) Aussparungen (Durchbrüche und Schlitze),
d) Arbeitsfugen, soweit sie für die Konstruktion erforderlich sind,
e) Oberflächenbeschaffenheit, z. B. Sichtmauerwerk, Strukturbeton, Waschbeton, Abfasungen.

3.2.2.2 Schalpläne

Schalpläne sind Bauzeichnungen des Beton-, Stahlbeton- und Spannbetonbaus im Maßstab 1:50 mit Darstellung der einzuschalenden Bauteile. Sie werden auf der Grundlage der Ausführungszeichnungen des Objektplaners als Grundrisse und Schnitte unter Berücksichtigung der Ergebnisse der statischen Berechnung angefertigt. Dabei werden für raumbildende Konstruktionen des Ingenieurhochbaus die Grundrisse im Regelfall als Grundrisse Typ B entsprechend DIN 1356-1 dargestellt. Fundamentzeichnungen werden ebenso wie Zeichnungen des Ingenieurtiefbaus im Regelfall als Grundrisse Typ A nach DIN 1356-1 dargestellt.

Schalpläne *sollen mindestens* enthalten:
a) Maße des Bauwerks und der Bauteile, auch Höhenkoten und ggf. Bauwerksachsen.
b) Aussparungen innerhalb dieser Bauteile, soweit sie für das Tragverhalten von Bedeutung sind,
c) Auflager der einzuschalenden Bauteile, wie z. B. Umrisse der tragenden Mauerwerkswände oder Kopfplatten von Stahlstützen, sowie tragende Einbauteile, die in die Schalung verlegt werden,
d) Arten und Festigkeitsklassen der Baustoffe, ggf. besondere Zuschläge, Zusatzmittel und Zusatzstoffe.

3.2.2.3 Bewehrungszeichnungen

Bewehrungszeichnungen sind Bauzeichnungen des Stahlbeton- und Spannbetonbaus mit allen zum Biegen und Verlegen der Bewehrung erforderlichen Angaben. Sie werden nach DIN 1356-10 angefertigt. Die Bewehrung wird gegenüber den Bauteilbegrenzungen durch breitere Linien hervorgehoben. Maßstab nach Art und Schwierigkeit des Tragwerks, im Regelfall 1:50, 1:25 oder 1:20 (bei Stabstahlbewehrung 1:25, für Details 1:5).

Bewehrungszeichnungen dienen den Bewehrungsarbeiten auf der Baustelle bzw. im Fertigteilwerk. Sie sollen alle hierfür erforderlichen Angaben und Maße enthalten (vgl. auch DIN 1045), insbesondere:

a) Hauptmaße der Stahlbeton- bzw. Spannbetonbauteile,
b) Betonstahlsorten und Betonfestigkeitsklassen,
c) Anzahl, Durchmesser, Form und Lage der Bewehrungsstäbe und Baustellenschweißungen, z.B. gegenseitiger Abstand, Rüttellücken, Übergreifungslängen von Stäben und Verankerungslängen, z.B. an Auflagern, Anordnung und Ausbildung von Schweißstellen mit Angabe der Schweißzusatzstoffe, Nahtausführung und Nahtmaße,
d) die Betondeckung der Bewehrung und die Unterstützungen der oben liegenden Bewehrungen,
e) die Durchmesser der Biegerollen,
f) für Spannbetonbauteile außerdem: Anzahl, Querschnitte, Stahlsorte und Lage der Spannbewehrung bzw. Spannglieder; Bezeichnung des Spannverfahrens; Verankerungen, Einpress-, Entlüftungs- und Entwässerungsanschlüsse, Spanngliedunterstützungen, Zusatzbewehrungen,
g) zum Tragwerk gehörende Einbauteile, die in die Schalung verlegt werden, auch wenn sie nicht mit der Bewehrung verbunden werden, z.B. Stahlträger als Deckenauflager.

3.2.2.4 Fertigteilzeichnungen

Fertigteilzeichnungen sind Bauzeichnungen im Maßstab 1:25 bzw. 1:20 zur Herstellung von Fertigteilen aus Beton, Stahlbeton, Spannbeton (s. DIN 1045 und 4227) oder Mauerwerk (s. DIN 1053-4) im Fertigteilwerk oder auf der Baustelle.

Für Fertigteilzeichnungen gelten die Anforderungen an Tragwerksausführungszeichnungen nach 3.2.2.1–3.2.2.3. Außerdem *sollen* sie *mindestens* folgende Angaben enthalten:

a) erforderliche Festigkeit des Fertigteilbaustoffs zur Zeit des Transports bzw. des Einbaus,
b) Eigenlasten der einzelnen Fertigteile,
c) zulässige Maßtoleranzen der Fertigteile,
d) Aufhängung bzw. Auflagerung für Transport, ggf. Zwischenlagerung und Einbau,
e) ggf. Stückzahl und Fertigteilbezeichnung,
f) Angaben zur Oberflächenbeschaffenheit.

3.2.2.5 Verlegezeichnungen

Verlegezeichnungen sind Bauzeichnungen für die Verwendung von Fertigteilen. Sie enthalten alle für Einbau und Anschluss der Fertigteile erforderlichen Angaben, ggf. in skizzenhafter Darstellung. Diese richtet sich nach der Art der Fertigteilkonstruktion. Grundrisse als Typ A bzw. Typ B sowie Maßstäbe für Schalpläne (Vorzugsmaßstab 1:50).

Nach Verlegezeichnungen werden Fertigteile auf der Baustelle zusammengebaut bzw. eingebaut. Sie *sollen mindestens* außer der Bemaßung enthalten:

a) Positionsbezeichnungen der einzelnen Fertigteile,
b) Lage der Fertigteile im Gesamttragwerk,
c) Einbauablauf, soweit erforderlich,
d) Einbaumaße und Einbautoleranzen, Auflagertiefen,
e) Anschlüsse, Fertigteilauflager,
f) ggf. erforderliche Hilfsstützen (Montagestützen),
g) auf der Baustelle zusätzlich zu verlegende Bewehrung,
h) Festigkeitsklassen und ggf. besondere Eigenschaften von zur Verbindung oder zur Ergänzung erforderlichen Baustoffen (Ortbeton, Mörtel, Kleber, Laschen, Konsolen usw.).

4 Allgemeine Zeichen und Begriffe
nach DIN 1356-1 und DIN ISO 4157-1

Beispiel: Höhenbemaßung

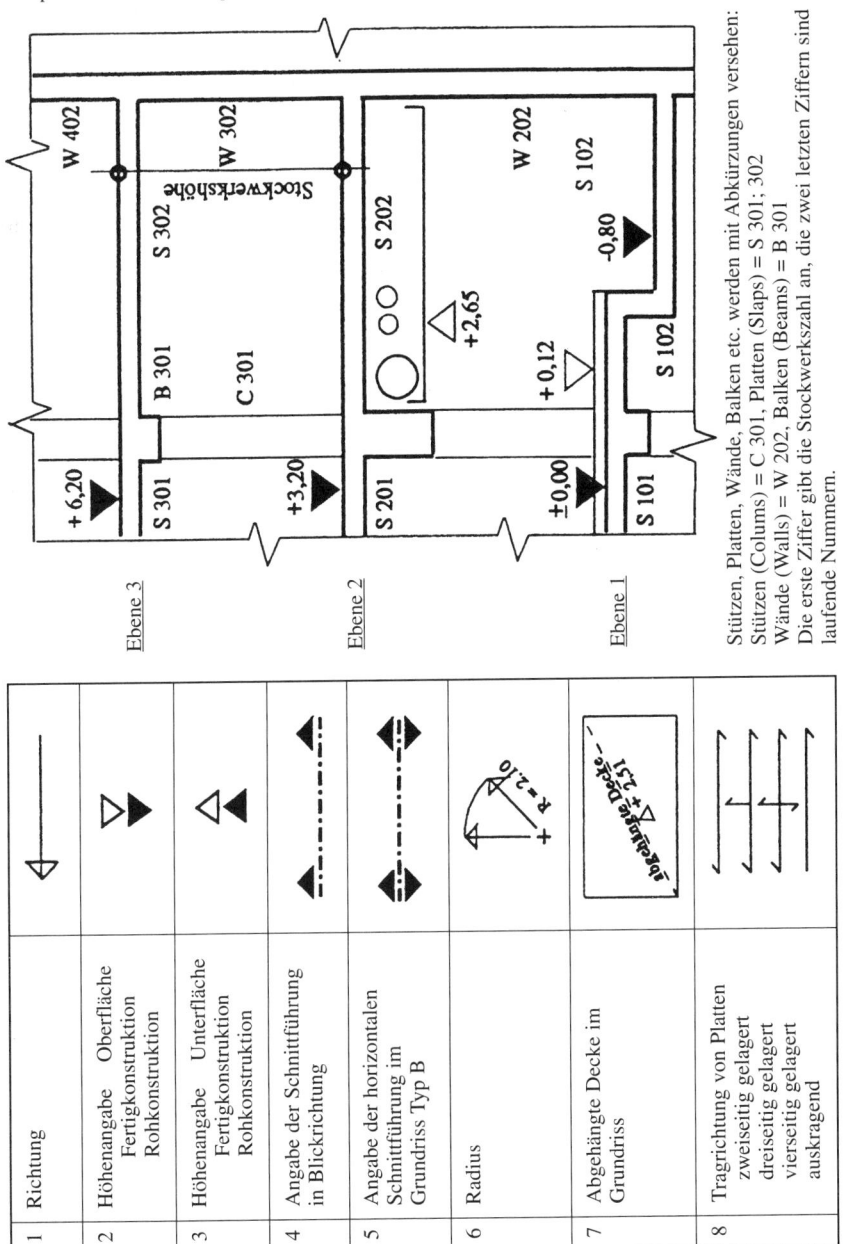

Stützen, Platten, Wände, Balken etc. werden mit Abkürzungen versehen:
Stützen (Colums) = C 301, Platten (Slaps) = S 301; 302
Wände (Walls) = W 202, Balken (Beams) = B 301
Die erste Ziffer gibt die Stockwerkszahl an, die zwei letzten Ziffern sind laufende Nummern.

1		Richtung
2		Höhenangabe Oberfläche Fertigkonstruktion Rohkonstruktion
3		Höhenangabe Unterfläche Fertigkonstruktion Rohkonstruktion
4		Angabe der Schnittführung in Blickrichtung
5		Angabe der horizontalen Schnittführung im Grundriss Typ B
6		Radius
7		Abgehängte Decke im Grundriss
8		Tragrichtung von Platten zweiseitig gelagert dreiseitig gelagert vierseitig gelagert auskragend

5 Darstellung von Treppen und Rampen mit Steigungsrichtung im Grundriss nach DIN 1356-1 (vgl. auch DIN 18064)

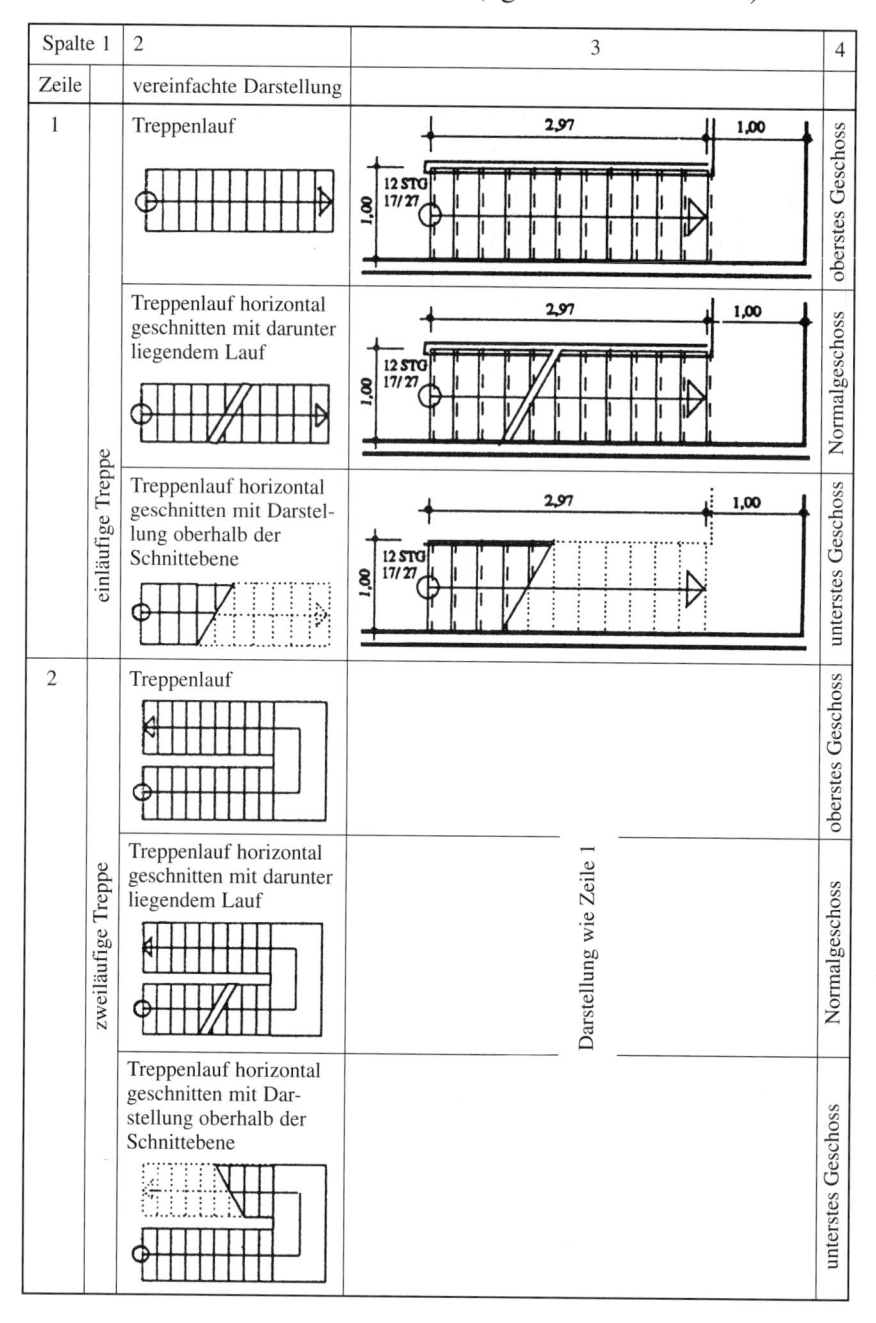

Spalte 1	2	3	4
Zeile	vereinfachte Darstellung		
1 (einläufige Treppe)	Treppenlauf	2,97 / 1,00; 12 STG 17/27	oberstes Geschoss
	Treppenlauf horizontal geschnitten mit darunter liegendem Lauf	2,97 / 1,00; 12 STG 17/27	Normalgeschoss
	Treppenlauf horizontal geschnitten mit Darstellung oberhalb der Schnittebene	2,97 / 1,00; 12 STG 17/27	unterstes Geschoss
2 (zweiläufige Treppe)	Treppenlauf	Darstellung wie Zeile 1	oberstes Geschoss
	Treppenlauf horizontal geschnitten mit darunter liegendem Lauf		Normalgeschoss
	Treppenlauf horizontal geschnitten mit Darstellung oberhalb der Schnittebene		unterstes Geschoss

14.28

Darstellung von Treppen und Rampen mit Steigungsrichtung im Grundriss (Fortsetzung)

Spalte 1	2	3
Zeile	Bezeichnung	vereinfachte Darstellung
3	dreiläufige Treppe [1]	
4	gewendelte Treppe [1]	
5	Rampe [1]	

[1] Darstellung wie Zeile 1.

6 Darstellung von Aussparungen

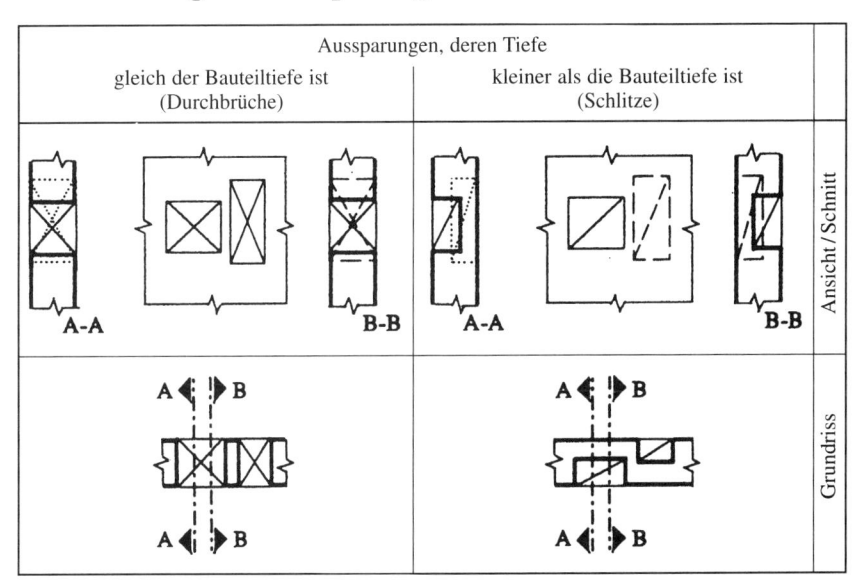

Aussparungen, deren Tiefe		
gleich der Bauteiltiefe ist (Durchbrüche)	kleiner als die Bauteiltiefe ist (Schlitze)	
A-A B-B	A-A B-B	Ansicht/Schnitt
A ▶ B A ◀ B	A ▶ B A ◀ B	Grundriss

Die Aussparungen sind nur mit ihren Symbolen und Maßangaben (Breite, Tiefe, Höhe) in Grundriss, Schnitt oder Ansicht einzutragen. Weitere Kennzeichen wie Deckendurchbruch (DD). Deckenschlitz, Bodendurchbruch, Bodenkanal, Wanddurchbruch oder Wandschlitz sind nicht erforderlich.

7 Öffnungsarten von Türen im Grundriss und von Türen und Fenstern in der Ansicht

Nr	Bezeichnung		Nr	Bezeichnung
1	Drehflügel, einflügelig		12	Drehflügel
2	Drehflügel, zweiflügelig		13	Kippflügel
3	Drehflügel, zweiflüg., gegeneinander schlagend		14	Klappflügel
4	Pendelflügel, einflügelig		15	Dreh-Kipp-Flügel
5	Pendelflügel, zweiflügelig		16	Hebe-Dreh-Flügel
6	Hebe-Dreh-Flügel		17	Schwingflügel
7	Drehtür		18	Wendeflügel
8	Schiebeflügel		19	Schiebeflügel, vertikal
9	Hebe-Schiebe-Flügel		20	Schiebeflügel, horizontal
10	Falttür, Faltwand		21	Hebe-Schiebe-Flügel
11	Schwingflügel		22	Festverglasung

8 Symbole, Markierungen und vereinfachte Darstellungen von Abriss und Wiederaufbau nach DIN 1356 bzw. DIN ISO 7518

	beabsichtigte Änderung	Darstellung und Angaben in der	
		bestehenden Zeichnung[1] (Grundriss, Schnitt, Ansicht)	neuen Zeichnung[1] (Grundriss, Schnitt, Ansicht)
1	Umrisse bestehender Teile, die erhalten bleiben sollen	(keine Vereinbarung)	[3]
2	Umrisse bestehender Teile, die abgerissen werden sollen	—×—×—×—	—×—×—×— [3]
3	Umrisse neuer Teile	neue Linien stärker als die alten	gemäß DIN 1356
4	Maße und Informationen zu bestehenden, abzureißenden Bauteilen	——12,38—— feine Linie durch die Maßzahl oder den Text[2]	—Ber T 16,2—
5	bestehender, zu erhaltender Teil des Gebäudes	(keine Vereinbarung)	[3] [4]
6	bestehender, abzureißender Teil eines Gebäudes		[3] [4] [3]
7	neue Bauteile	gem. DIN 1356	gem. DIN 1356
8	Schließung von Öffnungen im bestehenden Mauerwerk		[3] [4]
9	neue Öffnungen im bestehenden Mauerwerk	NEUE ÖFFNUNG	[3] [4]
10	Wiederherstellung eines bestehenden Bauwerkes nach Abriss eines damit verbundenen Bauwerkes		[3] [4]
11	Änderung der Oberflächenbeschichtung		[3] [4]

[1] Um die geplante Änderung zu erklären, soll der ursprüngliche (bestehende) Zustand des Gebäudes in einer Zeichnung zusammen mit den Angaben der geplanten Änderungen sowie eine neue Zeichnung des geänderten Gebäudes angefertigt werden.
[2] Es wird empfohlen, zwischen ursprünglichen und neuen Maßen und Textinformationen zu unterscheiden. Dies soll durch verschiedene Schriftgrößen oder durch die Schreibweise der Ziffern und des Textes geschehen.
[3] Linienarten und Linienbreiten siehe Tabelle gem. DIN 1356; DIN 15-2.
[4] Schraffur in Übereinstimmung mit DIN 1356/DIN 201; ISO 4069 siehe Tabelle.

9 Projektionsarten nach DIN ISO 5456-3

Parallelprojektionen (vgl. auch ISO 128)

Die Darstellungen der Parallelprojektionen sind „doppeldeutig", d. h., der abzubildende Körper kann von oben (Vogelperspektive) oder von unten (Froschperspektive) betrachtet werden.

Der ISO-Normkörper als Volumenmodell im Drahtmodell eines Würfels:

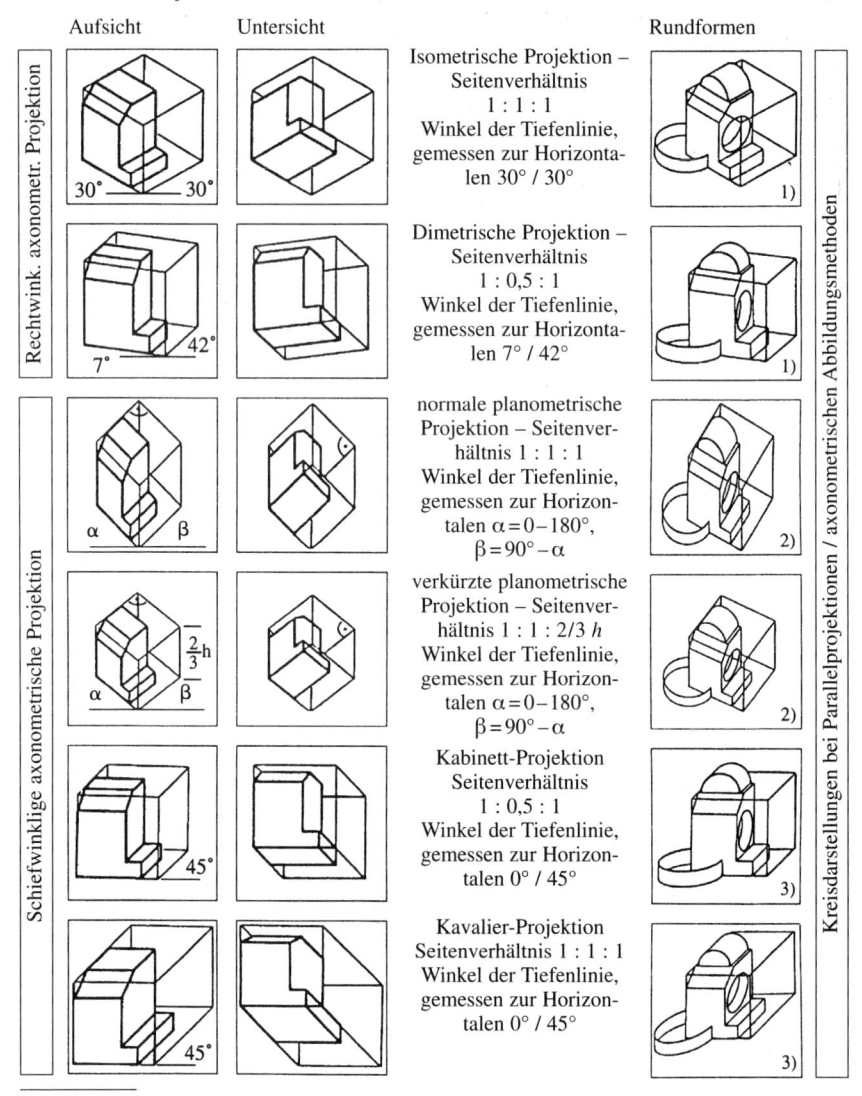

	Aufsicht	Untersicht		Rundformen
Rechtwink. axonometr. Projektion	30° / 30°		Isometrische Projektion – Seitenverhältnis 1 : 1 : 1 Winkel der Tiefenlinie, gemessen zur Horizontalen 30° / 30°	1)
	7° / 42°		Dimetrische Projektion – Seitenverhältnis 1 : 0,5 : 1 Winkel der Tiefenlinie, gemessen zur Horizontalen 7° / 42°	1)
Schiefwinklige axonometrische Projektion	α / β		normale planometrische Projektion – Seitenverhältnis 1 : 1 : 1 Winkel der Tiefenlinie, gemessen zur Horizontalen α = 0–180°, β = 90° – α	2)
	α / β, 2/3 h		verkürzte planometrische Projektion – Seitenverhältnis 1 : 1 : 2/3 h Winkel der Tiefenlinie, gemessen zur Horizontalen α = 0–180°, β = 90° – α	2)
	45°		Kabinett-Projektion Seitenverhältnis 1 : 0,5 : 1 Winkel der Tiefenlinie, gemessen zur Horizontalen 0° / 45°	3)
	45°		Kavalier-Projektion Seitenverhältnis 1 : 1 : 1 Winkel der Tiefenlinie, gemessen zur Horizontalen 0° / 45°	3)

Kreisdarstellungen bei Parallelprojektionen / axonometrischen Abbildungsmethoden

[1] Kreise in allen drei Koordinatenebenen erscheinen als Ellipsen.
[2] Kreise in einer Koordinatenebene erscheinen als Kreise (Grundriss, Aufsicht), sonst erscheinen Kreise als Ellipsen.
[3] Wie [2], jedoch in Aufriss/Ansicht.
  Nur in der isometrischen und der dimetrischen Projektion erscheinen Kugelumrisse als Kreise, sonst bildet sich die Kugel elliptisch ab.

10 Projektionsarten für Bauzeichnungen nach DIN 1356-1 und ISO 2594

Darstellungsart bei der Objektplanung	Darstellungsart bei der Tragwerksplanung
Grundrissdarstellung – „Grundriss Typ A"	Grundrissdarstellung – „Grundriss Typ B"
Diese Darstellungsart nach DIN 1356-1 wird bei der Objektplanung angewendet und stellt die Draufsicht auf den unteren Teil eines waagerecht geschnittenen Bauobjektes dar. Die horizontale Schnittebene liegt – auch verspringend – so im Bauwerk bzw. Bauteil, dass die wesentlichen Einzelheiten, z.B. Treppen, Öffnungen für Fenster und Türen, Stützen oder andere Tragglieder, geschnitten werden. Von oben sichtbare Begrenzungen und Knickkanten der Bauteiloberseiten werden als sichtbare Kanten durch Volllinien dargestellt. Darunter liegende Kanten werden ggf. als verdeckte Kanten durch Strichlinien dargestellt. Bauteilkanten, die oberhalb der Schnittlinie liegen (Deckenöffnungen, Unterzüge, Vorsprünge etc.), werden ggf. durch Punktlinien dargestellt.	Diese Darstellungsart nach DIN 1356-1 und ISO 2594 wird bei der Tragwerksplanung angewendet. Der Grundriss stellt die gespiegelte Untersicht unter dem oberen Teil eines waagerecht geschnittenen Bauobjektes dar. Die Schnitte sind so zu führen, dass die Gliederung und der konstruktive Aufbau des Tragwerks deutlich werden. Alle tragenden Bauteile werden im jeweiligen Stockwerk (vgl. DIN ISO 4157) zusammen mit der Spiegelung der Decke über diesem Stockwerk dargestellt, sozusagen als „Blick in die leere Schalung". Kanten und Begrenzungen der Untersichten werden in der Zeichnung als sichtbare Kanten durch Volllinien dargestellt. Darüber liegende Bauteile (Unterzüge, Schlitze, Aufkantungen, Brüstungen etc.) werden als verdeckte Kanten durch Strichlinien dargestellt.
Schnitt	Schnitt
Grundriss	Grundriss

11 ISO-Normkörper/Haus am See [1]

11.1 Beispiele für die Darstellung von Entwurfszeichnungen nach DIN 1356-1 und DIN 5 (vgl. auch 3.1.2)

11.1.1 Ansicht von Süden (Bemaßung)

Der vorhandene und geplante Geländeverlauf einschließlich Höhenangaben und der Höhenlage der baulichen Anlage über NN ist anzugeben.

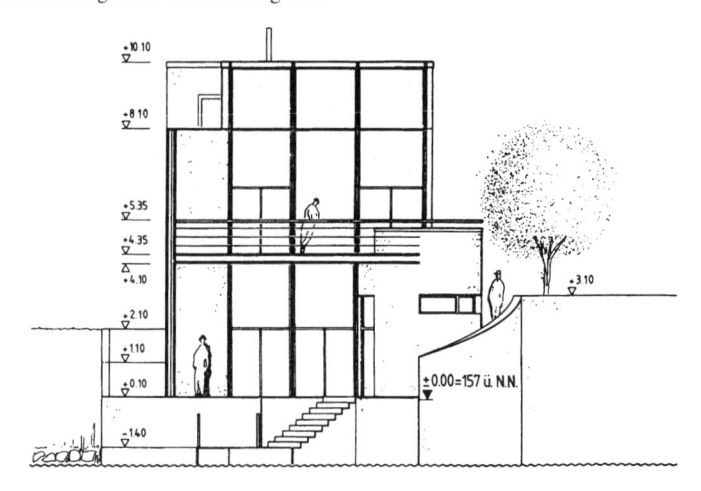

11.1.2 Räumliche Entwurfsdarstellung (Präsentationszeichnung)

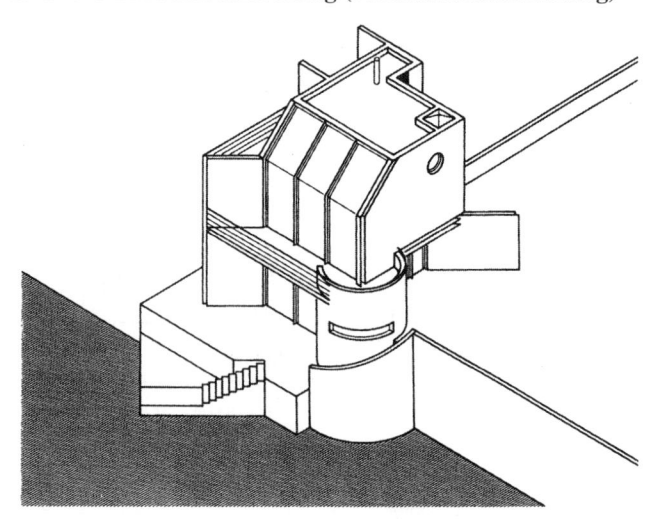

Die Isometrie zeigt gleichwertig betont drei Seiten des Baukörpers – Südfassade, Ostfassade, Dachaufsicht – und die Einpassung der baulichen Anlage im Gelände.

---

[1] Entwurf: cand. arch. G. Kersten.

11.1.3 Räumliche Darstellungsmethode (Planometrie)

Die Explosionszeichnung erlaubt Einblicke in das Innere des Baukörpers und stellt gleichzeitig komplexe Zusammenhänge des geplanten Bauwerks anschaulich dar.

Im Gegensatz zur Isometrie kann bei der Planometrie die Lage des Baukörpers zum Betrachter frei gewählt werden.

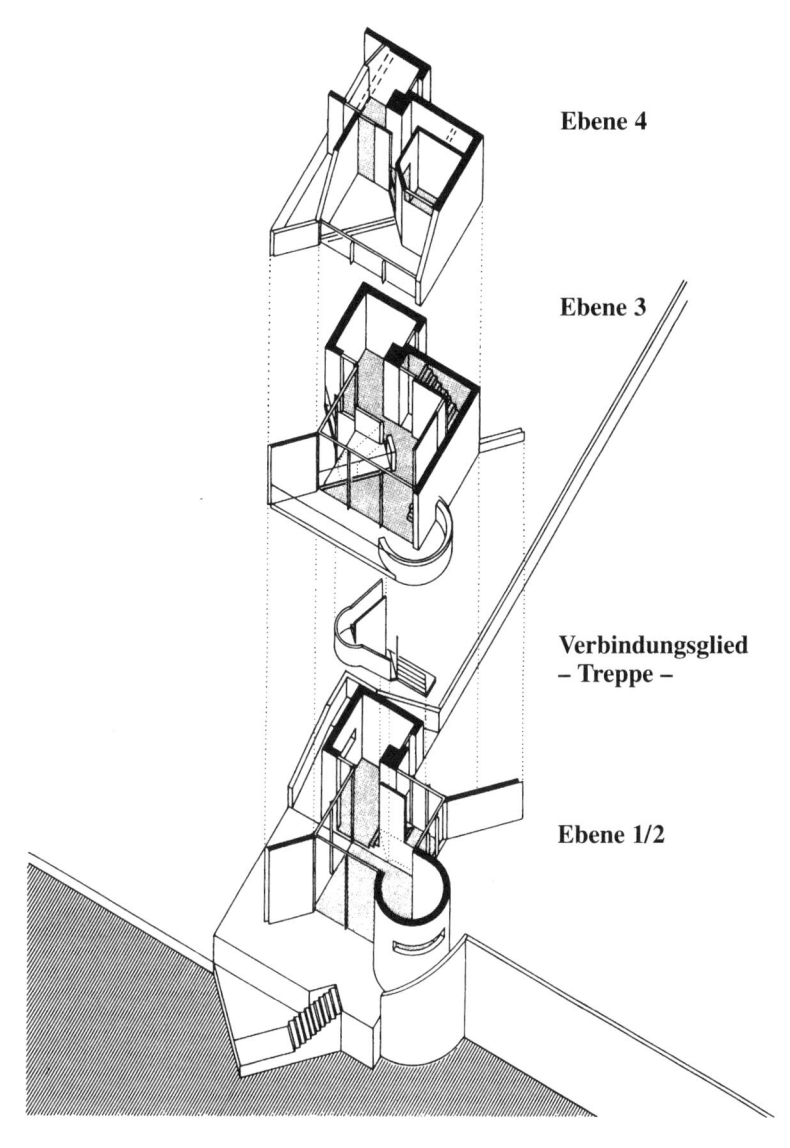

Ebene 4

Ebene 3

Verbindungsglied
– Treppe –

Ebene 1/2

14 Bauv.
Bauz.

14.35

11.1.4 Grundriss (Bemaßung)

Die Bemaßung besteht aus Maßzahl, Maßlinie, Maßhilfslinie und Maßlinienbegrenzung. Maßzahlen sind über der durchgezogenen Maßlinie so anzuordnen, dass sie in der Gebrauchslage der Zeichnung von unten bzw. von rechts leserlich sind.

Bei Wandöffnungen (Türen, Fenster) wird die Maßzahl für die Breite über der Maßlinie und die Maßzahl für die Höhe direkt darunter unter der Maßlinie angeordnet.

Die Lage der vertikalen Schnittebenen (z.B. A-A, B-B) ist mit starken Strichpunktlinien anzugeben, ebenfalls die Blickrichtung.

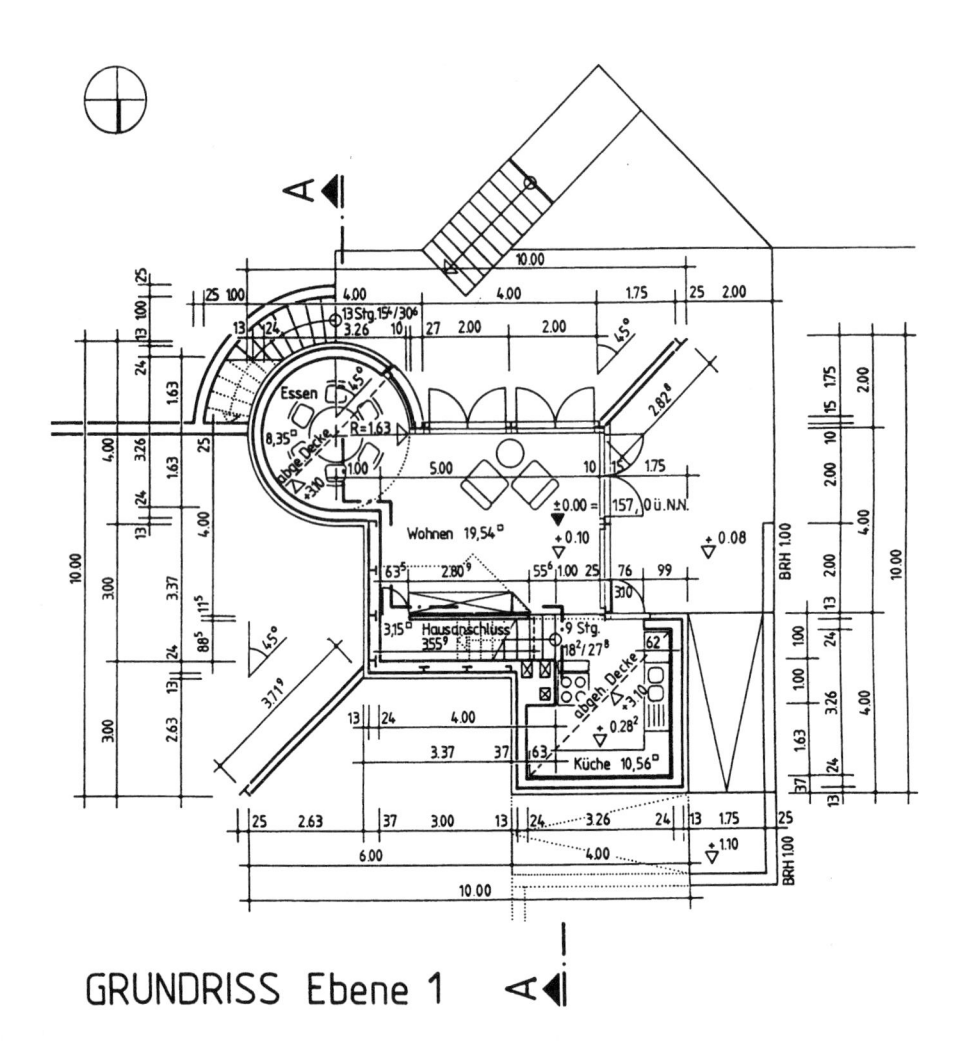

GRUNDRISS Ebene 1

14.36

11.2 Beispiele für die Darstellung von Werkzeichnungen nach DIN 1356-1 (vgl. auch Abschn. 3.1.4.1)

11.2.1 Draufsicht/Dachaufsicht
(Grundrissdarstellung der Ebene 5 ohne Bemaßung)

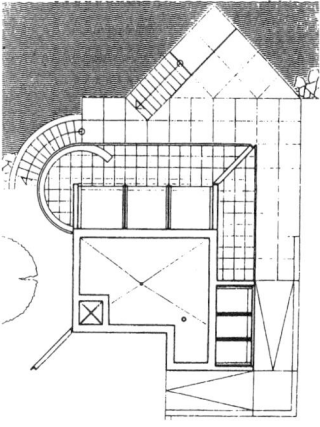

11.2.2 Grundriss (Bemaßung)

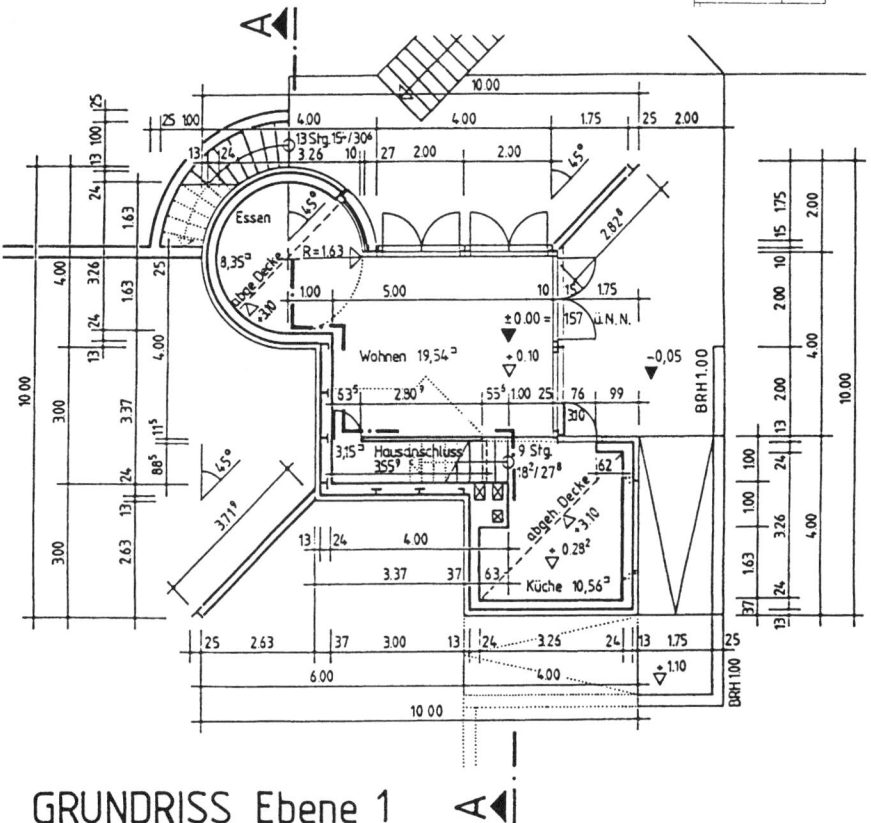

GRUNDRISS Ebene 1

In Grundrissen sind Höhenangaben (Höhenkoten), bezogen auf die Höhenlage ±0,00 (= Rohfußboden), erforderlich. Bei Brüstungen soll die Rohbauhöhe über Oberfläche Rohfußboden angegeben werden.

11.2.3 Schnitt (Höhenangaben und Bemaßung)

Die Höhenbemaßung ist durch zwei Bemaßungsangaben vorzunehmen:
a) Durch vertikale Maßketten sind Stockwerks-/Geschosshöhen, lichte Raumhöhen, Brüstungs-, Fenster- und Sturzhöhen anzugeben.
b) Durch Höhenkoten ist die Höhenlage der Ebenen bzw. der Deckenoberflächen in Bezug zu ±0,00 anzugeben.

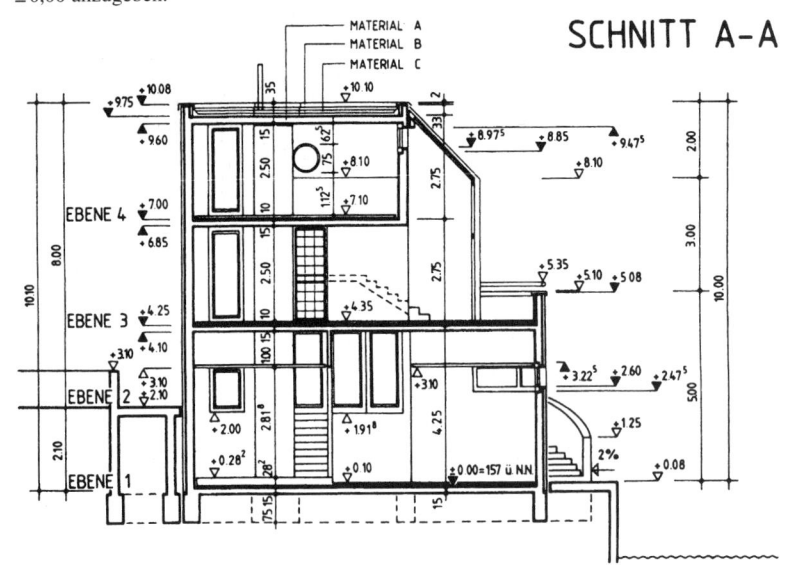

11.2.4 Ansicht der Westfassade (Höhenangaben und Bemaßung)

Werkzeichnung mit Bemaßung und Höhenangaben; mit Angabe der Teilung und Öffnungsart der Türen und Fenster, mit Angabe der hinter der Fassade liegenden verdeckten Geschossdecken und Fundamente.

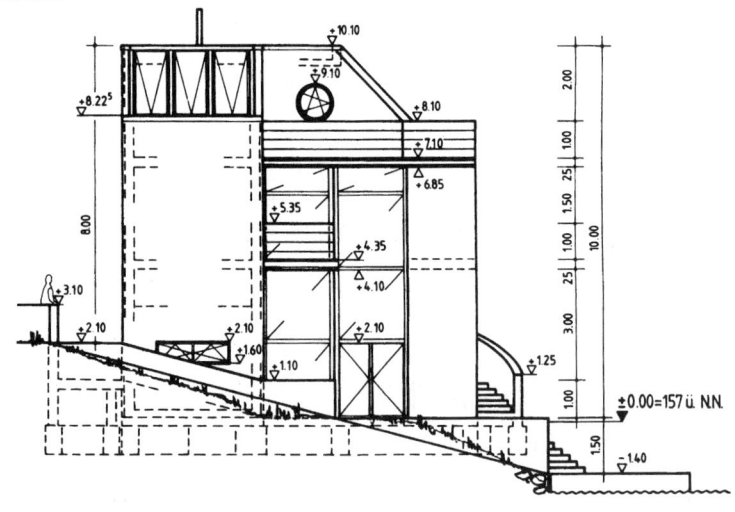

12 Entwässerungszeichnungen

12.1 Linienbreiten für die Darstellung von Sinnbildern und Zeichen in Entwässerungszeichnungen nach DIN 1986-1

Je nach gewähltem Maßstab sind folgende Linienbreiten und Schrifthöhen vorgeschrieben:

	Linienbreiten in mm	Darstellung im Maßstab	
Sanitärausstattungs-gegenstände	0,5	1 : 50	Weitere Vorschriften für die Darstellung von Sinnbildern und Zeichen im Bereich Bad, WC und Küche siehe DIN 18022 (11.89)
	0,25	1 : 100	
Rohrleitungen	1,0	1 : 50	
	0,5	1 : 100	
Schriftgröße (Schriftform B, gerade)	0,5	1 : 50	
	0,25	1 : 100	

(Schablonen für Sanitärausstattung vereinfachen die Zeichenarbeit.)
Beispiel: WC Ansicht / Grundriss 1:50 / 1:100 mit Rohrleitung

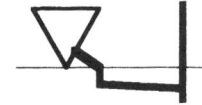

12.2 Sinnbilder und Zeichen nach DIN 1986-1 zur Darstellung von Sanitär-, Ausstattungs-, Entwässerungsgegenständen und Abwasserleitungen im Grund- und Aufriss für Entwässerungsanlagen von Gebäuden und Grundstücken (weitere Symbole s. S. 13.116)

	Benennung	Grundriss	Aufriss	Benennung	Grundriss	Aufriss
Sanitär-Ausstattungsgegenstände	Badewanne			Ausgussbecken		
	Duschwanne			Spülbecken einfach		
	Waschtisch Einbau-Waschtisch			Spülbecken doppelt		
	Sitzwaschbecken/Bidet			Geschirrspülmaschine		
	Urinalbecken			Waschmaschine		
	Urinal mit automatischer Spülung			Wäschetrockner		
	WC-Becken m. Spülkasten/m. Einbauspülkasten			Klimagerät		
Abwasserleitungen	Schmutzwasserleitung			Mischwasserleitung		
	vorh. Schmutzwasserleitung			vorh. Mischwasserleitung		
	Regenwasserleitung			Werkstoffwechsel		
	Lüftungsleitung			Nennweitenänderung	125 / 150	

13 Elektroinstallationszeichnungen
13.1 Elektrische Schalt- und Kurzzeichen nach DIN 40 900

Symbol	Bezeichnung	Symbol	Bezeichnung
——	Leiter, allgemein[1]		Schalter 1/1 (Ausschalter einpolig)
—∿—	Leiter, bewegbar		Schalter 1/2 (Ausschalter zweipol.)
=	Leiter im Erdreich, z.B. Erdkabel		Schalter 1/3 (Ausschalter dreipol.)
—o—	Leiter oberirdisch, z.B. Freileitung		Schalter 5/1 (Serienschalter einp.)
—A—	Leiter auf Isolatoren		Schalter 6/1 (Wechselschalter einp.)
⁄⁄⁄	Leiter auf Putz		Schalter 7/1 (Kreuzschalter einp.)
—⁄⁄⁄—	Leiter im Putz		Zeitschalter
⁄⁄⁄	Leiter unter Putz	⊚	Taster
o	Leiter in Elektroinstallationsrohr	⊗	Leuchttaster
—⫼—	Leitung mit Kennzeichnung der Leiteranzahl, z.B. 3 Leiter[1]		Stromstoßschalter
—³	vereinfachte Darstellung		Dimmer (Ausschalter)
- - - -	Signalleitung		Einfach-Steckdose o. Schutzkontakt
—·—·—	Fernmeldeleitung		Schutzkontaktsteckdose
—··—··—	Rundfunkleitung, nach DIN 40711	3/N/PE	Schutzkontaktsteckdose für Drehstrom, z.B. fünfpolig
	nach oben führende Leitung		Schutzkontaktsteckdose, abschaltbar
	nach unten führende Leitung	³	Schutzkontaktsteckdose, z.B. dreif.
	nach unten und oben führende Leitung		Steckdose mit Trenntrafo, z.B. für Rasierapparat
—T—	Leiterverbindung		Fernmeldesteckdose m. Zusatzbez. TP = Telefon FM = UKW-Rundfunk M = Mikrofon TV = Fernsehen ⊏⫤ = Lautsprecher TX = Telex
—φ—	Abzweigdose, Darstellung falls erf.		
○	Dose		Antennensteckdose
	Hausanschlusskasten	Y	Antenne, allg. nach DIN 40700-3
	Verteiler, Schaltanlage		Zeitrelais, z.B. für Treppenhausbel.
220/8 V	Transformator, 220/8 V	×	Leuchte, allgemein
	Zähler, nach DIN 40716-1	×5×60W	Leuchte m. Angabe d. Lampenzahl u. Leistung, z.B. 5 Lampen zu je 60 W

[1] Schaltzeichen nach DIN 40711.

14.40

Symbol	Bezeichnung	Symbol	Bezeichnung
✗	Leuchte mit Schalter	⊠	Händetrockner/Haartrockner
✗	Leuchte m. veränderbarer Helligkeit	⊕	Lüfter
✗	Sicherheitsleuchte in Dauerschaltung	⊏⊐	Infrarotstrahler, nach DIN 40 704-1
✗	Sicherheitsleuchte in Bereitschaftsschaltung	[*]	Klimagerät
⊗	Scheinwerfer, allgemein	[***]	Kühlgerät, z. B. Tiefkühlgerät [1]
⊗⇌	Punktleuchte	[* / ***]	Gefriergerät [1]
⊗	Leuchte mit zusätzlicher Sicherheitsleuchte in Dauerschaltung	HVt	Hauptverteiler (Fernmeldeanlage)
⊗	Leuchte mit zusätzlicher Sicherheitsleuchte in Bereitschaftsschaltung	Vz / ⫽	Verzweiger auf Putz (Fernmeldeanlage)
⊂✗⊃	Leuchte für Entladungslampe, allg.	⫽ / Vz	Verzweiger unter Putz
⊂✗⊃³	Leuchte f. Entladungslampe m. Angabe d. Lampenzahl, z. B. 3 Lampen	⌒	Fernsprechgerät allgemein
⊢—⊣	Leuchte für Leuchtstofflampe, allg.	⊠	Fernsprechgerät, halbamtsberechtigt
⊢—⊣ 40 W	Leuchtenband, z. B. 3 Leuch. à 40 W	⊠	Fernsprechgerät, amtsberechtigt
⊢—⊣ 65 W	Leuchtenb., z. B. 2 Leuch. à 2×65 W	⌒⋯	Mehrfachfernsprecher, z. B. Haustelefon
E	Elektrogerät, allgemein	⊏◁	Wechselsprechstelle
님	Küchenmaschine	⊏◁	Gegensprechstelle
[∶∶]	Elektroherd, allgemein	⊐)	Wecker nach DIN 40 708
≋	Mikrowellenherd	⊲	Summer
[•]	Backofen	⊐)	Gong
[▪]	Wärmeplatte	⊳	Hupe
◠	Friteuse	⌒⌒	Türöffner
⊙⊢	Heißwasserspeicher	[▭]	Brand-Druckknopf-Nebenmelder
⊙⊢	Durchlauferhitzer	[♂]	Temperaturmelder
—⦀—	Heißwassergerät, allgemein	웃	Wächtermelder
⊏⊐	Infrarotgrill	↙	Lichtstrahlmelder, Lichtschranke
⊙	Waschmaschine	⊲	Lautsprecher
⊙	Wäschetrockner	⊲	Rundfunkgerät
⊠	Geschirrspülmaschine	⊲	Fernsehgerät

[1] Anzahl der Sterne siehe DIN 8950-2.

14 Bauv. Bauz.

13.2 Beispiel für einen Elektroinstallationsplan des Wohngeschosses eines Mietshauses mit Schaltzeichen nach DIN 40 900

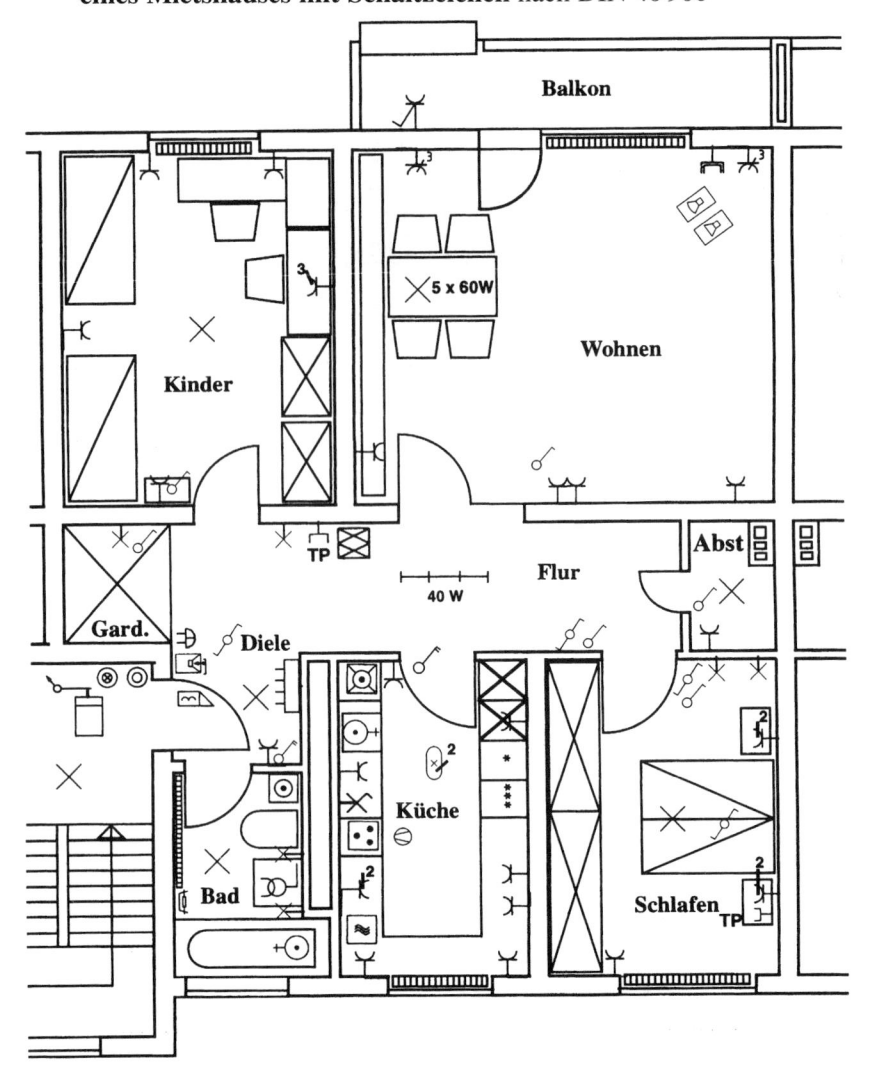

14 Bewehrungszeichnungen nach DIN 1356-10
(Änderung in Vorbereitung)

14.1 Anforderungen an Bewehrungszeichnungen

Nach DIN 1356-10 (2.91) werden die Bewehrungszeichnungen vereinheitlicht und vereinfacht. Die bisherigen Bewehrungsgrundsätze werden dabei berücksichtigt. Ein Rationalisieren des Zeichnens und Biegens ist damit möglich. Die allgemeinen Anforderungen ergeben sich aus DIN 1045 (7.88) Abschn. 3.2. Darüber hinaus ist folgendes zu beachten: Die Bewehrung der mit den Hauptmaßen zu versehenden Bauteile ist in maßstäblichen Längs- und Querschnitten darzustellen.

14.42

Maßstäbe für Bewehrungszeichnungen allgemeiner Bauteile, wie Balken, Stützen, Fundamente, sind 1:25 und 1:20. Bauteile (Flächentragwerke), wie Decken und Wände, werden als Draufsicht oder Ansicht 1:50 dargestellt. Die Bewehrungselemente sind mit breiten Vollinien, Begrenzungen von Schnittansichtsflächen mit schmalen Vollinien darzustellen.

14.2 Arten der Bewehrungsdarstellungen

14.2.1 Darstellungsart 1 Bei der Darstellungsart 1 ist die Bewehrung im Bauteil maßstäblich in Schnitten und Ansichten darzustellen. Die einzelnen Positionen sind maßstäblich heranzuziehen und vollständig zu vermaßen.

14.2.2 Darstellungsart 2 Bei der Darstellungsart 2 ist die Bewehrung im Bauteil in Schnitten und Ansichten maßstäblich darzustellen. Die Stabenden sind zu markieren. Die einzelnen Positionen werden nicht maßstäblich herausgezogen, sondern durch skizzenartige Darstellungen der bemaßten Biegeformen bei den Positionsnummern ersetzt.

14.2.3 Darstellungsart 3 Bei der Darstellungsart 3 ist die Bewehrung im Bauteil in Schnitten und Ansichten maßstäblich darzustellen, wobei die Stabenden zu markieren sind. Die Biegeformen werden bei den Positionsnummern in skizzenhaften Darstellungen angegeben, die jedoch unbemaßt bleiben. Die eingekreisten Positionsnummern sind durch die Typenkennzeichen (s. Abschn. 14.5) zu ergänzen. Beim Verwenden der Standardformen mit ihren Typenkennzeichen kann der Zeichenaufwand für das Darstellen der Bewehrung erheblich verringert werden, wie das Beispiel Abschn. 14.6 deutlich zeigt. So ist es möglich, die Stahllisten durch EDV auf Datenformblättern zu erstellen, auf deren Grundlage ebenfalls elektronisch die Biegeliste erstellt werden kann.

14.3 Kennzeichn. von Bewehrungselementen in Bewehrungszeichn.

Gleiche Bewehrungsstäbe/Betonstahlmatten erhalten die gleiche Positionsnummer.

	Die Kennzeichnung muss in folgender Reihenfolge enthalten:	z. B. Darstellung
Betonstabstahl	– Positionsnummer im Kreis – Anzahl der Bewehrungsstäbe – Stabnenndurchmesser in mm – Kurzzeichen der Betonstahlsorte nach DIN 488-4 – Stababstand in cm – Lagekennzeich. (-o. oben, -u. unten, -v. vorn, -h. hinten) – abgewickelte Stablänge – als Einzellänge l in m	② 4 $\varnothing$ 14 III S $s = 20$ ○ ...-u $l = 3{,}50$
Betonstahlmatten	– Positionsnummer im Rechteck – bei Lagermatten die Kurzbezeichnung nach DIN 488-1 – bei Listenmatten die den Mattenaufbau kennzeichnenden Daten für beide Bewehrungsrichtungen – Anzahl der Matten – Lagekennzeichnung – bei der Darstellung der Betonstahlmatten Kennzeichnung entlang der Diagonalen anordnen – bei Listenmatten oberhalb der Diagonalen die den Mattenaufbau in Längsrichtung kennzeichnenden Daten und unterhalb die Daten der Querrichtung angeben; als Längsrichtung gilt unabhängig von der Hauptmattentragrichtung stets die Richtung parallel zum längeren Mattenrand Bei der achsenbezogenen Darstellung sind anzugeben: – bei Lagermatten die Mattenkurzbezeichnung in der Haupttragrichtung – bei Listenmatten die den Mattenaufbau in Längs- und Querrichtung kennzeichnenden Daten in der zugehörigen Bewehrungsrichtung – die Länge der Übergreifungsstöße $l_ü$ in Verlegerichtung durch kurze Querlinien markieren und einmal bemaßen.	② Q 188 $3 \times \square$ einzelne Lagermatten zusammengefasste Darstellung achsenbezogene Darstellung $l_ü = ...$

14.4 Darstellung und Symbole für Stabstahlbewehrung

Darstellung		Bedeutung
Grundriss	Schnitt/Ansicht	
a) ────────── b) ─ ─ ─ ─ ─		Gerader Bewehrungsstab ohne Verankerungselemente a) allgemein b) als Anschlussbewehrung (Stab ist bereits auf anderer Zeichn. dargestellt und posit.)
a) ⌐────────⌐ b) └────────┘ c) ┼────────	c) ⊙	Gerader Bewehrungsstab mit Verankerungselementen a) mit Haken b) mit Winkelhaken c) mit einem Ankerkörper
	⌐12 12⌐	Ansicht von Bewehrungsstäben; falls erforderlich, mit Markierung der Stabenden durch Schrägstrich und Positionsnummer
	a) ⌐⌐──⌐ b) ⊂───	Gebogener Bewehrungsstab a) Darstellung als geknickter Linienzug b) Darstellung als Linienzug aus Geraden und Bögen (bei Schlaufen, gekrümmten Bauteilen und bei großmaßstäblicher Wiedergabe)
a) ✗──────── b) •────────		a) Rechtwinklig aus der Zeichenebene abgebogener Bewehrungsstab b) Rechtwinklig aus der Zeichenebene aufgebogener Bewehrungsstab
	c) ● d) ○ e) ••	Schnitt durch einen Bewehrungsstab c) allgemein d) als Anschlussbewehrung Schnitt durch ein Stabbündel e) Bündel aus zwei Bewehrungsstäben
┼──┼───┼─── (10) ..... ⌐ ┬── ─┤ (11) ..... ⌐		Draufsicht auf auf- oder abgebogene Bewehrungsstähle. Die Biegestellen sind durch kurze Querlinien zu markieren. Der in der Zeichenebene liegende Teil des Bewehrungsstabes ist durch eine breite Volllinie, der übrige Teil durch eine breite Strichlinie darzustellen. Bei ausschließlicher Darstellung in der Draufsicht ist zusätzlich die Biegeform hinter der Kennzeichnung schematisch darzustellen.
a) ├─$l_\text{ü}$=...─┤ (12) ... (13) ... b) 12 13 12 13 ├─$l_\text{ü}$=...─┤		Übergreifungsstoß von Bewehrungsstäben a) ohne Markierung der Stabenden durch Schrägstrich und Positionsnummer b) mit Markierung der Stabenden durch Schrägstrich und Positionsnummer

Darstellung und Symbole für Stabstahlbewehrung (Fortsetzung)

Darstellung		Bedeutung
Grundriss	Schnitt/Ansicht	
a)		**Gruppen gleicher Bewehrungsstäbe** a) Eine Gruppe gleicher Bewehrungsstäbe darf durch mindestens einen maßstäblich gezeichneten Bewehrungsstab und eine sich über ihren Verlegebereich erstreckende, begrenzte Querlinie dargestellt werden. Die Zuordnung von Stabgruppe und Verlegebereich erfolgt durch einen Kreis um den Schnittpunkt von Stab und Querlinie. b) Bei der Anordnung gleicher Bewehrungsstäbe in Gruppen mit unterschiedlichem Stababstand sind die einzelnen Verlegebereiche durch eine entsprechend begrenzte unterbrochene Querlinie zu kennzeichnen sowie die anteiligen, in Klammern zu setzenden Stückzahlen und die zugehörenden Stababstände anzugeben. Die Abstände zwischen den Verlegebereichen sind zu bemaßen. Die Zuordnung von Stabgruppen und Verlegebereichen erfolgt durch einen Kreis um den Schnittpunkt des mindestens einen maßstäblich zu zeichnenden Stabes mit der Querlinie.
b)		
		Einzelne gleiche Bewehrungsstäbe Hierbei braucht die Kennzeichnung nur einmal angegeben zu werden, wobei die Positionsnummer mit den zugehörenden Stäben durch Hinweislinien zu verbinden ist.
		Bügelanordnungen Bügelanordnungen, die nicht eindeutig der Bewehrungsdarstellung im Schnitt entnommen werden können, sind zusätzlich hinter den Kennzeichnungen schematisch darzustellen.
		Schubzulagen Schubzulagen sind im Querschnitt darzustellen. Die Art der Verankerung ist anzugeben. In der Ansicht genügt bei Schubzulagen aus Betonstabstahl wie bei Bügeln die Angabe des Verlegebereichs.

Darstellung und Symbole für Betonstahlmatten

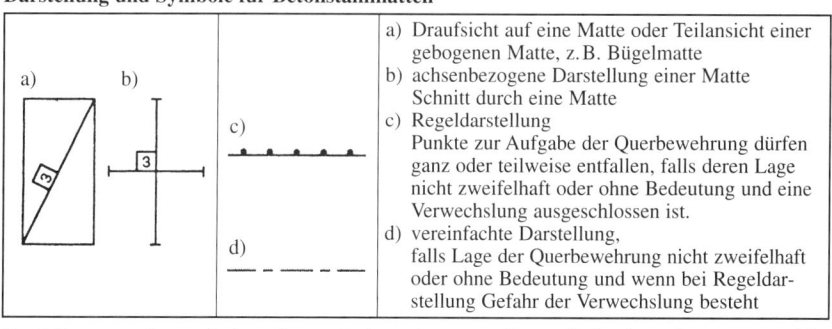

a) b)		c) d)	a) Draufsicht auf eine Matte oder Teilansicht einer gebogenen Matte, z.B. Bügelmatte b) achsenbezogene Darstellung einer Matte Schnitt durch eine Matte c) Regeldarstellung Punkte zur Aufgabe der Querbewehrung dürfen ganz oder teilweise entfallen, falls deren Lage nicht zweifelhaft oder ohne Bedeutung und eine Verwechslung ausgeschlossen ist. d) vereinfachte Darstellung, falls Lage der Querbewehrung nicht zweifelhaft oder ohne Bedeutung und wenn bei Regeldarstellung Gefahr der Verwechslung besteht

Darstellung von Spanngliedern, Spanngliedverankerungen, Spanngliedverkoppelungen usw. siehe DIN 1356-10 Seite 3.

14.5 Geometrische Beschreibung der Biegeform für die Datenerfassung

Typ	H	D	Form
A1			a
A2			a, b
A3			a, b, c
A4			a, b, c, d, e_0
B1			a, b
B2			c: Winkel γ; a, b, c, d
B3			a_0, b, c, d_0
B4			e: Winkel γ; a, b, c, d, e
C1			a, b, c, z

Typ	H	D	Form
C2			a, b_0, c, d, z
C3			a, b_0, c, d, e_0, z
D1			a
D2			a, b, c
E1			b: Anzahl der Windungen; c: Ganghöhe; a, b, c
E2			b: Winkel β; a, b, c, d, z
X1			Skizze der Biegeform mit Teillängen in der Biegeleiste a: Anzahl der Biegestellen b: Einzellänge a, b
X2			Bei Typ X2 bedeuten: n: Anzahl der die Biegeform festlegenden Punkte, xi, xi: zugehörende Koordinaten. Die Werte sind in die Felder a, b, c, ... einzutragen n | x_1 | y_1 | x_2 | y_2 | x_3 | y_3 | ... a | b | c | d | e | ...

- Spalte „Typ": Kennzeichnung des Typs; z.B.: B = Bügel; C = Schrägstäbe
- Spalte „H": Art der Verankerung; z.B.: O = ohne Haken; 2 = Winkelhaken
- Spalte „D": Verhältnis von Biegerollen zu Stabdurchmesser
- Spalte „Form": Teilgrößen a b c ... z eintragen; Längen in cm; Winkel in Grad

Sonderformen, die nicht den Grundformen zugeordnet werden können, werden mit X1 oder X2 gekennzeichnet.

14.6 Beispiel für Bewehrungsdarstellung
Stahlbetonunterzug nach Darstellungsart 3 mit Betonstabstahl

- Biegeformen siehe Abschnitt 14.5
- Formenlisten siehe DIN 1356-10 nach Tabelle 2
- Datenlisten siehe DIN 1356-10

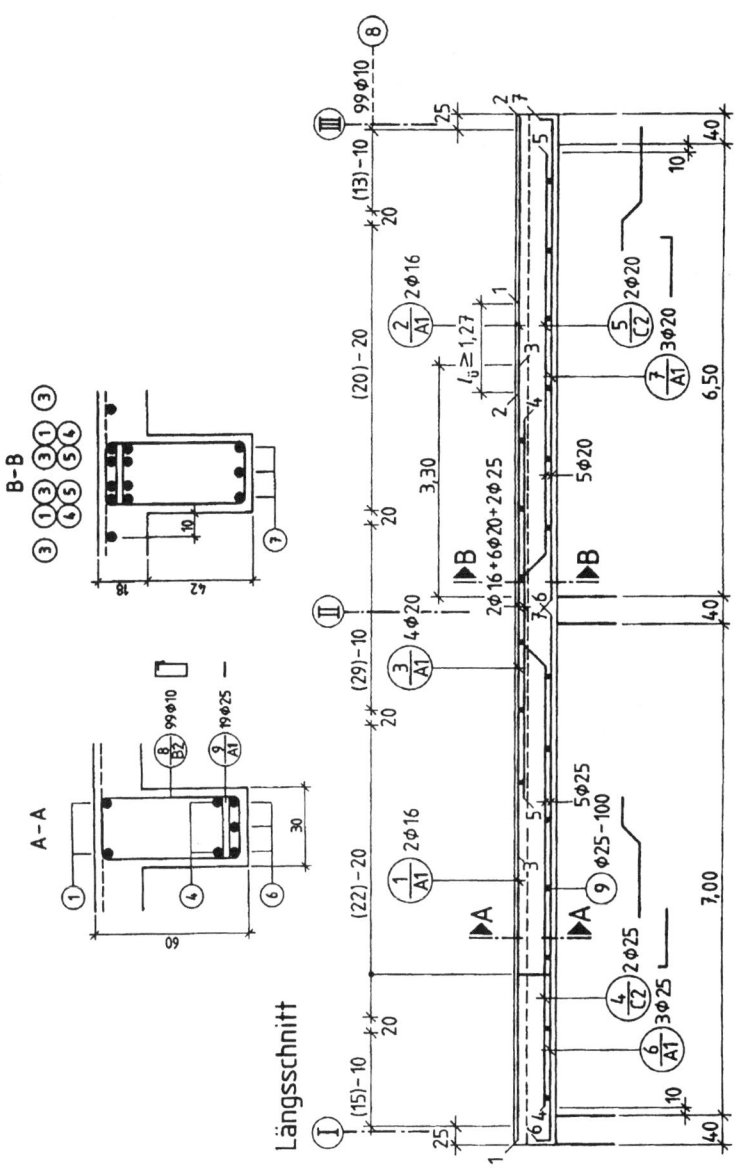

Die Darstellungsart 3 darf nur nach Vereinbarung angewendet werden.

Bemaßung: Biegeformen sind durch Angaben der Teillängen und Biegewinkel zu bemaßen. Falls erforderlich, sind zusätzlich Zwangsmaße z anzugeben; sie werden in Klammern gesetzt. Werden die Teillängen und Biegewinkel, wie in diesem Beispiel, mit Hilfe der Grundformen unter Einsatz von EDV ermittelt, so werden die Biegeformen gem. Abschn. 14.5 verwendet.

15 Modulordnung im Bauwesen

15.1 Darstellung nach DIN 18000

Mit dieser Norm werden internationale Vereinbarungen für die Modulordnung in das deutsche Normenwerk übernommen. Grundlagen der maßlichen Ordnung sind:
- **Grundmodul** (kleinste Einheit der Modulordnung) M = 100 mm;
- **Multimoduln** (ausgewählte Vielfache des Grundmoduls) 3 M = 300 mm, 6 M = 600 mm, 12 M = 1200 mm;
- **Vorzugszahlen** (Vielfache der Multimoduln und des Grundmoduls), die vorrangig als Koordinationsmaße zur Koordination von Bauteilen angewendet werden sollen; bei der Auswahl der Vorzugszahlen sollen zunächst die größeren (Vielfache von 12 M) und danach fortlaufend die jeweils kleineren (bis zu Vielfachen von M) ausgewählt werden; Vielfache von 6 M und 3 M gelten nur bis zum 20fachen, Vielfache von M nur bis zum 30fachen als Vorzugszahlen;
- **Ergänzungsmaße**, die sich zu M ergänzen sollen: 25 mm; 50 mm; 75 mm;
- **Nennmaße** (Sollmaße), die aus den Koordinationsmaßen abzuleiten und in die Bauzeichnungen einzutragen sind; bei grenzbezogenen Bauteilen müssen die für den Anschluss an benachbarte Bauteile erforderlichen Räume für Fügungen berücksichtigt werden (siehe Abb.); bei der Festlegung der Nennmaße sind außerdem die zulässigen Maßtoleranzen zu beachten (siehe DIN 18201, 18202 und 18203, abgedruckt in den *Wohnungsbau-Normen*, 22. Aufl.).

Beispiel Fertigteilfassade:
Koordinationsmaß = 5 · 12 M = 6,00 m
Nennmaß der Fugen = 20 mm
Nennmaß der Wandtafeln = 5,98 m
Grenzabmaße[1)] für Wandtafeln = ± 10 mm
Größtmaß der Wandtafeln = 5,99 m
Kleinstmaß der Wandtafeln = 5,97 m
Größtmaß der Fugen = 30 mm
Kleinstmaß der Fugen = 10 mm

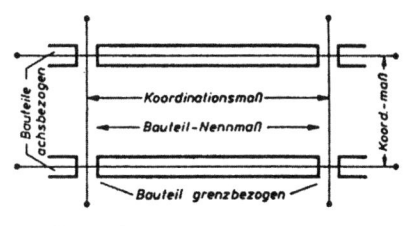

[1)] Herstellungstoleranz der Fertigteile; dazu können noch Montagetoleranzen kommen.

15.2 Darstellung nach DIN ISO 8560 (Modulare Größen, Linien und Raster)

Bezeichnungen für modulare Größen

Modular	$n \times M$
Grundmodul	M
Multimodular	3 M; 6 M; 12 M
Modulgröße	10 M
Multimodulgröße	10 × 3 M; 5 × 6 M
Nicht-Modular	~~M~~

Modulare Linien und multimodulare Linien werden als Vollinie gezeichnet (od. aus Gründen der Deutlichkeit in axialer Richtung als Strichpunktlinie). Zum Zweck der Identifikation müssen modulare Rasterlinien mit einem Kreis enden.

Anwendung von modularen Rasterlinien

Vgl. weitere Normen: ISO 1040 Modulordnung, Multimoduls für horizontale Koordinierungsmaße; ISO 1791 Modulordnung, Begriffe; ISO 2848 Modulordnung, Grundlagen und Regeln; ISO 6514 Modulordnung, submodulare Sprünge.

16 Darstellung von Planzeichen für Bauleitpläne gem. Planzeichenverordnung Stand 1991

	Darstellung sw / farbig	Inhalt	Bedeutung
1 Art der baulichen Nutzung	W (bei farbiger Darstellung rot mittel)	W WS WR WA WB	Wohnbauflächen Kleinsiedlungsgebiete Reine Wohngebiete Allgemeine Wohngebiete Besondere Wohngebiete
	M (bei farbiger Darstellung braun mittel)	M MD MI MK	Gemischte Bauflächen Dorfgebiete Mischgebiete Kerngebiete
	G (bei farbiger Darstellung grau mittel)	G GE GI	Gewerbliche Bauflächen Gewerbegebiete Industriegebiete
	S (bei farbiger Darstellung orange mittel)	S	Sonderbauflächen
	SO Woch (bei farbiger Darstellung orange mittel)	SO	Sonstige Sondergebiete, z. B. solche, die der Erholung dienen; Wochenendhausgebiet
	WR 2Wo (bei farbiger Darstellung orange mittel)		Beschränkung der Zahl der Wohnungen Aus besonderen städtebaulichen Gründen kann die höchstzulässige Zahl der Wohnungen in Wohngebäuden durch Ergänzungen der Planzeichen festgesetzt werden.

Die Planzeichen sollen in Farbton, Strichstärke und Dichte den Planunterlagen so angepasst werden, daß deren Inhalt erkennbar bleibt.
Die verwendeten Planzeichen müssen im Bauleitplan erklärt werden.
Zur weiteren Unterscheidung der Baugebiete sind Farbabstufungen zulässig.
Im Bebauungsplan können die farbigen Flächensignaturen auch als Randsignaturen verwendet werden.
Im Flächennutzungsplan kann bei den Planzeichen für die Bauflächen bei farbiger Darstellung der Buchstabe entfallen.
Soweit Darstellungen des Planinhalts erforderlich sind, für die keine wie oben aufgeführte Planzeichen enthalten sind, können Planzeichen verwendet werden, die **sinngemäß** aus den angegebenen Planzeichen entwickelt worden sind.

Darstellung von Planzeichen für Bauleitpläne gemäß Planzeichenverordnung Stand 1991 (Fortsetzung)

	Maß	Beschreibung	Beispiele
2 Maß der baulichen Nutzung	Geschossflächenzahl	Dezimalzahl im Kreis oder **GFZ** mit Dezimalzahl	(0,8) GFZ 0,8
	Geschossfläche	**GF** mit Flächenangabe	GF 300 m²
	Baumassenzahl	Dezimalzahl im Rechteck oder **BMZ** mit Dezimalzahl	[2,8] BMZ 2,8
	Baumasse	**BM** mit Volumenangabe	BM 3500 m²
	Grundflächenzahl	Dezimalzahl oder **GRZ** mit Dezimalzahl	0,4 GRZ 0,4
	Grundfläche	**GR** mit Flächenangabe	GR 125 m³
	Zahl der Vollgeschosse	römische Ziffer als Höchstmaß; zwingend: im Kreis	IV (IV)
	Höhe baulicher Anlagen	in … m über einem Bezugspunkt	
		Traufhöhe **TH**	**TH** 10,51 m ü. GOK
		Firsthöhe **FH**	**FH** 97,55 m ü. NN
		Oberkante **OK**	**OK** 78,79 m ü. NN
		zwingend: im Kreis	(**OK**) 95,00 m ü. NN

	Beschreibung	Beispiele
3 Bauweise, Baulinien, Baugrenzen	offene Bauweise [1]	o
	geschlossene Bauweise [1]	g
	nur Einzelhäuser zulässig	/E\
	nur Doppelhäuser zulässig	/D\
	nur Hausgruppen zulässig	/H\
	nur Einzel- und Doppelhäuser zulässig	/ED\
	Baulinie [2] (bei farbiger Darstellung rot)	▬▬▬▬▬▬
	Baugrenze [2] (bei farbiger Darstellung blau)	▬ ▬ ▬ ▬

[1] Abweichende Bauweisen sind näher zu bestimmen.
[2] Die Bestimmungslinien von Baulinien und Baugrenzen können bei farbiger Darstellung auch in durchgezogenen Linien ausgeführt werden.

Darstellung von Planzeichen für Bauleitpläne gemäß Planzeichenverordnung Stand 1991 (Fortsetzung)

	Darstellung	Bedeutung
4 Einrichtungen und Anlagen zur Versorgung mit Gütern und Dienstleistungen des öffentlichen und privaten Bereichs, Flächen für den Gemeinbedarf, Sport und Spielanlagen	(bei farbiger Darstellung karminrot mittel)	Flächen für den Gemeinbedarf (Im Bebauungsplan kann die farbige Flächensignatur auch als Randsignatur verwendet werden.)
		Flächen für Sport und Spielanlagen
	1) ● ▲ ▼	Öffentliche Verwaltungen Schule Kulturellen Zwecken dienende Gebäude
5 Flächen für den überörtlichen Verkehr und für die örtlichen Hauptverkehrszüge	(bei farbiger Darstellung violett dunkel)	Umgrenzung der Flächen für den Luftverkehr
	(bei farbiger Darstellung violett mittel)	Bahnanlagen
6 Verkehrsflächen	(bei farbiger Darstellung goldocker)	Straßenverkehrsflächen
	(bei farbiger Darstellung goldocker)	Verkehrsflächen besonderer Zweckbestimmung
	▼ ▀ ─ ─ ▜ ▄ ▄ ▄	Einfahrt Einfahrtbereich Bereich ohne Ein- und Ausfahrt

[1] Die Zeichen können bei Bedarf durch Buchstaben ergänzt werden. Im Flächennutzungsplan können die Zeichen zur Kennzeichnung der Lage auch ohne obige Flächendarstellung verwendet werden.

Darstellung von Planzeichen für Bauleitpläne gemäß Planzeichenverordnung Stand 1991 (Fortsetzung)

	Darstellung	Bedeutung	Beispiele der Zweckbestimmung
7	(bei farbiger Darstellung gelb hell)	Flächen für Versorgungsanlagen, Abfallentsorgung, Abwasserbeseitigung und Ablagerungen	Fernwärme [1]
8	oberirdisch / unterirdisch	Hauptversorgungs- und Hauptabwasserleitungen	(Die Art der Leitung soll näher bezeichnet werden.)
9	(bei farbiger Darstellung grün mittel)	Grünflächen [2]	Dauerkleingärten
10	(bei farbiger Darstellung blau mittel)	Wasserflächen, [1] Flächen für Wasserwirtschaft, Hochwasserschutz, Regelung des Wasserabflusses	Hafen
11	Aufschüttung Abgrabung	Flächen für Aufschüttungen, Abgrabungen oder für die Gewinnung von Bodenschätzen	
12	(bei farbiger Darstellung gelbgrün bzw. blaugrün)	Flächen für Landwirtschaft und Wald	Erholungswald
13	(bei farbiger Darstellung Rand grün dunkel)	Planungen, Nutzungsregelungen, Maßnahmen u. Flächen für Maßnahmen zwecks Schutz, Pflege und Entwicklung von Natur und Landschaft	Anpflanzen / Erhaltung / Landschaftsschutzgebiet (L)
14	(bei farbiger Darstellung Rand rot)	Regelungen für die Stadterhaltung und für den Denkmalschutz	(E) Erhaltungsbereich / Denkmalbereich (D) / (D) Einzeldenkmal
15	[3] (farb. Darstg.: Rand grau dunkel)	Sonstige weitere Planzeichen [1] Flächen, die von Bebauung freizuhalten sind / Grenze des räumlichen Geltungsbereiches des Bebauungsplans	St Stellplätze / Ga Garagen / GGa Gemeinschaftsgaragen

[1] Weitere Symbole sind in der vollständigen Ausgabe der Planzeichenverordnung enthalten.
[2] Im Bebauungsplan sind Grünflächen als öffentlich oder privat besonders zu bezeichnen.
[3] Im Bebauungsplan sind die Maßnahmen innerhalb der Flächen näher zu bestimmen.

15 Allgemeines

Inhaltsverzeichnis

		Seite
1	**Aufbau statischer Berechnungen**	15.2
2	**Normen und Richtlinien**	15.7
3	**Literaturhinweise**	15.25
4	**Wichtige Adressen für das Bauwesen**	15.37
5	**Allgemeine Tafeln**	15.41
6	**Stichwortverzeichnis**	15.49

Aufbau statischer Berechnungen
Prof. Dr. Erich Cziesielski

1 Übersicht

Die Einbindung des Tragwerksplaners beim Baugenehmigungsverfahren ist in Abb.1.21 dargestellt. Ein bautechnischer Nachweis muss folgende Teile enthalten:

- Titelseite
- Inhaltsverzeichnis
- Baubeschreibung
- Standsicherheitsnachweis
- Nachweis des Brandschutzes
- Nachweis des Schallschutzes
- Wärmeschutznachweis
- Schlussseite
- Positionspläne
- Anhang
- Konstruktionszeichnungen.

2 Statische Berechnung
2.1 Titelseite

Auf der Titelseite sind anzugeben [15.1] (s. Abb. 15.3):
- Bauvorhaben, Bauherr, Bauort
- Name und Anschrift des Aufstellers der statischen Berechnung
- Architekt mit Anschrift
- Koordinator für die statischen Unterlagen (soweit die statische Berechnung von mehreren Aufstellern angefertigt wird, hat der Koordinator die inhaltliche und formale Abstimmung der einzelnen Berechnungsteile herbeizuführen und zu vertreten)
- Umfang der statischen Unterlagen (kapitelweise angeben)
- Freiraum für den Prüfstempel (ca. 10 cm breit, 8 cm hoch).

2.2 Inhaltsverzeichnis

Ein detailliertes Inhaltsverzeichnis ist bei größeren Bauvorhaben unerlässlich. Das Inhaltsverzeichnis orientiert sich im Wesentlichen an der statischen Berechnung; es sollen auch die Positionspläne und der Inhalt des Anhangs aufgeführt werden.

2.3 Baubeschreibung

Die Baubeschreibung soll nach DIN 1045-1-2001, 4.4 (1) Angaben enthalten, die der Berechnung bzw. den Zeichnungen nicht ohne weiteres entnommen werden können, die aber das Bauwerk im Einzelnen beschreiben und erläutern. Inhalt der Baubeschreibung soll sein:

a *Angaben zum Standort des Bauvorhabens*
  - Umgebungssituation (z. B. Schließung einer Baulücke o. ä.)
  - NN-Höhenlage
  - Schneelastzone
  - geografische Sonderlage (z. B. Gebäude auf Bergkuppe, Schlagregenbeanspruchungsgruppe)
  - Erdbebenzone

b *Angaben zur Nutzung des Bauwerks und zu besonderen Erfordernissen*
  - Nutzung (z. B. Wohn- oder Verwaltungsbau o. ä.)
  - Erfordernisse in Bezug auf
    - betriebsbedingte Nutzung (z. B. Schwingungsanfälligkeit, Maßgenauigkeit – z. B. Ebenheit von Decken – o. ä.)
    - Umwelteinflüsse (erforderliche Betondeckung, Holz- bzw. Korrosionsschutz)
    - besondere Anforderungen hinsichtlich des Brandschutzes (Sprinkleranlagen o. ä.)
    - Schutzmaßnahmen gegen Anprall (Radabweiser o. ä.), Strahlung (Röntgenstrahlung im Krankenhausbau)
    - Wasserdichtigkeit aufgrund der Nutzung (Aktenlager, Elektroinstallationen o. ä.)
    - Rissebeschränkungen aufgrund der Nutzung bzw. der Umwelteinflüsse
    - Verformungsbeschränkungen (z. B. Regallager o. ä.)

c *Abmessungen des Gebäudes*
  Länge, Breite, Höhe, Abtreppungen

> *Tragwerksplaner:*
> *Name – Anschrift – Telefon – Fax*

Statische Berechnung   Datum:

Bauvorhaben:

Auftraggeber:

Bauherr:

Architekt:

Koordinator:

Die statische Berechnung umfasst
folgende Seiten:
A 1 bis ....
B 1 bis ....
C 1 bis ....
.
.
.
aufgestellt:

> *Platz für Stempel des Prüfingenieurs*

_____   _____
Rechtsverbindliche Unterschrift   Unterschrift
für das Ingenieurbüro   Sachbearbeiter

Abb. 15.3 Muster für eine Titelseite

d Erläuterung der statischen Grundkonzeption
   – Hauptsystem zur Abtragung der Vertikallasten
   – Angaben zur räumlichen Stabilität des Gebäudes (Aussteifung durch Wand- und Deckenscheiben, eingespannte Stützen, Verbände in der Deckenebene o. ä.)
e Angaben zur Anordnung von Dehnungsfugen
   (maximaler Abstand der Dehnungsfugen $a \leq 30$ m aufgrund der bei einem Brand auftretenden Verformungen [15.3])
f Fertigteilkonstruktionen
   Angaben zu Fertigteilkonstruktionen hinsichtlich Transport und Montagezuständen sowie besonderer Sicherungsvorkehrungen
g Umbauten
   Für Umbauten müssen die statischen Unterlagen den Zustand vor und nach den geplanten Baumaßnahmen klar in Plänen und textlichen Erläuterungen enthalten.
h Verwendete Materialien
   Kurzgefasste Auflistung der zur Ausführung vorgesehenen Baustoffe mit Güteklassen und Rohdichten
i Befähigkeitserfordernisse
   Angaben zu den Befähigkeitserfordernissen, z. B. in Bezug auf Beton B II, Leimen, Befähigkeitsnachweisgruppe beim Schweißen
j Baugrundverhältnisse
   – Baugrundverhältnisse unter Berücksichtigung des Baugrundgutachtens
   – Gründungsmaßnahmen (Flach- bzw. Pfahlgründungen)
   – Angaben zur Aggressivität des Grundwassers nach DIN 4030 im Hinblick auf die Dauerhaftigkeit von im Grundwasser sich befindenden Betonbauteilen bzw. im Hinblick auf zu ergreifende Schutzmaßnahmen.

2.4 Verwendete Unterlagen/Literatur

Die der Berechnung zugrunde gelegten Normen sind vollständig auch unter Angabe der zugehörigen Ausgabedaten (wichtig für Nachberechnungen im Zuge späterer Umbauten) anzugeben, z. B.:
 „DIN 1053-1 (1996-11): Mauerwerk – Teil 1 Berechnung und Ausführung"
Die verwendete Literatur ist vollständig anzugeben, z. B. in folgender Form:
 „Grasser, E./Thielen, G.: Hilfsmittel zur Berechnung der Schnittgrößen und Formänderungen von Stahlbetontragwerken. In: Schriftenreihe des Deutschen Ausschusses für Stahlbeton (DAfStb), Heft 240. Berlin/München/Düsseldorf: Ernst & Sohn 1978"
oder – nach ausführlicher Nennung im Literaturverzeichnis – im Text in Kurzform als
 „DAfStb-Heft 240".

2.5 Standsicherheitsnachweis

Die statische Berechnung muss vollständig und leicht prüfbar erstellt werden; sie sollte daher zu jeder Position enthalten:

– System   – Schnittgrößenverlauf für alle Grund- und Bemessungslastfälle
– Einwirkungen   – Verformungen für alle Grundlastfälle

Nach [15.1] gilt:

In der statischen Berechnung sind sämtliche tragenden Bauteile in allen Bau-, Montage- und Endzuständen und unter Beachtung der Wechselwirkung zwischen Bauwerk und Baugrund im notwendigen Umfang zu erfassen. Die Vollständigkeit der statischen Berechnung erfordert auch ggf. Standsicherheitsnachweise für Baubehelfe (z. B. den Baugrubenverbau). Die Standsicherheit für Baubehelfe kann in einem gesonderten Abschnitt (oder völlig unabhängig) behandelt werden.

Grundsätzlich ist der Nachweis der Standsicherheit und der Gebrauchsfähigkeit unter Beachtung der jeweils gültigen Vorschriften zu führen.

Jede Berechnung muss ein in sich geschlossenes Ganzes bilden: Das heißt, aus anderen Berechnungen dürfen ohne Herleitung nur Werte übernommen werden, wenn die neue Berechnung eine schon vorhandene ergänzt. Der Inhalt der Berechnungen soll sich auf die Ausführung der maßgebenden Nachweise beschränken, also **ohne** Vorentwurfsermittlungen, Optimierungen, Alternativen o. ä.

Rechen- und Bemessungsverfahren, die nicht allgemein bekannt und geläufig sind, sind – soweit in verbreitetem Schrifttum veröffentlicht und zugänglich – mit Angabe der herangezogenen Literatur zu belegen. Darüber hinausgehende Ansätze sind in vollständiger Entwicklung zu bringen bzw. einfach fotokopiert beizufügen.

Die Dokumentation der EDV-Berechnungen sollte dem Anhang zugeordnet werden. Es sind die aus den EDV-Nachweisen zu übertragenden relevanten Werte deutlich kenntlich zu machen (mindestens mit Hinweisen zu versehen und zu unterstreichen; vgl. insbesondere [15.4].

2.6 Schlussseite

Auf der Schlussseite hat der Beratende Ingenieur als verantwortlicher Aufsteller der statischen Berechnung mit Name, Anschrift und Datum zu unterschreiben. Gegebenenfalls ist auch der Name des zuständigen Sachbearbeiters anzugeben.

2.7 Positionspläne

Jeder statischen Berechnung sind Positionspläne beizufügen.

Positionspläne können auch gleichzeitig Konstruktionszeichnungen sein (z. B. Schalpläne o. ä.). Auf den Positionsplänen müssen folgende Angaben enthalten sein:

– Achsen und Reihen
– Angabe der statischen Positionen, wobei z. B. für Decken der Buchstabe D gewählt werden kann (z. B. D 3.04 = Decke im 3. Obergeschoss, Position 4). Die Nummerierung kann aber auch zu einer erweiterten Kennzeichnung dienen, wenn bestimmte Gebäude innerhalb einer großen Bebauung oder einzelne Bauabschnitte gekennzeichnet werden sollen (z. B. D.A. 304 oder D.I. 304). – Zur weiteren Kennzeichnung der einzelnen Positionen können auch folgende Bezeichnungen gewählt werden: U für Unterzüge, W für tragende Wände, St für Stützen, Fu für Fundamente.
Die Angaben der statischen Positionen auf den Positionsplänen müssen mit denen der statischen Berechnung übereinstimmen.
– Es ist für jedes Geschoss ein Positionsplan vorzulegen.
– Angaben zu den aussteifenden Bauteilen (z. B. Anordnung von Ringankern, Ringbalken, Scheiben, Verbänden u. ä.)
– maßstäbliche Angaben bezüglich besonderer Lasten (z. B. Dachpfosten auf Decke, Maschinenfundamente u. ä.)
– Anordnung der Dehnungsfugen.

2.8 Anhang

Im Anhang sind folgende Unterlagen der statischen Berechnung je einfach beizufügen:
– gültige Baueingabepläne, die dem Bauantrag zugrunde liegen. Diese Pläne müssen die Unterschriften des Entwurfsverfassers und des Bauherrn tragen.
– Bodengutachten
– Allgemeine bauaufsichtliche Zulassungen der verwendeten Baustoffe, Bauteile, Bauarten u. ä.
– Typenprüfungen
– verwendete (nicht allgemein zugängliche) Literatur
– Zustimmung im Einzelfall der obersten Bauaufsichtsbehörde zu Abweichungen gegenüber den allgemein anerkannten Regeln der Technik
– Nachweise der Befähigtkeitseignung (Schweißen, Leimen u. ä.)
– Nachweis der Güteüberwachung für nicht auf der Baustelle hergestellte (überprüfbare) Bauteile (z. B. für Fertigteile, Holzhäuser in Tafelbauart u. ä.)
– Dokumentation der EDV-Berechnungen.

2.9 Konstruktionszeichnungen

Die Konstruktionszeichnungen sind die maßgeblichen Grundlagen für die Ausführung eines jeden Bauwerks. Sie sind unverzichtbarer Bestandteil einer jeden statischen Berechnung.

2.10 Nachträge

Anlass zu Nachträgen können sein:
– Ergänzungen: wenn keine vollständigen Nachweise eingereicht wurden
– Änderungen: wenn sich Bauplanung oder konstruktive Absichten gewandelt haben
– Berichtigungen: wenn Mängel oder Fehler in der statischen Berechnung auszuräumen sind.

Nachträge können aus auszutauschenden oder aus zusätzlichen Unterlagen (Seiten bzw. Zeichnungen) bestehen.

2 Normen und Richtlinien (Auswahl)

Im folgenden werden wichtige Normen und Richtlinien abschnittsweise zusammengestellt. Zunächst werden jeweils die wichtigsten Planungs- und Berechnungsvorschriften in Grundschrift dargestellt. Danach folgen in Kleindruck weitere Vorschriften.

Zu Kapitel 1B Baubetrieb

DIN	Teil	Ausg.	Titel
276		4.81	Kosten von Hochbauten
276		6.93	Kosten im Hochbau
277			Grundflächen und Rauminhalte von Bauwerken im Hochbau
	1	6.87	Begriffe, Berechnungsgrundlagen
	2	6.87	Gliederung der Nutzflächen, Funktionsflächen und Verkehrsflächen (Netto-Grundfläche)
18960		8.99	Nutzungskosten im Hochbau
69900			Projektwirtschaft; Netzplantechnik
	1	8.87	Begriffe
	2	8.87	Darstellungstechnik

Zu Kapitel 3 Lastannahmen

DIN	Teil	Ausg.	Titel
1055			Lastannahmen für Bauten
	1	7.78	Lagerstoffe, Baustoffe und Bauteile, Eigenlasten und Reibungswinkel
	2	2.76	siehe „Zu Abschnitt 11 Geotechnik"
	3	6.71	Verkehrslasten
	4	8.86	Verkehrslasten, Windlasten bei nicht schwingungsanfälligen Bauwerken
	A1	6.87	wie oben, jedoch Änderung 1, Berichtigungen
	5	6.75	Verkehrslasten, Schneelast und Eislast
1055	A1	4.94	Verkehrslasten, Schneelast und Eislast (Änderung: Schneelastzone)
	6	5.87	Lasten in Silozellen
	Bbl.	5.87	wie oben, jedoch Erläuterungen
	100	3.01	Grundlagen der Tragwerksplanung; Sicherheitskonzept und Bemessungsregeln
1072		12.85	Straßen- und Wegbrücken; Lastannahmen
	Bbl.	5.88	wie oben, jedoch Erläuterungen

Druckschrift der Deutschen Bundesbahn Nr. 804 (DS 804), Ausgabe 1.83: Vorschrift für Eisenbahnbrücken und sonstige Ingenieurbauwerke (VEI)

DIN V ENV	Teil	Ausg.	Titel
1991			Grundlagen der Tragwerksplanung und Einwirkungen auf Tragwerke
	1	12.95	Grundlagen der Tragwerksplanung
	2-1	1.96	Einwirkungen auf Tragwerke – Wichten, Eigenlasten, Nutzlasten
	2-3	1.96	Einwirkungen auf Tragwerke – Schneelasten
	2-4	12.96	Einwirkungen auf Tragwerke – Windlasten

DIN	Teil	Ausg.	Titel
4112		2.83	Fliegende Bauten; Richtlinien für Bemessung und Ausführung
4132		2.81	Kranbahnen; Stahltragwerke; Grundsätze für Berechnung, bauliche Durchbildung und Ausführung
4149			Bauten in deutschen Erdbebengebieten
	1	4.81	Lastannahmen, Bemessung und Ausführung üblicher Hochbauten
	Bbl.	4.81	Zuordnung von Verwaltungsgebieten zu den Erdbebenzonen
	A 1	12.92	Karte der Erdbebenzonen
4212		1.86	Kranbahnen aus Stahlbeton und Spannbeton; Berechnung und Ausführung
4421		8.82	Traggerüste; Berechnung, Konstruktion und Ausführung
	Bbl.	2.81	wie oben, jedoch Erläuterungen
18 218		9.80	Frischbetondruck auf lotrechte Schalungen

Zu den Kapiteln 5 und 6 Beton-, Stahlbeton- und Spannbetonbau

DIN	Teil	Ausg.	Titel
488	1	9.84	Betonstahl
1045		7.88	Beton und Stahlbeton
1045/A 1		12.96	Beton und Stahlbeton, Änderungen A 1
1045[1]			Tragwerke aus Beton, Stahlbeton und Spannbeton
	1	7.01	Bemessung und Konstruktion
	2	7.01	Beton – Festlegung, Eigenschaften, Herstellung und Konformität/Anwendungsregeln zu DIN EN 206-1
	3	7.01	Bauausführung
	4	7.01	Ergänzende Regeln für die Herstellung und Konformität von Fertigteilen
1075		4.81	Betonbrücken; im Zusammenhang mit Runderlass des Ministers für Stadtentwicklung, Wohnen und Verkehr NRW v. 21. 3. 88 VBZ – 460.106
4227			Spannbeton
	1	7.88	Bauteile aus Normalbeton mit beschränkter oder voller Vorspannung
	A 1	12.95	Änderung A 1
	2	5.84	Bauteile mit teilweiser Vorspannung (Vornorm)
	3	12.83	Bauteile in Segmentbauart, Bemessung und Ausführung der Fugen (Vornorm)

[1] Siehe auch „Berichtigung zu DIN 1045-1, DIN 1045-2, DIN 1045-3" (Ausgabe Juni und Juli 2002).

DIN	Teil	Ausg.	Titel
4227	4	2.86	Bauteile aus Spannleichtbeton
Fachbericht	102	2001	Betonbrücken

DIN EN	Teil	Ausg.	Titel
206	1	7.01	Beton: Festlegung, Eigenschaften, Herstellung und Konformität

DIN V ENV	Teil	Ausg.	Titel
1992	1–1	6.92	Eurocode 2, Planung von Stahlbeton und Spannbetontragwerken Grundlagen und Anwendungsregeln für den Hochbau (Europäische Vornorm)
	1–3	12.94	Bauteile und Tragwerke aus Fertigteilen (Europäische Vornorm)
	1–4	12.94	Leichtbeton mit geschlossenem Gefüge (Europäische Vornorm)
	1–5	12.94	Tragwerke mit Spanngliedern ohne Verbund (Europäische Vornorm)
	1–6	12.94	Tragwerke aus unbewehrtem Beton (Europäische Vornorm)

DAfStb-Richtlinien
Richtlinien für die Anwendung Europäischer Normen im Betonbau:
      11.91   Richtlinien zur Anwendung von Eurocode 2 – Planung von Stahlbeton- und Spannbetontragwerken:
        4.93   Teil 1:   Grundlagen und Anwendungsregeln für den Hochbau
        6.95   Teil 1–1:   Grundlagen und Anwendungsregeln für den Hochbau (Ergänzung zur Ausgabe 4.93)
        6.95   Teil 1–3:   Bauteile und Tragwerke aus Fertigteilen
        6.95   Teil 1–4:   Leichtbau mit geschlossenem Gefüge
        6.95   Teil 1–5:   Tragwerke mit Spanngliedern ohne Verbund
        6.95   Teil 1–6:   Tragwerke aus unbewehrtem Beton

DAfStb-Hefte
Für eine Bemessung nach DIN 1045 und DIN 4227: Hefte 220
Für eine Bemessung nach Eurocode 2 (DIN V ENV 1992): Heft 425
Für eine Bemessung nach DIN 1045-1: Heft 525 (in Vorb.)

DIN	Teil	Ausg.	Titel
1048			Prüfverfahren für Beton
	1	6.91	Frischbeton
	2	6.91	Festbeton in Bauwerken und Bauteilen
	4	6.91	Bestimmung der Druckfestigkeit von Festbeton in Bauwerken und Bauteilen
	5	6.91	Festbeton, gesondert hergestellte Probekörper
1084			Überwachung (Güteüberwachung) im Beton- und Stahlbetonbau
	1	12.78	Beton B II auf Baustellen
	2	12.78	Fertigteile
	3	12.78	Transportbeton
1164		11.00	Zement mit besonderen Eigenschaften; Zusammensetzung, Anforderungen, Übereinstimmungsnachweis
4030			Beurteilung betonangreifender Wässer, Böden und Gase
	1	6.91	Grundlagen und Grenzwerte
	2	6.91	Entnahme und Analyse von Wasser- und Bodenproben
4099		11.85	Schweißen von Betonstahl
4226	1	7.01	Gesteinskörnungen für Beton und Mörtel; Normale und schwere Gesteinskörnungen
	2	2.02	Leichte Gesteinskörnungen
	100	2.02	Rezyklierte Gesteinskörnungen
4235	2	12.78	Verdichten von Beton durch Rütteln
51 043		8.79	Trass
TL Min-StB, 83 Technische Lieferbedingungen für Mineralstoffe im Straßenbau			

DIN EN	Teil	Ausg.	Titel
196	1, 2, 3, 5	5.95	Prüfverfahren für Zement
197	1	2.01	Zement: Zusammensetzung, Anforderungen und Konformitätskriterien von Normalzement
450		1.95	Flugasche für Beton, Definition, Anforderungen und Güteüberwachung
934	2	2.02	Zusatzmittel für Beton, Mörtel und Einpressmörtel : Teil 2: Betonzusatzmittel – Definition und Anforderungen
12 350			Prüfungen von Frischbeton
	1	3.00	Probenahme
	2	3.00	Setzmaß
	3	3.00	Vebe-Prüfung
	4	6.00	Verdichtungsmaß
	5	6.00	Ausbreitmaß
	6	3.00	Frischbetonrohdichte
12 390			Prüfung von Festbeton

15.9

DIN EN	Teil	Ausg.	Titel
12 390	1	2.01	Form, Maße und andere Anforderungen für Probekörper und Formen
	2	6.01	Herstellung und Lagerung von Prüfkörpern für Festigkeitsprüfungen
	4	12.00	Bestimmung der Druckfestigkeit; Anforderungen an Prüfmaschinen
	5	2.01	Biegezugfestigkeit von Probekörpern
	6	2.01	Biegezugfestigkeit von Probekörpern
	7	2.01	Dichte und Rohdichte von Festbeton
	8	2.01	Wassereindringtiefe unter Druck
12 878		9.99	Pigmente zum Einfärben von zement- und kalkgebundenen Baustoffen – Anforderungen und Prüfverfahren

DAfStb-Richtlinien
Beton mit rezykliertem Zuschlag. Beuth Verlag, Berlin 1998
Richtlinie für Herstellung von Beton unter Verwendung von Restwasser, Restbeton und Restmörtel. Beuth Verlag, Berlin 1995
Richtlinie Alkalireaktion im Beton. Beuth Verlag, Berlin 1997
Richtlinie für hochfesten Beton: Ergänzung zu DIN 1045 (9.88) für die Festigkeitsklasse B 65 bis B 115. Beuth Verlag, Berlin 1995
Richtlinie zur Verwendung von Flugasche nach DIN EN 450 im Betonbau. Beuth Verlag, Berlin 1996
Richtlinie zur Nachbehandlung von Beton. Beuth Verlag, Berlin 1984
Richtlinie für Beton mit verlängerter Verarbeitungszeit (Verzögerter Beton) 1995
Richtlinie Betonbau beim Umgang mit wassergefährdenden Stoffen 1996
Richtlinie Selbstverdichtender Beton (SVB-Richtlinie) 2001

Zu Kapitel 7   Mauerwerksbau

DIN	Teil	Ausg.	Titel
1053			Mauerwerk
	1	11.96	Rezeptmauerwerk; Berechnung und Ausführung
	2	11.96	Mauerwerk nach Eignungsprüfung; Berechnung und Ausführung
	3	2.90	Bewehrtes Mauerwerk; Berechnung und Ausführung
	4	9.78	Bauten aus Ziegelfertigbauteilen
4242		1.79	Glasbausteinwände; Ausführung und Bemessung
105			Mauerziegel
	1	8.89	Vollziegel und Hochlochziegel
	2	8.89	Leichthochlochziegel
	3	5.84	Hochfeste Ziegel und hochfeste Klinker
	4	5.84	Keramikklinker
	5	5.84	Leichtlanglochziegel und Leichtlangloch-Ziegelplatten
106			Kalksandsteine
	1	9.80	Vollsteine, Lochsteine, Blocksteine, Hohlblocksteine
	2	11.80	Vormauersteine und Verblender
398		6.76	Hüttensteine; Vollsteine, Lochsteine, Hohlblocksteine
4103			Nichttragende innere Trennwände
	1	7.84	Anforderungen, Nachweise
	2	12.85	Trennwände aus Gips-Wandbauplatten
4165		11.96	Porenbeton-Blocksteine und Porenbeton-Plansteine
4166		10.97	Porenbeton-Bauplatten und Porenbeton-Planbauplatten
18 151		9.87	Hohlblöcke aus Leichtbeton
18 152		4.87	Vollsteine und Vollblöcke aus Leichtbeton
18 153		9.89	Mauersteine aus Beton (Normalbeton)
18 162		10.00	Wandbauplatten aus Leichtbeton, unbewehrt

Richtlinien
Bemessung und Ausführung von Flachstürzen (Ausgabe: August 1977; druckfehlerberichtigte Fassung: 1979)
Bauteile, die gegen Absturz sichern (Ausgabe: Juni 1985)

DIN V ENV	Teil	Ausg.	Titel
1996			Eurocode 6: Bemessung und Konstruktion von Mauerwerksbauten
	1–1	12.96	Regeln für bewehrtes und unbewehrtes Mauerwerk
	1–2	5.97	Tragwerksbemessung für den Brandfall
Richtlinie zur Anwendung von DIN V ENV 1996-1-1 (Eurocode 6): Nationales Anwendungsdokument			

Zu Kapitel 8 Stahlbau

DIN	Teil	Ausg.	Titel
4114			Stahlbau; Stabilitätsfälle (Knickung, Kippung, Beulung)
	1	7.52	Berechnungsgrundlagen, Vorschriften
	2	2.53	Berechnungsgrundlagen, Richtlinien
4132		2.81	Kranbahnen
18 800	1	3.81	Stahlbauten, Bemessung und Konstruktion
18 800			Stahlbauten
	1	11.90	Bemessung und Konstruktion
	2	11.90	Stabilitätsfälle, Knicken von Stäben und Stabwerken
	3	11.90	Stabilitätsfälle, Plattenbeulen
	4	11.90	Stabilitätsfälle, Schalenbeulen
18 800-1	A 1	2.96	Änderung A 1
18 800-2	A 1	2.96	Änderung A 1
18 800-3	A 1	2.96	Änderung A 1
18 800	7	5.83	Stahlbauten; Herstellen, Eignungsnachweise zum Schweißen
18 801		9.83	Stahlhochbauten; Bemessung, Konstruktion, Herstellung
18 806	1	3.84	Verbundkonstruktionen; Verbundstützen
18 807			Trapezprofile im Hochbau; Stahltrapezprofile
	1	6.87	Allgemeine Anforderungen, Ermittlung der Tragfähigkeitswerte durch Berechnung
18 807	2	6.87	Durchführung und Auswertung von Tragfähigkeitsversuchen
	3	6.87	Festigkeitsnachweise und konstruktive Ausbildung
18 808		10.84	Stahlbauten; Tragwerke aus Hohlprofilen unter vorwiegend ruhender Beanspruchung

[1] Diese Norm ist bis zum Erscheinen einer entsprechenden europäischen Norm neben DIN 18 800 (11.90) nur gültig für Stahlbrückenbauten (DIN 18 809) und Verbundbauten (DIN 18 806 sowie „Richtlinien für Stahlverbundträger").

DIN EN ENV	Teil	Ausg.	Titel
1993	1–1	4.93	Eurocode 3: Bemessung und Konstruktion von Stahlbauten; Allgemeine Bemessungsregeln, Bemessungsregeln für den Hochbau
1994	1–1	2.94	Eurocode 4: Bemessung und Konstruktion von Verbundtragwerken aus Stahl und Beton; Allgemeine Bemessungsregeln, Bemessungsregeln für den Hochbau

DASt-Richtlinien

009	(73)	Empfehlungen zur Wahl der Stahlgütegruppen für geschweißte Stahlbauten
011	(2.88)	Hochfeste schweißgeeignete Feinkornbaustähle mit Mindeststreckgrenzwerten von 460 und 690 N/mm^2; Anwendung für Stahlbauten
014	(81)	Empfehlungen zum Vermeiden von Terrassenbrüchen in geschweißten Konstruktionen aus Baustahl
103	(11.93)	Richtlinie zur Anwendung von DIN V ENV 1993-1-1 (Eurocode 3, Bemessung und Konstruktion von Stahlbauten) Nationales Anwendungsdokument
104	(1994)	NAD (Nationales Anwendungsdokument): Richtlinie zur Anwendung von DIN V ENV 1994-1-1

Verbundträger-Richtlinie (März 1981).
Erste ergänzende Bestimmungen zu den Verbundträger-Richtlinien (März 1984): Dübeltragfähigkeit und Kopfbolzendübel bei Verbundträgern mit Stahltrapezprofilen.
Zweite ergänzende Bestimmung (Juni 1991): Neufassung des Abschnittes 9 „Rissbreitenbegrenzung".
Mitteilungen des Deutschen Instituts für Bautechnik in Berlin 3/88 und 4/88 mit Angaben über das Brandverhalten von Verbundträgern und Verbundstützen (Klassifizierung).

DIN EN	Teil	Ausg.	Titel
10 025		3.94	Warmgewalzte Erzeugnisse aus unlegierten Baustählen, Technische Lieferbedingungen
10 027			Bezeichnungssysteme für Stähle
	1	9.92	Kurznamen, Hauptsymbole
	2	9.92	Nummernsystem
10 219	1	11.97	Kaltgefertigte geschweißte Hohlprofile für den Stahlbau aus unlegierten Baustählen und aus Feinkornbaustählen Technische Lieferbedingungen
10 113	1	4.93	Warmgewalzte Erzeugnisse aus schweißgeeigneten Feinkornbaustählen Allgemeine Lieferbedingungen
10 113	2	4.93	Warmgewalzte Erzeugnisse aus schweißgeeigneten Feinkornbaustählen Lieferbedingungen für normalgeglühte/normalisierend gewalzte Stähle
10 113	3	4.93	Warmgewalzte Erzeugnisse aus schweißgeeigneten Feinkornbaustählen Lieferbedingungen für thermomechanisch gewalzte Stähle
10 155		8.93	Wetterfeste Baustähle Technische Lieferbedingungen

DIN EN	Teil	Ausg.	Titel
10 137	2	11.95	Blech und Breitflachstahl aus Baustählen mit höherer Streckgrenze im vergüteten oder im ausscheidungsgehärteten Zustand Lieferbedingungen für vergütete Stähle
10 149	2	11.95	Warmgewalzte Flacherzeugnisse aus Stählen mit hoher Streckgrenze zum Kaltumformen Lieferbedingungen für thermomechanisch gewalzte Stähle
10 210	1	9.94	Warmgefertigte Hohlprofile für den Stahlbau aus unlegierten Baustählen und aus Feinkornbaustählen Technische Lieferbedingungen
20 898			Mechanische Eigenschaften von Verbindungselementen
	2	2.94	Muttern mit festgelegten Prüfkräften, Regelgewinde

DIN EN ISO	Teil	Ausg.	Titel
898	1	11.99	Mechanische Eigenschaften von Verbindungselementen aus Kohlenstoffstahl und legiertem Stahl – Schrauben
13 918		12.98	Schweißen – Bolzen und Keramikringe zum Lichtbogenbolzenschweißen
14 555		12.98	Schweißen – Lichtbogenbolzenschweißen von metallischen Werkstoffen

DVS-Merkblatt
0902   (7.88)   Lichtbogenschweißung mit Hubzündung (Werkstoffe, Verfahren, Anwendungsbereich, Geräte)

DIN	Teil	Ausg.	Titel
1681		6.85	Stahlguss für allgemeine Verwendungszwecke; Technische Lieferbedingungen
17111		9.80	Kohlenstoffarme unlegierte Stähle für Schrauben, Muttern und Niete; Technische Lieferbedingungen

ISO	Teil	Ausg.	Titel
898	1	1.89	Mechanische Eigenschaften von Verbindungselementen; Schrauben
	2	3.81	Mechanische Eigenschaften von Verbindungselementen; Muttern mit festgelegten Prüfkräften

Zu Kapitel 9   Holzbau

DIN	Teil	Ausg.	Titel
1052			Holzbauwerke
	1	4.88	Berechnung und Ausführung
	1/A1	10.96	Änderung 1
	2	4.88	Mechanische Verbindungen
	2/A1	10.96	Änderung 1
	3 [*]	4.88	Holzhäuser in Tafelbauart, Berechnung und Ausführung
	3/A1	10.96	Änderung 1
1074		5.91	Holzbrücken
4074	1	9.89	Sortierung von Nadelholz nach der Tragfähigkeit; Nadelschnittholz
	2	12.58	Gütebedingungen für Baurundholz (Nadelholz)
4102	4	3.94	Brandverhalten von Baustoffen und Bauteilen; Zusammenstellung und Anwendung klassifizierter Baustoffe, Bauteile und Sonderbauteile (u. a. aus Holz und Stahl)
4112		2.83	Fliegende Bauten; Richtlinien für Bemessung und Ausführung

[*] Gilt ergänzend zu DIN 1052-1 und -2.

DIN V ENV	Teil	Ausg.	Titel
1995	1–1	6.94	Eurocode 5: Entwurf, Berechnung und Bemessung von Holztragwerken Allgemeine Bemessungsregeln, Bemessungsregeln für den Hochbau
Richtlinie zur Anwendung von DIN V ENV 1995 Teil 1-1 (Nationales Anwendungsdokument), Ausg. 2.95			

DIN EN	Teil	Ausg.	Titel
300		6.97	Spanplatten; Platten aus langen, schlanken, ausgerichteten Spänen (OSB)
312	4	11.96	Spanplatten; Anforderungen an Platten für tragende Zwecke zur Verwendung im Trockenbereich
	5	6.97	Spanplatten; Anforderungen an Platten für tragende Zwecke zur Verwendung im Feuchtbereich
	6	11.96	Spanplatten; Anforderungen an hochbelastbare Platten für tragende Zwecke zur Verwendung im Trockenbereich
	7	6.97	Spanplatten; Anforderungen an hochbelastbare Platten für tragende Zwecke zur Verwendung im Feuchtbereich
390		3.95	Brettschichtholz; Maße, Grenzabmaße
24016		2.92	Sechskantschrauben mit Schaft; Produktklasse C

DIN prEN	Teil	Ausg.	Titel
622	2	8.97	Faserplatten; Anforderungen an harte Platten
	3	8.97	Faserplatten; Anforderungen an mittelharte Platten

DIN	Teil	Ausg.	Titel
96		12.86	Halbrund-Holzschrauben mit Schlitz
97		12.86	Senk-Holzschrauben mit Schlitz
571		12.86	Sechskant-Holzschrauben
1143	1	8.82	Maschinenstifte; rund, lose
1151		4.73	Drahtstifte; rund
4070	1	1.58	Querschnittsmaße und statische Werte für Schnittholz; Vorratskantholz und Dachlatten
	2	10.63	Querschnittsmaße und statische Werte für Schnittholz; Dimensions- und Listenware
4071	1	4.77	Ungehobelte Bretter und Bohlen aus Nadelholz; Maße
68 705			Sperrholz
	3	12.81	Bau-Furniersperrholz
	5	10.80	Bau-Furniersperrholz aus Buche
	Bbl. 1	10.80	Bau-Furniersperrholz aus Buche; Zusammenhänge zwischen Plattenaufbau, elastischen Eigenschaften und Festigkeiten
68 754	1	2.76	Harte und mittelharte Holzfaserplatten für das Bauwesen; Holzwerkstoffklasse 20
68 763		9.90	Spanplatten; Flachpressplatten für das Bauwesen; Begriffe, Eigenschaften, Prüfung, Überwachung
68 364		11.79	Kennwerte von Holzarten; Festigkeit, Elastizität, Resistenz
68 800	2	5.96	Holzschutz; vorbeugende bauliche Maßnahmen im Hochbau
	3	4.90	Holzschutz; vorbeugender chemischer Holzschutz

Zu Kapitel 10 Bauphysik

DIN	Teil	Ausg.	Titel
4095		6.90	Dränung zum Schutz baulicher Anlagen
4102			Brandverhalten von Baustoffen und Bauteilen
	1	5.98	Baustoffe; Begriffe, Anforderungen und Prüfungen
	2	9.77	Bauteile; Begriffe, Anforderungen und Prüfungen
	3	9.77	Brandwände und nichttragende Außenwände; Begriffe, Anforderungen und Prüfungen
	4	3.94	Zusammenstellung und Anwendung klassifizierter Baustoffe, Bauteile und Sonderbauteile
	5	9.77	Feuerschutzabschlüsse, Abschlüsse in Fahrschachtwänden und gegen Feuer widerstandsfähige Verglasungen; Begriffe, Anforderungen und Prüfungen
	6	9.77	Lüftungsleitungen; Begriffe, Anforderungen und Prüfungen
	7	7.98	Bedachungen; Begriffe, Anforderungen und Prüfungen
	9	5.90	Kabelabschottungen; Begriffe, Anforderungen und Prüfungen
	11	12.85	Rohrummantelungen, Rohrabschottungen, Installationsschächte und -kanäle sowie Abschlüsse ihrer Revisionsöffnungen; Begriffe, Anforderungen und Prüfungen
	13	5.90	Brandschutzverglasungen; Begriffe, Anforderungen und Prüfungen
4108			Wärmeschutz und Energie-Einsparung in Gebäuden
	2	3.01	Mindestanforderungen an den Wärmeschutz
	3	7.01	Klimabedingter Feuchteschutz; Anforderungen, Berechnungsverfahren und Hinweise für Planung und Ausführung
	V 4	2.02	Wärme- und feuchteschutztechnische Bemessungswerte
	V 6	11.00	Berechnung des Jahresheizwärme- und des Jahresheizenergiebedarfs
	7	8.01	Luftdichtheit von Gebäuden, Anforderungen, Planungs- und Ausführungsempfehlungen sowie -beispiele

DIN	Teil	Ausg.	Titel
	V 10	2.02	Anwendungsbezogene Anforderungen an Wärmedämmstoffe, werkmäßig hergestellte Dämmstoffe
	Bbl. 2	8.98	Wärmebrücken – Planungs- und Ausführungsbeispiele
4109		11.89	Schallschutz im Hochbau; Anforderungen und Nachweise
	E 10	6.00	Vorschläge für einen erhöhten Schallschutz von Wohnungen
	Bbl. 1	11.89	Ausführungsbeispiele und Rechenverfahren
	Bbl. 2	11.89	Hinweise für Planung und Ausführung, Vorschläge für einen erhöhten Schallschutz im eigenen Wohn- und Arbeitsbereich
4701	V 10	2.01	Energetische Bewertung heiz- und raumlufttechnischer Anlagen, Heizung, Trinkwassererwärmung, Lüftung
14 011	1-9	77-91	Begriffe aus dem Feuerwehrwesen
14 090		6.77	Flächen für die Feuerwehr auf Grundstücken
14 489		5.85	Sprinkleranlagen
14 675		6.00	Brandmeldeanlagen
18 005			Schallschutz im Städtebau
	1	7.02	Berechnungsverfahren
	Bbl. 1	5.87	Schalltechnische Orientierungswerte für die städtebauliche Planung
18 041		10.68	Hörsamkeit in kleinen bis mittelgroßen Räumen
18 093		6.87	Feuerschutzabschlüsse; Einbau von Feuerschutztüren in massive Wände aus Mauerwerk oder Beton; Ankerlagen, Ankerformen, Einbau
18 095			Türen; Rauchschutztüren
	1	10.88	Begriffe und Anforderungen
	2	3.91	Bauartprüfung der Dauerfunktionstüchtigkeit und Dichtheit
18 195			Bauwerksabdichtungen
	1	8.00	Grundsätze, Definitionen, Zuordnung der Abdichtungsarten
	2	8.00	Stoffe
	3	8.00	Anforderungen an den Untergrund und Verarbeitung der Stoffe
	4	8.00	Abdichtung gegen Bodenfeuchte und nichtstauendes Sickerwasser an Bodenplatten und Wänden; Bemessung und Ausführung
	5	8.00	Abdichtung gegen nichtdrückendes Wasser auf Deckenflächen und in Nassräumen; Bemessung und Ausführung
	6	8.00	Abdichtung gegen von außen drückendes Wasser und aufstauendes Sickerwasser; Bemessung und Ausführung
	7	6.89	Abdichtungen gegen von innen drückendes Wasser; Bemessung und Ausführung
	8	8.83	Abdichtungen über Bewegungsfugen
	9	12.86	Durchdringungen, Übergänge, Abschlüsse
	10	8.83	Schutzschichten und Schutzmaßnahmen
18 230			Baulicher Brandschutz im Industriebau
	1	5.98	Rechnerisch erforderliche Feuerwiderstandsdauer
	Bbl. 1	11.89	Abbrandfaktoren m und Heizwerte
	2	9.87	Ermittlung des Abbrandfaktors
	3	1.01	Rechenwerte
18 232			Rauch- und Wärmefreihaltung
	1	2.02	Begriffe, Aufgabenstellung
	2	11.89	Rauchabzüge; Bemessung, Anforderungen und Einbau
45 642		3.97	Messung von Verkehrsgeräuschen

DIN EN	Teil	Ausg.	Titel
832		12.98	Wärmetechnisches Verhalten von Gebäuden – Berechnung des Heizenergiebedarfs – Wohngebäude
12 524		7.00	Baustoffe und Bauprodukte – Wärmeschutztechnische Eigenschaften – Tabellierte Bemessungswerte
13 829		2.01	Bestimmung der Luftdurchlässigkeit von Gebäuden – Differenzdruckverfahren (ISO 9972: 1996)

DIN EN	Teil	Ausg.	Titel
20 140	10	9.92	Akustik – Messung der Schalldämmung in Gebäuden und Bauteilen – Messung der Luftschalldämmung kleiner Bauteile in Prüfständen

DIN EN ISO	Teil	Ausg.	Titel
140			Messung der Schalldämmung in Gebäuden und von Bauteilen
	4	12.98	Messung der Luftschalldämmung zwischen Räumen in Gebäuden
	7	12.98	Messung der Trittschalldämmung von Decken in Gebäuden
717			Bewertung der Schalldämmung in Gebäuden und von Bauteilen
	1	1.97	Luftschalldämmung
	2	1.97	Trittschalldämmung
3822	1	7.99	Akustik; Prüfung des Geräuschverhaltens von Armaturen und Geräten der Wasserinstallation im Laboratorium; Messverfahren
6946		11.96	Wärmedurchlasswiderstand und Wärmedurchgangskoeffizient – Berechnungsverfahren
7345		1.96	Wärmeschutz – Physikalische Größen und Definitionen
9346		8.96	Wärmeschutz, Stofftransport, Physikalische Größen und Definitionen
10 211	1	11.95	Wärmebrücken im Hochbau – Wärmeströme und Oberflächentemperaturen – Allgemeine Berechnungsverfahren
	2	6.01	Berechnung der Wärmeströme und Oberflächentemperaturen, Linienförmige Wärmebrücken
12 569		6.98	Wärmeschutz in Gebäuden – Bestimmung des Luftwechsels in Gebäuden – Indikationsverfahren
13 789		10.99	Wärmetechnisches Verhalten von Gebäuden, spezifischer Transmissionswärmeverlustkoeffizient, Berechnungsverfahren
14 683		9.99	Wärmebrücken im Hochbau, Längenbezogener Wärmedurchgangskoeffizient, Vereinfachte Berechnungsverfahren und Rechenwerte

VDI	Teil	Ausg.	Titel
4100		9.94	Schallschutz von Wohnungen, Kriterien für Planung und Beurteilung

EnEV Verordnung über energiesparenden Wärmeschutz und energiesparende Anlagentechnik bei Gebäuden vom 16. 11. 2001 (Energieeinsparverordnung – EnEV)
Regeln für Dachdeckungen mit Fachregeln für Dächer mit Abdichtungen – Flachdachrichtlinien – Stand 2001, Verlagsgesellschaft Rudolf Müller, Köln
Richtlinie für die Planung und Ausführung von Abdichtungen mit kunststoffmodifizierten Bitumendickbeschichtungen (KMB), November 2001

Zu Kapitel 11   Geotechnik

DIN	Teil	Ausg.	Titel
1054		11.76	Baugrund; Zulässige Belastungen des Baugrunds
E 1054	100	12.00	Baugrund; Sicherheitsnachweise im Erd- und Grundbau: Berechnung nach dem Konzept mit Teilsicherheitsbeiwerten
1055	2	2.76	Lastannahmen für Bauten; Bodenkenngrößen
4014		3.90	Bohrpfähle; Herstellung, Bemessung und Tragverhalten
4017		8.79	Berechnung des Grundbruchwiderstands von Flachgründungen
E 4017	100	6.01	Baugrund; Berechnung des Grundbruchwiderstands von Flachgründungen: Berechnung nach dem Konzept mit Teilsicherheitsbeiwerten
4019		4.79	Baugrund; Setzungsberechnungen

DIN	Teil	Ausg.	Titel
E 4019	100	4.01	Baugrund; Setzungsberechnungen: Berechnung nach dem Konzept mit Teilsicherheitsbeiwerten
4020		10.90	Geotechnische Untersuchungen für bautechnische Zwecke
4021		10.90	Aufschluss durch Schürfe und Bohrungen sowie Entnahme von Proben
4022	1	9.87	Baugrund und Grundwasser; Benennen und Beschreiben von Boden und Fels; Schichtenverzeichnis für Bohrungen ohne durchgehende Gewinnung von gekernten Proben im Boden und im Fels
4023		3.84	Baugrund und Wasserbohrung; Zeichnerische Darstellung der Ergebnisse
4026		8.75	Rammpfähle; Herstellung, Bemessung und zulässige Belastung
4084		7.81	Baugrund; Böschungs- und Geländebruchberechnungen
E 4084	100	9.01	Baugrund; Böschungs- und Geländebruchberechnungen: Berechnung nach dem Konzept mit Teilsicherheitsbeiwerten
4085		2.87	Baugrund; Berechnung des Erddrucks
E 4085	100	4.02	Baugrund; Berechnung des Erddrucks: Berechnung nach dem Konzept mit Teilsicherheitsbeiwerten
4094		12.90	Baugrund; Erkundung durch Sondierungen
4123		5.72	Ausschachtungen, Gründungen und Unterfangungen im Bereich bestehender Gebäude
4124		8.91	Baugruben und Gräben; Böschungen, Arbeitsraumbreiten, Verbau
4125		11.90	Verpressanker; Kurzzeitanker und Daueranker; Bemessung, Ausführung und Prüfung
V 4126	100	8.96	Baugrund; Schlitzwände: Berechnung nach dem Konzept mit Teilsicherheitsbeiwerten
4128		4.83	Verpresspfähle (Ortbeton- und Verbundpfähle) mit kleinem Durchmesser; Herstellung, Bemessung und zulässige Belastung

DIN V ENV	Teil	Ausg.	Titel
1997-1	1	4.96	Entwurf, Berechnung und Bemessung in der Geotechnik, Teil 1: Allgemeine Regeln

DIN EN	Teil	Ausg.	Titel
1536		6.99	Ausführung von besonderen geotechnischen Arbeiten (Spezialtiefbau) – Bohrpfähle
1537		6.00	Ausführung von besonderen geotechnischen Arbeiten (Spezialtiefbau) – Verpressanker
1538		6.00	Ausführung von besonderen geotechnischen Arbeiten (Spezialtiefbau) – Schlitzwände
12 063		5.99	Ausführung von besonderen geotechnischen Arbeiten (Spezialtiefbau) – Spundwandkonstruktionen
E 12 699		4.97	Ausführung von besonderen geotechnischen Arbeiten (Spezialtiefbau) – Verdrängungspfähle
12 715		10.00	Ausführung von besonderen geotechnischen Arbeiten (Spezialtiefbau) – Injektionen
12 716		4.97	Ausführung von besonderen geotechnischen Arbeiten (Spezialtiefbau) – Düsenstrahlverfahren

DIN	Teil	Ausg.	Titel
18 121	1	9.89	Baugrund; Untersuchung von Bodenproben; Wassergehalt, Bestimmung durch Ofentrocknung
18 122	1	4.76	Baugrund; Untersuchung von Bodenproben; Zustandsgrenzen (Konsistenzgrenzen), Bestimmung der Fließ- und Ausrollgrenze

DIN	Teil	Ausg.	Titel
18 126		9.89	Baugrund; Versuche und Versuchsgeräte; Bestimmung der Dichte nichtbindiger Böden bei lockerster und dichtester Lagerung
18 127		2.93	Baugrund; Versuche und Versuchsgeräte; Proctorversuch
18 196		10.88	Erd- und Grundbau; Bodenklassifikation für bautechnische Zwecke

Zusätzliche Technische Vertragsbedingungen und Richtlinien für Erdarbeiten im Straßenbau, Fassung 1997 (ZTVE-StB 94)
Technische Prüfvorschriften für Boden und Fels im Straßenbau (TP BF-StB)

Zu Kapitel 12A   Verkehrswesen

DIN	Teil	Ausg.	Titel
E 482		3.01	Straßenbordsteine aus Naturstein
483		8.81	Bordsteine aus Beton
485		4.87	Gehwegplatten aus Beton
1998		5.78	Unterbringung von Leitungen und Anlagen in öffentlichen Flächen; Richtlinien für die Planung
1999	1–6	8.76 bis 2.91	Abscheider für Leichtflüssigkeiten – Benzinabscheider, Heizölabscheider
18 196		10.88	Erd- und Grundbau, Bodenklassifikation für bautechnische Zwecke
18 299		6.96	Allgemeine Regelungen für Bauarbeiter jeder Art
18 300		6.96	Erdarbeiten
18 135		6.96	Straßenbauarbeiten; Oberbauschichten ohne Bindemittel
18 136		6.96	Straßenbauarbeiten; Oberbauschichten mit hydraulischen Bindemitteln
18 317		6.96	Straßenbauarbeiten; Oberbauschichten mit bituminösen Bindemitteln
18 318		6.96	Straßenbauarbeiten; Pflasterdecken und Plattenbeläge
18 500		4.91	Betonwerkstein; Begriffe, Anforderungen, Prüfung, Überwachung
18 501		11.82	Pflastersteine aus Beton
18 502		12.65	Pflastersteine; Naturstein
18 503		8.81	Pflasterklinker; Anforderungen, Prüfung, Überwachung
18 915 bis 18 920		9.90	Vegetationstechnik im Landschaftsbau; Schutz von Bäumen, Pflanzenbeständen und Vegetationsflächen bei Baumaßnahmen

DIN EN	Teil	Ausg.	Titel
1338 bis 1340		02.94	Pflastersteine, Pflasterplatten und Bordsteine aus Beton
1341 bis 1343		03.00	Naturstein für Außenbereiche
1317	1–3	07.98 bis 07.00	Rückhaltesysteme für Straßen

Technisches Regelwerk der FGSV zum Kapitel A Straßenwesen
Merkblatt zur Umweltverträglichkeitsstudie in der Straßenplanung (MUVS) [2001]
Merkblatt über Luftverunreinigungen an Straßen ohne oder mit lockerer Randbebauung (MLuS-92) [1992/1996]
Merkblatt für Flächenbefestigungen mit Pflaster und Plattenbelägen [1989/1994]
Empfehlungen für Wirtschaftlichkeitsuntersuchungen an Straßen (EWS) [1997]

Empfehlungen zur Straßenraumgestaltung innerhalb bebauter Gebiete (ESG 96) [1996]
Empfehlungen für die Anlage von Erschließungsstraßen (EAE 85/95) [1985/1995]
Empfehlungen für die Anlage von Hauptverkehrsstraßen (EAHV) [1993/1998]
Empfehlungen für Radverkehrsanlagen (ERA 95) [1995]
Empfehlungen für Anlagen des ruhenden Verkehrs (EAR 91) [1991/1995]
Empfehlungen zur Staßenbepflanzung in bebauten Gebieten [1991]
Richtlinien für die Anlage von Straßen (RAS)
    Abschnitt 1: Landschaftspflegerische Begleitplanung (RAS-LP 1) [1996]
    Abschnitt 2: Landschaftspflegerische Ausführung (RAS-LP 2) [1993]
    Abschnitt 3: Lebendverbau (RAS-LG 3) [1983]
    Abschnitt 4: Schutz von Bäumen, Vegetationsbeständen und Tieren bei Baumaßnahmen (RAS LP 4) [1999]
Teil Ew: Entwässerung (RAS-Ew) [1987]
    Tabellen zur RAS-Ew (RAS-Ew-Ergänzung) [1987]
Richtlinien für den Lärmschutz an Straßen (RLS-90) [1990/1992]
Richtlinien für die Markierung von Straßen (RMS)
Teil 1: Abmessungen und geometrische Anordnung von Markierungszeichen (RMS-1) [1993]
Teil 2: Anwendung von Fahrbahnmarkierungen (RMS-2) [1980/1995]
Richtlinien für Lichtsignalanlagen an Straßen (RiLSA) – Lichtzeichenanlagen für den Straßenverkehr – [1992/1998]
Richtlinien für bautechnische Maßnahmen an Straßen in Wassergewinnungsgebieten (RiStWag) [1982]
Richtlinien für die Standardisierung des Oberbaus von Verkehrsflächen (RStO 01) [2001]
Richtlinien für den ländlichen Wegebau (RLW) [1999]
Standardleistungskatalog für den Straßen- und Brückenbau StLK-StB ((1980 ff.]
Weitere Angaben sind in „Der Elsner" sowie in den „Veröffentlichungen der Forschungsgesellschaft für Straßen- und Verkehrswesen", die regelmäßig im FGSV Verlag erscheinen, zu finden.

Zu Kapitel 12 B   Wasserversorgung

Arbeitsblätter (Auswahl)
Die aufgeführten Arbeitsblätter sind enthalten im DVGW-Regelwerk Wasser, das vertrieben wird durch Wirtschafts- und Verlagsgesellschaft Gas und Wasser mbH, Josef-Wirmer-Straße 1–3, 53123 Bonn.

	Ausg.	Titel
W 122	8.95	Abschlußbauwerke für Brunnen der Wassergewinnung
W 302	8.81	Hydraulische Berechnung von Rohrleitungen und Rohrnetzen; Druckverlust-Tafeln für Rohrdurchmesser von 40 bis 2000 mm; mit Ergänzungsblatt vom 1.6.1985
W 311	2.88	Planung und Bau von Wasserbehältern; Grundlagen und Ausführungsbeispiele
W 315	2.83	Bau von Wassertürmen; Grundlagen und Ausführungsbeispiele
W 391	10.86	Wasserverluste
W 403	1.88	Betriebsdrücke
W 410	1.95	Wasserbedarfszahlen

Zu Kapitel 12 C   Kanalisation

Arbeitsblätter (Auswahl)
Die aufgeführten Arbeitsblätter sind enthalten im ATV-Regelwerk Abwasser-Abfall, das vertrieben wird durch die Gesellschaft zur Förderung der Abwassertechnik, Theodor-Heuss-Allee 17, 53773 Hennef.

	Ausg.	Titel
A 105	12.97	Wahl des Entwässerungssystems
A 116	9.92	Besondere Entwässerungsverfahren; Unterdruckentwässerung, Druckentwässerung
A 118	11.99	Hydraulische Bemessung und Nachweis von Entwässerungssystemen
A 128	4.92	Richtlinien für die Bemessung und Gestaltung von Regenentlastungsanlagen in Mischwasserkanälen
A 138	1.90	Bau und Bemessung von Anlagen zur dezentralen Versickerung von nicht schädlich verunreinigtem Niederschlagswasser
A 241	5.98	Bauwerke in Entwässerungsanlagen (2. Entwurf)

Zu Kapitel 13 A Objektentwurf

DIN	Teil	Ausg.	Titel
4102	1–19	77–98	Brandverhalten von Baustoffen und Bauteilen
4109		11.89/ 8.92	Schallschutz im Hochbau
	Bbl. 1	11.89	Ausführungsbeispiele und Rechenverfahren
	Bbl. 2	11.89	Hinweise für Planung und Ausführung; Vorschläge für erhöhten Schallschutz; Empfehlung für Schallschutz im eigenen Wohn- und Arbeitsbereich
	Bbl. 3	6.96	Berechnung von $R'_{w,R}$ für den Nachweis nach DIN 4109
5034	1–6	85–99	Tageslicht in Innenräumen
7914	1	1.87	Turn- und Gymnastikgeräte
7926		8.85	Kinderspielgeräte
14 092	1	10.01	Feuerwehrhäuser. Planungsgrundlagen
15 306		1.85/ E 6.01	Aufzüge; Personenaufzüge in Wohngebäuden
15 309		12.84/ E 6.01	Aufzüge; Personenaufzüge für andere als Wohngebäude sowie Bettenaufzüge
15 310		5.85	Aufzüge; Kleingüteraufzüge; Baumaße; Fahrkorbmaße
18 000		5.84	Modulordnung im Bauwesen
18 012		11.00	Hausanschlussräume. Planungsgrundlagen
18 017	1	2.87	Lüftung von Bädern und Toilettenräumen ohne Außenfenster
	3	8.90	Lüftung von Bädern und Toilettenräumen ohne Außenfenster mit Ventilatoren
18 022		11.89	Küchen, Bäder und WCs im Wohnungsbau. Planungsgrundlagen
18 024	1	1.98	Barrierefreies Bauen: Straßen, Plätze, Wege, öffentliche Verkehrs- und Grünanlagen sowie Spielplätze. Planungsgrundlagen
	2	4.97	Barrierefreies Bauen: Öffentlich zugängige Gebäude und Arbeitsstätten. Planungsgrundlagen
18 025	1	12.92	Barrierefreie Wohnungen; Wohnungen für Rollstuhlfahrer. Planungsgrundlagen
	2	12.92	Barrierefreie Wohnungen. Planungsgrundlagen
18 032	1	4.89	Sporthallen. Hallen für Turnen, Spiele und Mehrzwecknutzung. Grundsätze für Planung und Bau (neu: 8.02) (gilt nicht für Eissport, Leichtathletik, Radsport, Reitsport, Tennis usw.)
18 034		12.99	Spielplätze (neu: 4.01)
18 035	1–8	78–93	Sportplätze
18 036		11.92	Eissportanlagen
18 038		4.82	Squashhallen
18 082	1	12.91	Feuerschutzabschlüsse; Stahltüren T30-1; Bauart A

DIN	Teil	Ausg.	Titel
	3	1.84	Feuerschutzabschlüsse; Stahltüren T30-1; Bauart B
18 225		6.88	Industriebau; Verkehrswege in Industriebauten
18 230	1	5.98/ 12.98	Baulicher Brandschutz im Industriebau, Rechnerisch erforderliche Feuerwiderstandsdauer
18 232	2	11.89	Baulicher Brandschutz im Industriebau. Rauch- und Wärmeabzugsanlagen
58 125		12.84/ E 11.94	Schulbau – Bautechnische Anforderungen zur Verhütung von Unfällen
66 075	3–8	7.74	Einrichtungen für die Gastronomie
66 354		12.86	Kücheneinrichtungen. Formen. Planungsgrundsätze
67 526	3	8.76	Sportstättenbeleuchtung; Richtlinien für die Beleuchtung mit Tageslicht
68 901		1.86	Kücheneinrichtungen. Koordinierungsmaße für Küchenmöbel (zurückgezogen)

DIN EN	Teil	Ausg.	Titel
81	1	2.99	Sicherheitsregeln für die Konstruktion und den Einbau von Aufzügen; Elektrisch betriebene Personen- und Lastenaufzüge
81	2	2.99	Sicherheitsregeln für die Konstruktion und den Einbau von Aufzügen; Hydraulisch betriebene Personen- und Lastenaufzüge
81	3	5.01	Sicherheitsregeln für die Konstruktion und den Einbau von Aufzügen; Elektrisch und hydraulisch betriebene Kleingüteraufzüge
115		12.98	Sicherheitsregeln für die Konstruktion und den Einbau von Fahrtreppen und Fahrsteigen

Norm	Teil	Ausg.	Titel
EAE 85/95		85/95	Empfehlungen zur Anlage von Erschließungsstraßen. Ergänzte Fassung 1995
GUV 16.3		1.87	Richtlinien für Schulen – Bau und Ausrüstung
GUV 16.4		3.01	Richtlinien für Kindergärten – Bau und Ausrüstung
GUV 26.14		1.92	Spielgeräte in Kindergärten
GUV 26.15		1.01	Giftpflanzen
GUV 50.05		1.01	Sicherheit im Feuerwehrhaus
VDI 2050	Bbl.	8.96	Heizzentralen – Gesetze, Verordnungen, Technische Regeln (Beiblatt)
VDI 2050	1	9.95	Heizzentralen – Heizzentralen in Gebäuden – Technische Grundsätze für Planung und Ausführung
VDI 2050	2	9.95	Heizzentralen – Frei stehende Heizzentralen – Grundsätze für Planung und Ausführung
TRbF			Technische Regeln für brennbare Flüssigkeiten
TRA 200		5.92/ E 9.93	Technische Regeln für Personenaufzüge, Lastenaufzüge, Güteraufzüge
TRA 300		5.92/ E 9.93	Technische Regeln für vereinfachte Güteraufzüge
TRA 400		5.92/ E 9.93	Technische Regeln für Kleingüteraufzüge
TRA 1300		12.95	*Technische Regeln für vereinfachte Personenaufzüge*
ZH 1/618		10.80	*Sicherheitsregeln für Bildschirmarbeitsplätze im Bürobereich*

Gesetze und Verordnungen

Altenwohnstätten (12.71), Planungsempfehlungen des Bundesministers für Städtebau und Wohnungswesen für Altenwohnungen, Wohnungen in Altenwohnheimen, Wohnplätze in Altenheimen
ArbStättV (3.75), Verordnung über Arbeitsstätten
ASR, Arbeitsstätten-Richtlinien (Einzelerlasse des Bundesministers für Arbeit und Soziales)
AufzV, Aufzugsverordnung
BASchulR (Landesrecht) Bauaufsichtliche Richtlinie für Schulen
BildScharbV (12.96) Bildschirmarbeitsplatzverordnung
BNatSchG (9.98) Bundesnaturschutzgesetz
FeuVO (Landesrecht) Feuerstättenverordnung
GarV (Landesrecht) Garagenverordnung
GastStättV (Landesrecht) Gaststättenverordnung
GhVO bzw. **WaGeV** (Landesrecht) Waren- und Geschäftshausverordnung
HeimMindBauV (5.83), Verordnung über bauliche Mindestanforderungen für Altenheime, Altenwohnheime und Pflegeheime für Volljährige (in Überarbeitung)
HHR (Landesrecht) Hochhausrichtlinien
KiGartGV (Landesrecht) Verordnung über Bau, Beschaffenheit und Ausstattung von Kindergärten
KiTaV (Landesrecht) Verordnung über die Mindestanforderungen an Kindertagesstätten
LBO (Landesrecht) Landesbauordnung
LNatSchG (Landesrecht) Landesnaturschutzgesetz
MBO (6.96) (Vereinbarung der Bundesländer) Musterbauordnung
SchBauRl (Landesrecht) Richtlinie zur Gewährung von zweckgebundenen Zuwendungen für Schulbauten
SchBauRt (Landesrecht) Technische Richtlinien für den Schulbau
TR Schulbau (Landesrecht) Technische Richtlinien für den Schulbau
VStättVO (Landesrecht) Versammlungsstättenverordnung
WHG (4.98) Wasserhaushaltsgesetz
WoBauG (12.97) Zweites Wohnungsbaugesetz
II. BV (7.92) Zweite Berechnungsverordnung für wohnungswirtschaftliche Berechnungen

Zu Kapitel 14 A Bauvermessung

DIN	Teil	Ausg.	Titel
6403		12.02	Messbänder aus Stahl mit Aufrollrahmen oder Aufrollkapsel
18 700		7.97	Ziffern zur visuellen Ablesung für geodätische Instrumente und Geräte
18 702		3.76	Zeichen für Vermessungsrisse. Großmaßstäbige Karten und Pläne
18 703		11.96	Nivellierlatten
18 705		9.86	Runde Fluchtstäbe
18 709			Begriffe, Kurzzeichen und Formelzeichen im Vermessungswesen;
	1	10.95	Allgemeines
	2	4.86	Ingenieurvermessung
18 710			Ingenieurvermessung
	1	3.02	Allgemeine Anforderungen
	2	9.02	Aufnahme
	3	3.02	Absteckung
	4	9.02	Überwachung
18 718		1.86	Arten und Bauteile von geodätischen Instrumenten; Begriffe
18 720		7.95	Verbindung zwischen Instrument und Stativ bei geodätischen Instrumenten
18 723			Feldverfahren zur Genauigkeitsuntersuchung geodätischer Instrumente
	1	7.90	Allgemeines
	2	7.90	Nivelliere

DIN	Teil	Ausg.	Titel
18 723	3	7.90	Theodolite
	6	7.90	Elektrooptische Distanzmesser für den Nahbereich
	8	1.02	Rotationslaser
18 726		7.96	Stative für geodätische Instrumente

Zu Kapitel 14 B   Bauzeichnungen

DIN	Teil	Ausg.	Titel
15	1	6.84	Technische Zeichnungen, Linien; Grundlagen, Linien (ersetzt durch DIN ISO 128-20)
	2	6.84	Technische Zeichnungen, Linien; Allgemeine Anwendung, Linien
199	1	5.84	Begriffe im Zeichnungs- und Stücklistenwesen; Zeichnungen
201		5.90	Technische Zeichnungen; Schraffuren; Darstellung von Schnittflächen und Stoffen
406	10	12.92	Technische Zeichnungen, Maßeintragung; Begriffe, allgemeine Grundlagen
	11	12.92	Technische Zeichnungen, Maßeintragung; Grundlagen der Anwendung
	(E) Bbl.1	5.96	Ausgang der Bearbeitung an Rohteilen
	(E) A1	6.94	Änderung1
	12	12.92	Eintragung von Toleranzen für Längen- und Winkelmaße
	(E)	6.94	ISO 406: 1987 modifiziert
919	1	4.91	Technische Zeichnungen für Holzverarbeitung; Grundlagen
1356	1	2.95	Bauzeichnungen; Arten, Inhalte und Grundregeln der Darstellung
1986	1	6.88	Entwässerungsanlagen für Gebäude und Grundstücke
6771	1	12.70	Schriftfelder für Zeichnungen, Pläne und Listen
6776	1	4.76	Technische Zeichnungen; Beschriftung, Schriftzeichen
18 000		5.84	Modulordnung im Bauwesen
18 702		3.76	Zeichen für Vermessungsrisse, großmaßstäbige Karten und Pläne
30 798	1	9.82	Modulsystem, Modulordnungen; Begriffe
	2	9.82	Modulsystem, Modulordnungen; Grundsätze
	3	9.82	Modulsystem, Modulordnungen; Grundlagen für die Anwendung
	4	4.85	Modulsystem, Modulordnungen; Zeichnerische Darstellung

DIN ISO	Teil	Ausg.	Titel
128	20	12.97	Technische Zeichnungen – Allgemeine Grundlagen der Darstellung; Linien, Grundregeln
	24	12.99	Technische Zeichnungen – Allgemeine Grundlagen der Darstellung; Linien in Zeichnungen der mechanischen Technik
3766		9.96	Zeichnungen für das Bauwesen – vereinfachte Darstellung von Bewehrungen
4066		9.96	Zeichnungen für das Bauwesen; Stabliste
5456	1	4.98	Technische Zeichnungen, Projektionsmethoden; Übersicht
	2	4.98	Technische Zeichnungen, Projektionsmethoden; Orthogonale Darstellungen
	3	4.98	Technische Zeichnungen, Projektionsmethoden; Axonometrische Darstellungen
	4	6.02	Technische Zeichnungen, Projektionsmethoden; Perspektivische Darstellungen
10 209	1	1.91	Technische Produktdokumentation – Allgemeine Begriffe und Zeichnungsarten
	2	1.91	Begriffe für Projektionsmethoden

3 Literaturhinweise

Zu Kapitel 1 A   Öffentliches Bau- und Umweltrecht

[1.1] Daub, M.: Bebauungsplanung, 3. Aufl. 1973, Kohlhammer-Verlag, Stuttgart
[1.2] Göderitz, J./Rainer, R./Hoffmann, H.: Die gegliederte und aufgelockerte Stadt, 1957, Verlag E. Wasmuth, Tübingen
[1.3] Handwörterbuch der Raumforschung und Raumordnung, 2. Aufl. 1970, Jänecke-Verlag, Hannover
[1.4] Hangarter, E.: Grundlagen der Bauleitplanung, 3. Aufl. 1996, Werner Verlag, Düsseldorf
[1.5] Rosenbach, H. J.: Einführung in das öffentliche Baurecht, 1978, Werner Verlag, Düsseldorf
[1.6] Schlöbcke, W./Temme, H.-G./Böckenförde, D./Krebs, W.: Landesbauordnung Nordrhein-Westfalen, Textausgabe, 25. Aufl. 1996, Werner Verlag, Düsseldorf
[1.7] Bauordnungsrecht Niedersachsen, Hrsg.: W. Müller u. Kurt Meyer; 8. Aufl. 1997, Schlütersche, Hannover

Zu Kapitel 1B   Baubetrieb

[1.11] Brandenberger, J./Ruosch, E.: Ablaufplanung im Bauwesen, 3. Aufl. 1993, Baufachverlag, Dietikon
[1.12] Fachbereichstag Bauingenieurwesen: Empfehlungen zur Koordination des Studiums, Hildesheim 1983
[1.13] Fleischmann, H. D.: Bauorganisation, WIT 77, 3. Aufl. 1997, Werner Verlag, Düsseldorf
[1.14] Fleischmann, H. D.: Angebotskalkulation mit Richtwerten, 3. Aufl. 1999, Werner Verlag, Düsseldorf
[1.15] Fleischmann, H. D./Schneider, K.-J./Wormuth, R.: Wohnungsbau-Normen, 23. Aufl. 2002, Beuth Verlag, Berlin/Werner Verlag, Düsseldorf
[1.16] HOAI – Verordnung über die Honorare für Leistungen der Architekten und der Ingenieure (Stand Januar 1996), z. B. Textausgabe mit den neuen Euro-Werten, 2001, Werner Verlag, Düsseldorf
[1.17] Keil, W./Martinsen, U./Vahland, R./Fricke, J.: Einführung in die Kostenrechnung für Bauingenieure, 9. Aufl. 2001, Werner Verlag, Düsseldorf
[1.18] KLR Bau – Kosten- und Leistungsrechnung der Bauunternehmen, 7. Aufl. 2001, Beuth Verlag, Berlin/Werner Verlag, Düsseldorf
[1.19] Mantscheff, J.: Baubetriebslehre I, 6. Aufl. 1998, Werner Verlag, Düsseldorf
[1.20] Oehme, J./Fleischmann, H. D.: Aufstellung und Anwendung von Kostenrichtwerten, Berichte aus Forschung und Entwicklung der FH Bielefeld, Nr. 1/1982
[1.21] Pohl, R./Keil, W./Schumann, U.: Rechts- und Versicherungsfragen im Baubetrieb, WIT 9, 3. Aufl. 1991, Werner Verlag, Düsseldorf
[1.22] Schmitt, O. M.: Schaltechnik im Ortbetonbau, 2. Aufl. 1993, Werner Verlag, Düsseldorf
[1.23] Traggerüst- und Schalungsbau, berufsgenossenschaftliche Regel BGR 187, hrsg. vom Hauptverband der gewerblichen Berufsgenossenschaften, Oktober 2001, St. Augustin
[1.24] Verdingungsordnung für Bauleistungen – VOB 2000, Beuth Verlag, Berlin
[1.25] Winkler, W./Fröhlich, P.: Hochbaukosten, Flächen, Rauminhalte, Kommentar, 10. Aufl. 1998, Vieweg & Sohn, Braunschweig
[1.30] Möller, D.-A./Tripler, K.: Baukostenplanung, Vortragsmanuskript, 1996, FH Oldenburg
[1.31] BKI Baukosten 2001, Teil 1 Kostenkennwerte für Gebäude. Hrsg. Baukosteninformationsdienst Deutscher Architektenkammern GmbH, Stuttgart 2001
[1.32] BKI Baukosten 2001, Teil 2 Kostenkennwerte für Bauelemente. Hrsg. Baukosteninformationsdienst Deutscher Architektenkammern GmbH, Stuttgart 2001
[1.33] BKI Baukosten 2001, Teil 3 Arbeitsunterlagen. Hrsg. Baukosteninformationsdienst Deutscher Architektenkammern GmbH, Stuttgart 2001
[1.34] Mittag, M.: Arbeits-Kontrollhandbuch zu Bauplanung, Bauausführung und Kostenplanung nach § 15 HOAI, 1998, WEKA Baufachverlage GmbH, Augsburg
[1.35] Schmitz, H./Gerlach, R./Meisel, U.: Baukosten ,97/98 (Neubau), 1997, Verlag Hubert Wingen, Essen
[1.36] Sirados-Texte: Baupreis – Elementkatalog, 6. Auflage 1997, Edition Aum, Dachau
[1.37] Hutzelmeyer, H./Greulich, M.: Baukostenplanung mit Gebäudeelementen, 1983, Verlagsgesellschaft Rudolf Müller

[1.38] Möller, D.-A.: Planungs- und Bauökonomie, Band 1, 3. Aufl. 1996, Verlag R. Oldenbourg, München und Wien
[1.39] Statistisches Bundesamt, Wiesbaden 2000

Zu Kapitel 1C   Integrales Facility Management

[1.50] Kahlen, Hans: Integrales Facility Management – Management des Ganzheitlichen Bauens. Initiierung, Planung, Realisierung, Betrieb, Stillegung, Abriß, Düsseldorf: Werner, 1999; Kahlen, Hans: Facility Management: Entstehung, Konzeptionen, Perspektiven, Berlin, ..., Tokio: Springer, 2001
[1.51] Schneider, Klaus-Jürgen (Hrsg.): Bautabellen für Architekten mit europäischen und nationalen Vorschriften, Düsseldorf: Werner, 15. Aufl. 2002
[1.52] Dütz, Armand: Lokale Agenda 21 Grundlagen und erste Zwischenergebnisse, DBZ 5/97, S. 105–112
[1.53] Ulrich, Hans/Probst, Gilbert J. B.: Anleitung zum ganzheitlichen Denken und Handeln, Bern: Paul Haupt, 1995
[1.54] Schwarz, Werner: Computerintegriertes Bauen, in: Kahlen, Hans (Hrsg.), Bauen in den neuen Bundesländern, Reihe Facility Management, Bd. 4, Stuttgart, Berlin, Köln: Kohlhammer, 1991, S. 113–162
[1.55] Henzler, Dieter W./Heidbreder, Uwe W.: Praxis des Objektmanagements – Methodik, Planung, Durchführung, Berlin (West), Landsberg am Lech: Moderne Industrie, 1989
[1.56] Frutig, Daniel/Reiblich, Dietrich: Facility Management. Erfolgsfaktoren der Immobilien- und Anlagenbewirtschaftung, Stuttgart: Schäffer-Poeschel Verlag, 1995
[1.57] Braun, Hans-Peter/Haller, Peter,/Oesterle, Eberhard: Facility Management: Erfolg in der Immobilienbewirtschaftung, Berlin, Heidelberg u. a.: Springer, 2001
[1.58] Nävy, Jens: Facility Management, Grundlagen, Computerunterstützung, Einführungsstrategie, Praxisbeispiel, Berlin, Heidelberg: Springer, 2000
[1.59] Barrett, Peter: Facility Management: Optimierung der Gebäude- und Anlagenverwaltung, Wiesbaden, Berlin: Bauverlag, 1998 (English Edition 1995)
[1.60] Ghahremani, Amir: Integrale Infrastrukturplanung: Facility Management und Prozeßmanagement in Unternehmensinfrastrukturen, Berlin, Heidelberg: Springer, 1998
[1.61] Henzelmann, Torsten u. a.: Facility Management: ein neues Geschäftsfeld für die Versorgungswirtschaft, Renningen-Malmsheim: expert-Verlag, 2001
[1.62] Lochmann, Hans-Dieter/Köllgen, Rainer (Hrsg.): Facility Management: strategisches Immobilienmanagement in der Praxis, Wiesbaden: Gabler, 1998
[1.63] Zechel, Peter u. a.: Facility Management in der Praxis, Renningen-Malmsheim: expert-Verlag, 2002
[1.64] ATKIN-Studie, Strategische Studie über das Bauwesen (Schlußbericht: Strategien für die Bauwirtschaft), Kommission der Europäischen Gemeinschaften, Generaldirektion Binnenmarkt und Gewerbliche Wirtschaft (von WS Atkins International Limited für die Europäische Kommission verfaßt), 1993
[1.65] HOAI – Verordnung über die Honorare für Leistungen der Architekten und der Ingenieure, Textausgabe mit DM- und Euro-Werten, 1999, Werner Verlag, Düsseldorf
[1.66] Staudt, Erich/Kriegesmann, Bernd/Thomzik, Markus: Facility Management: der Kampf um Marktanteile beginnt, Frankfurt am Main: Frankfurter Allgemeine Zeitung, Verl.-Bereich Buch, 1999
[1.67] Wübbenhorst, Klaus: Konzept der Lebenszykluskosten – Grundlagen, Problemstellungen und technologische Zusammenhänge, Darmstadt: Verlag für Fachliteratur, 1984
[1.68] Campy, James: Reengineering im Management. Die Radikalkur für die Unternehmensführung, Frankfurt, New York: Campus, 1995
[1.69] Nippa, Michael/Picot, Arnold (Hrsg.): Prozeßmanagement und Reengineering. Praxis im deutschsprachigen Raum, Frankfurt, New York: Campus, 1995
[1.70] Sprenger, Reinhard K.: Das Prinzip der Selbstverantwortung. Wege zur Motivation, Frankfurt, New York: Campus, 1995
[1.71] Dierks, Klaus (Hrsg.): Elektronische Datenverarbeitung in der Architektur. Gesammelte Vorträge des Symposiums „Elektronische Datenverarbeitung in der Architektur" vom 19. bis 20. Mai 1978 in Berlin, Düsseldorf: Werner Verlag, 1979 (Schriftenreihe Entwerfen und Konstruieren)

[1.72] Schwarz, Heinz: Daten- und Informationsverarbeitung in Planung und Steuerung von Bauprojekten, Berlin: Ernst & Sohn, 1988
[1.73] Willim, Bernd: Leitfaden der Computer Grafik. Visuelle Informationsdarstellung mit dem Computer, Berlin: Drei-R-Verlag, 1989
[1.74] Kröger, Detlef/Rossig, Eberhard H.: Internet für Facility-Manager, Neuwied, Kriftel: Luchterhand, 1998
[1.75] Treacy, Michael/Wiersema, Fred: Marktführerschaft. Weg zur Spitze, Frankfurt, New York: Campus, 1995
[1.76] Institut für freie Berufe an der Friedrich-Alexander-Universität Erlangen-Nürnberg (Hrsg.), Freie Berufe in Europa, Materialien zur Struktur und Lage der freien Berufe in der Europäischen Gemeinschaft, in Österreich und der Schweiz, Bonn: der freie Beruf Verlags GmbH, 1993, S. 305/306

Zu Kapitel 2   Mathematik und Bauinformatik

[2.1] Stöcker, H. (Hrsg.): Taschenbuch mathematischer Formeln und moderner Verfahren, 4. Aufl. 1999, Harri-Deutsch-Verlag, Frankfurt/M.
[2.2] Gelhaus, R./Ehlebracht, H.: Kleine Ingenieurmathematik,
Teil 1, WIT 29, 2. Aufl. 1985
Teil 2, WIT 30, 2. Aufl. 1984, Werner Verlag, Düsseldorf
[2.3] Herz, R./Schlichter, H. G./Siegener, W.: Angewandte Statistik für Verkehrs- und Regionalplaner, WIT 42, 2. Aufl. 1992, Werner Verlag, Düsseldorf
[2.4] Krause, U.: Beispiele zur Anwendung der Vektorrechnung, in: Der Bauingenieur 59/1984, Seite 233ff.; Springer-Verlag, Berlin
[2.5] Bronstein, I. N./Semendjajew, K. A./Musiol, G. u. a.: Taschenbuch der Mathematik, 5. Auflage 2001, Harri-Deutsch-Verlag, Frankfurt
[2.6] Claus, V./Engesser, H./Schwill, A.: DUDEN-Informatik, 3. Auflage 2001, Bibliographisches Institut, Mannheim
[2.7] Schneider, U./Werner, D., u. a.: Taschenbuch der Informatik, 4. Auflage 2001, Hanser Fachbuchverlag, Leipzig
[2.8] Kernighan, B. W./Ritchie, D. M.: Programmieren in C, 2. Auflage 1990, Hanser Fachbuchverlag, München
[2.9] Tondo, C. L./Gimpel, S. E.: Das C-Lösungsbuch, Lösungen zu sämtlichen Aufgaben aus [2.8], 2. Auflage 1990, Hanser Fachbuchverlag, München
[2.10] Doberenz, W./Kowalski, Th.: Visual Basic 6, Grundlagen und Profiwissen, 1. Auflage 1999, Hanser Fachbuchverlag, München

Zu Kapitel 3   Lastannahmen

[3.1] Gemeinsames Amtsblatt (GABl.) des Landes Baden-Württemberg Nr. 7 vom 26. März 1993, Ausgabe A sowie Berichtigung vom 17. September 1993 im GABl. Nr. 27
[3.2] Gemeinsames Amtsblatt (GABl.) des Landes Baden-Württemberg vom 26. März 1997

Zu Kapitel 4A   Baustatik

[4.1] Schneider/Schweda: Baustatik – Statisch bestimmte Systeme, 5. Aufl. 1999, Werner Verlag, Düsseldorf
[4.2] Schneider, K.-J./Rubin, H.: Baustatik – Theorie I. und II. Ordnung, WIT 3, 3. Aufl. 1996, Werner Verlag, Düsseldorf
[4.3] Schweda, E./Krings, W.: Baustatik – Festigkeitslehre, WIT 4, 3. Aufl. 1999, Werner Verlag, Düsseldorf
[4.4] Schneider, K.-J., Baustatik Zahlenbeispiele – Statisch bestimmte Systeme, WIT 2, 1996, Werner Verlag, Düsseldorf
[4.5] Dimitrov, N.: Festigkeitslehre, in: Betonkalender, Teil 1, Verlag Ernst & Sohn, Berlin
[4.6] Friemann, H.: Schub und Torsion in geraden Stäben, WIT 78, 2. Aufl. 1993, Werner Verlag, Düsseldorf

Zu Kapitel 4 B Tragwerksentwurf und Vorbemessung

[4.20] Arnold: Praktische Tragwerkslehre, Werner Verlag
[4.21] Becker: Tragkonstruktionen des Hochbaues, Teil 1 und 2, Werner Verlag
[4.22] Mattheiß: Stahlbeton, Stahlleichtbeton, Spannbeton, Werner Verlag
[4.23] Mattheiß: Baugrund und Baustoffe, Werner Verlag
[4.24] Wormuth, R.: Grundlagen der Hochbaukonstruktion, Werner Verlag
[4.25] Rybicki, Rudolf: Faustformeln und Faustwerte, Teil 1, Werner Verlag, 3. Auflage
[4.26] Füg, D.: Stahltragwerke im Industriebau, VEB Verlag für Bauwesen, Berlin
[4.27] Herget, W.: Tragwerkslehre, Skelettbau und Wandbau, Teubner-Verlag, Stuttgart 1993
[4.28] Büttner, Hampe: Bauwerk – Tragwerk – Tragstruktur, Band 1 und 2, E + S-Verlag
[4.29] Engel: Tragsysteme, DVA
[4.30] Führer/Ingendaaij/Stein: Der Entwurf von Tragwerken, Verlagsgesellschaft R. Müller, 2. Aufl., Köln 1995
[4.31] Engel: Tragwerksysteme, DVA
[4.32] Salvadori/Heller: Tragwerk und Architektur, Vieweg-Verlag
[4.33] Natterer u. a.: Holzbauatlas, Band 1 und 2, Rudolf Müller, Köln 1996
[4.34] Hart, Sonntag u. a.: Stahlbauatlas
[4.35] Informationsdienst Holz, Hefte
[4.36] Merkblätter der Bearbeitungsstelle für Stahlverwendung, Düsseldorf
[4.37] Rosel/Witte: Hallen aus Stahl, DStV
[4.38] Rosel: Betonfertigteile
[4.39] Dubas, P./Gehri, E.: Stahlhochbau, Springer-Verlag, Berlin/New York 1988
[4.40] Steinle/Hahn: Bauen mit Betonfertigteilen im Hochbau, Fachvereinigung Deutscher Betonfertigteilbau e. V.
[4.41] Kolbitsch, Andreas: Altbaukonstruktionen, Springer-Verlag, Wien/New York 1988
[4.42] Guiten, H. v.: Tragkonstruktionen, Verlag der Fachvereine an der ETH Zürich

Zu Kapitel 5 B Stahlbetonbau

[5.10] Schmitz/Goris: DIN 1045 digital; DIN 1045-1 als Hypertext, ausführliche Berechnungsbeispiele, interaktive Bemessungshilfen, Werner Verlag, Düsseldorf (in Vorbereitung)
[5.11] Deutscher Ausschuß für Stahlbeton, DAfStb-Heft 425, Bemessungshilfen zum EC 2, 1992, Beuth Verlag, Berlin/Köln
[5.12] Litzner, H.-U.: Grundlagen der Bemessung nach Eurocode 2 – Vergleich mit DIN 1045 und DIN 4227, Beton-Kalender 1996, Verlag Ernst & Sohn, Berlin
[5.13] Grasser, E./Thielen, G.: Hilfsmittel zur Berechnung der Schnittgrößen und Formänderungen von Stahlbetontragwerken, DAfStb-H. 240, 1991, Beuth Verlag, Berlin/Köln
[5.14] Avak, R.: Stahlbetonbau in Beispielen, Bemessung nach DIN 1045 und europäischer Normung
Teil 1: Bemessung von Stabtragwerken, 3. Aufl. 2001, Werner Verlag, Düsseldorf
[5.15] Wommelsdorff, O.: Stahlbetonbau
Teil 1: Biegebeanspruchte Bauteile. 2002, Werner Verlag, Düsseldorf
[5.16] Pieper, K./Martens, P.: Näherungsberechnung vierseitig gestützter durchlaufender Platten im Hochbau. Beton- und Stahlbetonbau 6/66 und 7/67, Verlag Ernst & Sohn, Berlin
[5.17] Czerny, F.: Tafeln für Rechteckplatten. Beton-Kalender, verschiedene Jahrgänge, Verlag Ernst & Sohn, Berlin
[5.18] Schlaich/Schäfer: Konstruieren im Stahlbeton. Beton-Kalender 1998, Verlag Ernst & Sohn, Berlin
[5.19] Zilch/Rogge: Bemessung der Stahlbeton- und Spannbetonbauteile nach DIN 1045-1. In: Beton-Kalender 2002, Verlag Ernst & Sohn, Berlin
[5.20] Leonhardt, F.: Vorlesungen über Massivbau, Teile 1 bis 6, Springer-Verlag, Berlin
[5.21] Geistefeldt, H.: Verbesserter Nachweis der Biegeschlankheit nach Euronormung. In: Stahlbetonbau aktuell, Jahrbuch für die Baupraxis, 1998, Beuth Verlag, Berlin/Werner Verlag, Düsseldorf
[5.22] Bieger, K.-W.: Stahlbeton- und Spannbetontragwerke nach Eurocode 2; 2. Auflage, 1995, Springer-Verlag, Berlin

[5.23] Krüger, W./Mertzsch, O.: Verformungsnachweise – Erweiterte Tafeln zur Begrenzung der Biegeschlankheit. In: Stahlbetonbau aktuell, Praxishandbuch 2003, Bauwerk Verlag, Berlin
[5.24] Kordina/Quast: Bemessung von schlanken Bauteilen für den durch Tragwerksverformungen beeinflußten Grenzzustand der Tragfähigkeit – Stabilitätsnachweis. Beton-Kalender 2002, Verlag Ernst & Sohn, Berlin
[5.25] Schießl: Rißbreitenbegrenzung, in: DAfStb-Heft 400, 1988, Beuth Verlag, Berlin/Köln
[5.26] Kordina: Bewehrungsrichtlinien, Umlenkkräfte, in: DAfStb-Heft 400, 1988, Beuth Verlag, Berlin/Köln
[5.27] Dieterle/Rostásy: Tragverhalten quadratischer Einzelfundamente aus Stahlbeton. DAfStb-Heft 387, Verlag Ernst & Sohn, Berlin
[5.28] Steinle: Zum Tragverhalten von Blockfundamenten für Stahlbetonfertigteilstützen. Vortrag Betontag 1981, Deutscher Beton-Verein, 1981
[5.29] Eligehausen/Gerster: Das Bewehren von Stahlbetonbauteilen – Erläuterungen zu verschiedenen gebräuchlichen Bauteilen. DAfStb-Heft 399, 1993, Beuth Verlag, Berlin/Köln
[5.30] Grasser/Kordina/Quast: Bemessung von Beton- und Stahlbetonbauteilen nach DIN 1045, Ausgabe 1978. DAfStb-Heft 220, 2., überarbeitete Aufl., 1979, Verlag Ernst & Sohn, Berlin
[5.31] Franz: Konstruktionslehre des Stahlbetons. Band I, Grundlagen und Bauelemente, 4. Auflage, 1980, Springer-Verlag, Berlin
[5.32] Franz/Schäfer/Hampe: Konstruktionslehre des Stahlbetons. Band II, Tragwerke, 2. Auflage, 1991, Springer-Verlag, Berlin
[5.33] Jennewein/Schäfer: Standardisierte Nachweise von häufigen D-Bereichen. DAfStb-Heft 430, 1992, Beuth Verlag, Berlin/Köln
[5.34] Kordina/Schaaff/Westphal: Empfehlung für die Bewehrungsführung in Rahmenecken und -knoten. DAfStb-Heft 373, 1986, Beuth Verlag, Berlin/Köln
[5.35] Kowalski, R.-D.: Schal- und Bewehrungspläne, 4. Auflage, 1992, Werner Verlag, Düsseldorf
[5.36] Grünberg, J.: Sicherheitskonzept und Einwirkungen nach DIN 1055 (neu); in: Avak/Goris (Hrsg.) Stahlbetonbau aktuell, Jahrbuch für die Baupraxis 2001, Beuth Verlag, Berlin/Werner Verlag, Düsseldorf
[5.37] Stiglat/Wippel: Platten. 3. Auflage 1983, Verlag Ernst & Sohn, Berlin
[5.38] Kordina, K.: Zum Tragsicherheitsnachweis gegenüber Schub, Torsion und Durchstanzen nach EC 2 Teil 1 – Erläuterung zur Neuauflage von Heft 425 und Anwendungsrichtlinie zu EC 2. Beton- und Stahlbetonbau 4/1994, S. 97–100
[5.39] Kordina, K.: Zur Berechnung und Bemessung von Einzel-Fundamentplatten nach EC 2 Teil 1. Beton- und Stahlbetonbau 8/1994, S. 224–226
[5.40] Fricke, K.-L.: Berechnung der Durchbiegung von Stahlbetonbauteilen: Praktische Anwendung im Ingenieurbüro. In: Stahlbetonbau aktuell, Jahrbuch für die Baupraxis 2001, Beuth Verlag, Berlin/Werner Verlag, Düsseldorf
[5.41] Goris, A.: Bemessung von Stahlbetonbauteilen. In: Stahlbetonbau aktuell, Praxishandbuch 2003, Bauwerk Verlag, Berlin
[5.42] Deutscher Ausschuß für Stahlbeton: Richtlinie zur Anwendung von Eurocode 2 – Planung von Stahlbeton- und Spannbetontragwerken
Teil 1: Grundlagen und Anwendungsregeln für den Hochbau, April 1993, Beuth Verlag, Berlin
Teil 1–1: Ergänzung zur Ausgabe April 1993. Juni 1995, Beuth Verlag, Berlin
Teil 1–3: Bauteile und Tragwerke aus Fertigteilen. Juni 1995, Beuth Verlag, Berlin/Köln
Teil 1–6: Tragwerke aus unbewehrtem Beton. Juni 1995, Beuth Verlag, Berlin/Köln
[5.43] Steinle/Hahn: Bauen mit Betonfertigteilen im Hochbau. Beton-Kalender 1995, Verlag Ernst & Sohn, Berlin
[5.44] Bindseil, P.: Stahlbetonfertigteile – Konstruktion, Berechnung, Ausführung, 1991, Werner Verlag, Düsseldorf
[5.45] Seiler/Kupfer/Manleitner: Stahlbetonfertigteile, Geschoßdecken, Dachdecken und vergleichbare Bauteile mit Fertigteilen; in: DAfStb-Heft 400, S. 125–128, 1988, Beuth Verlag, Berlin/Köln
[5.46] Mainka/Paschen: Untersuchungen über das Tragverhalten von Köcherfundamenten. DAfStb-Heft 411, 1990, Beuth Verlag, Berlin/Köln
[5.47] Dieterle/Steinle: Blockfundamente für Stahlbetonfertigstützen. DAfStb-H. 326, 1981, Beuth Verlag, Berlin/Köln
[5.48] Deutscher Beton-Verein: Beispiele zur Bemessung von Betontragwerken nach DIN 1045-1, Band 1: Hochbau, Verlag Ernst & Sohn, Berlin

[5.49] Grasser, E.: Grundlagen zur Ermittlung der Schnittgrößen; in: DAfStb-H. 400, 1988, Beuth Verlag, Berlin/Köln
[5.50] Stiglat, K.: Näherungsberechnung der Durchbiegungen von Biegetraggliedern aus Stahlbeton. Beton- und Stahlbetonbau 4/1995, S. 99–101
[5.51] Avak/Goris: Bemessungspraxis nach Eurocode 2, Zahlen- und Konstruktionsbeispiele, 1994, Werner Verlag, Düsseldorf
[5.52] Geistefeldt/Goris: Ingenieurhochbau – Teil 1: Tragwerke aus bewehrtem Beton nach Eurocode 2, 1993, Beuth Verlag, Berlin/Werner Verlag, Düsseldorf
[5.53] Schmitz, U.P.: Statik. In: Avak/Goris (Hrsg.), Stahlbetonbau aktuell, Praxishandbuch 2002. Bauwerk Verlag, Berlin
[5.54] Schmitz/Goris: Bemessungstafeln nach DIN 1045-1. 2001, Werner Verlag, Düsseldorf
[5.55] Goris, A.: Stahlbetonbau-Praxis nach DIN 1045 neu
Band 1: Grundlagen, Bemessung, Beispiele; 2002, Bauwerk Verlag, Berlin
Band 2: Bewehrung, Konstruktion, Beispiele; 2002 (in Vorb.), Bauwerk Verlag, Berlin

Zu Kapitel 6   Beton- und Stahlbetonbau

[6.1] Grasser, E./Kordina, K./Quast, U.: Bemessung von Beton- und Stahlbetonbauteilen nach DIN 1045, 2. Aufl. 1979. DAfStb-Heft 220, Verlag W. Ernst & Sohn, Berlin
[6.2] Grasser, E./Thielen, G.: Hilfsmittel zur Berechnung von Schnittgrößen und Formänderungen von Stahlbetontragwerken nach DIN 1045, 3. Aufl. 1991. DAfStb-Heft 240, Beuth Verlag, Berlin
[6.3] Schuller, R.: Spannungs- und Stabilitätsberechnung von Rahmentragwerken, Verlag Ernst & Sohn, Berlin
[6.4] Wommelsdorff, O.: Stahlbeton Teil 1, WIT 15, 6. Aufl. 1989
Teil 2, WIT 16, 6. Aufl. 1986, Werner Verlag, Düsseldorf
[6.5] Pieper, K./Martens, P.: Näherungsberechnung vierseitig gestützter durchlaufender Platten im Hochbau, in Z. *Beton- und Stahlbetonbau* 6 1966 und 7 1967, Verlag Ernst & Sohn, Berlin
[6.6] Betonkalender, verschiedene Jahrgänge, Verlag Ernst & Sohn, Berlin (abgekürzt: BK)
[6.7] Schriever, H.: Berechnung von Platten mit dem Einspanngrad-Verfahren, 3. Aufl. 1979. Werner Verlag, Düsseldorf
[6.8] Leonhardt, F.: Vorlesungen über Massivbau, Teil 1 bis 4, Springer Verlag, Berlin
[6.9] Brendel, G.: Die mitwirkende Plattenbreite nach Theorie und Versuch, in Z. *Beton- und Stahlbetonbau* 8 1960, Verlag Ernst & Sohn, Berlin
[6.10] Koepke, W./Denecke, W.: Die mitwirkende Breite der Gurte von Plattenbalken, 1967. DAfStb-Heft 192, Verlag W. Ernst & Sohn, Berlin
[6.11] Bonzel, J./Bub, H./Funk, P.: Erläuterungen zu den Stahlbetonbestimmungen, 7. Aufl. 1972, Verlag W. Ernst & Sohn, Berlin
[6.12] Rüsch, H.: Stahlbeton – Spannbeton, Band 1, 1972, Werner Verlag, Düsseldorf
[6.13] Kasparek, K.-H./Hailer, W.: Nachweis und Bemessungsverfahren zum Stabilitätsnachweis nach DIN 1045, 1973, Werner Verlag, Düsseldorf
[6.14] Grasser, E./Linse, D.: Bemessungstafeln für Stahlbetonquerschnitte, 2. Aufl. 1984, Werner Verlag, Düsseldorf
[6.15] Hahn, J.: Durchlaufträger, Rahmen, Platten und Balken auf elastischer Bettung, 14. Aufl. 1985, Werner Verlag, Düsseldorf
[6.16] Lohse, G.: Stabilitätsberechnungen im Stahlbetonbau, 2. Aufl. 1978, Werner Verlag, Düsseldorf
[6.17] Mattheiß, J.: Platten und Scheiben, 1982, Werner Verlag, Düsseldorf
[6.19] Deutscher Beton-Verein e. V., Wiesbaden, DBV-Merkblatt-Sammlung, Ausgabe April 1997, Eigenverlag
[6.20] Beton-Herstellung nach Norm, Bundesverband der Deutschen Zementindustrie e. V., 14. Aufl. 2002, Verlag Bau + Technik, Düsseldorf
[6.21] Weber, R./Tegelaar, R.: Guter Beton, 20. Aufl. 2001, Verlag Bau + Technik, Düsseldorf
[6.23] Deutscher Ausschuß für Stahlbeton. DAfStb-Heft 400, 1989, Beuth Verlag, Berlin/Köln

Zu Kapitel 7   Mauerwerksbau

[7.1] Jäger, W./Schneider, K.-J./Weickenmeier, N.: Mauerwerksbau aktuell, Praxishandbuch 2002, Bauwerk Verlag, Berlin

[7.2]	Schneider, K.-J./Schubert, P./Wormuth, R.: Mauerwerksbau, 6. Aufl. 1999, Werner Verlag, Düsseldorf
[7.3]	Reichert, H.: Konstruktiver Mauerwerksbau, Bildkommentar zur DIN 1053, 7. Aufl. 1994, Verlag R. Müller, Köln
[7.4]	Al Bosta, S.: Risse im Mauerwerk, 2. Aufl. 1998, Werner Verlag, Düsseldorf
[7.5]	Mauerwerk-Atlas, 2. Aufl. 1986, Institut für int. Architektur – Dokumentation GmbH, München
[7.6]	UNIPOR-Fachinformation, München
[7.7]	Pfefferkorn, W.: Rißschäden an Mauerwerk, 1994, IRB Verlag, Stuttgart
[7.8]	Funk, P.: Mauerwerk-Kalender 1994, Verlag Ernst & Sohn, Berlin

Zu Kapitel 8 A   Stahlbau

[8.1]	Mitteilungen des Instituts für Bautechnik, Anpassungsrichtlinie Stahlbau – Herstellungsrichtlinie Stahlbau, Sonderheft 11/2, Dezember 1998, Verlag Ernst & Sohn, Berlin

Zu Kapitel 9   Holzbau

[9.1]	Werner, G./Steck, G.: Holzbau Teil 1, Grundlagen WIT 48, 4. Aufl. 1991, Werner Verlag, Düsseldorf
[9.2]	Werner, G./Steck, G.: Holzbau Teil 2, Dach- und Hallentragwerke WIT 53, 4. Aufl. 1993, Werner Verlag, Düsseldorf
[9.3]	Brüninghoff, H.: holzbau-handbuch, Reihe 2, Teil 12, Folge 1: Verbände und Abstützungen, überarb. Nachdruck, 1997, Info Holz
[9.4]	Heimeshoff, B.: Zur Berechnung von Biegeträgern aus nachgiebig miteinander verbundenen Querschnittsteilen im Ingenieurholzbau, Holz als Roh- und Werkstoff 45 (1987), Springer-Verlag, Berlin
[9.5]	Milbrandt, E.: holzbau-handbuch, Reihe 2, Tragwerksplanung, Teil 2, Folge 1 (Verbindungsmittel) und Folge 2 (Genauere Nachweise und Sonderbauarten), 1990/1991, Info Holz
[9.6]	Ehlbeck, J./Schlager, M.: Hirnholzdübelverbindungen bei BSH und VH(NH), Bauen mit Holz 6/1992, Bruder Verlag, Karlsruhe
[9.7]	Ehlbeck, J./Görlacher, R./Werner, H.: Empfehlungen zum einheitlichen genaueren Querzugnachweis für Anschlüsse mit mechanischen Verbindungsmitteln, Bauen mit Holz 11/1991, Bruder Verlag, Karlsruhe
[9.8]	Ehlbeck, J./Werner, H.: Tragende Holzverbindungen mit Stabdübeln, Bauen mit Holz 6/1991, Bruder Verlag, Karlsruhe
[9.9]	Holzbau Kalender 2002, 1. Jahrgang 2002, Bruder Verlag, Karlsruhe
[9.10]	Holzbau-Statik-Aktuell, Folge 2, Arge Holz, Düsseldorf
[9.11]	Brüninghoff, H./Cyron, G./Ehlbeck, J./Franz, J./Heimeshoff, B./Milbrandt, E./Möhler, K./Radović, B./Scheer, C./Schulze, H./Steck, G.: Beuth-Kommentare „Holzbauwerke", Erläuterungen zu DIN 1052 (4/88) Teil 1 bis 3 mit den Änderungen A1, 1997, Beuth Verlag, Berlin
[9.12]	Glos, P./Petrik, H./Radović, B./Winter, S.: holzbau-handbuch, Reihe 4, Teil 2, Folge 1: Konstruktionsvollholz, 1997, Info Holz
[9.13]	Blaß, H. J./Görlacher, R./Steck, G.: STEP 1, Bemessung und Baustoffe, 1995, Fachverlag Holz, Düsseldorf
[9.14]	Mombächer, R. (Hrsg.): Holz-Lexikon, 3. Auflage, DRW-Verlag, Stuttgart 1988
[9.15]	DIBt (Hrsg.): Holzschutzmittelverzeichnis, Schriften des Deutschen Instituts für Bautechnik (DIBt), Reihe A, Heft 3, E. Schmidt Verlag, Berlin, erscheint jährlich
[9.16]	Schulze, H., u. a.: Beuth-Kommentare „Holzschutz", baulich, chemisch bekämpfend; Erläuterungen zu DIN 68800-2, -3, -4, Beuth Verlag, Berlin 1998
[9.17]	Lewitzki, W./Schulze, H.: holzbau-handbuch, Reihe 3, Teil 5, Folge 1: Holzschutz, Bauliche Empfehlungen, 1997, Info Holz
[9.18]	Schulze, H.: holzbau-handbuch, Reihe 3, Teil 5, Folge 2: Baulicher Holzschutz, 1997, Info Holz
[9.19]	Gockel, H.: Konstruktiver Holzschutz, Bauen mit Holz ohne Chemie, Beuth Verlag, Berlin/Werner Verlag, Düsseldorf 1996

Zu Kapitel 10 Bauphysik

[10.1] Cziesielski, E.: Bauphysik-Kalender 2002; 2002, Verl. W. Ernst, Berlin
[10.2] Bobran, H.W./Bobran, J.: Handbuch der Bauphysik, 7. Aufl. 1995, Vieweg-Verlag, Wiesbaden
[10.3] Bohny/Borgmann/Kellner: Lärmschutz in der Praxis, München, R. Oldenbourg Verlag, 1995
[10.4] Cammerer, W. F.: Wärme- und Kälteschutz, 5. Auflage, Berlin, Springer, 1995
[10.5] Diem, P.: Bauphysik im Zusammenhang, 1987, Bauverlag, Walluf
[10.6] Liersch, K.: Bauphysik kompakt, 2001, Bauwerkverlag, Berlin
[10.7] Gertis, Schew-Ram: Bauphysikalische Formelsammlung, 2001, Teubner Stuttgart.
[10.8] Gösele (Entwicklungsgesellschaft Holzbau in der DGfW e. V. [Hrsg.]): EGH Holzbau-Handbuch, Reihe 3: Bauphysik, Teil 3: Schallschutz, Folge 3: Schallschutz von Holzbalkendecken, München, 1993
[10.9] Gösele, K.: Schall, Wärme, Feuchte, 11. Aufl. 2000, Bauverlag, Wiesbaden
[10.10] Hauser/Stiegel: Wärmebrücken-Atlas für den Holzbau, Wiesbaden, Bauverlag, 1992
[10.11] Hauser/Stiegel: Wärmebrücken-Atlas für den Mauerwerksbau, 2. Aufl. 1993, Bauverlag, Wiesbaden, 1994
[10.12] Usemann, Gralle: Bauphysik, Problemstellungen, Aufgaben und Lösungen, 1997, Kohlhammer, Stuttgart
[10.13] Kleber, K.: Praktische Bauphysik, 7., durchges. Aufl. 1990, Verlag f. Bauwesen, Berlin
[10.14] Lohmeyer, G.: Praktische Bauphysik, 4. Aufl. 2001, Teubner-Verlag, Stuttgart
[10.15] Lutz/Klopfer/Jenisch/Freymuth/Krampf/Petzold: Lehrbuch der Bauphysik, 3. Auflage, Stuttgart, B. G. Teubner-Verlag, 1994
[10.16] Mainka/Paschen: Wärmebrückenkatalog, Stuttgart, Teubner-Verlag, 1986
[10.17] Kiessl: Feuchteschutz, bauphysikalische Grundlagen, 2001, Teubner, Stuttgart
[10.18] Fasold, W.: Schallschutz und Raumakustik in der Praxis, 1998, Verl. für Bauwesen, Berlin
[10.19] Schild/Casselmann/Dahmen/Pohlenz (Hrsg.): Bauphysik – Planung und Anwendung, 4., neubearbeitete Auflage, Braunschweig, Vieweg Verlag, 1990
[10.20] Sälzer, E.: Schallschutz im Massivbau, 1990, Bauverlag Wiesbaden
[10.21] Hohmann, Rainer/Setzer, Max J.: Bauphysikalische Formeln und Tabellen, Wärmeschutz – Feuchteschutz – Schallschutz, 4. Aufl. 2000, Werner Verlag, Düsseldorf
[10.22] Klingsohr, K., Messerer, J.: Vorbeugender baulicher Brandschutz, 6. Auflage 2002, Kohlhammer, Stuttgart
[10.23] Schneider U., Ingenieurmethoden im baulichen Brandschutz, 2. Aufl. 2002, Expert Verlag, Renningen
[10.24] Hass, R./Meyer-Ottens, C./Richter, E.: Stahlbau-Brandschutz-Handbuch, 1991, Verlag W. Ernst, Berlin
[10.25] Bock, H.-M./Klement, E.: Brandschutz-Praxis für Architekten und Ingenieure, 2002, Bauwerkverlag, Berlin
[10.26] Kordina, K./Meyer-Ottens, C.: Beton-Brandschutz-Handbuch, 2. Aufl. 1999, VBT-Verlag, Düsseldorf
[10.27] Kordina, K./Meyer-Ottens, C.: Holz-Brandschutz-Handbuch, 2. Aufl. 1995, Beuth Verlag, Berlin
[10.28] Cziesielski, E./Lufsky, K.: Bauwerksabdichtungen, 5. Aufl. 2001, Teubner-Verlag, Stuttgart/Wiesbaden
[10.29] Cziesielski, E.: Abdichtung von Bauwerken, Beitrag in der Hütte-Bautechnik, Band V, 29. Aufl. 1988, Springer-Verlag, Berlin
[10.30] Specht, M.: Statische und konstruktive Behandlung der „Weißen Wanne". Berichte aus dem konstruktiven Ingenieurbau der Technischen Universität Berlin, H. 16, 1993
[10.31] Cziesielski, E. und Friedmann, M.: Keller aus wasserundurchlässigem Beton. Die Bautechnik, H. 4, 1985
[10.32] ZTV-K 88. Zusätzliche Vertragsbedingungen für Kunstbauten. Ausgabe 1989. Verkehrsblatt-Verlag, Drucksache Nr. 5218, Hohe Str. 39, 44139 Dortmund
[10.33] Klopfer, H.: Unterwasseranstrich in einem Schwimmbecken. Bauschädensammlung, 1994, Forum-Verlag, Stuttgart, Band 1
[10.34] Friedrich, M.: Zur Adhäsion zwischen polymeren Bindemitteln und Beton unter besonderer Berücksichtigung von Wassereinwirkungen, Dissertation an der RWTH Aachen, 1987

[10.35] Krakow, H.: Lehrbrief Bauwerksabdichtung, herausgegeben vom Hauptverband der Deutschen Bauindustrie e. V., 1990, Wiesbaden
[10.36] ATV Regelwerk Abwasser-Anfall: Bau und Bemessung von Anlagen zur dezentralen Versickerung von nicht schädlich verunreinigtem Niederschlagswasser. Arbeitsblatt A 138, Januar 1990
[10.37] Hass, R., Meyer-Ottens, C., Quast: Verbundbau-Brandschutz-Handbuch, 1989, Verl. W. Ernst, Berlin

Zu Kapitel 11 Geotechnik

[11.1] EWB: Empfehlungen Wechselwirkung Baugrund/Bauwerk bei Flachgründungen, Entwurf, 17. Fassung, 2001
[11.2] EAU: Empfehlungen des Arbeitsausschusses Ufereinfassungen, 9. Auflage 1996, Verlag Ernst & Sohn, Berlin
[11.3] EVB: Empfehlungen Verformungen des Baugrunds, 1993, Verlag Ernst & Sohn, Berlin
[11.4] Hoffmann: in: Bautechnik 2/1958 S. 59–63
[11.5] Weißenbach, A.: Baugruben
Teil I: Konstruktion und Bauausführung, 1975
Teil II: Berechnungsgrundlagen, Nachdruck 1985
Teil III: Berechnungsverfahren, 1977, Verlag Ernst & Sohn, Berlin
[11.6] EAB: Empfehlungen des Arbeitskreises Baugruben, 3. Auflage 1994, Verlag Ernst & Sohn, Berlin
[11.7] Grundbautaschenbuch, Hrsg. Smoltczyk, U.:
Teil 2, 5. Auflage 1996, Verlag Ernst & Sohn, Berlin
[11.8] Grundbau-Taschenbuch, Hrsg. Smoltczyk, U.:
Teil 1, 5. Auflage 1996
Teil 2, 5. Auflage 1996
Teil 3, 5. Auflage 1997, Verlag Ernst & Sohn, Berlin
[11.9] Herth, W./Arndt, E.: Theorie und Praxis der Grundwasserabsenkung, 3. Auflage 1994, Verlag Ernst & Sohn, Berlin
[11.10] Schmidt, H. G./Seitz, J.: Grundbau, in: Betonkalender II/1998, Verlag Ernst & Sohn, Berlin
[11.11] Bartl, U./Franke, D.: Mobilisierung des passiven Erddrucks in trockenem Sand. In: Proc. of XIth Danube-European Conf. on Soil Mechanics and Geot. Engineering, Porec, Croatia, 25–29 May 1998
[11.12] Franke, D.: Erddruck auf Querflügelmauern. In: Bauplanung – Bautechnik, Berlin, 1981, H. 2, S. 85–88
[11.13] Piakowski, A./Kowalewski, Z.: Application of Thixotropic Clay Suspensions for Stability of Vertical Sides of Deep Trenches without Strutting. Proc. of the Sixth International Conference on Soil Mechanics and Foundation Engineering, Montreal, 1965, Vol. II, S. 526–529; Vol. III, S. 563–564
[11.14] Pregl, O.: Bemessung von Stützbauwerken, 1990. In: Handbuch der Geotechnik, Band 16; herausgegeben vom Institut für Geotechnik, Universität für Bodenkultur, Wien
[11.15] Sokolovski, V.V.: Statics of Granular Media. Pergamon Press, Oxford 1965
[11.16] Winkler, A.: Ermittlung des Erddrucks im Bruchzustand bei Drehung einer Wand um den Kopfpunkt. Dissertation, TU Dresden 2001
[11.17] Franke, D.: Beiträge zur praktischen Erddruckberechnung. Habilitationsschrift, TU Dresden 1982

Zu Kapitel 12 A Verkehrswesen

[12.1] Straßenbau von A – Z (Loseblattsammlung), Erich-Schmidt-Verlag, Berlin
[12.2] Der Elsner, Handbuch für Straßen- und Verkehrswesen, Otto Elsner Verlagsgesellschaft, Darmstadt
[12.3] Pietzsch, W./Wolf, G.: Straßenplanung, 6. Aufl. 2000, Werner Verlag, Düsseldorf
[12.4] Mensebach, W.: WIT 45, Straßenverkehrstechnik, 3., neubearbeitete Aufl. 1994, Werner Verlag, Düsseldorf
[12.5] Velske, S./Mentlein, H./Eymann, P.: Straßenbautechnik, 5., neubearbeitete Aufl., Werner Verlag, Düsseldorf 2002

Zu Kapitel 12 B   Wasserversorgung

[12.6] Bieske, E.: Bohrbrunnen, 7. Aufl. 1991, Verlag R. Oldenbourg, München
[12.7] Damrath, H./Cord-Landwehr, K.: Wasserversorgung, 11. Aufl. 1998, Teubner-Verlag, Stuttgart
[12.8] Grombach, P./Haberer, K./Trueb, F.: Handbuch der Wasserversorgungstechnik, 3. Aufl. 2000, Verlag R. Oldenbourg, München
[12.9] Mutschmann, J./Stimmelmayr, F.: Taschenbuch der Wasserversorgung, 12. Aufl. 1999, Franckh'sche Verlagsbuchhandlung, Stuttgart

Zu Kapitel 12 C   Kanalisation

[12.10] ATV-Handbuch, Verlag Ernst & Sohn, Berlin
Planung der Kanalisation, 4. Aufl. 1994
Bau und Betrieb der Kanalisation, 4. Aufl. 1995
[12.11] Heinrichs et. al., Kommentar zur DIN 1986 (Gebäude- und Grundstücksentwässerung), 1995, Beuth Verlag, Berlin
[12.12] Imhoff, K. u. K. R.: Taschenbuch der Stadtentwässerung, 29. Auflage 1999, Oldenbourg Verlag, München

Zu Kapitel 13 A   Objektentwurf

Heisel, Joachim P.: Planungsatlas, Berlin 2002

Zu Kapitel 13 B   Freiraumplanung/Gehölzanwendung

[13.1] FLL-Forschungsgesellschaft Landschaftsentwicklung – Landschaftsbau e. V., Bonn (Hrsg.): Gütebestimmungen für Baumschulpflanzen, Ausgabe 8/1995, Troisdorf
[13.2] Brahe, P./Böttcher, H., u. a.: Grundsätze für funktionsgerechte Planung, Anlage und Pflege von Gehölzen. (Hrsg.): FLL (wie vor), Bonn 1990
[13.3] Krieter, M./Bill, A. u. a.: Standortoptimierung von Straßenbäumen, Teil 1. (Hrsg.): FLL (wie vor), Bonn 1990
[13.4] FLL-Forschungsges. Landschaftsentwicklung – Landschaftsbau e. V. (Hrsg.): Besondere Leistungen, Nebenleistungen und gewerbliche Verkehrssitte bei Landschaftsbau-Fachnormen DIN 18 915 bis DIN 18 920, Bonn 1994
[13.5] DIN 18 916 (9/90) – Pflanzen und Pflanzarbeiten
[13.6] Sortimentskatalog 93/94 Fa. Bruns
[13.7] Straßenbaumliste der Gartenamtsleiter, Stand 1995, in: Grün ist das Leben 11/95 (Verbandszeitschr. des BDB)

Zu Kapitel 13 C   Baustoffe

[13.11] BMfBuT, Katalog für empfohlene Wärmeschutzrechenwerte von Baustoffen und Baukonstruktionen, Wien 1979
[13.12] Krapfenbauer/Sträussler: Bautabellen, J & V Schulbuchverlag GmbH, Wien 1991
[13.13] Funk u. a.: Mauerwerk-Kalender 1993, Ernst und Sohn, Berlin 1993
[13.14] Schneider/Schwimann/Bruckner: Lehmbau für Architekten und Ingenieure, Werner Verlag, Düsseldorf 1996
[13.15] Rankine, W. J.: Handbuch der Bauingenieurkunst, Lehmann & Wentzel, 1880
[13.16] Zapke/Gerken: Der Primärenergiegehalt der Baukonstruktionen unter gleichzeitiger Berücksichtigung der wesentlichen Baustoffeigenschaften und der Herstellungskosten, F2249, IRB Verlag, Stuttgart 1993
[13.17] Scholz, W.: Baustoffkenntnis, 13. Aufl., Werner Verlag, Düsseldorf 1995
[13.18] Pörschmann, H.: Bautechnische Berechnungstafeln für Ingenieure, Ernst und Sohn, Berlin 1987
[13.19] Röbert, S.: Systematische Baustofflehre, Bd. 1 Grundlagen, 2. Aufl., Verlag für Bauwesen, Berlin 1988
[13.20] Kraus/Berger/Nehlert/Wiegmann: Technologie der Keramik, Bd. 1, 2. Aufl., Verlag für Bauwesen, Berlin 1985
[13.21] Ross/Stahl: Handbuch Putze, Verlagsgesellschaft Rudolf Müller, Köln 1992
[13.22] Schulz/Tischer/Ettel: Der Baustoff Beton, Bd. 1, Verlag für Bauwesen, Berlin 1988

[13.23] Eichler/Arendt: Bautechnischer Wärme- und Feuchtigkeitsschutz, 2. Aufl., VEB Verlag für Bauwesen, Berlin 1989
[13.24] Weber, H.: Das Porenbetonhandbuch, Bauverlag GmbH, Wiesbaden und Berlin 1991
[13.25] Wesche, H.: Baustoffe für tragende Bauteile, Bd. 2, 3. Aufl., Bauverlag GmbH, Wiesbaden und Berlin 1993
[13.26] Sälzer/Gothe: Bauphysiktaschenbuch 1984, Bauverlag GmbH, Wiesbaden und Berlin 1984
[13.27] Zwiener, G.: Ökologisches Baustofflexikon, C. F. Müller Verlag GmbH, Heidelberg 1994
[13.28] ÖNORM B 6021: Dämmstoffe für den Wärme- und Schallschutz im Hochbau (Sept. 1991)
[13.29] Schild/Casselmann/Dahmen/Pohlenz: Bauphysik, 4. Aufl., Friedr. Vieweg & Sohn Verlagsgesellschaft mbH, Braunschweig 1990
[13.30] Huber/Riccarbona: Baustoffkunde, Manz Verlags- und Universitätsbuchhandlung, Wien 1992
[13.31] Petzold/Marusch/Schramm: Der Baustoff Glas, 3. Aufl., Schondorf: Hofmann, Verlag für Bauwesen, Berlin 1990
[13.32] Scholz, W./Hiese, W.: Baustoffkenntnis, 14. Auflage, Werner Verlag, Düsseldorf 1999
[13.33] Wesche, K.: Baustoffe für tragende Bauteile, Bd. 3, 2. Aufl., Bauverlag GmbH, Wiesbaden und Berlin 1985
[13.34] Wesche, K.: Baustoffe für tragende Bauteile, Bd. 4, 2. Aufl., Bauverlag GmbH, Wiesbaden und Berlin 1988
[13.35] Binder/Kremnitzer: Studienunterlagen zur Vorlesung Kunststoffe im Bauwesen an der TU Wien, 1996
[13.36] Bruckner, H./Schneider, U.: Studienunterlagen zur Vorlesung Alternative Baustoffe an der TU Wien, 1996
[13.37] König, H.: Wege zum gesunden Bauen, 6. Aufl., Ökobuchverlag, Staufen 1993
[13.38] N. N.: Knauf Produktinformationen
[13.39] Nägele, E.: Dispersionsbaustoffe, Verlagsgesellschaft Rudolf Müller GmbH, Köln 1989
[13.40] Tomm, A.: Ökologisch planen und bauen, Friedr. Vieweg & Sohn Verlagsgesellschaft mbH, Braunschweig/Wiesbaden 1992
[13.41] Krusche/Althaus/Gabriel: Ökologisches Bauen, Bauverlag GmbH, Wiesbaden und Berlin 1982
[13.42] Geißler/Justen/Linden/Löfflad: Umweltbewußte Bauteil- und Baustoffauswahl, Landesinstitut für Bauwesen und angewandte Bauschadensforschung, LLB, Aachen 1992
[13.43] Kruse, O.: Fachkunde für Fliesenleger, B. G. Teubner, 4. Aufl., Stuttgart 1992
[13.44] Schumand, W.: BLV Steine- und Mineralienführer, BLV Verlagsgesellschaft mbH, 3. Aufl., München/Wien/Zürich 1991
[13.45] Soini, H.: Holzwerkstoffe, DRW-Verlag Weinbrenner GmbH, 1995
[13.46] Bruckner, H./Schneider, U.: Naturbaustoffe, Werner Verlag, Düsseldorf 1998

Zu Kapitel 13 D   Baukonstruktion

[13.50] Dierks/Schneider/Wormuth: Baukonstruktion, 5. Aufl. 2002, Werner Verlag, Düsseldorf
[13.51] Schneider/Schubert/Wormuth: Mauerwerksbau, 6. Aufl. 1999, Werner Verlag, Düsseldorf
[13.52] Wormuth, R.: Grundlagen der Hochbaukonstruktion, 1977, Werner Verlag, Düsseldorf
[13.53] Kahlmeyer, E.: Stahlbau nach DIN 18 800 (11.90), Werner Verlag, Düsseldorf, 1998
[13.54] Hünersen, G./Fritzsche, E.: Stahlbau in Beispielen, 4. Aufl. 1998, Werner Verlag, Düsseldorf
[13.55] Frommhold/Hasenjäger: Wohnungsbau-Normen, 22. Aufl. 1998, Werner Verlag, Düsseldorf
[13.56] Pfefferkorn, W.: Rißschäden an Mauerwerk, IRB-Verlag, Stuttgart, 1994
[13.57] Werner, G./Steck, G.: Holzbau, Teil 2, Dach- und Hallentragwerke, 4. Aufl. 1993, Werner Verlag, Düsseldorf
[13.58] Schulze, H.: Schäden an Decken und Wänden in Holzbauart, IRB-Verlag, Stuttgart 1993
[13.59] Küllmer, M.: Freigelegte Holzfachwerkfassaden. Holzzerstörung durch Schwamm, in: Deutsches Architektenblatt (DAB) 12/93, S. 2189 (Bauschäden-Sammlung)
[13.60] Pflüger, A.: Elementare Schalenstatik, 5. Aufl. 1994, Springer-Verlag, Berlin
[13.61] Fachregeln des Dachdeckerhandwerks, Hrsg.: Zentralverband des Deutschen Dachdeckerhandwerks – Fachverband Dach-, Wand- und Abdichtungstechnik – e. V., Verlag Rudolf Müller, Stand Juli 1995
[13.62] Stahlbetonbau aktuell (Hrsg.: Avak, R./Goris, A.), Bauwerk Verlag, Berlin 2002

[13.63] Betonkalender 2001, Bd. 2 (Schriftltg.: Eibl. J.), Ernst & Sohn Verlag f. Arch. u. techn. Wissensch. GmbH, Berlin
[13.64] Hochtief AG Fertigteilebau – Hochtief Bausysteme, Systeminformationen
[13.65] Fleischmann, H. D.: Grundlagen der Vorfertigung, Werner Verlag, Düsseldorf 1979
[13.66] Bindseil, P.: Stahlbetonfertigteile, 2. Aufl., Werner Verlag, Düsseldorf 1998

Zu Kapitel 14 A Bauvermessung

[14.1] Bauer, M.: Vermessung und Ortung mit Satelliten, 5. Auflage 2002, Wichmann Verlag, Heidelberg
[14.2] Fröhlich, H.: Vermessungstechnische Handgriffe, Basiswissen für den Außendienst, 4. Auflage 1995, Dümmler-Verlag, Bonn
[14.3] Gelhaus, R./Kolouch, D. †: Vermessungskunde für Architekten und Bauingenieure, 2. Auflage 1997, Werner Verlag, Düsseldorf
[14.4] Hennecke, F./Meckenstock, H. J./Pollmer, G.: Vermessung im Bauwesen, 11. Auflage 1996, Dümmler Verlag, Bonn
[14.5] Kahmen, H.: Vermessungskunde, 19. Auflage 1997, de Gruyter-Verlag, Berlin/New York
[14.6] Matthews, V.: Vermessungskunde,
Teil 1, 28. Auflage 1996
Teil 2, 17. Auflage 1997, Teubner-Verlag, Stuttgart
[14.7] Osterloh, H.: Straßenplanung mit Klothoiden und Schleppkurven, 5. Auflage 1991, Bauverlag, Wiesbaden
[14.8] Scherer, M.: Vermessungswesen Multimedial, 2. Auflage 1998, Wichmann Verlag, Heidelberg
[14.9] Witte, B./Schmidt, H.: Vermessungskunde und Grundlagen der Statistik für das Bauwesen, 4. Auflage 2000, Wittwer-Verlag, Stuttgart

Zu Kapitel 14 B Bauzeichnungen

[14.10] Darstellungs- und Vervielfältigungstechniken für Projektplanung und Projektdokumentation; Schriftenreihe des Bundesministers für Raumordnung, Bauwesen und Städtebau, 1983
[14.11] Dahmlos/Witte: Bauzeichnen, 8. Aufl. 1985, Schroedel-Verlag, Hannover
[14.12] Empfehlungen zur Standardisierung von Bauzeichnungen, Forschungsauftrag des Bundesministers für Raumordnung, Bauwesen und Städtebau, 1983
[14.13] Bertig, R.: Räumliche Darstellungsmethoden nach DIN, Bericht zum Stand der Normung, in: Mitteilungen der Fachbereiche Architektur/Städtebau und Bauingenieurwesen der Universität GH Siegen, Heft 5, 1986
[14.14] Bertig, R.: Zeichnerische Darstellungen – Regeln nach DIN und ISO-Normen, in: das bauzentrum, Fachzeitschrift für Architekten und Bauingenieure, Heft 2, 1992
[14.15] Goldau, R.: Bewehrungszeichnen, Bd. 1 Zeichentechnik, Bauverlag Wiesbaden/Berlin
[14.16] Bundesgesetzblatt Teil 1 und Anlageband v. 22. 1. 1991, S. 58 ff.
Verordnung über die Ausarbeitung der Bauleitpläne und die Darstellung des Planinhaltes (Planzeichenverordnung – PlanzV 90 (12.90))
[14.17] Kowalski, R.: Schal- und Bewehrungspläne, 4. Aufl. 1992, Werner Verlag, Düsseldorf
[14.18] Dames, K.-H.: Rohbauzeichnungen, Bewehrungszeichnungen, Bauverlag 1997, Wiesbaden

Zu Kapitel 15 Allgemeines

[15.1] Vereinigung der Prüfingenieure in Rheinland-Pfalz e. V.: Form und Inhalt statischer Unterlagen; Merkblätter Teile A und B, September 1985. Geschäftsstelle: 55543 Bad Kreuznach
[15.2] Dames, K.-H.: Rohbauzeichnungen, Bewehrungszeichnungen, Bauverlag Wiesbaden und Berlin, 1997
[15.3] Cziesielski, E.: Gebäudedehnfugen im Lehrbuch der Hochbaukonstruktionen, 3. Auflage, Teubner-Verlag Stuttgart, 1997

4 Wichtige Adressen für das Bauwesen

Allgemein

Bundesarchitektenkammer, 10963 Berlin, Askanischer Platz 4, Tel.: 0 30/26 10 16 73

Bundesingenieurkammer, 10969 Berlin, Kochstr. 22, Tel.: 0 30/25 34 29 00; Fax: 0 30/25 34/29 03/29 21

Bundesverband der Prüfingenieure, Ferdinandstr. 38–40, 20095 Hamburg, Tel.: 0 40/3 03 79 50–0; Fax: 0 40/35 35 65

Deutsches Institut für Bautechnik, 10829 Berlin, Kolonnenstr. 30, Tel.: 0 30/78 73 00; Fax: 0 30/78 73 03 20

DIN Deutsches Institut für Norm, 10787 Berlin, Burggrafenstr. 6, Tel.: 0 30/26 01–0; Fax: 0 30/26 01 12 31

Hauptverband der Deutschen Bauindustrie e. V., 10785 Berlin, Kurfürstenstr. 129, Tel.: 0 30/2 12 86–0; Fax: 0 30/2 12 86–2 40

Informationszentrum Raum und Bau der Fraunhofer-Gesellschaft, 70569 Stuttgart, Nobelstr. 12, Tel.: 07 11/9 70 25 00; Fax: 07 11/9 70 25 08

Normenausschuß Bauwesen im DIN, 10787 Berlin, Burggrafenstr. 6, Tel.: 0 30/26 01–2 26; Fax: 0 30/26 01 12 60

Zentralverband des Deutschen Baugewerbes, Godesberger Allee 99, 53175 Bonn, Tel.: 02 28/81 02–0; Fax: 02 28/8 10 21 21

Zu den Kapiteln 5 und 6   Beton-, Stahlbeton- und Spannbetonbau

Bundesverband der Deutschen Kies- und Sandindustrie e. V., Düsseldorfer Str. 50, 47051 Duisburg, Tel.: 02 03/99 23 90; Fax: 02 03/9 92 39 97/98

Bundesverband der Deutschen Transportbetonindustrie e. V., Düsseldorfer Straße 50, 47051 Duisburg, Tel.: 02 03/99 23 90; Fax: 02 03/9 92 39 97/8

Bundesverband der Deutschen Zementindustrie e. V., Pferdmengesstr. 7, 50968 Köln, Tel.: 02 21/3 76 56–0; Fax: 02 21/3 76 56 86

Bundesverband Deutsche Beton- und Fertigteilindustrie e. V., Schloßallee 10, 53179 Bonn, Tel.: 02 28/95 45 60; Fax: 02 28/9 54 56 90

Bundesverband Estrich und Belag e. V., Industriestr. 19, 53842 Troisdorf, Tel.: 0 22 41/4 20 41; Fax: 0 22 41/40 42 95

Deutscher Ausschuß für Stahlbeton, Scharrenstr. 2–3, 10178 Berlin, Tel.: 0 30/26 01 20 39; Fax: 0 30/26 01 17 23

Bundesverband Kraftwerksnebenprodukte e. V., Niederkasseler Kirchweg 97, 40547 Düsseldorf, Tel.: 02 11/57 91 95; Fax: 02 11/57 95 24

Deutscher Beton- und Bautechnik-Verein e. V., Kurfürstenstr. 129, 10785 Berlin, Tel.: 0 30/2 36 09 60; Fax: 0 30/23 60 96 23

Fachverband Betonstahlmatten, Kaiserswerther Str. 137, 40474 Düsseldorf, Tel.: 02 11/4 56 42 56; Fax: 02 11/4 56 42 18

Verein Deutscher Zementwerke e. V., Tannenstraße 2, 40476 Düsseldorf, Tel.: 02 11/4 57 81; Fax: 02 11/4 57 82 96

Zu Kapitel 7   Mauerwerksbau

Bundesverband der Deutschen Kalkindustrie e. V. einschl. Hauptgemeinschaft der Deutschen Werkmörtelindustrie, Annastr. 67–71, 50968 Köln, Tel.: 02 21/9 34 67 40; Fax: 02 21/93 46 74 14

Bundesverband der Deutschen Mörtelindustrie e. V., Düsseldorfer Straße 50, 47051 Duisburg, Tel.: 02 03/99 23 90; Fax: 02 03/9 92 39 98

Bundesverband der Deutschen Ziegelindustrie e. V., Schaumburg-Lippe-Str. 4, 53113 Bonn, Tel.: 02 28/9149 30; Fax: 02 28/9 14 93 27

Bundesverband Deutsche Beton- und Fertigteilindustrie e. V. einschl. Verband der Bims- und Leichtbetonindustrie e. V., Schloßallee 10, 53179 Bonn, Tel.: 02 28/95 45 60; Fax: 02 28/9 54 56 90

Bundesverband Kalksandsteinindustrie e. V., Entenfangweg 15, 30419 Hannover, Tel.: 05 11/27 95 40; Fax: 05 11/2 79 54 54

Bundesverband Leichtbetonzuschlag-Industrie (BLZ) e. V., Robert-Bosch-Str. 30, 73760 Ostfildern, Tel.: 07 11/34 83 70; Fax: 07 11/3 48 37 27

Bundesverband Porenbetonindustrie e. V., Dostojewskistr. 10, 65187 Wiesbaden, Tel.: 06 11/8 50 86/87; Fax: 06 11/80 97 07

Deutsche Gesellschaft für Mauerwerksbau, Schloßallee 10, 53179 Bonn, Tel.: 02 28/85 77 36; Fax: 02 28/85 74 37/28

Zu Kapitel 8   Stahlbau

Bauen mit Stahl e. V., Sohnstr. 65, 40237 Düsseldorf, Tel.: 02 11/67 07–8 27/8 28; Fax: 02 11/67 07 8 29

Deutscher Ausschuß für Stahlbau, Sohnstr. 65, 40237 Düsseldorf, Tel.: 02 11/67 07–80; Fax: 02 11/67 07–8 20

Deutscher Stahlbau-Verband, Sohnstr. 65, 40237 Düsseldorf, Tel.: 02 11/67 07–80; Fax: 02 11/67 07 8 20

Deutscher Verband für Schweißen und verwandte Verfahren e. V., Aachener Str. 172, 40223 Düsseldorf, Tel.: 02 11/159 12 00; Fax: 02 11/159 10

Deutscher Verzinkerei-Verband, Breite Str. 69, 40213 Düsseldorf, Tel.: 02 11/8 29–2 23; Fax: 02 11/82 92 31

Fachverband Deutscher Kaltprofilhersteller, Kaiserswerther Str. 137, 40474 Düsseldorf, Tel.: 02 11/4 78 06–0, Fax: 02 11/4 78 06 22

Industrieverband Brandschutz im Ausbau, Hansaring 102, 50670 Köln, Tel.: 02 21/12 55 94; Fax: 02 21/13 87 86

Industrieverband zur Förderung des Bauens mit Stahlblech e. V. (IFBS), Max-Planck-Str. 4, 40237 Düsseldorf, Tel.: 02 11/91 42 70; Fax: 02 11/67 20 34

Informationsstelle Edelstahl Rostfrei, Postfach 10 22 05, 40013 Düsseldorf, Tel.: 02 11/67 07–0; Fax: 02 11/67 07–3 44

Stahlrohrverband, Tersteegenstr. 3, 40474 Düsseldorf, Tel.: 02 11/43 47 54; Fax: 02 11/43 47 57

Studiengesellschaft Stahlanwendung e. V., Postfach 10 48 42, 40039 Düsseldorf, Tel.: 02 11/67 07 8 56; Fax: 02 11/67 07–8 40

Verein Deutscher Eisenhüttenleute, Sohnstr. 65, 40237 Düsseldorf, Tel.: 02 11/67 07–0; Fax: 02 11/6 70 73 10

Zu Kapitel 9   Holzbau

Arbeitsgemeinschaft Holz e. V., Rather Str. 49a, 40476 Düsseldorf, Tel.: 02 11/4 78 18–0; Fax: 0211/45 23 14

Bund Deutscher Zimmermeister im „Zentralverband des Deutschen Baugewerbes", Postfach 80 03 52, 10003 Berlin, Tel.: 0 30/2 03 14–0, Fax: 0 30/203 14–5 60

Entwicklungsgemeinschaft Holzbau in der DGfH, Bayerstr. 57–59, 80335 München, Tel.: 0 89/51 61 70, Fax: 0 89/53 16 57

Industrieverband Bauchemie und Holzschutzmittel e. V., Karlstr. 21, 60329 Frankfurt (Main), Tel.: 0 69/25 56 13 18; Fax: 0 69/25 16 09

Studiengemeinschaft Holzleimbau, Rather Str. 49a, 40476 Düsseldorf, Tel.: 02 11/47 81 80; Fax: 02 11/45 23 14

Zu Kapitel 10   Bauphysik

AIBau – Aachener Institut für Bauschadensforschung und angewandte Bauphysik gemeinnützige Gesellschaft mbH, 52072 Aachen, Theresienstr. 19, Tel.: 02 41/15 50 28; Fax: 02 41/15 55 70

Arbeitsgemeinschaft Holz, 40476 Düsseldorf, Rather Str. 49a, Tel.: 02 11/47 81 80; Fax: 02 11/45 23 14

Bundesanstalt für Materialforschung und -prüfung (BAM), 12205 Berlin, Unter den Eichen 87, Tel.: 0 30/81 04 22 40 (−22 49); Fax: 0 30/8 11 20 29

Zentralverband des Deutschen Baugewerbes, 10117 Berlin, Kronenstr. 55, Tel.: 0 30/2 03 14–0

Bundesfachabteilung Bauwerksabdichtung im Hauptverband der Deutschen Bauindustrie, 65189 Wiesbaden, Abraham-Lincoln-Str. 30, Tel.: 06 11/9 74 75–0; Fax: 06 11/9 74 75–75

Bundesministerium für Verkehr, Bau und Wohnungswesen, 53175 Bonn, Robert Schumann Platz 1, Tel.: 02 28/3 00–0; Fax: 02 28-3 00-34 28

Bundesverband der Gips- und Gipsbauplattenindustrie, 64295 Darmstadt, Birkenweg 13, Tel.: 0 61 51/3 66 82–0

Bundesverband Glas- und Mineralfaserindustrie, 40210 Düsseldorf, Stresemannstr. 26, Tel.: 02 11/1 68 94–0; Fax: 02 11/1 68 94 27

Bundesverband Porenbeton, 65187 Wiesbaden, Dostojewskistr. 10, Tel.: 06 11/98 50 44–0; Fax: 06 11/80 97 07

Deutsche Bauchemie, 60329 Frankfurt, Karlstr. 21, Tel.: 0 69/25 56 13 18; Fax: 0 69/25 16 09

Deutscher Beton- und Bautechnik-Verein e. V., Kurfürstenstr. 129, 10785 Berlin, Tel.: 0 30/2 36 09 60; Fax: 0 30/23 60 96 23

Deutscher Stahlverband DTSV, 40237 Düsseldorf, Sohnstr. 65, Tel.: 02 11/6 70 78 00; Fax: 02 11/6 70 78 20

Deutscher Wetterdienst, Zentralamt, 63067 Offenbach, Frankfurter Str. 135, Tel.: 0 69/8 06 20; Fax: 0 69/80 62 24 84

Gesellschaft zur Förderung der Abwassertechnik e. V. (GFA), Postfach 1165, 53758 Hennef, Theodor-Heuss-Allee 17, Tel.: 0 22 42/87 20; Fax: 0 22 42/87 21 35

Industrieverband Hartschaum, 69123 Heidelberg, Kurpfalzring 100a, Tel.: 0 62 21/77 60 71; Fax: 0 62 21/77 51 06

Institut für Sachverständigenwesen, 50670 Köln, Gereonstr. 50, Tel.: 02 21/91 27–71 13; Fax: 02 21/91 27 71 99

Steine–Erdeverband, 80336 München, Beethovenstr. 8, Tel.: 0 89/5 14 03–0; Fax: 0 89/5 32 83 59

Verband der Faserindustrie, 10587 Berlin, Ernst-Reuter-Platz 8, Tel.: 0 30/3 48 52 60; Fax: 0 30/3 48 52 62

Vereinigung zur Förderung des Deutschen Brandschutzes, 48341 Altenberge, Theodor-Heuss-Str. 14, Tel.: 0 25 05/24 68

Zentralverband des Deutschen Dachdeckerhandwerks, 50968 Köln, Fritz-Reuter-Str. 1, Tel.: 02 21/39 80 38–0; Fax: 39 80 38–99

Weitere Adressen siehe „Zu Abschnitt 7 Mauerwerksbau"

Zu Kapitel 11   Geotechnik

Bundesausschuß Leistungslohn Bau-Fachgruppe Erdbau, Abraham-Lincoln-Str. 30, 65189 Wiesbaden, Tel.: 06 11/9 70 25 00; Fax: 06 11/7 72 40

Deutsche Gesellschaft für Geotechnik e. V., Hohenzollernstraße 52, 45128 Essen, Tel.: 02 01/78 27 23; Fax: 02 01/78 27 43

Tiefbau-Berufsgenossenschaft, Technischer Aufsichtsdienst, Am Knie 6, 81241 München, Tel.: 0 89/88 97–5 00; Fax: 0 89/88 97–4 94

Zu Kapitel 12   Verkehrswesen

Arbeitsgemeinschaft der Bitumen-Industrie, Steindamm 55–59, 20099 Hamburg, Tel.: 0 40/2 80 29 39; Fax: 0 40/2 80 21 25

Bundesverband der Baumaschinen-, Baugeräte- und Industriemaschinen-Firmen, Adenauerallee 45, 53113 Bonn, Tel.: 02 28/22 34 69; Fax: 02 28/22 56 01

Bundesanstalt für Straßenwesen, Brüderstr. 53, 51427 Bergisch Gladbach, Tel.: 0 22 04/43–0; Fax: 0 22 04/4 38 33

Bundesfachabteilung Straßenbau im Hauptverband der Deutschen Bauindustrie, Geschäftsstelle Bonn: Am Hofgarten 9, 53113 Bonn, Tel.: 02 28/2 67 09–0; Fax: 02 28/2 67 09 89

Bundesfachgruppe Straßen- und Tiefbau im Zentralverband des Deutschen Baugewerbes, Godesberger Allee 99, 53175 Bonn, Tel.: 02 28/81 02–0; Fax: 02 28/8 10 21 21 Geschäftsstelle Berlin: Karl-Liebknecht-Str. 33, 10178 Berlin, Tel.: 0 30/2 42 55 62; Fax: 0 30/2 42 55 97

Deutscher Asphaltverband e. V., Schiefelingweg 6, 53123 Bonn, Tel.: 02 28/97 96 50; Fax: 02 28/9 79 65 11

Deutsche Bahn AG, Konzern, Potsdamer Platz 2, 10785 Berlin, Tel.: 0 30/2 97–6 11 31; Fax: 0 30/2 97–6 19 19

Fachverband der Kaltasphaltindustrie, Bramfelder Chaussee 216, 22177 Hamburg, Tel.: 0 40/6 46 56–7 19; Fax: 0 40/6 46 56–7 06

Forschungsgesellschaft für Straßen- und Verkehrswesen, Hauptgeschäftsstelle Bonn: Konrad-Adenauer-Str. 13, 50996 Köln, Tel.: 02 21/39 70 35; Fax: 02 21/39 37 47 Geschäftsstelle Berlin: Parkstr. 16, 13187 Berlin, Tel.: 0 30/4 82 92 22; Fax: 0 30/6 07 24 29

Verband Deutscher Verkehrsunternehmen (VDV), Kamekestr. 37–39, 50672 Köln, Tel.: 02 21/57 97 90; Fax: 02 21/41 42 72

Verband der Bahnindustrie in Deutschland e. V., Linenstraße 30, 60325 Frankfurt/Main, Tel.: 0 69/72 72 44; Fax: 0 69/72 72 94

Zu Kapitel 13   Wasserbau, Wasserwirtschaft und Siedlungswasserwirtschaft

Deutsche Vereinigung für Wasserwirtschaft, Abwasser und Abfall e. V. (ATV-DVWK), Theodor-Heuss-Allee 17, 53773 Hennef, Tel.: 0 22 42/87 20; Fax: 0 22 42/87 21 35

Bund der Ingenieure für Wasserwirtschaft, Abfallwirtschaft und Kulturbau (BWK) e. V., Pappelweg 31, 40489 Düsseldorf, Tel.: 02 11/74 25 21; Fax: 02 11/74 25 21

Bundesverband der deutschen Gas- und Wasserwirtschaft, Josef-Wirmer-Str. 1, 53123 Bonn, Tel.: 02 28/2 59 80; Fax: 02 28/2 59 81 20

Deutscher Verein des Gas- und Wasserfaches, Hauptstr. 71/79, 65727 Eschborn, Tel.: 0 61 96/7 01 70; Fax: 0 61 96/48 11 52

Fachgemeinschaft Gußeiserne Rohre, Sachsenring 2–4, 50677 Köln, Tel.: 02 21/31 80 65; Fax: 02 11/31 62 21

Fachvereinigung Betonrohre und Stahlbetonrohre e. V. im Bundesverband Deutsche Beton- und Fertigteilindustrie, Schloßallee 10, 53179 Bonn, Tel.: 02 28/9 54 56–54; Fax: 02 28/9 54 56–43

Gütegemeinschaft Kunststoffrohre, Dyroffstr. 2, 53113 Bonn, Tel.: 02 28/91 47 70; Fax: 02 28/21 13 09

Hafenbautechnische Gesellschaft (HTG), Dalmannstr. 1, 20457 Hamburg, Tel.: 0 40/3 28 51; Fax: 0 40/32 85 28 81

Ingenieurverband Wasser- und Abfallwirtschaft e. V. (INGEWA), Walramstr. 9, 53175 Bonn, Tel.: 02 28/37 30 97; Fax: 02 28/37 30 90

Steinzeug-Gesellschaft, Max-Planck-Str. 6, 50858 Köln (Marsdorf), Tel.: 0 22 34/50 70; Fax: 0 22 34/50 72 07

Tiefbau-Berufsgenossenschaft, Am Knie 6, 81241 München, Tel.: 0 89/88 97–01; Fax: 0 89/88 97–4 94

RSV Rohrleitungssanierungsverband, Postfach 34 01 42, 45073 Essen, Tel./Fax: 02 01/27 61 45

5 Allgemeine Tafeln

Prof. Dipl.-Ing. Karlheinz Tripler

Formate für Zeichnungen nach DIN 476-1 (02.91) (enthält EN 20 216)

Format Kurzzeichen	Maße (mm) beschnitten (B)	Maße (mm) unbeschnitten (U)
4A0	1682 × 2378	1720 × 2420
2A0	1189 × 1682	1230 × 1720
A0*	841 × 1189	880 × 1230
A1*	594 × 841	625 × 880
A2*	420 × 594	450 × 625
A2.0	420 × 1189	450 × 1230
A2.1	420 × 841	450 × 880
A3*	297 × 420	330 × 450
A3.0	297 × 1189	330 × 1230
A3.1	297 × 841	330 × 880
A3.2	297 × 594	330 × 625
A4*	210 × 297	240 × 330
A5*	148 × 210	165 × 240
A6*	105 × 148	
A7*	74 × 105	
A8*	52 × 74	
A9*	37 × 52	
A10*	26 × 37	
A11*	18 × 26	
A12*	13 × 19	

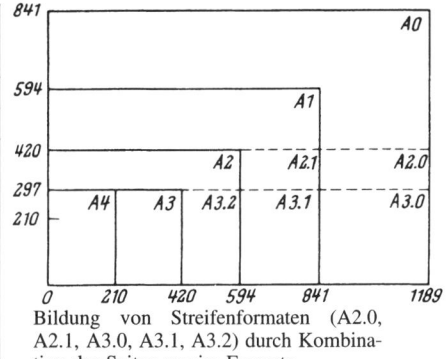

* Hauptreihe A ISO 216 (1975)

Bildung von Streifenformaten (A2.0, A2.1, A3.0, A3.1, A3.2) durch Kombination der Seiten zweier Formate.

Faltung auf Ablageformat A4 nach DIN 824 (3.81)

Blattgröße*)	Faltungsschema	Blattgröße*)	Faltungsschema
A 0 841 × 1189 1 m² (831 × 11.79)		**A 2** 420 × 594 0,25 m² (410 × 584)	
A 1 594 × 841 0,5 m² (584 × 831)		**A 3** 297 × 420 0,125 m² (287 × 410)	
		A 4 210 × 297 0,062 m² (200 × 287)	*) ( ) Werte geben die Zeichenfläche an.

Sütterlin

[Sütterlin handwriting alphabet samples]

Römische Zahlen

I	=	1	VII	=	7	XL	=	40
II	=	2	VIII	=	8	L	=	50
III	=	3	IX	=	9	LX	=	60
IV	=	4	X	=	10	LXX	=	70
V	=	5	XX	=	20	LXXX	=	80
VI	=	6	XXX	=	30	XC	=	90

IC	=	99	DC	=	600
C	=	100	DCC	=	700
CC	=	200	DCCC	=	800
CCC	=	300	CM	=	900
CD	=	400	IM	=	999
D	=	500	M	=	1000

Griechisches Alphabet

$A\,\alpha$ Alpha	$B\,\beta$ Beta	$\Gamma\,\gamma$ Gamma	$\Delta\,\delta$ Delta	$E\,\varepsilon$ Epsilon	$Z\,\zeta$ Zeta	$H\,\eta$ Eta	$\Theta\,\vartheta$ Theta
$I\,\iota$ Jota	$K\,\varkappa$ Kappa	$\Lambda\,\lambda$ Lambda	$M\,\mu$ My	$N\,\nu$ Ny	$\Xi\,\xi$ Xi	$O\,o$ Omikron	$\Pi\,\pi$ Pi
$P\,\varrho$ Rho	$\Sigma\,\sigma$ Sigma	$T\,\tau$ Tau	$Y\,\upsilon$ Ypsilon	$\Phi\,\varphi$ Phi	$X\,\chi$ Chi	$\Psi\,\psi$ Psi	$\Omega\,\omega$ Omega

Druck- und Spannungseinheiten – Vergleich nach DIN 1080-2 (3.80)

	international verständlich				international ungebräuchlich	
SI-Einheit	Einheiten außerhalb des SI-Systems nur für Druckangaben von Fluiden	Ausgewählte Vielfache der SI-Einheit	Einheit bezogen auf m^2	Einheit bezogen auf mm^2	Einheit bezogen auf cm^2 nur für Sonderfälle*)	entspricht etwa den nicht mehr zulässigen bisherigen Einheiten
10^0 Pa		Pa	N/m^2			
10^1 Pa						kp/m^2; mm WS
10^2 Pa	mbar					
10^3 Pa		kPa	kN/m^2			
10^4 Pa					N/cm^2	Mp/m^2; m WS
10^5 Pa	bar					kp/cm^2; at
10^6 Pa		MPa	MN/m^2	N/mm^2		
10^7 Pa					kN/cm^2	kp/mm^2
10^8 Pa						
10^9 Pa		GPa	GN/m^2	kN/mm^2		

*) Diese Einheiten stehen im Widerspruch zu internationalen Empfehlungen, z. B. ISO 1000. Sie sollten daher nur in Sonderfällen angewandt werden, z. B. in statischen Berechnungen, wobei Vergleichsgrößen in Einheiten der Spalten 3, 4 und 5 umzurechnen sind.

Einheitenbeispiele nach DIN 1080-1 (6.76); weitere Einheiten siehe DIN 1301 (02.77)

	Einheiten				Größe
1	m [1]	mm	cm	μm	Länge
2	m^2	mm^2	cm^2		Fläche
3	m^3	mm^3	cm^3	l	Volumen
4	m^4	mm^4	cm^4	–	Flächenmoment 2. Grades (früher: Flächenträgheitsmoment)
5	°	′	″	rad gon	Winkel – $1° = 60' = 3600''$; $1° = (\pi/180)$ rad; 1 gon = $(\pi/200)$ rad; 1 rad = 1 m/m
6	t	kg	g	mg	Masse, Gewicht (1 kg wirkt mit der Eigenlast 10 N)
7	t/m^3	g/cm^3	kg/m^3	g/l	Dichte (Masse/Volumen) $1\ t/m^3 = 1\ g/cm^3$; $1\ kg/m^3 = 1\ g/l$
8	s	min	h	d	Zeit (1 d = 24 h; 1 h = 60 min; 1 min = 60 s)
9	Hz				Frequenz (1 Hz = 1/s)
10	1/s				Kreisfrequenz, Winkelgeschwindigkeit
11	1/s	1/min			Drehzahl
12	m/s	km/h	m/min	cm/s	Geschwindigkeit
13	rad/s				Winkelgeschwindigkeit
14	m/s^2	cm/s^2			Beschleunigung
15	rad/s^2				Winkelbeschleunigung
16	m^3/s	L/s			Durchfluß; Volumenstrom
17	kN	MN	N [2]		Kraft; Einzellast; Schnittkraft (1 MN = 10^3 kN = 10^6 N)
18	kN/m				Streckenlast
19	kN/m^2				Flächenlast; Bodenscherfestigkeit (1 kN/m^2 = 1 kPa)
20	MN/m^2	N/mm^2			Spannung; Festigkeit (1 MN/m^2 = 1 N/mm^2 = 1 MPa)
21	kN/m^3				Wichte (= Eigenlast/Volumen)
22	MN/m^2	kN/m^2	MPa	kPa	Druck[3] (1 kN/m^2 = 1 kPa = $10^3\ N/m^2$)
23	MPa	kPa	Pa	bar	Druck [3,4] (1 bar = $10^5\ N/m^2$)
24	kN m	MN m	N m		Moment
25	W s	kW h	J		Energie; Wärmemenge (1 J = 1 N m = 1 W s)
26	kN m	N m	J		Arbeit
27	N s				Impuls
28	kW	W			Leistung; Energiestrom; Wärmestrom (1 W = 1 N m/s)
29	°C	K			Temperatur (0 °C = 273,15 K)
30	K	°C [*]			Temperaturdifferenzen und -intervalle
31	$W/(m^2\ K)$				Wärmeübergangskoeffizient; Wärmedurchlaßkoeffizient; Wärmedurchgangskoeffizient
32	$W/(m \cdot K)$				Wärmeleitfähigkeit
33	dB [**]				Schallpegel

[1] 1 m ist der vierzigmillionste Teil des über die Pole gemessenen Erdumfanges.
[2] 1 N ist die Kraft, die einem Körper der Masse 1 kg die Beschleunigung 1 m/s² erteilt.
[3] Bei Druckgrößen muß zusätzlich zur Einheit eindeutig angegeben werden, ob es sich um barometrischen Überdruck oder um Absolutdruck handelt (siehe auch DIN 1314 (2.77)).
[4] Bei Messungen mit Druckmeßgerät (Manometer).
[*] Empfohlen für die Angabe von Celsiustemperaturen mit zulässigen Abweichungen, z. B. (20 ± 2) °C.
[**] Dezibel ist keine Einheit nach DIN 1301, sondern dient zur Kennzeichnung von logarithmierten Größenverhältnissen, siehe DIN 5493 (02.93).

Achsenkreuz und positive Schnittgrößen nach DIN 1080 Teil 1 (6.76)

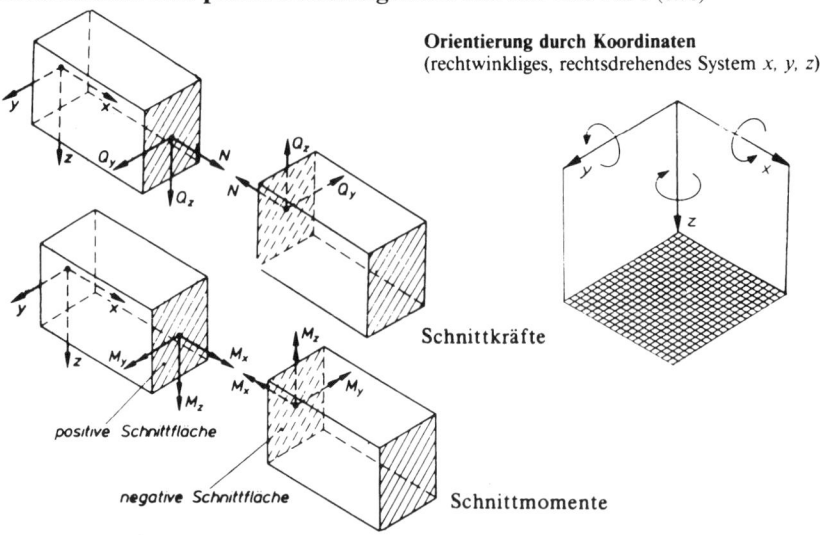

Orientierung durch Koordinaten
(rechtwinkliges, rechtsdrehendes System x, y, z)

Schnittkräfte

positive Schnittfläche

negative Schnittfläche

Schnittmomente

Formelzeichen nach DIN 1080 Teil 1 (Auswahl)
Bedeutung lateinischer Groß- und Kleinbuchstaben als Hauptzeichen (z. B. für Oberbegriffe)

Hauptzeichen	Bedeutung
A	Fläche
a	Abstand; Beschleunigung
b	Breite
D	Druckkraft
d	Durchmesser; Dicke
E	Elastizitätsmodul; Steifenmodul
e	Exzentrizität (Ausmitte, Mittenabstand); Erdlast je Länge oder Fläche
F	Kraft (Last und Schnittkraft)
f	Durchbiegung; Pfeilhöhe; Frequenz
G	Schubmodul; Eigenlast
g	Eigenlast je Länge oder Fläche
H	Horizontallast
h	Höhe; Tiefe
I	Flächenmoment 2. Grades ($I_y = \int z^2 \cdot dA$; $I_z = \int y^2 \cdot dA$); Trägheitsmoment (Massenmoment 2. Grades $I_y = \int z^2 \cdot dm$; $I_z = \int y^2 \cdot dm$)
i	Trägheitsradius
J }	Trennzeichen zwischen Haupt- und Nebenzeichen bei Einzeilendruckern
j }	
k	Wärmedurchgangskoeffizient
L	Schallpegel
l	Länge (eines Teils); Stützweite
M	Moment (Last- und Schnittmoment)
m	Moment je Länge; Masse
N	Längskraft
n	Längskraft je Länge; Zahl; Drehzahl
O	Oberfläche

Hauptzeichen	Bedeutung
P	Verkehrslast; Leistung
p	Verkehrslast je Länge oder Fläche
Q	Querkraft; Wärmemenge; Abfluß
q	Querkraft je Länge; Summe aus Eigen- und Verkehrslast je Länge oder Fläche
R	Resultierende Kraft; Schalldämmaß
r	Radius; Polarkoordinate
S	Flächenmoment 1. Grades; Schneelast; Steifigkeitsmodul
s	Schneelast je Länge oder Fläche; Standardabweichung; Abstand; Systemlänge; Weglänge; Kurvenlänge
T	Temperatur (Kelvin); Knickmodul (Engeßer); Zeitspanne
t	Zeit; Temperatur (Celsius)
u	Umfang; Verschiebungskomponente
V	Vertikallast; Volumen
v	Verschiebungskomponente; Geschwindigkeit
W	Windlast; Widerstandsmoment; Arbeit; Energie
w	Windlast je Länge oder Fläche; Verschiebungskomponente
X	Kraftkomponente
x	Koordinate
Y	Kraftkomponente
y	Koordinate
Z	Kraftkomponente; Zugkraft
z	Koordinate; Hebelarm

15.44

(Fortsetzung Formelzeichen nach DIN 1080 Teil 1)
Bedeutung griechischer Kleinbuchstaben als Hauptzeichen

Buchstabe	Hauptzeichen	Bedeutung
Alpha	α	fester Winkel; festes Anteilverhältnis; Dehnkoeffizient; Wärmeübergangskoeffizient; Winkelbeschleunigung
Beta	β	fester Winkel; festes Anteilverhältnis; Festigkeit, bezogen auf Ausgangsquerschnitt; Sicherheitsbeiwert
Gamma	γ	fester Winkel; festes Anteilverhältnis; Wichte (Kraft je Volumen); Gleitung; Schubverformung; Sicherheitsbeiwert
Delta	δ	Variationskoeffizient; Weggröße; Grenzdehnung, bezogen auf Ausgangslänge, z. B. Bruchdehnung δ_u
Epsilon	ε	Dehnung
Zeta	ζ	normierte Koordinate z; veränderliches Anteilverhältnis

Buchstabe	Hauptzeichen	Bedeutung
Eta	η	normierte Koordinate y; Sicherheitsbeiwert (Grundbau); Wirkungsgrad; veränderliches Anteilverhältnis; Viskosität
Theta	ϑ	Winkel; Drehwinkel; Winkelkoordinate (Kugelkoordinate)
Jota	ι	---[1]
Kappa	κ	Verhältnis von Grenzspannungen; Beiwert; Verkrümmung
Lambda	λ	Schlankheitsgrad; Wärmeleitfähigkeit
My	μ	Reibungsbeiwert; Querdehnzahl ($\mu = 1/\nu$)
Ny	ν	Poisson-Zahl ($\nu = 1/\mu$)
Xi	ξ	normierte Koordinate x; veränderliches Anteilverhältnis
Omikron	o	---[1]
Pi	π	(Verwendung nur für mathematische Größen)
Rho	ϱ	Dichte (Masse je Volumen)
Sigma	σ	Spannung
Tau	τ	Winkel; Schubspannung
Ypsilon	υ	---[1]
Phi	φ	Fließzahl (Kriechzahl); Winkel; Polarkoordinate; Winkel der inneren Reibung; Beiwert (z. B. Schwingbeiwert)
Chi	χ	---[1]
Psi	ψ	Winkel; Einschnürung, bezogen auf Ausgangsquerschnitt
Omega	ω	Beiwert (z. B. Knickbeiwert); Winkelgeschwindigkeit; Kreisfrequenz

[1] Soll nicht verwendet werden.

Abkürzungen als Nebenzeichen

Abkürzung	Bedeutung
abs	absolut
cal	rechnerisch (calculated)
const	konstant
crit (oder cr)	kritisch
ef	wirksam (effective)
el	elastisch
erf	erforderlich
est	geschätzt (estimated)
exc	Ausnahme (exceptional)
ext	äußeres (external)
inf	unteres, niedrigeres (inferior)
int	inneres (internal)
lat	seitlich (lateral)
lim	Grenze (Grenz-) (limit)
max	maximal (Größt-)
min	minimal (Kleinst-)
nom	Nenn... (nominal)
obs	beobachtet (observed)
pl	plastisch
red	reduziert
rel	relativ; bezogen
ser	Gebrauchs- (serviceability)
sup	oberes, höheres (superior)
tot	gesamt (total)
var	veränderlich (variable)
vorh	vorhanden
zul	zulässig

Formelzeichen nach ISO[*] 3898 (8.97)
Lateinische Groß- und Kleinbuchstaben

Hauptzeichen	Bedeutung
A	Area; Accidental action
a	Distance; Acceleration
b	Width
D	Flexural rigidity of plates and shells
d	Diameter; Depth (for example foundation)

[*] International Organization for Standardization.

(Fortsetzung ISO 3898)

Haupt-zeichen	Bedeutung
E	Longitudinal modulus of elasticity
e	Eccentricity
F	Action in general; Force in general
f	Strength (of a material); Frequency
G	Shear modulus; Permanent action (dead load)
g	Distributed permanent action (dead load); Acceleration due to gravity
H	Horizontal component of a force
h	Height; Thickness
I	Second moment of a plane area
i	Radius of gyration
J	... (Reserved for line printers and telex)
j	Number of days
K	Any quantity but with a proper dimension in the absence of a specific symbol
k	Coefficient
L	Can be used for span, length of a member
l	Span; Length of a member
M	Moment in general; Bending moment
m	Can be used as bending moment per unit of length or width; Mass; Average value of a sample
N	Normal force
n	Can be used as normal force per unit of length or width
P	Prestressing force; Probability (or p)
p	Pressure; Probability (or P)

Haupt-zeichen	Bedeutung
Q (or V)	Variable action (live load)
q (or v)	Distributed variable action
R	Resultant force; Reaction force
r	Radius
S	First moment of a plane area (static moment); Action-effect
S (or Sn)	Snow action (load) (Sn where there is a risk of confusion)
s	Standard deviation of a sample; Spacing; Distributed snow action
T	Torsional moment; Temperature; Period of time
t	Time in general; Thickness of thin members; Can be used as torsional moment per unit of length or width
u	Perimeter
u v w	Components of the displacement of a point
V (or Q)	Shear force
V	Volume; Vertical component of a force
v (or q)	Velocity; Speed; Can be used as shear force per unit of length or width
W	Wind action (load)
W (or Z)	Section modulus
w	Distributed wind action (load)
X	Force in general parallel to x-axis
Y	Force in general parallel to y-axis
Z	Force in general parallel to z-axis

Nicht genormte Einheiten (Auswahl)

Längenmaß	m
brit. inch (Zoll[*])	0,0254
preußischer Zoll	0,0262
bayerischer Zoll	0,29186
brit. foot	0,30488
preußischer Fuß	0,314
preußische Elle	0,667
brit. yard	0,914

	km
russischer Werst	1,06678
brit. statute mile	1,60934
Welt-Seemeile	1,85201
franz. See-Linie	5,556
neue geograph. Meile	7,420
dänische und preußische Meile	7,532
schwedische Neumeile	10,000
Meridiangrad	111,120
Äquatorgrad	111,306

[*]) Siehe auch Umrechnungstafel nächste Seite.

Flächenmaß	m²
square foot	0,093
square yard	0,836
preußischer Quadratfuß	0,0986
preußische Quadratrute	14,185
preußischer Morgen	2553
bayerisches Tagwerk	3407
brit./amerik. acre	4046,7
sächsischer Acker	5534
österreichisches Joch	5755,4
square mile	2588881

Raummaß	m³
brit. quart	0,00145
Metzen	0,00344
brit. gallon	0,00455
cubic foot	0,02830
preußischer Scheffel	0,05496

Fortsetzung s. nächste Seite

Raummaß (Forts.)	m³
Eimer	0,06870
amerikanischer barrel	0,15900
Oxhoft	0,20600
Tonne	0,21980
Ohm	0,30900
Klafter	0,33800
cubic yard	0,76400

Gewicht	
Karat	0,205 g
brit. ounce	28,350 g
Unze	31,100 g
brit. pound	454,000 g
Zentner	50 kg
brit. short ton	907 kg
brit. long ton	1016 kg

Arbeit, Leistung, Energie, Wärme – Umrechnung

Arbeit, Energie- oder Wärme- menge		kpm	kcal
	Nm = J = Ws	0,102	$2,39 \cdot 10^{-4}$
	kNm = kJ = kWs	102	0,239
	kWh	$367 \cdot 10^3$	860
Leistung, Energie- oder Wärme- strom		kpm/s	kcal/h
	Nm/s = J/s = W	0,102	0,860
	kNm/s = kJ/s = kW	102	860
	kJ/h	0,0283	0,239

Vervielfachung von Einheiten

da	Deka	10^1	Zehn	M	Mega	10^6	Million
h	Hekto	10^2	Hundert	G	Giga	10^9	Milliarde
k	Kilo	10^3	Tausend	T	Tera	10^{12}	Billion

Teilung von Einheiten

d	Dezi	10^{-1}	Zehntel	μ	Mikro	10^{-6}	Millionstel
c	Zenti	10^{-2}	Hundertstel	n	Nano	10^{-9}	Milliardstel
m	Milli	10^{-3}	Tausendstel	p	Pico	10^{-12}	Billionstel

Umrechnung Zoll*/cm

Zoll		1	2	3	4	5	6	7	8	9
	cm	2,540	5,080	7,620	10,160	12,700	15,240	17,780	20,320	22,860
1/16	0,1587	2,699	5,239	7,779	10,319	12,859	15,399	17,939	20,479	23,019
1/8	0,3175	2,858	5,398	7,938	10,478	13,018	15,558	18,098	20,638	23,178
3/16	0,4761	3,016	5,556	8,096	10,636	13,176	15,716	18,256	20,796	23,336
1/4	0,6350	3,175	5,715	8,255	10,795	13,335	15,875	18,415	20,958	23,495
3/8	0,9525	3,493	6,033	8,573	11,113	13,653	16,193	18,733	21,273	23,813
1/2	1,2700	3,810	6,350	8,890	11,430	13,970	16,510	19,050	21,590	24,130
5/8	1,5875	4,128	6,668	9,208	11,748	14,288	16,829	19,368	21,908	24,448
3/4	1,9050	4,445	6,985	9,525	12,065	14,605	17,145	19,685	22,225	24,765
7/8	2,2225	4,763	7,303	9,843	12,383	14,923	17,463	20,003	22,543	25,083

* Britischer und amerikanischer Zoll (inch, in.).

Maßtoleranzen nach DIN 18 201 (4.97) und 18 202 (4.97)

Bei der Ausführung von Bauwerken und der Herstellung von Bauteilen sind Ungenauigkeiten bei der Fertigung bzw. Vorfertigung, beim Aufmaß und bei der Montage grundsätzlich nicht zu vermeiden. Die Einhaltung der hier beschriebenen Toleranzen ermöglicht das reibungslose Zusammenfügen von Bauteilen und wirkt sich vorteilhaft bei der Abnahme der Bauleistungen, z. B. nach VOB, aus.

Begriffe		
1. Maßtoleranz	Differenz zwischen Höchstmaß und Mindestmaß	
2. Größtmaß	Höchst zulässiges Maß	
3. Mindestmaß	Mindest zulässiges Maß	
4. Grenzabmaß	Differenz zwischen Höchstmaß bzw. Mindestmaß und Nennmaß (hierzu Tabelle unten)	
5. Nennmaß (Sollmaß)	Maß für Größe, Gestalt und Lage eines Bauteils oder Bauwerks, in *Zeichnungen* eingetragen	
6. Istmaß	Durch *Messung* festgestelltes Maß	
7. Istabmaß	Differenz zwischen Ist- und Nennmaß	

[1)] Grenzabmaß (−)
[2)] Grenzabmaß (+)
[3)] Grenzabmaße ± 12 mm, Maßtoleranz 24 mm.
[4] Fensterrahmen Grenzabmaße ± 4 mm, Maßtoleranz 8 mm.
[5)] 1608 − (2 × 10) für 2 Fugen = 1588 mm.

Anwendung

Beispiel Fensteröffnung:
- Höchstmaß 1620 + 12 = 1632
- Nennmaß 1620
- Mindestmaß 1620 + 20 = 1608
- Konstr.-Fuge hier 10
- Höchstmaß 1584 + 4 = 1588
- Mindestmaß 1584 − 4 = 1580

Grenzabmaße

	1	2	3	4	5	6
		\multicolumn{5}{c}{Grenzabmaße in mm bei Nennmaßen in m}				
Bezug		bis 3	über 3 bis 6	über 6 bis 15	über 15 bis 30	über 30
Maße im Grundriß, z. B. Längen, Breiten, Achs- und Rastermaße		± 12	± 16	± 20	± 24	± 30
Maße im Aufriß, z. B. Geschoßhöhen, Podesthöhen, Abstände von Aufstandsflächen und Konsolen		± 16	± 16	± 20	± 30	± 30
Lichte Maße im Grundriß, z. B. Maße zwischen Stützen, Pfeilern usw.		± 16	± 20	±ˈ24	± 30	−
Lichte Maße im Aufriß, z. B. unter Decken und Unterzügen		± 20	± 20	± 30	−	−
Öffnungen, z. B. für Fenster, Türen, Einbauelemente		± 12	± 16	−	−	−
Öffnungen wie vor, jedoch mit oberflächenfertigen Leibungen		± 10	± 12	−	−	−

6 Stichwortverzeichnis[*]

Abbildungmethoden 14.32
Abdichtung 10.83
– mäßig 10.90
– hoch 10.90
Abdichtungsmaterialien 10.83
Abfangungen (2-schalige Außenwände) 13.171
Abflussbeiwert 12.36, 12.43, 13.170
Abflusskennzahl 12.40
Abgrenzungskriterien 8.9
Abhebekräfte 5.54
Abhebenachweis 3.19, 5.36
Abkürzungen 14.21
Ablaufplanung 1.22, 1.26
Ableitungen 2.25, 2.28
Abminderung, Stützmomente 5.41
Abminderungsfaktoren 10.12
Abreißbewehrung 5.57, 5.67, 6.41
Abriss 14.25
Absorberschott 10.67
Absorption (Schall) 10.58
Adsorptionsflächen 10.71
Absteckung
– mit GPS 14.14
– nach Koordinaten 14.14
– Orthogonalverfahren 14.14
– Polarverfahren 14.14
Absteckungsberechnung 2.38, 14.11
Absteifungen, Baugrubenverbau 11.64
Abstellflächen 13.21, 13.29
Abstellräume 13.21, 13.29
Abwasserabfluss 12.40
Abwasseranfall 12.31
Abwasserleitungen 12.39
– Symbole 14.33
Achsabstand (Bewehrung) 5.47, 10.78
aerodynamische Beiwerte 3.20
Akquisitionsphase 1.120
aktiver Erddruck 11.23
Allgemeine Geschäftsbedingungen 1.129

altengerechtes Bauen 13.35
Altenheime 13.35
Altenpflegeheime 13.36
Altentagesstätten 13.37
Altenwohnheime 13.36
Altenwohnstätten 13.35
Altenwohnungen 13.35
analytische Geometrie 2.17
Änderung baulicher Anlagen 14.20, 14.31
Ankerplatte 11.64
Ankerschienen 13.172
Anlagenaufwandszahl 10.5, 10.31
Anlagen, haustechnische 10.50
Anliegerstraße 12.6
Anliegerweg 12.6
Anpralllasten 3.16, 3.32
anrechenbare Kosten 1.69, 1.73, 1.74, 1.76, 1.122
Anschlüsse
– biegesteif 13.125
– gelenkig 13.123
Anschlusswert 12.40
Ansicht 14.22, 14.34
Anstriche 13.112
Arbeitsfugen 4.60, 10.109, 13.177
Arbeitsräume 11.56
Arbeitsstätten 13.53
Arbeitsverzeichnis 1.28
Arbeitsvorbereitung 1.24
Architektenvertrag 1.114
– Honorar 1.73
– Kündigung 1.133
Arithmetik 2.5
Armaturen
– ASCII 2.24
– Wasserinstallation 10.50
ACSII 2.31
Atriumhaus 13.18
Aufenthaltsräume 13.3
Aufhängebewehrung 5.79
Auflagerkräfte
– Durchlaufträger 5.39
– Platten 5.54, 6.19
– Stahlbeton 5.39
– Statik 4.2, 4.12, 4.16
Auflagertiefen 5.40, 6.19
Aufschnittdeckung 13.163

Aufschüttung (Darstellung) 14.19
Aufschwimmen, Sicherheitsnachweis 11.42
Auftrieb 11.25
Auftrittsbreite 13.6
Aufzüge 13.12
– rollstuhlgerecht 13.13, 13.38
Aula 13.75
Ausbauraster 13.58
Ausbreitmaß, Beton 5.9
Ausfachungsfläche (Mauerwerk) 7.9
Ausführungszeichnung 1.24, 14.21
Ausgleichsfeuchte 10.29
Ausmittigkeit 11.42
Ausschalfristen 6.16
Ausschreibung 1.24
Außenanlagen, Kosten 1.59
Außenbauteile 10.51
Außenlärm 10.52
Außenlärmpegel, maßgeblicher 10.52
Außenmaß 7.2, 14.30
Außenschalen 7.7
Außenwände
– aus Mauerwerk 7.7, 7.9, 13.137
– im Skelettbau 13.21, 13.138
Aussparungen 14.29
Ausstattung, Kosten 1.59
aussteifende Bauteile 5.40
– Wände, Stahlbeton 5.78
aussteifende Wände 5.78, 6.45, 7.6
Aussteifung 4.35, 4.59, 7.6
Aussteifungselemente 4.59
Austauschverfahren
– Kehrmatrix 2.11
– von Stiefel 2.11
Auswechselungen 13.149
A/V_e-Verfahren 10.6
Axonometrie 14.26

Bäder
– altengerecht 13.37
– regulär 13.30
– rollstuhlgerecht 13.45

---

[*] Nomenklatur wichtiger Begriffe des öffentlichen Baurechts siehe Seite 1.2.
„Begriffe aus Bauabwicklung und Bauvertragswesen" siehe Kapitel 1 B, Seite 1.24.
Glossar „Datenverarbeitung" siehe Kapitel 2, Seite 2.39.

- sanitäre Ausstattungsgegenstände 14.33
Balken 5.41, 5.60, 6.42, 10.79, 10.81
Balkenauflager 13.172
Balkendecke 13.148
Balkenschuhe 9.27, 9.30
Balkone 13.27, 13.36
Balkonkonstruktionen 13.155
barrierefreies Wohnen 13.43
Bauabwicklung 1.23
Bauaufnahmezeichnungen 14.23
Baubeschreibung 15.2
Bauglas 13.100
Baugruben 11.33
– Baumschutz 11.50, 11.88
Baugrubenabsteckung 14.12
Baugrunderkundung 11.6
Baugrunduntersuchung 11.10
Baukosten 1.56
Baukostendaten 1.41
Baulaser 14.15
Bauleiter 1.25
Bauleitpläne, Symbole 14.49
Baumassenzahl 14.50
Bäume 13.81
Baumetalle 13.102
Baumschulpflanzen, Gütebestimmungen 13.78
Baumschutz 11.50
Baunebenkosten 1.54, 1.58
Baupreisindex 1.45, 1.58
Baurichtmaße 7.2
Baustähle 8.2, 8.63, 13.102
– wetterfeste 13.102
Baustellensicherung 13.39
Baustoffbedarf (Mauerwerk) 7.4
Baustoffkennwerte 10.18, 13.86
Baustoffklassen (Brand) 10.73
Bauteile (Brandschutz) 10.76
Bauteile (Schallschutz)
– einschalige 10.54
– flankierende 10.59
– zweischalige 10.56
Bauteile (Wärmeschutz), leichte 10.5
Bauverträge 1.25
Bauvorlagenzeichnung 14.21
– Aufnahmezeichnung 14.23

– Bestandszeichnung 14.23
Bauwerklebenszyklus 1.92
Bauwerksunterfangung 11.62
Beanspruchbarkeiten 8.7
Beanspruchung 8.6
Beanspruchungsgruppen 10.43
Becherfundamente 6.39
Befestigungsmittel (für Mauerwerk und Beton) 13.173
Begegnungsflächen 13.38
behindertengerechtes Bauen 13.38
Behinderten-WC 13.40, 13.45
belastender Erddruck 11.29
Belastungsanordnung 5.38
Belastungsglieder 4.18
Belichtung 13.4, 13.5, 13.26, 13.70, 13.73, 13.74
Belichtungsstärke 13.4
Belüftung 13.26
Bemaßung in der Bauzeichnung (Maßanordnung) 14.36, 14.37, 14.38
Bemessung, Beton (unbewehrt)
– Bauteile 5.73, 5.77
Bemessung (Holzbau)
– einteilige Rechteckquerschnitte 9.14
Bemessung (Kanalisation) 12.31
– Grundstücksentwässerung 12.38, 12.44
– Wasserversorgung 12.20
Bemessung (Mauerwerk)
– Beispiele 7.16, 7.18, 7.24
– Biegezug 7.17, 7.24
– Biegung 7.22
– Biegung mit Längskraft 7.22
– Knicknachweis 7.16, 7.23
– Schubnachweis 7.18, 7.23, 7.25
– Teilflächenpressung 7.17
– vereinfachtes Verfahren 7.12
– zentrische und exzentrische Druckbeanspruchung 7.15
– Zugspannungen 7.17
Bemessung (Stahlbau) 8.11
– Druckstäbe 8.27, 8.72
– Träger 8.69
Bemessung (Stahlbeton)
– Biegung 5.55, 5.60, 6.22
– Druck 5.72, 6.23

– Durchstanzen 5.76, 6.37
– Knicken 5.72, 6.23
– Längskraft 5.72, 6.22
– Querkraft 5.37, 5.62, 6.27
– Schub 5.55, 5.62, 6.28
– Tafeln 5.81, 5.87
Bemessungsregenspende 12.35
Bemessungstabellen für Rechteckquerschnitte 5.81, 6.48
Bemessungstafeln
– Grundstücksentwässerung 12.48
– Stahlbeton 5.81, 6.47
– Wasserversorgung 12.20
Bemessungswerte 5.33, 6.18, 6.28, 11.4
Benutzungspläne 14.18
Beobachtungsmethode 11.2
Berechnungsverordnung 1.59
Bereitschaftsräume 13.63
Bereitstellungsplanung 1.28
Besonnung 13.3
bestehende Gebäude 10.9
Bestuhlung, Gaststätten 13.47
Beton 5.7, 6.8
Beton
– Achsabstand (Bewehrung) 10.78
– Ausschalfristen 6.16
– Brandverhalten 10.75
– Dauerhaftigkeit 5.10
– Druckfestigkeit 5.13, 5.36
– Eignungsprüfung 6.13
– Expositionsklassen 5.10
– Festigkeitsklassen 5.14, 5.36, 6.11
– Gesteinskörnungen 5.8
– Güteprüfung 6.17
– Herstellung 5.21
– Konformitätskontrolle 5.24
– Konformitätskriterien 5.24
– Konsistenzklassen 5.9
– Mehlkorngehalt 5.10
– Nachbehandlung 5.21
– nach Eigenschaften 5.20
– nach Zusammensetzung 5.21
– Trockenrohdichte 5.15
– Überwachungsklassen 5.26
– Überwachungsprüfungen 5.26

- Wasserundurchlässigkeit 10.106
- Wasserzementwert 5.16
Beton B I, B II 6.11
Betonbauteile 10.72
Betondeckung 5.43, 6.31, 6.50
- Mindestmaße 5.43, 5.66, 6.31
- Nennmaße 5.43, 6.31
Betondruckspannung 5.36, 6.22
Betonstabstahlabstände 5.47, 6.31
Betonstahl 5.28, 5.37, 5.87, 6.17, 6.22, 6.51, 13.102
Betonstahlmatten 5.28, 5.37, 5.89, 6.53, 13.102
Betonsteine 7.3
Betonwände 5.78, 6.46, 10.78
Betonzusatzmittel 5.8, 5.15, 6.10
Betonzusatzstoffe 5.8, 5.15, 6.10
Betonzuschlag 6.9
Betriebssysteme 2.33, 2.39
Bettungsmodul 11.18
Bewegungsflächen 13.30, 13.39 f.
Bewegungsfugen 13.177
Bewegungsrinne 13.72
bewehrtes Mauerwerk 7.20
Bewehrung
- Achsabstand 10.78
- Darstellung 5.85, 6.54, 14.27, 14.43, 14.47
- Druckglieder (Stützen) 5.74, 6.44
- Führung der 5.45, 6.34
- Fundamente 5.76, 6.38
- Konsolen 5.79
- Mauerwerk 7.20
- Platten 5.57, 6.41
- Plattenbalken 5.67, 5.68, 6.43
- Rippendecken 6.43
- Stöße 5.47
- Verankerung 5.69, 6.34
- Wände 5.78
- Zeichnung 6.54, 14.20, 14.42, 14.47
Bewehrung von Platten 5.57, 5.85, 6.41
- Achsabstand 10.78
- Balken 5.67
- Bügel 5.68
Bewehrungspläne s. Bewehrung

Bewehrungsrichtlinien 5.45, 6.31, 6.41, 6.43, 6.48
Bewehrungsstöße 5.47, 6.34
Bewehrungszeichnungen 5.85, 6.54, 14.42, 14.47
Bezugskurve 10.46
Bezugssysteme 14.2
Biberschwanzziegel 13.162
Bibliotheken in Schulen 13.75
Biegedrillknickung 8.10, 8.32
biegefester Anschluss 5.39, 6.20
Biegeformen 5.46
Biegeknickung 8.27
Biegeradien für Betonstähle 5.45, 6.32
Biegerollendurchmesser 5.45, 6.33
biegesteif (Schall) 10.63
biegeweich (Schall) 10.63
Bildschirmarbeitsplatz 13.2, 13.53
Binomialverteilung 2.4, 2.23
Binomische Reihe 2.26
Bit 2.31
Bitumen 10.83
bituminöse Baustoffe 13.106
Blendschutz 13.4
Blockfundamente 6.37
Boden 11.10, 11.12
Bodenbeläge 13.156
- weichfedernd 10.47, 10.65
Bodenfeuchtigkeit 10.84
Bodenkenngrößen 11.6
Bodenklassen 11.13
Bodenklassifizierung 11.13
Bodentreppen 13.6
Bodenvernagelung 11.49
Bogen (Mauerwerk) 7.11
Bogenlänge 2.30, 14.11
Bogenschnitt 14.15
Bohrpfähle 11.46
Bohrpfahlwände 11.61
Bolzen 9.21
Böschungen 11.53, 11.57
Böschungsbruch 11.53
Böschungslehre 14.16
Böschungsneigungen 11.53, 11.57
Brandabschnitte 10.73
Brandschutz 10.72
Brandwand 10.73, 10.82
Bredt'sche Formeln 4.29
Brennstofflagerräume 13.34
Brettschichtholz 9.5, 9.7, 10.75

Brettschichtholzträger 9.16, 10.63
Bruchzustand 5.33, 6.22
Brücken (Lastannahmen) 3.30
Brüstungen 13.5, 13.62
Brunnen 11.65, 12.21
Bruttogrundfläche (BGF) 1.40, 1.41
Bruttorauminhalt (BRI) 1.40, 1.41
Bügel
- Balken, Plattenbalken 5.68
- Größtabstände 5.69
- Mindestbewehrung 5.69
- Stützen 5.74
Bügelabstände 5.69, 5.74, 6.29, 6.44
bügelbewehrte Druckglieder 5.74, 6.44
Büroarbeitsplätze 13.53
Büroräume 13.53
Bürotresen 13.53
Bushaltebuchten 12.17
Byte 2.31

χ^2-Verteilung 2.3
charakteristischer Wert der Einwirkung 5.32, 11.4
- für Verbindungsmittel 8.4
- für Walzstahl 8.4
- für Widerstandsgrößen 8.4, 11.4
Computer 2.31
Computergrafik 1.103
C_o/C_u-Verfahren 6.21
Cosinussatz 2.16
Cosinustafel 2.2
Cotangenstafel 2.2
C-Programme 2.31
Cramer'sche Regel 2.8
Cremonaplan 4.31
- Wasserversorgung 12.27

Dachaufsicht/Draufsicht 14.37
Dachdeckung 13.160
Dächer 4.38, 13.157
- belüftet 10.41
- nicht belüftet 10.41
Dachhaut 3.14
Dachfenster, liegend 13.5
Dachlatten 3.14, 4.38
Dachlichter 13.4
Dachneigung 13.40, 13.161
Dachpfannen, Dachdeckung 13.160
- Wandbehang 13.142

Dachtragwerke 4.43
Dämmstoffe 13.112
Dämmung, resultierende 10.51, 10.58
Dampfdruck 10.37
Dampfdruckgefälle 10.38
Dampfsperre 10.38
Darstellungsart 14.33
Datenbus 2.32
Datenverarbeitung 2.31
Dauerhaftigkeit (Beton) 5.10
Decken
– Balkendecken 13.148
– Plattenbalkendecken 13.147
– Porenbetonplattendecken 13.145, 13.149
– Rippendecken 13.147
– Scheibenwirkung von 13.144
– Stahlbetonfertigteile 13.144
– Stahlsteindecken 13.146
– Stahltrapezprofildecken 13.145, 13.149
– Vorbemessung 4.45
deckengleicher Unterzug (Vorbemessung) 4.50
Dehnfugen 4.60
Dehnfugenabstände 4.61
Dehnungsdiagramme 5.60, 6.22
Determinanten 2.7
Detailzeichnung 14.23
Dezimalsystem 2.24
Diagonalmatrix 2.10
Dichtungsbahnen 13.118
Diele 13.26
Dienstvertrag 1.114
Differential 2.24
Differentialgleichungen 2.31
Differentialrechnung 2.24
Diffusionsdiagramm 10.39, 10.42
diffusionsoffen 10.38
Diffusionswiderstandszahl 10.18, 10.35
Digitalisierer 2.32
Dimetrie 14.32
Dispersionen 13.116
Doppeldeckung 13.160, 13.162
Doppelhäuser 13.15
Doppelmuldenfalzziegel 13.165
doppelte Bewehrung 5.47, 6.48

Dränage 10.100
Drehflügel 14.30
Dreiecksfläche 2.17
Dreiecksfläche (Heron) 2.16
Dreiecksform 2.9
Dreiecksmatrix 2.10
Dreimomentengleichung 4.32
Drillbewehrung 5.57, 6.41
Druckbeiwerte (Wind) 3.24
Druckbewehrung bei Stahlbetonbalken 6.48
Druckfestigkeit (Beton) 5.13, 5.36, 6.22
Druckplatte bei Rippendecken 5.40, 6.43
Druckstäbe
– Holz 9.15
– Stahl 8.27, 8.29, 8.31
– Stahlbeton 5.70, 6.23, 6.44
Druckzonenhöhe 5.42
D-Summe 6.10
Dualsystem 2.24
Dübel 9.17
Dübelsysteme 13.173
Dünnbettmörtel 7.5
Duktilität 5.42
Durchbiegung
– Decken 13.150
– Durchlaufträger 4.22
– Einfeld- und Kragträger 4.2, 4.21
– Fachwerke 4.31
– Gelenkträger 4.6
– Holzbau 9.12
Durchbiegung, zulässige
– Holzbau 9.12
– Stahlbetonbau 5.56, 6.30
Durchbrüche 14.29
– in Stahlbetonwänden 6.46
Durchhangkorrektur 14.3
Durchlässigkeit 11.65
durchlaufende Balken 5.50
durchlaufende Platten 5.50
Durchlaufträger
– Beispiele 4.7, 4.10, 4.12
– Durchbiegung 4.22
– max. Schnittgrößen 4.7
– Momentennullpunkte 4.14
– Tafeln 4.7
– ungünstigste Laststellungen 4.13, 5.36
Durchstanznachweis 5.76, 6.37
Duschkabinen, barrierefreie 13.90, 13.95

dynamische Steifigkeit 10.55, 10.62

E-Mail 2.39
EAE 12.4
EAHV 12.4
Eckabhebekräfte bei Platten 5.54
Eckbewehrung bei Platten 5.52, 6.41
Editor 2.33, 2.37
Eigenfrequenz 10.62
Eigenlasten 3.2
– Bauteile 3.33
Eigenüberwachung 6.16
Eignungsprüfung (Beton) 6.13
Einfamilienhäuser 13.15
– frei stehendes 13.15, 13.17
Einfeldträger
– Durchbiegung 4.2, 4.21, 9.13
– statische Werte 4.2
Eingespannte Träger
– Durchbiegung 4.4, 4.21
– statische Werte 4.4
Einheitsarchitektenvertrag 1.129
Einheitsklothoide 2.2, 2.26, 2.36, 2.38, 14.11
Einheitsmatrix 2.10
Einkommensgrenzen 1.59
Einlaufüberdeckung 10.38
Einwirkungen 11.4, 11.34
einschalige Bauteile 10.44
Einwirkungsgrößen 5.38, 8.3
Einwirkungskombination 5.34, 5.35, 8.5
Einzahlwert 10.45
Einzelfundamente 4.54, 5.76, 6.36
Eislast 3.29
Eissporthallen 13.66
Elastizitätsmodul
– Beton 5.36
– Betonstahl 5.37
– dynamischer 10.62
– Holz 9.5
– Mauerwerk 7.19
– Stahl 8.4
elektrische Schaltzeichen 14.40, 14.41
Elektroinstallationsplan 14.42
Elektroinstallationszeichnungen 14.40

elektronischer Distanzmesser 14.3
Elektroosmose 11.65
Ellipse 2.18, 14.15
– Gärtnermethode 14.15
Enddrehwinkel 4.4, 4.18
Endenergie 10.31
Energiesparverordnung 10.5
EnEV 10.5
– vereinfachtes Verfahren 10.7
Entfernung aus Koordinaten 14.8
Entwässerungsverfahren 12.30
Entwässerungszeichnungen
– Symbole 12.44, 14.39
Entwurfselemente im Querschnitt 12.2
Entwurfsgeschwindigkeit 12.3
Entwurfsmerkmale (Straße) 12.3
Entwurfsplanung 1.23, 1.39
Entwurfsspannung 4.36
Entwurfszeichnungen 14.20, 14.34
Erdbau 11.13
Erddruck 11.20
– auf Kellerwände 7.8
Erddruckbeiwerte 11.30
Erdruhedruck 11.26
erhöhter Schallschutz 10.53
Erkundungstiefen 11.7
Ersatzimperfektion 5.39
Ersatzlängen 5.70, 6.23
Ersatzlasten aus Schiefstellung 5.39
Ersatzstablänge 5.70, 6.24
Ersatzstabverfahren 5.70, 6.23
Erschließungskosten 1.56
Erschließungsstraßen 12.4
Erwerbskosten 1.55
Essplätze 13.26
Estrich, schwimmender 10.58, 10.65
Estriche 13.86, 13.152
Euler-Fälle 4.30
Euler'sche Knicklast 4.30
Explosionszeichnung 14.35
Expositionsklassen (Beton) 5.10
Excel 2.7, 2.10, 2.36
Exponentialfunktion 2.3
Extrema 2.26

F 30 bis F 180 10.73
Fachplaner 1.25

Fachwerke 4.31
Facility Management 14.24
Fahrgassen 12.14
Fahrradabstellanlagen 12.16
Fahrsteige 13.11
Fahrstreifenbreite 12.4
Fahrstühle 13.12
– altengerecht 13.37
– barrierefrei 13.41
– rollstuhlgerecht 13.12 f.
Fahrtreppen 13.11
Faltwerke 13.129
Falzziegeldeckung 13.160
Farben 13.117
Fassregel (Kepler) 2.29
Feder-Masse-System 10.56
Feinkornbaustähle 8.63, 13.102
– Gesamtübersicht 8.67
– Schweißeignung 8.63
Feinstsandgehalt 6.11
Feldmomente, maximale 4.6, 4.12
Fels 11.10
Fenster 10.8, 10.10, 10.28, 10.29, 10.67
– Anordnung 13.4
– Brüstungsmaße 13.5, 13.62
– Dachfenster 13.5
– Kindertagesstätten 13.70
– Maße 13.4, 13.5
– Öffnungen 10.72, 14.30
– Rettungsweg 13.5
– Schulen 13.73
– Sturzhöhe 13.4
Fensterflächenanteil 10.12
Fertigkonstruktion 14.27
Fertigpfähle 11.26
Fertigteilzeichnung 14.25
Festbeton 5.10, 6.11
Festigkeitsklasse
– Beton 5.14, 5.36, 6.11
– Mauersteine 7.3
Festigkeitslehre 4.23
Festpunktnivellement 14.7
Feuchte
– relative 10.35
– baupraktische 10.25
Feuchtebilanz 10.111
Feuchtegehalt 10.29
Feuchteschutz 10.35
Feuchtigkeitsgehalt, Holz 9.6, 9.9
feuerbeständig 10.74
feuerhemmend 10.74
Feuerstätten 13.34
Feuerwiderstandsklassen 10.73

Flachbauten 13.60
Flachdach 4.42
– durchlüftet 13.168
– nicht durchlüftet 13.169
Flachdachpfanne 13.166
Flachdecken 4.48
Flächenberechnung 2.12
flächenbezogene Masse 10.54
Flächenmomente 1. Grades 2.30, 4.23, 8.81
Flächenmomente 2. Grades 2.30, 4.23, 8.81, 9.1
Flächenschwerpunkt 2.7, 2.12, 4.23
Flächensignaturen (Bauleitpläne) 14.49
Flächentragwerke 13.128
– ebene (Faltwerke) 13.128
– gekrümmte (Schalen) 13.130
Flachgründungen 11.34
Flachstürze 7.25
Flanken 10.59
flankierende Bauteile 10.50
Flatterecho 10.71
fliegende Bauten 3.29
Flure 13.10, 13.24
– behindertengerecht 13.43
– in Kindertagesstätten 13.71
– in Schulen 13.77
Formvorschriften 1.117
Fraktile 2.3
Freianlagen (Honorar) 1.73
Freianlagenplanung (Honorar) 1.74
freie Standpunktwahl 14.5, 14.14
Freihandgefällmesser 14.3, 14.6
Freiraumplanung (Gehölzanwendung) 13.78
Freitreppe 13.6
Fremdwasser 12.32
Frischbeton 5.8, 6.10
Froschperspektive 14.32
Frostempfindlichkeit 11.14
Frostwände 11.63
FTP 2.39
Fugen 4.60, 13.176
Fugenabstände 4.61
Fugenabdichtung 10.93
Fugenausbildung 10.44, 10.56
Fugenbänder 10.109
Fugenblech 10.109
Fugendurchlasskoeffizient 10.5

Fundamente 4.54, 5.76, 5.79, 6.36, 11.34
– an Dehnungsfugen 6.39
Fundamentplatte 4.54
Funktionsfläche (FF) 1.40
Fußböden 13.150
Fußwege 13.74

G 60 10.74
Ganghäuser 13.21, 13.24
ganzheitliches Bauen 1.89
Ganzheitlichkeit 1.80
Garagen
– Aufzüge 13.12
– behindertengerechte 13.39
– Flure 13.10
– Raster 13.58
– Treppen 13.6
– Treppenräume 13.9
Garderobe 13.26
Garten 13.15
Gartenhofhäuser 13.15, 13.18
Gaststätten 13.47
Gaube 13.5
Gauß'sche Quadratur 2.29
Gauß'scher Algorithmus 2.8
– symmetrisch 2.9
Gebäudeelemente 1.34
Gebäudekosten 1.42
Gebäudemanagement 1.95
Gebäudeplanung (Honorar) 1.69
Gebäudetrennfuge 10.56
Gebrauchstauglichkeit 5.33, 8.26, 9.17, 11.3, 11.42
Gefährdungsklasse 9.33, 9.34
Gehölze 13.80
Gehölzanwendung 13.78
Gehwege 13.38
Geländeanschnitt 14.22
Geländebruch 11.53
Geländer 13.5, 13.7, 13.9, 13.62, 13.72, 13.76
Geländesprung 11.53
gelenkiger Anschluß 13.122
Gelenkträger 4.6
Genauigkeitsstufe 14.22
Geoid 14.2, 14.6
geotechnische Kategorien 11.3
geotechnischer Bericht 11.18
Gerberträger 4.6
Gesamtenergiedurchlassgrad 10.13

Gesamtstabilität s. räumliche Steifigkeit
Geschäftshäuser
– Fahrtreppen 13.11
– Flure 13.10
– Rettungswege 13.5, 13.48
– Treppen 13.6
– Treppenräume 13.6
– Türen 13.5
Geschossdecken 4.45
Geschossflächenzahl (GFZ) 14.50
Geschosswohnungsbau 13.21
gestaffelte Bewehrung 5.65, 6.33
Gesteinskörnungen (Beton) 5.8
Gewerbebauten 13.6, 13.59
Gewichtsmauern 11.35
Gewölbe 7.11
Gewölbewirkung 7.13
gewölbte Kappen 7.11
Glas 13.99
Glaser-Diagramm 10.36, 10.42
Gleichungen, 2.8
– Kegelschnitte 2.18
– quadratische 2.6
Gleichungssysteme 2.11
Gleiten 11.41
Gleitfuge, tiefe 11.48
Gleitpunktzahl 2.32
Gleitsicherheit 11.24
goldener Schnitt 13.2
GPS-Vermessung 14.5, 14.14
Grabenverbau 11.58
Grenzfrequenz 10.53
Grenzzustände 11.2
Großraumbüro 13.55
Größtabstände, Nägel 9.25
Grünanlagen 13.38, 13.78
Grundbruch 11.38
Grundflächen 1.40, 1.41
Grundflächenzahl 1.10, 14.50
Grundriss 14.36, 14.33, 14.37
Grundstücksentwässerung 12.38
– Anlagenteile 12.39
– Bauantrag 12.40
– Begriffe 12.38
– Bemessungstafeln 12.48
– Berechnungsbeispiel 12.44
– Leitungsbemessung 12.41

– Zeichnungen (Symbole) 12.44, 14.39
Gründung 11.34
Grundwasser
– Abdichtung 10.84, 10.95
– Absenkung 11.65
– Berechnungsformeln 12.22
– gespanntes, freies 12.22
– Reichweite 12.22
Grünflächen 1.40, 13.74, 13.78
Gruppenbüro 13.55
GRW 1.160
Guldin'sche Regel 2.14
Güteprüfung
– für Ortbeton 6.17, 10.40

Hakenzuschläge 6.52
Halbkugelschale 13.130
Halle 13.59
Hallradius 10.69
Haltestellen 13.40
Handläufe 13.7, 13.36, 13.43
Hängewerke 4.42
Hardware 2.32
Hauptachsen 4.23, 4.26
Hauptbewehrung 5.57, 6.41
Hauptflächenmomente 4.23
Hauptnutzfläche (HNF) 1.40
Hauptsammelstraßen 12.6
Hauptspannungen 4.29
Hauptspeicher 2.32
Hausanschlussräume 13.34
haustechnische Anlagen 10.50
Hauswirtschaftsräume 13.34
Heckengehölze 13.84
Heizanlagen 10.31
Heizestriche (Dicke) 13.153
Heizräume 13.34
Heizwärmebedarf 10.5
Helmerttransformation 2.37, 14.10
Heron'sche Formel 2.16
Hesse'sche Normalform 2.18
Hexadezimalsystem 2.31
Hilfsenergie 10.31
HOAI 1.25, 1.69, 1.116, 1.122, 14.15
hochduktil 5.37, 5.42
Hochhäuser
– Aufzüge 13.12
– Flure 13.10, 13.49
– Treppen 13.6
– Treppenräume 13.9
Höchstbewehrung
– Balken 5.67

15.54

- Betonwände 5.78
- Stütze 5.74

Höhen
- Absteckungen 14.15
- Bemaßung 14.27, 14.38
- Fußpunkt 2.16
- Koten 14.37, 14.38
- Lage 14.34, 14.38
- Messungen 14.6, 14.7

Hohlfalzziegel 13.160, 13.164
Hohlpfanne 13.160, 13.163
Holz 13.98
- Brandverhalten 10.80
- Kennzeichnung 14.19

Holzbalkendecken 4.49, 10.34, 10.68, 10.81

Holzbau
- biegesteife Anschlüsse 13.126
- gelenkige Verbindungen 13.124

Holzbaustoffe 13.94
Holzeinschnitt 9.35
Holzschrauben 9.31
Holzschutz 9.33
Holzschutzmittel 9.33
Holzstützen 4.41, 4.51, 4.53, 9.3
Holzwerkstoffe 9.23
Honorar 1.116
Honorarmanagement 1.165
Honorarordnung 1.69
Honorartabellen 1.71, 1.74, 1.78
Honorarzonen 1.70, 1.73, 1.75, 1.77
Horizontallasten 3.15
Horizontalstöße 3.15
Hörsamkeit 10.70
Hotels 13.42, 13.50
Hotelzimmer 13.42, 13.52
HP-Schalen 13.131, 13.132
HTML 2.39
Hülsenfundamente 6.37
hygrischer Feuchteleitkoeffizient 10.111
Hyperbel 2.19
Hyperbelfunktionen 2.3
hyperbolische Paraboloidschalen 13.132

Imperfektionen 5.39
Individualräume 13.28
Informationsdichte 14.24
Informationsgesellschaft 1.80
Informationssysteme 1.105, 1.111

Ingenieurvertrag 1.114
- Kündigung 1.133
Injektionsverfahren 11.62
Injektionswände 11.62
Inkreis 2.16
Innenarchitekt, Honorar 1.74
Innenmaße 14.30
Innenwände 7.7, 7.9
innere Trennwände 7.9
innere Wärmegewinne 10.6, 10.9
innerer Reibungswinkel, Boden 11.17
instationär 10.2
integrales Computergestütztes Bauen (ICAB) 1.87, 1.108
Integralrechnung 2.20
Integrationsplanung 1.39
Internet 2.31, 2.39
interne Wärmegewinne 10.8
Isometrie 14.32, 14.34
Iterationsverfahren 2.6, 2.26

Jahresheizwärmebedarf 10.6

Kabinett-Projektion 14.32
Kalksandsteine 7.3
Kalkulation 1.26
Kanalnetzberechnung 12.31
Kappen, gewölbte 7.11
Kassettendecken 4.48
Kavalier-Projektion 14.32
k_d-Tafeln 5.82
Kehlbalkendach 4.20, 4.39, 13.158
Kehlstoß 10.89
Kehrmatrix 2.10, 2.37
Kellerersatzraum 13.19
Kellertreppen 13.6
Kellerwände 7.8
Kennzeichnungen
- Baustoffe 14.19
- Boden 14.19
Kepler'sche Fassregel 2.29
keramische Baustoffe 13.87
Kern des Querschnitts 4.28
Kerne 13.57
Kettenhäuser 13.15, 13.18
Kettenregel 2.25
k_h-Tafeln 6.78, 7.22, 7.25
Kindergarten 13.9, 13.70
Kinderhorte 13.70
Kinderkrippen 13.70
Kindertagesstätten 13.70
Kinderzimmer 13.28
Kippen

- Baukörper 11.42
- Holzbau 9.16
Kippsicherheitsnachweis, Stahlbau 8.72
klaffende Fuge 4.27, 5.81, 7.15, 11.42
Klammerverbindungen 9.30
Kleber 13.116
Kleinmaße 7.2
Kleinpunktberechnung 14.8, 14.13
Klettergehölze 13.85
Klothoide 2.2, 2.26, 2.38, 14.11
Klothoidenzwischenpunkte 14.12
Knicklänge
- Euler-Fälle 4.30, 9.10
- Mauerwerk 7.14
- Stahlbau 8.27
- Stahlbetonbau 5.70, 6.22, 6.44
Knicklast (Euler-Formel) 4.30
Knicksicherheitsnachweise
- Holzbau 9.15
- Mauerwerk 7.16, 7.23
- Stahlbau 8.27
- Stahlbetonbau 5.71, 6.44
Knickspannungslinien 8.31
Knickstäbe (Tragfähigkeitstafeln)
- Holz 9.3
- Stahl 8.29, 8.31
Knickzahlen
- Holz 9.11
Köcherfundamente 6.39
Kohäsion 11.26
- undrainierte 11.20
Koinzidenz 10.63
Kombinationsbeiwert 5.34
Komponentenzerlegung 2.21
Konformitätskontrolle (Beton) 5.24
Konformitätskriterien (Beton) 5.24
Konsistenz
- Beton 5.8, 6.11
- Böden 11.11
Konsistenzgrenzen 11.11
Konsistenzklassen (Beton) 5.9
Konsistenzzahl 11.11
Konsolen 5.79
Konstruktionsgrundfläche (KGF) 1.39
Konstruktionsraster 13.57

Konstruktionsvollholz 9.2, 9.4, 9.5, 9.35, 9.37
Konstruktionszeichnungen 15.4
Kontrollrohr 10.104
Koordinatenberechnungen 14.7
Koordinatensysteme 2.17, 14.2
Koordinatentransformation 2.17, 14.5, 14.9, 14.13
Koordinationsmaß 14.39, 14.42
Kopplungsverbot 1.117
Korngrößenverteilung 11.10
Körnungsziffer 6.10
Korrekturfaktoren 1.42
Korrelationskoeffizient 2.24
Kosten, anrechenbare (Honorar) 1.69, 1.73, 1.74, 1.76
Kostenanschlag 1.38, 1.39
Kostenberechnung 1.38, 1.50
Kostenermittlung 1.38
Kostenfeststellung 1.38
Kostengliederung 1.59
Kostenkennwert 1.44, 1.56
Kostenplanung 1.38
Kostenschätzung 1.38, 1.50
Kovarianz 2.24
Kraftbeiwerte (Wind) 3.20
Kragträger
– Durchbiegung 4.4, 4.21
– statische Werte 4.4
Kreis 2.18, 14.12, 14.15
Kreisabbildungen 14.32
Kreisbogen 14.12, 14.15
– mit Klothoidenästen 14.12
Krempziegeldeckung 13.160
Kriechen des Betons 5.36
Kriechverformung (Holz) 9.12
Kriechzahl (Beton) 5.36
kritische Last (Euler-Formel) 4.30
kritische Stahltemperaturen 10.76
Kronendeckung 13.160, 13.162
Krümmungsradius 2.26
Küchen
– altengerecht 13.36
– barrierefrei 13.44, 13.46
– Gaststätten 13.47
– Schulen 13.75
– Wohnungen 13.32

Kugelumriss 14.32
Kündigung 1.161
Kunststoffe 13.108
kunststoffmodifizierte Bitumendickbeschichtung 10.83, 10.89, 10.92
Kuppelschalen 13.131
Kurzzeichen
– Elektroinstallation 14.40, 14.41
– Entwässerung 12.44, 14.39
k-Wert 10.2, 10.6, 10.9
– Anforderungen 10.4, 10.7

L 30 bis L 90 10.74
Lageabsteckung 14.11
Lagekennzeichung bei Bewehrungen 14.43
Lager 13.61
Lagermatten 5.29, 5.88, 6.53, 14.38
Lagerräume 13.29, 13.34
Lagerungsdichte 11.11
LAN 2.38
Landschaftsbauarbeiten 13.78
Längenmessungen 14.2
Längsbewehrung in Stützen 5.74, 6.44
Längskraftverformung 5.39
Längsrippen 6.43
Lärmpegelbereich 10.51
Lasernivellier 14.16
Lastannahmen
– Beton 3.4
– Brücken 3.30
– Dachbinder 3.33
– Dachdeckungen 3.9
– Dämmstoffe 3.9
– Decken 3.5
– Eis 3.29
– fliegende Bauten 3.29
– Fußbodenbeläge 3.8
– Holz- und Holzwerkstoffe 3.4
– Lagerstoffe 3.2
– Mauerwerk 3.5, 7.3, 7.13
– Metalle 3.3
– Mörtel 3.4
– Putze 3.8
– Schnee 3.27
– Sperrstoffe 3.9
– Verkehrslasten 3.11, 3.15, 3.30
– Wandbeläge 3.8
– Wände 3.7, 3.33
– Wind 3.18

Lastaufteilung bei Platten 5.54, 6.21
Lastenaufzüge 13.14
Lastfälle 5.39, 11.4
Lastfallkombinationen 5.39, 8.6
Laststellung, ungünstigste 4.13, 5.39
Lastverteilungsbreiten bei Platten 6.32
Latten 3.14, 9.36
Laubengänge 13.24
Laubgehölze (Anforderungen) 13.79
Lauflinie 14.28
Lehm 13.82
Leichtathletik-Kampfbahnen 13.68
Leichtbeton 5.14, 6.11
Leichtbetonsteine 7.3
leichte Bauteile 10.5
leichte Trennwände 3.11
Leichtmörtel 7.5
Leitwerk 2.32
Leistungsphasen (Honorar) 1.71, 1.75, 1.78
lichte Stababstände 5.47, 6.29, 6.31
lichter Raum (Straßen) 12.2, 12.4
Lichtlenkprismen 13.4
Liegeräume 13.63
lineare Gleichungssysteme 2.7
Linien
– Höhenlinien 14.18
– Lauflinien 14.28
– Linienarten 14.17, 14.18
– Linienbreiten 14.17, 14.18
– Liniengruppen 14.17
– Maßhilfslinien 14.17, 14.36
– Maßlinien 14.17, 14.36
– Mittellinien 14.17
– Projektionslinien 14.17
– Querlinie 14.45
– Rasterlinien 14.17
– zweitrangige Linie 14.18
Listenmatten 5.28, 14.43
Logarithmen 2.5
Loggien 13.27, 13.35
Löscharbeiten 10.72
Lotabweichungen 5.39
Luftdichtheit 10.5, 10.16, 10.41
Luftdichtheitsschicht 10.16
Luftschalldämmmaß 10.46

Luftschalldämmung, resultierende 10.51, 10.63
Luftschichten 10.27, 10.62, 10.97
Lüftungsleitungen 10.74, 12.38, 12.44
Lüftungsquerschnitt 10.41
Lüftungswärmeverlust 10.8

Maisonette 13.16
Markisen (Sonnenschutz) 10.13
Maße der Menschen 13.2
Maße, Mauerwerksbau
– Außenmaß 7.2
– Baurichtmaß 7.2
– Kleinmaß 7.2
– Nennmaß 7.2
– Öffnungsmaß 7.2
– Vorsprungmaß 7.2
Massivbau 13.119
Maßordnung 7.2
Maßverhältnis 13.2
Matrizen (Excel) 2.9, 2.37
Mauermörtel 7.5
Mauersteine 7.3, 7.5
Mauerwerk
– Außenwände 7.7, 7.9, 13.137
– Baustoffbedarf 7.4
– Bemaßung 7.2
– Berechnung 7.15, 7.22
– Brandverhalten 10.76
– Innenwände 7.7, 7.9
– nach Eignungsprüfung 7.6, 7.19
– Rohdichten 7.3
Mauerwerkspfeiler
– Mindestabmessungen 7.7
Mauerwerksverband 7.19
Mauerziegel 7.3
max. Momente 4.2, 4.12
Maximum 2.26
Mediotheken in Schulen 13.75
Mehlkorngehalt 5.10, 6.11
Membrantragwerke 13.134
Mikroverfilmung 14.17, 14.18, 14.21
Mindestabmessungen
– Holz 9.9
– Mauerwerk 7.7
– Platten 5.57, 6.37
– Rippendecken 5.40
– Stützen 5.74, 6.45, 10.73
– Wände 5.78, 6.48
Mindestabstände
– Bolzen 9.21
– Dübel 9.20

– Nägel 9.25
– Stabdübel 9.21
Mindestauflagertiefen 6.19
Mindestbemessungsmoment 5.41, 6.20
Mindestbewehrung
– Balken 5.67
– Bügel 5.69, 6.28, 6.44
– Platten 5.57, 6.41
– Stützen 5.74, 6.44
– Wände 5.78
Mindestbügelbewehrung 5.69, 6.26
Mindestfeldmomente 6.20
Mindesthonorar 1.79
Mindestrandmomente 6.20
Mindestschallschutz 10.46
Mindestschubbewehrung 5.69, 6.26
Mindestwärmeschutz 10.4, 10.36
Mindestzementgehalt 5.16, 6.12
mineralische Bindemittel 13.90
Minimum 2.19
Mischverfahren 12.30
Mischwasserabfluß, Ermittlung 12.44
Mittelwert 2.23
mitwirkende Breite 5.40
– Plattenbreite 5.40, 6.42
Modul 13.2
Modulor 13.2
Modulordnung 14.48
– Grundmodul 14.48
– modular 14.48
– multimodular 14.48
– Multimodulgröße 14.48
Mörtel 7.5, 13.90
Mörtelgruppen 7.5
Momente, maximale 4.2, 4.12
Momentengrenzlinien bei Einfeldplatten 5.53
Momentenlinien
– Beispiele 4.10, 4.12, 4.16
Momentennullpunkte 4.14, 5.40, 6.28
monolithischer Verbund 5.41
Mönch-Nonnen-Deckung 13.160

Nachbehandlung
– Beton 5.21, 6.16
Nachhallzeit 10.69, 10.70
Nachhaltigkeit 1.80

Nadelgehölze, Anforderungen 13.79
Nagelplattenverbindungen 9.32
Nagelverbindungen 9.22
Natursteine 13.86
Nebenkosten des Honorars 1.73, 1.80
Nebennutzfläche (NNF) 1.40, 1.41
Nebenträger 5.87
negative Feldmomente 6.12
Neigungswinkel des Erddrucks 11.21
Nennmaße 7.2
Nettogrundfläche (NGF) 1.40, 1.41
Netzplantechnik 1.31
Netzwerk 2.38
News 2.39
Newton'sches Iterationsverfahren 2.6, 2.26
nichtbrennbar 10.73
nichtdrückendes Wasser 10.84, 10.90
Nichteisenmetalle 13.103
nichtrostende Stähle 8.68
– Berechnungsgrundlagen 8.69
nichtruhende Lasten 3.11
nichttragende Wände 3.11, 10.77
– Mauerwerk 7.9
Nivellierinstrumente 14.6
Nivellierprüfung 14.6
nom c 5.43, 6.31
Normalbeton 5.14, 6.11
normalduktil 5.37, 5.40
Normalmörtel 7.5
Normalspannungen 4.26
Normalverteilung 2.3, 2.23
Norm-Trittschallpegel 10.64
– äquivalenter, bewerteter 10.64, 10.65
Normverbau 11.42
Normzemente 5.7, 6.8
Nullstellen 2.6, 2.26, 2.38
– von Polynomen 2.6
Nutzerorientierung 1.98
Nutzflächen (NF) 1.40, 1.41
Nutzlasten s. Verkehrslasten

obere Dreiecksmatrix 2.10
Oberflächenbeschichtung 14.19
objektorientierte Modellierung 1.103
Objektüberwachung 1.25

offenes Feuer (Baumschutz) 11.51
Öffnungsarten 14.30
Öffnungsmaß 7.2
Öllager 13.34
Orientierung 13.3
Ortbetonpfähle 11.45
Orthogonalaufnahme 14.5
Orthogonalprojektion 14.32
Ortpfähle 11.26

Parabel 2.19
Parabel-Rechteck-Diagramm 5.36, 6.22
Parallelprojektion 14.26
Parkbauten 12.17
Parkbucht 12.6, 12.13
Parkdeckabdichtung 10.92
Parkstände 12.14
partielle Integration 2.27
passiver Erddruck 11.27
Pausenräume 13.63
Perimeterdämmung 10.89
Personenschutz 10.72
Pfahlgründungen 11.45
Pfeiler (Mauerwerk) 7.7, 7.16
Pfettendach 4.40, 13.158
Pflanzenbestände, Schutz von 11.50
pH-Wert 12.23
Pieper-Martens-Verfahren 5.50
Pilzdecken 4.48
PKW-Parkflächen 12.13
Planometrie 14.32
Planungssoll 1.116
Planzeichenverordnung 14.49
Plastizitätsbereich 11.8
Plastizitätszahl 11.11
Platten 5.49
– Berechnung 5.49
– Bewehrung 5.57
– einachsig gespannt 5.49, 6.20
– Lastaufteilung 5.54, 6.21
– Mindestdicke 5.57, 6.40
– mitwirkende Breite 6.40
– vierseitig gestützt 5.50
– zweiachsig gespannt 5.50
Plattenbalken 5.67, 6.42
Plattenbalkenbemessung 6.42
Plattenbalkendecken 4.48, 6.43, 13.147
Plattendruckversuch 11.16
Plattenfundamente 4.54
Plattenwirkung 13.129

Plätze 13.64
pneumatisch stabilisierte Membrantragwerke 13.135
Poisson-Verteilung 2.4, 2.26
Polaraufnahme 14.5, 14.10
polares Anhängen 14.10
polares Flächenmoment 4.23
Polygonzugberechnung 14.8
Porenbetonsteine 7.3
Positionspläne 14.24, 15.5
Potenzen 2.5
Präsentationszeichnung 14.34
Präzision 14.2
Primärenergiebedarf 10.5, 10.31
Primärenergiefaktor 10.31
Proctorkennwerte 11.11
Produktionskontrolle (Beton) 5.22
Produktionsstätten 13.59
Produktregel 2.25
Programmiersprachen 2.32
Programmierwurg 2.33, 2.36
Projektionsarten 14.32
Projektvorbereitung 1.37
Proportionen 13.2
Pumpen 12.22
Putze 13.86

Quadratische Gleichung 2.6
Quellmaß 9.6
Quellprogramm 2.33
Querbewehrung 5.57, 6.39, 14.45
Querdehnzahl 5.36
Querkräfte
– Durchlaufträger 4.7, 4.12
– Einfeldträger 4.2
– Formeln 4.13
– Gelenkträger 4.6
– Holzbau 9.15
– Kragträger 4.4
– Stahlbetonbau 5.39, 6.18, 6.27
Querlinie 14.45
Querrippen 5.40
Querschnitte
– anbaufreie Straßen 12.2
– ländliche Wege 12.12
– Stadt- und Erschließungsstraßen 12.4
Querschnittsschwächungen
– Holzbau 9.9
– Stahlbau 8.25
Querschnittswerte

– Betonstabstahl 5.87, 6.52
– Betonstahlmatten 5.89, 6.53
– Holz 9.36
– Stahl 8.85
– Statik 4.23
Quotientenregel 2.25

Radixschreibweise 2.31
Radverkehr 12.2, 12.4
Rahmenberechnung 6.21
Rahmenecken 5.79
Rahmenformeln 4.16
Rammpfähle 11.45
Rampen 13.9, 13.38, 14.29
Rampenneigung 12.17
Randbewehrung 5.57, 5.67
Randmoment 6.20
RAS-Q 12.2
Raster 13.57
Raststätten 13.41
Rauheit
– betriebliche 12.39
– integrale 12.23
Raumakustik 10.69
raumbildende Ausbauten (Honorar) 1.74
Raumhöhen 13.56, 13.62
– in Verwaltungsbauten 13.56
– in Arbeitsstätten 13.62
– in Kindertagesstätten 13.70
– in Schulen 13.73
Rauminhalte, DIN 277 1.40, 1.41
räumliche Steifigkeit 4.35, 4.38, 7.6
Raumtiefe 13.4
Rechenwerk 2.32
Rechteckformel 2.29
Rechtwinkelprisma 14.5, 14.14
rechtwinklige axonometrische Projektion 14.32, 14.34
Regeldachneigung 13.160
Regelquerschnitte 12.2, 12.6
Regelsieblinien für Zuschlagsgemische 6.9
Regenabfluss 12.33, 12.42
Regenfallleitungen (Bemessung) 12.43, 13.169
Regenkarte 10.43
Regenschutz 10.43
Regenspende 12.33, 12.42
Regressionsgerade 2.24
Regula falsi 2.27
Reibungsbeiwerte 4.22

Reihen 2.6, 2.18
Reihenhäuser 13.15, 13.19
relative Feuchte 10.35
Relaxation 5.36
Resistenzklassen 9.33
Resonanz 10.62
Resultierende 2.21
resultierende Schalldämmung 10.63
Rettungsweg 10.72
Rettungswege 13.10
– in Gewerbebauten 13.62
– in Schulen 13.77
– in Sportbauten 13.66
– in Verwaltungsbauten 13.57
Rezeptbeton 6.11
Rezeptmauerwerk 7.6
Richtungswinkel 14.8, 14.10, 14.13
Rigole 10.101, 10.102
Rigolenversickerung 10.102
Rillennägel 9.22
Ringanker 4.58, 7.11, 13.120
Ringbalken 4.58, 7.11, 13.120
Ringdränage 10.101
Rippenabstand 5.40, 6.43
Rippendecken 4.47, 5.40, 6.42, 13.147
Rissbreitenbegrenzung 5.65, 10.81
Rissnachweis 5.65
Rissweitenbegrenzung 10.107
Ritterschnitt 4.31
Rohbauzeichnung 14.24
Rohdichteklassen
– Leichtbeton 5.15
– Mauerwerk 7.3
Rohkonstruktion 14.27
Rohrdurchführungen 10.108
Rohrnetzberechnung 12.27
Rollladenkästen 10.16, 10.63, 10.67
Rollstuhlabstellplatz 13.38, 13.42
Rollstühle 13.38
Rollstuhlgerechtheit 13.38
Rotationskörper 2.30
Rotationslaser 14.16
Rückläufiger Stoß 10.97, 10.99
Rückstausicherung 12.40
ruhende Lasten 3.11
ruhender Verkehr 12.13
Rütteln des Betons 6.15

Sammelstraße 12.6

Sandwichbauteile 8.77
– zul. Stützweiten 8.63
sanitäre Ausstattungsgegenstände (Symbole) 14.39
Sanitärobjekte 13.30, 13.35, 13.45
Sanitärräume 13.41
Sanitätsräume 13.64
Sättigungsdruck 10.37
Schalen 13.129
Schächte (Abwasser) 12.39
Schallabsorptionsgrad 10.70
Schalldämmmaß 10.45
– bewertetes 10.45
Schallschutz 10.45
– erhöhter 10.53
– Fußboden, schwimmend verlegter 10.65
– Gebäudetrennfuge 10.56
Schalpläne 14.25
Schaltzeichen
– Elektroinstallation 14.40, 14.41
Schalungen 13.143
Schalungsanker 10.108
Schankräume 13.47
Scheiben 5.76
Scheibenwirkung 13.129, 13.144
Scheinfugen 4.60
Scherspannungen (Holz) 9.15
Schichtwasser 10.84
Schiefstellung des Systems 5.39
schiefwinklige axonometrische Projektion 14.32, 14.35
schiefwinkliges Dreieck 2.16
Schindelbekleidung 13.142
Schlafräume 13.28
Schlagregenschutz 10.43
Schlankheit 5.70, 6.21, 7.16
Schlankheitsgrad
– Holzbau 9.10
– Stahlbau 8.27
– Stahlbetonbau 5.70
Schlauchwaage 14.6, 14.16
Schlitze, Darstellungsweisen 14.29
Schlitzwände 11.60
Schmutzwasserabfluss 12.31, 12.40, 12.48
Schneelast 3.27
Schneelastzonen 3.28
Schnittführung 14.17, 14.21
– ebene 14.13, 14.27
Schnittgrößen 2.51, 4.12

– Durchlaufträger 5.42
– maximale 4.2, 4.12
– Platten 5.49, 6.21
– Stahlbetonbau 5.41
Schnittpunkt zweier Strecken 14.10
Schnurgerüst (Baugruben) 14.15
Schornsteinmündung 13.5
Schottenbauweise 13.22
Schraffuren 14.14
Schrammbord 10.93
Schrauben
– Abmessungen 8.45
– Abstände 8.39
– Anordnung 8.39
– Sinnbilder 8.46
– Spannungsquerschnitt 8.46
– Tragsicherheitsnachweise 8.40
Schraubenverbindungen 8.39
Schraubnägel 9.22
Schreibtische 13.2, 13.53
Schubbemessung
– Holz 9.15
– Mauerwerk 7.18, 7.23, 7.25
– Stahlbau 8.14
– Stahlbeton 5.55, 5.62, 6.28
Schubbereiche 6.28
Schubbewehrung 5.63, 5.71
Schubmittelpunkt 4.24
Schubmodul
– Holz 9.5
– Stahl 8.4
Schubspannungen
– Holzbau 9.15
– Mauerwerksbau 7.18, 7.23
– Stahlbau 8.15
– Stahlbeton 5.53, 6.27
– Statik 4.26
Schubspannungen, zul.
– Holz 9.7
– Mauerwerk 7.18, 7.23
– Stahlbeton 6.36
Schubverformung 9.13
Schulen 13.6, 13.9, 13.73
Schutzschicht 10.99
Schutz von Bäumen 11.66
Schweißnähte, Sinnbilder 8.38
Schweißverbindungen 8.34
schwerentflammbar 10.73
Schwerpunkt 2.17, 2.30

schwimmendverlegte Fußböden 10.65, 13.153
Schwindfugen 13.177
Schwindmaß (Holz) 9.6
Schwingbeiwerte 3.17, 3.30
schwingungsanfällige Bauwerke 3.18
Seilnetztragwerk 13.134
Seilreck 13.133
Seiltragwerk 13.133
Seil- und Kettenverbindungen 13.174
Setzfugen 4.60
Setzlatte 14.6
Setzmaß, Beton 5.9
Setzungen 11.43
– zulässige 11.44
Setzzeit (Beton) 5.9
Sicherheitsbeiwerte
– Betonbau 5.34
– Grundbau 11.5
– Stahlbau 8.5
– Stahlbetonbau 5.34, 6.22
Sicherheitskonzept 11.2
Sicherheitstreppenraum 13.6
Sickerplatte 10.105
Sickerschacht 10.101
Sickerwasser 10.78
Sieblinien 6.9
Simpson'sche Regel 2.29
Sinussatz 2.16
Sinustafel 2.2
Skalarprodukt 2.20
Skelettbau 13.122
Skelettbauweise 13.22, 13.57
Software 2.33
Sogbeiwerte (Wind) 3.24
Sogspitzen (Wind) 3.25
Sohldruck 11.34
Sohldruck, Regelfälle 11.34
– zulässiger 11.36
Sohldruckverteilung 11.35
Sohlspannungsnachweis, Geotechnik 11.34
solare Entwicklung 10.8
solare Gewinne 10.8
sommerlicher Wärmeschutz 10.12
Sonderbauteile (Brandschutz) 10.73
Sondernägel 9.22
Sonderzeichnung 14.23
Sondierungen 11.9
Sonnenschutz 10.13, 13.4
Sonnenstand 13.3
Sozialräume 13.63
Spachtel 13.116

Spaltenvektor 2.10
Spänner 13.21
Spannrichtungen 14.25, 14.27, 14.43, 14.45
Spannstahl 13.102
Spannungen 4.26
– bei versagender Zugzone 4.27
– Entwurfsspannung 4.36
Spannungen, zulässige
– Beton 6.22
– Holz 9.7
– Mauerwerk 7.15, 7.17
– Spundwände 11.36
– Stahl 8.64
Spannungs-Dehnungs-Linie
– Beton 5.36
– Betonstahl 5.37, 6.22
Spannungsformeln 4.26
Spannungsnachweis
– Holzbau 9.14
– Mauerwerksbau 7.15, 7.17
– Spundwände 11.36
– Stahlbau 8.14
Spannungsverteilung
– Biegedruckzone 5.36, 6.22
– Bruchzustand 5.33, 6.23
Sparrendach 4.39, 13.158
Spatprodukt 2.20
Speisekammern 13.29
Speiseplätze
– in Gaststätten 13.43
– in Wohnungen 13.26
Speiseräume in Schulen 13.75
Spiegelung 14.27
Spielplätze 13.38, 13.69
Splitlevel 13.16, 13.19, 13.21
Sportbauten 13.65
Sporteinrichtungen in Schulen 13.73
Sportfelder 13.68
Sporthallen 13.65
Sprachlabor 13.73
Sprengwerk 4.42
Spritzwasserschutz 10.88
Spülrohr 10.104
Spundwandberechnung 11.36
Spundwandprofile 11.52
Squashplätze 13.66
Stabanschlüsse 13.123, 13.125
Stabdübel 9.3, 9.21
Stabilitätsnachweis
– Holz 9.15

– Mauerwerk 7.16, 7.23
– Stahlbau 8.71
– Stahlbeton 5.60, 6.23
Stadthaus 13.20
Stadtstraßen 12.4
Stahlbau
– biegesteife Stabanschlüsse 13.125
– gelenkige Verbindungen 13.123
– Profile 8.85
Stahlbauteile (Brandverhalten) 10.76
Stahlbeton
– biegesteife Verbindungen 13.127
– Brandverhalten 10.78
– gelenkige Verbindungen 13.123, 13.127
Stahlbetonfertigteile 13.121
Stahlbetonplattendecken 4.46, 6.38
Stahlbetonstützen 4.51
– Druckglieder, Berechnung 5.62, 6.23
– Druckglieder, Konstruktion 5.74, 6.44
Stahlbetonwände 5.78, 6.47
Stähle 8.2
Stahlguss 13.102
Stahlmessband 14.3
Stahlsteindecken 13.146
Stahlstützen 4.51, 8.27, 8.56
Stahltemperaturen, kritische 10.76
Stahlträgerverbunddecken 13.147
Stahltrapezprofile 8.60
Stahlverbund (Brandverhalten) 10.77
Stahlverbunddecken 4.49
Standardabweichung 2.23, 14.2
ständige Einwirkung 5.32, 5.34
ständige Lasten s. Eigenlasten
Standardbeton 5.20
Standardformen der Stabstahlbewehrung 14.44
Standsicherheit 3.19, 4.35, 4.58, 5.33, 5.38, 7.6, 11.2
Standsicherheitsnachweis 15.3
Starreinspannmomente 4.19
stationär 10.2
statische Berechnung
– Aufbau 15.2
Statistik 2.22

statistische Verteilungen 2.3, 2.4
Staudruck (Wind) 3.19
Stauwasser 10.84
Steifemodul 11.17
Steifigkeit, dynamische 10.55
Steifigkeitsgruppen 10.62
Steigung 2.17, 2.24, 14.15
Steigungsverhältnis 13.6, 14.22
– in Kindertagesstätten 13.71
– in Schulen 13.76
Steiner'sche Sätze 4.23
Stellpätze, barrierefreie 13.39, 13.42
Stichprobe 2.23
Stirnplattenverbindung 8.78
Stockwerkshöhe 14.27
Stockwerkszahl (Zahl der Vollgeschosse) 14.50
Stoß, Betonstahlmatten 5.48, 6.50
Stoßschutz von Baumstämmen 11.50
Stoßzahlen 3.17
Straßen, anbaufreie 12.2
Straßenräume 13.64
Straßenverkehrsflächendarstellung 14.42
Straßenverkehrslärm 10.52
Streckgrenze, Stahl 8.2
Streifenfundamente 6.36
Struktogramme 2.9, 2.34, 14.11
strukturierte Zeit 1.92
strukturierter Nutzer 1.91
strukturierter Ort 1.93
Stützbauwerke 11.49
Stützen 4.51, 5.70, 8.27, 9.15
stützender Erddruck 11.30
Stützkonstruktion 11.32, 11.33
Stützkräfte 5.9, 5.39
Stützmauern 11.49
Stützmomente 4.6
– Abminderung 5.41
– Formeln 4.10
– Umlagerung 5.42
Stützmomentenausrundung 5.41, 6.20
Stützwände 11.50
Stützweiten 5.40, 6.20
– Holzbau 9.10
– Stahlbeton 5.40, 6.20
Substitutionsmethode 2.27, 2,29
Symbole

– Abriss und Wiederaufbau 14.31
– Aussparungen 14.29
– Baustoffe 14.19
– Betonstahlmatten 14.43
– Biegeformen von Bewehrungsstäben 14.46
– Elektroinstallationen 14.40
– Entwässerungsgegenstände 12.44, 14.39
– Öffnungsarten von Fenstern und Türen 14.30
– Planzeichen für Bauleitpläne 14.49
– Sanitärausstattungsgegenstände 14.39
– Stabstahlbewehrung 14.44
– Systemplanung 1.37
Symmetrische Gleichungssysteme 2.9

T 30 bis T 90 10.74
t-Verteilung 2.3, 2.23
Tabellenkalkulation 2.33, 2.36
Tangenssatz 2.16
Tangenstafel 2.2
Tageslichtquotient 13.4
Tauperiode 10.38, 10.39
Taupunkttemperatur 10.36
Tauwasserbildung 10.30, 10.38, 10.40
Taylorreihen 2.26
TCP/IP 2.39
Technikräume 13.34
Teilflächenpressung 7.17
Teilsicherheitsbeiwert 5.29, 11.5
Teilzeichnung 14.23, 14.25
Telleranker 10.94
Telnet 2.39
Temperaturdehnzahl (Wärmedehnzahl)
– Mauerwerk 7.19
– Stahl 8.64
– Stahlbeton 5.36
Temperatureinflüsse
– Stahlbeton 5.36
Temperaturkorrektur 14.3
Temperatur-Korrekturfaktor 10.8
Tennisplätze 13.66
Terrassenhäuser 13.24
Textinformation 14.25
Theodolit 14.4
thermischer Feuchteleitkoeffizient 10.111

Tische
– in Schulen 13.74
– in Verwaltungsbauten 13.53
– in Wohnungen 13.26
Toilettenräume
– in Arbeitsstätten 13.64
– barrierefrei 13.40
– in Gaststätten 13.47, 13.50
– in Kindertagesstätten 13.70
– in Schulen 13.73, 13.76
– in Sportstätten 13.66
– in Wohnungen 13.30
Toleranz 14.2
Torsion 4.29
– nach St. Venant 4.30
– Stahlbetonbau 5.64
Torsionsmomente
– Stahlbetonbau 5.64, 6.20
tragende Wände 5.78, 6.45, 7.7
Trägerbohlwände 11.64
Trägerdecken 13.148
Tragfähigkeit 11.3
Tragfähigkeitstafeln
– Holzstützen 9.3
– Knickstäbe (Stahl) 8.29, 8.31
– Nägel 9.24
– Pfähle 11.26
– Schrauben 8.40, 8.60
Trägheitsmomente s. Flächenmomente
Trägheitsradius 4.23, 8.71, 8.81
Traglastanteile von Betonstählen 6.25
Traglufthalle 13.136
Tragrichtung 14.27, 14.43
Tragwerke
– Gewerbebau 13.59
– Verwaltungsbau 13.57
– Wohnungsbau 13.22
Tragwerksausführungszeichnung 14.24
Tragwerksentwurf 4.33
Tragwerksidealisierung 5.40
Tragwerksplanung (Honorar) 1.76
Transmissionswärmeverlust 10.7, 10.8
Transportbeton 6.16
Trapezprofile 8.74
– zul. Stützweiten 8.77
Trennverfahren 12.30
Trennwände aus Mauerwerk, Anschlüsse 13.172

Trennwände, leichte 3.11
Treppen 13.6, 14.28, 14.29
– altengerecht 13.38, 13.40
– behindertengerecht 13.38, 13.45
– Bodentreppen 13.6, 13.9
– in Gaststätten 13.48
– Kellertreppen 13.6
– in Kindertagesstätten 13.71
– Podeste 13.6, 13.37
– in Schulen 13.77
– in Sportstätten 13.68
Treppenlauf 14.28, 14.29
Treppenräume 13.7
– allgemein 13.7
– barrierefrei 13.38
Treppen (Schall) 10.65
Tresen 13.45
Tribünen 13.66
Trigonometrie 2.15
trigonometrische Funktionen 2.2, 2.15
Trittschalldämmung 10.64
Trittschallschutzmaß 10.45
Trockenfußböden 13.154
Trockenräume 13.21, 13.29
Trockenwetterabfluss 12.31
Türen 13.5, 13.31
– altengerechte 13.38
– barrierefrei 13.38
– in Kindertagesstätten 13.76
– in Schulen 13.76
Türöffnungen 14.30
Typenkennzeichnung bei Bewehrungen 14.43

U/A-Verhältnis 10.75
Übergreifungslängen 5.47
– bei Betonstahlmatten 5.48, 6.50, 6.53
Überhöhung (Holz) 9.12
Übersetzer 2.33
Überwachungsklassen (Beton) 5.26
Überwachungsprüfungen (Beton) 5.26
Überzüge 4.50
übliche Hochbauten 6.18
umbauter Raum 1.66, 1.68
Umfassungsfläche 10.5
Umkleiden
– Arbeitsstätte 13.63
– barrierefreie 13.42
Umkreis 2.16
Umlagerung, begrenzte 5.42
Umlenkkräfte 5.79

Umsatzsteuer (Honorar) 1.72, 1.79
umschnürte Druckglieder 6.44, 6.51
Umwehrung 13.9
– Arbeitsstätten 13.62
– Kindertagesstätten 13.72
Umweltklassen 5.44
unbebaute Fläche 1.40, 1.41, 1.53
unbelastete (leichte) Trennwände 3.11
unbewehrte Fundamente 5.77, 6.36
Ungleichförmigkeitszahl 11.10
ungünstigste Laststellungen 4.13, 5.39, 6.18
Universaldachziegel 13.167
UNIX 2.33
Unterdeterminante 2.7
Unternehmereinsatzformen 1.26
Unterwasserbeton 5.20
Unterzüge 4.50
unverschiebliches System 6.23
URL 2.39
UTM 14.2
U-Wert 10.3

Vakuumentwässerung 11.65
Varianz 2.23
VBA 2.34
VBA-Programm 2.38
Vegetationsflächen, Schutz von 11.50
Vektoralgebra 2.20
Vektorprodukt 2.20
veränderliche Einwirkungen 5.32, 5.38
Verankerung 5.46, 6.32
– Außenschalen 7.7
– Baugrubenverbau 11.64
– Bewehrung 5.46, 6.32, 6.47
– Dachkonstruktionen 3.19, 3.26
– Decken 7.11
– Wände (Mauerwerk) 7.7, 7.11
Verankerungselemente (Darstellung) 14.46
Verankerungslängen 5.46, 5.88, 6.32, 6.49
Verband (Mauerwerk) 7.19
Verbau 11.41

Verbesserungsmaß (Bodenbeläge) 10.59
Verbindungen 13.171
Verbindungen im Massivbau 13.121
– biegesteife 13.125
– gelenkige 13.123
Verbundbereich 5.45, 6.32
Verbundspannung, zulässige 5.45, 6.32
Verdichten des Betons 6.16
Verdichtung (Boden) 11.16
Verdichtungsmaß (Beton) 5.9
Verdingungsunterlagen 1.27
Verdunstungsperiode 10.38
vereinfachtes Verfahren (EnEV) 10.7
Verformung 13.149, 13.176
Verformungsmoduln (Boden) 11.16
Verglasung 10.6, 10.13, 10.27, 10.61, 10.67
Vergleichsspannung 8.15, 8.69, 8.71
Verkehrsanlagen 13.38
Verkehrsfläche (VF) 1.40, 1.41
Verkehrsflächendarstellung 14.51
Verkehrslärm 10.52
Verkehrslasten 3.11, 3.15, 3.30
– Baugrubenwände 11.56
– fliegende Bauten 3.29
– lotrechte 3.12
– Verminderung 3.17
– waagerechte 3.15
Verkehrsraum 12.4
Verlegezeichnungen 14.26
Vermaßung (Mauerwerk) 7.2
vernagelte Wände 11.48
Verpressanker 11.64
Verpresspfähle 11.64
Versammlungsstätten
– barrierefrei 13.42
– Flure 13.10
– Rettungswege 13.5
– Treppen 13.6
– Treppenräume 13.8
– Türen 13.5
Versatz 9.16
Versätze (Straßen) 12.13
Versatzmaß 5.67, 6.34
Verschiebeziegeldeckung 13.160, 13.167
Verschiebungswert 9.13

Versickerungsschacht 10.101, 12.39
Verteilungsfunktion 2.23
Vertragsabschluss 1.120
Vertragsgestaltung 1.114
Vertragsrecht 1.27
Vertrauensintervall 2.23
Verformungskennwerte (Mauerwerk) 7.19
Verwaltungsbauten 13.6, 13.11, 13.53
– Aufzüge 13.13
Verweilplätze 13.38
Vier-Schritte-Modellkonzeption 1.84
Vogelperspektive 14.32
Vollbetondecken 4.46
Volleinspannmomente s. Starreinspannmomente
Vollholz 9.5, 9.7
Volumenberechnung 2.13, 2.30
Vorbemessung
– Dächer 4.38
– Dachlatten 4.38
– Dachtragwerke 4.43
– Decken 4.45
– deckengleicher Unterzug 4.50
– Einzelfundamente 4.54
– Flachdach 4.42
– Flachdecken 4.48
– Fundamente 4.54
– Fundamentplatte 4.54
– Geschossdecken 4.45
– Hängewerke 4.42
– Holzbalkendecken 4.49
– Holzstützen 4.51
– Kassettendecken 4.48
– Kehlbalkendach 4.39
– Pfettendach 4.40
– Pilzdecken 4.48
– Plattenbalkendecken 4.48
– Plattenfundamente 4.54
– Rippendecken 4.47
– Sparrendach 4.39
– Sprengwerk 4.42
– Stahlbetonplattendecken 4.46
– Stahlbetonrippendecken 4.47
– Stahlbetonstützen 4.51
– Stahlstützen 4.51
– Stahlverbunddecken 4.49
– Stützen 4.51
– Überzüge 4.50, 14.41
– Unterzüge 4.50
– Vollbetondecken 4.46
– Wannengründung 4.54

– weitgespannte Dachtragwerke 4.43
Vorentwurfszeichnungen 14.20
Vorplanung 1.28, 1.121
Vorratsräume 13.29
Vorsatzschale 10.57, 10.61
Vorschnittdeckung 13.163
Vorspannkraft (Schrauben) 8.66
Vorsprungsmaß 7.2
Vorzugszahlen 14.39

Wahrscheinlichkeit 2.22
WAN 2.39
wandartige Träger 5.88
Wanddrän 10.104, 10.105
Wände
– Mauerwerk 7.7
– Stahlbeton 5.78, 6.43
Wandreibungswinkel 11.21 f.
Wandrücklage 10.99
Wannengründung 4.54, 10.81
Wärmebrücke 10.5, 10.14
Wärmedehnzahl s. Temperaturdehnzahl
Wärmedurchgangskoeffizient 10.2
Wärmedurchgangswiderstand 10.2
Wärmedurchlasswiderstand 10.2
Wärmekapazität, spezifische 10.27
Wärmeleitfähigkeit 10.2, 10.18
Wärmeschutz 10.2
– im Sommer 10.12
– Verglasungen 10.28
Wärmeschutzverordnung 10.5
Wärmestromdichte 10.2
Wärmeübergangswiderstand 10.2, 10.27
Waschräume
– in Arbeitsstätten 13.64
– in Schulen 13.76
– in Sportstätten 13.65
– in Wohnanlagen 13.21, 13.29
Wasserbeanspruchung 10.86
Wasserbedarf 12.18
Wasserbeschaffenheit 12.22
Wasserdampf 10.35
Wasserdampfdiffusion 10.38

Wasserdampf-Diffusionsleitkoeffizient 10.35
Wasserdampf-Diffusionsstromdichte 10.35
Wasserdampf-Diffusionswiderstandszahl 10.18, 10.35
Wasserdampfkonvektion 10.41
Wasserdampfsättigungsdichte 10.29
Wasserdurchgang 10.109, 10.114
Wasserförderung 12.22
Wassergewinnung 12.21
Wasserhaltung, offene 11.65
Wasserhärte 12.23
wasserhemmende Schicht 10.44
Wasserspeicherung 12.29
Wasserundurchlässigkeit (Beton) 5.20, 6.14, 10.106
Wasserversorung 12.18
– Bemessungsgrundlagen 12.20
– Bemessungstafeln 12.24
– Verbrauchsganglinie 12.20
Wasserverteilung 12.23
– Ringnetz 12.28
– Verästelungsnetz 12.27
Wasser-Zement-Wert 5.16, 6.13
Wege, ländliche 12.12
„Weiße Wanne" 13.178
weitgespannte Dachtragwerke 4.43
Wendeanlagen 12.12
Wendepunkt 2.26
Wendeltreppen 13.7, 14.29
Werkleistung 1.116
Werkplan 14.21, 14.37
Werkstätten 13.59
Werkvertrag 1.28, 1.114
Werkzeichnung 14.37
wetterfeste Baustähle 13.102
Wetterschutzkonstruktionen 10.41
Wetterschutzschale, hinterlüftete 13.137, 13.141
WGS 14.2
Wichte (Boden) 11.10
Widerstände 11.4, 11.34
Widerstandsmomente 4.26, 8.47, 9.36, 9.37
Wiederaufbau 14.31
Wiederherstellung 14.31
Windfang 13.26
Windlast 3.18, 9.25

15.63

Windnachweis (Mauerwerk) 7.6, 7.13
WINDOWS 2.31
Windrichtung 3.19
Winkelmessungen 14.3, 14.4
Winkelstützmauern 11.49
Wirtschaftsräume 13.29
Wohnen (Sonderformen) 13.35
Wohnflächenberechnung, II. BV 1.59
Wohnhäuser 13.15
– Aufzüge 13.13
– Schallschutz 13.17, 13.22
– Typen 13.15, 13.21
Wohnraumförderungsgesetz (WoFG) 1.59
Wohnungen 13.26, 13.35
– Türen 13.5
Wölbkrafttorsion 4.30
Würfeldruckfestigkeit (Beton) 5.13, 6.10
Wurzeln 2.5
Wurzelscheiben, Schutz von 11.66

Wurzelvorhang 11.51
w/z-Wert 5.16, 6.13
WWW 2.39

Zeilenvektor 2.10
Zeitbeiwert 12.34
Zeithonorar 1.75
Zeitwerte (Ablaufplanung) 1.34
Zellenbüro 13.53
Zelte 13.135
Zement 5.8, 6.8
Zementfestigkeitsklassen 6.9
Zielprogramm 2.33
Zielwertsuche (EXCEL) 2.38
Zinsrechnung 2.6
Zufallsvariable 2.22
Zugkraft, zulässige
– Schrauben 8.66
Zugkraftdeckung 5.67, 6.32
zulässige Spannungen
– Baugrund 11.36
– Beton 5.36, 6.20
– Betonstahl 5.37, 6.14

– Holz 9.7
– Mauerwerk 7.15, 7.17
– Spundwände 11.36
– Stahl 8.64
zulässiger Sohldruck 11.19
Zuschlag 6.9
Zustandsform (Böden) 11.11
Zwangseinwirkungen 5.31
Zwangsschnittgrößen 5.31
zweischalige Bauteile 10.55, 13.137
zweischalige Haustrennwände 10.56
zweischaliges Mauerwerk 7.7, 10.56, 13.137
zweite Berechnungsverordnung 1.59
Zwischenbauteile bei Rippendecken 6.41
Zylinderdruckfestigkeit 5.12, 6.12
Zylinderträger 13.130

Raum für Notizen

Raum für Notizen

Raum für Notizen

Raum für Notizen

Raum für Notizen

Raum für Notizen

Raum für Notizen

Raum für Notizen

Raum für Notizen

Raum für Notizen

Tolle Seiten:

Eigenlasten   3.2
  Holz   3.5
  Dach   3.9

Eis/Schneelast 3.27

Formeln   4.2

Querschnitte   4.25

E Modul ~~Dehn~~zahl 8.3

Spannungen   8.49

Stahlprofile   8.85

Holz zul σ   9.7

Querschnitte   9.37   AgWI

Raum für Notizen

	Dichte ρ (kg/m³)	Wärmeleitf. λ (W/m·K)	Wärmekapazität c) kJ/(kg·K)	Wh/(kg·K)	Wh/(m³·K)	Dampfdiffusionswiderstandszahl μ
Luft	1,3	–	1,0	0,3	0,3	
Wasser	1000	–	4,2	1,2	1166,7	
Eisen	7900	60	0,4	0,1	877,8	∞
Beton	2000	2	0,9	0,3	500	100
Holz	500	0,13–0,2	2,1	0,6	291,7	40
W. Dämmung	100	0,025–0,06	1,0	0,3	27,8	1

$\Lambda = \lambda/d \quad R = 1/\Lambda \qquad \alpha_i: \quad \begin{matrix} 7,7 & 5,9 \\ 0,13 & /0,17 \text{ Boden} \end{matrix}$

$\alpha_a \quad 25 \;/\; 12,5 \;/\; \infty \text{ Erde}$

$\begin{matrix} 0,04 & 0,08 & 0 \\ \text{Wand} & & \\ \text{Decke} & & \end{matrix}$

Stoffwerte zur Energieeinsparverordnung

Der Architekt oder der Ingenieur, der einen **Wärmeschutznachweis nach der neuen EnEV** führt, muss über genaue Stoffwerte verfügen, auf denen sein Nachweis basiert. Nur mit Hilfe des **Rechenwertes der Wärmeleitfähigkeit** kann er den **U-Wert von Wänden, Decken, Dächern, Fenstern usw.** ermitteln. Bis vor kurzem konnte er diese Werte dem Bundesanzeiger entnehmen; mit der EnEV ist diese Veröffentlichung entfallen; mühsam muss sich der Planer die Angaben aus den Prospekten der Hersteller zusammensuchen.

Rainer Dirk hat die Stoffwerte von Herstellern von **über 1.000 der am häufigsten verwendeten Baustoffe** gesammelt und in tabellarischer Form zusammengestellt.

Der Planer kann aus den Tabellen ablesen, welche Hersteller Produkte mit dem für seinen Nachweis erforderlichen Rechenwert anbieten, oder er kann in dem Buch den Rechenwert vorgegebener Baustoffe finden. Aufgenommen sind nur zugelassene Baustoffe, so dass eine hohe Planungssicherheit besteht. Die **beiliegende CD-ROM** enthält ein Berechnungsprogramm zur Ermittlung des U-Wertes.

Durch dieses Buch wird dem Planer ein hoher **Rechercheaufwand abgenommen** und die **Planungszeit verkürzt.**

Zu beziehen über Ihre Buchhandlung oder direkt beim Verlag.

Dirk

Stoffwerte zur Energieeinsparverordnung
auf der Grundlage der DIN 4108-4
2002, ca. 300 Seiten, 21 x 29,7 cm,
mit CD-ROM, kartoniert,
ca. € 50,–/sFr 100,–
ISBN 3-8041-5095-0

WERNER VERLAG

Werner Verlag · Postfach 10 53 54 · 40044 Düsseldorf
Telefon (02 11) 3 87 98 - 0 · Telefax (02 11) 3 87 98 - 11
www.werner-verlag.de

Formular- und Honorarmanager

Neuauflage!

für Architekten, Bauingenieure und Baubüros – Version 2.1
Honorarberechnung - Verträge - HOAI

Mit der Umstellung der HOAI auf den Euro benötigen Sie eine Software, die schnell und sicher Ihre Honorare ermittelt - und gleichzeitig aktuelle, von erfahrenen Baujuristen erstellte Formulare für die tägliche Arbeit zur Verfügung stellt.

Der Formularmanager bietet Ihnen Vertragsmuster, die für Ihre Projekte eine zuverlässige Grundlage sind:
- **Architektenverträge**
- **Ingenieurverträge**
- **Bauverträge** (inkl. Nachunternehmervertrag)
- **VOB-Formulare**

Alle Verträge und Formulare können in Ihre Textverarbeitung übernommen werden.

Der Honorarmanager bietet Ihnen:
- die **Ermittlung der Honorare** aller Leistungsbilder nach der neuen Euro-HOAI,
- die **Ermittlung der anrechenbaren Kosten** nach DIN 276,
- die Abrechnung der **Nebenkosten, der Besonderen Leistungen und der Zuschläge,**
- die Übernahme der Angebote und Rechnungen in Ihre **Textverarbeitung,**
- den aktuellen und kompletten **Text der HOAI.**

Ihre Vorteile:
- die **neuen Honorartabellen der HOAI in Euro** sind eingearbeitet.
- **einfache Bedienung:** Intuitive Benutzerführung erleichtert die Handhabung.
- **übersichtliche Hilfe:** Auf der CD finden Sie ein Handbuch mit vielen Beispielen.
- **Sicherheit:** Die Berechnung und die Formulare sind von Fachleuten erarbeitet und in die Praxis vielfach geprüft.

Fazit: Viel Leistung für wenig Geld: Text der HOAI + Honorarermittlungsprogramm + Formulare.

Zu beziehen über Ihre Buchhandlung oder direkt beim Verlag.

Formular- und Honorarmanager
für Architekten, Bauingenieure und Baubüros – Version 2.1
Honorarberechnung - Verträge - HOAI
2002. Software für Windows 95, 98, NT 4.0, 2000,
kartonierte Softwareumverpackung mit etwa 120-seitiger Anleitung als PDF-Dokument,
€ 249,–/sFr 498,–,
als Update € 124,–
ISBN 3-8041-4992-8

WERNER VERLAG
Werner Verlag · Postfach 10 53 54 · 40044 Düsseldorf
Telefon (02 11) 3 87 98-0 · Telefax (02 11) 3 87 98-11
www.werner-verlag.de

Die neuen Wohnungsbau-Normen

Viele neue Normen und Verordnungen haben die bautechnische Entwicklung in den zurückliegenden Jahren sehr verändert.

Dieses **Standardwerk** enthält eine umfassende Zusammenstellung aktueller **DIN-Normen**, **Verordnungen** und **Gesetze** für den Wohnungsbau und die Wohnungssanierung, die aktualisiert und ergänzt wurden. Beispielhaft seien die neue Energieeinsparverordnung und die dazugehörenden Normen genannt.

Neu aufgenommen wurden auch **europäische Normen** (DIN EN), soweit sie bisherige deutsche Normen (DIN) ersetzen. Die eingeführte Gliederung nach Sachgebieten wurde beibehalten.

Der Leser erhält **viele Normen für wenig Geld!**

Aus dem Inhalt:
- Grundnormen
- Gesetzliche Vorschriften
- Planung
- Technische Gebäudeausrüstung
- Bautenschutz
- Baustoffe und Bauteile
- Rohbaukonstruktionen
- Normenverzeichnis
- Verzeichnis der Gesetze und Verordnungen

Die Autoren:

Begründet von *Hanns Frommhold* †und *Siegfried Hasenjäger*†. Neu bearbeitet von *Prof. Dipl.-Ing. H. D. Fleischmann*, *Prof. Dipl.-Ing. K.-J. Schneider* und *Prof. Dipl.-Ing. R. Wormuth* unter Mitarbeit von *Dipl.-Ing. Torsten Schoch*.

Zu beziehen über Ihre Buchhandlung oder direkt beim Verlag.

Frommhold/Hasenjäger
Wohnungsbau-Normen
Normen – Verordnungen – Richtlinien
Neu bearbeitet von
Fleischmann/Schneider/Wormuth
Herausgeber: DIN Deutsches Institut
für Normung e. V. in Zusammenarbeit
mit dem Beuth Verlag, Berlin
23., neu bearbeitete und
erweiterte Auflage 2002,
ca. 1.100 Seiten, 14,8 x 21 cm, gebunden,
ca. € 60,–/sFr 120,– • ISBN 3-8041-1609-4
Erscheint voraussichtlich im November 2002

WERNER VERLAG

Werner Verlag · Postfach 10 53 54 · 40044 Düsseldorf
Telefon (02 11) 3 87 98-0 · Telefax (02 11) 3 87 98-11
www.werner-verlag.de

DIN 276 mit Erläuterungen

Praxisorientiert zeigen die Autoren auf, wie umfassendes und effizientes **Kostenmanagement durch Architekten und Ingenieure** nach heutigen Anforderungen aussieht und wie **Kostensicherheit** wirkungsvoll erreicht wird. Ergänzend dazu werden in der Neuauflage Fragen der **Haftung und Verjährung** im Bereich der Baukosten behandelt. Dabei stehen die Kostenplanung nach **DIN 276**, aber auch darüber hinausgehende Maßnahmen der Kostenkontrolle, Kostenverfolgung, Kostenfortschreibung und Kostensteuerung im Vordergrund.

Das Buch bietet

- umfangreiche Grundlageninformationen und Erläuterungen zur Kostengruppenzuordnung nach beiden DIN-276-Fassungen

- in einem besonderen Praxisteil eine Gesamtübersicht über Maßnahmen der Baukostenplanung, durchgängig von der Grundlagenermittlung bis zum Abschluss einer Baumaßnahme.

Neu in der 2. Auflage

- Haftung und Verjährung
- Umstellung in Euro
- Aktualisierung

Seifert/Preussner
Praxis des Baukostenmanagements
mit Erläuterungen
zu beiden Fassungen der DIN 276
Kostenermittlungen – Kostenkontrolle – Kostensteuerung – Kostenverfolgung – Kostenfortschreibung
2., überarbeitete und erweiterte Auflage 2002, ca. 350 Seiten,
17 x 24 cm, kartoniert,
ca. € 48,–/sFr 96,–
ISBN 3-8041-3184-0

WERNER VERLAG

Werner Verlag · Postfach 10 53 54 · 40044 Düsseldorf
Telefon (02 11) 3 87 98-0 · Telefax (02 11) 3 87 98-11
www.werner-verlag.de

Zu beziehen über Ihre Buchhandlung oder direkt beim Verlag.